陳寅恪先生文集

柳如是別傳

［下］

陳寅恪　著

中國書店

第五章　復明運動（附：錢氏家難）

此章所欲論證者，較前諸章尤爲困難。蓋關於河東君之行事，自以牧齋之著作爲主要資料，但牧齋詩文於此期内，多所避忌，故往往缺略，不易稽考。牧齋外集貳伍「題爲黄子羽書詩册」（寅恪案，黄子羽名翼聖，太倉人。事迹見有學集叁柒蓮蕊居士傳。）云：

余自甲申後，發誓不作詩文。間有應酧，都不削稿。戊子之秋，囚繫白門，身爲俘虜。閩人林叟茂之僂行相勞苦，執手慰存，繼以涕泣。感嘆之餘，互有贈答。林叟爲收拾殘棄，楷書成册，題之曰秋槐小稿，蓋取王右丞落葉空宫之句也。

斯則牧齋詭托之辭，非其實情也。至若同時諸人之記載，以門户恩怨之故，所言亦未可盡據以定是非。今就能見及之資料，互相參校，求一最可能之真實，然殊不敢自信也。

兹先移録顧云美河東君傳關於此期者於下：

乙酉五月之變，君勸宗伯死，宗伯謝不能。君奮身欲沈池水中，持之不得入。（寅恪案，塔影園集壹河東君傳「沈」作「投」。）其奮身池上也，長洲明經沈明掄館宗伯寓中見之，而勸宗伯死，則宗伯以語兵科都給事中寶豐王之晋，之晋語余者也。（寅恪案，塔影園集「之晋」上有「給事」二字，似無此二字更佳。）是秋宗伯北行，君留白下，宗伯尋謝病歸。丁亥三月捕宗伯亟，君挈一囊，從刀頭劍鋩中，牧圉饘橐惟謹。事解，宗伯和蘇子瞻御史臺寄妻韵，賦詩以美之，（寅恪案，塔影園集「捕宗伯亟」作「宗伯有急徵」。」「和」作「次」，「妻」作「子由」。）至云「從行赴難有賢妻」。時封夫人陳氏尚無恙也。（寅恪案，錢曾注本有學集壹秋槐詩集「和東坡西臺詩韵」六首之一及牧齋遺事本「從行」皆作「從行」。但涵芬樓本作「徒行」，塔影園集本作「徒步」。俱非。）宗伯選列朝詩，君爲勘定閨秀一集。庚寅冬絳雲樓不戒於火，延及半野堂，向之圖書玩好略盡矣。宗伯失職，眷懷故舊，山川間阻，君則知子之來之，雜佩以贈之，知子之順之，雜佩以問之。有鷄鳴風焉。（寅恪案，「閨秀」應作「香奩」。塔影園集「問之」作「報之」，誤。）久之，不自得。生一女，既昏。癸卯秋下髮入道。（寅恪案，塔影園集無「生一女，既昏。癸卯秋」等八字。）宗伯賦詩云：「一剪金刀綉佛前，裹將紅泪灑諸天。三條裁製蓮花服，數畝誅鋤穲稏田。朝日裝鉛眉正嫵，高樓點黛額猶鮮。（寅恪案，錢曾注有學集壹肆及涵芬樓本有學集壹叁東澗詩集下「病榻消寒雜咏詩」「黛」作「粉」是。）横陳嚼蠟君能曉，已過三冬枯木禪。鸚鵡紗窗晝語長，（寅恪案，錢曾注本及涵芬樓本有學集并塔影園集及牧齋遺事本，「紗」均作「疏」。較佳。）又教雙燕話雕梁。（寅恪案，錢曾注本有學集「話」亦作

「話」，涵芬樓本及牧齋遺事本作「語」，恐非。）雨交澧浦何曾濕，風認巫山別有香。初著染衣身體澀，乍抛稠髮頂門凉。（寅恪案，此二句各本均同，惟涵芬樓本异。餘詳前論。）縈烟飛絮三眠柳，揚盡春來未斷腸。」（寅恪案，塔影園集此句下有「時癸卯秋也」五字。）明年五月二十四日（寅恪案，塔影園集無「二十四日」等字。）宗伯薨，族子錢曾等爲君求金，（寅恪案，塔影園集「子」作「孫」。其實遵王乃牧齋之族曾孫也。牧齋遺事作「族人」亦通。「爲君求金」牧齋遺事同。塔影園集作「求金於君」。是。）于六月二十八日自經死。（寅恪案，塔影園集無「于」字。牧齋遺事「于」作「以」，可通。「八」作「七」誤。）宗伯子曰孫愛及婿趙管爲君訟冤，邑中士大夫謀爲君治喪葬。（寅恪案，近影得瀋陽市博物館所收羅振玉舊藏河東君過訪半野堂小影并云美河東君傳此句「謀」作「課」，蓋誤。）宗伯門人顧苓曰，嗚呼！今而後宗伯語王黄門之言，爲信而有徵也。宗伯諱謙益，字受之，學者偁牧齋先生。晚年自號東澗遺老。甲辰七月七日書於真孃墓下。（寅恪案，塔影園集「趙管」作「趙某」，「黄門」作「給事」，「甲辰七月七日」作「甲申閏六月七日」。「中」自是「辰」字之誤。「七月七日」或取陳鴻長恨歌傳意，「閏六月七日」則取牧齋前七夕合歡詩意，皆可通也。「真孃」塔影園集作「貞娘」。至顧公燮消夏閑記摘抄下「柳如是」條，有「甲辰七月七日東海徐賓爲葬於貞娘墓下」等語，見前論河東君崇禎十四年冬留蘇州養痾條，茲不贅。）

又虞陽説苑甲編牧齋遺事附載顧云美河東君傳。其文與華笑廎本及塔影園本頗有異同，且傳後附注云「顧云美河東君傳墨迹，文字與此略异。」前已述及，差异之處或是云美原稿，蓋此傳乃顧氏極意經營之作，必累加修改。故今日流傳之本未能一致，亦事理所當然。茲因參考便利，并節録此段文字特异者於後，讀者可取相參校也。其文云：

乙酉五月之變，君勸宗伯死，奮身自沈水中，侍兒持之不得入。（中略。）是秋宗伯北行，尋謝病歸。丁亥三月捕宗伯甚急，時君病，力疾挈一囊，從刀鋩箭簇中，饘橐牧圉，晝夜不舍。事解歸，三十設帨，宗伯和坡公御史臺寄妻韵以美之，至云：「從行赴難有賢妻。」時封夫人陳氏尚無恙也。宗伯撰集列朝詩，君爲勘定閨秀一册。戊子夏宗伯復繫白門，判年始歸。庚寅冬絳雲不戒於火，延及半野堂，圖書玩好，盡爲煨燼。宗伯隱居芙蓉莊，抑鬱無聊，日懷故舊，山川間阻。君則知子之來之，雜佩以贈之。知子之順之，雜佩以問之。久之，不自得，生一女，既婚。癸卯秋下髮入道。（中略。）明年五月廿四日宗伯薨，族人錢曾等爲君求金，要挾蜂涌，以六月廿七日自經死。長子孫愛與所生女暨宗伯門下嚴熊爲君訟冤，邑之士大夫王夢鼎陳式等爲君治喪葬。靈巖儲和尚聞之曰，善哉！愧宗伯矣。（寅恪案，嚴熊事迹見光緒修常昭合志稿貳陸嚴惇傳附父熊傳。王夢鼎事迹見同書貳伍王夢鼐傳附兄夢鼎傳。陳式事迹見程嗣立水南先生遺集伍陳式傳。靈巖儲和尚即理洪儲。事迹見小腆紀傳伍玖方外門南岳和尚退翁傳。）嗚呼！宗伯諱謙益，字受之，學者稱牧齋先生，亦稱虞山先生云。吴郡顧苓撰。

云美此傳於弘光元年乙酉之前，即崇禎十七年甲申一歲間有關牧齋事，皆從闕如，固文章體例使然。但今日考河東君本末者，其主要事迹則不應概從删削也。兹約略論述之於下。

初學集貳拾東山詩集末附「甲申元日」七律云：

又記崇禎十七年，千官萬國共朝天。偷兒假息潢池裏，倖子魂銷槃水前。天策紛紛憂帝醉，（自注云：「賊入長安。」）台堦兩兩見星聯。衰殘敢負蒼生望，自理東山舊管弦。

寅恪案，初學集本迄於崇禎十六年癸未。既刻成之後，附補此詩於後者，其理由殆有三端。一因此集最後之壹捌，壹玖及貳拾上下共四卷，爲東山詩集，遂以七八兩句結束之。前已論及。二因第肆句第陸句謂政敵周玉繩已死，代其位者，舍我其誰？謝安石東山再起，正是此時。特賦此詩，所以表見意旨所在也。三因集名東山，實取義於河東君半野堂初贈詩「東山葱嶺莫辭從」之句。顧云美塔影園集壹東澗遺老錢公別傳云：

崇禎庚辰辛巳間，延儒再召，疑忌未消，公乃寄情聲伎，稍以自汙。近陳平之婦人，開馬融之絳帳。趙德甫校讎金石，不離易安之堂，蘇子瞻不合時宜，獨出朝雲之口。

夫河東君嘗爲崇禎初年宰相周道登之妾，以讒譖被逐，幾至殺身，乃其一生憾事。牧齋爲當時之蘇子瞻，不合時宜，未躋相位。雖世人習知，然河東君知之獨稔。况又曾自稱楊朝，字朝雲，尤與東坡妾錢塘王朝雲之故事相符合。由是言之，牧齋賦此一詩於初學集東山詩集之末，蓋所以慰塞河東君平生欲作裴柔之「興慶首行千命婦」之願望，（見才調集伍及元氏長慶集貳貳「初除浙東，妻有沮色，因以四韵曉之。」七律。）且藉以一快細君胸中恩讐之微意也。

又檢顧公燮消夏閑記選存「錢牧齋」條略云：

乙酉王師南下，錢率先投降。滿擬入掌綸扉，不意授爲禮侍。尋謝病歸，諸生郊迎，譏之曰，老大人許久未晤，到底不覺老。（原注：「覺」與「閣」同音。）錢默然。一日謂諸生曰，老夫之領，學前朝，取其寬。袖依時樣，取其便。或笑曰，可謂兩朝領袖矣。

寅恪案，牧齋在明朝不得躋相位，降清復不得爲「閣老」，雖稱「兩朝領袖」，終取笑於人，可哀也已。寬領狹袖之語，甚得其實。他記載或有誤倒領袖之寬狹者，如牧齋遺事「牧齋游虎丘，衣一小領大袖之服。」一條之類。蓋由記者距離明末清初已遠，懵於兩朝衣服形式所致耳。顧公燮所記吳音「覺」與「閣」同讀，殊有風趣。可參第肆章論「烏個頭髮，白個肉」節。顧書所記錢柳兩事，俱保存原語，誠是有價值之史料也。

牧齋於崇禎十七年甲申元日，雖附補一詩於初學集之末，以微見其東山再起之可能性。但此後諸詩概從删削，故幾無痕迹可尋。

檢有學集柒高會堂詩集「贈雲間顧觀生秀才」（寅恪案，錢曾注本此題「間」誤作「開」，「秀」字下脱「才」字。）詩并序云：

崇禎甲申皖督貴陽公（寅恪案，錢注本此序「貴陽」均作「桂陽」。）抗疏經畫東南，請身任大江已北援剿軍務，南參贊史公專理陪京兼制上游。特命余開府江浙，控扼海道。三方鼎立，連結策應，畫疆分界，（寅恪案，錢注本「界」作「間」。）綽有成算。拜疏及國門，而三月十九之難作矣。（寅恪案，錢注本「十九」下有「日」字。）顧秀才觀生實在貴陽幕下，與謀削稿。余游雲間，許玠孚爲余言，始知之。請與相見。扁舟將發，明燈相對，撫今追昔，慨然有作。讀予詩者，當憫予孤生皓首，亦曾闌入局中，備殘棋之一着，而貴陽賓主苦心籌國，楸枰已往。局勢宛然，亦將爲之俯仰太息，無令泯没於斯世也。丙申陽月八日漏下三鼓，書於白龍潭之舟中。

東南建置畫封疆，幕府推君借箸長。鈐索空教傳鐵鎖，泥丸誰與奠金湯。旌麾寂寞盈頭雪，書記蕭閑寸管霜。此夕明燈撫空局，朔風殘漏兩茫茫。

朱緒曾編金陵詩徵肆壹「顧在觀」條云：

在觀字觀生，華亭人。居金陵。晚號東籬子。

此條下注云：

觀生爲楊文驄所引，入馬士英幕。嘗言阮大鋮不可用。士英不從。大鋮欲起鈎黨之獄，觀生復使士英子鑾泣諫，賴以稍止。南都亡，歸守二頃，復以逋賦，遂棄産遁。居金陵衡陽寺以終。

寅恪案，今取牧齋此詩并序就涵芬樓有學集本與錢遵王注本相校，注本雖有訛脱，然「貴陽」二字，三處皆作「桂陽」，必非傳寫偶誤所致。蓋「桂陽」實指馬士英，牧齋殆因「桂」「貴」古通，遂改「貴陽」作「桂陽」，以諱飾其與瑶草之關係耶？觀有學集叁柒「蓮蕊居士傳」中「乙酉之亂，桂陽相挾掖廷南奔。」及「桂陽亦嘆賞」等語，可爲旁證。遵王在當日，自知其師之微意，故仍用「桂陽」，而不改作「貴陽」。金鶴沖撰錢牧齋先生年譜，於崇禎十七年甲申條，亦作「桂陽」，固沿用遵王注本原文，但未加説明，恐尚不瞭解牧齋當日之苦心也。

又顧云美東澗遺老錢公别傳云：

嗚鏑銅馬，騷動中外，江南士民爲桑土計者，欲叩閽援豫楚例，請以公備禦東南。上亦於甲申三月十一日賜環召公，而遇十九日之變。

寅恪案，錢曾有學集詩注肆絳雲餘燼集「哭稼軒留守相公詩一百十韻，用一千一百字。」五言排律「甘陵録牒寢，元祐黨碑鎸。」一聯，牧齋自注云：

余與君以甲申三月初十日同日賜環，邸報遂失傳。

即云美傳語之所本。但云美作「十一日」與牧齋自注相差一日。檢國榷壹佰崇禎十七年甲申三月〔十一日〕己亥有「復罪廢諸臣冠帶」之記載，云美「賜環」之語，與此有關。寅恪初未解牧齋自注，何以與顧談不合之故。後又檢明實録懷宗實録壹柒載：「三月己丑朔。」明史貳肆莊烈帝本紀載：「三月庚寅朔。」亦相差一日，始知牧齋自注，乃依明實録所根據之材料計算也。餘可參夏燮明通鑑玖拾「崇禎十七年三月庚寅」條下考异。至云美不著瑶草疏薦本末，豈欲爲其師諱，而避免吕步舒之嫌疑耶？鄙意云美宅心忠厚，固極可嘉，殊不知牧齋此次之起廢，由於瑶草之推薦，實爲牧齋一生前後打成兩橛之關鍵所在。若諱言此點，則於當日之情事，不可通解矣。

檢明史叁佰捌奸臣傳馬士英傳略云：

馬士英貴陽人，萬曆四十四年與懷寧阮大鋮同中會試。又三年成進士授南京户部主事。〔崇禎〕五年擢右僉都御史，巡撫宣府。坐遣戍，流寓南京。時大鋮名掛逆案，失職久廢，以避流賊至，與士英相結甚歡。大鋮機敏猾賊，有才藻。頗招納游俠，爲談兵説劍，覬以邊才召。無錫顧杲，吴縣楊廷樞，蕪湖沈士柱，餘姚黄宗羲，鄞縣萬泰等皆復社中名士，方聚講南京，惡大鋮甚，作留都防亂揭逐之。大鋮懼，乃閉門謝客，獨與士英深相結。周延儒内召，大鋮輂金錢，要之維揚，求湔濯。延儒曰，吾此行謬爲東林所推，子名在逆案，可乎？大鋮沈吟久之，曰：瑶草何如？瑶草士英别字也。延儒許之。十五年六月鳳陽總督高斗光以失五城逮治。禮部侍郎王錫衮薦士英才，延儒從中主之，遂起兵部右侍郎兼右僉都御史，總督盧奉等處軍務。

據此瑶草之起廢，由於圓海，而牧齋之起廢又由於瑶草。瑶草既難不與圓海發生關係，牧齋自更不能不直接與瑶草，間接與圓海断绝聯繫。世情人事，如鎖連環，密相銜接，惟有恬淡勇敢之人，始能衝破解脱，未可以是希望於熱中怯懦之牧齋也。苟明乎此，則牧齋既已是袁紹弦上之箭，豈能不作黄祖腹中之語乎？於是遂有云美「東澗遺老錢公别傳」所謂「前此异同，藩棘一旦破除，非得已也。」之語。噫！

小腆紀年附考捌順治元年甲申十月條（可參國榷壹佰貳崇禎十七年八月丙子貢生朱統鑽誣奏姜曰廣，夏完淳續幸存録「南都大略」中「錢謙益請用楊維垣」條及南沙三餘氏南明野史上「錢謙益心艷揆席」條等）云：

丁巳（初三日）明錢謙益疏頌馬士英功，雪逆案冤。謙益以定策异議自危，遂諂附馬阮以自解。士英欲起用蔡奕琛楊維垣，恐物論不容，以謙益人望也，屬薦之。謙益乃阿士英指，疏列四事，曰嚴内治，定廟算，振紀綱，惜人才。其請定廟算也，有云：「先臣孫承宗言，以文統武，極是弊端。臣觀三十年來，文臣出鎮專征，鮮不覆敗。其綽有成算，克奏膚功者，承宗之後，馬士英一人耳。先帝以楚事付左良玉，而舊疆恢復，以閩事付鄭芝龍，而嶺海無虞，此專任武將之明效也。」其請惜人才也，「一曰資幹濟。今天下非才乏也，分門户，競愛憎，修恩怨，即其胸中了然，如噎者之不能言，魘者之不能寐，有物以限之也。今人才當摧殘剥落之秋，以真心愛惜，以公心搜訪，庶可共濟時艱。臣所知者，有英穎特達如蔡奕琛，馮元揚及某某者，謀國任事，急病攘夷之選也。有老成典型如唐世濟，范鳳翼，鄒之麟及某某者，端委廟堂，疏穢鎮浮之選也。有公望著聞者，詞臣余煌，道臣陳洪謐之流也。有淪落可惜者，科臣陶宗道，楊兆升及某某之流也。二曰雪冤滯。欽定逆案諸臣，未免軒輊有心，上下在手。陛下既以贊導無據，拔阮大鋮而用之矣。若虞廷陛，楊維垣，虞大復，吴孔嘉，周昌晋，乞下部詳察録用，許其自新，亦涣群破黨之一端也。」又云：「蔡奕琛曾以復社抗疏攻臣，臣心知其誤，固已釋然置之矣。天下多事，將伯助予。中流遇風，吴越相濟。果有嫌隙，固當先國家之急而後私仇，况臣本無仇於奕琛乎？臣親見門户諸臣，植黨營私，斷送社稷，斷送君父，何忍復師其故智。且他日獨不思見先帝於九原乎？逆案之貫繼春，阮大鋮者，皆慷慨魁壘男子也。」疏數千言，煩猥不盡録。大旨在頌馬士英功，雪逆案諸臣冤，而奕琛見中有「魁壘男子」語，則不喜，揚言於朝曰：「我自宜録用，何藉某之薦牘誚我？」聞者笑之。

臣鼒曰：特書何？罪謙益之無耻也。謙益謬附東林，以爲名高，既以患得患失之心，爲倒行逆施之舉，勢利熏心，廉耻道喪，蓋自漢唐以來，文人之晚節莫終，無如謙益之甚者。純廟斥毁其書，謂不足齒於人類，蓋以爲有文無行者戒哉！

國榷壹佰叁崇禎十七年十月戊午（初四日）記「南京協理詹事府禮部尚書錢謙益上言」條云：

謙益覬相位，日逢馬阮意游宴，聞者鄙之。

同書壹佰肆弘光元年正月辛丑條云：

南京吏部左侍郎蔡奕琛兼東閣大學士，直文淵閣。枚卜時，錢謙益阮大鋮李沾等，各有奥援，而奕琛以誠意侯劉孔昭薦得之。大鋮築堡江上，聞之馳還，怒馬士英，無及。

寅恪案，彝舟所引牧齋上疏原文較孺木爲詳，因全録之。至其痛詆牧齋之言，固是事實。但亦因清高宗欲毁滅牧齋文字，不使流傳，徐氏著書時禁網已稍疏，然以特録錢氏原疏之故，仍不得不作自解之語，庶免違旨之嫌也。細繹牧齋此疏，措辭巧妙，内容固極可鄙。若就文章論，則殊令人欣賞不置。吾人今日讀史，應注意其所言馬士英左良玉鄭芝龍一節，蓋此三人乃當時之實力派。牧齋自崇禎晚年至清順治末歲，約二十餘年，前後欲依賴利用此三人以作政治活動，雖終無所成，然亦可藉是窺見明清間政治軍事關鍵之所在矣。孺木謂「謙益觊相位，日逢馬阮意游宴。」此數語最能道出牧齋及河東君心事。但河東君僅得爲汧國夫人之李娃而終不得作河東君之裴淑，其故雖如東澗遺老別傳所言「東林以國本爲終始，而公與東林爲終始。」然尚未窮溯其淵源，遂亦未盡通其本末也。

史惇慟餘雜記「東林緣起」條云：

> 東林之局，始於神廟寵鄭貴妃，有母愛子抱之意，而一二賢者，杯蛇弓影，形諸章奏，乃神廟不加嚴譴，望風者遂疑真有其事而競起，欲因以爲名高，且欲結知東宮，以爲厚利。

寅恪案，少時讀史見所述東林本末頗多，大抵與顧史兩氏之言無甚差异，故僅擇録一二條，聊見梗概而已，不遑亦不必廣徵也。近歲偶檢明史，始悟昔人所論，只從光宗與福王競爭皇位，即所謂「國本」開始，殊不足説明後來南都政局之演變，似有更上一層樓之必要，兹節録明史最有關之材料於下。

明史壹壹肆后妃傳孝定李太后傳略云：

> 孝定李太后神宗生母也。漷縣人。侍穆宗於裕邸。隆慶元年三月封貴妃。〔神宗〕即

位，上尊號曰慈聖皇太后。舊制天子立，尊皇后爲皇太后。若有生母稱太后者，則加徽號以別之。是時太監馮保欲媚貴妃，因以并尊風大學士張居正下廷臣議。尊皇后〔陳氏〕曰仁聖皇太后，（寅恪案，陳氏乃穆宗爲裕王時之繼妃，隆慶元年册爲皇后。實神宗之嫡母也。）貴妃曰慈聖皇太后，始無別矣。仁聖居慈慶宮，慈聖居慈寧宮。居正請太后視帝起居，乃徙居乾清宮。太后教帝頗嚴，帝事太后惟謹，而諸内臣奉太后旨者，往往挾持太過。帝嘗在西城曲宴，被酒，令内侍歌新聲，辭不能，取劍擊之。左右勸解，乃戲割其髮。翌日太后聞，傳語居正具疏切諫，令爲帝草罪己御札，又召帝長跪數其過。帝涕泣請改乃已。〔萬曆〕六年帝大婚，太后將返慈寧宮，敕居正曰，吾不能視皇帝朝夕，先生親受先帝付托，其朝夕納誨，終先帝憑几之誼。四十二年二月崩。后性嚴明，萬曆初政，委任張居正，綜覈名實，幾於富强，后之力居多。光宗之未册立也，給事中姜應麟等疏請，被謫。太后聞之，弗善。一日帝入侍，太后問故。帝曰，彼都人子也。太后大怒曰，爾亦都人子。帝惶恐伏地不敢起。蓋内廷呼宫人曰都人，太后亦由宫人進，故云。光宗由是得立。群臣請福王之藩，行有日矣，鄭貴妃欲遲之明年，以祝太后誕爲解。太后曰，吾潞王亦可來上壽乎？貴妃乃不敢留福王。

同書同卷孝靖王太后傳云：

孝靖王太后光宗生母也。初爲慈寧宮宮人。年長矣，帝過慈寧，私幸之，有身。故事宮中承寵，必有賞賚，文書房内侍記年月及所賜以爲驗。時帝諱之，故左右無言者。一日侍慈聖宴，語及之，帝不應。慈聖命取内起居注示帝，且好語曰，吾老矣，猶未有孫，果男者，宗社福也。母以子貴，寧分差等耶？〔萬曆〕十年四月封恭妃。八月光宗生，是爲皇長子。既而鄭貴妃生皇三子，進封皇貴妃，而恭妃不進封。二十九年册立皇長子爲皇太子，仍不封如故。三十四年元孫生，加慈聖徽號，始進封皇貴妃。四十年病革，光宗請旨得往省，宮門猶閉，抉鑰而入。妃目眚，手光宗衣而泣曰，兒長大如此，我死何恨？遂薨。

同書壹貳拾諸王傳潞簡王翊鏐傳略云：

潞簡王翊鏐穆宗第四子。隆慶二年生，生四歲而封。萬曆十七年之藩衛輝。初翊鏐以帝母弟居京邸，王店王莊遍畿内。比之藩，悉以還官，遂以内臣司之。皇店皇莊自此益侈。翊鏐居藩，多請贍田食鹽，無不應者。其後福藩遂緣爲故事。景王〔載圳〕就藩時，賜予概裁省，楚地曠，多閑田。詔悉予之。景藩除，潞得景故籍田，多至四萬頃，部臣無以難。至福王常洵之國，版籍更定，民力益絀，尺寸皆奪之民間，海内騷然。論者推原事始，頗以翊鏐爲口實云。翊鏐好文。四十二年薨。四十六年常淓嗣。後賊躪中州，常淓流寓於杭，順治二年六月降於我大清。

同書同卷福恭王常洵傳略云：

福恭王常洵神宗第三子。初，王皇后無子，王妃生長子，是爲光宗。常洵次之，母鄭貴妃最幸，帝久不立太子，中外疑貴妃謀立己子，交章言其事，竄謫相踵，而言者不止，帝深厭苦之。〔萬曆〕二十九年始立光宗爲太子，而封常洵福王。至四十二年始令就藩。〔崇禎〕十六年秋七月由崧襲封。明年三月京師失守，由崧與潞王常淓，俱避賊至淮安。四月鳳陽總督馬士英等迎由崧入南京。庚寅稱監國。壬寅自立於南京，僞號弘光。由崧性暗弱，湛於酒色聲伎，委任士英及士英黨阮大鋮。二人日以鬻官爵，報私憾爲事。未幾有王之明者，詐稱莊烈帝太子，下之獄。又有婦童氏，自稱由崧妃，亦下獄。於是中外譁然。明年三月南寧侯左良玉舉兵武昌，以救太子，誅士英爲名，順流東下。阮大鋮黃得功等帥師禦之，而我大清兵以是年五月己丑渡江。辛卯夜由崧走太平，蓋趨得功軍也。癸巳由崧至蕪湖。丙申大兵至南京城北。文武官出降。丙午執由崧至南京。九月甲寅以歸京師。

寅恪案，光宗生母王太后，乃其祖母，即神宗生母李太后之宫人。李太后亦是宫人出身。光宗生母與福王常洵生母，雖俱非正嫡，但常洵之生母，其出身遠勝於光宗之生母。光宗所以得立爲太子，純由其祖母李太后之壓力使然。李太后享年頗長，故光宗遂能維持其太子之地位，而不爲福王所替代。潞王翊鏐亦李太后所生，與光宗血親最近。由是言之，東林者，李太后之黨也。嗣潞王常淓之親祖母即李太后。此東林所以必需擁戴之以與福王由崧相抵抗。斯歷史背景，恩怨系統，必致之情事也。至若常淓之爲人，或優於由崧。然生於深宮之中，長於婦人之手，其賢不肖，外人甚難察知。就昔時繼承權論，自當以親疏爲標準。由崧之血統，與熹宗思宗共出於神宗。常淓之血統與熹宗思宗共出於穆宗。故兩者相較，常淓之皇帝繼承權，較由崧疏遠一級。據是言之，馬阮之擁立由崧，實爲合法。東林諸賢往往有認王之明爲真太子慈烺者，殆亦知常淓之繼承權不及由崧之合法歟？至認童氏爲真福王繼妃者，蓋欲藉此轉證弘光爲假福王，似亦同一用心也。（參舊題婁東梅村野史鹿樵紀聞上「兩太子」條及「兩疑案」條所載：「野史氏曰，余聞大悲初稱崇禎帝，又稱齊王，繼復稱神宗子，因宮闈有隙，寄育民間，長而爲僧。其言詭誕不足信，然知其決非妖僧也。童氏之爲繼妃，爲司寢，爲淮上私奔，亦未可定。然知其決非周王婦，與福王全無瓜葛也。餘姚黄宗羲，桐城錢秉鐙，皆以福王爲李伴讀，非朱氏子也，而童氏乃真妃。故當時譏刺詩有：隆准幾曾生大耳，可哀猶自唱無愁。白門半載迷朱李，青史千年紀馬牛。說者又謂東林復社之事，深憾馬阮，故造此謗，似矣。然觀童氏之哭求一見，而不可得，後之人猶不能無疑焉。」）昔年嘗見王船山之書，痛詆曹子建，以爲陳思王之詩文，皆其門客所代作，殊不解何以發此怪論。後來細思之，朱明一代，宗藩固多賢者，其著述亦甚豐富，儻詳悉檢察稽考，其中當有非宗藩本人自撰，而倩門客書傭代爲者。薑齋指桑罵槐，殆由於此耶？然則常淓果優於由崧與否，猶待證實。東林愛憎之口，未必盡可信據。有學集捌長干塔光集「一年」七律云：

一年天子小朝廷，遺恨虛傳覆典刑。豈有庭花歌後閤，也無杯酒勸長星。吹唇沸地狐群力，剺面呼風蜮鬼靈。（寅恪案，「蜮」，錢曾注本作「蝎」，是。）奸佞不隨京雒盡，尚流餘毒螫丹青。

牧齋此詩所言，固是偏袒弘光之辭，但亦應取與東林黨人之記載，以由崧爲天下之惡皆歸焉者，參互比較，求一平允之論也。華笑廎雜筆壹「黃梨洲先生批錢詩殘本」條，「一年詩」批云：

金陵一年，久將滅没，存此作詩史可也。

然則，梨洲以牧齋此律爲詩史，則其意亦不盡以弘光爲非，可以窺見矣。又關於阮大鋮王鐸二人，就鄙見所及，略述數語。圓海人品，史有定評，不待多論。往歲讀咏懷堂集，頗喜之，以爲可與嚴惟中之鈐山，王修微之樾館兩集，同是有明一代詩什之佼佼者，至所著諸劇本中，燕子箋春燈謎二曲，尤推佳作。（寅恪案，張岱石匱書後集肆捌阮大鋮傳，引羅萬象奏言：「大鋮實未知兵，恐燕子箋春燈謎未見枕上之陰符而袖中之黃石也。」亦足證當日阮氏兩劇本盛行，故萬象據以爲言。又夏燮明通鑒附編壹附記壹下大清世祖章皇帝順治元年十二月辛巳條云：「阮大鋮以烏絲闌寫己所作燕子箋雜劇進之。歲將暮，兵報迭至。王一日在宮，愀然不樂。中官韓贊周請其故。王曰，梨園殊少佳者。贊周泣曰，奴以陛下或思皇考先帝，乃作此想耶？時宮中楹句有：萬事不如杯在手，一年幾見月當頭？旁注：「東閣大學士王鐸奉敕書云。」亦可旁證圓海之戲劇，覺斯之書法俱爲當時之絶藝也。）其痛陳錯認之意，情辭可憫。此固文人文過飾非之伎倆，但東林少年似亦持之太急，杜絶其悔改自新之路，竟以「防亂」爲言，遂釀成讐怨報復之舉動，國事大局，益不可收拾矣。夫天啓亂政，應以朱由校魏忠賢爲魁首，集之不過趨勢群小中之一人。揆以分別主附，輕重定罪之律，阮氏之罪，當從末減。黄梨洲乃明清之際博雅通儒之巨擘，然囿於傳統之教訓，不敢作怨懟司馬氏之王偉元，而斤斤計較，集矢於圓海，斯殆時代限人之一例歟？（寅恪檢明季稗史本夏完淳續幸存録「南都雜志」中「阮圓海之意」條云：「圓海原有小人之才，且阿璫亦無實指，持論太苛，釀成奇禍，不可謂非君子之過。阮之阿璫，原爲枉案。十七年田野，斤斤以十七年合算一疏，爲楊左之通王安，呈秀之通忠賢，同爲通内。遂犯君子之忌。若目以阿璫，烏能免其反擊乎？」存古之論，頗爲公允。至「十七年合算一疏」之「十」字應删去，蓋寫刻者涉上文「十七年田野」之語而衍也。）後來永曆延平傾覆亡逝，太冲撰「明夷待訪録」，自命爲殷箕子，雖不同於嵇延祖，但以清聖祖比周武王，豈不愧對「關中大儒」之李二曲耶？惜哉！

王覺斯者，明末清初之大藝術家。牧齋爲王氏作墓志銘盛稱其書法，而有關政治諸事，多從省略，不僅爲之諱，亦以王氏之所長，實在於此故也。（見有學集叁拾「故宮保大學士孟津王公墓志銘」。）當崇禎十七年三月北京岌岌不可終日之時，錢王二人同時起用，思宗之意似欲使之治國治軍以振危亡之局，誠可嘆可笑也。

清史稿肆世祖本紀云：

〔順治二年五月〕丙申多鐸師至南京，故明福王朱由崧及大學士馬士英遁走太平。忻城伯趙之龍，大學士王鐸，禮部尚書錢謙益等三十一人以城迎降。

夫此文官班首王錢二人，俱是當時藝術文學大家。太平之世，固爲潤色鴻業之高才，但危亡之時，則舍迎降敵師外，恐別無見長之處。崇禎十七年三月二人之起用，可謂任非其材。弘光元年五月二人之迎降，則得其所矣。茲有一事可注意者，即二人在明季俱負盛名，覺斯果位躋宰輔，牧齋終未列揆席，蓋亦有特殊理由。國榷壹佰壹崇禎十七年五月條云：

癸巳南京詹事兼翰林院侍讀學士姜曰廣，前禮部尚書兼翰林院學士王鐸并爲禮部尚書兼東閣大學士，直文淵閣。時同推前禮部右侍郎陳子壯。少詹事黄道周，右庶子徐汧，而監國故與鐸有舊。

同書同卷崇禎十七年十月乙卯朔條云：

王庸王無黨世授南京錦衣衛指揮僉事。俱大學士王鐸子。以舟渡慈鑾也。

據此覺斯之得爲宰相，由於與由崧有舊。牧齋之不得爲宰相，由於與東林即主立潞王常淓者有關。大悲之獄，牧齋亦被牽連（見鹿樵紀聞上福王條下，國權壹佰叁崇禎十七年甲申十二月丙寅條，小腆紀年附考捌順治元年甲申十二月己巳「明下狂僧大悲於鎮撫司」條及同書玖順治二年乙酉二月癸未「明僧大悲伏誅」條并夏完淳續幸存録「南都大略」中「妖僧大悲」條等。）故知李太后光宗之黨與鄭貴妃福王之黨，其分野恩怨始終不變。牧齋之未躋宰輔乃佛教「中陰身錯投母胎」，如西游記小説之豬八戒，即是其例。　龔駿道人（見金氏錢牧齋先生年譜首。）往往以老歸空門自許，儻亦通解此妙諦耶？

第叁章引玉臺畫史載黄媛介畫扇題有「甲申夏日寫於東山閣」之語，因論皆令作畫之際似在崇禎十七年首夏，河東君將偕牧齋自常熟往南京翊戴弘光之時。兹更據國榷壹佰壹崇禎十七年四月條略云：

甲申（廿七日）史可法迎（福王）於邵伯鎮。

丙戌（廿九日）福王至燕子磯。

丁亥（卅日）福王次龍江關。

五月條略云：

庚寅（初三日）福王監國。

壬寅（十五日）監國福王即皇帝位於武英殿。

六月條云：

壬戌（初六日）錢謙益爲南京禮部尚書，兼翰林院侍讀學士、協理詹事府。

同書卷首之三部院上南京禮部尚書欄載：

甲申崑山顧錫疇□□□□進士，五月任，署吏部。

弘光實録鈔壹崇禎十七年甲申條略云：

（五月）乙卯召陳子壯爲禮部尚書。

（六月）辛酉起錢謙益協理詹事府事，禮部尚書。

（六月）丙子禮部尚書顧錫疇上言，刻期進取。

同書貳崇禎十七年甲申條云：

（九月）甲辰起黄道周爲禮部尚書，兼侍讀學士，協理詹事府事。

同書叁弘光元年乙酉條云：

〔二月〕己巳禮部尚書顧錫疇致仕，以錢謙益代之。

明史貳伍伍黄道周傳略云：

福王監國，用道周吏部左侍郎。道周不欲出，馬士英諷之曰，人望在公，公不起，欲從史可法擁立潞王耶？乃不得已趨朝。拜禮部尚書，協理詹事府事，而朝政日非，大臣相繼去國，識者知其將亡矣。明年三月遣祭告禹陵。甫竣事，南都亡。

綜合推計之，則錢柳二人同由常熟赴南京之時間，當在甲申七月廿五日福王催其速赴南京任以後。（見下引臥子「薦舉人才疏」批語。）其所以赴任之理由，或與黃道周被迫之情勢相同，亦未可知。考當時原任禮部尚書爲顧錫疇，顧氏署吏部，至弘光元年乙酉二月致仕，牧齋乃補其原任實缺。所以不以石齋補顧氏原缺者，因漳浦求去之志已堅，藉故出都，馬阮輩知之甚審，遂不以黃而以錢代顧。至牧齋是否在此以前，獨往南京，然後還家坐待新命，尚俟詳檢。據明季稗史初編壹肆夏允彝幸存録云：「錢謙益雖家居，往來江上，亦意在潞藩。」然則牧齋似曾至金陵，謀立潞王也。餘見下所論。關於錢柳同往南京事，舊籍有涉及此時之記載，茲擇引數條，略辨之於下。

鹿樵紀聞上（參趙祖銘國朝文獻邁古録貳拾。）略云：

先是錢謙益入都，其妾柳如是戎服控馬，插裝雉尾，作昭君出塞狀。服妖也。

明季稗史初編壹陸夏完淳續幸存録「南都雜志」條（參南明野史上「起錢謙益陳子壯，轉黃道周，各禮部尚書」條等。）云：

錢謙益家妓爲妻者柳隱，冠插雉羽，戎服騎入國門，如明妃出塞狀。（寅恪案，昭君出塞之裝束，可參一九五七年戲劇報第拾期封面尚小雲漢明妃圖。）

牧齋遺事云：

弘光僭立，牧翁應召，柳夫人從之。道出丹陽，同車携手，或令柳策蹇驢，而已隨其後。私語柳曰：「此一幅昭君出塞圖也。」邑中遂傳錢令柳扮昭君狀，炫煌道路。吁！衆口固可畏也。

然則，錢柳自常熟至南京，道出丹陽時，得意忘形，偶一作此游戲，亦有可能，遂致衆口訛傳，仇人怨家，藉爲詆誚之資。遺事之言，最爲近情。其他如吴夏諸書所記，殊不足信也。噫！當揚州危急之時，牧齋自請督師，河東君應可隨行。然弘光不許牧齋作韓世忠，（見錢曾有學集詩注捌長干塔光集「鷄人」七律「刺閨痛惜飛章罷」句下自注云：「余力請援揚，上深然之。已而抗疏請自出督兵，蒙温旨慰留而罷。」）故河東君雖願作梁紅玉而不能。迨南都傾覆之後，牧齋隨例北遷，河東君亦可偕行，但終留江南。故河東君雖可作漢明妃而不願。其未能作梁紅玉，誠是遺憾。但不願爲王昭君，殊甚欽服也。又檢林時對荷牐叢談叁「鼎甲不足貴」條云：

吴偉業辛未會元榜眼，薄有才名，詩詞佳甚。然與人言，如夢語囈語，多不可了。余久知其迷心。鼎革後，投入土撫國寶幕，執贄爲門生，受其題薦，復入詞林。未有子，多携姬妾以往。滿人詗知，以拜謁爲名，直造内室，恣意宣淫。受辱不堪，告假而歸。又以錢糧奏銷一案，褫職，慚憤而死。所謂身名交敗，非耶？

寅恪案，林氏之語過偏，未可盡信，然藉此亦得窺見當建州入關之初，北京漢族士大夫受其凌辱之情況。河東君之獨留南中，固由於心懷復楚報韓之志業，但其人聰明絶世，似亦懸知藕翁所述梅村困窘之狀歟？

自崇禎十七年五月十五日至次年，即弘光元年五月十五日，此「一年天子小朝廷」之歲月，實河東君一生最榮顯之時間也。牧齋投筆集上後秋興之三「八月初十日小舟夜渡，惜别而作」八首之二「幾曾銀浦（「浦」似應作「漢」。）共仙槎」句，蓋惜河東君得意之時間甚短也。關於此時間涉及河東君者亦有數事，兹略述之於下。

計六奇明季北略貳肆五朝大事總論中，門户大略「韓錢王鄒才既相伯仲」條（參南明野史上「起錢謙益陳子壯轉黄道周各禮部尚書」條等。）云：

錢〔謙益〕聲色自娱，末路失節，既投阮大鋮而以其妾柳氏出爲奉酒，阮贈以珠冠一頂，價值千金。錢令柳姬謝阮，且命移席近阮。其醜狀令人欲嘔。嗟乎！相鼠有體，錢胡獨不之聞？

寅恪案，前引談孺木之言謂「謙益覬相位，日逢馬阮意游宴，聞者鄙之。」牧齋與馬阮游宴，自是當然之事。頗疑錢阮二人游宴尤密，蓋兩人皆是當日文學天才，氣類相近故也。牧齋既與圓海游宴，河東君自多參預，此亦情勢所必至。圓海乃當日編曲名手，世所推服，鹿樵紀聞上「馬阮始末」條云：

諸公故聞其有春燈謎燕子箋諸劇本，問能自度曲否？即起執板，頓足而唱。諸公多北人，不省吴音，則改唱弋陽腔，諸公於是點頭稱善曰，阮君真才子。

據此集之不僅能製曲，且能度曲。河東君之能度曲，自不待言，前多論及，不必復贅。觀戊寅草中諸詞，頗有似曲者，如「西河柳」之類，即是例證。然則牧齋招宴圓海筵上，柳阮二人，必極彈絲吹竹之樂。但歌唱音樂牧齋乃門外漢，白香山新樂府杏爲梁篇云：「心是主人身是客」一語，真可作南都禮部尚書官署中招宴阮氏之綺席寫照矣。圓海珠冠之贈，實爲表達賞音知己之意，於情於禮，殊應如此，然牧齋此際，則不免有向隅之嘆也。

夫牧齋雖不善編劇度曲，然最擅長詩什。其與圓海游宴所賦篇章應亦不少。河東君想亦間有酬和阮氏之作。前引牧齋「題爲黄子羽書詩册」云：「余自甲申後，發誓不作詩文。間有應酬，都不削稿。」所謂「文」者，即甲申十月丁巳日所上「嚴内治，定廟算，振紀綱，惜人才。」四事疏之類。所謂「詩」者，即與圓海等所賦篇章之類。「間有應酬」一語，其「應酬」，固是事實，而「間有」則恐不確耳。牧齋之删棄此時作品，雖可掩飾其醜行，但河東君之詩篇流傳於天壤間者，轉因是更減少一部分，殊可惜也。

在此時間内錢柳二人除與馬阮游玩外，尚有招宴當日名士，即河東君舊交一事，最堪注意。第叁章論河東君與李待問之關係節，已引王澐虞山柳枝詞第陸首及自注并其他有關李氏事迹諸條。讀者可取參閱，兹不重述。但存我在明南都時爲中書舍人。前所引史料，雖已言及之，至其何時始離去南都，則未能確知。檢張岱石匱書後集叁肆江南死義列傳李待問傳云：

李待問南直華亭人。崇禎癸未進士。甲申北變，以歸里不及難。弘光登極，待問之南都，授中書舍人。南都繼陷，逃至松江。

是存我之離南都，乃在弘光元年五月十五日前後也。王勝時所述牧齋招宴存我，河東君遣婢送還玉篆一事，究在何時，尚待考證。

又檢宋尚木含真堂集陸有：「元宵同陳實庵太史集錢宗伯齋，張燈陳樂，觀魚龍之戲。」云：

疏鐘箭漏思冥冥，盡醉芳筵日幕情。葭谷漸回春乍暖，金吾不禁月偏明。星橋匝樹連銀漢，鵾管吹笙跨玉京。莫道上林誇角觝，大官俱得戲長鯨。

寅恪案，陳實庵太史者，陳忠裕公全集壹柒湘真閣集「酬陳實庵翰林」七律附考證據紹興府志疑實庵即陳美發。今檢乾隆修紹興府志叁壹選舉志貳進士欄明崇禎元年戊辰科劉若宰榜云：

陳美發，左贊善，上虞人。

考證所言，當即出此。又檢光緒修上虞縣志玖陳堈傳云：

子美發，字木生，幼奇穎，善屬文。天啓丁卯（七年）舉人，戊辰（崇禎元年）進士，授翰林院庶吉士。辛未（四年）升檢討，分校禮闈，稱得士，晋東宫日講官。丁外艱，特恩賜祭，服闋赴都，轉翰林諭德。時會推閣臣，廷議以非祖制，事寢。奉敕封藩。歸里，卒，年三十九。（康熙志）美發與族父達生，族弟元暎，時稱陳氏三鳳。

但美發是否號實庵，未見明文，且傳文所記甚簡略，或有所忌諱，尚須詳考。若果是實庵者，則與尚木爲天啓丁卯科舉人同年也。（參光緒修華亭縣志壹貳選舉上舉人表。）

或疑尚木詩題所謂「陳實庵太史」，乃陳于鼎，其名號「鼎」與「實」有相關之意。其官職與太史又相符合，且陳卧子兵垣奏議上「薦舉人才疏」有「庶吉士陳于鼎，英姿壯志。」之語。故此説殊有可能。由是觀之，卧子詩題下莊師洛之考證，未必確切。于鼎事迹見小腆紀傳陸叁本傳。其人即下引林時對荷牐叢談叁所謂「小王八」者，是也。

尚木詩題中僅言弘光元年元夕與實庵同集牧齋中，然此夕既是張燈陳樂，觀魚龍之戲，如是盛會，所招之客，絶不止陳宋二人。讓木不過舉實庵以概其餘。或者實庵亦有同賦此題之詩，遂語及之耳。讓木此時與存我同爲中書舍人（見下論。）又同爲松江籍，更俱是河東君舊友。揆以物以類聚之義，牧齋此夕頗有招宴存我之可能。問郎玉篆之送還，恐即在此夕。蓋預宴者既甚多，依當日禮俗之限制，河東君若以女主人身分，親出陪客，且持此紀念品面交問郎，在河東君方面，雖可不介意，在牧齋方面，則難免有所顧忌，故遣雙鬟代送耶？俟考。

第叁章論河東君居松江時最密切之友人爲宋轅文，李存我，陳卧子。當錢柳南都得意之際，轅文在何許，尚無確證。據陳忠裕公全集貳陸「三子詩選序」略云：

> 三子者何？李子雯宋子徵輿及不佞子龍也。今天子起淮甸，都金陵，東南底定。予入備侍從，請急還里。宋子閑居，則梓三人之詩爲一集，大率皆庚辰以後之作也。

并雲間三子新詩合稿陸轅文「野哭」題下自注云：「五月初一日始聞三月十九事，越數日，始得南都新詔，臣民哭臨，服除而作。」及同書捌「聞吴大將軍率關寧兵以東西二虜大破李賊志喜二律」等，（參國榷壹佰壹崇禎十七年甲申四月丁丑「吴三桂大破賊於關内」條。）可略見轅文此時踪迹，而其詳則不得而知。（今峭帆樓叢書重校刻雲間三子新詩合稿王培孫植善序，誤以宋徵璧所撰陳子龍平露堂集序中「乙丙之際」爲順治二年乙酉，三年丙戌。其實宋序之「乙丙」乃指崇禎八年乙亥，九年丙子也。特附正之於此。）但河東君早與轅文絶交，假使此時在南都，亦必與錢柳不相往來無疑也。存我此際供職南都，河東君既已送還問郎玉篆，則昔日一段因緣，亦於此了結。至於卧子則爲河東君始終眷戀不忘之人，前述崇禎十七年甲申夏日黄媛介畫扇，河東君題有卧子滿庭芳詞即是其證。故寅恪戲作一絶，中有「一念十年抛未得」之語，實能道出河東君之心事也。今所欲論者，即卧子在南都之時間，是否亦曾與李存我宋讓木陳實庵輩同被牧齋招宴等問題。兹擇録卧子自撰年譜，兵垣奏議，焚餘草及讓木含真堂集并參以國榷等，綜合考釋之於下。

陳忠裕全集年譜中崇禎十七年甲申條略云：

弘光帝監國南都，予補原官〔兵科給事中〕，隨奉命巡視京營。予以國家傾覆之後，義不敢申前請〔辭兵科給事中〕，而又決江左事尚可爲，決計赴召。

予遂以六月望後入都，而是時貴陽（指馬士英。）入輔，詳符（指史可法。）出鎮，國事稍變矣。貴陽一至，即薦懷寧（指阮大鋮。）當大用，衆情大嘩，攻者四起。

貴陽先君同籍也，遇予亦厚，其人儻蕩不羈，久歷封疆，於門户之學，非素所深研也。當困厄時，與懷寧为狎邪之交，相歡如父子，浸潤其言，且曰，苟富貴，無相忘。及貴陽柄用，而懷寧挾其權智以御之，且責前盟。見攻之者多，則曰，彼黨人者，不殺我兩人不止。又造作蜚語以爲主上之立，非諸君子意，故力攻擁戴定策之人，以孤人主之勢。蓋懷寧挾貴陽以爲援，而貴陽挾主上以自解。予因正告貴陽曰，懷寧之奸，海內莫不聞，而公之功亦天下所共推也。公於人無豪髮之隙，奈何代人犯天下之怒乎？且公之冒不韙而保任者，以生平之言不可負也。公以素交而薦之，衆以公義而持之，使公既信友又不害法，則衆之益公者大矣。而公何怒爲？今國家有累卵之危，束手坐視，而争此一人，异日責有所歸矣。貴陽曰，逆案本不可翻也。止以懷寧一人才不可廢耳。予曰，公既不能負懷寧，而獨用之，則懷寧又何辭以拒同科之數百人而獨登膴仕乎？一小人用，衆小人進。必然之勢。一逾短垣，雖公亦無如之何矣。且公爲宰輔，苟能真心以求天下之才，何患無人？如懷寧者，何足數哉！

予私念時事必不可爲，而祖父俱在淺土，甚懼。請急歸營窀穸之事，蒙恩允放。予在言路，不過五十日，章無慮三十餘上，多觸之言。時人見嫉如仇，及予歸，而政益异。木瓜盈路，小人成群，海內無智愚，皆知顛覆不遠矣。

同書同卷弘光元年乙酉條云：

時群小愈張，諸君子多被彈射。予爲此輩深忌，而未有以中。私念大母年益高多病，再出必重禍以爲親憂，陳情侍養，得遂宿志焉。

陳卧子先生兵垣奏議上「薦舉人才疏」略云：

已補者如錢謙益黄道周徐汧吴偉業楊廷麟等，皆一時人望，宜速令赴闕。庶吉士陳于鼎英姿壯志見累門閥，既以不阿鄉衮，浮沈至今，困衡之士，荏苒足惜。當量才録用也。（寅恪案，林時對荷牐叢談叁「東林依草附木之徒」條云：「江南有老亡八小亡八之謡，老謂謙益孽柳影，小則陳于鼎溺韵珠云。」蔛庵之書語多偏激，未可盡信，但所記江南之謡，或是實録。噫！卧子爲人中之龍，此時薦舉二龜，豈神州陸沈之先兆乎？由今思之，可嘆亦可笑也。）

此文後附批語略云：

崇禎十七年七月二十五日奉旨：人才宜乘時徵用，説得是。錢謙益等速催來京到任。

同書下「請假葬親疏」批語云：

崇禎十七年八月十一日奉旨：陳子龍准給假三個月，即來供職，不得遲延。該部知道。

國権壹佰貳崇禎十七年八月癸酉（十八日）「南京兵科給事中陳子龍言中興之主莫不身先士卒。」條云：

子龍尋省葬。

同書壹佰肆弘光元年二月丙寅（十三日）條云：

許兵科給事中陳子龍終養。

同書壹佰貳崇禎十七年六月壬戌（初六日）條云：

錢謙益爲南京禮部尚書兼翰林院侍讀學士。寅恪案，卧子以崇禎十七年甲申六月望後至南都，八月十八日准假還里葬親。其在南都之時間不過五十日。牧齋是否在崇禎十七年七月廿五日以前曾一度獨至南都預謀立君之事，今難確考。但牧齋於是年六月初六日已補授禮部尚書，至七月廿五日尚未至都就職。姗姗來遲，頗覺可怪。據國榷壹佰貳崇禎十七年八月廿一日丙子「宗貢生朱統鑍又誣奏姜曰廣陳必謙等」條略云：

> 丙子宗貢生朱統鑍又誣奏姜曰廣及陳必謙等。初陳必謙北轉，邑人錢謙益求復官未遂。今入京首詆之，結歡馬士英，同諸勳貴，專言定策，意逐高弘圖姜曰廣代之，而謙益先入金陵，亦謀迎潞王，又心昧之矣。

夏彝仲幸存録云：

> 錢謙益雖家居，往來江上，亦意在潞藩。（此條上已引。）

談遷棗林雜俎仁集逸典類「异議」條云：

> 錢謙益侍郎觸暑步至膠東（指高弘圖）第中，汗渴解衣，連沃豆湯三四甌。問所立，膠東曰：福藩。色不懌，即告别。膠東留之曰，天子毋容抗也。錢悟，仍坐定。遽令僕市烏帽，謂：我雖削籍，嘗經赦矣。候駕江關，諸臣指异之。監國初，復官。八月入朝，陰附貴

陽，（指馬士英）日同朱撫寧（國弼），劉誠意（孔昭），趙忻城（之龍），張冢宰捷，阮司馬大鋮，聯疏訐异議者。膠東解相印，欲卜居虞山，謙益恐忤貴陽，却之，且不祖送。可爲牧齋在福王即位以前已先入南京之一旁證。然則牧齋先至南京預謀擁立潞王之後，始還常熟，坐待機會耶？

茲姑不深究其遲滯不前之故，惟有一事可以決言者，即河東君之至南都，當與牧齋同行赴任。計其抵都之日，至早亦必在七月下旬之末，距卧子准假還家之時，僅十餘日。陳錢交誼素篤，觀卧子自撰年譜崇禎十年丁丑條略云：

> 會吴中奸民張漢儒訐奏錢牧齋瞿稼軒以媚政府。有旨逮治。予與錢瞿素稱知己。錢瞿至西郊，朝士未有與通者，予欲往見，僕夫曰，較事者耳目多，請微服往。予曰，親者無失其爲親，無傷也。冠蓋策馬而去，周旋竟日乃還。其後獄急，予頗爲奔奏。（寅恪案，蓼齋集肆貳有「上牧齋年伯於獄中」五古一首，然則不獨卧子即舒章亦與牧齋交誼甚篤也。）

及陳忠裕全集壹壹湘真閣稿「東皋草堂歌」序云：

> 東皋草堂者，給諫瞿稼軒先生别墅也。丙子冬奸民奉權貴意，訐錢少宗伯及先生下獄。賴上明聖，越數月而事得大白。我友吴駿公太史作東皋草堂歌以記之。時予方廬居，駿公以前歌見寄，因爲屬和。辭雖不工，而悲喜之情均矣。

然則錢陳兩人之舊日關係，既如卧子所自述，牧齋之赴南都就禮部尚書任，復經卧子之催促，故錢陳此次兩人同在金陵，雖爲時甚短，揆以常情，必無不相見之理。儻卧子造訪牧齋，或牧齋招宴卧子，不知河東君是否采取如對待李存我之方式，以對待卧子，抑或如元微之鶯鶯傳所載，鶯鶯適人後，張生求與相見，終不爲出，賦詩謝絶。今日俱無從得悉。若河東君采取雙文對待張生之方式，以對待卧子者，則雙文詩「棄置今何道，當時且自親。還將舊時意，憐取眼前人。」之「眼前人」，即卧子崇禎十四年辛巳所納之沈氏。但不知此宜男之良家女，（見卧子年譜後附王澐撰三世苦節傳。）能及崇禎六年癸酉秋間白龍潭舟中，八年乙亥春間生生庵南樓中舊時「眼前人」百分之幾耶？噫！吾人今日追思崔張楊陳悲歡離合之往事，益信社會制度與個人情感之衝突，誠如盧梭王國維之所言者矣。

寅恪曾寄答朱少濱叟師轍絶句五首，不僅爲楊玉環李三郎陳端生范菼道，兼可爲河東君陳卧子道。茲附録之於下，以博讀者一笑。

甲午春朱叟自杭州寄示觀新排長生殿傳奇詩，因亦賦答絶句五首。

近戲撰「論再生緣」一文，故詩語牽連及之也。

洪死楊生共一辰，美人才士各傷神。白頭聽曲東華史，（叟自號「東華舊史」。）唱到興亡便掩巾。

淪落多時忽值錢，霓裳新譜聖湖邊。文章聲價關天意，搔首呼天欲問天。（用再生緣語。）

艷魄詩魂若可招，曲江波接浙江潮。玉環已遠端生近，瞑寫南詞破寂寥。

一抹紅牆隔死生，百年悲恨總難平。我今負得盲翁鼓，説盡人間未了情。

豐幹饒舌笑從君，不似遵朱頌聖文。願比麻姑長指爪，儻能搔著杜司勳。

又檢陳忠裕全集壹柒七律補遺「乙酉上元滿城無燈」云：

江皋夜色遍烽屯，鼓吹聲銷萬户春。幕府但聞嚴戍火，治城不動踏歌塵。九枝瓊樹沈珠箔，半榻香風散錦茵。獨有淒涼霜塞月，偏乘畫角照杯頻。

寅恪案，前論宋尚木弘光乙酉元夕集牧齋齋中「張燈陳樂觀魚龍之戲」詩，謂此夕盛會或有李待問在座之可能。尚木存我卧子三人同爲河東君雲間舊友，而陳李與河東君之交誼，時間尤爲長久，儻讀者取尚木卧子兩人同時异地所賦之詩以相對照，則是夕南宗伯署中（參前引有學集貳拾贈黄皆令序。）與松江城内普照寺西之宅内（見王澐雲間第宅志「陳工部所聞給諫子龍宅」條。）一熱一冷之情景大有脂硯齋主（寅恪案，脂硯齋之别號疑用徐孝穆玉臺新咏序「然脂暝寫」之典，不知當世紅學專家以爲然否？）評紅樓夢「壽怡紅群芳開夜宴」回中，「芳官嚷熱」一節之感慨。（見脂硯齋重評石頭記庚辰四閲評過本陸叁回。）唯脂硯齋主則人同時异，而潁川明逸（見王澐續卧子年譜順治二年乙酉八月條後附案語。）則時同人异，微有區别而已。至續幸存録於阮大鋮有恕辭，論者或據以爲幾社與復社不同之點在此。今觀卧子自撰年譜「崇禎十七年甲申」一條，涉及馬士英之語，則知幾社領袖如陳氏者，其對阮氏之態度，實無异復社。或説之未當，不待詳辨矣。

抑更有可論者，宋徵璧含真堂集陸「予以病請假，戲摘幽蘭緘寄大樽。」云：

采采緘題寄所思，水晶簾幙弄芳姿。朱弦乍奏幽蘭曲，郢客長吟白雪詞。君子名香心自賞，美人皋佩意何遲。巖阿寂寂堪招隱，不信東風有别離。

寅恪案，此詩之作成當在弘光元年二月丙寅即十三日，准卧子終養後不久之時間。蓋尚木得知此訊，故賦詩寄卧子。觀七八兩句及蘭花開放季節可以證明。其緘封蘭花，與崇禎六年癸酉寒日兩人同在北京待會試時，卧子卧病因緘封臘梅花一朵以表慰問之意者，正復相似，（見陳忠裕公全集陳李唱和集「寒日卧邸中讓木忽緘臘梅花一朵相示」五古及本文第叁章所論。）不過前時爲卧子卧病旅邸，此時則爲尚木以病請假，略爲不同。宋氏往往緘封花朵，寄慰友人，何其喜作此兒女子之戲，豈當日習俗如是耶？俟考。

以常情論，卧子必有答宋氏之篇什。今檢陳氏詩集未發見有類是之作。唯陳忠裕公集貳拾詩餘中有念奴嬌「春雪咏蘭」一闋，雖未能確定其何時所賦，但必是與尚木寄詩時相距不久之作，故疑是因宋氏之詩有所感會而成。此闋甚佳，因移録之於下。

其詞云：

問天何意，到春深，千里龍山飛雪。解珮凌波人不見，漫説蕊珠宫闕。楚殿烟微，湘潭月冷，料得都攀折。嫣然幽谷，只愁又聽啼鴂。

當日九畹光風，數莖清露，纖手分花葉。曾在多情懷袖裏，一縷同心千結。玉腕香銷，雲鬟霧掩，空贈金跳脱。洛濱江上，尋芳再望佳節。

又含真堂集陸有「東大樽」七律云：

時同侍從武英，陳曰，所謂君隨丞相後，吾住日華東。予答曰，不若婉孌崑山陰。

何期東髮便相親，百尺樓邊美卜隣。十載浮沈隨木石，一時憔悴識君臣。東風苦雨愁啼鴂，南浦扁舟問采蓴。知有崑陰堪婉孌，可容觴咏倦游人。

寅恪案，此詩作成當在弘光元年春暮或即酬答卧子念奴嬌「春雪咏蘭」詞亦未可知。蓋兩人詩詞中其語意可以互相證發也。檢陳忠裕全集貳陸宋尚木詩稿序云：

予與尚木同里閈稱無間，相倡酬者，幾二十年。自予治獄東土，而尚木往來舊都，蓋四五祀不數見也。今上定鼎金陵，而兩人皆以侍從朝夕立殿上，退則各入省治事。諸公相過從報問，忽忽日在桑榆間矣。予既廢筆墨，而尚木亦未見所謂吟咏者。及予請急東歸，明年尚木以奉使過里門，則出新詩數卷見示。

及嘉慶修松江府志伍陸宋徵璧傳云：

宋徵璧字尚木，華亭人，懋澄子。初在幾社中名存楠。崇禎十六年進士，授中書，充翰林院經筵展書官，奉差督催蘇松四府柴薪銀兩，未復命，以國變歸里。

頗疑尚木將往蘇松四府督催柴薪銀兩時，先以此詩柬大樽，故第陸句有「南浦扁舟問采蓴」之語。「南浦」指松江而言。第捌句「可容觴咏倦游人」之「倦游」，出史記壹壹柒司馬相如傳「長卿故倦游」。裴駰集解引郭璞曰「厭游宦也。」漢書伍柒司馬相如傳王先謙補注曰：「倦游謂游宦病免而歸耳。言其曾爲官也。」葵園即襲用景純之解，而不著其名。尚木以長卿自比，謂將因奉使歸里也。宋氏賦詩之時，當在弘光元年暮春。其至松江，以所作詩稿示卧子，屬爲之序，未及復命，而南都傾覆矣。尚木此詩所言，可與卧子所作「宋尚木詩稿序」所述兩人同在南都供職時事相印證。故尚木詩題序所言，即崇禎十七年甲申六月望後至八月十一日間陳宋兩人之情況，讀者不可誤會，以爲尚木賦此詩時之事也。

尚木詩題序中引卧子之語，出杜工部集拾「奉答岑參補闕見贈」五律第壹聯，蓋是時尚木任中書舍人，卧子任兵科給事中，正與杜岑當日情事符合。詳見諸家杜詩注，不須贅述。

尚木答語出文選貳肆陸士衡「贈從兄車騎」五古，其詩云：

孤獸思故藪，離鳥悲舊林。翩翩游宦子，辛苦誰爲心。髣髴谷水陽，婉孌崑山陰。營魄懷兹土，精爽若飛沈。寤寐靡安豫，願言思所欽。感彼歸塗艱，使我怨慕深。安得忘歸草，言樹背與衿。斯言豈虚作，思鳥有悲音。

尚木詩語意全從士衡此篇得來，故不避鈔胥之嫌，特移録之，并以見幾社名士之熟精選理及玩習盛唐詩什之一斑也。

當南都錢柳得意之際，河東君男性舊友如李存我宋尚木二人確有相與往來之事迹，陳卧子是否亦有一見之機緣，尚待研考。其他男性故交，更不易詳知矣。至女性朋輩，則據前引牧齋「贈黄皆令序」中「南宗伯署中閑園數畝，老梅盤拏，奈子花如雪屋。烽烟旁午，訣别倉皇。」等語，知皆令自弘光元年正月至五月，必在南都留宿禮部尚書署中，爲河東君之女伴兼作牧齋之清客。或者錢柳崇禎十七年甲申秋季，就南宗伯任時，皆令即已隨行，若不然者，皆令仿傚程孟陽至常熟伴牧齋度歲之成例，亦至南都伴河東君度歲。今以缺乏資料，無從詳考。但有可注意之一事，即皆令留居錢柳家中，河東君璧還問郎玉篆之際，能否從青瑣中窺見是夕筵上存我及牧齋并諸座客之面部表情如何耳。一笑！

明南都傾覆，牧齋迎降清兵，隨例北遷。關於錢氏此時之記載頗多，有可信者，有不可信者。但其事既絶不涉及河東君，非本文主旨所在，若一一詳加考辨，則不免喧賓奪主，故皆從省略。

上引顧苓河東君傳云：

乙酉五月之變，君勸宗伯死，宗伯謝不能。君奮身欲沈池水中，持之不得入。其奮身池上也，長洲明經沈明掄館宗伯寓中見之，而勸宗伯死，則宗伯以語兵科都給事中寶豐王之晋，之晋語余者也。是秋宗伯北行，君留白下。宗伯尋謝病歸。

同治修蘇州府志捌捌沈明掄傳云：

沈明掄字伯叙。精春秋，得安成聞喜之傳，與同里徐汧李模鄭敷教友善，從游甚衆。崇禎癸酉以恩貢中順天副榜。乙酉亂後，授徒自給。三十餘年卒。

重刻雍正修河南通志伍貳選舉貳明天啓五年乙丑科余煌榜載：

王之晋，寶豐人，給事中。

寅恪案，云美特記南都傾覆時河東君欲自沈，并勸宗伯死一事，備列人證，所以明其非阿私虛構，有類司馬温公撰涑水紀聞之體，故吾人今日可以信其爲實録也。

復次，顧公燮消夏閑記選存「柳如是」條云：

宗伯暮年不得意，恨曰，要死，要死。君叱曰，公不死於乙酉，而死於今日，不已晚乎？柳君亦女中丈夫也哉！

虞陽說苑本牧齋遺事云：

乙酉五月之變，柳夫人勸牧翁曰，是宜取義全大節，以副盛名。牧齋有難色。柳奮身欲沈池中，（原注：瞿本有「牧翁」二字。一本「牧翁」下有「抱」字。）持之不得入。是時長洲沈明掄館於尚書家，親見其事，歸說如此。後牧齋偕柳游拂水山莊，見石澗流泉，澄潔可愛，牧齋欲濯足其中，而不勝前卻。柳笑（原注：一本有「而戲語」三字。）曰，此溝渠水，豈秦淮河耶？牧翁有恧容。

寅恪案，消夏閑記及牧齋遺事所記，與河東君及牧齋之性格，一詼諧勇敢，一遲疑怯懦，頗相符合。且秦淮河復在南都，雖略异顧氏所述，頗亦可信。至若蘼蕪紀聞引掃軌閑談云：

乙酉王師東下，南都旋亡。柳如是勸宗伯死，宗伯佯應之。於是載酒尚湖，遍語親知，謂將效屈子沈淵之高節。及日暮，旁皇凝睇西山風景，探手水中曰，冷極奈何！遂不死。

則尚湖西山皆在常熟，當南都傾覆時，錢柳二人皆在白下，時間地域，實相衝突。此妄人耳食之談，不待詳辨。

關於牧齋北行，河東君獨留白下，此時間發生之事故，殊有可言者，兹擇録資料略論之於下。

牧齋投筆集遵王箋注上後秋興之三「八月初十日小舟夜渡惜别而作」八首之五云：

水擊風摶山外山，前期語盡一杯間。五更噩夢飛金鏡，千疊愁心鎖玉關。人以蒼蠅汙白璧，天將市虎試朱顔。衣朱曳綺留都女，（寅恪案，有學集拾紅豆二集「衣朱」作「衣珠」非是。蓋傳寫者誤以此詩第陸句有「朱」字，故改作「珠」，不知昔人作今體詩不嫌重字，觀錢柳諸作，即可證知也。）羞殺當年翟茀班。

寅恪案，牧齋此首乃總述其南都傾覆隨例北遷，河東君獨留白下時所發生之變故，并爲之洗滌，且加以温慰也。遵王注牧齋此題第壹首第捌句「樂府偏能賦稿砧」引吴兢樂府古題要解下云：

稿砧今何在，稿砧砆也。問夫何處也。山上復有山，重山爲出字，言夫不在也。何當大刀頭，刀頭有環，問夫何時還也。破鏡飛上天，言月半當還也。

其實牧齋喜用此典，不限於第壹首，即此首第壹句「山外山」，第叁句「飛金鏡」皆同一出處也。第貳句「前期」遵王注云：「謝玄暉別范安成詩，生平少年日，分手易前期。」檢謝朓集中無此詩，此詩乃沈約之作，（見漢魏百三名家集沈隱侯集及丁福保全梁詩沈約詩。）遵王偶誤記，以沈爲謝耳。休文此詩全部語意與牧齋此句有關，遵王僅引兩句，未能盡牧齋之所欲言，如牧齋之「語盡一杯」即休文之「勿言一樽」，非引沈氏全詩，則不得其解。兹移録之於下，以見注詩之難也。

沈約「別范安成」詩云：

生平少年日，分手易前期。及爾同衰暮，非復別離時。勿言一樽酒，明日難重持。夢中不識路，何以慰相思。

牧齋詩第叁句，即古樂府「破鏡飛上天」之典并寓樂昌公主破鏡待重圓之意。遵王注引李白答高山人詩「太微廓金鏡，端拱清遐裔」爲釋。「金鏡」用字雖同，所指則非也。第肆句合用東坡集壹柒「書王定國所藏烟江疊嶂圖王晋卿畫」七古「江上愁心千疊山，浮空積翠如雲烟。」一句及全唐詩第叁函李白伍子夜吴歌中「秋歌」云：

長安一片月，萬户搗衣聲。秋風吹不盡，總是玉關情。何日平胡虜，良人罷遠征。

蓋當錢柳分別，正值秋季。（見顧苓河東君傳「是秋宗伯北行」之語。又有學集壹秋槐集第壹題「咏同心蘭四絶句」其四云：「花發秋心賽合歡，秋蘭心好勝春蘭。花前倒掛紅鸚鵡，恰比西方共命看。」此題乃牧齋乙酉秋間北行時别河東君於南京時之作，可爲旁證也。）「玉關」即李之「玉關情」，且與李之「平胡虜」有關。遵王注太泛，非好學深思心知其意者也。第貳聯言河東君本無「昵好於南中」之事，即離騷「衆女嫉余之蛾眉兮，謡諑謂余以善淫。」并王逸注及洪興祖補注之意。河東君精通楚辭文選，又曾在周道登家爲念西群妾所譖，幾至殺身，今觀牧齋詩句，寬廣温慰之情，深切如此，其受感動應非常人之比，抑更可知也。第柒句

「留都女」指河東君。第捌句「翟茀班」指王覺斯輩之眷屬。謂當日諸降臣之妻皆隨夫北行，河東君獨不肯偕牧齋至燕都。即此一端，足以愧殺諸命婦矣。

至於孫愛告殺河東君有關之鄭某或陳某事如徐樹丕識小録肆「再記錢事」條云：

柳姬者與鄭生奸，其子殺之。錢與子書云：「柳非鄭不活，殺鄭是殺柳也。父非柳不活，殺柳是殺父也。汝此舉是殺父耳。」云云。真正犬豕猶然視息于天地間。再被□□，再以賄免，其家亦幾破矣。己丑春自白門歸，遂携柳復歸拂水焉，且許以畜面首少年爲樂，蓋「柳非鄭不活」一語，已明許之矣。

王澐輞川詩鈔肆虞山柳枝詞十四首之十三云：

芙蓉莊上柳如緜，秋水盈盈隱畫船。夜静禿鶖啼露冷，文鴛常逐野鷗眠。

荷牐叢談叁「東林中依草附木之徒」條云：

當謙益往北，柳氏與人通姦，子憤之，鳴官究懲。及歸，怒罵其子，不容相見。謂國破君亡，士大夫尚不能全節，乃以不能守身責一女子耶？此言可謂平而恕矣。

牧齋遺事柳姬小傳（此傳上文於第叁章論河東君嘉定之游節已引。）云：

間有遠騁，以娱其志，旋殪諸狴犴不惜也。至北兵南下，民於金陵歸款，姬蹀躞其間，聆觱篥之雄風，沐貔貅之壯烈。其於意氣，多所發抒云。不再閏而民以緣事北行，姬昵好於南中，子孝廉公恧甚，謀瘞諸獄。民歸而姬不自諱，喪以喪夫之禮。民爲之服浣腧濡沫，重以厥子爲弗克負荷矣。民雖里居，平日顧金錢，招權利，大爲姬歡。微吟響答，不啻咽三台之瑞露，咀九畹之靈芝，公諸殺青，以揚厲其事，而姬亦興益豪，情益蕩，揮霍飆忽，泉涌雲流。面首之樂，獲所願焉。

李清三垣筆記中云：

若錢宗伯謙益所納妓柳隱，則一狎邪耳。聞謙益從上降北，隱留南都，與一私夫亂。謙益子鳴其私夫於官，杖殺之。謙益怒，屏其子不見。語人曰，當此之時，士大夫尚不能堅節義，況一婦人乎？聞者莫不掩口而笑。

虞陽説苑乙編虞山趙某撰唐亭雜記（參牧齋遺事附趙水部雜記四則之四）云：

錢受之謙益生一孫。生之夕，夢赤腳尼解空至其家。解空乃謙益妻陳氏平日所供養者。孫生八歲，甚聰慧，忽感時疫，云有許多無頭無足人在此。又歷歷言人姓名，又云，不是我所作之孽。謙益云，皆我之事也。於中一件爲伊父孫愛南京所殺柳氏姦夫陳姓者，餘事秘不得聞。其孫七日死。果報之不誣如是。

寅恪案，前論河東君嘉定之游節，引柳姬小傳謂河東君輕鄙錢氏宗族姻戚。故告殺鄭某或陳某，雖用孫愛之名義，然主持其事者當是陳夫人黨遵王之流。至若孫愛，性本怯懦，又爲瞿稼軒孫婿，其平日與河東君感情不惡，後來河東君與其女遺囑有：「我死之後，汝事兄嫂如事父母。」之語可證。牧齋痛罵孫愛，亦明知其子不過爲傀儡，罵傀儡，即所以罵陳夫人黨也。牧齋罵孫愛之原書，今不可見。依活埋庵道人所引，則深合希臘之邏輯。蒙叟精於内典，必通佛教因明之學，但於此不立聖言量，尤堪欽服。依明州野史繭翁所述，則一掃南宋以來貞節僅限於婦女一方面之謬説。自劉宋山陰公主後，無此合情合理之論。林氏乃極詆牧齋之人，然獨許蒙叟此言爲平恕，亦可見錢氏之論，實犁然有當於人心也。

關於牧齋順治三年丙戌自燕京南還，有無名子虎邱石上題詩，涉及陳臥子及河東君一事。兹先移録原詩并莊師洛考證，復略取其他資料參校，存此一重公案，留待後賢抉擇。謭陋如寅恪，固未敢多所妄言也。

陳忠裕全集壹柒七律補遺「題虎邱石上」（談遷棗林雜俎和集叢贅「嘲錢牧齋」條云：「或題虎邱生公石上寄贈大宗伯錢牧齋盛京榮歸之作。」共載詩兩首。前一首見下，後一首云：「錢公出處好胸襟，山斗才名天下聞。國破從新朝北闕，官高依舊老東林。」寅恪案，此首或非七絶，而是七律之上半，其下半爲傳者所遺忘耶？俟考。）云：

入洛紛紛興太濃，（談書「興太」作「意正」。董含蓴鄉贅筆壹「詩諷」條及鈕琇觚賸壹吴觚上「虎邱題詩」條，「紛紛」俱作「紛紜」。）蓴鱸此日又相逢。（諸本皆同。）

黑頭早已羞江總，（鈕書同。「早已」談書作「已自」，董書作「已是」。）青史何曾用蔡邕。（談書董書俱同。鈕書「用」作「借」。）昔去幸寬沈白馬，（談書董書俱同。鈕書「幸」作「尚」。）今歸應愧賣盧龍。（「歸」董書同，談書鈕書俱作「來」。陳集「愧」下注云：「一作悔。」談書董書鈕書俱作「悔」。）最憐攀折章臺柳，（董書同。鈕書「最」作「可」，「攀」作「折」，「折」作「盡」。談書「章臺」作「庭邊」。）憔悴西風問阿儂。（「憔悴西」談書作「撩亂春」，董書作「撩亂秋」，鈕書作「日暮東」。「問」談書董書俱同，鈕書作「怨」。）

陳集此詩後附考證云：

〔董含〕蓴鄉贅筆〔壹詩諷條〕，海虞錢蒙叟爲一代文人，然其大節或多可議，本朝罷官歸，有無名氏題詩虎邱以誚之云云。錢見之，不懌者數日。（寅恪案，董含三岡識略壹「詩諷」條内容全同。其實二者乃一書而异名耳。）

又附案語云：

此詩徐雲將〔世禎〕鈕玉樵〔琇〕俱云是黃門作，但細玩詩意，語涉輕薄，絶不類黃門手筆。姑存之，以俟博雅審定。

寅恪案，此詩融會古典今典，辭語工切，意旨深長，殊非通常文士所能爲。兹先證釋其辭語，然後考辨其作者。但辭語之關於古典者，僅標其出處，不復詳引原文。關於今典者，則略徵舊籍涉及詩中所指者，以證實之。此詩既綰紐柳錢陳三人之離合，而此三人，乃本文之中心人物。故依前論釋臥子滿庭芳詞之例，校勘諸本文字异同，附注句下，以便抉擇。若讀者譏爲過於煩瑣，亦不敢逃罪也。虎丘詩第壹句，其古典出文選貳陸，陸士衡赴洛詩二首及赴洛道中作二首并晋書伍肆陸機傳及玖貳張翰傳等。今典則明南都傾覆，弘光朝士如王覺斯錢牧齋之流，皆隨例北遷。「興太濃」三字，指他人或可，加之牧齋，恐未必切當。觀牧齋後來留燕京甚短，即托病南歸，可以推知也。

虎丘詩第貳句，其古典亦出晋書張翰傳，世所習知。今典則清史列傳柒玖，貳臣傳錢謙益傳云：

> 順治二年五月豫親王多鐸定江南，謙益迎降，尋至京候用。三年正月命以禮部侍郎管秘書院事，充修明史副總裁。六月以疾乞假，得旨，馳驛回籍，令巡撫視其疾痊具奏。（可參民國二十六年五月廿九日中央時事周報第陸卷第貳拾期黄秋岳濬花隨人聖盦摭憶論太后下嫁條。寅恪案，清初入關，只認崇禎爲正統，而以福王爲偏藩，故漢人官銜皆以崇禎時爲標准。黄氏所引證雖多，似未達此點。）

又東華録貳云：

順治三年六月甲辰秘書院學士錢謙益乞回籍養病，許之，仍賜馳驛。

牧齋此次南歸，清廷頗加優禮，既令巡撫視其疾痊具奏，則還家時必經蘇州見當日之巡撫，此時江寧巡撫爲土國寶。牧齋留滯吴門，或偶游虎丘，亦極可能。檢牧齋外集壹載「贈土開府誕日」七律三首，詩頗不佳，或是門客代作。其第壹首第陸句「愛日催開雪後梅」，第貳首第柒句「爲報懸弧春正永」，可知國寶生日在春初。第叁首第壹句「兩年節鉞惠吾吴」，據清史稿貳佰柒疆臣年表伍各省巡撫江寧欄云：

順治二年乙酉，土國寶七月乙卯巡撫江寧。

三年丙戌，土國寶。

四年丁亥，土國寶二月丁酉降，三月己未周伯達巡撫江寧，劉今尹署。

五年戊子，周伯達閏四月甲寅卒，五月壬午土國寶巡撫江寧。

六年己丑，土國寶。

七年庚寅，土國寶。

八年辛卯，土國寶十月丙辰罷，十二月丁巳自縊。丁卯周國佐巡撫江寧。

乾隆修江南通志貳佰伍職官志文職門云：

張文衡，通省按察使司，開平衛人。廪生，順治四年任。

土國寶，通省按察使司，大同人。順治四年任。

夏一鶚，通省按察使司，正藍旗人。生員，順治五年任。

牧齋詩既作於春初，其「兩年」之語，若從順治二年算起，則有兩可能。一爲自二年七月至三年春初。二爲自二年七月至四年春初。前者之時期，應是牧齋尚留北京寄贈此詩。後者之時期，即牧齋乞病還家不久所作。或牧齋過蘇時贈詩預祝生日，亦有可能。觀此詩題，既曰「贈」，又曰「誕日」，豈此詩具有贄見及上壽之兩用歟？無論如何，牧齋此際必與土氏相往來，可以推知也。

虎丘詩第叁句，其古典出杜工部集拾「晚行口號」詩「遠愧梁江總，還家尚黑頭。」并陳書貳柒及南史叁陸江總傳。今典則略須考釋，蓋牧齋由北京還家，除應會試丁父憂不計外，前後共有四次。第壹次在天啓五年乙丑，以忤閹黨還家，時年四十四。第貳次在崇禎二年己巳，以閣松終結歸里，時年四十八。第叁次在崇禎十一年戊寅，因張漢儒誣告案昭雪，被釋放還，時年五十七。（寅恪案，潘景鄭君輯絳雲樓題跋引張大鏞自怡悅齋書畫録所載「祝枝山書格古論卷」一則。其文有「歲戊寅，漫游廣陵。」及「時三月既望，漏下二刻，剪燭爲之記。」等語。殊不知牧齋此時尚在北京刑部獄中，何能具分身法，忽游揚州耶？其爲僞撰，不待詳辨也。）第肆次在順治三年丙戌，降清北遷後，乞病回籍，時年六十五。即虎丘題詩之歲也。

（可參葛萬里金鶴冲所撰牧齋兩年譜。）由是言之，虎丘詩此句所指，若釋爲第壹次或第貳次，則牧齋年未及五十，「黑頭」句欠妥。若釋爲第叁次或第肆次，則「早已」二字亦不切。殆此詩作者，未詳知牧齋四次還家之年齡所致耶？儻從董氏書所載，作「已是」，固無語病，但以詩論，似不及作「早已」較有意趣，斯亦不必拘泥過甚也。

虎丘詩第肆句，其古典出後漢書列傳伍拾下蔡邕傳。伯喈博學好辭章，正定六經文字，爲一代儒宗，以忤閹宦，謫戍亡命。後爲董卓識拔，以傷痛卓死之故，爲王允收付廷尉治罪。請免死，續成漢史，終不見許，死於獄中。此與牧齋之「學貫天下」，爲「當代文章伯」，早年已成太祖實録辨證五卷，以見惡於魏忠賢黨罷官，後由馬士英之推薦起用。前後情事，約略相似，殊非泛用典故也。其今典則國榷壹佰肆載：「弘光元年乙酉二月壬申南京禮部尚書錢謙益求退居修國史，即家開局。不許。」（可參李清三垣筆記下「錢宗伯謙益博覽群書」條及上引曹溶「絳雲樓書目題辭」等。）及清史列傳柒玖，貳臣傳錢謙益傳載：「順治三年正月命以禮部侍郎管秘書院事，充修明史副總裁。」此爲牧齋於明末清初兩次欲修史，而未能成就之事實也。關於牧齋有志修史之材料頗多，如有學集壹肆「啓禎野乘序」引黄石齋臨死之言，「虞山尚在，國史猶未死也。」（可參同書肆柒題程穆倩卷：「漳海畢命日，猶語所知，虞山不死，國史未死也。」之語。）可見牧齋自負之一斑。其他不煩廣徵。

虎丘詩第伍句，其古典出新唐書壹肆拾裴遵傳附樞傳。其今典則牧齋爲明末清流，但幸免於上所論首三次之禍也。

虎丘詩第陸句，其古典出三國志魏志壹壹田疇傳。其今典則指此次牧齋南還過蘇州之事也。鄙意此句鈕書「歸」作「來」，疑較近真。蓋前引東山酬和集河東君「我聞室呈牧翁」詩有「此去柳花如夢裏，向來烟月是愁端。」一聯。河東君爲幾社女社員，其早歲賦詩，多受松江派之影響。此虎丘詩是否出自大樽，雖待考實，然觀其辭句，如「昔去」「今來」一聯，必爲雲間幾社流輩之作品，似無可疑也。

虎丘詩第柒第捌兩句，其古典俱出太平廣記肆捌伍許堯佐柳氏傳及孟棨本事詩情感類「韓翊（翃）少負才名」條。其文云：

〔韓翃〕以良金置練囊中寄之，題詩曰，章臺柳，章臺柳，往日依依今在否。縱使長條似舊垂，亦應攀折他人手。柳復書答詩曰，楊柳枝，芳菲節。可恨年年贈離別。一葉隨風忽報秋，縱使君來豈堪折。

第柒句用君平詩，第捌句用柳氏詩。但鈕書作「日暮東風怨阿儂」，則竟認其出處爲杜牧之「金谷園」詩（見全唐詩第捌函杜牧陸。）此詩云：

繁華事散逐香塵，流水無情草自春。日暮東風怨啼鳥，落花猶似墮樓人。

不獨此時牧齋無季倫被收之禍，河東君無緑珠墮樓之事，且樊川詩中「春」及「東風」更與「題虎邱石上」詩之季節不合。况虎丘詩第貳句用張翰傳，「翰因見秋風起，乃思吴中菰菜蓴羮鱸魚膾。」之語，又相違反耶？七八兩句之今典，即前述牧齋隨例北遷，河東君獨留南都時，其仇人怨家，以孫愛名義嗚其私夫鄭某或陳某於官，而杖殺之之事。此事當時必已遍傳，故林藺庵謂江南有老王八之謡。作虎丘詩者因得舉以相嘲也。

解釋虎丘詩之辭語既竟，請略考其作者。王祖莊師洛編輯陳忠裕公全集，於此詩作者爲何人，不敢決定。蓋以其「語涉輕薄，絶不類黄門手筆。」之故，似頗有理。兹就牧齋及卧子兩人之行蹤，即順治三年丙戌秋間兩人是否俱在蘇州一點推之，然後可以解釋王莊兩氏之疑問。

前據清史列傳牧齋傳及東華録順治三年六月甲辰條，知牧齋順治三年由北京返常熟，必經過蘇州，稍有滯留。又綜合錢曾有學集詩注壹秋槐集「丙戌七夕有懷」云：

閣道垣牆摠罷休，天街無路限旌頭。（寅恪案，康熙甲辰本「限旌頭」作「接清秋」，康熙乙丑本作「望樓頭」，俱非牧齋原文。蓋此詩第壹第貳兩句，實用史記天官書，遵王已詳注之矣。）生憎銀漢偏如舊，（寅恪案，「銀漢」甲辰乙丑兩本，俱作「銀漏」，是。若作「銀漢」，則與下句「天河」二字，語意重複，不可通。蓋「銀漏」二字，出王勃乾元殿頌「銀漏與三辰合運」之典，見蔣清翊王子安集注壹肆。牧齋詩意謂己身此時尚留北京朝参也。）横放天河隔女牛。（寅恪案，范鍇華笑廎雜筆壹黄梨洲先生批錢詩殘本條云：「牧翁丙戌七夕有懷，意中不過懷柳氏，而首二句寄意甚遠。」今推梨洲之意，所以深賞此詩者，蓋太沖夙精天算之學，而此詩首二句用星宿之典，以指南都傾覆，建州入關之事，甚爲切合之故。黄錢二人關係密切，所言自較金鶴沖附會之説，爲可信也。詳見金氏錢牧齋先生年譜丙戌隆武二年條。）

及此題後，即接以「丙戌初秋燕市别惠（世揚）房（可壯）二老」（甲辰乙丑兩本，無「丙戌初秋」四字。）七律兩詩推之，可知牧齋於順治三年夏，以病乞歸，其離北京之時間，至早亦在是年七月初旬以後。到達蘇州時，當在八月間。若少有滯留，則九月間尚在吴門。此牧齋蹤迹之可考見者也。

據陳忠裕公全集王勝時補撰年譜下，順治三年丙戌條，附録中載，王澐宋轅文選唐五言古詩跋略云：「丙戌秋師游虎丘，遇吴門朱雲子論詩。師歸（富林）語予。」（寅恪案，雲子名隗，長洲人。事迹見同治修蘇州府志捌捌本傳。東山酬和集貳選録其次韵牧齋前七夕詩四首，頗爲不少。鄙意諸詩不甚佳，故第肆章未論述之。）此臥子蹤迹之可考見者也。然則錢陳二人，確有於順治三年丙戌秋間同在蘇州之事，而臥子又於此時會游虎丘，故「題虎邱石上」詩，其作者之爲臥子，實有可能。復玩詩中辭語，乃屬於幾社一派。幾社高才如李舒章，是時正在北京。宋犢文方干進新朝，其非李宋所作，不待多論。由是言之，虎丘詩縱非臥子本身所作，恐亦是王勝時輩所爲，而經臥子修改，遂成如此之佳什歟？（寅恪案，王澐輞川詩鈔陸「虞山柳枝詞」十四首之九云：「夢到華胥昇昔時，覺來猶幸夕陽遲。虎邱石上無名氏，便是虞山有道碑。」自注云：「丙戌錢罷官南歸，有無名氏題詩虎邱石上，載詩話中。」可供參證。）鄙陋之見，未敢自信。今日博識君子當有勝解更出王莊之上者，尚稀有以賜教也。

又顧云美東澗遺老錢公別傳略云：

〔弘光元年〕五月初十辛卯夜，上出狩。北軍挾之去。（寅恪案，「之」字指牧齋。）以前資浮沈數月，自免歸。送公歸者，起兵山東，被獲，因得公手書，并逮公。鋃鐺三匝，至北乃解歸。

寅恪案，送牧齋歸者之姓名，顧氏未明言。近鄧之誠先生清詩紀事初編叁「錢謙益」條云：

〔順治〕三年正月授秘書院學士兼禮部侍郎。明史副總裁。六月以疾歸。是時法令嚴，朝官無敢謁假者，謙益竟馳驛回籍。歸遂牽連淄川謝陞案，鋃鐺北上。傳言行賄三十萬金，得幸免。賄雖無徵，後來謙益與人書，屢言匱乏，貧富先後頓异，未爲無因矣。

今檢清史列傳柒玖謝陞傳（參清史稿貳肆肆金之俊傳附謝陞傳）云：

〔順治〕二年正月陛以疾劇，乞假。命太醫診視。二月卒。據此，謝陛病逝時，牧齋尚在南京，任弘光帝之禮部尚書。順治三年牧齋歸家後被逮北行，非由謝升所牽累明矣。

又檢國朝耆獻類徵初編肆陸叁載田雯撰謝陛墓志銘略云：

公姓謝氏，諱陛，字紫宸，號丹楓。系出江西贛縣。明洪武間，十世祖官小旗戍籍德州右衛。甲申李自成陷京師，置賊黨，防禦使閻杰，州牧吴徵文來德，公流涕曰，主亡天下亂，讎可復也。與州人李嗣晟謀誅之。李云，當告諸薦紳先生。公曰，薦紳先生難言之，彼慮事熟，丏萬全也。狐疑敗矣。公仗劍往，衆踊其後，遇盧御史世漼云，于思曷維其來？公弗顧。徵文坐聽事堂，遥望于思，走逾半垣，拔角脱距，遂磔裂之。并執杰誅焉。衆目眩良久，欲散歸。公曰，賊踞京師，散將安往？遂帥衆而北，所在收兵，與江表連和，殺賊雪恥。會世祖章皇帝入關，乃上所收印綬。當國者欲官之，不受，歸。公自此隱矣。知州某，徵文甥也。誅徵文時，匿僧舍免。後成進士，來知州事，思得公而甘心焉。誣以私藏兵器。卒無以害。公優游里閈垂十年，與年七十以上者十人，結爲稀社。

小腆紀傳肆陸義師壹淩駉傳（參小腆紀年附考伍順治元年四月「明貢生馬元騄，生員謝陛。」及「明兵部職方司主事淩駉」等條。）略云：

凌駉字龍翰，歙縣人。崇禎癸未進士。以主事贊畫督師李建泰軍。建泰降賊，駉復臨清濟寧，傳檄山東，遠近響應。於是土寨來歸者甚衆，與德州謝陛遥相應。

又附馬元騄謝陛傳略云：

馬元騄，德州貢生。謝陛，諸生也。奉〔宗室〕帥鈙權稱濟王，移告遠近，殺僞官。兗青登萊諸州皆堅壁自守。陛即南中訛傳以爲故相謝陛者也。

道光修濟南府志伍貳人物捌盧世㴶傳略云：

盧世㴶字德水。天啓乙丑進士，授户部主事。乞侍養歸，服闋，補禮部改御史。移疾趣歸。甲申之變，世㴶與其鄉人擒斬僞牧，倡義討賊。大清兵下山左，以原官徵，病不行。

碑傳集壹叄陸田雯撰盧先生世㴶傳略云：

盧世㴶字德水，一字紫房。晚稱南村病叟。淶水人。明初徙德州左衛。〔天啓五年乙丑〕登進士第，除户部主事。未幾省母歸。復强起，補禮部，改監察御史。竟移疾去。甲申已後，每摳衣循髮，歌注無聊。掃除墓地，有沈淵荷鍤之意。

本朝拜原官，徵詣京師，以病廢辭。癸巳卒於家，年六十六。

牧齋初學集壹佰陸讀杜小箋上略云：

今年夏，（寅恪案，「今年」指崇禎六年癸酉。）德州盧户部德水，刻杜詩胥鈔，屬陳司業無盟寄予，俾爲其敘。

同書壹壹桑林詩集（原注：「起崇禎十年丁丑三月，盡閏四月。」）小序略云：

丁丑春盡，赴急徵。渡淮而北。

同書同卷復載有「將抵德州遣問盧德水」，「德水送芍藥」，「東壁樓懷德水」，「次韵酬德水見贈」等題，并附盧世㴶「上牧齋先生」詩。

寅恪案，徐鼒謂凌駉「傳檄山東，與德州謝陛遥相應。」又謂「陛即南中訛傳以爲故相謝陞。」可知鄧之誠先生謂牧齋「牽連淄川謝陞案」之「謝陞」，乃謝陛之誤。德州府志謂「世㴶與其鄉人擒斬僞牧，倡義討賊」之「鄉人」，當即指謝陛馬元騄等，蓋與謝陛墓志銘所言同爲一事。惟田雯撰盧先生世㴶傳（見碑傳集壹叁陸文學上之上。）恐有所避諱，不明言之耳。復據上引資料，謝陛盧世㴶二人又皆不受清廷之官職者，自與抗清復明之運動有關也。又牧齋於崇禎十年丁丑因張漢儒之訐控，被逮北上，道經山東，與盧德水頻繁賦詩唱和。以没口居士與南村病叟如是交誼，則其於順治三年丙戌辭官南下，再經山東，亦應有酬和之篇什及來往之書札。由此推之，牧齋於順治三年丙戌七夕後，自北京歸家，被逮北行，必爲謝陛盧世㴶等之牽累，更無疑義。謝氏既被誣以私藏兵器，但不久事白，則牧齋之得免禍，亦事理所當然，而顧云美所謂「送公歸者」，乃指盧氏，抑又可知矣。

吾國文學作品中，往往有三生之説。錢柳之因緣，其合於三生之説，自無待論。但鄙意錢柳之因緣，更別有三死之説焉。所謂三死者，第一死爲明南都傾覆，河東君勸牧齋死，而牧齋不能死。第二死爲牧齋遭黄毓祺案，幾瀕於死，而河東君使之脱死。第三死爲牧齋既病死，而河東君不久即從之而死是也。此三死中，第一死前已論述之，兹僅言第二死。

寅恪草此稿有兩困難問題。一爲惠香公案，第肆章曾考辨之矣。一爲黄毓祺之獄，即所謂第二死。今稍詳述此案發生年月之問題，并略陳牧齋所以得脱第二死之假設，以俟讀者之教正。

顧苓河東君傳云：

丁亥三月捕宗伯亟，君挈一囊，從刀頭劍鋩中，牧圉饘橐惟謹。事解，宗伯和蘇子瞻御史臺寄妻韵，賦詩美之，至云，從行赴難有賢妻。時封夫人陳氏尚無恙也。（此節前已引。）

寅恪案，牧齋爲黄毓祺案所牽涉，被逮至金陵。其年月問題，依云美此傳之記載，與牧齋所自言者符合。實則顧氏即據牧齋原詩之序，非別有獨立不同之資料。故此傳此節，亦可視爲牧齋本人自述之復寫，其價值不大也。今就所見官私兩方資料，初不易定其是非，辨其真僞。後詳檢此案文件，終獲得一最有力之證據，始恍然知清代官書未必盡可信賴。但因述及此案諸書中，頗多與官書相合，故亦擇録數條，以便與牧齋己身及其友朋并他人之記載互相參校也。

清世祖章皇帝實録叁捌略云：

順治五年戊子夏四月丙寅朔。辛卯鳳陽巡撫陳之龍奏：自金逆〔聲桓〕之叛，沿海一帶，與舟山之寇，止隔一水，故密差中軍各將稽察奸細，擒到僞總督黄毓祺并家人袁五，搜獲銅鑄僞關防一顆，反詩一本，供出江北窩黨薛繼周等，江南王覺生錢謙益許念元等，見在密洛拏緝。疏入，得旨：黄毓祺著正法，其江北窩賊薛繼周等，江南逆賊王覺生錢謙益許念元等，著馬國柱嚴飭該管官訪拏。袁五著一并究擬。

蔣良騏撰東華録陸云：

〔順治五年四月〕鳳陽巡撫陳之龍疏奏擒僞總督黄毓祺并家人袁五，搜獲銅印一顆，反詩一本。供出江北窩黨薛繼周等，江南王覺生錢謙益許見元等。現在密洛拿緝。得旨：黄毓祺著即正法，其薛繼周王覺生等着嚴飭該管地方官訪拿。袁五一并究擬具奏。

清史列傳柒玖貳臣傳乙陳之龍傳云：

〔順治〕五年奏擒奸人黄毓祺於通州法寶寺，獲僞印及悖逆詩詞。原任禮部侍郎錢謙益曾留毓祺宿，且許助資招兵。詔馬國柱嚴鞫。毓祺死於獄。謙益辨明得釋。時江西鎮將金聲桓叛，攻陷無爲州巢縣等處。巡撫潘朝選劾之龍不能禦寇，縱兵淫掠。得旨降二級調用。

同書捌拾逆臣傳金聲桓傳略云：

〔順治〕五年正月聲桓與〔王得仁〕合謀，糾衆據南昌叛。詭云明唐王未死，分牒授職，書隆武四年，遣人四出約期舉兵。廣東提督李成棟叛應之。

同書同卷李成棟傳略云：

〔順治〕五年正月江西叛鎮金聲桓遺書招成棟，成棟遂擁衆反，納款由榔，迎之入廣東。於是廣東郡邑皆從叛。

清御批歷代通鑒輯覽壹壹玖附明桂王二略云：

順治五年春正月總兵金聲桓叛，以江西附於桂王由榔。是月二十五日閉城門，部勒全營，圍〔巡按御史董〕學成官署，殺之。并及副使成大業。執巡撫章于天於江中，迎故明在籍大學士姜曰廣入城，以資號召。遣人奉表由榔。由榔封聲桓昌國公，得仁新喻侯。得仁統兵陷九江，揚言將窺江寧。

同書同卷略云：

〔順治五年〕夏四月提督李成棟叛，以廣東附於桂王由榔。是月十一日黎明成棟令其兵集教場，聲言索餉，欲爲變。成棟請〔總督佟〕養甲出城撫輯。養甲至，衆兵呼噪，劫之以叛。遂傳檄各屬，遣使附於由榔。

清史稿肆世祖本紀壹略云：

順治五年二月二日甲戌金聲桓王得仁以南昌叛。

清史列傳柒玖貳臣傳乙錢謙益傳云：

〔順治〕五年四月鳳陽巡撫陳之龍擒江陰黃毓祺於通州法寶寺，搜出僞總督印及悖逆詩詞，以謙益曾留黃毓祺宿其家，且許助資招兵入奏。（寅恪案，小腆紀傳肆陸黃毓祺傳云：「〔毓祺〕將起義，遣江陰徐摩致書錢謙益，提銀五千，用巡撫印鈐之。謙益知其事必敗，却之，持空函返。摩之友人徽州江純一，謂摩返必挾重貲，發之可得厚利，詣營告變。」等語，可供參考。）詔總督馬國柱逮訊。謙益至江寧訴辨，前此供職內院，邀沐恩榮，圖報不遑，況年已七十，奄奄餘息，動履藉人扶掖，豈有他念。哀籲問官乞開脫。會首告謙益從逆之盛名儒逃匿不赴質，毓祺死獄中，乃以謙益與毓祺素不相識定讞。馬國柱因疏言：「謙益以內院大臣歸老山林，子侄三人新列科目，必不喪心負恩。」於是得釋歸。（寅恪案，王元鐘編國朝虞陽科名録壹進士門順治四年丁亥科略云：「錢祖壽二甲第五名。字福先，號三峰。時俊孫。唐朝鼎二甲第十四名。字禹九，號黍谷。本姓錢。錢裔僖三甲第九十四名。字嗣希，時俊子。」同書貳舉人門順治三年丙戌科略云：「錢裔僖見進士。錢召西翰，庠名祖彭。裔肅子。錢孫愛孺貽，改名上安。謙益子。」國柱所謂「子侄三人」，子自是孫愛。

侄則當指裔僖祖壽。其實裔僖乃侄孫，祖壽祖彭乃侄曾孫。唐朝鼎即與迫死河東君案有關之「族貴」錢朝鼎，此時尚未復姓，更應不列於此也。又清史列傳玖黄梧傳載梧條列剿滅鄭氏五策，其四曰：「鋤五商，以絶接濟。成功於山海兩路各設五大商，爲之行財射利。梧在海上素所熟識，近且潛住郡城，爲其子弟營謀鄉舉邑庠，爲護身之符。其實陰通禁貨，漏泄虚實，貽害莫大。應奏請敕下督撫嚴提正罪，庶内宄清而接濟之根可拔矣。」黄氏所言之情況，雖時間較晚，但亦可供參證。）

同書同卷土國寶傳略云：

〔順治〕二年隨豫親王多鐸定江寧。王令同待郎李率泰招撫蘇州松江諸郡，遂奏授江寧巡撫。〔以〕擅殺〔蘇州諸生王伯時及文震孟之子文乘〕下所司察議，坐降調。四年八月命以布政銜管江南按察司事。五年五月仍授江寧巡撫。八年十月巡按御史秦世禎疏劾國寶〔貪贓〕。疏上，命革國寶等職，下總督馬國柱同世禎訊鞫。國寶將就逮，畏罪自經死。鞫證皆實，追贓入官。

清史稿肆世祖本紀壹略云：

順治四年七月戊午改馬國柱爲江南江西河南總督。

同書壹貳貳職官志叁外官門略云：

順治元年置江南巡撫，駐蘇州，轄江寧蘇州松江常州鎮江五府。十八年江南分省，更名蘇州巡撫。

順治十八年江南分省右布政使徙蘇州，左仍駐江寧。

順治三年增置江寧按察使一人。康熙八年江蘇按察使徙蘇州。（原注：「江寧隸此。」）

同書貳佰叁疆臣年表壹順治四年丁亥江南江西河南欄云：

馬國柱七月戊午總督江南江西河南。

同書同表順治四年丁亥宣大山西欄云：

馬國柱七月戊午調。（寅恪案，葉紹袁啓禎記聞録柒芸窗雜録云：「舊巡撫土公左遷按察使。〔丁亥〕十二月中已履任。江寧洪内院亦奉旨回京。代之者馬公名國柱。洪係明朝甲科，馬固一白丁也。」可供參考。）申朝紀總督宣大山西。

同書同表順治十一年甲午江南江西欄云：

馬國柱九月丁未休。十月馬鳴佩總督江南江西。

黄宗羲海外慟哭記監國魯三年戊子閏三月（即順治五年戊子四月。）江西虜帥金聲桓反正條（可參梨洲行朝録肆「魯王監國」及同書伍「永曆紀年」有關各條。）云：

金聲桓者，故楚帥左良玉之部將也。良玉死，良玉之子夢庚降虜。虜俾聲桓仍統其軍。大學士黃道周督鄭鴻逵鄭彩二軍出杉關。聲桓故曾役於道周，乃陽爲送款，而使別將張天録襲之。道周被執，由是得鎮江西。上取閩，虜調各省之兵，復陷其地。聲桓之力居多。虜撫以聲桓降將，故輕之。從之取賄不得。聲桓私居嘗改舊服，於是虜撫上變，言聲桓謀反。聲桓使人竄之中途，得其書，乃置酒召虜撫，以書示之。虜撫失色，遂斬之。奉永曆帝正朔，受爵豫國公。江西郡縣皆定。當是時南都震動，以爲聲桓旦夕且下。虜官豫擬降附，而虜之守贛州者不從聲桓。聲桓欲攻之，守贛州者曰，吾不動以待汝。汝得南都，則吾以贛下。乃爲聲桓之謀者，以寧庶人（宸濠）之敗，急於順流，故使新建（伯王陽明）得制其後。今門庭之寇未除，而勤遠略，是追庶人之債車者也。聲桓遂急攻贛。贛守愈堅，各省之援虜大集，圍聲桓困之，數月食盡。部曲斬聲桓，降於虜。

查繼佐魯春秋監國紀略云：

〔永曆二年〕戊子（監國三年）監國蹕鷺門。北總鎮金聲桓回向，爲明守南昌。北總鎮李成棟回向，爲明守廣東。

聲桓與養子王得功北反自稱輔明將軍，桂王封豫國公。封成棟惠國公。

〔永曆三年〕己丑（監國四年）春正月監國由鷺門詣沙埕。

南昌敗。豫國公金聲桓，建武侯王得仁，大學士尚書姜曰廣死之。諸郡縣咸不守。金豫國回向，曰廣欲捷取九江，扼安慶，窺南都。聲桓不聽。至是敗，間投井死。惠國成棟以桂命提東粤師應聲桓，協攻贛。適聲桓解贛圍兩日矣。勢單，敗走信豐，溺水死。

祝芸堂純嘏編孤忠後録略云：

順治四年丁亥黄毓祺起兵海上，謀復常州。

正月毓祺糾合師徒，自舟山進發。常熟錢謙益命其妻艷妓柳如是至海上犒師，適颶風大作，海艘多飄没。毓祺溺於海，賴勇士石政負之，始得登岸。約常郡五縣同日起兵恢復事既不就，而志不少衰。逃名潛竄。至淮，索居僧舍。一日僧應薛從周家禮懺，周聞知祺，延而館之。祺有部曲張純一張士俊二人，向所親信。二人從武弁戰名儒（寅恪案，清史列傳貳臣傳錢謙益傳之「盛名儒」，疑即此人。）轉輸實無所措，謀於名儒，將以祺爲奇貨。名儒故與薛有隙，得此爲一網打盡計。於是首者首，捕者捕，禍起倉卒矣。（寅恪案，續甬上詩捌拾謝三賓小傳云：「牧齋以黄介祉事上變，而反遭囚縶。」紫德賡君已辨其非。甚是。見輔仁學志第壹貳卷第壹第貳合期「結埼亭集謝三賓考」。）

順治五年戊子下黄毓祺於海陵獄。

是年春執毓祺見廉使夏一鶚。四月下海陵獄。一鶚爲常州府時，治徐趨之獄，嘗垂涎於祺而欲未遂。後心豔武進楊廷鑒之富，欲借此爲株連，祺不應，索筆供云「身猶舊國孤臣，彼實新朝佐命（寅恪案，「彼」指錢牧齋）。各爲一事，馬牛其風」。一鶚大怒，酷肆拷掠，詰以若欲何爲？曰：求一死耳。七日遂囚於廣陵獄。

六年己丑黄毓祺死於金陵獄。

三月移金陵獄，將刑，門人告之期。祺作絶命詩，被衲衣，趺坐而逝。

錢肅潤輯南忠記「貢士黄公」條云：

黄毓祺字介子，江陰人。倡義城守。城破，决圍出。潛匿村落間。俟滿兵稍去，復行召募。于丙戌冬十一月集兵，期一夕襲取江陰武進無錫三城，不克。毓祺往揚州，設絳帳於諸富商家。戊子被執於泰州，置犴狴，咏歌不輟。人共欽之。己丑三月十八日，忽見范蠡曹參吴漢李世勣四人召之去，含笑而逝。有絶命詞云：「人聞忠孝本尋常，牆壁爲心鐵石腸。擬向虛空擎日月，曾於夢幻曆冰霜。簷頭百里青音吼，獅子千尋白乳長。示幻不妨爲厲鬼，雲期風馬畫飛揚。」毓祺死，親知無有見者。賴常熟門人鄧大臨起西爲之斸金埋葬於獄中。旨下，命戮其尸。

寅恪案，綜合清代官書之記載，牧齋因黄毓祺案被逮至南京，應在順治五年戊子四月。

（寅恪案，此年明曆三月大，閏三月小，四月大，五月小。清曆三月大，四月小，閏四月大，五月小。故清曆四月即明曆閏三月。見陳氏二十史朔閏表及鄭氏近世中西史日表。）決無疑義。此點與牧齋本身之記載謂在順治四年丁亥三月者，顯相冲突。兹先一檢清代官書所記是否合理。

依陳之龍疏謂自金聲桓叛清後，遣將稽查沿海一帶，遂擒獲黄毓祺。然則黄之被擒，在金之叛清以後。牧齋之被逮，又在黄被擒之後。今清代官書記金氏之叛，至早在順治五年戊子正月。清廷命馬國柱嚴飭該管官訪拏黄氏黨羽，遂逮牧齋至南京。清代官書復載馬國柱於順治四年丁亥七月由宣大山西總督調任江南江西河南總督，故黄案發生，必在馬氏調任之後，方有可能。牧齋自述其被逮，在順治四年丁亥三月。此際馬氏尚未到新任所，清廷諭旨豈得有「該管」之語。足證清代官書所記事實，其年月銜接吻合，無可非議也。又明自南都傾覆後，其藉以抗清之根據地有二。一爲西南腹地奥區，一爲東南濱海邊隅。金聲桓叛清，聲言將取南都。李成棟復以廣東歸明，當時江浙閩粤，大陸島嶼，皆受影響。觀上引黄梨洲之海外慟哭記及行朝録并查東山之魯春秋等，可見一斑。故黄查兩氏所述年月，實可間接證明清代官書記載之合理。至祝芸堂之書，乃專述黄介子事迹者，其所載年月皆與清代官書符會。惟言牧齋命河東君至海上犒黄毓祺師一事，未知有何依據。俟考。錢礎日特記黄半城之死日，（毓祺此號見趙曦明江上孤忠録注。）較他書爲詳。且祝趙兩氏皆黄氏鄉人，其書記述清兵殘暴明士忠節之事，故應與餘姚海寧之著述視同一例也。

夫清代官書年月之記載，無可非議，已如上述。似應視爲定論，但鄙意實録之編纂，累經改易，編者綜合資料，排比先後，表面觀之，雖如天衣之無縫，然未必實與當時事件發生之次序一一吻合。昔年檢編明清内閣大庫檔案殘本，曾見實録原稿，往往多所增删變换，遂知實録之年月先後，亦間有問題。兹見羅振玉史料叢刊初編「洪文襄公（承疇順治四年丁亥七月初十日）呈報吴勝兆叛案揭帖」内引蘇松常鎮四府提督吴勝兆狀招云：

順治四年三月内有戴之俊前向勝兆嚇稱蘇州拿了錢謙益，説他謀反。隨後就有十二個人來拿提督。你今官已没了，拿到京裏，有甚好處？我今替你開個後門，莫如通了海外，教他一面進兵，這裏收拾人馬，萬一有人來拿，你已有准備。勝兆又不合回稱我今力單，怎麽出海？戴之俊回云，有一原任兵科陳子龍，他與海賊黄斌卿極厚，央他寫書一封，内大意云，勝兆在敝府做官極好。今有事相通，難形紙筆，可將勝兆先封爲伯，後俟功成，再加陞賞。其餘不便盡言，來將盡吐其詳等語。

亨九此揭乃當時原文，最有價值。足證牧齋實於順治四年丁亥三月晦日在常熟被逮。清代編輯世祖實録，何以不用洪氏原文，而移置此案於次年？豈因馬國柱順治四年三月，尚未到南京任所之故耶？抑或未曾見及洪氏奏揭原文所致耶？今雖未能斷定其錯誤之由，然就牧齋在常熟被逮之年月一點論之，自應依牧齋己身之記載，而不當據清代實録也。

關於牧齋本身及其友人之記載，則牧齋因黄毓祺案被逮，謂在順治四年丁亥三月。明清之曆，固有不同。但以干支記年，如「丁亥」「戊子」兩者，必不致差誤。牧齋於此案發生之年月，其集中詩文屢言之，不須廣徵。兹僅擇數端於下。至其所以能免死之故，則暫不涉及也。

有學集壹秋槐詩集「和東坡西臺詩韵六首」序云：

丁亥三月晦日晨興禮佛，忽被急徵。鋃鐺拖曳，命在漏刻。河東夫人沉痾卧蓐，蹶然而起，冒死從行，誓上書代死，否則從死。慷慨首塗，無刺刺可憐之語。余亦賴以自壯焉。獄急時，次東坡御史臺寄妻詩，以當决别。獄中遏紙筆，臨風暗誦，飲泣而已。生還之後，尋繹遺忘，尚存六章。值君三十設帨之辰，長筵初啓，引滿放歌，以博如皋之一笑，并以傳視同聲，求屬和焉。

同書壹叁東澗詩集下「病榻消寒雜咏」四十六首之十六云：

縲紲重圍四浹旬，僕僮并命付灰塵。三人纏索同三木，六足鈎牽有六身。伏鼠盤頭遺宿溺，饑蠅攢口嘬餘津。頻年風雨鷄鳴候，循省顛毛荷鬼神。（自注：「記丁亥羈囚事。」）

同書貳伍「梁母吴太夫人壽序」略云：

梁母吴太夫人者，太子太保吏部尚書少保真定梁公〔乾吉夢龍〕之子婦，今備兵使者慎可〔維樞〕之母，而少宰〔葵石清遠〕司馬〔玉立清標〕之祖母從祖母也。丁亥之歲，余坐飲章急徵，婦河東氏匍匐從行。獄急，寄孥於梁氏。太夫人命慎可卜雕陵莊以居。慎可杜夫人酒脯粔籹，勞問絡繹。太夫人戒車出饗，先期使姆致命，請以姑姊妹之禮見。賓三辭，不得命。翼日太夫人盛服將事，正席執爵再拜，杜夫人以下皆拜。賓答拜踐席。杜夫人以下以次拜太夫人，介婦以降復以次拜，乃就位。凡進食進餚，太夫人親饋，賓執食，興辭，然後坐。沃洗卒觶禮如初。太夫人八十高矣，自初筵逮執燭，强力無怠容。少宰諸夫人跋踖相杜夫人執事，無儳言，無偕立，貫魚舒雁，肅拜而後退。余聞婦言，奉手拱立，惜未得身爲煇胞，於是乎觀禮焉。又十年丁酉太夫人壽九十，設帨之辰，鋪几筵，考鐘鼓，庭實玉帛儀物，當應古太饗。然其獻酬酳酢，三終百拜，禮成樂備於往者之賓筵，固可概見也。

謝象三三賓一笑堂集叁「丁亥冬被誣在獄，時錢座師亦自刑部回，以四詩寄示，率爾和之。」四首云：

陰風颯颯雨凄凄，誰道天高聽果低。漁獵難堪官似虎，桁楊易縛肋如鷄。已無收骨文山子，尚有崩城杞子妻。所仗平生忠信在，任教巧辭易東西。

犴狴城深白日凄，肯從獄吏放頭低。任渠市上言成虎，已付鬻中命若鷄。辨謗雖存張子舌，賂官難鬻老萊妻。不知孤寡今何在，定是分飛東與西。

歲行盡矣氣方淒，衰齒無多日已低。嘹嚦夢中聞過雁，悲涼舊事聽荒鷄。囹圄不入慚蕭傅，縲絏無辜愧冶妻。久矣吾生欠一死，不須題墓作征西。

貪夫威福過霜淒，素可爲蒼高作低。已苦籠人如縛虎，仍聞席捲不留鷄。網羅并及傷兄弟，顛沛無端累妾妻。知有上天無待訴，種松也有向東西。

寅恪案，牧齋自謂因黃案被逮在丁亥歲，若疑其年老健忘，則和東坡詩第肆首自注云：「余與二僕共梏拲者四十日。」序言：「生還之後，值君三十懸帨之辰。」蓋牧齋逮至南京下獄，曆四十日，然後出獄，尚被管制，即所謂「頌繫」，亦即謝象三所謂「自刑部回」者，是也。考河東君與牧齋於茸城結褵，時年二十四，此年爲崇禎十四年辛巳。故順治四年丁亥適爲三十歲。又梁維樞母壽序中有「丁亥之歲，余坐飲章急徵。又十年丁酉，太夫人壽九十。」之語。至其垂死時賦「病榻消寒雜咏」，更有「記丁亥羈囚事」一首，與「追憶庚辰冬半野堂文宴舊事」一首，乃一生最苦最樂之兩事，始終不能忘懷者。查伊璜魯春秋監國元年丙戌二月載：「晉謝三賓東閣大學士。」象三降清後，被逮下獄，當與此事有關。然得一宰相之虛銜，聊勝其老座師屢次干求而不得者多矣。據其詩題，可證牧齋實以丁亥歲下南京獄。象三於崇禎十五年壬午，年五十，牧齋爲作壽序（見初學集叁陸。）則丁亥歲，年五十五，而牧齋年六十六。老座師縱因老而健忘，老門生少於其師十一歲，必不應誤記也。象三之詩，雖遠不逮牧齋，但以曾有争娶河東君之事，故和「妻」字韵句，頗可令人發笑，因全録四首原文，以資談助。

又顧云美「東澗遺老錢公别傳」云：

戊子五（三？）月爲人牽引，有江寧之逮。頌繫逾年，復解。

考牧齋自云以丁亥三月晦，被急徵至南京下獄，曆四十日始出獄，仍被管制。至己丑春，始得釋還常熟。故云美之誤，自不待言。此點與其所撰河東君傳云：「庚辰冬，扁舟過訪，同爲西湖之游。」及：「癸卯秋，下髮入道。」同爲誤載，豈因師事牧齋稍晚，於其師之經歷，未甚詳確所致耶？至其所撰河東君傳云：「丁亥三月捕宗伯亟。」則顯與東澗遺老錢公别傳衝突。當是所撰河東君傳乃依據牧齋和東坡詩序，遂有此語，而不悟其錢柳兩傳自相抵觸。甚矣！著書記事之難如此。

總而言之，今既得洪承疇之原揭，可以斷定清代所撰官書，終不如牧齋本身及其友人記述之爲信史。由是推論，清初此數年間之記載，恐尚有問題，但以本文範圍之限制，不能一一詳究也。

關於牧齋所以得免死於黄毓祺案一事，今日頗難確考。但必有人向當時清廷顯貴如洪承疇馬國柱或其他滿漢將帥等爲之解説，則無疑義。據上引牧齋所作梁維樞母壽序，言其被逮至南京時，河東君寄寓慎可之家。由是言之，慎可乃救免牧齋之一人，可以推知也。

檢梅村家藏稿肆貳「僉憲梁公西韓先生墓志銘」略云：

真定少宰梁公諱清遠，排纘其尊人僉憲西韓先生行事來告。按狀，公諱維樞，字慎可，別號西韓生，真定人。其先徙自蔚州，七世至太宰貞敏公（指夢龍）始大。貞敏第四子封中書，澹明公諱志，以元配吴夫人生公。皇清定鼎，即〔工部主事〕舊官録用。奔澹明公喪歸，而孝養吴夫人者八年。用疏薦復出，補營繕郎。〔順治十三年丙申五月己未〕乾清宫告成，得文綺名馬之賜。升山東按察司僉事，整飭武德兵備。會入賀，遂乞養。後五年而卒於家，享年七十有四。公生於〔萬曆十年〕丁亥八月之二十九日，卒於〔康熙元年〕壬寅十月之六日。元配王氏，繼王氏，再繼杜氏。少宰貴，於典得加恩二母，元配王，贈恭人，而杜馳封亦如之。有六子，長少宰也。又先業在雕橋莊，有古柏四十圍。趙忠毅〔南星〕嘗過而憩焉。歲月不居，身名晼晚，每摩挲其下，彷徨嘆息不能去。余投老荒江六年，衰病坎壈，倍於疇昔。公家英嗣皆以公故辱知余。余得栖遲閭里，苟視先人之飯含者，夫猶公賜也。

則慎可丁父憂，雖未能確定爲何時，但至遲亦必在順治四年七月馬國柱任江南江西河南總督以前。慎可殆以賓僚資格，參預洪氏或馬氏軍府。考梁洪俱爲萬曆四十三年乙卯舉人，有鄉試同年之誼。（見光緒修畿輔通志叁玖及同治修福建通志壹伍陸選舉表舉人欄等。）在舊日科舉制度下之社會風習，兩人之間縱無其他原因，即此一端，慎可亦能與亨九發生關係，遂可隨之南下，爲入幕之客，寄寓江寧。至其雕陵莊，當由梁氏真定先業之雕橋莊得名。（可參趙南星味檗齋文集捌「雕橋莊記」略云：「吾郡梁太宰〔夢龍〕有雕橋莊，在郡西十五里。梁公往矣，公孫慎可讀書其中，自號西韓生」等語及吴詩集覽陸上「雕橋莊歌」序并注。）蓋慎可僑居金陵，因取莊子山木篇「雕陵」之語，合用古典今典，以名其南京之寓廬也。慎可離南京北返之年月，今頗不易知。但必在順治六年己丑冬季以後。（可參下論。）

檢牧齋尺牘中致□□□云：

往年寄拏雕陵，荷賢喬梓道誼之愛，家人婦子仰賴鴻慈。雲樹風烟，每紆雁素。惟尊太翁老世兄郵筒不絶，翰墨相商，時詢鯉庭，遥瞻鸞掖，寸心繾綣，未嘗不往來函丈也。不肖某，草木殘年，菰蘆朽質，業已撥棄世事，歸向空門，而宿業未亡，虚名爲祟，謡諑間發，指畫無端。所賴台翁曁司馬公愛惜孤蹤，保全善類，庶令箕風罷煽，畢口削芒。此則元氣所關，海内瞻仰。不肖潦倒桑梓，無能報稱，惟有向綉佛齋前，長明燈下，稽首齋心，祝延介福而已。犬子計偕，耑叩鈴閣。黄口童稚，深望如天之覆。其爲銘勒，何可名言。臨楮不勝馳企。

寅恪案，此札乃致梁清遠者，「司馬公」指清標言。考清標自順治十三年丙申四月至康熙五年丙午九月任兵部尚書，孫愛中式順治三年丙戌鄉試。牧齋此函即付孫愛赴北京應會試時，面交清遠者。孫愛應會試當不止一次，但此次必不在順治十三年四月清標任兵部尚書以後，康熙元年壬寅十月維樞逝世以前。此六年間清廷共舉行會試三次。依牧齋「謠諑間發」之語，則疑是順治十六年己亥秋牧齋預聞鄭成功舟師入長江之役以後，亦即孫愛赴北京應十八年春闈時也。然則牧齋作此札時，距黄毓祺案已逾十年，尚欲梁氏父子兄弟始終維護保全，如前此之所爲。今日吾人殊不易知鄭氏失敗，牧齋所以能免於牽累之故。或者梁氏兄弟仍有間接協助之力耶？

寅恪復檢牧齋尺牘上致鎮臺（化鳳）書三首之一云：

內子念尊夫人厚愛，寢食不忘。此中郵筒不乏，即容耑候萬福。

此札言慎可家事頗詳，自是致維樞者。編輯誤列，不待詳辨。至牧齋與梁化鳳之關係，俟後論之，兹暫不涉及。

又第叁章引錢肇鼇質直談耳，謂河東君在周道登家爲群妾所譖，幾至殺身，賴周母之力得免於死。觀牧齋「梁母吴太夫人壽序」可證河東君與慎可母之關係，與應付周旋念西母者，正復相同。河東君善博老婦人之歡心一至於此。噫！天下之「老祖宗」固不少，而「鳳丫頭」豈能多得者哉？牧齋之免禍，非偶然也。

前論牧齋所以得脱黄毓祺案牽累之故，疑與梁維樞有關。惜今尚未發現確證，故難決言。

檢趙宗建舊山樓書目，載有：

柳如是家信稿（原注：「十六通。自寫。」）一本。

牧齋甲申年日記一本。

又乙酉年日記一本。

又記豫王下江南事迹一本。

又被累下獄時與柳如是信底稿（原注：「内有詩草底稿。」）一本。

等數種。若非僞托，而又尚存天壤間者，則實爲最佳史料。唯未曾親睹，不能判其然否，殊深悵恨也。但有一點可以斷定者，即牧齋之脱禍，由於人情，而不由於金錢。今所見載記，如葉紹袁啓禎記聞録柒附芸窗雜録記順治四年丁亥事略云：

海虞錢牧齋名謙益，中萬曆庚戌探花，官至少宗伯，歷泰昌天啓崇禎弘光五朝矣。乙酉歲北兵入南都，率先歸附，代爲招撫江南，自謂清朝大功臣也。然臣節有虧，人自心鄙之。雖召至燕京，任爲内院，未幾即令馳驛歸，蓋外之也。四月朔忽緹騎至蘇猝逮云。

錢牧齋有妾柳氏，寵嬖非常。人意其或以顔貌，或以技能擅長耳。乃丁亥牧老被逮，柳氏即束裝挈重賄北上，先入燕京，行賂於權要，曲爲斡旋。然後錢老徐到，竟得釋放，生還里門。始知此婦人有才智，故緩急有賴，庶幾女流之俠，又不當以閨闈細謹律之矣。

及計六奇明季南略玖「黄毓祺起兵行塘」條附記云：

〔黄毓祺〕將起義，遣徐摩往常熟錢謙益處提銀五千，用巡撫印。摩又與徽州江某善。江嗜賭而貪利，素與大清兵往還。知毓祺事，謂摩返必挾重貲，發之可得厚利。及至常熟，錢謙益心知事不密，必敗，遂却之。摩持空函還。江某詣營告變，遂執毓祺及薛生一門，（寅恪案，「薛生」指薛繼周之第四子。）解於南京部院，悉殺之。錢謙益以答書左袒得免，然已用賄三十萬矣。

之類，皆未明當日事實所致。葉氏之書大抵依時日先後排列，但「錢牧齋有妾柳氏」條，乃聞牧齋脱禍以後，因補記於「海虞錢牧齋名謙益」一條相近處，蓋以同述一事故也。所可注意者，其記牧齋被逮至蘇，在丁亥四月朔，與洪亨九原揭所引吴勝兆供詞及牧齋自記丁亥三月晦日在家忽被急徵者相合。常熟距蘇州甚近，葉氏於四月朔聞訊，遂筆録之耳。天寥與牧齋之關係，迥非謝象三之比，然其記牧齋被逮事，亦在順治四年丁亥，殊有參考之價值。至於所言河東君挈重賄北上，先入燕京，牧齋徐到一節，乃得之輾轉傳聞，可不置辯。葉氏言「重賄」，計氏言「用賄三十萬」，皆未悉牧齋當日經濟情況者之揣測。兹略徵載記，以證牧齋此時實不能付出如此鉅大數量之金錢，而河東君之能利用人情，足使牧齋脱禍，其才智尤不可及也。

關於牧齋經濟情況之記載，雖頗不少，但一人一家之貧富，亦有改變，故與黄毓祺案發生之時間相距前後久遠者，可不徵引。前論河東君患病，經江德璋治愈，牧齋以玉杯贈江爲謝，因述及順治二年乙酉清兵破明南都，牧齋奉獻豫親王多鐸之禮物獨薄一事，據此得知牧齋當時經濟情況實非豐裕。蓋値斯求合苟免之際，若家有財貨，而不獻納，非獨己身不應出此，亦恐他人未必能容許也。南都迎降之年，下距黄毓祺案發生之歲，時間甚近，故牧齋必無重資厚賄以脱禍之理。

今存牧齋尺牘，其中訴窮告貸之書札不少，大抵距黄案時間頗遠，以非切當之資料，不多引。唯與毛子晋四十六首，其第叁玖通云：

獄事牽連，實爲家兄所困。頃曾專信相聞，而反倩筆於下走者，老顛倔强，耻以殘生爲乞丐耳。未審亦能悉此意否也。歸期不遠，嘉平初，定可握手。仲冬四日。

檢有學集壹柒「賴古堂文選序」云：「己丑之春予釋南囚歸里。」可證牧齋於順治六年己丑春間，被釋歸常熟。此札末署「仲冬四日」，即順治五年戊子十一月初四日。「嘉平初，定可握手。」者，謂戊子年十二月初，可還家與子晋相見。牧齋作此札，尚在黄案未了結之時。然則葉計兩氏所言之非信史，更可見矣。

又葉計兩氏所以有此記載，蓋據當時不明牧齋經濟情況者之傳説。牧齋雖不以富名，但家藏珍本書籍，平時服用，亦非甚儉薄，然則其何術以致此耶？

明末蘇松常鎮之士大夫，多置田產，以供其生活之費用。清室因鄭成功舟師入長江之役，江南士大夫多響應者，發起奏銷案以資鎮壓。觀孟心史森明清史論著集刊下「奏銷案」一文，可概見也。

復檢牧齋尺牘中與□□□云：

雙白來，得手教，諄諄如面談。更辱垂念，家門骨肉道義，情見乎詞，可勝感佩。近日一二梟獍輩語計窮，謂寒家户田欠幾萬金，將有不測之禍。又托言出自縣令之言，簧鼓遠近。試一問之，户有許多田，田有許多糧。若欲欠盈萬之額，須先還我逾萬之田而後可。小人嚼舌，不顧事理，一至於此。此言必有聞於左右者，亦付之一笑可也。海晏河清，杜門高枕，却苦脚氣纏綿，步履艱澀。此天公妒其安閑，以小疾相折抵也。

寅恪案，此札雖不知致誰者，但據「家門骨肉」之語，知其人爲牧齋同族。「雙白」者，指王廷璧，見明詩綜捌拾上等。牧齋之免於奏銷案之牽累，當别有其他原因，然其田產無論有無，縱或有之，亦微不足道，觀此札可以證知。牧齋既不依田產收入爲生，則其家計所賴，唯有賣文一途。河東君殉家難事實「孝女揭」略云：

我母柳氏，系本朝秘書院學士我父牧齋公之側室。吾父歸田之後，賣文爲活。煢煢女子，蓄積幾何。

此雖指牧齋於順治三年丙戌秋由北京還常熟以後事，但黄案之發生，即在此年之後。此數年間，牧齋遭際困頓，自不能置田産。由是言之，牧齋丙戌後之家計，亦與其前此者無異，皆恃賣文維持。趙管妻之語，固指丙戌以後，實可兼概丙戌以前也。今所見資料，足資證明此點者殊多，不須廣引。考牧齋爲王弇州後文壇最負盛名之人（見黄梨洲思舊録「錢謙益」條。）李北海「干謁走其門，碑版照四裔。」（見杜工部集柒「八哀詩」之五及舊唐書壹玖拾中文苑傳李邕傳。）韓昌黎諛墓之金。（見新唐書柒陸韓愈傳附劉叉傳。）其故事可舉以相比也。

復檢牧齋尺牘中「與王兆吉」五通，其第伍通云：

生平有二債，一文債，一錢債。錢尚有一二老蒼頭理直，至文債，則一生自作之孽也。承委南軒世祠記，因一冬文字宿逋未清，俟逼除時，當不復云祝相公不在家也。一笑！

同書同卷「與遵王」三十通，其第伍通云：

歲行盡矣，有兩窮爲苦。手窮欠錢債多，腹窮欠文債多。手窮尚可延挨，東塗西抹。腹窮不可撐補，爲之奈何？甫老壽文，前與其使者以望日爲期，正是祝相公又不在家時候也。一笑！

牧齋所謂「蒼頭」，當即指錢斗輩而言，俟後論述，暫不之及。茲以兩札所言，頗饒妙趣，并足以實寫其生活狀況，故附録之。東坡集壹叁「次韵孔毅父久旱已而甚雨」三首之一云：「我生無田食破硯，爾來硯枯磨不出。」受之之語，殆從蘇句得來歟？

關於牧齋與介子是否如馬國柱所謂「素不相識」之問題，茲檢牧齋尺牘中「與木陳和尚」（寅恪案，木陳即道忞）二通，其第貳通云：

密雲尊者塔銘，十五年前已諾江上黄介子之請矣。重以尊命，何敢固辭。第以此等文字，關係人天眼目，豈可取次命筆。年來粗涉教乘，近代語録都未省記。須以三冬歲餘，細加簡點，然後可下筆具稿。謹與曉上座面訂，以明年浴佛日爲期，爾時或得圍繞猊座，覿面商榷，庶可於法門稍道一綫，亦可以慰吾亡友於寂光中也。

其第壹通略云：

喪亂殘生，學殖荒落，恭承嘉命，令補造密雲老人塔銘，以償十五年舊逋，每一下筆，輒爲戰掉。次後著語，頗爲老人施十重步障。竊自謂心平如地，口平如水，任彼百舌瀾翻，千喙剥啄，亦可以譬諸一吷，付之一笑。

及有學集叁陸「天童密云禪師悟公塔銘」略云：

崇禎十四年辛巳上以天步未夷，物多疵厲，命國戚田弘遇，捧御香祈福補陀大士還賫紫衣賜天童悟和尚。弘遇齋祓將事，請悟和尚陞座説法，祝延聖壽。還朝具奏，上大嘉悅，俞其請，詔所司議修成祖文皇帝所建南京大報恩寺。命悟爲住持，領其事。弘遇銜命敦趣，以老病固辭。逾年而示寂。又二年甲申，國有大故，龍馭上賓。越十有五年戊戌，（即順治十五年。）嗣法弟子道忞，具行狀年譜，申請謙益，俾爲塔土之銘。師諱圓悟，號密雲。嘉靖戊寅歲，生常州宜興，姓蔣氏。示微疾，趺坐頻申而逝，崇禎十五年壬午七月七日也。世壽七十七，僧夏四十四。明年癸未，弟子建塔天童，迎全身窆幼智庵之右隴。師鬑度弟子三百餘人。王臣國士參請皈依者，又不勝數，偕忞公二通輩結集語録書問，標揭眼目者，江陰黃毓祺介子也。師既歿，介子裁書介天童上座某屬余爲塔銘。遭世變，不果作，而介子殉義以死。又十年矣，余爲此文，鄭重載筆，平心直書，誓不敢黨枯仇朽，欺誣法門，用以副忞公之請，且慰介子於九原也。

則牧齋與介子爲舊友，此三文乃是鐵證。馬國柱奏謂錢黃素不相識，公牘文字自來多非事實，即此可見。牧齋作密雲塔銘時，在鄭延平將率舟師入長江之前夕。豈牧齋預料國姓此舉可以成功，遂亦反其往日畏葸之態度，而昌言不諱其與介子之關係耶？又圓悟塔銘涉及田弘遇補陀進香事，頗饒興趣，讀者可取前述江南名姝被劫及避禍事參閲也。

抑更有可論者，黃梨洲南雷文定後集貳「鄧起西墓志銘」略云：

君名大臨，字起西，別號丹邱，常熟人。起西幼孤，稍長即能力學，從游於江陰黄介子毓祺。歲乙酉江陰城守不下，介子與其門人起兵竹塘應之。起西募兵於崇明。事敗，介子亡命淮南，以官印印所往來書，爲人告變，捕入金陵獄。起西職納槖饘。獄急，介子以其所著小游仙詩圜中草授起西，坐脱而去。當事戮其尸。起西號泣守喪鋒刃之中，贖其首聯之於頸，棺殮送歸。有漢楊匡之風。起西師死之後，遍走江湖，欲得奇才劍客而友之，卒無所遇，遂侘傺而死。聞者傷之。甲辰余至虞山，起西以精舍館我。款對數人，張雪崖顧石賓皆其道侶也。隨訪熊魚山於烏目，訪李膚公於赤岸，皆起西導之。（寅恪案，可參梨洲思舊録李孫之及熊開元條。）比余返棹，起西送至城西楊忠烈祠下，涕零如雨。余舟中遥望，不可爲懷。然不意其從此不再見也。

夫起西爲常熟人，又是牧齋舊友黄介子之高弟。牧齋垂死時，梨洲至虞山視牧齋疾，即寓起西家。（見後引梨洲思舊録錢謙益條。）則起西自與牧齋不能無關涉，可以推知。首告之盛名儒逃不赴質，恐是河東君間接所指使。殆取崇禎時告訐牧齋之張漢儒故事以恐嚇之也。至介子之能在獄中從容自盡，疑亦與河東君之策略有關，因藉此可以死無對證，免致牽累牧齋。其以介子病死爲言者，則可不追究監守之獄吏耳。黄案得如此了結，河東君之才智絶倫，誠足令人驚服。所可注意者，牧齋不付五千金與徐摩，遂因此脱禍。鄙意牧齋當時實亦同情於介子之舉動，但其不付款者，蓋由家素不豐，無以籌辦鉅額也。故就此點觀之，亦可證知牧齋經濟之情况矣。

關於牧齋獄中寄河東君詩，第叁章論臥子長相思七古，已引王應奎柳南隨筆涉及牧齋此詩序「弟」與「妻」之問題，可不復贅。惟牧齋此詩，雖有遵王之注，然亦未能盡窺其師之微旨。故重録此詩序，并六首全文，分别箋釋之。其他典故，讀者自當更取遵王原注并觀也。

有學集壹秋槐詩「和東坡西臺詩韵六首」其序云：

丁亥三月晦日，晨興禮佛，忽被急徵，鋃鐺拖曳，命在漏刻。河東夫人沉痾臥蓐，蹶然而起，冒死從行，誓上書代死，否則從死。慷慨首塗，無刺刺可憐之語。余亦賴以自壯焉。獄急時，次東坡御史臺寄妻詩，以當訣别。獄中遏紙筆，臨風暗誦，飲泣而已。生還之後，尋繹遺忘，尚存六章，值君三十設帨之辰，長筵初啓，引滿放歌，以博如臯之一笑。并以傳視同聲，求屬和焉。

寅恪案，婁東無名氏研堂見聞雜録云：「牧齋就逮時〔柳夫人〕能戎裝變服，挾一騎護之。」某氏所記河東君事，多雜采他書，實無價值。其言河東君戎裝挾一騎護牧齋，則絶無根據，不過牽混河東君作「昭君出塞裝」之傳説而來耳。此事前已辨之矣。至「無刺刺可憐之語」，乃用韓退之「送殷侑員外使回鶻序」中：

今人適數百里，出門惘惘，有離别可憐之色。持被入直三省，丁寧顧婢子語，刺刺不能休。

之文，（見五百家注韓昌黎先生文集貳壹。）遵王注中未及，特標出之，以便讀者，并足見牧齋之文，無一字無來處也。又「余亦賴以自壯焉」之語，與第壹首詩「慟哭臨江無壯子」句，亦有相互關係。餘見下論。

抑有可附論者，即關於河東君生年月日之問題。當牧齋順治四年丁亥賦此六詩時，河東君應如牧齋之言，確爲三十歲。此點并據康熙三年甲辰河東君示其女趙管妻遺囑所言「我來汝家二十五年。」（參第肆章論寒夕文宴詩節。）及顧苓河東君傳所載「定情之夕，在辛巳六月七日，君年二十四矣。」等資料，推計符合。或謂牧齋於丁亥三月晦日在常熟被急徵，至南京下獄，歷四十日出獄，即牧齋此題序所謂「生還」。若依此計算，其出獄當在五月間。然則河東君之生辰應在五月矣。鄙意牧齋所謂「生還之後，值君三十設帨之辰。」其時限雖不能距五月太遠，但亦難决其必在五月，是以或説亦未諦也。至牧齋序文所以引「賈大夫」之爛熟典故者，（詳見第肆章論牧齋庚辰冬日同如是泛舟再贈詩「争得三年才一笑」句所引。）固藉此明著其對河東君救護之恩情，更别具不便告人之深旨。蓋明南都傾覆，在乙酉五月。自乙酉五月至丁亥五月，亦可視爲三年。在此三年間，河東君「不言不笑」，所以表示其不忘故國舊都之哀痛。遵王注已引左氏傳以釋此古典，然恐未必通曉其師微意所在。故不可據牧齋之飾辭，以定河東君之生辰實在五月也。唯有可笑者，第肆章論「牧齋〔庚辰〕冬日同如是泛舟有贈」詩，引江熙掃軌閑談，謂牧齋「黑而髯，貌似鍾馗。」可知牧齋有賈大夫之惡。至牧齋之才，在河東君心目中，除「鄴下逸才，江左罕儷」之陳卧子外，「南宮主人」尚有可取之處。（見河東君與汪然明尺牘第貳伍通及第叁拾通。）宜其能博如皋之一笑也。

牧齋和東坡詩第壹首云：

朔氣陰森夏亦凄，穹廬四蓋覺天低。青春望斷催歸鳥，黑獄聲沈報曉鷄。慟哭臨江無壯子，徒行赴難有賢妻。重圍不禁還鄉夢，却過淮東又浙西。

寅恪案，第壹句「朔氣」蓋謂建州本在北方。「夏亦凄」者，言其殘酷也。韓退之「贈劉師服」詩云：「夏半陰氣始，淅然雲景秋。蟬聲入客耳，驚起不可留。」（見五百家注昌黎先生集伍。）牧齋以丁亥三月晦日在常熟被急徵，至南京下獄時，當在四月初旬。歷四十日出獄，已在五月。五月爲仲夏，與韓詩「夏半」之語適切。或云牧齋下獄在夏季，似與韓詩「雲景秋」之「秋」不合。鄙意駱賓王「在獄咏蟬」詩「西陸蟬聲唱」句，（見全唐詩第貳函駱賓王叁。）雖是秋季所作，但詩題有「獄中」之語，牧齋遂因韓詩「蟬聲入客耳」句聯想及之。觀牧齋此詩第肆句「聲沈」之語，與駱氏此詩「風多響易沈」句相應合，可以證知。不必拘執韓駱詩中「雲景秋」及「西陸」之辭爲疑也。第貳句遵王注本作「穹廬」，并引史記匈奴傳以釋之，甚是。蓋牧齋用「穹廬」之辭，以指建州爲胡虜。其作「穹蒼」者，乃後來所諱改也。第叁句遵王注引韓退之「游城南」詩中「贈同游」五絶釋之。亦是。但五百家注昌黎先生詩集玖此詩注略云：

洪云，催歸子規也。補注，〔黄嚳？〕復齋漫録，予嘗讀顧渚山茶記云，顧渚山中有鳥如鸜鵒而色蒼，每至正月作聲曰，春起也。三四月云，春去也。采茶人呼爲喚春鳥。（參太平廣記肆陸叁引顧渚山記「報春鳥」條。）

牧齋丁亥四月正在金陵獄中，故以青春望斷「不如歸去」爲言，其意更出韓詩外矣。第肆句言建州之統治中國，如雙王之主宰泥犁，即所謂「暗無天日」者。

關於第貳聯之解釋，甚有問題。柳南隨筆壹（參東皋雜鈔叁及牧齋遺事「牧齋仕本朝條。）云：

某宗伯於丁亥歲以事被急徵，河東夫人實從。公子孫愛年少，莫展一籌，瑟縮而已。翁於金陵獄中和東坡御史臺寄弟詩，有「慟哭臨江無孝子，徒行赴難有賢妻。」之句，蓋紀實也。孫愛見此詩，恐爲人口實，百計托翁所知，請改孝子二字。今本刻「壯子」，實系更定云。

寅恪案，東澈所記，謂此聯上句之「壯子」，本作「孝子」。以孫愛之無能，初視之，亦頗近理。細繹之，則殊不然。蓋牧齋詩本爲和東坡獄中之作。故其所用辭語典故，亦必與東坡有關。考「壯」字通義爲「長大」，專義則爲小戴記曲禮「三十曰壯」。檢東坡後集壹叁「到昌化軍謝表」云：「子孫慟哭於江邊，已爲死別。」表中「子孫」之「子」，指東坡長子邁。「子孫」之「孫」，指邁之子簞符及幼子過之子籥。邁生於嘉祐四年己亥，至紹聖四年丁丑，東坡謫瓊州時，年三十九。故邁兼通義及專義之「壯」。東坡留邁及諸孫等於惠州，獨與幼子過渡海至瓊州。過生於熙寧五年壬子，至紹聖四年丁丑，年二十六。既非長子，年又未三十，不得爲「壯」也。（詳見王文誥蘇文忠公詩編注集成總案壹嘉祐四年己亥。同書捌熙寧五年壬子。同書肆拾紹聖三年丙子及四年丁丑等條。）又檢東坡集貳玖「黄州上文潞公書」（參葉夢得避暑録話肆「蘇子瞻元豐間赴詔獄，與其長子邁俱行。」條）云：

軾始就逮赴獄，有一子稍長，徒步相隨。其餘守舍皆婦女幼稚。

東坡元豐二年己未就逮時，邁年二十一，雖爲長子，但非「三十曰壯」之「壯子」。初學集柒肆「先太淑人述」云：

謙益狂愚悻直，再觸網羅，葦笥之籍，同文之獄，流傳洶懼，一日數驚。太淑人强引義命自安。然其撫心飲泪，惟恐壯子受刑僇，固未忍以告人也。

牧齋所謂「再觸網羅」者，指天啓五年乙丑年四十四及崇禎元年戊辰年四十七，兩次之事。（詳見葛萬里及金鶴冲所撰牧齋年譜。）文中「壯子」之「壯」，乃兼通義及專義。蓋牧齋「三世單傳」，其時又年過三十故也。當順治四年丁亥牧齋被急徵時，孫愛年十九，既未過三十，又非居長之子，（見初學集玖崇禎詩集伍「反東坡洗兒詩。己巳九月九日」及同書柒肆「亡兒壽壙志。」）自不得以蘇邁爲比。由是言之，第貳聯上句全用東坡及其長子伯達之典故，絶無可疑。至第貳聯下句則用全唐詩第貳函崔顥「贈王威古」五古「報國行赴難，古來皆共然。」及東坡上文潞公書「徒步隨行」。并箋注陶淵明集捌「與子儼等疏」中「余嘗感孺仲賢妻之言。」等典故。綜合上下兩句言之，牧齋實自傷己身不僅不能如東坡有長壯之子徒步隨行，江邊痛哭。唯恃孺仲賢妻之河東君，與共患難耳。（參有學集貳秋槐詩支集「己丑元日試筆」二首之二「孺仲賢妻涕泪餘」句。）夫孫愛固爲「生兒不象賢」之劉禪，（見全唐詩第陸函劉禹錫肆「蜀先主廟」。）但絶非忤逆不孝之子。淺人未曉牧齋之作此詩，貫穿融合東坡全集而成，妄造物語，可鄙可笑也。或謂此聯上句牧齋最初之稿，原不如此。漢書叁拾藝文志歌詩類載：「臨江王節士歌詩四篇。」（參同書伍叁景十三王傳臨江閔王榮傳。）分類補注李太白詩肆「臨江王節士歌」云：

洞庭白波木葉稀，燕鴻始入吴雲飛。吴雲飛，吴雲寒，燕鴻苦。風號沙宿瀟湘浦，節士悲秋泪如雨。白日當天心照之，可以事明主。壯士憤，雄風生。安得倚天劍，跨海斬長鯨。

牧齋殆取此意。「壯子」本作「壯士」。後來以辭旨過顯，觸犯忌諱，遂改用東坡故實，自易「壯士」爲「壯子」歟？或説似亦有理，姑附録之，以備一解。第柒捌兩句，與東坡原詩自注：「獄中聞湖杭民爲余作解厄齋經月，所以有此句也。」有關，可不待論。但牧齋「淮東」二字，暗指明鳳陽祖陵而言。明史肆拾地理志「鳳陽府。鳳陽縣。」下注略云：「北濱淮。西南有皇陵。」又宋有淮東路，元有淮東道。故牧齋用「淮東」之辭，以示不忘明室祖宗之意。「浙西」二字，自是襲用蘇詩「浙江西」之成語，然亦暗指此時尚爲明守之浙江沿海島嶼，如舟山群島等。此等島嶼，固在浙江之東，若就殘明爲主之觀點言，則浙江省乃在其西。張名振之封爵以「定西」爲號者，疑即取義於此。牧齋詭辭以寓意，表面和蘇韵，使人不覺其微旨所在。總之此兩句謂不獨思家而已，更懷念故國也。或謂牧齋已身曾任浙江鄉試主考，合古典今典爲一辭，甚爲巧妙。牧齋寄示謝象三此題，亦以謝氏乃其典試浙江時所取士之故。此或説似亦可通，并録之，以備別解。

第貳首云：

陰宫窟室晝含凄，風色蕭騷白日低。天上底須論玉兔，人間何物是金鷄。肝腸迸裂題襟友，血泪模糊織錦妻。却指恒雲望家室，滹沱河北太行西。

寅恪案，第壹句及第貳句亦俱謂建州統治之黑暗。牧齋第壹首已及此意，今又重申言之者，所以抒其深恨。第壹句「窟室」遵王注引史記吳太伯世家爲釋，字面固合，恐猶未盡。鄙意牧齋殆用漢書伍肆蘇建傳附武傳：「單于愈欲降之，乃幽武置大窖中。」之意，實欲以子卿自比。第叁句遵王注引李孝逸事爲釋，似可通。但寅恪則疑牧齋之意謂「月有陰晴圓缺」，（可參第叁章論卧子長相思詩節述及東坡「丙辰中秋作，兼懷子由。」詞。）明室今雖暫衰，終有復興之望。與第肆章所引黄皆令「謝别柳河東夫人」眼兒媚詞「月兒殘了又重明。後會豈如今。」同一微旨也。第伍句「題襟友」當指梁維樞。據前引有關慎可資料，則牧齋自可以此目之也。第柒捌兩句謂河東君寄居慎可南京之雕陵莊。考北魏之恒州，唐改雲州，北周移雲州於常山乃滹沱河北，太行山西，梁氏著籍之真定，亦即雕橋莊所在之地。真定固在滹沱河之北。「太行西」謂真定雕橋莊之西方爲太行山。牧齋作此倒裝句法者，所以步蘇詩「西」字之原韵。讀者不必拘泥地望之不合也。又疑「恒雲」二字，雖是地名，恐與程松圓所賦「緪雲詩」之「緪雲」有連。蓋「恒」「緪」同韵，兩音相近，或有雙關之意。若果如此，豈牧齋於獄中困苦之時，猶故作狡獪耶？一笑！

第叁首云：

紂絶陰天鬼亦凄，波吒聲沸析鈴低。不聞西市曾牽犬，浪説東城再鬥鷄。并命何當同石友，呼囚誰與報章妻。可憐長夜歸俄頃，坐待悠悠白日西。

寅恪案，此首全篇意旨謂己身不久當死也。第壹貳兩句，亦指當日囚禁之苦，比於地獄。其用真誥闡幽微篇及酉陽雜俎前集貳「玉格」門「六天」條，「紂絶陰宮」之辭，恐非偶然。蓋暗寓建州之酷虐，與桀紂同也。第叁句自是用史記捌柒李斯傳。豈欲與第肆句用陳鴻祖「東城老父傳」及東坡原詩「城東不鬥少年鷄」句，「東城」及「城東」之「東」爲對文，遂於李斯傳「腰斬咸陽市」之「市」上，加一「西」字，并著一「不」字，以反李斯「顧謂其中子曰，吾欲與若復牽黄犬，出上蔡東門，逐狡兔，豈可得耶？」之原語，以免與史記之文衝突歟？遵王注雖引太史公書，然略去「東門」之「東」字，殆亦覺其師此句頗有疑問耶？俟考。

但據徐松唐兩京城坊考肆「獨柳」條云：

刑人之所。按西市刑人，唐初即然。貞觀二十年斬張亮程公穎於西市。（寅恪案，此條見舊唐書玖肆張亮傳及資治通鑑玖捌唐紀太宗紀貞觀二十年二月已丑條。）舊（唐）書（拾）肅宗紀（同書壹陸玖）王涯傳又言子城西南隅獨柳樹。蓋西市在宫城之西南。子城謂宫城。（寅恪案，此條可參資治通鑑貳貳拾唐紀肅宗紀至德二載十二月條所云：「壬申斬達奚珣等十八人於城西獨柳樹下。」及胡注引劉昫之語曰：「獨柳樹在長安子城西南隅。」又「獨柳」并可參舊唐書壹伍憲宗紀下元和十二年十一月條及同書壹肆伍吴少陽傳附吴元濟傳。）

可知牧齋「西市」一語，并非無出處也。第伍句遵王注引晉書伍伍潘岳傳爲釋，自是不誤。「石友」之義，可參文選貳拾潘安仁「金谷集作」詩，「投分寄石友」及同書貳叁阮嗣宗「咏懷」十七首之二，「如何金石交」等句李善注。鄙意安仁原詩「石友」之「石」，兼有「金石」之「石」及「石崇」之「石」兩意。若就「石崇」之「石」言，則「石」爲專有名詞。故錢詩第陸句「章妻」之「章」，亦是專有名詞。當牧齋就逮之際，河東君誓欲「從死」，即「并命」之意。噫！河東君此時雖未「并命」，然後來果以身殉。此句亦可謂與安仁季倫金谷之篇，同爲詩讖者矣。又考河東君只生一女，即趙微仲管之妻。作此詩時，猶未出生，牧齋不過因東坡原詩「身後牛衣愧老妻」之句，并感河東君尚無子女，遂聯想及之。但河東君本末，既與「章妻」不同，牧齋又非「素剛」之人，趙管妻恐未能承繼其母特性，如仲卿女之比。然則此典故雖似適切，後來情事演變，終與仲卿及其家屬之結局有異，斯殆牧齋在獄中賦詩時，所不能預料者也。第柒捌兩句用文選壹陸江文通「恨賦」，「及夫中散下獄，神氣激揚。」及「鬱青霞之奇意，入修夜之不暘。」之意。蓋以嵇康自比。但叔夜之「青霞奇意」，牧齋或可有之，至「神氣激揚」，則應屬於河東君，牧齋必不如是。唯此題第伍首第貳句「骨消皮削首頻低」及第陸首第貳句「神魂刺促語言低」等語，乃牧齋當時自作之真實寫照耳。

第肆首云：

三人貫索語酸凄，主犯灾星僕運低。溲溺闟通真并命，影形絆縶似連鷄。夢回虎穴頻呼母，話到牛衣更念妻。尚説故山花信好，紅闌橋在畫樓西。（自注：「余與二僕共梏拲者四十日。」）

寅恪案，第柒捌兩句指拂水山莊八景之「月堤烟柳」及「酒樓花信」二景而言。可參初學集壹柒移居詩集「九日宴集含暉閣醉歌」一首，「登高望遠不出户，連山小閣臨莽蒼。」及「白雲女墻作山帶，紅闌橋水含湖光。」等句，并前論牧齋「春游」二首中所引「月堤烟柳」詩：「紅闌橋外月如鈎」及「酒樓花信」詩：「横笛朱欄莫放吹。」等有關資料，兹不贅釋。

第伍首云：

六月霜凝信僭凄，骨消皮削首頻低。雲林永繞離羅雉，砧几相憐待割鷄。墮落劫塵悲宿業，皈依法喜愧山妻。西方西市原同觀，懸鼓分明落日西。

寅恪案，前第肆首第柒捌兩句，乃謂拂水山莊。此首第柒捌兩句，則指絳雲樓也。牧齋「絳雲樓上梁」詩八首之六，第柒捌兩句云：「夕陽樓外歸心處，懸鼓西山觀落暉。」（「觀」字下自注：「去」）可證。至第柒句「西市」一辭，可參第叁首第叁句「不聞西市曾牽犬」之解釋，可不贅論。又「〔黄毓祺〕將刑，門人告之期。祺作絶命詩，被衲衣，趺坐而逝。」一（見前引孤忠後録。）真所謂西方西市等量齊觀者。牧齋此句應是預爲介子咏。至己身之怯懦，則非其倫也。

第陸首云：

梏拳扶將獄氣凄，神魂刺促語言低。心長尚似拖腸鼠，發短渾如禿幘鷄。後事從他携手客，殘骸付與畫眉妻。可憐三十年來夢，長白山東遼水西。

寅恪案，第三句遵王引搜神記爲釋，乃僅釋古典。其今典則「髮短」一辭，謂己身已剃髮降清也。

史惇慟餘雜記「錢牧齋」條（可參談孺木遷北游録紀聞下「辮法」條。）云：

清朝入北都，孫之獬上疏云，臣妻放脚獨先。事已可揶揄。豫王下江南，下令剃頭，衆皆洶洶。錢牧齋忽曰，頭皮癢甚。遽起。人猶謂其篦頭也。須臾，則髠辮而入矣。

又有學集肆玖「題邵得魯迷塗集」（參牧齋尺牘「與常熟鄉紳書」所云：「諸公以剃髮責我，以臣服誚我，僕俯仰慚愧，更復何言。」等語。）云：

邵得魯以不早剃髮，械繫僇辱，瀕死者數矣。其詩清和婉麗，怨而不怒，可以觀，可以興矣。得魯家世皈依雲栖，精研内典，今且以佛法相商。優婆離爲佛剃髮，作五百童子剃頭師，從佛出家，得阿羅漢果。孫陀羅難陀不肯剃髮，握拳語剃者，汝何敢持刀臨閻浮王頂？

阿難抱持，强爲剃髮，亦得阿羅漢果。得魯即不剃髮，未使如阿難陀（寅恪案，「阿」字疑衍。）取次作轉輪聖王。何以護惜數莖髮，如此鄭重？彼狺狺剃髮，刀鋸相加，安知非多生善知識？順則爲優波離之於五百釋子，逆則如阿難之於難陀，而咨嘆（寅恪案，此「嘆」字疑當作「嗟」。）慨嘆，迄於今似未能釋然者耶？我輩多生流浪，如演若達多晨朝引鏡，失頭狂走。頭之不知，髮於何有？畢竟此數莖髮，剃與未剃，此二相俱不可得。當知演若昔日失頭，頭未曾失。得魯今日剃髮，髮未曾剃。晨朝引鏡時，試思吾言，當爲啞然一笑也。

夫辮髮及剃髮之事，乃關涉古今中外政治文化交通史之問題，茲不欲多論，唯附録史惇所記牧齋「剃髮」條及牧齋自作剃髮解嘲文於此，以資談助。其他清初此類載記頗多，不遑徵引也。夫牧齋既迫於多鐸之兵威而降清，自不能不剃髮，但必不敢如孫之獬之例，迫使河東君放脚，致辜負良工濮仲謙之苦心巧手也。呵呵！第伍句「携手客」指梁慎可等。毛詩邶風「北風其凉，雨雪其雱。惠而好我，携手同行。」小序云：「北風刺虐也。」牧齋蓋取經語，以著建州北族酷虐之意也。第柒捌兩句之解釋即牧齋於崇禎十四年辛巳所賦「秋夕燕譽堂話舊事有感」詩：「東虜游魂三十年」句之意。已詳第壹章及第肆章所論，可不復贅。

綜觀此六詩中第貳首七八兩句，關涉梁慎可，第陸首七八兩句關涉後金，辭語較第壹首七八兩句，尤爲明顯，自不宜廣爲傳播。前引謝象三和牧齋獄中詩題，僅言「以四詩寄示」，則牧齋詩序之「傳視同聲，求屬和。」之詩，實保留兩首。豈即今有學集此題之第貳第陸兩首歟？至江左三大家詩鈔顧有孝趙澐所選牧齋詩鈔下，亦選此題六首中之貳叁伍陸共四首。恐顧趙所選，未必與牧齋當日「傳視同聲，求屬和。」者，相同也。俟考。

前引有學集壹柒「賴古堂文選序」云：「己丑之春余釋南囚歸里。」故可依牧齋自言之時間，以推定有學集貳秋槐支集「勾曲逆旅戲爲相士題扇」七律以前，多是在南京所作。其中固亦有時間可疑，排列錯亂者，今日殊難一一考定。但「勾曲逆旅」詩第壹句「赤日紅塵道路窮」之語，當非早春氣節。前引南忠記謂黃毓祺於已丑三月十八日死於南京獄中。蓋此年三月介子既死，案已終結，牧齋遂得被釋還家矣。至牧齋在南京出獄以後，頌繫之時，究寓何處，則未能確知。檢牧齋外集貳伍「題曹能始壽林茂之六十序」末署：「戊子秋盡，錢謙益撰於秦淮頌繫之所。」牧齋所以特著「秦淮」二字者，當是指南京之河房而言。牧齋當時所居之河房，非余懷板橋雜記上雅游門「秦淮燈船之盛」條所述同類之河房，乃吴應箕留都見聞録下「河房」門所述「近水關有丁郎中河房」條之河房，亦即有學集壹秋槐詩集「題丁家河房亭子」題下自注「在青溪笛步之間」者。此類河房爲南京較佳之館舍。牧齋以頌繫之身，尚得如此優待，當由丁繼之梁愼可等之友誼所致，亦可謂不幸中之大幸。今以意揣之，牧齋於丁亥四月初被逮至南京下獄，河東君即寄寓梁愼可之雕陵莊，及五月中牧齋出獄，尚被看管，自不便居於雕陵莊，故改寓青溪笛步間之丁家河房，（并可參有學集陸秋槐詩別集「丙申春就醫秦淮，寓丁家水閣。」一詩等。）俾與河東君同寓，而河東君三十生辰之慶祝，恐即在此處。復檢龔之麓鼎孳定山堂詩集貳拾「和錢牧齋先生韵，爲丁繼之題秦淮水閣」云：

開元白髮鏡中新，朱雀花寒夢後春。妝閣自題偕隱處，踏歌曾作太平人。烏啼楊柳仍芳樹，鷗閱風波有定身。驃騎武安門第改，一簾烟月未全貧。

似可爲錢柳二人同寓丁家河房之一旁證。至趙管妻出生地，固難確定，但疑不在秦淮之河房，而在蘇州之拙政園。檢有學集秋槐詩集「次韵林茂之戊子中秋白門寓舍待月之作」云：

空堦荇藻影沉浮，管領清光兩白頭。條戒山河原一點，平分時序也中秋。風前偏照千家泪，笛裏橫吹萬國愁。無那金閶今夜月，雲鬟香霧更悠悠。

寅恪案，第貳句「兩白頭」之語，指己身及茂之，而末兩句用杜工部集玖「望月」詩，指河東君此夕獨在蘇州。由是言之，趙管妻生於拙政園之可能性甚大也。又檢元氏長慶集抄本牧齋跋語云：

亂後，余在燕都，於城南廢殿得元集殘本，向所闕誤，一一完好。暇日援筆改正，豁然如翳之去目，霍然如疥之失體。微之之集殘闕四百餘年，而一旦復元。寶玉大弓其猶有歸魯之徵乎？著雍困敦之歲，皋月廿七日，東吴蒙叟識於臨頓之寓舍。（寅恪案，此文末數語，暗寓明室復興之意。牧齋此際有此感想，自無足怪也。）

并曹溶絳雲樓書目題詞云：

余以後進事宗伯，而宗伯絕款曲。丙戌同客長安，丁亥戊子同僦居吴苑，時時過予。

及倦叟再識略云：

昔予游長安，宗伯閒日必來。丁亥予絜家寓閶門，宗伯先在拙政園。

可知牧齋於順治四五兩年，因黄案牽累，來往於南京蘇州之間，其在蘇州，寓拙政園。拙政園主人爲陳之遴。其時彦升尚未得罪，雖官北京，固可謂韓君平所謂「吴郡陸機爲地主」之「地主」。又林時對荷牐叢談叁「鼎甲不足貴」條略云：

吴偉業鼎革後，投入土國寶幕，執贄爲門生，受其題薦，復入詞林。

梅村既與國寶有連，吴陳二人復是兒女親家。牧齋以罪人而得寓拙政園，恐與駿公不能無關。至牧齋所以至蘇州之故，殆因黄案亦在江蘇巡撫職權範圍之内，而土國寶此時正任蘇撫也。（見上論牧齋贈土國寶詩所引清史稿疆臣年表江蘇巡撫欄。）或謂清代江蘇按察使駐蘇州，牧齋以就審訊之故至蘇。則不知江蘇按察使移駐蘇州，乃雍正八年以後之事。順治四五年江蘇按察使仍駐江寧。（見清史稿壹貳貳職官志叁等。）故或説未諦。又牧齋稱拙政園爲「臨頓里之寓舍」者，乃綜合古典今典，殊非偶然。嘉慶一統志柒捌蘇州府貳津梁門云：

臨頓橋在長洲縣治東北。吴地記：有步騭石碑，見存臨頓橋。續圖經：臨頓，吴時館名。陸龜蒙嘗居其旁。

及全唐詩第玖函皮日休伍「臨頓（原注：里名。）爲吴中偏勝之地，陸魯望居之，不出郛郭，曠若郊墅。余每相訪，款然惜去，因成五言十首，奉題屋壁。」云：

（詩略。）

同書同函陸龜蒙伍「問吴宫辭」并序云：

甫里之鄉曰吴宫，在長洲苑東南五十里，非夫差所幸之別館耶？披圖籍，不見其說。詢故老，不得其地。其名存，其迹滅。悵然興懷古之思，作問吴宫辭云：

彼吴之宫兮，江之郿涯。複道盤兮，當高且斜，波摇疏兮，霧濛箔，茵澮國兮，鴛鴦家。鸞之簫兮，蛟之瑟。駢�参差兮，界絲密。宴曲房兮，上初日。月落星稀兮，歌酣未畢。越山叢叢兮，越溪疾。美人雄劍兮，相先後出。火姑蘇兮，沼長洲。此宫之麗人兮，留乎不留。霜氛重兮，孤榜曉，遠樹扶蘇兮，愁烟悄眇。欲摭愁烟兮，問故基，又恐愁烟兮，推白鳥。

龔明之中吴紀聞貳「五柳堂」條云：

五柳堂者，胡公通直〔稷言〕所作也。其宅乃陸魯望舊址，所謂臨頓里者是也。

同書叁「甫里」條云：

甫里在長洲縣東南五十里，乃江湖散人陸龜蒙字魯望躬耕之地。

蓋河東君本有「美人」之稱，牧齋作詩往往以西施相比，如前引「有美」詩，「輸面一金錢」，「元日雜題長句」八首之八，「春日春人比若耶」等，皆是其例。臨頓既是吴時館名，如「館娃宫」之類，亦當與西施有關。陸魯望辭中「美人」「曲房」之語，適與前論半塘雪詩引徐健庵之記相合。此錢柳一重公案，頗爲名園生色，唯世之論拙政園掌故者，多未之及，遂標出之以供談助云爾。

牧齋因黄案牽累，於順治三四年曾寓蘇州，但檢有學集此時期内諸詩，尚有發現確爲寓蘇時之作，唯其中有一題關涉河東君及其女趙管妻者，此題頗有寄居拙政園時所賦之可能，故特録之并略加箋釋於下。

有學集貳秋槐詩支集「己丑元日試筆二首」。其一云：

春王正月史仍書，上日依然芳草初。白髮南冠聊復爾，青陽左个竟何如。三杯竹葉朝歌後，一枕槐根午夢餘。傳語白門楊柳色，桃花春水是吾廬。

寅恪案，第壹句謂此年爲監國魯四年正月辛酉朔，永曆三年正月庚申朔，（見黄宗羲行朝録及金鶴冲牧齋年譜。）明室之正朔猶存也。第肆句謂究不知永曆帝之小朝廷是何情況也。

第柒句謂己身今在蘇州，故「傳語白門」。觀此題下一題爲「次韵答盛集陶新春見懷之作」有「金陵見説饒新咏，佳麗常懷小謝篇。」之句，可證也。又陳田明詩紀事辛籤叁壹所録盛集陶斯唐「懷林茂之」詩有「舊栽柳色曾無恙」句。及楊子勤鐘羲雪橋詩話壹「黄俞邰〔虞稷〕贈林茂之詩」條引那子「新柳篇」有「漸許藏烏向白門。白門紫塞那堪比。」等句。然則牧齋「白門楊柳色」之語，即指茂之而言耶？第捌句謂己身此時所居之地，可比於避秦之桃花源及玄真子「桃花流水」之浮家泛宅也。

其二云：

頻煩襆被卷殘書，顧影頽然又歲初。自笑羇囚牢户熟，人憐留滯貫胡如。淵明弱女咿嚘候，孺仲賢妻涕泪餘。爲問烏衣新燕子，銜泥何日到寒廬。

寅恪案，此首前四句疑可與前引牧齋尺牘與毛子晋四十六首之三十九所言：「獄事牽連，實爲家兄所困，覊栖半載，采詩之役，所得不貲。歸期不遠，嘉平初，定可握手。仲冬四日。」等語相參證。蓋牧齋本以爲順治五年戊子十二月能被釋還常熟度歲。豈意獄事仍未終結，至六年己丑元旦，猶在蘇州也。第伍句指趙管妻。河東君殉家難事實康熙三年甲辰七月「孝女揭」云：「母歸我父九載，方生氏。」及康熙三年甲辰六月廿八日「柳夫人遺囑」云：「我來汝家二十五年，從不曾受人之氣。」蓋河東君及其女皆以河東君之適牧齋，實在崇禎十三年庚辰十二月一日我聞室落成與牧齋同居時算起。牧齋垂死猶念念不忘半野堂寒夕文宴者，即由此夕乃其「洞房花燭夜」之故。然則趙管妻出生乃在順治五年戊子。（寅恪案，蘼蕪紀聞上載盛湖雜録「柳如是絶命書」條，案語云：「小姐柳出，以順治戊子生。辛丑贅婿趙管，年僅十四，遇變之年爲甲辰，纔十七歲。故書中有年紀幼小之語。」可供參證。）至在何月何日，則不可考。但己丑元旦，正是「咿嚘」之候也。第陸句指河東君，自不待言。牧齋此一年皆用淵明典故，亦可與前一首末句暗寓桃花源記之意相參也。第柒句疑指梁慎可。梁氏乃明之舊家，清之「新燕」也。第捌句謂慎可何日可將己身被釋還家之好音來告也。

又關於趙管妻事，牧齋詩文集中言及雖不甚多，但檢有學集貳秋槐支集載牧齋「庚寅人日示内二首」及河東君「依韵奉和」二首皆涉此女。庚寅歲首，與牧齋因黄案得釋還家之時間，相距至近。故附録錢柳兩人之詩於論黄案節中，并略加箋釋。牧齋詩之典故，有遵王注，讀者自可參閲。河東君詩其第貳首下半，前雖已徵引，但未綜合闡述，兹并録全文，以便觀覽。

牧齋詩其一云：

夢華樂事滿春城，今日凄凉故國情。花燼舊枝空帖燕，柳燔新火不藏鶯。銀幡頭上衝愁陣，柏葉尊前放酒兵。憑仗閨中刀尺好，剪裁春色報先庚。

其二云：

靈辰不共劫灰沉，人日人情泥故林。黄口弄音嬌語澀，緑窗停梵佛香深。圖花却喜同心蔕，學鳥應師共命禽。夢向南枝每西笑，與君行坐數沉吟。

寅恪案，牧齋此兩詩南枝越鳥之思，東京夢華之感，溢於言表，不獨其用典措辭之佳妙也。詩題「示内」二字，殊非偶然，蓋河東君於牧齋爲同夢之侶，同情之人，故能深知其意。觀河東君和章，可以證知。元氏長慶集壹貳樂天東南行詩一百韵序云：

通之人莫知言詩者，唯妻淑在旁知狀。

夫河東郡君裴淑能詩（裴氏封河東郡君，見白氏文集陸壹「唐故武昌軍節度使元公墓志銘」。），且能通微之之意。然其所能通者，與河東君柳是之於牧齋，殊有天淵之别。又河東君兩詩後，即附以其「贈黄若芷大家四絶句」，黄若芷即黄媛介。前論絳雲樓上梁詩已言及之。皆令有「答謝柳河東夫人」眼兒媚詞云：「月兒殘了又重明，後會豈如今。」前亦已徵引。皆令賦此詞，與河東君和牧齋詩，兩者時間相距甚近。然則牧齋賦詩之微意，不獨河東君知之，即河東君之密友如皆令者亦知之。當日錢柳之思想行動，於此亦可窺見矣。

河東君和詩其一云：

春風習習轉江城，人日於人倍有情。帖勝似能欺舞燕，妝花真欲坐流鶯。銀旛囡載忻多福，金剪儂收喜罷兵。新月半輪燈乍穗，爲君酹酒祝長庚。

寅恪案，此首第貳聯上句，與牧齋詩第貳首第叁句俱指趙管妻而言。王應奎柳南續筆叁「太湖漁户」條云：

漁户以船爲家，古所稱浮家泛宅者是也。而吾友吴友篁著太湖漁風載：漁家日住湖中，自無不肌粗面黑，間有生女瑩白者，名曰白囡，以志其异。漁人户口册中兩見之。

明實録神宗實録貳佰柒（寅恪案，此次科場案明實録記載甚詳，不能盡録。惟摘其與本文主旨最有關者。其餘述及此案之載籍頗不少，可參沈德符萬曆野獲編壹陸科場門「舉人再復試」條。陳建皇明從信録叁陸萬曆十七年己丑文肅奏章及雜記等條。國榷柒伍萬曆十七年己丑正月二月及同書柒陸萬曆二十年壬辰五月有關各條。明通鑒陸玖萬曆十七年己丑二月有關各條。陳田明詩紀事庚籤拾黄洪憲小傳及「上疏後，長安友人相訊感賦。」詩并光緒修嘉興府志伍貳秀水縣黄洪憲傳等。）萬曆十七年己丑正月條略云：

〔庚午〕（廿二日）禮部主客司郎中高桂言，萬曆十六年順天鄉試蒙旨以右庶子黄洪憲等往。其中式舉人第四名鄭國望，稿止五篇。第十一名李鴻，股中有一囡子。詢之吴人，土音以生女爲囡。孟義書經結尾文義難通。第二十三名屠大壯，大率不通。他若二十一名茅一桂，二十二名潘之惺，二十八名任家相，三十二名李鼒，七十名張敏塘，（萬曆野獲編及國榷「敏」俱作「毓」。）即字句之疵，不必過求，然亦嘖有煩言。且硃卷遺匿，辯驗無自，不知本房作何評騭，主考曾否商訂。主事〔于〕孔兼業已批送該科，科臣竟無言以摘發之。職業云何？方今會試之期，多士雲集，若不大加懲創，何以新觀聽？伏乞敕下九卿會同科道官，將順天府取中試卷，逐一簡閱，要見原卷見在多少？有無情弊，據寔上請，以候處分。其有迹涉可疑及文理紕謬者，通行議處，明著爲例，以嚴將來之防。自故相之子先後并進，一時大臣之子，遂無有見信於天下者。今輔臣王錫爵之子，素號多才。豈其不能致身青雲之上？而人之疑信相半，亦乞并將榜首王衡與茅一桂等，一同覆試，庶大臣之心迹益明矣。得旨，草稿不全，事在外簾。硃卷混失，事在場後。字句訛疵，或一時造次。有無弊端，該部科一并查明來說，不必覆試。自後科場照舊規嚴加防範，毋滋紛紛議論，有傷國體。

〔辛未〕（廿三日）大學士申時行王錫爵以高桂論科場事，詞連錫爵子衡，時行婿李鴻，各上疏自明，且求放歸。上俱慰留之。

〔癸酉〕（廿五日）大學士申時行等言，兩京各省解到試卷，發部科看詳。今禮科部司官不糾摘南京各省，而獨摘順天不通，摘三場，而止摘字句，殆有深意，必待會官復試，而後有無真僞，耳目難掩。上命禮部會同都察院及科道官當堂覆試，看閱具奏。錦衣衛還差官與高桂一同巡視。

同書貳佰捌萬曆十七年己丑二月條略云：

〔戊寅〕（初一日）禮部會同都察院及科道等官覆試舉人王衡等。試畢閱卷，〔于〕慎行次序分二等。王衡等七人平通，屠大壯一人亦通。疏入，得旨，文理俱通，都准會試。次日慎行同禮科上疏言，諸生覆試，無甚相懸，中式未必有弊，字句雖有疵訛，然瑕瑜不掩。得旨，高桂輕率論奏，奪兩月俸。（國榷「兩」作「五」。）

丙申（十九日）禮部儀制司主事於孔兼言，臣奉本部禮委磨勘順天中式硃墨卷内李鴻卷，首篇有不典之字，屠大壯卷，三場多難解之辭，即時呈本堂復批，送禮科聽其覆閱。

同書貳肆捌萬曆十七年壬辰五月條略云：

辛未（十二日）禮部題參舉人王兆河等七名，到部已齊，請於朝堂覆試，以服人心。從之。丁亥（廿八日）禮部衙門侍郎韓世能等，同原參官工部主事周如綸，御史綦才於午門覆試被參倖中式舉人王兆河等六名（寅恪案，六名者，據萬曆野獲編，知除屠大壯不赴試外，有鄭國望李鴻張敏塘并山西舉人王兆河，江西舉人陳以德，山東舉人楊爾陶，共爲六人也。）其所以覆試王陳楊三人者，蓋由上引申時行奏謂「不摘南京各省，而獨摘順天。」之語。）公同彌封詳品。文理平通四卷，文理亦通二卷，進呈裁奪。上命將卷傳與九卿科道翰林院各掌印官詳關（閱？）奏聞。内被參舉人屠大壯奏，聞母喪，乞回守制。禮部覆，請同衆覆試。大壯徑行，臨期不到。上謂大壯違旨規避，革退爲民。仍行巡撫按御史查勘丁憂有無，具奏。

柳南隨筆叁云：

明萬曆戊子順天舉人李鴻卷中有一囡字，爲吏部郎中高桂所參。鴻係申相國時行婿，吴人呼爲快活李大郎。及以文中用囡字被論，又稱爲李阿囡。囡者，吴人呼女之辭。然李所用囡字，實囝字之誤耳。

囡字之入文者，恐尚不止此，更待詳檢。河東君賦詩，用「儂」字以對「囡」字，同爲吴語，甚是工巧。可與顧逋翁用閩語「囝」字賦詩，先後比美。（見全唐詩第肆函顧況壹「囝一章」。）但其密友離隱才女「苦相吟賞」之餘，是否念及其家八股名手葵陽翁（寅恪案，姜紹書無聲詩史伍云：「黄媛介字皆令，嘉禾黄葵陽先生族女也。」葵陽即黄洪憲之號。）竟因門生長洲閣老之快婿快活李大郎八股中有一「囡」字，遭受無妄之灾耶？至曲海提要陸「還魂記」條「黄洪憲爲（萬曆十六年）戊子北闈主試官，取中七人，被劾。」節載：

又有屠大壯者，有富名。文字中有一「囡」字。

其以李鴻爲屠大壯，證之明實録及柳南隨筆，其誤顯然。惟「文理亦通」之屠大壯，自不能稱爲才子。但因母喪不赴萬曆壬辰之覆試，亦可稱爲孝子。終以平息衆議，以免牽涉宰輔之故，而被革黜，竟成贖罪之羔羊，殊可憐也。李鴻之籍貫，據同治修蘇州府志陸拾選舉貳進士萬曆二十三年乙未欄載：

長洲，李鴻，有傳。

同書陸壹選舉叁舉人萬曆十六年戊子欄「長洲」載：

李鴻，順天中式，昆山人，見進士。

同書捌柒人物壹肆李鴻傳云：

李鴻字宗儀，萬曆乙未進士，授上饒知縣。

則長洲昆山，縣名雖有不同，然皆屬蘇州府，同是吴語區域。其用此「不典之字」，爲掇科射策之文，原無足怪。惟作此大膽之舉動，乃在河東君賦詩前六十餘年，真可謂先知先覺者。又此科試題尚未考知。宗儀試卷用此「囡」字，經于孔兼磨勘，照舊通過。可見亦非極不妥適。由是推測，李氏文中所以用此「囡」字之故，疑其試題爲論語季氏篇，「夫人自稱曰小童」。果爾，則八股笑話史中復添一重公案矣。更有可注意者，此「黄口」「白囡」之趙管妻，竟能承繼其母之「白個肉」，而不遺傳其父之「烏個肉」，可謂大幸。（詳見第肆章論牧齋「冬日同如是泛舟有贈」詩，引顧公燮消夏閑記選存「柳如是」條。）

夫此一「囡」字，雖與河東君趙管妻及黄皆令直接間接有關，自不得不稍詳引資料，以供論證。但刺刺不休，盈篇累牘，至於此極，讀者當以爲怪。鄙意吾國政治史中，黨派之爭，其表面往往止牽涉一二細碎之末節，若究其內容，則目標別有所在。汝默「殆有深意」之語，殊堪玩味。（湯顯祖玉茗堂集壹陸「論輔臣科臣疏」。明通鑒陸玖萬曆十七年己丑十二月己丑「諭諸臣遇事毋得忿争求勝」條云：「時廷臣以科場事與王錫爵相攻訐。饒伸既罷，攻者益不已，并侵首輔申時行，而時行錫爵之黨復反攻之，乃有是諭。」并明史貳叁拾饒伸及湯顯祖傳等，皆可供參證。）職是之故，不避繁瑣之譏，廣爲徵引，以見一例。庶幾讀史者不因專就表面之記載，而評決事實之真相也。河東君和詩中，此「銀旛囡戴忻多福，金剪儂收喜罷兵。」一聯，下句即酬答牧齋詩第壹首七八兩句之意，而以收金剪洗兵馬爲言。雖似與牧齋原句之意有异，然實能寫出當日東南海隅干戈暫息，稍復升平氣象之情况也。第柒句「新月半輪」之語，謂永曆新朝之半壁江山。有學集捌長干塔光集「燕子磯歸舟作」七律「金波明月如新樣」句，可取以相證也。第捌句之「長庚」者，毛詩小雅大東「西有長庚。」傳曰：「日既入謂明星爲長庚。庚，續也。」正義曰：「庚，續。釋古文。日既入之後，有明星。言其長能續日之明，故謂明星爲長庚也。」河東君之意，以永曆爲正統，南都傾覆之後，惟西南一隅，尚可繼續明祚也。

河東君和詩其二云：

佛日初輝人日沈，采旛清曉供珠林。地於劫外風光近，人在花前笑語深。洗罷新松看沁雪，行殘舊藥寫來禽。香燈綉閣春常好，不唱君家緩緩吟。

寅恪案，此詩首句乃承接第壹首末句「長庚」之語而來。雖用文選陸左太沖魏都賦「彼桑榆之末光，逾長庚之初暉。」但河東君實反左賦之原意，以「佛日」指永曆，「人日」指建州。謂永曆既起，建州將亡也。第貳句承接首句「佛日」之「佛」而來。牧齋之供佛，見於其詩文者甚多，無待徵引。河東君之供佛，如初學集捌貳「造大悲觀音像贊」及投筆集上後秋興之三「八月初十日小舟夜渡，惜別而作。」第壹首「青燈梵唄六時心」之句等，則是其例證也。河東君此詩第壹聯寫出當時地方苟安，家庭樂趣。其不作愁苦之辭，而爲歡愉之語者，蓋錢柳兩人賦詩之時，就桂王之小朝廷而論，金聲桓何騰蛟李成棟等雖已敗亡，然其最親密之瞿稼軒式耜正在桂林平樂，身膺重寄。由稼軒薦任東閣大學士，而又深賞河東君之文汝止安之，不久將赴梧州行在。牧齋所薦，號稱「虎皮」之劉客生湘客，亦在肇慶。（見黄宗羲行朝録伍永曆紀年并小腆紀年壹柒順治七年二月丁亥條及小腆紀傳叁貳劉湘客金堡傳。并可參金鶴沖錢牧齋先生年譜永曆三年己丑條引瞿式耜留守文集所附牧齋寄稼軒書。）其他如與牧齋同郡同調，而真能「老歸空門」之金道隱堡及兩世論交之姚以式瑞等，俱寄托於永曆之政權。（見有學集肆絳雲餘燼集「寄懷嶺外四君」詩，同書貳陸「華首空隱和尚塔銘」及有學集補「復澹歸釋公」書。并澹歸今釋遍行堂集捌「列朝詩傳序」，同書叁肆「酬錢牧齋宗伯壬辰見寄原韵」

及「又贈牧齋」兩詩。）故以爲明室尚有中興之希望。牧齋詩第貳首末兩句「夢向南枝每西笑，與君行坐數沈吟。」即此際錢柳之心理也。河東君此詩下半四句，前已釋證，讀者苟取與今所論上半四句，貫通全篇細繹之，則其意旨益可了然。至評詩者僅摘此首第貳聯，賞其工妙，（見第肆章引神釋堂詩話。）所見固不謬，但猶非能深知河東君者也。

抑更有可論者，牧齋在黄案期間之詩文，自多删棄，即間有存留者，亦僅與當日政局表面上大抵無關諸人相往還之作品。如梁慎可爲黄案中救脱牧齋者之一，但牧齋在此案未了結時，不敢顯著其名字，即其例證。寅恪細繹有學集及牧齋尺牘等，於此一點，頗似能得其一二痕迹，遂鈎沈索隱，參互推證，或可發此數百年未發之覆歟？兹請略述之於下。

有學集詩注壹秋槐詩集「顧與治五十初度」（寅恪案，四部叢刊本此詩列於集補。又顧氏事迹可參陳伯雨作霖金陵通傳壹伍顧璘傳附夢游傳及陳田明詩紀事辛籤貳捌顧夢游條。）云：

松下清齋五十時，（寅恪案，趙殿成箋注王右丞集拾「積雨輞川莊作」七律云：「松下清齋摘露葵。」與治曾祖英玉著有寒松齋存稿，見明詩綜叁伍顧璨條。故牧齋此句今古典合用也。）道心畏路凜相持。全身惟有長貧好，避俗差於小病宜。靈谷梅花成昔笑，蔣山雲物起相思。開尊信宿嘉平臘，雒頌傳家德靖詩。（自注：「與治曾祖英玉公與其兄東橋先生并有集行世。」）

有學集陸秋槐別集「丙申春就醫秦淮，寓丁家水閣浹兩月，臨行作絶句三十首，留別留題，不復論次。」其第捌首云：

多少詩人墮劫灰，佺期今免治長灾。阿師狡獪還堪笑，翻攪沙場作講臺。（自注：「從顧與治問祖心千山語録。」）

初學集陸陸「宋比玉墓表」（參牧齋尺牘補遺「與顧與治」自注：「時與治爲宋比玉乞墓表」）略云：

金陵顧與治來告我曰，夢游與莆田宋比玉交，夫子之所知也。比玉殁十餘年矣，夢游將入閩訪其墓，酹而哭焉。比玉無子，墓未有刻文，敢以請於夫子。虞山錢謙益爲之表。崇禎十五年三月。

初學集捌陸「題顧與治偶存稿」云：

今天下文士入閩，無不謁曹能始。謁能始，則無不登其詩於十二代之選。人挾一編，以相誇視，如千佛名經，獨與治有异焉。能始題其詩曰偶存，所以别與治也。

有學集肆玖「顧與治遺稿題辭」略云：

金陵亂後，與治與剩和尚生死周旋，白刃交頸，人鬼呼吸，無變色，無悔詞。予以此心重與治。片言定交，輕死重氣，雖古俠士無以過也。風塵澒洞，士生其時，蒙頭過身而已。

孤生黨軍持，而抗服匿。（寅恪案，牧齋以「軍持」比函可，「服匿」比本是漢族，而爲清室所用者，如張大猷張天禄天福等。牧齋作品中往往以「軍持」「服匿」爲對文。如投筆集下後秋興之十「辛丑二月初四日夜宴述古堂，酒罷而作。」第肆首「草外流人歡服匿，御前和尚泣軍遲」。遵王箋注上句引南齊書叁玖陸澄傳爲釋，實則其最初出典乃漢書伍肆蘇建傳附武傳，更與漢族之爲滿用者尤切合。下句遵王引翻譯名義集爲釋，是。牧齋詩中之「軍遲」即「軍持」也。）讀與治詩，九原尤有生氣。存與治詩，所以存與治也。

施愚山閏章學餘文集壹柒顧與治傳云：

僧祖心憤世佯狂，與夢游爲方外交，至則主其家。禍發連繫，刃交於頸，夢游詞色不變，卒免於難。

清史列傳柒捌貳臣傳甲洪承疇傳云：

洪承疇（寅恪案，清史稿貳肆叁洪承疇傳云：「字亨九。」同治修福建通志貳貳捌南安縣洪承疇云：「字彥演。」）福建南安人。明萬曆四十四年進士。（順治四年）十月巴山等以察獲游僧函可金臘等五人，携有謀叛蹤迹，牒承疇鞫訊。承疇疏言，函可乃故明尚書韓日纘之子，出家多年。乙酉春自廣東來江寧，印刷藏經。值大兵平江南，久住未回。今以廣東路通，向臣請牌回里。臣因韓日纘是臣會試房師，（寅恪案，光緒修惠州府志叁貳人物門韓日纘傳略云：「〔萬曆四十四年〕丙辰充會試同考。〔天啓二年〕壬戌復充會試同考。」洪氏爲丙辰進士，故云。）遂給印牌。及城門盤驗，經笥中有福王荅阮大鋮書稿，字失避忌。又有變紀一書，干預時事。其不行焚毁，自取愆尤，與隨從之僧徒金臘等四人無涉。臣與函可世誼，應避嫌，不敢定擬。謹將書帖牌文封送内院。得旨，下部議。以承疇徇情，私給印牌，應革職。上以承疇奉使江南，勞績可嘉，宥之。

博羅剩人可禪師千山詩集首載顧夢游序云：

神宗末載，黨禍已成。博羅韓文恪公思以力挽頽波，毅然中立。簡在先帝，旦晚作輔。天禍宗社，哲人云亡。有丈夫子四，宗騋宗驎宗騄宗驪。騋最才，弱年名聞海内。公殂，太夫人在堂，閨玉掌珠，種種完好。以參空隱老人得悟，世緣立斬，與髪同斷，年二十有九耳。歲乙酉，以請藏經來金陵。值國再變，親見諸死事臣，紀爲私史，城邏發焉，傅律殊死，奉旨宥送盛京焚脩。今弘法天山所群奉爲祖心大師者也。當大師就縛對簿，備慘拷，訊所與游，忍死不語。囚於滿人，厥婦張敬共頂禮之。既去，追之還，進曰，師無罪。此去必生。然竊有請也，師出萬死，幾不一生，不擇於字，其禍至此。師生，無論好字醜字，毋更着筆。師爲悚生。

又廬山栖賢函是撰「千山剩人可和尚塔銘」略云：

師名函可，字祖心。別號剩人。惠州博羅人，本姓韓，父若海公，諱日纘，明萬曆丁未進士，曆官禮部尚書，謚文恪。母車氏，誥封淑人。師生而聰穎，少食餼邑庠，嘗侍文恪公官兩都，聲名傾動一時。海内名人以不獲交韓長公駷爲耻。甲申之變，悲慟形辭色。傳江南復立新主，頊以請藏，附官人舟入金陵。會清兵渡江，聞某遇難，某自裁，皆有挽。過情傷時，人多危之，師爲之自若。（寅恪案，千山詩集補遺有「哭繩海先生」「廣陵感賦」「聞黄石齋至」等題，即所謂「過情傷時」之作。張伯駷爲萬曆丙辰進士，黄道周爲天啓壬戌進士，皆函可通家也。）卒以歸日行李出城，忤守者意，執送軍中。當事疑有徒黨，拷掠至數百。但曰，某一人自爲。夾木再折，無二語，乃發營候鞫。項鐵至三繞，兩足重傷，走二十里如平時。江寧緇白環睹，咸知師道者無他，争爲之含涕，而不敢發一語。後械送京師，途次幾欲脱去，感大士甘露灌口，乃安忍如常。至京，下刑部獄。越月得旨，發瀋陽。師自起禍至發遣，中間兩年，惟同參法緯暨諸徒五人外，無一近傍。然内外安置極細，如獄中一飲啖，一衣履，隨意而至，如天中人。師當時所能自爲者，順緣耳。庸钜知己有人屬某緇，屬某素，甲事若此，乙事若彼。開士密行，不令人知何擇時地。然師所以獲是報者，豈非平生好義，暗中銖鏤不爽。諸如道在人天，且當作別論也。

及郝浴撰「奉天遼陽千山剩人可禪師塔銘」（參九龍真逸〔陳伯陶〕勝朝粤東遺民録肆

「函可」條。）略云：

〔華首道獨〕引入曹溪，禮祖下髮。師是年二十有九，時崇禎十二年六月十九日也。甲申年三十有四，值世變再作，於戊子四月二十八日入瀋，奉旨焚脩慈恩寺，時已順治五年矣。〔後〕師知悟門已開，且就化，目衆嘆曰，釋兒識西來意乎？追念吾在家時，曾刺臂書經以報父。及出家，而慈母背，反立解條衣，披麻泣血，以葬之。是豈愚敢先後互左而行怪？顧創巨痛深，皆不知其然而然也。是西來意也。丙戌歲本以友故出嶺，將掛錫靈谷，不自意方外臣少識忌諱，遂坐文字，有瀋陽之役。是亦不知其然而然也。是西來意也。重示偈曰，發來一個剩人。死去一具臭骨。不費常住柴薪，又省行人挖窟。移向渾河波裏赤骨律。祇待水流石出。言訖坐逝。報齡四十九，僧臘二十。翼晨道顏如生。浴拊其背哭之，雙目忽張，泪介於面。嗚呼！師固博羅韓尚書文恪公之長子也。文恪公立朝二十年，德業聲施在天下，門下多名儒鉅人，故師得把臂論交。雖已聞法，而慈猛忠孝，恒加於貴人一等。甲申乙酉間，僑於金陵顧子之樓，友慟國恤，黯然形諸歌吟，不悟遂以爲禍。然事干士大夫名教之重，江左舊史聞人往往執簡大書，藏在名山。是殆獅象中之期牙雷管，而袈裟下有屈巷夔龍也。當其遭誣在理，萬楚交下，絶而復甦者數，口齒嚼然，無一語不根於道。血淋没趾，屹立如山，觀者皆驚顧咋指，嘆爲有道。師始以逮入京，絶粒七日，時有一美丈夫手甘露瓶倒注其口，及蘧，神采益陽陽。方知大士□留爲十二年撥種生芽也。

寅恪案，前已考定牧齋因黄案被逮至南京，實在順治四年丁亥四月。此時清廷委任江寧之最高長官乃洪亨九。錢洪兩人於明季是否相識，今不得知，但牧齋與顧與治爲舊交，弘光元年乙酉祖心廣東至南都，斯際牧齋正任禮部尚書。受之爲當代詞宗，尤博綜内典。祖心既與顧氏親密，寄居其寓樓，則錢韓兩人極有往還之可能。巴山等舉發函可案，在順治四年丁亥十月。牧齋於四年四月被逮至南京入獄，曆四十日出獄。其出獄之時間，當在五月。然則牧齋殆可經由顧韓之關係，向洪氏解脱其反清之罪。馬國柱不過承繼亨九之原議，而完成未盡之手續耳。

檢有學集壹秋槐詩集「禪關策進詩，有示。」云：

漫天畫地鬼門同，禪板蒲團在此中。遍體鋃鐺能説法，當頭白刃解談空。朝衣東市三生定，懸鼓西方一路通。大小肇師君會否，莫將醒眼夢春風。

或謂此詩在遵王注本中列於「顧與治五十初度」詩前第貳題。相距甚近，疑是爲函可而作。但依郝浴所記，函可於順治五年戊子四月二十八日入瀋，「禪關策進」詩列於「歲晚過茂之，見架上殘帙有感，再次申字韵。」後第叁題。壽與治詩，前第貳題。歲晚詩既有「先祖豈知王氏臘，胡兒不解漢家春。」（寅恪案，鄭氏近世中西史日表順治五年戊子十二月廿二日立春。）壽顧詩復有「開尊信宿嘉平臘」等句，則禪關策進詩亦當是順治五年戊子歲暮所賦，其非爲函可而作可知。

若不爲剩和尚而作，則疑是爲黄介子而賦也。前引孤忠後録載介子以順治六年己丑三月，由廣陵獄移金陵獄。若其所記時間稍有先後，則介子之移金陵獄，可能在順治五年戊子歲暮。牧齋於其抵金陵時，即作此詩以相慰勉耶？俟考。又有學集壹秋槐詩集有「廣陵舟中觀程端伯畫册，戲爲作歌。」七古一首，（寅恪案，端伯名正揆。事迹見光緒修孝感縣志壹肆人物志及歷代畫史彙傳叁叁程正揆傳。）此詩前一題即「次韵林茂之戊子中秋白門寓舍待月之作」，故廣陵舟中詩，當是順治五年戊子秋間所賦。牧齋之至揚州，疑是就地與黄介子質證，蓋是時介子尚在廣陵獄中也。

復次，據郝浴所記，函可示寂前，有「丙戌歲本以友故出嶺，將掛錫靈谷。不自意方外臣少識忌諱，遂坐文字，有瀋陽之役。」等語，顯與清史列傳洪承疇傳謂函可「乙酉春自廣東來江寧印刷藏經，值大兵平江南，久住未回。」之言相衝突。詳檢千山詩集捌至玖之間，有補遺一卷，乃黄華寺主所藏函可丙丁間寓金陵所作之七律共三十一首。其中將返嶺南前留别金陵諸友之詩頗多。如「次韵答邢孟貞（昉）并以道别」云，「高樓春盡恨難删」。「留别顧與治（夢游）」云，「一春花落鳥空愁」。「留别余澹心（懷）二首次韵」其一云，「春風猶滯秣陵關」及「三年不見雲中信」。（寅恪案，千山詩集玖七律體中連載，「甲申歲除寓南安」，

「乙酉元旦」，「秋䕷八首乙酉寓金陵作」，「乙酉除夕二首」，「丙戌元旦顧家樓」，「丙戌歲除卮亭同〔鄒〕衣白〔之麟〕，〔王〕雙白〔廷璧〕，〔鄒〕方魯〔喆〕諸子」，「丁亥元旦昧庵試筆」等題。此句「三年」之語，乃指甲申乙酉丙戌三歲而言，蓋「留別余澹心」詩，賦於丙戌春暮也。）「留別白門諸公」云，「三山花落催行棹」及「鶯啼無限夕陽多」。「次鄭元白韵」云，「春殘惟聽白門笳」等，所言皆是暮春景物。（寅恪檢邢孟貞昉石臼後集肆丁亥所作「送祖心歸羅浮」七律，有「此日東風黯別顔」句，亦可參證。又沈歸愚德潛國朝詩別裁叁貳載函可詩「丁亥春將歸羅浮，留別黄仙裳」五律云：「春盡雨聲裏，揚帆趁曉晴。路經三笑寺，歸向五羊城。末世石交重，餘生瓦鉢輕。悲涼無限意，江月爲誰明。」尤足證祖心於丁亥暮春有將返粵之事。）依洪承疇傳謂巴山等牒送函可交亨九鞫訊，在順治四年丁亥十月。由是推之，此次祖心之離南京，當在是年季秋，與暮春留別之詩不合。又黄華寺主所藏剩人補遺詩最後一題爲「繫中生日二首」。檢千山詩集函可自作生日之詩不少。如卷陸「生日四首」，其一云，「且自歡兹會，明冬不可知。」卷玖「生日」云，「當年墜地即嚴冬」及卷壹柒「臘八」七絶前第貳題「丁酉生日」二首之二云，「每因生日知年近，又得浮生一歲添。」可知其生日乃在十二月初，亦與洪承疇傳謂函可於十月被牒送者相合，而與暮春告别之詩不合。但「繫中生日」詩前有「次余澹心韵二首」，其一云，「摩騰翻譯渾多故，身外纍纍貝葉函。」（寅恪案，此兩句與洪承疇傳謂函可「來金陵印刷藏經」，「及城門盤驗，經笥中有福王答阮大鋮書稿。」之記載相符。）其二云，「雁去休教虛隻字，（寅恪案，全唐詩第壹函宋之問貳「題大庾嶺北驛」云，「陽月南飛雁，傳聞至此回。」故剩人此句，即取其意。）猿歸應已共層崖。」又有「次林茂之韵二首」其一云，「籬邊猶憶隔年花」。（寅恪案，此句用陶淵明「飲酒」二十首之四「采菊東籬下」，并杜子美「秋興」詩「叢菊兩開他日淚，孤舟一繫故園心。」之典故。蓋取不仕劉宋，隱居遁世之高人及避羯胡亂，且未還家之詞客，以比茂之。又剩人丙戌春暮返廣東後，是歲再來南京，其時間或即在季秋，故與杜詩「兩開」之語適合。所以有此推測者，因千山詩集玖有在南京所賦「丙戌歲除」之詩，則丙戌冬季以前，函可已由粵重來江寧矣。）其二云，「莫言我去知心少，但過牆東有好朋。」等句，（寅恪案，後漢書列傳柒叁逸民傳逢萌傳云，「避世牆東王君公」。剩人此句，殆指盛集陶。見下論牧齋「次韵答皖城盛集陶見贈二首。」）皆是秋季惜別之語。（寅恪又檢石臼後集壹丁亥所作「再送祖心歸嶺南」五古，有「十月又逢梅」句，亦可參證。）然則，此二題四詩，乃函可於丁亥返粵告別之作也。 頗疑函可實曾於順治三年丙戌春暮由南京返廣東，同年又重游南京。其臨終所言「丙戌本以友故出嶺，將掛錫靈谷。」即指此次而言。所謂「友」，恐是指亨九。靈谷寺在明太祖孝陵近旁，其欲居此寺，亦寓惓懷故國之思。亨九奏摺諱言剩人回粵後，又重來金陵之事，必有隱衷。豈函可於丙戌一年之中，去而復返，實暗中爲當時粵桂反清運動奔走游説耶？清史列傳柒捌貳臣傳甲洪承疇傳云：

〔順治〕四年四月駐防江寧巴山張大猷奏，柘林游擊陳際可擒賊謝堯文，獲明魯王封承疇國公及其總兵王（黄）斌卿致承疇與巡撫土國寶書，有伏爲内應，殺巴張二將，則江南不足定語。上獎巴山等嚴察亂萌，而諭慰承疇國寶曰，朕益知賊計真同兒戲。因卿等皆我朝得力大臣，故反間以圖陷陷。朕豈墮此小人之計耶？

可知當時反清復明之勢力皆欲爭取亨九。巴山等拷問函可，即欲得知洪氏是否與此運動有關。洪氏避嫌，不定函可之讞，清廷亦深知其中微妙之處。所以諭慰洪氏，輕罪函可者，蓋仍須藉洪氏以招降其他漢人士大夫如瞿稼軒輩。瞿洪皆中式萬曆丙辰進士，爲同年生，而函可乃適當之聯繫人也。然則當日承疇處境之艱危，清廷手腕之巧妙，於此亦可窺見一斑矣。牧齋所以得免於死，其原因固多，恐亦與引誘稼軒一點有關歟？前引可和尚兩塔銘，皆述函可繫獄及械送北京途中，得蒙神力護持之事。所言殊詭异，蓋暗示亨九輩陰爲保全，故賴以脱死。觀勝朝粵東遺民録肆「函可傳」陳伯陶案語引張鐵橋年譜，記後來洪承疇囑嶺東施起元照拂韓日纘諸子事。（寅恪案，同治修福建通志貳貳陸福清縣施起元傳略云：「施起元字君貞，一字虹澗。順治己丑進士。從平籓南征入粵。七年授廣東右參議，分守嶺東道。八年攝學政，按試惠屬，所拔悉當。旋以憂去。」可與陳氏所引參證。）足知亨九於剩人關係之密切也。又函昰謂可師「甲申之變，悲慟形辭色。傳江南復立新主，頃以請藏，附官人舟入金陵。」夫乙酉春間，南都雖尚未傾覆，然長江當已戒嚴。函可之附官人舟至金陵，自不足怪。但函昰所以特著此語者，或因南都當局馬士英大阮大鋮皆中式萬曆丙辰會試，可師乃其通家世好，此行乃與馬阮有關耶？觀其經笥中有福王答阮大鋮書稿一事，亦可爲旁證也。或謂千山詩集壹貳「寄陳公路若」有引，略云：

> 丙寅秋予侍先子南都署中，木樨盛開，月峰伯率一時詞人賦詩其下。予雖學語未成，竊喜得一一遍誦。及剃髮來南，與茂之相見，已不勝今昔之嘆。今投荒又八年矣，赤公至，述長安護法，首舉陳公，爲吾鄉人，即木樨花下賦詩人也。

檢國榷卷首之三部院上南京禮部尚書欄載：

> 〔天啓六年〕丙寅蕭山來宗道□□甲辰進士。二月任。
>
> 〔天啓七年〕丁卯博羅韓日纘□□丁未進士。三月任。

是丙寅歲任南京禮部尚書者，爲來宗道，而非韓日纘。函可既誤記「丁卯」爲「丙寅」，則其臨終時神志瞀亂，亦可誤記「乙酉」爲「丙戌」也。鄙意此說固可通，但檢光緒修惠州府志叁貳人物門韓日纘傳略云：

韓日纘字緒仲，號若海，博羅人。〔天啓四年〕甲子，即家陞右春坊右庶子。未行，陞禮部右侍郎兼侍讀學士，協理詹事府事，充兩朝實録副總裁。次年（五年乙丑）陞南京禮部尚書，疏辭弗克。崇禎〔五年〕壬申改禮部尚書。

此傳既述緒仲一生事迹頗詳，方志之文，疑源出函可所作家傳。（寅恪案，此點可參顧夢游千山詩集序引祖心寄夢游書中「近家書從福州來，流涕被面，先子傳十年不報，今以真〔乘〕兄坐索，家間事或得附見。此願既酬，胸中更無别事矣。」等語。勝朝粵東遺民録肆函是傳謂其父母妻妹子媳俱爲僧尼，歷主福州長慶等寺。觀祖心福州家書之語，豈韓氏尚有遺族依函是寄居福州耶？俟考。）今據志文，則丙寅之秋，函可實可侍其父於南京禮部尚書署中。故詩引所言，并非誤記。由是推之，其臨終所言「丙戌出嶺」之「丙戌」，亦非「乙酉」之誤記也。惟談書與方志何以不同，尚難確言。姑記於此，以俟更考。至南都禮部署中植有木樨，則前引牧齋「贈黄皆令序」及吴應箕留都見聞録俱未之及。兹論黄毓祺案，遂附録剩人詩引，亦可供談助也。

吾國舊日社會關係，大抵爲家族姻戚鄉里師弟及科舉之座主門生同年等。牧齋卒能脱免於黄案之牽累，自不能離此數端。而於科舉一端，即或表面無涉，實則間接亦有關也。兹請參互推論之，雖未必切中肯要，然亦不至甚相遠也。

前論牧齋熱中干進，自詡知兵。在明北都未傾覆以前，已甚關心福建一省，及至明南都傾覆以後，則潛作復明之活動，而閩海東南一隅，爲鄭延平根據地，尤所注意，亦必然之勢也。夫牧齋當日所欲交結之閩人，本應爲握有兵權之將領，如第肆章論「調閩帥議」，即是例證。牧齋固負一時重望，而其勢力所及，究不能多出江浙士大夫黨社範圍之外，更與閩海之武人隔閡。職是之故，必先利用一二福建士大夫之領袖，以作橋樑。苟明乎此，則牧齋所以特推重曹能始逾越分量，殊不足怪也。明史貳捌捌曹學佺傳略云：

曹學佺字能始，侯官人。弱冠舉萬曆二十三年進士，授户部主事，中察典，調南京添注，大理寺正。居冗散七年，肆力於學，累遷南京户部郎中，四川右參政按察使。又中察典議調。天啓二年起廣西右參議。初梃擊獄興，劉廷元輩主瘋顛，學佺著野史紀略，直書事本末。至六年秋，學佺遷陝西副使，未行，而廷元附魏忠賢大幸，乃劾學佺私撰野史，淆亂國章。遂削籍，毁所鏤板。崇禎初，起廣西副吏，力辭不就。家居二十年，著書所居石倉園中，爲石倉十二代詩選，盛行於世。兩京繼覆，唐王立於閩中，起授太常卿，尋遷禮部右侍郎兼侍講學士，進尚書，加太子太保。及事敗，走入山中，投繯而死，年七十有四。詩文甚富，總名石倉集。萬曆中，閩中文風頗盛，自學佺倡之。晚年更以殉節著云。

南疆逸史壹柒曹學佺傳略云：

學佺好學有文名，博綜今古，自以宿學巨儒不得官京朝，歷外數十年，仕又偃蹇，因以著書自娛。閩中立國，起爲太常寺卿，上言今幅員褊小，稅額無幾，宜專供守戰之用，而遣鄭鴻逵疾抵關度防守，毋久逗留。諸逃兵肆掠，責令其收歸營伍。及朝見，上指謂諸臣曰，此海内宿儒也。我在籓邸，聞其名久矣。時倉卒建號，一切典禮，皆學佺裁定。尋陞禮部右侍郎，署翰林院事。時敕纂修威宗實録，國史總裁，設蘭館以處之。丙戌四月上在延津。朝議欲以奇兵浮海，直指金陵，而艱於聚餉，學佺傾家以萬金濟之。

寅恪案，關於曹能始之資料頗多，不須廣引，即觀明史及南疆逸史本傳，已足知能始爲當日閩中士大夫之領袖。至其與鄭氏之關係及傾家助餉，欲成「奇兵浮海，直指金陵。」之舉，則皆南明興亡關鍵之所在，殊可注意也。

初學集首載「牧齋先生初學集序」略云：

歲癸未冬海虞瞿稼軒刻其師牧齋先生初學集一百卷既成。冬月長至後，新安布衣友人程嘉燧述於松圓山居。

又「錢受之先生集序」云：

時崇禎甲申中秋節，友弟曹學佺能始識。

牧齋刻集既成之後，幾歷一年之久，復請能始補作一序。其推重曹氏如此，可爲例證。

又檢初學集拾崇禎詩集陸「曹能始爲先夫人立傳，寄謝。」云：

（詩略。）

同書壹陸丙舍詩集「得曹能始見懷詩，次韵却寄二首。」云：

（詩略。）

有學集貳叁「張子石六十序」云：

子石游閩，余寓書曹能始，請爲先太夫人傳。子石攝齊升堂，肅拜而後奉書。能始深嘆之，以爲得古人弟子事師之禮。

夫牧齋平生於同時輩流之文章，少所許可，獨乞曹氏爲母作傳。此舉更足爲其尊崇石倉之一例證也。但牧齋外集貳伍「題曹能始壽林茂之六十序」云：

余與能始宦途不相值，晚年郵筒促數，相與托末契焉。然予竟未識能始爲何如人也。今年來白下，重逢茂之，劇談能始生平，想見其眉目嚬笑，顯顯然如在吾目中，竊自幸始識能始也。頃復見能始所制壽序，則不獨茂之之生平歷歷可指，而兩人之眉目嚬笑，又皆宛然在尺幅中。天下有真朋友，真性情，乃有真文字，世人安得而知之。余往刻初學集，能始爲作序。能始不多見予詩文，而想象爲之，雖謬相推與，其辭藐藐云爾。讀此文，益自恨交能始之晚也。雖然能始爲全人以去，三年之後，其藏血已化碧，而予也楚囚越吟，連蹇不即死，予之眉目嚬笑，臨流攬鏡，往往自憎自嘆，趣欲引而去之，而猶悵怏能始知予之淺也。不亦愚而可笑哉！戊子秋盡，虞山錢謙益撰于秦淮頌繫之所。

列朝詩集丁壹肆「曹南宫學佺小傳」略云：

能始具勝情，愛名山水，卜築匡山之下，將携家往居，不果。家有石倉園，水木佳勝，賓友翕集，聲伎雜進，享詩酒談宴之樂，近世所罕有也。著述頗富，如海内名勝志，十二代詩選，皆盛行於世。爲詩以清麗爲宗，程孟陽苦愛其送梅子庚「明月自佳色，秋鐘多遠聲。」之句。其後所至，各有集。自謂以年而异，其佳境要不出於此。而入蜀以後，判年爲一集者，才力漸放，應酬日煩，率易冗長，都無持擇，并其少年面目，取次失之。少陵有言「晚節漸於詩律細」，有旨哉，其言之也。

據此足見牧齋亦深知能始之詩文無甚可取。其請爲母作傳，并序初學集者，不過利用之以供政治之活動耳。又有學集肆柒「題徐孝白詩卷」云：

雲間之才子如卧子舒章，余故愛其才情，美其聲律。惟其淵源流别，各有從來。余亦嘗面規之，而二子亦不以爲耳瑱。采詩之役，未及甲申以後，豈有意刊落料揀哉？

牧齋尺牘中「與毛子晋」四十六首之四十五云：

蘊生詩自佳，非午溪輩之比。須少待時日，與陳卧子諸公死節者并傳，已有人先爲料理矣。其他則一切以金城湯池禦之。此間聒噪者不少，置之不答而已。

考能始亦於順治三年丙戌，即崇禎十七年甲申之後死難，列朝詩集何以選録其詩？蓋牧齋心意中實不願論列陳李之詩，以免招致不快，姑作諸種托辭以相搪塞而已。能始小傳不書其死難之年月，殆欲藉此蒙混讀者之耳目耶？至其他如閩集肆王微鄭如英等，亦皆卒於崇禎甲申以後，更可證牧齋編列朝詩集，其去取實不能嚴格遵守史家限斷之例也。

牧齋吾炙集所選侯官許有介米友堂詩題詞云：

丁酉陽月余在南京，爲牛腰詩卷所困，得許生詩，霍然目開，每逢佳處，爬搔不已，因序徐存永詩，（見有學集壹捌「徐存永尺木集序」。）牽連及之，遂題其詩曰，壇坫分茅異，詩篇束筍同。周容東越絶，許友八閩風。世亂才難盡，吾衰論自公。水亭頻剪燭，撫卷意何窮。周容者，字茂山，明州人。嘗爲余言許友者也。既而閩之君子，或過余言，又題曰，數篇重咀嚼，不愧老夫知。本自傾蘇涣，（自注：「老杜云，老夫傾倒于蘇至矣。」）何嫌説項斯。解嘲應有作，欲殺豈無詞。周處臺前月，長懸卞令祠。余時寓清溪水閣，介周臺卞祠之間，故落句云爾。（寅恪案，牧斎此兩詩并見有學集詩注捌長干塔光集「題許有介詩集」及「再讀許友詩。」）

同書有介詩後又附評語云：

此人詩開口便妙，落筆便妙。有率易處，有粗淺處，有入俗處，病痛不少，然不妨其爲妙也。或曰，詩具如許病痛，何以不妨其妙？答曰，他好處是胎骨中帶來，不好處是熏習中染來。若種種病痛，果爾從胎骨中來，便是焦芽敗種，終無用處矣。顧與治深以予言爲然。

又云：

余於采詩之候，撰吾炙集一編，蓋唐人篋中之例，非敢以示人也。長干少年疑余有雌黄，戲題其後云，杜陵矜重數篇詩。吾炙新編不汝欺。但恐旁人輕著眼，鍼師門有賣鍼兒。（寅恪案，此詩亦見有學集詩注捌「金陵雜題絶句二十五首」之十五。）聞者一笑而解。

寅恪案，牧齋此集所選同時人詩，唯有介之作多至一百七首，亦知必招致譏怪，故賦詩解嘲，自比少陵，并借用天竺西來教義，牽强紐合兩種對立之説以文飾之。但以此高自標置及與金聖嘆一類之八股批評家言論，殊不足令人心服。綜觀牧齋平生論詩論文之著述，大别可分二類。第壹類爲從文學觀點出發，如抨擊何李，稱譽松圓等。第貳類爲從政治作用出發，如前論推崇曹能始逾越分量及選録許有介詩，篇章繁多等。第壹類乃吾人今日所能理解，不煩贅述。第貳類則不得不稍詳言之，藉以説明今所得見牧齋黄案期間詩文中所涉及諸人之政治社會關係也。至牧齋選許有介詩，在順治十四年丁酉冬季游金陵時。此際牧齋正奔走復明運動，爲鄭延平帥師入長江取南都之預備。兹論黄案，姑不涉及，俟後詳述。

牧齋外集貳伍「題爲黄子羽書詩册」云：

戊子之秋囚繫白門，身爲俘虜，閩人林叟茂之僂行相勞苦，執手慰存，繼以涕泣。感嘆之餘，互有贈答。林叟爲收拾殘棄，楷書成册，題之曰秋槐小稿。蓋取王右丞葉落空宫之句也。己丑冬，子羽持孟陽詩帙見示，并以素册索書近詩，簡得林叟所書小册，拂拭蛛網，録今體詩二十餘首，并以近詩繫之。

寅恪案，今有學集卷壹秋槐詩集起乙酉年盡戊子年。卷貳秋槐詩支集起己丑年盡庚寅年四月。牧齋黄案期間所作之詩，即在此兩卷内，而兩卷内之詩，關涉林古度者特多，當由部分源出林氏所收拾之「秋槐小稿」，自無可疑。鄙意林氏當時所收拾牧齋之詩，恐尚有出於有學集第壹第貳兩卷所載之外。蓋就此兩卷詩中有關諸人觀之，大抵表面上皆無政治關係者，當由牧齋不欲顯著救脱其罪諸人之姓名，而此諸人亦不願牧齋此際作品涉及己身故也。但即就此等表面超然處於政局之外者，詳究之，實有直接與間接聯繫，如林古度乃其一例。關於林氏之材料頗多，其中以王士禛感舊集壹林古度條，陳文述秣陵集陸「乳山訪林古度故居」條及陳作霖金陵通傳貳肆林古度傳尤詳。兹僅録秣陵集於下。其文略云：

古度字茂之，號那子。閩之福清人，孝廉章子。章字初文。負大志，嘗獻書闕下，不報。歸而卜居金陵華林園側，具亭榭池館之美。古度與兄君遷，皆好爲詩。與曹學佺友善。萬曆己酉壬子間，楚人鍾惺譚元春先後游金陵，古度與泝大江，過雲夢，憩竟陵者累月，其詩乃一變爲楚風。甲申後，徙真珠橋南陋巷掘門，蓬蒿蒙翳，彈琴賦詩弗輟也。王士禎司理揚州，每集名士，泛舟紅橋。古度年八十五，士禎親爲撰杖。辛年九十。歿三年，周亮工葬之鍾山之麓。或云，後居乳山，有江東父老小印。（寅恪案，朱緒曾金陵詩徵肆拾「林古度」條云：「自卜生壙於乳山，年八十七卒。」）

有學集詩注壹秋槐詩集「歲晚過茂之，見架上殘帙有感，再次申字韵。」云：

地闊天高失所親，凄然問影尚爲人。呼囚獄底奇餘物，點鬼場中顧賃身。先祖豈知王氏臘，胡兒不解漢家春。可憐野史亭前叟，掇拾殘叢話甲申。

列朝詩集丁拾林舉人章小傳略云：

章字初文，福清人。初文二子君遷（寅恪案，君遷名楙。）古度皆能詩。古度與余好，居金陵市中，家徒四壁，架上多謝皋羽鄭所南殘書，婆娑撫玩，流涕漬濕，亦初文之遺意也。

同書丁壹貳鍾提學惺附譚解元元春小傳略云：

元春字友夏，竟陵人。舉於鄉，爲第一人。再上公車，歿於旅店。與鍾伯敬〔惺〕共定詩歸，世所稱鍾譚者也。伯敬爲余〔萬曆三十八年庚戌〕同年進士，又介友夏以交于余，皆相好也。吴中少俊多訾謷鍾譚，余深爲護惜，虚心評隲，往復良久，不得已而昌言擊排。

元春詩後又附識語云：

吴越楚閩，沿習成風，如生人戴假面，如白晝作鬼語，而閩人有蔡復一字敬夫者，（寅恪案，復一事迹詳見明史貳肆玖及福建通志貳佰之伍本傳。）宦游楚中，召友夏致門下，盡棄所學而學焉。

寅恪案，牧齋排擊鍾譚盡嬉笑怒駡之能事，讀者可披閲列朝詩集原文，於此不詳引，以省枝蔓。所可注意者，詈伯敬之辭，略寬於友夏，殆由錢鍾兩人有會試齊年之誼。舊日科舉制度與社會之關係，即此可見一斑。牧齋譏蔡敬夫，實譏林那子，所謂指桑駡槐，未識茂之讀之，何以爲情也。

夫牧齋文學觀點，既與古度差异，又與之親密一至於此，甚覺可怪。更檢吾炙集所列諸人及有學集中牧齋晚歲相與往來之文士，亦多由那子介紹，其故何在？必有待發之覆也。兹略推論之於下。

今先論黄案期間錢林之關係，至鄭延平率舟師攻南都前數年之事，則暫不述及。順治四年丁亥主辦黄案最高之清吏爲洪亨九。洪氏與函可之交誼，前已詳言之。牧齋固可藉顧與治經祖心以通亨九，然細繹上引千山詩集「寄陳公路若」詩序之辭旨，知天啓六年秋桂花開時，那子年已四十七，（此據有學集貳秋槐詩支集牧齋順治己丑所賦「林那子七十初度」五律推得之。）自得與諸詞人預會賦詩，而祖心年僅十六，（此據上引郝浴撰函可塔銘「師是年二十有九，時崇禎十二年〔己卯〕六月十九日也。」之語推得之。）故自謙云：「予雖學語未成，竊喜得一一遍誦。」又是歲顧與治年二十八，（此據上引牧齋戊子冬所賦「顧與治五十初度」推得之。）應可預此詩會，但祖心詩序云：「及剃髮來南，與茂之相見，已不勝今昔之嘆。」無一語道及與治，可證天啓六年丙寅秋韓顧未相識。上引牧齋「顧與治遺稿題詞」有「片言定交」之語，頗疑祖心與與治之締交，實始於弘光元年乙酉自廣州來南京之時，非若茂之之與韓氏一門，至少有兩世之舊交。然則牧齋即不經與治，藉祖心以通亨九，亦可經茂之，藉剩人以通洪氏也。

邢孟貞昉石臼後集壹「讀祖心再變紀漫述五十韻」云：

所恨喪亂朝，不少共驩葦。城頭豎降旗，城下迎王旆。白頭宗伯老，作事彌狡獪。捧獻出英皇，箋記稱再拜。（寅恪案，楊鐘羲雪橋詩話壹「邢孟貞」條，引「白頭」下四句云：「蓋指牧齋。」）皇天生此物，其肉安足嘬。養士三百年，豈料成狼狽。

寅恪案，牧齋遺事附趙水部雜志四則之三云：

弘光選后屢不中，特旨至浙東揀選三女子，祁彪佳族也。其父爲諸生。弘光避位，其女與父尚在金陵。禮部尚書錢謙益送所選女於豫王。女之父登謙益之門，一時人無不詫异焉。

可與祖心所記參證。或疑剩和尚既載牧齋此事，則似不以牧齋爲然者，牧齋遭黄案牽累，未必肯爲之盡力。鄙意函可撰再變紀效法南董，自必直書，無所諱忌。但牧齋實與黄介子有連，志在復明，剩人與林茂之爲舊交，與顧與治爲密友。牧齋若經兩人之疏通勸説，藉黄案以贖前罪，函可亦可能向洪亨九爲之解救也。茂之自其父移居金陵以來，至黄案期間，已歷數十年之久。故陳作霖認其爲上元人。（見金陵通傳貳肆林古度傳：「先世籍福清，父章發憤爭獄事，繫南都三年始出。遂居金陵，爲上元人。」等語。）但那子家本福清籍，（見同治修福建通志壹伍陸選舉門舉人表「萬曆元年癸酉蘇濬榜，福清縣林春元，後改名章。」之記載及同書貳壹叁文苑傳林章傳「萬曆癸酉年十七，舉於鄉。」等語。）與當日閩省士大夫領袖曹能始關係尤密，依舊日社會之習慣，自可如金陵詩徵之例，列於寓賢。（見朱緒曾編金陵詩徵叁玖寓賢伍林章小傳及同書肆拾寓賢陸林古度小傳。）洪亨九若論鄉里之誼，固得相與周旋。蓋茂之值明清興亡之際，表面無抗清顯著之形迹，不致甚爲巴山等之所注意。觀牧齋於黄案期間作品，絶不避忌林氏之名字，亦可推知其人在清廷官吏心目中之態度也。牧齋此期間關於茂之之詩甚多，除前引「次韵林茂之中秋白門寓舍之作」外，尚有可論證之篇什不少。其仿玉川子之作一首，足見錢林友誼篤摯，如第肆章論留仙館記及馮元颷之比。但有學集貳秋槐詩支集「戲爲天公惱林古度歌」原詩過長，僅録詩後跋語，聊資談助云爾。其文云：

此詩得之於江上丈人，云是東方曼倩來訪李青蓮於采石，大醉後放筆而作，青蓮激賞而傳之也。或云青蓮自爲之，未知然否？

前論祖心「次林茂之韵二首」第壹首「莫言我去知心少，但過牆東有好朋。」之「好朋」，當即指盛集陶斯唐。盛氏事迹今未能詳知。僅金陵詩徵肆拾寓賢陸盛斯唐條，較金陵通傳明詩紀事稍備，故録之於下。其文云：

斯唐字集陶。桐城籍，居金陵。

集陶爲進士世翼孫。居金陵十廟西門，毁垣敗屋，蓬蒿滿徑，與林古度相唱和。晚以目眚，屏居不干一人。

牧齋於黄案期間詩什，頗有關涉盛氏者，兹不詳引，惟擇録數首，略加箋釋，以見一斑。有學集壹秋槐詩集「盛集陶次他字韵，重和五首。」其第叁首云：

秋衾銅輦夢頻過，四壁陰蟲聒謂何。北徙鵬憂風力少，南飛鵲恨月明多。杞妻崩雉真憐汝，莒婦量城莫甚它。却笑玉衡無定准，天街仍自限星河。

寅恪案，此首雖和盛集陶，而實爲河東君而作者。第壹第貳兩句，謂明南都破後，己身降清，不久歸里，但東林黨社舊人，仍衆口訾謷，攻擊不已，意欲何爲耶？遵王引李賀「還自會稽歌」：「臺城應教人，秋衾夢銅輦。」（見全唐詩第陸函李賀壹。）以釋第壹句，固不誤。然尚未盡。長吉詩此兩句原出謝希逸「七夕夜詠牛女應制」詩：「輟機起春暮，停箱動秋衿。」（見丁福保輯全宋詩貳謝莊條。）長吉詩所謂「臺城應教人」乃指其詩序中之庾肩吾。（見南史伍拾庾肩吾傳及王琦李長吉歌詩貳「還自會稽歌」此兩句注。）牧齋以庾氏曾爲侯景將宋子仙所執，後乃被釋，遂取相比。第貳句遵王無釋，鄙意以爲「四壁」用歐陽永叔秋聲賦「但聞四壁蟲聲唧唧」之語。（見歐陽文忠公集壹伍。）「陰蟲」當出顏延平「夏夜呈從兄散騎，車長沙。」詩「陰蟲先秋聞」句。（見文選貳陸。）此皆表面字句之典故，猶未足窺牧齋之深意。牧齋此詩既爲河東君而作，因特有取於希逸之句，亦可與此詩末二句相照應也。又牧齋隨例北遷，河東君在南中有姦夫鄭某一重公案，即牧齋所謂「人以蒼蠅污白璧」者（見投筆集上後秋興之三「八月初十日小舟夜渡，惜別而作。」）蓋言己身不信河東君真有其事也。綜合此詩首兩句之意，謂兩人有如牛女之情意，永無變易。但陰險小人，造作蜚語，若「大王八」及「折盡章臺柳」之類，聒噪不休，甚無謂也。抑更有可論者，元裕之「洛陽」七律云：「已爲操琴感衰涕，更須同輩夢秋衾。」（見施國祁元遺山詩集箋注玖。）牧齋以南京比洛陽，即下引「次韵答盛集陶新春見懷之作」詩：「澗瀍洛下今何地，鄠杜城南舊有天。」之義。然則牧齋賦詩與王半山「恩從隗始詫燕臺」句之意同矣。可詳第壹章所論，兹不復贅。牧齋和盛詩第壹聯謂己身因南都破，隨例北遷，不久又南歸也。第貳聯謂河東君因己身被逮，而願代死，或從死，始終心懷復明之志也。第柒捌兩句謂當此賦詩之際，河東君寄寓蘇州拙政園，與己身隔絶，不能遇見。前論「次韵林茂之戊子中秋白門寓舍待月之作」詩「無那金閶今夜月，雲鬟香霧更悠悠。」之句，可取與互證。又前論順治三年丙戌牧齋之行蹤節，引有學集壹秋槐詩集「丙戌有懷」詩「横放天河隔女牛」句，亦可取以參較也。

有學集壹秋槐詩集「次韵答皖城盛集陶見贈二首。盛與林茂之鄰居，皆有目疾，故次首戲之。」云：

枯樹婆娑隕涕攀，祇餘蕭瑟傍江關。文章已入滄桑録，詩卷寧留天地間。汗史血書雠故簡，烟騷魂哭怨空山。終然商頌歸玄鳥，麥秀殘歌詎忍删。

有瞽隣牆步履親。摩挲攬鏡笑看人。青盲恰比瞳矇日，（寅恪案，遵王注本作「瞳矇目」。）象罔聊爲示現身。并戴小冠希子夏，長懸内傳配師春。徐州好士今無有，書尺何當代爾申。

寅恪案，牧齋答盛氏詩，第壹首末二句，初讀之，未能通解，後檢今釋徧行堂集捌「列朝詩傳序」，乃知此爲牧齋自述其編選列朝詩集之宗旨。澹歸之文，可取與此二句相證發。豈丹霞從蕭孟昉伯升處，得知牧齋著述之微意耶？俟考。金堡之文略云：

> 列朝詩集傳虞山未竟之書，然而不欲竟。其不欲竟，蓋有所待也。傳有胡山人白叔死於庚寅冬。則此書之成，兩都閩粵盡矣。北之死義，僅載范吳橋，餘豈無詩。乃至東林北寺之禍，所與同名黨人一一不載。虞山未忍視一綫滇南爲崖門殘局，以此書留未竟之案，待諸後起者，其志固足悲也。孟昉有俊才，於古今人著述，一覽即識其大義。其力可以爲虞山竟此書，而不爲竟，亦所以存虞山有待之志，俾後起者得而論之。嗚呼！虞山一身之心迹，可以聽諸天下而無言矣。

牧齋答盛氏詩第貳首末二句遵王注引梁書江淹傳。其解釋古典固當。但「代爾申」之「爾」字，若指牧齋，則應是集陶之語。細繹之，與上文旨意似不甚通貫。檢有學集貳秋槐支集「次韻盛集陶新春見懷之作」云：

> 暈碧裁紅記往年，春盤春日事茫然。澗瀍雒下今何地，鄠杜城南舊有天。夢裏士師多訟獄，醉中國土少崩騫。金陵見説饒新咏，佳麗長懷小謝篇。

此詩第伍句「夢裏士師多訟獄」，雖用列子周穆王篇之古典，然恐不僅指己身爲黄案所牽連，或兼謂集陶與訟獄有關。今日載記所述盛氏事迹，甚爲簡略，故無從詳知集陶在此時間，是否亦有被人累及之事也。

有學集壹秋槐詩集「丙戌初秋燕市惠房二老」（「丙戌初秋」四字據遵王注本增。）云：

（詩略。）

同書同卷「丁亥夏爲清河公題海客釣鰲圖」四首（寅恪案，「爲清河公」四字據遵王注本增。注本僅有三首，無第肆首。殆因此首語太明顯，故遵王删去也。）云：

海客垂綸入淼茫，新添水檻攬扶桑。崆峒仗與義和杳，安得乘槎漾水旁。

貝闕珠宮不可尋，六鰲風浪正陰森。桑田滄海尋常事，罷釣何須嘆陸沉。（寅恪案，遵王注本此首作「貝闕珠宮不可窺，六鰲風浪正參差。釣竿莫拂珊瑚樹，珍重鮫人雨泣時。」當爲後來避諱所改。）

陰火初銷黑浪遲，投竿錯餌自逶迤。探他海底珠如月，恰是驪龍晝睡時。

老馬爲駒氣似虹，行年八十未稱翁。勞山拂水雙垂釣，東海人稱兩太公。

同書同卷「别惠老兩絶句」（寅恪案，遵王注本闕此題。）云：

（詩略。）

同書同卷「和東坡西臺詩韵」六首云：

（詩略。）

清史列傳柒玖貳臣傳乙房可壯傳略云：

房可壯山東益都人。明萬曆三十五年進士。〔崇禎元年〕十一月會推閣臣，次列禮部侍郎錢謙益。尚書温體仁訐謙益主浙江鄉試時關節受賄，諸臣黨比推舉。莊烈帝召謙益及給事中章允儒等廷訊。可壯坐黨比降秩。順治元年六月招撫侍郎王鰲永至山東，可壯率鄉人殺流賊所置僞益都令，奉表投誠。鰲永疏請召用。三年二月授大理寺卿。六月疏言，舊制大理寺掌覆核刑部諸司問斷當者定案入奏，請再讞。近見刑部鞫囚，有徑行請旨處决者，未足以昭慎重，宜仍歸大理覆核會奏，并請敕法司早定律令，以臻協中之治。從之。十一月擢刑部右侍郎。五年轉左。

李棪君東林黨籍考引康熙修益都縣志捌云：

房可壯字陽初，號海客。

清史列傳柒捌貳臣傳工鰲永傳略云：

王鰲永山東臨淄人。明天啓五年進士，累官鄖陽巡撫。崇禎時，張獻忠犯興安，鰲永防江陵。大學士楊嗣昌督師好自用，每失機宜。鰲永嘗規之，不聽，遂奏罷鰲永。後嗣昌敗，授鰲永户部右侍郎。李自成陷京師，鰲永被拷索輸銀乃釋。本朝順治元年五月投誠，六月睿親王令以户部侍郎兼工部侍郎銜，招撫山東河南。鰲永至德州，同都統覺羅巴哈納石廷柱等，擊走自成餘黨，尋赴濟南，遣官分路招撫。尋命方大猷爲山東巡撫，巴哈納等移師征陝西。鰲永同大猷及登萊巡撫陳錦等綏輯山東郡縣，剿餘賊。八月疏報濟南東昌泰安兗州青州諸屬邑俱歸順。鰲永赴青州。有趙應元者，自成裨將也。敗竄長清縣，窺青州兵少，十月率衆僞降，既入城，遂肆掠，蜂集鰲永官廨，縛之。鰲永罵賊不屈，遂遇害。

寅恪案，「爲清河公題海客釣鰲圖」一題，「清河」爲房氏郡望，「海客」爲可壯之號，「鰲」爲王鰲永之名，甚爲工巧。但此圖不知作於何時，若作於順治元年，海客初降清時，方可如此解釋，否則「鰲」字止可作海中之大鼇解，指一般降清之大漢奸言。此圖之名及牧齋所題四詩，殊有深意。尤可注意者，乃第肆首「勞山拂水雙垂釣，東海人稱兩太公。」之結語。「拂水」在江蘇常熟縣，乃牧齋自指，「勞山」在山東即墨縣東南六十里海濱，用以指房氏，蓋謂兩人同爲暫時降清，終圖復明。海客在東北，牧齋在東南，分別「投竿錯餌」以引誘降服建州諸漢人，以反清歸明也。觀順治三年房氏任大理寺卿時，上疏主張恢復前明大理寺覆核刑部案件之舊例，其意蓋欲稍稍提高漢人之職責，略改滿人獨霸政權之局勢。其不得已而降清之微旨，藉此可以推見矣。

至牧齋此題涵芬樓本初學集列於「別惠房二老」及「別惠老兩絶句」之間。雖集中「別惠老兩絶句」後，即接以丁亥年所作「和東坡西臺詩韵」一題，但此時期牧齋所存之詩甚少，故

「題海客釣鰲圖」詩，或賦於牧齋隨例北遷，將南還之時也。若謂牧齋於順治三年丙戌秋間別房氏後，至次年，即順治四年丁亥夏，在南京乃題此詩。則「釣鰲圖」無論由牧齋携之南歸，或由房氏托便轉致，牧齋取此黄案迫急之際，忽作此閒適之事，必非偶然。頗疑牧齋之意，以爲房氏此際在北京任刑部右侍郎，可藉其力以脱黄案之牽累也。後來牧齋之得釋還家，是否與房氏有關，今無可考。但檢龔芝麓定山堂集叁順治十年癸巳五月任刑部右侍郎時所上「遵諭陳言疏」云：

一司審之規宜定也。十四司官滿漢并設，原期同心商酌，共砥公平，庶獄無遁情，官無曠職。近見大小獄情回堂時，多止有清字，而無漢字。在滿洲同堂諸臣，虚公共濟，事事與臣等參詳，然倉卒片言，是非立判，本末或未及深晰，底案又無從備查。至於重大事情，又多從清字翻出漢字。當其訊鞫之頃，漢司官未必留心，迨稿案已成，罪名已定，雖欲旁贊一語，輒苦後時。是何滿司官之獨勞，而漢司官之獨逸也。請自今以後，一切獄訟，必先從滿漢司官公同質訊，各注明切口詞，呈堂覆審。發落既定，或擬罪，或釋放，臣等即將審過情節，明注於口詞之内，付司存案，以便日後稽查。其有事關重大，間從清字翻出者，必仍引律叙招，臣等覆加看語，然後具題。事以斟酌而無訛，牘亦精詳而可守。

夫順治十年癸巳，在順治四年丁亥後之六年，龔氏又與房氏同是刑部右侍郎。其時滿人之跋扈，漢人之無權，尚如芝麓所言。何況當房氏任職之際耶？然則房氏在順治四年夏間，以漢族降臣之資格，伴食刑部，自顧不暇，何能救人？牧齋於此，可謂不識時務矣。斯亦清初滿漢關係實況之記載，頗有裨益於考史，故特詳録之。讀者或不以枝蔓爲嫌也。

有學集壹秋槐詩集「贈濮老仲謙」云：

（詩見前引，茲從略。）

寅恪案，第叁章論陳臥子蝶戀花「春曉」詞，引劉鑾五石瓠「濮仲謙江千里」條云：「或見其爲柳夫人如是製弓鞋底版二雙。」牧齋此詩雖作於順治五年戊子，但濮老弓鞋底版之製，則疑在前一年丁亥河東君三十懸帨之辰。或者即受牧齋之意旨爲之，蓋藉以祝賀河東君生日也。如此壽禮，頗嫌猥褻，若非河東君之放誕風流，又得牧齋之同意者，濮老必不敢冒昧爲之。噫！即就此點觀之，牧齋之於河東君感恩之深，用情之足，一至於斯。後來河東君之殺身相殉，豈足异哉！有學集貳秋槐支集「次韵何寤明見贈」（遵王注本題下有自注云：「寤明與孟陽交，故詩及之。」）云：

（詩略。）

有學集貳拾「新安方氏伯仲詩序」云：

戊子歲，余羈囚金陵，乳山道士林茂之僂行相慰問，桐皖間遺民盛集陶何寤明，亦時過

從。相與循故宮，踏落葉，悲歌相和，既而相泣，忘其身之爲楚囚也，

寅恪案，前謂今有學集所載黃案期間牧齋相與唱和諸人，大抵表面與政治無關者，如牧齋序中標出林盛何等，即是其例證。實則救免牧齋之重要人物，如函可梁維樞外，尚有佟國器。佟氏與牧齋得脱黃案之牽累，較之梁氏，尤不易得明顯之記述。茲請就所見資料，間接推證，或非全憑臆度也。

有學集貳秋槐支集「馮研祥金夢蜚不遠千里，自武林唁我白門，喜而有作。」云：

（詩略。）

同書同卷「疊前韵送別研祥夢蜚」三首之三云：

少別千年近隔旬，勞人亭畔盡勞人。（遵王注本作「勞勞亭」，是。）誰家窟室能逃世，何處巢車可望塵。問字總歸沙數劫，相看已屬意生身。（此兩句注本作「自顧但餘驚破膽，相看莫是意生身。」）童初近有登真約，爲我從容扣侍晨。

寅恪案，馮研祥爲馮開之之孫。其與牧齋之關係，前已論述，可不復贅。金夢蜚則尚待稽考。要之，此二人不遠千里，自武林至白門慰問牧齋，似是舊交密友可能之舉動。但鄙意以爲二人之由杭州至南京，恐非僅出本身之情意，實亦奉命而來也。若果奉命而來者，則疑是奉佟國器之命。又「疊前韵」第叁首柒捌兩句，當指國器及其繼配錦州錢氏而言。茲徵引國器及

其妻錢氏并國器父卜年，與其他直接或間接有關資料，綜合論述，藉見牧齋之得脱於黄案之牽累，殊非偶然也。

真誥壹貳稽神樞第貳略云：

張姜子西州人張濟妹也。李惠姑齊人夏侯玄婦也。施淑女山陽人施績女也。鄭天生鄧芝母也。此數女子昔世有仁行令聞，并得在洞中。洞中有易遷館含真臺，皆宫名也。含真臺是女人已得道者，隸太玄東宫。此二宫蓋女子之宫也。又有童初蕭閑堂二宫，以處男子之學也。

全唐詩第玖函陸龜蒙捌「上元日道室焚修寄襲美」云：

三清今日聚靈官，玉刺齊抽謁廣寒。執蓋冒花香寂歷，侍晨交佩響闌珊。（自注：「執蓋侍晨仙之貴侶矣。」）將排鳳節分階易，欲校龍書下筆難。唯有世塵中小兆，夜來心拜七星壇。

牧齋外集壹貳「佟夫人錢太君五十壽序」略云：

（寅恪案，以上二條，遵王注已略引。兹爲解釋便利之故，特更詳録之。）

錢夫人者，大中丞遼海匯白佟公之嘉耦也。今年五十初度，五月初九日爲設帨之辰，年家子弟陶生某黄生某輩，相與謀舉觴稱壽，以祝嘏之詞來請。余于中丞公爲世交，爲末契。于夫人爲宗老爲伯兄，當酌兕觥爲諸子先。其何敢辭授簡。余惟夫人發祥石鏡，毓秀錦城。中丞得以敭歷中外，砥節首公，釋然無内顧之憂，夫人相之也。已而謀深籌海，績著保釐，以奉揚德意之故，誤被急徵，震電不寧，疾雷交作。夫人有籲天泣血之誠，有引繩束髮之節，閨門肅穆，道路嘆嗟，而中丞徼如天之賜，涣汗載頒，寵命洊至。天若以此曲成中丞一門之懿德，而巧用其埏埴者，何其奇也。吾讀墉城仙録，西晋時有諶母者，潛修至道，遇孝道明王，授以真訣，而諶母以授吴許二君，爲淨明忠孝之宗。故知神仙忠孝，非有二道，淑而真誥所記易遷含真，女子之有仁孝令聞，隸太玄宫中者，由此其選也。夫人之相中丞，淑慎其身，夷險不二，豈非有合于神仙孝道之法，爲群真之所默嘐者歟？世之鉅公賢媛，享令名，保完福者，皆夙有靈骨，從仙籍中謫降。雖然，世之稱神仙上壽者，無如吾家彭祖，屈原稱其斟雉羹以享帝堯，受壽八百，入流沙以去。夫人出于彭城，亦籛後人也。爲夫人壽者，宜有取于此矣。然彭祖一意養生，杖晚而唾遠，老猶自悔其不壽。不若丹陽孝道之傳爲有徵也。若吾家故事，載在譜牒，夫人數典而知之久矣，又何待乎余言。

錢牧齋尺牘上「答佟思遠」云：

山中草木，幸脱餘生。晚歲桑榆，已爲長物。燭武抱無能之恨，師丹招多忘之譏。隨例稱觴，撫心自愧。深荷老姊丈惠顧殷勤，翰章重疊，遂令長筵生色，兒女忭舞。當賤誕之日，佳貺賁臨，故知吉人記存，即是慈光加被，可以招邀餘慶，敵退災星矣。拜嘉之餘，惟有銘勒。賢閫賢甥，并此馳謝。臨楮不勝馳企之至。

清史列傳柒捌貳臣傳甲洪承疇傳云：

〔順治四年〕承疇以江南湖海諸寇俱削平，又聞其父已卒於閩，請解任守制。乃調宣大總督馬國柱爲江南江西河南總督。命承疇俟假滿，仍回内院任事。五年四月至京。

羅振玉輯史料叢刊初編「洪文襄公呈報吴勝兆叛案揭帖」首署：

守制洪承疇謹揭。

末署：

順治肆年柒月初拾日。

清史稿貳佰叁疆臣年表壹總督欄載：

順治四年丁亥馬國柱七月戊午（十九日）總督江南江西河南。

牧齋外集壹越吟憔悴「壽佟中丞」八首之七（江左三大家詩鈔牧齋詩鈔下此題作「贈佟中丞匯白」。題下注云：「時繇閩虔移旌江浙，啓行之候，正值初度。」）云：

魚鑰金壺莫漫催，齊眉親送紫霞杯。合歡樹倚三眠柳，燭夜光傾四照梅。戴勝杖從金母授，羽衣曲自月妃來。當筵介壽多詩筆，授簡逡巡避玉臺。

牧齋尺牘中「與毛子晋」四十六首，其三十三云：

司理之册，乃欲求佟處（虔）撫賀文也。今佟已移鎮於浙，此事已無干矣。

施閏章學餘文集壹柒「黄氏皆令小傳」云：

〔皆令〕南歸過江寧，值佟夫人賢而文，留養痾於僻園，半歲卒。

國朝金陵詩徵肆壹佟國器小傳云：

國器字匯白，襄平籍，居金陵。順治二年授浙江嘉湖道，再遷福建巡撫，終江西南贛巡撫。有芟亭詩，燕行草，楚吟諸集。（原注：「魏惟度云，中丞築僻園在古長干。山水花木甲白下。子孫入籍焉。」）

同書同卷載佟國器「和宋荔裳游僻園詩韵」（寅恪案，宋琬原詩見安雅堂未刻稿叁「佟匯白中丞僻園四首」。并可參同書貳「佟中丞匯白僻園觀姚伯右畫梅歌」。）云：

郊居塵自遠，蒼翠障河干。石老連雲卧，（楊鍾義雪橋詩話貳録此詩「老」作「磊」。）香酣促酒乾。（「酣促」楊書作「甜帶」。）孤松堪結侶，五柳欲辭官。（「欲」楊書作「倩」。）款户君偏獨，（「欵户」楊書作「重竹」。）斜陽興未闌。（「斜陽」楊書作「忘歸」。）

雪橋詩話貳「佟匯白中丞國器」條略云：

去官後卜築鐘山之陰，小閣幽篁，酒客常滿。和宋荔裳游余僻園韵云：（詩見上。）佟嚴若〔世思〕有「僻園歌」。又有「僻園呈匯白伯父」〔詩〕。

有學集叁叁「佟母封孺人贈淑人陳氏墓志銘」略云：

淑人姓陳氏，父諱其志，母湯氏。故山東按察司僉事登萊監軍佟府君諱卜年之妻，今御史中丞國器之母也。佟與陳皆遼陽上族。府君擢上第，宰京邑，册府錫命，天書煌煌，閨闈榮焉。天啓初，府君受命東略，監軍登萊，鈎黨牽連，蜚語逮繫，淑人奉二尊人暨諸姑子侄，扶携顛頓，徙家於鄂。乙丑九月府君奉矯詔自裁，太公哀慟死客舍，淑人泣血襄事，奉太夫人渡漢遷黄陂。又三年仍遷江夏。秦寇躪楚，太夫人殁而渴葬。中丞補弟子員，奉淑人卜居金陵。崇禎甲申避兵，遷甬東。中丞受新命，以兵憲治嘉興。淑人版輿就養。丙戌九月十九日卒於官舍，年五十有八。淑人既殁，中丞扶柩歸金陵，卜葬於〔鐘〕山之陽。子一人，即中丞公國器，女適李寧遠曾孫延祖，（寅恪案，「李寧遠」指李成梁。蓋成梁封寧遠伯也。見明史貳叁捌本傳。）以死事贈冏卿。中丞妻贈淑人蕭氏，繼室封淑人錢氏。孫三人世韓世南世杰。

乾隆修浙江通志壹貳壹職官壹壹分巡嘉湖道欄載：

佟國器，順治二年任。

朱延慶，遼東右衛人，順治四年任。

同書同卷提刑按察使欄載：

王瑨，江南山陽人，進士，順治三年任。

佟國器，順治六年任。

熊維杰，遼東鐵嶺人，順治八年任。

清史稿貳佰叁疆臣年表浙閩總督欄載：

順治二年乙酉張存仁十一月壬子總督浙江福建。由浙江總督遷。

順治三年丙戌張存仁。

順治四年丁亥張存仁十二月壬申病免。陳錦總督浙閩。

順治五年戊子陳錦。

清史列傳柒捌貳臣傳張存仁傳（參鮚埼亭外編叁拾「明大學士熊公行狀跋」）略云：

張存仁遼陽人。明寧遠副將，守大凌河。本朝天聰五年隨總兵祖大壽等來降。順治元年隨豫親王多鐸征河南江南。二年六月大軍下浙江，存仁隨至杭州，遂管浙江總督事。十一月授浙江福建總督。三年端重親王博洛統帥進征，明魯王遁，〔方〕國安〔馬〕士英就擒，伏誅。浙閩漸以底定。四年疏請解任。存仁蒞浙後，屢以疾乞休，至是得旨俞允。五年二月因代者未至，遣將收復連城順昌將樂三縣。六年起授直隸山東河南總督。

張維屏國朝詩人徵略二編叁「佟國器」條引大清一統志云：

順治二年授嘉湖道，偕張國興擒馬士英。

牧齋外集柒「佟懷冬古意新聲序」（參同書同卷「佟懷冬擬古樂府序」及「佟懷冬詩選序」并有學集貳秋槐支集庚寅夏牧齋所作「閩中徐存永陳開仲亂後過訪，各有詩見贈，次韻奉答四首。」及「夏日宴新樂小侯於燕譽堂，林若撫徐存永陳開仲諸同人并集二首。」）略云：

古意新聲之什，創於陽羨俞羨長，佟中丞懷冬見而悦之，爲之嗣聲屬和。又益之以出塞宫詞閨情咏懷之屬，凡六十章。閩士徐存永陳開仲攜以入吴，予方有事采詩，深嘉其旨意，爲之序而傳焉。始存永開仲之以詩請也，秉燭命觴，相顧欣賞。昧旦而求之，余與二子卹然若有失也。淡句吟咀，听然有得，始拈出風之一字，而二子遠矣。遇懷冬，輒舉似之。懷冬笑而不應。禪門有言，莫把金針度。此風之一字，懷冬之金針也。余顧嘵嘵然，逢人而扣其譜，不已愚乎？

同治修福建通志壹肆拾宦績門佟國器傳云：

佟國器奉天遼東拔貢。順治八年任左布政使。（寅恪案，葛萬里牧齋先生年譜順治八年辛卯條云：「自記九月避喧却賀，扁舟詣白下懷東寓。」可供參考。）十年擢巡撫。

清史稿貳佰柒疆臣年表伍巡撫欄載：

順治十年癸巳張學聖二月甲子罷。四月丙午佟國器巡撫福建。

順治十一年甲午佟國器。

順治十二年乙未佟國器三月庚子調。宜永貴巡撫福建。

清史列傳肆佟養正（真）傳（參同書同卷恩格圖及張大猷傳。）略云：

佟養正遼東人。其先爲滿洲，世居佟佳，以地爲氏。祖達爾哈齊以貿易寓居開原，繼遷撫順，遂家焉。天命初，佟養正有從弟養性，輸誠太祖高皇帝，於是大軍征明，克撫順，佟養正遂挈家并族屬來歸，隸漢軍。六年奉命駐守朝鮮界之鎮江城。時城守中軍陳良策潛通明將毛文龍，詐令諜者稱兵至，各堡皆呼譟，城中大驚，良策乘亂據城叛。佟養正被執，不屈死之。長子佟豐年（寅恪案，國榷捌肆天啓元年八月丙子「遼東巡撫王化貞，參將毛文龍之捷。」條，「豐年」作「松年」。）并從者六十人，俱被害。詔以次子佟圖賴襲世職。佟圖賴初名佟盛年，後改今名。崇德七年始分漢軍爲八旗，佟圖賴隸鑲黄旗，授正藍旗都統。順治二年五月軍次江南，敗明舟師於揚子江，先後攻揚州及嘉興諸府，皆下之。十三年八月引疾乞休。命加太子太保，以原官致仕。十五年卒於家，年五十有三。康熙十六年聖祖仁皇帝以孝康皇太后推恩所生，特贈佟圖賴一等公爵，令其子佟國綱承襲，并令改隸滿洲。

同書同卷佟養性傳略云：

佟養性遼東人。先世爲滿洲，居佟佳，以地爲氏。因業商，遷撫順。天命初，見太祖高皇帝功德日盛，傾心輸款，爲明所覺，置之獄，潛出來歸。賜尚宗室女，號曰西屋裏額駙。天聰五年正月太宗文皇帝命督造紅衣礮。初軍營未備火器，至是礮成，鐫曰天佑助威大將軍，征行則載以從。養性掌焉。時漢軍未分旗，敕養性總理，官民俱受節制。額駙李永芳及明副將石廷柱鮑承先等先後來降者，與佟氏族人，皆爲所屬。上以漢官漸多，慮養性無以服衆志，特諭養性曰，凡漢人事務，付爾總理，各官分別賢否以聞。爾亦當殫厥忠忱，簡善絀惡，恤兵撫民，竭力供職，勿私庇親戚故舊，陵轢疏遠仇讎，致負朕委任之意。又諭諸漢官曰，爾衆官如能恪遵約束，非敬謹養性，是重國體，而欽法令也。十一月祖大壽以大凌河城降。上命城中所得槍礮鉛藥，悉付養性。六年正月上幸演武場閱兵，養性率所轄漢軍試礮，擐甲列陣，上嘉其軍容整肅。養性卒於官，詔以其子普漢襲爵。普漢卒，弟六十襲。崇德七年隸漢軍正藍旗。

清史稿貳佰貳拾后妃傳略云：

元妃佟佳氏，歸太祖最早。子二，褚英代善。女一，下嫁何和禮，（可參孟森明元清系通紀清初三大疑案考實第貳種「世祖出家事考實」。）

孝康章皇后佟佳氏，少保固山額真佟圖賴女。后初入宮，爲世祖妃。〔順治〕十一年三月戊申聖祖生。聖祖即位，尊爲皇太后。〔康熙〕二年二月庚戌崩，年二十四。後家佟氏，本漢軍。上（指聖祖。）命改佟佳氏，入滿州。後族擡旗自此始。子一，聖祖。

孝懿仁皇后佟佳氏，一等公佟國維女，孝康章皇后侄女也，康熙十六年爲貴妃。二十年進皇貴妃，二十八年七月病篤，册爲皇后，翼日甲辰崩。（可參孟森清初叄大疑案考實第叄種「世宗入承大統考實」。）

清朝通志貳氏族略貳「滿洲八旗姓佟佳氏」條略云：

佟佳氏散處瑪察雅爾呼加哈哈達佟佳等地方。佟養正鑲黄旗人，世居佟佳地方，國初率族衆來歸。其子佟圖賴系孝康章皇后之父，追封一等公。佟養性，佟養正之弟，國初來歸，太祖高皇帝以孫女降焉。

梅村家藏稿肆捌「佟母劉淑人墓志銘」略云：

子江南右方伯諱彭年，方從政於吴。偉業聞之，自古興王之代，必先士禄世家。在我朝，佟爲貴族。

錢牧齋尺牘下「復佟方伯」略云：

江南半壁，仰賴旬宣。治某㯝櫟散材，菰蘆長物，通家世誼，牽附高門。懷東匯白一元三公，氣叶椒蘭，誼深金石。

乾隆修江南通志壹佰陸職官志江蘇布政使欄載：

佟彭年，正藍旗人，舉人，康熙二年任。

慕天顔，静寧人，進士，康熙九年任。

有學集壹陸「佟氏幽憤録序」云：

佟氏幽憤録者，故登萊僉事觀瀾佟公當絶命時，自著憂憤先生傳。其子今閩撫思遠，并出其對簿之揭與檻車之詩，集録以上史館者也。東事之般也，江夏公（指熊廷弼。）任封疆重寄，一時監司將吏，皆梔言蠟貌，不稱委任。江夏按遼時，佟公爲諸生，與同舍楊生崑仁，籌邊料敵，畫灰聚米，慨然有掃犁之志。江夏深知之，以是故，虓咷呼援以助我，而公自以世受國恩，諳知遼事，盱衡抵掌，樂爲之用。當是時，撫清（指撫順清河）雖熸，遼瀋無恙。以全盛之遼，撼新造之□。以老熊當道之威，布長蛇分應之局。鷸蚌未判，風鶴相疑，傳箭每一日數驚，□盧或一夕再徙。公將用遼民守遼土，倚遼人辦遼事，赦協從，招携貳，施釣餌，廣間諜。肅昚之矢再來，龍虎之封如故。經營告成，豈不鑿鑿乎其有成算哉！天未悔禍，國有煩言，奸細之獄，羅鉗於前，叛族之誅，瓜蔓於後。公既以獄吏牍書，銜冤畢命。馴至於一誤再誤，決河燎原，遼事終不可爲矣。嗚呼！批根黨局，假手奄宦，借公以盤江夏，又因江夏以剪公，此能人要路所爲合圍掩群，惟恐或失者也。殺公以錮佟氏之族，錮佟以絶東人之望。於是乎穹廬服匿之中望窮，□□□□□之屬目斷。刀環翕侯中行説之徒，相率矯尾厲角，僇力同心，以致死於華夏。堅脅從之心膽，廣内訌之羽翼，失招撫之大機，破恢復之全局，蓋自群小之殺公始。此則操刀推刃者，瞢瞢不自覺，而世之君子，亦未必知其所以然也。國家當白山作難，人主旰食，中外震驚。惟是秉國成，參廟算者，用是以快恩仇，恣剸决，岐口沓舌，張羅設械，巧於剪外人之所忌，而精於弭敵國之所短，畫廟社於一牆，委人主爲孤注。河東之司命，遥寄於柄臣之門。關外之師期，刓定於獄吏之手。如公之死，不死於丹書，不死於西市，而死於髣髴錯莫，誕漫不可知之口語。迄於今，藏血久碧，墓草再陳，山川陵谷，俯仰遷改，而卒未知坐公死者爲何法，責公死者爲何人。天不可問，人不可作，有鬼神構鬥其間，而公與國家并受其害，可勝痛哉！

盛昱八旗文經伍拾佟世思「先高曾祖三世行略」略云：

先高祖諱遇，字儒齋，世居撫順，以撫順邊烽時警，望遼陽有白雲冉冉於其上，遂家焉。自北燕時，遠祖諱萬諱壽者，俱以文字顯。累傳至明洪武間，始祖諱達禮，以邊功加秩指揮同知，世其爵。五傳而生季甫公諱檳。季甫公生心一公諱愻，是爲儒齋公父。公生而穎异，讀書明性，理家貲巨萬。謹恪自居，教子弟以正。事無巨細，必取法古人。公生曾祖諱養義，字直庵。念時勢多艱，身家爲重。教曾祖以恪謹居躬。曾祖心父之心，凜凜恐墜，數十年如一日。已而家難起，以撫順族人諱養性者，於明萬曆間獲罪，罪應族。於是通族之人，潛者潛，逃者逃，易姓者易姓，更名者更名。先高祖耿介性成，語人曰，族中有此，皆我伯叔之咎，正宜延頸待誅。潛逃何爲，易姓名何爲。遂爲有司所執。先曾祖相從於車塵馬迹中，徒步奔走，械鎖瑯玷。春氣苦寒，泪凝冰合。先高祖歸命於法，始終無難色。先曾祖躃踊號泣，念先高祖以垂老之年，罹奇禍，呼天搶地，以爪入肉，血出不知。時曾叔祖諱養歲、叔祖諱純年同以事去。煢煢异地，父子祖孫無完卵。向以家素豐饒，爲捕按者魚肉奇貨之，家遂破。先是，先大父諱方年字長公，爲范公諱楠婿。范公即本朝師相文肅公〔文程〕父也。百計周旋，匿之館室。先大父自分不欲生，每思自首，以從祖父。文肅公屢慰之曰，非不欲爾死也，其如宗祀何？久之，人漸悉，徙之沈香林。（原注：「寺名。」）不可。東寄西遷，心勞力竭。又懼有司下除根之令，欲使姑易姓，先大父曰，我祖父叔弟皆因不忍易姓，而有此禍。我豈忍悖祖父叔弟之志，易姓以偷生乎？文肅公强之至再，而後可。先高祖入關後，分禁永平諸邑獄。旋復因邑有水灾，城爲水没。若祖，若孫，若父，若子，若兄，若弟，不相顧。先高祖暨叔曾祖、叔祖，俱以水死。先是高祖莊坐大呼曰，伏朝廷之法，而不死於法，生猶不生也。時先曾祖身在水中，與怒濤争上下，流之門側，聞先高祖之言如此，隨自臆度曰，是死終不明。得浮木，負之出。投邑令。令曰，爾父死，并以爾死上聞。盍去之。先曾祖告以前故，因厲聲曰，我何敢悖君父耶？遂觸階死。令曰，孝子也。鄉人過其邑，聞其言與事，而歸告之。特於歸骨之地未詳。嗚呼！痛哉！先大父既留，尚未婚。文肅公彊之完娶，先大父抵死不可。久之，乃成禮。三韓一帶盡入我清版章。族之人潛者出矣，逃者返矣，易姓更名者，連袂而歸矣。先大父相依文肅公，雖曰無家可歸，族人亦無許先大父歸者，蓋因先大父爲人方嚴侃直，落落難合，兼以家業飄零，竊恐歸宗爲累也。時既爲我清編氓，從戎大師，冀立功疆埸，且欲覓先高曾遺骨歸葬。無如彼蒼不憫，壯志未酬，戰殁於灤州。高祖母梁，繼高祖母金楊，曾祖母李，祖母沈，患難之際，俱以病卒。

宣統修山東通志肆玖歷代職官表捌布按分司諸道欄載：

天啓朝，佟卜年，遼陽進士。

明史貳肆壹王紀傳（參國榷捌伍天啓二年七月甲辰「刑部尚書王紀削籍，以久稽佟卜年案也。」條。）略云：

王紀字惟理，芮城人。萬曆十七年進士。天啓二年代黄克纘爲刑部尚書。初李維翰熊廷弼王化貞下吏，紀皆置之重辟，而與都御史大理卿上廷弼化貞爰書，微露兩人有可矜狀，而言不測特恩非法官所敢輕議。有千總杜茂者，齎登萊巡撫陶郎先千金，行募兵。金盡，而兵未募，不敢歸，返蘇州僧舍，爲邏者所獲，詞連佟卜年。卜年遼陽人，舉進士，歷知南皮河間。遷夔州同知，未行，經略廷弼薦爲登萊監軍僉事。邏者搒掠，茂言嘗客於卜年河間署中三月，與言謀叛。因挾其二僕，往通李永芳。行邊〔兵部〕尚書張鶴鳴以聞。鶴鳴故與廷弼有隙，欲藉卜年以甚其罪。朝士皆知卜年冤，莫敢言及。鎮撫既成獄，移刑部。紀疑之，以問諸曹郎。員外郎顧大章曰，茂既與二僕往來三千里，乃考訊垂斃，終不知二僕姓名，其誣服何疑？卜年雖非間諜，然實佟養真族子，流三千里可也。紀議從之，邏者又獲奸細劉一巚，忠賢疑劉一燝昆弟，欲立誅一巚及卜年，因一巚以株連一燝。紀皆執不可。〔沈〕潅遂劾紀護廷弼等獄，爲二大罪。帝責紀陳狀，遂斥爲民。以侍郎楊東明署部事，坐卜年流二千里。獄三上三却，給事中成明樞張鵬雲沈惟炳，卜年同年生也。爲發憤摭他事，連劾東明。卜年獲長繫瘐死，而東明遂引疾去。紀既斥，大學士葉向高何宗彦史繼偕論救，皆不聽。後閹黨羅織善類，紀先卒，乃免。

清史列傳柒捌貳臣傳甲李永芳傳略云：

李永芳遼東鐵嶺人。明萬曆四十一年官游擊，守撫順所。本朝天命三年，是爲明萬曆四十六年。太祖興師征明，以書諭永芳。永芳奉諭知大兵至，遂乘騎出降。上命毁撫順城，編降民千户。遷之興京。仍如明制，設大小官屬，授永芳副總兵，轄降衆。以上第七子貝勒阿巴泰女妻之。

明史貳伍玖熊廷弼傳略云：

熊廷弼字飛百，江夏人。萬曆二十五年舉鄉試第一，明年成進士。〔天啓元年〕駐山海關，經略遼東軍務。廷弼因白監軍道臣高出胡嘉棟，督餉郎中傅國無罪，請復官任事。議用遼人。故贊畫主事劉國縉爲登萊招練副使，夔州同知佟卜年爲登萊監軍僉事。故臨洮推官洪敷教爲職方主事，軍前贊畫，用收拾遼人心。并報允。先是，四方援遼之師，〔王〕化貞悉改爲平遼。遼人多不悦。廷弼言遼人未叛，乞改爲平東，或征東，以慰其心。自是化貞與廷弼有隙，而經撫不和之議起矣。化貞爲人騃而愎，素不習兵，輕視大敵，好謾語。務爲大言罔中朝，尚書〔張〕鶴鳴深信之，所請無不允，以故廷弼不得行其志。廷弼請用卜年，鶴鳴上駁議。御史蘇琰則言廷弼宜駐廣寧，不當遠駐山海。因言登萊水師無所用。廷弼怒，抗疏力詆三人。帝皆無所問。而帝於講筵，忽問卜年係叛族，何擢僉事？國縉數經論列，何起用？嘉棟立功贖罪，何在天津？廷弼知左右譖之，抗疏辨，語頗憤激。是時廷弼主守，謂遼人不可用，西部不可恃，〔李〕永芳不可信，廣寧多間諜，可虞。化貞一切反之，絶口不言守，謂我一渡河，河東人必内應，且騰書中朝，言仲秋之月，可高枕而聽捷音。孫杰劾〔劉〕一燝以用出嘉棟卜年爲罪，而言廷弼不宜駐關内。當時中外舉知經（指熊廷弼）撫

（指王化貞）不和，必誤疆事。章日上，而鶴齡篤信化貞，遂欲去廷弼。二年正月員外郎徐大化希指劾廷弼不去必壞遼事。并下部。鶴鳴乃集廷臣大議。議撤廷弼者數人，餘多請分任責成。鶴鳴獨言化貞一去，毛文龍必不用命。遼人爲兵者必潰，西部必解體。宜賜化貞尚方劍，專委以廣寧，而撤廷弼他用。議上，帝不從。

清史列傳柒玖貳臣傳乙沈維炳傳略云：

沈維炳湖廣孝感人。明萬曆四十四年進士。初任香河知縣，入爲刑科給事中。〔天啓〕二年遼東經略熊廷弼，巡撫王化貞，以廣寧失陷逮勘。登萊道佟卜年爲廷弼所薦，有許其謀叛者，大學士沈㴶，兵部尚書張鶴鳴，欲藉以重廷弼罪。維炳疏言，㴶因言官列其私迹，借廷弼爲抵彈謝過之具。廷弼承失地之罪足矣，豈必加以他辭。鶴鳴左袒化貞，角勝廷弼，致經撫兩敗，獨鶴鳴超然事外。今復欲加罪廷弼，有背公論。（寅恪案，光緒修孝感縣志壹肆人物志沈惟炳傳略云：「沈惟炳字斗仲，號炎洲。諸黨人又借經略熊廷弼，欲株連楚人，惟炳再疏切言之。」可供參證。）

寅恪案，佟國器於順治二年授浙江嘉湖道，當是從其叔佟圖賴軍破嘉興後，因得任此職。順治三年丙戌九月其母陳氏殁於官舍，歸葬金陵，揆以墨绖從戎之古義及清初旗人喪服之制，并證以當時洪亨九丁父憂守制之事例，大約順治三年冬，或四年初，即可扶柩至白門。此時懷冬正可爲牧齋向南京當局解説。明南都傾覆未久之際，漢族南人苟延殘喘，已是幸事，自不能爲牧齋關説，其得爲牧齋盡力者，應爲北人，如梁慎可輩，而最有力者，則是匯白一流人物。蓋滿人武將與江南士大夫，絶無關涉。惟有遼東漢軍，如懷冬者，在明爲叛族，而在清則爲新貴，實是向金陵當局救脱牧齋最適宜之人。況國器之父卜年與洪亨九同爲萬曆四十四年丙辰進士，兩人本有通家之誼，尤便於進説乎？牧齋借真誥「童真」之語，以指佟姓。「凡佟姓即童姓。建州以佟爲公姓，所以其南有佟家江。」（見孟森明元清系通紀正編壹永樂四年「十一月乙丑木楞古野人頭目佟鎖魯阿等四十人來朝」條案語。）可謂巧合。「侍晨」用陸魯望詩自注「仙之貴侶」。即前引受之撰國器妻錢氏壽序所謂「錢夫人者，大中丞遼海佟公之嘉耦也。」亦殊工切。或疑浙江通志職官表載佟氏順治六年始任浙江按察使，則似不能遣馮金二人於五年初由杭州至江寧。鄙意思遠葬母後，即隨張存仁軍駐杭州，張氏前雖以病乞休，但因代者陳錦未至，五年二月尚留杭州。則國器亦當於五年春隨張存仁在杭州。故不必拘執方志之文，遂以鄙説爲不合事實。又匯白遣馮金二人往金陵慰問牧齋，正如其後來在官閩時，遣徐陳至常熟求牧齋作詩序之事相類。牧齋强拉「錢後人」之誼，認國器爲妹丈，固極可笑。然佟夫人實亦非未受漢族文化之「滿洲太太」。觀其留黄媛介於僻園一事，雖與錢柳有關，但亦由本人真能欣賞皆令之文藝所致也。

依佟儼若所記，當日在明人範圍之内，佟氏一族遭遇慘酷，可以想見。儼若一房幸與范文程有關，僅存遺種。卜年死後，其家遷居湖北，諒亦藉熊飛百之楚黨庇蔭，得以苟免。故牧齋陳氏墓志銘等文所言其家之流離困厄，殊非虚語。夫遼東之地，自古以來，爲夷漢雜居區域，佟氏最初本爲夷族，後漸受漢化。家族既衆，其中自有受漢化深淺之分别。佟卜年一家能由科舉出身，必是漢化甚深之支派。佟養性養真等爲明邊將，當是偏於武勇，受漢化不深之房派。明萬曆天啓間，清人欲招致遼東諸族，以增大其勢力，故特尊寵佟氏。不僅因其爲撫順之豪族，且利用其本爲明邊將，能通曉西洋火器之故。然則當日明清東北一隅之競争，不僅争土地，并亦争民衆。熊飛百欲藉深受漢化之佟觀瀾，以挽回已失之遼東人心。清高祖太宗欲藉佟養性兄弟，更招降其他未歸附之漢族。由是言之，佟氏一族，乃明清兩敵國争取之對象。牧齋「佟氏憂憤録序」所言，似涉誇大，若按諸當日情勢，亦是實録也。寅恪嘗論北朝胡漢之分，在文化而不在種族。論江東少數民族，標舉聖人「有教無類」之義。論唐代帝系雖源出北朝文化高門之趙郡李氏，但李虎李淵之先世，則爲趙郡李氏中，偏於武勇，文化不深之一支。論唐代河北藩鎮，實是一胡化集團，所以長安政府始終不能收復。今論明清之際佟養性及卜年事，亦猶斯意。至「佟佳」之稱，其地名實由佟家而來，清代官書顛倒本末，孟心史已於明元清系通紀前編「毛憐衛設在永樂三年」條，正編貳宣德元年「十二月乙丑賜建州左等衛歸附官軍鎮撫佟教化等，鈔綵等物。」條及正編肆正統五年九月己未「冬古河即楝鄂河。」等條，已詳述之，不待更贅。噫！三百五十年間，明清國祚俱斬，遼海之事變愈奇。長安棋局未終，樵者之斧柯早爛矣。

關於列朝詩集，凡涉及河東君者，皆備述之。其涉及牧齋者，則就修史復明兩端之資料稍詳言之。至於詩學諸主張，雖是牧齋著書要旨之一，但此點與河東君無甚關涉，故不能多所旁及，僅擇録一二資料，聊見梗概，庶免喧賓奪主之嫌。容希白庚君著有「論列朝詩集與明詩綜」一文，（見嶺南學報第壹壹卷第壹期。）甚爲詳審，然容君之文與拙作之範圍及主旨不同，今唯轉載其文中所引與本文有關者數條，其餘讀者可取并參之也。

牧齋遺事云：

柳夫人生一女，嫁無錫趙編修玉森之子。柳以愛女故，招婿至虞，同居於紅豆村。後柳歿，其婿携柳小照至錫。趙之姻戚咸得式瞻焉。其容瘦小，而意態幽嫻，丰神秀媚，幀幅間幾栩栩欲活。坐一榻，一手倚几，一手執編。牙籤縹軸，浮積几榻。自跋數語於幅端，知寫照時，適牧齋選列朝詩，其中閨秀一集，（寅恪案，「閨秀」二字，應作「香奩」。）柳爲勘定，故既景爲圖也。

寅恪案，河東君此小照不知尚存天壤間否？其自跋數語，遺事亦不備載其原文，殊爲可

惜。今檢列朝詩集閏集陸外夷朝鮮門「許妹氏」條(參明詩綜陸伍下「許景樊」條。)云:

許景樊字蘭雪,朝鮮人。其兄篈筠皆狀元。八歲作廣寒殿玉樓上梁文,才名出二兄之右。適進士金成立,不見答於其夫。金殉國難,許遂爲女道士。金陵朱狀元(之蕃)奉使東國,得其集以歸,遂盛傳於中夏。柳如是曰,許妹氏詩,散華落藻,膾炙人口。然吾觀其游仙曲「不過邀取小茅君,便是人間一萬年。」曹唐之詞也。楊柳枝詞「不解迎人解送人」,裴説之詞也。宮詞「地衣簾額一時新」,全用王建之句。「當時曾笑他人到,豈識今朝自入來。」直鈔王涯之語。「絳羅袱裏建溪茶,侍女封緘結綵花。斜押紫泥書敕字,内官分賜五侯家。」則撮合王仲初「黄金合裏盛紅雪」與王岐公「内庫新函進御茶」兩詩,而錯直出之。「間回翠首依簾立,閒對君王説隴西。」則又偷用仲初「數對君王憶隴山」之語也。次孫内翰北里韻「新妝滿面頻看鏡,殘夢關心懶下樓。」則元人張光弼「無題」警句也。吴子魚(明濟)朝鮮詩選云:「游仙曲三百首,余得其手書八十一首。」今所傳者,多沿襲唐人舊句。而本朝馬浩瀾游仙詞,見西湖志餘者,亦竄入其中。凡塞上楊柳枝竹枝等舊題皆然。豈中華篇什,流傳鷄林,彼中以爲瑯函秘册,非人世所經見,遂欲掩而有之耶?此邦文士,搜奇獵异,徒見出於外夷女子,驚喜賛嘆,不復覈其從來。桐城方夫人采輯詩史,評徐媛之詩,以「好名無學」四字,遍誚吴中之士女,於許妹之詩,亦復漫無簡括,不知其何説也。

承夫子之命，讎校香奩諸什，偶有管窺，輒加槧記，今所撰録，亦據朝鮮詩選，存其什之二三。其中字句竄竊，觸類而求之，固未可悉數也。觀者詳之而已。

寅恪案，牧齋遺事所言，河東君勘定列朝詩集閨秀一集事，可與相證。至王澐輞川詩鈔陸「虞山柳枝詞」十四首之十云：

河梁録別久成塵，特倩香奩品藻新。雲漢在天光奕奕，列朝新見舊詞臣。

及自注云：

錢選列朝詩，首及御製，下注臣謙益曰云云，歷詆諸作者，托爲姬評。

則甚不公允。蓋牧齋編列朝詩集，河東君未必悉參預其事。但香奩一集，揆以錢柳兩人之關係及河東君個人興趣所在，諸端言之，乃謂河東君之評語，出於牧齋所假托，殊不近情理也。又勝時詩末兩句，即指列朝詩集乾集之上「太祖高皇帝」條所云：

臣謙益所撰集，謹恭録内府所藏弆御製文集，冠諸篇首，以著昭代人文化成之始。

等之類。夫牧齋著書，借此以見其不忘故國舊君之微旨。勝時自命明之遺逸，應恕其前此失節之愆，而嘉其後來贖罪之意，始可稱爲平心之論，今則挾其師與河東君因緣不善終之私怨，而又偏袒於張孺人，遂妄肆譏彈，過矣！又牧齋尺牘中「與毛子晋」四十六通，其第壹柒通云：

乾集閱過附去。本朝詩無此集，不成模樣。彼中禁忌殊亦闊疏，不妨既付剞劂，少待而出之也。

其第壹捌通云：

諸樣本昨已送上，想在記室矣。頃又附去閏集五册，乙集三卷。閏集頗費蒐訪，早刻之，可以供一時談資也。

寅恪案，此兩札容君文中已引，今可取作勝時詩之注腳也。

關於牧齋者，請先論述其修史復明兩端，然後旁及訕議列朝詩集之諸説，更贅述牧齋與朱長孺注杜詩之公案，但此等不涉及本文主旨，自不必詳盡也。

牧齋歷朝詩集自序（據東莞容氏藏本）云：

毛子子晋刻歷朝詩集成，余撫之愾然而嘆。毛子問曰，夫子何嘆？予曰，有嘆乎，予之嘆，蓋嘆孟陽也。曰，夫子何嘆乎孟陽也？曰，録詩何始乎？自孟陽讀中州集始也。孟陽之言曰，元氏之集詩也，以詩繫人，以人繫傳，中州之詩，亦金源之史也。吾將仿而爲之。吾以采詩，子以庀史，不亦可乎？山居多暇，譔次國朝詩集幾三十家。未幾罷去，此天啓初年事也。越二十餘年，而丁開寶之難，海宇板蕩，載籍放失。瀕死訟繫，復有事於斯集。托始於丙戌，徹簡於己丑。乃以其間論次昭代之文章，蒐討朝家之史乘，州次部居，發凡起例，頭白汗青，庶幾有日。庚寅陽月，融風爲灾，插架盈箱，蕩爲煨燼。此集先付殺青，幸免於秦火漢灰之餘。於乎！悕矣！追惟始事，宛如積劫。奇文共賞，疑義相析，哲人其萎，流風迢然。惜孟陽之草創斯集，而不能丹鉛甲乙，奮筆以潰於成也。翟泉鵝出，天津鵑啼，海録谷音，咎徵先告。恨余之不前死，從孟陽於九京，而猥以殘魂餘氣，應野史亭之遺懺也。哭泣之不可，嘆於何有？故曰，予之嘆，嘆孟陽也。曰，元氏之集，自甲迄癸，今止於丁者何居？曰，癸，歸也。於卦爲歸藏。時爲冬令，月在癸曰極。丁，丁壯成實也。歲曰彊圉。萬物盛於丙，成於丁，茂於戊。於時爲朱明，四十强盛之時也。金鏡未墜，珠囊重理，鴻朗莊嚴，富有日新。天地之心，聲文之運也。然則，何以言集，而不言選？曰，備典故，采風謡，汰冗長，訪幽仄，鋪陳皇明，發揮才調，愚竊有志焉。討論風雅，別裁僞體，有孟陽之緒言在，非吾所敢任也。請以俟世之作者。孟陽名嘉燧，新安程氏，僑居嘉定。其詩録丁集。余虞山蒙叟錢謙益也。集之告成，在玄默執徐之歲，而序作於玄月十有三日。

寅恪案，此序作於順治九年壬辰九月十三日。有學集壹捌耦耕堂詩序云：

崇禎癸未十二月，吾友孟陽，卒于新安之長翰山。又十二年，歲在甲午，余所輯列朝詩集始出。

可知列朝詩集諸集雖陸續刻成，但至順治十一年甲午，（參有學集壹柒「季滄葦詩序。」）其書始全部流行於世。牧齋自序云，「托始於丙戌」者，實因其平生志在修撰有明一代之國史，此點前已言及，兹不贅述。牧齋於丙戌由北京南還後，已知此志必不能遂，因繼續前此與孟陽商討有明一代之詩，仿元遺山中州集之例，借詩以存史。其時孟陽已前卒，故一身兼采詩庀史之兩事，乃迫於情勢，非得已也。（可參初學集捌叁「題中州集鈔」。）且自序中如「國朝」「昭代」「開寶之難」及「皇明」等辭，皆於其故國之思，復明之志有關。容君文中多已言及之。唯牧齋不稱「天寶之難」而言「開寶之難」者，蓋天寶指崇禎十七年清兵入關取北京。在此以前即清室并吞遼左，亦即第壹章所引「宴譽堂話舊」詩，「東虜游魂三十年」之意也。「海録」「谷音」者，「谷音」指杜本「谷音」而言。其書今已收入涵芬樓四部叢刊中，世所習知。「海録」指龔開「桑海遺録」而言，見吳萊淵穎集壹貳「桑海遺録序」，其書寅恪未得見也。牧齋於序中詳言其編列朝詩集，雖仿中州集，然不依中州集迄於癸之例，而止於丁，實寓期望明室中興之意。（可參有學集壹柒「江田陳氏家集序」。）前論牧齋「次韵盛集陶」詩已擇録金堡遍行堂集捌「列朝詩傳序」之文爲釋，兹再移録其他一節以證之。文云：

覆瓿犁眉分爲二集，即以青田分爲二人。其於佐命之勳，名與而實不與，以爲其迹，非其心耳。心至，而迹不至，則其言長。迹至，而心不至，則其言短。觀於言之長短，而見其心之所存。故曰，古之大人志士，義心苦調，有非旂常竹帛可以測其淺深者，斯亦千秋之篤論也。析青田爲二人，一以爲元之遺民，一以爲明之功臣。則凡爲功臣者，皆不害爲遺民。

虞山其爲今之後死者寬假歟？爲今之後死者興起歟？吾不得而知，而特知其意不在詩。於是蕭子孟昉取其傳，而舍其詩。詩者，訟之聚也。虞山之論，以北地爲兵氣，以竟陵爲鬼趣，詩道變，而國運衰，其獄詞甚厲。夫國運隨乎政本，王李鐘譚非當軸者，既不受獄，獄無所歸。虞山平生游好，皆取其雄俊激發，留意用世，思得當，而扼於無所試，一傳之中，三致意焉。即如王逢戴良之於元，陳基張憲之於淮，王翰之於閩，表章不遺餘力。其終也惻愴於朝鮮鄭夢周之冤，辨核嚴正，將使屬國陪臣九京吐氣，是皆敗亡之餘，而未嘗移獄於其詩。則虞山之意，果不在於詩也。或謂虞山不能堅黨人之壁壘，而爲詩人建鼓旗，若欲争勝負於聲律者。人固不易知，書亦豈易讀耶？

寅恪案，道隱論牧齋編列朝詩集，其主旨在修史，并暗寓復明之意，而論詩乃屬次要者。就寅恪所見諸家評列朝詩集之言，唯澹歸最能得其款要。蕭孟昉所抄當與今傳世之錢陸燦本相同，皆不加删削，悉存牧齋之舊文者。偶檢牧齋尺牘中「與陸敕先」九通之七云：

承示婁東顧君論文書序，深訝其胸次繁富，識見超越。又復記存衰朽，不惜告之話言，賜以箴砭。其用意良厚，惜乎僕已灰心空門，撥棄文字，向所撰述，流布人間者，不特味同嚼蠟，抑且賤比土梗，不復能扳附當世俊賢，相與拈弄翰墨，而上下其議論也。列朝詩人小傳得加删削，幸甚。然古之神仙，但有點鐵成金者，若欲點糞溲爲金銀，雖鐘吕不能，吾恐其勞而無功也。聊及之，以發足下一笑耳。日來從事華嚴疏鈔，謝客之禁甚厲，雖足下相過，亦不能數數延見。輒書此以道意，不悉。

可知牧齋甚重視其列朝詩集小傳，而不以顧氏之删節爲然。（寅恪檢閲周容春酒堂詩話，知鄮山手録列朝詩傳，亦稍加删節。特附記於此。）蓋其書之主旨在修史，此點可與道隱之説互相印證也。

至列朝詩集論詩之語雖多，兹以非本文之範圍并主旨所在，故概從省略。讀者可取原書觀之，不須贅引。惟擇録牧齋之文一二於下，以其言及陳子龍李雯黄淳耀，而此三人與河東君直接間接皆相關涉，饒有興趣也。

有學集肆柒「題徐季白詩卷後」云：

余少不能詩，老而不復論詩，喪亂之後，蒐采遺忘，都爲一集。間有評論，舉所聞於先生長者之緒言，略爲標目，以就正於君子。不自意頗得當于法眼，雜然嘆賞，稱爲藝苑之金錍。而一二訽厲者，又將吹毛刻膚，以爲大僇。老歸空門，深知一切皆幻，付之盧胡而已。偶游雲間，徐子季白持行卷來謁，再拜而乞言，猶以余爲足與言者也。余竊心愧之。余之評詩，與當世牴牾者，莫甚於二李及弇州。二李且置勿論，弇州則吾先世之契家也。余髮覆額時，讀前後四部稿，皆能成誦，暗記其行墨。今所謂晚年定論者，皆舉揚其集中追悔少作與其欲改正卮言，勿誤後人之語，以戒當世之耳論目食，刻舟膠柱者，初非敢鑿空杜撰，欺誣先哲也。雲間之才子如卧子舒章，余故愛其才情，美其聲律。惟其淵源流別，各有從來，余亦嘗面規之，而二子亦不以爲耳瑱。采詩之役，未及甲申以後，豈有意刊落料揀哉？嗟夫天地之降才與吾人之靈心妙智，生生不窮，新新相續。有三百篇，則必有楚騷，有漢魏建安，則必有六朝，有景隆開元，則必有中晚及宋元，而世皆遵守嚴羽卿劉辰翁高廷禮之瞽説，限隔時代，支離格律，如痴蠅穴紙，不見世界，斯則良可憐愍者。如雲間之詩，自國初海叟諸公，以迄陳李，可謂極盛矣。後來才俊比肩接踵，莫不异曲同工，光前絶後。季白則其超乘絶出者也。生才不盡，來者難誣，必欲以一人一家之見，評泊古今，牛羊之眼，但别方隅，豈不可笑哉？余絶口論詩久矣，以季白虚心請益，偶有棖觸，聊發其狂言，亦欲因季白以錞於雲間之後賢也。

牧齋尺牘中「與毛子晋」四十六通之四十五云：

　　蘊生詩自佳，非午溪輩之比。（寅恪案，「午溪」指元陳鎰而言。鎰有午溪集。可參四庫提要壹陸柒。此集爲孔暘編選，劉基校正。牧齋蓋以孔暘目子晋，而自比於劉基也。）須少待時日，與陳卧子諸公死節者并傳，已有人先爲料理矣。其他則一切以金城湯池禦之。此間聒噪者不少，置之不答而已。

又關於列朝詩集小傳，復有正錢録一書，不得不略述之於下。

錢陸燦「彙刻列朝詩集小傳序」略云：

〔康熙〕八年冬，汪鈍庵〔琬〕招余與計甫草〔東〕黄俞邰〔虞稷〕倪暗公〔燦〕夜飲，論詩於户部公署。（寅恪案，「户部公署」指江陵西新關署。蓋是時堯峰正榷此關税務也。見清史列傳柒拾文苑傳汪琬傳。）出其集中有與梁侍御〔日緝〕論吴氏正錢録書。（此書見堯峰文鈔叁貳。）錢則心知其爲牧齋公，未知吴氏何人也。比余去金陵，館常州董侍御易農〔文驥〕家。易農爲余言，吴氏名殳，字修齡，工於詩，深於禪，其雅游也。（寅恪案，吴氏一名喬，其事迹及著述，諸書所載，頗亦不少，但光緒續修昆新兩縣合志叁肆人物游寓門吴殳傳，似較詳備。讀者可取參閲也。）遂就求其是録觀之，大抵吴氏之論文，專主歐蘇，故譏彈詩集傳，不遺餘力，亦不知吴君蓋有爲言之。一時走筆，代賓戲客難，駁正若干條。駁正者，駁其正也。（寅恪案，陸燦駁正之文共六條，兹不備引。讀者苟取湘靈全文觀之，則知修齡所正牧齋之言，皆吹毛求疵者也。）當是時，余猶未識吴君也，十七年始與君會於東海尚書相國之家。（寅恪案，「尚書」指徐乾學，「相國」指徐元文。）易農適亦以事至，置酒相歡也。君慨然曰：曩殳以詩文謁牧齋公於虞山，不見答。不平之鳴，抨擊過當，亦竊不意公等議其後矣。易農曰：無庸。是書具在，竊虞學者之擇焉而不精，存吴氏之正，則讀書家之心眼日細。又虞學者之語焉而不詳，存錢氏之駁，則著作家之風氣日上。一時以爲篤論。

雲間蔡練江澄鷄窗叢話云：

鈍翁太史好排斥前輩，而於虞山尤甚。一日其密友吴江計孝廉東謂之曰，我昔登泰山頂，欲遺矢，若下山有四十里之遥，不可忍，遂於岩畔溺焉，而泰山不加穢也。汪知其刺己，跳躍謾駡，幾至攘臂。

吴喬圍爐詩話陸論陳卧子明詩選，推崇牧齋甚至。如：

獻吉高聲大氣，於鱗絢爛鏗鏘，遇湊手題，則能作殻硬浮華之語以震眩無識。題不湊手，便如優人扮生旦，而身披綺紗袍子，口唱大江東去。爲牧齋所鄙笑，由其但學盛唐皮毛，全不知詩故也。

嘉定以震川故，文章有唐叔達諸公。常熟以牧齋故，士人學問都有根本。鄉先達之關係，顧不重哉？

宏嘉詩文爲錢牧齋艾千子所抨擊，醜態畢露矣。以彼家門徑，易知易行，便於應酬，而又冒班馬盛唐之名，所以屢仆屢起。

全唐詩何可勝計，於鱗抽取幾篇，以爲唐詩盡於此矣。何异太倉之粟，陳陳相因，而盗擇（攫？）升斗，以爲盡王家之蓄積哉？唐人之詩工，所失雖多，所收自好。卧子選明詩，亦每人一二篇。非獨學於鱗，乃是惟取高聲大氣，重緑濃紅，似乎二李者也。明人之詩不工，所取皆陳濁膚殼無味之物。若牧齋列朝詩早出，此選或不發刻耳。

于鱗仿漢人樂府爲牧齋所攻者，直是笑具。（寅恪案，此條可參春酒堂詩話論李於鱗改古詩「枕郎左邊，隨郎轉側」之「左」爲「右」條。）

等條，皆是其例。（并可參同書叁論高棅唐詩品彙引牧齋之説條。）修齡之正錢録，乃正牧齋列朝詩傳中，其文不合於歐曾者。若論詩之旨，則全與牧齋相同。特標出此點，以免世人言正錢録者之誤會。復次，牧齋之編列朝詩集，其主旨在修史，論詩乃屬次要者。據上所引資料已足證明。兹并附述牧齋與朱長孺鶴齡注杜詩一重公案於此，以其亦與史事相關也。

新唐書貳佰壹文藝上杜審言傳附甫傳贊曰：

甫又善陳時事，律切精深，至千言不少衰，世號詩史。

牧齋箋注杜工部集首載諸家詩話引古今詩話一事云：

章聖（指宋真宗）問侍臣，唐時酒每斗價幾何？丁晋公（指丁謂）奏曰，唐時酒每斗三百文。舉杜詩以證。章聖大喜曰，杜甫詩自可爲一代之史也。

可知牧齋之注杜，尤注意詩史一點，在此之前，能以杜詩與唐史互相參證，如牧齋所爲之詳盡者，尚未之見也。至其與朱長孺之争論，以資料過煩，又非本文之主旨，故不必備述。僅録牧齋尺牘中「與遵王」三十通之二十三於下，以見一斑。（可參牧齋尺牘上「與朱長孺」三通之二。）文云：

杜箋聞已開板，殊非吾不欲流傳之意。正欲病起面商行止。長孺來雲，松陵本已付梓矣。繆相引重，必欲穅粃前列，此尤大非吾意。再三苦辭，而堅不可回，只得聽之。僕所以不欲居其首者，其説甚長。往時以箋本付長孺，見其苦心搜掇，少規正意，欲其將箋本稍稍補葺，勿令爲未成之書可耳。不謂其學問繁富，心思周折，成書之後，絶非吾本來面目。又欲勸其少少裁正，如昨所標舉云云。而今本已付剞劂，如不可待，則亦付之無可奈何而已。晚年學道，深知一切皆空，呼牛呼馬，豈憚作石林替身。以此但任其兩行，不復更措一詞。若箋本已刻，須更加功治定。既已責身佛奴，翻閲疏鈔，又欲參會宗鏡，二六時中，無晷刻偷閒。世間文字，近時看得更如嚼蠟矣。杜注之佳否，亦殊不足道也。或待深秋初冬此刻竣事，再作一序，申明所以不敢注杜與不欲流傳之故，庶可以有辭於藝林也。昨石公云，義山注改竄後，又有紕繆許多。彼能爲義山功臣，獨不肯移少分於少陵乎？治定之役，令分任之何如？熱毒欲死，揮汗作字，閲過毁之。

足見牧齋初意本以所注杜詩尚未全備，於令長孺續補成之。後見長孺之書，始知其反客爲主，以己身之著作，爲己陳之芻狗，故痛恨不置，乃使遵王別刊所著，與朱書并行。前於第叁章論宋轅文上牧齋書，曾詳引朱長孺致梅村書，朱氏此札作於牧翁身後，雖力排轅文之謬説，持論甚正，但亦陰爲己身辯護前此注杜詩，襲用牧齋舊作之故也。今梅村家藏稿中，未見關涉長孺此書之文，不知是否駿公置之不答，抑或後來因涉及牧齋，遂被删削耶？考乾隆三十四年後，清廷禁毁牧齋著述，梅村集雖撤去牧齋之序，可以流通。頗疑其詩文中仍有删去與牧齋有關之篇什不少。如今梅村家藏稿内，未見有挽錢悼柳之作，殊不近事理。或因清高宗早歲所撰樂善堂全集，曾賦題吴梅村集詩，贊賞備至，儻梅村集内復發現關涉稱譽牧齋之作，則此獨裁者將無地自容。豈當日諸臣及吴氏後人，遂於家藏稿中，删削此類篇什，藉以保全帝王之顏面歟？久蓄此疑，未敢自信，特附於此，以俟更考。

復次，朱長孺愚庵小集拾「與李太保□□論杜注書」略云：

杜注刻成，蒙先生惠以大序，重比球琳。子美非知道者，此語似唐突子美。然子美自言之矣：文章一小技，於道未爲尊。此語正可與子美相視莫逆於千載之上也。杜詩注錯出無倫，未有爲之剪截而整齊之者，所以識者不能無深憾也。近人多知其非，新注林立，盡以爲子美之真面目在是矣。然好异者失真，繁稱者寡要，如「聊飛燕將書」乃西京初復，史思明以河北諸州來降，故用聊城射書事。今引安禄山降哥舒翰，令以書招諸將，諸將復書責之。

此於收京何涉也。「豆子雨已熟」，本佛書，譬如春月下諸豆子，得暖氣色尋便出土。僞蘇注以豆子爲目睛，既可笑矣。今却云贊公來秦州，已見豆熟。夫「楊枝」用佛經，「豆子」亦必用佛書。若云已見豆熟，乃陸士衡所譏挈瓶屢空者，子美必不然也。「曠原延冥搜」原出穆天子傳，今安益云原昆侖東北脚名，此出何典乎？「何人爲覓鄭瓜州」，瓜州見張禮游城南記。今云鄭審大曆中爲袁州刺史，審刺袁州，安知不在子美没後乎？地理山川古迹，須考原始及新舊唐書元和郡縣志，不得已乃引寰宇記長安志以及近代書耳。「春風回首仲宣樓」，應據盛弘之荊州記甚明。今乃引方輿勝覽高季興事。季興五代人也。季興之仲宣樓豈即當陽縣仲宣作賦之城樓乎？以上特略舉其概。他若黄河十月冰，三車肯載書，危沙折花當諸解皆鑿而無取。雖其説假托鉅公以行，然塗鴉續貂，貽誤後學，此不可以無正也。

寅恪案，長孺此札有數問題。一爲朱氏杜工部詩輯注付印之時間。二爲此札是否擬作。三爲李太史究爲何人。兹分别略論之。

一牧齋尺牘中「與遵王」札共爲三十通。其第貳壹通至第叁拾通皆關於注杜之事，前已略引。其中屢有言及錢朱二注開版事。但不知何故，於康熙三年甲辰牧齋逝世之前，兩書俱未曾全部付梓。

今據上海復旦大學圖書館藏本朱鶴齡杜工部詩輯注觀之，卷首補鈔錢謙益序，後附牧齋手札云：

杜注付梓，甚佳。但自愧糠粃在前耳。此中刻未必成，即成，不妨兩行也。草復。

其後又有朱鶴齡附記云：

愚素好讀杜，得蔡夢弼草堂本點校之，會粹群書，參伍衆説，名爲輯注。乙未（順治十二年）館先生家塾，出以就正。先生見而許可，遂檢所箋吴若本及九家注，命之合鈔，益廣搜羅，詳加考核，朝夕質疑，寸牋指授，丹鉛點定，手澤如新。卒業請序，篋藏而已。壬寅（康熙元年）復館先生家，更録呈求益。先生謂所見頗有不同，不若兩行其書。時虞山方刻杜箋，愚亦欲以輯注問世。書既分行，仍用草堂原本，節采箋語，間存异説。謀之同志，咸謂無傷。是冬館歸，將刻樣呈覽，先生手復云云，見者咸嘆先生之曲成後學，始終無异如此。今先生往矣，函丈從容，遂成千古，能無西州之痛。松陵朱鶴齡書。

季振宜錢注杜詩序略云：

丙午（康熙五年）冬予渡江訪虞山劍門諸勝，得識遵王。一日指杜詩數帙，泣謂余曰，此我牧翁箋注杜詩也。凡箋注中未及記録，特標之曰，具出某書某書。往往非人間所有，獨遵王有之。遵王棄日留夜，必探其窟穴，擒之而出，以補箋注之所未具。丁未（康熙六年）夏，予延遵王渡江，商量雕刻。遵王又矻矻數月，而後托梓人以傳焉。康熙六年仲夏泰興季振宜序。

寅恪案，錢注杜詩全部刻成於康熙六年，朱注杜詩則未知於何時全部刻成。鶴齡附記作於牧齋去世之後，但未署年月，其愚庵小集柒「杜詩輯注序」（此序復旦大學藏本朱注杜詩未載。）亦未言刊行之時間也。

後檢亭林佚文輯補「與人札」云：

十年間別，夢想爲勞。老仁兄閉户著書，窮探今古，以視弟之久客邊塞，歌兕虎而畏風波者，夐若霄凡之隔矣。正在懷思，而次耕北來，傳有惠札，途中失之。僅得所注杜集一卷。讀其書，即不待尺素之殷勤，而已如見其人也。吾輩所恃，在自家本領足以垂之後代，不必傍人籬落，亦不屑與人争名。弟三十年來，并無一字流傳坊間，比乃刻日知録二本，雖未敢必其垂後，而近二百年來，未有此書，則確乎可信也。道遠未得寄呈。偶考杜詩十餘條，坿便先寄太原。旅次炙凍書次，奉候起居，不莊不備。

亭林此札所寄與之人，頗似長孺。（可參清史列傳陸挒及康熙刻潘檉章松陵文獻拾朱鶴齡傳。）除札中「閉户著書」之言及有關注杜事與鶴齡傳相合外，愚庵小集叁載「送潘次耕北游」七古末二句云：

鹿城顧子（自注：「寧人。」）久作客，爲我傳訊今何如。

更與札中「次耕北來，傳有惠札，途中失之。」等語適切。據徐遁蕣嘉輯顧亭林先生詩箋注卷首所附顧亭林先生詩譜略云：

〔康熙〕八年己酉，潘節士之弟耒遠受學二首。（寅恪案，此詩見亭林詩集肆。）

又引吴映奎顧亭林年譜云：

冬抵平原，潘次耕來受學。

可知次耕北游之時間爲康熙八年，其時朱氏杜注僅有一卷。足證其全部刻成，必在康熙六年季氏刻牧齋杜詩箋注之後也。

復檢愚庵小集拾「寄徐太史健庵論經學書」略云：

愚先出〔尚書〕埤傳是正于高明長者，〔汪〕鈍翁先生見之，急捐橐佽鎸，爲諸公倡。今已就其半矣。草澤陳人從未敢緘牘京華，特以今日文章道義之望，咸歸重於先生。又昔年忝辱交游之末，故敢郵寄所梓，上塵乙覽。倘中有可采，望賜以序言，導其先路，庶幾剞劂之役可潰於成。

同書補遺壹「徐健庵太史過訪」五古略云：

亭林余畏友，卓犖儒林奮。三張才并雄，景陽名早晟。酷似舅家風，吾黨推淵鏡。愍余空橐垂，兼金助雕鋟。

由此觀之，長孺之書必非一次刻成，助其雕鋟者，亦必非一人所能爲力。但徐氏雖佽鐫長孺之書，而不言及杜注，必與之無涉也。

二復旦大學藏本朱注杜詩未載李太史序，若非因避忌删去，則本無其序，長孺之文不過假設此題，借以駁牧齋之箋注耳。其札中所舉之注文如「聊飛燕將書」見錢注拾「收京」詩三首之一「燕將書」注。「豆子雨已熟」見錢注叁「別贊上人」詩「豆子」注。「人生五馬貴」見錢注拾「送賈閣老出汝州」詩「五馬」注。諸條即是例證，可不備引。至書中所云：「其説假托鉅公以行，然塗鴉續貂，貽誤後學，此不可以無正也。」牧齋與長孺因注杜而發生之糾紛，雖與遵王頗有關涉，（見牧齋尺牘中「與遵王」札及牧齋杜詩箋注自序等。）錢注本附刻前，又如季氏所言「遵王棄日留夜，必探其窟穴，擒之而出，以補箋注之所未具。」但其所補，當爲牧齋所標出，未及記録者，非出諸遵王也。（可參下引有學集叁玖「復吴江潘力田書」：「聊用小籤標記，簡別泰甚，長孺大愠，疑吹求貶剥，出及門諸人之手。」等語。）長孺不便駁斥牧齋，故作此指桑罵槐之舉。斯豈長孺所謂「怨而不忍直致其怨，則其辭不得不詭譎曼衍。」者哉？（見愚庵小集貳「西昆發微序」。）

又牧齋杜詩箋注自序云：

族孫遵王謀諸同人曰，草堂箋注元本具在。若玄元皇帝廟，洗兵馬入朝，諸將諸箋，鑿開鴻蒙，手洗日月，當大書特書，昭揭萬世。而今珠沉玉錮，晦昧於行墨之中，惜也。考舊注以正年譜，仿蘇注以立詩譜。地里姓氏，訂訛斥僞，皆吾夫子獨力創始，而今不復知出於誰手。傎也。

牧齋藉遵王之言以詆斥長孺，今讀者取錢朱兩注自見。今觀朱氏輯注中或全部不著「錢箋」。如朱注伍「洗兵馬」即是其例。細繹牧齋所作之長箋，皆借李唐時事，以暗指明代時事，并極其用心抒寫己身在明末政治蜕變中所處之環境。實爲古典今典同用之妙文。長孺以其與少陵原作無甚關係，概從删削，殊失牧齋箋注之微旨。或偶著「錢箋」，但增損其内容。如朱注壹叁秋興八首中有僅録錢注「箋曰」之一部分，而棄其「又曰」之文，遂將箋注割裂竄易，宜其招致牧齋之不滿。又或用其意而改其詞，如取朱注壹「冬日洛城北謁玄元皇帝廟」之「錢箋」與錢注玖此題所箋之原文比較，則知愚庵所改，即牧齋托爲遵王之言「吾夫子獨力創始，而今不復知出於誰手。傎也！」等語所指者，此點尤爲牧齋所痛恨也。

三若朱注杜詩卷首原有李序，則長孺此札何以諱太史之名而不書，其中必有待發之覆。頗疑「李太史」乃李天生因篤。據雪橋詩話貳云：

李天生嘗以四十韵長律贈曹秋岳，秋岳嘆爲風雅以來僅有斯製。初入都，南人易之。一日宴集，語杜詩應口誦。或謂偶熟，復詰其他，即舉全部，且曰吾於諸經史類然，顧諸君叩之。一座咋舌。

天生既熟精杜詩，其爲長孺作杜注序，自有可能也。今雖未發見長孺直接與天生有關之詩文，但兩人之間錯互間接之材料頗復不少，如清史列傳陸陸李因篤傳略云：

李因篤字天生。陝西富平人。明諸生。康熙間詔舉博學鴻儒，因篤夙負重名，公卿交薦，母勸之行，試列一等，授翰林院檢討。未逾月，以母老乞養，疏曰，比者内閣學士項景襄李天馥大理寺少卿張雲翼等旁采虚聲，聯塵薦牘，陝西巡撫促臣赴京。臣自念臣母年逾七十，屬歲多病，困頓床褥，轉側需人。臣止一弟因材，從幼過繼。臣年四十有九，并無兒女，跬步難離。屢具呈辭，疊奉部駁。痛思臣母垂暮之年，不幸身嬰殘疾，臣若貪承恩詔，背母遠行，必致倚門倚閭，夙病增劇。况衰齡七十，久困扶床，輦路三千，難通齧指。一旦禱北辰而已遠，回西景以無期。萬一有爲人子所不忍言者，則風木之悲何及，缾罍之耻奚償。臣永爲名教罪人。不惟始進已乖，無顔以對皇上，而循陔負咎，躁進貽譏，則於薦臣，亦爲有靦面目。皇上至仁至孝，遠邁前朝，而甘違老親，致傷風化。有臣如此，安所用之？查見行事例，凡在京官員，家無次丁，聽其終養。臣身爲獨子，與例正符。伏祈特沛恩慈，許臣歸養。母殁仍不出。因篤性伉直，然尚氣節，急人之急。顧炎武在山左，被誣陷，因篤奔走三千里，爲脱其難。（寅恪案，此事可參亭林詩集肆「子德李子聞余在難，特走燕中告急諸友人復馳至濟南省視，於其行也，作詩贈之。」五言排律及蔣山傭殘稿貳「與人書」第貳通「富平李天生因篤者，三千里赴友人之急，疾呼輦上，協計橐饘，馳至濟南，不見官長一人而去。」等語。）嘗著詩説，炎武稱之曰，毛鄭有嗣音矣。與毛奇齡論古韵不合，奇齡强辨，炎武是因篤而非奇齡。

亭林文集叁「與李湘北〔天馥〕書」（并見蔣山傭殘稿貳題作「與李湘北學士書」）云：

關中布衣李君因篤，頃承大疏薦揚，既徵好士之忱，尤羨拔尤之鑒。但此君母老且病，獨子無依，一奉鶴書，相看哽咽。雖趨朝之義已迫於戴星，而問寢之私倍懸於愛日，況年逾七十，久困扶床。路隔三千，難通齧指。一旦禱北辰而不驗，迴西景以無期，則缾罍之耻奚償，風木之悲何及。昔者令伯奏其愚誠，晋朝聽許。元直指其方寸，漢主遣行。求賢雖有國之經，教孝實人倫之本。是用遡風即路，瀝血叩閽，伏惟執事宏錫類之仁，憫向隅之泣，俯賜吹噓，仰徼俞允，俾得歸供菽水，入侍刀圭。則自此一日之斑衣，即終身之結草矣。

蔣山傭殘稿貳「與梁大司農書」（〔顧〕衍生注：「諱清標，字玉立。」）云：

謹啓，關中布衣李君因篤，昔年嘗以片言爲介，上謁庭墀，得蒙一顧之知，遂預明揚之數。在於流俗，豈非至榮！然而此君母老且病。（衍生注：「下〔與〕與李學士書同。」）

同書叁答李子德（因篤）第貳通云：

老弟宜將令伯陳情表并注中事實録出一通，携之筒中。在己不待書紳，示人可以開牆面也。以不預考爲上上，至囑至囑！此番入都，不妨拜客，既爲母陳情，則望門稽首，亦不爲屈。雖逢門便拜，豈有周顒種放之嫌乎？梁公（原注：「清標。」）有心人，若不得見，可上書深切懇之。（寅恪案，前論牧齋之脱禍，與梁氏有關，此亦一旁證也。）外又托韓元少〔菼〕於館中諸公前贊成，亦可一拜。旁人佞諛之言，塞耳勿聽。凡見人，但述危苦之情，勿露矜張之色，則向後聲名，高於徵書萬萬也。又「同年」二字，切不可説，説於布衣生監之前猶可，説於兩榜之前，此恨將不可解。此種風氣相傳百餘年矣，亦當知之。至都數日後，速發一字於提塘慰我。

徐嘉顧亭林先生詩箋注壹陸「寄次耕，時被薦在燕中。」五古略云：

關西有二士，立志粗可稱。雖赴翹車招，猶知畏友朋。或有金馬客，問余可同登。爲言顧彦先，唯辦刀與繩。（寅恪案，「關西有二士」指李天生因篤及王山史弘撰。見徐嘉注。所引亭林文集叁「與李星來〔源〕」第貳通「關中三友，山史辭病不獲而行，天生母病，涕泣言别。〔李〕中孚〔顒〕至以死自誓而後免。視老夫爲天際之冥鴻矣。」等語。）

愚庵小集伍「垂虹亭過徐太史公肅舟中」云：

（詩略。）

同書補遺壹「送潘次耕應舉入都」二首云：

（詩略。）

有學集參玖「復吴江潘力田書」（可參松陵文獻卷首潘檉章傳。）云：

杜詩新解不欲署名，曾與長孺再三往復。日來繙閱華嚴，漏刻不遑，都無閒心理此長語。頃承翰教，拳拳付囑，似有意爲疏通證明之者。不直，則道不見，請訟言而無誅可乎？僕之箋杜詩，發端於盧德水。程孟陽諸老云，何不遂舉其全？遂有小箋之役。大意喘爲刊削有宋諸人僞注繆解，煩仍惷駁之文，冀少存杜陵面目。偶有詮釋，但據目前文史，提綱撮要，寧略無煩，寧疏無漏。深知注杜之難，不敢以削稿自任，置之篋衍，聊代菑蕞而已。長孺授書江邨，知其篤志注杜，積有歲年，便元本相付曰：幸爲我遂成之。略爲發凡起例，擿抉向來沿襲俗學之誤。別去數年，來告成事，且請爲序。妄意昔年講授大指，尚未遼遠，欣然命筆，極言注詩之難與所以不敢注杜之本意，其微指具在也。既而以成書見示，見其引事釋文，楦釀雜出，間資嗢噱，令人噴飯。聊用小籤標記，簡別泰甚，長孺大愠，疑吹求貶剥，出及門諸人之手，亦不能不心折而去。亡何，又以定本來，謂已經次第芟改，同里諸公商榷詳定，醵金授梓，灼然可以懸諸國門矣。乘間竊窺其稿，向所指紕繆者，約略抹去，其削而未盡者，瘡瘢痂蓋，尚落落卷帙間。杜詩非易注之書，注杜非聊爾之事，固不妨慎之又慎，精之又精。終不應草次裨販，冀幸舉世兩目盡眯，而以爲予雄也。諸公既共訂此事，必將探珠搜玉，盡美極玄，爲少陵重開生面，鄙人所期望者，如是足矣，又何容支離攘臂于其間乎？來教謂愚賤姓氏，掛名簡端，不惟長孺不忘淵源，亦諸公推轂盛意。詞壇文府，或推或挽，鵲巢鳩居，實有厚幸。僕所以不願廁名者，捫心撫己，引分自安，不欲抑没矜慎注杜之初意，非敢倔强執拗，甘自外于衆君子也。來教中言前序九鼎已冠首簡。斯言也，殆慮僕憖有後言，而執爲要質者。若是，老夫亦有詞矣。未見成書，先事獎許，失人失言，自當二罪并案。及其見聞違互，編摩龐雜，雖復兩耳聳聹，亦自有眼有口，安能糊心救目，護前遮過，而喑不吐一字耶？荒村暇日，覆視舊箋，改正錯誤，凡數十條。推廣略例，臚陳近代注杜得失，又二十條。別作一叙，發明本末。里中已殺青繕寫，僕以耻於抗行，止之。今以前序爲息壤，而借以監謗，則此序正可作懺悔文，又何能終錮之勿出乎？僕生平痴腸熱血，勇於爲人，于長孺之注杜，鄭重披剥，期期不可者，良欲以古義相勖勉，冀其自致不朽耳。老耄昏忘，有言不信，不得已而求免廁名，少欲自列，而諸公咸不以爲然，居然以岐舌相規，以口血相責。匹夫不可奪志，有閔嘿竊嘆而已。少年時觀劉子駿與楊子雲書從取方書入籙，貢之縣官，而子雲答書曰，君不欲脅之以威，凌之以武，則縊死以從命。私心竊怪其過當。由今言之，古人矜重著作，不受要迫，可謂子雲老不曉事哉？餘生殘劫，道心不堅，稍有棖觸，習氣迸發。兄爲我忘年知己，想見老人痴頑，茹物欲吐之狀。傳示茂倫兄，（寅恪案，「茂倫」爲吴江顧有孝之字。盧紘所刻江左三大家詩鈔中之牧齋詩鈔，即有孝與吴江趙澐同輯者。）當閧堂一唉也。

寅恪案，依上引資料，可知長孺與亭林及徐潘二氏兄弟殊有關系，而諸人與天生尤爲密切。長孺本與曹秋岳交好（可參愚庵小集補遺壹「獻曹秋岳侍郎三十韵」詩并曹秋岳溶静惕堂詩集叁陸「朱長孺以尚書埤傳見貽，因傷右吉」詩。及同書同卷「李天生以修明史授簡討不拜請養歸秦寄懷四首」）若不因曹氏，亦可由諸人間接請天生作序。至其所以不著「李太史」之名者，疑長孺不欲子德牽入注杜之糾紛也。牧齋「復吴江潘力田書」乃其平生所作文中妙品之一。蓋錢朱注杜公案，錯綜複雜，牧齋叙述此事，首尾曲折，明白曉暢，世之考論此問題者，苟取而細繹之，則知錢朱兩人及常熟吴江兩地文人之派别异同，可不須寅恪於此饒舌矣。故不避繁瑣之譏，詳盡録之，通人君子或不以爲可厭可笑也。

總而言之，上列三問題，皆爲假設，實無確證，姑備一説於此云爾。

復有可附論者，觚賸壹吴觚上「力田遺詩」條云：

潘檉章著述甚富，悉於被繫時遺亡，間有留之故人家者，因其罹法甚酷，輒廢匿之。如杜詩博議一書，引據考證，糾訛闢舛，可謂少陵功臣。朱長孺箋詩，多所采取，竟諱而不著其姓氏矣。

寅恪案，長孺襲用力田之語，而不著其名，不知所指何條。但長孺康熙間刻杜詩輯注時，牧齋尚非清廷之罪人，故其注中引用牧齋之語，可不避忌。至若樫章，則先以預於莊氏史案，爲清廷所殺害，其引潘説，而不著其名，蓋有所不得已。玉樵之説未免太苛而不適合當時之情事也。

又亭林餘集「與潘次耕札」五通。其第三通云：

都中書至，言次耕奉母遠行，不知所往。中孚即作書相慶。緜山之谷弗獲介推，汶上之疆，堪容閔子，知必有以處此也。

蔣山傭殘稿叁「與次耕」云：

曲周接取中之報，頗爲惜之。吾弟今日迎養都門，既必不可，菽水之供，誰能代之？宜托一親人照管，無使有尸饔之嘆。不記在太原時，相與讀寅旭書中語乎？（寅恪案，王錫闡字寅旭。江蘇吴江人。事迹見清史列傳陸捌本傳。）又既在京邸，當尋一的信與嫂侄相聞。即延津在繫，亦須自往一看。此皆吾輩情事，亦清議所關，不可闕略也。（寅恪案，「嫂侄」二字可參亭林文集伍「山陽王君墓志銘」：「余友潘力田死於杭，係累其妻子以北。」等語。）

寅恪案，亭林之不欲次耕得中博學鴻詞科，觀此二札可知。但何以天生之舉鴻博，亭林雖托友人代請清廷許其歸家養母，并不如其對次耕之痛惜者，蓋天生與次耕之情事有所不同。晋書捌捌王裒傳略云：

王裒字偉元。元城陽營人也。父儀，高亮雅直，爲文帝司馬。東關之役，帝問於衆曰，近日之事，誰任其咎？儀對曰，責在元帥。帝怒曰，司馬欲委罪於孤邪？遂引出斬之。裒少立操尚，行已以禮。痛父非命，未嘗西向而坐，示不臣朝廷也。於是隱居教授，三徵七辟皆不就。

然則潘耒之兄檉章，以莊氏史案，爲清廷殺害。亭林之意次耕亦應如偉元之三徵七辟皆不就也。

兹有一事，出於牧齋當日與長孺争論注杜時意料之外者，即牧齋不爲南潯莊氏史案所牽累事也。牧齋與潘力田檉章吴赤溟炎之撰述明史記極有關係。觀牧齋著作中有關此類材料亦不少，今擇録一二於下。

牧齋外集捌修史小引云：

謙益白：蓋往昔濫塵史局，竊有意昭代編年之事。事多牴牾勿就。中遭廢棄，日夕鍵户，薈蕞所輯事略，頗可觀覽。天不悔禍，絳雲一炬，靡有孑遺。居恒忽忽，念海内甚大，何無一人可屬此事者。近得松陵吴子赤溟潘子力田，奮然有明史記之役，所謂本紀書表世家列傳，一仿龍門，取材甚富，論斷甚嚴。史家三長，二子蓋不多讓。數過余，索爐餘及訊往時見聞。余老矣，耳聵目眊，無以佐二子，然私心幸二子旦夕成書，得一寓目。又懼二子以速成自愉快，與市肆所列諸書無大异也。乃二子不要名，不嗜利，不慕勢，不附黨，自矢必成，而不求速。曰，終身以之。然則此事舍二子，其又誰屬？余因思海内藏書諸家，及與余講世好者，不能一一記憶。要之，此書成，自關千秋不朽計。使各出所撰著及家藏本，授之二子，二子必不肯攘善且忘大德也。敢代二子佈告同人，毋以我老髦而憖遺我，幸甚！幸甚！

有學集叁捌「與吴江潘力田書」略云：

春時枉顧，深慰契闊。老人衰病，頭腦冬烘，不遑攀留信宿，扣擊緒論，别後思之，重以爲悔。伏讀國史考异，援據周詳，辨析詳密，不偏主一家，不偏執一見。三復深惟知史事之必有成，且成而必可信可傳也。一官史局，半世編摩，頭白汗青，迄無所就，不圖老眼見此盛事。牆角殘書，或尚可資長編者，當悉索以備蒐采。西洋朝貢典録，乞仍簡還，偶欲一考西洋故事耳。赤溟同志不復裁書，希道鄙意。

同書叁玖「復吴江潘力田書」（此札關於注杜事者，前已詳引，可參閱。）略云：

手教盈紙，詳論實録辨證，此鄙人未成之書，亦國史未了之案。考异刊正，實獲我心，何自有操戈入室之嫌？唱此論者，似非通人。吹萬自己，不必又費分疏也。東事記略東征信史也。人間無别本，幸慎重之。俞本紀録作絳雲灰燼。諸候陸續寄上，不能多奉。

有學集補「答吴江吴赤溟書」（近承潘景鄭君寄示牧齋「吴江吴母燕喜詩」七律一首，雖是尋常酬應之什，無甚關係。但其中有「野史亭前視膳餘」句，亦可推知牧齋此書與此詩同爲一時所作，并足見兩人交誼之密切也。）略云：

三十餘年留心史事，於古人之記事記言，發凡起例者，或可少窺其涯略。倘得布席函丈，明燈促席，相與討論揚榷，下上其議論，安知無一言半辭可以訂史乘之疑誤。補掌故之缺略者。言及於此，胸臆奕奕然，牙頰癢癢然，又惟恐會晤之不早，申寫之不盡也。門下能無囅然一笑乎？所徵書籍可考者，僅十之一二，殘編蠹翰，間出於焦爛之餘，他日當悉索以佐網羅，不敢愛也。老病迂誕，放言裁復，并傳示力田兄共一捧腹。

亭林文集伍「書吴〔赤溟炎〕潘〔力田檉章〕事」略云：

莊名廷鑨，目雙盲，不甚通曉古今，以史遷有左丘失明，乃著國語之説，奮欲著事。其居鄰故閣輔朱公國楨家，朱公嘗取國事及公卿志狀疏草命胥鈔録，凡數十帙，未成書而卒。廷鑨得之，則招致賓客，日夜編輯爲明書，書冗雜不足道也。廷鑨死，無子，家貲可萬金。

其父胤城遂梓行之。慕吴潘盛名，引以爲重，列諸參閲姓名中。書凡百餘帙，頗有忌諱語，本前人詆斥之辭未經删削者。莊氏既巨富，浙人得其書，往往持而恐嚇之，得所欲以去。歸安令吴之榮告諸大吏，大吏右莊氏，不直之榮。之榮入京師，摘忌諱語密奏之。四大臣大怒，遣官至杭，執莊生之父及其兄廷鉞及弟侄等，并列名於書者十八人，皆論死。其刻書鬻書，并知府推官之不發覺者，亦坐之。發廷鑨之墓，焚其骨，籍没其家産。所殺七十餘人，而吴潘二子與其難。方莊生作書時，屬客延予一至其家，予薄其人不學，竟去，以是不列名，獲免於難。二子所著書若干卷，未脱稿，又假予所蓄書千餘卷盡亡。予不忍二子之好學篤行而不傳於後也，故書之。且其人實史才，非莊生者流也。

寅恪案，當日風習，文士著作，其首多列顯著名人「鑒定」「參閲」字樣，藉作宣傳，并引爲自重。如江左三大家詩鈔中之牧齋詩鈔，卷目下所載參訂姓氏，上卷爲談允謙等，中卷爲季振宜等，下卷爲張養重等，即是其例。揆以牧齋此時之聲望及與力田赤溟之交誼，莊氏明書刻行，當共潘吴列名參閲無疑。然莊書竟不載錢氏之名，必因長孺注杜，牧齋堅不肯掛名簡端，至舉揚子雲故事爲比，辭旨激烈，潘吴遂不敢藉此老之名字，以爲莊氏標榜也。噫！當鄭延平率舟師入長江，牧齋實預其事。鄭師退後，雖得苟免，然不久清世祖殂逝，幼主新立，東南人心震動，故清廷於江浙區域，特加鎮壓。莊氏史案之主要原因，實在於此。今日觀之，牧齋與長孺雖争無謂之閒氣，非老皈空門者之所應爲，終亦由此得免於莊案之牽累。否則河東君又有如在黄毓祺案時，代死從死之請矣。天下事前後因果，往往有出於意料之外者，錢朱注杜公案，斯其一證耶？論牧齋編輯列朝詩集尤重修史事，因并附及之。

論列朝詩集既竟，請略述錢柳復明之活動。今就所存材料觀之，關於牧齋者不少，若多加考述，則非本文之主旨，故擇其關於河東君者詳言之，其他牧齋活動之主要者，亦稍稍涉及，聊見兩人同心同志之梗概也。

河東君在崇禎甲申以前之作品，如陳卧子汪然明及牧齋等所鐫刻者，已傳播一時，故聲名藉甚。至弘光南都小朝廷時，河東君此期應有作品，但以關涉馬阮之故，疑爲牧齋所删削不存。南都既傾覆，牧齋被黄毓祺案之牽累，賴河東君助力得以脱免，遂於順治四年丁亥河東君三十生日時，特和東坡西臺寄弟詩，遍示親友，廣事宣傳。是後雖於有學集中，間附有其篇什，如和牧齋庚寅人日及贈黄若芷大家等詩外，别無所見。此固由牧齋逝世，河東君即以身殉，趙管夫婦及孫愛等不能收拾遺稿所致，但亦因河東君志在復明，意存韜晦，與前此之情況迴异故也。

牧齋尺牘上與王貽上四通其一云：

> 亂後撰述，不復編次，緣手散去，存者什一。荆婦近作當家老姥，米鹽瑣細枕籍，烟熏

掌薄，十指如錐，不復料理研削矣。却拜尊命，慚惶無地。

其三略云：

八十老叟，餘年幾何？既已束身空門，歸心勝諦，何暇復沉湎筆墨，與文人才子争目睫之短長哉？秋柳新篇爲傳誦者攫去，伏生已老，豈能分兔園一席，分韵忘憂？白家老媪，刺促爨下，吟紅咏絮，邈若隔生。無以仰副高情，思之殊惘惘也。

王士禛感舊集壹「錢謙益」條，盧見曾補傳引古夫于亭雜録云：

余初以詩贄於虞山錢先生，時年二十有八。

清史列傳玖王士禛傳略云：

王士禛山東新城人。順治十五年進士。十六年授揚州府推官。聖祖仁皇帝康熙三年總督郎廷佐巡撫張尚賢疏薦其品端才敏，奉職最勤。總河朱之錫亦以委盤河庫，綜覈精詳，協助隄工，剔除蠹弊，疏薦。下部叙録，内升禮部主事。〔康熙〕五十年五月卒於家，年七十有八。

寅恪案，漁洋初以詩贄於牧齋，乃在順治十八年。故牧齋書有「八十老叟」之語。此時距鄭延平率師入長江失敗後不久，牧齋實參預大木此舉。白門秋柳一題，錢柳俱涉嫌疑，自不欲和韵，否則「秋柳」原詩即使爲人攫去，亦可重抄傳寄。其答漁洋之言，不過推托之辭耳。至河東君是否真如牧齋所謂「當家老姥，十指如錐。吟紅咏絮，邈若隔生。」，亦殊有疑問。蓋此時固不免多少爲家務所干擾，但以當日士大夫之生活狀况言，絶不致無揮毫作字之餘暇，然則所謂「白家老媪刺促爨下」，仍是婉言辭謝，藉以免却外間之招摇而已。嗚呼！當河東君賦金明池咏寒柳詞時，謝象三目之爲「白氏女郎」。當王貽上請其和秋柳詩時，牧齋目之爲「白氏老媪」。二十餘年間，人事之變遷如此。牧齋詩云：「楊柳風流烟草在，杜鵑春恨夕陽知。」（見有學集叁夏五詩集「留題湖舫」二首之二。第肆章已引。）漁洋山人雖非舊朝遺老，然亦生於明季。錢柳不肯和秋柳詩之微意，或能有所感悟歟？

夫明南都傾覆，牧齋隨例北遷，據有學集拾紅豆詩二集「後秋興八首。八月初十日小舟夜渡，惜别而作。」其五云：「水擊風摶山外山，前期語盡一杯間。」（并見遵王注本投筆集。）當時牧齋迫於不得已而往北京，但河東君獨留南中，僅逾一歲，即順治三年秋，牧齋遂返故里。可知錢柳臨别時必有預約。兩人以後復明之志願，即決定於離筵之際矣。丁亥春黄毓祺之案，牧齋實預其事，距前此白門分手時，亦不過一年有半也。

黄毓祺案牧齋雖得苟免，然復明之志仍不因此而挫折。今就牧齋作品中所能窺見者，即游説馬進寶反清一事。（寅恪案，馬氏於順治十四年九月清廷詔改其名爲「逢知」。見清史列傳捌拾馬逢知傳。）關於牧齋本身之活動，兹可不詳引。但涉及河東君者，則備論述之，以明本文賓主輕重之旨也。

今檢瞿忠宣公集伍「留守封事」類「奏爲天意扶明可必，人心思漢方殷，謹據各路蠟書，具述情形，仰慰聖懷。更祈迅示方略，早成中興偉業事。」略云：

臣子壬午舉人元錫，因臣孫於去臘離家，未知其到粤消息，遣家僮胡科探視。於（永曆三年己丑）七月十五日自家起程，今月十六日抵臣桂林公署，齎帶臣同邑舊禮臣錢謙益寄臣手書一通，累數百言，絶不道及寒温家常字句，惟有忠驅義感溢於楮墨之間。蓋謙益身在（虜）中，未嘗須臾不念本朝，而規畫形勢，瞭若指掌，綽有成算。據言：「難得而易失者時也。計定而集事者局也。人之當局，如奕棋然。楸枰小技，可以喻大。在今日有全著，有要著，有急著。善奕者，視勢之所急而善救之。今之急著，即要著也。今之要著，即全著也。」

（寅恪案，顧苓塔影園集壹「東澗遺老錢公别傳」云：「以隱語作楸枰三局，寄廣西留守太保瞿公。」今有學集中，固多觀棋之作，可稱隱語，然與此書之明顯陳述者，絶不相類。投筆集後秋興之六第肆首云：「腐儒未諳楸枰譜，三局深慚廑帝思。」及後秋興之十二第叁首云：「廿年薪膽心猶在，三局楸枰算已違。」牧齋詩語即指此致稼軒書言。豈云美雖間接獲知其事，而未親見原書，遂致有此誤會耶？至其列此事於黄案之前，其時間先後之訛舛，更不待辨矣。）夫天下要害必争之地不過數四，中原根本自在江南。長淮汴京，莫非都會，則宜移楚南諸勳重兵，全力以恢荆襄。上扼漢沔，下撼武昌。大江以南，在吾指顧之間。江南既定，財賦漸充，根本已固，然後移荆汴之鋒，掃清河朔。其次所謂要著者，兩粤東有庾關之固，北有洞庭之險。道通滇黔，壤鄰巴蜀。方今吴三桂休兵漢中，三川各郡數年來非熊（指王應熊）在彼，聯絡佈置，聲勢大振。宜以重兵徑由遵義入川。三川既定，上可以控扼關隴，下可以掇拾荆襄。倘以芻言爲迂而無當，今惟争急著是問。夫弈棋至於急著，則苟可以救敗者，無所不用。邇者燕京特遣恭順致順懷順三（逆？）進取兩粤。（寅恪案，清史列傳柒捌尚可喜傳略云：「崇德元年四月封智順王。順治三年八月同恭順王孔有德，懷順王耿仲明征湖南。」牧齋書中「智順」作「致順」，乃音近筆誤。原闕一字，今以意補爲「逆」字。蓋此三人者，在清爲順，在明爲逆也。）因懷順至吉安忽然縊死，故三路之師未即渡洞庭，過庾嶺。然其勢終不可遏，其期諒不甚遠。豈非兩粤最急時乎？至彼中現在楚南之勁〔敵〕，惟辰常馬蛟麟爲最。傳聞此舉將以蛟麟爲先鋒。幸蛟麟久有反正之心，與江浙〔虜？〕提鎮張天禄田雄馬進寶卜從善輩，皆平昔關通密約，各懷觀望。此真爲楚則楚勝，而爲漢則漢勝也。蛟麟倘果翻然樂爲我用，則王師亟先北下洞庭。但得一入長江，將處處必多響集。我得以完固根本，養精蓄鋭，恢楚恢江，克復京闕。若謙益視息餘生，奄奄垂斃，惟忍死盼望鑾輿拜見孝陵之後，槃水加劍，席稿自裁。」等語。臣反覆披閲，雖謙益遠隔萬里，而彼身爲异域之臣，猶知眷戀本朝，早夜籌維，思一得以圖報效，豈非上蒼悔禍，默牖其衷，亦以見天下人心未盡澌滅，真祖宗三百年恩養之報。臣敢不據實奏聞。伏祈皇上留意詳閱，特賜鑒裁。臣繕疏方畢，適原任川湖督臣萬年策自平溪衛取路黎靖來至桂林，具述虞鎮馬回子駐兵常德，實有反正之心。回子即名蛟麟者也。以情事度之，錢謙益楸枰三局揣摩之語，確相吻合，似非無據。豈非楚南撥雲見日之時，而中興之一大機會耶？

永曆三年九月□□日具奏。

據此牧齋致稼軒書作於順治六年己丑之秋。其中已言及馬進寶。故次年庚寅即有往金華游説馬氏之事。更可注意者，即説馬之舉，實與黃梨洲有關。黃宗羲思舊録「錢謙益」條（此條第肆章已引，兹爲便利論述，故重録之。）云：

一夜余將睡，公提燈至榻前，袖七金贈余曰：此内人（自注：「即柳夫人。」）意也。蓋恐余之不來耳。是年（指順治七年庚寅）十月絳雲樓毁，是余之無讀書緣也。

鮚埼亭集壹壹「梨洲先生神道碑文」略云：

公既自桑海中來，杜門匿景，東遷西徙，靡有寧居。又有上變於大帥者，以公爲首，而公猶挾帛書，欲招婺中鎮將以南援。

黃炳垕編黃梨洲先生年譜中「順治七年庚寅」條云：

三月，公至常熟，館錢氏絳雲樓下，因得盡繙其書籍。

寅恪案，太沖三月至常熟，牧齋五月往金華。然則受之此次游説馬進寶，實梨洲所促成無疑。觀河東君特殷勤款待黄氏如此，則河東君之參預勸馬反清之政治活動，尤可證明也。

又金氏牧齋年譜「〔順治八年〕辛卯」條云：

爲黄晦木〔宗炎〕作書紹介見馬進寶於金華。（原注：「尺牘」。）

金氏未言出於尺牘何通，但檢牧齋尺牘中「致□□□」略云：

餘姚黄晦木奉訪，裁數行附候，計已達鈴閣矣。友人陳昆良赴温處萬道尊之約，取道金華，慨慕龍門，願一投分。介恃道誼之雅，輒爲紹介。晦木知必荷眄睞，先爲遥謝。

寅恪案，此札乃致馬進寶者。細玩其語氣，介紹晦木與介紹崑良，時間相距至近，且足知兩人俱是初次介紹。今檢浙江通志壹貳壹職官表分巡温處道欄云：

陳聖治，遼東錦州人，順治十年任。

萬代尚，遼東鐵嶺人，順治十四年任。

孟泰，遼東遼陽人，貢士，順治十六年任。

及清史列傳捌拾馬逢知傳略云：

〔順治〕三年從端親王博洛南征，克金華，即令鎮守。六年命加都督僉事，授金華總兵，管轄金衢嚴處四府。七年九月奏言臣家口九十餘人，從征時即領家丁三十名星赴浙東，此外俱在旗下，距金華四千餘里，關山迢遞，不無内顧之憂。懇准搬取。下部知之。十三年遷蘇松常鎮提督。

并有學集柒高會堂詩集有：

丙申重九海上作。

一題及「高會堂酒闌雜咏序」末署：

〔順治十三年〕丙申陽月十有一日書於青浦舟中。

故綜合推計牧齋之介紹晦木見馬進寶於金華，實在順治十三年丙申秋季以前，馬氏尚未離金華赴松江之時。至浙江通志列萬代尚之任温處台道，始於順治十四年者，不過因排次便利，只書年而不書月。否則，絶無元旦上任，除夕解職之理也。

又徐孚遠釣璜堂存稿壹貳「懷陳崑良」（原注：「時聞瞿稼軒之變。」）云：

嗟君萬里赴行都，桂嶺雲深入望迂。豈意張公雙劍去，却令伍子一蕭孤。粵西駐輦當通塞，湖北揚旌定有無。分手三年鴻雁斷，如余今日正窮途。

可見陳氏同是當時參預復明運動之人。牧齋介紹之於馬進寶，必非尋常干進以求衣食者之比。惜光緒修常昭合志稿叁壹義行門陳璧傳僅云：

陳璧字崑良，崇禎末嘗三上書論事。不報。歸隱。

寥寥數語，殊爲簡略。今讀暗公此詩，則陳氏平生志事，更可證知矣。

兹僅録牧齋作品中，庚寅夏往返金華，游説馬進寶之作品，并略加釋證下。有學集叁庚寅夏五集序云：

歲庚寅之五月，訪伏波將軍於婺州。以初一日渡羅刹江，自睦之婺，憩於杭。往返將匝月，漫興口占，得七言長句三十餘首，題之曰夏五集。春秋書夏五，傳疑也。疑之而曰夏五，不成乎其爲月也。不成乎其爲月，則亦不成乎其爲詩。繫詩於夏五，所以成乎其爲疑也。易曰，或之者，疑之也。作詩者，其有憂患乎？

寅恪案，此夏五集可稱爲第壹次游説馬進寶反清復明之專集。河東君參預此活動，尤爲顯著，讀者應特加注意也。

「早發七里灘」云：

欲哭西臺還未忍，唳空朱噣響雲端。（遵王注本此句下有牧齋自注云：「謝皋羽西臺慟哭記即釣臺也。其招魂之詞曰：化爲朱鳥兮，有噣焉食。」）

寅恪案，「未忍」者，即未忍視明室今已亡之意。前論牧齋次韵答盛集陶見贈詩「終然商頌歸玄鳥，麥秀殘歌詎忍删。」句及牧齋編列朝詩集，終於丁集事，俱詳言之，兹不更贅。涵芬樓本「忍」作「得」，殊失牧齋本旨，故從遵王注本作「忍」。

「五日釣臺舟中」云：

緯繣江山氣未開，扁舟天地獨沿洄。空哀故鬼投湘水，誰伴新魂哭釣臺。五日纏絲仍漢縷，三年灼艾有秦灰。吴昌此際痴兒女，競渡嚾呶盡室迴。

寅恪案，此詩第柒第捌兩句頗不易解。以恒情論，牧齋獨往金華，河東君及其女應在常熟家中，殊與「吴昌」之語不合。豈河東君及其女雖不同牧齋至金華，但僅送之至蘇州，留居於拙政園耶？俟考。檢劉繼莊獻廷廣陽雜記叁「涵齋又言海澄公黄梧既據海澄以降，即條陳平海五策」條，其第貳策云：

鄭氏有五大商在京師蘇杭山東等處，經營財貨，以濟其用。當察出收拿。

清史列傳玖黄梧傳云：

順治十三年七月梧斬僞總兵華棟等，率衆以海澄縣投誠。

延平王户官楊英從征實録「永曆十一年丁酉五月」條云：

藩行令對居守户官鄭宫傳察算，裕國庫張恢，利民庫林義等稽算東西二洋船本利息，并仁義禮智信，金木水火土各行出入銀兩。

明清史料丁編叁「五人商曾定老等私通鄭成功殘揭帖」云：

（上缺。）萬兩，前往蘇杭二州置買綾綢湖絲洋貨，將貨盡交僞國姓訖。一，順治十二年五月初三四等日，曾定老就僞國姓管庫伍宇舍手内領出銀五萬兩，商販日本，隨經算還訖。又十一月十一二等日，又就伍宇舍處領出銀十萬兩，每兩每月供利一分三釐。十三年四月内將銀及湖絲緞匹等貨搬運下海，折還母利銀六萬兩，仍留四萬兩付定老等作本接濟。

牧齋賦此詩時，鄭氏之五大商尚未被清廷察出收拿。河東君之送牧齋至蘇，或與此有關。夫鄭氏之興起，雖由海盜，但其後即改爲經營中國南洋日本間之物産貿易。蘇杭爲絲織品出産地，鄭氏之設有行店，自是當然之事。况河東君以貴婦人之資格，以購買物品爲名，與綢緞店肆往來，暗作通海之舉，可免爲外人所覺察也。此說未敢自信，姑記於此，以俟更考。

「五日泊睦州」云：

客子那禁節物催，孤篷欲發轉徘徊。晨裝警罷誰驅去，暮角飄殘自悔來。千里江山殊故國，一抔天地在西臺。遥憐弱女香閨裏，解潑蒲觴祝我迴。

寅恪案，第肆句蓋與第柒第捌兩句相關，謂不與家人同作金華之行也。或疑「自悔來」之語，乃此行不成功之意。但據前引馬逢知傳，順治七年庚寅九月，進寶奏請搬取在旗下之家口，可知進寶實已受牧齋游說之影響。然則牧齋此次婺州之行，亦不可謂無所成就矣。

「桐廬道中」云：

涉江無事但尋花。（自注：「蘭溪載花盈舟，越人笑之。」）

寅恪案，此句并自注可參下引「東歸漫興」六首之五。牧齋此行明是有事，而曰「無事」，與尺二書中「一宿無話」之「無話」，遣辭用意正復相同，可發一笑也。

「留題湖舫」（自注：「舫名不繫園。」）二首之二云：

湖上堤邊艤棹時，菱花鏡裏去遲遲。分將小艇迎桃葉，遍采新歌譜竹枝。（江左三大家詩畫合卷芝麓所寫「新」作「長」。）楊柳風流烟草在，杜鵑春恨夕陽知。憑闌莫漫多回首，水色山光自古悲。

寅恪案，此題二首，第肆章已全引。第貳首第貳聯亦特加論釋。兹復移録第貳首全文，藉見牧齋此時之情感。今江左三大家詩畫合卷，除牧齋「西湖雜感」二十首及梅村所繪圖外，并有芝麓所書此詩，末署：

癸卯三月十又二日芝麓弟龔鼎孳拜題。

據此，孝升題字乃在牧齋卒前一年。若非贋作，則龔氏深賞牧齋此詩，可以想見也。

「西湖雜感」序（此題序及詩皆依江左三大家詩畫合卷牧齋自寫本。其他諸本間有不同，而意義亦佳者，并附注於下，以供參考。）云：

浪迹山東，繫舟湖上。漏天半雨，夏月如秋。登登版築，地斷吴根。攘攘烟塵，天分越角。岳于雙表，緑字猶存。南北兩峰，青霞如削。想湖山之繁華，數都會之佳麗。舊夢依然，新吾安在。況復彼都人士，痛絶黍禾。今此下民，甘忘桑椹。侮食相矜，左言若性。何以謂之，嘻其甚矣。昔者南渡行都，慭遺南士。（「士」涵芬樓本及注本作「市」。）西湖隱迹，返抗西山。（涵芬樓本及注本「返」作「追」。）嗟地是而人非，忍憑今而吊古。叢殘長句，凄絶短章，酒闌燈灺，隔江唱越女之歌。風急雨淋，度峽落巴人之泪。敬告同人，勿遺下體，敢附采風，聊資剪燭云爾。庚寅夏五憩湖舫凡六日，得詩二十首。（諸本此句下有「是月晦日，記於塘棲道中」十字。）特倩梅村祭酒作圖以爲緣起，今并録之。

寅恪案，此序中「侮食相矜，左言若性。」之句，出文選肆陸王元長「三月三日曲水詩序」。遵王已引，不待更釋。牧齋用此典以罵當日降清之老漢奸輩，雖己身亦不免在其中，然尚肯明白言之，是天良猶存，殊可哀矣。檢四庫全書總目提要壹柒叁別集類朱鶴齡愚庵小集條云：

〔鶴齡〕與錢謙益爲同郡，初亦以其詞場宿老，頗與唱酬。既而見其首鼠兩端，居心反覆，薄其爲人，遂與之絶。所作元裕之集後一篇，稱裕之舉金進士，歷官左司員外郎，及金亡不仕，隱居秀容，詩文無一語指斥者。裕之於元，既足踐其土，口茹其毛，即無反詈之理。非獨免咎，亦誼當然。乃今之訕辭詆語，曾不少避，若欲掩其失身之事，以誑國人者，非徒悖也，其愚亦甚云云。其言蓋指謙益輩而發，尤可謂能知大義者矣。

寅恪案，牧齋之降清，乃其一生污點。但亦由其素性怯懦，迫於事勢使然。若謂其必須始終心悅誠服，則甚不近情理。夫牧齋所踐之土，乃禹貢九州相承之土，所茹之毛，非女真八部所種之毛，舘臣阿媚世主之言，抑何可笑。回憶五六十年前，清廷公文，往往有「食毛踐土，具有天良。」之語，今讀提要，又不勝桑海之感也。

「西湖雜感」二十首。其二云：

瀲灩西湖水一方，吴根越角兩茫茫。孤山鶴去花如雪，葛嶺鵑啼月似霜。油壁輕車來北里，梨園小部奏西廂。而今縱與空王法，（「與」諸本作「會」。）知是前塵也斷腸。

寅恪案，此首可與第肆章引河東君湖上草西泠十首之一「小苑有香皆冉冉，新花無夢不濛濛。金鞭油壁朝來見，玉佩靈衣夜半逢。」兩聯相證發。柳賦詩在崇禎十二年己卯，錢賦詩在順治七年庚寅。相去十二載，湖山一隅，人事變遷，已復如此，真可令人腸斷也。

其八云：

西泠雲樹六橋東，月姊曾聞下碧空。楊柳長條人綽約，桃花得氣句玲瓏。（諸本此句下自注云：「桃花得氣美人中。西泠佳句，爲孟陽所吟賞。」）筆床研匣芳華裏，翠袖香車麗日中。今日一來方丈室，（「一來」諸本作「一燈」。）散花長侍淨名翁。

寅恪案，此首爲河東君而作，自不待言。第柒句牧齋自寫本作「一來」，不作「一燈」，蓋用佛典四向之一以指河東君。牧齋於崇禎十三年庚辰冬答河東君半野堂初贈詩云：「雲花丈室何曾染。」竟在十年之前作此預言矣。

其十六云：

建業餘杭古帝丘，六朝南渡盡風流。白公妓可如安石，蘇小墳應并莫愁。戎馬南來皆故國，江山北望總神州。行都宮闕荒烟裏，禾黍叢殘似石頭。（諸本此句下有自注云：「有人問建業。云吴宫晋殿亦是宋行都矣。感此而賦。」）

寅恪案，此首自傷其弘光元年五月迎降清兵之事。夫南宋都臨安，猶可保存半壁江山，豈意明福王竟不能作宋高宗耶？「吴宫晋殿」乃指明南都宮闕而言，不過詭稱前代之名爲隱語耳。

其十七云：

珠衣寶髻燕湖濱，翟茀貂蟬一樣新。南國元戎皆使相，上廳行首作夫人。紅燈玉殿催旌節，畫鼓金山壓戰塵。粉黛至今驚毳帳，可知豪杰不謀身。（諸本此句下有自注云：「見周公謹羅大經諸書，亦南渡西湖盛事。」）

寅恪案，此首以梁紅玉比河東君，甚爲恰當。牧齋賦詩，以梁比柳者甚多。此首作於游説馬進寶反清之際，其期望河東君者，更與他作泛指者不同。可惜河東君固能爲梁紅玉，而牧齋則不足比韓世忠。此乃人間之悲劇也。

「東歸漫興」六首其一云：

> 經旬悔别絳雲樓，衣帶真成日緩憂。入夢數驚嬌女大，看囊長替老妻愁。碧香茗葉青磁碗，紅爛楊梅白定甌。此福天公知吝與，綠章陳乞莫悠悠。

寅恪案，此首可與第肆章所引東山酬和集貳牧翁「二月十二春分日横山晚歸作」及河東君次韵詩參照。錢柳兩詩作於崇禎十四年辛巳。牧齋此詩則爲順治七年庚寅所賦，就牧齋方面言之，則地是人是，而時世則非。故賦此首時，與當日只限於私人情感者，更復不同矣。

其三云：

> 棨戟森嚴禮數寬，轅門風静鼓聲寒。據鞍老將三遺矢，分閫元戎一彈丸。戲海魚龍呈變怪，登山烟火報平安。腐儒篋有英雄傳，細雨孤舟永夜看。

寅恪案，牧齋外集拾馬總戎四十序略云：

> 今伏波猶古伏波也。予讀史好觀馬文淵行事。

故牧齋所作關於馬進寶之詩文，皆用馬援之典。此首亦是其一。玩此詩之辭旨，蓋懷疑進寶是否果能從己之游説，以叛清復明。華笑廎雜筆壹「黄梨洲先生批錢詩殘本」條，「東歸漫興」批云：

牧齋意欲有所爲，故往訪伏波，及觀其所爲，而廢然返櫂。

可供參證也。

其四云：

林木池魚灰燼寒，鴛湖恨水去漫漫。西華葛帔仍梁代，（自注：南史，任昉子西華，流離不能自振，冬月著葛帔練裙。）東市朝衣尚漢官。白鶴巋歸無石表，（「石表」遵王注本作「表柱」。）金鷄旋放少綸竿。舊棋解覆惟王粲，東閣西園一罫看。（自注：「過南湖，望勺園，悼延陵君而作。其子貧薄，故有任西華之嘆。」寅恪案，來之有子名祖錫，字佩遠。徐暗公釣璜堂存稿壹叁「吴佩遠郊居」七律首句云：「雅游季子已家貧。」張玄箸煌言張蒼水集第貳篇奇零草「送吴佩遠職方南訪行在，兼會師鄖陽。」四首之四結語云：「憑君馳蠟表，蚤晚聽鐃歌。」祖錫本末詳見徐俟齋枋居易堂集壹肆「吴子墓志銘」及「吴子元配徐碩人墓志銘」并蒼水集所附王慈撰張忠烈公詩文題中人物考略及陳乃乾陳洙撰徐暗公先生年譜順治三年丙戌條。牧齋此詩自注所指來之之子，即是佩遠也。）

寅恪案，此首與下一題「感嘆勺園再作」，同是爲吴昌時而賦，俟於下題論之。

其五云：

水迹雲踪少滯留，拖烟抹雨一歸舟。雖無桃葉迎雙槳。（自注：「婦囑買婢不得。」）恰有蘭花載兩頭。古錦裹將唐百衲，（自注：「買得張老頌琴，蓋唐斵也。」）行宫拾得宋羅睺。（自注：「宋景靈宫以七夕設摩羅睺。今市上猶鬻之。」）孺人稚子相勞苦，一握歡聲萬事休。

寅恪案，此首第壹聯可與前引「桐廬道中」詩「涉江無事且尋花」句并注參讀。河東君囑牧齋買婢，而牧齋不能完成使命。揆以當日情勢，江浙地域亂離之後，豈有買婢不得之理，蓋舊時婢妾之界畫，本不甚分明。牧齋於此嫌疑之際，最知謹慎。第肆章引河東君依韵和牧齋「中秋日携内出游」二首之二「夫君本自期安槳」句，自注云：「有美詩云：迎汝雙安槳。」今牧齋詩既用王獻之故事，然則買婢不得，非不得也，乃不敢也。買琴乃爲河東君，買摩羅睺乃爲趙管妻。牧齋此等舉動，真不愧賢夫慈父矣。

其六云：

不因落薄滯江干，那得歸來晝室歡。巷口家人呼解帶，牆頭鄰姥問加飡。候門栗里天將晚，秉燭羌村夜向闌。簷鵲噪幹燈穗結，笑憑兒女話團圞。

寅恪案，此首寫小别歸來，家人團聚之情事，殊爲佳妙。牧齋性本怯懦，此行乃梨洲及河東君所促成。惴惴而往，施施而歸，故慶幸之情，溢於言表也。檢清史列傳捌拾馬逢知傳略

云：

〔順治七年〕十一月土賊何兆隆嘯聚山林，外聯海賊，爲進寶擒獲，隨於賊營得僞疏稿，謂進寶與兆隆通往來，疏請明魯王頒給敕印。又得僞示，稱進寶已從魯王。進寶以遭謗無因，白之督臣陳錦，以明心迹。錦疏奏聞。得旨，設詐離間，狡賊常情。馬進寶安心供職，不必驚懼。

據此馬氏爲人，反覆叵測，可以推知。何兆隆一案，與牧齋金華之行，時間相距至近，兩者或有關係，亦未可知。然則牧齋此行，實是冒險，河東君送之至蘇，殆欲壯其膽，而堅其志歟？

「感嘆勺園再作」云：

曲池高館望中賒，燈火迎門笑語嘩。今舊人情都論雨，暮朝天意總如霞。（寅恪案，此聯下句遵王注引范石湖「占雨」詩「朝霞不出門，暮霞行千里。」爲釋，甚是。但牧齋意則以「朝霞」比建州，以「暮霞」比永曆，亦即左太冲魏都賦「彼桑榆之末光，逾長庚之初暉。」之旨，謂天意將復明也。至上句遵王已引杜工部集壹玖「秋述」一文「舊雨來，今雨不來。」爲釋，固昔人所習知。唯今日游北京中山公園來今雨軒者，恐未必盡知耳。一笑。）園荒金谷花無主，巷改烏衣燕少家。惆悵夷門老賓客，停舟應不是天涯。

寅恪案，牧齋此行過嘉興，感嘆勺園，一再賦詩，兼寓朝政得失，民族興亡之感，不待贅論。其實牧齋之微旨，尚不止此，蓋勺園者，即河東君於崇禎十三年春由杭至禾養疴之地。是年冬牧齋至嘉興遇惠香（當即卞玉京。）河東君之訪半野堂，亦預定於此時。職是之由，勺園一地，乃錢柳因緣得以成就之樞紐。牧齋不憚一再賦詩，殊非偶然。今梅村集中關於勺園之詩，「鴛湖曲」一首，最爲世所傳誦。讀者謂其追傷舊朝亡友而已，但不知其中實隱藏與卞玉京之關係。其微旨可從原詩辭句中揣知之也。特記於此，以告世之讀駿公詩者。

「婺歸，以酒炙餉韓兄古洲口占爲侑」云：

好事何人問子雲，一甘逸少與誰分。酒甜差可稱歡伯，炙美真堪遺細君。大嚼底須回白首，淺斟猶憶醉紅裙（自注：「兄高年好談風懷舊事。」）。晴窗飯罷摩雙眼，硬紙黃庭向夕曛。（自注：「兄家藏楊許黃庭楷書，日撫數紙。」）

寅恪案，有學集貳肆「韓古洲太守八十壽序」云：

歲在旃蒙協洽雷州太守古洲韓兄春秋八十。余曰，是吾年家長兄也。是吾吳之佳公子，良二千石，國之老成人也。是閱覽博物之君子，海內收藏賞鑒專門名家也。

嘉慶修雷州府志玖職官表明知府欄載：

韓逢禧，長洲人。官生。天啓元年任。

李之華。
丁緯。
范得志，七年任。

容庚君藏蘭雪齋刻定武蘭亭帖附韓氏跋云：

余先宗伯（寅恪案，逢禧父世能，曾任禮部侍郎。事迹見明史貳壹陸黃鳳翔傳附世能傳，明詩綜伍壹韓世能條及同治修蘇州府志捌柒長洲縣韓世能傳等。）於萬曆甲戌曾得韓侂胄所藏定武蘭亭。時余尚未生。及余既長，篤好法書，遂蒙見賜。臨玩最久，寢食與俱。崇禎庚午又購得榮芑所藏本，二卷皆嚴氏物。榮芑本有項子京印識。今閱此本，與余所藏榮芑舊本同一手搨出，紙墨奇古，神采勃發。卷内有朱文公手題，前後亦有項子京印識，可見項氏藏物之富如此。〔天啓四年〕甲子解組歸田，心厭煩囂，復得睹此，合余藏二卷，同校於半山草廬。三卷同是定武真刻，六百餘年神物，今得并來同聚一室，大是奇緣，眼福良厚矣。喜書其後。半山老人韓逢禧。（下鈐有「朝延氏」印。）

又容君藏鐘繇薦季直表帖附秋圃老民跋云：

韓跋各看款題志皆俗手揭去。黑紙白字名曰黑老虎，非降龍伏虎，不能得也。

及翁同龢題詩二首，其二云：

満口娑婆不識佛，天台山鳥勸君歸。何如一切都捐棄，黑老虎來爲解圍。（自注：「韓逢禧嘗學佛，再髡而再髮。入天台遇樵者，訶之曰，満口娑婆哄度日云云。册有韓印，戲及之。黑老虎乃前跋中語也。」）

又容君藏安素軒石刻中唐人書七寶轉輪聖王經附韓氏跋云：

此爲唐相鍾紹京手迹。書法悉宗右軍樂毅論，時兼有歐虞褚體，正見其集大成也。紙爲硬黄，爛漫七千餘言，神采燁然，真世之罕物。相傳鮮于困學公珍藏此卷於室中，夜有神光燭人者，非此其何物耶？長洲韓逢禧識。

唐蕉庵翰題「唯自勉齋長物志」中書畫名迹類云：

南海吴學士榮光所刻藏宋玉石本定武蘭亭，後有明崇正間韓太守逢禧跋云，明成國公朱箑庵舊物，與慮鴻草堂圖永興廟堂真迹九件，同時售於項氏天籟閣。此卷項氏藏印纍纍，凡蘭亭所用之印，卷中無不有。其爲一時所押可知。傳之有緒，足爲吾齋中書迹甲觀。

韓氏事迹雖未能詳知，但依上所引資料，亦可得其涯略。牧齋此詩自表面觀之，辭旨與游説馬進寶之事無涉。又非汪氏游舫與湖山盛衰家國興亡有關者之比，似甚奇特。細思之，夏五一集乃赴婺説馬之專集，牧齋由金華還，即以酒炙餉韓，侑以此詩。若説馬之事與韓氏無關，則牧齋不應插入此題。頗疑古洲既多藏彝器字畫，牧齋或取其一二與馬伏波有關之假古董，以爲謁見進寶之贄。及其歸也，自應以酒炙相餉。又韓氏好談風懷舊事，牧齋此次經過蘇州嘉興，韓氏必與之談及昔年柳卞在臨頓里勺園之艷迹，故牧齋詩語戲及之。翁叔平謂古洲「再髡再髮」，足見韓氏亦是欲「老皈空門」，而不能實行者，其人正與牧齋相類。有學集「病榻消寒雜咏」云：「蒲團歷歷前塵事，好夢何曾逐水流。」不僅自咏，亦可兼咏韓氏也。

「書夏五集後示河東君」云：

帽簷欹側漉囊新，乞食吹簫笑此身。南國今年仍甲子，西臺昔日亦庚寅。（自注：「皐羽西臺慟哭，亦庚寅歲也。」）聞鷄伴侶知誰是，畫虎英雄恐未真。詩卷叢殘芒角在，綠牕剪燭與君論。

寅恪案，此首爲夏五集全集之結論。第貳句寓復明之意。第叁句謂永曆正朔猶存。第伍句目河東君爲同心同志之人。第陸句用後漢書列傳壹肆馬援傳，援誡兄子嚴敦書中「畫虎不成，反類狗者也。」之語，牧齋蓋疑馬進寶之不可恃也。總而言之，牧齋此次金華之行，河東君爲暗中之主持人，細繹此詩辭旨，更無疑義矣。

牧齋庚寅夏五集後一年所賦之詩，最佳最長者應推哭瞿式耜五言排律一題。本文以範圍限制之故，不能全引，惟擇其中有關諸句，并牧齋自注，略論述之於下。

有學集詩注肆「哭稼軒留守相公詩一百十韵用一千一百字」略云：

（自注：「已下叙聞訃爲位之事。」）傷心寢門外，爲位佛燈前。一慟營魂逝，三號涕泗漣。脩門歸漠漠，故國望姍姍。庚寅徵覽揆，辛卯應災躔。（自注：「君生於庚寅，甲子一周而終，故引庚寅以降之詞。其聞訃辛卯夏也，故引朔日辛卯之詩。皆假借使之也。」）劍去梧宫冷，刀投桂水煎。（自注：「已下叙其戊辰後歸田燕游之事。」）拊心看迸裂，彈指省轟闐。攀附龍門迴，追陪鶴蓋連。園林歸緑水，屋宇帶紅泉。一飯常留客，千金不問田。以忙消塊壘，及暇領芳妍。日落邀賓從，舟移沸管弦。丹青搜白石，杖履撰松圓。（自注：「君好藏白石翁畫，于程又有師資之故。」）

寅恪案，關於錢瞿之交誼及當日明清興亡諸端，兹不具論。所可注意者，即河東君於崇禎十三年庚辰冬初訪牧齋於半野堂。次年即崇禎十四年辛巳夏錢柳結褵於茸城舟中兩大事。牧齋此詩中「舟移沸管弦」句，或間接有關涉，尚難確定。若就稼軒方面言之，則東山酬和集中不載瞿氏篇什。此或因稼軒雖曾賦詩，但未被牧齋收録所致。今日瞿氏作品遺佚頗多，殊不易决言，揆以稼軒與牧齋及河東君之關係，如第肆章論述絳雲樓落成詩所引牧齋尺牘例之，稼軒似非如黄陶庵之不以河東君爲然者，何故於錢柳因緣之韵事，絶無一語道及，甚不可解。姑記此疑，以俟更考。

又此年牧齋所賦詩當亦不少。今所存者，排列先後恐有錯亂。詩題有關諸人，可考見者殊不多，故只擇數題列之於下。

「寄懷嶺外四君」四首。其一「金道隱使君」（自注：「金投曹溪爲僧。」）云：

（詩略。）

其二「劉客生詹端」云：

（詩略。）

其三「姚以式侍御」云：

（詩略。）

其四「咏東皋新竹寄留守孫翰簡」云：

筍根苞粉尚離離，裂石穿雲嶺外知。祖榦雪霜催老節，孫篁烟靄護新枝。紫泥汗簡連編綴，青社分符奕葉垂。昨夜春雷喧北户，老夫欣賦籜龍詩。

寅恪案，前論牧齋「庚寅人日示内」詩及河東君和詩，已略及金劉姚三人。惟瞿翰簡未及，故特録此詩全文。「翰簡」者，指稼軒孫昌文而言。永曆特任昌文爲翰林院檢討，稼軒兩疏懇辭，原文見瞿忠宣公集陸，茲不具引。鄙意此時牧齋與永曆政權暗中聯絡。其寄此四詩，必有往來之便郵無疑也。「贈盧子繇」云：

雲物關河報歲更，寒梅逼坐見平生。眉間白髮垂垂下，巾上青天故故明。老去閒門聊種寺與介立師兄夜話辛卯秋憩友蒼石門院，扣問八識規矩，屈指又五年矣，感而有作二首。」）

寅恪案，葛萬里牧齋先生年譜順治八年辛卯條（參有學集陸秋槐別集「乙未小至日宿白塔

絮，撐腸大字少於瓜。三生悔不投胎處，罩飯僧家責餅家。

七十餘生底自嗟。有何鱗爪向人誇。蹩聞窸窣床頭蟻，羞見彭亨道上蛙。著眼空花多似

「七十答人見壽」（涵芬樓本題下有「辛卯」二字。）云：

復明之人。如晋公即是一例。其他諸人，皆可以此類推之也。

可見牧齋此時相與往來之人，其酬贈詩章見於有學集者，大抵爲年少尚未有盛名，而志在

天之所以保全之也。

頃之，兩目皆盲，瞑瞑成廢人，不出户庭，而曩所交游皆斷絶，詫嘆一室，竟以憤懣卒。此殆

同黨，好自矜貴，出入乘軒車，盛傔從，廣座中伸眉抵掌，論議無所忌。識者謂必中奇禍。

敗，跳身歸里閭，與舊相識者往來。門庭雜沓，踪迹不測。性又簡傲，雖以醫術起家，輕忽

曰，陳曾藙傳論之頤云，歲丙戌監國者在山陰，之頤杖策往謁，大爲親信，授職方郎。事

之頤字子繇，生明熹宗時，號晋公，又自稱蘆中人。父復，字不遠，精於醫理。舊史

寅恪案，杭大宗世駿道古堂集貳玖「名醫盧之頤傳」略云：

菜，朋來參語似班荆。楞嚴第十應參遍，已悟東方鷄後鳴。

云：

春游武林。夏有哭稼軒長篇。自記：九月避喧却賀，扁舟詣白下懷東（自注：「佟中丞。」）寓。朱雀桁市囂聒耳，乃出城，栖止長干大報恩寺，與二三禪侶優游浹月，論三宗而理八識云云。

牧齋此年秋避壽却賀，往金陵寓佟國器家。據上引福建通志此年佟氏任福建左布政使。至牧齋之詣金陵，懷東是否在家，尚難確知。即便在家，爲時亦必不久。似此情况，牧齋與外人往還，較爲便利。然終嫌其囂聒，乃遷居大報恩寺。頗疑此中尚有待發之覆。蓋當日志懷復明諸人，往往托迹方外，若此輩謁牧齋於懷東寓所者過多，則不免惹起外間驚怪，轉不如竟栖止於佛寺，更爲妥慎。其言與禪侶研討内典，恐不過掩飾之辭。後來牧齋再往金陵，亦嘗栖止於報恩寺，仍是爲順治十六年己亥鄭延平大舉攻取南都之准備也。又檢許穀人浩基編鄭延平年譜「永曆七年癸巳三月張名振張煌言請師入長江」條，附按語云：

浩基按，名振與煌言凡三入長江，而未知初入長江爲何年？又不知題詩祭陵爲何年？各書紀載紛歧，莫知所據。魯春秋東南紀事俱作壬辰。海東逸史作癸巳。小腆紀年作癸巳初入長江，而甲午題詩祭陵。臺灣外紀海上見聞録亦作癸巳，而未言祭陵事。南疆繹史明季南略則俱作甲午。尤有不可解者，全氏撰蒼水碑云，癸巳冬入吴淞，明年軍於吴淞，會名振之師入長江，遥祭孝陵。甲午再入長江。蓋癸巳之明年即甲午也。既書明年，下復繫甲午，誤甚。謝山猶恍惚其詞，後人更難推測矣。

假定張名振張煌言此次率師入長江至京口之年，果爲壬辰者，則其前一年辛卯秋牧齋避壽至金陵，似與之有關。而此年秋間牧齋所賦「京口觀棋六絶句」其六云：

金山戰罷鼓桴停。傳酒争誇金鳳瓶。此日江山紆白髮，一枰殘局兩函經。

尤可注意矣。夫牧齋不在家作生日，避往金陵，其故河東君必知之。然則牧齋此次復明之活動，河東君亦曾參預其事，可無疑也。

今檢有學集順治九年壬辰十年癸巳兩年間皆無詩什。金氏牧齋先生年譜癸巳條云：

季春游武林，復往金華。先生伏波弄璋歌有「百萬婺民齊合掌，浴兒仍用五銖錢。」等句。按此蓋勸伏波復漢也。（原注：「壬辰癸巳奔走國事，無詩。武林觀棋及伏波弄璋歌，當是癸巳所作，并入敔他老人集者。又按，〔李〕定國退師，先生仍事聯絡，其志彌苦已。」）

寅恪案，金氏因此兩年不見牧齋之詩，因以意取順治十一年甲午所作「伏波弄璋歌」爲癸巳年所賦，寅非有確據。但牧齋於此兩年間有學集中未録存其詩，亦必有待發之覆。據塔影園集壹「東澗遺老錢公别傳」云：

安西將軍李定國以永曆六年七月克復桂林，承制以蠟書命公及前兵部主事嚴栻聯絡東南。公乃日夜結客，運籌部勒，而定國師還。於是一意學佛，殫心教典，凡十年而卒。

有學集叄柒嚴宜人文氏哀辭序云：

宜人姓文氏，東閣大學士謚文肅震孟之長女。嫁兵部主事嚴栻，少保謚文靖諱訥之孫也。文肅忠果正直，耿然如秋霜夏日，愛其女，以爲類己。文肅參大政，百日而罷歸里，逾年而卒。宜人從夫官信陽，哭其父過時而毀，忽忽如不欲生。越九年而卒，崇禎甲申之十一月也。年四十有六。日月有時，卜葬於虞山祖塋之側，哀子熊，屬其舅氏秉撰述行狀來請爲志，伏地哭不能起。余爲感而泣下。往文肅輟講筵歸，改葬陸夫人。以丘嫂之誼，謁余爲銘。今老居此世，忍復執筆而銘其女乎？宮鄰金虎，感倚伏於前。左帶沸唇，悼横流於後。弦幺徽急，塤嘆罄盈，俯仰三世，於余心有戚戚焉。殫毫綴思，百端交集，聊爲哀辭一通，以寫余懷。

常昭合志稿貳伍人物門嚴栻傳（參郟掄逵虞山畫志貳嚴栻條）略云：

嚴栻字子張，號髻珠，澤子。少穎悟，工書畫篆刻，兼善騎射。登進士（寅恪案，本志貳拾選舉表進士欄載：「嚴栻。崇禎〔七年〕甲戌科進士。」舉人欄載：「嚴栻。崇禎〔三年〕庚午科舉人。」）知信陽州。丁艱服闋，起爲兵部主事，未赴。順治初，大吏交薦，自以衰廢固辭。卒年七十有九。

夫顧云美所記，自非虛構，可不待言。然今尚未發現他種材料可以證實顧氏之說者。檢明史貳柒玖堵允（胤）錫傳略云：

時〔桂〕王在武岡，加胤錫東閣大學士，封光化伯，賜劍，便宜從事。胤錫疏請，得給空敕鑄印頒賜秦中舉兵者。時頗議其專。

則李定國承制，以蠟書命錢嚴聯絡東南，亦是可能。蓋胤錫當日地位權勢遠不及定國，尚能作如是舉動，何況李氏復取桂林，孔有德自殺，聲威正盛之時乎？沈佳存信編（據朱希祖君明季史料題跋「鈔本存信編跋」所引。）云：

永曆六年〔壬辰〕冬謙益迎姚志卓朱全古祀神於其家。（寅恪案，有學集肆絳雲餘燼集上有「朱五兄藏名酒肆，自號陶然。余爲更之曰逃禪，戲作四小詩。」一題及同書肆貳「戲作朱逃禪小影贊」有「朝扶鸞，夕降乩。」之語。未知朱逃禪是否即朱全古？附記於此，以俟更考。）定入黔請命之舉。七年〔癸巳〕七月，姚志卓入貴築行營，上疏安隆，召見慰勞賜宴，遣志卓東還，招集義兵海上。冢宰范鑛以朱全古萬里赴義，題授儀制司主事。八年七月遣內臣至廈門，冊封漳國公鄭成功爲延平王。九年三月簡封朱全古兼兵科給事中，視師海上。先是甲午秋文安之密與全古曰，劉〔文秀〕李〔定國〕之交必合，衆志皆與孫〔可望〕

離，但未知事機得失如何也。我當以冬還蜀，君可以春還〔吴〕，吴楚上下流觀察形勢，各靖其志。是年春，海上有警，行營吏部尚書范鑛請遣使宣諭姚志卓，遂命全古。全古還吴，轉渡江，由海門至前山洲。志卓已卒。全古宣敕拜奠。丁酉入楚報命。十三年六月延平王鄭成功率師圍南京。

南疆逸史叁陸姚志卓傳云：

乙未冬入海攻崇明，殁於陣。浙東封仁武伯。

假定沈氏之言可信，姚志卓朱全古曾於壬辰年親至牧齋家，則錢柳復明之舉動，若是活躍，其詩篇後來以避忌諱删棄，殊不足怪。投筆集小舟惜別云：

北斗垣牆暗赤暉。誰占朱鳥一星微。破除服珥裝羅漢，（自注：「姚神武有先裝五百羅漢之議，内子盡橐以資之，始成一軍。」）滅損齏鹽餉佽飛。娘子繡旗營壘倒，（自注：「張定西謂阮姑娘，吾當派汝捉刀侍柳夫人。阮喜而受命。舟山之役，中流矢而殞。惜哉！」）將軍鐵矟鼓音違。（自注：「乙未八月神武血戰死崇明城下。」）鬚眉男子皆臣子，秦越何人視瘠肥。（自注：夷陵文〔安之〕相國來書云云。）

據牧齋所言，河東君捐資以助姚軍，應在甲午及乙未兩年間事，而牧齋以姚氏戰死於順治十二年乙未，與南疆逸史同，唯秋冬季節稍异。是志卓之死在九十月間，故傳聞微有參差耳。

至諸本列姚氏之死於前一年，鄙意牧齋爲親預此舉之人，此詩又涉及河東君，其所記之年，必非誤記。觀前論黄毓祺案牧齋被逮之年，可以推知也。至阮姑娘者，當實是女性。汪光復明季續聞略云：

己丑秋晉阮進太子少傅。進侄浚英義將軍。阮美阮騂阮驥俱左都督。

又云：

甲午春正六日，再入京口，至觀音門儀真一帶，擒斬參將阮姑娘。

阮姑娘究爲何人，尚待考證。但其爲阮進之女或侄女，似無可疑。若非然者，張名振絶不致派一男子侍柳夫人，豈不成爲河東君之面首，而牧齋亦不應以定西此語相誇也。金氏牧齋年譜丙申條以牧齋秋興詩自注中之阮姑娘爲阮駿，而以甲午年死於京口之阮姑娘别爲一人，誤矣。又牧齋「娘子綉旗營壘倒」句，自是指阮姑娘。遵王注引唐平陽公主事爲釋，此世人習知之古典，尚不足瞭解當日之今典也。檢鈞璜堂存稿貳拾「北伐命偏裨皆携室行，因歌之。」云：

浪激風帆高入雲。相看一半石榴裙。簫聲宛轉鼓聲起，江左人稱娘子軍。長江鐵鎖一時開。旌旆飛揚羯鼓催。既喜將軍揮羽入，更看素女舞霓來。揮戈築壘雨花臺。左狎夫人右酒杯。笑指金陵佳麗地，只愁難帶荔枝來。

徐暗公先生年譜弘先元年（自注：順治二年。）乙酉條云：

冬在閩娶戴氏。

年譜後附録黄仲友定文東井文鈔「書鮚埼亭集徐暗公傳後」云：

戴氏者，從亡總兵戴某女也。與暗公善，謂暗公文弱，風濤戎馬，難以自全，而其女有文武才，以妻暗公。戴戎裝握刀上陣，艱危奔走，卒賴其力以免。暗公卒於潮，戴上書州守，乞負骨歸葬，許之。乃與其仲子永貞扶櫬歸松江，與暗公前妻姚，同志相守以死。至今松江人傳其戎服遺像。

寅恪案，暗公之詩似譏當日復明舟師偏裨携帶眷屬，致妨軍事之進行者。但復據黄氏所記暗公後室戴夫人事，則知當時海上復明諸軍，實有能戎裝握刀上陣之女性，故牧齋詩自注中之阮姑娘乃女子，而非阮駿之托名，更得一旁證矣。又牧齋詩自注引文氏書語，此書疑是永曆九年即順治十二年乙未由朱全古轉致者。姚氏封號，似以温書作「仁武」者爲是。若「神武」，則恐因吳音相近致訛也。至金氏牧齋年譜謂「定國退師，先生仍事聯絡，其志彌苦已。」所言甚是。顧氏所謂「定國師還，於是一意學佛，殫心教典，凡十年而卒。」則殊與事實不符。云美非不知牧齋在定國師還以後之復明活動，但不欲顯言之，恐招致不便耳。

順治十一年甲午牧齋案中有二作品與馬進寶有關，亦即與復明之活動有關也。牧齋外集拾

「馬總戎四十壽序」略云：

大元戎馬公專征秉鉞，開府婺州者七載餘，而春秋方四十。四月十有三日，爲懸弧之辰。予以衰老辱知於公，禮之以函丈，申之以盟好，其能不叙次一言，以效封人之祝。

寅恪案，清史列傳貳和碩端重親王博洛傳云：

〔順治三年〕六月圍金華，七月克之。

及同書捌拾馬逢知傳云：

〔順治〕三年從端重親王博洛南征，克金華，即令鎮守。

故牧齋謂馬氏「開府婺州者，七載餘」，應指自順治三年七月至十一年四月而言也。有學集伍絳雲餘燼集下「伏波弄璋歌」六首，其五云：

龍旗交曳矢頻懸。綉褓金盆笑脅駢。百福千祥銘漢字，浴兒仍用五銖錢。

其六云：

充閭佳氣溢長筵。孔釋分明抱送年。授記不須尋寶志，老夫摩頂是彭籛。

寅恪案，依「摸頂」句，可知馬進寶生子，牧齋親往金華致賀。其時間當在甲午秋間，觀此歌前第陸題爲「甲午春觀吴園次懷人詩卷」及同書壹柒「季滄葦詩序」云：「甲午中秋余過蘭江。」一句可證。又此歌前第貳題爲「武陵觀棋六絶句」，其第壹首有「初桐清露又前期」

句，其第陸首有「太白芒寒秋氣澄」句，是牧齋此次往金華，秋間經過杭州之一旁證也。牧齋「五銖錢」句，復明之意甚顯，遵王不敢注一字。檢後漢書列傳壹肆馬援傳云：

初援在隴西，上書言，宜如舊鑄五銖錢。事下三府，三府奏以爲未可許，事遂寢。及援還，從公府求得前奏難十餘條，乃隨牒解釋，更具表言，帝從之。

則牧齋之詩，不僅表示復明之微旨，實亦采用馬文淵故事也。但馬氏雖「愛結納名流」，實不通文墨，牧齋之深意，彼自不能瞭解也。（參阮葵生茶餘客話捌「馬進寶」條。）復次，有學集詩注伍順治十一年甲午，十二年乙未，兩年所賦之詩，與蘇州有關者甚多。如「甲午十月二十夜宿假我堂，夢謁吴相伍君，延坐前席，享以魚羹，感而有述。」「〔葉〕聖野〔襄〕攜伎夜飲緑水園，戲題四絶句。」「冬夜假我堂文宴詩，有序。」「歸自吴門，〔袁〕重其復來徵詩。小至日止宿劇談，喜而有作。」「甲午仲冬六日吴門舟中，飲罷放歌，爲朱生維章六十稱壽」「虎邱舟中戲爲張五穉昭題扇，得絶句八首。穉昭少年未娶，不肯席帽北游，故詩及之。」「乙未秋日許更生扶侍太公邀侯月鷺翁于止路安卿登高莫釐峰口占二首」（寅恪案，此題可參牧齋外集柒「翁季霖詩序」。）「游東山雨花臺，次許起文韵。」「路易公安卿置酒包山官舍即席有作二首」等題，可爲例證。夫牧齋家居常熟，蘇州乃省會所在，其往來經過，原不足怪。但牧齋此兩年間復明之活動正在暗中進行，其頻繁往來於常熟蘇州，終不能使人無疑。前引廣陽雜記謂鄭成功設有商店於蘇州。在順治十三年七月黃梧降清以前，尚未被清廷覺察。牧齋之屢游蘇州，或與通海之舉動有關。若更取與路安卿有關之兩題四律證之，益爲明顯矣。兹録「路易公（寅恪案，涵芬樓本亦作「易公」疑「易」乃「長」字之誤。）安卿置酒包山官舍，即席有作。二首」於下。

其一云：

緑酒紅燈簇紙屏。臨觴三嘆話晨星。刊章一老餘頭白，抗疏千秋托汗青。龍起蒼梧懷羽翼，鶴歸華表佇儀型。撑腸磈礧須申寫，放筋捫胸拉汝聽。

「懷羽翼」下，遵王注云：

唐王以違禁越奏，錮鳳陽高牆。崇禎癸未路公總漕莅任，謁鳳陽祖陵。愴然念天潢子孫，賙以銀米。國變後，文貞護之出。至南中。乙酉□□□□鄭鴻逵奉唐王入閩，七月即□□於福州。下詔求公。曰，振飛於□有舊恩，今携家蘇之洞庭山，有能爲□致之者，官五品，賞千金。公偕次子澤濃，間行入關。十一月詣□□，拜太子太保，吏部尚書，兼兵部尚書，文淵閣大學士。澤濃改名太平，官職方司員外郎。丙戌三月□□延平，公居守建寧。八月仙霞關陷，□蒼皇西□，□公視師安關，公趨赴延平，與□□相失，航海走廣州。廣州復陷，依國姓於廈門。戊子六月□□□端州，手□召公。公力疾赴命，道卒於順德。□贈左柱國特進光禄大夫太傅，謚文貞。蔭一子中書舍人。

其二云：

霜鬢飄蕭念舊恩。郎君東閣重相存。饑來美饌忘偏勸，亂去清歌記旅魂。故國湖山禾黍日，秋風賓客孟嘗門。燈前戰壘分吴越，范蠡船頭好共論。

小腆紀傳貳肆路振飛傳略云：

路振飛字見白，曲周人。天啓乙丑進士，除涇陽知縣。崇禎初，徵授御史。尋出按福建。海賊劉香者，數勾紅夷入犯，懸千金激勵將士，於是鄭芝龍等破之。八年巡按蘇松。常熟奸民張漢儒訐鄉官錢謙益瞿式耜貪狀，〔温〕體仁主之，坐振飛以失糾，擬旨令自陳，乃白謙益式耜無罪，而語刺體仁。體仁益恚，激帝怒，謫河南按察司檢校。

寅恪案，牧齋詩題中之「路長公」即指見白長子澤溥而言。徐嘉顧亭林先生詩箋注伍「贈路舍人澤溥」云：

東山峙太湖，昔日軍所次。奉母居其中，以待天下事。

則澤溥之久居太湖東山，不歸曲周故里之心事，爲亭林一語道破矣。見白以袒護錢瞿謫官，牧齋賦詩，感念舊情，溢於言表，自是應爾。但此時牧齋之與路氏兄弟往來，恐不僅懷舊之意，實兼有政治活動。蓋路氏父子與鄭芝龍鴻達成功兄弟父子關係密切，牧齋尺牘上「與侯月鷺」一四通，其第貳通略云：

客秋至今，一往況味，如魔如病，口不能言。手教津津，一筆描盡。河上之歌，同病相憐，非個中人，那能委悉如此。桑榆之收，良有厚望。拊髀嘆息，知有同心。太夫人不朽之托，已承尊命，敢復固辭？（寅恪案，今涵芬樓有學集補載「侯母田太夫人墓志銘」，殊多刪削，蓋有所避忌也。）期以長夏了此功課，并路文貞神道碑次第具稿。安卿昆仲煩爲致聲。

其第肆通（寅恪案，此通與牧齋外集貳貳與路（自注：名澤溥）書文字全同。）略云：

文貞公墓隧之碑，伏承尊委，不辭固陋，謹草勒輒簡呈上。切念時世改遷，物情人事，未免多所觸忤。不肖老矣，頭童齒豁，一無建樹，惟此三寸柔翰，忝竊載筆，不用此表揚忠正，指斥奸回，定公案於一時，徵信史於後世，依違首鼠，模棱兩端，無論非所以報稱知己，取信汗青，其如此中耿耿者何哉？謹用古人陽秋之法，據事直書。

等札，可供參證。諸書記載路氏父子事甚多，以遵王注關涉振飛事較詳，故附録之。（歸莊集柒路中書家傳及同書捌路文貞公行狀兩文亦皆詳實，可供參證。）惟不悉錢曾所據爲何種資料，若謂出於牧齋所撰路文貞公神道碑，則恐未當。蓋見白三子長澤溥，字安卿，號蘇生又作蘇生。次澤淳，字聞符。少澤濃，字吾徵，唐王賜名太平，牧齋似不應誤以澤濃爲次子也。

數百年來記載路氏兄弟諸書，殊多混淆舛訛。此點可詳閔爾昌碑傳集補叁伍歸莊撰「路中書〔澤淳〕家傳」中所附閔氏自撰「書顧亭林廣師後」一文，并李桓耆獻類徵叁捌壹金德嘉代某撰「路澤濃墓志銘」等，玆不贅辨。又金氏牧齋年譜己亥條云：「冬爲路文貞公神道碑。」未知金氏何所依據。但牧齋致侯性尺牘第貳通「客秋」之語，當指順治十六年己亥秋間鄭延平攻南京失敗之事。然則路碑之作成，應在順治十七年庚子也。俟考。復次，有學集詩注陸「贈侯商邱若孩四首」其一云：

殘燈顧影見蹉跎。十五年來小劫過。曾捧赤符迴日月，遂刑白馬誓山河。閑門菜圃英雄少，朝日瓜疇賓客多。掛壁龍淵慚綉澀，爲君斫地一哀歌。

其二云：

三十登壇鼓角喧。短衣結束署監門。吹簫伍員求新侶，對酒曹公念舊恩。五嶺蒙茸餘剩髮，九疑綿亘誤招魂。與君贏得頭顱在，話到驚心手共捫。

其三云：

蒼梧雲氣尚蕭森。八桂風霜散羽林。射石草中猶虎伏，戛金壁外有龍吟。夢迴芒角生河鼓，醉後旌旗拂井參。莫向夷門尋舊隱，要離千載亦同心。

其四云：

橘社傳書近卜隣。龍宮破陣樂章新。蒼梧野外三衣衲，廣柳車中七尺身。世事但堪圖鬼魅，人間祇解楦麒麟。相逢未辨中山酒，且買黄柑醉凍春。

寅恪案，華笑廎雜筆壹「黄梨洲先生批錢詩殘本」條，「贈侯商丘四首」批云：

侯性字若孩，商丘人。在廣西時，有翼戴功，封祥符侯。兩粤既破，遁迹吴之洞庭山。

小腆紀傳叁陸侯性傳云：

侯性不知何處人。永曆時，以總兵銜駐劄古泥關。丁亥上幸武岡，性往來迎駕。自三宫服御，至宫人衣被，皆辦。上喜，口授商邱伯。

月鷺既爲商邱人，又經永曆口授商邱伯，故牧齋遂以此目之。（孔尚任桃花扇考據引錢牧齋有學集「贈侯商邱」一題，蓋誤認侯商邱爲侯朝宗也。）最可注意者，第肆首第壹句用太平廣記肆壹玖引廣异集柳毅傳書故事。頗疑若孩之卜居吴中太湖之洞庭山，殆有傳達永曆使命，接納徒衆，恢復明室之企圖。然則牧齋其以錢塘君比鄭延平，而期望終有「雷霆一發」之日耶？此説未敢自信，尚待詳考。尤可注意者，即牧齋於順治十一年甲午卜築白茆港之芙蓉莊，并於十三年丙申遂遷居其地一事。葛氏牧齋年譜順治十一年甲午條云：

是年卜築芙蓉莊，亦名紅豆莊。

及「順治十三年丙申」條云：

是歲移居紅豆村。

金氏牧齋年譜「（順治十三年）丙申」條云：

移居白茆之芙蓉莊，即碧梧紅豆莊也。在常熟小東門外三十里。先生外家顧氏別業也。（寅恪案，柳南隨筆伍云：「芙蓉莊在吾邑小東門外，去縣治三十里，白茆顧氏別業也。某尚書爲憲副臺卿公（玉柱）外孫，故其地後歸尚書。莊有紅豆樹，又名紅豆莊。」可供參考。）白茆爲長江口岸之巨鎮，先生與同邑鄧起西，崑山陳蔚村（原注云：「常主毛子晉。」）歸玄恭及松江嘉定等諸遺民往還，探刺海上消息，故隱迹於此。一以避人耳目，一以與東人往還較便利也。（寅恪案，嘉慶一統志柒捌關隘門云：「白茆港巡司在昭文縣東北九十里。宋置寨。明初改置巡司。」并龔立本松窗快筆拾「白茆」條皆可證明金氏之說。）

夫牧齋於此時忽別購紅豆莊於白茆港，必非出於偶然。金氏所言甚合當日事理。所不可知者，牧齋此際何以得此鉅款經營新居？豈與蘇州鄭氏所設之商店有關耶？俟考。

兹有可注意者，即假我堂文宴，究在何年之問題是也。有學集詩注伍「冬夜假我堂文宴詩」序云：

嗟夫！地老天荒，吾其衰矣。山崩鐘應，國有人焉。於是渌水名園，明燈宵集，金閶諸彥，秉燭夜談，相與惻愴窮塵，留連永夕。珠囊金鏡，攬衰謝於斯文。紅藥朱櫻，感升平之故事。杜陵箋注，刊削豕魚。晋室陽秋，鐫除烏索。三爵既醉。四座匆喧。良夜漸闌，佳咏繼作。悲凉甲帳，似拜通天，沾灑銅盤，如臨渭水。言之不足，慨當以慷。夜烏咽而不啼，荒鷄喔其相舞。美哉吴咏，諸君既裴然成章。和以楚聲，賤子亦慨然而賦。無以老耄而捨我，他人有心。悉索敝賦以致師，則吾豈敢。歲在甲午陽月二十有八日。客爲吴江朱鶴齡長孺，崑山歸莊玄恭，嘉定侯玄泓研德，長洲金俊明孝章，葉襄聖野，徐晟禎起，陳鳥鶴客，堂之主人張奕綏子。拈韵徵詩者，袁駿重其。（寅恪案，重其事迹可參趙尊三經達編歸玄恭先生年譜永曆三年即順治六年己丑「十一月袁重其駿來訪。」條所引資料。）余則虞山錢謙益也。

朱長孺鶴齡愚庵小稿玖「假我堂文宴記」（寅恪案，庚辰仲春燕京大學圖書館校印本愚庵小集玖此文僅有牧齋詩二首之二，且第柒句爲「文章忝竊誠何補」，與有學集伍及小稿不同。）云：

張氏假我堂，待詔异度公之故居也。地偪胥關，園多勝賞。丁酉冬日，牧齋先生僑寓其中。山陰朱朗詣選一十子詩以張吴越，先生見而嘆焉。維時孤館風凄，嚴城柝静。悵雲巒之非故，悲草木之變衰，乃命袁重其招邀同好，會宴斯堂。步趾而來者，金子孝章，葉子聖野，歸子玄恭，侯子硯德，徐子禎起，陳子鶴客，并余爲七人。孝章談治城布衣，（自

注：「顧子與治。」）禎起述渭陽舊事，（自注：「姚子文初。」）玄恭徵東林本末，余叩古文源流。聖野約種橘包山，硯德期垂綸練水。辨難蠭起，俳諧間發。紅牙按板，紫桂燃膏。殺豆薦而色飛，酒車騰而香冽。（燕京本「冽」作「烈」。）先生久斷飲，是夕驩甚，舉爵無算。顧命而言曰，昔吴中宴會（燕京本「宴」作「彦」。），莫盛於祝希哲文徵仲唐子畏王履古諸公。風流文采，照耀一時。今諸君子其庶幾乎？可無賦詩以紀厥盛。飲罷，重其拈韵，先生首唱（其一）云：「奇服高冠競起余。論文説劍漏將除。雄風正喜鷹搏兔，雌霓應憐獺祭魚。故壘三分荒澤國，前潮半夜打姑胥。古時北郭多才子，結隱相將帶月鋤。」（其二）云：「歲晚顛毛共惜余。明燈促席坐前除。風塵極目無金虎，（燕京本「塵」作「烟」）霜露關心有玉魚。草殺緑蕪悲故國，花殘紅燭感靈胥。退耕自昔能求士，慚愧荒郊自荷鋤。」翼日，余七人各次和一首，先生再迭前韵一首。次日（燕京本「次日」作「翼日」。下同。）余七人又各次和一首，先生又每人贈詩一首。次日余七人又各次和一首。（自注：「詩多不録。」）先生之詩如幽燕老將，介馬衝堅。吾輩乃以羸師應戰，（燕京本「應」作「誘」。）有不轍亂旗靡者哉？先生顧不厭以隋珠博燕石，每奏一章輒色喜，複製序弁其端。都人詫爲美談，好事之徒，傳之剞劂。迄今未及一紀，而朗詣聖野鶴客硯德皆赴召修文，先生亦上乘箕尾矣。南皮才彦，半化烟雲。臨頓唱酬，空存竹樹。後之君子登斯堂

者，當必喟然有感於嘉會之難再也。悲夫！

寅恪案，假我堂即在張士偉淥水園中，异度與牧齋之交誼詳見初學集伍肆張异度墓志銘。今繹錢朱兩人所言，明是一事，而牧齋以爲在順治十一年「甲午陽月二十有八日」，長孺以爲在順治十四年「丁酉冬日」，兩者相差三年。鄙意有學集第伍卷諸詩排列先後頗相銜接，似無訛舛。或者長孺追記前事，偶誤「甲午」爲「丁酉」歟？俟考。至長孺記中「余叩古文源流」一語，恐非偶然。蓋有學集詩注伍「和朱長孺」七律自注云：「長孺方箋注杜詩。」與序中「杜陵箋注，刊削豕魚。」之語符合。長孺不道及注杜事，殆有所諱，可謂欲蓋愈彰者矣。一笑！

復有可附論者，牧齋順治十一年至蘇州，陰爲復明活動，表面則共諸文士游宴，徵歌選色，斯不過一種烟幕彈耳。今詳檢此時之作品中，亦有非政治性質者，如有學集詩注伍敬他老人集下「題柳枝春鳥圖」云：

婀娜黄金縷，春風上苑西。靈禽能嘯侶，（寅恪案，涵芬樓本「嘯」作「笑」。非。）先揀一枝栖。

此圖不知何人所繪，細玩後兩句之辭旨，殆與惠香公案相關涉。「靈禽」指河東君先歸己身，然後可嘯召女伴，如下玉京黄皆令輩。假定所揣測不誤，此圖豈是河東君所繪耶？姑附妄說於此，以資談助。

葛氏牧齋年譜順治十二年乙未條云：

冬有寶應淮陰諸詩，時三韓蔡魁吾爲總漕。又自記小至日宿白塔寺，與介立師兄夜話。長干度歲，偕介丘道人同榻，有詩。

寅恪案，蔡魁吾名士英，事迹附見清史稿貳陸貳其次子蔡毓榮傳及錢儀吉纂碑傳集陸壹蔡士英傳。令檢有學集詩注陸有「寶應舟次寄李素臣年侄」「題黃甫及舫閣」「寄淮上閻再彭眷西草堂」「竹溪草堂歌爲寶應李子素臣作」等題，并有學集貳陸乙未嘉平月所撰之「竹溪草堂記」皆與牧齋順治十二年乙未冬間訪蔡氏於淮甸有關之作。更檢牧齋尺牘致蔡魁吾四通之二略云：

自老公祖旌節還朝，不肖弟瞻企德輝，雲泥迥絶。頃者恭聞榮命，再蒞長淮。歲聿云暮，未能即叩堂階，謹裁里言，具粗幣，附敝相知黃甫及便郵，奉候萬福。

初視之，似與牧齋此次訪蔡有關。但檢清史稿貳佰叁疆臣年表壹總漕欄載：

順治十二年乙未蔡士英總督漕運。

順治十三年丙申蔡士英。

順治十四年丁酉蔡士英八月戊戌召。九月辛丑亢得時總督漕運，巡撫鳳陽。

順治十五年戊戌亢得時。

順治十六年己亥亢得時七月庚辰溺死。八月癸巳蔡士英總督漕運，巡撫鳳陽。

順治十七年庚子蔡士英。

順治十八年辛丑蔡士英病免。

則牧齋此札乃順治十六年己亥八月以後蔡氏重任漕督時所作，與此次訪蔡無關。因札中涉及黃甫及，恐讀者誤會，附辨之於此。總之，牧齋此行必與復明運動相涉，觀寄李素臣詩「冠劍丁年唐進士」，寄閻再彭詩「西向依風笑，南枝擇木謀」等句，可知李閻皆心懷復明之人。至題黃甫及舫閣「且試燈前一局棋」，復與前引牧齋寄瞿稼軒書中所謂「棋枰三局」之意符合。由此推之，牧齋以老耄之年，奔走道途，遠游淮甸，其非尋常干謁酬應之舉動，抑又可知。惟錢蔡二人之關係及何人爲之介紹，今不易考。檢閱爾昌碑傳集補伍玖列女壹載徐世昌撰盧龍蔡琬傳（參清史稿伍佰捌列女傳「高其倬妻蔡〔琬〕」傳及楊鐘羲雪橋詩話叁「高文良」條。）云：

蔡琬者，字季玉。綏遠將軍盧龍蔡毓榮之女，高文良其倬之繼妻也。初吴三桂寵姬有八面觀音者，與圓圓同稱國色。吴亡，歸毓榮，（寅恪案，此點可參奕賡撰佳夢軒叢著之一東華録綴言叁「吴三桂先世」條。）生琬，明豔嫻雅，淹貫群書。其倬章疏移檄，多出其手裁，號爲閨中良友。（參沈歸愚德潛國朝詩別裁叁壹蔡琬條。）其倬撫蘇州，與總督（趙芸書宏恩）不合，卓然孤立，屢爲所傾陷，嘗咏白燕詩得「有色何曾相假借」之句，琬應聲代對之曰，「不群仍恐太分明」。蓋規之也。琬素工詩，著有蘊真軒小草。沈德潛別裁集稱其擲地有聲。張裕犖序則謂其事姑相夫訓子皆至賢孝，身處崇高，跬步守法，友愛任恤，有古丈夫風焉。君子曰，琬之母一吴家姬耳，而生女賢明若此，可謂出淤泥不染者矣。詩曰，委委佗佗，如山如河。氏有之焉。

蔡季玉琬蘊真軒詩鈔上「滇南爲先大夫舊蒞之地。四十年後，余隨夫子督滇，目擊勝概猶存，而大人之墓有宿草矣。撫今憶昔，凄然有感，因得八長句，用志追思之痛。」其第伍首「九峰寺」云：

蘿壁松門一徑深。題名猶記舊鋪金。苔生塵鼎疏烟歇，經蝕僧厨古木森。赤手屠鯨千載事，白頭歸佛一生心。征南部曲皆星散，剩有孤僧守故林。

沈確士選此詩，評云：

綏遠將軍平吴逆後，隨獲譴咎，歸空門以終。（又楊子勤先生亦引毓榮猶子蔡若璞珽守素堂集「重經香界寺」詩，以證「白頭歸佛」之句。）

寅恪案，今檢蘊真軒詩鈔，惟此滇南八律最佳，其餘諸詩皆未能及。蓋具真感情也。假定季玉母實爲吳月所之寵姬者，則與陳畹芬同是一流人物。仁庵之獲譴，與此點有關，（可參清史列傳柒及清史稿貳陸貳蔡毓榮傳。）故季玉於滇南感舊諸詩，言之猶有隱痛焉。夫八面觀音與畹芬俱在昆明平西王邸第，畹芬又曾與河東君同居蘇州之臨頓里。時越數十年，地隔數千里，可云似同而實异也。然八面觀音獨能生此季玉，通文藝，工政事，頗與河東君相彷佛。仁庵白頭歸佛，復與牧齋之老歸空門相類似。殆所謂异中有同，同中有异者耶？吾人今日讀舊時載記見錢柳之婿趙管既不如高章之，管妻復更不及蔡季玉，則不暇爲蔡仁庵及八面觀音羨，而深爲錢柳之不幸悲也。綜合上引材料，足知蔡氏一門，雖源出明代遼東降將，然漢化甚高。牧齋與魁吾之往來頗密，實有理由。故錢蔡之關係，與錢佟（國器）之關係，約略相似，面與錢馬（進寶）之關係大不同也。復次，牧齋順治十二年乙未冬間訪蔡魁吾於淮甸，其詩什所涉及諸人之中，唯李素臣與黃甫及，須略論之於下。

有學集陸「寶應舟次寄李素臣年侄」云：

冠劍丁年唐進士。

同書壹捌「李黼臣甲申詩序」云：

〔黼臣〕以書生少年，當天崩地坼之時，自以受國恩，抱物耻，不勝枕戈躍馬之思。其志氣固已憤盈噴薄，不可遏抑矣。

同書貳陸「竹溪草堂記」略云：

李子薄游燕趙，憑吊陵市，毀車束馬，結隱挫名。覽斯山也，陵阜延亘，草木蒙籠，部婁隱蔽，豈其上有許由冢乎？臨斯湖也，朝而浴日焉，夕而浴月焉，咸池丹淵，猶在吾池沼乎？乙未嘉平月記。

漁洋感舊集肆李藻先條云：

藻先字黻臣，江南寶應縣順治丁酉舉人，右通政茂英之子。有甲申詩，湖外吟，南游草。

後附案語云：

是科江南場屋弊發，按驗得白者，藻先及陸其賢沈旋三人而已。龔芝麓贈詩云，名成多難後，心白至尊前。（寅恪案，孝升此詩見定山堂詩集壹叁「送李素臣孝廉歸寶應」四首之一。）

道光修寶應縣志壹陸李茂英傳略云：

李茂英字君秀，萬曆三十九年進士。（寅恪案，「九」爲「八」字之誤。蓋萬曆三十九年無會試故也。又牧齋乃萬曆三十八年庚戌進士，其詩題稱李素臣爲「年侄」，更可證知牧齋與君秀爲同年矣。）子藻先，字素臣，順治〔十四年〕丁酉舉於鄉。科場難起，按驗得白者三人，藻先其一也。

寅恪案，李藻先爲明室故家。依上引資料，則其人亦是有志復明者。但後來變節，恐亦與侯朝宗同類，皆不得已而爲之者耶？（可參第肆章引壯悔堂文集所附侯洵撰年譜順治八年辛卯條及所論。）至素臣是否與蔡魁吾有關，尚待詳考。有學集詩注貳秋槐支集「己丑歲暮宴集連宵，於時豪客遠來，樂府騈集，縱飲失日，追歡忘老，即事感懷，慨然有作，凡四首。」云：

風雪填門噪晚鴉，倏倏書劍到天涯。何當錯比楊雄宅，恰似相逢劇孟家。夜半壯心迴起舞，酒闌清泪落悲笳。流年遒盡那堪餞，却喜飛騰莫景斜。

送客留髡促席初，履交袖拂樂方舒。酒旗星上天猶醉，燭炬風欹歲旋除。霜隔簾衣春盎盎，月停歌板夜徐徐。觥船莫惜頻頻勸，已是參横斗轉餘。

風光如夢夜如年，如此歡娱但可憐。曼衍魚龍徒瞥爾，醉鄉日月故依然。漏移鷩鶴翻歌吹，霜壓啼烏殺管弦。曲宴未終星漢改，與君堅坐看桑田。

扶風豪士罄追歡，楚舞吴歈趁歲闌。銀箭鼓傳人惝怳，金盤歌促泪汍瀾。杯銜落日參旗動，炬散晨星刼火殘。明發昌門相憶處，兩床絲竹夜漫漫。

同書同卷「蜡日大醉，席上戲示三王生，三生樂府渠帥，吴門白門人也。」詩云：

美人雜坐酒盈觴。雪虐風饕避畫堂。卒歲世猶存八蜡，當場我自看三王。蘭膏作樹昏如畫書，竹葉生花醒亦狂。大笑吴獃愁失日，漫漫長夜復何妨。

寅恪案，牧齋於順治六年己丑春得免於黄案之牽累，被釋還家。是年冬，忽有此盛會，甚可注意。初讀此兩題，亦不知「豪客」及「扶風豪士」所指爲何人，又不解吴門白門樂府渠帥之三王生，何以忽於此際騈集牧齋之家，作此慰勞之舉。後檢有學集貳叁「黄甫及六十壽序」及同書貳陸「舫閣記」。并杜于皇變雅堂詩集貳「書黄甫及册子，因贈。」七古，龔芝麓定山堂集陸「贈黄甫及，和〔陳〕百史册中韵。」五律等，始豁然通悟錢文及杜龔詩，即牧齋此兩題之注脚。又檢計用賓六奇明季南略肆所載「黄澍笏擊馬士英背」條及「黄澍辯疏」條附記等。取與上列諸詩文參較，更得推知牧齋己丑歲暮及蜡日詩之本事矣。

兹録諸材料於下，并稍加詮釋，或可藉是勘破此重公案歟？牧齋記略云：

黄子甫及謝監軍事，退居淮安。於其廳事之左，架構爲小樓，顔之曰舫閣，而請余爲記。淮爲南北孔道，使車游屐，過訪黄子者，未嘗不攝衣登閣，履齒相躡，皆相與撫塵拂几，飲酒賦詩，如高齋砥室，流連而不忍去。嘗試穴窗啓櫺，旋而觀之，淮陰垂釣之水，漂母之祠，胯下之橋，遺迹歷然，欄檻之下，可指而數也。又遥而矚之，長淮奔流，泗水回複，芒碭雲起之地，鐘離龍飛之鄉，山河雲物，前迎後却，枌榆禾黍，極目騁望，未嘗不可歌而可泣也。黄子坐斯閣也，伊吾谷蠡，鳴横劍之壯心，得無有獵獵飛動者乎？宿昔之籌邊説劍，骨騰肉飛，精悍之色，猶在眉宇間。固將如浮雲，如昔夢，釋然而無所有矣。客有笑于旁者曰，昔者韓淮陰貧行乞食，俯首爲市人所姍笑。及其葬母，則曰，度其傍可置萬家。今黄子架閣如鷄窠鵲巢耳，以酒炙啖過客，使載筆而書之，如楚之岳陽黄鶴。又抉摘歐陽公之文，以爲口實。淮陰人好大言，多誇詡，自秦漢以來，其習氣猶未艾乎？黄子笑曰，夫子之言，則高矣！美矣！客之揶揄，亦可供過客一解頤也。請書之以爲記。

牧齋序云：

余嘗謂海内多故，非纖兒腐儒可倚辦。得一二雄駿奇特非常之人，則一割可了。兵興以來，求之彌切，而落落不可見。既而思之，召雲者龍，命律者吕。今吾以媮懦遲緩，蚩蚩横目之民，而訪求天下雄駿奇特非常之人，翳雉媒而求龍友，其可幾乎？己丑之冬逼除閉户，黄君甫及自金陵過訪，寒風打門，雪片如掌。俄爲余張燈開宴，吴下名娼狡童有三王生，取次畢集。清歌妙舞，移日卜夜，酒酣耳熱，銜杯慨嘆。余擊壺誦扶風豪士歌，賦四詩以紀事。余自此眼中有一人矣。甫及自金陵歸淮安，余再過其居，疏窗砥室，左棋右書，庭竹數竿，自汲水灌洗，有楚楚可憐之色。名刺謁門，賓從填塞，軒車之使，彈鋏之客，游閒淪落之徒，奔趨望走，如有期會。甫及通行爲之亭舍，典衣裘，數券齒，傾身僇力，皇皇如也。太史公稱鄭當時置驛馬，請謝賓客，夜以繼日，其慕長者，如恐不稱。甫及庶幾似之。客或謂余是何足以名甫及？甫及以身許國，持符節監軍事，磨盾草檄，傳籤束伍，所至弭盜賊，振要害，風雷雨雹攫拿發作於指掌之中。一旦束身謝事，角巾歸里，削鋩逃影，竄迹氈裘毳衣中，眉睫栩栩然不可辨識，是何足以名甫及哉？余觀驪山老姥，三元甲子，陰符秘文，知天地翻覆，木生火尅之候，士之乘殺機而出者，往往翕忽閃現，使人不得見其首尾。陸放翁紀靖康城下之役，姚平仲乘青驢走數千里，隱於青城山。而南渡後，如張惟孝龍可趙九齡之流，所舉不就，安知其不遁迹仙去。如其不去，則毁車殺馬，棄甲折箭，出入市朝，相隨鬥鷄走狗間，人固不得而物色之也。季咸有言，子之先生不齊，吾無得而相之。余何以相甫及哉？明年二月，甫及六十初度之辰也，江淮之間，俊人豪士從甫及游者，相與烹羊擊鮮，合樂置酒。于時風物駘蕩，草淺弓柔，長淮湯湯，芒碭千里，覽淮陰釣游之迹，咏聖予魚腹之篇，殆必有踟躕迎却，相顧而不舍然者。於是相與謀曰：知甫及者，莫如虞山蒙叟，蓋請一言，申寫英雄遲暮之意，爲甫及侑一觴乎？余自顧常人也，何足以張甫及者？授簡閣筆，茫然自失者久之。衆君子聞而笑曰，吾輩舉常人也則已，果以爲非常人也，則何以斂眉合喙，而乞言於叟？叟之善自譽也，亦侈矣哉？有酒如淮，請遥舉大白以浮叟，而後更起爲甫及壽。笑語卒獲而罷。

于皇詩云：

杜陵寂寞將欲死，劉郎贈我淮南子。淮南爲人卓且真，磊落不染半點塵。讀書一目數行下，說劍凛凛如有神。雲霄不垂韓信釣，徐泗正與黃公鄰。橋邊墮履臭味合，臺上落帽風致親。如此之人恨不相逢早。吴宫未埋幽徑草。京都繁華未銷歇，健兒身手名未老。於今萬事皆雨散，才士相看惟有嘆。雖然才士變化烏得知，學仙學佛猶爾爲。

芝麓詩四首之一云：

疇昔金門地，盈庭誶婦姑。子雲猶戟陛，東觀已鉗奴。（自注：「黃子宦燕邸時，予正得罪繫司敗獄。」）江海孤蓬合，兵戈萬事殊。浮蹤耽勝晚，經亂鬱爲儒。

用賓「黃澍笏擊馬士英背」條云：

黃澍字仲霖，徽州人。丙子舉浙闈，丁丑登進士，授河南開封推官，以固守功，擢御史，巡按湖廣，監左良玉軍。甲申弘光立。六月二十日丙子澍同承天守備太監何志孔入朝，求召對。既入見，澍面糾馬士英權奸悞國，泪隨語下，上大感動。

又「黃澍辯疏」條後附記云：

乙酉大兵下徽州，閩相黃道周拒於徽州之高堰橋。自晨至暮，斬獲頗多。澍以本部邑人，習知橋下水深淺不齊，密引大清騎三十，由淺渚渡，突出閩兵後，驟見駭甚，遂潰。徽人無不唾罵澍者。後官於閩，謀擒鄭成功家屬，以至邊患，遂罷。

依以上諸材料及通常名與字號之關係，可以推知黄甫及即黄仲霖澍。甫及之稱，殆黄澍後來所自改也。又芝麓詩自注「黄子宦燕邸時，予正得罪繫司敗獄。」據定山堂詩餘菩薩蠻「（崇禎十六年癸未）初冬以言事繫獄」及萬年歡「（崇禎十七年甲申）春初繫釋」二題，足知芝麓以劾時宰下獄之時，正仲霖在京任御史之日也。牧齋序之「持符節監軍事」即用賓文中之「監左良玉軍」。錢序云：「一旦束身謝事，角巾歸里，削𨱏逃影，竄迹氈裘毳衣中，眉睫栩栩然不可辨識。」疑即計氏附記中所言乙酉年澍密引清騎，由淺渚渡水，擊潰黄道周之師於徽州高堰橋之事。此等材料，更可證明黄甫及即黄澍也。

于皇詩謂甫及「雲霄不垂韓信釣，徐泗正與黄公鄰。橋邊墮履臭味合，臺上落帽風致親。」似黄氏在明南都傾覆後，復入滿人或降清漢人之幕。錢詩云：「夜半壯心迴起舞，酒闌清泪落悲笳。」及「曲宴未終星漢改，與君堅坐看桑田。」并記中所云：「黄子坐斯閣也，伊吾谷蠡，鳴横劍之壯心，得無有獵獵飛動者乎？宿昔之籌邊説劍，骨騰肉飛，精悍之色，猶在眉宇間。」則甫及雖混迹滿人或降清漢人幕中，似仍懷復明之志。又牧齋序文中言甫及於「己丑之冬，自金陵過訪。俄爲余張燈開宴，吴下名娼狡童有三王生，取次畢集。清歌妙舞，移日卜夜。」是甫及之後面，必有强大勢力爲之支拄，使能作此盛會。且此盛會除慰勞牧齋外，必别有企圖也。兹再略引史料，試論之於下。

清史列傳柒捌貳臣傳中張天禄傳略云：

張天禄陝西榆林人，明末與弟天福以義勇從軍，積功至總兵官。福王時，大學士史可法督師，爲瓜州前鋒，駐瓜州。本朝順治二年五月豫親王多鐸下江南，福王就擒，天禄及天福率所部三千人隨忻城伯趙之龍迎降。豫親王令以原官隨征，後隸漢軍正黄旗。時明僉都御史金聲家居休寧，受唐王聿鍵右都御史兼兵部侍郎，糾鄉勇十餘萬據徽州。貝勒博洛遣都統葉臣往剿，天禄從。十月偕總兵卜從善李仲興劉澤泳等由旌德縣進，連破十餘寨。至績溪縣，生擒聲及中軍吴國禎等，諭降不從，斬於軍。徽州平。十二月明唐王大學士黄道周率兵犯徽州。天禄擊斬其將程嗣聖等十餘人，擒總兵李筦先等。三年正月大敗道周兵於婺源，擒黄道周，諭降不從，斬之。二月加都督同知，授徽寧池太總兵官。五月賜一品冠服。四年四月授江南提督。五年三月叙投誠功，授三等輕車都尉。八年五月晋三等子爵。九年十月海賊圍漳州，天禄奉命赴閩援剿。抵延平，會都統金礪已解漳州圍，天禄留駐延平，剿各山賊。十一年明魯王定西侯張名振由浙江犯崇明，天禄馳還松江，調將出洋撲剿。正月奪稗沙老營，追至高家嘴。名振遁入浙，尋乘潮突犯吴淞溗淘港，傷兵焚船。天禄坐是降三級，戴罪剿賊。十二年總督馬明佩以溗淘港告警時，多失礮械及舟師三百餘，天禄匿不報，疏劾之。而閩浙總督佟泰亦奏自洋逃回兵稱，天禄與名振通書詔。并下刑部訊，通書無據，以隱匿罪革提督，降子爵爲三等輕車都尉。十六年卒。

小腆紀年附考壹壹順治二年乙酉九月「我大清兵克績溪，明右都御史右侍郎金聲等死之。」條略云：

聲起兵後，拜表閩中，王命中書童赤心，授聲右都御史，兵部右侍郎，總督南直軍務。遂拔旌德寧國諸縣。王師攻績溪，江天一登陴守禦，間出迎戰，殺傷相當。降將張天禄以少騎牽制天一於績溪，間道從新嶺入，守嶺者先潰。是月二十日，徽故御史黄澍詐稱援兵，聲見其著故衣冠，而髮未剃也。信之。城遂破，聲被擒。

同書同卷「我大清兵克徽州，明推官温璜死之。」條略云：

璜既聞金聲敗，方嚴兵登陴，而黄澍已獻城矣。

同書同卷十二月壬寅（二十四日）「明督師黄道周敗績於婺源，遂被執。」條略云：

秋九月道周至廣信府，聞徽州破。婺源令某者，亦門人也，僞致降書，道周信之，決計深入。十二月進兵至童家坊。遂前次明堂裏，僅三百人，馬十四，糧三日。壬寅天微曙，我提督張天禄（原注：「考曰：天禄本史閣部將。」）率兵猝至，道周揮賴繼謹等督師鏖戰，參將高萬榮請引兵登山，憑高可恃。正移師間，騎兵從間道突出，（可參上引計氏明季南略「黄澍辯疏」條附記。）箭如雨，從者俱散。道周曰，吾死此矣！遂被執。

據此，則甫及自順治二年乙酉降於張天禄，又助其殺害金聲温璜黃道周等，疑必常依傍張氏。仲霖既懷歸明之意，而張氏於順治四年四月任江南提督後，既如上引瞿忠宣公集伍「留守封事」所云：

彼中現在楚南之勁〔敵〕，惟辰常馬蛟麟爲最，傳聞此舉（寅恪案，「此舉」指清兵將進取兩粤事。詳見上引。）將以蛟麟爲先鋒。幸蛟麟久有反正之心，與江浙〔虜〕提鎮張天禄田雄馬進寶卜從善輩，皆平昔關通密約，各懷觀望。此真爲楚則楚勝，而爲漢則漢勝也。

則天禄爲當日降將中「關通密約，各懷觀望」之一，可知其本爲明總兵官，又曾在史可法部下，自亦具有反清之志者。此點於其後來被劾與張名振通書詔事，雖云無據，仍足證明其非真能忠於建州也。由是言之，己丑歲暮張天禄令黃澍至牧齋家，作此聯絡，乃必然之舉動。蓋斯爲明末清初降於建州諸漢人，每懷反覆之常態也。

茲有一問題，即此次牧齋家中之宴集，張天禄是否與黃澍同來？牧齋詩文引用李太白「扶風豪士歌」（見全唐詩第叁函李白陸。）之「扶風豪士」以比擬己丑歲暮遠來其家之「豪客」。此「豪客」究爲何人？或謂後魏曾置扶風於安徽境，（見魏書壹佰陸中地形志載：「霍州扶風郡治烏溪城。」）與甫及之著籍安徽有關，故牧齋取以指黃氏。此說亦可通。但張天禄爲陝西人，自較仲霖更爲適切於「扶風豪士」之稱號，故不能不疑張氏亦曾與黃氏同來，不久即離去也。未敢决言，姑附記於此，以俟更考。至牧齋己丑歲暮詩題，所以不欲明著張氏及黄氏之姓名，必因當時尚有避忌，與後來作甫及壽序及舫閣記時，情勢大异，自可著仲霖之姓及别字。此可取與牧齋順治十四年作梁慎可母壽序，不諱言河東君曾寄居雕陵莊之事，相參證也。

又談遷棗林雜俎仁集逸典類「黄澍」條云：

歙人黄澍年少輕侮，作葉子格，品第宗婦之貌，見忤於族，走杭州，通籍郡庠。丙子舉於鄉，明年成進士，授開封推官。壬午禦流寇，開渠轉粟，河水秋溢，因灌汴城，禍自渠始。又搜民間藏粟并金錢奪之，汴人切齒。内召，先帝面問開渠者誰也？委之流寇。利口迅舌，人莫能難。以御史按楚，未及瓜，遽入朝，意覬開府，借馬士英爲市。蓋平賊將軍左良玉嗛馬氏，故大言清君側之惡。輒示人良玉手書，挾重鎮劫之。其廷攻也，一言一涕，甚傾宸聽。士英伏階下愧死。澍退，捐九萬金助餉，自云世橐。高相國〔弘圖〕問予，彼卓鄭也哉？予曰，否，否。彼補杭郡諸生，父爲人筦質庫，小才貪詐，不足信也。澍還按楚，士英陰遣人購良玉，而澍孤矣。尋免其官，畏禍匿良玉所，女歸其子。按臣通婚本鎮，向未之有也。明年左氏稱兵犯闕，蕩覆我公室，雖士英之罪擢髮難數，而誰生厲階，至今爲梗？哀哉！

寅恪案，依上引材料及孺木此條所載，黄氏人品如此卑劣，爲當時所鄙棄，牧齋之不著其名，此亦是别一原因也。

復次，牧齋以姚平仲比甫及。平仲事迹見宋史叁叁伍种師道傳及庶齋老學叢談中卷上「姚將軍靖康初以戰敗亡命」條等，并陸放翁劍南詩稿柒「寄題青城山上清宫」詩。陸詩及序云：

姚將軍靖康初，以戰敗亡命。建炎中，下詔求之不可得。後五十年，乃從吕洞賓劉高尚往來名山，有見之者。予感其事，作詩寄題青城山上清宫壁間。將軍儻見之乎？

造物困豪杰，意將使有爲。功名未足言，或作出世資。姚公勇冠軍，百戰起西陲。天方覆中原，殆非一木支。脱身五十年，世人識公誰。但驚山澤間，有此熊豹姿。我亦志方外，白頭未逢師。年來幸廢放，儻遂與世辭。從公游五岳，稽首餐靈芝。金骨换緑髓，欻然松杪飛。

寅恪案，牧齋之意，豈謂與黄氏共謀復明，若事敗，則可與之同游五岳，如放翁欲從平仲之比耶？

綜觀上所引述，可知牧齋自順治六年己丑冬至順治十二年乙未冬賦「題黄甫及舫閣」詩時，（見有學集陸秋槐别集。）與仲霖之關係迄未中斷。

牧齋詩云：

文練縈窗香篆遲，舫齋恰似艤舟時。垂簾每讀淮陰傳，卷幔長懷漂母祠。落木雲旗開楚甸，夕陽日珥抱鐘離。鄂君綉被歌誰和，且試燈前一局棋。

此詩之典故及辭旨與「舫閣記」頗多類似，應爲同時所作。第伍句「夕陽日珥抱鐘離」及第捌句「且試燈前一局棋」尤可注意。蓋牧齋此次訪蔡魁吾并與李素臣黄甫及等作此聯絡，乃一局棋中之數著，未可分別視之也。

復次，康熙修徽州府志玖選舉志上科第門明崇禎九年丙子鄉試欄（可參結鄰集陸「黄澍」條下注「仲霖次公勋庵浙江錢塘籍，江南休寧人。」等語。）載：

黄澍字次公，休寧龍灣人，錢塘籍，（崇禎十年）丁丑進士。爲文有奇氣，落筆千言，出入秦漢，不假思索。曆御史，入國朝，至福建副使。

可取與上引明季南略肆「黄澍辯疏」條附記所言「後官於閩，謀搗鄭成功家屬，以致邊患，遂罷。」等語相參證。

牧齋此次游淮訪蔡，竟至歸途留滯，在金陵度歲，可見其負有重大使命。觀有學集詩注陸「長干送松影上人楚游，兼柬楚中郭尹諸公二首。時嘉平二十四年。」（寅恪案，「年」應作「日」。）其一云：

吴頭楚尾一軍持，斷取陶輪右手移。四鉢尚擎般粟米，七條還整漢威儀。毗藍風急禪枝定，替戾聲殘咒力悲。取次莊嚴華藏界，護龍河上落花時。

其二云：

孤蓬微霰浪花堆，眉雪茸茸抖擻來。跨海金鈴依振錫，緣江木柹襯浮柸。九疑旭日扶頭見，三户沉灰按指開。喚起吕仙横笛過，岳陽梅柳蚤時催。

「乙未除夕寄内」云：

頳尾勞勞浪播遷，長干禪榻伴僧眠。魚龍故國猶今夕，鷄犬新豐又一年。瓦注臘醅郵舍酒，柴門松火佛前錢。團圞兒女應流涕，老大家翁若個邊。

「長幹偕介邱道人守歲」云：

明燭度歲守招提，去殿宫雲入夢低。怖鴿有枝依佛影，驚鳥無樹傍禪栖。塔光雪色恒河象，天醒霜空午夜鷄。頭白黄門熏寶級，香爐曾捧玉皇西。

寅恪案，松影游楚，當與前引沈佳存信編文安之告朱全古「吴楚上下流觀察形勢」之語有關。否則值此歲暮，似無急急首途之理。介邱乃髡殘之字，即明畫家石溪也。小腆紀傳伍玖髡殘傳略云：

髡殘字介邱，號石溪，武陵劉氏子。至白門，遇一僧言已得雲栖大師爲剃度，因請大師遺像，拜爲師。返楚，居桃源某庵，久之，忽有所悟，心地豁然。再往白門，謁浪杖人，一見皈依。所交游皆前朝遺逸，顧炎武其一也。

至「與介邱守歲」詩末二句，初未能確定其辭意所在，後檢有學集詩注捌長干塔光集「丁酉冬十有七日長至禮佛大報恩寺，偕石溪諸道人燃燈繞塔，乙夜放光應願歡喜，敬賦二十韵記事。」一詩，有「科頭老衲驚呼急，秃袖中官指顧詳。」兩句，則「黄門」當作宦者解。足見與石溪諸道人同在大報恩寺者，亦有中官。疑大報恩寺曾有皇帝親臨降香之事，此皇帝或即福王，亦未可知。此類宦者，殆爲先朝所遺留者耶？遵王注以「黄門」爲給事中，似認介邱曾任桂王之給事中，恐非。蓋今無載記可以證明也。諸居寺中之明室遺民，雖托迹方外，仍不斷爲恢復之活動。牧齋與此類遺民親密如是，必有待發之覆。其除夕寄河東君詩，隱藏此次報國忘家之旨。當時河東君必參預斯事，而諒其不能還家度歲，與兒女團圝之苦心也。

夫牧齋於順治十二年乙未既在金陵度歲，十三年丙申及十四年丁酉又連歲來往虞山金陵之間，則其與金陵之密切關係，必非僅限於游覽名勝，尋訪朋舊而已。牧齋尺牘上「與吴梅村」三通之三「論社」略云：

頃與閣下在郡城晤言，未幾遽分鵠首，竊有未盡之衷，不及面陳。比因沈生祖孝雪樵，魏生耕雪竇，顧生萬庶其三子，欲謁門下之便，敢以其私所憂者，獻於左右。三子者，李翺曾鞏之亞，今世士流，罕有其儔，而朴厚謹直，好義遠大，可與深言。寅恪案，牧齋於此三人，可謂極口贊譽。沈顧兩氏，兹姑不論。唯魏耕者，實與牧齋之頻繁往來金陵有關，請略述之於下。

鮚埼亭集捌「雪竇山人墳版文」（可參楊大瓢〔賓〕雜文殘稿「祁奕喜李兼汝合傳」及「魏雪竇傳」等。楊氏所記，雖較詳備，但不言及白衣致書延平，請率舟師攻取南都之計劃，故兹從略。）略云：

雪竇山人魏耕者，原名璧，字楚白。甲申後改名，又別名甦，慈溪人也。世胄，顧少失業，學爲衣工于苕上，然能讀書。有富家奇其才，客之，尋以贅婿居焉，因成諸生，國亡，棄去。先生所交皆當世賢豪義俠，志圖大事。與於苕上起兵之役，事敗，亡命走江湖，妻子滿獄弗恤也。久之，事解，乃與歸安錢纘曾居苕溪。閉户爲詩，酷嗜李供奉。長洲陳三島尤心契之。東歸，游會稽，有張近道者，好黄老管商之術，以王霸自命。見詩人則唾之曰，雕蟲之徒也。而其里人朱士稚與先生論詩，極傾倒。近道見之，亦輒痛罵不置。然三人者，交相得。因此并交纘曾三島，稱莫逆。先生又因此與祁忠敏〔彪佳〕公子理孫班孫兄弟善，得盡讀淡生堂藏書，詩日益工。久之，先生又遣死士致書延平〔鄭成功〕，謂海道甚易，南風三日可直抵京口。己亥延平如其言，幾下金陵，已而退軍。先生復遮道留張尚書〔煌言〕，請入焦湖，以圖再舉。不克。是役也，江南半壁震動。既而聞其謀出於先生。於是邏者益急。纘曾以兼金賄吏，得稍解。癸卯有孔孟文者，從延平軍來，有所求於纘曾，不饜，并怨先生，以其蠟書首之。先生方館於祁氏，邏者猝至，被執至錢塘，與纘曾俱不屈以死。妻子盡没，班孫亦以是遣戍。初，諸子之破産結客也，士稚首以是傾家，近道救之，得出獄，而近道竟以此渡江遇盜而死。己亥之役，三島亦以憂憤而死。真所謂白首同歸者矣。先生之居於茗上，爲晋時二沈高士故山，故有息賢堂，因名其集曰息賢堂集。

同書外編肆肆「奉萬西郭問白衣息賢堂集書」略云：

按白衣原名壁，字曰楚白。後改名耕，别字白衣。又改名更，稱雪竇山人。白衣少負异才，性軼蕩，傲然自得，不就尺幅。山陰祁忠敏公器之，爲遍注名諸社中。既丁國難，麻鞵草履，落魄江湖，遍走諸義旅中。當是時，江南已隸版圖，所有游魂餘燼，出没山寨海槎之間，而白衣爲之聲息。複壁飛書，空坑仗策，荼毒備至，顧白衣氣益厲。癸卯以海上降卒至，語連白衣，白衣遁至山陰，入梅里祁氏園。時忠敏子班孫謀募死士爲衛，間道浮海，卒爲蹤迹所得，縛到軍門，抗詞不屈，死於會城菜市。

寅恪案，魏氏爲順治十六年己亥鄭延平率舟師攻南京之主謀者，今檢牧齋著述中，除上引「與吴梅村」尺牘外尚有有學集詩注伍敬他老人集順治十一年冬在蘇州所賦「贈陳鶴客兼懷朱朗詣」一首云：

> 雀喧鳩鬧笑通津，橫木爲門學隱淪。名許詩家齊下拜，姓同孺子亦長貧。風前剪燭尊無酒，雪後班荆道少人。却憶西陵有羈客，荒鷄何處警霜晨。

據全謝山所撰魏氏墳版文，陳三島朱士稚與魏氏關係密切，則牧齋此詩題中雖不涉及魏氏，要是間接亦與魏氏有聯繫之一旁證。前言牧齋此數年間屢至蘇州，絶非僅限於文酒清游，實有政治活動。觀其假我堂文宴互與酬和之人，皆屬年輩較晚，陰謀復明者，如歸玄恭徐禎起等，可以推知。（可參小腆紀傳伍捌徐晟及歸莊傳等。）當時魏氏或亦曾參與此會，但以鄭延平攻南京失敗之後，清廷追究主謀，魏氏坐死，同黨亦被牽累，後來編有學集者，殆因白衣之名過於顯著，遂删去牧齋與其唱和之作耶？俟考。

順治十二年乙未冬牧齋赴淮甸訪蔡魁吾後，不徑還常熟度歲，而留滯金陵，至次年丙申約在三月間，始歸虞山。其何以久留金陵之理由，必有不可告人之隱情。檢有學集詩注陸此年春間之詩有「就醫秦淮，寓丁家水閣絶句三十首。」一大抵爲與當日南京暗中作政治活動者，相往還酬唱之篇什。其言就醫秦淮，不過掩飾之辭，自不待辨。兹擇録有關諸首，并略加詮釋於下。

「丙申春就醫秦淮，寓丁家水閣浹兩月。臨行作絶句三十首，留别留題，不復論次。」其一云：

數莖短髮倚東風，一曲秦淮曉鏡中。春水方生吾速去，真令江表笑曹公。

其二云：

秦淮城下即淮陰，流水悠悠知我心。可似王孫輕一飯，它時報母只千金。

其三云：

舞榭歌臺羅綺叢，都無人迹有春風。踏青無限傷心事，并入南朝落照中。

寅恪案，以上三首，乃此三十首之總序。三國志肆柒吴書貳孫權傳云：

〔建安〕十八年正月曹公攻濡須，權與相拒月餘。曹公望權軍，嘆其齊肅，乃退。

裴注引吴歷略云：

權爲牋與曹公曰，春水方生，公宜速去。曹公語諸將曰，孫權不欺孤。乃撤軍還。

（寅恪案，遵王注已節引。）

據鄭氏近世中西史日表，順治十三年丙申三月十日爲清明。第叁首遵王注「踏青」引李綽歲時記云：

上巳賜宴曲江，都人于江頭禊飲，踐踏青草，曰踏青。

然則牧齋在南京度歲後，留滯至三月初旬始還家。此可與詩題「浹兩月」之語相印證。更疑牧齋在弘光元年上巳時節，曾預賜宴之列。今存是年之官書，闕載此事。或又曾偕河東君并馬阮輩作踏青之游，因有學集關於此時期之作品，皆已删除，故亦無從考見。果爾，則此首乃述其個人之具體事實，而非泛泛傷春之感也。第貳首前二句謂其至淮甸訪蔡魁吾及久留金陵作復明活動之事，與後二句出史記玖貳淮陰侯傳及漢書叁肆韓信傳，實能揉合今典古典，足見其文心之妙。後二句又謂他時果能恢復明室，則所以酬報今日之地主，當遠勝王孫之於漂母。據此可知丁繼之與牧齋關係之密切。觀此歲之前十年，即順治四年丁亥，牧齋受黄案牽累，出獄後，即與河東君遷於丁氏河房。（見前所考論。）此歲之後五年，即順治十八年辛丑，於「干戈滿地舟艦斷，五百里如關塞長。闔閭城上書吹角，閟宫清廟圍棋槍。腥風愁雲暗天地，飛雁不敢過迴塘。况聞戍守連下邑，塒鷄籬犬皆驚惶。」之情况中，丁氏特至常熟賀牧齋八十生日兩事，（見有學集詩注壹壹紅豆三集「丁老行。送丁繼之還金陵，兼簡林古度。」）尤可證知。鄙意牧齋所以於丙申春初由大報恩寺移寓丁氏水閣者，以此水閣位於青溪笛步之間，地址適中，與諸有志復明之文士往來，較大報恩寺爲便利。由是言之，丁氏水閣在此際實爲准備接應鄭延平攻取南都計劃之活動中心，而繼之於此活動中，亦居重要地位，可不待言也。

其四云：

苑外楊花待暮潮，隔溪桃葉限紅橋。夕陽凝望春如水，丁字簾前是六朝。

其五云：

夢到秦淮舊酒樓，白猿紅樹蘸清流。關心好夢誰圓得，解道新封是拜侯。

寅恪案，以上二首皆爲河東君而作。第肆首前二句謂河東君此時在常熟與己身不能相見。「暮潮」有二意。一即用李君虞江南詞「嫁得瞿塘賈，朝朝誤妾期。早知潮有信，嫁與弄潮兒。」（見全唐詩第伍函李益貳。）言己身不久歸去，不致如負心之李十郎也。二即明室將復興，如暮潮之有信。與第陸首之後兩句，同一微旨也。第伍首之作夢人乃河東君。此首兼用王少伯「青樓曲」二首之二「馳道楊花滿御溝，紅妝縵綰上青樓。金章紫綬千餘騎，夫婿朝回新拜侯。」及「閨怨」詩：「閨中少婦不曾愁，春日凝妝上翠樓。忽見陌頭楊柳色，悔教夫婿覓封侯。」（俱見全唐詩第貳函王昌齡肆。）用其「拜侯」之旨，而反其「悔教覓封侯」之意，正所以見河東君志在復明，非尋常婦女拘牽離情別緒者可比也。

又綜合第叁首及第肆首觀之，與李義山詩「刻意傷春復傷別，人間惟有杜司勳。」者何异？（見李義山詩集上「杜司勳」七絕。）第貳章論黄媛介事，引吴梅村詩「不知世有杜樊川」之句，然則牧齋之刻意傷春傷别一至於此，不僅其名字與樊川相同，其心事亦與司勳相合矣。

其六云：

東風狼藉不歸軒，新月盈盈自照門。（自注：「夢中得二句。」）浩蕩白鷗能萬里，春來還沒舊潮痕。

其七云：

後夜繙經燭穗低，首楞第十重開題。數聲喔喔江天曉，紅藥階前舊養鷄。

寅恪案，以上兩詩皆牧齋自述其此時在金陵之旅況心情。第陸首第壹句用李太白「東風春草緑，江上候歸軒。」之句，（見全唐詩第叁函李白壹柒「送趙判官赴黔府中丞叔幕」。）蓋謂河東君望其歸家之意，并用韓退之「狂風簸枯榆，狼藉九衢内。」之句，（見全唐詩第伍函韓愈柒「感春」三首之二。）「九衢」指南都。其易「狂風」爲「東風」者，即前引初學集貳拾上東山詩集叁「秋夕燕譽堂話舊事有感」詩「東虜游魂三十年」之「東虜」也。第貳句「新月」指「桂王」，即作此詩之次年，順治十四年丁酉所賦「燕子磯歸舟作」七律「金波明月如新樣，鐵鎖長江是舊流。」之旨。第叁第肆兩句，即「鐵鎖長江是舊流」之義。觀「萬里」之語，其企望鄭延平之成功及己身自許之心情，可以想見矣。第柒首前兩句謂其此時第貳次草楞嚴蒙鈔已至最後一卷。考牧齋之作此疏，起於順治八年辛卯，成於十八年辛丑，首尾凡五削草，其著書之勤，老而不倦，即觀此詩及牧齋尺牘中「與含光師」諸札，可以推知。後二句固是寫實，但亦暗寓復明之志。末句用文選叁拾謝玄暉「直中書省」詩「紅藥當階翻」句，不忘故國故君之意也。

其八云：

多少詩人墮劫灰，佺期今免治長灾。阿師狡獪還堪笑，翻攪沙場作講臺。（自注：「從顧與治問祖心千山語録。」）

寅恪案，關於顧夢游及祖心事，前已備論，今不贅述。顧韓二人固皆有志復明者也。

其九云：

牛刀小邑亦長編，朱墨紛披意惘然。要使世間知甲子，攤書先署丙申年。（自注：「乳山道士修志溧水。」）

其十云：

（詩略。）

寅恪案，以上二首皆關涉林古度者，林氏事迹前已詳述，今不重論。第拾首詩於第肆章論絳雲樓上梁詩第壹首時，已全引，故從略。唯可注意者，那子居金陵最久，交游甚廣，牧齋此際與有志復明之人相往來，凡此諸人，大抵亦爲乳山道士之友朋也。

其十一云：

虚玄自古誤乾坤，薄罰聊司洞府門。未省吴剛點何易，月中長守桂花根。（自注：「薛更生叙易解云：王輔嗣解易未當，罰作洞府守門童子。」）

其十二云：

天上義圖講貫殊。洞門猶抱韋編趨。沉沉紫府真人座，曾授希夷一畫無。（自注：「更生云，吾注易成，將以末後句，問洞府真人也。」）

寅恪案，以上二首俱爲薛正平而作。有學集叁壹「薛更生墓志銘」略云：

君諱正平，字更生，華亭人也。晚以字行，字那谷，號旻老夫。少爲儒，長爲俠，老歸釋氏。死石頭城下，葬于方山之陽，年八十有三。子二人，長逢，次暉。君懷奇氣，龔澳章句小儒，每自方阿衡太師。崇禎末，主上神聖憂勤，將相非人，國勢日蹙。君早夜呼憤，草萬言書上之，冀得旦夕召見平臺，清問從何處下手，庶幾國耻可振，而天步可重整也。取道北海，經牢山，聞國變，慟哭欲投海死，同行者力挽之歸。嘆曰，吾今日真薛更生矣。更名，所以志也。故宮舊京，麥秀雉雊，登臺城，瞻孝陵，望拜悲歌，彷徨野哭。又以其間觀星□象，占風角，訪求山澤椎埋屠狗之夫。人咸目笑君八十老翁，兩脚半陷黄土，不知波波劫劫何爲也？平生好著書，横豎鈎貫，學唐之覃季子。（寅恪案，「唐之覃季子」事迹，見柳宗元河東先生集壹壹「覃季子墓銘」。）金剛周易陰符老莊，下及程朱孫吴，各有纂述。作孝經通箋，發揮先皇帝表章至意，取陶靖節五孝傳附焉。謂靖節在晋宋間，不忘留侯五世相韓之義，古今通孝，不外於此。激而存之，以有立也。其用意深痛如此。病瞶滋甚，晝字通語。勖伊法師城南開講，輒側耳占上座。蹩躠二十里，憑老蒼頭肩以行，如邛邛負蟨然。道未半，饑疲足䟽，則又更相扶也。丁酉臘月八日，長干熏塔，薄暮冒雨追余，持薛公自傳，拜而屬銘。十九日送余東還，入清凉，憩普德，累日而後返，持經削牘如平時。廿四日晨起，呼逢誦道德指歸序。問曰，孔子稱老子猶龍，是許老子，未許老子？逢未答。曰，我方思熟睡，汝姑去。丙夜呼燈起坐，稱佛號者三，顧逢曰，今日睡足如意。轉身倚逢面，撼之，逝矣。長干僧醵錢庀葬具，皆曰，修行人臨行洒然，得如薛老足矣。銘曰：

君之亡也，介丘道人評之曰，貧則身輕，老而心輕。放脚長往，生死亦輕。達哉斯言，取以刻銘。

述薛氏事迹者，牧齋之文較備，故稍詳引之。據錢氏所言，則更生志在復明，尤爲接應鄭延平攻取南都，有助力之人。且與長干諸僧交誼切摯，與牧齋之共方外有志復明者相往來之情事，更相適合也。至此兩首所用典故，遵王注多已解釋，不須更贅。唯第壹壹首第叁句「未省吴剛點何易」之「點」字，疑是「黜」字之訛。據酉陽雜俎前集壹「天咫」門云：

言月中有桂，有蟾蜍，故异書言，月桂高五百丈，下有一人常斫之，樹創隨合。人姓吴名剛，西河人。學仙有過，謫令伐樹。

則吴剛學仙有過，謫令伐樹，與廣异記述王輔嗣以未能精通易義，被罰守門者，（見太平廣記叁玖「神仙」門叁玖「麻陽村人」條。遵王注已節引。）正復相同。但牧齋詩意，更別有所在，「月中常守桂花根」句之「月中桂花根」，即暗指明桂王由榔而言，與投筆集上「後秋興之五」第捌首「丹桂月舒新結子，蒼梧雲護舊封枝。」之句，可以互相印證也。

其十三云：

> 欹斜席帽五陵稀，六代江山一布衣。望斷玉衣無哭所，巾箱自摺蹇驢歸。（自注：「重讀紀戇叟詩。」）

寅恪案，紀戇叟映鍾事迹，諸書頗多記載，兹不備引。有學集肆柒「題紀伯紫詩」略云：

> 海内才人志士，坎壈失職，悲劫灰而嘆陵谷者，往往有之。至若沉雄魁壘，感激用壯，哀而能思，潛而不懟，則未有如伯紫者也。涕灑文山，悲歌正氣，非西臺痛哭之遺恨乎？吟望閲江，徘徊玉樹，非水雲送別之餘思乎？芒粿之間奔靈武，大冠之鶩見漢儀，如談因夢，如觀前塵。一以爲曼倩之射覆，一以爲君山之推緯，愀乎？憂乎？杜陵之一飯不忘，渭南之家祭必告，殆無以加於此矣。余方鋃鐺逮繫，纍然楚囚，誦伯紫之詩，如孟嘗君聽雍門之琴，不覺其欷歔太息流涕，而不能止也。雖然，願伯紫少閟之，如其流傳歌咏，廣賁焦殺之音，感人而動物，則將如師曠援琴而鼓最悲之音，風雨至而廊瓦飛，平公恐懼，伏於廊屋之

間，而晋國有大旱赤地之凶，可不慎乎？可不懼乎？

蓋牧齋初讀伯紫詩，在黄案未了時，至順治十三年丙申春間，戇叟復以詩示牧齋，故云「重讀」。第叁句用杜工部集拾「行次昭陵」詩。「玉衣」之典，見杜詩蒙叟注。又定山堂文集陸有「紀伯紫金陵故宫詩跋」一篇，其文多所删削，頗難詳知其内容。但觀「鍾山一老，徘徊吟眺，麥秀之感，苞桑之惕，凜乎有餘恫焉。」等語，疑與牧齋此詩所指者有關。俟考。伯紫在黄案以前，疑已有「芒鞵間奔靈武，大冠驚見漢儀。」之事，及順治六年己丑至十三年丙申之間，仍作復明之舉，卒至失望歸返金陵，欲以終老歟？又陳田明詩紀事辛籤壹貳「紀映鍾」條所選伯紫詩，中有「兵至」，自注云：「閩中舊作。」及「同戈驛」，自注云：「太宗起兵處。」兩詩皆可供參證也。

其十四云：

鍾山倒影浸南溪，静夜欣看紫翠齊。小婦妝成無箇事，爲憐明月坐花西。（自注：「寒鐵道人余懷居面南溪，鍾山峰影下垂，杜詩半陂已南純浸山是也。」）

其十五云：

河岳英靈運未徂，千金一字見吾徒。莫將摶黍人間飯，博换君家照夜珠。（自注：「澹心方有采詩之役。」）

寅恪案，以上二首俱爲甕持老人而作。老人所著板橋雜記，三百年來，人所習讀。其事迹亦多有記載，故不贅引。惟録涉及復明運動者一二條，以見牧齋此際與澹心往來，不僅限於文酒風流好事之舉也。板橋雜記中麗品門略云：

余生萬曆末年，及入范司馬（景文）蓮花幕中爲平安記者，乃在崇禎庚辛以後。

然則余氏既曾入質公之幕，則其人原是明末有匡世之志者，未可以尋常文士目之也。又明詩紀事辛籤壹肆「余懷」條，所選澹心詩，中有「送別剩上人還羅浮」云：

萬里孤雲反故關，一帆春草渡江灣。幾年浪迹干戈裏，何處藏身瓢笠間。愁聽笳聲吹白日，苦留詩卷伴青山。羅浮此去非吾土，須把蓬茅手自删。

前論千山於順治三年丙戌曾兩次返粵，此詩乃關於春間之一次者，余韓關係如此，澹心之爲復明運動中之一人，自不待論。此詩末二句復明之辭旨，尤爲明顯矣。至牧齋詩自注所注「采詩之役」一語，即指板橋雜記中選録牧齋及諸人此時前後所賦之詩，如上卷雅游門選有學集捌長干塔光集「金陵雜題絶句」二十五首之五首，及中卷後附「珠市名妓」門「寇湄」條，録牧齋本題，即「丙申春留題水閣三十絶句」之末一首是也。

其十六云：

麥秀漸漸哭早春，五言麗句琢清新。詩家軒翥今誰是，至竟離騷屬楚人。（自注：「杜于皇近詩多五言今體。」）

其十七云：

著論崢嶸准過秦，龍川之後有斯人。滁和自昔興龍地，何處巢居望戰塵。（自注：「于皇弟蒼略挾所著史論，游滁和間。」）

寅恪案，以上二首爲杜氏兄弟而作。第壹陸首謂于皇乃有志復明之詩人。今茶村詩文集俱在，例證極多，不須備引，即就變雅堂詩集貳「贈剩公」及同書叁「孔雀庵初度，又申置酒，與治剩公過談。」言之，足知于皇與祖心夢游志節相同，可取與牧齋此首互證。故此時錢杜往來唱酬，必非止尋常文酒之交際。第肆章論牧齋崇禎十三年庚辰秋季曾游蘇州節，已引于皇贈牧齋五古一首，復檢變雅堂詩集柒「丁叟河房，用錢虞山韵。」即和有學集壹「題丁家河房亭子」者，（此詩前已引。）然則錢杜本爲舊相識，又是患難之交，其詩什唱酬，實不開始於此年甚明。但小腆紀傳補遺肆杜濬傳云：

求詩者踵至，多謝絕。錢謙益嘗造訪，至閉門不與通。（寅恪案，變雅堂文集附録壹引李元度先正事略亦同。）

其違反事實，可不須辨。蓋自乾隆時，牧齋爲清帝所深惡，世人欲爲茶村湔洗，殊不知證據確鑿，不能妄改也。更有可笑者，黄秋岳濬花隨人聖盦摭憶云：

相傳牧齋宴客，杜茶村居上坐，伶人爨演垓下之戰，牧齋索詩，茶村援筆立書曰，年少當筵意氣新。楚歌楚舞不勝情。八千子弟封侯去，只有虞兮不負心。牧齋爲之憮然。

今檢變雅堂詩集玖「龔宗伯座中贈優人扮虞姬絶句」云：

年少當場秋思深，座中楚客最知音。八千子弟封侯去，惟有虞兮不負心。

據清史稿壹捌陸部院大臣年表貳上禮部漢尚書欄載：

康熙八年己酉五月乙未，龔鼎孳禮部尚書。

康熙十二年癸丑，龔鼎孳九月戊辰乞休。

故于皇此詩題中「宗伯」乃龔鼎孳非錢謙益。世人習知牧齋稱「宗伯」，而不知芝麓亦曾任禮部尚書，可稱「宗伯」，遂至混淆也。至于皇此詩，究是何年所作，尚待詳考。因龔氏之爲禮部尚書，雖在康熙八年五月以後，但如板橋雜記中麗品門「顧媚」條云：

歲丁酉〔合肥龔〕尚書挈〔顧〕夫人重游金陵。

據清史稿壹捌伍部院大臣年表壹下都察院承政漢左都御史欄載：

順治十一年甲午五月丙午，龔鼎孳左都御史。

順治十二年乙未，龔鼎孳十一月戊子降。

同書壹捌陸大臣年表貳上刑部漢尚書欄載：

康熙三年甲辰，十一月癸丑龔鼎孳刑部尚書。

康熙五年丙午，龔鼎孳九月丙申遷。

同書同卷同表兵部漢尚書欄載：

康熙五年丙午九月丙申，龔鼎孳兵部尚書。

然則順治十四年丁酉，龔顧同在金陵時，芝麓尚未任尚書之職，而澹心竟以尚書稱之者，足證板橋雜記乃後來追記之文也。惟于皇賦此詩時，是否在康熙八年五月以後，其詩題中之「龔宗伯」乃是芝麓現職，抑或與板橋雜記同爲追述之辭，未敢遽決。至黄書所引杜氏之詩必非原作，蓋茶村當日賦詩，固不依平水韵，然亦不致近體詩廿八字内，真庚侵三部同用也。

復次，蘼蕪紀聞上引馮見龍紳志略云：

龔鼎孳娶顧媚，錢謙益娶柳如是，皆名妓也。龔以兵科給事中降闖賊，受僞直指使。每謂人曰，我原欲死，奈小妾不肯何？小妾者，即顧媚也。

夫芝麓既不能死，轉委過於眉生以自解，其人品猶不及牧齋。于皇於芝麓座上賦詩，絶不能以虞姬比眉生，更不便藉此誚芝麓。黄氏之説，殊失考矣。

又蘼蕪紀聞上引鈕琇臨野堂集云：

牧齋與合肥龔芝麓，俱前朝遺老。遇國變，芝麓將死之，顧夫人力阻而止。牧齋則河東君勸之死，而不死。城國可傾，佳人難得，蓋情深則義不能勝也。二公可謂深於情矣。及牧齋歿。河東君死之。嗚呼！河東君其情深而義至者哉！

鈕氏謂眉生勸芝麓不死，河東君勸牧齋死，兩人適相反。假定鈕氏所記爲事實者，則于皇亦不便於芝麓座中賦詩以譏誚之。鄙意于皇蓋以「虞姬」自比，「八千子弟」乃目其他楚人，如嚴正矩輩耳。妄陋之見，未敢自信，謹以質諸論世知人之君子。第壹柒首注謂「蒼略挾所著史論，游滁和間。」牧齋此時適自淮甸訪蔡士英，歸塗中久住金陵，即使蒼略與蔡氏無關，但牧齋必有取於紹凱文中論兵復明之旨也。

檢有學集捌「金陵雜題絶句」二十五首之十一云：

水榭新詩替戒香，横陳嚼蠟見清凉。五陵年少多情思，錯比横刀浪子腸。（自注：「杜蒼略和詩有祇斷横刀浪子腸之句。」寅恪案，杜氏原詩見下引。）

及同書叄捌「答杜蒼略論文書」，「再答蒼略書」并同書肆玖「題杜蒼略自評詩文」等，可見紹凱與牧齋之關係矣。

其十八云：

掩户經旬春蚤齋，盈箱傍架自編題。卞家墳上澆花了，閑聽東城説鬥鷄。（自注：「胡静夫好閉關。」）

寅恪案，此首爲胡澂而作。吾炙集「舊京胡澂静夫」條選胡詩三題。其第叁題「虞山檜歌，上大宗伯牧齋夫子。」七古云：

（上略。）七年遥隔杜鵑夢，二月重逢楊柳絲。花霧霏微舊陵闕，白頭喬木兩含悲。

同集「侯官許友有介」條云：

又題〔有介詩〕曰，數篇重咀嚼，不愧老夫知。本自傾蘇涣，何嫌説項斯。解嘲應有作，欲殺豈無詞。周處臺前月，長懸卞令祠。余時寓清溪水閣，介周臺卞祠之間，故落句云爾。

又有學集貳貳「贈别胡静夫序」略云：

往余游金陵，胡子静夫方奮筆爲歌詩，介〔林〕茂之以見予。予語茂之，是夫也，情若有餘於文，而言若不足於志，其學必大非聊爾人也。爲序其行卷，期待良厚。别七年，再晤静夫，其詩卓然名家，爲時賢眉目，余言有徵矣。静夫屏居青溪，杜門汲古，不役役於聲名，翛然退然，循牆顧影。其爲詩，情益深，志益足，蜜爾自娱，望古遥集。視斯世喧豗呰謷，非有意屏之，道有所不謀，神有所不予也。静夫屬余序其近詩，且不敢自是，乞一言以相長。余聞之古之學者，莫先於不自是。不自是，莫先於多讀書。多讀書，深窮理，嚴氏之緒言也。請以長子。趣與静夫言别，聊書此以附贈處之義。少陵之詩曰，青眼高歌望吾子，眼中之人吾老矣。吾之有望於靜夫者遠矣。

胡詩錢文中「七年」之語，若自順治十三年丙申算起，則爲康熙元年壬寅。此時在鄭延平攻南京失敗之後不久，南京至常熟之間，清廷防禦甚嚴，旅行匪易，觀前引牧齋「丁老行」可證。静夫之至常熟訪牧齋，疑是報告金陵此際之情況。牧齋序文末段，表面上雖是論文評詩之例語，恐亦暗寓清室舊主既殂，幼帝新立，明室中興之希望尚在也。錢序中「靜夫屏居清溪，杜門汲古。」與題許有介詩所謂「余時寓清溪水閣，介周臺卞祠之間。」等，皆可與第壹捌首自注參證。大約胡氏所居，亦與丁家水閣相近也。

又朱緒曾編國朝金陵詩徵壹「胡其毅」條云：

> 其毅字致果。一名澂，字靜夫，上元人曰從之子。有靜拙齋詩選，徵吟集。

寅恪未得見胡氏詩集，但即就朱氏所選二十題中如「咏古，爲顧與治徵君賦。」及「林徵君歸隱乳山歌」兩題觀之，已足證胡氏與顧與治林茂之同流，皆有志復明之人也。

其十九云：

> 青溪孫子美瑜環，也是朱衣抱送還。盛世公卿猶在眼，方頤四乳坐如山。（自注：「倪燦暗公，文僖文毅之諸孫，相見每述祖德。」）

寅恪案，此首爲倪燦而作。其事迹見清史列傳柒拾文苑傳倪燦傳等，兹不備引。倪氏爲明室喬木故家，與朱竹垞彝尊同類。暗公早年或亦有志復明，殆後見鄭延平失敗，永曆帝被殺，因而改節耶？俟考。

其二十云：

一矢花磚没羽新，諸天壇廟正嶙峋。長干昨夜金光誦，手捧香罏拜相輪。（自注：「康孝廉小范偶談清江公守贛故事。」）

寅恪案，此首爲康范生及楊廷麟而作。廷麟江西清江人，故云「清江公」。梅村家藏稿伍捌附詩話（參有學集拾牧齋己亥所作「贈同行康孝廉」七律及同書陸「爲康小范題李長蘅畫」詩，并明詩紀事辛籤貳拾「康范生」條所載「嘉定寓舍感賦」詩。）略云：

楊廷麟字伯祥，别字機部，臨江〔府清江縣〕人。機部後守贛州，從城上投濠死。楊機部殉節後，云已無子。康小范孝廉來吴門，携機部在贛州詩十餘首，并言其子尚在。小范與機部同事，兵敗，被縛下獄，瀕死而免。吴門葉聖野贈之詩曰，盧諶流落劉公死，回首章門一惆然。亦俠士也。

明史貳柒捌楊廷麟傳（參小腆紀傳貳伍楊廷麟傳。）略云：

楊廷麟字伯祥，清江人。順治二年南都破，江西諸郡惟贛州存。唐王手書加廷麟吏部右侍郎。九月大兵屯泰和，副將徐必達戰敗，廷麟〔劉〕同升乘虚復吉安臨江，加兵部尚書兼東閣大學士，賜劍，便宜從事。十月大兵攻吉安，必達赴水死。會廣東援兵至，大兵退屯峽江，已而萬元吉至贛。十二月同升卒。三年廷麟招峒蠻張安等四營，降之，號龍武新軍。廷麟聞王將由汀州赴贛，將往迎王，而以元吉代守吉安。無何，吉安復失。元吉退保贛州。四月大兵逼城下，廷麟遣使調廣西狼兵，而身往雩都趣新軍張安來救。五月望，安戰梅林，再敗，退保雩都。廷麟乃散其兵，以六月入贛，與元吉憑城守。未幾，援兵至，圍暫解，已復合。八月水師戰敗，援師悉潰。及汀州告變，贛圍已半年，守陴皆懈。十月四日大兵登城，廷麟督戰，久之，力不支，走西城投水死。

據上引材料，知牧齋此首乃用昌黎先生文集壹叁「張中丞傳後敍」，以張巡守睢陽比楊廷麟守贛，以南霽雲比康范生，以霽雲所射之佛寺浮圖比上報恩寺塔。又韓文云：

城陷，賊以刃脅降巡，巡不屈，即牽去，將斬之，又降雲，雲未應，巡呼雲曰，南八，男兒死耳！不可爲不義屈。雲笑曰，欲將以有爲也。公有言，雲敢不死！即不屈。

梅村謂「小范與機部同事，兵敗，被縛下獄，瀕死而免。」然則小范之不死，亦即南八之所謂「欲將以有爲」之意。其在金陵與牧齋所商談者，必關涉復明之舉動，亦即准備接應鄭延平攻取南都之事，抑又可知矣。

其二十一云：

江草宮花洒泪新，忍將紫淀謚遺民。舊京車馬無今雨，桑海茫茫兩角巾。（自注：「張二嚴季筏爲其兄文峙請志」。）

寅恪案，此首爲張氏兄弟而作。張文峙事迹第肆章論楊宛節已略引。金陵通傳貳拾張如蘭傳附子可度傳云：

可度字二嚴，既自登奉母歸，亦隱居不出，號罽筏老人。

有學集補「明士張君文峙墓志銘」略云：

張君名可仕，字文峙。以字行，改字紫淀。書文峙，從其初也。歲在甲午四月初八日卒，年六十有四。文峙卒，四方之士會哭，議銘其旌，胥曰，古之遺民也。或有言曰，遺民之名，宋元二史無徵，名氏翳然，聲景彷彿。新安著録，代沉人飛，東都西臺之君子，收魂畢命，在此録也。（寅恪案，「新安著録」指明休寧程敏政所撰宋遺民録。見四庫總目提要史部傳記類存目叁并可參有學集肆玖「書廣宋遺民録後」。）躔暈珥，舍奔彴，木門有向，著雍猶視。推文峙之志，其忍媲杞肂湘纍，（寅恪案，「肂」疑是「婦」字之訛，俟覓善本校之。）遺身後名，汙竹素而塵桑海乎？必也正名，易之曰明士其可。比葬，則又曰，嗚呼！齊有二客，魯有兩生，明有士焉誰居？文峙士矣，請徵所以士文峙者。於是文峙之弟二嚴，立紫淀先生傳，而謁銘余餘。余泫然流涕曰，士哉文峙！明士哉文峙！余舊史官也，其忍辭？

牧齋此首第貳句，謂不當以遺民目文峙，即前論其編列朝詩集，止於丁集之旨，兹不備述。至其文中「𪓐暈珥，舍奔彴，木門有向，著雍猶視。推文峙之志，其忍媲杞婦湘纍，遺身後名，污竹素而塵桑海乎？」等語，則須略加詮釋。檢隋書壹玖天文志上云：

馬遷天官書及班氏所載，妖星暈珥，雲氣虹蜺，存其大綱，未能備舉。自後史官更無紀録。春秋傳曰，公既視朔，遂登觀臺，凡分至啓閉必書雲物。神道司存，安可誣也。

爾雅釋天略云：

大歲在戊曰著雍。大歲在子曰困敦。奔星爲彴約。

邢昺疏云：

奔星爲彴約者，奔星即流星。

左傳僖公五年載：

春王正月辛亥朔，日南至，公既視朔，遂登觀臺以望，而書，禮也。凡分至啓閉，必書雲物，爲備故也。

同書襄公廿七年載：

〔子鮮〕遂出奔晋，公使止之，不可。及河，又使止之。止使者而盟於河，托於木門，不鄉衛國而坐。木門大夫勸之仕，不可。曰，仕而廢其事，罪也。從之，昭吾所以出也。將誰懟乎？吾不可以立於人之朝矣。終身不仕。

金氏牧齋年譜順治五年戊子條云：

歲晚過林茂之有感云「先祖豈知王氏臘，胡兒不解漢家春。」按當時海上有二朔，皆與北曆不同也。又「三秦駟鐵先諸夏，九廟櫻桃及仲春。」又「秦城北斗迴新臘，庾嶺南枝放早春。」按是年姜瓖奉永歷年號，傳檄秦晉。王永强據榆林，方窺西安，而江西湖南等地亦歸明也。故先生有喜而作云。

同書順治六年己丑條云：

元日試筆「春王正月史仍書」云云。按行朝録，此爲監國魯四年正月辛酉朔，永曆三年正月庚申朔也。

并三國志伍柒吴書壹貳陸績傳裴注引姚信集云：

士之有誄，魯人志其勇。杞婦見書，齊人哀其哭。

依據上引資料，可以約略推測牧齋之意旨，蓋謂建州雖已入關渡江，而永曆之正朔尚存，戊子年秦晉且曾一度奉其年號。文峙雖在清人統治下之南都，仍傾向桂王，故明社猶未屋，不可以杞婦湘纍比之也。總之，牧齋學問固極淵博，但此文亦故作僻奥之句法，藉以愚弄當日漢好文士之心目耳。然則牧齋作此題之第貳壹首時，以爲明室尚未盡亡，仍有中興之希望。張氏兄弟亦同此意旨也。

其二十二云：

龍子千金不治貧，處方先許别君臣。懸蛇欲療蒼生病，何限刳腸半腐人。（自注：「余就醫於陳古公。」）

寅恪案，此首爲陳元素而作。題中「就醫秦淮」之語，與此首自注：「余就醫於陳古公。」可相印證。詩中皆用醫家華敷孫思邈之典故，自是應題之作。但第貳句暗示陳氏乃不承認建州之統治權者。牧齋之稱就醫於陳古公，不過表面掩飾之辭，其實恐亦與之暗中商議接應鄭延平之事也。

寅恪初不知陳古公爲何人，後檢有學集壹捌「陳古公詩集序」略云：

陳子古公自評其詩曰，意窮諸所無，句空諸所有。聞者河漢其言，余獨取而證明之，以爲今之稱詩，可與談彈斥淘汰之旨，必古公也。古公之詩，梯空躡玄，霞思天想，無鹽梅芍藥之味，而有空青金碧之氣，世之人莫能名也。李鄴侯居衡山，聞殘師中宵梵唱，先凄惋而後喜説，知其爲謫墮之人。吾今而後乃知古公矣夫。

及黄宗羲思舊録「陳元素」條云：

陳元素字古白。余時作詩，頗喜李長吉。古白一見即切戒之，亦云益友。

取牧齋序所言古公論詩之旨，與梨洲之語相參較，可知「古公」即「古白」之别稱。又檢定山堂集肆拾「牧齋先生及同學諸子枉送燕子磯。月下集飲，口號四首。」（此題可參有學集詩注捌「金陵雜題絶句」二十五首之九自注：「丁酉秋日與龔孝升言别金陵。」）及同書貳拾「陳古公追送淮干，和答。」云：

爾自白衣伴上相，天容丹爥補蒼生。

芝麓此七律「白衣上相」之語，乃用李鄴侯故事。（見新唐書壹叁玖李泌傳及資治通鑒貳壹捌唐紀肅宗紀至德元載七月「上欲以泌爲右相」條。）其作此七律時，似已見牧齋之序者。龔氏此次北行，在順治十四年冬間，然則牧齋之序當作於芝麓答古公詩之前，頗疑牧齋此第貳首與此序爲同時作品，若不然，兩者作成時間，亦相距不甚遠也。俟考。

至陳氏之事迹，則鄒流綺漪啓楨野乘壹集壹肆「陳隱君傳」略云：

公名元素，字古白。南直長洲人也。生平多客游，撫公亦虚館延聘，簡敕無所干。問字履恒滿户外。公内行純備，不僅以文章重一時。後偶客蕪湖，竟死。學者稱貞文先生。論曰，余不識陳先生。吾友徐禎起亟稱其慎取與，重然諾。蓋孝弟廉讓人也。夫世之稱吴人者，不過謂風流蘊藉已耳，如先生者，可多得哉？

鄒氏稱元素爲「隱君」，牧齋與芝麓皆以「著白」之「山人」李鄴侯泌爲比，尤可證「古公」即「古白」，似無可疑也。

其二十三云：

五行祥异總無端，九百虞初亦飽看。清曉家人報奇事，小兒指椀索朝飡。（自注：「閩人黃帥先博學奇窮，戲之，亦紀實也。」）

寅恪案，此首爲黃師止而作。明詩紀事辛籤壹陸「黃澂之」條，選帥先「小桃源山居詩」五首，其小傳云：

澂之初名師正，字帥先。改名後，字静宜，又字波民。建陽人。

此條下注引陳庚煥惕園初稿云：

王貽上嘗傳澂之小桃源山居一詩。（見王漁洋感舊集壹陸及明詩紀事所選之第壹首。）小桃源爲武夷最勝處，詳其詩語，澂之蓋嘗以黃冠歸故鄉，其後出游大江南北。

又引全閩詩俊云：

静宜爲史公可法幕府上客，才如王景略，節如謝皋羽，詩筆妍麗，不類其人。

有學集捌長干塔光集「讀建陽黃帥先小桃源記，戲題短歌。」（吾炙集選「小桃源山居詩」四首，較明詩紀事所選少第壹首。）云：

未爲武夷游，先得桃源記。小桃源在幔亭旁，別館便房列仙治。黄生卜築才十年，七日小劫彌烽烟。山神毭毴請迴駕，洞口仍封小有天。竭來奔竄治城左。手指詩記揶揄我。選勝搜奇在尺幅，食指蠕動頣欲朵。彭錢之後武夷君，我是婆留最小孫。包茅欲胙乾魚祭，卧榻那容鼻鼾存。老夫不似劉子驥，仙源但仗漁人指。憑將此記作劵書，設版焦瑕自今始。君不見三千鐵弩曾射潮，漢東彈丸亦如此。

據此，黄氏之爲反抗建州者，固不待論。其出游大江南北，在治城與牧齋初次相聚，牧齋即作此七絶第貳叁首，其後更賦七古長篇贈之。故波民於復明活動有所策劃，自無可疑也。

其二十四云：

寒窗簷掛一條冰，灰陷爐香對病僧。話到無言清不寐，暗風山鬼剔殘燈。（自注：「乙未除夕，丙申元旦元夜，皆投宿長干，與介邱師兄同榻。」）

寅恪案，此首爲介邱而作。關於介邱之事，除前已論者外，尚有有學集捌「示藏社介丘道人，兼識乩神降語」及「臘月八日長干熏塔，同介道人孫魯山薛更生黄信力盛伯含衆居士。」二題，其第壹題「并舟分月人皆見，兩鏡交光汝莫疑。」一聯，第貳題「臘改嘉平繞塔來」句，皆與復明之意有關，可注意也。

其二十五云：

風掩籬門壁落穿，道人風味故依然。莫拈瓠子冬瓜印，印却俱胝一指禪。（自注：「曾波臣之子剃髮住永興寺。」）

寅恪案，牧齋此首爲曾氏父子而作。明畫録壹人物門略云：

曾鯨字波臣，閩晋江人。工寫照，落筆得其神理，萬曆間名重一時。子沂，善山水，流落白門，後于牛首永興寺爲僧，釋號懶雲。

可與牧齋自注相參證。此詩第叁肆兩句，遵王已引大慧語録及五燈會元等爲釋，兹不必詳贅。但大慧語録載：

天臺智者大師讀法華經至是真精進，是名真法，供養如來，悟得法華三昧，見靈山一會，儼然未散，山僧常愛老杲和尚，每提唱及此，未嘗不歡喜踴躍，以手摇曳曰，真箇有恁麽事，亦是表法。你每冬瓜瓠子，那裏得知？

等語，牧齋之意，以爲明社實未曾屋，其以明室爲真亡者，乃冬瓜瓠子頭腦之人也。

又有可注意者，宋史叁柒肆張九成傳略云：

張九成字子韶。其先開封人，徙居錢塘。游京師，從楊時學，權貴托人致幣，曰，肯從吾游，當薦之館閣。九成笑曰，王良尚羞與嬖奚乘，吾可爲貴游客耶？紹興二年，上將策進士，詔考官直言者，置高等。九成對策，擢寘首選。金人議和，九成謂趙鼎曰，金實厭兵，而張虛聲以撼中國。因言十事，彼誠能從吾所言，則與之和，使權在朝廷。鼎既罷，秦檜誘之曰，且成檜此事。九成曰，九成胡爲异議？特不可輕易以苟安耳。檜曰，立朝須優游委曲。九成曰，未有枉己而能直人。上問以和議。九成曰，敵情多詐，不可不察。因在經筵，言西漢災异事，檜甚惡之，謫邵州。先是徑山僧宗杲善談禪理，從游者衆，九成時往來其間。檜恐其議己，令司諫詹大方論其與宗杲謗訕朝政，謫居南安軍。

咸淳臨安志柒拾僧門宗杲傳略云：

〔宗杲〕字曇晦，本姓奚。丞相張浚命主徑山法席，學徒一千七百人，來者猶未已。敞千僧閣以居之，號臨濟中興。張九成與爲方外交，秦檜疑其議己，言者論其誹謗朝政，動搖軍情，九成唱之，宗杲和之。紹興十一年五月詔毁僧牒，編置衡州。二十年移海州。四方衲子忘軀命往從之。二十五年特恩許自便。明年復僧伽梨，奉朝旨住阿育山。逾年復居山。三十一年求解院事。得旨，退居明月堂。隆興改元，八月示寂。宗杲雖林下人，而義篤君親，談及時事，憂形於色，或至垂涕。時名公鉅卿如李邴汪藻吕本中曾開李光汪應辰趙令衿張孝祥陳之茂，皆委己咨叩，而張浚雅相推重。宗杲有正法眼藏三卷，又有武庫若干卷。其徒纂法語前後三十卷，浚爲序。淳熙初，詔隨大藏流行。

新續高僧傳四集壹貳「南宋臨安徑山寺沙門釋宗杲傳」云：

〔紹興〕十一年五月秦檜以杲爲張九成黨，毀其衣牒，竄衡州。二十六年十月詔移梅陽。不久，復其形服，放還。

然則宗杲爲宋時反對女真之人，此際參與復明運動者，如懶雲等，亦與之同一宗旨，可以推知。牧齋詩之用宗杲語録，殊非偶然也。

其二十六云：

荒庵梅老試花艱，酹酒英雄去不還。月落山僧潛掣泪，暗香枝掛返魂幡。（自注：「城南廢寺老梅三株，傳是國初孫炎手植。」）

寅恪案，此首固爲廢寺老梅而作，實暗寓孫炎事（見明史貳捌玖孫炎傳。）意謂建康城雖暫爲建州所佔有，而終將歸明也。末句遵王引東坡「岐亭道上見梅花」詩，返魂香入嶺頭梅。甚合牧齋微旨，蓋謂桂王必當恢復明室也。

其二十七云：

子夜烏啼曲半訛，隔江人唱後庭多。籬邊兀坐村夫子，端誦尚書五子歌。（自注：「歌者與塾師比鄰，戲書其壁。」）

寅恪案，此首疑爲龔芝麓之塾師而作。有學集詩注捌長干塔光集「龔孝升求贈塾師戲題二絶句」云：

都都平丈教兒郎，論語開章笑哄堂。何似東村趙學究，只將半部佐君王。

魯壁書傳字不訛，免園程課近如何。旅獒費誓權停閣，先誦虞箴五子歌。

以牧齋贈孝升塾師兩詩之第貳首所用之辭旨與此第貳柒首相符同推之，此塾師當是一人。詩中全用尚書故實，想此塾師正以書經課蒙童也。所可注意者，旅獒費誓皆書經篇名。旅獒爲交外，費誓爲平内。牧齋以建州本爲明室舊封之酋長，故以費誓比之也。又左傳襄公四年引虞人之箴曰：

芒芒禹迹，畫爲九州，經啓九道。民有寢廟，獸有茂草。各有攸處，德用不擾。在帝夷羿，冒於原獸，忘其國恤，而思其麀牡。武不可重，用不恢於夏家。獸臣司原，敢告僕夫。

及蔡沈書經集傳夏書「五子之歌」序云：

太康尸位，以逸豫滅厥德，黎民咸貳。乃盤游無度，畋於有洛之表，十旬弗反。有窮後羿，因民弗忍，距於河。厥弟五人，御其母以從，徯於洛之汭。五子咸怨，述大禹之戒以作歌。

由是言之，牧齋之意，蓋謂清世祖荒於游畋，耽於歌樂，即遵王引白氏文集肆伍「與元九書」中「聞五子洛汭之歌，則知夏政荒矣。」之旨。今檢梅村年譜肆順治十三年丙申條云：

春，上駐蹕南苑閱武，行蒐禮，召廷臣恭視，賜宴行宮。先生賦五七言律詩，五七言絶句，每體一首應制。聖駕幸南海子，遇雪大獵，先生恭紀七律一首。更參以第叁章論清世祖詢梅村秣陵春傳奇參訂者宜園主人事及第肆章論董小宛未死事，則知牧齋之詩，皆是當時史實。若清政果衰，則明室復興可望，其寓意之深，用心之苦，不可以游戲文章等閒視之也。

其二十八云：

> 粉繪楊亭與盛丹，黄經古篆逼商盤。史痴畫筍徐霖筆，弘德風流尚未闌。

寅恪案，此首爲楊亭盛丹而作。牧齋之意，以爲楊盛之藝術，可追弘治正德承平之盛，與史忠徐霖媲美，斯亦明室仍可復興之微意。金陵通傳壹肆高阜傳云：

> 時江寧以畫隱者楊亭，字元章，居東園，家貧品峻，以丹青自娱。晚無子，與瞽妻對坐荒池草閣，雖晨炊數絶，嘯咏自若，不妄干人。

彭藴燦歷代畫史彙傳叁壹云：

> 黄經清如皋人，字維之，一字濟叔，别字山松。工詩詞，善書法及篆刻，尤善畫山水。

（原注：「圖繪寶鑒續纂，櫟園畫録，桐陰論畫，〔清畫録，國朝畫識等〕。」）

盛丹事迹見金陵通傳壹肆盛鸞傳附宗人胤昌傳所載。第叁章論河東君愛酒節已引。據此可知元章伯含維之皆隱逸之流，不仕建州者。至史忠徐霖之事迹，遵王注已詳述，并可參金陵通傳壹肆二人本傳，不須贅引。惟徐霖之故實與武宗幸南都有關，牧齋之詩旨與前引其致瞿稼軒書所謂「若謙益視息餘生，奄奄垂斃，惟忍死盼望鑾輿拜見孝陵之後，槃水加劍，席稿自裁。」等語及投筆集下後秋興之九「種柳十圍同望幸」句，皆希望桂王之得至南京也。

其二十九云：

旭日城南法鼓鳴，難陀傾聽笑瞢騰。有人割取乖龍耳，上座先醫薛更生。（自注：「旭伊法師演妙華於普德，余頗爲卷荷葉所困，而薛老特甚。」）

寅恪案，此首可參第壹壹及壹貳兩首論薛更生事。不過前二首以薛更生爲主，而此首以旭伊爲主，更生爲賓耳。

其三十云：

寇家姊妹總芳菲，十八年來花信違。今日秦淮恐相值，防他紅淚一沾衣。

寅恪案，此首爲寇白門姊妹而作。板橋雜記中附「珠市名妓門」載：

寇湄字白門。錢牧齋詩云〔云〕，（寅恪案，牧齋詩即此題第叁拾首，故從略。）則寇家多佳麗，白門其一也。白門娟娟静美，跌宕風流，善畫蘭，粗知拈韵。能吟詩，然滑易不能竟學。十八九時，爲保國公購之，貯以金屋，如李掌武之謝秋娘也。甲申三月，京師陷，保國生降，家口没入官。白門以千金予保國贖身，匹馬短衣，從一婢而歸。歸爲女俠，築園亭，結賓客，日與文人騷客相往還。酒酣耳熱，或歌或哭，亦自嘆美人之遲暮，嗟紅豆之飄零也。既從揚州某孝廉，不得志，復還金陵。老矣，猶日與諸少年伍。卧病時，召所歡韓生來，綢繆泣，欲留之同寢。韓生以他故辭，執手不忍別。至夜，聞韓生在婢房笑語，奮身起唤婢，自箠數十，咄咄罵韓生負心禽獸行，欲齧其肉。病甚劇，醫藥罔效，遂死。蒙叟雜題有云：叢殘紅粉念君恩，女俠誰知寇白門。黄土蓋棺心未死，香丸一縷是芳魂。（寅恪案，此詩見有學集詩注捌長干塔光集「金陵雜題絶句」二十五首之十。）

綜觀此三十首詩，可以知牧齋此次留滯金陵，與有志復明諸人相往還，當爲接應鄭延平攻取南都之預備。據金陵通傳貳陸「郭維翰傳」略云：

郭維翰字均衛，一字石溪，上元人。父秀匡，諸生。考授典史，明亡，以隱終。國朝順治中，鄭成功犯江寧，滿帥疑有内應，欲屠城。維翰力言於知府周某轉白總督而止。（寅恪案，嘉慶重刊康熙修江寧府志壹陸職官表知府欄，無周姓者。豈此「周某」非實缺正授，抑或記載有誤耶？俟考。）軍士乘亂掠婦女，維翰又以爲言，乃放還。方是時，江上紛然，六合知縣遁去，百姓洶洶欲亂，縣人佘量字德輔，獨棹小舟，冒風穿營而渡，泣叩總督，給榜安民，一縣賴以無恐。

可取與此首相證發也。

尤可證明鄙說之非妄也。

有學集柒爲高會堂詩集。其中絕大部分乃游説馬進寶響應鄭成功率舟師攻取南都有關之作。清史列傳捌拾逆臣傳馬逢知傳略云：

馬逢知原名進寶，山西隰州人。順治三年從端重親王博洛南征，克金華，即令鎮守。六年命加都督僉事，授金華總兵，管轄金衢嚴處四府。十三年遷蘇松常鎮提督。

寅恪案，馬進寶之由金華總兵遷蘇松常鎮提督，在順治十三年丙申何月，雖不能確知，但以牧齋至松江時日推之，當是距離九月不遠。有學集詩注柒高會堂詩集有「丙申重九海上作」一題，似馬氏必於九月以前已抵新任。又同卷「高會堂酒闌雜咏」序末云：

歲在丙申陽月十有一日蒙叟錢謙益書於青浦舟中。

則牧齋留滯松江，實逾一月之久。其間策劃佈置，甚費時日，可以想見也。牧齋「高會堂酒闌雜咏」序云：

是行也，假館於武静之高會堂，遂以名其詩。

第叁章引王澐雲間第宅志云：

河南〔徐〕陟曾孫文學致遠宅，有師儉堂。申文定時行書。西有生生庵別墅，陟子太守琳放生處。

頗疑牧齋所謂高會堂，即徐武静之師儉堂，乃其平日家屬所居者，與生生庵别墅，自非一地。崇禎八年春間，河東君與陳臥子同居於生生庵，順治十三年丙申秋冬間，牧齋又寄寓武静之師儉堂。第叁章曾引宋轅文致牧齋書，其痛加詆毁，蓋由宋氏之情敵陳錢兩人，先後皆居於武静宅内。書中妒忌憤怒之語，今日觀之，殊覺可笑也。至此集涉及之人頗不少，皆與復明運動有關者。兹不能詳論，唯擇其最饒興趣數題録之，并略加考釋於下。

有學集詩注柒高會堂詩集「高會堂酒闌雜咏」序云：

不到雲間，十有六載矣。水天閒話，久落人間。花月新聞，已成故事。漸臺織女，機石依然。丈室維摩，衣花不染。點難陀之額粉，尚指高樓。被慶喜之肩衣，猶看汲井。頃者，菰蘆故國，兵火殘生。衰晚重游，人民非昔。朱門賜第，舊燕不飛。白屋人家，新烏誰止。兒童生長於别後，競指鬚眉。門巷改换於兵前，每差步屧。常中逵而徙倚，或當饗而欷歔。若乃帥府華筵，便房曲宴。金釭銀燭，午夜之砥室生光。檀板紅牙，十月之桃花欲笑。横飛拇陣，倒捲白波。忽發狂言，驚迴紅粉。歌間敕勒，衹足增悲。天似穹廬，何妨醉倒。又若西京宿好，耳語慨慷。北里新知，目成婉孌。酒闌燭炧，月落烏啼。雜夢囈以興謡，蘸杯盤而染翰，口如銜轡，常思吐吞。胸似碓舂，難明上下。語同隱謎，詞比俳優。傳云，惟食忘憂。又曰，溺人必笑。我之懷矣，誰則知之？是行也，假館於武静之高會堂，遂以名其詩。

亦欲使此邦同人，摳衣傾蓋者，相與繼響，傳爲美談云爾。歲在丙申陽月十有一日，蒙叟錢謙益書於青浦舟中。

寅恪案，牧齋此序，其所用典故，遵王注解釋頗詳，讀者可取參閱，茲不復贅，惟典故外之微旨，則略表出之，以供參證。此序可分爲五段：

第壹段自「不到雲間」至「猶看汲井」。意謂於崇禎十四年六月，與河東君在茸城結褵，共歷十六年，風流韵事，遠近傳播，今已早成陳迹。河東君茸城舊居之處，如徐武靜之別墅生庵等，依然猶在。但己身與河東君，近歲以來，非如前者之放浪風流，而轉爲假藉學道，陰圖復明之人，與維摩詰經中諸菩薩衣花不染相同，不似諸大弟子花著不墮。若取與牧齋答河東君半野堂初贈詩「霑花丈室何曾染」句相比較，足知此十七年間，錢柳已由言情之兒女，改爲復國之英雄矣。前論順治七年庚寅牧齋經河東君黃太冲之慫恿，赴金華游説馬進寶反清。其事頗涉危險，牧齋以得還家爲幸。今則馬氏遷督松江，此地爲長江入海之扼要重鎮，尤與牧齋頻年活動，以響應鄭延平率舟師攻取南京有關，自不能不有此行。但馬氏爲人狡猾反覆，河東君當亦有所聞知，中心惴惴，望其早得還家。據「點粉」「汲井」之語，則牧齋所以留滯松江逾一月之久，實出於不得已，蓋其間頗有周折，不能及早言旋也。所可笑者，「點難陀之額粉，尚指高樓。」二句，既目河東君爲難陀之妻孫陀利，則此「高樓」，殆指庚寅冬焚毁之絳雲樓耶？果爾，則「尚指」之「尚」，更有著落矣。

第貳段自「頃者」至「欷歔」。意謂此次之重至松江，大有丁令威化鶴歸來之感。「舊燕」指明室舊人，「新鳥」指清廷新貴。本卷最後一題「丙申至日爲人題華堂新燕圖」云：

主人簷前海燕乳，差池上下銜泥語。依約呢喃喚主人，主人開顔笑相許。主人一去秋復春。燕子去作他家賓。新巢非復舊庭院，舊燕喧呼新主人。新燕頻更主人面，主人新舊不相見。多謝華堂新主人，珍重雕梁舊時燕。

此詩中之「新燕」「舊燕」，即指漢人滿人而言，可與序文互相參證。此「題華堂新燕圖」前一題爲「長至前三日吴門送龔孝升大憲頒詔嶺南兼簡曹秋岳右轄四首。」據清史列傳柒玖貳臣傳龔鼎孳傳云：

上以鼎孳自擢任左都御史，每於法司章奏，倡生議論，事涉滿漢，意爲輕重。敕令回奏。鼎孳具疏引罪，詞復支飾。下部議，應革職。詔改降八級調用。尋以在法司時，讞盜事，後先异議。又曾薦舉納賄伏法之巡按顧仁，再降三級。十三年四月補上林苑蕃育署署丞。（寅恪案，可參吴詩集覽陸上「送舊總憲龔孝升以上林苑監出使廣東」詩，并附嚴沆「送龔芝麓使粤東」詩。）

然則「新燕」「舊燕」即清帝諭旨所謂「事涉滿漢」之「滿漢」。頗疑此詩題中「爲人題華堂新燕圖」之「人」乃龔孝升也。俟考。

第叁段自「若乃」至「醉倒」。意謂當日在松江筵宴之盛況。「帥府華筵」指馬進寶之特別招待。「便房曲宴」指陸子玄許譽卿等之置酒邀飲。「紅粉」「桃花」俱指彩生。「敕勒」指北方之歌曲。「穹廬」指建州之統治中國也。第肆段自「又若」至「知之」。意謂筵席間與座客隱語戲言，商討復明之活動，終覺畏懼不安，辭不盡意也。「西京宿好」指許霞城輩。「北里新知」亦指彩生也。

第伍段自「是行」至「云爾」。則說明高會堂集命名之故。并暗指此行實徐武静爲主動人。或者武静當日曾參加馬進寶之幕府耶？俟考。

「雲間諸君子肆筵合樂，饗余於武静之高會堂。飲罷蒼茫，欣感交集，輒賦長句二首。」

其一云：

授几賓筵大饗同，秋堂文宴轉光風。豈應江左龍門客，偏記開元鶴髮翁。酒面尚依袍草緑，燭心長傍劍花紅。他年屈指衣裳會，牛耳居然屬海東。

其二云：

重來華表似前生，夢裏華胥又玉京。鶴唳秋風新谷水，雉媒春草昔茸城。尊開南斗參旗動，席俯東溟海氣更。當饗可應三嘆息，歌鍾二八想升平。

寅恪案，此題爲高會堂集之第壹題，自是牧齋初到雲間，松江諸人爲牧齋接風洗塵之舉。主人甚衆，客則只牧齋一人。即俗所謂「羅漢請觀音，主人數不清。」者也。故第壹首第壹聯上句之「江左龍門客」乃雲間諸人推崇牧齋之辭。錢氏爲明末東林黨渠魁，實與東漢李元禮無异。河東君「半野堂初贈」詩云「今日沾沾誠御李」。甚合牧齋當日身分，并搔著其癢處也。下句「開元鶴髮翁」乃牧齋自比，固不待論。綜合上下兩句言之，意謂此時江左第一流人物，尚有他人，何竟推我一人爲上客耶？乃其自謙之語也。第柒第捌兩句意指徐武静。「海東」指徐氏郡望爲東海也。

第貳首第貳聯謂時勢將變，鄭延平不久當率舟師入長江也。第柒句用左傳昭公二十八年「梗陽人有獄」條云：

> 退朝，〔閻没女寬〕待於庭。饋入，〔魏子〕召之。比置，三嘆。既食，使坐。魏子曰，吾聞諸伯叔，諺曰，唯食忘憂。吾子置食之間，三嘆，何也？同辭而對曰，或賜二小人酒，不夕食。饋之始至，恐其不足，是以嘆。中置，自咎曰，豈將軍食之，而有不足？是以再嘆。及饋之畢，願以小人之腹，爲君子之心，屬厭而已。獻子辭梗陽人。

頗疑高會堂此次之筵宴，其主人中亦有馬進寶。故「將軍」即指馬氏。否則此時雲間諸人，皆與「將軍」之稱不合也。第捌句遵王注已引左傳襄公十一年晋侯以歌鐘女樂之半，賜魏綷事以釋之，甚是。然則綜合七八兩句言之，更足徵此次之盛會，馬進寶必曾參預，若不然者，詩語便無著落矣。

「雲間董得仲投贈三十二韻，依次奉答。」云：

（詩略。）

寅恪案，此詩前述國事，後言家事，末寓復明之意。以辭繁不録，讀者可自取讀之。嘉慶修松江府志伍陸董黄傳云：

董黄字律始，號得仲，華亭人，隱居不仕，著白谷山人集。陳維崧序其集云，托泉石以終身，殉烟霞而不返。可得其彷彿焉。

足知得仲亦有志復明之人也。

「丙申重九海上作四首」其三云：

去歲登高莫釐頂，杖藜落落覽吴洲。洞庭雁過猶前旅，橘社龍歸又一秋。颶母風欺天四角，鮫人泪盡海東頭。年年風雨懷重九，晴昊翻令日暮愁。

其四云：

故園今日也登高，萸熟茶香望我勞。嬌女指端裝菊枕，稚孫頭上搭花糕。（寅恪案，「搭花糕」事，見謝肇淛五雜俎上貳天部貳。）含珠夜月生陰火，擁劍霜風長巨螯。歸與山妻繙海賦，秋燈一穗掩蓬蒿。

寅恪案，第叁首前四句指同書伍「乙未秋日許更生扶侍太公邀侯月鷺翁于止路安卿登高莫釐峰頂口占二首」之第貳首末兩句「夕陽橘社龍歸處，笑指紅雲接海東。」而言。「紅雲」「海東」謂鄭延平也。

第肆首之第壹第貳兩句謂河東君在常熟，而己身則在松江，即王摩詰「獨在异鄉爲异客，每逢佳節倍思親。」之意。（見全唐詩第貳函王維肆「九月九日憶山東兄弟。」）第叁句「嬌女」指趙微仲妻。（寅恪案，趙管字微仲。見有學集壹貳東澗詩集上「壬寅三月十六日即事」詩題。考河東君婿所以名管字微仲之故，實取義於論語憲問篇「微管仲，吾其被髮左衽矣。」之語。河東君復明之微旨，於此益可證明矣。）「稚孫」指其長孫佛日。（寅恪案，有學集玖紅豆初集「桂殤四十五首」序云：「桂殤，哭長孫也。孫名佛日，字重光，小名桂哥。生辛卯孟陬月，殤以戊戌中秋日。」前論河東君和牧齋庚寅人日示内詩二首之二「佛日初暉人日沈」句，以「佛日」指永曆。牧齋其次年正月喜得長孫，以「佛日」命名，實取義於河東君之句。字以「重光」，乃用樂府詩集肆拾陸機「日重光行」之典。即明室復興之意。小名「桂哥」，亦暗寓桂王之「桂」。由此觀之，則錢柳復明之意，昭然若揭矣。）牧齋家屬雖不少，但其所關心者，止此三人，據是可以推知。第肆句用木玄虚海賦，暗指鄭延平。蓋河東君亦參預接鄭反清之謀。第伍句用左太冲吴都賦。此兩句皆與第柒句相應。又二賦俱出文選，非博聞强記，深通選學如河東君者，不足以當之也。

兹有最饒興趣之三題，皆關涉松江妓彩生者，故不依此集先後次序，合并録之，略試考釋，以俟通人之教正。

陸子玄置酒墓田丙舍，妓彩生持扇索詩，醉後戲題八首。其一云：

霜林雲盡月華稠，雁過烏栖暮欲愁。最是主人能慰客，緑尊紅袖總宜秋。

其二云：

金波未許定眉彎，銀燭膏明對遠山。玉女壺頭差一笑，（涵芬樓本「玉女壺」作「阿耨池」。）依然執手似人間。

其三云：

缸花欲笑漏初聞，（涵芬樓本「漏初聞」作「酒顔醺」。）白足禪僧也畏君。上座嵬峨許給事，緇衣偏喜醉紅裙。

其四云：

殘妝池畔映餘霞，漏月歌聲起暮鴉。枯木寒林都解語，海棠十月夜摧花。

其五云：

口脂眉黛并氤氲，酒戒今宵破四分。莫笑老夫風景裂，看他未醉已醺醺。

其六云：

銀漢紅牆限玉橋，月中田地總傷凋。秋燈依約霓裳影，留與銀輪伴寂寥。

其七云：

老眼看花不耐春，裁紅綴緑若爲真。他時引鏡臨秋水，霜後芙蓉憶美人。

其八云：

交加屐舄韈塵飛，蘭澤傳香惹道衣。北斗横斜人欲别，花西落月送君歸。

「霞城丈置酒同魯山彩生夜集醉後作」云：

滄江秋老夜何其，促席行杯但愬遲。喪亂天涯紅粉在，友朋心事白頭知。朔風悽緊吹歌扇，參井微茫拂酒旗。今夕且謀千日醉，西園明月與君期。

「霞老累夕置酒，彩生先别，口占十絶句，紀事兼訂西山看梅之約。」其一云：

酒煖杯香笑語頻，軍城笳鼓促霜晨。紅顔白髮偏相殢，都是昆明劫後人。

其二云：

兵前吴女解傷悲，霜咽琵琶戍鼓催。促坐不須歌出塞，白龍潭是拂雲堆。

其三云：

促別蕭蕭班馬聲，酒波方溢燭花生。當筵大有留歡曲，何苦凄凉唱渭城。

其四云：

酒杯苦語正凄迷，（涵芬樓本「杯」作「悲」。）刺促渾如烏夜栖。欲別有人頻顧燭，憑將一笑與分攜。

其五云：

會太匆匆別又新，相看無泪可沾巾。綠尊紅燭渾如昨，（涵芬樓本「綠」作「金」。）但覺燈前少一人。（自注：「河東君評云，唐人詩，但覺尊前笑不成。又云，遍插茱萸少一人。」）

其六云：

漢宫遺事剪燈論，共指青衫認泪痕。今夕驚沙滿蓬鬢，始知永巷是君恩。（自注：「魯山贈詩，傷昔年放逐，有千金不賣長門賦之句。」寅恪案，涵芬樓本此自注作「魯山贈詩有千金不買長門賦，傷先朝遺事也。」遵王本「賣」應作「買」。）

其七云：

漁莊谷水并垂竿，烽火頻年隔馬鞍。從此音書憑錦字，小箋雲母報平安。

其八云：

緇衣居士（自注：「謂霞老。」）白衣僧。（自注：「自謂。」）世眼相看總不麿。斷送暮年多好事，（涵芬樓本此句作「消受暮年無個事」。）半衾暖玉一龕燈。

其九云：

國西營畔暫傳杯，笑口懵騰噤半開。數（自注：「上聲」。）日西山梅萬樹，漫山玉雪遲君來。

其十云：

江村老屋月如銀，繞澗寒梅破早春。（涵芬樓本「破」作「綻」。）夢斷羅浮聽剥啄，扣門須拉縞衣人。

寅恪案，許霞城事迹見明史貳伍捌，嘉慶修松江府志伍伍及小腆紀傳伍陸本傳，李清三垣筆記中「許光禄譽卿所納名妓王微有遠鑒」條并投筆集上後秋興之四其第伍首「石龜懷海感崑山。二老因依板蕩間。」句下自注：「懷雲間許給事也。陸機詩，石龜尚懷海，我寧忘故鄉。蓋不忘宗國之詞。」等。孫魯山事迹見馬其昶桐城耆舊傳伍其文略云：

孫公諱晉，字明卿，號魯山。始祖福一自揚州遷居桐城。〔左忠毅光斗〕以兄子妻之。天啓五年成進士，授南樂令，調滑縣，報最，擢工科給事中。以疏劾大學士温體仁任所私人典試事，亂祖制。被謫。體仁敗，復起爲給諫。累遷大理寺卿，特疏出劉公宗周金公光宸於獄，薦史公可法於吏部。總兵黃得功被逮，疏請釋之，得出鎮鳳陽。其後江左一隅，竟賴史黃二公之力。時賢路閼塞，公在朝岳岳，諸君子咸倚賴之，推桐城左公後一人也。尋以兵部侍郎出督宣大。越二年以疾乞歸，凡節餉十餘萬，封識如初，即日單車歸金陵。亡何，京師陷。馬士英擁立福藩，出史公可法於外。逆黨亦攀附驟用，興大獄，目公爲黨魁。乃倉皇奉母，避讐仙居。筮得遁之咸，因自號餘庵，又曰遁翁。國朝舉舊臣，强起之，不可。築室龍眠山，率子弟讀書其中。年六十八卒。

并可參有學集捌長干塔光集「臘月八日長干熏塔同介道人孫魯山薛更生黃舜力盛伯含衆居士」一題。關於陸子玄，則須略加考釋。列朝詩集丁集叁陸永新粲小傳云：

粲字子餘，一字浚明。長洲人。

後附其弟陸秀才采小傳略云：

采字子玄，給事中子餘之弟。年四十而卒。

寅恪以爲牧齋詩題中之子玄，必非陸采，其理由有二。一陸采既是長洲人，其墓田丙舍似不應在松江也。二前論列朝詩集雖非一時刊成，大約在順治十一年甲午已流布廣遠。今未發現附見陸采一條爲後來補刻之證據。故牧齋順治十三年丙申冬，既能與采游宴，則采於是時尚生存，小傳中自不能書「年四十而卒」。若此子玄非陸采者，則應是別一松江人。檢說夢壹「君子之澤」條云：

陸文定公（原注：「名樹聲，字興吉，號平泉。嘉靖辛丑會元，大宗伯。」）名德碩望，膾炙人口。生劬思。（原注：「名彥章，字伯達。萬曆己丑進士，官少司寇。」）劬思生公美。（原注：「名景元。存問謝恩，特蔭未仕。」）公美生子玄。（原注：「名慶曾。」）僅四世。而子玄雖登順治丁酉賢書，以此貫禍，爲异域之人。

陳忠裕全集年譜上崇禎八年乙亥條附録李雯會業序云：

今年春暗公臥子讀書南園，余與勒卣文孫輩，或間日一至，或連日羈留。

同書壹伍幾社稿「同游陸文定公墓舍」題下附考證引松江府志云：

文定公陸樹聲墓在北城濠之北。萬曆三十三年賜葬。

同書壹陸平露堂集「八月大風雨中游泖塔，連夕同游者宋子建尚木陸子玄張子慧。」題下考證引江南通志云：

陸慶曾字子玄。

同書同卷「送陸文孫省試金陵，時當七夕。」題下附考證引復社姓氏録云：

金山衛陸慶曾字文孫。

董閬石含蓴鄉贅筆上「徙巢」條云：

陸文定公孫慶曾，素負才名。居丙舍，頗擅園亭之勝，以序貢入都中式。事發，遣戍遼左。先是，陸氏墓木悉枯，栖鳥數日内皆徙巢他往。

婁東無名氏研堂見聞雜記「科場之事」條云：

陸慶曾子玄，雲間名士平泉公之後。家世貴顯，兄弟鼎盛。年五十餘矣，以貢走京師。慕名者皆欲羅致門下，授以關節，遂獲售。亦幽囹圄，拷掠無完膚。一時人士，相爲惋惜嗟嘆。

王勝時雲間第宅志末一條略云：

北門外，陸文定公樹聲賜墓，左有廬目墓田丙舍，堂中以朱文公耕雲釣月四字爲額。公孫景元常居焉。

信天翁丁酉北闈大獄記略（寅恪案，關於慶曾事迹，可參孟森明清史論著集刊下科場案「順天闈」條。）略云：

歲丁酉，大比貢士於鄉，舊典也。權要賄賂，相習成風，二十五關節中，首爲陸慶曾，係二十年名宿，且曾薦愈〔房師李〕振鄴。借中式以酬醫，而非入賄者，亦即逮入，不少恕。

然則此名慶曾之陸子玄，即牧齋詩題之「陸子玄」，并與舒章會業序中之「文孫」及卧子「送陸文孫省試金陵」詩之「陸文孫」，同是一人無疑也。據臥子「游陸文定公墓舍」詩及閬石勝時所記，可知陸子玄之墓田丙舍，與牧齋之拂水山莊性質頗相類，故能邀宴友朋，招致名姝也。又牧齋此次至松江，本爲復明活動。其往還唱酬之人，多與此事有關。故子玄亦必是志在復明之人。但何以於次年即應鄉試？表面觀之，似頗相矛盾。前論李素臣事，謂其與侯朝宗之應舉，皆出於不得已。子玄，之家世及聲望約略與侯李相等，故疑其應丁酉科鄉試，實出於不得已。蓋建州入關之初，凡世家子弟著聲庠序之人，若不應鄉舉，即爲反清之一種表示，累及家族，或致身命之危險。否則陸氏雖在明南都傾覆以後，其舊傳田産，猶未盡失，自可生活，不必汲汲干進也。關於此點，足見清初士人處境之不易。後世未解當日情勢，往往作過酷之批評，殊非公允之論也。

至彩生之事迹，則不易考知。牧齋高會堂詩序有「北里新知，目成婉孌。」之語，可見牧齋前此并未與之相識。又觀上列第三題第伍首，牧齋自注特載河東君評語，可見河東君與彩生深具同情，絶無妒嫉之意。取與順治九年牧齋第壹次至金華游説馬進寶時，竟不敢買婢者大异。足證彩生亦是有志復明之人。又此題第玖首第叁句之「西山」，指虞山，蓋拂水巖在虞山南崖，而虞山在常熟縣西北，故牧齋可稱之爲「西山」。（見劉本沛虞書「虞山」及「拂水巖」條。）與第肆章所論「〔辛巳〕冬至後京江舟中感懷」八首之八及「〔癸未〕元日雜題長句」八首之七兩詩中之「西山」指蘇州之鄧尉者不同。拂水山莊梅花之盛，屢見於牧齋之詩文。可參第肆章論東山酬和集「除夕山莊探梅」詩等。第拾首第貳句「繞澗」之「澗」，即虞山之桃源澗。（見虞書「桃源澗」條。）第叁肆兩句自是用東坡「十一月二十六日松風亭下梅花盛開」詩中「海南仙雲嬌墮砌，月下縞衣來扣門。」之語。（見馮應榴蘇文忠公詩合注叁捌。）窺牧齋之意欲霞城偕彩生同至其家，與河東君相見，絕無尹邢不能覿面之畏懼。則此二女性，俱屬有志復明之人，復可以推知矣。有學集壹貳東澗集上，康熙元年壬寅春間所賦「茸城吊許霞城」七律，第貳聯云：「看花無伴垂雙白，壓酒何人殢小紅。」上句謂己身，下句謂彩生，可取與上列第叁題相參證也。嗚呼！建州入關，明之忠臣烈士，殺身殉國者多矣。甚至北里名媛，南曲才娃，亦有心懸海外之雲，（指延平王。）目斷月中之樹，（指永曆帝。）預聞復楚亡秦之事者。然終無救於明室之覆滅，豈天意之難迴，抑人謀之不臧耶？君子曰，非天也，人也！

關於上列三題中許譽卿孫晉陸慶曾及彩生諸人之事迹，約略考證既竟，茲再就三題中諸詩，擇其可注意者，稍詮釋之於下。

第壹題第肆首「漏月歌聲起暮鴉」句之「漏月」，遵王注有「槷女名漏月」之語，但未言出於何書。檢孫星衍平津館叢書中之燕丹子，源出永樂大典本，淵如復校以他書，故稱善本，獨未載「漏月」之名。復檢有學集詩注壹肆東澗集下「病榻消寒雜咏」四十六首之三十七「和劉屏山〔汴京紀事〕師師垂老絶句」中「十指琴心傳漏月」句，「漏月」下遵王注引楊慎禪林鈎玄云：

漏月事見燕丹子，漏月傳意於秦王，果脱荆軻之手。相如寄聲于卓氏，終獲文君之身。皆絲桐傳意也。秦王爲荆軻所持，王曰，乞聽琴聲而死。琴女名漏月，彈音曰，羅縠單衣，可掣而絶。三尺屏風，可超而越。鹿盧之劍，可負而拔。王如其言，遂斬荆軻。

始知牧齋所賦，遵王所注，殆皆出禪林鈎玄。鄙意楊用修爲人，才高學博，有明一代罕有其比。然往往僞造古書，如雜事秘辛，即是一例。故其所引燕丹子漏月之名，果否出於古本，尚是一問題也。此首「海棠十月夜催花」句，謝肇淛五雜俎上貳云：

十月謂之陽月，先儒以爲純陰之月，嫌於無陽，故曰陽月，此臆説也。天地之氣，有純陽必有純陰，豈能諱之？而使有如女國諱其無男，而改名男國，庸有益乎？大凡天地之氣，陽極生陰，陰極生陽。當純陰純陽用事之日，而陰陽之潛伏者，已駸駸萌蘖矣。故四月有亢龍之戒，而十月有陽月之稱。即天地之氣，四月多寒，而十月多煖，有桃李生華者，俗謂之小陽春，則陽月之義，斷可見矣。

紅樓夢第玖肆回「宴海棠賈母賞花妖」節云：

大家説笑了一回，講究這花（指海棠。）開得古怪。賈母道：「這花兒應在三月裏開的，如今雖是十一月，因節氣遲，還算十月，應著小陽春的天氣，因爲和暖，開花也是有的。」

太平廣記貳佰伍樂門「玄宗」條云：

〔玄宗〕嘗遇二月初詰旦，巾櫛方畢，時宿雨始晴，景色明麗，小殿内亭，柳杏將吐，睹而嘆曰，對此景物，豈可不與他判斷之乎？左右相目，將命備酒，獨高力士遣取羯鼓。上旋命之，臨軒縱擊一曲，曲名春光好，上自製也。神思自得，及顧柳杏，皆已發折，指而笑謂嬪嫱内官曰：此一事，不唤我作天公可乎？皆呼萬歲！

丁傳靖輯宋人軼事彙編壹貳引春渚紀聞云：

東坡在黄日，每有燕集，醉墨淋漓，不惜與人。至於營妓供侍，扇題帶畫，亦時有之。有李琪者，（原注：清波雜志作李琦，庚溪詩話作李宜。）少而慧，頗知書，時亦每顧之，終未嘗獲公賜。至公移汝，將祖行，酒酣，琪奉觴再拜，取領巾乞書。公熟視久之，令其磨硯，墨濃，取筆大書云，東坡七載黄州住，何事無言及李琪。即擲筆袖手，與客談笑。坐客相謂，語似凡易。又不終篇，何也？至將撤具，琪復拜請，坡大笑曰，幾忘出場。繼書云，恰似西川杜工部，海棠雖好不留詩。一座擊節。

綜合上引材料，推測牧齋此詩意旨，殆與前論「戲贈塾師」詩有相似之處。清世祖徵歌選色，搜取江南名姝，以供其耳目之娱，第肆章論董小宛事已言及之。此輩女性，即牧齋詩所謂漏月之流。牧齋此詩列於「丙申重九海上作」之後，「徐武静生日」之前。（寅恪案，陳乃乾陳洙編徐暗公先生年譜萬曆四十二年甲寅條云：「九月二十日，弟致遠生。」）可證乃九月中旬所賦。海棠於小陽春之十月，本可重開。今賦詩在九月，故用李三郎羯鼓催花之典。海棠用東坡贈李琪詩語，亦指彩生。意謂惜彩生不能與董白之流被選入宫，否則可藉以復仇如苧蘿村女之所爲，而與漏月之暗示秦王拔劍斬荆軻者，大异其趣。頗疑牧齋此詩之意，即當時最後與彩生所談之語。是耶？非耶？姑妄言之，以俟更考。

第壹題第陸首「銀漢紅牆限玉橋，月中田地總傷凋。」二句，意謂松江與桂王統治之西南區域隔離頗遠，且迫蹙一隅，土地民衆皆不及江南之富庶。「秋燈依約霓裳影，留與銀輪伴寂寥。」二句，意謂今夕吾輩之文宴，實聚商反清復明之事，聊可告慰於永曆帝也。第貳題第壹聯「喪亂天涯紅粉在，友朋心事白頭知。」可與上引「茸城吊許霞城」詩「看花無伴垂雙白，壓酒何人殢小紅。」相參證。第伍句「朔風凄緊吹歌扇」，亦暗寓彩生不甘受清人壓迫之意。觀此，知牧齋推崇彩生甚至，而彩生之爲人，又可想見矣。

第叁題第壹首「紅顔白髮偏相殢，都是昆明劫後人。」二句，蓋牧齋之意，以彩生與霞城同具復明之志，故能親密如此，非尋常兒女之私情可比也。

第貳首「兵前吳女解傷悲，霜咽琵琶戍鼓催。」二句意謂清廷駐重兵於松江以防海。「吳女」指彩生也。「促坐不須歌出塞，白龍潭是拂雲堆。」二句，謂當時置於白龍潭上，而白龍潭所在之松江，已歸清室統治，與塞外之拂雲堆無異。己身與霞城輩之身世，亦與王昭君相似。其感慨沉痛，實有甚於白樂天琵琶引「同是天涯淪落人」句，（見白氏文集壹貳）及東坡「定惠院海棠」詩「天涯淪落俱可念」者矣。（見馮氏蘇文忠公詩合注貳拾并可參容齋五筆柒「琵琶行海棠詩」條。）全唐詩第捌函杜牧肆「題木蘭廟」詩云：

彎弓征戰作男兒，夢裏曾經與畫眉。幾度思歸還把酒，拂雲堆上祝明妃。

今彩生身世類於明妃，而心事實同於木蘭。牧齋下筆時，必憶及小杜此詩無疑也。

第肆首「欲別有人頻顧燭，憑將一笑與分攜。」亦用全唐詩第捌函杜牧肆「贈別」二首之二（才調集肆題作「題贈」。）云：

多情卻似總無情，惟覺尊前笑不成。蠟燭有心還惜別，替人垂淚到天明。

而微反其意。以其出處過於明顯，故河東君不依第伍首之例，標出之耳。

第陸首「漢宮遺事剪燈論，共指青衫認淚痕。」二句，亦用白香山琵琶行之語，以指於崇禎時，兩人共忤溫體仁，曾被黜謫事。但當時雖被革退，尚在明室統治之中國，猶勝於今日神州陸沉，胡塵滿鬢。孫魯山是否不效陳皇后以千金買長門賦，藉求漢武帝之復幸，未敢決言。至牧齋被黜還家後，屢思進取，終至交結馬阮，身敗名裂，前已詳論，兹不復贅。今讀此詩，不覺令人失笑也。

第捌首「斷送暮年多好事，半衾煖玉一龕燈。」二句，牧齋老歸空門，又與河東君偕隱白泖港之紅豆山莊，自是切合。至霞城雖「國變後，祝髮爲僧。」（見小腆紀傳伍陸許譽卿傳。）但若未貯彩生於金屋，則「半衾煖玉」一語，恐尚不甚適當也。

牧齋順治十三年丙申秋冬間之游松江，乃主於徐武静家。前言武静實爲此次復明活動之中心人物。故牧齋贈武静生日詩乃高會堂集中重要篇什。兹以其詩過長，節略於下，并略加釋證。但詩中原注云：「有本事，詳在自注中。」之語，今諸本此「自注」皆已删去，無從考知，甚爲可惜。姑以意妄加揣測，未知當否？博雅通人，幸有以教正之也。

有學集詩注柒高會堂詩集「徐武静生日置酒高會堂賦贈八百字」云：

豐茗根滋大，澧蘭葉愈芳。長離仍夭矯，二遠并翱翔。視草徵家集，探花嗣國香。（自注：「已上記徐氏閥閱之盛，次述板蕩凄凉。」）時危人草草，運往泪浪浪。喪亂嗟桑梓，分攜泣杕棠。午橋虚緑野，甲第裂倉琅。毳帳圍廛里，穹廬埒堵牆。上楹殘綱户，遥集儼堂皇。藻井欹中霤，交疏斷兩廂。駱馳衝燕寢，雕鷲撲迴廊。緑水供牛飲，青槐繫馬枊。金扉雕綺綉，玉軸剔裝潢。箏簾吹重閣，胡笳亂洞房。重來履道里，旋憶善和坊。滅没如前夢，低迴對夕陽。老夫殊毷氉，吾子賸飛揚。（自注：「已下叙武静生日置酒。」）奕葉達東閣，誅茅背北邙。賜書傳鼓篋，遺笏貯牙床。著作推徐幹，交游説鄭莊。駕從千里命，諾許片言償。故國魚龍冷，高天鴻雁凉。撫心惟馬角，策足共羊腸。（自注：「上四語兼懷暗公。」）四十年華盛，三千風力强。開筵千日酒，初度九秋霜。上客題鸚鵡，佳兒蠟鳳凰。寒花宜晚節，淡月似初暘。且共謀今夕，相將抗樂方。鐃歌喧杜渚，鼓吹溢餘皇。（自注：「於時有受降之役。」）積氣嘘陽燄，衝風决土囊。紛紛争角觝，往往捉迷藏。身世雙樊籠，乾坤百戲場。拔河群作隊，蹀埆巧相當。（自注：「蹀埆拋磚戲也。」）粤祝刀頭沸，俍童撞末忙。倒投應共笑，殞絶又河妨。丸劍紛跳躍，虺蛇莽陸梁。雉媒聲呃喔，鷄距羽飄揚。蚊翼飛軍檄，龜毛算土疆。蟻酣床下鬥，鼠怯穴中僵。左角封京觀，南柯缺斧斨。西垣餘落日，東牖湛清觴。鷁首天還醉，旄頭角尚芒。楚弓亡自得，鄭壁假何常。頌德牛腰重，横經馬肆詳。（原注：「有本事，詳在自注中。」）酒兵天井動，飲器月氏良。噩夢難料理，前塵費忖量。糟床營壁壘，茗椀揀旗槍，乍可歌鸜鵒，寧辭典驌驦。持籌徵緑酹，約法聽紅妝。笑口燈花爛，灰心燭泪行。有言多謬誤，無處愬顛狂。授色流眉睩，傳杯嚙口肪。漏殘河黯淡，舞罷斗低昂。班馬宵喧櫪，隣鷄曉奮吭。莫嫌相枕籍，旭日漸煌煌。

寅恪案，此時牧齋及武静之任務，可於永曆與徐孚遠張元暢兩敕文中見之，茲全録兩敕文於下。

徐暗公先生年譜永曆六年即順治九年壬辰條「永曆自黔遣官齎敕諭先生偕張肯堂等進取」下附敕曰：

皇帝敕諭贊理直浙恢剿軍務兼理糧餉都察院左僉都御史徐孚遠。朕以凉德御宇，崎嶇險阻，六載於兹。每念貞臣志士，抗節遐陬，茹荼海表，不禁寢食爲廢。兹以黔方地控上游，爰於今春二月，暫蹕安龍，用資調度。賴秦王（指孫可望。）朝宗，力任尊攘，分道出師，數月之間，川楚西粤相次底定。事會既有可爲，策應自不宜緩。爾孚遠貞心獨立，忠節性成，履重險而不回，處疾風而愈勁。前晋爾都察院右僉都御史，贊理恢剿軍務，久有成命。頃覽督輔臣肯堂及爾來奏，知爾與樞司臣徐致遠等潛聯内地，不避艱危，用間伐謀，頗有成緒。朕心嘉尚。用敉國姓成功提師北上，進規直浙。爾其與督輔肯堂，鼓勵諸師，承時進取。或聯合山海義旅，張我犄角。或招徠慕義僞師，間其心腹，務期蕩平羶穢，密奏收京，俾朕旋軫舊都，展謁陵廟。惟時爾庸若宋臣范仲淹，以天下爲己任。故其文章氣節彪炳一時，至今尚之，爾其勉旃，慰朕至望。欽哉！特敕。永字一萬一千十三號。

又附有陳洙按語云：

直浙即江南浙江，蓋江南爲明之直隸省，是時肯堂已先一年殉國舟山，桂王尚未之知，故敕中又及督輔肯堂字樣。

同書永曆八年即順治十一年甲午條「永曆遣官齎敕諭先生及張元暢。」下附敕曰：

皇帝敕諭僉憲臣徐孚遠，樞司臣張元暢，朕蹕安龍垂及三載，每念我二三忠義，戮力遠疆，艱危備歷，不禁寢食爲廢。爾僉憲臣孚遠履貞抗節，歷久不渝。近復深入虜窟，多方聯絡，苦心大力，鑒在朕心。爾樞司臣張元暢，不憚險遠，間關入覲，去春啣命東歸，百罹并涉，卒能宣德達情，克將使命。用是特部議予孚遠贊理直浙恢剿軍務，兼理糧餉關防。予元暢直浙督師軍前監軍理餉關防，俾爾疏通遠近，以便奏報。方今胡氛漸靖，朕業分遣藩勳諸師，先定楚粵，建瓴東下。漳國勳臣成功亦遣侯臣張名振等統帥舟師，揚帆北上。爾務遙檄三吳忠義，俾乘時響應，共奮同仇。仍一面與勳臣成功商酌機宜，先靖五羊，會師楚粵。俟稍有成績，爾等即星馳陛見，以需簡任，尚其勉旃，慰朕屬望。欽哉！特敕。

據上引永曆六年即順治九年敕文「招徠慕義僞師，間其心腹」之語，復檢清史列傳捌拾馬逢知傳云：

〔順治七年〕十一月土賊何兆隆嘯聚山林，外聯海賊，爲進寶擒獲。隨於賊營得僞疏稿，謂進寶與兆隆通往來，疏請明魯王頒給敕印。又得僞示，稱進寶已從魯王。進寶以遺謗無因，白之督臣陳錦，以明心迹。錦疏奏聞。得旨：設詐離間，狡賊常情。馬進寶安心供職，不必驚懼。

此事雖在前二年，且頒敕印者爲魯王，而非桂王，然情狀實相類似，可以互證。故招徠慕義僞師之責，如牧齋聲望年輩及曾迎降清兵者，最足勝任。況牧齋復經瞿稼軒之薦舉從事此種工作乎？又據此敕文「爾與樞司臣徐致遠等潛聯内地，不避艱危，用間伐謀，頗有成緒。」等語，則知武静早已游説僞帥反清復明，稍有成緒矣。其稱之爲「樞司臣」者，正如顧亭林，魯王曾授以兵部司務事，後唐王復以職方郎召之例。（見清史稿肆捌柒儒林傳貳顧炎武傳。）但顧亭林詩箋注前附清國史館舊傳，改「魯王」及「唐王」爲「福王」，蓋有所避忌也。此種低級官銜，大抵加諸年輩資格較淺之人，武静亭林既其證也。

又關於顧亭林受南明諸主官秩事，更牽及汪琬與歸莊争論「布衣」問題，如堯峰文鈔叁叁「與歸元恭書」第貳通云：

人主尚不能監謗，足下區區一布衣，豈能盡箝士大夫之口哉？

同書同卷「與周漢紹書」略云：

僕再托致元恭手札，力辨改竄震川集非是。彼概置不答，而輒讕詞詬詈。又聞指摘最後札中「布衣」二字，謂僕簡傲而輕彼。於是訴諸同人，播諸京師士大夫之口，則元恭亦甚陋矣。僕不審元恭所訴何詞，士大夫何故一口附和也。由僕言之，布衣之稱，不爲不尊，不爲不重，不爲不褒且譽也。僕原書俱在，上文借引人主，下文用布衣比擬，正與莊荀文義略同。以此繆相推奉，使元恭或跼蹐忸怩而不敢當，斯則宜矣。而顧謂簡傲，彼雖甚陋，豈奔走干謁之暇，全未寓目諸書乎？記有之，學然後知不足，彼之所以怱烋詬詈至於再四，而莫止者，夫孰非不學之故歟？竊願元恭少留意於學也。抑僕又妄加揣摩，得毋元恭間從宦游，亦既授有官秩，而僕忽忘之耶？則僕生稍晚，自世祖章皇帝以來，即從事本朝，爲郎官爲小吏於京師，是故祇知本朝官秩而已，若元恭所歷，實不能知也。以此罪僕簡傲，又奚逭焉？元恭交游甚廣，其聲燄氣埶，皆足殺僕，不得不自白於足下，幸足下代爲雪之。

歸莊集伍「再答汪若文」略云：

二月八日布衣歸某頓首苕文民部先生執事。自正月二十一日，連得二書。甚怪！執事第二書，謂僕斥之爲戇，爲杜撰，爲取笑，且謂僕以區區一布衣，欲箝士大夫之口，而咆哮觝觸。戇字，僕書初未嘗有，而横誣之。若杜撰，取笑，則誠不能諱。昔王文恪公〔鏊〕罷相歸里門，〔陸〕貞山先生〔粲〕尚爲諸生，相與質難文義，宛如平交。文恪心折於陸，每注簡端云，得之子餘。前輩之忘勢，而虚懷若此。今執事不過一郎官耳，遂輕僕爲區區一布衣，稍有辨難，便以爲咆哮觝觸。人之度量相越，乃至於此。執事每言作文無他妙訣，惟有翻案。夫翻案者，如人在可否之間，事涉是非之介，不妨任人發論。然昔人尚有以好奇害理爲戒，今執事乃故寬肆意删改之罪，而鍛煉苦心訂正之人，此不得謂之翻案，乃是拂人之性耳。僕前書氣和而辭遜，執事顧謂其咆哮觝觸，今則誠不能無觝觸矣。蓋欲執事知區區布衣，亦有不可犯者，毋遂目中無人，而概凌轢之也。

夫玄恭與亭林同時起兵抗清，魯王既授亭林以官職，則玄恭亦必有類似之敕命。（可參小腆紀傳伍叁儒林壹顧炎武傳及同書伍捌歸莊傳。）鈍翁應知恒軒曾受明之虚銜，故挾此以要脅恫嚇。其用心狠毒，玄恭發怒，即由於此。至與周漢紹書，自「抑僕又妄加揣摩」至「實不能知也」一段，漢奸口吻，咄咄逼人，顔甲千重，可謂不知世間有羞耻事矣。特標出之，以告讀恒軒堯峰之集者。

又永曆六年敕「用敕國姓成功提師北上，進規直浙。」及永曆八年敕「漳國勳臣成功亦遣侯臣張名振等統帥舟師，揚帆北上，爾務遥檄三吴忠義，俾乘時響應，共奮同仇。」等語，足證牧齋諸人之謀接應延平，亦實奉永曆之命而爲之，非復明諸人之私自舉動也。永曆六年敕「務期蕩平羶穢，密奏收京，俾朕旋軫舊都，展謁陵廟。」等語，足證牧齋之頻繁往來南京，甚至除夕不還家渡歲，河東君亦能原諒之者，蓋牧齋奉有特别使命之故也。抑更有可笑者，永曆六年敕爲「特敕。永字一萬一千十三號」。以區區之小朝廷，其官書之繁多如此，唯見空文，難睹實効，焉得不終歸覆滅哉？

復次，牧齋詩中有略須釋證者「長離仍夭矯，二遠并翱翔。」一聯，指徐氏兄弟三人。「長離」謂暗公仲弟聖期。徐暗公先生年譜萬曆二十九年辛丑條云：

四月弟聖期鳳彩生。

同書永曆十一年即順治十四年丁酉條云：

七月先生弟鳳彩卒。

牧齋稱鳳彩爲「長離」者，蓋漢書伍柒下司馬相如傳「大人賦」云：

前長離而後矞皇。（原注：「師古曰，長離靈鳥也。」）

及舊題伊世珍撰瑯嬛記云：

南方有比翼鳥，（寅恪案，佩文韵府「八霽」所引，「鳥」作「鳳」。）飛止飲啄，不相分離。雄曰野君，雌曰觀諱。摠名曰長離。言長相離着也。此鳥能通宿命，死而復生，必在一處。

牧齋賦此詩在順治十三年丙甲九月，是時聖期尚健在。但釣璜堂存稿徐暗公先生年譜附録王澐「東海先生傳」略云：

東海先生姓徐氏，名孚遠，字暗公，華亭人。父太學公爾遂，生三子，長即先生，仲鳳彩，少致遠。先生出亡時，湖海風濤，家門岌岌不自保，仲弟遂以憂卒。少弟爲世所指名，幾瀕於危。奔走急難，傾身下士，由是家門得全。家益中落，勞瘁失志，亦以憂卒。

然則聖期與武静兄弟二人，謹慎豪俠，各有不同。（可參釣璜堂存稿拾「武静弟」及同書壹壹「聞聖期二弟没，賦哀。」六首之二及五等詩。）武静當日壽筵，牧齋及其他賓客，皆反清復明好事之人，以意揣之，聖期未必與此輩往還，其弟生日時，或竟不預坐，亦未可知。唯牧齋壽武静詩，歷叙徐氏家門之盛，兼懷暗公，自不能不言及聖期耳。

牧齋詩自「喪亂嗟桑梓」至「低迴對夕陽」一段，指徐氏第宅爲清兵佔據毁壞之淒涼狀況。雲間地宅志所記徐階徐陟兄弟及其子孫之屋舍甚多，恐牧齋詩中所述乃指徐階賜第即王氏書中略云：

南門内新橋河西，仙鶴館西徐文貞公階賜第，有章賜世經二堂，門有額曰，三賜存問。

是也。其他徐氏第宅，或以較爲狹小，不足供駐兵之用，遂幸得保存，如武静之高會堂，即是其一。蓴鄉贅筆上「議裁提督」條云：

吾松郡制吴淞總兵一員駐防，其餘沿海如金山衛川沙等處，各設參戎，形勢聯絡，海濱有警，一呼俱應，最爲得策。自國朝慮海氛飄忽，專設提督，坐鎮府城。去海百餘里，分防諸弁往來請命，緩急不能即赴，賊往往乘隙揚帆突入，屢遭劫掠，逮遣兵而已無及矣。況提鎮衛尊勢重，坐享榮華，糜兵耗餉，有害無益，兼之兵民雜處，尤屬不安，百姓房屋，半成營伍。洪内院承疇議撤提督，以總兵駐吴淞。科臣亦有籌及此者，何時得復舊制，使郡中士庶復睹升平之象耶？

足知當日提督駐在松江府城，其部下侵佔及毁壞民間房屋之情形。故閬石所記，亦可視爲牧齋詩此段之注脚也。牧齋詩「重來履道里，旋憶善和坊。」上句指武静之高會堂。下句指文貞賜第。「履道里」用白香山典故，固不待言。「善和坊」出柳子厚「與許孟容書」。牧齋意謂高會堂倖存，而賜第被佔也。里坊兩字可以通用，況上句既用「里」字，下句不當重複。且「坊」字爲此詩之韵脚，不能更用他字。遵王注「善和坊」，并列雲溪友議及柳文兩出處，而不加擇别，蓋范書作「善和坊」，柳文作「善和里」之故。殊不知范書所言乃是揚州之倡肆。豈可以目宰相之賜第耶？讀遵王注至此，真可令人噴飯也。

「鐃歌喧枉渚，鼓吹溢餘皇。」一聯，下注云：「於時有受降之役。」清史稿伍世祖本紀二略云：

〔順治十三年丙申七月〕戊申（初二日。）官軍敗明桂王將龍韜於廣西，斬之。庚戌（初四日。）鄭成功將黄梧等以海澄來降。八月壬辰（十七日。）封黄梧爲海澄公。

然則此聯上句指龍韜之敗死，下句指黄梧之降清。牧齋所謂「于時有受降之役。」即指海澄氏而言。黄氏之降，關係明清之興亡者甚大，故牧齋自注特標出之。清廷發表兩事在七月及八月。牧齋得聞知，當在八九月，距賦此詩時甚近也。或更謂清史稿伍世祖本紀貳載：

〔順治十三年丙申正月〕己亥（廿日。）鄭成功將犯台州，副將馬信以城叛，降於賊。

牧齋所謂受降之役，即指此事。蓋以鄭延平受馬信之降也。但牧齋自注既不詳言，故未敢决定，姑備一説，以俟續考。牧齋詩「蚊翼飛軍檄，龜毛算土疆。」一聯，上句遵王注引東方朔神异經「南方蚊翼下有小蜚蟲焉。」等語以釋之，是。牧齋之意，不過謂此時南方尚用兵也。下句遵王注引任昉述异記「夏桀時，大龜生毛，而兔生角，是兵角將興之兆。」以爲釋，自亦可通。但鄙意牧齋「龜毛」之語，蓋出佛典，如楞嚴經之類。其義謂虚無不足道。推牧齋詩旨，蓋謂南明此時疆土雖有損失，亦無害於中興之大計也。「頌德牛腰重，横經馬肆詳。」一聯，下原注云：「有本事，詳在自注中。」夫歌功頌德之舉，乃當日漢奸文人所習爲者，淵明詩之所慨嘆，亦建州入關之初，漢族士子依附武將聊以存活之常事，殊不足怪。但牧齋此聯必有具體事實，非泛指一般情况。其自注今不可見，甚難確言也。「持籌徵緑酯，約法聽紅妝。」一聯，下句之「紅妝」當有彩生在内。末兩句「莫嫌相枕籍，旭日漸煌煌。」蓋謂此時預會諸人，雖潦倒不得志，但明室漸有中興之望，聊可自慰。牧齋斯語，不獨可爲此詩之結語，亦高會堂集諸詩之主旨也。

有學集詩注柒「雲間諸君子再饗於子玄之平原北皋（見遵王「陸機山」注。）子建斐然有作，次韵和答四首。」云：

松江蟹舍接魚灣，箬笠拏舟信宿還。愛客共尋張翰酒，開筵先酹陸機山。吹簫聲斷更籌急，舞袖風迴么鼓閒。沉醉尚餘心欲擣，江城悲角隱嚴關。

其二云：

徵歌選勝夢華年，裝點清平覺汝賢。燈下戲車開地脉，（自注：「優人演始皇築長城事。」）尊前酒户占天田。吴姬却愬從軍苦。禪客偏拈贈妓篇。看盡秋容存老圃，莫辭醉倒菊花前。

其三云：

秋漏沉沉夜壑移，餘杭新酒熟多時。笙歌氣暖燈花早，宴語風和燭淚遲。上客紫髯依白髮，佳人翠翠袖倚朱絲。（自注：「魯山公次余坐，彩生接席。」）頻年笑口真難得，黄色朝來定上眉。

其四云：

幾樹芙蓉伴柳條，平川對酒碧天高。湘江曲調傳清瑟，（涵芬樓本「曲調」作「一曲」。）漢代詞人謚洞簫。（寅恪案，「謚」疑是「咏」字之訛。）自有風懷銷磊塊，定無籌策到漁樵。停杯且話千年事，（涵芬樓本「且」作「莫」。）黄竹誰傳送酒謡。（自注：「席中宋子建作致語，有云，借箸風清，效伏波之聚米。非道人本色，五六略爲申辨，恐作千古笑端耳。」）

寅恪案，前論「雲間諸君子饗余於高會堂」詩，謂牧齋初至松江，雲間諸友爲之洗塵，故合宴之於高會堂。今此詩題「再饗於子玄之平原北皋」，則當是共爲餞行之舉也。子建者，宋存標之字。光緒修華亭縣志壹陸人物門云：

宋存標字子建，號秋士，堯武孫，明崇禎十五年副貢。子思玉，字楚鴻。思宏，字漢鷺。思璟，字唐鶚。

在「再饗」詩前，牧齋有「次韵答宋子建」及「次韵答子建長君楚鴻」兩題，不過酬應之作，故不備録。此題則雲間諸人以其來松游説馬進寶反清，略告一段落，將歸常熟，公餞席間，子健賦詩并作致語，賀其成就，故牧齋次韵和答，寓有深意。與前此兩題，僅爲尋常酬應之作者，大不相同也。第壹首七八兩句，言當日清廷駐重兵於長江入海要地之松江，以防鄭成功。毛詩壹貳小雅小弁云：

踧踧周道，鞫爲茂草。我心憂傷，惄焉如擣。

傳云：

周道，周室之通道。（可參錢飲光澄之田間詩學此篇引陳式語。）

蓋長江爲通南都之大道，與其次年所作「鐵鎖長江是舊流」句，（見有學集詩注捌「燕子磯歸舟作。」一）同一辭旨也。第貳首第貳聯，下句指上引「彩生持扇索詩戲題八首」等同類之篇什。「禪客」牧齋自稱也。上句自指彩生。其怨從軍苦者，必非泛說。觀題彩生扇八首之八「北斗横斜人欲別，花西落月送君歸。」一句，及「霞老累夕置酒，彩生先別。」一題，知彩生往往不待席終，即先別去，似有拘束所致。豈彩生乃當日營妓耶？俟考。

偶檢徐電發鈂本事詩拾載毛馳黄先舒「贈王采生詩四首」并序云：

蓋聞柴桑高韵，非無西軒之曲。（見涵芬樓影宋刊本箋注陶淵明集陸閑情賦。）楚士貞心，亦有東鄰之賦。（見文選壹玖宋玉登徒子好色賦。）雖托興於豔歌，實權輿于大雅者也。同郡范子，天情高逸，風調霽朗，埋照濁世，混迹囂塵。莫愁湖畔，屢變新聲。陵籍壚頭，何疑沉醉。爾乃偶然命屐，瞥爾逢僊。地多松柏，上賓邀除徑之歡。門掩枇杷，才子乃掃門（眉）之客。其人也，産自鶴沙，僑居鳳麓。收束近禁中之態，散朗饒林下之風。若乃妙能促柱，雅工垂手。丹唇乍啓，毫髮崩雲。響屧初來，氍毹如水。感此傾城之好，遂叶同聲之歌。白門柳下，夜夜藏烏。油壁車邊，朝朝騎馬。是以紅牋十丈，寫幽豔以難窮。白紵千絲，縈繁愁而欲斷。茂矣美矣，婉兮孌兮。南方故多佳人，而西陵洵稱良會者也。於是傳諸好事，遞撰新篇，既美一緒之聯文，且騖諸體之競爽。昔者囉嗊曲高，鏡湖開色。善和筆妙，雪嶺更題。總標美於青樓，均流音於斑管。以兹方昔，將無過之。僕憂病無方，風流殆盡。聊宣短叙，并製韵文。悔其少作，敢借口於楊雲。輒冠群賢，終汗顔於李白云爾。

昨日非今日，新年是舊年。迷人春半草，相望隔江烟。

鴨卧香爐煖，蜂憎綉幕垂。何當寒食雨，著意濕花枝。

吴綃吹夢薄，楚簟厭嬌多。宿髻鬔鬆處，教誰喚奈何。

柳汁匀晨黛，桃脂助晚妝。誰憐薄命妾，不負有心郎。

寅恪案，「同郡范子」者，疑是范驤。清史列傳柒拾文苑傳柒紹炳傳附毛先舒傳略云：

毛先舒字稚黄，〔浙江〕仁和人。初以父命爲諸生，改名騤。父殁，棄諸生，不求聞達。少奇慧，十八歲著白榆堂詩，陳卧子見而奇賞之，因師子龍。復著有歙景樓詩，子龍爲之序。又從劉宗周講學。

民國修海寧州志稿貳玖文苑門范驤傳略云：

范驤字文白，號默庵。書法效鍾王。環堵蕭然，著述不輟。俄以史禍被逮，已而得釋，志氣如常。令下郡國輯修邑乘，驤考獻徵文，書將成而卒，年六十八。

吴修昭代名人尺牘小傳柒范驤傳云：

范驤字文白，號默庵，海寧人，諸生。工書，有默庵集。

文白事迹第叁章論「采花釀酒歌」已略及之外，今更稍詳述之。文白既與牧齋交好，又曾爲南潯莊氏史案所牽累，卒以與陸圻查伊璜同自首之故，得免於禍。（見痛史第肆種莊氏史案附陸爾任莘行撰「老父雲游始末」。）當日列名莊氏史書諸人，大抵皆江浙文士不歸心建州者。觀陸查志行，亦可以推知范氏之旨趣矣。稚黃師事陳子龍，又從劉宗周講學，則其人當亦反清之流，與文白同氣類者。由是言之，毛范之粉飾推譽彩生，殆有政治關係，不僅以其能歌善舞也。

「鶴沙」即上海縣之鶴沙鎮。上海爲松江府屬縣之一，薩都刺吳姬曲云：「郎居柳浦頭，妾住鶴沙尾。好風吹花來，同泛春江水。」（見顧嗣立元詩選初集戊集所選薩天錫雁門集。）稚黃「產自鶴沙」之語，即用此古典，亦是當日之今典。復與牧齋詩「吳姬却愬從軍苦」之吳姬相合。「鳳麓」者，指鳳凰山麓而言，即謂松江府城。蓋松江有鳳凰山。第叁章論陳臥子「癸酉長安除夕」詩「曾隨俠少鳳城阿」節，已詳引證，茲不復贅。毛氏又言「傳諸好事，遞撰新篇，既美一緒之聯文，且驚諸體之競爽。」則贈彩生詩必有專刊傳播，如東山酬和集之類。此乃明末清初社會之風氣也。「囉嗊曲高，鏡湖開色。」者，范攄雲溪友議下「豔陽詞」條略云：

安人元相國應制科之選，歷天祿畿尉，則聞西蜀樂籍有薛濤者，能篇詠，饒詞辯，常悄悒於懷抱也。及爲監察，求使劍門，以御史推鞫，難得見焉。（後）廉問浙東，別濤已逾十載，方擬馳使往蜀取濤，乃有排優周季南，季崇及妻劉采春，自淮甸而來，善弄陸參軍，歌聲徹雲，篇韵雖不及濤，容華莫之比也。元公似忘薛濤，而贈采春詩曰，新妝巧樣畫雙蛾，慢裹恒州透額羅。正面偷輪光滑笏，緩行輕踏皺文靴。言詞雅措風流足，舉止低迴秀媚多。更有惱人腸斷處，選詞能唱望夫歌。望夫歌者，即囉嗊之曲也。（原注：「金陵有囉嗊樓，即陳後主所建。」）采春所唱一百二十首，皆當代才子所作。其詞五六七言，皆可和矣。詞云：昨日勝今日，今年老去年，黃河青有日，白髮黑無緣。（寅恪案，其詞共七首，只録其第伍首，餘皆從略。）采春一唱是曲，閨婦行人莫不漣泣。且以稿砧尚在，不可奪焉。

故稚黃詩四首之一，即仿采春所唱七首之五。頗疑毛氏此首之第壹第貳兩句之意，暗寓明社已屋，清人入關，雖標順治之年號，實仍存永曆之紀年也。況雲溪友議有「劉采春」之名，毛氏更可借用「采」字，以指「彩生」，鏡湖在越州，元微之爲浙東觀察使，鏡湖在其治所，毛氏序因云「鏡湖開色」也。又「善和筆妙，雪嶺更題。」者，雲溪友議中「辭雍氏」條略云：

崔涯者，吴楚之狂生也，與張祜齊名。每題一詩於倡肆，無不誦之於衢路。譽之，則車馬繼來，毀之，則杯盤失錯。嘲李端端〔曰〕，黃昏不語不知行，鼻似烟窗耳似鐺。獨把象牙梳插鬢，崑崙山上月初生。端端得此詩，憂心如病。〔鹽鐵〕使院飲迴，遥見二子躡屐而行，乃道傍再拜兢灼曰，端端祇候〔張〕三郎〔崔〕六郎，（見岑仲勉先生唐人行第録。）伏望哀之。又重贈一絶句粉飾之，於是大賈居豪，競臻其户。或戲之曰：李家娘子，纔出墨池，便登雪嶺。何期一日，黑白不均？紅樓以爲倡樂，無不畏其嘲謔也。祜涯久在維揚，天下晏清，篇詞縱逸，貴達欽憚，呼吸風生，暢此時之意也。贈詩云，覓得黃騮被繡鞍。善和坊裏取端端。揚州近日渾成差，一朵能行白牡丹。

毛氏用典頗妙，但王家娘子，絶非本出墨池，自不待稚黃輩爲之引登雪嶺也。一笑！

牧齋和答子建詩第叁首第貳聯上句「上客紫髯依白髮」，即自注「魯山公次余坐。」之意。蓋用三國志吴書貳孫權傳「權乘駿馬，越津橋得去。」句下裴注引獻帝春秋曰：

張遼問降人，向有紫髯將軍，長上短下，便馬善射是誰？降人答曰，是孫會稽。遼及樂進相遇，言不早知之，急追自得。舉軍嘆恨。

「上客紫髯」指魯山，「白髮」牧齋自謂也。下句「佳人翠袖」指彩生，「朱絲」即朱弦，謂所彈之樂器也。由是觀之，此次雲間諸子餞别牧齋，推魯山爲主要陪賓，倩彩生專事招待，又使子建特作致語，國士名姝齊集一堂，可稱盛會。頗疑此舉非僅出於武静輩之私人交誼，實亦因永曆帝欲藉鄭延平兵力以取南都，而牧齋爲執行此政策之一人有以致之歟？

牧齋詩第肆首第壹聯上句「湘江曲調傳清瑟」，用錢起故事，遵王注已釋，乃牧齋自謂。下句「漢代詞人謚（？）洞簫」用徐陵玉臺新咏序：

東儲甲觀，流咏止於洞簫。孌彼諸姬，聊同棄日。猗與彤管，麗以香奩。

王褒作洞簫賦，（可參漢書陸肆下王褒傳及文選壹柒王子淵洞簫賦并徐孝穆全集肆玉臺新咏序吴顯令兆宜箋注。）「王」爲彩生之姓，故此句指彩生而言。牧齋以己身與彩生并舉，其推重彩生至於此極，必有深意，非偶然也。第貳聯上句「自有風懷銷磊塊」，即謂與彩生等文宴而已，非有其他作用。下句「定無籌策到漁樵」及自注，乃掩飾其此行專爲游説馬進寶反清之事，所謂欲蓋彌彰者也。又雲間杜讓水登春尺五樓詩集貳「武静先生席上贈錢牧翁宗伯」云：

孺子賓留老伏虔，叩鐘輒應腹便便。南朝事業悲歌裏，北固衣冠悵望前。帳内如花真俠客，囊中有券自鑾天。酒酣緒論堪傾耳，莫使迂儒縮舌還。

寅恪案，讓水此詩第貳聯，上句指河東君，第肆章已引。下句「券」字即「丹書鐵券」之「券」借作「詔」字，疑指牧齋實受有永曆密旨。第柒捌兩句，則指武静席上牧齋與諸人共談復明之事也。故牧齋此次至松江之企圖，得讓水此詩，益可證明矣。牧齋詩第柒第捌兩句，用穆天子傳伍所云：

日中大寒，北風雨雪，有凍人。天子作詩三章，以哀民曰，我徂黄竹，□員閟寒，帝收九行。嗟我公侯，百辟冢卿。皇我萬民，旦夕勿忘。我徂黄竹，□員閟寒，帝收九行。嗟我公侯，百辟冢卿。皇我萬民，旦夕勿窮。有皎者駱，翩翩其飛。嗟我公侯，□勿則迁。居樂甚寡，不如迁土。禮樂其民。天子曰，余一人則淫，不皇萬民。□登乃宿於黄竹。

牧齋以桂王遷播西南，比之周穆王西巡。黄竹詩中「帝收九行，皇我萬民。」乃恢復神州以慰遺民想望故國故君之意。「有皎者駱」，借「駱」以指鷺門，即廈門。（見小腆紀年附考壹叁順治三年十一月丙寅「明鄭彩奉監國魯王次中左所，尋改次長垣。」條所云：「中左所亦名鷺門即廈門也。」并可參鈞璜堂存稿伍「鷺山」詩「鷺門之山如劍戟」句。）「居樂甚寡，不如迁土。」謂鄭成功局處海隅，不如率師以取南都也。穆天子往往有獻酒之語，如卷叁命懷諸飦獻酒之類，但未見有「送酒」之辭。豈牧齋欲以此次在松江游説馬進寶反清之情况遣人往告永曆帝及延平王耶？牧齋詩旨隱晦，頗難通解，姑備一説，殊未敢自信也。

「茸城惜别思昔悼今，呈雲間諸游好，兼與霞老訂看梅之約。共一千字」云：

（上略。）許掾來何暮，徐孃髮未宣。華顛猶躑躅，粉面亦迍邅。月引歸帆去，風將别袂褰。無言循鶴髮，有泪托鵾弦。身世緇塵化，心期皓首玄。魂由天篚予，命荷鬼生全。

此日憂痟首，何時笑拍肩。臨行心痒痒，苦語泪濺濺。去矣思蝦菜，歸歟老粥饘。可知淪往劫，還許問初禪。燕寢清齋并，明燈綉佛燃。早梅千樹發，索笑一枝嫣。有美其人玉，相攜女手卷。衡寒羅袖薄，照夜縞衣妍。領鶴巡荒圃，尋花上釣船。白頭香冉冉，素手月娟娟。搔首頻支策，長歌欲扣舷。莫令漁父櫂，蘆雪獨夤緣。

寅恪案，范鍇華笑廎雜筆壹「黄梨洲先生批錢詩殘本茸城惜别詩」條云：

柳姬定情，爲牧老生平極得意事。纏綿吟咏，屢見於詩。

太冲此語，殊爲確評。牧齋平生所賦長篇五言排律如「有美詩」，「哭稼軒留守相公」及此詩等，皆極意經營之作，而此篇中以蒙古比建州，所用典故如「詐馬」「只孫」「怯薛」等，豈儉腹之妄庸鉅子自稱不讀唐以後書者所能辨。第肆章已引此詩「十六年來事」至「落月九峰烟」一節，兹不重列，僅録此詩末段，并略加詮論，以其與河東君有關故也。「許掾來何暮，徐娘髮未宣。」一聯，上句以許詢比霞城，（見世説新語中「賞譽」下「許掾嘗詣簡文」及「支道林問孫興公，君何如許掾。」等條。）下句以徐娘昭佩比河東君。當牧齋賦此詩時，河東君已三十九，髮尚全黑，自是事實。但南史壹貳后妃下梁元帝徐妃傳云：

帝左右暨季江有姿容，又與淫通。季江每嘆曰，栢直狗雖老猶能獵，蕭溧陽馬雖老猶駿，徐娘雖老，猶尚多情。

此則斷章取義，不可以辭害意也。「華顛猶躑躅，粉面亦迍邅。」一聯，上句牧齋自謂，下句指河東君。牧齋作此詩，末段邀霞城赴虞山拂水山莊看梅。恐是邀其與河東君面商復明計劃。霞城若至牧齋家，河東君自是女主人，應盡招待之責。且此段與首段皆關涉河東君，措意遣辭，如常山之蛇，首尾相應，洵爲佳作也。

復次，關於王彩生之資料，今所得尚不充足。姑先戲附一詩，以結他生之後緣云爾。

戲題有學集高會堂詩後

竹外横斜三兩枝，分明不是暮春期。未知輕薄芳姿意，得會衰殘野老思。萬里西風吹節换，夕陽東市索琴遲。可憐詩序難成讖，十月桃花欲笑時。

順治十三年丙申秋冬間，牧齋往松江游説馬進寶反清告一段落。次年復往金陵，蓋欲陰結有志復明之人，以爲應接鄭延平攻取南都之預備。其流連文酒，咏懷風月，不過一種烟幕彈耳。此年之詩，前已多引證，兹擇録有學集詩注捌長干塔光集中順治十四年丁酉所作諸詩最有關復明運動及饒有興趣者詮論之於下。

「櫂歌十首爲豫章劉遠公題扁舟江上圖」其一云：

家世休論舊相韓，烟波千里一漁竿。扁舟莫放過徐泗，恐有人從圯上看。（自注：「遠公故相文端公之孫，尚寳西佩〔斯瑋〕之子。」）寅恪案，并可參同書同卷「金陵雜題絶句」

二十五首之二十二自江及華笑廎雜筆壹黄梨洲先生此題批語。）

其三云：

吴江烟艇楚江潮，瀨上蘆中恨未消。重過子胥行乞地，秋風無伴自吹簫。

寅恪案，遠公爲劉一燝之孫。明史貳肆拾劉一燝傳略云：

劉一燝字季晦，南昌人。光宗即位，擢禮部尚書兼東閣大學士。〔魏〕忠賢大熾，矯旨責一燝誤用〔熊〕廷弼，削官。追奪誥命，勒令養馬。崇禎改元，詔復官，遣官存問。八年卒。福王時，追謚文端。

季晦在福王時追謚文端，殆由牧齋之力。蓋此時牧齋任禮部尚書故也。遠公之至南京，不知有何企圖，據牧齋詩旨，以張良伍員報韓復楚期許，則遠公之志在復明，爲牧齋所特加接納者之一，又可推知矣。

「顧與治書房留余小像自題四絶句」其一云：

崚嶒瘦頰隱燈看，況復撑衣骨相寒。指示傍人渾不識，爲他還著漢衣冠。

寅恪案，第二句有李廣不封侯之嘆，即己身在明清兩代，終未能作宰相之意。末二句則謂己身已降順清室，爲世所笑罵，不知其在弘光以前，固爲黨社清流之魁首。感慨悔恨之意，溢於言表矣。

其二云：

蒼顔白髮是何人，試問陶家形影神。攬鏡端詳聊自喜，莫應此老會分身。

寅恪案，末二句自謂身雖降清，心思復明，殊有分身之妙術也。

其三云：

數卷函書倚淨瓶，匡床几坐白衣僧。驪山老母休相問，此是西天貝葉經。

寅恪案，牧齋表面雖屢稱老歸空門，實際後來曾有隨護鄭延平之舉動。今故作反面之語，以遜詞自解，藉之掩飾也。

其四云：

褪粉蛛絲網角巾，每煩櫻拂拭煤塵。凌烟褒鄂知無分，留與書帷伴古人。

寅恪案，網巾乃明室所創，前此未有，故可以爲朱明室之標幟，周吉甫暉續金陵瑣事「萬髮皆齊」條云：

太祖一夕微行至神樂觀，見一道士結網巾。問曰，此何物耶？對曰，此網巾也，用以裹之頭上，萬髮皆齊矣。次日，有旨召神樂觀結網巾道士，命爲道官，仍取其網巾，遂爲定式。

小腆紀傳伍貳畫網巾先生傳（寅恪案，徐氏所記出戴名世撰「畫網巾先生傳」。見戴南山先生全集柒。）略云：

畫網巾先生者，不知何許人。（寅恪案，小腆紀傳叁玖劉中藻傳云：「中藻子思沛，時羈浦城獄中，聞父死，曰，父死節，子可不繼先志乎！亦死。或曰，思沛即畫網巾先生也。」小腆紀年附考壹陸順治六年四月「我大清兵克福安，明魯兵部尚書東閣大學士劉中藻死之。」條，亦載此事，但附考曰：「福建續志，福寧府志俱云思沛即世所稱畫網巾先生，而福安縣志謂思沛羈浦中獄中，聞中藻死，曰，父死節，子可不繼先志乎！亦死。浦城縣志亦云然。按畫網巾先生死泰寧之杉津，自另是一人。」茲附録於此，以供參考。）服明衣冠，從二僕，匿迹光澤山寺中。守將吴鎮掩捕之，送邵武，鎮將池鳳鳴訊之，不答。鳳鳴偉其貌，爲去其網巾，戒軍中謹事之。先生既失網巾，盥櫛畢謂二僕曰，衣冠歷代舊制，網巾則我太祖高皇帝創爲之，即死，可忘明制乎？取筆墨來，爲我畫網巾額上。畫已，乃加冠。二僕亦交相畫也。每晨起以爲常。軍中嘩之，呼曰畫網巾云。〔王之綱斬之〕，挺然受刃於泰寧之杉津。泰人聚觀之，所畫網巾，猶斑斑在額上也。

小腆紀年附考壹柒順治七年庚寅十二月丙申（十七日）「明督師大學士臨桂伯瞿式耜、江廣總督兵部尚書張同敞猶在桂林諭降不屈，死之。」條云：

〔張〕同敞手出白網巾於懷，曰，服此以見先帝。

錢曾牧齋投筆集箋注上「後秋興之二」第陸首「胡兵翻爲倒戈愁」句，牧齋自注云：

營卒從諸酋長，皆袖綢巾氊帽，未及倒戈而還。

等，可以爲證。牧齋此詩前二句，亦同此旨。末二句自謂不能將兵如唐之段志玄尉遲敬德，只能讀書作文。此本是真實語，但其在弘光時，自請督師以禦清兵，則恐是河東君之慫慂勸勉，遂有是請耳。

「題畫」云：

撼撼秋聲卷白波，青山斷處暮雲多。沉沙折戟無消息，卧着千帆掠檻過。

寅恪案，遵王注本此詩列於「燕子磯歸舟作」後一題，「歸舟」詩有「薄寒筋力怯登樓」及「風物正於秋老盡，蘆花楓葉省人愁。」等句。涵芬樓本列於「燕子磯舟中作」後一題，「舟中」詩亦有「輕寒小病一孤舟」句。并參以此詩第壹句「撼撼秋聲」之語，足證牧齋賦此「題畫」七絶，必在九月。全唐詩第捌函杜牧肆「赤壁」詩云：

折戟沉沙鐵未銷，自將磨洗認前朝。東風不與周郎便，銅雀春深鎖二喬。

前論魏白衣致書鄭延平謂「海道甚易，南風三日可直抵京口。」牧齋待至九月，以氣候風向之改變，知鄭氏無乘南風來攻南都之可能，遂不覺感樊川詩旨，而賦此「題畫」七絶也。

「有人拈聶大年燈花詞戲和二首」其一云：

蕩子朝朝信，寒燈夜夜花。也知虛報喜，争忍剔雙葩。

其二云：

燈花燭夜多，寂莫怨青娥。一樣銀釭裏，無花又若何。

寅恪案，此爲憶河東君之作，不過藉和聶壽卿詩爲題耳。

「橋山」云：

萬歲橋山奠永寧，守祧日月鎮常經。青龍閣道蟠空曲，玄武鈎陳衛杳冥。墜地號弓依寢廟，上陵帶劍仰神靈。金輿石馬依然在，蹴踏何人夙夜聽。

寅恪案，此首爲明太祖孝陵而作。末二句則希望鄭延平率師來攻取南都也。

「鷄人」云：

鷄人唱曉未曾停，倉卒衣冠散聚螢。執熱漢臣方借箸，畏炎胡騎已揚舲。（自注：「乙酉五月初一日召對，講官奏曰，馬畏熱，必不渡江。余面叱之而退。」）刺閏痛惜飛章罷，（自注：「余力請援揚，上深然之。已而抗疏請自出督兵。蒙温旨慰留而罷。」）講殿空煩側坐聽。腸斷覆杯池畔水，年年流恨繞新亭。

寅恪案，此首爲牧齋自述弘光元年乙酉時事，頗有史料價值。末二句蓋傷福王及己身等之爲俘虜而北行也。

「蕉園」云：

蕉園焚稿總凋零，況復中州野史亭。温室話言移漢樹，長編月朔改唐蓂。謏聞人自詑三豕，曲筆天應下六丁。東觀西清何處所，不知汗簡爲誰青。

寅恪案，此首乃深惡當日記載弘光時事野史之誣妄，復自傷己身無地可托以寫此一段痛史也。噫！牧齋在弘光以前本爲清流魁首，自依附馬阮，迎降清兵以後，身敗名裂，即使著書，能道當日真相，亦不足取信於人。方之蔡邕，尤爲可嘆也。又同書同卷「金陵雜題絶句」二十五首之十三云：

人凝陽秋家汗青，天戈鬼斧付沉冥。赤龍重焰蕉園火，燒却元家野史亭。

此絶句亦自惜絳雲樓被焚，其所輯之明史稿本全部不存，與蕉園七律，可以互證，故附録之於蕉園詩後。

「小至夜月食記事」（自注：「十一月十有六日。」）云：

蟾蜍蝕月報黄昏，冬至陽生且莫論。飛上何曾爲玉鏡，落來那得比金盆。朦朧自繞飛烏羽，昏黑誰招顧兔魂。畫盡鑪灰不成寐，（涵芬樓本「不成」作「人不」。）一星宿火養微温。

寅恪案，此首必有所指，今難確定，不敢多所附會。但檢小腆紀年附考壹玖「（順治十四年丁酉四月」明朱成功部將施舉與我大清兵戰於定海關，敗績死之。」條云：

時成功謀大舉入長江，令舉招撫松門一帶漁船爲嚮導。舉至定海關，遭風入港，遇水師，力戰而死。

然則鄭延平本擬於此年夏大舉入長江，不幸遭風失敗。牧齋當早知延平有是舉，故往金陵以待之，迄至小至日，以氣候之關係，知已無率舟師北來之希望，因有七八兩句之感嘆歟？俟考。

「至日作家書題二絕句」云：

至日裁書報孟光，封題凍筆蘸冰霜。栴檀燈下如相念，但讀楞嚴莫斷腸。

松火柴門紅豆莊，稚孫嬌女共扶床。金陵無物堪將寄，分與長干寶塔光。

寅恪案，此兩首文情俱妙，不待多論。唯據第貳首第貳句，知稚孫即桂哥，亦與趙微仲妻隨同河東君居於白茆港之紅豆莊，而不隨其父孫愛留寓城中宅内。然則牧齋聚集其所最愛之人於一處也。（可參前論「丙申重九海上作」四首之四。）第貳首末二句可參下一題「丁酉仲冬十有七日長至禮佛大報恩寺。」在牧齋之意，寶塔放光，即明室中興之祥瑞，將來河東君亦當分此光寵，以其實有暗中擘劃之功故也。

「和普照寺純水僧房壁間詩韵，邀無可幼光二道人同作。」云：

古殿灰沉朔吹濃，江梅寂曆對金容。寒侵牛目冰間雪，老作龍鱗燒後松。夜永一燈朝露寢，更殘獨鬼哭霜鐘。可憐漫壁橫斜字，賸有三年碧血封。

寅恪案，無可即方以智，幼光即錢澄之（見小腆紀傳貳肆方以智傳及同書伍伍錢秉鐙傳并吾炙集「皖僧幼光」條。）方錢二人皆明室遺臣托迹方外者，此時俱在金陵，頗疑與鄭延平率舟師攻南都之計劃不能無關。牧齋共此二人作政治活動，自是意中事也。純水僧房壁間詩之作者，究爲何人，未敢決言，但細繹牧齋詩辭旨，則此作者，當是明室重臣而死國難者，豈瞿稼軒黃石齋一輩人耶？俟考。

「水亭撥悶二首」其一云：

不信言愁始欲愁，破牕風雪面淮流。往歌來哭悲鸜鵒，莫雨朝雲樂爽鳩。攬鏡每循宵茁髮，（涵芬樓本「宵茁」下自注云：「先作朝剃。」）擁衾常護夜飛頭。黃衫紅袖今餘幾，誰上城西舊酒樓。

其二云：

瑣闈夕拜不知繇。熱鐵飛身一旦休。豈有閉唇能遁舌，更無穴頸可生頭。市曹新鬼争顱額，長夜冤魂怨髑髏。狼藉革膠供一笑，君王不替偃師愁。

寅恪案，此二首辭旨奇詭，甚難通解。遵王注雖於字面略有詮釋，亦不言其用意所在。但牧齋賦詩必有本事，茲姑妄加推測，以備一説，仍待博識君子之教正。鄙意此二詩皆爲河東君而作。第壹首謂河東君之能救己身免於黃毓祺案之牽累。第貳首謂己身於明南都傾覆後隨例北遷期間，河東君受姦通之誣謗，特爲之辨明也。第壹首第柒句「黃衫紅袖」一辭，應解作紅袖中之黃衫。有學集詩注捌「金陵雜題絶句」二十五首之十「女俠誰知寇白門」及「黃土蓋棺心未死」二句（全詩前已引），蓋謂白門已死，今所存之女俠，唯河東君一人足以當之。即與上引杜讓水「帳内如花真俠客」句，同一辭旨。第捌句兼用漢書玖貳游俠傳萬章傳：「萬章字子夏，長安人也。長安熾盛，街閭各有豪俠。章在城西新市，號曰城西萬子夏。」并太平廣記肆捌伍許堯佐柳氏傳「會淄青諸將合樂酒樓。」及「柳氏志防閑而不克。」等語。此兩出處遵王注均未引及。第貳首第壹句遵王雖用後漢書百官志引衛宏漢舊儀曰，「黃門郎屬黃門令，日暮入對青瑣門拜，名曰夕郎。」以爲釋。鄙意牧齋既未曾任給事中，則遵王所解無著落。疑牧齋意謂弘光出走，乃詔王覺斯及己身留京迎降。唐代詔書其開端必有「門下」二字，即王摩詰所謂「夕奉天書拜瑣闈」之「天書」。（見全唐詩第貳函王維肆「酬郭給事。」）弘光詔殊不知其來由也。第貳句遵王注云：

首楞嚴經：歷思則能爲飛熱鐵，從空雨下。五燈會元：世尊説大集經，有不赴者，四天門王飛熱鐵輪，追之令集。

甚是。蓋謂清兵突至南都，逼迫己身等執以北行也。第柒第捌兩句遵王注引列子湯問篇，周穆王怒偃師所造倡者以目招王之左右侍妾，遂欲殺偃師，偃師乃破散唱者以示王，皆革膠等假物所造之物語。牧齋意謂河東君受姦通之誣謗，實無其事，即投筆集上後秋興之三「小舟惜別」詩「人以蒼蠅污白璧」句之旨也。

「投宿崇明寺僧院有感二首」其一云：

秋卷風塵在眼前，莽蒼迴首重潸然。（涵芬樓本「莽蒼」作「蒼茫」。）居停席帽曾孫在，驛路氊車左擔便。日薄冰山圍大地，霜清木介矗諸天。禪床投宿如殘夢，半壁寒燈耿夜眠。

其二云：

禾黍陪京夕照邊，驅車霑灑孝陵烟。周郊昔嘆爲犧地，薊子今論鑄狄年。綸邑一成人易老，華陽十賚誥虛傳。顛毛種種心千折，祇博僧牕一宿眠。

寅恪案，此二首疑是因崇禎十七年秋間，偕河東君同赴南都，就禮部尚書之任，途中曾投宿於崇明寺，遂追感前事而作也。前論錢柳二人同赴南都在七八月間，故第壹首一二兩句謂景物不殊，而時勢頓改，殊不堪令人回首。第貳聯上句，謂南都傾覆，苟得生還者甚少。如己身及河東君，即遵王注引酉陽雜俎云：

王天運伐勃律還，忽風四起，雪花如翼，風吹小海水成冰柱，四萬人一時凍死，唯蕃漢各一人得還。

之蕃漢二人也。下句謂此次歲暮獨自還家，重經崇明寺，兵戈遍及西南，與前次過此時尚能苟且偷安者大异。第貳首一二兩句謂此次在金陵謁拜孝陵，在南都傾覆之後，不勝興亡之恨也。第壹聯上句遵王注已引左傳昭公二十二年「王子朝賓起有寵於景王。」條以釋之，但僅著詩句之出處，而未言牧齋作意所在。今以意揣之，牧齋蓋謂馬阮之起用己身爲禮部尚書，不過以其文采照耀一世之故，深愧不能如犧鷄之自斷其尾，以免受禍害也。下句遵王無釋，檢王先謙後漢書柒貳下方術傳薊子訓傳云：

時有百歲翁，自説童兒時，見子訓賣藥於會稽市，顔色不异於今。後人復於長安東霸城見之，與一老翁共摩挲銅人，相謂曰，適見鑄此，已近五百歲矣。

牧齋意謂回首當日與河東君同赴南都，就宗伯任時，已同隔世，殊有薊子訓在秦時目睹鑄此銅人之感也。第貳聯上下兩句，遵王引史記及松陵集爲釋，甚是。牧齋意謂雖有復明之志，但已衰老，無能爲力，虛受永曆帝之令其聯絡東南僞帥遺民，以謀中興之使命也。

「金陵雜題絶句二十五首繼乙未（丙申？）春留題之作。」云：

（詩見下引。）

寅恪案，此題「乙未」二字當是「丙申」之僞。諸本皆同，恐爲牧齋偶爾筆誤也。此題廿五首，板橋雜記已采第壹第貳第肆第伍第柒第拾第壹貳等七題。皆是風懷之作，此固與余氏書體例符合。其涉及政治者，澹心自不敢移録，但亦有風懷之作曼翁未選者，則因事涉嫌疑，須爲牧齋隱諱也。兹先擇録此類三首論釋之，後再略述其他諸詩。至板橋雜記所選之八首，皆不重録，以余氏書所選牧齋之詩爲世人習讀，且多能通解故也。

第叁首云：

釧動花飛戒未賒，隔生猶護舊袈裟。青溪東畔如花女，枉贈親身半臂紗。

第捌首云：

臨岐紅泪濺征衣，不信平時交語稀。看取當風雙蛺蝶，未曾相逐便分飛。（自注：「已上雜記舊游。」）

第壹壹首（此詩前已引，因解釋便利之故，特重録之。）云：

水榭新詩贊戒香，横陳嚼蠟見清凉。五陵年少多情思，錯比横刀浪子腸。（自注：「杜蒼略和詩有只斷横刀浪子腸之句。」）

寅恪案，此三首皆與前論「秦淮水亭逢舊校書賦贈」詩有關。前引杜蒼略和詩及此題第壹壹首自注，可以推知。假定此秦淮舊校書女道士淨華與前所論果爲卞玉京者，則惠香公案中，此三首詩亦是有關之重要作品也。

第陸首云：

抖擻征衫趁馬蹄，臨行漬酒雨花西。于今墓草南枝句，長伴昭陵石馬嘶。（自注：「乙酉北上，吊方希直先生墓詩云，孤臣一樣南枝恨，墓草千年對孝陵。」）

寅恪案，牧齋詩集順治二年乙酉所作者，删汰殊甚。留此注中十四字，亦可視作摘句圖也。「希直」爲方孝孺字。夫牧齋迎降清兵，被執北行，與正學事大异。「一樣南枝恨」之語，乃一别解。然姚逃虚謂成祖曰，「若殺孝孺，天下讀書種子絶矣。」（見明史壹肆方孝孺傳。）牧齋在明清之際，確是「讀書種子」。此則不可以方錢人格高下論也。又牧齋自注中「乙酉北上」四字，涵芬樓本作「乙酉計偕北上」。遵王注本作「乙酉北上」。兩書之文，皆有增改。考牧齋爲萬曆三十八年庚戌探花，己酉計偕北上，吊方希直詩，若作於此年，則牧齋當時僅以舉人北上應會試之資格，且此時明室表面上尚可稱盛世，「孤臣」之語，殊無著落。且通常由虞山北上之路，亦不經金陵。此兩本之訛，自是諱飾之辭。若作「乙酉北上」，則牧齋於南都傾覆，隨例北遷，如投筆集後秋興之十二「壬寅三月二十三日以後大臨無時，啜泣而作。」其第肆首後四句云：「忍看末運三辰促，苦恨孤臣一死遲。惆悵杜鵑非越鳥，南枝無復舊君思。」之例，則甚符合。故特爲改正。又考五臣本文選貳玖古詩十九首之一「胡馬依北風，越鳥巢南枝。」二句，注云：

善曰，韓詩外傳曰，詩云，代馬依北風，飛鳥栖故巢，皆不忘本之謂也。翰曰，胡馬出於北，越鳥來於南，依望北風，巢宿南枝，皆思舊國。

牧齋之詩，即用此典。至有關成祖生母問題，近人多所考證，雖難確定，但成祖之母或是高麗籍。元代風俗，如朝鮮實録及葉子奇世杰草木子雜制篇等所載者，蒙古宮廷貴族多以高麗女爲媵侍。碽妃豈元代諸王之後宮耶？若廣陽雜記及蒙古源流等書所載，則又輾轉傳訛，不足道也。又據李清三垣筆記附志二條之一云：

予閲南太常寺志載懿文皇太子及秦晋二王均李妃生。成祖則碽妃生。訝之。時錢宗伯有博物稱，亦不能决。後以弘光元旦謁孝陵，予與謙益曰，此事與實録玉牒左，何徵？但本志所載，東側列妃嬪二十餘，而西側止碽妃，然否？曷不啓寢殿驗之？及入視，果然。乃知李碽之言有以也。

談遷國榷壹貳建文四年條略云：

成祖文皇帝御諱棣，太祖高皇帝第四子也。母碽妃。玉牒云，高皇后第四子。蓋史臣因帝自稱嫡，沿之耳。今南京太常寺志，載孝陵祔享，碽妃穆位第一，可據也。

談遷棗林雜俎義集彤管門「孝慈高皇后無子」條略云：

孝陵享殿太祖高皇帝高皇后南向，左淑妃李氏次皇□妃□氏〔等〕俱東列，碽妃生成祖文皇帝，獨西列。見南京太常寺志。孝陵閹人俱云，孝慈高皇后無子，具如志中。而王弇州先生最博核，其別集同姓諸王表，〔與〕吾學編諸書俱同，抑未考南太常〔寺〕志耶？享殿配位，出自宸斷，相傳必有確據，故志之不少諱，而微與玉牒抵牾，誠不知其解。

然則牧齋久蓄此疑，不但取太常志文獻爲左證，并親與李清目睹之實物相證明，然後決定。可知牧齋作史，乃是信史，而非如宋轅文所謂「穢史」也。（見第叁章論朱鶴齡與吳梅村書。）

第壹柒首云：

盧前王后莫相疑，日下雲間豈浪垂。江左文章流輩在，何曾道有蔡克兒。

第壹捌首云：

帝車南指豈人謀，河岳英靈氣未休。昭代可應無大樹，汝曹何苦作蚍蜉。（自注：「以上六首，雜論文史。」）

寅恪案，此兩首皆牧齋因當日有非議其文章者，感憤而作。夫牧齋爲一世文雄，自有定評，亦不必多所論辯。所可注意者，第壹柒首末句「蔡克兒」之「克」字，實應作「克」字。

牧齋沿世説新語輕詆篇「王丞相輕蔡公」條之誤。且「克」字爲平聲，「克」字爲仄聲。牧齋自是用「克」字方協聲調。實由未檢晋書陸伍王導傳及柒柒蔡謨傳所致。寅恪綜覽河東君之詩文，其關涉晋代典故者，多用晋書，而不用世説新語，恐河東君讀此詩時，不免竊笑也。

第貳叁首云：

被髮何人夜叫天，亡羊臧穀更堪憐。長鬚銜口填黄土，肯施維摩結淨緣。

寅恪案，此詩疑爲牧齋過金陵陳名夏子掖臣故居而作。清史列傳柒玖貳臣傳陳名夏傳（參同書肆譚泰傳，同書伍寧完我傳，同書柒捌張煊傳。）略云：

陳名夏，江南溧陽人。明崇禎十六年進士，官翰林修撰，兼户兵二科都給事中。福王時，以名夏曾降附流賊李自成，定入從賊案。本朝順治二年七月名夏抵大名投誠，以保定巡撫王文奎疏薦，復原官。旋擢吏部左侍郎，兼翰林院侍讀學士。三年丁父憂，命在官任事，私居持服，并敕部議贈恤。復陳情請終制。賜銀五百兩，暫假歸葬，仍給俸贍在京家屬。明年還朝，五年初設六部尚書各一，即授名夏吏部尚書。尋加太子太保。八年授弘文院大學士，晋少保，兼太子太保。九年以黨附吏部尚書公譚泰，議罪。解院任，給俸如故。發正黄旗下，與閒散人隨朝。初睿親王多爾袞專擅威福，尚書公譚泰剛愎攬權，名夏既掌銓衡，徇私植黨，揣摩執政意指，越格濫用匪人，以迎合固寵。及多爾袞事敗，御史張煊劾奏名夏結黨行私，銓選不公諸劣迹。下諸王部臣鞫議。會上方巡狩，譚泰獨袒名夏，定議，諸款皆赦前事，且多不實。煊坐誣論死。至是，譚泰以罪伏誅。命親王大臣復按張煊所劾名夏罪狀。名夏厲聲强辨，及詰問詞窮，涕泪交頤，自訴投誠有功，冀貸死。諭曰，此輾轉矯詐之小人也。罪實難逭。但朕有前旨，凡譚泰干連，概赦免。若復執名夏而罪之，是不信前旨也。因宥之，且諭令潔己奉公，勿以貪黷相尚。冀其自新，以副倚任。十年復補祕書院大學士。時吏部尚書員缺，侍郎孫承澤請令名夏兼攝。上以侍郎推舉大學士，有乖大體。責令回奏。復諭名夏曰，爾可無疑懼。越翼日，仍命署吏部尚書。上嘗幸内院，閱會典及經史奏疏，必與諸臣講求治理，兼訓諸臣，以滿漢一體，六部大臣不宜互結黨與。誡諭名夏，益諄切焉。會有旨，令集議刑部，論任珍家居怨望，指奸謀陷諸罪應死狀。名夏及大學士陳之遴，尚書金之俊等二十八人，與刑部九卿科道等兩議。得旨責問，名夏更巧飾欺蒙。論死。復詔從寬典，改削官銜二級，罰俸一年，仍供原職。十一年大學士寧完我列款劾奏名夏曰，名夏屢蒙皇上赦宥擢用，宜洗心易行，效忠我朝。不意蠱惑紳士，包藏禍心以倡亂。嘗謂臣曰，要天下太平，只依我兩事。臣問何事？名夏推帽摩其首云，留髮，復衣冠，天下即太平。臣思爲治之要，惟法度嚴明，則民心悦服。名夏必欲寬衣博帶，其情叵測。臣與逐事辯論，不止千萬言，灼見隱微。名夏禮臣雖恭，而惡臣甚深。此同官所共見共聞者也。今將結黨奸宄事迹言之。名夏子掖臣居鄉暴惡，士民怨恨，欲移居避之。江寧有入官園宅在城，各官集貲三千兩代爲納價，遂家焉。掖臣横行城中，説人情，納賄賂。各官敢怒而不敢言。人人懼其威勢。名夏明知故縱，科道官豈無一人聞之？不以一疏入告，其黨衆可見矣。臣等職掌票擬，一字輕重，關係公私，臣慮字有錯誤，公立一簿注姓，以防推諉，行之已久。一日，名夏不俟臣等到齊，自將公簿注姓，塗抹一百一十四字，爲同官所阻，方止。竊思公簿何得私抹，不知作弊又在何件。本年二月上命内大臣傳出科道官結黨諭旨。臣書稿底，交付内值。及票紅發下，名夏抹去「擠异排孤」一語，改去「明季埋没局中，因而受禍。今方馳觀域外，豈容成奸。」四句，作兩句泛語。其糾黨奸究之情形，恐皇上看破，故欲以隻手障天也。請敕下大臣確審具奏，法斷施行。則奸黨除，而治安可致矣。遂下廷臣會勘。名夏辯諸款皆虚，惟留髮復衣冠，所言屬實。完我復與大學士劉正宗共證名夏攬權市恩欺罔罪。讞成，論斬。上以名夏久任近密，改處絞，子掖臣，逮治杖戍。

清史稿貳伍壹陳名夏傳云：

陳名夏字百史。江南溧陽人。明崇禎進士，官修撰，兼户兵二科都給事中。降李自成，福王時，入從賊案。順治二年詣大名降。以保定巡撫王文本薦，復原官。入謁睿親王，請正大位。王曰，本朝自有家法，非爾所知也。

左傳哀公十五年云：

衛孔圉取大子蒯聵之姊，生悝。孔氏之豎渾良夫，長而美。孔文子卒，通於内。大子在戚，孔姬使之焉。大子與之言曰，苟使我入獲國，服冕乘軒，三死無與。與之盟。爲請於伯姬。

又哀公十七年略云：

十七年春，衛侯爲虎幄於藉圃。成。求令名者，而與之始食焉。大子請使良夫，良夫乘衷甸，兩牡，紫衣狐裘。至，袒裘，不釋劍而食。大子使牽以退，數之以三罪而殺之。

衛侯夢於北宮，見人登昆吾之觀，被髮北面而噪曰，登此昆吾之虚。緜緜生之瓜。余爲渾良夫。叫天無辜。（杜注云：「本盟當免三死，而并數一時之事爲三罪，殺之，故自謂無辜。」）

牧齋詩第壹句以渾良夫比百史，蓋以其數次論死，雖暫得寬宣，終以自承曾言「留髮復衣冠」一事處絞。夫百史辯寧完我所詰各款皆虚，獨於最無物證，可以脱免之有關復明制度之一款，則認爲真實。是其志在復明，欲以此心告諸天下後世，殊可哀矣。牧齋詩第貳句謂己身與百史雖皆志在復明，而終無成。所自信者，百史不如己身之能老歸空門耳。

第貳肆首云：

長干墖繞萬枝燈，白玉毫光涌玉繩。鈴鐸分明傳好語，道人誰是佛圖澄。

寅恪案，此詩末二句遵王無注。檢慧皎高僧傳初集拾晋鄴中竺佛圖澄傳（可參晋書玖伍佛圖澄傳）云：

光初十一年，〔劉〕曜自率兵攻洛陽，〔石〕勒欲自往拒曜，内外僚佐無不必諫。勒以訪澄。澄曰，相輪鈴音云：「秀支替戾岡，僕谷劬秃當。」此羯語也。「秀支」軍也。「替戾岡」出也。「僕谷」劉曜胡位也。「劬秃當」捉也。此言軍出捉得曜也。時徐光聞澄此旨，苦勸勒行。勒乃留長子石弘共澄以鎮襄國，自率中軍步騎，直詣洛城。兩陣纔交，曜軍大潰，曜馬没水中，石堪生擒之送勒。澄時以物塗掌觀之，見有大衆。衆中縛一人，朱絲約其肘，因以告弘，當爾之時，正生擒曜也。

牧齋詩用此典之意，言清軍主帥出戰必敗也。

第貳伍首云：

采藥虚無弱水東，颸輪仍傍第三峰。玉晨他日論班位，應次高辛展上公。（自注：「過句曲，望三峰作。」）

寅恪案，此首爲歸家途中過句容所賦。末二句意謂此次在南都作復明活動，他日成功，當受封賞也。

有學集詩注玖紅豆集中有關牧齋復明活動，而最饒興趣者，莫如「六安黃夫人鄧氏」七律一首。詩云：

鐃歌鼓吹競芳辰，娘子軍前喜氣新。（涵芬樓本作「魚軒象服照青春，鼓吹喧闐壁壘新。」但後附校勘記同注本。）綉幰昔聞梁刺史，錦車今見漢夫人。（涵芬樓本「見」作「比」。）鬚眉男子元無幾，（涵芬樓本「元」作「原」。）巾幗英雄自有真。（涵芬樓本「巾幗」作「粉黛」。）還待麻姑搿麟脯，共臨東海看揚塵。（涵芬樓本「共臨」作「笑看」，「看」作「再」。）

寅恪案，就今所見關於黃夫人鄧氏或梅氏及黃鼎之資料，移録於下，恐仍未備，尚求當世君子教正。總之，牧齋詩末二句之旨，復明活動之意，溢於言表矣。

劉繼莊獻廷廣陽雜記壹（劉氏與牧齋有交誼，見楊大瓢先生雜文稿「劉繼莊傳」。）云：

霍山黃鼎字玉耳。霍山諸生也。鼎革時起義，後降洪（承疇）經略，授以總兵，使居江南。其妻獨不降，擁衆數萬，盤居山中，與官兵抗，屢爲其敗。總督馬國柱謂鼎，獨不能招汝妻使降乎？鼎曰，不能也。然其子在此，使往，或有濟乎？國柱遂使其子招之。鼎妻曰，大廈將傾，非一木所能支，然志士不屈其志。吾必得總督來廬一面，約吾解衆，喻令剃髮。然吾仍居山中以遂吾志，不能若吾夫調居他處也。其子覆命，國柱自來廬州，鼎妻率衆出見，貫甲鐵兜鍪，凜凜如偉丈夫。如總戎見制臺禮。遂降，終不出山。黄鼎居江南久，後屢與鄭氏通，郎總督時，事敗，服毒死。

痛史第柒種弘光實録鈔壹「〔崇禎十七年癸未六月〕乙亥湖廣巡按御史黄澍召對，劾馬士英於上前。」一條黄澍疏士英十可斬。其二云：

市棍黄鼎委署麻城，以有司之官，娶鄉宦梅之焕之女。士英利其奸邪，互相表裏。黄鼎私鑄闖賊果毅將軍銀印，托言奪自賊手，飛報先帝。士英蒙厚賞，黄鼎加副將。麻城士民有「假印不去，真官不來。」之謡。是謂欺君，可斬。

王葆心蘄黄四十八砦紀事貳附「皖砦篇」略云：

〔順治〕三年秋，〔明荆王朱〕常𣳚舊部李時嘉等復掠太湖，總兵黄鼎平之。是年冬揚州人明瑞昌王軍師趙正據宿松洿池間，稱明帥，屢挫大兵。安徽巡撫李栖鳳遣兵備道夏繼虞，總兵卜從善黄鼎冷允登，副將梁大用等合兵剿之。又霍山總兵黄鼎妻梅氏者，故麻城甘肅巡撫之焕女。鼎字玉耳，霍山諸生。始崇禎十六年五月鳳陽總督馬士英遣鼎入麻城諸砦説周文江反正，即委鼎署麻城知縣。聞之焕女英勇而有志節，饒父風。娶之。順治初，鼎即納款於洪承疇，授以總兵，使居南直。梅氏獨抗節不降，擁衆數萬，踞英霍及廬鳳山中，與總督馬國柱所部兵抗，所部屢敗。（寅恪案，下文同上引廣陽雜記壹「霍山黄鼎」條。兹不重録。）

「皖砦篇」附案語云：

此事見劉繼莊廣陽雜記。近日如夕陽紅泪録等書，均載之。迹梅夫人壯烈之行，其夫應爲愧死，故易書鼎妻爲梅氏以予之。蓋左忠貞侯良玉沈河翠游擊將軍雲英後之一人也。諸書載此，均惜夫人不知誰氏。爰據弘光實録鈔中黄澍劾馬士英十可斬疏所稱鼎娶麻城鄉宦梅之煥女之語，證夫人爲長公女。長公爲明季邊帥偉人，尤吾鄉錚錚奇男子，宜夫人英壯有父風。其始終不屈，惓惓不忘宗國，志節皭然，與其夫始附權奸，終狡逞，求作降虜，仍不能免，誠所謂熏蕕不同器者矣。惟霍山黄氏，今猶儒舊家風，夫人遺事必猶有傳者，當再訪摭之。

牧齋初學集柒叁「梅長公傳」略云：

公諱之煥，字長公，一字彬父，黄之麻城人。萬曆癸卯舉於鄉。甲辰舉進士。選翰林院庶吉士。天啓三年擢都察院僉都御史，巡撫南贛。丁母憂歸里，今上即位召還，以原官巡撫甘肅。烏程用閣訟攘相位，公在鎮，擻手罵詈，數飛書中朝，别白是非。烏程深御之，思中以危法。己巳冬，奴兵薄都城，公奉入援詔，即日啓行。甘鎮去都門七千里，師次邠州，奉詔還鎮。已又趣入援，紆迴往還，又數千里，師行半年始至。本兵希烏程指，劾公逗留，欲用嘉靖中楊守謙例殺公。上心知公材，憐其枉，部議力持之，乃命解官歸里。久之，烏程當國，豪宗惡子嗾邑子上書告公，烏程從中下其事，中朝明知其滿讕忌公才能，借以柅公。公自是不復起矣。公聽勘久之，叙甘鎮前後功，加級，蔭一子。忌公者盈朝，卒不果用。辛巳八月十三日發病卒。享年六十七。

顧苓金陵野鈔云：

〔弘光元年甲申四月〕加六安州總兵官黄鼎太子太保。先是，賊狄應奎率衆數千，自固始欲投興平伯高杰降。杰遇害，走六安，殺賊將僞權將軍路應標，挈其印降鼎。鼎報聞，授應奎副總兵，賚銀幣。

清史列傳柒玖張縉彦傳云：

豫親王多鐸統帥定河南江南，縉彦乃遁匿六安州商麻山中。三年二月招撫江南大學士洪承疇檄總兵黄鼎入山招之，縉彦赴江寧納款，賚繳總督印及解散各寨士民册。

王氏據弘光實録鈔稱黄鼎妻爲梅之焕女，牧齋詩題則稱爲「鄧氏」，頗難決定。鄙意牧齋或者如其列朝詩集閏肆「女郎羽素蘭小傳」稱翁孺安爲「羽氏」者相類，蓋「鄧尉」以梅花著稱，（可參嘉慶修一統志柒柒蘇州府「鄧尉山」條所云：「漢鄧尉隱此，故名。山多梅，花時如雪，香聞數里。」及漢書叁伍荆燕吴傳。）文人故作狡獪，遂以「梅」爲「鄧」耶？俟考。

復據顧氏所言，鼎於南都未傾覆前，曾任六安州總兵官，故牧齋可稱之爲「六安黄夫人」也。又梅長公於閣訟時忤温體仁。體仁復助其豪宗惡子睠邑子告訐，欲加以重罪。其始末實同於牧齋與烏程之關係。由是言之，錢梅之交誼并非偶然。推其所以諱改黄夫人之姓者，豈因黄夫人曾參加復明活動，恐長公家屬爲所牽累歟？關於黄夫人事，據沈寐叟曾植文集稿本「投筆集跋」云：

> 子培先生曾官安徽，其作此考，自是可能。今詢其家，遺稿中并無是篇，或已佚失耶？
>
> 黄夫人見廣陽雜記，余别有考。

牧齋投筆集之命名，自是取班定遠投筆從戎之義。此集第壹疊「金陵秋興八首己亥七月初一日作」（可參有學集詩注壹叁東澗集中「秋日雜詩」末一首「旁行側理紙，堆積秋興編。發興己亥秋，未卜斷手年。」等句。）其以「金陵」二字標題，恐非偶然。又第柒首第貳句有「秋宵蠟炬井梧中」之語，用杜甫廣德二年在嚴武幕中所作「宿府」之典。（見仇兆鰲杜詩詳注壹肆及卷首所附杜工部年譜「廣德二年甲辰」及「永泰元年乙巳」條。）然則牧齋此際亦列名鄭延平幕府中耶？但仍缺乏有力之證據，姑記之，以俟更考。第叁疊「小舟夜渡，惜别而作」八首，殆因此時延平之舟師雖敗於金陵，然白茆港尚有鄭氏將領所率之船舶，牧齋欲附之隨行，後因鄭氏白茆港之舟師，亦爲清兵所擊毁，故牧齋隨行之志終不能遂，唯留此八首於通行本有學集中，以見其微旨，但以避忌諱，字句經改易甚多，殊不足爲據。此疊八首，不獨限於個人兒女離别之私情，亦關民族興亡之大計。吾人至今讀之，猶有餘慟焉。（參梅村家藏稿貳伍「梁宫保壯猷紀」所云：「〔八月八〕日中丞蔣公〔國柱〕亦至，乃以十三日於七丫出海。白茆港有賊伏艦百餘，見之來邀，沙葦中斜出如箭。我長年捩柁向賊中流呼曰，鬥來。〔梁〕公〔化鳳〕與蔣公聞相持而近，知其遇賊。别部且戰且前，已爲我師舉礮碎其四舟，殺五百人。」及清史列傳伍蔣國柱傳略云：「〔順治十六年〕八月疏言自江寧大捷之後，料賊必犯崇明，急令鎮臣旋師，未渡，而賊䑸大至。臣親至七丫口相度形勢，海面遼闊，距崇邑二十餘里，遥見施翹河等處賊䑸密佈，即發各營兵船，出口拒賊於白茆。」并金鶴冲牧齋先生年譜順治十六年己亥條所論。）投筆集諸詩摹擬少陵，入其堂奥，自不待言。且此集牧齋諸詩中頗多軍國之關鍵，爲其所身預者，與少陵之詩僅爲得諸遠道傳聞及追憶故國平居者有异。故就此點而論，投筆一集實爲明清之詩史，較杜陵尤勝一籌，乃三百年來之絶大著作也。

此集有遵王注本别行於世，但不能通解者尚多。（可參有學集詩注卷首序文所云：「余年來篝燈校讎，釐正魚豕，間有傷時者，軼其三四首，至秋興十三和詩，直可追蹤少陵，而傷時滋甚，亦并軼之，蓋其慎也。」等語。）王應奎海虞詩苑肆録錢曾「寒食行」并序云：

寒食夜忽夢牧翁執手諈諉，歡如平昔，覺而作此，以寫余哀。

（上略。）更端布席纔函丈，絮語雄談仍抵掌。空留疑義落人間，獨持异本歸天上。（自注：「夢中以詩箋疑句相詢，公所引書，皆非余所知者，蓋絳雲秘笈，久爲六丁下取，歸之天上矣。」）寂歷閒房黯淡燈，前塵分別總無憑。（中略。）斜行小字叢殘紙。箋注蟲魚愧詩史。未及侯芭爲起墳，不負公門庶在此。（自注：「乙卯一月八日稿葬公於山莊，故發侯芭之嘆。」）

可見遵王當日注牧齋詩之難矣。寅恪今亦不能悉論，僅就其最有關係，且最饒興趣者，詮釋之於下。此集傳本字句多有不同，唯擇其善者從之，不復詳加注明。

第壹疊遵王注除第壹首外，皆加删汰。即第壹首亦僅注古典字面，而不注今典實指。例如「龍虎軍」止引程大昌雍録，「羽林」止引漢書宣帝紀爲釋，鄙意唐之「龍武新軍」及漢之「羽林孤兒」，謂鄭延平之舟師，本出於唐王之衛軍。如黄太冲宗羲「賜姓始末」所云：

隆武帝即位，〔成功〕年纔二十一。入朝。上奇之，賜今姓名，俾統禁旅，以駙馬體統行事。封忠孝伯。

即其證也。第伍首第貳聯「箕尾廓清還斗極，鶉頭送喜動天顔。」「箕尾」指北京所在之幽州。（史記貳柒天官書云：「尾箕幽州。」）即杜詩「收京」之意也。見仇氏杜詩詳注伍「收京」三首之三。）「鶉頭」即「鶉首」，指湖北通明之軍隊，即張蒼水集所附舊題全謝山祖望撰張忠烈公年譜順治十八年辛丑條所謂「鄖東郝〔永忠〕李〔來亨〕之兵。」及注中所謂「十三家之軍」者。（可參倪璠庾子山集貳哀江南賦「以鶉首而賜秦，天何爲而此醉。」之注。及張蒼水集第貳編奇零草「送吴佩遠職方南訪行在，兼會師鄖陽。」詩及同書所附趙撝叔之謙撰張忠烈公年譜。并本文論牧齋「長干送松影上人楚游，兼柬楚中郭尹諸公。」詩。）第叁首「長沙子弟肯相違」句之「長沙子弟」，疑牽涉庾信哀江南賦「用無賴之子弟」一語而成。當指湖南復明之軍隊，如小腆紀傳叁所載之洪淯鰲，即是例證。其傳略云：

洪淯鰲字六生，晋江人。崇禎間拔貢生。謁隆武帝於閩，授衡州通判。督師何騰蛟奇之，請改知道州。閩亡。李赤心等十三鎮以所部奉使稱臣於粤，出道州，〔淯鰲偕郝永忠〕見永曆帝，擢右僉都御史，監諸鎮軍，駐湖南。何騰蛟死，孫可望入滇，朝問阻絶，乃與十三鎮退入西山，據楚之夷陵歸州巴東均州，蜀之巫山涪州等七州縣，屯田固守。久之，得安龍駐蹕信，間道上書言，十三鎮公忠無二，今扼險據衝，窺晋楚蜀有釁，隨時而動。議者多其功，詔加淯鰲兵部右侍郎，總督粤滇黔晋楚豫軍務。緬甸既覆，淯鰲猶偕諸鎮崛强湖湘間。康熙三年王師定巴東。〔淯鰲〕遂被執。論降，不從。臨刑之日，神色不變，投屍巫峰三峽中。

牧齋此詩之意，謂湖南北諸軍，若見南都收復，必翕然景從。惜當日詳情，今不易考知耳。

第貳疊「八月初二日聞警而作」一題之主旨，謂延平舟師雖敗於金陵，仍應固守京口，不當便揚帆出海也。其意與張蒼水集第肆編北征録所云：

初意石頭師即偶挫，未必遽登舟。即登舟，亦未必遽揚帆。即揚帆，必退守鎮江。

又云：

余遣一僧賫帛書，由間道訪延平行營。書云，兵家勝負何常。今日所恃者民心耳。況上游諸郡邑俱爲我守。若能益百艘相助，天下事尚可圖也。倘遽舍之而去，如百萬生靈何。詎意延平不但舍石頭去，且舍鐵甕城行矣。

等語冥合。故牧齋詩第叁首云：

龍河漢幟散沉暉，萬歲樓邊候火微。卷地樓船橫海去，射天鳴鏑夾江飛。揮戈不分旄頭在，返旆其如馬首違。齧指奔逃看鞅韅，重收魂魄飽甘肥。

第肆首云：

由來國手算全棋，數子抛殘未足悲。小挫我當嚴警候，驟驕彼是滅亡時。中心莫爲斜飛動，堅壁休論後起遲。換步移形須着眼，棋於誤後轉堪思。（寅恪案，此首可參前論牧齋與稼軒書。）

第伍首云：

兩戒關河萬里山，京江天塹屹中間。金陵要奠南朝鼎，鐵甕須争北顧關。應以縷丸臨峻坂，肯將傳舍抵孱顔。荷鋤野老雙含泪，愁見横江虎旅班。（原注：「長江天塹，爲南北限，虜不能飛渡。」）

第陸首云：

吴儂看鏡約梳頭，野老壺漿潔早秋。小隊誰教投刃去，胡兵翻爲倒戈愁。（自注：「營卒從諸酋者，皆袖綢巾氈帽。未及倒戈而還。」）争言殘羯同江鼠，（自注：「萬曆末年有北鼠渡江之异。近皆銜尾而北。」）忍見遺黎逐海鷗。京口偏師初破竹，蕩船木梯下蘇州。

又此疊第捌首末二句云：

最喜伏波能振旅，封候印佩許雙垂。（自注：「是役惟伏波殿后，全軍而反。」）

寅恪案，「伏波」指馬信。梅村家藏稿貳伍「梁宫保壯猷紀」云：

僞提督五者，前營黄某，後營翁某，而左營馬信，則我叛將也。（寅恪案，李天根爝火録貳伍順治十二年乙未條云：「十一月辛己朔清鎮守台州副將馬信叛，降於張名振。」可供參證。）右營萬里，中營甘輝。唯馬信統水軍於江，餘皆連營西注。

可與牧齋自注相參證。

第叁疊「八月初十日小舟夜渡，惜别而作。」乃專爲河東君而作。雖前已多論及，然此文主旨實在河東君一生志事，故不避重複，仍全録之，且前所論此疊諸詩，尚有未加詮釋者，亦可藉此補論之也。

此疊第壹首云：

負戴相攜守故林，翻經問織意蕭森。疏疏竹葉晴牕雨，落落梧桐小院陰。白露園林中夜泪，青燈梵唄六時心。憐君應是齊梁女，樂府偏能賦稿碪。

第貳首云：

丹黄狼藉髮絲斜，廿載間關歷歲華。取次鐵圍同血（一作「穴」）道，幾曾銀浦共仙槎。（寅恪案，「浦」疑當作「漢」。）吹殘别鶴三聲角，迸散栖烏半夜笳。錯記（一作「憶」）窮秋是春盡，漫天離恨攪楊花。

第叁首云：

北斗垣牆暗赤暉，誰占朱鳥一星微。破除服珥裝羅漢，（自注：「姚神武有先裝五百羅漢之議，内子盡橐以資之，始成一軍。」）減損虀鹽餉佽飛。娘子綉旗營壘倒，（自注：「張定西（名振）謂阮姑娘，吾當派汝捉刀侍柳夫人。阮喜而受命。舟山之役，中流矢而殞。惜哉！」）將軍鐵矟鼓音違。（自注：「乙未八月神武血戰死崇明城下。」）鬚眉男子皆臣子，秦越何人視瘠肥。（自注：「夷陵文相國來書云云。」寅恪案，「文相國」指文安之。事迹見明史貳柒玖及小腆紀傳叁拾本傳等。）

第肆首云：

閨閣心懸海宇棋，每於方罫系歡悲。乍傳南國長驅日，正是西牕對局時。漏點稀憂兵勢老，燈花落笑子聲遲。還期共覆金山譜，桴鼓親提慰我思。

第伍首云：

水擊風摶山外山，前期語盡一杯間。五更噩夢飛金鏡，千疊愁心鎖玉關。人以蒼蠅汙白璧，天將市虎試朱顏。衣朱曳綺留都女，羞殺當年翟茀班。

第陸首云：

歸心共折大刀頭，別泪闌干誓九秋。皮骨久判猶貰死，（原注：「丁亥歲有和東坡西臺韵詩。」）容顏減盡但餘愁。摩天肯悔雙黃鵠，貼水翻輸兩白鷗。更有閒情攪腸肚，爲余輪指算神（一作「并」）州。

第柒首云：

此行期奏濟河功，架海梯山抵掌中。自許揮戈迴晚日，相將把酒賀春風。牆頭梅蕊疏牕白，甕面葡萄玉盞紅。一割忍忘歸隱約，少陽原是釣魚翁。

第捌首云：

臨分執手語逶迤，白水旌心視此陂。一別正思紅豆子，雙棲終向碧梧枝。盤周四角言難罄，局定中心誓不移。趣覲兩宮應慰勞，紗燈影裏泪先垂。

寅恪案，此疊第貳首末二句之「錯憶」或「錯記」兩字皆可通。但鄙意恐「記」字原是「認」字之訛。若如此改，文氣更通貫。「楊」即「柳」，乃河東君之本姓。「離恨攬楊花」五字殊妙。第叁首見前論姚志倬事，并可參沈寐叟投筆集跋，可不多贅。

第陸首「摩天肯悔雙黃鵠，貼水翻輸兩白鷗。」一聯，上句「雙黃鵠」除遵王注引杜詩外，疑牧齋更用漢書捌肆翟方進傳附義傳載童謠：

反乎覆，陂當復。誰云者，兩黃鵠。

之語，暗指明朝當復興也。下句與第捌疊第陸首「鳶飛跕水羨眠鷗」句，同用後漢書列傳壹肆馬援傳。蓋謂當此龍拏虎擲，争賭乾坤之時，己身與河東君尚難如鷗鳥之安穩也。此詩末句「并州」或「神州」雖俱可通，鄙意以作「并州」者爲佳。晋書陸貳劉琨傳略云：

劉琨字越石，中山魏昌人。永嘉元年爲并州刺史。時東嬴公騰自晋陽鎮鄴，并土饑荒，百姓隨騰南下，餘户不滿二萬，寇賊縱横，道路斷塞。琨募得千餘人，轉鬥至晋陽。慜帝即位，拜大將軍，都督并州諸軍事。西都不守，元帝稱制江左，琨乃令長史温嶠勸進。於是河朔征鎮夷夏一百八十人連名上表。（可參世説新語上言語篇「劉琨雖隔閡寇戎，志存本朝。」條。）

蓋以張蒼水比劉越石也。當鄭延平敗於金陵城下，蒼水尚經略安徽一帶。考張蒼水集肆「北征録」略云：

延平大軍圍石頭城者已半月。初不聞發一鏃射城中，而鎮守潤江督師，亦未嘗出兵取旁邑，如句容丹陽實南畿咽喉地，尚未扼塞，故蘇常援虜得長驅入石頭。無何石頭師挫，時余在寧國受新都降。報至，遽反蕪城。已七月廿九日矣。

可以爲證。第柒首末二句「一割」及「少陽」，遵王注已引後漢書列傳叁柒班超傳及分類補注李太白詩壹壹「贈潘侍御論少陽」詩爲釋。但鄙意牧齋「少陽」二字，更兼用李太白詩壹貳「贈錢徵君少陽」五律并注（可參全唐詩第叁函李白壹壹。）所云：

秉燭唯須飲，投竿也未遲。如逢渭水（一作川）獵，猶可帝王師。（原注：「齊賢曰，少陽年八十餘，故方之太公。」）

等語。綜合兩句觀之，牧齋意謂此行雖勉效鉛刀之一割，未忘偕隱之約，并暗寓終可爲明之宰輔也。第捌首言此時雖暫別，後必歸於桂王也。「碧梧枝」不獨用杜詩「鳳凰栖老碧梧枝」之原義，亦暗指永曆帝父常瀛，崇禎十六年衡州陷，走廣西梧州，及順治二年薨於蒼梧，并順治三年丁魁楚瞿式耜等迎永曆帝於梧等事。（見明史壹貳拾桂端王常瀛傳及小腆紀傳永曆帝紀上等。）即第伍疊第捌首「丹桂月舒新結子，蒼梧雲護舊封枝。」之意。「兩宮」者，指桂王生母馬太后及永曆后王氏也。（見小腆紀傳後妃傳永曆馬太后傳及王皇后傳等。）

復次，葉調生廷琯吹網録肆「陳夫人年譜」條略云：

瞿忠宣公之孫昌文，嘗爲其母撰年譜一帙。蓋其尊人伯升（原注：「吴曉鉦釗森曰，復社姓氏録作伯聲。」）、欲紓家難，勉爲韜晦順時，而鼎革之際，家門多故，實賴陳夫人内外搘持。故私撰此譜，以表母德，而紀世變。其中頗多忠宣軼事。十餘年前從常熟許伯緘丈廷誥處見其摘鈔本。緘翁云，原本爲海虞某氏所藏，極爲秘密。惜爾時未向緘翁借録。近從許氏後人問之，則并摘鈔本不可得見矣。譜中所載，略憶一二事。一爲錢宗伯與瞿氏聯姻，實出宗伯之母顧夫人意，云瞿某爲汝事去官，須聯之以敦世好。（見前引初學集柒肆「先太淑人述」。）後行聘時，柳姬欲瞿回禮與正室陳夫人同，而瞿僅等之孺貽生母。柳因蓄怒，至乙酉後，宗伯已納款，忠宣方在桂林拒命，柳遂唆錢請離婚。其餘逸事尚多，惜不甚記矣。

寅恪案，錢瞿聯姻事，第肆章引顧太夫人語已論及。牧齋以兩人輩份懸殊，故托母命爲解。其實稼軒亦同意者也。同章末論絳雲樓落成，引牧齋與稼軒書，亦足見稼軒深重河東君之爲人。至當日禮法，嫡庶分別之關係，復於第肆章茸城結褵節詳論之，今不贅述。若乙酉明南都陷落，河東君勸牧齋殉國，顧云美河東君傳中特舉沈明掄爲人證，自屬可信。豈有反勸牧齋與稼軒離婚之事。且乙酉後數年，錢瞿之關係，雖遠隔嶺海，仍往來甚密，備見錢瞿集中。河東君與其女趙微仲妻遺囑，有「我死之後，汝事兄嫂，如事父母」之語，（見河東君殉家難事實。）孫愛復「德而哀之，爲用匹禮，與尚書公并殯某所。」（見蘼蕪紀聞引徐芳「柳夫人傳」。）凡此諸端皆足證河東君無唆使牧齋令其子與稼軒女離婚之事。鄙意昌文之作其母陳夫人年譜，殆欲表示瞿錢兩家雖爲姻戚，實不共謀之微旨，藉以脱免清室法網之嚴酷耶？附記於此，以俟更考。

第肆疊「中秋夜江村無月而作」八首。皆牧齋往松江後，追憶而作也。金鶴沖錢牧齋先生年譜云：

〔順治十六年己亥八月〕初四日國姓遣蔡政往見馬進寶，而先生亦於初十日後往松江晤蔡馬。十一日後國姓攻崇明城，而馬遣中軍官同蔡政至崇明，勸其退師，以待奏請，再議撫事。此時先生或偕蔡政往崇明，亦未可知。

寅恪案，金鶴沖謂牧齋曾往松江晤馬進寶，其説可信。但謂牧齋亦往崇明，則無實據。

此疊第貳首「浩蕩張賽漢（一作「海」）上槎」句，自出杜氏，「奉使虛隨八月槎」之語，可用「海」字，但第叁疊第貳首「幾曾銀浦共仙（一作「雲」）槎」句，則當用博物志及荆楚歲時記之典，各不相同也。此疊第叁首末兩句并自注云：

祇應老似張丞相，捫摸殘骸笑瓠肥。（自注：「余身素瘦削，今年腰圍忽肥，客有張丞相之謔。」）

本文第叁章論釋牧齋膚黑而身非肥壯。今忽以張丞相自比者，蓋用史記玖陸張丞相傳。（遵王注已引，不重録。）牧齋語似諧謔，實則以宰相自命也。

此疊第捌首末二句「莫道去家猶未遠，朝來衣帶已垂垂。」第肆章論東山酬和集貳河東君次韵牧齋「二月十二日春分横山晚歸作」詩中「已憐腰緩足三旬」，已詳釋論，讀者可取參閲，不多贅也。第伍疊「中秋十九日暫回村莊而作」八首。觀第壹首「石城又報重圍合，少爲愁腸緩急碪」二句，似牧齋得聞張蒼水重圍金陵，而有是作，其實皆非真况，然其意亦可哀矣。

第陸疊「九月初二日泛舟吴門而作」八首，牧齋忽於此時至吴門，必有所爲。但不能詳知其内容。鄙意其第叁首「躍馬揮戈竟何意，相逢應笑食言肥。」及第捌首「要勒浯溪須老手，腰間硯削爲君垂。」等句，豈馬逢知此際亦在蘇州耶？俟考。

第玖疊「庚子十月望日」八首，第捌首末二句云：「種柳合圍同望幸，殘條禿鬢總交垂。」遵王引元遺山「爲鄧人作」詩爲釋，其實第壹手材料乃晉書玖捌桓温傳及庾子山集壹枯樹賦等。此爲常用之典，不必贅論。唯「望幸」二字出元氏長慶集貳肆連昌宮詞「老翁此意深望幸」之語。自指己身與河東君。但鄙意「殘條」之「殘」，與「長」字，吴音同讀，因而致訛。若以「殘條」指河東君，則與虎邱石上詩無異。故「殘」字應作「長」，否則「禿髩」雖與己身切當，而「殘條」未免唐突河東君也。

第拾疊「辛丑二月初四日夜宴述古堂，酒罷而作。」與有學集壹壹紅豆三集「辛丑二月四日宿述古堂，張燈夜飲，酒罷而作。」題目正同。

檢清史稿伍世祖本紀貳略云：

〔順治〕十八年春正月壬子，上不豫。丁巳崩於養心殿。

及痛史第貳種哭廟紀略云：

〔順治〕十八年二月初一日，章皇上賓哀詔至姑蘇。

可知此兩題共十二首，乃牧齋聞清世祖崩逝之訊，心中喜悅之情，可想而知。故寓遵王宅，張燈夜飲，以表其歡悅之意。

但檢牧齋尺牘中「與遵王」三十通之十六云：

明日有事於邑中，便欲過述古，了宿昔之約，但四海遏密，哀痛之餘，食不下咽，只以器食共飯，勿費內厨，所深囑也。

此札當作於順治十八年辛丑二月初三日，即述古堂夜宴前一日。牧齋所言，乃故作掩飾之語，與其內心適相反也。觀投筆集及有學集之題及詩，可以證明矣。但金氏牧齋年譜以此札列於康熙元年壬寅條，謂「正月五日先生自拂水山莊與遵王書云（云）」。又謂「按永曆帝爲北兵所得，今已逾月，先生蓋知之矣。」金氏所以如此斷定者，乃因有學集壹貳東澗集上第貳題爲「一月五日山莊作」，第叁題爲「六日述古堂文宴作」之故。檢小腆紀年貳拾順治十八年辛丑條云：

〔十二月〕戊申（初三日）緬酋執明桂王以獻於王師。

同書同卷康熙元年壬寅條云：

三月丙戌（十三日）吳三桂以明桂王由榔還雲南。

四月戊午（十五日）明桂王由榔殂於雲南。

投筆集下後秋興第壹貳疊題爲「壬寅三月二十三日以後大臨無時，啜泣而作。」第壹叁疊題爲「自壬寅七月至癸卯五月，訛言繁興，鼠憂泣血，感慟而作，猶冀其言之或誣也。」且第壹貳疊後一題爲壬寅三月二十九日所作「吟罷自題長句撥悶」，二首之二末兩句爲「賦罷無衣方卒哭，百篇號踊未云多。」足證牧齋於康熙元年三月以後，方獲知永曆帝被執及崩逝之事。

金氏以札中之「四海遏密」及詩題「大臨無時」混淆胡漢，恐不可信。又第玖疊詩八首，關涉董鄂妃姊妹者甚多，兹不詳引，讀者可參張孟劬采田編次列朝后妃傳稿并注。

第壹壹疊題云：「辛丑歲逼除作。時自紅豆江村徙居半野堂絳雲餘燼處。」檢張蒼水集第壹編順治十八年辛丑「上延平王書」云：

殿下東都之役，豈誠謂外島足以創業開基。不過欲安插文武將吏家室，使無内顧之憂。庶得專意恢剿。但自古未有以輜重眷屬，置之外夷，而後經營中原者，所以識者危之。或者謂女真亦起於沙漠。我何不可起於島嶼？不知女真原生長窮荒，入中土如適樂郊，悦以犯難，人忘其死。若以中國師徒，委之波濤縹緲之中，拘之風土狉獉之地，真乃入於幽谷。其間感離恨别，思歸苦窮，種種情懷，皆足以隳士氣而損軍威，况欲其用命於矢石，改業於櫌鋤，何可得也！故當興師之始，兵情將意，先多疑畏。兹歷暑徂寒，彈丸之城攻圍未下，是無他，人和乖而地利失宜也。語云，與衆同欲者罔不興，與衆异欲者罔不敗。誠哉是言也。今虜酋短折，孤雛新立，所云主少國疑者，此其時矣。滿黨分權，離畔疊告。所云將驕兵懦者，又其時矣。且灾异非常，征科繁急，所云天怒人怨者，又其時矣。兼之虜勢已居强弩之末，畏澥如虎，不得已而遷徙沿海，爲堅壁清野之計。致萬姓棄田園，焚廬舍，宵啼路處，蠢蠢思動，望王師何异飢渴。我若稍爲激發，此并起亡秦之候也。惜乎殿下東征，各汛守兵，力綿難恃。然且東避西移，不從僞令，則民情亦大可見矣。殿下誠能因將士之思歸，乘士民之思亂，迴旗北指，百萬雄師可得，百什名城可下矣。又何必與紅夷較雌雄於海外哉？況大明之倚重殿下者，以殿下之能雪耻復仇也。區區臺灣，何預於神州赤縣？而暴師半載，使壯士塗肝腦於火輪，宿將碎肢體於沙磧，生既非智，死亦非忠，亦大可惜也。況普天之下，止思明一塊乾淨土，四澥所屬望，萬代所瞻仰者，何啻桐江一絲，繫漢九鼎？故虜之虎視，匪朝伊夕，而今守禦單弱，兼聞紅夷構虜乞師，萬一乘虛窺伺，勝敗未可知也。夫思明者，根柢也。臺灣者，枝葉也。無思明，是無根柢矣，安能有枝葉乎？此時進退失據，噬臍何及？古人云，寧進一寸死，毋退一尺生。使殿下奄有臺灣，亦不免爲退步，孰若早返思明，別圖所以進步哉？昔年長江之役，雖敗猶榮，已足流芳百世。若捲土重來，豈直汾陽臨淮不足專美，即錢鏐竇融，亦不足并駕矣。倘尋徐福之行蹤，思盧敖之故迹，縱偷安一時，必貽譏千古。即觀史載陳宜中張世杰兩人褒貶，可爲明鑒。九仞一簣，殿下寧不自愛乎？夫虬髯一劇，祇是傳奇濫說，豈真有扶餘足王乎？若箕子之居朝鮮，又非可以語於今日也。

寅恪案，鄭氏之取臺灣，乃失當日復明運動諸遺民之心，而壯清廷及漢奸之氣者，不獨蒼水如此，即徐暗公輩亦如此。牧齋以爲延平既以臺灣爲根據地，則更無恢復中原之希望，所以辛丑逼除，遂自白茆港移居城內舊宅也。然河東君仍留居芙蓉莊，直至牧齋將死前始入城者，殆以爲明室復興尚有希望，海上交通猶有可能。較之牧齋之心灰意冷，大有區別。錢柳二人之性格不同，即此一端，足以窺見矣。

第壹叁疊後附「癸卯中夏六日重題長句二首」其第壹首有「逢人每道君休矣，顧影還呼汝謂何。」一聯，意謂時人盡知牧齋以爲明室復興，實已絶望，而河東君尚不如是之頹唐。「影」即「影憐」之謂。斯乃投筆一集之總結，愈覺可哀也。

關於鄭延平之將克復南都，而又失敗之問題，頗甚複雜，兹略引舊記以證明之。

魏默深源聖武記捌「國初江南靖海記」（可參小腆紀年附考壹玖「〔順治十六年七月〕壬午二十三日明朱成功敗績於江寧，崇明伯甘煇等死之，成功退入於海，瓜洲鎮江皆復歸於我大清。」條。）略云：

〔順治〕十四年明桂王遣使自雲南航海進封成功延平郡王，招討大將軍。成功分所部爲七十二鎮，設六官理事假永明號，便宜封拜。聞王師三路攻永曆於雲貴，乃大舉内犯江南，以圖牽制。十六年六月由崇明入江，時蘇松提督駐松江，江寧提督駐福山，分守要害，圌山及譚家洲皆設大礮，金焦二山皆鐵鎖橫江。煌言屢却不前，令人泅水斷鐵索，遂乘風潮，以十七舟徑進，沿江木城俱潰，破瓜洲，獲提督管效忠圍鎮江，五路疊壘而陣。周麾傳礮，聲沸江水。攻北固山，士卒皆下馬死戰，官兵退入城，成功軍隊逐之而入，遂陷鎮江，屬邑皆下。部將甘輝請取揚州，斷山東之師。據京口，斷兩浙之漕，嚴扼咽喉，號召各郡，南畿可不戰自困。成功不聽。七月直薄金陵，謁孝陵，而煌言別領所部由蕪湖進取徽甯諸路。時江寧重兵移征雲貴，大半西上，城内守備空虚。松江提督馬進寶（原注：「改名逢知。」）不赴援，陰通於寇，擁兵觀望。成功移檄遠近。（寅恪案，張蒼水集第壹編載己亥代延平王作「海師恢復鎮江一路檄」可供參考。）太平甯國池州徽州廣德無爲和州等四府三州二十四縣，望風納款，維揚常蘇旦夕待變。東南大震，軍報阻絶。世祖幸南苑集六師議親征。兩江總督郎廷佐佯使人通款，以緩其攻。成功信之，按兵儀鳳門外，依山爲營，連亘數里。巡撫蔣國柱，崇明總兵梁化鳳皆赴援。化鳳登高望敵，見敵營不整，樵蘇四出，軍士浮後湖而嬉，乃率勁騎五百，夜出神策門，先擣白土山，破其一營，以作士氣。次日，大出師由儀鳳鐘阜二門以三路攻其前，而騎兵繞出山後夾攻。成功令甘輝守營，而自出江上調舟師。諸營見山上麾蓋不動，不敢退。又未奉號令，不暇相救，遂大潰。甘輝被執死。化鳳復遣兵燒海艘五百餘，成功遂以餘艦揚帆出海，攻崇明不下。冬十月還島。而煌言遇我征貴州凱旋兵浮江下，亦戰敗走徽甯山中，出錢塘入海。

延平王户官楊英從征實録「永曆十三年己亥」條略云：

〔五月〕十九日移泊吴淞港口，差監紀劉澄密書通報僞提督馬進寶合兵征討，以前有反正之意，至是未決，欲進圍京都時舉行，故密遣通之。未報。

〔七月〕十一日伏□□塘報一名，稱南京總督管效忠自鎮江敗回□（日？），將防城器棋料理，并差往蘇松等處討援兵，并帶急燕都奏請救援。稱松江提督馬進寶陰約歸，現在攻圍南都，危如纍卵，乞發大兵南□（下）救援撲滅，免致燎原滔天云云。藩得報，喜曰：似此南都必降矣。重賞之。

是日藩札鳳儀門。密書與馬提督知防。

十七日各提督統領進見。甘輝前曰，大師久屯城下，師老無功，恐援虜日至，多費一番功夫。請速攻拔，别圖進取。藩諭之曰，自古攻城掠邑，殺傷必多，所以未即攻者，欲待援虜絶集，必樸（撲）一戰，邀而殺之。管效忠必知我手段，不降亦走矣。况屬邑節次歸附，孤城絶援，不降何待。且銃炮未便。又松江馬提督□約未至，以故援（緩）攻。諸將暫磨勵以待，各備攻棋，候一二日，令到即行。諸將回營〔十八日〕遣監督高綿祖、禮部都事蔡政前往蘇州松江。往見僞撫院馬提督，約日起兵打都城，并令常鎮道馮監軍撥大官座二隻，多設儀仗帳，戴（載）高蔡二使前往蘇松會師。

二十一日再遣禮都事蔡政往松江見馬進寶，并安插陳忠靖□（宣）毅前鎮陳澤等護眷舡，授以機□。先時祖等見進寶，以家眷在燕都未決，回報。至是再遣諭之曰，見馬提督，先以婉言開陳，須不剛不柔，務極得體，要之先事□（爲）妙。若至攻破南都日方會□爲晚也。

二十二午虜就鳳儀門儓炮與前鋒鎮對擊。

二十三〔日〕藩見大勢已潰，遂抽下□（船）。

二十八日派程班師，駕出長江。

〔八月〕初四日師泊吴淞港，遣禮都事蔡政往見馬進寶。進京議和事機宜，俱授蔡政知之，亦無書往來。

初八日舟師至崇明港。

初十日傳令登岸札營攻崇明縣城。

十一日辰時開炮至午時西北角城崩下數尺，河溝填滿，藩親督催促登城，守將梁華（化）鳳死敵不退。

藩見城堅難攻，傳令班回。是日晚適提督差中軍官同都事蔡政至營，言馬提督□（因？）聞大師攻圍崇明，特遣中軍前來説和，稱欲奏請講和，仍又加兵襲破城邑，教我將何題奏，貴差將何面君？不如捨去崇明，暫回海島，候旨成否之間，再作良圖，亦未爲晚。藩諭之曰，爾酋等大張示諭，謂我水陸全軍覆没，國姓亦没陣中，清朝無角逐英雄之患。吾故打開崇明，安頓兵眷，再進長驅，爾主其亦知之否？我今攙（纔）施數銃，其城已倒及半，明日安炮再攻，立如平地。既爾主來説，姑且緩攻，留與爾主好題請説話也。令人同看營中兵器船只整備。嘆曰，京都覆没，豈有是耶？

藩令搬營在船。

十二日遣蔡政同馬提督中軍再回吴淞，往京議和。

十二月藩駕注（駐）思明州。蔡政自京回，京報和議不成。逮繫馬進寶入京。

清史列傳伍郎廷佐傳（參碑傳集陸貳引盛京通志郎廷佐傳。）云：

是年（順治十六年己亥）二月廷佐因巡閱江海，密陳海防機宜，言海賊鄭成功擁衆屯聚海島，將侵犯江南，而江省各汛兵數無多，且水師舟楫未備，請調發鄰省勁兵防禦。疏下部議，以鄰省亦需兵防守，寢其事。五月海賊陷鎮江，襲據瓜州，遂犯江寧。時城中守禦單弱，會副都統噶楚哈等從貴州凱旋，率兵沿江而下，廷佐與駐防總管喀喀穆邀入城，共議繫賊。

同書同卷梁化鳳傳（可參梅村家藏稿貳伍「梁宫保壯猷紀。」）略云：

梁化鳳陝西長安人。順治三年武進士。十二年陞浙江寧波副將。海寇張名振犯崇明之平洋沙，總督馬國柱委化鳳署蘇松總兵事，至則遣都司談忠出戰，名振復高橋，化鳳親馳援剿擊，敗其衆。（寅恪案，清史稿貳伍叁疆臣年表壹江南江西總督欄順治十一年甲午載：「馬國柱九月丁未休。十月馬鳴佩總督江南江西。」順治十三年丙申載：「馬鳴佩閏五月己酉病免。」表面觀之，似「馬國柱」爲「馬鳴佩」之誤。但清史稿伍世祖本紀貳略云：「順治十一年四月壬申官軍擊故明將張名振於崇明，敗之。」清史列傳伍馬國柱傳云：「十一年正月海賊張名振屢犯崇明。」然則梁化鳳傳之「十二年」應作「十一年」無疑也。）十六年七月成功以大艦陷鎮江瓜州，直犯江寧，南北中梗。化鳳率所部三千人，疾抵江寧。賊大敗奔北。江南遂通。成功敗，遁入海。化鳳遣將防崇明，賊果薄城下，適化鳳兵自江寧回，聲勢相應，括民舟出白茆港，絶流迅擊，賊復大敗。

清史列傳捌拾馬逢知傳略云：

〔順治〕十三年遷蘇松常鎮提督。十六年海寇鄭成功犯江寧，連陷州縣，梁化鳳擊退之。九月部臣劾逢知失陷城池，當鎮江失守，擁兵不救，賊遁，又不追剿，應革世職，并現任官，撤取回旗。得旨，馬逢知免革職，着解任。先是户科給事中孫光祀密糾逢知當賊犯江寧時，竟不赴援，及賊攻崇明，爲官兵所敗，反代其請降，巧行緩兵之計。鎮海大將軍劉之源，江南總督郎廷佐，蘇松巡按馬騰陞先後疏報僞兵部黄徵明乃數年會緝未獲之海逆，今經緝獲解京。其侄黄安自海中遣諜陳謹齎緣行賄，計脱徵明，并貽書逢知，傳遞關節。禮科給事中成肇毅亦疏陳逄知通海情形昭著。請即逮治，并令撫按嚴究黨羽。十七年六月命廷臣會鞫，以逄知交通海賊，擬并誅其子。八月上以未得逄知叛逆實事，命刑部侍郎尼滿往江南，同之源廷佐確審，尋合疏陳奏逄知於我軍在沙埔港獲海賊柳卯，即聲言卯系投誠，賞銀給食，托言令往招撫，縱之使還。又海賊鄭成功曾遣僞官劉澄説逄知改衣冠領兵往降。逄知雖聲言欲殺劉澄，反饋以銀兩。又遣人以扇遺成功，并示以投誠之本。又私留奉旨發回之蔡正，不即斥逐，并將蔡正之髮剃短，以便潛往。且遣人護送出境。是逄知當日從賊情事雖未顯著，然當賊犯江南時，托言招撫，而陰相比附，不誅賊黨，而交通書信，兼以潛謀往來，已爲確據。疏入，仍命議政王貝勒大臣核議。尋論罪如律，逄知伏誅。

梅村家藏稿貳伍「梁宮保壯猷紀」云：

江寧告急之使，馬皆有汗。同時大將之擁兵者，按甲猶豫，據分地爲解。

小腆紀年附考壹玖「順治十六年五月癸酉（十三日）明延平王朱成功，兵部左侍郎張煌言，復會師大舉北上以援滇。」條云：

成功欲順風取瓜州，煌言曰，崇明爲江海門户，有懸洲可守，先定之以爲老營，脱有疏虞，進退可據。馮澄世亦言取之便。成功曰，崇明城小而堅，取之必淹日月。今先取瓜州，破其門户，截其糧道，腹心潰，則支體隨之，崇明可不攻而破也。乃遣監紀劉澄，密通我江南提督馬進寶，而請煌言以所部兵爲前軍鄉導。己卯（十九日）經江陰，舟楫蔽江而上。

據上引資料，知成功之不能取江寧，其關鍵實在馬逢知兩方觀望，馬氏之意以爲延平若成功，聲威功績必遠出其上。若不成功，己身亦可邀得清廷之寬免。此乃從來漢奸騎牆之故技。實不知建州入關，其利用漢人，甚爲巧妙。若可利用之處已畢，則斬殺以立威也。

又黄秋岳濬花隨人聖盦摭憶略云：

繆小山〔荃孫〕雲自在堪筆記所述康熙時諸漢臣相訐相軋事至詳，而未言所本。後乃知小山所本，爲李榕村〔光地〕日記。榕村日記無刊行者，清史館有抄本，繆所録中，有一段極饒意義者，爲李光地與施琅語，縱談及海上順治十六年攻南京事。李（「李」當作「予」。下同。）云，當時若海寇不圍城池，揚帆直上，天下岌岌乎殆哉！施笑曰，直前，是矣。請問君何往？從何處而前？予無以應。移時又促之，云，從何處往前？李曰，或從江淮，或趨山東，奈何？施曰，此便大壞。何〔以〕言之，直前，縱一路無阻，即抵京師，本朝兵勢尚强，決一死鬥。兵家用所長，不用所短。海寇之陸戰，其所短者，計所有不過萬人。能以不習陸戰之萬人，而敵精於陸戰之數十萬人乎？不過一霎時，便可無噍類矣。李爽然自失，曰，然則奈何？施曰，不顧南京，直取荆襄，以其聲威，揚帆直過，決無與敵者。彼閉城不出，吾置之不論。彼若通款，與一空札，羈縻之。遇小船則燬之，遇大船則帶之。

有領兵降者，以我兵分配彼兵，散與各將而用之。得了荆襄，呼召滇粤三逆藩，與之連結，摇動江以南，以撓官軍，則禍甚於今日矣。施所見如此，真是梟雄。

寅恪案，馬進寶是時正在觀望。若延平克南京，則反清。若不能，則佐清。延平既不能克南京，必急撤退。不然者，將被封鎖於長江口内，全軍覆没矣。施琅之論，未必切合當日情勢及了解延平心理也。至清史補編捌「鄭成功載記」記載此役，其史料真僞夾雜，文體不倫，未可依據，故不引用。

復檢清史稿貳陸柒黄梧傳（可參清史列傳黄梧傳）略云：

黄梧字君宣，福建平和人。初爲鄭成功總兵，守海澄。順治十三年梧斬成功將華棟等，以海澄降。大將軍鄭親王世子濟度以聞，封海澄公。十四年總督李率泰疏請益梧兵合四千人，駐漳州。梧牒李率泰薦委署都施琅智勇忠誠，熟諳沿海事狀，假以事權，必能剪除海孽。又言成功全藉内地接濟木植絲綿油麻釘鐵柴米。土宄陰爲轉輸，齎糧養寇。請嚴禁。并條列滅賊五策，復請速誅成功父芝龍。率泰先後上聞，琅得擢用，芝龍亦誅。尋命嚴海禁，絶接濟，移兵分駐海濱，阻成功兵登岸，增戰艦，習水戰，皆梧議也。

小腆紀年附考貳拾順治十八年十二月「明延平王朱成功取臺臺灣。」條略云：

成功以臺灣平，謂諸將曰：「此膏腴之土，可寓兵於農。」既聞遷界令下，成功嘆曰：

使吾徇諸將意，不自斷東征，得一塊土，英雄無用武之地矣。沿海幅員上下數萬里，田盧邱墓無主，寡婦孤兒望哭天末，惟吾之故。以今當移我殘民，開闢東土，養精畜鋭，閉境息兵，待天下之清未晚也。」乃招漳泉惠潮流民，以闢汙萊。制法律，定職官，興學校，起池館，待故明宗室遺老之來歸者。臺灣之人是以大和。

然則延平急於速戰速決之計既不能行，内地接濟復被斷絕，則不得不别取波濤遠隔，土地膏腴之臺灣以爲根據地。且叛將黄梧擁兵海澄，若遲延過久，則頗有引清兵攻廈門之可能。觀黄梧傳「〔順治〕十四年總督李率泰疏請益梧兵合四千人，駐漳州。」并小腆紀年附考貳拾「〔順治十七年〕五月甲子（初十日）我大清兵攻廈門，明延平王朱成功禦卻之。」及同書同卷我大清康熙二年癸卯冬十月「王師取金門廈門。」條，即是其證。故延平帥舟師速退，亦用兵謹慎之道。其主旨雖與張蒼水輩别有不同，未可盡非也。

寅恪論述牧齋參預鄭延平攻取南都之計劃，又欲由白茆港逃遁出海，而不能實行之事既竟，讀者必懷一疑問，即牧齋何以終能脱免清廷之殺害。痛史第伍種研堂風聞雜記云：

海氛既退，凡在戎行諸臣，以失律敗者，各遣緹騎捕之，以鋃鐺鑠去，如縛羊豕，而間連染於列邑縉紳，舉室俘囚，游魂旦暮。

又云：

乙亥海師至京口，金壇諸縉紳有陰爲款者，事既定，同袍訐發，遂羅織紳衿數十人。撫臣請於朝，亦同發勘臣就訊，既抵，五毒備至，後駢斬，妻子發上陽。

據此可知當日縉紳因己亥之役受牽累者殊不少。牧齋何以終能脱免一點，實難有確切之解答。但後檢諸書，似有痕迹可尋，惜尚是推測之辭，不敢視爲定論。俟他日更發現有關史料再詳述之。

清史列傳柒玖梁清標傳略云：

梁清標直隸正定人。明崇禎十六年進士，官庶吉士。順治元年投誠，仍原官。尋授編修，累遷侍講學士。十三年四月遷兵部尚書。十六年海賊鄭成功由鎮江犯江寧，給事中楊雍建疏言（寅恪案，楊氏事迹可參同書陸本傳。）海氛告警，宵旰焦勞，樞臣職掌軍機，於地形之要害，防兵之多寡，剿撫之得失，戰守之緩急，不發一謀，不建一策，僅隨事具覆，依樣葫蘆，不曰今應再行申飭，則曰臣部難以懸擬。既不能盡心經畫，決策於機先，又不能返躬引咎，規效於事後，請天語嚴飭，以儆尸素。詔兵部回奏。時尚書伊圖，奉使雲南。清標同侍郎額赫里劉達李棠馥疏辯。得旨，此回奏，巧言飾辯，殊不合理，著再回奏。於是自引咎下吏部察議，三侍郎皆降二級，清標降三級，各留行。十七年二月京察自陳。諭曰，梁清標凡事委卸，不肯擔任勞怨，本當議處，姑從寬免。其痛自警省，竭力振作。五月上以歲旱，令部院諸臣條奏時務，清標與李棠馥疏言，奸民揑造通賊謀叛，盡設貪官，借端取貨，生事邀功。著確指其人。於是復奏，藉通賊謀叛名，魚肉平民，則有桐城知縣葉貴祖，常熟知縣周敏等。爲給事中汪之洙，巡按何元化所劾。（寅恪案，江南通志壹佰陸職官志巡撫監察御史欄載：「何可化，直隸人，進士，順治十七年任。」清進士題名碑載：「何可化順治三年第三甲直隸大寧都都水衛。」「何元化」當爲何可化之訛。）其未經劾奏者，不知凡幾。故請旨飭禁，懲前以毖後。疏下部知之。

同書玖施瑯傳略云：

（康熙）二十年七月内閣學士李光地奏，鄭錦已死，子克塽幼，部下争權，征之必克，因薦琅素習海上情形。上遂授琅福建水師提督加太子太保。諭之曰，海寇一日不靖，則民生一日不寧。爾當相機進取，以副委任。二十一年七月彗星見，詔臣工指陳時務。户部尚書梁清標（寅恪案，梁清標康熙十一年調户部尚書。）謂天下太平，凡事不宜開端，當以安静爲主。上因命暫停征剿臺灣。

乾隆修江南通志壹佰柒職官志常熟知縣欄載：

周敏，武康人，拔貢，順治十五年任。

張燮，大興人，拔貢，順治十七年任。

寅恪案，前論黃毓祺案，已詳及真定梁氏於牧齋之密切關係。今觀清史列傳所言，清標身任兵部尚書，其對己亥戰役之態度如此冷淡，雖云滿尚書伊圖奉使雲南，當日漢人無權，（可參前引龔芝麓疏。）不敢特有主張，但其不爲清廷盡心經畫，以防禦鄭氏，與二十餘年後之反對進攻臺灣。疑是同一心理。至傳中所指常熟知縣周敏，藉通賊謀叛，魚肉平民之事，恐是乘機爲牧齋輩解脱於鄭延平失敗之後，清廷大肆搜捕之時也。

又牧齋尺牘下「致周縣尊」云：

治某抱病江鄉，朝夕從漁夫樵叟，歌咏德音，雖復屏迹索居，未嘗不神馳鈴閣也。頃者□□□狂悖無狀，老父母以覆載洪恩，付之不較，第此人欺主枉上，罪在不赦。若不重治，并及其共事者，何以懲創奸宄，使魑魅寒心？又口稱有兩宦書帖，其中不無假冒。某鄉居不知城邑之事，若有不得已相聞，必有手書印記。并祈老父母留心查覈，勿爲黎丘之鬼所眩。此尤所禱祀而求者也。

又「致□□□」略云：

恒雲握別，遂逾星紀。塵泥迥絶，寒暄邈然。相知北來，備道盛雅。注存無已，煦育有加。竊念益草木殘生，桑榆暮齒，灰心世故，息念空門，固未嘗争名争利，攘臂於市朝，亦未嘗有黨有仇，廁迹於壇坫，有何怨府，犯彼凶鋒？所賴金石格言，巖廊竑論，片語解呶，單詞止沸。此則養國家之元氣，作善類之長城，四海具瞻，千秋作則者也。

頗疑牧齋所謂「周縣尊」即周敏。而信中所言「兩宦書帖」，其中之一當爲告訐牧齋之物證。至「致□□□」一札，因信中有「恒雲」二字故認爲即致梁清標者。「犯彼凶鋒」之「彼」當指周敏。「金石格言，巖廊竑論」似指清標順治十七年五月所上之疏。若所揣測者不誤，則此等材料，或可作爲牧齋之免禍與梁清標有關之旁證。

復次，當日在朝有梁清標主持兵部，凡在外疆臣武將皆不得不爲牧齋迴護。周敏之不能久任常熟知縣，其理由或在此也。又牧齋集中頗多與郎廷佐梁化鳳等相關之文字，兹節録涉及己亥之役者於下。牧齋外集玖「奉賀郎制府序」略云：

每念節鎮之地，襟江帶海，潢池弄兵，海島竊發。單車小艇，巡行水陸，宵征露宿，涉鯨波而衝颸浪，所至搜討軍實，申明斥堠，布置要害。衝波跋浪之士，靡不骨騰肉飛。裹粮求敵，德威宣佈，軍聲烜赫。於是海人蜑户，連艘投誠。鯨鯢猰㺄，聞風遠遁。萑苻解散，菰蘆宴如，則公之成勞也。

同書同卷「梁提督累蔭八世序」略云：

自古國家保定疆圉，乂安寰宇，必有精忠一德，熊羆不二心之臣，爲之宣猷僇力，經營告成。其在今日，則大宫保梁公是也。公以鞭霆掣電之風略，拔山貫日之忠勇，奮迹武威，守禦山右。旋調崇川，總領水師。未幾海氛大作，蹂躪瓜步，摇撼南服。公出奇奮擊，雷劈電奔，斧螗鋒蝟，江水爲赤。已而復窺崇川，公隨飛援追剿，海波始靖，而東南獲有安壤。余江村老民，藉公廣廈萬間之庇，安枕菰蘆，高眠晚食，方自愧無以報公，而又念舊待罪太史氏，勒燕然之銘，香旂常之績，皆舊史所有事也。於諸君之請，遂不辭而爲之序，亦使後世之史館，尚論武略者，於斯文有考焉。

同書貳肆「海宴亭頌序」略云：

今都督長安梁公，山西出將，冀北空群。惟此東南，惠徼節鉞。頃者海波蕩潏，江表震驚，艦塞長江，風乘萬里。惟公奮其老謀，遏彼亂略。遂使鮐文之老，安井舊於熏風。劍負之童，息戈鋋於麗日。既庇鴻庥於上將，應銘偉伐於通都。地卜虎邱，亭名海宴。萬古千秋，擁勝概於長洲之苑。黄童白叟，騰頌聲於闔閭之城。益也托庇遺民，欣逢盛舉。磨盾草檄，良有愧於壯夫。勒石考文，敢自後於野史。

此外牧齋尚有爲梁化鳳之父孟玉所作之「誥封都督梁公墓志銘」（見牧齋外集壹陸。）等及與郎梁諸人之書札（見牧齋尺牘。）兹不暇多引。要之，牧齋此類文字，雖爲諂媚之辭，但使江南屬吏見之，亦可以爲護身符也。

關於牧齋八十生日，除前論「丁老行」，謂丁繼之於干戈擾攘之際，特來虞山祝壽，殊爲難得外。牧齋尚有紅豆詩十首，皆關涉其己身及河東君并永曆帝者，故與頗饒興趣之牧齋辭壽札及歸玄恭壽序各一篇，録之於下。至錢曾「紅豆和詩」十首并其他涉及牧齋八十生日之文字尚多，不能盡録，讀者可自參閲也。

有學集詩注壹壹紅豆三集「紅豆樹二十年復花，九月賤降時，結子一顆，河東君遣童探枝得之。老夫欲不誇爲己瑞，其可得乎？重賦十絶句，示遵王，（寅恪案，此題前第陸題爲「遵王賦胎仙閣看紅豆花詩，吟嘆之餘，走筆屬和。」八首。故云「重賦」。其詩後附有錢曾「紅豆樹二十年不花，今年夏五，忽放數枝。牧齋先生折供胎仙閣，邀予同賞，飲以仙酒，酒酣，命賦詩，援筆作斷句八首。」一題。）更乞同人和之。」云：

院落秋風正颯然，一枝紅豆報鮮妍。夏梨弱棗尋常果，此物真堪薦壽筵。

春深紅豆數花開，結子經秋只一枚。王母仙桃餘七顆，争教曼倩不偷來。

二十年來綻一枝，人間都道子生遲。可應滄海揚塵日，還記仙家下種時。

秋來一顆寄相思，葉落深宫正此時。舞輟歌移人既醉，停觴自唱右丞詞。

朱噣啣來赤日光，苞從鶉火度離方。寢園應并朱櫻獻，玉座休悲道路長。

千葩萬蕊葉風凋，一捻猩紅點樹梢。應是天家濃雨露，萬年枝上不曾銷。
齊閣燃燈佛日開，丹霞絳雪壓枝催。便將紅豆興雲供，坐看南荒地脉迴。
炎徼黄圖自討論，日南花果重南金。書生窮眼疑盧橘，不信相如賦上林。
旭日平臨七寶闌，一枝的皪殷流丹。上林重記虞淵簿，莫作南方草木看。
紅藥闌干覆草萊，金盤火齊抱枝開。故應五百年前樹，曾裏儂家錦綉來。

有學集叁玖「與族弟君鴻求免慶壽詩文書」略云：

夫有頌必有罵，有祝必有咒，此相待而成也。有因頌而招罵，因祝而招咒，此相因而假也。今吾撫前鞭後，重自循省，求其可頌者而無也。少竊虚譽，長塵華貫，榮進敗名，艱危苟免。無一事可及生人，無一言可書册府。瀕死不死，偷生得生。絳縣之吏不記其年，杏壇之杖久懸其脛。此天地間之不祥人，雄虺之所慭遺，鵂鶹之所接席者也。子如不忍於罵我也，則如勿頌。子如不忍於咒我也，則如勿祝。以不罵爲頌，頌莫褘焉。以無咒爲祝，祝莫長也。

牧齋尺牘中「與君鴻」云：

村居荒僻，繙經禮佛，居然退院老僧。與吾弟經年不相聞問，不謂吾弟記憶有此長物也，日月逾邁，忽復八旬，敕斷親友，勿以一字詩文枉賀。大抵賀壽詩文，只有兩字盡之。

一曰罵，二曰咒。本無可賀而賀，此罵也。老人靠天翁隨便過活，而祝之曰長年，曰不死，此咒也。業已遍謝四方，豈可自老弟破例耶？若盛意，則心銘之矣。來詩佳甚，漫題數語，勿怪佛頭抛糞也。詩箋已領，不煩再加繕寫也。謝謝！（寅恪案，此札與前札，辭壽之旨雖同，而詳略有异。頗疑此札乃復其族弟之私函，前札則屬於致親朋之公啓。故此札乃前札之藍本也。）

歸莊集叁「某先生八十壽序」略云：

先生之文云，絳縣之老，自忘其年。杏壇之杖，久懸其脛。據所用論語之事，先生蓋自罵爲賊矣。吾以爲賊之名不必諱。李英公嘗自言少爲無賴賊，稍長爲難當賊，爲佳賊，後卒爲大將，佐太宗平定天下，畫像凌烟閣。且史臣之辭，不論國之正僭，人之賢否，與我敵，即爲賊。是故曹魏之朝，以諸葛亮爲賊。拓跋之臣，以檀道濟爲賊。入主出奴，無一定謂。然則賊之名何足諱，吾惟恐先生之不能爲賊也。先生自罵爲賊，吾不辨先生之非賊，又惟恐先生之非賊，此豈非以罵爲頌乎？先生近著有太公事考一篇，（寅恪案，有學集肆伍「書史記齊太公世家後」末云：「今秋脚病，蹒跚顧影，明年八十，耻隨世俗舉觴稱壽，聊書此以發一笑，而并以自勵焉。」玄恭所言，即指此文。）舉史傳所稱而參互之，知其八十而從文王，垂百歲而封營丘。先生之寓意可知。莊既以先生之自戲者戲先生，亦以先生之自期者期先生而已，他更無容置一辭也。先生如以莊之言果詛也，果駡也，跪之階下而責數之，罰飲墨汁一斗，亦惟命。如以爲似詛而實祝，似駡而實頌也，進之堂前，賜之卮酒，亦惟命。以先生拒人之爲壽文也，故雖以文爲獻，而不用尋常壽序之辭云。

寅恪案，河東君於牧齋生日，特令童探枝得紅豆一顆以爲壽，蓋寓紅豆相思之意，殊非尋常壽禮可比。河東君之聰明能得牧齋之歡心，於此可見一端矣。又陳琰藝苑叢話玖「錢牧齋字受之」條云：

柳於後園劃地成壽字形，以菜子播其間，旁栽以麥。暮春時候，錢登樓一望，爲之狂喜，幾墜而顛。

此雖是暮春時事，與牧齋生日無關，但河東君之巧思以求悦於牧齋，亦一旁證也。遂并附記於此。兹更擇録後來諸家關於芙蓉莊，即紅豆莊之詩文三則於下，藉見河東君以紅豆爲牧齋壽一舉及牧齋紅豆詩之流播久遠，殊非偶然也。

柳南隨筆伍「芙蓉莊」條云：

芙蓉莊在吾邑小東門外，去縣治三十里，顧氏别業也。某尚書爲憲副臺卿公外孫，故其地後歸尚書。莊有紅豆樹，又名紅豆莊。樹大合抱，數十年一花，其色白。結實如皂莢，子赤如櫻桃。順治辛丑，是花盛開，邑中名士咸賦詩紀事。至康熙癸酉再花，結實數斗，村人競取之。時莊已久毀，惟樹存野田中耳。今樹亦半枯，每歲發一枝，訖無定向。聞之土人，所向之處，稻輒歉收，亦可怪也。唐詩紅豆生南國，又云紅豆啄餘鸚鵡粒，未知即此種否，俟再考之。

顧備九鎮虞東文録捌「芙蓉莊紅豆樹歌」云：

田園就蕪三徑荒，秋風破我芙蓉莊。莊中紅豆久枯絶，村人猶記花時節。花時至今七十年，我生已晚空流傳。一宵纖芽發故處，孫枝勃窣兩三樹。此樹移來自海南，曲江（自注：「族祖諱耿光。」）手植世澤覃。錢家尚書我自出，庚信曾居宋玉宅。紅豆花開及壽時，尚書誇誕賦新詩。我嘗讀詩感胸臆，鳩占中間僅一息。今得神明復舊觀，古根不蝕精神完。（下略。）

孫子瀟原湘天真閣集壹玖「芙蓉莊看紅豆花詩」序云：

吾鄉芙蓉莊紅豆樹，自順治辛丑花開後，至今百六十又四年矣。乾隆時樹已枯，鄉人將伐爲薪，發根而蛇見，遂不敢伐。閱數年復榮，今又幢幢如蓋矣。今年忽發花滿樹，玉蕊檀心，中挺一莖，獨如丹砂，莖之本轉緑，即豆莢也。辛烈類丁香，清露晨流，香徹數里，見日則合矣。王生巨川邀余往觀，爲乞一枝而歸。葉亦可把玩，瓕瓏不齊。王生言，至秋冬時，丹黄如楓也。道光四年五月記。

復次，紅豆雖生南國，其開花之距離與氣候有關。寅恪昔年教學桂林良豐廣西大學，宿舍適在紅豆樹下。其開花之距離爲七年，而所結之實，較第壹章所言摘諸常熟紅豆莊者略小。今此虞山白茆港錢氏故園中之紅豆猶存舊篋，雖不足爲植物分類學之標本，亦可視爲文學上之珍品也。

寅恪論述牧齋八十生日事既竟，請附論牧齋晚年卧病時一段饒有興趣之記載於下。恬裕齋瞿氏藏牧齋楷書蘇眉山書金剛經跋横幅墨迹，其文後半節云：

病榻婆娑，繙經禪退，杜門謝客已久。奈文魔詩債不肯捨我，友生故舊四方請告者繹絡何！今且休矣，執筆如握石，看書如障紗，窮年老朽，如幻泡然，未知能圓滿此願否？後人克繼我志者，悉爲潢池完好，以此跋爲左券云。

海印弟子八十一翁蒙叟錢謙益拜書。

又後跋云：

老眼模糊不耐看，繙經盡日坐蒲團。東君已漏春消息，猶覺攤書十指寒。

立春日早誦金剛經一卷，適河東君以棗湯餉余，坐談鎮日。檢趙文敏金汁書蠅頭小楷楞嚴經示余，余兩眼如蒙霧，一字見不，（寅恪案，「見不」當作「不見」。）腕中如有鬼，字多舛謬，詑筋力之衰也。口占一絶，并志跋後。甲辰立春日蒙叟題。

寅恪案，依鄭氏近世中西日曆表，康熙三年甲辰立春爲正月初八日，若有差誤，亦不超過兩三日。考牧齋卒於甲辰五月廿四日，其作此絶句時，已距死期不遠。河東君本居白茆港之紅豆莊，正月初八日其在常熟城内錢氏舊宅者，或因與牧齋共度除夕，或由牧齋病勢已劇，留住侍疾，不再返白茆港，皆未能確定。但據此兩跋及詩句，可以推知牧齋垂死時猶困於「文魔詩債」有如是者，殊爲可嘆。又觀其與河東君情感篤摯，至死不變，恐牧齋逝世後，若無遵王等之壓迫，河東君亦有身殉之可能也。

關於錢柳之死及錢氏家難本末，本章首已詳引顧苓河東君傳，今不重録。虞陽説苑甲編有「河東君殉家難事實」一書，所載韓世琦安世鼎等（韓氏見乾隆修江南通志壹佰伍職官志江蘇巡撫欄。安氏見同書壹佰陸職官志蘇松常兵備道欄。）當時公文頗備，不能盡録，但擇其最有關者，稍加解釋。兹除河東君遺囑并其女及婿之兩揭外，略附述當日爲河東君伸冤諸人之文字，亦足見公道正義之所在也。至同時人及後來吟詠錢柳之詩殊多，以其無甚關涉，除黄梨洲龔芝麓等數首外，其餘概從省略。

黄太冲思舊録「錢謙益」條云：

甲辰余至，值公病革。一見即云以喪葬事相托。余未之答，公言顧鹽臺求文三篇，潤筆千金。亦嘗使人代草，不合我意，固知非兄不可。余欲稍遲，公不可。既導余入書室，反鎖於外。三文，一顧雲華封翁墓志，一雲華詩序，一莊子注序。余急欲出外，二鼓而畢。公使人將余草謄作大字，枕上視之，叩首而謝。余將行，公特招余枕邊云，惟兄知吾意，殁後文字，不托他人。尋呼孫貽（寅恪案，牧齋子孫愛，字孺貽。梨洲混爲「孫貽」。）與聞斯言。其後孫貽別求於龔孝升，使余得免於是非，幸也。

柳南續筆叁「賣文」條略云：

東澗先生晚年貧甚，專以賣文爲活。甲辰夏卧病，自知不起，而喪葬事未有所出，頗以爲身後慮。適鹺使顧某求文三篇，潤筆千金。先生喜甚，急倩予外曾祖陳公金如代爲之，然文成而先生不善也。會餘姚黄太冲來訪，先生即以三文屬之。越數日而先生逝矣。（寅恪案，牧齋尺牘中載「與陳金如」札十九通，其中頗多托代撰文之辭。又光緒修常昭合志稿叁壹陳燦傳附式傳云：「陳式字金如。副貢生。行己謹敕，文筆温麗。」等語，皆可供參證。）

江左三大家詩鈔叁卷末載盧綋跋云：

吴江顧君茂倫趙君山子有三大家詩鈔之輯。刻既成，乃以弁言來命。憶綋於虞山，相遇最晚。壬寅歲以駐節海虞，始得近趨函丈。初見歡若生平，勤勤慰勉。不二年，且奄逝矣。易簀之前二日，貽手書，以後事見囑，是不可謂不知己也。康熙七年歲次戊申春季楚蘄受業盧紘頓首撰。

民國修湖北通志壹伍貳盧紘傳略云：

盧紘字元度，一字澹巖。蘄州人。順治乙丑進士。屢遷蘇松參議，長盧鹽運使。嘗修蘄州志，錢謙益甚稱之。著有四照堂文集三十五卷，樂府二卷。

牧齋尺牘壹「致盧澹巖」四首，其一略云：

老公祖以遷固雄文，發軔蘄志。謹承台命，聊援禿管，以弁簡端。承分清俸，本不敢承。久病纏綿，資生參朮，藉手嘉惠，以償藥券。

其二略云：

頃蒙翰教，謹於尊府君志中添入合葬一段，以文體冗長，但撮略序次，不能如梅村志文之詳贍也。腆貺鄭重，不敢重違台意，敢再拜登受。（寅恪案，有學集補「盧府君家傳」及「盧氏二烈婦傳」并牧齋外集捌「四照堂文集序」等，皆牧齋爲盧氏一門所作之文也。）

其三云：

昨者推士民之意，勒碑頌德，恨拙筆無文，不足以發揚萬一，殊自愧也。（寅恪案，頌德碑乃歌功頌德之文。牧齋作此碑文必有潤筆。此潤筆之資，雖非澹巖直接付出，但必鄉人受盧氏之指示而爲者，其數目當亦不少。然則此亦澹巖間接之厚貺也。）

其四云：

重荷翰貺，禮當叩謝。辱委蘄志序，須數日内力疾載筆。（寅恪案，據其内容，此札應列第壹通之前。）

寅恪案，牧齋賣文爲活之事，前已於第伍章黄毓祺案節論及之。今觀梨洲東漵澹巖關於牧齋垂死時之記載，益可知其家無餘資，貧病交迫之實况矣。至若牧齋致盧澹巖札，尤足見其晚年之窮困，非賣文不能維持生計及支付醫藥之費。總之，此雖爲牧齋家庭經濟問題，但亦河東君致死主因，故不憚煩瑣爲之饒舌也。

「柳夫人遺囑」云：

汝父死後，先是某某并無起頭，竟來面前大罵。某某還道我有銀，差遵王來逼迫。遵王某某皆是汝父極親切之人，竟是如此詐我。錢天章犯罪，是我勸汝父一力救出，今反先串張國賢，騙去官銀官契，獻與某某。當時原云，諸事消釋。誰知又逼汝兄之田，獻與某某。賴我銀子，反開虛帳來逼我命，無一人念及汝父者。家人盡皆捉去，汝年紀幼小，不知我之苦處。手無三兩，立索三千金，逼得汝與官人進退無門，可痛可恨也。我想汝兄妹二人，必然性命不保。我來汝家二十五年，從不曾受人之氣，今竟當面凌辱。我不得不死，但我死之後，汝事兄嫂，如事父母。我之冤仇，汝當同哥哥出頭露面，拜求汝父相知。我愬陰司，汝父決不輕放一人。垂絶書示小姐。威逼姓名，未敢原稿直書，姑闕之。

「孝女揭」云：

揭爲婪贓殺命，奇陷屠門，勢抗縣憲，威脅大吏。母泣冤沈，女號公磔事。竊父母與舅姑一也，不能爲孝婦者，竊願爲孝女。生事與死事一也，不得報恩於生前者，竊願報仇於死後。如今日活殺吾母柳氏一案，操戈而殺母者，獸族謙光與獸侄孫曾也。主謀而令其殺者誰，呼其名，無不疾首痛心，稱其爵，無不膽戰股慄，叙其惡，無不髮豎眥裂。在今血控，不敢顯觸其凶鋒，嗣後登聞，勢必直陳其惡款。止就二獸之罪案，涕泣而歷陳之。我母柳氏，系本朝秘書院學士我父牧齋公之側室，本朝唐令兄孺貽之庶母也。母歸我父九載，方生氏。母命不辰，止有一女。我父不忍嫁氏，因贅翰林院趙月潭公之第三子爲婿。依依膝下者，四歷寒暑。每以不得侍奉舅姑爲疚。不料父年八十有三，染病益篤。氏助兄嫂日侍湯藥，身不克代，乃於五月二十有四日，一旦考終。嗚呼痛哉！方思與兄共守苫塊，以盡半子之誼，以終哀戚之期，而後托吾母於嫡兄，從吾夫以歸養。豈期族難陡作，貴賤交熾。昔之受厚恩於吾父者，今日忽挺戈而入室。昔之求拯救於吾父者，今日忽背噬而甘心。昔之呼高上於堂下，執弟子於門牆者，今日忽揭竿樹幟，耽耽而逐逐，如錢謙光錢曾，其手倡斬喪者也。謙光係行劣徒夫，不齒媚族，曾則爲銷奏之黜衿也。（寅恪案，奏銷事可參孟心史森明清史論集刊上「奏銷案」一文。）於分爲曾侄孫，於誼爲受業門人。其飲斯食斯，舉書學字，得以名列膠庠，家稱封殖者，伊誰之力，而一旦背義滅倫至此。噫！异矣！其挾命而酷炙，則曰某。其狐假而虎逼，則曰某。其附會而婁亰，則曰某。始焉逼我杯皿，以九爵進未已也。少焉扞釘膏腴六百畝矣。少焉俘獲僮僕十數輩矣。痛毀之餘，不敢爰及干戈，而惡等反視爲弱肉，益肆鴟張。復於六月二十八日，大聲疾呼曰，我奉族貴命，立索柳氏銀三千兩。有則生，無則死。毋短毫釐，毋遲瞬息，毋代貲飾。忽而登幕，忽而入室，忽而漸卧，直逼吾母無地自容，登樓吮血，囑付煌煌。嗟乎！以吾父歸田之後，賣文爲活，煢煢女子，蓄積幾何，而有此現帑三千，以供狼獸之婁逼哉？族梟權僕密佈環糾，擦拳磨掌，穢身肆詈。斯時吾母即不死，不可得也。即不速死，亦不可得也。因遂披麻就縊，解绖投繯。威逼之聲未絶於閫外，而呼吸之氣已絶於閨中。嗚呼痛哉！比之斧躓爲尤甚，較之鼎鑊爲尤慘者也。五内崩裂，痛聲徹外，惡始抱頭鼠竄，棄帽微行，追之不及，奔告捕衙門驗縊解經，隨告本縣驗傷暫殮。復控糧道，仰係審解。兄隨刊布血情，近陳都邑，遠達京師。巨惡情虚慮播，哀浼戚紳，吐贓服罪，盡收梓刻。至今揭板原贓，現貯居間，豈其陽爲求息，陰肆把持？赫赫當權，誰能抗令？雖有執法之神明，莫制負隅之魑魅。僅將獸光薄杖，獸曾薄擬。嗟乎？以立逼立斃之人命，與六百兩六百畝之真贓，而止以薄懲定案，豈所以上報王章，下慰冤魂哉？兄因一控鹽憲，再控撫憲，俱批蘇常道親審招牌。惡復夤諜賄縣，任意抗違。賄差楊安，不解不審。視憲詞爲兒戲，賤母命爲草菅，棺骸慘暴，案獄浮沉，五罪五刑，有此不論不議之律乎？惡慮命確贓真，到底難逃重辟，乃遂幻造流言，鑿空飛駕，始焉殺吾母一人之命也，今且殺吾父兄閤門之命及其子孫也。狼謀叵測，一至是哉！在兄孺飴賦性柔孱，或迫於權重。在夫趙管，弱齡緦婿，或阻於嚴親。而氏也仰事惟母，母也俯育惟氏，母既不惜一死以報父，氏亦何惜一死以報母。從此身命俱損，舅姑莫養，行即觸階哭憲，旋復擊鼓叩閽，誓不與殺母之賊共戴一天。嗟乎！帷車袖劍，有白日報父之趙娥，抉目掩皮，有道旁殉弟之聶姊。事狀罄竹難書，止就六月廿六日至廿八日。謂區區女子遂無尺寸之刃哉？敢揭之以告通國，伏乞當道滿漢大人，各郡縉紳先生鼎持公道，斧礫元凶，慰死救生，合門幸甚！康熙三年七月嫡女錢氏謹揭。

「公婿趙管揭」云：

謹陳逼死實迹事，痛岳父於五月二十四日去世，驀遭凶惡錢曾錢謙光等構釁謀害，恣意擇之，逼寫田房，扤阱僮僕，凌虐岳母絶命時，三日夜内事言之。岳母柳氏有糴米納官銀兩，向貯倉廳張國賢收管。錢曾錢謙光探知，廿六日擒國賢妻并男張義至半野堂，官刑私拷，招稱倉廳上有白銀六百兩。錢曾即遣家人陸奎先索去銀杯九只，此廿六日午後也。黃昏後，復令陸奎押張義到倉廳取前銀。義將蒲包裹木匣，付陸奎手持去。曾又突至孝幕中，岳母以曾爲受恩岳父之人，伏地哀泣。曾猶談笑自若。其時恐嚇之語，不可盡述。廿七日曾遣奎來傳言。其話比前尤甚。是日逼去家財及葉茂陳茂周和。僮僕輩盡皆股慄散去。黄昏時，曾復唤徐瑞來傳述云，要我主持，須先將香鑪古玩價高者送我。廿八日謙光先來向管云，汝與岳母説云，速速料理貴人，否則禍即到矣。言畢竟出。頃之曾來，直入孝幕，坐靈床前，大呼曰，止隔明日一日矣。各貴諸奴俱已齊集，即來吵鬧，不得開喪。復至書房内，大張聲勢。管懼其威焰，不敢置可否。坐逼良久，曾方出門，而謙光又踵至矣。云，汝家事大壞，遵王現在坊橋上，須請遵王來，方可商量。適曾亦令奎來。謙光隨令請至。二人一唱一和，皆云我奉族貴令，必要銀三千兩，如少一釐，不下事。命管傳言。岳母驚駭不能答。二人復傳内王進福妻出去，所言皆人所不能出口者。復命一催促幾次。許之田房。謙光云，芙蓉莊已差十六人發四舟去搬矣。誰要汝田？管複力懇一時無措。二人云，三千兩原有幾份分的，然後斷少不得。隨分付要吃葷點心。吃過，復唤王進福妻傳話，大聲叱吒，今日必等回報，然後去得。岳母云，稍静片刻，容我開帳。携筆紙登樓。二人在外大叱管云，初一日先要打汝夫妻出門。還不速速催促。被逼不過，只得入户，見樓緊閉，踢開時，岳母已縊死矣。管急趨出，二人棄帽逃竄。趕至坊橋，二人拼命逃奔，躲匿族貴家中，不能追獲。此實情實事也。

乘喪威逼，固非一人，投繯之時，惟此二賊。悉載岳母遺囑中。另録刊布。先此略述一二，以俟伸雪云。

寅恪案，河東君遺囑前已節引，以其與趙管夫婦兩揭，同爲錢氏家難主要文件，故全録三文，并略加以論述。遺囑中所謂「某某」，即錢朝鼎。由遺囑後其女所附「威逼姓名未敢原稿直書，姑闕之。」及其揭中所云：「主謀而令其殺者誰？呼其名，無不疾首痛心。稱其爵，無不膽戰股慄，叙其惡，無不髮豎眥裂。在今血控，不敢顯觸其兇鋒。嗣後登聞，誓必直陳其惡款。」等語，可知此人當日在常熟之勢力爲何如矣。

「原任蘇州府常熟縣知縣瞿四達揭」略云：

揭爲貪紳屠族逼命，義切同仇，冒死直陳事。今夏五〔牧翁錢〕夫子亡後匝月，遽有逼死柳夫人之變。及問致死者誰？則貪惡俗紳錢朝鼎也。請陳其實。朝鼎爲浙臬司，婪張安茂厚賂，内有銀杯兩隻，工鐫細文「茂」字於杯脚。天敗落四達之手。先年具揭首告，朝鼎挽腹親，王曰，俞解其事。此大證佐也。爲科臣柯諱聳張諱惟赤交章通劾，故雖躐升副憲，并未到任，旋奉嚴旨。何嘗一日真都憲哉？今猶硃標都察院封條告示，封芙蓉莊房屋。其逼死柳夫人實案一。朝鼎居官狼藉，如湖州司李龔廷歷情極刎頸，若浼錢夫人捨身挽救，得豁重罪，乃反誣以受賂。當夫子疾篤卧床，即遣狼僕虎坐中堂，朝暮逼索，致含憤氣絶。隨逼柳婿趙生員含泪立虚契，奪田四百畝。其逼死柳夫人實案二。夫子生前分授柳家人張國賢，以知數久，家頗温。夫子亡未及二七，朝鼎遽拿國賢於靈柩前，杖八十，夾兩棍，逼獻銀四百六十兩，米二百右。柳母子痛哭求情，面加斥辱，穢媟不堪。其逼死柳夫人實案三。凡此三案，法應按律治罪，追贓充餉，朝鼎其何辭？乃僅治虎翼之罪，卸禍錢謙光錢曾二人，欲草草了此大獄。夫謙光等行同狗彘，死有餘辜。雖肆諸市朝，豈足令堂堂宫保烈烈幽魂，瞑目地下哉？

光緒修常昭合志稿貳陸耆舊門錢朝鼎傳略云：

錢朝鼎字禹九，號黍谷。順治丁亥進士。授刑部主事，歷員外郎中，升廣東提學道。端士習，正文風，爲天下學政最。轉浙江按察使，誓於神曰，歸橐名一錢，立殛死。超擢副都御史，忌者托詞稽留欽案，露章參之。丁内艱，服闋，補鴻臚卿，遷大理少卿。

寅恪案，瞿四達此揭所言錢朝鼎豪霸惡迹，即就以解任已久之封條封閉芙蓉莊一事，可爲明證。至牧齋之殞命，亦因朝鼎遣僕登堂，朝暮逼索所致。然則朝鼎不但逼死河東君，亦逼死牧齋矣。朝鼎在鄉何以有如此權勢，恐與四達揭中所云：「朝鼎挽腹親，王曰，俞解其事。」等語有關。「腹親」二字，疑爲「福晋」之别譯。即滿文「王妃」之義。以當日情事言之，漢人必不能與滿洲親王發生關係。疑四達所指之王，乃尚可喜。據道光修廣東通志肆叁職官表叁肆載：

錢朝鼎，順治十年任廣東提學道。

張純熙，順治十二年任廣東提學道。

清史列傳柒捌尚可喜傳略云：

尚可喜遼東人。崇禎初，可喜爲廣鹿島副將。據廣鹿，遣部校盧可用金玉奎赴我朝納款，時天聰七年十二月也。崇德元年封智順王。七年錦州下，賜所俘及降户。可喜奏請以部衆歸隸漢軍。於是隸鑲藍旗。八年隨鄭親王濟爾哈郎征明。順治元年四月隨睿親王多爾衮入山海關，擊敗流賊李白成。六年五月改封平南王，賜金册金印。統將士征廣東。携家駐守。十三年賜敕記功，歲增藩俸千兩。是時粤地皆隸版圖。〔康熙〕四年諭曰，近聞廣東人民爲王屬下兵丁擾害，失其生理。此皆將領不體王意，或倚爲王親戚，以小民易欺，唯圖利己，恣行不法之故。自今務嚴加約束，以副委任。

可知朝鼎任廣東提學道之時，在可喜「統將士征廣東，携家駐守。」之期間。豈朝鼎爲平南王之親戚，故習於「唯圖利己，恣行不法。」耶？俟考。

虞陽説苑乙編後虞書云：

瞿知縣四達比較錢糧，即過銷單，必加夾打，云以懲後。

又云：

瞿知縣殺諸生馮舒於獄。邑中各項錢糧，惟舒獨知其弊。諸生黃啓耀等，合詞上瞿貪狀。瞿以賄飾，疑詞出舒手，故殺之。

今若揆以常昭合志稿所載朝鼎事迹，則爲能「端士習，正文風」。「歸橐不名一錢」及「執法持正」之人。而後虞書則謂瞿四達乃一貪酷之縣官。由是觀之，明清間之史料，是非恩怨，難於判定，此又一例也。

家難事實附各臺讞詞「督糧道盧，爲伐喪殺命等事批」云：

錢謙光以宦門宗裔，甘作無良，乘喪挾威，逼柳氏投繯，命盡頃刻，誠變出意外也。尤可怪者，錢曾素以文受知太史，宜有知己之感，奈何亦爲謙光附和耶？審訊猶嘵嘵申辯，如詐贓一百廿兩，銀杯九隻。據張國賢供稱，陸奎經收分受，則光等之婪贓殺命，律有明條，該縣徇情玩縱，大乖讞法。但人命重情，必經地方官審究真確，方可轉報。仰常熟縣再將有名人犯各證嚴加訊究，并分贓確數，致死根由，依律定擬入招解道，以憑轉解撫院正法，移明學道革黜。事關重案，該縣務須大破情面，贓罪合律，毋得徇縱，復煩駁結，速速繳。康熙三年又六月十九日。

寅恪案，有學集補「盧府君家傳」云：

〔紘康熙元年〕壬寅奉命督糧蘇松，建節海虞。

可知「督糧道盧」，即上引江左三大家詩鈔跋之作者盧紘，亦即上引「孝女揭」中「復控糧道，仰係審解。」之「糧道」。澹巖跋云：「易簀之前二日貽手書，以後事見囑。」可知牧齋早已預料其身死之後，必有家難。（此點可參上引瞿四達揭文「當夫子疾篤卧床，〔朝鼎〕即遣狼僕虎座中堂，朝暮逼索，致含憤氣絶。」等語及寅恪所論。）故以後事托盧氏。今觀澹巖批語，左袒河東君，而痛責錢謙光錢曾等，可謂不負其師之托，而河東君遺囑（詳見上引。）云：

我之冤仇，汝當同哥哥出頭露面，拜求汝父相知。

據此，澹巖乃河東君垂絶時，心中所認爲牧齋相知之一無疑。斯又可證澹巖跋中「不可謂不知己」之語誠非虚構矣。又各臺讞詞「鹽院顧，爲乘喪抄逼，活殺慘命事批。」云：

錢宦棄世，曾幾何日，而族人遽相逼迫，致其庶室投繯殞軀。風俗乖張，莫此爲甚，仰蘇松道嚴究解報。

寅恪案，此「鹽院顧」，當即上引梨洲思舊録中之「顧鹽臺」及柳南續筆中之「鹺使顧某」，亦即求牧齋作三篇文之人。此人既欲藉牧齋之文以自重，其批語亦左袒河東君，殊不足异。但其人與牧齋似無深交，非如澹巖受業於牧齋者之比。故其批詞亦不及澹巖之嚴厲也。

復次，觀上引錢氏家難三文，當日河東君被迫死之情狀，已甚了然。唯其所謂「三千金」或「銀三千兩」者，與虞陽説苑甲編馮默庵舒撰虞山妖亂志中所言錢曾父裔肅有關。默庵之文（可參同編據梧子撰筆夢末兩段所載及河東君殉家難事實顧苓歸莊致錢遵王兩札。）略云：

錢裔肅者，故侍御岱孫，憲副時俊子也。岱罷官歸，家富於財，聲伎冠一邑。裔肅亦中順天乙卯舉人。諸孫中肅贊獨饒。有女伎連璧者，故幸於侍御，生一女矣，而被出。肅悦之，召歸，藏玉芝堂中三年，而家人不得知，與生一子，名祖彭，爲縣庠生，其事始彰。萬曆丁巳，侍御舉鄉飲，將登賓筵，一邑嘩然。監生顧大韶出檄文討其居鄉不法事，怨家有欲乘此甘心者，〔錢〕尚書〔謙益〕素不樂侍御，口語亦藉藉。錢〔裔肅〕乃大懼，遽出連璧。已而侍御死，憲副亦殁。諸兄弟皆惎裔肅，有爲飛書告邑令楊鼎熙，言連璧事者，楊以諗尚書。尚書答曰，此帷箔中事，疑信相參。書似出匿名，盍姑藏弃之，當亦盛德事耶？有錢斗者，尚書族子也。素傾險好利。裔肅以尚書相昵，故亦親之。遂交構其間，須三千金賕尚書。裔肅諾。斗又邀其家人齎銀至家。斗居城北，其鄰有徐錫策者，稱好事。詗得裔肅脆賕事，遂訟言告人。銀未入尚書家，而迹已昭著不可掩。裔肅族人時杰者，又白之於巡按御史。尚書亦唯唯，無所可否。於是其事鼎沸。時杰得賄，幾與尚書等。裔肅始以其事委尚書，出重賄，要萬全。已而尚書不甚爲力，故怨之。裔肅諸弟又日以憲副故妓人納之尚書，裔肅不得已亦獻焉。凡什器之貴重者，錢斗輩指名索取，以爲尚書歡。是時撫吴爲張公國維，尚書辛丑所取士也。以故府縣風靡，無不嚴重尚書者。裔肅所費既不貲，當事者姑以他事褫革，而置奸祖妾不問，邑人自此仄目尚書矣。

然則河東君遺囑所謂「手無三兩，立索三千金。」孝女揭所謂「奉族貴命，立索柳氏銀三千兩。有則生，無則死。」及趙管揭所謂「必要銀三千兩，如少一厘，不下事。」等語中之「三千金」，疑即此文裔肅賕尚書之「三千金」。而遵王向微仲索取之「香鑪古玩價高者」，恐即指錢斗向錢裔肅「指名索取，以爲尚書歡。」之貴重什器也。如此解釋，是否合理，仍俟更考。

又虞陽説苑甲編「過墟志感」一書，雖爲僞托，但其中用語，可與孝女揭相參校者，如稱錢曾爲「獸曾」之類是也。至劉寡婦以其家資全付與其婿錢生者，殆常熟風俗，婦人苟無親生之子，例以家資付其女及婿。此所以錢朝鼎錢曾等由是懷疑河東君以牧齋資財，盡付趙管夫婦，因而逼索特甚，致使「進退無門」，且叱管云，「初一日先要打汝夫妻出門。」故過墟志感雖爲僞托之書，於當時常熟風俗，仍有參考價值也。

復次，遵王與牧齋之關係，除光緒修常昭合志稿叁貳及同治修蘇州府志壹佰本傳外，章式之鈺錢遵王讀書敏求記校證補輯類記所載「錢曾傳」，頗爲詳盡，兹不備引，讀者可自取參閱。唯憶昔年寅恪旅居北京，與王觀堂國維先生同游廠甸，見書攤上列有章氏此書。先生持之笑謂寅恪曰：「這位先生（指章式之）是用功的，但此書可以不做。」一時市人擾攘，未及詳詢，究不知觀堂先生之意何在？特附記於此，以資談助。

又家難事實載嚴武伯熊「負心殺命錢曾公案」文云：

竊聞恩莫深於知己，而錢財爲下。罪莫大於負心，而殺命尤慘。牧齋錢公主海內詩文之柄五十餘年，同里後學硯席侍側者，熊與錢曾均受教益。今公甫逝，骨肉未寒，反顔肆噬，逼打家人徐瑞寫身炙詐銀三十六兩。今月廿八日復誣傳族勢赫奕，同錢天章虎臨喪次，立逼柳夫人慘縊。亘古异變，宇宙奇聞。熊追感師恩，鳴鼓討賊。先此佈告，行即上控下訴，少效豫讓吞炭之意。

王漁洋感舊集壹貳「嚴熊」條，盧見曾補傳云：

熊字武伯，江南常熟人。有雪鴻集。

小傳下附宋琬安雅堂集「武伯詩序」（可參陳壽祺郎潛紀聞捌「虞山錢宗伯下世」條。）云：

錢牧齋先生常顧余于湖上，語及當代人物。先生曰，吾虞有嚴生武伯者，縱横跌蕩，其才未易當也。後與武伯定交吴門，先生已撤琴瑟再閏矣。武伯身長八尺，眉宇軒軒，驟見之，或以爲燕趙間俠客壯士也。酒酣以往，爲言先生下世後，其族人某，妄意室中之藏，糾合無賴，囂於先生愛妾之室，所謂河東君者，詬厲萬端，迫令自殺。武伯不勝其憤，鳴鼓草檄，以聲其罪。其人大慚，無所容。聆其言，坐客無不髮上指者。嗚呼！何其壯哉！又一日飲酒，漏三鼓，武伯出先生文一篇示余，相與辯論，往復不中意，武伯鬚髯盡張如蝟毛，欲擲鐵燈檠於地者再，厥明酒醒，相視而笑曰，夜來真大醉也。雖狂者之態固然乎？而其護師門如干城，不以生死易心，良足多也。

龔鼎孳定山堂集肆貳康熙丙午迄庚戌存笥稿「嚴武伯千里命駕，且爲虞山先生義憤，有古人之風，於其歸，占此送之。」七絕五首云：

清秋紈扇障西風，紅豆新詞映燭紅。扣策羊曇何限泪，一時沾灑月明中。
死生膠漆義誰陳，挂劍風期白首新。却笑關弓巢卵事，當時原有受恩人。
河東才調擅風流，賭茗拈花是唱酬。一著到頭全不錯，瓣香齊拜絳雲樓。
高平門第冠烏衣，珠玉爭看綵筆飛。曾讀隱侯雌霓賦，至今三嘆賞音稀。
君家嚴父似嚴光，一卧溪山歲月長。頭白故交零落盡，幾時重拜德公床。

寅恪案，牧齋與嚴氏一家四代均有交誼，前已言及。晚歲與武伯尤爲篤摯。觀上列材料并有學集叁柒「嚴宜人文氏哀辭并序」，（此序前已引。）同書肆捌「題嚴武伯詩卷」及「再與嚴子論詩語」等篇，可知武伯之「爲虞山先生義憤」，固非偶然。但武伯之「縱橫跌蕩」「眉宇軒軒，如燕趙間俠客壯士。」自是別具風格之人。故其與錢曾輩受恩於牧齋者同，而所以報之者迥异也。

河東君殉家難事實一書中尚有嚴熊「致錢求赤書」一通云：

往年牧翁身後，家難叢集，破巢毁卵，傷心慘目。孺貽世翁長厚素著，飲恨未申，至不能安居，薄游燕邸。弟客春在北，每見名賢碩彦，罔不憐念之者。豈歸未逾月，仁兄首發大難，出揭噬臍，必欲斬絶牧齋先生之後，意何爲耶？况仁兄此揭不過爲索逋而起，手書歷歷，要挾在前，難免通國耳目。嗚呼！索逋如此，萬一事更有大於索逋者，仁兄又將何以處之乎？

光緒修常昭合志稿貳陸錢裔僖傳附族人上安傳略云：

族人上安，原名孫愛，字孺貽。順時曾孫。性孤介。順治丙戌舉於鄉。父殁，蒙家難，必伸其意而後已。謁選除永城令。始至，人以爲貴公子，不諳吏事。升大理評事。遂歸，閉户不見一人，即子孫罕見之。

同書叁貳錢孫保傳云：

錢孫保字求赤，謙貞子，趙士春婿也。

清史列傳柒玖貳臣傳乙龔鼎孳傳略云：

康熙元年諭部以付郎補用。明年起都察院左都御史。三年遷刑部尚書。五年轉兵部。八年轉禮部。十二年八月以疾致仕，九月卒。

據上列之材料，可知嚴武伯至北京，乃在康熙五年丙午後，龔氏任職京師之際。而此時牧齋之從侄孫保，曾再發起向孫愛索逋之事。牧齋身後，其家況之悲慘如此，可哀也已！又曹秋岳溶静惕堂集肆肆「嚴武伯錢遵王至」二首，其二云：

浮雲劫火動相妨，紅豆當年倚恨長。容我一瓻鴛水北，往來吹送白蘋香。

豈由於秋岳之調解，後來武伯遵王復言歸於好耶？俟考。據康熙四年正月廿七日總督郎憲牌及同年同月廿九日理刑審語，（俱見河東君殉家難事實。）知此案懸擱「五月有餘」及郎廷佐追問，始草草了事，而所加罪者，惟陸奎楊安等不足道之人及細微之款項，而錢曾等取去之六百金及勒索三千金，逼死河東君一事，則含糊不究。可知其中必有禹九之權勢及遵王之「錢神又能使鬼通天」，（見家難事實歸莊「致錢遵王書」，并可參同書李習之洊「致錢黍谷大憲咸亭御史書」及「貽錢御史第二書」。黍谷即朝鼎，事迹見上引常昭合志稿貳陸。咸亭即延宅，事迹見同書同卷。）故可以不了了之也。當日清廷地方漢奸豪霸之欺凌平民，即此一端，可想見矣。

復次，河東君縊死之所，實在榮木樓，即舊日黃陶庵授讀孫愛之處。（可參陸翼王輯黃陶庵先生集壹陸和陶詩「和飲酒二十首序」所云：「辛巳杪冬客海虞榮木樓。」及陳樹悳輯黃陶庵年譜崇禎十四年辛巳條所云：「先生三十七歲，館虞山。」等語。）徐芳「柳夫人小傳」等所謂「自取縷帛結項，死尚書側。」則齊東野人之語，不可信也。至若俞蛟夢厂雜著齊東妄言玖「柳如是傳」等所言昭文縣署之事，其爲妄謬，則更不足道也。

歸莊集捌「祭錢牧齋先生文」云：

先生通籍五十餘年，而立朝無幾時，信蛾眉之見嫉，亦時會之不逢。抱濟世之略，而纖毫不得展，懷無涯之志，而不能一日快其心胸。其性迂才拙，心壯頭童。先生喜其同志，每商略慷慨，談宴從容。剖腸如雪，吐氣成虹。感時追往，忽復泪下淋浪，髮豎鬙鬆。窺先生之意，亦悔中道之委蛇，思欲以晚蓋。何天之待先生之酷，竟使之賫志以終。人誰不死，先生既享耄耋矣。嗚呼！我獨悲其遇之窮。先生素不喜道學，故居家多恣意，不滿於輿論，而尤取怨於同宗。小子之初拜夫靈筵也，頗聞將廢匍匐之誼，而有意於興戎。哀孝子之在疚，方喪事之縱縱。雖報施之常，人情所同。顧大不伐喪，春秋之義。虐煢獨者，箕子所恫！聞其人固高明之士，必能怵於名義，而涣然冰釋，逝者亦可自慰於幽宮。虞山崔崔，尚湖渢渢。去先生之恒幹，飆舉於雲中。哀文章之淪喪，孰能繼其高蹤？悲小子之失師，將遂底於惛憒。自先生之遘疾，冬春再掛夫孤篷。入夏而苦賤恙，就醫於練水之東。嘗馳問疾之使，報以吉而無凶。方和高咏以自慰，（可參有學集壹貳東澗集上「贈歸玄恭八十二韵，戲效玄恭體。」及同書壹叁東澗詩集下「病榻消寒雜咏四十六首」序。）豈謂遂符兩楹之夢，忽崩千丈之松。嗚呼！手足不及啓，含斂不及視，小子抱痛於無窮。跪陳詞而薦酒，不知涕之何從。尚饗！

南雷詩歷貳「八哀詩」之五「錢宗伯牧齋」云：

四海宗盟五十年，心期末後與誰傳。憑裀引燭燒殘話，囑筆完文抵債錢。（自注：「問疾時事。宗伯臨殁，以三文潤筆抵喪葬之費，皆余代草。」）紅豆俄飄迷月路，美人欲絶指箏弦。（自注：「皆身後事。」）平生知己誰人是，（自注：「應三四句。」）能不爲公一泫然。（自注：「應五六句。」）

定山堂詩集壹肆康熙工寅迄丙午存笥稿「輓河東夫人」五律二首。其一云：

驚定重揮涕，蘭荾恰此辰。甘爲賣志事，應愧受恩人。石火他生劫，蓮花悟後身。九原相見日，悲喜話綦巾。

其二云：

豈少完人傳，如君論定稀。朱顔原獨立，白首果同歸。絶脰心方見，齊牢寵不非。可憐共命鳥，猶逐絳雲飛。

寅恪案，當時名流與牧齋素有交誼者，除黄龔歸三人外，如吴梅村者，必有追輓錢柳之作，但今不見於吴氏集中。世傳梅村家藏稿，必非最初原稿，乃後來所删削者，由此亦可斷言矣。

錢泳履園叢話貳肆「東澗老人墓」條云：

虞山錢受翁，才名滿天下，而所欠惟一死，遂至罵名千載。乃不及柳夫人削髮投繯，忠於受翁也。嘉慶二十年間，錢塘陳雲伯（文述）爲常熟令，訪得柳夫人墓在拂水巖下，爲清理立石，而受翁之冢即在其西偏，竟無人爲之表者。第聞受翁之後已絶，墓亦荒廢。余爲集刻蘇文忠書曰「東澗老人墓」五字碣，立於墓前。觀者莫不笑之。記查初白有詩云，「生不并時憐我晚，死無他恨惜公遲。」（見敬業堂集壹陸「拂水山莊」三首之三。）君子之澤，五世而斬。信哉！

翁同龢瓶廬詩稿捌「東澗老人墓」云：

秋水堂安在，荒凉有墓田。孤墳我如是，（自注：「墓與河東君鄰。」）獨樹古君遷。（自注：「柿一，尚是舊物。」）題碣誰摹宋，（自注：「碑字集坡書。」）居人尚姓錢。争來問遺事，欲説轉凄然。

鄧文如之誠君骨董全編骨董瑣記柒「錢蒙叟墓」條云：

常熟寶巖西三里許，曰劉神濱。再西三里，曰虎濱。兩濱適中曰界河沿，又曰花園濱，錢牧齋墓在焉。有碣題「東澗老人墓」五字，集東坡書，字徑五六寸。嘉慶中族裔所立，本宗久絶矣。河東君墓即在左近。其拂水山莊，今爲海藏寺。距劍門不遠，有古柏一，銀杏二，尚存。

寅恪案，此俱錢柳死後，有關考證之材料，故并録之。草此稿竟，合掌説偈曰：

刺刺不休，沾沾自喜。忽莊忽諧，亦文亦史。述事言情，憫生悲死。繁瑣冗長，見笑君子。失明臏足，尚未聾啞。得成此書，乃天所假。卧榻沉思，然脂暝寫。痛哭古人，留贈來者。

附記

史家紀事自以用公元西曆爲便，但本稿所引資料，本皆陰曆。若事實發生在年末，却不能任意改换陽曆。且因近人所編明末陰陽對照表，多與當時人詩文集不合，不能完全依據也。又記述明末遺民之行事，而用清代紀元，於理於心，俱有未安。然若用永曆隆武等南明年號，則非習見，難於换算。如改用甲子，復不易推記。職是之故，本稿記事行文，往往多用清代紀元，實不獲已也，尚希讀者諒之。

錢柳逝世後三百年，歲次甲辰夏月，陳寅恪書於廣州金明館，時年七十五。

陳寅恪先生文集

隋唐制度淵源略論稿
唐代政治史述論稿

陳寅恪 著

中國書店

目次

隋唐制度淵源略論稿……一
一 叙論……三
二 禮儀……六
三 職官……九〇
四 刑律……一一〇
五 音樂……一二七
六 兵制……一三六
七 財政……一五五
八 附論……一七四

唐代政治史述論稿……一七五
自　序……一七七
上篇　統治階級之氏族及其升降……一七八
中篇　政治革命及黨派分野……二三一
下篇　外族盛衰之連環性及外患與內政之關係……三一五

隋唐制度淵源略論稿

一　叙論

李唐傳世將三百年，而楊隋享國爲日至短，兩朝之典章制度傳授因襲幾無不同，故可視爲一體，并舉合論，此不待煩言而解者。獨其典章制度之資料今日得以依據以討論者，僅傳世之舊籍，而其文頗多重複，近歲雖有新出遺文，足資補證，然其關係，重要者實亦至少。故欲爲詳確創獲之研究甚非易事。夫隋唐兩朝爲吾國中古極盛之世，其文物制度流傳廣播，北逾大漠，南暨交趾，東至日本，西極中亞，而迄鮮通論其淵源流變之專書，則吾國史學之缺憾也。兹綜合舊籍所載及新出遺文之有關隋唐兩朝制度者，分析其因子，推論其源流，成此一書，聊供初學之參考，匪敢言能補正前賢之闕失也。

隋唐之制度雖極廣博紛複，然究析其因素，不出三源：一曰（北）魏、（北）齊，二曰梁、陳，三曰（西）魏、周。所謂（北）魏、（北）齊之源者，凡江左承襲漢、魏、西晉之禮樂政刑典章文物，自東晉至南齊其間所發展變遷，而爲北魏孝文帝及其子孫摹仿采用，傳至北齊成一大結集者是也。其在舊史往往以「漢魏」制度目之，實則其流變所及，不止限於漢魏，而東晉南朝前半期俱包括在内。舊史又或以「山東」目之者，則以山東之地指北齊言，凡北齊承襲元魏所采用東晉南朝前半期之文物制度皆屬於此範圍也。又西晉永嘉之亂，中原魏晉以降之文化轉移保存於涼州一隅，至北魏取涼州，而河西文化遂輸入於魏，其後北魏孝文、宣武兩代所制定之典章制度遂深受其影響，故此（北）魏、（北）齊之源其中亦有河西之一支派，斯則前人所未深措意，而今日不可不詳論者也。所謂梁陳之源者，凡梁代繼承創作陳氏因襲無改之制度，迄楊隋統一中國吸收采用，而傳之於李唐者，易言之，即南朝後半期内其文物制度之變遷發展乃王肅等輸入之所不及，故魏孝文及其子孫未能采用，而北齊之一大結集中遂無此因素者也。舊史所稱之「梁制」實可兼該陳制，蓋陳之繼梁，其典章制度多因仍不改，其事舊史言之詳矣。所謂（西）魏、周之源者，凡西魏、北周之創作有异於山東及江左之舊制，或陰爲六鎮鮮卑之野俗，或遠承魏、（西）晉之遺風，若就地域言之，乃關隴區内保存之舊時漢族文化，以適應鮮卑六鎮勢力之環境，而産生之混合品。所有舊史中關隴之新創設及依托周官諸制度皆屬此類，其影響及於隋唐制度者，實較微末。故在三源之中，此（西）魏、周之源遠不如其他二源之重要。然後世史家以隋唐繼承（西）魏、周之遺業，遂不能辨析名實真僞，往往於李唐之法制誤認爲（西）魏、周之遺物，如府兵制即其一例也。

此書本爲供初學讀史者參考而作，其體裁若與舊史附麗，則於事尤便，故分別事類，序次先後，約略參酌隋唐史志及通典、唐會要諸書，而稍爲增省分合，庶幾不致盡易舊籍之規模，亦可表見新知之創獲，博識通人幸勿以童牛角馬見責也。

又此書微仿天竺佛教釋經論之例，首章備致詳悉，後章則多所闕略（見僧祐書三藏集記拾僧叡大智度論序及大智度論記。寅恪案，鳩摩羅什譯經雖有删煩，然於大智度論實未十分略九，蓋天竺著述體例固如是也，後人於此殊多誤解，以其事非本書範圍，故不詳論）。故於前禮儀章已論證者，如三源中諸人之家世地域等，則於後諸章不復詳及，實則後章所討論仍與之有關也。謹附識於叙論之末，以見此書之體制焉。

二　禮儀（附：都城建築）

舊籍於禮儀特重，記述甚繁，由今日觀之，其制度大抵僅爲紙上之空文，或其影響所届，止限於少数特殊階級，似可不必討論，此意昔賢亦有論及者矣。如新唐書壹壹禮樂志云：

由三代而上，治出於一，而禮樂達於天下；由三代而下，治出於二，而禮樂爲虚名。及三代已亡，遭秦變古，後之有天下者，自天子百官、名號位序、國家制度、宮車服器，一切用秦。至於三代禮樂具其名物，而藏於有司，時出而用之郊廟朝廷，曰：「此爲禮也，所以教民。」此所謂治出於二，而禮樂爲虚名。故自漢以來史官所記事物名數、降登揖讓、拜俯伏興之節，皆有司之事爾，所謂禮之末節也。然用之郊廟朝廷，自搢紳大夫從事其間者皆莫能曉習，而天下之人至於老死未嘗見也。

又歐陽文忠公集附歐陽發等所述事迹云：

其於唐書禮樂志發明禮樂之本，言前世治出於一，而後世禮樂爲空名；五行志不書事應，悉壞漢儒災异附會之説，皆出前人之所未至。

寅恪案，自漢以來史官所記禮制止用於郊廟朝廷，皆有司之事，歐陽永叔謂之爲空名，誠是也。沈垚落帆樓文集捌與張淵甫書云：

六朝人禮學極精，唐以前士大夫重門閥，雖异於古之宗法，然與古不相遠，史傳中所載多禮家精粹之言。至明士大夫皆出草野，與古絶不相似矣。古人於親親中寓貴貴之意，宗法與封建相維。諸侯世國，則有封建；大夫世家，則有宗法。

寅恪案，禮制本與封建階級相維繫，子敦之説是也。唐以前士大夫與禮制之關係既如是之密切，而士大夫階級又居當日極重要地位，故治史者自不應以其僅爲空名，影響不及於平民，遂忽視之而不加以論究也。

通鑒壹柒陸陳紀至德二年條云：

隋主命禮部尚書牛弘修五禮，勒成百卷，〔正月〕戊辰詔行新禮。

隋書壹高祖紀上（北史壹壹隋本紀上同）云：

開皇五年春正月戊辰詔行新禮。

同書貳高祖紀下（北史壹壹隋本紀上略同）云：

仁壽二年閏〔十〕月己丑詔曰：「尚書左僕射越國公楊素、尚書右僕射邳國公蘇威、吏部尚書奇章公牛弘、内史侍郎薛道衡、秘書丞許善心、内史舍人虞世基、著作郎王劭或任居端揆，博達古今，或器推令望，學綜經史，委以裁緝，實允僉議，可并修定五禮。」

同書陸禮志總序略云：

高堂生所傳士禮亦謂之儀，洎西京以降，用相裁准。黄初之詳定朝儀，則宋書言之備矣。梁武始命群儒裁成大典，陳武克平建業，多准梁舊。〔隋〕高祖命牛弘、辛彦之等采梁及北齊儀注，以爲五禮云。

通典肆壹禮典序（參南齊書玖禮志序及魏書壹佰捌禮志序）略云：

魏以王粲、衛覬集創朝儀，而魚豢、王沈、陳壽、孫盛雖綴時禮，不足相變。晋初以荀顗、鄭冲典禮，參考今古，更其節文。羊祜、任愷、庾峻、應貞并加删集，成百六十五篇。後摯虞、傅咸纘續未成，屬中原覆没，今虞之决疑注是其遺文也。江左刁協、荀崧補緝舊文，蔡謨又踵修綴。宋初因循，前史并不重述。齊武帝永明二年詔尚書令王儉制定五禮。至梁武帝命群儒又裁成焉。陳武帝受禪，多准梁舊。後魏道武帝舉其大體，事多闕遺；孝文帝率由舊章，擇其令典，朝儀國範焕乎復振。隋文帝〔命〕牛弘、辛彦之等采梁及北齊儀注，以爲五禮。

隋書叁叁經籍志史部儀注類梁賓禮儀注九卷賀瑒撰注云：

案梁明山賓撰吉儀禮注二百六卷，録六卷；嚴植之撰凶儀注四百七十九卷，録四十五卷；陸璉撰軍儀注一百九十卷，録二卷；司馬褧撰嘉儀注一百一十二卷，録三卷；并亡。存者唯士吉及賓合十九卷。

後齊儀注二百九十卷。

隋朝儀禮一百卷，牛弘撰。

魏書伍玖劉昶傳（北史貳玖劉昶傳同）略云：

劉昶，義隆第九子也，義隆時封義陽王，和平六年間行來降。於時（太和初）改革朝儀，詔昶與蔣少游專主其事。昶條上舊式，略不遺亡。

同書玖壹術藝傳蔣少游傳（北史玖拾藝術傳蔣少游傳同）略云：

蔣少游，樂安博昌人也。慕容白曜之平東陽，見俘入於平城，充平齊户，後配雲中爲兵。及詔尚書李冲與馮誕、游明根、高閭等議定衣冠於禁中，少游巧思，令主其事，亦訪於劉昶，二意相乖，時致諍競，積六年乃成，始班賜百官。冠服之成，少游有效焉。後於平城將營太廟太極殿，遣少游乘傳詣洛，量准魏晋基址。後爲散騎侍郎，副李彪使江南。高祖修船乘，以其多有思力，除都水使者，遷前將軍，兼將作大匠，仍領水池湖泛戲舟檝之具。及華林殿沼修舊增新，改作金墉門樓，皆所措意，號爲妍美。又兼太常少卿，都水如故。景明二年卒。少游又爲太極立規模，與董爾、王遇參建之，皆未成而卒。

同書柒高祖紀下（北史叁魏本紀同）云：

〔太和〕十年八月乙亥給尚書五等品爵已上朱衣玉珮大小組綬。

寅恪案，劉昶、蔣少游俱非深習當日南朝典制最近發展之人，故致互相乖諍。其事在太和十年以前，即北史肆貳王肅傳所謂「其間朴略，未能淳」者。至太和十七年王肅北奔，孝文帝虛襟相待，蓋肅之入北實應當日魏朝之需要故也。

魏書肆叁房法壽傳附族子景伯景先傳（北史叁玖房法壽傳附景伯景先傳同）略云：

法壽族子景伯，高祖諶避地渡河，居於齊州之東清河繹幕焉。顯祖時三齊平，隨例内徙爲平齊民。景伯性淳和，涉獵經史。

景先幼孤貧，無資從師，其母自授毛詩曲禮。晝則樵蘇，夜誦經史，自是精勤，遂大通贍。太和中例得還鄉，郡辟功曹，州舉秀才，值州將卒，不得對策，解褐太學博士。時太常劉芳、侍中崔光當世儒宗，嘆其精博，光遂奏兼著作佐郎，修國史，尋除司徒祭酒員外郎。侍中穆紹又啓景先撰世宗起居注，累遷步兵校尉，領尚書郎齊州中正，所歷皆有當官之稱。景先作五經疑問百餘篇，其言該典，今行於時。

北史貳肆崔逞傳附休傳（魏書陸玖崔休傳同）略云：

休曾祖諲仕宋，位青冀二州刺史，祖靈和宋員外散騎侍郎，父宗伯始還魏。孝文納休妹爲嬪，兼給事黄門侍郎，參定禮儀。

魏書伍伍劉芳傳（北史肆貳劉芳傳同）略云：

劉芳，彭城人也。六世祖訥晉司隸校尉，祖該劉義隆征虜將軍青徐二州刺史，父邕劉駿兖州長史。芳出後伯父遜之。邕同劉義宣之事，身死彭城，芳隨伯母房逃竄青州，會赦免。舅元慶爲劉子業青州刺史沈文秀建威府司馬，爲文秀所殺，母子入梁鄒城。慕容白曜南討青齊，梁鄒降，芳北徙爲平齊民，時年十六。南部尚書李敷妻司徒崔浩之弟女，芳祖母浩之姑也。芳至京師，詣敷門，崔耻芳流播，拒不見之。（中略）芳才思深敏，特精經義，博聞强記，兼覽蒼雅，尤長音訓，辨析無疑，於是禮遇日隆。王肅之來奔也，高祖雅相器重，朝野屬目，高祖宴群臣於華林，肅語次云：「古者唯婦人有笄，男子則無。」芳曰：「推禮經正文，古者男子婦人俱有笄。」高祖稱善者久之，肅亦以芳言爲然。酒闌，芳與肅俱出，肅執芳手曰：「吾少來留意三禮，在南諸儒咸共討論，皆謂此義如吾向言，今聞往釋，頓祛平生之惑。」芳義理精通，類皆如是。高祖崩於行宫，及世宗即位，芳手加衮冕，高祖自襲斂暨於啓祖、山陵、練除始末喪事皆芳撰定。出除安東將軍青州刺史，還朝議定律令。芳斟酌古今，爲大議之主，其中損益多芳意也。世宗以朝儀多闕，其一切諸議悉委芳修正，於是朝廷吉凶大事皆就諮訪焉。

同書陸柒崔光傳（北史肆肆崔光傳同）略云：

崔光，東清河鄃人也。祖曠從慕容德南渡河，居青州之時水，慕容氏滅，仕劉義隆爲樂陵太守。父靈延劉駿龍驤將軍長廣太守，與劉彧冀州刺史崔道固共拒國軍。慕容白曜之平三齊，光年十七，隨父徙代。〔後〕遷中書侍郎、給事黄門侍郎，甚爲高祖所知待。高祖每對群臣曰：「以崔光之高才大量，若無意外咎譴，二十年後當作司空。」其見重若是。

寅恪案，劉芳、崔光皆南朝俘虜，其所以見知於魏孝文及其嗣主者，乃以北朝正欲摹仿南朝之典章文物，而二人適值其會，故能拔起俘囚，致身通顯也。

北齊書貳玖李渾傳附繪傳（北史叁叁李靈傳附繪傳同）略云：

司徒高邕辟爲從事中郎，徵至洛時敕侍中西河王秘書監常景選儒學十人緝撰五禮，惟繪與太原王乂掌軍禮。

寅恪案，隋志不載常景撰修之五禮，惟舊唐書肆陸經籍志史部儀注類有後魏儀注三（疑五之誤）十二卷，常景撰；新唐書伍捌藝文志史部儀注類有常景後魏儀注五十卷。常景之書撰於元魏都洛之末年，可謂王肅之所遺傳，魏收之所祖述，在二者之間承上啓下之産物也。又史志所謂後齊儀注者，即南朝前期文物變相之結集，故不可不先略述北齊修五禮之始末，以明隋志之淵源也。

北齊書叁柒魏收傳（北史伍陸魏收傳同）略云：

除尚書右僕射，總議五禮事，多引文士令執筆，儒者馬敬德、熊安生、權會實主之。

隋書伍柒薛道衡傳（北史叁陸薛辯傳附道衡傳同）略云：

武平初，詔與諸儒修定五禮。

寅恪案，北齐後主時所修之五禮當即隋志之後齊儀注二百九十卷，鄴都典章悉出洛陽，故武平所修亦不過太和遺緒而已，所可注意者，則薛道衡先預修齊禮，後又參定以齊禮爲根據之隋制，兩朝禮制因襲之證此其一也。

據上所引舊籍綜合論之，隋文帝繼承宇文氏之遺業，其制定禮儀則不依北周之制，別采梁禮及後齊儀注。所謂梁禮并可概括陳代，以陳禮幾全襲梁舊之故，亦即梁陳以降南朝後期之典章文物也。所謂後齊儀注即北魏孝文帝摹擬采用南朝前期之文物制度，易言之，則爲自東晋迄南齊，其所繼承漢、魏、西晋之遺産，而在江左發展演變者也。陳因梁舊，史志所載甚明，當於後文論之，於此先不涉及。惟北齊儀注即南朝前期文物之蛻嬗，其關鍵實在王肅之北奔，其事應更考釋，以闡明隋制淵源之所從出。前已略述北齊制禮始末，故兹專論王肅北奔與北朝文物制度之關係焉。

北史肆貳王肅傳略云：

王肅，琅邪臨沂人也。父奂及兄弟并爲（南）齊武帝所殺，太和十七年肅自建業來奔。自晋氏喪亂，禮樂崩亡，孝文雖釐革制度，變更風俗，其間朴略，未能淳也。肅明練故事，虚心受委，朝儀國典咸自肅出。

魏書陸叁王肅傳略云：

肅自謂禮易爲長，亦未能通其大義也。王肅爲虜制官品百司，皆如中國。

南齊書伍柒魏虜傳略云：

佛狸已來，稍僭華典，胡風國俗雜相揉亂，

陳書貳陸徐陵傳（南史陸貳徐摛傳附陵傳同）略云：

太清二年兼通直常侍使魏。魏人授館宴賓，是日甚熱，其主客魏收嘲陵曰：「今日之熱當由徐常侍來。」陵即答曰：「昔王肅至此，爲魏始制禮儀；今我來聘，使卿復知寒暑。」收大慚。

通鑑壹叁玖齊紀武帝永明十一年冬十月王肅見魏主於鄴條云：

魏主或屏左右，與肅語至夜分不罷，自謂君臣相得之晚。尋除輔國大將軍長史。時魏主方議興禮樂，變華風，威儀文物多肅所定。

隋書捌禮儀志述隋喪禮節云：

開皇初高祖思定典禮，太常卿牛弘奏曰：「聖教陵替，國章殘缺，漢晋爲法，隨俗因時，未足經國庇人，弘風施化。且制禮作樂，事歸元首，江南王儉，偏隅一臣，私撰儀注，多違古法。就廬非東階之位，凶門豈重設之禮，兩蕭累代，舉國遵行。後魏及齊，風牛本隔，殊不尋究，遥相師祖，故山東之人，浸以成俗。西魏已降，師旅弗遑，嘉賓之禮，盡未詳定。今休明啓運，憲章伊始，請據前經，革茲弊俗。」詔曰：「可！」弘因奏徵學者撰儀禮百卷，悉用東齊儀注以爲准，亦微采王儉禮，修畢上之，詔遂班天下，咸使遵用焉。

寅恪案，魏孝文帝之欲用夏變夷久矣，在王肅未北奔之前亦已有所興革。然當日北朝除其所保存魏晋殘餘之文物外，尚有文成帝略取青齊時所俘南朝人士如崔光、劉芳、蔣少游等及宋氏逋臣如劉昶之倫，可以略窺自典午南遷以後江左文物制度。然究屬依稀恍忽，皆從間接得來，仍無居直接中心及知南朝最近發展之人物與資料可以依據，此北史王肅傳所謂「孝文雖釐革制度，變更風俗，其间朴略，未能淳」者是也。魏孝文帝所以優禮王肅固別有政治上之策略，但肅之能供給孝文帝當日所渴盼之需求，要爲其最大原因。夫肅在當日南朝雖爲膏腴士族，論其才學，不獨與江左同時倫輩相較，斷非江左第一流，且亦出北朝當日青齊俘虜之下（見魏書伍伍及北史肆貳劉芳傳），而卒能將南朝前期發展之文物制度轉輸於北朝以開太和時代之新文化，爲後來隋唐制度不祧之遠祖者，蓋別有其故也。考南齊書貳叁王儉傳云：

少撰古今喪服記并文集，并行於世。

又南史貳貳王曇首傳附儉傳（參通鑒壹叁陸齊紀永明三年條）云：

先是宋孝武好文章，天下悉以文采相尚，莫以專經爲業。儉弱年便留意三禮，尤善春秋，發言吐論，造次必於儒教，由是衣冠翕然，并尚經學，儒教於此大興。何承天禮論三百卷，儉抄爲八帙，又別抄條目爲十三卷，朝儀舊典，晋末來施行故事，撰次諳憶，無遺漏者，所以當朝理事，斷決如流，每博議引證，先儒罕有其例，八坐丞郎，無能异者。

文選肆陸任昉王文憲集序云：

自宋末艱虞，百王澆季，禮紊舊章，樂傾恒軌，自朝章國記，典彝備物，奏議符策，文辭表記，素意所不蓄，前古所未行，皆取定俄頃，神無滯用。

據此，王儉以熟練自晋以來江東之朝章國故，著名當時。其喪服記本爲少時所撰，久已流行於世，故掌故學乃南朝一時風尚也。仲寶卒年爲永明七年（見南齊書、南史儉本傳），王肅北奔之歲爲北魏太和十七年，即南齊永明十一年，在儉卒以後，是肅必經受其宗賢之流風遺著所薰習，遂能抱持南朝之利器，遇北主之新知，殆由于此歟？牛弘詆斥王儉，而其所修隋朝儀禮，仍不能不采儉書，蓋儉之所撰集乃南朝前期制度之總和，既經王肅輸入北朝，蔚成太和文治之盛，所以弘雖由政治及地域觀點立論，謂「後魏及齊，風牛本隔」，然終於「遥相師祖，故山東之人，浸以成俗」也。又史言弘「撰儀禮百卷，悉用東齊儀注以爲准」，而奇章反譏前人之取法江左，可謂數典忘祖，無乃南北之見有所蔽耶？或攘其實而諱其名耶？兹舉一例以證之：

隋書肆玖牛弘傳（北史柒貳牛弘傳同）云：

仁壽二年，獻皇后崩，王公以下不能定其儀注。楊素謂弘曰：「公舊學，時賢所仰，今日之事，決在於公。」弘了不辭讓，斯須之間，儀注悉備，皆有故實。素嘆曰：「衣冠禮樂，盡在此矣，非吾所及也。」

若僅據此傳，似獻后喪禮悉定自弘，而「斯須之間儀注悉備」，所以楊素有「禮樂盡在此矣」之嘆，及檢北史叁捌裴佗傳附矩傳（隋書陸柒裴矩傳略同）云：

其年（仁壽二年），文獻皇后崩，太常舊無儀注，矩與牛弘、李百藥等據齊禮參定。

始知弘之能於斯須之間決定大禮者，乃以東齊儀注爲依據，且所與共參定之人亦皆出自東齊者也（見北史、隋書之裴矩傳及舊唐書柒貳、新唐書壹百貳李百藥傳）。楊素之贊嘆，殆由弘諱言其實，而素又不識其底蘊耶？

又通鑑壹柒玖隋紀文帝仁壽二年條云：

閏〔十〕月甲申，詔楊素、蘇威與吏部尚書牛弘修五禮。

寅恪案，隋書、北史載文帝詔修五禮，在是年閏十月己丑，連接此前之一條即「甲申詔尚書左僕射楊素與諸術者刊定陰陽舛謬」條，今通鑑以修五禮之詔移置甲申，頗疑有所脱誤也（嚴衍通鑑補正及章鈺通鑑正文校宋記俱未之及）。更可注意者，則隋志明言弘等之修五禮悉以東齊儀注爲准，乃最扼要之語，而温公不采及之，似尚未能通解有隋一代禮制之大源，殊可惜也。

又隋代制禮諸臣，其家世所出，籍貫所繫，亦可加以推究，藉以闡明鄙意，即前章所言隋唐制度出於（一）（北）魏、（北）齊，（二）梁陳，（三）（西）魏、（北）周之三源者。請據隋書貳高祖紀及北史壹壹隋本紀仁壽二年閏十月詔書中所命修定五禮諸臣及其他與制禮有關之人，如前引北史裴佗傳、隋書裴矩傳中之裴矩，隋書柒伍北史捌貳儒林傳之劉焯、劉炫及兩唐書李百藥傳中之李百藥，逐一討論於下：

隋書貳高祖紀下仁壽二年閏十月己丑詔書所命修撰五禮之楊素、蘇威俱以宰輔資位攝領修禮，以恒例言之，乃虛名，非實務也。然素與威二人間仍有區別，亦未可以一概論。隋書肆捌楊素傳（北史肆壹楊敷傳附素傳同）雖云：

> 後與安定牛弘同志好學，研精不倦，多所通涉。

然隋書肆壹蘇威傳（北史陸叁蘇綽傳附威傳同）則云：

> 上（高祖）因謂朝臣曰：「楊素才辯無雙，至若斟酌古今，助我宣化，非威之匹也。」

夫修撰五禮即斟酌古今之事，文帝既不以此許素，則素之得與此役，不過以尚書左僕射首輔之資位監領此大典而已。故關於楊素，可置不論。

至於蘇威，雖與楊素同以宰輔之職監領修撰，但事有殊异，可略言之。據前引史文，隋文帝既以斟酌古今特獎威，則威之與聞修撰，匪僅虛名監領，可以推知。又隋書蘇威傳（北史略同）云：

俄兼納言民部尚書。初威父（綽）在西魏以國用不足，爲征税之法，頗稱爲重，既而嘆曰：「今所爲者正如張弓，非平世法也。後之君子誰能弛乎？」威聞其言，每以爲己任，至是奏減賦税，務從輕典，上悉從之。隋承戰争之後，憲章踳駁，上令朝臣釐改舊法，爲一代通典，律令格式，多威所定，世以爲能。所修格令章程并行於當世，然頗傷苛碎，論者以爲非簡允之法。

凡此史文，其意固多指威之修定律令，但禮律關係至密。威本西魏蘇綽之子，綽爲宇文泰創制立法，實一代典章所從出。威既志在繼述父業，文帝稱其斟酌古今，必非泛美之詞，故威之與素，不得同論，而威之預知修禮，亦非止尸空名絶無建樹者之比無疑也。考周書貳叁蘇綽傳（北史陸叁蘇綽傳同）云：

蘇綽，武功人，魏侍中則之九世孫也，累世二千石。父協武功郡守。綽少好學，博覽群書，尤善算術。屬太祖（宇文泰）與公卿往昆明池觀魚，行至城西漢故倉地，顧問左右，莫有知者，或曰：「蘇綽博物多通，請問之。」太祖乃召綽，具以狀對，太祖大悦。

此節爲史記蘇綽之所以遇合宇文泰之一段因緣，實可藉以覘古今之變遷。蓋自漢代學校制度廢弛，博士傳授之風氣止息以後，學術中心移於家族，而家族復限於地域，故魏、晉、南北朝之學術、宗教皆與家族、地域兩點不可分離。綽本關中世家，必習於本土掌故，其能對宇文泰之間，决非偶然。適值泰以少数鮮卑化之六鎮民族竄割關隴一隅之地，而欲與雄據山東之高歡及舊承江左之蕭氏争霸，非别樹一幟，以關中地域爲本位，融治胡漢爲一體，以自别於洛陽、建鄴或江陵文化势力之外，則無以堅其群衆自信之心理。此綽所以依托關中之地域，以繼述成周爲號召，竊取六國陰謀之舊文，緣飾塞表鮮卑之胡制，非驢非馬，取給一時，雖能輔成宇文氏之霸業，而其創制終爲後王所捐弃，或僅名存而實亡，豈無故哉！質言之，蘇氏之志業乃以關中地域觀念及魏晋家世學術附合鮮卑六鎮之武力而得成就者也。故考隋唐制度淵源者，應置武功蘇氏父子之事業於三源内之第三源，即（西）魏、周源中，其事顯明，自不待論。

隋書肆玖牛弘傳（北史柒贰牛弘傳略同）略云：

牛弘，安定鶉觚人也。本姓尞氏，祖熾郡中正，父允魏侍中工部尚書臨涇公，賜姓爲牛氏。開皇初〔弘〕遷授散騎常侍秘書監。弘以典籍遺逸，上表請開獻書之路，〔其論書之厄〕曰：「永嘉之後，寇竊競興，因河據洛，跨秦帶趙。論其建國立家，雖傳名號，憲章禮樂，寂滅無聞。劉裕平姚，收其圖籍，五經子史纔四十卷，皆赤軸青紙，文字古拙，僭僞之盛，莫過三秦。以此而論，足可明矣。故知衣冠軌物，圖畫記注，播遷之餘，皆歸江左，晋宋之際，學藝爲多，齊梁之間，經史彌盛。」上納之，於是下詔：「獻書一卷，賚縑一匹。」一二年間，篇籍稍備。三年拜禮部尚書，奉敕修撰五禮，勒成百卷，行於當世。弘請依古制修立明堂，上以時事草創，未遑制作，竟寢不行。六年除太常卿。九年詔改定雅樂，又作樂府歌詞，撰定圓丘五帝凱樂，并議樂事，上甚善其議，詔弘與姚察、許善心、何妥、虞世基等正定新樂，事在音律志。是後議置明堂，詔弘條上故事，議其得失，事在禮志。上甚敬重之，拜吏部尚書。時高祖又令弘與楊素、蘇威、薛道衡、許善心、虞世基、崔子發等并詔諸儒論新禮降殺輕重，弘所立議，衆咸推服之。仁壽二年獻皇后崩，王公以下不能定其儀注。楊素謂弘曰：「公舊學，時賢所仰，今日之事決在於公。」弘了不辭讓，斯須之間，儀注悉備，皆有故實。素嘆曰：「衣冠禮樂盡在此矣，非吾所及也。」（此節之解釋見上文）弘以三年之喪祥禫具有降殺，期服十一月而練者無所象法，以聞於高祖，高祖納焉，下詔除期練之禮，自弘始也。〔大業〕三年改爲右光禄大夫，從拜恒岳，壇場、珪幣、墠時、牲牢，并弘所定。

史臣曰：「牛弘篤好墳籍，學優而仕，采百王之損益，成一代之典章，漢之叔孫不能尚也。」

隋書柒伍儒林傳辛彦之傳（北史捌貳儒林傳下辛彦之傳同）略云：

辛彦之，隴西狄道人也。祖世叙魏凉州刺史，父靈輔周渭州刺史。〔彦之〕博涉經史，與天水牛弘同志好學。後入關，遂家京兆。周太祖見而器之，引爲中外府禮曹。時國家草創，百度伊始，朝貴多出武人，修定儀注唯彦之而已。及周閔帝受禪，彦之與少宗伯盧辯專掌儀制，明武時歷職典祀太祝樂部御正四曹大夫開府儀同三司。宣帝即位，拜少宗伯。高祖受禪，除太常少卿，尋轉國子祭酒，歲餘拜禮部尚書，與秘書監牛弘撰新禮。吴興沈重名爲碩學，高祖嘗令彦之與重論議，重不能抗，於是避席而謝曰：「辛君所謂，金城湯池，無可攻之勢。」高祖大悦。彦之撰墳典一部、六官一部、祝文一部、禮要一部、新禮一部、五經异義一部，并行於世。

兹擇録牛弘、辛彦之兩傳事迹較詳者，蓋欲以闡明魏晋以降中國西北隅即河隴區域在文化學術史上所具之特殊性質，其關於西域文明、中外交通等，爲世人所習知，且非本書討論範圍，於此可不論。兹所論者，惟此偏隅之地，保存漢代中原之文化學術，經歷東漢末、西晋之大亂及北朝擾攘之長期，能不失墜，卒得輾轉灌輸，加入隋唐統一混合之文化，蔚然爲獨立之一源，繼前啓後，實吾國文化史之一大業。昔人未曾涉及，故不揣愚陋，試爲考釋之於下：

河隴一隅所以經歷東漢末、西晋、北朝長久之亂世而能保存漢代中原之學術者，不外前文所言家世與地域之二點，易言之，即公立學校之淪廢，學術之中心移於家族，太學博士之傳授變爲家人父子之世業，所謂南北朝之家學者是也。又學術之傳授既移於家族，則京邑與學術之關係不似前此之重要。當中原擾亂京洛丘墟之時，苟邊隅之地尚能維持和平秩序，則家族之學術亦得藉以遺傳不墜。劉石紛亂之時，中原之地悉爲戰區，獨河西一隅自前凉張氏以後尚稱治安，故其本土世家之學術既可以保存，外來避亂之儒英亦得就之傳授，歷時既久，其文化學術遂漸具地域性質，此河隴邊隅之地所以與北朝及隋唐文化學術之全體有如是之密切關係也。

三國志魏志壹叁王朗傳附子肅傳末云：

自魏初徵士敦煌周生烈、明帝時大司農弘農董遇等亦歷注經傳，頗傳於世。

一節下裴注云：

魏略以遇及賈洪、邯鄲淳、薛夏、隗禧、蘇林、樂詳等七人爲儒宗，其序曰：

從初平之元至建安之末，天下分崩，人懷苟且，紀綱既衰，儒道尤甚。至黄初元年之後，新主乃復始掃除太學之灰炭，補舊石碑之缺壞，備博士之員録，依漢甲乙以考課，申告州郡，有欲學者，皆遣詣太學，太學始開，有弟子數百人。至太和青龍中，中外多事，人懷避就，雖性非解學，多求詣太學。太學諸生有千數，而諸博士率皆粗疏，無以教弟子，弟子本亦避役，竟無能習學，冬來春去，歲歲如是。又雖有精者，而臺閣舉格太高，加不念統其大義，而問字指墨法點注之間，百人同試，度者未十，是以志學之士遂復陵遲，而末求浮虚者各競逐也。正始中有詔議圜丘，普延學士，是時郎官及司徒領吏二萬餘人，雖復分布，見在京師者尚且萬人，而應書與議者略無幾人。又是時朝堂公卿以下四百餘人，其能操筆者未有十人，多皆相從飽食而退。嗟夫！學業沉隕，乃至於此。是以私心常區區貴乎數公者，各處荒亂之際而能守志彌敦者也。

賈洪，京兆新豐人也。

薛夏，天水人也。

隗禧，京兆人也。

又魏志貳伍高堂隆傳，略云：

始景初中帝以蘇林、秦静等并老，恐無能傳業者，乃詔曰：「方今宿生巨儒，并各年高，教訓之道，孰爲其繼？其科郎吏高才解經義者三十人，從光禄勛隆、散騎常侍林、博士静分受四經三禮，主者具爲設課試之法。」數年隆等皆卒，學者遂廢。

據上引史文可證明二事：一爲自漢末亂後，魏世京邑太學博士傳授學業之制徒爲具文，學術中心已不在京邑公立之學校矣。二爲當東漢末中原紛亂，而能保持章句之儒業，講學著書，如周生烈、賈洪、薛夏、隗禧之流，俱關隴區域之人，則中原章句之儒業，自此之後已逐漸向西北移轉，其事深可注意也。

晋書捌陸張軌傳略云：

張軌，安定烏氏人。家世孝廉，以儒學顯，與同郡皇甫謐善。中書監張華與軌論經義及政事損益，甚器之。謂安定中正爲蔽善抑才，乃美爲之談以爲二品之精。軌以時方多難，陰圖據河西，於是求爲凉州，公卿亦舉軌才堪御遠，永寧初，出爲護羌校尉凉州刺史。於時鮮卑反叛，寇盗縱横，軌到官即討破之，遂威著西州，化行河右。以宋配、陰充、汜瑗、陰澹爲股肱謀主，徵九郡胄子五百人，立學校，始置崇文祭酒，位視别駕，春秋行鄉射之禮。秘書監繆世徵、少府摯虞夜觀星象，相與言曰：「天下方亂，避難之國唯凉土耳。張凉州德量不恒，殆其人乎？」〔軌〕遣治中張閬送義兵五千及郡國秀孝貢計器甲方物歸於京師，令有司可推詳立州已來清貞德素、嘉遁遺榮、高才碩學、著述經史等具狀以聞，州中父老莫不相慶。太府參軍索輔言於軌曰：「古以金貝皮幣爲貨，息穀帛量度之耗，二漢制五銖錢，通易不滯，泰治中河西荒廢，遂不用錢，裂匹以爲段數，縑布既壞，市易又難，徒壞女工，不任衣用，弊之甚也。今中州雖亂，此方安全，宜復五銖，以濟通變之會。」軌納之，立制准布用錢，錢遂大行，人賴其利。（中略。）天錫窘逼，降於〔姚〕萇等，自軌爲凉州，至天錫，凡九世七十六年矣。〔苻〕堅大敗於淮肥，時天錫爲苻融征南司馬，於陣歸國。天錫少有文才，流譽遠近，及歸朝，甚被恩遇。

同書壹貳貳呂光載記略云：

呂光，略陽氏人也。〔苻〕堅既平山東，士馬强盛，遂有圖西域之志，乃授光使持節都督西討諸軍事，以討西域。龜茲王帛純拒光，光入其城，大饗將士，賦詩言志。見其宫室壯麗，命參軍京兆段業著龜茲宫賦以譏之。既平龜茲，有留焉之志，大饗文武，博議進止，衆咸請還，光從之。光入姑臧，自領凉州刺史、護羌校尉。張掖督郵傅曜考核屬縣，而丘池令尹興殺之，投諸空井。曜見夢於光，光寤遣使覆之，如夢。光怒，殺興。著作郎段業以光未能揚清激濁，使賢愚殊貫，因療疾於天梯山，作表志詩、九嘆、七諷十六篇以諷焉。光覽而悦之。

同書捌柒凉武昭王傳略云：

武昭王諱暠，字玄盛，隴西成紀人，姓李氏，世爲西州右姓。高祖雍、曾祖柔仕晋并歷位郡守；祖弇仕張軌爲武衛將軍安世亭侯；父昶早卒，遺腹生玄盛。少而好學，通涉經史，尤善文義。呂光末京兆段業自稱凉州牧，以敦煌太守趙郡孟敏爲沙州刺史，署玄盛效穀令。敏尋卒，敦煌護軍馮翊郭謙等以玄盛有惠政，推爲敦煌太守。及業僭稱凉王，進玄盛持節都督凉興已西諸軍事，鎮西將軍領護西夷校尉。隆安四年晋昌太守唐瑶移檄六郡，推玄盛爲大都督大將軍凉公領秦凉二州牧護羌校尉。〔玄盛〕於南門外臨水起堂，名曰靖恭之堂，圖贊自古聖帝明王、忠臣孝子、烈士貞女，玄盛親爲序頌，以明鑒戒之義，當時文武群僚亦皆圖焉。又立泮宫，增高門學生五百人，起嘉納堂於後園，以圖贊所志。玄盛謂群僚曰：「昔河右分崩，群豪競起，吾以寡德，爲衆賢所推，前遣雲騎東殄不庭，軍之所至，莫不賓下。惟蒙遜鴟跱一城，自張掖已東晋之遺黎爲戎虜所制，吾將遷都酒泉，漸逼寇穴，諸君以爲何如？」張邈贊成其議，遂遷居於酒泉。手令誡其諸子曰：「寮佐邑宿盡禮承敬，古今成敗不可不知，退朝之暇念觀典籍，面墻而立，不成人也。此郡世篤忠厚，人物敦雅，天下全盛時海内猶稱之，况復今日？」初苻堅建元之末，徙江漢之人萬餘户於敦煌，中州之人有田疇不闢者亦徙七千餘户。郭麐之寇武威，武威、張掖已東人西奔敦煌、晋昌者數千户。及玄盛東遷，皆徙之於酒泉，分南人五千户置會稽郡，中州人五千户置廣夏郡，餘萬三千户分置武威、武興、張掖三郡，築城於敦煌南子亭，以威南虜。玄盛既遷酒泉，乃敦勸稼穡。群僚以年穀頻登，百姓樂業，請勒銘酒泉，玄盛許之。於是使儒林祭酒劉彦明爲文，刻石頌德。玄盛上巳日宴於曲水，命群僚賦詩，而親爲之序。玄盛以緯世之量，當吕氏之末，爲群雄所奉，遂啓霸圖，兵無血刃，坐定千里，謂張氏之業指期而成，河西十郡歲月而一。既而禿髮傉檀入據姑臧，沮渠蒙遜基宇稍廣，於是慨然著述志賦焉。先是河右不生楸槐柏漆，張駿之世取於秦隴而植之，終於皆死，而酒泉宫之西北隅有槐樹生焉，玄盛又著槐樹賦以寄情，蓋嘆僻陋遐方立功非所也。亦命主簿梁中庸及劉彦明等并作文，感兵難繁興，時俗喧競，乃著大酒容賦以表恬豁之懷。與辛景、辛恭靖同志友善，景等歸晋，遇害江南，玄盛聞而吊之。玄盛前妻辛納女，貞順有婦儀，先卒，玄盛親爲之誄。自餘詩賦數十篇。（中略。）玄盛以安帝隆安四年立，至宋少帝景平元年滅，據河右凡二十四年。

同書壹貳陸禿髮烏孤載記云：

秃髮烏孤，河西鮮卑人也。

又同書同卷秃髮利鹿孤載記略云：

利鹿孤謂其群下曰：「自負乘在位，三載於兹，務進賢彦而下猶蓄滯，二三君子其極言無諱」。祠部郎中史暠對曰：「今取士拔才必先弓馬，文章學藝爲無用之條，非所以來遠人，垂不朽也。孔子曰：『不學禮，無以立。』宜建學校，選耆德碩儒，以訓胄子。」利鹿孤善之，於是以田玄冲、趙誕爲博士祭酒，以教胄子。

又同書同卷秃髮傉檀載記略云：

姚興遣其尚書韋宗來觀釁，宗還長安，言於興曰：「凉州雖殘弊之後，風化未頹，未可圖也。」

〔秃髮〕烏孤以安帝隆安元年僭立，至傉檀三世，凡十九年，以安帝義熙十年滅。

同書壹貳玖沮渠蒙遜載記略云：

沮渠蒙遜，臨松盧水胡人也。博涉群史，頗曉天文。隆安五年，梁中庸、房晷、田昂等推蒙遜爲使持節大都督、凉州牧張掖公。以敦煌張穆博通經史，才藻清贍，擢拜中書侍郎，委以機密之任。蒙遜西祀金山，卑和虜率衆迎降，遂循海而西，至鹽池，祀西王母寺。寺中有玄石神圖，命其中書侍郎張穆賦焉，銘之於寺前，遂如金山而歸。蒙遜以安帝隆安五年自稱州牧，義熙八年僭立，後八年而宋氏受禪，以元嘉十年死，在僞位三十三年。子茂虔立六年爲魏氏所擒，合三十九載而滅。

同書壹壹柒姚興載記上略云：

興徵涼州刺史王尚還長安，尚既至長安，坐匿呂氏宫人，擅殺逃人薄禾等，禁止南臺。涼州別駕宗敞，治中張穆，主薄邊憲、胡威等上疏理尚曰：「臣等生自西州，位忝吏端，主辱臣憂，故重繭披款，惟陛下亮之。」興覽之大悦，謂其黄門侍郎姚文祖曰：「卿知宗敞乎？」文祖曰：「與臣州里，西方之英雋。」興曰：「有表理王尚，文義甚佳，當王尚研思耳。」文祖曰：「尚在南臺禁止，不與賓客交通，敞寓於楊桓，非尚明矣。」興曰：「若爾，桓爲措思乎？」文祖曰：「西方評敞甚重，優於楊桓，敞昔與呂超周旋，陛下試可問之。」興因謂超曰：「宗敞文才何如，可是誰輩？」超曰：「敞在西土時論甚美，方敞魏之陳徐，晋之潘陸。」即以表示超曰：「涼州小地，寧有此才乎？」超曰：「臣以敞餘文比之，未足稱多，但當問其文彩何如，不可以區宇格物。」興悦，赦尚之罪，以爲尚書。

同書壹肆地理志上涼州條，略云：

漢置張掖、酒泉、敦煌、武威郡，其後又置金城郡，謂之河西五郡。〔晋惠帝〕永寧中，張軌爲涼州刺史，鎮武威，上表請合秦雍流移人於姑臧西北，置武興郡。是時中原淪没，元帝徙居江左，軌乃控據河西，稱晋正朔，是爲前涼。〔張〕天錫降於苻氏，其地旋爲呂光所據。

呂光都於姑臧，及呂隆降於姚興，其地三分。〔涼〕武昭王爲西涼，建號於敦煌；秃髮烏孤爲南涼，建號於樂都；沮渠蒙遜爲北涼，建號於張掖；而分據河西五郡。

綜合上引史文，凡河西區域自西晉永寧至東晉末世，或劉宋初期，百有餘年間，其有關學術文化者亦可窺見一二。蓋張軌領涼州之後，河西秩序安定，經濟豐饒，既爲中州人士避難之地，復是流民移徙之區，百餘年間紛争擾攘固所不免，但較之河北、山東屢經大亂者，略勝一籌。故托命河西之士庶猶可以蘇喘息長子孫，而世族學者自得保身傳代以延其家業也。又張軌、李暠皆漢族世家，其本身即以經學文藝著稱，故能設學校獎儒業，如敦煌之劉昞即注魏劉劭人物志者，魏晉間才性同异之學説尚得保存於此一隅，遂以流傳至今，斯其一例也（見北平圖書館季刊第貳卷第壹期湯用彤先生讀劉劭人物志論文，及一九三七年清華學報拙作逍遥游向郭義及支遁義探源）。若其他割據之雄，段業則事功不成而文采特著，呂氏、秃髮、沮渠之徒俱非漢族，不好讀書，然仍能欣賞漢化，擢用士人，故河西區域受制於胡戎，而文化學術亦不因以淪替，宗敞之見賞於姚興，斯又其一例也。至於隴右即晉秦州之地，介於雍涼間者，既可受長安之文化，亦得接河西之安全，其能保存學術於荒亂之世，固無足异。故兹以隴右河西同類并論，自無不可也。

既明乎此，然後可以解釋隴右、河西之文化與北魏初期即太武時代中原漢族之文化，及北魏後期即孝文、宣武時代中原漢族文化遞嬗同异之關係，請略引舊史以證之（參考通鑒壹貳叁宋紀元嘉十六年十二月魏主猶以妹婿待沮渠牧犍條）。

魏書伍貳以趙逸等十二人爲一卷，北史叁肆於趙逸等十二人外復加以游雅、高閭，又別取魏書玖壹術藝傳之江式合爲一卷，寅恪以爲游雅、高閭二人非秦涼學者，可不列入；至江式則亦源出河西，與趙逸等并爲一卷，體例甚合。故兹節録魏書、北史趙逸等十二人傳及江式傳，又魏書、北史之程駿傳，宋書、南史之杜驥傳并取魏書、北史所載崔浩、李沖、李韶、常爽、常景、源懷等事迹關涉河西人士文化學術者於下，以資論證（又魏書、北史之袁式傳雖與河西無涉，但北魏之「外國遠方名士」與崔浩有關，故亦節取傳文，附於後焉）。

魏書伍貳趙逸傳（北史叁肆趙逸傳同）略云：

趙逸，天水人也。好學夙成，仕姚興歷中書侍郎，爲興將齊難軍司，征赫連屈丐，難敗，爲屈丐所虜，拜著作郎。世祖平統萬，見逸所著，曰：「此豎無道，安得爲此言乎？作者誰也，其速推之。」司徒崔浩進曰：「彼之謬述，亦猶子雲之美新，皇王之道固宜容之。」世祖乃止，拜中書侍郎。神　二年三月上巳帝幸白虎殿，命百僚賦詩，逸制詩序，時爲稱善久之。性好墳典，白首彌勤，年逾七十，手不釋卷。凡所著述，詩賦銘頌五十餘篇。

同書同卷胡方回傳（北史叁肆胡方回傳同）略云：

胡方回，安定臨涇人。方回赫連屈丏中書侍郎，涉獵史籍，辭彩可觀，爲屈丏統萬城銘、蛇祠碑諸文頗行於世。世祖破赫連昌，方回入國，雅有才尚，未爲時所知也。後爲北鎮司馬，爲鎮修表，有所稱慶，世祖覽之嗟美，問誰所作。既知方回，召爲中書博士，遷侍郎。與游雅等改定律例，司徒崔浩及當時朝賢并愛重之。

同書同卷胡叟傳（北史叁肆胡叟傳同）略云：

胡叟，安定臨涇人也。世有冠冕，爲西夏著姓。西入沮渠牧犍，遇之不重，叟乃爲詩示所知廣平程伯達，其略曰：「望衞惋祝鮀，眄楚悼靈均。」伯達見詩曰：「涼州雖地居戎域，然自張氏以來，號有華風，今則憲章無虧，曷祝鮀之有也？」叟曰：「吾之擇木，夙在大魏，與子暫違，非久闊也。」歲餘牧犍破降，叟既先歸國，朝廷以其識機拜虎威將軍，賜爵復始男。高宗時召叟及〔金城宗〕舒并使作檄劉駿蠕蠕文，舒文劣於叟。〔廣寧常〕順陽數子稟叟獎示，頗涉文流。〔高〕閭作宣命賦，叟爲之序。

同書同卷宋繇傳（北史叁肆宋繇傳同）略云：

宋繇，敦煌人也。曾祖配、祖悌世仕張軌子孫，父僚張玄靚龍驤將軍武興太守。〔繇〕隨〔張〕彥至酒泉，追師求學，閉室誦書，晝夜不倦，博通經史，諸子群言，靡不覽綜。吕光時舉秀才，除郎中，後奔段業，業拜繇中散常侍。西奔李暠，歷位通顯。雅好儒學，雖在兵難之間講誦不廢。

每聞儒士在門，常倒屣出迎，停寢政事，引談經籍。沮渠蒙遜平酒泉，於繇室得書數千卷，嘆曰：「孤不喜剋李歆，欣得宋繇耳。」拜尚書吏部郎中，委以銓衡之任。蒙遜之將死也，以子委托之。世祖并涼州，從牧犍至京師，卒。

同書同卷張湛傳（北史叁肆張湛傳同）略云：

張湛，敦煌人，魏執金吾恭九世孫也。湛弱冠知名涼土，好學能屬文。仕沮渠蒙遜，涼州平，入國，年五十餘矣。司徒崔浩識而禮之，浩注易，叙曰：「國家西平河右，敦煌張湛、金城宗欽、武威段承根三人皆儒者，并有俊才，見稱於西州，每與余論易，余以左氏傳卦解之，遂相勸爲注，故因退朝之餘暇而爲之解焉。」其見稱如此。湛至京師，家貧不粒，浩常給其衣食，薦爲中書侍郎。湛知浩必敗，固辭，每贈浩詩頌，多箴規之言。浩亦欽敬其志，每常報答，極推崇之美（此三十八字北史文）。及浩被誅，湛懼，悉燒之。兄懷義，崔浩禮之與湛等（此七字北史文）。

同書同卷宗欽傳（北史叁肆宗欽傳同）略云：

宗欽，金城人也。父爕，吕光太常卿。欽少而好學，有儒者之風，博綜群言，聲著河右。仕沮渠蒙遜，爲中書侍郎、世子洗馬。欽上東宫侍臣箴。世祖入涼州，入國，拜著作郎。與高允書贈詩，允答書幷詩，甚相褒美（此十五字北史文）。崔浩之誅也，欽亦賜死。欽在河西撰蒙遜記十卷，無足可稱。

同書同卷段承根傳（北史叁肆段承根傳同）略云：

段承根，武威姑臧人。父暉，乞伏熾磐以暉爲輔國大將軍涼州刺史御史大夫。磐子暮末襲位，暉父子奔吐谷渾暮璝。暮璝内附，暉與承根歸國，世祖素聞其名，頗重之，以爲上客。後暉從世祖至長安，有人告暉欲南奔，世祖密遣視之，果如告者之言，斬之於市。承根好學，機辯有文思，而性行疏薄，有始無終。司徒崔浩見而奇之，以爲才堪著述，言之世祖，請爲著作郎，引與同事。世咸重其文而薄其行，甚爲敦煌公李寶所敬待。浩誅，承根與宗欽俱死。

同書同卷闞駰傳（北史叁肆闞駰傳同）略云：

闞駰，敦煌人也。祖倧有名於西土，父玖爲一時秀士。駰博通經傳，三史群言，經目則誦。注王朗易傳，學者藉以通經，撰十三州志行於世。〔沮渠〕蒙遜甚重之，拜秘書考課郎中，給文吏三十人，典校經籍，刊定諸子三千餘卷。姑臧平，樂平王丕鎮涼州，引爲從事中郎。王薨之後還京師，卒，無後。

同書同卷劉昞傳（北史叁肆劉延明傳同）略云：

劉昞，字延明，敦煌人也。父寶以儒學稱。昞年十四就博士郭瑀學，瑀遂以女妻之。後隱居酒泉，不應州郡之命，弟子受業者五百餘人。李暠徵爲儒林祭酒從事中郎。暠好尚文典，書史穿落者親自補治，昞時侍側，前請代暠，暠曰：「躬自執者，欲人重此典籍，吾與卿相值，何异孔明之會玄德！」遷撫夷護軍，雖有政務，手不釋卷。昞以三史文繁，著略記百三十篇八十四卷。凉書十卷，敦煌實録二十卷，方言三卷，靖恭堂銘一卷，注周易、韓子、人物志、黄石公三略，并行於世。〔沮渠〕蒙遜平酒泉，拜秘書郎，專管注記。築陸沈觀於西苑，躬往禮焉，號玄處先生，學徒數百，月致羊酒。牧犍尊爲國師，親自致拜，命官屬以下皆北面受業焉。時同郡索敞、陰興爲助教，并以文學見舉，每巾衣而入。世祖平凉州，士民東遷，夙聞其名，拜樂平王從事中郎。世祖詔諸年七十以上聽留本鄉，一子扶養，昞時老矣，在姑臧歲餘，思鄉而返，至凉州西四百里韭谷窟，遇疾而卒。昞六子，次仲禮留鄉里。太和十四年，尚書李沖奏：「昞河右碩儒，今子孫沈屈，未有禄潤，賢者子孫宜蒙顯异。」於是除其一子爲郢州雲陽令。正光三年太保崔光奏曰：「故樂平王從事中郎敦煌劉昞著業凉城，遺文在兹，篇籍之美頗足可觀。維祖逮孫，相去未遠，而令久淪皂隸，不獲收异，儒學之士所爲竊嘆，乞敕尚書推檢所屬，甄免碎役。」四年六月詔曰：「昞德冠前世，蔚爲儒宗，太保啓陳，深合勸善，其孫等三家特可聽免！」河西人以爲榮。

同書同卷趙柔傳（北史叁肆趙柔傳同）略云：

趙柔，金成人也。少以德行才學知名河右，沮渠牧犍時爲金部郎。世祖平凉州，内徙京師。

高宗踐阼，拜著作郎。

同書同卷索敞傳（北史叁肆索敞傳同）略云：

索敞，敦煌人。爲劉昞助教，專心經籍，盡能傳昞之業。凉州平，入國，以儒學見拔爲中書博士。篤勤訓授，肅而有禮。京師大族貴游子弟皆敬憚威嚴，多所成益，前後顯達位至尚書牧守者數十人，皆授業於敞。敞遂講授十餘年。敞以喪服散在衆篇，遂撰比爲喪服要記。

同書同卷陰仲達傳（北史叁肆段承根傳附陰仲達事迹）略云：

陰仲達，武威姑臧人，少以文學知名。世祖平凉州，内徙代都。司徒崔浩啓仲達與段承根云，二人俱凉土才華。同修國史，除秘書著作郎，卒。

同書術藝傳江式傳（北史叁肆江式傳同）略云：

江式，陳留濟陽人也。六世祖瓊晋馮翊太守，善蟲篆詁訓。永嘉大亂，弃官西投張軌，子孫因居凉土，世傳家業。祖强字文威，太延五年凉州平，内徙代京，上書三十餘法，又獻經史諸子千餘卷，由是擢拜中書博士。父紹興，高允奏爲秘書郎，掌國史二十餘年。式少傳家學，除符節令，以書文昭太后尊號謚册特除奉朝請，仍符節令，篆體尤工，洛京宫殿諸門板題皆式書也。延昌三年三月式上表曰：「臣六世祖瓊，家世陳留，往晋之初，與從父兄應元，俱受學於衛覬，古篆之法，倉雅方言説文之誼，當時并收善譽。而祖官至太子洗馬，出爲馮翊郡，值洛陽之亂，避地河西，數世傳習，斯業所以不墜也。世祖太延中，皇威西被，牧犍内附，臣亡祖文威杖策歸國，奉獻五世傳掌之書，古篆八體之法，時蒙褒録，叙列於儒林，官班文省，家號世業。暨臣闇短，漸漬家風，參預史官，題篆宮禁，是以敢藉六世之資，奉遵祖考之訓，輒求撰集古來文字，以許慎説文爲主，爰采孔氏尚書、五經音注、籀篇、爾雅、三倉、凡將、方言、通俗文、祖文宗、埤倉、廣雅、古今字詁、三字石經、字林、韵集、諸賦文字有六書之誼者，皆以次編聯，文無復重，糾爲一部。其古籀奇惑俗隸諸體，咸使班於篆下，各有區别，詁訓假借之誼，僉隨文而解。音讀楚夏之聲，并逐字而注。其所不知者，則闕如也。」詔曰：「可如所請。」於是撰集字書，號曰古今文字凡四十卷，大體依許氏説文爲本，上篆下隸，其書竟未能成。

同書陸拾程駿傳（北史肆拾程駿傳略同）略云：

程駿，本廣平曲安人也。六世祖良，晋都水使者，坐事流於涼州；祖父肇，呂光民部尚書。駿少孤貧，師事劉昞，性機敏好學，晝夜無倦。駿謂昞曰：「今世名教之儒咸謂老莊其言虚誕，不切實要，弗可以經世，駿意以爲不然，老子著抱一之言，莊生申性本之旨，若斯者可謂至順矣。人若乖一，則煩僞生，爽性則冲真喪。」昞曰：「卿年尚稚，言若老成矣。」由是聲譽益播，沮渠牧犍擢爲東宮侍講。太延五年，世祖平涼，遷於京師，爲司徒崔浩所知。文成踐阼，拜著作佐郎，未幾遷著作郎。顯祖屢引駿與論易老之義，顧謂群臣曰：「朕與此人言，意甚開暢。」拜秘書令，沙門法秀謀反伏誅，駿上慶國頌十六章，并序巡狩甘雨之德焉。又奏得一頌，始於固業，終於無爲十篇。太和九年卒，所制文筆自有集録，弟子靈虬。

北史貳壹崔宏傳附崔浩傳云：

浩有鑒識，以人倫爲己任。明元太武之世，徵海内賢才，起自仄陋及所得外國遠方名士，拔而用之，皆浩之力也（寅恪案，魏書叁伍崔浩傳無此節）。至於禮樂憲章，皆宗於浩。

魏書伍叁李冲傳（北史壹佰序傳同）略云：

李冲，隴西人，敦煌公寶少子也。顯祖末爲中書學生，高祖初以例遷秘書中散，典禁中文事，以修整敏惠，漸見寵待，遷内秘書令南部給事中。舊無三長，惟立宗主督護，所以民多隱冒，五十三十家方爲一户，冲以三正治民，所由來遠，於是創三長之制而上之。文明太后覽而稱善，遂立三長，公私便之。遷中書令，尋轉南部尚書。冲爲文明太后所幸，恩寵日盛，賞賜月至數十萬，密致珍寶异物以充其第，外人莫得而知焉。冲家素清貧，於是始爲富室，而謙以自牧，積而能散，近自姻族，逮於鄉閭，莫不分及，虚己接物，垂念羈寒，衰舊淪屈由之躋叙者亦以多矣。是時循舊王公重臣皆呼其名，高祖常謂冲爲中書而不名之。文明太后崩後，高祖居喪，引見接待有加。及議禮儀律令，潤飾辭旨，刊定輕重，高祖雖自下筆，無不訪决焉。於是天下翕然，及殊方聽望咸宗奇之。高祖亦深相仗信，親敬彌甚，君臣之間，情義莫二。及改置百司，開建五等，以沖參定典式，封滎陽郡開國侯，拜廷尉卿，尋遷侍中吏部尚書。詔曰：「明堂太廟已成於昔年，將以今春營改正殿，尚書沖可領將作大匠，司空長樂公〔穆〕亮可與大匠共監興繕。」定都洛陽，以沖爲鎮南將軍，委以營構之任，遷爲尚書僕射。沖機敏有巧思，北京明堂圜丘太廟及洛都初基，安處郊兆，新起堂寢，皆資於沖。旦理文簿，兼營匠制，几案盈積，剞劂在手，終不勞厭也。然顯貴門族，務益六姻；是其親者，雖復癡聾，無不超越官次。沖卒，高祖爲舉哀於懸瓠，發聲悲泣，不能自勝。詔曰：「太和之始，早委機密，鴻漸瀍洛，升冠端右，可謂國之賢也，朝之望也。」贈司空公，有司奏謚曰文穆，葬於覆舟山，近杜預冢，高祖之意也。後車駕自鄴還洛，路經沖墓，高祖卧疾，望墳掩泣久之，詔曰：「可遣太牢之祭，以申吾懷。」與留京百官相見，皆叙沖亡没之故，言及流涕。高祖得留臺啓知沖患狀，謂宋弁曰：「僕射執我樞衡，總釐朝務，朕委以台司之寄，使我出境無後顧之憂，一朝忽有此患，朕甚愴慨。」其相痛惜如此。

同書叁玖李寶傳（北史壹佰李寶傳同）略云：

寶有六子：承、茂、輔、佐、公業、沖。

〔承〕長子韶，延興中補中書學生，襲爵姑臧侯，除儀曹令。時修改車服及羽儀制度，皆令詔典焉。高祖將創建都之計，詔引侍臣訪以古事。詔對洛陽九鼎舊所，七百攸基，地則土中，實均朝貢，惟王建國莫尚於此，高祖稱善。起兼將作大匠，敕參定朝儀。

同書捌肆儒林傳常爽傳（北史肆貳常爽傳同）略云：

常爽，河内温人，魏太常林六世孫也。祖珍，苻堅南安太守，因世亂遂居凉州；父坦，乞伏世鎮遠將軍大夏鎮將顯美侯。〔爽〕篤志好學，博聞强識，明習緯候，五經百家，多所研綜，州郡禮命皆不就。世祖西征凉土，爽與兄仕國歸款軍門，世祖嘉之，賜仕國爵五品顯美男，爽爲六品，拜宣威將軍。是時戎車屢駕，征伐爲事，貴游子弟，未遑學術，爽置館温水之右，教授門徒七百餘人，京師學業翕然復興。爽立訓甚有勸罰之科，弟子事之若嚴君焉。尚書左僕射元贊、平原太守司馬真安、著作郎程靈虬皆是爽教所就，崔浩、高允并稱爽之嚴教，奬勵有方。允曰：「文翁柔勝，先生剛克，立教雖殊，成人一也。」其爲通識嘆服如此。因教授之暇，述六經略注以廣制作，甚有條貫，其略注行於世。爽不事王侯，獨守閑静，講肄經典二十餘年，時人號爲儒林先生，年六十三卒於家。子文通歷官至鎮西司馬南天水太守西翼校尉。文通子景别有傳。

同書捌貳常景傳（北史肆貳常景傳同）略云：

景少聰敏，及長有才思，雅好文章，廷尉公孫良舉爲律學博士，高祖親得其名，既而用之。

後爲門下録事太常博士。正始初，詔尚書門下於金墉中書外省考論律令，敕景参議。先是太常劉芳與景等撰朝令，未及班行，别典儀注，多所草創，未成，芳卒，景纂成其事。及世宗崩，詔景〔自長安〕赴京，還修儀注，又敕撰太和之後朝儀已施行者，凡五十餘卷。永熙二年監議事（寅恪案，徐崇補南北史藝文志魏五禮條云：疑「監議」下脱去「五禮」二字）。

隋書叁叁經籍志史部儀注類載：

後魏儀注五十卷。

舊唐書肆陸經籍志史部儀注類載：

後魏儀注三（寅恪案，三疑五之誤）十二卷，常景撰。

新唐書伍捌藝文志儀注類載：

常景後魏儀注五十卷。

魏書肆壹源賀傳（北史貳捌源賀傳同）略云：

源賀，自署河西王禿髮傉檀之子也。傉檀爲乞伏熾盤所滅，賀自樂都來奔，世祖素聞其名，謂賀曰：「卿與朕源同，因事分姓，今可爲源氏。」長子延，延弟思禮後賜名懷，遷尚書令，参議律令。

北史貳捌源賀傳附玄孫師傳（參考北齊書伍拾恩倖傳高阿那肱傳，又隋書陸陸源師傳删略

「漢兒」語殊失其真）略云：

師少知名，仕齊爲尚書左外兵郎中，又攝祠部。後屬孟夏，以龍見請雩。時高阿那肱爲録尚書事，謂爲真龍出見，大驚喜，問龍所在，云作何顏色。師整容云：「此是龍星初見，依禮當雩祭郊壇，非謂真龍别有所降。」阿那肱忿然作色曰：「漢兒多事，强知星宿，祭事不行。」師出嘆曰：「國家大事，在祀與戎，禮既廢也，其能久乎？齊亡無日矣。」尋周武平齊。

通鑑壹柒壹陳紀太建五年夏四月載此事，胡注云：

諸源本出於鮮卑秃髮，高氏生長於鮮卑，自命爲鮮卑，未嘗以爲諱，鮮卑遂自謂貴種，率謂華人爲漢兒，率侮詬之。諸源世仕魏朝貴顯，習知典禮，遂有雩祭之請，冀以取重，乃以取詬。通鑑詳書之，又一慨也。

同書壹貳叁宋紀元嘉十六年十二月，凉州自張氏以來號爲多士條，胡注云：

永嘉之亂，中州之人士避地河西，張氏禮而用之。子孫相承，衣冠不墜，故凉州號爲多士。

宋書陸伍杜驥傳（南史柒拾循吏傳杜驥傳同）略云：

杜驥，京兆杜陵人也。高祖預晋征南將軍，曾祖耽避地河西，因仕張氏，苻堅平凉州，父祖始還關中。兄坦頗涉史傳，高祖征長安席卷隨從南還，太祖元嘉中任遇甚厚。晚度北人朝廷常以傖荒遇之，雖復人才可施，每爲清途所隔，坦以此慨然，嘗與太祖言曰：「臣本中華高族，亡曾祖晋氏喪亂，播遷涼土，世業相承，不殞其舊，直以南度不早，便以荒傖賜隔。」（寅恪案，杜坦所言，亦可與晋書捌肆楊佺期傳參證。）

魏書叁捌袁式傳（北史貳柒袁式傳同）略云：

袁式，陳郡陽夏人。父淵司馬昌明侍中。式在南歷武陵王遵諮議參軍，與司馬文思等歸姚興。泰常二年歸國，爲上客，賜爵陽夏子。與司徒崔浩一面便盡國士之交。是時朝儀典章悉出於浩，浩以式博於古事，每所草創，恒顧訪之。式沈靖樂道，周覽書傳，至於詁訓倉雅，偏所留懷，作字釋未就。

寅恪案，崔浩傳所謂外國遠方名士，當即指河西諸學者或袁式而言。其以左傳卦解易，張湛、宗欽、段承根俱主其說，實爲漢儒舊誼，今日得尚秉和先生易林解詁一書，愈可證明者也。蓋當日中原古誼，久已失傳，崔浩之解，或出其家學之僅存者，然在河西則遺說猶在，其地學者，類能言之。此浩所以喜其與家學冥會，而於河西學者所以特多薦拔之故歟？劉昞之注人物志，乃承曹魏才性之説者，此亦當日中州絕響之談也。若非河西保存其說，則今日亦無以窺見其一斑矣。程駿與劉昞之言，乃周孔名教與老莊自然合一之論，此說爲晋代清談之焦點，王阮之問答（世說新語文學篇阮宣子有令問條，以爲阮脩答王衍之言，晋書肆玖阮瞻傳則以爲阮瞻對王戎之語，其他史料關於此者亦有歧异，初視之似難定其是非。其實此問若乃代表當時通性之真實，其個性之真實雖難確定，然不足致疑也。又此問題當時有實際政治及社會之關係，不僅限於玄談理論，寅恪别有文考之，兹不詳論），所謂「將無同」三語，即實同之意，乃此問題之结論，而袁宏後漢紀之議論，多爲此問題之詳釋也（後漢紀貳貳延嘉九年及貳叁建寧二年之所論乃其最顯著者，其餘散見諸卷，不可悉舉）。自晋室南渡之後，過江名士尚能沿述西朝舊説，而中原舊壤久已不聞此論，斯又河西一隅之地尚能保存典午中朝遺説之一證也。至李沖者，西凉李暠之曾孫，雖以得幸文明太后遂致貴顯，然孝文既非庸暗之主，且爲酷慕漢化之君，其付沖以端揆重任，凡制定禮儀律令，及營建都邑宫廟諸役，以及其他有關變革夷風摹擬漢化之事，無不使沖參決監令者，蓋幾以待王肅者待沖，則沖之爲人必非庸碌凡流，實能保持其河西家世遺傳之舊學無疑也。魏初宗主督護之制（參考魏書壹壹拾食貨志），蓋與道武時離散部落爲編户一事有關，實本胡部之遺迹（參考魏書壹壹叁官氏志，及北史捌拾外戚傳賀訥傳、玖捌高車傳等，兹不詳論。魏書之賀訥傳、高車傳皆取之北史），不僅普通豪族之兼并已也。李沖請改宗主督護制爲三長制，亦用夏變夷之政策，爲北魏漢化歷程之一重要階段，其事發於李沖，豈偶然哉！又史言沖以過於篤厚親舊見譏，如北史壹陸廣陽王建附深（淵）傳所言：

深（淵）上書曰：「及太和在歷，僕射李沖當官任事，凉州土人悉免厮役，豐沛舊門仍防邊戍。」

當即指上引劉昞傳中李冲請褒顯劉昞子孫之類而言，但太和以後正光之時，崔光復請免昞孫碎役。夫光爲由南入北之漢族世家，與凉州人士绝無關涉，太和之後李冲久死，光之請免役，自由於愛慕河西漢族文化所致，而元淵之所謂豐沛舊門，即指六鎮鮮卑及胡化漢人，豈可與之并論乎？又李韶者，寶之嫡孫，冲之猶子也。孝文帝用夏變夷，改革車服羽儀諸制度，悉令韶典之，則韶亦能傳其河西家世之學無疑。又遷都洛陽乃北魏漢化政策中一大關鍵，當日鮮卑舊人均表反對，韶既顯贊其謀，冲又卒成其事，遷洛之役，李氏父子始終參預，然則竟謂北魏遷洛與河西文化有關，亦無不可也，其詳當於後論都城建築節中述之。常爽出自凉州世族，而爲北魏初大師，代京學業之興，實由其力，其見重於崔浩、高允諸人，固其宜矣。常景爲太和以後禮樂典章之宗主，河西文化於北朝影響之深鉅，此亦一例證也。源氏雖出河西戎類，然其家世深染漢化，源懷之參議律令尤可注意，觀高阿那肱之斥源師爲漢兒一事，可證北朝胡漢之分，不在種族，而在文化，其事彰彰甚明，實爲論史之關要，故略附著鄙意於此，當詳悉别論之。若胡梅磵所言，尚不足以盡此問題也。至江式請撰古今文字表中所述，其家自西晋以來避亂凉州，文字之學，歷世相傳不墜諸事實，足知當日學術中心在家族而不在學校，凉州一隅，其秩序較中原爲安全，故其所保存者亦較中原爲多。此不獨江氏一族文字之學如是，即前引秦凉學者及杜驥諸傳所載，其家世之學亦無不與江氏相同。由此言之，秦涼諸州西北一隅之地，其文化上續漢、魏、西晉之學風，下開（北）魏、（北）齊、隋、唐之制度，承前啓後，繼絶扶衰，五百年間延綿一脉，然後始知北朝文化繫統之中，其由江左發展變遷輸入者之外，尚别有漢、魏、西晉之河西遺傳。但其本身性質及後來影響，昔賢多未措念，寅恪不自揣譾陋，草此短篇，藉以唤起今世學者之注意也。

又北魏之取涼州，士人年老者如劉昞之流，始聽其一子留鄉里侍養，似河西文化當亦隨之而衰歇。但其鄰近地域若關隴之區，既承繼姚秦之文化，復享受北魏長期之治安，其士族家世相傳之學術必未盡淪廢，故西北一隅偏塞之區，值周隋兩朝開創之際，終有蘇氏父子及牛辛諸賢者，以其舊學，出佐興王，卒能再傳而成楊隋一代之制，以傳之有唐，頗與北魏河西學者及南朝舊族俱以其鄉土家世之學術助長北魏之文化，凝鑄混和，而成高齊一代之制度，爲北朝最美備之結果以傳於隋唐者，甚相類也。至其例證，非本章所能盡具，當於論職官、刑律諸章更詳言之。

上文已將隋唐制度三源中之（西）魏、周一源及南朝河西文化之影響約略述之矣。兹於（北）魏、（北）齊一源之中，除去關涉南朝及河西文化者不重複論述外，專就元魏孝文以後，迄於高齊之末，洛陽鄴都文化之影響於隋唐制度者考證之。

夫拓跋部族自道武帝入居中原，逐漸漢化，至孝文帝遷都洛陽後，其漢化之程度雖較前愈深，然孝文之所施爲，實亦不過代表此歷代進行之途徑，益加速加甚而已。在孝文同時，其鮮卑舊族如穆泰等（見魏書貳柒、北史貳拾穆崇傳）其對於漢化政策固不同意，即孝文親子如廢太子恂（見魏書貳貳、北史壹玖廢太子恂傳）亦「謀召牧馬，輕騎奔代」，則鮮卑族對漢化政策反抗力之强大，略可窺見，因以愈知孝文之假辭南侵，遂成遷都之計者（見魏書伍叁李沖傳、北史壹佰序傳），誠爲不得已也。故自宣武以後，洛陽之漢化愈深，而腐化乃愈甚，其同時之代北六鎮保守胡化亦愈固，即反抗洛陽之漢化腐化力因隨之而益强，故魏末六鎮之亂，雖有諸原因，如饑饉虐政及府户待遇不平之類，然間接促成武泰元年四月十三日爾朱榮河陰之大屠殺，實胡族對漢化政策有意無意中之一大表示，非僅爾朱榮、費穆等一時之權略所致也（見魏書柒肆、北史肆捌爾朱榮傳及洛陽伽藍記壹永寧寺像）。其後高歡得六鎮流民之大部，賀拔岳、宇文泰得其少數（見北齊書壹神武紀、北史陸齊本紀、隋書貳肆食貨志等），東西兩國俱以六鎮流民創業，初自表面觀察，可謂魏孝文遷都洛陽以後之漢化政策遭一大打擊，而逆轉爲胡化，誠北朝政治社會之一大變也。

雖然，高歡本身，生於六鎮，極度胡化，其渤海世繫即使依托，亦因以與當日代表漢化之山東士族如渤海之高氏、封氏及清河博陵之崔氏等不得不發生關係（見北齊書貳壹高乾、封隆之傳，北史叁壹高允傳、貳肆封懿傳；北齊書貳叁崔㥄傳，北史貳肆崔逞傳；北齊書叁拾崔暹傳，北史叁貳崔挺傳，北齊書叁玖崔季舒傳，北史叁貳崔挺傳，北齊書叁拾高德政傳，北史叁壹高允傳等）。其子澄尤爲漢化，據北齊書叁文襄紀（北史陸齊本紀同）云：

元象元年攝吏部尚書。魏自崔亮以後選人常以年勞爲制，文襄乃釐改前式，銓擢唯在得人，又沙汰尚書郎，妙選人地以充之。至於才名之士咸被薦擢，假有未居顯位者，皆致之門下，以爲賓客，每山園游燕，必見招携，執射賦詩，各盡其所長，以爲娱適。

夫當時所謂「妙選人地」，即「選用漢化士族」之意義，故高氏父子既執魏政，楊（愔）、王（昕及晞）既因才幹柄用，而邢（邵）、魏（收）亦以文采收録（見北齊書叁肆楊愔傳，北史肆壹楊播傳；北齊書叁壹王昕傳，北史貳肆王憲傳；北齊書叁陸邢邵傳，北史肆叁邢巒傳；北齊書叁柒魏收傳，北史伍陸魏收傳）。洛陽文物人才雖經契胡之殘毁，其遺燼再由高氏父子之收掇，更得以恢復熾盛於鄴都。魏孝文以來，文化之正統仍在山東，遥與江左南朝并爲衣冠禮樂之所萃，故宇文泰所不得不深相畏忌，而與蘇綽之徒别以關隴爲文化本位，虚飾周官舊文以適鮮卑野俗，非驢非馬，藉用欺籠一時之人心，所以至其子（武帝）并齊之後，成陵之鬼餒，而開國制度已漸爲仇讎敵國之所染化（見下章論職官、刑律、兵制諸書）。然則當日山東鄴都文化勢力之廣大可以推知也。隋書貳高祖紀下仁壽二年十月己丑詔書所命修撰五禮之薛道衡、王劭及與制禮有關之人如裴矩、劉焯、劉炫、李百藥等，其本身或家世皆出自北齊，以廣義言，俱可謂之齊人也。兹節引史傳證之如下：

隋書伍柒薛道衡傳（北史叁陸薛辯傳同）略云：

薛道衡，河東汾陰人也。〔齊後主〕武平初，詔與諸儒修定五禮，除尚書左外兵郎。待詔文林館，與范陽盧思道、安平李德林齊名友善。復以本官直中書省，尋拜中書侍郎。後主之時漸見親用，頗有附會之譏，後與斛律孝卿參預政事。及齊亡，周武引爲御史二命士，後歸鄉里。高祖作相，從元帥梁睿擊王謙，攝陵州刺史。高祖受禪，坐事除名。河間王弘北征突厥，召典軍書，還除内史舍人。除吏部侍郎，坐黨蘇威除名，配防嶺表。尋有詔徵還，直内史省，後數歲，授内史侍郎。

寅恪案，道衡家世本出北齊，其本身於北齊又修定五禮，參預政事，及齊亡歷周入隋，復久當樞要，隋文命其修定隋禮，自爲適宜，而道衡依其舊習，效力新朝，史言隋禮之修「悉用東齊儀注以爲准」，自所當然也。

隋書陸玖王劭傳（北史叁伍王慧龍傳同）略云：

王劭，太原晉陽人也。父松年，齊通直散騎侍郎。齊尚書僕射魏收辟〔劭〕參開府軍事，累遷太子舍人，待詔文林館，後遷中書舍人。齊滅入周，不得調，高祖受禪，授著作佐郎。

北史叄捌裴佗附矩傳（隋書陸柒裴矩傳略同）略云：

裴佗字元化，河東聞喜人也。六世祖詵仕晋，位太常卿，因晋亂，避地凉州，苻堅平河西，東歸，因居解縣，世以文學顯（寅恪案，此亦河西文化世家也）。〔孫〕矩仕齊爲高平王文學，齊亡不得調。隋文帝爲定州總管，補記室，甚親近之，以母憂去職。及帝作相，遣使馳召之，參相府記室事。受禪，遷給事郎，奏舍人事，除户部侍郎，遷内史侍郎。上以啓人可汗初附，令矩撫慰之，還爲尚書左丞。其年（仁壽二年）文獻皇后崩，太常舊無儀注，矩與牛弘、李百藥（隋書裴矩傳不載李百藥名）等據齊禮參定（此條大部前已徵引，并附論證，見上文）。

隋書柒伍儒林傳劉焯傳（北史捌貳儒林傳下劉焯傳同）略云：

劉焯，信都昌亭人也。父洽，郡功曹。少與河間劉炫結盟爲友，以儒學知名，爲州博士，舉秀才，射策甲科，與著作郎王劭同修國史，兼參議律曆。劉炫聰明博學，名亞於焯，故時人稱二劉焉。天下名儒後進質疑受業，不遠千里而至者，不可勝數。論者以爲數百年已來博學通儒無能出其右者，焯又與諸儒修定禮律。

同書同卷劉炫傳（北史捌貳儒林傳劉炫傳同）略云：

劉炫，河間景城人也。少以聰敏見稱，與信都劉焯閉户讀書，十年不出。周武帝平齊，瀛州刺史宇文亢引爲户曹從事，後奉敕與著作郎王劭同修國史，又與諸術者修天文律曆，又與諸儒修定五禮，授旅騎尉。吏部尚書牛弘建議，以爲禮諸侯絶旁期，大夫降一等，今之上柱國雖不同古諸侯，比大夫可也，官在第二品宜降旁親一等，議者多以爲然。炫駁之曰：「古之仕者宗一人而已，庶子不得進，由是先王重適，其宗子有分禄之義，族人與宗子雖疏遠，猶服縗三月，良由受其恩也。今之仕者，位以才升，不限適庶，與古既异，何降之有？」遂寢其事。煬帝即位，牛弘引炫修律令。高祖之世以刀筆吏類多小人，年久長奸，勢使然也，又以風俗陵遲，婦人無節，於是立格，州縣佐吏，三年而代之，九品妻無得再醮。炫著論以爲不可，弘竟從之。諸郡置學官及流外給廩皆發於炫。

同書肆貳李德林傳（北史柒貳李德林傳同）略云：

李德林，博陵安平人也。齊主留情文雅，召入文林館，又令與黄門侍郎顔之推同判文林館事。及周武帝克齊，入鄴之日，敕小司馬唐道和就宅宣旨慰喻云：「平齊之利，唯在於爾，朕本畏爾逐齊主東走，今聞猶在，大以慰懷，宜即入相見。」道和引之入内，遣内史宇文昂訪問齊朝風俗政教人物善惡，即留内省，三宿乃歸，仍遣從駕，至長安，授内史上士，自此以後，詔誥格式及用山東人物，一以委之。開皇元年，敕令與太尉任國公于翼、高熲等同修律令，事訖奏聞，别賜九環金帶一腰、駿馬一匹，賞損益之多也。

舊唐書柒貳李百藥傳（新唐書壹佰貳李百藥傳同）略云：

李百藥，定州安平人。隋内史令安平公德林子也。開皇初授東宫通事舍人，遷太子舍人，兼東宫學士。或嫉其才而毁之者，乃謝病免去，十九年追赴仁壽宫令襲父爵。左僕射楊素、吏部尚書牛弘雅愛其才，奏授禮部員外郎。皇太子勇又召爲東宫學士，詔令修五禮，定律令，撰陰陽書。〔唐太宗〕貞觀元年召拜中書舍人，賜爵安平縣男，受詔修定五禮及律令，撰齊書。

寅恪案，王劭、劉焯、劉炫皆北齊儒學之士，而二劉尤爲北朝數百年間之大儒。觀炫駁牛弘二品官降旁親服一等之議，則知山東禮學遠勝於關隴也。裴矩用東齊儀注以佐牛弘定獨孤后喪禮，已於前文論之。李德林爲齊代文宗，周武得之，特加獎擢。百藥承其家學，既參定隋文獻皇后喪議，復於唐貞觀世修定五禮，則隋唐禮制與北齊人士有密切關係，於此可見也。

論隋唐制度（北）魏、（北）齊之源既竟，兹略考其梁陳之源，凡隋高祖仁壽二年閏十月己丑詔書所命修定五禮諸臣中如許善心、虞世基，以及其名不見於此詔書中而亦預聞修定禮儀制度之明克讓、裴政、袁朗等，俱屬於梁陳繫統者也。以後略依時代先後，節録史傳之文，證之如下：

隋書伍捌明克讓傳（北史捌叁文苑傳明克讓傳同）略云：

明克讓，平原鬲人也，父山賓，梁侍中。克讓博涉書史，所覽將萬卷，三禮禮論尤所研精。釋褐湘東王法曹參軍，仕歷司徒祭酒、尚書都官郎中、散騎侍郎、國子博士、中書侍郎。梁滅，歸於長安，周明帝引爲麟趾殿學士。〔隋〕高祖受禪，拜太子内舍人。轉率更令，太子以師道處之，恩禮甚厚。於時東宫盛徵天下才學之士，至於博物洽聞，皆出其下。詔與太常牛弘等修禮議樂，當朝典故多所裁正。開皇十四年以疾去官，卒年七十。

寅恪案，梁書貳柒明山賓傳（南史伍拾明僧紹附山賓傳同）略云：

山賓年十三博通經傳。梁臺建，爲尚書駕部郎，遷治書侍御史右軍記室參軍，掌治吉禮。時初置五經博士，山賓首膺其選，所著吉禮儀注二百二十四卷、禮儀二十卷、孝經喪禮服儀十五卷。（參上文所引隋書叁叁經籍志史部儀注類梁吉禮儀注條。）

據此，山賓爲梁代修定儀注之人，以禮學名世；克讓承其父學，據梁朝之故事，修隋室之新儀；牛弘制定五禮，欲取資於蕭梁，而求共事之人，則克讓實其上選無疑也。

隋書捌禮儀志略云：

開皇中，詔太常牛弘、太子庶子裴政，撰宣露布禮。

梁書貳捌裴邃傳附之禮傳（南史伍捌裴邃傳同）云：

子政，承聖中官至給事黄門侍郎，江陵陷，隨例入西魏。

隋書陸陸裴政傳（北史柒柒裴政傳同）略云：

裴政，河東聞喜人也。高祖壽孫，從宋武帝家於壽陽，祖邃、梁侍中、左衛將軍、豫州大都督，父之禮，廷尉卿。政博聞强記，達於時政，爲當時所稱。江陵陷，與城中朝士俱送於京師，授員外散騎侍郎，引事相府，命與盧辯依周禮建六卿設公卿大夫士，并撰次朝儀車服器用，多遵古禮，革漢魏之法，事并施行。尋授刑部下大夫。政明習故事，參定周律，用法寬平，無有冤濫，又善鐘律。宣帝時以忤旨免職，高祖攝政，召復本官。開皇元年轉率更令，詔與蘇威等修定律令。政采魏晋刑典，下至齊梁，沿革輕重，取其折衷，同撰著者十有餘人，凡疑滯不通，皆取决於政。

寅恪案，裴政爲南朝將門及刑律世家，其與盧辯之摹仿周禮，爲宇文泰文飾胡制，童牛角馬，貽譏通識，殆由亡國俘囚受命爲此，諒非其所長及本心也。故一入隋代，乃能與蘇威等爲新朝創制律令，上采魏晋，下迄齊梁，是乃真能用南朝之文化及己身之學業，以佐成北朝完善之制度者，與其在西魏北周時迥不相同，今以其屬於刑律範圍，俟於後刑律章論之。

隋書伍捌許善心傳（北史捌叁文苑傳許善心傳同）略云：

許善心，高陽北新城人也。祖茂，父亨。善心家有舊書萬餘卷，皆遍通涉。貞明二年聘於隋，遇高祖伐陳，禮成而不獲反命，累表請辭，上不許，留縶賓館。及陳亡，高祖敕以本官直門下省。〔開皇〕十七年除秘書丞。〔仁壽〕二年加攝太常少卿，與牛弘等議定禮樂。

寅恪案，梁書肆拾許懋傳（南史陸拾許懋傳同）略云：

尤曉故事，稱爲儀注之學。天監初，吏部尚書范雲舉懋參詳五禮。時有請封會稽禪國山者，高祖雅好禮，因集儒學之士草封禪儀，將欲行焉，懋以爲不可，因建議，高祖嘉納之，因推演懋議，稱制旨以答請者，由是遂停。宋齊舊儀郊天祀帝皆用衮冕，至天監七年，懋始請造大裘，至是有事於明堂，儀注猶云服衮冕。懋駁云：「禮云：大裘而冕，祀昊天上帝亦如之，良由天神尊遠，須貴誠質，今泛祭五帝，理不容文。」改服大裘，自此始也。又降敕問：「凡求陰陽，應各從其類，今雩祭燔柴以火祈水，意以爲疑。」懋答曰：「雩祭燔柴經無其文，良由先儒不思故也，請停用柴，其牲牢等物悉從坎瘞，以符周宣雲漢之說。」詔并從之。凡諸禮儀，多所刊正。

據此，許懋尤曉故事，以儀注之學著名梁時，又參詳五禮，凡諸禮儀多刊正，則善心之預修隋禮，其梁陳故事，足供采擇者，乃其家世顓門之業也。

隋書陸柒虞世基傳（北史捌叁文苑傳虞世基傳同）略云：

虞世基，會稽餘姚人也。父荔，陳太子中庶子。世基博學有高才，兼善草隸。陳中書令孔奂見而嘆曰：「南金之貴屬在斯人。」少傅徐陵一見而奇之，顧謂朝士曰：「當今潘陸也。」因以弟女妻焉。仕陳釋褐建安王法曹參軍，遷中庶子散騎常侍尚書左丞。及陳滅歸國，爲通直郎，直内史省，未幾拜内史舍人。

舊唐書壹玖拾上文苑傳袁朗傳（新唐書貳百壹文藝傳上袁朗傳同）略云：

袁朗，陳尚書左僕射樞之子。其先自陳郡仕江左，世爲冠族，陳亡，徙關中。朗勤學好屬文，在陳釋褐秘書郎，甚爲尚書令江總所重。嘗制千字詩，當時以爲盛作。陳後主聞而召入禁中，使爲月賦，朗染翰立成。後主曰：「觀此賦，謝希逸不能獨美於前矣。」又使爲芝草、嘉蓮二頌，深見優賞，遷秘書丞。陳亡，仕隋爲尚書儀曹郎。

寅恪案，明克讓、裴政俱以江陵俘虜入西魏，許善心以陳末聘使值國滅而不歸，其身世與庾信相似，虞世基、袁朗在陳時即有才名，因見收擢，皆爲南朝之名士，而家世以學業顯於梁陳之時者也。隋修五禮，欲采梁陳以後江東發展之新迹，則兹數子者，亦猶北魏孝文帝之王肅、劉芳，然則史所謂隋「采梁儀注以爲五禮」者，必經由此諸人所輸入，無疑也。（袁朗參預制定衣冠事見隋書壹貳禮儀志大業元年詔，兩唐書朗本傳未載。）

今已略據史傳，以考隋制五禮之三源，請更舉隋書禮儀志之文，以爲例證。主旨在闡明隋文帝雖受周禪，其禮制多不上襲北周，而轉仿北齊或更采江左蕭梁之舊典，與其政權之授受，王業之繼承，迥然别爲一事，而與後來李唐之繼楊隋者不同。此本極顯著之常識，但近世之論史者，仍頗有誤會，故不憚繁瑣，重爲申證，惟前文已徵引者，則從略焉。

隋書陸禮儀志略云：

後周憲章姬周，祭祀之式多依儀禮。〔隋〕高祖受命，欲新制度，乃命國子祭酒辛彥之議定祀典。

寅恪案，此隋祀典不襲北周之例證也。

又同書同卷略云：

明堂在國之陽，梁初依宋齊，其祀之法，猶依齊制，禮有不通者，武帝更與學者議之。

寅恪案，此梁更易齊制，乃南朝後期與其前期演變不同之例證。隋制五禮既用代表南朝前期之（北）魏、（北）齊制，又不得不采代表南朝後期之梁制，以臻完備也。

又同書柒禮儀志略云：

隋初因周制，定令亦以孟冬下亥蜡百神，臘宗廟，祭社稷，其方不熟，則闕其方之蜡焉。開皇四年十一月詔曰：「古稱臘者接也，取新故交接。前周歲首今之仲冬，建冬之月稱蜡可也。後周用夏后之時，行姬氏之蜡，考諸先代，其義有違，其十月行蜡者停，可以十二月爲臘。」於是始革前制。

寅恪案，此隋祀典不襲北周制之例證也。

又同書捌禮儀志略云：

後魏每攻戰剋捷，欲天下聞知，乃書帛建於竿上，名爲露布，其後相因施行。開皇中乃詔太常卿牛弘、太子庶子裴政撰宣露布禮。及九年平陳，元帥晋王以驛上露布，兵部奏請依新禮宣行。

寅恪案，此爲隋代修禮，承襲北魏遺産，而更與南朝專家考定之一例證。裴政本江陵陷後朝士被俘之一人，而以律學顯名者也。詳上文所引史傳，兹不備述。

又同書拾禮儀志略云：

輿輦之别，蓋先王之所以列等威也。然隨時而變，代有不同。梁初尚遵齊制，其後武帝既議定禮儀，乃漸有變革。

陳承梁末，王琳縱火，延燒車府。至天嘉元年，敕守都官尚書寶安侯到仲舉議造玉、金、象、革、木等五輅及五色副車。此後漸修，具依梁制。

寅恪案，此南朝後期文物發展變遷，梁創其制而陳因之之例證也。

又同書同卷略云：

後魏天興初詔議曹郎董謐撰朝饗儀，始制軒冕，未知古式，多違舊章。孝文帝時，儀曹令李韶更奏詳定，討論經籍，議改正之，唯備五輅，各依方色，猶未能具。至熙平九年，明帝又詔侍中崔光與安豐王延明、博士崔瓚采其議，大造車服。自斯以後，條章粗備，北齊咸取用焉。其後因而著令，并無增損。

寅恪案，李詔、崔光傳文前已徵引，詔之家世代表河西文化，光之家世代表南朝前期文化，據此可知魏初之制多違舊章，得河西南朝前期之文化代表人物，始能制定一代新禮，足資後來師法。故北齊咸取用焉，其後因而著令，并無增損，是北齊文物即河西及南朝前期之遺産，得此爲證，其事益明顯矣。

又同書同卷略云：

及〔周〕平齊，得其輿輅，藏於中府，盡不施用，至大象初，遣鄭譯閲視武庫，得魏舊物，取尤异者，并加雕飾，分給六宫，合十餘乘，皆魏天興中之所制也。周宣帝至是咸復御之。開皇元年，内史令李德林奏：「周魏輿輦乖制，請皆廢毁。」高祖從之，唯留魏太和李詔所制五輅，齊天保所遵用者，又留魏〔肅宗〕熙平中太常卿穆紹議皇后之輅。

寅恪案，周襲魏天興舊制，雖加雕飾，仍不合華夏文化正式繫統也。李德林本北齊舊臣，當時禮制典章，尤所諳練（見前文所引），故請毁廢而用魏太和熙平齊天保之制度，而此制度即魏孝文及其後嗣所采用南朝前期之文物，經北齊遂成爲一繫統结集者。此隋在文物上不繼周而因齊之例證也。

又同書同卷略云：

象輅已下旒及就數各依爵品，雖依禮制名，未及創造，開皇三年閏十二月并詔停造，而盡用舊物。至九年平陳，又得輿輦，舊著令者，以付有司，所不載者，并皆毁弃，雖從儉省，而於禮多闕。十四年，詔又以見所乘車輅因循近代，事非經典，於是命有司詳考故實，改造五輅及副。

大業元年，更制車輦，五輅之外設副車，詔尚書令楚公楊素、吏部尚書奇章公牛弘、工部尚書安平公宇文愷、内史侍郎虞世基、禮部侍郎許善心、太府少卿何稠、朝請郎閻毗等詳議奏決，於是審擇前朝故事，定其取舍云。

寅恪案，輿輦之制，隋文帝受禪不襲周而因齊，即因襲南朝前期之文物，經過魏太和、齊天保之結集者，而制度尚有所未備者，則南朝後期梁陳之文物未能采用故也。開皇九年平陳，初持保守主義，其乘用以限於舊令所著，是以於禮多闕，蓋欲求備禮，非更以南朝後期即梁陳二代之發展者增補之不可，此開皇十四年所以有更議之詔也。又大業元年所命議制車輦諸臣，其中大部分前已論及，而虞世基、許善心則南朝後期文物即梁陳文化之代表者，可爲鄙説之例證也。至宇文愷、何稠、閻毗三人，俱特以工巧知名，其參與此役，蓋由於此，將於下文附論都城建築節中考證之，兹姑不涉及，以免枝蔓淆混焉。

又同書同卷略云：

屬車秦爲八十一乘，漢遵不改，法駕三十六乘，小駕十二乘，開皇中大駕十二乘，法駕减半。

大業初屬車備八十一乘，三年二月帝嫌其多，問起部郎閻毗。毗曰：「臣共宇文愷參詳故實，此起於秦，遂爲後式，又據宋孝建時有司奏議，晉遷江左，唯設五乘。尚書令建平王宏曰：『八十一乘無所准憑，江左五乘，儉不中禮，宜設十二乘。』開皇平陳，因以爲法令，憲章往古，大駕依秦，法駕依漢，小駕依宋。」帝曰：「大駕宜用三十六，法駕十二，小駕除之可也。」

皇后屬車三十六乘。初，宇文愷、閻毗奏定請減乘輿之半。禮部侍郎許善心奏駁曰：「宋孝建時議定輿輦，天子屬車十有二乘，至大明元年九月有司奏皇后副車未有定式，詔下禮官議正其數，博士王燮之議謂十二乘通關爲允，宋帝從之，遂爲後式，今請依乘輿，不須差降。」制曰：「可。」

寅恪案，屬車之數，晉遷江左爲五乘，宋改十二乘，開皇平陳，因以爲法令，雖曰依宋，實因平陳之故得以效法。至許善心駁皇后屬車之數不應差降，請從宋制爲准，則南朝舊臣以其所習爲隋代制度之准憑，於此可見。此隋文制禮兼采南朝文物之例證也。

又同書壹壹禮儀志略云：

自晉遷江左，中原禮儀多缺。後魏天興六年，詔有司始制冠冕，各依品秩，以示等差，然未能皆得舊制。至太和中方考故實，正定前謬，更造衣冠，尚不能周洽。及至熙平二年太傅清河王懌、黄門侍郎韋廷祥等奏定五時朝服，准漢故事，五郊衣幘，各如方色焉。及後齊因之，河清中改易舊物，著令定制云。

後周設司服之官，掌皇帝十二服。〔又〕諸公侯伯子男三公三孤公卿上中下大夫士之服。

〔又〕皇后衣十二等。

〔周〕宣帝即位，受朝於路門，初服通天冠絳紗袍，群臣皆服漢魏衣冠。

寅恪案，周宣帝即位當時已服漢魏衣冠。所謂漢魏衣冠，即自北魏太和迄北齊河清時期北朝所輸入之晉南遷以後江左之文物也。周滅齊不久，即已采用齊之制度，然則隋之采用齊制，不過隨順當日之趨勢，更加以普遍化而已。此點當於後論府兵制時詳之，兹即就禮制言，亦最顯之例證也。

又通鑒壹柒叁陳紀，太建十一年春正月癸巳周主受朝於露門，始與群臣服漢魏衣冠條，胡注云：

以此知後周之君臣，前此皆胡服也。

寅恪案，前此後周之君臣平時常服或雜胡制，而元旦朝賀，即服有摹擬禮經古制之衣冠，隋書壹壹禮儀志文，後周設司服之官下所列君臣衣冠諸制是也。此種摹仿古制之衣冠，當然於正式典禮如元旦朝賀時服用之。史載宣帝君臣服用漢魏衣冠者，乃不依後周先例服用摹仿禮經古制之衣冠，而改用東齊所承襲南朝北魏制度之意。舊史論官制時往往以周官與漢魏對文亦此意也。若依胡氏之説，豈後周既仿古制定衣冠，而不於正式典禮時用之，更將於何時用之乎？梅磵本通人，於此尚偶有未照，然則此書之分析繫統，追溯淵源，其語似甚繁，其事似甚瑣，而終不能不爲之者，蓋有所不得已也。

又隋書壹貳禮儀志略云：

〔隋〕高祖初即位，將改周制，乃下詔曰：「祭祀之服須合禮經，宜集通儒，更可詳議！」太子庶子攝太常少卿裴正（寅恪案，正疑當作政，但隋書、北史之裴政傳俱言政，轉左庶子，而未載其攝太常少卿，俟考）奏曰：「竊見後周制冕，加爲十二，既與前禮數乃不同，而色應五行，又非典故，且後魏以來制度咸闕，天興之歲草創繕修，所造車服多參胡制，故魏收論之，稱爲違古是也。周氏因襲，將爲故事，大象承統，咸取用之，輿輦衣冠甚多迂怪。今皇隋革命，憲章前代，其魏周輦輅不合制者，已敕有司盡令除廢。然衣冠禮器尚且兼行，乃有立夏衮衣以赤爲質，迎秋平冕用白成形，既越典章，須革其謬。謹案續漢書禮儀志云，立春之日京都皆著青衣，秋夏悉如其色。逮於魏晉，迎氣五郊，行禮之人皆同北制，考尋故事，唯幘從衣色。今請冠及冕色并用玄，唯應著幘者任依漢晉。」制曰：「可！」於是定令采用東齊之法。

寅恪案，此隋制禮服不襲周而因齊之例證也。齊又襲魏太和以來所采用南朝前期之制，而江左之制源出自晉，上溯於漢，故曰漢晉，其引續漢書禮儀志以爲依據，尤其明徵也。至其目北周車服爲迂怪，乃以古禮文飾胡俗所必致，大抵宇文泰之制作皆可以迂怪目之，豈僅車服而已，後之論史者往往稱羡宇文氏之制度，若聞裴氏之言，當知其誤矣。

又同書同卷略云：

〔隋〕高祖元正朝會方御通天服，郊丘宗廟盡用龍衮衣，大裘毳衣皆未能備。至平陳，得其器物，衣冠法服始依禮具，然皆藏御府，弗服用焉。及大業元年，煬帝始詔吏部尚書牛弘、工部尚書宇文愷、兼内史侍郎虞世基、給事郎許善心、儀曹郎袁朗等憲章古制，創造衣冠，自天子逮於胥皂，服章皆有等差，若先所有者，則因循取用。弘等議定乘輿服合八等焉。

寅恪案，史言隋高祖平陳，得其器物，衣冠法物，始依禮具，然則南朝後期文物之發展與隋代制度之關係密切如此。故梁陳舊人若虞世基、許善心、袁朗等尤爲制定衣冠不可少之人，此隋制禮兼資梁陳之例證也。

又同書同卷略云：

通天冠之制，晉起居注成帝咸和五年制詔殿内曰，平天通天冠并不能佳，可更修理之。雖在禮無文，故知天子所冠其來久矣。

寅恪案，雖在禮無文，而爲東晉南朝所習用者，即爲典據，蓋與北周制法服之泥執周官者不同。此隋制禮徑據江東習俗爲典據，而不泥經典舊文以承北周制度之例證也。

又同書同卷略云：

始後周采用周禮，皇太子朝賀皆衮冕九章服。開皇初，自非助祭皆冠遠游冠。至此，牛弘奏云：「皇太子冬正大朝請服衮冕。」帝問給事郎許善心曰：「太子朝謁著遠游冠，有何典故？」對曰：「晋令皇太子給五時朝服遠游冠。至宋泰始六年更議儀注，儀曹郎丘仲起議：『案周禮公自衮冕已下至卿大夫之玄冕皆其朝聘之服也。謂宜式遵盛典，服衮朝賀。』兼左丞陸澄議：『服冕以朝，實著經典，自秦除六冕之制，後漢始備，魏晋以來非祀宗廟不欲令臣下服於衮冕，故太子入朝因亦不著。宜遵前王之令典，革近代之陋制，皇太子朝請服冕。』自宋以下始定此儀，至梁簡文之爲太子，嫌於上逼，還冠遠游，下及於陳，皆依此法，後周之時亦言服衮入朝，至於開皇，復遵魏晋故事。臣謂皇太子著遠游謙不逼尊，於禮爲允。」帝曰：「善！」竟用開皇舊式。

寅恪案，此節可取作例以爲證明者，即隋代制禮實兼采梁陳之制，雖北周之制合於經典，牛弘亦所同意，然煬帝從許善心之言，依魏晋故事，不改開皇舊式。蓋不欲泥經典舊文，而以江東後期較近之故事爲典據，可知北齊間接承襲南朝前期之文物尚有所不足，不得不用梁陳舊人以佐參定也。

又同書同卷略云：

梁武受禪於齊，侍衛多循其制，陳氏承梁，亦無改革。齊文宣受禪之後，警衛多循後魏之儀，及河清定令，宮衛之制云云。（從略。）後周警衛之制置左右宮伯，掌侍衛之禁，各更直於内。〔隋〕高祖受命，因周齊宮衛微有變革。

寅恪案，宮衛之制關涉兵制，當於後兵制章詳之，兹姑置不論。但史述隋宮衛之制謂因於周齊而微有變革，絶與南朝梁陳無涉，此爲論隋唐兵制之要見，亦隋兼襲齊制之例證也。隋修五禮，其所據之三源已略考證之矣。李唐承隋禮制，亦因其舊，此學者所共知，無待詳考，今惟略引一二舊文，以備佐證云爾。唐會要叁柒五禮篇目門(舊唐書貳壹禮儀志略同)云：

武德初，朝廷草創，未遑制作，郊祀享宴，悉用隋代舊制。至貞觀初，詔中書令房玄齡、秘書監魏徵、禮官學士備考舊禮，著吉禮六十一篇、賓禮四篇、軍禮二十篇、嘉禮四十二篇、凶禮六篇、國恤禮五篇，總一百三十八篇，分爲一百卷。初玄齡與禮官建議，以爲月令蜡法唯祭天宗，謂日月以下，近代蜡，五天帝、五人帝、五地祇皆非古典，今并除之。神州者國之所托，餘八州則義不相及，近代通祭九州，今唯祭皇地祇及神州，以正祀典。又皇太子入學及太常行山陵、天子大射合朔、陳五兵於太社、農隙講武、納皇后行六禮、四孟月讀時令、天子上陵朝廟、養老於辟雍之禮，皆周隋所闕，凡增二十九條，餘并依古禮。七年正月二十四日獻之，詔行用焉。

新唐書壹壹禮樂志云：

唐初即用隋禮，至太宗時中書令房玄齡、秘書監魏徵與禮官學士等，因隋之禮，增以天子上陵朝廟、養老、大射講武、讀時令、納皇后、太子入學、太常行陵、合朔、陳兵太社等爲吉禮六十一篇，賓禮四篇，軍禮二十篇，嘉禮四十二篇，凶禮十一篇，是爲貞觀禮。高宗又詔太尉長孫無忌等增之爲一百三十卷，是爲顯慶禮。玄宗開元十四年，通事舍人王嵒上疏請删去禮記舊文，而益以今事，詔付集賢院議。學士張説以爲唐貞觀、顯慶禮儀注前後不同，宜加折衷，以爲唐禮。乃詔集賢院學士右散騎常侍徐堅、左拾遺李鋭及太常博士施敬本撰述，歷年未就，而鋭卒，蕭嵩代鋭爲學士，奏起居舍人王仲丘撰定一百五十卷，是爲大唐開元禮。由是五禮之文始備，而後世用之，雖時小有損益，不能過也。

寅恪案，唐會要及舊唐書之所謂古禮，參以新唐書之文，足知即爲隋禮。然則唐高祖時固全襲隋禮，太宗時制定之貞觀禮，即據隋禮略有增省，其後高宗時制定之顯慶禮，亦不能脱此範圍，玄宗時制定之開元禮，乃折中貞觀、顯慶二禮者，故亦仍間接襲用隋禮也。即「後世用之不能大過」，是唐禮不亡即隋禮猶存，其所從出之三源者，亦俱托唐禮而長存也。然則治李唐一代之文物制度者，於上所列舉之三源，究其所出，窮其所變，而後其嬗蜕演化之迹象，始有繫統可尋矣。

附：都城建築

唐之宫城承隋之舊，猶清之宫城承明之舊，但其事至明顯，無取多述，但舉一證，如舊唐書叁捌地理志關内道所云：

> 京師，秦之咸陽，漢之長安也。隋開皇二年，自漢長安故城東南移二十里，置新都，今京師是也。

即已足矣，然隋創建新都大興城，其宫市之位置與前此之長安不同，世有追究其所以殊异之原因，而推及隋代營造新都者家世之所出，遂以爲由於北魏胡族繫之實行性者（見桑原隲藏還曆紀念東洋史論叢那波利貞氏從支那首都計畫史上考察唐之長安城）。寅恪則謂隋創新都，其市朝之位置所以與前此之長安殊异者，實受北魏孝文營建之洛陽都城及東魏、北齊之鄴都南城之影響，此乃隋代大部分典章制度承襲北魏太和文化之一端，與其以北魏胡族繫之實行性一點爲解釋，無寧就楊隋一代全部典章制度立論較易可通，或竟以太和洛都新制歸功於河西繫漢族之實行性，似尚可備一説，以資參考也。又隋代新都其市朝位置之异於前者，雖非由於北魏胡族繫之實行性，然隋代之技術人才則頗與西胡種族有關，此固別爲一事，以其與前所論中古時代漢族之家學一點相類，亦不可置而不論，故兹先論隋唐兩朝制度與北魏太和文化之關係，後附述隋代技術人才之家世，所以補上文論隋大業元年制定車輦條之所未備言者也。

周官考工記匠人云：

面朝背市。

其解釋雖謂宮在正中，朝在其南，而市在其北。然僅從宮與市位置言，即是宮位於市之南，或市位於宮之北也。考工記之作成時代頗晚，要乃爲儒家依據其所得之材料，而加以理想化之書，則無可疑，故其所依據匠人營國之材料其中必有爲當時真正之背景者。據古今學人論漢初南北軍制之言（詳見前中央研究院社會科學研究所兵制研究專號上賀昌群先生南北軍論文中所徵引），推知西漢首都之長安「司馬門在未央宮之南，直抵長安城垣，并無坊市，而未央宮長樂宮則六街三市」，是與隋唐首都之大興長安城其宮位於首都之北部，市則位於南部者適爲相反。然則西漢首都宮市之位置與考工記匠人之文可謂符合，豈與是書作成之時代有關耶？至唐代則守衛宮城北門之禁軍，以其駐屯地關係之故，在政變之際，其向背最足爲重輕，此李唐一代中央政治革命之成敗所以往往繫於玄武門衛軍之手者也。（此點本甚明顯，一檢史文便可證知，惟唐武德九年六月四日玄武門之變，太宗所以能制勝建成、元吉者，其關鍵實在守玄武門之禁軍，而舊史記載殊多隱諱，今得巴黎圖書館藏敦煌寫本伯希和號貳陸肆拾李義府撰常何墓志銘以供參證，於當日成敗所以然之故益瞭然可知矣。）

又若依寅恪前所持文化淵源之説，則太和洛陽新都之制度必與江左、河西及平城故都皆有關無疑，南齊書伍柒魏虜傳略云：

平城南有干水，出定襄堺，流入海，去城五十里，世號爲索干都，土氣寒凝，風砂恒起，六月雨雪。議遷都洛京，〔永明〕九年遣使李道固、蔣少游報使。少游有機巧，密令觀京師宫殿楷式。清河崔元祖啓世祖曰：「少游臣之外甥，特有公輸之思，宋世陷虜，處以大匠之官，今爲副使，必欲模範宫闕，豈可令氈鄉之鄙取象天宫，臣謂且留少游，令主使反命。」世祖以非和通意，不許。少游，樂安人，虜宫室制度皆從此出。

寅恪案，建康臺城雖頗近城北，然其宫城對於其地山川形勢與北魏洛都有异，故洛都全體計畫，是否真與建康有關，殊難論斷。但魏書、北史之蔣少游傳（見前引）言：「後於平城將營太廟太極殿，遣少游乘傳詣洛，量准魏晋基址。後爲散騎侍郎，副李彪使江南」，故魏孝文之遣少游使江左，自有摹擬建康宫闕之意。崔元祖之言不爲虚發，但恐少游所摹擬或比較者，僅限於宫殿本身，如其量准洛陽魏晋廟殿之例，而非都城全部之計畫。史言：「虜宫室制度皆從此出」，則言過其實，蓋北魏洛陽新都之全體計畫中尚有平城、河西二因子，且其規畫大計亦非少游主之。然則不得依南齊書魏虜傳之文，遽推斷北魏洛都新制悉仿江左之建康明矣。

至平城舊都規制必有影響於洛陽新都，自無疑義，但當日平城宮城規制頗不易考知，南齊書伍柒魏虜傳略云：

什翼珪始都平城，猶逐水草，無城郭，木末始土著。佛狸破梁（涼？）州（指北涼沮渠氏）、黄龍（指北燕馮氏），徙其居民，大築郭邑，截平城西爲宮城，其郭城繞宮城南，悉築爲坊，坊開巷，坊大者容四五百家，小者容六七十家。

寅恪案，魏徙涼州之人民於平城，建築雕刻藝術受其影響，如雲崗石窟即其例證，故魏平涼州後，平城之新建築如郭城繞宮城南，悉築爲坊一點，與後之東魏鄴都南城之制頗有近似之處，蓋皆就已成之現實增修，以摹擬他處名都之制者（平城新制擬涼州都會，而鄴都南城不得不擬洛陽新都）。如是遷就，其詳容後證述，總之史料既太略，魏平城新制所受河西文化之程度如何，則不宜輒加論斷也。

但依較詳之史料考察，關於北魏洛都新制所受河西文化之影響，可得而言者，則有主建洛陽新都之人即李冲之家世一端。其人與河西關係密切，不待詳述，故引史文以資論證，并據簡略史料推測涼州都會姑臧宮城之規制。若所推測者不誤，則是平城規制之直接影響於洛陽新都者亦即河西文化之間接作用也。魏書柒下高祖紀（北史叁魏本紀同）云：

太和十七年冬十月，徵司空穆亮與尚書李冲、將作大匠董爵經始洛京。

寅恪案，北魏孝文帝遷都洛陽，其營建之任委之穆亮、李冲及董爵（通鑑壹叁玖齊紀永明十一年作董爾）三人。此三人中穆亮仍代北舊人具有勛貴之資望，且職爲司空，營國之事本冬官所掌，故以之領護此役；董爵則官將作大匠，建築是其職務，故不得不使之參預其事；其實洛陽新都之規制悉出自李冲一人。魏書李冲傳所謂：

冲機敏有巧思，洛陽初基，安處郊兆，新起堂寢，皆資於冲。（前文已引）

者，是其明證也。北魏太和洛陽營建規制今日尚可於楊衒之洛陽伽藍記一書約略得知，而其顯异於前北國都皇居在南市場在北之特點，亦可於吴若准洛陽伽藍記集證、唐晏洛陽伽藍記鈎沉所附圖見之，不待詳證也。然則北魏洛都新制所以异於經典傳統面朝背市之成規者，似不得不於河西繫漢族李冲本身求之，而凉州都會之規模，及其家世舊聞之薰習，疑與此洛都新制不無關涉。兹設此假想，分别證述之如下：

魏書李冲傳云：

葬於覆舟山，近杜預冢，高祖意也。（前文已引）

蓋晋之杜預以儒者而有巧思，其所創制頗多，見晋書叁肆杜預傳，兹不具述，惟其中請建河橋於富平津一事尤與西晋首都洛陽之交通繁盛有關，甚爲晋武帝贊賞。魏孝文之令李冲葬近杜預家非僅有取於預遺令儉約之旨，亦實以冲之巧思有類乎預，故以此二人相比方也。洛陽伽藍記叁其叙城南略云：

宣陽門外四里至洛水，上作浮橋，所謂永橋也。永橋以南圜丘以北伊洛之間夾御道有四夷館：西夷來附者處崦嵫館，賜宅慕義里。自葱嶺以西至於大秦，百國千城莫不款附，商胡販客日奔塞下，所謂盡天地之區矣。樂中國土風因而宅者，不可勝數，是以附化之民萬有餘家，門巷修整，閶闔填列，青槐蔭陌，緑柳垂庭，天下難得之貨，咸悉在焉。别立市於洛水南，號曰四通市，民間謂永橋市，伊洛之魚多於此賣，士庶須膾皆詣取之，魚味甚美，京師語曰：「伊洛鯉魴，貴於牛羊。」

據此，北魏洛陽城伊洛水旁乃市場繁盛之區，其所以置市於城南者，殆由伊洛水道運輸於當日之經濟政策及營造便利有關，此非全出假想也，請更證之以魏書柒玖成淹傳（北史肆陸成淹傳同），其傳文略云：

成淹，上谷居庸人也，自言晋侍中粲之六世孫。祖昇家於北海，父洪名犯顯祖廟諱，仕劉義隆爲撫軍府中兵參軍。劉彧以爲員外郎，假龍驤將軍領軍主，令援東陽歷城，皇興中降慕容白曜，赴闕授著作郎。太和中，文明太后崩，蕭賾遣裴昭明、謝竣等來吊，欲以朝服行事，執志不移，高祖敕尚書李冲令選一學識者更與論執，冲奏遣淹。既而高祖遣李冲問淹昭明所言，淹以狀對，高祖詔冲曰：「我所用得人。」賜淹果食。高祖幸徐州，敕淹與閭龍駒等主舟檝，將泛泗入河，泝流還洛，軍次碻磝，淹以黄河峻急，慮有傾危，乃上疏陳諫，高祖敕淹曰：「朕以恒代無運漕之路，故京邑民貧，今移都伊洛，欲通運四方，而黄河峻急，人皆難涉，我因有此行，必須乘流，所以開百姓之心，知卿至誠，而今者不得相納。」敕賜驊騮馬一匹、衣冠一襲。於時宫殿初構，經始務廣，兵民運材日有萬計，伊洛流澌，苦於厲涉，淹遂啓求敕都水造浮航，高祖賞納之。意欲榮淹於衆，朔旦受朝，百官在位，乃賜帛百匹，知左右二都水事。

據此，得知魏孝文遷洛原因，除漢化及南侵二大計畫外，經濟政策亦爲其一。夫遷都既有經濟原因，則建置新都之宫闕市場，更不能不就經濟觀點加以考慮。洛陽之地，本西晋首都舊址，加以擴充，則城南伊洛二川之傍水道運輸頗爲便利，設置市場，乃最適宜之地。又成淹以南朝降人而受孝文帝之知賞，固由李冲之薦引，亦因淹本籍青州，習於水道運輸，觀其請建浮航及孝文令其主舟檝并知左右都水事等，可以推知。蓋與蔣少游之隸籍青州（樂安博昌），故孝文修船乘，任之爲都水使者，其事相類也（見前引魏書蔣少游傳）。但此經濟政策其最高主動者雖爲孝文帝本身，然洛都營建，李冲實司其事，故一反傳統面朝背市之制，而置市場於城南者，當出於李冲之規畫。蓋李冲乃就地施工主持建設之人，此事非與之有關不可。此寅恪所以言與其就北魏胡族繫之實行性以爲解釋，無寧歸功於河西繫漢族李沖之實行性，較易可通也。至於關係李沖河西家世一點，姑就假想試爲略論，聊備一説而已，殊不可視作定論也。李沖爲西涼李暠之曾孫，其對於涼州之親故鄉里，尤所篤愛，至以此獲譏於世。前引李沖傳文以論河西文化節中已言之，兹不復詳。故由史文推證，可知沖乃一保存鄉里土風國粹（西涼國也）之人物無疑也。今據一二簡略史文推測，似涼州都邑頗有宮在城北而市在城南之狀況，如晉書壹貳貳呂纂載記所載：

纂，光之庶長子也。苻堅時入太學，及堅亂，西奔上邽，轉至姑臧，拜武賁中郎將，封太原公。光死，紹嗣僞位。〔呂〕弘密告纂曰：「欲遠追廢昌邑之義，以兄爲中宗，何如？」纂於是夜率壯士數百，逾北城攻廣夏門，弘率東苑之衆斫洪範門。左衛齊從守融明觀，逆問之曰：「誰也？」衆曰：「太原公。」從曰：「國有大故，主上新立，太原公行不由道，夜入禁城，將爲亂耶？」因抽劍直前，斫纂中額，纂左右擒之。纂曰：「義士也，勿殺！」紹遣武賁中郎將呂開率其禁兵距戰於端門。衆素憚纂，悉皆潰散。纂入自青角門，升於謙光殿，紹登紫閣自殺。

水經注肆拾都野澤條引王隱晉書（參藝文類聚陸叁及太平御覽壹玖柒所引）云：

涼州城有龍形，故曰卧龍城。南北七里，東西三里，本匈奴所築，乃張氏之世居也。又張駿增築四城箱各千步。東城殖園果，命曰講武場，北城殖園果，命曰玄武圃，皆有宫殿；中城作四時宫，隨節游幸。并舊城爲五，街衢相通二十二門。大繕宫殿觀閣，采妝飾擬中夏也。

通鑒壹壹壹晋紀隆安三年涼王光疾甚條，胡注云：

廣夏門、洪範門皆中城門也。青角門，蓋涼州中城之東門也。

太平御覽壹陸伍州郡部涼州條引晋書云：

惠帝末，張軌求爲涼州，於是大城此城（姑臧）爲一府會以據之，號前涼，吕光復據之，號後涼。

若詳繹上引簡略殘缺之史料，則知姑臧之中城即張氏、吕氏有國之宫城，齊從所謂禁城者是也。張氏築宫摹擬中夏，則前後二涼，其城門之名，必多因襲晋代洛陽之舊，考洛陽伽藍記序云：

太和十七年，後魏高祖遷都洛陽，詔司空穆亮營造宫室，洛城門依魏晋舊名。北面有二門，西頭曰大夏門，漢曰夏門，魏晋曰大夏門；東頭曰廣莫門，漢曰穀門，魏晋曰廣莫門，高祖因而不改。自廣莫門以西至於大夏門宫觀相連，被諸城上也。

據此，則吕纂踰姑臧北城所攻之廣夏門，必略與晋代洛陽之大夏門、廣莫門相當，乃其中城即宫城或禁城之北門。又依王隱所記張氏增築北城，命之曰圃，既殖園果，復有宫殿，是由增築之北城直抵王宮，其間自不能容市場之存在，蓋與經典傳統背市之説不合。夫姑臧之宮既在中城，其增築之北城及東城皆殖果木，俱無容納市場之餘地，自不待言。且其城南北長、東西狹，故增築之東西城地域甚小，而增築之南城則面積頗廣，然則以通常情勢論，姑臧市場在增築之南城，即當中城前門之正面，實最爲可能。若所推測者不誤，是前後涼之姑臧與後來北魏之洛陽就宮在北市在南一點言之，殊有相似之處。又姑臧本爲涼州政治文化中心，復經張氏增修，遂成河西模範標准之城邑，亦如中夏之有洛陽也。但其城本爲匈奴舊建，當張氏增築時其宮市位置爲遷就舊址之故，不能與中國經典舊説符合。李冲受命規畫洛陽新制，亦不能不就西晋故都遺址加以改善，殆有似張氏之增築姑臧城者，豈其爲河西家世遺傳所薰習，無意之中受涼州都會姑臧名城之影響，遂致北魏洛都一反漢制之因襲，而開隋代之規模歟？此前所謂姑作假想，姑備一説，自不得目爲定論者也。

夫北魏洛都新制其所以殊异於前代舊規之故，雖不易確知，然東魏鄴都南城及隋代大興即唐代長安之都邑建置全部直受北魏洛都之影響，此乃文化染習及師承問題，與個人家世及性質無涉。故修建鄴都南城之高隆之爲漢種，計劃大興新都之宇文愷爲胡族，種族縱殊，性質或别，但同爲北魏洛都文化繫統之繼承人及摹擬者，則無少异。總而言之，全部北朝史中凡關於胡漢之問題，實一胡化漢化之問題，而非胡種漢種之問題，當時之所謂胡人漢人，大抵以胡化漢化而不以胡種漢種爲分别，即文化之關係較重而種族之關係較輕，所謂有教無類者是也。此意非此書所能詳盡，要爲論北朝史事不可不知者，遂亦略著其意於此。

北史伍肆高隆之傳（北齊書壹捌高隆之傳略同）略云：

高隆之，洛陽人也，爲閹人徐成養子，少時賃升爲事，或曰父幹爲姑婿高氏所養，因從其姓。隆之後有參定功，神武命爲弟，仍云勃海蓨人。後起兵於山東，累遷并州刺史，入爲尚書右僕射，又領營構大匠，以十萬夫撤洛陽宫殿運於鄴。構營之制皆委隆之，增築南城周二十五里，以漳水近帝城，起長隄以防泛溢，又鑿渠引漳水周流城郭，造水碾磑，并有利於時。太僕卿任集（北齊書作太府卿任集，通鑑壹伍柒梁紀大同元年十一月甲午（寅）東魏閶闔門災條作太府卿任忻集）同知營構。

北齊書叁捌辛術傳（北史伍拾辛雄傳附術傳同）略云：

辛術，少明敏有識度，釋褐司空胄曹參軍，與僕射高隆之共典營構鄴都宫室。術有思理，百工克濟。

魏書壹貳孝静紀（北史伍魏本紀同）略云：

天平元年十月丙子車駕北遷於鄴。庚寅車駕至鄴，居北城相州之廨。

二年八月甲午發衆七萬六千人營新宫，冬十有一月甲寅閶闔門災。

四年夏四月辛未遷七帝神主入新廟，大赦天下，内外百官普進一階。六月己巳幸華林園理訟，壬午閶闔門災。

元象元年六月壬辰帝幸華林都堂聽訟。

興和元年冬十有一月癸亥以新宫成，大赦天下。

二年正月丁丑徙御新宫，大赦，内外百官普進一階，營構主匠别優一階。三年冬十月己巳發夫五萬人築漳濱堰，三十五日罷。

寅恪案，東魏鄴都之制，可略於葛邏禄乃賢河朔訪古記中及顧炎武歷代帝王宅京記壹貳所考窺見梗概，兹不備引。其宫市位置及門闕名稱無一不沿襲洛都之舊，質言之，即將洛陽全部移徙於鄴是也。其司營構之任而可考知者，如高隆之、任集、辛術諸人，其男女繫之血統雖不盡悉，但可一言以蔽之，北魏洛陽都邑環境中所産生之人物而已。觀於主持營構者高隆之一傳，即知東魏及高齊之鄴都之新構，乃全襲北魏太和洛陽之舊規，無復種族性質之問題，直是文化繫統之關係，事實顯著，不待詳論也。

兹請考隋造新都大興城之經過。隋書壹高祖紀上（北史壹壹隋本紀上同）略云：

開皇二年六月景申詔左僕射高熲、將作大匠劉龍、鉅鹿郡公贺婁子幹、太府少卿高龍叉等創造新都，十月辛卯以營新都副監賀婁子幹爲工部尚書，十二月景子名新都曰大興城。

三年正月庚子將入新都，大赦天下。三月景辰雨，常服入新都。

唐六典（近衛本）柒工部郎中員外郎條略云：

今京城隋文帝開皇二年六月詔左僕射高熲所置，南直終南山子午谷，北據渭水，東臨滻川，西次灃水。太子左庶子宇文愷創制規模，將作大匠劉龍、工部尚書賀婁子幹、太府少卿高龍叉并充檢校。至三年三月移入新都焉，名曰大興城。東西十八里一百一十五步，南北十五里一百七十五步。墻高一丈八尺，皇城之南東西十坊，南北九坊，皇城之東西各一十二坊，兩市居四坊之地，凡一百一十坊。開元十四年又取東面兩坊作興慶宮。

北史柒貳高熲傳（隋書肆壹高熲傳略同）略云：

高熲，自言勃海蓨人也。其先因官北邊，没於遼左。曾祖暠，以太和中自遼東歸魏，官至衛尉卿。祖孝安，位兖州刺史。父賓，仕東魏。大統六年避讒弃官奔西魏，獨孤信引賓爲僚佐，賜姓獨孤氏。及〔隋文〕帝受禪，拜尚書左僕射納言，領新都大監，制度多出於熲。

隋書伍叁賀婁子幹傳（北史柒叁賀婁子幹傳同）略云：

賀婁子幹，本代人也。隨魏氏南遷，世居關右。祖道成，魏侍中太子太傅；父景賢，右衛大將軍。子幹少以驍武知名，周武帝時釋褐司水上士，稱爲强濟，累遷小司水，以勤勞封思安縣子。大象初，領軍器監。開皇元年，進爵鉅鹿郡公。其年吐谷渾寇凉州，子幹以行軍總管從上柱國元諧擊之，功最，優詔襃美。高祖慮邊塞未安，即令子幹鎮凉州。明年徵授營新都副監，尋拜工部尚書。其年突厥復犯塞，以行軍總管從竇榮定擊之。

周書壹玖宇文貴傳（北史陸拾宇文貴傳同）略云：

宇文貴，其先昌黎大棘人，徙居夏州，父莫豆干，〔子〕愷。

隋書陸捌宇文愷傳（北史陸拾宇文貴傳附愷傳及周書壹玖宇文貴傳略同）略云：

愷少有器局，家世武將，并以弓馬自達。愷獨好學，博覽書記，解屬文，多技藝，號爲名父公子。及〔隋高祖〕踐阼，誅宇文氏，愷亦在殺中，以其與周本別，兄忻有功於國，使人馳赦之，僅而得免。後拜營宗廟副監太子左庶子。及遷都，上以愷有巧思，詔領營新都副監。高熲雖總其大綱，凡所規畫皆出於愷。後決渭水達河以通運漕，詔愷總督其事。兄忻被誅，除名於家，久不得調，會朝廷以魯班故道久絶不行，令愷修復之。既而上建仁壽宫，訪可任者，楊素言愷有巧思，上然之，於是檢校將作大匠，歲餘拜仁壽宫監，尋爲將作少監。文獻皇后崩，愷與楊素營山陵事。煬帝即位，遷都洛陽，以愷爲營東都副監。愷揣帝心在宏侈，於是東京制度窮極壯麗，帝大悦之，拜工部尚書。及長城之役，詔愷規度之。時帝北巡，欲誇戎狄，令愷爲大帳，其下坐數千人；又造觀風行殿，上容侍衛者數百人，離合爲之，下施輪軸，推移倏忽，有若神功，戎狄見之，莫不驚駭。自永嘉之亂，明堂廢绝，隋有天下，將復古制，議者紛然，皆不能決。愷博考群籍，奏明堂儀，表曰：「宋起居注曰：『孝武帝大明五年立明堂。』梁武即位之後，移宋時太極殿以爲明堂。平陳之後，臣得目觀，遂量步數，紀其丈尺。猶見基内有焚燒殘柱，毁斫之餘入地一丈，儼然如舊。柱下以樟木爲跗長丈餘闊四尺許，兩兩相并，瓦安數重，宫城處所乃在郭内。雖湫隘卑陋，未合規摹，祖宗之靈得崇嚴祀。周齊二代闕而不修，大饗之典於焉靡托。臣研究衆説，總撰今圖，其様以木爲之。」帝可其奏。會遼東之役事不果行。卒官。撰東都圖記二十卷、明堂圖議二卷、釋疑一卷，見行於世。

同書同卷何稠傳附劉龍傳（北史玖拾藝術傳下何稠傳附劉龍傳同）云：

開皇時有劉龍者，河間人也。性强明有巧思，齊後主知之，令修三爵臺，甚稱旨，因而歷職通顯。及高祖踐阼，大見親委，拜右衛將軍，兼將作大匠。遷都之始，與高熲參掌制度，代號爲能。

北齊書壹肆長樂太守靈山傳（北史伍壹齊宗室諸王傳上長樂太守靈山傳同）云：

乂少謹，武平末給事黄門侍郎，隋開皇中爲太府少卿，坐事卒。

寅恪案，隋代營建大興新都城即後來唐代長安城諸人，除賀婁子幹及宇文愷外，高熲、劉龍及高龍乂即高乂，或家世久居山東，或本爲北齊宗室及遺臣，俱可謂洛陽鄴都繫文化之産物。高熲傳雖言新都「制度多出於熲」，然宇文愷傳又謂「高熲雖總其大綱，凡所規畫皆出於愷」，又唐六典以爲「宇文愷創制規模」，故知高熲之於營建新都，殆不過以宰相資望領護其事，如楊素領護制定五禮之比，吾人可不必於熲本身性質及其家世多所推究也。賀婁子幹雖於開皇三年六月任營新都副監，但是年即率兵出擊突厥，居職甚暫，實無足述。劉龍在北齊本以修宫室稱旨，致位通顯，隋書無高龍叉傳，而北齊書、北史齊宗室高靈山傳附有高乂事迹，謂其於隋開皇中爲太府少卿，則開皇二年六月丙申命營新都詔書中之太府少卿高龍叉當即其人無疑。然則鄴都南城之制即太和洛陽之遺，必至少由劉龍、高乂二人輸入於隋也。至宇文愷一人蓋與山東地域無關，而大興新制彼獨主其事，似難解釋，鄙意宇文愷、閻毗、何稠三人皆隋代之技術專家，已於前論大業元年議制車輦時涉及，前已節録宇文愷傳文較詳，兹并取舊史中閻毗、何稠及其家屬傳文有關者移寫於下，綜合試釋之。

周書貳拾閻慶傳（北史陸壹閻慶傳同）略云：

閻慶，河南河陰人也。曾祖善，仕魏歷龍驤將軍雲州鎮將，因家於雲州之盛樂郡。祖提，使持節車騎大將軍、燉煌鎮都大將。父進，正光中拜龍驤將軍，屬衛可孤作亂，攻圍盛樂，進率衆拒守，城竟獲全，以功拜盛樂郡守。晋公〔宇文〕護母，慶之姑也。次子毗。

隋書陸捌閻毗傳（北史陸壹閻慶傳附毗傳同）略云：

〔毗〕能篆書，工草隸，尤善畫，爲當時之妙，周武帝見而悦之，命尚清都公主。

〔隋〕高祖受禪，以技藝侍東宫，數以雕麗之物取悦於皇太子〔勇〕。太子服玩之物，多毗所爲。煬帝嗣位，盛修軍器，以毗性巧，諳練舊事，詔典其職，尋授朝請郎，毗立議輦輅車輿多所增損。長城之役，毗總其事。及帝有事恒岳，詔毗營立壇場。將興遼東之役，自洛口開渠，達於涿郡，以通運漕，毗督其役。營建臨朔宫，又領將作少監。

新唐書柒叁下宰相世繫表閻氏條略云：

北平太守安成侯鼎，字玉鉉，死劉聰之難。子昌奔於代王猗盧，遂居馬邑。孫滿後魏諸曹大夫，自馬邑又徙河南。孫善龍驤將軍雲中鎮將，因居雲中盛樂。生車騎將軍燉煌鎮都大將提，提生盛樂郡守進，進少子慶生毗。

舊唐書柒柒閻立德傳（新唐書壹百閻讓傳同）略云：

閻立德，雍州萬年人，隋殿内少監毗之子也。其先自馬邑徙關中。毗初以工藝知名，立德與弟立本早傳家業，武德中累除尚衣奉御。立德所造衮冕、大裘等六服并腰輿、傘扇咸依典式，時人稱之。貞觀初歷遷將作少匠，封大安縣男。高祖崩，立德以營山陵功擢爲將作大匠。貞觀十年文德皇后崩，又令攝司空，營昭陵，坐怠慢解職。十三年復爲將作大匠。十八年從征高麗，及師旅至遼澤，東西二百餘里泥淖，人馬不通，立德填道造橋，兵無留礙，太宗甚悦。尋受詔造翠微宫及玉華宫，咸稱旨，賞賜甚厚。俄遷工部尚書。二十三年攝司空，營護太宗山陵，事畢進封爲公，顯慶元年卒。

立本顯慶中累遷將作大匠。後代立德爲工部尚書，兄弟相代爲八座，時論榮之。總章元年遷右相。立本雖有應務之才，而尤善圖畫，工於寫真，秦府十八學士圖及貞觀中凌烟閣功臣圖并立本之迹也，時人咸稱其妙。太宗嘗與侍臣學士泛舟於春苑池中，有异鳥隨波容與，太宗擊賞，數賜詔坐者爲咏，召立本令寫焉，時閤外傳呼云畫師閻立本。立本時已爲主爵郎中，奔走流汗，俯伏池側，手揮丹粉，瞻望坐賓，不勝愧赧，退誡其子曰：「吾少好讀書，幸免面墻，緣情染翰，頗及儕流，唯以丹青見知，躬厮役之務，辱莫大焉，汝宜深誡，勿習此末伎！」立本爲性所好，欲罷不能也。及爲右相，與左相姜恪對掌樞密。恪既歷任將軍，立功塞外，立本唯善於圖畫，非宰輔之器，故時人以千字文爲語曰：

左相宣威沙漠，右相馳譽丹青。（參考張彦遠歷代名畫記玖駁此説。）

隋書柒伍儒林傳何妥傳（北史捌貳儒林傳下何妥傳同）略云：

何妥，西域人也。父細胡（北史作細脚胡）通商入蜀，遂家郫縣，事梁武陵王紀，主知金帛，遂致巨富，號爲西州大賈。妥少機警，十七以技巧事湘東王，後知其聰明，召爲誦書左右。江陵陷，周武帝尤重之，授太學博士。高祖受禪，除國子博士，爲國子祭酒，卒。

同書陸捌何稠傳（北史玖拾藝術傳下何稠傳同）略云：

何稠，國子祭酒妥之兄子也。父通，善斫玉。稠性絶巧，有智思，用意精微。年十餘歲遇江陵陷，隨妥入長安，仕周御飾下士。及高祖爲丞相，召補參軍，兼掌細作署，累遷御府監，歷太府丞。稠博覽古圖，多識舊物，波斯嘗獻金綿錦袍，組織殊麗，上命稠爲之。稠錦既成，逾所獻者，上甚悦。時中國久絶琉璃之作，匠人無敢厝意，稠以緑瓷爲之，與真不异。仁壽初，文獻皇后崩，與宇文愷參典山陵制。大業初，煬帝將幸揚州，謂稠曰：「今天下大定，朕承洪業，服章文物闕略猶多，卿可討閲圖籍，營造輿服羽儀，送至江都也。」其日拜少府卿。稠於是營黄麾三萬六千人仗及車輿輦輅、皇后鹵簿、百官儀服依期而就，送於江都。所役二十萬餘人，用金銀錢物鉅億計，帝使兵部侍郎明雅、選部郎薛邁等勾覈之，數年方竟，毫釐無舛。稠參會今古，多所改創。帝復令稠造戎車萬乘鈎陣八百連，帝善之，以稠守太府卿。後三歲兼領少府監。遼東之役攝右屯衛將軍，領御營弓弩手三萬人。時工部尚書宇文愷造遼水橋不成，師不得濟，右屯衛大將軍麥鐵杖因而遇害，帝遣稠造橋，二日而就。初稠制行殿及六合城，至是帝於遼左與賊相對，夜中施之，其城周迴八里，城及女垣合高十仞，上布甲士，立仗建旗，四團置闕，面别一觀，觀下三門，遲明而畢，高麗望見，謂若神功。從幸江都，遇宇文化及作亂，以爲工部尚書。化及敗，陷於竇建德，復以爲工部尚書。建德敗，歸於大唐，授將作小匠（北史作少府監），卒。

綜合隋代三大技術家宇文愷、閻毗、何稠之家世事迹推論，蓋其人俱含有西域胡族血統，而又久爲華夏文化所染習，故其事業皆藉西域家世之奇技，以飾中國經典之古制。如明堂、輅輦、袞冕等，雖皆爲華夏之古制，然能依托經典舊文，而實施精作之，則不藉西域之工藝亦不爲功。夫大興、長安都城宫市之規模取法太和洛陽及東魏高齊鄴都南城，猶明堂、車服之制度取法中國之經典也。但其實行营建制造而使成宏麗精巧，則有資於西域藝術之流傳者矣，故謂大興長安城之規模及隋唐大輅、袞冕之制度出於胡制者固非，然謂其絶無繫於西域之工藝者，亦不具通識之言者也。前賢有中學作體，西學爲用之説，若取以喻此，其最適合之義歟？（魯般爲燉煌人之傳説，亦與西域及河西建築工藝有關，見段成式酉陽雜俎續集肆貶誤門引朝野僉載。）何稠家世出於西域，史已明言，無待推證，所可注意者，則蜀漢之地當梁時爲西域胡人通商及居留之區域一事，寅恪曾别有所論，兹不復贅（見一九三五年清華學報拙著李白氏族之疑問）。

閻毗家世如新唐書宰相世繫表所記者，其源當出於閻氏所自述，但與晉書肆捌閻纘傳及陸拾閻鼎傳不符，沈炳震新唐書宰相世繫表訂訛亦已言及，故其所謂閻鼎子昌避難奔於馬邑者，乃胡族家譜冒充漢人，其關節所聯繫之通例，其爲依托亦不待辨，質言之，阎氏家世所出必非華夏種類無疑也。至其是何胡族，則有略可推測者，宇文護之母乃閻慶之姑，周書壹壹晉蕩公護傳（北史伍柒周宗室傳邵惠公顥傳附護傳同）略云：

晋蕩公護，字薩保，太祖之兄邵惠公顥之少子也。護至涇州見太祖，而太祖疾已綿篤，謂護曰：「天下之事屬之於汝。」護涕泣奉命，行至雲陽，而太祖崩，護秘之，至長安，乃發喪。時嗣子冲弱，强寇在近，人情不安，護綱紀内外，撫循文武，於是衆心乃定。先是太祖常云：「我得胡力」，當時莫曉其旨。至是人以護字當之。護性至孝，得〔母閻姬〕書，悲不自勝，報書曰：「受形禀氣，皆知母子，誰同薩保，如此不孝。當鄉里破敗之日，薩保年已十餘歲，隣曲舊事猶自記憶。太祖升遐，天保未定，薩保屬當猶子之長，親受顧命，雖身居重任，職當憂責。不期今日得通家問，蒙寄薩保别時所留錦袍表，年歲雖久，宛然猶識。」

寅恪案，薩保即宇文護本來之胡名，其後别命漢名，乃以其原有胡名爲字，此北朝胡人之通例，故護報其母閻氏書即自稱薩保，其明證也。考隋書貳柒百官志載北齊鴻臚寺典客署有京邑薩甫二人，諸州薩甫一人。又同書貳捌百官志載隋雍州薩保爲視從七品，諸州胡二百户已上薩保爲視正九品。通典肆拾職官典貳貳薩寶符祆正條注云：

祆者，西域國天神，武德四年置祆祠及官，常有群胡奉事，取火咒詛。

夫宇文護字之薩保與隋之薩保同，亦即北齊之薩甫、唐之薩寶，此名與火祆之關係，自不待論，火祆教入中國之始末亦非此文所論也。兹所欲論者，即宇文護既以薩保爲名，則其母閻氏或與火祆教有關，而閻氏家世殆出於西域，又觀閻慶之祖提即宇文護母之父，其人曾爲敦煌鎮都大將，敦煌爲交通西域要道，或亦因是與西域有關耶？至宇文愷雖氏族出自東北，而世居夏州，其地較近西北，與西域交通亦易發生關係，故其技術之養成，推原於家世所出及地理環境，則不難解釋。總而言之，若技術人才出於胡族，則必於西胡而不於東胡求之，蓋當中古時代吾國工藝之發展實有資於西域之文明，而東方胡族之藝術殊不足有所貢獻於中國，故世之稱揚隋唐都邑新制歸功於胡族，即東方胡族實行性之表現者，似僅就表面籠統推測，而無深刻之觀察，但此點史料缺乏，本極難斷定，固不敢固執鄙見，特陳其所疑，以求通人之教正如此。

三 職官

隋唐職官之名號任務，其淵源變革記載本較明顯，而與此章有關之隋唐制度之三源復已於前章詳悉考論，其涉及職官者尤爲易知，故此章僅擇其要點言之，其餘可從簡略。但有二事，實爲隋唐制度淵源繫統之所繫，甚爲重要，而往往爲論史者所忽視或誤解，則不得不詳爲考辨，蓋所以證實本書之主旨也。其第一事即宇文泰所以令蘇綽、盧辯等摹仿周官之故及其制度實非普遍於全體，而僅限於中央文官制度一部分。第二事即唐代職官乃承附北魏太和、高齊、楊隋之繫統，而宇文氏之官制除極少數外，原非所因襲。開元時所修六典乃排比當時施行令式以合古書體裁，本爲粉飾太平制禮作樂之一端，故其書在唐代行政上遂成爲一種便於徵引之類書，并非依其所托之周官體裁，以設官分職實施政事也。觀其書編修之經過，即知不獨唐代職官與周禮無關，且更可證明適得其反者。然則論者據唐六典一書竟謂唐代施政得周官之遺意者，殆由不能明悉唐代制度之繫統淵源所致也。茲依時代先後，略述職官淵源流變之史料，而附以辨證焉。

魏書壹壹叁官氏志略云：

自太祖至高祖初，其内外百官屢有減置，或事出當時，不爲常目，如萬騎、飛鴻、常忠、直意將軍之徒是也。舊令亡失，無所依據。太和中，高祖詔群寮議定百官，著於令。孝莊初，以爾朱榮有扶翼之功，拜柱國大將軍，位在丞相上。

同書柒下高祖紀下（北史叁魏本紀同）略云：

太和十七年六月乙巳詔曰：「遠依往籍，近采時宜，作職員令二十一卷，權可付外施行，其有當局所疑而令文不載者，隨事以聞，當更附之。」

十九年十二月乙未朔引見群臣於光極堂，宣示品令，爲大選之始。

寅恪案，北魏在孝文帝太和制定官制以前，其官職名號華夷雜糅，不易詳考，自太和改制以後，始得較詳之記載，今見於魏收書官氏志所叙列者是也。新唐書伍捌藝文志史部職官類有魏官品令一卷，其書諒與太和十九年十二月朔宣示群臣之品令有關也。魏孝文之改制，即吸收南朝前期發展之文化，其事已於前論禮儀章考辨證明，兹不必詳及。

隋書貳陸百官志序略云：

漢高祖職官之制因於嬴氏，其間同异，抑亦可知。光武中興，聿遵前緒，唯廢丞相與御史大夫，而以三司綜理衆務，洎於叔世，事歸臺閣，論道之官備員而已。魏晋繼及，大抵略同。爰及宋齊，亦無改作。梁武受終，多循齊舊，然而定諸卿之位，各配四時，置戎秩之官，百有餘號。陳氏繼梁，不失舊物。高齊創業，亦遵後魏，臺省位號與江左稍殊。有周創據關右，日不暇給，洎乎克清江漢，爰議憲章，酌酆鎬之遺文，置六官以綜務，詳其典制，有可稱焉。高祖踐極，百度伊始，復廢周官，還依漢魏，唯以中書爲内史，侍中爲納言，自餘庶僚頗有損益。煬帝嗣位，意在稽古，建官分職，率由舊章，大業三年，始行新令，今之存録者，不能詳備焉。

新唐書肆陸百官志序（舊唐書肆貳職官志序略同）略云：

唐之官制，其名號禄秩雖因時增損，而大體皆沿隋故。其官司之别曰省，曰臺，曰監，曰衛，曰府，各統其屬，以分職定位。其辨貴賤，叙勞能，則有品，有爵，有勛，有階，以時考核，而升降之，所以任群材，治百事。其爲法則精而密，其施於事則簡而易行，所以然者，由職有常守，而位有常員故也。方唐之盛時，其制如此。

寅恪案，上引史文，不待解釋，若能注意「高齊創業，亦遵後魏」，「〔隋〕高祖踐極，復廢周官，還依漢魏」及「唐之官制大體皆沿隋故」數語，則隋唐官制之繫統淵源已得其要領。兹更依舊史之文，略詮論一二，以資參證，至前所謂忽視及誤解之點，則於此章之末論之，庶於叙説較便也。

隋書貳柒百官志略云：

後齊制官，多循後魏。

寅恪案，高齊職官之承襲北魏，不待贅論，惟其尚書省五兵尚書之職掌及中書省所領進御之音樂諸官則與後來兵制及音樂有關，俟於後音樂章及兵制章詳論之。

同書貳捌百官志：

〔隋〕高祖既受命，改周之六官，其制多依前代之法。

寅恪案，所謂前代之法即所謂漢魏之制，實則大抵自北魏太和傳授北齊之制，此隋官制承北齊不承北周之一例證也。杜佑於通典貳伍職官典柒總論諸卿條子注中論隋之改制頗爲有識，其後宋人論唐六典其意亦同，其言當於下論六典時再詳引之。杜氏注略云：

後周依周禮置六官，而年代短促，人情相習已久，不能革其視聽，故隋氏復廢六官多依北齊之制。官職重設，庶務煩滯，加六尚書似周之六卿，又更別立寺監，則户部與太府分地官司徒職事，禮部與太常分春官宗伯職事，刑部與大理分秋官司寇職事，工部與將作分冬官司空職事。自餘百司之任多類於斯，欲求理要，實在簡省。

寅恪案，杜君卿謂隋之職官多依北齊之制，自是確實。然尚有一事關於職官之選任者，初視之似爲隋代創制，而唐復因之。實則亦北魏末年及北齊之遺習，不過隋承之，又加以普遍化而已。其事悉廢漢以來州郡辟署僚佐之制，改歸吏部銓授，乃中國政治史上中央集權之一大變革也。故不可不略考論之。

隋書貳捌百官志（唐六典叁拾刺史條、通典叁叁職官典鄉官條同）略云：

〔開皇三年〕舊周齊州郡縣職自州都郡縣正已下皆州郡將縣令至而調用，理時事，至是不知時事，直謂之鄉官，别置品官，吏部除授。

〔開皇〕十五年罷州縣鄉官。

同書柒伍儒林傳劉炫傳略云：

〔牛〕弘又問：「魏齊之時令史從容而已，今則不遑寧舍，其事何由？」炫對曰：「往者州唯置綱紀，郡置守丞，縣唯令而已，其所具僚則長官自辟，受詔赴任，每州不過數十，今則不然，大小之官悉由吏部，纖介之迹皆屬考功。」

通典叁叁職官典總論縣佐條漢有丞尉及諸曹掾句下杜氏注云：

多以本郡人爲之，三輔則兼用他郡，及隋氏革選，盡用他郡人。

寅恪案，若僅據此，似中央政府之吏部奪取地方政府州郡縣令自辟之權，以及縣佐之迴避本郡，均始於隋代，然若就其他史料考之，則知殊不然也。如北齊書捌幼主紀（北史捌齊本紀同）略云：

帑藏空竭，乃賜諸佞幸賣官，或得郡兩三，或得縣六七，各分州郡，下逮鄉官，亦多降中者，故有敕用州主簿、敕用郡功曹。

通典壹肆選舉典略云：

其〔漢代〕州郡佐吏自别駕長史以下，皆刺史太守自辟，歷代因而不革。洎北齊武平中，後主失政，多有佞倖，乃賜其賣官，分占州郡，下及鄉官，多降中旨，故有敕用州主簿、郡功曹者。自是之後，州郡辟士之權浸移於朝廷，以故外吏不得精核，由此起也。

後周其刺史僚佐則自署，府官則命於朝廷。

〔隋〕牛弘爲吏部尚書，高構爲侍郎，最爲稱職。當時之制，尚書舉其大者，侍郎舉其小者，則六品以下官咸吏部所掌，自是海内一命以上之官州郡無復辟署矣。（原注云：自後魏、北齊州郡僚佐已多爲吏部所授，至隋一切歸在省司。）

寅恪案，北周刺史尚能自署僚佐，而後魏、北齊州郡僚佐則已多爲吏部所授，至隋一切歸之省司，此隋代政治中央集權之特徵，亦即其職官選任之制不因北周而承北齊之一例證也。

又隋書貳捌百官志略云：

高祖又采後周之制，置上柱國、柱國、上大將軍、大將軍、上開府儀同三司、開府儀同三司、上儀同三司、儀同三司、大都督、帥都督、都督，總十一等以酬勤勞。

唐六典貳肆左右衛大將軍各一人正三品注略云：

自兩漢至北齊大將軍位視三公，至隋十二大將軍直爲武職，位左右臺省之下，與右（近衛本考訂云：右疑當作古）大將軍但名號同，而統務別。

寅恪案，此爲隋制之因於北周而不承北齊者，似爲變例，然考所謂柱國大將軍之號其實亦始於北魏之末年，而西魏北周承之，故隋采此制，可言祧北齊而承魏周。蓋楊氏王業所基，别是一胡化繫統，當於後兵制章詳之，兹僅節録舊籍關於此名號之源流，以備參證，觀者自能得之，可不詳論也。如周書壹陸侯莫陳崇傳後（北史陸拾王雄傳後、通典貳捌職官典將軍總叙條及叁肆職官典勛官條俱略同）略云：

初魏孝莊帝以爾朱榮有翊戴之功，拜榮柱國大將軍，位在丞相上。榮敗後，此官遂廢。大統三年，魏文帝復以太祖中興之業，始命爲之。其後功參佐命、望實俱重者亦居此職，自大統十六年以前任者凡有八人。太祖位總百揆，督中外軍，魏廣陵王欣元氏懿戚，從容禁闥而已，此外六人各督二大將軍，分掌禁旅，當爪牙禦侮之寄，當時榮盛莫與爲比，故今之稱門閥者咸推八柱國家云。今并十二大將軍録之於左：

（上略）。

使持節柱國大將軍大都督大司馬河内郡開國公獨孤信。

（下略）。

右與太祖爲八柱國。

（上略）。

使持節大將軍大都督陳留郡開國公楊忠。

（下略）。

兹請言宇文泰摹仿周官之事，先略引舊史之文有關於此者，然後再討論之。

周書貳文帝紀（北史玖周本紀同）略云：

魏廢帝三年春正月始作九命之典，以叙内外官爵，以第一品爲九命，第九品爲一命，改流外品爲九秩，亦以九爲上。

魏恭帝三年春正月丁丑初行周禮，建六官。初太祖以漢魏官繁，思革前弊，大統中乃命蘇綽、盧辯依周制改創其事，尋亦置六卿官，然爲撰次未成，衆務猶歸臺閣，至是始畢，乃命行之。

北史伍魏本紀云：

大統十四年五月以安定公宇文泰爲太師，廣陵王欣爲太傅，太尉李弼爲大宗伯，前太尉趙貴爲大司寇，以司空于謹爲大司空。

通鑒壹陸壹梁紀太清二年五月載此事，胡注云：

宇文相魏，仿成周之制建官。

寅恪案，此即周書貳文帝紀、北史玖魏本紀所謂「大統中置六卿官」者也。

周書貳肆盧辯傳（北史叁拾盧同傳附辯傳略同）略云：

盧辯，范陽涿人，累世儒學。辯少好學，博通經籍，舉秀才，爲太學博士，以大戴禮未有解詁，辯乃注之。其兄景裕爲當時碩儒，謂辯曰：「昔侍中注小戴，今爾注大戴，庶纂前修矣。」太祖以辯有儒術，甚禮之。自魏末亂離，孝武西遷，朝章禮度湮墜咸盡，辯因時制宜，皆合軌度。性强記默契，能斷大事，凡所創制，處之不疑。初太祖欲行周官，命蘇綽專掌其事，未幾而綽卒，乃令辯成之。於是依周禮建六官，置公卿大夫士，并撰次朝儀、車服、器用，多依古禮，革漢魏之法，事并施行。辯所述六官，太祖以魏恭帝三年始命行之，自兹厥後，世有損益，於時雖行周禮，其内外衆職又兼用秦漢等官，今略舉其名號及命數附之於左：

柱國大將軍、大將軍。

右正九命。

驃騎車騎等大將軍開府儀同三司、雍州牧。

右九命。

驃騎車騎等將軍左右光禄大夫、户三萬以上州刺史。

右正八命。

（下略）。

隋書貳柒百官志略云：

> 周太祖初據關内，官名未改魏號，及方隅粗定，命尚書盧辯遠師周之建職，置三公、三孤，以爲論道之官；次置六卿，以分司庶務。制度既畢，太祖以魏恭帝三年始命行之。

觀上所引舊載宇文泰摹仿成周，創建官制之始末，亦可略知梗概。周禮一書，其真僞及著作年代問題古今説者多矣，大致爲儒家依據舊資料加以繫統理想化之偉作，蓋托古改制而未嘗實行者，則無疑義也。自西漢以來，摹仿周禮建設制度，則新莽、周文帝、宋神宗，而略傳會其名號者則武則天，四代而已。四者之中三爲後人所譏笑，獨宇文之制甚爲前代史家所稱道，至今日論史者尚復如此。夫評議其事之是非成敗，本非本章之主旨及範圍，故俱置不論。兹所言者，僅宇文泰摹仿周禮創建制度之用心及其所以創建之制度之實質而已。

宇文泰憑藉六鎮一小部分之武力，割據關隴，與山東、江左鼎足而三，然以物質論，其人力財富遠不及高歡所轄之境域，固不待言；以文化言，則魏孝文以來之洛陽及洛陽之繼承者鄴都之典章制度，亦豈荒殘僻陋之關隴所可相比。至於江左，則自晋室南遷以後，本神州文化正統之所在，况值梁武之時庾子山所謂「五十年間江表無事」之盛世乎？故宇文苟欲抗衡高氏及蕭梁，除整軍務農、力圖富强等充實物質之政策外，必應别有精神上獨立有自成一繫統之文化政策，其作用既能文飾輔助其物質即整軍務農政策之進行，更可以維繫其關隴轄境以内之胡漢諸族之人心，使其融合成爲一家，以關隴地域爲本位之堅强團體。此種關隴文化本位之政策，範圍頗廣，包括甚衆，要言之，即陽傳周禮經典制度之文，陰適關隴胡漢現狀之實而已。其關係氏族郡望者，寅恪嘗於考辨李唐氏族問題文中論之，如李唐武周先世雜考所引隋書經籍志之文，即其確證之一也（見前中央研究院歷史語言研究所集刊第五本第二分）。約言之，西魏宇文泰改造漢人姓氏及郡望之政策分爲二階段，其先則改山東郡望爲關隴郡望，且加以假托，使之與六鎮發生關係。其後則逕賜以胡姓，使繼鮮卑部落之後。迨周末隋文帝恢復漢姓之時，大抵僅迴至所改關隴郡望之第一階段，如隋唐皇室之郡望仍稱弘農隴西是也。關於北周隋唐人物之郡望，史家記載頗有紛歧，如李弼一族，周書、兩唐書弼孫密傳及新唐書宰相世繫表俱屬之遼東襄平，而北史李弼傳及魏徵撰李密墓志銘則又皆以爲隴西成紀人，究其所以紀述差异之故，蓋由先後史家依據其恢復不同之階段以立言所致，其餘可以類推，未能一一於此詳悉論列也。

又與此關隴物質本位政策相關之府兵制，當於後兵制章詳言之，於此不置論。兹舉一史料可以闡發當日北朝東西分峙之情勢者，以爲例證。

北齊書貳肆杜弼傳（北史伍伍杜弼傳略同）略云：

弼以文武在位罕有廉潔，言之於高祖（高歡）。高祖曰：「弼來！我語爾：天下濁亂，習俗已久，今督將家屬多在關西，黑獺常相招誘，人情去留未定，江東復有一吴兒老翁蕭衍者，專事衣冠禮樂，中原士大夫望之，以爲正朔所在。我若急作法綱，不相饒借，恐督將盡投黑獺，士子悉奔蕭衍，則人物流散，何以爲國？」

觀高歡之用心，即知當日分争鼎立之情勢，不能不有維繫人心之政策者矣。夫高歡所據之地，其富饒固能使武夫有所留戀，而鄴都典章文物悉繼太和洛陽之遺業，亦可令中原士族略得滿足，至關隴之地則財富文化兩俱不如，若勉强追隨，將愈相形見絀，故利用關中士族如蘇綽輩地方保守性之特長，又假借關中之本地姬周舊土，可以爲名號，遂毅然決然捨弃摹仿不能及之漢魏以來江左、山東之文化，而上擬周官之古制。蘇綽既以地方性之特長創其始，盧辯復以習於禮制竟其業者，實此之由也。否則宇文出於邊裔，漢化至淺，縱有政事之天才，寧具詩書之教澤，豈可與巨君介甫諸人儒化者相比并哉！然而其成敗所以與新宋二代不同者，正以其并非徒泥周官之舊文，實僅利用其名號，以暗合其當日現狀，故能收摹仿之功用，而少滯格不通之弊害，終以出於一時之權宜，故創制未久，子孫已不能奉行，逐漸改移，還漢魏之舊，如周宣帝露門元旦受朝賀時，君臣皆服漢魏衣冠，即可以證明，此事已於前禮儀章論之，兹再舉一二事於下：

周書肆明帝紀（北史玖周本紀同）云：

武成元年秋八月己亥改天王稱皇帝，追尊文王爲帝，大赦改元。

同書叁伍崔猷傳（北史叁貳崔挺傳附猷傳略同）略云：

世宗即位，徵拜御正中大夫，時依周禮稱天王，又不建年號，猷以爲世有澆淳，運有治亂，故帝王以之沿革，聖哲因時制宜。今天子稱王，不足以威天下，請遵秦漢稱皇帝，建年號，朝議從之。世宗崩，遺詔立高祖，晋公護謂猷曰：「魯國公稟性寬仁，太祖諸子之中年又居長，今奉遵遺旨，翊戴爲主，君以爲何如？」猷對曰：「殷道尊尊，周道親親，今朝廷既尊周禮，無容輒違此義。」護曰：「天下事大，畢公冲幼耳。」猷曰：「昔周公輔成王以朝諸侯，况明公親賢莫二，若行周公之事，方爲不負顧托。」事雖不行。當時稱其守正。

寅恪案，周明帝世距始依周禮創建制度之時至近，即已改天王之號，遵秦漢稱皇帝，蓋民間習於皇帝之尊稱已久，忽聞天王之名，誠如崔猷所言「不足以威天下」，即不足以維持尊嚴之意，故不得不先改革之也。又宇文護不依周禮立子，而依殷禮立弟，亦不效周公輔成王者，所以適合當時現實之利害也。夫周禮原是文飾之具，故可不拘，宇文泰已如是，更何論宇文護乎？

周書貳叁蘇綽傳（北史陸叁蘇綽傳同）略云：

自有晋之季，文章競爲浮華，太祖欲革其弊。因魏帝祭廟，群臣畢至，乃命綽爲大誥，奏行之。

自是之後文筆皆依此體。

通鑒壹伍玖梁紀中大同十一年（即西魏文帝大統十一年）六月丁巳魏主饗太廟條，胡注云：

宇文泰令蘇綽仿周書作大誥，其文尚在，使當時文章皆依此體，亦非所以崇雅黜浮也。

周書貳貳柳慶傳（北史陸肆柳虯傳附慶傳同）略云：

〔大統〕十年除尚書都兵郎中如故，并領記室。時北雍州獻白鹿，群臣欲草表陳贺，尚書蘇綽謂慶曰：「近代以來文章華靡，逮於江左，彌復輕薄，洛陽後進，祖述不已。相公（宇文泰）柄民軌物，君職典文房，宜制此表，以革前弊。」慶操筆立成，辭兼文質，綽讀而笑曰：「枳橘猶自可移，況才子也。」

寅恪案，蘇綽作大誥在大統十一年。周書貳文帝紀（北史玖魏本紀同）載魏恭帝元年夏四月帝大饗群臣，太祖（宇文泰）因柳虯之責難，令太常盧辯作誥諭公卿，其文體固無异蘇綽所作之大誥，但一檢周書肆明帝紀所載武成元年後之詔書，其體已漸同晋後之文，無復蘇綽所仿周誥之形似，可知此種矯枉過正之僞體，一傳之後，周室君臣即已不復遵用也。若更檢周書，則見明帝紀所載武成元年前一歲九月丁未帝幸同州故宅，賦詩曰：

玉燭調秋氣，金輿歷舊宫。還如過白水，更似入新豐。霜潭漬晚菊，寒井落疏桐。舉杯延故老，令聞歌大風。

則竟是南朝後期文士、北周羈旅羣臣如庾義城、王石泉之語，此豈宇文泰、蘇綽創造大誥文體時所及料者哉！

又近日論文者有以唐代貞元、元和古文運動乃遠承北朝蘇綽摹仿古體之遺風者，鄙意其説甚與事實不合。蓋唐代貞元、元和古文運動由於天寶亂後居留南方之文士對於當時政教之反動及民間俗體文之薰習，取古文之體，以試作小説，而卒底於成功者。此意嘗於論韓愈與唐代小説之關係一文（見哈佛亞細亞學報第一期）中略發之，以其與本書無涉，故不多及也。

兹所舉一二例已可證宇文泰摹古之制，身没未久，其子孫已不能遵用，而復返於漢魏，漸與山東、江左混同，至隋氏繼其遺業，遂明顯不疑，一掃而幾盡去之。蓋周禮本其一時權宜文飾之過渡工具，而非其基本霸業永久實質之所在。此點固當於兵制章詳論之，然就職官一端，亦闡明此意，而知宇文所摹仿之周制其實質究爲如何也。

所謂周禮者乃托附於封建之制度也，其最要在行封國制，而不用郡縣制，又其軍隊必略依周禮夏官大司馬之文即大國三軍、次國二軍、小國一軍之制。今據周書、北史之盧辯傳所載不改從周禮而仍襲漢魏之官職，大抵爲地方政府及領兵之武職，是宇文之依周官改制，大致亦僅限於中央政府之文官而已。其地方政府既仍襲用郡縣制，封爵只爲虚名，而不畀以土地人民政事，軍事則用府兵番衛制，集大權於中央，其受封藩國者，何嘗得具周官所謂大國三軍、次國二軍、小國一軍之設置乎？

又周書貳叁蘇綽傳（北史陸叁蘇綽傳同）略云：

又爲六條詔書奏施行之。其四擢賢良曰：「今刺史守令悉有僚吏，皆佐治之人也。刺史府官則命於天朝，其州吏以下并牧守自置，自昔以來，州郡大吏但取門資。夫門資者，乃先世之爵禄，無妨子孫之愚瞽；今之選舉者當不限資蔭，唯在得人。苟得其人，自可起厮養而爲卿相，伊尹、傅説是也，而况州郡之職乎？苟非其人，則丹朱、商均雖帝王之胤，不能守百里之封，而况公卿之胄乎？」

寅恪案，北朝自魏孝文以來，極力摹仿南朝崇尚門第之制（見魏書陸拾、北史肆拾韓麒麟傳附顯宗傳），而蘇綽實亦即宇文泰不尚門資之論，其在當時誠爲政治上一大反動。夫州郡僚吏之尚門資猶以爲非，則其不能亦不欲實行成周封建之制，以分散其所獲之政權，其事甚明，此宇文所以雖效周禮以建官，而地方政治仍用郡縣之制，绝無成周封建之形似也。

又考晋書叁玖荀勖傳略云：

時又議省州郡縣半吏以赴農功，勖議以爲省吏不如省官，若欲省官，私謂九寺可并於尚書，蘭臺宜省付三府，然施行歷代，世之所習，是以久抱愚懷，而不敢言。

然則漢魏以來中央政府職官重複，識者雖心知其非，祇以世之所習而不敢言，宇文之改革摹仿周禮托體甚高，實則僅實行其近代識者改革中央政府官制之議，而加以擴大，并改易其名，以符周制耳。宇文創建周官之實質及其限度如此，論史者不可不正確認識者也。

前所謂第二事即唐六典之性質，兹略加闡明。關於此書之施行問題，四庫全書柒玖史部職官類唐六典提要已有正確之論斷，近日本西京東方文化研究所東方學報第柒册内藤乾吉氏復於其所著就唐六典施用一文詳爲引申，故六典一書在唐代施行之問題已大體解決，不必别更討論。但寅恪此書主旨在説明唐代官制近承楊隋，遠祖（北）魏、（北）齊而祧北周者，與周官绝無干涉，此事本甚易知，然世仍有惑於六典之形式，不明瞭其成書之原委，而生誤會，遂謂其得周官遺意者，則與寅恪所持之説不合，因不得不略舉史實，以爲證明。雖所舉材料不出四庫館臣所引之範圍，但彼等所討論者爲六典施行與否之問題，寅恪所考辨者爲唐代官制淵源繫統之問題，主旨既别，材料即同，不妨引用也。

劉肅大唐新語玖著述類（參新唐書伍捌藝文志史部職官類六典三十卷注文及壹叁貳韋述傳，又程大昌考古编玖六典條）云：

開元十年玄宗詔書院撰六典以進，時張説爲麗正學士，以其事委徐堅。沉吟歲餘，謂人曰：「堅承乏已曾七度修書，有憑准，皆似不難，惟六典歷年措思，未知所從。」説又令學士毋嬰（煚）等檢前史職官，以今（令）式分入六司，以今朝六典象周官之制，然用功艱難，綿歷數載。其後張九齡委陸善經，李林甫委苑咸，至二十六年始奏上，百寮陳賀，迄今行之。

陳振孫書録解題陸職官類唐六典叁拾卷（參晁公武郡齋讀書志柒職官類唐六典條）云：

題御撰，李林甫等奉敕注。按：韋述集賢記注，開元十年，起居舍人陸堅被旨修六典，上手寫白麻紙凡六條，曰：「理、教、禮、政、刑、事典，令以類相從，撰録以進。」張説以其事委徐堅，思之歷年，未知所適；又委毋煚、余欽、韋述，始以令式分入六司，象周禮六官之制，其沿革并入注，然用功艱難；其後張九齡又以委苑咸，二十六年奏草上，至今在書院。（武英殿聚珍本原注案：唐書藝文志張説以其事委徐堅，經歲無規制，乃命毋煚、余欽、咸廙、業孫、季良、韋述等參撰，及蕭嵩知院，加劉鄭蘭、蕭晟、盧若虛；張九齡知院，加陸善經；李林甫代九齡，加苑咸。委苑咸者，乃李林甫也。至云二十六年冬草上，考新舊唐書，九齡以二十四年罷政事，尋謫荊州，程大昌謂書成於九齡爲相之日，當在二十四年，林甫注成奏進，當在二十七年，故是書卷首止列林甫，而不及九齡也。）

今案新書百官志皆取此書，即太宗貞觀六年所定官令也。周官六職視周禮六典已有邦土邦事之殊，不可考證，唐志内外官與周制迥然不同，而强名六典，可乎？善乎范太史祖禹之言曰：「既有太尉、司徒、司空，而又有尚書省，是政出於二也。既有尚書省，而又有九寺，是政出於三也。」（寅恪案，此上乃范祖禹唐鑑貳武德七年論文。）本朝裕陵好觀六典，元豐官制盡用之，中書造命，門下審覆，尚書奉行，機事往往留滯，上意頗以爲悔云。

寅恪案，唐玄宗欲依周禮太宰六典之文，成唐六官之典，以文飾太平。帝王一時興到之舉，殆未嘗詳思唐代官制，近因（北）齊隋，遠祖漢魏，與周禮之制全不相同，難强爲傅會也。故以徐堅之學術經驗，七次修書，獨於此無從措手，後來修書學士不得已乃取唐代令式分入六司，勉强遷就，然猶用功歷年，始得畢事。今觀六典一書未能將唐代職官之全體分而爲六，以象周禮之制，僅取令式條文按其職掌所關，分别性質，約略歸類而已。其書只每卷之首列叙官名員數同於周禮之序官，及尚書省六部之文摹仿周禮，比較近似，至於其餘部分，則周禮原無此職，而唐代實有其官，儻取之以强附古經，則非獨真面之迥殊，亦彌感駢枝之可去。徐堅有見於此，是以無從措手，後來繼任之人固明知其如是，但以奉詔修書，不能不敷衍塞責，即使爲童牛角馬、不今不古之書，亦有所不能顧，真計出無聊者也。由此言之，依據唐六典不徒不足以證明唐代現行官制合於周禮，且轉能反證唐制與周禮其繫統及實質絶無關涉，而此反證乃本書主旨之所在也。

又治史者若有因披覽六典尚書省六部職掌之文，而招現一種唐制實得周禮遺意之幻覺者，蓋由眩惑於名號所致，兹不欲詳辨，僅移寫唐儒論武曌改制之言於此，亦可以理惑破幻矣。

唐會要伍柒尚書省分行次第條云：

武德令吏、禮、兵、民、刑、工等部。貞觀令吏、禮、民、兵、刑、工等部。光宅元年九月五日改爲六官，准周禮分，即今之次第乃是也。

通典貳叁職官典伍吏部尚書條周禮天官太宰掌建邦之六典，以佐王理邦國下注云：

變冢言太者，百官總焉，則謂之總宰，列職於王，則謂之太宰，宰主也。周公居攝，而作六典之職，以佐王理邦國。漢成帝初分尚書，置四曹，蓋因事設員，以司其務，非擬於古制也。至光武乃分爲六曹，迄於魏晋，或五或六，亦隨宜施制，無有常典。自宋齊以來，多定爲六曹，稍似周禮。至隋六部，其制益明。大唐武太后遂以吏部爲天官，户部爲地官，禮部爲春官，兵部爲夏官，刑部爲秋官，工部爲冬官，以承周六官之制。若參詳古今，徵考職任，則天官太宰當爲尚書令，非吏部之任，今吏部之始宜出於夏官之司士。

四　刑律

律令性質本極近似，不過一偏於消極方面，一偏於積極方面而已。太平御覽陸叁捌刑法部列杜預〔晉〕律序云：

律以定罪名，令以存事制。

唐六典陸刑部郎中員外郎條云：

凡律以正刑定罪，令以設範立制，格以禁違止邪，式以軌物程事。

新唐書伍陸刑法志序云：

唐之刑書有四：曰律、令、格、式。令者，尊卑貴賤之等數，國家之制度也。格者，百官之所常行之事也。式者，其所常守之法也。

夫漢代律令區别雖尚有問題，但本書所討論之時代，則無是糾紛之點，若前職官章所論即在職員令、官品令之範圍，固不待言也。又古代禮律關係密切，而司馬氏以東漢末年之儒學大族創建晉室，統制中國，其所制定之刑律尤爲儒家化，既爲南朝歷代所因襲，北魏改律，復采用之，輾轉嬗蜕，經由（北）齊隋，以至於唐，實爲華夏刑律不祧之正統，亦適在本書所討論之時代，故前禮儀章所考辨者大抵與之有關也。兹特以禮儀、職官、刑律三章先後聯綴，凡隋唐制度之三源而與刑律有涉者，讀者取前章之文參互觀之可也。

又關於隋唐刑律之淵源，其大體固與禮儀、職官相同，然亦有略异者二端：其第一事即元魏正始以後之刑律雖其所采用者諒止於南朝前期，但律學在江東無甚發展，宋齊時代之律學仍兩晋之故物也。梁陳時代之律學亦宋齊之舊貫也。隋唐刑律近承北齊，遠祖後魏，其中江左因子雖多，止限於南朝前期，實則南朝後期之律學與其前期無大异同。故謂「自晋氏而後律分南北二支，而南朝之律至陳并於隋，其祀遽斬」（程樹德先生後魏律考序所言）者固非，以元魏刑律中已吸收南朝前期因子在内也。但謂隋唐刑律頗采南朝後期之發展，如禮儀之比（見前禮儀章），則亦不符事實之言也。其第二事即北魏之初入中原，其議律之臣乃山東士族，頗傳漢代之律學，與江左之專守晋律者有所不同，及正始定律，既兼采江左，而其中河西之因子即魏晋文化在凉州之遺留及發展者，特爲顯著，故元魏之刑律取精用宏，轉勝於江左承用之西晋舊律，此點與禮儀、職官諸制度之演變稍异者也。請先證明第一事：

隋書貳伍刑法志略云：

> 晋氏平吴，九州寧一，乃令賈充大明刑憲，内以平章百姓，外以和協萬邦（寅恪案，此句指晋律諸侯篇），寔曰輕平，稱爲簡易，是以宋齊方駕轥其餘軌。梁武初即位時議定律令，

得齊時舊郎濟陽蔡法变家傳律學，云齊武時删定郎王植之集注張〔斐〕、杜〔預〕舊〔晋〕律，合爲一書，凡一千五百三十條，事未施行，其文殆滅，法度能言之。於是以爲兼尚書删定郎，使損益植之舊本，以爲梁律。天監元年八月乃下詔曰：「律令不一，實難去弊，殺傷有法，昏墨有刑，此蓋常科，易爲條例，前王之律，後王之令（寅恪案，此語見史記壹貳叁、漢書陸拾杜周傳，王或當作主也），因循創附，良各有以。若游辭費句無取於實録者，宜悉除之，求文指歸可適變者，載一家爲本，用衆家以附，景丁俱有，則去丁以存景，若景丁二事注釋不同，則二家兼載。咸使百司議其可不，取其可安，以爲標例，宜云：某等如干人同議，以此爲長，則定以爲梁律（寅恪案，此爲當時流行之合本子句方法。見蔡元培先生六十五歲慶祝論文集拙著支愍度學説考及前中央研究院歷史語言研究所集刊第捌本第二分拙著讀洛陽伽藍記書後）。」陳氏承梁季喪亂，刑典疏闊，及武帝即位，乃下詔搜舉良才，删改科令，於是稍求得梁時明法吏，令與尚書删定郎范泉參定律令，制律三十卷。其制唯重清議禁錮之科，其獲賊帥及士人惡逆免死付治，聽將妻入役，不爲年數，又存贖罪之律，復父母緣坐之刑，自餘篇目條綱輕重繁簡一治用梁法。

隋書陸陸裴政傳（北史柒柒裴政傳同）略云：

詔與蘇威等修定律令，政采魏晋刑典，下至齊梁，沿革輕重取其折衷，同撰著者十有餘人，

凡疑滯不通，皆取決於政。（前文已引）

據此，南朝前期之宋齊二代既承用晉律，其後期之梁律復基於王植之之集注張斐、杜預晉律，而陳律又幾全同於梁律，則南朝前後期刑律之變遷甚少。北魏正始制定律令，南士劉芳爲主議之人，芳之入北在劉宋之世，則其所采自南朝者雖應在梁以前，但實與梁以後者無大差异可知。北魏、北齊之律輾轉傳授經隋至唐，是南支之律并不與陳亡而俱斬也。又裴政本以江陵梁俘入仕北朝，史言其定隋律時下采及梁代，然則南朝後期之變遷發展當亦可浸入其中，恐止爲極少之限度，不足輕重耳。

證明第一事既竟，請及第二事：

魏書貳太祖紀（北史壹魏本紀同）略云：

天興元年十有一月詔三公郎中王德定律令，申科禁，吏部尚書崔玄伯〔宏〕總而裁之。（參考魏書貳肆及北史貳壹崔玄伯傳。）

同書肆上世祖紀（北史貳魏本紀同）云：

神䴥四年冬十月戊寅詔司徒崔浩改定律令。

同書肆下世祖紀（北史貳魏本紀同）云：

真君六年三月詔諸疑獄皆付中書，以經義量決。

正平元年六月詔曰：「夫刑綱太密，犯者更衆，朕甚愍之，有司其案律令，務求厥中，自餘有不便於民者，依比增損。」詔太子少傅游雅、中書侍郎胡方回等改定律制。（參考魏書伍肆、北史叁肆游雅傳及魏書伍貳、北史叁肆胡方回傳。）

魏書肆捌高允傳（北史叁壹高允傳同）略云：

（允）博通經史、天文、術數，尤好春秋公羊。（世祖）又詔允與侍郎公孫質、李虚、胡方回共定律令。初真君中以獄訟留滯，始令中書以經義斷諸疑事。允據律評刑三十餘載，内外稱平。允所制詩賦、誄頌、箴論、表贊、左氏公羊釋、毛詩拾遺、論雜解、議何鄭膏肓事凡百餘篇，别有集行於世。

寅恪案，此北魏孝文太和以前即北魏侵入中原未久時間議定刑律之極簡紀述也。即就此極簡紀述中其議定刑律諸人之家世、學術、鄉里環境可以注意而略論之者，首爲崔宏、浩父子，此二人乃北魏漢人士族代表及中原學術中心也。其家世所傳留者實漢及魏晋之舊物。史記拾文帝紀十三年五月齊太倉令淳于公有罪當刑條索隐引崔浩漢律序云：

文帝除肉刑，而宫不易。

據此，則浩必深通漢律者也。當日士族最重禮法。禮律古代本爲混通之學，而當時之學術多是家世遺傳，故崔氏父子之通漢律自不足怪。又崔浩與胡方回有關，方回出自西北，自中原經永嘉之亂，西北一隅爲保持漢魏晋學術之地域，方回之律學以事理推之，當亦漢律之繫統，而與江左之專家用西晋刑律而其律家之學術不越張、杜之範圍者，要當有所不同也。高允在北魏爲崔浩之外第一通儒，史稱其尤好春秋公羊，其撰著中復有關於公羊春秋者，其議何鄭膏肓事今雖不傳，以其學派好尚言之，疑亦是爲公羊辯護者。考漢儒多以春秋決獄（參見程樹德先生九朝律考柒春秋决獄考），漢書藝文志有公羊董仲舒春秋治獄十六篇，允既篤好春秋公羊，其在中書三十餘年以經義斷獄，則其學術正是漢儒之嫡傳無疑（此點程樹德先生九朝律考壹伍後魏律序中已及之，其説甚諦，故特爲申述，不敢掠美也）。斯又江左之律學所無者也。又游雅之律學其傳授始末雖無可考，然據魏書、北史之魏世祖紀、高允傳、游雅傳等，知魏太武神䴥四年九月壬申詔徵諸人如范陽盧玄、渤海高允、廣平游雅等皆當日漢人中士族領袖，其詔書稱之爲「賢俊之胄，冠冕州邦」。夫所謂「賢俊之胄」者，即具備鄙説所謂家世傳留之學術之第一條件；所謂「冠冕州邦」者，即具備鄙説所謂地方環境薰習之第二條件。觀游雅之高自矜誕，及高允之特别重雅，則雅之家世學術必非庸泛。雅既與正平定律之役，而其從祖弟明根復又參定律令并定律令之勤，得布帛一千匹、穀一千斛之厚賜，明根子肇既徵爲廷尉少卿，後又徙爲廷尉卿，以持法仁平知名（俱見魏書伍伍、北史叁肆游明根、游肇傳）。夫漢魏之時法律皆家世之學，故後漢書柒陸郭躬傳略云：

順帝時廷尉河南吴雄季高以明法律斷獄，起自孤宦，致位司徒，及子訢、孫恭三世廷尉，爲法名家。

及同書捌肆楊震傳附楊賜傳載賜以世非法家，固辭廷尉之職。又南齊書貳捌崔祖思傳（南史肆柒崔祖思傳略同）略云：

上（齊高帝）初即位，祖思啓陳政事曰：「憲律之重由來尚矣，實宜清置廷尉，茂簡三官。漢來治律子孫并世其業，聚徒講授至數百人，故張于二氏絜譽文宣之世，陳郭兩族流稱武明之朝，决獄無冤，慶昌枝裔，槐衮相襲，蟬紫傳輝。今廷尉律生乃令史門户，族非咸弘，庭缺于訓，刑之不措，抑此之由。如詳擇篤厚之士，使習律令，試簡有徵，擢爲廷尉僚屬，苟官世其家，而不美其績，鮮矣。若劉累傳守其業，庖人不乏龍肝之饌，斷可知矣。」

後漢書玖貳鍾皓傳略云：

鍾皓，潁川長社人也。爲郡著姓，世善刑律，以詩律教授，門徒千餘人。皓孫繇。

三國志魏志壹叁鍾繇傳注引先賢行狀略云：

章懷注引海内先賢傳曰：「繇，主簿迪之子也。」

同書同卷鍾繇傳略云：

鍾皓博學詩律，教授門生千有餘人，二子：迪、敷。繇則迪之孫。

魏國初建，爲大理，遷相國；文帝即王位，復爲大理；及踐阼，改爲廷尉。子毓。〔曹〕爽既誅，入爲御史中丞侍中廷尉。聽君父已没，臣子得爲理謗，及士爲侯，其妻不復配嫁，毓所創也。

魏志貳捌鍾會傳略云：

鍾會，太傅繇少子也。及會死後，於會家得書二十篇，名曰道論，而實刑名家也。

由此言之（其例證詳見程著九朝律考捌漢律家考及玖魏律家考，兹不贅），游氏之議定法令，任廷尉卿，恐猶是當時中原士族承襲漢魏遺風，法律猶爲家世相傳之學，觀崔祖思之論，可知江左士族其家世多不以律學相傳授，此又河北、江東之互异者也。又魏書叁叁公孫表傳（北史貳柒公孫表傳同）略云：

初太祖以慕容垂諸子分據勢要，權柄推移，遂至滅亡，且國俗敦樸，嗜欲寡少，不可啓其機心，而導其利巧，深非之。表承指上韓非書二十卷，太祖稱善。第二子軌，軌弟質。

魏書、北史雖不載公孫質律學傳授由來，然即就公孫表傳表上韓非書一端言，其事固出於迎合時主意旨，或者法家之學本公孫氏家世相承者，亦未可知也。

總之，拓跋部落入主中原，初期議定刑律諸人多爲中原士族，其家世所傳之律學乃漢代之舊，與南朝之顓守晋律者大异也。

北魏孝文太和時改定刑律共有二次，第一次所定者恐大抵爲修改舊文，使從輕典，其所采用之因子似與前時所定者無甚不同。第二次之所定，則河西因子特爲顯著。至宣武正始定律河西與江左二因子俱關重要，於是元魏之律遂匯集中原、河西、江左三大文化因子於一爐而治之，取精用宏，宜其經由北齊，至於隋唐，成爲二千年來東亞刑律之准則也。兹略引史載北魏太和正始數次修律始末以論證之。其關於河西文化者，可參閱前禮儀章。

魏書柒高祖紀（北史叁魏本紀同）云：

太和元年九月乙酉詔群臣定律令於太華殿。

同書肆捌高允傳（北史叁壹高允傳同）略云：

明年（太和三年）詔允議定律令。

同書壹壹壹刑罰志略云：

〔太和〕三年下詔曰：「治因政寬，弊由網密，今候職千數，奸巧弄威，重罪受賕不列，細過吹毛而舉，其一切罷之。」於是更置謹直者數百人，以防喧鬥於街術，吏民各安其職業。先是以律令不具，奸吏用法致有輕重，詔中書令高閭集中秘官等修改舊文，隨例增減，又敕群官參議厥衷，經御刊定，五年冬訖，凡八百三十二章。

寅恪案，此太和第一次定律，其議律之人如高允、高閭等（參魏書伍肆、北史叁肆高閭傳）

皆中原儒士，保持漢代學術之遺風者，前已言之矣。

魏書柒下高祖紀（北史叁魏本紀同）云：

太和十五年五月己亥議改律令，於東明觀折疑獄。八月丁巳議律令事。十六年四月丁亥朔班新律令，大赦天下。五月癸未詔群臣於皇信堂更定律條流徒限制，帝親臨決之。

十七年二月乙酉詔賜議律令之官各有差。

寅恪案，魏書、北史之李沖傳云：

及議禮儀律令，潤飾辭旨，刊定輕重，高祖雖自下筆，無不訪決焉。（前文已引）

此新律孝文雖自下筆，而備咨訪取決者，實爲李沖。前代史籍多以制作大典歸美君主，實則別有主撰之人，如清代聖祖御制諸書即其例也。然則此太和新律總持之主人乃李沖非孝文也。沖之與河西關係前已詳論，兹不復贅。又魏書、北史之源賀傳附懷傳云：

思禮後賜名懷，遷尚書令，參議律令。（前文已引）

源氏雖非漢族，亦出河西，其家子孫漢化特深，至使人詈爲漢兒（見前引北史源師傳）。然則源懷之學亦猶李沖之學，皆河西文化之遺風。太和第二次定律河西因子居顯著地位，觀此可知矣。又有可注意者，即太和新律已於太和十六年四月頒行，其時猶在王肅北奔前之一歲。

蓋太和定律，江東文化因素似未能加入其中，恐亦由此未能悉臻美備，遂不得不更有正始定律之舉歟？

魏書捌世宗紀（北史肆魏本紀同）云：

正始元年十有二月己卯詔群臣議定律令。

同書陸玖袁翻傳（北史肆柒袁翻傳同）略云：

袁翻，陳郡項人也。父宣有才筆，爲劉彧青州刺史沈文秀府主簿。皇興中東陽州平，隨文秀入國，而大將軍劉昶每提引之，言是其外祖淑之近親，令與其府諮議參軍袁濟爲宗。翻少以才學擅美一時，正始初詔尚書門下於金墉中書外省考論律令，翻與門下録事常景、孫紹，廷尉監張虎，律博士侯堅固，治書侍御史高綽，前軍將軍邢苗，奉車都尉程靈虬，羽林監王元龜，尚書郎祖瑩、宋世景，員外郎李琰之，太樂令公孫崇等并在議限。又詔太師彭城王勰、司州牧高陽王雍、中書監京兆王愉、前青州刺史劉芳、左衛將軍元麗、兼將作大匠李韶、國子祭酒鄭道昭、廷尉少卿王顯等入預其事。

同書壹壹壹刑罰志云：

世宗即位，意在寬政，正始元年冬詔曰：「議獄定律有國攸慎，輕重損益世或不同，先朝垂心憲典，刊革令軌，但時屬征役，未之詳究，施於時用，猶致疑舛。尚書門下可於中書外省論律令，諸有疑事，斟酌新舊，更加思理，增減上下，必令周備，隨有所立，別以申聞，庶於循變協時，永作通制。」

寅恪案，抽繹正始議律之詔語，知於太和新律意有所不滿，故此次之考論必於太和新律所缺乏之因子當有彌補，而太和新律中江左因子最少，前已言及，今正始修律議者雖多，但前後實主其事者劉芳、常景二人而已。二人魏書、北史俱有傳，前禮儀章已將其傳文節引之矣。茲不復詳悉重出，但略述最有關之語以資論證。考劉芳本南朝士族以俘虜入魏，其律學自屬江左繫統無疑。魏書、北史之劉芳傳云：

〔自青州刺史〕還朝，議定律令，芳斟酌古今，爲大議之主，其中損益，多芳意也。（前文已引）

據此，正始議律，芳實爲其主持者，其所以委芳以主持之任者，殆不僅以芳爲當世儒宗，實欲藉以輸入江左文化，使其益臻美備，而補太和新律之缺憾耶？至此次與議之袁翻其以江左士族由南入北，正與劉芳同類，其律學亦爲南學，更無待論也。

洛陽伽藍記壹城內永寧寺條略云：

〔常〕景字永昌，河內人也。敏學博通，知名海內。太和十九年爲高祖所器，拔爲律學博士，刑法疑獄多訪於景。正始初，詔刊律令，永作通式，敕景共治書侍御史高僧裕、羽林監王元龜、尚書郎祖瑩、散騎侍郎李琰之等撰集其事，又詔彭城王勰、青州刺史劉芳入預其議。景討正科條，商榷古今，甚有倫序，見行於世，今律二十篇是也。

寅恪案，前禮儀章引常爽、常景祖孫傳，知其家世本出涼州，爽爲當日大師，代表河西文化，景之起家爲律博士，尤足徵刑律爲其家世之學也。魏書、北史之常景傳又謂：

先是，太常劉芳與景等撰朝令，未及班行，別典儀注，多所草創，未成，芳卒，景纂成其事。及世宗崩，召景〔自長安〕赴京，還修儀注，又敕撰太和之後朝儀已施行者，凡五十餘卷。永熙二年監議〔五禮〕（依徐崇説補）事。（前文已引）

此事固與刑律有别，但可知景爲繼劉芳之人，爲當日禮儀、刑律之所從出，其在元魏末期法制史上地位之重要，自可知也。至程靈虬者，程駿之子（魏書、北史之程駿傳，前文已引），家世本出涼州，駿爲河西大儒劉昞之門人，靈虬又從學常爽，故靈虬刑律之學亦河西之流派也。總之，元魏刑律實綜匯中原士族僅傳之漢學及永嘉亂後河西流寓儒者所保持或發展之漢魏晋文化，并加以江左所承西晋以來之律學，此誠可謂集當日之大成者。若就南朝承用之晋律論之，大體似較漢律爲進化，然江左士大夫多不屑研求刑律，故其學無大發展。且漢律之學自亦有精湛之義旨，爲江東所墜失者，而河西區域所保存漢以來之學術，别自發展，與北魏初期中原所遺留者亦稍不同，故北魏前後定律能綜合比較，取精用宏，所以成此偉業者，實有其廣收博取之功，并非偶然所致也。

北齊刑律最爲史家所稱，隋書貳伍刑法志略云：

河清三年，尚書令趙郡王叡等奏上齊律十二篇，又上新令四十卷，大抵采魏晋故事。是後法令明審，科條簡要。又敕仕門子弟常講習之，齊人多曉法律，蓋由此也。

〔周律〕比於齊法，煩而不要。

故齊律之善於周律不待詳論。但程樹德先生九朝律考壹柒北齊律考序云：

推原其故，蓋高氏爲勃海蓨人。勃海封氏世長律學，封隆之參定麟趾格，封繪議定律令，而齊律實出於封繪之手，祖宗家法俱有淵源。

寅恪案，程氏之説以高齊皇室與封氏同鄉里，而封氏又世長律學，似欲取家世及鄉里二端以解釋齊律所以美備之故。鄙意封氏世傳律學，本南北朝學術中心移於家族之一例，其與高齊帝室同出渤海，則一偶然之事，實無相關之必然性也。竊謂齊律之美備殆由承襲北魏刑律之演進所致，并非由皇室鄉里之特殊之原因。北齊刑律較優於南朝，前已言之，北齊之典章制度既全部因襲北魏，刑律亦不能獨异，故此乃全體文化之承繼及其自然演進之结果，觀於前論禮儀、宫城、職官諸制度可以證明。程氏專考定律始末，僅就高齊與封氏同鄉里一端立説，恐失之稍隘也。

北周制律，强摹周禮，非驢非馬，與其禮儀、職官之制相同，已於前職官章詳論之，兹不復贅。故隋受周禪，其刑律亦與禮儀、職官等皆不襲周而因齊，蓋周律之矯揉造作，經歷数十年而天然淘汰盡矣。

隋書貳伍刑法志略云：

高祖既受周禪，開皇元年乃詔尚書左僕射高熲等更定新律奏上之，多采後齊之制，而頗有損益。三年又敕蘇威、牛弘更定新律，自是刑綱簡要，疏而不失。

唐承隋業，其刑律又因開皇之舊本，唐會要叁玖定格令門（參考舊唐書伍拾刑法志）云：

武德元年六月十一日詔劉文静與當朝通識之士因隋開皇律令而損益之，遂制爲五十三條，務從寬簡，取便於時。其年十一月四日頒下，仍令尚書令左僕射裴寂、吏部尚書殷開山、大理卿郎楚之、司門朗中沈叔安、内史舍人崔善爲等更撰定律令，十二月十二日又加内史令蕭瑀、禮部尚書李綱、國子博士丁孝烏等同修之，至七年三月二十九日成，詔頒於天下。大略以開皇爲准，正五十三條，凡律五百條，格入於新律，他無所改正。

寅恪案，唐律因於隋開皇舊本，隋開皇定律又多因北齊，而北齊更承北魏太和正始之舊，然則其源流演變固瞭然可考而知也。兹就唐律中略舉其源出北齊最顯而易見之例數則，以資參考。

唐律疏議壹名例篇云：

魏因漢律爲一十八篇，改漢具律爲刑名第一。晉命賈充等增損魏律爲二十篇，於魏刑名律中分爲法例律；宋、齊、梁、後魏因而不改。爰至北齊并刑名、法例爲名例，後周復爲刑名。隋因北齊，更爲名例；唐因於隋，相承不改。

寅恪案，此隋唐律因北齊而不襲後周之一例證。

同書柒衛禁篇云：

衛禁律者，秦漢及魏未有此篇，晉賈充酌漢魏之律，隨事增損，創制此篇，名衛宮律，自宋洎於後周此名并無所改。至於北齊，將關禁附之，更名禁衛律，隋開皇改爲衛禁律。

寅恪案，此隋唐律因北齊而不襲後周之又一例證。

同書壹貳户婚篇云：

户婚律，漢相蕭何承秦六篇律後加廐興户三篇，爲九章之律；迄至後周，皆名户律；北齊以婚事附之，名婚户律；隋開皇以户在婚前，改爲户婚律。

寅恪案，此爲隋唐律承北齊而不襲後周之又一例證。

同書貳壹鬥訟篇云：

從秦漢至晉，未有此篇。至後魏太和年分繫訊律爲鬥律，至北齊以訟事附之，名爲鬥訟律，後周爲鬥競律，隋開皇依齊鬥訟名，至今不改。

寅恪案，此隋唐律因北齊不襲後周之又一例證。

同書貳捌捕亡篇云：

捕亡律者，魏文侯之時李悝制法經六篇，捕法第四，至後魏名捕亡律，北齊名捕斷律，後周名逃捕律，隋復名捕亡律。

又同書貳玖斷獄篇云：

斷獄律之名起自於魏，魏分李悝囚法，而出此篇。至北齊，與捕亡律相合，更名捕斷律。至後周復爲斷獄律。

寅恪案，初觀此有似隋制律時此點不因北齊而轉承後周者，但詳繹之，則由北齊律合後魏律之捕亡與斷獄爲一，名捕斷律，隋律之復析爲二，實乃復北魏之舊，非意欲承北周也。然則據此轉可證明北魏、北齊、隋、唐律爲一繫相承之嫡統，而與北周律無涉也，恐讀者有所疑滯，特爲之附辨於此。

五　音樂

今論隋唐音樂之淵源，其雅樂多同於禮儀，故不詳及，惟有涉誤會及前所未論者乃解釋補充之。至胡樂則著述較詳，蓋自來中外學人考隋唐胡樂之源流者，其著撰大抵關於唐代直接輸入之胡樂及隋代鄭譯七調出於北周武帝時龜兹人蘇祇婆之類，皆已考證詳確，此本章所不欲重論者。本章所欲論者，在證述唐之胡樂多因於隋，隋之胡樂又多傳自北齊，而北齊胡樂之盛實由承襲北魏洛陽之胡化所致。因推究其淵源，明述其繫統，毋使考史者僅見鄭譯七調之例，遂誤以爲隋唐胡樂悉因於北周也。

隋書壹肆音樂志略云：

開皇二年，齊黄門侍郎顏之推上言：「禮崩樂壞，其來自久，今太常雅樂并用胡聲，請馮梁國舊事，考尋古典。」高祖不從曰：「梁樂亡國之音，奈何遣我用耶？」是時尚因周樂，命工人齊樹提檢校樂府，改換聲律，益不能通。俄而柱國沛公鄭譯奏上請修更正，於是詔太常卿牛弘、國子祭酒辛彦之、國子博士何妥等議正樂，然淪謬既久，積年議不定，高祖大怒曰：「我受天命七年，樂府猶歌前代功德耶？」

寅恪案，此條所紀有應解釋補充者數事，即顔之推所謂「今太常雅樂并用胡聲」之語指隋書壹肆音樂志所載：

〔周〕太祖輔魏之時，高昌款附，乃得其伎，教習以備饗宴之禮。及天和六年，武帝罷掖庭四夷樂，其後帝娉皇后於北狄，得其所獲康國、龜茲等樂，更雜以高昌之舊，并於大司樂習焉，采用其聲，被於鍾石，取周官制以陳之。

一節，蓋周之樂官采用中央亞細亞之新樂也。但志謂高祖以梁樂爲亡國之音，不從顔之推之請，似隋之雅樂不采江左之舊者，則實不然。隋書壹伍音樂志略云：

開皇九年平陳，獲宋齊舊樂，詔於太常置清商署以管之，求陳太樂令蔡子元、于普明等，復居其職。由是牛弘奏曰：「前克荆州，得梁家雅曲，今平蔣州，又得陳氏正樂，史傳相承，以爲合古，且觀曲體，用聲有次，請修緝之，以備雅樂。其後魏洛陽之曲，據魏史云太武平赫連昌所得，更無明證，後周所用者皆是新造，雜有邊裔之聲，戎音亂華，皆不可用，請悉停之。」晋王廣又表請，帝乃許之。牛弘遂因鄭譯之舊，又請依古五聲六律旋相爲宮，高祖猶憶〔何〕妥言（寅恪案，何妥非十二律旋相爲宮義，見隋書壹肆音樂志），注弘奏下不許作旋宮之樂，但作黄鍾一宮而已。於是牛弘及秘書丞姚察、通直散騎常侍許善心、儀同三司劉臻、通直郎虞世基更共詳議。十四年三月樂定（參隋書貳高祖紀開皇十四年三月乙丑詔書）。

秘書監奇章縣公牛弘，秘書丞北絳郡公姚察，通直散騎常侍虞部侍郎許善心，兼内史舍人虞世基，儀同三司東宫學士饒陽伯劉臻等奏曰：「金陵建社，朝士南奔，帝則皇規粲然更備，與内原（寅恪案，内原即中原，隋諱嫌名故改）隔绝，三百年於兹矣。伏惟明聖膺期，會昌在運，今南征所獲梁陳樂人及晋宋旗章宛然俱至，臣等伏奉明詔，詳定雅樂，博訪知音，旁求儒彦，研校是非，定其去就，取爲一代正樂，具在本司。」於是并撰歌辭三十首，詔并令施用。

據此，則隋制雅樂，實采江東之舊，蓋雅樂繫統實由梁陳而傳之於隋也。其中議樂諸臣多是南朝舊人，其名氏事迹前已述及者，兹從略省，惟補記前文所未載者如下：

陳書貳柒姚察傳（南史陸玖姚察傳同）略云：

姚察，吴興武康人也。九世祖信，吴太常卿，有名江左。〔梁〕元帝於荆州即位，授察原鄉令。〔陳後主世〕遷吏部尚書。陳滅入隋，開皇九年詔授秘書丞。

北齊書肆伍文苑傳顔之推傳（北史捌叁文苑傳顔之推傳同）略云：

顔之推，琅邪臨沂人也。九世祖含，從晋元東度，官至侍中右光禄西平侯；父勰，梁湘東王繹鎮西府諮議參軍。〔湘東王〕繹遣世子方諸出鎮郢州，以之推掌管記，值侯景陷郢州，被囚送建業，景平，還江陵，時繹已立，以之推爲散騎侍郎奏舍人事。後爲周軍所破，大將軍李顯慶重之，令掌其兄陽平公遠書翰，值河水暴長，具船將妻子來奔。〔後〕除黄門侍郎，齊亡入周，隋開皇中太子召爲學士。

隋書柒陸文學傳劉臻傳（北史捌叁文苑傳劉臻傳同）略云：

劉臻，沛國相人也。父顯，梁尋陽太守。臻爲邵陵王東閤祭酒，元帝時遷中書舍人。江陵陷，復歸蕭詧，以爲中書侍郎。周冢宰宇文護辟爲中外府記室，後歷藍田令畿伯下大夫。高祖受禪，進位儀同三司。

寅恪案，姚察、顔之推、劉臻皆江左士族，梁陳舊臣，宜之推請依梁舊事，以考古典，察、臻等議定隋樂，以所獲梁陳樂人備研校，此乃隋開皇時制定雅樂兼采梁陳之例證也。

隋書壹伍音樂志略云：

始開皇初定令，置七部樂：一曰國伎，二曰清商伎，三曰高麗伎，四曰天竺伎，五曰安國伎，六曰龜兹伎，七曰文康伎；又雜有疏勒、扶南、康國、百濟、突厥、新羅、倭國等伎。及大業中，煬帝乃定清樂、西凉、龜兹、天竺、康國、疏勒、安國、高麗、禮畢以爲九部樂，器工依創造，既成，大備於兹矣。

清樂，其始即清商三調是也。并漢来舊曲，樂器形制并歌章古辭與魏三祖所作者皆被於史籍，屬晋朝遷播，夷羯竊據，其音分散。苻永固（寅恪案，苻堅字永固，此避隋諱改）平張氏，始於凉州得之。宋武平關中，因而入南，不復存於内地，及平陳後獲之。高祖聽之，善其節奏，曰：「此華夏正聲也。」其樂器有鐘、磬、琴、瑟、擊琴、琵琶、箜篌、筑、箏、節鼓、笙、笛、簫、篪、塤等十五種爲一部，工二十五人。

寅恪案，此隋定樂兼采梁陳之又一例證也，此部樂器中既有琵琶、箜篌，是亦有胡中樂器，然則亦不得謂之純粹華夏正聲，蓋不過胡樂之混雜輸入較先者，往往使人不能覺知其爲輸入品耳。同書同卷音樂志略云：

西凉者起苻氏之末，吕光、沮渠蒙遜等據有凉州，變龜兹聲爲之，號爲秦漢伎；魏太武既平河西得之，謂之西凉樂；至魏周之際遂謂之國伎。今曲項琵琶、豎頭箜篌之徒并出自西域，非華夏舊器。

寅恪案，此河西文化影響北魏遂傳至隋之一例證，其繫統淵源，史志之文尤明顯矣。至云魏周之際遂謂之國伎，則流傳既久，渾亡其外來之性質，凡今日所謂國粹者頗多類此，如國醫者是也，以非本書範圍，故不置論。

隋書壹伍音樂志略云：

龜兹者，起自吕光，滅龜兹，因得其聲。吕氏亡，其樂分散，後魏平中原，復獲之。其聲後多變易，至隋有西國龜兹、齊朝龜兹、土龜兹等，凡三部。開皇中其器大盛於閭閈，時有曹妙達、王長通、李士衡、郭金樂、安進貴等，皆妙絶弦管，新聲奇變，朝改暮易，持其音伎，估衒公王之間，舉時争相慕尚。高祖病之，謂群臣曰：「聞公等皆好新變，所奏無復正聲，此不祥之大也。公等對親賓宴飲，宜奏正聲，聲不正，何可使兒女聞也。」帝雖有此敕，而竟不能救焉。煬帝大制艷篇，辭極淫綺，令樂正白明達造新聲，帝悦之無已，因語明達云：「齊氏偏隅，曹妙達猶自封王，我今天下大同，欲貴汝，宜自修謹！」

寅恪案，隋代上自宫廷，下至民衆，實際上最流行之音樂，即此龜茲樂是也。考龜茲樂多傳自北齊，如曹妙達者，固是齊人也。隋書壹叁音樂志略云：

煬帝矜奢，頗玩淫曲，御史大夫裴藴揣知帝情，奏括周、齊、梁、陳樂工子弟及人間善聲調者凡三百餘人，并付太樂，倡優獶雜咸來萃止。其哀管新聲淫弦巧奏，皆出鄴城之下，高齊之舊曲云。

觀此，則知隋世之音樂實齊樂也。又其所謂「倡優獶雜」者即隋書壹伍音樂志之：

始齊武平中有魚龍爛漫、俳優朱儒、山車巨象、拔井種瓜、殺馬剥驢等奇怪異端百有餘物，名爲百戲。周時鄭譯有寵於宣帝，奏徵齊散樂人并會京師爲之，蓋秦角抵之流者也，開皇初并放遣之。及大業二年突厥染干來朝，煬帝欲誇之，總追四方散樂大集東都。

一節所言之散樂，亦即齊之百戲也。又隋代不僅俗樂即實際流行之音樂出於北齊，即廟堂雅奏亦受齊樂工之影響。如隋書壹伍音樂志云：

高祖遣內史侍郎李元操、直內史省盧思道等列清廟歌辭十二曲，令齊樂人曹妙達於太常教習，以代周歌。

可證也，考北齊盛行之樂皆是胡樂，隋書壹肆音樂志述齊代音樂略云：

雜樂有西涼、鼙舞、清樂、龜茲等，然吹笛、彈琵琶、五弦歌舞之伎自文襄以來皆所愛好，至河清以後傳習尤盛。後主唯賞胡戎樂，耽愛無已，於是繁手淫聲爭新哀怨，故曹妙達、安未弱、安馬駒之徒至有封王開府者。

寅恪案，曹、安等皆西胡氏族也，北齊之宮廷尤其末年最爲西域胡化，其關於政治及其他伎術者，茲置不論。即觀北齊書伍拾恩倖傳（北史玖貳恩倖傳同）所載關於音樂歌舞者，可知皆出於西胡之族類也，如傳序略云：

西域醜胡龜茲雜伎封王者接武，開府者比肩。胡人樂工叨竊貴幸，今亦出焉。

傳末略云：

又有史醜多之徒胡小兒等數十，咸能舞工歌，亦至儀同開府封王。至於胡小兒等眼鼻深險，一無可用。

然則北齊宮廷胡化音樂勢力之廣大有如是者，更可注意者，即恩倖傳韓鳳傳云：

壽陽陷没，鳳與穆提婆聞告敗，握槊不輟曰：「他家物，從他去。」後帝使於黎陽臨河築城戍曰：「急時且守此作龜兹國子，更可憐人生如寄，唯當行樂，何因愁爲？」君臣應和若此。

夫握槊西胡戲也，龜兹西域國也，齊室君臣於存亡危急之秋猶應和若此，則其西胡化之程度可知，何怪西胡音樂之大盛於當時，而傳流於隋代也。鄙意北齊鄴都所以如此之西胡化者，其故實爲承襲北魏洛陽之遺風，洛陽伽藍記叁城南永橋以南圜丘以北伊洛之間夾御道有四夷館條云：

西夷來附者處崦嵫館，賜宅慕義里。自葱嶺以西至於大秦，百國千城莫不欵附，商胡販客日奔塞下，所謂盡天地之區矣。樂中國土風因而宅者，不可勝數，是以附化之民萬有餘家，門巷修整，閶闔填列，青槐蔭陌，緑柳垂庭，天下難得之貨，咸悉在焉。

又同書同卷菩提寺條云：

菩提寺，西域胡人所立也，在慕義里。

蓋北魏洛陽既有萬餘家之歸化西域胡人居住，其後東魏遷鄴，此類胡人當亦隨之移徙，故北齊鄴都西域胡化尤其胡樂之盛必與此有關。否則齊周東西隔絶，若以與西域交通論，北周領土更爲便利，不應北齊宫廷胡小兒如是之多，爲政治上一大勢力，而西域文化如音樂之類北齊如是之盛，遂至隋代猶承其遺風也。故隋之胡樂大半受之北齊，而北齊鄴都之胡人胡樂又從北魏洛陽轉徙而來，此爲隋代胡樂大部分之繫統淵源，前人尚未論及，因爲備述之如此。

至唐初音樂之多承隋舊，其事甚顯，故不多述，僅節録唐會要之文如下（參考舊唐書貳捌音樂志、新唐書貳壹禮樂志等）：

唐會要叁貳雅樂條略云：

高祖受禪，軍國多務，未遑改創，樂府尚用隋代舊文。

同書叁叁宴樂條略云：

武德初未暇改作，每宴享因隋舊制，奏九部樂：一宴樂，二清商，三西涼，四扶南，五高麗，六龜茲，七安國，八疏勒，九康國。

寅恪案，唐之初期其樂之承隋亦猶禮之因隋，其繫統淵源，蓋無不同也。若其後之改創及直接從西域輸入者則事在本章主旨範圍之外，故置不論。

六　兵制

（此章本題爲府兵制前期史料試釋，載中央研究院歷史語言研究所集刊第柒本第叁分，兹略增訂，以爲此書之一章。）

（壹）

府兵之制起於西魏大統，廢於唐之天寶，前後凡二百年，其間變易增損者頗亦多矣。後世之考史者於時代之先後往往忽略，遂依據此制度後期即唐代之材料，以推説其前期即隋以前之事實，是執一貫不變之觀念，以説此前後大异之制度也，故於此中古史最要關鍵不獨迄無發明，復更多所誤會。夫唐代府兵制，吾國史料本較完備，又得日本養老令之宫衛軍防諸令條，可以推比補充，其制度概略今尚不甚難知。惟隋以前府兵之制，則史文缺略，不易明悉，而唐人追述前事，亦未可盡信。兹擇取此制前期最要之史料，試爲考釋，其間疑滯之義不能通解者殊多，又所據史籍，皆通行坊刻，未能與傳世善本一一詳校，尤不敢自謂有所創獲及論斷也。

（貳）

北史陸拾（周書壹陸同，但無「每一團儀同二人」至「并資官給」一節，又通典貳捌職官典拾將軍總叙條及叁肆職官典壹陸勛官條略同）云：

初魏孝莊帝以爾朱榮有翊戴之功，拜榮柱國大將軍，位在丞相上。榮敗後，此官遂廢。大統三年，魏文帝復以周文帝建中興之業，始命爲之。其後功參佐命、望實俱重者亦居此職，自大統十六年已前任者凡有八人。周帝位總百揆，都督中外軍事，魏廣陵王欣元氏懿戚，從容禁闥而已，此外六人各督二大將軍，分掌禁旅，當爪牙禦侮之寄，當時榮盛莫與爲比，故今之稱門閥者咸推八柱國家。今并十二大將軍録之於左：

使持節太尉柱國大將軍大都督尚書左僕射隴右行臺少師隴西郡開國公李虎（略）與周文帝爲八柱國。

使持節大將軍大都督少保廣平王元贊。（略）

是爲十二大將軍。每大將軍督二開府，凡爲二十四員，分團統領，是二十四軍。每一團儀同二人，自相督率，不編户貫，都十二大將軍。十五日上，則門欄陛戟，警晝巡夜；十五日下，則教旗習戰，無他賦役，每兵唯辦弓刀一具，月簡閲之，甲槊戈弩并資官給。自大統十六年以前十二大將軍外，念賢及王思政亦拜大將軍，然賢作牧隴右，思政出鎮河南，并不在領兵之限。此後功臣位至柱國及大將軍者衆矣，不限此秩（「不限此秩」，周書及通典俱作「咸是散秩」），無所統御。六柱國十二大將軍之後有以位次嗣掌其事者，而德望素在諸公之下，并不得預於此例。

玉海壹叁捌兵制叁引鄴侯家傳云：

初置府不滿百，每府有郎將主之，而分屬二十四軍，每府一人將焉。每二開府屬一大將軍，二大將軍屬一柱國大將軍，仍加號持節大都督以統之。時皇家太祖景皇帝（李虎）爲少師隴右行臺僕射隴西公，與臣五代祖弼、太保大司徒趙郡公及大宗伯趙貴、大司馬獨孤信、大司寇于謹、大司空侯莫陳崇等六家主之，是爲六柱國，其有衆不滿五萬。初置府兵，皆於六戶中等已上家有三丁者，選材力一人，免其身租庸調，郡守農隙教試閱，兵仗衣、馱牛驢及糗糧六家共備，撫養訓導，有如子弟，故能以寡克衆。自初屬六柱國家，及分隸十二衛，皆選勛德信臣爲將軍。

寅恪案，通鑒壹陸叁梁簡文帝大寶元年即西魏文帝大統十六年紀府兵之緣起，即約略綜合上引二條之文，别無其他材料。惟「六家共備」今所見諸善本俱作「六家供之」，當非誤刊（參考章鈺先生胡刻通鑒正文校宋記壹柒）。蓋温公讀「共」爲「供」，僅此一事殊可注意而已。

夫關於府兵制度起源之史料，君實當日所見者既是止此二條，故今日惟有依此二條之記載，旁摭其他片斷之材料，以相比證，試作一較新之解釋於下：

北魏晚年六鎮之亂，乃塞上鮮卑族對於魏孝文帝所代表拓跋氏歷代漢化政策之一大反動，史實甚明，無待贅論。高歡、宇文泰俱承此反對漢化保存鮮卑國粹之大潮流而興起之梟杰也。宇文泰當日所憑藉之人材地利遠在高歡之下，若欲與高氏抗争，則惟有於隨順此鮮卑反動潮流大勢之下，别采取一繫統之漢族文化，以籠絡其部下之漢族，而是種漢化又須有以异於高氏治下洛陽鄴都及蕭氏治下建康江陵承襲之漢魏晋之二繫統，此宇文泰所以使蘇綽、盧辯之徒以周官之文比附其鮮卑部落舊制，資其野心利用之理由也。苟明乎此，則知宇文泰最初之創制，實以鮮卑舊俗爲依歸；其有异於鮮卑之制而適符於周官之文者，乃黑獺别有利用之處，特取周官爲緣飾之具耳。八柱國者，摹擬鮮卑舊時八國即八部之制者也。魏書壹壹叁官氏志云：

初安帝統國，諸部有九十九姓。至獻帝時，七分國人，使諸兄弟各攝領之，乃分其氏。七族之興，自此始也。又命叔父之胤曰乙旃氏，後改爲叔孫氏；又命疏屬曰車焜氏，後改爲車氏。凡與帝室爲十姓。凡此諸部，其渠長皆自統衆。

天興元年十二月置八部大夫散騎常侍待詔等官，其八部大夫於皇城四方四維面置一人，以擬八座，謂之八國。

天賜元年十一月，以八國姓族難分，故國立大師、小師，令辯其宗黨，品舉人才。自八國以外，郡各自立師，職分如八國，比今之中正也。宗室立宗師，亦如州郡八國之儀。

神瑞元年春，置八大人官，大人下置三屬官，總理萬機，故世號八公云。

又同書壹百拾食貨志云：

天興初，制定京邑，東至代郡，西及善無，南極陰館，北盡參合，爲畿內之田，其外四方四維置八部帥以監之。

周書貳文帝紀下魏恭帝元年（通鑒壹陸伍梁元帝承聖三年春同）云：

魏氏之初，統國三十六，大姓九十九，後多絶滅，至是以諸將功高者爲三十六國後，次功者爲九十九姓後，所統軍人亦改從其姓。

寅恪案，拓拔族在塞外時，其宗主爲一部，其餘分屬七部，共爲八部。宇文泰八柱國之制以廣陵王元欣列入其中之一，即擬拓拔鄰即所謂獻帝本支自領一部之意，蓋可知也。據周書貳文帝紀下、北史玖周本紀上西魏恭帝元年及通鑒壹陸伍梁元帝承聖三年所載西魏諸將賜胡姓之例，「所統軍人亦改從其姓」，明是以一軍事單位爲一部落，而以軍將爲其部之酋長。據魏書官氏志云：「凡此諸部，其渠長皆自統衆」，則凡一部落即一軍事單位內之分子對於其部落之酋長即軍將，有直接隸屬即類似君臣之關係與名分義務，此又可以推繹得知者。宇文泰初起時，本非當日關隴諸軍之主帥，實與其他柱國若趙貴輩處於同等地位，適以機會爲貴等所推耳。如周書壹文帝紀上（北史玖周本紀上略同）略云：

〔賀拔〕岳果爲〔侯莫陳〕悦所害，其士衆散還平凉，惟大都督趙貴率部曲收岳屍還營。於是三軍未有所屬，諸將以都督寇洛年最長，相與推洛，以總兵事。洛素無雄略，威令不行，乃謂諸將曰：「洛智能本闕，不宜統御，近者迫於群議，推相攝領，今請避位，更擇賢材。」於是趙貴言於衆曰：「元帥（賀拔岳）勛業未就，奄罹凶酷，豈唯國喪良宰，固亦衆無所依。竊觀宇文夏州遠邇歸心，士卒用命，今若告喪，必來赴難，因而奉之，則大事集矣。」諸將皆稱善。

又同書壹陸趙貴傳（北史伍玖趙貴傳、通鑒壹陸柒陳武帝永定元年同）云：

初，貴與獨孤信等皆與太祖（宇文泰）等夷。

及周書壹伍于謹傳（北史貳叁于謹傳及通鑒壹陸陸梁敬帝太平元年同）云：

謹既太祖等夷。

皆是其證。但八柱國之設，雖爲摹仿鮮卑昔日八部之制，而宇文泰既思提高一己之地位，不與其柱國相等，又不欲元魏宗室實握兵權，故雖存八柱國之名，而以六柱國分統府兵，以比附於周官六軍之制。此則雜柔鮮卑部落制與漢族周官制，以供其利用，讀史者不可不知者也。

又宇文泰分其境内之兵，以屬趙貴諸人，本當日事勢有以致之，殊非其本意也。故遇機會，必利用之，以漸收其他柱國之兵權，而擴大己身之實力，此又爲情理之當然者。但此事迹象史籍不甚顯著，故易爲考史者所忽視。茲請略發其覆：據周書、北史、通典之紀八柱國，皆斷自大統十六年以前，故通鑑即繫此事于梁簡文帝大寶元年即西魏文帝大統十六年。其所以取此年爲斷限者，以其爲李虎卒前之一年也。蓋八柱國中虎最先卒，自虎卒後，而八柱國中六柱國統兵之制始一變。

通鑑壹陸梁簡文帝大寶二年即西魏文帝大統十七年云：

五月魏隴西襄公李虎卒。

通鑑此條所出，必有確實之依據，自不待言。周書叁捌元偉傳附録魏宗室王公名位中有二柱國：一爲柱國大將軍太傅大司徒廣陵王元欣，一即柱國大將軍少師義陽王元子孝。元子孝以少師而爲柱國，明是繼李虎之位。魏書壹玖、北史壹柒俱載子孝事迹，但北史較詳。北史云：

孝武入關，不及從駕，後赴長安，封義陽王，後歷尚書令柱國大將軍。子孝以國運漸移，深自貶晦，日夜縱酒，後例降爲公，復姓拓拔氏，未幾卒。

亦未載子孝爲柱國年月，萬斯同西魏將相大臣年表恭帝元年甲戌條云：

少師（柱國）〔李〕虎卒。

義陽王子孝柱國大將軍。

萬表以義陽王子孝繼李虎之職，自屬正確。但列李虎卒於恭帝元年，顯與通鑑衝突，疑不可據。（謝啓崐西魏書壹捌李虎傳載虎卒於恭帝元年五月，亦誤。）

又周書壹玖達奚武傳（北史陸伍達奚武傳及通鑑壹陸肆梁簡文帝大寶二年元帝承聖元年俱略同）云：

〔大統〕十七年（北史脱「七」字）詔武率兵三萬經略漢川。自劍以北悉平。明年（即西魏廢帝元年）武振旅還京師，朝議初欲以武爲柱國，武謂人曰：「我作柱國不應在元子孝前。」固辭不受。

可知西魏廢帝元年即李虎卒後之次年，達奚武以攻取漢中之功應繼虎之後任爲柱國，而武讓於元子孝也。此亦李虎卒於大統十七年，而其次年即廢帝元年達奚武班師還長安時（通鑑繫達奚武取南鄭於梁元帝承聖元年即西魏廢帝元年五月，故武之還長安尚在其後），其遺缺尚未補人之旁證。武之讓柱國於子孝，非僅以謙德自鳴，殆窺見宇文泰之野心，欲并取李虎所領之一部軍士，以隸屬於己。元子孝與元欣同爲魏朗宗室，從容禁闥，無將兵之實，若以之繼柱國之任，徒擁虚位，黑獺遂得增加一己之實力以制其餘之五柱國矣。故周書貳文帝紀下（通鑑壹陸伍梁元帝承聖二年同）云：

魏廢帝二年春，魏帝詔太祖去丞相大行臺，爲都督中外諸軍事。

此爲宇文泰權力擴張壓倒同輩名實俱符之表現，而適在李虎既卒、達奚武讓柱國於元子孝之後，其非偶然，抑可知也。又元子孝爲虚位柱國，既不統軍，而實領李虎舊部者當爲宇文泰親信之人。周書貳拾閻慶傳（北史陸壹閻慶傳同）云：

賜姓大野氏。晋公護母，慶之姑也。

依西魏賜姓之制，統軍之將帥與所統軍人同受一姓。慶與李虎同姓大野氏，虎之年位俱高於慶，則慶當是虎之部下；慶與宇文氏又有戚誼，或者虎卒之後，黑獺即以柱國虚位畀元子孝，而以己之親信資位較卑若閻慶者代領其軍歟？此無確證，姑備一説而已。

總而言之，府兵之制，其初起時實摹擬鮮卑部落舊制，而部落酋長對於部内有直轄之權，對於部外具獨立之勢。宇文泰與趙貴等并肩同起，偶爲所推，遂居其上，自不得不用八柱國之虚制，而以六柱國分統諸兵。後因李虎先死之故，并取其兵，得擴張實力，以懾服其同起之酋帥。但在宇文氏創業之時，依當時鮮卑舊日觀念，其兵士尚分屬於各軍將，而不直隸於君主。若改移此部屬之觀念，及變革此獨立之制度，乃宇文泰所未竟之業，而有待於後繼者之完成者也。

宇文泰之建國，兼采鮮卑部落之制及漢族城郭之制，其府兵與農民迥然不同，而在境内爲一特殊集團及階級。北史陸拾所謂「自相督率，不編户貫」，及周書叁孝閔帝紀（北史玖周本紀上同）元年八月甲午詔曰：

今二十四軍宜舉賢良堪治民者，軍列九人。

皆足證也。

鄴侯家傳所謂「六户中等已上」者，此「六户」與傳文之「六家」不同，蓋指九等之户即自中下至上上凡六等之户而言，文獻通考壹伍壹兵考作「六等之民」，當得其義。魏書壹百拾食貨志云：

顯祖（今本通典伍食貨典作莊帝，不合）因民貧富，爲租輸三等九品之制。

宇文泰殆即依此類舊制分等也。又周書貳文帝紀下魏大統九年（通鑒壹伍捌梁武帝大同九年同）云：

於是廣募關隴豪右，以增軍旅。

然則府兵之性質，其初元是特殊階級。其鮮卑及六鎮之胡漢混合種類及山東漢族武人之從入關者固應視爲貴族，即在關隴所增收編募，亦止限於中等以上豪富之家，絶無下級平民參加於其間，與後來設置府兵地域内其兵役之比較普遍化者，迥不相同也。

又鄴侯家傳「六家共之」之語，「共」若依通鑒作「供給」之「供」，自易明瞭。惟「六家」之語最難通解，日本岡崎文夫教授於其所著關於唐衛府制與均田租庸調法之一私見（東北帝國大學十周年紀念史學文學論集）中，雖致疑於何故不采周禮以來傳統之五家組合，而取六家組合，但亦未有何解釋。鄙意通鑒采用鄴侯家傳已作「六家」，故「六」字不得視爲傳寫之誤。然細繹李書，如「六家主之」及「自初屬六柱國家」等語，其「六家」之語俱指李弼等六家，故其「六家共備」之「六家」疑亦同指六柱國家而言也。北史云：「甲槊戈弩并資官給」，李書既以府兵自初屬六柱國家，故以「六家供備」代「并資官給」，觀其於「六家共（依通鑒作供）備」下，即連接「撫養訓導，有如子弟」之語，尤足證其意實目六柱國家。至其詞涉誇大，不盡可信，則與傳文之解釋又别是一事，不可牽混并論也。

又玉海壹叁捌兵制叁注云：

或曰：「宇文周制府衛法，七家共出一兵。」

寅恪案，七家共出一兵，爲數太少，決不能與周代情勢符合，無待詳辨。但可據此推知鄴侯家傳中「六家共備」之「共」，南宋人已有誤讀爲「共同」之「共」者，七家共出一兵之臆説殆因此而生。伯厚置諸卷末子注或説中，是亦不信其爲史實也。

據北史陸拾「自相督率，不編户貫」及「十五日上，則門欄陛戟，警晝巡夜；十五日下，則教旗習戰」等語，則鄴侯家傳所謂「郡守農隙教試閲」者，絶非西魏當日府兵制之真相，蓋農隙必不能限於每隔十五日之定期，且當日兵士之數至少，而戰守之役甚繁，欲以一人兼兵農二業，亦極不易也。又北史謂軍人「自相督率，不編户貫」，則更與郡守無關，此則鄴侯家傳作者李繁依唐代府兵之制，以爲當西魏初創府兵時亦應如是，其誤明矣。李延壽生值唐初，所紀史事猶爲近真。温公作通鑑，其叙府兵最初之制，不采北史之文，而襲家傳之誤，殊可惜也。

吾輩今日可以依據北史所載，解决府兵之兵農分合問題。新唐書伍拾兵志云：

蓋古者兵法起於井田，自周衰，王制壞而不復。至於府兵，始一寓之於農。

葉適習學記言叁玖唐書表志條駁兵農合一之説，略云：

宇文蘇綽患其然也，始令兵農各籍，不相牽綴，奮其至弱，卒以滅齊。隋因之，平一宇内，當其時無歲不征，無戰不克，而財貨充溢，民無失業之怨者，徒以兵農判爲二故也。然則豈必高祖太宗所以盛哉！乃遵其舊法行之耳。兵農已分，法久而壞，不必慨慕府兵，誤離爲合，徇空談而忘實用矣。

寅恪案，歐陽永叔以唐之府兵爲兵農合一是也。但概括府兵二百年之全部，認其初期亦與唐制相同，兵農合一，則已謬矣。葉水心以宇文蘇綽之府兵爲兵農分離，是也。但亦以爲其制經二百年之久，無根本之變遷，致認唐高祖太宗之府兵仍是兵農分離之制，則更謬矣。司馬君實既誤用家傳以唐制釋西魏府兵，而歐陽、葉氏復兩失之，宋賢史學，今古罕匹，所以致疏失者，蓋史料缺略，誤認府兵之制二百年間前後一貫，無根本變遷之故耳。（通鑑貳壹貳唐玄宗開元十年紀張説建議召募壯士充宿衛事，以爲「兵農之分從此始」，是司馬之意亦同歐陽，以唐代府兵爲兵農合一，此則較葉氏之無真知灼見，好爲异説而偶中者，誠有間矣。）

（叁）

隋書貳高祖紀下（北史壹壹隋本紀上、通鑒壹柒柒隋文帝開皇十年同）云：

開皇十年五月乙未詔曰：「魏末喪亂，宇縣瓜分，役車歲動，未遑休息，兵士軍人權置坊府，南征北伐，居處無定，恒爲流寓之人，竟無鄉里之號，朕甚愍之。凡是軍人，可悉屬州縣，墾田籍帳，一與民同，軍府統領，宜依舊式。罷山東、河南及北方緣邊之地新置軍府。」

同書貳肆食貨志（通典貳及叁及伍及柒食貨典，又周書伍武帝紀上、北史十周本紀下俱同）云：

至〔齊武成帝〕河清三年定令，乃命人居十家爲比鄰，五十家爲閭里，百家爲族黨。男子十八已上六十五已下爲丁，十六已上十七已下爲中，六十六已上爲老，十五已下爲小。率以十八受田，輸租調，二十充兵，六十免力役，六十六退田，免租調。

〔周武帝〕保定元年改八丁兵爲十二丁兵，率歲一月役。建德二年改軍士爲侍官，募百姓充之，除其縣籍，是後夏人半爲兵矣。

及〔隋高祖〕受禪，又遷都，發山東丁，毁造宫室，仍依周制役丁爲十二番，匠則六番。須新令：男女三歲以下爲黄，十歲已下爲小，十七已下爲中，十八已上爲丁。丁從課役，六十爲老，乃免。

其丁男、中男、永業、露田皆遵後齊之制。

開皇三年正月〔隋文〕帝入新宫，初令軍人（人即民也，北史壹壹隋本紀上、通典柒食貨典及通鑒壹柒伍陳長城公至德元年三月俱無軍字）以二十一成丁，減十二番每歲爲二十日役，減調絹一匹爲二丈。

通鑒壹柒伍陳長城公至德元年三月胡注云：

後周之制，民年十八成丁，今增三歲，每歲十二番則三十日役，今減爲二十日役，及調絹減半。

通典貳捌職官典拾將軍總叙條云：

隋凡十二衛，各置大將軍一人，將軍一人，以總府事，蓋魏周十二大將軍之遺制。

唐六典貳肆左右衛大將軍條注云：

隋左右衛，左右武衛，左右候，左右武候，左右領軍，左右率府，各有大將軍一人，所謂十二衛大將軍也。

上章已論宇文泰欲漸改移鮮卑部屬之觀念及制度，而及身未竟其業，須俟其後繼者始完成之。兹所引史料，足證明此點，亦即西魏府兵制轉爲唐代府兵制過渡之關鍵所在也。鄴侯家傳（新唐書伍拾兵志、通鑒貳壹陸唐玄宗天寶八載同）云：

自置府以其番宿衛，禮之謂之侍官，言侍衛天子也。至是衛佐悉以借姻戚之家爲僮僕執役，京師人相詆訾者，即呼爲侍官。

寅恪案，周武帝改軍士爲侍官，即變更府兵之部屬觀念，使其直隸於君主。此湔洗鮮卑部落思想最有意義之措施，不可以爲僅改易空名而忽視之也。

又最初府兵制下之將卒皆是胡姓，即同胡人。周武帝募百姓充之，改其民籍爲兵籍，乃第一步府兵之擴大化即平民化。此時以前之府兵既皆是胡姓，則胡人也，百姓，則夏人也，故云：「是後夏人半爲兵矣」。此條「夏」字隋書、通典俱同有之，必非誤衍，若不依鄙意解釋恐不易通。岡崎教授於其所著論文之第陸頁第柒行引隋書食貨志及通典此條俱少一「夏」字，豈别有善本依據耶？抑以其爲不可解之故，遂認爲衍文而删之耶？寅恪所見諸本皆是通行坊刻，若其他善本果有异文，尚希博雅君子不吝教誨也。

保定元年改八丁兵爲十二丁兵者，據通鑒壹陸捌陳文帝天嘉二年胡注云：

八丁兵者，凡境内民丁分爲八番，遞上就役。十二丁兵者，分爲十二番，月上就役，周而復始。

寅恪案，隋書食貨志言：「隋高祖受禪，仍依周制，役丁爲十二番」，是周制分民丁爲十二番之證。胡説固確，但保定元年爲宇文周開國之第五年，距創設府兵之時代至近，又在建德二年募百姓充侍官之前者尚十二年，此年之令文，周書、隋書、北史、通典所載悉同，當無訛脱。令文既明言兵丁，而胡氏僅以「境内民丁」釋之，绝不一及兵字，其意殆以爲其時兵民全無區别，與後來不異，則疑有未妥也。

周武帝既施行府兵擴大化政策之第一步，經四年而周滅齊，又四年而隋代周，其間時間甚短，然高齊文化制度影響於戰勝之周及繼周之隋者至深且鉅，府兵制之由西魏制而變爲唐代制即在此時期漸次完成者也。

陳傅良歷代兵制伍云：

魏周齊之世已行租調之法，而府兵之法由是而始基（通鑑陳紀齊顯［寅恪案，顯當作世］祖令民十八受田，輸租調，二十充兵，六十免力役，六十六還田，免租調），加以宇文泰之賢，專意法古，當時兵制增損尤詳，然亦未易遽成也。故其制雖始於周齊，而其效則漸見於隋，彰於唐，以此知先王之制其廢既久，則復之必以漸歟？

寅恪案，陳氏語意有未諦者，不足深論，但其注引齊制「十八受田，輸租調，二十充兵」之文，則殊有識，蓋後期府兵之制全部兵農合一，實於齊制始見諸明文，此實府兵制之關鍵也。但當時法令之文與實施之事不必悉相符合，今日考史者無以知其詳，故不能確言也。

又隋書貳柒百官志尚書省五兵尚書條略云：

五兵統右中兵

（掌畿内丁帳、事力、蕃兵等事。）

左外兵

（掌河南及潼關已東諸州丁帳及發召征兵等事。）

右外兵

（掌河北及潼關已西諸州，所典與左外同。）

寅恪案，北齊五兵尚書所統之右中兵、左外兵、右外兵等曹，既掌畿内及諸州丁帳及發召征兵等事，疑北齊當日實已施行兵民合一之制，此可與隋書食貨志所載齊河清三年令規定民丁充兵年限及其與受田關係者可以參證也。

隋文帝開皇十年詔書中有「墾田籍帳，一與民同」之語，與北史所載府兵初起之制兵士絶對無暇業農者，自有不同。此詔所言或是周武帝改革以後之情狀，或目府兵役屬者所墾，而非府兵自耕之田，或指邊地屯墾之軍而言，史文簡略，不能詳也。隋代府兵制變革之趨向，在較周武帝更進一步之君主直轄化即禁衛軍化，及徵調擴大化即兵農合一化而已。隋之十二衛即承魏周十二大將軍之舊，杜君卿已言之，本爲極顯著之事，不俟贅説。所可論者，隋文帝使軍人悉屬州縣，則已大反西魏初創府兵時「自相督率，不编户貫」即兵民分立之制，其令「丁男、中男、永業、露田皆遵後齊之制」及「發使四出，均天下之田」（隋書貳肆食貨志），雖實施如何，固有問題，然就法令形式言，即此簡略之記述或已隱括北齊清河三年規定受田與兵役關係一令之主旨，今以史文不詳，姑從闕疑。但依通鑒至德元年之胡注，則隋開皇三年令文與周保定元年令文「八兵丁」及「十二丁兵」顯有關係。而開皇三年令文隋書所載有「軍」字者，以開皇十年前軍兵不屬州縣，在形式上尚須與人民有别，故此令文中仍以軍民并列，至北史、通典以及通鑒所載無「軍」字者，以其時兵民在事實上已無可别，故得略去「軍」字，并非李延壽、杜君卿及司馬君實任意或偶爾有所略漏明矣。

由是言之，開皇三年令文却應取前此保定元年令文胡注中境内兵民合一之義以爲解釋也。夫開皇三年境内軍民在事實上已無可别，則開皇十年以後，抑更可知，故依據唐宋諸賢李、杜、馬、胡之意旨，豈可不謂唐代府兵之基本條件，即兵民合一者，實已完成於隋文之世耶？

岡崎教授論文之结論云：

隋以軍兵同於編户云者，僅古制之復舊而已。北齊雖於法令上規定受田與兵役之關係，其實行如何，尚有問題，綜合兩方面實施者，唐之兵制也。

寅恪案，北齊法令之實施與否，於此可不論。兹所欲言者，即據上引開皇三年令文及唐宋诸賢之解釋，似可推知隋代先已實施兵民合一之基本條件，不必待李唐開國以後，方始創行之也。又以其他法制諸端論，唐初開國之時大抵承襲隋代之舊，即間有變革，亦所關較細者，豈獨於兵役丁賦之大政，轉有鉅大之創設，且遠法北齊之空文，而又爲楊隋盛時所未曾規定行用者，遽取以實施耶？此亦與唐初通常情勢恐有未合也。然則府兵制後期之紀元當斷自隋始歟？總之，史料简缺，誠難確知，岡崎教授之结論，要不失爲學人審慎之態度。寅恪姑取一時未定之妄見，附識於此，以供他日修正時覆視之便利云爾，殊不敢自謂有所論斷也。

總合上引史料及其解釋，試作一結論如下：

府兵制之前期爲鮮卑兵制，爲大體兵農分離制，爲部酋分屬制，爲特殊貴族制；其後期爲華夏兵制，爲大體兵農合一制，爲君主直轄制，爲比較平民制。其前後兩期分畫之界限，則在隋代。周文帝、蘇綽則府兵制創建之人，周武帝、隋文帝其變革之人，唐玄宗、張說其廢止之人，而唐之高祖、太宗在此制度創建、變革、廢止之三階段中，恐俱無特殊地位者也。

附記：本文中所引通典諸條，後查得宋本與通行本并無差异，特附識於此。

七 財政

近日中外史家論吾國南北朝隋唐經濟財政制度者頗多，其言有得有失，非此章範圍所能涉及。此章主旨唯在闡述繼南北朝正統之唐代，其中央財政制度之漸次江南地方化，易言之，即南朝化，及前時西北一隅之地方制度轉變爲中央政府之制度，易言之，即河西地方化二事，蓋此二者皆繫統淵源之範圍也。考此二事轉變之樞紐在武則天及唐玄宗二代，與兵制選舉及其他政治社會之變革亦俱在此時者相同。但欲説明其本末，非先略知南北朝之經濟財政其差异最要之點所在不可也。

今日所保存之南北朝經濟財政史料，北朝較詳，南朝尤略。然約略觀之，其最不同之點則在北朝政府保有廣大之國有之土地。此蓋承永嘉以後，屢經變亂，人民死亡流散所致。故北朝可以有均給民田之制，而南朝無之也。南朝人民所經喪亂之慘酷不及北朝之甚，故社會經濟情形比較北朝爲進步，而其國家財政制度亦因之與北朝有所不同，即較爲進步是也。北魏均田之問題此章所不能詳，故僅略舉其文，至北魏以後者亦須稍附及之，以見其因襲所自，并可與南北互較，而後隋唐財政制度之淵源繫統及其演進之先後次序始得而明也。

魏書壹壹拾食貨志略云：

太和九年下詔均給天下民田，諸男夫十五以上受露田四十畝，婦人二十畝，奴婢依良，丁牛一頭受田三十畝，限四牛。所授之田率倍之，三易之田再倍之，以供耕作及還受之盈縮。諸民年及課則受田，老免，及身没則還田，奴婢、牛隨有無以還受，諸桑田不在還受之限，但通入倍田分，於分雖盈，没則還田，不得以充露田之數，不足者以露田充倍。諸初受田者，男夫一人給田二十畝，課蒔，餘種桑五十樹、棗五株、榆三根；非桑之土，夫給一畝，依法課蒔榆、棗，奴各依良。諸桑田皆爲世業，身終不還，恒從見口，有盈者無受無還，不足者受種如法；盈者得賣其盈，不足者得買所不足；不得賣其分，亦不得買過所足。諸麻布之土男夫及課别給麻田十畝，婦人五畝，奴婢依良，皆從還受之法。諸宰民之官各隨地給公田，更代相付，賣者坐如律。

隋書貳肆食貨志云：

晋自過江，凡貨賣奴婢、馬、牛、田宅有文券，率錢一萬輸估四百入官，賣者三百，買者一百；無文券者隨物所堪，亦百分收四，名爲散估，歷宋、齊、梁、陳如此以爲常。以此人競商販，不爲田業，故使均輸欲爲懲勵，雖以此爲辭，其實利在侵削。又都西有石頭津，東有方山津，各置津主一人，賊曹一人，直水五人，以檢察禁物及亡叛者，其荻、炭、魚、薪之類過津者并十分税一，以入官。其東路無禁貨，故方山津檢察甚簡。淮水北有大市百（寅恪案，通典壹壹食貨典雜税門百字作自）餘，小市十餘所，大市備置官司，税斂既重，時甚苦之。

〔北周〕閔帝元年初除市門税，及宣帝即位，復興人市之税。

〔北齊〕武平之後，權幸并進，賜與無限，加之旱蝗，國用轉屈，乃料境内六等富人，調令出錢。而給事黄門侍郎顔之推奏請立關市邸店之税，開府鄧長顒贊成之，後主大悦。於是以其所入以供御府聲色之費，軍國之用不豫焉，未幾而亡。

通典貳田制下云：

北齊給授田令，仍依魏朝。每年十月普令轉授，成丁而授，丁老而退，不聽賣易。

隋書貳肆食貨志略云：

至〔北齊〕河清三年定令，乃命男子十八已上六十五已下爲丁，十六已上十七已下爲中，六十六已上爲老，十五已下爲小。率以十八受田，輸租調，二十充兵，六十免力役，六十六退田，免租調（此節前兵制章已引）。京城四面諸坊之外三十里爲公田，受公田者，三縣代遷户執事官一品已下逮於羽林、武賁各有差，其外畿郡華人官第一品已下羽林、武賁已上各有差。職事及百姓請墾田者名爲受田，奴婢受田者親王止三百人。（中略）。八品已下至庶人限止六十人，奴婢限外不給田者皆不輸。其方百里外及州人一夫受露田八十畝，婦四十畝，奴婢依良人限數，與在京百官同，丁牛一頭受田六十畝，限止四牛。又每丁給永業二十畝爲桑田，其中種桑五十根、榆三根、棗五根，不在還受之限，非此田者悉入還受之分。土不宜桑者給麻田，如桑田法。

又同書同卷略云：

〔隋高祖〕頒新令，制人男女三歲已下爲黄，十歲已下爲小，十七已下爲中，十八已上爲丁，丁從課役，六十爲老，乃免。自諸王已下至於都督皆給永業田各有差，多者至一百頃，少者至四十畝，其丁男、中男、永業、露田皆遵後齊之制，并課樹以桑、榆及棗。其園宅率三口給一畝，奴婢則五口給一畝。京官又給職分田，外官亦各有職分田，又給公廨田，以供公用。

唐會要捌叁租税上（參考通典貳田制下及舊唐書肆捌食貨志、新唐書伍壹食貨志等）略云：

〔武德〕七年三月二十九日始定均田賦税，凡天下丁男給田一頃，篤疾廢疾給四十畝，寡妻妾三十畝，若爲户者加二十畝。所授之田十分之二爲世業，餘爲口分田，身死則承户者授之，口分則收入官，更以給人。

同書玖貳内外官職田（參考前條有關諸書）略云：

武德元年十二月制内外職官各給職分田。

據此簡略之徵引，即可見北朝俱有均田之制，魏、齊、隋、唐之田制實同一繫統，而南朝則無均田之制，其國用注重於關市之稅，北朝雖晚期亦征關市之稅，然與南朝此稅之地位其輕重頗有不同，然則南朝國民經濟國家財政較北朝爲進步，抑又可知也。魏書陸捌甄琛傳（北史肆拾甄琛傳同）所云：

〔於世宗時〕上表曰：「今僞弊相承，仍崇關鄽之稅，大魏恢博，唯受穀帛之輸。」

南北社會經濟國家財政之差异要點，甄琛此數語足以盡之矣。

但隋雖統一南北，而爲時甚短，又經隋末之擾亂，社會經濟之進步亦爲之停頓，直至唐高宗武則天之世，生養休息約經半世紀之久，社會經濟逐漸進展，約再歷半世紀，至玄宗之時，則進展之程度幾達最高度，而舊日北朝之區域自西晉永嘉亂後其社會經濟之發達未有盛於此時者也。夫唐代之國家財政制度本爲北朝之繫統，而北朝之社會經濟較南朝爲落後，至唐代社會經濟之發展漸超越北朝舊日之限度，而達到南朝當時之歷程時，則其國家財政制度亦不能不隨之以演進。唐代之新財政制度，初視之似爲當時政府一二人所特創，實則本爲南朝之舊制。蓋南朝雖爲北朝所并滅，其遺制當仍保存於地方之一隅，迨經過長久之期間，唐代所統治之北朝舊區域，其經濟發展既與南朝相等，則承繼北朝繫統之中央政府遂取用此舊日南朝舊制之保存於江南地方者而施行之，前所謂唐代制度之江南地方化者，即指此言也。又河隴區域在北朝區域內本爲文化甚高區域，其影響於隋唐制度之全部者，前章已詳言之。但除文化一端外，其地域在吾國之西北隅，與西北諸外族鄰接，歷來不獨爲文化交通之孔道，亦爲國防軍事之要區。唐代繼承宇文泰關中本位之政策，西北邊疆本重於東北，至於玄宗之世，對於東北更取消極維持之政策，而對於西北，則取積極進展之政策。其關涉政治史者本章可不置論，玆所論者即西北一隅歷代爲邊防要地，其地方傳統之財政經濟制度經長久之演進，頗能適合國防要地之環境。唐玄宗既對西北邊疆采軍事積極政策，則此河湟地方傳統有效之制度實有擴大推廣而改爲中央政府制度之需要，此即前所謂唐代制度之河西地方化也。請就二者各舉一例以證明之，關於江南地方化者曰迴造納布，關於河西地方化者曰和糴，此二端之涉及政治軍事者不能詳述，玆僅論其淵源所從出於下：

隋唐二代長安、洛陽東西兩京俱爲政治文化之中心，而長安爲西魏、北周以來關中本位之根據地，當國家積極進行西北開拓政策之時，尤能得形勢近便之利，然其地之經濟運輸則遠不及洛陽之優勝，在北周以前軍政範圍限於關隴巴蜀，規模狹小，其經濟尚能自給。自周滅北齊後不久，即營建洛陽爲東京，隋唐承之，故長安、洛陽天子往來行幸，誠如李林甫所謂東西兩宮者也（參新唐書貳貳叁上奸臣傳李林甫傳及通鑑貳壹肆唐紀叁拾開元二十四年條等）。夫帝王之由長安遷居洛陽，除別有政治及娛樂等原因，如隋煬帝、武則天等玆不論外，其中尚有一主因爲本章所欲論者，即經濟供給之原因是也。蓋關中之地農產物雖號豐饒，其實不能充分供給帝王宮衛百官俸食之需，而其地水陸交通不甚便利，運轉米穀亦頗困難，故自隋唐以降，關中之地若值天災，農產品不足以供給長安帝王宮衛及百官俸食之需時，則帝王往往移幸洛陽，俟關中農產豐收，然後復還長安。茲就隋唐二代各舉一例如下：

隋書貳高祖紀下（北史壹壹隋本紀上略同）云：

開皇十四年八月辛未關中大旱，人饑，上率户口就食於洛陽。十五年三月己未至自東巡狩。

通鑑貳百玖唐紀貳伍景龍三年末云：

是年關中饑，米斗百錢，運山東、江淮穀輸京師，牛死什八九。群臣多請車駕幸東都，韋后家本杜陵，不樂東遷，乃使巫覡彭君卿等説上（中宗）云：「今歲不利東行。」後復有言者，上怒曰：「豈有逐糧天子耶？」乃止。

觀此二例，可知隋唐時關中長安之經濟供給情勢矣。至唐玄宗之世，爲唐代最盛之時，且爲積極施行西北開拓政策之際，當日關中經濟供給之問題尤較前代爲嚴重，觀舊唐書玖捌裴耀卿傳（通典拾食貨典漕運門同，其他有關材料不備列）所云：

明年（開元二十一年）秋霖雨害稼，京城穀貴，上將幸東都，獨召耀卿，問救人之術。耀卿對曰：「今既大駕東巡，百司扈從，太倉及三輔先所積貯且隨見在發重臣分道賑給，計可支一二年。從東都更廣漕運，以實關輔，待稍充實，車駕西還，即事無不濟。臣以國家帝業本在京師，萬國朝宗，百代不易之所，但爲秦中地狹，收粟不多，儻遇水旱，便即匱乏。往者貞觀永徽之際禄廪數少，每年轉運不過一二十萬石，所用便足，以此車駕久得安居。今國用漸廣，漕運數倍於前，支猶不給，陛下數幸東都，以就貯積，爲國家大計，不憚劬勞，祇爲憂人而行，豈是故欲來往。若能更廣陝運，支粟入京，倉廪常有二三年糧，即無憂水旱。今天下輸丁約有四百萬人，每丁支出錢百文，五十文充營窖等用，貯納司農及河南府陝州，以充其費。租米則各隨遠近，任自出脚，送納東都。從都至陝，河路艱險，既用陸脚，無由廣致。若能開通河漕，變陸爲水，則所支有餘，動盈萬計。且河南租船候水始進，吴人不便河漕，由是所在停留，日月既淹，遂生隱盜，臣望沿流相次置倉。」上深然其言。尋拜黄門侍郎同中書門下平章事，充轉運使，語在食貨志。凡三年運七百萬石，省脚錢三十萬貫。

及舊唐書肆玖食貨志下（參考通典拾食貨典漕運門等）所云：

〔開元〕十八年宣州刺史裴耀卿上便宜事條曰：「江南户口稍廣，倉庫所资，惟出租庸，更無征防。緣水陸遥遠，轉運艱辛，功力雖勞，倉儲不益。今若且置武牢、洛口等倉，江南船至河口，即却還本州，更得其船充運，并取所减脚錢，更運江淮變造義倉，每年剩得一二百萬石，即望數年之外倉廪轉加。其江淮義倉下濕不堪久貯，若無船可運，三兩年色變，即給貸費散，公私無益。」疏奏不省（至二十一年始施用其言）。則可知玄宗時關中經濟不能自足情形及其救濟之政策。裴耀卿之方略，第一在改良運輸方法，即沿流相次置倉；第二在增加運輸數量，即運江淮變造義倉。斯二者皆施行有效，然此尚爲初步之政策，更進一步之政策則爲就關中之地收買農產物，即所謂和糴；而改運江淮之粟爲運布，即所謂迴造納布是也。

新唐書伍叁食貨志（參通鑒貳壹肆唐紀開元二十五年條）云：

貞觀開元後西舉高昌、龜茲、焉耆、小勃律，北抵薛延陀故地，緣邊數十州戍重兵，營田及地租不足以供軍，於是初有和糴。牛仙客爲相，有彭果者獻策廣關輔之糴，京師糧稟益羨，自是玄宗不復幸東都。天寶中歲以錢六十萬緡賦諸道和糴，斗增三錢，每歲短遞輸京倉者百餘萬斛，米賤則少府加估而糴，贵則賤價而糶。

關於和糴在當日政治上之重要，表弟俞大綱君曾詳論之，茲不復贅（見中央研究院歷史語言研究所集刊第伍本第壹分讀高力士外傳論變造和糴之法）。今所欲論者，乃和糴之起源及與牛仙客之關係，至彭果與此政策之内容究有何聯繫，難以考知，故置不論。舊唐書壹百叁牛仙客傳（新唐書壹叁叁牛仙客傳略同）略云：

牛仙客，涇州鶉觚人也。初爲縣小吏，縣令傅文静甚重之。文静後爲隴右營田使，引仙客參預其事，遂以軍功累轉洮州司馬。開元初王君㚟爲河西節度使，以仙客爲判官，甚委信之。蕭嵩代君㚟爲河西節度使，又以軍政委於仙客。及嵩入知政事，數稱薦之。稍遷太僕少卿，判涼州別駕事，仍知節度留後事，竟代嵩爲河西節度使，判涼州事。開元廿四年秋代信安王禕爲朔方行軍大總管，右散騎常侍崔希逸代仙客知河西節度事。初仙客在河西節度時省用所積鉅萬，希逸以其事奏聞。上令刑部員外郎張利貞馳傳往覆視之，仙客所積倉庫盈滿，器械精勁，皆如希逸之狀。上大悅，以仙客爲尚書，中書令張九齡執奏以爲不可，乃加實封二百户，其年十一月九齡等罷知政事，遂以仙客爲工部尚書同中書門下三品，仍知門下事。仙客既居相位，獨善其身，唯諾而已。百司有所諮決，仙客曰：「但依令式可也」，不敢措手裁決。

寅恪案，仙客以河湟一典史，躋至宰相，其與張九齡一段因緣爲玄宗朝政治之一大公案，但與和糴事無直接關係，故此可不論。兹可注意者，爲仙客出生及歷官之地域并其在官所職掌及功績數端，質言之，即以西北邊隅之土著，致力於其地方之足食足兵之政略，而大顯成效，遂特受奬擢，俾執中央政權是也。史傳言其在相位庸碌，不敢有所裁決，自是實録，但施行和糴於關中，史雖言其議發於彭果，然實因仙客主持之力，乃能施行。夫關中用和糴法，乃特創之大事也，以仙客之庸謹，乃敢主之者，其事其法必其平生所素習，且諗知其能收效者，否則未必敢主其議。由此推論，則以和糴政策爲足食足兵之法，其淵源所在疑舍西北邊隅莫屬也。

隋書貳肆食貨志（參通典壹貳食貨典輕重門義倉條）略云：

〔開皇〕五年五月，工部尚書襄陽縣公長孫平奏令諸州百姓及軍人勸課當社共立義倉，收穫之日隨其所得，勸課出粟及麥，於當社造倉窖貯之，即委社司執帳檢校，每年收積勿使損敗，若時或不熟，當社有饑饉者，即以此穀賑給。十四年關中大旱，人饑，上幸洛陽，因令百姓就食從官并准見口賑給，不以官位爲限，是時義倉貯在人間，多有費損。十五年二月詔曰：「本置義倉，止防水旱，百姓之徒不思久計，輕爾費損，於後乏绝。又北境諸州异於餘處，雲、夏、長、靈、鹽、蘭、豐、鄯、凉、甘、瓜等州所有義倉雜種并納本州，若人有旱儉少糧，先給雜種及遠年粟。」十六年正月，又詔秦、疊、成、康、武、文、芳、宕、旭、洮、岷、渭、紀、河、廓、豳、隴、涇、寧、原、敷、丹、延、綏、銀、扶等州社倉并於當縣安置。二月又詔社倉准上、中、下三等税：上户不過一石，中户不過七斗，下户不過四斗。

唐會要捌捌倉及常平倉（參通典壹貳食貨典及兩唐書食貨志等）略云：

貞觀二年四月，尚書左丞戴胄上言，請立義倉。上曰：「既爲百姓先作儲貯，官爲舉掌，以備凶年，深是可嘉，宜下有司，議立條制。」户部尚書韓仲良奏：「王公以下墾田畝納二升，貯之州縣，以備凶年。」制可之。永徽二年閏九月六日敕：「義倉據地收税，實是劳煩，宜令率户出粟，上下户五石，餘各有差。」

依據隋志紀述，知隋初社倉本爲民間自理，後以多有費損，實同虛設，乃改爲官家收辦，但限於西北諸州邊防要地者，以其處軍食爲國防所關，不得如他處之便可任人民自由處理也。又依户之等第納粟，實已變開皇初立義倉時之勸導性質爲强迫徵收矣。唐初之義倉似即仿隋制，然卒令率户出粟，變爲一種賦税，中唐以後遂爲兩税之一之重要收入，其詳本章所不能論，然其演變之迹象與隋西北邊諸州相同，則殊無疑，豈其間亦有因襲摹仿之關係耶？未敢確言之也。

又觀唐會要玖拾和糴門所載如：

〔貞元〕四年八月詔京兆府於時價外加估和糴，先是京畿和糴多被抑配，百姓苦之。

及白氏長慶集肆壹論和糴狀所云：

凡曰和糴，則官出錢，人出穀，兩和商量，然後交易也。比來和糴，事則不然，但令府縣散配户人，促立程限，嚴加徵催，苟有稽遲，則被追捉，甚於税賦，號爲和糴，其實害人。若有司出錢，開場自糴，比於時價，稍有優饒，利之誘人，人必情願。臣久處村閭，曾爲和糴之户，親被迫蹙，實不堪命，臣近爲畿尉，曾領和糴之司，親自鞭撻，所不忍睹。

則和糴至少在德宗、憲宗之世，實際上爲「散配户人，嚴加徵催」之强迫收取人民農産品之方法，其何以由「和」買而變爲强徵，殊可深思。其在玄宗時如何情形固不能確知，但有可決言者，即和糴之制本爲軍食而設，如唐會要捌捌倉及常平倉云：

貞元八年十月敕：「諸軍鎮和糴貯備共三十三萬石。」

及同書玖拾和糴云：

長慶元年二月敕：「其京北、京西和糴使宜勒停，先是度支以近儲無備，請置和糴使，經年無效，徒擾邊民，故罷之。」

即可瞭然隋代以全國社倉人民處理不善，特在西北邊州軍防之地改官辦之制，即是令人民直接間接納粟於軍鎮，其後改爲依户等納粟，亦是「配户徵催」之制也。唐貞觀義倉之制爲全國普遍制，江南尚且實施，西北更應一律遵行，而西北自貞觀至開元其間皆有軍事關係，爲屯駐重兵之地，觀通典壹貳食貨典輕重門義倉條（參舊唐書玖叁及新唐書壹壹壹薛訥傳）云：

高宗武太后數十年間義倉不許雜用，其後公私窘迫，貸義倉支用，自中宗神龍之後，義倉費用向盡。

則知西北邊州軍需之廣，義倉亦必貸盡而有所不足也。但欲足軍食，舍和糴莫由，故通鑒貳壹肆唐紀叁拾開元二十五年九月條（參前引新唐書食貨志）云：

先是，西北數十州多宿重兵，地租營田皆不能贍，始用和糴之法。有彭果者，因牛仙客獻策，請行糴法於關中。〔九月〕戊子敕：「以歲稔穀賤傷農，命增時價什二三，和糴東西畿粟各數百萬斛。」自是關中蓄積羨益，車駕不復幸東都矣。癸巳，敕河南、河北租應輸含嘉太原倉者皆留輸本州。

是西北邊州本行和糴之法，而牛仙客、彭果因以推行於關中。牛仙客本由河湟典史歷官西北甚久，以能足食足兵顯名，致位宰相，則西北和糴之法仙客必早已行之而有效。而其所以能著效者，除有充足之財貨足以爲和買之資外，尚須具備有二條件：一爲其地農民人口繁殖，足以增加農産品數量，二爲其地已習用此類帶有强迫性收買之方法。請略言之：

和糴者，就地收購農産物之謂，故必須其地農民人口繁殖，有充分之生産，始得行收購之實。隋季西北諸州雖罹戰禍，然休養生息至唐玄宗之晚年，必已恢復繁盛，加以政府施行充實西北邊州之政策，故其地遂爲當日全國最富饒之區域。通鑑貳壹陸唐紀叁貳天寶十二載以歌舒翰兼河西節度使條述當日河西之盛况（寅恪案，此采自明皇雜録，又元氏長慶集貳肆和李校書新題樂府西涼伎一詩亦可參考）云：

是時中國盛强，自安遠門西盡唐境萬二千里，閭閻相望，桑麻翳野，天下稱富庶者無如隴右。

當日西北邊州富庶若此，和糴政策第一條件既已備具，則就其地以推行此政策，自不困難，可無疑也。

又和糴之法若官所出價，逾於地方時估者甚高，雖可以利誘民，然政府所費過鉅，如收購之數量甚多，則不易支久；如官方所出價與地方時估相差無幾，則區區微利之引誘，必不能使農民自動與胥吏交易。蓋農民大抵畏吏胥如虎狼，避之惟恐不及，此則無古今之异，不俟煩言而解者也。是以必帶有習慣性及强迫性，和糴之法始能施行有效，而不致病民。考西北邊州自隋開皇時已行按户納粟於官倉或軍倉之制，其性質即與白香山所謂「散配户人，嚴加徵催」，實無不同。雖西北邊州施行貞觀義倉之制，已變爲一種賦税，而史言西北宿重兵，其地早行和糴，則和糴之法在西北邊州諒亦不過依隋代按户納粟於軍倉之制，但略給價，以資利誘，其基本之手續方法似無大异，以上下相習，爲日已久，遂能成效卓著也。至元和時關中和糴之法所以變爲厲民之政者，蓋和糴之法本帶强迫性質，以非如是，無以成事，不過值國庫優裕，人民富庶之時，政府既能給價，人民亦易負擔，故當時尚不視爲病民之政耳。此和糴之法所應具備之第二條件也。

總而言之，西北邊州早行和糴之法，史已明言。牛仙客推行引用於關輔，此和糴之法乃由西北地方制度一變而成中央政府制度，所謂唐代制度之河西地方化者是也。至和糴之法在西北開元二十五年以前其詳雖不可考，但今敦煌所出寫本中猶存天寶四載豆盧軍和糴計帳殘本（刊載敦煌掇瑣中輯陸陸號，寅恪曾考論其中升斗兩字，載一九三六年十月清華學報之讀秦婦吟文中），尚可據以推知其大概也。

玄宗既用牛仙客和糴之法，關中經濟可以自給，則裴耀卿轉運江淮變造等農産品之政策成爲不必要。但江淮之農産品雖不需，而其代替農産品可作財貨以供和糴收購之〔麻〕布，則仍須輸入京師，藉之充實關中財富力量也。故舊唐書玖玄宗本紀下（參考前引通鑒開元二十五年條及唐會要捌叁租稅下所載開元二十五年三月三日敕文）云：

開元二十五年二月戊午罷江淮運，停河北運。

通典陸食貨典賦稅下略云：

〔開元二十五年定令，〕其江南諸州租并迴造納布。

唐代自開國以來，其人民所繳納之租本應爲粟，今忽改而爲布，乃國家財政制度上之一大變革，此中外史家所共知者也。嘗就閱讀所及，凡論此改革之文雖頗不少，似尚未有深探此變制之所從來者，不揣鄙陋，試略證論之：

竊以爲此制乃南朝舊制，南朝雖并於北朝，此納布代租之制仍遺存於江南諸州，殆爲地方一隅之慣例，至武則天時此制乃漸推廣施行，至玄宗開元二十五年中央政府以之編入令典，遂成爲一代之制度矣。據 Sir M. A. Stein 著 Innermost Asia,Vol. Ⅲ, Plates CXXVII 載其在 Astana Cemetery 所發見之布二端，其一端之文爲：

婺州信安縣顯德鄉梅山里祝伯亮租布一端。

光宅元年十一月日。

寅恪案，此乃代租之布，故謂之租布，考婺州在唐代爲江南道轄地，此即開元二十五年新令所謂

其江南諸州租并迴造納布

之明證。不過其事已於武后時即有之矣。武則天世東北邊疆屢有戰事，顏魯公文集附載殷亮所撰行狀（參全唐文伍壹肆）略云：

時清河郡寄客李華（寅恪案，通鑑考异依舊傳作蕚）爲郡人來乞師於公曰：「國家舊制江淮郡租布貯於清河，以備北軍，爲日久矣。相傳〔謂〕之天下北庫，今所貯者有江東布三百餘萬匹，河北租調絹七十餘萬，當郡彩綾十餘萬，累年税錢三十餘萬，倉糧三十萬，討默啜甲仗藏於庫內，五十餘萬。」

寅恪案，李蕚所謂國家舊制爲日已久，未能確定其時代，然其言江淮租布與討默啜甲仗聯文，疑即武后時事。蓋中央亞細亞發見之光宅元年婺州租布，其地域時代俱與蕚言符合，故此祝伯亮之租布即當日江東租布遺傳於今日者耳。又租布成一名詞，乃代租之布之義，觀於祝伯亮之租布及殷亮所述之言，俱可證知，而通鑑貳壹柒唐紀叁叁至德元載三月條司馬君實紀此事，其述李蕚之言作

國家平日聚江淮河南錢帛於彼，以贍北軍，謂之天下北庫，今有布三百餘萬匹云云。

殊爲含混，失其本意，轉不如極喜更易舊文之宋子京，其於新唐書壹伍叁顔真卿傳仍依殷亮原文作「江淮租布」，爲得其真也。

或問：今日租布實物之發現即迴造納布之制已行於武則天時江南諸州之明證，是固然矣，然何以知其爲南朝之遺制耶？應之曰：南朝財政制度史籍所載雖甚簡略，不易詳考，但亦有可推知者，如南齊書叁武帝紀云：

永明四年五月癸巳詔揚、南徐二州今年户租三分二取見布，一分取錢，來歲以後遠近諸州輸錢處并減布直，匹准四百，依舊折半，以爲永制。

同書肆拾竟陵王子良傳云：

詔折租布二分取錢。

此二卷所紀同是事，绝無可疑。而其所言錢布之比例似有矛盾，又納錢一事亦别成問題，本章皆不欲解釋，以免枝蔓。但武帝紀明言户租，蕭子良傳則謂之折租布，由此推斷，租可折納錢，亦可折納布。租若折納布，即是租布，亦即迴造納布，此所謂唐代制度之江南地方化，易言之，即南朝化者是也。

附記：此章作於一九四〇年春季，其年夏季付商務印書館印刷，久未出版，至一九四三年春季著者始於桂林廣西大學圖書館得見一九四〇年出版之東方學報第壹壹卷第壹册仁井田陞氏吐魯番發見之唐代庸調布及租布一文，與此章所論略同。特附記歲月先後於此，以免誤會。

八　附論

本書所論，極爲簡略，僅稍舉例，以闡説隋唐二代制度之全體因革要點與局部發展歷程而已。總而言之，二代之制度因時間與地域參錯綜合之關係，遂得演進，臻於美備，徵諸史籍，其迹象明顯，多可推尋，决非偶然或突然所致者也。寅恪自惟學識本至淺陋，年來復遭際艱危，倉皇轉徙，往日讀史筆記及鳩集之資料等悉已散失，然今以隨順世緣故，不能不有所撰述，乃勉强於憂患疾病之中，姑就一時理解記憶之所及，草率寫成此書。命之曰稿者，所以見不敢視爲定本及不得已而著書之意云爾。一九四〇年四月陳寅恪書於昆明青園學舍，時大病初愈也。

唐代政治史述論稿

自序

寅恪嘗草隋唐制度淵源略論稿，於李唐一代法制諸端，妄有所論述。至於政治史事，以限於體例，未能涉及。兹稿所言則以唐代之政治史爲範圍，蓋所以補前稿之未備也。夫吾國舊史多屬於政治史類，而資治通鑑一書，尤爲空前杰作。今草兹稿，可謂不自量之至！然區區之意，僅欲令初學之讀通鑑者得此參考，或可有所啓發，原不敢謂有唐一代政治史之綱要，悉在此三篇中也。儻承通識君子不誤會創草兹稿之本旨，而糾正其訛謬，何幸如之！

壬午七夕陳寅恪書於桂林良豐雁山别墅。

上篇　統治階級之氏族及其升降

朱子語類壹叁陸歷代類叁云：

唐源流出於夷狄，故閨門失禮之事不以爲异。

朱子之語頗爲簡略，其意未能詳知。然即此簡略之語句亦含有種族及文化二問題，而此二問題實李唐一代史事關鍵之所在，治唐史者不可忽視者也。兹請先論唐代三百年統治階級中心皇室之氏族問題，然後再推及其他統治階級之種族及文化問題。

若以女繫母統言之，唐代創業及初期君主，如高祖之母爲獨孤氏，太宗之母爲竇氏，即紇豆陵氏，高宗之母爲長孫氏，皆是胡種，而非漢族。故李唐皇室之女繫母統雜有胡族血胤，世所共知。不待闡述，兹所論者專以男繫父統之氏族爲範圍也。

唐之皇室本有自撰之譜牒，原書今不可見。然如册府元龜及兩唐書等唐皇室先世淵源之記載固出自李唐皇室自撰之譜牒，即唐太宗御撰之晋書亦唐皇室自述其氏族淵源之要籍。故兹依據此類唐室自叙其家世之著述，復取其他史料互相參證，以討論此問題焉。

李唐世繫之紀述，其見於册府元龜壹帝王部帝繫門、舊唐書壹高祖紀、新唐書壹高祖紀、北史壹百序傳及晋書捌柒涼武昭王傳等書者，皆不及新唐書柒拾上宗室世繫表所載之詳備，今即依此表與其他史料討論之。表云：

〔李〕歆字士業，西涼後主。八子：勖、紹、重耳、弘之、崇明、崇産、崇庸、崇祐。重耳字景順，以國亡奔宋，爲汝南太守。後魏克豫州，以地歸之，拜恒農太守，復爲宋將薛安都所陷。後魏安南將軍豫州刺史，生獻祖宣皇帝諱熙，字孟良，後魏金門鎮將（舊唐書壹高祖紀云：「率豪杰鎮武川，因家焉。」新唐書壹高祖紀同）。生懿祖光皇帝，諱天賜，字德真。三子：長曰起頭，長安侯。生達摩，後周羽林監太子洗馬長安縣伯。次曰太祖（虎），次曰乞豆。

此表所載必出唐室自述其宗繫之舊文。茲就其所紀李重耳、李熙父子事實，分析其内容，除去其爲西涼李暠之正支後裔一事以外，尚有七事，條列於下：

（一）其氏爲李。

（二）父爲宋汝南太守。

（三）後魏克豫州，父以地歸之。

（四）父爲後魏恒農太守。

（五）父爲宋將薛安都所陷，即所擒。

（六）父爲後魏安南將軍豫州刺史。

（七）子爲後魏金門鎮將。

考宋書伍文帝紀云：

〔元嘉〕二十七年二月辛巳索虜寇汝南諸郡，陳、南頓二郡太守鄭琨，汝陽、潁川二郡太守郭道隱委守走。索虜攻懸瓠城，行汝南郡事陳憲拒之。

又同書柒貳南平穆王鑠傳云：

索虜大帥拓拔燾南侵陳潁，遂圍懸瓠城，太守陳憲保城自固。

又同書柒柒柳元景傳略云：

〔元嘉〕二十七年八月〔隨王〕誕遣振威將軍尹顯祖出貲谷，奮武將軍魯方平、建武將軍薛安都、略陽太守龐法起入盧氏。（中略）。〔閏〕十月法起、安都、方平諸軍入盧氏。（中略）。法起諸軍進次方伯𡹎，去弘農城五里。（中略）。諸軍造攻具，進兵城下。僞弘農太守李初古拔嬰城自固，法起、安都、方平諸軍鼓噪以陵城。（中略）。安都軍副譚金、薛係孝率衆先登，生禽李初古拔父子二人。（中略）。殿中將軍鄧盛、幢主劉駿亂使人入荒田，招宜陽人劉寬糾，率合義徒二千餘人，共攻金門隖，屠之。殺戍主李買得，古拔子也，爲虜永昌王長史，勇冠戎類。永昌聞其死，若失左右手。

又同書玖伍索虜傳略云：

〔元嘉〕二十七年，燾自率步騎十萬寇汝南。（中略）。宣威將軍陳、南頓二郡太守鄭琨（文帝紀作琨），綏遠將軍汝南、潁川二郡太守郭道隱并弃城奔走。虜掠抄淮西六郡，殺戮甚多。攻圍懸瓠城，城内戰士不滿千人。先是，汝南、新蔡二郡太守徐遵之去郡，南平王遣左軍行參軍陳憲行郡事，憲嬰城固守。（中略）。燾遣從弟永昌王庫仁真步騎萬餘將所略六郡口北屯汝陽。（中略）。太祖嘉憲固守，詔曰：「右軍行參軍行汝南、新蔡二郡軍事陳憲盡力捍衛，全城摧寇，忠敢之效宜加顯擢，可龍驤將軍汝南、新蔡二郡太守！」

又魏書陸壹薛安都傳云：

後自盧氏入寇弘農，執太守李拔等，遂逼陜城。時秦州刺史杜道生討安都，仍執拔等南遁。及世祖（拓拔燾）臨江，拔乃得還。

據上引史實，則父稱李初古拔，子稱李買得，名雖類胡名，姓則爲漢姓，其氏既爲李，是與上列第一條適合。李初古拔爲弘農太守，弘農即恒農，後魏以避諱故改稱恒農，是與第四條適合。李初古拔爲宋將薛安都所擒，是與第五條適合。宋書柳元景傳言：「生擒李初古拔父子」，魏書薛安都傳言：「執李拔等，仍執拔等南遁。及世祖臨江，拔乃得還」，則李初古拔當不止一子，殆買得死難，以弟或兄代領其職，今不能確知。但册府元龜壹帝王部帝繫門及兩唐書壹高祖紀等書李熙率豪杰鎮武川因而留居之記載，乃後來宇文泰所改造，并非事實，俟後詳論之。總之，李熙爲金門鎮將，李買得亦爲金門隝戍主，地理專名如是巧同，亦可認爲與第七條適合，至於北魏諸鎮設置之時代及其地望等問題則别爲一事，非兹所討論者也。又第二條李重耳爲宋汝南太守一事，徵諸上引史實，絶不可能。蓋既言：「爲宋將薛安都所陷」，其時必在元嘉二十七年。當時前後宋之汝南太守其姓名皆可考知，郭道隱則弃城走，徐遵之則去郡，陳憲則先行郡事，後以守城功擢補實官。故依據時日先後，排比推計，實無李重耳可爲宋汝南太守之餘地。據宋書柳元景傳言：「李買得爲永昌王長史，永昌聞其死，若失左右手」，則李氏父子與永昌王關係密切可以推知。宋書索虜傳又言：「永昌王北屯汝陽」，考資治通鑒繫永昌王屯汝陽事於元嘉二十七年三月，繫李初古拔被擒事於元嘉二十七年閏十月，而汝陽縣本屬汝南郡，後别分爲汝陽郡者，故以時日先後、地理接近及人事關係論，李初古拔殆於未被擒以前曾隨永昌王屯兵豫州之境，因有汝南太守之授。然則此唐室譜牒所言之汝南太守實非宋之汝南太守，乃由魏之汝南太守所修改而成者也。第六條之安南將軍豫州刺史當即與第二條有關，檢册府元龜壹帝王部帝繫門之文，豫州刺史之上有「贈」字，是豫州刺史乃後來追贈之官，故於此不成問題，可不討論矣。魏書薛安都傳言：「〔安都〕仍執〔李〕拔等南遁。及世沮臨江，拔乃得還」，是李初古拔原有自北至南復自南還北一段因緣，李唐自述先世故實，竟或因此加以修改，以傳會李重耳之由北奔南，又出南歸北耶？幸賴其與他種記載符合及矛盾，留一罅隙，千載而後遂得以發其覆也。

復次，魏書薛安都傳之李拔即宋書柳元景傳李初古拔之省稱及雅名。梁書伍陸侯景傳載景之祖名周，而南史捌拾侯景傳作羽乙周，正與此同例。蓋胡人名字原是對音，故成繁鄙，异於華夏之雅稱，後代史官屬文，因施删略。夫侯景稱帝，七世廟諱父祖之外皆王偉追造（見梁書、南史侯景傳），天下後世傳爲笑談。豈知李唐皇室先世之名字亦有與此略相類似者乎？又據魏書肆貳薛辯傳附長子初古拔傳（北史叁陸薛辯傳同）云：

長子初古拔，一曰車軲拔（北史軲作轂），本名洪祚，世祖賜名。

同書叁貳高湖傳亦附載高各拔之名。然則初古拔或車軲拔乃當日通常胡名，頗疑李初古拔如其同時薛洪祚之例，亦本有漢名，特以胡名著稱於史耳。

總而言之，前所列之七條，第一、第四、第五、第七四條之中，李重耳父子事實皆與李初古拔父子事實適合。第六條乃第二條之附屬，無獨立性質，可不別論。第二條、第三條實互相關連，第五條既言：「爲宋將薛安都所陷」，則元嘉二十七年南北交兵之際李氏父子必屬於北，而不屬於南，否則何得謂爲宋將所擒？故今易原文之劉宋爲後魏，則第二、第三條之事實不獨不與其他諸條相反，而且與之相成。况其他諸條中涵有「元嘉二十七年」一定之時間、「李氏」

「薛安都」之姓名專名、「弘農」「金門」之地理專名，而竟能兩相符應，天地之間似無如此偶然巧值之事。故今假定李唐爲李初古拔之後裔，或不至甚穿鑿武斷也。

抑更有可論者，據唐會要壹帝號條上云：

獻祖宣皇帝諱熙（凉武昭王暠曾孫、嗣凉王歆孫、弘農太守重耳之子也。）武德元年六月二十二日追尊爲宣簡公，咸亨五年八月十五日追尊宣皇帝，廟號獻祖，葬建初陵（在趙州昭慶縣界，儀鳳二年五月一日追封爲建昌陵，開元二十八年七月十八日詔改爲建初陵）。

懿祖光皇帝諱天賜（宣皇帝長子）。武德元年六月十二日追尊懿王，咸亨五年八月十五日追尊光皇帝，廟號懿祖，葬啓運陵（在趙州昭慶縣界，儀鳳二年五月一日追封爲延光陵，開元二十八年七月十八日詔改爲啓運陵。）

元和郡縣圖志壹柒（參閲舊唐書叁玖地理志，及新唐書叁玖地理志趙州昭慶縣條）：

趙州。

昭慶縣，本漢廣阿縣，屬鉅鹿郡。

皇十三代祖宣皇帝建初陵。高四丈，週迴八十丈。

皇十二代祖光皇帝啓運陵。高四丈，週迴六十步。二陵共塋，週迴一百五十六步。在縣西南二十里。

冊府元龜壹帝王部帝繫門略云：

唐高祖神堯皇帝姓李氏，隴西狄道人。其先出自李暠，是爲凉武昭王，薨，子歆嗣位，爲沮渠蒙遜所滅。歆子重耳奔於江南，仕宋爲汝南郡守，復歸於魏，拜弘農太守，贈豫州刺史。生熙，起家金門鎮將。後以良家子鎮於武川，都督軍戎百姓之務，終於位，因家焉。生天賜，仕魏爲幢主，大統時贈司空。生太祖景皇帝虎，封趙郡公，徙封隴西公；周受魏禪，録佐命功，居第一，追封唐國公。生世祖元皇帝昞，在位十七年，封汝陽縣伯，襲封隴西公；周受禪，襲封唐國公。高祖即元皇帝之世子，母曰元貞皇后，七歲襲封唐國公，義寧二年受隋禪。

今河北省隆平縣尚存唐光業寺碑，碑文爲開元十三年宣義郎前行象城縣尉楊晋所撰，前中央研究院歷史語言研究所藏有拓本，頗殘闕不可讀。兹取與黄彭年等修畿輔通志壹柒肆古迹略所載碑文相參校，而節録其最有關之數語於下：

（上略）皇祖瀛州刺史宣簡公謹追上尊號，謚宣皇帝，皇祖妣夫人張氏追上尊號，謚宣莊皇后。皇祖懿王謹追上尊號，謚光皇帝，皇祖妣妃賈氏謹追上尊號，謚光懿皇后（中略）。詞曰：維王桑梓，本際城池（下略）。

案：李熙、天賜父子共塋而葬，即族葬之一證。光業寺碑頌詞復有「維王桑梓」之語，則李氏累代所葬之地即其家世居住之地，絕無疑義，而唐皇室自稱其祖留居武川之説可不攻自破矣。又據魏書壹佰陸上地形志南趙郡廣阿縣條、隋書叁拾地理志趙郡大陸縣條及元和郡縣圖志壹柒趙州昭慶縣條等，知李氏父子葬地舊屬鉅鹿郡，與山東著姓趙郡李氏居住之舊常山郡壤地鄰接，李虎之封趙郡公當即由於此也。又漢書貳捌地理志載中山國唐縣有堯山，魏書壹佰陸上地形志載南趙郡廣阿縣即李氏父子葬地復有堯臺。李虎死後，追封唐國公，蓋止取義於中山、鉅鹿等地所流傳之放勛遺迹，并非如通常廣義兼該太原而言也。至大唐創業起居注所云：

初，帝奉詔爲太原道安撫大使，帝以太原黎庶陶唐舊民，奉使安撫不逾本封，因私喜此行以爲天意。

則爲後來依附通常廣義之解釋，殊與周初追封李虎爲唐國公時暗示其與趙郡相關之本旨不同也。然則李唐豈真出於趙郡耶？若果爲趙郡李氏，是亦華夏名家，又何必假稱出於隴西耶？

考元和郡縣圖志壹伍云：

邢州。

堯山縣，本曰柏人，春秋時晋邑，戰國時屬趙，秦滅趙，屬鉅鹿郡，後魏改「人」爲「仁」，天寶元年改爲堯山縣。

又同書壹柒云：

趙州。

平棘縣，本春秋時晋棘蒲邑，漢初爲棘蒲，後改爲平棘也，屬常山郡。

李左車墓在縣西南七里。

趙郡李氏舊宅在縣南二十里，即後魏以來山東舊族也，亦謂之三巷李家云。東祖居巷之東，南祖居巷之南，西祖居巷之西，亦曰三祖宅巷也。三祖李氏亦有地屬高邑縣。

元氏縣，本趙公子元之封邑，漢於此置元氏縣，屬常山郡，西漢常山太守皆理於元氏。

開業寺，在縣西北十五里，即後魏車騎大將軍陝定二州刺史尚書令司徒公趙郡李徽伯之舊宅也。

柏鄉縣，本春秋時晋鄗邑之地，漢以爲縣，屬常山郡，後漢改曰高邑，屬常山國，齊天保七年移高邑縣於漢房子縣東北界，今高邑縣是也。

高邑縣故城在縣北二十一里，本漢鄗縣地也。

高邑縣，本六國時趙房子之地，漢以爲縣，屬常山郡。

贊皇縣，本漢鄗邑縣之地，屬常山郡。

百陵崗，在縣東十里，即趙郡李氏之別業於此崗下也，崗上亦有李氏塋冢甚多。

昭慶縣，本漢廣阿縣，屬鉅鹿郡。皇十三代祖宣皇帝建初陵。

皇十二代祖光皇帝啓運陵，二陵共塋，在縣西南二十里。（昭慶縣條前已引及，爲便於解説起見，特重出其概略於此。）

元和郡縣圖志著者李吉甫出於趙郡李氏，故關於其宗族之先塋舊宅皆詳載之，若一取其分布之地域核之，則趙郡李氏其顯著支派所遺留之故迹，俱不出舊常山郡之範圍。據此，則趙郡李氏顯著支派當時之居地可以推知也。但其衰微支派則亦有居舊鉅鹿郡故疆者，考北史叁叁李孝伯傳末附載趙郡李氏世繫一節（新唐書柒貳宰相世繫表趙郡李氏條及鄧名世古今姓氏書辨證貳壹同）云：

楷避趙王倫之難，徙居常山。楷子輯，輯子慎、敦，居柏仁，子孫甚微。

案柏仁、廣阿二縣，後魏時俱屬南趙郡，土壤鄰接，實可視爲一地域。趙郡李氏子孫甚微之一支，其徙居柏仁之時代雖未能確定，然李楷避西晋趙王倫之難，下數至其孫慎及敦，僅有二代，則李慎、李敦徙居柏仁，約在江左東晋之時。李熙父子俱葬於廣阿，計其生時亦約當南朝宋齊之世，故以地域鄰接及時代先後二者之關係綜合推論，頗疑李唐先世本爲趙郡李氏柏仁一支之子孫，或者雖不與趙郡李氏之居柏仁者同族，但以同姓一姓同居一地之故，遂因緣攀附，自托於趙郡之高門，衡以南北朝庶姓冒稱士族之慣例，殊爲可能之事。總而言之，據可信之材料，依常識之判斷，李唐先世若非趙郡李氏之「破落户」，即是趙郡李氏之「假冒牌」。至於有唐一代之官書，其紀述皇室淵源間亦保存原來真實之事迹，但其大部盡屬後人諱飾誇誕之語，治史者自不應漫無辨別，遽爾全部信從也。

又魏書玖玖私署凉王李暠傳本不載重耳南奔始末，傳世之十六國春秋纂録陸西凉録亦無其事。而湯球之十六國春秋輯補轉取唐修晋書之凉武昭王傳添此一段蛇足（見湯書叙例），殊爲無識。今敦煌本之十六國春秋殘卷惜未得見，不知與此有關否？至於僞本十六國春秋載重耳事采自唐修晋書更不足辨論矣。

復次，周書肆明帝紀（北史玖明帝紀同）云：

> 二年三月庚申詔曰：「三十六國九十九姓，自魏氏南徙，咸稱河南之民。今周室既都關中，宜改稱京兆人。」

隋書叁叁經籍志史部譜序篇序云：

> 後魏遷洛，有八氏十姓，咸出帝族；又有三十六族，則諸國之從魏者；九十二（九？）姓世爲部落大人者，并爲河南洛陽人。其中國士人則第其門閥，有四海大姓、郡姓、州姓、縣姓；及周太祖入關，諸姓子孫有功者，并令爲其宗長，仍撰譜録，紀其所承，又以關内諸州爲其本望。

據上引史文，嚴格解釋，則隋志之文自「後魏遷洛」至「并爲河南洛陽人」止一節，專指胡人而言，其本末見於魏書壹壹叁官氏志等即魏孝文帝改胡姓爲漢姓之事也。周書、北史周明帝二年（公元五五八年）三月庚申詔書亦指胡人而言，明帝二年在魏孝武帝入關之年（公元五三四年）後二十四年，在西魏恭帝元年（公元五五四年）改有功諸將姓爲胡姓（事見周書貳文帝紀下、北史玖周本紀上）後亦四年，故從入關之遷洛諸胡族其改京兆郡望當在有功諸漢將改關内郡望之後也。

又隋志之文自「其中國士人」至「又以關内諸州爲其本望」止一節，實專指漢人而言。然則李唐之稱西凉嫡裔，即所謂「并令爲其宗長，仍撰譜牒，紀其所承」，其改趙郡郡望爲隴西郡望，即所謂「又以關内諸州爲其本望」，豈非寅恪之假説得此史文而益證實耶？所不解者，昔人於此何以未嘗留意？抑别有其他較勝之説耶？此則深願求教於博識通人也。

復次，唐會要叁皇后條（開元十三年光業寺碑文及巴黎圖書館藏敦煌寫本伯希和號第貳仟伍佰肆唐代祖宗忌日表等均同）云：

宣皇帝（熙）皇后張氏。
光皇帝（天賜）皇后賈氏。
景皇帝（虎）皇后梁氏。
元皇帝（昞）皇后獨孤氏。

據此，張賈皆是漢姓，其爲漢族，當無可疑。梁氏如梁禦之例，雖有出自胡族之嫌疑（見周書壹玖、北史伍玖梁禦傳，又魏書壹壹叁官氏志云：「拔列氏後改爲梁氏」），但梁氏本爲漢姓，大部分皆是漢族，未可以其中有極少數出自胡族之故，遽概括推定凡以梁爲氏者皆屬胡族也。故李虎妻梁氏在未能確切證明其氏族所出以前，仍目之爲漢族，似較妥慎。然則李唐血統其初本是華夏，其與胡夷混雜，乃一較晚之事實也。

茲依據上述資料，作一李唐皇室血統世繫表，起自李熙，迄於世民，以備參考。至李重耳則疑本無其人，或是李初古拔之化身，故不列入，以示闕疑之意。凡女統確知爲漢族者，標以□符號；確知爲胡族者，標以~~~符號；雖有胡族嫌疑，但在未發見確證，仍可認爲漢族者，則標以……符號。

李熙	天賜	虎	昞	淵	世民
张氏	贾氏	梁氏	獨孤氏	竇氏	長孫氏

茲依據上引資料及其解釋，再將李唐世繫先後改易之歷程及胡漢文化問題加以說明。此世繫改易之歷程，實不限於李唐皇室一族，凡多數北朝、隋唐統治階級之家，亦莫不如是，斯實中國中古史上一大問題，亦史學中千載待發而未發之覆也。

自鮮卑拓拔部落侵入中國統治北部之後，即開始施行漢化政策，如解散部落同於編戶之類

（見北史捌拾魏書捌叁上外戚傳賀訥傳、北史玖捌魏書壹佰叁高車傳及魏書壹壹叁官氏志等），其尤顯著之例也。此漢化政策其子孫遵行不替，及魏孝文帝遷都洛陽，其漢化程度更爲增高，至宣武、孝明之世，則已達頂點，而逐漸腐化矣。然同時邊塞六鎮之鮮卑及胡化之漢族，則仍保留其本來之胡化，而不爲洛都漢化之所浸染。故中央政權所在之洛陽其漢化愈深，則邊塞六鎮胡化民族對於漢化之反動亦愈甚，卒釀成六鎮之叛亂，爾朱部落乘機而起。至武泰元年（公元五二八年）四月十三日河陰之大屠殺，遂爲胡人及胡化民族反對漢化之公開表示，亦中古史劃分時期之重要事變也。六鎮鮮卑及胡化漢族既保持胡部特性，而不漸染漢化，則爲一善戰之民族，自不待言。此民族以饑饉及虐政之故激成叛亂，南向遷徙，其大部分輾轉移入高歡統治之下（見北齊書壹神武紀上、北史陸齊本紀上、隋書貳肆食貨志）。故歡之武力遂無敵於中原，終藉此以成其霸業。其他之小部分，由賀拔岳、宇文泰率領西徙，割據關隴，亦能抗衡高氏，分得中國西北部之地，成一北朝東西并峙之局，此治史者所習知也。然宇文氏只分有少數之六鎮民族，復局促於關隴一隅之地，終能并吞分有多數六鎮民族及雄據山東富饒區域之高齊，其故自非僅由一二君主之賢愚及諸臣材不材之所致，蓋必别有一全部繫統之政策，爲此東西并立之二帝國即周齊兩朝勝敗興亡决定之主因，可以斷言也。

宇文泰率領少數西遷之胡人及胡化漢族割據關隴一隅之地，欲與財富兵强之山東高氏及神州正朔所在之江左蕭氏共成一鼎峙之局，而其物質及精神二者力量之憑藉，俱遠不如其東、南二敵，故必别覓一途徑，融合其所割據關隴區域内之鮮卑六鎮民族，及其他胡漢土著之人爲一不可分離之集團，匪獨物質上應處同一利害之環境，即精神上亦必具同出一淵源之信仰，同受一文化之薰習，始能内安反側，外禦强鄰。而精神文化方面尤爲融合複雜民族之要道。在此以前，秦苻堅、魏孝文皆知此意者，但秦魏俱欲以魏晋以來之漢化籠罩全部複雜民族，故不得不亟於南侵，非取得神州文化正統所在之江東而代之不可，其事既不能成，僅餘一宇文泰之新途徑而已。此新途徑即就其割據之土依附古昔，稱爲漢化發源之地（魏孝文之遷都洛陽，意亦如此，惟不及宇文泰之徹底，故仍不忘南侵也），不復以山東江左爲漢化之中心也，其詳具於拙著隋唐制度淵源略論稿，兹不贅論。此宇文泰之新途徑今姑假名之爲「關中本位政策」，即凡屬於兵制之府兵制及屬於官制之周官皆是其事。其改易隨賀拔岳等西遷有功漢將之山東郡望爲關内郡望，别撰譜牒，紀其所承（見前引隋書叁叁經籍志譜序篇序），又以諸將功高者繼塞外鮮卑部落之後（見周書貳文帝紀下及北史玖周本紀上西魏恭帝元年條等），亦是施行「關中本位政策」之例證，如欲解决李唐氏族問題當於此中求之也。

概括言之，宇文泰改易氏族之舉，可分先後二階段：第一階段則改易西遷關隴漢人中之山東郡望爲關内郡望，以斷絶其鄉土之思（初止改易漢人之山東郡望，其改易胡人之河南郡望爲京兆郡望，則恐尚在其後，見前引周書肆明帝紀及北史玖周本紀上明帝二年三月庚申詔書），并附會其家世與六鎮有關，即李熙留家武川之例，以鞏固其六鎮團體之情感。此階段當在西魏恭帝元年（公元五五四年）復魏孝文帝所改鮮卑人之胡姓及賜諸漢將有功者以胡姓之前，凡李唐改其趙郡郡望爲隴西，僞托西涼李暠之嫡裔及稱家於武川等，均是此階段中所爲也。第二階段即西魏恭帝元年詔以諸將之有功者繼承鮮卑三十六大部落及九十九小部落之後，凡改胡姓諸將所統之兵卒亦從其主將之胡姓，徑取鮮卑部落之制以治軍，此即府兵制初期之主旨（詳見拙著隋唐制度淵源略論稿兵制章，兹不贅論）。李唐之得賜姓大野，即在此階段中所爲也。至周末隋文帝專周政，於大象二年（公元五八〇年）十二月癸亥迴改胡姓復爲漢姓，其結果只作到迴復宇文氏第二階段之所改，而多數氏族仍停留於第一階段之中，此李唐所以雖去大野之胡姓，但仍稱隴西郡望及冒托西涼嫡裔也。職是之故，北朝、隋唐史料中諸人之籍貫往往紛歧，如與壹叁拾李泌傳（泌爲弼之六代孫），及新唐書柒貳上宰相世繫表俱以爲遼東襄平人，而北史陸李唐先世同列八大柱國之李弼一族，周書壹伍李弼傳、舊唐書伍叁李密傳（密爲弼之曾孫）、拾李弼及曾孫密傳、文苑英華玖肆捌魏徵撰李密墓志銘則以爲隴西成紀人。蓋公私著述叙及籍貫或僅據迴復至第一階段立言，或徑依本來未改者爲説，斯其所以彼此差异也。但隋唐兩朝繼承宇文氏之遺業，仍舊施行「關中本位政策」，其統治階級自不改其歧視山東人之觀念（見舊唐書柒捌、新唐書壹佰肆張行成傳）。故隋唐皇室亦依舊自稱弘農楊震、隴西李暠之嫡裔，僞冒相傳，迄於今日，治史者竟無一不爲其所欺，誠可嘆也（據新唐書柒壹下宰相世繫表楊氏條，隋皇室自稱爲弘農楊震長子牧之後。此即隋書經籍志所謂「令爲其宗長，仍撰譜牒，紀其所承，又以關内諸州爲其本望」者。以非本篇範圍，故不詳論，讀者可以依據有關史料類推也）。

復次，漢人與胡人之分别，在北朝時代文化較血統尤爲重要。凡漢化之人即目爲漢人，胡化之人即目爲胡人，其血統如何，在所不論。兹舉二例以證明之：

北齊書貳肆杜弼傳（北史伍伍杜弼傳同）云：

顯祖（高洋）嘗問弼云：「治國當用何人？」對曰：「鮮卑車馬客，會須用中國人。」顯祖以爲譏己。

夫高齊無論其母繫血統屬於何種，但其自稱及同時之人均以爲其家世出自渤海蓨縣，固當日華夏之高門也。至於其所漸染者則爲胡化，而非漢化。杜弼斥鮮卑，而高洋以爲譏己，是漢人之受胡化者，即自命爲胡人也。

又北史貳捌源賀傳（參考魏書肆壹源賀傳、北齊書伍拾恩倖傳高阿那肱傳，至隋書陸陸源師傳删去「漢兒」二字，殊失當時語意矣）略云：

源賀，西平樂都人，私署河西王秃髪傉檀之子也。傉檀爲乞伏熾盤所滅，賀自樂都奔魏，太武素聞其名，謂曰：「卿與朕同源，因事分姓，今可爲源氏。」（寅恪案，鮮卑秃髮部即拓拔部，一語异譯，故拓拔燾謂之同源也。）

〔玄孫〕師仕齊爲尚書左外兵郎中，又攝祠部。後屬孟夏，以龍見請雩。時高阿那肱爲録尚書事，謂爲真龍出見，大驚喜，問龍所在，云作何顔色。師整容云：「此是龍星初見，依禮當雩祭郊壇，非謂真龍别有所降。」阿那肱忿然作色曰：「漢兒多事，强知星宿。祭事不行。」

夫源師乃鮮卑秃髮氏之後裔，明是胡人無疑，而高阿那肱竟目之爲漢兒，此爲北朝漢人、胡人之分别，不論其血統，只視其所受之教化爲漢抑爲胡而定之確證，誠可謂「有教無類」矣。又此點爲治吾國中古史最要關鍵，若不明乎此，必致無謂之糾紛。資治通鑒壹柒壹陳宣帝太建五年，亦紀此事，胡注云：

諸源本出於鮮卑秃髮，高氏生長於鮮卑，自命爲鮮卑，未嘗以爲諱，鮮卑遂自謂貴種，率謂華人爲漢兒，率侮詬之。諸源世仕魏朝貴顯，習知典禮，遂有雩祭之請，冀以取重，乃以取詬。通鑒詳書之，又一慨也。

梅磵之説固是，又其言别有所感，然於北朝漢胡種族文化之問題似猶不免未達一間也。

李唐皇室者唐代三百年統治之中心也，自高祖、太宗創業至高宗統御之前期，其將相文武大臣大抵承西魏、北周及隋以來世業，即宇文泰「關中本位政策」下所結集團體之後裔也。自武曌主持中央政權之後，逐漸破壞傳統之「關中本位政策」，以遂其創業垂統之野心。故「關中本位政策」最主要之府兵制，即於此時開始崩潰，而社會階級亦在此際起一升降之變動。蓋進士之科雖創於隋代，然當日人民致身通顯之途徑并不必由此。及武后柄政，大崇文章之選，破格用人，於是進士之科爲全國干進者競趨之鵠的。當時山東、江左人民之中，有雖工於爲文，但以不預關中團體之故，致遭屏抑者，亦因此政治變革之際會，得以上升朝列，而西魏、北周、楊隋及唐初將相舊家之政權尊位遂不得不爲此新興階級所攘奪替代。故武周之代李唐，不僅爲政治之變遷，實亦社會之革命。若依此義言，則武周之代李唐較李唐之代楊隋其關係人群之演變，尤爲重大也。

武周統治時期不久，旋復爲唐，然其開始改變「關中本位政策」之趨勢，仍繼續進行。迄至唐玄宗之世，遂完全破壞無遺。而天寶安史亂後又別產生一新世局，與前此迥异矣。夫「關中本位政策」既不能維持，則統治之社會階級亦必有變遷。此變遷可分中央及藩鎮兩方叙述。其所以須有此空間之區别者，因唐代自安史亂後，名義上雖或保持其一統之外貌，實際上則中央政府與一部分之地方藩鎮，已截然劃爲二不同之區域，非僅政治軍事不能統一，即社會文化亦完全成爲互不關涉之集團，其統治階級氏族之不同類更無待言矣。蓋安史之霸業雖俱失敗，而其部將及所統之民衆依舊保持其勢力，與中央政府相抗，以迄於唐室之滅亡，約經一百五十年之久，雖號稱一朝，實成爲二國。史家述此，不得不分之爲二，其理由甚明也。

又舊唐書壹肆憲宗紀上（參考通鑒貳叁柒元和二年此條胡注及唐會要陸叁修撰條）云：

元和二年十二月己卯，史官李吉甫撰元和國計簿，總計天下方鎮凡四十八，管州府二百九十五，縣一千四百五十三，户二百四十四萬二百五十四，其鳳翔、鄜坊、邠寧、振武、涇原、銀夏、靈鹽、河東、易定、魏博、鎮冀、范陽、滄景、淮西、淄青十五道凡七十一州，不申户口。每歲賦入倚辦止於浙江東西、宣歙、淮南、江西、鄂岳、福建、湖南等八道，合四十九州，一百四十四萬户。比量天寶供税之户則四分有一，天下兵戎仰給縣官者八十三萬，然人比量天寶士馬，則三分加一，率以兩户資一兵，其他水旱所損，徵科發斂又在常役之外。吉甫都纂其事，成書十卷。

同書壹玖下僖宗紀略云：

光啓元年三月丁卯車駕〔自蜀〕至京師，時李昌符據鳳翔，王重榮據蒲陝，諸葛爽據河陽、洛陽，孟方立據邢洺，李克用據太原、上黨，朱全忠據汴滑，秦宗權據許蔡，時溥據徐泗，朱瑄據鄆齊、曹濮，王敬武據淄青，高駢據淮南八州，秦彦據宣歙，劉漢宏據浙東，皆自擅兵賦，迭相吞噬，朝廷不能制。江淮轉運路絶，兩河、江淮賦不上供，但歲時獻奉而已。國命所能制者，河西、山南、劍南、嶺南四道數十州。大約郡將自擅，常賦殆絶，藩侯廢置，不自朝廷，王業於是蕩然。

寅恪案，李吉甫所撰元和國計總簿雖在元和初年，然自安史亂後起，迄於唐亡，其所列中央政府財賦取辦之地域大致無甚殊异。唐代自安史亂後，長安政權之得以繼續維持，除文化勢力外，僅恃東南八道財賦之供給。至黄巢之亂既將此東南區域之經濟幾全加破壞，復斷絶汴路、運河之交通，而奉長安文化爲中心、仰東南財賦以存立之政治集團，遂不得不土崩瓦解。大唐帝國之形式及實質，均於是告終矣。

在此奉長安文化爲中心、恃東南財賦以存立集團之中，其統治階級爲此集團所占據地域内之二種人：一爲受高深文化之漢族，且多爲武則天專政以後所提拔之新興階級，所謂外廷之士大夫，大抵以文詞科舉進身者也；一爲受漢化不深之蠻夷，或蠻夷化之漢人，故其人多出自邊荒區域。凡自玄宗朝迄唐亡，一百五十年間身居内廷，實握政治及禁軍之權者皆屬此族，即閹寺之特殊階級是也。

自武則天專政破格用人後，外廷之顯貴多爲以文學特見拔擢之人。而玄宗御宇，開元爲極盛之世，其名臣大抵爲武后所獎用者（參考舊唐書壹叁玖陸贄傳、新唐書壹伍貳李絳傳、陸宣公奏議柒請許臺省長官舉薦狀及李相國論事集等）。及代宗大歷時常袞當國，非以辭賦登科者莫得進用。自德宗以後，其宰相大抵皆由當日文章之士由翰林學士升任者也。請舉史實以證之。

通典壹伍選舉典叁載沈既濟之言略云：

初國家自顯慶以來，高宗聖躬多不康，而武太后任事，參決大政，與天子并。太后頗涉文史，好雕蟲之藝，永隆中始以文章選士。及永淳之後太后君臨天下二十餘年，當時公卿百辟無不以文章達，因循日久寖以成風。至於開元、天寶之中，太平君子唯門調户選，徵文射策，以取禄位，此行己立身之美者也。父教其子，兄教其弟，無所易業，大者登臺閣，小者任郡縣，資身奉家，各得其足，五尺童子恥不言文墨焉。其以進士爲士林華選，四方觀聽希其風采，每歲得第之人不浹辰而周聞天下，故忠賢雋彦、韞才毓行者咸出於是。而桀奸無良者或有焉，故是非相陵，毁稱相騰，或扇結鈎黨，私爲盟歃，以取科第，而聲名動天下，或鈎摭隱匿，嘲爲篇咏，以列於道路，迭爲談訾，無所不至焉。

據此，可知進士之科雖設於隋代，而其特見尊重，以爲全國人民出仕之唯一正途，實始於唐高宗之代，即武曌專政之時。及至玄宗，其局勢遂成凝定，迄於後代，因而不改。故科舉制之崇重與府兵制之破壞俱起於武后，成於玄宗。其時代之符合，决非偶然也。但以事關府兵制度，兹不具論（見拙著隋唐制度淵源略論稿兵制章及玉海壹叁捌兵制叁所引鄴侯家傳）。至王定保以爲進士之科「甲於貞觀」（唐摭言壹述進士上篇），及「進士科盛於貞觀、永徽之際」

(同書同卷散序進士條),則稽之史實,有所未合。其言不及沈氏之可信,無待論也。

舊唐書壹壹玖常衮傳云:

尤排擯非辭賦登科者。

同書同卷崔祐甫傳云:

常衮當國,非以辭賦登科者莫得進用。

同書肆叁職官志翰林院條略云:

玄宗即位,張説、張九齡等召入禁中,謂之翰林待詔。四方進奏,中外表疏批答,或詔從中出,宸翰所揮,亦資其檢討,謂之視草。故嘗簡當代士人,以備顧問。至德已後,天下用兵。軍國多務,深謀密詔皆從中出,尤擇名士爲翰林學士,得充選者,文士爲榮。亦如中書舍人例置學士六人,内擇年深德重者一人爲承旨,所以獨承密命故也。德宗好文,尤難其選,貞元已後爲學士承旨者,多至宰相焉。

元氏長慶集伍壹翰林承旨學士記略云:

憲宗章武皇帝以永貞元年即大位,始命鄭公(鄭絪)爲承旨學士,位在諸學士上。十七年間由鄭至杜(杜元穎)十一人,而九參大政。

白氏長慶集伍玖李留守相公(李絳)見過池上泛舟舉酒話及翰林舊事因成四韵以獻之詩(參

考容齋續筆貳元和六學士條）云：

同時六學士，五相一漁翁。

據此，可知唐代自安史亂後，其宰相大抵爲以文學進身之人。此新興階級之崛起，乃武則天至唐玄宗七八十年間逐漸轉移消滅宇文泰以來胡漢六鎮民族舊統治階級之結果。若取新唐書宰相表及宰相世繫表與列傳所載其人之家世籍貫及出身等互相參證，於此三百年間外廷士大夫階級廢興轉移之大勢尤易明瞭也。至此由文學科舉進身之新興階級與魏晉、北朝以來傳統舊士族之關係，則於論黨派時詳述之，茲不涉及焉。

唐代自玄宗後，政柄及君權漸漸轉入閹寺之手，終至皇位之繼承權歸其決定，而内朝之禁軍外廷之宰相，俱供其指揮，由之進退，更無論矣。其詳當於中篇論政治革命及黨派分野時述之，茲僅略言其氏族所從出之一端於下：

舊唐書貳拾下哀帝紀云：

天祐二年六月丙申敕：福建每年進橄欖子，此因閹豎出自閩中，牽於嗜好之間，遂成貢奉之典。雖嘉忠藎，伏恐煩勞。今後只供進蠟面茶，其進橄欖子宜停！

新唐書貳佰柒宦者傳吐突承璀傳云：

是時諸道歲進閹兒，號私白，閩嶺最多，後皆任事，當時謂閩爲中官區藪。咸通中杜宣猷爲觀察使，每歲時遣吏致祭其先，時號「敕使墓户」。宣猷卒用群宦力，徙宣歙觀察使。

顧况古詩（據全唐詩第拾函）云：

囝一章。

囝哀閩也。（原注：囝音蹇。閩俗呼子爲囝。父爲郎罷。）

囝生閩方。閩吏得之，乃絶其陽。爲臧爲獲，致金滿屋。爲髡爲鉗，視如草木。天道無知，我罹其毒。神道無知，彼受其福。郎罷别囝，吾悔生汝。及汝既生，人勸不舉。不從人言，果獲是苦。囝别郎罷，心摧血下。隔地及天，及至黄泉，不得在郎罷前。

宦寺多冒養父之姓，其籍貫史籍往往不載，然即就兩唐書宦官及宦者傳中涉及其出生地域或姓氏稀异者觀之，亦可知其梗概也。

舊唐書壹捌肆宦官傳云：

楊思勗本姓蘇，羅州石城人，爲内官楊氏所養，以閹從事内侍省。

高力士，潘州人，本姓馮，少閹，與同類金剛二人聖曆元年嶺南討擊使李千里進入宫。則天嘉其黠慧，令給事左右。後因小過，撻而逐之。内官高延福收爲假子，延福出自武三思家，力士遂往來三思第，歲餘則天復召入禁中。

新唐書貳佰柒宦者傳上云：

魚朝恩，瀘州瀘川人也，天寶末以品官給事黄門。

劉貞亮本俱氏，名文珍，冒所養宦父姓，故改焉。

吐突承璀，閩人也，以黄門值東宮。

仇士良，循州興寧人，順宗時得侍東宮。

楊復光，閩人也，本喬氏，少養於内侍楊玄价。

同書貳百捌宦者傳下云：

田令孜，蜀人也，本陳氏，咸通時歷小馬坊使。

據此，可知唐代閹寺多出自今之四川、廣東、福建等省，在當時皆邊徼蠻夷區域。其地下級人民所受漢化自甚淺薄，而宦官之姓氏又有不類漢姓者，故唐代閹寺中疑多是蠻族或蠻夷化之漢人也。

唐代中國疆土之内，自安史亂後，除擁護李氏皇室之區域，即以東南財富及漢化文化維持長安爲中心之集團外，尚別有一河北藩鎮獨立之團體，其政治、軍事、財政等與長安中央政府實際上固無隸屬之關係，其民間社會亦未深受漢族文化之影響，即不以長安、洛陽之周孔名教及科舉仕進爲其安身立命之歸宿。故論唐代河北藩鎮問題必於民族及文化二端注意，方能得其真相所在也。兹先舉二三顯著之例，以見當時大唐帝國版圖以内實有截然不同之二分域，然後再推論其種族與統治階級之關係焉。

杜牧樊川集玖唐故范陽盧秀才墓志云：

> 秀才盧生名霈，字子中，自天寶後三代或仕燕，或仕趙，兩地皆多良田畜馬，生年二十未知古有人曰周公、孔夫子者，擊毬飲酒，馬射走兔，語言習尚無非攻守戰鬥之事。

通典肆拾職官典末載杜佑建中時所上省用議（參新唐書壹陸陸杜佑傳）略云：

> 今田悦之徒并是庸瑣，繁刑暴賦，唯恤軍戎，衣冠仕（士）人遇如奴虜。

此可以代表河北社會通常情態，其尚攻戰而不崇文教。質言之，即漸染胡化深而漢化淺也。當時漢化之中心在長安，以詩賦舉進士致身卿相爲社會心理群趨之鵠的。故當日在長安文化區域内有野心而不得意之人，至不得已時惟有北走河朔之一途。昌黎集貳拾送董召南游河北序乃世所習誦之文，兹爲闡明長安集團與河北集團政治文化對立之形勢起見，仍移寫之於下，并略詮釋，以佐證鄙説。至韓退之不以董召南河北之行爲然之意固極明顯，不待解説也。其文云：

> 燕趙古稱多感慨悲歌之士。董生舉進士，連不得志於有司，懷抱利器，鬱鬱適兹土，吾知其必有合也。董生勉乎哉！

據此，可知在長安文化統治下之士人，若舉進士不中，而欲致身功名之會者，舍北走河朔之外，則不易覓其他之途徑也。

其文又云：

夫以子之不遇時，苟慕義强仁者皆愛惜焉，矧燕趙之士出乎其性者哉！然吾嘗聞風俗與化移易，吾惡知其今不异於古所云邪？聊以吾子之行卜之也，董生勉乎哉！

據前引杜牧之范陽盧秀才墓志「語言習尚無非攻守戰鬥」之句及此序「風俗與化移易」之語，可知當日河北社會全是胡化，非復東漢、魏晋、北朝之舊。若究其所以然之故，恐不於民族遷移一事求之不得也，請俟後論之。

其文又云：

吾因子有所感矣，爲我吊望諸君之墓！而觀於其市，復有昔時屠狗者乎？爲我謝曰：「明天子在上，可以出而仕矣！」

然則長安天子與河北鎮將爲對立不同之二集團首領，觀此數語，即可知矣。

又全唐詩第拾函李益小傳（參舊唐書壹叁柒新唐書貳佰叁文藝傳下李益傳、唐詩紀事叁拾、全唐詩話貳、辛文房唐才子傳李益傳等）云：

李益字君虞，姑臧人，大曆四年登進士第，授鄭縣尉，久不調，益不得意。北游河朔，幽州劉濟辟爲從事。嘗與濟詩，有怨望語。憲宗時召爲秘書少監集賢殿學士，自負才地，多所凌忽，爲衆不容。諫官舉幽州詩句，降居散秩。

考益之獻劉濟詩云：

草緑古燕州，鶯聲引獨游。雁歸天北畔，春盡海西頭。向日花偏落，馳年水自流。感恩知有地，不上望京樓。

據此，又可知雖已登進士第之李益以不得意之故猶去京洛，而北走范陽；則董召南之游河北蓋是當日社會之常情，而非變態。然於此益見大唐帝國之後半期其中含有兩獨立敵視之團體，而此二團體之統治階級，其種族文化亦宜有不同之點在也。

今試檢新唐書之藩鎮傳，并取其他有關諸傳之人其活動範圍在河朔或河朔以外者以相參考，則發見二點：一爲其人之氏族本是胡類，而非漢族；一爲其人之氏族雖爲漢族，而久居河朔，漸染胡化，與胡人不异。前者屬於種族，後者屬於文化。質言之，唐代安史亂後之世局，凡河朔及其他藩鎮與中央政府之問題，其核心實屬種族文化之關係也。夫河北之地，東漢、曹魏、西晋時固爲文化甚高區域，雖經胡族之亂，然北魏至隋其地之漢化仍未見甚衰減之相，何以至玄宗文治燦爛之世，轉變爲一胡化地域？其故殊不易解。兹就安史叛亂發源之地域及其時代先後之關係綜合推計，設一假説，以俟更詳確之證明。即使此假説一時難以確定成立，但安史叛亂及其後果即河朔藩鎮之本質，至少亦可因此明瞭也。

當玄宗文治武功極盛之世，漁陽鼙鼓一鳴，而兩京不守。安禄山之霸業雖不成，然其部將始終割據河朔，與中央政府抗衡，唐室亦從此不振，以至覆亡。古今論此役者止歸咎於天寶政治宫廷之腐敗，是固然矣；獨未注意安史之徒乃自成一繫統最善戰之民族，在當日軍事上本來無與爲敵者也。考安禄山之種族在其同時人之著述及專紀其事之書中，均稱爲柘羯或羯胡，如：

舊唐書拾肅宗紀云：

是日（天寶十五載七月甲子）御靈武南門，下制曰：「乃者羯胡亂常，京闕失守。」（舊唐書壹貳拾郭子儀傳載建中二年德宗褒恤之詔有「羯胡作禍」，新唐書壹玖貳忠義傳張巡傳亦有「拓羯千騎」之語，至杜甫喜官軍已臨賊境二十韵詩所謂「拓羯渡臨淮」之拓羯，雖非指安禄山，但亦可爲旁證參考也。）

又同書壹佰肆封常清傳略云：

先鋒至葵園，常清使驍騎與柘羯逆戰，殺賊數十百人。臨終時表曰：「昨者與羯胡接戰。」

又顔魯公集陸康金吾碑目安禄山爲羯胡，姚汝能安禄山事迹一書亦多羯胡之語，若杜工部咏懷古迹之詩其「羯胡事主終無賴」之句，則不僅用梁侯景之古典（如梁書伍伍武陵王紀傳云：「羯胡叛涣」，即是一例），實兼取今事入之於詩也。

考玄奘西域記壹颯秣建國（即康國）條云：

兵馬强盛，多是赭羯之人，其性勇烈，視死如歸。

新唐書貳貳壹下西域傳康國傳云：

本月氏人，始居祁連北昭武城，爲突厥（寅恪案，突厥應作匈奴，唐會要玖玖康國條云：「其人土著役屬於突厥，先居祁連之北昭武城，爲匈奴所破。」宋子京蓋涉上文突厥之語致誤也）所破，稍南依葱嶺，即有其地，枝庶分王：曰安，曰曹，曰石，曰米，曰何，曰火尋，曰戊地，曰史，世謂九姓，皆氏昭武。

又同書同卷安國傳云：

募勇健者爲柘羯，柘羯猶中國言戰士也（寅恪案，上引西域記之文有「赭羯之人」一語，然則赭羯乃種族之名，此云「猶中國言戰士」，若非宋景文誤會，即後來由專名引申爲公名耳）。

又同書同卷石國傳云：

石或曰柘支，曰柘折，曰赭時。

據此，可知赭羯即柘羯之异譯，凡康、安、石等中亞月氏種人，皆以勇健善戰著聞者也。

舊唐書貳佰上安禄山傳云：

安禄山，營州柳城雜種胡人也。

舊唐書所謂雜種胡之確切界説尚待詳考，但新唐書貳貳伍上逆臣傳安禄山傳云：

安禄山，營州柳城胡也，本姓康，母阿史德，少孤，隨母嫁安延偃，乃冒姓安，通六蕃語，爲互市郎。

寅恪案，安禄山事迹上引郭子儀雪安思順疏，謂安禄山本姓康。今敦煌寫本天寶丁籍亦有康、安、石等姓以羯爲稱者（見歷史與地理雜志第叁叁編第肆卷天寶十載丁籍及同書第肆壹編第肆卷天寶四載丁籍），故安禄山父繫之爲羯胡，即中亞月氏種可無疑矣。至史思明之種族則新唐書貳貳伍上逆臣傳史思明傳云：

史思明，寧夷州突厥種，與安禄山共鄉里，通六蕃譯，亦爲互市郎。

疑史思明非出中亞胡種者。然舊唐書貳佰安禄山傳云：

安禄山，營州柳城雜種胡人也。（前已引，兹爲論述便利起見，特重及之。）

同書同卷史思明傳云：

史思明，寧夷州突厥雜種胡人也。

又舊唐書壹佰肆哥舒翰傳（新唐書壹叁伍哥舒翰傳同）略云：

哥舒翰，突騎施首領哥舒部落之裔也。翰母尉遲氏，于闐之族也。〔安禄山〕謂翰曰：「我父是胡，母是突厥，公父是突厥，母是胡，與公族類同，何不相親乎？」

據此類史料，初視之，似當時所謂雜種胡人者即指混合血統胡族，如哥舒翰等之例。但更詳考史傳，則知當時雜種胡人之稱實徑指昭武九姓月支種而言，如新唐書貳壹柒上回鶻傳（參通鑑貳貳陸建中元年八月甲午張光晟殺突董條）云：

始回紇至中國，常參以九姓胡，往往留京師，至千人，居貲殖產甚厚。酋長突董、翳蜜施、大小梅録等還國，裝槖係道。

所言與舊唐書壹貳柒張光晟傳云：

建中元年回紇突董、梅録領衆并雜種胡等自京師還國，輿載金帛相屬於道。

者同是一事，而舊傳之所謂雜種胡即九姓胡，可爲確證。然則舊唐書之稱安禄山爲雜種胡人者，實指其九姓胡而言，又其目史思明爲突厥雜種胡人者，殆以其父繫爲突厥，而母繫爲羯胡，故曰「突厥雜種胡人」也。觀於史思明與安禄山俱以通六蕃語爲互市郎，正是具有中亞胡種血統之特徵。至其以史爲姓者，蓋從父繫突厥姓阿史德或阿史那之省稱，不必爲母繫昭武九姓之史也。

又考安史生長之地即營州，在開元之初已多中亞賈胡，如舊唐書壹捌伍下良吏傳宋慶禮傳（新唐書壹叁拾宋慶禮傳同）略云：

初營州都督府置在柳城，控帶奚、契丹，則天時都督趙文翽政理乖方，兩蕃反叛，攻陷州城，其後移於幽州東二百里漁陽城安置。開元五年奚、契丹各款塞歸附，玄宗欲復營州於舊城，乃詔慶禮等更於柳城築營州城，俄拜慶禮御史中丞兼檢校營州都督，開屯田八十餘所，追拔幽州及漁陽、淄青等户，招輯商胡，爲立店肆。

此必其時營州區域之内或其近傍頗有西域賈胡，慶禮始能招輯之也。故營州一地在開元以前已多中亞胡人，可知之矣。

更試一檢新唐書安禄山傳（參考安禄山事迹），如言：

潛遣賈胡行諸道，歲輸百萬。

及

凡降蕃夷皆接以恩，禄山通夷語，躬自尉撫，皆釋俘囚爲戰士，故其下樂輸死，所戰無前。

等，則安禄山利用其中亞胡種商業語言特長之例證也。

又如言：

養同羅降契丹曳落河八千人爲假子。

及

禄山已得〔阿〕布思之衆，則兵雄天下。

則安禄山利用其混合血統胡人之資格，籠絡諸不同善戰胡族，以增强其武力之例證也。

故據新唐書壹壹捌韋湊傳附見素傳云：

明年（天寶十四載），禄山表請蕃將三十二人代漢將，帝許之。見素不悦，謂〔楊〕國忠曰：

「禄山反狀暴天下，今又以蕃代漢，難將作矣。」未幾，禄山反。

可知禄山之舉兵與胡漢種族武力問題有關也。至舊唐書壹佰陸李林甫傳（新唐書貳貳叁上奸臣傳李林甫傳同，又大唐新語壹壹懲戒篇及諛佞篇尤可參校）云：

國家武德、貞觀已來，蕃將如阿史那社爾、契苾何力忠孝有才略，亦不專委大將之任，多以重臣領使以制之。開元中，張嘉貞、王晙、張説、蕭嵩、杜暹皆以節度使入知政事。林甫固位，志欲杜出將入相之源，嘗奏曰：「文士爲將怯當矢石，不如用寒族蕃人。蕃人善戰有勇，寒族即無黨援。」帝〔玄宗〕以爲然，乃用〔安〕思順代林甫領〔朔方節度〕使。自是高仙芝、哥舒翰皆專任大將，林甫利其不識文字，無入相由。然而禄山竟爲亂階，由專得大將之任故也。

其寒族蕃人一語涉及唐代統治階級全部，俟後論之。然安史叛亂之關鍵，實在將領之種族，則可與新唐書韋見素一傳互相證發也。

又舊唐書壹玖玖上東夷傳高麗傳（新唐書壹佰拾泉男生傳附獻誠傳同）云：

〔泉〕獻誠授右衛大將軍，兼令羽林衛上下。天授中，則天嘗内出金銀寶物，令宰相及南北衙文武官内擇善射者五人共賭之。内史張光輔先讓獻誠爲第一，獻誠復讓右玉鈐衛大將軍薛土摩支，摩支又讓獻誠。既而獻誠奏曰：「陛下令簡能射者五人，所得者多非漢官。臣恐自此已後，無漢官工射之名。伏望停寢此射。」則天嘉而從之。

寅恪案，泉獻誠、薛土摩支皆蕃將也。武則天時，蕃將之武藝已遠勝於漢人，於此可見。鄴侯家傳言府兵制之破壞實始於則天時，此亦一旁證。蓋宇文泰所鳩合之六鎮關隴胡漢混合集團至武曌時已開始崩潰，不待玄宗朝，而漢將即此混合集團之首領，其不如蕃將之善戰已如此矣。至泉獻誠爲蓋蘇文之孫，男生之子，亡國敗降之餘裔，其武伎精妙猶稱當時第一，則高麗之以東隅小國能屢抗隋唐全盛之日傾國之師，豈無故哉！豈無故哉！

復次，新唐書壹貳柒張嘉貞傳附弘靖傳（舊唐書壹貳玖張延賞傳附弘靖傳同，但無「俗謂禄山、思明爲二聖」之語）略云：

> 充盧龍節度使，始入幽州，俗謂禄山、思明爲二聖。弘靖懲始亂，欲變其俗，乃發墓毁棺，衆滋不悦。幽薊初效順，不能因俗制變，故范陽復亂。

寅恪案，聖人者唐俗稱天子之語。如通鑑貳貳貳上元二年三月條（舊唐書貳佰上、新唐書貳貳伍上史思明傳附朝義傳略同）略云：

> （史）朝義泣曰：「諸君善爲之，勿驚聖人，」（寅恪案，此聖人指思明言。）

胡注云：

> 當時臣子謂其君父爲聖人。

蓋安史俱稱帝，故在其統治之下者率以聖人稱之，自無足异。所可注意者，穆宗長慶初上距安史稱帝時代已六七十年，河朔之地，禄山、思明猶存此尊號，中央政府官吏以不能遵循舊俗，而致變叛，則安史勢力在河朔之深且久，於此可見。兹節録兩唐書所載安史同時并後來河朔及其他藩鎮胡化事迹於下，其種族、文化二者之關係不待解釋，自然明瞭。至其人前後逆順賢否雖各有不同，但非此篇所論範圍，故不置言也。

其血統確有胡族分子者，如

舊唐書貳佰上安禄山傳附孫孝哲傳（新唐書貳貳伍上逆臣傳同）云：

孫孝哲，契丹人也。

新唐書貳佰拾藩鎮魏博史憲誠傳（舊唐書壹捌壹史憲誠傳同）云：

史憲誠，其先奚也，内徙靈武，爲建康人，三世署魏博將。

同書貳壹壹藩鎮鎮冀李寶臣傳（舊唐書壹肆貳李寶臣傳同）云：

李寶臣本范陽内屬奚也，善騎射，范陽將張鎖高畜爲假子，故冒其姓，名忠志，爲盧龍府果毅。

同書同卷王武俊傳（舊唐書壹肆貳王武俊傳同）云：

王武俊本出契丹怒皆部，父路俱，開元中與饒樂府都督李詩等五千帳求襲冠帶。入居薊。

年十五，善騎射，與張孝忠齊名，隸李寶臣帳下爲裨將。

同書同卷王廷湊傳（舊唐書壹肆捌王廷湊傳同）云：

王廷湊本回紇阿布思之族，隸安東都護府，曾祖五哥之，爲李寶臣帳下，驍果善鬥，王武俊養爲子，故冒姓王，世爲裨將。

同書貳壹貳藩鎮盧龍李懷仙傳（舊唐書壹肆叁李懷仙傳同）云：

李懷仙，柳城胡也，世事契丹，守營州，善騎射，智數敏給，禄山之反，以爲裨將。

同書同卷李茂勛傳（舊唐書壹捌拾李可舉傳同）云：

李茂勛本回紇阿布思之裔，張仲武時與其侯王皆降，資沈勇善馳射，仲武器之，任以將兵，常乘邊，積功賜姓及名。

同書貳壹叁藩鎮淄青李正己傳（舊唐書壹貳肆李正己傳同）云：

李正己，高麗人，爲營州副將，從侯希逸入青州，希逸母即其姑。

同書壹肆肆侯希逸傳（舊唐書壹貳肆侯希逸傳同）云：

侯希逸，營州人，天寶末爲州裨將，守保定城。禄山反，以徐歸道爲節度使，希逸率兵與安東都護王玄志斬之，詔拜玄志平盧節度使。玄志卒，共推希逸，有詔就拜節度使。與賊确，數有功，然孤軍無援，又爲奚侵略，乃拔其軍二萬，浮海入青州，據之，平盧遂陷，肅宗因以希逸爲平盧、淄青節度使。自是淄青常以平盧冠使。

據上引李正己傳，知侯希逸至少其母繫出自高麗，雖其初不從安禄山之命，然其種族固含有胡人血脉，其部下兵衆亦是胡化集團。是以自李正己襲奪其業後，淄青一鎮亦與河朔同風，遂爲唐代中央政府之鉅患。推求其故，實由其統治者本從河朔胡化集團中分出者也。

新唐書壹肆捌張孝忠傳（舊唐書壹肆壹張孝忠傳同）云：

張孝忠本奚種，世爲乙失活酋長。父謐，開元中提衆納款。孝忠始名阿勞，以勇聞。燕趙間共推張阿勞、王没諾干二人齊名。没諾干，王武俊也。天寶末以善射供奉仗内，安禄山奏爲偏將。禄山、史思明陷河洛，常爲賊前鋒；朝義敗，乃自歸。

同書貳貳肆上叛臣傳李懷光傳（舊唐書壹貳壹李懷光傳同）云：

李懷光，渤海靺鞨人，本姓茹，父常，徙幽州，爲朔方部將，以戰多賜姓，更名嘉慶。懷光在軍以積勞爲都虞候，節度使郭子儀以紀綱委懷光。

寅恪案，李懷光乃朔方軍將，屬於别一繫統不在河朔範圍，然以其先嘗居幽州，故亦附及之。至唐室中興元勛李光弼，則新唐書壹叁陸其本傳（舊唐書壹壹拾李光弼傳略同）云：

李光弼，營州柳城人，父楷洛以武后時入朝。

是亦出於東北胡族，且與安禄山同鄉里，不過政治上適立於相反之地位耳。

以上諸人皆確爲胡族無復疑義。又有實爲漢人，或雖號漢族，而帶胡種嫌疑未能决定者，兹并列之於下。其要點在無論實爲漢人或有胡族之嫌疑，其人必家世或本身居住河朔，久已胡化，故亦與胡人無异者也。如新唐書貳壹拾藩鎮魏博田承嗣傳（舊唐書壹肆壹田承嗣傳同）云：

田承嗣，平州盧龍人也，世事盧龍軍，以豪俠聞，隸安禄山麾下。

舊唐書壹肆壹田弘正傳（新唐書壹肆捌田弘正傳同）略云：

田弘正祖延惲，魏博節度使承嗣之季父也。弘正善騎射，爲衙内兵馬使，既受節鉞，上表曰：「臣家本邊塞，累代唐人，驅馳戎馬之鄉，不睹朝廷之禮，伏自天寶已還，幽陵肇亂，山東奥壤，悉化戎墟，官封代襲，刑賞自專。」

新唐書貳壹拾藩鎮魏博何進滔傳（舊唐書壹捌壹何進滔傳同）云：

何進滔，靈武人，世爲本軍校，少客魏，委質軍中。

寅恪案，前引新唐書西域傳，昭武九姓中有何姓，何進滔又從靈武徙居於魏，故疑其先世是羯胡，其本身又居魏，而當時魏地亦胡化區域也。

舊唐書壹捌壹韓允忠傳（新唐書貳壹拾藩鎮魏博韓君雄傳同）云：

韓允忠，魏州人也，父國昌，歷本州右職。

同書同卷樂彦禎傳（新唐書貳壹拾藩鎮魏博樂彦楨傳同）云：

樂顔禎，魏州人也，父少寂，歷澶、博、貝三州刺史。

同書同卷羅弘信傳（新唐書貳壹拾藩鎮魏博羅弘信傳同）云：

羅弘信，魏州貴鄉人，曾祖秀，祖珍，父讓，皆爲本州軍校。

據北夢瑣言伍中外蕃人事條，羅亦胡姓，然則羅弘信不獨世居胡化之地，且有本出胡族之嫌疑矣。

新唐書貳貳伍中逆臣傳朱泚傳（舊唐書貳佰下朱泚傳同）云：

朱泚，幽州昌平人，父懷珪事安史二賊。

舊唐書壹肆叁朱滔傳（新唐書貳壹貳藩鎮盧龍朱滔傳同）云：

朱滔，賊泚之弟也。

新唐書貳壹貳藩鎮盧龍朱克融傳（舊唐書壹捌拾朱克融傳同）云：

朱克融，滔孫也。

舊唐書壹肆叁劉怦傳（新唐書貳壹貳藩鎮盧龍劉怦傳同）云：

劉怦，幽州昌平人也，父貢嘗爲廣邊大斗軍使，怦即朱滔姑之子。

新唐書貳壹貳藩鎮盧龍李載義傳（舊唐書壹捌拾李載義傳同）云：

李載義自稱恒山愍王之後，性矜蕩，好與豪杰游，力挽强搏鬥，劉濟在幽州高其能，引補帳下。

寅恪案，李載義之稱承乾後裔，固出依托，即使其真出自承乾，亦與河朔諸漢將同爲胡化之漢人也。

新唐書貳壹貳藩鎮盧龍楊志誠傳（舊唐書壹捌拾楊志誠傳同）云：

〔楊〕志誠者事〔李〕載義爲牙將，載義走，因自爲都兵馬使，〔大和〕八年爲下所逐，推部將史元忠總留後。

寅恪案，楊志誠、史元忠之氏族史傳不詳，無以確言，但俱爲胡化之人，則無可疑者。突厥阿史那氏、阿史德氏皆省作史氏，中亞昭武九姓中有史氏，史憲誠本奚族，亦姓史氏（見前引兩唐書史憲誠傳），故史元忠殊有源出胡族之嫌疑也。

新唐書貳壹貳藩鎮盧龍張仲武傳（舊唐書壹捌拾張仲武傳同）云：

張仲武，范陽人，通左氏春秋，會昌初爲雄武軍使。〔陳〕行泰殺〔史〕元忠，而仲武遣其屬吴仲舒入朝，請以本軍擊回鶻。〔李〕德裕因問北方事，仲舒曰：「行泰（及殺行泰之張）絳皆游客，人心不附，仲武舊將張光朝子，年五十餘，通書習戎事，性忠義，願歸款朝廷舊矣。」德裕入白帝，擢兵馬留後，絳爲軍中所逐。

寅恪案，陳行泰、張絳始末不詳，可不置論。張仲武受漢化較深，在河朔頗爲例外，然迹其所以得軍心者，以本爲范陽土著，且家世舊將，而陳行泰、張絳俱是游客，故不能與之争，然非李文饒之策略，仲武亦未必遽得爲鎮將也。

新唐書貳壹貳藩鎮盧龍張允伸傳（舊唐書壹捌拾張公素傳同）云：

張允伸，范陽人，世爲軍校。

同書同卷張公素傳（舊唐書壹捌拾張公素傳同）云：

公素，范陽人，以列將事〔張〕允伸。

同書同卷李全忠傳（舊唐書壹捌拾李全忠傳同）云：

李全忠，范陽人，仕爲棣州司馬，罷歸，事〔李〕可舉爲牙將，可舉死，衆推爲留後。

同書同卷劉仁恭傳云：

劉仁恭，深州人，父晟客范陽，爲李可舉新興鎮將，故仁恭事軍中。

舊唐書壹捌拾朱克融等傳末略云：

史臣曰：彼幽州者，其民剛强，近則染禄山、思明之風，二（？）百餘年自相崇樹，雖朝廷有時命帥，而土人多務逐君，習苦忘非，尾大不掉，非一朝一夕之故也。

新唐書貳壹叁藩鎮横海程日華傳（舊唐書壹肆叁程日華傳同）云：

程日華，定州安喜人，父元皓爲安禄山帳下，僞署定州刺史，故日華籍本軍，爲張孝忠牙將。

同書同卷李全略傳（舊唐書壹肆叁李全略傳同）云：

李全略事〔鎮州〕王武俊爲偏裨。

同書貳壹肆藩鎮彰義吴少誠傳（舊唐書壹肆伍吴少誠傳同）云：

吴少誠，幽州潞人（父爲魏博節度都虞候）。

同書同卷吴少陽傳（舊唐書壹肆伍吴少陽傳同）云：

少陽者，與〔吴〕少誠同在魏博軍，相友善，少誠得淮西，多出金帛邀之，養以爲弟，署右職，親近無間。

同書同卷藩鎮澤潞劉悟傳（舊唐書壹陸壹劉悟傳同）云：

劉悟其祖正臣，平盧軍節度使，襲范陽，不克，死。

寅恪案，舊唐書壹肆伍劉全諒傳（新唐書壹伍壹董晋傳附陸長源傳同）略云：

父客奴由征行家於幽州之昌平，少有武藝，從平盧軍，〔天寶〕十五載四月授客奴平盧軍使，仍賜名正臣，襲范陽，爲逆賊將史思明等大敗之，正臣奔歸，爲王玄志所鴆而卒。

據此，知劉氏亦家於幽州昌平，漸染胡化者也。

舊唐書壹貳貳張獻誠傳（新唐書壹叁叁張守珪傳附獻誠傳同）云：

張獻誠，陝州平陸人，幽州大都督府長史守珪之子也，天寶末陷逆賊安禄山，受僞官，連陷史思明，爲思明守汴州，統逆兵數萬。

同書壹貳肆薛嵩傳（新唐書壹壹壹薛仁貴傳附嵩傳同）云：

薛嵩，絳州萬泉人，祖仁貴，高宗朝名將，封平陽郡公，父楚玉，爲范陽平盧節度使。嵩有膂力，善騎射，不知書，自天下兵起，束身戎伍，委質逆徒。

寅恪案，張獻誠、薛嵩雖俱大臣子孫，又非河朔土著，然以其父官范陽之故，少居其地，漸染胡化，竟與田承嗣之徒無别。甚哉風俗之移人若是，而河朔當日社會文化情狀，亦可想見矣。

舊唐書壹貳肆令狐彰傳（新唐書壹肆捌令狐彰傳同）云：

令狐彰，京兆富平人也，父濞，初任范陽縣尉，通幽州人女，生彰，及秩满，留彰於母氏，彰遂少長范陽，善弓矢，乃策名從軍。事安禄山。

同書同卷田神功傳（新唐書壹肆捌田神功傳同）云：

田神功，冀州人也，家本微賤，天寳末爲縣里胥，會河朔兵興，從事幽薊。

新唐書壹肆捌康日知傳云：

康日知，靈州人，祖植，當開元時縛康待賓，平六胡州，日知少事李惟岳，累擢趙州刺史。

寅恪案，以康日知姓氏及籍貫言之，當亦中亞胡種也。

新唐書壹肆捌牛元翼傳云：

牛元翼，趙州人，王承宗時，與傅良弼冠諸將。良弼清河人，以射冠軍中。

舊唐書壹肆伍李忠臣傳（新唐書貳貳肆下叛臣傳李忠臣傳同）云：

李忠臣本姓董，名秦，平盧人也，世家於幽州薊縣。忠臣少從軍，事幽州節度使薛楚玉、張守珪、安禄山等。

同書同卷李希烈傳（新唐書貳貳伍中逆臣傳李希烈傳同）云：

李希烈，遼西人，少從平盧軍，後從李忠臣浮海至河南。

綜上所引諸人氏族或確是漢人，或有胡種嫌疑，或爲唐室大臣子孫，或出微賤之族，其於中央政府或忠或叛，復有先後順逆等之互异。要而言之，家世或本身曾留居河朔及長於騎射二事則大抵相類，斯實河朔地域之胡化演變所致者也。新唐書壹肆捌史孝章傳載其諫父憲誠之言曰：

天下指河朔若夷狄然。

又同書貳壹拾藩鎮傳序云：

遂使其人由羌狄然，訖唐亡百餘年卒不爲王土。

故不待五代之亂，神州東北一隅如田弘正所謂「悉化戎墟」矣（見上引田弘正傳）。尤可异者，即在李唐最盛之時即玄宗之世，東漢、魏晋、北朝文化最高之河朔地域，其胡化亦已開始，此點自昔史家鮮有解釋，茲試作一假説，以待將來之確證，然私心殊未敢自信也。

依據上列史料，知神州東北一隅河朔地域之内，其人民血統屬於漢種者，既若是之胡化，則其地必有胡族之遷徙無疑。凡居東北與河朔有關之胡族如高麗、東突厥（唐會要、舊唐書俱謂之北突厥，蓋舊稱如此）、回紇、奚、契丹之類移居於與其部落鄰近之地，如河朔區域，自有可能，而於事理亦易可通者也。獨中國東北隅河朔之地而有多數之中亞胡人，甚爲難解。若彼輩遠自西北萬里之外短期之内忽遷移至東北端濱海之區，恐不可能。姑就舊史所載者考之，似有三因：其遠因爲隋季之喪亂，其中因爲東突厥之敗亡，其近因或主因爲東突厥之復興。所謂隋季之喪亂者，即舊唐書玖叁唐休璟傳（新唐書壹壹壹唐休璟傳略同）略云：

授營州户曹。調露中單于突厥背叛，誘扇奚、契丹侵略州縣，後奚、羯胡又與桑乾突厥同反，都督周道務遣休璟將兵擊破之，超拜豐州司馬，永淳中朝議欲罷豐州，休璟上疏曰：「豐州自秦漢已來，列爲郡縣，隋季喪亂，不能堅守，乃遷徙百姓就寧慶二州，致使戎羯交侵，乃以靈夏爲邊界。貞觀之末始募人以實之，西北一隅方得寧謐。」

寅恪案，中亞羯胡必經由中國西北，而漸至東北。在隋末中國擾亂之世最爲中亞胡人逐漸轉徙之良機會，兩唐書唐休璟傳或可於此事略露消息也。惟新唐書唐休璟傳及通鑑貳佰貳調露元年十月條俱無「奚、羯胡與桑乾突厥同反」之語，又新唐書唐休璟傳雖亦作「戎羯交侵」，而通鑑貳佰叁弘道元年五月條改「戎羯」爲「胡虜」，固以「戎羯」爲泛稱（見後漢書肆捌吳蓋陳臧傳論章懷太子注），然於此恐不免疏誤也。然則調露前後中國東北部已有不少羯胡，而羯胡之遷徙實由隋季侵入西北，輾轉移來，此於事實頗爲合理者也。所謂東突厥之敗亡者，即戈本貞觀政要玖安邊篇略云：

自突厥頡利破後，諸部落首領來降者皆拜將軍中郎將，布列朝廷，五品已上百餘人，殆與朝士相半。唯拓拔不至，又遣使招慰之，使者相望於道。涼州都督李大亮以爲於事無益，徒費中國，上疏云云，太宗不納。

寅恪案，通典壹玖柒邊防典突厥傳上與此同，蓋皆源出太宗實録也。惟無「太宗不納」之句，當是杜氏略去。又「拓拔」作「柘羯」，尚未經後人誤改。舊唐書陸貳及新唐書玖玖李大亮傳紀此事，俱只舉酋長之名，而通鑑壹玖叁貞觀四年秋九月條則不著酋長之名，而以「西突厥」一語概括之，蓋柘羯一種原在西突厥範圍内也。又兩唐書大亮傳俱言太宗從大亮之請，與貞觀政要不合，鄙意吴書似得其實，而兩唐書大亮傳乃後來修飾之詞，故君卿於此闕疑耶？然則東突厥之敗亡，必有少數柘羯因之東徙者矣。所謂東突厥之復興者，即綜考上引史料，諸胡人入居河朔或歸降中國之時代大抵在武則天及唐玄宗開元之世。而此三十年間中國東北方胡族之活動其最有關大局者，莫過於東突厥之復興，即骨咄禄、默啜兄弟武力之開拓遠及中亞，竟取西突厥帝國之領部置於其管制下之事實也。關於東突厥自頡利於貞觀時破滅後至骨咄祿而復興之始末，非此所能詳及，兹惟就兩唐書所載東突厥復興與西突厥關係之史料略引一二，以供推證焉。

舊唐書壹玖肆上北突厥傳（新唐書貳壹伍上突厥傳同）略云：

骨咄祿，頡利之疏屬，自立爲可汗，以其弟默啜爲殺，骨咄祿天授中病卒。

骨咄祿死時子尚幼，默啜遂篡其位，自立爲可汗。

默啜立其弟咄悉匐爲左廂察，骨咄祿子默矩爲右廂察，各主兵馬二萬餘人，又立其子匐俱爲小可汗，仍主處木昆等十姓（寅恪案，舊唐書壹玖肆下西突厥傳云：「其國分爲十部，每部仍令一人統之，號爲十設，每設賜以一箭，故稱十箭焉。又分十箭爲左右廂，其左廂號爲五咄陸，其右廂號爲五弩失畢。五咄陸部落居於碎葉已東，五弩失畢部落居於碎葉已西，自是都號爲十姓部落。其咄陸有五啜，一曰處木昆啜云云。」）兵馬四萬餘人，又號爲拓西可汗。

初默啜景雲中率兵西擊娑葛，破滅之。契丹及奚自神功之後常受其徵役，其地東西萬餘里，控弦四十萬，自頡利之後最爲强盛，自恃兵威，虐用其衆，默啜既老，部落漸多逃散。

〔開元〕四年默啜又北討九姓拔曳固，戰於獨樂河，拔曳固大敗，默啜負勝輕歸，而不設備，遇拔曳固迸卒頡質略於柳林中，突出擊默啜，斬之。

同書同卷下西突厥阿史那彌射傳附孫獻傳（新唐書貳壹伍下西突厥傳略同）云：

長安元年充安撫招慰十姓大使，獻本蕃漸爲默啜及烏質勒所侵，遂不敢還國。

同書同卷阿史那步真傳（新唐書貳壹伍下西突厥傳略同）云：

自垂拱已後十姓部落頻被突厥默啜侵掠，死散殆盡。及隨斛瑟羅纔六七萬人，徙居內地，西突厥阿史那氏遂絶。（寅恪案，通鑑貳百肆紀此事删去「默啜」二字，蓋與上文「垂拱」二字衝突之故，於此足徵温公讀書之精密。）

同書同卷突騎施烏質勒傳（新唐書貳壹伍下突騎施烏質勒傳同）云：

突騎施烏質勒者，西突厥之别種也。烏質勒卒，其長子娑葛代統其衆，景龍三年娑葛弟遮弩恨所分部落少於其兄，遂叛入突厥，請爲鄉導以討娑葛。默啜乃留遮弩，遣兵二萬人與其左右來討娑葛，擒之而還。

綜合上引諸條，可知東突厥復興後之帝國其勢力實遠及中亞，此時必有中亞胡族向東北遷徙者。史言「默啜既老，部落漸多逃散」，然則中國河朔之地不獨當東突厥復興盛强之時遭其侵軼蹂躪，即在其殘敗衰微之後亦仍吸收其逃亡離散之諸胡部落，故民族受其影響，風俗爲之轉變，遂與往日之河朔迥然不同，而成爲一混雜之胡化區域矣。夫此區域之民族既已脱離漢化，而又包括東北及西北之諸胡種，唐代中央政府若欲羈縻統治而求一武力與權術兼具之人才，爲此複雜胡族方隅之主將，則柘羯與突厥合種之安禄山者，實爲適應當時環境之唯一上選也。玄宗以東北諸鎮付之禄山，雖尚有他故，而禄山之種性與河朔之情勢要必爲其主因，豈得僅如舊史所載，一出於李林甫固位之私謀而已耶？

更總括以上所述者論之，則知有唐一代三百年間其統治階級之變遷升降，即是宇文泰「關中本位政策」所鳩合集團之興衰及其分化。蓋宇文泰當日融治關隴胡漢民族之有武力才智者，以創霸業；而隋唐繼其遺産，又擴充之。其皇室及佐命功臣大都西魏以來此關隴集團中人物，所謂八大柱國家即其代表也。當李唐初期此集團之力量猶未衰損，皇室與其將相大臣幾全出於同一之繫統及階級，故李氏據帝位，主其軸心，其他諸族入則爲相，出則爲將，自無文武分途之事，而將相大臣與皇室亦爲同類之人，其間更不容别一統治階級之存在也。至於武曌，其氏族本不在西魏以來關隴集團之内，因欲消滅唐室之勢力，遂開始施行破壞此傳統集團之工作，如崇尚進士文詞之科破格用人及漸毁府兵之制等皆是也。此關隴集團自西魏迄武曌歷時既經一百五十年之久，自身本已逐漸衰腐，武氏更加以破壞，遂致分崩墮落不可救止。其後皇位雖復歸李氏，至玄宗尤稱李唐盛世，然其祖母開始破壞關隴集團之工事竟及其身而告完成矣。此集團既破壞後，皇室始與外朝之將相大臣即士大夫及將帥屬於不同之階級。同時閹寺黨類亦因是變爲一統治階級，擁蔽皇室，而與外朝之將相大臣相對抗。假使皇室與外廷將相大臣同屬於一階級，則其間固無閹寺階級統治國政之餘地也。抑更可注意者，關隴集團本融合胡漢文武爲一體，故文武不殊途，而將相可兼任；今既別產生一以科舉文詞進用之士大夫階級，則宰相不能不由翰林學士中選出，邊鎮大帥之職舍蕃將莫能勝任，而將相文武蕃漢進用之途，遂分歧不可復合。舉凡進士科舉之崇重，府兵之廢除，以及宦官之專擅朝政，蕃將即胡化武人之割據方隅，其事俱成於玄宗之世。斯實宇文泰所創建之關隴集團完全崩潰，及唐代統治階級轉移升降即在此時之徵象。是以論唐史者必以玄宗之朝爲時代畫分界綫，其事雖爲治國史者所得略知，至其所以然之故，則非好學深思通識古今之君子，不能詳切言之也。

中篇　政治革命及黨派分野

唐代政治革命依其發源根據地之性質爲區别，則有中央政治革命與地方政治革命二類。何以安史之亂以前地方政治革命均不能成功，且無多影響？而中央政治革命亦何以有成功與失敗？又唐代皇位之繼承常不固定，當新舊君主接續之交往往有宫廷革命，其原因爲何？及外廷士大夫黨派若牛李等黨究如何發生？其分野之界綫何在？斯皆前人所未顯言而今此篇所欲討論者也。

上篇言宇文泰以「關中本位政策」創建霸業，隋唐因之，遂混一中國，爲極盛之世。陸宣公奏議壹論關中事宜狀（參新唐書壹伍柒陸贄傳、通鑑貳貳捌建中四年八月條）云：

太宗文皇帝既定大業，萬方底乂，猶務戎備，不忘慮危，列置府兵，分置禁衛，大凡諸府八百餘所，而在關中者殆五百焉，舉天下不敵關中，則居重馭輕之意明矣。承平既久，武備寖微，雖府衛具存，而卒乘罕習，故禄山竊倒持之柄，乘外重之資，一舉滔天，兩京不守。

寅恪案，陸敬輿所言唐代内外輕重之形勢與政治之關係固甚確切，但唐人論事多追頌其祖宗創制之美，此不獨臣下立言之體宜然，實亦由於府兵制度之起源及其發展頗有誤會所致。蓋府兵制爲宇文泰當日「關中本位政策」中最要之一端，此政策之實情自唐初以降已不復爲世人所知，如李繁之鄴侯家傳爲唐人論府兵制主要之書，其間多所未諦，他更無論矣，此事已於拙著隋唐制度淵源略論稿兵制章詳言之，茲可不論。然可由宣公之言推定其在「關中本位政策」猶未完全破壞以前凡操持關中主權之政府即可以宰制全國，故政治革命只有中央政治革命可以成功，地方革命則無論如何名正言順，終歸失敗，此點可以解釋尉遲迥、徐敬業所以失敗，隋文帝、武則天所以成功，與夫隋煬帝遠游江左，所以卒喪邦家，唐高祖速據關中，所以獨成帝業。迨玄宗之世，「關中本位政策」完全改變，所以地方政治革命始能成功，而唐室之衰亡實由於地方政治革命之安、史、龐勛、黃巢等之叛亂，及黃巢部將朱温之篡奪也。

或問：唐代在「關中本位政策」即内重外輕之情形未變易以前，其政治革命惟有在中央發動者可以成功，但中央政治革命有成功，亦有失敗，其故又安在？應之曰：其關鍵實繫於守衛宫城北門禁軍之手，而北門之重要則由於唐代都城建置之形勢使然，其詳見拙著隋唐制度淵源略論稿禮儀章附論都城建築一節。茲僅略述大意，附載唐代歷次中央政治革命與宫城北門有關之史實，以資證明焉。

舊唐書壹貳陸李揆傳（參新唐書伍拾兵志及壹伍拾李揆傳、通鑑貳貳壹乾元二年三月條、十七史商榷捌玖南衙北司條）云：

時京師多盜賊，有通衢殺人置溝中者。李輔國方恣横，上請選羽林騎士五百人以備巡檢。揆上疏曰：「昔西漢以南北軍相統攝，故周勃因南軍入北軍（寅恪案，新傳亦與舊傳同作『因南軍入北軍』，其實應作『因北軍入南軍』，此揆元疏之誤，非傳寫之訛也。通鑑此條胡注明知其誤，猶只云：『恐不如此』，亦太謙慎矣），遂安劉氏。皇朝置南北衙，文武區分，以相伺察。今以羽林代金吾警夜，忽有非常之變，將何以制之？」遂制罷羽林之請。

又同書壹陸捌馮宿傳附弟定傳（新唐書壹柒柒馮宿傳附弟定傳同）云：

改元（開成），御（宣政）殿，中尉仇士良請用神策仗衛右殿，定抗疏論罷。

通鑑貳肆伍開成元年正月載此事，胡注云：

南衙十六衛之兵至此雖名存實亡。然以北軍衛南衙，則外朝亦將聽命於北司，既紊太宗之紀綱，又增宦官之勢焰，故馮定言其不可。

據此可知唐代之北軍即衛宫之軍，權力遠在南軍即衛城之軍之上，其情勢與西漢南北軍所處者適相反。關於西漢南北軍制，自宋迄今，論者多矣，可以不贅。兹所欲論者，即唐代北軍及都城建置，與中央政治革命之關係一端而已。

周官考工記匠人云：

面朝背市。

據通常之解釋，王宫居中，其南爲朝，其北爲市。故止就宫與市之位置言，則宫在市之南，或市居宫之北也。考工記作成之時代雖晚，但必爲儒家依據其所得之資料，加以理想化編纂之書，似無疑義。然則所言匠人營國，其宫市之位置必有當日真實之背景者。今知西漢首都之長安，其未央宫南之司馬門直抵城垣，并無坊市，而未央宫長樂宫之北則有六街三市，是與考工記之文適相符合。豈與此書作成之時代有關耶？至隋代所營建之大興城，即後來唐代之長安城，其宫近城之北端，而市則在城之南方，其宫市位置適與以前之西漢長安城相反，故唐代之南北軍與西漢之南北軍其名雖同，而實際之輕重則相殊异也。夫中央政府之命令出於君主一人之身，君主所居之處乃政治劇變時成敗之所繫。西漢之長安，其宫在城南，故南軍爲衛宫之武力；唐代之長安，其宫在城北，故北軍爲衛宫之武力。苟明乎此，則唐代歷次中央政治革命之成敗，悉決於玄武門即宫城北門軍事之勝負，而北軍統制之權實即中央政柄之所寄托也。兹略引有關史事於下：

武德九年六月四日玄武門事變爲唐代中央政治革命之第一次，而太宗一生最艱危之苦鬥也。後世往往以成敗論人，而國史復經勝利者之修改，故不易見當時真相。然高祖起兵太原，建成即與太宗各領一軍。及爲太子，其所用官僚如王珪、魏徵之流即後來佐成貞觀之治之名臣，可知建成亦爲才智之人。至於元吉者，尤以勇武著聞，故太宗當日相與競爭之人決非庸懦無能者，又况建成以嫡長之名位，而内得高祖宫闈之助乎？太宗終能於玄武門一擊，而建成、元吉倉卒敗亡，似此二人曾絶無計慮及准備者，頗爲不近情理，疑其間必有未發之覆，而相傳之史料復多隱諱之處也。

舊唐書陸捌尉遲敬德傳（新唐書捌玖尉遲敬德傳略同）略云：

隱太子、巢剌王元吉將謀害太宗，密致書以招敬德，仍贈以金銀器物一車，敬德辭。（中略）。敬德曰：「在外勇士八百餘人今悉入宫，控弦被甲，事勢已就，王何得辭？」（中略）。〔東〕宫〔齊王〕府諸將薛萬澈、謝叔方、馮立等率兵大至，屯玄武門，殺屯營將軍。敬德持建成、元吉首以示之，宫府兵遂散。

同書同卷張公謹傳（新唐書捌玖張公謹傳同）云：

〔武德九年〕六月四日，公謹與長孫無忌等九人伏於玄武門以俟變。及斬建成、元吉，其黨來攻玄武門，兵鋒甚盛。公謹有勇力，獨閉關以拒之。

同書壹捌柒上忠義傳上敬君弘傳（新唐書壹玖壹忠義傳敬君弘傳同）略云：

武德中爲驃騎將軍，掌屯營兵於玄武門，加授雲麾將軍。隱太子建成之誅也，其餘黨馮立、謝叔方率兵犯玄武門，君弘挺身出戰，與中郎將吕世衡并遇害。太宗甚嗟賞之，贈君弘左屯衛大將軍，世衡右驍衛將軍。

同書同卷馮立傳略云：

隱太子建成引爲翊衛車騎將軍，建成被誅，〔立〕率兵犯玄武門，苦戰久之，殺屯營將軍敬君弘，解兵遁於野，俄而來請罪。太宗數之曰：「昨日出兵來戰，殺傷我將，何以逃死？」

同書同卷謝叔方傳略云：

太宗誅隱太子及元吉於玄武門，叔方率〔齊王〕府兵與馮立合軍拒戰於北闕下，殺敬君弘、吕世衡。太宗兵不振，秦府護軍尉遲敬德傳元吉首以示之，叔方下馬號哭而遁。明日出首，太宗命釋之。

據此，太宗之所以得勝，建成、元吉之所以致敗，俱由一得以兵據玄武門即宮城之北門，一不得以兵入玄武門故也。然則玄武門爲武德九年六月四日事變成敗之關鍵，至爲明顯。但此中實有未發之覆，即玄武門地勢之重要，建成、元吉豈有不知，必應早有所防衛，何能令太宗之死黨得先隱伏奪據此要害之地乎？今得見巴黎圖書館藏敦煌寫本伯希和號貳陸肆拾李義府撰常何墓志銘，然後知太宗與建成、元吉兩方皆誘致對敵之勇將。常何舊曾隸屬建成，而爲太宗所利誘。當武德九年六月四日常何實任屯守玄武門之職，故建成不以致疑，而太宗因之竊發。迨太宗既殺其兄弟之後，常何遂總率北門之屯軍矣。此亦新史料之發見，足資補釋舊史所不能解之一端也。至於敬君弘、吕世衡則觀太宗數馮立罪所言，殆與常何同爲太宗之黨歟？史料缺乏，未敢遽定，俟更詳考之。

舊唐書玖壹桓彥範傳（新唐書壹貳拾桓彥範傳同，并參舊唐書壹捌柒上新唐書壹玖壹忠義傳王同皎傳）略云：

〔張〕柬之遽引彥範及〔敬〕暉并爲左右羽林將軍，委以禁兵，共圖其事。時皇太子每於北門起居，彥範與暉因得謁見，密陳其計，太子從之。神龍元年正月彥範與敬暉及左羽林將軍李湛、李多祚，右羽林將軍楊元琰，左威衛將軍薛思行等率左右羽林兵及千騎五百餘人討〔張〕易之、昌宗於宮中。令李湛、李多祚就東宮迎太子。兵至玄武門，彥範等奉太子斬關而入。時則天在迎仙宮之集仙殿，斬易之、昌宗於廊下，明日太子即位。

同書壹佰玖李多祚傳（新唐書壹壹拾李多祚傳同）略云：

少以軍功歷位右羽林大將軍，前後掌禁兵北門宿衛二十餘年。神龍初，張柬之將誅張易之兄弟，引多祚籌其事，謂曰：「將軍在北門幾年？」曰：「三十年矣。」柬之曰：「將軍位極武臣，豈非大帝之恩乎？」曰：「然。」又曰：「既感大帝殊澤，能有報乎？大帝之子見在東宮，張易之兄弟擅權，朝夕危逼，誠能報恩，正屬今日。」多祚曰：「苟緣王室，唯相公所使。」遂與柬之等定謀誅易之兄弟。

寅恪案，武則天雖居洛陽，然東都宮城之玄武門亦與長安宮城之玄武門同一位置，俱爲形勢要害之地。中宗復辟之成功，實在溝通北門禁軍之故。張柬之既得羽林軍統將李多祚之同意，大局即定，雖以武曌之梟杰，亦無抵禦之能力矣。

舊唐書捌陸節愍太子重俊傳（新唐書捌壹節愍太子重俊傳同）略云：

〔神龍〕三年七月〔重俊〕率左羽林大將軍李多祚等矯制發左右羽林兵及千騎三百餘人，殺〔武〕三思及〔武〕崇訓於其第，又令左金吾大將軍成王千里分兵守宮城諸門，自率兵趨肅章門，斬關而入，求韋庶人及安樂公主所在。韋庶人及〔安樂〕公主遽擁帝（中宗）馳赴玄武門樓，召左羽林將軍劉仁景等令率留軍飛騎及百餘人於樓下列守。俄而多祚等兵至，欲突玄武門樓，宿衛者拒之，不得進。帝據檻呼多祚等所將千騎，謂曰：「汝等并是我爪牙，何故作逆？若能歸順，斬多祚等，與汝富貴。」於是千騎王歡喜等倒戈斬多祚等，餘黨遂潰散。

寅恪案，李多祚以一人之身，二次躬率禁軍預聞中央政治革命之役，然而前後成敗互異者，以神龍三年七月辛丑之役韋后、安樂公主等猶得擁護中宗，及保有劉仁景等一部分之北門衛兵，故能據守玄武門樓之要地，及中宗親行宣諭，而多祚等所率之禁軍遂倒戈自殺，一敗塗地矣。然則中央政治革命之成敗與玄武門之地勢及守衛北門禁軍之關係如是重大，治唐史者誠不宜忽視之也。舊唐書捌玄宗紀上（新唐書伍玄宗紀及通鑑貳佰玖景龍四年六月條同）略云：

〔唐隆元年六月〕庚子夜〔上〕率〔劉〕幽求等數十人自苑南入，總監鍾紹京又率丁匠百餘以從，分遣萬騎往玄武門，殺羽林將軍韋播、高嵩，持首而至，衆皆歡叫大集。攻白獸、玄德等門，斬關而進。左萬騎自左入，右萬騎自右入，合於凌烟閣前，時太極殿前有宿衛梓宮萬騎，聞譟聲，皆披甲應之，韋庶人惶惑走入飛騎營，爲亂兵所害。

同書伍壹后妃傳上中宗韋庶人傳（新唐書柒陸后妃傳中宗韋庶人傳同，并參考舊唐書壹捌叁新唐書貳佰陸外戚傳韋温傳）略云：

帝（中宗）遇毒暴崩，后懼，秘不發喪。定策立温王重茂爲皇太子，召諸府兵五萬人屯京城，分爲左右營，然後發喪。少帝即位，尊后爲皇太后，臨朝攝政。韋温總知内外兵馬，守援宫掖。駙馬韋捷、韋濯分掌左右屯營。武延秀及温從子播、族弟璿、外甥高嵩典左右羽林軍及飛騎。播、璿欲先樹威嚴，拜官日先鞭萬騎數人，衆皆怨，不爲之用。臨淄王率薛崇簡、鍾紹京、劉幽求等領萬騎入自玄武門，至左羽林軍，斬將軍韋璿、韋播及中郎將高嵩於寢帳，遂斬關而入，至太極殿，后惶駭遁入殿前飛騎營，爲亂兵所殺。

同書壹佰陸王毛仲傳（新唐書壹貳壹王毛仲傳同）云：

初太宗貞觀中擇官户蕃口中少年驍勇者百人，每出游獵，令持弓矢於御馬前射生，令騎豹文韉，著畫獸文衫，謂之百騎。至則天時漸加其人，謂之千騎，分隸左右羽林營。孝和謂之萬騎，亦置使以領之。玄宗在藩邸時，常接其豪俊者，或賜飲食財帛，以此盡歸心焉。毛仲亦悟玄宗之旨，待之甚謹，玄宗益憐其敏慧。及〔景龍〕四年六月中宗遇弒，韋后稱制，令韋播、高嵩爲羽林將軍，令押千騎營（寅恪案，通鑑「千」作「萬」），是，蓋中宗已改千騎爲萬騎矣，温公之精密有如是者），榜棰以取威。其營長葛福順、陳玄禮等相與見玄宗訴冤。會玄宗已與劉幽求、麻嗣宗、薛崇簡等謀舉大計，相顧益歡，令幽求諷之，皆願决死從命。及二十日夜玄宗入苑中，乙夜福順等至，玄宗曰：「與公等除大逆，安社稷，各取富貴，在於俄頃，何以取信？」福順等請號而行，斯須斬韋播、韋璿、高嵩等頭來，玄宗舉火視之。又召鍾紹京領總監丁匠刀鋸百人至，因斬關而入，后及安樂公主等皆爲亂兵所殺。

寅恪案，玄宗景龍四年六月二十日夜之舉兵，與三年前即神龍三年七月六日節愍太子重俊發動之玄武門事變正復相似，而成敗不同者，以玄宗能預結羽林萬騎諸營長葛福順、陳玄禮等，而韋后死黨守衛玄武門之羽林禁軍諸統將如韋播、韋璿、高嵩等，皆爲其部下所殺故也。

又以上所述自高祖、太宗至中宗、玄宗，中央政治革命凡四次，俱以玄武門之得失及屯衛北門禁軍之向背爲成敗之關鍵。然此皆訴諸武力，公開决戰者。至於武曌之改唐爲周，韋氏之潛移政柄，其轉變不出闈闥之間，兵不血刃，而全國莫之能抗，則以「關中本位政策」施行以來，内重外輕之勢所致也。然自玄宗末年安史叛亂之後，内外輕重之形勢既與以前不同，中央政變除極少破例及極小限制外，大抵不决之於公開戰爭（唐末强藩與中央政府權臣及閹寺離合之關係構成戰亂，其事應列入統治階級之升降及黨派分野範圍論之。故凡本書所未能詳述者，以義類推之可知也），而在宮廷之内以争取皇位繼承之形式出之。於是皇位繼承之無固定性及新舊君主接續之交，輒有政變發生，遂爲唐代政治史之一大問題也。

唐自開國時建成即號爲皇太子，太宗以功業聲望卓越之故，實有奪嫡之圖謀，卒釀成武德九年六月四日玄武門之事變，已詳前述，且其事爲世所習知者也。太宗立承乾爲皇太子，承乾乃長孫皇后之長子，既居長嫡之位，其他諸子又無太宗之功業聲望可以啓其窺伺之心者，然承乾終被廢弃，而諸子争立，太宗心中之苦悶及其舉止之失態，觀兩唐書長孫無忌傳所載可知矣。

舊唐書陸伍長孫無忌傳（新唐書壹佰伍長孫無忌傳同）云：

> 太子承乾得罪，太宗欲立晋王，而限以非次，迴惑不决。御兩儀殿，群官盡出，獨留無忌及司空房玄齡、兵部尚書李勣，謂曰：「我三子一弟所爲如此，我心無憀。」因自投於床，抽佩刀欲自刺。無忌等驚懼，争前扶抱，取佩刀以授晋王。無忌等請太宗所欲，報曰：「我欲立晋王。」無忌曰：「謹奉詔，有异議者，臣請斬之。」太宗謂晋王曰：「汝舅許汝，宜拜謝。」因下拜。太宗謂無忌等曰：「公等既符我意，未知物論何如？」無忌曰：「晋王仁孝，天下屬心久矣，伏乞召問百寮，必無异辭，若不舞蹈同音，臣負陛下萬死。」於是建立遂定，因加授無忌太子太師。尋而太宗又欲立吴王恪，無忌密争之，其事遂輟。

寅恪案，太宗蓋世英雄，果於決斷，而至皇位繼承問題乃作如此可笑之狀，雖或施用權術，故爲失態，藉以籠制諸腹心大臣，然其内心之煩惱迴惑已臻極點，則無可疑。蓋皇位繼承既不固定，則朝臣黨派之活動必不能止息，太宗之苦悶不堪，實職此之由也。又觀於其經此戲劇式之御前會議，建立晋王爲太子之後，復欲改立吴王恪，可知當日皇位繼承終是摇動不固定之事，因此，太子之嗣位亦不得不别有擁戴扶立之元勛。若皇儲之繼承權本極固定者，則此輩元勛何從得居擁立之功耶？

至於高宗本庸懦之主，受制於武后，其皇儲之不固定夫何足怪？而武曌則爲曠世怪杰，既屢屠殺其親生之子孫，何况區區廢立之事？故其皇位繼承之不定乃更意中事也。若立子立侄之問題乃屬於别一範圍，兹不討論，僅略引有關高宗武曌廢立其子之史文於下：

舊唐書捌陸燕王忠傳（新唐書捌壹燕王忠傳同）云：

燕王忠，高宗長子也，〔永徽〕三年立忠爲皇太子，顯慶元年廢忠爲梁王。

同書柒中宗紀略云：

永隆元年章懷太子廢，其年立爲皇太子。弘道元年高宗崩，即帝位，嗣聖元年二月皇太后廢帝爲盧陵王，其年五月遷於均州，尋徙居房陵。聖曆元年召還東都，立爲皇太子。神龍元年正月張柬之等率羽林兵誅〔張〕易之、昌宗，迎皇太子監國。乙巳則天傳位於皇太子，丙午即皇帝位。

同書同卷睿宗紀略云：

嗣聖元年則天臨朝，廢中宗爲廬陵王，立〔帝〕爲皇帝。及革命，改國號爲周，降帝爲皇嗣，徙居東宮，其具儀一比皇太子。聖曆元年中宗自房陵還，請讓位於中宗。則天遂立中宗爲皇太子，封帝爲相王。景龍四年夏六月中宗崩，臨淄王諱〔隆基〕等率兵入北軍，誅韋温等。甲辰少帝遜於別宫，是日即皇帝位。

同書壹壹陸承天皇帝倓傳（新唐書捌貳承天皇帝倓傳同，又參舊唐書捌陸新唐書捌壹孝敬皇帝傳、章懷太子傳）云：

〔李〕泌因奏〔肅宗〕曰：「臣幼稚時念黄臺瓜辭，陛下嘗聞其説乎？高宗大帝有八子，睿宗最幼，〔與〕天后所生三子自爲行第，故睿宗第四。長曰孝敬皇帝（弘），爲太子監國，而仁明孝悌，天后方圖臨朝，乃鴆殺孝敬，立雍王賢爲太子。賢每日憂惕，知必不保全，與二弟同侍於父母之側，無由敢言，乃作黄臺瓜辭，令樂工歌之，冀天后聞之省悟，即生哀愍，辭云：『種瓜黄台下，瓜熟子離離。一摘使瓜好，再摘令瓜稀。三摘猶尚可，四摘抱蔓歸。』而太子賢終爲天后所逐，死於黔中。」

然最可注意者，實神龍元年正月癸卯（二十日）玄武門之事變，其事自唐室諸臣言之，則易周爲唐爲中興復辟；自武則天方面言之，則不過貪功之徒擁立既已指定而未甚牢固之繼承儲君而已（凡唐代之太子實皆是已指定而不牢固之皇位繼承者，故有待於擁立之功臣也）。此役之是非及其本末今不能詳述，所欲論者，即中宗雖復立爲皇太子，其皇位繼承權實非固定，若全國俱認爲必能終繼武曌之位，無有可疑者，則五王等更將何所依藉，以爲號召之口實耶？兹録通鑑神龍元年五月甲午以侍中齊公敬暉爲平陽王條考异所引，而爲司馬君實所不取之統紀原文，以佐證鄙説焉，其文云：

太后善自粉飾，雖子孫在側，不覺衰老（其實此語通鑑上文已采用之矣）。及在上陽宫不復櫛頮，形容羸悴。上（中宗）入見，大驚。太后泣曰：「我自房陵迎汝來，固以天下授汝矣，而五賊貪功，驚我至此。」上悲泣不自勝，伏地拜謝死罪。由是〔武〕三思等得入其謀。

此節史料實可解釋中宗朝武氏權勢不因則天失位而消滅之故，温公轉不之信，無乃過於審慎歟？

舊唐書捌陸殤皇帝重茂傳云：

景龍四年中宗崩，韋庶人立重茂爲帝，而自臨朝稱制。及韋氏敗，重茂遂遜位，讓叔父相王。

同書同卷節愍太子重俊傳（新唐書捌壹節愍太子重俊傳同）云：

〔神龍〕二年秋立爲皇太子，時武三思得幸中宫，深忌重俊。三思子崇訓尚安樂公主，常教公主陵忽重俊，以其非韋氏所生，常呼之爲奴。或勸公主請廢重俊爲王，自立爲皇太女，重俊不勝忿恨。

寅恪案，殤帝重茂以韋氏敗見廢，假使韋氏不敗，而仿武曌之前例行事，則重茂亦未必能久立，何況其非韋氏所生者乎？重俊起兵失敗，已於前言之，茲不復論，但究其所以舉兵之由，實以既受武三思父子及安樂公主等之陵忌，明知其皇位繼承權至不固定，遂出此冒險之舉耳。

睿宗嫡長子成器雖曾居皇太子之位，終以其庶弟隆基（玄宗）功業顯著之故，而讓皇儲之位。是其皇位繼承之不固定，無待言矣。至玄宗雖非長嫡，然以誅滅韋氏戴立睿宗之大功得越其嫡兄成器而立爲皇太子，此蓋有懲於建成太宗之故事，宜其皇位繼承權之固定，及考諸記載，殊亦不然，茲略引史文以證明之。

舊唐書玖伍讓皇帝憲傳（新唐書捌壹讓皇帝憲傳同）云：

讓皇帝憲本名成器，睿宗長子也。文明元年立爲皇太子，及睿宗降爲皇嗣，則天册授成器爲皇孫，唐隆元年進封宋王。睿宗踐阼，將建儲貳，以成器嫡長，而玄宗有討平韋氏之功，意久不定，成器固讓，睿宗乃許之。

同書捌玄宗紀上（新唐書伍玄宗紀略同）略云：

〔唐隆元年〕七月丙午〔睿宗〕制曰：「第三子〔隆〕基可立爲皇太子！」〔景雲〕二

年二月又制曰：「皇太子〔隆〕基宜令監國！其六品以下除授及徒罪以下并取〔隆〕基處分！」延和元年六月凶黨因術人聞睿宗曰：「據玄象，帝座及前星有灾，皇太子合作天子，不合更居東宫矣。」睿宗曰：「傳德避灾，吾意决矣。」七月壬午制曰：「皇太子可令即皇帝位！」上（玄宗）叩頭請所以傳位之旨。睿宗曰：「吾因汝功業得宗社，易位於汝，吾知晚矣。」上始居武德殿視事，三品以下除授及徒罪皆自决之。先天二年七月三日左羽林大將軍常元楷、右羽林將軍李慈等與太平公主同謀，期以其月四日以羽林軍作亂，上密知之，因出武德殿，入虔化門，梟常元楷、李慈於北闕。睿宗明日下詔曰：「朕將高居無爲，自今軍國政刑一事已上并取皇帝處分！」

（寅恪案，通鑒貳壹拾開元元年七月乙丑上皇徙居百福殿。）

同書玖陸姚崇傳（新唐書壹貳肆姚崇傳同）云：

時玄宗在東宫，太平公主干預朝政，宋王成器爲閑廄使，岐王範、薛王業皆掌禁兵，外議以爲不便，元之（崇本名元崇，因惡與突厥叛人同名，改爲元之）同侍中宋璟密奏，請令公主往東都，出成器等諸王爲刺史以息人心。睿宗以告公主，公主大怒。玄宗乃上疏以元之、璟等離間兄弟，請加罪，乃貶元之爲申州刺史。

同書同卷宋璟傳（新唐書壹貳肆宋璟傳同）云：

時太平公主謀不利於玄宗，嘗於光範門内乘輦，伺執政以諷之，衆皆失色。璟昌言曰：「東宮有大功於天下，真宗廟社稷之主，安得有异議？」乃與姚崇同奏請令公主就東都。玄宗懼，抗表請加罪於璟等，乃貶璟爲楚州刺史。

同書玖柒張説傳（新唐書壹貳伍張説傳同）云：

是歲（景雲二年）二月睿宗謂侍臣曰：「有術者上言：五日内有急兵入宮，卿等爲朕備之！」左右相顧，莫能對。説進曰：「此是讒人設計，擬摇動東宮耳，陛下若使太子監國，則君臣分定，自然窺覦路絶，災難不生。」睿宗大悦，即日下制皇太子監國。明年又制皇太子即帝位。俄而太平公主引蕭至忠、崔湜爲宰相。以説爲不附己，轉爲尚書左丞，罷知政事，仍令往東都留司。説既知太平陰懷异計，乃使獻佩刀於玄宗，請先事討之，玄宗嘉納焉。

寅恪案，玄宗既以有大功故得立爲皇太子，而其皇位繼承權仍不固定，其後雖已監國，并受内禪，即皇帝位矣，而其皇位之不安定也如故，必至誅夷太平公主黨徒之後，睿宗迫不得已，放弃全部政權，退居百福殿，於是其皇位始能安定，此誠可注意者也。至太平公主欲以羽林軍作亂，幸玄宗早知其謀，先發制人，得斬禁軍統將常元楷、李慈等，唐代中央政治革命之成敗繫於北門衛兵之手，斯又一例證矣。

舊唐書壹佰柒廢太子瑛傳（新唐書捌貳太子瑛傳同）略云：

廢太子瑛，玄宗第二子也，開元三年正月立爲皇太子。及武惠妃寵幸，〔瑛母趙〕麗妃恩乃漸弛，惠妃之子壽王瑁鍾愛，〔惠〕妃泣訴於玄宗，以太子結黨，將害於妾母子，亦指斥於至尊。玄宗震怒，謀於宰相，意將廢黜。中書令張九齡奏曰：「今太子既長，無過。」玄宗默然，事且寢。李林甫代張九齡爲中書令，希惠妃之旨，托意於中貴人，揚壽王瑁之美。〔開元〕二十五年〔惠妃女咸宜公主夫〕楊洄又構於惠妃，言瑛兄弟（鄂王瑶、光王琚）三人與太子妃兄薛銹構异謀。玄宗遽召宰相籌之。林甫曰：「此蓋陛下家事，臣不合參知。」玄宗意乃决矣。使中官宣詔於宫中，并廢爲庶人，銹配流，俄賜死於城東驛。

寅恪案，瑛乃玄宗初立之太子，其皇位繼承既已不能固定矣，至於此後所立之太子即後來繼位之肅宗，其皇位繼承權亦屢經動摇，若非乘安禄山叛亂之際擁兵自立爲帝，則其果能終嗣皇位與否，殊未可知也。

新唐書貳佰柒宦者傳上高力士傳（參考通鑑貳壹肆開元二十六年條考异）云：

初，太子瑛廢，武惠妃方嬖，李林甫等皆屬壽王〔瑁〕，帝（玄宗）以肅宗長，意未决，居忽忽不食。力士曰：「大家不食，亦膳羞不具耶？」帝曰：「爾我家老，揣我何爲而然？」力士曰：「嗣君未定耶？推長而立，孰敢争？」帝曰：「爾言是也。」儲位遂定。

舊唐書拾肅宗紀略云：

肅宗，玄宗第三子，開元二十六年六月庚子立爲皇太子。初太子瑛得罪，上召李林甫，議立儲貳，時壽王瑁母武惠妃方承恩寵，林甫希旨，以瑁對，及立上（肅宗）爲太子，林甫懼不利己，乃起韋堅、柳勣之獄，上幾危者數四。後楊國忠依妃家，恣爲褻穢，懼上英武，潛謀不利，爲患久之。〔天寶〕十四載十一月〔安〕禄山稱兵詣闕，十二月辛丑制太子監國，仍遣上親總諸軍進討。時禄山以誅楊國忠爲名，國忠懼，乃與〔楊〕貴妃謀間其事，上遂不行。明年六月關門不守，國忠諷玄宗幸蜀，車駕將發〔馬嵬頓〕，留上在後宣諭百姓，上迴軍〔欲收復長安〕。七月辛酉上至靈武，〔裴〕冕〔杜鴻漸〕等凡六上牋〔請即皇帝位〕。上不獲已，乃從，是月甲子即皇帝位於靈武。

同書壹捌肆宦官傳李輔國傳（新唐書貳佰捌宦者傳下李輔國傳同）云：

〔安〕禄山之亂，玄宗幸蜀，輔國侍太子（肅宗），扈從至馬嵬，誅楊國忠，輔國獻計太子，請分玄宗麾下兵，北趨朔方，以圖興復，輔國從至靈武，勸肅宗即帝位，以繫人心。

寅恪案，玄宗何以捨壽王瑁而立肅宗爲皇太子，此爲别一問題，非兹篇所能論及也。惟肅宗既立爲皇太子之後，其皇位繼承權甚不固定，故乘安禄山叛亂玄宗倉卒幸蜀之際，分兵北走，自取帝位，不僅别開唐代内禪之又一新局，而李輔國因是爲擁戴之元勛，遂特創後來閹寺擁戴或廢黜儲君之先例，此甚可注意也。

舊唐書壹壹代宗紀略云：

代宗，肅宗長子，〔乾元元年〕四月庚寅立爲皇太子。寶應元年四月肅宗大漸，所幸張皇后無子，后懼上（代宗）功高難制，陰引越王係於宫中，將圖廢立。乙丑皇后矯詔召太子，中官李輔國、程元振素知之，乃勒兵於淩霄門，俟太子至，即衛太子至飛龍厩。是夕勒兵於三殿，收捕越王係及内官朱光輝、馬英俊等，禁錮之，幽皇后於别殿。丁卯肅宗崩，元振等始迎上於九仙門，見群臣，行監國之禮，己巳即皇帝位於柩前。

同書伍貳后妃傳下肅宗張皇后傳（新唐書柒柒后妃傳下肅宗張皇后傳同）略云：

先在靈武時，太子（代宗）弟建寧王倓爲后誣譖而死，自是太子憂懼，常恐后之構禍。后以建寧之隙，常欲危之。寶應元年四月肅宗大漸，后與内官朱輝光、馬英俊、啖庭瑶、陳仙甫等謀立越王係，矯詔召太子入侍疾。中官程元振、李輔國知其謀，及太子入，二人以難告，請太子在飛龍厩。元振率禁軍收越王係、朱輝光等。俄而肅宗崩，太子監國，遂移后於别殿，幽崩，誅馬英俊〔等〕。

同書壹壹陸承天皇帝倓傳（新唐書捌貳承天皇帝倓傳同）略云：

時廣平王（代宗）立大功，亦爲張皇后所忌，譖構流言。

同書壹捌肆宦官傳李輔國傳（新唐書貳佰捌宦者傳下李輔國傳同）云：

輔國判元帥行軍司馬，專掌禁軍，代宗即位，輔國與程元振有定策功。

同書同卷宦官傳程元振傳（新唐書貳佰柒宦者傳上程元振傳同）云：

寶應末肅宗晏駕，張皇后與太子（代宗）有隙，恐不附己，引越王係入宮，欲令監國。元振知其謀，密告李輔國，乃挾太子誅越王并其黨與。

寅恪案，代宗雖有收復兩京之功，而其皇位繼承權不固定如此。最可注意者，則爲自寶應元年四月乙丑（十六日）事變張皇后失敗後，唐代宮禁中武曌以降女后之政柄，遂告終結。而皇位繼承之決定，乃歸於閹寺之手矣。但閹寺之中又分黨派，互有勝敗，如程元振等與朱輝光等之爭，即是其例。至於李氏子孫無論其得或不得繼承帝位如代宗與越王係之流，則皆閹寺之傀儡工具而已。

舊唐書壹壹捌楊炎傳（新唐書壹肆伍楊炎傳同）略云：

李正己上表請殺〔劉〕晏之罪。炎懼，乃遣腹心分往諸道，言晏之得罪以昔年附會奸邪，謀立獨孤妃爲皇后，上自惡之，非他過也。

同書同卷黎幹傳（新唐書壹肆伍黎幹傳同）云：

大曆中德宗居東宮，幹及〔宦官劉〕清潭嘗有奸謀動搖。

同書壹貳叁劉晏傳（新唐書壹肆玖劉晏傳同）略云：

時人風言：代宗寵獨孤妃，而又愛其子韓王迥，晏密啓請立獨孤爲皇后。〔楊〕炎奏言：「賴祖宗福佑，先皇（代宗）與陛下（德宗）不爲賊臣所間，不然，劉晏、黎幹之輩摇動社稷，凶謀果矣。」

同書壹叁柒趙涓傳（新唐書壹陸壹趙涓傳同）云：

永泰初，涓爲監察御史。時禁中失火燒屋室數十間，火發處與東宮稍近，代宗深疑之。涓爲巡使，俾令即訊，涓周歷墺囿，按據迹狀，乃上直中官遺火所致也。推鞫明審，頗盡事情，既奏，代宗稱賞焉。德宗時在東宮，常感涓之究理詳細。

寅恪案，此德宗爲太子時，其皇位繼承權亦不固定之證也。

新唐書柒順宗紀略云：

大曆十四年十二月乙卯立爲皇太子，郜國公主以蠱事得罪，太子妃其女也。德宗疑之，幾廢者屢矣，賴李泌保護，乃免。

舊唐書壹叁拾李泌傳（新唐書壹叁玖李泌傳同）云：

順宗在春宫，妃蕭氏母郜國公主交通外人，上（德宗）疑其有他，連坐貶黜者數人，皇儲亦危，泌百端奏説，上意方解。

同書壹伍玖衛次公傳（新唐書壹陸肆衛次公傳同，并參考舊唐書壹伍玖鄭絪傳）云：

〔貞元〕二十一年正月德宗昇遐，時東宮（順宗）疾恙方甚，倉卒召學士鄭絪等至金鑾殿。中人或云：「內中商量所立未定。」衆人未對，次公遽言曰：「皇太子（順宗）雖有疾，地居冢嫡，內外繫心，必不得已，當立廣陵王（憲宗），若有异圖，禍難未已。」絪等隨而唱之，衆議方定。

寅恪案，通鑑貳叁貳貞元三年六月條及貳叁叁貞元三年八月條載順宗爲皇太子時幾被廢黜事甚詳，蓋與新唐書李泌傳同采自鄴侯家傳，李繁述其父事雖多溢美，然順宗當日皇位繼承權之動摇則爲事實也。

依時代之次序，此下當論述憲宗之事迹。但永貞內禪尤爲唐代內廷閹寺黨派競争與外朝士大夫關係之一最著事例，且唐代外廷士大夫之牛李黨争即起於憲宗元和之世。兹爲叙述便利之故，本篇中專論唐代皇位繼承不固定之事實，則至德宗順宗之交爲止。此後以內廷及外朝之黨派關係與皇位繼承二端合并論證，而在論證此二端之前，先一言唐代士大夫黨派分野之界綫焉。

唐代統治階級在武曌未破壞「關中本位政策」以前，除宇文泰所創建之胡漢關隴集團胡漢諸族外，則爲北朝傳統之山東士族，凡外廷士大夫大抵爲此類之人也。所謂士族者，其初并不專用其先代之高官厚禄爲其唯一之表徵，而實以家學及禮法等標异於其他諸姓。如范陽盧氏者，山東士族中第一等門第也，然魏收著魏書，其第肆柒卷盧玄傳論（李延壽於北史叁拾盧玄等傳論即承用伯起元文）云：

> 盧玄緒業著聞，首應旌命，子孫繼迹，爲世盛門。其文武功業殆無足紀，而見重於時，聲高冠帶，蓋德業儒素有過人者。

其實伯起此言不獨限於北魏時之范陽盧氏，凡兩晉、南北朝之士族盛門，考其原始，幾無不如是。魏晉之際雖一般社會有鉅族、小族之分，苟小族之男子以才器著聞，得稱爲「名士」者，則其人之政治及社會地位即與鉅族之子弟無所區别，小族之女子苟能以禮法特見尊重，則亦可與高門通婚，非若後來士族之婚宦二事專以祖宗官職高下爲惟一之標准者也。此點關係兩晉、南北朝士族問題之全部，兹篇殊難詳悉考辨。故除上引魏書盧玄傳論之關於河北者外，更舉關於江左一事，以爲例證，其餘不能多及，但可以類推也。

舊唐書壹玖拾上文苑傳上袁朗傳（新唐書貳佰壹文藝傳上袁朗傳同）略云：

> 袁朗，其先自陳郡仕江左，世爲冠族。朗自以中外人物爲海内冠族，雖琅邪王氏繼有臺鼎，而歷朝首爲佐命，鄙之不以爲伍。朗孫誼又虞世南外孫，神功中爲蘇州刺史，嘗因視事，司馬清河張沛通謁，沛即侍中文瓘之子。誼揖之曰：「司馬何事？」沛曰：「此州得一長史，是隴西李亶，天下甲門。」誼曰：「司馬何言之失？門户須歷代人賢名節風教爲衣冠顧瞻，始可稱舉，老夫是也。夫山東人尚於婚媾，求於利禄，作時柱石，見危致命，則曠代無人，

何可説之，以爲門户？」沛懷慚而退，時人以爲口實。

寅恪案，袁誼、張沛之言皆是也，不過袁説代表六朝初期門第原始本義，張説代表六朝後期及隋唐時代門第演化通義，其分别如是而已，然於此亦可觀古今世變矣。又袁誼「山東人尚於婚媾」之言，可取與新唐書壹玖玖儒學傳中柳冲傳附載柳芳論氏族文中

山東之人尚婚婭，江左之人尚人物，關中之人尚冠冕，代北之人尚貴戚。

諸語參證。其實袁張之异同亦涉及地域及種族問題，匪僅古今時間之關係，但此非本篇所能具論者也。

夫士族之特點既在其門風之優美，不同於凡庶，而優美之門風實基於學業之因襲。故士族家世相傳之學業乃與當時之政治社會有極重要之影響，此事寅恪嘗於拙著隋唐制度淵源略論稿禮儀章論之，兹不復贅。但東漢學術之重心在京師之太學，學術與政治之關鎖則爲經學，蓋以通經義、勵名行爲仕宦之途徑，而致身通顯也。自東漢末年中原喪亂以後，學術重心自京師之太學移轉於地方之豪族，學術本身雖亦有變遷，然其與政治之關鎖仍循其東漢以來通經義、勵名行以致從政之一貫軌轍。此點在河北即所謂山東地域尤爲顯著，實與唐高宗、武則天後之專尚進士科，以文詞爲清流仕進之唯一途徑者大有不同也。由此可設一假定之説：即唐代士大夫中其主張經學爲正宗、薄進士爲浮冶者，大抵出於北朝以來山東士族之舊家也。其由進士出身

而以浮華放浪著稱者，多爲高宗、武后以來君主所提拔之新興統治階級也。其間山東舊族亦有由進士出身，而放浪才華之人或爲公卿高門之子弟者，則因舊日之士族既已淪替，乃與新興階級漸染混同，而新興階級雖已取得統治地位，仍未具舊日山東舊族之禮法門風，其子弟逞才放浪之習氣猶不能改易也。總之，兩種新舊不同之士大夫階級空間時間既非絶對隔離，自不能無傳染薰習之事。但兩者分野之界畫要必於其社會歷史背景求之，然後唐代士大夫最大黨派如牛李諸黨之如何構成，以及其與内廷閹寺之黨派互相鈎結利用之隱微本末，始可以豁然通解，請略徵史實，以證論之。

舊唐書壹捌上武宗紀會昌四年末載宰相李德裕之言（參考新唐書肆肆選舉志，又唐語林壹言語類李太尉德裕未出學院條，謂德裕父吉甫勸勉德裕應舉及玉泉子李德裕以已非科第條所言，恐皆不可信）云：

臣無名第，不合言進士之非。然臣祖（李栖筠）天寶末以仕進無他歧，勉强隨計，一舉登第，自後不於私家置文選，蓋惡其祖尚浮華，不根藝實。然朝廷顯官須是公卿子弟，何者？自小便習舉業，目熟朝廷間事，臺閣儀範班行准則不教而自成，寒士縱有出人之才，登第之後始得一班一級，固不能熟習也。

新唐書肆肆選舉志（參考舊唐書壹柒叁鄭覃傳、王定保摭言壹散序進士條等）略云：

文宗好學嗜古，鄭覃以經術位宰相，深嫉進士浮薄，屢請罷之。文宗曰：「敦厚浮薄，色色有之。進士科取人二百年矣，不可遽廢。」因得不罷。武宗即位，宰相李德裕尤惡進士。初舉人既及第，綴行通名，詣主司第謝，又有曲江會題名席。至是德裕奏：「國家設科取士，而附黨背公，自爲門生，自今一見有司而止，其期集參謁曲江題名皆罷。」

舊唐書壹柒肆李德裕傳（新唐書壹捌拾李德裕傳同，又參考玉泉子李衛公以已非科第條）略云：

李德裕，趙郡人，祖栖筠御史大夫，父吉甫趙國公。元和初宰相，德裕苦心力學，尤精西漢書、左氏春秋，恥與諸生同鄉賦，不喜科試。

新唐書壹陸叁柳公綽傳附仲郢傳云：

知吏部銓，〔李〕德裕頗抑進士科，仲郢無所徇，是時以進士選，無受惡官者。

舊唐書壹柒叁鄭覃傳（新唐書壹陸伍鄭絪瑜傳附覃傳同）略云：

鄭覃（滎陽人），故相珣瑜之子，以父蔭補弘文校理。覃長於經學，稽古守正，帝（文宗）尤重之。覃從容奏曰：「經籍訛謬，博士相沿，難爲改正，請召宿儒奥學，校定六籍，准後漢故事，勒石於太學，永代作則，以正其闕。」從之。〔大和〕五年李宗閔、牛僧孺輔政，宗閔以覃與李德裕相善，薄之，奏罷〔覃翰林〕侍講學士。文宗好經義，心頗思之，六年二月復召爲侍講學士。七年春李德裕作相，以覃爲御史大夫。文宗嘗於延英謂宰相曰：「殷侑通經學，頗似鄭覃。」宗閔曰：「覃、侑誠有經學，於議論不足聽覽。」李德裕對曰：「覃嘗嫉人朋黨，爲宗閔所薄故也。」八年德裕罷相，宗閔復知政，與李訓、鄭注同排斥李德裕、李紳。二人貶黜，覃亦左授秘書監。九年六月楊虞卿、李宗閔得罪長流，復以覃爲刑部尚書，遷尚書右僕射。訓、注伏誅，以本官同平章事。覃雖精經義，不能爲文，嫉進士浮華。開成初奏：禮部貢院宜罷進士科。初紫宸對上（文宗）語及選士，覃曰：「南北朝多用文華，所以不治。士以才堪即用，何必文辭？」帝曰：「進士及第人已曾爲州縣官者，方鎮奏署，即可之，餘即否。」覃曰：「此科率多輕薄，不必盡用。」帝曰：「輕薄敦厚，色色有之，未必獨在進士。此科置已二百年，亦不可遽改。」覃曰：「亦不可過有崇樹。」上嘗於延英論古今詩句工拙。覃曰：「近代陳後主、隋煬帝皆能章句，不知王者大端，終有季年之失。章句小道，願陛下不取也。」（開成）四年罷相。武宗即位，李德裕用事，欲援爲宰相，固以足疾不任朝謁〔辭〕。會昌二年致仕，卒。覃位至相國，所居纔庇風雨，家無媵妾，人皆仰其素風。女孫適崔皋，官纔九品衛佐，帝重其不婚權家。（此十八字新傳之文。）

唐語林貳文學類云：

文宗皇帝曾制詩以示鄭覃。覃奏曰：「乞留聖慮於萬幾，天下仰望。」文宗不悦。覃出，復示李宗閔。嘆伏不已，一句一拜，受而出之。上笑謂之曰：「勿令適來阿父子見之！」

寅恪案，趙郡李氏、滎陽鄭氏俱是北朝數百年來顯著之士族，實可以代表唐代士大夫中主要之一派者。而德裕及覃父子又世爲宰相，其社會歷史之背景既無不相同，宜其共結一黨，深惡進士之科也。文選爲李氏所鄙視，石經爲鄭覃所建刊，其學術趣向殆有關家世遺傳，不可僅以個人之偶然好惡爲解釋。否則李文饒固有唐一代不屬於復古派之文雄，何以亦薄文選之書？推究其故，豈不以「熟精文選理」乃進士詞科之人即高宗、武后以後新興階級之所致力，實與山東舊族以經術禮法爲其家學門風者迥然殊异，不能相容耶？南北朝社會以婚宦二端判别人物流品之高下，唐代猶承其風習而不改，此治史者所共知。兹更舉關於鄭覃之一事，以補證新唐書所紀其不婚當世權門而重舊日士族之一節如下：

太平廣記壹捌肆氏族類莊恪太子妃條（新唐書壹柒貳杜兼傳附中立傳云：開成初文宗以真源、臨真二公主降士族，謂宰相曰：「民間修婚姻，不計官品，而尚閥閲。我家二百年天子，顧不及崔盧耶？」詔宗正卿取世家子以聞！」寅恪案，中立固出名家，但尚主與納妃微有不同，故附記於此，以供參證）云：

文宗爲莊恪太子選妃，朝臣家□子女者，悉被進名，士庶爲之不安。帝知之，謂宰臣者曰：「朕欲爲太子婚娶，本求汝鄭門衣冠子女爲新婚。聞在外朝臣皆不願共朕作情親，何也？

朕是數百年衣冠，無何神堯打家何羅去。」因罷其選。（原注：出盧氏雜説。寅恪案，唐語林肆企羡類亦引盧氏雜説此條，但作「打朕家事羅訶去」。）

寅恪案，此條所載文宗語末句頗不易解，姑從闕疑。據舊唐書壹柒伍莊恪太子永傳（新唐書捌貳莊恪太子永傳同），魯王永以文宗大和六年十月册爲皇太子，開成三年十月薨，又據新唐書陸叁宰相表（舊唐書壹叁新唐書捌文宗紀及兩唐書鄭覃傳俱同），鄭覃以大和九年十一月至開成四年五月之時間任宰相之職，而自大和六年十月至開成三年十月即魯王永爲皇太子期間，宰相中覃之外，别無鄭姓者。故知文宗「汝鄭門」之語專對覃而言者也。依覃之意，李唐數百年天子之家尚不及山東舊門九品衛佐之崔氏，然則唐代山東士族心目中社會價值之高下估計亦可想見矣。又唐代皇室本出自宇文泰所創建之關隴胡漢集團，即朱元晦所謂「源流出於夷狄，故閨門失禮之事不以爲异」者（上篇之首已引），固應與山東士族之以禮法爲門風者大有不同。及漢化程度極深之後，與舊日士族比較，自覺相形見絀，益動企羡攀仰之念。然貴爲天子，終不能競勝山東舊族之九品衛佐，於此可見當日山東舊族之高自標置，并非無因也。

至李唐皇室與山東士族之關係亦有可略言者。考唐室累代其初對於山東舊族本持壓抑政策，如新唐書玖伍高儉傳（參考舊唐書陸伍高士廉傳、唐會要叁陸氏族條、貞觀政要柒禮樂篇貞觀六年謂房玄齡條、舊唐書柒捌新唐書壹佰肆張行成傳、舊唐書捌貳新唐書貳貳叁奸臣傳上李義府傳、通鑑壹玖伍貞觀十二年正月條、太平廣記壹捌肆氏族類七姓條等）略云：

初太宗嘗以山東士人尚閥閱，後雖衰，子孫猶負世望，由是詔士廉責天下譜牒，參考史傳，檢正真僞，合二百九十三姓千六百五十一家爲九等，號曰氏族志，而崔幹仍居第一。帝曰：「我於崔、盧、李、鄭無嫌，顧其世衰，猶恃舊，不解人間何爲貴之？朕以今日冠冕爲等級高下。」遂以崔幹爲第三姓（姓舊傳作等），班其書天下。高宗時，許敬宗以不叙武后世，李義府耻其家無名，更刊定之，裁廣類例。帝（高宗）自叙所以然，各以品位叙之，凡九等，改爲姓氏録。當時軍功入五品者，皆升譜限，縉紳耻焉，目爲「勳格」。義府奏：悉索氏族志，燒之。先是，後魏太和中定四海望族，以〔李〕寶等爲冠。其後矜尚門地，故氏族志一切降之。王妃主婿皆取當世勳貴名臣家，未嘗尚山東舊族（寅恪案，此爲唐初情狀，後來不如是也）。後房玄齡、魏徵、李勣復與昏，故望不減。

又國史補上（參考太平廣記壹捌肆氏族類）略云：

李積，酒泉公義琰侄孫，門户第一，而有清名，官至司封郎中懷州刺史。嘗以爲爵位不如族望，與人書札唯稱「隴西李積」而不銜。

又通鑑貳肆捌大中二年十一月萬壽公主適鄭顥條云：

顥弟顗嘗得危疾，上遣使視之。還，問〔萬壽〕公主何在？曰在慈恩寺戲場。上（宣宗）

怒嘆曰：「我怪士大夫家不欲與我爲昏，良有以也。」亟命召公主入宮，立之階下，不之視，公主懼，涕泣謝罪。上責之曰：「豈有小郎病，不往省視，乃觀戲乎？」遣歸鄭氏。由是終上之世，貴戚皆兢兢守禮法，如山東衣冠之族。

又東觀奏記上（參唐語林柒補遺萬壽公主宣宗之女條、新唐書壹壹玖白居易傳附敏中傳）略云：

萬壽公主，上（宣帝）之女，將嫁，命擇良婿。鄭顥相門子（寅恪案，顥之祖絪憲宗朝宰相），首科及第，聲名籍甚，待昏盧氏。宰臣白敏中奏選尚，顥深銜之。大中五年敏中免相爲邠寧行營都統，行有日，奏曰：「顥不樂國姻，銜臣入骨，臣在中書，顥無如臣何，一去玉階，必媒蘖臣短，死無日矣。」

寅恪案，前言山東士族之所以興起，實用儒素德業以自矜异，而不因官禄高厚見重於人。降及唐代，歷年雖久，而其家風禮法尚有未盡淪替者。故貞觀天子欽定氏族志，雖可以降抑博陵崔氏第二房鬱後之崔幹爲第三等（見新唐書柒貳下宰相世繫表崔氏條及舊唐書陸拾、新唐書柒捌淮安王神通傳），而開成皇帝不能禁其宰相之寧以女孫適九品衛佐之崔皋（皋之家世未及詳考，然其爲「七姓」之一，則無可疑也），而不願其家人爲皇太子妃。至大中朝藉皇室之勢，奪婚盧氏，其後君臣翁婿卒皆以此爲深恨，又何足怪哉！帝王之大權不及社會之潛力，此類之事即其一例，然非求之數百年往日背景，不易解釋也。

既明乎此，則牛李（德裕）黨派分野界畫之所在，終可得而言。

唐語林叁識鑒類（參考南部新書丁）云：

陳夷行、鄭覃請經術孤立者進用，李珏與楊嗣復論地冑詞彩者居先，每延英議政多異同，卒無成效，但寄之頰舌而已。

蓋陳鄭爲李（德裕）黨，李楊爲牛黨，經術乃兩晉、北朝以來山東士族傳統之舊家學，詞彩則高宗、武后之後崛興階級之新工具。至孤立地冑之分別，乃因唐代自進士科新興階級成立後，其政治社會之地位逐漸擴大，馴致舊日山東士族如崔皋之家，轉成孤寒之族。若李（珏）楊之流雖號稱士族，即使俱非依托，但舊習門風淪替殆盡，論其實質，亦與高宗、武后由進士詞科進身之新興階級無异。迨其拔起寒微之後，用科舉座主門生及同門等關係，勾結朋黨，互相援助，如楊於陵、嗣復及楊虞卿、汝士等，一門父子兄弟俱以進士起家，致身通顯（見舊唐書壹陸肆新唐書壹陸叁楊於陵傳、舊唐書壹柒陸新唐書壹柒肆楊嗣復傳、舊唐書壹柒陸新唐書壹柒伍楊虞卿傳及南部新書己大和中人指楊虞卿宅南亭子爲行中書條等），轉成世家名族，遂不得不崇尚地冑，以鞏固其新貴黨類之門閥，而拔引孤寒之美德高名翻讓與山東舊族之李德裕矣（見摭言柒好放孤寒門李太尉德裕頗爲寒畯開路條及唐語林柒補遺李衛公頗升寒素條等），斯亦數百年間之一大世變也，請略徵舊籍，證明於下：

摭言叁慈恩寺題名游賞賦咏雜記條（略見上引新唐書選舉志）略云：

進士題名，自神龍之後，過關宴後皆集會於慈恩塔下題名。會昌三年贊皇公（李德裕）爲上相，其年十二月中書覆奏：「奉宣旨，不欲令及第進士呼有司爲座主，趨赴其門，兼題名局席等條疏進來者。伏以國家設文學之科，求貞正之士，所宜行敦風俗，義本君親，然後申於朝廷，必爲國器，豈可懷賞拔之私惠，忘教化之根源，自謂門生，遂成膠固。所以時風寖薄，臣節何施，樹黨背公，靡不由此。臣等商量今日已後，進士及第，任一度參見有司，向後不得聚集參謁，及於有司宅置宴。其曲江大會朝官及題名局席并望勒停。」奉敕：「宜依！」

於是向之題名各盡削去。蓋贊皇公不由科第，故設法以排之，洎公失意，悉復舊態。

玉泉子云：

李相德裕抑退浮薄，奬拔孤寒。於時朝貴朋黨，德裕破之，由是結怨，而絕於附會，門無賓客。

舊唐書壹捌下宣宗紀大中三年九月貶李德裕爲崖州司户參軍制云：

誣貞良造朋黨之名。

據此，李德裕所謂朋黨，即指新興階級浮薄之士藉進士科舉制度座主門生同門等關係締結之牛黨也。

或疑通鑑貳叁捌元和七年春正月辛未條（新唐書壹陸貳許孟容傳附季同傳同），載京兆尹元義方爲鄜坊觀察使事略云：

義方入謝，因言李絳私其同年許季同，除京兆少尹，出臣鄜坊。明日上以詰絳曰：「人於同年固有情乎？」對曰：「同年乃九州四海之人，偶同科第，或登科然後相識，情於何有？」

則似科舉制度與結黨無關者。但詳考之，知通鑑此條及新唐書許孟容傳俱采自李相國論事集，其書專詆李吉甫，固出於牛黨之手，其所言同年無情，乃牛黨强自辯護之詞，殊非實狀也。夫唐代科舉制度下座主門生及同年或同門關係之密切原爲顯著之事，可不詳論，兹僅舉三數例於下，亦足以爲證明也。

舊唐書壹壹柒韋保衡傳（新唐書壹捌肆路岩傳附韋保衡傳同）云：

保衡恃恩權，素所不悦者，必加排斥。王鐸貢舉之師，蕭遘同門生，以素薄其爲人，皆擯斥之。

寅恪案，史所書保衡之惡，依當時習慣言，乃一破例。此正可以反證當日座主門生以及同年或同門之間互相援助之常態也。

白氏長慶集壹陸重題（草堂東壁）七律四首之四云：

宦途自此心長别，世事從今口不言，豈止形骸同土木，兼將壽夭任乾坤。胸中壯氣猶須遣，身外浮榮何足論！還有一條遺恨事，高家門館未酬恩。

寅恪案，白樂天此詩自言已外形骸，了生死，而猶惓惓於座主高郢之深恩未報，斯不獨香山居士一人之篤於恩舊者爲然，凡苟非韋保衡之薄行寡情者，莫不如是。此實可爲唐代門生對座主關係密切之一例證也。

獨异志（參唐語林肆賢媛類、南部新書己）云：

崔群爲相，清名甚重，元和（中）自中書舍人知貢舉，既罷，夫人李氏嘗勸其樹莊田，以爲子孫之業。笑答曰：「余有三十所美莊良田，遍在天下，夫人何憂？」夫人曰：「不聞君有此業。」群曰：「吾前年放春榜三十人，豈非美田耶？」夫人曰：「若然者，君非陸贄相門生乎？然往年君掌文柄，使人約其子簡禮，不令就春闈之試。如以爲良田，則陸氏一莊荒矣！」群慚而退，累日不食。

寅恪案，座主以門生爲莊田，則其施恩望報之意顯然可知。此唐代座主對於門生關係密切之一例證也。

舊唐書壹柒陸楊嗣復傳（新唐書壹柒肆楊嗣復傳不載同門結黨之由，不及舊傳之得其實，又舊唐書壹柒陸李宗閔傳可與參證）云：

嗣復與牛僧孺、李宗閔皆權德輿貢舉門生，情誼相得，進退取捨多與之同。

寅恪案，史言牛派鉅子以同門之故，遂結爲死黨。此唐代科舉同門關係之一例證也。

復次，唐代貢舉名目雖多，大要可分爲進士及明經二科。進士科主文詞，高宗、武后以後之新學也；明經科專經術，兩晋、北朝以來之舊學也。究其所學之殊，實由門族之异。故觀唐代自高宗、武后以後朝廷及民間重進士而輕明經之記載，則知代表此二科之不同社會階級在此三百年間升沉轉變之概狀矣。其記載略録於下：

康駢劇談録（參唐語林陸補遺）云：

元和中，李賀善爲歌篇，爲韓愈深所知，重於縉紳。時元稹年少，以明經擢第，亦攻篇什，常交結於賀，日執贄造門，賀覽刺，不答遽入。僕者謂曰：「明經及第，何事看李賀？」稹慚恨而退。其後〔稹〕以制策登科，及爲禮部郎中，因議賀祖（祖當作父）諱晋〔肅〕，不合應〔進士〕舉，賀遂致轗軻。韓愈惜其才，爲著諱辯明之，竟不成名。

寅恪案，劇談録所紀多所疏誤，自不待論。但據此故事之造成，可推見當時社會重進士輕明經之情狀，故以通性之真實言之，仍不失爲珍貴之社會史料也。

東觀奏記上（參新唐書壹捌貳李珏傳及唐語林叁識鑒類）略云：

李珏，趙郡贊皇人，早孤，居淮陰，舉明經。李絳爲華州刺史，一見謂之曰：「日角珠庭，非常人也，當掇進士科。明經碌碌，非子發迹之路。」一舉不第，應進士〔舉〕，許孟容爲宗伯，擢居進士。

新唐書壹捌叁崔彦昭傳云：

〔彦昭〕與王凝外昆弟也，凝大中初先顯，而彦昭未仕，嘗見凝，凝倨不冠帶，慢言曰：「王氏妹必與子皆逐，吾將共行。」彦昭聞之，泣且拜，不敢爲怨，而凝竟免。（寅恪案，此采自尉遲偓中朝故事。）「不若從明經舉。」彦昭爲憾。至是凝爲兵部侍郎，母聞彦昭相，敕婢多制履襪，曰：「

摭言散序進士門云：

其艱難謂之三十老明經，五十少進士。

據上諸條，進士、明經二科在唐代社會其價值之高下，可以推知，不待廣引也。又唐代社會於此二科之評價，有高下之殊，亦由當時政治之關係所致，蓋朝廷與民衆二者互相影響也。如唐語林肆企羨類略云：

薛元超謂所親曰：「吾不才，富貴過人，平生有三恨：始不以進士擢第。」

寅恪案，上篇引通典壹伍選舉典叁所載沈既濟之言，謂進士科之特見尊重，實始於高宗、武后時。薛元超爲高宗朝晚年宰相，是與沈氏之語適合也。

新唐書肆肆選舉志（摭言叁慈恩寺題名游賞賦咏雜志條同，又「新志」此條前已徵引，今爲解釋便利之故，復節録數語於此）略云：

武宗即位，李德裕爲宰相，尤惡進士。至是德裕奏：「國家設科取士，而附黨背公，自爲門生，自今一見有司而止，其期集參謁曲江題名皆罷。」

舊唐書壹捌下宣宗紀大中元年二月丁酉禮部侍郎魏扶奏臣今年所放進士三十三人條略云：「自帝（宣宗）雅好儒士，留心貢舉，有時微行人間，采聽輿論，以觀選士之得失。又敕：「自今進士放榜後，杏園任依舊宴集，有司不得禁制！」

寅恪案，宣宗朝政事事與武宗朝相反，進士科之好惡崇抑乃其一端，而此點亦即牛李二黨進退榮辱之表徵也。請更取證於下列史料：

唐語林肆企羨類（參說郛柒叁引盧氏雜說）云：

宣宗愛羨進士，每對朝臣，問登第否？有以科名對者，必有喜，便問所試詩賦題并主司姓名，或有人物優而不中者，必嘆息久之。嘗於禁中題「鄉貢士李道龍」（寅恪案，可參同書同卷同類宣宗好儒條「殿柱自題曰：鄉貢進士李某」。）

又同書同類（參東觀奏記上）略云：

宣宗尚文學，尤重科名。大中十年鄭顥知舉，宣宗索登科記，敕翰林：「今後放榜，仰寫及第人姓名及所試詩賦題目，仰所司逐年編次！」

夫大中一朝爲純粹牛黨當政李黨在野之時期，宣宗之愛羨進士科至於此極，必非偶然也。

又張爾田先生玉溪生年譜會箋叁大中二年下引沈曾植先生之言曰：

唐時牛李兩黨以科第而分，牛黨重科舉，李黨重門第。

寅恪案，乙盦先生近世通儒，宜有此卓識，其所謂「牛黨重科舉者」自指重進士科而言也。或疑問曰：牛黨中以進士科出身者如李珏，則繫出趙郡李氏（見前引東觀奏記上，并參唐語林叁識鑒類及舊唐書壹柒叁新唐書壹捌貳李珏傳等），李宗閔則爲唐宗室，而鄭王元懿之四世孫（見舊唐書壹柒陸新唐書壹柒肆李宗閔傳及新唐書柒拾下宗室世繫表小鄭元王房條等），至黨魁牛僧孺更是隋代達官兼名儒牛弘之八世孫，且承其賜田賜書之遺業，并以進士擢第者（見舊唐書壹柒貳新唐書壹柒肆牛僧孺傳及唐文粹陸伍李珏撰牛僧孺神道碑、杜牧樊川集柒牛僧孺墓志銘等），然則牛黨鉅子俱是北朝以來之舊門及當代之宗室，而李黨之健者如陳夷行、李紳、李回、李讓夷之流復皆以進士擢第（見舊唐書壹柒叁新唐書壹捌壹陳夷行傳、舊唐書壹柒叁新唐書壹捌壹李紳傳、舊唐書壹柒叁新唐書壹叁壹李回傳、舊唐書壹柒陸新唐書壹捌壹李讓夷傳等），是李黨亦重進士之科，前所謂牛李黨派之分野在科舉與門第者，毋乃不能成立耶？應之曰：牛李兩黨既產生於同一時間，而地域又相錯雜，則其互受影響，自不能免，但此爲少數之特例，非原則之大概也。故互受影響一事可以不論，所可論者約有二端：一曰牛李兩黨之對立，其根本在兩晋、北朝以來山東士族與唐高宗、武則天之後由進士詞科進用之新興階級兩者互不相容，至於李唐皇室在開國初期以屬於關隴集團之故，雖與山東舊族頗無好感，及中葉以後山東舊族與新興階級生死競争之際，遠支之宗室其政治社會之地位實已無大别於一般士族。如新唐書柒拾上宗室世繫表所云：

唐有天下三百年，子孫蕃衍，可謂盛矣。其初皆有封爵，至其世遠親盡，則各隨其人賢愚，遂與异姓之臣雜而仕宦，至或流落於民間，甚可嘆也。

故對於此新舊兩統治階級之鬥争，傳處於中立地位，既自可牛，此李宗閔之所以爲牛黨也，亦復可李，此李回之所以爲李黨也。二曰：凡山東舊族挺身而出，與新興階級作殊死鬥者，必其人之家族尚能保持舊有之特長，如前所言門風家學之類，若鄭覃者，即其一例也。亦有雖號爲山東舊門，而門風廢替，家學衰落，則此破落户之與新興階級不獨無所分别，且更宜與之同化也。兹更舉數例以爲證明，而解疑惑焉。

舊唐書壹叁陸崔損傳（新唐書壹陸柒崔損傳同）略云：

崔損，博陵人，高祖行功已後名位卑替，大曆末進士擢第。户部尚書裴延齡素與損善，乃薦之於德宗，〔貞元〕十二年以本官（右諫議大夫）同中書門下平章事。（損）身居宰相，母野殯，不言展墓，不議遷祔，姊爲尼，没於近寺，終喪不臨，士君子罪之。

同書同卷盧邁傳（新唐書壹伍拾盧邁傳同）略云：

盧邁，范陽人，少以孝友謹厚稱，深爲叔舅崔祐甫所親重，兩經及第，遷尚書右丞，〔貞元〕九年以本官同中書門下平章事。〔邁〕友愛恭儉，從父弟退爲劍南西川判官，卒於成都，歸葬於洛陽，路由京師，邁奏請至城東，哭於其柩，許之。近代宰臣多自以爲崇重，五服之親或不過從吊臨，而邁獨振薄俗，請臨弟喪，士君子是之。

同書壹捌捌孝友傳崔沔傳（新唐書壹貳玖崔沔傳同，參顔魯公文集壹肆博陵崔孝公宅陋室銘記）略云：

崔沔，京兆長安人，自博陵徙關中，世爲著姓。沔淳謹，口無二言，事親至孝，博學有文詞，母卒，哀毁逾禮。沔善禮經，朝廷每有疑義，皆取决焉。

同書壹壹玖崔祐甫傳（新唐書壹肆貳崔祐甫傳同）略云：

崔祐甫，父沔黄門侍郎，謚曰孝公。家以清儉禮法爲士流之則。安禄山陷洛陽，士庶奔迸，祐甫獨崎危於矢石之間，潛入私廟，負木主以竄。常衮當國，非以辭賦登科者莫得進用（此語前已引），及祐甫代衮，薦延推舉，無復疑滯，日除十數人，作相未逾年凡除吏八百人，多稱允當。朱泚之亂，祐甫妻王氏陷賊中，泚以嘗與祐甫同列，雅重其爲人，乃遺王氏繒帛菽粟，王氏受而緘封之。及德宗還京，具陳其狀以獻，士君子益重祐甫家法，宜其享令名也。

據此，知崔損雖與沔、祐甫同屬博陵崔氏，而一爲當世所鄙薄之「破落户」，一爲禮法名家。盧邁既是祐甫之甥，其以孝友恭儉著稱，必受其父母兩繫門風之薰習無疑。然則崔沔、祐甫、盧邁之流，乃真山東舊族之代表，可與新興階級對壘相抗者也。又舊唐書壹壹玖常衮傳（新唐書壹伍拾常衮傳同）云：

> 天寶末舉進士，〔作相〕尤排擯非辭科登第者。

而祐甫代衮，用人不拘於進士，豈其意旨與李德裕、鄭覃所持之説亦有合歟？是前日常崔之异同，即後來牛李之争執，讀史者不可不知其一貫之聯繫也。三曰：凡牛黨或新興階級所自稱之門閥多不可信也，如杜牧樊川集柒牛僧孺墓志銘（參考舊唐書壹柒貳新唐書壹柒肆牛僧孺傳及唐文粹伍陸李珏撰牛僧孺神道碑、新唐書伍柒上宰相世繫表牛氏條等）云：

> 八代祖弘以德行儒行相隋氏，封奇章郡公，贈文安侯。文安後四世諱鳳及，仕唐爲中書門下侍郎監修國史，於公爲高祖。文安後五世集州刺史贈給事中諱休克，於公爲曾祖。集州生太常博士贈太尉紹。太尉生華州鄭縣尉贈太保諱幼聞。太保生公，孤始七歲，長安下杜樊鄉東文安有隋氏賜田數頃，書千卷尚存。

寅恪案，新唐書柒伍上宰相世繫表牛氏條與牧之文微有出入。牛弘仕隋，官至吏部尚書，迄未嘗一爲宰相（見隋書肆玖北史柒貳牛弘傳），但兩唐書牛僧孺傳皆謂弘爲僕射，似因此可稱「相隋」，考舊史弘傳止載弘卒後贈開府儀同三司光禄大夫，并未言贈僕射。又李珏撰牛僧孺神道碑雖亦言賜田等事，但無牛弘相隋之語，通鑑貳叁柒元和三年夏四月條胡注則云：「牛弘相隋」，蓋承昔人之誤也。可詳考通典貳壹職官典叁宰相條，兹不備論），殆以吏部尚書當天官冢宰之誤。然此等俱無關宏旨，可不深論。獨家有牛弘隋代賜田一事，似僧孺與弘之血統關係確鑿可信，但一取與此相類之事即僧孺同黨白居易、敏中兄弟家所謂前代先祖賜田者考之，則又不能不使人致疑於新興階級之多所依托也。

白氏長慶集貳玖襄州别駕府君事狀云：

初高祖贈司空有功於北齊，詔賜莊宅各一區，在同州韓城縣，至今存焉。

此所謂有功於北齊之司空即白建也。據北齊書肆拾白建傳（北史伍伍白建傳略同）略云：

白建字彦舉，武平七年卒，贈司空。

是白建卒於北齊未亡以前。其生存時期，周齊二國東西并峙，互相争競。建爲齊朝主兵之大臣，其所賜莊宅何得越在同州韓城，即仇讎敵國之内乎？其爲依托，不待辨説也。又新唐書柒伍下宰相世繫表白氏條列白居易、敏中之先世云：

白建字彦舉，後周弘農郡守邵陵縣男。

此白建既字彦舉，與北齊主兵大臣之姓氏名字俱無差异，是即白香山所自承之祖先也。但其官則爲北周弘農郡守，與北齊贈司空之事絶不能相容，其間必有竄改附會，自無可疑。豈居易、敏中之先世賜田本屬於一後周姓白名某字某之弘農郡守，而其人却是樂天兄弟真正之祖宗，故其所賜莊宅能在後周境内，後來子孫遠攀异國之貴顯，遂致前代祖宗横遭「李樹代桃」之厄耶？今雖難確定此一重公案，而新興階級所謂前代賜田之不能作絶對可信之物證，亦由是得以推知也。至白氏親舅甥之婚配（見近刊羅貞松先生遺稿），乃新興階級之陋習，宜其爲尊尚禮法門風之山東舊族所鄙薄。又白香山之違犯當時名教，坐不孝貶官，雖有政治性質，終亦與其門族淵源不無關係，但非兹篇所能旁及者矣。

復次，舊唐書壹柒貳令狐楚傳（新唐書壹陸陸令狐楚傳略同）云：

令狐楚自言國初十八學士德棻之後。

新唐書令狐楚傳雖删去「自言」二字，據其書柒伍下宰相世繫表令狐氏條，楚實非出自德棻。然則舊傳「自言」之語固不應删也。夫楚綯父子繼世宰相，尤爲牛黨之中堅，而其家世譜牒之有所依托，亦與白敏中相同。是牛黨或新興階級所自稱之門閥不足信賴，觀此可知也。

又就牛李黨派之分畫以進士科及舊門族爲標識一點尚有須注意者，即李栖筠在天寶末年已以仕進無他途，不得不舉進士（見前引舊唐書武宗紀中李德裕語），則貞元以後宰相多以翰林學士爲之，而翰林學士復出自進士詞科之高選，山東舊族苟欲致身通顯，自宜趨赴進士之科，此山東舊族所以多由進士出身，與新興階級同化，而新興階級復已累代貴仕，轉成喬木世臣之家矣。如楊收一門者可謂唐末五代間之世家也，觀舊唐書壹柒柒楊收傳所云：

楊收自言隋越公素之後。

論曰：「門非世胄，位以藝升。」

可爲一例。然唐末黄巢失敗後，朱全忠遂執統治之大權。凡藉進士詞科仕進之士大夫，不論其爲舊族或新門，俱目爲清流，而使同罹白馬之禍，斯又中古政治社會之一大變也（見舊唐書貳拾哀帝紀天祐二年三月癸巳敕文、壹壹叁裴遵慶傳附樞傳及新唐書壹肆拾裴遵慶傳附樞傳等）。

又唐代新興之進士詞科階級异於山東之禮法舊門者，尤在其放浪不羈之風習。故唐之進士一科與倡伎文學有密切關係，孫棨北里志所載即是一證。又如韓偓以忠節著聞，其平生著述中香奩一集，淫艷之詞亦大抵應進士舉時所作（寅恪案，此集冬郎自序中「大盗入關」之語實指黄巢陷長安而言。震鈞即唐晏作韓承旨年譜乃誤以大盗屬之朱全忠，遂解釋詩旨，多所附會，殊不可信也，以不在此篇範圍，故不詳辨）。然則進士之科其中固多浮薄之士，李德裕、鄭覃之言殊未可厚非，而數百年社會階級之背景實與有關涉，抑又可知矣。

如牛黨之才人杜牧，實以放浪著稱。唐語林柒補遺所載杜牧少登第恃才喜酒色條，杜舍人牧恃才名頗縱酒色條，及其樊川集中遣懷七絶「十年一覺揚州夢，贏得青樓薄幸名」之句等皆是其證例。或疑其祖佑既爲宰相，而兼通儒，是其人乃名家之子弟，似不可列之新興階級中。但詳考其家世風習，則知佑之父希望實以邊將進用（見新唐書壹陸陸杜佑傳及唐文粹陸捌權德輿撰杜佑墓志銘），雖亦號爲舊家，并非士大夫之勝流門族。舊唐書壹肆柒杜佑傳（新唐書壹陸陸杜佑傳同）云：

〔佑〕在淮南時，妻梁氏亡後，昇嬖妾李氏爲正室，封密國夫人，親族子弟言之，不從，時論非之。（寅恪案，權文公銘佑之墓，而不載李氏者，殆爲之諱耶？）

又同書壹貳肆李正己傳附師古傳（新唐書貳壹叁藩鎮淄青李正己傳附師古傳同）云：

〔貞元〕十五年正月，師古、杜佑、李欒妾媵并爲國夫人。

又同書壹叁伍李齊運傳（新唐書壹陸柒李齊運傳同）云：

末以妾衛氏爲正室，身爲禮部尚書冕服以行其禮，人士嗤誚。

又同書壹捌捌孝友傳李日知傳（新唐書壹壹陸李日知傳同）略云：

〔日知〕卒後，少子伊衡以妾爲妻，家風替矣。

夫杜氏既號稱舊門（見新唐書柒貳上宰相世繫表杜氏條），而君卿所爲乃與胡族武人同科，在當時士論，至少亦有如李伊衡之「以妾爲妻，家風替矣」之嘆。若取較山東士族仍保持其閨門禮法者，固區以別矣。然則牧之以進士擢第，浮華放浪，投身牛黨，不獨其本人性質近似使然，亦其家世風習與新興階級符合所致，實可與前述博陵崔損事并論，蓋雖俱稱舊門，仍不妨列之新興階級中也（可取兩唐書杜佑傳附牧傳與唐語林柒補遺杜牧少登第恃才喜酒色條附載牧子晦辭亦好色事互相參證。知其家風固習於浮薄，不同山東禮法舊門也）。

至於李商隱之出自新興階級，本應始終屬於牛黨，方合當時社會階級之道德，乃忽結婚李黨之王氏，以圖仕進。不僅牛黨目以放利背恩，恐李黨亦鄙其輕薄無操。斯義山所以雖秉負絶代之才，復經出入李牛之黨，而終於錦瑟年華惘然夢覺者歟？此五十載詞人之凄凉身世固極可哀傷，而數百年社會之壓迫氣流尤爲可畏者也（參舊唐書壹玖拾下文苑傳、新唐書貳佰叁下李商隱傳）。

若柳仲郢處牛李二黨之間，則與義山不同，舊唐書壹陸伍柳公綽傳附仲郢傳（新唐書壹陸叁柳公綽傳附仲郢傳同）略云：

〔公綽〕子仲郢，元和十三年進士擢第，牛僧孺鎮江夏，辟爲從事。仲郢有父風，動修禮法。僧孺嘆曰：「非積習名教，安能及此？」〔後李〕德裕奏爲京兆尹，謝日言曰：「下官不期太尉恩奬及此！仰報厚德，敢不如奇章門館。」德裕不以爲嫌。仲郢嚴禮法，重氣義，嘗感李德裕之知。大中朝，李氏無禄仕者，仲郢領鹽鐵時，取德裕兄子從質知蘇州院事，令以禄利贍南宅。令狐綯爲宰相，頗不悦。仲郢與綯書自明，綯深感嘆，尋與從質正員官。仲郢以禮法自持，私居未嘗不拱手，内齋未嘗不束帶。三爲大鎮，厩無名馬，衣不薰香，退公布卷，不捨晝夜。子玭嘗著書誡其子弟。初公綽理家甚嚴，子弟克稟誡訓，言家法者世稱柳氏云。

考柳氏雖是舊門，然非山東冠族七姓之一，公綽、仲郢父子所出，亦非柳氏顯著之房望（見新唐書柒叁上宰相世繫表柳氏條），獨家風修整，行誼敦篤，雖以進士詞科仕進（公綽舉賢良方正直言極諫科），受牛僧孺之知獎，自可謂之牛黨，然終用家門及本身之儒素德業，得見諒於尊尚門風家學之山東舊族李德裕，故能置身牛李恩怨之外，致位通顯，較李商隱之見弃於兩黨，進退維谷者，誠相懸遠矣。君子讀史見玉溪生與其東川府主升沈榮悴之所由判，深有感於士之自處，雖外來之世變縱極紛歧，而内行之修謹益不可或闕也。

牛李黨派之社會背景及其分野界畫既略闡明，其朝政競爭勝敗進退之史實始易於解釋。前論唐代中央政變皇位繼承不固定之事迹至德順之間而止，兹請續述順憲間永貞内禪隱秘之内容。但因永貞内禪爲内廷閹寺與外朝士大夫黨派勾結之一顯著事例，而牛李黨派實又起於憲宗元和時之故，此後即取内外朝之黨派與皇位繼承二事合并言之。所以然者，不僅爲紀述便利計，亦因此二事原有内在之關聯性，不得分隔論之也。

關於永貞内禪之隱秘，寅恪已於拙著順宗實録與續玄怪録專論之（載北京大學四十周年紀念論文甲編）。故兹於順宗實録避免繁冗，僅録其條目，而略其原文，别更節寫其他關於此事者於韓書之後，以供參證焉。

韓愈順宗實録壹之

〔王〕伾以〔王〕叔文意入言於宦者李忠言，稱詔宣下條。

同書叁之

叔文欲帶翰林學士，宦者俱文珍等惡其專權，削去翰林之職條。

同書肆之

天下事皆專斷於叔文，而王伾、李忠言爲之內主，〔韋〕執誼執行於外，而中官劉光琦、俱文珍、薛盈珍、尚解玉者皆先朝任使舊人同心猜怨條。

同書伍之

叔文入至翰林，伾入至柿林院，見李忠言、牛昭容條。

新唐書貳佰柒宦者傳上劉貞亮（即俱文珍）傳（舊唐書壹捌肆宦官傳俱文珍傳同）略云：

貞元末宦人領兵，附順者益衆。會順宗立，淹痼弗能朝，惟〔宦者〕李忠言、牛美人侍。美人以帝旨付忠言，忠言授王叔文，叔文與柳宗元等裁定，然後下中書，然未得縱，欲遂奪神策兵以自强，即用范希朝爲京西禁軍都將，收宦者權。而忠言素懦謹，每見叔文，與論事，無敢异同。唯貞亮乃與之争，又惡朋黨熾結，因與中人劉光琦、薛文珍、尚衍、解玉、呂如

全等同勸帝立廣陵王爲太子監國，帝納其奏。元和八年卒，憲宗思其翊戴之功，贈開府儀同三司。（此十五字舊傳之文）

舊唐書壹伍玖路隨傳（新唐書壹肆貳路隨傳同）略云：

初韓愈撰順宗實録，説禁中事頗切直，内官惡之，往往於上前言其不實，累朝有詔改修。及隨進憲宗實録，文宗復令改正永貞時事。隨奏曰：「伏望條示舊記最錯誤者，宣付史官，委之修定。」詔曰：「其實録中所書德宗、順宗朝禁中事宜，令史官詳正刊去，其他不要更修！」

寅恪案，憲宗之得立爲帝，實由宦者俱文珍等之力。文珍與其同類李忠言异趣，故内廷文珍之黨競勝，王伾、王叔文固不待論，而外廷之士大夫韋執誼、劉禹錫、柳宗元等遂亦不得不退敗矣。

韓退之本與文珍有連（見昌黎外集叁送俱文珍序及王鳴盛蛾術編伍柒），其述永貞内禪事，頗祖文珍等。其公允之程度雖有可議，而其紀内廷宦官之非屬一黨及壓迫順宗擁立憲宗之隱秘轉可信賴。惟其如此，後來閹寺深不欲外人窺知，所以屢圖毀滅此禁中政變之史料也。劉禹錫夢得外集玖子劉子自傳述永貞内禪事云：

時太上（順宗）久寢疾，宰臣用事者都不得召對，宫掖事秘，而建桓立順，功歸貴臣。

夢得在當時政治上與退之處於反對地位者（觀昌黎集壹赴江陵途中詩「同官盡才俊，偏善柳與劉，或慮言語泄，傳之落冤讎」等語。又叁永貞行及憶昨行詩「伾文未揃崖州熾，雖得赦宥恒愁猜」之句，可以爲證，其詳不能於此言之也），而所言禁中事亦與退之相同。然則韓劉之述作皆當時俱文珍一黨把持宫掖脅迫病君擁立皇子之實録，而永貞内禪乃唐代皇位繼承之不固定及内廷閹寺黨派影響於外朝士大夫之顯著事例也。

又舊唐書壹伍玖崔群傳（新唐書壹陸伍崔群傳同）云：

群臣議上尊號，皇甫鎛欲加「孝德」二字。群曰：有「睿聖」，則「孝德」在其中矣。竟爲鎛所構，憲宗不樂，出爲湖南觀察都團練使。

寅恪案，皇甫鎛以靳惜「孝德」二字構崔群，憲宗竟信其語，因之不樂而出群。據此，憲宗之於其父，似内有慚德也。然則永貞内禪一役必有隱秘不能昌言者，從可知矣。

牛李黨派之争起於憲宗之世，憲宗爲唐室中興英主，其爲政宗旨在矯正大曆、貞元姑息苟安之積習，即用武力削平藩鎮，重振中央政府之威望。當時主張用兵之士大夫大抵屬於後來所謂李黨，反對用兵之士大夫則多爲李吉甫之政敵，即後來所謂牛黨。而主持用兵之内廷閹寺一派又與外朝之李黨互相呼應，自不待言。是以元和一朝此主用兵派之閹寺始終柄權，用兵之政策因得以維持不改。及内廷閹寺黨派競争既烈，憲宗爲别一反對派之閹寺所弑，穆宗因此輩弑逆徒黨之擁立而即帝位，於是「銷兵」之議行，而朝局大變矣（後來牛李二黨魁維州之异同與此點亦有關，不僅由僧孺之嫉功也。可參考舊唐書壹柒貳新唐書壹柒肆牛僧孺傳及唐文粹伍陸李珏撰牛僧孺神道碑、杜牧樊川集柒牛僧孺墓志銘，而通鑑貳肆柒會昌三年三月條司馬光之論及胡三省之注尤可注意也）。

舊唐書壹捌肆宦官傳吐突承璀傳（新唐書貳佰柒宦者傳上吐突承璀傳同）略云：

吐突承璀幼以黃門直東宮，憲宗即位，授內常侍，知內侍省事，俄授左軍中尉。〔元和〕四年王承宗叛，詔以承璀爲河中等道赴鎮州行營兵馬招討等使。諫官上疏相屬，皆言：「自古無中貴人爲兵馬統帥者」，憲宗不獲已，改爲充鎮州已東招撫處置等使。出師經年無功，承璀班師，仍爲禁軍中尉。段平仲抗疏，極論承璀輕謀弊賦，請斬之以謝天下。憲宗不獲已，降爲軍器使，俄復爲左衛上將軍知內侍省事，出爲淮南節度監軍使，上待承璀之意未已，而宰相李絳在翰林時數論承璀之過，故出之。八年欲召承璀還，乃罷絳相位，承璀還復爲神策中尉。惠昭太子薨，承璀建議請立澧王寬爲太子，憲宗不納，立遂王宥。穆宗即位，銜承璀不佑己，誅之。

同書壹陸肆李絳傳（新唐書壹伍貳李絳傳多采李相國論事集，可參讀）云：

吐突承璀恩寵莫二，是歲（元和六年）將用絳爲宰相，前一日出承璀爲淮南監軍，翌日降制，以絳爲中書侍郎同中書門下平章事。同列李吉甫便僻善逢迎上意，絳梗直多所規諫，故與吉甫不協，時議者以吉甫通於承璀，故絳尤惡之。

同書壹肆捌李吉甫傳（新唐書壹肆陸李栖筠傳附吉甫傳同）云：

劉闢反，帝（憲宗）命誅討之，計未决，吉甫密贊其謀，兼請廣徵江淮之師，由三峽路入，以分蜀寇之力，事皆允從，由是甚見親信。淮西節度使吴少陽卒，其子元濟請襲父位，吉甫以淮西内地，不同河朔，且四境無黨援，國家常宿數十萬兵以爲守禦，宜因時而取之，頗叶上旨，始爲經度淮西之謀。

新唐書貳佰壹文藝傳上元萬頃傳附義方傳（通鑑貳叁捌元和七年正月辛未條同）云：

歷虢商二州刺史福建觀察使，中官吐突承璀閩人也，義方用其親屬爲右職，李吉甫再當國，陰欲承璀奥助，即召義方爲京兆尹。（寅恪案，新唐書及通鑑俱采自李相國論事集。）

寅恪案，憲宗與吐突承璀之關係可謂密切矣。故元和朝用兵之政策必爲在内廷神策中尉吐突承璀所主持，而在外朝贊成用兵之宰相李吉甫其與承璀有連，殊不足异也。至舊唐書壹叁柒吕渭傳附温傳（新唐書壹陸拾吕渭傳附温傳同）云：

〔元和〕三年吉甫爲中官所惡，將出鎮揚州，温欲乘其有間，傾之。

其所謂中官疑是宦官中之别一黨派，與吐突承璀處於反對之地位者也。

舊唐書壹陸柒李逢吉傳（新唐書壹柒肆李逢吉傳同，并參舊唐書壹柒貳新唐書壹陸陸令狐楚傳）云：

時用兵討淮蔡，憲宗以兵機委裴度。逢吉慮其成功，密沮之，繇是相惡。及度親征，學士令狐楚爲度制辭，言不合旨。楚與逢吉相善，帝皆黜之，罷楚學士，罷逢吉政事。

同書壹柒拾裴度傳（新唐書壹柒叁裴度傳同，并參舊唐書壹柒貳新唐書壹佰壹蕭瑀傳附俛傳、舊唐書壹陸捌新唐書壹柒柒錢徽傳等）云：

先是詔群臣各獻誅吴元濟可否之狀，朝臣多言罷兵赦罪爲便，翰林學士錢徽、蕭俛語尤切。唯度言：賊不可赦。

寅恪案，元和廷議用兵淮蔡之時，憲宗總持於上，吐突承璀之流主張於内，而外朝士大夫持論雖有异同，然其初未必遽有社會階級之背景存乎其間也。不意與吐突承璀交結贊助用兵出自山東舊門之外廷宰相李吉甫，其個人適爲新興階級之急進派牛僧孺等所痛詆，竟釀成互相報復之行動。夫兩派既勢不并立，自然各就其氣類所近招求同黨，於是兩種不同社會階級争取政治地位之競争，遂因此表面形式化矣。及其後鬥争之程度隨時間之久長逐漸增劇，當日士大夫縱欲置身於局外之中立，亦幾不可能。如牛黨白居易之以消極被容（樂天幸生世較早耳，若升朝更晚，恐亦難幸免也），柳仲郢之以行誼見諒，可謂例外。其餘之人若無固定顯明之表示，如出入牛李未能始終屬於一黨之李商隱，則卒爲兩黨所俱不收，而「名宦不進，坎壈終身」（舊唐書壹玖拾下文苑傳下李商隱傳語）。此點爲研究唐代中晚之際士大夫身世之最要關鍵，甚不可忽略者也。

舊唐書壹柒陸李宗閔傳（新唐書壹柒肆李宗閔傳同，并參考新唐書壹柒肆牛僧孺傳、舊唐書壹肆捌新唐書壹陸玖裴垍傳、舊唐書壹伍捌新唐書壹陸玖韋貫之傳、舊唐書壹陸肆新唐書壹陸叁楊於陵傳、舊唐書壹陸玖新唐書壹柒玖王涯傳、舊唐書壹肆憲宗紀下元和三年夏四月條、通鑑貳叁柒元和三年四月條等）云：

李宗閔，宗室鄭王元懿之後，貞元二十一年進士擢第，元和四年（寅恪案，四年當作三年）復登制舉賢良方正科。初宗閔與牛僧孺同年登進士第，又與僧孺同年登制科。應制之歲，李吉甫爲宰相當國，宗閔、僧孺對策指切時政之失，言甚鯁直，無所迴避。考策官楊於陵、韋貫之、李益等又第其策，爲中等，又爲不中第者注解牛李策語，同爲唱誹。又言：翰林學士王涯甥皇甫湜中選，考核之際不先上言，裴垍時爲學士，居中覆視，無所异同。吉甫泣訴於上前，憲宗不獲已，罷王涯、裴垍學士。垍守户部侍郎，涯守都官員外郎，吏部尚書楊於陵出爲嶺南節度使，吏部員外郎韋貫之出爲果州刺史，王涯再貶虢州司馬，貫之再貶巴州刺史。僧孺、宗閔亦久之不調，隨牒諸侯府，七年吉甫卒，方入朝爲監察御史。

舊唐書壹柒壹張仲方傳（新唐書壹貳陸張九齡傳附仲方傳同，并參考白氏長慶集陸壹張仲方墓志銘）略云：

張仲方，韶州始興人，伯祖文獻公九齡開元朝名相。仲方貞元中進士擢第，宏辭登科，歷侍御史倉部員外郎。會吕温、羊士諤誣告宰相李吉甫陰事，二人俱貶。仲方坐吕温貢舉門生，出爲金州刺史（寅洛案：此亦座主門生關係密切之例證）。吉甫卒，入爲度支郎中。時太常定吉甫謚爲恭懿，博士尉遲汾請爲敬憲。仲方駁議曰：「兵者凶器，不可從我始。師徒暴野，戎馬生郊，僵尸血流，胔骼成岳，酷毒之痛號訴無辜。剿絶群生，迨今四載，禍胎之肇實始其謀。請俟蔡寇將平，天下無事，然後都堂聚議，謚亦未遲。」憲宗方用兵，惡仲方深言其事，怒甚，貶爲遂州司馬。

同書壹柒貳蕭俛傳（新唐書壹佰壹蕭瑀傳附俛傳同）略云：

蕭俛曾祖太師徐國公嵩開元中宰相，俛貞元七年進士擢第，元和六年召充翰林學士，九年改駕部郎中，知制誥，内職如故，坐與張仲方善。仲方駁李吉甫謚議，言用兵征發之弊由吉甫而生。憲宗怒，貶仲方，俛亦罷學士，左授太僕少卿。

同書壹柒玖蕭遘傳（新唐書壹佰壹蕭俛傳附遘傳同）略云：

蕭遘，蘭陵人，開元朝宰相太師徐國公嵩之四代孫（寅恪案，「四」字誤）。遘以咸通五年登進士第，志操不群，自比李德裕，同年皆戲呼「太尉」。

寅恪案，新興階級黨派之構成，進士詞科同門之關係乃一重要之點，前論李絳及楊嗣復事已涉及之。今觀李宗閔傳，益爲明顯。至李吉甫爲人固有可議之處，而牛李詆斥太甚，吉甫亦報復過酷，此所以釀成士大夫黨派競争數十年不止也。張仲方乃九齡之侄孫，九齡本爲武后所拔擢之進士出身新興階級。據大唐新語柒識量篇（參考舊唐書壹佰陸李林甫傳、新唐書貳壹陸張九齡傳、通鑑貳壹肆開元二十四年冬十月條）云：

牛仙客爲凉州都督，節財省費，軍儲所積萬計。玄宗大悦，將拜爲尚書，張九齡諫曰：「不可。」玄宗怒曰：「卿以仙客寒士嫌之耶？若是，如卿豈有門籍？」九齡頓首曰：「〔臣〕荒陬賤類，陛下過聽，以文學用臣；仙客起自胥吏，目不知書，韓信淮陰一壯士耳，羞與絳灌同列，陛下必用仙客，臣亦耻之。」

又國史補上（參考太平廣記壹捌肆氏族類）云：

張燕公好求山東婚姻，當時皆惡之，及後與張氏爲親者乃爲甲門。

及新唐書壹玖玖儒學傳中孔若思傳附至傳云：

明氏族學，與韋述、蕭穎士、柳冲齊名，譔百家類例，以張説等爲「近世新族」，剟去之。説子垍方有寵，怒曰：「天下族姓何豫若事，而妄紛紛邪？」垍弟素善至，以實告。初，書成，示韋述，述謂可傳，及聞垍語，懼，欲更增損。述曰：「止！丈夫奮筆成一家書，奈何因人動摇，有死，不可改！」遂罷。時述及潁士、冲皆譔類例，而至書稱工。

可知始興張氏實爲以文學進用之寒族，即孔至之所謂「近世新族」之列。宜乎張説與九齡共通譜牒，密切結合，由二人之氣類本同也。因是，九齡侄孫仲方與山東舊門李吉甫氣類絶不相近，亦成爲反對之黨。若蘭陵蕭氏元是後梁蕭詧之裔，而加入關隴集團，與李唐皇室對於新舊兩階級之争得處於中立地位者相似。故蕭俛由進士出身，成爲牛氏之黨，而蕭遘雖用進士擢第，轉慕李文饒之爲人，乃取以自况也。

元和朝雖號稱中興，然外朝士大夫之黨派既起，内廷閹寺黨派之競争亦劇，遂至牽涉皇位繼承問題，而憲宗因以被弑矣。

舊唐書壹柒伍澧王惲傳（新唐書捌貳澧王惲傳同）云：

> 澧王惲，憲宗第二子也，本名寬。吐突承璀恩寵特异，惠昭太子薨，議立儲貳，承璀獨排衆議屬澧王，欲以威權自樹。賴憲宗明斷不惑，及憲宗晏駕承璀賜死，王亦薨於其夕。

同書壹伍玖崔群傳（新唐書壹陸伍崔群傳同）云：

> 元和七年，惠昭太子薨，穆宗時爲遂王，憲宗以澧王居長，且多内助，將建儲貳，命群與澧王作讓表。群上言曰：「大凡己合當之，則有陳讓之儀；己不合當，因何遽有讓表？今遂王嫡長，所宜正位青宫。」竟從其奏。

同書壹捌肆宦官傳吐突承璀傳（新唐書貳佰柒宦者傳上吐突承璀傳同）云：

惠昭太子薨，承璀建議請立澧王寬爲太子，憲宗不納，立遂王宥，穆宗即位，銜承璀不佑己，誅之。（前文已引，兹爲論述之便利，特重録之。）

同書同卷王守澄傳（新唐書貳佰捌宦者傳下王守澄傳同，并參考舊唐書壹肆新唐書柒憲宗紀及舊唐書壹伍玖新唐書壹肆貳韋處厚傳中「不諱内惡」之語）云：

憲宗疾大漸，内官陳弘慶等弑逆。憲宗英武，威德在人，内官秘之，不敢除討，但云：藥發暴崩。時守澄與中尉馬進潭、梁守謙、劉承偕、韋元素等定册立穆宗皇帝。

通鑑貳肆壹元和十五年正月條（參考舊唐書壹貳拾新唐書壹叁柒郭子儀傳附釗傳）云：

初左軍中尉吐突承璀謀立澧王惲爲太子，上（憲宗）不許，及上寢疾，承璀謀尚未息，太子（穆宗）聞而憂之，密遣人問計於司農卿郭釗，釗曰：「殿下但孝謹以俟之，勿恤其他！」釗，太子之舅也。

新唐書捌宣宗紀云：

大中十二年二月廢穆宗忌日，停〔穆宗〕光陵朝拜及守陵宫人。

通鑑貳肆玖大中十二年二月甲子朔條紀此事，胡注云：

以陳弘志弑逆之罪歸穆宗也。

裴廷裕東觀奏記上云：

憲宗皇帝晏駕之夕，上（宣宗）雖幼，頗記其事，追恨光陵商臣之酷，即位後，誅鉏惡黨無漏網者。郭太后以上英察孝果，且懷慚懼。時居興慶宮，與一二侍兒同升勤政樓，倚衡而望，便欲殞於樓下，欲成上過，左右急持之。即聞於上，上大怒，其夕太后暴崩，上志也。

通鑑考异大中二年條引〔宣宗〕實録，并附按語云：

〔大中二年〕五月戊寅以太皇太后寢疾，權不聽政，宰臣率百寮問太后起居。己卯復問起居，下遺令。是日太后崩。初上（宣宗）篡位，以憲宗遇弑，頗疑太后在黨中，至是暴得疾崩，帝之志也。六月貶禮院檢討官王皥爲潤州句容令，以皥抗疏請郭后合葬景陵（憲宗陵名）配饗憲宗廟室故也。

〔司馬光〕按，實録所言暴崩事，皆出東觀奏記，若實有此事，則既云「是夕暴崩」，何得前一日先下詔云「以太后寢疾，權不聽政」？若無此事，廷裕豈敢輒誣宣宗？或者，郭后實以病終，而宣宗以平日疑忿之心，欲黜其禮，故皥争之，疑以傳疑，今參取之。

寅恪案，元和末年内廷閹寺吐突承璀一派欲以澧王惲繼皇位，王守澄一派欲立遂王宥即後來之穆宗，競争至劇。吐突承璀之黨失敗，憲宗遇弑，穆宗因得王守澄黨之擁戴而繼位矣。至郭后乃穆宗之生母，其預知弑逆之謀，似甚可能。司馬君實所論雖不失史家審慎忠厚之旨，但參取兩端，頗近模棱，難以信從。蓋裴廷裕比穆宗於商臣，若非確有所據，必不敢爲此誣妄之説也。鄙意郭后之暴崩儻果出於宣宗之志，則崩前一日何不可預作伏筆？或者，即因有前日寢疾之詔，遂促成次日暴崩之事乎？總之，宫掖事秘，雖不宜遽斷，然皇位繼承之不固定及閹寺黨派之競争二端，與此唐室中興英主憲宗之結局有關，則無可疑也（鍾輅前定録李生條亦紀懿安太后爲宣宗幽崩事，又日本僧圓仁入唐求法記肆所載郭太后被藥殺事，則年月名號俱有訛誤也）。

復次，内廷閹寺中吐突承璀之黨即主張用兵之黨既失敗，其反對黨得勝，擁立穆宗，故外朝宰相即此反對黨之附屬品，自然亦不主張用兵，而「銷兵」之議遂成長慶一朝之國策矣。

舊唐書壹陸穆宗紀云：

長慶元年二月乙酉天平軍節度使馬總奏：當道見管軍士三萬三千五百人，從去年正月已後，情願居農者放，逃亡者不捕。先是平定河南，及王承元去鎮州，宰臣蕭俛等不顧遠圖，乃獻「銷兵」之議，請密詔天下軍鎮，每年限百人内八人逃死，故總有是奏。

同書壹柒貳蕭俛傳（新唐書壹佰壹蕭瑀傳附俛傳略同）云：

穆宗乘章武（憲宗）恢復之餘，即位之始兩河廓定，四鄙無虞，而俛與段文昌屢獻太平之策，以爲兵以静亂，時已治矣，不宜黷武，勸穆宗休兵偃武，又以兵不可頓去，請密詔天下軍鎮有兵處每年百人之中限八人逃死，謂之「銷兵」。帝既荒縱，不能深料，遂詔天下，如其策而行之。而藩籍之卒合而爲盜，伏於山林。明年朱克融、王廷凑復亂河朔，一呼而遣卒皆至。朝廷方徵兵諸藩，籍既不充，尋行招募，烏合之徒動爲賊敗，由此復失河朔，蓋「銷兵」之失也。

寅恪案，「銷兵」之數每年僅限百分之八，且歷時甚短，其所以發生如是之大影響者，蓋當時河朔爲胡化區域，其兵卒皆善戰之人，既被裁遣，「合而爲盜」，遂爲朱克融、王廷凑所利用，而中央政府徵募之人自然不能與河朔健兒爲敵也。

又舊唐書壹陸陸元稹傳（新唐書壹柒肆元稹傳略同）云：

> 荆南監軍崔潭峻甚禮接稹，不以掾吏遇之，常徵其詩什諷誦之。長度初潭峻歸朝，出稹連昌宫詞等百餘篇奏御，穆宗大悦。

新唐書壹柒玖李訓傳（參考新唐書貳佰捌宦者傳下王守澄傳）云：

> 宦人陳弘志時監襄陽軍，訓啓帝（文宗）召還，至青泥驛，遣使者杖殺之。復以計白罷〔王〕守澄觀軍容使，賜鴆死。又逐西川監軍楊承和、淮南韋元素、河東王踐言於嶺外，已行，皆賜死。而崔潭峻前物故，詔剖棺鞭尸，元和逆黨幾盡。

據新唐書李訓傳明言崔潭峻爲元和逆黨，但憲宗於元和十五年正月二十七日被弑，則舊唐書元稹傳「長慶初潭峻歸朝」之語微有未妥，故新唐書元稹傳改作「長慶初潭峻方親幸」也。

夫潭峻既爲擁立穆宗之元和逆黨中人，其主張「銷兵」自不待言，於是知元才子連昌宮詞全篇主旨所在之結句「努力廟謨休用兵」一語，實關涉當時政局國策，世之治史讀詩者幸勿等閑放過也（參考一九三三年六月清華學報拙著讀連昌宮詞質疑）。又宦官王踐言爲元和逆黨之一，而文宗大和九年八月丙申詔書以李德裕與之連結者，蓋踐言曾言送還吐蕃悉怛謀之非計，與德裕主張相合，李訓、鄭注遂藉之以爲説耳。詳見新唐書壹柒肆李宗閔傳、舊唐書壹柒肆新唐書壹捌拾李德裕傳等，兹不能悉論也）。

新唐書捌敬宗紀（參考舊唐書壹柒上敬宗紀）略云：

敬宗諱湛，穆宗長子也，始封鄂王，徙封景王。長慶二年穆宗因擊毬暴得疾，不見群臣者三日，左僕射裴度三上疏請立皇太子，而翰林學士兩省官相次皆以爲言。穆宗疾少間，宰相李逢吉請立景王爲皇太子（癸巳詔以景王爲皇太子）。四年正月穆宗崩，丙子皇太子即皇帝位。

舊唐書壹柒叁李紳傳（新唐書壹捌壹李紳傳同）略云：

王守澄每從容謂敬宗曰：「陛下登九五，〔李〕逢吉之助也。先朝初定儲貳，唯臣備知。時翰林學士杜元穎、李紳勸立深王，而逢吉固請立陛下，李續之、李虞繼獻章疏。」帝雖冲年，亦疑其事。會逢吉言：「李紳在内署時，嘗不利於陛下，請行貶逐。」帝初即位，方倚大臣，不能自執，乃貶紳端州司馬。會禁中檢尋舊事，得穆宗時封書一篋，發之，得裴度、杜元穎與紳三人所獻疏，請立敬宗爲太子。帝感悟興嘆，悉命焚逢吉黨所上謗書。由是讒言稍息，紳黨得保全。

李德裕黨劉軻牛羊日曆云：

穆宗不豫，宰臣議立敬宗爲皇太子，時牛僧孺獨懷异志，欲立諸子。僧孺乃昌言於朝曰：「梁守謙、王守澄將不利於上」，又使楊虞卿漢公輩言於外曰：「王守澄欲謀廢立」，又於街衢門墻上施榜，每於穆宗行幸處路傍或苑内草間削白而書之（寅恪案，牛黨所爲殊似今日通衢廣張之效顰外國政黨宣傳標語，豈知吾中國人早已發明此方法耶？可笑，可嘆！）冀謀大亂。其凶險如此。

寅恪案，敬宗爲穆宗長子，故外朝諸臣請立爲皇儲，又值穆宗初即位，元和逆黨方盛之時，其黨魁王守澄既贊成其事，而穆宗不久即崩，其皇位繼承權所以幸未動摇也。然觀外廷士大夫如李逢吉、劉軻之流俱藉皇儲問題互詆其政敵，并牽涉禁中閹寺黨魁，則唐代皇位繼承之不固定及内廷閹寺黨派與外朝士大夫黨派互相關係，於此復得一例證矣。

舊唐書壹柒上敬宗紀（新唐書捌敬宗紀同）云：

〔寶曆二年十二月〕辛丑帝夜獵還宫，與中官劉克明、田務成（成，通鑒作澄）、許文端打球，軍將蘇佐明、王嘉憲、石定克等二十八人飲酒。帝方酣，入室更衣，殿上燭忽滅，劉克明等同謀害帝，即時殂於室内。

新唐書捌文宗紀（舊唐書壹柒上文宗紀同）云：

文宗諱昂（初名涵），穆宗第二子也，始封江王。寶曆二年十二月敬宗崩，劉克明等矯詔，以絳王悟勾當軍國事。壬寅内樞密使王守澄、楊承和、神策護軍中尉魏從簡、梁守謙奉江王而立之，率神策六軍飛龍兵誅克明，殺絳王。

舊唐書壹伍玖韋處厚傳（新唐書壹肆貳韋處厚傳同）云：

寶曆季年急變中起，文宗底綏内難，詔命將降，未有所定。處厚聞難奔赴，昌言曰：「春秋之法，大義滅親，内惡必書，以明逆順，正名討罪，於義何嫌？安可依違，有所避諱？」遂奉藩教行焉。

通鑑貳肆叁寶曆二年十二月條云：

〔宦官〕劉克明等矯稱上（敬宗）旨，命翰林學士路隋草遺制，以絳王悟權勾當軍國事。壬寅宣遺制，絳王見宰相百官於紫宸殿外廡。克明欲易置内侍之執權者，於是樞密使王守澄、楊承和、中尉魏從簡、梁守謙定議，以衛兵迎江王涵入宮，發左右神策飛龍兵進討賊黨，盡斬之。克明赴井，出而斬之，絳王爲亂兵所害。

寅恪案，憲宗爲宦官所弒，閹人以其爲英武之主，威望在人，若發表實情，恐外間反對者藉此聲討其族類，故諱莫如深。前論順宗實録事引舊唐書路隋傳，可以爲證。及敬宗又爲宦官所弒，當時閹人初亦應有所顧慮，然其所以卒從韋處厚之説，公開宣布者，則由敬宗乃童昏之君，不得比數於憲宗，遂以爲無足諱言也。致敬宗及絳王悟之被弒害，與夫文宗之得繼帝位，均是內廷閹寺劉克明黨與王守澄黨競爭下之附屬犧牲品及傀儡子耳，亦可憐哉！斯又唐代皇位繼承不固定與閹寺黨爭關係之一例證也。

文宗一朝爲牛李黨人參雜并進競爭紛劇之時期，故舊唐書壹柒陸李宗閔傳（新唐書壹柒肆李宗閔傳同）云：

文宗以二李（寅恪案，二李謂宗閔及德裕也，宗閔代表牛黨）朋黨，繩之不能去，嘗謂侍臣曰：「去河北賊非難，去此朋黨實難。」

夫唐代河朔藩鎮有長久之民族社會文化背景，是以去之不易，而牛李黨之政治社會文化背景尤長久於河朔藩鎮，且此兩黨所連結之宮禁閹寺，其社會文化背景之外更有種族問題，故文宗欲去士大夫之黨誠甚難，而欲去內廷閹寺之黨則尤難，所以卒受「甘露之禍」也。況士大夫之黨乃閹寺黨之附屬品，閹寺既不能去，士大夫之黨又何能去耶？及至唐之末世，士大夫階級暫時聯合，與閹寺全體敵抗，乃假借別一社會階級即黃巢餘黨朱全忠之武力，終能除去閹寺之黨。但士大夫階級本身旋罹摧殘之酷，唐之皇室亦隨以覆亡，其間是非成敗詳悉之史實雖於此不欲置論，而士大夫階級與閹寺階級自文宗以後，在政治上盛衰分合互相關涉之要點，則不得不述其概略也。

就牛李黨人在唐代政治史之進退歷程言之，兩黨雖俱有悠久之歷史社會背景，但其表面形式化則在憲宗之世。此後紛亂鬥争，愈久愈烈。至文宗朝爲兩黨參錯并進，競逐最劇之時。武宗朝爲李黨全盛時期，宣宗朝爲牛黨全盛時期，宣宗以後士大夫朋黨似已漸次消泯，無復前此兩黨對立、生死搏鬥之迹象，此讀史者所習知也。然試一求問此兩黨競争之歷程何以呈如是之情狀者，則自來史家鮮有解答。鄙意外朝士大夫朋黨之動態即内廷閹寺黨派之反影。内廷閹寺爲主動，外朝士大夫爲被動。閹寺爲兩派同時并進，或某一時甲派進而乙派退，或某一時乙派進而甲派退，則外朝之士大夫亦爲兩黨同時并進，或某一時甲黨進而乙黨退，或某一時乙黨進而甲黨退。迄至後來内廷之閹寺「合爲一片」（此唐宣宗語，見下文所引）全體對外之時，則内廷閹寺與外廷士大夫成爲生死不兩立之仇敵集團，終於事勢既窮，乞援外力，遂同受别一武裝社會階級之宰割矣。兹略引舊史，稍附論釋，藉以闡明唐代内廷閹寺與外朝士大夫黨派關聯變遷之歷程於下，或可少補前人之所未備言者歟？

舊唐書壹陸玖李訓傳（新唐書壹柒玖李訓傳同）略云：

文宗以宦者權寵太過，繼爲禍胎。元和末弑逆之徒尚在左右，雖外示優假，心不堪之。思欲芟落本根，以雪讎耻。九重深處，難與將相明言，前與侍講宋申錫謀，謀之不臧，幾成反噬（寅恪案，事見舊唐書壹陸捌新唐書壹伍貳宋申錫傳），自是巷伯尤横。因鄭注得幸〔王〕守澄，俾之援訓，冀黄門不疑也。訓既秉權衡，即謀誅内竪。中官陳弘慶者，自元和末負弑逆之名，忠義之士無不扼腕。時爲襄陽監軍，乃召自漢南，至青泥驛，遣人封杖决殺。王守澄自長慶已來知樞密，典禁軍，作威作福。訓既作相，以守澄爲六軍十二衛觀軍容使，罷其禁旅之權，尋賜鴆殺。訓愈承恩顧，黄門禁軍迎拜戢斂。

同書同卷鄭注傳（新唐書壹柒玖鄭注傳同）略云：

是時〔李〕訓、〔鄭〕注之權赫於天下，既得行其志，生平恩讎絲毫必報。因楊虞卿之獄挾忌李宗閔、李德裕。心所惡者，目爲二人之黨，朝士相繼斥逐，班列爲之一空（寅恪案，此事可參考舊唐書壹柒下文宗紀下大和九年八月九月有關諸條，及同書壹柒肆李德裕傳、壹柒陸李宗閔傳，新唐書壹柒肆李宗閔傳、壹捌拾李德裕傳等）。注自言有金丹之術，可去萎弱重腿之疾。始李愬自云得效，乃移之〔王〕守澄，亦神其事，繇是中官視注皆憐之。卒以是售其狂謀，而守澄自貽其禍。

同書壹捌肆宦官傳王守澄傳（新唐書貳佰捌宦者傳下王守澄傳同）略云：

時仇士良有翊上之功，爲守澄所抑，位未通顯。〔李〕訓奏用士良分守澄之權，乃以士良爲左軍中尉。守澄不悦，兩相矛盾。訓因其惡，大和九年帝（文宗）令内養李好古賫酖賜守澄，秘而不發。守澄死，仍贈揚州大都督。其弟守涓爲徐州監軍，召還，至中牟，誅之。守澄豢養訓、〔鄭〕注，反罹其禍。人皆快其受佞，而惡訓、注之陰狡。

新唐書壹柒肆李宗閔傳（舊唐書壹柒陸李宗閔傳略同）略云：

〔李〕訓、〔鄭〕注劾宗閔昇時陰結駙馬都尉沈𦞦、内人宋若憲、宦者韋元素、王踐言等求宰相，而踐言監軍劍南，受〔李〕德裕賕，復與宗閔家私，乃貶宗閔潮州司户參軍事，𦞦逐柳州，元素等悉流嶺南，親信并斥。時訓、注欲以權市天下，凡不附己者，皆指以二人黨逐去之，人人駭栗。帝乃詔宗閔、德裕姻家門生故吏自今一切不問。

通鑑貳肆伍大和九年六月條（參考新唐書貳佰捌宦者傳下王守澄傳）云：

神策左軍中尉韋元素、樞密使楊承和、王踐言居中用事，與王守澄争權不叶，李訓、鄭注因之，出承和於西川，元素於淮南，踐言於河東，皆爲監軍。

寅恪案，李訓、鄭注所以能异於宋申錫，幾成掃除閹寺之全功者，實在利用閹寺中自分黨派，如王守澄與仇士良、韋元素等之例是也。又當時牛李黨人各有其鈎結之中官，訓、注之進用本皆由於閹寺，故能悉其隱秘，遂欲同時一舉將閹寺及士大夫諸黨派俱排斥而盡去之也。當日閹寺之黨派既是同時并進，互相爭鬥，達於劇烈之高點，故士大夫之黨派各承其反影，亦復如之。斯爲文宗一朝政治上最要之關鍵，前人論此，似少涉及者，特爲標出之如此。

新唐書壹柒玖李訓傳（舊唐書壹陸玖李訓傳同）略云：

〔訓〕出〔鄭〕注，使鎮鳳翔，外爲助援，擢所厚善，分總兵柄。於是王璠爲太原節度使，郭行餘爲邠寧節度使，羅立言權京兆尹，韓約金吾將軍，李孝本御史中丞。陰許璠、行餘多募士，及金吾臺府卒劫以爲用。〔大和九年〕十一月壬戌（二十一日）帝（文宗）御紫宸殿，約奏：「甘露降金吾左仗樹。」〔帝〕輦如含元殿，詔宰相群臣往視，還，訓奏：「非甘露。」帝顧中尉仇士良、魚弘志等驗之。訓因欲閉止諸宦人，使無逸者。時璠、行餘皆辭赴鎮，兵列丹鳳門外。訓傳呼曰：「兩鎮軍入受詔旨！」聞者趨入，邠寧軍不至。宦人至仗所，會風動廡幕，見執兵者，士良等驚走出。閽者將闔扉，爲宦侍叱爭，不及閉。訓急，連呼金吾兵曰：「衛乘輿者，人賜錢百千！」於是有隨訓入者。宦人曰：「事急矣！」即扶輦，決罘罳下殿趨。訓攀輦曰：「陛下不可去！」士良曰：「李訓反。」帝曰：「訓不反。」士良手搏訓而躓，訓壓之，將引刀鞾中，救至，士良免。立言、孝本領衆四百東西來上殿，與金吾士縱擊，宦官死數十人。訓持輦愈急，至宣政門，宦人郗志榮揕訓，仆之，輦入東上閤即閉，宮中呼萬歲。會士良遣神策副使劉泰倫、陳君奕等率衛士五百挺兵出，所值輒殺，殺諸司史六七百人，復分兵屯諸宮門，捕訓黨千餘人，斬四方館，流血成渠。

贊曰：李德裕嘗言：「天下有常勢，北軍是也。」訓因王守澄以進，此時出入北軍，若以上意説諸將，易如靡風，而反以臺府抱關游徼抗中人，以搏精兵，其死宜哉！文宗嘗稱訓天下奇才。德裕曰：「訓曾不得齒徒隸，尚何才之云？」世以德裕言爲然。（寅恪案，李德裕語見其所著窮愁志、奇才論。）

寅恪案，此甘露事變之一幕悲劇也。當時中央政權寄托於皇帝之一身，發號施令必用其名義，故政權之爭，其成敗關鍵在能否劫持皇帝一人而判定。夫皇帝之身既在北軍宦官掌握之內，若不以南衙臺府抱關游徼敵抗神策禁旅，則當日長安城中，將用何等兵卒與之角逐乎？此甘露變後所以僅餘以藩鎮武力對抗閹寺北軍之唯一途徑，是即崔淄郎之所取用而奏效，但爲當世及後世所訴病者也。至謂「以上意説（北軍）諸將，易如靡風」，則天下事談何容易！在大和之前即永貞之時，王叔文嘗謀奪閹寺兵柄，舉用范希朝、韓泰，卒無所成（事見韓愈順宗實録伍及舊唐書壹叁伍新唐書壹陸捌王叔文傳），況文宗朝宦官盤踞把持之牢固更有甚於順宗時者乎？而韓退之永貞行（昌黎集叁）所云：

君不見太皇（順宗）諒陰未出令，小人乘時偷國柄。北軍百萬虎與貔，天子自將非他師。（寅恪案，神策軍實宦官所將耳，非天子自將也，退之此語無乃欺人之甚耶？）一朝奪印付私黨，懔懔朝士何能爲？

不過俱文珍私黨之誣詞，非公允之論也。然則李訓實爲「天下奇才」，文宗之語殊非過譽，較當日外朝士大夫牛李黨人之甘心作閹寺附屬品者，固有不同矣。李文饒挾私嫌，其言不足信，後之史家何可據之，而以成敗論人也！

通鑒紀貳肆伍大和九年十一月壬戌即二十一日甘露事變，其結論有云：

自是天下事皆决於北司，宰相行文書而已。

誠道其實也。至文宗幾爲閹寺所廢，如皮光業見聞録之所言者（見通鑒考异大和九年十一月條及唐語林叁方正類，新唐書貳佰柒宦者傳下仇士良傳末），固有未諦，已爲司馬君實所指出。但自此以後，唐代皇位之繼承完全决於宦官之手，而外朝宰相惟有服從一點，若取下列史料證之，則更無可疑也。

唐語林柒補遺云：

宣宗崩，内官定策立懿宗，入中書商議，命宰臣署狀，宰相將有不同者。夏侯孜曰：「三十年前外大臣得與禁中事，三十年以來外大臣固不得知。但是李氏子孫，内大臣定，外大臣即北面事之，安有是非之説？」

又新唐書壹捌貳李珏傳云：

始莊恪太子薨，帝（文宗）屬意陳王（成美），已而武宗即位，人皆爲危之。珏曰：「臣下知奉所言，安與禁中事？」

蓋甘露事變在文宗大和九年，即公元八三五年。宣宗崩於大中十三年，即公元八五九年，夏侯孜所謂三十年者，乃約略舉成數言之。又李珏之事與夏侯孜不同，其語之意旨亦异。然可據以證知自開成後所謂「建桓立順，功歸貴臣」（劉夢得語，見前引），而外朝宰相固絶難與聞也。

舊唐書壹柒下文宗紀（參舊唐書壹柒伍新唐書捌貳陳王成美傳）云：

〔大和〕六年十月甲子詔：魯王永宜册爲皇太子。

〔開成〕三年九月壬戌上（文宗）以皇太子慢游敗度，欲廢之。中丞狄兼謨垂涕切諫。是夜移太子於少陽院，殺太子宫人左右數十人。十月庚子皇太子薨於少陽院，謚莊恪。

〔開成〕四年十月丙寅制：以敬宗第六男成美爲皇太子。

〔開成〕五年春正月戊寅朔上不康，不受朝賀。己卯詔立親弟潁王瀍爲皇太弟，權勾當軍國事，皇太子復爲陳王。辛巳上崩於大明宫之太和殿。

同書壹捌上武宗紀（新唐書捌武宗紀同，并參考舊唐書壹柒伍新唐書捌貳陳王成美傳）略云：

武宗諱炎，穆宗第五子，本名瀍。文宗以敬宗子陳王成美爲皇太子。〔開成〕五年正月二日文宗暴疾，宰相李珏、知樞密劉弘逸奉密旨：以皇太子監國。兩軍中尉仇士良、魚弘志矯詔迎頴王於十六宅，立爲皇太弟。四日文宗崩，皇太弟即皇帝位。陳王成美、安王溶殂於邸第。初，楊賢妃有寵於文宗，而莊恪太子母王妃失寵怨望，爲楊妃所譖，王妃死，太子廢。及開成末年，帝多疾，無嗣，賢妃請以安王溶嗣，帝謀於宰臣李珏，珏非之，乃立陳王。至是，仇士良欲歸功於己，乃發安王舊事，故二王與賢妃皆死。以開府右軍中尉仇士良封楚國公，左軍中尉魚弘志爲韓國公。

新唐書捌貳莊恪太子永傳（舊唐書壹柒伍莊恪太子永傳同）略云：

〔大和〕六年立爲皇太子，母（王德妃）愛弛，楊賢妃方幸，數譖之，帝（文宗）震怒，群臣連章論救，〔帝〕意少釋，然太子終不能自白其讒，是年（開成三年）暴薨。（寅恪案，日本僧圓仁入唐求法記亦有殺皇太子之記述，可供參考。）

通鑑貳肆陸會昌元年三月條（參新唐書壹佰柒宦者傳上仇士良傳）云：

初知樞密劉弘逸、薛季棱有寵於文宗，仇士良惡之。上（武宗）之立非二人及宰相意，故楊嗣復出爲湖南觀察使，李珏出爲桂管觀察使。士良屢譖弘逸等於上，勸上誅之，乙未賜弘逸、季棱死。

張固幽閑鼓吹云：

朱崖（李德裕）在維揚，監軍楊欽義追入，必爲樞近，而朱崖（德裕）致禮皆不越尋常，欽義心銜之。一日邀中堂飲，更無餘賓，而陳設寶器圖書數床皆殊絶，一席祇奉亦竭情禮。宴罷，皆以贈之，欽義大喜過望。行至汴州，有詔令監淮南軍。欽義至，即具前時所獲歸之。朱崖（德裕）曰：「此無所直，奈何相拒？」悉却與之。欽義感悦數倍，後竟作樞密使，武皇一朝之柄用皆欽義所致也。

通鑑貳肆陸開成五年九月紀李德裕入相事，即采用張書，胡注云：

史言李德裕亦不免由宦官以入相。

寅恪案，上引文宗、武宗兩朝間史料，亦皆唐代皇位繼承不固定及一時期宫掖閹寺黨派競爭決定後，李氏子孫充傀儡，供犧牲，而士大夫黨派作閹寺黨派之附屬品，隨其勝敗以爲進退之明顯例證也。又幽閑鼓吹載李德裕入相實由楊欽義，鄙意小説家記衛公事多誣詞，究其可信與否，未敢確定，即使可信，亦非贊皇入相之主因。據通鑑貳肆柒會昌三年五月壬寅以翰林學士承旨崔鉉爲中書侍郎同平章事條云：

上（武宗）夜召學士韋琮，以鉉名授之，令草制，宰相樞密皆不之知。時樞密使劉行深、楊欽義皆願慤，不敢預事，老宦者尤之曰：「此由劉楊懦怯，墮敗舊風故也。」

是楊欽義以願慤著聞，不敢依慣例以干預命相，則文饒之入相似非全由欽義之力，可以推知。其時宦官劉弘逸一派與牛黨之宰相李珏等翊戴皇太子成美，既遭失敗，則得勝之閹寺仇士良、魚弘志一派自必排去牛黨之宰相，而以其有連之李黨代之，楊欽義殆屬於仇士良派者，此德裕入相之主因也。然則宫掖閹寺競争之勝敗影響於外朝士大夫之進退，於此益得證明而無疑矣。

新唐書捌宣宗紀略云：

宣宗諱忱，憲宗第十三子也。始封光王，本名怡。會昌六年武宗疾大漸，左神策護軍中尉馬元贄立光王爲皇太叔。三月甲子即皇帝位。四月乙亥始聽政。丙子李德裕罷。五月乙巳翰林學士承旨兵部侍郎白敏中同中書門下平章事。

通鑑貳肆捌會昌六年三月條云：

上（武宗）疾篤，旬日不能言，諸宦者密於禁中定策。辛酉下詔，稱皇子冲幼，須選賢德，光王怡可立爲皇太叔，更名忱，一應軍國大事令權勾當。甲子上崩，丁卯宣宗即位。

胡注：

以武宗之英達，李德裕之得君，而不能定後嗣，卒制命於宦竪，北司掌兵，且專宫禁之權也。

寅恪案，會昌季年内廷閹寺黨派競争之史實無從詳知，但就武宗諸子不得繼位之事推之，必是翊戴武宗即與李黨有連之一派失敗，則可决言。於是宣宗遂以皇太叔之名義嗣其侄之帝位，而唐代皇位繼承之不固定，觀此益可知矣。胡氏之語甚諦，自會昌六年三月宦官馬元贄等於宫中決策後，外朝李黨全盛之局因以告終，相位政權自然轉入其敵黨牛黨之手也。

由憲宗朝至文宗朝，牛李爭鬥雖劇，而互有進退。武宗朝爲始終李黨當國時期，宣宗朝宰相則屬於牛黨，但宣宗以後不復聞劇烈之黨爭。究其所以然之故，自來未有言之者，若依寅恪前所論證，外朝士大夫黨派乃内廷閹寺黨派之應聲蟲，或附屬品，儻閹寺起族類之自覺，其間不發生甚劇之黨爭，而能團結一致以對外者，則與外朝諸臣無分別連結之必要，而士大夫之黨既失其各别之内助，其競争遂亦不得不終歸消歇也。兹略舉一二例，以爲證明。

唐語林貳政事類下（參新唐書壹陸玖韋貫之傳附澳傳）云：

宣宗暇日召翰林學士韋澳入。上曰：「要與卿款曲，少間出外，但言論詩！」上乃出詩一篇。有小黄門置茶床訖，亟屏之。乃問：「朕於敕使如何？」澳曰：「威制前朝無比。」上閉目摇手曰：「總未，依前怕他。在卿如何？計將安出？」澳既不爲之備，率意對曰：「謀之於外廷，即恐有大和事（寅恪案，大和事指甘露事變），不若就其中揀拔有才者，委以計事。」上曰：「此乃末策，朕行之，初擢其小者，至黄，至緑，至緋，皆感恩，若紫衣挂身，即合爲一片矣。」澳慚汗而退。

北夢瑣言伍令狐公密狀條云：

> 唐大和中閹官恣横，因甘露事王涯等皆罹其禍，竟未昭雪。宣宗即位，深抑其權，末年嘗授旨於宰相令狐公〔綯〕，欲盡誅之。〔綯〕慮其寃，乃密奏牓子曰：「但有罪莫舍，有闕莫填，自然無遺類矣。」後爲宦者所見，於是南〔衙〕北〔司〕益相水火，洎昭宗末崔侍中〔胤〕得行其志，然而玉石俱焚也。

寅恪案，韋澳意欲利用閹人，以制閹人，即李訓、鄭注之故技。在文宗大和之世用之雖不能成全功，然其初頗亦收效者，以當時閹寺中王守澄與仇士良之徒尚分黨派，未「合爲一片」，故可資利用也。迨其起族類之自覺，團結一致，以抗外敵，如唐語林、北夢瑣言所載大中時事，則離間之術不能復施，此宣宗以後宮禁閹寺一致對外之新形勢，不獨在内廷無派别，亦使在外朝無黨争，統制中央全局，不可動摇分裂，故激成崔胤借助藩鎮外來兵力，盡取此輩族類而殲滅之也。

又讀史者或見僖宗時宦官田令孜惡其同類楊復恭、復光兄弟事，因以致疑於宣宗以後閹寺「合爲一片」之説者，如舊唐書壹玖下僖宗紀所言：

> 〔中和〕三年六月甲子楊復光卒於河中，其部下忠武八都都頭鹿晏弘、晋暉、王建、韓建等各以其衆散去。時復光兄復恭知内樞密，田令孜以復光立破賊功，憚而惡之，故賊平賞薄。及聞復光死，甚悦，複擯復恭，罷樞密爲飛龍使。

是也。但檢同書同卷中和三年五月王鐸罷行營都統條云：

時中尉田令孜用事，自負帷幄之功，以鐸用兵無功，而由楊復光建策召沙陀，成破賊之效，欲權歸北司，乃黜鐸而悦復光也。

然則田令孜雖與楊復恭、復光兄弟不相得，對於外朝士大夫則仍能自相團結，一致敵視。蓋當時閹寺南衙北司之界限即階級族類之意識甚爲堅强明顯，不欲連結外朝士大夫自相攻擊，因亦無從造成士大夫之黨派，如以前牛李兩黨者也。

新唐書玖懿宗紀（參考通鑒貳肆玖大中十三年六月條通鑒考异咸通二年二月條，及容齋隨筆陸杜悰條）略云：

懿宗諱漼，宣宗長子也，始封鄆王。宣宗愛夔王滋，欲立爲皇太子，而鄆王長，故久不決。大中十三年八月宣宗疾大漸，以夔王屬内樞密使王歸長、馬公儒、宣徽南院使王居方等，而左神策護軍中尉王宗實、副使丌元實矯詔立鄆王爲皇太子。癸巳即皇帝位於柩前。王宗實殺王歸長、馬公儒、王居方。

通鑒貳伍拾咸通二年二月條云：

是時士大夫深疾宦官，事小有相涉，則衆共弃之。建州進士葉京嘗預宣武軍宴，識監軍之面，既而及第，在長安與同年出游，遇之於途，馬上相揖，因之謗議喧然，遂沉廢終身，其不相悦如此。（寅恪案，昌黎外集叁有送汴州監軍俱文珍序并詩，備極諂諛之詞。夫文珍亦宣武軍監軍也，而退之與葉京之遭遇乃逈不相似，據是可知貞元及咸通時，士大夫與閹寺關係之异同矣。）

依新紀所載，似宣宗末年内廷閹寺仍有黨派競争者，然考唐代閹寺中神策軍中尉掌握兵柄其權最大，宣宗牽於所愛，雖明知彼輩已「合爲一片」，而其末年仍仿文宗之舊事，勉强試一利用并無實力之樞密使等，使與執持兵柄之神策中尉對抗，實計出無聊，故終於同一無成。而王歸長與王宗實二派因實力大相懸殊之故，其競争必無足道，讀史者幸勿誤會以此個别之例外，疑及全體之通則也。且其時閹寺已起族類之自覺，一致對外，與文宗時不同，是以無須亦不欲連結外朝士大夫，以興黨争，蓋非復宣宗以前由内廷黨派勝敗，而致外朝黨派進退之先例矣。至於唐代帝位繼承之不固定，兹又得一例證，自無待言。觀通鑑咸通二年所紀葉京事，可知宣宗末載懿宗初年士大夫亦仿閹寺「合爲一片」，與相對敵。後來崔胤以士大夫代表之資格，盡誅宦官，蓋非一朝一夕之所致也。

通鑑貳伍貳咸通十四年七月戊寅條（參考舊唐書壹玖下新唐書玖僖宗紀）略云：

上（懿宗）疾大漸，左軍中尉劉行深、右軍中尉韓文約立少子普王儼爲皇太子，權勾當軍國政事。辛巳上崩於咸寧殿，僖宗即位。八月劉行深、韓文約皆封國公。

同條考异曰：

范質五代史通録：梁李振謂陜州護軍韓彝範曰：「懿宗初升遐，韓中尉殺長立少，以利其權，遂亂天下。今將軍復欲爾耶？」彝範即文約孫也。按：懿宗八子，僖宗第五，餘子新舊書不載長幼，又不言所終，不言所殺者果何王也。

據此，唐代内廷閹寺決定帝位繼承之經過及李氏子孫作傀儡犧牲之悲劇，史乘殊多闕漏，要爲與前此相似，乃一種公式化之行動，其概況亦可推知也。

舊唐書貳拾上昭宗紀（參考新唐書拾昭宗紀、通鑒貳伍柒文德元年三月條）略云：

昭宗諱曄，懿宗第七子，封壽王。文德元年二月僖宗暴不豫，及大漸之夕，而未知所立，群臣以吉王最賢，又在壽王之上，將立之，唯軍容楊復恭請以壽王監國。三月六日爲皇太弟，八日即位。

同書壹捌肆宦官傳楊復恭傳（新唐書貳佰捌宦者傳下楊復恭傳同）略云：

李茂貞收興元，進復恭前後與〔楊〕守亮私書六十紙，内訴致仕之由云：「吾於荆榛中援立壽王，有如此負心門生天子，既得尊位，乃廢定策國老。」

寅恪案，唐代科舉制度，門生爲座主所獎拔，故最感恩，兩者之間情誼既深，團結自固。牛黨之所以終競勝李黨者，亦與此點有關。楊復恭「門生天子」之喻，乃宦官受士大夫積習之傳染，雖擬譬稍有不倫，然止就宦官專決皇位繼承一事言之，則其語實與當時政治之情狀符合也。

新唐書拾昭宗紀（舊唐書貳拾上昭宗紀同）云：

光化三年十一月己丑神策軍中尉劉季述、王仲光、內樞密使王彦範、薛齊偓作亂，皇帝居於少陽院。辛卯季述以皇太子裕爲皇帝。

天復元年正月乙酉左神策軍將孫德昭、董彦弼、周承誨以兵討亂，皇帝復於位。劉季述、薛齊偓伏誅，降封皇太子裕爲德王。

同書捌貳德王裕傳（舊唐書壹柒伍德王裕傳同）略云：

德王裕，昭宗長子也，大順二年六月二十八日封，韓建殺諸王，因請裕爲皇太子。劉季述等幽帝（昭宗）東內，奉裕即皇帝位。季述誅，詔還少陽院，復爲王。

舊唐書壹柒伍憲宗以下諸子傳論云：

自天寶已降，內官握禁旅，中闈篡繼皆出其心，故手纔攬於萬機，目已睨於六宅（寅恪案，諸王居於十六宅）。

寅恪案，唐代皇帝廢立之權既歸閹寺，皇帝居宮中亦是廣義之模範監獄罪囚。劉季述等之廢立不過執行故事之擴大化及表面化耳。唐代皇位繼承之不固定，此役乃三百年間最後之結局。蓋哀帝（柷）之立及其遜位一段經過，則屬於朱全忠創業之裝飾物及犧牲品（詳見舊唐書貳拾下哀帝紀、新唐書拾昭宣光烈孝皇帝紀），不足特爲論述也。

舊唐書壹捌肆宦官傳楊復恭傳末（參考新唐書貳佰捌宦者傳下韓全誨張彦弘傳、舊唐書貳拾上新唐書拾昭宗紀）略云：

是月（光化三年正月），〔朱〕全忠迎駕還長安，詔以崔胤爲宰相兼判六軍諸衛。胤奏曰：「高祖太宗時無内官典軍旅，自天寶已後，宦官寖盛，貞元、元和分羽林衛爲左右神策軍，使衛從，令宦官主之，自是參掌樞密，由是内務百司皆歸宦者。不翦其本根，終爲國之蟊賊。内諸司使務宦官主者，望一切罷之，諸道監軍使并追赴闕廷。」詔曰：「其第五可範已下并宜賜死，其在畿甸同華河中并盡底處置訖，諸道監軍使已下及管内經過并居停内使敕到并仰隨處誅夷訖聞奏，其左右神策軍并令停廢！」

寅恪案，舊傳所載崔胤之奏及答詔，乃中古政治史畫時代之大文字，故節録之，以結此篇焉。

下篇　外族盛衰之連環性及外患與内政之關係

李唐一代爲吾國與外族接觸繁多，而甚有光榮之時期。近數十年來考古及异國文籍之發見移譯能補正唐代有關諸外族之史事者頗多，固非此篇之所能詳，亦非此篇之所欲論也。兹所欲論者只二端：一曰外族盛衰之連環性，二曰：外患與内政之關係，兹分别言之於下：

所謂外族盛衰之連環性者，即某甲外族不獨與唐室統治之中國接觸，同時亦與其他之外族有關，其他外族之崛起或强大可致某甲外族之滅亡或衰弱，其間相互之因果雖不易詳確分析，而唐室統治之中國遂受其興亡强弱之影響，及利用其機緣，或坐承其弊害，故觀察唐代中國與某甲外族之關係，其範圍不可限於某甲外族，必通覽諸外族相互之關係，然後三百年間中國與四夷更疊盛衰之故始得明瞭，當時唐室對外之措施亦可略知其意。蓋中國與其所接觸諸外族之盛衰興廢，常爲多數外族間之連環性，而非中國與某甲外族間之單獨性也。新唐書貳壹伍上四夷傳總序略云：

唐興，蠻夷更盛衰，嘗與中國抗衡者有四：突厥、吐蕃、回鶻、雲南是也。凡突厥、吐蕃、回鶻以盛衰先後爲次；東夷、西域又次之，迹用兵之輕重也；終之以南蠻，記唐所繇亡云。

宋子京作唐書四夷傳，其叙述次第一以盛衰先後，二迹用兵之輕重，三記唐所由亡。兹篇論述則依其所以更互盛衰之迹，列爲次序，欲藉以闡發其間之連環性。至唐亡由於南詔，乃屬於外患與内政關係之範圍，俟於篇末論之，兹先不涉及也。

又唐代武功可稱爲吾民族空前盛業，然詳究其所以與某甲外族競争，卒致勝利之原因，實不僅由於吾民族自具之精神及物力，亦某甲外族本身之腐朽衰弱有以招致中國武力攻取之道，而爲之先導者也。國人治史者於發揚贊美先民之功業時，往往忽略此點，是既有違學術探求真實之旨，且非史家陳述覆轍，以供鑒誡之意，故本篇於某外族因其本身先已衰弱，遂成中國勝利之本末，必特爲標出之，以期近真實而供鑒誡，兼見其有以异乎誇誣之宣傳文字也。

通典壹玖柒邊防典突厥條上（參新唐書貳壹伍上突厥傳、唐會要玖肆北突厥條）云：

及隋末亂離，中國人歸之者甚衆，又更强盛，勢陵中夏。迎蕭皇后，置於定襄。薛舉、竇建德、王世充、劉武周、梁師都、李軌、高開道之徒雖僭尊號，俱北面稱臣。東自契丹，西盡吐谷渾、高昌諸國皆臣之，控弦百萬，戎狄之盛近代未有也。大唐起義太原，劉文静聘其國，引以爲援。

舊唐書陸柒李靖傳（參考新唐書貳壹伍上突厥傳、貞觀政要貳任賢篇、大唐新語柒容恕篇）云：

太宗初聞靖破頡利，大悦，謂侍臣曰：「朕聞『王憂臣辱，主辱臣死。』往者國家草創，太上皇（高祖）以百姓之故，稱臣於突厥，朕未嘗不痛心疾首，志滅匈奴，坐不安席，食不甘味。今者暫動偏師，無往不捷，單于款塞，恥其雪乎？」

寅恪案，隋末中國北部群雄并起，悉奉突厥爲大君，李淵一人豈能例外？温大雅大唐創業起居注所載唐初事最爲實録，而其紀劉文静往突厥求援之本末，尚於高祖稱臣一節隱諱不書。逮頡利敗亡已後，太宗失喜之餘，史臣傳録當時語言，始泄露此役之真相。然則隋末唐初之際，亞洲大部民族之主人是突厥，而非華夏也。但唐太宗僅於十年之後，能以屈辱破殘之中國一舉而覆滅突厥者，固由唐室君臣之發奮自强，遂得臻此，實亦突厥本身之腐敗及回紇之興起二端有以致之也。兹略引史文，以證明之於下：

通典壹玖柒邊防典突厥上條（參考舊唐書壹玖肆上新唐書貳壹伍上突厥傳、唐會要玖肆北突厥條等）云：

貞觀元年陰山以北薛延陀、回紇、拔也古等十餘部皆相率叛之，擊走其欲谷設。頡利遣突利討之，師又敗績，奔還，頡利怒，拘之十餘日，突利由是怨憾，内欲背之。二年突利遣使奏言與頡利有隙，奏請擊之。詔秦武通以并州兵馬隨便接應。三年薛延陀自稱可汗於漠北，遣使來貢方物。頡利每委任諸胡，疏遠族類，胡人貪冒，性多翻覆，以故法令滋章，兵革歲動，國人患之，諸部携貳。頻年大雪，六畜多死，國中大餒。頡利用度不給，復重斂諸部，由是下不堪命，内外叛之。

舊唐書壹玖伍回紇傳（新唐書貳壹柒上回鶻傳同，又參舊唐書壹玖玖下鐵勒傳、新唐書壹柒下薛延陀傳、唐會要玖陸薛延陀傳、通典壹玖玖邊防典薛延陀條等）云：

> 初有特健俟斤死，有子曰菩薩，部落以爲賢而立之。初菩薩與薛延陀侵突厥北邊，突厥頡利可汗遣子欲谷設率萬騎討之。菩薩領騎五千與戰，破之於馬鬣山，因逐北至於天山，又進擊大破之，俘其部衆，回紇由是大振，因率其衆附於薛延陀，號菩薩爲活頡利發，仍遣使朝貢。菩薩勁勇有膽氣，善籌策，每對敵臨陣，必身先士卒，以少制衆，常以射獵爲務，其母烏羅渾主知爭訟之事，平反嚴明，部内齊肅，回紇之盛由菩薩之興焉。貞觀擒降突厥頡利等可汗之後，北虜唯菩薩、薛廷陀爲盛。太宗册北突厥莫賀咄爲可汗，遣統回紇僕骨同羅思結阿跌等部，回紇酋帥吐迷度與諸部大破薛延陀多彌可汗，遂并其部曲，奄有其地。

寅恪案，北突厥或東突厥之敗亡除與唐爲敵外，其主因一爲境内之天災及亂政，二爲其他鄰接部族回紇薛延陀之興起兩端，故授中國以可乘之隙。否則雖以唐太宗之英武，亦未必能致如是之奇迹。斯外族盛衰連環性之一例證也。

舊唐書壹玖伍回紇傳（新唐書貳壹柒下回鶻傳同）云：

> 開成初，其相有安允合者，與特勒（寅恪案，勒當作勤，下同）柴草欲篡薩特可汗。薩

特可汗覺，殺柴草及安允合。又有回紇相掘羅勿者，擁兵在外，怨誅柴草、安允合，又殺薩特可汗，以𠪚馺特勒爲可汗。有將軍句録末賀恨掘羅勿，走引黠戛斯，領十萬騎破回鶻城，殺𠪚馺，斬掘羅勿，燒蕩殆盡，回鶻散奔諸蕃。有回鶻相馺職者，擁外甥龐特勒及男鹿并遏粉等兄弟五人一十五部，西奔葛邏禄，一支投吐蕃，一支投安西，又有近可汗牙十三部以特勒烏介爲可汗，南來附漢。（寅恪案，通鑑貳肆陸開成四年末條柴草作柴革。考异駁後唐獻祖紀年録之語及唐會要玖捌回紇條俱可參考。）

唐會要玖捌回紇條云：

連年饑疫，羊馬死者被地，又大雪爲災。

新唐書貳壹柒下黠戛斯傳略云：

回鶻授其君長阿熱爲毗伽頓頡斤。回鶻稍衰，阿熱即自稱可汗。回鶻遣宰相伐之，不勝，拏鬥二十年不解。阿熱恃勝肆詈，回鶻不能討，其將句録莫賀導阿熱破殺回鶻可汗，諸特勒（寅恪案，勒亦當作勤）皆潰。

寅恪案，回紇自唐肅宗以後最爲雄大，中國受其害甚鉅，至文宗之世天灾黨亂擾其内，黠戛斯崛起侵其外，於是崩潰不振矣。然考之史籍，當日中國亦非盛强之時，而能成此攘夷之偉業者，雖以李文饒之才智，恐不易致此，其主因所在，無乃由堅昆之興起，遂致回紇之滅亡歟？

斯又外族盛衰連環性之一例證也。

新唐書貳壹陸下吐蕃傳論云：

唐興，四夷有弗率者，皆利兵移之，蹶其牙，犁其庭而後已。唯吐蕃、回鶻號强雄，爲中國患最久。贊普遂盡盜河湟，薄王畿爲東境，犯京師，掠近輔，戳華人，謀夫虓帥環視共計，卒不得要領。晚節二姓自亡，而唐亦衰焉。

寅恪案，吐蕃之盛起於貞觀之世，至大中時，其部族瓦解衰弱，中國於是收復河湟，西北邊陲稍得安謐。計其終始，約二百年，唐代中國所受外族之患未有若斯之久且劇者也。迨吐蕃衰敗之後，其役屬之党項別部復興起焉。此党項部後裔西夏又爲中國邊患，與北宋相終始。然則吐蕃一族之興廢關係吾國中古史者如是，其事迹兹篇固不能詳言，而其盛衰之樞機即與其他外族之連環性，及唐代中央政府肆應之對策即結合鄰接吐蕃諸外族，以行包圍之秘計，舊史雖亦載其概略，惜未有闡發解釋者，故不得不於此一論述之也。

李唐承襲宇文泰「關中本位政策」，全國重心本在西北一隅，而吐蕃盛强延及二百年之久。故當唐代中國極盛之時，已不能不於東北方面采維持現狀之消極政略（見下論高麗事節），而竭全國之武力財力積極進取，以開拓西方邊境，統治中央亞細亞，藉保關隴之安全爲國策也。又唐資太宗、高宗兩朝全盛之勢，歷經艱困，始克高麗，既克之後，復不能守，雖天時地勢之艱阻有以致之（亦見下文論高麗事節），而吐蕃之盛强使唐無餘力顧及東北，要爲最大原因。此東北消極政策不獨有關李唐一代之大局，即五代、趙宋數朝之國勢亦因以構成。由是言之，吐蕃一族與唐之競爭影響甚鉅，更不能不爲一論述之也。

新唐書捌宣宗紀（參考舊唐書壹捌下宣宗紀、壹玖陸下吐蕃傳、壹玖捌西戎傳党項傳，新唐書貳壹陸下吐蕃傳、貳貳壹上西域傳党項傳，及唐會要玖柒吐蕃條、玖捌党項羌條等）云：

〔大中〕三年二月吐蕃以秦、原、安樂三州，石門、驛藏、木峽、制勝、六盤、石峽、蕭七關歸於有司。十月吐蕃以維州歸於有司。十二月吐蕃以扶州歸於有司。

〔大中〕四年十一月党項寇邠寧。十二月鳳翔節度使李安業、河東節使李拭爲招討党項使。

〔大中〕五年三月白敏中爲司空，招討南山平夏党項行營兵馬都統。四月赦平夏党項羌。八月乙巳赦南山党項羌。十月沙州人張義潮以瓜、沙、伊、肅、鄯、甘、河、西、蘭、岷、廓十一州歸於有司。

同書貳壹陸下吐蕃傳（參考通鑑貳肆陸會昌二年、貳肆捌會昌三年、貳肆玖大中三年諸條）略云：

〔彝泰〕贊普立幾三十年病不事，委任大臣，故不能抗中國，邊候晏然。死，以弟達磨嗣，達磨嗜酒好畋獵，喜内，且凶愎少恩，政益亂。自是國中地震裂，水泉涌，岷山崩，洮水逆流三日，鼠食稼，人饑疫，死者相枕藉，鄯廓間夜聞鼙鼓聲，人相驚。會昌二年贊普死，無子，以妃綝兄尚延力子乞離胡爲贊普，始三歲，妃共治其國。大相結都那見乞離胡不肯拜，曰：「贊普支屬尚多，何至立綝氏子邪？」用事者共殺之。三年，國人以贊普立非是，皆叛去。〔尚〕恐熱自號宰相，以兵二十萬擊〔鄯州節度使尚〕婢婢。恐熱敗，單騎而逃。大中三年，婢婢引衆趨甘州西境，恐熱大略鄯、廓、瓜、肅、伊、西等州，保渭州，奉表歸唐。

寅恪案，吐蕃之破敗由於天災及内亂，觀此可知也。吐蕃中央政權統治之力既弱，故其境内諸部族逐漸離邏逤之管制而獨立，党項之興起，張義潮之來歸，皆其例也。宣宗初雖欲以兵力平定党項，而終不得不遣白敏中施招撫之策，含混了之。則河湟之恢復實因吐蕃内部之衰亂，非中國自身武力所能致，抑又可見矣。

新唐書貳壹陸上吐蕃傳略云：

是歲（長壽元年）又詔王孝杰〔等〕擊吐蕃，大破其衆，更置安西都護府於龜兹，以兵鎮守，議者請廢四鎮勿有也。崔融獻議曰：「太宗文皇帝踐漢舊迹，并南山，抵葱嶺，剖裂府鎮，烟火相望，吐蕃不敢内侮。高宗時有司無狀，弃四鎮不能有，而吐蕃遂張，入焉耆之西，長鼓右驅，踰高昌，歷車師，鈔常樂，絶莫賀延磧，以臨敦煌。今孝杰一舉而取四鎮，還先帝舊封，若又弃之，是自毁成功而破完策也。夫四鎮無守，胡兵必臨西域，西域震則威憺南羌，南羌連衡，河西必危。且莫賀延磧袤二千里，無水草，若北接虜，唐兵不可度而北，則伊西北庭安西諸蕃悉亡。」議者乃格。〔開元〕十年攻小勃律國，其王没謹忙詒書北庭節度使張孝嵩曰：「勃律唐西門，失之，則西方諸國皆墮吐蕃。」始勃律王來朝，父事帝（玄宗），還國，置綏遠軍以捍吐蕃，故歲常戰。吐蕃每曰：「我非利若國，我假道攻四鎮爾。」

同書壹叁伍高仙芝傳（參舊唐書壹佰肆高仙芝傳、新唐書貳貳壹下西域傳小勃律傳）略云：

小勃律其王爲吐蕃所誘，妻以女，故西北二十餘國皆羈屬吐蕃。天寶六載詔仙芝以步騎一萬出討。八月仙芝以小勃律王及妻自赤佛道還連雲堡，與（監軍邊）令誠俱班師，於是拂林大食諸胡七十二國皆震攝降附。

同書貳貳貳上南蠻傳南詔傳略云：

時（貞元時）唐兵屯京西朔方，大峙糧，欲南北并攻取故地。然南方轉饢稽期，兵不悉集。吐蕃苦唐詔掎角，亦不敢圖南詔。〔韋〕皋令〔部將武〕免按兵嶲州，節級鎮守，雖南韶境，亦所在屯戍。吐蕃懲野戰數北、乃屯三瀘水，遣論妄熱誘瀕瀘諸蠻復城悉攝，悉攝吐蕃險要也。蠻酋潛導南詔與皋部將杜毗羅狙擊。〔貞元〕十七年春夜絶瀘，破虜屯，斬五百級。虜保鹿危山，毗羅伏以待。又戰，虜大奔。於時康、黑衣大食等兵及吐蕃大酋皆降，獲甲二萬首。

時虜兵三萬攻鹽州，帝（德宗）以虜多詐，疑繼以大軍，詔皋深鈔賊鄙，分虜勢。皋表：

賊精鎧多置南屯，今向鹽夏，非全軍，欲掠河曲党項畜産耳。俄聞虜破麟州，臯督諸將分道出，或自西山，或由平夷，或下隴陀和石門，或徑神川、納川，與南詔會。是時回鶻、太原、邠寧、涇原軍獵其北，劍南、東川、山南兵震其東，鳳翔軍當其西，蜀南詔深入，克城七，焚堡百五十，所斬首萬級，獲鎧械十五萬，圍昆明、維州，不能克，乃班師。振武、靈武兵破虜二萬，涇原、鳳翔軍敗虜原州，惟南詔攻其腹心，俘獲最多。

唐會要壹佰大食條（參舊唐書壹玖捌西戎傳大食傳、新唐書貳貳壹下西域傳大食傳）略云：

又案賈耽四夷述云：貞元二年（寅恪案，舊傳作「貞元中」，新傳作「貞元時」，此「二年」兩字當有衍誤。）與吐蕃爲勁敵，蕃兵大半西禦大食，故鮮爲邊患，其力不足也。

寅恪案，唐關中乃王畿，故安西四鎮爲防護國家重心之要地，而小勃律所以成唐之西門也。玄宗之世，華夏、吐蕃、大食三大民族皆稱盛强，中國欲保其腹心之關隴，不能不固守四鎮。欲固守四鎮，又不能不扼據小勃律，以制吐蕃，而斷絶其與大食通援之道。當時國際之大勢如此，則唐代之所以開拓西北，遠征葱嶺，實亦有其不得已之故，未可專咎時主之黷武開邊也。夫中國與吐蕃既處於外族交互之複雜環境，而非中國與吐蕃一族單純之關係，故唐室君臣對於吐蕃施行之策略亦即利用此諸族相互之關係。易言之，即結合鄰接吐蕃諸外族，以爲環攻包圍之計。據上引新書南詔傳，可知貞元十七年之大破吐蕃，乃略收包圍環攻之效者。而吐蕃與中亞及大食之關係，又韋南康以南詔制吐蕃之得策，均可於此傳窺見一二也。玆復別引史籍，以爲證明於下：

舊唐書壹肆拾韋皋傳（新唐書壹伍捌韋皋傳同）云：

皋以雲南蠻衆數十萬與吐蕃和好，蕃人入寇必以蠻爲前鋒。〔貞元〕四年，皋遣判官崔佐時入南詔蠻，說令向化，以離吐蕃之助。

新唐書貳貳貳上南蠻傳南詔傳略云：

〔貞元〕五年，〔异牟尋〕遺〔韋〕皋書曰：願竭誠日新，歸款天子，請加戍劍南、涇原等州。安西鎮守揚兵四臨，委回鶻諸國所在侵掠，使吐蕃勢分力散，不能爲强，此西南隅不煩天兵可以立功云。

舊唐書壹貳玖韓滉傳（新唐書壹貳陸韓休傳附滉傳同）云：

時兩河罷兵，中土寧乂。滉上言：「吐蕃盜有河湟，爲日已久。大曆已前，中國多難，所以肆其侵軼。臣聞近歲已來，兵衆寖弱，西迫大食之强，北病回紇之衆，東有南詔之防，計其分鎮之外，戰兵在河隴五六萬而已。國家第令三數良將長驅十萬衆，於涼、鄯、洮、渭并修堅城，各置二萬人，足當守禦之要，臣請以當道（寅恪案，舊唐書壹貳德宗紀上貞元元年七月丙午，兩浙節度使韓滉檢校尚書左僕射江淮轉運使）所貯蓄財賦爲饋運之資，以充三年之費，然後營田積粟，且耕且戰，收復河隴二十餘州，可翹足而待也。」上（德宗）甚納其言。滉之入朝也（寅恪案，舊唐書壹貳德宗紀上貞元二年十一月兩浙節度使韓滉來朝），路由汴州，厚結劉玄佐，將薦其可任邊事。玄佐納其賂，因許之。及來覲，上訪問焉，初頗稟命，及滉以疾歸第，玄佐意怠，遂辭邊任，盛陳犬戎未衰，不可輕進。滉貞元三年二月以疾薨，遂寢其事。

同書同卷張延賞傳（新唐書壹貳柒張嘉貞傳附延賞傳同）云：

〔延賞〕請減官員，收其俸祿，資幕職戰士，俾劉玄佐收復河湟，軍用不乏矣。上（德宗）然之。初韓滉入朝，至汴州，厚結劉玄佐，將薦其可委邊任，玄佐亦欲自效，初稟命，及滉卒，玄佐以疾辭，上遣中官勞問，卧以受命。延賞知不可用，奏用李抱真，抱真亦辭不行。時抱真判官陳曇奏事京師，延賞俾曇勸抱真，竟拒絶之。蓋以延賞挾怨罷李晟兵柄，由是武臣不附。

通鑑貳叁貳貞元三年七月條略云：

〔李〕泌曰：「臣能不用中國之兵，使吐蕃自困。」上（德宗）曰：「計將安出？」對曰：「臣未敢言之。」上固問，不對。泌意欲結回紇、大食、雲南，與共圖吐蕃，令吐蕃所備者多。知上素恨回紇，故不肯言。

同書貳叁叁貞元三年九月條略云：

〔李泌〕對曰：「願陛下北和回紇，南通雲南，西結大食、天竺，如此，則吐蕃自困。」上（德宗）曰：「三國當如卿言，至於回紇，則不可。」泌曰：「臣固知此，所以不敢早言。爲今之計，當以回紇爲先，三國差緩耳。」上曰：「所以招雲南、大食、天竺奈何？」對曰：「回紇和，則吐蕃已不敢輕犯塞矣。次招雲南，則是斷吐蕃之右臂也。大食在西域爲最强，自葱嶺盡西海，地幾半天下，與天竺皆慕中國，代與吐蕃爲仇，臣故知其可招也。」

寅恪案，德宗、韋皋、韓滉、李泌等皆欲施用或略已實行包圍環攻吐蕃之政策，若非當日唐室君主及將相大臣深知諸外族相互之關係，不能致此，而李長源之論尤爲明暢。通鑑所載當采自鄴侯家傳。李繁著書雖多誇大溢美之語（如劉玄佐之入朝，實出韓滉之勸促，而鄴侯家傳則歸功於李泌，司馬君實謂之掠美，即是其例也。見通鑑考异貞元二年十一月條），然校以同時關係諸史料，知其所述包環吐蕃之策要爲有所依據，不盡屬浮詞也。

前言唐太宗、高宗二朝全盛之世，竭中國之力以取高麗，僅得之後，旋即退出，實由吐蕃熾盛，唐室爲西北之强敵所牽制，不得已乃在東北方取消極退守之策略。然則吐蕃雖與高麗不接土壤，而二者間之連環關係，實影響於中夏數百年國運之隆替。今述吐蕃事竟，即續論高麗者，亦爲此連環之關係，不獨叙述次第之便利也。

隋煬帝承文帝統一富盛之後，唐太宗藉内安外攘之威，傾中夏全國之力，以攻高麗之小邦，終於退敗。煬帝竟坐是覆其宗社，而太宗亦遺恨無窮。自來史家於此既鮮卓識之議論，而唐高宗之所以暫得旋失之故復無一貫可通之解釋。鄙意高麗問題除前所謂外族盛衰之連環性外，尚别具天時、地理、人事三因素，與其他外族更有不同。其關於唐以前及以後之史事者，以非本篇範圍，不能涉及。因僅就唐代用兵高麗之本末，推論此三因素之關係，以明中國在唐以前經營東北成敗利鈍所以然之故，治史之君子儻亦有取於是歟？

唐承宇文氏「關中本位政策」，其武力重心即府兵偏置於西北一隅，去東北方之高麗甚遠。中國東北方冀遼之間其雨季在舊曆六七月間，而舊曆八九月至二三月又爲寒凍之時期。故以關中遼遠距離之武力而欲制服高麗攻取遼東之地，必在凍期已過雨季未臨之短時間獲得全勝而後可。否則，雨潦泥濘冰雪寒凍皆於軍隊士馬之進攻糇糧之輸運已甚感困難，苟遇一堅持久守之勁敵，必致無功或覆敗之禍。唐以前中國對遼東、高麗進攻之策略爲速戰速决者，其主因實在此。若由海道以取高麗，則其鄰國百濟、新羅爲形勢所關之地，於不善長海戰之華夏民族尤非先得百濟，以爲根據，難以經略高麗。而百濟又與新羅關係密切，故百濟、新羅之盛衰直接影響於中國與高麗之争競。唐代之中國連結新羅，制服百濟，藉以攻克高麗，而國力分於西北吐蕃之勁敵，終亦不能自有，轉以爲新羅强大之資，此實當日所不及料，因成爲後來數百年世局轉捩之樞紐者也。

關於高麗問題，茲引史籍以供釋證，而此事於時日先後之記載最爲重要，故節録通鑑所紀唐太宗伐高麗之役於下，藉作一例。其以干支記日者悉注明數字及月建大小盡，庶幾讀者於時間之長短獲一明確印象。并略增删胡注之文，附載陸路行軍出入遼東所經重要城邑距長安洛陽之遠近，讀者若取時日與道里綜合推計，則不僅此役行軍運糧之困難得知實狀，而於國史上唐前之東北問題亦可具一正確之概念也。

通鑒壹玖柒紀唐太宗伐高麗事略云：

上（太宗）將征高麗。〔貞觀十八年〕秋七月（大盡）辛卯（二十日）敕將作大監閻立德等詣洪、饒、江三州，造船四百艘，以載軍糧。甲午（二十三日）下詔遣營州都督張儉等帥幽營二都督兵及契丹、奚、靺鞨，先擊遼東，以觀其勢。以太常卿韋挺爲饋運使，以民部侍郎崔仁師副之。自河北諸州皆受挺節度，聽以便宜從事。又命太僕少卿蕭鋭運河南諸州糧入海。冬十月（大盡）甲寅（十四日）車駕行幸洛陽（寅恪案，在今河南洛陽縣。通典壹柒柒州郡典河南府洛州去西京八百五十里）。十一月（大盡）壬申（初二日）至洛陽。前宜州刺史鄭元璹已致仕，上以其嘗從隋煬帝伐高麗，召詣行在問之。對曰：「遼東道遠，糧運艱阻，東夷善守城，攻之不可猝下。」上曰：「今日非隋之比，公但聽之！」張儉等值遼水漲，久不得濟，上以爲畏懦，召詣洛陽。甲午（二十四日）以刑部尚書張亮爲平壤道行軍大總管，帥江淮嶺峽兵四萬、長安洛陽募士三千、戰艦五百艘，自萊州泛海趨平壤。又以太子詹事左衛率李世勣爲遼東道行軍大總管，帥步騎六萬人及蘭河二州降胡趣遼東，兩軍合勢并進。庚子（三十日）諸軍大集於幽州（寅恪案，在今河北薊縣。通典壹柒捌州郡典范陽郡幽州今理薊縣，去西京二千五百二十三里，去東京一千六百八十里）。手詔諭天下，言：昔隋煬帝殘暴其下，高麗王仁愛其民，以思亂之軍擊安和之衆，故不能成功。今略言必勝之道有五：一曰，以大擊小；二曰，以順討逆；三曰，以治乘亂；四曰，以逸待勞；五曰，以悦當怨，何憂不克？布告元元，勿爲疑懼！十二月（小盡）甲寅（十四日）詔諸軍及新羅、百濟、奚、契丹分道擊高麗。

〔貞觀〕十九年春正月（小盡），韋挺坐不先行視漕渠，運米六百餘艘至盧思臺側（胡注云：盧思臺去幽州八百里，此漕渠蓋即曹操伐烏丸所開泉州渠也），淺塞不能進，械送洛陽。丁酉（二十八日）除名，以將作少監李道裕代之，崔仁師亦坐免官。二月（大盡）庚戌（十二日）上自將諸軍發洛陽。是月李世勣軍至幽州。三月（小盡）丁丑（十九日）車駕至定州（寅恪案，在今河北定縣。通典壹柒捌州郡典博陵郡定州今理安喜縣，去西京二千一百里，去東京一千二百十里）。丁亥（十九日）上謂侍臣曰：「遼東本中國之地，隋氏四出師而不能得，朕今東征，欲爲中國報子弟之讎，高麗雪君父之耻耳。且方隅大定，惟此未平，故及朕之未老，用士大夫餘力以取之。」上將發，太子（高宗）悲泣數日，上曰：「今留汝鎮守，輔以賢俊，悲泣何爲？」」壬辰（二十四日）車駕發定州。李世勣軍發柳城（寅恪案，在今熱河朝陽縣。通典壹柒捌州郡典柳城郡營州今理柳城縣，去西京五千里，去東京四千一百一十里）。多張形勢，若出懷遠鎮者（寅恪案，新唐書叁玖地理志營州柳城郡有懷遠守捉城）。而潛師北趣甬道，出高麗不意。夏四月（大盡）戊戌朔（初一日）世勣自通定濟遼水（胡注云：通定鎮在遼水西，隋大業八年伐遼所置，甬道隋起浮橋度遼水所築。（寅恪案，通典壹柒捌柳城郡營州至遼河四百八十里），至玄菟（寅恪案，三國志魏志叁拾東夷傳東沃沮傳云：〔漢武帝〕以沃沮城爲玄菟郡，後爲夷貊所侵，徙郡勾麗西北，今所謂玄菟府是也。胡注云：有遼山，遼水所出），高麗大駭，城邑皆閉門自守。壬寅（初五日）遼東道副大總管江夏王道宗將兵數千至新城（寅恪案，在今遼寧瀋陽縣西北），城中無敢出者。營州都督張儉將胡兵爲前鋒，進渡遼水，趨建安城（胡注云：自遼東城西行三百里至建安城。胡注蓋依據新唐書肆叁下地理志引賈耽所記入四夷道里也）。丁未（初十日）車駕發幽州。壬子（十五日）李世勣、江夏王道宗攻高麗蓋牟城（胡注云，蓋牟城在遼東城東北。寅恪案，在今遼寧蓋平縣）。丁巳（二十日）車駕至北平（胡注云：此古北平也，舊志平州隋爲北平郡。寅恪案，在今河北盧龍縣。

通典壹柒捌州郡典北平郡平州今理盧龍縣，東北到柳城郡七百里，去西京四千三百二十里，去東京三千五百二十里）。癸亥（二十六日）李世勣等拔蓋牟城，獲二萬餘口，糧十餘萬石。張亮率舟師自東萊渡海，襲卑沙城（寅恪案，隋書陸肆來護兒傳云：「〔大業〕十年又帥師渡海，至卑奢城，高麗舉國來戰，護兒大破之，斬首千餘級，將趨平壤，高元震懼，遣使執叛臣斛斯政，詣遼東城下，上表請降。〔煬〕帝許之，遣人持節召護兒旋師。」卑奢城即卑沙城也，可以參證），程名振引兵夜至，副總管王大度先登，五月（小盡）己巳（初二日）拔之。分遣總管丘孝忠等曜兵於鴨緑水（寅恪案，通典壹捌陸邊防典高句麗傳云：馬訾水一名鴨緑水，在平壤城西北四百五十里，遼水東南四百八十里。胡注云：漢書謂之馬訾水，今謂之混同江）。李世勣進至遼東城下（寅恪案，在今遼寧遼陽縣北）。庚午（初三日）車駕至遼澤，泥淖二百餘里，人馬不可通，將作大監閻立德布土作橋，軍不留行。壬申（初五日）渡澤東。乙亥（初八日）高麗步騎四萬救遼東，既合戰，唐兵不利。〔江夏王〕道宗收散卒，與驍騎數十衝之，左右出入，李世勣引兵助之，高麗大敗。丁丑（初十日）車駕度遼水，撤橋以堅士卒之心。李世勣攻遼東城，晝夜不息，旬有二日。上引精兵會之，甲申（十七日）遂克之。所殺萬餘人，得勝兵萬餘人，男女四萬口，以其城爲遼州。乙未（二十八日）進軍白岩城（寅恪案，在今遼寧遼陽縣東北）。六月（大盡）丁酉朔（初一日）城主孫代音請降，上受其降，以白岩城爲岩州。己亥（初三日）

以蓋牟城爲蓋州。丁未（十一日）車駕發遼東。丙辰（二十日）至安市城（寅恪案，在今遼寧蓋平縣東北），追兵攻之。丁巳（二十一日）北部耨薩延壽、惠真帥高麗、靺鞨兵十五萬救安市。上謂侍臣曰：「今爲延壽策有三：引兵直前，連安市城爲壘，攻之不可猝下，欲歸則泥潦爲阻，坐困吾軍，上策也。拔城中之衆，與之宵遁，中策也。來與吾戰，下策也。」高麗有對盧，年老習事，謂延壽曰：「爲吾計者，莫若頓兵不戰，曠日持久，遣奇兵斷其運道，糧食既盡，求戰不得，欲歸無路，乃可勝也。」延壽不從，引軍直進，去安市城四十里。江夏王道宗曰：「高麗傾國以拒王師，平壤之守必弱，假臣精卒五千覆其本根，則數十萬衆可不戰而降。」上不應。戊午（二十二日）諸軍并進，高麗兵大潰，斬首二萬餘級。己未（二十三日）延壽、惠真帥其衆三萬六千八百人（來）降。獲馬五萬匹，牛五萬頭，鐵甲萬領，佗器械稱是。高麗舉國大駭，上驛書報太子，更名所幸山曰駐蹕山。秋七月（大盡）辛未（初五日）上徙營安市城東嶺。上之克白岩也，謂李世勣曰：「吾聞安市城險而兵精，建安兵弱而糧少，公可先攻建安，建安下，則安市在吾腹中。」對曰：「建安在南，安市在北，吾軍糧皆在遼東，若賊斷吾糧道，將若之何？不如先攻安市，安市下，則取建安耳。」上曰：「以公爲將，安得不用公策。」世勣遂攻安市，攻久不下。高延壽、惠真請於上曰：「安市人自爲戰，未易猝拔，烏骨城（寅恪案，在今遼寧蓋平縣東境地）耨薩老耄，不能堅守，移兵臨之，朝至夕克，其餘當道小城望風奔潰，鼓行而前，平壤必不守矣。」群臣亦曰：張亮在沙城（胡注云：沙城即卑沙城），召之，信宿可至。并力拔烏骨城，渡鴨緑水，直取平壤，在此舉矣。上將從之，獨長孫無忌以爲建安城之虜衆猶十萬，若向烏骨，皆躡吾後，不如先破安市，取建安，然後長驅而進，此萬全之策也。上乃止。諸軍急攻安市，江夏王道宗督衆築土山逼其城，晝夜不息，凡六旬，用功五十萬。上以遼左早寒，草枯泉凍，士馬難久留，且糧食將盡，九月（大盡。寅恪案，是年八月小盡）癸未（十八日）敕班師，命李世勣、江夏王道宗將步騎四萬爲殿。乙酉（二十日）至遼東。丙戌（二十一日）渡遼水。遼澤泥潦，車馬不通，命長孫無忌將萬人剪草填道，以車爲梁，上自繫薪於馬鞘以助役。冬十月（小盡）丙申朔（初一日）上至蒲溝駐馬，督填道諸軍，渡勃錯水（胡注云：蒲溝勃錯水皆在遼澤中）。暴風雪，士卒沾濕，多死者。凡征高麗戰士死者幾二千人，戰馬死者什七八，上以不能成功，深悔之。嘆曰：「魏徵若在，不使我有是行也。」命馳驛祀徵以少牢，復立所制碑，召其妻子詣行在勞之。丙午（十一日）至營州，丙辰（二十一日）上聞太子奉迎將至，從飛騎三千人馳入臨榆關（寅恪案，通典壹柒捌州郡典北平郡平州盧龍縣臨榆關在縣城東一百八十里據此當即今山海關地），道逢太子。上之發定州也，指所御褐袍謂太子曰：「俟見汝，乃易此袍耳。」在遼左雖盛暑流汗弗之易，及秋穿敗，左右請易之，上曰：「軍士衣多弊，吾獨御新衣可乎？」至是太子進新衣，乃易之。十一月（大盡）辛未（初七日）車駕至幽州。庚辰（十六日）過易州境（寅恪案，今河北易縣。通典壹柒捌上谷郡易州，去西京二千一百九十七里，去東京一千四百六十二里），丙戌（二十二日）車駕至定州。壬辰（二十八日）車駕發定州。十二月（小盡）戊申（十四日）至并州（通典壹柒玖州郡典太原府并州今理太原、晉陽二縣，去西京一千三百里，去東京八百八十五里。寅恪案，唐代州治在今山西太原省會西南三十里）。

〔貞觀〕二十年二月（大盡）乙未（初二日）上發并州。三月（小盡）己巳（初七日）車駕還京師（寅恪案，即今西安市）。上謂李靖曰：「吾以天下之衆困於小夷，何也？」靖曰：「此道宗所解。」上顧問江夏王道宗，具陳在駐蹕時乘虛取平壤之言。上悵然曰：「當時匆匆，吾不憶也。」

寅恪案，唐太宗之伐高麗，於貞觀十八年秋冬間著手准備，至半歲之後，即貞觀十九年二月間太宗發洛陽，李世勣會集陸軍即戰鬥主力於幽州，於是開始出動，蓋非俟至氣候稍暖之時不能於東北行軍也。又歷二月之久至五月初，李世勣軍進至遼東城下，太宗亦於此時渡遼澤，但爲泥淖阻滯至一星期之久，始與世勣會兵，其軍行已嫌遲緩，及攻圍遼東城，經十有二日方能克之，已在五月中旬將盡之際矣。又頓兵安市，由六月二十日至九月十八日三月之久而不能克取其城。遼左秋晚氣候轉變，糧道不通，若不急速班師，則將全軍覆没。江夏王道宗出奇之計，高延壽、惠真攻烏骨之策及太宗越安市先取建安之議實皆不可施行，衹爲快意之談耳，觀李世勣、長孫無忌等之言可知也。至太宗雖經寒暑不肯易弊褐一事傳爲美談，實則太宗明知此役利在速戰速決，若至秋季不能復衣褐袍之時，無論成敗如何，斷不能不班師歸來，與太子相見。故不妨先作豪語，以收人心，斯亦英雄權譎之一端歟？又張亮等雖克卑沙，竟無大效者，殆以從海道攻高麗，與百濟之關係甚大，觀於同一李世勣之人在太宗貞觀時不能克高麗，而在高宗總章時能滅其國者，固由敵人有内亂可乘，而百濟先已取得，要爲其主因之一也。其他史籍所載太宗伐高麗之功績多是官書諱飾其失敗之詞，既不足信，故亦可不辨。

新唐書貳貳拾東夷傳高麗傳（參舊唐書壹玖玖上東夷傳高麗傳、唐會要玖伍高句麗條）略云：

〔泉〕蓋蘇文死，子男生代爲莫離支，與弟男建、男産相怨。男生據國内城，遣子獻誠入朝求救，蓋蘇文弟亦請割地降。〔乾封元年〕九月〔龐〕同善破高麗兵，男生率師來會。以李勣爲遼東道行軍大總管，轉燕趙食廥遼東。明年勣次新城，城人縛戍酋出降，勣進拔城十有六。郭待封以舟師濟海趨平壤。三年（是歲改元總章）勣率〔薛〕仁貴拔扶餘城，它城三十皆納款。侍御史賈言忠計事還，帝（高宗）問：「軍中云何？」對曰：「必克。先帝（太宗）問罪所以不得志者，虜未有釁也。今男生兄弟鬩很，爲我鄉導，虜之情僞我盡知之，故曰必克。」

男建以兵五萬襲扶餘，豐破之薩賀水上，進拔大行城，契苾何力會勣軍於鴨緑，拔辱夷城，悉師圍平壤。九月勣縱兵噪而入〔城〕，執〔高麗王高〕藏男建等，收凡五部百七十六城户六十九萬，剖其地爲都督府者九，州四十二，縣百。後復置安東都護府，擢酋豪有功者，授都督刺史令，與華官參治，仁貴爲都護，總兵鎮之。總章二年大長鉗（鉗通鑒貳佰壹咸亨元年條作劍）牟岑率衆反，立藏外孫安舜爲王。詔高偘〔等〕討之，舜殺鉗牟岑，走新羅。偘徙都護府治遼東州。儀鳳二年授藏遼東都督，封朝鮮郡王，還遼東，以安餘民。徙安東都護府於新城。藏以永淳初死，舊城往往入新羅，遺人散奔突厥靺鞨。

舊唐書壹玖玖上東夷傳新羅傳（參新唐書貳貳拾東夷傳新羅傳、唐會要玖伍新羅條）略云：

太宗將親伐高麗，詔新羅纂集士馬，應接大軍。新羅遣五萬人入高麗南界，攻水口城，降之。〔貞觀〕二十一年〔新羅王金〕善德卒，立其妹真德爲王。永徽元年真德大破百濟之衆。三年真德卒，以春秋嗣立爲新羅王。六年百濟與高麗、靺鞨率兵侵其北界，攻陷三十餘城，春秋遣使上表求救。顯慶五年命左衛大將軍蘇定方爲熊津道大總管，統水陸十萬，仍令春秋爲嵎夷道行軍總管與定方討平百濟，俘其王扶餘義慈獻於闕下。龍朔元年法敏襲王。咸亨五年納高麗叛衆，略百濟地，守之。帝（高宗）怒，以其弟仁問爲新羅王，自京師歸國，詔劉仁軌〔等〕發兵窮討，破其衆於七重城。詔以李謹行爲安東鎮撫大使，屯買肖城，三戰，虜皆北，法敏遣使入朝謝罪，仁問乃還（自「龍朔元年」至「仁問乃還」一節爲新傳之文）。自是新羅漸有高麗、百濟之地，其界益大，西至於海（寅恪案，唐會要云：「既盡有百濟之地及高勾麗南境，東西約九百里，南北約一千八百里」語較明悉）。

唐會要玖伍百濟條（參考舊唐書壹玖玖上，新唐書貳貳拾百濟傳）略云：

百濟者乃扶餘之別種，當馬韓之故地，大海之北，小海之南，東北至新羅，西至越州，南渡海至倭國，與新羅爲仇讎。貞觀十六年與高麗通和，以絶新羅入朝之道。太宗親征高麗，百濟懷二，數年之間朝貢遂絶。顯慶五年八月十三日左衛大將軍蘇定方討平之，虜其王義慈及太子崇將校五十八人送於京師。其國分爲五部，統郡三十七，城二百，户七十六萬。至是以其地置熊津、馬韓、東明、金漣、德安等五都督府，各統州縣，立其酋長爲都督刺史縣令，命左衛郎將王文度爲都統，總兵以鎮之。〔舊將〕福信與浮屠道琛反，迎故王子扶餘豐於倭，立爲王。龍朔元年〔劉〕仁軌發新羅兵往救，二年〔劉〕仁願遣劉仁軌破〔其衆〕，豐走，不知所在，諸城皆復。帝（高宗）以扶餘隆爲熊津都督，俾歸國，平新羅故憾，招還遺人。麟德二年與新羅王會熊津，刑白馬以盟，仁願等還，隆畏衆攜散，亦歸京師。（自「福信與浮屠道琛反」至「亦歸京師」一節爲新傳之文。）

新唐書貳壹陸上吐蕃傳（參舊唐書壹玖陸上吐蕃傳及舊唐書捌叁新唐書壹壹壹薛仁貴傳）

略云：

自是歲入邊，破有諸羌羈縻十二州。總章中，議徙吐谷渾於凉州，傍南山。帝（高宗）刈吐蕃之入，召宰相等議先擊吐蕃，議不決，亦不克徙。咸亨元年入殘羈縻十八州，率于闐取龜兹撥換城，於是安西四鎮并廢。詔薛仁貴爲邏娑道行軍大總管，阿史那道真、郭待封副之，出討吐蕃，并護吐谷渾還國，師凡十餘萬，至大非川，爲欽陵所拒，王師敗績，遂滅吐谷渾，而有其地。

寅恪案，高麗時代高宗獲勝之重要原因在乘高麗之内亂及據新羅、百濟之形勢。然既得其國，而終不能有，則以吐蕃熾盛，西北危急，更無餘力經營東北。觀其徙新克高麗勝將薛仁貴以討吐蕃，而致大敗之事可知也。自此以後，高麗廢而新羅、渤海興，唐室對於東北遂消極采退守維持現狀之政策。惟大同江以南之地實際雖不能有，而名義尚欲保留，及至玄宗開元全盛之時，即此虚名亦予放弃，斯誠可謂唐代對外之一大事。兹特移録關係史料全文於下，治吾國中古史者讀之，不能不爲之驚心怵目，感嘆不已也。

册府元龜玖柒壹外臣部朝貢門云：

〔開元二十四年〕六月，新羅王金興光遣使賀獻表曰：「伏奉恩敕：浿江以南宜令新羅安置！臣生居海裔，沐化聖朝，雖丹素爲心，而功無可效，以忠正爲事，而勞不足賞。陛下降雨露之恩，發日月之詔，錫臣土境，賡臣邑居，遂使墾辟有期，農桑得所，臣奉絲綸之旨荷榮寵之深，粉骨糜身，無繇上答。」

南詔與其他外族盛衰之連環性，觀前引關於吐蕃諸條，其概略已可推知。吐蕃之國勢自貞元時開始衰弱，文宗以後愈見不振，中國自韋皋帥蜀，定與南詔合攻吐蕃之策，南詔屢得勝利，而中國未能增强，大和三年南詔遂陷邛、戎、嶲三州，入掠成都（見舊唐書壹玖柒新唐書貳貳貳中南蠻傳南詔傳，及舊唐書壹玖叁杜元穎傳、新唐書玖陸杜如晦傳附元穎傳），西川大困。

通鑑貳肆玖大中十二年六月條略云：

初安南都護李琢爲政貪暴，群蠻怨怒，導南詔侵盜邊境，自是安南始有蠻患。

同書同卷大中十三年末條略云：

初，韋皋在西川開青溪道以通群蠻，使由蜀入貢。又選群蠻子弟，聚之成都教以書數，欲慰悦羈縻之。如是五十年，群蠻子弟學於成都者，殆以千數，軍府頗厭於廩給。又蠻使入貢，利於賜與，所從傔人寖多，杜悰爲西川節度使，奏請節減其數，詔從之。南詔豐祐怒，自是入貢不時，頗擾邊境。會宣宗崩，中使告哀，豐祐亦卒，子酋龍立，禮遇〔使者〕甚薄。上（懿宗）以酋龍不遣使來告喪，又名近玄宗諱，遂不行册禮。酋龍乃自稱皇帝，遣兵陷播州。

胡注云：

爲南詔攻蜀攻交趾張本。

然則，宣宗末世南詔始大爲邊患。其强盛之原因則緣吐蕃及中國既衰，其鄰接諸國俱無力足與爲敵之故，此所謂外族盛衰連環性也。至中國内政所受之影響直關唐室之覆亡，不僅邊境之患而已，當别於後述之，兹暫不涉及。又凡唐代中國與外族之關係今已論其重要者，其餘雖從略，然可以前所言之義例推之也。

中國無論何代，即當堅持閉關政策之時，而實際終難免不與其他民族接觸，李唐一代其與外族和平及戰爭互相接觸之頻煩，尤甚於以前諸朝，故其所受外族影響之深且鉅，自不待言。但關於宗教文化者，固非今所論之範圍，即直接有關内部政治者，亦只能舉一二大事，以爲例證，未遑詳盡論述之也。

鄴侯家傳論府兵廢止之原因，其一爲長期兵役，取劉仁軌任洮河鎮守使爲例證（見玉海壹叁捌兵制三所引，通鑑貳叁貳貞元二年八月條亦采自鄴侯家傳也）。蓋唐代府兵之制其特异於西魏、北周之時期者，實在設置軍府地域内兵農之合一。吐蕃强盛之長久，爲與唐代接觸諸外族之所不及，其疆土又延包中國西北之邊境，故不能不有長期久戍之「長征健兒」，而非從事農業之更番衛士所得勝任。然則鄴侯家傳所述誠可謂一語破的，此吐蕃之强盛所給予唐代中國内政上最大之影響也。（關於府兵制前期問題，詳見拙著隋唐制度淵源略論稿兵制章，兹可不論，惟唐代府兵爲兵農合一制一點，恐讀者尚持葉水心兵農分離説而不之信，請略舉一二例證，以祛其疑焉。一爲通典陸食貨典賦税下載唐高宗龍朔三年七月制「衛士八等已下每年放還，令出軍，仍免庸調」，此制之前載〔高祖武德〕九年三月詔「天下户立三等，未盡升降，宜爲九等」之文。故可據以推定龍朔三年七月制中「八等」之「等」乃指户籍等第而言，然則此制與其初期僅籍六等以上豪户者不同，即此制已推廣普及於設置軍府地域内全部人民之確證也。二爲戈本貞觀政要貳直諫類貞觀三年詔關中租税免二年條（參唐會要捌伍團貌雜録條及魏鄭公諫録）略云：

右僕射封德彝等并欲中男十八已上簡點入軍，敕三四出。〔魏〕徵奏以爲不可。太宗怒，乃出敕：「中男已上雖未十八，身形壯大，亦取！」徵又不從。太宗曰：「中男若實小，自不點入軍，若實大，亦可簡取。」徵曰：「若次男已上盡點入軍，租賦雜徭將何取給？且比年國家衛士不堪攻戰豈爲其少？若精簡壯健，人百其勇，何必在多？」

通鑒壹玖貳武德九年十二月亦載此事，胡注云：

唐制民年十六爲中男，十八始成丁，二十一爲丁，充力役。

據魏徵「租賦雜徭將何取給」之語推之，則當日人民未充衛士時亦須擔負租賦雜徭之義務，是一人之身兼充兵務農之二業也，豈非唐代府兵制兵農合一之明證乎？（斯事今不能詳論，僅略述大意，附注於此。）

回紇與中國摩尼教之關係，論者頗衆，又不屬本書範圍，自可不言。其族類與中國接觸，而影響及戰時之財政經濟者，亦非所欲論，兹僅略述回紇與中國在和平時期財政經濟之關係於下：

新唐書伍拾兵志云：

乾元後回紇恃功，歲入馬取繒，馬皆病弱不可用。

同書伍壹食貨志云：

回紇有助收西京功，代宗厚遇之，與中國婚姻，歲送馬十萬匹，酬以縑帛百餘萬匹，而中國財力屈竭，歲負馬價。

舊唐書壹貳柒源休傳略云：

〔回紇〕可汗使謂休曰：「所欠吾馬直絹一百八十萬匹，當速歸之！」

同書壹玖伍回紇傳（參新唐書貳壹柒上回鶻傳）略云：

回紇恃功，自乾元之後屢遣使以馬和市繒帛，仍歲來市，以馬一匹易絹四十匹（新傳絹作縑）。動至數萬馬，其使候遣，繼留於鴻臚寺者非一。蕃得帛無厭，我得馬無用，朝廷甚苦之。是時特詔軍賜遣之，示以廣恩，且俾知愧也。是月（大曆八年十一月）回紇使使赤心領馬一萬匹來求市，代宗以馬價出於租賦，不欲重困於民，命有司量入計，許市六千匹。〔貞元〕

八年七月，以回紇藥羅葛靈檢校右僕射，仍給市馬絹七萬匹。回鶻請和親，憲宗使有司計之，禮費約五百萬貫，方内有誅討，未任其親。

新唐書貳壹柒上回鶻傳（參考李相國論事集）略云：

〔回鶻〕遣伊難珠再請昏，未報，可汗以三千騎至鸊鵜泉。於是振武以兵屯黑山，治天德城備虜。禮部尚書李絳奏言：「北狄貪沒，唯利是視，比進馬規直，再歲不至，豈厭繒帛之利哉？殆欲風高馬肥，而肆侵軼。北狄西戎素相攻討，故邊無虞。今回鶻不市馬，若與吐蕃結約解讎，則將臣閉壁憚戰，邊人拱手受禍，臣謂宜聽其昏，使守藩禮。或曰：降主費多，臣謂不然。我三分天下賦，以一事邊，今東南大縣賦歲二十萬緡，以一縣賦爲昏貲，非損寡得大乎？今惜昏費不與，假如王師北征，兵非三萬，騎五千，不能扞且馳也。又如保十全之勝，一歲輒罷，其饋餉供擬豈止一縣賦哉？」帝（憲宗）不聽。

白氏長慶集肆新樂府云：

陰山道。疾貪虜也。

陰山道，陰山道，紇邏敦肥水泉好。每歲戎人送馬時，道旁千里無纖草。草盡泉枯馬病羸，飛龍但印骨與皮。五十匹縑易一匹，縑去馬來無了日。養無所用去非宜，每歲死傷十六七。縑絲不足女工苦，疏織短截充匹數。藕絲蛛網三丈餘，回紇訴稱無用處。咸安公主號可敦，遠爲可汗頻奏論。元和二年下新敕，内出金帛酬馬直。仍詔江淮馬價縑，從此不令疏短織。合羅將軍呼萬歲，捧受金銀與繒彩。誰知黠虜啓貪心，明年馬來多一倍。縑漸好，馬漸多。陰山虜，奈爾何！

寅恪案，唐與回紇在和平時之關係中，馬價爲國家財政之一大問題，深可注意。李絳所言許昏回紇之利，憲宗豈是不知？而終不聽者，實以中國財力有所不及，故寧可吝惜昏費，而儌倖其不來侵邊境也。白香山新樂府之陰山道一詩即寫當日之實狀者，據舊唐書肆捌食貨志（通典陸食貨典租税下同）云：

開元八年正月敕：「頃者以庸調無憑，好惡須准，故遣作樣，以頒諸州，令其好不得過精，惡不得至濫，任土作貢，防源斯在。而諸州送物，作巧生端，苟欲副於斤兩，遂則加其丈尺，至有五丈爲匹者，理甚不然。闊一尺八寸，長四丈，同文共軌，其事久行，立樣之時，亦載此數，若求兩而加尺，甚暮四而朝三，宜令有司簡閲，有逾於比年常例，丈尺過多，奏聞！」

然則唐代定制，絲織品以四丈爲一匹，而回紇馬價縑一匹長止三丈餘，且疏織，宜召回紇之怨訴。唐室之應付此項財政困難問題，計出於無聊，抑又可知矣。

又回紇在和平時期，與唐代中國政府財政關係既如上述之例，其與中國人民經濟關係亦有可略言者。册府元龜玖柒玖外臣部和親門（參考舊唐書壹叁叁李晟傳附愖傳）云：

大和五年六月有龍武大將軍李甚之子某借回紇錢一萬一千二百貫不償，爲回紇所訴，貶甚宣州別駕。下詔戒飭曰：「如聞頃來京城內衣冠子弟及諸軍使并商人百姓等多有舉諸蕃客本錢，歲月稍深，徵索不得，致蕃客停滯，市易不合及時。自今已後，諸色人宜准敕互市外，不得輒與蕃客交關，委御史臺及京兆府切加捉搦，仍即作件聞奏，其今日已前所欠負委府縣速與懲理處分！」

又新唐書貳壹柒上回鶻傳（參考舊唐書壹貳柒張光晟傳及通鑑貳貳陸建中元年八月甲午條）云：

始回紇至中國，常參以九姓胡，往往留京師，至千人，居貲殖產甚厚。（上篇已引。）

據新唐書貳貳壹下西域傳康國傳（上篇已引），九姓胡即中亞昭武九姓族類，所謂西域賈胡者是也。其假借回紇勢力僑居中國，居貲殖產，殆如今日猶太商人假借歐美列强勢力來華通商致富之比耶？斯亦唐代中國在和平時期人民所受外族影響之一例也。

新唐書壹肆捌康日知傳附承訓傳（參考舊唐書壹玖上懿宗紀咸通四年五年九年十年諸條，及新唐書壹壹肆崔融傳附彥曾傳等）略云：

咸通中南詔復盜邊，武寧兵七百戍桂州（寅恪案：新唐書陸伍方鎮表武寧軍節度使治徐州），六歲不得代。列校許佶、趙可立因衆怒，殺都將，詣監軍使丐糧鎧北還，不許，即擅斧庫，劫戰械，推糧料判官龐勛爲長，勒衆上道。懿宗遣中人張敬思部送，詔本道觀察使崔彦曾慰安之，次潭州，監軍詭奪其兵，勛畏必誅，篡舟循江下，益裒兵，招亡命，遂入徐州，據之。帝遣中人康道隱宣慰徐州，道隱還，固求節度。帝乃拜承訓檢校尚書右僕射義成軍節度使徐泗行營都招討使，率魏博、鄜延、義武、鳳翔、沙陀吐渾兵二十萬討之。勛以〔其父〕舉直守徐州，（承訓使降將張玄稔破徐州），勛聞徐已拔，自石山而西，所在焚掠。承訓悉兵八萬逐北，沙陀將朱邪赤衷急追。至宋州，勛焚南城，爲刺史鄭處冲所破，將南趨亳。承訓兵循渙而東，賊走蘄縣，官兵斷橋，不及濟，承訓乃縱擊之，斬首萬級，餘皆溺死，閲三日，得勛尸。

舊唐書壹玖下僖宗紀（參考舊唐書壹陸壹李光顔傳，新唐書壹陸伍鄭餘慶傳附從讜傳、壹陸柒王播傳附式傳、壹柒壹李光顔傳、壹捌捌楊行密傳、壹捌玖高仁厚傳、貳百捌宦者傳下田令孜傳、貳壹肆藩鎮澤潞劉悟傳，又同書肆叁下地理志羈縻州回紇州鷄田州條、陸肆方鎮表興鳳隴欄大中五年條等）略云：

〔乾符四年〕十二月（黄巢）賊陷江陵之郛，〔荆南節度使楊〕知温求援於襄陽，山南東道節度使李福悉其師援之。時沙陀軍五百騎在襄陽，軍次荆門，騎軍擊賊，敗之，賊盡焚荆南郛郭而去。

〔中和三年〕四月庚辰收復京城，天下行營兵馬都監楊復光上章告捷曰：「雁門節度使李克用殺賊無非手刃，入陣率以身先，忠武黄頭軍使龐從等三十二都隨李克用自光泰門入京師，力摧凶逆。伏自收平京國，三面皆立大功，若破敵摧鋒，雁門實居其首。」五月王鐸罷行營都統。時中尉田令孜用事，自負帷幄之功，以鐸用兵無功，而由楊復光建策召沙陀，成破賊之效，欲權歸北司，乃黜王鐸，而悦復光也。（中和三年五月條中篇已引。）

寅恪案，唐中央政府戰勝龐勛、黄巢，實賴沙陀部落之助，蓋府兵制度破壞已久之後，捨胡兵外，殆不易得其他可用之武力也。至黄頭軍疑出自回紇，與沙陀同爲胡族。兹以其問題複雜，史料闕少，未能於此詳論。總之，觀於唐季朝廷之忍耻曲宥沙陀，終收破滅黄巢之效，則外族與内政關係之密切可以推知也。

又新唐書貳貳貳中南蠻傳南詔傳（參通鑒貳伍叁廣明元年條及胡注）云：

會西川節度使陳敬瑄重申和議，時盧攜復輔政，與豆盧瑑皆厚（主和之高）駢，乃譎説帝（僖宗）曰：「宣宗皇帝收三州七關，平江嶺以南，至大中十四年内庫貲積如山，户部延資充滿，故宰相〔白〕敏中領西川，庫錢至三百萬緡，諸道亦然。咸通以來，蠻始叛命，再入安南邕管，一破黔州，四盗西川，遂圍盧耽，召兵東方，戍海門，天下騷動，十有五年，賦輪不内京師者過半，中藏空虚，士死瘴癘，燎骨傳灰，人不念家，亡命爲盗，可爲痛心！」

自咸通以後，南詔侵邊，影響唐財政及内亂頗與明季之「遼餉」及流寇相類，此誠外患與内亂互相關係之顯著例證也。夫黃巢既破壞東南諸道財富之區（見上篇所引舊唐書壹肆憲宗紀上元和二年十二月己卯史官李吉甫撰元和國計簿條），時溥復斷絶南北運輸之汴路（詳見崔致遠桂苑筆耕集及拙著秦婦吟校箋），藉東南經濟力量及科舉文化以維持之李唐皇室，遂不得不傾覆矣。史家推迹龐勛之作亂，由於南詔之侵邊，而勛之根據所在適爲汴路之咽喉，故宋子京曰：「唐亡於黃巢，而禍基於桂林。」（新唐書南詔傳論）。嗚呼！世之讀史者儻亦有感於斯言歟？

陳寅恪先生文集

金明館叢稿二編

陳寅恪 著

中國書店

目次

論李栖筠自趙徙衛事……一
李德裕貶死年月及歸葬傳説辨證……九
以杜詩證唐史所謂雜種胡之義……五七
書杜少陵哀王孫詩後……六〇
元白詩中俸料錢問題……六五
順宗實録與續玄怪録……八一
魏志司馬芝傳跋……八九
逍遥游向郭義及支遁義探源……九一
元代漢人譯名考……九九
幾何原本滿文譯本跋……一〇六
吐蕃彝泰贊普名號年代考（蒙古源流研究之一）……一〇九
靈州寧夏榆林三城譯名考（蒙古源流研究之二）……一二〇

彰所知論與蒙古源流（蒙古源流研究之三）……一二八
蒙古源流作者世系考（蒙古源流研究之四）……一四〇
高鴻中明清和議條陳殘本跋（原文見明清史料第壹册）……一四三
梁譯大乘起信論僞智愷序中之真史料……一四七
武曌與佛教……一五三
讀洛陽伽藍記書後……一七五
大乘義章書後……一八一
禪宗六祖傳法偈之分析……一八七
有相夫人生天因緣曲跋（「有相」寫本多訛作「有於」）……一九二
須達起精舍因緣曲跋……一九三
敦煌本唐梵翻對字音般若波羅蜜多心經跋……一九七
敦煌本心王投陀經及法句經跋尾……二〇一
敦煌本維摩詰經文殊師利問疾品演義跋……二〇三
斯坦因Khara-Khoto所獲西夏文大般若經考……二一一
西游記玄奘弟子故事之演變……二一七

西夏文佛母大孔雀明王經夏梵藏漢合璧校釋序……二二四
敦煌石室寫經題記彙編序……二二七
童受喻鬘論梵文殘本跋……二三四
南岳大師立誓願文跋……二四〇
清華大學王觀堂先生紀念碑銘……二四六
王静安先生遺書序……二四七
與劉叔雅論國文試題書……二四九
劉叔雅莊子補正序……二五八
楊樹達積微居小學金石論叢續稿序……二六〇
楊樹達論語疏證序……二六二
陳述遼史補注序……二六四
陳垣敦煌劫餘録序……二六六
陳垣元西域人華化考序……二六八
陳垣明季滇黔佛教考序……二七一
姚薇元北朝胡姓考序……二七三

鄧廣銘宋史職官志考證序……二七六
馮友蘭中國哲學史上册審查報告……二七八
馮友蘭中國哲學史下册審查報告……二八一
先君致鄧子竹丈手札二通書後……二八五
大乘稻芊經隨聽疏跋……二八六
懺悔滅罪金光明經冥報傳跋……二八九
敦煌本十誦比丘尼波羅提木叉跋……二九二
薊丘之植植於汶篁之最簡易解釋……二九六
庾信哀江南賦與杜甫咏懷古迹詩……二九九
東晋南朝之吴語……三〇三
李唐武周先世事迹雜考……三〇九
論李懷光之叛……三一五
李唐氏族之推測……三一八
李唐氏族之推測後記……三三三
三論李唐氏族問題……三四三

敦煌本維摩詰經問疾品演義書後……三五〇
與妹書（節録）……三五二
與董彦堂論殷曆譜書……三五四
讀通志柳元景沈攸之傳書後……三五五
論許地山先生宗教史之學……三五七
吾國學術之現狀及清華之職責……三五八

論李栖筠自趙徙衛事

白氏文集陸壹唐故虢州刺史贈禮部尚書崔公墓志銘并序略云：

公諱玄亮，字晦叔。漢初始分爲清河、博陵二祖，故其後稱博陵人。公濟源有田，洛下有宅，勸誨子弟，招邀賓朋，以山水琴酒自娱，有終焉之志。無何，又除虢州刺史。大和七年七月十一日遇疾薨於虢州廨舍。公之將終也，遺誡諸子，其書大略云：「自天寶已還，山東士人皆改葬兩京，利於便近。唯吾一族，至今不遷。我歿，宜歸全於滏陽先塋，正首丘之義也。」夫人范陽盧氏先公而歿，以九年四月二十八日用大葬之禮，歸窆於磁州昭義縣磁邑鄉北原。遷盧夫人而合祔焉。遵理命也。銘曰：

滏水之陽，鼓山之下。吉日吉土，載封載樹。烏虖！博陵崔君之墓。

寅恪案，大唐帝國自安史亂後，名雖統一，實則分爲兩部。其一部爲安史將領及其後裔所謂藩鎮者所統治，此種人乃胡族或胡化漢人。其他一部統治者，爲漢族或托名漢族之异種。其中尤以高等文化之家族，即所謂山東士人者爲代表。此等人群推戴李姓皇室，維護高祖太宗以來傳統之舊局面，崇尚周孔文教，用進士詞科選拔士人，以爲治術者。自與崇尚弓馬，以戰鬥爲職業之胡化藩鎮區域迥然不同。河北舊壤爲山東士人自東漢魏晋北朝以降之老巢，安史亂後已淪爲胡化藩鎮之區域，則山東士人之捨棄其祖宗之墳墓故地，而改葬於李唐中央政府所在之長安或洛陽，實爲事理所必致，固無足怪也。

吾國中古士人，其祖墳住宅及田産皆有連帶關係。觀李吉甫，即後來代表山東士族之李黨黨魁李德裕之父所撰元和郡縣圖志，詳載其祖先之墳墓住宅所在，是其例證。其書雖未述及李氏田産，而田産當亦在其中，此可以中古社會情勢推度而知者。故其家非萬不得已，决無捨棄其祖塋舊宅并與塋宅有關之田産而他徙之理。此又可不待詳論者也。由是觀之，崔玄亮雖如其他天寶後山東士人有田宅在濟源洛下，但仍欲歸葬於滏陽先塋。此爲當日例外之舉動，所以樂天撰其墓志，特標出之，又於銘中不憚煩複，大書特書重申此點也。至於崔玄亮「自天寶已還，山東士人皆改葬兩京」之言，乃指安史亂後，山東士人一般情形。此可以今日洛陽出土之唐代墓志證之。如李德裕一家，其姬妾子婦諸墓志，即是其例（見羅振玉貞松老人遺稿石交録并拙著李德裕貶死年月及歸葬傳説辨證）。更考李德裕一家在未葬洛陽之前，實有先徙居衛州汲縣之事。其徙居之時代，復在天寶安史之亂以前，則其中必别有未發之覆。兹略取李氏一家徙居史料釋論之。其他山東士族，亦可據以推知也。

新唐書壹肆陸李栖筠傳略云：

李栖筠世爲趙人。始居汲共城山下。〔族子〕華固請舉進士，俄擢高第。〔代宗〕引拜栖筠爲〔御史〕大夫。比比欲召相，憚〔元〕載輒止。栖筠見帝猗違不斷，亦内憂憤卒，年五十八。

寅恪案，李栖筠者，吉甫之父，德裕之祖也。新書此傳當取材於權德輿之文。據權載之文集叁叁唐故銀青光禄大夫御史大夫贈司徒贊皇文獻公李公文集序略云：

初未弱冠，隱於汲郡共城山下，營道抗志，不苟合於時。族子華名知人，嘗謂公曰：「叔父上隣伊周，旁合管樂，聲動律外，氣横人間。」〔公〕感激西上，舉秀才第一。病有司試賦取士，非化成之道，著貢舉議。德輿先公與公天寶中修詞射策，爲同門生。

可知也，又據李德裕會昌一品集壹捌請改封衛國公狀略云：

亡祖先臣曾居衛州汲縣，解進士及第。儻蒙聖恩，改封衛國，遂臣私誠。

綜合上引史料觀之，有可注意者二事。一爲李栖筠自趙遷衛之年代，二爲李栖筠何以遷衛之後，始放棄其家世不求仕進之傳統而應進士舉。此二事實亦具有連帶關係。兹姑依材料之性質，分别論之於下。

金石粹編玖玖黄石公祠記碑題：

布衣趙郡李卓撰。

碑陰有大曆八年高陽齊嵩之題記。其文云：

所題趙郡李卓，即今臺長栖筠。

舊唐書壹壹代宗紀略云：

〔大曆六年八月〕丙午以蘇州刺史浙江觀察使李栖筠爲御史大夫。

十一年〔三月〕辛亥御史大夫李栖筠卒。

然則栖筠年十八九歲時爲開元二十四五年，適與權氏「未弱冠」之語符合。其時中國太平無事，號爲唐代極盛之世。栖筠忽爾離棄鄉邑祖宗歷代舊居之地，而遠隱於汲縣之共城山，必有不得已之苦衷，自無可疑。此事當於李唐一代河北地域在安史亂前求其解釋，亦即玄宗開元時代，河北地域政治社會之大變動所造成之結果也。寅恪於拙著唐代政治史述論稿上篇已詳言之。兹僅移録最有關之材料一條於下，而略論釋之，讀者更取拙著其他有關部分參之可也。

舊唐書壹玖肆上突厥傳上（新唐書貳壹伍上突厥傳同）云：

〔開元〕四年默啜又北討九姓拔曳固，戰於獨樂河，拔曳固大敗。默啜負勝輕歸，而不設備，遇拔曳固迸卒頡質略於柳林中，突出擊默啜，斬之。

同書同卷下突厥傳下卷首云：

西突厥本與北突厥同祖。

寅恪案，吾國舊史所謂北突厥，即東突厥。自頡利可汗敗滅後，未幾又復興。默啜可汗之世，爲東突厥復興後最盛時代。其大帝國東起中國之東北邊境，西至中亞細亞，實包括東西突厥兩大帝國之領域也。凡與吾國鄰近游牧民族之行國，當其盛時，本部即本種，役屬多數其他民族之部落，即別部。至其衰時，則昔日本部所役屬之別部大抵分離獨立，轉而歸附中國，或進居邊境，漸入内地。於是中國乃大受影響。他不必論，即以唐代吐蕃爲例。吐蕃始强盛於太宗貞觀之時，而衰敗於宣宗大中之世。大中之後，党項部落分別脱離吐蕃本部獨立，散居吾國西北邊境。如楊氏即戲劇小説中「楊家將」之「楊」，如折氏即説部中「佘太君」之「佘」，皆五代北宋初活動於西北邊塞之部族也。至若西夏之拓拔氏則關係吾國史乘自北宋至元代者，至鉅且繁，更無待論矣（見拙著李德裕貶死年月及歸葬傳説辨證附記丁）。吐蕃之衰敗時，其影響如是，突厥之衰敗時，其影響亦然。蓋自玄宗開元初，東突厥衰敗後，其本部及別部諸胡族先後分别降附中國，而中國又用綏懷政策，加以招撫。於是河北之地，至開元晚世，約二十年間，諸胡族入居者日益衆多，喧賓奪主，數百載山東士族聚居之舊鄉，遂一變而爲戎區。辛有見被髮野祭於伊川，實非先兆，而成後果矣。夫河北士族大抵本是地方之豪强，以雄武爲其勢力之基礎，文化不過其一方面之表現而已。今則忽遇塞外善於騎射之胡族，土壤相錯雜，利害相衝突，卒以力量不能敵抗之故，惟有捨棄鄉邑，出走他地之一途。當李栖筠年未弱冠之時，即玄宗開元之晚年，河北社會民族之情狀如此，斯實吾國中古史之一大事，又不僅關係李栖筠一家也。

舊唐書壹捌上武宗紀會昌四年十二月條云：

〔李〕德裕曰：「臣無名第，不合言進士之非。然臣祖（指李栖筠）天寶末（寅恪案，徐松登科記考柒李栖筠爲天寶七載進士。又權德輿言其父皐與栖筠「天寶中修詞射策爲同門生」。故「天寶末」疑當作「天寶中」。）以仕進無他伎，（寅恪案，「伎」新唐書肆肆選舉志上作「岐」。「岐」「歧」通用字。）勉强隨計，一舉登第。自後不於私家置文選，蓋惡其祖尚浮華，不根藝實。」

寅恪案，李德裕所言其痛惡進士科之理由，蓋承述其祖栖筠貢舉議之説，自不待多論。但最可注意者，即謂其祖於天寶時「仕進無他伎」一語。考山東士族之興起，其原因雖較遠較繁，然其主因實由於東漢晚世董卓黄巾之變及西晋末年胡族之亂。於是魏晋南北朝之門閥政治因以建立。當日政治文化中心之洛陽，失其領導地位，而地方豪族遂起而代之。雖隋唐統一中國，江左之貴族漸次消滅，然河北之地，其地方豪族仍保持舊時傳統，在政治上固須讓關隴胡漢混合集團列居首位，但在社會上依然是一不可輕視之特殊勢力也。職此之故，河北士族不必以仕宦至公卿，始得稱華貴，即鄉居不仕，仍足爲社會之高等人物。蓋此等家族乃一大地主，終老鄉居亦不損失其勢力，自不必與人競争勝負於京邑長安洛陽也。考國史補中所載李德裕祖宗事迹云：

李載者，燕代豪杰。常臂鷹攜妓以獵，旁若無人。方伯爲之前席，終不肯任。（寅恪案，「任」疑當作「仕」。）載生栖筠，爲御史大夫，磊落可觀，然其器不及父。栖筠生吉甫，任相國八年，柔而多智。公慚卿，卿慚長，近之矣。吉甫生德裕，爲相十年，正拜太尉，清直無黨。

是栖筠之父載，終身不仕，而地方官吏敬憚之如此。斯亦山東士族本爲地方豪强，不必以仕宦而保持其地位勢力之例證也。又參以新唐書柒貳上宰相世系表趙郡李氏西祖條所載，栖筠父名載，祖名肅然，皆無官爵。惟曾祖君逸下注「隋謁者臺郎」。則知栖筠之祖肅然，亦不仕進，其行事當與其子載相似。兩世如此，足徵其家固不必以仕宦保持其社會地位也。至栖筠曾祖君逸仕爲隋謁者臺郎，姑無論自隋末年至唐之中葉，其時代已頗久遠，即就爲謁者臺郎一事，亦有可得而論者。隋書貳捌百官志下略云：

煬帝即位，多所改革。增置謁者司隷二臺，并御史爲三臺。

謁者臺又置散騎郎從五品二十人，承議郎（正六品）通直郎（從六品）各三十人，宣德郎（正七品）宣義郎（從七品）各四十人，徵事郎（正八品）將仕郎（從八品）常從郎（正九品）奉信郎（從九品）各五十人，是爲正員，并得禄當品。又各有散員郎，無員無禄。尋改常從爲登仕，奉信爲散從。

寅恪案，隋煬失政，命官猥多。謁者臺之散員郎，疑即李君逸之所任。此等職名亦如後世小説中之所謂「員外」者，正是鄉居土豪之虚銜耳，固未必常時寄居京邑也。李氏累代既爲地方土豪，安富尊榮，不必仕宦，故亦不必與其他自高宗武則天以降由進士詞科出身之人競争於長安洛陽之間，作殊死之戰鬥，如元和以後牛李黨派之所爲者也。李栖筠既不得已捨棄其累世之産業，徙居异地，失其經濟來源，其生計所受影響之鉅，自無待言。又旅居异地，若無尊顯之官職，則并其家前此之社會地位亦失墜之矣。夫李氏爲豪縱之强宗，栖筠又是才智不群之人，自不能屈就其他凡庸仕進之途徑，如明經科之類，因此不得不舉進士科。舉進士科，則與其他高宗武則天後新興之士大夫階級利害衝突。此山東舊族之李黨所以與新興詞科進士階級之牛黨不能并存共立之主因。然非河北士族由胡族之侵入，失其累世之根據地，亦不致此。斯則中古政治社會上之大事變，昔人似未嘗注意，故因李栖筠自趙徙衛事，略發其覆如此，以待治國史考世變之君子論定焉。

（原載中山大學學報一九五六年第肆期）

李德裕貶死年月及歸葬傳説辨證

李衛公貶死年月及歸葬傳説二事昔人已有論述。今所以復爲此辨證者，意在指明資治通鑒紀事之有脱誤，及清代學者檢書之疏忽。故舊傳史料之疑爲僞造，及新出石刻之可資旁證者，皆討論及之。至若党項興起之事迹，及玉溪行役之詩句，雖亦有所解釋，然非本篇主旨之所在也。兹以衛公貶死年月及歸葬傳説二事分爲上下二章，依次討論之。

（上）貶死年月

王鳴盛十七史商榷玖壹李德裕貶死年月條云：

會昌六年三月武宗崩。四月宣宗立。明年改元大中。故舊書李德裕傳：「宣宗即位，罷相，出爲東都留守。大中元年秋以太子少保分司東都，再貶潮州司馬。明年冬又貶潮州司户。二年自洛陽水路經江淮赴潮州。其年冬至潮陽，又貶崖州司户。三年正月達珠崖郡。十二月卒。

年六十三。」所謂明年者，大中二年也。其下文二年當作三年，三年當作四年，年六十三當作六十四，皆傳寫誤也。新書本傳元年貶潮州司馬之下，删去潮州司户一節。即書「明年貶崖州司户。明年卒。年六十三」云云。則似真以二年貶崖州，三年卒，而舊書非傳寫之誤矣。此因删之不當，又據誤本以成誤者。南部新書卷戊云：「以二年正月貶潮州司馬。其年十月再貶崖州司户。三年十二月卒於貶所。年六十四。」所書貶官年月，亦與舊史參錯不合，而年六十四却是。考李衛公别集第七卷祭韋相執誼文：「維大中四年月日，趙郡李德裕謹以蔬禮之奠，致祭故相韋公之靈。公遘讒投荒，某亦竄迹南陬，從公舊丘。」云云。末句云：「其心若水，其死若休。臨風敬吊，願與神游。」蓋德裕將終之語。執誼亦由宰相貶崖州司户，故云。然則爲大中四年甚明。爲誤此一年，故以年六十四爲六十三。舊書不過數目字誤，南部新書乃傳聞失實，而新書則武斷已甚。

容齋續筆卷一載德裕手帖云：「閏十一月二十日，從表兄崖州司户參軍同正李德裕狀。」此正是大中四年之閏十一月。發此書後至十二月而卒矣。洪邁亦因史文而誤以爲三年。

又岑建功本舊唐書校勘記伍捌李德裕傳校勘記（寅恪案，據校勘目録，列傳自卷壹佰叁拾叁至貳佰皆劉文淇校。）引王鳴盛説竟（王氏説已見前），并附識云：

按通鑒貳佰肆拾捌紀德裕之貶崖州在大中三年，其卒在四年，可證王説之確。

寅恪案，王說初視之似極精確，然考其根據約有二端：一爲舊唐書壹柒肆李德裕傳中

明年冬又貶潮州司户

之一節，一爲李衛公別集柒祭韋相執誼文中

維大中四年月日

之一語。其實二者皆有可疑。請依次分別論之於後：

王氏詆新唐書之删去明年冬又貶潮州司户一節爲不當，爲武斷已甚。今欲判明王說之當否及新書之是非，即以舊書所載李德裕貶崖州司户之詔書證之，可以決定。考舊唐書壹捌下宣宗紀大中三年九月制略云：

守潮州司馬員外置同正員李德裕，可崖州司户參軍。所在馳驛發遣，縱逢恩赦，不在量移之限！

據此，則李德裕在未貶崖州司户參軍以前，仍是潮州司馬。若如舊唐書李德裕傳所載，德裕在既貶潮州司馬以後，未貶崖州司户參軍以前，其間果尚有貶潮州司户一事者，則德裕貶崖州司户參軍之詔書應稱其官銜爲潮州司户參軍，而非潮州司馬矣。今詔書既稱其官銜爲潮州司馬，則其間無貶潮州司户參軍之事，可以決言。新唐書壹捌拾李德裕傳删去舊傳中因上下文重複而傳寫衍誤之「明年冬又貶潮州司户」一句，正足徵其比勘精密，勝於舊史之文，復何武斷

之有？若王氏之臆改二年作三年，三年作四年，六十三作六十四，則誠可謂武斷已甚耳。又通鑑貳肆捌略云：

大中元年冬十二月戊午，貶太子少保分司李德裕爲潮州司馬。大中二年秋九月甲子再貶潮州司馬李德裕爲崖州司户（唐大詔令集伍捌亦載此制）。

據其所書德裕由潮州再貶崖州之官銜爲「潮州司馬」，與舊唐書宣宗紀所載者適相符合，亦足證德裕無貶潮州司户之事也。又舊唐書壹柒肆李德裕傳云：

大中二年自洛陽水路經江淮赴潮州，其年冬至潮陽。

而舊唐書宣宗紀及李德裕傳均載德裕於大中元年秋由太子少保分司東都再貶潮州司馬。據舊唐書宣宗紀，德裕貶崖州司户詔書有「所在馳驛發遣」之語，其貶潮州司馬之詔書，兩唐書雖皆不載，但唐大詔令集伍捌尚存此制。其文亦有「仍仰所在馳驛發遣」之語。夫當宣宗初政，牛黨諸人皆欲殺敵黨黨魁而甘心之時，德裕以萬里嚴譴之罪人，轉得從容濡滯，至於一歲有餘之久，揆之情理，證以法例，皆無其事，可以斷言。此舊書德裕傳顯然訛誤之處。而嘉定王氏及其他諸史家亦未致疑，如馮浩玉溪生年譜反據以爲説，殊可异也。又新唐書壹捌拾李德裕傳、通鑑、南部新書以及舊唐書李德裕傳俱繫德裕貶崖州於大中二年。唐大詔令集伍捌載李德裕崖州司户制下亦注：「大中二年九月」，獨舊唐書宣宗紀載其事於大中三年九月，此又舊紀之誤，不待言也。

又考舊唐書宣宗紀云：

大中三年十二月，追謚順宗曰：至德弘道大聖大安孝皇帝，憲宗曰：昭文章武大聖至神孝皇帝（依通鑒及唐大詔令集柒捌增「弘道」「至神」四字）。

崖州司户參軍李德裕卒。

同書壹柒肆李德裕傳云：

至〔大中〕三年正月，方達珠崖郡。十二月卒。時年六十三。

新唐書壹捌拾李德裕傳云：

明年（大中三年）卒，年六十三。

通鑒貳肆捌唐紀云：

大中三年閏十一月丁酉，宰相以克復河湟，請上尊號。上曰：「憲宗常有志復河湟，以中原方用兵，未遂而崩。今乃克成先志耳。其議加順憲二廟尊謚，以昭功烈。」

甲戌，追上順宗謚曰：至德弘道大聖大安孝皇帝，憲宗謚曰：昭文章武大聖至神孝皇帝。仍改題神主。

己未，崖州司户李德裕卒。

通鑑紀事本末叁伍下朋黨之禍條云：

〔宣宗大中〕三年閏冬十一月己未，崖州司户李德裕卒。

寅恪案，通鑑書己未崖州司户李德裕卒於甲戌追上順憲二宗謚號之後。通鑑目録貳肆亦書上辭尊號，加順憲謚於李德裕卒之前。可知温公元本即已如此，并無誤寫。但甲戌追上順憲二宗謚號，既上承（大中三年）閏十一月丁酉宰相以克復河湟請上尊號之紀載，故己未崖州司户李德裕卒一語，依文義次序，自應繫於閏十一月。此通鑑紀事本末所以直書「〔宣宗大中〕三年閏冬十一月崖州司户李德裕卒」也。然檢劉羲叟長曆及陳垣氏二十史朔閏表，大中三年閏十一月辛巳朔，十二月庚戌朔，據舊唐書宣宗紀追上順憲謚號在大中三年十二月，則通鑑所繫追上順憲二宗謚號之上，脱去「十二月」三字。其甲戌乃十二月甲戌，即十二月二十五日也。十二月二十五日既爲甲戌，則同月之内，己未之干支祇能在甲戌之前，不能在甲戌之後。以十二月庚戌朔推之，則己未爲十二月十日。此與南部新書卷戊之

李太尉以大中三年十二月十日卒於貶所

之語適合。是年閏十一月朔日既爲辛巳，無論如何，其月内不能有己未之日。故通鑑應將「己未崖州司户李德裕卒」一語，移於甲戌追上順憲謚號之前，又應於甲戌之前，補書「十二月」三字，方合事實。若通鑑紀事本末之書「（宣宗大中）三年閏冬十一月己

未，崖州司户李德裕卒。」一實依據通鑒元本脱誤之記載，而不悟其月日之不可通。又馮浩玉溪生詩詳注補采徐德泓陸鳴皋合解之説，以爲「已未當入明年正月」其爲不可能，更不待辨也。

又王氏謂德裕手帖之閏十一月正是大中四年之閏十一月。洪邁亦因史文而誤以爲三年。寅恪檢古今人所編長曆，惟大中三年有閏十一月，大中四年并無閏月之可能。此正容齋之不誤，而西莊之大誤也。遍檢通鑒及通鑒目録紀事本末等書，其紀李德裕之卒皆在大中三年，無一在大中四年者。劉氏所見，寧有异本？蓋與王氏之誤以閏十一月屬之大中四年者，同一檢書疏忽所致。而此清代二學人一則以爲洪説之誤，一則以爲王説之確。由今觀之，不亦大可笑耶？

王氏所以持李德裕卒於大中四年之説，其最重要之根據，實爲德裕祭韋執誼文所記年月。考李衛公别集柒祭韋相執誼文云：

維大中四年月日，趙郡李德裕謹以蔬醴之奠，敬祭於故相韋公僕射之靈。

寅恪案，舊唐書壹肆憲宗紀云：

永貞元年十一月（寅恪案，「十一月」三字元本闕，今據新唐書柒憲宗紀、陸貳宰相表及通鑒貳叁陸補。）壬申，貶正議大夫中書侍郎平章事韋執誼爲崖州司馬。（寅恪案，舊唐書壹叁伍、新唐書壹陸捌韋執誼傳俱作崖州司户參軍。而與韓愈順宗實録伍、兩唐書憲宗紀、新唐書宰相表、通鑒及太平廣記壹伍叁引感定録等之作崖州司馬者不同。唐大詔令集伍柒貶降門上載有韋執誼貶崖州司馬制，故作崖州司馬當不誤。而兩唐書執誼傳之作崖州司户參軍者，豈初貶司馬，其後再貶司户參軍耶？以舊唐書李德裕傳誤書德裕再貶潮州司户之例觀之，疑兩唐書執誼傳之作司户參軍者誤也。）

據此，可知韋執誼一生所歷最高之官階爲正議大夫中書侍郎。考舊唐書肆貳職官志略云：

從第二品。

尚書左右僕射。

正第四品上階。

中書侍郎（舊正四品下階。開元令加入上階也）。

正議大夫（文散官也）。

據此，執誼最後所歷官階距僕射尚差二級。又據韓愈順宗實録伍云：

〔王〕叔文敗後數月，乃貶執誼爲崖州司馬。後二年病死海上。

則是執誼死後之較短期間無追贈僕射之事可知也。大概死後追贈僕射可能之機會約共有三：一出自朝廷特恩昭雪，以常識言之，此節似不可能。蓋自元和迄於大中，唐室繼承諸帝悉爲憲宗之子孫。無緣特翻永貞内禪之舊案，而追贈執誼以生前所未踐歷之官階也。惟據范攄雲溪友議中贊皇勳條（據涵芬樓影印鐵琴銅劍樓本）云：

先是韋相公執誼得罪萇變於此（朱崖），今有韋公山。柳宗元員外與韋丞相有齠年之好，三致書與廣州趙尚書宗儒相公，勸表雪韋公之罪，始詔歸葬京兆，至今山名不革矣。贊皇感其遠謫不還，爲文祭曰：「維大中年月日，趙郡李德裕謹以蔬醴之奠，敬祭於故相國韋公僕射之靈。」

寅恪案，范氏之言殊有可疑。據柳河東集叁伍載上廣州趙宗儒尚書陳情啓又賀趙江陵宗儒辟符載啓、叁陸載上江陵趙相公寄所著文啓，范氏所言自是指此三啓，因柳集中别無其他相當之文字也。其中上廣州趙宗儒尚書陳情啓係上趙昌，而非上趙宗儒。蓋元和元年趙昌以安南都護代徐申爲嶺南節度使，至四年昌移荆南節度使，又遷太子賓客，然後趙宗儒代其荆南之任。舊唐書壹伍壹、新唐書壹柒拾趙昌傳及舊唐書壹陸柒、新唐書壹伍壹趙宗儒傳皆可證明宗儒始終未嘗鎮嶺南。獨昌先鎮嶺南，後徙荆南，昌對於宗儒之關係，實爲荆南節度之前後任。（詳見沈氏唐書合參方鎮年表玖拾荆南條、玖肆嶺南條及吴氏唐方鎮年表考證下荆南條）柳集遂以此淆混致誤。今柳集三啓俱存，無一字涉及韋執誼，此其最可疑者也。即使别有三書，不載今柳集中，然范氏僅言「始詔歸葬」，而不言贈官。夫歸葬與贈官截然爲不同之二事，觀下文所考李德裕之例即可知。德裕祭文何以稱之爲僕射？考新唐書伍玖藝文志子部小説家類載范攄雲溪友議三卷。注云：「咸通時，自稱五雲溪人。」則范氏乃咸通時人。其時韋執誼子絢正爲義武軍節度使（詳見下文），執誼之得追贈僕射，當即在此時，而決不能早在大中之初歲，此其又可疑者也。再退一步言，即使韋執誼果於元和初年即得贈僕射之銜，而德裕祭文復非僞作者，則今傳世李衞公別集中祭韋相執誼文，即王氏用以爲德裕卒於大中四年説之根據者，實從雲溪友議采輯而來。今范氏書爲「維大中年月日」，而非「維大中四年月日」。其「四」字乃原本所無，後人誤增入者。故王氏立説之最後根據既已覓得之後，不但不能助成其説，反足以喪失其自身立足之憑藉，然此豈王氏當日之所能料及者哉！二爲執誼之子孫，請削己身之官階，以迴贈其父祖，然此非通常追贈之例。若果有是者，則史家應於執誼傳末附載其事，如舊唐書壹貳叁及新唐書壹肆玖劉晏傳均附載晏子執經爲太常博士，請削己官，迴贈其父之例是也。今兩唐書執誼傳末無其子孫削官追贈其父祖之語，可知本無其事，非史家記載有所闕略也。三爲執誼之子孫顯達以後，如遇朝廷大禮慶典普恩追贈之時，即可依己身官爵，追贈其父祖，此爲通常追贈之例。執誼若死後果蒙追贈爲僕射者，則此例爲最可能。然亦須執誼之子孫至遲必須在大中四年以前已歷貴仕，始有此可能之機會也。考新唐書柒肆上宰相世系表韋氏龍門公房條載：

執誼。相順憲。	曙。	
	曈。字賓之。鄭州刺史。	
	袒。字文明。	布震。字熙化。
	旭。字就之。	

新唐書伍玖藝文志子部小説家類載：

韋絢劉公嘉話録一卷（絢，字文明，執誼子也。咸通義武軍節度使。劉公，禹錫也。）

（寅恪案，沈炳震新舊唐書合參本引此文「執誼」二字作「秘如」，未知何據。）

寅恪案，新唐書宰相世系表所載執誼諸子雖無絢之名。但袒字文明，與新唐書藝文志所載絢之字符合。且即以嘉話録言，亦可見其與劉禹錫交誼之深切。衡以韋劉永貞同黨之關係，藝文志所言雖未知何所依據，但絢爲執誼之子，似可無疑。或者絢乃袒之改名耶？又考今傳世嘉話録有絢自序一篇，末題：

時大中十年二月朝散大夫江陵少尹上柱國京兆韋絢序。

考舊唐書肆貳職官志略云：

從第五品下階。

朝散大夫（文散官）。

新唐書肆玖下百官志略云：

西都東都北都鳳翔成都河中江陵興元興德府尹各一人，從三品。少尹二人，從四品下。

據此，可推定韋絢於大中十年二月以前，無追贈其父僕射官階之可能。又據孫星衍邢澍寰宇訪碑録肆直隸曲陽云：

北岳廟有咸通六年二月易定觀察使韋絢題名。

寅恪案，舊唐書壹肆壹張孝忠傳略云：

後定州刺史楊政義以州降，孝忠遂有易定之地。時既誅〔李〕惟岳，分四州，各置觀察使。〔王〕武俊得恒州，康日知得深趙二州，孝忠得易州。以成德軍額在恒州，孝忠既降政義，朝廷乃於定州置義武軍，以孝忠檢校兵部尚書，爲義武軍節度易定滄等州觀察等使。滄州本隸成德軍，既移隸義武，孝忠遣牙將程華往滄州，即令攝刺史事。及朱滔王武俊稱僞國，華與孝忠阻絶，不能相援。華嬰城拒賊，一州獲全。朝廷嘉之，乃拜華滄州刺史御史中丞，充横海軍使。仍改名曰華，令每歲以滄州税錢十二萬貫供義武軍。

新唐書陸陸方鎮表略云：

建中三年置義武軍。

貞元三年置横海軍節度使，領滄景二州，治滄州。

據此，則北岳廟咸通六年二月韋絢題名之官職爲易定觀察使，而新唐書藝文志謂絢爲咸通義武軍節度使，殊信而有徵。唐代節度使往往帶檢校尚書僕射之銜，則其追贈父祖以僕射之官，自有可能。然韋絢之任節度使，實在懿宗咸通中葉，上距宣宗大中四年，約有十五載之久。又據劉公嘉話録自序，則韋絢於大中十年尚是江陵少尹之職，則大中四年李德裕在崖州時，尚不能稱韋執誼爲僕射也。至宰相表載執誼子曈爲鄭州刺史，未審是何年月。但據新唐書陸伍方鎮表略云：

乾元元年，淮南西道節度徙治鄭州。乾元二年，廢淮南西道節度使，置鄭陳節度使，治鄭州。是年，復置淮南西道節度使，治壽州。上元二年，廢鄭陳節度，以鄭陳亳潁四州隸淮西。

然則鄭州雖一度曾爲淮西及鄭陳二節度使之治所，其時間極短，皆在肅宗之世。自此以後，即非節度使治所。韋曈之任鄭州刺史，以時代考之，自在肅宗之後。既在肅宗之後，則其鄭州刺史無緣爲節度使兼領之職。韋曈既非節度使而兼領鄭州刺史，則執誼亦不致因其子之爲鄭州刺史，而得受僕射之常例追贈，更可知矣。總之，執誼雖有受其子孫依例追贈僕射之可能，但在宣宗大中四年以前，則疑無其事也。

南部新書己云：

李太尉之在崖州也。郡有北亭子，謂之望闕亭。公每登臨，未嘗不北睇悲咽。有詩曰：獨上江亭望帝京，鳥飛猶是半年程。青山也恐人歸去，百匝千遭繞郡城。今傳太尉崖州之詩，皆仇家所作，祇此一首親作也。（寅恪案，雲溪友議中及唐語林柒亦載此詩。）

唐語林柒云：

〔李德裕〕南貶，有甘露寺僧允躬者，記其行事，空言無行實，蓋仇怨假托爲之。（寅恪案，唐大中時，日本國求法僧圓珍福州温州台州求得經律論疏記外書等目録載有允躬録南中李太尉事一卷。）

寅恪案，李衛公別集乃後人綴輯而成。其卷柒所收祭韋相執誼文，除雲溪友議外，若文苑英華及唐文粹等總集皆未選録。大約即采自范氏之書。此文疑如南部新書所言，乃仇家僞作。故以僕射稱韋執誼，致與大中四年以前之事實不符也。夫王氏李德裕卒於大中四年之説，其最强有力之證據，在此祭文。若此祭文爲僞造，或雖非僞造，而其原本實無「大中四年」之「四」字，則其説之難成立，自不待詳辨矣。

至李德裕享年之數，亦有可得而論者。若取正史所載與其自身引用材料或其他可信之材料，互相參校，莫不符會。野史小説之所記，則往往自相衝突，或與其他可信之材料不合。今取諸書違异之説，一一比勘，益足見王氏李德裕享年六十四之説之不可信也。

兩唐書李德裕傳同紀德裕之卒年爲大中三年，其享年之數爲六十三（見前所引）。茲先以傳文所載及德裕自著互勘，以見其符會與否？舊唐書壹柒肆李德裕傳載其自作之窮愁志中其論冥數略云：

及爲中丞，閩中隱者叩門請見曰：公不早去。冬必作相，禍將至矣！若亟請居外，則代公者受患。是秋出鎮吳門，時年三十六歲。（寅恪案，今李衛公外集肆、太平廣記捌肆及全唐文柒壹拾等引此文皆無「時年三十六」一句。今日殊無理由可以疑舊傳此句爲增入者。或原本此句爲自注小字，其他諸本皆以傳寫略去耳。）

寅恪案，其論冥數頗有可疑之處，不知是否真爲德裕所作。但舊唐書德裕傳之紀事則適與此論所言符合。如舊唐書壹陸穆宗紀云：

長慶二年九月癸卯，以御史中丞李德裕爲潤州刺史兼御史大夫浙江西道都團練觀察處置使。

據此，德裕自言於長慶二年歲次壬寅其年三十六歲。則上數至貞元三年歲次丁卯德裕始生。下數至大中三年歲次己巳爲六十三歲。是傳文與傳所認爲之德裕自著符會之一證。

又舊唐書李德裕傳云：

開成二年五月，授揚州大都督府長史淮南節度副大使知節度使事。五年正月，武宗即位。七月，召德裕於淮南。九月，授門下侍郎同平章事。初，德裕父吉甫年五十一出鎮淮南，五十四自淮南復相。今德裕鎮淮南，復入相，一如父之年，亦爲异事。

寅恪案，舊唐書壹肆捌李吉甫傳（新唐書壹肆陸李吉甫傳同。又新傳疑兼采王起所作李趙公行狀，非如吴縝趙翼所言據會昌重修憲宗實録也。俟考。）云：

其年（元和三年）九月，拜檢校兵部尚書兼中書侍郎平章事，充淮南節度使。〔元和〕五年冬，裴垍病免。明年（元和六年）正月，授吉甫金紫光禄大夫中書侍郎平章事。元和九年冬，暴病卒，年五十七。

寅恪案，吉甫卒於元和九年，年五十七，則元和三年出鎮淮南，其年爲五十一。元和六年自淮南入相，其年爲五十四。德裕卒於大中三年，年六十三。開成二年鎮淮南，其年爲五十一。開成五年自淮南入相，年五十四。凡此正史所紀，皆互相適合，無一參錯者也。若觀野史小説，則殊不然。兹移寫數則於下，不待詳辨，即可知其自相衝突，或與事實不合也。

南部新書戊云：

李太尉以大中二年正月三日貶潮州司馬。當年十月十六日再貶崖州司户。大中三年十二月十日卒於貶所。年六十四。

寅恪案，錢希白既言其卒於大中三年，又言其享年六十四，則此二端自相衝突。蓋據德裕自著之論冥數，長慶二年其年爲三十六，則大中三年應爲六十三，而非六十四也。

又續前定録略云：

太尉衛公爲并州從事。到職未旬日，忽有王山人者，詣門請謁曰：「某善按年也。」請虚正寢，備几案紙筆香水而已！因令垂簾静伺之。頃之，王生曰：「可驗矣！」紙上書八字，甚大。且有楷注曰：「位極人臣。壽六十四。」及會昌朝三行策，至一品，薨於海南，果符王生所按之年。

又太平廣記壹伍陸引感定録云：

李德裕自潤州年五十四除揚州。五十八再入相，皆及吉甫之年。縉紳榮之。

又同書同卷同條引補録記傳略云：

德裕爲太子少傅分司東都時，嘗聞一僧善知人禍福，因召之。僧曰：「公灾未已，當南行萬里。」德裕甚不樂。明日復召之。僧請結壇三日。又曰：「公南行之期定矣。」德裕問：「南行還乎？」曰：「公食羊萬口，有五百未滿，必當還矣。」後旬餘，靈武帥饋羊五百。大驚，召僧告其事，且欲還之。僧曰：「還之無益，南行其不返乎？」俄相次貶降，至崖州掾。竟終於貶所，時年六十三。

寅恪案，續前定録及補録記傳所言，皆屬於小説家文學想像之範圍，不可視同史學家考信徵實之材料，與之斤斤辨論也。但據此可知關於德裕享年之數，當時社會即有六十三及六十四不同之二說。其所以致此歧説者，殆因德裕大中三年之年終，卒於海外，其死聞達至京洛、普傳社會之時，必已逾歲，而在大中四年矣。此野史小説遂因有較正史遲一歲之記載，而以爲卒於大中四年或享年六十四之故歟？至感定録所言年歲與史實不合，其誤甚明，不待贅言。錢大昕疑年録壹書「李文饒六十三。生貞元三年丁卯。卒大中三年己巳。」其下注云：

續前定録、南部新書俱云：「六十四。」王西莊據衛公別集有大中四年祭韋丞相執誼文，斷爲四年。卒六十四。今據本傳。

寅恪案，錢氏雖不顯言王氏之非，然其所依據仍從唐史本傳。較之劉孟瞻之誤檢通鑒之紀年，復誤信王西莊於大中四年之誤置閏月者，其學識相去懸遠，信爲清代史學家第一人也。

（下）歸葬傳説

關於李德裕歸葬之傳説，通鑒考异所引關係此事之史料頗衆，復論之已詳。然鄙見與之頗有异同，兹節録涑水原文之要點於下。通鑒考异貳叁唐紀壹伍懿宗咸通元年九月劉鄴請贈李德裕官條略云：

裴曰李太尉南行録載咸通二年九月二十六日右拾遺内供奉劉鄴表，略云：「子燁貶立山尉，去年獲遇陛下惟新之命，覃作解之恩，移授郴縣尉，今已没於貶所。」又曰：「血屬已盡，生涯悉空。」又曰：「枯骨未歸於塋域，一男又隕於江湘。」又曰：「其李德裕請特賜贈官。」敕依奏。實録注引東觀奏記云：「令狐相綯夢德裕曰：某已謝明時，幸相公哀之，許歸葬故里。綯具爲其子滈言之。滈曰：李衛公犯衆怒。又崔相鉉魏相謨皆敵人也，見持政，必將上前异同，未可言之也。後數日又夢。既寤，謂滈曰：向見衛公，精爽尚可畏。吾不言，必掇禍。明日入中書，且爲同列言之。既而於帝前論奏，許其子蒙州立山尉燁護喪歸葬。」又是時柳仲郢鎮東蜀，設奠於荆南，命從事李商隱爲文曰：「恭承新渥，言還舊止。」（張爾田氏玉溪生年譜會箋肆大中九年末引此文，疑「止」或是「丘」之誤。）又曰：「身留蜀郡，路隔伊川。」鄴奏乃云：「枯骨未歸塋域。」燁，懿宗初纔徙郴縣尉，未詳，或者後人僞作之，非鄴本奏也。實録注又云：白敏中爲中書令時，與右庶子段全緯書云：「故衛公太尉，親交雨散於西園，子弟蓬飄於南土。嘗蒙一顧，繼履三台。保持獲盡於天年，論請爰加於寵贈。」全緯嘗爲德裕西川從事，故敏中語及云。按此，似繇敏中開發，而數本追復贈官多連鄴奏。德裕素有恩於敏中，敏中前作相，既遠貶之，至此又掠其美，鄙哉。按劉鄴表云：「去年獲遇陛下惟新之命，覃作解之恩。」則上此表在咸通元年，非二年也。舊傳：鄴爲翰林學士承旨，以李德裕貶死朱崖，大中朝令狐綯當權，累有赦宥，不蒙恩例。懿宗即位，綯在方鎮，屬郊天大赦，鄴奏論之。李太尉南行録，鄴此時未爲翰林學士，因上此表，敕批便令内養宣喚入翰林充學士，餘依奏。金華子雜編曰：宣宗嘗私行經延資庫，見廣厦連綿，錢帛山積。問左右曰：誰爲此庫？侍臣對曰：宰相李德裕執政日，以天下每歲備用之餘盡實此。自是以來，邊庭有急，支備無乏者，茲實有賴。上曰：今何在？曰：頃以坐吴湘獄貶於崖州。上曰：如有此功於國，微罪豈合深譴。由是劉公鄴得以進表，乞追雪之。上一覽表，遂許其加贈歸葬焉。按，宣宗素惡德裕，故始即位即逐之。豈有不知其在崖州，而云豈合深譴。又劉鄴追雪在懿宗時，此説殊爲淺陋，今不取。

近歲洛陽出土墓志與德裕有關者，寅恪先後獲見共有五石。茲節録其要語於後：

李濬撰故郴縣尉趙郡李君墓志銘云：

維大中十四年，歲次庚辰，夏六月庚辰朔廿六日乙巳，故郴縣尉趙郡李君享年三十有五，以疾終於縣之官舍。明年夏四月，孤子莊士以使來告，請志於濬。君諱燁，字季常，趙郡贊皇人也。曾祖諱栖筠，皇任御史大夫京畿觀察使，謚文獻公。祖諱吉甫，皇任中書侍郎平章事，謚曰忠公。烈考諱德裕，皇任特進太子少保衛國公，贈尚書左僕射，君衛公第五子也。會昌中衛公自淮海入相，君已及弱冠，而謹畏自律，雖親黨門客罕相面焉。屬姻族間有以利禄托為致薦，將以重賂之。答曰：吾爲丞相子，非敢語事之私也。而又嚴奉導訓，未嘗頃刻敢怠。子之所言，非我能及。繇是知者益器重之。始自浙西廉帥□公商辟從事，授校書郎。俄轉伊闕尉，河南士曹。及衛公平回紇，夷上黨。上寵以殊功，册拜太尉，特詔授君集賢殿校理。未幾，汴帥僕射盧公鈞辟奏上僚，兼錫章綬。昆弟二人朱衣牙笏侍公之前，士林榮之。大中初，公三被譴逐，君亦謫尉蒙山十有餘載。旋丁大艱，號哭北嚮，請歸護伊洛。會先帝與丞相論兵食制置西邊事，時有以公前在相位事奏，上頗然之，因下詔許歸葬。君躬護顯考及昆弟亡姊凡六喪，洎僕馭輩有死於海上者，皆輦其柩，悉還親屬之家。今皇帝嗣位之歲，御丹鳳肆赦，詔移郴縣尉。自春離桂林，道中得瘴病。以咸通三年正月廿八日卜葬於河南縣金谷鄉張村先塋。夫人滎陽鄭氏，前君七年歿於蒙州。長子莊士，次子莊彦，女曰懸黎。

李燁撰大唐趙郡李燁亡妻滎陽鄭氏墓志云：

夫人諱珍，字玄之，滎陽之滎澤人也。以開成庚申歲八月望歸於予家。洎於大中乙亥歲五月晦，蓋五百五十二旬也。燁家罹時綱，播遷嶺外。予鍾鞠凶，聞訃貶所，夫人號慟將絶，哀感中外。予衣服外除，再抵荒外。予長兄故尚書比部郎鍾念少子曰褒，顧其靡識，危惙之際，令予子之。夫人鞠育勤到，至愛由衷，恩過所出。〔夫人〕大中九年乙亥歲五月廿九日丙子，遘疾終於蒙州之旅舍，享年廿九。以予方嬰譴謫，子始孩提，無人護喪，權殯於蒙州紫極宫南。

期予恩貸，自營葬事。歲月彌遠，歸日難期。粤以大中十三年歲次己卯十二月十五日，祔葬於河南府洛陽縣金谷鄉先兆，禮也。有子二人，曰莊士，曰莊彦。

寅恪案，唐會要伍玖延資庫使條云：

會昌五年九月，敕置備邊庫，收納度支户部鹽鐵三司錢物。至大中三年十月，敕改延資庫，初以度支郎中判。至四年八月，敕以宰相判，右僕射平章事白敏中崔鉉相繼判。其錢三司率送。初年，户部每年二十萬貫匹，度支鹽鐵每年三十萬貫匹。次年，以軍用足，三分減其一。諸道進奉助軍錢物，則收納焉（參考新唐書伍貳食貨志）。

新唐書壹肆玖劉晏傳附孫濛傳云：

濛字仁澤。舉進士，累官度支郎中。會昌初，擢給事中。以材爲宰相李德裕所知。時回鶻衰，朝廷經略河湟，建遣濛按邊，調兵械糧餉，爲宣慰靈夏以北党項使，始議造木牛運。宣宗立，德裕得罪，濛貶朗州刺史。

通鑑貳肆捌略云：

武宗會昌五年秋九月，李德裕請置備邊庫，以度支郎中判之。冬十月，韋弘質上疏言：宰相權重，不應更領三司錢穀。德裕奏稱：制置職業，人主之柄。弘質受人教導，非所宜言。十二月，弘質坐貶官。

朝廷雖爲党項置使，党項侵盗不已，攻陷邠寧鹽州界城堡，屯叱利寨。宰相請遣使宣慰。上決意討之。

六年二月庚辰，以夏州節度使米暨爲東北道招討党項使。

宣宗大中三年冬十月，改備邊庫爲延資庫。西川節度使杜悰奏取維州。

通鑒貳肆玖略云：

宣宗大中四年秋八月，以白敏中判延資庫。九月，党項爲邊患，發諸道兵討之，連年無功，戍饋不已。右補闕孔温裕上疏切諫，上怒，貶柳州司馬。冬十二月，以鳳翔節度使李業河東節度使李拭并兼招討党項使。

五年春正月，上頗知党項之反，由邊帥利其羊馬，數欺奪之，或妄誅殺，党項不勝憤怨，故反。乃以右諫議大夫李福爲夏綏節度使。自是繼選儒臣以代邊帥之貪暴者，党項由是遂安。上以南山平夏党項久未平，頗厭用兵。崔鉉建議，宜遣大臣鎮撫。三月，以白敏中爲司空同平章事，充招討党項行營都統制置等使，南北兩路供軍使，兼邠寧節度使。四月，敏中軍於寧州，壬子，定遠城使史元破党項九千餘帳於三交谷，敏中奏党項平。辛未，詔：平夏党項已就安帖。南山党項，聞出山者迫於饑寒，猶行鈔掠。平夏不容，窮無所歸。宜委李福存諭。秋八月，白敏中奏南山党項亦請降。時用兵歲久，國用頗乏，詔并赦南山党項，使之安業。

冬十月，制以党項既平，罷白敏中都統，但以司空平章事充邠寧節度使。（党項事僅節録新唐書劉潼傳及通鑑之文，其餘史籍有關之記載概從省略。）

寅恪案，唐宣宗之以白敏中平党項，適如清高宗以傅恒平金川，皆自欺欺人之舉。宣宗宜因此有感於德裕之邊功及置備邊庫之籌策。李燁墓志所謂「先帝與丞相論兵食制置西邊事，時有以公前在相位事奏，上頗然之，因下詔許歸葬。」實指此事無疑。然則金華子雜編之説雖有傳述過甚之處，要爲宣宗所以特許德裕歸葬之主因，則可決言。温公以常識判其不足取，而不知千載之後，塚墓遺文忽出人間，遂翻此一重公案也。此點關係唐末五代及宋遼金元之世局頗巨。蓋吐蕃衰亂之後，党項乘之代興。宣宗之初年雖因機會恢復河湟，一洗肅代以來失地之大耻，然不能以武力平定西陲党項之叛亂，終出於粉飾敷衍苟安一時之下策。吾人於此不獨可以窺見當日宣宗所感觸之深，至於竟許素所甚惡之李德裕歸葬，并可以推知後來北宋西夏相持并立之局勢，彼時即已啓其端。故華夏與党項兩民族之盛衰，寅非一朝一夕之故，其所從來者久矣。又燁志既有「君躬護顯考及昆弟亡姊凡六喪，洎僕馭輩有死於海上者，悉還親屬之家。」之語，而燁妻鄭氏志復有「予衣服外除，再抵荒外。」及「以予方嬰譴謫，子始孩提，無人護喪，權殯於蒙州紫極宫南。期予恩貸，自營葬事。歲月彌遠，歸日難期。粤以大中十三年歲次己卯十二月十五日，祔葬於河南府洛陽縣金谷鄉先兆。」之文，據以綜合推之，則德裕之歸葬出於特許，故燁可離蒙州貶所，護柩歸洛陽營葬。并可乘此時機，同輦數喪，歸白海外。計其葬迄復還蒙州之時，當已免除喪服矣。至若鄭氏則死於燁由洛返蒙之後，非有恩貸，不能躬護其柩北歸。俟至四年之久，猶無歸望，故遣送其柩，還祔先塋也。燁志中闕字當是「盧」字。以舊唐書壹柒下文宗紀「開成二年五月辛未，以蘇州刺史盧商爲浙西觀察使」（以代李德裕）。新唐書壹捌貳及舊唐書壹柒陸盧商傳又皆有觀察浙西之紀事，故可據補也。又兩唐書德裕傳書燁貶官皆作象州立山尉，東觀奏記中作蒙州立山尉。

唐語林柒李衛公歷三朝條作象州武仙尉。據舊唐書肆壹、新唐書肆叁上地理志，通典壹捌肆州郡典，元和郡縣圖志叁柒等立山屬蒙州，不屬象州。武仙則屬象州。今證以墓志，知獨裴庭裕書不誤，而王讜書則後人以意改之者也。又燁志載吉甫謚爲忠公。今志僅云「忠公」，與舊唐書德裕傳「父趙國忠公」之語同。錢氏廿二史考异壹柒下有論吉甫謚語，可以參證。又燁志盛稱燁當父爲相時避嫌守正之事，殆李濬特舉此以刺令狐滈者（見舊唐書壹柒貳、新唐書壹陸陸令狐楚傳）。若果爲實録，則季常信不隕其家風矣！凡此數端，除宣宗特許歸葬一事之外，皆無關宏旨，可不討論。惟一事尚須詳辨者，即德裕之柩果於何年北返是也。

關於柳仲郢任東川節度之年月，近人吴廷燮氏唐方鎮年表考證下東川柳仲郢條及張爾田氏玉溪生年譜會箋肆大中五年七月柳仲郢爲東川節度條所考者，皆較沈氏唐書合參方鎮年表及馮氏玉溪生年譜爲精確。可依以爲説。即大中五年仲郢已鎮東川，而商隱亦辟爲幕僚也。又次年夏杜悰由西川移鎮淮南，吴張二氏亦有考證，均詳上述同書同卷中，兹不備引。夫德裕卒於大中三年十二月。燁之除喪當在大中六年二月（大中四年閏十一月）。燁於其妻鄭氏志自言「予衣服外除，再抵荒外。」則其歸葬與除服二者相距之時間必不得甚長，即不得在大中六年以後，此德裕歸葬時間最遲之限度也。柳仲郢之鎮東川，據最近之考證，既確知爲大中五年，李義山文集肆樊南乙集序「七月尚書河東公守蜀東川，奏爲記室。」及李商隱詩集上又有悼傷後赴東蜀辟、至散關遇雪五絶，則商隱到東川幕時已是大中五年冬季，其爲仲郢代作祭文又當更在其後。易言之，即不能在大中六年以前矣。此德裕歸葬時間最早之限度也。據此最遲最早二時間之限度，則德裕之歸葬必在大中六年。此取前後歲月推排比勘所得之結論，即不中，亦必不遠者也。又據全唐文柒柒陸李商隱文爲河東公（柳仲郢）復相國京兆公（杜悰）第壹啓略云：

伏承決取峽路，東指廣陵。今遣節度判官李商隱侍御往渝州及界首已來，備具餼牽，指揮館遞。

又第貳啓云：

伏承鳳詔已頒，鷁首期艤。日臨端午，路止半千。

則是商隱實有大中六年夏間奉柳仲郢命往渝州迎候杜悰之一事。仲郢於荆南設奠路祭德裕歸柩，令商隱爲祭文。今其文不傳，無從知其詳。然其事之在大中六年，上文已證明無疑義矣。若玉溪生年譜會箋肆以德裕歸葬事附載大中九年之末，即張氏亦疑不能決。蓋其成書之時李煒及其妻鄭氏墓志尚未出土，固不足爲病也。寅恪頗疑仲郢於大中六年夏間遣商隱於渝州迎送杜悰，并同時因水程之便利，即遣商隱徑由渝州往江陵，致祭德裕之歸櫬，實不止令其代作祭文也。但此假設非有確據，不過依時日地理及人事之關係，推測其可能而已。姑備一説於此，以俟治玉溪生文學者之教正。寅恪平生讀義山詩苦不能解，自不敢與古今爲錦瑟無題作鄭箋之顓家上下其議論也。嘗見馮氏玉溪生年譜於大中二年創爲義山巴蜀游蹤之説，實則别無典據。其言云：

夫説詩之法，實則徵其蹤迹，虚則領其神情。

又云：

此段巴蜀之迹，水陸之程，章句朗然。余所得已費苦心，不能更苛責矣！

又馮氏玉溪生詩詳注叁荆門西下七律浩曰：

此章移易數過，而究難定也。

又風五律浩曰：

凡自東而西入蜀者，過荆門，至下牢，乃入西陵峽，經黄牛山。五六正與下章之「灘激黄牛」相貫，其爲水程上巴峽審矣。乃結云：「歸舟」者又不可合，蓋江波風信，行役常遭，其間細蹤何由追核，祇可就本詩玩味耳。

張氏玉溪生年譜會箋叁大中二年條略云：

馮氏不知歸洛在巴游之後，及解至荆門西下「天外歸舟」句，而其説窮矣，余故不得不辨也。又案，巴蜀之游，馮氏定爲是年，説最精確。惟是巴蜀游蹤，水陸僕僕，似乎心注成都，而留滯荆州。如荆門西下岳陽樓諸篇，則又似心注湘潭，是果屬望何人歟？余詳味詩隱，參互證之，則斷其必爲李回杜悰也。李回方左遷湖南，義山窮途無依，固不能不望其援手也。補編爲湖南座主隴西公賀馬相公登庸啓事在五月，必義山於荆州與回相遇，爲之代作。故「荆雲回望夏雲時」也。而無題一章，尤爲此段行蹤之關鍵。起曰：「萬里風波一葉舟，憶歸初罷更夷猶。」言桂州府罷，尚有所待也。曰：「碧江地没原相引」言李回本同黨，雖由西川左遷，未嘗不可援引也。曰：「黄鶴沙邊亦少留」言已與李回相遇荆州，爲之少留也。中聯引益德阿童二典，雖無可徵實，然以「益德報主」比衛公之乃心武宗，以王濬受厄王渾，功高得謗，比李回因黨禍而貶官，不負衛公之知，詞意均極明顯。結則言李回既不能攜赴湖南，進既不可，歸又不能，人生如此，徒使我懷古思鄉，安能忍而與之終古乎？此所以留滯荆門之後又有巴蜀之游也。巴蜀之游，當是希望杜悰，而實未至成都，中道而回。馮譜於是年巴蜀之游，鈎稽已費苦心。惟於一朝黨局，未能參透。甚矣，讀書不可不細也！

寅恪案，馮氏「巴蜀游蹤」之説，固無依據，張氏義山於大中二年五月遇李回於荆州之説，亦非有佐證。馮氏解詩至荆門西下「天外歸舟」，其説信窮矣。但張氏解無題「益德冤魂終報主」之句，謂指衛公。指衛公則誠是矣。然不悟此詩若果如張説，作於大中二年之夏，則距大中元年十二月衛公南貶潮州，不過數月之久，其時文饒尚健在，即使無生還之望，亦豈忍遽目之爲「冤魂」耶？故張説匪獨與詩人敦厚之旨不合，按其文理又不可通也。鄙見凡注家所臆創之大中二年巴蜀游蹤，實無其事。其所指爲大中二年往返巴蜀所作之詩，大抵大中六年夏間奉柳仲郢命迎送杜悰，并承命乘便至江陵路祭李德裕歸柩之所作，或其他居東川幕中時代之著述。若依此解，則不僅無馮説荆門西下及「天外歸舟」等地理上之滯礙，亦可免張氏遇李回於荆州説之不能標舉證據，且不致有李德裕貶後止五月，即被呼爲「冤魂」之慘也。兹試依此解，略釋「萬里風波一葉舟」無題，以證成此假設。又以此詩爲此行關鍵，其中殊有易滋誤會之語，不得不稍申述其意趣。總而言之，箋證李詩，非兹篇主旨。即有疏誤，於德裕歸葬傳説之考定，亦無大變易也。無題云：

萬里風波一葉舟，憶歸初罷更夷猶。

此詩爲商隱於江陵爲李燁所賦。燁以舟載父及親屬諸柩北歸，「初罷」者非「罷桂府」之「初罷」。考燁貶蒙州立山尉，於大中六年以前奉詔特許歸葬，其時尚未除父喪也。其奉詔北歸葬親，既在父喪服未除中，必罷立山尉職。其過江陵時距罷立山尉職不久，故謂之「初罷」。蓋宣宗當日止許燁北歸葬父，事迄仍須返立山尉貶職。此據燁自撰其妻鄭氏墓志推得之結論。燁雖急欲歸洛陽，然於荆南却有逗留，故得邀之中途，因以設奠，此所謂「憶歸初罷更夷猶」也。由此言之，江陵爲商隱與燁會遇之交點。商隱之由西而東，抵於江陵，杜詩之「即從巴峽穿巫峽」也。燁之由南而北，發自江陵，杜詩之「便下襄陽向洛陽」也。以年月爲經，以路綫爲緯，此無題之詩案於是始能判決矣。

碧江地没元相引，黄鶴沙邊亦少留。

此二句不能得其確解。大約燁自湖南至荆南，其途中少有滯留，自所不免，恐亦欲於沿途所過之地方官吏及親故中有所請乞耶？盧商曾爲燁府主，然於大中三年已罷去。大中六年夏間之爲岳鄂觀察使者，當在韋損與崔瑶之間，其人既不可詳考（參閲沈氏新舊唐書合參玖叁方鎮年表及吴氏唐書方鎮年表考證下），其事亦不必鑿言矣。

益德冤魂終報主，阿童高義鎮横秋。

若謂此詩作於大中六年夏間德裕歸葬時，且在宣宗有感於「西邊兵食制置事」特許其歸葬之後，則與張氏之解此詩，謂作於大中二年時，去德裕貶潮州僅數月者，更於文理可通。德裕本爲太尉，故商隱作舊將軍七律追感其人亦有「李將軍是舊將軍」之句。生前既以武功邀奇遇，死後復因邊事蒙特恩，又曾任西川節度使，建維州之勳，其以益德爲比，亦庶幾適切矣。不必更求實典，恐亦未必果有實典，而今人不知也。至阿童高義句自指仲郢而言，若合二句并讀之，即是東川節度柳仲郢遣使祭崖州司户參軍李德裕之歸柩也。較之以阿童比李回之因德裕黨左遷爲高義者，立説似更簡便；兩説相較，何去何從？讀者自知抉擇也。

> 人生豈得長無謂，懷古思鄉共白頭。

此二句極佳，不待詳説。若仍欲加以解釋，即誦哀江南賦「班超生而望返，温序死而思歸。」之句，以供參證可也。

若據此解釋，則乾隆以來解釋義山詩者相承所謂「大中二年巴蜀游蹤」之説，果可成立乎？願一承教於説詩解人頤之君子也。

又舊唐書壹陸陸白居易傳附從弟敏中傳（新唐書壹壹玖略同）略云：

> 武宗皇帝素聞居易之名，及即位，欲徵用之。宰相李德裕言居易衰病不任朝謁，因言從弟敏中辭藝類居易。即日知制誥，召入翰林，充學士，遷中書舍人。累至兵部侍郎學士承旨。會昌末，同平章事。宣宗即位，李德裕再貶嶺南，敏中居四輔之首，雷同毁譽，無一言伸理，物論罪之。

寅恪案，德裕之獲許歸葬，據李濬所作燁墓志，實由「先帝（宣宗）與丞相論兵食制置西邊事」，自是可信之實録。夫當日敏中既判延資庫，又爲招討党項行營都統制置使，則燁志所言之「丞相」，自非敏中莫屬。故疑德裕之歸葬，敏中實與有力焉。然則其後與段全緯書所言亦不致全掠他人之美，此則稍可爲敏中辯解者也。

又懿宗即位，即以敏中代令狐綯爲相，恩禮極隆。雖傷腰卧疾，迄不令去。至五表辭位，始以爲中書令。（其事詳見兩唐書白居易傳附從弟敏中傳及舊唐書壹玖、新唐書玖懿宗紀等）

通鑑貳伍拾紀此事略云：

咸通元年九月辛亥，以白敏中爲司徒中書令。

其後即接書劉鄴請追贈李德裕官事，實顧及唐實録注「白敏中爲中書令與右庶子段全緯書」云云中「白敏中爲中書令」一語，以敏中爲中書令必在鄴奏請之前，於事理方合也。此點雖不甚關宏旨，亦可見温公排比時日，推勘先後，其用心精密如是。故表而出之，以告讀通鑑者。

又裴庭裕東觀奏記卷中紀德裕見夢於令狐綯事，新唐書德裕傳采之，而略去崔鉉魏謨之名。詳繹裴氏所述，須假定令狐崔魏三人同時在中書，然後始有可能，今姑不詳考。即就新唐書宰相表下核之，此三人同在相位之時期爲大中三年四月乙酉至大中九年七月丙辰之間。今既考定德裕歸葬在大中六年，則宣宗之詔許必在其前一二年，是就時間論，尚無衝突。但德裕之是否見夢於綯，及其歸葬之是否由綯所請，則無從判明。至南部新書庚亦載此事，而增「懿皇允納，卒獲歸葬。」之句，此與孫光憲北夢瑣言壹劉三復記三生事條末所載「其子鄴敕賜及第，登廊廟，上表雪德裕，以朱崖神櫬歸葬洛中。」等語正同，是皆以德裕歸葬在懿宗即位以後。蓋與通鑑考异所引裴旦南行録載劉鄴咸通二年九月二十六日表中「枯骨未歸於塋域」之語，俱爲後人僞傳僞作之史料。今以李燁墓志證之，益明白無疑。考异謂「燁懿宗初纔徙郴縣尉。未詳。」今據燁志及鄭氏志，知燁雖獲歸葬德裕於洛陽，葬迄仍返蒙州貶所。至懿宗即位，始得援恩例，内徙郴縣。德裕之歸葬與燁之内徙及德裕之追贈元本自各爲一事，不相關涉。昔人之疑，今日可以釋然也。

又燁志言「今皇帝（懿宗）嗣位之歲（大中十四年），御丹鳳肆赦，詔移郴縣尉。自（大中十四年）春離桂林，道中得瘴病。」及「大中十四年夏六月廿六日以疾終於（郴）縣之官舍」，其所謂「御丹鳳肆赦」，自指新唐書玖懿宗紀及通鑑貳肆玖「大中十三年冬十月辛卯大赦天下」之事，其赦文即載全唐文捌伍，特附識於此，以備讀本文者之檢查。又德裕家屬墓志近歲出土者，寅恪所見有五石。其子燁及燁妻鄭氏志前已引證外，尚有德裕撰滑州瑶臺觀女真徐氏墓志。志爲分書，不著書者姓名，當即德裕所自書，文詞及書法俱佳。今李文饒集中亦佚此志文，彌足珍貴。兹節録其文於下：

徐氏，潤州丹徒縣人。名盼，字正定。疾亟入道，改名天福。大和己酉歲十一月己亥，終於滑州官舍，享年廿三。長慶壬寅歲，余自御史出鎮金陵。徐氏年十六，以才惠歸我。長育二子，勤勞八年。惟爾有絶代之姿，掩於群萃，有因心之孝，合於禮經。其處衆也，若芙蓉之出蘋萍，隨和之映珉礫。其立操也，若昌花之秀深澤，菊英之耀歲寒。儀静體閑，神清意遠。固不與時芳并豔，俗態争妍。余自宦達，常憂不永。由是樹槚舊國，爲終焉之計。粤以其年十二月二十日葬於洛陽之邙山，蓋近我也。庶其子識爾之墓，以展孝思。一子多聞，早夭。次子燁。

寅恪案，徐氏即燁之生母。後來德裕之裔，皆出自徐氏也。徐氏既葬近德裕，近歲德裕家屬墓志先後出土頗衆，而德裕及其祖父埋幽之石，未聞於世。見存諸方志中名人塚墓一門，亦不著栖筠吉甫及德裕三世之墓。諒以制度較崇大，物藏較豐實，故亦較其家屬卑小之塚墓，先被發掘耶？嗚呼，可哀也已！樂府雜録望江南條云：

始自朱崖李太尉鎮浙日，爲亡妓謝秋娘所撰。本名謝秋娘，後改此名。亦曰夢江南。

據新唐書德裕傳謂「〔德裕〕後房無聲色娱」，李石（？）續博物志乃謂「〔衛公〕采聘名姝，至百數不止。」甚矣小説之多歧説也。惟段安節所記或亦有本。蓋秋娘本唐代婦人習見之名。杜仲陽即杜秋娘，而又爲潤州人，德裕復與之有一段交涉，幾至起大獄者。（詳見兩唐書德裕傳、南部新書戊及杜牧杜秋娘詩等。）徐氏爲潤州人，且德裕鎮浙西時所納之妾。及其亡後，其自撰之志文贊爲「絶代之姿」。然則其製曲以寄哀思，當亦情之所可有。豈以徐盼之故，訛以傳訛，致有斯説歟？此雖藝林之故實，然與本篇辨證之主旨無關，姑從闕疑可也。

又有李尚夷撰唐故趙郡李氏女墓志云：

小娘子曾祖諱吉甫，門下侍郎同中書門下平章事，贈太師。祖諱德修，楚州刺史兼御史中丞，贈禮部尚書。考諱從質，度支兩池榷鹽使兼御史中丞。中丞不婚，小娘子生身於清河張氏。以咸通十二年十二月二日遘疾於洛陽履信里第，享年卅有四。以其年十二月十九日歸葬於北邙山西金谷鄉張村里，祔大塋，禮也。

寅恪案，舊唐書壹陸伍柳公綽傳附子仲郢傳（新唐書壹陸叁同）云：

大中朝，李氏無禄仕者。仲郢領鹽鐵時，取德裕兄子從質爲推官，知蘇州院事，令以禄利贍南宅。令狐綯爲宰相，頗不悦。仲郢與綯書云：「李太尉受責既久，其家已空，遂絶蒸嘗，誠增痛惻。」綯深感嘆，尋與從質正員官。

寅恪案，新唐書柒貳上宰相世系表趙郡李氏西祖房不載從質之名。兩唐書柳仲郢傳僅言「德裕兄子」，未詳其親屬遠近，此亦石刻可補史文之闕佚者也。又傳文所謂「南宅」，當指德裕子孫，如燁等家屬之在南者。至從質不婚，其養女亦不嫁，其故不能詳。會昌一品集壹捌請改封衛國公狀（參考新唐書德裕傳）云：

臣今日蒙恩進封趙國公，承命哀惶，不任感涕。臣亡父先臣憲宗寵封趙國。先臣與嫡孫寬中小名三趙，意在傳嫡嗣，不及支庶。臣前年恩例進封，合是趙郡，臣以寬中之故，改就中山。

新唐書宰相世系表不著德修子孫。今據此狀，可知從質雖爲德修之子，但非長嫡，故可不婚耶？又德修事迹略見新唐書壹肆陸李栖筠傳附吉甫傳末及柒貳上宰相世系表，皆未載其贈禮部尚書事。惟東觀奏記上紀德脩事迹較詳。其文略云：

加贈故楚州刺史尚書工部侍郎李德脩禮部尚書。時吉甫少子德裕任荆南節度使檢校司徒平章事。上（宣宗）即位普恩，德裕當追贈祖父，乞迴贈其兄，故有是命。

據通鑑貳肆捌略云：

會昌六年夏四月壬申，以門下侍郎同平章政事李德裕同平章事，充荆南節度使。九月以荆南節度使李德裕爲東都留守，解平章事（參閲舊唐書壹捌下宣宗紀）。

則德脩之得贈禮部尚書，當在此數月間，尚及德裕未貶潮州之前。否則李氏敗後，無從邀此恩命矣。又出土李莊撰唐故趙郡李氏女墓志略云：

趙郡李氏女懸黎生得十三年，以咸通十二年七月十五日卒於安邑里第。曾祖諱吉甫，祖諱德裕，考諱燁，妣滎陽鄭氏。未四歲，遇先府君憂，鍊師陳氏實生余與爾。卜咸通十二年十一月廿四日歸於榆林大塋吉墓。

寅恪案，據李燁及其妻鄭氏志，燁卒於大中十四年六月廿六日，鄭氏卒於大中九年五月廿九日。燁之卒而懸黎未四歲，則知懸黎之生在鄭氏卒後矣。其生母陳氏志文稱爲「鍊師」者，如燁生母徐氏之稱爲「女真」，蓋皆入道之號，此爲唐代之通俗也。長安安邑坊爲吉甫德裕第宅所在，吉甫且以安邑相公爲稱（見新唐書壹肆陸李吉甫傳）。今據此志，知咸通之末，李氏猶保有此宅。殆亦視同平泉之石，不敢以與人耶？又此志題云：

兄度支巡官將士郎試秘書省校書郎莊撰。

據燁志，燁二子長莊士，次莊彥，一女懸黎。燁妻鄭氏志亦載二子莊士莊彥之名。此志撰人不知其爲莊士抑莊彥也。據唐書宰相世系表「燁生殷衡，延古。殷衡右補闕。延古司勳員外郎。」然則莊士莊彥即殷衡延古。舊唐書貳拾下哀帝紀天祐二年六月戊申條及德裕傳、新唐書德裕傳、通鑑貳陸伍天祐二年六月時士大夫避亂多不入朝條及南部新書乙等皆載延古事，而舊五代史陸拾有李敬義即延古專傳，所紀尤詳，蓋與司空圖同爲忠義之士也。傳云：

李敬義，本名延古，太尉衛公德裕之孫。初（或「幼」之誤）隨父煒（「燁」之誤）貶連州，遇赦得還。

寅恪案，薛史字誤不必論。惟據舊唐書德裕傳云：

燁咸通初量移郴州郴縣尉。卒於桂陽。子延古。

通典壹捌叁州郡典云：

桂陽郡。郴州。今理郴縣。

連山郡。連州。今理桂陽縣。

李燁志言燁「卒於縣之官舍」，即郴縣之官舍。舊唐書言燁「卒於桂陽」，此「桂陽」指桂陽郡，非桂陽縣。蓋燁任桂陽郡即郴州之郴縣尉，非連山郡即連州之桂陽縣尉也。薛史以郡爲縣，故有斯誤也。

又新唐書德裕傳云：

燁子延古，乾符中爲集賢校理。

而南部新書乙云：

咸通九年正月，始以李贊皇孫延佑起家爲集賢校理。

寅恪案，延佑當是延古之誤。「咸通九年」與「乾符中」二者相距十年上下，未知孰是？據懸黎志題銜言之，其時爲咸通十二年。其兄莊已爲秘書省校書郎。若新唐書不誤，則乾符中以集賢校理起家之延古必非此題志之「莊」也。新唐書宰相世系表列殷衡之名於延古之前，依其次序，似殷衡爲兄，延古爲弟。然則作懸黎志之莊，乃莊士之省，亦即後來之殷衡耶？或者咸通九年以集賢校理起家者爲殷衡，而錢氏誤爲延佑即延古耶？殊疑不能明也。

五代史陸伍南漢世家略云：

〔劉〕隱復好賢士，是時天下已亂，中朝士人以嶺外最遠，可以避地，多游焉。劉濬李衡（「殷衡」省稱「衡」，避宋諱。）之徒，隱皆招禮之。濬，崇望之子，以避亂往。衡，德裕之孫，唐右補闕，以奉使往。皆辟置幕府，待以賓客。

吴任臣十國春秋伍捌南漢烈宗世家云：

開平二年冬十月辛酉，梁命膳部郎中趙光裔、右補闕李殷衡充官告使，詔王爲清海静海等軍節度使安南都護。王留光裔殷衡不遣。

又同書陸貳李殷衡傳略云：

李殷衡世爲趙郡人，唐相德裕孫也。仕梁太祖，爲右補闕。開平二年，充嶺南官告副使。至則烈宗留之幕府，署節度判官，不時遣還。乾亨初，官禮部侍郎同平章事。居無何，終於其職。先是故唐宰相劉瞻者，殷衡姊婿也。有子贊，幼孤，而性不慧。殷衡教之讀書，每督以箠楚。登進士第，梁時充崇政院學士，猶久念殷衡不忘。

寅恪案，新唐書壹捌壹劉瞻傳云：

劉瞻，字幾之。其先出彭城，後徙桂陽。

據此瞻家本居桂陽，其與李氏婚姻，或與李燁任郴縣尉一事不無關係。又韓偓玉山樵人集

有和孫肇七律二篇。其題爲

奉和峽州孫舍人肇荆南重圍中寄諸朝士二篇。時李常侍洵，嚴諫議龜，李起居殷衡，李郎中冉皆有繼和。余久有是債，今至湖南，方暇牽課。

今全唐詩文皆不載殷衡之著作。據冬郎詩題，可知殷衡亦文學之士，不墜其家風者也。李燁二子殷衡延古雖分處南北，然皆能自樹立，傳於後世。故不避叙述繁瑣之譏，并附載其本末，以供考贊皇子孫親屬者之參證焉。

綜合此篇上下二章考辨之結論如下：

（一）李德裕大中三年十二月十日卒於崖州。

（二）其柩於大中六年夏由其子燁護送北歸，葬於洛陽。

直齋書録解題壹陸載耿秉直所輯李衛公備全集，元附年譜一卷，今已佚不傳。他時若有補作年譜者，願以兹篇獻之，儻亦有所取材歟？非敢望也。一九三五年三月三十一日。

（原載一九三五年歷史語言研究所集刊第伍本第貳分）

附記

（甲）此文付印後，俞大綱表弟以李德裕妾劉氏墓志見示，以其可證明寅恪之所假定，特附録於後，藉供參考。唐茅山燕洞宫大洞錬師彭城劉氏墓志銘并序云：

錬師道名致柔，臨淮郡人也，不知其氏族所興。和順在中，光英發外，婉嫕有度，柔明好仁。中年於茅山燕洞宫傳上清法籙。悦詩書之義理，造次不渝。寶老氏之慈儉，珍華不御。言行無玷，淑慎其身，四十一年於兹矣。余三册正司，五秉旄鉞，棨戟在户，轄車及門，出入寵光，無不盡見，艱難危苦，亦已備嘗。幼女乘龍，一男應宿，人世之美，無所缺焉。脩短之間，奚足爲恨。屬久嬰沉痼，彌曠六年，以余南遷，不忍言别，綿歷萬里，寒暑再期，輿嶠拖舟，涉海居陋，無名醫上藥，可以盡年，無香稻嘉蔬，可以充膳。毒暑晝爍，瘴氣夜侵，纔及三時，遂至危亟。以己巳歲八月廿一日終於海南旅舍，享年六十有二。嗚呼哀哉。有子三人，有女二人，聰敏早成，零落過半。中子前尚書比部郎渾，獨侍板輿，常居我後。自母委頓，夙夜焦勞，衣不解帶，言發流涕。其執喪也，加於人一等，可以知慈訓孝思之所至也。幼子燁、鉅，同感顧復之恩，難申欲報之德，朝夕孺慕，余心所哀。以某年某月某日，返葬於洛陽榆林，近二男一女之墓。余性直盗憎，位高寇至，道不能枉，世所不容，愧負淑人，爲余傷壽。瞑目何報，寄懷斯文。銘曰：清泉一源，秀木孤根，惟子素行，不生朱門。操比松桂，粹如瑶琨，不扶自直，不琢自温。七子均養，人靡間言，百口無怨，加之以恩。生我三子，能羆慶蕃，育我二女，素絇是敦。既畢婚嫁，亦已抱孫。念子之德，衆姜莫援，誕於高族，可法後昆。昔我降秩，退居林園，平泉秋日，坐待朝暾。西嶺高眺，南榮負暄，自兹而往，悵惘山樊。巖銷寒桂，澗歇芳蓀，捨我而去，傷心詎論。天池南極，誰與招魂？芒山北阜，將托高原，空留片石，千古常存。

第四男燁記：

大中戊辰歲冬十一月，燁獲罪竄於蒙州立山縣，支離顧復，戀切蓼莪，欲報之恩，昊天罔極。己巳歲冬十月十六日，貶所奄承凶訃，茹毒迷仆，豈復念□。匍匐詣桂管廉察使張鷺，請解官奔訃，竟爲抑塞。荏苒經時，罪逆釁深，仍鍾酷罰。呼天不聞，叩心無益，抱痛負冤，塊然骨立。陰陽致寇，棣萼盡凋，藐爾殘生，寄命頃刻。殆及再期，乃蒙恩宥，命燁奉帷裳還祔先兆。燁輿曳就途，飲泣前進。壬申歲春三月，扶護帷裳，陪先公旌旐發崖州，崎嶇川陸，備嘗險艱，首涉三時，途經萬里，其年十月，方達洛陽。十二月癸酉遷祔，禮也。嗚呼天乎，燁迫於譴逐，不能終養，劬勞莫報，巨痛終天，有生至哀，瞑目已矣。

先衛公自製志文，燁詳記月日，編之於後，蓋審於行事，不敢誣也。謹言。

（乙）羅振玉貞松老人遺稿石交録肆略云：

近年中州出太和己酉衛公撰滑臺觀女冠徐氏墓志，大中三年茅山燕洞宮大洞鍊師劉氏墓志，二人皆公侍姬也。徐氏志作於公刺滑州時，劉氏則以大中三年卒於貶所，公但爲之文。公亦以是年卒，其葬在大中六年。志之立，則出於公之嗣子也。二文均不見會昌一品集中，吉光片羽，至可珍矣。

與兩志同時出土者，尚有李燁妻鄭氏及燁志，乃衛公子婦及季子也。鄭氏志爲燁所撰，中叙門閥之盛衰，令人悽感。燁志載詔許衛公歸葬，燁護顯考及昆弟亡姊凡六喪，洎僕馭輩死海上者，皆輂其柩，悉還親屬。

（丙）據馮氏所定大中二年義山上峽下峽諸詩之季節景物言之，則荆門西下詩云：

一夕南風一葉危，荆門迴望夏雲時。

乃下峽之時正值夏季，此可決定無疑者也。風云：

迴拂來鴻急，斜催別燕高。已寒休慘淡，更遠尚呼號。楚色分西塞，夷音接下牢。

及摇落略云：

人閑始遥夜，地迥更清砧。……灘激黄牛暮，雲屯白帝陰。

下峽既在夏季，則此等秋季峽中諸詩，必是上峽時所賦，又可推知。若依馮氏所説，義山必先上峽，後下峽。夫秋季上峽，夏季始下峽，則義山何以濡滯巴蜀幾至一歲之久，而不往謁杜悰？此情理所不可通，馮氏亦難自圓其說也。若依鄙說，則大中六年夏季義山奉柳仲郢之命，下峽祭吊衛公之柩，因送至襄陽，事畢復命，還歸東川，其上峽時已是秋深。如此假設，始於行程往復，季節先後，皆能適合。馮氏編漢南書事一詩於大中二年，但據新舊唐書及通鑑等，宣宗赦党項羌在大中五年，義山此詩云：

哀痛天書近已裁。

大中六年義山送衛公柩至襄陽，在六年而指五年，故可言「近」。若依馮氏之說，此詩作於大中二年，義山豈非預言家乎？又據通鑑貳肆玖唐紀宣宗大中六年略云：

党項復擾邊。六月癸酉，除〔畢誠〕邠寧節度使。

然則義山此詩當是在襄陽有所聞而作，其所謂「書事」，即書此事也。總而言之，杜工部詩所謂「即從巴峽穿巫峽，便下襄陽向洛陽。」者，正與義山此行相同。此意每於二十年來講授時言及之，但以奔走衰病，未暇著之楮墨，今特補録於此。

復次，「益德冤魂終報主」之句，自來解釋玉溪生詩者，皆不知其出處。考隋書叁叁經籍志史部雜傳類載：「冤魂志三卷，顔之推撰。」此書久佚，近始見殘本，其中未有益德事，豈此事即在所闕卷中耶？不敢確言，姑附記此疑，以俟博雅君子校正。乙未春日寅恪記於廣州河南暝寫齋。

（丁）兹更有關於戲劇小説頗饒興趣而與白敏中招降党項一事相涉者，可略論之。

新唐書貳壹陸下吐蕃傳云：

〔彝泰贊普〕死，以弟達磨嗣。達磨嗜酒，好畋獵，喜内，且凶愎少恩，政益亂。（可參資治通鑑貳肆陸唐紀文宗開成三年吐蕃彝泰贊普卒，弟達磨立條。）

大凡吐蕃或其他民族最盛强時，其所轄别部種類，必有與其中央主部不盡相同者。如突厥既衰，其所轄之胡部入主河北之例。拙著「論李栖筠自趙徙衛事」一文，可爲例證。吐蕃主部之衰，漢族之張義潮於大中五年即以瓜沙歸還中國。其他鄰近中國邊境之党項，亦先後就中國之招引，令其守護北境也。

宋史肆捌伍夏國傳云：

唐末，拓跋思恭鎮夏州，統銀夏綏宥静五州地。

同書叁叁伍种世衡傳略云：

世衡建言，延安東北二百里有故寬州，請因其廢壘而興之，以當寇衝。朝廷從之，命董其役。

通志貳捌氏族略肆种氏條略云：

本仲氏。或言仲山甫之後，因避難改爲种。宋种放，長安人，望出河南。

宋史肆玖貳吐蕃傳云：

周廣順三年，始以申師厚爲河西節度。師厚初至涼州，奏請授吐蕃首領折逋支等官，并從之。

同書貳伍叁折德扆傳云：

父從阮，自晋漢以來，獨據府州，控扼西北。

嘉慶一統志壹伍貳保德直隸州陵墓門云：

〔宋〕折太君墓，在州城南四十里折窩村。楊業妻。

通志貳玖氏族略伍佘氏條云：

〔佘〕音蛇，從示。唐開元有太學博士佘欽，南昌人。唐又有右司郎中佘珩，祖文集，隋考功主事，洛陽人。宋登科佘贇，洪州人。佘剛，衢州人。佘赫，徽州人。

宋史貳柒貳楊業傳云：

楊業，并州太原人。父信，爲漢麟州刺史。

夫拓跋思恭之自稱爲拓跋氏，不過自托於後魏之裔以自誇耀，近人乃混淆鮮卑族之拓跋與党項族之拓跋爲同一族類，誤矣。

种世衡世守延安之地，依通志所言，世衡之叔父爲种放。放爲洛陽人，自是不誤。但有可疑者，通志言种氏本作仲氏，出仲山甫之後，因避難改爲种等語，當是本於种氏家譜。自六朝以來，外族往往喜稱出於中國名人之後，如沈炳震唐書宰相世系表訂訛一書，苟取後漢書、三國志、晉書等證之，其訛舛立見。避亂改姓之説尤多，不再詳舉例證。鄙意仲氏之作种氏，實與党項不作黨項同例，蓋所以表示其原非漢族之義。集注分類東坡詩肆趙成伯家有麗人僕忝鄉人不肯開樽徒吟春雪美句次韵一笑中「何如低唱兩三杯」句自注云：

陶穀學士買得党太尉家妓，遇雪，陶穀取雪水烹團茶，調妓曰，党家應不識此。妓曰，彼粗人，安有此？但能於紅綃煖帳中，淺斟低唱，喫羊羔兒酒。陶嘿然，慚其言。

據此東坡自注與宋史貳陸拾党進傳原文，尤可證党字本應作黨字。檢宋章定名賢氏族原行類稿（四庫珍本影印文淵閣本）叁玖載有黨氏，肆捌復載有黨氏。下云：

本出西羌，姚秦有將軍黨耐虎，自云夏后氏之後，代爲羌家。

頗疑此卷之「黨」本作「党」。汪輝祖史姓韵編伍拾分「党」及「黨」爲二，「党」下云：

党進。

熊在湄峻運新纂氏族箋釋五云：

党馮翊郡系獯鬻氏，夏桀竄居獯鬻，其後支裔世居党項，有降唐者賜姓党氏，宋党進。

汪熊兩氏關於党氏之文，均采史記壹壹拾匈奴傳，至章氏書党之作黨應爲後人所改，非其原字也。史籍中亦有作黨者，如宋史肆玖貳吐蕃傳中之党令支，殿本党作黨之類，當是與文淵閣本章氏書同出清代文臣淺陋之筆，不足據也。依通志氏族略，折氏望出西河，宋爲大姓。佘氏望出南昌，北方土音讀折爲佘，故戲劇小説乃以折爲佘，其實兩姓迥別也。

綜合白敏中招降吐蕃境内党項諸部，除漢族張義潮外，其極西之拓跋部不肯歸附，以致北宋之世，西夏與契丹最爲中國之大患。故讀史者於地域之方位，種族之區別，尤應特加注意也。世人喜談小説戲劇，而不知其與義山漢南書事詩有關，遂標出之如此。

復次，寅恪昔年於太平洋戰後，由海道自香港至廣州灣途中，曾次韵義山萬里風波無題詩一首，雖辭意鄙陋，殊不足道，然以其足資紀念當日個人身世之感，遂附録之於下。詩云：

萬國兵戈一葉舟，故邱歸死不夷猶。袖中縮手嗟空老，紙上刳肝或稍留。此日中原真一髮，當時遺恨已千秋。讀書久識人生苦，未得崩離早白頭。

（一九六四年歲次甲辰五月五日陳寅恪書於廣州金明館）

以杜詩證唐史所謂雜種胡之義

拙著唐代政治史述論稿上篇論舊唐書貳佰安禄山傳（可參姚汝能安禄山事迹上「安禄山營州雜種胡也」之語）云：

> 安禄山，營州柳城雜種胡人也。

及同書同卷史思明傳略云：

> 史思明，寧夷州突厥雜種胡人也。

證以新唐書貳壹柒回鶻傳（參通鑒貳貳陸建中元年八月甲午條。但今通行本通鑒突董作董突。）云：

> 始回紇至中國，常參以九姓胡，往往留京師，至千人，居貲殖産甚厚。會酋長突董翳蜜施大小梅録等還國，裝橐係道。

所言與舊唐書壹貳柒張光晟傳云：

> 建中元年，回紇突董梅録領衆并雜種胡等自京師還國，輿載金帛，相屬於道。

實同爲一事。故雜種胡即中亞昭武九姓胡。唐人當日習稱九姓胡爲雜種胡。雜種之目非僅混雜之通義，實專指某一類種族而言也。凡杜工部詩中涉及安史之種族，除羯胡柘羯等名已詳於拙著前書者外，其有關雜種之字句，亦可與此互相發明。兹移録於下，或可爲鄙説之一補證歟？

杜工部集貳留花門云：

胡塵逾太行，雜種抵京室。

同書拾秦州見敕目三十韵云：

雜種雖高壘，長驅甚建瓴。

同書壹伍承聞河北諸道節度入朝歡喜口號絶句十二首之二云：

社稷蒼生計必安，蠻夷雜種錯相干。

又同書拾收京三首之三云：

雜虜横戈數，功臣甲第高。

此雜虜即雜種之互稱也。總括言之，杜少陵與安史爲同時人，其以雜種目安史，實當時稱中亞九姓胡爲雜種胡之明證。舊唐書多保存原始材料，不多改易詞句。故在舊唐書爲雜種胡，在新唐書則易爲九姓胡。考宋子京改字之由，其意恐雜種胡一詞，頗涉通常混種之義，易啓誤會，遂别用九姓胡之名。史家遣辭明審，殊足令人欽服。然則唐史新舊兩書，一則保存當時名稱，一則補充其他解釋。各有所長，未可偏廢。觀此一例，即可推知。後人往往輕議子京，亦由不明此義，因特爲標出而論證之如此。

（原載嶺南大學國文學會一九五〇年南國第貳期）

書杜少陵哀王孫詩後

杜少陵哀王孫詩爲世人所習誦，自來箋釋之者衆且詳矣，何待今日不學無術，老而健忘者之饒舌耶？然於家塾教稚女誦此詩，至「朔方健兒好身手，昔何勇鋭今何愚。」之句，則瞠目結舌，不能下一語，而思別求一新解。考唐代安禄山叛變，玄宗幸蜀，肅宗即位靈武，而靈武者，朔方軍節度使之治所也。肅宗遂專倚朔方軍戡定大難，收復兩京，唐室因得延續百五十年之祚而後亡。故朔方軍爲唐室中興之關鍵。少陵平生於朔方軍及其主帥郭子儀李光弼諸公，推崇贊美，形諸吟咏者，不一而足，此固不煩舉例者也。此詩爲少陵在安氏將領統治長安時所作，豈有反詈朔方軍士卒昔勇今愚之理？造意遣詞狂悖至此，則與唐室附逆諸臣，復何以异？釋杜詩者，或以「朔方健兒」乃泛指安氏所統北方軍隊而言，則又不知「朔方」爲軍政區域固定之專名，不可用以泛指北方士卒。當天寶時，安禄山爲平盧范陽河東三鎮主帥，而與其結爲兄弟之朔方節度使安思順不睦，玄宗雖極寵任禄山，但亦兼用思順，委以勁兵，蓋所以防制禄山，維持均勢，斯固英武之主用心所應爾。是復不可取與禄山宿構仇怨之朔方軍一名，移指其所統三鎮健兒。少陵作詩，絶不致昧於當日情勢，文理不通，一至於此也。然則「朔方健兒」一詞，果何所指耶？鄙意實指同羅部落而言也。何以得知「朔方健兒」之名乃指同羅部落者？因同羅部落本屬於朔方軍，安禄山誘害其酋長阿布思，襲取其兵卒，而此種兵卒，後遂成爲禄山所統軍隊之主力者也。兹略引有關史料，以釋證之如下。

新唐書貳壹柒下回鶻傳同羅傳略云：

請内屬，置龜林都督府。安禄山反，劫其兵用之，號曳落河者也。曳落河猶言健兒云。

同書肆叁下地理志關内道安北都護府龜林都督府條注云：

貞觀二年，以同羅部落置。

安禄山事迹上云：

〔天寶〕十一載三月，禄山引蕃奚步騎二十萬直入契丹，以報去秋之役。朔方節度副使奉信王阿布思率同羅數萬以會之，布思與禄山不協，遂擁衆歸漠北。（寅恪案，同書同卷「同羅阿布思等」句下原注云：阿布思者，九姓首領也。開元初，爲默啜所破，請降附。天寶元年朝京師，玄宗甚禮焉。布思美容貌，多才略，代爲蕃首。禄山恃寵，布思不爲之下。禄山因請爲將，共討契丹。慮其見害，乃率其部以叛。後爲回鶻所破，禄山誘其部落降之，自是禄山精兵無敵於天下。）

新唐書貳貳伍上安禄山傳略云：

〔天寶〕十一載，率河東兵討契丹。禄山不得志，乃悉兵討契丹以報。帝聞，詔朔方節度使阿布思以師會。布思者，九姓首領也。開元初，爲默啜所困，内屬。帝寵之。禄山雅忌其才，欲襲取之，故表請自助。布思懼而叛，轉入漠北。禄山不進，輒班師。會布思爲回紇所掠，奔葛邏禄。禄山厚募其部落，降之。葛邏禄懼，執布思送北庭，獻之京師。禄山已得布思衆，則兵雄天下。

安禄山事迹上略云：

〔禄山〕養同羅及降奚契丹曳落河（原注：「蕃人健兒爲曳落河。」）八千餘人爲假子，總〔平盧，范陽，河東〕三道以節制。

舊唐書壹貳壹僕固懷恩傳略云：

僕固懷恩，鐵勒部落僕骨歌濫拔延之曾孫，語訛，謂之僕固。貞觀二十年，鐵勒九姓大首領率其部落來降，分置瀚海燕然金微幽陵等九都督府於夏州，别爲蕃州以禦邊，授歌濫拔延爲金微都督。懷恩世襲都督，歷事〔朔方〕節度王忠嗣安思順，皆委之心腹。肅宗即位於靈武，懷恩從郭子儀赴行在所。時同羅部落自西京叛賊，北寇朔方，子儀與懷恩擊之，遂破同羅千餘騎於河上（參通鑑貳壹捌至德元載九月條）。肅宗雖仗朔方之聚，將假蕃兵以張形勢，乃遣懷恩與敦煌王承寀使於回紇，請兵結好。回紇可汗遂以女妻承寀，兼請公主，遣首領隨懷恩入朝。肅宗乃遣廣平王爲元帥，以子儀爲副，而懷恩領回紇兵從之。

新唐書貳貳伍上安禄山傳略云：

廣平王東討，回紇葉護以兵從。〔張〕通儒等裒兵十萬，陣長安中。賊皆奚，素畏回紇，既合，驚且囂，大敗。王師入長安。

據此，同羅僕骨及回紇種類甚相近，其勇健善鬥，爲中國當時東方及北方諸外族所最畏憚者。此三種族所居住之地，或直隸於朔方軍，或與朔方軍政區相鄰近，概可稱爲與朔方軍關係密切之外族也。安禄山雖久蓄异謀，然不得同羅部落爲其軍隊主力，恐亦未敢遽發大難。蓋禄山當日所最畏忌者，爲朔方軍。同羅部落乃朔方軍武力之重要部分，既得襲取此部落以爲己用，更可爲所欲爲矣。同羅部落之役屬禄山，實非得已，故既至長安之後，不久即又叛歸其舊巢。此後安氏屯守西京之武力，已大減弱。肅宗即位靈武，又遣僕骨部落酋長僕固懷恩，結援回紇，將引花門之部衆，以收兩京，則安氏防守長安之精兵，僅餘奚部落，而奚部落素畏回紇，必不能敵抗。然則西京之收復，可計日而待，李唐宗室之受困長安者，亦不久可以解除也。少陵當日在安氏勢力統治之下，得此消息，密告李唐宗室之留陷長安者，所以深慰之，且諄戒其勿洩也。鄙意「昨夜東風吹血腥，東來橐駝滿舊都。」二句，與「朔方健兒好身手，昔何勇鋭今何愚。」二句，應是同咏一事，不可分爲兩截。蓋同羅部落，其初入長安時，必與駱駝隊群偕來，故少陵牽連及之。同羅昔日本是朔方軍勁旅，今則反覆變叛，自取敗亡，誠可謂大愚者也。錢謙益治杜詩至精，而唯引舊唐書史思明傳所載：

祿山陷兩京，常以駱駝運兩京御府珍寶於范陽，不知紀極。

以釋證「橐駝」之句，似猶未達一間也。此四句應與下文「竊聞天子已傳位，聖德北服南單于。花門剺面請雪恥，慎勿出口他人狙。」四句，一氣連讀，不可隔斷。少陵之意蓋謂同羅部落夙畏回紇，既已叛去，不復爲安氏守長安矣。今唐兵又將引回紇部衆以收西京，長安精鋭守兵，唯餘甚畏回紇之奚部落，回紇一至，奚必奔潰也。綜合八句，其文理連貫，邏輯明晰，非僅善於咏事，亦更善於説理也。少陵爲中國第一詩人，其被困長安時所作之詩，如哀江頭哀王孫諸篇，古今稱其文詞之美，忠義之忱，或取與王右丞「凝碧池頭」之句連類爲説。殊不知摩詰藝術禪學，固有過於少陵之處，然少陵推理之明，料事之確，則遠非右丞所能幾及。由此言之，古今治杜詩者雖衆，而於少陵之爲人，似猶知之未盡。不揣愚妄，因爲略發其覆如此。固知三家村訓蒙之陋語，實不足供説詩治史博學通識君子之一覽也。

（一九五三年四月）

元白詩中俸料錢問題

寅恪於清華學報第拾卷第叁期元微之遺悲懷詩之原題及其次序文中，曾據「今日俸錢過十萬」之句，以爲微之作此詩，疑在通州司馬權知州務之時，非權刺史之職，不能有「過十萬」之月俸也。唐代官俸隨時隨地互不相同，今存史料，殊不完具，不易知其詳實之數額。故所依據以推測者，亦不敢自信以爲定説。不過欲藉此提出問題，以資討論。前文已聲明此意，兹復別立一不同之假設，以備參證。但其主旨不在考定微之作詩之年月，而在拈出唐代地方官吏俸料錢之一公案。此爲是篇與前文不同之點。儻承讀詩論世之君子，并取參究，賜以教誨，尤所感幸！白氏文集壹肆有感元九悼亡詩，因爲代答三首。其二爲答騎馬入空臺五律。此詩今元氏長慶集玖原題作空屋題，下注云：「十月十四日夜。」據昌黎先生集貳肆監察御史元君妻京兆韋氏夫人墓志銘略云：

〔夫人〕以元和四年七月九日卒。其年之十月十三日葬咸陽。

微之次年春即貶江陵府士曹參軍事。故知微之空屋題詩注之「十月十四日夜」，乃元和四年十月十四日夜，即韋氏葬於咸陽之次夕。觀其「更想咸陽道，魂車昨夜回。」之句，可證是時微之以監察御史分務東臺，故以職事留於洛陽。此樂天代答詩所以有「鰥夫仍繫職」及「寂寞咸陽道，家人覆墓迴。」之句也。其三爲山驛夢七絶。今元氏長慶集玖原題作感夢。據其「影絶魂消動隔年」及「今夜商山館中夢」之句，知此詩爲微之於元和五年春貶江陵士曹參軍，途經商山驛館時之所作也。

今白氏文集第壹肆卷中所載之詩，其著作先後相距有至二十年以上者，如王昭君二首，下注云：「時年十七。」考樂天生於大曆七年。其十七歲爲貞元四年，其答山驛夢一詩，至早作於元和五年春微之貶江陵之後。自貞元四年至元和五年，其間有二十一年之久。此著作年月先後相距甚久最著之例也。據此推論，則樂天代答詩三首，其一答謝家最小偏憐女七律及微之之原作，究作於何時，殊不易考定，即使微之此首原作亦與其他空屋題、感夢二首爲相距不久之時所作，而「謝公最小偏憐女」一首，亦不能作於貶江陵以前，因韋氏未卒之時，微之已任監察御史，（據新唐書伍伍食貨志，監察御史俸錢三萬。）及其由監察御史貶江陵士曹參軍之後，官職與前不同，俸錢方能有多寡之別也。又微之此首原作，雖不能確知作於何時，但今白集諸詩與代答三首同列於第壹肆卷者，其中多是元和五年白公在長安時所作，白和元詩，其間距離不得太長，故微之謝公一首，頗有作於謫江陵時之可能。若果如此，無論此詩所言「俸錢過十萬」之數，與唐會要玖壹、册府元龜伍佰陸及新唐書伍伍食貨志所載京兆諸府判司月俸之額相差甚遠，按之法制，固不相合，而微之一由御史貶爲士曹，即有如斯厚俸，則不得身入帝城，復何足以爲恨，是於人情亦不可通。此點誠關係唐代官俸全部之問題，非僅限於一詩一句之考證而已。遂旁搜資料，重加審查，别擬假設，以爲解釋。

關於唐代官吏俸料制度，今唐會要玖壹至玖貳內外官料錢門、册府元龜伍佰陸邦計部俸禄門及新唐書伍伍食貨志諸書，所載皆極不完備，故元白詩中俸料問題，頗難作精密之研究，僅能依據會要册府所載貞元四年京文武及京兆府縣官元給及新加每月當錢之數，并新唐書食貨志所載會昌時百官俸錢定額，與元白詩文之涉及俸料錢者，互相比證，以資推論，蓋元白著作與此二時代相距最近故也。現存微之詩中言及俸錢者，寅恪前文亦已論及，今祇取樂天詩文關涉俸料者釋證之。樂天詩文多言及禄俸，昔人已嘗注意，如容齋五筆捌白公説俸禄條，即是其例。本文材料雖亦承用洪氏之書，然洪氏隨筆之旨趣在記述白公之「立身廉清，家無餘積。」本文則在考釋唐代京官外官俸料不同之問題，及證明肅代以後，内輕外重與社會經濟之情勢，故所論與之迥别。讀者幸取而并觀之，亦不敢掠美於前賢之微意也。

白集伍常樂里閑居偶題十六韵，時爲校書郎云：

俸錢萬六千，月給亦有餘。

寅恪案，唐會要玖壹册府元龜伍佰陸（下引此兩書，其卷數不别標明者，悉與此同。又爲行文便利之故，後有重複引用此兩書之材料，亦不注出。）載貞元四年京文武及京兆府縣官元給及新加每月當錢數略云：

校書正字〔等〕各十六貫文。（寅恪案，册府「校」作「較」，誤。「貫」作「千」，義同。）

新唐書伍伍（下引此書，其卷數不別標明者，悉與此同。又後有重複引用此書之材料，亦不注出。）食貨志載會昌後官俸額略云：

秘書省崇文弘文館校書郎正字〔等〕萬六千。

據此，與詩所言之數相合。

又白集壹貳爲左拾遺時作醉後走筆酬劉五主簿長句之贈云：

月慚諫紙二百張，歲愧俸錢三十萬。（寅恪案，容齋五筆捌白公説俸禄條「二百張」作「二千張」。）

寅恪案，唐會要册府元龜略云：

拾遺〔等〕各三十貫文。

新唐書食貨志略云：

拾遺〔等〕三萬。

據此，與詩所言之數相合。唐代俸錢自開元二十四年六月以後，本應以月計（見上引三書開元二十四年條)。此不過避上句諫紙月計之重複，故易爲歲計，而舉其成數耳。

又白集貳玖再授賓客分司云：

俸錢七八萬，給受無虛月。

同書叁伍劉禹錫罷太子賓客除秘書監時酬夢得貧居咏懷見贈云：

日望揮金賀新命，俸錢依舊又如何。

寅恪案，唐會要册府元龜略云：

太子賓客諸卿監〔等〕各八十貫文。

新唐書食貨志略云：

秘書殿中内侍監太子賓客〔等〕八萬。

據此，太子賓客月俸八萬，與詩言〔七八萬〕之數略同。又太子賓客與秘書監俸錢額數相等，詩言「俸錢依舊」，亦相符合。

又白集叁叁從同州刺史改授太子少傅分司云：

月俸百千官二品，朝廷僱我作閑人。

同書叁陸爲太子少傅分司時春日閑居三首之三云：

又問俸厚薄，百千隨月至。

同書叁柒以刑部尚書致仕後自咏老身，示諸家屬云：

壽及七十五，俸霑五十千。

同書同卷刑部尚書致仕云：

半俸資身亦有餘。

同書同卷狂吟七言十四韵略云：

俸隨日計錢盈貫。（自注：「尚書致仕請半俸。」）

同書同卷贈諸少年云：

老慚退馬霑芻秣。（自注：「謂致仕半禄也。」）

寅恪案，唐會要册府元龜略云：

六尚書太子三少〔等〕各一百貫。

新唐書食貨志略云：

尚書太子少保少傅〔等〕百萬。（寅恪案，少保少傅次序應互易。）

又册府元龜云：

貞元五年四月，以太子少傅兼禮部尚書蕭昕爲工部尚書，前太子少詹事韋建爲秘書監，并致仕，仍給半禄料。後授致仕官者，并宜准此。舊例致仕官給半禄及賜帛，俸料悉絶。帝念歸老之臣，時命賜其半焉。致仕官給半禄料，自昕等始也。

據會要册府，太子少傅尚書月俸俱一百貫文，即十萬。致仕半俸爲十萬之半數，即五萬，或五十貫，皆與詩所言之數相合。唯新唐書食貨志所載俸額，自太師起，至太子少傅止，較會要册府之數，多至十倍。疑唐代舊文，本以貫計，新書改「貫」爲「千」時，訛爲「萬」，遂進一位。今但取新志與會要册府比勘，已知其必有訛誤。況新志所載俸錢之數，爲會昌時之定額，而白詩即作於會昌時，斷無相差十倍之理，其爲誤計，尤顯然易見也。

又白集伍初除〔京兆府〕户曹，喜而言志云：

俸錢四五萬，月可奉晨昏。廪禄二百石，歲可盈倉囷。

寅恪案，禄米別是一問題，於此姑置不論。唐會要册府元龜貞元四年敕定京兆府縣官元給及新加每月當錢條略云：

京兆府縣官惟兩縣簿尉減五千。（寅恪案，「減」字從册府。會要作「加」，疑誤。）

餘并同大曆十二年四月二十八日敕。

同上二書載大曆十二年四月二十八日敕略云：

京兆判司兩縣丞各三十五貫文。

新唐書食貨志載會昌俸錢定額略云：

諸府大都督府判官〔等〕三萬五千。

據此，大曆貞元及會昌時，京兆府户曹參軍月俸祇三萬五千，與詩言之數，不相符合。

又白集貳陸送陝州王司馬建赴任云：

公事忙閑同少尹，（寅恪案，唐六典叁拾：「〔京兆〕少尹二人從四品下」注云：「魏晋以下有治中，隋文帝改爲司馬。煬帝改爲贊治，後改爲丞。皇朝曰治中，後避高宗諱，改曰司馬。開元初，改爲少尹，置二員。」然則，「同少尹」即同於京兆少尹也。）料錢多少敵尚書。

寅恪案，唐會要册府元龜大曆十二年四月加給京百司文武官及京兆府縣官每月料錢條略云：

六尚書〔等〕各六十貫文。

又同年五月釐革諸道觀察使團練使及判官料錢條略云：

州縣給料。（其大都督府長史准七府尹例。左右司馬准上州别駕例，支給料錢。）〔上州〕别駕五十五貫文，長史司馬各五十貫。

舊唐書叁捌地理志陝州大都督府條云：

廣德元年十月吐蕃犯京師，車駕幸陝州，仍以陝爲大都督府。天祐初，昭宗遷都洛陽，駐蹕陜州，改爲興德府。

據此，陜州在樂天時代，實爲大都督府。其司馬料錢准上州别駕例支給，爲五萬五千文，頗與尚書之料錢六萬文相近也。但此僅依大曆十二年四月及五月敕定之官書紙面材料而言。樂天苟非用此等材料，則别爲考釋如下。

檢白集此詩前第肆題爲大和戊申歲大有年詩。前第叁題爲贈悼懷太子挽歌辭二首題下自注：「奉詔撰進。」據新唐書捌貳敬宗五子傳略云：

悼懷太子普，大和二年薨。帝（文宗）惻念不能已，故贈卹加焉。

是亦作於太和二年戊申。由是觀之，送王司馬詩當亦作於此年，或距離不甚遠之時間。考太和二年去大曆十二年爲五十一年，若取相去較近之材料如唐會要貞元四年京文武及京兆府縣官元給及新加每月當錢條略云：

六尚書〔等〕各一百貫文。京兆府縣官。（唯兩縣簿尉减五千文，餘并同大曆十二年四月二十八日敕。）

同書大曆十二年四月二十八日敕定加給料錢條，僅載少尹五十貫，未載司馬月料。其年五月釐革諸道觀察使團練使及判官料錢條略云：

州縣給料。（其大都督府長史准七府尹例，左右司馬准上州别駕例，支給料錢。）〔上州〕

別駕五十五貫文。長史司馬各五十貫。

新唐書食貨志略云：

唐世百官俸錢，會昌後不復增減，今著其數。尚書〔等〕百萬。（寅恪案，「百」當作「十」，見前所論。）上州別駕五萬五千，上州長史司馬五萬。

據此，則尚書每月俸料爲一百貫，或十萬文。而陝州大都督府司馬准上州別駕例，仍爲五十五貫，或五萬五千文。其額數相差甚多，不得如樂天詩所言司馬之料錢「敵尚書」矣。豈當日陝州司馬實支之額數亦近於十萬，幾與尚書相等耶？

又白集肆叁江州司馬廳記略云：

案唐〔六〕典上州司馬秩五品。（寅恪案，樂天此語乃據唐六典叁拾「上州司馬一人從五品下」之制度而言。其下「歲廪數百石，月俸六七萬。」等語，乃據元和十三年作廳記時之實況而言。讀者須分別觀之，不可誤會也。）歲廪數百石，月俸六七萬。予佐是郡，行四年矣。時元和十三年七月八日記。

同書肆伍與元九書略云：

今雖謫佐遠郡，而官品至第五，月俸四五萬。潯陽臘月，江風苦寒，歲暮鮮歡，夜長無睡，引筆鋪紙，有念則書，言無次第，勿以繁雜爲倦，且以代一夕之話也。

寅恪案，上引會要及册府載大曆十二年五月敕定料錢數云：

〔上州〕長史司馬各五十貫。

新唐書食貨志載會昌後俸額略云：

上州長史司馬〔等〕五萬。

據此，大曆會昌俸料錢之數，與與元九書約略相合，而與司馬廳記所言則相差甚遠。又汪立名本白香山詩集引年譜舊本元和十年乙未條下略云：

初到江州有詩云：「樹木凋疏山雨後。」又江樓聞砧詩云：「江人授衣晚，十月始聞砧。」當是秋末冬初始到也。臘月有與元九書。

然則樂天與元九書作於元和十年十二月初抵江州蒞任未久之時，江州司馬廳記作於元和十三年七月八日佐郡將及四年之時。此四年之間，官職既是依舊，俸錢自無變更。且以本人述己身之俸料，決無誤記之事。但取此兩文互相比勘，相差竟至二三萬之多。容齋五筆捌白公說俸禄條雖引江州司馬廳記，而忘却與元九書中亦有「月俸四五萬」之語，以未比較，遂不覺其前後矛盾也。鄙意樂天兩文所以互异之故，實由與元九書中江州司馬月俸之數，乃其元和十年初冬始到新任時，僅據官書紙面一般通則記載之定額而言，其時尚未知當日地方特別收入之實數。至元和十三年秋，作江州司馬廳記時，則蒞任已行將四年，既知其地方特別之實數，遂於官舍廳記中言及之。此廳記之文，必是當日地方特别規定之常額，較之與元九書中所言，更宜可信。唯與元九書所言，雖與事實不符，然取與流傳至今根據唐代中央政府頒佈之材料，如會要册府唐書等，以相比勘，則轉與之相合，益可證知樂天作與元九書時，祇依官書紙面一般通則之額數也。

綜合以上所比證之例言之，凡關於中央政府官吏之俸料，史籍所載額數，與樂天詩文所言者無不相合。獨至地方官吏，（京兆府縣官吏，史籍雖附繫於京官之後，其實亦地方官吏也。）則史籍所載，與樂天詩文所言者，多不相合。且樂天詩文所言之數，悉較史籍所載定額爲多。據此可以推知唐代中晚以後，地方官吏除法定俸料之外，其他不載於法令，而可以認爲正當之收入者，爲數遠在中央官吏之上。如白氏文集陸肆策林叁省官并俸減使職條云：

兵興以來，諸道使府，或因權宜而置職，一置而不停。或因暫勞而加俸，一加而無減，至使職多於郡縣之吏，俸優於臺省之官。積習生常，煩費滋甚。

即是其例證。

又内外官吏同一時間，同一官職，而俸料亦因人因地而互异，如唐會要云：

〔大曆〕十四年正月宰臣常衮與楊綰同掌樞務，道不同。先是百官俸料寡薄，綰與衮奏請加之。時〔韓〕滉判度支，衮與滉各騁私懷，所加俸料，厚薄多由己。

唐會要册府元龜元和七年中書門下奏略云：

艱難以來，綱禁漸弛，於是增置使額，厚請俸錢，故大曆中，權臣月俸有至九千貫者，列郡刺史無大小，給皆千貫。常衮爲相，始立限約。至李泌又量其閑劇，隨事增加。閑劇之間，厚薄頓异。

即是其例證。故考史者不可但依官書紙面之記載，遽爾斷定官吏俸料之實數。祇可隨時隨地隨人隨事，偶有特別之記載，因而得以依據證實之。若欲獲一全部系統之知識，殊非易事。此亦治唐史者所不可不知者也。

樂天詩文中言俸料者比證既竟，玆再推論微之「謝公最小偏憐女」詩之問題。

新唐書肆玖下百官志略云：

江陵〔等〕府，府尹各一人。少尹二人。司録參軍二人。功曹，倉曹，户曹，田曹，兵曹，法曹，士曹參軍事各二人。

唐會要册府元龜記載大曆十二年料錢之數略云：

京兆及諸府少尹〔等〕各五十貫文。司録〔等〕各四十五貫文。判司〔等〕各三十五貫文。

新唐書食貨志記載會昌後官俸之制略云：

諸府少尹〔等〕六萬五千。諸府大都督司録參軍事〔等〕四萬五千。諸府大都督府判官三萬五千。（寅恪案，「官」疑「司」之誤。以新志上文已載「節度推官支使防禦判官四萬」，此處不應重出。且作「判司」與會要及册府等所載符合。殆後人習於「判官」之名，而罕見「判司」之語，因以致誤歟？）

據此，會要册府與新志所載，因時代先後有所不同，額數亦參差互異。但此亦關於中晚唐以後，地方政府官吏俸料之額數，其實際無論與任何紙面之定額，皆不符合者也。微之此詩若作於江陵，江陵士曹參軍即判司，其月俸紙面額數祇三萬五千，去「俸錢過十萬」之數，相差甚遠，但若例以陝州大都督府司馬俸料錢，可由官書紙面之五十五貫，或五萬五千文，而實支等於尚書之一百貫，或十萬文。江州上州司馬月俸，可由官書紙面之四五萬，而實支至六七萬。如上所論唐代中晚以後，地方官吏除法定俸料之外，其他不載於法令，亦可認爲正當收入之推證，及其本人與當權執政者人事之關係，則江陵士曹參軍之元微之，「俸錢過十萬」，亦非不可能也。總之，此爲一假設，僅可備參考，不得視爲定論也。

復次，舊唐書壹陸陸白居易傳（可參白集伍玖元和五年四月二十六日所進奏陳情狀及其年五月六日所進謝官狀）云：

（元和）五年，當改官，上謂崔群曰，居易官卑俸薄，拘於資地，不能超等，其官可聽自便奏來。居易奏曰，臣聞姜公輔爲内職，求爲京府判司，爲奉親也。臣有老母，家貧養薄，乞如公輔例。於是除京兆府户曹參軍。

白集伍初除户曹，喜而言志。詩略云：

詔授户曹掾，捧詔感君恩。感恩非爲己，禄養及吾親。喧喧車馬來，賀客滿我門。不以我爲貪，知我家内貧。

杜牧樊川集壹陸載上宰相求湖州三啓及上宰相求杭州啓，其求杭州啓云：

作刺史，則一家骨肉四處皆泰。爲京官，則一家骨肉四處皆困。

觀白氏傳及樂天之詩，牧之之啓，更可知其時京官外官收入多寡，判若天淵。此則中晚唐士大夫共同之心理及環境，實不獨白杜二人爲然也。

又册府元龜會昌六年中書門下奏云：

諸州刺史既欲責其絜己，須令俸禄稍充，但以厚薄不同，等給無制，致使俸薄處，無人願去，禄厚處，終日争先。

白集陸肆策林叁使官吏清廉，在均其禄，厚其俸條略云：

今之官吏所以未盡貞廉者，由禄不均，而俸不足也。不均者，由所在課料重輕不齊也。不足者，由所在官長侵刻不已也。夫上行則下從，身窮則心濫。今官長日侵其利，而望吏之不日侵於人，不可得也。

此可與上論同時同官而俸料互异之材料相參證，并可知内外官有輕重之别，外官復有厚薄之分也。其餘可參趙耘松翼陔餘叢考壹柒唐制内外官輕重先後不同條，於此不復備論。兹僅據元白詩文中所言俸料實數，取與現存當時法令規定之定額，互相比證，以見新唐書食貨志記載之有訛誤，并標舉唐代肅代以後内外官俸不同之特點如此。

兹更有可附論者，范攄雲溪友議卷下豔陽詞條載微之詩，此句作「今日贈錢過百萬」，其「百」字爲「十」字之訛，自不待言。唯其以「俸錢」爲「贈錢」，即「賻贈」之意，初視之，似亦可通。但檢唐會要貞元十年二月條云：

詔應文武朝官有薨卒者，自今已後，其月俸料宜皆全給，仍更准本官一月俸錢，以爲賻贈。

則是此等「賻贈」祇限於文武朝官之本人身死而言，與其妻無關。故「贈錢」二字，殊不能援引以爲解釋。况樂天「答謝家最小偏憐女」詩，有「誰知厚俸今無分」之句，更可證范書之誤，而微之原詩，此句必爲「今日俸錢過十萬」，絶無可疑矣。

（原載一九三五年十月清華學報第拾卷第肆期）

順宗實録與續玄怪録

通論吾國史料，大抵私家纂述易流於誣妄，而官修之書，其病又在多所諱飾，考史事之本末者，苟能於官書及私著等量齊觀，詳辨而慎取之，則庶幾得其真相，而無誣諱之失矣。韓愈之順宗實録者，朝廷史官撰進之國史也。李復言之續玄怪録者，江湖舉子投獻之行卷也。兩書之品質絶不類似，然其所紀元和一代，憲宗與閹宦始終隱秘之關係，轉可互相發明。特并舉之，用作例證。韓書世所習讀，故止略引其文。李書則其名稱异同，著作年代及文句校釋諸端，頗多疑滯之義，未易通解。但兹篇所引據之李書一節，爲太平廣記所未收入者，其字句無從比勘。故李書諸問題，於此俱可不必論及，以免支蔓。兹節録其文於下。

涵芬樓影南宋本續幽（玄）怪録壹辛公平上仙條略云：

洪州高安縣尉辛公平，吉州廬陵縣尉成士廉，同居泗州下邳縣。於元和末偕赴調集，行次閿鄉。〔緑衣吏王臻〕曰：「我乃陰吏之迎駕者，此行乃人世不測者也。幸君能一觀！」（寅恪案，「幸」字初視之，極可通。細審之，則疑是「辛」字之訛。蓋所以别於下文之「成公」也。徐乃昌先生隨盦叢書續編覆刻李書，附有校勘札記，「幸」字未著异讀。）成公曰：「何獨棄我？」曰：「君命稍薄，故不可耳。非敢不均其分也。入〔長安〕城，〔成君〕當舍於開化坊西門北壁上第二板門王家。辛君初五更立灞西古槐下。」及期，辛步往灞西，臻引辛謁〔陰世遣迎天子上仙軍馬之〕大將軍。居數日，〔大將軍〕部管兵馬戌時，〔辛隨之〕齊進，入光範〔門〕及諸門。將軍金甲仗鉞來，立於〔宣政〕殿下，五十人從卒環殿露兵，若備非常者。殿上歌舞方歡，俄而三更四點，有一人多髯而長，其狀可畏，忽不知其所來，執金匕首長尺餘，拱於將軍之前，延聲曰：「時到矣！」將軍頻眉揖之，唯而走。自西廂歷階而上，當御座後，跪以獻上。既而左右紛紜，上頭眩，音樂驟散，扶入西閣，久之未出。三更上御碧玉輿，肩舁下殿。〔將軍〕遂步從而出。自內閣及諸門，吏莫不嗚咽群辭，或收血〔泪〕，捧輿不忍去者。過宣政殿，二百騎引，三百騎從，如風如雷，颯然東去。出望仙門，將軍乃敕臻送公平，遂勒馬離隊，不覺足已到一板門前。臻曰：「此開化〔坊〕王家宅，成君所止也。」公平扣門一聲，有人應者，果成君也。秘不敢泄。更數月方有攀髯之泣。（寅恪案，「攀髯之泣」見史記貳捌封禪書。）

寅恪案，復言假道家「兵解」之詞，以紀憲宗被弒之實，誠可謂「微而顯，志而晦，婉而成章」者矣（此語見杜預春秋左氏經傳集解序）。唐代自中葉以後，凡值新故君主替嬗之際，宮禁之中，幾例有劇變，而閹宦實爲此劇變之主動者。外廷之士大夫，則是宮禁之中閹宦黨派鬥争時及決勝後可憐之附屬物與犧牲品耳！有唐一代之政治史中，此點關係至鉅，特宫禁事秘，外間本不易知，而閹人復深忌甚諱，不欲外廷有所得聞。憲宗爲中興之英主，其聲望更不同於他君，故元和一代，其君主與閹人始終之關係，後來之宦官尤欲隱秘之，以免其族類爲士大夫衆矢之的也。兹先節録順宗實録及其他有關史料於下，然後綜合論之，以證成鄙説。

五百家注昌黎先生文外集順宗實録關係宫禁中宦官黨争者如：

外集陸實録壹（原注：「起藩邸，盡貞元二十一年二月。」）云：

〔貞元二十一年正月〕德宗大漸，上疾不能言。（寅恪案，「上」指順宗。下同。）〔王〕伾即入，以詔召〔王〕叔文，坐翰林中，使決事。伾以叔文意入言於宦者李忠言，稱詔行下，外初無知者。

外集捌實録叁（原注：「起四月，盡五月。」）云：

〔五月〕辛卯以王叔文爲户部侍郎，職如故，賜紫。初，叔文欲依前帶翰林學士，宦者俱文珍等惡其專權，削去翰林之職。

外集玖實録肆（原注：「起六月，盡七月。」）略云：

王伾詐稱疾自免。自叔文歸第，伾日詣中人并杜佑，請起叔文爲相，且總北軍。知事不濟，卧至夜，忽叫曰：伾中風矣！明日遂輿歸不出。

〔七月〕乙未詔軍國政事宜權令皇太子某勾當。（寅恪案，「某」字即憲宗之名「純」。）上自初即位則疾，患不能言，至四月益甚。天下事皆專斷於叔文，而李忠言王伾爲之内主，〔韋〕執誼行之於外。既知内外厭毒，慮見摧敗，即謀兵權，欲以自固。而人情益疑懼，不測其所爲。會其與執誼交惡，心腹内離，外有韋皐裴垍（原注：「當作均。」）嚴綬等牋表，而中官劉光奇俱文珍薛盈珍尚〔衍〕解玉等皆先朝任使舊人，同心怨猜，屢以啓上。上固已厭倦萬機，惡叔文等，至是遂召翰林學士鄭絪衛次公王涯等，撰制誥而發命焉。

外集拾實録伍（原注：「起八月，盡至山陵。」）略云：

叔文既得志，與王伾李忠言等專斷外事。叔文入至翰林，而伾入至柿林院，見李忠言牛昭容等，故各有所主。

等條，皆可爲例證。

舊唐書壹陸拾韓愈傳云：

時謂愈有史筆，及撰順宗實録，繁簡不當，叙事拙於取捨，頗爲當代所非。穆宗文宗嘗詔史臣添改，時愈婿李漢蔣係在顯位，諸公難之，而韋處厚竟别撰順宗實録三卷。

五百家注昌黎先生文集叁捌進順宗皇帝實録表狀云：

去八年十一月臣在史職，監修李吉甫授臣以前史官韋處厚所撰先帝實録三卷，云未周悉，令臣重修。臣與修撰左拾遺沈傳師、直館京兆府咸陽縣尉宇文籍等，共加采訪，并尋檢詔敕，修成順宗皇帝實録五卷。削去常事，著其繫於政者，比之舊録，十益六七。忠良姦佞，莫不備書。苟關於時，無所不録。吉甫慎重其事，欲更研討，比及身殁，尚未加功。臣於吉甫宅取得舊本，自冬及夏，刊正方畢。文字鄙陋，實懼塵玷。謹隨表獻上。

右臣去月二十九日進前件實録。今月四日宰臣宣進止，其間有錯誤，令臣改畢却進舊本者。臣當修撰之時，史官沈傳師等采事得於傳聞，詮次不精，致有差誤。聖明所鑒，毫髮無遺。恕臣不逮，重令刊正。今并添改訖，其奉天功烈，更加尋訪，已據所聞，載於首卷，儻所論著，尚未周詳，臣所未知，乞賜宣示，庶獲編録，永傳無窮。

順宗實録壹卷首附注略云：

樊〔澤之汝霖〕曰，舊史公傳云：（寅恪案，即舊唐書壹陸拾韓愈傳。文見上引。）公進實録表狀所云，乃監修李吉甫以韋處厚所撰未周悉，令臣重修，而舊傳反謂所撰不當，處厚别撰三卷，誤矣。新史〔壹柒陸韓愈傳〕又云：「自韓愈爲順宗實録，議者鬨然不息，卒竄定無全篇。」按〔新唐書壹肆貳〕路隋傳：「文宗嗣位，隋以宰相監修國史。初，韓愈撰順宗實録，書禁中事太切直，宦寺不喜，訾其非實。帝詔隋刊正，隋建言，衛尉卿周君巢〔等〕皆言改修非是。夫史册者，襃貶所在，匹夫善惡尚不可誣，況人君乎？議者至引雋不疑、第五倫爲比，以蔽聰明。臣〔李〕宗閔、臣〔牛〕僧孺謂史官李漢、蔣係皆愈之婿，不可參撰，俾臣得下筆。臣謂不然。且愈所書，已非自出，元和以來，相循逮今，雖漢等以嫌，無害公議。諸條示甚謬誤者，付史官刊定。有詔摘貞元永貞間數事爲失實，餘不復改。漢等亦不罷。」由是觀之，則公於元和十年夏進此實録後，纔一刊正。是文宗朝所特改者，貞元永貞間數事耳。舊史以爲韋處厚別撰者固非，而新史又謂卒竄定無全篇者，亦非也。司馬温公〔資治通鑒〕考异〔壹玖順宗永貞元年二月李師古發兵屯曹州條下〕云：「景祐中，編次崇文總目，順宗皇帝實録有七本，皆五卷。題云，韓愈等撰。五本略，而二本詳，編次者兩存之。其中多异同。」然則是非取捨，後世安所折衷耶？終之，唯公之信而已。此新史所以采摭無遺，且以公爲知言也歟？

韓文類譜陸洪慶善興祖韓子年譜元和十年乙未條云：

進順宗實録狀云，去八年十一月臣在史職，監修李吉甫授臣以前史官韋處厚所撰先帝實録三卷，令臣重修。吉甫慎重其事，欲更研討。比及身殁，尚未加功。臣於吉甫宅取得舊本，自冬及夏，刊正方畢。按吉甫九年十月卒，則進實録在此年夏也。舊史云，愈撰實録，繁簡不當，叙事拙於取舍。按退之作史，詳略各有意，削去常事，著其繫於政者。其褒善貶惡之旨明甚。當時議者非之，卒竄定無全篇，良可惜也。史又云，愈説禁中事頗切直，内官惡之，往往於上前言其不實，此言是也。

寅恪案，樊洪二氏之説頗爲詳盡。關於退之撰順宗實録之公案，可據以判定矣。

舊唐書壹捌肆宦官傳俱文珍傳（新唐書貳佰柒宦者傳上劉貞亮傳同）略云：

〔文珍〕乃與中官劉光琦薛文珍尚衍解玉等謀，奏請立廣陵王爲皇太子，勾當軍國大事。順宗可之。及太子受内禪，盡逐〔王〕叔文之黨。

劉禹錫劉夢得外集玖子劉子自傳云：

是時太上久寢疾，（寅恪案，「太上」指順宗。）宰臣及用事者都不得召對，宫掖事秘，而建桓立順，功歸貴臣。（寅恪案，此借東漢時事爲比，詳見後漢書列傳陸捌宦者傳孫程傳曹騰傳等。）

舊唐書壹伍憲宗紀下略云：

〔元和十五年正月庚子〕上崩於大明宫之中和殿。時以暴崩，皆言内官陳弘志弑逆。史氏諱而不書。

同書壹捌肆宦官傳王守澄傳（新唐書貳佰捌宦者傳王守澄傳略同）云：

憲宗疾大漸，内官陳弘慶（志）等弑逆。憲宗英武，威德在人，内官秘之，不敢除討，但云藥發暴崩。

資治通鑑貳肆壹唐紀憲宗紀云：

〔元和十五年正月〕庚子〔憲宗〕暴崩於中和殿。時人皆言内常侍陳弘志弑逆，其黨類諱之，不敢討賊，但云藥發，外人莫能明也。

依據上引諸條綜合觀之，可知前言永貞内禪即新故君主替嬗之事變，實不過當日宫禁中閹人兩黨競争之結局，其説誠不誣矣。夫順憲二宗帝王父子且爲其犧牲品及傀儡子，何况朝臣若王伾王叔文韋執誼劉禹錫柳宗元之徒乎？韓退之與宦官俱文珍有連，此據昌黎先生外集叁送汴州監軍俱文珍序及王鳴盛蛾（蟻）術編伍柒俱文珍條，可以推證得知者，故順宗實録中關涉宫禁諸條，既傳自當日之閹宦，復經憲宗鑒定添改，則所紀者，當能得其真相，但即因是轉爲閹人所惡。蓋其黨類於永貞之末，脅迫順宗以擁立憲宗之本末，殊不欲外廷知之也。及憲宗又爲内官所弑，閹人更隱諱其事，遂令一朝國史，於此大變，若無若有，莫能詳述。然則永貞内禪及憲宗被弑之二大事變，即元和一代，其君主與宦官始終之關係，實爲穆宗以後閹黨之深諱大忌，故凡記載之涉及者，務思芟夷改易，絶其迹象。李書此條實乃關於此事變倖存之史料，豈得以其爲小説家言，而忽視之耶？丁丑夏日偶讀續玄怪録，因取與順宗實録等量齊觀，而論證之如此。

（原載一九四〇年一月國立北京大學四十週年紀念論文集乙編上册）

魏志司馬芝傳跋

三國志魏志壹貳司馬芝傳云：

特進曹洪乳母當，與臨汾公主侍者共事無澗神，繫獄。卞太后遣黃門詣府傳令，芝不通，輒敕洛陽獄考竟，而上疏曰：「諸應死罪者，皆當先表須報。前制書禁絶淫祀，以正風俗。今當等所犯妖刑，辭語始定，黄門吴達詣臣，傳太皇太后令。臣不敢通，懼有救護，速聞聖聽，若不得已，以垂宿留。由事不早竟，是臣之罪，是以冒犯常科，輒敕縣考竟，擅行刑戮，伏須誅罰。」

裴松之注釋無澗神之義云：

無澗，山名，在洛陽東北。

寅恪案，「無澗神」疑本作「無間神」，無間神即地獄神，「無間」乃梵文 Avici 之意譯，音譯則爲「阿鼻」，當時意譯亦作「泰山」。裴謂無澗乃洛陽東北之山名。此山當是因天竺宗教而得名，如後來香山等之比。泰山之名漢魏六朝内典外書所習見。無澗即無間一詞，則佛藏之外，其載於史乘者，惟此傳有之，以其罕見之故，裴世期乃特加注釋，即使不誤，恐亦未能得其最初之義也。

據此可知釋迦之教頗流行於曹魏宫掖婦女間，至當時制書所指淫祀，雖今無以確定其範圍，而子華既以佛教之無間神當之，則佛教在當時民間流行之程度，亦可推見矣。

（一九四九年）

逍遥游向郭義及支遁義探源

世說新語文學類云：

> 莊子逍遥篇舊是難處，諸名賢所可鑽味，而不能拔理於郭向之外。支道林在白馬寺中，將馮太常共語，因及逍遥。支卓然標新理於二家之表，立异義於衆賢之外，皆是諸名賢尋味之所不得。後遂用支理。

寅恪案，郭象莊子注今存，支遁逍遥論今得見者，僅世說此條劉孝標注所徵引之一節而已。文雖簡略，然尚可據以推論其旨要之所在及其學説之所本也。今撰此篇，止以考證向郭義及支遁義之何所從出爲範圍，其他概不涉及。茲請先論向郭義。魏晋清談出於後漢末年之清議，人所習知，不待詳考。自東漢末黨錮之後，繼以魏武父子之摧抑，其具體評議中朝人物任用之當否，如東漢末之清議，已不爲世主所容。故人倫鑒識（參晋書肆叁王戎傳及柒肆桓彝傳并世說新語政事類何驃騎作會稽條注引郭泰别傳及賞譽類下庾公爲護軍條注引徐江州本事）即清議之要旨，其一部依附於地方中正制度，以不與世主直接衝突，因得倖存。其餘則捨棄具體人物任用當否之評議，變爲假設問題抽象學理之討論。此觀於清談總彙之世說新語一書，其篇類之標目可以證明，而鍾會之才性四本論（參南齊書叁叁王僧虔傳）及劉邵人物志，又此清議變相之最著及僅存之作也。（後漢書列傳伍捌郭太傳云：「林宗雖善人倫，而不爲危言覈論，故宦官擅政而不能傷也。及黨事起，知名之士多被其害，惟林宗及汝南袁閎得免焉。」又世説新語政事類何驃騎作會稽條注引郭泰別傳略云：「泰字林宗，有人倫鑒識。自著書一卷，論取士之本。未行，遭亂亡失。」寅恪案，抱朴子外篇肆陸正郭篇云：「林宗周旋清談閭閻，無救於世道之陵遲。」然則清談之風實開自林宗，故抽象研討人倫鑒識之理論，亦由林宗啓之也。）

世説新語文學類鍾會撰四本論始畢條劉注云：

魏志曰，會論才性同异，傳於世。四本者，言才性同，才性异，才性合，才性離也。尚書傅嘏論同，中書令李豐論异，侍郎鍾會論合，屯騎校尉王廣論離。文多不載。

劉邵人物志中材能篇云：

凡所謂能大而不能小，其語出於性有寬急。性有寬急，故宜有大小。寬弘之人宜爲郡國，使下得施其功，而總成其事。急小之人宜理百里，使事辦於己。然則郡之與縣，异體之大小者也。以實理寬急論辨之，則當言大小异宜，不當言能大不能小也。若夫雞之與牛，亦异體之小大也。故鼎亦宜有大小，若以烹犢，則豈不能烹雞乎？故能治大郡，則亦能治小郡矣。推此論之，人材各有所宜，非獨大小之謂也。

寅恪案，孔才年輩先於士季。據其人物志上體別篇，「偏材之性，不可移轉矣。」之語，及劉昞「固守性分，聞義不徙。」之注，則其說或與士季才性合之論略有近似處。然鍾論既佚，自不宜妄測。所可注意者，即性分才能大小宜適諸問題，皆劉書之所討論，而此諸問題本是清議中具體事實之問題，今則變爲抽象理論之問題而已。斯則清議與清談之所由分也。若持此義以觀逍遥游郭象注中：

夫小大雖殊，而放於自得之場，則物任其性，事稱其能，各當其分。逍遥一也，豈容勝負於其間哉？

及

鵬鯤之實，吾所未詳也。夫莊子之大意，在乎逍遥游放，無爲而自得。故極小大之致，以明性分之適。達觀之士，宜要其會歸，而遺其所寄，不足事事曲與生說，自不害其弘旨，皆可略之。

之語，則知向郭之逍遥游義，雖不與劉氏人物才性之説相合，但其措意遣詞，實於孔才所言頗多近同之處。故疑向子期之解逍遥游，不能不受當時人物才性論之影響。惜文籍缺略，無從確證。特標出之，以求當世研精郭注者教正。

支遁逍遥游新義之爲佛教般若學格義，已詳湯用彤先生所著釋道安時代之般若學述略（見哲學論叢第壹集）及拙著支愍度學說考（見蔡元培先生六十五歲慶祝論文集），於此可不贅述。茲所欲論證者，即支遁新義其所依據之佛經確爲何經，及此新義是否果爲林公之所創發二事而已。

高僧傳肆支遁傳略云：

支遁字道林，本姓關氏。陳留人，或云河東林慮人。家世事佛，早悟非常之理，隱居餘杭山。沉思道行之品，委曲慧印之經。遁嘗在白馬寺，與劉系之等談莊子逍遥篇云，各適性以爲逍遥。遁曰，不然，夫桀跖以殘害爲性。若適性爲得者，彼亦逍遥矣。於是退而注逍遥篇，群儒舊學莫不嘆伏。注安般四禪諸經及即色游玄論聖不辯知論道行旨歸學道誡等。至晋哀帝即位，頻遣兩使，徵請出都，止東安寺。講道行般若，白黑欽崇，朝野悦服。以晋太和元年閏四月四日終。春秋五十有三。

世説新語文學類略云：

有北來道人，好才理，與林公相遇於瓦官寺，講小品。於時竺法深孫興公悉共聽，此道人語，屢設疑難。林公辯答清析，辭氣俱爽。此道人每輒摧屈。

殷中軍讀小品，下二百籤，皆是精微，世之幽滯。嘗欲與支道林辯之，竟不得。今小品猶存。

于法開始與支公争名，後情漸歸支，意甚不分，遂遁迹剡下，遣弟子出都。語使過會稽，於時支公正講小品。開戒弟子，道林講比汝至，當在某品中。因示語攻難數十番。云，舊此中不可復通。弟子如言，詣支公，正值講，因謹述開意，往反多時，林公遂屈。厲聲曰，君何足復受人寄載來？

廣弘明集貳捌上王洽與林法師書云：

今道行指歸通叙色空，甚有清致。

僧祐出三藏記捌載支道林大小品對比要鈔序云：（文多脱誤，故不移録。）

高僧傳肆康僧淵傳云：

誦放光道行二般若，即大小品也。

寅恪案，小品疑即支讖譯道行經也。又小品乃專名。劉孝標世説新語文學類殷中軍讀小品條注云：

釋氏辨空經，有詳者焉，有略者焉。詳者爲大品，略者爲小品。

語殊空泛，不能確指。日本思田仲任世説音釋叁有北來道人條，以鳩摩羅什譯小品般若波羅蜜經當之，則又不知殷浩支遁皆不及見此鳩摩羅什譯之小品也。

據上引諸條，知林公於道行一經實爲顓門之業。其借取此經旨意以釋莊子，乃理所當然。

考出三藏記集柒載道安道行經序云：

要斯法也，與進度齊軫，逍遥俱游。

高僧傳伍僧光傳略云：

釋僧光冀州人。爲沙彌時，與道安相遇於逆旅。道安後復從之，相會欣喜，因共披文屬思，新悟尤多。安曰，先舊格義於理多違。光曰，且當分析逍遥，何容是非先達。（寅恪前作支愍度學説考時，不以此傳文之「逍遥」爲書篇之名。今細繹上文有「披文」之語，故認此爲莊子之逍遥游。僧光意謂且務證解逍遥游之真諦，不必非難昔日所受於先輩之逍遥游格義舊説也。如是解釋，未知確否，附識於此，以俟詳考。）

同書陸慧遠傳云：

年二十四，便就講説。嘗有客聽講，難實相義，往復移時，彌增疑昧。遠乃引莊子義爲連類。於是惑者曉然。是後安公特聽慧遠不廢俗書。

寅恪案，格義之定義，見高僧傳肆法雅傳及拙著支愍度學説考，兹不重論。但寅恪前未别於莊子逍遥游一篇有所考釋，故今略補證之。據道安道行經序，既取道行經與逍遥游并論，明是道安心目中有此格義也。依僧光「且當分析逍遥，何容是非先達。」之語，則知先舊格義中實有以佛説解逍遥游者矣。慧遠少時在南游荆州之前，其講實相義，亦已引莊子義爲連類，則般若之義容可與逍遥游義附會也。取此諸條，依其時代先後及地域南北之關係，綜錯推論之，則借用道行般若之意旨，以解釋莊子之逍遥游，實是當日河外先舊之格義。但在江東，則爲新理耳。支遁本陳留或林慮人，復家世事佛，疑其於此種格義，本已有所薰習。據世説新語文學類王逸少作會稽條（高僧傳肆支遁傳略同）云：

因論莊子逍遥游，支作數千言，才藻新奇，花爛映發。王遂披襟解帶，留連不能已。

可知林公標此新義，其文采辭令必非當日諸傖道人所能企及，固不僅意旨之新拔已也。又向郭舊義原出於人倫鑒識之才性論。故以「事稱其能」及「極小大之致，以明性分之適。」爲言。林公窺見其隱，乃舉桀跖性惡之例，以破大小適性之説。然則其人才藻新奇，神悟機發（世説新語品藻類郗嘉賓問謝太傅條注引支遁傳），實超絶同時之流輩。此所以白黑欽崇，推爲宗匠，而逍遥新義，遂特受一世之重名歟？

（原載一九三七年四月清華學報第壹貳卷第貳期）

附記

寅恪近年撰書世説新語文學類鍾會撰四本論始畢條後一文，以爲當日主才性離异者，爲曹氏之黨，主才性同合者，爲司馬氏之黨。孔才卒於齊王芳正始中，尚在嘉平一兀年司馬懿殺曹爽，即曹氏與司馬氏公開决裂以前，故其生世較早，兩黨分野未甚明確，假使其持論與司馬氏黨之鍾會相似，亦不必執此目爲於魏晋兩朝皇室有所偏袒也。

（一九六五年）

元代漢人譯名考

治元史者，莫不知元代社會有蒙古色目漢人三階級。陶九成南村輟耕録壹氏族條，載蒙古七十二種，色目三十一種，漢人八種。其所舉漢人八種之名曰：

契丹　高麗　女直　竹因歹　朮里闊歹　竹温　竹赤歹　渤海（原注：女直同。）

陶氏此文，自來疑其訛舛。故所舉蒙古色目氏族之名，以元秘史拉施特書聖武親征録及元史等校之，頗多重複脱漏。近年日本箭内亘博士著元代社會之三階級一文（見滿鮮歷史地理報告第叁卷）。其蒙古色目氏族比較表，較之錢竹汀元史氏族表及柯蓼園學士丈新元史氏族表，尤爲詳審。其論陶氏所舉漢人八種之名曰：

輟耕録編者於漢人八種中，不舉漢人，可謂不合之極。又如後述嚴密言之，漢人亦有二種，嘗在金治下之支那人曰漢人，在宋治下之支那人曰南人。而從其待遇上差别言之，漢人八種，當可改爲漢人十種者也。

錢竹汀大昕十駕齋養新録玖趙世延楊朶兒只皆色目條曰：

〔元史〕列傳第五卷至三十二卷，皆蒙古色目人。第三十三卷至七十五卷，皆漢人南人也。趙世延雍古部人，即按竺邇之孫，蓋色目人也，而與漢人同列，誤矣。楊朶兒只西夏人。元時稱夏人爲唐兀氏。唐兀亦色目三十一種之一。其人各自有姓，如李恒高智耀來阿八赤，皆列於色目，則朶兒只亦當爲色目人矣。耶律石抹完顔粘合烏古論，皆遼金舊族，元時謂之漢人。漢人有官至宰執者，而南人不得入臺省。順帝時稍用南人，而入參政者，僅危素一人耳。漢人南人之分，以宋金疆域爲斷，江浙湖廣江西三行省爲南人。河南省唯江北淮南諸路爲南人。

又錢氏元史氏族表序曰：

耶律石抹粘朮合孛魯之倫，出自遼金，當時所謂漢人也。

寅恪案，錢氏言遼金舊族，元時謂之漢人，其説是也。然元代遼金舊族，何以俱稱漢人，而陶九成以黄巖人著書，列舉漢人氏族八種之名，轉遺漢族本身而不載。陶氏縱極疏忽，亦何至訛謬如此。蓋元代漢人之名，必有待發之覆。今爲考證當日漢人之名，其譯語本爲何字，兼采近年外國成説，覈以蒙古波斯舊史之文，依其界説之變遷及涵義之廣狹，立一假定之説，以解釋之。

明火源潔華夷譯語蒙文編人物門，漢人曰乞塔。乞塔固爲中國人之通稱。然元初所謂漢人，疑尚有他譯名也。海鹽朱教授希祖所藏日本元禄十二年翻刻元泰定本陳元靚事林廣記庚集卷拾至元譯語人事門，漢兒曰托忽歹。蠻子曰囊家歹。今取舊史校之，知托忽歹爲札忽歹之訛，而橐家歹之語，則本之金人故稱也。茲以舊史之文證之。

拉施特論中國之一節（見 Blochet 校本拉施特蒙古史波斯原文第貳冊第叁貳捌頁及 Quatre-mère 拉施特蒙古史波斯法文對譯本第捌伍頁至玖陸頁）云：

> Khatai 國者，蒙古人稱爲 Djavkout，支那語謂之 Khanzi。以 Kara-moran（黄河）與 Matchin 國即支那人所謂 manzi（蠻子）者爲界。又與 Tchourtcheh 及游牧人所居 Kara-Khatai 荒漠之地接界。蒙古語 Tchourtcheh 之名，蓋因支那人稱此國人爲 Nangias。與 Khatai 以黄河爲界。此水源出吐蕃及迦濕彌羅，常不可渡。其國都名 Khingsai。（即臨安，殆行在之音譯。）距 Khan-balik（大都）四十日程。

又波斯文舊題 Abd-allah-Bedawi 所著 Nizam-altawarikh（譯言史貫）第捌篇論中國一節，與拉施特書同。（見 André Müller，Historia Cathaica 第捌頁至第壹壹頁。原書未見，僅據 Quatre-mère 本拉施特書第捌陸頁所引，并可參 Blochet 本拉施特書第貳冊第叁貳捌頁。）其文略云：

> Khatai 分爲數國。其名隨各種語言而不同。支那語謂 Khanjo-tchou（tchi）Tchoun-Koné。蒙古語謂之 Djavkout。印度人謂之 Tchin。吾等（波斯人）謂之 Khatai。

寅恪案，兩書所述，俱出一源。是 Djavkout 一語，究爲何字轉譯，雖無定論，要爲當時蒙古語中國之通稱，則無疑義。故至元譯語人事門，漢兒曰托忽歹，正記錄當時習俗之通稱。托字當爲札字之訛也。

拉施特書記憲宗伐宋事（見 Blochet 本第貳册第叁貳叁頁所引）云：

蒙哥令支那未來皇帝領蒙古及 Djavkout 攻宋。

元史叁憲宗本紀云：

〔八年戊午十一月〕命忽必烈統諸路蒙古漢軍伐宋。

兩書所記，實爲一事。此 Djavkout 爲漢軍譯語之確據也。又拉施特書（Vol.241，Quatremère 本第玖壹頁注）以 Djavkout 之名包括 Khatai、Tchourtcheh、Tangut 及 Solangah（高麗即元史之肅良合秘史之莎郎合思）諸地。此廣義之泛稱，與輟耕錄所舉可互證也。

又元秘史（見葉氏觀古堂刊本續集卷貳第伍肆頁下至伍伍頁上及伍捌頁上）云：

斡歌歹	合罕	嗚詁列論	額赤格余延	也客	斡欒	突兒	撒兀周	合罕
名	皇帝	說	父 自的行	大	位	裏	坐着	皇帝

額赤格因 豁中亦納 委亦列都克先 米納 札中忽敦 亦舌兒堅突舌兒 阿牙剌周
父的 後 做了的勾當 我的 金人的 百姓行 征進者

札中忽惕亦兒舌堅 木中忽惕中合中罷 必
金人每百姓 窮絕了 我

斡歌歹皇帝說：「自坐我父親大位之後，添了四件勾當。一件平了金國。」

此札忽惕即拉施特書之 Djavkout。至元譯語之托忽歹之托字爲札字之訛，可據此證明。至蒙古之稱金人，姑就元秘史而論，札忽惕之外，或曰阿勒壇，即蒙文金字之意譯。或曰主兒扯惕，即女直之對音。或曰乞塔惕，即與華夷譯語之乞塔同一字也。

又至元譯語人事門，蠻子曰囊家歹。囊家即拉施特之 Nangias。法蘭西伯希和教授 Prof. Paul Pelliot 謂即華語南家二字之音譯。（見一千九百十三年巴黎亞細亞學會雜志第壹壹集第壹期）

而南字以與家字聯接，故譯音稍變。并引三朝北盟會編貳貳馬擴茅齋自叙云：

粘罕云：「你説得也煞好，衹是你南家説話多捎空。」

金人稱宋爲南家，蒙古亦承用之。後遂爲中國之通稱。不僅如拉施特書，限於支那之南部。如蒙古源流陸（參一千九百十三年巴黎亞細亞學會雜志第壹壹集第壹期伯希和君論文）云：

〔阿勒坦汗〕行兵中國，侵凌騷擾。

此文中國二字，據蒙文原本（見 Schmidt 本第貳壹拾頁第貳行）作 Nangiad-ulus。今蒙文彙書（卷肆第捌陸頁）及滿蒙漢藏四體文監人類門華文漢人二字，蒙文均作囊家之音。雖其界説與至元譯語不同，而此舊名尚存於近代書籍。然則 Blochet 君謂今日蒙文已無此字者殆非也（見 Blochet 本拉施特書第貳册第叁貳肆頁注）。

又元典章貳貳户部鹽法通例條云：

今各路官司依例斷遣漢兒人蠻子人申解遼陽省發付出軍。

此稱漢兒人蠻子人尤與至元譯語脗合。其他漢人南人之稱，相當於元代之官書者甚衆，如元史捌壹選舉志及元典章叁壹禮部科舉式目條所載漢人南人分配區域，尤足資參證。至其分别，則如錢氏十駕齋養新録所謂以宋金舊疆爲斷者也。

今據上述諸端，知札忽惕，乞塔惕等名，姑不論其字之原義如何，但蒙古既用以指金人，又别無他語以稱金治下之漢族。當日列舉氏族之名，其總目爲漢人，以别無他名稱金治下漢族之故，其子目遂不列漢人。此限於當日語言界説所致，殊不足爲异也。輟耕録氏族條，固多謬誤，惟此漢人八種一節，後人均視爲疏略尤甚者，寅恪則頗疑其全襲蒙古最初故籍舊題之原文，絶未增損一語，間有重複舛訛，殆爲移譯傳鈔所致。至箭内博士又以陶氏所舉漢人八種中未列南人爲不合，殊不知蒙古語當日自有囊家歹之專名，以稱南人，實不在札忽歹即漢人總稱範圍之内。陶氏襲用蒙古最初故籍原文札忽歹舊語標目之下，固不能兼列南人，如後來界説已推廣變遷者之所爲。蓋一時代之名詞，有一時代之界説。其涵義之廣狹，隨政治社會之變遷而不同，往往鉅大之糾紛訛謬，即因兹細故而起，此尤爲治史學者所宜審慎也。

（原載一九二九年八月清華學校研究院國學論叢第貳卷第壹號）

幾何原本滿文譯本跋

幾何原本滿文譯本寫本七卷，舊藏景陽宫，蓋歐幾里得書前六卷之譯本也。戊辰仲冬，寅恪始得北海圖書館影本讀之。此本不依歐氏原文移譯，故與利泰西徐文定共譯本迥异。寅恪取數理精蘊中十二卷之幾何原本校之，其體制内容適與之相符。惟滿文本所分卷數間有不同，所列條款及其數目之多寡亦往往與數理精蘊本不合。如滿文本之第陸卷即數理精蘊本之第陸卷至第拾卷。然數理精蘊本第陸卷至第拾卷共爲六十四條，而滿文本之第陸卷則爲九十條。又滿文本之文復有軼出數理精蘊本之外者，如滿文本之第壹卷卷首序論即不載數理精蘊本中，此二本之互异者也。二本之文字詳略及各卷所附圖式，則大抵符合，此二本之相同者也。今綜校二本之异同，姑不論滿文本譯自數理精蘊本，抑數理精蘊本譯自滿文本，要之此二本同出於一源，則無疑義。嘗讀數理精蘊本，怪其與利徐共譯本體裁絶异。復與清初杜臨甫之幾何論約及方位伯之數度衍所附幾何約諸書，僅就利徐共譯本删節者，皆不相類，頗致疑於清聖祖及諸臣删改之説。往歲游學海外，偶於圖書館檢夏鳥氏（Sommervogel）耶穌教會著述目録見有滿文幾何原本之名。考法蘭西人支那學書目（H.Cordier: Bibliotheca Sinica, Vol.II, P.1092），天學初函於乾隆二十三年譯爲滿文，但彼爲利徐共譯本，非此景陽宫七卷本也。今此七卷本既非利徐共譯本，又不似利徐共譯本之删節本，殊不知其所從出。然數理精藴中之割圓術，本西説也，而詭稱御製（據李儼君所言）。數理精藴中之幾何原本與景陽宫之幾何原本滿文譯本原爲一書，殆出於耶穌教會諸子之手，而夏鳥氏目録所載者，當亦即此書也。夫歐幾里得之書，條理統系，精密絶倫，非僅論數論象之書，實爲希臘民族精神之所表現。此滿文譯本及數理精藴本皆經删改，意在取便實施，而不知轉以是失其精意。耶穌教會諸子號稱通達權變，折衷中西，雖於東土舊傳拜死敬天之禮，亦有不妨寬假之意。然顓門名家之學，與應世之術不同，若一無依據，未必能盡易原書體裁。考歐邏巴洲十六七世紀時，歐幾里得之書，屢經編校刊行，頗有纂譯簡易之本，以資淺學實習之用者，如德意志人浩爾資曼 Wihelm Holtzmann 所譯德文幾何原本前六卷之本，其自序略謂：「此本爲實用者而作。實用者僅知當然已足，不必更示以所以然之理。故凡關於證明之文，概從芟略云云。」（見 Thomas L.Heath 英譯幾何原本第貳版第壹册第壹佰柒頁）即其一例也。寅恪因之疑此滿文譯本及數理精藴本皆間接直接出於浩氏相類似之本，而數理精藴本恐非僅就利徐共譯本所能删改而成者。惜局處中土，無從廣徵歐書舊刊，爲之證明耳。然則此七卷之滿文譯本者，蓋景陵當日幾暇格物之書，西海疇人重譯顓門之業，迄乎兹世，猶在人間，即此一段因緣，已足特加珍護。况復藉以得知歐幾里得前六卷之書，赤縣神州自萬曆至康熙百年之間，已一譯再譯，則其事之關係於我國近世學術史及中西交通史者至大，尤不可以尋常滿文譯籍等視之矣。

（原載一九三一年四月歷史語言研究所集刊第貳本第叁分）

吐蕃彝泰贊普名號年代考（蒙古源流研究之一）

薩納囊徹辰洪台吉著蒙古源流（四庫全書總目伍壹史部雜史類蒙古源流條提要稱作者之名爲小徹辰薩囊台吉），其所紀土伯特事，蓋本之西藏舊史。然取新舊唐書吐蕃傳校其書，則贊普之名號，往往不同，而年代之後先，相差尤甚。夫中國史書述吐蕃事，固出於唐室當時故籍，西藏志乘，雖間雜以宗教神話，但歷代贊普之名號世系，亦必有相傳之舊説，決不盡爲臆造。今唐蕃兩地載籍互相差异，非得書册以外之實物以資考證，則無以判别二者之是非，兼解釋其差异之所由來也。

蒙古源流貳略云：

穆迪子藏瑪（寅恪案，坊刊本藏作減，誤。）達爾瑪，持松壘，（寅恪案，坊刊本持作特，誤。）羅壘，倫多卜等，兄弟五人。長子藏瑪出家爲僧（句）次子達爾瑪（句）持松（寅恪案，松下略一壘字，滿文本已如是。）自前戊子紀二千九百九十九年之丙戌年所生。歲次戊戌，年十三歲，衆大臣會議輔立即位。在位二十四年，歲次辛酉，年三十六歲，殁。汗無子，其兄達爾瑪即位。

寅恪案，薩納囊徹辰洪台吉以釋迦牟尼佛涅般後一歲爲紀元。據其所推算，佛滅度之年，爲西曆紀元前二千一百三十四年。故其紀元前之戊子元年，爲西曆紀元前二千一百三十三年。其所謂「自前戊子紀二千九百九十九年之丙戌年」，即西曆紀元後八百六十六年，唐懿宗咸通七年。戊戌年即西曆紀元後八百七十八年，唐僖宗乾符五年。辛酉年即西曆紀元後九百零一年，唐昭宗天復元年。惟蒙古源流此節所紀達爾瑪，持松壘贊普之名號年代，皆有錯誤。兹先辨正其名號，兼解釋其差异之所由來，然後詳稽其年代之先後，以訂正唐蕃兩地舊史相傳之訛誤，或可爲治唐史者之一助歟？

名號之訛誤有二：一爲誤聯二名爲一名。一爲承襲蒙古文舊本字形之訛，而誤讀其音。何謂誤聯二名爲一名？檢新唐書貳壹陸下吐蕃傳略云：

贊普（寅恪案，此指可黎可足，即彝泰贊普。）立幾三十年。死。以弟達磨嗣。

資治通鑒考异貳壹唐紀壹叁文宗開成三年吐蕃彝泰贊普卒，弟達磨立。條云：

彝泰卒及達磨立，實録不書。舊傳續會要皆無之。今據補國史。

坊刊本蒙古源流貳云：

汗（寅恪案，此指持松壘。）無子，其兄達爾瑪，癸未年所生，歲壬戌，年四十歲，即位。因其從前在世爲象時，曾設惡愿，二十四年之間，惡習相沿，遂傳稱爲天生邪妄之郎達爾瑪。

（寅恪案，藏語謂象爲朗 glan̂。）汗將大乘三藏以下，下乘以上之三乘及四項僧人，俱行殄滅，殘毀禪教。

清高宗御製文初集壹貳翻譯四體楞嚴經序略云：

今所譯之漢經，藏地無不有，而獨無楞嚴，其故以藏地中葉，有所謂狼達爾嗎汗者，毀滅佛教。焚瘞經典時，是經已散失不全。其後雖高僧輩補苴編葺，以無正本，莫敢妄增。獨補敦祖師曾授記是經當於後五百年，仍自中國譯至藏地。此語乃章嘉國師所誦梵典，炳炳可據。且曰〔楞嚴經〕若得由漢而譯清，由清而譯蒙古，由蒙古而譯土伯忒，則適合補敦祖師所授記。雖無似也，而實不敢不勉力焉。因命莊親王〔等〕董其事。蓋始事自乾隆〔十七年〕壬申，而譯成於〔二十八年〕癸未。

又藏文嘉喇卜經 Rgyal-rabs 者，（聞中國有蒙文刊本，寅恪未見。）蒙古源流譯本子注及四庫總目提要，皆言其與薩納囊徹辰洪台吉所紀述多相符合。今據 Emil Schlagintweit 本嘉喇卜經藏語原文第壹貳頁第壹貳行，其名亦爲 Glan̂darma，即蒙古源流之朗達爾瑪及清高宗文中之狼達爾嗎，亦即新唐書及通鑑考异之達磨，而蒙古源流之持松壘，在嘉喇卜經則稱爲 Ral-pa-can，與朗達爾瑪非爲一人，彰彰明甚。至於持松壘與達爾瑪孰爲兄弟及朗達爾瑪汗時，楞嚴經有無藏文譯本，皆不必論。惟持松壘與達爾瑪之爲二人，則中國史籍，蒙古源流及西藏歷世相傳之舊説，無不如是也。今故宫博物院景陽宫所藏蒙古源流滿文譯本，誤勝達爾瑪、持松壘二名爲一名，此必當日滿文譯者所據喀爾喀親王成衮札布進呈之蒙文本，已有斯誤，以致輾轉傳訛，中文譯本，遂因而不改。即彭楚克林沁所校之中文譯本（曾見江安傅氏轉録本），亦誤其句讀。以寅恪所見諸本言之，惟施密德氏 Isaac Jacob Schmidt 之蒙文校譯本，二名分列，又未省略，實較成衮札布之本爲佳也。

何謂承襲蒙文舊本字形之訛，而誤讀其音？此彝泰贊普名號，諸書皆差异。今據最正確之實物，即拉薩長慶唐蕃會盟碑碑陰吐蕃文，（據前北京大學研究所國學門所藏繆氏藝風堂拓本）補正其省略訛誤，并解釋其差异之所由來焉。據長慶唐蕃會盟碑碑陰吐蕃文，首列贊普名號，末書唐長慶及蕃彝泰紀元。其所載贊普之名號爲 Khri-gtsug lde-brtsan。近年發見之藏文寫本亦同。（見 F.W.Thomas: Tibetan Documents Concerning Chinese Turkestan,Journal of the Royal Asiatic Society of Great Britain and Ireland,Jan.1928 PP.71.72.76.）

新唐書貳壹陸下吐蕃傳略云：

〔元和〕十二年贊普死。可黎可足立爲贊普。

寅恪案，可黎可足即碑文之 Khri-gtsug，其下之 lde-brtsan，則從省略。且據此可知當時實據藏文之複輔音而對音也。

資治通鑑貳叁玖唐紀伍伍云：

〔憲宗元和十一年〕二月西川奏，吐蕃贊普卒。新贊普可黎可足立。

同書貳肆陸唐紀陸貳云：

〔文宗開成三年〕吐蕃彝泰贊普卒，弟達磨立。

寅恪案，會盟碑碑陰末數行，吐蕃年號爲 Skyid-rtag，即彝泰之義。然則可黎可足之號爲彝泰贊普者，實以年號稱之也。茲取此碑碑陰蕃文遍校諸書，列其异同於左：

菩提末 Bodhimör 此書紀贊普世系，實出於藏文之嘉喇卜經（據施密德氏蒙文蒙古源流校譯本第叁陸拾頁所引菩提末之文）。贊普之名爲 Thi-a Tsong-lTe-bDsan。此書原文寅恪未見，僅據施密德氏所轉寫之拉丁字而言，Thi 者，藏文爲 Khri。以西藏口語讀之之對音，嚴格言之，當作 Thi 也。lTe 者，據會盟碑蕃文應作 lDe，蒙文 d、t 皆作形無分別。bDsan 者，即碑文及西北發見藏文寫本之 brTsan，此乃施密德氏轉寫拉丁字之不同（藏文古寫僅多一 r），非原文之有差异也。惟 aTsong 一字，則因蒙文字形近似而訛。蓋此字會盟碑蕃文本及西北發見之藏文寫本，應作 gtsug，蒙文轉寫藏文之ག（g）作形，轉寫藏文之འ（a）或作 h，作形，ug，ük 作形，ung 或 ong 作形，字體極相近似，故致訛。或菩提末原書本不誤，而譯讀者之誤，亦未可知也。

蒙古源流施密德校譯本　據是本，此贊普之名作 Thi-btsong-lte，略去名末之 brtsan。至於 btsong 者，乃 gtsug 之訛讀。藏文（g）字，蒙文作，與蒙文（b）字形近故誤。蒙文之 ug，轉爲 ük 亦以形近，誤爲 ong。見上文菩提末條。

蒙古源流滿文譯本　蒙古源流中文譯本非譯自蒙文，乃由滿文而轉譯者。今成衮札布進呈之蒙文原本，雖不可得見，幸景陽宫尚藏有滿文譯本，猶可據以校正中文譯本也。據滿文本，此贊普名凡二見，一作 Darmakriltsung Lui，一作 Darmakribtsung，皆略去 Brtsan 字。此名誤與達爾瑪之名聯讀，已詳上文。惟藏文之 Khri，滿文或依藏文複輔音轉寫，如此名之 Kri 即是其例。或依西藏口語讀音轉寫，如持蘇隴德燦 Cysurong tetsan 之 Cy（滿文），即是其例。蓋其書之對音，先後殊不一致也。ung 乃 ug 轉爲 ük 之誤，見上文菩提末條。又藏文 lde 所以訛成壘者，以蒙文 t 字 d 字皆作 d 形，o 字 u 字亦皆作 d 形。又 e 字及 i 字結尾之形作及俱極相似，頗易淆混。故藏文之 lde，遂訛爲滿文之 lui 矣。或者成衮札布之蒙文原本，亦已訛誤，滿文譯本遂因襲而不知改也。

文津閣本及坊刊本漢譯蒙古源流　中文蒙古源流既譯自滿文，故滿文譯本之誤，中文譯本亦因襲不改。二本中此贊普名一作達爾瑪持松壘，一作達爾瑪持松。滿文 kri 作持者，依藏文口語讀之也。考義淨以中文詑爲梵文之 tha 字對音，則 thi 字固可以滿文之（Cy）字，中

文之持字對音。（梵文名詞以 a 字爲語尾者，中亞文則改作 i 字，蒙文佛典中亦與中亞文相同。如阿難陀及難陀等，蒙文語尾 a 字，易作 i 字。蓋承襲中亞文，而非承襲梵文也。此問題頗複雜，因與本文無大關係，故不多論。）又此二本持字俱作特，乃誤字，而先後校此書者，皆未改正。松字乃滿文 Tsung 之對音，其誤見上文菩提末條。

蒙文書社本漢譯蒙古源流　是本此贊普名一作達爾瑪哩卜崇壘，一作達爾瑪持松哩卜崇。第一名稱作哩者，依滿文 Kri 而對哩音。其作卜者，滿文譯本固有 b 字音也。第二名稱則持哩二字重聲，松崇二字亦壘音。殆當時譯者并列依原字及依口語兩種對音，而傳寫者雜糅爲一，遂至此誤歟？餘見上文所論。

此贊普之名號既已辨止，其年代亦可考定焉。諸書之文，前多已徵引，兹再録之，以便省覽，而資比較。

唐會要玖柒云：

元和十一年西川奏吐蕃贊普卒。十二年吐蕃告哀使論乞冉獻馬十匹，玉帶金器等。

舊唐書壹玖陸下吐蕃傳云：

〔憲宗元和〕十二年四月吐蕃以贊普卒，來告。

新唐書貳壹陸下吐蕃傳略云：

〔憲宗元和〕十二年贊普死，使者論乞髯來〔告喪〕。可黎可足立爲贊普。

資治通鑑貳叁玖唐紀伍伍云：

〔憲宗元和〕十一年二月西川奏，吐蕃贊普卒。新贊普可黎可足立。

新唐書貳壹陸下吐蕃傳略云：

贊普（寅恪案，此指可黎可足。）立幾三十年。死。以弟達磨嗣。

資治通鑑貳肆陸唐紀陸貳云：

〔文宗開成三年〕吐蕃彝泰贊普卒。弟達磨立。

資治通鑑考异貳壹唐紀壹叁會昌二年十二月吐蕃來告達磨贊普之喪條略云：

實録丁卯吐蕃贊普卒，遣使告喪，贊普立僅三十餘年。據補國史，彝泰卒後，又有達磨贊普。此年卒者，達磨也。文宗實録不書彝泰贊普卒。舊傳及續會要亦皆無達磨。新書據補國史。疑文宗實録闕略，故他書皆因而誤。彝泰以元和十一年立，至此二十七年。然開成三年已卒。達磨立，至此五年，而實録云，僅三十年。亦是誤以達磨爲彝泰也。

蒙古源流貳略云：

〔持松壘〕歲次戊戌，年十三歲。衆大臣會議輔立即位，在位二十四年。歲次辛酉，年三十六歲，歿。

寅恪於上文據薩納囊徹辰洪台吉書所用之紀元推之，戊戌爲唐僖宗乾符五年，西曆紀元後八百七十八年。辛酉年爲唐昭宗天復元年，西曆紀元後九百零一年。可知蒙古源流所載年代太晚，然此爲別一問題，姑不置論。至諸書所記彝泰贊普嗣立之年，亦無一不誤者，何以言之？唐蕃會盟碑碑陰蕃文，唐蕃年號并列。唐長慶元年，當蕃彝泰七年。長慶二年，當彝泰八年。長慶三年，當彝泰九年。又新唐書貳壹陸下吐蕃傳云：

〔長慶二年劉元鼎使吐蕃會盟還，〕虜元帥尚塔藏館客大夏川，集東方節度諸將百餘，置盟策臺上，徧曉之，且戒各保境，毋相暴犯。策署彝泰七年。

舊唐書壹玖陸下吐蕃傳下略云：

長慶元年九月吐蕃遣使請盟，上許之。乃命大理卿兼御史大夫劉元鼎〔等〕充西蕃盟會使。十月十日與吐蕃使盟，宰臣〔等〕皆預焉。其詞曰，維唐承天，撫有八弦。十有二葉，二百有四載。歲在癸丑冬十月癸酉，（寅恪案，癸丑當作辛丑。長慶元年辛丑十月甲子朔。癸酉即十日。）文武孝德皇帝詔丞相臣〔崔〕植，臣〔王〕播，臣〔杜〕元穎等與大將和蕃使禮部尚書論訥羅等會盟於京師。大臣執簡，播告秋方。大蕃贊普及宰相鉢闡布尚綺心兒等，先寄盟文要節。預盟之官十七人，皆列名焉。其劉元鼎等與論訥羅同赴吐蕃本國就盟。仍敕元鼎到彼令宰相已下，各於盟文後自書名。二年二月遣使來請定界。六月復遣使來朝。是月劉元鼎自吐蕃使迴。

奏云，去四月二十四日到吐蕃牙帳，以五月六日會盟訖。

關於唐蕃會盟事，舊唐書所記，雖其間不免有所脱誤，但終較新唐書、通鑑等爲詳悉。盟文中十有二葉之語，指自高祖至穆宗爲十二帝，而二百有四載，蓋從武德元年，即西曆六百十八年，至長慶元年，即西曆八百二十一年也。然則劉元鼎長慶二年所見虜帥遍曉諸將之盟策，即前歲長慶元年之盟策，故彝泰七年即長慶元年，而非長慶二年。梁曜北玉繩元號略及羅雪堂振玉丈重校訂紀元編，皆據此推算，今證以會盟碑碑陰蕃文，益見其可信。故吐蕃可黎可足贊普之彝泰元年，實當唐憲宗元和十年，然則其即贊普之位，至遲亦必在是年。唐會要、新舊唐書及通鑑所載年月，乃據吐蕃當日來告之年月，而非當時事實發生之真確年月也。又蒙古源流載此贊普在位二十四年，不知其説是否正確，但憲宗元和十年，即西曆紀元後八百十五年，爲彝泰元年。文宗開成三年，即西曆紀元後八百三十八年，亦即補國史所紀可黎可足贊普卒之歲，爲彝泰末年，共計二十四年，適相符合。寅恪於蒙古源流所紀年歲，固未敢盡信，獨此在位二十四年之説，與依據會盟碑等所推算之年代，不期而暗合，似非出於臆造所能也。

綜校諸書所載名號年代既多訛誤，又復互相違异，無所適從。幸得會盟碑碑陰殘字數行，以資考證，千年舊史之誤書，异地譯音之訛讀，皆賴以訂正。然中外學人考證此碑之文，以寅恪所知，尚未有論及此者，故表而出之，使知此邏些片石，實爲烏斯赤嶺（此指拉薩之赤領而言）之大玉天球，非若尋常碑碣，僅供攬古之士賞玩者可比也。

附記

（一）寅恪近發見北平故宫博物院藏有蒙古源流之蒙文本二種。一爲寫本。一爲刊本。瀋陽故宫博物館亦藏有蒙文本。蓋皆據成衮札布本鈔寫刊印者也。

（二）寅恪近檢北平圖書館所藏敦煌寫本，見八婆羅夷經附載當日吐蕃詔書。中有「令諸州坐禪人爲當今神聖贊普乞里提足贊聖壽延長祈禱」等語。考乞里提足贊即 Khri-gtsug-lde-brtsan 之音譯。此乃關於彝泰贊普之新史料，可與兹篇互證者也。

（原載一九三〇年五月歷史語言研究所集刊第貳本第壹分）

靈州寧夏榆林三城譯名考（蒙古源流研究之二）

歷史上往往有地名因其距離不遠，事實相關，復經數種民族之語言輾轉移譯，以致名稱淆混，雖治史學之專家，亦不能不爲其所誤者，如蒙古源流之靈州寧夏榆林等地名，是其一例。寅恪近校此書，獲讀昔人所未見之本，故得藉以釋其疑而正其誤，此蓋機會使然，非寅恪之慵鄙不學，轉能勝於前賢也。

施密德氏 Isaac Jacob Schmidt 蒙古源流校譯本第肆篇 Turmegei 城附注云：

本書著者以爲西夏之都城。

又第玖篇 Temegetu 城附注云：

此城或即本書著者所稱爲成吉思汗所攻取，而西夏末主所居之 Turmegei 城，殊未敢決言。

王觀堂國維先生蒙古源流校本肆圖默格依城旁注云：

友爾馬哥波羅游記注謂撒囊徹辰屢説西夏之衣兒格依城 Irghai。此書紀西夏城邑，僅兩舉圖默格依城，而無衣兒格依城，不知漢譯與西譯何以互异？衣兒格依城，元史太祖本紀作斡羅孩城，地理志作兀剌海城，元秘史作額里合牙（旁注寧夏二字），又作兀剌孩。

寅恪案，施氏未見蒙古源流之滿文及中文譯本。觀堂先生未見蒙文原本及滿文譯本，故其言如此。日本那珂通世成吉思汗實錄壹貳所考靈州寧夏地名頗精審，然彼書爲元秘史之日文譯本，故不及榆林之名，且其所徵引，猶未完備。茲更詳稽蒙古源流諸譯本之异同，證以元明舊史之文，庶幾得以釋正施王之疑誤，并可補那珂氏所考之未備。凡前賢之説，其是者固不敢掠美，其非者亦不爲曲諱，惟知求真而已。

施密德氏蒙古源流蒙文本 Temegetu 之名凡五見，Turmegei 之名凡兩見，Irgai 之名凡五見。滿文及中文譯本 Temegetu 及 Irgai 之名以中國舊名譯之。於 Turmegei 以對音譯之。茲先論 Temegetu 及 Irgai 之名，然後再及 Turmegei 之名。

滿文譯本 Temegetu 作 Iui Lin，即中文本之榆林。譯 Irgai 作 Ning Hiya，即中文本之寧夏。以常理而言，滿文本譯者，當爲蒙人或滿人之精通蒙文者，其譯此二城之名，以中國舊名當之，而不用對音，非憑虚臆造，必有所依據，固無可疑。茲復取中國舊史所紀，與蒙古源流所載爲同一之史實，而有關於此二城之名者，參互校覈之，益可以證明其所譯之不誤也。

蒙古源流柒紀往迎達賴喇嘛事云：

於是寧夏城之王爲首，都堂總兵大小各官，以次延請，頗著恭敬。

寅恪案，此節蒙文本寧夏作 Irgai，其王之名作 Tsching Wang。明史壹壹柒諸王傳貳云：

慶靖王𣘻，太祖第十六子。洪武二十四年封。二十六年就藩寧夏。

同書肆貳地理志寧夏衛下注云：

洪武二十六年慶王府自慶陽府遷此。

同書壹佰貳諸王世表叁略云：

慶端王倪熿，萬曆五年襲封。十六年薨。

據此，Tsching Wang 者，慶王之對音，蒙古源流紀此事於甲申年，即萬曆十二年。此慶王當爲倪熿。此時之王既爲慶王，則其建邸之城，非寧夏莫屬。然則 Irgai 之爲寧夏，可無疑矣。

又蒙古源流柒云：

歲次甲午徹辰濟農年三十歲，復行兵明地，由阿拉善前往，榆林城之馬姓總兵追至。

寅恪案，蒙文本徹辰濟農上有博碩克圖 Buschuktu 一詞，即明史之卜失兔。甲午爲明萬曆二十二年。明史貳叁捌麻貴傳云：

貴以功增秩予廕。尋擢總兵官，鎮守延綏。〔萬曆〕二十二年七月卜失兔糾諸部深入定邊，營張春井。貴乘虛擣其帳於套中，斬首二百五十有奇，還自寧塞，復邀其零騎。會寇留內地久，轉掠至下馬關，寧夏總兵蕭如薰不能禦，總督葉夢熊急檄貴赴援，督副將蕭如蘭等連戰𪄶馬臺、薛家窪，斬首二百三十有奇，獲畜産萬五千。

又同書玖壹兵志及壹柒捌余子俊傳紀延綏徙治事相同，今并録之。

兵志略云：

〔成化〕七年延綏巡撫余子俊大築邊城。先是，東勝設衛守在河外，榆林治綏德。後東勝内遷，失險，捐米脂魚河地幾三百里。正統間，鎮守都督王禎始築榆林城。至是〔延綏巡撫余〕子俊乃徙治榆林。

余子俊傳云：

初延綏鎮治綏德州，屬縣米脂、吴堡悉在其外，寇以輕騎入掠，鎮兵覺而追之，輒不及，往往得利去。自子俊徙鎮榆林，增衛益兵，拓城置戍，攻守器畢具，遂爲重鎮。

施氏蒙古源流蒙文本榆林作 Temegetu，總兵之姓名作 Magha，當即麻貴之對音，而轉寫微訛。成衮札布蒙文本編校者，或滿文本譯者，以其不類漢姓，故略去下一音，僅餘 Ma 音，中文本遂譯爲馬姓耳。明憲宗成化七年以後，延綏徙治榆林，蒙古源流所稱榆林總兵，亦猶西人習稱清代兩江總督爲南京總督之例。當萬曆二十二年之秋，寧夏鎮總兵爲蕭如薰，延綏鎮總兵爲麻貴。則蒙古源流蒙文本之 Magha 必爲麻貴，Magha 既爲麻貴，則 Temegetu 城非榆林莫屬。是 Temegetu 之應譯爲榆林，又可無疑矣。Irgai 之爲寧夏，Temegetu 之爲榆林，既已證明，則音譯之圖默格依 Turmegei，即元秘史壹貳之朵兒篾該，對音適切，其爲一地，自無疑義。拉施特書亦有此城名，多桑 D'Ohsson 讀爲 Derssekai，額爾篤曼 Erdmann 讀爲 Deresgai，其中 s 之音疑爲傳寫之訛。鄙意秘史載狗兒年攻靈州一節，其蒙文音譯朵兒篾該旁注靈州二字，與元史壹太祖本紀二十一年丙戌冬十一月庚申帝攻靈州同一事，則靈州之爲朵兒篾該，無待再爲之證明。故中文圖默格依，即蒙文滿文本之 Turmegei，亦即元秘史之朵兒篾該。然則蒙古源流之圖默格依，准 Temegetu 及 Irgai 之例，不以對音譯，而以中國舊名譯，當爲靈州二字無疑也。

三城之譯名皆已考定，然後可以辨昔賢舊說之是非。觀堂先生謂衣兒格依城 Irgai 即元秘史之額里合牙，其說是也。所以知其是者，元秘史續集貳額里合牙旁注寧夏二字，如朵兒篾該旁注靈州二字者相同。多桑 D'Ohsson 引拉施特書謂西夏國都名 Irghai，蒙古人謂之 Ircaya，Ircaya 與額里合牙對音適符，而西夏國都即寧夏，又與旁注脗合，故衣兒格依 Irghai 即元秘史之額里合牙無疑也。惟先生又謂衣兒格依城即斡羅孩，兀剌海，兀剌孩，其說非也。所以知其非者，元秘史續集貳，額里合牙與兀剌孩同列一卷中，對音既异，一則旁注寧夏，一則否。又元史陸拾地理志叁甘肅等處行中書省所屬寧夏府路與兀剌海路并列。其爲二地可知。且地理志兀剌海路下注云：

太祖四年由黑水城北兀剌海西關口入河西，獲西夏將高令公，克兀剌海城。

與元史壹太祖本紀略云：

四年己巳帝入河西，夏主李安全遣其世子率師來戰，敗之，獲其副元帥高令公，克兀剌海城，薄中興府，引河水灌之，堤決，水外潰，遂撤圍還。

所載適符。據此可知是役僅克兀剌海，而未克中興府。元史陸拾地理志叁寧夏府路云：

自唐末有拓拔思恭者，鎮夏州。世有銀夏綏宥静五州之地。宋天禧間，傳至其孫德明，城懷遠鎮爲興州以居，後升興慶府，又改中興府。

夫中興府即寧夏，亦即衣兒格依 Irgai；然則衣兒格依與兀剌海决不得爲一地明矣。又元史壹太祖本紀略云：

〔二年〕丁卯秋再征西夏，克斡羅孩城。四年己巳帝入河西，克兀剌海城。

聖武親征録云：

〔丁卯〕秋再征西夏，冬克斡羅孩城。

斡羅孩與兀剌海對音適合，故史家皆以爲一地。如柯蓼園劭忞丈新元史叁太祖本紀下略云：

二年丁卯秋，帝親征西夏，入兀剌海城。五年庚午秋，帝再伐西夏，復入兀剌海城。

柯氏以斡羅孩即兀剌海，故第一役亦作兀剌海，第二役則言復入。（柯氏繫第二役於五年庚午，而不繫於四年己巳者，蓋從拉施特書及聖武親征録。屠敬山寄丈蒙兀兒史記叁成吉思可汗本紀貳下亦與新元史同。惟觀堂先生聖武親征録校注庚午西夏獻女爲好條，有「此年事拉施特書繫於蛇年」之語。寅恪案，元史譯文證補壹下太祖本紀譯證略云：「馬年秋又征合申，納女而回。」觀堂先生所云，當即指此。然此事拉施特氏實繫於馬年，而非蛇年。遍檢上年即蛇年，并無類似之事，不知所出，待考。）若斡羅孩與兀剌海爲一地，則據上文所述，與衣兒格依 Irgai（即寧夏）絶無關涉，焉得謂衣兒格依即斡羅孩乎？又屠氏於蒙兀兒史記叁成吉思可汗本紀貳下二年丁卯條，謂兀剌孩即元史壹貳玖李恒傳之兀納剌。又於同書二十有一年丙戌條，謂姚〔燧〕牧庵集中書左丞李公家廟碑之兀納，亦即兀剌城。（寅恪案，今武英殿聚珍本姚牧庵集壹貳此文不作「兀納城」，僅作「某某城」。當出於屠氏之推想，未必别見他本也。）然兀納剌與兀剌孩對音殊不相近，如無他證，似不能合爲一地也。

王觀堂先生前數年校蒙古源流時，未見蒙文滿文諸本，故不知 Irghai 即寧夏，謂此書紀西夏城邑，僅兩舉圖默格依，而友爾馬哥波羅游記所引之 Irghai，不見於中文本，因不解漢譯與西譯何以互异？今寅恪以機緣獲見先生當日所未見之本，遂得釋此疑。若先生有知，亦當爲之一快也。

至施密德氏疑 Temegetu 或與 Turmegei 同爲一地。據上文所述，Temegetu 爲榆林，Turmegei 爲靈州，既已證明爲兩地，實無牽合爲一之理。且蒙古源流著者，亦未顯稱圖默格依爲西夏國都，惟言其爲末主錫都爾固汗所居耳。（靈州爲夏人先世繼遷舊都，蒙古源流著者容有誤會。）然則施氏所疑之不當，又不待言也。

今綜合上文所述，除中國近日如洪鈞王國維諸家所譯之對音不計外，得以證明四端：

（一）Turmegei 圖默格依，朵兒篾該，靈州 Derssekai Deresgai 等名，同屬一地。

（二）Irgai，（Irghai），寧夏，中興府，夏王城（見元史太祖本紀二十二年）等名，同屬一地。

（三）Temegetu，榆林等名，同屬一地。

（四）兀剌海，兀剌孩，斡羅孩等名與 Irgai 非屬一地。至其當今日之何地及友爾 Henry Yule 馬哥波羅游記注誤以西涼府之 Egrigaia 當寧夏等問題，以其不在本文範圍之内，姑不具論。

茲僅就此關於蒙古源流之三城，考定其譯名，或亦讀是書者之一助歟？

（原載一九二九年八月國立中山大學語言歷史學研究所週刊第捌集玖貳、玖叁期合刊，一九三〇年六月歷史語言研究所集刊第壹本第貳分）

彰所知論與蒙古源流（蒙古源流研究之三）

元帝師八思巴爲忽必烈製蒙古國書。元亡而其所製之國書亦廢不用。彰所知論者，帝師爲忽必烈太子真金所造。其書依仿立世阿毘曇之體，捃摭吐蕃舊譯佛藏而成。於佛教之教義固無所發明，然與蒙古民族以歷史之新觀念及方法，其影響至深且久。故蒙古源流之作，在元亡之後將三百年，而其書之基本觀念及編製體裁，實取之於彰所知論。今日和林故壤，至元國字難逢通習之人。而蒙古源流自乾隆以來，屢經東西文字之移譯（滿文漢文及德文），至今猶爲東洋史學之要籍。然則蒙古民族其文化精神之所受於八思巴者，或轉在此而不在彼，殆亦當日所不及知者歟！

考東西文字之蒙古舊史，其世界創造及民族起源之觀念，凡有四類。最初者，爲與夫餘鮮卑諸民族相似之感生説。稍後乃取之於高車突厥等民族之神話。迨受阿剌伯波斯諸國之文化，則附益以天方教之言。而蒙古民族之皈依佛教者，以間接受之於西藏之故，其史書則掇采天竺吐蕃二國之舊載，與其本來近於夫餘鮮卑等民族之感生説，及其所受於高車突厥諸民族之神話，追加而混合之。夫蒙古民族最初之時叙述其起源，而冠以感生之説。譬諸棟宇，既加以覆蓋，本已成一完整之建築，若更於其上施以樓閣之工，未嘗不可因是益臻美備而壯觀瞻。然自建築方面言之，是謂重疊之工事。有如九成之臺，累土而起，七級之塔，歷階而登，其構造之愈高而愈上者，其時代轉較後而較新者也。今日所存之阿剌伯文波斯文土耳其文等蒙古舊史，大抵屬於第三類之回教化者，與蒙古源流無涉，於此可不論。至第一類與夫餘鮮卑等民族之感生説相似者，則日本内藤虎次郎博士之蒙古開國之傳説（見内藤氏讀史叢録）并今西龍博士之朱蒙傳説及老獺稚傳説（見内藤博士頌壽紀念史學論叢）諸論文中已詳言之。亦無庸贅述。兹僅就第二第四兩類略徵舊史之文，闡明其義，以見帝師與蒙古史之關係，及其後來之影響。并取彰所知論卷上情世界品中吐蕃蒙古王族之譯名，與許氏本嘉喇卜經，（Rgyal-rabs,ed. Schlagintweit）蒙古源流諸書互證，以備治蒙古史者之參考。其天竺諸王名字，則皆見於佛乘，非難推知，故不多及焉。

元朝秘史壹略云：

當初元朝的人祖，是天生一個蒼色的狼，（蒙文音譯孛兒帖赤那，蒙古源流作布爾特齊諾。）與一個慘白色的鹿（蒙文音譯豁埃馬闌勒，蒙古源流作郭斡瑪喇勒。）相配了，同渡過騰汲（吉）思名字的水，來到於斡難名字的河源頭，不兒罕名字的山（蒙文音譯不峏罕哈勒敦納，蒙古源流作布爾干噶勒圖納。）前住着。產了一個人，名字喚作巴塔赤罕。朵奔篾兒干（元史太祖本紀、宗室世系表、陶宗儀輟耕録作脱奔咩哩犍，蒙古源流作多博墨爾根。）死了的後頭，他的妻阿闌豁阿（元史太祖本紀、宗室世系表、輟耕録作阿蘭果火，蒙古源流作阿掄郭斡。）又生了三個孩兒。一個名不忽合答吉，（元史太祖本紀、宗室世系表、輟耕録作博寒葛答黑。蒙古源流作布固哈塔吉。）一個名不合禿撒勒只，（元史太祖本紀、宗室世系表、輟耕録作博合睹撒里直，蒙古源流作博克多薩勒濟固。）一個名孛端察兒。（元史太祖本紀、宗室世系表、輟耕録作孛端叉兒，蒙古源流作勃端察爾。）朵奔篾兒干在時生的別勒古訥台（蒙古源流作伯勒格特依）、不古訥台（蒙古源流作伯袞德依）兩個兒子背處共說：俺這母親無房親兄弟，又無丈夫，生了這三個兒子，家内獨有馬阿里黑伯牙兀歹（蒙古源流作瑪哈賚）家人，莫不是他生的麽？道說間，他母親知覺了。因那般他母親阿闌豁阿說：別勒古訥台，不古訥台！您兩個兒子疑惑我這三個兒子是誰生的，你疑惑的也是。您不知道每夜有黄白色人自天窗門額明處入來，將我肚皮摩挲。他的光明透入肚裏去時節，隨日月的光，恰似黄狗般爬出去了。您休造次說。這般看來，顯是天的兒子，不可比做凡人。久後他每做帝王呵，那時纔知道也者。

又拉施特集史（節録洪鈞元史譯文證補壹上太祖本紀譯證上）略云：

相傳古時蒙兀與他族戰，全軍覆没，僅遺男女各二人，遁入一山，斗絶險巇，惟一徑通出入。而山中壤地寬平，水草茂美，乃攜牲畜輜重往居，名其山曰阿兒格乃袞。二男一名腦古，一名乞顏。乞顏義爲奔瀑急流，以其膂力邁衆，一往無前，故以稱名。乞顏後裔繁盛。後世地狹人稠，乃謀出山，而舊徑蕪塞，且苦艱險。繼得鐵礦，洞穴深邃。爰伐木熾炭，篝火穴中，鼓風助火，鐵石盡鎔，衢路遂闢。後裔於元旦鍛鐵於爐，君與宗親次第捶之，著爲典禮。蒙兀之出阿兒格乃袞，其後人最著稱者，曰孛兒特赤那（秘史作孛兒帖赤那）。妻子甚多，長妻曰郭斡馬特兒（秘史作豁埃馬闌勒），生必特赤干（秘史作巴塔赤罕）。朵本巴延（秘史作朵奔篾兒干）早卒，阿闌郭斡（秘史作阿闌豁阿）寡居而孕，夫弟及親族疑其有私。阿闌郭斡曰，天未曉時，有白光入自帳頂孔中，化爲男子，與同寢，故有孕。且曰，我如不耐寡居，曷不再醮，而爲此曖昧事乎？斯蓋天帝降靈，欲生异人也。不信，請伺察數夕，以證我言。衆曰，諾。黎明時，果見有光入帳，片刻復出。衆疑乃釋。

考魏書卷壹佰叁高車傳（參北史玖捌高車傳及通典壹玖柒邊防典壹叁高車傳）云：

俗云，匈奴單于生二女，姿容甚美，國人皆以爲神。單于曰，吾有此女，安可配人，將以與天。乃於國北無人之地，築高臺，置二女其上。曰，請天自迎之。經三年，其母欲迎之，單于曰，不可，未徹之間耳。復一年，乃有一老狼，晝夜守臺嘷呼，因穿臺下爲空穴，經時不去。其小女曰，吾父處我於此，欲以與天，而今狼來，或是神物，天使之然。將下就之。其姊大驚，曰，此是畜生，無乃辱父母也！妹不從，下爲狼妻而産子。後遂滋繁成國。

又周書伍拾异域傳下（參隋書捌肆及北史玖玖突厥傳并通典壹玖柒邊防典壹叁突厥上及册府元龜玖伍陸外臣部種族門突厥條）略云：

突厥者，蓋匈奴之别種，姓阿史那氏。别爲部落。後爲鄰國所破，盡滅其族。有一兒，年且十歲，兵人見其小，不忍殺之，乃刖其足，棄草澤中。有牝狼以肉飼之。及長，與狼合，遂有孕焉。彼王聞此兒尚在，重遣殺之。使者見狼在側，并欲殺狼。狼遂逃於高昌國之北山。（寅恪案，通典作「負於西海之東，止於山上。其山在高昌西北。」其意似謂狼負此子逃於高昌。疑周書有脱文。俟考。）山有洞穴，穴内有平壤茂草，周回數百里，四面俱山。狼匿其中，遂生十男。十男長大，外托妻孕，其後各有一姓，阿史那即一也。子孫蕃育，漸至數百家。經數世，相與出穴，臣於茹茹。居金山之陽，爲茹茹鐵工。〔土門〕恃其强盛，乃求婚於茹茹。茹茹主阿那瓌大怒，使人駡辱之。曰，爾是我鍛奴，何敢發是言也。

據此，則狼祖及鍛鐵事，皆高車突厥之民族起源神話，而蒙古人襲取之無疑也。

考元史壹太祖本紀云：

太祖法天啓運聖武皇帝諱鐵木真，姓奇渥温氏，蒙古部人。其十世祖孛端叉兒，母曰阿蘭果火，嫁脱奔咩哩犍，生二子，長曰博寒葛答黑，次曰博合睹撒里直。既而夫亡，阿蘭寡居，夜寢帳中，夢白光自天窗中入，化爲金色神人，來趨卧榻。阿蘭驚覺，遂有娠，産一子，即孛端叉兒也。孛端叉兒狀貌奇异，沉默寡言，家人謂之癡。獨阿蘭語人曰，此兒非癡，後世子孫必有大貴者。

又拉施特集史（依洪鈞元史譯文證補壹上太祖本紀譯證上所載）云：

蒙兀先無文字，世系事迹，口相傳述，無史記以爲定論。自朵本巴延至成吉思汗約近四百載。據庫藏國史及知掌故者，参訪合徵之焉。

洪氏注云：

朵本巴延即元史之脱奔咩哩犍。本紀叙帝先系，始於此人。據此數語觀之，當是蒙古國史亦始此人，而元史本之也。自此以上世系，當是傳述得之。故元史之世系少，而秘史蒙古源流之世系多。

寅恪案，洪氏之説極是，而阮元撰四庫未收書目元秘史提要云：

是編所載元初世系，孛端叉兒之前，尚有一十一世。太祖本紀述其先世，僅從孛端叉兒始。諸如此類，并足補正史之紕漏。

寅恪案，元史所記阿蘭果火不夫而孕事，乃民族起源之感生説。此種感生説，與夫餘高勾麗百濟鮮卑契丹日本滿洲等民族所傳者極相近似（詳見内藤虎次郎今西龍兩博士論文），或者即爲蒙古民族最初所固有者，亦未可知。今之元史記蒙古民族起源，僅述此感生説，不更追述此前之神話。如元秘史及拉施特集史之所載者，姑不論其經後世史官删削與否，要爲尚不盡失其簡單之原始形式。而秘史所記世系較元史爲多者，乃由采用突厥等民族神話，追加附益於其本來固有者之所致。故孛端叉兒以前一十一世之事迹，乃蒙古民族起源史後來向上增建之一新層級，較元史之簡單感生說，恐尤荒誕不可徵信。烏能補正其紕漏乎？阮氏殆失言矣。

蒙古源流卷壹卷貳叙天地剖判及天竺吐蕃二國歷代事迹。其卷壹云：

〔土伯特〕色哩持贊博汗之子曰智固木贊博汗，爲奸臣隆納木簒弑。其三子皆出亡。長子置持逃往寧博地方，次子博囉咱逃往包博地方，第三子布爾特齊諾（秘史音譯作孛兒帖赤那。義爲蒼色的狼。）逃往恭布（卷叁作恭博）地方。

其卷叁續叙略云：

古土伯特地方尼雅持贊博汗之七世孫色爾（哩）持贊博汗〔之子智固木贊博汗〕爲其臣隆納木簒奪汗位，其子博囉咱置持布爾特齊諾等兄弟三人俱各出亡。季子布爾特齊諾出之恭博地方，即娶恭博地方之女郭斡瑪喇勒（秘史音譯作豁埃馬闌勒，義爲慘白色的鹿。）爲妻，往渡騰吉思海。東行至拜噶勒江所屬布爾干噶勒圖那（秘史作不峏罕哈勒敦納）山下，遇必塔地方人衆，詢其故，遂援引古額訥特珂克（天竺）人衆所推尊之土伯特地方之尼雅持贊博汗以語之。必塔地方人衆議云，此子有根基，我等無主，應立伊爲君。遂尊爲君長，諸惟遵旨行事。生子必塔斯干必塔察干（秘史作巴塔赤罕）二人。多博墨爾根（秘史作朶奔篾兒干）卒後，阿掄郭斡哈屯（秘史作阿蘭豁阿）每夜夢一奇偉男子與之共寢。天將明，即起去。因告伊妯娌及侍婢知之。如是者久之，遂生布固哈塔吉（秘史作不忽合答吉）博克多薩勒濟固（秘史作不合禿撒勒只）勃端察爾（秘史作孛端察兒）等三子。後漸長成。有好事者譖之云，從無寡婦生子之理。其夫之連襟瑪哈賚（秘史作馬阿里黑伯牙兀歹）常往來其家，疑即此人。伯勒格特伊（秘史作別勒古訥台）伯袞德依（秘史作不古訥台）二人遂疑其母。其母云，爾等二人誤聽旁人之言疑我。因語以夢中情事，且云，爾等此三弟殆天降之子也。

據此，可知蒙古源流於秘史所追加之史層上，更增建天竺吐蕃二重新建築，采取并行獨立之材料，列爲直貫一系之事迹。換言之，即糅合數民族之神話，以爲一民族之歷史。故時代以愈推而愈久，事迹亦因愈演而愈繁。吾人今日治史者之職責，在逐層削除此種後加之虛僞材料，庶幾可略得一近似之真。然近日學人猶有謂「吐蕃蒙兀實一類也。〔蒙古〕源流之說，未可厚非。」一者（見屠寄蒙兀兒史記世紀第一），豈不异哉！

夫逐層向上增建之歷史，其例自不限於蒙古史。其他民族相傳之上古史，何獨不然。今就小徹辰撒囊之蒙古源流一書而論，推究其所以致此疊累式之原因，則不得不泝源於彰所知論。此論論主既采仿梵文所製之吐蕃字母，以爲至元國書，於是至元國書遂爲由吐蕃而再傳之梵天文字。其造論亦取天竺吐蕃事迹，聯接於蒙兀兒史。於是蒙兀兒史遂爲由西藏而上續印度之通史。後來蒙古民族實從此傳受一歷史之新觀念及方法。蒙古源流即依此觀念，以此方法，采集材料，而成書者。然則帝師此論與蒙古史之關係深切若是，雖非乙部之專著，治史者固不可以其爲佛藏之附庸而忽視之也。兹取彰所知論卷上情世界品中吐蕃蒙古王族名字，以舊史校之，條列於下。

論云：

如來滅度後千餘年，西番國有王曰呀乞嘌贊普。

寅恪案，此王即藏文嘉喇卜經之吐蕃第一贊普 Gnya-khri btsan-po。亦即蒙古源流卷壹卷叁之尼雅赤（卷壹作赤卷叁作持）贊。

論云：

二十六代有王曰袷陀朵嘌思顔贊。

寅恪案，此王即嘉喇卜經之二十五代王 Lha-tho-tho-ri-snyen-（snyan）-btsan。亦即蒙古源流壹之拉托托里年贊。彰所知論譯地名「拉薩」作「袷薩」，故此王名之「袷」字，亦爲 Lha 之對音。論云：

後至第五王，名曰雙贊思甘普。

寅恪案，此王即嘉喇卜經之 Srong-btsan-sgam-po，亦即蒙古源流貳之蘇隆贊堪布。此王亦稱Khri-ldan-srong-btsan，即蒙古源流貳之持勒德蘇隆贊。（蒙文書社本蒙古源流作哩勒丹蘇隆贊）亦即舊唐書壹玖陸吐蕃傳之棄宗弄贊，新唐書貳壹陸吐蕃傳之棄宗弄贊及棄蘇農。

論云：

後第五代有王名曰乞嚟雙提贊。

寅恪案，此王即嘉喇卜經之Khri-srong-lde-btsan。亦即蒙古源流貳之持蘇隴德燦。舊唐書壹玖陸，新唐書貳壹陸吐蕃傳之乞黎蘇籠獵贊，皆指此人也。

論云：

後第三代有王名曰乞嚟倈巴瞻。

寅恪案，此王即嘉喇卜經之Ral-pa-can，長慶唐蕃會盟碑陰及敦煌發見藏文寫本之Khri-gtsug-lde-btsan，敦煌中文八波羅夷經寫本之乞里提足（足提）贊，亦即蒙古源流貳之持松壘，新唐書貳壹陸吐蕃傳之可黎可足。詳見拙著吐蕃彝泰贊普名號年代考（中央研究院歷史語言研究所集刊第貳本第壹分）。

論云：

始成吉思從北方多音國如鐵輪王。

寅恪案，藏文多爲Mang-po，音爲Krol。故以多音爲蒙兀兒之譯名。取其對音相近也。

論云：

其子名曰斡果戴，時稱可罕，紹帝王位。

寅恪案，此名即元史太宗窩闊台之异譯。

論云：

有子曰古偉，紹帝位。

寅恪案，此名即元史定宗貴由之异譯。

論云：

成吉思次子名朵羅。

寅恪案，此名即元史睿宗拖雷之异譯。

論云：

朵羅長子名曰蒙哥，亦紹王位。

寅恪案，此名與元史憲宗之譯名相同。

論云：

王弟忽必烈紹帝王位。

寅恪案，此名與元史世祖之譯名相同。

論云：

帝有三子，長曰真金。

寅恪案，此名與元史裕宗之譯名相同。

論云：

二曰厖各剌。

寅恪案，此名即元史安西王忙哥剌之异譯。

論云：

三曰納麻賀。

寅恪案，此名即元史安北王那木罕之异譯。

（原載一九三一年四月歷史語言研究所集刊第貳本第叁分）

蒙古源流作者世系考（蒙古源流研究之四）

蒙古源流作者於其書第捌卷自述其世系（文津閣本蒙古源流捌第叁頁。以下徵引此書，頁數悉依文津閣本，不別注明。）云：

右翼之庫圖克台徹辰洪台吉之長侄巴圖洪台吉之子薩納囊台吉甲辰年生。（即明萬曆三十二年。西曆一千六百零四年。）年十一歲，因係六國肇興道教人之後裔，指伊始祖名號，給與薩納囊徹辰洪台吉之號。

寅恪案，蒙古源流漢文本，原從滿文本譯出。故滿文本卷捌第肆頁所載此節文義，與漢文本悉合，而成衮札布及施密德二蒙文本，（成本卷捌第肆頁。施本卷玖第貳陸肆頁。）則與滿文漢文二本不同。其最顯著者，即滿漢文本「長侄」二字，蒙文本俱作「曾孫」（可參施密德氏蒙文字典第柒頁中行及施氏本蒙古源流第貳陸伍頁德文翻譯）。夫「長侄」與「曾孫」世代相距，遠近懸殊。蒙滿漢文諸本所以致此歧异者，或由傳寫之訛，或由移譯之誤，未易推知，姑置不論。但蒙古源流作者之世系次序，究應從滿文及漢文本作「長侄」？抑應從二蒙文本作「曾孫」？則治此書者，所不可不知，而亟待判明也。兹就此書先後所載最有關之資料，綜合比證，求得一真確之事實，庶可決擇諸本之是非從違，以供讀此書者之參考。

蒙古源流陸第壹捌頁云：

其庫圖克圖徹辰洪台吉庚子年生。

寅恪案，「庫圖克圖」之下一「圖」字，依施氏蒙文本，當作「台」字，與諸本皆作「圖」字者不同。若施氏本不誤，則此卷陸第壹捌頁之「庫圖克圖徹辰洪台吉」即卷陸第叁頁之「庫圖克台徹辰洪台吉」也。庚子年爲明嘉靖十九年，西曆一千五百四十年。

又蒙古源流陸第貳拾頁云：

徹辰洪台吉之長子鄂勒哲依伊勒都齊，丙辰年生。

寅恪案，丙辰年爲明嘉靖三十五年，西曆一千五百五十六年。

又蒙古源流柒第壹捌頁及壹玖頁略云：

徹辰洪台吉子長子鄂勒哲依伊勒都齊之子巴圖洪台吉，庚辰年生。復以其祖巴圖爾徹辰洪台吉之號贈給，令其執政。

寅恪案，庚辰年爲明萬曆八年，西曆一千五百八十年。

茲依上列諸條所載事實，作一世系簡表於下：

曾祖父	祖父	父	作者
庫圖克台徹辰洪台吉	鄂勒哲依伊勒都齊	巴圖洪台吉	薩納囊徹辰洪台吉
一千五百四十年生	一千五百五十六年生	一千五百八十年生	一千六百零四年生

據上表，可知蒙古源流作者薩納囊徹辰洪台吉，乃庫圖克台徹辰洪台吉之曾孫。故此書卷捌第叁頁之文，應依二蒙文本，易「長侄」爲「曾孫」，而讀爲：

右翼之庫圖克台徹辰洪台吉之曾孫（逗）巴圖洪台吉之子（逗）薩納囊台吉甲辰年生（句）

此節文意謂，薩納囊台吉者，庫圖克台徹辰洪台吉之曾孫，而巴圖洪台吉之子也。蓋此書作者自述家世，不得不記其父之名，以明其所從出。復以嘉名之錫，實自肇興道教之曾祖而來，特著其曾祖之名，而不及其祖鄂勒哲依伊勒都齊一代。滿文本譯者殆誤會此文之意，以「庫圖克台徹辰洪台吉之曾孫」一語，屬下文之「巴圖洪台吉」而言，疑「庫圖克台徹辰洪台吉」與「巴圖洪台吉」二人之間，世次相距，不應若是之遠。或以蒙文字形近似之故，因改「曾孫」爲「長侄」，漢文譯本遂亦承襲其訛焉。又此節滿文及漢文本「始祖」二字，復不同於二蒙本，亦微有語病。然世系次序及血統關係既已證明，讀此書者，當不致因此別滋誤解也。

（原載一九三一年四月歷史語言研究所集刊第貳本第叁分）

高鴻中明清和議條陳殘本跋（原文見明清史料第壹册）

内閣大庫檔案中發見高鴻中條陳殘本一紙。僅附識「二月十一日到。」及「三月十三日奏了。」數字。寅恪案，清崇德七年即明崇禎十五年春清人聞明兵部尚書陳新甲遣職方郎中馬紹愉來議和，諸臣各條陳意見。此殘本乃其時所上意見書之一也。兹不廣徵舊籍。但移録明史及清史稿所載此事本末之文，以資參證。

清史稿叁太宗本紀貳略云：

〔崇德七年〕三月乙酉，阿濟格等奏，明遣職方郎中馬紹愉來乞和，出明帝敕兵部尚書陳新甲書爲驗。上曰，明之筆札多不實，且詞意誇大，非有欲和之誠。然彼真僞不可知，而和好固朕夙願。爾等以朕意傳示之。五月己巳朔，濟爾哈朗等奏，明遣馬紹愉來議和，遣使迓之。壬午，明使馬紹愉等始至。六月辛丑，都察院參政祖可法張存仁言，明寇盗日起，兵力竭而倉廩虛，征調不前，勢如瓦解，守遼將帥喪失八九。今不得已乞和，計必南遷。宜要其納貢稱臣，以黄河爲界。上不納。以書報明帝曰，自兹以往，盡釋宿怨，尊卑之分，又奚較焉。使者往來，期以面見。吉凶大事，交相慶弔。歲各以地所産互爲饋遺。兩國逃亡亦互歸之。以寧遠雙樹堡爲貴國界，塔山爲我國界，而互市於連山適中之地。其自海中往來者，則以黄城島之東西爲界。越者各罪其下。貴國如用此言，兩君或親誓天地，或遣大臣蒞盟，唯命之從。否則後勿復使矣。遂厚賚明使臣及從者，遣之。後明議中變，和事竟不成。

觀此可知鴻中所言，與祖可法張存仁之説相類，應是同時議論。瀋陽當日明室降臣，其於和議條件，所論至苛。蓋漸染中原士大夫誇誕之風習，匪獨大言快意，且欲藉此以諂諛新主，是誠無耻之尤者矣。其實崇禎季年，雖内憂外患不可終日，然究爲中華上國，名分尚存，體制仍在。朝鮮前例，豈得遽以相加？故清廷報書亦僅欲以寧遠爲界。與鴻中所陳「以山海〔關〕爲界也罷。」之第二説不甚相遠。此本當時較切情事之議，自异乎外廷誇大之言也。

又明史貳伍柒陳新甲傳云：

初，新甲以南北交困，遣使與大清議和。私言於傅宗龍。宗龍出都日，以語大學士謝陞。陞後見疆事大壞，述宗龍之言於帝。帝召新甲詰責。新甲叩頭謝罪。陞進曰，倘肯議和，和亦可恃。帝默然。尋諭新甲密圖之，而外廷不知也。已，言官謁陞，陞言上意主和，諸君幸勿多言。言官駴愕，交章劾陞。陞遂斥去。帝既以和議委新甲，手詔往返者數十，皆戒以勿洩。外廷漸知之，故屢疏争，然不得左驗。一日，所遣職方郎馬紹愉以密語報，新甲視之，置几上。其家僮悮以爲塘報也，付之鈔傳。於是言路譁然。給事中方士亮首論之。帝愠甚，留疏不下。已，降嚴旨切責新甲，令自陳。新甲不引罪，反自詡其功。帝益怒。至七月，給事中馬嘉植復劾之，遂下獄。新甲從獄中上書乞宥，不許。新甲知不免，遍行金內外。給事中廖國遴、楊枝起等營救於刑部侍郎徐石麒，拒不聽。大學士周延儒、陳演亦於帝前力救，且曰，國法敵兵不薄城，不殺大司馬。帝曰，他且勿論，戮辱我親藩七，不甚於薄城耶？遂棄新甲於市。新甲爲楊嗣昌引用，其才品心術相似。軍書旁午，裁答無滯。帝初甚倚之，晚時惡其洩機事，且彰主過，故殺之不疑。

同書貳伍貳楊嗣昌傳略云：

當是時，流賊既大熾，朝廷又有東顧憂，嗣昌復陰主互市策。適太陰掩熒惑，帝減膳修省。嗣昌則歷引漢永平、唐元和、宋太平興國事，蓋爲互市地云。給事中何楷疏駁之。給事中錢增、御史林蘭友相繼論列，帝不問。嗣昌既以奪情入政府，又奪情起陳新甲總督，自是益不理於人口。我大清兵入墻子嶺青口山，京師戒嚴。召盧象昇帥師入衛。象昇主戰，嗣昌與監督中官高起潛主款，議不合，交惡。象昇陣亡。神宗末，增賦五百二十萬。崇禎初，再增百四十萬。總名遼餉。至是，復增勦餉、練餉，額溢之。先後增賦千六百七十萬，民不聊生，益起爲盜矣。

據此，則楊嗣昌陳新甲等皆主和議，而新甲且奉其君之命而行事者。徒以思陵劫於外廷之論，不敢毅然自任，遂致無成。夫明之季年，外見迫於遼東，內受困於張李。養百萬之兵，糜億兆之費，財盡而兵轉增，兵多而民愈困。觀其與清人先後應對之方，則既不能力戰，又不敢言和。成一不戰不和，亦戰亦和之局，卒坐是以亡其國。此殘篇故紙，蓋三百年前廢興得失關鍵之所在，因略微舊籍，以爲參證如此。

（原載一九三二年四月清華週刊第叁柒卷第捌期）

梁譯大乘起信論僞智愷序中之真史料

近人多疑真諦譯大乘起信論之僞，其説已爲世所習聞。最近復以爲非僞作，其所持重要之證據在續高僧傳壹捌曇遷傳。其文略云：

精研華嚴十地維摩楞伽地持起信等。逮周武平齊，逃迹金陵。

蓋真諦於陳太建元年（此年即五六九年）正月十一日遷化。太建九年（此年即五七七年。周武帝建德六年。齊幼主承光元年。）周滅齊。若起信論爲僞作，則曇遷不能於周未滅齊之前，真諦尚未遷化，或卒後未久，且遠在北朝，早已有精研僞造論本之理也。故以此論爲非僞作。其論據如何，兹非所欲辨。即使此論之真僞可定，而此論智愷序之真僞又別爲一事。真論本文可以有後加僞序，而真序亦可附於僞論，二者爲不同之問題，不可合并論之也。復次，真序之中可以有僞造之部分，而僞造之序中亦可以有真實之資料。今認智愷序爲僞撰，而僞撰之序中實含有一部分真史料，特爲標出，以明其決非後人所能僞造。至此序爲托名智愷之作，則不待論。今日中外學人考證佛典雖極精密，然其搜尋資料之範圍，尚多不能軼出釋教法藏以外。特爲擴充其研究之領域，使世之批評佛典者，所持證據，不限於貝多真實語及其流派文籍之中，斯則不佞草此短篇之微意也。

僞智愷序云：

值京邑英賢慧顯、智韶、智愷、曇振、慧旻與假黄鉞大將軍蕭公勃以大梁承聖三年歲次癸酉九月十日於衡州始興郡建興寺敬請法師敷演大乘，闡揚秘典，示導迷途，遂翻譯斯論一卷。

寅恪案，僞序中此節乃實録，非後人所能僞造者也。何以知之？請就二事以爲證明：一爲年月地理之關係，二爲官制掌故之關係。初學記肆（文苑英華壹伍捌、太平御覽叁貳同。）江總衡州九日詩云：

秋日正凄凄，茅茨復蕭瑟。姬人薦初醞，幼子問殘疾。園菊抱黄華，庭榴剖珠實。聊以著書情，暫遣他鄉日。

寅恪案，陳書貳柒江總傳（南史叁陸江夷傳附總傳略同）云：

總第九舅蕭勃先據廣州，總又自會稽往依焉。梁元帝平侯景，徵總爲明威將軍始興内史，以郡秩米八百斛給總行裝。會江陵陷，遂不行。總自此流寓嶺南積歲。

又陳書玖歐陽頠傳（南史陸歐陽頠傳同）云：

梁元帝承制，以始興郡爲東衡州。

據此，總持詩題之衡州，實指東衡州，即僞智愷序之衡州始興郡也。總持既曾流寓嶺南，始興爲南北交通要道，行旅之所經過。總持，南朝詞人也，自於其地不能不有所題咏。故初學記貳叁載江總經始興廣果寺題愷法師山房詩云：

息舟候香埠，悵別在寒林。竹近交枝亂，山長絶徑深。輕飛入定影，落照有疏陰。不見投雲狀，空留折桂心。

此愷法師之名雖不可確知，但必知道安之號安法師，慧遠之號遠公之比，而爲某愷。蓋僧徒皆例以其二名之下一字見稱目也。今除智愷之外，尚未發現其他適當之愷法師，得與江總會聚於始興之地，然則此愷法師豈即智愷歟？

復次，通鑑壹陸伍梁紀元帝紀承聖三年（此年即五五四年）九月條云：

帝好玄談，〔九月〕辛卯於龍光殿講老子。曲江侯〔蕭〕勃遷居始興。

據此，則承聖三年九月蕭勃實在始興。又據江總衡州九日詩及經始興廣果寺題愷法師山房詩，則智愷是時似亦在始興。可見僞序中所述智愷等與蕭勃於承聖三年九月十日請真諦翻譯大乘起信論一事之年月地理人名皆與江總詩及通鑑切合，而蕭勃此時在始興一事僅載通鑑，爲梁陳書及南史所無，司馬氏所紀之原始材料尚未檢出。其必有確據，自不待言。（今梁書貳肆蕭景傳不載勃事，南史伍壹吴平侯景傳附有勃始末，但甚簡略。）若後人妄造序中此節，何能冥會如是，斯必得有真實資料，以爲依據。至承聖三年爲甲戌而非癸酉，則記述偶差，事所恒有，毋庸置疑。此所謂年月地理之關係也。

梁書陸敬帝紀（南史捌梁本紀下同）略云：

太平二年（此年即五五七年）二月太保廣州刺史蕭勃舉兵反。

從來舉兵之人，無論其是非逆順，必有自行建樹之名號，否則將無以命令處置其部下，此不僅在六朝時如此也。在六朝時，此種自建之名號殊有一定之方式及稱謂，已成爲朝章國故，非後來不預政治不習掌故之佛教僧侶所能知悉而僞造者也。僞序中稱蕭勃之官銜爲：

假黄鉞大將軍。

考晋書拾安帝紀略云：

元興三年三月景戌以幽逼於〔桓〕玄，萬機虚曠，令武陵王遵依舊典承制總百官行事，加侍中。

同書陸肆武陵忠敬王遵傳云：

朝廷稱受密詔，使遵總攝萬機，加侍中大將軍，移入東宫，内外畢敬，遷轉百官，稱制書。

宋書壹武帝紀（南史壹宋本紀上同）云：

〔元興三年〕四月奉武陵王遵爲大將軍，承制。

南朝從此以爲故事。如南齊書捌和帝紀（南史伍齊本紀下同）云：

〔中興元年〕十二月丙寅建康城平。己巳，皇太后令，以梁王爲大司馬，録尚書事，驃騎大將軍揚州刺史。封建安郡公。依晋武陵王遵承制故事，百僚致敬。

梁書壹武帝紀（南史陸梁本紀上同）略云：

〔中興元年〕十二月丙寅，宣德皇后授高祖中書監都督揚南徐二州諸軍事大司馬録尚書驃騎大將軍揚州刺史。封建安郡公，食邑萬户。給班劍四十人。黄鉞侍中征討諸軍事并如故。依晋武陵王遵承制故事。

同書伍世祖紀（南史捌梁本紀下同）云：

〔太清〕三年三月侯景寇没京師。四月太子舍人蕭歆至江陵，宣密詔，以世祖爲侍中假黄鉞大都督中外諸軍事司徒承制，餘如故。

夫蕭勃舉兵必自立名號，其立名號必求之相傳舊典。今梁陳書及南史皆紀載勃舉兵始末至簡。僞序中所述勃之名號，乃遠依晋武陵王遵承制故事，近襲梁元帝自立成規，深切適合南朝之政治掌故。若謂後世僧徒絶無真實根據而能杜撰如此，殊於事理不通。此所謂官制掌故之關係也。

依上述二理由，故鄙意以爲此序雖是僞造，而僞序中却有真史料。至以前考證大乘起信論之僞者，多據歷代三寶記立論。其實費書所紀真諦翻譯經論之年月地址亦有問題，殊有再加檢討之必要。其例如近日刊布之日本正倉院天平藏金光明經僧隱序即與歷代三寶記壹壹所載者微有參差是也。茲以此事軼出是篇範圍，故不置論。

（原載一九四八年十二月燕京學報第叁伍期）

武曌與佛教

（甲）本文討論之範圍

李義山文集肆紀宜都內人事略云：

武后篡既久，頗放縱，耽內習，不敬宗廟。四方日有叛逆，防豫不暇。時宜都內人以唾壺進，思有以諫。后坐帷下倚檀机，與語，問四方事。宜都內人曰：大家知古女卑於男耶？后曰：知。內人曰：古有女媧，亦不正是天子，佐伏羲理九州耳。後世孃姥有越出房閤斷天下事者，皆不得其正，多是輔昏主，不然抱小兒。獨大家革天姓，改去釵釧，襲服冠冕，符瑞日至，大臣不敢動，真天子也。大家始今日能屏去男妾，獨立天下，則陽之剛亢明烈可有矣。如是過萬萬世，男子益削，女子益專。妾之願在此。后雖不能盡用，然即日下令誅作明堂者。（寅恪案，此指薛懷義。）

寅恪案，武曌在中國歷史上誠爲最奇特之人物，宜都內人之語非誇詞，皆事實也。自來論武曌者雖頗多，其實少所發明。茲篇依據舊史及近出佚籍，參校推證，設一假定之說，或於此國史上奇特人物之認識，亦一助也。但此文所討論者，僅以武曌與佛教之關係爲範圍，即其母氏家世宗教信仰之薰習及其本身政治特殊地位之證明二點。其他政治文化等問題與武曌有關者，俱不涉及，以明界限。

（乙）楊隋皇室之佛教信仰

南北朝諸皇室中與佛教關係最深切者，南朝則蕭梁，北朝則楊隋，兩家而已。兩家在唐初皆爲亡國遺裔。其昔時之政治地位，雖已喪失大半，然其世代遺傳之宗教信仰，固繼承不替，與梁隋盛日無异也。請先以蕭梁後裔蕭瑀之事證之。

舊唐書陸叄蕭瑀傳略云：

瑀字時文。高祖梁武帝。曾祖昭明太子。祖詧，後梁宣帝。父巋，明帝。好釋氏，常修梵行，每與沙門難及苦空，必詣微旨。太宗以瑀好佛道，嘗賚綉佛像一軀，并綉瑀形狀於佛像側，以爲供養之容。又賜王褒所書大品般若經一部，并賜袈裟，以充講誦之服焉。會瑀請出家，太宗謂曰：甚知公素愛桑門，今者不能違意。瑀旋踵奏曰：臣頃思量，不能出家。太宗以對群臣吐言而取捨相違，心不能平。瑀尋稱足疾，時詣朝堂，又不入見。太宗謂侍臣曰：瑀豈不得其所乎？而自慊如此。遂手詔曰：至於佛教，非意所遵。雖有國之常經，固弊俗之虛術。何則？求其道者，未驗福於將來。修其教者，翻受辜於既往。至若梁武窮心於釋氏，簡文銳意於法門，傾帑藏以給僧祇，殫人力以供塔廟。及乎三淮沸浪，五嶺騰煙，假餘息於熊蹯，引殘魂於雀鷇。子孫覆亡而不暇，社稷俄頃而爲墟。報施之徵，何其繆也。而太子太保宋國公瑀踐覆車之餘軌，襲亡國之遺風。棄公就私，未明隱顯之際。身俗口道，莫辨邪正之心。修累葉之殃源，祈一躬之福本。上以違忤君主，下則扇習浮華。往前朕謂張亮云：卿既事佛，何不出家？瑀乃端然自應，請先入道。朕即許之，尋復不用。一迴一惑，在於瞬息之間，自可自否，變於帷扆之所。乖棟梁之大體，豈具瞻之量乎？朕猶隱忍至今，瑀尚全無悛改。宜即去茲朝闕，出牧小藩。可商州刺史，仍除其封。

唐釋彥悰護法沙門法琳別傳中載貞觀十一年正月（適園叢書本唐大詔令集壹壹叁作二月）

道士女冠在僧尼之上詔略云：

至於佛教之興，基於西域。爰自東漢，方被中華。神變之理多方，報應之緣匪一。暨乎近世，崇信滋深。人冀當年之福，家懼來生之禍。由是滯俗者聞玄宗而大笑，好异者望真諦而爭歸。始波湧於閭里，終風靡於朝廷。遂使殊俗之典，鬱爲衆妙之先。諸夏之教，翻居一乘之後。流遁忘反，於茲累代。朕夙夜夤畏，緬惟至道。思革前弊，納諸軌物。況朕之本系，出自柱下。鼎祚克昌，既憑上德之慶。天下大定，亦賴無爲之功。宜有解張，闡兹玄化。自今已後，齊供行立。至於講論，道士女冠宜在僧尼之前。庶敦本系之化，暢於九有。尊祖宗之風，貽諸萬葉。

觀上録唐太宗兩詔，知佛教自隋文帝踐祚復興以來，至唐太宗貞觀十一年，始遭一嚴重之壓迫。前此十年，即唐高祖武德九年五月雖有沙汰僧尼道士女冠之詔，其實并未實行（詳見舊唐書壹高祖紀及通鑒壹玖壹武德九年五月辛巳下詔命有司沙汰天下僧尼道士女冠條）。且彼時詔書，兼涉道士女冠，非專爲僧尼而發也。蓋佛教自北周武帝廢滅以後，因隋文帝之革周命而復興。唐又代隋，以李氏爲唐國姓之故，本易爲道士所利用。而太宗英主，其對佛教，雖偶一褒揚，似亦崇奉者。如貞觀三年閏十二月癸丑爲殞身戎陣者建立寺刹（見舊唐書貳及新唐書貳太宗紀），及優禮玄奘等（詳見慈恩大師傳陸），皆其顯著之例。其實太宗於此等事皆别有政治作用。若推其本心，則誠如其責蕭瑀詔書所謂「至於佛教，非意所遵」者也。當日佛教處此新朝不利環境之中，惟有利用政局之變遷，以恢復其喪失之地位。而不意竟於「襲亡國遺風」之舊朝别系中，覓得一中興教法之宗主。今欲論此中興教法宗主之武曌與佛教之關係，請先略述其外家楊隋皇室崇奉釋氏之事實於下：

唐釋道宣集古今佛道論衡實録貳隋兩帝重佛宗法俱受歸戒事條云：

案隋著作郎王邵述隋祖起居注云：帝以後魏大統七年六月十三日生於同州般若尼寺。於時赤光照室，流溢户外，紫氣滿庭，狀如樓閣，色染人衣，内外驚异。帝母以時炎熱，就而扇之，寒甚幾絶，困不能啼。有神尼者名曰智仙，河東劉氏女也。少出家，有戒行。和尚失之，恐墮井，乃在佛屋，儼然坐定，遂以禪觀爲業。及帝誕日，無因而至。語太祖曰：兒天佛所祐，勿憂也。尼遂名帝爲那羅延，言如金剛不可壞也。又曰：兒來處异倫，俗家穢雜，自爲養之。太祖乃割宅爲寺，以兒委尼，不敢召問。後皇妣來抱，忽化爲龍，驚惶墮地。尼曰：何因妄觸我兒，遂令晚得天下。及年七歲，告帝曰：兒當大貴，從東國來。佛法當滅，由兒興之。尼沈静寡言，時道吉凶，莫不符驗。初在寺養帝，年至十三，方始還家。及周滅二教，尼隱皇家。帝後果自山東入爲天子，重興佛法，皆如尼言。及登位後，每顧群臣，追念阿闍黎，以爲口實。又云：我興由佛法，而好食麻豆，前身似從道人中來。由小時在寺，至今樂聞鐘聲。乃命史官爲尼作傳。帝昔龍潜所經四十五州，及登極後，悉皆同時起大興國寺。仁壽元年帝及後宫同感舍利，并放光明，砧槌試之，宛然無損。遂前後置塔諸州百有餘所。皆置銘勒，隱於地府。感發神端，充牣耳目。具如王邵所撰感應傳。所以周祖竊忌黑衣當王，便摧滅佛法。莫識隋祖元養佛家。王者不死，何由可識（參考道宣續高僧傳貳陸感通篇隋釋道密傳）。

隋書壹高祖紀（北史壹壹隋本紀同）云：

皇妣吕氏，以大統七年六月癸丑夜，生高祖於馮翊般若寺，紫氣充庭。有尼來自河東，謂皇妣曰：「此兒所從來甚异，不可於俗間處之。」尼將高祖舍於别館，躬自撫養。皇妣嘗抱高祖，忽見頭上角出，遍體鱗起。皇妣大駭，墜高祖於地。尼自外入，見曰：「已驚我兒，致令晚得天下。」

道宣廣弘明集壹柒隋安德王雄百官等慶舍利感應表云：

其〔蒲州〕栖巖寺者，即是太祖武元皇帝之所建造。

寅恪案，帝王創業，史臣記述，例有符瑞附會之語，楊隋之興，何得獨异？但除去此類附會例語之外，有可注意者二事：一爲隋高祖父母之佛教信仰，一爲隋高祖本身幼時之佛教環境。夫楊氏爲北周勳戚，當北周滅佛之時，而智仙潛匿其家，則楊氏一門之爲佛教堅實信徒，不隨時主之好惡轉移，於此益可以證明也。

隋書叁伍經籍志道佛經類云：

開皇元年，高祖普詔天下，任聽出家。仍令計口出錢，營造經像。而京師及并州相州洛州等諸大都邑之處，并官寫一切經，置於寺内，而又别寫藏於秘閣。天下之人從風而靡，競相景慕。民間佛經多於六經數十百倍（參閲通鑒壹柒伍陳紀宣帝太建十三年隋主詔境内之民任聽出家條）。

續高僧傳捌隋釋曇延傳略云：

隋文創業，未展度僧。延初聞改政，即事剃落。法服執錫，來至王庭。帝奉聞雅度，欣泰本懷。共論開化之模，孚化之本。延以寺宇未廣，教法方隆。奏請度僧，以應千二百五十比丘五百童子之數。敕遂總度一千餘人，以副延請。此皇隋釋化之開業也。爾後遂多，凡前後別請度者，應有四千餘僧。周廢伽藍并請興復。三寶再弘，功兼初運者，又延之力矣。

寅恪案，周武帝廢滅佛教。隋文帝代周自立，其開國首政即爲恢復佛教。此固別有政治上之作用，而其家世及本身幼時之信仰，要爲一重要之原因，則無疑也。至於煬帝，在中國歷史上通常認爲弑父弑君荒淫暴虐之主，與桀紂幽厲同科，或更不如者。然因其崇奉佛教，尤與天台宗創造者智者大師有深切之關係之故，其在佛教中之地位，適與其在儒家教義中者相反，此乃吾國二種不同文化價值論上之問題，不止若唐代改易漢書古今人表中老子等級之比也。此問題非兹篇所能詳論，今但擇録天台宗著述中興此問題有關之文，略附詮釋，以供參證。

南宋天台宗僧徒志磐撰佛祖統紀叁玖開皇十一年晋王廣受菩薩戒於智者大師條述曰：

世謂煬帝禀戒學慧，而弑父代立。何智者之不知預鑒耶？然能借闍王之事以比决之，則此滯自銷。故觀經疏釋之，（寅恪案，此指智者大師之觀無量壽佛經疏。）則有二義：一者事屬前因，由彼宿怨，來爲父子。故阿闍世此云：「未生怨。」二者大權現逆，非同俗間惡逆之比。故佛言：「闍王昔於毘婆尸佛發菩提心，未嘗墮於地獄。」（原注：「涅槃經云。」寅恪案，此語出北本大涅槃經貳拾梵行品第捌之柒末段。）又佛爲授記，却作後佛，號「淨身」。（原注：「闍王受决經。」寅恪案，今此經文作「淨其所部」。志磐所據本「其」作「身」字，故云「淨身」。）又「闍王未受果而求懺，令無量人發菩提心。」（寅恪案，原本此處有「垂裕記」三字。今移置下文「孤山」二字之下。）有能熟思此等文意，則知智者之於煬帝，鑒之深矣。故智者自云：「我與晋王深有緣契。」今觀其始則護廬山主玉泉，終則創國清，保龕壟。而章安結集，十年送供。（原注：「事見智者本紀。」寅恪案，見佛祖統紀陸智者紀。原注本在篇末，今移於此。）以此比知，則煬帝之事，亦應有前因現逆二者之義。孤山（垂裕記）云：「菩薩住首楞嚴定者或現無道，所以爲百王之監也。」（寅恪案，此語見孤山即智圓維摩經略疏垂裕記壹。）

寅恪案，阿闍世王爲弑父弑君之惡主。然佛教經典如大涅槃經梵行品則列舉多種理由，以明其無罪。非但無罪，如阿闍世王受决經且載其未來成佛之預言。智圓之書，成於北宋初期，志磐之書，成於南宋季世，雖皆較晚，疑其所論俱出於唐代天台宗相承之微言，而非二人之臆説也。夫中國佛教徒以隋煬帝比於阿闍世王，則隋煬在佛教中，其地位之尊，遠非其他中國歷代帝王所能并論。此點與儒家之評價適得其反。二種文化之同异是非，於此不必討論。但隋文帝重興釋氏於周武滅法之後，隋煬帝又隆禮台宗於智者闡教之時，其家世之宗教信仰，固可以推測得知。而武曌之母楊氏既爲隋之宗室子孫，則其人之篤信佛教，亦不足爲异矣。兹節録舊史及佛藏之文於後，以資證明。

舊唐書壹捌叁外戚傳（新唐書貳零陸外戚傳同）略云：

初〔武〕士彠娶相里氏，又娶楊氏，生三女。長適越王府功曹賀蘭越石，次則天，次適郭氏。則天立爲皇后，追贈士彠爲司徒周忠孝王，封楊氏代國夫人。賀蘭越石早卒，封其妻爲韓國夫人。尋楊氏改封爲榮國夫人。咸亨二年榮國夫人卒。

新唐書壹佰楊恭仁傳（舊唐書陸貳楊恭仁傳略同）略云：

楊恭仁，隋〔司空〕觀王雄子也。執柔，恭仁從孫，歷地官尚書。武后母即恭仁叔父達之女。及臨朝，武承嗣攸寧相繼用事。后曰：「要欲我家及外氏常一人爲宰相。」乃以執柔同中書門下三品。

新唐書柒壹下宰相世系表楊氏觀王條云：

達字士達。隋納言，始安泰侯。（寅恪案，隋書肆叁、北史陸捌楊達傳「泰」作「恭」，應據改。）

舊唐書伍貳后妃傳下玄宗元獻皇后楊氏傳（新唐書柒陸后妃傳上同）云：

玄宗元獻皇后楊氏，弘農華陰人。曾祖士達。隋納言。天授中以則天母族，追封士達爲鄭王，贈太尉。

錢易南部新書甲云：

龍朔中楊思玄恃外戚典選，多排斥選士。

新唐書柒壹下宰相世系表楊氏觀王房條云：

思玄，吏部侍郎。

寅恪案，依據上述，可知武曌之母楊氏爲隋宗室觀王雄弟始安侯達之女。觀王雄者，即前引廣弘明集壹柒隋安德王雄百官等慶舍利感應表之安德王雄。雄及其弟達事迹，詳見周書貳玖、隋書肆叄及北史陸捌等本傳，茲不備録。此武曌血統與楊隋關係之可推尋者。自來論史者多不及此事，其實此點甚可注意也。

唐釋彦悰所編之沙門不應拜俗等事叄載龍朔二年四月二十七日西明寺僧道宣等上榮國夫人楊氏請論沙門不合拜俗啓一首，下注云：

夫人帝后之母也。敬崇正化，大建福門，造像書經，架築相續。出入宫禁，榮問莫加。僧等詣門致書云爾。

又彦悰書陸尚載有龍朔二年八月十三日西明寺僧道宣等重上榮國夫人楊氏請論不合拜親啓

一首。據此可知武曌之母楊氏必爲篤信佛教之人，故僧徒欲藉其力以保存不拜俗之教規。至楊氏所以篤信佛教之由，今以史料缺乏，雖不能確言，但就南北朝人士其道教之信仰，多因於家世遺傳之事實推測之（參閱拙著天師道與濱海地域之關係），則榮國夫人之篤信佛教，亦必由楊隋宗室家世遺傳所致。榮國夫人既篤信佛教，武曌幼時受其家庭環境佛教之薰習，自不待言。又據倫敦博物館藏敦煌寫本大雲經疏（見羅福萇沙州文録補）中

伏承神皇幼小時已被緇服

之語，則武曌必在入宮以前，已有一度正式或非正式爲沙彌尼之事。所以知者，據通鑒考异拾貞觀十一年武士彠女年十四入宮條云：

舊則天本紀：崩時年八十二。唐曆、焦璐唐朝年代記、統記、馬總唐年小録、聖運圖、會要皆云八十一。唐録政要：貞觀十三年入宮。據武氏入宮年十四。今從吴兢則天實録爲八十二。故置此年。

若依君實之考定，武曌既於貞觀十一年年十四歲入宮，則貞觀二十三年太宗崩後，出宮居感業寺爲尼時，其年已二十六歲。以二十六歲之年，古人决不以爲幼小。故幼小之語，顯指武曌年十四歲未入宮以前而言。然則武曌幼時，即已一度正式或非正式爲沙彌尼。其受母氏佛教信仰影響之深切，得此一事更可證明矣。後來僧徒即藉武曌家庭傳統之信仰，以恢復其自李唐

開國以來所喪失之權勢。而武曌復轉借佛教經典之教義，以證明其政治上所享之特殊地位。二者之所以能彼此互相利用，實有長久之因緣，非一朝一夕偶然所可致者，此本篇所討論問題之第一點也。

（丙）武曌與佛教符讖之關係

儒家經典不許婦人與聞國政。其顯著之例如尚書牧誓云：

牝雞無晨。牝雞之晨，惟家之索。

僞孔傳云：

雌代雄鳴則家盡；婦奪夫政則國亡。

詩大雅瞻卬云：

如賈三倍。君子是識。婦無公事。休其蠶織。

毛傳云：

婦人無與外政，雖王后猶以蠶織爲事。

鄭箋云：

貫物而有三倍之利者，小人所宜知也。君子反知之，非其宜也。今婦人休其蠶桑織紝之職，而與朝廷之事，其非宜亦猶是也。

觀此即知武曌以女身而爲帝王，開中國政治上未有之創局。如欲證明其特殊地位之合理，決不能於儒家經典求之。此武曌革唐爲周，所以不得不假托佛教符讖之故也。考佛陀原始教義，本亦輕賤女身。如大愛道比尼經下所列舉女人之八十四態，即是其例。後來演變，漸易初旨。末流至於大乘急進派之經典，其中乃有以女身受記爲轉輪聖王成佛之教義。此誠所謂非常异義可怪之論也。武曌頒行天下以爲受命符讖之大雲經，即屬於此大乘急進派之經典。其原本實出自天竺，非支那所僞造也。

近歲敦煌石室發見大雲經疏殘卷。王國維氏爲之跋尾，考證甚確（并見沙州文録補）。兹節録其文與本篇主旨有關者於後，并略附以詮釋。凡王氏跋中所已詳者，皆不重論。但佛典原文王跋未及備載，兹亦補録其有關者，以資參校，而便説明。

大雲經疏王氏跋云：

卷中所引經曰及經記云云，均見後凉曇無讖所譯大方等無想經。此經又有竺法念譯本，名大雲無想經。曇公譯本中亦屢見「大雲」字，故知此爲大雲經疏也。（寅恪案，竺法念應作竺佛念，蓋王氏偶爾筆誤。至曇無讖所譯，僅高麗藏本作大方等無想經，其餘宋元明等藏及日本宫内省所藏諸本俱作大方等大雲經也。）案舊唐書則天皇后本紀「載初元年，有沙門十人僞撰大雲經，表上之，盛言神皇受命之事。制頒於天下，令諸州各置大雲寺，總度僧千人。」又薛懷義傳「懷義與法明等造大雲經，陳符命，言則天是彌勒下生，作閻浮提主，唐氏合微。故則天革命稱周。其僞大雲經頒於天下，寺各藏一本，令昇高座講説。」新唐書后妃傳所紀略同。宋次道長安志記大雲寺經亦云：「武太后初，光明寺沙門進大雲經，經中有女主之符，因改爲大雲寺。」皆以此經爲武后時僞造。然後凉譯本之末，固詳説黑河女主之事，故贊寧僧史略謂「此經晋代已譯，舊本便曰女王，於時豈有天后云云。」頗以唐書之説爲非。志磐佛祖統紀從之，故於武后載初元年書「敕沙門法朗九人重譯大雲經」，不云僞造。今觀此卷所引經文，皆與凉譯無甚差池。豈符命之説皆在疏中，經文但稍加緣飾，不盡僞托歟？又此疏之成，蓋與僞經同頒天下。故敦煌寺中尚藏此殘卷。

寅恪案，武曌之頒行大雲經於全國，與新莽之「遣五威將軍王奇等十二人班符命四十二篇於天下」（見漢書玖玖中王莽傳）正同一政治作用。蓋革命開國之初，對於民衆宣傳及證明其新取得地位之合理也。今檢曇無讖譯大方等大雲經肆大雲初分如來涅槃健度第叁陸略云：

佛告淨光天女言：汝於彼佛暫一聞大涅槃經。以是因緣，今得天身。值我出世，復聞深義。捨是天形，即以女身當王國土，得轉輪王所統領處四分之一。（寅恪案，此武曌所以稱金輪皇帝之故。）汝於爾時實爲菩薩。爲化衆生，現受女身。

又同經陸大雲初分增長健度第叄柒之餘略云：

我涅槃已七百年後，是南天竺有一小國，名曰無明。彼國有河，名曰黑暗。南岸有城，名曰穀熟。其城有王，名曰等乘。其王夫人産育一女，名曰增長。其王未免忽然崩亡。爾時諸臣即奉此女以繼王嗣。女既承正，威伏天下。閻浮提中所有國土悉來承奉，無拒違者。

寅恪案，觀曇無讖譯大方等大雲經之原文，則知不獨史籍如舊唐書等之僞造説爲誣枉，即僧徒如志磐輩之重譯説，亦非事實。今取敦煌殘本，即當時頒行天下以爲受命符讖之原本，與今佛藏傳本參校，幾全部符合。間有一二字句差池之處，而意義亦無不同。此古來書册傳寫所習見者，殊不能據此以爲有歧异之二譯本也。又因此可知薛懷義等當時即取舊譯之本，附以新疏，巧爲傅會。其於曇本原文，則全部襲用，絶無改易。既不僞造，亦非重譯。然則王跋以爲「經文但稍加緣飾，不盡僞托。」又云：「此疏之成，蓋與僞經同頒天下。」則尚有未諦也。

蓋武曌政治上特殊之地位，既不能於儒家經典中得一合理之證明，自不得不轉求之於佛教經典。而此佛教經典若爲新譯或僞造，則必假托譯主，或别撰經文。其事既不甚易作，其書更難取信於人。仍不如即取前代舊譯之原本，曲爲比附，較之僞造或重譯者，猶爲事半而功倍。由此觀之，近世學者往往以新莽篡漢之故，輒謂古文諸經及太史公書等悉爲劉歆所僞造或竄改者，其説殆不盡然。寅恪不敢觀三代兩漢之書，固不足以判決其是非。而其事亦軼出本篇範圍之外，尤不必涉及。但武曌之頒行大雲經與王莽之班符命四十二篇，其事正復相類，自可取與并論。至若李思順解釋大雲經以爲唐興之符命一案，則又「劉秀當爲天子」之類也（見通典壹陸玖刑典柒守正門）。此類政治與符讖關係，前人治史，多不知其重要，故特辨之如此。佛教在李唐初期爲道教所壓抑之後，所以能至武周革命而恢復其楊隋時所享之地位者，其原因固甚複雜，而其經典教義可供女主符命附會之利用，要爲一主因。兹移録唐大詔令集壹壹叁所載武周天授二年三月釋教在道教之上制以爲證明。

朕先蒙金口之記，又承寶偈之文。歷教表於當今，本願標於曩劫。大雲闡奥，明王國之禎符，方寺（寅恪案，「寺」當作「等」，即指大方等大雲經而言。）發揚，顯自在之丕業。馭一境而敦化，弘五戒以訓人。爰開革命之階，方啓維新之命。宜協隨時之義，以申自我之規。雖實際如如，理忘於先後，而翹心懇懇，思展於勤誠。自今以後，釋教宜在道法之上，緇服處黄冠之前，庶得道有識以歸依，極群生於迴向。布告遐邇，知朕意焉。

觀此制文，凡武曌在政治上新取得之地位，悉與佛典之教義爲證明，則知佛教符讖與武周革命之關係，其深切有如是者。此本篇所討論問題之第二點也。

（丁）結論

自貞觀十一年（西曆六三七年）正月，（或二月，見乙章。）詔道士女冠在僧尼之上（詔文見乙章）。歷五十四年至天授二年（西曆六九一年）三月，周已革唐命，而有釋教在道法之上之制（制文見丙章）。又歷二十年唐室中興之後，景雲二年（西曆七一一年），復敕僧道齊行并進（敕文見唐大詔令集壹壹叁）。約而論之，凡有三變。若通計自隋煬帝大業之世迄於唐睿宗景雲之初，此一百年間佛教地位之升降，與當時政治之變易，實有關係。而與此百年間政治上三大怪杰即隋煬帝唐太宗及武曌尤多所關涉。故綜合前後政治之因果，依據中西文化之同异，類次舊文，間附臆説，成此短篇，以供研求國史中政治與宗教問題者之參證。

兹有間接與大雲經有關之謝靈運辨宗論中華夷分别一點，略論述之如下。但衹就此端範圍推論，其餘涉及佛教大小乘教義之演變請問題，則概從省略，以免枝蔓。嚴可均輯全宋文叁貳謝靈運辨宗論云：

> 華民易於見理，難於受教，故閉其累學，而開其一極。夷人易於受教，難於見理，故閉其頓了，而開其漸悟。漸悟雖可至，昧頓了之實，一極雖知寄，絶累學之冀。良由華人悟理無漸，

而誣道無學，夷人悟理有學，而誣道有漸。是故權實雖同，其用各昇。

寅恪案，靈運文中所討論者，在華人主頓夷人主漸一事，專爲道生之大涅槃經而發。

慧皎高僧傳柒義解肆竺道生傳略云：

又六卷泥洹先至京都，生剖析經理，洞入幽微，乃説一闡提人皆得成佛。於時大本未傳，孤明先發，獨見忤衆，於是舊學以爲邪説，譏憤滋甚，遂顯大衆擯而遣之。後涅槃大本至於南京，果稱闡提悉有佛性，與前所説合若符契。

今據同書貳曇無讖傳略云：

（讖）往罽賓齋大涅槃前分十卷。頃之，復進到姑臧，譯寫初分十卷。次譯大集，大雲，悲華，地持，優婆塞戒，金光明，海龍王菩薩戒本等六十餘萬言。讖以涅槃經本品數未足，還外國究尋。後於于闐更得經本中分，復還姑臧譯之。後又遣使于闐尋得後分，於是續譯爲三十三卷。

然則一闡提可以成佛之大涅槃經出於于闐，確有證明。

玄奘大唐西域記壹貳瞿薩旦那國：

王城東南五六里，有鹿射僧伽藍，此國先王妃所立也。昔者此國未知桑蠶，聞東國有之，命使以求。時東國君秘而不賜，嚴敕關防，無令桑蠶種出也。瞿薩旦那王乃卑辭下禮，求婚東國，國君有懷遠之志，遂允其請。瞿薩旦那王命使迎婦而誡曰：爾致辭東國君女，我國素無絲綿，桑蠶之種，可以持來，自爲裳服。女聞其言，密求其種，以桑蠶之子置帽絮中。既至關防，主者遍索，唯王女帽不敢以檢，遂入瞿薩旦那國，止鹿射伽藍故地。方備儀禮，奉迎入宮，以桑蠶種留於此地，陽春告始，乃植其桑。蠶月既臨，復事采養。初至也，尚以雜葉飼之，自時厥後，桑樹連蔭，王妃乃刻石爲制，不令傷殺，蠶蛾飛盡，乃得治繭，敢有犯違，明神不祐，遂爲先蠶，建此伽藍，數株枯桑，云是本種之樹也。故今此國有蠶不殺，竊有取絲者，來年輒不宜蠶。

及北史玖柒西域傳于闐國傳（參魏書壹佰貳西域傳）云：

自高昌以西，諸國人等，深目高鼻，唯此一國，貌不甚胡，頗類華夏。

可見于闐之地，舊爲華夏民族移居之土。大涅槃經既出于闐，又主張頓悟，靈運謂華人主頓悟，殊有根據，未可以想像之空論目之也。

歷代三寶記壹貳新合大集經條略云：

于闐東南二千餘里，有遮拘迦國，彼王純信敬重大乘。彼土又稱，此國東南二十餘里，有山甚險，其內安置大集，華嚴，方等，寶積，楞伽，方廣舍利，弗陀羅尼，華聚陀羅尼，都薩羅藏，摩訶般若，八部般若，大雲經等凡十二部，皆十萬偈。

寅恪按，歷代三寶記所引此文與澄觀大方廣佛華嚴經隨疏演義鈔壹伍所録文字略有出入，遮拘迦作遮拘槃，藏大雲經等十二部作十一部。槃與迦表面似非同一對音，但王明清揮塵後録陸云：

趙正夫〔挺之〕丞相元祐中與黄太史魯直〔庭堅〕俱在館閣，魯直以其魯人，意常輕之。每庖吏來問食次，正夫必曰：來日喫蒸餅。一日聚飯行令，魯直云：欲五字從首至尾各一字，復合成一字。正夫沈吟久之曰：禾女委鬼魏。魯直應聲曰：來力敕正整。協正夫之音。闔座大笑。

然則趙挺之讀餅爲整，乃其鄉音，可見迦與槃之對音互异，亦由當日地方之土音不同所致也。至於藏經部數，應以十一部爲是。夫大雲經雖未明言出於于闐國，但與于闐相鄰近之遮拘迦國有關，確有明證。大唐西域記壹貳斫句迦國條略云：

周千餘里，編户殷盛。臨帶兩河，頗以耕植蒲萄梨柰。文字同瞿薩旦那國，言語有异。此國中大乘經典部數尤多，佛法至處，莫斯爲盛也。十萬頌爲部者凡有十數，自兹已降，其流寔廣，從此而東，逾嶺越谷，行八百餘里，至瞿薩旦那國。

册府元龜玖陸拾外臣部土風貳云：

〔于闐〕國人善鑄銅器，其治曰西山城，有屋室市井，菓蓏菜蔬與中國等，尤信佛法。

可知遮拘迦國即大唐西域記中之斫句迦國。歷代三寶記所云東南一千餘里當是訛寫，與西域記等所載，此國位置，絶不能有此遼遠之里程也。此國崇尚大乘，文化雖較于闐爲低，但其人仍屬于闐之影響，據言文字與于闐國同。可證此大乘文化，實從于闐而來。寅恪昔年與鋼君和泰比較各種文字之金剛經，始知玄奘所譯之本，源出自于闐文。是以較其他譯本爲繁。惜此稿本經已不見，故無從詳加說明也。

綜合言之，大雲經雖不出于闐，但亦出自于闐相近之遮拘迦。據北史玖柒西域傳于闐國傳略云：

> 土宜五穀并桑麻。城東有大水北流，號樹枝水。城西十五里亦有大水名達利水，與樹枝水會，俱北流。

達利河即土耳其語言之Kara Kachi，Kara，爲黑暗之義，與「土宜五穀并桑麻」等語，翊似皆可與大雲經所言「有一小國，名曰無明。彼國有河，名曰黑暗。南岸有城，名曰熟穀。」等文相印證。由是言之，武曌所據以女身得爲帝王之教義，亦間接出自于闐，與謝靈運辨宗論及遮拘迦之華夏移民實有間接關係也。復曌因中國儒教等經典最重男輕女，不許女身得爲帝王，故不得已求之於華夏民族以外之經典，藉資宣傳。殊不知女身得爲帝王之說，實源出華夏移民所主張，此俗所謂家有祖傳之寶，苟爲子孫所忘，而別從他人求乞。斯真爲中外學說歷史之一奇事也。今述大雲經教義已畢，聊舉此端，以供好事之博雅通人一笑云爾。

附注

關於武曌與佛教符讖之問題，可參考矢吹慶輝博士著三階教之研究及湯用彤先生所作同書之跋文（載史學雜志第貳卷第伍陸期合刊）。總而言之，大周刊定衆經目録不著録新譯大雲經，尤足證薛懷義等無重譯或僞撰此經之事也。

（原載一九三五年十二月歷史語言研究所集刊第伍本第貳分）

讀洛陽伽藍記書後

劉知幾史通伍補注篇云：

亦有躬爲史臣，手自刊補，雖志存賅博，而才闕倫叙，除煩則意有所恡，畢載則言有所妨，遂乃定彼榛楛，列爲子注。若蕭大圜淮海亂離志，羊衒之洛陽伽藍記，宋孝王關東風俗傳，王劭齊志之類是也。

顧廣圻思適齋集壹肆洛陽伽藍記跋略云：

予嘗讀史通補注，知此書原用大小字分別書之，今一概連寫，是混注入正文也。意欲如全謝山治水經注之例，改定一本，惜牽率乏暇，汗青無日，爰標識於最後，世之通才倘依此例求之，於讀是書，思過半矣。

於是吴若准洛陽伽藍記集證即依顧氏之說，分析正文子注，群推爲善本。吴氏自序其書云：

古本既無由見，未必一如舊觀，而綱目粗具，讀是書者，或有取乎？

然吴本正文太簡，子注過繁。其所分析疑與楊書舊觀相去甚遠，唐晏因是有洛陽伽藍記鉤沉之作。其洛陽伽藍記鉤沉自序云：

昔唐劉知幾謂洛陽伽藍記「定彼榛楛，列爲子注。」斯言已逾千歲，而世行本皆刊於明代，子注已雜入正文，無復分別，亦竟無人爲料理出之，此書遂不可讀矣。近者之江吴氏創始爲之畫分段落，正文與注，甫得眉目。然究嫌其限域未清，混淆不免，雖少勝於舊編，猶未盡夫塵障。鄙人索居海上，偶展此書，覺有會於心，乃信手鈎乙。數則以後，迎刃而解，都已盡卷，未敢謂足揆原編，然較各本則有間矣。

故唐本正文較之吴本溢出三倍，似可少糾吴氏之失。但唐氏之分别正文子注，其標准多由主觀，是否符合楊書之舊，仍甚可疑。近人張宗祥君之洛陽伽藍記合校本附録吴本及唐本所分正文，并記其後。略云：

昔顧澗蘋先生欲仿全氏治水經注之例，分别此書注文而未果。吴氏聞斯言於其舅朱氏，集證本遂起而分之。然極簡略，恐非楊氏之舊。如楊氏舊文果如吴氏所述，則記文寥寥，注文繁重，作注而非作記矣。楊氏具史才，當不如此。唐氏復因吴氏之簡，起而正之。然第五卷原本注文，且誤入正文，則亦未爲盡合也。蓋此書子注之難分，實非水經注之比。苟無如隱以前之古本可以勘正，實不必泥顧氏之説，强爲分析，致蹈明人竄改古籍之覆轍也。

張君於唐氏所定第壹卷城内永寧寺條正文東西兩門皆亦如之一節下附案語云：

「東西兩門皆亦如之」者，言與「南門圖以雲氣云云」種種相同也。今「圖以雲氣」

四十一字作注文，則「皆亦如之」一語，無歸宿矣。

於第伍卷城北凝圓寺條「所謂永平里也注」之「注」字下附案語云：

衒之此記本自有注，不知何時并入正文，遂至不能分别。此「注」字之幸存者，自此至下文「不可勝數」句，當是凝圓寺注文。鈎沉本以此下一句爲正文。

又於其附録之鈎沉本正文城北禪虚寺條「注即漢太上王廣處」句下附以案語，重申其説云：

此處「注」字幸存，即漢太上王廣處六字，明係注文，不得誤入正文。

寅恪案，張君之合校本最晚出，其言「不必泥顧氏之説，强爲分析，致蹈明人竄改古籍之覆轍。」可謂矜慎。於楊書第伍卷，舉出幸存之「注」字，尤足見讀書之精審，不僅可以糾正唐氏之違失已也。然竊有所不解者，吴唐二氏所分析之正文與子注，雖不與楊書原本符會，而楊書原本子注亦必甚多，白無疑義，若凡屬子注，悉冠以「注」字，則正文之與注文分别瞭然，後人傳寫楊書，轉應因此不易淆誤。今之注文混入正文者，正坐楊書原本其子注大抵不冠以「注」字，故後人傳寫牽連，不可分别，遂成今日之本。張君所舉之例，疑是楊書原本偶用「注」字，後人不復删去，實非全書子注悉以「注」字冠首也。鄙意衒之習染佛法，其書製裁乃摹擬魏晋南北朝僧徒合本子注之體，劉子玄蓋特指其書第伍卷惠生宋雲道榮等西行求法一節，以立説舉例，後代章句儒生雖精世典，而罕讀佛書，不知南北朝僧徒著作之中，實有此體，故於洛陽伽藍記一書之製裁義例，懵然未解，固無足异。寅恪昔年嘗作支愍度學説考，載於歷史語言研究所蔡元培先生六十五歲紀念論文集中，詳考佛書合本子注之體。兹僅引梵夾數事，以比類楊書，證成鄙説，其餘不復備論。

梁僧祐出三藏記集柒支敏度合首楞嚴經記、捌支道林大小品對比要鈔序、支敏度合維摩詰經序、壹壹竺曇無蘭大比丘二百六十戒三部合异序等，俱論合本子注之體裁。兹節録一二，以見其例如下。

支敏度合維摩詰經序略云：

然斯經梵本出自維耶離，在昔漢興，始流兹土。於時有優婆塞支恭明，逮及於晋，有法護叔蘭，先後譯傳，别爲三經，同本人殊出异，或辭句出入，先後不同，或有無離合，多少各异。若其偏執一經，則失兼通之功。廣披其三，則文煩難究。余是以合兩令相附，以明所出爲本，以蘭所出爲子，分章斷句，使事類相從，令尋之者瞻上視下，讀彼案此，足以釋乖迂之勞。

竺曇無蘭大比丘二百六十戒三部合异序云：

余因閑暇，爲之三部合异，粗斷起盡，以二百六十戒爲本，二百五十者爲子，以前出常行戒全句繫之於事末，而亦有永乖不相似者，有以一爲二者，有以三爲一者，余復分合，令事相從。

比丘大戒二百六十事（原注：「三部合异二卷。」）云：

說戒者乃曰：僧和集會，未受大戒者出！僧何等作爲？（衆僧和聚會，悉受無戒！於僧有何事？）答：說戒。（僧答言：布薩。）不來者囑授清淨說！（諸人者，當說當來之淨！答言：說淨。）

據上所引，魏晋南北朝僧徒合本子注之體例，可以推知。洛陽伽藍記伍凝圓寺條，紀述惠生宋雲等使西域事既竟，楊氏結以數語云：

衒之按，惠生行紀事多不盡録。今依道榮傳、宋雲家紀，故并載之，以備缺文。

觀今本洛陽伽藍記楊氏紀惠生使西域一節，輒以宋雲言語行事及道榮傳所述參錯成文，其間頗嫌重複，實則楊氏之紀此事，乃合惠生行紀道榮傳及宋雲家傳三書爲一本，即僧徒「合本」之體，支敏度所謂「合令相附」及「使事類相從」者也。楊書此節之文如：

至乾陀羅城，東南七里有雀離浮圖。道榮傳云：城東四里。

即竺曇無蘭大比丘二百六十戒三部合异序後所附子注之例。其「道榮傳云：城東四里。」乃是正文「東南七里有雀離浮圖」之子注也。又楊書此節之

〔迦尼色迦〕王更廣塔基三百餘步。道榮傳云：三百九十步。

其「道榮傳云：三百九十步。」乃是正文「三百餘步」之子注也。其餘類此者，不勝枚舉。兹

僅揭一、二例，亦如顧氏之意，欲世之通才依此求之，寫成定本，以復楊書之舊觀耳。夫史通所論實指惠生等西行求法一節，而吴唐二氏俱以此節悉爲子注，張君無所糾正，其意殆同目此文全段皆是子注也。故白楊氏此書正文與子注混淆之後，顧氏雖據史通之語，知其書之有注，而未能釐定其文。吴唐張三家治此書極勤，亦未能發此久蔽之覆，因舉魏晋南北朝僧徒合本子注之例，證成鄙説，爲讀是書者進一解，并以求教於通知古今文章體制學術流變之君子。

抑更有可申論者，裴松之三國志注人所習讀，但皆不知其爲合本子注之體。劉孝標世説新語注亦同一體材，因經後人删削，其合本子注之體材，益難辨識。至水經注雖知其有子注，而不知其爲合本。前人研治者甚多，然終以不曉此義，無所發明，徒資紛擾，殊可憫惜。兹特附及之於篇末。

（原載一九三九年九月歷史語言研究所集刊第捌本第貳分）

大乘義章書後

大藏中此土撰述總詮通論之書，其最著者有三，大乘法苑義林章，宗鏡録及遠法師此書是已。宗鏡録最晚出，亦最繁博。然永明之世，支那佛教已漸衰落，故其書雖平正篤實，罕有倫比，而精采微逐，雄盛之氣，更遠不逮遠基之作，亦猶耶教聖奥古斯丁（St. Augustin）與巴士卡兒（Pascal），其欽聖之情，固無差异，而欣戚之感，則迥不相侔也。基公承慈恩一家之學，顓門絶業，今古無儔，但天竺佛教當震旦之唐代，已非復盛時，而中國六朝之世則不然。其時神州政治，雖爲紛争之局，而思想自由，才智之士亦衆。佛教輸入，各方面皆備，不同後來之拘守一宗一家之説者。嘗論支那佛教史，要以鳩摩羅什之時爲最盛時代。中國自創之佛宗，如天台宗等，追稽其原始，臬不導源於羅什，蓋非偶然也。當六朝之季，綜貫包羅數百年間南北兩朝諸家宗派學説异同之人，實爲慧遠。遠公事迹見道宣續高僧傳捌。其所著大乘義章一書，乃六朝佛教之總彙。道宣所謂「佛法綱要盡於此焉」者也。今取大乘義章之文，與隋唐大師如智顗玄奘諸人之説相關者數條比勘之，以見其异同。

天台智者大師妙法蓮華經玄義壹下，解「四悉檀」爲十重。其一釋名略云：

悉檀，天竺語。南岳師例，「大涅槃」梵漢兼稱。「悉」是此言，「檀」是梵語，「悉」之言「遍」，「檀」翻爲「施」。佛以四法遍施衆生，故言「悉檀」也。

大乘義章貳肆悉檀義四門分別條云：

四悉檀義，出大智論，言悉檀者，是中（外？）國語，此方義翻，其名不一。如楞伽中子注釋言，或名爲宗，或名爲成，或云理也。

寅恪案，「悉檀」乃梵語 Siddhânta 之對音，楞伽注之言是也。其字從語根 Sidh 衍出，「檀施」之「檀」，乃 dâna 之對音。其字從語根 dâ 衍出，二語絶無關涉，而中文譯者，偶以同一之「檀」字對音，遂致智者大師有此誤釋，殊可笑也。

又道宣集古今佛道論衡卷丙文帝詔令奘法師翻老子爲梵文事條云：

〔玄奘〕染翰綴文：厥初云「道」，此乃人言，梵云「末伽」，可以翻「度」。諸道士等，一時舉袂曰：「道」翻「末伽」，失於古譯。古稱「菩提」，此謂爲「道」。未聞「末伽」以爲「道」也。奘曰：今翻道德，奉敕不輕。須覈方言，乃名傳旨。「菩提」言「覺」，「末伽」言「道」，唐梵音義，確爾難乖，豈得浪翻，冒罔天聽！道士成英曰：「佛陀」言「覺」，「菩提」言「道」，由來盛談，道俗同委。今翻「末伽」，何得非妄？奘曰：傳聞濫真，良談匪惑。未達梵言，故存恒習。「佛陀」天音，唐言「覺者」。「菩提」天語，人言爲「覺」。此則人法兩异，聲采全乖。「末伽」爲道，通國齊解。如不見信，謂是妄談，請以此語，問彼西人。足所行道，彼名何物？非「末伽」者，余是罪人。非惟罔上當時，亦乃取笑天下。

寅恪案，「佛陀」梵文爲 Buddha，「菩提」梵文爲 bodhi，同自語根 Budh 衍出。然一爲具體之名，一爲抽象之名。所謂「人法兩异」者，混而同之，故慈恩以爲不可。「末伽」梵文 Mârga 之對音，慈恩以爲「道」之確譯者也。

大乘義章壹捌無上菩提義七門分別條略云：

「菩提」胡語，此翻爲「道」。問曰：經説第一義諦亦名爲「道」，亦名「菩提」，亦名「涅槃」。「道」與「菩提」，義應各別。今以何故，宣説「菩提」翻名「道」乎？釋言：外國説「道」名多，亦名「菩提」，亦曰「末伽」。如四諦中，所有道諦，名「末伽」矣。此方名少，是故翻之，悉名爲「道」。與彼外國「涅槃」「毘尼」此悉名「滅」，其義相似。經中宣説第一義諦名爲「道」者，是「末伽道」。名「菩提」者，是「菩提道」。良以二種，俱名「道」故，得翻「菩提」，而爲「道」矣。

寅恪案，慧遠之書，皆本之六朝舊説。可知佛典中，「道」之一名，六朝時已有疑義，固不待慈恩之譯老子，始成問題也。蓋佛教初入中國，名詞翻譯，不得不依托較爲近似之老莊，以期易解。後知其意義不切當，而教義學説，亦漸普及，乃專用對音之「菩提」，而捨置義譯之「道」。此時代變遷所致，亦即六朝舊譯與唐代新譯（此指全部佛教翻譯事業，非僅就法相宗言。）區別之一例，而中國佛教翻譯史中此重公案，與今日尤有關係。吾人欲譯外國之書，輒有此方名少之感，斯蓋非唐以後之中國人，拘於方以内者所能知矣。

又大乘義章壹衆經教述義三門分别條略云：

〔晉武都山隱士〕劉虬所云，佛教無出頓漸二門。是言不盡。如佛所説四阿含經五部戒律，當知非是頓漸所攝。所以而然，彼説被小，不得言頓。説通始終，終時所説，不爲入大，不得言漸。又設餘時所爲，衆生聞小取證，竟不入大，云何言漸？是故頓漸攝教不盡。又復五時七階之言，亦是謬浪。

寅恪案，遠師學説，多與吉藏相近。嘉祥著述如法華玄論壹所謂：

人秉五時之規矩，格無方之聖化，妄謂此經，猶爲半字，明因未圓，辨果不足。五時既爾，四宗亦然。廢五四之妄談，明究竟之圓旨。

及法華游意第肆辨教意門所謂：

南方五時説，北土四宗論，無文傷義。昔已詳之，今略而不述也。

等語，皆是。又窺基妙法蓮華經玄贊壹顯時機條略云：

古有釋言，教有五時。乍觀可爾，理即不然。今依古義，且破二時，後餘三時。并如古人破。

恐厭文繁，且略應止。

基公大乘法苑義林章壹所引菩提流支法師別傳破劉虬五時判教之說，皆略同大乘義章之說，蓋同出一源也。可知天台宗五時判教之義，本非創自天台諸祖，不過襲用舊說，而稍變易之耳。然與諸祖先後同時諸大師中，亦有不以五時之説爲然者。就吾人今日佛教智識論，則五時判教之說，絶無歷史事實之根據。其不可信，豈待詳辨？然自中國哲學史方面論，凡南北朝五時四宗之說，皆中國人思想整理之一表現，亦此土自創佛教成績之一，殆未可厚非也。嘗謂世間往往有一類學說，以歷史語言學論，固爲謬妄，而以哲學思想論，未始非進步者。如易非卜筮象數之書，王輔嗣程伊川之注傳，雖與易之本義不符，然爲一種哲學思想之書，或竟勝於正確之訓詁。以此推論，則徐健庵成容若之經解，亦未必不於阮伯元王益吾之經解外，別具優點，要在從何方面觀察評論之耳。

上所舉三事，天台悉檀之說，爲語言之錯誤。五時判教之說，爲歷史之錯誤。慈恩末伽之說，爲翻譯之問題。凡此諸端，大乘義章皆有詳明正確之解釋，足見其書之精博，或勝於大乘法苑義林章宗鏡録二書也。

又此書日本刊本，其卷壹標題下，有：

草書惑人，傷失之甚。傳者必真，慎勿草書。

等十六字。寅恪所見敦煌石室卷子佛經注疏，大抵草書。合肥張氏藏敦煌草書卷子三種，皆佛經注疏，其一即此書，惜未取以相校。觀日本刊本「慎勿草書」之語，則東國所據，最初中土寫本，似亦爲草書，殆當日傳寫佛典，經論則真書，而注疏則草書。其風尚固如是歟？因并附記之，以質博雅君子。

（原載一九三〇年六月歷史語言研究所集刊第壹本第貳分）

禪宗六祖傳法偈之分析

神秀慧能傳法偈壇經諸本及傳燈録等書所載，其字句雖間有歧异之處，而意旨則皆相符會。兹依敦煌本壇經之文，分析説明之。

神秀偈曰：

身是菩提樹。心如明鏡臺。時時勤拂拭。莫使有塵埃。

慧能偈曰：

菩提本無樹。明鏡亦非臺。佛性常清淨。何處有塵埃。

又偈曰：

心是菩提樹。身爲明鏡臺。明鏡本清淨。何處染塵埃。

敦煌本壇經偈文較通行本即後來所修改者，語句拙質，意義重複，尚略存原始形式。至慧能第二偈中「心」「身」二字應須互易，當是傳寫之誤。諸如此類，皆顯而易見，不待贅言。兹所欲討論者，即古今讀此傳法偈者衆矣，似皆未甚注意二事：

（一）此偈之譬喻不適當。

（二）此偈之意義未完備。

請分別言之於下。

（一）

何謂譬喻不適當？考印度禪學，其觀身之法，往往比人身於芭蕉等易於解剥之植物，以説明陰蘊俱空，肉體可厭之意。此類教義爲佛藏中所習見者，無取博徵。請引一二佛典原文，以見其例：

鳩摩羅什譯摩訶般若波羅蜜經貳肆善達品第柒玖云：

行如芭蕉葉，除却不得堅實。

又玄奘譯大般若波羅蜜多經肆柒貳第貳分善達品第柒柒之貳（即前經同本异譯）云：

如實知如芭蕉樹，葉葉析除，實不可得。

又鳩摩羅什等譯禪秘要法經中云：

先自觀身，使皮皮相裹，猶如芭蕉，然後安心。

又沮渠京聲譯治禪病秘要經略云：

次觀厚皮九十九重，猶如芭蕉。次復觀肉，亦九十九重，如芭蕉葉。中間有蟲，細於秋毫。蟲各四頭四口九十九尾。次當觀骨，見骨皎白，如白瑠璃。九十八重，四百四脉入其骨間，流注上下，猶如芭蕉。

據此，可知天竺禪學觀身取譬之例。至於傳法偈中所謂菩提樹者，乃一樹之專稱，釋迦牟尼曾坐其下，而成正覺者。依佛陀耶舍共佛念譯長阿含經壹第壹分初大本緣經所載，先後七佛自毗婆尸至釋迦牟尼，皆坐於一定之樹下，成最正覺。其關於釋迦牟尼之文句，兹移録於下：

我今如來至真坐鉢多樹下，成最正覺。佛時頌曰：

我今釋迦文。坐於鉢多樹。

玄奘西域記捌摩揭陀國上云：

金剛坐上菩提樹者，即畢鉢羅之樹也。昔佛在世，高數百尺。屢經殘伐，猶高四五丈。佛坐其下，成等正覺，因而謂之菩提樹焉。莖幹黄白，枝葉青翠，冬夏不凋，光鮮無變。

據此，可知菩提樹爲永久堅牢之寶樹，決不能取以比譬變滅無常之肉身，致反乎重心神而輕肉體之教義。此所謂譬喻不適當者也。

（二）

何謂意義未完備？細繹偈文，其意在身心對舉。言身則如樹，分析皆空。心則如鏡，光明普照。今偈文關於心之一方面，已將譬喻及其本體作用敘說詳盡，詞顯而意賅。身之一方面，僅言及譬喻。無論其取譬不倫，即使比擬適當，亦缺少繼續之下文，是僅得文意之一半。此所謂意義不完備者也。

然則此偈文義何以致如是之乖舛及不具足乎？應之曰：此蓋襲用前人之舊文，集合爲一偈，而作者藝術未精，空疏不學，遂令傳心之語，成爲半通之文。請略考禪家故事，以資說明。此偈中關於心之部分，其比喻及其體用之說明，佛藏之文相與類似者不少。兹僅舉其直接關係此偈者一事，即神秀弟子淨覺所著楞伽師資記中宋朝三藏求那跋陀之安心法。其原文云：

亦如磨鏡。鏡面上塵落盡，心自明淨。

寅恪案，此即宗密禪源諸詮集都序貳叙禪宗之息妄修心宗，所謂：

故須依師言教，背境觀心，息滅妄念，念盡即覺悟，無所不知。

如鏡昏塵，須勤勤拂拭，塵盡明現，即無所不照。

者是也。凡教義之傳播衍繹，必有其漸次變易之迹象，故可依據之，以推測其淵源之所從出，及其成立之所以然。考續高僧傳貳伍習禪六曇倫傳（江北刻經處本）略云：

釋曇倫姓孫氏，汴州浚儀人。十三出家，住修福寺，依端禪師。然端學次第觀，便誡倫曰，汝繫心鼻端，可得靜也。倫曰：若見有心，可繫鼻端。本來不見心相，不知何所繫也。异時〔端禪師〕告曰，令汝學坐，先淨昏情。猶如剥葱，一一重重剥却，然後得淨。倫曰，若見有葱，可有剥削。本來無葱，何所剥也。

據續高僧傳，曇倫卒於武德末年，年八十餘。則其生年必在魏末世。故以時代先後論，神秀慧能之偈必從此脱胎，可無疑義。芭蕉爲南方繁茂之植物，而北地不恒見。端禪師因易以北地日常服食之葱。可謂能近取譬者也。若復易以「冬夏不凋，光鮮無變」之菩提寶樹，則比擬不倫，失其本旨矣。蓋曇倫學禪故事原謂本來無葱，故無可剥。本來無心，故無可繫，身心并舉，比擬既切，語意亦完。今神秀慧能之偈僅得關於心者之一半。其關於身之一半，以文法及文意言，俱不可通。然古今傳誦，以爲絶妙好詞，更無有疑之者，豈不异哉！予因分析偈文内容，證以禪門舊載，爲之説明。使參究禪那之人，得知今日所傳唐世曹溪頓派，匪獨其教義宗風溯源於先代，即文詞故實亦莫不掇拾前修之緒餘，而此半通半不通之偈文，是其一例也。

（原載一九三二年六月清華學報第柒卷第貳期）

有相夫人生天因緣曲跋（「有相」寫本多訛作「有於」）

上虞羅氏藏敦煌石室寫本佛曲三種（見敦煌零拾卷肆），其第叁種，貞松先生謂不知演何經。寅恪案，魏吉迦夜曇曜共譯之雜寶藏經卷拾，優陀羨王緣有相夫人生天事，適與此合。石室比丘尼之名亦相同。惟國王名稱异，或別有所本，未可知也。又義淨譯根本說一切有部毘奈耶卷肆伍入宮門學處第捌貳之貳仙道王及月光夫人事，亦與此同。梵文 Divyavadāna 第叁柒 Rudrāyana 品（見一九零七年通報 Prof. Sylvain Lévi 論文），西藏文甘珠爾律部卷玖，均載此事。寅恪曾見柏林人類學博物館土魯蕃部壁畫中有歡喜王觀有相夫人跳舞圖。可知有相夫人生天因緣，爲西北當日民間盛行之故事，歌曲畫圖，莫不於斯取材。今觀佛曲體裁，殆童受喻鬘論，即所謂馬鳴大莊嚴經論之支流，近世彈詞一體，或由是演繹而成。此亦治文化史者，所不可不知者也。

（原載一九二七年九月清華學校研究院國學論叢第壹卷第貳號）

須達起精舍因緣曲跋

上虞羅氏所藏敦煌石室唐寫本佛曲第壹種（見敦煌零拾四之一），首尾俱殘闕不完。雪堂參事丈謂不知演何經。寅恪詳繹其内容，蓋演須達起精舍因緣中舍利弗降伏六師一節也。

檢賢愚經拾（大正大藏本）須達起精舍品肆壹所載：

舍利弗言，正使此輩，六師之衆，滿閻浮提，數如竹林，不能動吾足上一毛，欲較何等，自恣聽之。須達歡喜，更著新衣，沐浴香湯，即往白王，我已問之，六師欲較，恣隨其意。國王是時，告諸六師，今聽汝等，共沙門較。是時六師，宣語國人，却後七日，當於城外寬博之處，與沙門較。舍衛國中，十八億人，時彼國法，擊鼓會衆。若擊銅鼓，八億人集。若打銀鼓，十四億集。若振金鼓，一切皆集。七日期滿，至平博處，椎擊金鼓，一切都集。六師徒衆，有三億人。是時人民，悉爲國王及其六師，敷施高座。爾時須達，爲舍利弗，而施高座。時舍利弗，在一樹下，寂然入定，諸根寂默，游諸禪定，通達無礙，而作是念，此會大衆，習邪來久，憍慢自高，草芥群生，當以何德，而降伏之。思惟是已，當以二德，即立誓言，若我無數劫中，慈孝父母，敬尚沙門婆羅門者。我初入會，一切大衆，當爲我禮。爾時六師，見衆已集，而舍利弗，獨未來到，便白王言，瞿曇弟子，自知無術，僞求較能，衆會既集，怖畏不來。王告須達，汝師弟子，較時已至，宜來談論。是時須達，至舍利弗所，長跪白言，大德！大衆已集，願來詣會。時舍利弗，從禪定起，更整衣服，以尼師壇，著左肩上，徐詳而步，如師子王，往詣大衆。是時衆人，見其形容，法服有异，及諸六師，忽然起立，如風靡草，不覺爲禮。時舍利弗便昇須達所敷之座。六師衆中，有一弟子，名勞度差，善知幻術。於大衆前，咒作一樹，自然長大，蔭覆衆會，枝葉鬱茂，華果各异。衆人咸言，此變乃是勞度差作。時舍利弗，便以神力，作旋嵐風，吹拔樹根，倒著於地，碎爲微塵。衆人皆言，舍利弗勝，今勞度差便爲不如。又復咒作一池，其池四面，皆以七寶，池水之中，生種種華。衆人咸言，是勞度差之所作也。時舍利弗，化作一大六牙白象，其一牙上，有七蓮華，一一華上，有七玉女。其象徐詳，往詣池邊，并含其水，池即時滅。衆人悉言，舍利弗勝，勞度差不如。復作一山，七寶莊嚴，泉池樹木，華果茂盛。衆人咸言，此是勞度差作。時舍利弗即便化作金剛力士，以金剛杵，遥用指之，山即破壞，無有遺餘。衆會皆言，舍利弗勝，勞度差不如。

故寅恪頗疑此殘卷卷首第壹之「毛」字，或即「不能動吾足上一毛」之「毛」字。考巴利文增一阿含經 Auguttara-Nikāya（英倫巴利學會本）第壹篇 Eku-Nipāta 第壹肆品 Etadagga-

Vagga 列舉釋迦牟尼諸大弟子品德，稱舍利弗爲大智慧，大目犍連具神通。Mahāpaññānam-Yadidam Sariputto Iddhi-Mantānam Yadidam Mahā Moggallāno 故目連神通事迹，多散見於諸經典，而舍利弗之以神通顯者，則降伏六師，見於賢愚經須達起精舍緣品外，尚有以腰帶與目連較力事，見東晉罽賓三藏瞿曇僧伽提婆譯增一阿含經貳玖（大正大藏本）所載：

是時目連復重語曰，云何舍利弗神足之中，能勝吾乎？然今先遣使在前耶？若舍利弗不時起者，吾當捉臂，將詣彼泉。是時舍利弗便作是念曰，目連方便試弄吾耳。爾時尊者舍利弗，躬解竭支帶在地，語目連曰，設汝神足第一者，今舉此帶，使離於地，然後捉吾臂將詣阿耨達泉。是時目連復作是念，今舍利弗，復輕弄我，將欲相試乎？

今解帶在地云，能舉者然後捉吾臂將詣泉所。是時目連，復作是想，此必有因事不可苦爾。即時申手，而取帶舉，然不能使帶移動，如毫釐許。是時目連盡其力勢，移此帶不能使動。是時舍利弗取此帶繫著閻浮樹枝。是時尊者目連，盡其神力，欲舉此帶，終不能移，當舉此帶時，此閻浮地大震動。

及鳩摩羅什譯大智度論肆伍（大正大藏本）所載：

舍利弗見目連貴其神通，即以腰帶擲地語言，汝舉此帶去。目連以兩手舉帶，不能離地，即入諸深定舉之，地爲大動，帶猶著地。

今取此佛典與賢愚經原文較，已足見演經者之匠心，及文學藝術漸進之痕迹，而今世通行之西游記小説，載唐三藏車遲國鬥法事，固與舍利弗降伏六師事同。又所述三藏弟子孫行者豬八戒等，各矜智能諸事，與舍利弗目犍連較力事，或亦不無類似之處。因并附記之，以供治小説考證者采覓焉。戊辰元夕義寧陳寅恪。

（原載一九二八年十月清華學校研究院國學論叢第壹卷第肆號）

敦煌本唐梵翻對字音般若波羅蜜多心經跋

倫敦博物館藏敦煌本唐梵翻對字音心經一卷，前有序文，題：

西京大興善寺石壁上録出，慈恩和尚奉昭（詔）述。

序文後附不空譯蓮花部等普赞三寶梵文對音一節。又經名題下注云：

觀自在菩薩與三藏法師玄奘親教授梵本，不潤色。

寅恪嘗取此本與今存諸梵文本及譯本校讀一過，其異同已别於學校講授時詳言之。兹不贅述。惟此本對音，自「尾儞也乞叉喻」至「只哆囉埑」一節重複，當是傳寫之誤。而梵文對音下所注之中文，意義往往訛舛，句讀離析，亦多未當。又與玄奘譯本之文詳略互異，其非出於華梵兼通之大法師如慈恩其人者，固不待言。疑此本梵文對音，雖受自西僧，而此土學侣取漢譯之義，逐字注之，以不解梵語文法，故多謬誤也。此本心經之序，既稱録自西京大興善寺，而譯蓮花部等普赞三寶梵文對音之不空，即居於此寺。今本又列對音三寶赞於此本心經序文及本文之間。或者對音三寶赞與此本心經俱出於不空之手歟？

序文中所紀此經傳授始末，頗爲詭异，似不可信，然亦有所本。大慈恩寺三藏法師傳壹云：

莫賀延磧長八百餘里，古曰沙河。上無飛鳥，下無走獸，復無水草。是時顧影，唯一心但念觀音菩薩及般若心經。初法師在蜀，見一病人身瘡臭穢，衣服破污，愍將向寺，施與衣服飲食之直。病者慚愧，乃授法師此經。因常誦習。至沙河間，逢諸惡鬼，奇狀异類，遶人前後，雖念觀音，不得全去，即誦此經，發聲皆散。在危獲濟，實所憑焉。

可知奘公與此經原有一段因緣。若序文中所言觀音化身，保衛行途，取經滿願，後復於中天竺摩竭陀國那爛陀寺，現身昇空等靈異，則皆後來附益演變之神話故事，即唐三藏取經詩話，銷釋真空寶卷，西游記等書所從出也。

又陸放翁入蜀記伍云：

〔乾道五年九月〕十三日泊柳子，夜過全證二僧舟中，聽誦梵語般若心經。此經惟蜀僧能誦。

據此，西蜀實有梵語般若心經之本，必爲前代傳授之舊，至南宋時僧徒猶能諷誦。然則慈恩之受梵本心經於成都，未嘗不可信。其度磧所遇鬼怪，乃沙漠空氣之幻影。今日旅行其地者，往往見之，固無足异也。

寅恪所見敦煌本中文金光明經冥報傳（合肥張氏所藏）西夏文之譯本（北平圖書館藏）及畏兀吾文譯本（俄國科學院佛教叢書第壹柒種），皆取以冠於本經之首。吐蕃文金剛經冥報傳（一千九百二十四年普魯士科學院哲學歷史組壹柒報告），雖殘闕不完，以體例推之，應亦相同。斯蓋當時風尚，取果報故事與本經有關者，編列於經文之前，以爲流通之助。由是言之，此本心經序文，歷叙姻緣，盛談感應，乃一變相之冥報傳。實考證玄奘取經故事之重要材料，殊未可以尋常經典序文目之也。復次，太平廣記壹佰貳至壹佰捌報應類壹至柒金剛經條，壹佰玖報應類捌法華經條，壹佰拾至壹壹壹報應類玖觀音經條等故事，當皆取自金剛經、法華經、觀音經卷首之序文而别行者。寅恪初不知廣記諸條之來源，兹因讀此敦煌卷子，始豁然通解，故并附及之，以告世之研究小説源流者。

（原載一九三〇年十二月清華學校研究院國學論叢第貳卷第貳號）

附記

俞樾春在堂隨筆玖云：

般若波羅蜜多心經云，色不异空，空不异色。色即是空，空即是色。余謂既云不异，不必更云即是矣。誦此經者，人人皆以此四句爲精語，實複語也。及讀世説文學篇注引支道林即色論妙觀章云，夫色之性也，不自有色，色不自有，雖色而空。故曰，色即爲空，色復异空。此二句語簡而意賅，疑經文本云，色即是空，空即是色。色復异空，空復异色。蓋即金剛經非法非非法之旨。所謂無實無虚也。余於金剛經注言之詳矣。譯者誤耳。

寅恪案，今心經梵文原本尚存，「色不异空」一節，共有六句。玄奘譯爲四句，已從省略。蓋宣傳宗教，不厭重複。梵文諸經本中，往往有 **Peyala** 或作 **pya.** 即重誦三遍之意。曲園先生精通中國訓詁古文章句之學，此條乃拘於中文範圍，故有此誤説耳。時代囿人，不足爲病也。

（一九六五年六月）

敦煌本心王投陀經及法句經跋尾

倫敦博物館藏敦煌寫本斯坦因第貳肆柒肆號佛爲心王菩薩説投陀經卷上一卷五陰山室寺禪師惠辯注及斯坦因第貳仟貳壹號佛説法句經一卷。又巴黎國民圖書館藏敦煌寫本伯希和第貳叁貳伍號法句經疏一卷，今俱刊入大正續藏疑似部中，寅恪取閲之，了無精義，蓋僞經之下品也。檢唐道宣大唐内典録拾歷代所出疑僞經録（唐智升開元釋教録壹捌僞妄亂真録同）載有：

法句經兩卷（下卷寶明菩薩）。

其寶明菩薩之語，與此法句經所載符會，然則經文雖僞撰，而李唐初葉即已流行民間矣。又鐵琴銅劍樓本白氏文集貳和答〔元微之〕詩十首之一和思歸樂云：

身委逍遥篇，心付頭陁經。

同書壹肆和〔元微之〕夢游春詩一百韵結句云：

法句與心王，期君日三復。

自注云：

微之常以法句及心王頭陀經相示，故申言以卒其志也。

寅恪昔日讀白詩至此，以未能得其確詁爲憾。今見此佚籍，始知白詩之心王頭陀經即敦煌寫本之佛爲心王菩薩説投陀經，至其所謂法句經，即敦煌寫本之僞法句經，復是一僞書，而非今佛藏所收吴晋以來相傳之舊本也。特爲記之，以告同讀香山詩者，此或亦今日老嫗之所不能解者歟？

（原載一九三九年十月歷史語言研究所集刊第捌本第壹分）

敦煌本維摩詰經文殊師利問疾品演義跋

上虞羅氏所刊敦煌零拾中有佛曲三種，其二爲維摩詰經文殊問疾品演義。寅恪案，佛典製裁長行與偈頌相間，演説經義自然仿效之，故爲散文與詩歌互用之體。後世衍變既久，其散文體中偶雜以詩歌者，遂成今日章回體小説。其保存原式，仍用散文詩歌合體者，則爲今日之彈詞。此種由佛經演變之文學，貞松先生特標以佛曲之目。然古杭夢餘録武林舊事等書中本有説經舊名，即演説經義，或與經義相關諸平話之謂。敦煌零拾之三種佛曲皆屬此體，似不如徑稱之爲演義，或較適當也。今取此篇與鳩摩羅什譯維摩詰所説經原文互勘之，益可推見演義小説文體原始之形式，及其嬗變之流别，故爲中國文學史絶佳資料。考佛教初起，其教徒本限於出家之僧侣，後來傳佈既廣，漸推及於在家之居士。北魏吉迦夜曇曜共譯之雜寶藏經玖難陀王與那伽斯那共論緣云：

王復問言：出家在家，何者得道？斯那答言：二俱得道。王復問言：若俱得道，何必出家？斯那答言：譬如此去三千餘里，若遣少健，乘馬齋糧，捉於器仗，得速達不？王答言：得。斯那復言：若遣老人，乘於疲馬，復無糧食，爲可達不？王言：縱令齋糧，猶恐不達，况無糧也。

斯那言：出家得道，喻如少壯，在家得道，如彼老人。

據此，則同爲佛教信徒，出家在家之間，未嘗無階級高下之分别也。若維摩詰者，以一在家之居士，其神通道力，遠過於諸菩薩聲聞等。佛遣其大弟子及彌勒佛等往問其疾，竟皆辭避而不敢往。舍利弗者，佛弟子中智慧第一之人。維摩詰宅神之天女以智辯窘之，甚至故違沙門戒法，以香華散著其身，雖以神力去之而不得去，復轉之使爲女身。然則淨名之宅神，與釋迦之大弟子，其程度高下有如是者。故知維摩詰經之作者，必爲一在家居士，對於出家僧侣，可謂盡其玩弄游戲之能事，實佛藏中所罕見之書也。唐復禮十門辯惑論通力上感門云：

竊見維摩神力，掌運如來，但十地之觀，尚隔羅縠，如何一掌之内，能容十號之尊乎？非獨以卑移尊，於理非順，實亦佛與菩薩，豈無等差，如有等差，安能運佛？如無等差，何須成佛也。

又云：

維摩羅詰者，示居家而弘道，不思議道利用無方，是以五百聲聞，咸辭問疾；八千菩薩，莫能造命。彌勒居一生之地，服其懸解；文殊是衆佛之師，謝其真入。

觀此，可知維摩詰經紀其書中主人之神通道力，逾越恒量，故與其他經典衝突，宜乎復禮釋權無二之十疑以之爲首也。夫大乘佛典之編纂，本後於小乘，而維摩詰經者，又爲更後一期之著作。否則在家居士豈能淩駕出家僧侣之上，如淨名經之所紀者乎？蓋當此經成書之時，佛教經典之撰著，已不盡出於出家僧侣之手，即在家居士，亦有從事於編纂者，斯其明證也。

維摩詰故事在印度本國之起源，不可詳考。玄奘大唐西域記柒云：

吠舍釐國有窣堵波，是毗摩羅詰故宅基址，多有靈異。去此不遠，有一神舍，其狀壘甎，傳云積石，即無垢稱長者現疾説法之處云。去此不遠有窣堵波，長者子寶積故宅也。

又法苑珠林貳玖聖迹部略云：

寺東北四里許有塔，是維摩故宅基，尚多靈神。其舍壘甎，傳云積石，即是説法現疾處也。於大唐顯慶年中敕使衛長史王玄策因向印度，過淨名宅，以笏量基，止有十笏，故號方丈之室也。并長者寶積宅，菴羅女宅，佛姨母入滅處，皆立表記。

凡地方名勝古迹，固不盡爲歷史事實，亦有依托傅會者。但依托傅會之名勝古迹，要須此故事或神話先已傳播於社會，然後始能産生。據玄奘之記載，可知維摩詰故事，在印度當時，必極流行之故事也。今僅於中文之資料考之，亦可略見其在印度本國變遷滋乳之始末焉。

維摩詰經梵本今日或尚存在，以未得見，故不置論。藏文正藏中有法戒譯聖無垢稱所説大乘經六卷，共十三品，其書譯於中國北宋之世。中文先後凡數譯，即後漢嚴佛調譯古維摩經一卷，今佚。吴支謙譯維摩詰説不思議法門經二卷，今存。西晋竺法護譯維摩詰所説法門經一卷，今佚。西晋竺叔蘭譯毗摩羅詰經三卷，今佚。後秦鳩摩羅什譯維摩詰所説經三卷，今存。及唐玄奘譯説無垢稱經六卷，今存。自後漢至北宋時將千載，而此經屢經移譯，則梵文原本流傳不絶，廣佈人間，可以推知。然此但就維摩詰居士本身，及維摩詰經本經言之耳。此經鳩摩羅什譯本佛道品云：

爾時會中有菩薩名普現色身問維摩詰言：居士父母妻子親戚眷屬吏民智識悉爲是誰？奴婢僮僕象馬車乘皆何所在？於是維摩詰以偈答曰：

智度菩薩母，方便以爲父，一切衆導師，無不由是生。

法喜以爲妻，慈悲心爲女，善心誠實男，畢竟空寂舍。

弟子衆塵勞，隨意之所轉，道品善知識，由是成正覺。

諸度法等侶，四攝爲伎女，歌咏誦法言，以此爲音樂。

據此，是此經作者之原意，維摩詰居士實無眷屬，故於方便品雖言其現有眷屬，而佛道品則將其父母妻子悉托之抽象名詞，絶非謂具體之人也。而今大藏中有西晋竺法護譯佛教大方等頂王經，一名維摩詰子問經一卷，梁月婆首那譯大乘頂王經一卷，隋耆那崛多譯善思童子經二卷，皆紀維摩詰子事，是維摩詰實有子矣。大藏中復有隋耆那崛多譯月上女經二卷，紀維摩詰女月上事，是維摩詰實有女矣。又月上女經卷上云：「其人（指維摩詰言）有妻，名曰無垢。」

是維摩詰實有妻矣。諸如此類，皆維摩詰故事在印度本土自然演化滋乳之所致，而自翻譯輸入支那之後，其變遷程序亦有相似之迹象焉。隋吉藏淨名玄論貳云：

佛譬喻經云：淨名姓碩(？)，名大仙，王氏。別傳云：姓雷氏，父名那提，此云智基(慕)。母姓釋氏，名喜，年十九嫁。父年二十三婚，至二十七於提婆羅城内生維摩。維摩有子字曰善思，甚有父風，佛授其記，未來作佛。別有維摩子經一卷，可尋之也。

又嘉祥維摩詰經義疏壹云：

舊傳云：佛譬喻經說，淨名姓王氏。別傳云：姓雷氏。祖名大仙。父曰那提，此云智慕。母姓釋氏，字喜，十九嫁。父二十三婚。子曰善思，甚有父風，如來授記，未來作佛。吉藏未得彼經文也。

又唐復禮十門辯惑論通力上感門末云：

亦將金粟之名，傳而有據者也。

下注云：

吉藏師云：金粟事出思惟三昧經，自云未見其本。今檢諸經目録，無此經名。竊謂西國有經，東方未譯者矣。

又文選王簡栖頭陀寺碑文云：

金粟來儀。

李善注云：

發迹經曰：淨名大士是往古金粟如來。

寅恪案，唐道宣續高僧傳壹壹吉藏傳云：

在昔陳隋廢興，江陰凌亂，道俗波迸，各棄城邑，乃率其所屬，往諸寺中，但是文疏，并皆收聚，置於三間堂内。及平定後，方洮簡之，故目學之長，勿過於藏。

然則嘉祥爲當時最博雅之大師，而關於維摩詰之經典，如佛譬喻經及思惟三昧經皆所未見，即最流行之金粟如來名詞，復不知所出。李崇賢文選注所引之發迹經，今已不存，疑與佛譬喻經等爲同類之書，亦嘉祥之所未見。因知此類經典，所記姓氏，如王氏雷氏等，必非印度所能有，顯出於中國人之手，非譯自梵文原經。雖流佈民間，而不列於正式經典之數。所以一代博洽之學人，亦不得窺見。蓋維摩詰經本一絶佳故事，自譯爲中文後，遂盛行於震旦。其演變滋乳之途徑，與其在天竺本土者，不期而暗合。即原無眷屬之維摩詰，爲之造作其祖及父母妻子女之名字，各繫以事迹，實等於一姓之家傳，而與今日通行小説如楊家將之於楊氏，征東征西之於薛氏，所紀内容，雖有武事哲理之不同，而其原始流别及變遷滋乳之程序，頗復相似。若更推論之，則印度之頂王經月上女經，六朝之佛譬喻經思惟三昧經等，與維摩詰經本經之關係，亦猶説唐小英雄傳小五義以及重夢後傳之流，與其本書正傳之比。雖一爲方等之聖典，一爲世俗之小説，而以文學流别言之，則爲同類之著作。然此衹可爲通識者道，而不能喻於拘方之士也。當六朝之世，由維摩詰故事而演變滋乳之文學，有印度輸入品與支那自製品二者，相對并行。外國輸入者，如頂王經等，至今流傳不絶。本土自製者，如佛譬喻經等，久已湮没無聞。以同類之書，千歲而後，其所遭際殊异至此，誠可謂有幸有不幸者矣。

嘗謂吾國小説，大抵爲佛教化。六朝維摩詰故事之佛典，實皆哲理小説之變相。假使後來作者，復遞相仿效，其藝術得以隨時代而改進，當更勝於昔人。此類改進之作品，自必有以异於感應傳冥報記等濫俗文學。惜乎近世小説雖多，與此經有關係者，殊爲罕見。豈以支那民族素乏幽渺之思，淨名故事縱盛行於一時，而陳義過高，終不適於民族普通心理所致耶？或謂禪宗語録并元曲中龐居士及其女靈照故事，乃印度哲理化之中國作品，但觀其内容，摹擬過甚，殊有生吞活剥之嫌，實可視爲用中國紡織品裁製之「布拉吉」。東施效顰，終爲識者所笑也。他若維摩詰故事之見於美術品者，若楊惠之之所塑（鳳翔天柱寺），即蘇子瞻之所咏，今已不可得見。然敦煌畫本，尚在人間（伯希和敦煌攝影集第壹册第壹壹片），雲岡石刻，猶存代北（雲岡石刻有維摩詰示疾像），當時文化藝術藉以想像推知，故應視爲非文字之史料，而與此演義殘卷，可以互相印證發明者也。

又北京圖書館藏敦煌卷子中有維摩詰經菩薩品持世菩薩對佛不任問疾一節，俗文一卷及維摩詰經頌一卷。後者以五言律句十四首，分咏全經各品之義，未知何人所作，亦維摩詰經之附屬文學也。附識於此，以俟考證焉。

（原載一九三〇年五月歷史語言研究所集刊第貳本第壹分）

斯坦因 Khara-Khoto 所獲西夏文大般若經考

此西夏文大般若波羅蜜多經殘本，王靜如君已別爲譯證。俄國科學院亞細亞博物館所藏西夏文書中亦有此經。據 A.A.Dragunov 君鈔寄之目録，其第壹種即是此經。至其與此殘本异同如何，因未得見，不敢確言。以意揣之，當無差别。西夏佛經多自中文移譯，而俄國所藏此經之名爲中文音譯，可知西夏譯本亦從中文玄奘本所轉翻也。寅恪所見西夏文殘本，僅據斯坦因書之影片。（Innermost Asia,vol.III,Plates）標題品目既未獲睹，前後首尾復不完具，故初亦未能定其爲何種經典。後王君取其文字之真確可識及疑似參半者，皆注譯之，持以見示。於是漸次推得與其相當之中文原本卷帙品目及文句之所在，而譯夏爲漢之工事，得此憑藉，遂可比勘參校，定其异同。雖此殘本卷帙至少，然因是亦略有發明，斯固治西夏學者之一快也。

兹取此西夏譯文殘本與中文原本相應之卷帙品目，條列於下，以備參考。至漢夏原本及譯本之文句同异，悉載王君所爲譯證中，不復具詳於此焉。

（一）斯氏影片 CXXXVI（右下）K.K.V.b.022.a 爲大般若波羅蜜多經第壹玖陸卷初分難信解品第叁肆之壹伍，即大正藏第伍卷第壹零叁零頁上第壹玖行至中第壹行。

（二）斯氏影片CXXXVII（右上）K.K.V.b.04-b爲大般若波羅蜜多經第貳佰卷初分難信解品第叁肆之壹玖，即大正藏第伍卷第壹零柒肆頁上第貳柒行至中第玖行。（此片中文原出卷數品名及文句爲王君所檢出，不敢掠美，附此聲言。）

（三）斯氏影片CXXXVI（左下）K.K.V.b' 023e.I爲大般若波羅蜜多經第叁伍參卷初分多問不二品第陸壹之叁，即大正藏第陸卷第捌壹肆頁下第壹柒行至第貳柒行。

（四）斯氏影片CXXXVI（左下）K.K.V.b.023e.II爲大般若波羅蜜多經第叁伍捌卷初分多問不二品第陸壹之捌，即大正藏第陸卷第捌肆伍頁中第貳伍行至第貳玖行。

寅恪嘗讀慈恩法師傳拾略云：

至〔顯慶〕五年（西曆六六〇年）春正月一日，起首翻大般若經，梵本總有二十萬頌。文既廣大，學徒每請删略。法師將順衆意，如羅什所翻，除繁去重。作此念已，於夜夢中，即有極怖畏事，以相警誡。或見乘危履險，或見猛獸搏人。流汗顫慄，方得免脱。覺已驚懼，向諸衆説，還依廣翻。夜中乃見諸佛菩薩眉間放光，照觸己身，心意怡適。法師又自見手執華燈，供養諸佛。或昇高座，爲衆説法。多人圍繞，贊嘆恭敬。或夢見有人奉己名果，覺而喜慶，不敢更删，一如梵本。然法師翻此經時，汲汲然恒慮無常。謂諸僧曰，玄奘今年六十有五，必當卒命於此伽藍。（寅恪案，指玉華寺。）經部甚大，每懼不終。人人努力加勤，勿辭勞苦。

至龍朔三年（西曆六六三年）冬十月二十三日方乃絶筆。合成六百卷。稱爲大般若經焉。

此經爲大藏中卷帙之最富者。若非慈恩忍死從事，歷四載之久，必不能成此鉅工無疑也。

清康熙時葛鼒所著般若綱要，自述原起云：

遂於己酉（康熙八年。西曆一六六九年。）新正開經，迄今庚戌（康熙九年。西曆一六七〇年。）除月告竣。其間病疽病脱，心則無輟。從事大經，恰得二年，而以夜分計之，實爲三載。此一時中，更無雜想縈繞，亦止餘經兼進。因茲多病，恒慮無常，誓欲徹通晝夜，祛除蓋眠。當夏候曉，露坐庭除，冷泉盥漱，便復開卷，日射几席，乃復入户。冬夜熟睡一覺，吹燈起坐，雞聲月色，領納甚親。或時紙窗色青，短檠發赤，投筆而起。至於居恒鍵户，以閾自限。惟二時飯粥，間歇少傾，即二淨亦不遠左右。後圃草色，室邇喁喁，疏散如客，親者疑訝。已畢事之日，矻矻乍解，胸臆如釋去一物，身心大休，頗爲罄快。是晚忽下停淤數升，而神思略無困倦。自念大經六百卷，閲時亦不下六百日。

據此，則六百卷之大經，譯之者固甚難，而讀之者復不易也。寅恪初察此殘本内容，頗類玄奘譯大般若波羅蜜多經，因取六百卷之大經，反覆檢閲，幸而得其與西夏譯本相應之處。此經意義既有重複，文句復多近似。當時王君擬譯之西夏文殘本，仍有西夏原字未能確定及無從推知者，故比勘异同印證文句之際，常有因一字之羨餘，或一言之缺少，亦須竟置此篇，別尋他品。往往掩卷躊躇，廢書嘆息。故即此區區檢閱之機械工作，雖絶難與昔賢翻譯誦讀之勤苦精誠相比并，然此中甘苦，如人飲水，冷煖自知，亦有未易爲外人道者也。今幸王君得以考定其文，詳載所著譯證，寅恪更就此殘本西夏文字中關於譯漢爲夏者，拈舉二事，以質正於世之治西夏學者。

（一）[illegible][illegible]

斯氏影片 CXXXVI（右下）K.K.V.b.022.a 第貳行之第玖字及第拾字，又第肆行之第肆字及第伍字，又第柒行之第拾字及第壹壹字，又第玖行之第壹陸字與第拾行之第壹字，皆是此名詞，即大般若經中文「有情」之譯語也。但西夏文妙法蓮華經以此名詞譯中文之「衆生」（見羅氏西夏國書類編第貳伍頁第肆行）。蓋「有情」與「衆生」其意義原無二致也。所可注意者，梵文 Sattva 一名詞，中國舊譯爲「衆生」。玄奘新譯爲「有情」。其後若義淨所譯金光明最勝王經，則「衆生」「有情」二名詞，交互雜用，不復分别。如金光明最勝王經貳「夢見懺悔品」之頌云：

當願拔衆生。令離諸苦惱。願一切有情。皆令住十地。

據梵文金光明經原本「衆生」「有情」，俱作 Sattva，義淨所以譯以不同之中文名詞者，蓋因此二名詞，意義相同，不妨并用，以免文字之重複也。考唐代吐蕃翻經大德法成譯義淨中文本金光明最勝王經爲藏文，不論中文原本作「有情」或「衆生」，一概以藏文之 Sems-can 譯之，其意殆以爲此二名詞，意義既悉相等，無庸强爲分别，譯以不同之語。法成如此翻譯，自有其理由。然北平圖書館藏有西夏譯義淨本金光明最勝王經殘本，其卷壹如來壽量品中略云：

> 及留舍利令諸有情恭敬供養，及留舍利普蓋衆生。

等句。其「有情」二字，西夏文爲「[illegible]（情）[illegible]（有）」。其「衆生」二字，西夏文爲「[illegible]（衆）[illegible]（生）」。據此，則金光明最勝王經西夏文譯者，譯漢爲夏時，凡中文原本之名詞，其義同而字異者，但依字直譯爲夏文。此種翻譯方法，可謂采純粹形式主義，與法成譯漢爲藏之方法不同。今此西夏文大般若經殘本，以[illegible][illegible]爲中文「有情」之譯文，則其譯者之旨趣與其所用方法，當有异於翻金光明最勝王經之人。故此二者之優劣得失，實爲翻譯事業不易解决之問題，又不僅漢夏譯經史中一重公案也。

（二）[illegible][illegible]

斯氏影片 CXXXVI（左下）K.K.V.b.023e.I. 第叁行之第壹肆字及第壹伍字，又第柒行之第壹伍字及第壹陸字，又第玖行之第玖字及第拾字，皆是此名詞。直譯之，則爲「最上」之義。中文大般若波羅蜜多經原本作「無上」，即梵文之 anuttara（中文音譯爲「阿耨多羅」）藏文之 Bla-na-med-pa 也。考梵文 uttara 一語，本出於 ud。以文法言，其極高級（Superlative degree）爲 uttama。其比較級（Comparative degree）爲 uttara。若於 uttara 之前加以「無」義之

an，則成 **anuttara**。其義爲「無更上」。故此名詞就文法形式論，爲比較級。其意義則爲極高級。此讀佛典者所習知也。今西夏文此經譯自中文，不依原本直譯作「無上」，而譯作「最上」，捨形譯主義，而取意譯主義，與中國及西藏之翻譯此名詞，皆不相同。以意揣之，殆「無上」一名詞，其所含「無更上」之義，在西夏語言中，尚未甚習慣，故須改譯，以免誤會歟？特識於此，以俟推證。

（原載一九三二年歷史語言研究所單刊甲種之八西夏研究第壹輯）

西游記玄奘弟子故事之演變

印度人爲最富於玄想之民族，世界之神話故事多起源於天竺，今日治民俗學者皆知之矣。自佛教流傳中土後，印度神話故事亦隨之輸入。觀近年發現之敦煌卷子中，如維摩詰經文殊問疾品演義諸書，益知宋代説經，與近世彈詞章回體小説等，多出於一源，而佛教經典之體裁與後來小説文學，蓋有直接關係。此爲昔日吾國之治文學史者，所未嘗留意者也。

僧祐出三藏記集玖賢愚經記云：

河西沙門釋曇學威德等凡有八僧，結志游方，遠尋經典，於于闐大寺遇般遮于瑟之會。般遮于瑟者，漢言五年一切大衆集也。三藏諸學各弘法寶，説經講律依業而教。學等八僧隨緣分聽，於是競習胡音，析以漢義。精思通譯，各書所聞。還至高昌，乃集爲一部。

據此，則賢愚經者，本當時曇學等八僧聽講之筆記也。今檢其内容，乃一雜集印度故事之書。以此推之，可知當日中央亞細亞説經，例引故事以闡經義。此風蓋導源於天竺，後漸及於東方。故今大藏中法句譬喻經等之體制，實印度人解釋佛典之正宗。此土釋經著述，如天台諸祖之書，則已支那化，固與印度釋經之著作有异也。夫説經多引故事，而故事一經演講，不得不隨其説者聽者本身之程度及環境，而生變易，故有原爲一故事，而歧爲二者，亦有原爲二故事，而混爲一者。又在同一事之中，亦可以甲人代乙人，或在同一人之身，亦可易丙事爲丁事。若能溯其本源，析其成分，則可以窺見時代之風氣，批評作者之技能，於治小說文學史者儻亦一助歟？

鳩摩羅什譯大莊嚴經論叁第壹伍故事，難陀王說偈言：

昔者頂生王。將從諸軍衆。并象馬七寶。悉到於天上。羅摩造草橋。得至楞伽城。吾今欲昇天，無有諸梯隥。次詣楞伽城。又復無津梁。

寅恪案，此所言乃二故事，一爲頂生王昇天因緣，見於康僧會譯六度集經肆第肆拾故事、涅槃經聖行品、中阿含經壹壹王相應品四洲經、元魏吉迦夜曇曜共譯之付法藏因緣傳壹、鳩摩羅什譯仁王般若波羅蜜經下卷、不空譯仁王護國般若波羅蜜經護國品、法炬譯頂生王故事經、曇無讖譯文陀竭王經、施護譯頂生王因緣經及賢愚經壹叁等。梵文Divyāvadāna第壹柒篇亦載之，蓋印度最流行故事之一也。兹節録賢愚經壹叁頂生王緣品第陸肆之文如下：

〔頂生王〕意中復念，欲生忉利，即與群衆蹈虚登上。時有五百仙人住在須彌山腹，王之象馬屎尿下落，汙仙人身。諸仙相問，何緣有此？中有智者告衆人言，吾聞頂生欲上三十三天，必是象馬失此不淨。仙人忿恨，便結神咒，令頂生王及其人衆悉住不轉。王復知之，即立誓願，若我有福，斯諸仙人悉皆當來，承供所爲。王德弘博，能有感致，五百仙人盡到王邊，扶輪御馬，共至天上。未至之頃，遥睹天城，名曰快見，其色皦白，高顯殊特。此快見城有千二百門，諸天惶怖，悉閉諸門，著三重鐵關。頂生兵衆直趣不疑，王即取貝吹之，張弓扣彈，千二百門一時皆開。帝釋尋出，與共相見，因請入宫，與共分坐。天帝人王貌類一種，其初見者，不能分别，唯以眼眴遲疾知其异耳。王於天上受五欲樂，盡三十六帝，末後帝釋是大迦葉。時阿修羅王興軍上天，與帝釋鬥。帝釋不如。頂生復出，吹貝扣弓，阿修羅王即時崩墜。頂生自念，我力如是，無有等者。今與帝釋共坐何爲？不如害之，獨霸爲快。惡心已生，尋即墮落，當本殿前，委頓欲死。諸人來問，若後世問頂生王云何命終，何以報之？王對之曰，若有此問，便可答之，頂生王者由貪而死。統領四域四十億歲，七日雨寶，及在二天，而無厭足，故致墜落。

此鬧天宫之故事也。

又印度最著名之紀事詩羅摩延傳第陸編，工巧猿名Nala者，造橋渡海，直抵楞伽。此猿猴故事也。蓋此二故事本不相關涉，殆因講説大莊嚴經論時，此二故事適相連接，講説者有意或無意之間，并合鬧天宫故事與猿猴故事爲一，遂成猿猴鬧天宫故事。其實印度猿猴之故事雖多，猿猴而鬧天宫，則未之聞。支那亦有猿猴故事，然以吾國昔時社會心理，君臣之倫，神獸之界，分别至嚴。若絶無依藉，恐未必能聯想及之。此西游記孫行者大鬧天宫故事之起原也。

又義淨譯根本說一切有部毘奈耶雜事叁佛制苾芻髮不應長緣略云：

時具壽牛臥在憍閃毘國，住水林山出光王園内猪坎窟中。後於异時，其出光王於春陽月，林木皆茂，鵝雁鴛鴦鸚鵡舍利孔雀諸鳥，在處哀鳴，遍諸林苑。出光王命掌園人曰，汝今可於水林山處，周遍芳園，皆可修治。除衆瓦礫，多安淨水，置守衛人。我欲暫往園中游戲。彼人敬諾，一依王教。既修營已，還白王知。時彼王即便將諸内宫以爲侍從，往詣芳園。游戲既疲，偃卧而睡。時彼内人，性愛花果，於芳園裏隨處追求。時牛臥苾芻鬚髮皆長，上衣破碎，下裙垢惡，於一樹下跏趺而坐。宫人遥見，各并驚惶，唱言：有鬼！有鬼！苾芻即往入坎窟中。王聞聲已，即便睡覺，拔劍走趁。問宫人曰，鬼在何處？答曰，走入猪坎窟中。時王聞已，行至窟所，執劍而問，汝是何物？答言，大王！我是沙門。王曰，是何沙門？答曰，釋迦子。問言汝得阿羅漢果耶？答言不得。汝得不還，一來，預流果耶？答言不得。且置斯事，汝得初定，乃至四定？答并不得。王聞是已，轉更瞋怒，告大臣曰，此是凡人，犯我宫女，可將大蟻填滿窟中，螫螫其身。時有舊住天神近窟邊者，聞斯語已，便作是念：此善沙門，來依附我，實無所犯，少欲自居。非法惡王，横加傷害。我今宜可作救濟緣。即自變身爲一大猪，從窟走出。王見猪已，告大臣曰，可將馬來，并持弓箭。臣即授與，其猪遂走，急出花園。王隨後逐。時彼苾芻，急持衣鉢，疾行而去。

西游記猪八戒高家莊招親故事，必非全出中國人臆撰，而印度又無猪豕招親之故事，觀此上述故事，則知居猪坎窟中，鬚髿蓬長，衣裙破垢，驚犯宫女者，牛卧苾芻也。變爲大猪，從窟走出，代受傷害者，則窟邊舊住之天神也。牛卧苾芻雖非猪身，而居猪坎窟中，天神又變爲猪以代之，出光王因持弓乘馬以逐之，可知此故事中之出光王，即以牛卧苾芻爲猪。此故事復經後來之講説，憍閃毘國之憍，以音相同之故，變爲高家莊之高。驚犯宫女，以事相類似之故，變爲招親。輾轉代易，賓主淆混，指牛卧爲猪精，尤覺可笑。然故事文學之演變，其意義往往由嚴正而趨於滑稽，由教訓而變爲譏諷，故觀其與前此原文之相异，即知其爲後來作者之改良。此西游記猪八戒高家莊招親故事之起原也。

又慈恩法師傳壹云：

莫賀延磧長八百餘里，古曰沙河。上無飛鳥，下無走獸，復無水草。是時顧影，唯一心但念觀音菩薩及般若心經。初法師在蜀，見一病人身瘡臭穢，衣服破污，愍將向寺，施與衣服飲食之直。病者慚愧，乃授法師此經。因常誦習。至沙河間，逢諸惡鬼，奇狀异類，遶人前後，雖念觀音，不能令去，及誦此經，發聲皆散。在危獲濟，實所憑焉。

此傳所載，世人習知（胡適教授西游記考證亦引之），即西游記流沙河沙和尚故事之起原也。

據此三者之起原，可以推得故事演變之公例焉。

一曰：僅就一故事之内容，而稍變易之，其事實成分殊簡單，其演變程序爲縱貫式。如原有玄奘度沙河逢諸惡鬼之舊説，略加傳會，遂成流沙河沙和尚故事之例是也。

二曰：雖僅就一故事之内容變易之，而其事實成分不似前者之簡單，但其演變程序尚爲縱貫式。如牛卧苾芻之驚犯宫女，天神之化爲大猎。此二人二事，雖互有關係，然其人其事，固有分别，乃接合之，使爲一人一事，遂成猪八戒高家莊招親故事之例是也。

三曰：有二故事，其内容本絶無關涉，以偶然之機會，混合爲一。其事實成分，因之而複雜。其演變程序，則爲横通式。如頂生王昇天争帝釋之位，與工巧猿助羅摩造橋渡海，本爲各自分别之二故事，而混合爲一。遂成孫行者大鬧天宫故事之例是也。

又就故事中主人之構造成分言之，第叁例之範圍，不限於一故事，故其取用材料至廣。第貳例之範圍，雖限於一故事，但在一故事中之材料，其本屬於甲者，猶可取而附諸乙，故其取材尚不甚狹。第壹例之範圍則甚小，其取材亦因而限制，此故事中原有之此人此事，雖稍加變易，仍演爲此人此事。今西游記中玄奘弟子三人，其法寶神通各有等級。其高下之分别，乃其故事構成時，取材範圍之廣狹所使然。觀於上述此三故事之起原，可以爲證也。

寅恪講授佛教翻譯文學，以西游記玄奘弟子三人，其故事適各爲一類，可以闡發演變之公例，因考其起原，并略究其流别，以求教於世之治民俗學者。

（原載一九三〇年八月歷史語言研究所集刊第貳本第貳分）

西夏文佛母大孔雀明王經夏梵藏漢合璧校釋序

治吾國語言之學，必研究與吾國語言同系之他種語言，以資比較解釋，此不易之道也。西夏語爲支那語同系語言之一，吾國人治其學者絶少，即有之，亦不過以往日讀金石刻辭之例，推測其文字而已，尚未有用今日比較語言學之方法，於其同系語言中，考辨其音韵同异，探討其源流變遷，與吾國語言互相印證發明者。有之，以寅恪所知，吾國人中蓋自王君静如始。然則即此一卷佛母孔雀明王經之考釋，雖其中或仍有俟他日之補訂者，要已足開風氣之先，而示國人以治國語之正軌，洵可稱近日吾國學術界之重要著述矣。寅恪於西夏語文未能通解，不敢妄有所論列，然有欲質疑而承教者二事：此經題「□□」二字，當中文「種咒」二字，即藏文「rig snags」之對譯。考「rig」乃梵文「Vidya」之譯語，實當中文之「明」字，而藏文「種類」之「種」字爲「rigs」，與爲「明」字之「rig」形音俱極近似，且「rig snags」一名詞中「rig」之後，即聯接「snags」字首之「s」。或者夏人初譯此名詞時，誤以「rig」爲「rigs」，遂不譯爲「明」，而譯爲「種」歟？其實佛典原文中「種類」之「種」，與「種子」之「種」，爲語各异，而漢譯則同一「種」字。「□」字本「種子」之「種」，與「種類」之「種」作「□」者不同。豈西夏語言亦同中土之例，此二「種」字可以通用，而「種咒」成一名詞，與中文之「種智」等同屬一類之語詞綴合歟？抑夏人即用「種子」之本義，而聯「種咒」爲一名詞，意爲「原本咒語」歟？就吾人今日所見西夏文字佛教經典而論，其譯自中文者多，而譯自藏文者少。但西夏與吐蕃，言語民族既屬大同，土壤教俗復相接近，疑其翻譯藏文佛經，而爲西夏語言，尚在譯漢爲夏之前。此類譯名若果歧誤，後來自必知之，特以襲用已久，不煩更易，荀卿所謂「約定俗成」者也。此例在藏文所譯梵文佛典中，往往遇之，殆不似唐代玄奘譯經，悉改新名，而以六朝舊譯爲訛誤之比歟？此其一。

又今日所見西夏文字之石刻及經典，其鎸造雕印多在元代，實西夏已滅之後。據此可知西夏之國雖亡，而通解其文字者猶衆。獨至何時其文字始無人能讀，殊不易考知。柏林國家圖書館所藏藏文甘珠爾，據稱爲明萬曆時寫本。寅恪見其上偶有西夏文字。又與此佛母孔雀明王經及其他西夏文字佛典同發見者，有中文銷釋真空寶卷寫本一卷。據胡君適跋文考定爲明萬曆以後之作。又錢謙益牧齋有學集貳陸「黄氏千頃齋藏書記」云：

慶陽李司寇家有西夏實録，其子孔度屢見許，而不可得。

以慶陽地望准之，李氏仍藏有西夏實録之原本或譯本，自爲可能之事。以錢氏所述言之，亦與明萬曆時代相近。故綜此三事觀之，則明神宗之世，西夏文字書籍，其遺存於西北者，當不甚少，或尚有能通解其文字之人歟？此其二。

寅恪承王君之命，爲其書序，謹拈出此二重西夏文字學公案，敢請國内外治此學之專家，試一參究，以爲何如？

（原載一九三二年歷史語言研究所集刊第貳本第肆分）

敦煌石室寫經題記彙編序

北京圖書館以所輯敦煌石室寫經題記彙編來徵序於寅恪。寅恪受而讀之，以爲敦煌寫本之有題記者不止佛教經典，而佛教經典之有題記者此編所收亦尚未盡，然即取此編所收諸卷題記之著有年月地名者，與南北朝隋唐之史事一參究之，其關係當時政治之變遷及佛教之情況者，約有二事，可得而言：一則足供證明，一則僅資談助，請分別陳之。

此編所收寫經題記之著有年號者，上起西晋，下迄北宋，前後幾七百年，而其中屬於楊隋一朝及唐高宗武則天時代者，以比例計之，最居高位。隋書叁伍經籍志佛經類總序（通鑒壹柒伍陳宣帝紀太建十三年條同）云：

開皇元年，高祖普詔天下，任聽出家，仍令計口出錢，營造經像。而京師及并州相州洛州等諸大都邑之處，并官寫一切經，置於寺内，而又别寫藏於秘閣。天下之人從風而靡，競相景慕，民間佛經多於六經數十百倍。

寅恪案，楊氏有國不及四十年，而此編所收寫經題記之著有開皇仁壽大業之年號者，凡三十有六種。故知史氏謂當時「民間佛經多於六經數十百倍」，實非誇大之詞。李唐開國，高祖太宗頗不崇佛。唐代佛教之盛，始於高宗之世。此與武則天之母楊氏爲隋代觀王雄之後有關。武周革命時，嘗藉佛教教義，以證明其政治上特殊之地位。蓋武曌以女身而爲帝王，開中國有史以來未有之創局，實爲吾國政治史中一大公案。寅恪昔已詳論（見拙著「武曌與佛教」），兹不復贅。今觀是編所收寫經題記，著有唐高宗武則天之年號者，若是之衆，亦可徵當時佛教之盛，所謂足供證明者是也。又是編所收寫經題記，其著有中國南方地名或南朝年號者，前後七百年間僅得六卷。（敦煌本古逸經論章疏并古寫經目録尚有天監十一年寫摩訶般若波羅蜜經爲此編所未收。吴越錢氏捨入西關磚塔之寶篋印陀羅尼經實出現在南方，不應與其他西北出土諸經并列，故不置論。又是編所收尚有其他西北諸地如吐峪溝等所出經卷，若嚴格論之，亦非「敦煌石室」一名所能概括。然則是編之題「敦煌石室寫經」者，蓋就其主要部分北京圖書館所藏者言之耳。恐讀者誤會，特爲聲明其義於此。）除南齊武帝永明元年所譯之佛説普賢經一卷外（此編誤題爲妙法蓮華經），其餘諸卷皆書於梁武帝之世，而其中天監五年所寫之大涅槃經特著明造於荆州。論者謂永明之世，佛教甚盛，梁武尤崇内法，而江左篇章之盛，亦無逾梁時（見廣弘明集叁阮孝緒七録序），則齊梁時代寫經必多。南朝寫經可因通常南北交通之會，流入北地，其事固不足异。又後梁爲西魏周隋之附庸者三十餘載。襄陽之地，既在北朝西部統屬之下如是之久，則南朝寫經之因以輾轉流入西北，亦非甚難也。寅恪以爲此説雖是，然猶有未能盡解釋者。

蓋如論者之説，南朝所寫諸經，既可因通常南北交通之會，流入北地，又經後梁屬境轉至西北，亦非難事，則南朝帝王年號之在梁武以後者，與夫隋唐統一時代，南方郡邑之名，何以全不見於此編所收寫經題記之中？（此編惟仁壽元年所寫攝論疏有辰州崇敬寺之語，可指爲隋代南方地名之題記，但此題記殘缺不完，尚有疑義，亦未能斷定也。此文成後十年，承趙萬里先生告以「辰」字當是「瓜」字之誤認。趙説甚是。積歲疑滯，一旦冰釋。附識於此，以表欽服感謝之意。）夫陳及隋唐，中國南方佛教依然盛行，其所寫經卷，竟不因通常南北交通之會，流至西北，是何故耶？且後梁君臨襄土三十餘載，祖孫三世佛教信仰未嘗少替，則其封内所寫佛經，自應不尠，何以其三世之年號（此編有天保一年所寫妙法蓮華經一卷，當是北齊高洋之天保，非後梁蕭巋之天保也。）與其封内地名連文者，亦不於此編少留迹象乎？由此觀之，恐尚别有其故也。兹姑妄作一假設，以解釋之。北齊書叁拾崔暹傳（北史叁貳崔挺傳附暹傳同）云：

魏梁通和，要貴皆遣人隨聘使交易，暹惟寄求佛經。梁武帝聞之，爲繕寫，以幡花贊唄送至館焉。

道宣續高僧傳壹叁吉藏傳略云：

王又於京師置日嚴寺，（寅恪案，「王」指晋王即隋煬帝。）别教延藏，往彼居之。欲使道振中原，行高帝壤。既初登京輦，道俗雲奔。在昔陳隋廢興，江陰凌亂，道俗波迸，各棄城邑，乃率其所屬，往諸寺中，但是文疏，并皆收聚，置於三間堂内。及平定後，方洮簡之，故目學之長，勿過於藏，注引弘廣，咸由此焉。

又同書壹陸僧實傳云：

逮太祖（宇文泰）平梁荆後，益州大德五十餘人各懷經部，送像至京。以真諦妙宗，條以問實。既而慧心潛運，南北疏通，即爲披決，洞出情外，并神而服之。

廣弘明集貳貳隋煬帝寶臺經藏願文云：

至尊（隋文帝）拯溺百王，混一四海。平陳之日，道俗無虧，而東南愚民餘熸相煽。爰受廟略，重清海濱，役不勞師，以時寧復。深慮靈像尊經，多同煨燼，結鬘繩墨，湮滅溝渠。是以遠命衆軍，隨方收聚。未及期月，輕舟總至。乃命學司，依名次録，并延道場義府，覃思澄明所由，用意推比，多得本類。莊嚴修葺，其舊惟新。寶臺四藏，將十萬軸。因發弘誓，永事流通。仍書願文，悉連卷後。頻屬朝覲，著功始畢。今止寶臺正藏，親躬受持。其次藏以下，則慧日法靈道場，日嚴弘善靈刹。此外京都寺塔，諸方精舍，而梵宫互有大小，僧徒亦各衆寡，并隨經部多少，斟酌分付。授者既其懇至，受者亦宜殷重。長存法本，遠布達摩。必欲傳文，來入寺寫，勿使零落，兩失無作。

隋書叁煬帝紀上略云：

〔開皇〕八年冬大舉伐陳，以上爲行軍元帥。及陳平，復拜并州總管。俄而江南高智慧等相聚作亂，徙上爲揚州總管，鎮江都。每歲一朝。高祖之祠太山也，領武候大將軍。明年歸藩。後數載突厥寇邊，復爲行軍元帥。出靈武，無虜而還。及太子勇廢，立上爲皇太子。

寅恪案，隋書貳高祖紀略云：

〔開皇〕十五年正月庚午，上以歲旱，祠太山以謝愆咎。二十年夏四月壬戌，突厥犯塞，以晋王廣爲行軍元帥，擊破之。冬十月乙丑，皇太子勇及諸子并廢爲庶人。十一月戊子，以晋王廣爲皇太子。

又通鑒壹柒柒隋紀高祖紀開皇十年云：

以并州總管晋王廣爲揚州總管，鎮江都（詳見隋書貳高祖紀下及肆捌楊素傳等）。

據此，晋王廣鎮江都每歲一朝，即願文所謂：「頻屬朝覲」者也。其「著功始畢」，雖未能定於何年，但其次藏以下所分貯之寺院慧日等道場，悉不在南而在北。其正藏既用以自隨，則煬帝自立爲皇太子之後，亦必移運北行，以便「躬親受持」無疑。然則煬帝所廣搜之南朝佛典，皆已盡數輸之於北土矣。南北朝政治雖爲分隔對立，而文化則互相交流影響，佛教經典之由私人往來攜取由南入北者，事所常有，其例頗多，不勞舉證。但此類由南朝輸入北國之佛經，若在平時，僅經一二私人攜取或收聚，如崔暹之得梁武之贊許者，實爲例外。至其餘通常之人，則其數量更不能不遭限制。蓋有資力及交通法禁等困難也。故衆多數量之收聚及輸送，其事常與南北朝政治之變遷有關。如吉藏因陳亡之際，得大收經卷，其後入京，則所洮簡之南朝精本，當亦隨之入北。五十餘蜀僧各懷經部北至長安，使僧實得通南朝佛教之新義。此二例雖爲私人之收聚及輸送，然非值南北朝政治之變遷，則難以致此，至若隋煬帝因江南高智慧等之亂，悉收南朝之經卷，而輸之北方，其措施非私人資力之所能，且與南北朝政治之變遷有關，固不待言也。

由是言之，南朝經卷之輸入北方，其數量較多者，如吉藏之所收，隋煬之所藏，皆在陳亡之後，故其中至少有寫在陳時及造於吴地者。又歷李唐一代，迄於北宋，更四百年，其間佛教流行既南北相同，則南方寫經之數量，亦應不大异於北土。而今檢此編題記，其有南朝年號者，僅南齊武帝永明之五卷而已。是敦煌經卷之寫於南朝或南方者，當非復吉藏蜀僧及隋煬所收送之餘，恐亦無李唐五代北宋時南方所造者在也。

夫經卷較多數量之自南入北，既如前述，大抵由南北朝政治變遷所致，而敦煌寫經題記之著有南朝年號者，則又屬於南齊之世。依此而論，故頗疑天監五年造於荆州之一卷，乃梁元帝承聖三年江陵陷没時北朝將士虜獲之戰利品，後復隨凱旋之軍以北歸者。考西魏所遣攻梁諸大將中，惟楊忠即後來隋之太祖武元皇帝，其人最爲信佛（詳見拙著「武曌與佛教」中楊隋皇室之佛教信仰條）。

周書壹玖楊忠傳（北史壹壹隋本紀略同）略云：

及于謹伐江陵，忠爲前軍，屯江津，遏其走路。及江陵平，朝廷立蕭詧爲梁王。保定四年，乃拜總管涇幽（寅恪案，「幽」當依趙明誠金石録貳貳普六茹忠墓志跋作「豳」。）靈雲鹽顯六州諸軍事，涇州刺史。天和三年以疾還京。

然則西魏之取江陵，楊忠既參預其事，後又爲涇豳靈雲鹽顯六州總管，居西北之地凡五歲之久，則此梁武之世荆州寫造之佛典，殆爲楊忠當日隨軍所收，因而攜往西北，遂散在人間，流傳至於今日。按諸舊史，徵以遺編，或亦有可能歟？此則未得確證，姑作假設，以供他日解決問題之參考，所謂僅資談助者是也。若此僅資談助之假設，而竟爲史實，則此編所收南朝數卷之佛典，蓋當年江陵圍城之内，蕭七符拔劍擊柱，文武道盡之時，不隨十四萬卷圖書而灰飛煙滅者，是誠可幸可珍，而又可哀者矣。嘗謂釋迦氏之教其生天成佛之奥義，殊非凡鄙淺識所能窺測，但此寫經題記竟得以殘闕之餘，編輯搜羅成於今日，頗與内典歷劫因緣之説若相冥會，是則貝多葉中果有真實之語，可以信受不疑者耶？質之大雅君子，亦當爲之一笑也。

（原載一九三九年十月歷史語言研究所集刊第捌本第壹分）

童受喻鬘論梵文殘本跋

馬鳴菩薩大莊嚴論鳩摩羅什譯，隋法經等衆經目録作十五卷，與今世通行本卷數相同。隋費長房歷代三寶記作一十卷。按法經等之衆經目録，開皇十四年五月十四日撰畢，歷代三寶記爲開皇十七年十二月十三日所上，是當時已有兩本。故仁壽二年彦琮等所撰之衆經目録，備載十五卷十卷兩本。至十卷本與今世通行之十五卷本有無异同，則不可考矣。至元法寶勘同録玖云：

大莊嚴經論十五卷，馬鳴菩薩造，梵云蘇怛囉阿浪迦囉沙悉特囉，與蕃本同。

據此，元時實有藏文譯本。然今日藏文正續大藏中均無此書。是以自來東西學者，均以爲此曠世奇著，天壤間僅存一中文原譯之孤本而已。昔年德意志人於龜兹之西，得貝葉梵文佛教經典甚多，柏林大學路得施教授 Prof. Heinrich Lüders 檢之，見其中有大莊嚴論殘本。寅恪嘗游普魯士，從教授治東方古文字學，故亦夙聞其事。至今歲始得盡讀其印行之本（Bruchstücke der Kalpanāmanditikā,herausgegeben Von Heinrich Lüders,Leipzig,1926）。教授學術有盛名於世，而此校本尤其最精之作，凡能讀其書者皆自知之，不待爲之贊揚。兹僅就梵文原本考證論主之名字，及此論之原稱，并與中文原譯校核，略舉一二例，以見鳩摩羅什傳譯之藝術，或可爲治古代佛教翻譯史者之一助。惟論主名字及此論原稱，諸考證之已見於教授書中者，今皆不重述，庶可以備异義而資别證焉。

據梵文原本論主之名爲 Kumāralāta。普光阿毗達磨俱舍論記陸（金陵刻經處本）云：

鳩摩邏多，此云豪童，是經部祖師，於經部中造喻鬘論癡鬘論顯了論等。

窺基成唯識論述記捌（金陵刻經處本）云：

此破日出論者，即經部本師，佛去世後一百年中，北天竺怛刃（寅恪案，「刃」應作「叉」。）翅羅國有鳩摩邏多，此言童首（寅恪案，「首」應作「受」。）造九百論，時五天竺有五大論師，喻如日出，明導世間。名日出者，以似於日。亦名譬喻師。或爲此師造喻鬘論，集諸奇事，名譬喻師。

又梵文原本第玖拾篇，即譯文卷壹伍之末，標題有 Kalpanāmaṇḍitikā dṛṣṭānta 等字，按 Kumāra 即童，Lāta 即受，Dṛṣṭānta 即喻，Kalpanāmaṇḍitikā 即鬘論或莊嚴論，音義既悉相同，而華梵兩本内容又無不符合，則今所謂馬鳴之大莊嚴經論，本即童受之喻鬘論，殊無可疑。然有不同解者二。一，此書既爲童受之喻鬘論，何以鳩摩羅什譯爲馬鳴之大莊嚴論，其故教授書中已詳言之，兹不贅述。二，元時此論之西藏文譯本，何以有莊嚴經論數字之梵文音譯？寅恪以爲慶吉祥等當時校勘中藏佛典，確見此論藏文譯本，理不應疑。惟此蕃本，當是自中文原譯本重譯爲藏文，而莊嚴經論數字之梵文音譯，則藏文譯主，據後來中文原名，譯爲梵音也。何以明之？凡藏文所譯佛教經典，其名稱均音義俱譯，自近歲西北發見之唐時蕃文寫本，迨今日之藏文正續藏經，莫不如是。此蓋本其國從來翻譯佛經體例。如賢愚經者，南北朝時沙門曇學威德等於于闐國大寺遇般遮于瑟之會，聽講經律，各書所聞，還至高昌，集爲一部，涼州沙門慧朗命以此名。是賢愚一經，原無梵本，而今日藏文正藏中有此經，當是譯自中文。此藏文譯本，其經名有梵文音譯。又如楞嚴經者，此土僞經，乾隆時譯爲藏文，而此藏文譯本其經名亦有梵文音譯。據此二事，則至元録所載大莊嚴經論之名，有梵文音譯，實不足爲藏文別有一本譯自梵文之證，然則慶吉祥等所見之蕃本當是譯自中文，故亦仍用中文莊嚴經論舊名也。寅恪嘗謂鳩摩羅什翻譯之功，數千年間，僅玄奘可以與之抗席。今日中土佛經譯本，舉世所流行者，如金剛法華之類，莫不出自其手。若言普及，雖慈恩猶不能及。所以致此之故，其文不皆直譯，較諸家雅潔，應爲一主因。但華梵之文，繁簡迥不相同，道安摩訶鉢羅若波羅蜜經鈔序所謂「胡經尚質，秦人好文。」及「胡經委悉，叮嚀反覆，或三或四，不嫌其繁。」者是也。

高僧傳柒僧叡傳（金陵刻經處本）云：

昔竺法護出正法華經，受决品云：「天見人，人見天。」什譯經至此，乃言曰：「此語與西域義同，但在言過質。」叡曰：「將非人天交接，兩得相見？」什喜曰：「實然！」

又慧立彦悰等之慈恩法師傳拾云：

〔顯慶〕五年春正月一日，起首翻大般若經。經梵本總有二十萬頌，文既廣大，學徒每請删略。法師將順衆意，如羅什所翻，除繁去重。

蓋羅什譯經，或删去原文繁重，或不拘原文體制，或變易原文。兹以喻鬘論梵文原本，校其譯文，均可證明。今大莊嚴經論譯本卷拾末篇之最後一節，中文較梵文原本爲簡略，如卷壹壹首篇之末節，則中文全略而未譯，此删去原文繁重之證也。喻鬘論之文，散文與偈頌兩體相間。故羅什譯文凡散文已竟，而繼以偈頌之處，必綴以「説偈言」數字。此語本梵文原本所無，什公譯文，所以加綴此語者，蓋爲分别文偈兩體之用。然據梵文殘本以校譯文，如卷壹之

彼諸沙彌等，尋以神通力，化作老人像，髮白而面皺，秀眉牙齒落。僂脊而拄杖，詣彼檀越家。檀越既見已，心生大歡慶。燒香散名華，速請令就坐。既至須臾頃，還復沙彌形。

一節，及卷壹壹之

我以愚癡故，不能善觀察，爲癡火所燒。願當暫留住，少聽我懺悔。猶如脚跌者，扶地還得起，待我得少供。

一節，本散文也，而譯文爲偈體。

按高僧傳貳鳩摩羅什傳云：

> 初沙門慧叡才識高明，常隨什傳寫。什每爲叡論西方辭體，商略同异。云：天竺國俗，甚重文制。其宫商體韵，以入弦爲善。凡覲國王，必有贊德。見佛之儀，以歌嘆爲貴，經中偈頌，皆其式也。但改梵爲秦，失其藻蔚，雖得大意，殊隔文體，有似嚼飯與人，非徒失味，乃令嘔噦也。

觀此則什公於天竺偈頌，頗致精研，决無梵文原本爲偈體或散文，而不能分辨之理。今譯文與原文不符者，此不拘原文體制之證也。卷貳之

> 諸仙苦修行，亦復得生天。

一節，「諸仙」二字梵文原文本作Kanva等，蓋Kanva者，天竺古仙之專名，非秦人所習知，故易以公名改作「諸仙」二字。又卷肆之

> 汝知蟻封，而欲與彼須彌山王比其高下。

一節，及卷陸之

> 猶如蚊子翅，扇於須彌山，雖盡其勢力，不能令動摇。

一節，須彌梵本一作Mandara，一作Vindhya，蓋此二名皆秦人所不知，故易以習知之「須彌」，使讀者易解。此變易原文之證也。凡此諸端，若非獲兹貝多殘闕之本，而讀之者兼通倉頡大梵

之文，則千載而下，轉譯之餘，何以知哲匠之用心，見譯者之能事。斯什公所以平居淒愴，興嘆於折翮。臨終憤慨，發誓於焦舌歟？

（原載一九二七年十一月國立中山大學語言歷史學研究所週刊第壹集第叁期，一九二七年十二月清華學報第肆卷第貳期）

南岳大師立誓願文跋

天台宗創造者慧思作誓願文，取本人一生事迹，依年歲編列。其書不獨研求中古思想史者，應視爲重要資料，實亦古人自著年譜最早者之一，故與吾國史學之發展，殊有關係。但今日所傳南岳大師著述中，頗有後人僞托之作。然則此誓願文之真僞究何如者，是否可依據爲正確史料，自爲一問題。考慧思所生時代，南北朝并立，其君主年號及州郡名稱，皆交錯重複，最爲糾紛，不易明悉。今即取誓願文中關於此二事者，證諸史籍，以驗其真僞。真僞判定之後，就其所表現思想之特徵，略加解釋，或亦可供治南北朝末年思想史者之參考乎？

唐道宣續高僧傳貳壹（金陵刻經處本）慧思傳云：

〔慧思〕以齊武平之初，背此嵩陽，領徒南逝，高騖前賢，以希栖隱。初至光州，值梁孝元傾覆國亂，前路梗塞，權止大蘇山。數年之間，歸從如市。

寅恪案，北齊君王以武平紀年者有二。一爲後主緯，即温國公。一爲范陽王紹義。後主之武平在范陽王之前，且爲中原統治之朝。僧傳所言，係指後主之年號，自不待言。北朝齊後主武平元年當南朝陳宣帝太建二年庚寅，即西曆五七〇年。南朝梁孝元帝之傾覆，在其承聖三年，當北朝齊文宣帝天保五年甲戌，即西曆五五四年。二者相距已逾十五年之久，實與當時情事不符。故道宣所紀必有訛誤。今慧思立誓願文略云：

我慧思是末法八十二年，太歲在乙未十一月十一日於大魏國南豫州汝陽郡武津縣生。年至四十，是末法一百二十一年，在光州開岳寺。至年四十一，是末法一百二十二年，在光州境大蘇山中。

寅恪案，慧思生於北朝魏宣武帝延昌四年乙未，當南朝梁武帝天監十四年，即西曆五一五年。其四十歲適值南朝梁元帝承聖三年，即西曆五五四年。江陵之陷即在是歲，實與史籍符會。可知南北朝并立，其年號歲月後先交互之間，雖以道宣之博學，猶不能無誤，而此誓願文之記載，其正確如是，則非後世僧徒所能僞造，固無容疑也。

又立誓願文略云：

至年四十四，是末法一百二十五年，太歲戊寅，還於大蘇山光州境内。唱告四方，我欲奉造金字摩訶般若波羅蜜經。從正月十五日教化，至十一月十一日，於南光州光城都光城縣齊光寺方得就手，報先心願，奉造金字摩訶般若波羅蜜經一部，并造瑠璃寶函盛之。

寅恪案，魏書壹佰陸中地形志云：

光州。（原注：「治掖城。皇興四年分青州置。延興五年改爲鎮。景明元年復。」）領郡三。

縣十四。

又同卷云：

光州。（原注：「蕭衍置。魏因之。治光城。」）領郡五。縣十。

北光城郡。領縣二。光城。（原注：「州治。」）樂安。

南光城郡。領縣二。光城。（原注：「郡治。」）南樂安。

寅恪案，誓願文中「南光州光城都光城縣」之「都」字，自當爲「郡」字傳寫之誤。而「南」字則直貫下文之「光城郡光城縣」言。蓋言「南光州」者，以別於治掖城之「〔北〕光州」。〔南〕光城郡光城縣者，以別於北光城郡之光城縣。所以知者，以此時慧思適在大蘇山中。以地望准之，南光城郡之光城縣，與大蘇山較近故也。夫此類行政區域，其名稱至爲重疊混雜。若作者非當時親歷之人，恐難有如是之正確。然則誓願文非後世所能僞托，此又一證矣。

今據誓願文中關於年曆地理二事觀之，已足證明其非僞作。此文之真僞既經判定，而文中所述志願，即求長生治丹藥一事，最爲殊特。似與普通佛教宗旨矛盾。寅恪以爲此類思想確爲當時產物，而非後來所可僞托。請略考當日社會文化狀況及天台宗學說之根據，以說明之於下。

誓願文中如

又復發願，我今入山懺悔一切障道重罪，經行修禪，若得成就五通神仙及六神通。

及
是故先作長壽仙人，藉五通力，學菩薩道。自非神仙，不得久住。爲法學仙，不貪壽命。

及
誓於此生得大仙報。

及
爲護法故求長命，不願生天及餘趣。願諸賢聖佐助我，得好芝草及神丹。療治聚病除饑渴，常得經行修諸禪。願得深山寂静處，足神丹藥修此願，藉外丹力修内丹。

及
以此求道誓願力，作長壽仙見彌勒。

及
誓願入山學神仙，得長命力求佛道。

等語，皆表現求長生治丹藥之思想。考印度佛教末流，襲取婆羅門長生養性之術，托之龍樹菩薩。如今日藏文丹珠爾第壹壹捌函中龍樹所造諸論，皆是其例。

慈恩大師傳貳略云：

明日到磔迦國東境，至一大城。城西道北有大庵羅林。林中有一七百歲婆羅門。及至觀之，可三十許。形質魁梧，神理淹審。明中百諸論，善吠陀等書。有二侍者，各百餘歲。仍就停一月，學經百論廣百論。其人是龍猛弟子，親得師承，說甚明淨。

又唐澄觀大方廣佛華嚴經隨疏演義鈔柒云：

又案，西域記唐三藏初遇龍樹宗師，欲從學法。師令服藥，求得長生，方能窮究。三藏自思，本欲求經，恐仙術不成，幸我夙願。遂不學此宗，乃學法相之宗。

寅恪案，此二說皆相似，而皆不可信。然有一事可注意者，即欲學龍樹之宗，必先求長生之法是也。據隋書叁肆經籍志子部醫方類著録西域諸仙藥方中有：

龍樹菩薩藥方四卷。

龍樹菩薩養性方一卷。

及隋費長房歷代三寶記壹壹載：

北周時，攘那跋陀羅譯五明論合一卷。（寅恪案，此論雖未言何人所造，然日本石山寺有寫本龍樹五明論一卷，今刊入大正大藏經第貳壹卷。以隋書經籍志及丹珠爾載龍樹所造論性質推之，攘那跋陀羅之譯本，疑亦托名龍樹所造也。）

可知南北朝末年，此類依托龍樹之學說，已自天竺輸入中土。慧思生值其時，自不能不受其影響。况天台創義立宗，悉依大智度論，而大智度論乃龍樹之所造。龍樹實爲天台宗始祖。

宜乎誓願文中盛談求長生治丹藥之事也。又天台禪學其中堅之一部分，本爲南北朝之小乘禪學，而此部分實與當時道家所憑藉之印度禪學原是一事。故天台宗内由本體之性質，外受環境之薰習，其思想之推演變遷，遂不期而與道家神仙之學説符會。明乎此，則天台祖師栖止之名山，如武當南岳天台等，皆道家所謂神仙洞府，富於靈藥，可以治丹之地，固不足爲异也。總而言之，天台原始之思想，雖不以神仙爲極詣，但視爲學佛必經之歷程。有似上引澄觀華嚴疏鈔所記龍樹宗師告玄奘之語意，即先須服藥，求得長生之後，方能窮究龍樹之學是也。後如唐之梁肅，其學本出於天台宗之湛然所作「神仙傳論」（見全唐文伍壹玖）亦有：

予嘗覽葛洪所記，以爲神仙之道，昭昭焉足徵已。

之言。蓋梁氏宗佛陀而信神仙，尚是原始天台思想。可見南北朝末年思想界中此重公案，迄於唐之中葉猶復存在。兹因徵考所及，并附論之於此。

（原載一九三二年十月歷史語言研究所集刊第叁本第叁分）

清華大學王觀堂先生紀念碑銘

海寧王先生自沈後二年，清華研究院同人咸懷思不能自已。其弟子受先生之陶冶煦育者有年，尤思有以永其念。僉曰，宜銘之貞珉，以昭示於無竟。因以刻石之詞命寅恪，數辭不獲已，謹舉先生之志事，以普告天下後世。其詞曰：士之讀書治學，蓋將以脱心志於俗諦之桎梏，真理因得以發揚。思想而不自由，毋寧死耳。斯古今仁聖所同殉之精義，夫豈庸鄙之敢望。先生以一死見其獨立自由之意志，非所論於一人之恩怨，一姓之興亡。嗚呼！樹兹石於講舍，繫哀思而不忘。表哲人之奇節，訴真宰之茫茫。來世不可知者也。先生之著述，或有時而不章。先生之學説，或有時而可商。惟此獨立之精神，自由之思想，歷千萬祀，與天壤而同久，共三光而永光。

（原載清華大學消夏週刊一九二九年第壹期）

王静安先生遺書序

王静安先生既殁，羅雪堂先生刊其遺書四集。後五年，先生之門人趙斐雲教授，復采輯編校其前後已刊未刊之作，共爲若干卷，刊行於世。先生之弟哲安教授，命寅恪爲之序。寅恪雖不足以知先生之學，亦嘗讀先生之書，故受命不辭。謹以所見質正於天下後世之同讀先生之書者。自昔大師巨子，其關係於民族盛衰學術興廢者，不僅在能承續先哲將墜之業，爲其托命之人，而尤在能開拓學術之區宇，補前修所未逮。故其著作可以轉移一時之風氣，而示來者以軌則也。先生之學博矣，精矣，幾若無涯岸之可望，轍迹之可尋。然詳繹遺書，其學術内容及治學方法，殆可舉三目以概括之者。一曰取地下之實物與紙上之遺文互相釋證。凡屬於考古學及上古史之作，如「殷卜辭中所見先公先王考」及「鬼方昆夷玁狁考」等是也。二曰取异族之故書與吾國之舊籍互相補正。凡屬於遼金元史事及邊疆地理之作，如「萌古考」及「元朝秘史之主因亦兒堅考」等是也。三曰取外來之觀念，與固有之材料互相參證。凡屬於文藝批評及小説戲曲之作，如「紅樓夢評論」及「宋元戲曲考」「唐宋大曲考」等是也。此三類之著作，其學術性質固有异同，所用方法亦不盡符會，要皆足以轉移一時之風氣，而示來者以軌則。吾國他日文史考據之學，範圍縱廣，途徑縱多，恐亦無以遠出三類之外。此先生之書所以爲吾國近代學術界最重要之産物也。今先生之書，流佈於世，世之人大抵能稱道其學，獨於其平生之志事，頗多不能解，因而有是非之論。寅恪以謂古今中外志士仁人，往往憔悴憂傷，繼之以死。其所傷之事，所死之故，不止局於一時間一地域而已。蓋别有超越時間地域之理性存焉。而此超越時間地域之理性，必非其同時間地域之衆人所能共喻。然則先生之志事，多爲世人所不解，因而有是非之論者，又何足怪耶？嘗綜攬吾國三十年來，人世之劇變至异，等量而齊觀之，誠莊生所謂彼亦一是非，此亦一是非者。若就彼此所是非者言之，則彼此終古末由共喻，以其互局於一時間一地域故也。嗚呼！神州之外，更有九州。今世之後，更有來世。其間儻亦有能讀先生之書者乎？如果有之，則其人於先生之書，鑽味既深，神理相接，不但能想見先生之人，想見先生之世，或者更能心喻先生之奇哀遺恨於一時一地，彼此是非之表歟？一千九百三十四年歲次甲戌六月三日陳寅恪謹序。

（原載一九四〇年二月商務印書館海寧王静安先生遺書）

與劉叔雅論國文試題書

叔雅先生講席，承命代擬今夏入學考試國文題目，寅恪連歲校閱清華大學入學國文試卷，感觸至多。據積年經驗所得，以爲今後國文試題，應與前此异其旨趣，即求一方法，其形式簡單而涵義豐富，又與華夏民族語言文學之特性有密切關係者，以之測驗程度，始能於閱卷定分之時，有所依據，庶幾可使應試者，無甚僥倖，或甚冤屈之事。閱卷者良心上不致受特别痛苦，而時間精力俱可節省。若就此義言之，在今日學術界，藏緬語系比較研究之學未發展，真正中國語文文法未成立之前，似無過於對對子之一方法。此方法去吾輩理想中之完善方法，固甚遼遠，但尚是誠意不欺，實事求是之一種辦法，不妨於今夏入學考試時，試一用之，以測驗應試者之國文程度。略陳鄙意，敬祈垂教。幸甚！幸甚！凡考試國文，必考其文理之通與否，必以文法爲標准，此不待論者。但此事言之甚易，行之則難。最先須問吾輩今日依據何種文法以考試國文。今日印歐語系化之文法，即馬氏文通「格義」式之文法，既不宜施之於不同語系之中國語文，而與漢語同系之語言比較研究，又在草昧時期，中國語文真正文法，尚未能成立，此其所以甚難也。夫所謂某種語言之文法者，其中一小部分，符於世界語言之公律，除此之外，其大部分皆由研究此種語言之特殊現相，歸納爲若干通則，成立一有獨立個性之統系學説，定爲此特種語言之規律，并非根據某一特種語言之規律，即能推之以概括萬族，放諸四海而准者也。假使能之，亦已變爲普通語言學音韵學，名學，或文法哲學等等，而不復成爲某特種語言之文法矣。昔希臘民族武力文化俱盛之後，地跨三洲，始有訓釋標點希臘文學之著作，以教其所謂「野蠻人」者。當日固無比較語言學之知識，且其所擬定之規律，亦非通籌全局及有統系之學説。羅馬又全部因襲翻譯之，其立義定名，以傳統承用之故，頗有訛誤可笑者。如西歐近世語言之文法，其動詞完全時間式，而有不完全之義。不完全時間式，轉有完全之義，是其一例也。今評其價值，尚在天竺文法之下。但因其爲用於隸屬同語系之語言，故其弊害尚不甚顯著。今吾國人所習見之外國語文法，僅近世英文文法耳。其代名詞有男女中三性，遂造他她它三字以區別之，矜爲巧便。然若依此理論，充類至盡，則阿刺伯希伯來等語言，動詞亦有性别與數别，其文法變化皆有特殊之表現。例如一男子獨睡，爲男性單數。二男子同睡，爲男性複數。一女子獨睡，爲女性單數。二女子同睡，爲女性複數。至若一男子與一女子而同睡，則爲共性複數。此種文法變化，如依新法譯造漢字，其字當爲「㑀」。天竺古語，其名詞有二十四囀，動詞有十八囀。吾中國之文法，何不一一仿效，以臻美備乎？世界人類語言中，甲種語言，有甲種特殊現相，故有甲種文法。乙種語言，有乙種特殊現相，故有乙種文法。即同一系之西歐近世語，如英文名詞有三格，德文名詞則有四格。法文名詞有男女二性，德文名詞則有男女中三性。因此種語言，今日尚有此種特殊現相。故此種語言之文法，亦不得不特設此種規律。苟違犯之者，則爲不通。并非德人作德文文法喜繁瑣，英人作英文文法尚簡單也。歐洲受基督教之影響至深，昔日歐人往往以希伯來語言爲世界語言之始祖，而自附其語言於希伯來語之支流末裔。迄乎近世，比較語言之學興，舊日謬誤之觀念得以革除。因其能取同系語言，如梵語波斯語等，互相比較研究，於是系内各個語言之特性逐漸發見。印歐系語言學，遂有今日之發達。故欲詳知確證一種語言之特殊現相及其性質如何，非綜合分析，互相比較，以研究之，不能爲功。而所與互相比較者，又必須屬於同系中大同而小异之語言。蓋不如此，則不獨不能確定，且常錯認其特性之所在，而成一非驢非馬，穿鑿附會之混沌怪物。因同系之語言，必先假定其同出一源，以演繹遞變隔離分化之關係，乃各自成爲大同而小异之言語。故分析之，綜合之，於縱貫之方面，剖别其源流，於横通之方面，比較其差异。由是言之，從事比較語言之學，必具一歷史觀念，而具有歷史觀念者，必不能認賊作父，自亂其宗統也。往日法人取吾國語文約略摹仿印歐系語之規律，編爲漢文典，以便歐人習讀。馬眉叔效之，遂有文通之作，於是中國號稱始有文法。夫印歐系語文之規律，未嘗不間有可供中國之文法作參考及采用者。如梵語文典中，語根之説是也。今於印歐系之語言中，將其規則之屬於世界語言公律者，除去不論。其他屬於某種語言之特性者，若亦同視爲天經地義，金科玉律，按條逐句，一一施諸不同系之漢文，有不合者，即指爲不通。嗚呼！文通，文通，何其不通如是耶？西晉之世，僧徒有竺法雅者，取内典外書以相擬配，名曰「格義」（「格義」之義詳見拙著「支愍度學説考」），實爲赤縣神州附會中西學説之初祖。即以今日中國文學系之中外文學比較一類之課程言，亦衹能就白樂天等在中國及日本之文學上，或佛教故事在印度及中國文學上之影響及演變等問題，互相比較研究，方符合比較研究之真諦。蓋此種比較研究方法，必須具有歷史演變及系統异同之觀念。否則古今中外，人天龍鬼，無一不可取以相與比較。荷馬可比屈原，孔子可比歌德，穿鑿附會，怪誕百出，莫可追詰，更無所謂研究之可言矣。比較研究方法之義既如此，故今日中國必先將國文文法之「格義」觀念，摧陷廓清，然後遵循藏緬等與漢語同系語言，比較研究之途徑進行，將來自可達到真正中國文法成立之日。但今日之吾輩，既非甚不學之人，故羞以「格義」式之文法自欺欺人，用之爲考試之工具。又非甚有學之人，故又不能即時創造一真正中國文法，以爲測驗之標准。無可奈何，不得已而求一過渡時代救濟之方法，以爲真正中國文法未成立前之暫時代用品，此方法即爲對對子。所對不逾十字，已能表現中國語文特性之多方面。其中有與高中卒業應備之國文常識相關者，亦有漢語漢文特殊優點之所在，可藉以測驗高材及專攻吾國文學之人，即投考國文學系者。兹略分四條，説明於下。

（甲）對子可以測驗應試者，能否知分別虛實字及其應用。

此理易解，不待多言。所不解者，清華考試英文，有不能分別動詞名詞者，必不録取，而國文則可不論。因特拈出比重公案，請公爲我一參究之。

（乙）對子可以測驗應試者，能否分別平仄聲。

此點最關重要，乃數年閱卷所得之結論。今日中學國文教學，必須注意者也。吾人今日當然不依文鏡秘府論之學説，以苛試高中卒業生。但平仄聲之分別，確爲高中卒業生應具之常識。吾國語言之平仄聲與古代印度希臘拉丁文同，而與近世西歐語言異。然其關於語言文學之重要則一。今日學校教學英文，亦須講究其聲調之高下，獨國文則不然，此乃殖民地之表徵也。聲調高下與語言遷變，文法應用之關係，學者早有定論。今日大學本科學生，有欲窺本國音韵訓詁之學者，豈待在講堂始調平仄乎？抑在高中畢業以前，即須知「天子聖哲」「燈盞柄曲」耶？又凡中國之韵文詩賦詞曲無論矣，即美術性之散文，亦必有適當之聲調。若讀者不能分平仄，則不能完全欣賞與瞭解，竟與不讀相去無幾，遑論仿作與轉譯。又中國古文之句讀，多依聲調而決定。印歐語系之標點法，不盡能施用於中國古文。若讀者不通平仄聲調，則不知其文句起迄。故讀古書，往往誤解。大正一切藏經句讀之多訛，即由於此。又漢語既演爲單音語，其文法之表現，即依托於語詞之次序。昔人下筆偶有違反之者，上古之文姑不論，中古以後之作，多因聲調關係，如「聽猿實下三聲泪」之例。此種句法，雖不必仿效，然讀者必須知此句若作「聽猿三聲實下泪」，則平仄聲調不諧和。故不惜違反習慣之語詞次序，以遷就聲調。此種破例辨法之是非利弊，别爲一問題，不必於此討論。但讀此詩句之人，若不能分别平仄，則此問題，於彼絶不成問題。蓋其人讀「聽猿實下三聲浪」與「聽猿三聲實下泪」，皆諧和亦皆不諧和，二者俱無分别。講授文學，而遇此類情形，真有思惟路絶，言語道斷之感。此雖末節，無關本題宏旨，所以附論及之者，欲使學校教室中講授中國文學史及詞曲目録學之諸公得知今日大學高中學生，其本國語言文學之普通程度如此。諸公之殫精竭力，高談博引，豈不徒勞耶？據此，則知平仄聲之測驗，應列爲大學入學國文考試及格之條件，可以利用對子之方法，以實行之。

（丙）對子可以測驗讀書之多少及語藏之貧富。

今日學生所讀中國書中，今人之著作太多，古人之著作太少。非謂今人之著作，學生不可多讀。但就其所讀數量言，二者之比例相差過甚，必非合理之教育，亟須矯正。若出一對子，中有專名或成語，而對者能以專名或成語對之，則此人讀書之多少及語藏之貧富，可以測知。

（丁）對子可以測驗思想條理。

凡上等之對子，必具正反合之三階段。（平生不解黑智兒（一譯「黑格爾」）之哲學，今論此事，不覺與其説暗合，殊可笑也。）對一對子，其詞類聲調皆不適當，則爲不對，是爲下等，不及格。即使詞類聲調皆合，而思想重複，如燕山外史中之「斯爲美矣，豈不妙哉！」之句，舊日稱爲合掌對者，亦爲下等，不及格。因其有正，而無反也。若詞類聲調皆適當，即有正，又有反，是爲中等，可及格。此類之對子至多，不須舉例。若正及反前後二階段之詞類聲調，不但能相當對，而且所表現之意義，復能互相貫通，因得綜合組織，別産生一新意義。此新意義，雖不似前之正及反二階段之意義，顯著於字句之上，但確可以想像而得之，所謂言外之意是也。此類對子，既能備具第三階段之合，即對子中最上等者。趙甌北詩話盛稱吴梅村歌行中對句之妙。其所舉之例，如「南内方看起桂宫，北兵早報臨瓜步。」等，皆合上等對子之條件，實則不獨吴詩爲然，古來佳句莫不皆然。豈但詩歌，即六朝文之佳者，其篇中警策之儷句，亦莫不如是。惜陽湖當日能略窺其意，而不能暢言其理耳。凡能對上等對子者，其人之思想必通貫而有條理，決非僅知配擬字句者所能企及。故可藉之以選拔高才之士也。

昔羅馬西塞羅 Cicero 辯論之文，爲拉丁文中之冠。西士文士自古迄今，讀之者何限，最近時德人始發見其文含有對偶。拉丁非單音語言，文有對偶，不易察知。故時歷千載，猶有待發之覆。今言及此者，非欲助駢驪之文，增高其地位。不過藉以説明對偶確爲中國語文特性之所在，而欲研究此種特性者，不得不研究由此特性所産生之對子。此義當質證於他年中國語言文學特性之研究發展以後。今日言之，徒遭流俗之譏笑。然彼等既昧於世界學術之現狀，復不識漢族語文之特性，挾其十九世紀下半世紀「格義」之學，以相非難，正可譬諸白髮盈顛之上陽宮女，自矜其天寶末年之時世裝束，而不知天地間別有元和新樣者在。亦衹得任彼等是其所是，而非其所非。吾輩固不必，且無從與之校量也。尊意以爲何如？

（原載一九三二年九月五日天津大公報文學副刊）

附記

三十餘年前，叔雅先生任清華大學國文系主任。一日過寅恪曰，大學入學考期甚近，請代擬試題。時寅恪已定次日赴北戴河休養，遂匆匆草就普通國文試題，題爲「夢游清華園記」。蓋曾游清華園者，可以寫實。未游清華園者，可以想像。此即趙彥衛雲麓漫鈔玖所謂，行卷可以觀史才詩筆議論之意。若應試者不被録取，則成一游園驚夢也。一笑！其對子之題爲「孫行者」，因蘇東坡詩有「前生恐是盧行者，後學過呼韓退之。」一聯（見東坡後集柒贈虔州術士謝〔晋臣〕君七律）。「韓盧」爲犬名（見戰國策拾齊策叁齊欲伐魏條及史記柒玖范睢傳），「行」與「退」皆步履進退之動詞，「者」與「之」俱爲虚字。東坡此聯可稱極中國對仗文學之能事。馮應榴蘇文忠詩注肆伍未知「韓盧」爲犬名，豈偶失檢耶？抑更有可言者，寅恪所以以「孫行者」爲對子之題者，實欲應試者以「胡適之」對「孫行者」。蓋猢猻乃猿猴，而「行者」與「適之」意義音韵皆可相對，此不過一時故作狡猾耳。又正反合之説，當時惟馮友蘭君一人能通解者。蓋馮君熟研西洋哲學，復新游蘇聯返國故也。今日馮君尚健在，而劉胡并登鬼録，思之不禁惘然！是更一游園驚夢矣。一九六五年歲次乙巳五月七十六叟陳寅恪識。

劉叔雅莊子補正序

合肥劉叔雅先生文典以所著莊子補正示寅恪，曰，姑强爲我讀之。寅恪承命讀之竟，嘆曰，先生之作，可謂天下之至慎矣。其著書之例，雖能確證其有所脱，然無書本可依者，則不之補。雖能確證其有所誤，然不詳其所以致誤之由者，亦不之正。故先生於莊子一書，所持勝義猶多蘊而未出，此書殊不足以盡之也。或問曰，先生此書，謹嚴若是，將無矯枉過正乎？寅恪應之曰，先生之爲是，非得已也。今日治先秦子史之學，著書名世者甚衆。偶聞人言，其間頗有改訂舊文，多任己意，而與先生之所爲大异者。寅恪平生不能讀先秦之書，二者之是非，初亦未敢遽判。繼而思之，嘗亦能讀金聖嘆之書矣。其注水游傳，凡所删易，輒曰，「古本作某，今依古本改正。」夫彼之所謂古本者，非神州歷世共傳之古本，而蘇州金人瑞胸中獨具之古本也。由是言之，今日治先秦子史之學，與先生所爲大异者，乃以明清放浪之才人，而談商周邃古之樸學。其所著書，幾何不爲金聖嘆胸中獨具之古本，轉欲以之留贈後人，焉得不爲古人痛哭耶？然則先生此書之刊佈，蓋將一匡當世之學風，示人以准則，豈僅供治莊子者之所必讀而已哉？

一九三九年歲次己卯十一月十四日修水陳寅恪書於昆明靛花巷北京大學研究所宿舍。

（原載劉文典莊子補正上海商務印書館一九四七年六月本）

楊樹達積微居小學金石論叢續稿序

長沙楊遇夫先生自辰溪湖南大學寄示近著積微居小學金石論叢續稿若干卷，命寅恪序之，并以感事詩一首，有「祇有青山來好夢，可憐白髮换浮名。」之嘆。寅恪嘗聞當世學者稱先生爲今日赤縣神州訓詁小學之第一人。今讀是篇，益信其言之不誣也。自昔長於金石之學者，必爲深研經史之人，非通經無以釋金文，非治史無以證石刻。群經諸史，乃古史資料多數之所匯集。金文石刻則其少數脱離之片段，未有不瞭解多數匯集之資料，而能考釋少數脱離之片段不誤者。先生平日熟讀三代兩漢之書，融會貫通，打成一片。故其解釋古代佶屈聱牙晦澀艱深之詞句，無不文從字順，犂然有當於人心。此則讀先生之書者，自能知之，不待寅恪贅言也。雖然，寅恪於此别有感焉，百年以來，洞庭衡岳之區，其才智之士多以功名著聞於世。先生少日即已肄業於時務學堂，後復游學外國，其同時輩流，頗有遭際世變，以功名顯者，獨先生講授於南北諸學校，寂寞勤苦，逾三十年，不少間輟。持短筆，照孤燈，先後著書高數尺，傳誦於海内外學術之林，始終未嘗一藉時會毫末之助，自致於立言不朽之域。與彼假手功名，因得表見者，肥瘠榮悴，固不相同，而孰難孰易，孰得孰失，天下後世當有能辨之者。嗚呼！自剖判以來，生民之禍亂，至今日而極矣。物極必反，自然之理也。一旦忽易陰森慘酷之世界，而爲清朗和平之宙合，天而不欲遂喪斯文也，則國家必將尊禮先生，以爲國老儒宗，使弘宣我華夏民族之文化於京師太學。其時縱有入夢之青山，寧復容先生高隱耶？然則白髮者，國老之象徵。浮名者，亦儒宗所應具，斯誠可喜之兆也。又何嘆哉？又何嘆哉？寅恪未嘗學問，豈敢於先生之書多所論列，因先生之命，故別陳所感者如此，不識世之讀先生書者，以爲何如也。一九四二年歲次壬午十二月二十五日陳寅恪謹書於桂林雁山別墅。

楊樹達論語疏證序

孔子之生，距今歲將二千五百載，神州士衆方謀所以紀念盛事，顯揚聖文之道，而長沙楊遇夫先生著論語疏證適成，寄書寅恪，命爲之序。寅恪平生頗讀中華乙部之作，間亦披覽天竺釋典，然不敢治經。及讀先生是書，喜曰，先生治經之法，殆與宋賢治史之法冥會，而與天竺詁經之法，形似而實不同也。夫聖人之言，必有爲而發，若不取事實以證之，則成無的之矢矣。聖言簡奥，若不采意旨相同之語以參之，則爲不解之謎矣。既廣搜群籍，以參證聖言，其言之矛盾疑滯者，若不考訂解釋，折衷一是，則聖人之言行，終不可明矣。今先生匯集古籍中事實語言之與論語有關者，并間下己意，考訂是非，解釋疑滯。此司馬君實李仁甫長編考异之法，乃自來詁釋論語者所未有，誠可爲治經者闢一新途徑，樹一新模楷也。天竺佛藏，其論藏別爲一類外，如譬喻之經，諸宗之律，雖廣引聖凡行事，以證釋佛説，然其文大抵爲神話物語，與此土詁經之法大异。出三藏記集中，述出賢愚因緣經始末云：「釋曇學威德等八僧，西行求經，於于闐大寺，遇般遮于瑟之會。三藏諸學各弘法寶，説經講律，依業而教，學等八僧，隨緣分聽，精思通譯，各書所聞。還至高昌，乃集爲一部。」然則，賢愚經實當時曇學等聽講經律之筆記。

今此經具存，所載悉爲神話物語。世之考高昌之壁畫，釋敦煌之變文者，往往取之以爲證釋，而天竺詁經之法，與此土大异，於此亦可見一例也。南北朝佛教大行於中國，士大夫治學之法，亦有受其薰習者。寅恪嘗謂裴松之三國志注，劉孝標世説新書注，酈道元水經注，楊衒之洛陽伽藍記等，頗似當日佛典中之合本子注。然此諸書皆屬乙部，至經部之著作，其體例則未見有受釋氏之影響者。惟皇侃論語義疏引論釋以解公冶長章，殊類天竺譬喻經之體。殆六朝儒學之士，漸染於佛教者至深，亦嘗襲用其法，以詁孔氏之書耶？但此爲舊注中所僅見，可知古人不取此法以詁經也。蓋孔子説世間法，故儒家經典，必用史學考據，即實事求是之法治之。彼佛教譬喻諸經之體例，則形雖似，而實不同，固不能取其法，以釋儒家經典也。寅恪治史無成，幸見先生是書之出，妄欲攀引先生爲同類以自重，不識先生亦笑許之乎？一九四八年歲次戊子十月七日陳寅恪書於北平清華園不見爲淨之室。

（原載一九四八年十二月十二日香港星島日報「文史」拾期）

陳述遼史補注序

裴世期之注三國志，深受當時内典合本子注之薫習。此蓋吾國學術史之一大事，而後代評史者，局於所見，不知古今學術系統之有别流，著述體裁之有變例，以喜聚异同，坐長煩蕪爲言，其實非也。趙宋史家著述，如續資治通鑒長編，三朝北盟會編，建炎以來繫年要録，最能得昔人合本子注之遺意。誠乙部之杰作，豈庸妄子之書，矜詡筆削，自比夏五郭公斷爛朝報者所可企及乎？寅恪僑寓香港，值太平洋之戰，扶疾入國，歸正首丘。途中得陳玉書先生述寄示所撰遼史補注序例，急取讀之，見其所論寧詳毋略之旨，甚與鄙見符合。若使全書告成，殊可稱契丹史事之總集，近日吾國史學不可多得之作也。回憶前在絶島，蒼黄逃死之際，取一巾箱坊本建炎以來繫年要録，抱持誦讀。其汴京圍困屈降諸卷，所述人事利害之迴環，國論是非之紛錯，殆極世態詭變之至奇。然其中頗復有不甚可解者，乃取當日身歷目睹之事，以相印證，則忽豁然心通意會。平生讀史凡四十年，從無似此親切有味之快感，而死亡飢餓之苦，遂亦置諸度量之外矣。由今思之，儻非其書喜聚异同，取材詳備，曷足以臻是耶？况近日營州舊壤，遼陵玉册，已出人間。葬地陶瓶，猶摹革橐。不有如釋教信徒迦葉阿難之總持結集，何以免契丹一族千年之往事及其與華夏關係之痛史，不隨劫波之火以灰燼。故遼史補注之作，尤爲今日所不可或緩者。寅恪頻歲衰病，於塞外之史，殊族之文，久不敢有所論述。惟尚冀未至此身蓋棺之日，獲逢是書出版之期，而補注之於遼史，亦將如裴注之附陳志，并重於學術之林，斯則今日發聲唱導之時，不勝深願誠禱者也。一九四二年歲次壬午十一月十九日陳寅恪書於桂林雁山别墅。

（原載一九四二年十二月讀書通訊第伍陸期）

陳垣敦煌劫餘録序

一時代之學術，必有其新材料與新問題。取用此材料，以研求問題，則爲此時代學術之新潮流。治學之士，得預於此潮流者，謂之預流（借用佛教初果之名）。其未得預者，謂之未入流。此古今學術史之通義，非彼閉門造車之徒，所能同喻者也。敦煌學者，今日世界學術之新潮流也。自發見以來，二十餘年間，東起日本，西迄法英，諸國學人，各就其治學範圍，先後咸有所貢獻。吾國學者，其撰述得列於世界敦煌學著作之林者，僅三數人而已。夫敦煌在吾國境内，所出經典，又以中文爲多，吾國敦煌學著作，較之他國轉獨少者，固因國人治學，罕具通識，然亦未始非以敦煌所出經典，涵括至廣，散佚至衆，迄無詳備之目録，不易檢校其内容，學者縱欲有所致力，而憑藉未由也。新會陳援庵先生垣，往歲嘗取敦煌所出摩尼教經，以考證宗教史。其書精博，世皆讀而知之矣。今復應中央研究院歷史語言研究所之請，就北平圖書館所藏敦煌寫本八千餘軸，分別部居，稽覈同异，編爲目録，號曰敦煌劫餘録。誠治敦煌學者，不可缺之工具也。書既成，命寅恪序之。或曰，敦煌者，吾國學術之傷心史也。其發見之佳品，不流入於异國，即秘藏於私家。兹國有之八千餘軸，蓋當時唾棄之賸餘，精華已去，糟粕空存，则此殘篇故紙，未必實有繫於學術之輕重者在。今日之編斯録也，不過聊以寄其憤慨之思耳！是說也，寅恪有以知其不然，請舉數例以明之。摩尼教經之外，如八婆羅夷經所載吐蕃乞里提足贊普之詔書，姓氏録所載貞觀時諸郡著姓等，有關於唐代史事者也。佛說禪門經，馬鳴菩薩圓明論等，有關於佛教教義者也。佛本行集經演義，維摩詰經菩薩品演義，八相成道變，地獄變等，有關於小說文學史者也。佛說孝順子修行成佛經，首羅比丘見月光童子經等，有關於佛教故事者也。維摩詰經頌，唐睿宗玄宗赞文等，有關於唐代詩歌之佚文者也。其他如佛說諸經雜縁喻因由記中彌勒之對音，可與中亞發見之古文互證。六朝舊譯之原名，藉此推知。破昏怠法所引龍樹論，不見於日本石山寺寫本龍樹五明論中，當是舊譯別本之佚文。唐蕃翻經大德法成辛酉年（當是唐武宗會昌元年）出麥與人抄録經典，及周廣順八年道宗往西天取經，諸紙背題記等，皆有關於學術之考證者也。但此僅就寅恪所曾讀者而言，其爲數尚不及全部寫本百分之一，而世所未見之奇書佚籍已若是之衆，儻綜合并世所存敦煌寫本，取質量二者相與互較，而平均通計之，則吾國有之八千餘軸，比於异國及私家之所藏，又何多讓焉。今後斯録既出，國人獲兹憑藉，宜益能取用材料以研求問題，勉作敦煌學之預流。庶幾内可以不負此歷劫僅存之國寶，外有以襄進世界之學術於將來，斯則寅恪受命綴詞所不勝大願者也。

（原載一九三〇年六月歷史語言研究所集刊第壹本第貳分）

陳垣元西域人華化考序

有清一代經學號稱極盛，而史學則遠不逮宋人。論者輒謂愛新覺羅氏以外族入主中國，屢起文字之獄，株連慘酷，學者有所畏避，因而不敢致力於史，是固然矣。然清室所最忌諱者，不過東北一隅之地，晚明初清數十年間之載記耳。其他歷代數千歲之史事，即有所忌諱，亦非甚違礙者。何以三百年間，史學之不振如是？是必別有其故，未可以爲悉由當世人主摧毁壓抑之所致也。夫義理詞章之學及八股之文，與史學本不同物，而治其業者，又別爲一類之人，可不取與共論。獨清代之經學與史學，俱爲考據之學，故治其學者，亦并號爲樸學之徒。所差异者，史學之材料大都完整而較備具，其解釋亦有所限制，非可人執一説，無從判决其當否也。經學則不然，其材料往往殘闕而又寡少，其解釋尤不確定，以謹愿之人，而治經學，則但能依據文句各別解釋，而不能綜合貫通，成一有系統之論述。以誇誕之人，而治經學，則不甘以片段之論述爲滿足。因其材料殘闕寡少及解釋無定之故，轉可利用一二細微疑似之單證，以附會其廣泛難徵之結論。其論既出之後，固不能犂然有當於人心，而人亦不易標舉反證以相詰難。譬諸圖畫鬼物，苟形態略具，則能事已畢，其真狀之果肖似與否，畫者與觀者兩皆不知也。往昔經學盛時，爲其學者，可不讀唐以後書，以求速效。聲譽既易致，而利禄亦隨之。於是一世才智之士，能爲考據之學者，群捨史學而趨於經學之一途。其謹愿者，既止於解釋文句，而不能討論問題。其誇誕者，又流於奇詭悠謬，而不可究詰。雖有研治史學之人，大抵於宦成以後休退之時，始以餘力肄及，殆視爲文儒老病銷愁送日之具。當時史學地位之卑下若此，由今思之，誠可哀矣。此清代經學發展過甚，所以轉致史學之不振也。近二十年來，國人内感民族文化之衰頹，外受世界思潮之激盪，其論史之作，漸能脱除清代經師之舊染，有以合於今日史學之真諦，而新會陳援庵先生之書，尤爲中外學人所推服。蓋先生之精思博識，吾國學者，自錢曉徵以來，未之有也。今復取前所著元西域人華化考，刻木印行，命寅恪序之。寅恪不敢觀三代兩漢之書，而喜談中古以降民族文化之史，故承命不辭。欲藉是略言清代史學所以不振之由，以質正於先生及當世之學者。至於先生是書之材料豐實，條理明辨，分析與綜合二者俱極其工力，庶幾宋賢著述之規模，則讀者自能知之，更無待於寅恪之贅言者也。摯仲洽謂杜元凱春秋釋例本爲左傳設，而所發明，何但左傳。今日吾國治學之士，競言古史，察其持論，間有類乎清季誇誕經學家之所爲者。先生是書之所發明，必可示以准繩，匡其趨向。然則是書之重刊流佈，關係吾國學術風氣之轉移者至大，豈僅局於元代西域人華化一事而已哉？一千九百三十五年歲次乙亥二月陳寅恪謹序。

（原載一九三四至三五年勵耘書屋叢刻本元西域人華化考）

陳垣明季滇黔佛教考序

中國史學莫盛於宋，而宋代史家之著述，於宗教往往疏略，此不獨由於意執之偏蔽，亦其知見之狹陋有以致之。元明及清，治史者之學識更不逮宋，故嚴格言之，中國乙部之中，幾無完善之宗教史。然其有之，實自近歲新會陳援庵先生之著述始。先生先後考釋摩尼佛教諸文，海内外學者咸已誦讀而仰慕之矣。今復以所著明季滇黔佛教考遠寄寅恪讀之，并命綴以一言。寅恪頗喜讀内典，又旅居滇地，而於先生是書徵引之資料，所未見者，殆十之七八。其搜羅之勤，聞見之博若是。至識斷之精，體制之善，亦同先生前此考釋宗教諸文，是又讀是書者所共知，無待贅言者也。抑寅恪讀是書竟，别有感焉。世人或謂宗教與政治不同物，是以二者不可參互合論。然自來史實所昭示，宗教與政治終不能無所關涉。即就先生是書所述者言之，明末永曆之世，滇黔實當日之畿輔，而神州正朔之所在也。故值艱危擾攘之際，以邊徼一隅之地，猶略能萃集禹域文化之精英者，蓋由於此。及明社既屋，其地之學人端士，相率遁逃於禪，以全其志節。今日追述當時政治之變遷，以考其人之出處本末，雖曰宗教史，未嘗不可作政治史讀也。嗚呼！昔晋永嘉之亂，支愍度始欲過江，與一傖道人爲侣。謀曰，用舊義往江東，恐不辨得食，便共立心無義。既而此道人不成渡，愍度果講義積年。後此道人寄語愍度云，心無義那可立，治此計，權救飢耳。無爲遂負如來也。憶丁丑之秋，寅恪别先生於燕京，及抵長沙，而金陵瓦解。乃南馳蒼梧瘴海，轉徙於滇池洱海之區，亦將三歲矣。此三歲中，天下之變無窮。先生講學著書於東北風塵之際，寅恪入城乞食於西南天地之間，南北相望，幸俱未樹新義，以負如來。今先生是書刊印將畢，寅恪不獲躬執校讎之役於景山北海之旁，僅遠自萬里海山之外，寄以序言，藉告并世之喜讀是書者。誰實爲之，孰令致之，豈非宗教與政治雖不同物，而終不能無所關涉之一例證歟？一九四〇年歲次庚辰七月陳寅恪謹序。

（原載陳垣明季滇黔佛教考一九四〇年八月本）

姚薇元北朝胡姓考序

姚君薇元著一論文，題曰北朝胡姓考，近欲刊行，遺書來徵序引。寅恪以爲姚君之學，固已與時俱進，然其當日所言，迄今猶有他人未能言者。此讀者自知之，無待寅恪贅論。惟不能不於此附著一言者，即吾國史乘，不止胡姓須考，胡名亦急待研討是也。凡入居中國之胡人及漢人之染胡化者，兼有本來之胡名及雅譯之漢名。如北朝之宇文泰，周書北史俱稱其字爲黑獺，而梁書蘭欽王僧辯侯景諸傳，均目爲黑泰，可知「泰」即胡語「獺」之對音，亦即「黑獺」之雅譯漢名，而「黑獺」則本其胡名，并非其字也。由此推之，胡化漢人高歡，史稱其字爲賀六渾。其實「歡」乃胡語「渾」之對音，亦即「賀六渾」之雅譯漢名，而「賀六渾」則本其胡名，并非其字也。此類之名，胡漢雅俗，雖似兩歧，實出一源，於史事之考證尚無疑滯，可不深論。又如元代統治中國之君主及諸王之名，其中頗有藏文轉譯梵名之蒙古對音者，於此雖足以推證其時西番佛教漸染宫廷皇族之勢力，然其事顯明易見，故亦可不詳究也。至於清代史事，則滿文名字之考證，殊與推求事實有關，治史者不得置而不究。如清室君主之名，世祖福臨之前，本爲滿洲語之漢文對音，故清世亦不以之避諱。但自聖祖玄燁以降，漢化益深，諸帝之名傳於世者，固皆漢文雅名，實則仍别有滿文之名，如穆宗漢名載淳，翁同龢謂其滿文名爲福齡阿，即是其例。（翁文恭公日記同治六年丁卯二月廿日條云：「上讀滿字至福齡阿，顧謂諳達曰，此余在熱河時，先皇帝以是呼余者也。諳達等退而識之。」又此條「福齡阿」下原注云：「漢文天生有福人。」）又傳聞翁氏姊婿，即汪樊南文集補編之清代學者錢振倫，其中式道光十八年戊戌科二甲十七名進士時，原名福元，後所以改名振倫之故，實出孝欽后意旨。蓋清代翰苑簡放學政主考等差，由君主朱筆圈出。孝欽垂簾聽政，語軍機大臣曰，錢福元之名，我何能圈出？錢公遂易今名。寅恪頗疑此事與穆宗之滿名「福齡阿」有關，未知確否？此等滿文名，僅用於家庭宫禁之中，外間固不得而知也。寅恪曩於北平故宫博物院發一秘篋，外附「敢不在御前開拆者，即行正法！」之封紙，内藏康熙朝重要史料。如已刊佈之汪景祺西征隨筆，即其中年羹堯案附件之一。其漢文文件之外，尚有滿蒙文檔案，如康熙朝先以貪婪罪罷斥，後坐忤逆罪自盡之兩江總督噶禮所上滿文奏摺多本，中夾一紙片，上書漢文「勿使汗阿媽知及我弟鄂爾弼云云」等語。案「汗」字源出「可汗」，在滿洲語，通常以之當漢文「皇」字，「阿媽」爲滿洲「父」字之音譯，既稱「皇父」，兼據其上下語氣，此紙疑出廢太子胤礽之手，而鄂爾弼當是聖祖諸子之一，如胤禩胤禟之流。此點實關噶禮之死及皇儲之争，惜已不能考知鄂爾弼果爲何人。以後來清代諸皇子之名，今所知者，亦止其漢文雅名，而不傳其滿文之名故也。又胤禩胤禟之改名阿其那，塞思黑，世俗相傳以爲滿洲語猪狗之義。其説至爲不根。無論阿其那塞思黑非滿文猪狗之音譯，且世宗亦決無以猪狗名其同父之人之理。其究爲何義，殊難考知。嘗聞光緒朝盛伯熙祭酒昱語文芸閣學士廷式，以「塞思黑」之義爲「提桶柄」，然「提桶柄」之義亦難索解。寅恪偶檢清文鑒器具門，見有滿洲語「腰子筐」一詞，若綴以繫屬語尾「衣」字，（如「包衣」之「衣」。滿洲語「包」爲「家」，「衣」爲「的」。）則適與「塞思黑」之音符合。證以東華録所載世宗斥塞思黑「癡肥臃腫，弟兄輩亦將伊戲笑輕賤」之語（見東華録雍正四年五月十七日戊申條）。豈其改名本取像於形狀之陋劣，而「提桶柄」之説，乃傳祭酒之語者，記憶有所未確耶？寅恪懷此疑問，久未能決，因姚君徵序，遂附陳考證胡名之説，以求教於世之博通君子。一九四三年歲次癸未四月二十五日陳寅恪書於桂林雁山别墅。

（原載一九四三年七月讀書通訊陸玖期）

鄧廣銘宋史職官志考證序

吾國近年之學術，如考古歷史文藝及思想史等，以世局激盪及外緣薰習之故，咸有顯著之變遷。將來所止之境，今固未敢斷論。惟可一言蔽之曰，宋代學術之復興，或新宋學之建立是已。華夏民族之文化，歷數千載之演進，造極於趙宋之世。後漸衰微，終必復振。譬諸冬季之樹木，雖已凋落，而本根未死，陽春氣暖，萌芽日長，及至盛夏，枝葉扶疏，亭亭如車蓋，又可庇蔭百十人矣。由是言之，宋代之史事，乃今日所亟應致力者。此爲世人所共知，然亦談何容易耶？蓋天水一朝之史料，曾匯集於元修之宋史。自來所謂正史者，皆不能無所闕誤，而宋史尤甚。若欲補其闕遺，正其訛誤，必先精研本書，然後始有增訂工事之可言。宋史一書，於諸正史中，卷帙最爲繁多。數百年來，真能熟讀之者，實無幾人。更何論探索其根據，比較其同异，藉爲改創之資乎？鄧恭三先生廣銘，夙治宋史，欲著宋史校正一書，先以宋史職官志考證一篇，刊佈於世。其用力之勤，持論之慎，并世治宋史者，未能或之先也。寅恪前居舊京時，獲讀先生考辨辛稼軒事迹之文，深服其精博，願得一見爲幸。及南來後，同寓昆明青園學舍，而寅恪病榻呻吟，救死不暇，固難與之論學論史，但當時亦見先生甚爲塵俗瑣雜所困，疑其必尠餘力，可以從事著述。殊不意其撥冗偷閒，竟成此篇。是其神思之縝密，志願之果毅，逾越等倫。他日新宋學之建立，先生當爲最有功之一人，可以無疑也。噫！先生與稼軒生同鄉土，遭際國難，間關南渡，尤復似之。然稼軒本功名之士，仕宦頗顯達矣，仍鬱鬱不得志，遂有斜陽煙柳之句。先生則始終殫力竭智，以建立新宋學爲務，不屑同於假手功名之士，而能自致於不朽之域。其鄉土蹤迹，雖不异前賢，獨傭書養親，自甘寂寞，乃迥不相同。故身歷目睹，有所不樂者，輒以達觀遣之。然則今日即有稼軒所感之事，豈必遽興稼軒當日之嘆哉？寅恪承先生之命，爲是篇弁言，懼其羇泊西南，胸次或如稼軒之鬱鬱，因并論古今世變及功名學術之同异，以慰釋之。庶幾益得專一於校史之工事，而全書遂可早日寫定歟？一九四三年歲次壬午一月二十七日陳寅恪書於桂林雁山别墅。

（原載一九四三年三月讀書通訊陸貳期）

馮友蘭中國哲學史上册審查報告

竊查此書，取材謹嚴，持論精確，允宜列入清華叢書，以貢獻於學界。茲將其優點概括言之，凡著中國古代哲學史者，其對於古人之學說，應具瞭解之同情，方可下筆。蓋古人著書立說，皆有所爲而發。故其所處之環境，所受之背景，非完全明瞭，則其學說不易評論，而古代哲學家去今數千年，其時代之真相，極難推知。吾人今日可依據之材料，僅爲當時所遺存最小之一部，欲藉此殘餘斷片，以窺測其全部結構，必須備藝術家欣賞古代繪畫雕刻之眼光及精神，然後古人立說之用意與對象，始可以真瞭解。所謂真瞭解者，必神游冥想，與立說之古人，處於同一境界，而對於其持論所以不得不如是之苦心孤詣，表一種之同情，始能批評其學說之是非得失，而無隔閡膚廓之論。否則數千年前之陳言舊說，與今日之情勢迥殊，何一不可以可笑可怪目之乎？但此種同情之態度，最易流於穿鑿傅會之惡習。因今日所得見之古代材料，或散佚而僅存，或晦澀而難解，非經過解釋及排比之程序，絕無哲學史之可言。然若加以聯貫綜合之搜集及統系條理之整理，則著者有意無意之間，往往依其自身所遭際之時代，所居處之環境，所薰染之學說，以推測解釋古人之意志。由此之故，今日之談中國古代哲學者，大抵即談其今日自身之哲學者也。所著之中國哲學史者，即其今日自身之哲學史者也。其言論愈有條理統系，則去古人學説之真相愈遠。此弊至今日之談墨學而極矣。今日之墨學者，任何古書古字，絶無依據，亦可隨其一時偶然興會，而爲之改移，幾若善博者能呼盧成盧，喝雉成雉之比。此近日中國號稱整理國故之普通狀況，誠可爲長嘆息者也。今欲求一中國古代哲學史，能矯傅會之惡習，而具瞭解之同情者，則馮君此作庶幾近之。所以宜加以表揚，爲之流佈者，其理由實在於是。至於馮君之書，其取用材料，亦具通識，請略言之。以中國今日之考據學，已足辨别古書之真僞。然真僞者，不過相對問題，而最要在能審定僞材料之時代及作者，而利用之。蓋僞材料亦有時與真材料同一可貴。如某種僞材料，若徑認爲其所依托之時代及作者之真産物，固不可也。但能考出其作僞時代及作者，即據以説明此時代及作者之思想，則變爲一真材料矣。中國古代史之材料，如儒家及諸子等經典，皆非一時代一作者之産物。昔人籠統認爲一人一時之作，其誤固不俟論。今人能知其非一人一時之所作，而不知以縱貫之眼光，視爲一種學術之叢書，或一宗傳燈之語録，而斷斷致辯於其横切方面。此亦缺乏史學之通識所致。而馮君之書，獨能於此别具特識，利用材料，此亦應爲表章者也。若推此意而及於中國之史學，則史論者，治史者皆認爲無關史學，而且有害者也。然史論之作者，或有意，或無意，其發爲言論之時，即已印入作者及其時代之環境背景，實無异於今日新聞紙之社論時評。若善用之，皆有助於考史。故蘇子瞻之史論，北宋之政論也。胡致堂之史論，南宋之政論也。王船山之史論，明末之政論也。今日取諸人論史之文，與舊史互證，當日政治社會情勢，益可藉此增加瞭解，此所謂廢物利用，蓋不僅能供習文者之摹擬練習而已也。若更推論及於文藝批評，如紀曉嵐之批評古人詩集，輒加塗抹，詆爲不通。初怪其何以狂妄至是，後讀清高宗御製詩集，頗疑有其所爲而發。此事固難證明，或亦間接與時代性有關，斯又利用材料之別一例也。寅恪承命審查馮君之作，謹具報告書，并附著推論之餘義於後，以求教正焉。

（原載一九三一年三月學衡第柒肆期，一九三四年八月商務印書館馮友蘭中國哲學史）

馮友蘭中國哲學史下册審查報告

此書上册寅恪曾任審查，認爲取材精審，持論正確。自刊佈以來，評論贊許，以爲實近年吾國思想史之有數著作，而信寅恪前言之非阿私所好。今此書繼續完成，體例宗旨，仍復與前册一貫。允宜速行刊佈，以滿足已讀前册者之希望，而使清華叢書中得一美備之著作。是否有當，尚乞鑒定是幸！寅恪於審查此書之餘，并略述所感，以求教正。

佛教經典言：「佛爲一大事因緣出現於世。」中國自秦以後，迄於今日，其思想之演變歷程，至繁至久。要之，祇爲一大事因緣，即新儒學之産生，及其傳衍而已。此書於朱子之學，多所發明。昔閻百詩在清初以辨僞觀念，陳蘭甫在清季以考據觀念，而治朱子之學，皆有所創獲。今此書作者，取西洋哲學觀念，以闡明紫陽之學，宜其成系統而多新解。然新儒家之産生，關於道教之方面，如新安之學説，其所受影響甚深且遠，自來述之者，皆無愜意之作。近日常盤大定推論儒道之關係，所説甚繁（東洋文庫本），仍多未能解決之問題。蓋道藏之秘籍，迄今無專治之人，而晉南北朝隋唐五代數百年間，道教變遷傳衍之始末及其與儒佛二家互相關係之事實，尚有待於研究。此則吾國思想史上前修所遺之缺憾，更有俟於後賢之追補者也。南北朝時，即有儒釋道三教之目，（北周衛元嵩撰齊三教論七卷。見舊唐書肆柒經籍志下。）至李唐之世，遂成固定之制度。如國家有慶典，則召集三教之學士，講論於殿廷，是其一例。故自晋至今，言中國之思想，可以儒釋道三教代表之。此雖通俗之談，然稽之舊史之事實，驗以今世之人情，則三教之説，要爲不易之論。儒者在古代本爲典章學術所寄托之專家。李斯受荀卿之學，佐成秦治。秦之法制實儒家一派學説之所附繫。中庸之「車同軌，書同文，行同倫。」（即太史公所謂「至始皇乃能并冠帶之倫」之「倫」。）爲儒家理想之制度，而於秦始皇之身，而得以實現之也。漢承秦業，其官制法律亦襲用前朝。遺傳至晋以後，法律典禮經并稱，儒家周官之學説悉采入法典。夫政治社會一切公私行動，莫不與法典相關，而法典爲儒家學説具體之實現。故二千年來華夏民族所受儒家學説之影響，最深最鉅者，實在制度法律公私生活之方面，而關於學説思想之方面，或轉有不如佛道二教者。如六朝士大夫號稱曠達，而夷考其實，往往篤孝義之行，嚴家諱之禁。此皆儒家之教訓，固無預於佛老之玄風者也。釋迦之教義，無父無君，與吾國傳統之學説，存在之制度，無一不相衝突。輸入之後，若久不變易，則絶難保持。是以佛教學説，能於吾國思想史上，發生重大久遠之影響者，皆經國人吸收改造之過程。其忠實輸入不改本來面目者，若玄奘唯識之學，雖震動一時之人心，而卒歸於消沈歇绝。近雖有人焉，欲然其死灰，疑終不能復振。其故匪他，以性質與環境互相方圓鑿枘，勢不得不然也。

六朝以後之道教，包羅至廣，演變至繁，不似儒教之偏重政治社會制度，故思想上尤易融貫吸收。凡新儒家之學說，幾無不有道教，或與道教有關之佛教爲之先導。如天台宗者，佛教宗派中道教意義最富之一宗也。（其創造者慧思所作誓願文，最足表現其思想。至於北宋真宗時，日本傳來之大乘止觀法門一書，乃依據大乘起信論者，恐係華嚴宗盛後，天台宗僞托南岳而作。故此書祇可認爲天台宗後來受華嚴宗影響之史料，而不能據以論南岳之思想也。）其宗徒梁敬之與李習之之關係，實啓新儒家開創之動機。北宋之智圓提倡中庸，甚至以僧徒而號中庸子，并自爲傳以述其義（孤山閑居編）。其年代猶在司馬君實作中庸廣義之前，（孤山卒於宋真宗乾興元年，年四十七。）似亦於宋代新儒家爲先覺。二者之間，其關係如何，且不詳論。然舉此一例，已足見新儒家産生之問題，猶有未發之覆在也。至道教對輸入之思想，如佛教摩尼教等，無不盡量吸收，然仍不忘其本來民族之地位。既融成一家之説以後，則堅持夷夏之論，以排斥外來之教義。此種思想上之態度，自六朝時亦已如此。雖似相反，而實足以相成。從來新儒家即繼承此種遺業而能大成者。竊疑中國自今日以後，即使能忠實輸入北美或東歐之思想，其結局當亦等於玄奘唯識之學，在吾國思想史上，既不能居最高之地位，且亦終歸於歇絶者。其真能於思想上自成系統，有所創獲者，必須一方面吸收輸入外來之學説，一方面不忘本來民族之地位。此二種相反而適相成之態度，乃道教之真精神，新儒家之舊途徑，而二千年吾民族與他民族思想接觸史之所昭示者也。寅恪平生爲不古不今之學，思想囿於咸豐同治之世，議論近乎湘鄉、南皮之間，承審查此書，草此報告，陳述所見，殆所謂「以新瓶而裝舊酒」者。誠知舊酒味酸，而人莫肯酤，姑注於新瓶之底，以求一嘗，可乎？

（原載一九三四年八月商務印書館馮友蘭中國哲學史）

先君致鄧子竹丈手札二通書後

右先君致鄧子竹丈手書二通。光緒九年先祖以張幼樵副憲追論河南王樹汶案，解浙江提刑任。旋奉廷旨，交湖南巡撫龐際雲差遣。先祖不樂居湘，遂出游粵豫，數年後，始返潭州。其間先君侍先祖母寄寓長沙，二札即此數年間所作也。書中雲秋指湘鄉杜丈俞。石帥指閩浙總督楊昌濬。叔輿指袁丈樹欽，長沙人，清末官户部主事。彌之即武岡鄧輔綸先生，其子爲湘潭王闓運先生婿。湘綺手札中引聊齋志异嘉平公子篇鬼妓之語，所謂「有婿如此，不如爲娼」者也。彌之葆之兄弟與先祖有科舉同年之誼。先祖任河北道時，剏設致用精舍，聘葆之先生爲主講。子竹即葆之之子。杜丈在河北道幕中二人相識，故語及之。鄧氏既爲世好，兩家子弟頗相往還。近四十餘載，久不通聞問，疑有不可究詰者。嗚呼！八十年間，天下之變多矣。元禮文舉之通家，隨五銖白水之舊朝，同其蜕革，又奚足异哉！又奚足道哉！寅恪過嶺倏逾十稔，乞仙令之殘砂，守傖僧之舊義，頽齡廢疾，將何所成！玉清教授出示此二札，海桑屢改，紙墨猶存，受而讀之，益不勝死生今昔之感已。一九六五年歲次乙巳四月廿八日寅恪謹書。

大乘稻芉經隨聽疏跋

法成大乘稻芉經隨聽疏一卷，江杜君校集京師圖書館及傅增湘君所藏敦煌石室佛經各殘卷而成。案法成之名不見於支那佛教載記，其譯經始末無可考。敦煌石室寫本大乘四法經論及廣釋開決記有法成癸丑年八月沙州永康寺集畢記，諸星母陀羅尼經有法成甘州修多寺譯題字，瑜伽師地論卷三十九，五十二，有法成弟子智慧山手書大中年月；又法蘭西伯希和君曾見法成著述中自稱大蕃國人（Journal Asiatique,Série 11,Tome 4,P.143），據此四事，綜合推計，知其人爲吐蕃沙門，生當唐文宗太和之世，譯經於沙州、甘州。其譯著之書，今所知者，中文則有敦煌石室發見之大乘稻芉經隨聽疏、般若波羅蜜多心經、諸星母陀羅尼經、瑜伽論附分門記、薩婆多宗五事論、釋迦如來像法滅盡之記、嘆如來無染着功德贊等。藏文則有西藏文正藏中之善惡因果經、義淨譯金光明最勝王經重譯本及關於觀世音菩薩神咒三種（柏林圖書館所藏西藏文正藏目録第一百二十三頁第五號，第一百二十四頁第一號及第五號）等。（詳見Journal Asiatique,Série 11,Tome 4，史林第八卷第一號，支那學第三卷第五號，伯希和及日本羽田亨石濱純太郎諸君考證文中。）予又檢閱北京本西藏文續藏滿蒙漢藏四體目録，見第四十一函契經解中，有經部深微宗旨確釋廣大疏一種，震旦律師温眴个撰，答哩麻悉諦譯。「答哩麻悉諦」之名本自蒙古文音譯而來，蓋蒙文目録，此疏譯主之名，依據梵文作 Dharma-Siddhi，即藏文 Chos-grub，中文「法成」之意譯。「温眴个」者，「圓測」二字之訛譯。是書實玄奘弟子圓測解深密經疏之藏文譯本。西明疏爲法相宗寶笈，中文原本今已殘闕，若自藏文譯補，俾千年古籍，復成完書，亦快事也。稻芉經隨聽疏博大而精審，非此土尋常經疏可及。頗疑其別有依據。西藏文續藏第三十三函菩提路燈品有龍樹菩薩聖稻幹經章句，第三十四函隨念三寶義旨中，有龍樹菩薩稻芉喻經廣大演一百十二品。法成當日爲稻芉經作疏，或已見此二書。又第三十七函十地論釋中，有伶麻剌𠂆剌（Kamalacīla）稻芉喻經廣大疏，其書與隨聽疏第五解釋門釋本文文中所分五門，七門，章句次第，文字詮釋，適相符合。伶麻剌尸剌不知爲印度何時人，廣大疏譯爲藏文年代亦未能確定。即使後於法成作隨聽疏時，然隨聽疏解釋門釋本文一節，亦必本諸法成以前吐蕃所譯天竺舊注，而與廣大疏同出一源，否則中藏兩疏，不能如是暗合也。予因此并疑今日所見中文經論注疏凡號爲法成所撰集者，實皆譯自藏文，但以當時所據原書，今多亡逸，故不易詳究其所從出耳。昔玄奘爲西土諸僧譯中文大乘起信論爲梵文。道宣記述其事，贊之曰：「法化之緣，東西互舉。」夫成公之於吐蕃，亦猶慈恩之於震旦；今天下莫不知有玄奘，法成則名字湮没者且千載，迄至今日，鈎索故籍，僅乃得之。同爲溝通東西學術，一代文化所托命之人，而其後世聲聞之顯晦，殊异若此，殆有幸有不幸歟！讀法成隨聽疏竟，爲考其著述概略，并舉南山律師之語，持較慈恩，以見其不幸焉。

（原載一九二七年九月清華學校研究院國學論叢第壹卷第貳號）

懺悔滅罪金光明經冥報傳跋

合肥張氏藏敦煌寫本金光明經殘卷卷首有冥報傳，載温州治中張居道入冥事。日本人所藏敦煌寫經亦有之。（日文原報告未見，僅見一千九百十一年安南遠東法蘭西學校報告第十一卷第一百七十八及一百八十六頁所引）予雖未見其原文，以意揣之，當與此無异。案此傳今無足本。明僧受汰金光明經科注卷四之末附金光明經感應記中有「冤家自擇」及「冤化爲人」二條，皆略記張居道事。又宋僧非濁三寶感應要略中卷第二十九温州治中張居道冥路中發願造金光明經四卷願感應，亦略記此事，題下注：「出滅罪傳」，其末又注：「更有安固縣丞妻脱苦緣繁故不述之」等語。然則明代受汰金光明經感應記所載，雖不知采自何書，而宋時非濁三寶感應要略所集明言出自滅罪傳，是此傳足本宋代猶存之證也。近年俄羅斯人C.E.Malov君肅州得一金光明經之突厥系文本，（俄國科學院佛教叢書第十七種一千九百十三年出版）張居道入冥及安固縣丞妻二事均譯載卷首，其體制與敦煌寫經之冠以滅罪傳者適相符合。予又見德意志人近年於土魯番所獲之吐蕃文斷簡，其中有類似滅罪冥報傳之殘本。（見A.H. Francke，Sitzungsberichte der Preussischen Akademie der Wissenschaften,Mai,1924）内容述及金剛經，殆冠於金剛經之首者，惜太殘闕，無由確證。是佛經之首冠以感應冥報傳記，實爲西北昔年一時風尚。今則世代遷移，當時舊俗，渺不可稽，而其迹象，仍留於外族重翻之本。徵考佛典編纂之體裁者，猶賴之以爲旁證，豈不异哉。金光明經諸本，予所知者，梵文本之外，（梵文本已刊者有 Sarat Chandra 本及 A. F.Rudolf Hoernle,Manuscript Remains of Buddhist Literature found in Eastern Turkestan 所載之本，餘詳見宗教研究第五卷第三號泉芳璟君讀梵文金光明經論文）其餘他種文字譯本，尚存於今日者，中文則有北凉曇無讖譯之四卷本，隋寶貴之合部八卷本，唐義淨之十卷本。西藏文則有三本（見支那學第四卷第四號櫻部文鏡蒙文金光明經斷篇考補箋），其一爲法成重譯之中文義淨本。蒙古文及 Kalmuk 文（予曾鈔一本）均有譯本。滿文大藏經譯自中文當有金光明經，但予未得見。突厥系文則有德意志土魯番考察團所獲之殘本（F.W.K.Müller,Uigurica,1908）及俄國科學院佛教叢書本。（見前）東伊蘭文亦有殘闕之本，（見 P. Pelliot，Etudes Linguistiques sur les Documents de la Mission Pelliot,1913 及 E.Leumann,Abhandlungen für die Kunde des Morgenlandes,XV,2,1920）據此諸種文字譯本之數，即知此經於佛教大乘經典中流通爲獨廣，以其義主懺悔，最易動人故也。至滅罪冥報傳之作，意在顯揚感應，勸奬流通，遠托法句譬喻經之體裁，近啓太上感應篇之注釋，本爲佛教經典之附庸，漸成小説文學之大國。蓋中國小説雖號稱富於長篇鉅製，然一察其内容結構，往往爲數種感應冥報傳記雜糅而成。若能取此類果報文學詳稽而廣證之，或亦可爲治中國小説史者之一助歟。因考張居道事，并附論之於此。戊辰四月義甯陳寅恪。

（原載一九二八年六月北京圖書館月刊第壹卷第貳號）

敦煌本十誦比丘尼波羅提木叉跋

日本西本龍山君影印敦煌本十誦比丘尼波羅提木叉并附以解説，廣徵詳證，至爲精審。蓋昆奈耶比較學之佳著也。往歲德意志林冶君 Ernst Waldschmidt 校譯説一切有部梵文比丘尼波羅提木叉殘本 Bruchstücke des Bhiksunī-Prātimoksa der Sarvāstivādins，予適游柏林，偶與之討論。今讀西本君書，心服之餘，略綴數語，儻亦佛教之所謂因緣者歟？

此本不著譯主姓名，西本君考定爲鳩摩羅什所譯。鳩摩羅什之譯有十誦比丘尼戒本，歷代佛典目録開元釋教録而外，（武周刊定衆經目録有鳩摩羅什譯十誦律比丘尼戒本乃十誦比丘戒本之誤，西本君已言之。）皆無明文，然西本君頗能言之成理，但仍有不可解者。兹就高僧傳所載什公翻譯十誦律始末爲根據，而推論之。

高僧傳貳鳩摩羅什傳略云：「〔什臨終〕與衆僧告别，曰：凡所出經論三百餘卷，唯十誦一部，未及删煩，存其本旨，必無差失。」又同卷曇摩流支傳云：「〔流支〕與什共譯十誦都畢，研詳考覆，條制審定，而什猶恨文煩未善，既而什化，不獲删治。」據此可推知什公所譯經論，十誦大本外，皆已删煩。十誦比丘尼波羅提木叉若爲什公所譯，必與其他經論同經删治。

此可以推知者一。

高僧傳壹壹僧業傳云：「昔什公在關，未出十誦〔大部〕，乃先譯戒本，及流支入秦，方傳大部。故戒心之與大本，其意正同，在言或异，業乃改正，一依大本。今之傳誦，二本雙行。」予取十誦大本以校今所傳什譯十誦比丘戒本，其文句仍有异同。據此可推知今所傳什譯十誦比丘戒本，乃什公原譯，而非僧業依大本改易之本，此可以推知者二。

高僧傳貳弗若多羅傳云：「弘始六年十月十七日，集義學僧數百餘人於長安中寺，延請多羅誦出十誦梵本，羅什譯爲晋文。」又同卷曇摩流支傳略云：「流支以弘始七年秋，達自關中。初弗若多羅誦出十誦，未竟而亡。廬山釋慧遠聞支既善毘尼，希得究竟律部，乃遣書通好。曰：頃有西域道士弗若多羅，是罽賓人。其諷十誦梵本，有羅什法師通才博見，爲之傳譯。十誦之中，文始過半。多羅早喪，中途而寢，不得究竟大業，慨恨良深。傳聞仁者齎此經自隨，若能爲律學之徒畢此經本，則惠深德厚，人神同感矣。」據此可推知什公與多羅共譯之大本，乃多羅口自誦出者。其與流支共譯之大本，乃流支齋以自隨者。什公之不獨譯大本，雖有他故，而未齋大本自隨，又不能口自誦出，亦必一主因。以此例之，則其所譯之十誦比丘戒本，及假定爲其所譯之十誦比丘尼波羅提木叉，當爲俱齋以自隨，或皆能口自誦出，或一自隨而一誦出之本。夫此二戒本皆爲十誦律部中單行之一種，復同經一人之手攜或口誦，必爲共出一源之梵本，其體裁結構，理應相同。此可以推知者三。

此三事既已推定，然後述不可解之二點：

今取敦煌十誦比丘尼波羅提木叉與法顯自十誦律大本撰出之十誦比丘尼戒本，較其繁簡，雖彼此詳略各有不同；然敦煌本有而法顯本缺者，計波逸提法八條，衆學法二十二條，共爲三十條。夫法顯所據者爲未經什公删治之繁本，敦煌本若果爲什公所譯，乃與其他經論同經删治之簡本，故必敦煌本簡而法顯本繁，始合於事理，今適得其反。此不可解者一也。

又取敦煌十誦比丘尼波羅提木叉與十誦比丘尼戒本，較其异同，則敦煌十誦比丘尼波羅提木叉之末「七佛偈」闕七佛名及所化衆數，其不同之點，最爲顯著。若敦煌本果爲什公所譯，則與十誦比丘尼戒本皆爲同一律部中單行之一種，實共出於一源之梵本，復經同一人之所翻譯及删治；而今日流傳之十誦比丘尼戒本，又爲未經改易之原書，何以二本體裁結構，彼此互异？此不可解者二也。

總而言之，考據之學，本爲材料所制限。敦煌本是否爲鳩摩羅什所譯，尚待他日新材料之證明。今日固不能爲絶對否定之論，亦不敢爲絶對肯定之論，似爲學術上應持之審慎態度也。

又西本君校刊此書，附以原寫本之音寫寫誤及异體文字表，雖其中頗有習見之體，不煩標列者，然此爲考古學文字學重要事業，前人鮮注意及之者。若能搜集敦煌寫本中六朝唐代之异文俗字，編爲一書，於吾國古籍之校訂，必有裨益。予久蓄是念，今讀西本君之書，因附著其意，以質世之治考古學文字學者。

（原載一九二九年五月北平北海圖書館月刊第貳卷第伍號）

薊丘之植植於汶篁之最簡易解釋

樂毅報燕惠王書「薊丘之植，植於汶篁」句不甚易解。自來解之者不一。而以俞曲園先生樾及楊遇夫先生樹達之説爲最精確。俞先生以此爲倒句成文之例。其所著古書疑義舉例倒句例引此句云：

索隱曰薊丘，燕所都之地也。言燕之薊丘所植，皆植齊王汶上之竹也。按，此亦倒句。若順言之，當云：汶篁之植，植於薊丘耳。宋人言宣和事云：「夷門之植，植於燕雲。」便不及古人語妙矣。

楊先生所著詞詮玖「於」與「以」同義條引韓非子解老篇「慈，於戰則勝，以守則固。」而老子作「以戰則勝，以守則固。」及此句爲證。其意蓋釋爲「薊丘之植，植以汶篁」也。

寅恪按，若依小司馬之説及普通文義言，亦可釋爲「薊丘之所植乃曾植於汶篁者。」似不必以爲倒句妙語。嘗見敦煌寫本「於」字往往作「相」。如上虞羅氏鳴沙石室佚書中太公家教「是以人相知於道行。魚□（相）望於江湖」句之第一「於」字，及敦煌零拾中佛曲第三種之「有相夫人」多訛作「有於夫人」，皆是其例。故古寫本「於」字若遭磨損失其左半，則與「目」字形極近似。不知詞詮「於」「以」同義條所舉證例，其中是否亦有原爲字形之誤？或即就「於」字本義可通，而不必改訓爲「以」者？寅恪於訓詁之學，無所通解，不敢妄說。惟讀齊民要術肆種棗第叁拾叁云：

青州有樂氏棗，豐肌細核，多膏肥美，爲天下第一。父老相傳云：樂毅破齊時，從燕齋來所種也。

戰勝者收取戰敗者之珠玉財寶車甲珍器，送於戰勝者之本土。或又以兵卒屯駐於戰敗者之土地。戰勝者本土之蔬菓，則以其爲出征遠戍之兵卒夙所習用嗜好之故，輒相隨而移植於戰敗者之土地。以曾目睹者言之，太平天國金陵之敗，洪楊庫藏多輦致於衡湘諸將之家。而南京菜市冬莧紫菜等蔬，皆出自湘人之移植。清室圓明園之珍藏，陳列於歐西名都之博物館。而舊京西郊靜明園玉泉中所生水菜，據稱爲外國聯軍破北京時所播種。此爲古今中外戰勝者與戰敗者，其所有物産互相交換之通例。燕齊之勝敗，何獨不如是乎？考史記捌拾樂毅傳云：

樂毅留徇齊五歲，下齊七十餘城，皆爲郡縣，以屬燕。

據此，五年之久，薊丘之植，自可隨留徇齊地之燕軍，而移植於汶篁。青州父老所傳樂氏種棗之由來，未嘗不可徵信，而據之以類推也。然則「薊丘之植，植於汶篁。」既非倒句之妙語，亦不必釋「於」與「以」同義。惟「篁」字應依說文訓爲「竹田」耳。可參考段懋堂說文解字注及曾滌生經史百家雜鈔卷拾肆解釋此句之說。夫解釋古書，其謹嚴方法，在不改原有之字，仍用習見之義。故解釋之愈簡易者，亦愈近真諦。并須旁采史實人情，以爲參證。不可僅於文句之間，反覆研求，遂謂已盡其涵義也。又自來讀樂毅此書者，似皆泥於上文「珠玉財寶車甲珍器盡收入於燕」之語，謂此句僅與「齊器設於寧臺」「大呂陳於元英」等句同例，而曲爲之解。殊不知植物非財寶重器，可以「收入於燕」之語概括之。其實此句專爲「故鼎反乎磨室」句之對文。故「故鼎」句及此句之次序當依史記捌拾樂毅傳之文，先後聯接。而不應依戰國策叁拾燕策貳及新序叁雜事叁之所載，二句之間隔以「齊器設於寧臺」之句，以致文氣語意微有不貫。蓋昌國君意謂前日之鼎，由齊而返乎燕，後日之植，由燕而移於齊。故鼎新植一往一返之間，而家國之興亡勝敗，其變幻有如是之甚者。并列前後异同之迹象，所以光昭先王之偉烈。而己身之與有勳勞，亦因以附見焉。此二句情深而詞美，最易感人。若依曲園先生之說，古人果有妙語不可及者，或轉在此等處。而不在其所謂倒句成文者歟？

（原載一九三一年六月十五日清華中國文學會月刊第壹卷第叁期）

庾信哀江南賦與杜甫咏懷古迹詩

昔人論杜子美重經昭陵詩之「風塵三尺劍，社稷一戎衣。」出於庾子山周祀宗廟歌皇夏之「終封三尺劍，長卷一戎衣。」若此類者，可謂之以庾解杜。予今反之，以杜解庾。請舉一例，以求教於讀庾賦杜詩者。至庾賦中有關之史事，皆載在舊籍，人所習知。故兹篇僅就大意爲之說明，不復多所徵引。

庾子山哀江南賦末一節凡八句云：

> 天地之大德曰生，聖人之大寶曰位。用無賴之子弟，舉江東而全棄。惜天下之一家，遭東南之反氣。以鶉首而賜秦，天何爲而此醉。

庾子山集倪璠注以此八句指蕭詧而言，略謂：「天地大德」，「聖人大寶」二語爲下文「江東全棄」，「鶉首賜秦」張本。「無賴子弟」謂陳霸先，「江東全棄」謂丹陽諸郡皆爲陳有也。蕭詧既傷好生之心，又失大寶之位，使雍州西去，建業東亡。

案，蕭詧既終天年，復保尊位，而丹陽諸郡本非其所能有，何得謂用無賴之陳霸先悉舉而棄之乎？徵諸史實，魯玉之説近於曲解，殊不可通。

又曾國藩經史百家雜鈔詞賦類上叁哀江南賦此八句下注云：

以上追咎武帝不能豫教子弟而亂生。

案，梁武帝身死國亡，由於納侯景之降，而不在其不能豫教子弟。亂生之因既不在不教子弟，則何所用其追咎？且梁武帝子弟之中，其所最重視者，宜無過於簡文及元帝。一則選爲儲貳，而棄昭明太子統之諸子不立。一則授以大鎮，使之雄據上游。茲二人者，又皆子山所曾北面親事之君也。豈有暮年作賦，追紀宗邦之淪覆，於舊國舊君，極致其哀慕不忘之情，而忍以無賴之語加諸故主之身乎？故知湘鄉之說，非但於當日情事更不可通，兼亦昧於立言之體矣。

然則此八句之真解如何？

案，杜工部咏懷古迹第一首第五句云：「羯胡事主終無賴」，羯胡指安祿山，亦即以之比侯景也。杜公此詩實一哀江南賦之縮本。其中以己身比庾信，以玄宗比梁武，以安祿山比侯景。今以無賴之語屬之羯胡，則知杜公之意，庾賦中「無賴子弟」一語乃指侯景而言。證以當日情事，實爲切當不移。請引申其旨意而解釋之。

此賦八句乃總論蕭梁一代之興亡。前四句指武帝，後四句指元帝。蓋有梁一代實僅武帝元帝二主。簡文敬帝則徒擁虛位，可以不計。後梁則北朝附庸，而又子山故主之仇讎，自不視爲繼承蘭陵之正統者。故止舉武元二世，即足以概括蕭梁一朝也。此八句之大旨既明，茲復逐句略詮其意於下：

「天地之大德曰生」謂武帝享八十六歲之高年也。「聖人之大寶曰位」謂武帝居南朝天子之尊位也。「用無賴之子弟」謂用侯景也。考孟子告子篇上：「富歲子弟多賴。」趙注：「子弟，凡人之子弟也。賴，善。」史記吴王濞傳：「吴所誘皆無賴子弟，亡命鑄錢姦人，故相率以反。」可知子弟亦泛稱，不必以爲專指武帝之子弟，如曾滌生之所説也。「舉江東而全棄」謂武帝失國也。此前四句之意綜合言之，則謂武帝以享國最久之帝王，而用無賴之侯景，卒致喪生失位，盡棄其江東之王業也。「惜天下之一家」，「遭東南之反氣」二句指河東王譽事也。漢吴王濞爲高祖兄仲之子。河東王譽亦爲元帝兄昭明太子統之子。譽反於湘州，其地適在江陵之東南。以親族關係及郡邑方向言，可稱切當。庾公之意，蓋謂元帝能平侯景。可以爲中興之主。何期天下同姓一家，而遭湘州之反，遂致滅亡之禍，此誠堪深惜者也。「以鶉首而賜秦」，「天何爲而此醉」二句，謂以河東王譽之故，岳陽王詧乃乞援於西魏，于謹遂陷江陵，而滅梁室也。據隋書地理志，荆州之分野爲鶉首之次。故鶉首即指江陵。此用鶉首賜秦故事，以譬西魏之取江陵，准之地望，至爲適合。倪氏以爲指襄陽爲魏有而言，所解已嫌迂遠不切。至又以「鶉首賜秦」，謂指周太祖資蕭詧以江陵空城，置兵防守，是詧亦失鶉首之次之南郡。信如其後説，則非「以鶉首賜秦」乃「秦賜以鶉首也。」較之前説，尤爲費解，其不可通明矣。此後四句之意綜合言之，則謂可惜元帝以天下一家之局，遭河東王譽反於湘州，卒致江陵爲西魏所陷没，天何爲此夢夢耶？

據上所述，知哀江南賦必用咏懷古迹詩之解，始可通。是之謂以杜解庾。

（原載一九三一年四月十五日清華中國文學會月刊第壹卷第壹期）

東晋南朝之吴語

近日友人多研究東晋南北朝音韵問題，甚可喜也。寅恪頗欲參加討論，而苦於音韵之學絶無通解，不敢妄説。兹僅就讀史所及，關涉東晋南朝之吴語者，擇録數事，略附詮釋，以供研究此問題者之參證。雖吴語吴音二名詞涵義不盡相同，史籍所載又頗混用，不易辨析，但與東晋南朝古音之考證有關則一也。

宋書捌壹顧琛傳（南史叁伍顧琛傳同）云：

先是，宋世江東貴達者，會稽孔季恭，季恭子靈符，吴興丘淵之及琛，吴音不變。

寅恪案，史言江東貴達者，唯此數人吴音不變，則其餘士族，雖本吴人，亦不操吴音，斷可知矣。

南齊書肆壹張融傳（南史叁貳張邵傳附融傳同）略云：

張融，吴郡吴人也。出爲封溪令。廣越嶂嶮，獠賊執融，將殺食之，融神色不動，方作洛生咏，賊异之而不害也。

寅恪案，世説新語雅量篇略云：

桓公伏甲設饌，廣延朝士，因此欲誅謝安王坦之。謝之寬容，愈表於貌，望階趨席，方作洛生咏，諷浩浩洪流，桓憚其曠遠，乃趣解兵。

劉注引宋明帝文章志曰：

安能作洛下書生咏，而少有鼻疾，語音濁。後名流多斆其咏，弗能及，手掩鼻而吟焉（晋書柒玖謝安傳同）。

據此，則江東士族不獨操中原之音，且亦斆洛下之咏。張融本吴人，而臨危難仍能作洛生咏，雖由於其心神鎮定，异乎常人，要必平日北音習熟，否則決難致此無疑也。

顔氏家訓音辭篇云：

易服而與之談，南方士庶，數言可辯。隔垣而聽其語，北方朝野，終日難分。

寅恪案，南北所以有如此不同者，蓋江左士族操北語，而庶人操吴語；河北則社會階級雖殊，而語音無別故也。

南史肆伍王敬則傳略云：

王敬則，臨淮射陽人也。僑居晋陵南沙縣。母爲女巫。後與王儉俱即本號開府儀同三司。時徐孝嗣於崇禮門候儉，因嘲之曰：「今日可謂連壁。」儉曰：「不意老子遂與韓非同傳。」人以告敬則，敬則欣然曰：「我南沙縣吏，徼倖得細鎧左右，逮風雲以至於此。遂與王衛軍同日拜三公，王敬則復何恨。」了無恨色，朝士以此多之。

南齊書貳陸王敬則傳略云：

敬則名位雖達，不以富貴自遇，危拱傍遑，略不衿裾，接士庶皆吴語，而殷勤周悉。世祖御座賦詩，敬則執紙曰：「臣幾落此奴度内。」世祖問：「此何言？」敬則曰：「臣若知書，不過作尚書都令史耳，那得今日。」

寅恪案，敬則原籍臨淮，後徙晉陵，其先世本來是否北人？姑不必考。但其居晉陵既久，口操吴語，則不容疑。據敬則傳，有二事可注意者：東晉南朝官吏接士人則用北語，庶人則用吴語，是士人皆北語階級，而庶人皆吴語階級，得以推知，此點可與顏氏家訓音辭篇所言者參證，此其一也。敬則屬於庶人階級，故交接士庶概用吴語，故亦不能作詩。若張融者，雖爲吴人，但屬於士族階級，故將死猶作北咏。至於王儉，則本爲北人，又爲士族，縱屢世僑居江左，諒亦能以吴語接待庶族，而其賦詩，不依吴音押韵，斷然可知，此其二也。

魏書伍玖劉昶傳（北史貳玖劉昶傳同）略云：

訶詈童僕，音雜夷夏。

史臣曰：昶諸子尪疏，喪其家業。〔蕭〕寶夤背恩忘義，梟獍其心。此亦戎夷彯狡輕薄之常事也。

南史壹肆晉熙王昶傳略云：

昶知事不捷，乃夜開門奔魏。在道慷慨爲斷句曰：「白雲滿鄣來，黄塵半天起。關山四面絶，故鄉幾千里。」

寅恪案，劉昶蕭寶夤皆南朝宋齊皇子，同爲北人之後裔，而世居於江左，俱以家難奔北者。昶之「音雜夷夏」之「夷」，據魏收所作傳論「戎夷彯狄輕薄」之語，知是指江左而言，蓋以夏目北魏爲對文也。然則所謂「音雜夷夏」即是音雜吴北。魏收欲極意形容劉昶之鄙俚無文，而不知其童僕之中必有庶族吴人，昶之用吴語訶詈童僕，正是江東以吴語接庶族之通例。至其作詩押韵，自附風雅，諒必仍用北音，如道中所作斷句用起里二韵與西晉北人如齊國左思之吴都賦及東晉北人如河東郭璞之巫咸山賦山海經圖大澤贊吉良贊用韵正復相同（俱見于海晏先生漢魏六朝韵譜第貳册第陸捌頁下），可資參證，且僅二韵，故尤難據以論證昶之作詩用吴音押韵也。

世説新語排調篇云：

劉真長始見王丞相，時盛暑之月，丞相以腹熨彈棊局曰：「何乃渹！」劉既出，人問：「見王公云何？」劉曰：「未見他異，唯聞作吴語耳！」

寅恪案，琅邪王導本北人，沛國劉惔亦是北人，而又皆士族。然則導何故用吴語接之？蓋東晋之初，基業未固，導欲籠絡江東之人心，作吴語者，乃其開濟政策之一端也，觀世説新語政事篇所載：

王丞相拜揚州，賓客數百人，并加霑接，人人有説色。唯有臨海一客姓任及數胡人爲未洽。公因便還到過任邊云：「君出，臨海便無復人。」任大喜説。因過胡人前彈指云：「蘭闍！蘭闍！」（寅恪疑「蘭闍」與庾信之小字「蘭成」同是一語，參考陳思小字録引陸龜蒙小名録。）群胡同笑，四坐并懽。

之條，則知導接胡人尚操胡語。臨海任客當是吴人，雖其屬於何等社會階級，不可考知，但值東晋創業之初，王導用事之際，即使任是士流，當亦用吴語接待。然此不過一時之權略，自不可執以爲江左三百載之常規明矣。今傳世有王導塵尾銘一篇，載於北堂書鈔壹參肆、藝文類聚陸玖、太平御覽柒佰肆等卷，以理子侯爲韵，與西晋北人如齊國左思之白髮賦，譙國曹攄之思友人詩其用韵正同（俱見于海晏先生漢魏六朝韵譜第貳册第陸捌頁下），至其文之是否真出於王導，及爲導渡江以前或以後所作？皆不可考知，然足徵導雖極力提倡吴語，以身作則，但終未發見其作韵語時，以吴音押韵之特徵也。

據上引史籍之所記載，除民間謡諺之未經文人删改潤色者以外，凡東晋南朝之士大夫以及寒人之能作韵者，依其籍貫，縱屬吴人，而所作之韵語則通常不用吴音，蓋東晋南朝吴人之屬於士族階級語者，其在朝廷論議社會交際之時尚且不操吴語，豈得於其摹擬古昔典雅麗則之韵語轉用土音乎？至於吴之寒人既作典雅之韵語，亦必依仿勝流，同用北音，以冒充士族，則更宜力避吴音而不敢用。故今日東晋南朝士大夫以及寒人所遺傳之詩文雖篇什頗衆，却不能據以研究東晋南朝吴音與北音异同及韵部分合諸問題也。

或問曰：信如子言，東晋南朝詩文其用韵無吴北籍貫之别，則何以同一時代，而詩文用韵間或不同？（見清華學報第壹卷第叁期王力先生南北朝詩人用韵考第柒捌玖頁）其中豈亦有因吴北籍貫之异，而致參差不齊者耶？

應之曰：永嘉南渡之士族其北方原籍雖各有不同，然大抵操洛陽近傍之方言，似無疑義。故吴人之仿效北語亦當同是洛陽近傍之方言，如洛生咏即其一證也。由此推論，東晋南朝疆域之内其士大夫無論屬於北籍，抑屬於吴籍，大抵操西晋末年洛陽近傍之方言，其生值同時，而用韵寬嚴互异者，既非吴音與北音之問題，亦非東晋南朝疆域内北方方言之問題，乃是作者個人審音之標准有寬有嚴，及關於當時流行之審音學説或從或違之問題也，故執此不足以難鄙説。

（原載一九三六年十二月歷史語言研究所集刊第柒本第壹分）

李唐武周先世事迹雜考

壹

寅恪前數年曾據宋書柒柒柳元景傳及新唐書柒拾上宗室世系表，推證李唐爲李初古拔之後裔（刊載本集刊第叁本第壹分），自信或不致甚遠於事實。然竊疑昔人應有論及之者，但以寅恪之孤陋寡聞，迄今尚未發見。夫昔人讀史，其精審百倍於寅恪，縱爲時代所限，不敢議及李唐先世問題，而柳元景傳疑竇甚多，豈能一無所覺。若得知前賢偶然隨筆，間接涉及此點者，亦可引以相助，爲淺學臆說之旁證，不亦善乎？今歲偶繙盧文弨讀史札記（劉世珩櫾盦叢刊）南史柳元景傳條云：

南史柳元景傳殊不成文。如以爲後人轉寫訛落，則可。若出延壽所删，此手何可作史？書北侵事删削過多，節次全不明曉，書龎法起軍「去弘農城五里」，便詘然而止。若得弘農可不書，則此「去弘農城五里」之語亦屬孤贅。又云：「魏城臨河爲固，恃險自守，季明安都方平各列陣於城東南以待之。」云云，中間脱去魏洛州刺史張是提率衆二萬度崤來救一段，則所云待者，不知何指，豈以延壽而如此憒憒乎？

寅恪案，全部南史何以獨柳元景一傳「殊不成文」？何以柳元景全傳獨書北侵一事「刪削過多，節次全不明曉」？李延壽作史必不如此憒憒，盧氏於此致疑，誠有特識。但若以爲由於「後人轉寫訛落」，則後人轉寫之時，於全部南史何以獨於柳元景一傳，而於柳元景全傳何以獨於北侵一事，訛落若是之多且甚乎？是真事理之不可通，而別有其故，斷可知矣。蓋李氏作南史時，其柳元景傳本據宋書柳元景傳。其書北侵事必與宋書相同，悉載李初古拔父子被擒殺之始末。（宋書柒柒柳元景傳云：「生擒李初古拔父子二人。」又云：「共攻金門隝，屠之，殺戍主李買得，古拔子也。」南史叄捌柳元景傳適將此節删去。）逮書成以後，奏聞之際，或行世之時，忽發覺李初古拔即當代皇室之祖先，故急遽抽削，以避忌諱，而事出倉卒，自不及重修，復無暇詳改，遂留此罅穴疵病，如抱經先生所擿發者也。至於抽削南史柳元景傳者是否即延壽本身，抑出於其子孫或他人之手？其事既難確知，亦無關宏旨，姑不深考。僅著李初古拔父子事迹所以不見於南北史之故（魏書陸壹薛安都傳記李拔即李初古拔事而南史肆拾北史叄玖薛安都傳亦俱不載），并足以證鄙説雖甚創，而實不誣也。世有謂新唐書宗室世系表中「復爲宋將薛安都所陷」之語乃宋人臆增者，請以此質之。

貳

周書肆明帝紀（北史玖周本紀同）云：

〔二年三月〕庚申詔曰：三十六國九十九姓自魏氏南徙，皆稱河南之民。今周室既都關中，宜改稱京兆人！

隋書叁叁經籍志史部譜系類序云：

後魏遷洛，有八氏十姓，咸出帝族。又有三十六族，則諸國之從魏者。九十二姓，世爲部落大人者。并爲河南洛陽人。其中國士人，則第其門閥。有四海大姓，郡姓，州姓，縣姓。及周太祖入關，諸姓子孫有功者，并令爲其宗長。仍撰譜録，紀其所承。又以關内諸州爲其本望。

寅恪案，李唐之稱西凉嫡裔，即所謂「爲其宗長，仍撰譜録，紀其所承。」其由趙郡改稱隴西，即所謂「以關内諸州爲其本望」，鄙説於此似皆一一證實矣！考據之業，其舊文新説若是之符合無間者，或不多見，兹特標出，敬求疑難鄙説者教正。總之，寅恪之設此假説，意不僅在解決李唐氏族問題，凡北朝隋唐史事與此有關者，俱欲依之以爲推證，以其所繫者至廣且鉅，故時歷數載，文成萬言，有誤必改，無證不從，庶幾因此得以漸近事理之真相，儻更承博識通人之訓誨，尤所欣幸也。

叁

武曌爲吾國歷史之怪杰，其先世事迹實無可考，其母系則寅恪曾於武曌與佛教一文中略言之矣（載本集刊第伍本第壹叁柒至壹肆柒頁）。至其父武士彠舊唐書伍捌、新唐書貳佰陸外戚傳皆有其傳，而其起家之始末皆不能詳。僅載其「家富於財，頗好交結，高祖初行軍於汾晋，休止其家，因蒙顧接。」（此舊傳之文，新傳亦同。）而已。

又舊傳論曰：

> 武士彠首參起義，例封功臣，無戡難之勞，有因人之迹，載窺他傳，過爲褒詞，慮當武后之朝，佞出敬宗之筆，凡涉虛美，削而不書。

據此，足證史臣當日作士彠傳時雖知許敬宗所作之原本不可徵信，但亦無他書可據，以資補充。即宋子京重修唐書，於士彠傳悉同舊書，僅文詞有删易，而事迹則無所增補。然則史迹久晦，殆真不可考矣。惟太平廣記壹叁柒徵應門武士彠條，引太原事迹云：

> 唐武士彠太原文水縣人。微時與邑人許文寶以鬻材爲事。常聚材木數萬莖，一旦化爲叢林森茂，因致大富。士彠與文寶讀書林下，自稱爲厚材，文寶自稱枯木，私言必當大貴。及高祖起義兵，以鎧胄從入關，故鄉人云：「士彠以鬻材之故，果逢構夏之秋。」及士彠貴達，文寶依之，位終刺史（據談愷本）。

又分門古今類事壹伍士彠叢林條（據十萬卷樓叢書本）亦引太原事迹，語句與太平廣記微有不同。如廣記之「讀書林下」，則作「會林下」，及廣記之「自稱爲厚材，文寶自稱枯木」，則作「自言枯木成林」，似較今本廣記爲明瞭易解也。考新唐書伍捌藝文志乙部史録地理類載有李璋太原事迹記十四卷，當即太平廣記及分門古今類事之所從出。其書所載枯木成林事固妄誕不足置信，然必出於當日地方鄉土之傳述，而士彠之初本以鬻材致富，因是交結權貴，則似非全無根據。隋書叁煬帝紀（北史壹貳同）云：

〔大業元年〕三月丁未詔尚書令楊素，納言楊達，將作大匠宇文愷營建东京。

又同書肆叁觀德王雄傳附弟達傳（北史陸捌楊紹傳附子達傳同）云：

獻皇后及高祖山陵制度，達并參豫焉。煬帝嗣位，轉納言，仍領營東都副監。

寅恪案，隋室文煬二帝之世皆有鉅大工程，而煬帝尤好興土木，士彠值此時勢，故能以鬻材致鉅富。其爲投機善賈之流，蓋可知也。武曌之母即達之女（見拙著武曌與佛教所引史料）。士彠之娶曌母疑在唐武德時，但其所以與楊氏通婚，殆由達屢次參豫隋世營建工事，士彠以鬻材之故，特相習近，迨達死隋亡，而士彠變爲新貴，遂娶其家女歟？此雖揣測之說，未得確證，然於武曌父系先世之事迹即士彠所以起家之由，實可藉此殘闕之史料窺見一二，以前人尚未有言及者，遂爲申論之如此。

肆

拙著三論李唐氏族問題一文其論李虎追封唐國公之時，謂在周初受魏禪之際（見本集刊第伍本第壹柒柒頁）。蓋據册府元龜壹帝王部帝系門所載：

〔太祖景皇帝虎〕封趙郡公，徙封隴西公，周受魏禪，録佐命功，居第一，追封唐國公。

之語。其實誤會史文也。考周書伍武帝紀上略云：

〔保定〕四年九月丁巳，封開府李昞爲唐國公，若干鳳爲徐國公。

又同書壹柒若干惠傳（北史陸伍若干惠傳略同）略云：

子鳳嗣。保定四年追録佐命之功，封鳳徐國公。

又通鑑壹陸玖陳紀略云：

〔天嘉〕五年九月丁巳追録佐命元功，封開府儀同三司隴西公李昞爲唐公，大馭中大夫長樂公若干鳳爲徐公。昞，虎之子，鳳，惠之子也。

據此，則李虎之追封唐國公實在保定四年，上距周初受魏禪之時，已八年矣。故拙著前文所推論者，皆應依此改計。特著於此，以正其誤，兼識疏忽之過云爾。

（原載一九三六年十二月歷史語言研究所集刊第陸本第肆分）

論李懷光之叛

唐代朱泚之亂，李懷光以赴難之功臣，忽變爲通賊之叛將，自來論者多歸咎於盧杞阻懷光之入覲，遂啓其疑怨，有以致之，是固然矣。而於神策軍與朔方軍糧賜之不均一事，則未甚注意，特爲節録史傳，草此短篇，以表出之。至唐代兵餉問題非兹篇範圍及其主旨之所在，故置不論。

舊唐書壹叁叁李晟傳（新唐書壹伍肆李晟傳及資治通鑑貳叁拾興元元年二月條同）云：

晟兵（寅恪案，即神策軍。）軍於朔方軍（寅恪案，即朔方節度使李懷光軍。）北，每晟與〔李〕懷光同至城下，懷光軍輒虜驅牛馬，百姓苦之。晟軍無所犯。懷光軍惡其獨善，乃分所獲與之，晟軍不敢受。久之，懷光將謀沮晟軍，計未有所出。時神策軍以舊例給賜厚於諸軍，懷光奏曰：「賊寇未平，軍中給賜，咸宜均一，今神策獨厚，諸軍皆以爲言，臣無以止之，惟陛下裁處。」懷光計欲因是令晟自署侵削己軍，以撓破之。德宗憂之，欲以諸軍同神策，則財賦不給，無可奈何，乃遣翰林學士陸贄往懷光軍宣諭，仍令懷光與晟參議所宜以聞。贄晟俱會於懷光軍，懷光言曰：「軍士稟賜不均，何以令戰？」贄未有言，數顧晟，晟曰：「公爲元帥，弛張號令皆得專之，晟當將一軍，唯公所指，以效死命，至於增損衣食，公當裁之！」懷光默然，無以難晟，又不欲侵刻神策軍發於自己，乃止。

寅恪案，新唐書伍拾兵志述貞元時事云：

時邊兵衣饟多不贍，而戍卒屯防，藥茗蔬醬之給最厚，諸將務爲詭辭，請遥隸神策軍，稟賜遂贏舊三倍，繇是塞上往往稱「神策行營」，皆内統於中人矣！其軍乃至十五萬。

夫李晟所統之神策軍者，當時中央政府直轄之禁軍也，李懷光所統之朔方軍者，别一系統之軍隊也，兩者稟賜之額既相差若此，復同駐咸陽一隅之地，同戰朱泚一黨之人，而望别一系統之軍隊其士卒不以是而不平，其將領不因之而變叛，豈不難哉！豈不難哉！觀懷光軍特取其所虜驅之牛馬分與晟軍者，蓋可藉是廣其「賊寇未平，軍中給賜咸宜均一」之意，欲持此「不患寡而患不均」之主義，以啓發神策軍兵士之情志也，史言懷光軍之紀律不及晟軍，惡晟軍獨善，故分與所獲，使之同惡，果如所言，則朔方軍之心計甚爲迂曲，與其軍主「粗厲疏愎之性」（見舊唐書壹貳壹、新唐書貳貳肆上李懷光傳及通鑑貳貳玖建中四年十一月條）尤不相似，頗疑史氏之説，於當日朔方軍士共同之心理，尚有所未能通解也。

又胡三省論此事（通鑑貳叁拾興元元年二月條胡注）云：

李晟之答懷光，氣和而辭正，故能伐其謀。

則殊不知晟之得爲正辭者，以懷光適兼擁元帥之虛號故耳。假使稟賜獨厚之神策軍其主將復真任元帥者，又將何辭以對耶？然則懷光之所以能激變軍心，與之同叛者，必別有一涉及全軍共同利害之事實，足以供其發動，不止其個人與盧杞之關係而已。故神策軍與朔方軍稟賜之不均要爲此大事變之一主因，讀史者不可盡信舊記之文，謂兩軍稟賜不均僅爲懷光「謀沮晟軍」所藉口之細事而忽視之也。

（原載一九三七年七月清華學報第壹貳卷第叁期）

李唐氏族之推測

（甲）引言

李唐氏族問題，近人頗有討論。寅恪講授清華，適課唐史，亦詮次舊籍，寫成短篇。其所徵引，不出習見之書。凡關係疏遠之證據，事實引申之議論，雖多可喜可觀者，以限於體裁，不能詳及。極知淺陋簡略，無當於著述之旨。然此文本意，僅在備講堂之遺忘，資同學之商榷。間有臆測之說，固未可信爲定論，尤不敢自矜有所創獲。儻承博洽君子，不以爲不可教誨而教誨之，實所深幸焉！

（乙）李唐自稱西凉後裔之可疑

李唐自稱爲西凉李暠後裔。然詳檢載記，頗多反對之證據。兹擇其最强有力，及足以解人頤者，各一事，移録於下：

魏書壹捌廣陽王深傳（北史壹陸廣陽王深傳同）論六鎮疏云：

昔皇始以移防爲重，盛簡親賢，擁麾作鎮，配以高門子弟，以死防遏。不但不廢仕宦，至乃偏得復除。當時人物，忻慕爲之。及太和在曆，僕射李沖當官任事，涼州土人悉免厮役，豐沛舊門，仍防邊戍。自非得罪當世，莫肯與之爲伍。征鎮驅使，但爲虞候白直，一生推遷，不過軍主。然其往世房分留居京者，得上品通官。在鎮者便爲清途所隔。或投彼有北，以禦魑魅，多復逃胡鄉。乃峻邊兵之格，鎮人浮游在外，皆聽流兵捉之。於是少年不得從師，長者不得游宦，獨爲匪人，言者流涕。

按，舊唐書壹高祖本紀（新唐書壹高祖本紀略同）云：

重耳生熙，爲金門鎮將，領豪杰鎮武川，因家焉。

今依李沖世系（魏書叁玖李寶傳、伍叁李沖傳、北史壹佰序傳。）及唐室自稱之世系（兩唐書壹高祖本紀及新唐書柒拾上宗室世系表等），綜合推計，列爲一表。以見其親族關係：

李暠—┬—歆—重耳—熙
　　　└—翻—寶—沖

據此，則重耳與寶爲共祖兄弟，熙與沖爲共曾祖兄弟，血統甚近。魏太和之世，沖宗族貴顯，一時無比。（新唐書玖伍高儉傳云：「後魏太和中定四海望族，以〔隴西李〕寶等爲冠。」）熙既與沖爲共曾祖兄弟，所生時代，前後相差，必不能甚遠。當太和之世，六鎮邊戍乃「莫肯與之爲伍」之人。李熙一族，留家武川，則非「涼州土人」，而爲「豐沛舊門」可知。是李沖即隴西李氏，不認之爲同宗，自無疑義。李唐自稱爲西涼後裔之反對證據中，此其最强有力者也。

又唐釋彥悰唐護法沙門法琳別傳下載法琳對太宗之言曰：

竊以拓拔元魏，北代神君。達闍（即大野）達系，陰山貴種。經云：以金易鍮石，以絹易縷褐，如捨寶女與婢交通，陛下即其人也。棄北代而認隴西，陛下即其事也。（此條女師大學術季刊第一卷第四期劉盼遂先生李唐爲蕃姓考所引較詳，可參閱。）

據此，可知唐初人固知其皇室氏族冒認隴西，此李唐自稱爲西涼後裔之別一反對證據，而又可以解人頤者也。

（丙）李唐疑是李初古拔之後裔

李唐世系之紀述，其見於新舊唐書壹高祖本紀，北史壹佰序傳，晋書捌柒涼武昭王傳，林寶元和姓纂等書者，皆不及新唐書柒拾上宗室世系表所載之詳備。今即依據此表與其他史料比較討論之。表云：

歆字士業，西涼後主。八子：勖，紹，重耳，弘之，崇明，崇産，崇庸，崇祐。重耳字景順，以國亡奔宋，爲汝南太守。後魏克豫州，以地歸之，拜恒農太守。復爲宋將薛安都所陷。

後魏安南將軍，豫州刺史。生獻祖宣皇帝熙，字孟良，後魏金門鎮將。生懿祖光皇帝，諱天賜，字德真。三子：長曰起頭，長安侯，生達摩，後周羽林監太子洗馬，長安縣伯。次曰太祖。次乞豆。

此表所載必爲唐室自述其宗系之舊文。茲就其所紀李重耳李熙父子事實，分析其内容，除去其爲西涼後裔一事以外，尚有七事。條列於下：

（一）其氏爲李。

（二）父爲宋汝南太守。

（三）後魏克豫州。父以地歸之。

（四）父爲後魏恒農太守。

（五）父爲宋將薛安都所陷。

（六）父爲後魏安南將軍豫州刺史。

（七）子爲後魏金門鎮將。

考宋書伍文帝紀云：

〔元嘉二十七年二月〕辛丑，索虜寇汝南諸郡，陳南頓二郡太守鄭琨汝陽潁川二郡太守郭道隱委守走。索虜攻懸瓠城，行汝南郡事陳憲拒之。

又宋書柒貳南平穆王鑠傳云：

索虜大帥拓跋燾南侵陳潁，遂圍汝南懸瓠城。行汝南太守陳憲保城自固。

又宋書柒柒柳元景傳云：

〔元嘉〕二十七年八月，〔隨王〕誕遣振威將軍尹顯祖出貲谷，奮武將軍魯方平建武將軍薛安都略陽太守龐法起入盧氏。（中略）閏〔十〕月法起安都方平諸軍入盧氏。（中略）法起諸軍進次方伯白，去弘農城五里。（中略）諸軍造攻具，進兵城下。僞弘農太守李初古拔嬰城自固。法起安都方平諸軍鼓譟以陵城。（中略）安都軍副譚金薛係孝率衆先登，生禽李初古拔父子二人。（中略）殿中將軍鄧盛幢主劉駿亂使人入荒田，招宜陽人劉寬糾，率合義徒二千餘人，共攻金門塢，屠之。殺戍主李買得，古拔子也，爲虜永昌王長史，勇冠戎類。永昌聞其死，若失左右手。

又宋書玖伍索虜傳云：

〔元嘉〕二十七年，燾自率步騎十萬寇汝南。（中略）宣威將軍陳南頓二郡太守鄭琨（文帝紀作琨）、綏遠將軍汝南潁川二郡太守郭道隱并棄城奔走。虜掠抄淮西六郡，殺戮甚多。攻圍懸瓠城，城内戰士不滿千人。先是汝南新蔡二郡太守徐遵之去郡，南平王鑠時鎮壽陽，遣左軍行參軍陳憲行郡事。憲嬰城固守。（中略）燾遣從弟永昌王庫仁真步騎萬餘，將所略六郡口，北屯汝陽。（中略）太祖嘉憲固守，詔曰：「右軍行參軍、行汝南新蔡二郡軍事陳憲，盡力捍禦，全城摧寇，忠敢之效，宜加顯擢。可龍驤將軍、汝南新蔡二郡太守！」

又魏書陸壹薛安都傳云：

後自盧氏入寇弘農，執太守李拔等，遂逼陜城。時秦州刺史杜道生討安都。仍執拔等南遁，及世祖臨江，拔乃得還。

據上引史實，則父稱李初古拔，子稱李買得。名雖類胡名，姓則爲漢姓。但其氏爲李，則不待言，是與第一條適合。李初古拔爲後魏弘農太守，弘農即恒農，以避諱改字，是與第四條適合。李初古拔爲宋將薛安都所禽，是與第五條適合。宋書柳元景傳言：「生禽李初古拔父子」，魏書薛安都傳言：安都禽李拔等，仍執拔等南遁。世祖臨江，拔乃得還。則李初古拔必不止一子。或買得死難以弟代領其職，或唐書高祖紀稱李熙領豪杰鎮武川，因而留居之記載，經後人修改，今不能懸决。但李熙爲金門鎮將，李買得亦爲金門隖戍主，地理專名，如是巧同，亦可謂與第七條適合。至第二條李重耳爲宋汝南太守一事，徵諸上引史實，絶不可能。蓋既言爲宋將薛安都所陷，其時必在元嘉二十七年。當時前後宋之汝南太守，其姓名皆可考知。郭道隱則棄城走，徐遵之則去郡，陳憲則先行郡事，後以功擢補實官，故依據時日先後，排比推計，實無李重耳可爲宋汝南太守之餘地。據宋書柳元景傳言李買得爲永昌王長史，永昌聞其死，若失左右手。

則李氏父子與永昌王關係密切可知。宋書索虜傳又言「永昌王北屯汝陽」。考資治通鑒繫永昌王屯汝陽事於元嘉二十七年三月，繫李初古拔被禽事於元嘉二十七年閏十月，而汝陽縣本屬汝南郡，後分爲汝陽郡者，故以時日先後，地域接近，及人事之關係論，李初古拔殆於未被禽以前，曾隨永昌王屯兵豫州之境，故因有汝南太守之授。然則此汝南太守非宋之汝南太守，乃魏之汝南太守也。第六條之安南將軍，豫州刺史，當即與第二條汝南太守有關之職銜。第三條所謂後魏克豫州，以其地歸之者，亦與第二條爲宋汝南太守相關，同與上引史文衝突，實爲不可能之事，無待詳辯。魏書薛安都傳言安都執李拔等南遁，及世祖臨江，拔乃得還。是李初古拔原有由北遁南，復由南歸北一段因緣。李唐自述先世故實，或因此加以修改傳會，幸賴其與他種記載矛盾，留此罅隙，千載而後，遂得以發其覆耳。

又魏書薛安都傳之李拔即宋書柳元景傳李初古拔之省稱。梁書伍陸侯景傳景祖名周，南史捌拾侯景傳作乙羽周，與此同例。蓋邊荒雜類，其名字每多繁複，殊异乎華夏之雅稱，後人於屬文時因施删略。昔侯景稱帝，七世廟諱，父祖之外，皆王偉追造（事見梁書南史侯景傳），天下後世傳爲笑談。豈知李唐自述先世之名字亦與此相類乎？夫侯漢李唐俱出自六鎮，（侯氏懷朔鎮人。李氏武川鎮人。）雖其後榮辱懸絕，不可并言，但祖宗名字皆經改造，則正復相同。考史者應具有通識，不可局於成敗之見，以論事論人也。

總而言之，前所列七條，第一，第四，第五，第七，四條中，李重耳父子事實，皆與李初古拔父子事實適合。第六條乃第二條之附屬，無獨立性質，可不別論。第二條第三條實爲互相關聯之一條。第五條既言「爲宋將薛安都所陷」，則元嘉二十七年南北交兵之際，李氏父子必屬於北，而不屬於南。否則何能爲宋將所禽？故易劉宋爲後魏，則第二條第三條之事實，不獨不與其他諸條事實相反，而且適與之相成。況此其他諸條中涵有「元嘉二十七年」一定之時日，「李氏」「薛安都」之人名專名，「弘農」「金門」之地域專名，而竟能兩相符應，天地間似無如此偶然巧值之事。故疑李唐爲李初古拔之後裔，或不至甚穿鑿武斷也。

（丁）李唐先世與大野部之關係

李唐先世與大野部之關係，以今日史料之缺乏，甚不易知。姑就其可以間接推測者言之：李虎曾賜姓大野氏，或疑所謂賜姓者，實即復姓之意（見女師大學術季刊第二卷第二期王桐齡先生楊隋李唐先世系統考第四頁）。寅恪請舉一事，以明其不然。隋書伍伍（北史柒叁）周搖傳云：

> 其先與後魏同源。初爲普乃氏。及居洛陽，改爲周氏。（中略）周閔帝受禪，賜姓車非氏。

據此，若賜姓果即復姓，則周搖應賜姓普乃氏，而非車非氏矣。故知賜姓即復姓之說非也。

然則李虎何以賜姓大野氏？李氏與大野氏之關係究何如乎？今考李虎之外，李氏而有賜姓者，如李弼之賜姓徒何氏（周書拾伍、北史陸拾李弼傳）。李穆則賜姓拓拔氏，（北史卷伍玖李賢傳。又見容齋三筆卷叁元魏改功臣姓氏條。洪氏謂「〔宇文〕泰方以時俗文敝，命蘇綽仿周書作大誥。又悉改官名，復周六卿之制。顧乃如是。殆不可曉。」是亦不解賜姓爲興滅國繼絕世之大典，正所以摹仿成周封建制度之意者也。）是同一李氏，而賜以不同之姓矣。又曾賜姓大野氏者，李虎以外，尚有閻慶（見周書貳拾、北史陸壹閻慶傳、新唐書柒叁下宰相世系表、通志貳玖氏族略五、鄧名世古今姓氏書辯證叁壹等。又鄭氏鄧氏書皆言：「後魏龍驤將軍謝懿賜姓大野氏」，王氏金石粹編貳柒載魏孝文吊比干文碑陰題名有「驢驤將軍臣河南郡大野懿（？）」。錢氏潛研堂金石文跋尾貳作「大野□」。寅恪見繆氏藝風堂所藏拓本，亦不清晰，以字形推之，及證以龍驤將軍官名，當是「懿」字。即此謝懿也。然魏孝文乃改代姓爲漢姓者，豈有轉賜漢姓之人以代姓之理？頗疑實大野氏改爲謝氏，以野謝音近之故。魏書官氏志中此例甚多。後人誤於西魏末年賜姓之事，因謂謝懿賜姓大野氏矣。待考。）是不同漢姓之人，亦賜以同一之大野氏矣。其間關係複雜糾紛，殊不易簡單説明。考魏書壹序紀（北史壹魏本紀略同）云：

積六十七世至成皇帝，諱毛立。聰明武略，遠近所推。統國三十六，大姓九十九。

又魏書壹壹叁官氏志云：

初，安帝統國，諸部有九十九姓。至獻帝時，七分國人，使諸兄弟各攝領之。

又周書壹柒北史陸伍若干惠傳云：

若干惠字惠保，代郡武川人也。其先與魏氏俱起，以國爲姓。

據此則代北之姓，代表其國名。所謂國者，質言之，即部落也。周書貳文帝紀下西魏恭帝元年紀賜姓事。其文云：

魏氏之初，統國三十六，大姓九十九，後多絶滅。至是以諸將功高者爲三十六國後，次功者爲九十九姓後。所統軍人，亦改從其姓。

宇文黑獺鋭意復古，信用蘇綽盧辯之流，摹擬成周封建之制，賜姓功臣之舉，乃其所謂興滅國繼絶世之盛典也。資治通鑒載此事於壹陸伍梁紀元帝承聖三年正月，而删去「爲三十六國後」及「爲九十九姓後」之文，使賜姓大典之原意不能明顯，遂啓後人諸種臆測之説。今依「爲後」之文解釋，則賜李虎以大野氏者，其意即以李虎爲大野氏之後。又依「所統軍人亦改從其姓」之文解釋，則其意部主與部屬必應同一姓氏。當時既以大野之姓賜與李虎，則李虎先世或爲大野部之部曲亦未可知。若李虎果爲李初古拔之後裔，則南朝元嘉北朝太平真君之時已姓李氏，似本漢人。譬諸後來清室之制，遼東漢人包衣有以外戚擡旗故，而升爲滿洲本旗，并改爲滿姓之例。李虎之賜姓大野氏，或亦與之有相似者歟？李唐先世與大野部之關係所能推測者，僅止於此，實非決定之結論也。

（戊）李重耳南奔之説似後人所僞造

前於（丙）章已言當元嘉二十七年南北交兵之際，李重耳無爲宋汝南太守之可能。假使果有其事，而其爲李唐先世與否，又爲一問題，尚須別論。寅恪則并疑凡李重耳南奔之事，載在唐修晉書涼武昭王傳、北史序傳、兩唐書高祖紀、新唐書宗室世系表等者，皆依據唐室自述宗系之言，原非真實史迹。乃由後人修改傳會李初古拔被禽入宋後復歸魏之事而成。兼以李重耳之奔宋，與李寶之歸魏，互相對映也。何以知其然？因世説新語言語篇云：

張天錫爲涼州刺史，稱制西隅。既爲苻堅所禽，用爲侍中，後於壽陽俱敗。至都，爲孝武所器。每入言論，無不竟日。

又晉書捌陸張軌傳載張天錫歸晉後事云：

又詔曰：故太尉西平公張軌著德遐域，（中略）拔迹登朝。先祀淪替，用增矜慨。可復天錫西平郡公爵！俄拜金紫光禄大夫。天錫少有文才，流譽遠近。及歸朝，甚被恩遇。

又僧祐出三藏記集壹肆沮渠安陽侯傳（慧皎高僧傳卷二曇無讖傳略同）云：

沮渠安陽侯者，河西王蒙遜之從弟也。魏虜托拔燾伐涼州，安陽宗國殄滅，遂南奔於宋。

從容法侣，宣通經典，是以京邑白黑咸敬而嘉焉。

夫前西二凉，俱系出漢族，遥奉江東。沮渠雖爲戎類，而宰制西隅，事侔張李。故國亡之後，其宗胤南奔者，咸見欽崇。即使李重耳聲望不及張公純嘏，學行不及沮渠京聲，然既已致位郡守，禦敵邊疆，而南朝當日公私記載，一字無徵，揆諸情事，寧有斯理？故舉張氏沮渠同類之例，以相比喻，足知李重耳南奔之説實出後人所僞造。魏書玖玖私署凉王李暠傳本不載重耳南奔事，湯球十六國春秋輯補所録重耳南奔事，亦取之唐修晋書，而不知其不可信也。（湯氏書叙例云：「此書於十六國春秋纂録所删節處，以晋書張軌李暠等傳及劉淵諸載記補足。」寅恪案，今十六國春秋纂録陸西凉録無重耳南奔事，故湯氏從唐修晋書李暠傳補足之。至若僞本十六國春秋之載重耳南奔事，必録自唐修晋書，更無足論矣。）

（己）唐太宗重修晋書及敕撰氏族志之推論

李唐先世疑出邊荒雜類，必非華夏世家，已於前（丙）（丁）二章言之矣。知此，而後李唐一代三百年，其政治社會制度風氣變遷興革所以然之故，始可得而推論。以其範圍非本篇所及，兹僅就太宗重修晋書及敕撰氏族志二事，簡略言之：

唐以前諸家晋書，可稱美備。而太宗復重修之者，其故安在？昔漢世古文經學者於左氏春秋中竄入漢承堯後之文（見左傳魯文公十三年孔氏正義及後漢書叁陸賈逵傳），唐代重修晋書特取張軌爲同類陪賓，不以前凉西凉列於載記，而於捌柒凉武昭王傳中亦竄入

士業子重耳脱身奔於江左，仕於宋，後歸魏爲恒農太守

一節，皆藉此以欺天下後世。夫劉漢經師，李唐帝室，人殊代隔，迥不相關。而其擇術用心，遥遥符應，有如是者，豈不异哉！李延壽於北史壹佰序傳中，雖亦載李重耳奔宋歸魏之事，然於南史叁捌柳元景傳、肆拾薛安都傳、北史叁玖薛安都傳關於宋書魏書所載李初古拔父子事，皆删棄不録，或者唐初史家猶能灼知皇室先世真實淵源，因有所忌諱，不敢直書耶？其有與重修晋書相似者，則爲敕撰氏族志一事。蓋重修晋書所以尊揚皇室，證明先世之淵源。敕撰氏族志，雖言以此矯正當時之弊俗，實則專爲摧抑中原甲姓之工具。故此二事皆同一用心，誠可謂具有一貫之政策者也。新唐書玖伍高儉傳（參觀舊唐書陸伍高士廉傳、唐會要叁陸氏族門、捌叁嫁娶門、貞觀政要柒論禮樂篇貞觀六年太宗謂房玄齡條、資治通鑑壹玖伍貞觀十二年條。）云：

初，太宗嘗以山東士人尚閥閱，後雖衰，子孫猶負世望，嫁娶必多取貲，故人謂之賣昏。由是詔士廉與韋挺岑文本令狐德棻責天下譜諜，參考史傳，檢正真僞，進忠賢，退悖惡，先宗室，後外戚，退新門，進舊望，右膏粱，左寒畯，合二百九十三姓，千六百五十一家，爲九等，號曰氏族志，而崔幹仍居第一。帝曰：「我於崔盧李鄭無嫌，顧其世衰，不復冠冕，

猶恃舊地以取貲，不肖子偃然自高，販鬻松檟，不解人間何爲貴之？齊據河北，梁陳在江南，雖有人物，偏方下國，無可貴者，故以崔盧王謝爲重。今謀士勞臣，以忠孝學藝從我定天下者，何容納貨舊門，向聲背實，買昏爲榮耶？（中略）朕以今旦冠冕爲等級高下。」遂以崔幹爲第三姓，班其書天下。高宗時許敬宗以不叙武后世，又李義府耻其家無名，更以孔志約楊仁卿史玄道吕才等十二人刊定之，裁廣類例，合二百三十五姓，二千二百八十七家。帝自叙所以然。以四后姓、酅公介公及三公太子三師開府儀同三司尚書僕射爲第一姓，文武二品及知政事三品爲第二姓，各以品位高下叙之，凡九等，取身及昆弟子孫，餘屬不入，改爲姓氏録。當時軍功入五品者皆昇譜限，縉紳耻焉，目爲「勳格」。義府奏悉索氏族志燒之。又詔後魏隴西李寶，太原王瓊，滎陽鄭温，范陽盧子遷、盧渾、盧輔，清河崔宗伯、崔元孫，前燕博陵崔懿，晋趙郡李楷，凡七姓十家，不得自爲昏。三品以上納幣不得過三百匹，四品五品二百，六品七品百，悉爲歸裝夫氏，禁受陪門財。先是後魏太和中定四海望族，以寶等爲冠。其後矜尚門地，故氏族志一切降之。王妃主婿皆取當世勳貴名臣家，未嘗尚山東舊族。後房玄齡魏徵李勣復與昏，故望不減。然每姓第其房望，雖一姓中，高下懸隔。李義府爲子求昏，不得，始奏禁焉。其後天下衰宗落譜，昭穆所不齒者，皆稱禁昏家，益自貴，凡男女皆潛相聘娶，天子不能禁。世以爲敝云。

又舊唐書柒捌張行成傳（新唐書壹佰肆張行成傳、資治通鑒壹玖貳唐紀貞觀元年條同。）云：

> 太宗嘗言及山東關中人，意有同異。行成正侍宴，跪而奏曰：臣聞天子以四海爲家，不當以東西爲限。若如是，則示人以隘陋。

觀此，可知對於中原甲姓，壓抑摧毀，其事創始於太宗，而高宗繼述之，（詳見舊唐書捌貳、新唐書貳貳叁上李義府傳、太平廣記壹捌肆氏族類七姓條等。）遂成李唐帝室傳統之政略。魏晉以來門第之政治社會制度風氣，以是而漸次頹壞毀滅，實古今世局轉移昇降樞機之所在，其事之影響於當時及後世者至深且久。兹考李唐氏族所出，因略推論其因果關係，附於篇末，以爲治唐史者之一助。至其他演繹之説，多軼出本文範圍之外，故不旁及焉。

（原載一九三一年八月歷史語言研究所集刊第叁本第壹分）

李唐氏族之推測後記

三年前寅恪曾作李唐氏族之推測一文，刊載本集刊第叁本第壹分中，尚有賸義，兹補論之於此。其關於李唐疑是李初古拔後裔，及其自稱西涼李暠嫡裔，必非史實二點，前篇已詳言之，兹不重述。故此篇復就其自稱源出隴西及家於武川二事，取資旁證，别爲辯釋，然後唐室僞造先世宗系，其先後變遷所經歷之軌迹略能推尋，「天可汗」氏族之信史或者亦可因是而考定也。

唐會要壹帝號上云：

獻祖宣皇帝諱熙，（凉武昭王暠曾孫，嗣凉王歆孫，弘農太守重耳之子也。）武德元年六月二十二日追尊爲宣簡公，咸亨五年八月十五日追尊宣皇帝，廟號獻祖，葬建初陵。（在趙州昭陵〔慶〕縣界，儀鳳二年五〔？〕月一日追封爲建昌陵，開元二十八年七月十八日詔改爲建初陵。）

懿祖光皇帝諱天賜（宣皇帝長子），武德元年六月二十二日追尊懿王，咸亨五年八月十五日追尊光皇帝，廟號懿祖，葬啓運陵。（在趙州昭慶縣界，儀鳳二年三〔？〕月一日追封爲延光陵，開元二十八年七月十八日詔改爲啓運陵。）

元和郡縣圖志壹柒（岱南閣叢書本。又參閱舊唐書叁玖地理志及新唐書叁玖地理志趙州昭慶縣條）略云：

趙州。

昭慶縣。本漢廣阿縣，屬鉅鹿郡。

皇十三代祖宣皇帝建六〔初〕陵，高四丈，週迴八十丈。

皇十二代祖光皇帝啓運陵，高四丈，周迴六十步。二陵共塋，周迴一百五十六步，在縣西南二十里。

册府元龜壹帝王部帝系門略云：

唐高祖神堯帝，姓李氏，隴西狄道人。其先出自李暠，是爲凉武昭王，薨，子歆嗣位，爲沮渠蒙遜所滅。歆子重耳奔於江南，仕宋爲汝南郡守，復歸於魏，拜弘農太守，贈豫州刺史。生熙，起家金門鎮將，後以良家子鎮於武川，都督軍戎百姓之務，終於位，因遂家焉。生天錫，仕魏爲幢主，大統時追贈司空公。生太祖景皇帝虎，封趙郡公，徙封隴西公，周受魏禪，録佐命功，居第一，追封唐國公。生世祖元皇帝昞，在位十七年，封汝陽縣伯，襲封隴西公，周受禪，襲封唐國公。高祖即元皇帝之世子，母曰元貞皇后，七歲襲封唐國公，義寧二年受隋禪。

今河北省隆平縣尚存唐光業寺碑。碑文爲開元十三年宣義郎前行象城縣尉楊晋所撰，中央研究院歷史語言研究所藏有拓本，頗殘闕不可讀。兹取與黄彭年等修畿輔通志壹柒肆古迹略所載碑文相參校，而節録其最有關之數語於下：

（上略）皇祖瀛州刺史宣簡公謹追上尊號，謚宣皇帝。皇祖妣夫人張氏謹追上尊號，謚宣莊皇后。皇祖懿王謹追上尊號，謚光皇帝。皇祖妣妃賈氏謹追上尊號，謚光懿皇后。（中略）

詞曰：維王桑梓。本際城池。（下略）

案，李熙天賜父子共塋而葬，光業寺碑頌詞有「維王桑梓」之語，則李氏累代所葬之地，即其家世居住之地，絶無疑義。據魏書壹佰陸上地形志南趙郡廣阿縣條、隋書叁拾地理志趙郡大陸縣條及元和郡縣圖志壹柒趙州昭慶縣條等，是李氏父子葬地舊屬鉅鹿郡，與山東著姓趙郡李氏居住之舊常山郡，壤地鄰接，李虎之封趙郡公，即由於此。又漢書貳捌地理志載中山國唐縣有堯山，魏書地形志載南趙郡廣阿縣即李氏父子葬地又有堯臺，李虎死後追封唐國公，其唐國之名蓋止取義於中山鉅鹿等地所流傳之放勳遺迹，并非如通常廣義，兼該太原而言也。至大唐創業起居注上略云：

初帝奉詔爲太原道安撫大使，帝以太原黎庶陶唐舊民，奉使安撫，不逾本封，因私喜此行，以爲天授。

則爲後來依附通常廣義之解釋，殊與周初追封李虎爲唐國公時，暗示其與趙郡李氏關係之本旨不同也。

據上所言，李唐豈真出於趙郡李氏耶？若果爲趙郡李氏，是亦華夏名家也。又何必自稱出於隴西耶？考元和郡縣圖志壹伍略云：

邢州。

堯山縣。本曰柏人，春秋時晋邑，戰國時屬趙，秦滅趙，屬鉅鹿郡，後魏改「人」爲「仁」，天寶元年改爲堯山縣。

又同書壹柒略云：

趙州。

平棘縣。本春秋時晋棘蒲邑，漢初爲棘蒲，後改爲平棘也，屬常山郡。

李左車墓，縣西南七里。

趙郡李氏舊宅，在縣西南二十里，即後漢魏以來山東舊族也，亦謂之三巷李家云。東祖居巷之東，南祖居巷之南，西祖居巷之西，亦曰三祖宅巷也。三祖李氏亦有地屬高邑縣。

元氏縣。本趙公子元之封邑，漢於此置元氏縣，屬常山郡，兩漢常山太守皆理於元氏。

開業寺，在縣西北十五里，即後魏車騎大將軍陝定二州刺史尚書令司徒公趙郡李徽伯之舊宅也。

柏鄉縣。本春秋時晉鄗邑之地，漢以爲縣，屬常山郡，後漢改曰高邑，屬常山國，高齊天保七年，移高邑縣於漢房子縣東北界，今高邑縣是也。

高邑故城，在縣北二十一里，本漢鄗縣也。

高邑縣。本六國時趙房子邑之地，漢以爲縣，屬常山郡。

贊皇縣。本漢鄗邑縣之地，屬常山郡。

百陵崗，在縣東十里，即趙郡李氏之别業於此崗下也。崗上亦有李氏塋冢甚多。

昭慶縣。本漢廣阿縣，屬鉅鹿郡。

皇十三代祖宣皇帝建初陵。

皇十二代祖光皇帝啓運陵。二陵共塋，在縣西南二十里。（昭慶縣條前已引及，因便於解説，特重出其概略於此。）

元和郡縣圖志著者李吉甫出於趙郡李氏，故關於其宗族之先塋舊宅皆詳記之。若取其分佈之地域核之，則趙郡李氏其顯著支派所遺留之故迹，俱不出舊常山郡之範圍。據此，則趙郡李氏顯著支派當時居地可以推知也。但其衰微支派則亦有居舊鉅鹿郡故疆者。考新唐書柒貳上宰相世系表趙郡李氏條（鄧名世古今姓氏書辯證貳壹同），略云：

〔楷〕避趙王倫之難，徙居常山。〔楷〕子輯。輯子慎敦，居柏仁，子孫甚微。

案，柏仁廣阿二縣後魏時俱屬南趙郡，土壤鄰接，原是同一地域。趙郡李氏子孫甚微之一支，其徙居柏仁之時代雖未能確定，然李楷避西晋趙王倫之難，下數至其孫慎敦，僅有二代，則李慎敦徙居柏仁約在南朝東晋之時，李熙父子俱葬於廣阿，計其生時，亦約當南朝宋齊之世。故以地域鄰接及年代先後二者之關係綜合推論，頗疑李唐先世本爲趙郡李氏柏仁一支之子孫。或者雖不與趙郡李氏之居柏仁者同族，而以同居一地，同姓一姓之故，遂因緣攀附，自托於趙郡之高門，衡以南北朝庶姓冒托士族之慣例，亦爲可能之事。總而言之，據可信之材料，依常識之判斷，李唐先世若非趙郡李氏之「破落户」，即是趙郡李氏之「假冒牌」。至於有唐一代之官書，其記述皇室淵源，間亦保存原來真實之事迹，但其大半盡屬後人諱飾誇誕之語，治史者自不應漫無辨別，遽爾全部信從也。

又魏書玖柒島夷劉裕傳略云：

島夷劉裕，晋陵丹徒人也。其先不知所出，自云：本彭城彭城人，故其與叢亭安上諸劉了無宗次。

宋書柒捌劉延孫傳云：

延孫與帝室雖同是彭城人，别屬吕縣。劉氏居彭城縣者，又分爲三里：帝室居綏輿里，左將軍劉懷肅居安上里，豫州刺史劉懷武居叢亭里。及吕縣，凡四劉。雖同出楚元王，由來不序昭穆，延孫於帝室本非同宗。

南齊書叁柒劉悛傳略云：

劉悛彭城安上里人也。彭城劉同出楚元王，分爲三里，以別宋氏帝族。

據此，則附會同姓之顯望，南北朝之皇室莫不如此。若取劉宋故事以與李唐相比，則京口之於彭城，亦猶廣阿之於趙郡歟？所不同者，唐李後來忽否認趙郡，改托隴西耳。至其所以否認改托之故，亦可藉一類似之例以爲解釋，請引李弼之成事言之：李弼與李虎同爲周室佐命元勛。周書壹伍李弼傳及新唐書柒貳上宰相世系表俱以弼爲遼東襄平人，唐書表又載弼封隴西公，與周書及北史陸拾李弼傳之僅言弼封趙國公者不同。唐書表多歧誤，姑不深考。但北史以弼爲隴西成紀人，則必依據弼家當日所自稱無疑。蓋賀拔岳宇文泰初入關之時，其徒黨姓望猶繫山東舊郡之名，迨其後東西分立之局既成，内外輕重之見轉甚，遂使昔日之遠附山東舊望者，皆一變而改稱關右名家矣。此李唐所以先稱趙郡，後改隴西之故也。又考北史壹佰序傳載李抗（即李暠曾孫韶之從祖）自凉州渡江，仕宋歷任三郡太守，其子思穆於魏太和十七年北歸，位至營州刺史。然則西凉同族固有支孫由北奔南，又由南返北之一段故實。李唐既改稱隴西之後，或見李抗思穆父子之遭際與其先世李初古拔買得父子之事迹適相類似，因而塗附，自托於西凉李暠之嫡裔耶（參閱前篇）？又據册府元龜之所引，知李重耳之豫州刺史乃追贈之銜，則光業寺碑所載李熙瀛州刺史之號，疑亦後來所追贈者也。至若册府元龜壹帝系門所載李天錫起家金門鎮將一節，必是附會李買得曾爲金門戍主之事，作爲誇大之詞。考魏書地形志有兩金門：一爲金門郡，興和中置，一爲宜陽郡屬之金門縣，亦興和中置。宋書柳元景傳載李買得爲金門戍主（詳見前篇），依當日南北戰爭所經由之路綫推之，自是宜陽郡屬之金門縣。但當北朝太平真君之世，其地尚未置縣，何從而有鎮？後魏鎮將位極尊崇，李天錫更何從起家而得爲此高官乎？前篇疑李買得既已戰死，何能復鎮武川，又家於其地？今知李氏父子皆葬廣阿，實無家於武川之事，然則李唐之自稱來自武川者，或是睹賀拔岳宇文泰皆家世武川，因亦詭托於關西霸主鄉邑之舊耶？以李唐世系改易僞托之多端，則此來自武川一事之非史實，亦不足爲异矣。

據以上所推證，則李唐氏族或出於趙郡李氏衰微之支派，或出於鄰居同姓之攀援，雖皆不能確知，而其本爲漢族，似不容疑。李熙天錫父子二世所娶張氏及賈氏又俱爲漢姓，則其血統於娶獨孤竇氏等胡姓之前，恐亦未嘗與胡族相混雜也。假使李唐先世本爲純粹之漢族，其與大野部之關係果何如乎？前篇已言宇文泰之賜胡姓，實爲繼絶之義，而非復姓之旨。考周故開府儀同賀屯公墓志（即侯植之墓志，周書貳玖、北史陸陸皆有侯植傳，陸增祥八瓊室金石補正貳叁亦載此志。又承趙萬里先生以李宗蓮懷珉精舍金石跋尾中此志跋文及此志拓印本見示。）云：

〔后〕魏前二年十二月中太祖文皇帝以公忠效累彰，宜加旌异，爰命史官，賜姓賀屯氏，

> 時推姓首，寔〔寔〕主宗祀。

此志文中「時推姓首，實主宗祀」之語最關重要，蓋宇文泰之賜姓，原欲恢復鮮卑部落之舊制，故命軍人從其所統主將之姓，夫一軍之中，既同姓一姓，則同姓之人數必衆，不可無一姓首，而姓首即主宗祀之統將也。但姓首不必盡爲塞外异族，如庾子山集壹叁周太子太保步陸逞神道碑（參考同集壹陸周譙國夫人步陸孤氏墓志銘）略云：

> 公諱逞，本姓陸，吴郡吴人也。曾祖載，爲宋王司馬，留鎮關中，赫連之亂，仗劒魏室，今爲河南洛陽人也。高祖（疑誤倒）冠軍將軍營州刺史，吴人有降附者，悉領爲别軍，自是官帥擁鐸，更爲吴越之兵，君子習流，别有樓船之陣。

又周書叁貳陸通附弟逞傳（北史陸玖同）略云：

> 父政，其母吴人，好食魚，北土魚少，政求之，常苦難。後宅側忽有泉出，而有魚，遂得以供膳，時人以爲孝感所致，因謂其泉爲孝魚泉。通賜姓步六孤氏。

案，陸通陸逞兄弟之爲漢人，確無疑義，且其祖母又爲吴人，則亦未與胡族血統混雜。其祖統領降附吴人别爲水軍，蓋清初黄梧施琅一流人物。然宇文泰賜通以胡姓，專統一軍，是以通爲降附吴人之姓首，而主塞外鮮卑步陸孤部之宗祀也。據此可以推知，即漢人與塞外鮮卑部落絶無關涉者，亦得賜胡姓，且爲主宗祀之姓首。然則李虎雖賜姓大野氏，亦可以與塞外大野部落絶無關涉。近人往往因李唐曾賜姓大野，遂據以推論，疑其本爲塞外异族，今既證明其先世不家於武川，而家於南趙郡，則李熙父子（即李初古拔父子）與陸通兄弟又何以相异乎？故關於李唐氏族問題，綜合前後二篇之主旨，假設一結論於下：

李唐先世本爲漢族，或爲趙郡李氏徙居柏仁之「破落户」，或爲鄰邑廣阿庶姓李氏之「假冒牌」，既非華盛之宗門，故漸染胡俗，名不雅馴。於北朝太平真君、南朝元嘉之世，曾參與弘農之戰，其後并無移鎮及家於武川之事。迨李虎入關，東西分立之局既定，始改趙郡之姓望而爲隴西，因李抗父子事迹與其先世類似之故，遂由改托隴西更進一步，而僞稱西凉嫡裔。又因宇文氏之故，復詭言家於武川，其初之血統亦未與外族混雜。總而言之，李唐氏族若僅就其男系論，固一純粹之漢人也。

若上所假設者大體不謬，則李唐一族之所以崛興，蓋取塞外野蠻精悍之血，注入中原文化頹廢之軀，舊染既除，新機重啓，擴大恢張，遂能別創空前之世局。故欲通解李唐一代三百年之全史，其氏族問題實爲最要之關鍵。吾國昔時學者固未嘗留意於此，近人雖有撰著，亦與鄙見多所异同，因據與此問題有關之史籍及石刻，約略推論其僞造世系先後演變之歷程如此。

（原載一九三三年歷史語言研究所集刊第叁本第肆分）

三論李唐氏族問題

寅恪於本集刊第叁本第壹分李唐氏族之推測及第肆分李唐氏族之推測後記兩文中先後討論李唐氏族問題，仍有未盡之意，本欲復有所申論，以求教於治唐史之學者。近又見日本東北帝國大學文科會編輯之文化第二卷第六號載有金井之忠氏李唐源流出於夷狄考一文，其中涉及拙作，有所辨難，故作此篇，略述鄙見，條列於後。夫考證之業，譬諸積薪，後來者居上，自無膠守所見，一成不變之理。寅恪數年以來關於此問題先後所見亦有不同，按之前作二文，即已可知。但必發見確實之證據，然後始能改易其主張，不敢固執，亦不敢輕改，惟偏蔽之務去，真理之是從。或者李唐氏族問題之研討因此辨論，得有更進一程之發展乎？此則寅恪之所甚希望者也。

（甲）李唐之李必非代北叱李部所改

金井氏據鄭樵通志叁拾氏族略變夷篇記代北之人隨後魏遷河南改胡姓爲漢姓事，其中有

叱李之爲李

一語，及鄧名世古今姓氏書辯證貳壹

河南李氏　後魏官氏志有叱李氏改爲李氏

之文，作一結論，謂李唐源出於叱李氏。寅恪案，無論今魏書壹壹叁官氏志無「叱李氏改爲李氏」之語，鄭鄧之書未詳其何所依據。但此點無關宏旨，可置不論。

魏書柒下高祖紀（參閱北史叁魏本紀、資治通鑑壹肆拾齊紀建武二年六月條）云：

〔太和十九年〕丙辰，詔遷洛之民，死葬河南，不得還北。

又北史壹玖廣川王諧傳（今魏書貳拾即取北史此卷所補者。并參閱通鑑壹肆拾齊紀建武二年六月條。）云：

詔曰：遷洛之人，自茲厥後，悉可歸骸邙嶺，皆不得就塋恒代。

據此，李虎之祖熙及其父天賜死於何年，固不能定，但如金井氏之説，既是代人遷洛之改姓者，則其所葬之地實爲解決此問題之關鍵。假使熙及天賜父子二人俱死於太和十九年六月丙辰以前，則應俱葬於恒代。假使父子二人俱死於太和十九年六月丙辰以後，則父子二人俱應葬於邙嶺。假使父子二人一死於太和十九年六月丙辰以前，一死於太和十九年六月丙辰以後，則應一葬於恒代，一葬於邙嶺。今則其所葬之地北不在恒代，南不在邙嶺，乃在後魏南趙郡之廣阿，唐代趙州之昭慶，而又父子共塋，顯是族葬之遺迹。然則李唐先世果如金井氏之說，出於代北叱李部遷洛後改爲李氏者歟？抑如寅恪之說，其初本爲趙郡李氏之「破落戶」或「假冒牌」者歟？孰非孰是，何去何從，治史者自能別擇，不待詳辨也。

（乙）李唐在李淵以前其血統似未與胡族混雜

開元十三年象城縣尉楊晋撰光業寺碑（碑文詳見前篇）云：

皇祖瀛州刺史宣簡公謹追上尊號，謚宣皇帝。皇祖妣夫人張氏謹追上尊號，謚宣莊皇后。

皇祖懿王謹追上尊號，謚光皇帝。皇祖妣妃賈氏謹追上尊號，謚光懿皇后。

又巴黎國民圖書館藏敦煌寫本伯希和號第貳仟伍佰肆唐代祖宗忌日表云：

皇六代祖景皇帝。

皇后梁氏。

五月九日忌。

今唐會要壹帝號門上及貳叁忌日門俱缺載張氏賈氏梁氏三代女系。據此，張賈皆是漢姓，其爲漢族，當無可疑。梁氏如梁禦之例，雖亦有出自胡族之嫌疑，（見周書壹柒及北史伍玖梁禦傳。又魏書壹壹叁官氏志云：「拔列氏後改爲梁氏。」）但梁氏本爲漢姓，大部分皆是漢族，未可以其中間有少數例外出自胡族之故，遽概括推定凡以梁爲氏者皆屬胡族也。故李虎妻梁氏在未能確切證明其氏族所出以前，仍目之爲漢族，似較妥慎。然則李唐血統其初本是華夏，其與胡夷混雜，乃一較晚之事實歟?·茲取今日新獲得之資料，補作一李唐血統世系表，起自李熙，迄於世民，以供研究李唐氏族問題者之參考。至李重耳則疑本無其人，或是李初古拔之化身，已詳前篇，茲不贅論。故茲表只就今日能確切考知及有實物能證明者爲限。其女統確知爲漢族者，標以□符號。確知爲胡族者，標以～～符號。雖有胡族嫌疑，但在未能確切證明前，姑仍認爲漢族者，則標以……符號。

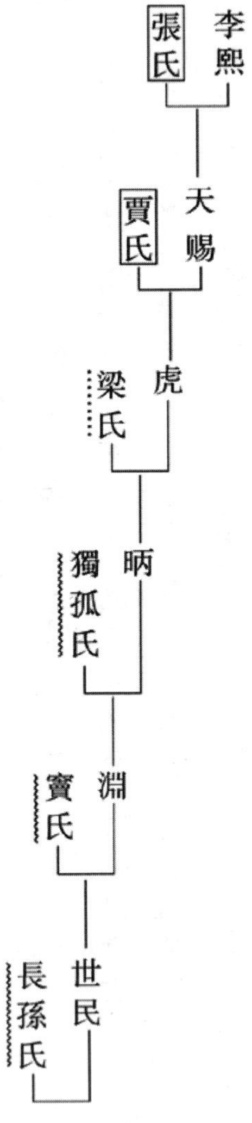

（丙）推測李虎所以追封唐國公之故

前篇謂周初追封李虎爲唐國公暗示其與趙郡之關係者，實指當時擬此封號者聯想李氏與趙郡之關係而言。蓋李虎生前初封之趙郡公及徒封之隴西公，皆郡公也。郡公進一等則爲國公。（參考周書肆拾、北史陸貳尉遲運傳，隋書貳捌百官志下等。）凡依等進封，以能保留元封之名爲原則，故其取名多從元封地名所隸屬之較大區域中求之。若不得已，則於元封地名相近之較大區域中求之。若猶無適當之名，則盡棄與元封有關之名，别擇一新號。考李虎之追封唐國公，當在周初受魏禪，大封佐命功臣之時，即與孝閔帝元年春正月乙卯進封趙郡公李弼中山（郡）公宇文護等爲趙國公晋國公等同時。（見周書叄孝閔帝紀、壹壹晋蕩公護傳、壹伍李弼傳及北史伍柒邵惠公顥傳附子護傳、陸拾李弼傳等。）趙爲郡名，亦古國名。故李弼即由趙郡公進封趙國公，同時自不得以趙國公追封李虎。隴西只是郡名，而非國名，不可作國公之封號。於是當日之擬封號者不得不聯想及於與趙郡及隴西郡有關之古代國名。通典壹柒肆州郡典略云：

天水郡。秦州，古西戎之地，秦國始封之邑，領縣五。成紀。

隴西郡。渭州，春秋爲羌戎之居。秦置隴西郡。

同書壹柒捌州郡典云：

趙郡。趙州，春秋時晋地，戰國時屬趙，領縣九。昭慶。（寅恪案，魏書壹佰陸上地形志南趙郡廣阿縣即昭慶，有堯臺。）

博陵郡。定州，帝堯始封唐國之地，戰國初爲中山國，後爲魏所并，後又屬趙，秦爲上谷鉅鹿二郡之地，漢高帝置中山郡，景帝改爲中山國，後漢因之，晋亦不改，後燕慕容垂移都於此，（都中山，置中山郡。至慕容寶爲後魏所陷。）後魏爲中山郡，領縣十一。望都。（堯始封於此，堯山在北，堯母慶都山在南。）

據此，與隴西郡有關之古代國名爲秦。與趙郡有關之古代國名爲趙，魏，中山，晉，及唐。魏爲拓拔氏之國號，自不可以封。中山之名在後魏爲郡王爵封號，亦爲郡公封號。但通稱則省郡字，如中山王、中山公之例。北周在明帝武成元年八月改天王稱皇帝以前，國公爲人臣最高之封爵。故宇文護由中山郡公進封國公時，不以爲中山國公者，雖因晉國較中山爲大名，實亦受魏制習慣影響，蓋欲以表示區別。是中山復不可爲進封國公之號。（見魏書壹壹叁官氏志、魏書壹伍、北史壹伍秦王翰傳附中山王纂傳、魏書壹玖下、北史壹捌南安王楨傳附中山王英傳、周書叁孝閔帝紀、肆明帝紀、叁伍崔猷傳、北史玖周本紀、叁貳崔挺傳附猷傳、通鑑壹陸陸及壹陸柒等。）當追封李虎之時，西魏恭帝僅於數月前即恭帝之三年秋七月封宇文直爲秦郡公。（見周書貳文帝紀下、壹叁衛剌王直傳及北史伍捌衛剌王直傳等。）故爲宇文直地，亦不能以秦爲追封李虎之國號。而晉國則又已封宇文護矣。夫趙國之號，既以李弼之故不可取用，秦國晉國復以宇文直宇文護之故不能進封，魏及中山又皆不可用爲封號，然則當時司勳擬號之官，若不別擇一新號，而尚欲於舊時封地之名有所保存聯繫者，則捨唐國莫屬。此李虎所以追封唐國公之故也。

又李德裕會昌一品集壹捌請改封衛國公狀云：

臣今日蒙恩進封趙國公，承命哀惶，不任感涕。臣亡父先臣憲宗寵封趙國，先臣與嫡孫寬中小名三趙，意在傳嫡嗣，不及支庶。臣前年恩例進封，合是趙郡，臣以寬中之故，改就中山。亡祖先臣曾居衛州汲縣，解進士及第。儻蒙聖恩，改封衛國，遂臣私誠，庶代受殊榮，免違先志。

據此，李德裕合封趙郡，而改就中山，則趙郡之與中山爲互相平等及互相關聯之封號，可以確實證明。中山相傳爲帝堯始封唐國之地，唐朝之宰輔李德裕自不能由中山進封唐國，只能進封趙國。周代之元勳李虎曾封趙郡，以李弼之故不能進封趙國，遂得進封唐國。故取此一事，以相比證，李虎所以追封唐國公之故，更可豁然通解矣。至德裕之請免封趙國，改封衛國，即前文所謂盡棄與元封有關之名。別擇一新號者，而猶以其祖曾居衛州汲縣之故，請改封衛國，則唐人心目中封號與居地之關係，亦可想見也。兹以李德裕由中山進封趙國之例，時代雖晚，然足資比證，因并附記之，以供參考。（附識：李虎熙天賜妻姓氏俱見唐會要叄皇后門。前文失檢，特此補正。）

（原載一九三五年十二月歷史語言研究所集刊第伍本第貳分）

敦煌本維摩詰經問疾品演義書後

予讀此品演義，至

獅子骨崙前後引

之句，初不得其解。後檢義淨南海寄歸内法傳卷肆西方學法章自注云：

然而骨崙速利尚能總讀梵經。

及義淨大唐西域求法高僧傳下貞固傳附載其弟子孟懷業事云：

至佛逝國，解骨崙語。

據此，則骨崙即崑崙之异譯，自無待言。考太平廣記叁肆拾引通幽録云：

〔盧頊〕夜夢一老人騎大獅子，獅子如文殊所乘。毛彩奮迅，不可視。旁有二崑崙奴操轡。

然則文殊之騎獅子固有崑崙奴二人，以爲侍從。與所謂

獅子骨崙前後引

之事情略同，而骨崙二字之確詁於此可推得也。予前數年已爲此演義作長跋，載歴史語言研究所集刊第貳本第壹分中。尚有賸義，久未寫出。師仲公老而健忘，於講授時尤甚。因并附書於

後，以備教室之用云。

（原載一九三二年五月清華週刊第叁柒卷第玖、拾期）

與妹書（節録）

我前見中國報紙告白，商務印書館重印日本刻大藏經出售，其預約券價約四五百圓。他日恐不易得，即有，恐價亦更貴。不知何處能代我籌借一筆款，爲購此書。因我現必需之書甚多，總價約萬金。最要者即西藏文正續藏兩部，及日本印中文正續大藏，其他零星字典及西洋類書百種而已。若不得之，則不能求學，我之久在外國，一半因外國圖書館藏有此項書籍，一歸中國，非但不能再研究，并將初着手之學亦棄之矣。我現甚欲籌得一宗巨款購書，購就即歸國。此款此時何能得，只可空想，豈不可憐。我前年在美洲寫一信與甘肅寧夏道尹，托其購藏文大藏一部，此信不知能達否。即能達，所費太多，渠知我窮，不付現錢，亦不肯代墊也。西藏文藏經，多龍樹馬鳴著作而中國未譯者。即已譯者，亦可對勘异同。我今學藏文甚有興趣，因藏文與中文，係同一系文字。如梵文之與希臘拉丁及英俄德法等之同屬一系。以此之故，音韵訓詁上，大有發明。因藏文數千年已用梵音字母拼寫，其變遷源流，較中文爲明顯。如以西洋語言科學之法，爲中藏文比較之學，則成效當較乾嘉諸老，更上一層。然此非我所注意也。我所注意者有二：一歷史，（唐史西夏）西藏即吐蕃，藏文之關係不待言。一佛教，大乘經典，印度極少，新疆出土者亦零碎。及小乘律之類，與佛教史有關者多。中國所譯，又頗難解。我偶取金剛經對勘一過，其注解自晉唐起至俞曲園止，其間數十百家，誤解不知其數。我以爲除印度西域外國人外，中國人則晉朝唐朝和尚能通梵文，當能得正確之解，其餘多是望文生義，不足道也。隋智者大師天台宗之祖師。其解悉檀二字，錯得可笑。（見法華玄義。）好在台宗乃儒家五經正義二疏之體。説佛經，與禪宗之自成一派。與印度無關者相同。亦不要緊也。（禪宗自謂由迦葉傳心，係據護法因緣傳。現此書已證明爲僞造。達磨之説我甚疑之。）舊藏文既一時不能得，中國大藏，吾頗不欲失此機會，惟無可如何耳。又蒙古滿洲回文書，我皆欲得。可寄此函至北京，如北京有滿蒙回藏文書，價廉者，請大哥五哥代我收購，久後恐益難得矣。

（原載一九二三年八月學衡貳拾期文録）

與董彦堂論殷曆譜書

大著病中匆匆拜讀一過，不朽之盛業，惟有合掌贊嘆而已。改正朔一端，爲前在昆明承教時所未及，尤覺精確新穎。冬至爲太陽至南回歸綫之點，故後一月，即建丑月爲歲首，最與自然界相符合。其次爲包含冬至之建子月，周繼殷以子月代丑月爲正月，亦與事理適合。若如傳統之説，夏在商前何以轉取寅月爲正月似難解釋。故周代文獻中，雖有以寅月爲正之實證，但是否果爲夏代所遺，猶有問題也。豳風七月詩中曆法不一致，極可注意，其「一之日」，「二之日」，是「一月之日」，「二月之日」之舊稱否？又與左傳孔子「火猶西流，司曆過也」參校，則疑以寅月爲正，乃民間歷久而誤失閏之通行曆法。遂以「托古」而屬之夏歟？

（一九四四年十一月二十七日）

讀通志柳元景沈攸之傳書後

鄭漁仲通志列傳類其南北朝諸列傳即取之南北史，世所習知者也。丁丑之冬時居北平，將南渡江左，臨發之前夕陳援庵先生垣見過，謂寅恪曰：通志柳元景傳中紀元景北征事，亦載李初古拔始末，與宋書柳元景傳相同，惟僅及首段而止。又李初古拔作李初古爲异耳。豈舊本南史柳元景傳其紀李初古拔事，元與宋書柳元景傳同，而今本南史有脱文，漁仲所見尚是未甚殘闕者耶？寅恪當時行色匆匆，未敢遽對，及抵長沙，而金陵瓦解，乃南馳蒼梧瘴海，轉徙至於蒙自，憂患疾苦之中，無書可讀，偶訪鄰舍，得見坊本通志，因一披閲之，其卷壹叁拾列傳肆玖沈攸之傳云：

沈攸之字仲達，司空慶之從父兄子也。

歸檢南史叁柒沈慶之傳附攸之傳云：

攸之字仲達，慶之從父兄子也。

又檢宋書柒肆沈攸之傳云：

沈攸之字仲達，吴興武康人，司空慶之從父兄子也。

夫漁仲之作通志，其南北朝諸列傳雖徑取南北史之本文，但南北史以家世爲主，不以朝代爲斷限。漁仲著書時，於李書稍有移割，其沈攸之傳文雖取之南史，而於攸之名上冠之以姓，此著述之體應爾自不待言。然南史比傳本文元無「司空」二字，通志忽於南史元文「慶之」二字之上增「司空」二字，其爲從宋書沈攸之傳之元文采入，而非漁仲所見之南史多此司空二字無疑也。據此推論，通志中南北朝諸列傳雖取之南北史，其間亦旁采斷代之史如宋書以補苴之，其沈攸之傳既雜糅，則其柳元景傳亦何嘗不可如是乎？惟漁仲元文是否即已如是？抑或後來寫刻遂致雜糅？初以無從獲校舊本通志，未敢遽斷，後得見友人鈔示之至治本通志沈攸之傳「慶之」之下多一「之」字外，餘皆與坊本不异，據此頗疑雜糅沈李二書即出於鄭氏之手，殆以李唐多所删削故略取沈書以補之歟？

（一九三八年）

論許地山先生宗教史之學

寅恪昔年略治佛道二家之學，然於道教僅取以供史事之補證，於佛教亦止比較原文與諸譯本字句之異同，至其微言大義之所在，則未能言之也。後讀許地山先生所著佛道二教史論文，關於教義本體俱有精深之評述，心服之餘，彌用自愧，遂捐棄故技，不敢復談此事矣。今馬季明先生屬寅恪爲地山先生紀念刊綴一言。因念地山先生學問通博，非淺識所得備論，特就所能知者言之如此，藉應季明先生之命，并舉以告世之學者。

（原載一九四一年九月追悼許地山先生紀念特刊）

吾國學術之現狀及清華之職責

二十年以前之清華，不待予言。請略陳吾國之現狀，及清華今後之責任。吾國大學之職責，在求本國學術之獨立，此今日之公論也。若將此意以觀全國學術現狀，則自然科學，凡近年新發明之學理，新出版之圖籍，吾國學人能知其概要，舉其名目，已復不易。雖地質生物氣象等學，可稱尚有相當貢獻，實乃地域材料關係所使然。古人所謂「慰情聊勝無」者，要不可遽以此而自足。西洋文學哲學藝術歷史等，苟輸入傳達，不失其真，即爲難能可貴，遑問其有所創獲。社會科學則本國政治社會財政經濟之情況，非乞靈於外人之調查統計，幾無以爲研求討論之資。教育學則與政治相通，子夏曰「仕而優則學，學而優則仕」，今日中國多數教育學者庶幾近之。至於本國史學文學思想藝術史等，疑若可以幾於獨立者，察其實際，亦復不然。近年中國古代及近代史料發見雖多，而具有統系與不涉傅會之整理，猶待今後之努力。今日全國大學未必有人焉，能授本國通史，或一代專史，而勝任愉快者。東洲鄰國以三十年來學術鋭進之故，其關於吾國歷史之著作，非復國人所能追步。昔元裕之、危太樸、錢受之，萬季野諸人，其品格之隆汙，學術之歧异，不可以一概論；然其心意中有一共同觀念，即國可亡，而史不可滅。今日國雖倖存，而國史已失其正統，若起先民於地下，其感慨如何？今日與支那語同系諸語言，猶無精密之調查研究，故難以測定國語之地位，及辨别其源流，治國語學者又多無暇爲歷史之探討，及方言之調查，論其現狀，似尚注重宣傳方面。國文則全國大學所研究者，皆不求通解及剖析吾民族所承受文化之内容，爲一種人文主義之教育，雖有賢者，勢不能不以創造文學爲旨歸。殊不知外國大學之治其國文者，趨向固有异於是也。近年國内本國思想史之著作，幾盡爲先秦及兩漢諸子之論文，殆皆師法昔賢「非三代兩漢之書不敢觀者。」何國人之好古，一至於斯也。關於本國藝術史材料，其佳者多遭毁損，或流散於東西諸國，或秘藏於權豪之家，國人聞見尚且不能，更何從得而研究？其僅存於公家博物館者，則高其入覽券之價，實等於半公開，又因經費不充，展列匪易，以致藝術珍品不分時代，不别宗派，紛然雜陳，恍惚置身於廠甸之商肆，安能供研究者之參考？但此缺點，經費稍裕，猶易改良。獨至通國無一精善之印刷工廠，則雖保有國寶，而乏傳真之工具，何以普及國人，資其研究？故本國藝術史學若俟其發達，猶邈不可期。最後則圖書館事業，雖歷年會議，建議之案至多，而所收之書仍少，今日國中幾無論爲何種專門研究，皆苦圖書館所藏之材料不足；蓋今世治學以世界爲範圍，重在知彼，絶非閉户造車之比。况中西目録版本之學問，既不易講求，購置搜羅之經費精神復多所制限。近年以來，奇書珍本雖多發見，其入於外國人手者固非國人之得所窺，其幸而見收於本國私家者，類皆視爲奇貨，秘不示人，或且待善價而沽之异國，彼輩既不能利用，或無暇利用，不唯孤負此種新材料，直爲中國學術獨立之罪人而已。夫吾國學術之現狀如此，全國大學皆有責焉，而清華爲全國所最屬望，以謂大可有爲之大學，故其職責尤獨重，因於其二十週年紀念時，直質不諱，拈出此重公案，實係吾民族精神上生死一大事者，與清華及全國學術有關諸君試一參究之。以爲如何？

（原載一九三一年五月國立清華大學二十週年紀念特刊）

陳寅恪先生文集

金明館叢稿初編

陳寅恪 著

中國書局

目次

自序……一
附記……二
天師道與濱海地域之關係……三
書世説新語文學類鍾會撰四本論始畢條後……四八
述東晋王導之功業……五六
魏書司馬叡傳江東民族條釋證及推論……七九
崔浩與寇謙之……一二一
支愍度學説考……一五九
桃花源記旁證……一八八
陶淵明之思想與清談之關係……二〇一
書魏書蕭衍傳後……二三〇
讀哀江南賦……二三四

論隋末唐初所謂「山東豪杰」……二四三
記唐代之李武韋楊婚姻集團……二六六
論唐代之蕃將與府兵……二九六
李太白氏族之疑問……三一〇
書唐才子傳康洽傳後……三一四
論韓愈……三一八
讀東城老父傳……三三三
劉復愚遺文中年月及其不祀祖問題……三四二
四聲三問……三六五
從史實論切韵……三八〇

自序

此舊稿不拘作成年月先後，亦不論其内容性質，但隨手便利，略加補正，寫成清本，即付梓人，以免再度散失，殊不足言著述也。

一九六三年歲次癸卯陳寅恪識於廣州金明館

附記

此編之校補，承黄萱、胡守爲、周連寬諸先生相助，得以告成，特附記於此，以表謝意。

天師道與濱海地域之關係

一、引言

東晋孫恩之亂與濱海地域之關係，舊史紀之已詳，且爲世人所習知者也。若通計先後三百餘年間之史實，自後漢順帝之時，迄於北魏太武劉宋文帝之世，凡天師道與政治社會有關者，如漢末黄巾米賊之起原，西晋趙王倫之廢立，東晋孫恩之作亂，北魏太武之崇道，劉宋二凶之弑逆，以及東西晋、南北朝人士所以奉道之故等，悉用濱海地域一貫之觀念以爲解釋者，則尚未之見。故不自量，鈎索綜合，成此短篇。或能補前人之所未逮，而爲讀國史者别進一新解歟？

二、黄巾米賊之起原

自戰國騶衍傳大九州之説，至秦始皇、漢武帝時方士迂怪之論，據太史公書所載（始皇本紀封禪書孟子荀卿列傳等），皆出於燕、齊之域。蓋濱海之地應早有海上交通，受外來之影響。以其不易證明，姑置不論。但神仙學説之起原及其道術之傳授，必與此濱海地域有連，則無可疑者。故漢末黄巾之亂亦不能與此區域無關係。

後漢書陸拾下襄楷傳略云：

襄楷字公矩，平原隰陰人也。好學博古，善天文陰陽之術。延熹九年，楷自家詣闕，上疏曰：「臣前上琅邪宫崇受于吉神書，不合明德。」復上書曰：「前者宫崇所獻神書，專以奉天地順五行爲本，亦有興國廣嗣之術。其文易曉。而順帝不行，故國胤不興。」初，順帝時，琅邪（琅邪當今地詳見於下第七章）宫崇詣闕，上其師于吉於曲陽泉水上所得神書百七十卷，皆縹白素朱介青首朱目，號太平清領書。其言以陰陽五行爲家，而多巫覡雜語。有司奏崇所上妖妄不經，乃收藏之。後張角頗有其書焉。

章懷太子注以地名有三曲陽，而定此曲陽爲東海之曲陽。其説云：

海州有曲陽城，北有羽潭水。而于吉、宫崇并琅邪人，蓋東海曲陽（在今江蘇省東海縣西南）是也。（凡篇中古代郡邑之名其約略相當現今何地悉附注於本文之下，以便參考。但以在海濱地域，而又與本篇主旨之説明有關者爲限。）

三國志吴書壹孫策傳注引江表傳略云：

時有道士琅邪于吉，先寓居東方，往來吴會，立精舍，燒香，讀道書，製作符水以治病。吴會人多事之。策嘗於郡城門樓上集會諸將賓客，吉趨度門下。諸將賓客三分之二下樓迎拜之，掌賓者禁呵不能止。

案，江表傳所言與時代不合，雖未可盡信，而天師道起自東方，傳於吳會，似爲史實，亦不盡誣妄。是于吉、宮崇皆海濱區域之人，而張角之道術亦傳自海濱，顯與之有關也。

又據三國志魏書捌張魯傳及後漢書壹佰伍劉焉傳等，張道陵順帝時始居蜀，本爲沛國豐（今江蘇省豐縣）人。其生與宮崇同時，（宋濂翰苑別集卷六漢天師世家叙云：「道陵建武十年生於吳之天目山。」殊不足信。故不依以爲說。）豐沛又距東海不遠，其道術淵源來自東，而不自西，亦可想見。此後漢之黄巾米賊之起原有關於海濱區域者也。

三、趙王倫之廢立

西晋八王之亂，其中心人物爲趙王倫。趙王倫之謀主爲孫秀，大將爲張林。林、秀二人晋書皆無專傳。其事迹悉見於晋書伍玖趙王倫傳中。以予考之，秀固確爲天師道之信徒，林亦疑與之同教者也。三國志魏書捌張燕傳裴注引陸機晋惠帝起居注曰：

門下通事令史張林，飛燕之曾孫。林與趙王倫爲亂，未及周年，位至尚書令、衛將軍，封郡公。尋爲倫所殺。

據此，張林爲黄巾同類黑山之苗裔，其家世傳統信仰當與黄巾相近。晋書壹佰孫恩傳云：

孫恩字靈秀，琅邪人，孫秀之族也。世奉五斗米道。

以「世奉五斗米道」之語推之，秀自當與恩同奉一教。匪獨孫秀、張林爲五斗米道中人，即趙王倫亦奉天師道者。茲移寫晉書本傳及其他史料中有關事實，略附以說明。

晉書伍玖趙王倫傳云：

趙王倫，宣帝第九子也。武帝受禪，封琅邪郡王。及之國，行東中郎將、宣威將軍。咸寧中，改封於趙。

世說新語賢媛篇注引傅暢晉諸公贊曰：

孫秀字俊忠，琅邪人。初趙王倫封琅邪，秀給爲近職小吏。倫數使秀作書疏，文才稱倫意。倫封趙，秀徙户爲趙人，用爲侍郎，信任之。

又仇隙篇注引王隱晉書曰：

岳父文德爲琅邪太守。（晉書伍伍潘岳傳云：「父芘琅邪内史。」）孫秀爲小吏給使。岳數蹴蹋秀，而不以人遇之也。

案，琅邪爲于吉、宫崇之本土，實天師道之發源地。倫始封琅邪，而又曾之國。則感受環境風習之傳染，自不足异。孫秀爲琅邪土著，其信奉天師道由於地域關係，更不待言。

又晉書趙王倫傳云：

倫、秀并惑巫鬼，聽妖邪之説。秀使牙門趙奉詐爲宣帝神語，命倫早入西宫。又言宣帝於北芒爲趙王佐助，於是別立宣帝廟於芒山，謂逆謀可成。

又云：

使楊珍晝夜詣宣帝別廟祈請，輒言宣帝謝陛下（指趙王倫），某日當破賊。拜道士胡沃爲太平將軍，以招福祐。秀家日爲淫祀，作厭勝之文，使巫祝選擇戰日。又令近親於嵩山著羽衣，詐稱仙人王喬，作神仙書，述倫祚長久以惑衆。

案，陶弘景真誥壹陸闡幽微第二謂晋宣帝爲西明公賓友，則在天師道諸鬼官中位置頗高。其所以立別廟於北芒山者，殆以鬼道儀軌祀之，不同於太廟祖宗之常祭也。三國志吴書壹孫堅傳云：「中平元年黄巾賊帥張角起於魏郡，自稱黄天泰平。」魏書捌張魯傳注引典略言：「張角（後漢書壹佰伍劉焉傳注引典略作張脩）爲太平道。」而宫崇所上于吉神書又名「太平清領書」，今倫拜道士爲將軍，以太平爲稱號。戰陣則乞靈於巫鬼。其行事如此，非天師道之信徒而何？

又云：

許超、士猗、孫會等軍既并還，乃與秀謀，或欲收餘卒出戰，或欲焚燒宫室，誅殺不附己者，挾倫南就孫旂、孟觀等，或欲乘船東走入海。

考晋書壹佰孫恩傳云：

諸賊皆燒倉廩，焚邑屋，刊木堙井，虜掠財貨，相率聚於會稽。其婦女有嬰累不能去者，囊簏盛嬰兒投於水，而告之曰：賀汝先登仙堂，我尋後就汝。

又云：

劉裕與劉敬宣并軍躡之於郁洲，恩遂遠迸海中。及桓玄用事，恩復寇臨海，太守辛景討破之。恩窮蹙，乃赴海自沉，妖黨及妓妾謂之「水仙」，投水從死者百數。

晉書捌肆劉牢之傳云：

恩浮海奄至京口，戰士十萬，樓船千餘。聞牢之已還京口，乃走郁洲。

夫郁洲爲孫恩栖泊之所。抱朴子内篇肆金丹篇云：

海中大島嶼，若徐州之鬱洲。（即郁洲，在今江蘇省灌雲縣東北，昔爲島嶼，今已與大陸連接。）

又水經注叁拾淮水篇云：

東北海中有大洲謂之郁洲，山海經所謂郁山在海中者也。言是山自蒼梧徙此云，山上猶有南方草木。今郁州治。故崔季珪之叙述初賦言：「郁州者故蒼梧之山也。心悦而怪之。聞其上有僊士石室也，乃往觀焉。見一道人獨處休休然，不談不對。顧非己及也。」

據此，可知郁洲之地爲神仙居處，而適與于吉、宫崇之神書所出處至近。孫恩、盧循武力以水師爲主，所率徒黨必習於舟檝之海畔居民。其以投水爲登「仙堂」，自沉爲成「水仙」，皆海濱宗教之特徵。孫秀之「欲乘船東走入海」，即後來其族孫敗則入海，返其舊巢之慣技。若明乎此，則知孫、盧之所以爲海嶼妖賊者，蓋有環境之薰習，家世之遺傳，决非一朝一夕偶然遭際所致。自來讀史者惜俱不知綜貫會通而言之也。

四、孫恩之亂

晋代天師道之傳播於世冑高門，本爲隱伏之勢力，若漸染及於皇族，則政治上立即發生鉅變。西晋趙王倫之廢惠帝而自立，是其一例，前已證明。東晋孫恩之亂，其主因亦由於皇室中心人物早成天師教之信徒。兹略舉數證，并附以説明。

晋書叁貳孝武文李太后傳云：

始簡文帝爲會稽王，有三子，俱夭。自道生廢黜，獻王早世，其後諸姬絶孕將十年。帝令卜者扈謙筮之。曰：後房中有一女，當育二貴男，其一終盛晋室。時徐貴人生新安公主，以德美見寵。帝常冀之有娠，而彌年無子。會有道士許邁者，朝臣時望多稱其得道。帝從容問焉，答曰：當從扈謙之言，以存廣接之道。帝然之，更加采納。又數年無子。乃令善相者召諸愛妾而示之，皆云：非其人。又悉以諸婢媵示焉。時后爲宫人，在織坊中，形長而色黑，宫人皆謂之崑崙。既至，相者驚云：此其人也。帝以大計，召之侍寢，遂生孝武帝及會稽文孝王、鄱陽長公主。

真誥捌甄命授第四（涵芬樓重印道藏本）云：

我案九合内志文曰：竹者爲北機上精，受氣於玄軒之宿也。所以圓虛内鮮，重陰含素。亦皆植根敷實，結繁衆多矣。公（寅恪案，後注云「凡云公者，皆簡文帝爲相王時也」。）試可種竹於内北宇之外，使美者游其下焉。爾乃天感機神，大致繼嗣，孕既保全，誕亦壽考。微著之興，常守利貞。此玄人之秘規，行之者甚驗。

六月二十三日中候夫人告公。（孝武壬戌生。此應是辛酉年。）

靈草廕玄方。仰感旋曜精。洗洗（詵詵）繁茂萌。重德必克昌。

紫薇夫人作。

福和者當有二子。盛德命世。（福和似是李夫人賤時小名也。今晋書名俊容。二子即孝武并弟道子也。寅恪案，俊容，晋書孝武文李太后傳作陵容，當據此改正。）

同夜中候告。

（右三條楊書。又掾寫。）

又太平御覽陸陸陸引太平經曰：

> 濮陽者不知何許人。事道專心，祈請皆驗。晉簡文廢世子無嗣時，使人祈請於陽。於是中夜有黃氣起自西南，遥墮室。爾時李皇后懷孝武。（劉敬叔异苑肆亦載此事。）

據簡文帝求嗣事，可知孝武帝及會稽王道子皆長育於天師道環境中。簡文帝字道萬，其子又名道生道子。俱足證其與天師道之關係。六朝人最重家諱，而「之」「道」等字則在不避之列，所以然之故雖不能詳知，要是與宗教信仰有關。王鳴盛因齊梁世系「道」「之」等字之名，而疑梁書南史所載梁室世系倒誤（見十七史商榷伍伍蕭氏世系條），殊不知此類代表宗教信仰之字，父子兄弟皆可取以命名，而不能據以定世次也。（參考燕京學報第四期陳垣史諱舉例第五十三南北朝父子不嫌同名例條。）又鍾嶸詩品上宋臨川太守謝靈運條云：

> 錢唐杜明師夜夢東南有人來入其館，是夕即靈運生於會稽。旬日而謝玄亡。其家以子孫難得，送靈運於杜治養之，十五方還都，故名客兒。（原注治音稚。奉道之家靖室也。）

按，仲偉所記此條，不獨可以解釋康樂所以名客兒之故，兼可以説明所以以「靈」字爲名之故。錢唐杜氏爲天師道世家（見後第七章），康樂寄養其靖室以求護佑，宜其即從其信仰以命名也。又孝武帝名曜，字昌明，其名字皆見於紫薇夫人詩中。此詩爲後來附會追作，或竟實有此詩，簡文即取其中之語以名其子，皆可不必深論。但可注意者，天師道對於竹之爲物，極稱賞其功用。琅邪王氏世奉天師道，故世傳王子猷之好竹如是之甚。（見世説新語簡傲篇、御覽叁捌玖引語林及晉書捌拾王徽之傳等。）疑不僅高人逸致，或亦與宗教信仰有關。姑附識於此，以質博雅君子。

晉書壹佰孫恩傳云：

恩叔父泰，字敬遠，師事錢唐（見下第七章）杜子恭。而子恭有秘術。子恭死，泰傳其術。然浮狡有小才，誑誘百姓，愚者敬之如神，皆竭財產，進子女，以求福慶。王珣言於會稽王道子，流之於廣州。廣州刺史王懷之以泰行鬱林太守，南越亦歸之。太子少傅王雅先與泰善，言於孝武帝，以泰知養性之方，因召還。道子以爲徐州主簿，猶以道術眩惑士庶。稍遷輔國將軍新安太守。會稽世子元顯亦數詣泰求其秘術。泰見天下兵起，以爲晉祚將終，乃扇動百姓，私集徒衆。三吴士庶多從之。於時朝士皆懼泰爲亂，以其與元顯交厚，咸莫敢言。

晉書捌肆王恭傳云：

淮陵内史虞珧子妻裴氏有服食之術，常衣黄衣，狀如天師。〔會稽王〕道子甚悦之，令與賓客談論，時人皆爲降節。恭抗言曰：未聞宰相之坐有失行婦人。坐賓莫不反側，道子甚愧之。

寅恪案，道子雖從王珣之言，暫流孫泰於廣州，但後仍召還任用，且喜裴氏服食之術，是終與天師道術有關。然則孝武帝、會稽王道子及會稽世子元顯等東晉當日皇室之中心人物皆爲天師道浸淫傳染，宜其有孫盧之亂也。

至盧循之家世及姻黨尚有可注意者。三國志魏書貳貳盧毓傳注引盧諶別傳云：

永和六年，卒於胡中，子孫過江。妖賊帥盧循，諶之曾孫。

晉書壹佰盧循傳略云：

〔盧循〕，司空從事中郎諶之曾孫也。娶孫恩妹。及恩作亂，與循通謀。

案，盧諶爲范陽涿人，似與濱海地域無關。然晉書肆肆其伯祖盧欽傳云：

累遷琅邪太守。

同卷附盧諶傳云：

〔劉〕琨妻即諶之從母，既加親愛，又重其才地。

晉書陸貳劉琨傳云：

趙王倫執政，以琨爲記室督，轉從事中郎。倫子荂，即琨姊婿也，故琨父子兄弟并爲倫所委任。及篡，荂爲皇太子，琨爲荂詹事。三王之討倫也，以琨爲冠軍、假節，與孫秀子會率宿衛兵三萬距成都王穎，琨大敗而還，焚河橋以自固。及齊王冏輔政，以其父兄皆有當世之望，故特宥之。

案，劉琨爲趙王倫死黨，盧諶既與之爲姻戚，而伯祖欽又曾官琅邪，是其家世環境殊有奉天師道之可能。故因循妻爲孫恩之妹，而疑盧氏亦五斗米世家。否則南朝士族婚嫁最重門第，以范陽盧氏之奕世高華，而連姻於妖寒之孫氏，其理殊不可解也。

又魏書玖柒島夷劉裕傳云：

其（指盧循）黨琅邪人徐道覆爲始興相。

案，徐道覆爲循之死黨，又循之姊夫（詳見晋書壹佰盧循傳）。其世系雖不可考，然爲海濱地域之人，且以其命名及姻黨之關係言之，當亦五斗米世家無疑也。

又晋書捌廢帝海西公紀云：

咸安二年十一月，妖賊盧悚遣弟子殿中監許龍晨到其門，稱太后密詔，奉迎興復。帝初欲從之，納保母諫而止。因叱左右縛之，龍懼而走。

案，此事可參閱法苑珠林陸玖破邪篇妖亂惑衆第四彭城道士盧悚條。許龍或即許邁同族，盧悚或即循同族，彭城或爲僑居之地，而非郡望。此皆無可考，不能決定（魏書玖陸僭晋司馬叡傳稱徐州小吏盧悚），姑附記於此，以見東晋末年天師道與政治之關係焉。

五、劉劭之弑逆

宋元凶劭之弑逆，實由於信惑女巫嚴道育。宋書玖玖二凶傳（南史壹肆略同）云：

上（文帝）時務在本業，勸課耕桑，使宫内皆蠶，欲以諷勵天下。有女巫嚴道育，本吴興（今浙江省舊湖州府）人。自言通靈，能役使鬼物。夫爲劫，坐没入奚官。劭姊東陽公主應閤婢王鸚鵡白公主云：「道育通靈有异術。」主乃白上，托云善蠶，求召入，見許。道育既入，自言服食，主及劭并信惑之。始興王濬素佞事劭，與劭并多過失，慮上知，使道育祈請，欲令過不上聞。道育輒云：自上天陳請，必不泄露。劭等敬事，號曰「天師」。及劭將敗，〔濬〕勸劭入海，輦珍寶繒帛下船，與劭書曰：「船故未至，尼已入臺。願與之明日决也。」人情離散，故行計不果。濬書所云尼，即嚴道育也。當時不見傳國璽，問劭，云：在嚴道育處。

隋書叁伍經籍志道經部云：

〔梁〕武帝弱年好事，先受道法，及即位，猶自上章，朝士受道者衆。三吴及邊海之際，信之逾甚。陳武世居吴興，故亦奉焉。

寅恪案，嚴道育以道字命名，生地爲吴興，號爲「天師」。又唐法琳破邪論（見道宣廣弘明集壹壹及唐彦琮護法沙門法琳别傳）歷舉古來道士破家破國爲逆亂者，如張魯孫恩之類。其中有一條云：「道育醮祭而禍宋。出宋書。」則法琳亦以嚴道育爲天師道也。凡此皆足以證其爲五斗米教中人。故南朝元嘉太初之際宫廷之慘變，實天師道傳入皇族中心所致，而其主動之人固與濱海地域有關係也。

六、魏太武之崇道

凡信仰天師道者，其人家世或本身十分之九與濱海地域有關。隋書經籍志道經部謂「三吴及邊海之際，信之逾甚」。晋書孫恩傳亦言「三吴士庶多從之（孫泰）」。蓋邊海之際本其教之發源地。三吴區域或以鄰接海濱，或以重要都會所在，居南朝政治之中心，爲北來信徒若琅邪王氏等所僑聚之地。但隋志僅就南朝言之，其實北朝亦何獨不然。兹節取舊史所載魏太武崇道事，條列於後，以證成吾説。魏書壹壹肆釋老志云：

世祖時，道士寇謙之，字輔真，南雍州刺史贊之弟，自云寇恂之十三世孫。早好仙道，有絶俗之心。少修張魯之術。

魏書肆貳寇贊傳云：

寇贊，字奉國，上谷人，因難徙馮翊萬年。父脩之，字延期，苻堅東萊太守。（東萊郡，今山東省舊登萊二府之地。）贊弟謙之有道術，世祖敬重之。

案，謙之自附於寇恂之後裔，故稱上谷人。魏收亦謂其「自云」，明不足信也。但其父既任東萊太守，即曾居濱海地域。父子俱又以「之」字命名，是其家世遺傳，環境薰習，皆與天師道有關，所以「少修張魯之術」也。

復次，元和姓纂玖去聲五十候條云：

寇，上谷昌平，恂，後漢執金吾雍奴侯，曾孫榮，榮孫孟，魏馮翊太守，徙家馮翊。

羅振玉雪堂金石文字寇臻志跋云：

志稱臻漢相威侯之裔，〔寇〕榮十世之允（胤），榮之子孫，前魏因官，遂寓馮翊。

寅恪案，寇氏實以前魏時徙居馮翊，所謂因難或因官，其真僞姑不深論，考三國魏志壹伍張既傳云：

〔張〕魯降，既説太祖拔漢中民數萬户以實長安及三輔。

故頗疑寇氏本爲米賊之黨，魏武帝平張魯，遂徙其族於馮翊，寇氏自謂徙家馮翊在前魏時，實即後漢建安時，特以其時漢祚已危，魏武已霸主專政，遂混稱爲前魏時耳。此謙之所以世修張魯道術之由來歟？（又高僧傳壹貳宋僞魏平城釋玄高傳云：「釋玄高姓魏，馮翊萬年人也，母寇氏本信外道。」是玄高之母亦謙之之族也，附記於此，以備參考。）

魏書叁伍崔浩傳略云：

崔浩，字伯淵，清河人也，白馬公玄伯之長子。初，浩父疾篤，浩乃剪爪截髮，夜在庭中仰禱斗極，爲父請命，求以身代，叩頭流血，歲餘不息。性不好老莊之書，每讀不過數十行，輒棄之。

又魏書釋老志云：

始光初，〔寇謙之〕奉其書而獻之，時朝野聞之，若存若亡，未全信也。崔浩獨异其言，因師事之，受其法術。於是上疏，賛明其事。世祖欣然崇奉天師，顯揚新法。

又魏書貳肆崔玄伯傳云：

〔苻〕堅亡，避難於齊、魯之間，爲丁零翟釗及司馬昌明叛將張願所留縶。慕容垂以爲吏部郎、尚書左丞、高陽内史。太祖征慕容寶，次於常山。玄伯棄郡，東走海濱。

又魏書叁伍崔浩傳云：

浩母盧氏，諶孫女也。

案，玄伯妻爲盧諶孫女，即孫恩妹婿盧循之姑母，是崔浩、盧循兩人實中表兄弟，其家世相傳之信仰，自屬天師道無疑。觀浩剪爪截髮，夜禱斗極，爲父請命（參閲梁書肆柒及南史伍拾庾黔婁傳），正似後來道家北斗七星延命之術。（今道藏爲字號有北斗七星燈儀及北斗本命延壽燈儀等書，此等自爲後世撰述，而佛藏密教部亦有北斗七星延命經，及其他類似之經殊多。頗疑此種禳禱之方譯出雖晚，要是天竺早已有之，道家之術或仍間接傳自西方，特不肯顯言之耳。）至其不好老莊之書者，蓋天師道之道術與老莊之玄理本自不同，此與浩之信仰天師道，并無衝突也。故浩之所以與謙之之道獨有契合，助成其事者，最主要因實在少時所受於其母之家庭教育。况浩父玄伯既避亂於齊魯之間，後復東走海濱，是浩之父系與濱海地域亦有一段因緣，不僅受母氏外家信仰之漸染而已也。（又浩宗人頤與方士韋文秀詣王屋山造金丹，見魏書叁貳北史貳肆。或亦崔氏本來奉道之旁證。）此點爲北朝佛道廢興關鍵所繫，前人似尚無言及之者，特爲發其覆如此。

七、東西晋南北朝之天師道世家

凡東西晋南北朝奉天師道之世家，舊史記載可得而考者，大抵與濱海地域有關。故青徐數州，吴會諸郡，實爲天師道之傳教區。觀風俗通玖怪神篇城陽景王祠條三國志魏書壹武帝紀注引王沈魏書詳述琅邪及青州諸郡淫祀之俗。（兼可參考後漢書肆壹劉盆子傳所載赤眉軍中常有齊巫鼓舞祠城陽景王以求福助事。）又江表傳「于吉先寓居東方，往來吴會」之語，最足以見東漢末年天師道分佈地域之情況。兹除去前已論及者外，略詮次舊記條列於後。

琅邪（晋琅邪國約當今山東省舊兗青沂萊四府東南境及膠州之地。）王氏

晋書捌拾王羲之傳云：

與道士許邁共修服食，采藥石不遠千里。次〔子〕凝之亦工草隸。仕歷江州刺史、左將軍、會稽内史。王氏世事張氏五斗米道，凝之彌篤。孫恩之攻會稽，寮佐請爲之備，凝之不從。方入靖室請禱，出語諸將曰：吾已請大道許鬼兵相助，賊自破矣。既不設備，遂爲孫恩所害。

案，真誥壹陸闡幽微第二云：「王廙爲部鬼將軍。」廙爲凝之之叔祖，既領鬼兵，更宜凝之請以相助。夫琅邪王氏爲五斗米世家，讀史者所習知。兹特上溯其先世，至於西漢之王吉，拈出地域環境與學説思想關係之公案以供學者參決，姑記其可疑者於此，非敢多所附會也。

新唐書柒貳中宰相世系表云：

王氏

元避秦亂，遷於琅邪，後徙臨沂（今山東省臨沂縣）。四世孫吉，字子陽，漢諫議大夫，始家皐虞。（漢侯國，今山東省即墨縣東北地。）後徙臨沂都鄉南仁里。生駿，字偉山，御史大夫。二子：崇、游。崇字德禮，大司空、扶平侯。生遵，字伯業，後漢中大夫、義鄉侯。生二子：旹、音。音字少玄，大將軍掾。四子：誼、叡、典、融。融字巨偉。二子：祥、覽。

晋書叁叁王祥傳云：

王祥字休徵，琅邪臨沂人，漢諫議大夫吉之後也。祖仁，青州刺史。父融，公府辟不就。

案，唐書表所載世系，其見於漢書王吉傳者，自屬可信。其後諸世當有脱誤，然爲王吉之後，要無可疑。今節録漢書柒貳王吉傳推論之。傳云：

王吉字子陽，琅邪皐虞人也。上疏言得失曰：陛下躬聖質，總萬方，帝王圖籍日陳於前，惟思世務，將興太平。公卿幸得遭遇其時，言聽諫從，然未有建萬世之長策，舉明主於三代之隆者也。其務在於期會簿書斷獄聽訟而已，此非太平之基也。臣願陛下承天心，發大業，與公卿大臣延及儒生述舊禮，明王制，敺一世之民，躋之仁壽之域，則俗何以不若成康，壽何以不若高宗？竊見當世趨務不合於道者，謹條奏，唯陛下財擇焉。吉意以爲夫婦，人倫大綱，夭壽之萌也。世俗嫁娶太早，未知爲人父母之道而有子，是以教化不明，而民多夭。聘妻送女亡節，則貧人不及，故不舉子。又漢家列侯尚公主，諸侯則國人承翁主，使男事女，夫詘於婦，逆陰陽之位，故多女亂云云。自吉至崇，皆好車馬衣服，其自奉養極爲鮮明，而亡金銀錦綉之物。及遷徙去處，所載不過囊衣，不蓄積餘財。去位家居，亦布衣疏食。天下服其廉而怪其奢，故俗傳王陽能作黃金。

案，後漢書陸拾下襄楷傳言：「順帝時，琅邪宮崇詣闕，上其師于吉於曲陽泉上水所得神書百七十卷，號太平清領書。」「專以奉天地順五行爲本，亦有興國廣嗣之術。」

章懷注引太平經興帝王篇略曰：

真人問神人曰：吾欲使帝王立致太平，豈可聞邪？神人言：但順天地之道，不失銖分，則立致太平延年不疑也。又問曰：今何故其生子少也？天師曰：今太平氣到。或有不生子者，反斷絶天地之統，使國少人。理國之道，多人則國富，少人則國貧。

案，漢書與王吉同傳者有貢禹。禹亦琅邪人。其所言調和陰陽，興致太平，減少宮女，令兒七歲乃出口錢，其旨趣與王吉相似。後來之于吉太平清領神書興國廣嗣之言，實不能外此。又漢書柒伍李尋傳載成帝時，齊人甘可忠詐造天官曆、包元太平經，其徒黨夏賀良等陳説哀帝，以爲成帝不應天命，故嗣絶，今宜急改元易號，則得延年益壽，皇子生，灾异息矣。哀帝從其議，改元太初，易號曰陳聖劉太平皇帝。其言亦與後來太平清領書所記興國廣嗣之術約略相似。殆所謂齊學，即濱海地域之學説也。夫漢書既載「俗傳王陽能作黄金」，則王陽當時所處之環境中作黄金之觀念必已盛行，然後始能致兹傳説。故據此可以推見其時社會情況。而應仲遠不明斯義，轉以此譏孟堅（見風俗通過失篇），過矣。

又真誥壹陸闡幽微第二云：

（上略）夫至廉者不食非己之食，不衣非己之布帛。王陽有似也。（原注：此目應以夷齊爲標。高士中亦多此例，而今乃舉王陽。當年淳德自然，非故爲皎潔者也。王陽先漢人也。）

（下略）

右五條皆積行獲仙，不學而得。

天師道以王吉爲得仙，此實一確證，故吾人雖不敢謂琅邪王氏之祖宗在西漢時即與後來之天師道直接有關，但地域風習影響於思想信仰者至深且鉅。若王吉貢禹甘忠可等者，可謂上承齊學有淵源，下啓天師之道術。而後來琅邪王氏子孫之爲五斗米教徒，必其地域薰習，家世遺傳，由來已久。此蓋以前讀史之人所未曾注意者也。

高平郗氏

晉書陸柒郗鑒傳云：

郗鑒字道徽，高平金鄉人。（晉高平國治昌邑，在今山東省金鄉縣西北。）趙王倫辟爲掾，知倫有不臣之迹，稱疾去職。及倫篡，其黨皆至大官，而鑒閉門自守，不染逆節。二子：愔、曇。愔字方回。與姊夫王羲之、高士許恂（詢）并有邁世之風，俱栖心絶穀，修黄老之術。子超，一字嘉賓。愔事天師道，而超奉佛。曇字重熙，子恢，字道胤。

又鑒叔父隆傳云：

隆字弘始，少爲趙王倫所善。及倫專擅，召爲散騎常侍。倫之篡也，以爲揚州刺史。齊王冏檄至，中州人在軍者皆欲赴義。隆以兄子鑒爲趙王掾，諸子悉在京洛，故猶豫未决。停檄六日，將士憤怒，扶〔王〕邃爲主而攻之，隆父子皆死。

又晉書柒柒何充傳云：

於時郗愔及弟曇奉天師道，而充與弟准崇信釋氏。謝萬譏之云：二郗諂於道，二何佞於佛。

（世説新語排調篇同。）

又世説新語術解篇云：

郗愔信道甚精勤，常患腹内惡，諸醫不可療。聞于法開有名，往迎之。既來，便脉云：君侯所患，正是精進太過所致耳。合一劑湯與之。一服即大下，去數段許紙如拳大，剖看，乃先所服符也。

又太平御覽陸陸陸引太平經云：

郗愔心尚道法，密自遵行。善隸書，與右軍相埒。手自起寫道經，將盈百卷，於今多有在者。

案，晉書壹肆地理志金鄉爲兖州高平國之屬縣，距海濱雖略遠，然觀郗氏一門在西晉時與趙王倫關係之密切如此，則郗隆父子與孫秀等實皆倫之死黨，事敗俱以身殉，不過一處中樞，一居方鎮之别耳。故以東晉時愔、曇之篤信天師道，及鑒字道徽，恢字道胤而推論之，疑其先代在西晉時即已崇奉此教，至嘉賓之奉佛，與其家風習特异者，猶之愔忠於王室，而超黨於桓氏，宗教信仰及政治趨向皆與其父背馳也。

吴郡杜氏

晉書壹佰孫恩傳云：

恩叔父泰，字敬遠，師事錢唐（見下）杜子恭。而子恭有秘術，嘗就人借瓜刀，其主求之，子恭曰：當即相還耳。既而其刀主行至嘉興，有魚躍入船中，破魚得瓜刀。其爲神效往往如此。子恭死，泰傳其術。

南齊書伍肆高逸傳云：

杜京産字景齊，吴郡錢唐人。（晋吴郡錢唐縣，今浙江省杭縣。）杜子恭玄孫也。祖運，爲劉毅衛軍參軍，父道鞠，州從事，善彈棊，世傳五斗米道，至京産及子栖。（南史柒伍隱逸傳同。）

真誥壹玖翼真檢第一真誥叙録云：

〔許〕黄民乃奉經入剡（見下）。錢唐杜道鞠（即居士京産之父）道業富盛，數相招致。於時諸人并未知尋閲經法，止禀奉而已。

又鍾嶸詩品載謝靈運寄養於錢唐杜明師家，前已論及，兹不重出。

案，杜子恭爲孫泰之師，其歷代相傳至後裔杜栖，多有時名，爲南朝天師最著之世家，而錢唐又屬濱海地域也。

會稽孔氏

晋書壹佰孫恩傳略云：

黄門郎孔道、鄱陽太守桓放之、驃騎諮議周勰等皆敬事之（指孫泰）。中書郎孔道等皆遇害。

晋書柒捌孔愉傳云：

孔愉字敬康，會稽山陰（晋會稽郡治山陰，今浙江省紹興縣。）人也。其先世居梁國。曾祖潛，太子少傅，漢末避地會稽，因家焉。吴平，愉遷於洛。惠帝末，東還會稽，入新安山中，改姓孫氏。後忽捨去，皆謂爲神人，而爲之立祠。

世説新語栖逸篇云：

孔車騎少有嘉遁意，自稱孔郎，游散名山。百姓謂有道術，爲生立廟。今猶有孔郎廟。

劉孝標注引孔愉别傳曰：

永嘉大亂，愉入臨海（晋臨海郡治章安，今浙江省臨海縣。）山中，不求聞達。

南齊書肆捌孔稚珪傳（南史肆玖孔稚珪傳同）云：

孔稚珪字德璋，會稽山陰人也。祖道隆，位侍中。父靈産，泰始中罷晋安太守。有隱遁之懷，於禹井山立館，事道精篤。吉日於静屋四向朝拜，涕泗滂沲，東出過錢塘北郭，輒於舟中遥拜杜子恭墓，自此至都，東向坐，不敢背側。

南史柒伍隱逸傳云：

孔道徽，守志業不仕，與〔杜〕京産友善。道徽父祐，至行通神，隱於四明山，（在今浙江省鄞縣西南一百五十里，餘姚縣南一百十里。）嘗見山谷中有數百斛錢，視之如瓦石不异。采樵者競取，入手即成砂礫。王僧虔與張緒書曰：孔祐，敬康曾孫也。古之遺德也。道徽少厲高行，能世其家風。

真誥壹玖翼真檢第一真誥叙録云：

元興三年京畿紛亂，〔許〕黄民乃奉經入剡（今浙江省嵊縣）。至義熙中，魯國孔默崇奉道教，爲晋安太守。（晋晋安郡故治在今福建省閩侯縣東北。）罷職，還至錢唐。聞有許郎先人得道經書俱存，乃往詣許。許不與相見，孔膝行稽顙，積有旬日，兼獻奉殷勤，用情甚至。許不獲已，始乃傳之。孔仍令晋安郡吏王興繕寫。（興善有心尚，又能書畫，故以委之。）孔還都，唯寶録而已，竟未修用。元嘉中，復爲廣州刺史。及亡後，其子熙先休先才學敏贍，竊取看覽，見大洞真經説云：誦之萬遍，則能得仙。大致譏誚，殊謂不然。以爲仙道必須丹藥鍊形，乃可超舉，豈可空積聲咏，以致羽服。兼有諸道人助毁其法。或謂不宜蓄此。因一時焚蕩，無復子遺。

宋書陸捌彭城王義康傳（南史壹叁同）云：

上（太祖）疾嘗危殆，〔祭酒魯郡孔〕胤秀等輒就尚書儀曹索晋咸康末立康帝舊事。及太祖疾豫，微聞之。〔元嘉〕十七年十月，誅大將軍録事參軍劉敬文、賊曹參軍孔邵秀、主簿孔胤秀、丹陽丞孔文秀、司空從事中郎司馬亮等。胤秀始以書記見任，漸預機密。文秀、邵秀，皆其兄也。司馬亮，孔氏中表，并由胤秀而進。

又宋書陸玖范曄傳（南史叁叁同）略云：

初，魯國孔熙先博學有縱横才志，文史星算，無不兼善。初，熙先父默之爲廣州刺史，以贓貨得罪下廷尉，大將軍彭城王義康保持之，故得免。及義康被黜，熙先密懷報效。以曄意志不滿，欲引之。極辭譬説，其意乃定。熙先素善天文，云：太祖必以非道晏駕，當由骨肉相殘。江州應出天子。以爲義康當之。有法略道人，先爲義康所供養，粗被知待。又有王國寺法静尼，亦出入義康家内，皆感激舊恩，規相拯拔，并與熙先往來，使法略罷道。本姓孫，改名景玄，以爲臧質寧遠參軍。熙先善於治病，兼能診脉。法静尼妹夫許耀，領隊在臺，宿衛殿省。嘗有病，因法静尼就熙先乞治，爲合湯一劑，耀疾即損。耀自往酬謝，熙先深相待結，因告逆謀，耀許爲内應。熙先於獄中上書，所陳并天文占候，讖（南史作誡）上有骨肉相殘之禍，其言深切。

真誥貳拾翼真檢第二云：

孔璪賤時，杜居士京産將諸經書往剡南墅大墟住，始與顧歡、戚景玄、朱僧標等數人共相料視，於是分别選出，凡有經傳四五卷，真㕳七八篇，今猶在杜家。

案，孔璪事迹見宋書捌肆及南史貳柒孔覬傳。孔覬等起兵應晋安王子勛，實璪爲之謀主，亦天師道信徒也。

又會稽孔氏其居山陰之孔愉一門及孔道隆、靈産、稚珪三世，與居剡之孔默之、孔熙先父子及孔胤秀、文秀、邵秀兄弟，是否本爲一族？不能詳考。然孔愉自謂先世居梁國，孔默之父子孔胤秀兄弟自稱魯郡，皆托爲孔子後裔，來從北方。（見新唐書柒伍下宰相世系表孔氏及林寶元和姓纂陸山陰孔氏各條。）其事之真僞，且不置論，而其俱居濱海地域，俱有與天師道相關之迹象，則無疑義。故稱之爲奉天師道之世家，當無不可。至晋書孫恩傳中敬事孫泰之黄門郎孔道即同傳下文遇害之中書郎孔道，與山陰孔氏疑是一族。南齊書孔稚珪傳稚珪祖爲侍中道隆，以稚珪父靈産奉道如此之篤推之，孔道隆恐即孔道。以唐人傳寫避諱，略書名下一字，而侍中之官或者又因死難之故所追贈歟？姑記於此，以俟考。孔熙先之爲天師道信徒，不待論。而法略本孫氏，法静妹夫許耀又爲許氏，皆有天師道家世之嫌疑。宋文帝初不死於彭城王義康及孔熙先，而卒死於元凶劭及嚴道育。其被弑之人雖殊，而俱與天師道有關則一，故謂之死於天師道之手實無不可。至於范蔚宗以謀逆誅，王西莊（十七史商榷陸壹）陳蘭甫（東塾集附申范一卷）皆著論辨誣，而不知其死由於孔熙先，熙先爲天師道世家。然則謂蔚宗之死實由於天師道，固亦無不可也。

又蔚宗之著後漢書，體大思精，信稱良史，獨方術一傳附載不經之談，竟與搜神記列仙傳無別，故在全書中最爲不類。遂來劉子玄之譏評（見史通伍采撰篇及壹柒雜説篇中諸晋史條），亦有疑其非范氏原文，而爲後人附益者（見王先謙後漢集解捌貳下黄山校補）。其實讀史者苟明乎蔚宗與天師道之關係，則知此傳全文本出蔚宗之手，不必致疑也。

義興周氏

晋書孫恩傳言驃騎諮議周勰敬事孫泰。今晋書伍捌有周勰傳，勰爲義興陽羨人，周處之孫，終以臨淮太守，然其所生時代較早，當非一人。但義興周氏實有信奉天師道之嫌疑。據晋書伍捌周勰之叔父札傳雲：

時有道士李脱者，妖術惑衆，自言八百歲，故號李八百。自中州至建鄴，以鬼道療病，又署人官位，時人多信事之。弟子李弘養徒灊山，云應讖當王。故〔王〕敦使廬江太守李恒告札及其諸兄子與脱謀圖不軌。時莚（札兄子）爲敦諮議參軍，即營中殺莚及脱、弘，又遣參軍賀鸞就沈充盡掩殺札兄弟子，既而進軍會稽，襲札。札出距之，兵散見殺。（太平御覽陸佰柒拾引集仙録，太平廣記柒引神仙傳等，皆有李八百事。）

抱朴子内篇玖道意篇云：

諸妖道百餘種，皆煞生血食。獨有李家道無爲，爲小差。或問：李氏之道起於何時？余答曰：吴太帝時，蜀中有李阿者，穴居不食，傳世見之，號爲八百歲公。後一旦忽去，不知所在。後有一人，姓李名寬，到吴，而蜀語，能祝水，治病頗愈，於是遠近翕然，謂寬爲李阿，因共呼之爲李八百，而實非也。自公卿以下，莫不雲集其門。於是避役之吏民依寬爲弟子者，恒近千人。余親識多有及見寬者。寬弟子轉相教受，佈滿江表，動有千許。

案，葛稚川之言與晋書雖有异同，今觀其所述，亦天師道之一派也。當時李氏妖黨之盛，可以想見。李恒告周札及其諸兄子與李脱同謀不軌，蓋當日李氏妖黨自吴迄晋佈滿江表，義陽周氏爲吴地世族之最著者，疑本與李氏道術有連，故王敦等得藉爲口實。故曰敬事孫泰之周勰縱非義陽周氏，而義陽周氏之勰者，固曾陷於妖黨之嫌疑，則爲史實也。

陳郡殷氏

晋書捌肆殷仲堪傳云：

殷仲堪，陳郡人也。父師，驃騎諮議參軍、晋陵太守、沙陽男。父病積年，仲堪衣不解帶，躬學醫術，究其精妙。少奉天師道，又精心事神，不吝財賄，而怠行仁義，嗇於周急，及〔桓〕玄來攻，猶勤請禱。然善取人情，病者自爲診脉分藥。

世説新語文學篇羊孚弟娶王永言女條劉孝標注引殷氏譜曰：

仲堪娶琅邪王臨之女，字英彦。

又世説新語術解篇叙仲堪伯父浩精通醫術事云：

殷中軍妙解經脉，中年都廢。有常所給使忽叩頭流血，浩問其故，云：有死事，終不可説。詰問良久，乃云：小人母年垂百歲，抱疾來久，若蒙官一脉，便有活理，訖就屠戮無恨。浩感其至性，遂令舁來，爲診脉處方。始服一劑湯便愈，於是悉焚經方。

真誥壹伍闡幽微第一云：

殷浩侍帝晨，與何晏對。

又云：

侍帝晨有八人：徐庶、龐德、爰愉、李廣、王嘉、何晏、解結、殷浩。如世之侍中。

案，殷仲堪爲陳郡長平人。陳郡非濱海地域。雖妻爲琅邪王氏，本天師道世家，然疑仲堪之奉道，必已家世相傳，由來甚久，而不可考矣。今所傳黄帝内經素問，雖出後人僞造，實爲中國醫術古籍，而與天師道有關。其天元紀大論殆即張機傷寒論序所稱陰陽大論。故其文中托爲黄帝與天師問答之語，是其明證。殷仲堪之伯父殷浩即已妙解經脉，然則仲堪之精於醫術，（隋書叁肆經籍志：子部醫方類殷荆州要方一卷，殷仲堪撰，亡。）亦當爲家門風習漸染所致，非偶因父病始從事學醫也。

故參以晋代神仙家葛洪之綜練醫術，（晋書柒貳葛洪傳。又隋書經籍志：肘後方六卷，葛洪撰。梁二卷。陶弘景補闕肘後百一方，九卷，亡。）宋代天師道世家孔熙先善療病，治愈許耀之故事（宋書陸玖范曄傳），梁代神仙家陶弘景祖孫父子之尤明醫術本草，（見梁書伍貳，南史柒陸陶弘景傳。）又云笈七籤壹佰柒下陶翊撰華陽隱居先生本起録云：「祖隆兼解藥性，常行拯救爲務。父貞寶深解藥術。」及北朝天師道世家清河崔氏一門若崔彧、崔景哲、崔景鸞、崔冏等累代皆精通醫術，爲尚藥典御（魏書玖壹術藝傳，北史貳肆。）等事實，推定陳郡殷氏爲天師道世家，明乎吾國醫術與道教之關係者，當不以此爲無稽之說也。

抱朴子之學雖有异於黄巾米賊，然實亦與之同出一源，不過流派略别耳。抱朴子之著述及其師鮑靚之行事今皆不論，僅就其家世籍貫與海濱之關係，略綴數語，以闡明此篇主旨。

丹陽葛氏及東海鮑氏

晋書柒貳葛洪傳云：

葛洪字稚川，丹楊句容人也。（句容今江蘇省句容縣。）尤好神仙導養之法。從祖玄，吴時學道得仙，號曰葛仙公。以其鍊丹秘術授弟子鄭隱。洪就隱學，悉得其法焉。後師事南海太守上黨鮑玄。玄見洪深重之，以女妻洪。洪傳玄業，并綜練醫術。

晋書玖伍藝術傳鮑靚傳云：

鮑靚，字太玄，東海人也。（晋東海郡在惠帝元康元年未分置蘭陵郡以前統縣十二，其境約當今山東省舊兖州府東南至江蘇省舊海州之地。）年五歲語父母云：本是曲陽李家兒，九歲墜井死。其父母尋訪得李氏，推問皆符驗。靚學兼内外，明天文河洛書，爲南海太守。嘗見仙人陰君，受道訣，百餘歲卒。

案，神仙之説於此可不置論。以地域言，丹陽東海皆隋書經籍志所謂「三吴及濱海之際」

者也（見上文）。然葛氏之居丹陽，亦由海濱遷來，其家世信仰蓋遠有所承受。據抱朴子自叙篇云：洪曩祖爲荆州刺史。王莽之篡，與翟義共起兵，爲莽所敗，遇赦免禍，莽乃徙君於琅邪。君之子盧佐光武，封下邳僮縣侯。托他行遂南渡江，家於句容。太平御覽陸陸叁引列仙傳作「葛洪，字稚川，琅邪人」。陶弘景吴太極左仙公葛公之碑云：「本屬琅邪，後漢驃騎僮侯盧，讓國於弟，來居此土。」（見陶弘景集及道藏虞字號譚嗣先太極葛仙翁傳。）是葛氏本琅邪人。琅邪固天師道發源之地，與史實尤相適合。又太平御覽陸陸肆引神仙傳云：「鮑觀，字太玄，琅邪人。一説上黨人。漢司徒鮑宣之後。」又太平御覽肆壹引袁宏羅浮山記云：「鮑靚，字子玄，上黨人。」考靚所以作上黨人者，蓋據漢書柒貳鮑宣傳中「宣既被刑，乃徙之上黨，遂家於長子」之語。既以靚爲宣之後裔，故宜云然。其實此類依托華胄之言，殊不足信，自無待論。而鮑靚之爲琅邪人，更不容疑也。至晋書靚傳中靚自稱「本是曲陽李家兒」之曲陽，即後漢書襄楷傳于吉「於曲陽泉水上得神書」之曲陽，章懷注所謂東海之曲陽是也。於此轉可證成靚實爲東海人，或琅邪人，皆屬濱海地域，所謂上黨人者，不過自托於子都之後裔而已。近人注晋書以鮑靚傳作東海爲誤。又以上黨與曲陽地相近，殆未詳考。（見吴士監晋書斠注柒伍鮑靚傳注。）雲笈七籤卷壹佰陸有鮑靚真人傳作陳留人。此較後之説，不如晋書等之足據也。

丹陽許氏爲南朝最著之天師道世家。據其自稱，爲漢順帝司徒汝南平輿許敬之後。敬子光始渡江，居丹陽句容。真誥卷末附有真胄世譜，詳載其世系，然細核之，殊有可疑。蓋真誥貳運象篇第二八月十七日夜保命仙君小茅口授與許長史之文云：

肇祖植德（即謂七世祖許肇也）。

又壹貳稽神樞第二云：

亦如子七世祖父許肇字子阿者有賑死之仁，拯饑之德。故令雲蔭流後，陰功垂澤，是以今得有好尚仙真之心者，亦有由而然也。此紫陽真人六月二十日受。

（右一條有掾寫。）

又壹陸闡幽微第二云：

許肇今爲東明公右帥晨。帥晨之任知世間中書監。（許肇字子阿，即長史七代祖司徒敬也。）雖有賑救之功，而非陰德，故未蒙受化。既福流後葉，方使上拔，然後爲九宮之仙耳。）

又真胄世譜云：

真誥云：「長史七世祖肇字子阿有振惠之功。」今檢譜，七世祖名敬，字鴻卿，後漢安帝時爲光禄，順帝永建元年拜司徒。（寅恪案，范氏後漢書陸順帝紀云：永建二年七月光禄勳許敬爲司徒。通鑑伍壹亦同。袁宏後漢紀繫此事於永建元年。與此同。）名字與真誥不同，未詳所以舛异。

案，許氏家譜與真誥互相舛异，毋寧信真誥爲較近真。蓋真誥中托爲保命仙君及紫陽真人等對許氏言其祖宗名字，且托爲許氏親筆記録。其事雖不可信，而此點却不應訛誤也。至家譜則於六朝時往往爲寒門攀附華族以作婚宦之資者，尤多所改易。故丹陽許氏確否自汝南南徙，尚不可知。或如葛氏之比，原自琅邪遷來。或如鮑氏之比，本爲東海，而自附於上黨，今皆無考。要之，吴地居民本多天師道信徒，許氏既世居丹陽，想其宗教信仰之遺傳必已甚久。又後漢靈帝熹平元年有會稽妖賊許昌起於勾章，自稱陽明皇帝，扇動諸縣，衆以萬數。（見三國志吴書壹孫堅傳、貳孫策傳裴注東觀漢記、後漢書捌捌臧洪傳及續漢書天文志等。）許昌既稱妖賊，又以陽明爲號，必係天師道，此許氏雖不必與丹陽之許同出一源，要爲濱海地域天師道之黨，與三張之徒先後同起者，則無可疑也。

丹陽陶氏

周嘉猷南北史世系表叁丹陽陶氏表云：

陶隱居弘景，字通明，尤著名於梁代，蓋基之裔也。世系無可考。

案，雲笈七籤壹佰柒有陶弘景從子翊字木羽者所撰華陽隱居先生本起録，詳載世系。周氏謂無可考者，非也。兹録取其有關者之語於下：

隱居先生諱弘景，字通明，丹陽人也。宅在白楊巷南岡之東。宋初土斷，仍割秣陵縣西鄉之桐下里，至今居之。十三世祖超，漢末渡江，始居丹陽。七世祖濬，交州刺史璜之弟，與孫皓俱降晋，拜議郎散騎常侍尚書。祖隆，好學，讀書善寫，兼解藥性，常行拯救爲務。父諱貞寶，善藁隸書，家貧，以寫經爲業，一紙直價四十。深解藥術。先生尤好五行陰陽，風角悉候，太一遁甲，星曆算數，山川地理，方國所産，及醫方香藥分劑，蟲鳥草木，考校名類，莫不該悉。善隸書，不類常式，別作一家，骨體勁媚。

案，陶濬附見晋書伍柒陶璜傳。璜傳云：「自基至綏四世爲交州者五人。」是陶氏一門與南部濱海之地關係至切。匪獨陶氏如是，即鮑靚、葛洪，及孫泰、盧循諸人亦莫不然。豈交廣二州之區域不但丹沙靈藥可爲修鍊之資，且因鄰近海濱，爲道教徒衆所居之地。以有信仰之環境，故其道術之吸收與傳授，較易於距海遼遠之地域歟？觀陶翊之所述，則天師道世家皆通醫藥之術，尤有確證。中國儒家雖稱格物致知，然其所彈精致意者，實僅人與人之關係。而道家則研究人與物之關係。故吾國之醫藥學術之發達出於道教之貢獻爲多。其中固有怪誕不經之説，而尚能注意於人與物之關係，較之佛教，實爲近於常識人情之宗教。然則道教之所以爲中國自造之宗教，而與自印度所輸入之佛教終有區別者，或即在此等處也。

吴興沈氏

宋書壹佰自序（南史伍柒沈約傳同）云：

初，錢唐人杜子恭（南史作杜炅，字子恭。）通靈，有道術，東土豪家及京邑貴望，并事之爲弟子，執在三之敬。〔沈〕警累世事道，亦敬事子恭。子恭死，門徒孫泰、泰弟子恩傳其業，警復事之。隆安三年，恩於會稽作亂，自稱征東將軍，三吴皆響應。〔警子〕穆夫時在會稽，恩以爲前部參軍、振武將軍、餘姚令。其年十二月二十八日，恩爲劉牢之所破，輔國將軍高素於山陰回踵埭，執穆夫及僞吴郡太守陸瓌之、吴興太守丘尫，并見害，函首送京邑。先是宗人沈預素無士行，爲警所疾。至是警聞穆夫預亂，逃藏將免矣。預以告官，警及穆夫、弟仲夫、任夫、預夫、佩夫并遇害，惟穆夫子淵子、雲子、田子、林子、虔子獲全。

梁書壹叁沈約傳（南史伍柒同）略云：

沈約，字休文，吴興武康（今浙江省武康縣）人也。祖林子，宋征虜將軍。因病，夢齊和帝以劍斷其舌，召巫視之，巫言如夢。乃呼道士奏赤章於天，稱禪代之事，不由己出。〔梁〕高祖聞赤章事，大怒，中使譴責者數焉，約懼，遂卒。

案，吴興爲濱海地域。沈約爲林子之孫，穆夫之曾孫，警之玄孫，累世奉天師道。警、穆夫皆孫恩妖黨。恩敗，幾舉族殉之。據此，則休文受其家傳統信仰之薰習，不言可知。赤章之事即其一例也。請以王獻之事證之。世説新語德行篇（參閲晋書捌拾王羲之傳附王獻之傳及太平御覽卷陸肆壹引語林）云：

王子敬病篤，道家上章應首過，問子敬由來有何异同得失？子敬云：不覺有餘事，唯憶與郗家離婚。（劉孝標注引王氏譜曰：獻之娶郗曇女，名道茂。寅恪案，以道茂之名觀之，亦郗氏奉道之旁證。）

案，沈隱侯雖歸命釋迦，平生著述如均聖論，答陶隱居難均聖論，内典序，佛記序，六道相續作佛義，形神論，神不滅論，難范縝神滅論，究竟慈悲論，千僧會願文，捨身願疏，及懺悔文等，（見廣弘明集伍、壹伍、壹玖、貳貳、貳陸、貳捌等。）皆闡明佛教之說。迨其臨終之際，仍用道家上章首過之法。然則家世信仰之至深且固，不易湔除，有如是者。明乎此義，始可與言吾國中古文化史也。

又南史叁柒沈慶之傳附僧昭傳云：

僧昭別名法朗，少事天師道士，常以甲子及甲午日夜，著黄巾，衣褐，醮於私室。時記人吉凶，頗有應驗。自云爲太山録事，幽司中有所收録，必僧昭署名。中年爲山陰縣。梁武陵王紀爲會稽太守，宴坐池亭，蛙鳴聒耳。王曰：殊廢絲竹之聽。僧昭呪厭十許口便息。及日晚，王又曰：欲其復鳴。僧昭曰：王歡已闌，今恣汝鳴。即便喧聒。又嘗校獵，中道而還。左右問其故，答曰：國家有邊事，須還處分。問何以知之，曰：向聞南山虎嘯知耳。俄而使至。

復謂人曰：吾昔爲幽司所使，實爲煩碎，今已自解。乃開匣出黄紙書，上有一大字，字不可識。曰：教分判如此。及太清初，謂親知曰：明年海内喪亂，生靈十不一存，乃苦求東歸。既不獲許，及亂，百口皆殲。

寅恪案，此吳興沈氏世事天師道之又一確證也。

八、天師道與書法之關係

東西晉南北朝之天師道爲家世相傳之宗教，其書法亦往往爲家世相傳之藝術，如北魏之崔、盧，東晉之王、郗，是其最著之例。舊史所載奉道世家與善書世家二者之符會，雖或爲偶值之事，然藝術之發展多受宗教之影響。而宗教之傳播，亦多倚藝術爲資用。治吾國佛教美藝史者類能言佛陀之宗教與建築雕塑繪畫等藝術之關係，獨於天師道與書法二者互相利用之史實，似尚未有注意及之者。因論地域關係既竟，略舉舊籍中涉及二者相互關係之記載，以質正於治吾國宗教美術史者。

魏書貳肆（北史貳壹）崔玄伯傳云：

玄伯尤善草隸行押之書，爲世摹楷。玄伯祖悦與范陽盧諶，并以博藝著名。諶法鍾繇，悦法衛瓘，而俱習索靖之草，皆盡其妙。諶傳子偃，偃傳子邈，悦傳子潛，潛傳玄伯。世不替業。

故魏初重崔盧之書。次子簡，字沖亮，一名覽，好學，少以善書知名。

又魏書叁伍（北史貳貳）崔浩傳云：

崔浩，玄伯之長子。既工書，人多托寫急就章。從少至老，初不憚勞，所書蓋以百數。浩書體勢及其先人，而妙巧不如也。世寶其迹，多裁割綴連，以爲模楷。

案，崔、盧皆天師道世家，前已證明。史云：「魏初重崔、盧之書。」然則北朝最著之能書世家即奉道之世家也。南朝能書者之家世事迹可考者較北朝爲多，兹不廣徵，僅摘録一最顯著簡單之例如下：

王羲之父子之書法，其地位不待論。兹但言亞於二王者。南齊書叁叁（南史貳壹）王僧虔傳載僧虔論書之語云：

郗愔章草亞於右軍。郗嘉賓草亞於二王。

可知即依王氏之言，郗氏父子之書亦止亞於二王。然則南朝書法自應以王、郗二氏父子爲冠，而王氏、郗氏皆天師道之世家，是南朝最著之能書世家即奉道之世家也。兹移録天師道經典數則於下，以解釋天師道與書法之關係。

真誥壹玖叙録述寫經畫符事云：

三君（楊君羲許長史謐許掾翽）手迹，楊君書最工，不今不古，能大能細。大較雖祖效郗法，筆力規矩并於二王，而名不顯者，當以地微，兼爲二王所抑故也。掾書乃是學楊，而字體勁利，偏善寫經，畫符與楊相似，鬱勃鋒勢，殆非人功所逮。長史章草乃能，而正書古拙，符又不巧，故不寫經也。

又真誥貳拾翼真檢第二孔璪賤時條注云：

樓（惠明家）鍾（義山家）間經亦互相通涉，雖各摹符，殊多麄略。唯加意潤色滑澤取好，了無復規矩鋒勢，寫經又多浮謬。至庚午歲（齊武帝永明八年）〔陶〕隱居入東陽道，諸晚學者漸效爲精。時人今知摹二王法書，而永不悟摹真經，經正起隱居手爾。亦不必皆須郭填，但一筆就畫，勢力殆不异真，至於符無大小，故宜皆應郭填也。

太平御覽陸陸陸引太平經云：

郗愔心尚道法，密自遵行。善隸書，與右軍相埒。手自起寫道經，將盈百卷，於今多有在者。

（已見前）

雲笈七籤壹佰柒陶翊撰華陽隱居先生本起録云：

〔隱居先生〕祖隆，好學讀書，善寫。父諱貞寶，善藳隸書，家貧，以寫經爲業，一紙直價四十。（已見前）

唐張彥遠法書要録貳載梁中書侍郎虞龢論書表（亦見晋書捌拾王羲之傳及太平廣記貳佰柒

書類引圖書會粹等。）云：

〔王〕羲之性好鵝。山陰曇礦（一作釀）村有一道士，養好鵝十餘。王清旦乘小船故往。意大願樂。乃告求市易，道士不與。百方譬説，不能得。道士乃言性好道，久欲寫河上公老子，縑素早辦，而無人能書。府君若能自屈書道德經各兩章，便合群以奉。羲之便住半日爲寫畢，籠鵝而歸。

法書要録叄褚遂良撰晋右軍王羲之書目（宣和書譜壹伍略同）載：

正書都五卷。共四十帖。

第二黄庭經六十行。與山陰道士。

據此，知道家學經及畫符必以能書者任之。故學道者必訪尋真迹，以供摹寫。適與學書者之訪尋碑帖無異。（可參閲道藏翔字號賈嵩撰華陽隱居先生内傳所紀。）是書法之藝術實供道教之利用。而寫經又爲一種功德。如太平經記「郗愔之性尚道法，多寫道經」。是其一例。畫符郭填之法或與後來之雙鈎有關，兹不詳論。至王右軍爲山陰道士寫經换鵝故事，無論右軍是否真有斯事，及其所書爲道德經或黄庭經？姑不深考。（參考容齋四筆伍黄庭换鵝條，程大昌考古編捌黄庭經條，演繁露壹貳换鵝是黄庭經條及袁文甕牖閒評伍等。）然此流傳後世之物語既見於梁虞龢論書表，則必爲六朝人所造作可知，昔人亦疑鵝與書法筆勢有關，故右軍好之。

如陳師道後山談叢壹云：

蘇、黄兩公皆喜書，不能懸手。逸少非好鵝，效其腕頸耳。正謂懸手轉腕。而蘇公論書，以手抵案，使腕不動爲法，此其异也。（參考葉夢得石林避暑録話肆，晋史言王逸少性愛鵝條引張正素語。）

又包世臣藝舟雙楫伍述書上云：

其要在執筆，食指須高鈎，大指加食指中指之間，使食指如鵝頭昂曲者。中指内鈎，小指貼〔無〕名指外距，如鵝之兩掌撥水者。故右軍愛鵝，玩其兩掌行水之勢也。

寅恪案，後山及安吴之説特善於附會耳，非能得其真解也。據陶隱居名醫引録，鵝列上品。唐孟詵食療本草則以鵝爲「與服丹石人相宜」。（悉見唐慎微重修政和經史證類本草壹玖及李時珍本草綱目肆柒禽部所引。）本草藥物之學出於道家。抱朴子内篇壹壹仙藥篇引神農經曰：「上藥令人身安命延，昇天神，遨游上下，使役萬靈，體生毛羽，行厨立至。」又名醫别録（重修政和經史證類本草壹所引）云：「上藥一百二十種。爲君，主養命以應天。無毒，多服久服不傷人。欲輕身益氣不老延年者，本上經。」然則依醫家言，鵝之爲物，有解五臟丹毒之功用，既於本草列爲上品，則其重視可知。醫家與道家古代原不可分。故山陰道士之養鵝，與右軍之好鵝，其旨趣實相契合，非右軍高逸，而道士鄙俗也。道士之請右軍書道經，及右軍之爲之寫者，亦非道士僅爲愛好書法，及右軍喜此鶃鶃之群有合於執筆之姿勢也，實以道經非倩能書者寫之不可。寫經又爲宗教上之功德，故此段故事適足表示道士與右軍二人之行事皆有天師道信仰之關係存乎其間也。此雖末節，然涉及宗教與藝術相互之影響，世人每不能得其真諦，因并附論及之。（太平御覽壹壹玖引世説云：「會稽有孤居老姥養一鵝。王逸少爲太守，既求市之，未得。乃徑觀之。姥聞二千石當來，即烹以待之。逸少既至，殊喪生意，嘆息彌日。」寅恪案，晋書捌拾王羲之傳并載羲之爲山陰道士寫經換鵝，及會稽孤姥烹鵝餉羲之兩事。而烹鵝事御覽雖言出世説，然實不見於今傳本世説新語中，必非指康王之書。且此姥既不欲售其所愛之鵝於太守，何得又因太守來看，而烹鵝相餉，意義前後相矛盾至於此極，必後人依仿寫經換鵝故事，僞撰此説，而不悟其詞旨之不可通也。故據太平御覽此條殊不足以難吾所立之説。）又十六國中前蜀李氏之建國，與西晋之衰亂分裂，最有關係。而巴賨爲篤信天師道之民族，范長生本爲天師道之教主，故其拯李氏於幾亡之時，又勸其稱帝者，實有宗教之背景。否則范氏以漢族儒者，竟倒行逆施，助賨逐華。誠如夏曾佑所言，其用心殆不可解矣。（見夏氏中國歷史第三册第二章第十四節。）然此事不直接關涉濱海地域問題，若詳論之，將軼出本篇主旨之外，故不復旁及，僅附著其意於此，以供治中國宗教與政治關係史者之參究。

九、附論

東西晉南北朝時之士大夫，其行事遵周孔之名教（如嚴避家諱等），言論演老莊之自然。玄儒文史之學著於外表，傳於後世者，亦未嘗不使人想慕其高風盛況。然一詳考其内容，則多數之世家其安身立命之秘，遺家訓子之傳，實爲惑世誣民之鬼道，良可慨矣。凡前所舉此時期宫廷政治之劇變多出於天師道之陰謀，考史者自不可得而忽視。溯其信仰之流傳多起於濱海地域，頗疑接受外來之影響。蓋二種不同民族之接觸，其關於武事之方面者，則多在交通阻塞之點，即山嶺險要之地。其關於文化方面者，則多在交通便利之點，即海濱灣港之地。凡史籍所紀之大戰争，若考其殺人流血之舊墟，往往同在一地。吾國自來著述多侈言地形險要，非必盡由書生妄誕之習，喜言兵事，實亦因人類之行動如戰争者，常受地形天然之限制，故人事與地勢之關係遂往往爲讀史者議論之所及也。海濱爲不同文化接觸最先之地，中外古今史中其例頗多。斯篇之作，不過欲於此議復加一新證。并以見吾國政治革命，其興起之時往往雜有宗教神秘性質，雖至今日，尚未能盡脱此歷史之慣例。好學深思之士當能心知其意也。篇中間及逸少之换鵝，子猷之愛竹等故事，所附之新解，即謂近乎傅會，然俱有徵於舊文，倘藉此而得承教於通人，則誠著者之大幸也。兹請引世説新語言語篇王中郎令伏玄度習鑿齒論青楚人物條劉注所載彦威之言，以結此篇。其言曰：

尋其事，則未有赤眉黄巾之賊。此何如青州邪？

若更參之以後漢書劉盆子傳所記赤眉本末，應劭風俗通義玖怪神篇城陽景王祠條，及魏志壹武帝紀注引王沈魏書等，則知赤眉與天師道之祖先復有關係。故後漢之所以得興，及其所以致亡，莫不由於青徐濱海妖巫之賊黨。殆所謂「君以此始，必以此終」者歟？因其事亦軼出本文範圍，不能詳論，遂并識此意於篇末，俟他日與李蜀范長生之事共推證焉。

（原載一九三三年中央研究院歷史語言研究所集刊第叄本第肆分）

書世說新語文學類鍾會撰四本論始畢條後

世說新語文學類云：

鍾會撰四本論始畢，甚欲使嵇公一見，置懷中，既定，畏其難，懷不敢出，於户外遥擲，便回急走。

劉注云：

魏志曰：會論才性同異，傳於世。四本者，言才性同，才性異，才性合，才性離也。尚書傅嘏論同，中書令李豐論異，侍郎鍾會論合，屯騎校尉王廣論離。文多不載。

寅恪昔年撰「論陶淵明之思想與清談之關係」一文，其大旨以爲六朝之清談可分前後兩期。後期之清談僅限於口頭及紙上，純是抽象性質。故可視爲言語文學之材料。至若前期之清談，則爲當時清談者本人生活最有關之問題，純爲實際性質，即當日政治黨系之表現。故前期之清談材料乃考史論世者不可忽視之事實也。世說此條之劉注實爲前期清談重要資料，而昔年之文所未及釋證者。今略論之，以補昔文所未備也。

東漢中晚之世，其統治階級可分爲兩類人群。一爲内廷之閹宦。一爲外廷之士大夫。閹宦之出身大抵爲非儒家之寒族，所謂「乞匄攜養」之類。（三國志魏志陸袁紹傳裴注引魏氏春秋載紹檄州郡文中斥曹嵩語。）其詳未易考見，暫不置論。主要之士大夫，其出身則大抵爲地方豪族，或間以小族，然絶大多數則爲儒家之信徒也。職是之故，其爲學也，則從師受經，或游學京師，受業於太學之博士。其爲人也，則以孝友禮法見稱於宗族鄉里。然後州郡牧守京師公卿加以徵辟，終致通顯。故其學爲儒家之學，其行自必合儒家之道德標准，即仁孝廉讓等是。質言之，小戴記大學一篇所謂修身齊家治國平天下一貫之學説，實東漢中晚世士大夫自命爲其生活實際之表現。一觀後漢書黨錮傳及有關資料，即可爲例證。然在西漢初中時代，大學所言尚不過爲其時儒生之理想，而蘄求達到之境界也。（小戴記中大學一篇疑是西漢中世以前儒家所撰集。至中庸一篇，則秦時儒生之作品也。寅恪别有説，今不具論。）然則當東漢之季，其士大夫宗經義，而閹宦則尚文辭。士大夫貴仁孝，而閹宦則重智術。蓋淵源已異，其衍變所致，自大不相同也。

魏爲東漢内廷閹宦階級之代表，晋則外廷士大夫階級之代表。故魏、晋之興亡遞嬗乃東漢晚年兩统治階級之競争勝敗問題。自來史家惟以曹魏、司馬晋兩姓之關係目之，殊未盡史事之真相也。本來漢末士大夫階級之代表人袁紹，其憑藉深厚，遠過於閹宦階級之代表人曹操，而官渡一戰，曹氏勝，袁氏敗。於是當時士大夫階級乃不得不隱忍屈辱，暫與曹氏合作，但乘機恢復之念，未始或忘也。東漢末世與曹孟德合作諸士大夫，官渡戰後五十年間（官渡之戰在漢獻帝建安五年，即公元二〇〇年。司馬懿奪取曹爽政權在魏齊王芳正始十年，即公元二四九年。）多已死亡，而司馬仲達，其年少於孟德二十四歲，又後死三十一年，（曹操生於後漢桓帝永壽元年，即公元一五五年，死於獻帝建安二十五年，即公元二二〇年。司馬懿生於後漢靈帝光和二年，即公元一七九年，死於魏齊王芳嘉平三年，即公元二五一年。）乘曹氏子孫孱弱昏庸之際，以垂死之年，奮起一擊。二子師、昭承其遺業，終於顛覆魏鼎，取而代之，盡復東漢時代士大夫階級統治全盛之局。此固孟德當時所不及料，而仲達非僅如蔣濟之流，老壽久存，遂得成功。實由其堅忍陰毒，有迥出漢末同時儒家迂緩無能之上者。如晉書壹宣帝紀所云：

魏武察帝有雄豪志，聞有狼顧相，欲驗之。乃召使前行，令反顧，面正向後，而身不動。帝於是勤於吏職，夜以忘寢，至於芻牧之間，悉皆臨履，由是魏武意遂安。

可爲例證也。

夫曹孟德者，曠世之梟杰也。其在漢末，欲取劉氏之皇位而代之，則必先摧破其勁敵士大夫階級精神上之堡壘，即漢代傳統之儒家思想，然後可以成功。讀史者於曹孟德之使詐使貪，唯議其私人之過失，而不知此實有轉移數百年世局之作用，非僅一時一事之關係也。今移録孟德求才三令，而略論釋之於下。

三國志魏志壹武帝紀建安十五年云：

〔建安〕十五年春，下令曰：自古受命及中興之君，曷嘗不得賢人君子與之共治天下者乎？及其得賢也，曾不出閭巷，豈幸相遇哉？上之人不求之耳。今天下尚未定，此特求賢之急時也。孟公綽爲趙、魏老則優，不可以爲滕、薛大夫。若必廉士而後可用，則齊桓其何以霸世？今天下得無有被褐懷玉，而釣於渭濱者乎？又得無盜嫂受金，而未遇無知者乎？二三子其佐我明揚仄陋，唯才是舉，吾得而用之。

〔建安十九年〕十二月乙未令曰：夫有行之士，未必能進取，進取之士，未必能有行也。陳平豈篤行，蘇秦豈守信邪？而陳平定漢業，蘇秦濟弱燕。由此言之，士有偏短，庸可廢乎？有司明思此義，則士無遺滯，官無廢業矣。

〔建安二十二年裴注引魏書曰：〕秋八月，令曰：昔伊摯、傅説出於賤人，管仲，桓公賊也，皆用之以興。蕭何、曹參，縣吏也，韓信、陳平負汙辱之名，有見笑之耻，卒能成就王業，聲著千載。吴起貪將，殺妻自信，散金求官，母死不歸。然在魏，秦人不敢東向，在楚，則三晋不敢南謀。今天下得無有至德之人放在民間，及果勇不顧，臨敵力戰；若文俗之吏，高才异質，或堪爲將守；負汙辱之名，見笑之行，或不仁不孝而有治國用兵之術。其各舉所知，勿有所遺。

東漢外廷之主要士大夫，既多出身於儒家大族，如汝南袁氏及弘農楊氏之類，則其修身治家之道德方法亦將以之適用於治國平天下，而此等道德方法皆出自儒家之教義，所謂「禹貢治水」，「春秋決獄」，以及「通經致用」，「國身通一」，「求忠臣於孝子之門」者，莫不指是而言。凡士大夫一身之出處窮達，其所言所行均無敢出此範圍，或違反此標准者也。此範圍即家族鄉里，此標准即仁孝廉讓。以此等範圍標准爲本爲體。推廣至於治民治軍，爲末爲用。總而言之，本末必兼備，體用必合一也。孟德三令，大旨以爲有德者未必有才，有才者或負不仁不孝貪詐之污名，則是明白宣示士大夫自來所遵奉之金科玉律，已完全破産也。由此推之，則東漢士大夫儒家體用一致及周孔道德之堡壘無從堅守，而其所以安身立命者，亦全失其根據矣。故孟德三令，非僅一時求才之旨意，實標明其政策所在，而爲一政治社會道德思想上之大變革。顧亭林論此，雖極駭嘆（日知録壹叁正始條），然尚未盡孟德當時之隱秘。蓋孟德出身閹宦家庭，而閹宦之人，在儒家經典教義中不能取有政治上之地位。若不對此不兩立之教義，摧陷廓清之，則本身無以立足，更無從與士大夫階級之袁氏等相競争也。然則此三令者，可視爲曹魏皇室大政方針之宣言。與之同者，即是曹黨，與之异者，即是與曹氏爲敵之黨派，可以斷言矣。

夫仁孝道德所謂性也。治國用兵之術所謂才也。當魏晋興亡遞嬗之際，曹氏司馬氏兩黨皆作殊死之鬥争，不獨見於其所行所爲，亦見於其所言所著。四本論之文，今雖不存，但四人所立之同异合離之旨，則皆俱在。苟就論主之旨意，以考其人在當時政治上之行動，則孰是曹魏之黨，孰是司馬晋之黨，無不一一明顯。職是之故，寅恪昔文所論，清談在其前期乃一政治上黨派分野向背從違之宣言，而非空談或紙上之文學，亦可以無疑矣。兹更略徵舊籍，以證實之於下。

三國志魏志貳壹傅嘏傳略云：

曹爽秉政，何晏爲吏部尚書。嘏謂爽弟羲曰：何平叔外静而内銛，巧好利，不念務本。吾恐必先惑子兄弟，仁人將遠，而朝政廢矣。晏等遂與嘏不平，因微事以免嘏官。起家拜滎陽太守，不行。太傅司馬宣王請爲從事中郎。曹爽誅，爲河南尹，遷尚書。正元二年春，毌丘儉、文欽作亂。或以司馬景王不宜自行，可遣太尉孚往，惟嘏及王肅勸之。景王遂行。以嘏守尚書僕射，俱東。儉、欽破敗，嘏有謀焉。及景王薨，嘏與司馬文王徑還洛陽，文王遂以輔政。以功進封陽鄉侯。

三國志魏志貳捌鍾會傳略云：

毌丘儉作亂，大將軍司馬景王東征，會從，典知密事，衛將軍司馬文王爲大軍後繼。景王薨於許昌，文王總統六軍，會謀謨帷幄。時中詔敕尚書傅嘏，以東南新定，權留衛將軍屯許昌，爲内外之援，令嘏率諸軍還。會與嘏謀，使嘏表上，輒與衛將軍俱發，還到雒水南屯住。於是朝廷拜文王爲大將軍、輔政。會遷黄門侍郎，封東武亭侯，邑三百户。及〔諸葛〕誕反，車駕住項，文王至壽春，會復從行。壽春之破，會謀居多。親待日隆，時人謂之子房。以中郎在大將軍府管記室事，爲腹心之任。

據此傳、鍾皆司馬氏之死黨，其持論與東漢士大夫理想相合，本極自然之理也。

世説新語賢媛類王公淵娶諸葛誕女條劉注引魏氏春秋曰：

王廣字公淵，王凌子也。有風量才學，名重當世，與傅嘏等論才性同异，行於世。

三國志魏志貳捌王凌傳云：

〔凌子〕廣有志尚學行。〔凌敗并死，〕死時年四十餘。

三國志魏志玖夏侯尚傳略云：

中書令李豐雖宿爲大將軍司馬景王〔師〕所親待，然私心在〔夏侯〕玄。遂結皇后父光禄大夫張緝，謀欲以玄輔政。嘉平六年二月，當拜貴人，豐等欲因御臨軒，諸門有陛兵，誅大將軍。大將軍微聞其謀，請豐相見。豐不知而往，即殺之。

據此，王、李乃司馬氏之政敵。其持論與孟德求才三令之主旨符合，宜其忠於曹氏，而死於司馬氏之手也。

世説此條所記鍾士季畏嵇叔夜見難擲與疾走一事，未必盡爲實録，即令真有其事，亦非僅由嵇公之理窟詞鋒，使士季震懾避走，不敢面談。恐亦因士季此時别有企圖，尚不欲以面争過激，遂致絶交之故歟？今考嵇、鍾兩人，雖爲政治上之死敵，而表面仍相往還，終因毌丘儉舉兵，士季竟勸司馬氏殺害叔夜。世説記此一段逸事，非僅可供談助，而論古今世變者，讀書至此，亦未嘗不爲之太息也。

抑更有可論者，嵇公於魏、晋嬗替之際，爲反司馬氏諸名士之首領，其所以忠於曹魏之故，自别有其他主因，而叔夜本人爲曹孟德曾孫女婿（見三國志魏志貳拾沛穆王林傳裴注引嵇氏譜），要不爲無關。清代吕留良之反建州，固具有民族之意義，然晚村之爲明室儀賓後裔，或亦與叔夜有類似之感耶？因附論及之，以供治史論事之君子參證。

（原載中山大學學報一九五六年第叁期）

述東晉王導之功業

王鳴盛十七史商榷伍拾晉書王導傳多溢美條云：

王導傳一篇凡六千餘字，殊多溢美，要之看似煌煌一代名臣，其實乃并無一事，徒有門閥顯榮，子孫官秩而已。所謂翼戴中興稱「江左夷吾」者，吾不知其何在也。以懼婦爲蔡謨所嘲，乃斥之云：「吾少游洛中，何知有蔡克兒？」導之所以驕人者，不過以門閥耳。

寅恪案，王氏爲清代史學名家，此書復爲世所習知，而此條所言乖謬特甚，故本文考辨史實，證明茂弘實爲民族之功臣。至若斥蔡謨一節，晉書殆采自世說新語輕詆類王丞相輕蔡公條及劉注所引妒記，源出小說，事涉個人末節，無關本文宏旨，不足深論。又門閥一端乃當時政治社會經濟文化有關之大問題，不在本文範圍之内，是以亦不涉及。本文僅據當日情勢，闡明王導在東晉初期之功業一點，或可供讀史者之參考也。

東漢之末，三國鼎峙，司馬氏滅蜀篡魏，然後平吴，中國統一。吴、蜀之人同爲被征服者，而其對征服者司馬氏之政權態度不同，觀下引史料可知也。

晉書伍貳華譚傳略云：

華譚，廣陵人也。祖融，吴左將軍、録尚書事。父諝，吴黄門郎。太康中，刺史嵇紹舉譚秀才。譚至洛陽，武帝策曰：吴、蜀恃險，今既蕩平。蜀人服化，無攜貳之心；而吴人趑雎，屢作妖寇。豈蜀人敦樸，易可化誘，吴人輕鋭，難安易動乎？今將欲綏静新附，何以爲先？對曰：蜀染化日久，風教遂成；吴始初附，未改其化，非爲蜀人敦慤，而吴人易動也。然殊俗遠境，風土不同，吴阻長江，舊俗輕悍。所安之計，當先籌其人士，使雲翔閶闔，進其賢才，待以异禮；明選牧伯，致以威風；輕其賦斂，將順咸悦，可以永保無窮，長爲人臣者也。

同書陸擲賀循傳略云：

賀循，會稽山陰人也。曾祖齊，仕吴爲名將。祖景，滅賊校尉。父邵，中書令。著作郎陸機上疏薦循曰：伏見武康令賀循，前蒸陽令郭訥，皆出自新邦，朝無知己。今揚州無郎，而荆州江南乃無一人爲京城職者，誠非聖朝待四方之本心。至於才望資品，循可尚書郎，訥可太子洗馬、舍人。

寅恪案，吴、蜀之人對洛陽統治政權態度不同，雖與被征服時間之長短有關，然非其主因，其主因在兩國統治者之階級性各殊所致。蜀漢與曹魏固是死敵，但曹操出身寒族，以法術爲治。劉備雖自云漢之宗室，然淵源既遠，不能紀其世數，與漢之光武迥异，實亦等於寒族。諸葛亮爲諸葛豐之後，乃亦家世相傳之法家，故兩國施政之道正復相同。蜀亡以後，西晋政亂，洛陽政府失去統治權，然終能恢復獨立者非蜀漢舊境内之漢人，而是自漢中北徒，乘機南返之巴賓部落，蓋蜀漢境内無强宗大族之漢人組織，地方反抗力薄弱，洛陽征服者易於統治，此晋武帝所謂「蜀人服化，無攜貳之心」者是也。吴之情勢則大不然，孫氏之建國乃由江淮地域之强宗大族因漢末之擾亂，擁戴江東地域具有戰鬥力之豪族，即當時不以文化見稱之次等士族孫氏，借其武力，以求保全而組織之政權。故其政治社會之勢力全操於地方豪族之手，西晋滅吴以後，此種地方勢力并未因之消滅，所以能反抗洛陽之統治，而與蜀亡後之情勢不同也。觀陸機薦賀循之疏及華譚對晋武帝之策，皆以籠絡吴地之統治階級爲綏靖之妙用，此中關鍵不難窺知矣。後來洛陽政府亦稍采用此種綏靖政策，尚未收大效，而中州已亂，陳敏遂乘此機會據有江東，恢復孫吴故壤，此本極自然之趨勢，不足爲怪。所可怪者，陳敏何以不能如孫氏之創業垂統，歷數十年之久，基業未定，遽爾敗亡，爲世所笑，斯又吾人所應研究之問題，而當日江東地域即孫吴故壤特殊情勢之真相所在也。

晋書壹佰陳敏傳略云：

陳敏，盧江人也。少有幹能，以郡廉吏補尚書倉部令史。惠帝幸長安，四方交争，敏遂有割據江東之志。會吴王常侍甘卓自洛至，教卓假稱皇太弟命，拜敏爲揚州刺史，并假江東首望顧榮等四十餘人爲將軍、郡守，榮并僞從之。東海王軍諮祭酒華譚聞敏自相署置，而顧榮等并江東首望，悉受敏官爵，乃遺榮等書曰：陳敏倉部令史，七第頑冗，六品下才，欲躡桓王之高蹤，蹈大皇之絶軌，遠度諸賢，猶當未許也。諸君垂頭，不能建翟義之謀，而顧生俯眉，已受羈絆之辱。何顔見中州之士邪？周玘、顧榮之徒常懼禍敗，又得譚書，皆有慚色。玘、榮又説甘卓，卓遂背敏。敏單騎東奔，至江乘，爲義兵所斬。

同書伍貳華譚傳云：

顧榮先受〔陳〕敏官，而潛謀圖之。譚不悟榮旨，露檄遠近，極言其非，由此爲榮所怨。

寅恪案，陳敏之失敗由於江東之豪宗大族不與合作之故，史傳所載甚明，不待詳論。西晋末年孫吴舊壤内文化世族如吴郡顧氏等，武力豪宗如義興周氏等，皆當日最强之地方勢力，陳敏既不屬於文化世家，又非武力豪族。故華譚一檄提醒顧、周諸人之階級性，對症下藥，所以奏效若斯之神速也。東漢末年孫氏一門約相當於義興周氏之雄武，而政治社會地位則頗不及之，孫堅、策、權父子兄弟聲望才智又遠過於陳敏，此孫氏爲江淮之豪家大族所推戴，得成霸業，而陳敏則爲東吴之豪宗大族所離棄，終遭失敗也。

世説新語言語類云：

元帝始過江，謂顧驃騎曰：寄人國土，心常懷慚。榮跪對曰：臣聞王者以天下爲家，是以耿亳無定處，九鼎遷洛邑，願陛下勿以遷都爲念。

寅恪案，東晋元帝者，南來北人集團之領袖。吴郡顧榮者，江東士族之代表。元帝所謂「國土」者，即孫吴之國土。所謂「人」者，即顧榮代表江東士族之諸人。當日北人南來者之心理及江東士族對比種情勢之態度可於兩人問答數語中窺知。顧榮之答語乃允許北人寄居江左，與之合作之默契。此兩方協定既成，南人與北人戮力同心，共禦外侮，而赤縣神州免於全部陸沉，東晋南朝三百年之世局因是決定矣。

王導之功業即在勘破此重要關鍵，而執行籠絡吴地士族之政策，觀下引史料可知也。

晋書陸伍王導傳云：

〔琅邪王睿〕徙鎮建康，吴人不附，居月餘，士庶莫有至者，導患之。會〔王〕敦來朝，導謂之曰：琅邪王仁德雖厚，而名論猶輕。兄威風已振，宜有以匡濟者。會三月上巳，帝親觀禊，乘肩轝，具威儀，敦、導及諸名勝皆騎從。吴人紀瞻、顧榮，皆江南之望，竊覘之，見其如此，咸驚懼，乃相率拜於道左。導因進計曰：古之王者，莫不賓禮故老，存問風俗，虚己傾心，以招俊乂。况天下喪亂，九州分裂，大業草創，急於得人者乎？顧榮、賀循，此土之望，未若引之，以結人心。二子既至，則無不來矣。帝乃使導躬造循、榮，二人皆應命而至，由是吴會風靡，百姓歸心焉。自此之後，漸相崇奉，君臣之禮始定。

寅恪案，資治通鑒捌陸晋紀懷帝永嘉元年九月戊申琅邪王睿至建業條考异於此類有疑義，然司馬君實不過懷疑此傳文中數事有小失實處，而於王導執行籠絡江東士族之大計，仍信用此傳所載也。考司馬氏之篡魏，乃東漢儒家大族勢力之再起，晋之皇室及中州避亂南來之士大夫大抵爲東漢末年之儒家大族擁戴司馬氏集團之子孫，其與顧榮諸人雖屬不同邦土，然就社會階級言之，實爲同一氣類，此江東士族寧戴仇讎敵國之子孫以爲君主，而羞與同屬孫吳舊壤寒賤庶族之陳敏合作之故也。兹更引史料以證明王導之政策及其功業所在之關鍵如下：

世説新語政事類云：

丞相（王導）末年略不復省事，正封籙諾之，自嘆曰：人言我憒憒，後人當思此憒憒。（劉注引徐廣歷紀曰：導阿衡三世，經綸夷險，政務寬恕，事從簡易，故垂遺愛之譽也。）

同書同類又云：

丞相嘗夏月至石頭看庾公，庾公正料事。丞相云：暑，可小簡之。庾公曰：公之遺事，天下亦未以爲允。（劉注引殷羡言行曰：王公薨後，庾冰代相，網密刑峻。羡時行遇收捕者於途，慨然嘆曰：丙吉問牛喘，似不爾。嘗從容謂冰曰：卿輩自是網目不失，皆是小道小善耳，至如王公，故能行無理事。謝安石每嘆咏此唱。庾赤玉曾問羡：王公治何似，詎是所長？羡曰：其餘令績不復稱論。然三捉三治，三休三敗。）

同書規箴類云：

王丞相爲揚州遣八部從事之職，顧和時爲下傳還，同時俱見，諸從事各奏二千石官長得失，至和獨無言。王問顧曰：卿何所聞？答曰：明公作輔，寧使網漏吞舟，何緣采聽風聞，以爲察察之政。丞相咨嗟稱佳，諸從事自視缺然也。（參晋書捌叁顧和傳）

寅恪案，東漢末年曹操、袁紹兩人行政之方法不同，操刑網峻密，紹寬縱大族，觀陳琳代紹罪操之檄及操平鄴後之令可知也。司馬氏本爲儒家大族，與袁紹正同，故其奪取曹魏政權以後，其施政之道號稱平恕，其實是寬縱大族，一反曹氏之所爲，此則與蜀漢之治術有異，而與孫吴之政情相合者也。東晋初年既欲籠絡孫吴之士族，故必仍循寬縱大族之舊政策，顧和所謂「網漏吞舟」，即指此而言。王導自言「後人當思此憒憒」，實有深意。江左之所以能立國歷五朝之久，内安外攘者，即由於此。故若僅就斯點立論，導自可稱爲民族之大功臣，其子孫亦得與東晋南朝三百年之世局同其興廢。豈偶然哉！

世説新語方正類云：

王丞相初在江左，欲結援吴人，請婚陸太尉。對曰：培塿無松柏，薰蕕不同器，玩雖不才，義不爲亂倫之始。

同書排調類云：

劉真長始見王丞相，時盛暑之月，丞相以腹熨彈棊局曰：何乃渹！（劉注云：吴人以冷爲滀。）劉既出，人問見王公云何？劉曰：未見他异，唯聞作吴語耳。（劉注引語林曰：真長云丞相何奇？止能作吴語及細唾也。）

同書政事類云：

王丞相拜揚州，賓客數百人，并加霑接，人人有説色，唯有臨海一客姓任（劉注引語林曰：任名顒，時官在都，預三公坐。）及數胡人爲未洽，公因便還到過任邊云：君出，臨海便無復人。任大喜説，因過胡人前，彈指云：蘭闍！蘭闍！群胡同笑，四坐并歡。

寅恪案，後來北魏孝文帝爲諸弟聘漢人士族之女爲妃及禁止鮮卑人用鮮卑語施行漢化政策，藉以鞏固鮮卑統治地位，正與王導以籠絡吴人之故求婚陸氏强作吴語者，正復暗合。所可注意者，東晋初年江左吴人士族在社會婚姻上其對北人態度之驕傲與後來蕭齊以降迥不侔矣。吴語者當時統治階級之北人及江左吴人士族所同羞用之方言（詳見拙著從史實論切韵），王導乃不惜屈尊爲之，故宜爲北人名士所笑，而導之苦心可以推見也。臨海任姓自是吴人，故導亦曲意與之周旋。至「彈指」及「蘭闍」寅恪别有解釋，以其不在本文範圍，故不贅及，惟頗疑庾信之小字蘭成實與此有關，姑附記此重有趣之公案以待异日之參究耳。

王導籠絡吴人之例證既如上述，其他東晋初年施行之大政策可以據此類推，不必列舉。其最可注意不得不稍詳加論述者，則有元帝王導對待義興周氏一事，此事屬於北人南來之路綫及其居住地域問題，實爲江左三百年政治社會經濟史之關鍵所在，職是之故，多録史料并推論之於後：

晋書伍捌周處傳附周玘傳云：

玘宗族彊盛，人情所歸，帝疑憚之。於時中州人士佐佑王業，而玘自以爲不得調，内懷怨望，復爲刁協輕之，耻恚愈甚。時鎮東將軍祭酒東萊王恢亦爲周顗所侮，乃與玘陰謀誅諸執政，推玘及戴若思與諸南士共奉帝，以經緯世事。先是，流人帥夏鐵等寓於淮泗，恢陰書與鐵，令起兵，己當與玘以三吴應之。建興初，鐵已聚衆數百人，臨淮太守蔡豹斬鐵以聞。恢聞鐵死，懼罪，奔於玘，玘殺之，埋於豕牢。帝聞而秘之，召玘爲鎮東司馬。未到，復改授建武將軍、南郡太守。玘既南行，至蕪湖，又下令曰：玘奕世忠烈，義誠顯著，孤所欽喜。今以爲軍諮祭酒，將軍如故，進爵爲公，禄秩僚屬一同開國之例。玘忿於迴易，又知其謀泄，遂憂憤發背而卒。將卒，謂子勰曰，殺我者諸傖子，能復之，乃吾子也。吴人謂中州人曰傖，故云耳。

同書同卷周勰傳云：

〔勰〕常緘父言。時中國亡官失守之士避亂來者，多居顯位，駕御吴人，吴人頗怨。勰因之欲起兵，潛結吴興郡功曹徐馥。馥家有部曲，勰使馥矯稱叔父札命以合衆，豪俠樂亂者，翕然附之，以討王導刁協爲名。孫皓族人弼亦起兵廣德以應之。馥殺吴興太守袁琇，有衆數千，將奉札爲主。時札以疾歸家，聞而大驚，乃告亂於義興太守孔侃。勰知札不同，不敢發兵。馥黨懼，攻馥，殺之。孫弼衆亦潰，宣城太守陶猷滅之。元帝以周氏奕世豪望，吴人所宗，故不窮治，撫之如舊。

同書同卷周札傳略云：

札一門五侯，并居列位，吴士貴盛，莫與爲比，王敦深忌之。後〔周〕莚喪母，送者千數，敦益憚焉。及敦疾，錢鳳以周氏宗彊，與沈充權勢相侔，欲自托於充，謀滅周氏，使充得專威揚土，乃説敦曰：夫有國者患於彊逼，自古釁難恒必由之。今江東之豪，莫彊周、沈，公萬世之後，二族必不静矣。周彊而多俊才，宜先爲之所，後嗣可安，國家可保耳。敦納之。時有道士李脱者，妖術惑衆。弟子李弘，養徒灊山，云應讖當王。故敦使廬江太守李恒告札及其諸兄子與脱謀圖不軌。時莚爲敦諮議參軍，即營中殺莚及脱、弘，又遣參軍賀鸞就沈充盡掩殺札兄弟子，既而進軍會稽襲札。札先不知，卒聞兵至，率麾下數百人出距之。兵散見殺。及敦死，札、莚故吏并詣闕訟周氏之冤，宜加贈謚。事下八坐，尚書卞壼議以札石頭之役，開門延寇，遂使賊敦恣亂，札之責也。追贈意所未安。司徒王導議以宜與周顗、戴若思等同例。朝廷竟從導議，追贈札衛尉。

寅恪案，東晋初年孫吴舊統治階級略可分爲二類，一爲文化士族，如吴郡顧氏等是，一爲武力强宗，如義興周氏等是，前者易於籠絡，後者則難馴服，而後者之中推義興周氏爲首，錢鳳所謂「江東之豪莫彊周、沈」者，誠爲實録，蓋此等强宗具有武力經濟等地方之實力，最易與南來北人發生利害衝突，而元帝、王導委曲求全，以綏靖周氏，實由其勢力特强之故，必非有所偏愛。不過畏其地方勢力之强大而出此，斷可知也。然江東之豪族亦不止義興周氏，孫吴舊統治階級亦多不滿南來之北人，何以義興周氏一門特别憤恨北人，至於此極者，頗疑其所居住之地域與南來之北人接觸，兩不相下，利害衝突所致也。

北人南來避難約略可分爲二路綫，一至長江上游，一至長江下游，路綫固有不同，而避難人群中其社會階級亦各互异，其上層階級爲晉之皇室及洛陽之公卿士大夫，中層階級亦爲北方士族，但其政治社會文化地位不及聚集洛陽之士大夫集團，除少數人如徐澄之、臧琨等外（見晉書玖壹儒林傳徐邈傳），大抵不以學術擅長，而用武勇擅戰著稱，下層階級爲長江以北地方低等士族及一般庶族，以地位卑下及實力薄弱，遠不及前二者之故，遂不易南來避難，其人數亦因是較前二者爲特少也。兹先就至長江下游之路綫言之，下層階級大抵分散雜居於吴人勢力甚大之地域，既以人數寡少，不能成爲强有力之集團，復因政治文化地位之低下，更不敢與當地吴人抗衡，遂不得不逐漸同化於土著之吴人，即與吴人通婚姻，口語爲吴語，此等可以陳之皇室及王敬則家等爲代表，（陳霸先先娶吴興錢氏女，續娶吴興章氏即鈕氏女，見南史壹貳陳武宣章皇后傳。王敬則接士庶皆吴語，見南齊書貳陸王敬則傳。陳霸先之先世，不知其在西晋末年真爲何地人，但避難南來，定居吴興郡長城縣。王敬則之籍貫，據南史肆伍王敬則傳，本爲臨淮射陽，後僑居晋陵南沙縣。然則同爲自北而南避難過江之傖楚，俱是北來南人之下層社會階級，故雜居吴人勢力甚大之地域，遂同化於吴人也。）此等人之勢力至南齊以後終漸興起，其在東晋初年頗不重要，故本文姑置不論。

東西晋之間江淮以北次等士族避亂南來，相率渡過阻隔胡騎之長江天塹，以求保全，以人事地形便利之故，自必覓較接近長江南岸，又地廣人稀之區域，以爲安居殖産之所。此種人群在當時既非佔有政治文化上之高等地位，自不能亦不必居住長江南岸新立之首都建康及其近旁。復以人數較當時避難南來之上下兩層社會階級爲多之故，又不便或不易插入江左文化士族所聚居之吴郡治所及其近旁，故不得不擇一距新邦首都不甚遠，而又在長江南岸較安全之京口晋陵近旁一帶，此爲事勢所必致者也。據元和郡縣圖志貳伍江南道壹潤州丹陽縣條云：

新豐湖在縣東北三十里，晋元帝大興四年晋陵内使張闓所立。舊晋陵地廣人稀，且少陂渠，田多惡穢。闓創湖，成溉灌之利。初以勞役免官，後追紀其功，超爲大司農。

可知東晋初年京口晋陵一帶地廣人稀，後來此區域之發展繁盛實有賴於此種避難南來者之力也。又據元和郡縣圖志貳伍江南道壹常州義興縣條云：

晋惠帝時妖賊石冰寇亂揚土，縣人周玘創義討冰。割吴興之陽羡并長城縣之北鄉爲義興郡，以表玘功。

及宋書叁伍州郡志壹南徐州刺史條略云：

晋永嘉大亂，幽、冀、青、并、兖州及徐州之淮北流民，相率過淮，亦有過江在晋陵郡界者。晋成帝咸和四年，司空郗鑒又徙流民之在淮南者於晋陵諸縣，其徙過江南及留在江北者，并立僑郡縣以司牧之。故南徐州備有徐、兖、幽、冀、青、并、揚七州郡邑。户七萬二千四百七十二，口四十二萬六百四十。晋陵太守領户一萬五千三百八十二，口八萬一百一十三。義興太守領户一萬三千四百九十六，口八萬九千五百二十五。

世説新語捷悟類郗司空在北府桓宣武惡其居兵權條劉注引南徐州記曰：

徐州人多勁悍，號精兵，故桓温常曰：京口酒可飲，箕可用，兵可使。

晋書捌肆劉牢之傳略云：

劉牢之，彭城人也。曾祖羲，以善射事武帝，歷北地、雁門太守。父建，有武幹，爲征虜將軍。世以壯勇稱。牢之面紫赤色，鬚目驚人，而沉毅多計畫。太元初，謝玄北鎮廣陵，時苻堅方盛，玄多募勁勇，牢之與東海何謙、琅邪諸葛侃、樂安高衡、東平劉軌、西河田洛及晋陵孫無終等以驍猛應選。玄以牢之爲參軍，領精鋭爲前鋒，百戰百勝，號爲「北府兵」，敵人畏之。

宋書壹武帝紀略云：

高祖武皇帝諱裕，小名寄奴，彭城縣綏輿里人。〔曾祖〕混始過江，居晉陵郡丹徒縣之京口里。〔高祖〕乃與〔東海何〕無忌同船共還，建興復之計。於是與弟道規、沛郡劉毅、平昌孟昶、任城魏咏之、高平檀憑之、琅邪諸葛長民、太原王元德、隴西辛扈興、東莞童厚之，并同義謀。

魏書玖捌島夷蕭道成傳略云：

島夷蕭道成，晉陵武進楚也。

又同書同卷島夷蕭衍傳略云：

島夷蕭衍，亦晉陵武進楚也。

則知此種人群所住居之晉陵郡，其人口之數在當時爲較繁庶者，但尚不及周氏住居之義興郡，是周氏宗族之强大可以推見。此種北來流民爲當時具有戰鬥力之集團，易言之，即江左北人之武力集團，後來擊敗苻堅及創建宋、齊、梁三朝之霸業皆此集團之子孫也。此種人群既爲勇武之團體，而與豪宗大族之義興周氏所居之地接近，人數武力頗足對抗，其利害衝突不能相下，又不能同化，勢成仇敵，理所必然。此東晉初年義興周氏所具之特殊性，而爲元帝、王導籠絡吴人政策中最重要之一點，抑可知矣。至南來北人之上層社會階級本爲住居洛陽及其近旁之士大夫集團，在當時政治上尤其在文化上有最高之地位，晉之司馬氏皇室既捨舊日之首都洛陽，遷於江左之新都建業，則此與政治中心最有關係之集團自然隨司馬氏皇室，移居新政治中心之首都及其近旁之地。王導之流即此集團之人物，當時所謂「過江名士」者是也。但建業本爲孫吳舊都，吳人之潛在勢力甚大，又人口繁庶，其經濟情勢必非京口晋陵一帶地廣人稀空虛區域可比。此集團固佔當日新都政治上之高位，若復殖産興利，與當地吳人作經濟上之競争，則必招致吳人之仇怨，違反當日籠絡吳人之國策，此王導及其集團之人所不欲或不能爲者也。然此等人原是東漢儒家大族之子孫，擁戴司馬氏篡魏興晋，即此集團之先世所爲。其豪奢腐敗促成洛陽政權之崩潰，逃命江左，「寄人國土」，喘息稍定，舊習難除，自不能不作「求田問舍」之計，以恢復其舊日物質及精神上之享樂。新都近旁既無空虛之地，京口晋陵一帶又爲北來次等士族所佔有，至若吳郡、義興、吳興等皆是吳人勢力强盛之地，不可插入。故惟有渡過錢塘江，至吳人士族力量較弱之會稽郡，轉而東進，爲經濟之發展。觀下引此集團領袖王、謝諸家「求田問舍」之史料，可爲例證也。

晋書捌拾王羲之傳略云：

〔王〕述後檢察會稽郡，辯其刑政，主者疲於簡對。羲之深耻之，遂稱病去郡，於父母墓前自誓。羲之既去官，與東土人士盡山水之游。與吏部郎謝萬書曰：頃東游還，修植桑果。并行田視地利，頤養閑暇。

宋書陸柒謝靈運傳略云：

靈運因父祖之資，生業甚厚。奴僮既衆，義故門生數百。鑿山浚湖，功役無已。尋山陟嶺，必造幽峻，巖障千重，莫不備盡。登躡常著木履，上山則去前齒，下山去其後齒。嘗自始寧南山，伐木開徑，直至臨海，從者數百人。臨海太守王琇驚駭，謂爲山賊，徐知是靈運乃安。在會稽亦多徒衆，驚動縣邑。

寅恪案，世人以爲王右軍謝康樂爲吾國文學藝術史上特出之人物，其欣賞自然界美景之能力甚高，而浙東山水佳勝，故於此區域作「求田問舍」之計，此説固亦可通，但難解釋陽羨溪山之幽美甲於江左，而又在長江流域，王、謝諸名士何以捨近就遠，東過浙江「求田問舍」，特留此幽美之溪山，以待後賢之游賞耶？鄙意陽羨溪山雖美，然在「殺虎斬蛟」之義興周氏勢力範圍以内（可參晋書伍捌周處傳），王、謝諸名士之先世（參晋書柒玖謝安傳）及本身斷不敢亦不能與此吴地豪雄大族競争。故唯有捨幽美之勝地，遠至與王導座上群胡同類任姓客所居臨海郡接近之區域，爲養生適意之「樂園」耳。由此言之，北來上層社會階級雖在建業首都作政治之活動，然其殖産興利爲經濟之開發，則在會稽臨海間之地域。故此一帶區域亦是北來上層社會階級所居住之地也。

上述南來北人至長江下游之路綫及其居住之區域既竟，兹請再論南來北人至長江上游之路綫，及其居住之區域如下：

梁書拾蕭穎達傳略云：

兄穎胄，齊建武末行荆州事，穎達亦爲西中郎外兵參軍，俱在西府。東昏遣輔國將軍劉山陽爲巴西太守，道過荆州，密敕穎胄襲雍州。時高祖已爲備矣。仍遣穎胄親人王天虎以書疑之。山陽至，果不敢入城。穎胄計無所出，夜遣錢塘人朱景思呼西中郎城局參軍席闡文、諮議參軍柳忱閉齋定議。闡文曰：蕭雍州蓄養士馬，非復一日，江陵素畏襄陽人，人衆又不敵，取之必不可制。

寅恪案，此傳最可注意之點爲席闡文所謂「江陵素畏襄陽人」一語。此點不獨涉及梁武帝之霸業，即前此之桓玄、劉毅、沈攸之，後此之梁元帝、蕭詧諸人之興亡成敗皆與之有關也。若欲明瞭此中關鍵，必先考釋居住襄陽及江陵之南來北人爲當時何等社會階級。此種南來北人亦可分爲三等，與南來北人之遷居長江下游者之類別亦約略相似。兹爲簡便計，其下層階級南來北人與吴人雜居者，關係不重要，可置不論，只論上中兩層南來北人之階級如下：

宋書叁柒州郡志叁雍州刺史條云：

雍州刺史，晋江左立。胡亡氏亂，雍、秦流民多南出樊、沔，晋孝武始於襄陽僑立雍州，并立僑郡縣。宋文帝元嘉二十六年，割荆州之襄陽、南陽、新野、順陽、隨五郡爲雍州，而僑郡縣猶寄寓在諸郡界。孝武大明中，又分實土郡縣以爲僑郡縣境。

南齊書壹伍州郡志雍州條略云：

雍州。

新野郡。

寅恪案，史言「胡亡氐亂，雍、秦流民多南出樊、沔」。此謂永嘉南渡後事。然西晉末年中州擾亂，北人莫不欲南來，以求保全，當時具有逃避能力者自然逐漸向南移動，南陽及新野之上層士族，其政治社會地位稍遜於洛陽勝流如王導等者，則不能或不必移居江左新邦首都建業，而遷至當日長江上游都會江陵南郡近旁一帶，此不僅以江陵一地距胡族勢力較遠，自較安全；且因其爲當日長江上游之政治中心，要爲佔有政治上地位之人群所樂居者也。又居住南陽及新野地域之次等士族同時南徙至襄陽一帶。其後復值「胡亡氐亂」，雍、秦流民又南徙而至此區域。此兩種人之性質適與長江下游居住京口晉陵一帶之北人相似，俱是有戰鬥力之武人集團，宜其爲居住江陵近旁一帶之文化士族所畏懼也。請更分析解釋下引史料，以證明之：

周書肆壹庾信傳哀江南賦云：

我之掌庾承周，以世功而爲族；經邦佐漢，用論道而當官。禀嵩、華之玉石，潤河、洛之波瀾。居負洛而重世，邑臨河而晏安。逮永嘉之艱虞，始中原之乏主。民枕倚於墻壁，路交横於豺虎。

值五馬之南奔，逢三星之東聚。彼凌江而建國，此播遷於吾祖。分南陽而賜田，裂東岳而胙土。誅茅宋玉之宅，穿徑臨江之府。

隋書柒捌藝術傳庾季才傳略云：

庾季才，新野人也。八世祖滔，隨晉元帝過江，官至散騎常侍，封遂昌侯，因家於南郡江陵縣。

梁書壹玖宗夬傳略云：

宗夬，南陽湼陽人也，世居江陵。祖景，宋時徵太子庶子，不就，有高名。父繁，西中郎諮議參軍。夬少勤學，有局幹。弱冠，舉郢州秀才。齊司徒竟陵王集學士於西邸，并見圖畫，夬亦預焉。永明中，與魏和親，敕夬與尚書殿中郎任昉同接魏使，皆時選也。

南齊書伍肆劉虬傳（參南史伍拾劉虬傳）略云：

劉虬，南陽湼陽人也。舊族，徙居江陵。建元初，豫章王爲荆州，教辟虬爲別駕，與同郡宗測、新野庾易并遣書禮請。永明三年，刺史廬陵王子卿表虬及同郡宗測、宗尚之、庾易、劉昭五人，請加蒲車束帛之命。詔徵爲通直郎，不就。

世說新語栖逸類（參晉書玖肆隱逸傳劉驎之傳）略云：

南陽劉驎之高率善史傳，隱於陽岐。荆州刺史桓沖徵爲長史。（劉注引鄧粲晉紀曰：驎之字子驥，南陽安衆人。）

又同書任誕類云：

桓車騎在荆州，張玄爲侍中，使至江陵，路經陽岐村。（劉注云：村臨江，去荆州二百里。）俄見一人持半小籠生魚，徑來造船，云：有魚欲寄作膾。張乃維舟而納之，問其姓字，稱是劉遺民。（劉注引中興書曰：劉驎之一字遺民。）

吴士監晋書劉驎之傳斠注引洪亮吉東晋疆域志曰：

石首有陽岐。

寅恪案，上述北人南來之上層士族，其先本居南陽一帶，後徙江陵近旁地域，至江左政權之後期，漸次著稱。及梁元帝遷都江陵，爲此集團最盛時代。然西魏滅梁，此種士族與北方南來居住建業之上層士族遭遇侯景之亂，幸得逃命至江陵者，同爲俘虜，隨征服者而北遷，於是北方上層士族南渡之局遂因此告一結束矣。

宋書捌叁宗越傳云：

宗越，南陽葉人也。本河南人，晋亂，徙南陽宛縣，又土斷屬葉。本爲南陽次門，安北將軍趙倫之鎮襄陽。襄陽多雜姓，倫之使長史范顗之條次氏族，辨其高卑，顗之點越爲役門，出身補郡吏。

梁書玖曹景宗傳略云：

曹景宗，新野人也。父欣之，爲宋將，位至征虜將軍、徐州刺史。景宗幼善騎射。

同書拾蔡道恭傳（南史伍伍蔡道恭傳同）略云：

蔡道恭，南陽冠軍人也。父郡，宋益州刺史。〔道恭〕累有戰功。

同書同卷楊公則傳（南史伍伍楊公則傳同）略云：

楊公則，天水西縣人也。父仲懷，宋泰始初爲豫州刺史殷琰將，戰死於橫塘，公則殮畢，徒步負喪歸鄉里。（寅恪案，宋書叁柒州郡志雍州刺史條下有南天水太守及西縣令。公則之鄉里當即指此。）

同書壹貳席闡文傳（南史伍伍席闡文傳同）略云：

席闡文，安定臨涇人也。齊初，爲雍州刺史蕭赤斧中兵參軍，由是與其子穎胄善。（寅恪案，宋書叁柒州郡志秦州刺史條有安定太守。又云：晋孝武復立，寄治襄陽。闡文既爲雍州刺史府參軍，疑其家亦因晋孝武時「胡亡氏亂」南遷襄陽者也。）

同書壹柒馬仙琕傳（南史貳陸袁湛傳附馬仙琕傳同）略云：

馬仙琕，扶風郿人也。父伯鸞，宋冠軍司馬。仙琕少以果敢聞。（寅恪案，宋書叁柒州郡志雍州刺史條下有扶風太守郿縣令。）

同書壹捌康絢傳（南史伍伍康絢傳同）略云：

康絢，華山藍田人也。其先出自康居。初，漢置都護，盡臣西域，康居亦遣侍子待詔於河西，因留爲黔首，其後即以康爲姓。晉時隴右亂，康氏遷於藍田。絢曾祖因爲苻堅太子詹事，生穆，穆爲姚萇河南尹。宋永初中，穆舉鄉族三千餘家，入襄陽之峴南，宋爲置華山郡藍田縣，寄居於襄陽，以穆爲秦、梁二州刺史，未拜，卒。絢世父元隆，父元撫，并爲流人所推，相繼爲華山太守。絢少俶儻有志氣，齊文帝爲雍州刺史，所辟皆取名家，絢特以才力召爲西曹書佐。永明三年，除奉朝請。文帝在東宮，以舊恩引爲直。後以母憂去職，服闋，除振威將軍、華山太守。推誠撫循，荒餘悦服。遷前軍將軍，復爲華山太守。永元元年，義兵起，絢舉郡以應。

寅恪案，上述諸人皆屬長江上游南來北人之武力集團，本爲北方中層社會階級，即宗越傳所謂「次門」者是，與長江下游居住京口晉陵一帶之南來北人爲武力集團者正同，但其南遷之時代較晚，觀楊公則、席闡文、康絢諸傳，可知此等人其先世之南遷當在「胡亡氐亂」以後，故其戰鬥力之衰退亦較諸居住長江下游京口晉陵一帶之武力集團爲稍遲，梁武帝之興起實賴此集團之武力，梁之季年此集團之武力已不足用，故梁武不得已而改用北來降將。至陳霸先則又別用南方土著之豪族，此爲江左三百年政治社會上之大變動，本文所不能詳及者也。

總而言之，西晉末年北人被迫南徙孫吳舊壤，當時胡羯强盛，而江東之實力掌握於孫吳舊統治階級之手，一般庶族勢力微薄，觀陳敏之敗亡，可以爲證。王導之籠絡江東士族，統一內部，結合南人北人兩種實力，以抵抗外侮，民族因得以獨立，文化因得以續延，不謂民族之功臣，似非平情之論也。寅恪草此文時，距寓盧不遠，適發見一晉墓（墓在廣州河南敦和鄉客村），其甎銘曰：

永嘉世，天下災。但江南，皆康平。

永嘉世，九州空。余（餘）吴土，盛且豐。

永嘉世，九州荒。余（餘）廣州，平且康。

嗚呼！當永嘉之世，九州空荒，但僅存江南吴土尚得稱康平豐盛者，是誰之力歟？

（原載中山大學學報一九五六年第壹期）

魏書司馬叡傳江東民族條釋證及推論

（上）釋證

貉子

魏書玖陸僭晋司馬叡傳云：

中原冠帶呼江東之人皆爲貉子，若狐貉類云。巴、蜀、蠻、獠、溪、俚、楚、越，鳥聲禽呼，言語不同，猴、蛇、魚、鼈，嗜欲皆异。江山遼闊，將數千里，叡羈縻而已，未能制服其民。

寅恪案，三國志蜀志陸關羽傳裴注引典略略云：

羽圍樊，〔孫〕權遣使求助之。羽忿其淹遲，乃罵曰：貉子敢爾，如使樊城拔，吾不能滅汝邪？

世説新語惑溺篇云：

孫秀降晋，晋武帝厚存寵之，妻以姨妹蒯氏，室家甚篤。妻嘗妒，乃罵秀爲貉子。秀大不平，遂不復入。

此條劉注引太原郭氏録曰：

秀，字彦才，吴郡吴人。

寅恪案，三國志吴志陸孫匡傳附載秀傳，秀即孫權弟全之孫也。劉注又引晋陽秋曰：

蒯氏，襄陽人。祖良，吏部尚書。父鈞，南陽太守。

然則孫秀是江東土著，蒯氏復出中原冠帶之族，宜蒯之駡秀爲貉子。魏伯起之説於此可證。至關羽爲中原人（河東解），孫權爲江東人（吴郡富春），亦與伯起所言之地域民族相符也。

又晋書伍肆陸機傳略云：

初，宦人孟玖弟超并爲〔成都王〕穎所嬖寵。超領萬人爲小都督。未戰，縱兵大掠。機録其主者。超將鐵騎百餘人，直入機麾下奪之，顧謂機曰：貉奴能作督不！

寅恪案，陸機爲江東士族，孟玖兄弟雖出自寒微，然是中原人，故超亦以貉奴之名詈機也。

巴

古史民族名稱，其界説頗涉混淆，不易確定。今論巴族，依據杜君卿通典之解釋，即是南蠻中廩君一種。杜氏用范蔚宗後漢書之文，而删除其神話一節，以爲「是皆怪誕，以此不取」。

其實蔚宗述巴郡南郡蠻事，其神話采自世本，亦與其述槃瓠種蠻事，其神話采自風俗通者相同。范氏文才之士，家世奉天師道，受其教義薰習，識解如此，不足深怪也。故兹移寫通典刪節范書之文，參會晋書、魏書關於巴賓之記述，并附録杜氏所下論斷之語於下，庶幾解釋魏氏巴族之定義，即不中亦不遠矣。通典壹捌柒邊防典叁南蠻類上廩君種條（參考水經注夷水篇引盛弘之荆州記）云：

廩君種不知何代，初，巴氏、樊氏、瞫氏、相氏、鄭氏五姓皆出武落鍾離山。（原注：在今夷陵郡巴山縣。）其山有赤黑二穴，巴氏之子生於赤穴，四姓之子皆生黑穴。未有君長，共立巴氏子務相，是爲廩君。從夷水下至鹽陽，（原注：今夷陵郡巴山縣清江水，一名夷水，一名鹽水。其源出清江郡清江縣西都亭山。）廩君於是君乎夷城，四姓皆臣之。（寅恪案，此上爲君卿節録後漢書南蠻傳之文。）巴梁間諸巴皆是也。（原注：即巴漢之地。按范曄後漢史云云，是皆怪誕，以此不取。）

寅恪案，「巴梁間諸巴皆是也」一語，爲後漢書原文所無，乃杜氏依其民族姓氏及地域之名考證所得之結論，宜可信從也。

又關於杜氏之結論，更可取晋書壹貳拾李特載記及魏書玖陸賓李雄傳參證之。晋書載記之文同於後漢書南蠻傳巴郡南郡蠻條，并載廩君神話。魏晋之文亦同此條，而省去其神話。晋書壹貳拾李特載記略云：

李特，巴西宕渠人。其先廩君之苗裔也。其後種類遂繁。秦并天下，以爲黔中郡。薄賦斂之，口歲出錢四十。巴人呼賦爲賨，因謂之賨人焉。漢末，張魯居漢中，以鬼道教百姓，賨人敬信巫覡，多往奉之。值天下大亂，自巴西之宕渠遷於漢中楊車坂，號爲楊車巴。魏武帝克漢中，特祖將五百餘家歸之。魏武帝遷於略陽。北土復號之爲巴氏。

魏書玖陸賨李雄傳略云：

賨李雄，蓋廩君之苗裔也。其先居於巴西宕渠。秦并天下，爲黔中郡，薄賦其民，口出錢三十。巴人謂賦爲賨，因爲名焉。後徙櫟陽。祖慕，魏東羌獵將。慕有五子：輔、特、庠、流、驤。晉惠時，關西擾亂，頻歲大饑。特兄弟率流民數萬家就穀漢中，遂入巴蜀。

寅恪案，晉、魏二書之文，當俱源出十六國春秋。而崔書元本今已失傳，不易詳證。但崔鴻、魏收之書，俱北朝著述。其作者之環境及資料既同，書中巴族之定義，自無差异。若復取與通典論斷之語相參校，益信君卿所説爲不謬也。

又魏書柒玖董紹傳（參北史肆陸董紹傳）略云：

董紹，新蔡鮦陽人也。蕭寶夤反於長安也，紹上書求擊之，云：臣當出瞎巴三千，生噉蜀子。肅宗謂黄門徐紇曰：此巴真瞎也？紇曰：此是紹之壯辭，云巴人勁勇，見敵無所畏懼，非實瞎也。帝大笑。

及宋書玖柒夷蠻傳豫州蠻傳（參南史柒玖蠻傳豫州蠻條）略云：

豫州蠻，廩君後也。西陽有巴水、蘄水、希水、赤亭水、西歸水，謂之五水蠻。所在并深岨，種落熾盛，歷世爲盗賊。北接淮、汝，南極江、漢，地方數千里。〔元嘉〕二十九年，新蔡蠻二千餘人破大雷戍，略公私船舫，悉引入湖。

寅恪案，董紹既是新蔡人，又自稱爲巴，疑其族乃五水蠻中巴水蠻也。紹所謂蜀子者，殆指與寶夤相應援之薛鳳賢脩義等而言（見通鑒壹伍壹梁武帝大通元年正平民薛鳳賢反條等），此即所謂蜀薛者也。見下文論蜀薛條。

蜀

蜀在古代本爲一民族之名，見於尚書牧誓篇。然其問題屬於上古史之範圍，非寅恪所敢置詞。兹所論者即魏伯起既以蜀爲江東，即南朝領域内一民族之名，而於北朝史籍中，亦得下列之旁證：

魏書貳太祖紀云：

天興元年夏四月，鄜城屠各董羗、杏城盧水郝奴、河東蜀薛榆、氐帥苻興，各率其種内附。

〔天興〕二年八月，西河胡帥護諾干、丁零帥翟同、蜀帥韓䕶，并相率内附。

同書叁太宗紀云：

〔永興〕三年夏四月戊寅，河東蜀民黄思、郭綜等率營部七百餘家内屬。

〔永興〕五年夏四月，河東民薛相率部内屬。

〔泰常〕三年正月，河東胡、蜀五千餘家相率内屬。

寅恪案，綜合上列諸條，得一結論，即蜀爲一民族之名，與胡氏丁零等同。此可與魏伯起之言相印證也。又在文義上天興元年條「蜀薛」下及永興五年條「河東」下似俱有脱文，以不能得善本校勘，姑識所疑於此。

又北史叁陸薛辯傳附聰傳云：

〔河東汾陰人。〕又除羽林監。〔魏孝文〕帝曾與朝臣論海内姓地人物，戲謂聰曰：世人謂卿諸薛是蜀人，定是蜀人不？聰對曰：臣遠祖廣德，世仕漢朝，時人呼爲漢。臣九世祖永，隨劉備入蜀，時人呼爲蜀。臣今事陛下，是虜，非蜀也。帝撫掌笑曰：卿幸可自明非蜀，何乃遂復苦朕？聰因投戟而出。帝曰：薛監醉耳！其見知如此。

資治通鑒壹肆拾齊建武三年魏主雅重門族條述蜀薛事，不取北史，而采元行沖後魏國典，其文云：

衆議以薛氏爲河東茂族。〔魏孝文〕帝曰：薛氏蜀也，豈可入郡姓？直閤薛宗起執戟在殿下，出次對曰：臣之先人漢末仕蜀，二世復歸河東，今六世相襲，非蜀人也。伏以陛下黄帝之胤，受封北土，豈可亦謂之胡邪？今不預郡姓，何以生爲？乃碎戟於地。帝徐曰：然則朕甲卿乙乎？乃入郡姓。仍曰：卿非宗起，乃起宗也。

寅恪案，蜀薛之自以爲薛廣德後裔，疑與拓跋魏之自稱源出黄帝，同爲可笑之附托，固不足深論。即爲蜀漢薛永之子孫一事，恐亦有問題（參考新唐書柒叁下宰相世系表薛氏條）。總之，當時世人皆知二族之實爲蜀，爲鮮卑，而非華夏高門，則無可解免也。然拓跋之部遂生孝文帝，蜀薛之族亦産道衡，俱爲北朝漢化之代表人物。聖人「有教無類」之言，豈不信哉！

復次，北朝史中尚有紀載蜀民族之事，可與上列諸條參證者，兹并録於下：

通鑒壹伍壹梁武帝普通七年六月條（參魏書貳伍長孫道生傳附稚傳、北史貳貳長孫道生附承葉傳）云：

魏絳蜀陳雙熾聚衆反，自號始建王。魏以假鎮西將軍長孫稚爲討蜀都督。

胡注云：

蜀人徙居絳郡者，謂之絳蜀。

又北史肆伍李苗傳（今魏書柒壹李苗傳本闕，即取北史所補）云：

孝昌中，兼尚書左丞，爲西北道行臺，與大都督宗正珍孫討汾、絳蜀賊，平之。

同書叁捌裴延儁傳（參魏書陸玖裴延儁傳附慶孫傳）云：

於是賊復鳩集，北連〔劉〕蠡升，南通絳蜀，兇徒轉盛。

同書伍拾費穆傳（參魏書肆肆費穆傳）云：

孝昌中，以都督討平二絳反蜀。（寅恪案，「二絳」之義見下引魏書爾朱榮傳。）

同書陸拾李弼傳（參周書壹伍李弼傳）云：

初爲别將，從爾朱天光西討，破赤水蜀。

同書同卷侯莫陳崇傳（參周書壹陸侯莫陳崇傳）云：

從〔賀拔〕岳入關，破赤水蜀。

魏書柒肆爾朱榮傳云：

兩絳狂蜀漸已稽顙。

蠻

蠻爲南方非漢族之通稱，今傳世魏書壹佰壹蠻等傳卷末附宋人校語云：

魏收書列傳第八十九亡，史臣論蓋略北史。

是傳論出於北史，固無疑義。及詳繹蠻傳之文，復與北史不盡符同，殆采自高峻小史之類。若果如是，則此卷蠻傳亦源出魏收本書，似可據以推定伯起所謂江東領域内之蠻族，究何所指也。今魏書壹佰壹蠻傳略雲：

蠻之種類，蓋槃瓠之後，其來自久。習俗叛服，前史具之。在江淮之間，依托險阻，部落滋蔓，布於數州。東連壽春，西通上洛，北接汝潁，往往有焉。其於魏氏之時，不甚爲患，至晋之末，稍以繁昌，漸爲寇暴矣。自劉、石亂後，諸蠻無所忌憚，故其族類，漸得北遷，陸渾以南，滿於山谷。宛洛蕭條，略爲丘墟矣。

據後漢書壹壹陸南蠻傳巴郡南郡蠻廪君種條（後漢書壹下光武紀通鑑肆肆建武二十三年條同）略云：

建武二十三年，南郡潳山蠻雷遷等始反叛，寇掠百姓，遣武威將軍劉尚將萬餘人討破之，徙其種人七千餘口置江夏界中，今沔中蠻是也。

又通典壹捌柒邊防典南蠻傳上序略云：

東晋時，沔中蠻因劉、石亂後，漸徙於陸渾以南，遍滿山谷。

然則依杜氏之考釋，今魏書及北史所言北徙之蠻即沔中蠻之一族，實爲東漢初從南郡遷來者，本廪君種，而非長沙武陵之槃瓠種也。其長沙武陵槃瓠種之蠻在伯起意中既指溪族（見論溪族條），而巴郡廩君種之蠻又是伯起所謂巴族（見論巴族條），則伯起之所謂蠻，即與北朝最有關之一族，應捨范蔚宗書中南郡蠻廩君種者莫屬，乃徑指爲槃瓠種，似頗疏誤。但考之前史，民族之以蠻爲通名者，其錯雜遷徙，本難分別。若有混淆，亦不足深論。杜君卿於通典南蠻上板楯蠻條自注中所下之斷語最爲通識，附録於此，以促起讀者之注意，其言曰：

按後漢史，其在黔中五溪長沙間，則爲槃瓠之後。其在硤中巴梁間，則爲廩君之後。其後種落繁盛，侵擾州郡，或移徙交雜，亦不可得詳別焉。

獠

華陽國志玖李壽志云：

晉康帝建元二年（西曆三四四年），蜀土無獠，至是始從山出。自巴至犍爲、梓潼，布滿山谷，大爲民患。加以饑饉，境内蕭條。

晉書壹貳壹李勢載記云：

改年嘉寧。初，蜀土無獠，至此，始從山而出，北至犍爲、梓潼，布在山谷，十餘萬落，不可禁制，大爲百姓之患。

魏書壹佰壹獠傳已闕，今本爲後人所補，其文既與北史獠傳悉符，則與伯起本書异同如何，未能决定。但諸史籍所紀獠事大抵相類，伯起元著當亦不至大相懸遠也。今本魏書壹佰壹獠傳（周書肆玖獠傳略同，北史玖伍獠傳同）略云：

獠者，蓋南蠻之别種，自漢中達於邛笮川洞之間，所在皆有。（通典壹捌柒南蠻類獠條元注云：「此自漢中西南及越嶲以東皆有之。」）建國中，李勢在蜀，諸獠始出巴西、渠川、廣漢、陽安、資中，攻破郡縣，爲益州大患。勢内外受敵，所以亡也。自桓温破蜀之後，力不能制。又蜀人東流，山險之地多空，獠遂挾山傍谷。與夏人參居者，頗輸租賦。在深山者，仍不爲編户。

南齊書肆壹張融傳（南史叁貳張邵傳附融傳同）略云：

〔宋孝武〕帝曰：融殊貧，當序以佳禄。出爲封溪令。廣越嶂嶮，獠賊執融，將殺食之。

陳書玖侯瑱傳（南史陸陸侯瑱傳同）略云：

（此條應入論俚條。）

〔梁益州刺史鄱陽王〕範委以將帥之任。山谷夷獠不賓附者，并遣瑱征之。

同書同卷歐陽頠傳（南史陸陸歐陽頠傳同）略云：

〔蘭〕欽南征夷獠，擒陳文徹。（此條應入論俚條。）

據張融傳及歐陽頠傳，廣越之地似亦有獠族，但南齊書壹肆州郡志廣州及越州條，又陳書捌杜僧明傳（南史陸陸杜僧明傳同），及周文育傳（南史陸陸周文育傳同），所謂俚獠（見論俚條所引）皆俚獠二字連綴，實是聯詞。爲審慎之故，移置於論俚條中，可參互觀之也。至隋書貳玖地理志揚州條之論俚，荆州條之論蠻，捌貳南蠻傳之論俚及獠，亦可供旁證，茲不復一一徵引。

綜合言之，凡史籍之止言獠或夷獠聯文，而屬於梁益地域者，蓋獠之專名初義。伯起書之所謂獠，當即指此。至屬於廣越諸州範圍，有所謂獠，或以夷獠俚獠等連綴爲詞者，當即伯起書之俚也。獠之一名後來頗普遍用之，竟成輕賤南人之詞，如武曌之斥褚遂良，（新唐書壹佰伍褚遂良傳云：「武氏從幄後呼曰：何不撲殺此獠！」通鑒壹玖玖永徽五年九月條同。）唐德宗之詈陸贄，（异聞集上清條云：「德宗至是大悟，因怒陸贄曰：老獠奴云云。」）則不過因二人俱爲南人，（褚杭州錢塘人，陸蘇州嘉興人。）遂加以獠名耳，實與種族問題無關也。

溪

伯起所謂溪，在他書則俱作溪，實即指後漢書南蠻傳之槃瓠種蠻而言也。據後漢書壹壹陸南蠻傳略雲：

〔帝高辛氏之畜狗〕槃瓠得〔帝〕女，負而走入南山，經三年，生子一十二人，六男六女。槃瓠死後，因自相夫妻。語言侏離，今長沙武陵蠻是也。（寅恪案，此節實采自風俗通，又可參考水經注沅水篇。）

同書同卷章懷注引干寶晋紀云：

武陵、長沙、盧江、郡夷，槃瓠之後也。雜處五溪之内。

此支蠻種所以號爲溪者，與五溪地名至有關係。江左名人如陶侃及淵明亦出於溪族，最使人注意。茲特稍詳論之於下。

晋書陸陶侃傳略云：

陶侃，本鄱陽人也。吴平，徙家盧江之尋陽。侃早孤貧，爲縣吏。〔盧江太守張〕夔察侃爲孝廉，至洛陽，數詣張華。華初以遠人，不甚接遇。伏波將軍孫秀以亡國支庶，府望不顯，中華人士耻爲掾屬，以侃寒宦，召爲舍人。時豫章國郎中令楊晫，侃州里也，爲鄉論所歸。侃詣之，與同乘見中書侍郎顧榮。吏部郎温雅謂晫曰：奈何與小人共載？尚書樂廣欲會荆揚士人，武庫令黄慶進侃於廣。人或非之，或云：侃少時漁於雷澤，網得一織梭，以掛於壁。有頃雷雨，自化爲龍而去。侃有子十七人。以夏爲世子。及送侃喪還長沙，夏與〔弟〕斌及稱各擁兵數千以相圖。既而解散，斌先往長沙，悉取國中器仗財物。夏至，殺斌。庾亮上疏曰：斌雖醜惡，然骨肉至親，親運刀鋸，以刑同體，應加放黜。表未至都，而夏病卒。詔復以〔

侃子〕瞻息弘襲侃爵，卒，子綽之嗣。〔侃子〕旗性甚兇暴，卒，子定嗣。卒，子襲之嗣。卒，子謙之嗣。〔侃子〕稱，性虓勇不倫，與諸弟不協。輕將二百人下見〔庾〕亮，亮大會吏佐，責稱前後罪惡，使人於閤外收之，棄市。亮上疏曰：稱父亡，不居喪位。荒耽於酒，昧利偷榮。故車騎將軍劉弘曾孫安寓居江夏，及將楊恭、趙韶，并以言色有忤，稱放聲當殺。安、恭懼，自赴水而死。韶於獄自盡。將軍郭開從稱往長沙赴喪。稱疑開附其兄弟，乃反縛，懸頭於帆檣，仰而彈之，鼓棹渡江二十餘里，觀者數千，莫不震駭。不忠不孝，輒收稱伏法。

寅恪案，吳士監晋書斠注亦引异苑陶侃釣魚得梭化龍事。晋書士行本傳當即取之劉敬叔書也。世說新語賢媛篇載陶侃少時作魚梁吏事。劉孝標注引幽明録復有侃在尋陽取魚事，然則侃本出於業漁之賤户，無怪當日勝流初俱不以士類遇之也。又世說新語容止篇石頭事故朝廷頃覆條記庾亮畏見陶侃，而温嶠勸亮往之言曰：

溪狗我所悉，卿但見之，必無憂也。

夫太真目士行爲溪人，或沿中州冠帶輕詆吳人之舊習，非别有確證，不能遽信爲實。然據後漢書南蠻傳章懷注引干寶晋紀，知廬江郡之地即士行鄉里所在，原爲溪族雜處區域，而士行後裔一代逸民之桃花源記本屬根據實事，加以理想化之作，（詳見拙著桃花源記旁證，兹不贅論。）所云：

武陵人捕魚爲業，緣溪行。

正是一篇溪族紀實文字。士行少時既以捕魚爲業，又出於溪族雜處之廬江郡，故於太真溪狗之誚終不免有重大之嫌疑。或謂士行自鄱陽徙居廬江之尋陽，則其種族當與干寶所言無關。然晋書士行傳載其徙居在吴平之後，據晋書玖柒匈奴傳郭欽疏請徙北方戎狄，以爲「宜及平吴之威，謀臣猛將之略。」一則晋之平吴，必有遷徙吴境内少數民族之舉。郭氏遂欲仿效已行於南方之政策，更施之於北方耳。由此言之，士行之家，當是鄱陽郡内之少數民族。晋滅吴後，始被徙於廬江。令升所記，乃指吴平後溪族分處之實况。晋書陶侃傳特標「吴平」二字，殊非偶然。讀史者不必以士行之家本出鄱陽，而謂其必非溪族也。又士行本身既爲當日勝流以小人見斥，終用武功致位通顯於擾攘之際，而其諸子之凶暴虓武，爲世所駭惡。明非士族禮法之家，頗似善戰之溪人（見下引殷闡之言及論吴興沈氏條）。然則其氣類復與溪族相近，似更爲可疑也。

復次，續搜神記中載有桃花源記一篇，寅恪嘗疑其爲淵明之初稿本（見拙著桃花源記旁證），其文著録武陵捕魚爲業之溪人姓名爲黄道真，黄氏乃溪洞顯姓，周君引李綽尚書故實云：

有黄生者，擢進士第，人問與頗同房否？對曰：别洞。黄本溪洞豪姓，生故以此對。人雖咍之，亦賞其真實也。

亦可供參考。（見歷史語言研究所集刊第柒本第肆分周一良「南朝境内之各種人及政府對待之政策」。）至道真之名頗有天師道色彩（見歷史語言研究所集刊第叄本第肆分拙著天師道與濱海地域之關係），而陶侃後裔亦多天師道之名，如綽之、襲之、謙之等。又襲之、謙之父子名中共有「之」字，如南齊溪人胡廉之、翼之、諧之三世祖孫父子之例，尤爲特證（見下引南史胡諧之傳）。吴氏晋書斠注轉疑其有誤，蓋未思晋代最著之天師道世家琅邪王氏羲之、獻之父子亦同名「之」也。然則溪之一族似亦屬天師道信徒，與巴賨爲同教者。此點與淵明生值晋宋之際佛教最盛時代，大思想家如釋惠遠，大文學家如謝靈運，莫不歸命釋迦，傾心鷲嶺，而五柳先生時代地域俱與之連接，轉若絶無聞見者，或有所關涉。但其事既爲推測之餘論，又不屬本文範圍，兹姑置不言可也。

通鑒壹壹伍義熙六年載殷闡説何無忌之言曰：

〔盧〕循所將之衆，皆三吴舊賊。始興溪子，拳捷善鬥，未易輕也。

寅恪案，盧循、徐道覆之部衆，乃孫恩領導下之天師道宗教軍隊。據續搜神記本桃花源記，在晋孝武帝太元時捕魚溪人之名，已是天師道教名，則溪族夙爲天師道信徒，宜其樂爲其同教效死也。

南史肆柒胡諧之傳略云：

胡諧之，豫章南昌人也。祖廉之，書侍御史。父翼之，州辟不就。諧之仕宋爲邵陵王左軍諮議。

齊武帝爲江州，以諧之爲别駕，委以事任。建元二年，爲給事中、驍騎將軍。上方欲獎以貴族盛姻，以諧之家人語傒音不正，乃遣宫内四五人往諧之家，教子女語。二年後，帝問曰：卿家人語音已正未？諧之答曰：宫人少，臣家人多，非唯不能得正音，遂使宫人頓成傒語。帝大笑，遍向朝臣説之。〔諧之〕就梁州刺史范柏年求佳馬，〔柏年〕接使人薄，使人致恨，歸謂諧之曰：柏年云：胡諧是何傒狗，無厭之求。諧之切齒致忿。

寅恪案，傒音不正可證伯起「語言不同」之説也。通鑒壹叁伍建元元年紀胡諧之求馬事采自南史本傳，而誤改「傒狗」爲「何物狗」，已爲周君指出。尚有一事爲温公所不知而誤增，周文復未之及者，即通鑒於南史元文使人僞作范柏年罵詞中「胡諧」之下補足「之」字，實未瞭解天師道命名之義。凡天師教名中「之」者皆可省略。試取晋書與真誥參校，其例自見。此天師道名家如琅邪王氏所以容許父子名中共有「之」字，而不以爲諱之故也。今觀胡氏祖孫三世之名俱繫「之」字，溪人之爲天師道信徒於此可證。又傒即溪字，所以從人旁者，猶俚族之俚字，其初本只作里，後來始加人旁，見論俚條下所引後漢書南蠻傳章懷注。

梁書拾楊公則傳略云：

和帝即位，授持節、都督湘州諸軍事、湘州刺史。高祖命衆軍即日俱下，公則受命先驅，直造京邑。公則所領多湘溪人，性怯懦，城内輕之，以爲易與。

寅恪案，今通行本南史伍伍楊公則傳作「公則所領多是湘溪人，性怯懦。」與梁書之文幾無不同，惟多一「是」字耳。大德本南史「溪人」二字互易，疑爲誤倒，不必從也。至通鑒壹肆肆中興元年乃作「公則所領皆湘州人，素號怯懦」。則由不解「溪」字之義而誤改，其爲不當，固無待辨。又溪人之勇怯問題，周文已論及之，玆以未能別具勝解，姑從闕疑可也。

俚

後漢書壹下光武紀云：

是歲（建武十二年），九真徼外蠻夷張游率種人内屬，封爲歸漢里君。

同書壹壹陸南蠻傳云：

建武十二年，九真徼外蠻里張游，率種人慕化内屬，封爲歸漢里君。

章懷注云：

里，蠻之別號，今呼爲俚人。

同書同卷（參後漢書壹下光武帝紀）又云：

〔建武〕十六年，交阯女子徵側反，於是九真、日南、合浦蠻里皆應之。〔建武十九年〕夏四月，〔馬〕援破交阯，斬徵側等，餘皆降散。進擊九真賊都陽等，破降之。徙其渠帥三百餘口於零陵。

宋書伍肆羊玄保傳附希傳（南史叁陸羊玄保傳同）略云：

泰始三年，出爲寧朔將軍、廣州刺史。希以沛郡劉思道行晋康太守，領軍伐俚。思道違節度，失利，希遣收之。思道不受命，率所領攻州。希逾城走，思道獲而殺之。時龍驤將軍陳伯紹率軍伐俚還，擊思道，定之。

同書玖貳良吏傳徐豁傳略云：

元嘉初，爲始興太守。三年，遣大使巡行四方，并使郡縣各言損益，豁因此陳表三事，其一曰：〔郡〕既遏接蠻俚，去就益易。其三曰：中宿縣俚民課銀，一子丁輸南稱半兩。尋此縣自不出銀，又俚民皆巢居鳥語，不閑貨易之宜。每至買銀，爲損已甚。又稱兩受入，易生姦巧。山俚愚怯，不辨自申。

寅恪案，徐豁俚民鳥語之言，亦可證伯起鳥聲禽呼之説也。

南齊書壹肆州郡志廣州條略云：

雖民户不多，而俚獠猥雜。

同書同卷州郡志越州條略云：

元徽二年，以〔陳〕伯紹爲刺史，始立州鎮，穿山爲城門，威服俚獠。

吴春俚郡。（原注：永明六年立，無屬縣。）

梁書叁貳蘭欽傳（南史陸壹蘭欽傳同）云：

經廣州，因破俚帥陳文徹兄弟，并擒之。

陳書捌杜僧明傳（南史陸陸杜僧明傳同）略云：

梁大同中，盧安興爲廣州南江督護，僧明與兄天合及周文育并爲安興所啓，請與俱行。頻征俚獠有功。

同書同卷周文育傳（南史陸陸周文育傳同）略云：

盧安興爲南江督護，啓文育同行。累征俚獠，所在有功。

同書壹貳胡穎傳略云：

梁世仕至武陵國侍郎，東宫直前。出番禺，征討俚洞。

同書同卷沈恪傳略云：

〔梁新渝侯蕭〕映遷廣州，以恪兼府中兵參軍，常領兵討伐俚洞。

同書貳壹蕭允傳附引傳（南史壹捌蕭思話傳附引傳同）略云：

〔陳高宗〕時廣州刺史馬靖甚得嶺表人心，而兵甲精練，每年深入俚洞，又數有戰功。

綜考上引史料，俚人之居處區域及其民族界説可藉以推知矣。

楚

魏伯起之所謂楚，即指今江北淮徐地域之人。在南朝史乘往往稱爲江西或淮南，亦與太史公書貨殖傳所言西楚之一部相當也。又北朝之人詆娸南朝，凡中原之人流徙南來者，俱以楚目之，故楚之一名乃成輕蔑之詞，而爲北朝呼南朝疆域内北人之通稱矣。

世説新語豪爽篇云：

王大將軍年少時舊有田舍名，語音亦楚。

寅恪案，王敦爲琅邪王覽之孫，雖出顯宦之家，而不能操當日洛陽都市語音，其故頗不易知。據晋書叁叁王祥傳（祥即敦伯祖）有：

漢末遭亂，扶母攜弟覽避地廬江，隱居三十餘年。

雖史載時間之長短有所未諦（見錢大昕廿二史考异貳壹晋書王祥傳條），然敦之家世與廬江即楚地有關，則爲事實。或者即以此段因緣，其語音遂亦漸染楚化耶？此點不涉兹篇本旨，可不詳論，聊識於此，以資旁證。至關於南朝語音問題，寅恪别有所論。（見歷史語言研究所集刊第柒本第壹分東晋南朝之吴語及嶺南學報第玖卷第貳期從史實論切韵。鄙見與周君之説微异，讀者可參閲之，兹不備論。）

魏書玖伍僭僞傳總序云：

糾合傖楚。

同書玖柒島夷桓玄傳云：

島夷桓玄，本譙國龍亢楚也。

同書同卷島夷劉裕傳云：

島夷劉裕，晋陵丹徒人也。其先不知所出，自云本彭城彭城人。或云本姓項，改爲劉氏，然亦莫可尋也。故其與叢亭、安上諸劉了無宗次。裕家本寒微，恒以賣履爲業。意氣楚剌，僅識文字。

寅恪案，伯起於宋高祖不徑稱之爲楚者，實以其家世所出，至爲卑賤，特備述其籍貫來歷不明，所以極致其輕視之意。蓋猶未肯以南朝疆域内之北人，即彼所謂楚者許之，而遽與桓蕭諸家并列也。

魏書玖捌島夷蕭道成傳云：

島夷蕭道成，晋陵武進楚也。

同書同卷島夷蕭衍傳云：

島夷蕭衍，亦晋陵武進楚也。

據此，可知伯起之所謂楚，即南朝疆域内北人之通稱矣。

又楚爲民族之名。其見於南北朝史乘者如下：

宋書捌陸殷孝祖傳略云：

前廢帝景和元年，以本號督兗州諸軍事、兗州刺史。太宗初即位，四方反叛。孝祖忽至，衆力不少，并傖楚壯士，人情於是大安。

寅恪案，宋書叁伍地理志云：

兗州，「元嘉」三十年六月復立，治瑕丘。（元注：二漢山陽有瑕丘縣。）

是殷孝祖所將之兵衆乃兗州之軍隊，故爲傖楚壯士也。而通鑒壹叁壹泰始二年紀此事，胡注釋「傖楚」二字之義云：

江南謂中原人爲傖，荆州人爲楚。

其釋「傖」字義固碻，而「楚」字義則非。蓋未注意兗州地域關係所致。否則，孝祖部下，何得有如許荆州人也。

宋書捌叁黄回傳（南史肆拾黄回傳同）略云：

黄回，竟陵郡軍人也。出身充郡府雜役。〔戴明寶〕啓免回，以領隨身隊，統知宅及江西墅事。回拳捷果勁，勇力兼人，在江西與諸楚子相結，屢爲劫盜。會太宗初即位，四方反叛。

明寶啓太宗使回募江西楚人，得快射手八百。

同書捌柒殷琰傳略云：

義軍主黄回募江西楚人千餘。回所領并淮南楚子，天下精兵。

南齊書肆伍始安貞王遥光傳（南史肆壹齊宗室始安王遥光傳略同）云：

遥光召親人丹陽丞劉沨及諸傖楚，欲以討劉暄爲名。

同書肆柒王融傳（南史貳壹王弘傳附融傳同）云：

招集江西傖楚數百人，并有幹用。

同書伍壹崔慧景傳云：

慧景子覺及崔恭祖領前鋒，皆傖楚善戰。

寅恪案，通鑒壹肆叁永元二年紀崔慧景迴兵襲建康事，即用蕭子顯書崔慧景傳元文，而改「傖楚」作「荒傖」，殊可不必。温公殆未甚明瞭「楚」字之涵義及界説也。

梁書貳拾陳伯之傳（南史陸壹陳伯之傳同）云：

陳伯之，濟陰睢陵人也。幼有膂力。年十三四，好著獺皮冠，帶刺刀，候伺鄰里稻熟，輒偷刈之。嘗爲田主所見，呵之云：楚子莫動！

同書肆玖文學傳鍾嶸傳（南史柒貳文學傳鍾嶸傳同）略云：

天監初，制度雖革，而日不暇給。嶸乃言曰：若僑雜傖楚，應在綏附，正宜嚴斷禄力，絶其妨正，直乞虚號而已。

北齊書叁貳王琳傳（南史陸肆王琳傳同）云：

琳乃繕艦，分遣招募，淮南傖楚，皆願戮力。

依據上引史文，不獨楚民族所居地域及其界説得以明瞭，而其人之勇武善戰，足勝兵將之任，亦可從之推定。此點與南朝政治民族之演變殊有關係，俟後論之。

越

伯起所謂越者，即陳承祚書之山越。凡吴志中山寇、山賊、山民及山帥等名詞，亦俱指此民族及其酋長而言。其例證之見於吴志君臣文武諸傳者，殆不勝枚舉。兹止就孫權、陸遜、諸葛恪等傳略論之，足知山越民族問題，爲孫氏江東霸業所關之一大事。東晋南朝史乘，雖極罕見此民族之名，然其爲潛伏混同於江左民族之中，仍爲一有力之分子，則無疑也。關於山越事，吴志諸葛恪傳特詳，故較多移寫其文，以備參考。

吴志貳孫權傳略云：

〔建安〕五年，〔孫〕策薨，以事授權，是時唯有會稽、吴郡、丹楊、豫章、廬陵，然深險之地猶未盡從。

〔權〕分部諸將，鎮撫山越，討不從命。

寅恪案，討撫山越，爲孫氏創業定霸之惟一要事。凡孫氏命號諸將如蔣欽爲討越中郎將（見吴志拾蔣欽傳），董襲爲威越校尉（見吴志拾董襲傳），諸葛恪爲撫越將軍（見吴志壹玖諸葛恪傳），皆可參證也。

吴志壹叁陸遜傳略云：

時吴會稽、丹楊多有伏匿，遜陳便宜，乞與募焉。會稽山賊大帥潘臨，舊爲所在毒害，歷年不禽，遜以手下召兵，討治深險，所向皆服，部曲已有二千餘人。鄱陽賊帥尤突作亂，復往討之。〔孫〕權數訪世務，遜建議曰：方今英雄棊跱，豺狼闚望，克敵寧亂，非衆不濟。而山寇舊惡，依阻深地。夫腹心未平，難以圖遠，可大部伍，取其精鋭。權納其策。會丹楊賊帥費棧受曹公印綬，扇動山越，爲作内應。權遣遜討棧，應時破散，遂部伍東三郡。（寅恪案，通鑑陸捌建安二十二年紀此事條胡注云：東三郡，丹陽、新都、會稽也。）彊者爲兵，羸者補户，得精卒數萬人。

同書壹玖諸葛恪傳略云：

恪以丹楊山險，民多果勁，雖前發兵，徒得外縣平民而已。其餘深遠，莫能禽盡，屢自求乞，爲官出之，三年可得甲士四萬。衆議咸以丹楊地勢險阻，與吳郡、會稽、新都、鄱陽四郡鄰接，周旋數千里，山谷萬重，其幽邃民人，未嘗入城邑，對長吏，皆杖兵野逸，白首於林莽。逋亡宿惡，咸共逃竄。山出銅鐵，自鑄甲兵。俗好武習戰，高尚氣力。其升山赴險，抵突叢棘，若魚之走淵，猨狖之騰木也。時觀間隙，出爲寇盜，每致兵征伐，尋其窟藏，其戰則蠭至，敗則鳥竄，自前世以來，不能羈也。皆以爲難。恪父瑾聞之，亦以事終不逮，嘆曰：恪不大興吾家，將大赤吾族也。恪盛陳其必捷。〔孫〕權拜恪撫越將軍，領丹楊太守。恪到府，乃移書四部（通鑑柒叁青龍四年紀此事條胡注云：四部當作四郡，謂吳郡、會稽、新都、鄱陽，皆與丹陽鄰接。山越依阻出沒，故令各保其疆界也。或曰：東西南北四部都尉也。寅恪案，胡氏前説似較勝。）屬城長吏，令各保其疆界，明立部伍，其從化平民，悉令屯居。乃分內諸將，羅兵幽阻，但繕藩籬，不與交鋒，候其穀稼將熟，輒縱兵芟刈，使無遺種。舊穀既盡，新田不收，平民屯居，略無所入，於是山民饑窮，漸出降首。恪乃復敕下曰：山民去惡從化，皆當撫慰，徙出外縣，不得嫌疑，有所執拘。於是老幼相攜而出，歲期，人數皆如本規。恪自領萬人，餘分給諸將。權嘉其功，遣尚書僕射薛綜勞軍。綜先移恪等曰：山越恃阻，不賓歷世。皇帝赫然，命將西征。元惡既梟，種黨歸義。蕩滌山藪，獻戎十萬。野無遺寇，邑罔殘姦。既埽兇慝，又充軍用。藜蓧稂莠，化爲善草。魑魅魍魎，更成虎士。功軼古人，勳超前世。

寅恪案，陸遜、諸葛恪皆孫氏才杰之臣。史傳贊美其綏撫收編山越之功績，誠不誣也。吾人依此類紀述，得知越之民族，分佈於丹陽、吴郡、會稽、新都、鄱陽諸郡之地。且爲善戰之民族，可充精兵之選者。此二事亦與南朝後期民族之演變頗有關係，俟於下章論之，今暫不涉及。至東晋南朝史乘紀述山越者甚少，（如陳書叁世祖紀亦言及山越，然此爲稀見之例也。）故兹亦從略焉。

（下）推論

趙翼廿二史劄記壹貳江左世族無功臣條，其中頗多疏誤。如以齊高帝遺詔，自稱素族，即是寒族，及目顧榮爲寒人之類。兹以其事非本篇範圍，可置不辨。但趙書此條却暗示南朝政治史及社會史中一大問題，惜趙氏未能闡發其義，即江左歷朝皇室及武裝統治階級轉移演變之傾向是也。夫趙氏之所謂功乃指武功而言，故其所謂功臣，易言之，大抵爲南朝善戰民族，或武裝階級之健者。宋齊梁陳四朝創業之君主，皆當時之功臣。其與其他功臣之差别，僅在其爲功臣中最高之首領，以功高不賞之故，遂取其舊來所擁護之皇室而代之耳。是以謂江左世族無功臣，與言南朝帝室止出於善戰之社會階級無异。此善戰之階級，在江左數百年間之變遷，與南朝境内他種民族之關係，治史之人，固應致意研求者也。

江左諸朝之皇室中，始渡江建國之東晋司馬氏及篡位而旋失之之楚桓氏。其爲北人名族，事實顯著，且以時代較前，姑置不論。若宋皇室劉氏，則南史壹宋本紀上（宋書壹武帝紀上略同）略云：

宋高祖武皇帝諱裕，彭城縣人，姓劉氏。晋氏東遷，劉氏移居晋陵丹徒。

若齊皇室蕭氏，則南史肆齊本紀上（南齊書壹高帝紀上略同）略云：

齊太祖高皇帝諱道成，姓蕭氏。其先本居東海蘭陵縣。晋元康元年，惠帝分東海郡爲蘭陵，故復爲蘭陵郡人。中朝喪亂，皇高祖淮陰令整，過江居晋陵武進縣。寓居江左者，皆僑置本土。加以南名，更爲南蘭陵人也。

若梁皇室蕭氏，則南史陸梁本紀上（梁書壹武帝紀上略同）略云：

梁高祖武皇帝諱衍，南蘭陵人，姓蕭氏，與齊同承淮陰令整。

若陳皇室陳氏，則南史玖陳本紀上（陳書壹高祖紀上略同）略云：

陳高祖武皇帝諱霸先，吴興長城人，姓陳氏。其本甚微。永嘉中南遷。咸和中土斷，故爲長城人。

是皆與東晉皇室同時南渡之北人也。劉陳二族，出自寒微，以武功特起。二蕭氏之家世，雖較勝於宋陳帝室，然本爲將家，（詳見南齊書壹高祖紀上所述皇考承之及南史陸梁本紀上所紀皇考順之事迹。）亦非文化顯族，自可以善戰之社會階級視之。然則南朝之政治史概括言之，乃北人中善戰之武裝寒族爲君主領袖，而北人中不善戰之文化高門，爲公卿輔佐。互相利用，以成此江左數百年北人統治之世局也。觀於宋書壹武帝紀上所云：

海鹽令鮑陋遣子嗣之以吳兵一千，請爲前驅。高祖曰：吳人不習戰，若前驅失利，必敗我軍。嗣之追奔，爲賊所没。

又同書捌壹顧覬之傳（南史叁伍顧覬之傳同）所云：

嘗於太祖坐論江左人物，言及顧榮，袁淑謂覬之曰：卿南人怯懦，豈辦作賊。

則在南朝前期北人善戰，吳人不善戰一點可以證明，而北人江左數百年統治之權所以能確立者，其主因亦在於此，又不待言也。

然江左僑寓之寒族北人，至南朝後期，即梁代亦成爲不善戰之民族。當時政府乃不能不重用新自北方南來之降人以爲將帥。及侯景變起，梁室恃以抗禦及平定此亂者，固爲新來之北人，而江陵朝廷所倚之紓難救急之將領，亦竟捨囚繫待決之逆羯降酋莫屬。斯誠江左世局之一大變。無怪乎陳室之興起，其所任大將多爲南方土豪洞主，與東晉劉宋之時，情勢迥异。若非隋文滅陳，江左偏安之局於是告終，否則，依當時大勢所趨推之，陳室皇位，終必爲其武將首領所篡奪。江東大寶或不免輪轉而入於南方士族之手耶？

考南朝史乘，侯景變前南人之任將帥以武功顯名者，其最著則有吳興沈氏一族，如田子、林子（見宋書壹佰自序），慶之、攸之、文季，（見宋書柒柒沈慶之傳，柒肆沈攸之傳，南齊書肆肆沈文季傳及南史叁柒沈慶之傳附攸之、文季傳。）及王敬則（見南齊書貳陸南史肆伍王敬則傳）、陳顯達（見南齊書貳陸南史肆伍陳顯達傳）、陳慶之（見梁書叁貳南史陸壹陳慶之傳）諸人。通常言之，凡一原則不能無少數例外，即如陳慶之者，史言其爲義興國山人，及梁武所謂「本非將種，亦非豪族」者，南人中得此誠屬例外者也。至於王敬則，雖僑居晉陵南沙縣，及接士庶以吴語，（見南齊書王敬則傳。寅恪別有東晉南朝之吴語一文論及此點，兹不涉及。）然其家實自臨淮射陽遷來（見南史王敬則傳），臨淮地域之人正魏伯起之所謂楚也。意者敬則或本是寒門北人，而非南人耶？至其接士庶悉以吴語者，由於出自卑下社會階級之故。蓋南朝疆域内北語吴語乃士庶階級之表徵，非南北籍貫之分别。其説詳見拙著東晉南朝之吴語及從史實論切韵兩文中，殊不足據以斷定其南人也。如陳顯達之爲南彭城人，疑本從彭城遷來，亦猶齊梁皇室蕭氏之爲南蘭陵人，其先本自江北之蘭陵遷來者也（見前引史文）。惟吴興沈氏一族，則宋書自序言之極詳。其爲吴人，自無可疑。但其家歷世名將，尤爲善戰之族類，似與南朝吴人不習戰之通則不合。

考世説新語雅量篇王僧彌謝車騎共王小奴許集條載王珉罵謝玄之詞云：

汝故是吴興溪中釣碣耳。

劉孝標注云：

玄叔父安曾爲吴興，玄少時從之游，故珉云然。

寅恪案，「釣碣」之「碣」，所得見善本俱無异讀，但其義實不可解，頗疑是「狗」字，即「狗」字之訛寫（如荀子貳榮辱篇「乳狗不遠游」及「有狗彘之勇者」之例）。正如温嶠目陶侃爲溪狗之例（見前論溪條）。吴氏晋書斠注及周君均引太平御覽之文，以證謝玄喜漁釣之事，合以劉氏玄曾居吴興之言，其説似亦可通。然必須吴興本有溪人，乃可爲王珉之語作滿意之解釋也。又溪人爲天師道信徒及善戰之民族（亦見前論溪條），而吴興沈氏世奉天師道（見宋書壹佰自序及南史叁柒沈慶之傳附僧昭傳。寅恪嘗撰天師道與濱海地域之關係一文，其論吴興沈氏條遺沈僧昭事，後已增入。特附識於此。）并以將門見稱於世（見南齊書南史沈文季傳），則頗有源出於溪族之嫌疑。此吴興沈氏，雖累世貴顯，復文采昭著（如沈約之例），而北來世族如褚淵，則以「門户裁之」，如王融，則以蛤蜊同類相譏（見南史貳壹王弘傳附融傳融答沈昭略之語）。所以終不能比數於吴中著姓如朱張顧陸諸家之故歟？若此假定果確，則不獨於南朝史事有所闡發，且於難通之世說新語中「釣碣」一語亦得一旁證矣。

顏氏家訓慕賢篇云：

侯景初入建業，臺門雖閉，公私草擾，各不自全。太子左衛率羊侃坐東掖門，部分經略，一宿皆辦，遂得百餘日抗拒兇逆。於是城內四萬許人，王公朝士，不下一百，便是恃侃一人安之，其相去如此！

南史陸叁羊侃傳（梁書叁玖羊侃傳略同）略雲：

羊侃，泰山梁父人也。初爲尚書郎，以力聞。魏帝常謂曰：郎官謂卿爲虎，豈羊質虎皮乎？試作虎狀！侃因伏，以手抉殿，没指。魏帝壯之，賜以珠劍。侃以大通三年至建鄴，累遷太子左衛率、侍中。車駕幸樂游苑，侃預宴。時少府奏：新造兩刃矟成，長二丈四尺，圍一尺三寸。〔梁武〕帝因賜侃河南國紫騮，令試之。侃執矟上馬，左右擊刺，特盡其妙。觀者登樹，帝曰：此樹必爲侍中折矣！俄而果折，因號此矟爲「折樹矟」。北人降者，唯侃是衣冠餘緒，帝寵之逾於他者。謂曰：朕少時捉矟，形勢似卿，今失其舊體，殊覺不奇。侃少雄勇，膂力絶人，所用弓至二十石，馬上用六石弓。嘗於兗州堯廟蹋壁，直上至五尋，橫行得七迹。泗橋有數石人，長八尺，大十圍。侃執以相擊，悉皆破碎。

寅恪案，羊侃之勇力如此，豈當日南人所能企及，無怪梁武帝特加寵任，不僅以其爲衣冠餘緒也。侯景之圍建鄴，全恃侃一人，以資抗禦。迨侃一死，而臺城不守矣。庾子山云：「大事去矣，人之云亡。」（哀江南賦語）豈不信哉！又梁武與侃言捉矟事，可參考顏氏家訓涉務篇及梁書壹肆任昉傳（南史伍玖任昉傳同）。足證梁武本是將種。平生特長騎矟之技，江左同時輩流，迴非其比。固宜文武兼資，卒取齊室之帝位而代之也。

顏氏家訓涉務篇云：

梁世士大夫，皆尚褒衣博帶，大冠高履。出則車輿，入則扶侍。郊郭之內，無乘馬者。周弘正爲宣城王所愛，給一果下馬，常服御之，舉朝以爲放達。至乃尚書郎乘馬，則糾劾之。及侯景之亂，膚脆骨柔，不堪行步，體羸氣弱，不耐寒暑。坐死倉猝者，往往而然。建康令王復性既儒雅，未嘗乘騎，見馬嘶歕陸梁，莫不震慴，乃謂人曰：正是虎，何故名爲馬乎？

其風俗至此！

梁書壹肆任昉傳云：

高祖克京邑，霸府初開，以昉爲驃騎記室參軍。始高祖與昉遇竟陵王西邸，從容謂昉曰：我登三府，當以卿爲記室。昉亦戲高祖曰：我若登三事，當以卿爲騎兵。謂高祖善騎也。

下引史文，足資證明。

南朝不獨倚新自北來之降人羊侃，以抗禦侯景。更賴新自北來之降人王僧辯，以破滅侯景。

梁書叁玖王神念傳（南史陸叁王神念傳同）略云：

王神念，太原祁人也。仕魏起家州主簿，稍遷潁川太守，遂據郡歸款。魏軍至，與家屬渡江。神念少善騎射，既老不衰，嘗於高祖前手執二刀楯，左右交度，馳馬往來，冠絶群伍。時復有楊華者，（本傳附楊華事略云：「楊華，武都仇池人也。父大眼，爲魏名將。華少有勇力，率其部曲來降。」寅恪案，楊華本氏族，其勇力非當時南人所能及，固不待言也。）能作「驚軍騎」，并一時妙捷，高祖深嘆賞之。

同書肆伍王僧辯傳（南史陸叁王神念傳附僧辯傳同）略云：

王僧辯，右衛將軍神念之子也。以天監中隨父來奔。世祖命僧辯即率巴陵諸軍，沿流討〔侯〕景。於是逆寇悉平，京都剋定。

梁室不獨倚新自北來之降人以破滅侯景，即從事内争，若不用侯景部下之北將，竟無其他可屬任之人。當日南朝將才之缺乏，於此可見，而永嘉渡江之寒族北人子孫，已與文化高門之士大夫諸族，同爲「膚脆骨柔」。觀下引史文，得一明證矣。

梁書伍伍武陵王紀傳（南史伍叁梁武陵王紀傳同）略云：

紀次於西陵，舳艫翳川，旌甲曜日，軍容甚盛。世祖命護軍將軍陸法和於硤口夾岸築二壘，鎮江以斷之。時陸納未平，蜀軍復逼，物情恇擾，世祖憂焉。法和告急，旬日相繼。世祖乃拔任約於獄，以爲晉安王司馬，撤禁兵以配之。紀築連城，攻絶鐵鏁。世祖復於獄拔謝答仁爲步兵校尉，配衆一旅，上赴法和。紀將侯叡率衆緣山，將規進取，任約、謝答仁與戰，破之。任約、謝答仁等因進攻侯叡，陷其三壘。於是兩岸十餘城遂俱降。獲紀，殺之於硤口。

永嘉南渡之寒族北人既喪失其原來善戰之能力，江東士族遂起而代其任。此南朝後期之將帥，其先世名字所以多不見於南朝前期政治及社會史之故也。陳書叁伍熊曇朗等傳論（南史捌拾侯景熊曇朗等傳論後段同）云：

梁末之灾沴，群凶競起，郡邑巖穴之長，村屯鄔壁之豪，資剽掠以致彊，恣陵侮而爲大。

寅恪案，侯景之亂，不僅於南朝政治上爲鉅變，并在江東社會上，亦爲一劃分時期之大事。其故即在所謂巖穴村屯之豪長乃乘此役興起，造成南朝民族及社會階級之變動。蓋此等豪酋皆非漢末魏晉宋齊梁以來之三吴士族，而是江左土人，即魏伯起所謂巴蜀溪俚諸族。是等族類在此以前除少數例外，大抵爲被壓迫之下層民族，不得預聞南朝之大政及居社會高等地位者也。

南朝當侯景亂興，中央政權崩潰之際，巖穴村屯之豪酋乘機競起，或把持軍隊，或割據地域，大抵不出二種方式：一爲率兵入援建鄴，因而坐擁大兵。一爲嘯聚徒衆，乘州郡主將率兵勤王之會，以依法形式，或勢力强迫，取代其位。此類之事甚多，不必悉舉，兹略引史文數條，已足爲例證也。

陳書捌侯安都傳（南史陸陸侯安都傳同）略云：

侯安都，始興曲江人也，世爲郡著姓。善騎射，爲邑里雄豪。梁始興内史蕭子範辟爲主簿。侯景之亂，招集兵甲，至三千人。高祖入援京邑，安都引兵從高祖，攻蔡路養，破李遷仕，克平侯景，并力戰有功。

同書玖侯瑱傳（南史陸陸侯瑱傳同）略云：

侯瑱，巴西充國人也。世爲西蜀酋豪。〔梁鄱陽王蕭〕範遷鎮合肥，瑱又隨之。侯景圍臺城，範乃遣瑱輔其世子嗣入援京邑。京城陷，瑱與嗣退還合肥，仍隨範徙鎮湓城。俄而範及嗣皆卒，瑱領其衆，據有豫章之地。

同書同卷歐陽頠傳（南史陸陸歐陽頠傳同）略云：

歐陽頠，長沙臨湘人也，爲郡豪族。以言行篤信著聞於嶺表。梁左衛將軍蘭欽之少也，與頠相善，故頠常隨欽征討。欽征交州，復啓頠同行。欽度嶺，以疾終。頠除臨賀内史。侯景構逆，〔衡州刺史韋〕粲自解還都征景，以頠監衡州。京城陷後，嶺南互相吞并。梁元帝承制，以始興郡爲東衡州，以頠爲刺史。蕭勃死後，嶺南擾亂。高祖授頠都督衡州諸軍事、安南將軍、衡州刺史。未至嶺南，頠子紇已克定始興。及頠至，嶺南皆懾伏。仍進廣州，盡有越地。改授都督廣交〔等〕十九州諸軍事、廣州刺史。

紇累遷都督交廣等十九州諸軍事，在州十餘年，威惠著於百越。太建元年，下詔徵紇爲左衛將軍，遂舉兵〔反〕。兵敗，伏誅。家口籍没，子詢以年幼免。

同書壹壹黄法傳（南史陸陸黄法傳同）略云：

黄法氍，巴山新建人也。少勁捷有膽力，步行日三百里，距躍三丈。頗便書疏，閑明簿領。出入郡中，爲鄉閭所憚。侯景之亂，於鄉里合徒衆。太守賀詡下江州，法氍知郡事。

同書壹叁徐世譜傳（南史陸柒徐世譜傳同）略云：

徐世譜，巴東魚復人也。世居荆州，爲主帥，征伐蠻、蜒。至世譜，尤敢勇有膂力，善水戰。梁元帝之爲荆州刺史，世譜將領鄉人事焉。侯景之亂，因預征討，累遷至員外散騎常侍。侯景平後，以功除衡州刺史，資鎮（南史「鎮」作「領」是）河東太守。江陵陷没，世譜東下依侯瑱。紹泰元年，徵爲侍中、左衛將軍。永定二年，遷護軍將軍。

同書叁伍熊曇朗傳（南史捌拾熊曇朗傳同）略云：

熊曇朗，豫章南昌人也。世爲郡著姓。有膂力。侯景之亂，稍聚少年，據豐城縣爲栅，桀黠劫盗多附之。梁元帝以爲巴山太守。荆州陷，曇朗兵力稍强，劫掠鄰縣，縛賣居民。山谷之中，最爲巨患。時巴山陳定亦擁兵立寨，曇朗僞以女妻定子。又謂定曰：周迪、余孝頃并不願此婚，必須以强兵來迎。定乃遣精甲三百，并土豪二十人往迎。既至，曇朗執之，收其馬杖，并論價責賸。紹泰二年，曇朗以南川豪帥，隨例除游騎將軍。

同書同卷周迪傳（南史捌拾周迪傳同）略云：

周迪，臨川南城人也。少居山谷，有膂力，能挽强弩，以弋獵爲事。侯景之亂，迪宗人周續起兵於臨川。梁始興王蕭毅，以郡讓續。迪召募鄉人從之，每戰必勇冠衆軍。續所部渠帥皆郡中豪族，稍驕橫，續頗禁之。渠帥等并怨望，乃相率殺續，推迪爲主。迪乃據有臨川之地，築城於工塘。梁元帝授迪高州刺史。

同書同卷留异傳（南史捌拾留异傳同）略云：

留异，東陽長山人也。世爲郡著姓。〔异〕爲鄉里雄豪，多聚惡少，守宰皆患之。梁代爲蟹浦戍主，歷晋安、安固二縣令。侯景之亂，還鄉里，召募士卒。東陽郡丞與异有隙，引兵誅之，及其妻子。太守沈巡援臺，讓郡於异。异使兄子超監知郡事，率兵隨巡出都。及京城陷，异隨臨城公蕭大連，大連委以軍事。會〔侯〕景將軍宋子仙濟浙江。异奔還鄉里，尋以其衆降於子仙。侯景署异爲東陽太守。侯景平後，王僧辯使异慰勞東陽，仍糾合鄉閭，保據巖阻。其徒甚盛，州郡憚焉。元帝以爲信安令。荆州陷，王僧辯以异爲東陽太守。世祖平定會稽，异雖轉輸糧饋，而擁擅一郡，威福在己。紹泰二年以應接之功，除縉州刺史，領東陽太守。

同書同卷陳寶應傳（南史捌拾陳寶應傳同）略云：

陳寶應，晉安侯官人也。世爲閩中四姓。父羽，有材幹，爲郡雄豪。寶應性反覆，多變詐。梁代晉安數反，累殺郡將，羽初并扇惑合成其事，後復爲官軍鄉導破之。由是一郡兵權皆自己出。侯景之亂，晉安太守、賓化侯蕭雲以郡讓羽。羽年老，但治郡事，令寶應典兵。是時東境饑饉，會稽尤甚，死者十七八，平民男女并皆自賣，而晉安獨豐沃。寶應自海道寇臨安、永嘉及會稽、餘姚、諸暨，又載米粟與之貿易，多致玉帛子女。其有能致舟乘者，亦并奔歸之。由是大致貲產，士衆强盛。侯景平，元帝因以羽爲晉安太守。高祖輔政，羽請歸老，求傳郡於寶應。高祖許之。高祖受禪，授閩州刺史。世祖嗣位，仍命宗正録其本系，編爲宗室。

據上引諸人之性質、才力及籍貫事迹推測，則侯安都以宋書徐豁傳證之，頗有俚族之嫌疑。侯瑱本巴地酋豪，徐世譜源出巴東，殆即所謂巴族。江陵陷後，世譜往依於瑱，或與同族有關。黄法氍、熊曇朗、周迪諸人，若依南史胡諧之傳出生地域之關係言，恐與「溪狗」同類。續搜神記本桃花源記載溪人之姓爲黄，尚書故實復言黄爲溪洞豪姓。黄法氍之姓，豈亦共源耶？留異、陳寶應，據地域論，當是越種，未可知也。獨歐陽頠一族，史雖稱爲長沙臨湘人，然與嶺南殊有關係。周君疑其「少時嘗居始興」，甚有理據。蓋陳書貳壹蕭允傳附引傳及南史壹捌蕭思話傳附引傳，俱有「始興人歐陽頠」之語。豈長沙之歐陽一族，本自始興遷來，其目頠爲始興人者，乃以原籍言之耶？

考劉餗隋唐嘉話載歐陽頠孫詢形貌醜怪事（孟棨本事詩同），其文略云：

> 國初長孫太尉（無忌）見歐陽率更（詢）姿形甚陋，嘲之曰：聳膊成山字，埋肩畏出頭，誰言麟閣上，畫此一獼猴。

據此，詢之形貌，當與猿猴相似。至若太平廣記肆肆肆引續江氏傳記詢父紇梁末隨藺欽南征，其妻爲白猿竊去，有身後，復奪還，因而生詢，故詢爲猿種云云。其語之不經，本無待辨。然舊唐書壹捌玖儒學傳上歐陽詢傳（新唐書壹玖捌儒學傳上歐陽詢傳同）略云：

> 歐陽詢，譚州臨湘人，陳大司空頠之孫也。父紇，陳廣州刺史，以謀反誅。詢當從坐，僅而獲免。陳尚書令江總與紇有舊，收養之，教以書計。雖貌甚寢陋，而聰悟絶倫。高麗甚重其書，嘗遣使求之。高祖嘆曰：不意詢之書名遠播夷狄，彼觀其迹，固謂其形魁梧邪？

又同書捌貳許敬宗傳（新唐書貳貳叁姦臣傳許敬宗傳同）略云：

> 〔貞觀〕十年文德皇后崩，百官縗經。率更令歐陽詢狀貌醜异，衆或指之，敬宗見而大笑，爲御史所劾，左授洪州都督府司馬。

則是詢本形貌之醜怪，史乘固有明徵。雖其遺傳所自，源於父系，或母系或父母二系，皆不可知。若取歐陽氏本出始興一事，參以宋書所載徐豁之言，或通鑒所載殷闡之語，殆是俚或溪之種歟？夫歐陽氏累世之文學藝術，實爲神州文化之光輝，而究其種類淵源所出，乃不得不疑其爲蠻族。然則聖人「有教無類」之言，豈不信哉！寅恪嘗於拙著隋唐制度淵源略論稿及唐代政治史述論稿中，詳論北朝漢人與胡人之分別在文化，而不在種族。兹論南朝民族問題，猶斯旨也。故取歐陽氏事，以結此篇焉。

（原載一九四四年九月歷史語言研究所集刊第拾壹本第壹分）

崔浩與寇謙之

崔浩與寇謙之之關係，北朝史中一大公案也。治史者猶有待發之覆，兹就習見之材料，設一假說，以求教於通識君子。

魏書壹壹肆釋老志略云：

世祖時，道士寇謙之，字輔真，南雍州刺史贊之弟，自云寇恂之十三世孫。早好仙道，有絶俗之心。少修張魯之術。

寅恪案，寇謙之之家世，及其「少修張魯之術」之故，請略加推測解釋如下：

北史貳柒寇贊傳（參魏書肆貳寇贊傳）略云：

寇贊字奉國，上谷人也，因難徙馮翊萬年。父脩之，字延期，苻堅東萊太守。贊弟謙，有道術，太武敬重之，故追贈脩之安西將軍、秦州刺史、馮翊公。賜命服，謚曰哀公。詔秦、雍二州爲立碑墓。又贈脩之母爲馮翊夫人，及宗從追贈太守、縣令、侯、子、男者十六人，其臨職者七郡、五縣。姚泓滅，秦、雍人來奔河南、滎陽、河内者，户至萬數，拜贊南雍州刺史、軹縣侯，於洛陽立雍州之郡縣以撫之。由是流人襁負，自遠而至，參倍於前。進贊爵河南公，加安南將軍，領南蠻校尉，仍刺史。分洛、豫二州之僑郡以益之。

此傳中可注意者有四事：

（一）此傳載謙之之名少一「之」字，實非脱漏，蓋六朝天師道信徒之以「之」字爲名者頗多，「之」字在其名中，乃代表其宗教信仰之意，如佛教徒之以「曇」或「法」爲名者相類。東漢及六朝人依公羊春秋譏二名之義，習用單名。故「之」字非特專之真名，可以不避諱，亦可省略。六朝禮法士族最重家諱，如琅邪王羲之、獻之父子同以「之」爲名，而不以爲嫌犯，是其最顯著之例證也。世人多不知此義，可不深責，但史學專門著述如錢大昕廿二史考异叁玖北史寇赞傳赞弟謙有道術太武敬重之條云：

即天師寇謙之也，傳脱之字。

王鳴盛十七史商榷蕭氏世系條云：

南史梁武帝紀，梁與齊同承淮陰令整，整生皇高祖鎋，鎋生皇曾祖副子，副子生皇祖道賜，道賜生皇考順之，於齊高帝爲始族弟。案齊高紀亦從淮陰令整叙起，整生儁，儁生樂子。尚與副子排行，樂子生承之，承之生道成。竊疑道賜與順之似是倒誤，當爲副子生順之，順之生道賜，道賜於齊高帝爲始族弟。如此方合。六朝人兄弟排行者多也。雖姚思廉梁書與南史同，然大可疑。

及吴士監晋書斠注陸陸陶侃傳注云：

御覽七百八陶侃别傳曰，外國獻氍毹，公舉之曰，我還國當與牙共眠。牙名偞之，字處静，是公庶孫，小而被知，以爲後嗣。案侃孫見於本傳者，瞻之子弘，旗之子定，餘無可考。未知偞之之爲何人之子，惟弘子名綽之，定子名襲之，偞之既爲侃孫，不應與其侄輩同以「之」字命名，疑偞之或單名而誤衍之字也。

則不得不加以糾正，蓋兄弟排行固可同用「之」字，而父子祖孫，亦得以「之」爲名，如南齊書叁柒胡諧之傳（參南史肆柒胡諧之傳）云：

胡諧之，豫章南昌人也。祖廉之，治書侍御史。父翼之，州辟不就。

及南史陸貳朱异傳略云：

朱异，吴郡錢唐人也。祖昭之，叔父謙之，兄巽之，即异父也。

又梁書叁捌朱异傳略云：

朱异，吴郡錢唐人也，父巽。

可知祖父孫可以同用「之」字爲名，兄弟同輩，其名亦得皆用「之」字，但「之」字亦可省略，此等例證，見於六朝載籍者甚多，胡、朱二傳不過隨手録出，何錢、王、吴諸氏之不見及此耶？

（二）據寇赞傳所載，姚泓滅後，魏僑置南雍州於洛陽，以赞爲刺史，招撫秦雍之流民，可知寇氏實爲秦雍大族豪家，否則赞决不能充任此職也。

（三）據高僧傳壹貳習禪類宋僞魏平城釋玄高傳云：

釋玄高姓魏，本名靈育，馮翊萬年人也。母寇氏，本信外道，始適魏氏，首孕一女，即高之長姊，生便信佛，乃爲母祈願，願門無异見，得奉大法。母以僞秦弘始三年夢見梵僧散華滿室，覺便懷胎。至四年二月八日生男，家内忽有异香及光明照壁，迄旦乃息。母以兒生瑞兆，因名靈育。

可知高公之外家寇氏，世奉天師道，高公後來與篤信佛教之魏太子晃即恭宗關係密切，爲道教信徒寇謙之、崔浩等之對敵，僧傳不載其與謙之之親屬關係，當非近屬，由此推知平翊寇氏乃一大族，而又世奉天師道者，不僅謙之一房之信仰如是也。至高公之本名靈育，僧傳載其誕生時之靈异，因以得名，其實「靈育」與「道育」「靈寶」之類皆是天師道之教名，想高公出生時實受道教之名，後來改信佛教，遂加以附會緣飾之耳。

（四）寇氏之自稱源出上谷，爲東漢寇恂之後，其爲依托，不待詳辨，但寇赞傳言其因難徙馮翊萬年，所謂難者，究何所指，傳文未詳，據元和姓纂玖去聲五十候條云：

寇，上谷昌平，恂，後漢執金吾雍奴侯，曾孫榮，榮孫孟，魏馮翊太守，徙家馮翊。

又芒洛冢墓遺文三編後魏寇臻墓志銘云：

寇臻字仙勝，春秋甫履從心，寢疾薨於路寢，上谷昌平人，漢相威侯之裔，侍中榮十世之胤。榮之子孫前魏因官遂寓馮翊，公皇魏秦州刺史馮翊哀公之孫，南雍州使君河南宣穆公之少子。

可知寇氏之徙馮翊，據姓纂及寇臻志，實在前魏即曹魏時，其所謂因官遂寓馮翊者，實不過托詞而已。凡古今家族譜牒中所謂因難因官，多爲假托，不足异也。考三國志魏志壹伍張既傳略云：

從征張魯，魯降。既説太祖拔漢中民數萬户以實長安及三輔。

是曹操實有徙張魯徒衆於長安及三輔之事，頗疑寇氏一族原從漢中徙至馮翊，以其爲豪宗大族，故有被徙之資格，以其爲米賊餘黨，故其家世守天師道之信仰。然則寇謙之之所以早修張魯之術，固非偶然也。至魏武之徙張魯部衆於長安及三輔，雖在建安之世，其時孟德之霸業已成，後之修家譜撰墓志者，遂以東漢末年之事混通牽引屬之曹魏之時耳。

釋老志又云：

〔寇謙之〕服食餌藥，歷年無效。幽誠上達，有仙人成公興，不知何許人，至謙之從母家傭賃。謙之常覲其姨，見興形貌甚强，力作不倦，請回賃興代已使役。乃將還，令其開舍南辣田。謙之樹下坐算，興墾一發致勤，（寅恪案，疑當作墾發致勤，蓋「懇一」乃「墾」之訛寫耳。）

時來看算。謙之謂曰：汝但力作，何爲看此？二三日後，復來看之，如此不已。後謙之算七曜，有所不了，惘然自失。興謂謙之曰：先生何爲不懌？謙之曰：我學算累年，而近算周髀不合，以此自愧。且非汝所知，何勞問也。興曰：先生試隨興語布之。俄然便決。謙之嘆伏，不測興之淺深，請師事之。興固辭不肯，但求爲謙之弟子。未幾，謂謙之曰：先生有意學道，豈能與興隱遁？謙之欣然從之。興乃令謙之潔齋三日，共入華山。令謙之居一石室，自出采藥，還與謙之食藥，不復飢。乃將謙之入嵩山。有三重石室，令謙之住第二重。歷年，興謂謙之曰：興出後，當有人將藥來，得但食之，莫爲疑怪。尋有人將藥而至，皆是毒蟲臭惡之物，謙之大懼出走。興還問狀，謙之具對，興嘆息曰：先生未便得仙，政可爲帝王師耳。興事謙之七年，而謂之曰：興不得久留，明日中應去。興亡後，先生幸爲沐浴，自當有人見迎。興乃入第三重石室而卒。謙之躬自沐浴。明日中，有叩石室者，謙之出視，見兩童子，一持法服，一持鉢及錫杖。謙之引入，至興屍所，興欻然而起，著衣持鉢、執杖而去。

寅恪案，此節爲吾國接受外來學説及技術之一重公案，自來論中西交通史及文化學術史者，似尚未有注意及之者，請略釋證之如下：

錢大昕廿二史考异叁拾魏書釋老志有仙人成公興不知何許人條已引殷紹傳爲釋，兹再取紹傳稍加申證，并參以其他傳記足以相發明者爲之旁證。但有一通則不可不先知者，即吾國道教雖其初原爲本土之產物，而其後逐漸接受模襲外來輸入之學說技術，變易演進，遂成爲一龐大複雜之混合體，此治吾國宗教史者所習知者也。綜觀二千年來道教之發展史，每一次之改革，必受一種外來學說之激刺，而所受外來之學說，要以佛教爲主。故吾人今日儻取全部道藏與佛藏比較探求，如以真誥與四十二章經比較之例，必當更有所發明也。寇謙之少修張魯之術，即其家世所傳之舊道教，而服食餌藥歷年無效，是其所傳之舊醫藥生理學有待於新學之改進也。其學算累年而算七曜周髀有所不合，是其舊傳之天文算學亦有待於新學之改進也。即就殷紹傳考之，可知成公興與當時佛教徒有密切之關係也。釋老志言其死後欻然而起，著法服執錫杖持鉢而去，此即紹傳所謂「游遁」也。至興稱謙之爲先生而自爲弟子，（宋眉山七史本作「但求謙之爲弟子」，文意不明，易滋誤會。）亦足證興固非道士，而先生之稱號，在當時乃道士之尊稱，如佛教之稱和尚者然，非僅爲人師之稱而與弟子爲對文也。又釋老志目興爲仙人者，恐亦如佛典中凡山林修道之術士概以仙人目之之比耳。

魏書玖壹術藝傳殷紹傳略云：

殷紹，長樂人也。好陰陽術數，達九章、七曜。世祖時爲算生博士，給事東宮西曹，以藝術爲恭宗所知。太安四年夏，上四序堪輿，表曰，臣以姚氏之世，行學伊川，時遇游遁大儒成公興，從求九章要術。興字廣明，自云膠東人也。興時將臣南到陽翟九崖巖沙門釋曇影間。

興即北還，臣獨留住，依止影所，求請九章。影復將臣向長廣東山見道人法穆。法穆時共影爲臣開述九章數家雜要，披釋章次意況大旨。又演隱審五藏六府心髓血脉，商功大算端部，變化玄象，土圭、周髀。練精鋭思，藴習四年，從穆所聞，粗皆髣髴。穆等仁矜，特垂憂閔，復以先師和公所注黄帝四序經文三十六卷，合有三百二十四章，專説天地陰陽之本，傳授於臣。以甲寅之年，奉辭影等。自爾至今，四十五載，歷觀時俗堪輿八會，逕世已久，傳寫謬誤。又史遷、郝振、中吉大儒，亦各撰注，流行於世。配會大小，序述陰陽，依如本經，猶有所闕。臣前在東宫，以狀奏聞，奉被景穆皇帝聖詔，勅臣撰録，集其要最。仰奉明旨，謹審先所見四序經文，抄撮要略，當世所須，吉凶舉動，集成一卷。未及内呈，先帝晏駕。臣時狼狽，幾至不測。停廢以來，逕由八載，〔今〕依先撰録奏，謹以上聞。其四序堪輿，遂大行於世。

寅恪案，殷紹以成公興之一段因緣，與其與寇謙之關係，其時間空間二者俱相適合，自不待言。其最可注意者，即興所介紹傳授醫學算學之名師，皆爲佛教徒一事是也。自來宗教之傳播，多假醫藥天算之學以爲工具，與明末至近世西洋之傳教師所爲者，正復相類，可爲明證。吾國舊時醫學，所受佛教之影響甚深，如耆域（或譯耆婆）者，天竺之神醫，其名字及醫方與其他神异物語散見於佛教經典，如柰女耆婆經温室經等及吾國醫書如巢元方病源候論王燾外臺秘要之類，是一例證，但如高僧傳拾神异門上晉洛陽耆域傳略云：

耆域者，天竺人也。晋惠之末，至於洛陽，時衡陽太守南陽滕永文在洛，寄住滿水寺，得病，兩脚攣屈，不能起行。域往看之，因取淨水一杯，楊柳一枝，便以楊枝拂水，舉手向永文而呪，如此者三，因以手搦永文膝，令起，即起，行步如故。此寺中有思惟樹數十株枯死。域問永文：此樹死來幾時？永文曰：積年矣。域即向樹呪，如呪永文法，樹尋荑發，扶疏榮茂。尚方署中有一人病癥將死，域以應器著病者腹上，白布通覆之，呪願數千言，即有臭氣薰徹一屋。病者曰：我活矣。域令人舉布，應器中有若垽淤泥者數升，臭不可近，病者遂活。洛陽兵亂，辭還天竺。既還西域，不知所終。

則天竺神話之人物，竟與其他佛教傳法高僧來游中國者同列僧傳，事雖可笑，其實此正可暗示六朝佛教徒輸入天竺之醫方明之一段因緣也。（鄙意耆域之名出於中央亞細亞之文，名耆婆則純粹梵文也。）至道教徒之采用此外國輸入之技術及學説，當不自六朝始，觀吾國舊時醫學之基本經典，如内經者，即托之於黄帝與天師問對之言可知。漢書藝文志神仙類著録黄帝歧伯按摩十卷，而班書又云：

大古有歧伯俞拊，中世有扁鵲秦和。

茲更略取六朝初期即耆域傳所依托之東西晋時代諸佛教徒與醫學有關之資料列之於下，以供參證。

世説新語下術解篇郗愔信道甚精勤條云：

郗愔信道甚精勤，常患腹内惡，諸醫不可療，聞于法開有名，往迎之。既來，便脉云：君侯所患，正是精進太過所致耳。合一劑湯與之，一服即大下，去數段許紙，如拳大。剖看，乃先所服符也。（劉注云：晉書曰，法開善醫術。嘗行，莫投主人，妻産而兒積日不墮，法開曰：此易治耳。殺一肥羊，食十餘臠而針之。須臾兒下，羊膋裹兒出。其精妙如此。）

高僧傳肆義解門晉剡白山于法開傳略云：

于法開不知何許人，事蘭公爲弟子。祖述耆婆，妙通醫法。或問法師高明剛簡，何以醫術經懷？答曰：明六度以除四魔之病，調九候以療風寒之疾，不亦可乎？

又同書同卷晉燉煌于道邃傳略云：

于道邃，燉煌人，年十六出家，事蘭公爲弟子，學業高明，内外該覽，善方藥，美書札。

又殷紹傳所載沙門釋曇影，今高僧傳陸義解門有晉長安釋曇影傳，以時地考之，亦約略近似。至所謂「先師和公」，當亦指沙門而言，今高僧傳伍義解門有晉蒲坂釋法和傳，不知是否即其人。以其名和言之，則似與醫學有關。蓋天竺醫術，以調和地水火風四大爲務。儻四大不和均，則疾病生，此鳩摩羅什臨終時所以自言「四大不愈」者也（見高僧傳貳譯經門晉長安鳩摩羅什傳）。中國古代，秦有名醫曰和，豈和公之命名有所取義於華梵醫家之説耶？

復次，天算之學於道教至爲重要，其說俟後論之。寇謙之、殷紹所受之周髀算術，乃當時初由佛教徒輸入之新蓋天說也。

據晋書壹壹天文志上云：

古言天者有三家，一曰蓋天，二曰宣夜，三曰渾天。漢靈帝時，蔡邕於朔方上書，言宣夜之學，絶無師法，周髀術數具存，考驗天狀，多所違失。惟渾天近得其情，今史官候臺所用銅儀，則其法也。

及北史捌玖藝術傳信都芳傳略云：

信都芳，河間人也。少明算術。安豐王延明聚渾天、欹器、地動、銅烏、漏刻、候風諸巧事，并令芳算之。〔芳〕又著樂書、遁甲經、四術周髀宗。其序曰：漢成帝時，學者問蓋天，楊雄曰：蓋哉，未幾也。問渾天，曰：落下閎爲之，鮮于妄人度之，耿中丞象之。幾乎，莫之息矣（見法言重黎篇）。此言蓋差而渾密也。蓋器測影而造，用之日久，不同於祖，故云未幾也。渾器量天而作，乾坤大象，隱見難變，故云幾乎。是時，太史令尹咸窮研晷蓋，易古周法，雄乃見之，以爲難也。自昔周公定影王城，至漢朝，蓋器一改焉。渾天覆觀，以靈憲爲文，蓋天仰觀，以周髀爲法。覆仰雖殊，大歸是一。古之人制者，所表天効玄象。芳以渾算精微，術機萬首，故約本爲之省要，凡述二篇，合六法，名四術周髀宗。

足知蓋天之術不及渾天之精密也。但蓋天有新舊二術，舊術在揚雄時其精密不及渾天，故子雲有是論，周髀算法爲蓋天之術，今所傳周髀算經，其非周公原書，自不待辨，而其下卷所列二十四氣，啓蟄在雨水之後，考漢書貳壹下律曆志云：

中營室十四度，驚蟄，（今曰雨水，於夏爲正月，商爲二月，周爲三月。）終於奎四度。降婁，初奎五度，雨水（今曰驚蟄）。

及後漢書壹叁律曆志下云：

二十四氣

冬至，小寒，大寒，立春，雨水，驚蟄。

論曰：太初曆到章帝元和，旋復疏闊。徵能術者，課校諸曆，定朔稽元，追漢三十五年庚辰之歲，追朔一日，乃與天合，以爲四分曆元。加六百五元一紀，上得庚申。

則今之周髀算經，其列雨水於啓蟄之前，必出於東漢元和改用四分曆之後，非揚氏當時舊蓋天術之書固不待論，蔡氏朔方上書，言蓋不及渾，則似蔡氏當日所見蓋天之術，仍是舊法。而今之周髀算經啓蟄之名，又不避漢諱，恐今之傳本不止非東漢末年蔡氏所見之蓋天算術，或更出於當塗典午之世，亦未可知也。（可參周密齊東野語壹玖漢以前驚蟄爲正月節條，但公謹謂「及天（天當作太）初以後，更改氣名，以雨水爲正月中。」似未諦。）復據隋書壹玖天文志上云：

梁武帝於長春殿講義，別擬天體，全同周髀之文，蓋立新義，以排渾天之論而已。

梁武帝之說，今雖不可盡見，但開元占經所引，獨可窺其大概，今其文（開元占經壹天地名體天地渾宗條）云：

梁武帝云：四大海之外，有金剛山，一名鐵圍山，金剛山北又有黑山，日月循山而轉，周迴四面，一晝一夜，圍繞環匝。

是明爲天竺之說，而武帝欲持此以排渾天，則其說必有以勝於渾天，抑又可知也。隋志既言其全同蓋天，即是新蓋天說，然則新蓋天說乃天竺所輸入者。寇謙之、殷紹從成公興、曇影、法穆等受周髀算術，即從佛教受天竺輸入之新蓋天說，此謙之所以用其舊法累年算七曜周髀不合，而有待於佛教徒新輸入之天竺天算之學以改進其家世之舊傳者也。

至殷紹所謂「史遷、郝振、中吉大儒，亦各撰注，流行於世」者，司馬氏父子，世主天官，究天人之際，成一家之言，而文史星曆近乎卜祝之間，（史記壹叁拾太史公自序、漢書陸貳司馬遷傳及文選肆壹司馬子長報任少卿書。）四序堪輿之類，固不得爲文史，然可謂之星曆卜祝之書，故亦得依托於史遷也。郝振未詳，中吉則疑是于吉之誤寫，吉之事迹見三國志吴志壹孫策傳裴注引江表傳搜神記等，固亦道教中人也。

魏書釋老志又略云：

謙之守志嵩岳，精專不懈。以神瑞二年十月乙卯，忽遇大神，稱太上老君，謂謙之曰：往辛亥年，嵩岳鎮靈集仙宫主，表天曹，稱自天師張陵去世已來，地上曠誠，修善之人，無所師授。嵩岳道士上谷寇謙之，立身直理，行合自然，才任軌範，首處師位，吾故來觀汝，授汝天師之位，賜汝雲中音誦新科之誡二十卷，號曰并進。言：吾此經誡，自天地開闢以來，不傳於世，今運數應出。汝宣吾新科，清整道教，除去三張僞法，租米錢稅及男女合氣之術。大道清虚，豈有斯事。專以禮度爲首，而加之以服食閉鍊。泰常八年十月戊戌，有牧土上師李譜文來臨嵩岳，云：地上生民，末劫垂及，其中行教甚難。但令男女立壇宇，朝夕禮拜，若家有嚴君，功及上世。其中能修身煉藥，學長生之術，即爲真君種民。藥别授方，銷鍊金丹、雲英、八石、玉漿之法，皆有決要。上師李君手筆有數篇，其餘皆正真書曹趙道覆所書。古文鳥迹，篆隸雜體，辭義約辯，婉而成章，大自與世禮相准。始光初，奉其書而獻之，世祖乃令謙之止於張曜之所，供其食物。朝野聞之，若存若亡，未全信也。

寇謙之采用佛教徒輸入天算醫藥之學，以改進其家世舊傳之道教，已如上言，然謙之復襲取當時佛教徒輸入之新律學以清除整理其時頗不理於人口之舊傳天師道，此則較前者更爲重要者也。欲明乎此，不可不先知六朝佛教徒治學之方法及當時社會學術之風尚，此方法即所謂「格義」者是也。格義之解釋及其流派，寅恪昔已詳論之（見拙著支愍度學説考），兹不多及，僅引高僧傳數條以爲例證如下：

高僧傳肆義解門晋高邑竺法雅傳略云：

竺法雅，河間人。少善外學，長通佛義，衣冠仕子咸附諮稟。時依雅門徒，并世典有功，未善佛理。雅乃與康法朗等，以經中事數擬配外書，爲生解之例，謂之格義。及毗浮曇相等亦辯格義，以訓門徒。

同書陸義解門晋廬山釋慧遠傳略云：

年二十四便就講説，嘗有客聽講，難實相義，往復移時，彌增疑昧，遠乃引莊子義爲連類，於是惑者曉然，是後安公特聽慧遠不廢俗書。遠内通佛理，外善群書，夫預學徒，莫不依擬。時遠講喪服經，雷次宗、宗炳等并執卷承旨，次宗後别著義疏，首稱雷氏，宗炳因寄書嘲之曰，昔與足下共於釋和尚間面受此義，今便題卷首稱雷氏乎。其化兼道俗，斯類非一。以晋義熙十二年八月初動散，至六日困篤，大德耆年皆稽顙請飲豉酒，不許。又請飲米汁，不許。又請以蜜和水爲漿，乃命律師，令披卷尋文，得飲與不。卷未半而終。春秋八十三矣。

據此得知六朝格義之風盛行，中國儒家之禮，與天竺佛教之律，連類擬配，視爲當然。僧傳所紀遠公臨終一節，與戴記所載曾子易簀之事，復何以异。當日不獨遠公一人以爲禮律殊無二致，即同時一般之儒士佛徒亦俱作如是觀也。兩晋天師道信徒屬於士大夫階級者固不少，但其大多數仍是庶族平民，士族儒家之禮法自不可於當時天師教中求之，其淫穢濁亂最爲反對道教者所借口，觀佛教徒撰集之兩弘明集中諸文可知也。寇謙之值江左孫恩、盧循政治運動失敗以後，天師道之非禮無法尤爲當時士大夫所詬病，清整之功更不容已。謙之既從佛教徒采用其天算醫藥之學，以改進其教矣，故不得不又從佛教徒模襲其輸入之律藏以爲清整之資，此自然之理也。謙之生於姚秦之世，當時佛教一切有部之十誦律方始輸入，盛行於關中，不幸姚泓亡滅，兵亂之餘，律師避亂南渡，其學遂不傳北地，而遠流江東。謙之當必於此時掇拾遺散，取其地僧徒不傳之新學，以清整其世傳之舊教，遂詭托神异，自稱受命爲此改革之新教主也。兹略移録當時有關佛教律學傳授流佈之史料如下：

高僧傳貳譯經門晋壽春石磵寺卑摩羅叉傳略云：

先在龜兹，弘闡律藏，四方學者，競往師之，鳩摩羅什時亦預焉。又欲使毗尼勝品，復洽東國，冒險東渡，以僞秦弘始八年達自關中，什以師禮敬待。及羅什棄世，叉乃出游關左，逗於壽春，止石磵寺。律徒雲聚，盛闡毗尼。頃之南適江陵，於辛寺夏坐，開講十誦。律藏大弘，叉之力也。

同書壹叁明律門宋江陵釋慧猷傳略云：

少出家止江陵辛寺。時有西國律師卑摩羅叉來適江陵，大弘律藏，猷從之受業，沉思積時，乃大明十誦，講説相續，陝西律師莫不宗之。

同書同卷明律門宋吴閑居寺釋僧業傳略云：

游長安，從什公受業，見新出十誦，遂專功此部。值關中多難，避地京師，吴國張邵請還姑蘇，爲造閑居寺。業訓誘無輟，三吴學士輻湊肩聯。業弟子慧先襲業風軌，亦數當講説。

同書同卷明律門宋京師長樂寺釋慧詢傳略云：

經游長安，受學什公，尤善十誦僧祇。宋永初中還止廣陵，大開律席。元嘉中至京，止道場寺，寺僧慧觀亦精於十誦，乃令更振他寺，於是移止長樂寺。

同書同卷明律門宋京師莊嚴寺釋僧璩傳略云：

出家爲僧業弟子，尤明十誦。宋孝武敕出京師爲僧正，少帝准從受五戒，豫章王子尚崇爲法友，袁粲、張敷并一遇傾蓋。

同書同卷明律門彭城郡釋道儼傳略云：

善於毗尼，精研四部，融會衆家。又以律部東傳，梵漢异音，文頗左右，恐後人諮訪無所，乃會其旨歸，名曰决正四部毗尼論。後游於彭城，弘通律藏。時栖玄寺又有釋慧曜者，亦善十誦。

綜合釋老志中寇謙之與天神交接一節及高僧傳中十誦律傳播之記載并觀之，則雲中音誦新科之誡之名，明是與佛教擬配之戒律，姑無論「誦」與十誦律之誦同字而「科」及「誡」與律藥別字意義不殊也。其新科「專以禮度爲首」，則當時格義之學禮律互相擬配必然之結果也。藥學改進授方，皆有決要，此與殷紹從佛教徒所受醫藥之術，同出一源，此謙之必以新傳之醫藥學改進其前時「服食餌藥無效」之舊傳又可知也。三張錢米租稅僞法，已見後漢書三國志隸釋等有關諸紀載，茲不詳論，但男女合氣之術，既出於謙之之口，則佛教徒所言者，非全出於誣構，亦可知矣。茲略取兩弘明集中有關涉於此者，以爲參證。

弘明集捌辨惑論合氣釋罪三逆條注云：

至甲子詔冥醮録男女媟合尊卑無别。吴陸修静復勤勤行此。

又畏鬼帶符妖法之極一條云：

至於使六甲神而跪拜圊厠。（如郭景純亦云仙流，登圊度厄，竟不免灾。）

又解厨纂門不仁之極三條注云：

又道姑道男冠女官道父道母神君種民，此是合氣之後贈物名也。

廣弘明集玖周甄鸞笑道論道士合氣三十五云：

真人内朝律云：真人日禮，男女至朔望日先齋三日，入私房詣師立功德，陰陽并進，日夜六時。此諸猥雜，不可聞説。

釋老志載木土上師李譜文所謂「真君種民」，寅恪少時讀此，於「種民」之義，苦不能解。

後旁涉佛道二教之書，亦見有種民之語，玆略移録於下：

弘明集捌辨惑論序云：

閩藪留種民之穢。（又解厨纂門不仁之極三條注亦有種民之語，已見上引。）

道藏太平部（外字壹）太平經鈔甲部卷之壹略云：

昔之天地與今天地，有始有終，同無异矣。初善後惡，中間興衰，一成一敗，陽九百六，六九乃周，周則大壞，天地混韲，人物糜潰，惟積善者免之，長爲種民。君聖師明，教化不死，積鍊成聖，故號種民。種民，聖賢長生之類也。

後聖帝君撰長生之方，寶經符圖，三古妙法，垂謨立典，施之種民。不能行者，非種民也。

凡大小甲申之至也。除凶民，度善人，善人爲種民，凶民爲混韲，大道神人更遣真仙上士出經行化，委曲導之，勸上勵下，從者爲種民，不從者沉没，沉没成混韲。

可知「種民」與「混韲」爲對文，其以種爲言者，蓋含有種姓之義，如鳩摩羅什所譯金剛經中「善男子」「善女人」之名，依梵文原語，「善」字下原有「家」字，秦譯雖省去，而唐義淨譯本則依梵文全譯之也。然則種民之義，實可兼賅道德之善惡及階級之高下而言，吾國古代經典中「君子」「小人」之解釋亦與此不异。寇謙之本出秦雍豪家大族，其所持義固應如是，而此點尤與崔浩之政治理想，適相符合者也。

魏書壹壹肆釋老志又云：

崔浩獨异其言，因師事之，受其法術，於是上疏，贊明其事曰：臣聞聖王受命，則有大應，而河圖、洛書，皆寄言於蟲獸之文，未若今日人神接對，手筆粲然，辭旨深妙，自古無比。昔高祖雖復英聖，四皓猶或耻之，不爲屈節。今清德隱仙，不召自至，斯誠陛下侔蹤軒黄，應天之符也。豈可以世俗常談，而忽上靈之命。臣竊懼之。世祖欣然，乃使謁者奉玉帛牲牢，祭嵩岳，迎致其餘弟子在山中者。於是崇奉天師，顯揚新法，宣布天下，道業大行。浩事天師，禮拜甚謹。人或譏之，浩聞之曰：昔張釋之爲王生結襪，吾雖才非賢哲，今奉天師，足以不愧於古人矣。

寅恪案，崔浩之家世背景及政治理想與寇謙之之新道教尤相符合，下文當詳論之。别有可注意者，即浩上疏拓跋燾贊明其事，自言所以篤信不疑之故，乃在「人神接對，手筆粲然」。蓋六朝書法之藝術，與天師道有密切關係，寅恪昔已言之，（見拙著天師道與濱海地域之關係。并參清華學報第十五卷第一期周一良先生評燉煌秘籍留真一文。）兹不詳及。惟取浩本身及其家世與書法有關之記載録之於下：

魏書貳肆崔玄伯傳（參北史貳壹崔宏傳）略云：

玄伯尤善草隸行押之書，爲世摹楷。玄伯祖悦，與范陽盧諶并以博藝著名。諶法鍾繇，悦法衛瓘，而俱習索靖之草，皆盡其妙。諶傳子偃，偃傳子邈，悦傳子潛，潛傳玄伯，世不替業。故魏初重崔、盧之書。又玄伯之行押，特盡精巧，而不見遺迹。子浩。

魏書叁伍崔浩傳（參北史貳壹崔宏傳）略云：

太祖以其工書，常置左右。浩既工書，人多托寫急就章。從少至老，初無憚勞，所書蓋以百數。浩書體勢及其先人，而妙巧不如也。世寶其迹，多裁割綴連，以爲模楷。

同書貳肆崔玄伯傳附簡傳（參北史貳壹崔宏傳附簡傳）略云：

〔玄伯〕次子簡，一名覽。好學，少以善書知名。

據此，可知清河崔氏書法在北方，與琅邪王氏書法在江左，俱居最高地位。上師李君手筆，及趙道覆所書，必皆精妙。否則崔浩不能於上疏時特著明此事，頗疑寇謙之一門亦有能書之人或别丐能書者爲之代筆，如拙著天師道與濱海地域之關係一文中所論王羲之寫經换鵝之故事及周一良先生文中引道藏正乙部傳受經戒儀注訣書經法第肆所謂「或拙秉毫，許得雇借」者是也。

復次，崔浩以爲「人神接對，手筆粲然，自古無比」。則似北朝當時此事尚未經見者，梁陶弘景編集真誥摹擬佛經，其所取用之材料，要必非全出虛構，至少一部分乃其親見之東晉時代依托仙真者之手筆，自無可疑。由此推之，江左東晉時此種扶乩之風亦已盛行，而北方道教徒猶未習此事，豈東晉之末宋武滅姚秦，秦、雍、伊、洛之間天師教徒從此役北來之人士中同一信仰者傳授此術，寇謙之遂得摹竊之，藉此以自矜异，而崔浩亦以夙所未見，因而驚服歟？姑記此疑，以俟詳考。

寇謙之事迹之可考者，已略論證如上，兹請論崔浩事迹之與謙之有關者。崔浩者，東漢以來儒家大族經西晋末年五胡亂華留居北方未能南渡者之代表也。當時中國北部之统治權雖在胡人之手，而其地之漢族實遠較胡人爲衆多，不獨漢人之文化高於胡人，經濟力量亦遠勝於胡人，故胡人之欲統治中國，必不得不借助於此種漢人之大族，而漢人大族亦欲藉統治之胡人以實現其家世傳統之政治理想，而鞏固其社會地位。此北朝數百年間胡族與漢族互相利用之關鍵，雖成功失敗其事非一，然北朝史中政治社會之大變動莫不與此點即胡人統治者與漢人大族之關係有關是也。東漢時代，其統治階級除皇室外戚外，要不出閹宦及儒士兩類之人，其士人大抵先從師受經傳，游學全國文化中心首都洛陽之太學，然後應命徵辟，歷任中央地方郎吏牧守，以致卿相之高位。中晚以後，此類仕宦通顯之士人逐漸歸并於少數門族，如汝南袁氏四世三公之例，故東漢末年之高門必具備儒生與大族之二條件，如世説新語政事類山公以器重朝望條劉注引虞預晋書曰：

〔濤〕宗人謂宣帝（司馬懿）曰：濤當與景（司馬師）文（司馬昭）共綱紀天下者也。帝戲曰：卿小族，那得此快人邪！

及晉書貳拾禮志載晉武帝詔曰：

本諸生家，傳禮來久。

可證也。據晉書壹宣帝紀（參三國志魏志壹伍司馬朗傳裴注引司馬彪序傳）略云：

〔征西將軍〕鈞生豫章太守量，量生潁川太守儁，儁生京兆尹防，帝即防之第二子也。

可知河内司馬氏雖不及汝南袁氏弘農楊氏之累代三公，但亦家世二千石，其爲東漢中晚以後之儒家大族無疑也。東漢末年政紊世亂，此種家族往往懷抱一種政治理想，以救時弊，雖一時不必期諸實行，而終望其理想得以達到，如三國志魏志壹伍司馬朗傳略云：

朗以爲天下土崩之勢，由秦滅五等之制，而郡國無蒐狩習戰之備故也。今雖五等未可復行，可令州郡并置兵，外備四夷，内威不軌，於策爲長。又以爲宜復井田。往者以民各有累世之業，難中奪之，是以至今。今承大亂之後，民人分散，土業無主，皆爲公田，宜及此時復之。議雖未施行，然州郡領兵，朗本意也。

司馬朗爲防之子，异之兄，此種政治理想，至司馬氏握政權時，如三國志魏志肆陳留王奐傳所載：

〔咸熙元年〕五月庚申，相國晉王（司馬昭）奏復五等爵。

及晉武帝平吳混一區宇以後，減罷州郡兵，皆是司馬氏實行其家傳之政治理想，此復五等爵罷州郡兵二事俱有關一代之興亡，然其遠因當求諸數十年或百年前之家世社會背景，非一朝一夕偶然應付時變之措施，其所從來久矣。

漢祚將傾，以常情論，繼之者似當爲儒士階級「四世三公」之汝南袁氏，而非宦寺階級「墜閹遺醜」（見三國志魏志陸袁紹傳裴注引魏氏春秋載陳琳檄文）之沛國曹氏，然而建安五年官渡之戰，以兵略運糧之偶然關係，袁氏敗而曹氏勝，遂定後來曹魏代漢之局，論史者往往以此戰爲紹、操二人或漢、魏兩朝成敗興亡之關鍵，斯固然矣，而不知此戰實亦決定東漢中晚以後掌握政權儒士與閹宦兩大社會階級之勝負昇降也。東漢儒家大族之潛勢力極大，雖一時暫屈服於法家寒族之曹魏政權，然百足之蟲，死而不僵，故必伺隙而動，以恢復其舊有之地位。河内司馬氏，雖即承曹叡之庸弱，漸握政權，至殺曹爽以後，父子兄弟相繼秉政，不及二十年，遂成帝業。當司馬氏作家門時，自亦有本出身寒族依附曹魏之人，投機加入司馬氏之黨，如賈充、（見三國志魏志壹伍賈逵傳及晋書伍拾庾純傳純戲賈充言「有小市井事不了」及「世言充之先有市魁者」等文。）石苞（見晋書叁叁石苞傳）及陳矯（見三國志魏志貳貳陳矯傳裴注引魏氏春秋及晋書叁伍陳騫傳）等。但司馬氏佐命功臣大都屬於東漢之儒家大族，觀司馬氏將移魏鼎之際，其三公爲王祥、何曾、荀顗，（見三國志魏志肆陳留王奂傳咸熙元年三月丁丑以王祥爲太尉條及同月己卯進晋公爵爲王條。）而此三人者，當時皆以孝行著稱。（見晋書叁叁王祥傳同書同卷何曾傳引傳玄稱曾及荀顗之孝語及同書叁玖荀顗傳。）蓋東漢儒家以孝治天下，非若魏武帝出自閹宦寒門，其理國用人以才能爲先，而不仁不孝亦在拔擢之列者可比。（見三國志魏志壹武帝紀建安十五年十九年令及二十二年裴注引魏書所載令文。）東漢與曹魏，社會風氣道德標准改易至是，誠古今之鉅變。（參日知録壹貳兩漢風俗及正始等條。）而所以致此者，固由於魏武一人之心術，而其所以敢冒舉世之大不韙者，則又因其家世傳統少時薰習有以成之也。又考三國志魏志拾賈詡傳裴注引荀勖別傳曰：

> 晋司徒闕，武帝問其人於勖，答曰：三公具瞻所歸，不可用非其人。昔魏文帝用賈詡爲三公，孫權笑之。

蓋孫吴在江東其統治階級亦爲大族，與典午之在中原者正復相似，而與曹魏之治殊异，宜孫權以此譏曹丕，此非仲謀、子桓二主用人之標准不同，實吴、魏兩國統治階級有大族寒門之互异故也。

司馬氏之帝業，乃由當時之儒家大族擁戴而成，故西晋篡魏亦可謂之東漢儒家大族之復興。典午開國之重要設施，如復五等之爵，罷州郡之兵，以及帝王躬行三年之喪禮等，皆與儒家有關，可爲明證。其最可注意者，則爲鳌定刑律，增撰周官爲諸侯律一篇（見晋書叁拾刑法志）。兩漢之時雖頗以經義折獄，又議論政事，解釋經傳，往往取儒家教義，與漢律之文比傅引伸，但漢家法律，實本嬴秦之舊，雖有馬、鄭諸儒爲之章句（見晉書叁拾刑法志），并未嘗以儒家經典爲法律條文也。然則中國儒家政治理想之書如周官者，典午以前，固已尊爲聖經，而西晉以後復更成爲國法矣，此亦古今之鉅變，推原其故，實亦由司馬氏出身於東漢儒家大族有以致之也。

西晉之統治階級，雖以儒家大族爲其主體，然既雜有一小部分之寒族投機者於其中，則兩種不同之集團混合，其優點難於摹仿，而劣點極易傳染，斯固古今通例也。如禮法爲儒家大族之優點，奢侈爲其劣點（如晉書叁叁何曾傳所言）。節儉爲法家寒族之優點，（如三國志魏志壹貳崔琰傳裴注引世語曰，〔臨淄侯〕植妻衣綉，太祖登臺見之，以違制命還家賜死，此可見魏武之崇法治尚節儉也。）放蕩爲其劣點，（如三國志魏志壹武帝紀言太祖「任俠放蕩，不治行業」之類。）若西晉惠帝賈皇后南風者，法家寒族賈充之女也，與儒家大族司馬家兒之惠帝夷相配偶，不但絕無禮法節儉之美德，且更爲放蕩奢侈之惡行，斯其明顯之一例也。故西晉一朝之亂亡，乃綜合儒家大族及法家寒族之劣點所造成者也。

自東漢末年至五胡亂華時代，中原之儒家大族與政治之關係，已略如上述，兹節録崔浩事迹與寇謙之有關者證釋之如下：

魏書叁伍崔浩傳（參北史貳壹崔宏傳附子浩傳）云：

崔浩，字伯淵，清河人也，白馬公玄伯之長子。

寅恪案，魏書貳肆崔玄伯傳（參北史貳壹崔宏傳）云：

崔玄伯，清河東武城人也，名犯高祖廟諱，魏司空林六世孫也。祖悦，仕石虎，官至司徒左長史、關内侯。父潛，仕慕容暐，爲黄門侍郎。

三國志魏志貳肆崔林傳裴注引晋諸公賛曰：

〔林子〕述弟隨，晋尚書僕射。爲人亮濟。趙王倫篡位，隨與其事。倫敗，隨亦廢錮而卒。林孫瑋，性率而疏，至太子右衛率也。

可知魏晋以來，雖經五胡之亂，清河崔氏在政治上仍居最高地位，爲北朝第一盛門，如北齊書貳叁崔㥄傳（參北史貳肆崔逞傳附㥄傳）所言：

崔㥄，清河東武城人也。每以籍地自矜，謂盧元明曰：天下盛門，唯我與爾，博崔、趙李何事者哉。

足爲例證，然魏書叁伍崔浩傳（參北史貳壹崔宏傳附子浩傳）云：

始浩與冀州刺史頣、滎陽太守模等年皆相次，浩爲長，次模，次頣。三人别祖，而模、頣爲親。浩恃其家世魏、晋公卿，常侮模、頣。模謂人曰：桃簡正可欺我，何合輕我家周兒也。浩小名桃簡，頣小名周兒。世祖頗聞之，故誅浩時，二家獲免。

則有二事可注意，一爲清河崔氏爲北朝第一盛門，而崔浩一支又爲清河崔氏門中最顯之房，此點不待多論。二爲崔氏心目中最理想之門房之新定義，此點玆不能詳論，姑略言之。蓋有自東漢末年之亂，首都洛陽之太學，失其爲全國文化學術中心之地位，雖西晉混一區宇，洛陽太學稍復舊觀，然爲時未久，影響不深。故東漢以後學術文化，其重心不在政治中心之首都，而分散於各地之名都大邑。是以地方之大族盛門乃爲學術文化之所寄托。中原經五胡之亂，而畢術文化尚能保持不墜者，固由地方大族之力，而漢族之學術文化變爲地方化及家門化矣。故論學術，祇有家學之可言，而學術文化與大族盛門常不可分離也。然此種變遷乃逐漸形成者，在六朝初期所謂高門，不必以高官爲惟一之標准（如魏書肆柒盧玄傳論所言），即寒士有才，亦可目爲勝流，（如晉書玖叁外戚傳褚裒傳所載裒祖䂮爲縣吏將受鞭事之類。）寒女有德亦得偶配名族，（如世說新語賢媛類王汝南少無婚條劉注引汝南別傳所言之類。）非若六朝後期魏孝文之品目門第專以官爵之高下爲標准也。（如魏書陸拾韓麒麟傳附子顯宗傳，同書陸叁宋弁傳同書壹壹叁官氏志等所言。）此兩種新舊不同之觀念及定義，自然因世局之推演而漸改變，在崔浩之時社會風氣似尚多留滯於前期之舊觀念，而浩心目中或以具備高官及才學二條件者爲其理想之第一等門第，豈即以具備此二條件自矜詡於模、頣耶？寇謙之既爲秦雍大族，其藝術復爲浩所推服，故亦約略具備此二條件者，疑浩之特有取於謙之也。據魏書叁伍崔浩傳（參北史貳壹崔宏傳附子浩傳）云：

浩從太宗幸西河、太原。登憩高陵之上，下臨河流，傍覽川域，慨然有感，遂與同寮論五等郡縣之是非，考秦始皇、漢武帝之違失。好古識治，時伏其言。天師寇謙之每與浩言，聞其論古治亂之迹，常自夜達旦，竦意斂容，無有懈倦。既而嘆美之曰：斯言也惠，皆可底行，亦當今之皐繇也。但世人貴遠賤近，不能深察之耳。因謂浩曰：吾行道隱居，不營世務，忽受神中之訣，當兼修儒教，輔助泰平真君，繼千載之絶統。而學不稽古，臨事暗昧。卿爲吾撰列王者治典，并論其大要。浩乃著書二十餘篇，上推太初，下盡秦漢變弊之迹，大旨先以復五等爲本。

可見浩爲舊儒家之領袖，謙之爲新道教之教宗，互相利用，相得益彰，故二人之契合，殊非偶然也。浩之原書今雖不傳，其大旨既以先復五等爲本，則與司馬朗之學説及司馬昭炎父子所施行者實相符合，斯蓋東漢儒家之共同理想。司馬氏崔氏既同屬於一社會階級，故其政治之理想自不能違异也。謙之自稱受真仙之命，以爲末劫垂及，唯有種民即種姓之民，易言之，較高氏族之人民，得以度此末劫，此與東漢末年天下擾亂之際儒家大族所感受之印象所懷抱之理想正復相同，不必純從佛教學説摹襲而來也。

又據魏書肆柒盧玄傳（參北史叁拾盧玄傳）云：

〔崔〕浩大欲齊整人倫，分明姓族。玄勸之曰：夫創制立事，各有其時，樂爲此者，詎幾人也？宜其三思。浩當時雖無异言，竟不納，浩敗頗亦由此。

并參以魏書肆捌高允傳（參北史叁壹高允傳）云：

初，崔浩薦冀、定、相、幽、并五州之士數十人，各起家郡守。恭宗謂浩曰：先召之人，亦州郡選也，在職已久，勤勞未答。今可先補前召外任郡縣，以新召者代爲郎吏。又守令宰民，宜使更事者。浩固争而遣之。允聞之，謂東宫博士管恬曰：崔公其不免乎！苟逞其非，而校勝於上，何以勝濟。

同書肆陸李訢傳（參北史貳柒李訢傳）略云：

李訢，范陽人也。初，李靈爲高宗博士、諮議，詔崔浩選中書學生器業優者爲助教。浩舉其弟子箱子與盧度世、李敷三人應之。給事高讜子佑、尚書段霸兒侄等，以爲浩阿其親戚，言於恭宗。恭宗以浩爲不平，聞之於世祖。世祖意在於訢，曰：云何不取幽州刺史李崇老翁兒也？浩對曰：前亦言訢合選，但以其先行在外，故不取之。世祖曰：可待訢還，箱子等罷之。訢爲世祖所識如此。遂除中書助教博士。

及同書叁陸李順傳（參北史叁叁李順傳）略云：

李順，趙郡平棘人也。長子敷，真君二年，選入中書教學。以忠謹給事東宫。又爲中散，與李訢、盧遐、度世等并以聰敏内參機密，出入詔命。

則知崔浩實藉鮮卑統治力以施行其高官與博學合一之貴族政治者，不幸其志未遂，而竟以此被禍也。至其被禍之由，則不得不略加辨釋。考宋書柒柒柳元景傳（參南史叁捌柳元景傳及資治通鑑壹貳陸宋文帝元嘉二十八年二月魏中書學生盧度世亡命條考异）云：

元景從祖弟光世，先留鄉里，索虜以爲折衝將軍、河北太守，封西陵男。光世姊夫僞司徒崔浩，虜之相也。元嘉二十七年，虜主拓跋燾南寇汝、潁，浩密有异圖，光世要河北義士爲浩應。浩謀泄被誅，河東大姓坐連謀夷滅者甚衆。

及北史貳壹崔宏傳附浩傳云：

始宏因苻氏亂，欲避地江南，爲張願所獲，本圖不遂。乃作詩以自傷，而不行於時，蓋懼罪也。浩誅，中書侍郎高允受敕收浩家書，始見此詩，允知其意。允孫綽録於允集。

則似浩以具有民族意識，因而被禍者，論者或更據魏書叁伍崔浩傳（參北史貳壹崔宏傳附浩傳）所言：

會聞劉裕死，太宗欲取洛陽、虎牢、滑臺。浩曰：陛下不以劉裕欻起，納其使貢，裕亦敬事陛下。不幸今死，乘喪伐之，雖得之不令。今國家亦未能一舉而定江南，宜遣人吊祭，存其孤弱。裕新死，黨與未離，兵臨其境，必相率拒戰，功不可必，不如緩之，待其惡稔。如其强臣争權，變難必起，然後命將揚威，可不勞士卒，而收淮北之地。

以證宋書柳元景傳而謂浩實心祖南朝者，鄙意以爲此正浩之善於爲鮮卑謀，非有夷夏之見存乎其間也。蓋鮮卑當日武力雖强，而中國北部漢族及其他胡族之人數遠超過於鮮卑，故境内未能統一，且西北方柔然及其他胡族部落勢力强盛，甚爲魏之邊患，此浩所謂未能一舉而定江南者也。若欲南侵，惟有分爲數階段，節級徐進，此浩所謂命將揚威收淮北之地者也，觀浩神瑞二年諫阻遷都於鄴之議，以爲：

東州之人，常謂國家居廣漠之地，民畜無算，號稱牛毛之衆。今留守舊都，分家南徙，恐不滿諸州之地。參居郡縣，處榛林之間，不便水土，疾疫死傷，情見事露，則百姓意沮。四方聞之，有輕侮之意，屈丏、蠕蠕必提挈而來，雲中、平城則有危殆之慮，阻隔恒代千里之險，雖欲救援，赴之甚難，如此則聲實俱損矣。（見魏書叁伍崔浩傳）

及泰常元年議劉裕假道伐姚秦事謂：

假令國家棄恒山以南，裕必不能發吴、越之兵，與官軍争守河北也。（見魏書叁伍崔浩傳）

可謂深悉當時南北兩方情勢，其爲鮮卑謀者可謂至矣。浩之父宏，對於鮮卑其心與浩有無异同，今不可知，但宏之欲南奔江左，在東晋之世，北朝士族心目中以門第高下品量河内司馬氏與彭城劉氏之價值，頗相懸遠，如魏收作魏書，其於東晋則尚題曰「僭晋司馬叡」，而於劉宋則斥爲「島夷劉裕」，以爲「與叢亭安上諸劉了無宗次」。此非伯起一人之偏見，蓋亦數百年間中原士族共同之品題，何況清河崔氏自許爲天下第一盛門，其必輕視「挺出寒微」（浩目宋武帝之語，見魏書北史浩傳。）之劉宋而不屑詭言於鮮卑以存其宗社，其理甚明。柳光世之言不過虛張夷夏之見以自托於南朝，本不足據。司馬君實紀浩之避禍從魏書而不從宋書，其識卓矣。

然則浩之被禍果以何爲主因乎？依盧玄傳所言，浩之被禍，以「整齊人倫，分明姓族」，浩之貴族政治理想，其最不樂者，僅爲李訢等非高門之漢族，當時漢人中得鮮卑之寵信者，無逾於浩，此類寒族之漢人，其力必不能殺浩，自不待言。故殺浩者必爲鮮卑部落酋長，可以無疑。據魏書叁捌王慧龍傳（參北史叁伍王慧龍傳）云：

初，崔浩弟恬聞慧龍王氏之子，以女妻之。浩既婚姻，及見慧龍，曰：信王家兒也。王氏世齇鼻，江東謂之齇王。慧龍鼻大，浩曰：直貴種矣。數向諸公稱其美。司徒長孫嵩聞之，不悅，言於世祖，以其嘆服南人，則有訕鄙國化之意。世祖怒，召浩責之。浩免冠陳謝，得釋。

及同書貳柒穆崇傳附亮傳（參北史貳拾穆崇傳附亮傳）略云：

高祖曰：世祖時，崔浩爲冀州中正，長孫嵩爲司州中正，可謂得人。

是當時漢人士族之首領爲浩，鮮卑部酋之首領爲長孫嵩。浩既主張高官博學二者合一之貴族政治，鮮卑有政治勢力而無學術文化。浩之國記「備而不典」（見魏書叁伍崔浩傳），蓋鮮卑本無文化可言，其爲不典，固亦宜然。浩與拓跋嗣論近世人物謂「太祖（拓跋珪）用漠北醇樸之人，南入中地，自與羲農齊烈」（見魏書叁伍崔浩傳）。其語直斥鮮卑之野傀，幸當日鮮卑漢化不深，否則亦如周延儒之以羲皇上人目崇禎帝（見明史叁佰捌奸臣傳周延儒傳），而早死於刊佈國記之前矣。總之，浩之於社會階級意識，甚於其民族夷夏意識，故利用鮮卑鄙視劉宋，然卒因胡漢民族内部之仇怨致死，亦自料所不及，自食其惡果，悲夫。

魏書叁伍崔浩傳（參北史貳壹崔宏傳附崔浩傳）云：

初，浩父疾篤，浩乃剪爪截髮，夜在庭中仰禱斗極，爲父請命，求以身代，叩頭流血，歲餘不息，家人罕有知者。及父終，居喪盡禮，時人稱之。浩能爲雜説，不長屬文，而留心於制度、科律及經術之言。作家祭法，次序五宗，蒸嘗之禮，豐儉之節，義理可觀。性不好老莊之書，每讀不過數十行，輒棄之，曰：此矯誣之説，不近人情，必非老子所作。老聃習禮，仲尼所師，豈設敗法之書，以亂先王文教。袁生所謂家人筐篋中物，不可揚於王庭也。

寅恪案，清河崔氏爲天師道世家，已詳拙著天師道與濱海地域之關係文中，兹不贅論。所可注意者，即浩之通經律，重禮法，不長屬文，及不好老莊之書等，皆東漢儒家大族之家世傳統也，與曹操父子之喜詞賦慕通達（見後漢書捌肆楊震傳附賜傳及晉書肆柒傅玄傳等）爲東漢宦官寒族之傳統家學者迥異。寇謙之爲秦雍大族，其新教又專以禮度爲首，是特深有合於浩之家學而與孫秀、孫恩東西晋兩大天師道政治運動之首領出身寒族在浩心中專以門第衡量人物爲標准者又無此衝突也。（琅邪孫氏之爲寒族，詳見拙著天師道與濱海地域之關係文中。）以通常宗教之義言之，祇問信仰，不分階級，如三國志魏志貳肆崔林傳裴注引晋諸公贊，知清河崔氏之崔隨即浩本宗，亦參預孫秀、趙王倫之政治運動，據魏書崔浩傳（參北史崔宏傳附浩傳）云：

浩母盧氏，諶孫也。

及晋書壹佰盧循傳略云：

盧循，司空從事中郎諶之曾孫也，娶孫恩妹。

是浩與循爲中表兄弟，范陽盧氏與清河崔氏同爲北方盛門，而與寒族之琅邪孫氏爲婚，是祇問信仰不論門第之明證。蓋孫秀爲一時之教主，求教主於大族高門，乃不可常見之事。今寇謙之以大族而兼教主，故能除去三張之僞法，以禮度爲首，此正是大族儒家之所應爲者。想浩當日必自以爲其信仰之遇合，超過於其家門之崔隨及中表之盧循也。故論宗教信仰雖可不分社會階級，但浩之政治理想乃以分明姓族爲第一義者，其得遇寇謙之藉其仙真藥物之術以取信於拓跋燾而利用之，更足堅定其非有最高之門第不能行最高之教義之信念，而不料其適以此被禍。謙之先浩而死，遂得免禍，亦云幸矣。

魏書崔浩傳（參北史崔宏傳附浩傳）略云：

浩上五寅元曆，表曰：臣稟性弱劣，力不及健婦人，更無餘能，是以專心思書，忘寢與食，至乃夢共鬼爭義，遂得周公、孔子之要術，始知古人有虚有實，妄語者多，真正者少。自秦始皇燒書之後，經典絶滅。漢高祖以來，世人妄造曆術者有十餘家，皆不得天道之正，大誤四千，小誤甚多，不可言盡。臣愍其如此。今遭陛下太平之世，除僞從真，宜改誤曆，以從天道。是以臣前奏造曆，今始成訖。謹以奏呈。唯恩省察，以臣曆術宣示中書博士，然後施用。非但時人，天地鬼神知臣得正，可以益國家萬世之名，過於三皇五帝矣。

寅恪案，魏書肆捌高允傳（參北史叁壹高允傳）略云：

時浩集諸術士，考校漢元以來日月薄蝕、五星行度，并譏前史之失，别爲魏曆以示允。允曰：天文曆數，不可空論。夫善言遠者，必先驗於近。且漢元年冬十月，五星聚於東井，此乃曆術之淺。今譏漢史，而不覺此謬，恐後人譏今，猶今之譏古。浩曰：所謬云何？允曰：案星傳，金水二星常附日而行。冬十月，日在尾箕，昏没於申南，而東井方出於寅北。二星何因背日而行？是史官欲神其事，不復推之於理。浩曰：欲爲變者何所不可，君獨不疑三星之聚，而怪二星之來？允曰：此不可以空言爭，宜更審之。時坐者咸怪，唯東宫少傅游雅曰：高君長於曆數，當不虚也。後歲餘，浩謂允曰：先所論者，本不注心，及更考究，果如君語，以前三月聚於東井，非十月也。又謂雅曰：高允之術，陽元之射也。衆乃嘆服。

可知浩雖精研天算，而其初尚有未合之處。寇謙之從成公興受蓋天周髀之術，爲當時西域輸入之新學，必勝於浩之家傳之舊學，浩之深服謙之，固非偶然也。道家之說，以曆元當用寅，否則天下大亂，如後漢書壹貳律曆志中云：

靈帝熹平四年，五官郎中馮光、沛相上計掾陳晃言：曆元不正，故妖民叛寇，益州盜賊相續爲〔害〕。曆用甲寅爲元，而用庚申。

浩以「精於天人之會」，受知獎於拓跋嗣（見魏書崔浩傳），浩之用力數十年之久於制曆正元者，正儒家及道家合一之焦點所在。蓋曆元正則陰陽和，陰陽和則年穀熟，人民安樂，天下太平矣。今離騷篇首以攝提貞於孟陬爲言，固曆元用寅之義也，篇末以從彭咸之遺則爲結，（王逸章句云：彭咸，殷大夫，諫其君不聽，投水死。）則晋書壹佰孫恩傳所謂：

其婦女有嬰累不能去者，囊簏盛嬰兒投於水，而告之曰：賀汝先登天堂，我尋後就汝。

及：

恩窮感，乃赴海自沉，妖黨及妓妾謂之水仙。

者也。由是推之，離騷當與道家有關，以非本文範圍，故不傍及。

兹綜合寇謙之、崔浩二人關係之史料觀之，可證浩之思想行爲純自社會階級之點出發，其所以特重謙之者，以寇氏本爲大族，不同於琅邪孫氏。又謙之所清整之新道教中，種民禮度之義深合於儒家大族之傳統學説故也。浩事拓跋珪、嗣、燾三世，竭智盡忠，而甚鄙非文化高門之劉宋，蓋由社會階級之意識，超出胡漢民族之意識。然浩爲一代儒宗，於五胡亂華之後，欲效法司馬氏以圖儒家大族之興起，遂不顧春秋夷夏之大防，卒以此觸怒鮮卑，身死族滅，爲天下後世悲笑，其是非成敗於此可不論，惟論釋其與寇謙之之關係，以供讀史者之參考。

（原載一九五〇年十二月嶺南學報第拾壹卷第壹期）

支愍度學說考

甲、材料

茲取關於支愍度之材料，條列於下：

世説新語假譎篇云：

愍（他書作慜，又作敏。）度道人始欲過江，與一傖道人爲侣，謀曰：用舊義往江東，恐不辦得食，便共立心無義。既而此道人不成渡。愍度果講義積年。後有傖人來，先道人寄語云：爲我致意愍度，無義那可立？治此計，權救飢爾，無爲遂負如來也。

慧皎高僧傳肆晋豫章山康僧淵傳略云：

〔僧淵〕晋成之世與康法暢支敏度等俱過江。敏度亦聰哲有譽，著譯經録，今行於世。

據宗性名僧傳鈔所引寶唱名僧傳目録，其卷壹有外國法師晋豫章康僧淵傳，别無支敏度傳。以意揣之，當是敏度事迹，亦附載僧淵傳中。蓋慧皎著書，時代略後，寶唱舊本，多所承用，故名僧高僧二傳，其文往往相同也。

劉孝標世説新語假譎篇前條注中引名德沙門題目曰：

支愍度才鑒清出。

及孫綽愍度贊曰：

支度彬彬，好是拔新。俱禀昭見，而能越人。世重秀异，咸競爾珍。孤桐嶧陽，浮磬泗濱。

及舊義者無義者之説。（見乙章所引，兹不重出。）

僧祐出三藏記集貳云：

合維摩詰經五卷。（合支謙竺法護竺叔蘭所出維摩三本，合爲一部。）

合首楞嚴經八卷。（合支讖支謙竺法護竺叔蘭所出首楞嚴四本，合爲一部，或爲五卷。）

右二部凡十三卷，晉惠帝時沙門支敏度所集。其合首楞嚴，傳云，亦愍度所集。既闕注目，

未詳信否。

智昇開元釋教録拾云：

經論都録一卷。（别録一卷。）

右東晉成帝豫章山沙門支敏度撰。其人總校古今群經，故撰都録。敏度又撰别録一部。

出三藏記集柒有支敏度合首楞嚴經記，卷捌有敏度法師合維摩詰經序。（見戊章所引，兹

不重出。）據以上所徵引，凡支愍度之事迹及著述，今日所可考見者，大概止此，且皆世人所習知也。玆就（一）何謂心無義？（二）心無義興「格義」之關係，（三）心無義之傳授，（四）「格義」與「合本」之异同等問題，分爲數章，依次討論之。

乙、何謂心無義

劉孝標世説新語假譎篇前條注云：

舊義者曰：種智有是，而能圓照。然則萬累斯盡，謂之空無。常住不變，謂之妙有。而無義者曰：種智之體，豁如太虚。虚而能知，無而能應。居宗至極，其唯無乎。

寅恪案，孝標所引新舊之義，皆甚簡略，未能據此，遽爲論斷。然詳繹「種智」及「有」「無」諸義，但可推見舊義者猶略能依據西來原意，以解釋般若「色空」之旨。新義者則采用周易老莊之義，以助成其説而已。

僧肇不眞空論云：

心無者，無心於萬物，萬物未嘗無。此得在於神静，失在於物虚。

元康肇論疏上釋此節云：

心無者，破晉代支愍度心無義也。世説注云：「愍度欲過江，與一傖道人爲侶云云。」（已見上，不重録。）從是以後此義大行。高僧傳云：「沙門道恒頗有才力，常執心無義，大行荆上。竺法汰曰：此是邪説，應須破之。乃大集名僧，令弟子曇壹難之。據經引理，折駁紛紜。恒仗其口辯，不肯受屈。日色既暮，明旦更集。慧遠就席攻難數番，問責鋒起，恒自覺義途差異，神色漸動，麈尾扣案，未即有答。遠曰：不疾而速，杼柚何爲？坐者皆笑。心無之義於是而息。」今肇法師亦破此義。先叙其宗，然後破也。「無心萬物，萬物未嘗無」者，謂經中言空者，但於物上不起執心，故言其空。然物是有，不曾無也。「此得在於神静，失在於物虚」者，正破也。能於法上無執，故名爲「得」。不知物性是空，故名爲「失」也。

寅恪案，元康引世説假譎篇前條竟，附以「從是而後，此義大行」之語。是其意與世説相同，皆以心無之義創始於愍度。其所引高僧傳之文在慧皎書伍法汰傳中。其意蓋以爲心無之義至道恒而息也。此等問題關於心無義之傳授，當於丁章論之。今據肇公之説，知心無義者，仍以物爲有。與主張絶對唯心論者不同。但心無義乃解釋般若經之學説，何以轉异於西來之原意？此其故當於丙章論之。

安澄中論疏記叁末云：

疏云：「第四温法師用心無義等」者，此下第三約心無義而爲言之。山門玄義第五云：

第一釋僧温著心無二諦論云：「有，有形也。無，無像也。有形不可無。無像不可有。而經稱『色無』者，但内止其心，不空外色。」此壹公破，反明色有，故爲俗諦。心無，故爲真諦也。不真空論云：「心無者，無心於萬物，萬物未嘗無。」述義云：「破竺法温心無義。」二諦搜玄論云：晋竺法温爲釋法琛法師之弟子也。其製心無論云：「夫有，有形者也，無，無像者也。然則，有像不可謂無，無形不可謂無（有？）。是故有爲實有，色爲真色。經所謂『色爲空』者，但内止其心，不滯外色。外色不存，餘情之内，非無如何？豈謂廓然無形，而爲無色乎？」

高僧〔傳〕中沙門道恒執心無義，只是資學法温之義，非自意之所立。後支愍度追學前義。故元康師云：破支愍度心無義尋末忘本。

寅恪案，上列日本注疏所引中土已佚古書，足資考證，至可珍貴。今綜合有關心無義之舊文，推論其説之所從出，及其正確解釋。至法温法琛之爲何人，與支愍度追學心無義之説，則關係心無義之傳授，當於丁章論之。

高僧傳肆康僧淵傳略云：

康僧淵，本西域人，生於長安。貌雖梵人，語實中國。容止詳正，志業弘深。誦放光道行二般若，即大小品也。晋成之世，與康法暢、支敏度等俱過江。後於豫章山立寺，去邑數十里，帶江傍嶺，松竹鬱茂。名僧勝達，響附成群。常以持心梵天經空理幽遠，故偏加講説。尚學之徒，往還填委。後卒於寺焉。

康僧淵之於支敏度殆亦世説所謂同謀立新義之傖道人乎？不過與俱過江爲不同耳。今就僧淵所誦之放光道行二般若及偏加講説之持心梵天經考之，足見此三經實爲心無義所依據之聖典。僧淵與敏度之同過江，其關係決非偶然也。

（一）放光般若波羅蜜經二十卷，西晋無羅叉共竺叔蘭譯。其壹假號品第三云：

舍利弗！用色空故，爲非色。用痛想行識空故，爲非識。色空故，無所見。痛空故，無所覺。想空故，無所念。行空故，無所行。識空故，不見識。何以故？色與空等無异。所以者何？色則是空，空則是色，痛想行識則亦是空。

據此，法温心無論之

經所謂「色爲空」者，但内止其心，不滯外色。外色不存，餘情之内，非無如何？

等句中，其所稱之經，即指放光般若波羅蜜經而言。然則此經乃心無義之所依據。是一證也。

（二）道行般若波羅蜜經十卷，後漢支婁迦讖譯。其壹道行品第一雲：

何以故？有心無心。舍利弗謂須菩提：云何有心無心？

據此，心無之語，實出自道行般若波羅蜜經開宗明義第一章之文。至其誤解之處，暫置不論。然則此經亦爲心無義之所依據。是又一證也。

（三）持心梵天所問經四卷，西晉竺法護譯。其卷二問談品第六云：

於是持心白世尊曰：至未曾有，天中之天，諸佛世尊，而無有心，因慧名心心本清淨。

據此，持心梵天所問經中亦有心無之説。僧淵與敏度結侶過江，而於此經偏加講説，殆非無故。然則此經亦爲心無義之所依據。是又一證也。

心無二字正確之解釋果如何乎？請以比較方法定之。

與上引道行般若波羅蜜經道行品中「有心無心」之文同本而异譯者，中文則有

（一）吴支謙譯大明度無極經壹上行品之

是意非意，淨意光明。（寅恪案，此又可與上引持心梵天所問經問談品之「而無有心，因慧名心，心本清淨」之語對勘。）

（二）苻秦曇摩蜱共竺佛念譯摩訶般若波羅蜜鈔經壹道行品之

心無心，心者淨。

（三）姚秦鳩摩羅什譯小品般若波羅蜜經壹初品之

是心非心，心相本淨故。

（四）唐玄奘譯大般若波羅蜜多經伍佰叁拾捌第四分妙行品第一之一之

心非心性，本性淨故。

（五）宋施護譯佛母出生三法藏般若波羅蜜多經壹了知諸行相品第一之一之

彼心非心，心性淨故。

等。藏文則有八千頌般若波羅蜜經（天清番經局本第三頁下第一行）之

hdi ltar sems de ni sem s ma mchis pa ste sems kyi rañ bshin ni hod gsal ba lags so 即梵文本八千頌般若波羅蜜經 (Aạṣāhasrikā Prajñāpāramitā, ed.Raj Mitra, Bibliotheca Indica) 之

cittam acittam prakrtic cittasya prabhāsvarā

據梵文本及中藏諸譯本，知道行般若波羅蜜經道行品之「有心無心」之句，即梵文本之cittamacittam。「心」即 cittam。「無心」即 acittam。而「無心」二字中文諸本除道行般若波羅蜜經及摩訶般若波羅蜜鈔經外，其餘皆譯「非意」或「非心」。故知「無心」之「無」字應與下之「心」字聯文，而不屬於上之「心」字。「無心」成一名詞。「心無」不成一名詞。心無義者殆誤會譯文，失其正讀，以爲「有『心無』心」，遂演繹其旨，而立心無之義歟？但此不僅由於誤解，實當日學術風氣有以致之。蓋晉世清談之士，多喜以內典與外書互相比附。僧徒之間復有一種具體之方法，名曰「格義」。「格義」之名，雖罕見載記，然曾盛行一時，影響於當日之思想者甚深，固不可以不論也。

丙、心無義與「格義」之關係

出三藏記集捌僧叡毗摩羅詰提經義疏序云：

自慧風東扇，法言流咏已來，雖曰講肄，「格義」迂而乖本，六家偏而不即；性空之宗，以今驗之，最得其實。然爐冶之功，微恨不盡。當是無法可尋，非尋之不得也。何以知之？此土先出諸經於識神性空，明言處少，存神之文，其處甚多。中百二論文未及此，又無通鑒，誰與正之？先匠所以輟章於遐慨，思決言於彌勒者，良在此也。

安澄中論疏記叁末略云：

如肇論述義第肆卷引叡法師淨名經序云云（同上文所引，故略之），然即什公未翻四論之前，玄義多謬，於理猶疑，故欲待見彌勒決耳。別記云：「格義」者，約正言也。「乖本」者，已成邊義也。「六家」者，空假名不空假名等也。「偏而不即」者，未依正義。述義云：「格義迂等」者，無得之義，還成有得原義。言「六家」者，梁釋寶唱作續法論（寅恪案，道宣續高僧傳壹寶唱傳作續法輪論。）云：「宋釋曇濟作六家七宗論。論有六家，分成七宗。一本無宗，二本無异宗，三即色宗，四心無宗，五識含宗，六幻化宗，七緣會宗。」今此言「六家」者，一深法師本無，二關内即色，餘皆同前也。

寅恪案，安澄所引舊疏，其釋六家之義甚詳。獨「格義」之詁殊空泛不切。殆已不得其解，而强爲之説也。

高僧傳肆晋高邑竺法雅傳云：

竺法雅，河間人。凝正有器度，少善外學，長通佛義，衣冠仕子咸附諮稟。時依雅門徒，并世典有功，未善佛理。雅乃與康法朗等，以經中事數擬配外書，爲生解之例，謂之「格義」。及毗浮曇相等亦辯「格義」，以訓門徒。雅風采灑落，善於樞機，外典佛經遞互講説，與道安法汰每披釋湊疑，共盡經要。

又高僧傳伍晋飛龍山釋僧光傳云：

釋僧光，冀州人。常山淵公弟子。性純素有貞操。爲沙彌時與道安相遇於逆旅，安時亦未受具戒，因共披陳志慕，神氣慷慨。臨别相謂曰：若俱長大，勿忘同游！光受戒已後，厲行精苦，學通經論。值石氏之亂，隱於飛龍山，游想巖壑，得志禪慧。道安後復從之，相會欣喜，謂昔誓始從。因共披文屬思，新悟尤多。安曰：先舊「格義」於理多違。光曰：且當分析逍遥，何容是非先達。安曰：弘贊理教，宜令允愜。法鼓競鳴，何先何後？光乃與安汰（法汰）等南游晋平，講道弘化。後還襄陽，遇疾而卒。

據此，「格義」之正確解釋應如法雅傳所言。而道安、法汰諸人即性空本無義之創造者，其先實與「格義」有關。法雅僧光二傳是其明證。但法雅傳中「以經中事數擬配外書，爲生解之例」，數語尚不甚易解。考世說新語文學篇云：殷中軍被廢。徙東陽，大讀佛經，皆精解，唯至事數處不解。遇見一道人，問所籤，便釋然。

劉孝標注云：

事數謂若五陰，十二入，四諦，十二因緣，五根，五力，七覺之聲。

又出三藏記集玖四阿鋡暮鈔序（寅恪案，此序當是道安所作。）云：

又有懸數懸事，皆訪其人，爲注其下。

寅恪案，事數自應依劉氏之說。而所謂「生解」者，六朝經典注疏中有「子注」之名，疑與之有關。蓋「生」與「子」，「解」與「注」，皆互訓字也。說見戊章。今大藏中四阿鋡暮鈔猶存，事數即在子注中。觀其體例，可取爲證。

又高僧傳陸慧遠傳云：

年二十四，便就講說。嘗有客聽講，難實相義，往復移時，彌增疑昧。遠乃引莊子義爲連類，於是惑者曉然。是後安公（道安）特聽慧遠不廢俗書。

寅恪案，講實相義而引莊子義爲連類，亦與「格義」相似也。

又顏氏家訓伍歸心篇云：

內外兩教，本爲一體。漸極爲异，（寅恪案，內外兩教漸極爲异之旨，可參道宣廣弘明集貳拾所載謝靈運辯宗論。）深淺不同。內典初門，設五種禁，外典仁、義、禮、智、信，皆與之符。仁者，不殺之禁也。義者，不盜之禁也。禮者，不邪之禁也。智者，不淫之禁也。信者，不妄之禁也。

寅恪案，顔之推「以經中事數擬配外書」，雖時代較晚，然亦「格義」之遺風也。

又魏書壹佰拾肆釋老志云：

故其始修心則依佛、法、僧，謂之三歸，若君子之三畏也。又有五戒，去殺、盜、淫、妄言、飲酒，大意與仁、義、禮、智、信同，名爲异耳。

寅恪案，伯起此語亦當日「格義」之説，可與黄門所言互相印證者也。

又隋智者大師摩訶止觀卷陸上以世法之五常五行五經與佛教之五戒相配，亦「格義」之説。惟其文較長，兹不備録。

又智者大師仁王護國般若經疏貳引提謂波利經之文云：

提謂波利等問佛：何不爲我説四六戒？佛答：五者，天下之大數。在天爲五星，在地爲五岳，在人爲五臟，在陰陽爲五行，在王爲五帝，在世爲五德，在色爲五色，在法爲五戒。以不殺配東方，東方是木，木主於仁，仁以養生爲義。不盜配北方，北方是水，水主於智，智者不盜爲義。不邪淫配西方，西方是金，金主於義，有義者不邪淫。不飲酒配南方，南方是火，火主於禮，禮防於失也。以不妄語配中央，中央是土，土主於信，妄語之人乖角兩頭，不契中正。中正以不偏乖爲義也。（參閲湛然止觀輔行傳弘决陸之二所引提謂經文。）

寅恪案，歷代三寶記玖略云：

提謂波利經二卷，宋孝武世元魏沙門釋曇静於北臺撰。經文舊録別載有提謂經一卷，與諸經語同，但静加足五方五行，用石糅金，致成疑耳。

據此，知曇静亦用「格義」之説僞造佛經也。

又晉孫綽製道賢論以天竺七僧方竹林七賢，以法護匹山巨源，（高僧傳壹曇摩羅叉傳。）白法祖匹嵇康，（高僧傳壹帛遠傳。）法乘比王濬冲，（高僧傳肆法乘傳。）竺道潛比劉伯倫，（高僧傳肆竺道潛傳。）支遁方向子期，（高僧傳肆支遁傳。）于法蘭比阮嗣宗，（高僧傳肆于法蘭傳。）于道邃比阮咸。（高僧傳肆于道邃傳。此條嚴可均全晉文失載。）乃以内教之七道，擬配外學之七賢，亦「格義」之支流也。據此，可知「格義」影響於六朝初年思想界之深矣。心無義適起於是時，疑不能與之絶無關係。夫魏晉清談，崇尚虚無。其語言旨趣見於載籍，可取與心無義互證者，亦頗不少。兹僅就世説新語注所引心無義，與王輔嗣韓康伯老子周易注旨意相似者，列舉一二事，以見心無義者以内典與外書相比附之例。

老子第五章云：

天地之間其猶橐籥乎，虚而不屈，動而愈出。

王注云：

橐籥之中空洞無情無爲，故虚而不得窮屈，動而不可竭盡也。

易繫辭上云：

易無思也，無爲也，寂然不動，感而遂通天下之故，非天下之至神，其孰能與於此。

韓注云：

夫非忘象者，則無以制象。非遺數者，無以極數。至精者無籌策而不可亂，至變者體一而無不周，至神者寂然而無不應，斯蓋功用之母，象數所由立。故曰非至精至變至神，則不能與於斯也。

寅恪案，劉孝標世説新語假譎篇前條注引心無義者曰：

種智之體，豁如太虛。虛而能知，無而能應。居宗至極，其唯無乎？

此正與上引老子及易繫辭之旨相符合，而非般若空宗之義也。

據此，已足證心無義者，實取外書之義，以釋内典之文。夫性空本無等義者，出於般若經之學説也。其學説之創造者若道安、法汰諸人（見元康肇論疏上及安澄中論疏記叁末），高僧傳肆法雅傳、伍僧光傳明記其與「格義」之關係矣。心無義亦同出於般若經者也。至其是否亦如性空本無等義之比，與格義同有直接之關係，以今日遺存史料之不備，固不能決言；但心無義與「格義」同爲一種比附内典外書之學說，又同爲一時代之産物。二者之間，縱無師承之關係，必有環境之影響。故其樹義立宗，所用以研究之方法，所資以解說之材料，實無少异。然則即稱二者爲性質近似，同源殊流之學說，雖不中不遠也。

嘗謂自北宋以後援儒入釋之理學，皆「格義」之流也。佛藏之此方撰述中有所謂融通一類者，亦莫非「格義」之流也。即華嚴宗如圭峰大師宗密之疏盂蘭盆經，以闡揚行孝之義，作原人論而兼采儒道二家之說，恐又「格義」之變相也。然則「格義」之爲物，其名雖罕見於舊籍，其實則盛行於後世，獨關於其原起及流别，就予所知，尚未有確切言之者。以其爲我民族與他民族二種不同思想初次之混合品，在吾國哲學史上尤不可不紀。故爲考其大略，以求教於通識君子焉。

丁、心無義之傳授

據世說新語之說，心無義乃愍度所立，爲得食救飢之計者。元康肇論疏引世說，并云：「從是以後，此義大行。」又引高僧傳法汰傳道恒執心無義，爲慧遠所破，「心無之義，於此而息」之語。是其意謂心無義創於愍度，息於道恒也。安澄中論疏記引法温心無二諦論并云：「道恒執心無義，只是資學法温之義，非自意之所立。後支愍度追學前義。故元康師之言爲尋末忘本。」然則諸説歧異，孰是孰非？請分別論之。

（一）法温、愍度、道恒三人之時代先後

安澄中論疏記叁末引二諦搜玄論云：

竺法温爲釋法琛法師之弟子。

又云：

琛法師者，晋剡東仰山竺〔道〕潛，字法深，姓王，瑯玡人也。年十八出家，至年二十四，講法花大品，游於講席三十餘年，以晋寧康二年卒於山館，春秋八十有九焉。言琛法師者，有本作深字，或本作探字，今作深字是。餘皆非也。

寅恪案，慧皎高僧傳肆晋剡東峁山竺道潛傳（即安澄所引）附記其弟子略云：

竺法藴悟解入玄，尤善放光般若。凡此諸人，皆潛之神足。（寅恪案，此神足爲高足之義，與内典術語神足之義别。）

據此，竺法温即竺法藴無疑。僧傳載其尤善放光般若，其與心無義有關，自不足异。但其師法深傳載其卒於晋孝武帝寧康二年（西曆三七四年），年八十九。則其生年爲晋武帝太康七年（西曆二八六年）。

高僧傳肆康僧淵傳云：

晋成之世，與康法暢、支敏度等俱過江。

傳中復記法暢、僧淵與庾亮、殷浩、王導諸人問答事。兹取僧傳及世説之文條列之，以資推計年代之用。

世説新語言語篇云：

庾（康）法暢造庾太尉，握麈尾至佳。公曰：此至佳，那得在？（僧傳作「此麈尾何以常在？」）法暢曰：廉者不求，貪者不與，故得在耳。（僧傳作「故得常在也」。）

高僧傳肆康僧淵傳云：（此節與世説文學篇康僧淵初過江未有知者條微不同。）

淵雖德愈暢度，而別以清約自處。通乞匃自資，人未之識。後因分衛之次，遇陳郡殷浩。浩始問佛經深遠之理，却辯俗書性情之義，自晝至曛，浩不能屈。由是改觀。

寅恪案，「却辯俗書性情之義」一語，若以「格義」之「以經中事數擬配外書」之例説之，殆即齊詩「五性六情」之義。以無確證，未敢臆斷，姑存此疑以俟考。世説新語排調篇云：

康僧淵目深而鼻高，王丞相每調之。僧淵曰：鼻者面之山，目者面之淵；山不高則不靈，淵不深則不清。

晉書柒柒殷浩傳浩以晉穆帝永和十二年（西曆三五六年）卒。其卒在王導、庾亮薨後，故可不論。

晉書柒成帝紀云：

〔咸康〕五年（西曆三三九年）秋七月庚申，使持節、侍中、丞相、領揚州刺史、始興公王導薨。（晉書陸伍王導傳作「咸和五年薨」，勞氏晉書校勘記已正其誤。）〔咸康〕六年（西曆三四〇年）春正月庚子，使持節、都督江豫益梁雍交廣七州諸軍事、司空、都亭侯庾亮薨。（晉書柒叁庾亮傳同。）

寅恪案，康僧淵、康法暢以晉成帝世過江。成帝在位凡十七年（西曆三二六年至三四二年），以咸和紀年者九年，以咸康紀年者八年。王導薨於咸康五年之七月，庾亮薨於咸康六年之正月，僧淵、法暢能與之問對，則其過江必在咸康五年以前可知。

據世說新語排調篇「康僧淵初過江，未有知者」之語，王導、庾亮皆當日勳貴重臣，必非未知名之傖道人所易謁見者。然則僧淵、法暢與王導、庾亮問對之時，必在其已知名之後，而非其初過江之年。且世說新語排調篇有「王丞相每調之」之語，則淵公、茂弘二人必以久交屢見之故，始有每調之可能。而元規必見暢公持至佳之麈尾，不止一次，然後始能作「那得常在」

之問。故取此數端，綜合推計，則僧淵、法暢、敏度三人之過江，至遲亦在成帝初年咸和之世矣。咸和元年（西曆三二六年）竺法深年四十一歲，以師弟子年齡相距之常例推之，其弟子竺法藴當日不過二十餘歲人。安澄中論疏記叁末略云：

疏云：一深法師本無。山門玄義第伍卷二諦章云：復有竺法深即云：諸法本無。壑然無形，爲第一義諦，所生萬物，名爲世諦，故佛答梵志，四大從空而生。

據此，法深乃主張本無義者，與心無義者异其旨趣，今主張心無義之法藴乃法深之弟子。可知法藴之心無義非承襲其師法深之舊説。當支敏度與康僧淵、康法暢過江之時，法藴尚不過二十餘歲人。即能獨創新説，與師抗衡，似不近情實。故安澄書中「支愍度追學前義」之語，若指愍度追學法藴之義而言，則不可通也。

高僧傳伍釋道安傳云：

〔道安〕頃之復渡河，依陸渾，山栖木食修學。俄而慕容俊逼陸渾，遂南投襄陽。行至新野，謂徒衆曰：今遭凶年，不依國主，則法事難立，又教化之體，宜令廣布。咸曰：隨法師教。乃令法汰詣揚州。曰：彼多君子，好尚風流。（世説新語雅量篇郗嘉賓欽崇釋道安德問條注引安和上傳，及賞譽篇初法汰北來未知名條注引車頻秦書，與此略同。）

高僧傳伍竺法汰傳略云：

〔法汰〕與道安避難，行至新野，安分張徒衆，命汰下京。於是分手泣涕而别。乃與弟子曇壹、曇貳等四十餘人沿沔（沔字依元本，諸本倶作江）東下，遇疾停陽口。時桓温鎮荆州，遣使要過，供事湯藥。安公又遣弟子慧遠下荆問疾，汰疾小愈詣温。時沙門道恒頗有才力，常執心無義，大行荆土。汰曰：此是邪説，應須破之。乃大集名僧，令弟子曇壹難之，據經引理，析駁紛紜。恒仗其口辯，不肯受屈。日色既暮，明旦更集。慧遠就席攻難數番，問（問原作關，兹依元康肇論疏上所引）責鋒起，恒自覺義途差异，神色微動，麈尾扣案，未即有答。遠曰：不疾而速，杼柚何爲？座者皆笑矣。心無之義於此而息。（此文前節乙章所引元康肇論疏中已有之。兹特重録，以便省覽。）

寅恪案，資治通鑒玖玖略云：

〔晋穆帝〕永和十年（西曆三五四年）三月，燕王〔慕容〕儁以慕容評爲鎮南將軍，都督秦雍益梁江揚荆徐兖豫十州諸軍事，鎮洛水。

晋書壹肆地理志司州河南郡屬有陸渾縣。道安之南行避難，當即在是時。

水經注卷貳捌沔水篇略云：

沔水又東南與揚口合。揚水又北注於沔，謂之揚口。

又晋書叁肆杜預傳略云：

舊水道唯沔漢達江陵。預乃開楊口，起夏水達巴陵。

資治通鑒繫此事於卷捌壹晋紀武帝太康元年，胡注即引水經注之文證之。

又晋書捌壹朱伺傳云：

〔王〕廙將西出，遣長史劉浚留鎮揚口壘。

資治通鑒繫此事於卷玖拾晋紀元帝建武元年，胡注亦引水經注之文證之。

又南史貳伍到彦之傳云：

彦之至楊口，步往江陵。

資治通鑒壹貳拾宋紀文帝元嘉元年亦載此事。

法汰沿沔東下，遇疾停陽口。當即此楊口。准之地望，與桓温駐地（江陵）不遠，遣使要過，自爲可能也。

資治通鑒玖玖云：

〔晋穆帝〕永和十年（西曆三五四年）二月乙丑，桓温統步騎四萬發江陵，水軍自襄陽入均口，至南鄉，步兵自淅川趣武關。

九月，桓温還自伐秦，帝遣侍中、黄門勞温於襄陽。

據此，法汰之詣桓温必在永和十年九月以後。而汰避慕容之難南詣揚州，沿沔東下，途中亦不能過久，然則其在永和十一年（西曆三五五年）前後乎？道恒、慧遠之辯難心無義，當即是時。上距晉成帝初年支敏度過江之歲，約二三十年。由此觀之，安澄書中「支愍度追學前義」之語，若指愍度追學道恒之義而言，則更不可通矣。故以法蘊、敏度、道恒三人之時代先後言之，敏度似無從他人追學心無義之事。世說新語所載，雖出於异黨謗傷者之口，自不可盡信。獨其言敏度自立新義，非後所追學，則似得其實也。

（二）道恒以後之心無義者

高僧傳伍法汰傳謂道恒之説爲慧遠所破後，「心無之義於此而息」。考出三藏記集拾貳宋陸澄法論目録第一帙中載有

心無義。（桓敬道。王稚遠難，桓答。）

釋心無義。（劉遺民。）

桓敬道即桓玄，王稚遠即王謐，劉遺民即劉程之，皆東晉末年人。是心無義彼時固未息，而高僧傳之言不可信也。

又晉書壹拾安帝紀云：

〔元興三年〕（西曆四〇四年）五月壬午，督護馮遷斬桓玄於貊盤洲。

晉書玖玖桓玄傳云：

〔馮〕遷遂斬之，〔玄〕時年三十六。

據此，桓玄生於晋廢帝海西公太和四年（西曆三六九年），上距穆帝永和十一年（西曆三五五年）前後，道恒、慧遠在荆州辯難心無義之歲，已歷十四五年。玄之心無義不知受自何人。晋書玖玖桓玄傳云：

玄在荆楚積年，優游無事。

殆道恒、慧遠辯難之後，荆土心無義原未息滅。玄以無事之身，積年久處，遂得漸染風習，揚其餘波歟？尤可异者，劉遺民有釋心無義之作。其文今已不傳，無從窺其宗旨所在。但其題以釋義爲名，必爲主張，而非駁難心無義者。慧遠既破道恒義後，其蓮社中主要之人，猶復主張所謂「邪説」者。然則心無義本身必有可以使人信服之處，而迄未爲慧遠所破息，抑又可知矣。

戊、「格義」與「合本」之异同

中土佛典譯出既多，往往同本而异譯，於是有編纂「合本」，以資對比者焉。「合本」與「格義」二者皆六朝初年僧徒研究經典之方法。自其形式言之，其所重俱在文句之比較擬配，頗有近似之處，實則性質迴异，不可不辨也。支敏度與此二種不同之方法，間接直接皆有關係。

「格義」已於前章論之，玆略述「合本」之形式及其意義於下：

出三藏記集柒有支恭明合微密持經記云：

合微密持陀鄰尼總持三本。（上本是陀鄰尼，下本是總持微密持也。）

寅恪案，支恭明爲支謙，即支越之字，乃漢末三國時人。出三藏記集壹叁有傳，（高僧傳附載謙事迹於卷壹康僧會傳中，較略。）「合本」之作殆以此爲最初者矣。其「上本下本」即「上母下子」之意，說見後。

又出三藏記集壹壹竺曇無蘭大比丘二百六十戒三部合异序略云：

余以長鉢後事注於破鉢下，以子從母故也。九十事中多參錯，事不相對。復徙就二百六十者，令事類相對。予因閑暇爲之，三部合异，粗斷起盡。以二百六十戒爲本，二百五十者爲子，以前出常行戒全句繫之於事末。而亦有永乖不相似者，有以一爲二者，有以三爲一者。余復分合，令事相從。

比丘大戒二百六十事（三部合异二卷）云：

說戒者乃曰：僧和集會，未受大戒者出，僧何等作爲？（衆僧和聚會，悉受無戒，於僧有何事？）答：說戒。（僧答言：布薩。）不來者囑授清净說。（諸人者當說：當來之净。答言：說净。）說已，那（？）春夏冬若干日已過去。

又出三藏記集壹拾竺曇無蘭三十七品經序略云：

又諸經三十七品文辭不同。余因閑戲，尋省諸經，撮采事備辭巧便者，差次條貫，伏其位，使經體不毁，而事有异同者，得顯於義。又以諸經之异者，注於句末也。

序二百六十五字，本二千六百八十五字，子二千九百七十字，凡五千九百二十字。除後六行八十字不在計中。

據此，可知本子即母子。上列比丘大戒二百六十事中，其大字正文，母也。其夾注小字，子也。蓋取别本之義同文异者，列入小注中，與大字正文互相配擬。即所謂「以子從母」，「事類相對」者也。六朝詁經之著作，有「子注」之名，當與此有關。考費長房歷代三寶記壹伍載魏世李廓衆經目録中有大乘經子注十二部。「子注」之名散見於著録者，如吴康僧會法鏡注解子注二卷（歷代三寶記伍），晋曇詵維摩詰子注經五卷（三寶記柒），齊竟陵王蕭子良遺教子注經一卷（三寶記壹壹），梁法郎六般涅槃子注經七十二卷，梁武帝摩訶般若波羅蜜子注經五十卷（三寶記壹壹），及隋慧遠大乘義章卷貳肆悉檀義四門分别條所引之楞伽經子注皆是其例。唐劉知幾史通卷伍補注篇猶有「定彼榛楛，列爲子注」之語，可知「子注」之得名，由於以子從母，即以子注母。高僧傳肆法雅傳中「格義」之所謂「生解」，依其性質，自可以「子注」之誼釋之也。

當時「合本」之方法盛行。釋道安有合放光光赞略解，支遁有大小品對比要鈔。出三藏記集卷柒及卷捌載其序文，可以推知其書之概略。支敏度曾合首楞嚴經及維摩詰經，蓋其人著傳譯經録，必多見异本，綜合對比，乃其所長也。出三藏記集載其二「合本」之序，兹節録其文於下：

出三藏記集柒支敏度合首楞嚴經記略云：

此經本有記云：支讖所譯出。讖，月支人也，漢桓靈之世來在中國。又有支越，字恭明，亦月支人也。其父亦漢靈帝之世來獻中國。越在漢生，似不及見讖也。又支亮字紀明，資學於讖，故越得受業於亮焉。以季世尚文，時好簡略，故其出經，頗從文麗。然其屬辭析理，文而不越，約而義顯，真可謂深入者也。以漢末沸亂，南度奔吴。從黄武至建興中，所出諸經，凡數十卷。自有别傳，記録亦云出此經，今不見復有异本也。然此首楞嚴自有小不同，辭有豐約，文有晋胡，較而尋之，要不足以爲异人别出也。恐是越嫌讖所譯者辭質多胡音，所异者删而定之，其所同者述而不改，二家各有記録耳。此一本於諸本中辭最省便，又少胡音，遍行於世，即越所定者也。至大晋之初，有沙門支法護白衣竺叔蘭并更譯此經。求之於義，互相發明。披尋三部，勞而難兼。欲令學者即得其對，今以越所定者爲母，護所出爲子，蘭所譯者繫之，其所無者輒於其位記而别之。或有文義皆同，或有義同而文有小小增減，不足重書者，亦混以爲同。雖無益於大趣，分部章句，差見可耳。

出三藏記集捌敏度法師合維摩詰經序云：

此三賢者（支恭明法護叔蘭），并博綜稽古，研機極玄，殊方异音，兼通關解，先後譯傳，别爲三經同本，人殊出异。或辭句出入，先後不同，或有無離合，多少各异，或方言訓古，字乖趣同，或其文胡越，其趣亦乖，或文義混雜，在疑似之間，若此之比，其塗非一。若其偏執一經，則失兼通之功。廣披其三，則文煩難究，余是以合兩令相附。以明所出爲本，以蘭所出爲子，分章斷句，使事類相從。令尋之者瞻上視下，讀披按此，足以釋乖迂之勞，易則易知矣。若能參考校异，極數通變，則萬流同歸，百慮一致，庶可以闢大通於未寤，闔同异於均致。若其配不相疇，儻失其類者，俟後明哲君子刊之從正。

據敏度所言，即今日歷史語言學者之佛典比較研究方法，亦何以遠過。故不避引用舊聞過多之嫌，特録其序記較詳，以見吾國晋代僧徒當時研究佛典，已能精審若是，爲不可及也。

夫「格義」之比較，乃以内典與外書相配擬。「合本」之比較，乃以同本异譯之經典相參校。其所用之方法似同，而其結果迥异。故一則成爲傅會中西之學説，如心無義即其一例，後世所有融通儒釋之理論，皆其支流演變之餘也。一則與今日語言學者之比較研究法暗合，如明代員珂之楞伽經會譯者，可稱獨得「合本」之遺意，大藏此方撰述中罕覯之作也。當日此二種似同而實异之方法及學派，支敏度俱足以代表之。故其人於吾國中古思想史關係頗鉅，因鉤索沉隱，爲之考證如此。

己、附論

前所言之「格義」與「合本」皆鳩摩羅什未入中國前事也。什公新譯諸經既出之後，其文精審暢達，爲譯事之絶詣。於是爲「格義」者知新譯非如舊本之含混，不易牽引傅會，與外書相配擬。爲「合本」者見新譯遠勝舊文，以爲專據新本，即得真解，更無綜合諸本參校疑誤之必要。遂捐棄故技，别求新知。所以般若「色空」諸説盛行之後，而道生謝靈運之「佛性」「頓悟」等新義出焉。此中國思想上之一大變也。以其非本文範圍所及，故不具論。

附記

僧祐出三藏記集貳云：

合維摩詰經五卷。

合首楞嚴經八卷。

右二部凡十三卷，晋惠帝時沙門支敏度所集。

寅恪案，僧祐記此條於晋元帝時西域高座沙門尸梨蜜之前。故知此惠帝之「惠」字必非訛誤。據此可證明慜度之時代，因以解決下列之二問題：

（一）圖書館學季刊第壹卷第壹期第拾壹頁梁啓超先生佛家經録在中國目録學上之位置文中有「其繼安公之後，爲全部的整理者，在南則有支敏度」之語。考道安經録成於東晋孝武帝寧康二年，即西曆三七四年以後（見出三藏記集卷伍所引道安經録自序），上距東晋成帝初年即支敏度過江之歲，已歷五十載之久。若逆數至西晋惠帝之季年，則相隔七十年。故敏度之撰經録必非繼道安後者。但其書或不及安録之完善，自來言佛家經録者，因以創始之功歸之道安耳。

（二）或疑支慜度乃爲「合本」之學者，何以不能比勘諸譯本异同，而有「心無」之誤解。殊不知此文乙章所列五譯本，除支謙本之外，以時代前後關係，慜度皆無從得而比勘。至支謙本雖較在先，然實於孫吴時在江東譯出。（此據高僧傳及出三藏記集等書而言；若依魏書釋老志，則支恭明譯經在晋惠帝元康中，時代太晚，故不據以爲説。）慜度爲惠帝時人，距孫吴之亡未久，其過江以前，已創心無義，故當時或未得見支謙譯本，僅能就道行般若譯文立説。其有誤解之處，自不足异也。

（原載一九三三年中央研究院歷史語言研究所集刊外編第壹種慶祝蔡元培先生六十五歲論文集）

桃花源記旁證

陶淵明桃花源記寓意之文，亦紀實之文也。其爲寓意之文，則古今所共知，不待詳論。其爲紀實之文，則昔賢及近人雖頗有論者，而所言多誤，故別擬新解，以成此篇。此就紀實立説，凡關於寓意者，概不涉及，以明界限。

西晋末年戎狄盗賊并起，當時中原避難之人民，其能遠離本土遷至他鄉者，東北則托庇於慕容之政權，西北則歸依於張軌之領域，東奔則僑寄於孫吴之故壤。不獨前燕、前涼及東晋之建國中興與此中原之流民有關，即後來南北朝之士族亦承其系統者也。史籍所載，本末甚明。以非本篇範圍，可置不論。其不能遠離本土遷至他鄉者，則大抵糾合宗族鄉黨，屯聚堡塢，據險自守，以避戎狄寇盗之難。兹略舉數例，藉資説明。

晋書捌捌孝友傳庾衮傳略云：

張泓等肆掠於陽翟，衮乃率其同族及庶姓保於禹山。是時百姓安寧，未知戰守之事。衮曰：孔子云：不教而戰，是謂棄之。乃集諸群士而謀曰：二三君子相與處於險，將以安保親尊，全妻孥也。古人有言：千人聚，而不以一人爲主，不散則亂矣。將若之何？衆曰：善。今日之主，非君而誰！於是峻險阨，杜蹊徑，修壁塢，樹藩障，考功庸，計丈尺，均勞逸，通有無，繕完器備，量力任能，物應其宜，使邑推其長，里推其賢，而身率之。及賊至，衮乃勒部曲，整行伍，皆持滿而勿發。賊挑戰，晏然不動，且辭焉。賊服其慎，而畏其整，是以皆退，如是者三。

晁公武郡齋讀書志壹肆兵家類云：

庾衮保聚圖一卷

右晉庾衮撰。晉書孝友傳載衮字叔褒。齊王冏之倡義也，張泓等掠陽翟，衮率衆保禹山，泓不能犯。此書序云：大駕遷長安，時元康三年己酉，撰保聚壘議二十篇。按冏之起兵，惠帝永寧元年也，帝遷長安，永興元年也，皆在元康後，且三年歲次實癸丑，今云己酉，皆誤。

晉書壹佰蘇峻傳云：

永嘉之亂，百姓流亡，所在屯聚。峻糾合得數千家，結壘於本縣（掖縣）。於時豪杰所在屯聚，而峻最强。遣長史徐璋宣檄諸屯，示以王化，又收枯骨而葬之。遠近感其恩義，推峻爲主。遂射獵於海邊青山中。

又晉書陸貳祖逖傳略云：

初，北中郎將劉演距於石勒也，流人塢主張平、樊雅等在譙，演署平爲豫州刺史，雅爲譙郡太守。又有董瞻、于武、謝浮等十餘部，衆各數百，皆統屬平。而張平餘衆助雅攻逖。蓬陂塢主陳川，自號寧朔將軍、陳留太守。逖遣使求救於川，川遣將李頭率衆援之，逖遂克譙城。〔桓〕宣遂留助逖，討諸屯塢未附者。河上堡固，先有任子在胡者，皆聽兩屬，時遣游軍僞抄之，明其未附。諸塢主感戴，胡中有异謀，輒密以聞。前後克獲，亦由此也。

又藝文類聚玖貳引晋中興書云：

中原喪亂，鄉人遂共推郗鑒爲主，與千餘家俱避於魯國嶧山，山有重險。

又太平御覽叁貳拾引晋中興書云：

中宗初鎮江左，假郗鑒龍驤將軍、兖州刺史。徐龕、石勒左右交侵。鑒收合荒散，保固一山，隨宜抗對。

又太平御覽肆貳引地理志云：

嶧山在鄒縣北，高秀獨出，積石相臨，殆無壤土。石間多孔穴，洞達相通，往往有如數間居處，其俗謂之嶧孔。遭亂輒將居人入嶧，外寇雖衆，無所施害。永嘉中，太尉郗鑒將鄉曲逃此山，胡賊攻守，不能得。

又晋書陸柒郗鑒傳云：

鑒得歸鄉里。於時所在饑荒，州中之士素有感其恩義者，相與資贍。鑒復分所得，以賉宗族及鄉曲孤老，賴而全濟者甚多。咸相謂曰：今天子播越，中原無伯，當歸依仁德，可以後亡。遂共推鑒爲主，舉千餘家俱避難於魯之嶧山。

寅恪案，説文壹肆云：

隖，小障也。一曰：庳城也。

桂氏義證肆柒列舉例證頗衆，玆不備引。據寅恪所知者言，其較先見者爲袁宏後漢紀陸王霸之「築塢候」（後漢書伍拾王霸傳作「堆石布土」。袁范二書互异，未知孰是原文，待考。）及後漢書伍肆馬援傳之「起塢候」之語。蓋元伯在上谷、文淵在隴西時，俱東漢之初年也。所可注意者，即地之以塢名者，其較早時期以在西北區域爲多，如董卓之郿塢是其最著之例。今倫敦博物館藏敦煌寫本斯坦因號玖貳貳西涼建初十二年敦煌縣户籍陰懷條亦有「居趙羽塢」之語，然則塢名之起或始於西北耶？抑由史料之存於今者西北獨多之故耶？此點與本篇主旨無關，可不詳論。要之，西晋末世中原人民之不能遠徙者，亦藉此類小障庳城以避難逃死而已。但當時所謂塢壘者甚多，如祖逖傳所載，固亦有在平地者。至如郗鑒之避難於嶧山，既曰「山有重險」，又曰「保固一山」，則必居山勢險峻之區人迹難通之地無疑，蓋非此不足以阻胡馬之陵軼，盗賊之寇抄也。凡聚衆據險者因欲久支歲月及給養能自足之故，必擇險阻而又可以耕種及有水泉之地。其具備此二者之地必爲山頂平原，及溪澗水源之地，此又自然之理也。

東晋末年戴祚字延之，從劉裕入關滅姚秦，著西征記二卷。（見隋書叄叄經籍志史部地理類，并參考封氏聞見記柒蜀無免鴿條唐語林捌及章宗源隋書經籍志考證陸等。）其書今不傳。酈氏水經注中往往引之。中原塢壘之遺址於其文中尚可窺見一二。如水經注壹伍洛水篇云：

洛水又東，逕檀山南。其山四絶孤峙，山上有塢聚，俗謂之檀山塢。義熙中劉公西入長安，舟師所届，次于洛陽。命參軍戴延之與府舍人虞道元即舟溯流，窮覽洛川，欲知水軍可至之處。延之届此而返，竟不達其源也。

又水經注肆河水篇云：

河水自潼關東北流，水側有長阪，謂之黄巷阪。阪傍絶澗。陟此阪以升潼關，所謂「泝黄巷以濟潼」矣。歷北出東崤，通謂之函谷關也。郭緣生記曰：漢末之亂，魏武征韓遂、馬超，連兵此地。今際河之西有曹公壘。道東原上云李典營。義熙十三年王師曾據此壘。西征記曰：沿路逶迤入函谷道六里有舊城，城周百餘步。北臨大河，南對高山。姚氏置關以守峽，宋武帝入長安。檀道濟、王鎮惡或據山爲營，或平地結壘，爲大小七營，濱河帶險。姚氏亦保據山原陵阜之上，尚傳故迹矣。

河水又東北，玉澗水注之。水南出玉溪，北流，逕皇天原西。周固記：開山東首上平博，方可里餘。三面壁立，高千許仞。漢世祭天於其上，名之爲皇天原。河水又東徑閿鄉城北。東與全鳩澗水合。水出南山，北徑皇天原東。

述征記曰：全節，地名也。其西名桃原，古之桃林，周武王克殷休牛之地也。西征賦曰：咸徵名於桃原者也。晉太康記曰：桃林在閿鄉南谷中。

又元和郡縣圖志陸虢州閿鄉縣條云：

秦山，一名秦嶺，在縣南五十里。南入商州，西南入華州。山高二千丈，周迴三百餘里。桃源，在縣東北十里，古之桃林，周武王放牛之地也。

又陝州靈寶縣條云：

桃林塞，自縣以西至潼關皆是也。

又新唐書叁捌地理志陝州靈寶縣條云：

有桃源宮，武德元年置。

又資治通鑑壹壹捌晉紀云：

義熙十三年二月，王鎮惡進軍澠池。引兵徑前，抵潼關。三月〔檀〕道濟、〔沈〕林子至潼關。夏四月，太尉〔劉〕裕至洛陽。（寅恪案，宋武伐秦之役，其軍行年月宋書南史等書記載既涉簡略，又有脱誤。故今悉依司馬君實所考定者立論。）

寅恪案，陶淵明集有贈羊長史（即松齡）詩。其序云：

左軍羊長史，銜使秦川，作此與之。

則陶公之與征西將佐本有雅故。疑其間接或直接得知戴延之等從劉裕入關途中之所聞見。桃花源記之作即取材於此也。蓋王鎮惡、檀道濟、沈林子等之前軍於義熙十三年春二三月抵潼關。宋武以首夏至洛陽。其遣戴延之等泝洛水至檀山塢而返，當即在此時。山地高寒，節候較晚。桃花源記所謂「落英繽紛」者，本事之可能。又桃林桃原等地既以桃爲名，其地即無桃花，亦可牽附。況晋軍前鋒之抵崤函爲春二三月，適值桃花開放之時，皇天原之下，玉澗水之傍，桃樹成林，更情理之所可有者。至於桃花源記所謂「山有小口」者，固與郗鑒之「嶧孔」相同。所謂「土地平曠」者，殆與皇天原之「平博方可里餘」者亦有所合歟？劉裕遣戴延之等泝洛水至檀山塢而返事與桃花源記中武陵太守遣人尋桃花源終不得達者，約略相似，又不待言也。

今傳世之搜神後記舊題陶潛撰。以其中雜有元嘉四年淵明卒後事，故皆認爲僞托。然其書爲隨事雜記之體，非有固定之系統。中有後人增入之文，亦爲極自然之事，但不能據此遽斷全書爲僞托。即使全書爲僞托，要必出於六朝人之手，由鈔輯昔人舊篇而成者，則可決言。寅恪於與淵明之家世信仰及其個人思想皆別有所見，疑其與搜神後記一書實有關聯。以其軼出本篇範圍，姑置不論。搜神後記卷一之第五條即桃花源記，而太守之名爲劉歆，及無「劉子驥欣然規往」等語。其第六條紀劉驎之即子驥入衡山采藥，見澗水南有二石囷，失道問徑，僅得還家。或説囷中皆仙靈方藥，驎之欲更尋索，不復知處事。此事唐修晋書玖肆隱逸傳亦載之。蓋出於何法盛晋中興書（見太平御覽肆壹玖及肆貳伍又伍佰肆所引）。何氏不知何所本，當與搜神後記同出一源，或即與淵明有關，殊未可知也。

據此推測，陶公之作桃花源記，殆取桃花源事與劉驎之二事牽連混合爲一。桃花源雖本在北方之弘農或上洛，但以牽連混合劉驎之入衡山采藥事之故，不得不移之於南方之武陵。遂使後世之論桃花源者皆紛紛墮入迷誤之途，歷千載而不之覺，亦太可憐矣！或更疑搜神後記中漁人黄道真其姓名之意義與宋武所遣泝洛之虞道元頗相對應。劉驎之隱於南郡之陽岐山，去武陵固不遠，而隆安五年分南郡置武寧郡，武武字同，陵寧音近（來泥互混），文士寓言，故作狡獪，不嫌牽合混同，以資影射歟？然此類揣測皆不易質證，姑從闕疑可也。（參考晋書壹伍下地理志、玖肆隱逸傳、玖玖桓玄傳、宋書叁柒州郡志及世説棲逸篇等。）又今本搜神後記中桃花源記，依寅恪之鄙見，實陶公草創未定之本。而淵明文集中之桃花源記，則其增修寫定之本，二者俱出陶公之手。劉驎之爲太元間聞人（見世説新語棲逸篇及任誕篇），故繫此事於太元時。或因是以陶公之桃花源記亦作於太元時者，則未免失之過泥也。

桃花源事又由劉裕遣戴延之等泝洛水至檀山塢與桃原皇天原二事牽混爲一而成。太守劉歆必無其人。豈即暗指劉裕而言耶？既不可考，亦不可鑿實言之。所謂避秦人之子孫亦桃原或檀山之上「塢聚」中所居之人民而已。至其所避之秦則疑本指苻生苻堅之苻秦而言，與始皇、胡亥之嬴秦絶無關涉。此殆傳述此事之人或即淵明自身因訛成訛，修改所致，非此物語本來之真相也。蓋苻氏割據關陝垂四十載，其間雖有治平之時，而人民亦屢遭暴虐爭戰之難。如晉書壹壹貳苻生載記叙苻生政治殘暴民不聊生事甚詳。茲録其一例如下：

生下書（通鑑繫此於晉穆帝永和十二年六月）曰：朕受皇天之命，承祖宗之業，君臨萬邦，子育百姓。嗣統以來，有何不善，而謗讟之音扇滿天下？殺不過千，而謂刑虐。行者比肩，未足爲稀。方當峻刑極罰，復如朕何？時猛獸及狼大暴，晝則斷道，夜則發屋。惟害人而不食六畜。自生立一年，獸殺七百餘人，百姓苦之，皆聚而邑居，爲害滋甚，遂廢農桑，内外兇懼。群臣奏請禳灾。生曰：野獸飢則食人，飽當自止，終不能累年爲患也。天豈不子愛群生，而年年降罰，正以百姓犯罪不已，將助朕專殺而施刑教故耳。但勿犯罪，何爲怨天而尤人哉？

又晉書壹壹叁苻堅載記上叙苻堅盛時云：

關隴清宴，百姓豐樂。自長安至於諸州，皆夾路樹槐柳。二十里一亭，四十里一驛。旅行者取給於途，工商貿販於道。

而晉書壹壹肆苻堅載記下叙苻秦亡時云：

關中人皆流散，道路斷絶，千里無煙。

由苻生之暴政或苻堅之亡國至宋武之入關，其間相距已逾六十年或三十年之久。故當時避亂之人雖「問今是何世」？然其「男女衣著悉如外人」。若「乃不知有漢，無論魏晉」者，則陶公寓意特加之筆，本篇可以不論者也。

又陶詩擬古第二首云：

辭家夙嚴駕，當往志無終。問君今何行，非商復非戎。聞有田子泰，節義爲士雄。斯人久已死，鄉里習其風。生有高世名，既没傳無窮。不學狂馳子，直在百年中。

吴師道禮部詩話云：

〔田〕疇始從劉虞。虞爲公孫瓚所害，誓言報讎，卒不能踐，而從曹操討烏桓，節義亦不足稱。陶公亦是習聞世俗所尊慕爾。

寅恪案，魏志壹壹田疇傳云：

遂入徐無山中，營深險平敞地而居，躬耕以養父母。百姓歸之，數年間至五千餘家。

據此，田子泰之在徐無山與郗鑒之保嶧山固相同，而與檀山塢桃原之居民即桃花源之避秦人亦何以异？商者指四皓入商山避秦事，戎者指老子出關適西戎化胡事。然則商洛崤函本爲淵明心目中真實桃花源之所在。而田疇之亮節高義猶有過於桃源避秦之人。此所以寄意遣詞遂不覺聯類并及歟？吴氏所言之非固不待辨，而其他古今詁陶詩者於此亦皆未能得其真解也。

又蘇東坡和桃花源詩序云：

世傳桃源事多過其實。考淵明所記，止言先世避秦亂來此，則漁人所見似是其子孫，非秦人不死者也。又云：「殺鷄作食」，豈有仙而殺者乎？舊説南陽有菊水，水甘而芳，民居三十餘家，飲其水皆壽，或至百二三十歲。蜀青城山老人村多枸杞，根如龍蛇。飲其水，故壽。近歲道稍通，漸能致五味，而壽益衰。桃源蓋此比也歟？使武陵太守得而至焉，則已化爲争奪之場久矣！嘗思天壤之間若此者甚衆，不獨桃源。

寅恪案，古今論桃花源者，以蘇氏之言最有通識。洪興祖釋韓昌黎桃源圖詩，謂淵明叙桃源初無神仙之説，尚在東坡之後。獨惜子瞻於陶公此文中寓意與紀實二者仍牽混不明，猶爲未達一間。至於近人撰著或襲蘇洪之意，而取譬不切，或認桃源實在武陵，以致結論多誤。故不揣鄙陋，别擬新解。要在分别寓意與紀實二者，使之不相混淆。然後鉤索舊籍，取當日時事及年月地理之記載，逐一證實之。穿鑿附會之譏固知難免，然於考史論文之業不無一助，或較古今論辨此記之諸家專向桃源地志中討生活者聊勝一籌乎？

茲總括本篇論證之要點如下：

（甲）真實之桃花源在北方之弘農，或上洛，而不在南方之武陵。

（乙）真實之桃花源居人先世所避之秦乃苻秦，而非嬴秦。

（丙）桃花源記紀實之部分乃依據義熙十三年春夏間劉裕率師入關時戴延之等所聞見之材料而作成。

（丁）桃花源記寓意之部分乃牽連混合劉驎之入衡山采藥故事，并點綴以「不知有漢，無論魏晋」等語所作成。

（戊）淵明擬古詩之第二首可與桃花源記互相印證發明。

補記一

匡謬正俗柒黄巷條云：

郭緣生述征記曰：皇天塢在閿鄉東南。或云：衛太子始奔，揮泪仰呼皇天，百姓憐之，因以名塢。又戴延之西征記曰：皇天固去九原十五里。據此而言，黄天原本以塢固得名，自有解釋。

寅恪案，顔氏所引，足以補證鄙説，故附録於此。

補記二

此文成後十年，得詳讀居延漢簡之文，復取後漢書西羌傳參證，塢壁之來源與西北之關係益瞭然矣。

（原載一九三六年一月清華學報第拾壹卷第壹期）

陶淵明之思想與清談之關係

古今論陶淵明之文學者甚衆，論其思想者較少。至於魏晋兩朝清談内容之演變與陶氏族類及家傳之信仰兩點以立論者，則淺陋寡聞如寅恪，尚未之見，故兹所論即據此二端以爲説，或者可略補前人之所未備歟？

關於淵明血統之屬於溪族及家世宗教信仰爲天師道一點，涉及兩晋南朝史事甚多，寅恪已别著論文專論之，題曰魏書司馬叡傳江東民族條釋證及推論，故於此點不欲重複考論，然此兩點實亦密切連繫，願讀此文者一并參閲之也。

兹請略言魏晋兩朝清談内容之演變：當魏末西晋時代即清談之前期，其清談乃當日政治上之實際問題，與其時士大夫之出處進退至有關係，蓋藉此以表示本人態度及辯護自身立場者，非若東晋一朝即清談後期，清談只爲口中或紙上之玄言，已失去政治上之實際性質，僅作名士身份之裝飾品者也。

記載魏晋清談之書今存世説新語一種，其書所録諸名士，上起漢代，下迄東晋末劉宋初之謝靈運，即淵明同時之人而止。此時代之可注意者也。其書分别門類，以孔門四科即德行、言語、政事、文學，及識鑒、賞譽、品藻等爲目，乃東漢名士品題人倫之遺意。此性質之可注意者也。大抵清談之興起由於東漢末世黨錮諸名士遭政治暴力之摧壓，一變其指實之人物品題，而爲抽象玄理之討論，啓自郭林宗，而成於阮嗣宗，皆避禍遠嫌，消極不與其時政治當局合作者也。此義寅恪已於民國二十六年清華學報所著逍遥游義探原一文略發之，今可不必遠溯其源，及備論其事。但從曹魏之末西晋之初所謂「竹林七賢」者述起，亦得説明清談演變歷程之概況也。

大概言之，所謂「竹林七賢」者，先有「七賢」，即取論語「作者七人」之事數，實與東漢末三君八厨八及等名同爲標榜之義。迨西晋之末僧徒比附内典外書之「格義」風氣盛行，東晋初年乃取天竺「竹林」之名加於「七賢」之上，至東晋中葉以後江左名士孫盛、袁宏、戴逵輩遂著之於書（魏氏春秋竹林名士傳竹林名士論），而河北民間亦以其説附會地方名勝，如水經注玖清水篇所載東晋末年人郭緣生撰著之述征記中嵇康故居有遺竹之類是也。七賢諸人雖爲同時輩流，然其中略有區别。以嵇康、阮籍、山濤爲領袖，向秀、劉伶次之，王戎、阮咸爲附屬。王戎從弟衍本不預七賢之數，但亦是氣類相同之人，可以合并討論者也。

晋書肆玖阮籍傳附瞻傳云：

> 見司徒王戎，戎問曰：聖人貴名教，老莊明自然，其旨同异？瞻曰：將無同。戎諮嗟良久，即命辟之。世人謂之「三語掾」。

世説新語文學類亦載此事，乃作王衍與阮修問對之詞，（餘可參藝文類聚壹玖、北堂書鈔陸捌、衛玠别傳等。）其實問者之爲王戎或王衍，答者之爲阮瞻或阮修皆不關重要，其重要者只是老莊自然與周孔名教相同之説一點，蓋此爲當時清談主旨所在。故王公舉以問阮掾，而深賞其與己意符合也。

夫老莊自然之旨固易通解，無取贅釋。而所謂周孔名教之義則須略爲詮證。按老子云：

樸散則爲器，聖人用之則爲官長。

又云：

始制有名。

王弼注云：

始制爲樸散始爲官長之時也。始制官長，不可不立名分，以定尊卑，故始制有名也。

莊子天下篇云：

春秋以道名分。

故名教者，依魏晋人解釋，以名爲教，即以官長君臣之義爲教，亦即入世求仕者所宜奉行者也。其主張與崇尚自然即避世不仕者適相違反，此兩者之不同，明白已甚。而所以成爲問題者，在當時主張自然與名教互异之士大夫中，其崇尚名教一派之首領如王祥、何曾、荀顗等三大孝，即佐司馬氏欺人孤兒寡婦，而致位魏末晋初之三公者也。（參晋書貳叁王祥傳何曾傳、貳玖荀顗傳。）其眷懷魏室不趨赴典午者，皆標榜老莊之學，以自然爲宗。「七賢」之義即從論語「作者七人」而來，則「避世」「避地」固其初旨也。然則當時諸人名教與自然主張之互异即是自身政治立場之不同，乃實際問題，非止玄想而已。觀嵇叔夜與山巨源絶交書，聲明其不仕當世，即不與司馬氏合作之宗旨，宜其爲司馬氏以其黨於不孝之吕安，即坐以違反名教之大罪殺之也。「七賢」之中應推嵇康爲第一人，即積極反抗司馬氏者。康娶魏武曾孫女，本與曹氏有連。（見魏志貳拾沛穆王林傳裴注引嵇氏譜。）與杜預之締婚司馬氏，遂忘父讎，改事新主，（依焦循沈欽韓之説。）癖於聖人道名分之左氏春秋者，雖其人品絶不相同，而因姻戚之關係，以致影響其政治立場則一也。魏志貳壹王粲傳裴注引嵇喜撰嵇康傳云：

少有俊才，曠邁不群，高亮任性，不修名譽，寬簡有大量。學不師授，博洽多聞，長而好老莊之業。性好服食，常采御上藥。善屬文論，彈琴咏詩，自足於懷抱之中。以爲神仙者，禀之自然，非積學所致。至於導養得理，以盡性命，若安期、彭祖之倫，可以善求而得也。著養生篇。知自厚者，所以喪其所生，其求益者，必失其性，超然獨達，遂放世事，縱意於塵埃之表。撰録上古以來聖賢、隱逸、遁心、遺名者，集爲傳贊，自混沌至於管寧，凡百一十有九人，蓋求之於宇宙之内，而發之乎千載之外者矣。故世人莫得而名焉。

裴注又引魏氏春秋略云：

康寓居河内之山陽縣，與陳留阮籍、河内山濤、河南向秀、籍兄子咸、琅邪王戎、沛人劉伶相與友善，游於竹林，號爲「七賢」。大將軍嘗欲辟康。康既有絶世之言，又從子不善，避之河東，或云「避世」。及山濤爲選曹郎，舉康自代，康答書拒絶，因自説不堪流俗，而非薄湯、武。大將軍聞而怒焉。初，康與東平吕昭子巽及巽弟安親善。會巽淫安妻徐氏，而誣安不孝，囚之。安引康爲證，康義不負心，保明其事。安亦至烈，有濟世志力。鍾會勸大將軍因此除之，遂殺安及康。

據此，可知嵇康在當時號爲主張老莊之自然，即避世，及違反周禮之名教，即不孝不仕之人，故在當時人心中自然與名教二者不可合一，即義而非同無疑也。

夫主張自然最激烈之領袖嵇康，司馬氏以不孝不仕違反名教之罪殺之。（俞正燮癸巳存稿書文選幽憤詩後云：「乍觀之，一似司馬氏以名教殺康也者，其實不然也。」寅恪案，司馬氏實以當時所謂名教殺康者，理初於此猶未能完全瞭解。）其餘諸主張自然之名士如向秀，據世説新語言語類（參晋書肆玖向秀傳）云：

嵇中散既被誅，向子期舉郡計入洛，〔司馬〕文王引進，問曰：聞君有箕山之志，何以在此？對曰：巢許狷介之士，不足多慕。王大諮嗟。

劉注引向秀別傳略云：

〔秀〕少爲同郡山濤所知，又與譙國嵇康、東平呂安友善，并有拔俗之韵，其進止無不同，而造事營生業亦不异。常與嵇康偶鍛於洛邑，與呂安灌園於山陽，不慮家之有無，外物不足怫其心，弱冠著儒道論。後康被誅，秀遂失圖，乃應歲舉到京師，詣大將軍司馬文王。文王問曰：聞君有箕山之志，何能自屈？秀曰：嘗謂彼人不達堯意，本非所慕也。一坐皆説。隨次轉至黄門侍郎散騎常侍。

則完全改圖失節，棄老莊之自然，遵周孔之名教矣。故自然與名教二者之不可合一，即不相同，在當日名士心中向子期前後言行之互异，乃一具體之例證也。若阮籍則不似嵇康之積極反晋，而出之以消極之態度，虚與司馬氏委蛇，遂得苟全性命。據魏志貳壹王粲傳（參晋書肆玖阮籍傳）云：

籍才藻豔逸，而倜儻放蕩，行己寡欲，以莊周爲模則。官至步兵校尉。

裴注引魏氏春秋略云：

籍曠達不羈，不拘禮俗。性至孝，居喪雖不率常檢，而毁幾至滅性。後爲尚書郎、曹爽參軍，以疾歸田里。歲餘，爽誅，太傅及大將軍乃以爲從事中郎。後朝論以其名高，欲顯崇之，籍以世多故，禄仕而已。聞步兵校尉缺，厨多美酒，營人善釀酒，求爲校尉，遂縱酒昏酣，遺落世事。籍口不論人過，而自然高邁，故爲禮法之士何曾等深所讎疾。大將軍司馬文王常保持之，卒以壽終。

世説新語任誕類云：

阮籍遭母喪，在晋文王坐進酒肉，司隸何曾亦在坐，曰：明公方以孝治天下，而阮籍以重喪顯於公坐，飲酒食肉，宜流之海外，以正風教。文王曰：嗣宗毁頓如此，君不能共憂之，何謂？且有疾而飲酒食肉，固喪禮也。籍飲噉不輟，神色自若。

魏志壹捌李通傳裴注引王隱晋書所載李秉家誡略云：

〔司馬文王〕曰：天下之至慎，其惟阮嗣宗乎？吾每與之言，言及玄遠，未曾評論時事，臧否人物，真可謂至慎矣。

可知阮籍雖不及嵇康之始終不屈身司馬氏，然所爲不過「禄仕」而已，依舊保持其放蕩不羈之行爲，所以符合老莊自然之旨，故主張名教身爲司馬氏佐命元勛如何曾之流欲殺之而後快。觀於籍於曾之不能相容，是當時人心中自然與名教不同之又一例證也。夫自然之旨既在養生遂性，則嗣宗之苟全性命仍是自然而非名教。又其言必玄遠，不評論時事，臧否人物，則不獨用此免殺身之禍，并且將東漢末年黨錮諸名士具體指斥政治表示天下是非之言論，一變而爲完全抽象玄理之研究，遂開西晋以降清談之風派。然則世之所謂清談，實始於郭林宗，而成於阮嗣宗也。

至於劉伶，如世説新語任誕類云：

劉伶恒縱酒放達，或脱衣裸形在屋中。

亦不過有托而逃，藉此不與司馬氏合作之表示，與阮籍之苟全性命同是老莊自然之旨。樂廣以爲「名教中自有樂地」非笑此類行爲，（見世説新語德行類王平子胡母彦國諸人，皆以任放爲達，或有裸體者條及晋書肆叁樂廣傳。）足證當時伯倫之放縱乃主張自然之説者，是又自然與名教不同之一例證也。

又若阮咸，則晋書肆玖阮籍傳附咸傳略云：

咸任達不拘，與叔父籍爲竹林之游，當世禮法者譏其所爲。居母喪，縱情越禮。素幸姑之婢，姑當歸於夫家，初云留婢，既而自從去。時方有客，咸聞之，遽借客馬追婢，既及，與婢累騎而還。（參世説新語任誕類阮仲容先幸姑家鮮卑婢條。）

考世説新語任誕類阮仲容步兵居道南條劉注引竹林七賢論云：

諸阮前世皆儒學，善居室，惟咸一家尚道棄事，好酒而貧。

所謂「儒學」即遵行名教之意，所謂「尚道」即崇尚自然之意，不獨證明阮咸之崇尚自然，亦可見自然與名教二者之不能合一也。

據上引諸史料，可知魏末名士其初本主張自然高隱避世之人，至少對於司馬氏之創業非積極贊助者。然其中如山濤者據世說新語政事類山公以器重朝望條劉注引虞預晉書（參晉書肆叁山濤傳）云：

好莊老，與嵇康善。

則巨源本來亦與叔夜同爲主張自然之説者？但其人元是司馬氏之姻戚。（巨源爲司馬懿妻張氏之中表親，見晉書肆叁山濤傳。）故卒依附典午，佐成篡業。至王氏戎衍兄弟既爲晉室開國元勳王祥之同族，戎父渾，衍父乂又皆司馬氏之黨與，其家世遺傳環境薰習固宜趨附新朝致身通顯也，凡此類因緣可謂之利誘，而嵇康之被殺可謂之威迫。魏末主張自然之名士經過利誘威迫之後，其佯狂放蕩，違犯名教，以圖免禍，如阮籍、阮咸、劉伶之徒尚可自解及見諒於世人，蓋猶不改其主張自然之初衷也。至若山、王輩，其早歲本崇尚自然，栖隱不仕，後忽變節，立人之朝，躋位宰執，其内慚與否雖非所知，而此等才智之士勢必不能不利用一已有之舊説或發明一種新説以辯護其宗旨反覆出處變易之弱點，若由此説，則其人可兼尊顯之達官與清高之名士於一身，而無所慚忌，既享朝端之富貴，仍存林下之風流，自古名利并收之實例，此其最著者也。故自然與名教相同之説所以成爲清談之核心者，原有其政治上實際適用之功用，而清談之誤國正在廟堂執政負有最大責任之達官崇尚虛無，口談玄遠，不屑綜理世務之故，否則林泉隱逸清談玄理，乃其分内應有之事，縱無益於國計民生，亦必不致使「神州陸沈，百年丘墟」也（見世説新語輕詆類桓公入洛條及晉書玖捌桓温傳）。

但阮掾自然與名教相同之説既深契王公之心，而自來無滿意詳悉之解釋者是何故耶？考魏晉清談以簡要爲尚，世説新語德行類王戎和嶠同時遭大喪條劉注引晉諸公贊中鍾會薦王戎之語云：

王戎簡要。

又同書賞譽類上云：

王夷甫自嘆：我與樂令談，未嘗不覺我言爲煩。

劉注引晉陽秋（參晉書肆叁樂廣傳）云：

樂廣善以約言厭人心，其所不知默如也。太尉王夷甫、光禄大夫裴叔則能清言，常曰：與樂君言，覺其簡至，吾等皆煩。

故「三语掾」之三語中「將無」二語尚是助詞，其實僅「同」之一語，即名教自然二者相「同」之最簡要不煩之結論而已。夫清談之傳於今日者，大抵爲結論之類，而其所以然之故自不易考知，後人因亦只具一模糊籠統之觀念，不能確切指實。寅恪嘗遍檢此時代文字之傳於今者，然後知即在東晉，其實清談已無政治上之實際性，但凡號稱名士者其出口下筆無不涉及自然與名教二者同异之問題。其主張爲同爲异雖不一致，然未有捨置此事不論者。蓋非討論及此，無以見其爲名士也。舊草名教自然同异考，其文甚繁，兹不備引，惟取袁宏後漢紀一書之論文關於名教自然相同之説，移寫數節於下以見例，其實即後漢紀其他諸論中亦多此類之語，可知在當時名士之著述此類言説乃不可須臾離之點綴品，由今觀之，似可笑而實不可笑也。

後漢紀（兹所據者爲涵芬樓本及四部叢刊本，訛奪極多，略以意屬讀，未能詳悉校補也。）序略云：

夫史傳之興所以通古今而篤名教也。丘明之作廣大悉備。史遷剖判六家，建立十書，非徒記事而已，信足扶明義教，網羅治體，然未盡之。班固源流周贍，近乎通人之作，然因藉史遷，無所甄明。荀悦才智經綸，足爲嘉史，所述當世，大得治功已矣，然名教之本帝王高義韞而未叙。今因前代遺事，略舉義教所歸，庶以弘敷王道，□（？）前史之闕。

寅恪案，此袁宏自述著書之主旨，所謂開宗明義之第一語。蓋史籍以春秋及左氏傳爲規則，而春秋爲道名分之書，作史者自應主張名教。然依東晋社會學術空氣，既號爲名士，則著作史籍，不獨須貴名教，亦當兼明自然，即發揮名教與自然相同之義也。今彦伯以爲「名教之本韞而未叙」，意指荀氏漢紀只言名教，未及自然，故「因前代遺事，略舉義教所歸」。凡此序中「義教」爲名教之變文，全書之議論皆謂自然爲名教之本，「即略舉義教所歸」，所以闡明名教實與自然不异，而「三语掾」「將無同」之説得後漢紀一書爲注脚，始能瞭解矣。

後漢紀貳貳桓帝延嘉九年述李膺、范滂等名士標榜之風氣事其論略云：

夫人生合天地之道，感於事動，性之用也，故動用萬方，參差百品，莫不順乎道，本乎性情者。是以爲道者，清淨無爲，少思少欲，冲其心而守之，雖爵以萬乘，養以天下，不榮也。爲德者言而不華，默而有信，推誠而行之，不愧於鬼神，而况於天下乎？爲仁者博施兼愛，崇善濟物，得其志而中心傾之，欣然忘己以爲千載一時也。爲義者潔軌迹，崇名教，遇其節而明之，雖殺身糜軀猶未悔也。故因其所弘，則謂之風，節其所托，則謂之流，自風而觀，則同异之趣可得而見，以流而尋，則好惡之心於是乎區别，是以古先哲王必節順群風，而導物爲流之途，而各使自盡其業，故能班叙萬物之才，以成務經綸王略、直道而行者也。中古陵遲，斯道替矣。春秋之時，戰國縱横。高祖之興，逮乎元成明章之間，自兹以降，而肆直之風盛矣。

寅恪案，彦伯此節議論乃范蔚宗後漢書黨錮傳序所從出。初觀之，殊不明白其意旨所在，詳繹之，則知彦伯之意古今世運治亂遞變，依老子「失道而後德，失德而後仁，失仁而後義」以爲解釋。「本乎性情」即出於自然之意。若「爲義者崇名教，雖殺身糜軀猶未悔也」，意謂爲義者雖以崇名教之故，至於殺身，似與自然之旨不合，但探求其本，則名教實由自然遞變而來，故名教與自然并非衝突，不過就本末先後言之耳。大抵袁氏之所謂本末，兼涵體用之義，觀於下引一節，其義更顯，今録此節者，以范蔚宗議論所從出，并附及之，或可供讀范書者之參證歟？

後漢紀貳叁靈帝建寧二年述李膺、范滂誅死事其論略云：

夫稱至治者，非貴其無亂，貴萬物得所，而不失其情也。言善教者，非貴其無害也，貴性理不傷，性命咸遂也。古之聖人知其如此，故作爲名教，平章天下，天下既寧，萬物之生全也，保生遂性，久而安之，故名教之益萬物之情大也。當其治隆，則資教以全生，及其不足，則立身以重教，然則教也者，存亡之所由也。夫道衰則教虧，幸免同乎苟生，教重則道存，滅身不爲徒死，所以固名教也。污隆者，世時之盛衰也，所以世亂而治理不盡，世弊而教道不絶者，任教之人存也。夫稱誠而動，以理爲心，此情存乎名教者也，内不忘己以爲身謀，此利名教者也，情於名教者少，故道深於千載，利名教者衆，故道顯於當年，蓋濃薄之誠異，而遠近之義殊也。統體而觀，斯利名教者亦有所取也。

寅恪案，此節彦伯發揮自然與名教相同之旨較爲明顯，文中雖不標出自然二字，但「保生遂性」即主張自然之義，蓋李、范爲名教而殺身，似有妨自然，但名教元爲聖人准則自然而設者，是自然爲本，名教爲末，二者實相爲體用，故可謂之「同」也。

後漢紀貳陸獻帝初平二年述蔡邕宗廟之議，其論略云：

夫君臣父子，名教之本也。然則名教之作何爲者也？蓋准天地之性，求之自然之理，擬議以制其名，因循以弘其教，辯物成器，以通天下之務者也。是以高下莫尚於天地，故貴賤擬斯以辯物，尊卑莫大於父子，故君臣象茲以成器，天地無窮之道，父子不易之體，以無窮之天地，不易之父子，故尊卑永固而不逾，名教大定而不亂，置之六合，充塞宇宙，自今及古，其名不去者也。未有違夫天地之性，而可以序定人倫矣。失乎自然之理，而可以彰明治體者也。末學膚淺，不達名教之本，牽於事用，以惑自然之性，見君臣同於父子，謂之兄弟，可以相傳爲體，謂友于齊於昭穆，違天地之本，滅自然之性，豈不哀哉！

寅恪案，此節言自然名教相同之義尤爲明暢，蓋天地父子自然也，尊卑君臣名教也，名教元是准則自然而設置者也。文中「末學膚淺，不達名教之本，牽於事用，以惑自然之性」等語，乃指斥主張自然與名教不同之説者，此彦伯自高聲價之詞，當時號稱名士者所不可少之裝飾門面語也。然則袁氏之意以自然爲本或體，名教爲末或用，而阮掾對王公之問亦當如是解釋，可以無疑矣。

東晋名士著作必關涉名教與自然相同問題，袁書多至三十卷，固應及此，即短章小詩如淵明同時名士謝靈運之從游京口北固應詔詩（文選貳貳），開始即云：

玉璽戒誠信，黄屋示崇高。事爲名教用，道以神理超。

寅恪案，郭象注莊子逍遥游云：

夫聖人雖在廟堂之上，然其心無异於山林之中，世豈識之哉！徒見其戴黄屋，佩玉璽，便謂足以纓紼其心矣。見其歷山川、同民事，便謂足以憔悴其神矣，豈知至至者之不虧哉！

此注亦自然名教合一説，即當日之清談也。

又依客兒之意，玉璽黄屋皆名教之「事用」也，其本體則爲具有神理之道，即所謂自然也。此當日名士紙上之清談，後讀之者不能得其確解，空嘆賞其麗詞，豈非可笑之甚耶？

夫東晋中晚袁謝之詩文僅爲紙上清談，讀者雖不能解，尚無大關係。至於曹魏、西晋之際此名教與自然相同一問題，實爲當時士大夫出處大節所關，如山濤勸嵇康子紹出仕司馬氏之語，爲顧亭林所痛恨而深鄙者(日知録壹叁正始條)，顧氏據正誼之觀點以立論，其苦心固極可欽敬，然於當日士大夫思想蜕變之隱微似猶未達一間，故兹略釋巨源之語，以爲讀史論世之一助。

世説新語政事類云：

嵇康被誅後，山公舉康子紹爲秘書丞。紹諮公出處，公曰：爲君思之久矣，天地四時猶有消息，而况人乎？

寅恪案，天地四時即所謂自然也。猶有消息者，即有陰晴寒暑之變易也。出仕司馬氏，所以成其名教之分義，即當日何曾之流所謂名教也。自然既有變易，則人亦宜仿效其變易，改節易操，出仕父讎矣。斯實名教與自然相同之妙諦，而此老安身立命一生受用之秘訣也。嗚呼！

今晋書以山濤傳、王戎及衍傳先後相次，列於一卷（第肆叁卷）。此三人者，均早與嵇、阮之徒同尚老莊自然之説，後則服遵名教，以預人家國事，致身通顯，前史所載，雖賢不肖互殊，而獲享自然與名教相同之大利，實無以异也。其傳先後相次於一卷之中，誰謂不宜哉！

復次，藝文類聚肆捌載晋裴希聲侍中嵇侯碑文，兹節録其中關於名教與自然相同説之數語於下，即知當時之人其心中以爲嵇紹之死節盡忠雖是名教美事，然傷生害性，似與自然之道違反，故不得不持一名教與自然相同説爲之辯護，此固爲當日思想潮流中必有之文字。若取與袁彦伯及顧亭林之言較其同异，尤可見古今思想及人物評價之變遷。至其文中所記年月或有訛誤，然以時代思想論，其爲晋人之作不容疑也。其文略云：

夫君親之重，非名教之謂也。愛敬出於自然，而忠孝之道畢矣。樸散真離，背生殉利，禮法之興，於斯爲薄，悲夫！銘曰：

在親成孝，於敬成忠。

世説新語記録魏晋清談之書也。其書上及漢代者，不過追溯原起，以期完備之意。惟其下迄東晋之末劉宋之初迄於謝靈運，固由其書作者只能述至其所生時代之大名士而止，然在吾國中古思想史，則殊有重大意義。蓋起自漢末之清談適至此時代而消滅，是臨川康王不自覺中却於此建立一劃分時代之界石及編完一部清談之全集也。前已言清談在東漢晚年曹魏季世及西晋初期皆與當日士大夫政治態度實際生活有密切關係，至東晋時代，則成口頭虛語，紙上空文，僅爲名士之裝飾品而已。夫清談既與實際生活無關，自難維持發展，而有漸次衰歇之勢，何況東晋、劉宋之際天竺佛教大乘玄義先後經道安、慧遠之整理，鳩摩羅什師弟之介紹，開震旦思想史從來未有之勝境，實於紛亂之世界，煩悶之心情具指迷救苦之功用，宜乎當時士大夫對於此新學説驚服歡迎之不暇。回顧舊日之清談，實爲無味之鷄肋，已陳之芻狗，遂捐棄之而不惜也。

以上略述淵明之前魏晋以來清談發展演變之歷程既竟，兹方論淵明之思想，蓋必如是，乃可認識其特殊之見解，與思想史上之地位也。凡研究淵明作品之人莫不首先遇一至難之問題，即何以絶不發見其受佛教影響是也。以淵明之與蓮社諸賢，生既同時，居復相接，除有人事交際之記載而外，其他若蓮社高賢傳所記聞鐘悟道等説皆不可信之物語也。陶集中詩文實未見贊同或反對能仁教義之單詞隻句，是果何故耶？

嘗考兩晋、南北朝之士大夫，其家世夙奉天師道者，對於周孔世法，本無衝突之處，故無贊同或反對之問題。惟對於佛教則可分三派：一爲保持家傳之道法，而排斥佛教，其最顯著之例爲范縝，（見梁書肆捌南史伍柒儒林傳范縝傳及拙著天師道與濱海地域之關係文中論范蔚宗條。）其神滅之論震動一時。今觀僧祐弘明集第捌第玖兩卷所載梁室君臣往復辨難之言説，足徵子真守護家傳信仰之篤至矣。二爲棄捨其家世相傳之天師道，而皈依佛法，如梁武帝是其最顯著之例，道宣廣弘明集肆載其捨事道法文略云：

維天監三年四月梁國皇帝蘭陵蕭衍稽首和南十方諸佛十方尊法十方聖僧。弟子經遲迷荒，耽事老子，歷葉相承，染此邪法，習因善發，棄迷知返。今捨棄舊醫，歸憑正覺，不樂依老子教，暫得生天，涉大乘心，離二乘念，正顧諸佛證明，菩薩攝受！弟子蕭衍和南。

又弘明集壹貳所載護持佛法諸文之作者，如范泰，即蔚宗之父，與子真爲同族，及琅邪王謐，皆出於天師道世家，而歸依佛教者，此例甚多，無待詳舉矣。三爲持調停道佛二家之態度，即不盡棄家世遺傳之天師道，但亦兼采外來之釋迦教義，如南齊之孔稚珪，是其例也。孔氏本爲篤信天師道之世家，（見南齊書肆捌孔稚珪傳、南史肆玖孔珪傳及拙著天師道與濱海地域之關係文中論范蔚宗條。）弘明集壹壹載其答蕭司徒（竟陵王子良）第一書略云：

民積世門業依奉李老，民仰攀先軌，自絶秋塵，而宗心所向，猶未敢墜。至於大覺明教般若正源，民生平所崇，初不違背。民齋敬歸依，早自淨信，所以未變衣钵眷黄老者，實以門業有本，不忍一日頓棄，心世有源，不欲終朝悔遁，既以二道大同，本不敢惜心迴向，實顧言稱先業，直不忍棄門志耳。民之愚心正執門範，情於釋老，非敢异同，始私追尋民門，昔嘗明一同之義，經以此訓張融，融乃著通源之論，其名少子。（寅恪案，弘明集陸載張融門論略云：吾門世恭佛，舅氏奉道道也。汝可專遵於佛迹，無侮於道本。少子致書諸游生者。）

其第二書云：

民今心之所歸，輒歸明公之一向，道家戒善，故與佛家同耳。兩同之處民不茍捨道法，道之所异，輒婉輒入公大乘。

鄙意淵明當屬於第一派，蓋其平生保持陶氏世傳之天師道信仰，雖服膺儒術，而不歸命釋迦也。凡兩種不同之教徒往往不能相容，其有捐棄舊日之信仰，而歸依他教者，必爲對於其夙宗之教義無創闢勝解之人也。中國自來號稱儒釋道三教，其實儒家非真正之宗教，決不能與釋道二家并論。故外服儒風之士可以内宗佛理，或潛修道行，其間并無所衝突。他時代姑不置論，就淵明所生之東晋、南北朝諸士大夫而言，江右琅邪王氏及河北清河崔氏本皆天師道世家，亦爲儒學世家，斯其顯證。然此等天師道世家中多有出入佛教之人，惟皆爲對於其家傳信仰不能獨具勝解者也。至若對於其家傳之天師道之教義具有創闢勝解之人，如河北之清河崔浩者，當日之儒宗也，其人對於家傳之教義不僅篤信，且思革新，故一方結合寇謙之，「除去三張僞法，錢税及男女合氣之術」，一方利用拓拔燾毁滅佛教，（詳見魏書壹壹肆釋老志及同書貳伍崔浩傳、北史貳壹崔宏傳附浩傳。）尤爲特著之例。淵明之爲人雖與崔伯淵异，然其種姓出於世奉天師道之溪族，（見拙著魏書司馬叡傳江東民族條釋證及推論。）其關於道家自然之説别有進一步之創解（見下文），宜其於同時同地慧遠諸佛教徒之學説竟若充耳不聞也。淵明著作文傳於世者不多，就中最可窺見其宗旨者，莫如形影神贈答釋詩，至歸去來辭、桃花源記、自祭文等尚未能充分表示其思想，而此三首詩之所以難解亦出於是也。此三首詩實代表自曹魏末至東晋時士大夫政治思想人生觀演變之歷程及淵明己身創獲之結論，即依據此結論以安身立命者也。前已言魏末、晋初名士如嵇康、阮籍叔侄之流是自然而非名教者也，何曾之流是名教而非自然者也，山濤、王戎兄弟則老莊與周孔并尚，以自然名教爲兩是者也。其尚老莊是自然者，或避世，或禄仕，對於當時政權持反抗或消極不合作之態度，其崇尚周孔是名教者，則干世求進，對於當時政權持積極贊助之態度，故此二派之人往往互相非詆，其周孔老莊并崇，自然名教兩是之徒，則前日退隱爲高士，晚節急仕至達官，名利兼收，實最無耻之巧宦也。時移世易，又成來復之象，東晋之末葉宛如曹魏之季年，淵明生值其時，既不盡同嵇康之自然，更有异何曾之名教，且不主名教自然相同之説如山、王輩之所爲。蓋其己身之創解乃一種新自然説，與嵇、阮之舊自然説殊异，惟其仍是自然，故消極不與新朝合作，雖篇篇有酒（昭明太子陶淵明集序語），而無沈湎任誕之行及服食求長生之志。夫淵明既有如是創闢之勝解，自可以安身立命，無須乞靈於西土遠來之學説，而後世佛徒妄造物語，以爲附會，抑何可笑之甚耶？

兹取形影神贈答釋詩略釋之於下：

形影神（并序）

貴賤賢愚，莫不營營以惜生，斯甚惑焉。故極陳形影之苦，言神辨自然以釋之。好事君子，共取其心焉。

寅恪案，「惜生」不獨指舊日自然說者之服食求長生，亦兼謂名教說者孜孜爲善。立名不朽，仍是重視無形之長生，故所以皆苦也。茲言「神辨自然」，可知神之主張即淵明之創解，亦自然說也。今以新自然說名之，以別於中散等之舊自然說焉。

形贈影

寅恪案，此首淵明非舊自然說之言也。

天地長不沒，山川無改時。草木得常理，霜露榮悴之。謂人最靈智，獨復不如兹！適見在世中，奄去靡歸期。奚覺無一人，親識豈相思？但餘平生物，舉目情凄洏。

寅恪案，此節言人生不如大自然之長久也。

詩又云：

我無騰化術，必爾不復疑。願君取吾言，得酒莫苟辭。

寅恪案，此詩結語謂主張舊自然説者求長生學神仙（主舊自然説者大都學神仙，至嵇叔夜以神仙非積學所致，乃一例外也。）爲不可能。但主舊自然説者如阮籍、劉伶諸人藉沈湎於酒，以圖苟全性命，或差可耳。此非舊自然説之言也。

影答形

寅恪案，托爲是名教者非舊自然說之言也。

存生不可言，衛生每苦拙。誠願游崑華，邈然玆道絶。

寅恪案，此數句承形贈影詩結語，謂長生不可期，神仙不可求也。

詩又云：

與子相遇來，未嘗异悲悦。憩蔭若暫乖，止日終不别。此同既難常，黯爾俱時滅。

寅恪案，此節申言舊自然說之非也。

詩又云：

身没名亦盡，念之五情熱。立善有遺愛，胡爲不自竭？

寅恪案，此托爲主張名教者之言，蓋長生既不可得，則惟有立名即立善可以不朽，所以期精神上之長生，此正周孔名教之義，與道家自然之旨迥殊，何曾、樂廣所以深惡及非笑阮籍、王澄、胡母輔之輩也。

神釋

寅恪案，此首之意謂形所代表之舊自然說與影所代表之名教說之兩非，且互相衝突，不能合一，但已身别有發明之新自然說，實可以皈依，遂托於神之言，兩破舊義，獨申創解，所以結束二百年學術思想之主流，政治社會之變局，豈僅淵明一人安身立命之所在而已哉！

大鈞無私力，萬理自森著。人爲三才中，豈不以我故。與君雖异物，生而相依附。結托善惡同，安得不相語。

寅恪案，此節明神之所以特貴於形影，實淵明之所自托，宜其作如是言也。或疑淵明之專神至此，殆不免受佛教影響，然觀此首結語「應盡便須盡，無復獨多慮」之句，則淵明固亦與范縝同主神滅論者。縝本世奉天師道，而淵明於其家傳之教義尤有所創獲，此二人同主神滅之說，必非偶然也。

又子真所著神滅論云：「若知陶甄稟於自然，森羅均於獨化，忽焉自有，怳爾而無，來也不禦，去也不追，乘乎天理，各安其性。」則與淵明神釋詩所謂「縱浪大化中，不喜亦不懼。應盡便須盡，無復獨多慮」。及歸去來辭所謂「聊乘化以歸盡，樂夫天命復奚疑」。等語旨趣符合。惟淵明生世在子真之前，可謂「孤明先發」（慧皎高僧傳贊美道生之語）耳。陶、范俱天師道世家，其思想冥會如此，故治魏晋南北朝思想史，而不究家世信仰問題，則其所言恐不免皮相，此點斯篇固不能詳論，然即依陶、范旨趣符同一端以爲例論而推之，亦可以思過半矣。

或疑陶公乞食詩「冥報以相貽」之句與釋氏之說有關，不知老人結草之物語實在佛教入中國之前，且釋氏冥報之義復由後世道家采入其教義，故淵明此語無論其爲詞彙問題，抑或宗教問題，若果涉宗教，則當是道教，未必爲佛教也。

詩又云：

三皇大聖人，今復在何處？

寅恪案，此反詰影所謂「身没名亦盡，念之五情熱。立善有遺愛，胡爲不自竭？」之語，乃非名教之説也。

詩又云：

彭祖壽永年，欲留不得住。老少同一死，賢愚無復數。

寅恪案，此非主舊自然説者長生求仙之論，兼非主名教説者立善不朽及遺愛之言也。

詩又云：

日醉或能忘，將非促齡具。

寅恪案，此駁形「得酒莫苟辭」之語，意謂主舊自然説者沈湎於酒，欲以全生，豈知其反傷生也。

詩又云：

立善常所欣，誰當爲汝譽？

寅恪案，此駁影「立善有遺愛，胡爲不自竭」之語，蓋既無譽者，則將何所遺耶？此非名教之言也。

詩又云：

甚念傷吾生，正宜委運去。縱浪大化中，不喜亦不懼。應盡便須盡，無復獨多慮。

寅恪案，此詩結語意謂舊自然説與名教説之兩非，而新自然説之要旨在委運任化。夫運化亦自然也，既隨順自然，與自然混同，則認己身亦自然之一部，而不須更别求騰化之術，如主舊自然説者之所爲也。但此委運任化，混同自然之旨自不可謂其非自然説，斯所以别稱之爲新自然説也。考陶公之新解仍從道教自然説演進而來，與後來道士受佛教禪宗影響所改革之教義不期冥合，是固爲學術思想演進之所必致，而淵明則在千年以前已在其家傳信仰中達到此階段矣，古今論陶公者旨未嘗及此，實有特爲指出之必要也。

又歸去來辭結語「聊乘化以歸盡，樂夫天命復奚疑。」乃一篇主旨，亦即神釋詩所謂「甚念傷吾生，正宜委運去。縱浪大化中，不喜亦不懼。應盡便須盡，無復獨多慮」之意，二篇主旨可以互證。又自祭文中「樂天委分，以至百年。」亦即神釋詩「正宜委運去」及「應盡便須盡」之義也。至文中「惟此百年，夫人愛之。懼彼無成，愒日惜時。存爲世珍，没亦見思。」乃影答形詩「身没名亦盡，念之五情熱。立善有遺愛，胡爲不自竭？」之意，蓋主名教説者之言，其下即接以「嗟我獨邁，曾是异兹。寵非己榮，涅豈吾淄？捽兀窮廬，酣飲賦詩。識運知命，疇能罔眷？余今斯化，可以無恨。」則言己所爲异趣，乃在「識運知命」，即「乘化歸盡，樂夫天命」之恉，實以名教説爲非，可知淵明始終是天師教信徒，而道教爲自然主義。淵明雖异於嵇、阮之舊自然説，但仍不離自然主義，殊無可疑也。

又弘明集伍釋慧遠沙門不敬王者論出家二云：

其爲教也，達患累緣於有身，不存身以息患，知生生由於稟化，不順化以求宗。

是則與淵明所得持任生委運乘化樂天之宗旨完全相反，陶令絶對未受遠公佛教之影響益可證明矣。

又遠公此論之在家一中「是故因親以教愛，使民知有自然之恩，因嚴以教敬，使民知有自然之重。」及體極不兼應四中「常以爲道法之與名教，如來之與堯孔，發致雖殊，潛相影響，出處誠异，終期則同。」等語，仍是東晋名士自然與名教相同之流行言論，不過遠公以釋迦易老莊耳。淵明宗旨實有异於此，斯又陶令思想與遠公無關之一證也。

復次，桃花源記爲描寫當時塢壁之生活，而加以理想化者，非全無根據之文也。詳見拙著桃花源記旁證及魏書司馬叡傳江東民族條釋證及推論，兹不備及。惟有一事特可注意者，即淵明理想中之社會無君臣官長尊卑名分之制度，王介甫桃源行「雖有父子無君臣」之句深得其旨，蓋此文乃是自然而非名教之作品，藉以表示其不與劉寄奴新政權合作之意也。

又五柳先生傳爲淵明自傳之文。文字雖甚短，而述性嗜酒一節最長。嗜酒非僅實録，如見於詩中飲酒止酒述酒及其關涉酒之文字，乃遠承阮、劉之遺風，實一種與當時政權不合作態度之表示，其是自然非名教之意顯然可知，故淵明之主張自然，無論其爲前人舊説或己身新解，俱與當日實際政治有關，不僅是抽象玄理無疑也。

取魏晉之際持自然説最著之嵇康及阮籍與淵明比較，則淵明之嗜酒禄仕，及與劉宋諸臣王弘、顔延之交際往來，得以考終牖下，固與嗣宗相似，然如咏荆軻詩之慷慨激昂及讀山海經詩精衛刑天之句，情見乎詞，則又煩近叔夜之元直矣。總之，淵明政治上之主張，沈約宋書淵明傳所謂「自以曾祖晋世宰輔，耻復屈身异代，自〔宋〕高祖王業漸隆，不復肯仕。」最爲可信。與嵇康之爲曹魏國姻，因而反抗司馬氏者，正復相同。此嵇、陶符同之點實與所主張之自然説互爲因果，蓋研究當時士大夫之言行出處者，必以詳知其家世之姻族連繫及宗教信仰二事爲先決條件，此爲治史者之常識，無待贅論也。近日梁啓超氏於其所撰陶淵明之文藝及其品格一文中謂：「其實淵明只是看不過當日仕途混濁，不屑與那些熱官爲伍，倒不在乎劉裕的王業隆與不隆。」「若説所争在甚麽姓司馬的，未免把他看小了。」及「宋以後批評陶詩的人最恭維他耻事二姓，這種論調我們是最不贊成的。」斯則任公先生取己身之思想經歷，以解釋古人之志尚行動，故按諸淵明所生之時代，所出之家世，所遺傳之舊教，所發明之新説，皆所難通，自不足據之以疑沈休文之實録也。

又淵明雖不似主舊自然説者之求長生學神仙，然其天師道之家傳信仰終不能無所影響，其讀山海經詩云：「泛覽周王傳，流觀山海圖。」蓋穆天子傳、山海經俱屬道家秘籍，而爲東晋初期人郭璞所注解，景純不是道家方士，故篤好之如此，淵明於斯亦習氣未除，不覺形之吟咏，不可視同偶爾興懷，如咏荆軻、咏三良、讀史述、扇上畫贊之類也。兹論淵明思想，因并附及之，以求教於讀陶詩者。

今請以數語概括淵明之思想如下：

淵明之思想爲承襲魏晋清談演變之結果及依據其家世信仰道教之自然説而創改之新自然説。惟其爲主自然説者，故非名教説，并以自然與名教不相同。但其非名教之意僅限於不與當時政治勢力合作，而不似阮籍、劉伶輩之佯狂任誕。蓋主新自然説者不須如主舊自然説之積極抵觸名教也。又新自然説不似舊自然説之養此有形之生命，或別學神仙，惟求融合精神於運化之中，即與大自然爲一體。因其如此，既無舊自然説形骸物質之滯累，自不致與周孔入世之名教説有所觸礙。故淵明之爲人實外儒而内道，捨釋迦而宗天師者也。推其造詣所極，殆與千年後之道教采取禪宗學説以改進其教義者，頗有近似之處。然則就其舊義革新，「孤明先發」而論，實爲吾國中古時代之大思想家，豈僅文學品節居古今之第一流，爲世所共知者而已哉！

（一九四五年哈佛燕京學社在成都出版單行本）

書魏書蕭衍傳後

魏書玖捌島夷蕭衍傳云：

衍每募人出戰，素無號令，初或暫勝，後必奔背。〔侯〕景宣言曰：城中非無菜，但無醬耳。以戲侮之。

寅恪案，梁武晚歲，用北來降人爲將，實出於不得已。此端寅恪於「述東晋王導之功業」一文中，附論及之，（見中山大學學報社會科學版一九五六年第壹期。并可參高教部油印拙著兩晋南北朝史參考資料中江東統治階級之轉移章。）可不詳述。惟臺城被圍時，其守禦之良將，乃北來降人之羊侃。侃守城之事迹，并侃歿，而城不能守之悲劇，詳見梁書叁玖及南史陸叁羊侃傳。史傳備具，不須贅引。玆僅録侃同時人所言者於下，以供旁證。

顔之推顔氏家訓慕賢篇云：

侯景初入建業，臺門雖閉，公私草擾，各不自全。太子左衛率羊侃坐東掖門，部分經略，一宿皆辦，遂得百餘日，抗拒兇逆。於時城内四萬許人，王公朝士，不下一百，便是恃侃一人安之，其相去如此。

周書肆壹庾信傳哀江南賦云：

尚書多算，（寅恪案，羊侃時爲都官尚書。）守備是長。雲梯可拒，地道能防。有齊將之閉壁，無燕帥之卧墻。大事去矣，人之云亡。

然則，臺城被圍時，城中有兵卒無將帥之情況，可以證知。故侃既死，而臺城不能守矣。其成爲問題者，即（一）侯景所言「醬」「菜」之解釋。（二）造作此戲侮之語者，究出自何人？「醬」與「將」同聲，可不必論。「菜」即指「兵卒」之「卒」而言。但菜爲去聲，卒爲入聲，何以同讀？必有待發之覆。檢南史捌拾王偉傳（參梁書伍陸侯景傳）云：

王偉，其先略陽人。父略，仕魏爲許昌令，因居潁川。偉學通周易，雅高辭采，仕魏爲行臺郎。〔侯〕景叛後，高澄以書招之。偉爲景報澄書，其文甚美。澄覽書曰：誰所作也？左右稱偉之文。澄曰：才如此，何由不早使知邪？偉既協景謀謨，其文檄并偉所製，及行篡逆，皆偉創謀也。

寅恪案，王偉雖稱陳留人，其家世實出略陽。據北齊書叁伍裴讓之傳附弟讞之傳（參北史叁捌裴佗傳附子讞之傳）云：

楊愔每稱嘆云：河東士族，京官不少，唯此家兄弟，（寅恪案，謂裴讓之、諏之、讞之兄弟也。）全無鄉音。

及北史捌壹儒林傳上李業興傳略云：

李業興，上黨長子人也。祖虬，父玄紀，并以儒學舉孝廉。業興家世農夫，雖學殖，而舊音不改。梁武問其宗門多少？答曰：薩四十家。使還，孫騰謂曰：何意爲吴兒所笑？對曰：業興猶被笑，試遣公去，當着被罵。

可知當日北方文儒之士，語言多雜方音，王偉家世既出自略陽，其語言當不免雜有鄉土之音。陸法言切韵序云：

秦隴則去聲爲入。

略陽正是秦隴地域，王偉若用其家世鄉土之音，則讀「卒」爲「菜」，固所當然也。（寅恪案，錢大昕廿二史考异貳陸梁書蘭欽傳云：「西魏祖宇文黑泰（并可參同書同卷侯景傳西求救於黑泰條），本名黑獺，獺泰聲相近。」然則竹汀似猶未解當時秦隴讀入爲去之原則，而「聲相近」三字含糊了之也。）况侯景本非清流，自不能作此雅謔，以戲侮梁武。偉爲景之謀主，「城中非無菜，但無醬耳」之言，其爲偉所造作，當無疑義。寅恪嘗論切韵與史實之關係，（見嶺南學報第玖卷第貳期拙著「從史實論切韵」。）師丹老而健忘，未及取證魏書此傳。今爲記之，并不避重録昔日文中所引裴李兩傳之嫌，以資説明，藉補舊稿之疏漏，近代學人有以秦之先世「栢翳」及「伯益」一端（見史記伍），以證法言序者，亦頗精確。但似不如取伯起所記梁末之事，以證法言隋初之語者，具有時代性，更較適切也。鄙説如此，然歟？否歟？特舉出之，以求教於當世審音治史之君子。

（原載中山大學學報一九五八年第壹期）

讀哀江南賦

古今讀哀江南賦者衆矣，莫不爲其所感，而所感之情，則有淺深之异焉。其所感較深者，其所通解亦必較多。蘭成作賦，用古典以述今事。古事今情，雖不同物，若於异中求同，同中見异，融會异同，混合古今，别造一同异俱冥，今古合流之幻覺，斯實文章之絶詣，而作者之能事也。自來解釋哀江南賦者，雖於古典極多詮説，時事亦有所徵引。然關於子山作賦之直接動機及篇中結語特所致意之點，止限於詮説古典，舉其詞語之所從出，而於當日之實事，即子山所用之「今典」，似猶有未能引證者。故兹篇僅就此二事論證，其他則不并及云。

上

解釋詞句，徵引故實，必有時代限斷。然時代劃分，於古典甚易，於「今典」則難。蓋所謂「今典」者，即作者當日之時事也。故須考知此事發生必在作此文之前，始可引之，以爲解釋。否則，雖似相合，而實不可能。此一難也。此事發生雖在作文以前，又須推得作者有聞見之可能。否則其時即已有此事，而作者無從取之以入其文。此二難也。質言之，解釋哀江南賦之「今典」，先須考定此賦作成之年月。又須推得周陳通好，使命往來，南朝之文章，北使之言語，子山實有聞見之可能，因取之入文，以發其哀感。請依次論之。

周書肆壹庾信傳哀江南賦序云：

中興道銷，窮於甲戌。

又云：

天道周星，物極不反。

賦云：

況復零落將盡，靈光歸然。日窮於紀，歲將復始。逼切危慮，端憂暮齒。踐長樂之神皋，望宣平之貴里。

寅恪案，西魏之取江陵在梁元帝承聖三年甲戌，即西魏恭帝元年（五五四年）。歲星一周，爲周武帝天和元年丙戌，即陳文帝天嘉七年（五六六年），是歲子山年五十三，（詳倪璠庾子山年譜。倪氏雖有舛誤遺漏之處，然與兹所論證無涉者，均不置辨。）雖或可云暮齒，然是年王褒未卒（見周書肆壹北史捌叁王褒傳），子山入關與石泉齊名，苟子淵健在，必不宜有「靈光歸然」之語，明矣。若歲星再周，則爲周武帝宣政元年戊戌，即陳宣帝太建十年（五七八年）。

是年子山已由洛州刺史，徵還長安，爲司宗中大夫，年已六十五歲，即符暮齒之語。且其時王褒已逝，靈光獨存。任職司宗，身在長安，亦與踐望長樂宣平等句尤合。又據其「日窮於紀，歲將復始」之語，則哀江南賦作成之時，其在周武帝宣政元年十二月乎？（是時周武帝已崩。宣帝即位，尚未改元。）

此賦作成之年月既考定，則時事之在此斷限以前，論其性質，苟爲子山所得聞見者，固可徵引以解釋此賦也。

自陳毛喜進陳、周和好之策，南北使命屢通。其事之見載於陳、周書及南北史諸紀傳者甚衆，不須備引。兹僅録陳書貳玖毛喜傳（南史陸捌毛喜傳，通鑑壹陸捌陳文帝天嘉元年條略同。）一條，以見陳、周通好之原起於下：

及江陵陷，喜及高宗俱遷關右。世祖即位，喜自周還，進和好之策。朝廷乃遣周弘正等通聘。及高宗反國，喜於郢州奉迎。又遣喜入關，以家屬爲請。周冢宰宇文護執喜手曰：能結二國之好者，卿也。仍迎柳皇后及後主還。天嘉三年至京師。

陳、周既通好，流寓之士各許還國。子山本欲南歸，而陳朝又以子山爲請。周書肆壹庾信傳（北史捌叁文苑傳庾信傳同）云：

時陳氏與朝廷通好，南北流寓之士，各許還其舊國。陳氏乃請王褒及信等十數人。高祖惟放王克、殷不害等，信及褒并留而不遣。

陳書叁貳孝行傳殷不害傳（南史柒肆孝義傳殷不害傳同）略云：

與王褒、庾信俱入長安。太建七年，自周還朝。

倪魯玉注北史庾信傳據此云：

是陳氏請褒及信在太建七年，周武帝之建德四年也。

寅恪案，周書伍高祖紀上（北史拾周本紀下，通鑒壹陸捌陳文帝天嘉二年六月條同。）云：

〔保定元年〕六月乙酉，遣治御正殷不害等使於陳。

此殷不害與陳書孝行傳及南史孝義傳之殷不害當是一人。考周武帝保定元年即陳文帝天嘉二年（五六一年），尚在周武帝建德四年即陳宣帝太建七年（五七五年）之前十四年。周書北史本紀等所載之年月，雖顯與陳書南史殷不害傳不合，然殷不害之爲周武帝所遣還，則無可疑也。又王克事附見南史貳叁王彧傳，不載其自周還陳始末及年月。惟陳書壹玖沈炯傳（南史陸玖沈炯傳略同）云：

少日，便與王克等并獲東歸。紹泰二年至都，除司農卿。

寅恪案，梁敬帝紹泰二年，即西魏恭帝三年（五五六年）。下距周武帝建德四年，更早十九年，則非在周武帝之世明矣。史傳之文先後參錯，雖不易確定，然可藉是推知二十年間陳、周通好，沈炯、王克、殷不害之徒，先後許歸舊國。惟子山與子淵數輩爲周朝歷世君主所不遺放，亦不僅武帝一人欲羈留之也。今史文雖有差异，然於此可不置論。所應注意者，即此二十年間流寓關中之南士，屢有東歸之事，而子山則屢失此機緣。不但其思歸失望，哀怨因以益甚。其前後所以圖歸不成之經過，亦不覺形之言語，以著其憤慨。若非深悉其内容委曲者，哀江南賦哀怨之詞，尚有不能通解者矣。又子山圖歸舊國之心既切，則陳使之來，周使之返，苟蒙允許，必殷勤訪詢。南朝之消息，江左之文章，固可以因緣聞見也。北史捌叁文苑傳王褒傳（周書肆壹王褒傳略同）云：

初，褒與梁處士汝南周弘讓相善。及讓兄弘正自陳來聘，〔武〕帝許褒等通親知音問，褒贈弘讓詩并書焉。（周書兼載弘讓復書。）

史所謂「褒等」自指子山之流。今庾子山集肆如别周尚書弘正，送别周尚書弘正二首，重别周尚書二首等詩，俱可據以證知也。

復次，當時使者往來，其應對言辭，皆有紀録。以供返命後留呈參考。如後來趙宋時奉使遼金者，所著行程語録之比。今宋書肆陸南史叁貳張暢傳，魏書伍叁北史叁叁李孝伯傳，所載暢與孝伯彭城問答之語，即依據此類語録撰成者也。子山既在關中，位望通顯，朝貴復多所交親，此類使臣語録，其關切己身者，自必直接或間接得以聞見。然則當日使臣傳佈之江左篇章及其將命應對之語録，苟在哀江南賦作成以前者，固可據之以爲賦中詞句之印證，實於事理無所不合也。

下

陳書壹玖沈炯傳（南史陸玖沈炯傳略同）略云：

少日，便與王克等并獲東歸。紹泰二年至都，除司農卿。文帝又重其才用，欲寵貴之。會王琳入寇大雷，留异擁據東境。帝欲使炯因是立功，乃解中丞，加明威將軍，遣還鄉里，收合徒衆。以疾卒於吴中，時年五十九。

陳書叁世祖紀（南史玖陳本紀上、陳書叁伍、南史捌拾留异傳、通鑒壹陸柒及壹陸捌陳紀略同。）云：

〔陳武帝永定三年〕十一月乙卯，王琳寇大雷，詔遣太尉侯瑱、司空侯安都、儀同徐度率衆以禦之。

〔陳文帝天嘉二年十二月〕先是，縉州刺史留异應於王琳等反。丙戌，詔司空侯安都率衆討之。

據此，沈初明卒年當在陳武帝永定三年，即周明帝武成元年（五五九年）。初明以梁敬帝紹泰二年即西魏恭帝三年（五五六年）由長安還建康。其南歸僅四歲，即逝世也。檢藝文類聚貳柒及柒玖俱載有初明所製歸魂賦。其序云：「余自長安反，乃作歸魂賦。」是知歸魂賦作成之年必在紹泰二年（是年九月朔改元太平）梁尚未禪陳之時，即或稍後，亦不能逾永定三年之時限，則不待言也。（史言初明卒年五十九。據歸魂賦云：「嗟五十之逾年，忽流離於凶忒。」則其卒年似不止五十九也。玆以與此篇無關，故不考辨。）今觀歸魂賦，其體制結構固與哀江南賦相類，其內容次第亦少差异。至其詞句如「而大盜之移國」，「斬蚩尤之旗」，「去莫敖之所縊」，「但望斗而觀牛」等，則更符同矣。頗疑南北通使，江左文章本可以流傳關右，何況初明失喜南歸之作，尤爲子山思歸北客所亟欲一觀者耶？子山殆因緣機會，得見初明此賦。其作哀江南賦之直接動機，實在於是。注哀江南賦者，以楚辭招魂之「魂兮歸來哀江南」一語，以釋其命名之旨。雖能舉其遺詞之所本，尚未盡其用意之相關。是知古典矣，猶未知「今典」也。故讀子山之哀江南賦者，不可不并讀初明之歸魂賦。深惜前人未嘗論及，遂表而出之，以爲讀哀江南賦者進一解焉。

又周書北史庾信傳并云：

信雖位望通顯，常有鄉關之思。乃作哀江南賦，以致其意云。

是其賦末結語尤爲其意旨所在。「豈知霸陵夜獵，猶是故時將軍。咸陽布衣，非獨思歸王子。」二句，非僅用李將軍楚王子之古典也，亦用當時之「今典」焉。倪注釋將軍句云：「謂己猶是故左衛將軍也。」一是誠能知「今典」矣。而釋王子句，乃泛以梁國子孫之客長安者爲説，是猶未達一間也。檢北史柒拾杜杲傳（周書叁玖杜杲傳略同）略云：

> 初，陳文帝弟安成王頊爲質於梁，及江陵平，頊隨例遷長安。陳人請之，周文帝許而未遣。至是，〔武〕帝欲歸之，命杲使焉。陳文帝大悦，即遣使報聘，并賂黔中數州地，仍請畫界分疆，永敦鄰好。以杲奉使稱旨，進授都督，行小御伯，更往分界。陳於是歸魯山郡。〔武〕帝乃拜頊柱國大將軍，詔杲送之還國。陳文帝謂杲曰：家弟今蒙禮遣，實是周朝之惠。然不還魯山，亦恐未能及此。杲答曰：安成之在關中，乃咸陽一布衣耳。然是陳之介弟，其價豈止一城？建德初，授司城中大夫，仍使於陳。〔陳〕宣帝謂杲曰：長湖公軍人等雖築館處之，然恐不能無北風之戀。王褒、庾信之徒既羈旅關中，亦當有南枝之思耳。杲揣陳宣意，欲以元定軍將士易王褒等，乃答之曰：長湖總戎失律，臨難苟免，既不死節，安用此爲？且猶牛之一毛，何能損益。本朝之議，初未及此。陳宣帝乃止。

寅恪案，哀江南賦致意之點，實在於此。杜杲使陳語録，必爲子山直接或間接所知見。若取此當時之「今典」，以解釋「王子」之句，則尤深切有味，哀感動人。并可見子山作賦，非徒泛用古典，約略比擬。必更有實事實語，可資印證者在，惜後人之不能盡知耳。然則哀江南賦豈易讀哉！

（原載一九四一年昆明清華學報第壹叁卷第壹期）

論隋末唐初所謂「山東豪杰」

隋末唐初之史乘屢見「山東豪杰」之語，此「山東豪杰」者乃一胡漢雜糅，善戰鬥，務農業，而有組織之集團，常爲當時政治上敵對兩方爭取之對象。兹略引史料，稍爲證明，并設一假説，以推測其成立之由來，或可供研治吾國中古史者之參考歟？

今爲證釋便利計，姑分別爲（一）竇建德、劉黑闥等，（二）翟讓、徐世勣等，及（三）青、齊、徐、兖諸豪雄等三類，次第叙述之如下：

新唐書捌伍竇建德傳云：

竇建德，貝州漳南人。世爲農。自言漢景帝太后父安成侯充之苗裔。

同書捌陸劉黑闥傳略云：

劉黑闥，貝州漳南人。與竇建德少相友。〔王世充〕以其武健，補馬軍總管。〔後竇〕建德用爲將。建德有所經略，常委以斥候，陰入敵中，覘虚實，每乘隙奮奇兵，出不意，多所摧克，軍中號爲神勇。

舊唐書陸拾廬江王瑗傳略云：

時隱太子建成將有异圖，外結於瑗。及建成誅死，瑗乃舉兵反。〔王〕利涉曰：山東之地，先從竇建德，酋豪首領，皆是僞官，今并黜之，退居匹庶，此人思亂，若旱苗之望雨。王宜發使復其舊職，各於所在遣募本兵，諸州儻有不從，即委隨便誅戮。此計若行，河北之地可呼吸而定也。

資治通鑒壹玖拾唐高祖武德五年十二月壬申〔劉黑闥〕衆遂大潰條考异引太宗實録云：

〔劉〕黑闥重反，高祖謂太宗曰：前破黑闥，欲令盡殺其黨，使空山東，不用吾言，致有今日。及隱太子征闥，平之，將遣唐儉往，使男子十五已上悉阬之，小弱及婦女總驅入關，以實京邑。

全唐文柒肆肆殷侔竇建德碑略云：

自建德亡，距今已久遠，山東河北之人或尚談其事，且爲之祀，知其名不可滅，而及人者存也。聖唐大和三年，魏州書佐殷侔過其廟下，見父老群祭，駿奔有儀，「夏王」之稱猶紹於昔。

寅恪案，竇建德、劉黑闥等徒黨爲隋末唐初間最善戰鬥而有堅固組織之集團，實是唐室之勍敵，高祖「欲令盡殺其黨，使空山東」，疑真有其事，司馬君實不信太宗實録之記載，以爲史臣歸美太宗之詞，鄙見太宗蓋别有用意，欲利用此集團，爲其政治上之工具，如後來與建成、元吉决鬥時，遣張亮往洛陽招引「山東豪杰」以爲己助之例耳。觀殷侔之碑文，知竇建德死後逾二百年，其勢力在舊地猶若此，與後來安禄山、史思明死後，其勢力終未衰歇，而成唐代藩鎮之局者，似頗相類（詳見拙著唐代政治史述論稿上篇），其必有民族特殊性存乎其間，可以推知也。竇建德自言出於漢代外戚之竇氏，實則鮮卑紇豆陵氏之所改（見新唐書柒壹下宰相世系表竇氏條），實是胡種也。劉黑闥之劉氏爲胡人所改漢姓之最普遍者，其「黑闥」之名與北周創業者宇文黑獺之「黑獺」同是一胡語，然則劉黑闥不獨出於胡種，其胡化之程度蓋有過於竇建德者矣。其以武健見賞於王世充，任馬軍總管，又在竇建德軍中常爲斥候，以神勇著稱，此正胡人專長之騎射技術，亦即此集團的戰鬥力所以特强之故，實與民族性有關，决非偶然也。至竇建德之「世爲農」及張亮之「以農爲業」（見後引舊唐書陸玖張亮傳）與王利涉言欲令竇建德部下「酋豪首領各於所在遺募本兵」，實有相互之關係，最爲可注意之點，俟後論之，兹姑不涉及。

此集團中翟讓、徐世勣一系統在唐初政治上最居重要地位，兹稍多移録有關史料，綜合論之於下：

舊唐書伍叁李密傳略云：

李密，本遼東襄平人。魏司徒弼曾孫。後周賜弼姓徒何氏。祖曜，周太保、魏國公。父寬，隋上柱國、蒲山公，皆知名當代。密説〔翟〕讓曰：明公以英杰之才，而統驍雄之旅，宜當廓清天下，誅翦群凶，豈可求食草間，常爲小盗而已？讓曰：僕起隴畝之間，望不至此。柴孝和説密曰：秦地阻山帶河，西楚背之而亡，漢高都之而霸。如愚意者，令〔裴〕仁基守迴洛，翟讓守洛口，明公親簡精鋭，西襲長安，百姓孰不郊迎？必當有征無戰。既剋京邑，業固兵强，方更長驅崤函，掃蕩東洛，傳檄指撝，天下可定。但今英雄競起，實恐他人我先，一朝失之，噬臍何及？密曰：君之所圖，僕亦思之久矣，誠乃上策。但昏主尚存，從兵猶衆，我之所部，并是山東人，既見未下洛陽，何肯相隨西入？諸將出於群盗，留之各競雄雌。若然者，殆將敗矣。

新唐書玖叁李勣傳略云：

李勣，曹州離狐人。本姓徐氏。客衛南。家富，多僮僕，積粟常數千鍾。與其父蓋皆喜施貸，所周給無親疏之間。隋大業末，韋城翟讓爲盗，勣年十七，往從之。武德二年，〔李〕密歸朝廷，其地東屬海，南至江，西直汝，北抵魏郡，勣統之，未有所屬。乃録郡縣户口以啓密，請自上之。詔授黎州總管，封萊國公。賜姓，附宗正屬籍，徙封曹，封蓋濟陰王。從秦王伐東都，戰有功。平〔竇〕建德，俘〔王〕世充，乃振旅還，秦王爲上將，勣爲下將，皆服金甲，乘戎輅，告捷於廟。又從破劉黑闥、徐圓朗，圓朗復反，詔勣爲河南大總管，討平之。帝（太宗）疾，謂太子（高宗）曰：爾於勣無恩，今以事出之，我死，宜即授以僕射，彼必致死力矣。

大唐新語捌聰敏類云：

賈嘉隱，年七歲，以神童召見。時太尉長孫無忌、司空李勣於朝堂立語。李戲之曰：吾所倚者何樹？嘉隱對曰：松樹。李曰：此槐也，何忽言松？嘉隱曰：以公配木則爲松樹。無忌連問之曰：〔吾〕所倚者何樹？嘉隱曰：槐樹。無忌曰：汝不能復矯對耶？嘉隱應聲曰：何須矯對？但取其以鬼配木耳。勣曰：此小兒作獠面，何得如此聰明？嘉隱又應聲曰：胡面尚爲宰相，獠面何廢聰明？勣狀貌胡也。

舊唐書陸肆隱太子傳略云：

及劉黑闥重反，王珪、魏徵謂建成曰：願請討之，且以立功，深自封植，因結山東英俊。建成從其計。及〔太宗〕將行〔往洛陽〕，建成、元吉相謀曰：秦王今往洛陽，既得土地甲兵，必爲後患。留在京師制之，一匹夫耳。密令數人上封事曰：秦王左右多是東人，聞往洛陽，非常欣躍，視其情狀，自今一去，不作來意。高祖於是遂停。

同書陸玖張亮傳略云：

張亮，鄭州滎陽人也。素寒賤，以農爲業。大業末，李密略地滎、汴，亮仗策從之，署驃騎將軍，隸於徐勣。後房玄齡、李勣薦之於太宗，引爲秦府車騎將軍，委以心膂。會建成、元吉將起難，太宗以洛州形勝之地，一朝有變，將出保之，遣亮之洛陽，統左右王保等千餘人，陰引山東豪杰以俟變，多出金帛，恣其所用。元吉告亮欲圖不軌，坐是屬吏，亮卒無所言，事釋，遣還洛陽。及建成死，授懷州總管，封長平郡公。

同書陸捌尉遲敬德傳略云：

隱太子、巢剌王元吉將謀害太宗，密致書以招敬德，仍贈以金銀器物一車。敬德辭，尋以啓聞，太宗曰：送來但取，寧須慮也。且知彼陰計，足爲良策。

同書同卷張公謹傳略云：

張公謹，魏州繁水人也。初爲王世充洧州長史。武德元年，與王世充所署洧州刺史崔樞以州城歸國。初未知名，李勣驟薦於太宗，乃引入幕府。〔武德九年〕六月四日，公謹與長孫無忌等九人伏於玄武門以俟變。及斬建成、元吉，其黨來攻玄武門，兵鋒甚盛。公謹有勇力，獨閉關以拒之。以功累授左武侯將軍，封定遠郡公。

巴黎圖書館藏敦煌寫本李義府撰常何碑略云：

公諱□，字□□，其先居河内温縣，乃祖游陳留之境，因徙家焉，今爲汴州浚儀人也。〔公〕傾産周窮，捐生拯難，嘉賓狎至，俠侶争歸。既而炎靈將謝，政道云衰，黑山競結，白波潛駭，爰顧宗姻，深憂淪溺。鄉中豪杰五百餘人以公誠信早彰，譽望所集，互相糺率，請爲盟主。李密擁兵敖庾，枕威河曲，廣集英彦，用托爪牙，乃授公上柱國雷澤公。尋而天歷有歸，聖圖斯啓，自參墟而鳳舉，指霸川而龍躍。公智叶陳、張，策逾荀、賈，料安危之勢，審興亡之迹，抗言於密，請歸朝化。密竟奉謁丹墀，升榮紫禁，言瞻彼相，實賴於公，既表忠圖，爰膺厚秩，授清義府驃騎將軍上柱國雷澤公。密奉詔綏撫山東，公又以本官隨密，密至函城之境，有背德之心，公既知逆謀，乃流涕極諫，密憚公强正，遂不告而發，軍敗牛關之側，命盡熊山之陽。公徇義莫從，獻忠斯阻，欲因機以立効，聊枉尺以直尋，言造王充，冀傾瀍洛，爲充所覺，奇計弗成，率充内營左右去逆歸順。高祖嘉其變通，尚其英烈，臨軒引見，特申優獎，授車騎將軍。徐員朗竊據沂、兖，稱兵淮、泗，龜蒙積沴，蜂午挺妖，公與史萬寶并力攻圍，應期便陷。方殄餘噍，奉命旋師，令從隱太子討平河北。又與曹公李勣窮追員朗，賊平，留鎮於洧州。〔武德〕七年，奉太宗令追入京，賜金刀子一枚，黄金卅挺，令於北門領健兒長上，仍以數十金刀子委公錫驍勇之夫，趨奉藩朝，參聞霸略，承解衣之厚遇，申繞帳之深誠。九年六月四日令摠北門之寄。

舊唐書柒壹魏徵傳略云：

魏徵，鉅鹿曲城人也。父長賢，北齊屯留令。及〔李〕密敗，徵隨密來降，至京師，久不見知，自請安輯山東，乃授秘書丞，驅傳至黎陽。時徐世勣尚爲李密擁衆，徵與世勣書。世勣得書，遂定計遣使歸國。嘗密薦中書侍郎杜正倫及吏部尚書侯君集有宰相之材。徵卒後，正倫以罪黜，君集犯逆伏誅，太宗始疑徵阿黨。徵又自録前後諫諍言辭往復，以示史官起居郎褚遂良，太宗知之，愈不悅。先許以衡山公主降其長子叔玉，於是手詔停婚，顧其家漸衰矣。

新唐書玖柒魏徵傳云：

〔太宗〕即位，拜諫議大夫，封鉅鹿縣男。當是時，河北州縣素事隱、巢者不自安，往往曹伏思亂。徵白太宗曰：不示至公，禍不可解。帝曰：爾行安喻河北。道遇太子千牛李志安、齊王護軍李思行傳送京師，徵與其副謀曰：屬有詔，宫府舊人普原之。今復執送志安等，誰不自疑者？吾屬雖往，人不信。即貸而後聞。使還，帝悅。

北史伍陸魏長賢傳云：

魏長賢，收之族叔也。

元和郡縣圖志壹陸河北道澶州臨黄縣條云：

魏長賢墓在縣北十五里。貞觀七年，追贈定州刺史，即徵父也。

同書壹柒河北道恒州鼓城縣條云：

魏收墓在縣北七里。後魏、北齊貴族諸魏皆此邑人也。所云鉅鹿曲陽人者是也。

新唐書柒貳中宰相世系表魏氏條云：

館陶魏氏。長賢北齊屯留令。徵相太宗。

全唐詩第柒函高適三君咏并序云：

開元中，適游於魏郡，郡北有故太師〔魏〕鄭公舊館。

舊唐書柒拾杜正倫傳云：

杜正倫，相州洹水人也。隋仁壽中，與兄正玄、正藏俱以秀才擢第。隋代舉秀才止十餘人，正倫一家有三秀才，甚爲當時稱美。

同書陸玖侯君集傳略云：

侯君集，豳州三水人也。貞觀四年，遷兵部尚書。明年（貞觀十二年），拜吏部尚書。君集出自行伍，素無學術，及被任遇，方始讀書。典選舉，定考課，出爲將領，入參朝政，并有時譽。十七年，張亮以太子詹事出爲洛州都督，君集激怒亮曰：何爲見排？亮曰：是公見排，更欲誰冤？君集曰：我平一國還，觸天子大嗔，何能仰排？因攘袂曰：鬱鬱不可活，公能反乎？當與公反耳。亮密以聞。承乾在東宫，恐有廢立，又知君集怨望，遂與通謀。及承乾事發，君集被收，遂斬於四達之衢，籍没其家。

綜觀上引史料，可得而論者，約有四端：

（一）翟讓、徐世勣之系統人物實以洛陽爲其政治信仰之重心。觀李密答柴孝和之言，知密所以力攻王世充，争取洛陽，卒以此敗亡者，蓋有不得已之苦衷也。唐太宗之實力在能取得洛陽，撫用此系統人物，而獲其輔助之效也。當太宗與建成、元吉决鬥於長安之時，秦王府中雖多山東豪杰，然洛陽爲其根據地，更遣張亮、王保等往保之，廣事招引，以增加其勢力。既不慮長安秦府中「山東人」之離心（見上引舊唐書隱太子傳），又爲在長安萬一失敗，可以作避亂及復興之預備。斯太宗與李密雖同屬關隴六鎮集團，同利用此系統之人物以爲其主力，然此二并世英杰所以成敗互异者，即太宗能保有洛陽以爲基地，而李密不能攻取東都，失去此輩豪杰政治信仰之故也。

（二）武德九年六月四日玄武門之事變爲太宗一生中最艱苦之奮鬥，其對方之建成、元吉亦是智勇俱備之人，謀士鬥將皆不減於秦府左右，其結果則太宗勝而建成、元吉敗者，其關鍵實在太宗能利用守衛宫城要隘玄武門之山東豪杰，如常何輩，而常何者兩唐書無專傳，其姓名唯附見於兩書馬周傳及舊唐書叁太宗紀下貞觀十八年十一月張亮以舟師攻高麗事中，（新唐書柒伍上宰相世系表常氏條不載何之名。）其本末不詳久矣。近世敦煌石室發見寫本中有李義府撰常何碑文，義府奸佞而能文之人也，此文亦久佚，然爲最佳之史料，寅恪昔年草唐代政治史述論稿時，嘗於上篇論述玄武門事變曾一及之，今稍詳録其文，以資推究。據碑文，知何之家世及少時所爲蓋同於徐世勣，而其與世勣之關係復頗似張亮、張公謹，又嘗從建成平定河北，故建成亦以舊部視之而不疑，豈意其「趍奉藩朝，參聞霸略」耶？觀太宗既賜何以金挺，復以數十金刀子委何以錫守衛玄武門驍勇之夫，則是用金寶買通玄武門守衛將士，此與建成、元吉之以金銀器物贈與尉遲敬德者，抑何以异？此蓋當時兩方習用之策略也。職是之故，太宗能於武德九年六月四日預伏其徒黨於玄武門，而守衛將士亦竟不之發覺，建成、元吉雖先有警告，而不以爲意者，殆必以常何輩守衛玄武門之將士至少非太宗之黨徒也。碑文所謂「九年六月四日令揔北門之寄」。則此事變中何地位之重要及其功績之偉大，據是可推知矣。張公謹與張亮俱用徐世勣之薦，而爲太宗心膂，其屬於世勣系統，固不待言，當此事變迫急之時，公謹能獨閉宫門，以拒東宫齊府死黨之來攻，因得轉危爲安，其勇力可以想見，此亦山東豪杰集團特點之一也。張亮在此系統中地位甚高，或亦徐世勣之亞，故太宗委以保據洛陽，招引山東豪杰之重任。然其人「素寒賤，以農爲業」。則與翟讓所謂「僕起隴畝之間」（見上引舊唐書李密傳），正復相同。此輩乃農民武裝集團，依此可以推知，其歷史之背景及成立之由來俟後再詳論。總之，太宗之戡定内難，其得此系統人物之助力，較任何其他諸役如戰勝隋末群雄及摧滅當時外族者爲更多也。

（三）徐世勣者，翟讓死後，實代爲此系統之領袖，李密不過以資望見推，而居最高之地位耳。密既降唐，其土地人衆均爲世勣所有，世勣於王世充、竇建德與唐高祖鼎峙競争之際，蓋有舉足輕重之勢，其絶鄭夏而歸李唐，亦隋唐間政權轉移之大關鍵也。李唐破滅王、竇，凱旋告廟，太宗爲上將，世勣爲下將，蓋當時中國武力集團最重要者，爲關隴六鎮及山東豪杰兩系統，而太宗與世勣二人即可視爲其代表人也。世勣地位之重要實因其爲山東豪杰領袖之故，太宗爲身後之計欲平衡關隴、山東兩大武力集團之力量，以鞏固其皇祚，是以委任長孫無忌及世勣輔佐柔懦之高宗，其用心可謂深遠矣。後來高宗欲立武曌爲后，當日山東出身之朝臣皆贊助其事，而關隴集團代表之長孫無忌及其附屬系統之褚遂良等則竭力諫阻，高宗當日雖欲立武氏爲后，以元舅大臣之故有所顧慮而不敢行，惟有取決於其他别一集團之代表人即世勣之一言，而世勣竟以武氏爲山東人而贊成其事（見册府元龜叁叁陸宰輔部依違門），論史者往往以此爲世勣個人道德之污點，殊不知其社會集團之關係有以致之也。又兩唐書以李靖、李勣同傳，後世亦以二李并稱，此就二公俱爲唐代之名將而言耳，其實靖爲韓擒虎之甥屬於關隴府兵集團，而世勣則是山東豪杰領袖，其社會背景迥然不同，故二人在政治上之地位亦互异，斯亦治唐史者所不可不注意及之者也。史復言世勣家多僮僕，積粟常數千鍾，當是與翟讓、張亮同從事農業，而豪富遠過之者，即所謂大地主之流也，此點亦殊重要，俟後論之。

（四）古今論唐史者往往稱道太宗、魏徵君臣遭遇之盛事，而深惜其恩禮之不終，以爲此僅個人間之關係，實不足説明當時政治社會之情况及太宗所以任用魏徵之用心也。今試發其覆，以供讀史者參考。

舊唐書魏徵傳雖稱徵是鉅鹿曲陽人，北史徵父長賢傳亦言其爲魏收之族叔，就表面論，似徵爲山東之高門，此不過南北朝隋唐時代矜誇郡望之風習耳。然據元和郡縣圖志載魏收墓在恒州鼓城縣，且言「後魏、北齊貴族諸魏皆此邑人也。所云鉅鹿曲陽人者是也。」但同書載魏長賢墓在澶州臨黄縣，新書宰相世系表以徵爲館陶魏氏，高達夫詩又謂魏郡北有徵舊館，則是徵父墳墓及己身所居皆與魏收葬地并不相近，新表之言甚得其實。依此推論，則徵家不可視爲後魏、北齊貴族諸魏之盛門，可以無疑也。明乎此，則太宗所以任用徵之故始可瞭解。太宗雖痛惡山東貴族（見唐會要叁陸氏族門及新唐書玖伍高儉傳等），而特重用徵者，正以其非山東盛門，而爲山東武裝農民集團即所謂山東豪杰之聯絡人耳。在太宗心目中，徵既非山東貴族，又非山東武人，其責任僅在接洽山東豪杰監視山東貴族及關隴集團，以供分合操縱諸政治社會勢力之妙用。苟徵之行動逾越此種賦與之限度，則必啓太宗之疑忌，自不待言也。史言徵薦杜正倫爲相，而正倫者出自山東之盛門，則徵監視山東貴族之作用消失，轉有連合山東社會文武兩大勢力之嫌疑。侯君集者，兩唐書本傳雖不詳載其家世，只言其爲武人，然周書貳玖北史陸陸俱有君集祖植傳，又新唐書柒貳中宰相世系表侯氏條亦載其祖植爲周驃騎大將軍肥城節公，與周書、北史相同。後來出土之侯植墓志稱植曾賜姓賀屯氏（參陸增祥八瓊室金石補正貳叁及李宗蓮懷珉精舍金石跋尾等），復與周書、北史所載符合。是君集與太宗俱屬六鎮胡漢關隴集團，史言其才備將相自非偶然，徵竟與之相通，則是總合當日東西文武三大社會勢力，而己身爲其樞紐，此爲太宗所甚不能容忍者，幸其事發覺於徵已死之後，否則必與張亮、侯君集同受誅戮，停婚仆碑（見新唐書魏徵傳）猶是薄懲也。觀徵自請招撫山東，發一書而降徐世勣，先觀建成討平劉黑闥，因於其地深自封植，建成果從其策。及建成不幸失敗，又自請於太宗，親往河北安喻其徒黨，能發之，復能收之，誠不世出之才士。故建成用之以籠絡河北英俊，太宗亦用之以招撫山東豪杰，其個人本身之特點固不應抹殺，但如歷來史家論徵之事功，頗忽視社會集體之關係，則與當時史實不能通解，故略辨之如此。至若徵自録前後諫諍言辭往復，以示史官褚遂良，太宗知之不悦者，蓋太宗沽名，徵又賣直，致斯結果，本無可怪，然其事僅關係個人，殊微末不足道矣。

隋末唐初之雄豪其起於青、齊、徐、兖之地者頗多矣，或爲唐室功臣，或爲李朝叛賊，政治上向背之關係雖异，若一究其種姓來源，民族特質，恐仍當視爲同一大類，而小有區分也。茲略徵史籍，論之於下：

舊唐書陸捌秦叔寶傳略云：

秦叔寶，名瓊，齊州歷城人。從鎮長春宫，拜馬軍總管。

同書同卷段志玄傳略云：

段志玄，齊州臨淄人也。

同書同卷程知節傳略云：

程知節，本名齩金，濟州東阿人也。授秦王府左三統軍。破宋金剛，擒竇建德，降王世充，并領左一馬軍總管。

新唐書捌陸劉黑闥傳附徐圓朗傳略云：

徐圓朗者，兖州人。隋末爲盜，據本郡，以兵徇琅邪以西，北至東平，盡有之。附李密，密敗，歸竇建德。山東平，授兖州總管、魯郡公。會〔劉〕黑闥兵起，圓朗應之，自號魯王，黑闥以爲大行臺元帥。河間人劉復禮説圓朗曰：彭城有劉世徹，才略不常，將軍欲自用，恐敗，不如迎世徹立之。盛彦師以世徹若聯叛，禍且不解，即謬説曰：公亡無日矣！獨不見翟讓用李密哉？圓朗信之，世徹至，奪其兵，遣徇地，所至皆下，忌而殺之。會淮安王神通、李世勣合兵攻圓朗，總管任瓌遂圍兖州。圓朗棄城夜亡，爲野人所殺。

同書捌柒輔公祏傳略云：

輔公祏，齊州臨濟人。隋季與鄉人杜伏威爲盜，轉掠淮南。

同書同卷李子通傳略云：

李子通，沂州丞人。隋大業末，長白山賊左才相自號「博山公」，子通依之。有徒萬人，引衆渡淮，爲隋將來整所破，奔海陵。

同書玖貳杜伏威傳略云：

杜伏威，齊州章丘人。隋大業九年，入長白山，依賊左君行，不得意，舍去，轉剽淮南，攻宜安，屠之。與虎牙郎將公孫上哲戰鹽城，進破高郵，引兵渡淮，攻歷陽，據之。江淮群盗争附。

隋末青、齊之健者頗以馬軍見稱，此亦可注意之點，疑與民族遷徙問題有關，詳下引魏書上黨王天穆傳。兖州之徐圓朗、彭城之劉世徹所謂徐、兖之豪强也，其與竇建德、劉黑闥之關係至爲密切，疑其與竇、劉之徒同一來源，「劉」即劉黑闥之「劉」，「徐」即徐世勣之「徐」也。此點俟後綜合論之。更有可注意者，隋末之亂首發於長白山諸豪，自非偶然之事。隋末暴政全國人民同受其害，然上之壓力其寛猛不必各地皆同一程度，而下之抵抗者亦有强悍柔懦及組織堅固與否之分别。隋末此區域非重兵鎮壓之地，而諸豪又爲强悍而較有組織之集團，是以能首發大難，其不轉向西北而直趨東南者，其以江、淮爲財富之地，當時全國武力又方用於攻高麗，江、淮一隅阻遏力少，引誘力多之故歟？綜合上引關於山東豪杰之史料，就其性强勇，工騎射，組織堅固，從事農業，及姓氏多有胡族關係，尤其出生地域之分配諸點觀之，深疑此集團乃北魏鎮戍屯兵營户之後裔也。六鎮問題於吾國中古史至爲重要，自沈垚以來，考證六鎮問題之著述於鎮名地望頗多精義，然似不免囿於時間空間之限制，猶未能總滙貫通，瞭解其先後因果之關係也。據魏書玖肅宗紀云：

〔正光五年八月〕丙申，詔曰：賞貴宿勞，明主恒德，恩沾舊績，哲后常範。太祖道武皇帝應期撥亂，大造區夏。世祖太武皇帝纂戎丕緒，光闡王業，躬率六師，掃清逋穢，諸州鎮城人，本充牙爪，服勤征旅，契闊行間，備嘗勞劇。逮顯祖獻文皇帝自北被南，淮海思乂，便差割强族，分衛方鎮。高祖孝文皇帝遠遵盤庚，將遷嵩洛，規遏北疆，蕩闢南境，選良家酋胕，增戍朔垂，戎捍所寄，實惟斯等。先帝（世宗宣武皇帝）以其誠効既亮，方加酬錫，會宛郢馳烽，朐泗告警，軍旗頻動，兵連積歲，兹恩仍寢，用迄於今，怨叛之興，頗由於此。朕叨承乾曆，撫馭宇宙，調風布政，思廣惠液，宜追述前恩，敷兹後施。諸州鎮軍貫，元非犯配者，悉免爲民，鎮改爲州，依舊立稱。此等世習干戈，率多勁勇，今既甄拔，應思報効。可三五簡發，討彼沙隴。當使人齊其力，奮擊先驅，妖黨狂醜，必可蕩滌。衝鋒斬級，自依恒賞。

知北魏邊鎮之本末有三事可注意：（一）北魏之邊境鎮戍有前後移動之不同。（二）因前後境外敵人强弱之互异，爲適應情勢緩急之故，而有南北移防之措施。（三）充任邊鎮之兵役者其重要成分爲胡人，尤其是敕勒種族。此詔書所述爲北魏六鎮及其他邊鎮問題最佳史料，但似未經治吾國中古史者之深切注意，故兹更旁引其他有關材料分别證釋之於下：

北魏太祖初率其部落，進入中原，其邊境大約如元和郡縣圖志壹肆雲州條所云：

後魏道武帝又於此建都，東至上谷軍都關，西至河，南至中山隘門塞，北至五原。地方千里，以爲甸服。

觀魏書伍捌楊播傳附椿傳云：

除定州刺史。自太祖平中山，多置軍府，以相威攝。凡有八軍，軍各配兵五千，食禄主帥軍各四十六人。自中原稍定，八軍之兵，漸割南戍，一軍兵纔千餘，然主帥如故，費禄不少。椿表罷四軍，減其帥百八十四人。州有宗子稻田，屯兵八百户，年常發夫三千，草三百車，修補畦堰。椿以屯兵惟輸此田課，更無徭役，及至閑月，即應修治，不容復勞百姓。椿亦表罷，朝廷從之。

可知北魏當時於近邊要地配置重兵，以資防衛，及國勢漸强，邊境推廣而鎮兵亦隨之轉移也。南北朝對峙，其國勢强弱之分界綫大約在北朝乘南朝内争之際而攻取青、齊之地一役，詔書所謂「顯祖獻文皇帝自北被南，淮海思乂」者是也。故「便差割强族，分衛方鎮」。即魏書伍拾尉元傳所云：

〔太和〕十六年，元表曰：今計彼（徐州）戍兵，多是胡人。臣前鎮徐州之日，胡人子都將呼延籠達因於負罪，便爾叛亂，鳩引胡類，一時扇動。賴威靈遐被，罪人斯戮。又圍城子都將胡人王敕懃負釁南叛，每懼姦圖，狡誘同黨，愚誠所見，宜以彭城胡軍换取南豫州徙民之兵，轉戍彭城，又以中州鮮卑增實兵數，於事爲宜。

其充任徐州防衛之胡兵，本由北方諸邊鎮移調而來者，蓋北魏當時邊境自北移南而邊鎮之兵亦隨之而遷徙也。至北魏孝文帝自平城遷都洛陽，其政治武力之重心既已南移，距南朝邊境頗近，而離北邊之鎮戍甚遠，遂又移調中原即北魏當時用以防衛南朝之戍兵，以守禦朔垂也。此北魏邊境屯戍之兵南北互相移調之事實，往往不爲史家注意，如北史壹陸太武五王傳廣陽王深（本作淵，唐人避諱改。）傳（參魏書伍捌楊播傳附昱傳及津傳）所云：

先是，别將李叔仁以〔破六韓〕拔陵來逼，請求迎援，深赴之，前後降附二十萬人。深與行臺元纂表求恒州北别立郡縣，安置降户，隨宜振賚，息其亂心。不從。詔遣黄門侍郎楊昱分散之於冀、定、瀛三州就食。深謂纂曰：此輩復爲「乞活」矣。禍亂當由此作。既而鮮于修禮叛於定州，杜洛周反於幽州，其餘降户，猶在恒州，遂欲推深爲主。深乃上書乞還京師，令左衛將軍楊津代深爲都督。

論者往往歸咎於不從安置北鎮降户於恒州北，而分散之於冀、定、瀛三州就食，以致釀成大亂。殊不知魏朝采取如此之決策者，非僅因冀、定、瀛等州土地饒沃可以供給降户就食，實亦有二原因：（一）在此以前魏朝邊鎮本有南北移防之故事；（二）徙降户於冀、定、瀛三州，正符合祖宗之舊制。觀魏書肆下世祖紀下云：

太平真君五年六月，北部民殺立義將軍、衡陽公莫孤，率五千餘落北走。追擊於漠南，殺其渠帥，餘徙冀、相、定三州爲營户。

及同書柒上高祖紀上云：

〔延興元年〕冬十月丁亥，沃野、統萬二鎮敕勒叛。詔太尉、隴西王源賀追擊，至枹罕，滅之，斬首三萬餘級，徙其遺迸於冀、定、相三州爲營户。

〔延興〕二年三月，連川敕勒謀叛，徙配青、徐、齊、兗四州爲營户。

同書同卷下高祖紀下云：

〔太和二十一年六月〕壬戌，詔冀、定、瀛、相、濟五州發卒二十萬，將以南討。

等條，知北魏祖宗本以冀、定、瀛、相、濟、青、齊、徐、兗等州安置北邊降人，使充營户，魏朝此舉未可以爲重大之錯誤。又觀魏書柒肆爾朱榮傳略云：

榮率衆至肆州，刺史尉慶賓畏惡之，閉城不納。榮怒，攻拔之，乃署其從叔羽生爲刺史，執慶賓於秀容。自是榮兵威漸盛，朝廷亦不能罪責也。

若果安置此等降户於恒州北，則此最有戰鬥力之徒衆必入於爾朱榮之勢力範圍，與後來葛榮之衆歸於爾朱氏，復轉入高歡之手者正同一例，如隋書貳肆食貨志所云：

尋而六鎮擾亂，相率内徙，寓食於齊（此齊乃魏書壹佰陸上地形志上，武州領之齊郡。）晋之郊，齊神武因之，以成大業。

者，可爲明證也。

據前引魏書世祖紀高祖紀之記載，知北魏常以高車即敕勒或丁零族充任邊鎮營户，蓋此族爲諸胡中最善戰者。觀魏書壹佰參高車傳略云：

> 高車，初號爲狄歷，北方以爲敕勒，諸夏以爲高車、丁零。太祖時，分散諸部，唯高車以類粗獷，不任使役，故得别爲部落。

及同書捌叁外戚傳賀訥傳略云：

> 訥從太祖平中原，其後離散諸部，分土定居，不聽遷徙，其君長大人皆同編户。訥以元舅，甚見尊重，然無統領。以壽終於家。

等條可知也。又觀魏書壹壹叁官氏志略云：

> 從第四品上　高車羽林郎將
>
> 從第四品下　高車虎賁將軍

同書壹玖上汝陰王天賜傳略云：

> 簡西部敕勒豪富兼丁者爲殿中武士。

及同書肆肆宇文福傳略云：

> 〔高祖〕敕福領高車羽林五百騎，出賊（指南朝軍言）南面，遏絶歸路。

則是北魏不獨以高車族爲邊兵，且以之充禁旅矣。至青、齊諸豪之來源，或是邢杲黨徒之後裔。

魏書壹肆高凉王孤傳附上黨王天穆傳云：

初，杜洛周、鮮于修禮爲寇，瀛、冀諸州人多避亂南向。幽州前北平府主簿河間邢杲，擁率部曲，屯據鄚城，以拒洛周、葛榮，垂將三載。及廣陽王深（淵）等敗後，杲南度，居青州北海界。靈太后詔流人所在皆置命屬郡縣，選豪右爲守令，以撫鎮之。時青州刺史元世俊表置新安郡，以杲爲太守，未報。會臺申汰簡所授郡縣，以杲從子子瑶資蔭居前，乃授河間太守。杲深耻恨，於是遂反。所在流人先爲土人凌忽，聞杲起逆，率來從之，旬朔之間，衆逾十萬。劫掠村塢，毒害民人，齊人號之爲「踏榆賊」。

殊堪玩味，蓋此輩豈亦北魏早期河北屯戍營户之後裔耶？常疑楊隋之祖先頗與之有關，以非此篇範圍，姑不置論。

總之，冀、定、瀛、相、濟、青、齊、徐、兖諸州皆隋末唐初間山東豪杰之出産地，其地實爲北魏屯兵營户之所在。由此推測此集團之驍勇善戰，中多胡人姓氏（翟讓之「翟」亦是丁零姓），胡種形貌（如徐世勣之類），及從事農業，而組織力又强。（其由鎮兵轉爲農民之歷程涉及北朝兵制範圍，此文所不能詳，可參拙著隋唐制度淵源略論稿兵制章。）求其所以然之故，苟非假定此集團爲北魏鎮兵之後裔，則殊難解釋。兹略引史料，以爲證釋如此。然歟？否歟？願求教於當世治國史之君子。

（原載一九五二年六月嶺南學報第拾貳卷第壹期）

記唐代之李武韋楊婚姻集團

唐代之史可分爲前後二期，而以玄宗時安史之亂爲其分界綫（詳見拙著唐代政治史述論稿上篇）。前期之最高統治集團表面上雖爲李氏或武氏，然自高宗之初年至玄宗之末世，歷百年有餘，實際上之最高統治者遞嬗輪轉，分歧混合，固有先後成敗之不同，若一詳察其内容，則要可視爲一牢固之複合團體，李、武爲其核心，韋、楊助之黏合，宰制百年之世局，幾佔唐史前期最大半時間，其政治社會變遷得失莫不與此集團有重要關係，故本文略取有關史料，稍加探討，或者於吾國中古史之研究亦有所助歟？

此李、武、韋、楊四大家族最高統治集團之組成實由於婚姻之關係，故不可不先略述南北朝、隋及唐初社會對於婚姻門族之觀念。

新唐書壹玖玖儒學中柳冲傳附柳芳論氏族略云：

〔晋〕過江則爲僑姓，王、謝、袁、蕭爲大。東南則爲吴姓，朱、張、顧、陸爲大。山東則爲郡姓，王、崔、盧、李、鄭爲大。關中亦號郡姓，韋、裴、柳、薛、楊、杜首之。代北則爲虜姓，元、長孫、宇文、于、陸、源、竇首之。山東之人質，故尚婚婭。江左之人文，故尚人物。關中之人雄，故尚冠冕。代北之人武，故尚貴戚。及其弊，則尚婚婭者，先外族，後本宗。尚人物者，進庶孽，退嫡長。尚冠冕者，略伉儷，慕榮華。尚貴戚者，狗勢利，亡禮教。

據此，當時社會婚姻觀念之不同蓋由地域區分及門族淵源之互异所致。李唐皇室本出於宇文泰之胡漢六鎮關隴集團（詳見拙著唐代政治史述論稿上篇），實具關中、代北兩系統之性質。觀唐太宗制定貞觀氏族志之意旨及唐初皇室婚姻締構之實况即可證知。兹引史料，略加解釋於下：

唐會要叁陸氏族門顯慶四年九月五日詔改〔貞觀〕氏族志爲姓〔氏〕録條云：

初，貞觀氏族志稱爲詳練，至是，許敬宗以其書不叙明皇后武氏本望，李義府又耻其家無名，乃奏改之。

新唐書玖伍高儉傳略云：

〔高宗〕又詔後魏隴西李寶，太原王瓊，滎陽鄭温，范陽盧子遷（今本唐會要捌叁嫁娶門作盧子選，據魏書肆叁北史叁拾盧玄傳，玄子度世字子遷，然則今本會要選字誤也。通鑑貳佰唐高宗顯慶四年十月條亦作盧子遷）、盧澤（唐會要捌叁嫁娶門顯慶四年十月條均作盧渾）、盧輔，清河崔宗伯、崔元孫，前燕博陵崔懿，晋趙郡李楷，凡七姓十家，不得自爲昏，納幣悉爲歸裝，夫氏禁受陪門財。先是，後魏太和中，定四海望族，以寶等爲冠，其後矜尚門地，故氏族志一切降之。王妃、主婿皆取當世勳貴名臣家，未嘗尚山東舊族。後房玄齡、魏徵、李勣復與昏，故望不減。然每姓第其房望，雖一姓中，高下縣隔。李義府爲子求昏不得，始奏禁焉。其後天下衰宗落譜，昭穆所不齒者，皆稱禁昏家，益自貴，凡男女皆潛相聘娶，天子不能禁，世以爲敝云。

舊唐書柒捌張行成傳云：

太宗嘗言及山東、關中人，意有同异。行成正侍宴，跪而奏曰：臣聞天子以四海爲家，不當以東西爲限，若如是，則示人以隘陋。太宗善其言。

新唐書捌拾太宗諸子傳云：

曹王明母本巢王（即元吉）妃，帝寵之，欲立爲后，魏徵諫曰：陛下不可以辰嬴自累。乃止。

册府元龜捌陸陸總録部貴盛門略云：

楊恭仁爲雍州都督，從侄女爲巢剌王妃。

新唐書捌拾鬱林王恪傳云：

其母隋煬帝女，地親望高，中外所向。帝（太宗）初以晋王（高宗）爲太子，又欲立恪，長孫無忌固争，帝曰：公豈以非己甥邪？且兒英果類我，若保護舅氏，未可知。無忌曰：晋王仁厚，守文之良主，且舉棋不定則敗，况儲位乎？帝乃止。故無忌常惡之。永徽中，房遺愛謀反，因遂誅恪，以絶天下望。

寅恪案，太宗深惡山東士族，故施行壓抑七姓十家之政策。張行成傳所謂「山東人」乃指山東之士族階級，非其他不屬於高等門族之文人及一般庶民，至若山東武人，如隋末唐初間所謂「山東豪杰」者，則尤爲太宗所特别籠絡之集團，固不當於宴集朝臣時公然有所軒輕也。元吉之妃楊氏，楊隋宗室之女。鬱林王恪以母爲隋煬帝女之故，太宗竟欲使其承繼皇位，則重視楊氏可知，蓋太宗之婚姻觀念不僅同於關中人之尚冠冕，兼具代北人之尚貴戚矣。若更由此推論，曹王明之母必不止以色見寵，當與鬱林王恪母同出一源，否則無作皇后之資格。世之讀史者頗怪陳、隋覆滅以後，其子孫猶能貴顯於新朝，不以亡國之餘而見廢棄者，則未解隋、唐皇室同爲關隴胡漢之集團，其婚姻觀念自應同具代北之特性也。房玄齡、魏徵、徐世勣三人其社會階級雖不相同，然皆是山東人，故違反太宗之政策，而與山東士族爲婚，此則地域分别與婚姻觀念其關係密切如此，可以推見。而李唐皇室初期婚姻之觀念及其婚姻締構之實況必帶有深重之地域色彩，即關中地方性，又可證明矣。

高儉傳言「王妃、主婿皆取當世勳貴名臣家，未嘗尚山東舊族」。今王妃氏族不易詳考，但取高祖、太宗、高宗、中宗諸女之夫婿姓名觀之，可以知唐皇室之婚姻觀念實自武曌後而一變也。所謂變者，即自武后以山東寒族加入李唐皇室系統後，李唐皇室之婚姻關係經武氏之牽混組織，遂成爲一牢固集團，宰制世局，達百餘年之久。兹爲簡便計，僅擇録高宗及中宗諸女夫婿姓名之有關者於後，亦可窺見其變遷之一斑也。

唐會要陸公主門略云：

高宗女鎮國太平降薛紹，後降武攸暨。中宗女新都降武延暉。定安降王同皎，後降韋濯，成安降韋捷。

三降崔銑。長寧降楊慎交，後降蘇彦伯。永壽降韋鐬。永泰降武延基。安樂降武崇訓，後降武延秀。

武曌之家族其淵源不易考知，但就新唐書柒肆上宰相世系表武氏條所載，其族人數不多，可推知其非山東之大族。又據僞托柳宗元著龍城録所記武后先世武居常事（武居常有身後名條），復可推知其非山東之高門，蓋龍城録雖非子厚之作，其所記武氏事當亦源出唐代民間舊傳也。至武曌父士彠之事迹實亦難確考，誠如舊唐書伍捌武士彠傳論所云：

武士彠首參起義，例封功臣，無戡難之勞，有因人之迹，載窺他傳，過爲褒詞，慮當武后之朝，佞出敬宗之筆，凡涉虚美，削而不書。

者也。據太平廣記壹叁柒徵應類武士彠條所云：

唐武士彠，太原文水縣人。微時，與邑人許文寶以鬻材爲事，常聚材木數萬莖，一旦化爲叢林森茂，因致大富。士彠與文寶讀書林下，自稱爲厚材，文寶自稱枯木，私言必當大貴。

及高祖起義兵，以鎧冑從入關，故鄉人云：士彠以鬻材之故，果逢搆夏之秋。及士彠貴達，文寶依之，位終刺史。（出太原事迹）

則知士彠本一商販寒人，以投機致富，其非高門，尤爲明證。廣記此條源出武氏鄉里所傳，其中神話部分固不可信，但士彠本來面目實是如此，要自不誣也。更就史傳考之，益知武氏非山東士族。據新唐書貳佰陸外戚傳武士彠傳（參舊唐書伍捌武士彠及同書壹捌叁外戚傳武承嗣傳）略云：

武士彠字信，世殖貲，喜交結。高祖嘗領屯汾晉，休其家，因被顧接。後留守太原，引爲行軍司鎧參軍。兵起，士彠不與謀也。以大將軍府鎧曹參軍從平京師。自言嘗夢帝騎而上天，帝笑曰：爾故王威黨也，以能罷繫劉弘基等，其意可録，且嘗禮我，故酬汝以官。今胡迂妄媚我邪？始士彠娶相里氏，生子元慶元爽，又娶楊氏，生三女，元女妻賀蘭氏，早寡，季女妻郭氏，不顯。士彠卒後，諸子事楊不盡禮，銜之。〔武〕后立，封楊代國夫人，進爲榮國，后姊韓國夫人。韓國有女在宫中，帝（高宗）尤愛幸。后欲并殺之，即導帝幸其母所，〔后兄子〕惟良等上食，后寘菫焉，賀蘭食之，暴死。后歸罪惟良等，誅之，諷有司改姓蝮氏，絶屬籍，元爽緣坐死，家屬投嶺外。后取賀蘭敏之爲士彠後，賜氏武，襲封。敏之韶秀自喜，烝於榮國，挾所愛，佻横多過失。榮國卒，后出珍幣，建佛廬徼福，敏之乾匿自用。司衛少卿楊思儉女選爲太子妃，告婚期矣，敏之聞其美，彊私焉。楊喪未畢，褫衰粗，奏音樂。太平公主往來外家，宫人從者，敏之悉逼亂之。后疊數怒，至此暴其惡，流雷州，表復故姓，道中自經死。乃還元爽之子承嗣，奉士彠後，宗屬悉原。

寅恪案，武氏一家所爲如此，其非夙重閨門禮法之山東士族，不待詳論。頗可笑者，武后以賀蘭敏之爲士彠後，與晋賈充之以外孫韓謐爲後者（見晋書肆拾賈充傳）事極相類。賈氏之先嘗爲市魁（見晋書伍拾庾純傳），而武士彠亦是投機之木材商，豈所謂淵源氣類相似，其家庭所爲復更相同耶？士彠一生事迹至不足道，唯有一點殊可注意，即娶楊氏女爲繼妻一事。

據新唐書壹佰楊執柔傳略云：

武后母，即恭仁叔父達之女。及臨朝，武承嗣、攸寧相繼用事。后曰：要欲我家及外氏常一人爲宰相。乃以執柔同中書門下三品。又以武后外家尊寵，凡尚主者三人，女爲王妃五人。

册府元龜捌伍叁總録部姻好門云：

武士彠武德中簡較右厢宿衛，既喪妻，高祖謂士彠曰：朕自爲卿更擇嘉偶，隨曰：有納言楊達英才冠絶，奕葉親賢，今有女，志行賢明，可以輔德，遂令桂楊公主與楊家作婚，主降敕結親，庶事官給。

然則武曌母乃隋觀王雄之侄女（見新唐書宰相世系表楊氏觀王房條），楊雄雖非隋皇室直系，但位望甚重。武士彠在隋世乃一富商，必無與觀王雄家聯姻之資格。其娶楊氏在隋亡以後，蓋士彠以新朝貴顯娶舊日宗室，藉之增高其社會地位，此當時風俗所使然，無足怪也。史言太宗聞武曌之美乃召入宮（見新唐書肆則天順聖武皇后紀及通鑒壹玖伍貞觀十一年武士彠女年十四入宮條），鄙意則天之美固不待論，然以太宗重視楊氏之心理推之，恐不得不與榮國夫人爲楊雄侄女有關也。武曌既非出自山東士族，其家又不屬關隴集團，但以母爲隋楊宗室之故，遂亦可備宮闈下陳之選，至若徑立爲皇后，則尚無此資格。當高宗廢王皇后立武昭儀之時，朝臣贊否不一，然詳察兩派之主張，則知此事非僅宮闈后妃之爭，實爲政治上社會上關隴集團與山東集團决勝負之一大關鍵，今取有關史料，略加詮釋，亦足證明鄙説也。

舊唐書伍壹后妃上高宗廢皇后王氏傳略云：

> 高宗廢后王氏，并州祁人也。父仁祐，貞觀中羅山令。同安長公主即后之從祖母也，公主以后有美色，言於太宗，遂納爲晋王妃。永徽初，立爲皇后。母柳氏求巫祝厭勝，事發，帝大怒，斷柳氏不許入宮中，后舅中書令柳奭罷知政事，并將廢后，長孫無忌、褚遂良等固諫，乃止。俄又納李義府之策，永徽六年十月，廢后及蕭良娣皆爲庶人。武后令人杖庶人及蕭氏各一百，截去手足，投於酒甕中，數日而卒。後則天頻見王、蕭二庶人披髮瀝血，如死時狀，武后惡之，禱以巫祝，又移居蓬萊宮，復見，故多在東都。

新唐書捌壹燕王忠傳略云：

帝（高宗）始爲太子而忠生。永徽初，拜雍州牧。王皇后無子，后舅柳奭説后，以忠母〔後宮劉氏〕微，立之必親己，后然之，請於帝，又奭與褚遂良、韓瑗、長孫無忌、于志寧等繼請，遂立爲皇太子。后廢，武后子弘甫三歲，許敬宗希后旨，建言：國有正嫡，太子宜同漢劉彊故事。帝召見敬宗曰：立嫡若何？對曰：東宮所出微，今知有正嫡，不自安，竊位而不自安，非社稷計。於是降封梁王，〔後〕廢爲庶人，囚黔州承乾故宅。麟德初，宦者王伏勝得罪於武后，敬宗乃誣忠及上官儀與伏勝謀反，賜死。

寅恪案，王皇后本唐皇室舊姻，且其外家柳氏亦是關中郡姓，故爲關隴集團所支持，欲藉以更鞏固其政治之勢力也。燕王忠之爲太子亦爲關隴集團政治上之策略，高宗廢黜王皇后并燕王忠之儲位，而改立山東寒族之武氏及立其子爲太子，此爲關隴集團所萬不能容忍者，長孫無忌等之力争實以關係重大之故，非止皇室之家事而已也。至褚遂良、許敬宗等忠姦不同，然俱屬來自南朝之系統。此系統之人物不論其先世在晉過江前或後爲何地域之人，但北朝平滅南朝以後，此等人乃屬俘虜家臣性質，絶無獨立資格，非若山東士族北齊亡後仍保有地方勢力者可比，是以遂良可視爲關隴集團之附屬品，而敬宗則又以姦諂之故，傾向於出身山東地域之武氏也。明乎此，則詳悉分析贊成與反對立武氏爲后兩方出身之籍貫，於當時政治社會及地域集團之競争，其關鍵所在更可以瞭然矣。

兹先移録反對方面之記載於下：

册府元龜叁貳柒宰輔部諫静門（參舊唐書捌拾，新唐書壹佰伍褚遂良傳）略云：

〔唐高宗永徽〕六年，高宗將廢王皇后，帝退朝後，於别殿召太尉長孫無忌、司空李勣、左僕射于志寧及〔褚〕遂良，勣稱疾不至。無忌等將入，遂良曰：今者多議中宫事，遂良欲諫何如？無忌曰：公但極言，無忌請繼焉。及入，高宗難發於言，再三顧謂無忌曰：莫大之罪無過絶嗣，皇后無子，今當廢，立武士彠女如何？遂良進曰：皇后是先帝爲陛下所娶，伏奉先帝，無僭婦德。先帝不豫，親執陛下手，以語臣曰：我好兒好新婦今以付卿。陛下親承德音，言猶在耳，皇后自此未聞有失，恐不可廢。帝不悦而罷。翌日，又言之，遂良曰：陛下必欲易皇后，伏請妙擇天下令族，何必要在武氏？且武昭儀經事先帝，衆所共知，陛下豈可蔽天下耳目，伏願再三思審。帝大怒，命引出之。昭儀在簾中大言曰：何不撲殺之。

舊唐書捌拾韓瑗傳略云：

韓瑗，雍州三原人也。〔永徽〕四年，與來濟皆同中書門下三品。六年，遷侍中。時高宗欲廢王皇后，瑗涕泣諫，帝不納。尚書左僕射褚遂良以忤旨左授潭州都督，瑗復上疏理之，帝竟不納。顯慶二年，許敬宗、李義府希皇后之旨，誣奏瑗與褚遂良潛謀不軌，左授瑗振州刺史，四年，卒官。

同書同卷來濟傳略云：

來濟，揚州江都人。永徽二年，拜中書侍郎。四年，同中書門下三品。六年，遷中書令、檢校吏部尚書。時高宗欲立昭儀武氏爲宸妃，濟密表諫。武皇后既立，濟等懼不自安，后乃抗表稱濟忠公，請加賞慰，而心實惡之。〔顯慶〕二年，許敬宗等奏濟與褚遂良朋黨搆扇，左授台州刺史。五年，徙庭州刺史。龍朔二年，突厥入寇，濟總兵拒之，謂其衆曰：吾嘗挂刑網，蒙赦性命，當以身塞責。遂不釋甲胄赴賊，没於陣。

同書同卷上官儀傳略云：

上官儀，本陝州陝人也。父弘，隋江都宫副監，因家於江都。龍朔二年，〔爲〕西臺侍郎、同東西臺三品。麟德元年，宦者王伏勝與梁王忠抵罪，許敬宗乃搆儀與忠通謀，遂下獄而死。

寅恪案，高宗將立武曌爲皇后時，所與決策之四大臣中，長孫無忌、于志寧、褚遂良三人屬於關隴集團，故爲反對派，徐世勣一人則爲山東地域之代表（見拙著嶺南學報第壹貳卷第壹期論隋末唐初所謂「山東豪杰」），故爲贊成派，至韓瑗、來濟、上官儀等之爲反對派者，亦由屬於關隴集團之故，一考諸人出身籍貫即可證明，不待詳論也。

兹復移録贊成方面之記載於下：

冊府元龜叁叁陸宰輔部依違門云：

唐李勣爲太尉，高宗欲廢王皇后，立武昭儀，韓瑗、來濟諫，皆不納。勣密奏曰：此是陛下家事，何須問外人。意乃定。

舊唐書柒柒崔義玄傳略云：

崔義玄，貝州武城人也。高宗之立皇后武氏，義玄協贊其謀。

同書捌貳許敬宗傳略云：

許敬宗，杭州新城人，隋禮部侍郎善心子也。高宗將廢皇后王氏而立武昭儀，敬宗特贊成其計。

同書同卷李義府傳略云：

李義府，瀛州饒陽人也，其祖爲梓州射洪縣丞，因家於永泰。高宗將立武昭儀爲皇后，義府嘗密申協贊。

寅恪案，崔、許、李等雖贊成立武曌爲皇后，然其位望決非徐世勣之比，故武氏之得立，其主要原因實在世勣之贊助，其對高宗之言舊史以爲「依違」，其實乃積極之贊成也。蓋當時無人不知高宗之欲立武氏爲后，但此事不能不取决於四大臣，世勣不施用否决權，而取棄權之方略，則與積極贊成何异？世勣在當時爲軍事力量之代表，高宗既得此助，自可不顧元舅無忌等關隴集團之反對，悍然行之。然則武曌之得立爲皇后乃決定於世勣之一言，而世勣所以不附和關隴集團者，則以武氏與己身同屬山東系統，自可不必反對也。

舊唐書陸則天皇后紀云：

則天皇后武氏諱曌，并州文水人也。父士彠，隋大業末爲鷹揚府隊正，高祖行軍於汾晋，每休止其家。義旗初起，從平京城。貞觀中，累遷工部尚書、荆州都督，封應國公。初，則天年十四，時太宗聞其美容止，召入宫，立爲才人。及太宗崩，遂爲尼，居感業寺。大帝於寺見之，復召入宫，拜昭儀。時皇后王氏、良娣蕭氏頻與武昭儀爭寵，互讒毁之，帝皆不納，進號宸妃。永徽六年，廢王皇后而立武宸妃爲皇后，高宗稱天皇，武后亦稱天后。后素多智計，兼涉文史。帝自顯慶已後，多苦風疾，百司表奏皆委天后詳決，自此内輔國政數十年，威勢與帝無异，當時稱爲二聖。

通鑑貳佰唐高宗永徽六年冬十月乙卯條云：

百官上表請立中宫，乃下詔曰：武氏門著勳庸，地華纓黻，往以才行選入後庭。朕昔在儲貳，特荷先慈，常得侍從，弗離朝夕，宫壼之内，恒自飭躬，嬪嫱之間，未曾迕目，聖情鑒悉，每垂賞嘆，遂以武氏賜朕，事同政君。可立爲皇后。

寅恪案，高宗此詔以武曌比於西漢「配元生成」之王政君，姦佞詞臣之文筆固不可謂不妙，然欲蓋彌彰，事極可笑，此文所不欲詳及者也。此文所欲喚起讀史者注意之一點，即此詔之發佈在吾國中古史上爲一轉捩點，蓋西魏宇文泰所創立之系統至此而改易，宇文氏當日之狹隘局面已不適應唐代大帝國之情勢，太宗以不世出之英杰，猶不免牽制於傳統之範圍，而有所拘忌，武曌則以關隴集團外之山東寒族，一旦攫取政權，久居洛陽，轉移全國重心於山東，重進士詞科之選舉，拔取人材，遂破壞南北朝之貴族階級，運輸東南之財賦，以充實國防之力量諸端，（可參拙著唐代政治史述論稿及隋唐制度淵源略論稿有關諸章。）皆吾國社會經濟史上重大之措施，而開啓後數百年以至千年後之世局者也。然此諸端軼出本文範圍，可置不論，但就世人所喜言之武曌男寵私德一事略論之，以祛迷惑而資譚助於下：

李義山文集肆紀宜都内人事云：

武后篡既久，頗放縱，耽内習，不敬宗廟，四方日有叛逆，防豫不暇。宜都内人以唾壺進，思有以諫者。后坐帷下，倚檀机，與語。問四方事，宜都内人曰：大家知古女卑於男耶？后曰：知。内人曰：古有女媧，亦不正是天子，佐伏羲理九州耳。後世孃姥有越出房閤斷天下事者，皆不得其正，多是輔昏主，不然，抱小兒。獨大家革天姓，改去釵釧，襲服冠冕，符瑞日至，大臣不敢動，真天子也。（中略）大家始今日能屏去男妾，獨立天下，則陽之剛亢明烈可有矣。如是過萬萬世，男子益削，女子益專，妾之願在此。后雖不能盡用，然即日下令誅作明堂者（寅恪案，此指薛懷義）。

舊唐書柒捌張行成傳附易之傳云：

天后令選美少年爲左右奉宸供奉。右補闕朱敬則諫曰：臣聞志不可滿，樂不可極。嗜慾之情，愚智皆同，賢者能節之，不使過度，則前聖格言也。陛下内寵，已有薛懷義、張易之、昌宗，固應足矣。近聞尚舍奉御柳謨自言子良賓潔白美鬚眉，左監門衛長史侯詳云：陽道壯偉，過於薛懷義，專欲自進，堪奉宸内供奉。無禮無儀，溢於朝聽。臣愚職在諫諍，不敢不奏。則天勞之曰：非卿直言，朕不知此。賜綵百段。

據此，讀史者須知武曌乃皇帝或女主，而非太后，既非太后，而是皇帝，則皇帝應具備之禮制，武曌亦當備有之，區區易之、昌宗、懷義等男寵，較之唐代之皇帝後宮人數猶爲寡少也。否則朱敬則何以能昌言無忌諱，而武曌又何以公加賞慰，不自愧耻耶？世人又有疑武曌年事已高，何必畜此輩者，乃以史言爲過甚，殊不知賀蘭敏之亦且上烝其外祖母，亦即其祖母榮國夫人楊氏，計當時榮國之年齡必已五六十歲。榮國爲武后之生母，以此例之，則武后所爲何容置疑？且朱敬則疏申明言陽道壯偉是其碻證，此事頗涉猥褻，不宜多及，然世之通達古今風俗變遷者，自可捐棄其拘墟之見也。

武后掌握政權，固不少重大過失，然在歷史上實有進步之意義，蓋北朝之局勢由此而一變也。今以本文之限制，不能涉及其社會經濟上之重大措施，止就武曌於政治方面最重要者，如混合李、武兩家及維持其政治勢力甚久之故兩端論之如下：

舊唐書陸則天皇后紀云：

〔聖曆二年〕七月，上以春秋高，慮皇太子、相王與梁王武三思、定王武攸寧等不協，令立誓文於明堂。

大唐新語壹匡贊篇略云：

〔吉〕項曰：水土各一盆，有競乎？則天曰：無。項曰：和之爲泥，有競乎？則天曰：無。項曰：分泥爲佛，爲天尊，有競乎？則天曰：有。項曰：臣亦以爲有。竊以皇族外戚各有區分，豈不兩安全耶？今陛下貴賤是非於其間，則居必競之地。今皇太子萬福，而三思等久已封建，陛下何以和之？臣知兩不安矣。項與張昌宗同供奉控鶴府，昌宗以貴寵，懼不全，計於項。項曰：天下思唐德久矣，主上春秋高，武氏諸王殊非所屬意，公何不從容請復相王、廬陵，以慰生人之望？昌宗乃乘間屢言之。幾一歲，則天意乃易，既知項之謀，乃召項問。項對曰：廬陵、相王皆陛下子，高宗初顧托於陛下，當有所注意。乃迎中宗。其興復唐室，項有力焉。睿宗登極，下詔曰：曩時王命中圮，人謀未輯，首陳反正之議，克創祈天之業，永懷忠烈，寧忘厥勳，可贈御史大夫。

寅恪案，武曌以己身所生之李氏子孫與武氏近親混合爲一體，觀前所引唐會要公主門所載，亦是一例，此吉頊所謂水土和爲泥者也。明乎此，則知神龍之復辟不能徹底，亦不必徹底，雖以狄仁杰之忠義，止可采用温和手段，張柬之等亦止能誣指張易之、昌宗爲謀逆，挾持中宗以成事，而中宗後覺其有貪功迫母之嫌，柬之等遂初爲功臣後作罪人也。據新唐書壹壹伍狄仁杰傳（參舊唐書捌玖狄仁杰傳、新唐書壹貳拾張柬之傳）略云：

張易之嘗從容問自安計，仁杰曰：惟勸迎盧陵王可以免禍。會后欲以武三思爲太子，以問宰相，衆莫敢對。仁杰曰：臣觀天人，未厭唐德。今欲繼統，非盧陵王莫可。后怒，罷議。久之，召謂曰：朕數夢雙陸不勝，何也？於是，仁杰與王方慶俱在，二人同辭對曰：雙陸不勝，無子也。天其意者以儆陛下乎？且太子，天下本，本一摇，天下危矣。文皇帝身蹈鋒鏑，勤勞而有天下，傳之子孫。先帝寢疾，詔陛下監國。陛下掩神器而取之，十有餘年，又欲以三思爲後。且姑侄與母子孰親？陛下立盧陵王，則千秋萬歲後常享宗廟，三思立，廟不祔姑。后感悟，即日遣徐彦伯迎盧陵王於房州。王至，后匿王帳中，召見仁杰，語盧陵事。仁杰敷請切至，涕下不能止。后乃使王出曰：還爾太子。仁杰降拜頓首曰：太子歸，未有知者，人言紛紛，何所信？后然之，更令太子舍龍門，具禮迎還，中外大悦。初，吉頊、李昭德數請還太子，而后意不回，唯仁杰每以母子天性爲言，后雖忮忍，不能無感，故卒復唐嗣。仁杰所薦進，若張柬之、桓彦範、敬暉、姚崇等，皆爲中興名臣。

舊唐書玖壹桓彦範傳（新唐書壹貳拾桓彦範傳同，并參舊唐書壹捌柒上，新唐書壹玖壹忠義傳王同皎傳）略云：

〔張〕柬之遽引彦範及〔敬〕暉并爲左右羽林將軍，委以禁兵，共圖其事。時皇太子每於北門起居，彦範與暉因得謁見，密陳其計，太子從之。神龍元年正月，彦範與敬暉及左羽林將軍李湛、李多祚、右羽林將軍楊元琰、左威衛將軍薛思行等，率左右羽林兵及千騎五百餘人，討〔張〕易之、昌宗於宫中，令李湛、李多祚就東宫迎皇太子，兵至玄武門，彦範等奉太子斬關而入。時則天在迎仙宫之集仙殿。斬易之、昌宗於廊下。明日，太子即位。

舊唐書壹佰玖李多祚傳（新唐書壹壹拾李多祚傳同）略云：

李多祚，代爲靺鞨酋長。少以軍功歷位右羽林軍大將軍，前後掌禁兵，北門宿衛二十餘年。神龍初，張柬之將誅張易之兄弟，引多祚籌其事，謂曰：將軍在北門幾年？曰：三十年矣。柬之曰：將軍位極武臣，豈非大帝之恩乎？曰：然。又曰：既感大帝殊澤，能有報乎？大帝之子見在東宫，逆竪張易之兄弟擅權，朝夕危逼。誠能報恩，正屬今日。多祚曰：苟緣王室，唯相公所使。遂與柬之等定謀誅易之兄弟。

舊唐書壹捌陸上酷吏傳吉頊傳略云：

初，中宗未立爲皇太子時，〔張〕易之、昌宗嘗密問頊自安之策。頊云：公兄弟承恩既深，非有大功於天下，則不全矣。今天下士庶感思李家，廬陵既在房州，相王又在幽閉，主上春秋既高，須有付托。武氏諸王，殊非屬意。明公若能從容請建立廬陵及相王，以副生人之望，豈止轉禍爲福，必長享茅土之重矣。易之然其言，遂承間奏請。則天知頊首謀，召而問之。頊曰：廬陵王及相王，皆陛下之子，先帝顧托於陛下，當有主意，唯陛下裁之。則天意乃定。頊既得罪，時無知者。睿宗即位，左右發明其事，乃下制贈左御史臺大夫。

通鑒貳壹陸玄宗天寶九載十月條（參新唐書壹佰肆張行成傳附易之傳）云：

楊釗，張易之之甥也，奏乞昭雪易之兄弟。庚辰，制引易之兄弟迎中宗於房陵之功，復其官爵，仍賜一子官。釗以圖讖有金刀，請更名。上賜名國忠。

通鑒貳佰捌唐中宗神龍元年五月以侍中敬暉爲平陽王條考异云：

統紀曰：太后善自粉飾，雖子孫在側，不覺其衰老。及在上陽宫，不復櫛纇，形容羸悴。上入見，大驚。太后泣曰：我自房陵迎汝來，固以天下授汝矣，而五賊貪功，驚我至此。上悲泣不自勝，伏地拜謝死罪。由是三思等得入其謀。按，中宗頑鄙不仁，太后雖毁容涕泣，未必能感動移其志，其所以疏忌五王，自用韋后、三思之言耳。今不取。

寅恪案，中宗之復辟實由張易之之力，睿、玄兩朝制詔可爲明證，五王貪功之譏恐難自解，故武后一言，而中宗頓悟，温公作史，轉不置信，殊失是非之公，不可從也。至李多祚本爲武人，出自外族，忠而無識，易於受欺，可爲嘆息。總之，在李、武集團混合已成之後，當時謀復唐室者捨用狄仁杰解鈴者即繫鈴者之策略外，別無他途，而最有資格進言於武后之人亦捨張易之等外，更別無他輩，此當日事勢所必致，然讀史者多忽視之，故特爲標出如此。

茲請續論武后政治勢力所以久而不衰之故，蓋混合李、武兩家爲一體，已令忠於李者亦甚難不忠於武矣。又拔取人才，使甚感激，爲之効力，當日中國捨此輩才智之士外，別無其他可用之人，此輩才智之士得用於世，則感其知賞之殊遇，而武氏之政治勢力亦因得以延長也。

李相國論事集陸上言須惜官條（參新唐書壹伍貳李絳傳）云：

天后朝命官猥多，當時有車載斗量之語，及開元中，致朝廷赫赫有名望事績者，多是天后所進之人。

舊唐書壹叁玖陸贄傳（參陸宣公奏議）略云：

贄論奏曰：往者則天太后踐祚臨朝，欲收人心，尤務拔擢，弘委任之意，開汲引之門，進用不疑，求訪無倦，非但人得薦士，亦許自舉其才。所薦必行，所舉輒試，其於選士之道，豈不傷於容易哉！而課責既嚴，進退皆速，不肖者旋黜，才能者驟升，是以當代謂知人之明，累朝賴多士之用。此乃近於求才貴廣，考課貴精之効也。

新唐書壹貳肆姚崇傳（參舊唐書玖陸姚崇傳）略云：

張易之私有請於崇，崇不納，易之譖於〔武〕后，降司僕卿，猶同鳳閣鸞臺三品。出爲靈武道大總管。張柬之等謀誅二張（易之、昌宗），崇適自屯所還，遂參計議。以功封梁縣侯。后遷上陽宫，中宗率百官起居，王公更相慶，崇獨流涕。柬之等曰：今豈涕泣時邪？恐公禍由此始。崇曰：比與討逆，不足以語功。然事天后久，違舊主而泣，人臣終節也，由此獲罪，甘心焉。俄爲亳州刺史。後五王被害，而崇獨免。張説以素憾，諷趙彦昭劾崇，及當國，説懼，潛詣岐王〔範〕申款。崇它日朝，衆趨出，崇曳踵爲有疾狀。帝（玄宗）召問之，對曰：臣損足。曰：無甚痛乎？曰：臣心有憂，痛不在足。問以故，曰：岐王陛下愛弟，張説輔臣，而密乘車出入王家，恐爲所誤，故憂之。於是出説相州。

據此，武氏之政治勢力至玄宗朝而不稍衰歇，姚崇、張説雖爲政敵，然皆武氏之黨，不過有派別之分耳，李絳、陸贄之言殊可信也。

武曌所組織之統治集團内既有派别，則自中宗神龍初至玄宗先天末，其間唐代中央數次政變之情勢可以瞭然。韋后、安樂公主等一派與太平公主、玄宗等一派相争，前派敗而後派勝，此固武曌組織之大集團内派别之争也。即太平公主等與玄宗等之争，則此一派中又分爲兩派，自相競争，而有勝敗也。其分别雖多，要爲此大集團内之競争。至若重俊之舉兵，乃以局外之孤軍，而與此大集團決鬥，强弱懸殊，宜其失敗也。

兹引有關史料於下：

叁、舊唐書伍壹后妃傳上中宗韋庶人傳（新唐書柒陸后妃傳上韋皇后傳同，并參考舊唐書壹捌新唐書貳佰陸外戚傳韋温傳）略云：

時侍中敬暉謀去諸武，武三思患之，乃結上官氏以爲援，因得幸於后，潛入宫中謀議。於是三思驕横用事，敬暉、王同皎相次夷滅，天下咸歸咎於后。帝（中宗）遇毒暴崩，后懼，秘不發喪，定策立温王重茂爲皇太子，召諸府兵五萬人屯京城，分爲左右營，然後發喪。少帝即位，尊后爲皇太后，臨朝攝政，韋温總知内外兵馬，守援宫掖，駙馬韋捷、韋濯分掌左右屯營，武延秀及温從子播、族弟璿、外甥高嵩共典左右羽林軍及飛騎、萬騎。播、璿欲先樹威嚴，拜官日先鞭萬騎數人，衆皆怨，不爲之用。臨淄王（玄宗）率薛崇簡、鍾紹京、劉幽求領萬騎入自玄武門，至左羽林軍，斬將軍韋璿、韋播及中郎將高嵩於寢帳，遂斬關而入，至太極殿。后惶駭遁入殿前飛騎營，爲亂兵所殺。

同書捌陸節愍太子重俊傳（新唐書捌壹節愍太子重俊傳同）略云：

時武三思得幸中宫，深忌重俊。三思子崇訓尚安樂公主，常教公主凌忽重俊，以其非韋氏所生，常呼之爲奴。或勸公主請廢重俊爲王，自立爲皇太女，重俊不勝忿恨。〔神龍〕三年七月，〔重俊〕率左羽林大將軍李多祚等矯制發左右羽林兵及千騎三百餘人，殺〔武〕三思及〔武〕崇訓於其第。又令左金吾大將軍成王千里分兵守宮城諸門，自率兵趨肅章門，斬關而入，求韋庶人及安樂公主所在。韋庶人及安樂公主遽擁帝（中宗）馳赴玄武門樓，召左羽林將軍劉景仁等，令率留軍飛騎及百餘人於樓下列守。俄而多祚等兵至，欲突玄武門樓，宿衛者拒之，不得進。帝據檻呼多祚等所將千騎，謂曰：汝等并是我爪牙，何故作逆？若能歸順，斬多祚等，與汝富貴。於是千騎王歡喜等倒戈，斬多祚等於樓下，餘黨遂潰散。

新唐書捌叁諸公主傳略云：

安樂公主，〔中宗〕最幼女。〔韋后所生，〕后尤愛之。下嫁武崇訓。帝（中宗）復位，光艷動天下，侯王柄臣多出其門。請爲皇太女，左僕射魏元忠諫不可。主曰：元忠，山東木强，烏足論國事？「阿武子」尚爲天子，天子女有不可乎？崇訓死。主素與武延秀亂，即嫁之。

臨淄王（玄宗）誅〔韋〕庶人，主方覽鏡作眉，聞亂，走至右延明門，兵及，斬其首。

又略云：

太平公主，則天皇后所生。帝（高宗）擇薛紹尚之。紹死，更嫁武承嗣，會承嗣小疾，罷婚，后殺武攸暨妻，以配主。韋后、上官昭容用事，自以謀出主下遠甚，憚之。玄宗將誅韋氏，主與秘計，遣子崇簡從。事定，將立相王，未有以發其端者。主乃入見〔温〕王曰：

天下事歸相王（睿宗），此非兒所坐。乃掖王下，取乘輿服進睿宗。睿宗即位，主權由此震天下。玄宗以太子監國，使宋王〔憲〕、岐王〔範〕總禁兵。主恚權分，乘輦至光範門，召宰相，白廢太子。時宰相七人，五出主門下。又左羽林大將軍常元楷、知羽林軍李慈皆私謁主。主內忌太子明，又宰相皆其黨，乃有逆謀。太子得其姦，前一日，率高力士叩虔化門，梟元楷、慈於北闕下，執〔宰相岑〕羲、〔蕭〕至忠至朝堂，斬之。主聞變，亡入南山，三日乃出，賜死於第。

舊唐書捌玄宗紀上（新唐書伍玄宗紀及通鑑貳佰玖景雲元年六月條同）略云：

〔唐隆元年六月〕庚子夜，〔上〕率〔劉〕幽求等數十人自苑南入，總監鍾紹京又率丁匠百餘以從。分遣萬騎往玄武門，殺羽林將軍韋播、高嵩，持首而至，衆歡叫大集。攻白獸、玄德等門，斬關而進，左萬騎自左入，右萬騎自右入，合於淩煙殿前。時太極殿前有宿衛梓宮萬騎，聞譟聲，皆披甲應之。韋庶人惶惑走入飛騎營，爲亂兵所害。

同書壹佰陸王毛仲傳（新唐書壹貳壹王毛仲傳同）云：

〔景龍〕四年六月，中宗遇弒，韋后稱制，令韋播、高嵩爲羽林將軍，令押千騎營（寅恪案，通鑑「千」作「萬」，是，蓋中宗已改千騎爲萬騎矣，温公之精密有如是者），榜箠以取威。其營長葛福順、陳玄禮等相與見玄宗訴冤，會玄宗已與劉幽求、麻嗣宗、薛崇簡等謀舉大計，相顧益歡，令幽求諷之，皆願決死從命。及二十日夜，玄宗入苑中。乙夜，福順等至，玄宗曰：與公等除大逆，安社稷，各取富貴，在於俄頃，何以取信？福順等請號而行，斯須斬韋播、韋璿、高嵩等頭來，玄宗舉火視之。又召鍾紹京領總監丁匠刀鋸百人至，因斬關而入，后及安樂公主等皆爲亂兵所殺。

寅恪案，韋氏在此集團内競争之失敗，其主因自在韋后、安樂公主等之無能力所致，蓋武曌拔取之人才皆不爲之用故也。韋氏敗後，當時此等人才及其他非武曌所拔取，而以趨附勢利，成爲武氏之黨者，又分屬於太平公主及玄宗兩派，玄宗派如姚崇、宋璟等較太平公主派如岑羲、蕭至忠等才略爲優，故玄宗勝而太平公主敗。然此兩派亦皆與武曌有直接或間接之關係者。其中有最可注意之人，即是高力士，此人潛身宫禁，實爲武氏政治勢力之維持者，蓋與玄宗一生之政治生活發生密切關係，殆有過於專任之宰臣或鎮將者，因文武大臣之任用止限於外朝及邊境，且任用期間亦不及力士之長久也。

玄宗政權自來分爲開元、天寶兩時期，以先天時期甚短，且此時期玄宗尚未能完全行使其政權之故。開元時如姚崇、宋璟、張説、張九齡等先後任將相，此諸人皆爲武曌所拔用，故亦皆是武氏之黨，固不待論。即天寶時最有實權之宰相，先爲李林甫，後爲楊國忠，此二人之任用實與力士有直接或間接之關係，故亦不可謂不與武氏有關係也。此武氏政治勢力自高宗初年至玄宗末年雖經神龍之復辟，而歷久不衰之主因，力士在玄宗朝其地位重要亦可以推知矣。茲引舊史及其他有關材料，略論之於下：

舊唐書壹捌肆宦官傳高力士傳略云：

內官高延福收爲假子，延福出自武三思家，力士遂往來三思第。則天召入禁中。

同書壹佰陸李林甫傳略云：

武惠妃愛傾後宮，二子壽王、盛王以母愛特見寵異，太子瑛益疏薄。林甫多與中貴人善，乃因中官干惠妃云：願保護壽王。惠妃德之。初，侍中裴光庭妻武三思女，詭譎有才略，與林甫私。中官高力士本出三思家，及光庭卒，武氏銜哀，祈於力士，請林甫代其夫位，力士未敢言。玄宗使中書令蕭嵩擇相，嵩久之以右丞韓休對，玄宗然之，乃令草詔。力士遽漏於武氏，乃令林甫白休。休既入相，甚德林甫，與嵩不和，乃薦林甫堪爲宰相，惠妃陰助之，因拜黃門侍郎。〔開元二十三年〕爲禮部尚書、同中書門下三品。

唐會要叁皇后門（參通鑑貳壹叁開元十四年上欲以武惠妃爲皇后條考異）略云：

〔玄宗貞順〕皇后武氏，恒安王攸止女。攸止卒後，后尚幼，隨例入宮。及王皇后廢，賜號惠妃，宮中禮秩一同皇后。初，〔開元〕十四年四月，侍御史潘好禮聞上欲以惠妃爲皇后，進疏諫曰：臣聞禮記曰：父母之讎不可共戴天。公羊傳曰：子不復父讎，不子也。陛下豈得欲以武氏爲國母，當何以見天下之人乎？不亦取笑於天下乎？又，惠妃再從叔三思、從父延秀等，并干亂朝綱，遞窺神器，豺狼同穴，梟獍同林。至如惡木垂陰，志士不息，盜泉飛溢，正夫莫飲，良有旨哉。伏願陛下慎擇華族之女，必在禮義之家，且惠妃本是左右執巾櫛者也，不當參立之。又見人間盛言，尚書左丞相張説自被停知政事之後，每諂附惠妃，誘盪上心，欲取立后之功，更圖入相之計。且太子本非惠妃所生，惠妃復自有子，若惠妃一登宸極，則儲位實恐不安。臣職參憲府，感激懷憤，陛下留神省察。（蘇冕駁曰：此表非潘好禮所作。且好禮，先天元年爲侍御史，開元十二年爲温州刺史致仕。表是十四年獻，而云「職參憲府」，若題年恐錯，即武惠妃先天元年始年十四，王皇后有寵未衰，張説又未爲右丞相，竟未知此表是誰獻之。）

寅恪案，李林甫爲天寶前期政治之中心人物，其所以能致是者，則由於高力士、武惠妃之助力，此亦玄宗用人行政深受武氏影響之明證，而武氏政治勢力至是猶未衰歇，可以想見也。復次，肅宗之得立爲太子當亦與武氏之黨有關。不過與當日武氏政治勢力之中心未能發生特别關係，所以皇位繼承權亦不甚穩固，後來靈武内禪之舉恐亦非得已也。據舊唐書伍貳后妃傳下玄宗元獻皇后傳（參次柳氏舊聞中第一事）略云：

玄宗元獻皇后楊氏，弘農華陰人。曾祖士達，天授中，以則天母族，追封士達爲鄭王。

后景雲元年八月，選入太子宫。時大平公主用事，尤忌東宫。宫中左右持兩端，而潛附太平者必陰伺察，事雖纖芥，皆聞於上，太子心不自安。后時方娠，太子密謂張説曰：用事者不欲吾多息胤，恐禍及此婦人，其如之何？密令説懷去胎藥而入。太子於曲室躬自煮藥，醺然似寐，夢神人覆鼎。既寤如夢，如是者三。太子异之，告説。説曰：天命也，無宜他慮。既而太平誅，后果生肅宗。開元中，肅宗爲忠王，后爲妃，又生寧親公主。張説以舊恩特承寵异，説亦奇忠王儀表，必知運曆所鍾，故寧親公主降説子垍。開元十七年后薨。

可知肅宗母爲武曌外家，張説復爲武氏之黨，此其所以終能立爲太子，而又因其關係不及武惠妃諸子與武氏關係之深切，所以雖在儲位，常危疑不安也。

天寶後期中央之政權在楊國忠之手，而國忠之進用全由於楊貴妃之專寵，此爲不待考辨之事。今所欲論者，止貴妃何以入宫之問題而已。略録有關史料於下：

新唐書柒陸后妃傳上楊貴妃傳（參舊唐書伍壹后妃傳上玄宗楊貴妃傳）略云：

玄宗貴妃楊氏，隋梁郡通守汪四世孫。徙籍蒲州，遂爲永樂人。始爲壽王妃。開元二十四（寅恪案，四應作五，詳見拙著元白詩箋證稿長恨歌章。）年，武惠妃薨，後廷無當帝意者。或言妃資質天挺，宜充掖庭，遂召内禁中，异之，即爲自出妃意者，丐籍女官，號「太真」，更爲壽王聘韋昭訓女，而太真得幸，遂專房宴，宫中號「娘子」，儀體與皇后等。天寶初，進册貴妃。

白氏長慶集壹貳長恨歌傳略云：

玄宗在位歲久，倦於旰食宵衣，政無小大始委於右丞相（李林甫），深居游宴，以聲色自娱。先是，元獻皇后、武淑妃（即武惠妃）皆有寵，相次即世，宫中雖良家子千數，無可悦目者，上心忽忽不樂。（中略）詔高力士潛搜外宫，得弘農楊玄琰女於壽邸。

楊太真外傳上（參拙著元白詩箋證稿長恨歌章）云：

開元二十二年十一月〔楊妃〕歸於壽邸。二十八年十月玄宗幸温泉宫，使高力士取楊氏女於壽邸，度爲女道士，號「太真」，住内太真宫。天寶四載七月，册左衛中郎將韋昭訓女配壽邸。是月於鳳凰園册太真宫女道士楊氏爲貴妃。

據此，楊貴妃爲武惠妃之代替人，所謂「娘子」者，即今世俗「太太」之稱，蓋以皇后視之。若貴妃死於安禄山亂前，玄宗必追贈爲皇后，如武惠妃之例也。又貴妃之入宫，乃由高力士之搜拔，觀前引后妃公主諸史料，知唐皇室之婚姻與此集團有密切關係，此集團爲武曌所組成，高力士爲武氏死黨，其所搜拔自不出於此集團之外，可以無疑。據新唐書柒壹下宰相世系表楊氏條云：

太尉震，子奉，八世孫結，二子：珍，繼，至順，徙居河中永樂。

楊貴妃即出此房，此房雖非武曌外家近屬，然就貴妃曾選爲壽王妃一點觀之，知其亦屬於此大集團，不過爲距核心較遠之外圍人物耳。世人往往以貴妃之色藝爲當時大唐帝國數千萬女性之冠，鄙意尚有疑問，但其爲此集團中色藝無雙之人，則可斷言，蓋力士搜拔之範圍原有限制，而玄宗亦爲武黨所包圍蒙蔽故也。

綜括言之，此一集團武曌創組於大帝之初，楊玉環結束於明皇之末者也。唐代自高宗至玄宗爲文治武功極盛之世，即此集團居最高統治地位之時，安禄山亂起，李唐中央政府已失統治全國之能力，而此集團之勢力亦衰竭矣。故研究唐之盛世者不可不研究此集團，特爲論述其組成及變遷之概略，以供治吾國中古史者之參考。

（原載歷史研究一九五四年第壹期）

論唐代之蕃將與府兵

唐代武功自開國至玄宗爲最盛時代。此時期之兵力可分爲蕃將及府兵兩類。其關於府兵者，寅恪已於拙著隋唐制度淵源略論稿兵制章述其概要，然止限於府兵創設及初期與後期不同諸點，其他未遑多及。至於蕃將，則世之讀史者，僅知蕃將與唐代武功有密切重要關係，而不知其前期之蕃將與後期之蕃將亦大有分别在也。今請先論李唐開國之初至玄宗時代之蕃將，玄宗後之蕃將問題，則本文姑不涉及。次論李唐開國之初至玄宗時代之府兵，而專就太宗、武后、玄宗三人關於此兩種武力組織之政策，略加論辨，或可供治唐史者之參考歟？

唐之開國，其兵力本兼府兵蕃將兩類，世人習見唐承西魏、北周、隋代之後，太宗之武功又照耀千古，遂誤認太宗之用兵其主力所在，實爲府兵，此大謬不然者也。兹舉一例，證成鄙説於下：

貞觀政要貳納諫篇略云：

右僕射封德彝等，并欲中男十八已上，簡點入軍。敕三四出，〔魏〕徵執奏，以爲不可。德彝重奏：今見簡點者云，次男内大有壯者。太宗怒，乃出敕：中男以上，雖未十八，身形壯大，亦取。徵又不從，不肯署敕。徵曰：「且比年國家衛士，不堪攻戰。豈爲其少？但爲禮遇失所，遂使人無鬥心。」

通鑑壹玖貳武德九年十二月上遣使點兵條胡注云：

唐制，民年十六爲中男，十八始成丁，二十一爲丁，充力役。

寅恪案，魏徵所謂「國家衛士」即指府兵而言。蓋府兵之制，更番宿衛，故稱之爲「衛士」也。由此可知武德之世，即李唐開國之時代，其府兵實「不堪攻戰」也。然則此時期太宗頻年用兵，内安外攘。高宗繼之，武功之盛，照耀史乘。其所用之兵，主力部分必非「不堪攻戰」之府兵。既非府兵，其主力果爲何種兵耶？治史者習知唐代之蕃將關係重要，故新唐書特爲蕃將立一專傳。兹擇其最有關者節録之，并略附舊唐書西戎傳有關之文如下：

新唐書壹壹拾諸夷蕃將傳略云：

史大奈，本西突厥特勒（勤）也。與處羅可汗入隋，事煬帝，從伐遼。後分其部於樓煩。高祖興太原，大奈提其衆隸麾下。桑顯和戰飲馬泉，諸軍却。大奈以勁騎數百，背擊顯和，破之。軍遂振。從平長安，賜姓史。從秦王平薛舉、王世充、竇建德、劉黑闥。

阿史那社爾，突厥處羅可汗之次子。〔貞觀〕十四年，以交河道行軍總管平高昌，封畢國公。從征遼東，所部奮厲，皆有功。二十一年，以崑丘道行軍大總管與契苾何力、郭孝恪、楊弘禮、李海岸等五將軍發鐵勒十三部及突厥騎十萬討龜茲。

執失思力，突厥酋長也。及討遼東，詔思力屯金山道，領突厥扞薛延陀。復從江夏王道宗破延陀餘衆。與平吐谷渾。

契苾何力，鐵勒哥論易勿施莫賀可汗之孫。〔貞觀〕九年，與李大亮、薛萬徹、萬均討吐谷渾於赤水川。十四年，爲葱山道副大總管，與討高昌，平之。永徽中，西突厥阿史那賀魯叛。詔何力爲弓月道大總管，率左武衛大將軍梁建方，統秦、成、岐、雍及燕然都護迴紇兵八萬討之。

黑齒常之，百濟西部人。儀鳳三年，從李敬玄、劉審禮擊吐蕃。調露中，吐蕃使贊婆等入寇，屯良非川。常之引精騎三千夜襲其軍，即拜河源道經略大使。凡莅軍七年，吐蕃憚畏，不敢盜邊。垂拱中，突厥復犯塞，常之率兵追擊，至兩井。賊夜遁。久之，爲燕然道大總管，與李多祚、王九言等擊突厥骨咄禄、元珍於黃花堆，破之。

李謹行，靺鞨人。父突地稽，部酋長也。隋末，率其屬千餘内附，居營州。劉黑闥叛，突地稽身到定州，上書秦王，請節度。以戰功封耆國公。徙部居昌平。高開道以突厥兵攻幽州，突地稽邀擊，敗之。貞觀初，賜氏李。

舊唐書壹玖捌吐谷渾傳略云：

貞觀九年，詔特進李靖爲西海道行軍大總管，并突厥、契苾之衆以擊之。

同書同卷高昌傳略云：

〔貞觀十四年〕太宗乃命吏部尚書侯君集爲交河道大總管，率左屯衛大將軍薛萬均及突厥、契苾之衆，步騎數萬衆以擊之。

寅恪案，觀上引史料，固知太宗以府兵「不堪攻戰」，而以蕃將爲其武力之主要部分矣。但詳繹史文，則貞觀四年破滅突厥頡利可汗之前，其蕃將如史大奈、突地稽等以外，亦未見太宗有何重用蕃將之事。然則貞觀四年以前，太宗對内對外諸戰争，究用何種兵力，以補救其「不堪攻戰」之府兵耶？寅恪嘗擬此問題之答案，即太宗未大用蕃將以前，其主要兵力實寄托於所謂「山東豪杰」集團。至「山東豪杰」與唐代初期之重要關係，寅恪已於拙著論隋末唐初所謂「山東豪杰」一文詳言之，故不贅論，讀者可取參閲也。

治唐史者習知唐之用蕃將矣。然似未能辨唐代初期即太宗、高宗之用蕃將，與後來玄宗之用蕃將有重要之區别。蓋此兩期爲唐代武功最盛時代，而蕃將又多建戰功。若籠統含混，視爲同一，則於史事之真相及太宗、玄宗之用心，皆不能了知。請舉一例以證明之。

舊唐書壹佰陸李林甫傳云：

國家武德、貞觀以來，蕃將如阿史那社爾、契苾何力，忠孝有才略，亦不專委大將之任，多以重臣領使以制之。開元中，張嘉貞、王晙、張説、蕭嵩、杜暹皆以節度使入知政事。林甫固位，志欲杜出將入相之源。嘗奏曰：文士爲將，怯當矢石，不如用寒族、蕃人。蕃人善戰有勇。寒族即無黨援。帝以爲然，乃用〔安〕思順代林甫領〔朔方節度〕使。自是高仙芝、哥舒翰皆專任大將。林甫利其不識文字，無入相由。然而禄山竟爲亂階，由專得大將之任故也。

據此，可知太宗所任之蕃將爲部落酋長，而玄宗所任之蕃將乃寒族胡人。太宗起兵太原，與突厥酋長結「香火盟」，誼同骨肉。若自突厥方面觀之，則太宗亦是與突厥同一部之酋長，所謂「特勤」之類也。此點寅恪於拙著論唐高祖稱臣於突厥事一文中詳證之，兹不贅論。太宗既任部落之酋長爲將帥，則此部落之酋長必率領其部下之胡人，同爲太宗効力。功業成後，則此酋長及其部落亦造成一種特殊勢力，如唐代中世以後藩鎮之比。至若東突厥敗亡後而又復興，至默啜遂并吞東西兩突厥之領土，而建立一大帝國，爲中國大患。歷數十年，至玄宗初期，以失政内亂，遂自崩潰。此貞觀以來任用胡族部落酋長爲將領之覆轍，宜玄宗以之爲殷鑒者也。職此之故，玄宗之重用安禄山，其主因實以其爲雜種賤胡。（詳見拙著唐代政治史述論稿上篇。）哥舒翰則其先世雖爲突厥部落酋長，然至翰之身，已不統領部落，失其酋長之資格，不异於寒族之蕃人。是以玄宗亦視之與安禄山相等，而不慮其變叛，如前此復興東突厥諸酋長之所爲也。由是言之，太宗之用蕃將，乃用此蕃將及其所統之同一部落。玄宗之用蕃將，乃用此蕃將及其統領之諸種不同之部落也。太宗、玄宗任用蕃將之類别雖不同，而有任用蕃將之必要則相等。

蕃將之所以被視爲重要者，在其部落之組織及騎射之技術。兹請先言其騎射之技術如下：

新唐書伍拾兵志略云：

唐之初起，得突厥馬二千匹，又得隋馬三千於赤岸澤，徙之隴右，監牧之制始於此。初，用太僕少卿張萬歲領群牧。自貞觀至麟德四十年間，馬七十萬六千。方其時，天下以一縑易一馬。萬歲掌馬久，恩信行於隴右。自萬歲失職，馬政頗廢。永隆中，夏州牧馬之死失者十八萬四千九百九十。開元初，國馬益耗。太常少卿姜誨乃請以空名告身市馬於六胡州，率三十匹讎一游擊將軍。命王毛仲領内外閑廄。毛仲既領閑廄，馬稍稍復，始二十四萬。至十三年，乃四十三萬。其後突厥款塞，玄宗厚撫之。歲許朔方軍西受降城爲互市，以金帛市馬，於河東、朔方、隴右牧之。既雜胡種，馬乃益壯。議謂秦、漢以來，唐馬最盛。〔天寶〕十三載，隴右群牧都使奏，馬三十二萬五千七百。安禄山以内外閑廄都使兼知樓煩監，陰選勝甲馬歸范陽，故其兵力傾天下。

寅恪案，騎馬之技術本由胡人發明。其在軍隊中有偵察敵情及衝陷敵陣兩種最大功用。實兼今日飛機、坦克二者之効力，不僅騎兵運動迅速靈便，遠勝於部卒也。中國馬種不如胡馬優良。漢武帝之求良馬，史乘記載甚詳，後世論之者亦多，兹不贅述。即就上引史料觀之，則唐代之武功亦與胡地出生之馬及漢地雜有胡種之馬有密切關係，自無待言。至弓矢之用，若不與騎馬配合，則僅能防守，而不能進攻，只可處於被動之地位，而無以發揮主動進攻之效用。故言射而不言騎，則止得軍事技術之一面。若騎射并論，自必師法胡人，改畜胡種之馬，且任胡人血統之人主持牧政。此必然之理，必致之勢。今所存唐代馬政之史料雖衆，要不出此範圍也。

至軍隊組織，則胡人小單位部落中，其酋長即父兄，任將領。其部衆即子弟，任兵卒。即本爲血胤之結合，故情誼相通，利害與共。遠較一般漢人以將領空名，而統率素不親切之士卒者爲優勝。此點以寅恪之淺陋，唯見宋吕頤浩所論，最得其要領（四庫珍本忠穆集壹上邊禦十策）。讀者可於吕文詳究之也。

玄宗所用蕃將爲寒族胡人，如安禄山等。與太宗所用蕃將爲部落酋長，如阿史那社爾等。兩者既大不相同矣。或疑寒族胡人以非酋長之故，無與之相同血胤部卒可統率，其所領士兵，亦將同於漢將所領者不异，則蕃將雖長於騎射之技，而部隊却失去組織嚴整之效，何以玄宗必用蕃人爲大將耶？應之曰，玄宗所用蕃將，其本身雖非酋長，無直接之部屬，但其人則可統率其他諸不同胡族之部落。質言之，即是一諸不同胡族部落之最高統帥。蓋玄宗時默啜帝國崩潰後，諸不同胡族之小部落紛雜散居於中國邊境，或漸入内地。安禄山以雜種胡人之故，善於撫綏諸胡種，且其武力實以同一血統之部落爲單位，如并吞阿布思之同羅部落及畜義子爲「曳落河」，即收養諸雜類勇壯之人，編成軍隊，而視爲同一血統之部落。職此之故，其人數必非寡少。通鑒貳壹陸玄宗天寶十載述安禄山收養「曳落河」八千餘人事。司馬君實於其所著考异中以養子必無八千之數，而疑姚汝能之説爲不合，則殊未解胡人部落之制也。此種方法後來安史餘黨胡化漢人田承嗣輩亦遵依之，遂創啓唐末五代之「衙兵」，或唐人小説紅綫故事中所謂「外宅男」者是也。（詳見姚汝能安禄山事迹上新唐書貳貳伍上安禄山傳及拙著唐代政治史述論稿上篇。）上述安禄山及其餘黨所爲皆足爲例證。故玄宗之用蕃將，除用其騎射之技外，更兼取其部落組織嚴整之長。此點實與太宗用蕃將之心理未嘗有别也。

太宗之時，府兵雖「不堪攻戰」，但亦未致全部廢弛之階段。太宗一方面權用蕃將，以補府兵之缺點，一方面仍竭力增加及整頓府兵，以期恢復府兵盛時之原狀。故太宗時之武功，固以蕃將部落爲主力，然太宗貞觀以後，至於玄宗之世，府兵於逐漸衰廢之過程中，仍有杰出之人才，并收攻戰之效用。觀後引史傳，可以證知也。惟唐代河北設置府兵問題爲治唐史者所亟待解决者，近時頗有不同之論，兹略述鄙見於下：

玉海壹叁捌兵制門唐府兵條引唐會要云：

關内置府二百六十一，精兵士二十六萬，舉關中之衆以臨四方。又置折衝府二百八十（此是貞觀十年事），通計舊府六百三十三。河東道府額亞於關中。河北之地，人多壯勇，故不置府。其諸道亦置。

玉海壹叁捌兵制門引鄴侯家傳云：

玄宗時，奚、契丹兩蕃强盛，數寇河北諸州，不置府兵番上，以備兩蕃。

寅恪案，鄴侯家傳無傳世完本，惟可據通鑒及玉海諸書引述者，加以論釋。雖其中頗多誤失，如言唐玄宗時禁軍已有六軍之類，寅恪亦嘗徵引前人舊説及鄙意辨正之矣。（見拙著元白詩箋證稿長恨歌章。）但關於河北初不置折衝府事，則鄙意以爲甚得當時情勢之實，雖有時代差錯，而無文字之訛誤也。近日谷霽光君於其所著唐折衝府考校補（在二十五史補編）論鄴侯家傳紀此事文字有誤，其言云：

上引一段事實，多不可通解。如「不置府兵，以備兩蕃」一句，语意不相屬，既謂之不置府兵，何云「番上」，更何云「備蕃」。此其一。兩蕃入寇，與不置府兵文義亦自相違。此其二。末又指出兵府總數，不記年代，易於混亂。此其三。綜觀全傳，不應致此。余疑「不」字乃「又」字之誤。如將「不置府兵」易爲「又置府兵」，則文義連屬，於史實亦不背謬。

寅恪案，若上引史料中「不」字果爲「又」字之誤，則新唐書叁玖地理志河北道幽州大都督府條云：

有府十四，曰吕平、涿城、德聞、路城、樂上、清化、洪源、良鄉、開福、政和、停驂、柘河、良杜、咸寧。

是此等河北道之折衝府皆非玄宗以前所設置者。但據陸增祥八瓊室金石補正肆陸本願寺僧慶善等造幢題名（第伍面下載長安三年乞留檢校令裴琳記在獲鹿本願寺）云：

應天神龍皇帝（中宗）順天翊聖皇后（韋后）幢主昭武校尉右屯衛前檀州密雲府左果毅都尉上柱國孫義元。

楊盈川集陸後周明威將軍梁公神道碑云：

天授元年九月十六日加威武將軍，守左玉鈐衛翊善府折衝都尉。

羅振玉唐折衝府考補云：

河北道懷州翊善（勞補）。

唐李經墓志：「授懷州翊善府別將。」玉案，勞氏據楊炯撰梁待賓神道碑補此府，不知何屬？據志，知屬懷州。

則知武則天、中宗之時河北道實已設置折衝府矣。唐高祖以劉黑闥重反之故，竟欲盡殺河北丁壯，以空其地（詳見拙著論隋末唐初所謂「山東豪杰」）。蓋河北之人以豪强著稱，實爲關隴集團之李唐皇室所最忌憚。故太宗雖增置兵府，而不於河北之地設置折衝府者，即因於此。此玉海引唐會要所謂「河北之地，人多壯勇，故不置府。其諸道亦置」者也。至武則天以山東寒族攫取政權之後，轉移全國之重心於洛陽，即舊唐書陸則天皇后紀所云：

〔載初二年〕七月，徙關内雍、同等七州户數十萬以實洛陽。

者是也。蓋武后以前，唐承西魏、北周、楊隋之遺業，以關隴爲本位，聚全國之武力於此西北一隅之地，藉之宰制全國，即玉海引唐會要所謂「舉關中之衆，以臨四方」者。又據唐會要捌肆移户門云：

貞觀元年朝廷議，户殷之處聽徙寬鄉。陝州刺史崔善爲上表曰：畿内之地是爲殷户，丁壯之民悉入軍府。若聽移轉，便出關外。此則虛近實遠，非經通之義。其事遂止。

寅恪案，崔善爲言「畿内之地是爲殷户，丁壯之民悉入軍府。」實深得唐初府兵設置分配之用意，故不容許移徙畿内之民户，東出關外也。今武后徙雍、同等州之民户，以實洛陽，即是將全國武力之重心自關中而移於山東。河北之地即在山東區域之内。若非武后之世，決不能有此違反唐高祖太宗以來傳統之政策。故今日所存之史料中，河北道兵府之設置，其時代在玄宗以前，武后以後，實與唐代當日之情勢相符應也。國内情勢既改，而東突厥復興，國外情勢又因之大變，此兩大原因乃促成河北自武則天後始置兵府之真相。特鄴侯家傳以之下屬玄宗之世，時代未免差錯。至其文中「不」字是否「又」字之訛誤，或字句有脱漏，恐須更待考證也。

太宗雖增加及整頓府兵，冀能一掃前此「不堪攻戰」之弊，而可不必倚賴蕃將。然在其生存之日，蓋未及收府兵之效用也。及太宗崩殂之後，府兵之效始漸表現。觀下引史料，亦足證知武后至玄宗朝，其漢人名將實與府兵有關，即可推見太宗增加及整頓府兵之心力，亦非虛捐矣。到郭子儀父子皆與折衝府有關，而子儀復由武舉出身。武舉本由武曌創設（見新唐書伍拾兵志）。此則武后用詞科進士拔選文士之外，又別設置武舉，拔選武人。其各方面搜羅人材之方策，可謂不遺餘力。斯亦治史者所不容忽視之點也。

舊唐書壹佰叁郭知運傳略云：

郭知運，瓜州常樂人。初爲秦州三度府果毅。

同書同卷張守珪傳略云：

張守珪，陝州河北人也。初以戰功授平樂府別將，再轉幽州良社府果毅。

金石萃編玖貳郭氏家廟碑云：

敬之府君（郭子儀父）始自涪州録事參軍，轉瓜州司倉，雍北府右果毅，加游擊將軍，申王府典軍，金谷府折衝。

碑陰：男。昭武校尉守絳州萬泉府折衝都尉上柱國琇，子儀武舉及第，左衛長上，改河南府城□府別將，又改同州興德府右果毅，又改汝州魯陽府折衝。

府兵之制雖漸廢弛，有關史料頗亦不少，玆無詳引之必要，止取下引史文觀之，當能得其蛻變之概要也。

舊唐書玖叁張仁愿傳云：

時突厥默啜盡衆西擊突騎施娑葛，仁愿請乘虛奪取漢（應作漠）南之地，於河北築三受降城，首尾相應，以絶其南寇之路。仁愿表留年滿鎮兵以助其功。時咸陽兵二百餘人逃歸，仁愿盡擒之。

是中宗時府兵番上之制尚存舊規，可以推見。又據唐大詔令集柒叁開元二十六年正月敕親祀東郊德音略云：

朕每念黎甿，弊於征戍。所以別遣召募，以實邊軍。錫其厚賞，使令長住。今諸軍所召，人數尚足。在於中夏，自能罷兵。自今已後，諸軍兵健并宜停遣。其見鎮兵，并一切放還。

則知玄宗開元中府兵番上之制已爲長徵召募之制所代替。至玄宗天寶中如新唐書伍拾兵志所云：

〔天寶〕八載，折衝諸府至無兵可交，李林甫遂請停上下魚書。其後徒有兵額、官吏，而戎器、馱馬、鍋幕、糗糧并廢矣。

則知宇文泰、楊堅、李世民、武曌四主所創建增置遷移整頓之制度遂於此而告結束矣。自是之後，唐平安史之亂，其主力爲朔方軍，而朔方軍實一以胡人部落蕃將爲其主要成分者。其後平淮蔡，則賴李光顔之武力。李氏之軍隊亦爲胡兵。至若龐勛之役及黄巢之大會戰，無不與沙陀部落有絶大關係，此皆胡兵蕃將之問題。然此等均在玄宗以後，不在本文範圍，故不一一具論。讀者可取拙著唐代政治史述論稿下篇參之也。

綜括論之，以唐代之武功言，府兵雖至重要，然其重要性殊有時間限制，終不及蕃將一端，其關係至深且鉅，與李唐一代三百年相終始者，所可相比也。至若「河北之地，人多壯勇」，頗疑此集團實出自北魏冀、定、瀛、相諸州營户屯兵之系統，而此種人實亦北方塞外胡族之子孫（詳見拙著論隋末唐初所謂「山東豪杰」），李唐出身關隴集團，故最忌憚此等人群。太宗因亦不於其所居之地設置兵府，武曌改移政權以後，情勢大變，雖於河北置折衝府，然府兵之效用歷時不久，至玄宗之世，遂全部廢止矣。玄宗後半期以蕃將代府兵，爲其武力之中堅，而安史以蕃將之資格，根據河北之地，施行胡化政策（詳見拙著唐代政治史述論稿上篇）。恢復軍隊部落制，即「外宅男」或義兒制。故唐代藩鎮如薛嵩、田承嗣之徒，雖是漢人，實同蕃將。其軍隊不論是何種族，實亦同胡人部落也。延及五代，「衙兵」尚是此「外宅男」之遺留。讀史者綜觀前後演變之迹象，自可了然矣。寅恪嘗謂歐陽永叔深受北宋當時「濮議」之刺激，於其所著五代史記特標義兒傳一目，以發其感憤。然所論者僅限於天性、人倫、情誼、禮法之範圍，而未知五代義兒之制，如後唐義兒軍之類，實源出於胡人部落之俗。蓋與唐代之蕃將同一淵源者。若專就道德觀點立言，而不涉及史事，似猶不免未達一間也。玆以此端非本文所宜辨證，故止略陳鄙見，附記於篇末，更俟他日詳論之，以求教於當世通識君子。

（原載中山大學學報一九五七年第壹期）

李太白氏族之疑問

李陽冰草堂集序云：

李白，字太白，隴西成紀人。凉武昭王暠九世孫，蟬聯珪組。世爲顯著，中葉非罪謫居條支，易姓與（與字繆本作爲）名。然自窮蟬至舜，累世不大曜，亦可嘆焉。神龍之始，逃歸於蜀。復指李樹而生伯陽。驚姜之夕，長庚入夢。故生而名白，以太白字之。

范傳正唐左拾遺翰林學士李公新墓碑云：

公名白，字太白，其先隴西成紀人。絶嗣之家，難求譜牒。公之孫女搜於箱篋中，得公之亡子伯禽手疏十數行，紙壞字缺，不能詳備。約而計之，凉武昭王九代孫也。隋末多難，一房被竄於碎葉，流離散落，隱易姓名。故自國朝已來漏於屬籍。神龍初，潛還廣漢，因僑爲郡人。父客以逋其邑，遂以客爲名。高卧雲林，不求禄仕。公之生也，先府君指天枝以復姓。先夫人夢長庚而告祥，名之與字咸所取象。

寅恪案，新唐書肆拾地理志云：

安西大都護府，初治西州。顯慶二年平賀魯，析其地，置濛池、崑陵二都護府，分種落，列置州縣，西盡波斯國，皆隸安西，又徙治高昌故地。三年，徙治龜兹都督府，而故府復爲西州。

（有保大軍，屯碎葉城。）

又肆叁下云：

焉耆都督府。（貞觀十八年滅焉耆置。有碎葉城。）

（中略）

西域府十六、州七十二。

（中略）

條支都督府，領州九。

（中略）

右隸安西都護府。

是碎葉、條支在唐太宗貞觀十八年即西曆六四四年平焉耆，高宗顯慶二年即西曆六五七年平賀魯，隸屬中國政治勢力範圍之後，始可成爲竄謫罪人之地。若太白先人於楊隋末世即竄謫如斯之遠地，斷非當日情勢所能有之事實。其爲依托，不待詳辨。至所以詭稱隋末者，殆以文飾其既爲涼武昭王後裔，又何以不編入屬籍，如鎮遠將軍房、平涼房、姑臧房、敦煌房、僕射房、絳郡房、武陵房等之比故耳（參閱新唐書柒拾上宗室世系表興聖皇帝十子條及柒貳下宰相世系表隴西李氏條）。

又考太白集貳陸爲宋中丞自薦表云：

臣伏見前翰林供奉李白，年五十有七。

寅恪案，太白爲宋若思作此表時在唐肅宗至德二載，即西曆七五七年。據以上推其誕生之歲，應爲武后大足元年，即西曆七〇一年。此年下距中宗神龍元年，即西曆七〇五年，尚有四年之隔。然則太白由西域遷居蜀漢之時，其年至少已五歲矣。是太白生於西域，不生於中國也。又考李序「神龍之始逃歸於蜀，復指李樹而生伯陽」，及范碑「公之生也，先府君指天枝以復姓」之語，則是太白至中國後方改姓李也。其父之所以名客者，殆由西域之人其名字不通於華夏，因以胡客呼之，遂取以爲名，其實非自稱之本名也。夫以一元非漢姓之家，忽來從西域，自稱其先世於隋末由中國謫居於西突厥舊疆之内，實爲一必不可能之事。則其人之本爲西域胡人，絶無疑義矣。

又續高僧傳叁肆感通篇上隋道仙傳云：

釋道仙，本康居國人。以游賈爲業，梁、周之際往來吴、蜀，行賈達於梓州。

又同書叁伍感通篇中唐慧岸傳云：

釋慧岸者，未詳何人。面鼻似胡，言同蜀漢。

又杜甫在夔州作解悶十二首之二雲：

賈胡離別下揚州，憶上西陵故驛樓。爲問淮南米貴賤，老夫乘興欲東游。

據此，可知六朝、隋唐時代蜀漢亦爲西胡行賈區域。其地之有西胡人種往來僑寓，自無足怪也。太白既詭托隴西李氏，又稱李陽冰爲從叔（見獻從叔當塗宰陽冰五言詩）。陽冰爲趙郡李氏（見唐文粹柒柒舒元輿玉筯篆志及宣和書譜貳等）。故太白之同時人及後來之人亦以山東人稱太白（杜甫蘇端薛復筵簡薛華醉歌及元稹唐檢校工部員外杜君墓志），蓋謂其出於趙郡李氏也。舊唐書壹玖拾下文苑傳李白傳既載不可徵信之「父爲任城尉，因家焉」之語，又稱白爲「山東人」。不知山東非唐代州縣之名。若依當時稱郡望之慣例，固應作「趙郡人」，即使以家住地爲籍貫，亦當云「兖州或魯郡任城人」。舊史於此誠可謂進退兩無所據者矣（參錢大昕二十二史考异壹捌）。

（原載一九三五年一月清華學報第拾卷第壹期）

書唐才子傳康洽傳後

唐才子傳肆康洽傳略云：

> 洽，酒泉人，黄鬚美丈夫也。盛時攜琴劍來長安，謁當道，氣度豪爽。工樂府詩篇，宫女梨園，皆寫於聲律。玄宗亦知名，嘗嘆美之。

寅恪案，文房作此傳，大抵從李端贈康洽詩取材（見全唐詩第壹壹函李端壹），以洽之姓氏容貌生地年代及事迹觀之，蓋爲西胡族類之深於漢化者。亦李謫仙一流人也。寅恪嘗論太白詭稱西凉李暠之後，其先人曾以罪於隋末流放西域，實則本爲西胡人之寓居中國者也（見李太白氏族之疑問一文）。世人於鄙論或信或否，近有持太白實凉武昭王之裔，武則天翦除李唐宗室時其家乃遷謫西域之論者，此説寅恪不敢苟同，蓋憲宗元和中范傳正所撰太白新墓碑已明言：

> 自國朝已來，漏於屬籍。

是太白之家雖自稱西凉後裔，而本未嘗著於屬籍，按諸當時法制，實不得以唐之宗室目其家也。或有疑范氏此語爲不可信者。鄙意范碑即使不可信，而論者之説亦必不可從。兹請以唐代規制及武后時情勢兩點證之如下：

一、唐大詔令集陸肆大臣類附屬籍門許凉武昭王孫絳郡姑臧等四房子孫隸入宗正屬籍敕（全唐文叁壹玄宗壹貳作命李彦允等入宗正籍詔）云：

敕，古之宗盟，异姓爲後。王者設教，莫遺其親。殿中侍御史李彦允等奏稱，與朕同承凉武昭王後，請甄叙者。源流實同，譜系猶著。雖子孫千億，各散於一方，而本枝百代，何殊於近屬，况有陳請，所宜敦叙。自今後凉武昭王孫寶已下絳郡、姑臧、敦煌、武陽等四房子孫（唐會要陸伍宗正寺門引此文作四公子孫），并宜隸入宗正，編諸屬籍，以明尊本之道，用廣親親之化。

又新唐書柒拾上宗室世系表南陽公房條略云：

太祖景皇帝虎八子，長曰延伯，武德四年追封南陽伯，附屬籍，貞觀初罷之。與姑臧、絳郡、武陵公三房號四公子房。至開元二十三年復附屬籍。

寅恪案，許李彦允等四房附屬籍之敕文唐大詔令集及全唐文俱不載年月。但據唐會要陸伍宗正寺門，知此敕文乃玄宗天寶元年七月二十三日所下，而唐大詔令集傳寫脱去，全唐文編輯時館臣亦遂因之耳。依此而言，即與唐皇室有直接血統關係之李虎子延伯後裔在貞觀初至開元二十三年之間尚不得視爲宗室，何論李唐所攀附之祖宗西凉李暠子孫耶？李唐皇室本出趙郡，（見北史叁壹李靈傳附顯甫傳及拙著唐代政治史述論稿上篇。）西凉後裔之得稱唐宗室實自天寶時始。武則天爲玄宗之祖母，其翦除李唐宗室時，太白先人若果爲西涼後裔，在當時亦非唐代宗室，何故因此得罪，而遠流西域乎？至唐大詔令集作「四房子孫」，而唐會要作「四公子孫」，今以新唐書宗室世系表參之，其原文疑本作「四公子房子孫」，俟考。

二、舊唐書柒陸恒山王承乾傳（參新唐書捌拾常山王承乾傳及舊唐書玖玖新唐書壹叁壹李適之傳）略云：

恒山王承乾，太宗長子也（文德皇后長孫氏所生）。太宗即位，爲皇太子。貞觀十七年廢爲庶人。二子：象，厥。象官至懷州別駕，厥至鄂州別駕。象子適之別有傳。

又同書同卷吴王恪傳（參新唐書捌拾鬱林王恪傳）略云：

吴王恪，太宗第三子也。恪母隋煬帝女也。恪又有文武才，太宗常稱其類己。既名望素高，甚爲物情所向。長孫無忌既輔立高宗，深所忌嫉。永徽中，會房遺愛謀反，遂因事誅恪，以絶衆望，海内冤之。有子四人：仁，瑋，琨，璄，并流於嶺表。〔仁〕後改名千里，天授後，歷唐廬許衛蒲五州刺史。時皇室諸王有德望者，必見誅戮，惟千里褊躁無才，復數進獻符瑞事，故則天朝竟免禍。

寅恪案，武則天誅夷李唐宗室，蓋就其能與己争皇位者，因翦除之，以絶人望之故耳。其不在此限者，則雖太宗諸子中，如承乾之生爲嫡長，正位儲君，恪之爲隋煬外孫，有文武才，爲當時衆望所歸。然俱以得罪廢黜之故，其子孫遂得蒙寬免。千里之在武后朝，得獨免禍者，其主因實以無與武后競争皇位之資格，不僅以其才望低下，進獻符瑞而已也。太白之先人縱使在武后時，得號爲李唐宗室。則亦是西涼後裔，於皇室爲遠支，又無名位之可稱述，必非武后之所忌惡，何嫌何疑，乃致得罪，遠竄西域耶？

由是言之，太白之先人既不能於隋末得罪，謫遷西域（見拙著李太白氏族之疑問一文中），又不能如論者所言，在武后時爲唐代宗室，則其不能因是而被迫害，可以斷言。故謂其氏族所出，與康洽不异，自非誣妄之説也。偶讀康洽傳，遂論及之，以補寅恪昔論太白氏族之文所未備，而求教於當世治文學史之君子。

（原載一九五一年六月周叔弢先生六十生日紀念論文集）

論韓愈

古今論韓愈者衆矣，譽之者固多，而譏之者亦不少。譏之者之言則昌黎所謂「蚍蜉撼大樹，可笑不自量」者（昌黎集伍調張籍詩），不待贅辯，即譽之者亦未中肯綮。今出新意，仿僧徒詮釋佛經之體，分爲六門，以證明昌黎在唐代文化史上之特殊地位。至昌黎之詩文爲世所習誦，故略舉一二，藉以見例，無取詳備也。

一曰：建立道統，證明傳授之淵源。

華夏學術最重傳授淵源，蓋非此不足以徵信於人，觀兩漢經學傳授之記載，即可知也。南北朝之舊禪學已采用阿育王經傳等書，僞作付法藏因緣傳，已證明其學說之傳授。至唐代之新禪宗，特標教外別傳之旨，以自矜異，故尤不得不建立一新道統，證明其淵源之所從來，以壓倒同時之舊學派，此點關係吾國之佛教史，人所共知，又其事不在本文範圍，是以亦可不必涉及，唯就退之有關者略言之。

昌黎集壹壹原道略雲：

曰：斯道也，何道也？曰：斯吾所謂道也，非向所謂老與佛之道也。堯以是傳之舜，舜以是傳之禹，禹以是傳之湯，湯以是傳之文武周公，文武周公傳之孔子，孔子傳之孟軻，軻之死，不得其傳焉。

退之自述其道統傳授淵源固由孟子卒章所啓發，亦從新禪宗所自稱者摹襲得來也。

新唐書壹柒陸韓愈傳略云：

愈生三歲而孤，隨伯兄會貶官嶺表。

昌黎集壹復志賦略云：

當歲行之未復兮，從伯氏以南遷。凌大江之驚波兮，過洞庭之漫漫。至曲江而乃息兮，逾南紀之連山。嗟日月其幾何兮，攜孤嫠而北旋。値中原之有事兮，將就食於江之南。

同書貳叁祭十二郎文略云：

嗚呼！吾少孤，及長，不省所怙，惟兄嫂是依。中年，兄歿南方，吾與汝俱幼，從嫂歸葬河陽。既又與汝就食江南。零丁孤苦，未嘗一日相離也。

李漢昌黎先生集序略云：

先生生於大曆戊申，幼孤，隨兄播遷韶嶺。

寅恪案，退之從其兄會謫居韶州，雖年頗幼小，又歷時不甚久，然其所居之處爲新禪宗之發祥地，復値此新學説宣傳極盛之時，以退之之幼年穎悟，斷不能於此新禪宗學説濃厚之環境氣氛中無所接受感發，然則退之道統之説表面上雖由孟子卒章之言所啓發，實際上乃因禪宗教外别傳之説所造成，禪學於退之之影響亦大矣哉！宋儒僅執退之後來與大顛之關係，以爲破獲贓據，欲奪取其道統者，似於退之一生經歷與其學説之原委猶未達一間也。

二曰：直指人倫，掃除章句之繁瑣。

唐太宗崇尚儒學，以統治華夏，然其所謂儒學，亦不過承繼南北朝以來正義義疏繁瑣之章句學耳。又高宗、武則天以後，偏重進士詞科之選，明經一目僅爲中材以下進取之途徑，蓋其所謂明經者，止限於記誦章句，絶無意義之發明，故明經之科在退之時代，已全失去政治社會上之地位矣（詳見拙著唐代政治史述論稿上篇）。南北朝後期及隋唐之僧徒亦漸染儒生之習，詮釋内典，襲用儒家正義義疏之體裁，與天竺詁解佛經之方法殊异（見拙著楊樹達論語疏證序），如禪學及禪宗最有關之三論宗大師吉藏天台宗大師智顗等之著述與賈公彦、孔穎達諸儒之書其體制適相冥會，新禪宗特提出直指人心見性成佛之旨，一掃僧徒繁瑣章句之學，摧陷廓清，發聾振聵，固吾國佛教史上一大事也。退之生值其時，又居其地，睹儒家之積弊，效禪侣之先河，直指華夏之特性，掃除賈、孔之繁文，原道一篇中心旨意實在於此，故其言曰：

傳曰：古之欲明明德於天下者，先治其國；欲治其國者，先齊其家；欲齊其家者，先修其身；欲修其身者，先正其心；欲正其心者，先誠其意。然則古之所謂正心而誠意者，將以有爲也。今也欲治其心，而外天下國家，滅其天常，子焉而不父其父，臣焉而不君其君，民焉而不事其事。

同書伍寄盧仝詩云：

春秋三傳束高閣，獨抱遺經究終始。

寅恪案，原道此節爲吾國文化史中最有關係之文字，蓋天竺佛教傳入中國時，而吾國文化史已達甚高之程度，故必須改造，以蘄適合吾民族、政治、社會傳統之特性，六朝僧徒「格義」之學（詳見拙著支愍度學説考），即是此種努力之表現，儒家書中具有系統易被利用者，則爲小戴記之中庸，梁武帝已作嘗試矣。（隋書叁貳經籍志經部有梁武帝撰中庸講疏一卷，又私記制旨中庸義五卷。）然中庸一篇雖可利用，以溝通儒釋心性抽象之差异，而於政治社會具體上華夏、天竺兩種學説之衝突，尚不能求得一調和貫徹，自成體系之論點。退之首先發見小戴記中大學一篇，闡明其説，抽象之心性與具體之政治社會組織可以融會無礙，即盡量談心説性，兼能濟世安民，雖相反而實相成，天竺爲體，華夏爲用，退之於此以奠定後來宋代新儒學之基礎，退之固是不世出之人杰，若不受新禪宗之影響，恐亦不克臻此。又觀退之寄盧仝詩，則知此種研究經學之方法亦由退之所稱獎之同輩中人發其端，與前此經詩著述大意，而開啓宋代新儒學家治經之途徑者也。

三曰：排斥佛老，匡救政俗之弊害。

昌黎集壹壹原道略云：

古之爲民者四，今之爲民者六。古之教者處其一，今之教者處其三。農之家一，而食粟之家六。工之家一，而用器之家六。賈之家一，而資焉之家六。奈之何民不窮且盜也。

是故君者，出令者也。臣者，行君之令而致之民者也。民者，出粟米麻絲，作器皿，通貨財，以事其上者也。君不出令，則失其所以爲君。臣不行君之令而致之民，則失其所以爲臣。民不出粟米麻絲，作器皿，通貨財，以事其上，則誅。

人其人，火其書，廬其居，明先王之道以道之，鰥寡孤獨廢疾者有養也，其亦庶乎其可也。

同書貳送靈師詩略云：

佛法入中國，爾來六百年。齊民逃賦役，高士著幽禪。官吏不之制，紛紛聽其然。耕桑日失隸，朝署時遺賢。

同書壹謝自然詩略云：

人生有常理，男女各有倫。寒衣及飢食，在紡績耕耘。下以保子孫，上以奉君親。苟異於此道，皆爲棄其身。噫乎彼寒女，永托异物群。感傷遂成詩，昧者宜書紳。

寅恪案，上引退之詩文，其所持排斥佛教之論點，此前已有之，實不足認爲退之之創見，特退之所言更較精闢，勝於前人耳。原道之文微有語病，不必以辭害意可也。謝自然詩乃斥道教者，以其所持論點與斥佛教者同，故亦附録於此。今所宜注意者，乃爲退之所論實具有特別時代性，即當退之時佛教徒衆多，於國家財政及社會經濟皆有甚大影響，觀下引彭偃之言可知也。

唐會要肆柒議釋教上（參舊唐書壹貳柒彭偃傳）略云：

大曆十三年四月，劍南東川觀察使李叔明奏請澄汰佛道二教，下尚書省集議。都官員外郎彭偃獻議曰：王者之政，變人心爲上，因人心次之，不變不因，循常守故者爲下，故非有獨見之明，不能行非常之事。今陛下以維新之政，爲萬代法，若不革舊風，令歸正道者，非也。當今道士，有名無實，時俗鮮重，亂政猶輕，惟有僧尼，頗爲穢雜。自西方之教，被於中國，去聖日遠，空門不行五濁，比邱但行麄法。爰自後漢，至於陳隋，僧之教滅，其亦數四，或至坑殺，殆無遺餘，前代帝王，豈惡僧道之善，如此之深耶？蓋其亂人亦已甚矣。且佛之立教，清淨無爲，若以色見，即是邪法，開示悟入，惟有一門，所以三乘之人，比之外道。況今出家者，皆是無識下劣之流，縱其戒行高潔，在於王者，已無用矣。今叔明之心甚善，然臣恐其奸吏詆欺，而去者未必非，留者不必是，無益於國，不能息奸，既不變人心，亦不因人心，强制力持，難致遠耳。臣聞天生蒸民，必將有職，游行浮食，王制所禁。故有才者受爵禄，不肖者出租税，此古之常道也。今天下僧道不耕而食，不織而衣，廣作危言險語，以惑愚者。一僧衣食，歲計約三萬有餘，五丁所出，不能致此。舉一僧以計天下，其費可知。陛下日旰憂勤，將去人害，此而不救，奚其爲政？臣伏請僧道未滿五十者，每年輸絹四匹，尼及女道士未滿五十者，輸絹二匹。其雜色役，與百姓同。有才智者，令入仕。請還俗爲平人者聽，但令就役輸課，爲僧何傷？臣竊料其所出，不下今之租賦三分之一，然則陛下之國富矣，蒼生之害除矣。其年過五十者，請皆免之。夫子曰：五十而知天命。列子曰：不斑白，不知道。人年五十歲，嗜慾已衰，縱不出家，心已近道，況戒律檢其性情哉？臣以爲此令既行，僧尼規避還俗者，固已大半，其年老精修者，必盡爲人師，則道釋二教益重明矣。上深嘉之。

寅恪案，彭偃爲退之同時人，其所言如此，則退之之論自非剿襲前人空言，爲無病之呻吟，實匡世正俗之良策。蓋唐代人民擔負國家直接税及勞役者爲「課丁」，其得享有免除此種賦役之特權者爲「不課丁」。「不課丁」爲當日統治階級及僧尼道士女冠等宗教徒，而宗教徒之中佛教徒最佔多數，其有害國家財政、社會經濟之處在諸宗教中尤爲特著，退之排斥之亦最力，要非無因也。

至道教則唐皇室以姓李之故，道教徒因緣傳會。自唐初以降，即逐漸取得政治社會上之地位，至玄宗時而極盛，如以道士女冠隸屬宗正寺（見唐會要陸伍宗正寺崇玄署條），尊崇老子以帝號，爲之立廟，祀以祖宗之禮。除老子爲道德經外，更名莊、文、列、庚桑諸子爲南華、通玄、冲虛、洞靈等經，設崇玄學，以課生徒，同於國子監。道士女冠有犯，准道格處分諸端（以上均見唐會要伍拾尊崇道教門），皆是其例。尤可笑者，乃至提漢書古今人表中之老子，自三等而升爲一等（見唐會要伍拾尊崇道教門），號老子妻爲先天太后。作孔子像，侍老子之側（以上二事見唐會要伍拾尊崇道教雜記門）。荒謬幼稚之舉措，類此尚多，無取詳述。退之排斥道教之論點除與其排斥佛教相同者外，尚有二端，所應注意：一爲老子乃唐皇室所攀認之祖宗，退之以臣民之資格，痛斥力詆，不稍諱避，其膽識已自超其儕輩矣。二爲道教乃退之稍前或同時之君主宰相所特提倡者，蠹政傷俗，實是當時切要問題。據新唐書壹佰玖王嶼傳（參舊唐書壹叁拾王嶼傳）略云：

玄宗在位久，推崇老子道，好神仙事，廣修祠祭，靡神不祈。嶼上言，請築壇東郊，祀青帝，天子入其言，擢太常博士、侍御史，爲祠祭使。嶼專以祠解中帝意，有所禳祓，大抵類巫覡。漢以來葬喪皆有瘞錢，後世里俗稍以紙寓錢，爲鬼事，至是嶼乃用之。肅宗立，累遷太常卿，又以祠禱見寵。乾元三年，拜蒲、同、絳等州節度使，俄以中書侍郎同中書門下平章事。時大兵後，天下頗治，嶼望輕，無它才，不爲士議諧可，既驟得政，中外悵駭。乃奏置太一壇，勸帝身見九宮祠。帝由是專意，它議不能奪。帝嘗不豫，太卜建言，祟在山川。嶼遣女巫乘傳，分禱天下名山大川，巫皆盛服，中人護領，所至干托州縣，賂遺狼藉。時有一巫美而蠱，以惡少年數十自隨，尤憸狡不法，馳入黄州。刺史左震晨至館請事，門鐍不啓。震怒，破鐍入，取巫斬廷下，悉誅所從少年，籍其贓，得十餘萬，因遣還中人。既以聞，嶼不能詰，帝亦不加罪。明年，罷嶼爲刑部尚書，又出爲淮南節度使，猶兼祠祭使。始，嶼托鬼神致位將相，當時以左道進者紛紛出焉。

舊唐書壹叁拾李泌傳略云：

泌頗有讜直之風，而談神仙詭道，或云嘗與赤松子、王喬、安期、羨門游處，故爲代所輕，雖詭道求容，不爲時君所重。德宗初即位，尤惡巫祝怪誕之士。初，肅宗重陰陽祠祝之説，用妖人王嶼爲宰相，或命巫媪乘驛行郡縣以爲厭勝。凡有所興造功役，動牽禁忌。而黎幹用左道，位至尹京，嘗内集衆工，編刺珠綉爲御衣，既成而焚之，以爲禳禬，且無虚月。德宗在東宫頗知其事，即位之後，罷集僧於内道場，除巫祝之祀。有司言，宣政内廊壞，請修繕，而太卜云，孟冬爲魁罡，不利穿築，請卜他月。帝曰：春秋之義，啓塞從時，何魁罡之有？卒命修之。又代宗山陵靈駕發引，上號送於承天門，見轀輬不當道，稍指午未間。問其故，有司對曰：陛下本命在午，故不敢當道。上號泣曰：安有枉靈駕而謀身利？卒命直午而行。及建中末，寇戎内梗，桑道茂有城奉天之説，上稍以時日禁忌爲意，而雅聞泌長於鬼道，故自外徵還，以至大用，時論不以爲愜。

及國史補上李泌任虛誕條（參太平廣記貳捌玖妖妄類李泌條）云：

李相泌以虛誕自任。嘗對客曰：令家人速灑掃，今夜洪崖先生來宿。有人遺美酒一榼，會有客至，乃曰：麻姑送酒來，與君同傾。傾之未畢，閽者云：某侍郎取榼子。泌命倒還之，略無怍色。

則知退之當時君相沉迷於妖妄之宗教，民間受害，不言可知。退之之力詆道教，其隱痛或有更甚於詆佛教者，特未昌言之耳。後人昧於時代性，故不知退之言有物意有指，遂不加深察，等閑以崇正闢邪之空文視之，故特爲標出如此。

四曰：呵詆釋迦，申明夷夏之大防。

昌黎集叁玖論佛骨表略云：

臣某言，伏以佛者，夷狄之一法耳。自後漢時流入中國，上古未嘗有也。假如其身至今尚在，奉其國命，來朝京師，陛下容而接之，不過宣政一見，禮賓一設，賜衣一襲，衛而出之於境，不令惑衆也。

全唐詩壹貳函韓愈拾贈譯經僧詩云：

萬里休言道路賒，有誰教汝度流沙。只今中國方多事，不用無端更亂華。

寅恪案，退之以諫迎佛骨得罪，當時後世莫不重其品節，此不待論者也。今所欲論者，即唐代古文運動一事，實由安史之亂及藩鎮割據之局所引起。安史爲西胡雜種，藩鎮又是胡族或胡化之漢人（詳見拙著唐代政治史述論稿上篇），故當時特出之文士自覺或不自覺，其意識中無不具有遠則周之四夷交侵，近則晋之五胡亂華之印象，「尊王攘夷」所以爲古文運動中心之思想也。在退之稍先之古文家如蕭穎士、李華、獨孤及、梁肅等，與退之同輩之古文家如柳宗元、劉禹錫、元稹、白居易等，雖同有此種潛意識，然均不免認識未清晰，主張不徹底，是以不敢亦不能因釋迦爲夷狄之人，佛教爲夷狄之法，抉其本根，力排痛斥，若退之之所言所行也。退之之所以得爲唐代古文運動領袖者，其原因即在於是，此意已見拙著元白詩箋證稿新樂府章法曲篇末，兹不備論。

五曰：改進文體，廣收宣傳之效用。

關於退之之文，寅恪嘗詳論之矣（見拙著元白詩箋證稿長恨歌章）。其大旨以爲退之之古文乃用先秦、兩漢之文體，改作唐代當時民間流行之小説，欲藉之一掃腐化僵化不適用於人生之駢體文，作此嘗試而能成功者，故名雖復古，實則通今，在當時爲最便宣傳，甚合實際之文體也。至於退之之詩，古今論者亦多矣，兹僅舉一點，以供治吾國文學史者之參考。

陳師道後山居士詩話云：

> 退之以文爲詩，子瞻以詩爲詞，如教坊雷大使（娘？）之舞，雖極天下之工，要非本色。

今代詞手唯秦七、黄九爾，唐諸人不逮也。

寅恪案，退之以文爲詩，誠是確論，然此爲退之文學上之成功，亦吾國文學史上有趣之公案也。

據高僧傳貳譯經中鳩摩羅什傳略雲：

初，沙門慧叡才識高明，常隨什傳寫。什每爲叡論西方辭體，商略同异，云：天竺國俗甚重文制，其宫商體韵以入弦爲善。凡覲國王，必有贊德，見佛之儀以歌嘆爲貴，經中偈頌皆其式也，但改梵爲秦，失其藻蔚，雖得大意，殊隔文體，有似嚼飯與人，非徒失味，乃令嘔噦也。什嘗作頌贈沙門法和云：「心山育明德，流薰萬由延。哀鸞孤桐上，清音徹九天。」凡爲十偈，辭喻皆爾。

蓋佛經大抵兼備「長行」即散文及偈頌即詩歌兩種體裁。而兩體辭意又往往相符應。考「長行」之由來，多是改詩爲文而成者，故「長行」乃以詩爲文，而偈頌亦可視爲以文爲詩也。天竺偈頌音綴之多少，聲調之高下，皆有一定規律，唯獨不必叶韵。六朝初期四聲尚未發明，與羅什共譯佛經諸僧徒雖爲當時才學絶倫之人，而改竺爲華，以文爲詩，實未能成功。惟仿偈頌音綴之有定數，勉强譯爲當時流行之五言詩，其他不遑顧及，故字數雖有一定，而平仄不調，音韵不叶，生吞活剥，似詩非詩，似文非文，讀之作嘔，此羅什所以嘆恨也。如馬鳴所撰佛所行贊，爲梵文佛教文學中第一作品。寅恪昔年與鋼和泰君共讀此詩，取中文二譯本及藏文譯本比較研究，中譯似尚遜於藏譯，當時亦引爲憾事，而無可如何者也。自東漢至退之以前，此種以文爲詩之困難問題迄未有能解决者。退之雖不譯經偈，但獨運其天才，以文爲詩，若持較華譯佛偈，則退之之詩詞皆聲韵無不諧當，既有詩之優美，復具文之流暢，韵散同體，詩文合一，不僅空前，恐亦絶後，决非效顰之輩所能企及者矣。後來蘇東坡、辛稼軒之詞亦是以文爲之，此則效法退之而能成功者也。

六曰：奬掖後進，期望學説之流傳。

唐代古文家多爲才學卓越之士，其作品如唐文粹所選者足爲例證，退之一人獨名高後世，遠出餘子之上者，必非偶然。據舊唐書壹陸拾韓愈傳云：

> 大曆、貞元之間，文字多尚古學，效楊雄、董仲舒之述作，而獨孤及、梁肅最稱淵奥，儒林推重。愈從其徒游，鋭意鑽仰，欲自振於一代。

及新唐書壹柒陸韓愈傳云：

> 愈成就後進士，往往知名。經愈指授，皆稱「韓門弟子」。

則知退之在當時古文運動諸健者中，特具承先啓後作一大運動領袖之氣魄與人格，爲其他文士所不能及。退之同輩勝流如元微之、白樂天，其著作傳播之廣，在當日尚過於退之。退之官又低於元，壽復短於白，而身殁之後，繼續其文其學者不絕於世，元白之遺風雖或尚流傳，不至斷絕，若與退之相較，誠不可同年而語矣。退之所以得致此者，蓋亦由其平生奬掖後進，開啓來學，爲其他諸古文運動家所不爲，或偶爲之而不甚專意者，故「韓門」遂因此而建立，韓學亦更緣此而流傳也。世傳隋末王通講學河汾，卒開唐代貞觀之治，此固未必可信，然退之發起光大唐代古文運動，卒開後來趙宋新儒學新古文之文化運動，史證明確，則不容置疑者也。

綜括言之，唐代之史可分前後兩期，前期結束南北朝相承之舊局面，後期開啓趙宋以降之新局面，關於政治社會經濟者如此，關於文化學術者亦莫不如此。退之者，唐代文化學術史上承先啓後轉舊爲新關捩點之人物也。其地位價值若是重要，而千年以來論退之者似尚未能窺其蘊奥，故不揣愚昧，特發新意，取證史籍，草成此文，以求當世論文治史者之教正。

（原載歷史研究一九五四年第貳期）

讀東城老父傳

太平廣記肆捌伍雜傳記類東城老父傳題陳鴻撰。然傳文中作者自稱其名凡四處。

一曰：

元和中，潁川陳鴻祖攜友人出春明門。

二曰：

宿鴻祖於齋舍。

三曰：

鴻祖問開元之理亂。

四曰：

鴻祖默不敢應而去。

是此傳作者之名爲鴻祖，絶無疑義，而廣記所以題陳鴻之故，殆由傳寫者習知長恨歌傳撰人即太和時（新唐書伍玖藝文志子部小説類「元和」誤作「貞元」。）主客郎中字大亮之陳鴻姓名，遂致訛耳。全唐文陸壹貳收陳鴻文共三篇，而長恨歌傳館臣以其言近猥瑣妄誕，故不見録。其卷柒貳拾復别收陳鴻祖文，止一篇，即此傳是也。近日學人有考證此傳者，亦襲舊誤，混陳鴻與陳鴻祖爲一人。（寅恪案，陳鴻爲貞元二十一年乙酉進士，見徐松登科記考壹伍。陳鴻大統紀序自言「貞元丁酉歲登太常第。」其丁酉乃乙酉之訛寫，非丁卯丁丑之誤文也。徐氏考訂甚精，兹不具述。）且云：

清修全唐文，録鴻文三篇，而此二篇（指此傳及長恨歌傳）不收。蓋偶爾失檢，未足爲病也。至鴻祖始末，全唐文小傳僅言其爲潁川人，亦即出於此傳「元和中潁川陳鴻祖攜友人出春明門」之語，然則其他無考，從可知矣。兹於傳文不欲多所論證，惟略詮譯其中三事如下：

（一）傳文云：

老人歲時伏臘得歸休。行都市間，見有賣白衫白疊布，行鄰比鄽間，有人禳病，法用皂布一匹，持重價不克致，竟以幞頭羅代之。近者老人扶杖出門，閲街衢中，東西南北視之，見白衫者不滿百，豈天下之人皆執兵乎？

寅恪案，老人意謂昔時兵少，而今日兵多。蓋平民衣白，而兵士衣皂故也。據舊唐書肆伍輿服志（參舊唐書壹貳禮樂志、新唐書貳肆車服志）云：

〔隋大業〕六年，復詔從駕涉遠者，文武官等皆戎衣。貴賤異等，雜用五色。五品以上，通著紫袍，六品以下，兼用緋緑。胥吏以青，庶人以白，屠商以皂，士卒以黄。武德初，因隋舊制。

是唐初庶人衣白，士卒衣黄也。然通典壹陸玖刑典守正條載潘好禮纂徐有功事迹中丘神鼎案有

黑襖子即是武夫之衣。

等語，其下文「黑襖」亦作「皂襖」或「皂衣」，是武則天時士卒已衣皂矣。唐會要柒貳軍雜録云：

廣德二年三月，禁王公百吏家及百姓著皂衫及壓耳帽子，异諸軍官健也。

開成元年正月敕：坊市百姓，甚多著緋皂開後襖子，假托軍司。自今已後，宜令禁斷。

斯又唐中葉後士卒衣皂之明證也。又唐語林柒補遺云：

唐末士人之衣尚黑，故有紫緑，有黑紫。迨兵起，士庶之衣具皂。此其讖也。

王讜此條所録屬於唐末範圍，雖與東城老父之時代先後不同，然其以皂色爲兵起之讖，固兵卒衣皂之一旁證也。

至唐玄宗末及憲宗初之兵額，則據舊唐書壹肆憲宗紀上元和二年十二月己卯史官李吉甫撰元和國計簿條（參新唐書伍貳食貨志末及通鑑貳參柒元和二年末條）云：

比量天寶供税之户，則四分有一。天下兵戎仰給縣官者八十三萬餘人，比量天寶士馬，

則三分加一。率以兩户資一兵。

又據舊唐書壹柒下文宗紀開成二年正月庚寅户部侍郎判度支王彦威進所撰供軍圖略序（參舊唐書壹伍柒、新唐書壹陸肆王彦威傳）曰：

至德、乾元之後，迄於貞元、元和之際，天下有觀察者十，節度二十有九，防禦者四，經略者三。掎角之師，犬牙相制，大都通邑，無不有兵。約計中外兵額至八十餘萬。長慶户口凡三百三十五萬，而兵額又約九十九萬。通計三户資奉一兵。

此李趙公王靖公所舉統計之數，可與老人之言參證者也。

（二）傳文又云：

開元十二年，詔三省侍郎有缺，先求曾任刺史者。郎官缺，先求曾任縣令者。及老人見四十三省郎吏，有理刑才名，大者出刺郡，小者鎮縣。自老人居大道旁，往往有郡太守休馬於此，皆慘然，不樂朝廷沙汰使治郡。

寅恪案，「三省」謂尚書門下省及中書省也。此爲唐代官制，人所習知，無待釋證。所可注意者，爲「四十三省郎吏」一辭。夫唐代之無四十三省，固不必論。考玉臺新咏壹古樂府詩六首之一「日出東南隅行」一作「陌上桑」云：

三十侍中郎，四十專城居。

古樂府詩所云「專城」，即任地方長吏之義，亦即老人所言「大者出刺郡」及「郡太守」之謂。此爲唐人文中習慣用語，如孫光憲北夢瑣言玖李氏女條引劉山甫金溪閑談略云：

唐廣明中，黄巢犯闕，大駕幸蜀。有西班李將軍女，奔波隨人，迤邐達興元。骨肉分散，無所依托。適值鳳翔奏將軍董司馬者，乃詢其門閥，以身托之，得至於蜀。尋訪親眷，知在行朝。始謂董生曰：人各有偶，難爲偕老，請自此辭。董生驚愕，遂下其山矣。

此所謂「下山」，乃用玉臺新咏壹古詩八首之一，「上山采蘼蕪，下山逢故夫」之句。故「下山」謂「逢故夫」也。唐人作品中，其例頗多，不暇詳舉。凡屬此類，皆用人所共知之詩句或成語，留取其前部分，而省略其後部分。唐人所謂歇後詩體，頗疑實與此有關。檢新唐書壹捌叁鄭綮傳（參舊唐書壹柒玖鄭綮傳，通鑑貳伍玖唐紀昭宗乾寧元年二月條及考異，并北夢瑣言柒鄭綮相詩條及唐詩紀事鄭綮條。）云：

大順後，王政微。綮每以詩謠托諷，中人有誦之天子前者。昭宗意其有所藴未盡，因有司上班簿，遂署其側曰：可禮部侍郎、同中書門下平章事。綮本善詩，其語多俳諧，故使落調，世共號鄭五歇後體。至是，省史走其家上謁。綮笑曰：諸君誤矣。人皆不識字，宰相亦不及我。史言不妄。俄聞制詔下，嘆曰：萬一然，笑殺天下人。既視事，宗戚詣慶。搔首曰：歇後鄭五作宰相，事可知矣。

寅恪案，鄭五作「歇後體」詩，「故使落調」（舊唐書作「故落格調」）。胡三省注通鑑，釋「歇後」之意云：「歇後者，叙所以爲詩，而歇後語不發。」故梅磵之意，謂所歇落者乃語辭，與兩唐書稱所歇落者爲「格調」有异也。全唐詩第貳貳函載鄭綮詩三首，皆爲通常詩體。諧謔類貳復載綮詩兩題，一出舊唐書，一出北夢瑣言。雖是俳詞，然亦未能確切證明「落調」之說。今姑以意揣之，無論所歇落者爲格調，抑或語辭，但必是與上文高低相反，或密切聯繫，前者乃兩唐書格調之説，後者乃通鑑胡注語辭之釋。學者當兩存之，以待詳考。兹有可注意者，即此歇後詩體流行以前，社會一般文字中，必有僅舉語辭之上半，而待讀者解悟其未發之下半者。若此説不謬，東城老父傳之「四十」，北夢瑣言之「下其山」，皆其例證也。然則「四十三省郎吏」一詞，實後來歇後體之先驅。藴武因得利用當日文字固有之習慣以托諷，而昭宗亦據以疑其有所藴蓄未盡也。寅恪昔歲讀鄭傳，未能通解。今以暇日補證舊稿，遂附録子京之文并著鄙説於此。以求通人之教正。一時臆度所及，殊不敢自信。慚老學之無成，憶宿疑之猶在，殘年廢疾，益深燭武師丹之感矣。

（三）傳文末結語云：

［老人］復言曰：上皇北臣穹廬，東臣雞林，南臣滇池，西臣昆夷。三歲一來會，朝覲之禮容，臨照之恩澤，衣之錦絮，飼之酒食，使展事而去。都中無留外國賓。今北胡與京師雜處，

娶妻生子，長安中少年有胡心矣。吾子視首飾韡服之制，不與向同，得非物妖乎？鴻祖默不敢應而去。

寅恪案，新唐書壹柒拾王鍔傳云：

德宗擢爲鴻臚少卿。先是，天寶末，西域朝貢酋長及安西、北庭校吏歲集京師者數千人，隴右既陷，不得歸，皆仰稟鴻臚禮賓，月四萬緡，凡四十年，名田養子孫如編民。至是，鍔悉藉名王以下無慮四千人，畜馬二千，奏皆停給。宰相李泌盡以隸左右神策軍，以酋長署牙將，歲省五十萬緡。帝嘉其公，擢容管經略使。

通鑑貳叁貳貞元三年七月條云：

初，河、隴既没於吐蕃，自天寶以來，安西、北庭奏事及西域使人在長安者，歸路既絶，人馬皆仰給於鴻臚禮賓。委府縣供之，於度支受直。度支不時付直，長安市肆不勝其弊。李泌知胡客留長安久者，或四十餘年，皆有妻子，買田宅，舉質取利，安居不欲歸。命檢括胡客有田宅者，停其給。凡得四千人，將停其給。胡客皆詣政府訴之，泌曰：此皆從來宰相之過，豈有外國朝貢使者留京師數十年，不聽歸乎？今當假道於迴紇，或自海道，各遣歸國。有不願歸，當於鴻臚自陳，授以職位，給俸禄，爲唐臣。人生當乘時展用，豈可終身客死邪？於是胡客無一人願歸者。泌皆分隸神策兩軍，王子、使者爲散兵馬使或押牙，餘皆爲卒，禁旅益壯。

鴻臚所給胡客纔十餘人，歲省度支錢五十萬緡。市人皆喜。

寅恪案，通鑒此條取自李繁鄴侯家傳，與新唐書王鍔傳所紀實爲一事，共出一源。不過歸美泌鍔二書各有不同而已。

又白氏長慶集肆新樂府西涼伎前段云：

西涼伎，假面胡人假師子。刻木爲頭絲作尾，金鍍眼睛銀帖齒。奮迅毛衣擺雙耳，如從流沙來萬里。紫髯深目兩胡兒，鼓舞跳梁前致辭。應似涼州未陷日，安西都護進來時。須臾云得新消息，安西路絶歸不得。泣向師子涕雙垂，涼州陷没知不知。師子迴頭向西望，哀吼一聲觀者悲。貞元邊將愛此曲，醉坐笑看看不足。享賓犒士宴三軍，師子胡兒長在目。

寅恪案，當日西北胡人路絶思歸之悲苦，形於伎樂，盛行一時既如此，則西北胡人留滯不得歸者，其爲數之衆可以推知也。故貞元、元和之時長安胡服之流行，必與胡人僑寓者之衆多有關。若白氏長慶集肆新樂府時世妝所云「斜紅不暈赭面狀」及「元和妝梳君記取，髻椎面赭非華風」之赭面，則疑受吐蕃影響（參舊唐書壹玖陸上、新唐書貳壹陸上吐蕃傳、唐會要玖柒吐蕃條。敦煌寫本于闐國記亦目吐蕃爲赤面國，俱可證也。）而與西域胡人無關也。至老人所謂北胡，名義雖指迴紇言，實際則爲西域胡人。蓋迴紇盛時中亞賈胡往往藉其名義，以牟利於中國，如舊唐書壹貳柒張光晟傳（參通鑒貳貳陸建中元年八月條）云：

大曆末，遷單于都護、兼御史中丞、振武軍使。代宗密謂之曰：北蕃縱橫日久，當思所禦之計。光晟既受命，至鎮，威令甚行。建中元年，迴紇突董梅禄領衆并雜種胡等自京師還國，輿載金帛，相屬於道。光晟訝其裝橐頗多，潛令驛吏以長錐刺之，則皆輦歸所誘致京師婦人也。

新唐書貳壹柒上回鶻傳云：

始，回鶻至中國，常參以九姓胡，往往留京師，至千人，居貲殖産甚厚。

據舊唐書張光晟傳，代宗謂迴紇爲北蕃，北蕃即老人所謂北胡也。據新唐書回鶻傳，回鶻至中國，常參以九姓胡，殖産甚厚。其所謂九姓胡，即唐會要玖玖康國條（新唐書貳貳壹下西域傳康國傳即采用會要之文，而誤會其意，至改匈奴爲突厥，甚可笑。讀者可比較兩書觀之，兹不備引。）所云：

康國，本康居之苗裔也。其王本姓温氏。其人土著，役屬於突厥。先居祁連之北昭武城，爲匈奴所破。南依葱嶺，遂有其地。支庶强盛，分王鄰國，皆以昭武爲姓氏，不忘本也。

及新唐書貳貳壹下西域傳康國傳所云：

枝庶分王，曰安，曰曹，曰石，曰米，曰何，曰火尋，曰戊地，曰史，世謂九姓，皆氏昭武。

之昭武九姓胡，其人本以善賈著稱。既得依藉迴紇之蔭護，僑居長安，殖産業而長子孫。故於長安風俗服裝之漸染胡化，實大有關係也。又傳文老人所言其他史事俱不甚難解，故僅取此三事略爲釋證之如此。

（原載一九四八年四月中央研究院歷史語言研究所集刊第拾本）

劉復愚遺文中年月及其不祀祖問題

此篇分上下二章，上章之範圍限於文泉子集中年月一端，妄附於文史考證之業，雖未敢謂悉能徵實，或尚不大謬。至於下章，則僅因復愚累世皆不祀祖及籍貫紛歧之故，遂提出一問題，以供談中古异族華化史者之參證。所言多出揣測，不過爲一可能之解釋而已，仍有待於專家之論定也。是故兩章名義雖同繫於復愚一人，而其實所討論者乃各不相涉，今世折文史之獄者儻能分别去取，不以下章臆説之罪牽引連坐及於上章，則著者之大幸矣！特爲聲明於篇首。

上章

兹取今傳世之復愚遺文中，（陳第世善堂書目編於明萬曆丙辰，其書下卷載有劉蜕詩一卷，文泉子十卷，然則復愚詩文據陳氏所藏，萬曆間尚存較完之本，其殘佚蓋猶在此後矣。）參閲曾釗面城樓文鈔貳劉蜕集跋，其年月確可考定者逐篇討論。其文句异同大抵依據通行本文苑英華、涵芬樓景嘉靖本唐文粹，而參以南京國學圖書館藏崇禎庚辰本文津閣四庫全書本别下齋本全唐文本，又楊守敬氏觀海堂舊藏崇禎癸未閩中黄燁然刊本，今藏故宫博物院（見故宫博物院所藏觀海堂書目肆）。據楊氏跋語，亦知源出天啓吴本，與他文泉子集刊本相同，雖以故未得一校，諒無特异之處也。（凡此諸本之校勘鈔寄等瑣務皆承何澄一、謝國楨、劉節諸先生及俞大綱表弟之厚助，謹附注於此，以表感謝之意。）

（一）文泉子集自序

今通行本四庫全書總目壹伍壹集部别集類肆文泉子集一卷提要云：

是集前有自序曰：自褐衣以後，辛卯以來，辛丑以前，收其微詞屬意古今上下之間者爲内外篇。復收其怨抑頌記嬰於仁義者，雜爲諸篇焉。物不可以終雜，故離爲十卷。離則名之不絶，故授之以爲文泉。

寅恪案，今通行本四庫提要所引文泉子集自序關於年月日數語，與上列諸本文句俱不相同，未知何所依據，初讀之，不能解，頗以爲疑。後檢文溯閣文津閣四庫提要原文，則知兩閣本提要所引文泉子集自序與上列諸本所載者蓋無甚出入，而與今通行本四庫提要所引者則大不相同，故斷定今通行本四庫提要所引者乃鈔寫訛誤，并非别有依據，可不成爲問題矣。然此自序關於年月日之語除去通行本四庫提要所誤引者外，實仍有甚不易解而成爲問題者在焉。兹先節録文苑英華柒佰柒所載文泉子集自序於下，然後加以討論。

於西華主之降也，其三月辛卯夜未半，野水入廬，漬壞簡策，既明日燎其書，有不可玩其辭者。噫，當初不敢自明其書十五年矣！今水之來寇余，命也已矣！故自褐衣以來，辛卯以前，收其微詞屬意古今上下之間者爲外内篇焉。復收其怨抑頌記嬰於仁義者，雜爲諸篇焉。物不可以終雜，故離爲十卷。離則名之不絶，故授之以爲文泉。自辛卯迄甲午覆研於襄陽之野。

寅恪案，此文「於西華主之降也」一語，蓋摹擬古人以事紀時之例也。高彦休闕史上裴丞相古器條略云：

丞相河東公（裴休）尚古好奇，掌綸誥日有親表調授宰守曲阜者，耕人墾田，得古鐵器曰盎，有古篆九字帶盎之腰。曲阜令不能辨。兖州有書生姓魯，善八體書，曰：此大篆也，是九字曰：「齊桓公會於葵丘歲鑄。」邑宰大奇其説，乃輦致於河東公之門，公以爲麟經時物，得以爲古矣。公後以小宗伯掌文學柄，得士之後，設食會門生，器出於庭，則離立環觀，迭詞以贊，獨劉舍人蜕以爲非當時之物，乃近世矯作也。公不悦曰：果有説乎？紫薇曰：某幼專丘明之書，齊侯小白謚曰桓公，取威定霸，葵丘之會是第八盟，實在生前，不得以謚稱之。裴公恍然始悟，立命擊碎。

據此，復愚自言幼專丘明之書，則其爲文當亦喜摹擬左傳所載古人以事紀時之例，如襄公

九年之

公送晋侯。晋侯以公宴於河上，問公年，季武子對曰：會於沙隨之歲，寡君以生。

及襄公三十年之

師曠曰：魯叔仲惠伯會郤成子於承匡之歲也。

諸例皆是也。然則所謂「西華主之降」，果爲何事及在何時乎？考舊唐書壹捌上武宗紀略云：

會昌元年八月，迴紇烏介可汗遣使告難，言本國爲黠戛斯所攻，故可汗死，今部人推爲可汗。緣本國破散，今奉太和公主南投大國。十一月，太和公主遣使入朝，言烏介自稱可汗，乞行策命，緣初至漢南，乞降使宣慰。從之。二年三月，遣使册迴紇烏介可汗。

通鑑貳肆陸唐紀云：

會昌元年十一月，〔太和〕公主遣使上表，言〔烏介〕可汗已立，求册命。

二年三月，遣將作少監苗縝册命烏介可汗，使徐行，駐於河東，俟可汗位定，然後進。既而可汗屢侵擾邊境，縝竟不行。

通鑑考异貳壹武宗會昌元年二月迴紇立烏希特勒(勤)爲烏介可汗條引後唐獻祖紀年録曰：

王子烏希特勒(勤)者，曷薩之弟，胡特勒(勤)之叔，爲黠戛斯所迫，帥衆來歸，至錯子山，乃自立爲可汗。〔會昌〕二年七月，册爲烏介可汗。

寅恪案，烏介可汗之册立，自當依舊唐書武宗紀及温公之考定，在會昌二年三月，而非七月。後唐獻祖紀年録所載之不足據，不待詳辨也。唐廷正式受烏介可汗之降及遣使册命實爲當時一大事，復愚自宜以此大事紀年，其所謂「西華主之降」即烏介可汗之降也。「西華」疑本作「西蕃」，蕃華二字以形近致訛，據李德裕會昌一品集伍賜嗢没斯特勒（勤）等詔書云：

彼蕃自忠義毗伽可汗以來代爲親鄰。

又同集同卷賜迴紇嗢没斯詔略云：

况迴紇代雄朔漠，威服諸蕃，今已破傷，足堪悲憤。深慮從此之後爲諸蕃所輕，與卿等爲謀，須務遠大，莫若自相率勵，同奉可汗，興復本蕃，再圖强盛。卿等表請器甲，朕君臨萬國，非止一蕃，祖宗舊章不敢逾越，國家未曾賜諸蕃器甲，卿等亦合備知。

又同集柒停歸義軍敕書云：

敕李思忠（即嗢没斯所賜之姓名）首率蕃兵，歸誠向闕。

此皆迴紇可以稱蕃之證也。又據會昌一品集陸與紇扢斯可汗書云：

貞觀四年，西北蕃君長詣闕頓顙，請上尊號爲天可汗，是後降璽書西北蕃君長皆稱皇帝「天可汗」，臨統四夷實自兹始。（與此條同類及有關之史料及問題頗多，兹僅引此，他不旁及。）

李冗獨异志下云：

契苾何力西蕃酋種，太宗授右驍衛將軍。

迴紇者西北蕃之一種，其稱爲西蕃亦猶李冗獨异志下之稱鐵勒種契苾何力爲西蕃也。蓋同爲唐人習俗湝稱之詞耳，然則華爲蕃之訛，而唐廷正式受西蕃主之降遣使册命之時即會昌二年三月無疑矣。復次，假使華字非蕃字之訛，則西華二字亦有其解釋，如芒洛冢墓遺文肆編叁安師志略云：

君諱師，字文則，河南洛陽人也。十六代祖西華國君東漢永平中遣子仰入侍，求爲屬國，乃以仰爲并州刺史，因家洛陽焉。以顯慶二年正月十日構疾，終於洛陽之嘉善里第。夫人康氏，以龍朔三年八月廿一日終於洛陽之嘉善里第。龍朔三年歲次癸亥九月辛亥朔廿日庚午制。

又康達志略云：

君諱達，自（字）文則，河南伊闕人也。

□以□

因家河□焉。

以總章二年六月廿□日構疾終於河南思順里之第。

雲笈七籤壹壹肆載杜光庭墉城集仙録西王母傳略云：

西王母者，九靈太廟龜山金母也。乃西華之至妙，洞陰之極尊，先以東華至真之氣，化而生木公焉。又以西華至妙之氣，化而生金母焉。

據此，可知唐人習以西華爲西北蕃胡之雅號，而與東華爲對文。復愚蓋用當時俗稱回纥烏介可汗爲西華主歟？此假説未敢確信，姑記於此，以俟詳考。

據杜牧樊川集柒唐故太子少師奇章郡開國公贈太尉牛公（僧孺）墓志銘略云：

明年（開成四年），檢校司空、平章事、襄州節度使。會昌元年秋七月，漢水溢堤入郭，自漢陽王張柬之一百五十歲後，水爲最大。李太尉德裕挾維州事，曰修利不至，罷爲太子少師。

舊唐書壹捌上武宗紀云：

會昌元年七月，襄郢江左大水。

又同書叁柒五行志云：

會昌元年七月，襄州漢水暴溢，壞州郭，均州亦然。

新唐書捌武宗紀云：

會昌元年七月，壬辰漢水溢。

又同書叁陸五行志云：

會昌元年七月，江南大水，漢水壞襄、均等州民居甚衆。

又同書壹柒肆牛僧孺傳云：

會昌元年，漢水溢壞城郭，坐不謹防，下遷太子少保，進少師。

通鑑貳肆陸唐紀云：

會昌元年九月，以前山南東道節度使、同平章事牛僧孺爲太子太（當作少）師。先是漢水溢，壞襄州民居。故李德裕以爲僧孺罪而廢之。

依上引諸條觀之，會昌元年七月壬辰襄州實有漢水暴漲之事，復愚所謂「其三月辛卯夜未半埜水入廬者」，若是指會昌元年三月言，則元年三月壬申朔，（以下長曆推算悉依陳垣先生二十史朔閏表，不復一一注明。）雖得有辛卯日，而烏介可汗於元年八月以後始請降及求册命，復愚豈能於元年三月即能作「西蕃主之降」之預言？姑無論元年漢水之溢實在七月，與三月之時間不合也。若是指會昌二年三月言，則二年三月丙申朔，不能有辛卯日。然則果是何年何月何日耶？寅恪以爲復愚之所謂其三月者，非會昌某年之三月，而是正式受西蕃主之降及遣使册命一大事之三月，遂在「西蕃主之降也」之語上特著一「於」字，即從會昌二年三月此大事之後順數第三個月，即會昌二年六月是也。據長曆，會昌二年六月甲子朔，是辛卯爲此月之二十八日，故「於西蕃主之降也其三月辛卯」一語可作會昌二年六月二十八日解也。

又會昌元年七月壬辰漢水溢堤，入襄州郭，壞民居。檢長曆，是年七月己巳朔，壬辰爲七月二十四日，相當西曆八四一年八月十三日。而會昌二年六月辛卯即二十八日，相當西曆八四二年八月九日，前後兩年襄州漢水漲溢之期其間距隔不過三數日，蓋以天時及地勢言之，襄州郭外之漢水必於每歲約略相同之時期有漲溢之事，新舊唐書帝紀及五行志屢記李唐一代夏秋之時襄州漢水漲溢，可爲例證。會昌元年與會昌二年襄州漢水俱約於陽曆八月初旬前後漲溢，而會昌元年溢堤入郭，其爲災害更甚於他歲，故史籍特著其事。文泉子集自序言「埜水入廬」及「覆硯於襄陽之野」，則是復愚所居不在襄州城郭之內。會昌二年漢水之漲其高度不及其前一歲，故未入襄州郭内，史氏因略而不書，此又可以推知者也。

據此，可證文泉子集自序作於會昌二年，又此文中尚有可以證明者，即「當初不能自明其書十五年矣」一語。據文苑英華陸柒壹復愚上禮部裴侍郎書略云：

今者欲三十歲矣。嗚呼！蜕也材不良，命甚奇，時來而功不成，事修而名不副，將三十年矣。

此書乃復愚上知貢舉裴休者。據王定保唐摭言貳海述解送條及徐松登科記考等，知復愚爲大中四年（西曆八五十年）進士。故此書之作必在其前一年，即大中三年（西曆八四九年），此年復愚年二十九歲，此爲無可疑者。若據此逆推，則會昌二年（西曆八四二年）復愚當爲二十二歲。又據文苑英華陸柒壹與韋員外書云：

蜕爲人子二十二（原注：集作六。）年，唯初七年持瓦石爲俎豆戲。

此書二十二或二十六兩者孰是，兹姑不論，但七年之七既無二讀，可決其無誤。文泉子集自序謂「當初不能自明其書十五年矣」，則在此十五年之前必是與韋員外書所謂「持瓦石爲俎豆戲」之時間，此時間既是七年，則十五年加七年共爲二十二年，即二十二歲。故復愚作文泉子集自序必在會昌二年，此又可證明無疑者也。（又文苑英華柒玖拾復愚梓州兜率寺文冢銘有「嗚呼！十五年矣，實得一千七百八十紙」之語，亦可參證。）

（二）與韋員外書

文苑英華陸柒壹與韋員外書云：

蜕爲人子二十二（原注：集作六。）年，唯初七年持瓦石爲俎豆戲。

寅恪案，上已考定復愚上禮部裴侍郎書爲大中三年，其年復愚年二十九歲，則其二十二歲乃會昌二年，是此書作於會昌二年也。至二十六乃二十二之誤，前亦已説明矣。

（三）獻南海崔尚書書

文苑英華陸玖叁復愚獻南海崔尚書書云：

嗚呼！蜕之生於今二十四年。

據吴廷燮先生唐方鎮年表嶺南崔龜從條考證云：

封敖有前宣歙崔龜從授嶺南制（原注云：在崔元式河東制後，盧商東川制前。）加檢校禮部尚書兼御史大夫，此會昌四年龜從鎮嶺南之證。

寅恪案，前據復愚上禮部裴侍郎書，知大中三年復愚年二十九歲，則其二十四歲時爲會昌四年（西曆八四四年）明矣。此可與吴氏之説互證也。

（四）復崔尚書書

文苑英華陸柒壹復愚復崔尚書書雖無年月可尋，當略在獻南海崔尚書書之後，亦同在會昌四年也。

（五）古漁父四篇篇後序

唐文粹肆肆下古漁父四篇篇後序云：

會昌甲子歲余於西塞巖下見版，洗而得漁父書七篇。

寅恪案，會昌甲子即會昌四年也。

（六）梓州兜率寺文冢銘并序

文苑英華柒玖拾復愚梓州兜率寺文冢銘序云：

大唐大中之丁卯而戊辰之季秋。

寅恪案，大中丁卯即大中元年（西曆八四七年），大中戊辰即大中二年（西曆八四八年）也。

（七）上禮部裴侍郎書

文苑英華陸柒壹復愚上禮部裴侍郎書略云：

今者欲三十歲矣。今年冬見乙（原注：集作丁。）酉詔書，用閣下以古道正時文，（原注：一作聞。）以平律校群士，懷才負藝者踊躍至公，蜕也不度，入春明門，請與八百之列，負階待試。嗚呼！蜕也材不良，命甚奇，時來而功不成，事修而名不副，將三十年矣。

寅恪案，此書乃上裴休者，前已考定，兹不復贅。此書作於大中三年（西曆八四九年）之冬，此時復愚自謂將三十歲，即二十九歲也。

（八）與京西幕府書

文苑英華陸柒叁復愚與京西幕府書云：

獨蛻家居甚困，白身三十過於相如者。

寅恪案，依前所考，復愚年三十則應在大中四年。但復愚爲是年進士，而此書言是白身，則當在是年尚未放榜以前所作。或者三十之語不過舉成數而言，仍是大中三年年二十九時所作也。

（九）論令狐滈不宜爲拾遺疏

全唐文柒捌玖載復愚論令狐滈不宜爲拾遺疏，當是從册府元龜伍肆柒諫諍部直諫門劉蛻咸通四年爲左拾遺條轉録，而曾釗面城樓文鈔貳天啓吴本劉蛻集跋謂全唐文據韓本增入此疏，殊爲失實，蓋曾氏未見四庫全書原本，以意揣測也。又舊唐書壹柒貳令狐楚傳所載復愚上此疏在咸通二年（西曆八六一年），當是傳寫之誤，今傳世史籍除册府元龜外，其他如舊唐書壹玖上懿宗紀云：

〔咸通四年〕（西曆八六三年）十一月，長安縣尉、集賢校理令狐滈爲左拾遺。制出，左拾遺劉蛻、起居郎張雲上疏，論滈父綯秉權之日，廣納賂遺，受李琢賄，除安南，致生蠻寇，滈不宜居諫諍之列。時綯在淮南，上表論訴，乃貶雲興元少尹，蜕華陰令，滈改詹事司直。

及通鑒貳伍拾唐紀云：

〔咸通四年〕冬十月甲戌，以長安尉、集賢校理令狐滈爲左拾遺。乙亥，左拾遺劉蜕上言：滈專家無子弟之法，布衣行公相之權。起居郎張雲言：滈父綯用李琢爲安南，致南蠻至今爲梗，由滈納賄，陷父於惡。十一月丁酉，雲復上言：滈父綯執政之時，人號白衣宰相。滈亦上表引避，乃改詹事府司直。

等紀事俱以此疏上於咸通四年，故舊唐書令狐楚傳「二」字必是「四」字之訛無疑也。兹以岑建功刊舊唐書校勘記偶未照及，而此事實爲復愚一生大節所關，故備録史籍之文，爲之校正。

（十）諫游宴無節疏

此疏上於咸通四年，見通鑒貳伍拾唐紀。

（十一）論以閤門使吴德應爲館驛使疏

此疏上於咸通四年，亦見通鑒貳伍拾唐紀。

（十二）投知己書

文苑英華陸玖叁復愚投知己書一作與大理楊卿書云：

蛻生二十餘年，已過當時之盛，棲遲困辱者，未遇當時之人。

寅恪案，復愚爲大中四年進士，是年年三十歲，據以逆推，會昌元年，年二十一歲，此書之作雖不知在何年，但言二十餘年，則必在會昌元年以後大中四年以前也。以其無確定之年可考，故附載於此。

綜合前所考證者，取其結論，列表於下：

長慶元年（西曆八二一年），復愚生。

會昌二年（西曆八四二年），二十二歲。文泉子集自序。與韋員外書。

會昌四年（西曆八四四年），二十四歲。古漁父四篇。獻南海崔尚書書。復崔尚書書。

大中二年（西曆八四八年），二十八歲。梓州兜率寺文冢銘。

大中三年（西曆八四九年），二十九歲。上禮部裴侍郎書。與京西幕府書或作於此年。投知己書或與大理楊卿書或作於此年及會昌元年以後。

大中四年（西曆八五〇年），三十歲。與京西幕府書或作於此年。

咸通四年（西曆八六三年），四十三歲。論令狐滈不宜爲左拾遺疏。諫游宴無節疏。論以閤門使吴德應爲館驛使疏。

下章

北夢瑣言叁劉蛻舍人不祭先祖條云：

唐劉舍人蛻，桐廬人。早以文學應進士舉，其先德戒之曰：任汝進取，窮之與達，不望於汝。吾若没後，慎勿祭祀。乃乘扁舟，以漁釣自娱，竟不知其所適。（原注：不審是隱者，爲復是漁師，莫曉其端倪也。）紫微歷登華貫，出典商於，霜露之恩，於是乎止，臨終亦戒其子如先考之命。蜀禮部尚書纂，即其息也。嘗與同列言之。君子曰：名教之家，重於喪祭，劉氏先德，是何人斯？苟同隱逸之流，何傷菽水之禮？紫微以儒而進，爵比通侯，遵乃父之緒言，紊先王之舊制，以時（一作報本）之敬，能便廢乎？大彭通人，抑有其説，時未喻也。

寅恪案，劉蛻、劉纂父子皆以進士釋褐，蛻仕至中書舍人，纂仕至禮部尚書。所謂「以儒而進」及「名教之家」也。而累世「無菽水之禮」，「闕報本之敬」，揆諸吾國社會習俗，已不可解。又蛻父「乘舟以漁釣自娱，竟不知其所適」，尤爲可怪。據復愚復崔尚書書云：

況蛻近世無九品之官，可以藉聲勢。

及上禮部裴侍郎書云：

四海無强大之親。

則復愚家世姻戚皆非仕宦之族可知。若此兩端已足令人致疑於復愚氏族所出實非華夏族類，而其籍貫問題則與此點亦有關係也。兹先考定其紛歧之籍貫，然後依次推證其所著籍之地俱有賈胡僑寓之蹤迹，庶幾復愚氏族之真相既得以明瞭，而談唐代异族華化史者又增一新例矣。

四庫全書總目壹伍壹集部別集類文泉子集提要云：

王定保唐摭言載：劉蛻，桐廬人，官至中書舍人，有從其父命，死不祭祀一事，所叙爵里復不同。或疑爲別一劉蛻，未之詳也。

寅恪案，唐摭言之劉蛻與北夢瑣言之劉蛻自是一人，提要疑爲同名之二人，殊爲不當。但其所引唐摭言之文與太平廣記壹捌肆貢舉類柒劉纂條同，其文云：

劉纂者，商州劉蛻之子也，亦善爲文。（此據文友堂景明談愷本。）

此文即見唐摭言玖惡掇科名條，惟「商州」作「高州」。蔣光煦斠補隅録依雅雨堂本唐摭言參校諸善本，俱作「高州」，不作「商州」。「高」「商」二字形甚近似，孰爲正是，夫易判定。據文苑英華復愚上禮部裴侍郎書云：

家在九江（原注：集作曲。）之南，去長安近四千里。（寅恪案，「江」「曲」二字亦不易定其是非，「九曲」殆指黄河而言乎？近温廷敬先生廣東通志列傳肆劉蜕傳以「九曲」乃指衡山湘水言，故定復愚爲桂陽人，而以長沙爲郡望。其論證雖頗新確，但寅恪檢水經注叁捌湘水篇漁者歌曰：帆隨湘轉，望衡九面。朱謀瑋箋謂轉面二字叶韵，其説甚是。温氏讀面爲曲似乖歌韵之理，且與「望衡」二字意義亦自不貫。縱謂隨湘流舟行，既能望見衡山之九面，則湘水亦得言「九曲」，義或可强通，然解釋迂迴，終疑有未洽也。至温氏以北夢瑣言之桐盧乃桂陽之訛，謂「初訛『桂』爲『桐』，後校者見地名無『桐陽』復臆改爲『桐盧』，其蹤迹猶可尋也。」則屬於假想，可以不論。又元和郡縣圖志貳玖連州西北至上都三千六百六十五里。道州西北至上都三千四百一十五里。温書以連州至上都爲三千四百一十五里，蓋偶涉筆誤，僅附校正於此。）

則復愚必非商州人，蓋商州去長安不逾三百里，（見通典壹柒伍州郡典，他書俱略同。）又不在九江或九江之南也。據北夢瑣言「出典商於」之語，是復愚曾任商州刺史之證。（貫休禪月集叁有上劉商州詩，劉商州未知是蜕否？俟考。）然則「商」字若果非誤寫，則唐摭言所謂「商州」者乃爲復愚之官職，而非其籍貫。四庫提要蓋有所誤解也。至高州則雖在九曲或九江之南，但通典壹捌肆州郡典舊唐書肆壹地理志等俱載其去西京或京師六千六百六十二里，是其距離與復愚之所自言者不合。然則「商」之訛「高」其來已久矣。假使「高」字別有依據，非復誤寫，則嶺外海隅本賈胡僑寄之地，復愚又曾至南海上書於崔龜從，是與本篇本章之所欲推證者適合，亦無待贅考。故今仍認「高」字爲「商」字之訛，而高州非復愚繫籍之地，不復加以討論也。若就復愚上禮部裴侍郎書言，則其著籍之地非桐廬莫屬，何以言之？據通典壹捌貳州郡典新定郡睦州條云：

去京三千六百五十九里。

領縣：桐廬。

舊唐書肆拾地理志睦州條云：

在京師東南三千六百五十九里。

桐廬。

元和郡縣圖志貳伍江南道睦州條云：

西北至上都三千七百十五里。

桐廬縣。

桐廬距長安之里數諸書雖微有出入，但均與上禮部裴侍郎書所謂「去長安近四千里」之語相合。且復愚自稱長沙人（見梓州兜率寺文冢銘序），而長沙去長安僅二千五百十九里，（此據通典壹捌叁州郡典舊唐書肆拾地理志潭州條所載，若元和郡縣圖志貳玖潭州條所列西北至上都里數尚少於此。）與四千里之數相差甚遠，故云若就復愚上禮部裴侍郎書所自言，則其繫籍之地非桐廬莫屬，（温廷敬先生復愚爲桂陽人之新説雖亦可通，但以證據未充之故，仍不敢遽捨桐廬之舊説也。説見前注。）孫光憲北夢瑣言謂復愚爲桐廬人，殊可信從也。

復愚梓州兜率寺文冢銘序云：

文冢者，長沙劉蜕復愚爲文不忍棄其草，聚而封之也。

寅恪案，此復愚自稱長沙人之明證，故方志載長沙有復愚故宅，如嘉慶一統志叁伍伍長沙府古迹門載：

劉蜕故宅（在長沙縣城西北湘江邊）。

之例是也。由是言之，復愚於上禮部裴侍郎書中等自言桐廬人，於梓州兜率寺文冢銘序中明白自稱長沙人，此二者既是復愚所自言，必無舛誤。唐人例稱郡望，而此兩者皆非劉氏顯望，故知均是復愚僑寄之地，非其家世祖居之原籍也。杜甫解悶十二首之一云：

商胡離別下揚州，憶上西陵故驛樓。爲問淮南米貴賤，老夫乘興欲東游。

范攄雲溪友議上夷君誚條云：

登州賈者馬行餘轉海擬取昆山路適桐廬，時遇西風，而吹到新羅國。（此條承何格恩先生舉以見告者，附注於此，以申謝意。）

據此，西陵爲杭越運河之要點，桐廬則轉海乘舟之步頭，皆唐代商胡由海上經錢塘江出入內地之孔道，然則復愚之家僑寄於桐廬，而其父之「扁舟漁釣，莫知所適」，豈無故耶？

袁郊甘澤謡韋騶條略云：

韋騶者游岳陽，岳陽太守以親知見辟，數月謝病去。弟騋舟行，溺於洞庭湖。騶乃於水濱慟哭，移舟湖神廟下，欲焚其廟，曰：千金估胡安穩獲濟，吾弟窮悴，乃罹此殃，焉用爾廟爲？

寅恪案，藤田豐八教授東西交涉史之研究南海篇壹捌肆頁引此條估胡之語，以證成其胡人往來通商之說。鄙意「估胡」二字於此或是唐人行文習用之詞，不過僅表示富商大賈之意耳。未必涵有種族之義也。故唐代雖必有賈胡行舟洞庭之事，但不敢遽引此爲據，以其解釋不能確定無疑也。惟杜甫在潭州所作清明二首之一（此據涵芬樓景宋分門集注杜工部詩集本叄時序門）云：

朝來新火起新烟，湖色春光淨客船。綉羽銜花他自得，紅顔騎竹我無緣。胡童結束還難有，楚女腰肢亦可憐。不見定王城舊處，長懷賈傅井依然。（下略）

寅恪案，「胡童」二字所見諸善本皆不著异讀，（僅近日坊賈翻刊杜詩錢注本作「夷童」，蓋錢注本原避清代疑忌，故以「胡」字作空闕，翻刊錢本者遂臆補「夷」字，非別有依據也。）

自無舛誤，亦必非「湖童」之訛脱，蓋「湖童」一名殊爲不辭故也。據此，「胡童」之「胡」必作「胡人」之「胡」解無疑，不論杜公在潭州所見之胡童爲真胡種，抑僅是漢兒之喬妝，以點綴飾物嬉娱者，要皆足證成潭州當日必有胡族雜居。若不然者，則其地居民未嘗習見胡童之形貌，何能仿效其妝束，以爲游戲乎？故依杜公此詩，潭州當日之有胡商僑寓，可以決言，然則復愚之自稱長沙劉蜕，即其寄居潭州之證，又豈無故耶？

又近刊廣東通志劉蜕傳以復愚實桂陽人，其自稱長沙不過郡望而已（見前子注）。若其説果確，則據元和郡縣圖志貳玖連州條云：

秦爲長沙郡之南境，漢置桂陽郡。

東至韶州陸路五百里。

西至賀州捷路二百七十里，取道州桂嶺路三百六十里。

西南至封州六百三十里。

東北度嶺至郴州三百九十里。

東至廣州八百九十里。

陽山縣。

本漢舊縣，爲南越置關之邑，故其關在縣西北四十里茂漢口。史記尉佗移檄陽山關曰：「盗兵且至，急絶道，聚兵自守！」今陽山北當騎山嶺路，秦於此立陽山關，漢破南越以爲縣。是桂陽亦近值嶺路交通要點，嶺外賈胡往來中州，其於桂陽有旅寄之所，非不可能，特以「九曲」一語之解釋尚有疑問，故未敢遽信，姑存其説於此，以供參證。至若復愚以荆州發解（見唐摭言貳海述解送條及北夢瑣言肆破天荒解條等），故方志有列之爲江陵人者（如輿地紀勝之類），則其不當，自不待贅辨也。

近年桑原隲藏教授蒲壽庚事迹考及藤田豐八教授南漢劉氏祖先考（見東西交涉史之研究南海篇），皆引朱彧萍洲可談貳所載北宋元祐間廣州蕃坊劉姓人娶宗室女事，以證伊斯蘭教徒多姓劉者，其説誠是。但藤田氏以劉爲伊斯蘭教徒習用名字之音譯，固不可信，而桑原氏以廣州通商回教徒之劉氏實南漢之賜姓，今若以復愚之例觀之，其説亦非是。鄙見劉與李俱漢唐兩朝之國姓，外國人之改華姓者，往往喜采用之，復愚及其他伊斯蘭教徒之多以劉爲姓者，殆以此故歟？關於復愚氏族疑非出自華夏一問題，尚可從其文章體制及論説主張諸方面推測，但以此類事證多不甚適切，故悉不置論，謹就其以劉爲氏，而家世無九品之官，四海無强大之親，父子俱以儒學進仕至中書舍人禮部尚書，而不祭祀先祖，及籍貫紛歧，而俱賈胡僑寄之地三端，推證之如此。

（原載一九三九年十月中央研究院歷史語言研究所集刊第捌本第壹分）

四聲三問

古今論四聲者多矣。寅恪於考古審音二事皆未嘗致力，故不敢妄説。僅就近日在清華園講授所及，提出三淺顯之問題，試擬三簡單之解答，并擇録舊籍之有關者，略加詮釋，附於第二解答之後，以資參證。凡所討論，大抵屬於中古文化史常識之範圍，其牽涉音韵學專門性質者，則謹守「不知爲不知」之古訓，概不闌入，藉以藏拙云爾。

初問曰：中國何以成立一四聲之説？即何以適定爲四聲，而不定爲五聲，或七聲，抑或其他數之聲乎？

答曰：所以適定爲四聲，而不爲其他數之聲者，以除去本易分別，自爲一類之入聲，復分別其餘之聲爲平上去三聲。綜合通計之，適爲四聲也。但其所以分別其餘之聲爲三者，實依據及摹擬中國當日轉讀佛經之三聲。而中國當日轉讀佛經之三聲又出於印度古時聲明論之三聲也。據天竺圍陀之聲明論，其所謂聲 Svara 者，適與中國四聲之所謂聲者相類似。即指聲之高低言，英語所謂 Pitch accent 者是也。圍陀聲明論依其聲之高低，分別爲三：一曰 Udātta，二曰 Svarita，三曰 Azudatta。佛教輸入中國，其教徒轉讀經典時，此三聲之分別當亦隨之輸入。

至當日佛教徒轉讀其經典所分別之三聲，是否即與中國之平上去三聲切合，今日固難詳知，然二者俱依聲之高下分爲三階則相同無疑也。中國語之入聲皆附有k,p,t等輔音之綴尾，可視爲一特殊種類，而最易與其他之聲分別。平上去則其聲響高低相互距離之間雖有分別，但應分別之爲若干數之聲，殊不易定。故中國文士依據及摹擬當日轉讀佛經之聲，分別定爲平上去之三聲。合入聲共計之，適成四聲。於是創爲四聲之說，并撰作聲譜，借轉讀佛經之聲調，應用於中國之美化文。此四聲之說所由成立，及其所以適爲四聲，而不爲其他數聲之故也。

再問曰：四聲說之成立由於中國文士依據及摹擬轉讀佛經之聲，既聞命矣。果如所言，天竺經聲流行中土，歷時甚久，上起魏晉，下迄隋唐，六七百年間審音文士善聲沙門亦已衆矣。然則無論何代何人皆可以發明四聲之說，何以其說之成立不後不先適值南齊永明之世？而創其說者非甲非乙，又適爲周顒、沈約之徒乎？

答曰：南齊武帝永明七年二月二十日，竟陵王子良大集善聲沙門於京邸，造經唄新聲。實爲當時考文審音之一大事。在此略前之時，建康之審音文士及善聲沙門討論研求必已甚衆而且精。永明七年竟陵京邸之結集，不過此新學說研求成績之發表耳。此四聲說之成立所以適值南齊永明之世，而周顒、沈約之徒又適爲此新學說代表人之故也。

上述理由請略徵舊籍，以資說明。但吾人今日可藉以考知六朝經唄之概略者，僅存極少數之資料，如慧皎高僧傳中經師諸傳及日本高野山所藏寫本魚山集等而已。魚山集之聲譜寅恪未能通解，可以不論。兹擇取高僧傳所載與舊史及他書之文互相釋證於下：

高僧傳拾伍支曇籥傳云：

支曇籥本月支人。寓居建業。少出家，憩吴虎丘山。晋孝武初敕請出都。止建初寺，孝武從受五戒，敬以師禮。籥特禀妙聲，善於轉讀。嘗夢天神授其聲法，覺因裁製新聲。

又釋法平傳云：

釋法平姓康，康居人。寓居建業。與弟法等俱出家。止白馬寺。爲曇籥弟子。共傳師業。響韵清雅，運轉無方。兄弟并以元嘉末卒。

又釋僧饒傳云：

釋僧饒建康人。出家。止白馬寺。偏以音聲著稱，擅名於宋孝武之世。響調優游，和雅哀亮，與道綜齊肩。宋大明二年卒，年八十六。時同寺復有超慧明慧，少俱爲梵唄。長齋時轉讀，亦有名當世。

又釋道慧傳云：

釋道慧姓張。潯陽柴桑人。止廬山寺。特禀自然之聲，故偏好轉讀。後出都，止安樂寺。轉讀之名大盛京邑。宋大明二年卒，年五十有一。

又釋智宗傳云：

釋智宗姓周。建康人。出家，止謝寺。尤長轉讀。大明三年卒，年三十一。時有慧寶、道詮。雖非同時，作法相似。甚豐聲而高調，製用無取焉。宋明忽賞道詮，議者謂逢時也。

又釋曇遷傳云：

釋曇遷姓支，本月支人。寓居建康。巧於轉讀，有無窮聲韵。彭城王義康范曄王曇首并皆游狎。及范曄被誅，門有十二喪，無敢近者。遷抽貨衣物，悉營葬送。孝武聞而嘆賞，謂徐爰曰：卿著宋書，勿遺此士！齊建元四年卒，年九十九。時有道場寺釋法暢、瓦官寺釋道琰并富聲哀婉，雖不兢遷等，抑亦次之。

又釋曇智傳云：

釋曇智姓王，建康人。出家，止東安寺。既有高亮之聲，雅好轉讀。宋孝武蕭思話王僧虔等并深加識重。齊永明五年卒於吴國，年七十九。

又釋僧辯傳云：

釋僧辯姓吴，建康人。出家，止安樂寺。少好讀經，受業於遷暢二師。初雖祖述其風，晚更措意斟酌。哀婉折衷，獨步齊初。聲振天下，遠近知名，後來學者莫不宗事。永明七年二月十九日，司徒竟陵文宣王夢於佛前咏維摩一契，便覺韵聲流好，著工恒日。明旦即集京師善聲沙門龍光普智新安道興多寶慧忍天保超勝及僧辯等，集第作聲。辯傳古維摩一契，瑞應七言偈一契，最是命家之作。辯以齊永明十一年卒。

又釋曇憑傳云：

釋曇憑姓楊。犍爲南安人。少游京師，學轉讀。止白馬寺。音調甚工，而時人未之推也。於是專精規矩，更加研習。晚遂出群，翕然改觀。

又釋慧忍傳云：

釋慧忍姓蕢，建康人。少出家，住北多寶寺。無餘行解，止是愛好音聲。初受業於安樂辯公，備得其法，而哀婉細妙，特欲過之。齊文宣感夢之後，集諸經師。乃共忍斟酌舊聲，詮品新異。製瑞應四十二契。忍所得最爲長妙。於是令慧微僧業僧尚超明僧期超猷慧旭法曇慧滿僧胤慧象法慈等四十餘人皆就忍受學。遂傳法於今。忍以隆昌元年卒。年四十餘。釋法鄰。釋曇辯。釋曇念。釋曇幹。釋曇進。釋慧超。釋道首。釋曇調。

凡此諸人并齊代知名。其浙左江西荆陝庸蜀亦頗有轉讀。然止是當時咏歌，乃無高譽，故不足而傳也。

論曰：自大教東流，乃譯文者衆，而傳聲者蓋寡。始有魏陳思王曹植，深愛聲律，屬意經音。既通般遮之瑞響，又感魚山之神製。於是删治瑞應本起，以爲學者之宗。傳聲則三千有餘，在契則四十有二。其後帛橋支籥亦云祖述陳思，而愛好通靈，別感神製，裁變古聲，所存止一千而已。逮宋齊之間有曇遷僧辯太傅文宣等，并殷勤嗟咏，曲意音律，撰集异同，斟酌科例，存於舊法，正可三百餘聲。天竺方俗，凡是歌咏法言，皆稱爲唄。至於此土，咏經則稱爲轉讀，歌贊則號爲梵唄。原夫梵唄之起，亦肇自陳思，始著太子頌及睒頌等，因爲之製聲，吐納抑揚，并法神授，今之皇皇顧惟蓋其風烈也。

據上所擇要移録之僧傳原文，有三事可以注意，即善聲沙門最衆之地，善聲沙門最盛之時，及曹植魚山製契之傳説最先見於何書是也。請分別言之：

僧傳所載善聲沙門，幾全部爲居住建康之西域胡人，或建康之土著。蓋建康京邑，其地既爲政治之中心，而揚州又屬濱海區域，故本多胡人居住，世説新語政事篇王丞相拜揚州條即是一例。過江名士所以得知此「彈指」「蘭闍」之胡俗胡語者，或亦由建康胡化之漸染，非必前居洛陽時傳習而來也。夫居住建康之胡人依其本來嫺習之聲調，以轉讀佛經，則建康土著之僧徒受此特殊環境之薰習，其天賦優厚者往往成爲善聲沙門，實與今日中國都邑及商港居民善謳基督教祀天贊主之歌頌者，理無二致。此爲建康所以多善聲沙門之最要主因，而宮廷貴族之提倡尚在其次也。

又據僧傳所記善聲沙門之生卒年歲推之，是建康經唄之盛，實始自宋之中世，而極於齊之初年。若復取舊史及他書以爲參證，則知四聲説之成立，其間因緣會合，蓋有物理之所必致，而非人事之偶然者也。

僧祐出三藏記集拾貳齊竟陵文宣王法集目録内載：

與何祭酒赞去滋味一卷。赞梵唄偈文一卷。梵唄序一卷。轉讀法并釋滯一卷。

又齊竟陵王世子撫軍巴陵王法集目録内載：

經聲賦。

南齊書肆拾竟陵文宣王子良傳（南史肆肆同）云：

移居鷄籠山西邸，集學士抄五經、百家，依皇覽例，爲四部要略千卷。招致名僧，講論佛法，造經唄新聲。道俗之盛，江左未有也。

梁書壹武帝紀（南史陸同）云：

竟陵王子良開西邸，招文學，高祖與沈約、謝朓、王融、蕭琛、范雲、任昉、陸倕等并游焉。號曰八友。（參閲梁書拾叁南史伍柒沈約傳。）

南齊書貳壹文惠太子傳（南史肆肆同）云：

太子與竟陵王子良俱好釋氏。

南齊書肆壹周顒傳云：

顒音辭辯麗，出言不窮。官商朱紫，發口成句。

南史叁肆周顒傳云：

轉國子博士，兼著作。太學諸生慕其風，爭事華辯。始著四聲切韵行於時，後卒於官。子捨。捨善誦詩書，音韵清辯。

南齊書肆壹周顒傳云：

顒卒官時，會王儉講孝經未畢，舉曇濟自代，學者榮之。官爲給事中。（寅恪案，傳文疑有訛脱。）

南齊書叁武帝紀（南史肆同）云：

永明七年五月乙巳，尚書令開府儀同三司王儉薨。

南齊書貳叁王儉傳（南史貳叁同）云：

〔永明〕二年，領國子祭酒、丹陽尹，本官如故。三年，領國子祭酒，又領太子少傅。（寅恪案，南齊書九禮志建元四年太祖崩，罷國學。永明三年復立。南齊書王儉傳永明二年下「國子祭酒」四字當依南史删正。）

梁書拾叁沈約傳（南史伍柒同）云：

又撰四聲譜，以爲在昔詞人，累千載而不寤，而獨得胸衿，窮其妙旨，自謂入神之作，高祖雅不好焉。帝問周捨曰：何謂四聲？捨曰：「天子聖哲」是也。然帝竟不遵用。

南史肆捌陸厥傳（參閱南齊書伍貳陸厥傳）云：

〔永明末〕盛爲文章，吴興沈約、陳郡謝朓、琅邪王融以氣類相推轂，汝南周顒善識聲韻。約等文皆用宫商，以平上去入四聲，以此制韻，有平頭、上尾、蠭腰、鶴膝。五字之中，音韻悉異，兩句之内，角徵不同，不可增減。世呼爲「永明體」。沈約宋書謝靈運傳後又論其事。厥與約書曰：范詹事自序：性别宫商，識清濁，特能適輕重，濟艱難。古今文人多不全了斯處，縱有會此者，不必從根本中來。尚書亦云：自靈均以來，此秘未睹，或暗與理合，非由思至。張、蔡、曹、王曾無先覺，潘、陸、顔、謝去之彌遠。大旨欲宫商相變，低昂舛節，若前有浮聲，則後須切聲，一簡之内，音韻盡殊，兩句之中，輕重悉異。辭既美矣，理又善焉。但觀歷代衆賢，似不都暗此處，而云此秘未睹，近於誣乎？約答曰：宫商之聲有五，文字之别累萬，以累萬之繁，配五聲之約，高下低昂，非思力所學，又非止若斯而已。十字之文，顛倒相配，字不過十，巧歷已不能盡，何況復過於此者乎？靈均以來，未經用之於懷抱，固無從得其髣髴矣。自古辭人豈不知宫羽之殊，商徵之别？雖知五音之異，而其中參差變動，所昧實多，故鄙意所謂此秘未睹者也。以此而推，則知前世文士，便未悟此處。以洛神比陳思他賦，有似異手之作。故知天機啓，則律吕自調，六情滯，則音律頓舛也。時有王斌者，不知何許人。著四聲論，行於時。斌初爲道人，博涉經籍，雅有才辯，善屬文，能唱導。

梁書肆玖庾肩吾傳（南史伍拾同）云：

齊永明中，文士王融、謝朓、沈約文章始用四聲，以爲新變。至是轉拘聲韻，彌尚麗靡，復逾於往時。

鍾嶸詩品云：

昔曹、劉殆文章之聖，陸、謝爲體貳之才。鋭精妍思，千百年中而不聞宫商之辨，四聲之論。或謂前達偶然不見，豈其然乎？三祖之詞，文或不工，而韻入歌唱，此重韻之義也。與世之言宫商者异矣。今既不備管弦，亦何取於聲律耶？齊有王元長者，嘗謂余云：宫商與二儀俱生，自古詞人不知之，惟顔憲子乃云：律吕音調，而其實乃大謬，唯見范曄謝莊頗識之耳，嘗欲造知音論，未就。王元長創其首，謝朓、沈約揚其波。三賢或貴公子孫，幼有文辨。於是士流景慕，務爲精密。故使文多拘忌，傷其真美。余謂文製本須諷讀，不可蹇礙。但令清濁通流，口吻調利，斯爲足矣。至於平上去入則余病未能。蜂腰鶴膝，閭里已具。

建康爲南朝政治文化之中心，故爲善聲沙門及審音文士共同居住之地。二者之間發生相互之影響，實情理之當然也。經聲之盛，始自宋之中世，極於齊之初年。竟陵王子良必於永明七年二月十九日以前即已嫺習轉讀，故始能於夢中咏誦。然則竟陵王當日之環境可以推知也。鷄籠西邸爲審音文士抄撰之學府，亦爲善聲沙門結集之道場。永明新體之詞人既在「八友」之列，則其與經唄新聲制定以前之背景不能不相關涉，自無待言。周顒卒年史不記載，據傳文推之，當在永明七年五月王儉薨逝以前，永明三年王儉領國子祭酒及太子少傅之後。即使不及見永明七年二月竟陵王經唄新聲之制定，要亦時代相距至近。其與沈約一爲文惠之東宮掾屬，一爲竟陵王之西邸賓僚，皆在佛化文學環境陶冶之中，四聲說之創始於此二人者，誠非偶然也。又顒傳言：「太學諸生慕顒之風，爭事華辯。」其所謂「辯」者，當即顒「音辭辯麗，出言不窮。宮商朱紫，發口成句」，及其子捨「善誦詩書，音韵清辯」之「辯」。皆四聲轉讀之問題也。梁武帝雖居「竟陵八友」之列，而不遵用四聲者，據隋書拾叁音樂志載「帝既素善鍾律，詳悉舊事，遂自制定禮樂」。而梁書叁武帝紀（南史柒同）又載其「不聽音聲。非宗廟祭祀大會饗宴，及諸法事未嘗作樂」。蓋由於好尚之特异，後來簡文帝之詆娸永明新體之支派者（見梁書肆玖南史伍拾庾肩吾傳簡文與湘東王書），殆亦因其家世興趣之關係歟？沈約宋書壹佰自序云：「（永明）五年春，又被敕撰宋書。六年二月畢功，表上之。謝靈運傳論之作正在此時。是其四聲之說實已成立於此時以前。當與周顒不甚相先後，蓋同是一時代之產物，俱受佛經轉讀之影響而已。至范曄自序之所言，觀曇遷一傳，可知其實受當時善聲沙門之薰習，而自來讀史者所未嘗留意也。總之，四聲與經聲之關係，迄今千四百餘年，尚未有人略能言及。故司馬氏資治通鑒壹叁陸於永明二年記竟陵王子良招致名僧，講論佛法事，全襲用南齊書南史舊文，而删去「造經唄新聲」之語。謝氏小學考貳玖録南史陸厥傳亦不載王斌附傳。是皆「不了此處」。兹特爲發其覆如此。而今而後，庶幾不致「此秘未睹」乎？

據僧傳後論，轉讀與梵唄有别，竟陵王所造新聲乃轉讀之聲，非梵唄之聲。蓋轉讀之聲即詩品所謂不備管弦，而有聲律者也。梵唄問題非本篇範圍，似可不論。但二者實互有關係，而又俱托始於陳思。故轉讀與陳思之關係，即魚山製契之傳説，則尤不得不先推求其起原之時代，以爲「四聲説史」之「前編」也。考瑞應本起經爲支謙所譯。謙事迹載高僧傳壹康僧會傳中。據傳，謙以漢獻帝末避亂於吴。孫權召爲博士，舉韋昭諸人輔導太子。從吴黄武元年至建興中先後共譯出四十九經。又據魏志拾玖陳思王植傳，植以魏明帝太和三年徙封東阿。六年封陳王，發疾薨。魚山在東阿境。植果有魚山製契之事，必在太和三年至六年之間。然當日魏朝之法制，待遇宗藩，備極嚴峻，而於植尤甚。若謂植能越境遠交吴國，删治支謙之譯本，實情勢所不許。其爲依托之傳説，不俟詳辨。此傳説之記載，寅恪所知者有二：一出劉敬叔之异苑（在今本卷伍中），一出劉義慶之宣驗記。（見唐湛然法華文句記伍所引，但湛然誤以劉義慶爲梁人。）二人皆晋末宋初人，是此傳説東晋之末必已流行無疑。隋費長房歷代三寶記伍載支謙譯瑞應本起經二卷，下注云：

黄武年第二出，與康孟詳譯者（寅恪案，此即第一出。）小异。陳郡謝鏘、吴郡張洗等筆受，魏東阿王植詳定。見始興録及三藏記。

寅恪案，今僧祐出三藏記集貳載有支謙譯瑞應本起經二卷。并無「魏東阿王植詳定」之語。出三藏記集全襲道安經録，可知道安經録中無此語。道安録成於晋孝武帝寧康二年（見出三藏記集伍引道安經録自序），又可知晋孝武以前無曹植删定瑞應本起經之説也。然則此語必出於始興録。此録今不傳。今存之佛藏諸目録亦皆不言其爲何時何人所作，無從詳考。但歷代三寶記玖載：「晋孝武世沙門聖堅於河南國爲乞伏乾歸譯十四經。其十經見始興録。始興即南録。」又檢三寶記所著録之經目注出始興録者，計其譯述時代，下至卷十一之

灰河經一卷見始興録

（南齊）武帝世沙門釋法度出

爲止。故據此可斷定始興録之作者必爲江左南朝之人。而其生年至早爲南齊武帝之世，或即永明時人，亦未可知。是始興録中曹植詳定瑞應本起經之語乃受經唄新聲之影響，采用東晋末年之傳説。其書晚出，遠在劉敬叔异苑及劉義慶宣驗記之後也。又考高僧傳載江左善聲沙門始於曇籥。籥於東晋孝武時夢天神授以聲法，覺因裁製新聲。證以成於孝武時之道安經録未有曹植詳定瑞應本起經之語。可知東晋中晚時代經聲雖已流行，而尚無魚山製契之神話。逮東晋

末年，始有此傳説。此傳説實含有一善聲沙門與審音文士合作之暗示，而此二種人之合作即四聲之起原。然則「四聲説史」之「前編」謂在典午南遷之季世，縱或不中，亦不甚遠乎？又梵唄亦肇自陳思之説，因認太子頌及睒頌等爲陳思所作之故。太子頌姑不論。睒頌者即據康僧會譯六度集經五睒菩薩本生而作之頌。考高僧傳壹康僧會傳云：會以赤烏十年始達建業。魏志拾玖陳思王植傳云：〔太和〕六年發疾薨。吴大帝赤烏十年，即魏齊王芳正始八年，上距魏明帝太和六年，即植薨之歲，已十五年之久。陳思何能於其未死之前，預爲未譯之本作頌耶？其説與删洽瑞應本起經事同爲依托，而非事實，固不待詳辨也。

三問曰：讀宋書謝靈運傳論南史陸厥傳所載厥與沈約問答之書及詩品所記王融告鍾嶸之語，竊有疑焉。凡約之所論，及厥之問約，約之答厥，融之語嶸者，皆四聲之問題也。然俱以宫商五聲爲言，而絶不及四聲一語。若四聲與五聲同物，則約仍用五聲之舊説可矣，何必又新創四聲之説，别撰四聲之譜乎？若四聲與五聲不同物，則約論非所論，融語非所語，厥問非所問，約更答非所答矣。然則四聲與五聲之同异究何在耶？

答曰：宫商角徵羽五聲者，中國傳統之理論也。關於聲之本體，即同光朝士所謂「中學爲體」是也。平上去入四聲者，西域輸入之技術也。關於聲之實用，即同光朝士所謂「西學爲用」是也。蓋中國自古論聲，皆以宫商角徵羽爲言，此學人論聲理所不能外者也。至平上去入四聲之分别，乃摹擬西域轉經之方法，以供中國行文之用。其「顛倒相配，參差變動」，如「天子聖哲」之例者，純屬於技術之方面，故可得而譜。即按譜而别聲，選字而作文之謂也。然則五聲説與四聲説乃一中一西，一古一今，兩種截然不同之系統。論理則指本體以立説，舉五聲而爲言，屬文則依實用以遣詞，分四聲而撰譜。苟明乎此，則知約之所論，融之所言，及厥之問約，約之答厥，所以止言五聲，而不及四聲之故矣。

又此第三解答之意旨實啓自段（段玉裁六書音均表古四聲説子注）、王（王國維觀堂集林捌五聲説）。今更借喻同光舊説，重爲引申。至王氏以陰陽平上去入爲三代秦漢間之五聲，其言之當否，别是一事，可置不論。此解答所竊取者，止段、王同主之一誼，即「四聲之説專主屬文」而已。斯誼而是也，固不敢掠美於前修；斯誼而非也，則願俟知音之新解。

（原載一九三四年四月清華學報第玖卷第貳期）

從史實論切韵

陸法言之切韵，古今中外學人論之者衆矣。寅恪於音韵之學，無所通解，故不敢妄説。兹僅就讀史所及，提出其語音系統一問題，以供參考。凡所討論，大抵皆屬於史實之範圍，至關於音韵學之專門性質者，則少涉及。此非唯謹守「不知爲不知」之古訓，亦藉以藏拙云爾。

顔氏家訓音辭篇云：

逮鄭玄注六經，高誘解呂覽淮南，許慎造説文，劉熹製釋名，始有譬況假借，以證音字耳。而古語與今殊别，其間輕重清濁，猶未可曉；加以内言、外言、急言、徐言、讀若之類，益使人疑。孫叔言創爾雅音義，是漢末人獨知反語。至於魏世，此事大行。高貴鄉公不解反語，以爲怪异。自兹厥後，音韵鋒出，各有土風，遞相非笑，「指馬」之喻，未知孰是。共以帝王都邑，參校方俗，考覈古今，爲之折衷，榷而量之，獨金陵與洛下耳。南方水土和柔，其音清舉而切詣，失在浮淺，其辭多鄙俗。北方山川深厚，其音沈濁而鈋鈍，得其質直，其辭多古語。然冠冕君子，南方爲優；閭里小人，北方爲愈。易服而與之談，南方士庶，數言可辯。隔垣而聽其語，北方朝野，終日難分。而南染吴越，北雜夷虜，皆有深弊，不可具論。

寅恪案，顏黄門之時，金陵士庶語音，所以有如此鉅异者，恐不得不推源於兩晋之世。蓋自司馬氏平吴以來，中原衆事，頗爲孫吴遺民所崇尚，語音亦其一端，如抱朴子外篇譏惑篇略云：

上國衆事，所以勝江表者多，然亦有可否者。余以爲廢已習之法，更勤苦以學中國之書，尚可不須也。況於乃有轉易其聲音，以效北語，既不能便良，似可耻可笑。所謂不得邯鄲之步，而有匍匐之嗤者。

即可爲證也。洎乎永嘉亂起，人士南流，則東晋南朝之士族階級，無分僑舊，悉用北音，自不足怪矣。寅恪昔年嘗草一文，以論其事，題曰東晋南朝之吴語，載中央研究院歷史語言研究所集刊第柒本第壹分，讀者幸取而并觀之。惟此一問題，實爲解决陸法言切韵語音系統關鍵之所在，故不憚重複之譏，仍略爲考辨於此。

宋書捌壹顧琛傳云：

先是，宋世江東貴達者，會稽孔季恭，季恭子靈符，吴興丘淵之，及琛，吴音不變。

寅恪案，晋室南渡之初，僑姓之握政權者，如王導之類，雖往往用吴語延接士庶，以籠絡江東人心（見世説新語排調篇劉真長始見王丞相時條劉注），然必能保存其固有之北語，要無可疑。而吴中舊姓，雖好自矜尚，如陸玩拒婚王導（見世説新語方正篇王丞相初在江左欲結援吴人條，及晋書柒柒陸曄傳附弟玩傳，亦可參考世説新語排調篇陸太尉詣王丞相條。）可爲其例。然江表士流，自吳平以後，即企羡上國衆事，諒其中當亦多有能操北音者。迨東晉司馬氏之政權既固，南士之地位日漸低落，於是吳語乃不復行用於士族之間矣。史言宋世江東貴達者，唯孔季恭靈符父子、丘淵之、顧琛四人，吳音不變，是其餘江東貴達不操吳音可知。而此種風尚，必承自東晉，固可推見也。又如張敞者，乃東晉末人（參宋書肆陸南史叁貳張邵傳），其著書也，據顏氏家訓書證篇所言：

或問曰：東宮舊事，何以呼「鴟尾」爲「祠尾」？答曰：張敞者，吳人，不甚稽古，隨宜記注，逐鄉俗訛謬，造作書字耳。吳人呼「祠祀」爲「鴟祀」，故以「祠」代「鴟」字。

知其猶未免隨鄉音而訛謬，殆雖操北語而不能盡脱鄉音歟？及其兄之孫張融，（邵兄禕，禕子暢，暢子融，詳南史叁貳張邵傳。）則南齊書肆壹張融傳（南史叁貳張邵傳附融傳同）云：

〔宋孝武世〕出爲封溪令。廣越嶂嶮，獠賊執融，將殺食之。融神色不動，方作洛生咏，賊异之而不害也。

是臨危難而猶能作洛生咏，推究其故，豈不即以平日熟諳北語邪。然則南士之語音逐漸同化於僑姓高門，斯足爲一例證矣。此後顏黄門論音辭，竟謂「易服而與之談，南方士庶，數言可辨」者，蓋南朝疆域内，士族悉操北音，雖南士亦鮮例外。庶族則操吳語，其寒族北人之久居南土者，亦不免爲所同化，如王敬則本自臨淮射陽南遷，而延接士庶，皆以吳語（見南齊書貳陸南史肆伍王敬則傳），似可爲一例也。

抑更有可論者，永嘉南渡僑寓建鄴之勝流，率皆典午中朝仕居洛下之名士。此類名士，其父若祖，本多爲翊成司馬氏帝業之功臣，其遠祖則又東漢時以經明行修致身通顯之儒士也。洛陽者，東漢、曹魏、西晋三朝政治文化之中心，而東晋、南朝之僑姓高門，又源出此數百年來一脉緜延之仕族，則南方冠冕君子所操之北音，自宜以洛陽及其近傍者爲標准矣。世説新語雅量篇略云：

桓公伏甲設饌，廣延朝士，因此欲誅謝安、王坦之。王甚遽，謝神意不變，相與俱前。王之恐狀，轉見於色。謝之寬容，愈表於貌，望階趨席，方作洛生咏，諷浩浩洪流。桓憚其曠遠，乃趣解兵。

劉孝標注云：

按宋明帝文章志曰：安能作洛下書生咏，而少有鼻疾，語音濁，後名流多斆其咏，弗能及，手掩鼻而吟焉。

同書輕詆篇云：

人問顧長康，何以不作洛生咏？答曰：何至作老婢聲。

劉注云：

洛下書生咏，音重濁，故云老婢聲。

寅恪案，所謂「洛下書生咏」，殆即東晋以前洛陽之太學生以誦讀經典之雅音（此「音」字指語音而言，非謂音樂也。）諷咏詩什之謂也。此種都邑雅音，較之時傷輕清之吴越方音，固相懸殊，但較之多涉重濁之燕趙方音，實亦有别（説詳下）。而顧長康至以「老婢聲」相譏，其故何邪？據晋書柒玖謝安傳云：

安少有盛名，時多愛慕。鄉人有罷中宿縣者，還詣安。安問其歸資，答曰：有蒲葵扇五萬。安乃取其中者捉之，京師士庶競市，價增數倍。安本能爲洛下書生咏，有鼻疾，故其音濁，名流愛其咏而弗能及，或手掩鼻以斅之。

同書玖貳文苑傳顧愷之傳云：

愷之矜伐過實，少年因相稱譽以爲戲弄。又爲吟咏，自謂得先賢風制。或請其作洛生咏，答曰：何至作老婢聲。義熙初，爲散騎常侍，與謝瞻連省。夜於月下長咏，瞻每遥贊之。愷之彌自力，忘倦。瞻將眠，令人代己，愷之不覺有异，遂申旦而止。

蓋當日之謝安，爲風流之宗主，凡所言行，時多愛慕。蒲葵扇之價增數倍，洛生咏之風靡一時，皆受其影響也。洛陽舊音，本無偏失，而謝安以鼻疾之故，發重濁之音，時流之作洛生咏者，遂奉爲楷模，斅其訛變。顧長康所致譏者，實指此病而言也。又長康自謂得先賢風制，豈即指謝安以前之舊規歟？至於世説新語排調篇云：

初，謝安在東山居布衣時，兄弟已有富貴者，翕集家門，傾動人物。劉夫人戲謂安曰：「大丈夫不當如此乎！」謝乃捉鼻（晉書柒玖謝安傳作「掩鼻」）曰：「但恐不免耳。」

則謝安既未諷誦詩什，此所謂「捉鼻」或「掩鼻」，殆作戲言時之意態，蓋與洛生咏無所關涉也。

復次，東晉南朝之士流於所謂「楚言」，亦頗致不滿，所以然者，各地之方言不能一律，而南方士族所崇尚操用者，則爲洛陽舊音之故也。宋書伍貳庾悦等傳論云：

史臣曰：高祖雖累葉江南，楚言未變。雅道風流，無聞焉爾。

寅恪案，劉宋皇室之先世，本非清顯，而又僑居於北來武裝集團所萃聚之京口，故既未受建鄴士人即操洛陽雅音者之沾漑，又不爲吴中庶族即操吴語者所同化，此所以累葉江南而其舊居彭城即楚地之鄉音無改也。沈休文以宋高祖「楚言未變，雅道風流無聞」爲言，是南朝士流之鄙視楚音，據此可見矣。又世説新語豪爽篇云：

王大將軍年少時，舊有「田舍」名，語音亦楚。武帝唤時賢共言伎藝事，人皆多有所知，唯王都無所關。

宋書伍壹宗室傳長沙景王道憐傳（南史壹叁宋宗室傳長沙景王道憐傳同）云：

道憐素無才能，言音甚楚，舉止施爲，多諸鄙拙。

寅恪案，王敦之家世與廬江有關（參晋書叁叁王祥傳）。劉道憐先世所居，本爲彭城，此二地雖皆在漢、魏、晋、南北朝所謂「楚」之範圍，然此二條中之楚實爲形容詞（陸雲與兄機書亦有音楚文楚之語），殆即由地名之「楚」所引申，而與田舍一詞爲連類，用作「都邑」及「文雅」之對文者。固不可逕謂「語音亦楚」及「言音甚楚」爲楚音也。

又北朝之使臣與晚渡之流輩，其語音亦往往爲南方人士所輕笑者，蓋北人多不能操用純正都邑之語音故也。（高歡於天平元年遷洛陽四十萬户於鄴，見北齊書貳神武紀下，故高齊之都城雖在鄴，而衣冠人物悉承洛陽，其語言宜同於洛下也。）據北齊書叁伍裴讓之傳附弟讞之傳（北史叁捌裴佗傳附子讞之傳同）云：

楊愔每稱嘆曰：河東士族，京官不少，唯此家兄弟，（裴讓之、諏之、讞之兄弟也。）全無鄉音。

則知河東士族任職京師者，除裴氏兄弟外，均不免雜有其鄉音矣。又北史捌壹儒林傳上李業興傳略云：

李業興，上黨長子人也。祖虬，父玄紀，并以儒學舉孝廉。業興家世農夫，雖學殖，而舊音不改。梁武問其宗門多少，答云：「薩四十家。」使還，孫騰謂曰：「何意爲吴兒所笑。」

對曰：「業興猶被笑，試遣公去，當着被罵。」

足徵業興以家世農夫之故，全操鄉音。此蓋亦極端之一例，斯所以見笑於梁人也。他如梁書肆捌儒林傳盧廣傳略云：

盧廣，范陽涿人，自云晋司空從事中郎諶之後也。諶没死冉閔之亂，晋中原舊族，諶有後焉。廣少明經，有儒術。天監中歸國。時北來人儒學者，有崔靈恩、孫詳、蔣顯，并聚徒講説，而音辭鄙拙，唯廣言論清雅，不類北人。

夫盧廣以北人於天監中入梁，自不應爲吴語。而史稱其言論清雅，不類其他北人之音辭鄙拙者，殆盧廣能操洛陽都邑之語音，亦裴氏兄弟之比，與南方士族所操之北語較爲接近。若崔靈恩、孫詳、蔣顯諸人者，則縱不必如李業興之土音不改，當亦不能如裴氏兄弟之全無鄉音，此所以亦不免於招致「音辭鄙拙」之譏也。至陳書拾周鐵虎傳（南史陸柒周鐵虎傳同）云：

周鐵虎不知何許人也，梁世南渡，語音傖重。

則李業興以儒學著聞，尚自土音不改，周鐵虎本爲北來武夫，其語音傖重，更不足异矣。

又梁書肆捌儒林傳沈峻傳（南史柒壹儒林傳沈峻傳同）略云：

沈峻，吴興武康人。家世農夫，至峻好學，與舅太史叔明師事宗人沈驎士，在門下積年，晝夜自課。吏部郎陸倕與僕射徐勉書薦峻曰：凡聖賢可講之書，必以周官立義，則周官一書，實爲群經源本。此學不傳，多歷年世。北人孫詳、蔣顯亦經聽習，而音革楚、夏，（寅恪案，魏書玖壹術藝傳江式傳云：「音讀楚、夏，時有不同」，顔氏家訓音辭篇云：「著述之人，楚、夏各异」，皆以「楚」「夏」對舉，并同此例，其「楚」字，蓋據孟子滕文公篇許行章之古典，以楚爲夷，即「非正統」之意，與本文所論之「楚言」，實不相關涉也。）故學徒不至。惟助教沈峻，特精此書。

沈峻雖爲吴人，而又家世農夫，然學習經典，必操雅音，此其講論周官所以异於晚渡北人如孫詳、蔣顯輩流之音革楚夏，而爲南士陸倕僑人徐勉所推重也。否則吴語最爲南方士流所賤視。觀於顔氏家訓音辭篇「閭里小人，北方爲愈」之論可知。若沈峻不諳洛下舊音，又何由致此邪？更就顔黄門論金陵洛下士庶語音之優劣觀之，知其必有一衡度之標准，此標准爲何？殆即東漢、曹魏、西晋以來居住洛陽及其近傍之士大夫集團所操之雅音是也。何以言之？據音辭篇中：

易服而與之談，南方士庶，數言可辯。隔垣而聽其語，北方朝野，終日難分。

諸語，則知當日金陵之士庶，各操不同之音辭，而洛陽之朝野，其語音殊無所差别也。更據

冠冕君子，南方爲優。閭里小人，北方爲愈。

諸語，又可知顔黄門乃以金陵士族所操之語音爲最上，以洛陽士庶共同操用之語音居其次，

而以金陵庶人所操之語音爲最下也。其所以有此評斷者，音辭篇云：

南方水土和柔，其音清舉而切詣，失在浮淺，其辭多鄙俗。北方山川深厚，其音沈濁而鈋鈍，得其質直，其辭多古語。

乃就庶人所操之音辭而比較言之，蓋切韵序云：

吴、楚則時傷輕清。

陸德明經典釋文序録云：

方言差別，固自不同。河北江南，最爲鉅异，或失在浮清，或滯於沈濁。

是吴音之特點爲輕清，斯即南方庶人所操用者。此種語音，既與洛陽舊音大相懸殊，宜顔黄門目之爲最下矣。而世説新語言語篇云：

桓玄問羊孚，何以共重吴聲。羊曰：當以其妖而浮。

此所謂吴聲，乃指音樂而言，即「鄭聲」之比，觀通典壹肆伍樂典歌條所紀：

〔梁世〕内人王金珠善歌吴聲西曲。

及：

次有韓法秀，又能妙歌吴聲讀曲等，古今獨絶。

可知非吴語之謂也。世説以此條列於言語篇，不過記述羊孚對語之雋妙耳。

音辭篇又云：

南染吴、越，北雜夷虜，皆有深弊，不可具論。

乃就士族所操之音辭而比較言之。蓋當時金陵士族操北音，故得云「南染吴、越」也。夫顔黄門比較當日南北士庶之音辭，以南方冠冕君子所操用者爲最優，而又謂其亦有深弊，豈非於心目中本懸有一絶對之標准，此標准亦即未染吴、越語音時殆即東晋過江時僑姓士族所操用之洛陽舊音邪？又同篇云：

吾家子女，雖在孩稚，便漸督正之，一言訛替，以爲己罪矣。云爲品物，未考書記者，不敢輒名，汝曹所知也。古今言語，時俗不同，著述之人，楚、夏各异。蒼頡訓詁，反稗爲逋賣，反娃爲於乖。戰國策音刎爲免。穆天子傳音諫爲閒。説文音戛爲棘，讀皿爲猛。字林音看爲口甘反，音伸爲辛。韻集以成仍宏登合成兩韻，爲奇益石，分作四章。李登聲類以系音羿。劉昌宗周官音讀乘若承。此例甚廣，必須考校。前世反語，又多不切。徐仙民毛詩音反驟爲在遘。左傳音切椽爲徒緣，不可依信，亦爲衆矣。今之學士，語亦不正，古獨何人，必應隨其講僻乎。通俗文曰：入室求曰搜，反爲兄侯，然則兄當音所榮反。今北俗通行此音，亦古語之不可用者。

然則顔黄門督正子女之音辭，最爲稽古，而於古語之中，亦有所取捨者，其故乃在著述之人，楚、夏各异也。東漢鄭玄以前，不解反語（參顏氏家訓書證篇），輕重清濁，猶未可曉。是西漢及其以前之古語，自不易考。而東漢伊始，以迄於西晋，文化政治之中心均在洛陽，則洛陽及其近傍之舊音，即顏氏所視爲雅正明晰之古音，固可推見也。至金陵士族與洛下士庶所操之語言，雖同屬古昔洛陽之音系，而一染吴、越，一糅夷虜，其駁雜不純，又極相似，然顏黄門特謂「冠冕君子，南方爲優」者，宜亦有故。考音辭篇又云：

古人云：膏粱難整，以其爲驕奢自足，不能剋勵也。吾見王侯外戚，語多不正，亦由内染賤保傅，外無良師友故耳。梁世有一侯，嘗對元帝飲謔，自陳癡鈍，乃成颸段。元帝答之云：「颸」异涼風，「段」非干木。謂「郢州」爲「永州」。元帝啓報簡文。簡文云：庚辰吴入，遂成司隸，如此之類，舉口皆然。元帝手教諸子侍讀，以此爲誡。

據此，東晋、南朝時之士庶二階級，其劃分固嚴，其接觸則密。雖貴爲王侯，而猶以吴中庶人爲保傅。且洛陽舊音，爲金陵士族所保存沿用，自東晋歷宋、齊以至顏黄門時，已達二百數十年之久，則沾染吴音，自所難免也。雖然，江左二百餘年來，乃僑人統治之世局，當初僑人以操洛陽正音標异於南人，洛生咏遂得見重於江表；此後北語吴語成爲士庶階級之表徵，洛陽舊音之保守自必因此而愈固矣。若中原舊壤，則迭經大亂，永嘉紛擾，伊、洛丘墟，貴戚重臣，駢頸受戮於胡羯；文儒名士，接踵寄命於江東，衣冠禮樂，流散既多，太學音辭，保存匪易。迨北魏孝文遷洛，禁斷胡語，一從正音，然其時洛陽之音辭，經二百年自然之嬗蜕訛變，當已非永嘉時之舊矣。况六鎮亂後，洛陽又爲秀容契胡所摧殘，復受北鎮鮮卑之統治乎？是知顔黄門以南方士族之語音更勝於北方朝野者，乃以洛陽舊音爲標准而比較言之也。明乎此，然後於陸法言切韵之語音系統，始可得一正確之瞭解。北平故宫博物院影印唐寫本王仁昫刊謬補缺切韵，載陸氏序文略云：

昔開皇初，有劉儀同臻、顔外史之推、盧武陽思道、李常侍若、蕭國子該、辛諮議德源、薛吏部道衡、魏著作彦淵等八人，同詣法言宿，夜永酒闌，論及音韵，古今聲調，既自有别，諸家取捨，亦復不同。吴、楚則時傷輕淺，燕、趙則多涉重濁，秦、隴則去聲爲入，梁、益則平聲似去。又支脂魚虞，共爲不韵。先仙尤侯，俱論是切。欲廣文路，自可清濁皆通；若賞知音，即須輕重有异。吕静韵集，夏侯該（巴黎國民圖書館藏敦煌寫本伯希和號貳壹貳玖及倫敦博物院藏敦煌寫本斯坦因號貳仟伍伍之切韵殘卷并作「咏」。）韵略，陽休之韵略，李季節音譜，杜臺卿韵略等，各有乖互。江東取韵，與河北復殊。因論南北是非，古今通塞，欲更捃選精切，除削疏緩，顔外史蕭國子多所决定。魏著作謂法言曰：向來論難，疑處悉盡。何爲不隨口記之。我輩數人，定則定矣。法言即燭下握筆，略記綱紀。後博問辯，殆得精華。於是更涉餘學，兼從博宦，十數年間，不遑修集。今返初服，遂取諸家音韵，古今字書，以前所記者，定爲切韵五卷，剖析毫釐，分別黍累，非是小子專輒，乃述群賢遺意，於時歲次辛酉大隋仁壽元年也。

寅恪案，近世論陸法言切韵之學人，多有謂其爲西元七世紀初之長安方言者，殆即根據序末有「大隋仁壽元年」之紀載，以爲仁壽元年爲西曆六〇一年，而長安又爲隋之京師也。其實若就陸序一加考察，則知此説殊有可疑，今請就消極與積極兩方面述之於下：

自消極方面言，切韵之語音系統，似與七世紀初之長安方言無所關涉，此可以三事證之。陸法言自述其書之成，乃用開皇初年劉臻等八人論難之紀録爲准則，以抉擇諸家音韵古今字書之是非而寫定，是此書之語音系統，并非當時某一地行用之方言可知。此可注意者一事也。

陸法言於寫定切韵之時，雖取諸家音韵古今字書以爲參考，然其序中特標出吕靜、夏侯咏、陽休之、李季節、杜臺卿五家之書，而北平故宫博物院影印唐寫本王仁昫刊謬補缺切韵韵目下陸注與諸家分韵之异同，亦唯此五家，足徵此即陸氏編撰所用之主要資料。（寅恪案，黎庶昌廣韵本所載陸氏序文中又有周思言音韵一書，今所見巴黎國民圖書館藏敦煌寫本伯希和號貳仟壹柒貳壹貳玖，倫敦博物院藏敦煌寫本斯坦因號貳仟伍伍切韵殘卷及北平故宫博物院影印唐寫本王仁昫刊謬補缺切韵中之陸序并無此五字；而王仁昫本韵目下之陸氏原注，亦全未涉及周書，頗疑此爲後人訛增者，又周思言其人，今亦不能確考。）考魏書玖壹術藝傳江式傳（北史叁肆江式傳同）略云：

晋世義陽王典祠令任城吕忱表上字林六卷。忱弟静，别放故左校令李登聲類之法，作韵集五卷，宫商角徵羽各爲一篇，而文字與兄便是魯、衛，音讀楚、夏，時有不同。

寅恪案，吕静爲魏晋時人（參姚振宗隋書經籍志考證叄字林條），其本貫爲任城。洛陽爲曹魏、西晋政治文化之中心，任城似即吕静及其兄吕忱出生居住之所在，是吕氏兄弟之書，雖聲讀楚、夏，時有不同，要其差异當在任城鄉音與洛陽京畿之音，自與關中之方言無涉也。

隋書叄貳經籍志經部小學類云：

四聲韵略十三卷　夏侯咏撰

同書叄叄史部正史類云：

漢書音二卷　夏侯咏撰

顔氏家訓書證篇云：

易有蜀才注，江南學士，遂不知是何人。王儉四部目録，不言姓名，題云王弼，後人謝炅夏侯該并讀數千卷書，皆疑是譙周。

舊校本注云：

一本「該」字下注云，和宫傅凝本作「諺」作「咏」，未定。

李涪刊誤（百川學海本）下云：

切韵始於後魏校書令李啓（登）撰聲韵十卷，游（當是梁字之形訛）夏侯咏撰四聲韵略十二卷。

寅恪案，巴黎國民圖書館藏敦煌寫本伯希和號貳壹貳玖及倫敦博物院藏敦煌寫本斯坦因號貳仟伍伍切韵序之夏侯咏，王仁昫本黎庶昌本并作夏侯該，今參校史籍，知「該」字乃「咏」字之形訛。關於夏侯咏之家世里居，頗難詳考。據陸氏序文於叙述五家之書各有乖互下即接「江東取韵與河北復殊」之句，似此五家之書，皆爲河北人士之著作。但據顔氏家訓書證篇及李涪刊誤之語，則咏乃南朝之儒流，惟其里居與關西無涉，實無可致疑者也。（陸氏以河北與江東爲對文，乃指北方與南方而言，但高齊鄴都，居河之北，故當時人所謂河北，實目北齊之疆域，固不能兼括關西也。）

北齊書肆貳陽休之傳（北史肆柒陽尼傳附休之傳同）略云：

陽休之，字子烈，右北平無終人也。父固，魏洛陽令。休之弱冠，擅聲幽州，刺史常景、王延年并召爲州主簿。魏孝昌中，杜洛周破薊城，休之南奔章武，轉至青州。休之請其族叔伯彦等曰：宜潛歸京師。諸人多不能從，休之垂涕別去。〔齊武平〕六年，除正尚書右僕射。未幾，又領中書監。周武平齊，與吏部尚書袁聿修〔等〕十八人同徵，令隨駕，後赴長安。

大象末，除和州刺史。隋開皇二年罷任，終於洛陽，年七十四。

北史叁叁李靈傳附公緒傳略云：

公緒，字穆叔，魏末爲冀州司馬，屬疾去官，絶迹贊皇山，誓心不仕。公緒弟概，字季節，少好學，爲齊文襄大將軍府行參軍，後爲太子舍人，爲副使聘於江南，還，坐事解。後卒於并州功曹參軍。撰戰國春秋及音譜，并行於世。（寅恪案，李季節名概，與法言祖概之名同，法言避家諱，故以字稱之。）

隋書伍捌杜臺卿傳（北齊書貳肆北史伍伍杜弼傳附子臺卿傳略同）略云：

杜臺卿，字少山，博陵曲陽人也。父弼，齊衛尉卿。臺卿少好學，仕齊著作郎、中書黄門侍郎。及周武帝平齊，歸於鄉里。開皇初，被徵入朝。臺卿患聾，不堪吏職，請修國史，上許之。十四年，上表請致仕，敕以本官還第，數載，終於家。

寅恪案，陽、李、杜三人，并爲河北之儒流，且皆於齊世仕宦清顯。陽休之於齊亡之歲，年已六十有九。杜臺卿於隋世被徵，已患聾不堪吏職，是其韵書之撰集，乃在入關以前，可以推見也。至李季節，則卒年無考。而史傳未載其入關事迹，豈終於齊世邪？然則陸法言編撰切韵所用之主要材料，全無關中人士之著作。此可注意者二事也。

陸序中既標明「遂取諸家音韵古今字書，以前所記者，定之爲切韵五卷」之語，復以「非是小子專輒，乃述群賢遺意」爲言，則開皇初年論難所作之決定，即仁壽元年陸氏撰述所奉之準繩，可以無疑也。考隋書伍柒盧思道傳（北史叁拾盧玄傳附玄孫思道傳同）略云：

盧思道，字子行，范陽人也。祖陽烏，魏秘書監。父道亮，隱居不仕。思道聰爽俊辯，左僕射楊遵彥薦之於朝，解褐司空行參軍、長兼員外散騎侍郎，歷主客郎、給事黃門侍郎，待詔文林館。周武帝平齊，授儀同三司，追赴長安。未幾，以母疾還鄉。後除掌教上士。高祖爲丞相，遷武陽太守，非其好也。歲餘，被徵。頃之，遭母憂。未幾，起爲散騎侍郎，奏內史侍郎事。是歲，卒於京師，時年五十二。（寅恪案，張說之文集貳伍盧思道碑云：「隋開皇六年春秋五十有二，終於長安。」是周武平齊之歲，思道年四十有三。）

北史肆叁李崇傳（參輔仁學志第十二卷第一第二合期周祖謨先生顏氏家訓音辭篇注補）略云：

李崇，頓丘人也。崇從弟平。〔平孫若，〕若聰敏，頗傳家業，風采詞令，有聲鄴下。後兼散騎常侍，善諷誦，數奉旨咏詩，韓長鸞等忌惡之，密構其短，坐免官。未幾，詔復本官。隋開皇中，卒於秦王府諮議。（寅恪案，李若事迹又散見北齊書肆貳陽休之傳，肆伍文苑傳總序，隋書壹高祖紀開皇五年九月條，柒陸文學傳崔儦傳等，可參考羅常培先生切韵序校釋，載中山大學史語所集刊切韵專號。）

隋書伍捌辛德源傳（北史伍拾辛雄傳附德源傳）略云：

辛德源，字孝基，隴西狄道人也。祖穆，魏平原太守。父子馥，尚書右丞。德源沉静好學，少有重名。齊尚書僕射楊遵彦、殿中尚書辛術，皆一時名士，見德源，并虚襟禮敬，累遷比部郎中，復兼通直散騎常侍。聘於陳，及還，待詔文林館，除尚書考功郎中。及齊滅，仕周爲宣納上士。高祖受禪，不得調者久之，隱於林慮山。德源素與武陽太守盧思道友善，時相往來。蜀王秀聞其名而引之，居數歲，奏以爲掾，後轉諮議參軍，卒官。（寅恪案，辛德源之族人皆仕北齊，隴西乃其郡望，非其里居也。）

隋書伍柒薛道衡傳（北史叁陸薛辯傳附道衡傳同）略云：

薛道衡，字玄卿，河東汾陰人也。祖聰，魏齊州刺史。父孝通，常山太守。道衡專精好學，尚書左僕射弘農楊遵彦，一代偉人，見而嗟賞。授奉朝請。武平初，詔與諸儒修定五禮，除尚書左外兵郎。與范陽盧思道、安平李德林齊名友善。尋拜中書侍郎。後與斛律孝卿參預政事。及齊亡，周武引爲御史二命士。後歸鄉里，自州主簿入爲司禄上士。高祖受禪，坐事除名。後授内史侍郎。煬帝嗣位，拜司隸大夫，將置之罪。〔後〕帝令自盡，時年七十。（寅恪案，通鑑壹捌壹隋紀煬帝紀繫賜道衡自盡事於大業五年，據此推之，齊亡之歲，道衡年三十有八。）

隋書伍捌魏澹傳（北史伍陸魏季景傳附子澹傳同）略云：

魏澹，字彦深，鉅鹿下曲陽人也。父季景，齊大司農卿，稱爲著姓，世以文學自業。澹與尚書左僕射魏收、吏部尚書陽休之、國子博士熊安生同修五禮。除中書舍人。復與李德林俱修國史。周武帝平齊，授納言中士。及高祖受禪，出爲行臺禮部侍郎。尋爲散騎常侍，聘陳主使。還，除太子舍人。數年，遷著作郎，仍爲太子學士。高祖詔澹别成魏史。未幾，卒，時年六十五。（寅恪案，唐臣避高祖諱，率改「淵」爲「深」，如魏書玖肅宗紀及元湛墓志之廣陽王淵，北史紀傳則作廣陽王深，魏書捌拾之侯淵，北史肆玖則作「侯深」，皆其例也。或改「淵」爲「泉」，如魏書柒柒羊深傳云：「羊深字文淵。」北史叁玖羊祉傳附子深傳則云：「深字文泉。」是其例也。今考岑仲勉先生元和姓纂四校記八去聲八未魏氏條引舊唐書壹玖叁列女傳宋庭瑜妻魏氏傳云：「隋著作郎彦泉之後也。」明彦深彦泉皆避唐諱所改。可參劉盼遂先生文字音韵學論叢：廣韵叙録校箋。）

隋書伍捌陸爽傳（北史貳捌陸俟傳同）略云：

陸爽，字開明，魏郡臨漳人也。（寅恪案，據北史陸俟傳，知陸爽本「代人」，即出鮮卑步六孤部。魏孝文遷洛改爲河南洛陽人。此云魏郡臨漳人者，高齊復自洛陽遷都於鄴之故也。）祖順宗，魏南青州刺史。父概之，齊霍州刺史。爽少聰敏，齊尚書僕射楊遵彦見而异之。年十七，齊司州牧、清河王岳召爲主簿，擢殿中侍御史，俄兼治書，累轉中書侍郎。及齊滅，周武帝聞其名，與陽休之、袁叔德等十餘人俱徵入關。開皇十一年，卒官，時年五十三。子法言，敏學有家風，釋褐承奉郎。

寅恪案，盧思道、李若、辛德源、薛道衡、魏澹諸人，高齊之世，咸以儒學辭藻著聞，又皆歟歷清要。及齊室覆亡，相繼西入，并已及中年矣。陸法言從父爽入關，雖爲後進，然開皇之初，即已隨附諸賢，握管記録，是齊亡之時，當非幼小可知，然則此諸人者，雖終於楊隋之世，但其出生成長之地，俱在東方，宜非操用長安之方言者也。

北史捌叁文苑傳顔之推傳（北齊書肆伍文苑傳顔之推傳同）略云：

顔之推，字介，琅邪臨沂人也。祖見遠，父協，并以義烈稱。之推年十二，遇梁湘東王自講莊、老，之推便預門徒。湘東遣世子方諸鎮郢州，以之推爲中撫軍府外兵參軍，掌管記。〔侯〕景平，還江陵。時湘東即位，以之推爲散騎侍郎，奏舍人事。後爲周軍所破，大將軍李穆重之（時李穆從于槿破江陵），送往弘農，令掌其兄陽平公遠書翰。遇河水暴長，具船將妻子奔齊，文宣見，悦之，即除奉朝請，引於内館中，後以爲中書舍人，尋除黄門侍郎。齊亡入周。大象末，爲御史上士。隋開皇中，太子召爲文學，深見禮重。尋以疾終。

寅恪案，琅邪顔氏乃江左僑姓高門，據顔氏家訓終制篇云：

先君先夫人，皆未還建鄴舊山。

知其世居建鄴，之推生卒之年，雖史文不載，然錢大昕疑年録壹（此條羅常培先生切韵序校釋已曾引用）云：

顔之推六十餘介，本傳不書卒年，據家訓序致篇云：年始九歲，便丁荼蓼。以梁書顔協卒年證之，得其生年。又終制篇云：吾已六十餘，則其卒蓋在開皇十一年以後矣。

其説甚確，可以爲據。以之推生於中大通三年推之，則江陵陷没時，即梁承聖三年，之推年二十有四，惟此時之推雖一度入周，然僅至弘農，且旋即奔齊，是未嘗到達長安。及周武滅齊，之推西入時，年已四十七矣。

隋書柒陸文學傳劉臻傳（北史捌叁文苑傳劉臻傳同）略云：

劉臻，字宣摯，沛國相人也。父顯，梁尋陽太守。臻年十八，舉秀才。元帝時，遷中書舍人。江陵陷没，復歸蕭詧，以爲中書侍郎。周冢宰宇文護辟爲中外府記室。（中外府即都督中外諸軍事府，參通鑑壹陸柒陳紀高祖紀永定元年四月宇文護殺齊軌條胡注。）

寅恪案，劉臻亦是南朝僑人，其父劉顯以博涉知名於梁世，（參梁書肆拾劉顯傳，顔氏家訓書證篇。）且歷居中央清要之職。是臻之幼年必多居於建鄴可知。考宇文泰以西魏恭帝三年卒，宇文護始握兵權，據開皇十八年臻年七十二推之，是年臻應三十歲。次年二月，護爲冢宰，臻年三十一歲，則臻入關之時，固不得早於三十歲也。

隋書柒伍儒林傳何妥傳附蕭該傳略云：

蘭陵蕭該者，梁鄱陽王恢之孫也。少封攸侯。梁荆州陷，與何妥同至長安。開皇初，拜國子博士，奉詔書與妥正定經史，該後撰漢書及文選音義，咸爲當時所貴。

寅恪案，蕭該乃梁之宗室，即梁武帝之從孫（鄱陽王恢爲梁武帝之第九弟），自宜少居於建鄴。又該生卒之年，雖難確考，然史稱其與何妥同至長安，諒入關之時，已著名聲，殆非幼小矣。

據上所引，則知編撰切韵之陸法言，及決定其原則之諸賢，全無世居關、隴之人士，此可注意者三事也。

就積極方面言之，切韵内所列之字音，實以東漢、曹魏、西晋時代洛陽京畿之舊音爲主要因素，此亦可以二事證之。

切韵序云：

吴、楚則時傷輕淺，燕、趙則多涉重濁，秦、隴則去聲爲入，梁、益則平聲似去。

寅恪案，陸法言序文述各地方言之失，而獨不及中原一區，則中原即洛陽及其近傍之語音，乃諸賢所視爲正音者無疑。至其所以有此種評斷者，亦以中原之音爲准，而比較言之者耳，此可注意者一事也。

切韵序云：

因論南北是非，古今通塞，欲更捃選精切，除削疏緩，顔外史蕭國子多所決定。

寅恪案，北平故宫博物院影印唐寫本王仁昫刊謬補缺切韵之韵目下有陸氏之原注（參唐蘭先生跋語），其注文有一通例，即於某韵目下注云，甲氏與他一韵同，乙氏别，今依乙氏是也。此一通例，乍視之似陸氏之寫定切韵乃唯取其别而不依其同者，但詳繹之，則知其殊爲不然。何以言之，顔氏家訓音辭篇略云：

韵集以「成」「仍」「宏」「登」合成兩韵，「爲」「奇」「益」「石」分作四章，不可依信。

韵集以成仍宏登合成兩韵，而王仁昫本切韵則成在四十一清，仍在四十九蒸，宏在四十耕，登在五十登，此切韵不從韵集之合者也。韵集以爲奇益石分作四章，而切韵則爲奇同在五支，益石同在十七昔，此切韵不從韵集之分者也。然則切韵於諸家韵書，固非專取其韵部之别者而捨其同者，特陸氏於注文中不載捨其韵部之别者而取其同者耳。夫諸賢之論難，與切韵之寫定，既於南北古今之音或是之或非之，故或取之或捨之，自必有一抉擇之標准。此標准既非爲漫無系統之嚴分，則諸賢心目中乃有一成爲系統之標准音存在無疑也。夫既有標准音矣，而於捃選除削之際，多所取決於顔、蕭，豈不以顔、蕭所操用者較近於此一標准者邪？顔、蕭者，皆永嘉南渡僑人之子孫也。之推八世祖顔含，本是中朝之勝流，及過江以後，遂僑寄於建鄴，自是七世墳塋皆葬幕阜山。（參顏氏家廟碑，晋書捌捌孝友傳顏含傳，元和姓纂上平聲二十七删琅邪顏氏條。）則之推所操用者，必爲東晋以前之洛陽舊音也。（東晋南朝居住建鄴之文化士族皆操用永嘉南渡以前之洛陽舊音，已詳見前論。）至於蘭陵蕭氏，其初雖非文化高門，但梁武在齊代曾預齊竟陵王子良八友之列（見梁書壹高祖紀），是已染習名士之風流雅道，及昇爲帝王，其子孫遂多以文采卓著矣。蕭該爲梁武之從孫，而以儒學知名，自非顏黄門所謂「膏粱難整」之比，宜其操用雅正之音辭，一同建鄴之士族也。至此乃可於陸氏序文中此節作一解釋曰：諸賢於討論音韵之時，其心目中實以洛陽舊音爲標准者。而南北朝時金陵士族與洛陽朝野所操之語音雖同屬此一系統，然經三百年之變化，均已非古昔之舊觀，故必須討論其是非以決定所取捨。討論之结果，得一折衷一是之意見，即謂南方士族之音聲較近於此一標准，於是捃選除削，乃多取決於顏、蕭。惟顏、蕭之音聲亦不能盡合於此一標准，序文所以以「蕭、顏多所決定」爲言，即謂非全由蕭、顏決定者亦職是之故。此可注意者二事也。

更綜括以上論之，陸法言之寫定切韵，其主要取材之韵書，乃關東江左名流之著作。其決定原則之群賢，乃關東江左儒學文藝之人士。夫高齊鄴都之文物人才，實承自太和遷都以後之洛陽，而東晋、南朝金陵之衣冠禮樂，亦源自永嘉南渡以前之京邑（即洛陽），是切韵之語音系統，乃特與洛陽及其附近之地域有關，自易推見矣。又南方士族所操之音聲，最爲接近洛陽之舊音；而切韻一書所遵用之原則，又多所取決於南方士族之顔、蕭。然則自史實言之，切韻所懸之標准音，乃東晉南渡以前，洛陽京畿舊音之系統，而非楊隋開皇、仁壽之世長安都城行用之方言也。

或有疑者曰：若如所論，切韻所懸之標准音，乃是洛陽之系統，然李涪刊誤下論陸氏之切韻云：

然吴音乖舛，不亦甚乎。

又云：

夫吴民之言，如病瘖風而噤，每啓其口，則語泪（戾？）喎吶，隨筆下聲，竟不自悟。凡中華音切，莫過東都。蓋居天地之中，稟氣特正。予嘗以其音證之，必大哂而异焉。

則切韻音切必异於東都，此説毋乃不能成立邪？

應之曰：古今言語，訛變至多。切韻之語音系統，乃東晉以前之洛陽舊音，李涪所處之時代，約當唐末僖昭之世，（參新唐書貳貳肆叛臣傳下王行瑜傳，舊唐書壹柒貳李石傳附弟福傳，新唐書柒拾上宗室世系表大鄭王房表。）前後相距已約歷六百年之久矣。（東晉元帝建武元年當西曆三一七年，隋文帝仁壽元年當西曆六〇一年，唐昭宗紀年當西曆八八九年至九〇三年。）李涪拘於時代，妄論古人，誤以陸法言爲吴郡之陸氏，（晚唐人多有此誤，時人趙璘已論其非，見因話録伍。）致於切韵有「吴音乖舛」之譏評。故執此不足以難鄙説也。至唐末吴語，是否較當時之洛陽音更近於古（參北夢瑣言玖），則是别一問題，故可以不辨。

或又疑問曰：如所説東晋、南朝之士族，悉操古昔洛陽之雅音，切韵一書之審音，亦即以此爲標准，則夏侯咏者，與顔、蕭同爲南朝之儒流，何以其韵略之分部頗與切韵不同邪？

應之曰：吾國中古之士族，各有特异之門風，據顔氏家訓音辭篇云：

吾家子女，雖在孩稚，便漸督正之，一言訛替，以爲己罪矣。

則知顔氏之家法，最爲講求切正之音辭。又陸法言切韵之寫定，剖析毫氂，分别黍累，殆爲一極有系統而審音從嚴之韵書，故切韵一書特與南方人士顔、蕭有關。韵略一書，乃南朝人士夏侯咏所撰述，而其分部，頗有差别者，乃是分部原則有寬有嚴，與撰集人之審音有精有疏之問題，而非其語音系統同异之問題也。

或又疑問曰：信如所説切韵寫定之標准，乃用洛陽之舊音，然切韵分部之數竟達一百九十餘之多，似一地方之音，殊不足以賅此，然則亦有説乎？

應之曰：古語難明，非所敢論，惟本文所謂洛陽舊音一辭，實有解釋之必要。大抵吾國士人，其平日談論所用之言語，與誦習經典諷咏詩什所操之音聲，似不能完全符合。易言之，即談論唯用當時之音，而諷誦則常存古昔之讀是也，依此，南方士族，其談論乃用舊日洛陽通行之語言，其諷誦則准舊日洛陽太學之音讀。考東漢之時，太學最盛，且學術文化，亦有綜合凝定之趨勢。頗疑當時太學之音聲，已爲一美備之複合體，此複合體即以洛陽京畿之音爲主，且綜合諸家師授，兼采納各地方音而成者也。此後洛陽文物人才，雖經漢季喪亂短期之摧殘，然司馬氏漸握曹魏之政權，衣冠禮樂，旋得再盛於中土。及典午篡朝，區宇混一，遂崇獎儒術，臨幸辟雍，又幾於恢復漢世之舊觀矣。迨胡羯亂華，洛京傾覆，人士流於江左，學術移於家族。其東晋、南朝之甲姓高門既多爲西晋及其以前名士儒流之子孫，則奕世保存太學之音聲，藉以標异於他族，自無足怪矣。如顏氏一門，可爲其例也。故本文「洛陽舊音」一詞，不僅謂昔日洛陽通行之語音，亦兼指謝安以前洛生咏之音讀。特綜集各地方音以成此複合體之新音者，非陸法言及顏、蕭諸賢，而是數百年前之太學博士耳。

（原載一九四九年六月嶺南學報第玖卷第貳期）

陳寅恪先生文集

元白詩箋證稿

陳寅恪 著

中國書店

目次

第一章　長恨歌……一
第二章　琵琶引……四八
第三章　連昌宫詞……六五
第一説　討淮蔡時作……六六
第二説　淮蔡平後作……七三
第四章　豔詩及悼亡詩（附：讀鶯鶯傳）……八七
第五章　新樂府……一二五
七德舞……一三九
法　曲……一五三
二王後　海漫漫……一五六
立部伎……一六一
華原磬……一七一

上陽〔白髮〕人……一七四
胡旋女……一八〇
新豐折臂翁……一八三
太行路……一八七
司天臺……一九〇
捕　蝗……一九三
昆明春……一九六
城鹽州……二〇〇
道州民……二〇六
馴　犀……二〇九
五弦彈……二一三
蠻子朝……二一六
驃國樂……二二一
縛戎人……二二四
驪宮高……二二九

百鍊鏡……二三三
青　石……二三四
兩朱閣……二三六
西涼伎……二三七
八駿圖……二四六
澗底松……二四七
牡丹芳……二四九
紅綫毯……二五五
杜陵叟……二五七
繚　綾……二五九
賣炭翁……二六三
母別子……二六八
陰山道……二六九
時世妝……二七六
李夫人……二七八

陵園妾……二八二
鹽商婦……二八六
杏爲梁……二九〇
井底引銀瓶……二九五
官　牛……二九七
紫毫筆……二九九
隋堤柳……三〇〇
草茫茫……三〇二
古冢狐……三〇四
黑潭龍……三〇六
天可度……三〇八
秦吉了……三一〇
鴉九劍……三一二
采詩官……三一四
第六章　古題樂府……三一八

附論……三一六
（甲）白樂天之先祖及後嗣……三一六
（乙）白樂天之思想行爲與佛道關係……三四一
（丙）論元白詩之分類……三五二
（丁）元和體詩……三五六
（戊）白樂天與劉夢得之詩……三六〇
附校補記……三六七
作者附記……三九二

第一章 長恨歌

白氏長慶集貳捌與元九書云：

及再來長安，又聞有軍使高霞寓者，欲聘倡妓。妓大誇曰，我誦得白學士長恨歌，豈同他妓哉！由是增價。

全唐詩第壹陸函白居易壹陸編集拙詩成一十五卷因題卷末戲贈元九李二十云：

一篇長恨有風情。十首秦吟近正聲。每被老元偷格律，苦教短李伏歌行。世間富貴應無分，身後文章合有名。莫怪氣粗言語大，新排十五卷詩成。

寅恪案，自來文人作品，其最能爲他人所欣賞，最能於世間流播者，未必即是其本身所最得意，最自負自誇者。若夫樂天之長恨歌，則據其自述之語，實係自許以爲壓卷之杰構，而亦爲當時之人所極欣賞，且流播最廣之作品。此無怪乎歷千歲之久至於今日，仍熟誦於赤縣神州及鷄林海外「王公妾婦牛童馬走之口」（元微之白氏長慶集序中語。）也。

雖然，古今中外之人讀此詩者衆矣，其瞭解之程度果何如？「王公妾婦牛童馬走」固不足論，即所謂文人學士之倫，其詮釋此詩形諸著述者，以寅恪之淺陋，尚未見有切當之作。故姑試爲妄說，别進一新解焉。

鄙意以爲欲瞭解此詩，第一，須知當時文體之關係。第二，須知當時文人之關係。

何謂文體之關係？宋趙彦衛雲麓漫鈔捌云：

唐之舉人，先藉當世顯人以姓名達之主司，然後以所業投獻。逾數日又投，謂之温卷，如幽怪録傳奇等皆是也。蓋此等文備衆體，可以見史才，詩筆，議論。至進士則多以詩爲贄。今有唐詩數百種行於世者是也。

寅恪案，趙氏所述唐代科舉士子風習，似與此詩絶無關涉。然一考當日史實，則不能不於此注意。蓋唐代科舉之盛，肇於高宗之時，成於玄宗之代，而極於德宗之世。德宗本爲崇獎文詞之君主，自貞元以後，尤欲以文治粉飾苟安之政局。就政治言，當時藩鎮跋扈，武夫横恣，固爲紛亂之狀態。然就文章言，則其盛況殆不止追及，且可趙越貞觀開元之時代。此時之健者有韓柳元白，所謂「文起八代之衰」之古文運動，即發生於此時，殊非偶然也。又中國文學史中别有一可注意之點焉，即今日所謂唐代小説者，亦起於貞元元和之世，與古文運動實同一時，而其時最佳小説之作者，實亦即古文運動中之中堅人物是也。此二者相互之關係，自來未有論及之者。寅恪嘗草一文略言之，題曰韓愈與唐代小説，載哈佛大學亞細亞學報第壹卷第壹期。其要旨以爲古文之興起，乃其時古文家以古文試作小説，而能成功之所致，而古文乃最宜於作小説者也。拙文所以得如斯之結論者，因見近年所發現唐代小説，如敦煌之俗文學，及日本遺存之游仙窟等，與洛陽出土之唐代非士族之墓志等，其著者大致非當時高才文士，（張文成例外。）而其所用以著述之文體，駢文固已腐化，即散文亦極端公式化，實不勝叙寫表達人情物態世法人事之職任。其低級駢體之敦煌俗文學及燕山外史式之游仙窟等，皆世所習見，不復具引。茲節録公式化之墓志文二通以供例證如下。

芒洛冢墓遺文肆編叁安師墓志云：

君諱師，字文則，河南洛陽人也。十六代祖西華國君，東漢永平中，遣子仰入侍，求爲屬國，乃以仰爲并州刺史，因家洛陽焉。

又康達墓志云：

君諱達，自（字？）文則，河南伊闕人也。

□以□

因家河□焉。

今觀兩志文因襲雷同公式化之可笑，一至若此，則知非大事創革不可。是昌黎河東集中碑志傳記之文所以多創造之杰作，而諛墓之金爲應得之報酬也。夫當時叙寫人生之文衰弊至極，欲事改進，一應革去不適描寫人生之已腐化之駢文，二當改用便於創造之非公式化之古文，則其初必須嘗試爲之。然碑志傳記爲叙述真實人事之文，其體尊嚴，實不合於嘗試之條件。而小說則可爲駁雜無實之說，既能以俳諧出之，又可資雅俗共賞，實深合嘗試且兼備宣傳之條件。此韓愈之所以爲愛好小說之人，致爲張籍所譏。觀於文昌遺書退之之事，如唐摭言伍切磋條（參韓昌黎集壹肆答張籍書注，重答張籍書注，及全唐文陸捌肆張籍上韓昌黎書，上韓昌黎第二書。）云：

> 韓文公著毛穎傳，好博簺之戲。張水部以書勸之。其一曰，比見執事多尚駁雜無實之說，使人陳之於前以爲歡，此有以累於令德。其二曰，君子發言舉足，不遠於理，未嘗聞以駁雜無實之說爲戲也。執事每見其說，亦拊抃呼笑，是撓氣害性，不得其正矣。

可知也。

是故唐代貞元元和間之小說，乃一種新文體，不獨流行當時，復更輾轉爲後來所則效，本與唐代古文同一原起及體製也。唐代舉人之以備具衆體之小說之文求知於主司，即與以古文詩什投獻者無異。元稹李紳撰鶯鶯傳及歌於貞元時，白居易與陳鴻撰長恨歌及傳於元和時，雖非如趙氏所言是舉人投獻主司之作品，但實爲貞元元和間新興之文體。此種文體之興起與古文運動有密切關係，其優點在便於創造，而其特徵則尤在備具衆體也。

既明乎此，則知陳氏之長恨歌傳與白氏之長恨歌非通常序文與本詩之關係，而爲一不可分離之共同機構。趙氏所謂「文備衆體」中，「可以見詩筆」（趙氏所謂詩筆係與史才并舉者。史才指小說中叙事之散文言。詩筆即謂詩之筆法，指韵文而言。其筆字與六朝人之以無韵之文爲筆者不同。）之部分，白氏之歌當之。其所謂「可以見史才」「議論」之部分，陳氏之傳當之。後人昧於此義，遂多妄說，如沈德潛唐詩別裁捌選長恨歌評云：

迷離恍惚，不用收結，此正作法之妙。

又唐宋詩醇貳貳云：

結處點清長恨，爲一詩結穴。戛然而止，全勢已足，不必另作收束。

初視之，其言似皆甚允當。詳繹之，則白氏此歌乃與傳文爲一體者。其真正之收結，即議論與夫作詩之緣起，乃見於陳氏傳文中。傳文略云：

〔王〕質夫舉酒於樂天前曰，樂天深於詩，多於情者也。試爲歌之如何？樂天因爲長恨歌。意者不但感其事，亦欲懲尤物，窒亂階，垂於將來也。歌既成，使鴻傳焉。世所不聞者，予非開元遺民，不得知。世所知者，有玄宗本紀在。今但傳長恨歌云爾。

此節諸語正與元氏鶯鶯傳末結束一節所云：

時人多許張爲善補過者。予嘗於朋會之中，往往及此意者，使夫知者不爲，爲之者不惑。貞元歲九月，執事（？）李公垂宿於予靖安里第，語及於是。公垂卓然稱异，遂爲鶯鶯歌以傳之。崔氏小名鶯鶯，公垂以命篇。

適相符合。而李氏之鶯鶯歌，其詩最後數語亦爲：

詩中報郎含隱語。郎知暗到花深處。三五月明當户時，與郎相見花間語。（語字從董解元西廂本，他本作路。）

然則鶯鶯歌雖不似長恨歌之迷離恍惚，但亦不用所謂收結者，其故何耶？蓋鶯鶯傳既可謂之會真記，（見拙著讀鶯鶯傳，載歷史語言研究所集刊第拾本第壹分。今附於第四章後。）故鶯鶯歌亦可謂之會真歌。鶯鶯歌以「與郎相見」即會真結，（會真之義與遇仙同，説詳拙著讀鶯鶯傳。）與長恨歌以長恨結，正復相同。至於二詩之真正收結，則又各在其傳文之中也。二詩作者不同，價值亦异，而其體裁實無一不合。蓋二者同爲具備衆體之小説中之歌詩部分也。後世評長恨歌者，如前所引二例，於此全未明瞭，宜乎其贊美樂天，而不得其道矣。

更取韓退之小説作品觀之，（詳見拙著韓愈與唐代小説，載哈佛亞細亞學報第壹卷第壹期。）如昌黎集貳壹石鼎聯句序及詩，即當時流行具備衆體之小説文也。其序略云：

二子（侯喜劉師服。）因起謝曰，尊師（軒轅彌明。）非世人也，其伏矣，願爲弟子，不敢更論詩。道士奮曰，不然，章不可以不成也。又謂劉曰，把筆來，吾與汝就之。即又唱出四十字爲八句，書訖使讀。讀畢，謂二子曰，章不已就乎。二子齊應曰，就矣。

寅恪案，此八句四十字，即石鼎聯句之末段。其詞云：

全勝瑚璉貴，空有口傳名。豈比俎豆古，不爲手所撜。磨礱去圭角，浸潤著光精。願君莫嘲誚，此物方施行。

此篇結句「此物」二字，即「石鼎」之代稱。亦正與李公垂之鶯鶯歌，即會真歌之「與郎相見」，白樂天長恨歌之「此恨綿綿」，皆以結局之詞義爲全篇之題名，結構全同。於此可以知當時此種文章之體制，而不妄事評贊矣。復次，洪氏韓公年譜云：

或謂軒轅寓公姓，彌明寓公名，蓋以文滑稽耳。是不然，劉侯雖皆公門人，然不應譏誚如是之甚。且言彌明形貌聲音之陋，亦豈公自詞耶？而列仙傳又有彌明傳，要必有是人矣。

朱子考异云：

今按此詩句法全類韓公。而或者所謂寓公姓名者。蓋軒轅反切近韓字，彌字之意又與愈字相類，即張籍所譏與人爲無實駁雜之説者也。故竊意或者之言近是。洪氏所疑容貌聲音之陋，乃故爲幻語，以資笑謔，又以亂其事實，使讀者不之覺耳。若列仙傳，則又好事者，因此序而附著之，尤不足以爲據也。

寅恪案，朱子説甚諦，其深識當時文章體裁，殊非一般治唐文者所及。故不嫌駢贅，并附於此，以資參校。

何謂文人之關係？白氏長慶集貳捌與元九書云：

與足下小通，則以詩相戒。小窮，則以詩相勉。索居，則以詩相慰。同處，則以詩相娛。

元白二人作詩，相互之密切關係，此數語已足以盡之，不必更別引其他事實以爲證明。然元白二人之作詩，亦各受他一人之影響，自無待論。如前引全唐詩第壹陸函白居易壹陸編集拙詩成一十五卷因題卷末戲贈元九李二十詩「每被老元偷格律」句樂天自注云：

元九向江陵日，嘗以拙詩一軸贈行，自後格變。

又「苦教短李伏歌行」句自注云：

李二十嘗自負歌行，近見予樂府五十首，默然心伏。

蓋白氏長慶集貳和答詩十首序略云：

〔元和〕五年春，微之左轉爲江陵士曹掾。僕職役不得去，命季弟送行，且奉新詩一軸致於執事，凡二十章，欲足下在途諷讀。及足下到江陵，寄在路所爲詩十七章，皆得作者風。豈僕所奉者二十章，遽能開足下聰明使之然耶？何立意措辭與足下前時詩，如此之相遠也。

又元氏長慶集貳肆和李校書新題樂府一二十首序云：

予友李公垂，貺予樂府新題二十首。雅有所謂，不虛爲文。予取其病時之尤急者，列而和之，蓋十二而已。

今白氏長慶集三肆兩卷所載新樂府五十首，即因公垂微之所咏而作也。其所以使李氏心伏者，乃由當時文士各出其所作互事觀摩，争求超越，如白氏長慶集貳和答詩十首序云：

旬月來多乞病假，假中稍閑，且摘卷中尤者，繼成十章，亦不下三千言。其間所見，同者固不能自异，异者亦不能强同。同者謂之和，异者謂之答。

今并觀同時諸文人具有互相關係之作品，知其中於措辭（即文體。）則非徒仿效，亦加改進。於立意（即意旨。）則非徒沿襲，亦有增創。蓋仿效沿襲即所謂同，改進增創即所謂异。苟今世之編著文學史者，能盡取當時諸文人之作品，考定時間先後，空間離合，而總匯於一書，如史家長編之所爲，則其間必有啓發，而得以知當時諸文士之各竭其才智，競造勝境，爲不可及也。

據上所論，則知白陳之長恨歌及傳，實受李元之鶯鶯歌及傳之影響，而微之之連昌宫詞，又受白陳之長恨歌及傳之影響。其間因革演化之迹，顯然可見。兹釋長恨歌，姑就鶯鶯歌及傳與長恨歌及傳言之，暫置連昌宫詞不論焉。

據鶯鶯傳云：

貞元歲九月，執事（？）李公垂宿於予靖安里第，語及於是。公垂卓然稱异，遂爲鶯鶯歌以傳之。（此節上已引。）

貞元何年，雖闕不具。但貞元二十一年八月即改元永貞，是傳文之貞元歲，决非貞元二十一年可知。

又鶯鶯傳有：

後歲餘，崔已委身於人，張亦有所娶。

之語。則據才調集伍微之夢游春七十韵云：

一夢何足云，良時事婚娶。當年二紀初，佳節三星度。朝蕣玉佩迎，高松女蘿附。韋門正全盛，出入多歡裕。

韓昌黎集貳肆監察御史元君妻京兆韋氏夫人墓志銘云：

夫人於〔韋〕僕射〔夏卿〕爲季女。愛之，選婿得今御史河南元稹。稹時始以選校書秘書省中。

及白氏長慶集陸壹河南元公墓志銘（舊唐書壹陸陸元稹傳同。）云：

〔貞元十八年〕年二十四，試判入四等，署秘省校書。

是又必在貞元十八年微之婚于韋氏之後（微之時年二紀，即二十四。）而鶯鶯傳復有：

自是绝不復知矣。

一言，則距微之婚期必不甚近。然則貞元二十年乃最可能者也。又據長恨歌傳略云：

元和元年冬十二月，太原白樂天自校書郎尉於盩厔。鴻與琅琊王質夫家於是邑，暇日相攜游仙游寺，話及此事。樂天因爲長恨歌。

此則長恨歌及傳之作成在鶯鶯歌及傳作成之後。其傳文即相當於鶯鶯傳文，歌詞即相當於鶯鶯歌詞及會真等詩，是其因襲相同之點也。至其不同之點，不僅文句殊异，乃特在一爲人世，一爲仙山。一爲生離，一爲死別。一爲生而負情，一爲死而長恨。其意境宗旨，迴然分別，俱可稱爲超妙之文。若其關於帝王平民（鶯鶯非出高門，説詳拙著讀鶯鶯傳。）貴賤高下所寫之各殊，要微末而不足論矣。復次，就文章體裁演進之點言之，則長恨歌者，雖從一完整機構之小説，即長恨歌及傳中分出別行，爲世人所習誦，久已忘其與傳文本屬一體。然其本身無真正收結，無作詩緣起，實不能脱離傳文而獨立也。至若元微之之連昌宫詞，則雖深受長恨歌之影響，然已更進一步，脱離備具衆體詩文合并之當日小説體裁，而成一新體，俾史才詩筆議論諸體皆匯集融貫於一詩之中，（其詳俟於論連昌宫詞章述之。）使之自成一獨立完整之機構矣。此固微之天才學力之所致，然實亦受樂天新樂府體裁之暗示，而有所摹仿。故樂天於「每被老元偷格律，苦教短李伏歌行。」之句及自注「元九向江陵日，嘗以拙詩一軸贈行，自後格變。」「李二十嘗自負歌行，近見吾樂府五十首，默然心伏。」之語，明白言之。世之治文學史者可無疑矣。

又宋人論詩，如魏泰臨漢隱居詩話，張戒歲寒堂詩話之類，俱推崇杜少陵而貶斥白香山。謂樂天長恨歌詳寫燕昵之私，不曉文章體裁，造語蠢拙，無禮於君。喜舉老杜北征詩「未聞夏殷衰，中自誅褒妲。」一節，及哀江頭「昭陽殿里第一人，同輦隨君侍君側。」一節，以爲例證。殊不知長恨歌本爲當時小説文中之歌詩部分，其史才議論已別見於陳鴻傳文之内，歌中自不涉及。而詳悉叙寫燕昵之私，正是言情小説文體所應爾，而爲元白所擅長者。（見拙著讀鶯鶯傳。）如魏張之妄論，真可謂「不曉文章體裁，造語蠢拙。」也。又汪立名駁隱居詩話之言（見汪本壹貳。）云：

此論爲推尊少陵則可，若以此貶樂天則不可。論詩須相題，長恨歌本與陳鴻王質夫話楊妃始終而作，猶慮詩有未詳，陳鴻又作長恨歌傳，所謂不特感其事，亦欲懲尤物，窒亂階，垂於將來也。自與北征詩不同。若諱馬嵬事實，則長恨二字便無着落矣。

是以陳鴻作傳爲補長恨歌之所未詳，即補充史才議論之部分，則不知此等部分，爲詩中所不應及，不必詳者。然則汪氏不解當日小説體裁之爲何物，猶有强作解事之嫌也。（見校補記第四則）歌云：

漢皇重色思傾國。御宇多年求不得。楊家有女初長成，養在深閨人未識。天生麗質難自棄，一朝選在君王側。迴眸一笑百媚生，六宮粉黛無顔色。

容齋續筆貳唐詩無諱避條略云：

唐人歌詩，其於先世及當時事，直詞咏寄，略無隱避。至宮禁嬖昵，非外間所應知者，皆反覆極言，而上之人亦不以爲罪。如白樂天長恨歌諷諫諸章，元微之連昌宮詞始末，皆爲明皇而發。杜子美尤多。此下如張祜賦連昌宮等三十篇，大抵咏開元天寶間事。李義山華清宮等諸詩亦然。今之詩人不敢爾也。

寅恪案，洪氏之説是也。唐人竟以太真遺事爲一通常練習詩文之題目，此觀於唐人詩文集即可瞭然。但文人賦咏，本非史家紀述。故有意無意間逐漸附會修飾，歷時既久，益復曼衍滋繁，遂成極富興趣之物語小説，如樂史所編著之太真外傳是也。

若依唐代文人作品之時代，一考此種故事之長成，在白歌陳傳之前，故事大抵尚局限於人世，而不及於靈界，其暢述人天生死形魂離合之關係，似以長恨歌及傳爲創始。此故事既不限現實之人世，遂更延長而優美。然則增加太真死後天上一段故事之作者，即是白陳諸人，洵爲富於天才之文士矣。雖然，此節物語之增加，亦極自然容易，即從漢武帝李夫人故事附益之耳。陳傳所云「如漢武帝李夫人。」者，是其明證也。故人世上半段開宗明義之「漢皇重色思傾國」一句，已暗啓天上下半段之全部情事。文思貫澈鈎結如是精妙。特爲標出，以供讀者之參考。寅恪於此，雖不免有金人瑞以八股文法評西廂記之嫌疑，然不敢辭也。（可參新樂府章李夫人篇。）

趙與旹賓退録玖云：

白樂天長恨歌書太真本末詳矣，殊不爲魯諱。然太真本壽王妃，顧云楊家有女云云。蓋宴昵之私，猶可以書，而大惡不容不隱。陳鴻傳則略言之矣。（見校補記第一則）

又史繩祖學齋佔畢壹云：

唐明皇納壽王妃楊氏，本陷新臺之惡，而白樂天所賦長恨歌，則深没壽邸一段，蓋得孔子答陳司敗遺意矣。春秋爲尊者諱，此歌深得之。

寅恪案，關於太真入宫始末爲唐史中一重公案，自來考證之作亦已多矣。清代論兹事之文，如朱彝尊曝書亭集伍伍書楊太真外傳後，杭世駿訂訛類編貳楊氏入宫并竊笛條，章學誠章氏遺書外編叁丙辰札記等，似俱能持之有故，言之成理，而以朱氏之文爲最有根據。蓋竹垞得見當時不甚習見之材料，如開元禮及唐大詔令集諸書，大宗實齋不過承用竹垞之説，而推衍之耳。今止就朱氏所論辨證其誤，雖於白氏之文學無大關涉，然可藉以了却此一重考據公案也。

曝書亭集伍伍書楊太真外傳後略云：

太真外傳，宋樂史所撰。稱妃以開元二十二年十一月歸於壽邸。二十八年十月玄宗幸温泉宫，使高力士取於壽邸，度爲女道士，住内太真宫。此傳聞之謬也。按唐大詔令〔集〕載開元二十三年十二月二十四日遣户部尚書同中書門下〔平章事〕李林甫，副以黄門侍郎陳希烈，册河南府士曹參軍楊玄璬長女爲壽王妃。考之開元禮，皇太子納妃，將行納采，皇帝臨軒命使。降而親王，禮備有殺，命使則同。由納采而問名，而納吉，而納徵，而請期，然後親迎，同牢。備禮動需卜日，無納采受册即歸壽邸之禮也。越明年，武惠妃薨，後宫無當帝意者。或奏妃姿色冠代，乃度爲女道士。敕曰，壽王瑁妃楊氏，素以端毅，（寅恪案，毅章氏引作慤。）作嬪藩國。雖居榮貴，每在清修。屬太后忌辰，永懷追福，以兹求度。雅志難違，用敦弘道之風，特遂由衷之請，宜度爲女道士。蓋帝先注意於妃，顧難奪之朱邸，思納諸禁中，乃言出自妃意。所云作嬪藩國者，據妃曾受册云然。其曰太后忌辰者，昭成竇后以長壽二年正月二日受害，則天后以建子月爲歲首，中宗雖復舊用夏正，即正月行香廢務，直至順宗永貞元年，方改正以十一月二日爲忌辰。開元中猶循中宗行香之舊，是妃入道之期當在開元二十五年正月二日也。妃既入道，衣道士服入見，號曰太真。史稱不期歲禮遇如惠妃。然則妃由道院入宫，不由壽邸。陳鴻長恨傳謂高力士潛搜外宫，得妃於壽邸，與外傳同其謬。張俞驪山記謂妃以處子入宫，似得其實。而李商隱碧城三首，一咏妃入道，一咏妃未歸壽邸，一咏帝與妃定情係七月十六日，證以武皇内傳分明在，莫道人間總不知。是足當詩史矣。

寅恪案，朱氏考證之文，似極可信賴。然一取其他有關史料覈之，其誤即見。其致誤之由，在不加詳考，遽信舊唐書伍壹后妃傳玄宗楊貴妃傳所云：

〔開元〕二十四年〔武〕惠妃薨。

一語，但同書同卷與玄宗楊貴妃傳連接之玄宗貞順皇后武氏傳云：

惠妃以開元二十五年十二月薨。

而竹垞所以未及注意此二傳紀載之衝突者，殆由新唐書柒陸后妃傳玄宗楊貴妃傳亦承用舊傳「開元二十四年武惠妃薨。」之文。朱氏當日僅參取新書楊妃傳，而未別考他傳及他書。不知新書柒陸后妃傳於玄宗貞順皇后武氏傳，特删去舊傳「開元二十五年薨。」之語。豈宋子京亦覺其矛盾耶？夫武惠妃薨年爲開元二十五年，非二十四年，可以兩點證明。第一，舊唐書武惠妃傳薨於開元二十四年之紀載與其他史料俱不合。第二，武惠妃薨於開元二十四年於當時情事爲不可能。先就第一點言之，如：

舊唐書玖玄宗紀下云：

〔開元二十五年〕十二月丙午，惠妃武氏薨，追謚爲貞順皇后。

新唐書伍玄宗紀云：

〔開元二十五年〕十二月丙午，惠妃薨。丁巳追册爲皇后。

唐會要三皇后門略云：

玄宗皇后武氏。后幼入宮，賜號惠妃。開元二十五年十二月七日薨。（年四十。）贈皇后，謚曰貞順。

通鑑貳壹肆唐紀叁拾玄宗紀云：

〔開元二十五年〕十二月丙午，惠妃武氏薨，贈謚貞順皇后。

大唐新語壹壹懲戒篇云：

三庶以〔開元〕二十五年四月二十三日死。武妃以十二月斃。（薨？）

可知武惠妃開元二十五年薨説，幾爲全部史料之所同，而舊唐書楊貴妃傳武惠妃開元二十四年薨説，雖爲新唐書楊貴妃傳所沿襲誤用，實仍是孤文單紀也。（今本樂史楊太真外傳上云：「〔開〕元二十一年十一月〔武〕惠妃即世。」乃數字傳寫訛誤，可不置辨。又可參劉文典先生群書斠補。）

再就第二點言之，舊唐書壹佰柒廢太子瑛傳叙玄宗之殺三庶人即太子瑛鄂王瑶光王琚事略云：

及武惠妃寵幸，〔瑛生母趙〕麗妃恩乃漸弛。時鄂王瑤母皇甫德儀，光王琚母劉才人亦漸疏薄。瑛於内第與鄂光王等自謂母氏失職，嘗有怨望。惠妃女咸宜公主出降於楊洄。〔開元〕二十五年四月，楊洄又構於惠妃。言瑛兄弟三人，常構異謀。玄宗使中官宣詔於宫中，并廢爲庶人，俄賜死於城東驛。其年，武惠妃數見三庶人爲祟，怖而成疾，巫者祈請彌月，不痊而殞。

傳文之神話附會姑不論，但若武惠妃早薨於開元二十四年，則三庶人將不致死於二十五年四月矣。此武惠妃薨於開元二十四年，所以於當時情事，爲不可能。而依朱氏所考，楊妃於開元二十五年正月二日即已入宫，實則其時武惠妃尚在人間。豈不成爲尹邢覿面？是朱氏所謂：

武惠妃薨，後宫無當帝意者。或奏妃姿色冠代，乃度爲女道士。

即謂楊貴妃爲武惠妃之替身者，亦绝對不可能矣。

又朱氏所根據之材料，今見適園叢書本唐大詔令集肆拾，其册壽王楊妃文年月爲開元二十三年歲次乙亥十二月壬子朔二十四日乙亥。册壽王韋妃文爲天寶四載歲次乙酉七月丁卯朔二十六日壬辰。至度壽王妃（楊氏）爲女道士敕文，則不載年月。全唐文叁伍及叁捌均同。通鑑貳壹肆唐紀亦著開元二十三年十二月乙亥册故蜀州司户楊玄琰女爲壽王妃。此條考异云：「實録載册文云楊玄璬長女。」蓋唐大詔令集之所載，乃宋次道采自唐實録也。又通鑑貳壹伍唐紀天寶四載秋七月壬午册韋昭訓女爲壽王妃。八月壬寅册楊太真爲貴妃。其考异云：

統紀八月册女道士楊氏爲貴妃。本紀甲辰。唐曆甲寅。今據實録，壬寅，贈太真妃父玄琰等官。甲辰甲寅皆在後，恐册妃在贈官前。新本紀亦云，八月壬寅，立太真爲貴妃。今從之。

寅恪案，楊氏之度爲女道士入宫與册爲貴妃本爲先後兩事。其度爲女道士，實無詳確年月可尋。而章實齋考此事文中「天寶四載乙酉有度壽王妃楊氏入道册文。」云云，豈司馬君實朱錫鬯所不能見之史料，而章氏尚能知之耶？實誤會臆斷所致，轉以「朱竹垞所考入宫亦未確。」爲言，恐不足以服朱氏之心。至杭大宗之文，亦不過得見錢曾讀書敏求記肆集部唐大詔令集提要，及曝書亭集敷衍而爲之説，未必真見第一等材料而詳考之也。

復次，朱氏唐代典禮制度之説，似極有根據，且依第一等材料開元禮爲説。在當時，開元禮尚非甚習見之書，或者使人不易辨别其言之當否。獨不思世人最習見之通典，其書壹佰陸至壹肆拾爲開元禮纂類，其五禮篇目下注云：

謹按斯禮，開元二十年撰畢。自後儀法續有變改，并具沿革篇。爲是國家修纂，今則悉依舊文，敢輒有删改。本百五十卷，類例成三十五卷，冀尋閲易周，覽之者幸察焉。

足徵杜氏悉依開元禮舊文，節目并無更改。其書壹貳玖禮典捌玖開元禮纂類貳肆嘉禮捌親王納妃條所列典禮先後次第，爲（一）納采。（二）問名。（三）納吉。（四）納徵。（五）請期。（六）册妃。（七）親迎。（八）同牢。（九）妃朝見。（一〇）婚會。（一一）婦人禮會。（一二）饗丈夫送者。（一三）饗婦人送者。其册妃之前爲請期，其後即接親迎，同牢。是此三種典禮之間，雖或有短期間之距離，然必不致太久。即如朱氏所考楊氏之受册爲壽王妃在開元二十三年十二月二十四日，度爲女道士在開元二十五年正月二日，則其間相隔已逾一歲，頗已有舉行親迎同牢之危險矣。何况開元二十五年正月二日武惠妃尚在人間，其薨年實在開元二十五年十二月七日。（朱氏所考竇氏忌辰爲正月二日，乃依據唐會要貳叁忌日門永貞元年十二月中書門下之奏。及册壽王妃楊氏爲開元二十三年十二月二十四日，乃依唐大詔令集。皆甚精確。）是楊氏入宫，至早亦必在開元二十六年正月二日。其間相隔至少已越兩歲，豈有距離如是長久，既已請期而不親迎同牢者乎？由此觀之，朱氏「妃以處子入宫似得其實。」之論，殊不可信從也。

至楊氏究以何時入宫，則度壽王妃楊氏爲女道士敕文雖無年月，然必在開元二十五年十二月七日武惠妃薨以後，天寶四載八月壬寅日即十七日册楊太真爲貴妃以前。新唐書伍玄宗紀云：

開元二十八年十月甲子，幸温泉宫。以壽王妃楊氏爲道士，號太真。

南部新書辛云：

楊妃本壽王妃，〔開元〕二十八年，度爲道士入內。

楊太真外傳上云：

〔開元〕二十八年十月，玄宗幸温泉宮。使高力士取楊氏女於壽邸。度爲女道士，號太真，住内太真宮。

正史小説中諸紀載何所依據，今不可知。以事理察之，所記似最爲可信。姑假定楊氏以開元二十八年十月爲玄宗所選取，其度爲女道士敕文中之太后忌辰，乃指開元二十九年正月二日睿宗昭成竇后之忌日。雖不中，不遠矣。又資治通鑒紀度壽王妃楊氏爲女道士入宫事於天實三載之末，亦有説焉。通鑒紀事之例，無確定時間可稽者，則依約推測，置於某月，或某年，或某帝紀之末，或與某事有關者之後。司馬君實蓋以次年即天寶四載有册壽王妃韋氏及立太真妃楊氏爲貴妃事，因追書楊氏入道於前一歲，即天寶三載裴敦復賂楊太真姊致裴寬貶官事之後耳。其實非有確定年月可據也。

但讀者若以楊氏入宫即在天寶三載，則其時上距武惠妃之薨已逾六歲，於事理不合。至册韋昭訓女爲壽王妃事，竟遲至天寶四載者，則以其與册楊太真爲貴妃事，互爲關聯。喜劇之一幕，至此始公開揭露耳。宫闈隱秘，史家固難深悉，而通鑒編撰時，此度壽王妃楊氏爲女道士敕文已無年月日可考，亦可因而推知也。

歌云：

春寒賜浴華清池。温泉水滑洗凝脂。侍兒扶起嬌無力，始是新承恩澤時。

關於玄宗臨幸温泉之時節，俟於下文考釋「七月七日長生殿，夜半無人私語時。」句時詳辨之，姑不贅言。

兹止論賜浴華清池事。按唐六典壹玖温湯監一人正七品下注略云：

辛氏三秦紀云，驪山西有温湯，漢魏以來相傳能蕩邪蠲疫。今在新豐縣西。後周庾信有温泉碑。皇朝置温泉宫，常所臨幸。又天下諸州往往有之，然地氣温潤，殖物尤早，卉木凌冬不凋，蔬果入春先熟，比之驪山，多所不逮。

又丞一人從八品下注云：

凡王公以下至於庶人，湯泉館室有差，别其貴賤而禁其踰越。凡近湯之地，潤黷（澤？）所及，瓜果之屬，先時而育者，必爲之園畦，而課其樹藝。成熟，則苞匭而進之，以薦陵廟。

寅恪案，温泉之浴，其旨在治療疾病，除寒祛風。非若今世習俗，以爲消夏逭暑之用者也。此旨即玄宗亦嘗自言之，如全唐詩第壹函明皇帝詩中有：

惟此温泉，是稱愈疾。豈予獨受其福，思與兆人共之。乘暇巡游，乃言其志。

桂殿與山連。蘭湯涌自然。陰崖含秀色，温谷吐潺湲。績爲蠲邪著，功因養正宣。願言將億兆，同此共昌延。（此條失之眉睫，友朋中夏承燾先生首舉以見告，甚感愧也。）

及幸鳳泉湯五言排律云：

益齡仙井合，愈疾醴源通。

皆可爲例證也。中唐以後以至宋代之文人，似已不盡瞭解斯義。故有荔枝香曲名起原故事之創造，及七夕長生殿私誓等物語之增飾。今不得不略爲辨正。蓋漢代宫中即有温室，如漢書孔光傳所謂，「不言温室樹。」者是也。倭名抄佛塔具之部云：

温室，内典有温室經。今按温室，即浴室也。俗名由夜。温泉一名湯泉。百病久病人入此水多愈矣。

寅恪案，今存内典中有北周惠遠撰温室經義記一卷，（大正藏壹柒玖叁號。）又近歲發見敦煌石室寫本中亦有唐惠净撰温室經疏一卷，（倫敦博物院藏斯坦因號貳肆玖柒。）此經爲東漢中亞佛教徒安世高所譯。（即使出自依托，亦必六朝舊本。）其書托之天竺神醫耆域，廣張温湯療疾之功用，乃中亞所傳天竺之醫方明也。頗疑中亞温湯療疾之理論及方法，尚有更早於世高之時者，而今不可詳知矣。由北周惠遠爲此經作疏及同時庾信王褒爲温湯作碑文事等（庾子山集壹三藝文類聚玖初學集柒。）觀之，固可窺知其時温湯療疾之風氣。但子山之文作於北周明帝世任弘農太守時，實在「武帝天和三年三月皇后阿史那氏至自突厥。」（見周書伍武帝紀。）以前，故此風氣亦不必待締婚突厥方始輸入。考之北朝史籍如魏書肆壹源賀傳（北史貳捌源賀傳同。）云：

太和元年二月，療疾於温湯。高祖文明太后遣使者屢問消息，太醫視疾。患篤，還京師。

北齊書叁肆楊愔傳（北史肆壹楊播傳附愔傳同。）云：

後取急，就雁門温湯療疾。

魏書捌肆儒林傳常爽傳（北史肆貳常爽傳同。）云：

爽置館温水之右，教授門徒七百餘人。京師學業，翕然復興。

水經注壹三㶟水篇引魏土地記云：

代城北九十里有桑乾城。城西渡桑乾水。去城十里有温湯，療疾有驗。

可知温湯療疾之風氣，本盛行於北朝貴族間。唐世温泉宮之建置，不過承襲北朝習俗之一而已。歷代宮殿中如漢代之温室，唐代紫宸殿東之浴堂殿，（可參考通鑒貳叁柒唐紀元和二年上召李絳對於浴堂條胡注。）雖不必供洗浴之用，但其名號疑皆從温湯療疾之胡風輾轉嬗蜕而來。今北京故宮武英殿之浴室，世所妄傳爲香妃置者，殆亦明清因沿前代宮殿建築之舊稱耶？又今之日本所謂風呂者，原由中國古代輸入，或與今歐洲所謂土耳其浴者，同爲中亞故俗之遺。寅恪淺陋，姑妄言之，以俟當世博識學人之教正焉。

總而言之，温湯爲療疾之用之主旨既明，然後玄宗之臨幸華清，必在冬季或春初寒冷之時節，始可無疑。而長生殿七夕私誓之爲後來增飾之物語，并非當時真確之事實一點，亦易證明矣。

歌云：

云鬢花顔金步摇，芙蓉帳暖度春宵。

太真外傳上云：

上（玄宗）又自執麗水鎮庫紫磨金琢成步摇，至妝閣，親與插鬢上。

寅恪案，樂史所載，未詳其最初所出。或者即受長恨歌之影響，而演成此物語，亦未可知。但依安禄山事迹下及新唐書叁肆五行志所述，天寶初婦人時世妝有步摇釵。（見下新樂府章上陽白髮人篇。）楊妃本以開元季年入宮，其時間與姚歐所言者連接。然則樂天此句不僅爲詞人藻飾之韵語，亦是史家紀事之實録也。

歌云：

姊妹弟兄皆列土。可憐光彩生門户。遂令天下父母心，不重生男重生女。

寅恪案，唐黄〔滔〕先生文集柒答陳磻隱論詩書云：

大唐前有李杜，後有元白。信若滄溟無際，華岳干天。然自李飛數賢，多以粉黛爲樂天之罪。殊不謂三百五篇多乎女子，蓋在所指説如何耳。至如長恨歌云，遂令天下父母心，不重生男重生女。此刺以男女不常，陰陽失倫。其意險而奇，其文平而易。所謂言之者無罪，聞之者足以自戒哉。

寅恪案，黄氏所言，亦常談耳。但唐人評詩，殊异於宋賢苛酷迂腐之論，於此可見。故附録之。

歌云：

驪宫高處入青雲。仙樂風飄處處聞。緩歌慢舞凝絲竹。盡日君王看不足。漁陽鞞鼓動地來，驚破霓裳羽衣曲。

寅恪案，全唐詩第壹陸函白居易貳壹霓裳羽衣（原注：一有舞字。寅恪案，有舞字者是。）歌（原注：和微之。）云：

飄然轉旋迴雪輕，嫣然縱送游龍驚。小垂手後柳無力，斜曳裾時雲欲生。

樂天自注云：

四句皆霓裳舞之初態。

此可供慢舞義之參考。又白氏長慶集伍肆早發赴洞庭舟中作云：

出郭已行十五里，唯銷一曲慢霓裳。

寅恪案，此亦可與緩歌之義相證發。故并附録之。但有可疑者，霓裳羽衣舞歌云：

繁音急節十二遍，跳珠撼玉何鏗錚。

則謂中序以後至終曲十二遍皆繁音急節，似與緩歌慢舞不合。豈樂天作長恨歌時在入翰林之前。非如後來作「霓裳羽衣歌」所云：

我昔元和侍憲皇。曾陪内宴宴昭陽。

者，乃依據在翰林時親見親聞之經驗。致有斯歧异耶？姑記此疑，以俟更考。

又「看不足」别本有作「聽不足」者，非是。蓋白公霓裳羽衣舞歌云：

千歌萬舞不可數。就中最愛霓裳舞。舞時寒食春風天。玉鈎欄下香案前。案前舞者顔如玉。不著人家俗衣服。虹裳霞帔步摇冠。鈿瓔累累珮珊珊。娉婷似不任羅綺。顧聽樂懸行復止。

皆形容舞者。既著重於舞，故以作「看」爲允。

自來考證霓裳羽衣舞之作多矣。其中宋王灼碧雞漫志所論頗精。近日遠籐實夫長恨歌之研究一書，徵引甚繁。總而言之，其重要材料有二，一爲唐會要，一爲全唐詩第壹陸函白居易貳壹霓裳羽衣舞歌。兹請據此兩者略論之。唐會要叁叁諸樂條天寶十三載七月十日太樂署供奉曲名及改諸樂名黄鐘商時號越調下有：

婆羅門改爲霓裳羽衣。

之紀載。是此霓裳羽衣本名婆羅門，可與樂天霓裳羽衣舞歌「楊氏創聲君造譜」句自注所言：

開元中，西涼府節度楊敬述造。

者相印證。又舊唐書捌玄宗紀上（舊唐書壹玖肆突厥傳上新唐書伍玄宗紀貳壹伍突厥傳上通鑑貳壹貳唐紀貳捌玄宗紀開元八年十一月九年正月等條略同。）云：

〔開元八年〕秋九月，突厥〔暾〕欲谷寇甘源（源通鑑作凉。）等州。凉州都督楊敬述爲所敗，掠契苾部落而歸。

其所紀時代，姓名，官職與白氏所言均相符同，足證白氏此説必有根據。然則此曲本出天竺，經由中亞，開元時始輸入中國。（遠籐氏取印度祀神，舞於香案鈎欄前者，以相比擬。或不致甚謬，而劉禹錫望女几山詩序，鄭嵎津陽門詩注，及逸史，龍城録，諸書所述神話之不可信，固無待辨。）據歐陽修六一詩話云：

霓裳羽衣曲，今教坊尚能作其聲，其舞則廢而不傳矣。

則北宋時，其舞久已不傳，今日自不易考知也。又册府元龜伍陸玖掌禮部作樂類伍（參看同書同卷大和三年九月庚辰條，大和九年五月丁巳條，舊唐書壹陸捌新唐書壹柒柒馮定傳新唐書貳貳禮樂志等。）云：

〔文宗〕開成元年七月，教坊進霓裳羽衣舞女十五以下者三百人。帝绝畋游馳騁之事，思玉帛鐘鼓之本。語及音律，每謂絲竹自有正聲，人但趣於鄭衛。乃造雲韶等法曲，遇内宴奏之。顧大臣曰，笙磬同音，沈吟耽味，不圖爲樂至於斯。十月，太常奏成雲韶樂。

唐闕史下李可及戲三教條（參雲溪友議上古製興條。）略云：

參寥子曰，開成初，文宗皇帝耽玩經典，好古博雅。嘗欲黜鄭衛之樂，復正始之音。有太常寺樂官尉遲璋者，善習古樂爲法曲。笙磬琴瑟，戛擊鏗拊，咸得其妙，遂成霓裳羽衣曲以獻。詔中書門下及諸司三品以上，具朝服班坐以聽。因以曲名宣賜貢院，充試進士賦題。

（寅恪案，開成二年高鍇知貢舉，恩賜詩題曰霓裳羽衣曲。三年復以前詩題爲賦。見唐摭言壹伍雜記條。今雲溪友議所載李肱之詩，是其於開成二年舉進士所作也。文苑英華柒肆所載沈朗陳嘏及闕名之霓裳羽衣曲賦三篇，則開成三年進士之文之留存於今日者也。）

文苑英華柒肆陳嘏霓裳羽衣曲賦云：

爾其絳節迴互，霞袂飄颻。

唐語林柒補遺略云：

宣宗妙于音律。每賜宴前，必製新曲。其曲有霓裳者，率皆執幡節，被羽服，飄然有翔雲飛鶴之勢。

是文宗宣宗之世，并有霓裳羽衣曲之名。然唐闕史以爲開成時之霓裳羽衣曲乃尉遲璋所創。唐語林亦目大中時之霓裳爲新曲。又二者於舞時皆執「節」，亦爲樂天詩中所未及。或後來所製者，已非復玄宗時之舊觀耶？今就樂天霓裳羽衣舞歌所言此曲散序云：

磬簫箏笛遞相攙，擊擫彈吹聲邐迤。

自注云：

凡法曲之初，衆樂不齊，惟金石絲竹，次第發聲。霓裳序初亦復如此。

又云：

散序六曲未動衣。陽臺宿雲慵不飛。

自注云：

散序六遍無拍，故不舞也。

又白氏長慶集伍捌王子晉廟詩云：

鸞吟鳳唱聽無拍，多似霓裳散序聲。

可以窺見霓裳散序之大概。今日本樂曲有所謂「清海波」者，據云即霓裳散序之遺音，未知然否也。樂天又叙寫霓裳中序云：

中序擘騞初入拍。秋竹竿裂春冰拆。

自注云：

中序始有拍，亦名拍序。

又叙寫中後十二遍云：

繁音急節十二遍，跳珠撼玉何鏗錚。

自注云：

霓裳破凡十二遍而終。

寅恪案，他本有作「霓裳曲」者，但全唐詩第壹陸函作「霓裳破凡十二遍而終。」是。蓋全曲共十八遍，非十二遍。白氏長慶集伍陸卧聽法曲霓裳詩所謂：

宛轉柔聲入破時。

者是也。至樂天於：

漁陽鞞鼓動地來，驚破霓裳羽衣曲。

句中特取一「破」字者，蓋破字不僅含有破散或破壞之意，且又爲樂舞術語，用之更覺渾成耳。又霓裳羽衣「入破時」，本奏以緩歌柔聲之絲竹。今以驚天動地急迫之鞞鼓，與之對舉。相映成趣，乃愈見造語之妙矣。

樂天又述終曲云：

翔鸞舞了却收翅，唳鶴曲終長引聲。

自注云：

凡曲將畢，皆聲拍促速。唯霓裳之末，長引一聲也。

據上所引，可以約略窺見此曲之大概矣。

又國史補上王維畫品妙絶條（舊唐書壹玖拾下文苑傳下新唐書貳佰貳文藝傳中王維傳俱有相同之紀載。）有「霓裳羽衣曲第三疊第一拍。」之語，與樂天在元和年間爲翰林學士時所親見親聞者不合。國史補作者李肇，爲樂天同時人，且曾爲翰林學士，（見翰苑群書重修承旨學士壁記附録翰林學士題名及新唐書伍捌藝文志史部雜史類。）何以有此誤，豈肇未嘗親見此舞耶，或雖親見此舞，録此條時曾未注意耶？殊不可解，姑記此疑，以俟詳考。

又樂天平生頗以長恨歌之描寫霓裳羽衣舞曲自詡，即如此詩云：

我愛霓裳君合知。發於歌咏形於詩。君不見我歌云，驚破霓裳羽衣曲。

自注云：

長恨歌云。

九重城闕煙塵生。千乘萬騎西南行。翠華搖搖行復止。西出都門百餘里。六軍不發無奈何，宛轉蛾眉馬前死。

是也。歌云：

寅恪案，唐人類以玄宗避羯胡入蜀爲南幸。元和郡縣志貳關內道京兆府興平縣條云：

馬嵬故城在縣西北二十三里。

又：

興平縣東至府九十里。

即此詩所謂「千乘萬騎西南行。」「西出都門百餘里。」者也。

岑建功舊唐書校勘記叁貳（卷五壹。）玄宗楊貴妃傳「既而四軍不散」條略云：

御覽壹肆壹作六軍。按張氏宗泰云，以新書兵志考之，大抵以左右龍武左右羽林軍合成四軍。及至德二載，始置左右神武軍。是至德以前有四軍無六軍明矣。白居易長恨歌傳曰，六軍徘徊。歌曰，六軍不發無奈何。蓋詩人沿天子六軍舊說，未考盛唐之制耳。此作四軍，是。因附辨於此。

寅恪案，張氏説是也。不僅詩人有此誤，即唐李繁鄴侯家傳（玉海壹三捌兵制。）云：

〔玄宗〕後以左右神武軍與龍武羽林備六軍之數。

又云：

玄宗幸蜀，六軍扈從者千人而已。

宋史家司馬君實之通鑑貳壹捌唐紀云：

〔至德元載〕（即天寶十五載，司馬君實用後元，於此等處殊不便。）〔六月壬辰〕（即初十日）既夕，命龍武大將軍陳玄禮整比六軍。

亦俱不免於六軍建置之年月有所疏誤。考舊唐書玖玄宗紀下云：

〔天寶十五載〕六月壬寅〔即二十日〕，次散關，分部下爲六軍。潁王璬先行，壽王瑁等分統六軍，前後左右相次。

是天寶十五載六月二十日以後，似亦可云六軍。而在此以前即唐玄宗與楊貴妃在馬嵬頓時，自以作四軍爲是。但舊唐書拾肅宗紀亦云：

〔天寶十五載六月〕丁酉，至馬嵬頓。六軍不進。

是李唐本朝實録尚且若此，則詩人沿襲天子六軍舊説，未考盛唐之制，又何足病哉？

又劉夢得文集捌馬嵬行云：

貴人飲金屑，倏忽葬英暮。（見校補記第五則）

則以楊貴妃爲呑金而非縊死，斯則傳聞异詞，或可資參考者也。（見校補記第六則）

歌云：

峨嵋山下少人行，旌旗無光日色薄。

夢溪筆談貳叁譏謔附謬誤類云：

白樂天峨嵋山下少人行，旌旗無光日色薄。峨嵋山在嘉州，與幸蜀路并無交涉。

寅恪案，元氏長慶集壹柒東川詩好時節絶句云：

身騎驄馬峨嵋下，面帶霜威卓氏前。虚度東川好時節，酒樓元被蜀兒眠。

按微之以元和四年三月以監察御史使東川，按故東川節度使嚴礪罪狀。（詳見舊唐書壹陸陸元稹傳，白氏長慶集陸壹元稹墓志銘，元氏長慶集壹柒及叁柒等。）考東川所領州，屢有變易。至元和四年時爲梓、遂、綿、劍、龍、普、陵、瀘、榮、資、簡、昌、合、渝，十四州。是年又割資簡二州隸西川。（見新唐書陸捌方鎮表東川表及元和郡縣圖志叁叁東川節度使條。）微之固無緣騎馬經過峨嵋山下也。夫微之親到東川，尚復如此，何况樂天之泛用典故乎？故此亦不足爲樂天深病。

歌云：

蜀江水碧蜀山青。聖主朝朝暮暮情。行宫見月傷心色，夜雨聞鈴腸斷聲。

寅恪案，段安節樂府雜録（據守山閣叢書本。又可參教坊記曲名條。）云：

雨霖鈴

雨淋鈴者，因唐明皇駕迴至駱谷，聞雨淋鑾鈴，因令張野狐撰爲曲名。（依御覽補。）

全唐詩第壹玖函張祜貳雨霖鈴七絶云：

雨霖鈴夜却歸秦，猶見（見一作是。）張徽一曲新。長説上皇和泪教，月明南内更無人。

鄭處誨明皇雜録補遺（據守山閣本又可參楊太真外傳下。）略云：

明皇既幸蜀，西南行。初入斜谷，屬霖雨涉旬，於棧道雨中聞鈴音與山相應。上既悼念貴妃，采其聲爲雨霖鈴曲，以寄恨焉。時梨園子弟善吹觱篥者，張野狐爲第一。此人從至蜀，上因以其曲授野狐。洎至德中，車駕復幸華清宫。上於望京樓中命野狐奏雨霖鈴曲。未半，上四顧凄凉，不覺流涕。左右感動，與之歔欷。其曲今傳於法部。

若依樂天詩意，玄宗夜雨聞鈴，製曲寄恨，其事在天寶十五載赴蜀途中，與鄭書合，而與張詩及段書之以此事屬之至德二載由蜀返長安途中者，殊不相同。但據舊唐書玖玄宗紀下略云：

〔至德二載〕九月郭子儀收復兩京。十月肅宗遣中使啖廷瑤入蜀奉迎。丁卯上皇發蜀都。十一月丙申次鳳翔郡。十二月丙午肅宗具法駕至咸陽望賢驛迎奉。丁未至京師。

是玄宗由蜀返長安，其行程全部在冬季，與製曲本事之氣候情狀不相符應。故樂天取此事屬之赴蜀途中者，實較合史實。非僅以「見月」「聞鈴」兩事相對爲文也。

歌云：

天旋日轉迴龍馭。到此躊躇不能去。馬嵬坡下泥土中，不見玉顏空死處。

高彥休闕史上鄭相國〔畋〕題馬嵬詩條云：

肅宗迴馬楊妃死，雲雨雖亡日月新。終是聖明天子事，景陽宮井又何人。

吳曾能改齋漫録捌馬嵬詩條載臺文此詩，「肅宗」作「明皇」，「聖明」作「聖朝」。計有功唐詩紀事伍陸亦載此詩，惟改「肅」字爲「玄」字（又聖明作聖朝），今通行坊本選録臺文此詩，則并改「雖亡」爲「難忘」，此後人逐漸改易，尚留痕迹者也。但臺文所謂「肅宗迴馬」者，據舊唐書拾肅宗紀略云：

於是玄宗賜貴妃自盡。車駕將發，留上（肅宗）在後宣諭百姓。衆泣而言曰，請從太子收復長安。玄宗聞之，令〔高〕力士口宣曰，汝好去。上（肅宗）迴至渭北，時從上惟廣平建寧二王，及四軍（寅恪案，此言四軍，可與舊唐書伍壹后妃傳楊貴妃傳參證。）將士纔二千人，自奉天而北。

蓋肅宗迴馬及楊貴妃死，乃啓唐室中興之二大事，自宜大書特書，此所謂史筆卓識也。「雲雨」指楊貴妃而言，謂貴妃雖死而日月重光，王室再造。其意義本至明顯平易。今世俗習誦之本易作：

玄宗迴馬楊妃死，雲雨難忘日月新。

固亦甚妙而可通，但此種改易，必受長恨歌此節及玄宗難忘楊妃令方士尋覓一節之暗示所致，殊與臺文元詩之本旨绝异。斯則不得不爲之辨正者也。又李義山馬嵬七律首二句，「海外徒聞更九州。他生未卜此生休。」實爲绝唱，然必係受長恨歌「忽聞海上有仙山。」一節之暗示無疑。否則義山雖才思過人，恐亦不能構想及此。故寅恪嘗謂此詩乃長恨歌最佳之縮本也。（見校補記第七則）

歌云：

夕殿螢飛思悄然，孤燈挑盡未成眠。

邵博聞見後録壹玖云：

白樂天長恨歌有夕殿螢飛思悄然，孤燈挑盡未成眠。之句，寧有興慶宮中，夜不燒蠟油，明皇帝自挑燈者乎？書生之見可笑耳。

寅恪案，南史叁柒沈慶之傳附沈攸之傳云：

富貴擬於王者，夜中諸廂廊然燭達旦。

歐陽修歸田録壹（參考宋史貳捌壹寇准傳，及陸游「燭泪成堆又一時」之句。）云：

鄧州花蠟燭名著天下，雖京師不能造。相傳云是寇萊公燭法。公嘗知鄧州，而自少年富貴，不點油燈。尤好夜宴劇飲，雖寢室亦然燭達旦。每罷官去後，人至官舍，見溷廁間燭泪在地，往往成堆。杜祁公爲人清儉，在官未嘗然官燭。油燈一炷，熒然欲滅，與客相對，清談而已。

夫富貴人燒蠟燭而不點油燈，自昔已然。北宋時又有寇平仲一段故事，宜乎邵氏以此笑樂天也。考樂天之作長恨歌在其任翰林學士以前，宫禁夜間情狀，自有所未悉，固不必爲之諱辨。惟白氏長慶集壹肆禁中夜作書與元九云：

心緒萬端書兩紙，欲封重讀意遲遲。五聲鐘漏初鳴後，一點窗燈欲滅時。

此詩實作於元和五年樂天適任翰林學士之時，而禁中乃點油燈，殆文學侍從之臣止宿之室，亦稍從樸儉耶？（參劉文典先生群書斠補。）至上皇夜起，獨自挑燈，則玄宗雖幽禁極凄涼之景境，諒或不至於是。文人描寫，每易過情，斯固無足怪也。

歌云：

上窮碧落下黄泉，兩處茫茫皆不見。

寅恪案，太平廣記貳伍壹詼諧類張祜條（參孟棨本事詩嘲戲類。）云：

〔張祜〕曰，祜亦嘗記得舍人目蓮變。白曰，何也？曰，上窮碧落下黄泉，兩處茫茫皆不見，非目蓮變何邪？（出摭言。）

此雖一時文人戲謔之語，無關典據，以其涉及此詩，因并附録之，藉供好事者之談助，且可取與敦煌發見之目蓮變文寫本印證也。

歌云：

中有一人字太真，雪膚花貌參差是。

楊太真外傳上云：

〔開元〕二十八年十月，玄宗幸温泉宫，使高力士取楊氏女於壽邸，度爲女道士，號太真，住内太真宫。

寅恪案，此有二問題，即長安禁中是否實有太真宫，及太真二字本由何得名，是也。考唐會要壹玖儀坤廟條略云：

先天元年十月六日，祔昭成肅明二皇后於儀坤廟。〔廟在親仁里。〕

開元四年十一月十六日，昭成皇后祔於太廟。至八月九日敕，肅明皇后，依前儀坤廟安置。于是遷昭成皇后神主祔于睿宗之室，惟留肅明皇后神主于儀坤廟。八月二日敕，儀坤廟隸入太廟，不宜頓置官屬。至二十一年正月六日，遷祔肅明皇后神主于太廟，其儀坤廟爲肅明觀。

又同書伍拾觀條云：

咸宜觀，親仁坊，本是睿宗藩國地。開元初置昭成肅明皇后廟，號儀坤。後昭成遷入太廟。開元四年八月九日敕，肅明皇后〔依〕前於儀坤廟安置。二十一年五月六日肅明皇后祔入太廟，遂爲道士觀。寶曆元年（據宋敏求長安志捌引，應作寶應元年。）五月，以咸宜公主入道，與太真觀換名焉。

太真觀，道德坊，本隋秦王浩宅。

夫長安城中於宮禁之外，實有祀昭成太后之太真宮，可無論矣。而禁中亦或有別祀昭成竇后之處，與後來帝王於宮中別建祠廟以祠其先世者相類，（梁武帝亦於宮内起至敬殿以祀其親。見廣弘明集貳玖上梁武帝孝思賦序及梁書叁高祖紀下南史柒梁本紀中武帝下。）即所謂内太真宮。否則楊妃入宮，無從以竇后忌辰追福爲詞，且無因以太真爲號。恐未可以傳世唐代宮殿圖本中無太真宮之名，而遽疑之也。

又據舊唐書柒新唐書伍睿宗紀，睿宗之謚爲大聖真皇帝。肅明，昭成，皆睿宗之后妃，玄宗之嫡母生母俱號太后，故世俗之稱祀兩太后處爲太真宮者，殆以此故。不僅真字在道家與仙字同義也。

歌云：

風吹仙袂飄飄舉。猶似霓裳羽衣舞。

寅恪案，舊唐書伍壹玄宗楊貴妃傳云：

太真姿質豐豔，善歌舞，通音律。

則楊妃親舞霓裳亦是可能之事。歌中所咏或亦有事實之依據，非純屬詞人迴映前文之妙筆也。

又楊太真外傳上云：

上又宴諸王於木蘭殿。時木蘭花發，皇情不悅。妃醉中舞霓裳羽衣一曲，天顔大悅。

寅恪案，太真親舞霓裳，未知果有其事否？但樂天新樂府胡旋舞篇云：

天寶季年時欲變，臣妾人人學圓轉。中有太真外禄山，二人最道能胡旋。

疑有所本。胡旋舞雖與霓裳羽衣舞不同，然俱由中亞傳入中國，同出一源，乃當時最流行之舞蹈。太真既善胡旋舞，則其親自獨舞霓裳，亦爲極可能之事。所謂「盡日君王看不足」者，殆以此故歟？

歌云：

臨別殷勤重寄詞。詞中有誓兩心知。七月七日長生殿，夜半無人私語時。在天願爲比翼鳥，在地願爲連理枝。天長地久有時盡，此恨綿綿無絶期。

寅恪案，此節有二問題，一時間，二空間。關於時間之問題，則前論温湯療疾之本旨時已略言之矣。夫温泉祛寒去風之旨既明，則玄宗臨幸温湯必在冬季春初寒冷之時節。今詳檢兩唐書玄宗紀無一次於夏日炎暑時幸驪山，而其駐蹕温泉，常在冬季春初，可以證明者也。（參劉文典先生群書斠補。）夫君舉必書，唐代史實，武宗以前大抵完具。若玄宗果有夏季臨幸驪山之事，斷不致漏而不書。然則決無如長恨歌傳所云，天寶十載七月七日玄宗與楊妃在華清宮之理，可以無疑矣。此時間之問題也。

若以空間之問題言，則舊唐書玖玄宗紀下略云：

天寶元年冬十月丁酉，幸温泉宮。辛丑，新成長生殿，名曰集靈臺，以祀天神。

唐會要三拾華清宮條云：

天寶元年十月造長生殿，名爲集靈臺，以祀神。

唐詩紀事陸貳（全唐詩第貳壹函。）鄭嵎津陽門詩注云：

飛霜殿即寢殿，而白傅長恨歌以長生殿爲寢殿，殊誤矣。

又云：

有長生殿，乃齋殿也。有事於朝元閣，即御長生殿以沐浴也。

據此，則李三郎與楊玉環乃於祀神沐浴之齋宮，夜半曲叙兒女私情。揆之事理，豈不可笑？推其所以致誤之由，蓋因唐代寢殿習稱長生殿，如通鑑貳佰柒長安四年太后寢疾居長生院條胡梅磵注云：

長生院即長生殿。明年五王誅二張，進至太后所寢長生殿，同此處也。蓋唐寢殿皆謂之長生殿。此武后寢疾之長生殿，洛陽宮寢殿也。肅宗大漸，越王係授甲長生殿，長安大明宮之寢殿也。白居易長恨歌所謂七月七日長生殿，夜半無人私語時。華清宮之長生殿也。

寅恪案，唐代宮中長生殿雖爲寢殿，獨華清宮之長生殿爲祀神之齋宮。神道清嚴，不可闌入兒女猥瑣。樂天未入翰林，猶不諳國家典故，習於世俗，未及詳察，遂致失言。胡氏史學顓家，亦混雜徵引，轉以爲證，疏矣。

復次，涵芬樓本説郛叁貳范正敏遁齋閑覽論杜牧「一騎紅塵妃子笑，無人知是荔枝來。」句云：

據唐紀，明皇常以十月幸華清，至春即還宮，未嘗六月在驪山也。荔枝盛暑方熟，失事實。

但程大昌考古編駁之云：

說者謂明皇帝以十月幸華清，涉春即回，是荔枝熟時，未嘗在驪山。然咸通中有袁郊作甘澤謠，載許雲封所得荔枝香曲曰，天寶十四載六月一日是貴妃誕辰，命小部音聲奏樂長生殿，進新曲，未有名。會南海獻荔枝，因名荔枝香。開天遺事，帝與妃每至七月七日夜在華清游宴。而白香山長恨歌亦言，七月七日長生殿，夜半無人私語時。則知牧之乃當時傳信語也。世人但見唐史所載，遽以傳聞而疑傳信，大不可也。

寅恪案，據唐代可信之第一等資料，時間空間，皆不容明皇與貴妃有夏日同在驪山之事實。杜牧袁郊之說，皆承訛因俗而來，何可信從？而樂天長恨歌「七月七日長生殿」之句，更不可據爲典要。歐陽永叔博學通識，乃於新唐書貳貳禮樂志壹云：

帝幸驪山。楊貴妃生日，命小部張樂長生殿。因奏新樂，未有名。會南方進荔枝，因名曰荔枝香。

是亦采甘澤謠之謬說，殊爲可惜。故特徵引而略辨之如此，庶幾世之治文史者不致爲所惑焉。又全唐詩第拾函顧況宿昭應七絕云：

武帝祈靈太乙壇。新豐樹色繞千官。那知今夜長生殿，獨閉空山月影寒。

似比之樂天詩語病較少，故附寫於此，以供參讀。

翁方綱石州詩話貳云：

白公之爲長恨歌霓裳羽衣曲諸篇，自是不得不然，不但不蹈杜公韓公之轍也。是乃瀏灕頓挫，獨出冠時，所以爲豪杰耳。始悟後之欲復古者，真强作解事。

寅恪案，覃溪之論，雖未解當時文章體制，不知長恨歌乃唐代「駁雜無實」「文備衆體」之小説中之歌詩部分，尚未免未達一間，但較趙宋以來尊杜抑白强作解事之批評，猶勝一籌。因附録於此。論長恨歌既竟，兹於長恨歌傳，略綴一言。今所傳陳氏傳文凡二本，其一即載於白氏長慶集壹貳長恨歌前之通行本。他一爲文苑英華柒玖肆附録麗情集中别本。而麗情集本與通行本差异頗多，其文句往往溢出於通行本之外。所最可注意者，通行本傳末雖有「意者不但感其事，亦欲懲尤物，窒亂階，垂於將來也。」一節小説體中不可少之議論文字，但據與此傳及歌極有關係之作品，如鶯鶯傳者觀之，終覺分量較少。至麗情集本傳文，則論議殊繁於通行本，如：

嘻！女德無極者也。死生大别者也。故聖人節其慾，制其情，防人之亂者也。生惑其志，死溺其情，又如之何？

又如通行本只有「如漢武帝李夫人」一語，而麗情集本則於叙貴妃死後别有：

叔向母云，其（其當作甚）美必甚惡。李延年歌曰，傾國復傾城。此之謂也。

皆是其例。而觀麗情本詳及李夫人故事，亦可旁證鄙說「漢皇重色思傾國」一句，實暗啓此歌下半段故事之非妄。又取兩本傳文讀之，即覺通行本之文較佳於麗情本。頗疑麗情本爲陳氏原文，通行本乃經樂天所删易。議論逐漸減少，此亦文章體裁演進之迹象。其後卒至有如連昌宫詞一種，包括議論於詩中之文體，而爲微之天才之所表現者也。寅恪嘗以爲搜神後記中之桃花源記，乃淵明集中桃花源記之初本。（見清華學報第拾壹卷第壹期拙著桃花源記旁證。）此傳或亦其比歟？儻承當世博識通人，并垂教正，則幸甚矣。

綜括論之，長恨歌爲具備衆體體裁之唐代小説中歌詩部分，與長恨歌傳爲不可分離獨立之作品。故必須合并讀之，賞之，評之。明皇與楊妃之關係，雖爲唐世文人公開共同習作詩文之題目，而增入漢武帝李夫人故事，乃白陳之所特創。詩句傳文之佳勝，實職是之故。此論長恨歌者不可不知也。（見校補記第八則）

第二章　琵琶引

唐摭言壹伍雜記條云：

白樂天去世，大中皇帝以詩弔之曰，綴玉聯珠六十年。誰教冥路作詩仙。浮雲不繫名居易，造化無爲字樂天。童子解吟長恨曲，胡兒能唱琵琶篇。文章已滿行人耳，一度思卿一愴然。

寅恪案，此詩是否真爲宣宗所作，姑不置論。然樂天之長恨歌琵琶引兩詩相提并論，其來已久，據此可知也。故兹箋證長恨歌訖，乃次及琵琶引焉。

寅恪於論長恨歌篇時，曾標舉文人之關係一目。其大旨以爲樂天當日之文雄詩杰，各出其作品互事觀摩，各竭其才智競求超勝。故今世之治文學史者，必就同一性質題目之作品，考定其作成之年代，於同中求异，异中見同，爲一比較分析之研究，而後文學演化之迹象，與夫文人才學之高下，始得明瞭。否則模糊影響，任意批評，恐終不能有真知灼見也。今請仍以比較之研究論樂天之琵琶引。

張戒歲寒堂詩話上云：

長恨歌元和元年〔樂天〕尉盩厔時作，是時年三十五。謫江州，十一年作琵琶行。二詩工拙遠不侔矣。如琵琶行，雖未免於煩悉，然其語意甚當，後來作者，未易超越也。

寅恪案，樂天於長慶末年所作，編集拙詩成一十五卷因題卷末戲贈元九李二十。七律（白氏長慶集壹陸。）中，自述其平生得意之詩，首舉長恨歌而不及琵琶引。若據以謂樂天不自以琵琶引爲佳，固屬不可。然樂天心中絶不以長恨歌爲拙，而琵琶引爲較工，則斷斷可知。此張氏琵琶引工於長恨歌之論，不可依據者也。然張氏謂琵琶引「語意甚當，後來作者，未易超越。」其言甚允。蓋樂天之作此詩，亦已依其同時才士，即元微之，所作同一性質題目之詩，即琵琶歌，加以改進。今取兩詩比較分析，其因襲變革之詞句及意旨，固歷歷可睹也。後來作者能否超越，所不敢知，而樂天當日實已超越微之所作，要爲無可疑者。至樂天詩中疑滯之字句，不易解釋，或莫知適從者，亦可因比較研究，而取決一是。斯又此種研究方法之副收穫品矣。茲先考定微之作品年代，然後詮論樂天之詩。元氏長慶集貳陸琵琶歌（原注云：寄管兒兼誨鐵山。）云：

去年御史留東臺。公私蹙促顔不開。今春制獄正撩亂，晝夜推囚心似灰。

寅恪案，舊唐書壹肆憲宗紀上（參同書壹陸陸元稹傳。）云：

〔元和五年二月〕東臺監察御史元稹攝河南尹房式於臺，擅令停務。貶江陵府士曹參軍。

同書壹陸陸元稹傳略云：

〔元和〕四年，奉使東蜀。使還，令分務東臺。

微之此詩既有去年東臺及今春制獄之句，明琵琶歌作於元和五年也。又依白氏長慶集壹貳琵琶引序云：

元和十年予左遷九江郡司馬。明年秋，送客湓浦口。

是樂天琵琶引作於元和十一年。元作先而白作後，此樂天所以得見元作，而就同一性質題目，加以改進也。

以作詩意旨言之，兩詩雖同贊琵琶之绝藝，且同爲居貶謫閑散之地所作，然元詩云：

我爲含悽嘆奇绝。許作長歌始終説。藝奇思寡塵事多。許來寒暑又經過。如今左降在閑處，始爲管兒歌此歌。歌此歌，寄管兒，管兒管兒憂爾衰。爾衰之後繼者誰。繼之無乃在鐵山。鐵山已近曹穆間。性靈甚好功猶淺，急處未得臻幽閑。努力鐵山勤學取。莫遣後來無所祖。

則微之盛贊管兒之绝藝，復勉鐵山以精進，似以一題而兼二旨。雖二旨亦可相關，但終不免有一間之隔。故不及樂天之一題一意之明白曉暢也。此點當於研究兩家所作新題樂府時詳論之。又微之詩中所説，不過久許管兒作一詩，以事冗未暇，及謫官得閑，乃償宿諾，其旨似嫌庸淺，而白詩云：

我聞琵琶已嘆息。又聞此語重唧唧。同是天涯淪落人，相逢何必曾相識。

則既專爲此長安故倡女感今傷昔而作，又連綰己身遷謫失路之懷。直將混合作此詩之人與此詩所咏之人，二者爲一體。真可謂能所雙亡，主賓俱化，專一而更專一，感慨復加感慨。豈微之浮泛之作，所能企及者乎？琵琶引序云：

予出官二年，恬然自安。感斯人言，是夕始覺有遷謫意。因爲長句，歌以贈之。

是樂天此詩自抒其遷謫之懷，乃有真實情感之作。與微之之僅踐宿諾，償文債者，大有不同。其工拙之殊绝，復何足怪哉。

復次，樂天晚歲之詩友劉夢得，亦有泰娘歌一篇。（劉夢得文集玖。）其引略云：

泰娘本韋尚書〔夏卿〕家主謳者。初尚書爲吴郡得之，命樂工誨之琵琶，使之歌舞。無幾何，盡得其術。居一二歲，携之以歸京師。京師多新聲善工，于是又損（捐）去故技，以新聲度曲，而泰娘名字往往見稱於貴游之間。元和初，尚書薨于東京，泰娘出居民間。久之，爲蘄州刺史張遜所得。其後遜坐事謫居武陵郡（朗州。）卒。泰娘無所歸。地荒且遠，無有能知其容與藝者。雒客聞之，爲歌其事。

則泰娘事頗與樂天所咏者相類。而詩云：

朱弦已絶爲知音，雲鬢未秋私自惜。舉目風煙非舊時，夢尋歸路多參差。

乃以遺妾比逐臣，其意境尤與白詩「同是天涯淪落人，相逢何必曾相識。」之句近似。惟劉詩多述泰娘遭遇之經過，雖甚稱其絶藝，而不詳寫琵琶之音調。此則與元之琵琶歌白之琵琶引不同者。且劉詩特以簡鍊勝，亦可據見也。劉詩固爲佳作，讀琵琶引者，不可不參讀。所成爲問題者，乃樂天於作琵琶引以前，曾見夢得泰娘歌與否耳。考夢得此詩爲任朗州司馬時（劉夢得于永貞元年十一月己卯貶朗州司馬。至元和十年二月召至京師。三月，以爲連州刺史。）即元和十年二月以前所作。而夢得於元和十年春，曾與柳子厚元微之諸逐客，同由貶所召至長安。時樂天爲左贊善大夫，亦在京師。（參舊唐書壹陸拾新唐書壹陸捌劉禹錫傳，通鑑貳叁玖唐紀憲宗紀元和十年二月王叔文之黨坐謫官者十年不量移條及下連昌宫詞章。）固有得見此詩之可能。惟劉白二公晚歲雖至親密，而此時却未見有交際往復之迹象，且二詩之遺詞亦絶不相似。然則二公之藉題自咏，止可視爲各别發展，互不相謀者。蓋二公以謫吏逐臣，咏離婦遺妾。其事既相近，宜乎於造意感慨有所冥會也。是知白之琵琶引與劉之泰娘歌，其關係殆非如其與元之琵琶歌實有密切聯繫者可比矣。

又李公垂悲善才一詩（全唐詩第壹捌函李紳壹。）亦與元白二公之琵琶歌琵琶引性質類似。其詩中叙述國事己身變遷之故。撫今追昔，不勝惆悵。取與微之所作相較，自爲優越。但若與樂天之作參互并讀，則李詩未能人我雙亡，其意境似嫌稍遜。又考公垂此詩有：

南譙寂寞三春晚。（南譙即滁州之舊稱。可參通典壹捌壹州郡典古揚州上滁州永陽郡條。）

之句，當是任滁州刺史時所作。公垂於元和十五年閏正月，自山南幕召爲右拾遺充翰林學士。（參新唐書壹捌壹李紳傳及翰苑題名。）其年冬，樂天亦自忠州召還，拜司門員外郎，轉主客郎中，知制誥。二公同在長安者，約歷二年之久。此後公垂于長慶四年二月流貶端州，至寶曆元年四月量移江州長史。（參舊唐書壹柒上敬宗紀及壹伍玖韋處厚傳等。）復遷滁州刺史，於大和四年二月轉壽州刺史。（參全唐詩第壹捌函李紳壹轉壽春守七律。）則悲善才一詩作成之時間，遠在琵琶引以後。且其間李公垂似已因緣窺見樂天之詩，而所作猶未能超越。然後知樂天所謂，「苦教短李伏歌行。」及「李二十常自負歌行，近見吾樂府五十首，默然心伏。」者，（參長恨歌章。）之非虛語，而元和時代同時詩人，如白樂天之心伏劉夢得，（見附論戊白樂天與劉夢得之詩。）及李公垂之心伏白樂天，皆文雄詩杰，歷盡甘苦，深通彼己之所致。後之讀者所涉至淺，既不能解，乃妄爲品第，何其謬耶！古今讀此詩者衆矣，雖所得淺深，各有不同，而於詩中所叙情事，多無疑及之者。惟南宋之洪邁，博學通識之君子也。其人讀樂天詩至熟，觀所著容齋隨筆論白詩諸條，可以爲證。其涉及此詩而致疑于實無其事，樂天藉詞以抒其天涯淪落之感者，凡二條。兹移寫於下，并附鄙見以辨釋之。

容齋三筆陸白公夜聞歌者條云：

白樂天琵琶行，蓋在尋陽江上爲商人婦所作。而商乃買茶於浮梁，婦對客奏曲，樂天移船，夜登其舟與飲，了無顧忌。豈非以其爲長安故倡女，不以爲嫌耶？集中又有一篇題云，夜聞歌者。（寅恪案，在白氏長慶集拾。）時自京城謫尋陽，宿于鄂州，又在琵琶行之前。其詞曰，夜泊鸚鵡洲，秋江月澄澈。鄰船有歌者，發調堪悲絶。歌罷繼以泣，泣聲通復咽。尋聲見其人，有婦顔如雪。獨依帆檣立，娉婷十七八。夜泪似真珠，雙雙墮明月。借問誰家婦，歌泣何凄切。一問一霑襟，低眉終不説。陳鴻長恨歌傳云，樂天深於詩，多於情者也。故所遇必寄之吟咏，非有意於漁色。然鄂州所見亦一女子獨處，夫不在焉。瓜田李下之疑，唐人不議也。今詩人罕談此章，聊復表出。

又容齋五筆柒琵琶行海棠詩條云：

白樂天琵琶行一篇，讀者但羡其風致，敬其詞章，至形於樂府，咏歌之不足，遂以謂真爲長安故倡所作。予竊疑之。唐世法網雖于此爲寬，然樂天嘗居禁密，且謫官未久，必不肯乘夜入獨處婦人船中，相從飲酒，至於極絲彈之樂，中夕方去。豈不虞商人者，它日議其後乎？樂天之意，直欲攄寫天涯淪落之恨爾。東坡謫黃州，賦定惠院海棠詩，有陋邦何處得此花，無乃好事移西蜀。天涯流落俱可念，爲飲一尊歌此曲。之句，其意亦爾也。或謂殊無一話一言，與之相似。是不然，此真能用樂天之意者，何必效常人章摹句寫而後已哉。

寅恪案，容齋之論，有兩點可商。一爲文字叙述問題，一爲唐代風俗問題。洪氏謂「樂天夜登其舟與飲，了無顧忌。」及「乘夜入獨處婦人船中，相從飲酒，至於極絲彈之樂，中夕方去。」然詩云：

移船相近邀相見。添酒回燈重開宴。千呼萬喚始出來，猶抱琵琶半遮面。

則「移船相近邀相見」之「船」，乃「主人下馬客在船」之「船」，非「去來江口守空船」之「船」。蓋江州司馬移其客之船，以就浮梁茶商外婦之船，而邀此長安故倡從其所乘之船出來，進入江州司馬所送客之船中，故能添酒重宴。否則江口茶商外婦之空船中，恐無如此預設之盛筵也。且樂天詩中亦未言及其何時從商婦船中出去，洪氏何故臆加「中夕方去」之語？蓋其意以爲樂天賢者，既夜入商婦船中，若不中夕出去，豈非此夕逕留止於其中耶？讀此詩而作此解，未免可驚可笑。此文字叙述問題也。夫此詩所叙情事，既不如洪氏之詮解，則洪氏抵觸法禁之疑問可以消釋，即本無其事之假設，亦爲贅賸矣。然容齋所論禮法問題，實涉及吾國社會風俗古今不同之大限，故不能不置一言。考吾國社會風習，如關於男女禮法等問題，唐宋兩代實有不同。此可取今日日本爲例，蓋日本往日雖曾效則中國無所不至，如其近世之於德國及最近之於美國者然。但其所受影響最深者，多爲華夏唐代之文化。故其社會風俗，與中國今日社會風氣經受宋以後文化之影響者，自有差別。斯事顯淺易見，不待詳論也。惟其關於樂天此詩者有二事可以注意：一即此茶商之娶此長安故倡，特不過一尋常之外婦。其關係本在可離可合之間，以今日通行語言之，直「同居」而已。元微之於鶯鶯傳極誇其自身始亂終棄之事，而不以爲慚疚。其友朋亦視其爲當然，而不非議。此即唐代當時士大夫風習，極輕賤社會階級低下之女子。視其去留離合，所關至小之證。是知樂天之於此故倡，茶商之於此外婦，皆當日社會輿論所視爲無足重輕，不必顧忌者也。此點已於拙著讀鶯鶯傳文中論及之矣。二即唐代自高宗武則天以後，由文詞科舉進身之新興階級，大抵放蕩而不拘守禮法，與山東舊日士族甚异。寅恪於拙著唐代政治史述論稿中篇論黨派分野時已言之。樂天亦此新興階級之一人，其所爲如此，固不足怪也。其詳當別於論樂天之先世時更述之。

序云：

凡六百一十二言。

盧校本作六百一十六言。注云：

二訛。

寅恪案，盧抱經之勘校甚是。惟諸本皆作六百一十二言，故爲標出之。

詩云：

> 間關鶯語花底滑，幽咽泉流冰下難。

寅恪案，汪本及全唐詩本俱作「幽咽泉流水下灘」而於水字下注云：「一作冰。」灘字下注云：「一作難。」盧校本作「水下難」，於難字下注灘字。那波本作「冰下灘」。

段玉裁經韵樓集捌與阮芸臺書云：

> 白樂天間關鶯語花底滑，幽咽泉流水下灘。泉流水下灘不成語，且何以與上句屬對？昔年曾謂當作泉流冰下難，故下文接以冰泉冷澀。難與滑對，難者，滑之反也。鶯語花底，泉流冰下，形容澀滑二境，可謂工绝。

其説甚是。今請更申證其義。

一與本集互證。白氏長慶集陸肆筝云：

> 霜珮鏘還委，冰泉咽復通。

正與琵琶引此句章法文字意義均同也。

二與與此詩有關之微之詩互證。元氏長慶集貳陸琵琶歌中詞句與樂天此詩同者多矣。如「霓裳羽衣偏宛轉。」「六幺散序多籠撚。」「斷弦砉騞層冰裂。」諸句，皆是其例。惟其中：

冰泉嗚咽流鶯澀。（可參元氏長慶集壹柒贈李十二牡丹花片因以餞行七絶，鶯澀餘聲絮墮風。之句。）

一句實爲樂天「間關鶯語花底滑，幽咽泉流冰下難。」二句演變擴充之所從來。取元詩以校白句，段氏之説，其正確可以無疑。然則讀樂天琵琶引，不可不并讀微之琵琶歌，其故不僅在兩詩意旨之因革，可藉以窺見。且其字句之校勘，亦可取決一是也。

又微之詩作「流鶯澀」，而樂天詩作「間關鶯語花底滑」者，蓋白公既擴一而成二句，若仍作澀，未免兩句同説一端，殊嫌重複。白詩以滑與難反對爲文，自較元作更精進矣。

又元氏長慶集貳陸何滿子歌（原注云：張湖南座爲唐有態作。）略云：

我來湖外拜君侯，正值灰飛仲春琯。纏綿疊破最慇懃，整頓衣裳頗閑散。冰含遠溜咽還通，鶯泥晚花啼漸嬾。

又同集壹捌盧頭陀詩序云：

元和九年，張中丞領潭之歲，予拜張公於潭。

舊唐書壹伍憲宗紀下云：

〔元和八年冬十月己巳〕以蘇州刺史張正甫爲湖南觀察使。

據此，微之何滿子歌作於元和九年春，而樂天琵琶引作於元和十一年秋，是樂天必已見及微之此詩。然則其擴琵琶歌「冰泉嗚咽流鶯澀。」之一句爲琵琶引「間關鶯語花底滑，幽咽泉流冰下難。」之二句，蓋亦受微之詩影響。而樂天箏詩之「冰泉咽復通。」乃作於大和七年。在其後，不必論矣。

復次，元氏長慶集貳肆新題樂府五弦彈云：

風入春松正凌亂，鶯含曉舌憐嬌妙。嗚嗚暗溜咽冰泉，殺殺霜刀澀寒鞘。

白氏長慶集貳秦中吟五弦云：

大聲粗若散，颯颯風和雨。小聲細欲绝，切切鬼神語。

同集叁新樂府五弦彈云：

第五弦聲最掩抑。隴水凍咽流不得。（李公垂悲善才，寒泉注射隴水開。句，可與此參證。）五弦并奏君試聽。凄凄切切復錚錚。鐵擊珊瑚一兩曲，冰寫玉盤千萬聲。殺聲入耳膚血慘。寒氣中人肌骨酸。曲終聲盡欲半日，四座相對愁無言。座中有一遠方士，唧唧咨咨聲不已。

寅恪案，元白新樂府此兩篇皆作於元和四年，（見新樂府章。）白氏秦中吟亦是樂天於任諫官即左拾遺時所作，（見白氏長慶集壹傷唐衢二首之貳。）俱在樂天作琵琶引以前，亦可供樂天琵琶引中摹寫琵琶音調一節之參考者也。

詩云：

此時無聲勝有聲。

唐詩别裁捌選録此詩，并論此句云：

諸本此時無聲勝有聲。既無聲矣，下二句如何接出。宋本無聲復有聲，謂住而又彈也。古本可貴如此。

寅恪案，詩中「此時無聲勝有聲。」句上有「冰泉冷澀弦疑绝。疑绝不通聲暫歇。」之語。夫既曰「聲暫歇」，即是「無聲」也。聲暫歇之後，忽起「銀瓶乍破」「鐵騎突出」之聲，何爲不可接出？沈氏之疑滯，誠所不解。且遍考今存白集諸善本，未見有作「此時無聲復有聲」者，不知沈氏所見是何古本，深可疑也。

詩云：

自言本是京城女，家在蝦蟇陵下住。

國史補下略云：

舊説，董仲舒墓，門人過，皆下馬。故謂之下馬陵。後人語訛爲蝦蟆陵，皆訛謬所習。亦曰坊中語也。

寅恪案，樂天此節所咏乃長安故倡自述之言，宜其用坊中語也。又同書同卷略云：

酒〔之名品，〕則有京城之西市腔蝦蟆陵郎官清阿婆清。

此長安故倡，其幼年家居蝦蟆陵，似本爲酒家女。又自漢以來，旅居華夏之中亞胡人，頗以善釀著稱，而吾國中古杰出之樂工亦多爲西域胡種。則此長安故倡，既居名酒之產區，復具琵琶之绝藝，豈即所謂「酒家胡」者耶？

又樂府雜録上琵琶條略云：「貞元中有王芬，曹保保，其子善才，其孫曹綱，皆襲所藝，次有裴興奴，與綱同時。曹綱善運撥，若風雨，而不事叩弦。興奴長於攏撚，不撥，稍軟。時人謂曹綱有右手，興奴有左手。」故後世劇曲中或以裴興奴當此長安故倡女。裴固西域胡姓，「奴」字亦可爲女子之名，如元微之連昌宮詞中之念奴是。但男子亦可以奴字爲名，如白樂天之幼弟「金剛奴」是。然則裴興奴不必是女子也。劇曲家之説，未知所本，恐不可據。俟考。

詩云：

妝成每被秋娘妒。

寅恪案，元氏長慶集壹柒贈吕三（寅恪案，元氏長慶集壹陸全唐詩第壹伍函元稹壹陸酬哥舒大少府寄同年科第詩自注俱作「吕二炅」。復證以下引樂天詩題，則三當爲二之誤。）校書云：

競添錢貫定秋娘。

白氏長慶集壹肆和元九與呂二同宿話舊感贈云：

聞道秋娘猶且在，至今時復問微之。

又韋穀才調集壹載樂天江南喜逢蕭九徹因話長安舊游戲贈五十韻云：

多情推阿軟，巧語許秋娘。

即此琵琶引中之秋娘，蓋當時長安負盛名之倡女也。樂天天涯淪落，感念昔游，遂取以入詩耳。而坊本釋此詩，乃以杜秋娘當之，妄謬極矣。（杜秋娘始末，可參杜牧樊川集壹杜秋娘詩并序。）

詩云：

商人重利輕別離，前月浮梁買茶去。

寅恪案，據元和郡縣圖志貳捌江西觀察使饒州浮梁縣條云：

每歲出茶七百萬馱，稅十五餘萬貫。

國史補下略云：

風俗貴茶，茶之名品益衆，而浮梁之商貨不在焉。

則知此商人所以往浮梁之故。蓋浮梁之茶，雖非名品，而其產量極豐也。

詩之結語云：

江州司馬青衫濕。

寅恪案，此句爲世人習誦，已爲一口頭語矣。然一考唐代文獻，則不免致疑。元和郡縣圖志貳捌江西觀察使江州條云：

江州，上。（寅恪案，新唐書肆壹地理志云，江州潯陽郡，上。與此同。舊唐書肆拾地理志云，江州，中。與此异。據白氏長慶集貳陸江州司馬廳記云，上州司馬，秩五品。知元和時江州實爲上州。舊志所記，蓋舊制也。）

蓋江州乃上州也。唐六典叁拾上州條（舊唐書肆貳職官志新唐書肆玖下百官志同。）云：

上州，司馬一人，從五品下。

舊唐書肆伍輿服志（參唐會要叁壹章服品第目，新唐書貳肆輿服志。）略云：

上元元年，八月，又制文武三品已上服紫，四品服深緋，五品服淺緋，六品服深緑，七品服淺緑，八品服深青，九品服淺青。

唐六典肆禮部郎中員外郎條略云：

親王三品已上二王後服用紫，五品已上服用朱，七品已上服用緑，九品已上服用青，流外庶人服用黄。

然則樂天此時適任江州上州司馬之職，何以不著緋而著青衫耶？錢竹汀十駕齋養新録拾唐人服色視散官條云：

野客叢書〔貳柒〕云，唐制服色不視職事官，而視階官之品。至朝散大夫方換五品服色，衣銀緋。（寅恪案，此説甚是。可參尚書故實公自言四世祖河東公爲中書令著緋條及唐會要叁壹內外官章服目。）

唐制服色既視階官之品，考白氏長慶集貳叁祭匡山文云：

維元和十二年歲次丁酉二月辛酉朔二十一日，將仕郎守江州司馬白居易。

是元和十二年樂天之散官爲將仕郎，而據舊唐書肆貳職官志（通典肆拾職官典同。）云：

從第九品下階將仕郎。（文散官。）

是將仕郎爲最低級之文散官。樂天於元和十一年秋作此詩時，其散官之品亦必爲將仕郎無疑，蓋無從更低於此品也。唐會要叁壹內外官章服目云：

開元八年二月二十日敕，都督刺史品卑者，借緋及魚袋，永爲常式。

樂天此時止爲州佐，固唯應依將仕郎之階品著青衫也。（見校補記第九則）

第三章　連昌宮詞

元微之連昌宮詞實深受白樂天陳鴻長恨歌及傳之影響，合并融化唐代小説之史才詩筆議論爲一體而成。其篇首一句及篇末結語二句，乃是開宗明義及綜括全詩之議論。又與白香山新樂府序（白氏長慶集叁。）所謂「首句標其目，卒章顯其志。」者，有密切關係。樂天所謂「每被老元偷格律。」（白氏長慶集壹陸編集拙詩成一十五卷因題卷末戲贈元九李二十詩。）殆指此類歟？至於讀此詩必與樂天長恨歌詳悉比較，又不俟論也。總而言之，連昌宮詞者，微之取樂天長恨歌之題材依香山新樂府之體制改進創造而成之新作品也。

凡論連昌宮詞者，有一先決問題，即此詩爲作者經過行宮感時撫事之作，抑但爲作者閉門伏案依題懸擬之作。若屬前者，則微之一生可以作此詩之年月，共計有五，悉條列於下，論其可否。

第一説 討淮蔡時作

洪邁容齋隨筆壹伍（容齋詩話肆。）連昌宮詞條云：

其末章及官軍討淮西乞廟謨休用兵之語，蓋元和十一二年間所作，殊得風人之旨，非長恨〔歌〕比云。

寅恪案，容齋以連昌宮詞作於元和十一二年間，未知是否僅依詩中詞旨論斷，抑或更別有典據。若僅依詞旨論斷，則爲讀者普通印象，無論何人，皆具同感。匪特容齋一人如是也。元氏長慶集貳肆連昌宮詞（全唐詩第壹伍函元稹貳肆。）云：

今皇神聖丞相明。詔書纔下吴蜀平。官軍又取淮西賊，此賊亦除天下寧。

詩中所言，皆憲宗時事。今皇明指憲宗，故此詩之作必在憲宗之世。據讀者普通印象論，此四句似謂，「憲宗既平蜀之劉闢，吴之李錡。今又討淮西之吴元濟，若復除之，則天下寧矣。」後二句爲希望語氣。故此詩之作應在方討淮蔡，而尚未竟功之時。洪氏此詩作於元和十一二年間之説，殆即依此立論。考憲宗討淮蔡，前後共歷三年之久，自元和九年冬起，至十二年冬止。即資治通鑒自卷貳叁玖唐紀憲宗紀所載：

元和九年冬十月甲子，以嚴綬爲申光蔡招撫使，督諸道兵討吴元濟。

至卷貳肆拾唐紀憲宗紀所載：

元和十二年冬十月甲戌，〔李〕愬以檻車送吳元濟詣京師。己卯，淮西行營奏獲吳元濟。十一月〔丙戌朔〕上御興安門受俘，遂以吳元濟獻廟社，斬於獨柳之下。

是也。（參閱舊唐書壹伍新唐書柒憲宗紀等。）其實即此數年中眞與此詩之著作有關者，止元和十年十一年及十二年，而九年不能在內，以詩中有：

又有牆頭千葉桃，風動落花紅蔌蔌。

寫實之句，爲暮春景物，不能屬於其他節候。元和九年之暮春尚未出兵討淮蔡，故不能計入也。新唐書叁捌地理志云：

河南道河南府河南郡壽安縣。（原注云：西一十九里有連昌宮，顯慶三年置。）

寅恪案，壽安約當今河南省宜陽縣地。連昌宮所在之地既已確定，連昌宮詞如爲憲宗討淮蔡而未竟功時所作，則在元和十年十一年或十二年暮春之時，微之至少必須經過壽安，然後始有賦此詩之可能。茲逐年考之於下：

（甲）元和十年暮春

舊唐書壹肆憲宗紀（通鑒貳叁捌唐紀憲宗紀元和五年亦紀此事。）云：

元和五年二月，東臺監察御史元稹攝河南尹房式於臺，擅令停務。貶江陵府士曹參軍。

微之自元和五年貶謫出長安後，至十年春始由唐州還京，復出京至通州。兩唐書本傳及白香山所爲墓志皆紀述簡略。今摘録其集中諸詩句及其題目自注等，與十年還京出京之道途時日有關者，以資參證。

元氏長慶集壹玖載：

桐孫詩并序。（原注云：此後元和十年詔召入京及通州司馬已後詩。）

元和五年予貶掾江陵。三月二十四日宿曾峰館，山月曉時，見桐花滿地，因有八韵寄白翰林詩。當時草蹙，未暇紀題。及今六年，詔許西歸，去時桐樹上孫枝已拱矣。予亦白鬚兩莖，而蒼然班鬢，感念前事，因題舊詩，仍賦桐孫詩一絶。又不知幾何年復來商山道中。元和十年正月題。

去日桐花半桐葉，别來桐樹老桐孫。城中過盡無窮事，白髮滿頭歸故園。

西歸絶句

五年江上損容顔。今日春風到武關。兩紙京書臨水讀，小桃花樹滿商山。（原注云：得復言樂天書。）

只去長安六日期。多應及得杏花時。春明門外誰相待，不夢閑人夢酒卮。

今朝西渡丹河水，心寄丹河無限愁。若到莊前竹園下，殷勤爲繞故山流。（原注云：丹淅，莊之東流。）

寒窻風雪擁深爐。彼此相傷指白鬚。一夜思量十年事，幾人强健幾人無。（原注云：宿竇十二藍田宅。）

雲覆藍橋雪滿溪。須臾便與碧峰齊。風回麵市連天合，凍壓花枝著水低。寒花帶雪滿山腰。着柳冰珠滿碧條。天色漸明回一望，玉塵隨馬度藍橋。

留呈夢得子厚致用（原注云：題藍橋驛。）（詩略。）

寅恪案，以上皆微之由唐州至長安途中所作。

澧西別樂天博載樊宗憲李景信兩秀才侄谷三月三十日相餞送

今朝相送自同游。酒語詩情替別愁。忽到澧西總回去，一身騎馬向通州。

寅恪案，以上爲微之出長安至通州時所作。

又元氏長慶集壹貳載：

酬樂天東南行詩一百韵并序

元和十年三月二十五日予司馬通州。二十九日與樂天於鄠東蒲池村別。十三年予以赦當遷。我病方吟越，君行已過湖。（原注云：元和十年閏六月至通州，染瘴危重。八月，聞樂天司馬江州。）

又云：

重喜登賢苑，方看佐伍符。（原注云：九年樂天除太子贊善，予從事唐州也。）

又云：

因教罷飛檄，便許到皇都。（原注云：十年春自唐州詔予召入京。）

寅恪案，以上諸句爲微之追述元和十年春由唐州至長安，又由長安至通州事。據上引諸詩，知微之於元和十年春由唐州入長安，實取藍武大道，證以韓退之貶潮州刺史，其出長安途中所賦詩，如左遷至藍關示侄孫湘七律及武關西逢配流吐蕃七绝等，（悉見昌黎集拾。）與微之此次行程適合，不過有去國還京之别耳。微之此役，西渡丹淅，北經武藍，距連昌宫所在之壽安殊遠，似難迂道經過。即使經過，其時之景物亦與連昌宫詞所言者不符，自不可能。其桐花詩序雖記元和十年正月。繹其文意，乃補題元和五年三月二十四日之舊作者。本草綱目叁伍桐下引陶弘景説云：

二月開花，紅紫色。禮云，三月桐始華者也。

是正月時桐尚未開花。微之取元和十年正月咏桐孫詩附題於元和五年三月咏桐花詩後，不可因此誤疑商山道中氣候不同，花事特早也。西歸絶句言：「小桃花樹滿商山。」又言：「只去長安六日期。多應及得杏花時。」則此商山之「小桃花」必爲先杏開花之桃，而與千葉桃之較後開者不同類。考陸游老學庵筆記肆云：

歐陽公梅宛陵王文恭（寅恪案，文恭王珪謚也。）集皆有小桃詩。歐詩云，雪裏花開人未知。摘來相顧共驚疑。便當索酒花前醉，初見今年第一枝。但謂桃花有一種早開者耳。及游成都，始識所謂小桃者，上元前後即著花，狀如垂絲海棠。曾子固雜識云，正月二十間天章閣賞小桃。正謂此也。

是微之元和十年正月間於商山途中所見之小桃花正是此種植物，確無可疑矣。又據微之題藍橋驛留呈子厚諸人七律，證以柳子厚集肆貳所載：

詔追赴都二月至灞亭上

十一年前南渡客，四千里外北歸人。詔書許逐陽和至，驛路開花處處新。

之七绝，是微之略前行而子厚後隨。子厚於二月達灞亭，即長安近傍。時微之已先到長安。故綜合推計之，謂微之元和十年到長安之時，約在正月下旬或二月初旬，諒不甚遠於事實也。是年三月末，微之即取道澧鄠，折向西南，（元和郡縣圖志貳關内道京兆府鄠縣，東北至府六十五里，豐水出縣東南終南山，自發源北流至縣東二十八里北流入渭。）由秦至巴赴通州司馬之任。然則微之於元和十年春季正月一小部分或二月之全部分及三月幾全部分之時日，悉在長安。夏季自四月至六月之時間，又在由長安至通州之途中。連昌宫牆頭之千葉桃花，自開自謝，微之關山遠隔，王程有限，（白氏長慶集壹柒夷陵贈微之詩云：「各限王程須去住。」此借用。）亦無從得而賞之咏之。此連昌宫詞不能作於元和十年暮春之證也。

（乙）元和十一年暮春

（丙）元和十二年暮春

元氏長慶集壹貳獻滎陽公詩五十韵云：

自傷魂慘沮，何暇思幽玄。（稹病瘧二年，求醫在此，滎陽公不忍歸之瘴鄉。）

寅恪案，舊唐書壹伍捌鄭餘慶傳云：

〔元和〕九年拜檢校右僕射兼興元尹，充山南西道節度觀察使。三歲受代，十二年除太子少師。

又舊唐書壹伍憲宗紀下云：

〔元和〕九年三月辛酉以太子少傅鄭餘慶檢校右僕射興元尹山南西道節度使。

同書同卷（參吴廷燮唐方鎮年表肆。）又云：

〔元和十一年〕冬十月丁巳以刑部尚書權德輿檢校吏部尚書兼興元尹，充山南西道節度使。

又白氏長慶集壹柒題詩屏風绝句并序云：

〔元和〕十二年冬微之猶滯通州，予亦未離湓上。（詩略。）

據此可知微之自元和十年六月至十二年冬，皆在山南西道區域。興元爲山南西道節度使治所，鄭權俱爲當時之文儒大臣，而載之尤負盛名。微之之能久留興元，要非無因。且通州即在山南西道管内，故微之因病求醫，得至其地。若連昌宫所在之壽安縣，則隸屬河南道。微之非有公務，不能越道境而遠游。今既無微之奉使越境之事，此連昌宫詞不能作於元和十一年或十二年暮春之證也。

第二説 淮蔡平後作

連昌宫詞既不能作於元和十年十一年十二年暮春，即不作於淮蔡用兵之時。元和紀年凡十五歲，憲宗暴崩於十五年正月庚子，（見舊唐書壹伍憲宗紀等。）則僅十三年十四年暮春，與此詩之著作有關。復依前例條辨之於下：

（丁）元和十三年暮春

白氏長慶集貳陸三游洞序云：

平淮西之明年（即元和十三年）冬，予自江州司馬授忠州刺史。微之自通州授虢州長史。又明年（即元和十四年）春祗命之郡，與知退偕行。三月十日參會於夷陵。翌日（即三月十一日）微之反棹送予至下牢戍。又翌日（即三月十二日）將别未忍，引舟上下者久之。

又白氏長慶集壹柒載七言十七韻詩贈微之序云：

十年三月三十日别微之於澧上。十四年三月十一日夜，（三游洞序言，三月十日參會於夷陵。微不同。）遇微之於峽中，停舟夷陵，三宿而别。

據此，則微之雖於元和十三年冬自通州司馬授虢州長史。至十四年春，始下峽赴新任。則十三年暮春仍在山南西道管内，無由得至壽安。此連昌宫詞不能作於元和十三年暮春之證也。

（戊）元和十四年暮春

舊唐書壹陸陸元稹傳云：

〔元和〕十四年，自虢州長史徵還，爲膳部員外郎。

新唐書壹柒肆元稹傳云：

〔元和〕末召拜膳部員外郎。

寅恪案，憲宗崩於元和十五年正月。微之於十四年已由虢州長史徵還長安，爲膳部員外郎，則連昌宫詞之作，似即在元和十四年暮春，自通州赴虢州，就長史新任，便道經過壽安之時。

元和郡縣圖志伍云：

河南道河南府壽安縣，東北至府七十六里。

同書陸云：

河南道虢州，東至東都四百五十里。

是微之未至虢州之前，必先經東都。而東都與壽安，僅七十六里之隔，便道經行，亦頗意中之事。北地通常桃花開放之時，約值舊曆清明節時。唐孟棨本事詩崔護「人面桃花」之句，爲世所習知，其所謂「去年今日」即清明日也。然考是年清明在三月三日，（此係據陳垣先生中西回史日曆，未知與當時實用之曆如何？即使不同，要不過相差一二日，於本文論證之主旨無關也。）微之發夷陵時，已爲三月十二或十三日，據通典壹捌叁州郡典壹叁云：

夷陵郡南至江陵水路二百三十七里。

江陵郡北至襄陽郡四百四十五里。

又同書壹柒柒州郡典柒云：

襄陽郡去東京八百五十七里。

今復加計自東京至壽安七十六里，共爲一千六百一十五里。縱唐代里度較今略短，又微之行程較前元和十年由唐州至長安由長安至通州二役爲迅速，然亦非四月初不能到壽安，是距清明已一月之久，恐不及見連昌宮牆頭千葉桃落紅蔌蔌之狀矣。且元和十四年二月憲宗平定淄青最爲當時一大事，通鑒貳肆壹唐紀憲宗紀元和十四年條（參閱舊唐書壹貳肆新唐書貳壹叁李正己傳等。）云：

元和十四年二月壬戌，田弘正捷奏至。乙丑命户部侍郎楊於陵爲淄青宣撫使。己巳李師道首函至。自廣德以來，垂六十年，藩鎮跋扈，河南北三十餘州自除官吏，不供貢賦。至是盡遵朝廷約束。

據此，微之即行色忽忽，所經過之大都邑如洛陽等，似不能不稍作淹留，與當地官吏及平生親故相見，因從得知平齊消息。連昌宫詞若適作於是年暮春，則雖不必如劉夢得平齊行（劉夢得文集壹伍。）之誇大其事，亦不能僅叙至淮西平定而止，絶不道及淄青一字。於此轉得一强有力之反證。此連昌宫詞不能作於十四年暮春之證也。

總而言之，連昌宫詞若爲作者經過行宫感時撫事之作，則其著作之時日，用地理行程以相參校，僅有元和十年暮春及元和十四年暮春二者之可能。而元和十年微之所取之道，即韓退之「雲横秦嶺家何在，雪擁藍關馬不前。」之道也。故不可能。元和十四年其所取之道，即杜子美「即從巴峽穿巫峽，便下襄陽向洛陽。」之道也。故似可能。但一考當年節候與花事之關係，又爲不可能。二者既皆不可能，則連昌宫詞非作者經過其地之作，而爲依題懸擬之作，據此可以斷定也。

連昌宫詞既爲依題懸擬之作，然則作於何時何地乎？考元氏長慶集壹貳見人咏韓舍人新律詩因有戲贈略云：

喜聞韓古調，兼愛近詩篇。好去老通川。（原注云：自謂。）

是微之在通州司馬任内曾有機緣得見韓退之詩之證也。

又考韓昌黎文集拾和李司勳過連昌宮七絶云：

夾道疏槐出老根。高甍巨桷壓山原。宮前遺老來相問，今是開元幾葉孫。

此爲退之和李正封之詩，李氏原作，今不可得見。退之作詩之時，爲元和十二年冬淮西適平之後。頗疑李氏原詩或韓公和作，遠道流傳，至次年即十三年春間遂爲微之所見，因依題懸擬，亦賦一篇。其時微之尚在通州司馬任内，未出山南西道之境。觀其托諸宮邊遺老問對之言，以抒開元元和今昔盛衰之感，與退之絶句用意遣詞尤相符會。否則微之既在通州司馬任内，其居距連昌宮絶遠，若非見他人作品，有所暗示，決無無端忽以連昌宮爲題，而賦此長詩之理也。據舊唐書壹陸陸元稹傳云：

元稹河南人，元和元年四月除右拾遺。出爲河南縣尉。四年奉使東蜀，使還分務東臺。

夫河南雖是郡望，但洛陽則爲微之仕宦居游之地。元和五年未貶江陵以前，至少亦當一度經過壽安，連昌宮門内之竹，牆頭之桃，俱所目見。故依題懸擬，亦能切合。李正封之作，其藝術高下未審如何。若微之此篇之波瀾壯闊，決非昌黎短句所可并論，又不待言也。至唐詩紀事陸贄鄭嵎津陽門詩，雖亦托之旅邸主翁之口，爲道承平故實，抒寫今昔盛衰之感。然不過填砌舊聞，祝願頤養而已。才劣而識陋，較之近人王湘綺之圓明園詞，王觀堂之頤和園詞，或猶有所不逮。以文學意境衡之，誠無足取。其所以至今仍視爲叙述明皇太真物語之鉅製者，殆由詩中子注搜采故實頗備，可供參考之資耳。

綜合此詩末章前後文意言之，「官軍又取淮西賊，此賊亦除天下寧。」二句爲已然語氣，而非希望語氣。故「年年耕種宫前道，今年不遣子孫耕。」二句，意謂今年不依往年之例，耕種宫前御道，以待天子臨幸。「今年」爲淮西始平，天下遂寧之年，文意甚明。是此詩實成於元和十三年暮春。洪氏作於元和十一二年間之説，即以依題懸擬言，猶有未諦也。

連昌宫詞末章「老翁此意深望幸，努力廟謨休用兵。」之語，與後來穆宗敬宗兩朝之政治尤有關係，略微舊史述之於下：

舊唐書壹柒貳蕭俛傳（參舊唐書壹陸穆宗紀長慶元年二月乙酉馬總奏條。）云：

穆宗乘章武恢復之餘，即位之始，兩河廓定，四鄙無虞，而俛與段文昌屢獻太平之策，以爲兵以静亂，時已治矣，不宜黷武。勸穆宗休兵偃武。又以兵不可頓去，請密詔天下軍鎮有兵處，每百人之中限八人逃死，謂之消兵。帝既荒縱，不能深料，遂詔天下如其策行之。而藩鎮之卒，合而爲盜，伏於山林。明年朱克融王庭凑復亂河朔，一呼而遣卒皆至。朝廷方徵兵諸藩，籍既不充，尋行招募。烏合之徒，動爲賊敗。由是再失河朔，蓋消兵之失也。

舊唐書壹陸陸元稹傳云：

荆南監軍崔潭峻甚禮接稹，不以掾吏遇之，常徵其詩什諷誦之。長慶初潭峻歸朝，（新唐書壹柒肆元稹傳作，長慶初潭峻方親幸，較妥。蓋新唐書壹柒玖李訓傳明言潭峻爲元和逆黨，即弑憲宗之黨，而憲宗於元和十五年正月二十七日被弑，穆宗嗣位。次年，方改元長慶。是潭峻歸朝當在長慶以前也。）出稹連昌宮詞等百餘篇奏御。穆宗大悦，問稹安在？對曰，今爲南宮散郎。即日轉祠部郎中，尋知制誥。由是極承恩顧。無何，召入翰林，爲中書舍人承旨學士。中人以潭峻之故，争與稹交。而知樞密魏弘簡尤與稹相善。穆宗愈深知重。河東節度使裴度三上疏，言稹與弘簡爲刎頸之交，謀亂朝政。言甚激訐。穆宗顧中外人情，乃罷稹内職，授工部侍郎。上恩顧未衰，長慶二年拜平章事。詔下之日，朝野無不輕笑之。

當憲宗之世，主持用兵者，宰相中有李吉甫武元衡裴度諸人，宦官中則有吐突承璀。然宦官亦有朋黨，與士大夫相似。其弑憲宗立穆宗及殺吐突承璀之諸宦官，世號爲「元和逆黨」。崔潭峻者，此逆黨中之一人。故「消兵」之説，爲「元和逆黨」及長慶初得志於朝之士大夫所主持。此事始末，非本文所能詳盡。但連昌宮詞末章之語，同於蕭俯段文昌「消兵」之説，宜其特承穆宗知賞，而爲裴晉公所甚不能堪。此則讀是詩者，於知人論世之義，不可不留意及之也。

又白氏長慶集肆伍策林序略云：

元和初予罷校書郎，與元微之將應制舉。揣摩當代之事，構成策目七十五門。

四十四　銷兵數

若使逃不捕，死不填，則十年之間，十又銷其三四矣。故不散棄之，則軍情無怨也。不增加之，則其數自銷也。

然則「銷兵」之説，本爲微之少日所揣摩當世之事之一。作連昌宫詞時，不覺隨筆及之。殊不意其竟與己身之榮辱升沈，發生如是之關係。此則當日政治之環境實爲之也。

又微之賦此詩述玄宗時事托諸宫邊野老之口，如「弄權宰相不記名，依稀憶得楊與李。」之例，其有與史實不甚符合者，可置不論。然今日流傳之本，亦有後人妄加注解者，則不得不亟爲删訂。如「明年十月東都破，御路猶存禄山過。」之句，今全唐詩本第壹伍函元稹貳肆此句下注云：

天寶十三年禄山破洛陽。

寅恪案，舊唐書玖新唐書伍玄宗紀及通鑒貳壹柒同記天寶十四載十二月丁酉安禄山陷洛陽，「十月」自是微之之誤記，至「十三年」之誤，更不待言也。（又元氏長慶集貳肆新題樂府立部伎亦有「明年十月燕寇來，九廟千門虜塵涴。」之句。）其最可异者，莫如「爾後相傳六皇帝，不到離宮門久閉。」之句下注云：

肅代德順憲穆。

六字。據詩中文義，謂「今皇」平吳蜀，取淮西，（連昌宮詞此數句，可與元氏長慶集貳壹代嚴綬諭淮西書參證。）則「今皇」自是指憲宗而言，自玄宗不到離宮之後，順數至「今皇」即憲宗，只有五帝，何能預計穆宗或加數玄宗而成「六皇帝」？嘗遍考諸本，俱作「六」，無作「五」者，可知此誤字相傳已久。頗疑微之於本朝君主傳代之數，似不應訛誤至此，而諉爲野老記憶不真之言。如元氏長慶集伍貳沂國公魏博德政碑所云：

五紀四宗，容受隱忍。

其「四宗」自指肅代德順四宗而言，所言既無訛舛，以彼例此，則應亦不致誤述也。或者此詩經崔潭峻之手進御於穆宗，閹椓小人，未嘗學問，習聞當日「消兵」之説，圖復先朝巡幸之典，殊有契於「老翁此意深望幸，努力廟謨休用兵。」之句，遂斷章取義，不顧前後文意，改「五」爲「六」，藉以兼指穆宗歟？此言出於臆測，别無典據，姑備一説於此，以待他日之推證可也。然其後敬宗欲幸東都，殆亦受宦官之誘惑者，經群臣極諫，并畏藩鎮稱兵，不得已中止。其事本末見舊唐書壹柒拾新唐書壹柒叁裴度傳，兹移録通鑑原文及胡三省注於下，似亦與

「望幸」句意關涉，讀此詩者可并取以參證焉。

通鑑貳肆叁唐紀敬宗寶曆二年條云：

上（敬宗）自即位以來，欲幸東都。宰相及朝臣諫者甚衆，上皆不聽，決意必行。已令度支員外郎盧貞，按視修東都宮闕及道中行宮，（胡注，自長安歷華陝至洛，沿道皆有行宮。如壽安之連昌宮是也。）裴度從容言於上曰，國家本設兩都，以備巡幸。自多難以來，茲事遂廢。今宮闕營壘，百司廨舍，率已荒阤。陛下儻欲巡幸，宜命有司歲月間徐加完葺，然後可往。上曰，從來言事者，皆言不當往。如卿言，不往亦可。會朱克融王庭凑皆請以兵匠助修東都。三月丁亥，敕以修東都煩擾，罷之。（胡注，史言修東都之役，非以群臣論諫而罷，特畏幽鎮之稱兵而罷耳。）

復有傳本訛寫應即校改者，如「往來年少説長安，玄武樓成花萼廢。」之句，唐詩紀事本（卷貳柒。）作「玄武樓前花萼廢。」全唐詩本「成」字下亦有「一作前」之注，案唐六典柒云：

興慶宮在皇城之東南，東距外郭城東垣。（原注云：即今上龍潛舊宅也。開元初以爲離宮。至十四年又取永嘉勝業坊之半以置朝。自大明宮東夾羅城複道經通化門磴潛通焉。）宮之南曰通陽門，通陽之西曰花萼樓。（原注云：樓西即寧王第，故取詩人棠棣之義以名樓焉。）

宋敏求長安志陸大明宮條（參考徐松唐兩京城坊考壹。）云：

北面一門曰玄武門。（原注云：德宗造門樓，外設兩廊，持兵宿衛，謂之北衙。）

據此，玄武樓在大明宮之北面，興慶宮遠在大明宮之東南，而花萼樓又在興慶宮之西南隅，則花萼樓准諸地望，決無在玄武樓前之理。昔人譏白香山長恨歌「峨嵋山下少人行，旌旗無光日色薄。」之句爲誤，以峨嵋山在唐代嘉州境内，明皇由長安至成都不經過其下也。（見夢溪筆談貳叁譏謔附謬誤類及詩人玉屑壹壹。）殊不知微之使東川，作好時節絶句，（元氏長慶集壹柒。）亦有「身騎驄馬峨嵋下，面帶霜威卓氏前。」之語。（并見長恨歌章。）此皆詩人泛用典故率意牽附之病，不足深責。獨此詩説長安今昔之變遷，托諸往來年少之口，乃寫實之詞，與泛用典故者不同。其於城坊宮苑之方位，豈能顛倒錯亂至此。若斯之類，自屬後人傳寫之誤。況花萼樓建於玄宗之世，爲帝王友愛之美談。玄武樓造於德宗之時，成神策宿衛之禁域。一成一廢，對舉并陳。而今昔盛衰之感，不明著一字，即已在其中。若非文學之天才，焉能如是。此微之所以得稱「元才子」而無愧者耶？又五代會要壹捌前代史條載賈緯之語，謂「自唐高祖至代宗，紀傳已具。」則今舊唐書玄宗紀實本之舊文，夫君舉必書，巡幸陪都之大典，決無漏載之理。考舊唐書玄宗自開元二十四年十月丁丑自東都還西京之後，（新唐書伍玄宗紀及通鑑貳壹肆俱作丁卯。而舊唐書捌玄宗紀作丁丑。當依張宗泰校記改爲丁卯。）遂未重到洛陽。是後率以冬季十月或十一月幸華清宮，從未東出崤函一步。故通鑑貳壹肆開元二十五年九月條（參閲新唐書伍叁食貨志。）云：

先是西北邊數十州多宿重兵，地租營田皆不能贍，始用和糴之法。有彭果者，因牛仙客獻策，請行糴法於關中。戊子敕以歲稔穀賤傷農，命增時價什二三和糴東西畿粟各數百萬斛，停今年江淮所運租。自是關中蓄積羨溢，車駕不復幸東都矣。癸巳敕河南河北租應輸含嘉倉者皆留輸本州。

國史補上略云：

玄宗開元二十四年時在東都，因宮中有怪，明日召宰相欲西幸。裴稷山張曲江諫。是時李林甫初拜相，竊知上意，乃言，兩京陛下東西宮也。臣請宣示有司，即日西幸。上大悦。自此駕至長安，不復東矣。

雖册壽王妃楊氏在開元二十三年十二月乙亥，（見通鑑貳壹肆及考异并唐大詔令集肆拾全唐文叁捌册壽王楊妃文。）其時玄宗尚在東都，未還西京。然自楊妃於開元二十九年正月二日入道，即入宮之後，（詳見長恨歌章辨曝書亭集伍伍書楊太真外傳後。）明皇既未有巡幸洛陽之事，則太真更無以皇帝妃嬪之資格從游連昌之理，是太真始終未嘗伴侍玄宗一至連昌宮也。詩中「上皇正在望仙樓，太真同憑欄干立。」及「寢殿相連端正樓。太真梳洗樓上頭。」等句，皆傳會華清舊説，（樂史楊太真外傳下云：「華清宮有端正樓，即貴妃梳洗之所。」）構成藻飾之詞。才人故作狡獪之語，本不可與史家傳信之文視同一例，恐讀者或竟認爲實有其事，特爲之辨正如此。

至元氏長慶集壹柒燈影七絶云：

洛陽晝夜無車馬，漫掛紅紗滿樹頭。見説平時燈影裏，玄宗潛伴太真游。

則亦微之依據世俗傳説，姑妄聽之，姑妄言之。既有「見説」之語，則更不足辨。而全唐詩第壹玖函張祜貳連昌宮七絶所謂：「玄宗上馬太真去」者，又在微之之後，尤可不論矣。又詩中「百官隊仗避岐薛，楊氏諸姨車鬥風。」之句，容齋續筆貳開元五王條已言其非事實，故茲不再辨。惟洪氏以「楊太真以〔天寶〕三載方入宮。」則殊疏舛，殆誤會通鑑書法所致。寅恪別於長恨歌章詳論之矣。更有可論者，詩云：

明年十月東都破。御路猶存禄山過。驅令供頓不敢藏，萬姓無聲泪潛墮。

寅恪案，通鑑貳壹捌唐紀叁肆至德元載六月〔安禄山〕遣孫孝哲將兵入長安條考异略云：

新傳又云〔安〕禄山至〔長安〕，怒，大索三日。按舊傳〔張〕通儒爲西京留守編檢諸書，禄山自反復未嘗至長安，新傳誤也。

是禄山自反後未嘗至長安。連昌宫爲長安洛陽間之行宫，禄山既自反後未嘗至長安，則當無緣經過連昌宫前之御路，故此事與楊貴妃之曾在連昌宫之端正樓上梳洗者，同出於假想虚構。宋子京爲史學名家，尚有此失，特附論及之，庶讀此詩者不至沿襲宋氏之誤也。

此詩復有唐代當時術語須略加詮釋者，如「賀老琵琶定場屋。」之定，及樂府雜録叙貞元時長安東西兩市互鬥聲樂事中，「西市豪族厚賂莊嚴寺僧善本，以定東鄽之勝。」之定，其義爲「壓」及「壓場」之意也。又如「蛇出燕巢盤鬥拱。」之「鬥拱」，即近日營造學者所盛稱之「斗拱」。斗字義不可通，蓋古代工匠用以代鬥字之簡寫，殊非本字。然今知此者鮮矣。（見校補記第十則）

第四章　豔詩及悼亡詩（附：讀鶯鶯傳）

元氏長慶集三拾叙詩寄樂天書云：

不幸少有伉儷之悲，撫存感往，成數十詩，取潘子悼亡爲題。又有以干教化者，近世婦人暈淡眉目，綰約頭鬢，衣服脩廣之度及匹配色澤尤劇怪豔，因爲豔詩百餘首。詞有今古，又兩體。

寅恪案，今存元氏長慶集爲不完殘本。其第玖卷中夜閒至夢成之等詩，皆爲悼亡詩，韋縠才調集第伍卷所録微之詩五十七首，雖非爲一人而咏，但所謂豔詩者，大抵在其中也。微之自編詩集，以悼亡詩與豔詩分歸兩類。其悼亡詩即爲元配韋叢而作。其豔詩則多爲其少日之情人所謂崔鶯鶯者而作。微之以絶代之才華，抒寫男女生死離别悲歡之情感。其哀豔纏綿，不僅在唐人詩中不可多見，而影響及於後來之文學者尤巨。如鶯鶯傳者，初本微之文集中附庸小説，其後竟演變流傳成爲戲曲中之大國鉅製，即是其例。夫此二婦人與微之之關係，既須先後比較觀察之，則微之此兩類詩，亦不得不相校并論也。

夫此兩類詩本爲男女夫婦而作。故於（一）當日社會風習道德觀念。（二）微之本身及其家族在當日社會中所處之地位。（三）當日風習道德二事影響及於微之之行爲者。必先明其梗概，然後始可瞭解。寅恪前著讀鶯鶯傳一文，已論及之。此文即附於後幅，雖可取而并觀，然爲通曉元氏此兩類詩，故不憚重複煩悉之譏，仍爲總括序論於此，以供讀此兩類詩者之參考焉。

縱覽史乘，凡士大夫階級之轉移升降，往往與道德標准及社會風習之變遷有關。當其新舊蜕嬗之間際，常呈一紛紜綜錯之情態，即新道德標准與舊道德標准，新社會風習與舊社會風習并存雜用。各是其是，而互非其非也。斯誠亦事實之無可如何者。雖然，值此道德標准社會風習紛亂變易之時，此轉移升降之士大夫階級之人，有賢不肖拙巧之分别，而其賢者拙者，常感受苦痛，終於消滅而後已。其不肖者巧者，則多享受歡樂，往往富貴榮顯，身泰名遂。其故何也？由於善利用或不善利用此兩種以上不同之標准及習俗，以應付此環境而已。譬如市肆之中，新舊不同之度量衡并存雜用，則其巧詐不肖之徒，以長大重之度量衡購入，而以短小輕之度量衡售出。其賢而拙者之所爲適與之相反。於是兩者之得失成敗，即決定於是矣。

人生時間約可分爲兩節，一爲中歲以前，一爲中歲以後。人生本體之施受於外物者，亦可别爲情感及事功之二部。若古代之士大夫階級，關於社會政治者言之，則中歲以前，情感之部爲婚姻。

中歲以後，事功之部爲仕宦。故白氏長慶集壹肆和夢游春詩一百韵序略云：

微之既到江陵，又以夢游春七十韵寄予，且題其序曰，斯言也，不可使不知吾者知，知吾者，亦不可使不知。樂天知吾〔者〕也，不敢不使吾子知。故廣足下七十韵爲一百韵，重爲足下陳夢游之中所以甚感者，叙婚仕之際所以至感者。微之微之，予斯文也，尤不可使不知吾者知。幸藏之云爾。

夫婚仕之際，豈獨微之一人之所至感，實亦與魏晋南北朝以來士大夫階級之一生得失成敗至有關係。而至唐之中葉，即微之樂天所生值之世，此二者已適在蜕變進行之程途中，其不同之新舊道德標准社會風習并存雜用，正不肖者用巧得利，而賢者以拙而失敗之時也。故欲明乎微之之所以爲不肖爲巧爲得利成功，無不繫於此仕婚之二事。以是欲瞭解元詩者，依論世知人之旨，固不可不研究微之之仕宦與婚姻問題，而欲明當日士大夫階級之仕宦與婚姻問題，則不可不知南北朝以來，至唐高宗武則天時，所發生之統治階級及社會風習之變動。請略述之，以供論證焉。

南北朝之官有清濁之别，如隋書貳陸百官志中所述者，即是其例。至於門族與婚姻之關係，其例至多，不須多舉。故士大夫之仕宦苟不得爲清望官，婚姻苟不結高門第，則其政治地位，社會階級，即因之而低降淪落。兹僅引一二事於下，已足資證明也。

晉書捌肆楊佺期傳云：

自云門户承籍，江表莫比。有以其門第比王珣者猶恚恨。而時人以其晚過江，婚宦失類，每排抑之。恒慷慨切齒，欲因事際，以逞其志。

南史叁陸江夷傳附斅傳云：

中書舍人紀僧真幸於〔齊〕武帝，稍歷軍校，容表有士風。謂帝曰，臣小人，出自本縣武吏，邀逢聖時，階榮至此。爲兒婚得荀昭光女，即時無復所須，唯就陛下乞作士大夫。帝曰，由江斅謝瀹。我不得措此意。可自詣之。僧真承旨詣斅，登榻坐定，斅便命左右曰，移吾床讓客。僧真喪氣而退，告武帝曰，士大夫故非天子所命。

據此，可知當時人品地位，實以仕宦婚姻二事爲評定之標准。唐代政治社會雖不盡同於前代，但終不免受此種風習之影響。故婚仕之際，仍爲士大夫一生成敗得失之所關也。若以仕之一事言之，微之雖云爲隋兵部尚書元巖之六世孫，然至其身式微已甚，觀其由明經出身一事可證。如康駢劇談録（參唐語林陸補遺。）略云：

元和中李賀善爲歌篇，爲韓愈所知，重於縉紳。時元稹年少，以明經擢第，亦工篇什。嘗交結於賀，日執贄造門。賀覽刺不答。遽入，僕者謂曰，明經及第，何事看李賀？稹慚恨而退。

裴廷裕東觀奏記上（參新唐書壹捌貳李珏傳唐語林三識鑒類。）略云：

李珏趙郡贊皇人。早孤，居淮陰，舉明經。李絳爲華州刺史，一見謂之曰，日角珠庭，非常人也。當掇進士科，明經碌碌，非子發迹之路。

新唐書壹捌三崔彥昭傳（參尉遲偓中朝故事。）云：

彥昭與王凝外昆弟也。凝大中初先顯，而彥昭未仕。嘗見凝，凝倨不冠帶，慢言曰，不若從明經舉。彥昭爲憾。

王定保摭言壹序進士條云：

其艱難謂之三十老明經，五十少進士。

據此得見唐代當日社會風尚之重進士輕明經。微之年十五以明經擢第，而其後復舉制科者，乃改正其由明經出身之途徑，正如其棄寒族之雙文，而婚高門之韋氏。於仕於婚，皆不憚改轍，以增高其政治社會之地位者也。

又元氏長慶集伍玖告贈皇祖祖妣文云：

蔭籍朘削，龜繩用稀。我曾我祖，仍世不偶。先尚書盛德大業，屈於郎署。

同集同卷告贈皇考皇妣文云：

惟積洎稹，幼遭閔凶，積未成童。稹生八歲，蒙騃孩稚，昧然無識，遺有清白，業無樵蘇。先夫人備極勞苦，躬親養育。截長補敗，以御寒凍。質價市米，以給晡旦。依倚舅族，分張外姻。（元氏長慶集壹壹答姨兄胡靈之見寄五十韵序云，九歲解賦詩，飲酒至斗餘乃醉，時方依倚舅族。）

案白氏長慶集陸壹河南元公墓志銘及新唐書柒伍下宰相世系表等，微之曾祖延景，岐州參軍。祖悱，南頓丞。即告祭文所謂「我曾我祖，仍世不偶。」者。父寬，比部郎中，即告祭文所謂「屈於郎署」者。（後悱復以罪降虢州別駕，累遷舒王府長史。見元氏長慶集伍捌陸翰妻元氏墓志銘。）觀微之幼年家庭寒苦之情况，其告祭考妣文詳述無遺。故微之縱是舊族，亦同化於新興階級，即高宗武后以來所拔起之家門，用進士詞科以致身通顯，由翰林學士而至宰相者。此種社會階級重詞賦而不重經學，（微之雖以明經舉，然當日此科記誦字句而已，不足言通經也。）尚才華而不尚禮法，以故唐代進士科，爲浮薄放蕩之徒所歸聚，與倡伎文學殊有關聯。觀孫棨北里志，及韓偓香匳集，即其例證。宜乎鄭覃李德裕以山東士族禮法家風之立場，欲廢其科，而斥其人也。夫進士詞科之放佚恣肆，不守禮法，固與社會階級出身有關。然其任誕縱情，毫無顧忌，則北里志序略云：

自大中皇帝好儒術，特重科第。故進士自此尤盛，曠古無儔。僕馬豪華，宴游崇侈。以同年俊少年爲兩街探花使，鼓扇輕浮，仍歲滋甚。予頻隨計吏，久寓京華，時亦偷游其中。

俄逢喪亂，鑾輿巡蜀，嶠峹鯨鯢。向來聞見，不復盡記。聊以編次，爲太平遺事云。中和甲辰歲孫棨序。

香奩集序略云：

自庚辰辛巳之際，迄辛丑庚子之間，所著歌詩，不啻千首。其間以綺麗得意，亦數百篇。往往在士大夫之口，或樂工配入聲律，粉牆椒壁，斜行小字，竊咏者不可勝記。大盗入關，緗帙都墜。

寅恪案，孫序作於中和甲辰，即僖宗中和四年。韓序中所謂庚辰辛巳，即懿宗咸通元年及二年，庚子辛丑即僖宗廣明元年及中和元年。然則進士科舉者之任誕無忌，乃極於懿僖之代。微之生世較早，猶不敢公然無所顧忌。蓋其時士大夫階級山東士族，尚保有一部分殘餘勢力。其道德標准，與詞科進士階級之新社會風氣，并存雜用。而工於投機取巧之才人如微之者，乃能利用之也。明乎此，然後可以論微之與韋叢及鶯鶯之關係焉。

貞元之時，朝廷政治方面，則以藩鎮暫能維持均勢，德宗方以文治粉飾其苟安之局。民間社會方面，則久經亂離，略得一喘息之會，故亦趨於嬉娛游樂。因此上下相應，成爲一種崇尚文詞，矜詡風流之風氣。國史補下云：

長安風俗，自貞元侈於游宴。

又杜牧之感懷詩（樊川集壹。）所謂：

至於貞元末，風流恣綺靡。

者，正是微之少年所遭遇之時代也。微之幼時，依其姊婿陸翰，居於鳳翔西北邊境荒殘之地。（見元氏長慶集叁拾誨侄等書，又白氏長慶集肆新樂府西涼伎云：「平時安西萬里疆。今日邊防在鳳翔。」之句。）雖駐屯軍將，奢僭恬嬉。要之，其一般習俗，仍是樸儉。與中州之名都大邑相較，實有不侔。蒲州爲當日之中都河中府，去長安三百二十四里，洛陽五百五十里，（見舊唐書叁玖及新唐書叁玖地理志等。）爲東西兩京交通所常經繁盛殷闐之都會也。微之以甫逾弱冠之歲，出游其地，其所聞見，與昔迥殊，自不能不被誘惑。其所撰鶯鶯傳所云：

內秉堅孤，非禮不可入，以是年二十二，未嘗近女色。（寅恪案，通行本鶯鶯傳皆作年二十三。茲依王性之微之年譜改作二十二。）

者，鳳翔之誘惑力，不及河中，因得以自持。而以守禮誇詡，欺人之言也。及其遭遇雙文以後之沈溺聲色，見其前之堅貞，亦不可信。何以言之？姑不必論其始亂終棄之非多情者所爲，即於韋叢，其三遣悲懷詩之叁云：

唯將終夜常開眼，報答平生未展眉。

所謂常開眼者，自比鰥魚，即自誓終鰥之義。其後娶繼配裴淑，已違一時情感之語，亦可不論。唯韋氏亡後未久，裴氏未娶以前，已納妾安氏。元氏長慶集伍捌葬安氏志云：

始辛卯歲，予友致用憫予愁，爲予卜姓而授之。

所謂辛卯歲者，即元和六年。是韋氏亡後不過二年，微之已納妾矣。

考成之卒於元和四年七月九日，（見昌黎集貳肆監察御史元君妻京兆韋氏夫人墓志銘。）夫唐世士大夫之不可一日無妾媵之侍，乃關於時代之習俗，自不可以今日之標准爲苛刻之評論。但微之本人與韋氏情感之關係，決不似其自言之永久篤摯，則可以推知。然則其於韋氏，亦如其於雙文，兩者俱受一時情感之激動，言行必不能始終相符，則無疑也。又微之自言眷念雙文之意，形之於詩者，如才調集伍雜思之四云：

取次花叢懶回顧，半緣修道半緣君。

及白樂天轉述其友之事，如全唐詩第壹陸函白居易壹伍和夢游春詩一百韵云：

存誠期有感，誓志貞無黷。京洛八九春，未曾花裏宿。

似微之真能「内秉堅孤，非禮不可入。」者，其實唐代德憲之世，山東舊族之勢力尚在，士大夫社會禮法之觀念仍存，詞科進士放蕩風流之行動，猶未爲一般輿論所容許，如後來懿僖之時者，故微之在鳳翔之未近女色，乃地爲之。而其在京洛之不宿花叢，則時爲之。是其自誇守禮多情之語，亦不可信也。抑更推言之，微之之貶江陵，實由忤觸權貴閹宦。及其淪謫既久，忽爾變節，乃竟干諛近倖，致身通顯。則其仕宦，亦與婚姻同一無節操之守。惟窺時趨勢，以取利自肥耳。兹節録舊史，以資證明。舊唐書壹陸陸元稹傳（新唐書壹柒肆元稹傳略同。）略云：

〔元和〕四年，奉使東蜀，劾奏故劍南東川節度使嚴礪違制擅賦。稹雖舉職，而執政有與礪厚者，惡之。使還，令分務東臺，河南尹房式爲不法事，稹欲追攝，擅令停務。既飛表聞奏，罰式一月俸，仍召稹還京。宿敷水驛，内官劉士元後至，争廳。士元怒，排其户。稹襪而走廳後。士元追之，復以箠擊稹，傷面。執政以稹少年後輩，務作威福，貶爲江陵府士曹參軍。荆南監軍崔潭峻甚禮接稹，不以掾吏遇之。長慶初，潭峻歸朝，（新唐書歸朝作方親幸。是。）出稹連昌宫辭等百餘篇奏御，穆宗大悦，由是極承恩顧。中人以潭峻之故，争與稹交，而知樞密魏弘簡尤與稹相善。穆宗愈深知重。河東節度使裴度三上疏，言稹與弘簡爲刎頸之交，謀亂朝政，言甚激訐。穆宗顧中外人情，乃罷稹内職，授工部侍郎。上恩顧未衰，長慶二年拜平章事，詔下之日，朝野無不輕笑之。出稹爲同州刺史，改授浙東觀察使。〔大和〕三年九月，入爲尚書左丞。振舉綱紀，出郎官頗乖公議者七人。然以稹素無檢操，人情不厭服。會宰相王播倉卒而卒，稹大爲路岐經營相位。四年正月〔拜〕武昌軍節度使，卒於鎮。

故觀微之一生仕宦之始末，適與其婚姻之關係正復符同。南北朝唐代之社會，以仕婚二事衡量人物。其是非雖可不置論，但今日吾儕取此二事以評定當日士大夫之操守品格，則賢不肖巧拙分別，固極瞭然也。

雖然，微之絶世之才士也。人品雖不足取，而文采有足多者焉。關於鶯鶯傳，寅恪已別撰一文專論其事，故此從略，惟取豔詩及悼亡諸作略詮論之如下。所以先豔詩而後悼亡諸作者，以雙文成之二女與微之本人關係之先後爲次序，而更以涉於裴柔之者附焉。至夢游春一詩，乃兼涉雙文成之者，故首論之。

元氏長慶集伍陸唐故工部員外郎杜君墓係銘并序略云：

至若舖陳終始，排比聲韵，大或千言，次猶數百。詞氣豪邁，而風調清深。屬對律切，而脱棄凡近。則李〔白〕尚不能歷其藩翰，况堂奥乎？

取此與微之上令孤楚啓（見舊唐書壹陸陸元稹傳。）所謂「思深語近，韵律調新。屬對無差，而風情宛然。」及樂天「或爲千言或五百言律詩以相投寄」者相參校。則知元白夢游春詩，實非尋常游戲之偶作，乃心儀浣花草堂之鉅製，而爲元和體之上乘，且可視作此類詩最佳之代表者也。（見附論丁元和體詩篇。）

微之夢游春詩傳誦已逾千載。其間自不免有所訛誤。兹舉一例言之，如「嬌娃睡猶怒」

之「嬌娃」二字，甚難通解。據爾雅釋畜云：「短喙，猲獢。」全唐詩第壹伍函元稹貳柒春曉云：

半欲天明半未明。醉聞花氣睡聞鶯。狌兒（寅恪案，今所見才調集諸本俱作娃兒。般元動宋邦綏箋注本引述异記云，美女曰娃。殊可笑也。）撼起鐘聲動，二十年前曉寺情。

及楊太真外傳下（參酉陽雜俎前集壹忠志類天寶末交趾貢龍腦條及開元天寶遺事下。）略云：

昔上夏日與親王棋。貴妃立於局前觀之。上數枰子將輸。貴妃放康國猧子上局亂之。上大悅。

然則「狌兒」及「猧子」，「嬌娃」即「獢狌」之訛。此種短喙小犬，乃今俗稱「哈叭狗」者，原爲閨閣中玩品。按之夢游春詩中所言情事，實相符合。又「嬌娃睡猶怒」句，與上「鸚鵡飢亂鳴」句爲對文。即以能言麗羽之慧禽與善怒短喙之小犬，相映成趣。故「嬌娃」爲「獢狌」之訛寫明矣。否則女娃何故睡時猶發怒耶？更有可注意者，雙文所服之「夾纈」（詳見下文。）及所玩之狌兒，在玄宗時爲宮禁珍貴稀有之物品，非民間所能窺見。今則社會地位如雙文者，在貞元間亦得畜用之。唐代文化之流佈，與時代先後及社會階層之關係，於此可見一斑矣。其餘詳見論樂天新樂府牡丹芳篇。茲不多及。

夢游春詩（才調集伍。）中所述鶯鶯之妝束，如：

叢梳百葉髻，（原注云：時勢頭。）金蹙重臺履。（原注云：踏殿樣。）紕軟鈿頭裙，（原注云：瑟瑟色。）玲瓏合歡袴。（原注云：夾纈名。）鮮妍脂粉薄，暗淡衣裳故。

而全唐詩第壹陸函白居易壹伍樂天和之云：

風流薄梳洗，時世寬妝束。袖軟异文綾，裾輕單絲縠。裙腰銀綫壓，梳掌金筐蹙。帶纈紫蒲萄，袴花紅石竹。

及才調集壹白居易詩：江南喜逢蕭九徹，因話長安舊游，戲贈五十韵。其中摹寫貞元間京師婦人妝飾諸句云：

時世高梳髻，風流澹作妝。戴花紅石竹，帔暈紫檳榔。鬢動懸蟬翼，釵垂小鳳行。拂胸輕粉絮，煖手小香囊。

乃有時代性及寫實性者，非同後人豔體詩之泛描，斯即前引微之叙詩寄樂天書所謂：

近世婦人暈淡眉目，綰約頭鬢，衣服修廣之度及匹配色澤，尤劇怪豔。

者。又白氏長慶集貳和答詩序云：

頃在科試間，常與足下同筆硯。每下筆時，輒相顧語。患其意太切，而理太周。故理太周，則辭繁。意太切，則言激。然與足下爲文，所長在於此，所病亦在於此。足下來序，果有辭犯文繁之説。今僕所和者，猶前病也。待與足下相見日，各引所作，稍删其繁而晦其義焉。

夫長於用繁瑣之詞，描寫某一時代人物妝飾，正是小説能手。後世小説，凡叙一重要人物出現時，必詳述其服妝，亦猶斯義也。原注所云，實貞元年間之時世妝。足見微之觀察精密，記憶確切。若取與白香山新樂府上陽人中所寫之「小頭鞋履窄衣裳。青黛點眉眉細長。」者，固自不侔。即時世妝中所寫「元和妝梳」之「顋不施朱面無粉，烏膏注唇唇似泥。雙眉畫作八字低。」「圓鬟無鬢椎髻樣。斜紅不暈赭面狀。」者，亦仍有別。然則即此元白數句詩，亦可作社會風俗史料讀也。

又時勢頭者，才調集伍微之有所教詩云：

人人總解争時勢，都大須看各自宜。

則時勢者，即今日時髦之義，乃當日習用之語。但「時勢頭」則專指貞元末流行之一種時式頭樣也。

又重臺履者，取義於重臺花瓣，此處則專指蓮花而言。如李德裕會昌一品集別集壹有重臺芙蓉賦，芙蓉即蓮花也。國史補下蘇州進藕條云：

近多重臺荷花，荷花上復生一花。

故取作履樣之名，與潘妃步步生蓮花之典相關，更爲適合也。

又唐語林肆賢媛篇引因話録云：

玄宗柳婕妤，有才學，上甚重之。婕妤妹適趙氏，性巧慧，因使工鏤板爲雜花象之，而爲夾結。因婕妤生日，獻王皇后一匹。上見而賞之，因敕宫中依樣製之。當時甚秘，後漸出，遍於天下，乃爲至賤所服。

寅恪案，雙文在貞元時，亦服夾纈袴。可徵此種著品已流行一世，雖賤者亦得服之矣。

又夢游春詩中先後述雙文成之二女事，微之既云：

覺來八九年，不向花迴顧。

及：

近作夢仙詩，（此指才調集伍全唐詩第壹伍函元稹貳柒夢昔時詩言。）亦知勞肺腑。一夢何足云，良時事婚娶。

及：

雖云覺夢殊，同是終難駐。

而樂天亦云：

心驚睡易覺，夢斷魂難續。

是俱以雙文之因緣爲夢幻不真，殊無足道。其所謂「存誠」「誓志」，亦徒虛言耳。故樂天和句云：

韋門女清貴，裴氏甥賢淑。

及：

劉阮心漸忘，潘楊意方睦。

乃真實語也。微之所以棄雙文而娶成之，及樂天公垂諸人之所以不以其事爲非，正當時社會輿論道德之所容許，已於拙著讀鶯鶯傳詳論之。茲所欲言者，則微之當日貞元元和間社會，其進士詞科之人，猶不敢如後來咸通廣明之放蕩無忌，盡决藩籬。此所以「不向花迴顧」及「未曾花裏宿」者也。但微之因當時社會一部分尚沿襲北朝以來重門第婚姻之舊風，故亦利用之，而樂於去舊就新，名實兼得。然則微之乘此社會不同之道德標准及習俗并存雜用之時，自私自利。綜其一生行迹，巧宦固不待言，而巧婚尤爲可惡也。豈其多情哉？實多詐而已矣。

復次，其最言之無忌憚，且爲與雙文關係之實録者，莫如才調集伍所録之古决绝詞，（參全唐詩第壹伍函元稹貳柒。）其壹云：

春風撩亂百勞語，况是此時拋去時。握手苦相問，竟不言後期。君情既决绝，妾意亦參差。借如死生别，安得長苦悲。

據此，雙文非負微之，微之實先負之，而微之所以敢言之無忌憚者，當時社會不以棄绝此類婦人如雙文者爲非，所謂「一夢何足云」者也。

其貳云：

矧桃李之當春，競衆人而攀折。我自顧悠悠而若雲，（雲溪友議下豔陽詞條，引微之贈裴氏詩云，嫁得浮雲婿，相隨即是家。微之一生對於男女關係之觀念，無論何人，終不改易其悠悠若雲之意也，噫。）又安能保君皚皚（全唐詩作皚皚。）之如雪。

又云：

幸它人之（全唐詩之字下多既字。）不我先，又安能後（全唐詩作使。）它人之（全唐詩之字下多終字。）不我奪。已焉哉，織女别黄姑。一年一度暫相見，彼此隔河何事無。

嗚呼，微之之薄情多疑，無待論矣。然讀者於此詩，可以決定鶯鶯在當日社會上之地位，微之之所以敢始亂而終棄之者，可以瞭然矣。

其叁云：

一去又一年，一年何可徹。有此迢遞期，不如死生别。天公隔是妒相憐，何不便教相決絶。

觀於此詩，則知微之所以棄雙文，蓋籌之熟思之精矣。然此可以知微之之爲忍人，及至有心計之人也。其後來巧宦熱中，位至將相，以富貴終其身，豈偶然哉。

復次，微之夢游春自傳之詩，與近日研究紅樓夢之「微言大義」派所言者，有可參證者焉。昔王靜安先生論紅樓夢，其釋「秉風情，擅月貌，便是敗家的根本。」意謂風情月貌爲天性所賦，而終不能不敗家者，乃人性與社會之衝突。其旨與西土亞歷斯多德之論悲劇，及盧梭之第雄論文暗合。其實微之之爲人，乃合甄賈寶玉於一人。其婚姻則同於賈，而仕宦則符於甄。觀夢游春詩自述其仕宦云：

> 寵榮非不早，邅迴亦云屢。直氣在膏肓，氛氲日沈痼。不言意不快，快意言多忤。忤誠人所賊，性亦天之付。乍可沈爲香，不能浮作瓠。

是亦謂己之生性與社會衝突，終致邅迴而不自悔。推類而言，以仕例婚，則委棄寒女，締姻高門。雖繾綣故歡，形諸吟咏。然卒不能不始亂終棄者，社會環境，實有以助成之。是亦人性與社會之衝突也。惟微之於仕則言性與人忤，而於婚則不語及者。蓋棄寒女婚高門，乃當時社會道德輿論之所容許，而視爲當然之事，遂不見其性與人之衝突故也。吾國小説之言男女愛情生死離合，與社會之關係，要不出微之此詩範圍，因并附論之於此，或者可供好事者之研討耶？

才調集伍所録微之豔詩中如恨妝成云：

曉日穿隙明，開帷理妝點。傅粉貴重重，施朱憐冉冉。柔鬟背額垂，叢鬟隨釵斂。凝翠暈蛾眉，輕紅拂花臉。滿頭行小梳，當面施圓靨。最恨落花時，妝成猶披掩。

離思六首之貳云：

自愛殘妝曉鏡中。鐶釵慢篸緑絲叢。須臾日射燕脂頰，一朵紅酥旋欲融。

及其叁云：

紅羅著壓逐時新。吉了花紗嫩麴塵。第一莫嫌材地弱，些些紕慢最宜人。

又有所教云：

莫畫長眉畫短眉。斜紅傷豎莫傷垂。（寅恪案，此兩句乃當日時勢妝，即時世妝之教條也。）

人人總解争時勢，都大須看各自宜。

皆微之描寫其所謂：

近世婦人暈淡眉目，綰約頭鬟。衣服修廣之度及匹配色澤，尤劇怪豔。

者也。至恨妝成所謂「輕紅拂花臉」及有所教所謂「斜紅傷豎莫傷垂」者，與元和時世妝之「斜紅不暈赭面（赭面即吐蕃。見新樂府章時世妝篇。）狀」者，不同，而有所教所謂短眉，復較天寶宫人之細畫長眉者有异矣。「人人總解争時勢」者，人人雖争爲入時之化妝，然非有雙文之姿態，則不相宜也。然則微之能言個性適宜之旨，亦美術化妝之能手，言情小說之名家。「元才子」之稱，足以當之無愧也。

復次，樂天和夢游春詩結句云：

法句與心王，期君日三復。

自注云：

微之常以法句及心王頭陀經相示，故申言以卒其志也。

寅恪案，白氏長慶集貳和答詩思歸樂云：

心付頭陀經。

即此詩自注所謂心王頭陀經者也。寅恪少讀樂天此詩，遍檢佛藏，不見所謂心王頭陀經者，頗以爲恨。近歲始見倫敦博物院藏斯坦因號貳肆柒肆，佛爲心王菩薩說投陀經卷上，五陰山室寺惠辨禪師注殘本，（大正續藏貳捌捌陸號。）乃一至淺俗之書，爲中土所僞造者。至於法句經，亦非吾國古來相傳舊譯之本，乃別是一書，即倫敦博物院藏斯坦因號貳仟貳壹佛說法句經，（又中村不折藏敦煌寫本，大正續藏貳玖零壹號。）及巴黎國民圖書館藏伯希和號貳叁貳伍法句經疏，（大正續藏貳玖零貳號。）此書亦是淺俗僞造之經。夫元白二公自許禪梵之學，叮嚀反復於此二經。今日得見此二書，其淺陋鄙俚如此，則二公之佛學造詣，可以推知矣。

吾國文學，自來以禮法顧忌之故，不敢多言男女間關係，而於正式男女關係如夫婦者，尤少涉及。蓋閨房燕昵之情意，家庭米鹽之瑣屑，大抵不列載於篇章，惟以籠統之詞，概括言之而已。此後來沈三白浮生六記之閨房記樂，所以爲例外創作，然其時代已距今較近矣。

微之天才也。文筆極詳繁切至之能事。既能於非正式男女間關係如與鶯鶯之因緣，詳盡言之於會真詩傳，則亦可推之於正式男女間關係如韋氏者，抒其情，寫其事，纏綿哀感，遂成古今悼亡詩一體之絶唱。實由其特具寫小説之繁詳天才所致，殊非偶然也。（見校補記第十一則）

論豔體詩竟，請論悼亡詩。

今本元氏長慶集玖第壹首夜閑題下注云：

此後并悼亡。

考程大昌演繁露陸云：

元稹集十三聽庾及之彈烏夜啼引云云。

程氏所見元集卷帙，雖與今本次第不同，然實與宋建本符合。（詳見涵芬樓影印明本後所附校文。）

南宋乾道四年洪适重刊北宋宣和六年劉麟編輯之六十卷本跋云：

今之所編，又律吕乖次。惜矣，舊規之不能存也。

新唐書陸拾藝文志別集類所著元氏長慶集一百卷，又小集十卷，傳至宋代，亡佚已多。故韋穀才調集伍所收微之詩，俱在六十卷本外也。今日本内閣文庫所藏元氏長慶集僅有殘葉，不知如何，亦未能取校。但詳繹今本第玖卷内諸詩所言節候景物，似亦與微之當日所賦之年月先後頗相符合，諒此卷諸作，猶存舊規。此點殊爲重要，蓋與解釋疑滯有關故也。

如此卷第壹首夜閑云：

秋月滿床明。

第貳首感小株夜合云：

不分秋同盡，深嗟小便衰。傷心落殘葉，猶識合昏期。

第叁首醉醒不涉節候景物，未能有所論斷，第肆首追昔游云：

再來門館唯相吊，風落秋池紅葉多。

皆秋季景物也。昌黎集貳肆監察御史元君妻京兆韋氏夫人墓志銘云：

〔夫人〕以元和四年七月九日卒。

知此數詩，皆韋氏新逝後，即元和四年秋季所作也。

又第伍首空屋題（原注云：十月十四日夜。）云：

朝從空屋裏，騎馬入空臺。盡日推閑事，還歸空屋來。月明穿暗隙，燈燼落殘灰。更想咸陽道，魂車昨夜回。

白氏長慶集壹肆感元九悼亡詩，因爲代答三首之二答騎馬入空臺云：

君入空臺去，朝往暮還來。我入泉臺去，泉門無復開。鰥夫仍繫職，稚女未勝哀。寂寞咸陽道，家人覆墓迴。

昌黎韋氏墓志云：

其年（元和四年。）十月十三日葬咸陽，從先舅姑兆。

故微之於元和四年十月十四日夜賦詩云：

更想咸陽道，魂車昨夜回。

也。白樂天代答詩云：

鰥夫仍繫職。

又云：

家人覆墓迴。

微之琵琶歌（元氏長慶集貳陸。）云：

去年御史留東臺。公私蹙促顔不開。

可知韋氏之葬於咸陽，微之尚在洛陽，爲職務羈絆，未能躬往，僅遣家人營葬也。

其第陸首爲初寒夜寄子蒙。其第柒首城外回謝子蒙見諭有句云：

寒煙半床影，燼火滿庭灰。

第捌首諭子蒙及第玖第拾第拾壹三遣悲懷三首，俱無專言季候景物之句，不易推定其作成之時日。而第拾貳首旅眠云：

夜眠兼客坐，同在火爐床。

及第拾叁首除夜云：

憶昔歲除夜，見君花燭前。今宵祝文上，重疊叙新年。閑處低聲哭，空堂背月眠。傷心小男女，撩亂火堆邊。

則皆微之於元和四年所作之悼亡詩也。

其第拾肆首感夢云：

行吟坐嘆知何極，影绝魂銷動隔年。今夜商山館中夢，分明同在後堂前。

案元氏長慶集壹玖桐花詩序略云：

元和五年予貶掾江陵，三月二十四日宿曾峰館。山月曉時，見桐花滿地，因有八韵寄白

翰林詩。及今六年，詔許西歸，感念前事，因題舊詩，仍賦桐孫詩一絕。又不知幾何年，復

來商山道中。元和十年正月題。

故此詩爲元和五年三月貶江陵道中所作。

其第拾伍首合衣寢，第拾陸首竹簟，第拾柒首聽庾及之彈烏夜啼引，第拾捌首夢井，第拾玖首第貳拾首第貳拾壹首江陵三夢三首，第貳拾貳首張舊蚊幬，第貳拾叁首獨夜傷懷贈呈張侍御，疑皆微之在江陵所作。其第貳拾肆至第叁拾壹六年春遣懷六首，則元和六年在江陵所作。其第叁拾貳首答友封見贈，疑亦此時所作。至第叁拾叁首夢成之云：

燭暗船風獨夢驚。夢君頻問向南行。覺來不語到明坐，一夜洞庭湖水聲。

則疑是元和九年春之作。何以言之，元氏長慶集壹捌盧頭陀詩序云：

元和九年張中丞（正甫）領潭之歲，予拜張公於潭。

同集貳陸何滿子歌云：

我來湖外拜君侯，正值灰飛仲春琯。

蓋微之於役潭州，故有「船風」「南行」及「洞庭湖水」之語也。

以上所列元氏長慶集第玖卷悼亡詩中有關韋氏之作，共三十三首。就其年月先後之可考知者言之，似其排編之次第與作成之先後均甚相符，此可注意者也。夫微之悼亡詩中其最爲世所

傳誦者，莫若三遣悲懷之七律三首。寅恪昔年讀其第壹首「今日俸錢過十萬」之句，而不得其解，因妄有考辨。由今觀之，所言實多謬誤。（見一九三五年清華學報拙著元微之遣悲懷詩之原題及其次序。）然今日亦未能別具勝解。故守「不知爲不知」之訓，姑闕疑以俟再考。

復次，取微之悼亡詩中所寫之成之，與其豔體詩中所寫之雙文相比較，則知成之爲治家之賢婦，而雙文乃绝藝之才女，其鶯鶯傳云：

崔氏甚工刀札，善屬文。求索再三，終不可見。往往張生自以文挑，亦不甚睹覽。

雖傳中所載雙文之一書二詩，或不免經微之之修改，但以辭旨觀之，必出女子之手，微之不能盡爲代作，故所言却可信也。其於成之，則元氏長慶集陸六年春遣懷八首之貳云：

撿得舊書三四紙，高低闊狹粗成行。

可知成之非工刀札善屬文者。故白氏長慶集陸壹河南元公墓志銘亦止云：

前夫人韋氏懿淑有聞。

而已。即善於諛墓之韓退之，其昌黎集貳肆成之墓志銘，但誇韋氏姻族門第之盛，而不及其長於文藝，成之爲人，從可知矣。又元氏長慶集玖聽庾及之彈烏夜啼引云：

四五年前作拾遺。諫書不密丞相知。謫官詔下吏驅遣。身作囚拘妻在遠。歸來相見泪如珠。唯說閑宵長拜烏。今君到舍是烏力，妝點烏盤邀女巫。

夫拜烏迷信，固當時風俗，但成之如此，實不能免世俗婦女之譏。觀元氏長慶集壹大觜烏詩，極論巫假烏以惑人之害，則微之本亦深鄙痛惡此迷信。其不言韋氏之才識，以默證法推之，韋氏殆一尋常婦女，非雙文之高才絶豔可比，自無疑義也。惟其如是，凡微之關於韋氏悼亡之詩，皆只述其安貧治家之事，而不旁涉其他。專就貧賤夫妻實寫，而無溢美之詞，所以情文并佳，遂成千古之名著。非微之之天才卓越，善於屬文，斷難臻此也。若更取其繼配裴氏，以較韋氏，則裴氏稍知文墨，如元氏長慶集壹貳酬樂天東南行詩一百韵序云：

通之人莫知言詩者，唯妻淑在旁，知狀。

蓋語外之意，裴柔之亦可與言詩也。而范攄云溪友議下豔陽詞條亦載微之於出鎮武昌時曾與柔之相爲贈答，亦是一證。至范氏又以爲韋裴二夫人俱有才思，則未可盡信。

又樂天於微之墓志銘雖亦云：

今夫人河東裴氏，賢明有禮，有輔佐君子之勞，封河東郡君。

而元氏長慶集貳貳初除浙東妻有阻色因以四韵曉之云：

嫁時五月歸巴地，今日雙旌上越州。興慶首行千命婦，（自注云：予在中書日，妻以郡君朝太后於興慶宫，猥爲班首。）會稽旁帶六諸侯。海樓翡翠閑相逐，鏡水鴛鴦暖共游。我有主恩羞未報，君於此外更何求。

案微之此詩，詞雖美而情可鄙，夫不樂去近甸而就遐藩，固亦人情之恒態，何足深責。而裴氏之渴慕虛榮，似不及韋氏之能安守貧賤，自可據此推知。然則微之爲成之所作悼亡諸詩，所以特爲佳作者，直以韋氏之不好虛榮，微之之尚未富貴。貧賤夫妻，關係純潔。因能措意遣詞，悉爲真實之故。夫唯真實，遂造詣獨絶歟？

附：讀鶯鶯傳

太平廣記肆捌捌雜傳記類載有元稹鶯鶯傳，即世稱爲會真記者也。會真記之名由於傳中張生所賦及元稹所續之會真詩。其實「會真」一名詞，亦當時習用之語。今道藏夜字號有唐元和十年進士洪州施肩吾（字希聖）西山群仙會真記五卷，李竦所編。（又有會真集五卷，超然子王志昌撰。）姚鼐以爲書中引海蟾子劉操，而操乃遼燕山人，故其書當是金元間道流依托爲之者。（見所撰四庫書目提要。）鄙意則謂其書本非肩吾自編，其中雜有後人依托之處，固不足怪，但其書實無甚可觀，因亦不欲多論。兹所欲言者，僅爲「會真」之名究是何義一端而已。莊子稱關尹老聃爲博大真人，（天下篇語。）後來因有真誥真經諸名。故真字即與仙字同義，而「會真」即遇仙或游仙之謂也。又六朝人已侈談仙女杜蘭香蕚緑華之世緣，流傳至於唐代，仙（女性）之一名，遂多用作妖豔婦人，或風流放誕之女道士之代稱，亦竟有以之目倡伎者。

其例證不遑悉舉，即就全唐詩壹捌所收施肩吾詩言之，如及第後夜訪月仙子云：

自喜尋幽夜，新當及第年。還將天上桂，來訪月中仙。

及贈仙子云：

欲令雪貌帶紅芳。更取金瓶瀉玉漿。鳳管鶴聲來未足，懶眠秋月憶蕭郎。

即是一例。而唐代進士貢舉與倡伎之密切關係，觀孫棨北里志及韓偓香匳集之類，又可證知。（致堯自序中「大盜入關」之語，實指黃巢破長安而言，非謂朱全忠也。震鈞所編之年譜殊誤，寅恪別有辨證，茲不贅論。）然則仙（女性）字在唐人美文學中之涵義及「會真」二字之界說，既得確定，於是鶯鶯傳中之鶯鶯，究爲當時社會中何等人物，及微之所以敢作此文自叙之主旨，與夫後人所持解釋之妄謬，皆可因以一一考實辨明矣。

趙德麟侯鯖録伍載王性之辨傳奇鶯鶯事略云：

清源莊季裕爲僕言，友人楊阜公嘗得微之所作姨母鄭氏墓志云，其既喪夫，遭軍亂，微之爲保護其家備至。則所謂傳奇者，蓋微之自叙，特假他姓以自避耳。僕退而考微之長慶集，不見所謂鄭氏志文。豈僕家所收未完，或別有他本爾。又微之作陸氏姊志云，予外祖父授睦州刺史鄭濟。白樂天作微之母鄭夫人志，亦言鄭濟女。而唐崔氏譜，永甯尉鵬亦娶鄭濟女。則鶯鶯者，乃崔鵬之女，於微之爲中表。正傳奇所謂鄭氏爲异派之從母者也。可驗决爲微之無疑。然必更以張生者，豈元與張受命姓氏本同所自出耶？（原注云：張姓出黄帝之後，元姓亦然。後爲拓拔氏。後魏有國，改號元氏。）

寅恪案，鶯鶯傳爲微之自叙之作，其所謂張生即微之之化名，此固無可疑。然微之之所以更爲張姓，則殊不易解。新唐書壹貳伍張説傳云：

（武）后嘗問，諸儒言氏族皆本炎黄之裔，則上古乃無百姓乎？

武后之語頗爲幽默。夫後世氏族之托始於黄帝者亦多矣。元氏之易爲張氏，若僅以同出黄帝之故，則可改之姓甚衆，不知微之何以必有取於張氏也。故王性之説之不可通，無俟詳辨。鄙意微之文中男女主人之姓氏，皆仍用前人著述之舊貫。此爲會真之事，故襲取微之以前最流行之「會具」類小説，即張文成游仙窟中男女主人之舊稱。如後來劇曲中王魁梅香，小説張千李萬之比。此本古今文學中之常例也。夫游仙窟之作者張文成，自謂奉使河源，於積石山窟得遇崔十娘等。其故事之演成，實取材於博望侯舊事，故文成不可改易其真姓。且游仙窟之書，乃直述本身事實之作。如：

下官答曰，前被賓貢，已入甲科。後屬搜揚，又蒙高第。奉敕授關内道小縣尉。（寅恪案，即指寧州襄樂尉而言。）

等語，即是其例。但崔十娘等則非真姓，而其所以假托爲崔者，蓋由崔氏爲北朝隋唐之第一高門。故崔娘之稱，實與其他文學作品所謂蕭娘者相同。不過一屬江左高門，一是山東甲族。南北之地域雖殊，其爲社會上貴婦人之泛稱，則無少异也。又楊巨源咏元微之「會真」事詩（全唐詩第壹貳函楊巨源崔娘詩，當即從鶯鶯傳録出。）云：

清潤潘郎玉不如。中庭蕙草雪消初。風流才子多春思，腸斷蕭娘一紙書。

楊詩之所謂蕭娘，即指元傳之崔女，兩者俱是使用典故也。儻泥執元傳之崔姓，而穿鑿搜尋一崔姓之婦人以實之，則與拘持楊詩之蕭姓，以爲真是蘭陵之貴女者，豈非同一可笑之事耶？（鶯鶯雖非真名，然其真名爲複字，則可斷言。鄙意唐代女子頗有以「九九」爲名者。如才調集伍及全唐詩第壹伍函元稹貳柒詩中有「代九九」一題，即是其例。「九九」二字之古音與鶯鳥鳴聲相近，又爲複字，故微之取之，以暗指其情人，自是可能之事。惜未得確證，姑妄言之，附識於此，以博通人之一笑也。）

又觀於微之自叙此段因緣之别一詩，即才調集伍夢游春云：

昔歲夢游春，夢游何所遇。夢入深洞中，果遂平生趣。清泠淺漫流，畫舫蘭篙渡。過盡萬株桃，盤旋竹林路。

及白樂天和此詩（白氏長慶集壹肆。）云：

昔君夢游春，夢游仙山曲。怳若有所遇，似愜平生欲。因尋昌蒲水，漸入桃花谷。

則似與張文成所寫游仙窟之窟及其桃李澗之桃亦有冥會之處。蓋微之襲用文成舊本，以作傳文，固樂天之所諗知者也，然則世人搜求崔氏家譜以求合，僞造鄭氏墓志以證妄，不僅癡人説夢爲可憐，抑且好事欺人爲可惡矣。

夫鶯鶯雖不姓崔，或者真如傳文所言乃鄭氏之所出，而微之异派從母之女耶？據白氏長慶集貳伍唐河南元府君夫人滎陽鄭氏（則微之之母。）墓志銘略云：

夫人父諱濟，睦州刺史，夫人睦州次女也。其出范陽盧氏。天下有五甲姓，滎陽鄭氏居其一。鄭之勳德官爵有國史在，鄭之源流婚媾有家牒在。

夫諛墓之文縱有溢美，而微之母氏出於士族，自應可信。然微之夢游春詩叙其與鶯鶯一段因緣有：

我到看花時，但作懷仙句。（此指才調集伍全唐詩第壹伍函元稹貳柒雜憶五首詩言。）

浮生轉經歷，道性尤堅固。近作夢仙詩，（寅恪案，此指才調集伍全唐詩第壹伍函元稹貳柒夢昔時詩言。所謂仙者，其定義必如上文所言乃妖冶之婦人，非高門之莊女可知也。）亦知勞肺腑。一夢何足云，良時事婚娶。

之語，白樂天和此詩其序亦云：

重爲足下陳夢游之中所以甚感者，叙婚仕之際所以至感者。

其詩復略云：

心驚睡易覺，夢斷魂難續。鸞歌不重聞，鳳兆從兹卜。韋門女清貴，裴氏甥賢淑。

又韓昌黎集貳肆監察御史元君妻京兆韋氏夫人（即微之元配）墓志銘略云：

僕射〔韋夏卿〕娶裴氏皋女，皋父宰相耀卿。夫人於僕射爲季女，愛之，選婿得今御史河南元稹。銘曰：

詩歌碩人。爰叙宗親。女子之事，有以榮身。夫人之先，累公累卿。有赫外祖，相我唐明。

據元白之詩意，俱以一夢取譬於鶯鶯之因緣，而視爲不足道。復觀昌黎之志文，盛誇韋氏姻族之顯赫，益可見韋叢與鶯鶯之差別，在社會地位門第高下而已。然則鶯鶯所出必非高門，實無可疑也。唐世倡伎往往謬托高門，如太平廣記肆捌柒雜傳記類蔣防所撰霍小玉傳略云：

大歷中隴西李生名益，以進士擢第。其明年拔萃，俟試於天官。夏六月至長安，每自矜風調，思得佳偶，博求名妓，久而未諧。長安有媒鮑十一娘至曰，有一仙人（寅恪案，此即唐代社會之所謂仙人也。）謫在下界。生問其名居，鮑具説曰，故霍王小女，字小玉，王甚愛之。母曰净持，即王之寵婢也。王之初薨，諸弟兄以其出自賤庶，不甚收録。因分與資財，遣居於外，易姓爲鄭氏。

及范攄雲溪友議上舞娥异條（參唐語林肆豪爽類。）略云：

李八座翺潭州席上有舞柘枝者，匪疾而顔色憂悴。詰其事，乃故蘇臺韋中丞愛姬所生之女也。（原注，夏卿之胤，正卿之侄。寅恪案，微之妻父韋夏卿事迹可參呂和叔文集陸韋公神道碑，而兩唐書韋夏卿本傳俱不甚詳也。考韋夏卿卒於元和元年，李翺之爲湖南觀察使在大和七八年，相去二十八九年，即使此人真爲夏卿之遺腹女，其年當近三十矣。豈唐代亦多如是之老大舞女耶？可發一笑。）亞相〔李翺〕曰，吾與韋族其姻舊矣。遂於賓榻中選士而嫁之也。

皆是其例。蓋當日之人姑妄言之，亦姑妄聽之。并非鄭重視之，以爲實有其事也。

若鶯鶯果出高門甲族，則微之無事更婚韋氏。惟其非名家之女，舍之而别娶，乃可見諒於時人。蓋唐代社會承南北朝之舊俗，通以二事評量人品之高下。此二事，一曰婚。二曰宦。凡婚而不娶名家女，與仕而不由清望官，俱爲社會所不齒。此類例證甚衆，且爲治史者所習知，故兹不具論。但明乎此，則微之所以作鶯鶯傳，直叙其自身始亂終棄之事迹，绝不爲之少慚，或略諱者，即職是故也。其友人楊巨源李紳白居易亦知之，而不以爲非者，舍棄寒女，而别婚高門，當日社會所公認之正當行爲也。否則微之爲極熱中巧宦之人，值其初具羽毛，欲以直聲升朝之際，豈肯作此貽人口實之文，廣爲流播，以自阻其進取之路哉？（見校補記第十二則）

復次，此傳之文詞亦有可略言者，即唐代貞元元和時小説之創造，實與古文運動有密切關係是也。其關於韓退之者，已別有論證，兹不重及。其實當時致力古文，而思有所變革者，并不限於昌黎一派。元白二公，亦當日主張復古之健者。不過宗尚稍不同，影響亦因之有別，後來遂湮没不顯耳。

舊唐書壹陸陸元稹白居易合傳論略云：

史臣曰，國初開文館，高宗禮茂才。虞許擅價於前，蘇李馳聲於後。或位昇台鼎，學際天人，潤色之文，咸布編集。然而向古者，傷於太僻。徇華者，或至不經。齷齪者，局於宫商。放縱者，流於鄭衛。若品調律度，揚榷古今，賢不肖皆賞其文，未如元白之盛也。昔建安才子，始定霸於曹劉。永明辭宗，先讓功於沈謝。元和主盟，微之樂天而已。臣觀元之制策，白之奏議，極文章之壼奥，盡治亂之根荄。

贊曰，文章新體，建安永明。沈謝既往，元白挺生。

寅恪案，舊唐書之議論，乃代表通常意見。觀於韓愈，雖受裴度之知賞，而退之之文轉不能滿晋公之意。（見唐文粹捌肆裴度寄李翺書。）及舊唐書壹陸拾韓愈傳，於其爲文，頗有貶詞者，其故可推知矣。是以在當時一般人心目中，元和一代文章正宗，應推元白，而非韓柳。與歐宋重修唐書時，其評價迥不相同也。

又元氏長慶集肆拾制誥序云：

元和十五年余始以祠部郎中知制誥，初約束不暇及。後累月輒以古道干丞相，丞相信然之。又明年召入禁林，專掌内命。上好文，一日從容議及此。上曰，通事舍人不知書，便其宜，宣贊之外無不可。自是司言之臣，皆得追用古道，不從中覆。然而余所宣行者，文不能自足其意，率皆淺近，無以變例，追而序之，蓋所以表明天子之復古，而張後來者之趣向耳。

全唐詩第壹陸函白居易貳叁（汪立名本白香山詩後集陸。）微之整集舊詩及文筆爲百軸，以七言長句酬樂天，樂天次韵酬之。餘思未盡，加爲六韵詩。云：

制從長慶詞高古。

自注云：

微之長慶初知制誥，文格高古。始變俗體，繼者效之也。

寅恪案，今白氏長慶集中書制誥有「舊體」「新體」之分别。其所謂「新體」，即微之所主張，而樂天所從同之復古改良公式文字新體也。

唐摭言伍切磋條略云：

韓文公著毛穎傳，好博簺之戲。張水部以書勸之曰，比見執事多尚駁雜無實之説，使人陳之於前以爲歡。此有累於令德。

毛穎傳者，昌黎摹擬史記之文，蓋以古文試作小說，而未能甚成功者也。微之鶯鶯傳，則似摹擬左傳，亦以古文試作小說，而真能成功者也。蓋鶯鶯傳乃自叙之文，有真情實事。毛穎傳則純爲游戲之筆，其感人之程度本應有別。夫小說宜詳，韓作過簡。毛穎傳之不及鶯鶯傳，此亦爲一主因。觀昌黎集中尚別有一篇以古文作小說而成功之绝妙文字，即石鼎聯句詩序。（昌黎集貳壹。）朱子韓文考异陸論此篇云：

今按方本簡嚴，諸本重複。然簡嚴者，似於事理有所未盡，而重複者，乃能見其曲折之詳。

白氏長慶集貳和答詩序云：

頃者在科試間常與足下（微之）同筆硯。每下筆時，輒相顧語，患其意太切，而理太周。故理太周則辭繁，意太切則言激。然與足下爲文，所長在於此，所病亦在於此。足下來序果有詞犯文繁之說。今僕所和者，猶前病也。待與足下相見日，各引所作，稍删其繁而晦其義焉。

據此，微之之文繁，則作小說正用其所長，宜其優出退之之上也。

唐代古文運動鉅子，雖以古文試作小說，而能成功，然公式文字，六朝以降，本以駢體爲正宗。西魏北周之時，曾一度復古，旋即廢除。在昌黎平生著作中，平淮西碑文（昌黎集叁拾。）乃一篇極意寫成之古文體公式文字，誠可稱勇敢之改革，然此文終遭廢棄。夫段墨卿之改作，（唐文粹伍玖。）其文學價值較原作如何及韓文所以磨易之故，乃屬於别種問題，兹不必論。惟就改革當時公式文字一端言，則昌黎失敗，而微之成功，可無疑也。至於北宋繼昌黎古文運動之歐陽永叔爲翰林學士，亦不能變公式文之駢體。司馬君實竟以不能爲四六文，辭知内制之命。然則朝廷公式文體之變革，其難若是。微之於此，信乎卓爾不群矣。

復次，鶯鶯傳中張生忍情之説一節，今人視之既最爲可厭，亦不能解其真意所在。夫微之善於爲文者也，何爲著此一段迂矯議論耶？考趙彦衛雲麓漫鈔捌云：

唐之舉人先藉當世顯人，以姓名達之主司，然後以所業投獻，逾數日又投，謂之温卷。如幽怪録傳奇等皆是也。蓋此等文備衆體，可以見史才，詩筆，議論。

據此，小説之文宜備衆體。鶯鶯傳中忍情之説，即所謂議論。會真等詩，即所謂詩筆。叙述離合悲歡，即所謂史才。皆當日小説文中，不得不備具者也。

至於傳中所載諸事迹經王性之考證者外，其他若普救寺，寅恪取道宣續高僧傳貳玖興福篇唐蒲州普救寺釋道積傳。又渾瑊及杜確事，取舊唐書壹叁德宗紀貞元十五年十二月庚午及丁酉諸條參校之，信爲實録。然則此傳亦是貞元朝之良史料，不僅爲唐代小説之杰作已也。

第五章　新樂府

元白集中俱有新樂府之作，而樂天所作，尤勝於元。洵唐代詩中之鉅製，吾國文學史上之盛業也。以作品言，樂天之成就造詣，不獨非微之所及，且爲微之後來所仿效。（見白氏長慶集壹陸編集拙詩成一十五卷因題卷末戲贈元九李二十詩自注。）但以創造此體詩之理論言，則見於元氏長慶集者，似尚較樂天自言者爲詳。故茲先略述兩氏共同之理論，然後再比較其作品焉。

元氏長慶集貳叁樂府古題序略云：

況自風雅至於樂流，莫非諷興當時之事，以貽後代之人。沿襲古題，唱和重複，於文或有短長，於義咸爲贅賸，尚不如寓意古題刺美見事，猶有詩人引古以諷之義焉。曹劉沈鮑之徒時得如此，亦復稀少。近代唯詩人杜甫悲陳陶哀江頭兵車麗人等，凡所歌行，率皆即事名篇，無復依傍。予少時（寅恪案，此序題下題丁酉二字，知是元和十二年微之年三十九時所作。其和李紳樂府新題詩，作於元和四年。是時微之實已三十一歲，不得云少時。此乃屬文之際，率爾而言，未可拘泥也。）與友人樂天李公垂輩謂是爲當，遂不復擬賦古題。

同集叁拾叙詩寄樂天書略云：

又久之，得杜甫詩數百首，愛其浩蕩津涯，處處臻到。始病沈宋之不存寄興，而訝子昂之未暇旁備矣。

又同集伍陸唐故工部員外郎杜君墓係銘并序云：

詩人以來未有如子美者。

白氏長慶集貳捌與元九書略云：

又詩之豪者，世稱李杜。李之作才矣，奇矣，人不逮矣，索其風雅比興，十無一焉。杜詩最多，可傳者千餘首，然撮其新安吏，石壕吏，潼關吏，塞蘆子，留花門之章，朱門酒肉臭，路有凍死骨。之句，亦不過三四首。

寅恪案，元白二公俱推崇少陵之詩，則新樂府之體，實爲摹擬杜公樂府之作品，自可無疑也。

白氏長慶集肆伍策林序略云：

元和初，予罷校書郎，與元微之將應制舉，閉户累月，揣摩當代之事，構成策目七十五門。及微之首登科，予次焉。

其第陸捌目議文章（碑碣詞賦。）略云：

古之爲文者，上以紐王教，繫國風，下以存炯戒，通諷諭。故懲勸善惡之柄，執於文士褒貶之際焉。補察得失之端，操於詩人美刺之間焉。今褒貶之文無覈實，則懲勸之道缺矣。美刺之詩不稽政，則補察之義廢矣。雖雕章鏤句，將焉用之。伏維陛下詔主文之司，諭養文之旨，但辭賦合炯戒諷諭者，雖質雖野，采而奬之。碑誄有虛美愧辭者，雖華雖麗，禁而绝之。

第陸玖目采詩以補察時政略云：

臣聞聖王酌人之言，補己之過，所以立理本，導化源也。將在乎選觀風之使，建采詩之官，俾乎歌咏之聲，諷刺之興，日采於下，歲獻於上者也。所謂言之者無罪，聞之者足以自誡。

寅恪案，元白二公作新樂府在元和四年，距構策林之時甚近。故其作新樂府之理論，與前數年揣摩之思想至有關係。觀於策林中議文章及采詩二目所言，知二公於采詩觀風之意，蓋蕴之胸中久矣。然則二公新樂府之作，乃以古昔采詩觀風之傳統理論爲抽象之鵠的，而以唐代杜甫即事命題之樂府，如兵車行者，爲其具體之模楷，固可推見也。

雖然，微之之作，似尚無摹擬詩經之迹象。至於樂天之新樂府，據其總序云：

首句標其目，卒章顯其志，詩三百之義也。其辭質而徑，欲見之者易諭也。其言直而切，欲聞之者深誡也。其事覈而實，使采之者傳信也。其體順而肆，可以播於樂章歌曲也。總而言之，爲君爲臣爲民爲物爲事而作，不爲文而作也。

則已標明取法於詩三百篇矣。是以樂天新樂府五十首，有總序，即摹毛詩之大序。每篇有一序，即仿毛詩之小序。又取每篇首句爲其題目，即效關雎爲篇名之例。（微之之作乃和李公垂者。微之每篇首句尚與詩題不同，疑李氏原作當亦不异微之。）全體結構，無异古經。質而言之，乃一部唐代詩經，誠韓昌黎所謂「作唐一經」者。不過昌黎志在春秋，而樂天體擬三百。韓書未成，而白詩特就耳。樂天元和之初撰策林時，即具采詩匡主之志。不數年間，遂作此五十篇之詩。語云，有志者事竟成。樂天亦足以自豪矣。此外，尚有可論者，嚴震白氏諷諫本及日本嘉承（相當中國北宋元祐時。）重鈔建永（相當慶曆時。）本，於「首句標其目」之下有「古詩十九首之例也。」一句，鈴木虎雄業間録校勘記云：

有者，是也。

寅恪案，毛詩大序，關雎后妃之德也。孔穎達正義云：

關雎舊解云，三百二十一篇皆作者自爲名。

舊説之是非，别爲一問題，兹可不置論。唯據其説，則詩經篇名，皆作者自取首句爲題。樂天實取義於此。故新樂府序文中「詩三百之義也」一語，乃兼括前文「首句標其目」而言。

鈴木之説殊未諦。夫樂天作詩之意，直上擬三百篇，陳義甚高。其非以古詩十九首爲楷則，而自同於陳子昂李太白之所爲，固甚明也。

復次，關於新樂府之句律，李公垂之原作不可見，未知如何。恐與微之之作無所差异，即以七字之句爲其常則是也。至樂天之作，則多以重疊兩三字句，後接以七字句，或三字句後接以七字句。此實深可注意。考三三七之體，雖古樂府中已不乏其例，即如杜工部兵車行，亦復如是。但樂天新樂府多用此體，必别有其故。蓋樂天之作，雖於微之原作有所改進，然於此似不致特异其體也。寅恪初時頗疑其與當時民間流行歌謠之體制有關，然苦無確據，不敢妄説。後見敦煌發見之變文俗曲殊多三三七句之體，始得其解。關於敦煌發見之變文俗曲，詳見敦煌掇瑣及鳴沙餘韵諸書所載，兹不備引。然則樂天之作新樂府，乃用毛詩，樂府古詩，及杜少陵詩之體制，改進當時民間流行之歌謠。實與貞元元和時代古文運動鉅子如韓昌黎元微之之流，以太史公書，左氏春秋之文體試作毛穎傳，石鼎聯句詩序，鶯鶯傳等小説傳奇者，其所持之旨意及所用之方法，適相符同。其差异之點，僅爲一在文備衆體小説之範圍，一在純粹詩歌之領域耳。由是言之，樂天之作新樂府，實擴充當時之古文運動，而推及之於詩歌，斯本爲自然之發展。惟以唐代古詩，前有陳子昂李太白之復古詩體。故白氏新樂府之創造性質，乃不爲世人所注意。實則樂天之作，乃以改良當日民間口頭流行之俗曲爲職志。與陳李輩之改革齊梁以來士大夫紙上摹寫之詩句爲標榜者，大相懸殊。其價值及影響，或更較爲高遠也。此爲吾國中古文學史上一大問題，即「古文運動」本由以「古文」試作小說而成功之一事。寅恪曾於韓愈與唐代小說一文中論證之。而白樂天之新樂府，亦是以樂府古詩之體，改良當時民俗傳誦之文學，正同於以「古文」試作小說之旨意及方法。此點似尚未見有言及之者，兹特略發其凡於此，俟他日詳論之，以求教於通識君子焉。

關於元白二公作品之比較，又有可得而論者，即元氏諸篇所咏，似有繁複與龐雜之病，而白氏每篇則各具事旨，不雜亦不複是也。請先舉數例以明之。

元氏長慶集貳肆「上陽白髮人」，本愍宮人之幽閉，而其篇末乃云：

此輩賤嬪何足言，帝子天孫古稱貴。諸王在閤四十年，七（七當作十。見舊唐書壹佰柒玄宗諸子傳，新唐書捌貳十一宗諸子傳。）宅六宮門户閉。隨煬枝條襲封邑，肅宗血胤無官位。王無妃媵主無婿，陽亢陰淫結災累。何如決壅順衆流，女遣從夫男作吏。

可與同集叁貳獻事表所陳十事中：

二曰任諸王以固磐石。三曰出宫人以消水旱。四曰嫁諸女以遂人倫。

參證。此爲微之前任拾遺時之言論，於作此詩時不覺連類及之，本不足异，亦非疵累。但樂天上陽白髮人之作，則截去微之詩末題外之意，似更切徑而少支蔓。或者樂天復受「隨煬枝條襲封邑。」一句之暗示，別成「二王後」一篇，亦未可知也。又如元氏長慶集貳肆法曲云：

漢祖過沛亦有歌，秦王破陣非無作。作之宗廟見艱難，作之軍旅傳糟粕。

又云：

胡音胡騎與胡妝，五十年來競紛泊。

樂天所作，則析此詩所言者爲三題，即七德舞，法曲，時世妝三首。一題各言一事，意旨專而一，詞語明白，鄙意似勝微之所作。蓋新樂府之作，其本旨在備風謠之采擇，自以簡單曉暢爲尚。若微之之詩，一題數意，端緒繁雜。例若元氏長慶集貳肆陰山道既云：

費財爲馬不獨生，耗帛傷工有他盗。

之以迴鶻馬價縑爲非矣。其詩後段忽因絲織品遂至旁及豪貴之逾制，如言：

挑紋變纈力倍費，棄舊從新人所好。越縠撩綾織一端，十匹素縑功未到。豪家富貴逾常制，令族親班無雅操。從騎愛奴絲布衫，臂鷹小兒雲錦韜。群臣利己要羞僭，天子深衷空閔悼。

不免稍近支蔓。而樂天新樂府則於陰山道題下仿毛詩小序云：

疾貪虜也。

全詩只斥迴鶻之貪黠，而又別爲繚綾一題，其小序云：

念女工之勞也。

全詩之中，痛惜勞工，深斥奢靡。其意既專，故其言能盡。其言能盡，則其感人也深。此殆樂天所謂「苦教短李伏歌行」，遂使「每被老元偷格律」者耶？

以上所列爲元詩中之一篇雜有數意者，至於一意而復見於兩篇者，則如秦王破陣樂既已咏之於法曲云：

漢祖過沛亦有歌，秦王破陣非無作。作之宗廟見艱難，作之軍旅傳糟粕。

復又見於立部伎中，而有：

太宗廟樂傳子孫，取類群凶陣初破。

之句，即其例也。

至樂天之作，則白氏長慶集壹傷唐衢二首之貳云：

遂作秦中吟，一吟悲一事。

寅恪案，一吟咏一事，雖爲樂天秦中吟十首之通則，實則新樂府五十篇亦無一篇不然。其每篇之篇題，即此篇所咏之事。每篇下之小序，即此篇所持之旨也。每篇唯咏一事，持一旨，而不雜以他事及他旨，此之謂不雜。此篇所咏之事，所持之旨，又不復雜入他篇，此之謂不複。若就其非和微之篇題言之，此特點尤極顯明。如紅綫毯與繚綾者，俱爲外州精織進貢之品，宜其詩中所持之旨相同矣。但紅綫毯篇之小序云：

篇中痛斥宣州刺史之加樣進貢，而繚綾篇之小序則云：

憂農桑之費也。

念女工之勞也。

篇中深憫越溪寒女之費工耗力，是絶不牽混也。又如李夫人，井底引銀瓶，古冢狐三篇，所咏者皆爲男女關係之事，而李夫人以：

鑒嬖惑也。

爲旨，自是陳諫於君上之詞。井底引銀瓶以：

止淫奔也。

爲旨，則力勸癡小女子，勿爲男子所誘。古冢狐則以：

戒豔色也。

爲旨，乃深戒民間男子勿爲女子所惑者。是又各有區别也。又如紫毫筆所指斥者，乃起居郎與侍御史之失職。秦吉了所致譏者，乃言官之不言。雖俱爲譏斥朝官之尸位，而其針對之人事，又不相侔也。即此所舉，亦足概見其餘矣。至其和微之諸篇則稍有别。蓋微之之作，既有繁複與龐雜之病，樂天酬和其意，若欲全行避免，殆不甚可能。如微之於華原磬，西凉伎，法曲，立部伎，胡旋女，縛戎人六篇中俱涉及天寶末年祿山之反，而樂天於法曲，華原磬，胡旋女，西涼伎等篇中亦均及其事，是其證也。然樂天大抵仍持每篇一旨之通則，如法曲篇云：

苟能審音與政通。

華原磬云：

始知樂與時政通。

是其遣詞頗相同矣。但法曲之主旨在正華聲，廢胡音。華原磬之主旨在崇古器，賤今樂。則截然二事也。又如華原磬五弦彈二篇，俱有慨於雅樂之不興矣。但立部伎言太常三卿之失職，以刺雅樂之陵替。五弦彈寫趙璧五弦之精妙，以慨鄭聲之風靡，則自不同之方面立論也。又如華原磬立部伎二篇，并於當日之司樂者有所譏刺矣。但立部伎所譏者，乃清職之樂卿。華原磬所譏者，乃愚賤之樂工。則又爲各別之針對也。他若唐代之立部伎，其包括之範圍極廣，舉凡破陣樂太平樂皆在其内，而樂天則以破陣樂既已咏之於七德舞一篇，太平樂又有西涼伎一篇專言其事，故立部伎篇中所述者，唯限於散樂，即自昔相傳之百戲一類。此皆足徵其經營結構，實具苦心也。

又微之所作，其語句之取材於經史者，如立部伎之用小戴樂記史記樂書，乃蠻子朝之用春秋定八年公羊傳疏之例，而有：

終象由文士憲左。

雲鑾通好轡長騄。

及：

等句之類，頗嫌硬澀未融。（轡長騄之轡字似即由公羊傳定八年注之銜字而來。）樂天作中固無斯類，即微之晚作，亦少見此種聱牙之語。然則白詩即元詩亦李詩之改進作品。是乃比較研究所獲之結論，非漫爲軒輊之説也。

至於新樂府詩題之次序，李公垂原作今不可見，無從得知。微之之作與樂天之作，同一題目，而次序不同。微之詩以上陽白髮人爲首。上陽宫在洛陽，微之元和四年以監察御史分務東臺，此詩本和公垂之作，疑是時李氏亦在東都，故於此有所感發。若果如是，則微之詩題之次序，亦即公垂之次序。惟觀微之所作，排列諸題目似無系統意義之可言，而樂天之五十首則殊不然。當日樂天組織其全部結構時，心目中之次序，今日自不易推知。但就尚可見者言之，則自七德舞至海漫漫四篇，乃言玄宗以前即唐創業後至玄宗時之事。自立部伎至新豐折臂翁五篇，乃言玄宗時事。自太行路至縛戎人諸篇，乃言德宗時事。（司天臺一篇，如鄙意所論，似指杜佑而言，而杜佑實亦爲貞元之宰相也。）自此以下三十篇，則大率爲元和時事。（其百鍊鏡兩朱閣八駿圖賣炭翁，雖似爲例外，但樂天之意，或以其切於時政，而獻諫於憲宗者。）其以時代爲劃分，頗爲明顯也。五十首之中，以七德舞以下四篇爲一組冠其首者，此四篇皆所以陳述祖宗垂誡子孫之意，即新樂府總序所謂爲君而作，尚不僅以其時代較前也。其以鵶九劍采詩官二篇居末者，鵶九劍乃總括前此四十八篇之作。采詩官乃標明其於樂府詩所寄之理想，皆所以結束全作，而與首篇收首尾迴環救應之效者也。其全部組織如是之嚴，用意如是之密，求之於古今文學中，洵不多見。是知白氏新樂府之爲文學偉製，而能孤行廣播於古今中外之故，亦在於是也。

元白二公作新樂府之年月，必在李公垂原作後，自無可疑。微之詩未著撰作年月，但其西涼伎云：

開遠門前萬里堠，今來蹙到行原州。去京五百而近何其逼，天子縣内半没爲荒陬。

寅恪案，舊唐書壹肆憲宗紀云：

元和三年十二月庚戌，以臨涇縣爲行原州，命鎮將郝玼爲刺史。自玼鎮臨涇，西戎不敢犯塞。

新唐書叁柒地理志云：

原州。廣德元年没吐蕃，置行原州於靈臺之百里城。貞元十九年徙治平凉。元和三年又徙治臨涇。

是行原州凡三徙治所。其第二次之治所爲平凉縣，屬舊原州，據舊唐書叁捌地理志，原州中都督府在京師西北八百里。與元詩「去京五百而近」之語不合，必非所指。至行原州第一次之治所爲靈臺縣之百里城，第三次之治所爲臨涇縣，則皆屬涇州。據舊唐書叁捌地理志，涇州在京師西北四百九十三里，與元詩「去京五百而近」之語適合。然微之詩斷無遠指第一次即廣德元年所徙之靈臺而言之理，是其所指必是元和三年十二月即第三次所徙之臨涇無疑。然則微之新樂府作成之年月，亦在元和三年十二月以後，與樂天所作同爲元和四年矣。此微之作詩年歲之可考者也。

樂天新樂府雖題爲：

元和四年爲左拾遺時作。

似其作成之年歲無他問題。然詳繹之，恐五十首詩，亦非悉在元和四年所作。見下文海漫漫及杏爲梁兩詩箋證，兹不於此述之。蓋白氏新樂府之體，以一詩表一意，述一事，五十之數，殊不爲少，自宜稍積時日，多有感觸，以漸補成其全數。其非一時所成，極有可能也。今嚴震刊白氏諷諫本新樂府序未有：

元和壬辰冬長至日左拾遺兼翰林學士白居易序。

一行。初視之殊覺不合，以元和壬辰即元和七年，是年樂天以母憂退居渭上。樂天於前二年即元和五年已除京兆府户曹參軍。其所署官銜左拾遺，自有可議。且兼翰林學士之言，似更與唐人題銜慣例不類。（見歷史語言研究所集刊第玖本肆伍捌頁岑仲勉先生論白氏長慶集源流并評東洋本白集。）但據白氏長慶集伍叁詩解五律云：

舊句時時改，無妨悦性情。

可知樂天亦時改其舊作。或者此新樂府雖創作於元和四年，至於七年猶有改定之處，其「元和壬辰冬長至日」數字，乃改定後隨筆所記之時日耶？否則後人傳寫，亦無無端增入此數字之理也。姑識於此，以待詳考，并於後論海漫漫杳爲梁諸篇中申其疑義焉。

關於篇章之數目，白氏之作爲五十首，自無問題。元氏之作，則郭茂倩樂府詩集玖陸卷玖新樂府上載微之新樂府共十三篇，其言云：

元稹序曰，李公垂作樂府新題二十篇，稹取其病時之尤急者，列而和之，蓋十五而已。

今所得纔十二篇，又得八駿圖一篇，總十三篇。

寅恪案，今元氏長慶集貳肆載新樂府共十二篇，序文亦作「十二」，適相符合，無可疑者。郭氏所見本，其「十二」之「二」，殆誤作「五」，因謂其未全。又見樂天所作中有八駿圖一題，而元氏長慶集叁亦有八駿圖一詩，遂取之以補數。殊不知微之八駿圖詩，乃五言古詩，與微之新樂府之悉爲七言體者迥异，斷不合混爲一類。觀於元氏長慶集叁拾叙詩寄樂天書

云：

至是元和七年矣，有詩八百餘首，色類相從，共成十體，凡二十卷。

又同集伍陸唐故工部員外郎杜君墓係銘并序云：

予嘗欲件析其文，體別相附，與來者爲之准，特病懶未就。

則微之編輯自作之詩，必分別體裁，無以五七言相混淆之理。白氏長慶集之編輯，其旨亦同微之，然則郭氏編入之誤，不待詳辨也。

七德舞

元微之樂府新題法曲云：

秦王破陣非無作，作之宗廟見艱難。

又立部伎云：

太宗廟樂傳子孫，取類群凶陣初破。

白樂天則取其意別爲一篇，即此篇是也。此篇專陳祖宗王業之艱難以示其子孫。易言之，即鋪陳太宗創業之功績，以獻諫於當日之憲宗，所謂「采詩」「諷諫」「爲君」諸義，實在於是。斯樂天所以取此篇，爲其新樂府五十首之冠也。

凡詮釋詩句，要在確能舉出作者所依據以構思之古書，并須説明其所以依據此書，而不依據他書之故。若僅泛泛標舉，則縱能指出最初之出處，或同時之史事，其實無當於第一義諦也。故兹於論述樂天此篇之主旨後，即進而推求其構思時所依據之原書，并先説明其所以取用此書之故焉。

類書之作，本爲便利屬文，樂天尤喜編纂類書，如策林之類。蓋其初原爲供一己之使用，其後乃兼利他人也。唐世應進士制科之舉子，固須玩習類書，以爲决科射策之需，而文學侍從之臣，亦必繙檢類書，以供起草代言之用。觀元氏長慶集貳貳酬樂天餘思不盡加爲六韵之作詩「白樸流傳用轉新。」句自注云：

樂天於翰林中書取書詔批答詞等撰爲程式，禁中號曰白樸。每有新入學士求訪，寶重過於六典也。

則知唐世翰林與六典之關係。六典一書，究否施行，自來成爲問題。詳拙著隋唐制度淵源略論稿職官章，兹不多論。要之其書乃以唐代現行令式分配編纂，合於古代禮經，即周官之形式，實是便於官吏公文一種最有權威之類書。他不必旁引，即如樂天新樂府道州民篇述陽城奏語云：

城云臣按六典書。任土貢有不貢無。

是其證也。夫六典爲法令之類書，宜翰林學士所不可須臾離者，但現行法令類書之外，供繙檢者，仍須有本朝掌故之類書。唐代祖宗功德之盛，莫過於太宗，而太宗實録四十卷部帙繁重，且係編年之體，故事迹不易檢查。斯太宗實録之分類節要本，即吴兢貞觀政要一書所以成爲古今之要籍也。此書之實質爲一掌故之類書，必與六典同爲翰林學士所寶重而玩習，固無疑義，則樂天作七德舞時即先取此書尋撦材料以構成其骨幹，乃極自然之理也。

何以知其曾取用貞觀政要耶？詩云：

太宗十八舉義兵。白旄黄鉞定兩京。擒充戮竇四海清。二十有四功業成。二十有九即帝位，三十有五致太平。

今世流行之戈直注本貞觀政要第叁玖篇論灾祥篇第叁章云：

太宗曰，吾之理國良無〔齊〕景公之過。但朕年十八便爲經綸王業，北翦劉武周，西平薛舉，東擒竇建德王世充，二十四而天下定，二十九而居大位，四夷降伏，海内乂安，自謂古來英雄撥亂之主，無見及者。

同書第肆拾篇論慎終篇第叁章略云：

太宗又曰，但朕年十八便舉兵，年二十四定天下，年二十九昇爲天子，此則武勝於古也。

寅恪案，「太宗十八舉義兵」句，蓋據論慎終篇中之語改寫而成。「擒充戮竇四海清。二十有四功業成。二十有九即帝位。」三句叙寫次序，全與論灾祥篇中之語相同。「三十有五致太平」者，論灾祥篇第叄章於「二十九居大位」下，又以「四夷降服海内乂安」爲言，而此篇之第壹章略云：

貞觀六年，太宗謂侍臣曰，如朕本心，但使天下太平，家給人足，雖無祥瑞，亦可比德於堯舜。若百姓不足，夷狄内侵，縱有芝草遍街衢，鳳凰巢苑囿，亦何异於桀紂。

「天下太平」上雖有「但使」一詞，似爲假設之語氣，但察其内容，則疑是已然之辭旨。太宗以武德九年即位，其年二十有九。次年改元貞觀，至貞觀六年適爲三十五歲。故樂天此句殆即由此章暗示而來。貞觀政要灾祥慎終兩篇，先後連續，而具有太宗述其創業踐極年歲之紀載，宜樂天注意及此，而取以入詩也。至太宗舉義兵之歲，其年是否十八，乃别一問題，於此不詳論。又詩云：

亡卒遺骸散帛收，饑人賣子分金贖。魏徵夢見子夜泣，張謹哀聞辰日哭。怨女三千放出宫，死囚四百來歸獄。翦鬚燒藥賜功臣，李勣嗚咽思殺身。含血吮創撫戰士，思摩奮呼乞効死。

寅恪案，「怨女三千放出宫。」此今戈本政要第貳拾篇論仁惻篇第壹章事也。「饑人賣子分金贖。」此論仁惻篇第貳章事也。「張謹哀聞辰日哭。」此論仁惻篇第叁章事也。「亡卒遺骸散帛收。」及「含血吮創撫戰士，思摩奮呼乞効死。」此論仁惻篇第肆章事也。今戈本政要論仁惻篇唯此四章，而俱爲樂天此篇所采用。此篇所舉太宗盛德之故實唯此八事，而五出政要論仁惻篇。則其構思時必以政要論仁惻篇爲主，從可知矣。否則太宗之事迹至多，樂天若未嘗依據此書以組成其全詩之骨幹，何得若是之巧合耶？

復次，今世流行之貞觀政要，皆元代戈直注本，其本曾移改天氏原書之篇章，如第貳篇論政體篇第拾章下注云：

舊本此章附忠義篇。今按其言於政體尤切，故附於此。

第肆篇論求諫篇第柒章下注云：

舊本此與上章通爲一章。今按不同，分爲二章。

第伍篇論納諫篇下注云：

直諫另爲一類，附此類之後。

其第伍章下注云：

舊本此章之首曰貞觀初。今按通鑒，標〔貞觀三〕年。

其例甚多，不必一一標舉。實則其書中尚有脱漏之章，觀楊守敬之日本訪書志，羅振玉之校補本及影印日本寫本，即可知之。（高郵王氏亦有一校本。）如樂天此篇「以心感人人心歸」句，取白氏長慶集肆伍策林第拾目王澤流人心感中云：

澤流心感而不太平者，未之聞也。

固可相印證，而日本傳寫本貞觀政要載有吴兢上表，其文中即用易經咸卦彖：

聖人感人心而天下和平。

之語，知樂天此句，殆又受此暗示而來，不僅關涉其先時所編之策林也。又取羅氏政要卷伍卷陸二卷之校記觀之，其中亦有戈本所詳，而日本寫本脱略者，則知日本寫本亦非無缺。羅氏雖有「欲復唐本之舊，苦未能得其全本。」（見羅氏松翁近稿貞觀政要殘卷跋。）之言，其實縱得日本傳寫政要之全本，恐亦不能悉復吴氏原書之舊觀。故白氏此篇所咏，其有不見於今日諸本政要者，未必全爲吴氏原書所不載也。

雖然，若更就現存之史料以參校白氏此篇，則知其中所咏太宗時事，一一皆有所本，而其所本者，似不限政要一書，蓋樂天依據政要以構成此篇之骨幹，復於實録中尋撦材料以修改其詞句，增補其内容而完成此篇也。兹請就已考見者條列於下，其尚有未詳者，俟續考焉。

「三十有五致太平。」句，如前所論，似受政要灾祥篇第壹章及第叁章之暗示而成，惟此句下即接以「功成理定何神速。」一句，據小戴樂記云：

王者功成作樂，治定制禮。

又知所謂「致太平」者，直接與制禮作樂有關，易言之，即與七德舞本身有關也。此篇小序下注云：

武德中，天子始作秦王破陣樂以歌太宗之功業。貞觀初，太宗重制破陣樂舞圖，詔魏徵虞世南爲之歌詞，名七德舞。

宜其特有此句以咏之也。考舊唐書貳捌音樂志（參唐會要叄叄破陣樂條，通典壹肆陸樂典坐立部伎條，新唐書貳壹禮樂志，通鑒壹玖肆唐紀太宗紀貞觀七年正月條。）略云：

貞觀元年宴群臣，始奏秦王破陣之曲。太宗謂侍臣曰，朕昔在藩，屢有征討，世間遂有此樂，豈意今日登於雅樂。然其發揚蹈厲，雖異文容，功業由之，致有今日。所以被於樂章，示不忘本也。其後令魏徵虞世南褚亮李百藥改制歌辭，更名七德之舞，增舞者至百二十人。被甲執戟，以象戰陣之法焉。六年太宗行幸慶善宮，宴從臣於渭水之濱，賦詩十韵。其宮即太宗降誕之所。於是起居郎吕才以御製詩等於樂府被之管弦，名爲功成慶善樂之曲。令童兒八佾皆進德冠，紫袴褶，爲九功之舞。冬至享醼，及國有大慶，與七德之舞偕奏於庭。七年，（會要作七年正月七日。舊紀作戊子，則是正月十日。）太宗制破陣舞圖，左圓右方，先偏後伍，魚麗鵝鸛，箕張翼舒，交錯屈伸，首尾迴互，以象戰陣之形。命吕才依圖教樂工百二十人，被甲執戟而習之，凡爲三變，每變爲四陣。有來往疾徐擊刺之象，以應歌節。（通典曰，和云秦王破陣樂。新書曰，歌者和曰秦王破陣樂。）數日而就，更名七德之舞。癸巳，（會要作正月十五日。）奏七德九功之舞。觀者見其抑揚蹈厲，莫不扼腕踴躍，凜然震竦。武臣列將咸上壽云，此舞皆是陛下百戰百勝之形容。群臣咸稱萬歲。

依年推計，貞觀七年太宗年三十六歲。此前一年，即貞觀六年，太宗年三十五歲。六年，與七德舞相連之九功慶善樂成。七年正月七日，重制破陣舞圖成。正月十五日（癸巳）奏之於庭。則重制七德舞圖，亦在貞觀六年。此所云「三十有五致太平」者，蓋功成治定，因而製禮作樂也。又岑仲勉先生白集質疑太宗十八舉義兵條論此事（見歷史語言研究所集刊第玖本陸伍頁。）云：

又〔册府〕元龜三五，〔貞觀〕八年，公卿百寮以天下太平，四夷賓服，詣闕請封禪者，首尾相屬。白詩其即取意於是歟。

雖與七德舞無關。然當貞觀六年即太宗三十有五之歲，群臣既以天下太平爲言，似樂天此句亦不能與之無涉也。册府元龜唐會要兩唐志所載，當係采自太宗實録。

「速在推心置人腹。」一句，政要中雖無具體語句可以指實，但其愼終篇中論及漢光武事云：

太宗又曰，朕觀古先撥亂之主，皆年逾四十，惟光武年三十三。但朕年十八便舉兵，年二十四定天下，年二十九昇爲天子，此則武勝於古也。

考後漢書壹光武紀云：

〔銅馬〕降者更相語曰，蕭王推赤心置人腹中，安得不投死乎？

則樂天此句之構成，固可能受政要此條之暗示，而牽連思及光武之故實。惟據册府元龜玖帝王部推誠門封同人條（參通鑒壹玖貳唐紀高祖紀武德九年九月丁未條。）云：

封同人爲韓州刺史。太宗即位，引諸衛驍兵統將等習射於顯德殿。朝臣多有諫者曰，先王制法，有以兵刃至御所者絞刑。所以防萌杜漸，備不虞也。今引卑碎之人，彎弧縱矢於軒陛之側，陛下親在其間，正恐禍出不意，非所爲社稷計也。同人矯乘驛馬入朝切諫，帝皆不納。謂之曰，我以天下爲家，率土之内，盡爲臣子，所恨不能將我心遍置天下〔人腹中〕，（此三字據通鑒補。）豈當有相疑之道也。自是後人人自勵。一二年間兵士盡便弓馬，皆爲鋭卒。

知亦本之實録也。

「亡卒遺骸散帛收。」一句，政要論仁惻篇肆章雖記貞觀十九年太宗征高麗回，次柳城，詔集前後戰亡人骸骨設太牢致祭，親臨哭之之事。但樂天於詩句下有注文云：

貞觀初詔收天下陣死骸骨，致祭而瘞埋之。尋又散帛以求之也。

考唐大詔令集壹壹肆有貞觀元年四月掩暴露骸骨詔云：

諸色骸骨宜令所在官司收斂埋瘞。稱朕意焉。（舊唐書貳新唐書貳通鑑壹玖貳太宗紀俱繫此事於貞觀二年四月己卯。）。

頗疑樂天本從政要此章以構成其詩句，其後復蒐采前後詔收骸骨之事以證釋之也。

「饑人賣子分金贖。」句，白氏注文與政要同，惟坊間注本作貞觀五年誤，應依全唐詩本作貞觀二年。以政要新舊紀通鑑均繫其事於二年（三月）故也。

「魏徵夢見子夜泣。」句，亦見舊唐書柒壹新唐書玖柒魏徵傳，新舊傳當亦采自實録也。

「張謹哀聞辰日哭。」句，白氏注文不著年月。政要作貞觀七年，通鑑繫張公謹之卒於貞觀六年四月辛卯。太宗以次日即壬辰日哭之。册府元龜壹肆壹帝王部念良臣門亦作貞觀六年。政要作貞觀七年，恐有誤。

「怨女三千放出宫。」句，白氏注文中有：

於是令左丞戴胄給事中杜正倫，於掖庭宫西門，揀出數千人，盡放歸。

之紀載，而政要中則未著遣戴胄杜正倫揀放事。考舊唐書貳太宗紀上（參通鑑壹玖叁唐紀太宗紀貞觀二年九月天少雨條。）略云：

〔貞觀二年九月〕丁未，謂侍臣曰，婦人幽閉深宫，情實可憫。今將出之，任求伉儷。於是遣尚書左丞戴胄，給事中杜正倫等於掖庭宫西門簡出之。（通鑑於此下有前後所出三千餘人一句。）

則白氏注文，亦依據實録書之者也。

「死囚四百來歸獄。」句，舊唐書三太宗紀下云：

〔貞觀六年〕十二月辛未，親録囚徒，歸死罪者二百九十人於家，令明年秋末就刑。其後應期畢至，詔悉原之。

通鑑壹玖肆唐紀太宗紀貞觀七年九月死囚三百九十人自詣朝堂條考異云：

四年實録云，天下斷死罪止二十九人。今年實録乃有二百九十九人。何頓多如此，事已可疑。又白居易樂府云，死囚四百來歸獄。舊本紀統紀年代記皆云二百九十人。今從新書刑法志。

此種數字之差异，自是傳寫致訛，至於孰正孰誤，恐不可考矣。

「翦鬚燒藥賜功臣。李勣嗚咽思殺身。」句，樂天自注云：

李勣常疾，醫云得龍鬚燒灰，方可療之。太宗自翦鬚燒灰賜之，服訖而愈。勣叩頭泣涕而謝。

今戈本政要任賢篇所云：

勣時遇暴疾，驗方云，鬚灰可以療之。太宗自翦鬚爲其和藥。勣頓首見血，泣以陳謝。

與舊唐書陸柒李勣傳（新唐書玖叁李勣傳通鑑壹玖柒唐紀太宗紀貞觀十七年四月李勣嘗得暴疾條同。）所云：

勣時遇暴疾，驗方云，鬚灰可以療之。太宗乃自翦鬚爲其和藥。勣頓首見血，泣以懇謝。

適相符合，而與樂天注文以「龍鬚」爲言者不同。龍鬚事殊詭异，頗類小説家言，但大唐新語壹壹褒錫篇高宗初立爲太子條云：

勣嘗有疾，醫診之曰，須龍鬚灰方可。太宗翦鬚以療之，服訖而愈。勣頓首泣謝。

則與樂天注文相符。二者必同出一源，似無可疑。劉氏之書雖爲雜史，然其中除諧謔一篇，稍嫌蕪瑣外，大都出自國史。劉書白注此條果出何書，今未敢決言，姑記之以俟考。

「含血吮創撫戰士，思摩奮呼乞效死。」一句及其注文，與政要仁惻篇第肆章及舊唐書壹玖玖上高麗傳新唐書貳壹伍上突厥上思摩傳，通鑑壹玖柒唐紀太宗紀貞觀十九年五月丙申條并同，謂之出於政要或出自實録，俱無不可也。

又此詩末「太宗意在陳王業，王業艱難示子孫。」二句，即本於太宗謂侍臣「功業由之」

「示不忘本」（見上引舊唐書貳捌音樂志。）等語也。

總之，樂天此篇旨在陳述祖宗創業之艱難，以寓諷諫。其事尊嚴，故詩中不獨於叙寫太宗定亂理國之實事，一一采自國史，即如「速在推心置人腹」等詞語，亦係本之實録。其爲竭意經營之作，自無疑也。惟實録一書，部帙繁重，且係編年之體，若依之以構思而欲求得條理，洵屬非易。此又樂天會用貞觀政要，即實録之分類節要本以供參考之故也。然則七德舞一篇必與貞觀政要及現存之史籍參證并讀，始能得其真解，斷可知矣。

又篇中「元和小臣白居易，觀舞聽歌知樂意。」之句，非泛語也。此詩題下注云：

自龍朔以後，詔郊廟享宴皆先奏之。

段安節樂府雜録龜兹部云：

破陣樂曲亦屬此部，秦王所制。舞人皆衣畫甲，執旗旆。外藩鎮春冬犒軍，亦舞此曲，兼馬軍引入場，尤甚壯觀也。

而微之新題樂府法曲篇亦有：

秦王破陣非無作。作之宗廟見艱難，作之軍旅傳糟粕。

之句，故樂天即未見之於祭祀郊廟之上，亦可見之於享宴軍賓之間。其爲親身經歷，因而有所感觸啓發無疑也。

兹更取此篇與新樂府總序相印證，則七德舞一篇首句三字與其篇題符同，即總序所謂「首句標其目」也。結語「歌七德。舞七德。聖人有作垂無極。豈徒耀神武，豈徒誇聖文。太宗意在陳王業，王業艱難示子孫。」一節，説明太宗創作七德舞之旨意，亦樂天作此詩以獻諫於當日憲宗寓意之所在，即總序所謂「卒章顯其志」也。此篇詞語甚曉暢，結構無曲折，可謂與序文「其辭質而徑」「其言直而切」之言相合矣。樂天序和答詩，自謂爲文所長在意切理周，所短在辭繁言激，（見白氏長慶集貳。）觀此知非虚語。其晚歲傾倒劉禹錫至極，頗爲後人所不解，（見白氏長慶集伍玖與劉蘇州書，陸拾劉白倡和集解，王士禛香祖筆記伍，池北偶談壹肆。）其故殆欲藉夢得微婉之長（白氏長慶集陸玖哭劉尚書夢得二首之壹云：「文章微婉我知丘。」）以補己之短耶？（詳見附論戊篇。）又此篇依據貞觀政要以構思，取材於太宗實録以遣辭，得不謂之「其事覈而實」乎？樂天所作，不似微之所作有晦澀生硬之病，實足當「其體順而肆」之義無愧。而此篇乃以小臣上陳祖宗功業之詩，即序文所謂「爲君而作」者。其取此詩冠於五十篇之首，亦即此意。由是言之，樂天新樂府結構嚴密，條理分明。總序所列作詩之旨，一一俱能實踐，洵非浮誕文士所可及也。

復次，大唐西域記伍羯若鞠闍國條（大唐大慈恩寺三藏法師傳伍同。）略云：

〔戒日〕王曰，秦王天子，平定海内，殊方异域慕化稱臣，氓庶荷其亭育。咸歌秦王破陣樂，聞其雅頌，於茲久矣。

同書拾迦摩縷波國條略云：

拘摩羅王曰，今印度諸國，多有歌頌摩訶至那國秦王破陣樂者，聞之久矣，豈大德之鄉國耶？〔玄奘〕曰，然。此歌者，美我君之德也。

寅恪案，印度得聞秦王破陣樂，當在貞觀十四年平定高昌之後。此樂雖於貞觀七年改爲七德舞，但樂舞中「歌者和曰秦王破陣樂」，（見新唐書貳壹禮樂志。）故民間通稱仍用舊名，稱爲秦王破陣樂。如樂府雜録龜兹部所載〔秦王〕破陣樂曲云云，即是一例。天竺遠方，固應不以七德舞爲稱也。

法曲

樂天此篇篇題，全唐時本作法曲，注云：

一本曲下有歌字。

那波道圓本作法曲歌，汪立名本作法曲。考樂天新樂府諸篇篇題例皆不用歌吟等字。而此篇乃和李元之作，今微之此篇篇題，諸本既皆作法曲，則自以無歌字者爲是也。

樂天以此篇次於七德舞之後者，蓋七德舞所以明太宗創業之艱難，此篇則繼述高宗以下祖宗之製定諸樂舞，條理次序極爲明晰，較之微之之遠從黄帝説起者，實有浮泛親切之别，此白作勝於元作之又一例證也。

此詩之華夷音聲理論與微之相同，恐公垂原作亦復如是，其是非如何，姑不置辨。若以史實言之，則殊不正確。如言：

法曲法曲舞霓裳。政和世理音洋洋。開元之人樂且康。

據唐會要叁叁諸樂條云：

天寶十三載七月十日，太樂署供奉曲名及改諸樂名，婆羅門改爲霓裳羽衣。

則知霓裳羽衣曲，實原本胡樂，又何華聲之可言？開元之世治民康與此無涉，固不待言也。又法曲者，據新唐書貳貳禮樂志云：

初隋有法曲，其音清而近雅。其器有鐃鈸，鐘，磬，幢簫，琵琶。

夫琵琶之爲胡樂而非華聲，不待辨證。而法曲有其器，則法曲之與胡聲有關可知也。然則元白諸公之所謂華夷之分，實不過今古之别，但認輸入較早之舶來品，或以外國材料之改裝品，爲真正之國産土貨耳。今世侈談國醫者，其無文化學術史之常識，適與相類，可慨也。

抑更有論者，李公垂此篇之原作既不可見，姑置不論。若微之樂天皆自稱景慕外來天竺之佛陀宗教者，如白氏長慶集壹肆和夢游春詩序云：

況與足下（微之）外服儒風，内宗梵行者，有日矣。

又此詩結語云：

法句與心王，期君日三復。

又樂天自注云：

微之常以法句及心王頭陀經相示，故申言以卒其志也。

等例，可以爲證，是與韓退之之力闢佛法者，甚有不同。但何以元白二公忽於兹有此内中國而外夷狄之議論？初視之，頗不可解，細思之，則知其與古文運動有關。蓋古文運動之初起，由於蕭穎士李華獨孤及之倡導與梁肅之發揚。此諸公者，皆身經天寶之亂離，而流寓於南土，其發思古之情，懷撥亂之旨，乃安史變叛刺激之反應也。唐代當時之人既視安史之變叛，爲戎狄之亂華，不僅同於地方藩鎮之抗拒中央政府，宜乎尊王必先攘夷之理論，成爲古文運動之一要點矣。昌黎於此認識最確，故主張一貫。其他古文運動之健者，若元白二公，則於不自覺之中，間接直接受此潮流之震盪，而具有潛伏意識，遂藏於心者發於言耳。古文運動爲唐代政治社會上一大事，不獨有關於文學。此義當於論唐史時詳爲考證，兹以軼出本文范圍，故不多及，聊識其意於此。

元詩「火鳳聲沉多咽绝。春鶯囀罷長蕭索。」句，可參閱向達先生唐代長安與西域文明，兹不多論。「胡騎與胡妝。」一句樂府詩集陸拾引此詩。錢牧齋校宋本及全唐詩本，「胡騎」上皆有「胡音」二字，此詩既論音樂，自以有「胡音」二字爲是也。

二王後　海漫漫

白氏新樂府七德舞法曲後，即繼以二王後及海漫漫二篇。此二篇爲微之樂府新題中所無。李公垂原作雖不可見，當亦無此二題。所以知者，微之和公垂之作，取上陽白髮人爲首。上陽宮在洛陽，公垂必依之發興。至於「周武隋文之子孫」，固不易爲作詩時居東都之公垂所同時得見，而秦皇漢武求仙之戒，若非憲宗文學侍從之臣，似亦末由敷陳也。然則此二篇乃樂天所增創，而非因襲李氏之舊題，自不難推見。至樂天何以忽增創此二新題之故，則貞觀政要第貳壹慎所好篇之第叁章云：

貞觀四年太宗曰，隋煬帝性好猜防，專信邪道，大忌胡人，乃至謂胡床爲交床，胡瓜爲黄瓜，築長城以避胡，終被宇文化及使令狐行達殺之。又誅戮李金才及諸李殆盡，卒何所益。

似即爲二王後一篇之所本。其第貳章云：

貞觀二年太宗謂侍臣曰，神仙事本是虚妄，空有其名。秦始皇非分愛好，爲方士所詐，乃遣童男童女數千人隨其入海求神仙，方士避秦苛虐，因留不歸。始皇猶海側踟躕以待之，還至沙丘而死。漢武帝爲求神仙，乃將女嫁道術之士。事既無驗，便行誅戮。據此二事，神仙不煩妄求也。

似即爲海漫漫一篇之所本。頗疑樂天於繙檢貞觀政要尋撦材料以作七德舞時，尚覺有餘賸之義可供采摭，遂取以成此一篇也。而七德舞自「亡卒遺骸散帛收。」以下至「思摩奮呼乞効死。」諸事迹，多見於貞觀政要第貳拾仁惻篇中，其慎所好篇即次於仁惻篇之後爲第貳壹篇，亦足爲此說之佐證也。

復次，今戈本政要之次序先後，雖不皆仍原本之舊，但慎所好篇中求神仙條在貞觀二年列第貳，隋煬帝條在貞觀四年列第叁，則似未有所改易。樂天之詩不依政要之先後次序，而取二王後列諸海漫漫之前者，蓋二王後之助郊祭與七德舞法曲皆性質上有密切關係，可以相連，其海漫漫篇則性質似較泛也。至海漫漫篇所以特列於第肆篇，有以示异於其他通常諷諫諸篇者，老子亦爲唐皇室所攀認之祖宗。且受大聖祖高上大道金闕玄元天皇大帝之尊號，廟號太清宮，則薦享老子與明堂太廟郊祀爲同一性質，不過與血族祖先之七廟又稍有別耳。樂天於元和二年充翰林學士時，曾撰季冬薦獻太清宮詞文。（見白氏長慶集肆拾。）自易聯想及此，而有「玄元聖祖」之句也。此四篇性質近似，皆標明祖宗垂戒子孫之微意，即新樂府總序所謂「爲君而作」者。故相聯綴自爲一組，此組遂爲新樂府之冠也。

又二王後一篇更有可論者，元微之上陽白髮人有：

隋煬枝條襲封邑。

之語，原注又云：

近古封前代子孫爲二王三恪。

樂天此篇之作，殆受其啓發也。

其海漫漫一篇更有可論者，舊唐書壹肆憲宗紀上（太平御覽壹佰肆亦引此文，較爲明晰，今參合録之。）云：

元和五年八月乙亥，上顧謂宰臣曰，神仙之事信乎？李藩對曰，神仙之説出於道家。（道家）所宗，老子五千文爲本。老子指歸與（六）經無异。後代好怪之流，假托老子神仙之説，故秦始皇遣方士載男女入海求仙，漢武帝嫁女與方士求不死藥，二主受惑，卒無所得。文皇帝服胡僧長生藥，遂致暴疾不救。古詩云，服食求神仙，多爲藥所誤。誠哉是言也。君人者但務求理，四海樂推，社稷延永，自然長年也。上深然之。

寅恪案，李藩之語與海漫漫所言幾無不同。豈李白二公各不相謀而適冥合耶？此殊可疑也。以時間先後論，樂天新樂府據其自題作於元和四年，而史載李藩之語於元和五年，則白先而李後。若此二事不能無所關涉，似李語出於白詩。然以常識言之，其可能不多。頗疑樂天新樂府雖大體作於元和四年，其實時時修改增補，不獨海漫漫一篇如此，即杏爲梁等篇亦有成於元和四年以後之疑，俟於論杏爲梁時總括言之，今姑不涉及焉。

又杜陽雜編中略云：

元和五年内給事張惟則自新羅使回，云，於海上泊州島間，忽聞鷄犬鳴吠，似有煙火，遂乘月閑步，約及一二里，則見有數公子，戴章甫冠，著紫霞衣，吟嘯自若。惟則知其异，遂請謁見。公子曰，唐皇帝乃吾友也。汝當旋去爲吾傳語。還舟中，迴顧舊路，悉無蹤迹。

上曰，朕前生豈非仙人乎？

寅恪案，蘇鶚撰書，雖多詭异之説，不足深信，然閹寺以神仙事蠱惑君上，自是常情，而元和之時中國與新羅頻有使節往還。（參舊唐書壹玖玖上新唐書貳貳拾新羅傳唐會要玖伍新羅條。）是知其亦有所據。此以元和五年爲言，亦可與上説相參證也。

憲宗爲有唐一代中興之英主，然卒以服食柳泌所製丹藥，躁渴至極，左右宦官多因此得罪，遂爲陳弘志所弑。（見通鑒貳肆壹唐紀元和十四年冬十月及十五年春正月條。）觀元和五年憲宗問李藩之語，知其已好神仙之道。樂天是時即在翰林，頗疑亦有所聞知。故海漫漫篇所言，殆陳諫於幾先者。此篇末句以老子不言藥爲説，遠引祖訓，近切時宜，誠新樂府大序所謂爲君而作者也。

二王後篇「古人有言天下者，非是一人之天下。」句，就寅恪一時記憶所及，則有呂氏春秋壹孟春紀貴公篇云：

天下，天下之天下，非一人之天下。

所謂太公六韜壹文韜文師篇云：

太公曰，天下非一人之天下，乃天下之天下也。

魏徵群書治要叁壹六韜序云：

天下者，非一人之天下，天下之天下也。

同書同卷武韜云：

天下非一人之天下也。

馬總意林壹引六韜云：

天下非一人天下，天下之天下。

自皆與詩語有關。意林纂輯於貞元之初，與樂天作詩之時代甚近，頗可能爲樂天此二句之所依據。但群書治要似爲其所從出，蓋李相國論事集壹進歷代君臣事迹五十餘狀略云：

元和四年奏，昔太宗亦命魏徵等博采歷代事迹，撰群書政（寅恪案，此避高宗諱改作政。）要，置在座側，常自省閲，書於國史，著爲不刊。今陛下朝夕觀覽，必致貞觀之盛理。

李絳與樂天於元和四年，即樂天作此詩之年，同爲翰林學士，而深相交好。深之既如此推崇魏氏之書，則樂天此詩之依據群書治要，最爲可能也。

立部伎

樂天所以列立部伎於海漫漫之後者，殆以七德舞法曲二王後海漫漫四篇性質近似，故聯綴編列。而立部伎與華原磬性質相類，復連續列之。觀此可知樂天之匠心，即此篇題排列之末節，亦不率爾爲之也。

白詩立部伎小序下之注及元詩此篇題下之注，應互相校正，以兩注俱爲李公垂傳原文故也。今本元氏長慶集貳肆立部伎題下注云：

退入雅樂可知矣。

應依全唐詩本元稹詩與白氏長慶集貳立部伎小序下注同作：

退入雅樂部，則雅樂可知矣。

又今本白詩立部伎小序下注中「性識」二字，雖元稹詩全唐詩本題下注亦與相同，然應依明嘉靖壬子董氏刊本元氏長慶集貳肆，及嚴氏影宋本白氏諷諫本立部伎作「性靈」。蓋元氏長慶集貳陸琵琶歌有「性靈甚好功猶淺。」之句，又樂府雜録（守山閣叢書本。）琵琶條云：

武宗初，朱崖李太尉有樂吏（史？）廉郊者，師於曹綱，盡綱之能。綱嘗謂儕流曰，教授人亦多矣，未有此性靈弟子也。

是作「性靈」者，更爲有據也。

微之此篇以秦王破陣樂功成慶善樂之今昔比較，寓其感慨。蓋當時之制，享宴之樂分爲坐立二部，而秦王破陣樂屬於立部。如舊唐書貳玖音樂志略云：

高祖登極之後，享宴因隋舊制，用九部之樂。其後分爲立坐二部，今立部伎有安樂太平樂破陣樂慶善樂大定樂上元樂聖壽樂光聖樂，凡八部。安樂等八舞，聲樂皆立奏之，樂府謂之立部伎，其餘總謂之坐部伎。坐部有宴樂長壽樂天授樂鳥歌萬壽樂龍池樂破陣樂（此玄宗所作者。）自長壽樂已下皆用龜兹樂。

者，是也。樂天此篇，則雖襲用李元舊題，而其所述内容，實與微之之以立部伎中之破陣樂慶善樂爲言者不同。蓋白氏新樂府中既專有七德舞一篇以陳王業之艱難，於此自不必重複。斯固樂天新樂府一事唯以一篇咏之之通則，此通則，即不複是也。而微之西凉伎云：

哥舒開府設高宴，八珍九醖當前頭。前頭百戲競撩亂，丸劍跳擲霜雪浮。師子摇光毛彩豎，胡姬醉舞筋骨柔。

樂天則取跳丸擲劍諸雜戲之摹寫，專成此篇，以刺雅樂之陵替。而西凉伎專述師子戲，以刺疆臣之貪懦。此又樂天一詩咏一事之通則。此通則，即不雜是也。

丸劍跳擲諸戲者，即自昔相傳之百戲，亦即舊唐書貳玖音樂志略云：

散樂者，歷代有之。非部伍之聲，俳優歌舞雜奏。玄宗以其非正聲，置教坊於禁中以處之。

之散樂也。隋書壹伍音樂志云：

始齊武平中，有魚龍爛漫俳優朱儒山車巨象拔井種瓜殺馬剥驢等奇怪异端，百有餘物，名爲百戲。周時鄭譯有寵於宣帝，奏徵齊散樂人，并會京師爲之，蓋秦角抵之流者也。開皇初，并放遣之。及大業二年突厥染干來朝，煬帝欲誇之，總追四方散樂，大集東都。

寅恪案，此類百戲，源出西胡，北齊以前，已輸入中國。惟北齊宫廷，最爲西胡化，（詳拙著隋唐制度淵源略論稿音樂章。）史家因有「始齊武平中」之言耳。唐世此類百戲，雖亦有新自中亞輸入者，但多爲因襲前代者也。

白詩之述此類百戲者，有「舞雙劍，跳七丸。嫋巨索，掉長竿。」諸句。兹請略徵舊籍以供例證，俾明其内容，并據之稍加解釋，以闡其源出西胡之説焉。

文選貳張衡西京賦云：

跳丸劍之揮霍，走索上而相逢。

又云：

奇幻儵忽，易貌分形，吞刀吐火，雲霧杳冥。

三國志魏志貳壹王粲傳潁川邯鄲淳條裴注引魏略略云：

太祖遣〔邯鄲〕淳詣〔臨菑侯〕植。時天暑熱，植因呼常從取水自澡訖，傅粉，遂科頭拍袒，胡舞五椎鍛，跳丸擊劍。

寅恪案，跳丸擊劍走索諸戲，及易貌分形吞刀吐火等幻術，自兩漢曹魏之世，即已有之，而此類係統之伎藝，實盛行於西方諸國。據史記壹貳叁大宛列傳略云：

條枝在安息西數千里，國善眩。

同書同卷又略云：

漢使還，而後〔安息王〕發使隨漢使來觀漢廣大。以大鳥卵及黎軒（靬）善眩人獻於漢。於是大觳抵，出奇戲諸怪物，多聚觀者。

後漢書壹壹陸西南夷傳略云：

永寧元年撣國王雍由調復遣使者詣闕朝賀，獻樂及幻人，能變化吐火，自支解，易牛馬頭。又善跳丸，數乃至千（？）。自言我海西人，海西即大秦也。

三國志魏志叁拾總論裴注引魏略略云：

西戎傳曰：大秦國一號犁靬，俗多奇幻，口中出火，自縛自解，跳十二丸巧妙。

可證也。

諸種雜戲於唐代流行頗盛。其見於文物典籍者，關於「舞雙劍」句，教坊記曲名有西河劍器。錢注杜詩柒觀公孫大娘弟子舞劍器行序云：

開元三載，余尚童稚，記於郾城觀公孫氏舞劍器渾脱。

錢注引明皇雜録略云：

上素曉音律，時有公孫大娘者，善舞劍，能爲鄰里曲，裴將軍滿堂勢，西河劍器渾脱，遺（？）妍妙皆冠绝於時也。

新唐書叁肆五行志云：

太尉長孫元忌以烏羊毛爲渾脱氈帽，人多效之，謂之趙公渾脱，近服妖也。

寅恪案，據上引諸條，知劍器渾脱蓋爲連文，而渾脱本是胡物。西河疑即河西或河湟之异稱，乃與西域交通之孔道。又裴爲疏勒國姓，（見舊唐書壹肆陸新唐書壹佰拾裴玢傳。）皆足明此伎實源出西胡也。近四川出土古磚，有繪寫舞劍器渾脱之狀者，可資參證。又坊間汪本此句作「雙舞劍」，今全唐詩本那波本及諸善本皆作舞雙劍，故坊間汪本之爲誤倒可不待辨。

關於跳七丸句，寅恪甲申歲客成都，見唐磚一方，刻跳丸之伎。同觀者數其丸曰，六丸耳。寅恪因舉樂天詩此句，謂必七丸。再詳數之，其數果七，殊足爲此詩之證。（正倉院考古記圖版貳陸南棚漆彈弓背，亦繪跳丸之伎，所印圖版，只見六丸，惟左手指尖黑暗不明，未審其上別有一丸否，俟考。）以此推之，跳丸之數既爲七，舞劍之數亦必爲雙。樂天作詩，必指當時實狀，非率爾泛用數字。蓋樂天所知跳丸伎藝之最精者，丸數止於七，故詩中以爲言也。跳丸之技，自古盛行於大秦，雖丸數各异，然爲技則一，知此技亦來自西方之國也。

關於婳亘索句，封氏聞見記陸繩伎條（唐語林伍同。）略云：

明皇開元二十四年八月五日御樓設繩伎。伎者先引長繩，兩端屬地，埋鹿盧以繫之，鹿盧內數丈立柱，以起繩，直如弦。然後伎女自繩端躡足而上，往來倏忽之間，望若飛仙。有中路相遇，側身而過者。有著履而行，從容俯仰者。或以畫竿接脛，高六尺。或蹋肩蹈頂，至三四重，既而翻身擲倒至繩，還往曾無蹉跌，皆應嚴鼓之節。衛士胡嘉隱作繩伎賦獻之。自安寇覆蕩，伶倫分散，外方始有此伎。軍州宴會，時或有之。

杜陽雜編中略云：

上（敬宗）降日，大張音樂，集天下百戲於殿前。時有伎女石火胡，本幽州人也。於百尺竿上張弓弦五條，令五女各居一條之上，衣五色衣，執戟持戈，舞破陣樂曲，俯仰來去，赴節如飛。是時觀者目眩心怯。文宗即位，惡其太險傷神，遂不復作。

寅恪案，石爲昭武九姓之一。火胡之名，尤爲其人出自信奉火祆教之西胡族之證。此戲源於西胡，自可推知也。

關於掉長竿句，則朝野僉載云：

幽州人劉交，戴長竿高七十尺，自擎上下，有女十二，甚端正，於竿上置定，跨盤獨立。見者不忍，女無懼色。後竟爲撲殺。

明皇雜録略云：

玄宗御勤政樓，羅列百伎。時教坊有王大娘者，善戴百尺竿。劉晏咏曰，樓前百戲競爭新。惟有長竿妙入神。

安禄山事迹下略云：

向潤客等計無所出，遂以樂人戴竿索者爲趫捷可用，授兵出戰。至城北清水河，爲奚羯所戮，唯三數人伏草莽間獲免。其樂人本玄宗所賜，皆非人間之伎，轉相教習，得五百餘人。或一人肩符，首戴二十四人。（寅恪案，肩一本作扇，「首戴」下有闕字，符字義亦難通，疑并脱誤，俟考。）戴竿長百餘尺，至於竿杪人騰擲如猿狖飛鳥之勢，竟爲奇绝，累日不憚。觀者汗流目眩。

獨异志上云：

德宗朝有戴竿三原婦人王大娘，首戴十八人而行。

教坊記云：

筋斗裴承恩妹大娘，善歌，兄以配竿木侯氏。

又云：

范漢女大娘子，亦是竿木家。開元二十一年出内，有姿媚而微慍羝。（原注云：謂腋氣也。）

寅恪案，裴爲疏勒國姓。（參舊唐書壹肆陸新唐書壹佰拾裴玢傳。）裴承恩有爲西胡之可能。范漢女大娘子有腋氣，疑即是胡臭。（參拙著狐臭與胡臭，載一九三七年六月清華大學中國文學會編語言與文學。）夫范氏既爲竿木家，當與其同類爲婚姻，亦雜有西胡血統。故疑此戲亦來自西域也。日本正倉院南棚漆彈弓背第二段繪有戴竿戲，（見正倉院考古記圖版貳陸。）又史浩鄮峰真隱漫録亦有竹竿子之語，皆可資參考。（周一良先生謂齊東昏侯善作擔幢之戲，是此技亦傳入南朝也。詳見南史陸齊本紀東昏侯紀南齊書柒東昏侯紀及通鑒壹肆貳齊紀永元元年十二月條。）

總之，此類百戲，來自中亞。雖遠在漢世，已染其風。而直至唐朝，猶有輸入。如舊唐書貳玖音樂志略云：

幻術皆出西域，天竺尤甚。漢武帝通西域，始以善幻人至中國。我高宗惡其驚俗，敕西域關令，不令入中國。

即爲其證。然頗疑唐世所盛行者，多因於後魏北齊楊隋之一脉流傳，一如胡樂之比。拙著隋唐制度淵源略論稿音樂章中會涉及此事，故於此不多贅列焉。

抑尤可論者，微之立部伎云：「胡部新聲錦筵坐。」指坐部伎而言，此唐代新輸入之胡樂也。其所謂「中庭漢振高音播。」以及樂天所咏之雜戲，指立部伎而言。則後魏北齊楊隋及李唐初年輸入之胡樂與胡伎也。至二公所謂雅樂，即法曲之類，其中既不免雜有琵琶等胡器，是亦更早輸入之胡樂也。然則二公直以後來居上者，爲胡部新聲，積薪最下者，爲先王雅樂耳。夫法曲之樂，既雜有胡器，而破陣樂之類，據通典壹肆陸樂典坐立部伎條所云：

自安樂以後，皆雷大鼓，雜以龜兹樂，聲振百里，并立奏之。

知尤多胡音，則微之詩注所云：

太常丞宋沇傳漢中王舊説云，明皇雖雅好度曲，然而未嘗使蕃漢雜奏。天寶十三載始詔道調法曲與胡部新聲合作。識者异之。明年禄山叛。

樂天法曲篇注所云：

法曲雖似失雅音，蓋諸夏之聲也。故歷朝行焉。（此下略同元詩立部伎注。）

其不合事實真相，自極明顯。特古文運動家尊古卑今，崇雅賤俗，乃其門面語，本不足深論也。白詩「太常三卿爾何人。」句，太常三卿云者，唐六典壹肆（舊唐書肆肆職官志新唐書肆捌百官志并同。）云：

太常寺卿一人，少卿二人。

是也。

元詩「中庭漢振高音播。」句，所謂漢振者，據守山閣本羯鼓録（唐語林伍同。）略云：

宋開府璟與上（明皇）論鼓事曰，不是青州石末，即是魯山花甆。撚小碧上掌下須有朋（原注云：去聲。）肯聲。據此，乃是漢震第二鼓也。上與開府兼善兩鼓，而羯鼓偏好，以其比漢震稍雅細焉。

此漢震即漢振也。

元詩「昔日高宗嘗立聽，曲終然後臨御座。」者，舊唐書貳玖音樂志略云：

破陣樂太宗所造也。享宴奏之，天子遜位，坐宴者皆興。

舊唐書壹捌捌孝友傳裴守真傳（通典壹肆陸樂典坐立部伎條原注，唐會要叁叁破陣樂條同。）略云：

又神功破陣樂功成慶善樂二舞，每奏，上皆立對。守真又議曰，詳覽博記，未有皇王立觀之禮。臣等詳議，奏二舞時，天皇不合起立。時并從守真議。會高宗不豫，事竟不行。

者，是也。

元詩「明年十月燕寇來。」句，與其連昌宮詞「明年十月東都破。」句俱爲誤記。據新唐書伍玄宗紀（舊唐書玖玄宗紀下及通鑑貳壹柒唐紀玄宗紀天寶十四載。貳壹捌肅宗紀至德元載諸條同。）略云：

〔天寶十四載〕十一月安禄山反。十二月丁酉陷東京。天寶十五載六月己亥禄山陷京師。

則禄山之反，在天寶十四載十一月。其破東都，在同年十二月。微之於此一誤再誤，必非偶爾忽略，可謂疏於國史矣。

華原磬

樂天新樂府於立部伎之後，即繼以華原磬上陽白髮人胡旋女新豐折臂翁諸篇者，以此數篇皆玄宗時事。自此以上由七德舞至海漫漫，則以太宗時事爲主。（法曲一篇雖以永徽始，然永徽之政有貞觀之風，故詩中有「積德重熙有餘慶。」之言，是亦與太宗有關也。）此蓋以時代爲分合者也。樂天此篇小序下自注與微之詩題下自注同，蓋皆出於李公垂原詩傳。大唐新語拾釐革篇開元中天下無事條末語亦與相同。劉氏與李元白三公爲同時人，其所述亦同出於一源也。

元白二公此篇意旨，俱崇古樂賤今樂，而據白氏長慶集肆捌策林第陸肆目復樂古器古曲略云：

夫器者所以發聲，聲之邪正，不繫於器之今古也。曲者所以名樂，樂之哀樂，不繫於曲之今古也。若君政驕而荒，人心動而怨，則須捨今器用古器，而哀淫之聲不散矣。若君政善而美，人心平而和，則雖奏今曲廢古曲，而安樂之音不流矣。臣故以爲銷鄭衛之聲，復正始之音者，在乎善其政，和其情，不在乎改其器易其曲也。

然則射策決科之論，與陳情獻諫之書，固出一人之口，而乖牾若是，其故何耶？樂天和答詩十首序（白氏長慶集貳。）云：

同者謂之和，异者謂之答。

殆即由李氏原倡本持此旨，二公賦詩在和公垂原意，遂至不顧其前日之主張歟？

雖然，寅恪嘗反覆詳讀元白二公華原磬之篇，竊疑微之詩篇末所云：「願君每聽念封疆，不遺豺狼剿人命。」樂天詩篇中所云：「古稱浮磬出泗濱。立辯致死聲感人。」及「宮懸一聽華原石，君心遂忘封疆臣。果然胡寇從燕起。武臣少肯封疆死。」殆有感於當時之邊事而作。微之所感者，爲其少時旅居鳳翔時所見。樂天所感者，則在翰林内廷時所知。故皆用樂記：

鐘聲鏗，鏗以立號，號以立橫，橫以立武。君子聽鐘聲，則思武臣。石聲磬，磬以立別，別以致死。君子聽磬聲，則思死封疆之臣。

之義，以發揮其胸中之憤懣，殊有言外之意，此則不必悉本之於公垂之原倡也。樂天新樂府大序謂其辭直而徑，揆以此篇，則亦未盡然。陸務觀序施注蘇詩，極言能得作者微旨之難，（見渭南集壹伍施司諫注東坡詩序。）今讀華原磬之篇而益信。其說詳後樂天新樂府西凉伎篇及前微之豔體詩箋證中，兹不贅論。

此外尚有可論者，自古文人尊古卑今，是古非今之論多矣，實則對外之宣傳，未必合於其衷心之底蘊也。沈休文取當時善聲沙門之說創爲四聲，而其論文則襲用自昔相傳宮商五音之說，（詳見清華學報玖卷貳期拙著四聲三問。）韓退之酷喜當時俗講，以古文改寫小說，而自言非三代兩漢之書不敢觀。（見前長恨歌章。）此乃吾國文學史上二大事，而其運動之成功，實皆爲以古爲體，以今爲用者也。樂天之作新樂府，以詩經古詩爲體裁，而其骨幹則實爲當時民間之歌曲，亦爲其例。韓白二公同屬古文運動之中心人物，其詩文議論外表内在衝突之點，復相類似。讀此華原磬篇者，苟能通知吾國文學史上改革關鍵之所在，當不以詩語與策林之説互相矛盾爲怪也。

上陽〔白髮〕人

此題今敦煌本（巴黎圖書館伯希和號伍伍肆貳。）作上陽人，無白髮二字。全唐詩作上陽白髮人，注云：

一無白髮字。

汪本同敦煌本，注云：

一本有白髮二字。

那波本及盧校本皆有白髮二字。考此篇乃樂天和微之作者，微之詩題，諸本既均作上陽白髮人，則似有白髮字者爲是。可參閱法曲條。

此題公垂原倡，而元白二公和之。考竇氏聯珠集有竇庠陪留守僕射巡視至上陽宫感興二绝句，則李公垂或亦乘此類似機會感興成詩，否則雖在東都，似亦無緣擅入宫禁之内也。

白氏長慶集肆壹奏請加德音中節目有請揀放後宫人一條，略云：

臣伏見大曆以來四十餘載，宫内人數積久漸多。伏慮驅使之餘，其數猶廣。上則屢給衣食，有供億糜費之煩。下則離隔親族，有幽閉怨曠之苦。事宜省費，物貴遂情。臣伏見自太宗玄宗以來，每遇灾旱，多有揀放。伏望聖慈，再加處分。

而通鑑貳叁柒唐紀憲宗紀載李絳與樂天同言此事，并繫之於元和四年三月之末，又云：

閏三月己酉，制出宫人如二人之請。

則其事既與樂天作詩之時相同，自必有關於白公此篇及七德舞一篇無疑也。

題下注所引李傳有：

天寶五載已後，楊貴妃專寵，後宫人無復進幸矣。

之言，是公垂之意必以册楊氏爲貴妃事在天寶四年八月，故云「五載已後」也。餘詳長恨歌箋證。「唯向深宫望明月，東西四五百迴圓。」一句，據詩云：

玄宗末歲初選入，入時十六今六十。

假定上陽宫人選入之時爲天寶十五載（西曆七五六年），其年爲十六。則至貞元十六年（西曆八〇〇年）其年六十。自入宫至此凡歷四十五年，須加十六閏月，共約五百五十六望，除去陰雨暗夕，上陽宫人之獲見月圓次數，亦不過四五百迴。三五之時，月夕生於東，朝没於西，所以言東西者，蓋隱含上陽人自夕至旦通宵不寐之意也。

「大家遥賜尚書號。」一句，「大家」者，據蔡邕獨斷上云：

親近侍從官稱〔天子〕曰大家。

蓋「大家」乃漢代宮中習稱天子之語也。而劉肅大唐新語壹貳酷忍篇（參酉陽雜俎前集壹忠志類上嘗夢日烏飛條。）云：

初令宮人宣敕示王后。后曰，願大家萬歲，昭儀長承恩澤，死自吾分也。

舊唐書壹捌肆宦官傳李輔國傳云：

〔李輔國〕私奏曰，大家但內裏坐，外事聽老奴處置。

李義山文集肆紀宜都內人事云：

宜都內人曰，大家知古女卑於男邪？（寅恪案，宜都內人以皇帝稱武則天也。）

是直至唐世，猶保存此稱謂。樂天詩咏宮女，故用宮中俗語也。依唐人作詩通則，俗語限用於近體如七絶之類，而古體則用典雅之詞，此新樂府雖爲摹擬古詩之體，但「大家」一詞既於古典有徵，而又合於當時宮庭習俗，則樂天下筆時煞費苦心，端可見矣。又女尚書之號，古已有之，如三國志魏志叁明帝青龍三年注引魏略，及北史壹伍魏書壹叁后妃傳序等，即是其例。據舊唐書肆肆職官志宮官條（參新唐書肆柒百官志尚宮局條。）云：

宮官。（六尚如六尚書之職掌。）

是唐代沿襲前代，宮中亦有女尚書之號也。此老宮女身在洛陽之上陽宮，當時皇帝從長安授以此銜，即所謂「遥賜」也。噫！以數十年幽閉之苦，至垂死之年，始博得此虚名，聊以快意，實可哀憫，而詩人言外之旨抑可見矣。（全唐詩第壹壹函王建宫詞「宫局總來爲喜樂，院中新拜内尚書。」亦可供參考也。）

「小頭鞵履窄衣裳。青黛點眉眉細長。外人不見見應笑，天寶末年時世妝。」句，所以言「外人不見見應笑。」者，實有天寶末載與貞元元和之際時尚不同之意，兹略徵舊籍以考釋之如下。

關於衣履事，姚汝能安禄山事迹下云：

天寶初，貴游士庶，好衣胡服，爲豹皮帽。婦人則簪步摇，衩衣之制度，衿袖窄小。

今新唐書叁肆五行志云：

天寶初，貴族及士民好爲胡服胡帽。婦人則簪步摇釵，衿袖窄小。

即用姚書，足可爲此詩「小頭鞵履窄衣裳。」句之注脚。惟姚書作「天寶初」，而此云「天寶末年時世妝。」者，豈窄小之時尚起自天寶初年，下至天寶末載尚未已耶？（又馬元調本天寶末年作天寶年中，雖與姚歐之書不相衝突，但詩中明言玄宗末歲初選入，似作天寶末年者，更爲確切也。）

又白氏長慶集壹肆和夢游春詩云：

時世寬妝束。

則知貞元末年婦人時妝尚寬大，是即樂天「外人不見見應笑。」詩意之所在也。

又觀舊唐書壹柒上文宗紀云：

太和二年五月丁巳，命中使於漢陽公主及諸公主第宣旨，今後每遇對日，不得廣插釵梳，不須著短窄衣服。

然則太和初期婦人時妝復轉向短窄矣。時尚變遷，迴環往復，此古今不殊之通則。寅恪嘗以爲證釋古事者，不得不注意其時代限制，此足爲其例證也。

關於畫眉事，才調集伍元微之有所教詩云：

莫畫長眉畫短眉。斜紅傷豎莫傷垂。（寅恪案，此兩句乃當日時勢妝，即時世妝之教條也。前已論及。）人人總解爭時勢，都大須看各自宜。

有所教一首在豔體詩中，當爲貞元末所作，與樂天和夢游春詩所謂「風流薄梳洗，時世寬妝束。」一爲描寫同一時代之流行妝束。頗疑貞元末年之時世妝，其畫眉尚短，與樂天此詩所言天寶末年之時尚爲「青黛點眉眉細長。」者，適得其反也。姑記此以俟更考。

「君不見昔時呂尚美人賦。」一句及此句小注中之呂尚，俱應依傳世善本作呂向。今文苑英華玖陸有呂向美人賦，（參新唐書貳佰貳文藝傳呂向傳及全唐文叁佰壹。）即樂天所言者也。

其作「吕尚」者，蓋因太公望之故而誤書耳。

復次，微之行宫五绝（元氏長慶集壹伍。）云：

寥落古行宫。宫花寂寞紅。白頭宫女在，閑坐説玄宗。

可與此篇參互并觀，蓋二者既同咏白頭宫女，可藉以窺見二公作品關係之密切也。

復次微之上陽白髮人詩云：

諸王在閤四十年，七宅六宫門户閟。

寅恪案，錢牧齋校改「七宅」爲「十宅」是也。唐會要伍諸王閤（參舊唐書壹佰柒玄宗諸子凉王璿傳及新唐書捌貳十一宗諸子汴哀王璥傳。）略云：

先天之後，皇子幼則居肉。東封後（寅恪案，指開元十三年東封泰山言。）以年漸長成，乃於安國寺東附苑城爲大宅，分院居之，名爲十王宅。十王謂慶忠棣鄂榮光儀潁永延盛濟等，以十舉全數。其後壽信義陳豐恒凉七王，又就封入内宅。開元二十五年鄂光得罪，忠王繼大統，天寶中慶棣又殁，惟榮儀十四王居内，而府幕列於外坊，歲時通名起居而已。外諸孫長成，又於十宅外置百孫院。每歲幸華清宫，側亦有十王宅百孫院。十王宫人每院四百餘人，百孫院三四十人。諸孫納妃嫁女，亦就十宅中。太子不居於東宫，但居於乘輿所幸之别院。太子之子亦分院而居，婚嫁則同親王公主於崇仁里之禮院。

故「七宅」爲「十宅」之訛，據此可以證明矣。至微之此詩結語又云：

隨煬枝條襲封邑，肅宗血胤無官位。（原注云：肅宗已後諸王并未出閣。）王無妃媵主無婿。陽亢陰淫結災累。何如决壅順衆流，女遣從夫男作吏。

亦可與元氏長慶集叁貳獻事表所列十事中「二曰任諸王以固磐石。三曰出宫人以消水旱。四曰嫁諸女以遂人倫。」等相參證也。

胡旋女

微之此篇注云：

緯書曰，僧一行嘗奏明皇曰，陛下行幸萬里，聖祚無疆。故天寶中歲幸洛陽，冀充盈數。及上幸蜀，至萬里橋，乃嘆謂左右曰，一行之奏其是乎？

寅恪案，此條亦見國史補上及唐語林伍等書。關於預言後驗之物語，可不置辨。惟玄宗自開元二十四年冬十月丁卯由洛陽還長安後，即不復再幸東都。此所云：「天寶中歲幸洛陽」者，非史實也。可參考連昌宫詞章。

樂天詩云：

天寶季年時欲變。臣妾人人學圓轉。中有太真外禄山，二人最道能胡旋。

寅恪案，安禄山能胡旋舞事，見於史傳中，如舊唐書貳佰上安禄山傳（新唐書貳貳伍上逆臣傳安禄山傳及安禄山事迹上并同。又舊唐書壹捌叁外戚傳武承嗣傳附延秀傳亦有胡旋舞之記載。其事在玄宗前，則此舞爲唐代宮中及貴戚所愛好，由來久矣。）云：

〔禄山〕晚年益肥壯，腹垂過膝，重三百三十斤。每行以肩膊左右擡挽其身，方能移步。至玄宗前，作胡旋舞，疾如風焉。

即爲其證。至於楊太真，則舊唐書伍壹后妃傳上玄宗楊貴妃傳，新唐書柒陸后妃傳上玄宗貴妃楊氏傳，俱止言其善歌舞，而不特著其長於胡旋舞。然太真既善歌舞，而胡旋舞復爲當時所尚，則太真長於此舞，自亦可能。樂天之言，或不盡出於詩才之想像也。

樂天詩云：

梨花園中册作妃。金鷄障下養爲兒。

寅恪案，唐長安有二梨園。一在光化門北，一在蓬萊宮側。其光化門北者，遠在宮城以外。其蓬萊宮側者，乃教坊之所在。（詳徐松兩京城坊考。）准以地望與情事，似俱無作爲册妃處所之可能。樂天之言未知所據，又太真外傳上云：

天寶四載七月册左衛中郎將韋昭訓女配壽邸。是月（寅恪案，樂史作是月即七月，誤。應作八月。詳見長恨歌章，兹不置辨。）於鳳凰園册太真宮女道士楊氏爲貴妃。

則樂史以册楊氏爲貴妃之地爲鳳凰園。鳳凰園之位置，今亦無考。或謂宋敏求長安志西内一章（畢沅關中勝迹圖志伍及徐松兩京城坊考此條俱出宋氏之書。）云：

東面一門鳳凰門，隋曰建春門，後改通訓門。明皇時鳳凰飛集通訓門，詔改爲鳳凰門。

似鳳凰園與鳳凰門有關。惟據通鑑貳壹陸唐紀玄宗紀略云：

〔天寶十一載八月〕癸巳楊國忠奏有鳳凰見於左藏庫屋，出納判官魏仲犀言，鳳集庫西通訓門。十月己亥，改通訓門曰凰集門。魏仲犀遷殿中侍御史，楊國忠屬吏率以鳳凰優得調。

知改通訓門爲鳳凰門在天寶十一載。其事在天寶四載八月册楊氏爲貴妃事以後。准以時間，亦殊不合。故於此册妃之處所，惟有闕疑，以俟更考。

至「金鷄障下養爲兒。」者，據次柳氏舊聞（兩唐書安禄山傳及安禄山事迹上并同。）云：

天寶中，安禄山每來朝，上特异待之，每爲致殊禮，殿西偏張金鷄障，其來輒賜坐。肅宗曰，天子殿無人臣坐禮，陛下寵之已甚，必將驕也。上呼太子前曰，此胡有奇相，吾以此厭弭之爾。

安禄山事迹上（參兩唐書安禄山傳，通鑑貳壹陸唐紀玄宗紀天寶十載正月甲辰條及考异，趙璘因話録等。）云：

召禄山入内，貴妃以綉綳子綳禄山，令内人以綵輿舁之，歡呼動地。玄宗使人問之，報云，貴妃與禄山作三日洗兒，洗了又綳禄山，是以歡笑。玄宗就觀之，大悦。因加賞賜貴妃洗兒金銀錢物，極樂而罷。自是宮中皆呼禄山爲禄兒，不禁其出入。

則金鷄障與養爲兒本是兩事，樂天以之牽合爲一，作爲「梨花園中册作妃。」之對文耳。

新豐折臂翁

此題新豐折臂翁，一作折臂翁，似作新豐折臂翁者爲是。蓋樂天新樂府大序明言「首句標其目」。則新豐折臂翁之目，與此篇首句「新豐老翁八十八。」更適合故也。

此篇主旨即其結語云：

君不聞開元宰相宋開府。不賞邊功防黷武。又不聞天寶宰相楊國忠。欲求恩幸立邊功。邊功未立生人怨，請問新豐折臂翁。

舊唐書壹肆柒杜佑傳（新唐書壹陸陸杜佑傳同。）略云：

元和元年册拜司徒同平章事。時河西党項，潛導吐蕃入寇。邊將邀功，亟將擊之。佑上疏論之曰，國家自天后以來，突厥默啜兵强氣勇，屢寇邊城，爲害頗甚。開元初，邊將郝靈佺親捕斬之，傳首闕下。自以爲功代莫與二，坐望榮寵。宋璟爲相，慮武臣邀功，爲國家生事，止授以郎將。由是訖開元之盛，無人復議開邊。中國遂寧，外夷亦静。

寅恪案，樂天所以稱宋璟爲宋開府者，雖由宋璟之文散階至開府儀同三司，（參舊唐書玖陸宋璟傳壹佰陸王毛仲傳。）實亦以此爲當日通用以稱宋璟者，觀國史補下（唐語林肆企羨類同。）略云：

開元日（後？）通不以名，而可稱者宋開府。

可證也。尤可注意者，樂天此篇論天寶末宰相楊國忠，而取開元初宰相宋璟爲對文，固當時述玄宗一朝理亂所繫者常舉之事例。（參李相國論事集伍論任賢事條及同集陸上言開元天寶事條。）然君卿上疏，在樂天作此詩之前。杜氏之疏傳誦一時，白氏此詩以宋璟防黷武事爲言，與之符同，或受其影響，未可知也。詩中「此臂折來六十年。」句，全唐詩本「折來」下注云：「一作臂折。」此「一作」語不可通，蓋不可讀爲「此臂臂折六十年。」也。今敦煌本及那波道圓本俱作「臂折來來六十年。」初視之，似亦甚不可通，然考全唐詩第貳貳函段成式戲高侍御七首之壹云：

百媚城中一個人。紫羅垂手見精神。青琴仙子常教示，自小來來號阿真。

則「來來」連文亦唐人常語，全唐詩小注殆校寫者有所誤會耳。至今之翻刻那波本者，亦改唐世舊語之「臂折來來六十年。」爲令人易解之「此臂折來六十年。」則大可不必矣。考樂天新樂府「痛不眠，終不悔。」句，敦煌本作「痛不眠兮終不悔。」并兩句爲一句。考樂府五十篇中多有重疊三言之句，此「兮」字似可不用，敦煌本不必盡從也。

注文中「即鮮于仲通李密覆軍之所也。」之「李密」，應作「李宓」，此世所熟知者，可勿置論。惟「郝靈佺」之名，則白詩諸本與史傳之紀載歧异至多。如今汪本及全唐詩本俱作靈筌，費衮梁溪漫志捌樹稼靈佺誤條（知不足齋叢書本。）略云：

白樂天樂府新豐折臂翁注云：天武軍牙將郝云岑，按此則名雲岑，而舊唐書作靈儉。新唐書作靈佺。資治通鑑作靈荃，考异中亦無（「無」疑當作「如」。）之。（程大昌考古編玖作雲岑。）

通鑑貳壹壹唐紀玄宗紀開元四年六月條作靈荃，考异云：

唐曆又云靈荃，舊傳爲靈儉，今從唐曆。

岑建功舊唐書校勘記陸伍突厥傳上略云：

仍與入蕃使郝靈筌。寰宇記筌作佺。而通鑑考异引舊傳作郝靈儉。疑佺字之誤。（寅恪案，百衲本此傳筌作儉，與温公所見者同。）

寅恪案，舊唐書壹肆柒杜佑傳新唐書伍玄宗紀開元四年六月癸酉條，新唐書壹貳肆宋璟傳，新唐書壹陸陸杜佑傳，新唐書貳壹伍上突厥傳上，俱作郝靈佺，自以作靈佺者爲是。蓋「靈」字在史籍中均同，今白詩諸本亦無歧异。費程書中作雲者，自不可從。而佺字乃取義於堯時仙人偓佺，與靈字有關，不可別作他字也。

又「特勒」當作「鐵勒」。蓋通常多誤「特勤」爲「特勒」，而「特勒」復世所習見，淺人因改「鐵」爲「特」。殊不知「鐵勒」爲種族之名。「特勤」即「特勤」，乃王子之稱，不可混淆也。復次，注文中，「天寶末楊國忠爲相，重構閣羅鳳之役，募人討之。」之「天寶末」，宋本作「天寶十一載。」其實鮮于仲通之敗，尚在其前一歲，即天寶十載也。又樂天蠻子朝「至今西洱河岸邊，箭孔刀痕滿枯骨。」句注云：

天寶十三載鮮于仲通統兵六萬討雲南王閣羅鳳於西洱河，全軍覆没也。

寅恪案，天寶十三載李宓敗死於西洱河，樂天此篇注謂楊國忠重構閣羅鳳之役，其意亦恐是指天寶十三載李宓之敗而言，特混李宓爲鮮于仲通耳。若果如是，則宋本注中之天寶十一載，當作十三載矣。今計自天寶十載即西曆七五一年，或天寶十三載即西曆七五四年，至元和四年即西曆八〇九年此篇作成之歲，共爲五十九年或五十六年。例如詩言新豐翁年二十四爲天寶十三載，則是歲其年八十。然則所謂「新豐老翁八十八。」者，押韵之故，「臂折來來六十年。」者，舉成數言之，不足深論。至「八十八」三字，敦煌本作「年八十」者，詩人舉成數言之，本亦可通，不必以其巧合八十之年爲説也。

復次，此篇爲樂天極工之作。其篇末「老人言，君聽取。」以下，固新樂府大序所謂「卒章顯其志。」者，然其氣勢若常山之蛇，首尾迴環救應，則尤非他篇所可及也。後來微之作連昌宫詞，恐亦依約摹仿此篇，蓋連昌宫詞假宫邊老人之言，以抒寫開元天寶之治亂繫於宰相之賢不肖及深戒用兵之意，實與此篇無不相同也。（此篇所寫之折臂翁爲新豐人。新豐即昭應縣之本名，爲華清宫之所在，是亦宫旁居民也。）至連昌宫詞以「連昌宫中滿宫竹。」起，以「努力廟謨休用兵。」結，即合於樂天新樂府「首句標其目，卒章顯其志。」之體制，自更不待論矣。

太行路

樂天此篇小序云：

借夫婦以諷君臣之不終也。

或疑李相國論事集貳論白居易事條所云，憲宗怒白居易不遜，欲逐之出翰林事。與此有關。考此事亦見於通鑑貳叁捌唐紀憲宗紀中，而附記於元和五年六月甲申白居易復上奏以爲臣比請罷兵條下。其時間雖似稍晚，但樂天新樂府五十首中如海漫漫杏爲梁諸篇，疑亦作於元和四年以後，則此説不爲無見。惟可注意者，樂天此時雖居禁近，實爲小臣，詩中「左納言，右納（内）史。」句，乃指宰相大臣而言，非樂天自況之辭也。復次，新樂府之作既在元和四年或略後，而其時憲宗朝大臣并無所謂「朝承恩，暮賜死。」之情事，樂天所指言者，其在德順二宗之世乎？

舊唐書壹貳德宗紀上（舊唐書壹壹捌新唐書壹肆伍楊炎傳同。）略云：

建中二年七月庚申，以中書侍郎平章事楊炎爲左僕射。十月乙酉，尚書左僕射楊炎貶崖州司馬，尋賜死。

同書壹叁陸竇參傳（參新唐書壹肆伍竇參傳，通鑑貳叁肆唐紀德宗紀貞元八年四月乙未條，貞元九年三月條。）略云：

明年（貞元五年）拜中書侍郎同平章事領度支鹽鐵轉運使。貶參郴州别駕，貞元八年四月也。〔九年三月〕乃再貶爲驩州司馬，未至驩州，賜死於邕州武經鎮。

寅恪案，楊炎以文學器用，竇參以吏識强幹，俱爲德宗所寵任，擢登相位，而并於罷相後不旋踵之間，遂遭賜死，此誠可致慨者也。

又會昌一品集壹貳論救楊嗣復李珏陳（裴？）夷直第叁狀（參新唐書壹捌拾李德裕傳。）云：

伏見貞元初（寅恪案，劉晏之賜死實在建中初。）宰臣劉晏緣德宗在東宮時涉動摇之論，竟以此坐死。旋則朝廷中外皆以爲冤。兩河不臣之地，悉恐亡懼（？）。德宗尋亦追悔，官其子孫。

寅恪案，劉晏爲代宗朝舊相，最有賢名，而德宗以疑似殺之，斯爲失政之尤。此當時後世所以咸致冤痛也。

舊唐書壹肆憲宗紀上（參新唐書柒憲宗紀陸貳宰相表中。）云：

〔永貞元年十一月〕貶正議大夫中書侍郎韋執誼爲崖州司馬，以交王叔文也。

寅恪案，韋執誼流貶於憲宗即位之年，距樂天作詩之時甚近。樂天始終同情於牛僧孺，而牛僧孺曾受韋執誼之知獎。（見唐文粹伍陸李珏牛僧孺神道碑及陸捌杜牧丞相奇章公墓志銘。）復考白氏長慶集貳柒有爲人上宰相書一篇，據其中所言此宰相拜相之日，知必爲執誼無疑。然則執誼雖未賜死，但其進退榮辱，易致樂天之感觸，自甚明也。樂天此篇之作，或竟爲近慨崖州之沉淪，追刺德宗之猜刻，遂取以諷諫元和天子耶？

詩中「左納言，右納史。」一句，唐六典捌門下省侍中條略云：

門下省侍中二人，隋氏諱忠，改爲納言。煬帝十二年，改納言爲侍内。皇朝初爲納言，武德四年，改爲侍中，龍朔二年，改爲東臺左相。咸亨元年復舊。光宅元年改爲鸞臺納言。

神龍元年復舊。開元元年改爲黄門監，五年復舊，曰門下省侍中。

同書玖中書省中書令條略云：

中書省中書令二人，隋氏改中書省爲内史省，置内史省監令各一人，尋廢監，置令二人。煬帝十二年改爲内書省。武德初爲内史省。三年改爲中書省。龍朔三年改省爲西臺，令爲右相。咸亨元年復舊。光宅二年改中書爲鳳閣，令爲内史。神龍元年復舊。開元元年改爲紫微令，五年復舊。

寅恪案，據此，則右納史當作右内史也。

又白氏長慶集壹初入太行路詩結語云：

若比世路難，猶自平於掌。

可與此篇旨意相參照也。

司天臺

此篇小序云：

引古以儆今也。

其詩云：

耀芒射角動三台，上台半滅中台坼。

寅恪案，晋書叁陸張華傳略云：

代下邳王晃爲司空，領著作。初華所封壯武郡，有桑化爲柏。又華舍及監省數有妖怪。〔華〕少子韙以中台星坼，勸華遜位。華不從。

則古有中台星坼三公須避位之説，是此篇所刺者，豈即當時之執政耶？考元和四年之三公及宰相爲杜佑于頔鄭絪裴垍李藩五人。其中裴垍曾在翰林與樂天同官交好。（參白氏長慶集肆壹論制科人狀。）李藩則由裴垍之推薦，致身相位。（參舊唐書壹肆捌李藩傳。）鄭絪亦嘗爲樂天素所不喜之李吉甫所誣構，而爲其道誼相合之李絳所救解。（參李相國論事集貳論鄭絪條及通鑑貳叁柒唐紀憲宗紀元和二年十一月它日上召李絳對於浴堂條。）則此三人者，似俱不應爲樂天所譏誚。又漢家故事，凡遇陰陽災變，則三公縱不握實權者，亦往往爲言者所指斥，而實際柄政之臣，則時或不任其咎。樂天作詩時，裴垍爲中書侍郎同平章事，鄭絪李藩相代爲門下侍郎同平章事。（鄭絪於二月丁卯罷爲太子賓客，李藩於二月丁卯由給事中拜。）雖爲宰相，并非三公。揆以樂天引古儆今之語，則樂天所指言者，殆屬之當時司徒杜佑司空於頔二人之一矣。

周禮注疏壹捌春官大宗伯之職條賈公彦疏引武陵太守星傳云：

三台一名天柱。上台司命爲太尉，中台司中爲司徒，下台司禄爲司空。

後漢書陸捨下郎顗傳略云：

順帝時災异屢見，陽嘉二年正月公車徵，顗乃詣闕拜章〔言七事，其六事曰〕，又易傳曰，公能其事，序賢進士，後必有喜。反之，則白虹貫日。以甲乙見者，則譴在中台。自司徒〔劉崎〕居位，陰陽多謬。宜黜司徒，以應天意。

寅恪案，古以司徒上應三台之中台，故「譴在中台」則「宜黜司徒」。前引晋書之文，所謂「中台星坼」而張華子韙勸其避位者，不過張韙鑒於當時政局之動盪，特欲其父避禍引退耳，非即謂中台直指司空而言也。然則是篇所指，其杜岐公乎？又白氏長慶集陸柒司徒令公（裴度）分守東洛移鎮北都輒奉五言四十韵寄獻以抒下情詩云：

天上中台正，人間一品高。

尤可與此説相印證也。當日杜岐公以年過七十尚不致仕，深爲時論所非。樂天秦中吟不致仕一首，顯爲其事而發，宜新樂府中有此一篇也。或有以杜岐公已於元和二年正月請致仕，而爲憲宗所不許。且樂天又深有取於其戒邊功防黷武之論，似不應致過分之譏誚爲疑者。是又不然。高郢以元和五年九月致仕，（舊唐書壹肆憲宗紀。）時草制者猶以「近代寡廉，罕由斯道。」隱譏杜氏，（國史補中。）而樂天所草答高郢請致仕第二表（白氏長慶集叁玖。）亦以：

援禮引年，遺榮致政。人鮮知止，卿獨能行。不唯振起古風，亦足激揚時俗。

爲言，（可參白氏長慶集壹高僕射詩。）則當日之輿論可知矣。至新豐折臂翁一篇，或即取義於杜岐公之疏者，亦不過不以人廢言之義耳。

復次，白氏長慶集肆拾季冬薦獻太清宫詞略云：

維元和二年，歲次丁亥，十二月甲寅朔二十六日己卯，嗣皇帝臣稽首大聖祖高上大道金闕玄元天皇大帝。伏以今年司天臺奏，正月三日祀上帝於南郊，佳氣充塞，四方温潤，祥風微起。司天臺奏，六月五日夜鎮星見。司天臺奏，六月十三日夜老人星見。司天臺奏，冬至日佳氣充塞，瑞雪祁寒者。謹遣攝太尉司徒平章事杜佑薦獻以聞。

樂天此篇之作，或即以曾草是文而有所感觸耶？

捕蝗

舊唐書壹貳德宗紀上（參舊唐書叁柒新唐書叁柒五行志。）略云：

興元元年，是秋螟蝗蔽野，草木無遺。貞元元年四月，關東大饑，賦調不入，由是國用益窘，關中饑民蒸蝗蟲而食之。五月癸卯，分命朝臣禱群神以祈雨。蝗自海而至，飛蔽天，每下則草木及畜毛無復孑遺，穀價騰踊。七月，關中蝗食草木都盡。甲子，詔蝗蟲繼臻，彌亘千里，菽粟翔貴，稼穡枯瘁，嗷嗷蒸人，聚泣田畝。朕自今視朝不御正殿，有司供膳，并宜減省，不急之務，一切停罷。

考貞元元年樂天年十四，時在江南，求其所以骨肉離散之故，殆由於朱泚之亂。而興元貞元之饑饉，則又家園殘廢之因。觀白氏長慶集壹叁自河南經亂，關内阻飢。弟兄離散，各在一處。因望月有感，聊書所懷。寄上浮梁大兄，於潛七兄，烏江十五兄，兼示符離及下邽弟妹。詩云：

時難年饑世業空。

可證也。又通鑒貳叁貳唐紀德宗紀貞元二年夏四月條云：

時比歲饑饉，兵民率皆瘦黑。至是麥始熟，市有醉人，當時以爲嘉瑞。人乍飽食，死者復伍之一。數月人膚色乃復故。

夫兵亂歲饑，乃貞元當時人民最怵目驚心之事。樂天於此，既餘悸尚存，故追述時，下筆猶有隱痛。其貞元十四五年間所作寄家人詩，（見歷史語言研究所集刊第拾貳本岑仲勉先生文苑英華辨證校白氏詩文附按。）實可與元和四年所作此捕蝗詩互相證發也。樂天於元和中不主張用兵，固習於貞元以來朝廷姑息藩鎮，以求苟安之措施。惟與此似亦不無心理情感之關係。未必悉因黨派之分野，而反對李吉甫吐突承璀之積極政策也。舊唐書玖陸姚崇傳（舊唐書叁柒新唐書叁陸五行志及新唐書壹貳肆姚崇傳略同。）所記捕蝗之事，多可與此篇詞語相參證。茲略録其文如下：

開元四年〔五月〕山東蝗蟲大起，崇乃遣御史分道殺蝗。汴州刺史倪若水執奏曰，蝗是天災，自宜修德。仍拒御史不肯應命。崇大怒，牒報之曰，古之良守，蝗蟲避境。若其修德可免，彼豈無德致然？今坐看食苗，何忍不救？因以饑饉，將何以安？若水乃行焚瘞之法，獲蝗一十四萬石，投汴渠，流下者不可勝紀。時朝廷喧議，皆以驅蝗爲不便，黄門監盧懷慎謂崇曰，蝗是天災，豈可制以人事，外議咸以爲非。又殺蟲太多，有傷和氣。今猶可復，請公思之。崇曰，若殺蟲救人，因緣致禍，崇請獨受，義不仰關。

寅恪案，姚崇所謂「古之良守，蝗蟲避境。」與白詩所謂「我聞古之良吏有善政，以政驅蝗蝗出境。」并可參閲後漢書伍伍卓茂傳。白詩所謂「豈將人力競天災。」者，即如倪若水「蝗是天災，自宜修德。」及盧懷慎「蝗是天災，豈可制以人事。」之説。樂天對於蝗蟲之識解，同於盧倪，此則時代囿人，賢者不免，亦未足深責也。

詩末自注云：

貞觀二年太宗吞蝗蟲事，具貞觀實録。

寅恪案，此篇結語以文皇吞蝗事爲言，疑亦爲樂天作七德舞時搚尋材料所采摭之餘義。可與論二王後海漫漫百鍊鏡諸條相參證。又此事亦見今戈本貞觀政要捌論務農篇。

昆明春

此篇小序下注云：

貞元中始漲之。

册府元龜壹肆帝王部都邑門（參舊唐書壹叁德宗紀下貞元十三年八月丁巳條。）云：

〔貞元十三年〕八月詔曰，昆明池俯近都城，古之舊制，蒲魚所産，實利於人。宜令京兆尹韓皋充使即勾當修堰漲池。

者，是也。今文苑英華三伍（全唐文陸肆肆。）有張仲素漲昆明池賦，同書同卷（全唐文玖伍柒。）亦載宋儋漲昆明池賦。徐松登科記考壹肆貞元十四年李隨榜有李翺張仲素吕温等，惟此年試題爲鑒止水賦及青出藍詩，與此無涉。考董逌廣川書跋捌李翺題名條略云：

今考文公所書，知府送皆有會集，書於慈恩石楹。蓋當時等甲進士便與科名等，故世尤貴重。觀韋貫之集有啓獻韓貞公乞免知進士舉，當時貞公欲以解頭目送文公，由是乃得以李翺爲第一，張仲素次之。蓋自十人解送而九人入等，時以爲盛，即此題名是也。

徐氏所據以考定李張爲貞元十三年京兆等第者，即李文公感知己賦與此條也。董氏所記韓貞公即皋，既與李文公之府送有此一段因緣，而皋實又爲貞元十三年以京兆尹主持漲昆明池之役者，頗疑張氏之賦即應京兆府試而作，樂天爲貞元十六年進士，與張氏作賦時相距至近，殊有得見此賦之可能，或者樂天新樂府中昆明春一篇，殆即受張賦之啓發耶？

復次，盧校本云：

題無水滿二字，貞元中始弛之，與上文連。

岑仲勉先生論白氏長慶集源流，并評東洋本白集（見歷史語言研究所集刊第玖本肆肆伍頁。）云：

按作弛之是也。東本全詩均誤。唯此句是注，與題連則非。

寅恪案，岑説「此句是注，與題連則非。」是也。惟詩中雖有：

詔以昆明近帝城。官家不得收其征。菰蒲無租魚無稅。近水之人感君惠。

諸句，即弛禁之意，但亦別有：

詔開八水注恩波，千介萬鱗同日活。

之言，可與「漲之」語意相應。若再以張宋之題作漲昆明池賦證之，則那波本汪本注作「漲之」，全唐詩注作「漲泛」者，當亦非無據也。

「詔開八水注恩波。」一句，所謂八水者，三輔黄圖陸所紀，關中八水皆出上林，（一）灞水。（二）滻水。（三）涇水。（四）渭水。（五）豐水。（六）鎬水。（七）牢水。（八）潏水。是也。

「吴興山中罷榷茗。」者，國史補下云：

風俗貴茶，茶之名益重。湖州有紫笋。

同書同卷又云：

常魯公（舊唐書壹玖陸下吐蕃傳下及册府元龜玖捌拾外臣部出使門并有建中二年常魯隨崔漢衡出使吐蕃事。李氏所指，殆即常魯。今本作常魯公，乃傳寫之誤。）使西蕃，烹茶帳中。贊普問曰，此爲何物？魯公曰，滌煩療渴，所謂茶也。贊普曰，我此亦有。遂命出之。以指曰，此壽州者，此舒州者，此顧渚者，此蘄門者，此昌明者，此㴩湖者。（寅恪案，據此可知顧渚之茶，亦遠輸吐蕃矣。）

南部新書戊云：

唐制，湖州造茶最多，謂之顧渚貢焙。焙在長城縣西北。大曆五年以後，始有進奉。故陸鴻漸與楊祭酒書云，顧渚山中紫笋茶兩片。此物但恨帝城未得嘗，實所嘆息。一片上太夫人，一片充昆弟同啜。後開成三年，以貢不如法，停刺史裴充。

新唐書肆拾地理志湖州吴興郡條云：

土貢，紫筍茶，長城〔縣〕顧山，有茶以供貢。

舊唐書壹叁德宗紀下云：

貞元九年春正月癸卯，初稅茶，歲得錢四十萬貫，從鹽鐵使張滂所奏。茶之有稅，自此始也。

同書肆玖食貨志云：

貞元九年正月，初稅茶。

新唐書伍肆食貨志云：

貞元八年，以水灾減稅。明年，諸道鹽鐵使張滂奏，出茶州縣若山及商人要路以三等定估，十稅其一，自是歲得錢四十萬緡，然水旱亦未嘗拯之也。

皆有關稅茶與吳興顧渚盛產名茶之史料也。

「鄱陽坑裏休稅銀。」者，貞觀政要陸論貪鄙篇云：

貞觀十年治書侍御史權萬紀上言，宣饒二州諸山，大有銀坑，采之極是利益，每歲可得錢數百萬貫。

舊唐書壹叁陸齊映傳（新唐書壹伍拾齊映傳同。）云：

又改洪州刺史江西觀察使。映常以頃爲相輔，無大過而罷，冀其復入用，乃掊斂貢奉，及大爲金銀器以希旨。先是銀餅高者五尺餘，李兼爲江西觀察使，乃進六尺者。至是因帝（德宗）誕日，端午，映爲餅高八尺者以獻。

新唐書肆壹地理志饒州鄱陽郡條云：

土貢麩金銀。

榷茗貢銀者，貞元之弊政。放昆明池魚蒲之税租者，德宗之仁施。映對明顯，寄慨至深。以此爲書，誠可謂善諷者矣。

又樂天於貞元十五年由宣州解送，十六年成進士。若貞元十三年京兆府試以漲昆明池爲試題，唐世選人必深注意其近年考試之題目，以供揣摩練習，與明清時代無异，則修治昆明池一事，自當爲樂天所記憶。又樂天少時曾往來吴越間，其兄復在浮梁，（可參汪立名本樂天年譜。）是以追憶京都之往事，兼念水鄉之舊游，遂就其親所聞見榷茗税銀之弊政，而痛陳之也。

城鹽州

微之新樂府雖無此題，但樂天此篇誚邊將之旨，必有取於其西涼伎縛戎人二篇之意，自不待言，惟此篇：

美聖謨而誚邊將也。

之全部主旨，及詩中「鹽州未城天子憂。」「德宗按圖自定計，非關將略與廟謀。」「翻作歌詞聞至尊。」諸句，則不獨造意悉承自杜工部諸將第貳首「獨使至尊憂社稷，諸君何以答昇平。」之結論，即其遣詞亦多用浣花原語。他如此篇「韓公創築受降城。」一句，乃諸將第貳首起句「韓公本意築三城。」之改寫，亦其證也。夫樂天於貞元之時，既未嘗歷職清要，自不得預聞朝廷之大計。其崇美君主之英明獨斷，全遠資少陵於代宗時所作之詩爲模楷，此所以未見有當於當日之情事也。（詳見下論。）至於譏誚邊將之養寇自重，則近和微之在鳳翔時親見親聞之原意，故不爲泛泛之詞也。由是觀之，讀樂天此篇者，必應取少陵諸將第貳首參互比較，始能得其真解，又可知矣。此篇小序下注云：

貞元壬申歲，特詔城之。

寅恪案，壬申歲，貞元八年也。考舊唐書壹叁德宗紀下云：

貞元九年二月辛酉，詔復築鹽州城。貞元三年，城爲吐蕃所毀。自是塞外無堡障，犬戎入寇。既城之後，邊患息焉。

同書壹肆肆杜希全傳楊朝晟傳及壹玖陸下吐蕃傳下亦均繫是役於貞元九年，獨通鑒貳叁肆唐紀德宗紀貞元九年二月辛酉條考异略云：

邠志，八年詔追張公（獻甫）議築鹽夏二城云云。白居易樂府鹽州注亦云，貞元壬申歲特詔城之。而實録在九年二月，蓋去歲詔使城之。今年因命杜彦光等而言之。君實作史，采及此注，足徵雖細不遺。通鑒之爲杰作，於此可見矣。兹略移録舊唐書杜希全傳（參新唐書壹伍陸杜希全傳。）紀載當日築城之經過於下，以備讀樂天此詩者之參證焉。

希全以鹽州地當要害，自貞元三年西蕃劫盟之後，州城陷虜，自是塞外無保障，靈武勢隔，西通鄜坊，甚爲邊患。（新傳此下有請復城鹽州五字。）朝議是之。九年，詔曰，設險守國，易象垂文，有備無患，先王令典。況修復舊制，安固疆里，偃甲息人，必在於此。鹽州地當衝要，遠介朔陲，東達銀夏，西援靈武，密邇延慶，保扞王畿。乃者城池失守，制備無據，千里庭障，烽燧不接，三隅要害，役戍其勤。若非興集師徒，繕修壁壘，設攻守之具，務耕戰之方，則封内多虞，諸華屢警，由中及外，皆靡寧居。深惟永圖，豈忘終食。顧以薄德，至化未孚。既不能復前古之治，致四夷之守，與其臨事而重擾，豈若先備而即安。是用弘久遠之謀，修五原之壘，使邊城有守，中夏克寧，不有暫勞，安能永逸。宜令渾瑊杜希全張獻甫邢君牙韓潭王栖耀范希朝，各於所部簡練將士，令三萬五千人同赴鹽州，神策將軍張昌宜權知鹽州事，應板築雜役，取六千人充。其鹽州防秋將士率三年滿更代，仍委杜彦先（光？）具名奏聞，悉與改轉。朕情非己欲，志在靖人，咨爾將相之臣，忠良之士，輸誠奉命，陳力忘憂，勉茂功勳，永安疆埸，必集兵事，實惟衆心，各相率勵，以副朕志。凡役六千人，二旬而畢。時將板築，仍詔涇原劍南山南諸軍深討吐蕃以牽制之。由是板築之時，虜不及犯塞。城畢，中外稱賀。由是靈武銀夏河西稍安，虜不敢深入。

詩云：

城在五原原上頭。

寅恪案，元和郡縣圖志肆靈武節度使鹽州五原縣條略云：

鹽州〔治〕五原縣。五原謂龍游原，乞地干原，青領原，可嵐貞原，横槽原也。

則五原爲鹽州治所及五原縣之得名，可據知也。

詩云：

蕃東節度鉢闡布。

寅恪案，新唐書貳壹陸下吐蕃傳下云：

〔元和〕五年，以祠部郎中徐復往使，并賜鉢闡布書。虜浮屠豫國事者也，亦曰鉢掣逋。

又白氏長慶集叁玖有與吐蕃宰相鉢闡布敕書，乃樂天在翰林時所草。蓋城鹽州時，鉢闡布尚未爲吐蕃宰相也。

詩云：

金鳥飛傳贊普聞。建牙傳箭集群臣。

寅恪案，舊唐書壹玖陸下云：

適有飛鳥使至，飛鳥猶中國驛騎也。

新唐書貳壹陸上吐蕃傳上云：

其舉兵以七寸金箭爲契，百里一驛。有急兵，驛人臆前加銀鶻。甚急，鶻益多。

趙璘因話録肆角部之次（參唐語林捌補遺。）云：

蕃法刻木爲印，每有急事，則使人馳馬赴贊府牙帳。日行數百里，使者上馬如飛，號爲鳥使。

知此乃吐蕃之制度也。

詩云：

君臣赭面有憂色。

寅恪案，舊唐書壹玖陸上吐蕃傳上（新唐書貳壹陸上吐蕃傳上同。）云：

〔文成〕公主悪其人赭面，〔棄宗〕弄贊令國中權且罷之。

敦煌寫本法成譯如來像法滅盡之記中有赤面國，乃藏文（Kha-dmar）之對譯，即指吐蕃而言。蓋以吐蕃有赭面之俗故也。

詩云：

長安藥肆黄蓍賤。

寅恪案，本草綱目壹壹引唐蘇恭本草云：

黄蓍今出原州者最良。

蓋秦原暗通，故黄蓍價賤也。

詩云：

韓公創築受降城。

寅恪案，張仁亶築三受降城事，世所習知，亦唐人所盛稱者。如杜子美之詩，吕和叔之銘，皆其例證也。

詩云：

德宗按圖自定計，非關將略與廟謀。

寅恪案，樂天此語，意謂城鹽州之舉，全出德宗之旨，非關將相謀略，不知有何依據。考上引舊唐書杜希全傳之紀載，則城鹽州之議，本由希全發之，而貞元八九年間，陸宣公正爲宰相，甚得君心，事關軍國大計，德宗似無不與商議之理，故此句所咏，疑與當時情勢有所未合也。

道州民

陽城事迹，見韓愈順宗實録貳永貞元年三月壬申追前諫議大夫道州刺史陽城赴京師條，及同書肆永貞元年六月癸丑贈故道州刺史陽城左常侍條，舊唐書壹玖貳隱逸傳新唐書壹玖肆卓行傳陽城傳等，此皆世所習知，兹不備録。惟節録舊傳（參新傳。）所紀陽城抗疏論免道州貢矮奴事於下，以供讀此篇者之參證焉。

道州土地産民多矮，每年常配鄉户，竟以其男號爲矮奴。城下車，禁以良爲賤。又憫其編甿歲有離异之苦，乃抗疏論而免之。自是乃停其貢。民皆賴之，無不泣荷。

詩云：

城云臣按六典書。任土貢有不貢無。道州水土所生者，只有矮民無矮奴。

寅恪案，樂天此數句，似即依據陽氏原奏之文。今此奏不載於全唐文等書，自無可考。惟道州産民多矮事，除見於前引之新舊傳外，劉賓客嘉話録（劉叔遂蘇萊曼東游記證聞曾引之，載中國文化研究彙刊第肆卷。）云：

楊國忠嘗會諸親，時知吏部銓事，且欲大噱，已設席呼選人名，引入於中庭，不問資序，短小者道州參軍，胡者湖州文學，簾中大笑。

亦可資參證也。所謂「按六典書。」「任土貢有不貢無。」者，即唐六典叁户部郎中員外郎條云：

郎中員外郎，掌領天下州縣户口之事，凡天下十道，任土所出而爲貢賦之差。

注云：

舊額，貢獻多非土物，或本處不産而外處市供，或當土所宜，緣無額遂止。開元二十五年，令中書門下對朝集使隨便條革，以爲定准。

者，是也。至關於六典曾否行用問題，則自來多所辨説。已詳拙著隋唐制度淵源略論稿職官章，兹不贅述。所可言者，六典一書，自大曆後公式文中，可以徵引，與現行法令同一效力。觀樂天詩所述陽城奏語，亦此問題例證之一也。

篇末云：

道州民，民到於今受其賜。欲説使君先下泪。仍恐兒孫忘使君，生男多以陽爲字。

寅恪案，道州民以陽城之姓名子之事，不見於順宗實録及舊傳，惟新傳書之，未知所本。考新唐書壹柒陸韓愈傳云：

貶陽山令，有愛在民，民生子多以其姓字之。

而其事亦不見於舊唐書壹陸拾韓愈傳。此殆爲宋景文取自李翺所撰之韓文公行狀（李文公集壹壹。）者。實則后漢書壹佰陸循吏傳任延傳略云：

> 徵爲九真太守，駱越之民，無嫁娶禮法，不識父子之性，夫婦之道。延乃移書屬縣，各使男年二十至五十，女年十五至四十，皆以年齒相配，其産子者，始知種姓。咸曰，使我有是子者，任君也。多名子爲任。

白詩李狀恐是用此故典以爲虛美推贊陽韓二公之詞，未必果有其事也。又如白氏長慶集陸壹元稹墓志銘云：

> 三川人慕之，其後多以公姓字名其子。

蓋亦同此例也。

抑又可論者，元氏長慶集貳有陽城驛詩，乃微之元和五年春貶江陵士曹參軍途中所作，觀白氏長慶集貳和答詩十首第貳首爲和陽城驛，其序略云：

> 〔元和〕五年春，微之從東臺（東都洛陽御史臺）來。不數日，又左轉爲江陵士曹掾。及到江陵，寄在路所爲詩十七章。

可知，頗疑樂天此作與其和微之陽城驛詩有關。蓋受此暗示，因咏貞元時事，而并及之也。此可與海漫漫杏爲梁兩篇參證，以此兩篇俱有作於元和五年或以後之可能，則道州民一篇，亦自有此種可能也。

復次，微之陽城驛詩云：

> 祠（詞？）曹諱羊祜，（寅恪案，晋書叁肆羊祜傳，荆州人爲祜諱名，屋室皆以門爲稱，改户曹爲辭曹焉。）此驛何不侔。我願避公諱，名爲避賢郵。

樂天和陽城驛詩，深贊同微之改驛名之意，其結語至云：

> 若作陽公傳，欲令後世知。不勞叙世家，不用費文詞。但使國史上，全録元稹詩。

可謂極其傾倒矣。後來此驛名竟爲之改易。杜牧樊川集肆商山富水驛詩注云：

> 驛本名與陽諫議同姓名，因此改爲富水驛。

即可爲證。然則元白詩之流行於當時及其影響之深鉅，信有徵矣。惟牧之詩之結語云：

> 驛名不合輕移改，留警朝天者惕然。

雖文人喜作翻案文字，然亦牧之素惡元白之詩所使然也。以其亦與陽城有關，因并附論及之。

馴犀

公垂此篇詩旨如何，不可考見。微之和其詩，則意主治民不擾，使之遂性，以臻無爲之治。所謂：

乃知養獸如養人，不必人人自敦獎，不擾則得之於理，不奪有以多於賞。脱衣推食衣食之，不若男耕女令紡。堯民不自知有堯，但見安閑聊擊壤。前觀馴象後觀犀，理國其如指諸掌。

是也。微之是篇，議論稍繁，旨意亦略嫌平常，似不如樂天此篇末數語，俯仰今昔，而特以爲善難終爲感慨之深摯也。陸放翁劍南詩稿壹新夏感事詩云：

聖主不忘初政美，小儒唯有涕縱横。

蓋與樂天此篇有同感而深得其旨矣。考舊唐書壹叁德宗紀下略云：

史臣曰，德宗皇帝初總萬機，勵精治道，思政若渴，視民如傷。凝旒延納於讜言，側席思求於多士。其始也，去無名之費，罷不急之官。出永巷之嬪嬙，放文單之馴象。減太官之膳，戒服玩之奢。解鷹犬而放伶倫，止榷酤而絶貢奉。百神咸秩，五典克從。御正殿而策賢良，輟廷臣而治畿甸。此皆前王之能事，有國之大猷，率是而行，夫何敢議。一旦德音掃地，愁嘆連甍，果致五盜僭擬於天王，二朱憑陵於宗社。奉天之窘，可爲涕零。罪己之言，補之何益。所賴忠臣戮力，否運再昌。雖知非竟逐於楊炎，而受佞不忘於盧杞。用延賞之私怨，奪李晟之兵符。取延齡之奸謀，罷陸贄之相位。知人則哲，其若是乎？貞元之辰，吾道窮矣。

據此，白詩措辭微婉，與史臣書事直質者殊异，此或亦昔人所謂詩與春秋經旨不同之所在歟？關於德宗放馴象事，杜陽雜編上云：

宏詞獨孤綬，所司試放馴象賦，及進其本，上（德宗）自覽考之，稱嘆得人。因吟其句曰，化之式孚，則必受乎來獻。物或違性，斯用感於至仁。上以綬爲知去就，故特書第三等。先是代宗朝文單國累進馴象三十有二。上即位，悉令放之於荆山之南。而綬不斥受獻，不傷放棄，故賞其知去就焉。

又舊唐書壹貳德宗紀上略云：

〔大曆十四年五月〕癸亥即位於太極殿。閏〔五〕月丁亥，詔文單國所獻舞象三十二，令放荆山之陽。

寅恪案，德宗即位於大曆十四年五月，放馴象即在是年閏五月，但大曆爲代宗年號，故樂天以德宗初次改元之建中爲言，其實非建中元年也。（參劉文典先生群書斠補。）又舊紀所謂「放於荆山之陽」者，據通鑑貳貳伍唐紀德宗紀大曆十四年閏五月命縱馴象於荆山之陽條胡注云：

此禹貢所謂導汧及岐至於荆山者，唐屬京兆府富平縣界。

然則詩云「馴象生還放林邑。」及注云「放歸南方。」皆有所誤會也。

關於馴犀凍死事，舊唐書壹叁德宗紀下略云：

〔貞元九年〕十月癸酉，環王國獻犀牛，上令見於太廟。十二年十二月己未，大雪平地二尺，竹栢多死。環王國所獻犀牛，甚珍愛之，是冬亦死。

寅恪案，貞元九年歲次癸酉，十二年歲次丙子，元氏長慶集貳肆馴犀篇引李傳云：

貞元丙子歲南海來貢。至十三年冬苦寒，死於苑中。

而樂天此篇注中「貞元丙戌。」固應如汪立名之言改爲丙子，但「貞元十三年」亦應依舊唐書德宗紀改爲「貞元十二年」，則汪氏所未及知者也。

詩云：

馴犀馴犀通天犀，軀貌駭人角駭雞。

者，抱樸子壹柒内篇登涉云：

通天犀角有一赤理如綖，有自本徹末。以角盛米，置群雞中，雞欲啄之，未至數寸，即驚退却，故南人或名通天犀爲駭雞犀。

是也。

詩云：

上嘉人獸俱來遠。鑾館四方犀入苑。

寅恪案，詩所謂「蠻館四方」者，即唐六典壹捌典客署典客署令條注云：

〔隋〕於建國門外置四方館，以待四方使客，各掌其方國及互市事。皇朝以四方館隸中書。

及唐兩京城坊考壹承天門街之西宮城之南第二横街之北條云：

從東第一中書外省，次西，四方館。（隋曰謁者臺，即諸方通表通事舍人受事之司。）者是也。

復次，此篇詩句，如「鉢以瑶笏鑠以金。故鄉迢遞君門深。海鳥不知鐘鼓樂，池魚空結江湖心。」亦樂天自比之詞。又「一入上林三四年。」一句，則馴犀於貞元九年十月入獻，十二年十二月凍死，實在苑中四年有餘，而樂天於元和二年十一月入翰林，至作此篇時在元和四年，亦與馴犀在苑中之歲月約略相近。故此句比擬尤切，詞意相關，物我俱化。樂天之詩才，實出微之之上。李公垂之嘆服其歌行，固非無因也。

五弦彈

此題公垂倡之，微之和之，樂天則秦中吟有五弦（才調集壹作五弦琴。）一篇，新樂府有五弦彈一篇。其新樂府中一篇既以五弦彈爲題，自是酬李元之作，但秦中吟中五弦一篇之辭旨與新樂府此篇頗有關連，因亦參合於此論之。

李公垂此題所咏今不可見，未知若何。元白二公則立意不同。微之此篇以求賢爲說，樂天之作則以惡鄭之奪雅爲旨，此其大較也。微之持義固正，但稍嫌迂遠。樂天就音樂而論音樂，極爲切題。故鄙見以爲白氏之作，較之元氏此篇，更爲優勝也。

微之此篇及白氏之作，俱有趙璧技藝之摹寫。蓋趙璧之五弦在當時最負盛名。國史補下云：

趙璧彈五弦，人問其術。答曰，吾之於五弦也，始則心驅之，中則神遇之，終則天隨之。吾方浩然，眼如耳，目如鼻，不知五弦之爲璧，璧之爲五弦也。

樂府雜録五弦條云：

貞元中有趙璧者，妙於此伎也。白傳諷諫有五弦彈。近有馮季皋。

皆可與元白諸作參證也。

又元白二公此題諸篇之詞句，并可與其後來所作之琵琶歌琵琶引參證。如微之詩中：

風入春松正凌亂，鶯含曉舌憐嬌妙。嗚嗚暗溜咽冰泉，殺殺霜刀澀寒鞘。

樂天秦中吟五弦中：

大聲麄若散，颯颯風和雨。小聲細欲絶，切切鬼神語。

及新樂府五弦彈中：

第五弦聲最掩抑。隴水凍咽流不得。五弦并奏君試聽。淒淒切切復錚錚。鐵擊珊瑚一兩曲，冰寫玉盤千萬聲。鐵聲殺，冰聲寒。殺聲入耳膚血慘，寒氣中人肌骨酸。曲終聲盡欲半日，四座相對愁無言。座中有一遠方士，唧唧咨咨聲不已。

等句是也。

元詩「衆樂雖同第一部。」句，樂天琵琶引云：

十三學得琵琶成，名屬教坊第一部。

國史補下略云：

李衮善歌。初於江外，而名動京師。崔昭入朝，密載而至，乃邀賓客，請第一部樂及京邑之名倡，以爲盛會。令衮弊衣以出，合坐嗤笑。及囀喉一發，樂人皆大驚曰，此必李八郎也。遂羅拜階下。

太平廣記貳佰肆樂類貳又李暮條引逸史云：

〔李暮〕開元中吹笛爲第一部，近代無比。有故自教坊請假至越州，公私更醼，以觀其妙。

皆可與元氏此句參證也。

蠻子朝

此題李公垂原作，而元白二公和之。元白之詩俱於韋臯有微辭，李氏之作諒亦相同。其實韋南康之復通南詔，乃貞元初唐室君主及將相大臣圍攻吐蕃秘策之一部。此秘策雖不幸以韓滉早死，劉玄佐中變，而未能全部施行。然韋南康在劍南，以南詔復通之故，得使吐蕃有所牽制，不敢全力以犯西北。且於貞元十七年大破其衆於雅州，則爲效已可睹矣。此事始末詳拙著唐代政治史述論稿下篇論吐蕃條及下文論西涼伎條，於此可不複述。兹所欲言者，據國史補中略云：

韋太尉在西川極其聚斂，坐有餘力，以故軍府寖盛，而黎甿重困。及晚年爲月進，終致劉闢之亂，天下譏之。

知當時士論多以劉闢之亂歸咎南康，是固然矣。惟同書同卷又云：

郭汾陽再收長安，任中書令二十四考。勳業福履，人臣第一。韋太尉臯鎮西川亦二十年，降吐蕃九節度，擒論莽熱以獻，大招附西南夷。任太尉，封南康王，亦其次也。

則南康招附西南夷之勳業，亦爲時議所推許也。而元白二公乃借蠻子朝事以詆之，自爲未允。蓋其時二公未登朝列，自無從預聞國家之大計，故不免言之有誤耳。

元詩云：

清平官繫金呿嵯。

白詩云：

清平官持赤藤杖，大軍將繫金呿嵯。

寅恪案，樊綽蠻書爲現存研究南詔史實之最要資料。今新唐書貳貳貳上中南蠻傳南詔傳，即根據蠻書。故亦可取與元白此諸句相參校。二公句中所謂清平官者，即新傳云：

官曰坦綽，曰布燮，曰久贊，謂之清平官。所以決國事輕重，猶唐宰相也。

是。又白氏長慶集肆拾有與南詔清平官書，亦可與此參證也。

白詩中所謂大軍將者，新傳云：

曰酋望，曰正酋望，曰員外酋望，曰大軍將。曰員外，猶試官也。幕爽主兵，琮爽主戶籍，慈爽主禮，罰爽主刑，勸爽主官人，厥爽主工作，萬爽主財用，引爽主客，禾爽主商賈，皆清平官酋望大軍將兼之。

今白詩諸本，除嚴氏本嘉承本等善本外，多作「大將軍」者，皆誤也。他書如今本册府元龜玖陸貳外臣部官號門南詔：

酋望有大將軍之號。

等語，是亦訛誤之一例。至阮元撰雲南通志所載南詔向化碑，則或作大將軍，或作大軍將。蓋有誤有不誤者矣。

元詩之「金呿嵯」，白詩之「金呿嗟」，新傳云：

佉苴，韋帶也。

又云：

自曹長以降，繫金佉苴。

「呿嵯」，「呿嗟」皆佉苴之异譯，自不待論也。

至白詩中之「赤藤杖」，則韓昌黎集肆和虞部盧四汀酬翰林錢七徽赤籐杖歌（元和四年分司東都作。）云：

赤籐爲杖世未窺，臺郎始攜自滇池。

全唐詩壹肆張籍和李僕射秋日病中作云：

獨倚紅籐仗，時時堦上行。

同書壹玖裴夷直南詔朱籐杖詩云：

六節南籐色似朱。拄行堦砌勝人扶。

皆足徵赤籐杖出自南詔，而爲當時朝士所最珍賞之物也。白氏長慶集捌朱籐杖紫驄吟云：

拄上山之上，騎下山之下。江州去日朱籐杖，忠州歸時紫驄馬。天生二物濟我窮，我生合是栖栖者。

同集壹伍紅籐杖云：

交親過滻別，車馬到江迴。唯有紅籐杖，相隨萬里來。

同集壹陸紅籐杖（自注云：杖出南蠻。）云：

南詔紅籐杖，西江白首人。時時携步月，處處把尋春。勁健孤莖直，疏圓六節匀。火山生處遠，瀘水洗來新。麄細纔盈手，高低僅過身。天邊望鄉客，何日拄歸秦。

同集貳貳三謡序云：

予廬山草堂，有朱籐杖一，蟠木機一，素屏風二，時多杖籐而行，隱機而坐，掩屏而卧。宴息之暇，筆硯在前，偶爲三謡。

朱籐謡略云：

朱籐朱籐。温如紅玉，直如朱繩。自我得爾以爲杖，大有裨於股肱。前年左遷，東南萬里。惟此朱籐，實隨我來。

然則赤籐杖與樂天關係密切如此，亦可稱佳話矣。

元詩云：

求天叩地持雙珙。

白詩云：

摩挲俗羽雙隈伽。

寅恪案，此二句俱不易解。白曰「雙隈伽」。元曰「雙珙」。豈「隈伽」者，「珙」之音義耶？姑識於此，以俟更考。

白詩云：

异牟尋男尋閣勸。特敕召對延英殿。上心貴在懷遠蠻。引臨玉座近天顔。冕旒不垂親勞徠。賜衣賜食移時對。

寅恪案，王建宫詞第貳首云：

殿前傳點各依班。召對西來六詔蠻。

其第捌首云：

直到銀臺排仗合，聖人三殿對西番。（此首所咏非即指六詔蠻，但以其言天子御殿召對蠻夷事，故附録之。）

可與白詩參證也。

驃國樂

舊唐書壹叁德宗紀下云：

〔貞元十八年正月〕乙丑，驃國王遣使悉利移來朝貢，并獻其國樂十二曲與樂工三十五人。

而微之此篇題下李傳云：

貞元辛巳歲始來獻。（樂天此篇小序下之注作十七年。貞元辛巳歲，即貞元十七年也。）

蓋實以貞元十七年來獻，而十八年正月陳奏之於闕庭也。

樂天此篇以「欲王化之先邇後遠也」爲旨，微之詩中有：

教化從來有源委，必將泳海先泳河。

之句，是二公此篇持旨相同之證。想李公垂原作，當亦類似。殆即樂天和答詩序（白氏長慶集貳。）所謂：

同者謂之和。

也。

樂天詩云：

雍羌之子舒難陀，來獻南音奉正朔。

又云：

曲終王子啓聖人。臣父願爲唐外臣。

白氏長慶集肆拾與驃國王雍羌書略云：

又令愛子遠副闕庭。今授卿太常卿，并卿男舒難陀那及元佐摩訶思那二人亦各授官。

説郛陸柒驃國樂頌（當是開州刺史唐次所撰。見新唐書貳貳下南蠻傳驃傳。）略云：

驃國王子獻其樂器。初，驃國之王舉國送之，且訓其子曰，聖唐恩澤，宏被八埏。

又頌辭云：

至若驃國，來循萬里。進貢其音，敢愛其子。

唐會要壹佰驃國條略云：

貞元十八年春正月，南詔使來朝。驃國王始遣其弟悉利移來朝。今聞南詔异牟尋歸附，心慕之，乃因南詔重譯，遣子朝貢。其王姓困没長，名摩羅惹。

通鑑貳叁陸唐紀德宗紀略一五：

貞元十八年春正月驃國王摩羅思那遣其子悉利移入貢，仍獻其樂。

舊唐書壹玖柒南蠻傳驃國傳略云：

貞元中其王聞南詔異牟尋歸附，心慕之。〔十〕八年，乃遣其弟悉利移因南詔重譯來朝。又獻其國樂，凡十曲，（據新唐書貳貳貳下南蠻傳驃傳所標舉者應有十二曲。）與樂工三十五人俱。尋以悉利移爲試太僕卿。

册府元龜玖柒貳外臣部朝貢門云：

貞元十八年正月，驃國王始遣其弟悉利移來朝，獻其國樂凡十曲，（同書伍柒拾掌禮部夷樂門作十二曲。）與樂工三十五人來朝。

新唐書貳貳貳下驃傳略云：

雍羌亦遣弟悉利移城主舒難陀獻其國樂。五譯而至。德宗授舒難陀太僕卿遣還。

寅恪案，驃國王所遣之使，諸書所記互相乖異。樂天之詩及其所草與驃國王雍羌書俱以「驃國王雍羌之子舒難陀」爲言。通鑑以獻樂者爲驃國王之子悉利夷。今傳世之説郛本驃國樂頌，則唯言驃國王遣其子獻樂而不著其名。通鑑以獻樂者爲驃國王之子悉利夷。舊傳册府元龜并以悉利夷爲雍羌之弟。新傳則作「雍羌亦遣弟悉利移城主舒難陀。」又可注意者，唐會要於同條中述同一事，而前言「驃國王始遣其弟悉利移來朝。」後言「遣子入貢。」唐頌白書俱當時之檔，其他諸書亦皆可信之史籍，而牴牾若此，殊不可解。姑記之以俟更考。

復次，新唐書貳貳貳下南蠻傳驃傳略云：

貞元中王雍羌聞南詔歸唐，有内附心。〔南詔王〕异牟尋遣使楊加明詣劍南西川節度使韋皋，請獻夷中歌曲，且令驃國進樂人，於是皋作南詔奉聖樂。雍羌亦遣弟悉利移城主舒難陀獻其國樂。至成都，韋皋復譜次其聲，以其舞容樂器异常，乃圖畫以獻。

國史補下略云：

于司空頔因韋太尉〔皋〕奉聖樂，亦撰順聖樂以進。頔又令女妓爲六佾舞，聲態壯妙，號孫武順聖樂。

寅恪案，德宗經朱泚亂後，只求苟安，專以粉飾太平爲務，藩鎮大臣亦迎合意旨。故雖南康之勳業隆重，仍不能不隨附時俗，宜乎致當時之譏刺也。特元白二公俱於此篇末明言之耳。

縛戎人

此篇題目元白集諸本均作縛戎人。獨白氏新樂府嘉承本作傳戎人。證以微之此篇題下注中「例皆傳置南方」之語，知極可通，不必定爲訛字。至樂天「將軍遂縛作蕃生。」句中之縛字，雖斷不可改易，然未必即是與題意相應者也。

微之幼居西北邊鎮之鳳翔，對於當時邊將之擁兵不戰，虛奏邀功，必有所親聞親見，故此篇言之頗極憤慨。樂天於貞元時既未嘗在西北邊陲，自無親所聞見，此所以不能超越微之之範圍而别有增創也。至微之詩末「緣邊飽喂十萬衆，何不齊驅一時發。年年但捉兩三人，精衛銜蘆塞溟渤。」諸句，白氏此篇不爲置和者，蓋以此旨抒寫於西凉伎篇中，而有「緣邊空屯十萬卒。飽食温衣閑過日。遺民腸斷在凉州。將卒相看無意收。」一節。斯又樂天新樂府不複不雜之一貫體例也。

今邏些長慶會盟碑云：

若有所疑，或要捉生問事，便給衣糧放還。

寅恪案，元詩此篇「年年但捉兩三人。」之「捉」，白詩「將軍遂縛作蕃生。」之「生」，及城鹽州篇「晝牧牛羊夜捉生。」之「捉生」，乃此會盟碑，即當日國際條約中「捉生」二字之注脚也。（參西陽雜俎前集肆喜兆類成式見大理丞鄭復説淮西用兵時條。）唐世有守捉使，（參舊唐書叁捌地理志。）有捉生將，（參舊唐書壹叁叁李晟傳附子愬傳。）即取義於此。

又舊唐書壹玖陸下吐蕃傳下云：

〔永貞元年〕十一月，以衛尉少卿兼御史中丞侯幼平充入蕃告册立等使。元和元年正月，福建道送到吐蕃生口十七人，詔給遞乘放還蕃。

其「生口」一詞，亦可與碑文及元白之詩相印證，而專喜改易舊文之宋子京於新唐書貳壹陸下吐蕃傳下易作：

憲宗初，遣使者修好，且還其俘。

則文雖古雅，然「俘」字殊非當日習用之語也。

昌黎先生集拾武關西逢配流吐蕃七绝云：

嗟爾戎人莫慘然。湖南地近保生全。我今罪重無歸望，直去長安路八千。

寅恪案，此可與元詩題下「例皆傳置南方」語參證。考舊唐書壹伍憲宗紀下云：

〔元和十四年正月〕癸巳貶〔韓〕愈爲潮州刺史。

蓋退之貶潮州在元和十四年，尚在長慶會盟之前，故捉縛蕃生并不「給衣糧放還」也。至元和元年正月所以放還吐蕃生口者，以遣使修好，遂有特恩耳。

又舊唐書壹柒上敬宗紀云：

〔寶曆元年五月〕丁卯，湖南觀察使沈傳師奏，當道先配吐蕃羅没等一十七人，准赦放還本國。今各得狀，不願還。從之。

寅恪案，此次放還吐蕃生口，雖亦由敬宗即位恩赦。然子言此奏，不獨可與微之詩題「例皆傳置南方。」之語，及退之「湖南地近保生全。」之句參證，并可知長慶會盟之後，「蕃生」自宜放還本國，此又足爲長慶會盟碑文添一注脚矣。

復次，宣宗大中末年裘（唐實録及舊唐書壹陸肆王播傳附式傳作「仇」。）甫亂浙東，觀察使王式討平之。新唐書壹陸柒王播傳，通鑑自貳肆玖宣宗大中十三年十二月至貳伍拾懿宗咸通元年八月，（其實仍是大中十四年八月，不過通鑑例用後元耳。）皆紀此事。其中有涉及配流土蕃者，而通鑑所載尤詳，當采自平剡録也。茲節引其文於下：

官軍少騎卒。式曰，吐蕃回鶻比配江淮者，其人習險阻，便鞍馬，可用也，舉籍府中，得驍健者百餘人。虜久羈旅，所部遇之無狀，困餒甚。式既犒飲，又賙其父母妻子，皆泣拜讙呼，願效死。悉以爲騎卒，使騎將石宗本將之。凡在管内者，皆視此籍之。又奏得龍陂監馬二百匹，於是騎兵足矣。

寅恪案，白詩云：

天子矜憐不忍殺。詔徙東南吳與越。

浙東即是越地，蓋唐代本有配流吐蕃於吳越之事。長慶會盟之後，拘於放還「捉生」之條約，自不宜再傳置俘虜於南方。或者大中三年唐室收復河湟以後，又不必復守舊約。王式所謂「比配」殆指大中三年以後，十三年以前，所配流者耶？（參閱通鑑貳貳陸德宗建中元年正月改作兩稅法條「比來」二字胡注。）然則白詩之用「越」字，乃是紀實，而非趁韵也。

又白詩云：

自云鄉管本凉原，大曆年中没落蕃。

寅恪案，吐蕃之陷凉原，實在大曆以前。（參新唐書肆拾地理志隴右道總序及叁柒地理志關内道原州條，元和郡縣圖志肆拾隴右道凉州條等。）樂天以代宗一朝大曆紀元最長，遂牽混言之。賦詩自不必過泥，論史則微嫌未諦也。

又微之此詩自注略云：

延州鎮李如暹，蓬子將軍之子也。嘗没西蕃。與蕃妻密定歸計。

寅恪案，微之此注疑采自公垂原文。其所謂「延州鎮」之「延」字可能不誤。若是誤字，則當爲「廷」字即「庭」字之訛，必不指關内道之延州而言也。

新唐書肆拾地理志北庭大都護府注云：

自庭州西延城西六十里有沙鉢城守捉。

微之詩云：

少年隨父戍安西，河渭瓜沙眼看没。

則李如暹之父絶非戍守關内道延州之鎮將，而是屬於安西北庭都護府之邊軍，可以推知矣。

至樂天此詩自注大抵同於元詩注文，而删去「與蕃妻」三字。蓋樂天詩略云：

誓心密定歸鄉計，不使蕃中妻子知。凉原鄉井不得見，胡地妻兒虚棄捐。早知如此悔歸來，兩地寧如一處苦。

自非删去此三字不能與詞意相合也。惟李傳既云「傳置」。白詩亦云「領出長安乘遞行。」明是乘車。但白詩下又云「扶病徒行日一驛。」則忽改作徒步，不免衝突。樂天殆偶未注意及之耶？又白詩云「忽逢江水憶交河。」則非僅承元詩「少年隨父戍安西。」之語而來。更取「交河」與「江水」爲對文，相映成趣耳。其實漢書玖陸下西域傳下云：

車師前國。王治交河城。河水分流繞城下，故號交河。

而唐之安西大都護府初治西州即交河郡，後徒龜兹。（參新唐書肆拾地理志。）樂天賦詩時恐亦未必深究交河之爲城名抑或水名也。

驪宮高

此篇爲微之新樂府中所無。李公垂原作雖不可見，疑亦無此題。蓋「驪宮高」三字原出長恨歌「驪宮高處入青雲。」之句，故此篇似爲樂天所自創也。

樂天此篇意旨明白，自不待多所論證。惟尚有可言者，即唐代自安史亂後，天子之游幸離宮頗成一重公案是也。

白氏長慶集壹貳江南遇天寶樂叟詩云：

我自秦來君莫問，驪山渭水如荒村。新豐樹老籠明月，長生殿暗鎖春雲。紅葉紛紛蓋欹瓦，綠苔重重封壞垣。惟有中官作宫使，每年寒食一開門。

寅恪案，當日驪宫之荒廢一至於此，若非大事修葺，殊不足供天子之游幸，而此宫本爲玄宗際唐室盛世，竭全國財力之所增營。斷非安史亂後，帝國凋弊之餘，所能重建。此天子游幸所以最是害民費財之舉，而清流輿論所以一致深以爲非者也。

元氏長慶集貳肆連昌宫詞結語云：

老翁此意深望幸，努力廟謨休用兵。

寅恪案，微之此詩當是元和十三年暮春在通州司馬任内所作，（詳連昌宫詞章。）其時連昌宫之荒廢情狀，據微之之詩云：

去年敕使因斫竹。偶值門開暫相逐。

又云：

自從此後還閉門，夜夜狐狸上門屋。

是頗與驪宫相類似，而此諸語又足與白氏江南遇天寶樂叟詩「惟有中官作宫使，每年寒食一開門。」之句相證發也。夫微之不持諷諫之旨，以匡主救民。反以望幸爲言，而希恩邀寵。誠可謂冒天下之不韙，宜當世之輿論共以諂佞小人目之矣。

元氏長慶集叁肆兩省供奉官諫幸温湯狀略云：

今月二十一日車駕欲幸温湯。臣等以駕幸温湯，始自玄宗皇帝，乘開元致理之後，當天寶盈羨之秋，而猶物議喧囂，財力耗顇。數年之外，天下蕭然。況陛下新御寶圖，將行大典，郊天之儀方設，謁陵之禮未遑，遽有温泉之行，恐失人神之望。伏乞特罷宸游，曲回天眷。

原注云：

元和十五年十二月二十日兩省三十人同狀。

寅恪案，微之此狀以玄宗游幸温湯遂致「財力耗顇」「天下蕭然」爲言，是與樂天此篇：

吾君愛人人不識。不傷財兮不傷力。

等句之旨適相符同也。至其所以賦望幸連昌之詩於憲宗御宇之時，而草諫幸華清之狀於穆宗踐阼之始者，殆即以由詩篇受中人之助，已爲清議所不容，遂欲藉狀詞以掩飾其前非，而求諒於輿論歟？

元氏長慶集叁陸進馬狀略云：

同州防御烏馬一匹，八歲，堪打毬及獵。右臣竊聞道路相傳，車駕欲暫游幸温湯，未知虛實者。其馬謹隨狀進。

寅恪案，微之於元和十五年十二月任祠曹時，曾草狀諫穆宗駕幸温湯，而於長慶二年刺同州時又進馬助翠華巡游昭應。其時間相距，不出二年，而一矛一盾，自翻自覆，尤爲可笑也。然則其前狀匡君進諫之詞，本爲救己蓋愆之計，觀此可知矣。

杜牧樊川文集壹貳與人論諫書（參唐語林陸。）略云：

近者寶曆中敬宗皇帝欲幸驪山，時諫者至多，上意不決。拾遺張權輿伏紫宸殿下叩頭諫曰，先皇帝幸驪山，而享年不長。帝曰，驪山若此之凶邪。宜一往以驗彼言。後數日自驪山迴，語親倖曰，叩頭者之言，安足信哉。

寅恪案，牧之所紀敬宗游幸温湯之事，頗與本文所論有關，故附録於此，以供讀詩論世者之參考。

樂天詩中所謂：

吾君在位已五載。

者，蓋憲宗於永貞元年八月乙巳即位（見舊唐書壹肆憲宗紀上，新唐書柒憲宗紀，通鑒貳叁陸唐紀憲宗紀。）至元和四年，已五載矣。觀於後來穆宗於元和十五年閏正月即位，其年十二月即欲游幸温湯，則樂天此篇所見，殊爲深遠，似已預知後來之事者。頗疑樂天在翰林之日，親倖小人已有以游幸驪山從臾元和天子者。故此篇之作，實寓有以期克終之意。是則樂天誠得詩人諷諫之旨，而與微之之進不以正者，其人格之高下，相去懸绝矣。

百錬鏡

揚州貢端午鑄鏡事，舊籍所載頗多，兹擇録其有關者如下：

舊唐書壹貳德宗紀上云：

〔大曆十四年六月〕己未，揚州每年貢端午日江心所鑄鏡，幽州貢麝香，皆罷之。

國史補下（參酉陽雜俎前集叁貝編僧一行窮數有异術條，容齋五筆端午帖子詞條，及异聞録唐天寶三載五月初五日進水鏡一面條。）云：

揚州舊貢江心鏡，五月五日揚子江中所鑄也。或言無有百錬者，或至六七十錬，則已易破難成，往往有自鳴者。

此篇「我有一言聞太宗。」以下至篇末一節，據貞觀政要第叁論任賢篇魏徵條（舊唐書柒壹新唐書玖柒魏徵傳同。）云：

太宗後嘗謂侍臣曰，夫以銅爲鏡，可以正衣冠。以古爲鏡，可以知興替。以人爲鏡，可以明得失。朕常保此三鏡，以防己過。今魏徵殂逝，遂亡一鏡矣。因泣下久之。

寅恪案，此篇疑亦是樂天繙檢貞觀政要及太宗實録以作七德舞時，采摭其餘義而成者也。

青石

樂天秦中吟有立碑一首，可與此篇相參證。立碑云：

勳德既下衰，文章亦陵夷。但見山中石，立作路旁碑。銘勳悉太公，叙德皆仲尼。復以多爲貴，千言直萬貲。爲文彼何人，想見下筆時。但欲愚者悦，不思賢者嗤。

此篇云：

工人磨琢欲何用，石不能言我代言。不願作人家墓前神道碣。墳土未乾名已滅。不願作官家道旁德政碑。不鐫實録鐫虚詞。

蓋皆譏刺時人之濫立石碣，與文士之虚爲諛詞者也。但立碑全以譏刺此種弊俗爲言，而青石更取激發忠烈爲主旨，則又是此二篇不同之點。立碑一篇以麴信陵爲例者，麴信陵雖名位不顯，而有美政，雖無人爲之立碑，而遺愛在民，（可參閲容齋五筆柒書麴信陵事條。）蓋所以愈見立碑欺世之無益復可笑也。青石一篇以段顔爲例者，唐世忠烈之臣無過二公，舊唐書壹貳捌新唐書壹伍叁俱以二公合傳，而舊唐書段秀實傳云：

自貞元後，累朝凡赦書節文，褒奬忠烈，必以秀實稱首。

真卿復與秀實齊名，此篇標舉忠烈，以勸事君，舍此二公，自莫屬也。又秀實死於朱泚之亂，真卿死於李希烈之叛，則此篇結語：

長使不忠不烈臣。觀碑改節慕爲人。慕爲人。勸事君。

所謂不忠不烈之臣，乃指驕蹇之藩鎮，當無可疑。而元和四年三月盧從史之父盧虔病歿，（見羅振玉丙寅稿盧虔神道碑銘跋。）憲宗祭盧虔文即樂天在翰林所草。（見白氏長慶集叁玖。）盧虔之碑文則歸登奉敕所撰。（亦見丙寅稿之跋。）從史爲昭義節度使，於元和二年時已有不臣之迹，（參李相國論事集貳論鄭絪事條及通鑑貳叁柒唐紀憲宗紀元和二年十一月昭義節度使盧從史内與王士真劉濟潛通條。）於元和四年五月請發本軍討成德王承宗時，翰林學士又有奏疏論其姦謀，（參李相國論事集叁論盧從史請用兵事條及通鑑貳叁柒唐紀憲宗紀元和四年四月昭義節度使盧從史遭父喪久未起復條。）頗疑樂天此篇或即因盧虔立碑之事而作也。（盧虔之碑立於元和五年三月，見丙寅稿之跋，但歸登奉敕撰文或在元和四年。）

復次，新唐書壹柒陸韓愈傳附劉乂傳云：

後以争語不能下賓客，因持愈金數斤去。曰，此諛墓中人得耳，不若與劉君爲壽。

寅恪案，碑志之文自古至今多是虚美之詞，不獨樂天當時爲然。（可參白氏長慶集伍玖修香山寺記。）韓昌黎志在春秋，欲「作唐一經，誅奸倿於既死，發潛德之幽光。」而其撰韓宏碑（見昌黎集叁貳。）則殊非實録。（參舊唐書壹陸壹新唐書壹柒壹李光顔傳。）此篇標舉段顔之忠業，以勸人臣之事君。若昌黎之曲爲養寇自重之藩鎮諱者，視之寧無愧乎？前言昌黎欲作唐春秋，而不能就。樂天則作新樂府，以擬三百篇，有志竟成。於此雖不欲論二公之是非高下，然讀此篇者，取劉义之言以相參證，亦足見當時社會風氣之一斑。而知樂天志在移風匡俗，此詩自非偶然無的之作也。

兩朱閣

樂天此篇所言德宗女兩公主薨後，其第改爲佛寺事。其兩公主未知確指，惟據新唐書捌叁公主傳憲宗女梁國惠康公主傳云：

> 始封普寧。帝特愛之，下嫁於季友。元和中徙永昌，薨。詔追封及謚。將葬，度支奏義陽義章公主葬，用錢四千萬，詔減千萬。

舊唐書壹肆捌李吉甫傳（參新唐書壹肆陸李吉甫傳。）云：

> 〔元和〕七年京兆尹元義方奏，永昌公主准禮令起祠堂，請其制度。初，貞元中義陽義章二公主咸於墓所造祠一百二十間，費錢數萬。（？）

則知德宗女義陽義章二公主之薨，恩禮獨優，其後遂引以爲例。此篇所言主第改佛寺事，固與舊唐書李吉甫傳及新唐書公主傳所紀於墓所起祠堂者不同。然揆以德宗諸女中，惟此二主齊名并稱，則「貞元雙帝子」殆即指此二主而言耶？未敢確言，姑記所疑，以俟詳考。（見校補記第十三則）

西涼伎

李公垂原作今不可見，未知若何。元白二公之作，則皆本其親所聞見者以抒發感憤，固是有爲而作，不同於虛泛塡砌之酬和也。此題在二公新樂府中所以俱爲上品者，實職是之故。今請先釋證此題之共同歷史背景，然後再分述二公各別之感憤焉。

關於此題之歷史背景，寅恪於拙著唐代政治史述論稿下章論中國與吐蕃之關係一節已詳言之，可取以參證。兹略述最有關之史料如下。

舊唐書壹貳玖韓滉傳（新唐書壹貳陸韓休傳附滉傳同。）略云：

滉上言吐蕃盗有河湟，爲日已久。近歲已來，兵衆寖弱，計其分鎮之外，戰兵在河隴五六萬而已。國家第令三數良將驅十萬衆於涼鄯洮渭，并修堅城，各置二萬人，足當守御之要。臣十請以當道所貯蓄財賦，爲饋運之資，以充三年之費。然後營田積粟，且耕且戰。收復河隴二十餘州，可翹足而待也。上甚納其言。滉之入朝也，路由汴州，厚結劉玄佐，將薦其可任邊事。玄佐納其賂，因許之。及來覲，上訪問焉，初頗稟命。及滉以疾歸第，玄佐意怠，遂辭邊任。盛陳犬戎未衰，不可輕進。滉貞元三年二月以疾薨，遂寢其事。

同書同卷張延賞傳（新唐書壹貳柒張嘉貞傳附延賞傳同，并參舊唐書壹貳德宗紀上貞元三年閏十月庚申詔省州縣官員條。）略云：

延賞奏議請省官員曰，請減官員，收其禄俸，資幕職戰士，俾劉玄佐復河湟，軍用不乏矣。上（德宗）然之。初韓滉入朝，至汴州，厚結劉玄佐，將薦其可委邊任。玄佐亦欲自效，初稟命，及滉卒，玄佐以疾辭。上遣中官勞問，卧以受命。延賞知不可用，奏用李抱真。抱真亦辭不行。時抱真判官陳曇奏事京師，延賞俾曇勸抱真，竟拒絶之。

同書壹伍貳劉昌傳（參舊唐書壹叁德宗紀下貞元四年正月庚午以宣武軍行營節度使劉昌爲涇州刺史四鎮北庭行軍涇原等州節度使條及新唐書壹柒拾劉昌傳等。）略云：

貞元三年〔劉〕玄佐朝京師。上因以宣武士衆八千，委昌北出五原。軍中有前却沮事，昌繼斬三百人，遂行。尋以本官授京西北行營節度使。歲餘，授涇州刺史充四鎮北庭行營兼涇原節度支度營田等使，昌在西邊僅十五年，（舊唐書壹叁德宗紀下，貞元十九年五月甲子，四鎮北庭行軍涇原節度使檢校右僕射涇州刺史劉昌卒。）彊本節用，軍儲豐羡。

新唐書柒德宗紀云：

〔貞元四年正月〕壬申，劉玄佐爲四鎮北庭行營涇原節度副元帥。

通鑑貳叁叁唐紀德宗紀云：

〔貞元四年正月〕壬申，以宣武行營節度使劉昌爲涇原節度使。

通鑑貳叁貳唐紀德宗紀云：

〔貞元三年七月〕初，河隴既没於吐蕃，自天寶以來，安西北庭奏事，及西域使人在長安者，歸路既绝，人馬既仰給於鴻臚，禮賓委府縣供之，於度支受直。度支不時付直，長安市肆，不勝其弊。李泌知胡客留長安久者，或四十餘年，皆有妻子，買田宅，舉質取利，安居不欲歸。命檢括胡客有田宅者，停其給。凡得四千人。將停其給，胡客皆詣政府訴之。泌曰，此皆從來宰相之過，豈有外國朝貢使者，留京師數十年，不聽歸乎？今當假道回紇，或自海道各遣歸國。有不願歸，當於鴻臚自陳，授以職位，給俸禄爲唐臣。人生當承時展用，豈可終身客死耶？於是胡客無一人願歸者，泌皆分隸神策兩軍。王子使者，爲散兵馬使，或押牙。餘皆爲卒。禁旅益壯。鴻臚所給胡客纔十餘人，歲省度支錢五十萬緡。市人皆喜。

（此當采自鄴侯家傳。）

寅恪案，貞元時劉玄佐初納韓滉之賂，許任收復河湟失地之事，後復變易，遂辭疾不行。故德宗以其部將劉昌代行邊任，此乃無可如何之舉也。觀於劉昌誅戮却沮者三百人，然後始能成行，則其情勢可知矣。又新紀載貞元四年正月壬申以劉玄佐爲涇原節度副元帥，而通鑑同日載以劉昌爲涇原節度使者，非姓名官職有所牴牾，蓋玄佐不肯居邊，故以宣武軍節度使遥領涇原副元帥之虚銜，而德宗以涇原節度使實職授其部屬劉昌，率宣武兵八千以赴任耳。

唐文粹捌拾林藴上安邑李相公安邊書略云：

愚嘗出國，西抵於涇原，歷鳳翔，過邠寧，此三鎮得不爲右臂之大藩乎？自晝藩維擁旄鉞者，殆數十百人。惟故李司空抱玉，曾封章上聞，請復河湟。事亦旋寢，功竟不立。五十餘年無收尺土之功者。

寅恪案，安邑李相公者，指李吉甫而言，新唐書壹肆陸李吉甫傳所云：

吉甫居安邑里，時號安邑李丞相。

者，是也。吉甫爲憲宗朝宰相，林藴此書，自爲元和時所上無疑。據此可知自安史亂後，吐蕃盜據河湟以來，迄於憲宗元和之世，長安君臣雖有收復失地之計圖，而邊鎮將領終無經略舊疆之志意。此詩人之所以同深憤慨，而元白二公此篇所共具之歷史背景也。

關於微之特具之感憤，則元氏長慶集叁拾誨侄等書云：

吾幼乏岐嶷，十歲知方，嚴毅之訓不聞，師友之資盡廢。憶得初讀書時，感慈旨一言之嘆，遂志於學。是時尚在鳳翔，每借書於齊倉曹家，徒步執卷就陸姊夫（寅恪案，微之謂其姊夫陸翰也。見元氏長慶集伍捌夏陽縣令陸翰妻河南元氏墓志銘。）師授。栖栖勤勤，其始也若此。至年十五，得明經及第。

寅恪案，微之少居西北邊鎮之鳳翔，殆親見或聞知邊將之宴樂嬉游，而坐視河湟之長期淪沒。故追憶感慨，賦成此篇。頗疑其詩中所咏，乃爲劉昌輩而發。（舊唐書劉昌傳所述劉昌之功績，疑本之奉敕譔墓之碑文，不必盡爲實録也。）既係確有所指，而非泛泛之言，此所以特爲沉痛也。關於樂天個別之感憤，則李相國論事集肆論内庫錢帛條略云：

學士李絳嘗從容諫〔上聚財〕，上（憲宗）喟然曰，又河湟郡縣没於蕃醜，列置烽候，逼近郊圻。朕方練智勇之將，刷祖宗之耻。故所用不徵於人，儲蓄之由，蓋因於此。朕所以身衣澣濯，不妄破用，親戚賜用，纔表誠意而已。

通鑑貳叁捌唐紀憲宗紀元和五年末略云：

〔李〕絳嘗從容諫上聚財。上曰，今兩河數十州，皆國家政令所不及。河湟數千里淪於左衽。朕日夜思雪祖宗之耻，而財力不贍，故不得不蓄聚耳。不然，朕宫中用度極儉薄，多藏何用耶？

同書貳肆捌唐紀宣宗紀云：

〔大中三年〕閏十一月丁酉，宰相以克復河湟，請上尊號。上（宣宗）曰，憲宗常有志復河湟，以中原方用兵，未遂而崩。今乃克成先志耳。其議加順憲二宗尊謚，以昭功烈。

舊唐書壹捌下宣宗紀云：

〔大中三年〕十二月進謚順宗曰至德大聖大安孝皇帝。憲宗曰昭文彰武大聖孝皇帝。初以河湟收復，百寮請加徽號，帝（宣宗）曰，河湟收復，繼成先志，朕欲追尊祖宗，以昭功烈。

新唐書貳壹陸下吐蕃傳略云：

憲宗常覽天下圖，見河湟舊封，赫然思經略之，未暇也。至是群臣奏言，今不勤一卒，血一刃，而河湟自歸，請上天子尊號。帝（宣宗）曰，憲宗常念河湟，業未就而殂落。今當述祖宗之烈。其議上順憲二廟謚號，誇顯後世。

寅恪案，憲宗嘗有經略河湟之計圖，據上引史籍可知，而杜牧樊川集貳河湟七律所謂：

元載相公曾借箸，憲宗皇帝亦留神。

者，亦可參證也。又李絳諫憲宗聚財，而憲宗以收復河湟爲言事，通鑒以之繫於元和五年之末者，蓋以其無確定年月可稽，而次年即元和六年二月李絳拜户部侍郎出翰林院，（見重修承旨學士院壁記題名，舊唐書壹肆憲宗紀及通鑒貳叁捌唐紀憲宗紀元和六年二月宦官惡李絳在翰林條。）故書之於元和五年十二月己丑以絳爲中書舍人學士如故之後耳，非謂其事即在元和五年之末也。然則樂天於元和四年作此詩時，亦即其在翰林時，非獨習聞當日邊將驕奢養寇之情事，且亦深知憲宗儉約聚財之苦心，是以其詩中：

天子每思常痛惜。

將軍欲説合慚羞。

之句，不僅指德宗，疑兼謂憲宗。而取以與：

爲映對，尤爲旨微語悲，詞賅意切。故知樂天詩篇感憤之所在，較之微之僅追賦其少時以草野之身，居西陲之境所聞知者，固又有不同也。今之讀白詩，而不讀唐史者，其瞭解之程度，殊不能無疑，即此可見矣。遂於拙著唐代政治史述論稿所已詳者，特爲鉤索沉隱而證釋之如此。

元詩首節叙安史亂前西北之殷富諸句，通鑑貳壹陸唐紀玄宗紀天寶十二載八月條，（參太平廣記肆叁陸白駱駝條。）云：

是時中國盛强，自安遠門西盡唐境萬二千里（胡注云：西盡唐境萬二千里，并西域内屬諸國言之。）閭閻相望，桑麻翳野，天下稱富庶者，無如隴右。

開天傳信記略云：

開元初，上勵精理道，鏟革訛弊，不六七年，天下大治。安西諸國悉平爲郡縣，自開遠門（寅恪案，司馬温公通鑑作安遠門，甚是。蓋肅宗惡安禄山，故改安爲開。鄭綮之書叙玄宗時事，自不應從後所改名也。於此足徵通鑒之精密。）西行亘地萬餘里，入河湟之賦稅，左右藏庫財物山積，不可勝較。

寅恪案，微之所描寫者，蓋得之於邊陲之遺文，殊爲實録，并非詩人誇大之詞也。

白詩首節叙舞師戲情狀諸句，樂府雜録龜兹部條云：

戲有五常獅子，高丈餘，各衣五色。每一獅子，有十二人。戴紅抹額，衣畫衣，執紅拂子。謂之獅子郎，舞太平樂曲。

通典壹肆陸樂典坐立部伎條（參新唐書貳玖音樂志。）云：

太平樂亦謂之五方師子舞，師子摯（鷙）獸，出於西南夷天竺師子等國。綴毛爲衣，象其俯仰馴狎之容。二人持繩拂，爲習弄之狀。五師子各衣其方色，百四十人歌太平樂舞抃以從之，服飾皆作崑崙象。（寅恪案，原注略云，立部伎有八部，二太平樂，亦謂之五方師子舞。）

大唐傳載（參唐語林伍補遺。）云：

王維爲太常丞，被人嗾令舞黄獅子，坐是出官。黄獅子者，非天子不舞也。

南部新書乙云：

五方師子本領出太常。靖恭崔尚書邠爲樂卿，左軍并教坊曾移牒索此戲，稱云備行從，崔公判回牒不與。

寅恪案，通典所載，師子戲與樂天詩所描寫者，尤相類似也。

白詩叙吐蕃侵略，安西阻绝事，元和郡縣圖志肆拾隴右道凉州條（參舊唐書壹玖陸上吐蕃傳上新唐書貳壹陸上吐蕃傳上通鑑貳貳叁唐紀代宗紀廣德二年十月條。）云：

甘州條云：

廣德二年（西曆七六四年）陷於西蕃。

肅州條云：

永泰二年（即大曆元年，西曆七六六年）陷於西蕃。

沙州條云：

大曆元年（西曆七六六年）陷於西蕃。

瓜州條云：

建中二年（西曆七八一年）陷於西蕃。

西州條（參舊唐書壹叁德宗紀下貞元六年末。）云：

大曆十一年（西曆七七六年）陷於西蕃。

貞元七年（西曆七九一年）没於西蕃。

寅恪案，凉州陷蕃，安西路绝，西胡之來中國者，不能歸國，必有流落散處於邊鎮者，故當地時人取以爲戲，此後邊將遂徇俗用爲享賓客犒士卒之資也。

又取樂天此篇「有一征夫年七十。見弄凉州低面泣。」與驃國樂「時有擊壤老農夫，暗測君心閑獨語。」及秦中吟買花「有一田舍翁。」「低頭獨長嘆。」相較，其筆法正復相同，此爲樂天最擅長者。因釋證此篇竟，并附論及之。

八駿圖

元氏長慶集叁有五言古詩八駿圖一篇，郭茂倩樂府詩集誤以之置入新題樂府中，辨已見前，兹不復贅。惟元氏長慶集第叁卷中諸詩，其詞句之可考見者，多是微之在江陵之作品，則此八駿圖五言古詩，雖非新樂府中之一篇，然既爲微之在江陵時所作，則與樂天賦新樂府時相距當不遠。（微之之作當較後。）元白兩詩，其問或有關係，亦未可知也。

微之五言古詩樂天新題樂府所以各以八駿圖爲題者，國史補上云：

德宗幸梁洋，唯御騅馬，號望雲騅者。駕還京師，飼以一品料。暇日牽而視之，必長鳴四顧，若感恩之狀。後老死飛龍厩中，戚貴多圖寫之。

元氏長慶集貳肆望雲騅馬歌序云：

德宗皇帝以八馬幸蜀，七馬道斃，唯望雲騅來往不頓。貞元中老死天廄，臣稹作歌以記之。

寅恪案，微之有「德宗以八馬幸蜀」之言，李肇記時人多圖寫望雲騅之事，而柳河東集壹陸亦有觀八駿圖說一文，蓋此乃當時之風氣也。至此種風氣特盛於貞元元和之故，殆由以德宗幸蜀之史事，比附於周穆王以八駿西巡之物語歟？要之，畫師詩人之寫咏穆天子者，其胸中固有德宗幸蜀之史事在也。

復次，此篇修詞雖至工妙，寓旨則殊平常，較之前篇西涼伎之有親切見聞，真摯感慨者，不同科矣。

澗底松

文選貳壹左思咏史詩之第貳首云：

鬱鬱澗底松，離離山上苗。以彼徑寸莖，蔭此百尺條。世冑躡高位，英俊沉下僚。地勢使之然，由來非一朝。金張襲舊業，七葉珥漢貂。馮公豈不偉，自首不見招。（寅恪案，郭茂倩樂府詩集玖玖此題下亦引太冲此詩，蓋已知樂天此題取材所自矣。）

白氏此題不獨采用太冲此詩之首句以名篇，且亦襲取其全部之旨意。初視之，頗似爲充數之作，但細思之，則知其實是有爲而作，不同於通常擬古之詩篇也。

拙著唐代政治史述論稿中篇論牛李黨之分野，以爲李黨乃出自魏晋北朝以來之山東舊門，而牛黨則多爲高宗武后以來，用進士詞科致身通顯之新興寒族，樂天即爲以文學進用之寒族也。其證辨之言兹不必詳。所可注意者，樂天此時雖爲拾遺小臣，然已致身翰苑清要，以其資歷而言，不得謂之失地，故此篇并非自況之詞，如左太冲喻己（見文選五臣注。）之原意也。然則其興感之由果何在乎？考牛李黨争之表面公開化，適在樂天作詩之前一年，即元和三年。通鑑貳叁柒唐紀憲宗紀（參拙著唐代政治史述論稿中篇。）云：

〔元和三年〕夏四月上策試賢良方正直言極諫。舉人伊闕尉牛僧孺，陸渾尉皇甫湜，前進士李宗閔，皆指陳時政之失，無所避。吏部侍郎楊於陵，吏部員外郎韋貫之爲考策官。貫之署爲上第，上亦嘉之，詔中書優與處分。李吉甫惡其言直，泣訴於上。且言翰林學士裴垍王涯覆策，湜涯之甥也，涯不先言，垍無所异同。上不得已，罷垍涯學士，垍爲户部侍郎，涯爲都官員外郎，貫之爲果州刺史。後數日，貫之再貶巴州刺史，涯貶虢州司馬。乙亥以楊於陵爲嶺南節度使，亦坐考策無异同也。僧孺等久之不調，各從辟於藩府。

寅恪案，牛僧孺李宗閔，後日牛黨之黨魁也。李吉甫，後來李黨黨魁德裕之父也。此次制科考策，牛李之詆斥吉甫，或不免太甚，而吉甫亦報復過酷。自此兩種不同社會階級，奪取政治地位之競争，遂表面形成化矣。樂天牛黨也，故於此時亦密諫其事。觀白氏長慶集肆壹論制科人狀所云：

臣今言出身戮，亦所甘心。

又云：

臣今職爲學士，官是拾遺，日草詔書，月請諫紙。臣若默默，惜身不言，豈惟上辜聖恩，實亦下負人道。所以密緘手疏，潛吐血誠。苟合天心，雖死無恨。

可謂言之激切矣。樂天作此詩時，李吉甫雖已出鎮淮南，猶邀恩眷。牛僧孺則仍被斥闕外，未蒙擢用。故此篇必於「金張世禄」之吉甫，「牛衣寒賤」之僧孺，有所憤慨感惜。非徒泛泛爲「念寒雋」而作也。又白氏長慶集貳捌與元九書云：

苟相與者，則如牛僧孺之戒焉。

可知樂天與思黯氣類至近，宜其寄以同情矣。

牡丹芳

樂天秦中吟有買花（才調集壹此題作牡丹。）一首，可與此篇相參證。蓋二者俱爲咏牡丹之作也。唐代牡丹之賞玩甚盛，故元白二公集中多咏此花之詩。觀容齋隨筆貳唐重牡丹條所舉之例，可概見也。

唐代牡丹賞玩之見於筆記小説者，其例至多。兹略引數條，以爲例證如下。

國史補中云：

京城貴游尚牡丹三十餘年矣。每春暮，車馬若狂，以不耽玩爲耻。執金吾鋪官（寅恪案，唐會要捌陸街巷門略云，太和五年七月左街使奏，伏見諸街鋪近日多被雜人及百姓諸軍諸使官健起造舍屋，侵佔禁街。今除先有敕文百姓及諸街鋪守捉官健等舍屋外，餘雜人及諸軍諸使官健舍屋，并令除拆。則所謂鋪官者，即街鋪守捉官健也。）圍外寺觀種以求利，一本有直數萬者。元和末韓令始至長安，（寅恪案，舊唐書壹伍陸韓弘傳略云，元和十四年七月入覲。詔曰，韓弘可加司徒兼中書令。則韓弘適以元和末至長安，韓令即指韓弘言也。）居第有之，遽命斸去。曰，吾豈效兒女子邪？

酉陽雜俎前集壹玖廣動植類肆草篇牡丹條云：

〔段〕成式檢隋朝種植法七十卷中，初不記説牡丹。則知隋朝花藥中所無也。開元末，裴士淹爲郎官，奉使幽冀，迴至汾州衆香寺，得白牡丹一窠，植於長安私第，天寶中爲都下奇賞。

又云：

元和初猶少，今與戎葵角多少矣。

同書續集玖支植篇上云：

〔李衛公〕又言，貞元中牡丹已貴。柳渾善（嘗？）言，近來無奈牡丹何。數十千錢買一窠。今朝始得分明見，也共戎葵校幾多。成式又見衛公圖中有馮紹正雞圖，當時已畫牡丹矣。

尚書故實（參劉賓客嘉話録。）云：

世言牡丹花近有，蓋以國朝文士集中無牡丹歌詩。張公嘗言楊子華有：畫牡丹處極分明。子華北齊人，則知牡丹花亦已久矣。

太平廣記貳佰肆樂類貳又李龜年條引松牕録云：

開元中，禁中初重木芍藥，即今牡丹也。得四本，紅紫淺紅通白者。上因移植於興慶池東，沉香亭前。

原注引開元天寶花木記云：

禁中呼木芍藥爲牡丹。

南部新書丁云：

長安三月十五日，兩街看牡丹，奔走車馬。慈恩寺元果院牡丹先於諸牡丹半月開。太真院牡丹後諸牡丹半月開。

獨异志上云：

唐裴晋公度寢疾永樂里。暮春之月，忽遇（過）游南園，令家僕童舁至藥欄。語曰，我不見此花而死，可悲也。悵然而返。明早報牡丹一叢先發。公視之，三日乃薨。（寅恪案，據新唐書陸叁宰相表下及通鑑貳肆陸唐紀文宗紀紀裴晋公薨於開成四年三月丙戌。舊唐書壹柒拾裴度傳裴晋公薨於開成四年三月四日。是月癸未朔，則丙戌爲四日。是新表舊傳通鑑之紀載相合也。至舊唐書壹柒下文宗紀作三月丙申司徒中書令裴度卒。丙申蓋丙戌之訛。通常牡丹以三月中旬開放，是年閏正月，故花開較早也。）

唐人咏牡丹詩甚多，不須徵引，惟賦則較少，兹録其賦序一二條，聊備例證焉。

唐文粹陸舒元輿牡丹賦序云：

天后之鄉，西河也。精舍下有牡丹，其花特异。天后嘆上苑之有闕，因命移植焉。由此京國牡丹，日月寖盛。今則自禁闥洎官署外延士庶之家，瀰漫如四瀆之流，不知其止息之地。每暮春之月，遨游之士如狂焉。亦上國繁華之一事也。近代文士爲歌詩以咏其形容，未有能賦之者。余獨賦之，以極其美。

李德裕會昌一品集别集牡丹賦序略云：

余觀前賢之賦草木者多矣，惟牡丹未有賦者，聊以狀之。

賦中「有百歲之芳叢。」句下原注云：

今京師精舍甲第，猶有天寶中牡丹在。

寅恪案，據上引唐代牡丹故實，知此花於高宗武后之時，始自汾晉移植於京師。當開元天寶之世，猶爲珍品。至貞元元和之際，遂成都下之盛玩。此後乃瀰漫於士庶之家矣。李肇國史補之作成，約在文宗大和時。（參閱歷史語言研究所集刊第玖本岑仲勉先生跋唐摭言李肇著國史補之朝代條。）其所謂「京師貴游尚牡丹三十餘年矣。」云者，自大和上溯三十餘年，適在德宗貞元朝。此足與元白二公集中歌咏牡丹之多，相證發者也。白公此詩之時代性，極爲顯著，洵唐代社會風俗史之珍貴資料，故特爲標出之如此。

詩中「西明寺裏開北廊。」者，白氏長慶集玖有西明寺牡丹花時憶元九五言古調詩，同書壹肆有重題西明寺牡丹七言詩，元氏長慶集壹陸有西明寺七绝，知西明寺乃賞玩牡丹之地也。

「去年嘉禾生九穗，今年瑞麥分兩歧。」者，唐代有報祥瑞之制，其見於唐會要貳捌及貳玖祥瑞門者至多也。

又詩中「庳車軟轝貴公主，香衫細馬豪家郎。」兩句，乃以「貴公主」「豪家郎」男女對映爲文。據全唐詩第壹壹函王建宫詞云：「御前新賜紫羅襦，步步金堦上軟輿。」可知「軟輦」爲女子所乘。此詩「公主」二字，傳世白集或有作「公子」者，殆後人囿於習俗，不明此義，因而妄改耶？

又康駢劇談録下玉蕊院真人降條（學津討源本）云：

上都（上都宋周必大玉蕊辨證引此文作長安。）安業坊唐昌觀舊有玉蕊花，甚繁。每發，若瑶林瓊樹。元和中春物方盛，車馬尋玩者相繼。忽一日，有女子年可十七八，衣繡緑衣，乘馬，峨髻雙鬟，無簪珥之飾，容色婉約，迥出於衆。從以二女冠，三女僕。僕者皆丱頭黄衫，端麗無比。既下馬，以白角扇障面，直造花所。异香芬馥，聞於數十步之外。觀者以爲出自宫掖，莫敢逼而視之。竚立良久，令小僕取花數枝而出。將乘馬，迴謂黄冠者曰，曩有玉峰之約，自此可以行矣。時觀者如堵，咸覺煙霏鶴唳，景物輝焕。舉轡百步，（百步，辨證作百餘步。）有輕風擁塵，隨之而去。須臾塵滅。望之已在半天。（辨證天字下有矣字。）方悟神仙之游。餘香不散者經月餘日。時嚴給事休復，元相國（稹），劉賓客（禹錫），白醉吟（居易），俱有聞玉蕊院真人降詩。

寅恪案，此故事乃唐人所盛傳，觀諸家賦咏之衆，可爲例證。神仙之説，其荒誕不待辨。但亦可藉此反映當時社會風俗。故知元和中即樂天賦牡丹芳之時代，長安寺觀花事盛日，宫掖貴婦人固有外出觀賞者。惟此仙女特乘馬而不御軟輦，（全唐詩壹柒函嚴休復唐昌觀玉蕊花之貳云：「羽車潛下玉龜山」，則是仙女乘車不乘馬，與康録不同。疑嚴詩爲較近當時傳説也。）爲稱不同。豈仙凡异同之點所在耶？一笑。

紅綫毯

絲頭紅毯。

新唐書肆壹地理志宣州宣城郡條列舉土貢中有：之目，即此篇所謂「年年十月來宣州。」之紅綫毯也。據舊唐書壹肆憲宗紀上云：

〔元和二年六月〕癸酉，東都莊宅使織造户并委府縣收管。

知地方政府亦管有織造户，此類紅綫毯乃宣州所管織造户織貢者。又元和郡縣圖志貳捌宣歙觀察使宣州條云：

開元貢白紵布。自貞元後，常貢之外，别進五色綫毯及綾綺等珍物，與淮南兩浙相比。

通典陸食貨典所列玄宗時天下諸郡每年常貢云：

宣城郡。貢白紵布十匹。今宣州。

舊唐書壹佰伍韋堅傳（新唐書壹叁肆韋堅傳同。）略云：

天寶元年穿廣運潭，二年而成。宣城郡船即空青石紙筆黄連。

寅恪案，唐代初期以關東西川爲絲織品之主要産地。迨經安史亂後，産絲區域之河北山東，非中央政府權力所及，貢賦不入。故唐室不得不徵取絲織品於江淮，以充國用。由於人力之改進，此後東南遂爲絲織品最盛之産區矣。如宣州者，當開元天寶之時，其土貢爲葛屬之紵布，其特産并無絲織之綾絁等物，（唐六典叁户部郎中員外郎條下所列十道貢賦内，宣州亦貢綺。然必不重要。故韋堅陳列江南諸郡珍貨之舩，宣城之舩無綺也。）而至貞元以後，遂以最精美之絲織綫毯著聞，乃其尤顯著之例也。觀於此，亦可以知政治人事之變遷與農産工藝盛衰之關係矣。可參閲下繚綾條。

白氏長慶集貳陸送侯權秀才序云：

> 貞元十五年秋，予始舉進士，與侯生俱爲宣城守所貢。明年春，予春官中第。

寅恪案，白氏長慶集貳壹有宣州試射中正鵠賦及窻中列遠岫詩，即樂天於貞元十五年應宣州試者。蓋樂天於貞元中曾游宣州，遂由宣州解送應進士舉也。是以知其紅綫毯一篇之末自注所云：

> 貞元中宣州進開樣加絲毯。

乃是親身睹見者。此詩詞語之深感痛惜，要非空泛無因而致矣。詩中「織作披香殿上毯。」句，「披香殿」用飛燕外傳故事。此類紅綫毯自爲供後庭之飾品者，此語其爲泛用古典歟？抑更有所專指耶？

「太原毯澀毳縷硬，蜀都褥薄錦花冷。」者，蓋毯本以毛織成，而紅綫毯乃以絲爲之，是兼太原毳縷毯與成都錦花褥之長，而無其短，殆同於今之所謂絲絨者。其工藝之精進可知矣。

杜陵叟

元和四年暮春，京畿實有苦旱之事，如新唐書柒憲宗紀（參白氏長慶集肆拾答宰相杜佑等賀德音表，答宗正卿李詞等賀德音表，答將軍方元蕩等賀德音表，全唐文陸貳憲宗亢旱撫恤百姓德音，李相國論事集肆賀德音狀等。）云：

〔元和四年〕閏〔三〕月己酉以旱降京師死罪非殺人者。禁刺史境内榷率，諸道旨條外進獻。嶺南黔中福建掠良民爲奴婢者。省飛龍廄馬。己未，雨。

通鑒貳叁柒唐紀憲宗紀（參白氏長慶集肆壹奏請加德音中節目緣今時旱請更減放江淮旱損州縣百姓今年租税，請揀放後宫内人狀，及李相國論事集肆論量放旱損百姓租税條，請揀放後宫人條，論德音事條等。）云：

〔元和四年〕上以久旱，欲降德音。翰林學士李絳白居易上言，以爲欲令實惠及人，無如減其租税。又言宫人驅使之餘，其數猶廣。事宜省費，物貴徇情。又請禁諸道横斂，以充進奉。又言嶺南黔中福建風俗，多掠良人賣爲奴婢，乞嚴禁止。閏〔三〕月己酉制降天下繫囚，蠲租税，出宫人，绝進奉，禁掠賣皆如二人之請。己未，雨，绛表賀。

白氏長慶集壹賀雨詩云：

皇帝嗣寳曆，元和三年冬。自冬及春暮，不雨旱爞爞。上心念下民，懼歲成灾凶。遂下罪己詔，殷勤告萬邦。

皆可爲證。是知樂天此篇：

三月無雨旱風起。

一語，實非詩人泛寫，而此篇之作，蓋亦因此而有所感觸也。

詩中「十家租税九家畢，虚受吾君蠲免恩。」句，可與白氏長慶集肆壹奏請加德音中節目，（緣今時旱請更減放江淮旱損州縣百姓今年租税。）及李相國論事集肆論量放旱損百姓租税條：

昨正月中所降德音，量放〔江淮〕去年錢米，伏聞所放數内已有納者。

之言相參證，以深之與樂天同上之狀，其所言者，雖爲江淮等處之税，然其情事則正與樂天此篇詩句所言相符同故也。

「白麻紙上書德音。」者，韋執誼翰林院故事（參李肇翰林志，唐會要伍柒翰林院條。）

云：

故事，中書以黄白二麻爲綸命重輕之辨。近者所出，獨得用黄麻。其白麻皆在此院，自非國之重事，拜授將相，德音，赦宥，則不得由於斯。

蓋德音例以白麻紙書之，此唐家制度也。

繚綾

敦煌本（巴黎圖書館伯希和號伍伍肆貳。）此篇題作「撩綾歌」。多一歌字，非是。蓋新樂府之題目，例皆不用歌吟等字也。可參閲上法曲條。

微之陰山道篇有：

挑紋變纈力倍費，棄舊從新人所好。越縠撩綾織一端，十匹素縑工未到。豪家富貴逾常制，令族親班無雅操。從騎愛奴絲布衫，臂鷹小兒云錦韜。

諸句，即樂天此篇篇題「繚綾」及旨意「念女工之勞也。」之所本，蓋樂天欲足成五十首之數，又不欲於專斥迴鶻之陰山道篇中雜入他義，故鋪陳之而别爲此篇也。

太平廣記貳伍柒嘲誚門織錦人條引盧氏雜説（參閲韓偓玉山樵人集，余作探使繚綾手帛子寄賀因而有詩「解寄繚綾小字封。」句，及其香奩集七绝半睡「自家揉損砑繚綾。」句。）

云：

唐盧氏子不中第，徒步及都城門東。其日，風寒甚，且投逆旅。俄有一人續至，附火良久。忽吟詩云，學織繚綾功未多。亂投機杼錯抛梭。莫教官錦行家見，把此文章笑殺他。又云，如今不重文章事，莫把文章誇向人。盧愕然，憶是白居易詩，因問姓名。曰，姓李，世織繚錦。離亂前屬東都官錦坊，織宫錦巧兒。以薄藝投本行，皆云，如今花様與前不同，不謂伎倆兒。以文綵求售者，不重於世，且東歸去。

寅恪案，此足徵繚綾之爲珍貴絲織物，而可與元白二公之詩相印證也。

李衛公會昌一品集别集伍奏繚綾狀（參舊唐書壹柒肆新唐書壹捌拾李德裕傳。）略云：

臣昨緣宣索，已具軍資歲計及近年物力聞奏。伏料聖慈，必垂省覽。又奉詔旨令織定羅紗袍段及可幅盤條繚綾等一千匹。伏讀詔書，倍增惶灼。況元鵝天馬掬豹盤條文彩珍奇，只合聖躬自服。今所織千匹，費用至多，臣愚亦所未曉。伏乞陛下酌當道物力所宜，更賜節減。

寅恪案，繚綾亦爲外州精織進貢之物，據此可知。而文饒此狀爲敬宗即位之年即長慶四年觀察浙西時所奏（據舊傳），取與微之「越縠繚綾」，樂天「織者何人」「越溪寒女」之言相參證，尤足徵當時吴越之地盛産此種精美之絲織品也。

元和郡縣圖志貳陸浙東觀察使越州條云：

開元貢甘橘，甘蔗，葛根，石蜜，交梭白綾。自貞元之後，凡貢之外，别進异文吴綾，及花鼓歇（？）單絲吴綾，吴朱紗等纖麗之物，凡數十品。

通典陸食貨典所列玄宗時天下諸郡每年常貢云：

會稽郡。貢朱砂一十兩。白編綾十匹。交棱（梭）十匹。輕調十匹。今越州。

舊唐書壹佰伍韋堅傳略云：

會稽郡船即銅器，羅，吴綾，絳紗。

國史補下云：

初，越人不工機杼。薛兼訓爲江東節制，乃募軍中未有室者，厚給貨幣，密令北地娶織婦以歸，歲得數百人。由是越俗大化，競添花樣，綾紗妙稱江左矣。

寅恪案，以越州而論，當安史亂前，雖亦爲蠶絲之産地，然絲織品并不特以工妙著稱。迨安史亂後，經薛兼訓之獎勵改良，其工藝遂大爲精進矣。其他東南各地，絲織工業之發展，其變化雖不若越州之顯著，實亦可據以推見也。又考薛兼訓於代宗時節制浙東，歷時甚久，（詳吴廷燮唐方鎮年表。）國史補所載其移風化俗之功，殊非虚語。以元和郡縣圖志所標明越州於貞元後别進纖麗之絲織物數十品證之可知矣。

元氏長慶集貳叁古題樂府織婦詞云：

繅絲織帛猶努力。變緝（緝）撩機苦難織。東家頭白雙女兒，爲解挑紋嫁不得。

自注云：

予掾荆時，日（目）擊貢綾户有終老不嫁之女。

寅恪案，繚綾爲當時絲織品之最新最佳者，故費工耗力遠過其他絲織品，觀微之古題樂府此詩，知當時繚綾貢户之苦至此，則詩人之作詩諷諫，自無足异也。

抑更有可論者，詩云：

應似天台山上明月前，四十五尺瀑布泉。

寅恪案，繚綾爲越之名産，天台亦越之名山，故取以相比。依唐代規制，絲織品一匹長四丈。（詳下陰山道篇。）今言四十五尺者，豈當日官司貪虐，多取於民，以致逾越定限耶？至以瀑布泉比絲織品，亦唐人詩中所慣用，如全唐詩第壹捌函徐凝廬山瀑布詩（參唐語林叁品藻類尚（中？）書白舍人初到錢塘條。）云：

虚空落泉（一作瀑布瀑布。）千仞直。雷奔入江不暫息。今古長如白練飛，一條界破青山色。

即是其例也。

賣炭翁

此篇小序云：

苦宫市也。

蓋宫市者，乃貞元末年最爲病民之政，宜樂天新樂府中有此一篇。且其事又爲樂天所得親有見聞者，故此篇之摹寫，極生動之至也。

關於宫市事，史籍所載頗多，兹擇録數條以供讀樂天此篇者之參證。

昌黎先生集外集陸順宗實録壹略云：

上（順宗）在東宫，嘗與諸侍讀并〔王〕叔文論政，至宫市事。上曰，寡人方欲極言之。衆皆稱贊，獨叔文無言。既退，上獨留叔文。謂曰，向者君奚獨無言，豈有意邪？叔文曰，太子職當侍膳問安，不宜言外事。陛下（德宗）在位久，如疑太子收人心，何以自解？上大驚，因泣曰，非先生，寡人無以知此。遂大愛幸。

寅恪案，當日皇位之繼承決於内庭之閹豎，（詳拙著唐代政治史述論稿中篇。）而宫市之弊害則由宦官所造成。順宗在東宫時，所以不宜極論宫市者，亦在於此，不僅以其有收人心之嫌也。

同集柒順宗實録貳略云：

舊事，官中有要，市外物，令官吏主之。與人爲市，隨給其直。貞元末，以宦者爲使，抑買人物，稍不如本估。末年不復行文書，置白望數百人於兩市并要鬧坊，閲人所賣物，但稱宫市，即斂手付與，真僞不復可辨，無敢問所從來，其（其疑當作與。）論價之高下者，率用百錢物，買人直數千錢物，仍索進奉門户并脚價錢。將物詣市，至有空手而歸者。名爲宫市，而實奪之。嘗有農夫以驢負柴至城賣，遇宦者稱宫市取之，纔與絹數尺。又就索門户，仍邀以驢送至内。農夫涕泣，以所得絹付之，不肯受。曰，須汝驢送柴至内。農夫曰，我有父母妻子，待此然後食。今以柴與汝，不取直而歸，汝尚不肯，我有死而已。遂毆宦者，街吏擒以聞。詔黜此宦者，而賜農夫絹十匹，然宫市亦不爲之改易。

寅恪案，此篇所咏，即是此事。退之之史，即樂天詩之注脚也。

舊唐書壹陸拾韓愈傳（新唐書壹柒陸韓愈傳同。）云：

德宗晚年政出多門，宰相不專機務。宫市之弊諫官論之，不聽。愈嘗上章數千言極論之，不聽。怒。貶爲連州山陽（山陽應作陽山。）令。

寅恪案，韓文公之貶陽山令，雖尚有其他原因，然與論宫市事亦至有關係也。

舊唐書壹伍玖路隨傳略云：

初，韓愈撰順宗實録，説禁中事頗切直。内官惡之，往往於上前言其不實。累朝有詔修改，及隨進憲宗實録後，文宗復令改正永貞時事。隨奏曰，韓愈所書，亦非己出。元和之後，已是相循。其實録伏望條示舊記最錯悮者，宣付史官，委之修定。詔曰，其實録中所書德宗順宗朝禁中事，尋訪根底，蓋起謬傳，諒非信史。宜令史官詳正刊去，其他不要更修。

寅恪案，順宗實録中最爲宦官所不滿者，當是述永貞内禪一節，（見拙著唐代政治史述論稿中篇。）然其書宫市事，亦涉及内官，自亦爲修定本所删削。今傳世之順宗實録，乃昌黎之原本，故猶得從而窺見當日宫市病民之實況，而樂天此篇竟與之脗合。於此可知白氏之詩，誠足當詩史。比之少陵之作，殊無愧色。其寄唐生詩中所謂「轉作樂府詩。」「不懼權豪怒。」者，（白氏長慶集壹。）洵非誇詞也。

舊唐書壹肆拾張建封傳（新唐書伍貳食貨志略同。）云：

諫官御史表疏論列〔宫市〕，皆不聽。吴湊以戚里爲京兆尹，深言其弊。建封入覲，具奏之。德宗頗深嘉納。而户部侍郎判度支蘇弁希宦者之旨，因入奏事，上問之，弁對曰，京師游手墮業者數千萬家，無土著生業，仰宫市取給。上信之。凡言宫市者，皆不聽用。

寅恪案，此亦爲當日士大夫同惡宫市弊害之事證，因附録於此。至舊傳此前一節，則俱出順宗實録之文，故不複引。

容齋續筆壹壹楊國忠諸使條云：

宫市之事，咸謂起於德宗正元。不知天寶中已有此名，且用宰臣充使也。

舊唐書壹壹代宗紀（舊唐書壹壹捌元載傳通鑑貳貳肆唐紀代宗紀大曆八年九月癸未條并同。）云：

〔大曆八年九月〕癸未晋州男子郇謨，以麻辮髮，持竹筐及葦席，哭於東市，請進三十字。如不請旨，請裹尸於席筐。上召見，賜衣，館之禁中。内二字曰監團。欲去諸道監軍團練使也。

南部新書戊略云：

大曆八年七月，晋州男子郇謨，以麻辮髮，哭於東市。上聞。賜衣，館於客省。每一字論一事，尤切於罷宫市。

寅恪案，自天寶歷大曆至貞元五六十年間，皆有宫市，而大曆之際，乃至使郇謨哭市，則其爲擾民之弊政，已與貞元時相似矣。

關於樂天此詩，更有可論者，此篇徑直鋪叙，與史文所載者不殊，而篇末不著己身之議論，微與其他諸篇有异，然其感慨亦自見也。

詩中「迴車叱牛牽向北。」者，唐代長安城市之建置，市在南而宫在北也。拙著唐代政治史述論稿中篇論中央政治革命條及隋唐制度淵源略論稿禮儀章附論都城建築節已詳論之，茲不復贅。要知樂天此句之「北」，殊非趁韵也。

復次，杜少陵哀江頭詩末句「欲往城南望城北。」者，子美家居城南，而宫闕在城北也。自宋以來注杜詩者，多不得其解，乃妄改「望」爲「忘」，或以「北人謂向爲望」爲釋，（見陸游老學庵筆記柒。）殊失少陵以雖欲歸家，而猶迴望宫闕爲言，隱示其眷念遲迴不忘君國之本意矣。

又詩云：

半匹紅紗一丈綾，繫向牛頭充炭直。

寅恪案，此二句關涉唐代估法問題，非此篇所能詳論。茲僅録一事，以資解釋。通鑑貳叁柒唐紀憲宗紀元和四年九月條云：

舊制，民輸税有三。一曰上供，二曰送使，三曰留州。建中初定兩税，貨重錢輕，是後貨輕錢重，民所出已倍其初。其留州送使者，所在又降省估就實估，以重斂於民。及〔裴〕垍爲相，奏天下留州送使物，請一切用省估。其觀察使先税所理之州以自給。不足，然後許税於所屬之州。由是江淮之民稍蘇息。

胡注云：

省估者，都省所立價也。

故「省估」者，乃官方高擡之虛價，「實估」者，乃民間現行之實價，即韓愈順宗實録所謂「本估」。唐代實際交易，往往使用絲織品。宫廷購物，依虛估或即依「省估」。取紗綾支付炭價，其爲病民之虐政，不言可知也。

母别子

樂天此篇摹寫生動，詞語憤激，似是直接見聞其事，而描述之於詩中者。惜未得確考，不知所謂「關西驃騎大將軍」指何人而言耳。或謂樂天新樂府所咏者，大抵爲貞元元和間之事。此詩之「關西」一詞，明是用楊震號「關西夫子」之故典，（後漢書捌肆楊震傳。）則其人爲楊姓無疑。考貞元元和間楊姓之人，其可以破虜策勳者，惟有楊朝晟，據舊唐書壹肆肆楊朝晟傳（舊唐書壹貳貳亦别有楊朝晟傳，新唐書壹伍陸楊朝晟傳同。）略云：

建中初，從李懷光討劉文喜於涇州，斬獲擒生居多，授驃騎大將軍。〔貞元〕九年城鹽州，徵兵以護外境，朝晟分統士馬鎮木波堡。〔邠寧節度使張〕獻甫卒，詔以朝晟代之。十三年春，朝晟奏方渠合道木波皆賊路也，請城其地以備之。上（德宗）從之。已事，吐蕃始來，數日而退。

則楊朝晟不獨其氏爲楊，且爲驃騎大將軍（唐制驃騎大將軍從一品，爲武散官之最高者。）而有築城御寇之功，是與此詩所「關西驃騎大將軍。」及「破虜策勳」者，適相符合。至迎新棄舊之事，雖無可考，然以邊將武人之常例揆之，恐此類之事亦或不免。然則此詩所指言者，其唯楊朝晟乎？是説雖甚爲可能，但舊唐書壹叁德宗紀下云：

〔貞元十七年五月〕乙酉，邠寧節度使檢校工部尚書邠州刺史楊朝晟卒。

則樂天作詩時，朝晟久已物故，故亦不能不致疑耳。

陰山道

此題公垂倡之，元白和之，以言迴鶻馬價事爲主。蓋此乃唐代在和平時期與外族交涉，最重要之財政問題也。拙著唐代政治史述論稿下篇論外患與内政之關係，已詳言之，兹只就元白二詩略爲釋證如下：

元詩云：

臣聞平時七十萬匹馬，關中不省聞嘶譟。四十八監選龍媒，時貢天庭付良造。如今坰野十無一，盡在飛龍相踐暴。

新唐書伍拾兵志云：

又以尚乘掌天子之御，左右六閑，一曰飛黄，二曰吉良，三曰龍媒，四曰騊駼，五曰駃騠，六曰天苑，總十有二閑。爲二廐，一曰祥麟，二曰鳳苑，以繫飼之。其後禁中又增置飛龍廐。初用太僕少卿張萬歲領群牧。自貞觀至麟德四十年間，馬七十萬六千，置八坊，岐豳涇寧間地廣千里，一曰保樂，二曰甘露，三曰南普閏，四曰北普閏，五曰岐陽，六曰太平，七曰宜禄，八曰安定。八坊之田千二百三十頃，募民耕之，以給芻秣。八坊之馬爲四十八監，而馬多地狹不能容。又析八監，列布河西豐曠之野。

寅恪案，關於唐代馬政，資料頗不少，兹不遑多引，僅取歐公所述，亦足以釋元詩矣。

元詩又云：

綽立花磚鵷鳳行，雨露恩波幾時報。

寅恪案，此所謂花磚，即國史補下所云：

御史故事，大朝會則監察押班，常參則殿中知班，入閣則侍御史監奏。蓋含元殿最遠，用八品。宣政其次，用七品。紫宸最近，用六品。殿中得立五花磚，緑衣用紫案褥之類，號爲七貴。

者，是也。

白詩云：

紇邏敦肥水泉好。

寅恪案，紇邏敦一詞不易解，疑「紇邏」爲 Kara 之譯音，即玄黑或青色之義。（見 Radloff 突厥方言字典貳册壹叁貳頁。）「敦」爲 Tunā 之對音簡譯，即草地之意。（見同書叁册壹肆肆拾頁。）豈「紇邏敦」者，青草之義耶？若取「草盡泉枯馬病羸。」句之以草水并舉者，與此句相較，似可證成此説也。然歟否歟？姑記所疑，以求博雅君子之教正。

又敦煌掇瑣上輯壹叁（巴黎圖書館伯希和號貳伍伍叁。）昭君出塞變文（羽田亨敦煌遺書第一集亦載此文。）有云：

原夏南地持白□　□□冈搜骨利幹

邊草叱沙紇邏分　陰圾愛長席箕□（此周一良先生舉以見告者。）

寅恪案，變文此節既有殘闕，復多胡語，殊難强釋。但骨利幹爲鐵勒之一種，「地出名馬」，「草多百合」。（見唐會要壹佰骨利幹國條，并參通典貳佰邊防典壹陸骨利幹條，舊唐書壹玖玖下鐵勒傳及新唐書貳壹柒下回鶻傳附骨利幹傳等。）變文中「□□冈搜骨利幹」句指馬言。骨利幹與馬有關，自不待論。「邊草叱沙紇邏分」句指草言。據元和姓纂上聲九麌宇文下（參新唐書柒壹下宰相世系表宇文氏條及通志貳玖氏族略伍宇文氏條等。）云：

出本遼東南單于之後。或云以係炎帝。神農有嘗草之功，俗呼草爲俟汾，音轉爲宇文。

及北史玖捌高車傳（魏書壹佰叁高車傳同。）略云：

又有十二姓，九曰俟分氏。（今通行本通典壹捌伍邊防典壹叁高車傳俟分氏作俟斤氏，殊誤。）

是俟汾乃草之胡名，與俟分同爲一語。頗疑宇文周之先本爲高車種俟分部，後詭稱出於鮮卑貴種宇文部，因而傅會神農嘗百草之神話也。此點軼出本書範圍，兹不詳論。所可注意者，新唐書以骨利幹附於其同種回鶻之後，且明言回鶻爲高車苗裔。然則「紇邏分」者，殆即紇邏草之義。豈所謂「草多百合」之「百合」耶？取證迂遠，聊備一説，附記於此，以俟更考。

白詩又云：

飛龍但印骨與皮。

寅恪案，唐會要柒貳諸監馬條云：

至二歲起脊量强弱，漸以飛字印印右髆。細馬次馬，俱以龍形印印項左。送尚乘者，於尾側依左右閑印以三花。其餘雜馬，送尚乘者，以風字印左髆，以飛字印左髀。經印之後，簡習别所者，各以新入處監名印印左頰。

同書同卷諸蕃馬印條略云：

回紇馬印凥。

可以解釋此句也。

白詩又云：

五十匹縑易一匹。縑去馬來無了日。養無所用去非宜，每歲死傷十六七。

白氏長慶集肆拾翰林制誥肆與回鶻可汗書云：

達覽將軍等至，省表，其馬數共六千五百匹。據所到印納馬都二萬匹，都計馬價絹五十萬匹。緣近歲以來，或有水旱，軍國之用不免闕供。今數内且方圓支二十五萬匹，分付達覽將軍，便令歸國，仍遣中使送至界首。雖都數未得盡足，然來使且免稽留，貴副所須，當悉此意。頃者所約馬數，蓋欲事可久長。何者，付絹少，則彼意不充。納馬多，則此力致歉。馬數漸廣，則欠價漸多。以斯商量，宜有定約。彼此爲便，理甚昭然。

舊唐書壹玖伍回紇傳（參新唐書貳壹柒上回鶻傳。）略云：

回紇恃功，自乾元之後，屢遣使以馬和市繒帛。仍歲來市，以馬一匹易絹四十匹，（新傳絹作縑。）動至數萬馬。其使候遣，繼留於鴻臚非一。蕃得帛無厭，我得馬無用。朝廷甚苦之。

同書壹貳柒源休傳（新唐書貳壹柒上回鶻傳同。）略云：

〔回紇〕可汗使謂休曰，所欠吾馬直絹一百八十萬匹，當速歸之。

寅恪案，舊唐書回紇傳書馬價之絲織品爲絹。樂天所草與回鶻可汗書亦作絹。但新唐書回鶻傳及此詩則俱作縑。白氏長慶集與回鶻可汗書乃當時之公文，而此詩亦直述當時之實事，何以有絹縑之不同，似甚不可解。考縑之爲絲織品，其質不及絹之精美，即古詩上山采蘼蕪篇所謂「新人工織縑，故人工織素（素即絹）。將縑來比素。新人不如故。」者。或者馬一匹直絹四十匹，直縑遂五十匹歟？至新傳之改易舊文，以絹爲縑則未詳其故。又樂天所草與回鶻可汗書中尤有可論者，據舊傳言，馬一匹易絹四十匹，若依唐朝以二十五萬匹絹充六千五百匹馬價計之，則約爲四十匹絹易一馬，與舊傳言者頗合。若依回鶻印納馬二萬匹而索價絹五十萬匹計之，則每匹馬唯易二十五匹絹，與舊傳所言者相差甚遠。此種數值之差异，若以索價付值之不同釋之，既決爲不可能。若以時代之先後釋之，則實物之交易，似亦不應前後相差如此。頗疑回鶻每以多馬賤價傾售，唐室則減其馬數而依定值付價，然亦未敢確言也。

白詩又云：

縑絲不足女工苦。疏織短截充匹數。藕絲蛛網三丈餘，回鶻訴稱無用處。

舊唐書肆捌食貨志上（通典陸食貨典賦稅下同。）云：

先是開元八年正月敕，頃者以庸調無憑，好惡須准。故遣作樣，以頒諸州。令其好不得過精，惡不得至濫。任土作貢，防源斯在，而諸州送物，作巧生端。苟欲副於斤兩，遂則加其丈尺，至有五丈爲匹者，理甚不然。闊一尺八寸，長四丈。同文共軌，其事久行。立樣之時，亦載此數。若求兩而加尺，甚朝四而暮三。宜令有司簡閱，有逾於比年常例，丈尺過多，奏聞。

寅恪案，唐制絲織品之法定標准爲闊一尺八寸，長四丈，而付回鶻馬價者，僅長三丈餘，此即所謂「短截」也。其品質之好惡，應以官頒之樣爲式，而付回鶻馬價者，則如藕絲蛛網，此即所謂「疏織」也。其惡濫至此，宜回鶻之訴稱無用處矣。觀於唐回馬價問題，彼此俱以貪詐行之，既無益，復可笑。樂天此篇誠足爲後世言國交者之鑒戒也。又史籍所載，只言回鶻之貪，不及唐家之詐，樂天此篇則并言之。是此篇在新樂府五十首中，雖非文學上乘，然可補舊史之闕，實爲極佳之史料也。

白詩又云：

咸安公主號可敦。

寅恪案，咸安公主即德宗女燕國襄穆公主，下嫁回紇武義成功可汗者。其始末見新唐書捌叁諸公主傳，新唐書貳壹柒上回鶻傳上，不須備引也。

時世妝

微之法曲篇末云：

胡音胡騎與胡妝，五十年來競紛泊。

樂天則取胡妝别爲此篇以咏之。蓋元和之時世妝，實有胡妝之因素也。凡所謂摩登之妝束，多受外族之影響。此乃古今之通例，而不須詳證者。又豈獨元和一代爲然哉？

詩云：

時世妝。時世妝。出自城中傳四方。時世流行無遠近。顋不施朱面無粉。烏膏注唇唇似泥。雙眉畫作八字低。妍蚩黑白失本態，妝成盡似含悲啼。圓鬟無鬢椎髻樣。斜紅不暈赭面狀。

新唐書叁肆五行志云：

元和末，婦人爲圓鬟椎髻，不設鬢飾，不施朱粉，惟以烏膏注脣，狀似悲啼者。圓鬟者，上不自樹也。悲啼者，憂恤象也。

寅恪案，新唐書此節似即永叔取之於樂天之詩者。然樂天作詩於元和四年，元和紀年共計十五歲，而志言元和末何耶？又白氏長慶集壹叁代書詩一百韵云：

風流誇墮髻，時世鬥啼眉。

自注云：

貞元末，城中復爲墮馬髻，啼眉妝。

則貞元之末已有所謂啼眉妝。又樂天琵琶引云：「夜深忽夢少年事，啼妝泪落紅闌干。」及才調集伍微之夢游春云：「最似紅牡丹，雨來春欲暮。」離思六首之壹（全唐詩第壹伍函元稹貳柒此首作「鶯鶯詩」。）云：「牡丹經雨泣殘陽。」據鶯鶯傳，張生之初見鶯鶯，在貞元十六年，琵琶婦少年日與長安名妓秋娘競美。秋娘盛時復在貞元十六年前後。（詳見上琵琶引章。）貞元紀年凡二十一歲，而二十一年八月即改元永貞。故貞元十六年亦可通言貞元之末也。豈此種時世妝逐次興起於貞元末年之長安，而繁盛都會如河中等處，爭時勢之婦女（才調集伍微之「有所教」詩云：「人人總解爭時勢。」）立即摹仿之。其後遂風行於四方較遠之地域。迄於元和之末年，尚未改易耶？今無他善本可資校訂，姑記此疑以俟更考。又此節可與上陽白髮人條互相闡發，讀者幸取而并觀之也。

詩云：

元和妝梳君記取，髻椎面赭非華風。

寅恪案，漢書玖伍西南夷傳云：

此皆椎結。

師古注云：

結讀曰髻，爲髻如椎之形也。

白氏之所謂椎髻，疑即此樣也。至赭面已詳前城鹽州篇，兹不贅釋。白氏此詩所謂面赭非華風者，乃吐蕃風氣之傳播於長安社會者也。

復次，外夷習俗之傳播，必有殊類雜居爲之背景。（此義嘗於拙著讀東城老父傳一文略言之，載歷史語言研究所集刊第拾本第貳分。）就外交關係言，中唐與吐蕃雖處於或和或戰之狀態，（自德宗貞元三年平涼敗盟後，唐室與吐蕃入於敵對狀態，至憲宗初年乃采用懷柔政策。）而就交通往來言，則貞元元和之間，長安五百里外即爲唐蕃邊疆。其鄰接若斯之近，决無斷绝可能。此當日追摹時尚之前進分子，所以仿效而成此蕃化之時世妝也。

李夫人

寅恪於論長恨歌時，已言樂天之詩句與陳鴻之傳文所以特爲佳勝者，實在其後半節暢述人天生死形魂離合之關係，而此種物語之增加，則由漢武帝李夫人故事轉化而來。此篇以李夫人爲題，即取長恨歌及傳改縮寫成者也。故就此篇篇末一節與長恨歌及傳之關係略爲釋證數語，以供讀者之參考。至於此篇前段所用故實，則不過出於史記貳捌封禪書漢書玖柒外戚傳上李夫人傳，西京雜記貳，及穆天子傳陸諸書，皆世所習知者，無須贅引也。

詩云：

又不見泰陵一掬泪，馬嵬坡下念楊妃。縱令妍姿豔質化爲土，此恨長在無銷期。

寅恪案，前三句取自長恨歌「馬嵬坡下泥土中，不見玉顔空死處。」諸句。後一句則取自長恨歌「此恨緜緜無绝期。」之句，此固顯而易見者也。

又云：

生亦惑，死亦惑，尤物惑人忘不得。人非木石皆有情，不如不遇傾城色。

寅恪案，此即綜合文苑英華柒玖肆張君房麗情集本之陳鴻長恨歌傳中：

李延年歌曰，傾國復傾城。此之謂也。

與白氏長慶集壹貳長恨歌前之通行本陳鴻長恨歌傳中：

樂天因爲長恨歌，意者不但感其事，亦欲懲尤物窒亂階，垂於將來也。

及：

生惑其志，死溺其情，又如之何？

等語之意改造而成者也。樂天之長恨歌以「漢皇重色思傾國。」爲開宗明義之句，其新樂府此篇，則以「不如不遇傾城色。」爲卒章顯志之言。其旨意實相符同，此亦甚可注意者也。故讀長恨歌必須取此篇參讀之，然後始能全解。蓋此篇實可以長恨歌著者自撰之箋注視之也，而今世之知此義者不多矣。復次，此篇之廣播流行，較之長恨歌，雖有所不及，但就文章體裁演進之點言之，則已更進一步。蓋此篇融合長恨歌及傳爲一體，俾史才詩筆議論俱匯集於一詩之中，已開元微之連昌宮詞新體之先聲矣。讀者若取長恨歌及傳與連昌宮詞及此篇參合比較讀之，并注意其作成之時間，自可於當時文人之關係與文體之關係二端得一確解也。

此篇小序云：

鑒嬖惑也。

而詩云：

漢武帝初喪李夫人。

又云：

傷心不獨漢武帝，自古及今皆若斯。君不見穆王三日哭，重壁臺前傷盛姬。又不見泰陵一掬淚，馬嵬坡下念楊妃。

則不獨所舉之例，悉爲帝王與妃嬪間之物語故實，且又借明皇楊妃之事標出一真實之「今」字。自是陳諫戒於君上之詞，而非泛泛刺時諷俗之作也。考舊唐書伍貳后妃傳下憲宗懿安皇后郭氏傳（新唐書柒柒后妃傳下憲宗懿安皇后郭氏傳后半不同。）云：

憲宗懿安皇后郭氏，尚父子儀之孫，贈左僕射駙馬都尉曖之女，母代宗長女昇平公主。憲宗爲廣陵王時，納后爲妃。以母貴，父祖有大勳於王室，順宗深寵異之。貞元十一年生穆宗皇帝。元和元年八月册爲貴妃。八年十二月百寮拜表請立貴妃爲皇后。凡三上章，上以歲暮，來年有子午之忌，且止。帝後庭多私愛，以后門族華盛，慮正位之後，不容嬖幸，以是册拜後時。元和十五年正月，穆宗即位，閏正月，册爲皇太后。

新唐書柒柒后妃傳下憲宗懿安皇后郭氏傳（參裴廷裕東觀奏記上及拙著唐代政治史述論稿中篇。）云：

宣宗立，於后諸子也。而母鄭故侍兒，有曩怨。帝奉養禮稍薄，后鬱鬱不聊。與一二侍人登勤政樓，將自隕，左右共持之。帝聞不喜。是夕后暴崩。有司上尊謚，葬景陵外園。太常官王皞請后合葬景陵，以主祔憲宗室。帝不悦，令宰相白敏中讓之。皞曰，后乃憲宗東宮元妃，事順宗爲婦，歷五朝母天下，不容有异論。敏中亦怒。周墀又責謂，皞終不撓。墀曰，皞信孤直。俄貶皞句容令。懿宗咸通中皞還爲禮官，申抗前論，乃詔后主祔於廟。

寅恪案，唐代之女禍可謂烈矣。如武韋楊張諸后妃之移國亂朝，皆世所習知者。今觀上引諸史文，知憲宗亦多内寵，樂天新樂府既以「爲君而作」爲其要義之一，宜有此取遠鑒於前朝覆轍，近切合於當日情事之諷諫詩篇也。又觀於後來憲宗終竟不肯定立元妃郭氏爲皇后，卒致釀成裴廷裕所謂「光陵商臣之酷」，是樂天之先事陳誡，尤不可忽視也。或有以上引史實既多在樂天賦此篇之後，而宮掖事秘，又非外間所得詳知爲疑者。其實自憲宗踐阼至樂天作詩，爲時已歷四五載之久，迄未聞以元妃正位宮闈，則疑似之論，不必果無。何况樂天此時又爲文學侍臣，職居禁密乎？然則此篇之作，必非僅爲襲長恨歌傳之舊意以充五十首之數者，抑又可知矣。

陵園妾

此篇既敘宮女幽閉之情事，自可與上陽白髮人一篇相參證。如詩中：

> 憶昔宮中被妒猜。因讒得罪配陵來。

之句，殆受上陽白髮人李傳所言：

> 楊貴妃專寵，後宫人無復進幸矣。六宮有美色者，輒置别所。

之暗示而來，而樂天上陽白髮人詩云：

> 未容君王得見面，已被楊妃遥側目。妒令潛配上陽宫，一生遂向空房宿。

陵園妾篇中此語自亦與之有關，可無疑也。惟特須注意者。據此篇小序云：

> 托幽閉喻被讒遭黜也。

則知此篇實以幽閉之宮女喻竄逐之朝臣。取與上陽白髮人一篇比較，其詞語雖或相同，其旨意則全有別。蓋樂天新樂府以一吟悲一事爲通則，宜此篇專指遭黜之臣，而不與上陽白髮人憫怨曠之旨重複也。

詩之末節云：

遥想六宮奉至尊。宣徽雪夜浴堂春。雨露之恩不及者，猶聞不啻三千人。三千人，（此三字依全唐詩本補入。）我爾君恩何厚薄。願令輪轉直陵園，三歲一來均苦樂。

寅恪案，宣徽殿即在浴堂殿之東，（詳徐松唐兩京城坊考壹大明宮條。）而浴堂則常爲召見翰林學士之所。據李相國論事集壹上問得賢興化事條：

上嘗御浴堂北廊。

同書貳論鄭絪事條：

上御浴堂北廊，召學士李絳對。

同書同卷奏事上怒旋激賞事條：

學士李絳於浴堂北廊奏對。

之紀載可知。是此所謂六宮三千人者，乃指任職京邑之近要與閑散官吏而言也。

所謂「三歲一來均苦樂。」者，東觀奏記中云：

上（宣宗）雅重詞學之臣，於翰林學士恩禮特异。宴游密召，無所間隔。惟於遷轉，皆守彝章。皇甫珪自吏部員外召入内廷，改司勳員外，計吏員二十五個月限，轉司封郎中知制誥。孔温裕自禮部員外改司封員外入内廷，二十五個月改司勳郎中知制誥。動循官制，不以爵禄私近臣也。

蓋唐家之制，京官遷轉，率以二十五個月爲三歲考滿。（可參白氏長慶集捌〔新授左拾遺〕謝官狀，奏陳情狀及〔新授京兆府户曹參軍〕謝官狀。）白氏長慶集壹叁代書詩一百韵寄微之云：

三考欲成資。

即指此也。樂天此篇結語以三歲輪轉爲言，誠符其卒章顯志之義矣。又通鑒貳肆玖唐紀宣宗紀大中十二年二月甲子條胡注略云：

宋白曰，凡諸帝升遐，宫人無子者悉遣詣山陵供奉朝夕，具盥櫛，治衾枕，事死如事生。

夫遺詣山陵之嬪妾，本爲經事前朝之宫人，而樂天此篇乃言「願令輪轉直陵園，三歲一來均苦樂。」一頗嫌失體。然則此篇實與陵園妾并無干涉，又可見也。

復次，憲宗朝元和元年以後，外貶之朝臣如元和三年四月考策官爲宰相李吉甫所訴，韋貫之貶巴州刺史，王涯貶虢州司馬，楊於陵出爲嶺南節度使者，（參閲澗底松條所引。）雖亦符於樂天小序「被讒遭黜」之旨，但以陵園妾爲比，則似不切，且詩中：

山宮一閉無開日，未死此身不令出。

之言，亦嫌過當。樂天此篇所寄慨者，其永貞元年竄逐之八司馬乎？舊唐書壹肆憲宗紀上略云：

永貞元年十一月（舊紀原脱「十一月」三字。兹據新唐書柒憲宗紀及通鑑貳叁陸唐紀順宗紀補入。）壬申，貶正議大夫中書侍郎韋執誼爲崖州司馬。己卯，再貶撫州刺史韓泰爲虔州司馬，河中少尹陳諫台州司馬，召州刺史柳宗元爲永州司馬，連州刺史劉禹錫朗州司馬，池州刺史韓曄饒州司馬，和州刺史凌准連州司馬，岳州刺史程异柳州司馬，皆坐交王叔文〔也〕。元和元年八月壬午，左降官韋執誼，韓泰，陳諫，柳宗元，劉禹錫，韓曄，凌准，程异等八人縱逢恩赦，不在量移之限。

則以隨豐陵葬禮，幽閉山宮，長不令出之嬪妾，喻隨永貞内禪，竄逐遠州，永不量移之朝臣，實一一切合也。惟八司馬最爲憲宗所惡，樂天不敢明以豐陵爲言。復借被讒遭黜之意，以變易其辭，遂不易爲後人覺察耳。又太行路一篇所論，與此篇頗有關涉，讀者幸取而參閱之。

詩中「一奉寢宫年月多。」一句，前引通鑑胡注引宋白之言，固可爲此語之注脚，而韓昌黎集肆豐陵行云：

設官置衛鎖嬪妓，供養朝夕象平居。

亦可相參證也。

「中官監送鏁門迴。」句，則太平廣記肆捌陸薛調譔無雙傳云：

忽報有中使押領内家三十人，往園陵，以備灑掃。

又云：

忽傳説曰，有高品過，處置園陵宫人。

可以與樂天此句相印證也。

鹽商婦

白氏長慶集肆陸策林第貳叁目議鹽法之弊論鹽商之幸云：

臣又見自關以東，上農大賈，易其資産，入爲鹽商。率皆多藏私財，别營稗販。少出官利，唯求隸名。居無征徭，行無榷税。身則庇於鹽籍，利盡入於私室。此乃下有耗於農商，上無益於筦榷明矣。蓋山海之饒，鹽鐵之利，利歸於人，政之上也。利歸於國，政之次也。若上既不歸於人，次又不歸於國。使幸人姦黨，得以自資。此乃政之疵，國之蠹也。今若剗革弊法，沙汰姦商，使下無僥倖之人，上得析毫之計，斯又去弊興利之一端也。

寅恪案，樂天此篇之意旨，與其前數年所擬策林之言殊無差异。此篇小序所謂「幸人」者，即策林所謂「僥倖之人」。篇中「婿作鹽商十五年，不屬州縣屬天子。每年鹽利入官時，少入官家多入私。官家利薄私家厚，鹽鐵尚書遠不知。」諸句，即策林所謂「自關以東，上農大賈，易其資財，入爲鹽商。少出官利，唯求隸名。居無征徭，行無榷稅。身則庇於鹽籍，利盡入於私室。」而樂天竟於策林貳貳不奪人利條昌言：

唐堯夏禹漢文之代，棄山海之饒，散鹽鐵之利。

更爲明白無所避忌矣。然此等儒生之腐論，於唐代自安史亂後國計之仰給於鹽稅者，殊爲不達事情也。新唐書伍肆食貨志略云：

〔劉〕晏之始至也，鹽利纔四十萬緡。至大曆末，六百餘萬緡。天下之賦，鹽利居半。宫闈服御，軍饟，百官禄俸皆仰給焉。明年而晏罷。貞元四年淮西節度使陳少游奏加民賦，自此江淮鹽每斗亦增二百，爲錢三百一十，其後復增六十。江淮豪賈射利，或時倍之。官收不能過半，民始怨矣。鹽估益貴，商人乘時射利，遠鄉貧民困高估，至有淡食者。其後軍費日增，鹽價寖貴。順宗時，始減江淮鹽價，每斗爲錢二百五十。其後鹽鐵使李錡奏，江淮鹽斗減錢十以便民。未幾復舊。方是時，錡盛貢獻以固寵，朝廷大臣皆餌以厚貨。鹽鐵之利積於私室，而國用耗屈，榷鹽法大壞。兵部侍郎李巽爲使，以鹽利皆歸度支。初歲之利，如劉晏之季年。其後則三倍晏時矣。

又舊唐書壹肆憲宗紀上云：

〔元和元年四月〕丁未，以檢校司空平章事杜佑爲司徒。所司備禮册拜，平章事如故。罷領度支鹽鐵轉運等使，從其讓也。仍以兵部侍郎李巽代領其任。

〔四年四月〕丁卯，鹽鐵使吏部尚書李巽卒。（寅恪案，舊唐書壹貳叁李巽傳以巽卒爲四月。）六月乙亥朔，丁丑，以河東節度使李鄘爲刑部尚書，充諸道鹽鐵轉運使。

據此，貞元元和間鹽法之利弊，略如上述。而樂天賦此篇時，鹽鐵尚書爲李巽。巽爲唐代主計賢臣，其名僅亞於劉晏。李巽之後，繼以李鄘，鄘以當官嚴重知名。似此二人者，俱不應招致譏刺。樂天此篇結語至以：

桑弘羊，死已久，不獨漢世今亦有。

爲言，毋乃過刻乎？意者其或别有所指耶？姑從闕疑以俟更考。總之，樂天之鹽法意見，其賦此篇時與擬策林時并無改易。此篇之作，不過取前日所蓄意見，形諸篇什耳。

詩云：

本是揚州小家女，嫁得西江大商客。

寅恪案，劉夢得外集捌夜聞商人船中筝七绝云：

大艑高船一百尺，新聲促柱十三弦。揚州市裏商人女，來占西江明月天。

可與樂天此詩相印證。蓋唐代揚州爲經濟繁盛之都市，鉅商富賈薈集之處所。江西商人航乘大舟，每年來往於江西淮南之間。觀國史補下凡東南郡邑無不通水條略云：

舟船之盛，盡於江西。編蒲爲帆，大者或數十幅，自白沙泝流而上。常待東北風，謂之潮信。江湖語云，水不載萬，言大船不過八九千石。然則（而？）大曆貞元間有俞大娘航船最大。居者養生送死嫁娶，悉在其間。開巷爲圃，操駕之工數百。南至江西，北至淮南，歲一往來，其利甚博。

可知，則其娶揚州倡女爲外婦或妾，自是尋常之事，此詩人所以往往賦咏之也。復次，樊川集肆夜泊秦淮七绝云：

煙籠寒水月籠沙。夜泊秦淮近酒家。商女不知亡國恨，隔江猶唱後庭花。

寅恪案，牧之此詩所謂隔江者，指金陵與揚州二地而言。此商女當即揚州之歌女，而在秦淮商人舟中者。夫金陵，陳之國都也。玉樹後庭花，陳後主亡國之音也。此來自江北揚州之歌女，不解陳亡之恨，在其江南故都之地，尚唱靡靡遺音。牧之聞其歌聲，因爲詩以咏之耳。此詩必作如是解，方有意義可尋。後人昧於金陵與揚州隔一江及商女爲揚州歌女之義，模糊籠統，隨聲附和，推爲绝唱，（如沈德潛唐詩别裁貳拾此詩評語之類。）殊可笑也。世之讀小杜詩者，往往不能通其意，因論樂天此篇，附記於此。（劉夢得文集叁金陵懷古五律「後庭花一曲，幽怨不堪聽。」之句，當非泛用故典而有所指實，似可取與小杜詩互證也。）

杏爲梁

秦中吟傷宅一首與此篇有關，如傷宅詩之結語云：

不見馬家宅，今作奉誠園。

此篇亦云：

君不見馬家宅，尚猶存。宅門題作奉誠園。

即其證也。又舊唐書壹貳德宗紀上云：

〔大曆十四年七月〕壬申，毁元載馬璘劉忠翼之第，以其雄侈逾制也。

同書壹伍貳馬璘傳（新唐書壹奎捌馬璘傳略同）云：

在京師治第舍，尤爲宏侈。天寶中，貴戚勳家已務奢靡，而垣屋猶存制度。然衛公李靖家廟，已爲嬖臣楊氏馬厩矣。及安史大亂之後，法度隳弛。内臣戎帥，競務奢豪。亭館第舍，力窮乃止。時謂木妖。璘之第，經始中堂，費錢二十萬貫。他室降等無幾。及璘卒於軍，子弟護喪歸。京師士庶觀其中堂，或假稱故吏，争往赴吊者數十百人。德宗在東宫，宿聞其事。及踐阼，條舉格令，第舍不得逾制。仍詔毀璘中堂及内官劉忠翼之第。璘之家園進屬官司，自是公卿賜宴，多於璘之山池。子弟無行，家財尋盡。（樂天所言之馬家宅，乃馬燧舊第，非馬璘者，說詳下。）

蓋自天寶以來，長安朝貴，即好興土木。居處奢僭，最爲弊俗。宜樂天之賦傷宅詩及此篇也。此篇以杏爲梁名篇者，杏梁一詞，乃古詩中所習見，如玉臺新咏陸賚衵咏照鏡云：

晨暉照杏梁。

同書柒皇太子聖製豔歌曲云：

飛棟杏爲梁。

同書玖沈約古詩題霜來悲落桐云：

文杏堪作梁。

皆其例也。惟同書同卷歌詞二首之貳云：

盧家蘭室桂爲梁。中有鬱金蘇合香。

而此詩云：

杏爲梁，桂爲柱，何人堂室李開府。

又云：

高其牆，大其門，誰家第宅盧將軍。

頗似樂天即取意於古歌詞者。然樂天詩中有「去年」「今歲」之言，自非僅采古典，當亦兼咏近事也。或謂唐語林捌補遺云：

盧言舊宅在東都歸德坊南街，廳屋是杏木梁，西壁有韋旻郎中畫馬六匹。

而新唐書柒叁上宰相世系表范陽盧氏表有：

正言，左監門衛將軍，謚曰光。

者，樂天所咏之盧將軍，豈即指盧言或盧正言其人耶？竊以爲不然，盧言或盧正言是否果爲一人，姑置不論。盧言之第宅在東都，盧正言爲隋代盧昌衡之曾孫，當是玄宗以前人。是地域時間各與樂天所咏者不合也。據樂天篇中言李開府之宅則云：

去年身没今移主。

言盧將軍之宅則云：

今歲官收賜別人。

則李先而盧後，又俱爲元和初年時事無疑。然則其所指言者，殆李錡與盧從史歟？

舊唐書壹肆憲宗紀上（新唐書柒憲宗紀通鑑貳叁柒唐紀憲宗紀元和二年十一月甲申條同。）云：

〔元和二年〕十一月甲申斬李錡於獨柳樹下。

寅恪案，李錡爲鎮海軍節度使，是合於開府之稱也。

同書同卷（通鑑貳叁捌唐紀憲宗紀元和五年四月甲申及戊戌條同。）略云：

元和五年四月甲申鎮州行營招討使吐突承璀執昭義節度使盧從史，載從史送京師。戊戌，貶前昭義節度使盧從史爲驩州司馬。

寅恪案，盧從史得稱將軍，亦無疑問也。惟有可注意者，新樂府雖有：

元和四年爲左拾遺時作。

之注，而此杏爲梁一篇詠及盧從史之敗，是其作成至少亦在元和五年四月以後也。頗疑白氏此五十篇，未必悉寫成或寫定於元和四年，斯爲一例證矣。如前文所論海漫漫道州民等篇，亦可取相參證也。

詩中「君不見馬家宅，尚猶存，宅門題作奉誠園。」者，舊唐書壹叁肆馬燧傳附子暢傳（新唐書壹伍伍馬燧傳附子暢傳同。）云：

燧貲貨甲天下。燧既卒，暢承舊業，屢爲豪幸邀取。貞元末中尉申志廉諷暢令獻田園第宅。順宗復賜暢。初爲粲妻所訴，析其產。中貴又逼取，仍指使施於佛寺，暢不敢吝。晚年財產并盡。身殁之後，諸子無室可居，以至凍餒。今奉誠園亭館，即暢舊第也。

國史補中云：

馬司徒之子暢，以第中大杏饋竇文場。文場以進。德宗未嘗見，頗怪之。令使就第，封杏樹。暢懼，進宅。廢爲奉誠園。屋木盡拆入内也。

寅恪案，奉誠園爲馬燧舊第事，除見於兩唐書及李肇國史補外，又數見於唐人詩集中，如竇氏聯珠集竇牟奉誠園聞笛詩注云：

園馬侍中故宅。

元氏長慶集壹陸奉誠園七绝注云：

馬司徒舊宅。

之類，不遑備舉。至其所在地，則據杜牧樊川集貳過田家宅詩云：

安邑南門外，誰家版築高。奉誠園裏地，牆缺見蓬蒿。

可知也。

「君不見魏家宅，屬他人，詔贖賜還五代孫。」者，其自注云：

元和四年，詔特以官錢贖魏徵勝業坊中舊宅，以還其孫，用獎忠儉。

寅恪案，白氏長慶集肆壹論魏徵舊宅（李師道奏請出私財收贖魏徵舊宅事宜。）云：

伏望明敕有司，特以官錢收贖，使還後嗣，以勸忠臣。則事出皇恩。美歸聖德。臣苟有所見，不敢不陳。其與師道詔，未敢依宣便撰，伏待聖旨。（此條可參通鑑貳叁柒唐紀憲宗紀元和四年三月條及胡注。）

則官錢收贖魏徵舊宅之議，實由樂天發之。夫樂天杜强藩之掠美，成君上之勸忠，誠可謂有論思拾遺之功，不愧近臣言官之職矣。而篇中全以其事歸美憲宗，尤爲遣辭得體也。

井底引銀瓶

此篇小序云：

止淫奔也。

篇之結語云：

寄言癡小人家女，愼勿將身輕許人。

寅恪案，樂天新樂府與秦中吟之所咏，皆貞元元和間政治社會之現象。此篇以「止淫奔」爲主旨，篇末以告誡癡小女子爲言，則其時社會風俗男女關係與之相涉可知。此不須博考旁求，元微之鶯鶯傳即足爲最佳之例證。蓋其所述者，爲貞元間事，與此篇所諷刺者時間至近也。關於鶯鶯傳，寅恪已辨證其事，兹不重論。惟取傳載雙文報張生書中數語，以與此篇所言者相參證於下。

詩云：

牆頭馬上遥相顧，一見知君即斷腸。知君斷腸共君語。君指南山松柏樹。感君松柏化爲心，暗合雙鬟逐君去。到君家舍五六年。君家大人頻有言。聘則爲妻奔是妾，不堪主祀奉蘋蘩。終知君家不可住。其奈出門無去處。

書略云：

婢僕見誘，遂致私誠。兒女之心，不能自固。君子有援琴之挑，鄙人無投梭之拒。及薦寢席，義盛意深。愚陋之情，永謂終托。豈期既見君子，而不能（以禮）定情。（見校補記第二則）致有自獻之羞，不復明侍巾幘。没身永恨，含嘆何言。如或達士略情，舍小從大。以先配爲丑行，謂要盟爲可欺。則當骨化形銷，丹誠不泯。因風委露，猶托清塵。存没之誠，言盡於此。

則樂天詩中之句，即雙文書中之言也。夫「始亂終棄」，乃當時社會男女間習見之現相。樂天之賦此篇，豈亦微之和李校書新題樂府序所謂「病時之尤急者。」耶？（見元氏長慶集貳肆。）但微之則未必以斯爲尤急者。元白二人之不同，殆即由此而判歟？

官牛

此篇小序云：

諷執政也。

寅恪案，元和四年時，三公及宰相凡五人。其中鄭絪裴垍李藩三人皆不應爲樂天所譏誚，而新樂府司天臺一篇則專詆杜佑，是則此篇之所指書者，其唯於頔乎？

新唐書陸貳宰相表中（舊唐書壹肆憲宗紀上同。）云：

元和三年九月庚寅山南東道節度使檢校尚書左僕射于頔守司空同中書門下平章事。

寅恪案，據此，知于頔之拜相與樂天之作詩，其時間相距甚近也。舊唐書壹伍陸于頔傳（新唐書壹柒貳于頔傳同。）略云：

貞元十四年爲襄州刺史，充山南東道節度觀察〔使〕。於是廣軍籍，募戰士，器甲犀利，倜然專有漢南之地。於是公然聚斂，恣意虐殺，專以凌上威下爲務。及憲宗即位，威肅四方，頔稍戒懼，以第四子季友求尚主，憲宗以長女永昌公主降焉。其第二子方，屢諷其父歸朝，入覲，册拜司空平章事。

園史補中（新唐書壹柒貳于頔傳略同。）云：

襄州人善爲漆器，天下取法，謂之襄樣。及于司空頔爲帥，多酷暴。鄭元鎮河中，亦虐。遠近呼爲褭樣節度。

寅恪案，于頔居鎮驕蹇，迫於事勢，不得已而入朝。雖其執政原是虚名，但以如是人而忝相位，固宜譏諷也。

白氏長慶集肆壹論于頔裴均狀（於頔裴均欲入朝事宜。）云：

且于頔身是大臣，子爲駙馬，性靈事迹陛下素諳。一朝到來，權兼内外。若繩以規制，則必失君臣之心。若縱其作爲，則必敗朝廷之度。

同書同卷論於頔所進歌舞人事宜狀云：

于頔自入朝來，陛下待之，深得其所。存其大體，故厚加寵位。知其性惡，故不與威權。

寅恪案，樂天於于頔入朝以前，已有痛詆之語，在其入朝以後，復於奏狀中言其「性惡」，是不滿於于頔可知。然則謂此篇爲專指于頔者，亦不足怪矣。

詩中「官牛官牛駕官車。滻水岸邊般載沙。」「載向五門官道西。緑槐陰下鋪沙隄。」者，蓋拜相之儀制，如國史補下云：

凡拜相，禮绝班行，府縣載沙填路，自私第至於城東街，名曰沙隄。

者，是也。

紫毫筆

此篇小序云：

誡失職也。

寅恪案，樂天在翰林時實有拾遺補闕之功。觀白氏長慶集肆壹，肆貳，肆叁，諸卷所上奏狀，可以爲證。又舊唐書壹陸陸新唐書壹壹玖白居易傳，通鑒貳叁捌唐紀憲宗紀元和五年六月甲申條，及李相國論事集貳論白居易事條，均載憲宗謂白居易不遜，及李絳解釋之語，則樂天亦可謂言行相符者矣。然則此篇之作，而又以之次於官牛一篇之後者，殆有感觸於時政之缺失，而憤慨稱職者之不多，似無可疑也。

樂天以宣州解送中進士第，此篇及紅綫毯篇俱以宣州之貢品爲言，蓋皆其所熟知者也。玆取舊籍之涉及宣州兔毫筆者略録數條於下。

元和郡縣圖志貳捌宣州溧水縣條（此條乃張清常君舉以見告者，附記於此。）云：

中山在縣東南一十五里，出兔毫，爲筆精妙。（舊唐書壹佰伍韋堅傳載宣城郡船所堆積之産物中有紙筆。又新唐書肆壹地理志宣州宣城郡土貢有兔褐簟紙筆。）

全唐文捌佰壹陸龜蒙管城侯傳略云：

毛元鋭，字文鋒，宣城人。其族有竄於江南者，居於宣城溧陽山中，宗族豪甚。

寅恪案，太平寰宇記壹佰叁所紀宣州土産中，筆居其一。樂氏之書，雖較晚出，亦可與樂天之詩相印證也。至張耒明道雜志云：

于守宣州，問筆工毫用何處兔。答云，皆陳亳宿數州客所販。宣自有兔，毫不可用。蓋兔居原田，則毫全，以出入無傷也。宣兔居山，出入爲荆棘樹枝所傷，則短秃。則白詩所云非也。

宣和畫譜壹捌崔慤條云：

大抵四方之兔，賦形雖同，而毛色小异。山林原野，所處不一。如山林間者，往往無毫，而腹下不白。平原淺草，則毫多而腹白。大率如此相异也。白居易曾作宣州筆詩，謂，江南石上有老兔，食竹飲泉生紫毫。此大不知物之理。聞江南之兔，未嘗有毫。宣州筆工，復取青齊中山兔毫作筆耳。

恐是古今産物之殊异。上引唐人之文，足徵白詩之不妄。文潛拘於時代，致疑古人。其言未必可爲定論也。

隋堤柳

此篇殆樂天追賦汴河之舊游，以足五十首之數者，故詩句既爲通常警誡之語，而感慨亦非特別深摯。惟樂天本有舊業在埇橋，（參白氏長慶集貳捌答户部崔侍郎書，又伍叁埇橋舊業五律。）少時又嘗旅居吴越，（參白氏長慶集伍玖吴郡詩石記。）觀白氏長慶集伍叁汴河路有感一首所云：

三十年前路，孤舟重往還。繞身新眷屬，舉目舊鄉關。事去唯留水，人非但見山。啼襟與愁鬢，此日兩成斑。

可知其與汴河關係之密切也。然則樂天是篇之作，較之詩人之浮泛咏古者，固亦有差别矣。

「隋堤柳」者，隋書貳肆食貨志略云：

煬帝即位，開渠引穀洛水自苑西入，而東注於洛。又自板渚引河達於淮海，謂之御河。河畔築御道，樹以柳。又造龍舟鳳艒，黄龍赤艦，樓船，篾舫。募諸水工，謂之殿脚。衣錦行縢，執青絲纜，挽舡以幸江都。

「龍舟未過彭城閣。」者，即大唐創業起居注下略云：

宇文化及等謀同逆，遂夜率驍果者圍江都宫，殺後主於彭城閣。

是也，又嘉慶一統志玖柒江蘇揚州府古迹門貳云：

彭城閣，在甘泉縣彭城邨。大業雜記，煬帝建，閣中有温室。先是開皇末有泥彭城口之謡，其後果驗。唐李益有詩。

可知彭城閣之所在。全唐詩第拾函李益詩貳揚州懷古云：

　　彭城閣邊柳，偏似不勝春。

君虞與樂天爲同時人，其所咏者，可與白氏此句參證也。

「二百年來汴河路。」者，隋書叁煬帝紀云：

　　〔大業元年三月〕辛亥，發河南諸郡男女百餘萬，開通濟渠，自西苑引谷洛水達於河，自板渚引河通於淮。

隋煬帝大業元年當西曆六〇五年。白氏作詩時爲唐憲宗元和四年，當西曆八〇九年。相距之年正約合二百之數也。至汴河路，則寅恪已於拙著秦婦吟校箋中詳論之，於此可不複述。

草茫茫

此篇小序云：

　　懲厚葬也。

考唐會要叁捌葬門略云：

　　元和三年五月京兆尹鄭元修奏，王公士庶喪葬節制，其凶器悉請以瓦木爲之。是時厚葬成俗久矣，雖詔命頒下，事竟不行。

寅恪案，元修之奏上於元和三年，即在樂天賦新樂府之前一年，當時士庶習於厚葬之風，此足爲證矣。又白氏長慶集肆捌第陸陸目禁厚葬略云：

國朝參古今之儀，制喪葬之紀，尊卑豐約，煥然有章，今則鬱而不行於天下者久矣。況多藏必辱於死者，厚費有害於生人。習不知非，寖而成俗。陛下欲革其弊，則宜振舉國章，申明喪紀。移風革俗，其在茲乎？

則樂天於當時民間厚葬之弊俗，久具匡革之志。此篇之作，實仍本其數年前構策林時之旨意也。或疑篇中既以「秦始驪山」「漢文霸陵」爲説，似是專指山陵而言。然樂天新樂府中凡所諷論，率以見事爲主。其有賦咏前朝故實者，亦多與時事有關。如胡旋女篇中有「五十年來制不禁。」之句，上陽白髮人有「入時十六今六十。」之句等，皆其例也。故此篇自不應遠刺代宗或其以前之山陵，而樂天所得聞知者，則德宗順宗崇豐二陵，又未見有過奢之制度。是知此篇只可視爲泛説，方能有當也。至於秦始漢文之得失，亦不過言喪葬儉侈利弊者所習用之比照耳，未可據以疑及此篇之旨意也。今戈本貞觀政要陸論儉約篇略云：

貞觀十一年詔曰，閭閻違禮，珠玉爲鳧雁。始皇無度，水銀爲江海。季孫擅魯，斂以璵璠。桓魋專宋，葬以石槨。莫不因多藏以速禍，由有利而招辱。其王公已下，爰及黎庶，自今已後，送葬之具有不依令式者，仰州府縣官明加檢察，隨狀科罪。在京五品以上，及勳戚家，仍録奏聞。

太宗之詔，旨在懲革臣民厚葬之俗，而亦以秦始皇帝爲言，是可與樂天此篇相參證。又此條本載在政要慎終篇中，（見戈氏原注。）當爲樂天作七德舞尋撦材料時所及見，或亦與此篇之作有關耶？

古冢狐

樂天新樂府率皆每篇各持一旨，而不雜不複。其李夫人一篇，如前所論，乃獻諫於君上之詞。則此篇之旨意，自宜與之有别。

詩云：

古冢狐，妖且老。化爲婦人顔色好。頭變雲鬟面變妝，大尾曳作長紅裳。徐徐行傍荒村路。日欲暮時人静處。或歌或舞或悲啼。翠眉不舉花顔低。忽然一笑千萬態，見者十人八九迷。（白氏長慶集貳和答詩十首之玖和古社詩中雖有，妖狐變美女，社樹成樓臺。黄昏行人過，見者心徘徊。諸句，但彼篇意在警戒小人，與此篇之旨有异。）

此篇之作以妖狐幻化美女迷惑行人爲言，乃示戒於民間一般男子者。至於篇末一節「何况褒妲之色善蠱惑。能喪人家覆人國。」之句，恐不過充類至盡，痛陳其害，未必即與少陵北征詩「不聞夏殷衰，中自誅褒妲。」所述者同其意也。復次，狐能爲怪之説，由來久矣。而幻爲美女以惑人之物語，則恐是中唐以來方始盛傳者。取此篇與下列史料相印證，亦足供研究社會風俗者之參考也。

太平廣記肆肆柒狐類狐神條引朝野僉載云：

唐初已來百姓多事狐神，房中祭祀以乞恩。食飲與人同之。事者非一主。當時有諺曰，無狐魅，不成村。

寅恪案，據此可知唐代社會盛行信奉狐神之俗也。又同書肆伍貳同類任氏條略云：

鄭子至樂游園，已昏黑矣。見一宅，土垣車門，室宇甚嚴。延入，任氏更妝而出，酣飲極歡，夜久而寢。其妍姿美質，歌笑態度，舉措皆豔，殆非人世所有。將曉，任氏曰，可去矣。乃約後期而去。既行及里門，門扃未發，門旁有胡人鬻餅之舍，鄭子指宿所以問之。曰，自此東轉有門者，誰氏之宅。主人曰，此隤墉棄地，無第宅也。鄭子曰，適過之，曷以云無。與之固爭。主人適悟。乃曰，吁！我知之矣。此中有一狐，多誘男子偶宿，嘗三見矣。今子亦遇乎？鄭子赧而隱曰，無。質明復視其所，見土垣車門如故，窺其中，皆蓁荒及廢圃耳。

寅恪案，此爲沈既濟於建中二年所撰之任氏傳文，沈氏作此傳與白氏作新樂府之時代相距不遠，故可取相參證也。據沈白二公之言，則中唐以來已有此種類似聊齋志异之狐媚物語，可以考知矣。

黑潭龍

韓昌黎集伍有炭谷湫祠堂五言古詩一首，題下注引歐本云：

在京兆之南，終南之下，祈雨之所也。南山秋懷詩皆見之。

又引陸長源辨疑志云：

長安城南四十里有靈母谷，俗呼爲炭谷。

又引宋敏求長安志略云：

炭谷在萬年縣南六十里，澄源夫人湫廟在終南山炭谷。

樂天此篇所咏黑潭之龍祠，豈即昌黎詩所咏炭谷湫之龍祠耶？考元和四年之春京畿實有旱災，（詳杜陵叟篇所論。）則此篇所摹寫龍祠享祭之盛，當爲樂天親有聞見者也。

此篇小序云：

疾貪吏也。

頗疑此篇之作，殆受元微之於元和四年使東川按故東川節度使嚴礪罪狀事（詳長恨歌箋證。）之暗示，但此篇末節云：

肉堆潭岸石，酒潑廟前草。不知龍神享幾多，林鼠山狐長醉飽。狐何幸，豚何辜，每年殺豚將餧狐。狐假龍神食豚盡，九重泉底龍知無。

是所謂龍者，似指天子而言。狐鼠者，乃指貪吏而言。豚者，即謂無辜小民也。考白氏長慶集肆壹論于頔裴均狀（于頔裴均欲入朝事宜。）云：

竊見外使入奏，不問賢愚，皆欲仰希聖恩，傍結權貴。上須進奉，下須人事。莫不減削軍府，割剥疲人。每一入朝，甚於兩稅。又聞于頔裴均等，數有進奉。若又許來，荆襄之人，必重困於剥削矣。

同集同卷論王鍔欲除官事宜狀略云：

臣又聞王鍔在鎮日，不卹凋殘，唯務差稅。淮南百姓，日夜無憀。五年誅求，百計侵削。錢物既足，部領入朝，號爲羡餘，親自進奉。今若授同平章事，臣又恐諸道節度使今日已後，皆割剥生人，營求宰相。

同書同卷論裴均進奉銀器狀云：

臣聞衆議皆云裴均性本貪殘，動多邪巧，每假進奉，廣有誅求。

其論于頔狀，論王鍔狀，俱爲元和三年所上。（頔子季友以元和二年十二月己卯即二十六日尚主，而此狀云頔子爲駙馬，則論于頔狀自爲元和三年所上。至論王鍔狀，爲元和三年上事，可參通鑒貳叁柒唐紀憲宗紀元和三年九月條及考异。）論裴均狀爲元和四年所上。（參同書同卷元和四年四月條及考异。）樂天既於作此篇前屢論進奉之情事，而進奉之情事，又恰與此篇所咏者切合，則此篇至爲直接詆誚當日剥削生民，進奉財貨，以邀恩寵，求相位之藩鎮者也。

天可度

此篇小序云：

惡詐人也。

所謂「詐人」者，初視之，似是泛指，但詳繹之，則疑白氏之意乃專有所刺。其所刺者，殆李吉甫乎？

何以言之？篇之結語云：

君不見李義府之輩笑欣欣。笑中有刀潛殺人。陰陽神變皆可測，不測人間笑是嗔。（關於人言李義府笑中有刀事，可參舊唐書捌貳李義府傳，新唐書貳貳叁姦臣傳上李義府傳，及談實録等。）

揆以卒章顯其志之義，則已直指吉甫之姓，呼之欲出矣。又詩中：

但見丹誠赤如血，誰知僞言巧似簧。

之句，可與唐會要捌拾朝臣複謚條載張仲方駁吉甫謚議：

諂泪在瞼，遇便則流。巧言如簧，應機必發。

之言相印證。蓋仲方駁謚之議，雖作於吉甫身後，然其言必爲當日牛黨對於吉甫之共評也。而仲方少嘗與樂天同官交好，（見白氏長慶集陸壹范陽張公墓志銘。）則二公詞語之如此巧合，必非偶然，又從可知矣。

復次，李相國論事集貳論鄭絪事條（參通鑑貳叁柒唐紀憲宗紀元和二年十一月昭義節度使盧從史内與王士真劉濟潛通條。）略云：

上（憲宗）曰，朕與宰相商量，欲召盧從史却歸潞府，續追入朝。鄭絪輒漏泄我意，先報從史。故事合如何處置？〔李〕絳曰，計鄭絪必不自洩，從史必不自言。陛下先知，何以得之？上曰，密奏。絳對曰，絪頗知古今，洞識名節，事出萬端，情有難測。莫是同列有不便之勢，專權有忌前之心，造爲此辭，冀其去位。無令人言陛下惑於讒佞也。至是遂已。

同書同卷辨裴武疏條（參通鑑貳叁捌唐紀憲宗紀元和四年九月庚戌上以裴武爲欺罔條。）略云：

上（憲宗）顔色甚震怒曰，裴武罔我，又使回未見，先宿裴垍宅，須左降嶺南遠處。〔李〕絳因奏言，裴武久爲朝士，具諳制度。裴垍身爲宰相，特受恩私。若其未見，便爾宿宰相家，固無此理。況皆詳練時事之人，計必無此事。必有構傷裴垍裴武，陛下不可不察。武得守其伍。

寅恪案，李相國論事集乃專詆吉甫之書，其言未可盡信。然此兩條并爲司馬温公采入通鑑，似亦頗可依據。前者通鑑以之繫於元和二年十一月，蓋由召盧從史令還昭義事而定。其潛害鄭絪之人，通鑑屬之吉甫。後者通鑑以之繫於元和四年九月，蓋由裴武使成德復命事而定。其構傷二裴之人，則不可知。考吉甫此時已出鎮淮南，當無尚在長安之理。所可注意者，其時間正與樂天作詩之時相符是也。然則此二條所述者，譖害之謀如出一轍，誣構之語發自二人。樂天之詩殆即由此而作，而特以「李義府之輩」爲言者，其職是之故歟？（可參閲澗底松篇所論。）

秦吉了

此篇小序云：

哀冤民也。

詩云：

豈無鵰與鶚，嗉中肉飽不肯搏。亦有鸞鶴群，閑立颺高（寅恪案，全唐詩「颺高」作「高颺」。）如不聞。秦吉了，人云爾是能言鳥，豈不見雞燕之冤苦。吾聞鳳凰百鳥主，爾竟不爲鳳凰之前致一言，安用噪噪閑言語。

寅恪案，詩中之鵰鶚，乃指憲臺京尹搏擊肅理之官，鸞鶴乃指省閣翰苑清要禁近之臣，秦吉了即指謂大小諫。是此篇所譏刺者至廣，而樂天尤憤慨於冤民之無告，言官之不言也。

復次，此篇所言：

昨日長爪鳶，今朝大嘴烏。鳶捎乳燕一窠覆，烏啄母雞雙眼枯。雞號墮地燕驚去，然後拾卵攫其雛。

一節，乃喻豪强侵淩弱小之事，似可與白氏長慶集壹宿紫閣山北邨詩：

中庭有奇樹，種來三十春。主人惜不得，持斧斷其根。口稱采造家，身屬神策軍。主人慎勿語，中尉正承恩。（可參白氏長慶集貳捌與元九書，聞僕宿紫閣村詩，則握軍要者切齒矣。等語。）

諸語相參證。蓋當日神策軍將吏最爲暴横，觀舊唐書壹伍肆許孟容傳（新唐書壹陸貳許孟容傳同。）：

〔元和〕四年，拜京兆尹，賜紫。神策吏李昱假貸長安富人錢八千貫，滿三歲不償。孟容遣吏收捕械繫，尅日命還之。曰，不及期當死。（通鑑貳叁捌唐紀憲宗紀元和四年九月此條作，曰，期滿不足當死。）自興元已後，禁軍有功，又中貴之尤有渥恩者，方得護軍。故軍士日益縱横，府縣不能制。孟容剛正不懼，以法繩之，一軍盡驚。寃訴於上，立命中使宣旨令送本軍。孟容繫之不遣。中使再至，乃執奏曰，臣職司輦轂，合爲陛下彈抑豪彊。錢未盡輸，昱不可得。上以其守正，許之。

之紀載，即可知也。夫身受侵害之寃民，多不敢自陳，職司輦轂之京尹，又少能繩制，而有言責者，復不爲訴一言於君上，樂天此篇所深慨者，其在斯乎？

鵶九劍

元氏長慶集貳説劍詩略云：

吾友有寶劍，密之如密友。我實膠漆交，中堂共杯酒。白虹座上飛，青蛇匣中吼。我聞音響异，疑是十將門。何人爲鑄之，干將别來久。我欲評劍功，願君良聽受。劍可剸犀兕，劍可切瓊玖。劍决天外雲，劍冲日中斗。劍隳妖蛇腹，劍拂佞臣首。今復誰人鑄，挺然千載後。既非古風壺，無乃近鵶九。勸君慎所寶，所用無或苟。潛將辟魑魅，勿但驚妾婦。留斬泓下蛟，莫試街中狗。

取與此篇相較，頗疑樂天是題之作，不能與之無關。惟樂天此篇與微之詩又有不同者，樂天詩云：

歐冶子死千年後，精靈暗授張鴟九。鴟九鑄劍吴山中，天與日時神借功。

蓋「歐冶子死千年」者，喻周衰秦興六義始刓，（見白氏長慶集貳捌與元九書。）迄於樂天之時約有千年之久也。「張鴟九」者，樂天所以自喻。「鴟九鑄劍」者，樂天以喻其作新樂府欲扶起詩道之崩壞也。（亦與元九書中語。）是取鴟九劍爲題，即指新樂府之作而言，亦可以推見矣。故此篇小序所云：

思決壅也。

結語所云：

不如持我決浮云，無令漫漫蔽白日。爲君使無私之光及萬物，蟄蟲昭蘇萌草出。

實不僅爲此篇之主旨，新樂府五十首之作，其全部旨意亦在於斯。由此觀之，樂天此篇之作，乃總括敘述其前此四十八篇之主旨者也。

此外尚有可論者，此篇既已總括其新樂府之作，而後此復有采詩官一篇，以爲全部新樂府之殿，何耶？曰，此篇所述者，一己之作品。采詩官所論者，廣大之理想。樂天之意，蓋以爲決壅蔽，繫乎廣視聽。廣視聽之要則，在立采詩之官。夫采詩官者，日采於下，歲獻於上。（詳見下采詩官篇所引。）是其新樂府之作，亦不過備采詩官之采獻耳。此所以必以采詩官一篇爲殿也。樂天新樂府組織之嚴，用意之密，斯又爲一例證矣。

復次，詩中「劍成未試十餘年。」一者，亦疑爲樂天自喻之語。考樂天於貞元十五年己卯由宣州解途，可視爲劍成之始。自此迄於元和四年己丑賦新樂府之時，其間已逾十年矣。蓋樂天此篇以鵶九之劍，樂天自身及其新樂府作品融而爲一，誠可謂物我兩忘，主賓俱泯矣。

采詩官

樂天新樂府五十篇，每篇皆以卒章顯其志。此篇乃全部五十篇之殿，亦所以標明其作五十篇之旨趣理想者也。

白氏長慶集肆捌策林第陸拾玖目采詩以補察時政（參同卷策林第陸捌目議文章，前總論已引。）略云：

臣聞聖王酌人之言，補己之過，所以立理本，導化源也。將在乎選觀風之使，建采詩之官，俾乎歌咏之聲，諷刺之興，日采於下，歲獻於上者也。所謂言之者無罪，聞之者足以自誡。所謂善防川者，決之使導。善理人者，宣之使言。

同集叁拾進士策問五道（元和三年爲府試官。）之第叁道云：

問，大凡人之感於事，則必動於情，發於嘆，興於咏，而後形於歌詩焉。故聞蓼蕭之咏，則知德澤被物也。聞北風之刺，則知威虐及人也。聞廣袖高髻之謡，則知風俗之奢蕩也。古之君人者，采之以補察其政，經緯其人焉。夫然，則人情通而王澤流矣。今有司欲請於上，遣觀風之使，復采詩之官，俾無遠邇，無美刺，日采於下，歲聞於上。以副我一人憂萬人之旨，識者以爲何如。

寅恪案，上引二文皆樂天於元和四年賦新樂府以前所作，可知樂天於復古采詩之意，蓋蓄之胸中久矣。

白氏長慶集壹讀張籍古樂府略云：

張君何爲者，業文三十春。尤工樂府詩，舉代少其倫。爲詩意如何，六義互鋪陳。風雅比興外，未嘗著空文，願播内樂府，時得聞至尊。

同書同卷寄唐生詩云：

我亦君之徒，鬱鬱何所爲。不能發聲哭，轉作樂府詩。篇篇無空文，句句必盡規。功高虞人箴，痛甚騷人辭。非求宫律高，不務文字奇。惟歌生民病，願得天子知。

同書貳捌與元九書略云：

自登朝來，年齒漸長，閱事漸多。每與人言，多詢時務。每讀書史，多求理道。始知文章合爲時而著，歌詩合爲事而作。是時皇帝初即位，宰府有正人，屢降璽書，訪人急病。而難於指言者，輒咏歌之，欲稍稍遞進聞於上。上以廣宸聽，副憂勤。次以酬恩奬，塞言責。下以復吾平生之志。豈圖志未就，而悔已生。言未聞，而謗已成矣。豈六義四始之風，天將破壞，不可支持耶？抑又不知天之意，不欲使下人之病苦，聞於上耶？不然，何有志於詩者，不利若此之甚也？

寅恪案，樂天之新樂府與文昌之古樂府，其體制雖有不同，而樂天推許文昌古樂府，則曰，「未嘗著空文。」自詡其新樂府，則曰，「篇篇無空文。」是此一要義，固無差别也。又樂天於文昌古樂府則曰，「願播内樂府，時得聞至尊。」自述其作樂府之本志，則曰，「惟歌生民病，願得天子知。」此即其「采詩」「諷諫」之旨意也。新樂府以此篇爲結後之作，正如常山之蛇尾，與首篇有互相救護之用。其組織嚴密，非後世摹仿者，所能企及也。

南部新書癸云：

四明人胡抱章，作擬白氏諷諫五十首，亦行於東南，然其辭甚平。後孟蜀末楊士達亦撰五十篇，頗諷時事。士達子舉正，端拱二年進士，終職方員外郎。

寅恪案，後世摹仿全部新樂府之詩，如胡楊之徒所作，均不顯著流傳。若清高宗之擬作，則更可不置論矣。

復次，樂天作新樂府之義旨，非難附和承襲，而其作新樂府之才藝，則曠世不一見者也。苟無其才藝之實，徒揭其義旨以自高，則不勝其虚誕之弊矣。

南部新書庚云：

元和以來，舉人用虚語策子作賦，若使陳詩觀風，乃教人以妄爾。

寅恪案，李珏以譏諷時事爲元和體詩之病，（見唐語林貳文學類文宗欲置詩學士條。）恐非绝無依據之言。故論新樂府竟，并附録末流摹擬之弊於此，以供效顰者之鑒誡。（見校補記第三則）

第六章　古題樂府

李公垂作新題樂府，微之擇和之，樂天復擴充之爲五十首，遂成有唐一代詩歌之名著。今公垂之作不可見，自難評論。然白氏長慶集壹陸編集拙詩成一十五卷因題卷末戲贈元九李二十詩「苦教短李伏歌行。」一句，樂天自注云：

> 李二十常自負歌行，近見予樂府五十首，默然心伏。

則公垂之作，當不及樂天，可以無疑。微之所作，見於元氏長慶集貳肆者，共十二首，亦多不如樂天所賦。寅恪别爲一章，合元白所作而專論之，兹可不涉及也。

夫元白二公，詩友也，亦詩敵也。故二人之間，互相仿效，各自改創，以蘄進益。有仿效，然後有似同之處。有改創，然後有立异之點。儻綜合二公之作品，區分其題目體裁，考定其製作年月，詳繹其意旨詞句，即可知二公之於所極意之作，其經營下筆時，皆有其詩友或詩敵之作品在心目中，仿效改創，從同立异，以求超勝，决非廣泛交際率爾酬和所爲也。關於此義，寅恪已於長恨歌琵琶引連昌宫詞諸章闡明之，兹亦可取用參證，即所謂比較之研究是也。

微之賦新題樂府，其不及樂天之處有二：（一）爲一題涵括數意，則不獨詞義複雜，不甚清切，而且數意并陳，往往使讀者不能知其專主之旨，注意遂難於集中。故讀畢後影響不深，感人之力較一意爲一題，如樂天之所作者，殊相懸遠也。（二）爲造句遺詞，頗嫌晦澀，不似樂天作品詞句簡單流暢，幾如自然之散文，却仍極富詩歌之美。且樂天造句多以三七言參差相間雜，微仿古樂府，而行文自由無拘牽滯礙之苦。微之所賦，則尚守七言古體詩之形式，故亦不如樂天所作之瀟灑自然多矣。夫微之作品此二病，若無樂天作品存在，似亦難發見。若取二人所作同一題目比較觀之，則相形見絀，淺學猶能預知，豈深知甘苦工於爲詩之微之，而不自知耶？既知之，而欲改創以求超勝，是殆微之於其元和十二年（元氏長慶集貳三古題樂府序下自注「丁酉」二字。寅恪案，丁酉爲元和十二年。）即樂天於元和四年賦新樂府後之八年，和劉猛李餘古樂府詩時之心理。

讀元詩者，苟明乎此，始可評論及欣賞今傳世之元氏長慶集貳叁卷中古題樂府詩十九首也。

茲先節録古題樂府序之有關解釋者於下。其序略云：

後之文人，達樂者少，但遇興紀題，往往兼以句讀短長爲詩歌之异。況自風雅至於樂流，莫非諷興當時之事，以貽後代之人。沿襲古題，唱和重複，於文或有短長，於義成爲贅賸。尚不如寓意古題，刺美見事，猶有詩人引古以諷之義焉。曹劉沈鮑之徒時得如此，亦復稀少。近代唯詩人杜甫悲陳陶哀江頭兵車麗人等，凡所歌行，率皆即事名篇，無復依傍。（參新樂府章。）予少時（寅恪案，元和十二年微之年三十九歲，其作新題樂府若在元和四年，亦已三十一歲，相距不過八年，少時二字不可拘泥也。）與友人樂天李公垂輩，謂是爲當，遂不復擬賦古題。昨梁州見進士劉猛李餘各賦古樂府詩數十首，其中一二十章，咸有新意，予因選而和之。其有雖用古題，全無古義者，若出門行不言離別，將進酒特書列女之類是也。其或頗同古義，全創新詞者，則田家止述軍輸，捉捕詞先螻蟻之類是也。

微之於新題樂府，既不能競勝樂天，而藉和劉猛李餘之樂府古題之機緣，以補救前此所作新題樂府之缺憾，即不改舊時之體裁，而別出新意新詞，以蘄追及樂天而軼出之也。故其自序之語最要之主旨，則爲「寓意古題，刺美見事。」及「咸有新意。」與「雖用古題，全無古義。」或「頗同古意，全創新詞。」等語。然則微之之新題樂府，題意雖新而詞句或仍不免襲古。而古題樂府，或題古而詞意俱新，或意新而題詞俱古。其綜錯複雜，尤足以表現文心工巧之能事矣。故微之之擬古，實創新也。意實創新而形則襲古，以視新題樂府之形實俱爲一致，體裁較爲單簡者，似更難作。豈微之特擇此見其所長，而以持傲其詩敵歟？請略舉其最佳之數首以爲例證如下：

凡古題樂府十九首，自夢上天至估客樂，無一首不只述一意，與樂天新樂府五十首相同，而與微之舊作新題樂府一題具數意者大不相似。此則微之受樂天之影響，而改進其作品無疑也。十九首中雖有全係五言或七言者，但其中頗多三言五言七言相間雜而成，且有以十字爲句者，如人道短之「莽卓恭顯皆數十年富貴。」及十一字爲句者，如董逃行之「爾獨不憶年年取我身上膏。」之類，長短參差，頗極變錯之致。復若君莫非及田野狐兔行，則又仿古，通篇全用四言矣。故讀微之古題樂府，殊覺其旨趣豐富，文采豔發，似勝於其新題樂府。舉數顯著之例，如夢上天云：

來時畏有他人上，截斷龍胡斬鵬翼。茫茫漫漫方自悲，哭向青雲椎素臆。哭聲厭咽旁人惡，喚起驚悲泪飄露。千慚萬謝喚厭人，向使無君終不寤。

微之於仕宦之途，感慨深矣。又如董逃行云：

董逃董逃人莫喜。勝負相環相枕倚。縫綴難成裁破易。何況曲針不能伸巧指。欲學裁縫須准擬。

破壞易而建設難，無其道而行其事。此詩所言若此，今日吾人讀之，心中將如何耶？又如夫遠征云：

遠征不必戍長城。出門便不知死生。

及田家詞云：

願官早勝讐早復。農死有兒牛有犢。誓不遺官軍糧不足。

諸句，皆依舊題而發新意。詞極精妙，而意至沉痛。取較樂天新樂府之明白曉暢者，別具蘊蓄之趣。蓋詞句簡鍊，思致微婉，此爲元白詩中所不多見者也。

此十九首中最可注意者，莫如人道短一篇，通篇皆以議論行之。詞意俱極奇詭，頗疑此篇與微之并世文雄如韓退之柳子厚劉夢得諸公之論有所關涉。蓋天人長短之説，固爲元和時文士中一重要公案也。柳河東集壹陸天説略云：

韓愈謂柳子曰，吾爲子言天之説，人之壞元氣陰陽也亦滋甚。吾意有能殘斯人使日薄歲削，禍元氣陰陽者滋少，是則有功於天地者也。蕃而息之者，天地之讐也。柳子曰，吾能終其説。彼上而玄者，世謂之天。下而黄者，世謂之地。渾然而中處者，世謂之元氣。寒而暑者，世謂之陰陽。其烏能賞功而罰禍乎？功者自功，禍者自禍，欲望其賞罰者大謬。呼而怨，欲望其哀且仁者，愈大謬矣。子而信子之仁義，以游其内，生而死爾，烏置存亡得喪於其間耶？

劉夢得文集壹貳天論三篇（參柳河東集叁壹答劉禹錫天論書。）序略云：

世之言天者二道焉。拘於昭昭者，則曰天與人實影響，如有物的然以宰者，故陰騭之説勝焉。泥於冥冥者，則曰天與人實相异，是茫乎無有宰者，故自然之説勝焉。予之友河東解人柳子厚作天説以折韓退之之言，文信美矣，蓋有激而云，非所以盡天人之際。故余作天論以極其辯云。

其上篇略云：

大凡入形器者，皆有能有不能。天有形之大者也。人動物之尤者也。天之能人固不能也，人之能天亦有所不能也。余故曰，天與人交相勝爾。其説曰，天之道在生植，其用在强弱。人之道在法制，其用在是非，人能勝乎天者法也。法大行則是爲公是，非爲公非。天下之人蹈道必賞，違善必罰。故其人曰，天何預乃人事耶？福兮可以善取，禍兮可以惡召，奚預乎天邪？法小弛則是非駁，賞不必盡善，罰不必盡惡。故其人曰，彼宜然而信然，理也。彼不當然而固然，豈理邪，天也。福或可以詐取，禍或可以苟免。人道駁，故天命之説亦駁焉。法大弛則是非易位，賞恒在佞，而罰恒在直。義不足以制其彊，刑不足以勝其非。人之能勝天之實盡喪矣。夫實已喪，而名徒存，彼昧者方挈挈然提無實之名，欲抗乎言天者，斯數窮矣。故曰天之所能者，生萬物也。人之所能者，治萬物也。法大行，則其人曰，天何預人邪？我蹈道而已。法大弛，則其人曰，道竟何爲邪？任人而已。法小弛，則天人之論駁焉。今以一已之窮通，而欲質天之有無，惑矣。余曰，天恒執其所能，以臨乎下，非有預乎治亂云爾。人恒執其所能，以仰乎天，非有預乎寒暑云爾。生乎治者，人道明，咸知其所自。故德與怨不歸乎天。生乎亂者，人道昧，不可知。故由人者，舉歸乎天，非天預乎人爾。

韓柳劉三公之説甚悉，今不能具引，惟取劉論上篇稱詳録之，以其爲唐人説理之第一等文字也。至韓柳之説，則文人感慨憤激之言也。微之人道短一篇，暢論天道似長而實短，人道似短而實長。其詩中：

天既職性命，道德人自强。

之句，則與夢得，「天之道在生植。人之道在法制。其用在是非。」似有所合，但細繹：

賴得人道有揀别，信任天道真茫茫。若此撩亂事，豈非天道短，賴得人道長。

之結論，則微之自别有創見，貌似夢得爲説理之詞，意同韓柳抒憤激之旨，此恐非偶然所致，疑微之於作此詩前得見柳劉之文，與其作連昌宫詞之前亦得見樂天新豐折臂翁昌黎和李正封過連昌宫七绝受其暗示者相似。（參連昌宫詞章及新樂府章新豐折臂翁篇所論。）考微之與柳劉往來不甚頻密，則遠道寄文之可能不多。然微之於元和十年春曾與柳劉諸逐臣同由貶所召至長安。又於元和十年至十二年間在通州司馬任内嘗以事至山南西道節度使治所興元。興元者，西南一大都會，而文士萃集之所也。柳劉文名高一世。天人之説尤爲奇創，自宜傳寫流布於興元。是微之於元和十年至十二年之間，在長安與興元兩地，俱有得見柳劉二公天論與天説之機緣也。微之古題樂府爲和梁州進士劉猛李餘而作，梁州即興元，或者微之在梁州之日，曾得窺見柳劉之文，遂取其意旨加以增創以成此杰作耶？

附　論

（甲）白樂天之先祖及後嗣

關於白氏之遠祖，如樂天於故鞏縣令白府君事狀（白氏長慶集貳玖。）中所自述者，其可疑諸點，陳振孫白文公年譜已詳辨之，而沈炳震新唐書宰相世系表訂訛及武英殿本新唐書柒伍下宰相世系表所附考證，亦俱有所論。其實諸家譜牒記述，虛妄紛歧，若取史乘校之，其訛謬矛盾可笑之處不一而足，非獨此文爲然也。但此類可存而不論，蓋今日稍具常識之讀史者，决不致爲所迷惑，詳悉辨證，轉無謂也。又近年中外論著中，有據北夢瑣言伍中書蕃人事條所紀崔慎由詆白敏中之語，唐摭言壹叁敏捷條白敏中盧發所賦「十姓胡中第六胡。」諸句，及白氏長慶集伍玖沃洲山禪院記所云：

> 厥初有羅漢僧西天竺人白道猷居焉。

又略云：

> 昔道猷肇開茲山，今日樂天又垂文茲山。异乎哉，沃洲山與白氏其世有緣乎。

等語，推論白氏之爲胡姓。鄙意白氏與西域之白或帛氏有關，自不俟言，但吾國中古之時，西域胡人來居中土，其世代甚近者，殊有考論之價值。若世代甚遠久，已同化至無何纖微迹象可尋者，則止就其僅餘之標幟即胡姓一事，詳悉考辨，恐未必有何發見，而依吾國中古史「種族之分，多繫於其人所受之文化，而不在其所承之血統。」之事例言之，（見拙著唐代政治史述論稿及隋唐制度淵源略論稿。）則此類問題亦可不辨。故謂元微之出於鮮卑，白樂天出於西域，固非妄說，却爲贅論也。兹所欲言之樂天先世問題，僅爲樂天非北齊五兵尚書白建之後裔，及樂天之父母以親舅甥爲婚配二事而已。蓋此二事均與樂天本身有實際影響，而不似白氏爲胡姓之浮泛關係也。關於樂天非北齊五兵尚書白建之後裔一端，寅恪已於拙著唐代政治史述論稿中篇論牛僧孺家有隋代牛弘賜田事闡述及之。兹僅移録其所言者於此，以供并觀同論之便利。至於樂天之父母以親舅甥爲婚配一事，則别於此詳言之。以彼書限於體例範圍，不能多所旁及，而此文則專論樂天家世，其性質有异故也。

白氏長慶集貳玖襄州别駕府君事狀云：

初，高祖贈司空，有功於北齊，詔賜莊宅各一區，在同州韓城縣，至今存焉。

此所謂有功於北齊之司空即白建也。據北齊書肆拾白建傳（北史伍伍白建傳同。）略云：

白建字彦舉，武平七年卒，贈司空。

是白建卒於北齊未亡以前。其生存時期，周齊二國，東西并峙，互相争競。建爲齊朝主兵之大臣，其所賜莊宅，何得越在同州韓城即仇讎敵國之境内乎？其爲依托，不待辨論也。

又新唐書柒伍下宰相世系表白氏表云：

白建字彦舉，後周弘農郡守，邵陵縣男。

此白建既字彦舉，與北齊主兵大臣之姓氏名字俱無差异，是即樂天所自承之祖先也。但其官則爲北周弘農郡守，與北齊贈司空之事绝不能相容。其間必有竄改附會，自無可疑。豈樂天之先世賜田，本屬於一後周姓白名某字某之弘農郡守，而其人實是樂天真正之祖宗。故其所賜莊宅能在北周境内，後來子孫遠攀异國之貴顯，遂致前代祖宗横遭李樹代桃之阨耶？貞松老人（羅振玉）遺稿後丁戊稿白氏長慶集書後一文中，論及樂天之父母以親舅甥爲婚配事。其説雖簡，然甚確。頗可解釋樂天早年家庭環境及後來其母以狂疾墜井而死諸問題。故於此引證稍詳，并推論之以供讀白詩者之參考。

白氏長慶集貳玖太原白氏家狀二道，其故鞏縣令白府君事狀云：

高祖諱建，北齊五兵尚書，贈司空。曾祖諱士通，皇朝利州都督。祖諱志善，朝散大夫尚衣奉御。父諱温，朝請大夫檢校都官郎中。公諱鍠。

其襄州别駕府君事狀略云：

公諱季庚，鞏縣府君之長子。建中元年授彭城縣令。時徐州爲東平所管，屬本道節度使反，公與本州刺史李洧歸國。貞元十年五月二十八日，終於襄陽官舍，享年六十六。夫人陳氏，陳朝宜都〔王叔明〕之後。祖諱璋，利州刺史。考諱潤，坊州鄜城縣令。（寅恪案，令疑當作尉。）妣太原白氏。夫人無兄姊弟妹，八歲丁鄜城府君之憂，十五歲事舅姑。建中初以府君彭城之功封潁川縣君。元和六年四月三日歿於長安宣平里第，享年五十七。有子四人，次曰居易，次曰行簡。

又白氏長慶集貳伍唐故鄜城縣尉陳府君夫人白氏墓志銘略云：

夫人太原白氏，享年七十。唐利州都督諱士通之曾孫，尚衣奉御諱志善之玄孫，（寅恪案，疑當作士通之玄孫，志善之曾孫。曾玄二字互易。）都官郎中諱温之孫，延安令諱鍠之第某女，（寅恪案，延安令疑當作鞏縣令。）韓城令諱欽之外孫，故鄜城尉諱潤之夫人，故潁川縣君之母，故大理少卿襄州別駕諱季庚之姑，前京兆府戶曹參軍翰林學士白居易前秘書省校書郎白行簡之外祖母也。

寅恪案，古人文字傳於今世者，轉寫多有訛誤，自不足怪。上所引樂天所作其父及外祖母墓志如「令」之疑當作「尉」，「延安」之疑當作「鞏縣」，及「曾」「玄」二字之疑當互易，即是其例。蓋此皆可以本文之上下文及他文之有關者相參校而得知者也。但有爲本文之上下文及相關之他文所限定，絕不能移易而諉爲轉寫訛誤所致者。則如樂天之母與其父親屬之關係是。茲據上引樂天所自述者，作一世系親屬表以明之如下：

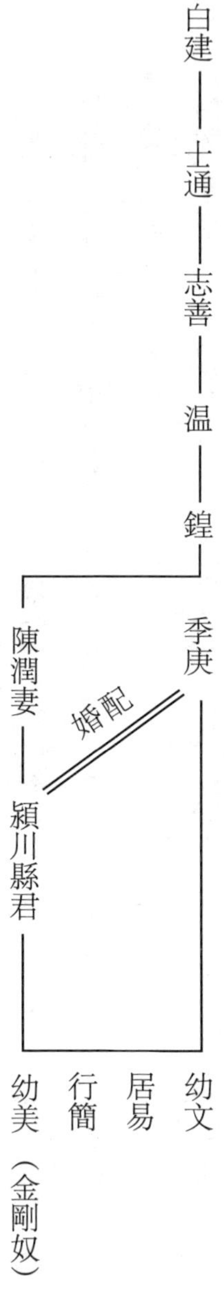

樂天文中，歷叙其外祖母之尊卑先後諸親族血統聯繫，其間關係，互相制限，一定而不可移，則樂天之外祖母乃其祖之女，與其父爲同産，易言之，即樂天之父季庚實與親甥女相爲婚配也明矣。至樂天於其外祖母之墓志銘以「襄州别駕諱季庚之姑」爲言者，此姑字必不可通。初視之似是妹字之訛寫，但細思之，則樂天屬文之際，若直書其事，似覺太難爲情，羅貞松謂「季庚所取乃妹女，樂天稱陳夫人爲季庚之姑，乃諱言而非其實矣。」（羅振玉貞松老人遺稿甲集後丁戊稿白氏長慶集書後條。）洵確論也。

夫親舅甥相爲婚配，如西漢惠帝之後爲其同母姊魯元公主女，（見史記肆玖外戚世家，捌玖張耳陳餘列傳等。）及吴孫休朱夫人爲休姊女之事，（見吴志伍孫休朱夫人傳及裴注。）於古代或即今日，恐亦不乏相同之例，但在唐代崇尚禮教之士大夫家族，此種婚配則非所容許，自不待言也。抑更有可論者，唐律疏議壹名例律十惡十曰内亂條注云：

謂姦小功以上親，父祖妾，及與和者。

疏議釋之云：

姦小功以上親者，謂據禮男子爲婦人著小功服而姦者。若婦人爲男夫，雖有小功之服，男子爲報服緦麻者非。謂外孫女於外祖父，及外甥於舅之類。

同書壹肆户婚律下第壹條條文云：

諸同姓爲婚者，各徒二年。緦麻以上以姦論。若外姻有服屬而尊卑共爲婚姻，及娶同母异父姊妹，若妻前夫之女者，亦各以姦論。其父母之姑舅兩姨姊妹，及姨，若堂姨，母之姑，堂姑，己之堂姨及再從姨，堂外甥女，女婿姊妹，并不得爲婚姻，違者各杖一百，并離之。

疏議釋之略云：

外姻有服屬者，謂外祖父母，舅，姨，（據涵芬樓影印滂熹齋藏宋刊本作舅姨。今坊間印本有作姑舅者大謬。）妻之父母，此等若作婚姻，是名尊卑共爲婚姻。其外姻雖有服，非尊卑者，爲婚不禁。

又云：

父母姑舅兩姨姊妹，於身無服，乃是父母緦麻，據身是尊，故不合娶。及姨又是父母小功尊，若堂姨雖於父母無服，亦是尊屬。母之姑，堂姑，并是母之小功以上尊，己之堂姨及再從姨，堂外甥女，亦謂堂姊妹所生者，女婿姊妹，於身雖并無服，據理不可爲婚。并爲尊卑混亂，人倫失序，違此爲婚者，各杖一百。自同姓爲婚以下，雖會赦，各離之。

寅恪案，據上所引，可知吾國法意，重在内外區分，尊卑等級。（參容齋續筆捌姑舅爲婚條及明史壹叁柒劉三吾傳附朱善傳。）唐律户婚律所規定之條例。就外姻論之，則科罪與否及其重輕，乃以尊卑混亂與否及服屬之親疏等關係而定。故外姻如從母兄弟姊妹，（姨兄弟姊妹。）姑之子，（外兄弟姊妹。）舅之子，（内兄弟姊妹。）者，雖并是緦麻三月成人正服，然非尊卑，其爲婚於唐律則不在禁限。至外姻如上引唐律户婚律條文自父母之姑舅兩姨姊妹以下，雖於身并無服紀，但此等若作婚姻，則尊卑混亂，人倫失序，是以唐律亦科以「各杖一百。」「雖會赦，各離之。」之罪罰也。（參唐會要捌叁嫁娶目永徽二年九月條。）親舅甥自古在服紀之内，唐代復改加重，儀禮喪服禮緦麻三月者甥（鄭注，姊妹之子。）條傳云：

甥者，何也。謂吾舅者，吾謂之甥。何以緦之，報之也。

及通典玖貳禮典凶禮緦麻成人服三月條（參唐會要叁柒服紀下貞觀十四年條。）略云：

大唐貞觀十四年，（永徽四年長孫無忌等進律疏以前之十三年。）太宗謂侍臣曰，舅之與姨，親疏相似，而服紀有殊，理未爲得。集學者詳議。於是侍中魏徵等議曰，謹按，舅服緦麻，請與從母同小功。制可。

可知。然則甥舅爲婚，律所必禁。違律者即應依户婚律下第壹條條文「若外姻有服屬而尊卑共爲婚姻」者，以姦論也。所謂以姦論者，唐律疏議壹肆户婚律下第一條條文「諸同姓爲婚者各徒二年，緦麻以上以姦論。」下疏議釋之云：

若同姓緦麻以上爲婚者，各依雜律姦條科罪。

「外姻有服屬而尊卑共爲婚姻者以姦論。」自亦當准此。考唐律疏議貳陸雜律上第貳叁條條文云：

諸姦緦麻以上親，及緦麻以上親之妻，若妻前夫之女，及同母異父姊妹者，徒三年。强者流二千里。折傷者絞。妾減一等。

疏議釋之云：

奸緦麻以上親，謂内外有服親者。

綜前所引户婚律之條文及疏議，與此雜律姦條文之條及疏議觀之，則甥舅爲婚，於唐律應科以滿徒，并使離异。「雖會赦，亦離之。」固甚明也。惟於此尚有一問題特須注意者，唐會要叁柒服紀目上（參舊唐書貳柒禮儀志，通典玖貳禮典凶禮緦麻成人三月服條。）略云：

顯慶元年（舊志作二年。）九月二十九日，修禮官長孫無忌等奏曰，依古喪服，甥爲舅緦麻，舅報甥亦同此制。貞觀年中，八座議奏舅服同姨小功五月，而今律疏舅報於甥，服猶三月，謹按，傍親之服，禮無不報，己非正尊，不敢降之也。故甥爲從母五月，從母報甥小功，甥爲舅緦麻，舅亦報甥三月，是其義矣。今甥爲舅，使同從母之喪，則舅宜進甥以同從母之報，修律疏人不知禮意，舅報甥服尚止緦麻，于例不通，理須改正。今請修改律疏，舅報甥亦小功。制從之。

通典壹叁肆禮典開元禮貳玖小功五月成人正服條云：

爲外祖父母，爲舅及從母丈夫婦人報。

夫吾國古代禮律關係密切，永徽四年頒律疏時（舊唐書伍拾刑法志。）甥爲舅服小功，舅報甥尚止緦麻，故甥舅爲婚，不入内亂之條，如疏議所釋者是也。及顯慶改舅報甥亦小功，是甥舅爲婚，即如疏議所謂男子爲婦人着小功服而姦者，宜入内亂之條矣。長孫無忌所奏請修改者，指言律疏，豈即謂此類條文耶？又唐律疏議貳陸雜律第貳肆條條文云：

諸姦從祖祖母，姑，從祖伯叔母，姑，（寅恪案，據開元禮，從祖祖姑，從祖姑在室者小功，適人者緦麻。唐律姦從祖祖姑，從祖姑之罪重於姦緦麻親者，依本服而不從輕服之法也。可參名例律陸第捌條條文及疏議。）從父姊妹，從母及兄弟妻，兄弟子妻者，流二千里。强者絞。

「爲舅及從母丈夫婦人報」，其喪服之制既同，且舅之與姨，親疏相似，則舅甥爲婚之刑章，後來或亦有修改耶？但檢宋刑統此諸條條文下并未載補充制，格，敕條，其故俟考。寅恪素不諳禮律之學，姑記其疑於此，以待通識禮律之君子之教正。

總之，樂天先世本由淄青李氏胡化藩鎮之部屬歸向中朝。其家風自與崇尚禮法之山東士族迴異。如其父母之婚配，與當日現行之禮制（開元禮。）及法典極相違戾，即其例也。後來樂天之成爲牛黨，而見惡於李贊皇。其歷史之背景，由來遠矣。（關於牛李黨派之分野與社會階級之關係，已於拙著唐代政治史述論稿中篇詳論之。可參閱。）

復次，樂天之父季庚殁於貞元十年，年六十六，其母潁川縣君陳夫人殁於元和六年，年五十七。據此推計，則陳夫人年十五歲結婚，時季庚年已四十一歲矣。夫男女婚配，年齡雖相距懸遠，要亦常見，本不足异。所可怪者，以唐代社會一般風習論之，斷無已仕宦之男子年逾四十，尚未結婚之理。若其父果已結婚，樂天於季庚之事狀中何以绝不言及其前母爲何人？其故殊不可解。疑其婚配之間，當有難言之隱，今則不易考見矣。陳振孫白文公年譜元和十年下云：

〔元和十年〕六月，盗殺宰相武元衡，公首上疏請急捕賊以雪國耻。宰相以非諫職言事，（寅恪案，樂天時爲太子左贊善大夫。）惡之。會有惡公者，言其母看花墜井死，而作賞花及新井詩。貶江州刺史。中書舍人王涯言其所犯不可復理郡，（寅恪案，舊唐書壹陸陸白居易傳作，甚傷名教，不宜寘彼周行。）又改司馬。宰相，韋貫之，張弘靖也。舊譜并及裴度，非是。度方爲〔御史〕中丞，亦遇盗不死，既愈乃相耳。新井之事，世莫知其實，史氏亦不辨其有無，獨高彦休闕史言之甚詳，公母有心疾，因悍妒得之。及嫠，家苦貧，公與弟不獲安居，常索米丐衣於鄰郡邑。母晝夜念之，病益甚。公隨計宣州，母因憂憤發狂，以葦刀自剄，人救之得免。後遍訪醫藥，或發或瘳。常恃二壯婢，厚給衣食，俾扶衛之。一旦稍怠，斃於坎井。時裴晋公爲三省，本廳對客，京兆府申堂狀至，四坐驚愕。薛給事存誠曰，某所居與白鄰，聞其母久苦心疾，叫呼往往達於鄰里。坐客意稍釋。他日，晋公獨見夕拜（寅恪案，夕拜謂給事中也。王維酬郭給事詩云，夕奉天書拜瑣闈。此指薛存誠言。）謂曰，前時衆中之言，可謂存朝廷大體矣。夕拜正色曰，言其實也。非大體也。由是晋公信其事。後除河南尹，刑部侍郎，皆晋公所擬。凡曰墜井，必恚恨也，隕穫也。凡曰看花，必怡暢也，閑適也。安有怡暢閑適之際，遽致顛沛廢墜之事。樂天長於情，無一春無咏花之什，因欲擻藻其罪。又驗新井篇是尉盩厔時作，隔官三政，不同時矣。彦休所記，大略如此，聞

> 之東都聖善寺老僧，僧故佛光和尚弟子也。今考集中亦無所謂新井詩者，意其删去。然則公母死以疾，固人倫之大不幸，而傳致詩篇以成讒謗，則僉壬嫉娟者爲之也。故删述彦休之語，以告來者。

寅恪案，高氏所述關於裴晋公一節，覈以年月，不無可疑，蓋樂天母以元和六年四月殁，而是時晋公尚未爲宰相也。但樂天母以悍妒致心疾發狂自殺一點，則似不能絶無所依據而僞造斯説。今檢知不足齋本高氏書，未見此條，恐亦是後人所删去。張耒張右史文集肆捌有題賈長卿讀高彦休續白樂天事一文，其語稍冗長，可不移録，大旨謂：

> 此不必辨，小人之誣君子，如舜與伊尹所遭之比。

雖意在爲賢者辨護，不知此事元無關樂天本身道德，可以不辯護也。今所欲言者，則爲樂天坐此獲譴，貶江州刺史，王涯以其所犯得罪名教，不可治郡，復改司馬，乃明見史乘之事實。夫此事實，必有内在之遠因，此遠因即其父母之婚配不合當時社會之禮法人情，致其母以悍妒著聞，卒發狂自殺是也。常疑李文饒能稱賞家法優美之柳仲郢，而不能寬容文才冠代之白居易，亦由於此。以樂天父母之婚配既違反禮律，己身又以得罪名教獲譴，遂與矜尚禮法家風之黨魁，其氣類有所不相容許者也。至文饒所以薦用樂天從弟敏中之故，蓋亦不得已而思其次耳。（見舊唐書壹陸陸新唐書壹壹玖白居易傳附敏中傳，及北夢瑣言壹李太尉抑白少傅條，南部新書乙白傳與贊皇不協條等。）吾人今日固不可以此責樂天。然樂天君子人也，却爲此而受犧牲，其消極知足之思想，或亦因經此事之打擊，而加深其程度耶？

又南部新書甲云：

白樂天之母因看花墜井。後有排擯者，以賞花新井之作左遷。穆皇嘗題柱曰，此人一生争得水喫。

寅恪案，韓退之著諱辨，謂李賀父名晉肅，而議者言賀不得舉進士。若父名仁。其子豈不得爲人。錢書此條，頗可與昌黎之文參讀。足爲當時社會禮教末流，虛僞不近人情之反詰妙語。吾人因此又可推知樂天必坐斯事喧傳一時，而被目爲名教罪人無疑也。

關於樂天後嗣之問題，陳振孫白文公年譜會昌六年下云：

公自喪阿崔，終身無子。墓志云，以侄孫阿新爲後，又云，三侄味道，景回，晦之。世系表載公子景受以從子繼。碑亦云大中三年景受自潁陽尉典治集賢御書，奉太夫人楊氏來京師，命客取文刻碑。案公舍其侄而以侄孫爲後，既不可解，而所謂阿新者，即景受乎？則昭穆爲失次，不然，則治命終不用耶？碑云，十一月葬龍門。而墓志云，葬於華州下邽，祔先塋也。則治命亦本不於龍門。賈氏談録云，四方過者，必奠巵酒，冢前方丈，常成泥濘。又云，毋請太常謚，毋建神道碑。新史云，敏中爲相，請謚曰文。賈氏談録云，有司請賜謚。

上曰，何不取醉吟先生墓表看？卒不賜謚。弟敏中，請立神道碑。據此，則但立碑而未嘗賜謚也。新史當别有據。

汪立名白香山年譜云：

白公自撰醉吟先生墓志云，有三侄，長味道，巢縣丞。次景回，淄州司兵參軍。次晦之，舉進士。并不詳何人子。又云，樂天無子，以侄孫阿新爲之後。大中三年，李商隱爲公墓碑云，子景受，自潁陽尉典治集賢御書。表云，景受孟懷觀察使，以從子嗣。則非阿新明矣。按公墓志預作於會昌初，豈其後復易以從子承祧而更其名乎？

唐文粹（涵芬樓影印嘉靖本。）伍捌所選録李商隱撰樂天墓碑銘後有附載之弘農楊氏（即樂天夫人。）傷子辭云：

子有令子，儉衣削食。以紀先功，志刊貞石。彼蒼不遺，俾善莫隆。今子建立，痛冤無窮。

馮浩樊南文集詳注捌云：

此可細思而悟其事也。其云紀功刊石，已即碑序中件右功世取文刻碑之意，然志刊貞石，彼蒼不遺，乃有其志未及爲者。若景受則實取文刻碑矣。余謂阿新越序爲嗣，是白公楊氏所愛，定於存時者。不意公没後，阿新亦殤。此殤子辭必爲阿新。其曰令子即阿新。其曰今子，乃景受。蓋阿新殤後，又以景受爲繼，而郡君痛冤無窮，自以辭志之也。文粹必因其附刻碑側，故兼登之。否則何煩旁及哉？據辭追揣，情事宜然。舊新傳表之异，可以互通矣。

寅恪案，今文苑英華玖肆伍載有樂天自撰墓志，即世所謂醉吟先生墓志銘者也。此志乃一僞撰之文，（參岑仲勉先生白集醉吟先生墓志銘存疑，載歷史語言研究所集刊第玖本。）而陳汪二氏俱未嘗致疑，遂於論及樂天後嗣時，乃欲調和此僞志與李碑之衝突，宜其扞格而不能通也。馮孟亭考注玉溪生所撰此碑，因附論樂天之後嗣，而據傷（馮氏所見文粹本作殤。）子辭爲說，可謂讀書有得矣。然其「其曰令子即阿新。」之結論，則仍信從僞志，似亦未確。然則樂天後嗣之問題，所可考見者，惟其前立之子先死，後立之子爲景受耳。或以樂天以侄孫爲嗣之事，亦見於舊唐書壹陸陸白居易傳，似可以信據爲言者。其實舊傳中又有「仍自爲墓志」之說。其「以侄孫爲嗣」之記載，是否即得之於僞文，殊未可知也。（新唐書壹壹玖白居易傳未記樂天後嗣，是否別有所見，不敢决言。但傳中「遺命薄葬，無請謚。」之記載，似亦與僞志有關也。）

又賜謚與否一節，則唐會要柒玖謚法門上「文」字下有：

故太子少傅白居易，大中三年十二月中書侍郎平章事白敏中上疏請行謚典。從之。下太常，謚曰文。

之記載。故新唐書壹壹玖白居易傳所述自有依據。（北夢瑣言壹牛僧孺奇士條亦云，白敏中入相，乃奏定謚白居易曰文。）至樂天官爲太子少傅，故世稱爲白傅，若其稱爲白太傅（見唐語林肆企羨類，元和後不以名可稱者白太傅條，但國史補下開元日通不以姓而可稱者節，無白太傅語。）則訛誤不俟言矣。

（乙）白樂天之思想行爲與佛道關係

樂天之思想行爲與佛道二家有關，自不待論。茲所欲言者，即樂天對於佛道二家關係淺深輕重之比較問題也。全唐詩第壹柒函白居易叁陸客有説（自注云：客即李浙東也。所説不能具録其事。）云：

近有人從海上迴。海山深處見樓臺。中有仙龕虛一室，多傳此待樂天來。

答客説云：

吾學空門非學仙。恐君此説是虛傳。海山不是我歸處，歸即應歸兜率天。（自注云：予晚年結彌勒上生業，故云。）

寅恪案，太平廣記肆捌神仙類白樂天條引〔盧肇〕逸史（參葉夢得石林避暑録話壹白樂天集自載李浙東言海山有仙館待其來之説條。）略云：

唐會昌元年（？），李師稷中丞爲浙東觀察使。有商客遭風飄蕩，不知所止，月餘至一大山。道士與語曰，此蓬萊山也。既至，莫要看否？遣左右引於宫内游觀。至一院，扃鏁甚嚴，因窺之。客問之，答曰，此是白樂天院。樂天在中國未來耳。歸旬日至越，具白廉使李公，盡録以報白公。先是白公平生唯修上坐（生？）業，及覽李公所報，乃自爲詩二首以記其事，及答李浙東。

據吴廷燮唐方鎮年表浙東觀察使欄引嘉泰會稽志所記，知李師稷任浙東觀察使之時爲會昌二年至五年，而此客有説及答客説二詩於白氏長慶集陸玖中按其排列次序及内容推之，似是樂天於會昌二年年七十一時所作。（白氏長慶集第陸玖卷中之律詩，自喜入新年自咏以下，大抵皆會昌二年之作品，唯送王卿使君赴任蘇州七律有「一别蘇州十八載。」之句，似覺不合。或者樂天計算其時間之相隔爲十六年，而十八乃十六之訛寫耶？俟考。）樂天此詩及自注，述其晚年皈依釋迦而不宗尚苦縣，固可視爲實録，然此前樂天實與道教之關係尤密，亦顯而易考者也。兹分爲丹藥之行爲與知足之思想二端論之如下：

全唐詩第壹柒函白居易叁叁感事五言排律云：

服氣崔常侍（晦叔），燒丹鄭舍人（居中）。常期生羽翼，那忽化灰塵。每遇凄凉事，還思潦倒身。唯知趁杯酒，不解煉金銀。睡適三屍性，慵安五藏神。無憂亦無喜，六十六年春。

寅恪案，若據樂天於開成二年年六十六時所作此詩中自述之語，似是絶未嘗爲燒丹之事者。但又取其他詩篇觀之，則知其不然。如白氏長慶集伍壹同微之贈别郭虚舟鍊師五十韵五古略云：

我爲江司馬，君爲荆判司。俱當愁悴日，始識虚舟師。授我參同契，其辭妙且微。我讀隨日悟，心中了無疑。黄牙與紫車，謂其坐致之。自負因自嘆，人生號男兒。若不佩金印，即合翳玉芝。高謝人間世，深結山中期。泥壇方合矩，鑄鼎圓中規。橐鑪一以動，瑞氣紅輝輝。齋心獨嘆拜，中夜偷一窺。二物正訢合，厥狀何怪奇。綢繆夫婦體，狎獵魚龍姿。簡寂館（劉宋陸修静置館廬山，謚簡寂先生。見蓮社高賢傳。）鐘後，紫霄峰（亦在廬山，見陳舜俞廬山記貳叙山南篇叁。）曉時，心塵未净潔，火候遂參差。萬壽觊刀圭，千功失毫釐。先生彈指起，姹女隨烟飛。始知緣會間，陰騭不可移。藥竈今夕罷，詔書明日追。（參白氏長慶集壹柒對酒五律云，漫把參同契，難燒伏火砂。有時成白首，無處問黄牙。幻世爲泡影，浮生抵眼花。唯將綠醅酒，且替紫河車。及同集同卷醉吟二首之壹七絶云，空王百法學未得，姹女丹砂燒即飛。事事無成身老也，醉鄉不去欲何歸。）

乃樂天紀其於元和十三年任江州司馬時燒丹之事者，是歲樂天年四十七。然則樂天之中年曾惑於丹術可無疑矣。而白氏長慶集壹玖余與故刑部李侍郎早結道友，以藥術爲事。與故京兆元尹晚爲詩侶，有林泉之期。周歲之間，二君長逝，李住曲江北，元居昇平西，追感舊游，因貽同志七律。云：

從哭李來傷道氣，自亡元後減詩情。金丹同學都無益，水竹鄰居竟不成。月夜若爲游曲水，花時那忍到昇平。如年七十身猶在，但恐傷心無處行。（寅恪案，此詩作於長慶二年，可參白氏長慶集壹柒潯陽歲晚寄元八郎中庾三十二員外五律，閱水年將暮，燒金道未成。丹砂不肯死，白髮事須生。之句。）

又可證知樂天「早結道友」，「同學金丹」也。至其晚歲，如白氏長慶集陸玖有開成五年（據卷中諸詩排列之次序及内容約略推定者。）所作戒藥五古云：

暮齒又貪生，服食求不死。朝呑太陽精，夕吸秋石髓。徼福反成灾，藥誤者多矣。以之資嗜慾，又望延甲子。天人陰騭間，亦恐無此理。域中有真道，所説不如此。後身如（全唐詩第壹柒函白居易叁陸作始。）身存，吾聞諸老氏。

雖似有悔悟之意，可與前引客有説及答客説二絶句相參證，然如白氏長慶集陸陸有開成二年所作燒藥不成命酒獨醉五律云：

白髪逢秋短，丹砂見火空。不能留姹女，争免作衰翁。賴有杯中淥，能爲面上紅。少年心不遠，只在半酣中。

目其題意觀之，樂天是時殆猶燒藥，蓋年已六十六矣。然則其早年好尚，雖至晚歲終未免除，逮丹不成，遂感嘆借酒自解耳。噫！亦可哀矣。而同在此年，猶賦「唯知趁杯酒，不解鍊金銀。」之句（見前引感事詩。）以自豪，何其自相矛盾，若此之甚耶？由是言之，樂天易蓬萊之仙山爲兜率之佛土者，不過爲绝望以後之歸宿，殊非夙所蘄求者也。

復次，白氏長慶集陸貳思舊五古云：

閑日一思舊，舊游如目前。再思今何在，零落歸下泉。退之服硫黄，一病訖不痊。微之鍊秋石，未老身溘然。杜子得丹訣，終日斷腥膻。崔君誇藥力，經冬不衣綿。或疾或暴夭，悉不過中年。唯余不服食，老命反遲延。况在少壯時，亦爲嗜欲牽。但耽葷與血，不識汞與鉛。飢來呑熱麪，（全唐詩第壹柒函白居易貳玖作物。）渴來飲寒泉。詩役五藏神，酒汩三丹田。隨日合破壞，至今粗完全。齒牙未缺落，肢體尚輕便。已開第七秩，飽食仍安眠。且進杯中物，其餘皆付天。（寅恪案，此詩似爲大和八年作，時樂天年六十三。）

錢大昕十駕齋養新録壹陸衞中立字退之條云：

白樂天詩，退之服硫黄，一病訖不痊。後人因以爲昌黎晚年惑金石藥之證。頃閱洪慶善韓子年譜有方崧卿辯證一條云，衛府君墓志，今本作衛之元，其實中立也。衛晏三子，長之元，字造微，次中立，字退之，次中行，字大受，志首云兄弟三人，後只云與弟中行別，則其爲中立志無疑。中立餌奇藥求不死，而卒死，樂天詩謂退之服硫黄者，乃中立也。近世李季可謂公長慶三年作李干墓志，力詆六七公皆以藥敗。明年則公卒，豈咫尺之間身試其禍哉？

寅恪案，樂天之舊友至交，而見於此詩之諸人，如元稹杜元穎崔群，皆當時宰相藩鎮大臣，且爲文學詞科之高選，所謂第一流人物也。若衞中立則既非由進士出身，位止邊帥幕寮之末職，復非當日文壇之健者，斷無與微之諸人并之理。然則此詩中之退之，固舍昌黎莫屬矣。方崧卿李季可錢大昕諸人雖意在爲賢者辯護，然其說實不能成立也。考陶穀清异録貳載昌黎以硫黄飼雞男食之，號曰「火靈庫」。陶爲五代時人，距元和長慶時代不甚遠，其說當有所據。至昌黎何以如此言行相矛盾，則疑當時士大夫爲聲色所累，即自號超脱，亦終不能免。全唐詩第壹肆函張籍貳祭退之五古述韓公病中文昌往視一節云：

中秋十六夜，魄圓天差晴。公既相邀留，坐語于階楹。乃出二侍女，合彈琵琶筝。臨風聽繁絲，忽遽聞再更。顧我數來過，是夜凉難忘。

夫韓公病甚將死之時，尚不能全去聲伎之樂，則平日於「園花巷柳」（見昌黎集拾夕次壽陽驛題吴郎中詩後七絶。）及「小園桃李」（見昌黎集拾鎮州初歸七絶，及唐語林陸韓退之有二妾一曰絳桃一曰柳枝皆能歌舞條。）之流，自未能忘情。明乎此，則不獨昌黎之言行不符得以解釋，而樂天之詩，數卷之中，互相矛盾，其故亦可瞭然矣。

葉夢得避暑録話壹論白樂天云：

然吾猶有微恨，似未能全忘聲色杯酒之累。賞物太深，猶有待而後遣者。故小蠻樊素每見於歌詠。

寅恪案，樂天於開成四年十月年六十八，得風痺之疾，始放遣諸妓。前此既未全遺除聲色之累，其鍊丹燒藥，豈有似於昌黎「火靈庫」者耶？讀者若取前引戒藥五古一詩中「以之資嗜慾。」之語觀之，即可明其梗概矣。或疑陶穀所記，實不可信，如僧徒所造昌黎晚歲皈依佛教及與大顛之關係之類。但鄙意昌黎之思想信仰，足稱終始一貫，獨於服硫黄事，則寧信其有，以與唐代士大夫階級風習至相符會故也。樂天於鍊丹燒藥問題，行爲言語之相矛盾，亦可依此解釋。但白韓二公，尚有可注意之點，即韓公排斥佛道，而白公則外雖信佛，内實奉道是。韓於排佛老之思想始終一致，白於信奉老學，在其鍊服丹藥最後絶望以前，亦始終一致。明乎此，然後可以言樂天之思想矣。

樂天之思想，一言以蔽之曰「知足」。「知足」之旨，由老子「知足不辱」而來。蓋求

「不辱」，必知足而始可也。此純屬消極，與佛家之「忍辱」主旨富有積極之意，如六度之忍辱波羅蜜者，大不相侔。故釋迦以忍辱爲進修，而苦縣則以知足爲懷，藉免受辱也。斯不獨爲老與佛不同之點，亦樂天安身立命之所在。由是言之，樂天之思想乃純粹苦縣之學，所謂禪學者，不過裝飾門面之語。故不可以據佛家之説，以論樂天一生之思想行爲也。至其「知足不辱」之義，亦因處世觀物比較省悟而得之。此意樂天曾屢形之於語言，兹略舉其詩句，以爲證明。

白氏長慶集壹柒贈内子五律云：

白髮方興嘆，青娥亦伴愁。寒衣補燈下，小女戲床頭。暗澹屏幃故，凄凉枕席秋。貧中有等級，猶勝嫁黔婁。

此所謂等級，乃比較而得之者。既知有等級之分，則己身所處不在最下一級，仰瞻較上之級，雖覺不如，而俯視較下之級，則猶勝於彼。因此無羨於較上之級者，自可知足矣。若能知足，則可不辱。此樂天一生出處進退安身立命所在之理論，讀其作品者，不可不知也。故持此義，以觀其詩，則愈易瞭解。兹更録數首於下：

白氏長慶集陸貳把酒五古云：

把酒仰問天，古今誰不死。所貴未死間，少憂多歡喜。窮通諒在天，憂喜即由己。是故達道人，去彼而取此。勿言未富貴，久忝居禄仕。借問宗族間，幾人拖金紫。勿憂漸衰老，且喜加年紀。試問班行中，幾人及暮齒。朝飡不過飽，五鼎徒爲爾。夕寢只求容，一衾而已矣。此外皆長物，於我雲相似。有子不留金，何況兼無子。

全唐詩第壹柒函白居易貳玖吟四雖雜言云：

酒酣後，歌歇時。請君添一酌，聽我吟四雖。年雖老，猶少於韋長史。命雖薄，猶勝於鄭長水。眼雖病，猶明於徐郎中。家雖貧，猶富於郭庶子。省躬審分何僥倖，值酒逢歌且歡喜。忘榮知足委天和，亦應得盡生生理。（自注云，分司同官中，韋長史績年七十餘，郭庶子求貧苦最甚，徐郎中晦因疾喪明。余爲河南尹時，見同年鄭俞始授長水縣令。因嘆四子，而成此篇也。）

樂天皆取不如己者以爲比較，可謂深得知足之妙諦矣。而「忘榮知足委天和。」一語，尤可注意也。白氏長慶集陸叁狂言示諸侄五古云：

世欺不識字，我忝攻文筆。世欺不得官，我忝居班秩。人老多病苦，我今幸無疾。人老多憂累，我今婚嫁畢。心安不移轉，身泰無牽率。所以十年來，形神閑且逸。況當垂老歲，所要無多物。一裘煖過冬，一飯飽終日。勿言舍宅小，不過寢一室。何用鞍馬多，不能騎兩匹。如我優幸身，人中十有七。如我知足心，人中百無一。傍觀愚亦見，當己賢多失。不敢論他人，狂言示諸侄。同集陸伍詩酒琴人，例多薄命。予酷好三事，雅當此科，而所得已多，爲幸斯甚。偶成狂咏，聊寫愧懷。七言律云：

愛琴愛酒愛詩客，多賤多窮多苦辛。中散步兵終不貴，孟郊張籍過於貧。一之已嘆關於命，三者何堪并在身。只合飄零隨草木，誰教凌厲出風塵。榮名厚禄二千石，樂飲閑游三十春。何得無厭時咄咄，猶言薄命不如人。

同集陸玖自題小園五古云：

不鬥門館華，不鬥林園大。但鬥爲主人，一坐十餘載。迴看甲乙第，列在都城内。素垣夾朱門，藹藹遥相對。主人安在哉，富貴去不迴。池乃爲魚鑿，林乃爲禽栽。何如小園主，拄杖閑即來。親賓有時會，琴酒連夜開。以此聊自足，不羨大池臺。

全唐詩第壹柒函白居易叁柒〔會昌〕六年立春日人日作七律云：

二日立春人七日，盤蔬餅餌逐時新。年方吉鄭猶爲少，家比劉韓未是貧。鄉園節歲應堪重，親故歡游莫厭頻。試作循潮封眼想，何由得見洛陽春。（自注云，分司致仕官中，吉傅鄭諮議最老，韓庶子劉員外尤貧，循潮封三郡遷客，皆洛下舊游也。寅恪案，循謂牛僧孺，潮謂楊嗣復，封謂李宗閔，皆牛黨主要人物也。見杜牧樊川文集柒牛公墓志銘通鑒貳肆捌唐紀陸肆武宗紀會昌四年十一月條新唐書壹柒肆牛僧孺傳舊唐書壹柒陸新唐書壹柒肆楊嗣復傳及李宗閔傳等。）

讀白詩者，或厭於此種屢言不已之自足思想，則不知樂天實有所不得已。蓋樂天既以家世姻戚科舉氣類之關係，不能不隸屬牛黨。而處於當日牛黨與李黨互相仇恨之際，欲求脱身於世網，自非取消極之態度不可也。樂天於卒年歲首所作之詩，其「試作循潮封眼想，何由得見洛陽春。」之語，雖爲自言其知足所以不辱，儻亦有感於此三人之不能勇退歟？葉石林於避暑録話壹論樂天云：

推其所由得，惟不汲汲於進，而志在於退。是以能安於去就愛憎之際，每裕然有餘也。

夫知足不辱，明哲保身，皆老氏之義旨，亦即樂天所奉爲秘要，而決其出處進退者也。

總而言之，樂天老學者也，其趨向消極，愛好自然，享受閑適，亦與老學有關者也。至其所以致此之故，則疑不能不於其家世之出身，政黨之分野求之。此點寅恪已詳言之於拙著唐代政治史述論稿政治革命與黨派分野篇中，兹不具論。夫當日士大夫之政治社會，乃老學之政治社會也。苟不能奉老學以周旋者，必致身敗名裂。是樂天之得以身安而名全者，實由食其老學之賜。是耶非耶？謹以質之知人論世讀詩治史之君子。

復次，白氏長慶集伍玖有三教論衡一篇。其文乃預設問難對答之言，頗如戲詞曲本之比。

又其所解釋之語，大抵敷衍「格義」之陳説，篇末自謂「三殿談論，承前舊例。」然則此文不過當時一種應制之公式文字耳。故不足據以推見樂天之思想也。至「格義」之義，已詳拙著支愍度學説考（載歷史語言研究所蔡元培先生六十五歲紀念專號。）兹不贅論。

（丙）論元白詩之分類

元氏長慶集叁拾叙詩寄樂天書中微之自言其詩之分類略云：

僕因撰成卷軸，其中有旨意可觀而詞近古往者，爲古諷。意亦可觀，而流在樂府者，爲樂諷。詞雖近古，而止於吟寫性情者，爲古體。詞實樂流，而止於模象物色者，爲新題樂府。聲勢沿順，屬對穩切者，爲律詩，仍以七言五言爲兩體。其中有稍存寄興，與諷爲流者，爲律諷。不幸少有伉儷之悲，撫存感往，成數十詩，取潘子悼亡爲題。又有以干教化者，近世婦人，暈淡眉目，綰約頭鬢，衣服脩廣之度及匹配色澤尤劇怪豔，因爲豔詩百餘首，詞有今古，又兩體。自十六時至是元和七年矣，有詩八百餘首。色類相從，共成十體，凡二十卷。昨行巴南道中，又有詩五十一首。文書中得七年已後所爲向二百篇，繁亂冗雜，不復置之執事前。

據此，微之詩可分（一）古諷，（二）樂諷，（三）古體，（四）新題樂府，（五）七言律詩，（六）五言律詩，（七）律諷，（八）悼亡，（九）五七言今體豔詩，（十）五七言古體豔詩，共爲十體也。

又元氏長慶集伍陸杜工部墓係銘云：

予嘗欲件析其文，體别相附，與來者爲之准，特病嬾未就。

蓋微之於分體之意旨，蓄之胸中久矣。考白氏長慶集貳捌與元九書云：

僕數月來，檢討囊袠中，得新舊詩，各以類分，分爲卷。首自拾遺來，凡所適所感關於美刺興比者。又自武德迄元和，因事立題，題爲新樂府者，共一百五十首，謂之諷諭詩。又或退公獨處，或移病閑居，知足保和，吟玩情性者，一百首，謂之閑適詩。又有事物牽於外，情理動於內，隨感遇而形於嘆咏者，一百首，謂之感傷詩。又有五言七言長句絶句自一百韻至兩韻者，四百餘首，謂之雜律詩。凡爲十五卷，約八百首。

寅恪案，樂天與元九書乃元和十年十二月在江州司馬任内所作，而微之叙詩寄樂天書，據其中「今年三十七矣」及「昨行巴南道中」之語，知亦作於元和十年到通州以後。雖其作書之時與樂天此書約略相近，然微之既自言其詩分爲十體，共二十卷。乃年十六即貞元十年至年三十四，即元和七年之間之作。又言，「〔元和〕七年已後所爲，向二百篇，繁亂冗雜，不復置之執事前。」則是微之寫定其詩成爲十體二十卷，疑即在元和七年。較之樂天之類分其詩爲十五卷，其時間或稍在前，未可知也。或者樂天詩之分類即受元之影響暗示，如樂天之制誥亦依微之之說，分爲新舊兩體，（見讀鶯鶯傳。）亦可爲一證也。又樂天初編詩集時，其分類如此，後來則唯分格詩與律詩二類，不復如前之詳細，殆亦嫌其過於繁瑣耶？

汪立名於白香山詩後集卷壹格詩題下言格詩之義略云：

唐人詩集中，無號格詩者，即大曆以還，有齊梁格，元白格，元和格，葫蘆、轆轤、進退，諸格。多兼律詩體而言，不專主古體也。顧於詩之義雖亡考，而見於諸公之文章者可證。元少尹集序，著格詩若干首，律詩若干首，賦序銘記等若干首，合三十卷。由是觀之，格者但別於律詩之謂，公前集既分古調、樂府、歌行，以類各次於諷諭、閑適、感傷之卷，後集不復分類別卷，遂統稱之曰格詩耳。時本於十一卷之首格詩下復繫歌行雜體，是以格詩另爲古詩之一體矣。豈元少尹生平獨不爲歌行雜體乎？況公後序但曰，邇來復有格律詩。洛中集記亦曰，其間賦格律詩八百首，初未嘗及歌行雜體，固以格字該舉之也。

寅恪案，汪氏論格詩爲「格者，但別於律詩之謂。」此語甚是。惟於齊梁格等之格與格詩之格，尚未能識其意義之各別。故所論者似猶未達一間，茲特爲辨之於下。

格有二義，其一爲體格格樣之格，白氏長慶集伍壹九日代樊羅二妓招舒著作及同集陸貳洛陽春贈劉李二賓客兩詩，其下皆自注「齊梁格」，即體格之義也。唐語林貳文學篇文宗好五言詩條，「李珏奏曰：憲宗爲詩，格合前古。」亦指體格而言。又全唐詩第壹陸函白居易貳叁餘思未盡加爲六韵重寄微之詩云：

詩到元和體變新。

自注云：

衆稱元白爲千字律詩，或號元和格。

以上所引，皆足證體格同義，可以互用也。而尤可注意者，元和格即元和體，此所謂格，乃格式或格樣之格，其體則爲律詩，非古詩。與白氏之格詩迥不相侔也。其二爲格力骨格之格，元微之杜工部墓係銘云：

意義格力無取焉。

又云：

而又沈宋之流，研練精切，穩順聲勢，謂之爲律詩。

又云：

律切則骨格不存。

樂天與元九書稱杜詩云：

至於貫穿今古，覼縷格律，盡工盡善。

樂天格詩之義即可以此爲解釋。蓋樂天所謂格詩，實又有廣狹二義。就廣義言之，格與律對言，格詩即今所謂古體詩，律詩即今所謂近體詩，此即汪氏所論者也。就狹義言之，格者，格力骨格之謂。則格詩依樂天之意，唯其前集之古調詩始足以當之，然則白氏長慶集伍壹格詩下復繫歌行雜體者，即謂歌行雜體就廣義言之固可視爲格詩，若嚴格論之，尚與格詩微有別也。至於格詩諸卷中又有於題下特著齊梁格者，蓋齊梁格與古調詩同爲五言，尤須明其不同於狹義之格詩也。又格詩諸卷中凡有長短句多標明雜言，豈以雜言之體殊爲駁雜耶？

（丁）元和體詩

關於元和體詩，自來多所誤會，茲就唐時之論此體詩及元白二公本身所言此體詩之界說，略論之，庶能得其真解也。

舊唐書壹陸陸元稹傳（參元氏長慶集集外文章上令狐相公詩啓。）略云：

稹聰警絶人，年少有才名。與太原白居易友善。工爲詩，善狀咏風態物色。當時言詩者，稱元白焉。自衣冠士子，至閭閻下俚，悉傳諷之，號爲元和體。宰相令狐楚一代文宗，雅知稹之辭學，謂稹曰，嘗覽足下製作，所恨不多，請出其所有。稹因獻其文，自叙曰，稹自御史府謫官於今十餘年矣。閑誕無事，遂專力於詩章，日益月滋，有詩句（集外文章句作向。是。）千餘首。其間感物寓意可備矇瞽之風者，有之。辭直氣粗，罪尤是懼，固不敢陳露於人。唯杯酒光景間，屢爲小碎篇章，以自吟暢，然以爲律體卑痺，格力不揚，苟無姿態，則陷流俗。常欲得思深語近，韵律調新，屬對無差，而風情宛然，而病未能也。江湖間多新進小生，不知天下文有宗主，妄相放效，而又從而失之，遂至於支離褊淺之辭，皆目爲元和詩體。積與同門生白居易友善，居易雅能詩，就中愛驅駕文字，窮極聲韵，或爲千言或五百言律詩，以相投寄。小生自審不能過之，往往戲排舊韵，別創新辭，名爲次韵相酬，蓋欲以難相排。（集外文章排作挑耳，是。）自爾江湖間爲詩者，復相放效，力或不足，則至於顛倒語言，重複首尾，韵同意等，不异前篇，亦目爲元和詩體。而司文者考變雅之由，往往歸咎於積，嘗以爲雕蟲小事，不足以自明。

寅恪案，此爲微之自下之「元和體詩」定義，自應依以爲説。據此，則「元和體詩」可分爲二類，其一爲次韵相酬之長篇排律，如白氏長慶集壹叁代書詩一百韵寄微之，及元氏長慶集拾酬翰林白學士代書一百韵，白氏長慶集壹陸東南行一百韵，及元氏長慶集壹貳酬樂天東南行一百韵等，即是其例。元白此類詩於當時文壇影響之大，則元氏長慶集貳貳酬樂天餘思不盡加爲六韵之作詩「次韵千言曾報答。」句自注云：

樂天曾寄予千字律詩數首，予皆次用本韵酬和，後來遂以成風耳。

全唐詩第壹陸函白居易貳叁餘思未盡加爲六韻重寄微之詩「詩到元和體變新。」句自注云：

衆稱元白爲千字律詩，或號元和格。

俱足與微之上令狐楚啓相參證也。其二爲杯酒光景間之小碎篇章，此類實亦包括微之所謂豔體詩中之短篇在内。如元氏長慶集貳貳爲樂天自勘詩集七絶題略云：

因思頃年城南醉歸，馬上遞唱豔曲，十餘里不絶。

亦指此類詩言。而白氏長慶集壹伍酬微之寄示贈阿軟七律題（參白氏長慶集貳捌與元九書。）略云：

微之到通州日，授館未安，見塵壁間有數行字，即僕舊詩。其落句云，淥水紅蓮一朶開，千花百草無顔色。然不知題者何人也。微之吟嘆不足，因綴一章，兼録僕本詩同寄，省其詩，乃是十五年前初及第時，贈長安妓人阿軟絶句。

其詩云：

十五年前似夢游。曾將詩句結風流。偶助笑歌嘲阿軟，可知傳誦到通州。昔教紅袖佳人唱，今遣青衫司馬愁。惆悵又聞題處所，雨淋江館破牆頭。（寅恪案，阿軟即才調集壹所録，樂天江南喜逢蕭九徹因話長安舊游戲贈五十韻詩，多情推阿軟，者也。）

然則元白此類詩之廣播流行，風靡當日又可知矣。斯即李戡斥爲「纖豔不逞，非莊士雅人所爲。流於人間，疏於屏壁，子父女母交口教授。淫言媟語，冬寒夏熱，入人肌骨不可除去。吾無位，不得用法以治之。」者。（樊川文集玖李戡墓志銘。）而葉石林於避暑録話三駁之云：

> 如樂天諷諫閑適之辭，可槩謂淫言媟語耶？

殊不知「樂天諷諭閑適之辭」乃微之上令狐楚啓所謂「詞直氣粗，罪尤是懼，固不敢陳露於人。」者，而當時最爲流行之元白詩，除「千言或五百言律詩」外，唯此杯酒光景間小碎篇章之元和體詩耳。如元氏長慶集伍壹白氏長慶集序略云：

> 予始與樂天同校秘書之名，多以詩章相贈答。會予譴掾江陵，樂天猶在翰林，寄予百韵律詩及雜體，前後數十章。是後各佐江通，復相酬寄。巴蜀江楚間洎長安中少年，遞相仿效，競作新詞，自謂爲元和體詩，而樂天秦中吟賀雨諷諭等篇，時人罕能知者。然而二十年間，禁省觀寺郵候牆壁之上無不書，王公妾婦牛童馬走之口無不道。自篇章已來，未有如是流傳之廣者。

尤足證杜牧李戡之所以痛詆，要非無故，而葉氏則未解此點也。

復次，元和體詩以此之故，在當日并非美詞。如唐語林貳文學類文宗欲置詩學士條云：

> 李珏奏曰，臣聞憲宗爲詩，格合前古，當時輕薄之徒，摛章繪句，聱牙崛奇，譏諷時

事。（寅恪案，此指玉川子月蝕詩之類。）爾後鼓扇名聲，謂之元和體，實非聖意好尚如此。今陛下更置詩學士，臣深慮輕薄小人，競爲嘲咏之詞，屬意於雲山草木，亦不謂之開成體乎？玷黯皇化，實非小事。

又國史補下略云：

元和已後，詩章學淺切於白居易，學淫靡於元稹，俱名元和體。

可以爲證。而近人乃以「同光體」比於「元和體」，自相標榜，殊可笑也。至於惠洪冷齋夜話壹（參汪立名本白香山詩後集伍詩解七绝案語。）云：

白樂天每作詩，令一老嫗解之。問曰，解否？嫗曰，解。則録之。不解，則易之。故唐末之詩近於鄙俚。

則元白詩在當時所盛行者，爲此兩類元和體詩。若排律一類必爲老嫗所解始可筆録，則白氏長慶集之卷帙當大爲减削矣。其謬妄又何待詳論。惟世之治文學史者，猶以元白詩專以易解之故，而得盛行，則不得不爲辨正耳。

（戊）白樂天與劉夢得之詩

白氏長慶集陸壹醉吟先生傳略云：

退居洛下。〔與〕彭城劉夢得爲詩友。

同集陸拾劉白唱和集解（寅恪案，劉禹錫父名漵。故樂天易序爲解。不欲犯其家諱故也。）云：

予頃以元微之唱和頗多，或在人口，常戲微之云，僕與足下二十年來爲文友詩敵，幸也，亦不幸也。吟咏情性，播揚名聲，其適遺形，其樂忘老，幸也。然江南士女語才子者，多云元白，以子子之故，使僕不得獨步於吴越間，亦不幸也。今垂老復遇夢得，得非重不幸耶？夢得夢得，文之神妙，莫先於詩。若妙與神，則吾豈敢。如夢得雪裏高山頭白早，海中仙果子生遲。沈舟側畔千帆過，病樹前頭萬木春。之句之類，真謂神妙。在在處處，應當有靈物護之，豈唯兩家子侄秘藏而已。己酉歲（太和三年）三月五日樂天解。

同集伍玖與劉蘇州書云：

嗟乎！微之先我去矣。詩敵之勍者，非夢得而誰？前後相答，彼此非一。彼雖無虚可擊，此亦非利不行。但止交綏，未嘗失律。然得隽之句，警策之篇，多因彼唱此和中得之。他人未嘗能發也。

劉夢得文集肆金陵五題序云：

余少爲江南客，而未游秣陵，嘗有遺恨。後爲歷陽守，跂而望之，適有客以金陵五題相示，逌爾生思，欻然有得。他日友人白樂天掉頭苦吟，嘆賞良久。且曰，石頭詩云，潮打空城寂寞迴。吾知後之詩人不復措詞矣。餘四咏雖不及此，亦不孤樂天之言爾。

寅恪案，樂天一生之詩友，前半期爲元微之，後半期則爲劉夢得。而於夢得之詩，傾倒贊服之意，尤多於微之。此甚可注意者也。王士禛香祖筆記伍云：

白樂天論詩多不可解，如劉夢得雪裏高山頭白早，海中仙果子生遲。沈舟側畔千帆過，病樹前頭萬木春。等句，最爲下劣，而樂天乃極賞嘆，以爲此等語，在在當有神物護持，悖謬甚矣。元白二集瑕瑜雜陳，持擇須慎。初學人尤不可觀之。自古詩晚歲重複什而七八。绝句作眼前景語，却往往入妙。如上得籃輿未能去，春風敷水店門前。可憐八月初三夜，露似珍珠月似弓。之類，似出率意，而風趣復非雕琢可及。

又王士禛池北偶談壹肆樂天論詩條云：

樂天作劉白唱和集解，獨舉夢得雪裏高山頭白早，海中仙果子生遲。沈舟側畔千帆過，病樹前頭萬木春。以爲神妙，且云此等語在在處處應有靈物護之，殊不可曉。宜元白於盛唐諸家興會超詣之妙，全未夢見。

寅恪案，漁洋之詩與樂天之詩，其價值高下如何，古今已有定評，無俟贅論。樂天深賞夢得詩之處，即樂天自覺其所作遜於劉詩之處。此杜少陵所謂「文章千古事，得失寸心知。」

者，非他人，尤非功力遠不及己之人，所能置喙也。白氏長慶集貳和答詩十首序云：

> 頃者在科試間，常與足下（指元微之。）同筆硯。每下筆時，輒相顧語，患其意太切而理太周，故理太周則辭繁，意太切則言激。然與足下爲文所長在此，所病亦在於此。足下來序果有詞犯文繁之說，今僕所和者，猶前病也。待與足下相見日，各引所作，稍删其煩而晦其義焉。

樂天自言其與微之詩文之病，在辭繁言激。故欲删其煩，而晦其義。此爲樂天有自知之明之真實語也。考此序作於元和五年，樂天時年三十九，方在壯歲，乃元白二公詩文互相受影響最甚之時期。及大和五年微之卒後，樂天年已六十。其二十年前所欲改進其詩之辭繁言激之病者，并世詩人，莫如從夢得求之。樂天之所以傾倒夢得至是者，實職是之故。蓋樂天平日之所蘄求改進其作品而未能達到者，夢得則已臻其理想之境界也。若不然者，樂天固一世之文雄，自負亦甚不淺，何苦於垂暮之年，而妄以虛詞諛人若此乎？全唐詩第壹柒函白居易叁陸哭劉尚書夢得二首之壹云：

> 四海齊名白與劉。百年交分兩綢繆。同貧同病退閑日，一死一生臨老頭。杯酒英雄君與操，（自注云，曹公曰，天下英雄唯使君與操耳。）文章微婉我知丘。（自注云：仲尼云，後世知丘者，春秋。又云：春秋之旨微而婉也。）賢豪雖殁精靈在，應共微之地下游。

寅恪案，樂天此輓詩非酬應之苟作，其標舉春秋文章微婉之旨，正夢得之所長。樂天自以爲是其所短，而平日常欲删其煩，晦其義，以求改進者也。故夢得詩「雪裏高山頭白早，海中仙果子生遲。」「沈舟側畔千帆過，病樹前頭萬木春。」等簡鍊沉著之名句，與樂天删煩晦義之旨，極爲訢合，而樂天晚歲諸作，恐亦欲摹仿之而未能到。此則非天才有所不及，實性分有所不同。然則作詩者儻能綜合元白劉三公之所長，始爲樂天心意中之所謂工者歟？

復次，北夢瑣言陸白太傅墓志條（參唐語林陸補遺。）云：

洎自撰墓志（應作醉吟先生傳。）云，與劉夢得爲詩友，殊不言元相公，時人疑其隙終也。

寅恪案，此節雖已爲汪立名及馮浩辨正，（見汪本白香山詩後集壹柒，覽盧子蒙侍御舊詩，多與微之唱和。感今傷昔，因贈子蒙，題於卷後。七律後按語，及樊南文集詳注捌太原白公神道碑銘元相爲序下之補注。）今似不須詳考。然此事關係甚鉅，故不得不略申論之如下。

全唐詩第壹柒函白居易叁伍病中五絶句之叁云：

李君墓上松應拱，（寅恪案，白氏長慶集貳肆有唐善人墓碑云，公名建，字杓直，隴西人。

長慶元年二月二十三日夜無疾即世。）元相池頭竹盡枯。（寅恪案，白氏長慶集陸壹河南元公墓志銘云，大和五年七月二十二日遇暴疾，一日薨於位。）多幸樂天今始病，不知合要苦治無。（自注云，李元皆予摯友也。杓直少予八歲，即世已九年。微之少予七年，薨已八年矣。今予始病，得非幸乎？）

寅恪案，樂天此詩乃開成己未歲（開成四年。）初病風時所作，時年已六十八矣。

同書同卷夢微之七律云：

夜來攜手夢同游。晨起盈巾泪莫收。漳浦老身三度病，咸陽宿草八回秋。君埋泉下泥銷骨，我寄人間雪滿頭。阿衛韓郎相次去，夜臺茫昧得知不。（自注云，阿衛微之小男，韓郎微之愛婿。）

寅恪案，白氏長慶集陸壹河南元公墓志銘云：

以〔大和〕六年七月十二日，祔葬於咸陽縣奉賢鄉洪瀆原，從先宅兆也。

故以詩中「咸陽宿草八回秋。」句言之，當作於開成五年，而此詩載白氏長慶集陸捌中，列於開成五年三月三十日所作春盡日宴罷感事獨吟七律（參全唐詩第壹柒函白居易叁伍此詩題下注。）與五年秋病後獨宿香山寺三絶句之間，是其證也。又如前引哭劉尚書夢得一詩，猶以「應共微之地下游。」爲言。劉夢得卒於會昌二年之秋。（見下引樂天感舊詩序。）時樂天年七十一，距會昌六年八月樂天之卒，相隔纔四年耳。至白氏長慶集陸玖感舊并序云：

故李侍郎杓直長慶元年春薨，元相公微之大和六年秋薨，（寅恪案，據白氏長慶集陸壹河南元公墓志銘，微之薨於大和五年七月二十二日，葬於六年七月十二日。此云大和六年秋薨者，乃樂天下筆時偶爾誤記耳。）崔侍郎晦叔大和七年夏薨，劉尚書夢得會昌二年秋薨，四君子予之執友也。二十年間凋零共盡。唯予衰病，至今猶存。因咏悲懷，題爲感舊。

晦叔墳荒草已陳。（寅恪案，白氏長慶集陸壹唐故虢州刺史崔公墓志銘略云，公諱玄亮，字晦叔，博陵人。大和七年七月十一日遇疾薨於虢州廨舍。九年四月二十八日歸窆於磁州昭義縣磁義鄉北原。）夢得墓溼土猶新。微之捐館將一紀，杓直歸丘二十春。平生定交取人窄，屈指相知唯五人。四人先去我在後，一枝蒲柳衰殘身。豈無晚歲新相識，相識面親心不親。人生莫羨苦長命，命長感舊多悲辛。

則此作更在哭夢得詩之後矣。然則醉吟先生傳僅言「〔與〕彭城劉夢得爲詩友」而不及微之者，蓋承上文「退居洛下」而言，夢得固樂天洛下之詩友也。至於微之，則其時已逝矣。淺人不曉文義，不考年月，妄構誣説，殊爲可恨。且夢微之一詩，其情感之誠篤，可謂生死不渝。非樂天不能作此詩，非微之不能令樂天作此詩。元白二公關係之密切若是，斯尤爲讀兩長慶集之人，所不可不知者也。兹因附論樂天夢得之詩，特於此標明元白二公文章交誼死生因緣之事實，以爲本書之結束。

附校補記

（一）十三頁第十四行後加：

又馬永卿嬾真子貳云：

詩人之言爲用固寡。然大有益於世者，若長恨歌是也。明皇太真之事，本有新臺之惡，而歌云，楊家有女初長成，養在深閨人未識。故世人罕知其爲壽王瑁之妃也。春秋爲尊者諱，此歌真得之。（此條乃戴裔煊先生舉以見告者。論語子罕篇云，後生可畏，焉知來者之不如今也。四十五十而無聞焉，斯亦不足畏也已。聖人之言，豈不信哉！附識於此，以表謝意，并記燭武師丹之感云爾。）

（二）二百八十七頁第十三行，「而不能〔以禮〕定情」下加一段，文如下：

（寅恪案，以禮二字據古本董解元西廂記柒補。蓋既見君子矣，何以不能定情？文意殊不貫通。毛詩召南草蟲篇小序云，大夫妻能以禮自防也。及經文云，未見君子，憂心忡忡。亦既見止，亦既覯止，我心則降。并樂府解題曰，定情詩漢繁欽所作也。言婦人不能以禮從人，而自相悦媚等語。故依董本特補以禮二字，以足文意。考微之年十五，以明經及第，必習熟毛詩正義。君子之語即用經文。定情一辭亦與繁欽之詩有關。繁氏作品微之當能見及之也。）

（三）三百零八頁第七行後加：

至此篇詞語有略須釋證者，如詩云：

夕郎所賀皆德音，春官每奏唯祥瑞。

寅恪案，漢官儀云：「黄門郎日暮入對青瑣門拜，名曰夕郎。」唐代習稱門下省給事中爲「夕拜」，即出於此。可參附論甲白樂天之先祖及後嗣中引高彦休闕史，目給事中薛存誠爲夕拜條。蓋給事中之職，主要在「凡百司奏抄，侍中既審，則駁正違失。詔敕不便者，塗竄而奏還，謂之塗歸。」（見新唐書肆柒百官志。并參舊唐書肆叁職官志。）今給事中「所賀皆德音」，可謂失職矣。司天臺有春官夏官秋官冬官中官正各一人，副正各一人。（見新唐書肆柒百官志及舊唐書肆叁職官志。）今「每奏唯祥瑞」，則如新樂府中司天臺一篇所譏者是也。

（四）十二頁第八行「之嫌也」下加：

夫長恨歌采用漢武帝李夫人故事，乃一言情作品，與少陵北征詩性質迥异，故有「但教心似金鈿堅，天上人間會相見。」等句。若依尊杜貶白之説，是明皇殺害楊妃，出於自動，而非受軍士之逼迫，則明皇爲楊妃之仇敵，而長恨歌亦可解釋作長久仇恨之歌詩矣。豈不大可笑哉！

（五）三十三頁第十三行「倏忽蕣英暮」句下加：

平生服杏丹，顏色真如故。

（六）三十三頁第十四行删去「則以」至「者也」二十五字。改加下列一段。

寅恪案，舊唐書伍壹后妃傳上玄宗楊貴妃傳（參新唐書柒陸后妃傳上玄宗楊貴妃傳及通鑑貳壹捌唐紀肅宗紀至德元載五月條。）云：

帝不獲已，與妃詔，遂縊死於佛室。

太真外傳下云：

上入行宮，撫妃子出於廳門，至馬道北牆口而別之，使〔高〕力士賜死。妃泣涕嗚咽，語不勝情，乃曰，願大家好住。妾誠負國恩，死無恨矣。乞容禮佛。帝曰，願妃子善地受生。力士遂縊於佛堂之梨樹下。

寅恪所見記載，幾皆言貴妃縊死馬嵬，獨夢得此詩謂其吞金自盡。疑劉詩「貴人飲金屑」之語，乃得自「里中兒」，故有此异説耳。（檢沈濤瑟榭叢談下云：「楊貴妃縊死馬嵬，傳記無异説。劉夢得詩貴人飲金屑，乃用晋書賈后傳，趙王倫矯遺尚書劉宏等，齎金屑酒賜后死故事，以喻當日貴妃賜死情事耳。或遂疑貴妃實服金屑，誤矣。」寅恪以爲沈説固可通，但吾國昔時貴顯者，致死之方法多種兼用，吞金不過其一。楊妃縊死前，或曾吞金，是以里中兒傳得此說，亦未可知。故不必認爲僅用古典已也。又杜工部集壹「哀江頭」云：「明眸皓齒今何在，血污游魂歸不得。」蓋安祿山進兵長安，少陵潛伏避禍，傳聞楊妃爲兵士所殺害，實非真知親見者可比，本不得據爲典要。至張耒張右史文集捌「讀中興頌碑」七古首句云，「玉環妖血無人掃」。夫楊妃縊死，或吞金死，皆無流血滿地之可能。文潛所云，當即出於少陵詩句，但未免過於誇大耳。）據今日病理家理論，吞金絶不能致死。紅樓夢記尤二姐吞金自盡事，亦與今日科學不合也。所可注意者，樂史謂妃縊死於梨樹之下，恐是受香山「梨花一枝春帶雨」句之影響。果爾，則殊可笑矣。至劉詩「平生服杏丹，顏色真如故。」之語，據葛洪神仙傳陸董奉傳（可參三國志肆玖吴志肆士燮傳裴注引葛洪神仙傳。）略云：

杜燮爲交州刺史，（寅恪案，「杜」當作「士」。）得毒病死。死已三日，奉時在彼，乃往與藥三丸，内在口中，以水灌之，使人舉其頭，摇而消之。須臾手足似動，顏色漸還，燮遂活。〔奉〕後還豫章廬山下居，居山不種田，日爲人治病，亦不取錢，重病愈者，使栽杏五株，輕者一株。如此數年，計得十餘萬株，鬱然成林。

然則稚川之傳，乃夢得詩此二句之注脚也。

（七）三十七頁第二行後加：

又劉夢得「馬嵬行」末句云：

指環照骨明。首飾敵連城。將入咸陽市，猶得賈胡驚。

寅恪案，西京雜記壹云：

〔高祖〕戚妃以百鍊金爲彄環，照見指骨。上惡之，以賜侍兒鳴玉耀光等各四枚。

蓋戚妃與楊妃身分適合，夢得用典精切，於此可見。由是推之，貴妃死後，疑有盜墓之舉，劉氏不欲顯言之，但其意非指楊妃托身逃遁也。昔友人言，日本有楊貴妃墓，曾見其照片。日本受中國文化甚深，白樂天詩尤具重大影響。長恨歌既有「忽聞海上有仙山」之句，日本以蓬萊三島之仙山自命，此與彼國熊野有徐福墓者，正復相似，自可不必深究也。

（八）四十五頁後加：

抑更有可論者，即白香山何以得由盩厔尉召入翰林爲學士一重公案是也。舊唐書壹陸陸白居易傳云：

居易文辭富豔，尤精於詩筆，自讎校至結綬畿甸，所著歌詩數十百篇，皆意存諷賦，箴時之病，補政之缺，而士君子多之，而往往流聞禁中，章武皇帝納諫思理，渴聞讜言，〔元和〕二年十一月，召入翰林爲學士。

資治通鑒貳叁柒唐紀憲宗紀元和二年十一月條云：

盩厔尉集賢校理白居易作樂府及詩百餘篇，規諷時事，流聞禁中，上見而悦之，召入翰林爲學士。

通鑑記此事本於舊書，而所謂樂府及詩百餘篇，胡注無釋，未知何所確指。考唐之德憲二宗，皆好詩篇，孟棨本事詩情感類「韓翃（寅恪案，「翃」當作「翃」，下同。）少負才名。」條略云：

李相勉鎮夷門，又署爲幕吏。韓翃殊不得意，多辭疾在家，唯末職韋巡官者與韓獨善。一日，夜將半，韋扣門急，韓出見之，賀曰，員外除駕部郎中知制誥。韓大愕然，曰，必無此事，定誤矣。韋就座曰，留邸狀報制誥闕人，中書兩進名，御筆不點出，又請之，且求聖旨所與。德宗批曰，與韓翃。時有與翃同姓名者，爲江淮刺史，又具二人同進。御筆復批曰，春城無處不飛花。寒食東風御柳斜。日暮漢宮傳蠟燭，青煙散入五侯家。又批曰，與此韓翃。韋又賀曰，此非員外詩也？韓曰，是也，是知不誤矣。時建中初也。

及下附論（丁）元和體詩所引，唐語林貳文學類文宗欲置詩學士條李玨之語。據此可知，唐代好詩之主，皆喜觀覽當時文士作品。但帝王深居九重，與通常人民隔绝，非經由宦寺之手，必無從得見此等當時新作品。白氏長慶集壹宿紫閣山北村詩有「主人慎勿語，中尉正承恩」等句，同書貳捌與元九書云，「聞宿紫閣村詩，則握軍要者切齒矣」。依日本花房英樹白氏文集之批判的研究第三部作品與篇目索引綜合作品表，宿紫閣山北村詩作於元和五年，而元和元年十一月至五年九月之神策中尉，即所謂握軍要者，乃吐突承璀，則宿紫閣山北村詩憲宗是否得見，殊不可知。以常情論，神策中尉似不應采進此詩也。由是言之，長恨歌之所以爲憲宗所深賞，并閹寺視爲與彼類無涉之作品，可以推知。今試釋長恨歌内容有二特點：一爲楊玉環雖極承寵愛，而終不得立爲皇后，二爲此詩描述神仙之韵事風情，爲當時詩人所不能及。第一點詳見下引第伍章新樂府李夫人篇所引舊唐書憲宗懿安皇后郭氏傳。第二點詳見新樂府海茫茫篇所引杜陽雜編。茲不多贅。又第叁章連昌宫詞引新舊唐書謂元微之由宦者崔潭峻采進連昌宫詞，穆宗乃大悦，遂召入翰林。連昌宫詞有二特點，即銷兵、望幸兩事，最可迎合穆宗及宦寺之心意。嗚呼，微之與樂天，邪正區別，當時及後世固有定品，豈知俱藉連昌宫詞、長恨歌兩詩中有合於人主及宦寺之心意而得爲翰林學士耶？樂天之由盩厔尉得召入爲翰林學士一重公案，至今似尚無道及者，遂發其覆，附論之於此，以俟通人之教正。

（九）　第六十二頁第四行後加：

抑更有可論者，唐代文人自珍惜其作品，不令其遺佚，莫甚於白樂天。白香山集陸壹蘇州南禪院白氏文集記略云：

有文集七帙，合六十七卷，凡叁千四百八十七首。其集家藏之外，别録三本，一本寘於東都聖善寺鉢塔院律庫中，一本寘於廬山東林寺經藏中，一本寘於蘇州南禪院千佛堂内，願以今生世俗文字，放言綺語之因，轉爲將來世世贊佛乘轉法輪之緣也。開成四年二月二日樂天記。

可以爲證。朱彝尊曝書亭集叁陸重刊白香山詩集序云：

詩家好名，未有甚於唐白傅者，既屬其友元微之排纘長慶集矣，而又自編後集，爲之序，後爲之記。既以集本付其從子外孫，而又分貯於東林南禪聖善香山諸寺，比之於杜元凱峴山碑尤汲汲焉。

舊唐書壹陸陸白居易傳略云：

〔元和〕十年七月，盗殺宰相武元衡，居易首上疏論其冤，急請捕賊，以雪國耻。宰相以宫官（寅恪案，時樂天任太子左贊善大夫職事。）非諫職，不當先諫官言事。奏貶爲江表刺史。詔出，中書舍人王涯上疏論之，言居易所犯狀述，不宜治郡，追詔授江州司馬。

舊史之説，寅恪甚以爲可疑。蓋此疏乃關係樂天出處之重要文字，樂天既珍惜己身文字如上所引，則今流傳之白氏文集中不見此疏，已甚可怪。且宫官何以不能先諫官言事，唐代似尚未發現此例。然則樂天此疏，必爲宰相所憎惡，及與當時政府主要政策，即用兵淮蔡一端有關，可以推知。若所揣測不誤，此疏當是樂天故意删去，不使流傳於世耳。至白香山集貳柒與楊虞卿書所言貶江州之理由，乃舊史所根據者，然即如與楊虞卿書所言，亦應載其原疏，何以删去不存耶。又琵琶引述琵琶女之不得已而嫁作商人婦，實由「弟走從軍阿姨死」。此弟之從軍應是與用兵淮蔡有關。據是而言，兩人之流落天涯皆是用兵淮蔡之結果。約略計此琵琶女嫁作商人婦之時間，與樂天貶謫江州之時間相合，或相距甚近也。若此解釋不誤，則「同是天涯淪落人」一句，其所感恨甚深，其心情之痛苦，尤可想見。洪容齋取琵琶引與蘇東坡定惠院海棠詩爲同類，謂不過尋常攄寫天涯淪落之恨者，則不僅不符事實，而所見尤膚淺矣。

（十）八十三頁末加：

復次，兹有一事可附論於章末者，即微之此詩與唐代久閉之離宫在寒食節時，特命中官於内斫竹之舉是也。依微之此詩如「連昌宫中滿宫竹」至「小年進食曾因入」一節，「初過寒食一百六，殿舍無煙宫樹緑」二句，「明年十月東都破」至「不到離宫門久閉」一節，「去年敕使因斫竹，偶值門開暫相逐」二句，及「自從此後還閉門，夜夜狐狸上門屋」二句等語，綜合論之，則知唐代皇帝不臨幸之離宫，必將宫門鎖閉，而此宫門亦必尚存垣牆，否則雖閉門，亦不能阻禁外人闌入宫内也。白氏文集壹貳江南遇天寶樂叟詩云：

我自秦來君莫問，驪山渭水如荒村。新豐樹老籠明月，長生殿暗鎖黄昏。紅葉紛紛蓋敧瓦，緑苔重重封壞垣。惟有中官作宫使，每年寒食一開門。

則是樂天於元和十年貶江州司馬之時，華清宫中之殿宇固甚破敗，但其垣牆雖已毁損而尚存在，宫門則長閉，至寒食節始有中官開門於内斫竹也。樂天此詩乃寫實之作，與微之之詩出於揣想者本自不同，然微之此詩亦依據唐代離宫一般之情况而言，絶非無中生有之描繪。如其所述久閉之離宫，尚存宫牆，在寒食節時，宫使始開門於内斫竹等事，與樂天所言華清宫之情狀并無少异也。故在連昌宫詞爲特性之虚構，江南遇天寶樂叟詩乃通性之寫實。由是而論，元白兩詩可以互相證發也。

至天寶亂後，東都洛陽之上陽宫，則更有詳論之必要。請略引史料，考釋之於下：

杜工部集壹伍諸將五首之三云：

洛陽宫殿化爲烽。

若據此語，是唐代洛陽之宫殿已於安史亂時化爲烽燼矣。但檢仇兆鰲杜詩詳注壹陸，此句注引後漢書董卓傳并曹植詩「洛陽何寂寞，宫殿盡燒焚」爲釋。然則仇氏僅舉出少陵所用之古典，實無安史焚燒洛陽宫殿之今典。（仇氏所引子建詩乃文選貳拾曹子建送應氏詩二首之一，其詩云：「洛陽何寂寞，宫室盡燒焚。」仇氏改「宫室」爲「宫殿」，意雖相同，但改曹詩以合杜句，殊可不必也。）可知子美此句乃詩人感傷之語，不可過於拘泥也。

白氏長慶集叁上陽白髮人篇注云：

天寶五載已後，楊貴妃專寵後，宮人無復進幸矣。六宮有美色者，輒置别所，上陽是其一也。貞元中尚存焉。（寅恪案，鄙意以爲此篇乃李紳之原唱，而元稹白居易和之者，白氏之注原出公垂也。詳見此稿第伍章新樂府上陽白髮人篇。）

新唐書柒柒后妃傳下代宗睿真皇后傳云：

代宗睿真皇后沈氏，吴興人。開元末，以良家子入東宮。太子（指肅宗）以賜廣平王（指代宗），實生德宗。天寶亂，賊囚后東都掖庭。王入洛，復留宫中。時方北討，未及歸長安，而河南爲史思明所没，遂失后所在。代宗立，以德宗爲皇太子，詔訪后在亡，不能得。

通鑑貳貳陸唐紀肆貳德宗紀建中二年正月條云：

初，高力士有養女，嫠居東京，頗能言宫中事。女官李真一意其爲沈太后，詣使者具言其狀，上聞之驚喜。時沈氏故老已盡，無識太后者，上遣宦官宫人往驗視之，年狀頗同。宦官宫人不審識太后，皆言是，高氏辭稱，實非太后，驗視者益疑之，强迎入上陽宫。上發宫女百餘人，齋乘輿服御物，就上陽宫供奉。左右誘諭百方，高氏心動，乃自言是。驗視者走馬入奏，上大喜。二月辛卯，上以偶日御殿，群臣皆入賀，詔有司草儀奉迎。高氏弟承悦在長安，恐不言久獲罪，遽自言本末。上命力士養孫樊景超往覆視。景超見高氏居内殿，以太后自處，左右侍衛甚嚴。景超謂高氏曰，姑何自置身俎上。左右叱景超使下，景超抗聲曰，有詔太后詐僞，左右可下。左右皆下殿。高氏乃曰，吾爲人所强，非己出也。以牛車載還其家。

元氏長慶集貳肆上陽白髮人篇云：

御馬南奔胡馬蹙，宮女三千合宮棄。宮門一閉不復開，上陽花草青苔地。月夜閑聞洛水聲，秋池暗度風荷氣。日日長看提象門，終身不見門前事。近年又送數人來，自言興慶南宮至。

新唐書伍玄宗本紀（參舊唐書玖玄宗本紀下及通鑒貳貳壹唐紀叁柒肅宗紀上元元年六月條）略云：

〔至德二載〕十二月丁未，〔玄宗〕至自蜀郡，居於興慶宮。上元元年徙居於西内甘露殿。

寅恪案，代宗睿真皇后沈氏，既能於廣平王即代宗收復東都之前後，皆留在上陽宮，斯爲當日洛陽上陽宮非如少陵所謂「化爲烽」之確證。又德宗建中二年高力士女有能以假太后之資格，居於内殿，則上陽宮之正殿，尚未被毁或被毁後重加修理之一證也。夫自天寶五載迄貞元之末，歷時六十載，儻上陽宮全被焚毁，則此老宮女，豈能露宿如此之久。若謂上陽宮雖全被焚毁，後來重加修理，當修理時，將此老宫女搬移他處，迨修理完畢後，再將其遷於原處居住，則楊貴妃死已五十載，尚有何人妒忌，而令此老宫女受終身監禁之苦乎。然則上陽宫雖經安史之亂，仍未全部毁壞，故上陽白髮人暫可在其中居住也。至於元微之詩云：「近年又送數人來，自言興慶南宫至」之「近年」，其界説殊可研究。考微之此詩作於元和四年，則不能上溯至德二載玄宗自蜀郡還長安居於南内至上元元年遷於西内之時間無疑，蓋歷年將五十載，固不得謂之近年也。

上論洛陽宫至安史亂時迄元和初年實未毁壞并宫牆存在宫門常閉。故亦如其他唐代離宫之通例於寒食節始有中使開門斫竹之事。兹請先考唐代杏花桃花開放之時間，兼及地域并其他相關之問題，以資説明。

唐摭言叁「慈恩寺題名游賞賦咏雜紀」條云：

進士題名自神龍之後，過關宴後，率皆期集於慈恩塔下題名，故貞元中劉太真侍郎試慈恩寺望杏園花發詩。

寅恪案，登科記考列劉氏於貞元四年主禮部試，今檢文苑英華壹捌捌省試玖載李君何，周弘亮，陳翥，曹著四人應試是科之原作。陳翥曲江亭望慈恩寺杏園花發詩云：

曲池晴望好，近接梵王家。十畝開金地，千林發杏花。映雲猶誤雪，照日欲成霞。紫陌傳香遠，紅泉落影斜。園中春尚早，亭上路非賒。芳景堪游處，其如惜物華。（寅恪案，沈亞之沈下賢集壹并全唐詩第捌函沈亞之及全唐詩第柒函陳翥俱收此首。夫陳翥爲貞元四年進士，既經徐松考訂，可以無疑。沈下賢集集首元祐丙寅之序稱沈氏「元和十年登進士第」，唐才子傳陸沈亞之傳同，故全唐詩及沈集所載此詩，實非出自下賢之手。蓋宋人編唐人專集時，誤收於沈集者，全唐詩不加詳考，以致陳翥、沈亞之兩人詩内均列此詩，可謂疏舛矣。）

陳氏「園中春尚早」一句，可證杏花開放在早春大約相當於二月之時間。至於桃花開放之時間，前已略言及，茲爲與杏花開放時間比較，故再詳引人所習知之人面桃花故事於下。

孟棨本事詩情感類「博陵崔護」條略云：

博陵崔護舉進士下第。清明日獨游都城南，得居人莊，扣門久之，有女子自門際窺之，開門設床命坐，獨倚小桃斜柯佇立。崔以言挑之，不對，崔辭去。來歲清明日，徑往尋之。門牆如故，因題詩於左扉曰：「去年今日此門中，人面桃花相映紅。人面秖今何處去，桃花依舊笑春風。」

然則桃花之開放約在距清明節先後不遠之時間，可以無疑。吾國昔時本用陰曆，清明節之排列，或在二月，或在三月。若此年有閏月而閏月在此節氣之前，則表面視之花開較早，如第伍章牡丹芳篇論裴度得見牡丹開放始卒之例。若閏月在此節氣之後，則表面視之花開較遲。通常言之，杏花開放約在二月，桃花開放約在三月，其與此通例不合者，蓋別有其他特別原因，亦可爲詳究解釋也。

其一特別之原因爲地域性之關係。地域有高低及南北二種。凡地勢較高如山頂或高原空氣較平地寒冷，故花開較平地爲遲。白氏文集肆三游大林寺序略云：

余與河南元集虛〔等〕凡十七人，自遺愛草堂歷東西二林，抵化城，憩峰頂，登香鑪峰，宿大林寺。大林窮遠，人迹罕到，其僧皆海東人，山高地深，時節絶晚。於時孟夏日，如正二月天，梨桃始華，澗草猶短，人物風候與平地聚落不同，初到怳然若别造一世界者，因口號絶句云：「人間四月芳菲盡，山寺桃花始盛開。長恨春歸無覓處，不知轉入此中來。」時元和十二年四月九日樂天序。

寅恪案，樂天言大林寺「山高地深，時節絶晚。」足證地勢高，則時節晚。又考元和十二年有閏五月，閏月又在節氣之後，則覺時節較晚，故大林寺之桃花晚開，實兼具二因素。廬山自六朝以來，如惠遠、陶潛、白居易、朱熹諸名人，皆居住山南，蓋以交通便利，可以供給家屬朋友及生徒食用，此乃躬耕傳法及講學適宜之條件。至近歲西人闢山北牯嶺之地，藉作避暑之用，斯前人所未嘗夢見者，而大林寺遺址復於牯嶺發現，尤可與樂天此文相印證也。前引韓昌黎和李正封過連昌宫詩，有「高甍巨桷壓山原」之句，則連昌宫建築於山上平坦之地。微之作此詩時，雖未身到其地，但亦應知此宫不在平地而在高原，所以三月清明前後，桃花猶可留滯於盛開將落之狀態。遂有「更有牆頭千葉桃，風動落花紅簌簌。」二句。

至若地域南北之關係，則北方較寒，故花開較遲，南方較暖，故花開較早，此爲一般通例，不待詳論。如陸游劍南詩稿壹柒臨安春雨初霽云：

世味年來薄似紗，誰令騎馬客京華。小樓一夜聽春雨，深巷明朝賣杏花。矮紙斜行閑作草，晴窗細乳戲分茶。素衣莫起風塵嘆，猶及清明可到家。

此詩世人習誦，無須贅釋。所可注意者，第柒捌二句明言客杭州時猶在清明之前，而杏花已開放可賣也。惟曹寅楝亭十二種後村千家詩三節候門載杜牧清明七绝一首云：

清明時節雨紛紛，路上行人欲斷魂。借問酒家何處有，牧童遥指杏花村。

此詩收於明代千家詩節本，乃三家村課蒙之教科書，數百年來實唐詩最流行之一首。若究其出處，殊爲可疑。今馮集梧杜樊川詩注，既不載此首，其補遺亦不收入，馮氏未加説明，不敢臆斷。但此詩有「清明時節雨紛紛」及「牧童遥指杏花村」二句，似是在北方所作。考杜牧曾以監察御史分司東都（見新唐書壹柒肆杜佑傳附牧傳，并參孟棨本事詩高逸類杜舍人牧弱冠成名條。）然則牧之此清明七绝一首，或在此時所作耶？然無佐證。又馮應榴蘇文忠公詩合注壹捌載送蜀人張師厚赴殿試二首云：

忘歸不覺鬢毛斑，好事鄉人尚往還。斷嶺不遮西望眼，送君直過楚王山。

雲龍山下試春衣，放鶴亭前送落暉。一色杏花三十里，新郎君去馬如飛。

寅恪案，馮氏於此卷卷首古今體詩四十七首下引查注云：「元豐二年己未正月在徐州任，三月後移知湖州道中作。」此題第壹首之楚王山，并第貳首之雲龍山及放鶴亭皆在徐州。足證此二绝句明是在徐州任内，元豐二年三月之前所作也。宋代汴梁殿試亦在二月杏花開放時節。取東坡此二绝句與上引放翁七律一首相比較，則地域之南北與杏花開放之早晚關係，可以明瞭矣。

其二特别之原因爲某一年氣候暫時改變之關係。白氏文集壹春雪詩略云：

元和歲在卯，六年春二月。月晦寒食天，天陰夜飛雪。上林草盡没，曲江冰復結。紅乾杏花死，緑凍楊枝折。

舊唐書壹肆憲宗紀上略云：

元和六年二月丙寅朔。三月乙未朔。閏十二月辛卯朔。

全唐詩第伍函韓愈伍辛卯年雪五古略云：

元和六年春，寒氣不肯歸。河南二月末，雪花一尺圍。生平未曾見，何暇議是非。

寅恪案，元和六年辛卯二月小盡，其次日爲三月乙未朔，適值清明節。是歲有閏十二月，在清明節後，即樂天所謂時節較晚之年，此年東西二都皆有大雪，杏花凍死，故可目此年之氣候與其他一般時節不同也。又檢竇氏聯珠集叁竇庠陪留守韓僕射巡内至上陽宮感興二首云：

翠輦西歸七十春，玉堂珠綴儼埃塵。武皇弓劍埋何處，泣問上陽宮裏人。

愁雲漠漠草離離，太乙句陳處處疑。薄暮毀垣春雨裏，殘花猶發萬年枝。

寅恪案，舊唐書壹伍伍竇群傳附庠傳云：

吏部侍郎韓皋出鎮武昌，辟爲推官。皋移鎮浙西，奏庠爲節度副使殿中侍御史，遷澤州刺史，又爲宣歙副使，除奉天令，登州刺史，東都留守判官。

同書壹肆憲宗紀上略云：

〔元和五年十月〕以户部尚書韓皋爲東都留守判東都尚書省事。〔元和八年六月〕以東都留守韓皋檢校吏部尚書兼許州刺史充忠武軍節度使。

故疑胄卿以東都留守判官之資格陪仲文巡内至上陽宮之時間，乃元和六年二月念九日寒食節。依竇氏絶句第壹首「翠輦西歸七十春」句，蓋從天寶元年下推至元和六年適爲七十載。其實玄宗自開元二十四年後，即不再幸洛陽，此點竇氏及其他唐代文人固不詳悉計算也。若揣測不誤，則韓竇二氏之巡視上陽宮亦循唐代離宮於每年寒食節遣中使斫竹之通例耳。（竇氏絶句第壹首第肆句或者可與上引元微之元和四年所作上陽白髮人篇中「近年又送數人來，自言興慶南宮至」二句互相印證。蓋元和四年距元和六年時間甚近，竇氏既於元和六年尚得見上陽宫内之宫人，則此宫人當是不久送來者，與微之詩「近年」之語，亦甚適合也。餘詳上論微之此詩節。）竇氏絶句第貳首第肆句之「殘花」，當是杏花而非桃花。桃花雖通常在清明前後開放，此年之氣候寒冷與往年不同，是以開放時間較遲，此爲變例，即樂天詩所謂「紅乾杏花死」者，宜青卿以殘花目之。復據全唐詩第陸函李正封洛陽清明雨霽詩云：

曉日清明天，夜來嵩少雨。千門尚煙火，九陌無塵土。酒緑河橋春，漏間宫殿午。游人戀芳草，半犯嚴城鼓。

李氏此詩爲何年所作，雖不能考，但唐代洛陽寒食節時亦有春雨連綿之氣候也。其三特别之原因爲人事忽有變動，杏桃二花開放之時間表面視之，似與常年不同，按諸實際，并無改易也。

太平廣記壹伍肆李顧言條引温畬續定命録略云：

唐監察御史李顧言，貞元末應進士舉。見〔南〕省東南北街中有一人徐吟詩曰：「放牓只應三月暮，登科又校一年遲。」明年，京師自冬雨雪甚，畿内不稔，停舉。貞元二十一年春，德宗皇帝晏駕（寅恪案，舊唐書壹叁德宗紀下云：「貞元二十年正月癸巳帝崩。」），果三月下旬放進士牓。

權載之文集玖和九華觀見懷貢院八韻略云：

上巳好風景，仙家足芳菲。地殊蘭亭會，人似山陰歸。滯兹文墨職，坐與琴觴違。麗曲滌煩慮，幽緘發清機。支頤一吟想，恨不雙翻飛。

同書同卷上巳日貢院考雜文不遂赴九華觀祓禊之會以二绝句申贈云：

三日韶光處處新，九華仙洞七香輪。老夫留滯何由往，珉玉相和正遶身。（原注云，時以沽美玉爲詩題。）禊飲尋春興有餘，深情婉婉見雙魚。同心齊體如身到，臨水煩君便祓除。

寅恪案，温氏謂貞元二十一年春，德宗晏駕，三月下旬放進士榜，與權氏詩題上巳日貢院考雜文不遂之語可互相印證。考載之不以進士出身，但三次主禮部試，其以沽美玉爲試題，則在貞元二十一年。（見徐松登科記考壹伍）檢舊唐書壹肆捌權德輿傳載其卒於元和十三年，是前列兩題乃權氏四十八歲時之作品，前一題爲答其夫人寄懷之作，故第貳題以「申贈」爲言，且「深情婉婉見雙魚」句即指其夫人所寄之書并詩也。兹綜合上引唐摭書文苑英華續定命録，權載之文集等材料論之，則知唐代通常放進士牓時正值杏花開放。至若貞元二十一年放進士牓時在三月下旬，乃桃花開放之際，而與常年不同，斯實由此年有人事變動之故所致也。

（十一）一百零三頁第十行後加：

關於鶯鶯氏族問題，下附讀鶯鶯傳已略論及，謂唐代女子，頗有以「九九」爲名者，引才調集伍代九九之詩爲例證，兹復檢才調集伍全唐詩第壹伍函元稹貳柒有曹十九舞緑鈿一詩，頗疑曹十九之「十」乃「九」之訛。若所揣測者不誤，則北夢瑣言伍中書蕃人事條云：

唐自大中至咸通，白中令入拜相，次畢相諴，曹相確，羅相劭，權使相也，繼升巖廊。崔相慎猷曰，可以歸矣，近日中書盡是蕃人。蓋以畢、白、曹、羅爲蕃姓也。

據是，此女姓曹名九九，殆亦出於中亞種族。考吾國自漢以來之史籍所載述，中亞胡人善於釀酒，如晉書壹貳貳呂光傳略云：

〔呂〕光入其城（龜兹），大饗將士。胡人奢侈，厚於養生，家有蒲桃酒，或至千斛，經十年不敗，士卒淪没酒藏者相繼矣。

又胡姬姝麗，如玉臺新咏壹辛延年羽林郎詩云：

昔有霍家姝，（丁福保編全漢三國晉南北朝詩注云：古時士之美者曰姝，如干旄之詩稱彼姝者子，是。後世選本改姝爲奴，非是。）姓馮名子都。依倚將軍勢，調笑酒家胡。胡姬年十五，春日獨當鑪。長裾連理帶，廣袖合歡襦。頭上藍田玉，耳後大秦珠。兩鬟何窈窕，一世良所無。

然則自漢至唐，吾國產名酒之地多是中亞胡族聚居區域。第貳章琵琶引論琵琶女所居之長安蝦蟆陵，乃產郎官清名酒之地。此女之又善彈琵琶，故疑此女當是辛延年詩所謂「酒家胡」之類。若所揣測者不誤，則水經注肆河水又南過蒲坂縣西條略云：

〔河東〕郡多流雜，謂之徙民。民有姓劉名墮者，宿擅工釀，采挹河流，醞成芳酎，排於桑落之辰，故酒得其名矣。

庾子山集伍就蒲州刺史乞酒詩云：

蒲城桑葉落，灞岸菊花秋。願持河朔飲，分勸東陵侯。

及國史補下叙酒名著者條略云：

酒〔云名品〕則有河東之乾和蒲萄。

則鶯鶯所居之蒲州，唐代以前已是中亞胡族聚居之地，可以證明。中亞胡族，膚色白皙，特异於漢族。今觀才調集伍元稹雜思六首之六「尋常百種花齊發，偏摘梨花與白人」，則鶯鶯之膚色白皙可證。由是而言，就鶯鶯所居之地域及姓名并善音樂等條件觀之，似有辛延年詩所謂「酒家胡」之嫌疑也。兹姑妄言之，讀者儻亦姑妄聽之耶？

或謂楊貴妃原出隋代河中觀王雄之族，觀王家庭妾媵中殊有就地娶中亞酒家胡之可能。果爾，則長恨歌中「盡日君王看不足」之霓裳羽衣舞，即本自中亞流行之婆羅門舞。又「梨花一枝春帶雨」之「梨花」即「偏摘梨花與白人」之「梨花」。此歌兩句皆有著落，不同泛語。斯説未有確據，不得視爲定論，聊記於此，以資談助云耳。

（十二）一百十七頁第一行後加：

抑更有可論者，近人據新唐書貳百叁崔元翰傳略云：

崔元翰名鵬，以字行，舉進士，博學宏辭，賢良方正，皆异等。義成李勉表爲幕府，馬燧更表爲太原掌書記，召拜禮部員外郎，竇參秉政，引知制誥，罷爲比部郎中，時已七十餘。卒。

王性之據崔氏譜云永寧尉鵬，亦娶鄭濟女。則鶯鶯者乃崔鵬女，於微之爲中表。應推得一結論謂鶯鶯即崔元翰女。檢宋子京作新唐書崔元翰傳，實采用權載之文集叁叁唐尚書比部郎中博陵崔元翰文集序。（參姚鉉唐文粹玖貳及全唐文肆捌玖。）其文云：

考某，以經明歷衛州汲縣尉，虢州湖城主簿。親没，遂不復仕。〔元翰〕洎博學宏詞。直言極諫，凡三登甲科，名動天下。初自典校秘書，連辟汧公北平王司徒府管奏記之職，歷太常寺協律郎，大理評事，錫以命服登朝，爲太常博士，禮部員外郎。貞元七年春，轉職方員外郎，知制誥。八年冬，罷爲比部郎中。十一年夏，寢疾不起。

夫權氏崔元翰集序載元翰父良佐及元翰本人所歷官職極爲詳盡。崔氏譜謂崔鵬爲永寧尉，與權氏所載元翰父及元翰本身所歷官職皆不符合。故鶯鶯之非良佐或元翰之女可知。至元翰之所以改其初名鵬，而以字行者，乃特避其族人中之同名耳。又新唐書柒貳下宰相世系表有清河崔鵬之名，今全唐文捌佰肆有崔鵬之文一篇，但此崔鵬爲懿宗咸通時人，實與王性之所謂永寧尉崔鵬者絶無關係。由是言之，新唐書崔元翰傳采用權德輿崔元翰文集序，不但可以證明鶯鶯非元翰之女，亦可推知崔氏譜之永寧尉崔鵬實與鶯鶯絶無關涉也。

（十三）二百三十頁第一行後加：

癸卯春胡守爲君檢出下列資料見告。

唐會要壹玖公主廟門云：

貞元十五年七月十五日追册故唐安公主爲韓國貞穆公主。故義章公主爲鄭國莊穆公主。後詔令所司，擇地置廟。祔祭之日，官給牲牢禮物，太常博士一人贊相。四時仲月則子孫自備其禮。（貞穆廟在靖安里。貞元十七年十一月十四日追祔神主於廟。莊穆廟在嘉會里。貞元十七年三月二十九日追祔神主於廟。莊穆貞穆二主，德宗皇帝愛女，悼念甚深，特爲立廟，權制也。）

宋敏求長安志玖靖安坊條（徐松唐兩京城坊考貳靖安坊條同。）云：

韓國正穆公主廟。（禮閣新儀曰，德宗女自唐安公主追册，貞元十七年祔廟。）

同書拾嘉會坊條（唐兩京城坊考肆嘉會坊條同。）云：

鄭國莊穆公主廟（禮閣新儀曰，德宗女曰義章公主追册 貞元十七年祔廟。）

新唐書伍捌藝文志儀注類云：

韋公肅禮閣新儀二十卷。（元和人。）

寅恪案，新唐書貳佰儒林傳下韋公肅傳云：「元和初，爲太常博士兼脩譔。」然則「兩朱閣」之「閣」，實指「禮閣新儀」之「閣」，乃以宅爲寺，而與舊唐書李吉甫傳所言義陽義章二公主於墓所起祠堂者，有所不同也。

作者附記

此稿得以寫成實賴汪籛王永興程曦三君之助。又初印本脱誤頗多，承黄萱先生相助，得以補正重刊，特附識於此，藉表感謝之意。

陳寅恪先生文集

柳如是別傳

［中］

陳寅恪 著

中國書店

第四章　河東君過訪半野堂及其前後之關係

此章所論述分爲叄期。第壹期自崇禎八年乙亥秋深河東君離去松江以後起，至崇禎十三年庚辰冬河東君過訪牧齋於半野堂止。第貳期自崇禎十三年庚辰冬河東君過訪半野堂起，至崇禎十四年辛巳夏河東君與牧齋結褵於茸城舟中止。第叄期自崇禎十四年辛巳夏錢柳結褵於茸城舟中起，至崇禎十七年甲申冬絳雲樓落成時止。其所依據資料，主要仍爲顧苓河東君傳。此傳前章已引者不復重録，兹接録前引顧氏之文有關此三時期者於下。

范鍇華笑廎雜筆壹顧苓「河東君傳」云：

〔河東君〕游吴越間，格調高絶，詞翰傾一時。嘉興朱治憪爲虞山錢宗伯稱其才。宗伯心艷之，未見也。崇禎庚辰冬扁舟訪宗伯。幅巾弓鞵，著男子服。口便給，神情灑落，有林下風。宗伯大喜，謂天下風流佳麗，獨王修微楊宛叔與君鼎足而三，何可使許霞城茅止生專國士名姝之目。留連半野堂，文燕浹月，越舞吴歌，族舉遞奏。香籢玉臺，更唱迭和。既度歲，與爲西湖之游。刻東山酬和集。集中偁河東君云。君至湖上，遂別去。（寅恪案，河東君雖與牧齋有游西湖之約，但止送牧齋至嘉興鴛鴦湖，獨自徑返松江。牧齋別去河東君後，遂往游西湖及黄山也。東山酬和集及初學集所載甚明，顧氏語有誤。金鶴冲錢牧齋先生年譜崇禎十四年辛巳條云：「正月與河東君游杭州西湖，遂别去。」亦沿顧氏之誤。詳見下文論證。）過期不至，宗伯使客構之乃出。（塔影園集壹「構」作「促」。）定情之夕在〔崇禎十四年〕辛巳六月初七日。君年二十四矣。宗伯賦前七夕詩，屬諸同人和之。（塔影園集壹「同」作「詞」。）爲築絳雲樓於半野堂之後。房櫳窈窕，綺疏青瑣。旁龕金石文字，（塔影園集壹「龕」下有「古」字。）宋刻書數萬卷。列三代秦漢尊彝環璧之屬，晋唐宋元以来法書。官哥定州宣成之甆，（秦淮廣記貳之肆「成」作「城」。）端溪靈璧大理之石，宣德之銅，果園廠之髹器，充牣其中。君於是乎儉梳靚妝，湘簾棐几，煮沈水，鬥旗槍，寫青山，臨墨妙，考异訂訛，間以調謔，略如李易安在趙德卿家故事。（塔影園集壹「卿」作「甫」。）然頗能制御宗伯，宗伯甚寵憚之。

第壹期

此期之問題爲自崇禎八年乙亥秋深至崇禎十三年庚辰冬，歷時約爲五年。其間河東君之踪迹及相來往諸人與牧齋之關係是也。前引卧子詩「乙亥除夕」云：「桃根渺渺江波隔。」及「長相思」云：「美人今在秋風裏，碧雲迢迢隔江水。」是河東君在崇禎八年乙亥冬間及崇禎十一年戊寅秋間，其所在地與卧子有江波之隔。復據前引河東君戊寅草「曉發舟至武塘」及「秋深入山」兩詩，更可證知河東君於崇禎八年秋深由松江至盛澤鎮歸家院，松江與盛澤，即所謂「江波隔」也。此外，能確定河東君離去卧子後，最早常寓之地者，唯第貳章所引沈虬河東君傳中，崇禎九年丙子張溥至盛澤鎮徐佛家，遇見河東君一事。沈氏既於舟中親見河東君，則其言自爲可信。蓋河東君若離去松江他往，則舍舊時盛澤鎮之徐佛家，恐亦難覓更適當之地。徐雲翾更因將適人之故，自急於招致，使河東君與張輕雲宋如姬梁道釗諸名姝相互張大其隊伍也。但河東君此次之居徐佛家，乃與前此未入周道登家時之爲雲翾婢者，其身分迥异。沈次雲牽混前後不同時間之身分，以河東君於崇禎九年尚爲雲翾之婢，殊爲舛誤。前釋宋讓木秋塘曲「初將玉指醉流霞」句，已辨及之，讀者可參閲也。

崇禎九年間，河東君之踪迹，已於前論河東君第貳次嘉定之游節詳述之，兹不復贅，唯崇禎十年丁丑關於河東君之材料，尚未發見，故姑從闕如，以俟更考。儻承博識通人有所賜教，則幸甚矣。至於崇禎十一年戊寅河東君之踪迹，則頗有材料可以依據，兹論釋之於下。

葛昌楣君蘼蕪紀聞上載王士禄宫閨氏籍藝文考略引神釋堂詩話略云：

> 河東君早歲耽奇，多淪荒雜。戊寅一編，遣韵綴辭，率不可詰。最佳如劍術行、懊儂詞諸篇，不經翦截，初不易上口也。然每遇警策，輒有雷電砰燿、刀劍撞擊之勢，亦鬟笄之异致

矣。尺牘含咀英華，有六朝江鮑遺風。又云，如是嘗作男洛神賦，不知所指爲誰？其殆自矜八斗，欲作女中陳思耶？文雖總雜，題目頗新，亦足傳諸好事者。

寅恪案，神釋堂詩話之評語，在未得見臥子所刻戊寅草以前，尚不甚明瞭其所指。今幸得此書鈔本，始恍然知其所評之允當也。戊寅草首載臥子一序，詩一百六首，詞三十一闋，賦三篇。至詩餘一類，疑即衆香詞選柳是小傳所謂「鴛鴦樓詞」者，前已論及。復據楊陳關係第貳期所録河東君戊寅草中諸詞之考證，其作成時代，皆不能後於崇禎八年。故戊寅草中之詞，當即是鴛鴦樓詞。臥子是否在刻戊寅草前，已別刻鴛鴦樓詞，今不敢決言。但就楊陳二人關係觀之，以崇禎八年爲最密切。臥子自撰年譜崇禎八年乙亥條云：「是歲有屬玉堂集。」夫「屬玉堂」與「鴛鴦樓」兩名，乃對稱之辭。故疑鴛鴦樓詞果先別有刻本者，亦當在崇禎八年，至遲亦不逾九年也。賦三篇依前所考證，其作成時間皆在崇禎九年以前。詩則若依前所論「八月十五夜」一首，乃崇禎八年中秋與臥子同賦，而排列偶錯，仍應計入崇禎八年所作詩之内者。故此首以上共一百一首，皆是崇禎八年秋深以前所作。其餘自「答汪然明」至「咏晚菊」止，共四題五首，皆是崇禎十一年秋間所作。與其前一百一首之作於崇禎八年秋季以前者，其時間相距有三年之久，何以河東君此三年内所作之詩，竟無一篇列於戊寅草？其中必有待發之覆。今日雖不能詳究其故，姑就崇禎十一年河東君及臥子之踪迹推測，或可備一解也。

河東君於崇禎十一年戊寅秋間，曾游西湖，詳見下論汪然明春星堂集叁游草「柳如是校書過訪」詩等條所考。兹暫不論及。（又寅恪曾見神州國光社影印蔣杲賜書樓藏柳如是山水册末幀河東君題款中，有報人爲其作西泠采菊長卷之語。若此畫果爲真迹者，則更可與戊寅草中所載詩最後一首「咏晚菊」五律相參證。并疑亦是崇禎十一年戊寅秋間河東君曾游西湖之一旁證也。俟考。）至若臥子之踪迹亦有崇禎十一年戊寅秋間曾過西湖之事實，據陳忠裕全集自撰年譜上崇禎十一年戊寅條云：

冬，石齋師以謫還，居禹航之大滌山。予往謁之，賦詩而歸。

及同書壹肆湘真閣集「石齋先生築講壇於大滌山，即玄蓋洞天也。予從先生留連累日。」五言律詩八首（參同書壹貳三子詩稿「寄獻石齋先生」七言古詩五首之一自注云：「指戊寅冬事也。時侍師於禹航。」）云：

（詩略。）

又黄漳浦集貳肆「大滌書院記」（參同書所載莊起儔撰漳浦黄先生年譜崇禎十一年戊寅條）略云：

戊寅冬，余再以逐客南旋。緬念斯山，睽違七載。又以中途警聽邊氛，未忍恝然絶帆胥江，遂復誅茅其間，徘徊日夕。當時同游者，爲嘉興倪梅生先春、汪爾陶梃、錢仲雍琳、蕭山曹木上振龍、松江陳卧子子龍。時卧子以桐杖不遂登高。（寅恪案，此時卧子尚服其繼母唐孺人之喪。故石齋引小戴記喪服小記母喪桐杖之義以爲説。其實陳忠裕全集壹陸湘真閣集有「戊寅九日同暗公舒章諸子登高之酌」七律二首。讀之不覺發笑也。）余病未之能從也。

及同書肆壹五言律「出大滌，將渡胥江，而羲兆木上諸兄又申湖上之约。會倪鴻寶祭酒來自山陰，遂偕朱士美〔等〕，仝入靈隱，登弢光，有作。屬鴻寶羲兆木上和之。四章」云：

（詩略。）

及同書同卷「〔陸自巖〕曾瞻〔陳子龍〕卧子同過靈隱二章。」（寅恪案，此詩排列次序先後疑有誤）云：

約爾巢松去，逢余墜葉時。

寅恪案，崇禎十一年冬卧子至餘杭大滌山謁石齋後，又從石齋至杭州游西湖。此據陳黄兩集詩文可考而知者。疑卧子自松江至餘杭，往返皆經杭州。其從石齋游西湖之後，當即還家。但其往餘杭謁石齋經杭州之時，可能在十月以前，即季秋之月。此時或與河東君相值於西湖。或二人先後差錯，未得相遇，均未可知。今既難證實，可置不論。鄙意卧子或在杭州取其舊所藏河東君崇禎八年秋深以前之作品，托人刊刻，而受托刊刻之人遂并取所見河東君最近之詩，附録於後。此戊寅草詩中所以缺去崇禎八年秋深以後，崇禎十一年秋季以前作品之故歟？若所揣測不誤，則戊寅草之刊行，主持發起者，爲陳臥子，董理完成者，爲汪然明。後來汪氏又刻河東君尺牘，遠倩林天素爲之序。今戊寅草雖首載臥子之序，但亦不必拘泥認爲臥子實親自督工刊刻也。

復次，河東君崇禎十一年戊寅之踪迹，可於汪然明春星堂集叁游草中得窺見一二。汪氏集中疑本有與河東君有關之作甚多，後來因牧齋關係，遂多删去不存，殊可惜也。

春星堂集叁游草「余久出游，柳如是校書過訪，舟泊關津而返。賦此致懷。」云：

浪游留滯邈湖山，有客過從我未還。不向西泠問松柏，遽懷南浦出郊關。兩峰已待行雲久，一水何辭拾翠慳。猶疑春風艷桃柳，拏舟延佇遲花間。

同書同卷「無題」云：

明妝憶昨艷湖濱，一片波光欲蕩人。羅綺叢中傳錦字，笙歌座上度芳辰。老奴愧我非温嶠，美女疑君是洛神。欲訪仙源違咫尺，幾灣柳色隔香塵。

寅恪案，汪氏游草卷首載其秋游雜咏自序云：

崇禎（十一年）戊寅季秋汪汝謙書於攝臺。（寅恪案，春星堂詩集首汪然明小傳云：「所居曰春星堂。其爲董尚書題榜者，曰夢草齋，聽雪軒。陳眉公題榜者，曰攝臺。」又春星堂詩集陸汪鶴孫延芬堂集上寄懷春星堂詩「樓臺堪對月，四面攝烟霞。」句，自注云：

「大父玩月處，眉公徵君題曰攝臺。謂四面湖山俱能攝入也。」寅恪頗疑梅坡解釋「攝臺」所以命名之意，不過從其家人傳述而來，蓋有所諱飾，未必得此臺名之真意。據同書叁夢草附載陳眉公「紀夢歌」跋云：「聽雪堂侍兒非昇人，即天素也。五丁攝之來試君耳。」并同書壹不繫園集「不繫園記」云：「陳眉公先生題曰不繫園。」及同書隨喜庵集題詞云：「董玄宰宗伯顏曰隨喜庵。」然則依當時慣例，命名題字，多出於一人。故「攝臺」既爲眉公題字，其命名當亦出自眉公。眉公既謂五丁攝天素來試然明於夢中，所以即取「攝」字以爲臺名耶？姑識所疑，以俟更考。）

又汪氏游草最前一題爲「仲秋同無方侄出游」，最後一題爲「出游兩月，歸途復患危病。」是然明以崇禎十一年八月出游，約經兩月，始歸杭州。「柳如是校書過訪」詩在此草中逆數第叁。「無題」詩爲逆數第貳。據此推之，河東君於崇禎十一年季秋，曾游杭州也。「無題」一詩，與「柳如是校書過訪」詩連接，此詩中又藏有「柳是」二字，則爲河東君而作，可確定無疑。或者原題亦非如此，今題殆復爲後來然明所諱改耶？

復次，然明「無題」詩不僅藏有河東君姓名，頗疑此詩中尚有河東君之本事。其第貳聯，自指戊寅草中男洛神賦而言，無待詳證。其第壹聯上句，恐指河東君湖上草「清明行」而言，蓋蘇蕙回文錦字，乃贈竇滔之作品，（見晉書玖陸竇滔妻蘇氏傳。可參文苑英華捌叁肆及全唐文玖柒武則天「蘇氏織錦回文記」，馮應榴蘇文忠公詩合注貳壹「次韵回文三首」及所附江南本織錦圖上回文三首題下注。并阮閎休閱詩話總龜後集肆壹歌咏門引東觀餘論及侍兒小名録等。）「清明行」末二句云：「盤螭玉燕不可寄，空有鴛鴦棄路旁。」亦與若蘭回文錦字同意，并用玉茗堂紫釵記之旨，餘詳後論「清明行」節。「無題」詩第壹聯下句，殆用楊景山「榆柳芳辰火」句。（見全唐詩第伍函楊巨源「清明日后土祠送田徹」五律。）故「芳辰」二字實謂「清明日」與其他泛指者，如東山酬和集貳牧齋「二月十二春分日横山晚歸作」末句「與君遥夜共芳辰」之「芳辰」不同。錢詩此題之「芳辰」，與「佳辰」「良辰」同義，（可參同書同卷河東君和詩「安歌吾欲撰良辰」句。）至若石頭記第陸叁回「壽怡紅群芳開夜宴」中妙玉祝寶玉生日紙帖云：「檻外人妙玉恭肅遥叩芳辰。」其以「芳辰」爲生日之别稱，未知所出。豈櫳翠主人亦目怡紅公子爲群芳之一芳耶？呵呵。

戊寅草中諸作品，詩餘及賦兩類，前皆已論證。詩則以其篇什較衆，語意亦多晦澀，已擇其重要者，考釋之矣。兹再就前所未及，而較有關者，略論述之於下。

戊寅草詩最後四題五首，觀其題目及詩語，皆與秋季有關，即崇禎十一年戊寅河東君在西湖所賦，而董理刊刻此稿之人，取以附録於詩一類之後者也。

「答汪然明」云：

微雰獨領更幽姿，袖裏琅玕今尚持。天下清暉言仲舉，平原高會有當時。

因思木影蒼林直，爲覺西泠綉羽遲。便曉故園星劍在，蘭皋秋荻已荒靡。

寅恪案，前已論述春星堂集叁游草中有七律二首，即「柳如是校書過訪」及「無題」兩詩皆爲河東君而作者。河東君此詩疑是答汪氏第壹詩，而汪氏「無題」一詩，則又答河東君此詩者也。河東君此詩乃牧齋所謂「語特莊雅」者，（見東山酬和集壹牧齋第壹次答河東君詩題。）斯亦河東君初次與人酬和。自高身分之常例，殊不足爲异。但「因思木影蒼林直，爲覺西泠綉羽遲。」一聯，上句謂素仰然明尚俠之高風，下句謂不以己身訪謁汪氏過遲爲嫌，語意亦頗平常。豈料然明再答以「無題」一詩，中有「老奴愧我非温嶠，美女疑君是洛神。」一聯，含有調戲之意，已覺可笑。至後來然明刊集時，改易此詩之原題爲「無題」，以免牧齋之嫌妒，更覺可笑矣。

「九日作」云：

離離鶴渚常悲此，因過（？）含霞夕樹平。不有霸陵横意氣，何人戲馬閲高清。

崚風落葉翻翔婉，菊影東籬欲孌縈。寂寞文園事（？）屢至，海雲秋日正相明。

寅恪案，前引黄石齋「大滌山記」，知卧子於崇禎十一年戊寅九月九日實在大滌山。今據此詩知河東君是日適在西湖也。兩地違隔，倍深思舊之情，故此詩末二句及之。「文園」自是以司馬相如指臥子。「事」字疑是「書」字之訛。然則此時河東君當屢得臥子手書，其中或亦論及刊刻戊寅草事耶？

「秋盡晚眺」二首云：

西巒已降青濛色，耿木澄枝亦見違。遠觀衆虛林磬淡，近聯流冥赤楓肥。

相聽立鶴如深意，側傲寒花薄暮磯。爲有秋容在畫角，荒臺多是草濤菲。

流澌紛影入魚梁，藥徑秋岩氣已傷。天下嶙峋歸草閣，郊原深永怯牙檣。

烟苞衰柳余晴媚，日藹江籬落照黄。更自紅霜夜明滅，文漣丹溜總相妨。

「咏晚菊」云：

感爾多霜氣，辭秋遂晚名。梅冰懸葉易，籬雪洒枝輕。

九畹供玄客，長年見石英。誰人問摇落，自起近丹經。

寅恪案，「九日作」詩有「菊影東籬欲變縈」句。「秋盡晚眺」及「咏晚菊」兩題，皆以菊爲言。斯蓋河東君以陶淵明李易安自比，亦即此時以「隱」爲名之意也。細思之，河東君之身分，與陶李終不相同，雖「秋盡晚眺」第壹首「側傲寒花薄暮磯」，第貳首有「烟苞衰柳余晴媚」等語，但「寒花」指菊，既非「儗人必於其倫」之義。「衰柳」則就河東君此時之身世論，似尚不可言衰。第叁章言河東君於崇禎十二年受臥子是年「上巳行」詩「寒柳無人臨古渡」句意之啓發，遂賦金明池咏寒柳詞一闋，鄙說固不敢自信爲必然，要可與河東君此數詩共參究也。據蔣杲賜書樓所藏柳如是山水册末幀，乃河東君酬報友人爲其畫采菊長卷者。今止見影印本，作長卷者之名字甚不清晰，未易辨實。河東君題款中有「西泠采菊長卷」之語，恐與「秋盡晚眺」第壹首「爲有秋容在畫角」句有關。蓋指友人爲其作西泠采菊長卷而言也。又觀「秋盡晚眺」第貳首「流澌紛影入魚梁」及「天下嶙峋歸草閣」之語，則河東君此時所居之處，殆一尋常之臨水客舍，與後來即崇禎十二年再游西湖，藉居「桂棟葯房」之汪然明別墅者，情況迥异，取此詩與河東君尺牘第壹首參較，汪氏好客任俠之風，可窺見一斑矣。「咏晚菊」詩「九畹供玄客，長年見石英。」一聯，或謂用離騷「余既滋蘭之九畹兮」及「夕餐秋菊之落英」。「石英」之「石」，若非「食」即「餐」之意，以音同而誤寫，則當指石上或石間之菊英而言耳。其說亦自可通。

戊寅草中除臥子汪然明外，其他與河東君往來唱酬諸名士，如宋尚木徵璧之類，其事迹作品，皆甚顯著，可不多述。尚有一二當時名士之可考者，則略論及之，可藉此窺見河東君當日友朋交際之情況也。更有可注意者，即戊寅草作品中，絶不見有宋轅文徵輿及李舒章雯二人之姓氏名字一事。此草之絶大部分爲臥子之舊藏，其無轅文之名字，固由楊宋兩人曾有微妙之關係，卧子之删去不録，亦頗易解。至舒章則何以絶不一見其名字，其故今不易知，或者河東君崇禎八年首夏離去松江之南園南樓遷居當地之横雲山，實與舒章有關。蓋舒章家本有别墅在其處。兹不須詳考，若一檢陳忠裕全集拾屬玉堂集「雨中過李子園亭」詩題下附考證引李舒章集「張卿（南垣行）」詩「我家横山若培塿，開生幸入虎頭手。」，又引梅村村集張南垣傳「其所爲園，李工部之横雲。」并參第叁章論卧子「秋居雜詩」十首之七「邀游犬子倦，賓從客兒嬌。」自注「舒章招予游横雲，予病不往。」及曹溶静惕堂詩集壹壹「李氏横山草堂歌」等，即可證也。職是之故，頗疑河東君之遷居横雲，舒章實爲地主。卧子之删去舒章名字，殆由於此耶？韓君平詩云：「吴郡陸機爲地主，錢塘蘇小是鄉親。」上句之切合舒章，固不待言，下句則可參後論「有美詩」涉及河東君自稱爲松江籍事。故河東君亦可謂舒章之鄉親矣。一笑！

戊寅草中有「朱子莊雨中相過」七古一首，其詩頗佳，今録之於下。詩云：

朱郎才氣甚縱横，少年射策凌儀羽。（「凌儀羽」一本作「真霞舉」。）豈徒窈窕扶風姿，海内安危亦相許。朝來顧我西郊前，咫尺蛟龍暗風雨。沉沉烟霧吹鸞輈，四野虚無更相聚。君家意氣何飛揚，顧盼不語流神光。時時悵望更嘆息，歎吾出徒凄傷。天下英雄數公等，我輩杳冥非尋常。嵩陽劍器亦難取，中條事業皆渺茫。即今見君豈可信，英思倜儻人莫當。斯時高眺難爲雄，水雲寥落愁空濛。鴛塘蓉幕皆寂寞，神扉開闔翔輕鴻。蒼蒼幽夢墜深碧，朱郎起拔珊瑚鈎。風流已覺人所少，清新照耀誰能儔。高山大水不可見，騷人杰士真我謀。嗟哉朱郎何爲乎？吾欲乘此雲中鵠，與爾笑傲觀五湖。

寅恪案，曹溶靜惕堂詩集貳玖「送朱子莊北上赴選」七律二首，其第壹首略云：

辭家北指薊臺雲，射策恢奇海内聞。重憶先朝遺烈在，（自注：謂其祖文恪公。寅恪案，「文恪」乃明大學士秀水朱國祚之謚。）芝蘭今日又逢君。

同書同卷「送朱子莊令宜春」七律二首題下自注：「時携廣陵姬同行。」其第壹首有句云：

重喜明時早致身。

同書叁「輓朱子莊」五古二首，其第貳首略云：

并轡越承明，直入邯鄲市。挾瑟燕姬床，容貌若桃李。惜哉青春姿，獨處重帷裏。服藥媚紅顔，終爲悦己死。

今檢道光修宜春縣志秩官門明知縣欄載：

朱茂曝。秀水人。進士。崇禎十三年任。

吴道昌。貴州人。舉人。十七年任。

同書貳貳名宦門明朱茂曝傳略云：

朱茂曙字子莊，秀水人。崇禎十四年令宜春。（寅恪案，表作「十三年」，傳作「十四年」，相差一歲。疑傳有誤，當從表爲是。）精勤蒞治，剔奸戢豪。性喜延攬，與諸生課文品題，竟日無倦色。

又陳臥子評選皇明經世文編中，宋徵璧所撰凡例亦列有㩦李朱子莊茂曙之名。可知朱子莊乃一年少貌美、豪氣縱横之風流世冑，柳曹兩詩所言頗多符合。故河東君詩題之朱子莊即是此人無疑。但須注意者，同時別有一朱子莊，名容重，明之宗室寧獻王九世孫。事迹見張庚國朝畫徵録上「八大山人」條所附及陳田明詩紀事甲貳下，讀戊寅草者，不可誤認也。

戊寅草「送曹鑒躬奉□使之楚籓」七律二首云：

紛紛玄意領群姿，寂寞遥聞向楚時。文學方須重鄴下，乘傳今更屬龍池。澄江歷亂吴雲没，洛浦皋烟帝子悲。不是君才多壯敏，三湘形勢有誰知。

揚舲歷歷大江陰，極目湘南才子臨。楚水月明人澹黯，吴川楓動玉蕭森。因看淮幕風雲壯，未覺襄鄖烽火深。顧吾相逢增意氣，（寅恪案，「吾」字爲虞韵平聲，此處應讀仄聲，方協聲律。檢嘉慶修松江府志肆伍選舉表舉人欄崇禎三年庚午「李待問」下注「字存吾」。可爲松江土語「吾」「我」同讀仄聲之一旁證也。）如今無事祇遥吟。

王士禛思舊録貳曹溶小傳（可參浙江通志壹柒玖文苑貳及光緒修嘉興府志伍貳曹氏本

傳。）云：

溶字鑒躬，號秋岳，別號金陀老圃。浙江秀水人。崇禎〔十年〕丁丑進士。

國榷卷首之一「各藩」欄「楚王」條末載：

武岡王顯槐。宣化王華壁。

曹溶靜惕堂詩集貳玖「入楚」七律云：

中朝翼軫動文墟，楚國名山入詔書。樓上鶴聲迴四牡，湘南秋色老三閭。搴流蘅蕙王孫宅，遶地雲霞使者車。無俟祝融攀禹迹，章臺夢澤總悲歔。

寅恪案，秋岳與河東君兩人之詩，其中相符合者頗多，曹氏此次入楚封藩，或封宣化王華壁，或封武岡王顯槐嗣子華增。依柳曹詩「湘南」之語，則封武岡王之可能較大。此問題頗複雜，今難詳確考證，（可參明史壹壹陸楚昭王楨傳并皇明經世文編肆伍肆郭文毅〔正域〕集「直陳楚籓行勘始末疏」及同書肆伍捌孫宗伯〔慎行〕集「題爲恭承恩詔謹條鈐束楚宗事」等。）但奉使封藩，必在鑒躬中式進士登朝以後，始有可能。然則河東君此題乃崇禎十年丁丑或更後之時間，遥聞秋岳奉使，遂有是作。此二律在戊寅草列於「曉發舟至武塘」前第柒題。「曉發舟至武塘」一題，乃崇禎九年丙子秋深所賦，詳見後論。由是言之，戊寅草中諸詩排列，亦不盡依時間先後，斯可爲一例證也。

戊寅草中更有一可注意之詩，即「贈友人」七古一首。此詩以前後排列推之，當作於崇禎七年甲戌。茲移録此詩并論證之於下。

「贈友人」云：

霏微雜霧吹在野，朗月清靈飛不下。流觴曲沼層波青，金塘白苧蒼涼夜。矜嚴之氣通英詞，神鋒高涌濤聲時。與君突兀論情愫，四座靚默皆凝思。君言磊落無尋常，顧盼縱横人不知。當年頗是英雄才，至今猛氣猶如斯。我聞起舞更嘆息，江湖之色皆奔馳。即今天下多紛紛，天子非常待顔駟。丈夫會遇詎易能，長戈大戟非難爲。一朝拔起若龍驤，身師（帥？）幽并扶風兒。大羽插腰箭在手，功高躍馬稱精奇。偶然蠖落在榛莽，亦當結客長楊媚（揚眉？）。甘泉五柞馬雖下，藍田柳市人多推。千秋以是垂今名，四海因之争心期。嗟哉鳳凰今滿野，有時不識如山鶀。君家北海饒异略，屠肆知爲非常姿。一旦匿之心膽絶，三年天下無猜疑。君今負義亦如此，得非石室山人無。攬（覽？）君蕭壯徒扼腕，城頭擊鼓烏夜呼。伟人豪士不易得，偉人豪士不易得，得之何患非吾徒。

寅恪案，此「友人」不顯著其姓名，果爲何人耶？詩云：「君家北海饒异略。」檢後漢書列傳伍肆趙岐傳略云：

岐遂逃難四方，自匿姓名，賣餅北海市中。時安丘孫嵩年二十餘，游市見岐，察非常人，停車呼與共載。岐懼失色。嵩乃下帷，令騎屏行人，密問岐曰：視子非賣餅者。又相問而色動，不有重怨，即亡命乎？我北海孫賓石，闔門百口，埶能相濟。岐素聞嵩名，即以實告之，遂以俱歸。藏岐複壁中數年。因赦乃出。

可知此友人之姓氏爲孫也。又檢陳忠裕全集壹貳三子詩稿「贈孫克咸」七古，題下附考證引王士禎「肆雅堂詩集序」（參陳田明詩紀事辛籤陸「孫臨」條）云：

孫先生諱臨，字克咸，更字武公。少司馬晉季弟。少讀書任俠，與里中方密之周農父錢飲光齊名。所爲歌詩古文詞，流傳大江南北。崇禎末，流賊蹂楚豫，闌入蘄黄英蓼間，皆爲戰場。皖當其衝。先生渡江走金陵，益散家財，結納奇材劍客，與雲間陳大樽夏瑗公徐復庵三君厚善。大樽贈先生詩曰，孫郎磊落天下才云云。著其事也。

及陳卧子先生安雅堂稿壹肆書牘類答方密之（以智）云：

足下與李子（舒章）孫子（克咸）周子（勒卣）輩皆落落，惟弟幸通籍末。

復證以河東君及卧子詩并阮亭序所言任俠尚武之事，則此孫姓友人，恐非克咸莫屬。又戊寅草中有「劍術行」一篇，神釋堂詩話極稱賞之。今録其詩於下，并可參陳忠裕全集拾屬玉堂集「劍術行」。依陳詩題下案語，以爲或是贈方密之之作。鄙意楊陳兩詩題目既同，時間相近，不知是否俱爲贈孫氏之作。或由孫氏轉致密之，亦未可知。姑存此疑案，以待參究。

戊寅草「劍術行」云：

西山狐鳥何縱横，荒陂白日啼鼯鼪。偶逢意氣蒼茫客，鬚眉慘澹堅層冰。手無風雲但悍疾，挾我雙騎西南行。未聞馬上言龍驤，已見門前懸弓戟。拂衣欲走青珊瑚，澒洞不言言劍術。須臾樹杪雷電生，玄猿赤豹侵空冥。寒鋒倒景不可識，陰崖落木風悲吟。（「吟」一作「鳴」。）吁嗟變化須异人，時危劍器摧石骨。我徒壯氣滿天下，廣陵白髮心惻惻。視此草堂何爲者，雄才大略惟愁疾。况看舉袖星辰移，海童江妾來遲遲。杰如雄虺射嬰茀，矯如脅鵠離云倪。萃如列精俯大壑，翁（翳？）如匹匹練從文貍。奇鶬孤鶚眼前是，陰雲老鶴徒爾爲。丈夫虎步兼學道，一朝或與神靈隨。獨我忼慨懷此意，對之硉矹將安之。

復次，河東君「贈友人」詩之「友人」果爲孫克咸者，則孫氏尚有與葛嫩一重公案。余懷板橋雜記述之頗詳，因附録之。且因澹心此條涉及楊龍友事。而龍友節義文藝，皆可流傳，今日因孔尚任桃花扇傳奇，於龍友爲人，頗多誣詆，遂致論人論世，皆乖史實。兹以其與卧子輩及松江有關，故余氏所記，涉及龍友者，亦不删略，庶幾可杜淺識悠悠之口云爾。

余澹心懷板橋雜記中麗品門「葛嫩」條云：

葛嫩字蕊芳。余與桐城孫克咸交最善。克咸名臨，負文武才略，倚馬千言立就，能開五石弓，善左右射。短小精悍，自號飛將軍。欲投筆磨盾，對狼居胥。又别字武公。然好狹邪游，縱酒高歌，其天性也。先昵朱市妓王月，月爲勢家奪去，抑鬱不自聊。與余閑坐李十娘家，十娘盛稱葛嫩才藝無雙，即往訪之。闌入卧室，值嫩梳頭，長髮委地，雙腕如藕，面色微黄，眉如遠山，瞳人點漆。教請坐。克咸曰：此温柔鄉也。吾老是鄉矣。是夕定情，一月不出。後竟納之間房。甲申之變，移家雲間，間道入閩，授監中丞楊文驄事。兵敗被執，并縛嫩，主將欲犯之。嫩大罵，嚼舌碎，含血噀其面。將手刃之。克咸見嫩抗節死，乃大笑曰：孫三今日登仙矣。亦被殺。中丞父子三人同日殉難。

崇禎十二年十三年間，河東君之踪迹，更可於汪然明所刊河東君湖上草及尺牘兩書中，得其梗概。今北京中國科學院藏柳如是湖上草并尺牘鈔本後附載：

汪然明以柳如是尺牘并湖上草見貽，口占二絶。

汪郎元是有情癡，一卷投來湖上詩。脱盡紅閨脂粉氣，吟成先吊岳王祠。

謫來天上好居樓，詞翰堪當女狀頭。三十一篇新尺牘，篇篇蘊藉更風流。

甲申冬日仙山漁人林雲鳳題於槜李歸舟。

（寅恪案，佚叢甲集牧集外詩附柳如是詩載南裓跋語，稱孫龍尾鈔本。卷尾有「武陵漁人」一跋，并附此跋。但「武陵漁人」與此「仙山漁人」即林雲鳳者，當非一人。）

右二種原本藏城南徐子晋家。

寅恪案，此爲汪然明刊行河東君湖上草及尺牘之確證。瞿氏鐵琴銅劍樓所藏。雖湖上草與尺牘合爲一册，但無此附録，當是後來傳鈔所删遺也。此兩書中，尺牘一種實爲最有價值之史料。惜鈔本多脱誤，不易通解之處頗不少。杭州高氏藏有明刻本湖上草及與汪然明尺牘。寅恪未得親見。聞上有「曾在舊山樓」印，然則此本乃虞山趙次侯宗建家舊物也。（參葉昌熾藏書紀事詩柒。）據云，湖上草爲寫刻，尺牘則宋體字，但皆有訛誤脱漏之處。故間接轉托校讎外，仍依諸鈔本，并參王秀琴女士胡文楷君編選之「歷代名媛書簡」本移録，略附鄙見，爲之補。兹僅能擇其資考證饒趣味者，論釋之。至湖上草諸詩，原文具在，讀者可自得之，不必多論。其有關考證者，亦於詮釋尺牘及他處言及之，不復重贅，惟綴數語并擇録最佳之作數首，俾見河東君當日行踪交游之一二而已。

關於林氏事迹，同治修蘇州府志捌柒長洲林雲鳳傳，引徐晟存友札小引云：

啓禎間以詩名吴中。其詩穩順聲勢，格在中晚間，不爲一時鐘譚所移。年八十餘卒。

又初學集拾崇禎詩集陸「乙亥中秋吴門林若撫胡白叔二詩人引詳琴之禮，勸破詩戒，次若撫來韵四首。」東山酬和集貳牧翁「六月七日迎河東君於雲間，喜而有述」四首中，第壹第貳第叁首後，附有林雲鳳若撫和章。有學集貳秋槐詩支集「宴新樂小侯於燕譽堂。林若撫徐存永陳開仲諸詞人并集。」詩。書錢遵王注本伍絳雲餘燼集下「林若撫挽詞」。列朝詩集丁壹叁唐時升詩中。「咏雁字」二十四首序云：

郡人林若撫所賦雁字十首，諷咏久之，清婉流麗，姿態横生，飄飄有凌雲之思。

明詩綜柒壹選録林雲鳳詩三首，并附録詩話一則。徐釚本事詩柒選林氏「鞋杯行」。「虎邱宴集觀女郎蹴踘行」，「陽澄湖舟在觀衆女郎沐髪歌」及「陳保御席上賦得相逢行，贈白小姬」等四首。吴偉業梅村家藏稿柒「梅花庵話雨，同林若撫聯句」。毛晉和友人詩卷内有林氏「酒蕈」詩及子晉所作「丁亥六月望日若撫七十初度」詩。程嘉燧耦耕堂存稿詩中載「山莊逢林若撫話舊次韵」及「泛湖和林若撫韵」，黄宗羲思舊録「林雲鳳」條，均可供參考。

河東君與汪然明尺牘共爲三十一通，觀林雲鳳「三十一篇新尺牘」之句，可以爲證。王秀琴女士胡文楷君編選歷代名媛書簡肆柳是致汪然明書共三十通，即鈔自瞿氏所藏者，蓋誤合第捌第玖兩簡爲一通也。其後又載柳是寄錢牧齋書一篇，下注云：「清代名人情書。」柳是此書最初由來，尚未能考知。但觀其内容，事實乖謬可笑，且詞旨鄙俗，讀之令人作嘔，必是僞撰無疑。今竟與致汪然明尺牘共列選中，何厚誣河東君之甚？此不得不爲之辨明者也。

兹先論河東君致汪然明尺牘最後一簡，即第叁壹通。以其關涉汪氏刻行此書之年月故也。其文云：

尺素之至，甚感相存。知虞山别後，已過夷門，延津之合，豈漫然耶？此翁氣誼，誠如來教。重以盛心，引視明愷。顧慚菲薄，何以自竭。惟有什襲斯言，與懷俱永耳。武夷之游，聞在旦夕，雜佩之義，於心闕然。當俟越橐云歸，或相賀於虞山也。應答小言，已分嗤棄，何悟見賞通人，使之成帙。非先生意深，應不及此。特有遠投，更須數本，得飛槳見貽，爲感！非渺諸惠，謝謝。四箋草完，不盡。

秋閩漳王志道所撰序云：

其少也，嘗散千金以濟游客，客遂俠之。

寅恪案，汪氏春星堂詩集肆閩游詩紀第壹題爲「暮春辭家閩游」。又此集首載崇禎辛巳中

故知書中所謂「武夷之游」即指然明赴閩訪林天素之行。此行開始於崇禎十四年辛巳暮春，河東君既言「聞在旦夕」，則河東君復此書時，恐即在是年三月間也。所可笑者，然明此行本專爲訪覓林天素，但天素終未能與之偕歸西湖。

河東君「當俟越橐云歸，或相賀於虞山。」之言，蓋有雙關之意。一爲然明自閩返時，己身或已歸虞山錢氏。二爲然明或與天素同至虞山，故可相賀。詞旨殊爲微妙。惜然明此行空勞往返，是其「天福」即艷福（見第叁章論牧齋「采花釀酒歌」。）遠不及牧齋也。後來李笠翁漁作「意中緣」劇曲，以楊雲友配董玄宰，林天素配陳眉公。游戲之筆，殊有深意。（陳文述蘭因集下載汪端「翁大人重修西湖三女士墓詩」之三「輕薄姻緣説意中」句下自注云：「李

笠翁撰意中緣，以雲友配董香光，謬論也。」寅恪案，自然好學齋主人混合文學想像與歷史事實爲一事，未免過泥矣。）然不及柳如是配錢牧齋，林天素配汪然明，更爲理想之因緣。此點笠翁亦未嘗不知，不過當時尚有避忌，不便公然形諸楮墨。其中間有關涉然明者，則以「江懷一」或「江秋明」之假名代之，實不得已也。（寅恪案，春星堂集伍夢香樓集中載有李漁次韵然明詩七絕四首，但今檢笠翁集中與然明有關之詩詞，惟卷伍「元宵無月，次汪然明封翁韵，時座有紅妝。」五律一首及卷陸「清明日汪然明封翁招飲湖上，座皆名士，兼列紅妝。」七律一首。其第貳句云：「園在西陵不系舟。」自注云：「舟名不系園。」又卷捌行香子詞一闋題爲「汪然明封翁索題王修微遺照」等。至汪氏夢香樓集附載之詩，則未見也。又牧齋外集貳伍有順治十八年辛丑夏日所作「李笠翁傳奇戲題」一篇，可供參證。若曲海提要貳壹「意中緣」條所考，則頗疏略，殊不足取也。）

笠翁此書請黃媛介作序，蓋以皆令與戲中女主人類似之故。黃序自寫其身世之感，辭旨頗佳。此書卷上復載「禾中女史（卷下作「閨史」）批評」之語。媛介爲嘉興籍，「禾中女史」或「閨史」，自是皆令。其第捌齣「先訂」中，林天素答董思白謂：「真正才子也。不必定以姿貌見長。」批云：「此至論也，非千古第一佳人口中說不出。」及第貳壹齣「捲簾」中，述求畫人流言謂有男子於簾內代筆，欲捲簾面試。批云：「余少年時，亦受此謗。然堅持不動，彼亦無奈我何。祇此一節，稍勝雲友，索書畫者，頗能諒之。」皆有關媛介身世之感者，至「捲簾」一批，則頗爲可笑。夫慧林之容貌姿致，雖不及顧媚陳沅，然必遠勝「阿承丑女」，（寅恪案，吴偉業梅村詩話：「黄媛介」條云：媛介和余（題鴛湖閨咏四首）詩。此詩出後，屬和者衆。妝點閨閣，過於綺靡。黄觀祇（濤）獨爲詩非之。以爲媛介德勝於貌，有阿承丑女之名，何得言過其實？此言最爲雅正云。）不妨任人飽看。皆令何可持閨門禮法以自矜尚，而傲視雲道人耶？評語更有可注意者，即「卷簾」出中述楊雲友欲爲黄天監捐官事。批云：「因妻得官，乃雲友良人之實事。杭人無不知之。」則爲輯雲道人逸事者所不及知。故特標出之，以供後來爲「林下風」作傳者之參考。

更有可怪者，徐樹敏錢岳選衆香詞書集族里雲队有成岫詞三闋。其小傳略云：

成岫字雲友，錢塘人。性愛雲間董宗伯書法畫意，臨摹多年。每一著筆，即可亂真。今嫵媚而失蒼勁者，皆雲友作也。年二十二，尚未有偶。戊子春，董宗伯留湖上，見雲友所仿書畫甚夥，自不能辨。後得徵士汪然明言其詳，即爲蹇修，遂結褵於不系園。雲友歸董之後，琴瑟静御，俱譜入意中缘傳奇。有慧香集。

寅恪案，徐錢所據不知何書。今止就所述兩事言之，即見其妄。一董其昌爲萬曆十六年戊子舉人，十七年己丑進士。（見嘉慶修松江府志伍肆董其昌傳及同書肆伍選舉表明舉人，萬曆十六年戊子科條。）在此以前，玄宰聲名尚未甚盛，書畫亦何能爲人模仿如此之多？二爲汪然明造不系園湖舫，在天啓三年癸亥，（見春星堂集壹不系園集汪氏自記。）上距萬曆戊子爲三十五年。董成二人豈得預先於尚未造成之舟中結褵？謬誤殊甚。此殆後人讀芥子園意中緣劇曲，不解所述玄宰與雲友之關係，乃笠翁游戲之筆，竟信爲實有其事。可謂天下之笨伯矣。聊附於此，以博一笑！

又河東君書中「虞山別後，已過夷門。」者，「虞山」指牧齋言，「夷門」指然明言。此處「虞山」「夷門」皆藉地以指人，乃當時文字所習用。其所以用大梁之「夷門」以指然明者，蓋以魏之信陵君比之。湖上草河東君「贈汪然明」詩有「論到信陵還太息」及與汪然明尺牘第叁通有「先生之俠」等句，可與春星堂詩集肆閩游詩紀王志道序稱然明「散千金濟游客，人遂俠之。」同書伍遺稿（原注：又「名松溪集」）「壬辰初冬游嘉禾，飢寒之客雲集，遂售田二十一畝分應之。臘月得次兒信，差足自慰。因述禾中感遇，補詩八章。」其二云：

蕭條歲暮動行旌，猶集南宮感送迎。（自注：「南宮祠在嘉興南門内。」）時俗不堪談雅道，新詩偏喜見多情。但看此日趨炎熱，有愧當年負宿名。莫問胸中懷磈磊，鍊師提酒向予傾。（自注：「余別南宮〔祠〕楊世功袖黄皆令詩箋云：誰識君家唯仗俠，空囊猶解向人傾。時鍊師曹朗元携酒餞別，感賦，次皆令韻。」）

及同書叁西湖韵事「重修水仙廟記」云：

二三女校書焚香擘箋，以詩畫映帶左右，而余以黃衫人傲睨其間。（寅恪案，此處「黃衫」二字，雖與「布衣」同意，但上文有「二三女校書」之語，則然明實暗以「黃衫客」自居也。）

并林天素「柳如是尺牘小引」目然明爲「黃衫豪客」等詩文相印證。非謂牧齋於鴛湖別河東君後，遂至開封也。據此頗疑牧齋於崇禎十四年二月在杭州，或與然明會見，在杭盤桓游賞之後，二月末即往游黃山。三月廿四日過釣臺，復經杭州嘉興返常熟。（見初學集壹玖東山詩集貳「過釣臺有感」，列朝詩集丁壹叁上程孟陽「次牧齋題壁」詩及陳忠裕全集壹肆三子詩稿「孟夏一日禾城過錢宗伯，夜談時事。」等五律。）

檢春星堂集肆「閩游詩紀」有「夏前一日至閩浙分疆」七律。據鄭氏近世中西史日表，崇禎十四年辛巳三月廿六日立夏。綜合錢汪兩氏游踪之時日先後推計，則然明作書致河東君時牧齋尚未由黃山返西湖，可斷言矣。若牧齋游黃山前，得遇然明於杭州之假定，果爲事實，則牧齋必請然明力爲勸説河東君，而然明亦欲在未赴閩之前，了此一重公案也。顧云美「河東君傳」云「君至湖上，遂別去，宗伯使客構之乃出。」此客爲何人，雖不能確知，然必非然明。因是時然明已赴閩，不能負此使命。其人既非然明，而又能往松江説河東君者，則恐不外然明之摯友馮雲將之流。（見下論尺牘第叁拾通。）錢柳因緣之完成，然明爲最有力之人，顧氏作傳時，距然明之卒，固已甚久，（然明卒於清順治十二年乙未七月。見有學集叁貳汪然明墓志銘。）至若馮雲將，則其卒年未能考知。據有學集伍絳雲餘燼集下有「壽馮雲將八十」詩二首，爲順治十一年甲午所作。又牧齋尺牘上「與宋玉叔書」言雲將年八十七。（見下論尺牘第叁拾通。）爲順治十八年辛丑所作。下數至康熙三年甲辰，即河東君之卒年，雲將若尚存者，其年爲九十歲。雲美作傳，當又在其後，雲將恐無此老壽，諒已先卒。顧氏猶不顯著其姓名，殊未知何故。徐樹敏錢岳所選之衆香詞書集樂隊柳是傳，其中所言，不盡翔實，但謂：「虞山見而异之，得汪然明言其詳。」則甚符合當時真相也。

河東君尺牘首載三山林雪天素書於翠雨閣之小引。詞旨佳妙，特全録之。其文云：

余昔寄迹西湖，（寅恪案，林天素之游西湖，當在天啓元年辛酉。不久即歸閩。此據春星堂詩集叁夢草董其昌題詞，然明自撰「幽窗紀夢」詩并序，及詩後所附陳繼儒「紀夢歌跋」等所推定。但春星堂詩集貳「湖上逢方若淵，同訪林天素。」詩，列在天啓三年「癸亥元日喜晴」詩之後，則恐是後來誤排耳。兹以限於討論範圍，可不詳辨。）每見然明拾翠芳堤，偎紅畫舫，徜徉山水間，儼然黄衫豪客。時唱和有女史纖郎，（寅恪案，「女史纖郎」當指王修微而言。詳見下論尺牘第貳伍通。觀春星堂詩集伍遺稿「次兒請假歸省，感懷述事。」八首之四「猶喜譚詩遇女郎」句，自注云：「昔逢王〔修微〕楊〔雲友〕林〔天素〕梁〔喻微〕諸女史。今遇吴巖子〔下〕玄文，黄皆令，王端淑諸閨閣。」之語，梁女史疑是梁喻微。見春星堂詩集貳綺咏「秋日湖上逢燕姬梁喻微。初冬寄懷。」七絶七首及「湖上送梁喻微之廣陵」七絶一首。至於同書肆閩游詩紀「梁夷素女史畫西湖六橋景。余携游三山，孫鳳林學憲見而愛之。余因題三絶以贈。」七絶三首之梁夷素乃梁孟昭。孟昭本末載記頗詳。但陳文述西泠閨咏玖「武林咏梁夷素」詩序略云：「夷素名孟昭，武林女子。茅鹿門孫修譔見滄子九成婦。著墨綉軒詩，善畫。陳眉公比之天女花雲孫錦，非人間所易得。」寅恪以爲胡文楷君歷代婦女著作考陸引王端淑名媛詩緯梁孟昭條，并吴振棫杭郡詩續輯肆壹阮元兩浙輶軒録肆拾中有梁孟昭詩。梁孟昭字夷素，著有墨綉軒集。乃茅瓚孫九仍室。孟昭弟次辰復有文名。與雲伯所言大抵相同，惟雲伯以九成爲見滄即瓚之子，又「九仍」作「九成」，有所牵混耳。餘可參胡書陸梁孟昭條引王士禄宫閨氏籍藝文考略，姜紹書無聲詩史柒，湯漱玉玉臺畫史叁，李濬之清畫家詩史癸集上及施淑儀清代閨閣詩人徵略壹等。兹有一問題，即依據汪詩自注，「女史」與「閨閣」之界説，明白如此，「纖郎」之稱「女史」，固自應爾。若梁孟昭，何以亦稱「女史」？豈「女史」「閨閣」并舉，與單獨稱「女史」，其定義有所不同耶？俟考。又第叁章論陳卧子滿庭芳詞，引湯漱玉玉臺畫史，載黄媛介畫扇，鈐朱文「閨秀」印，亦足資旁證。至李笠翁意中緣劇本所載黄皆令評語，其卷上作「禾中女史」，卷下則改爲「禾中閨史」，當是笠翁先用「女史」之稱，後始悟其不妥，故又改爲「閨史」。李氏初以皆令爲「禾中女史」者，蓋與徐釚本事詩「王士禎」條所載王漁洋題黄皆令扇詩，目媛介爲「秋孃」，正復相類也。關於皆令之身分問題，俟後論之。今見神州國光社影印海虞邵氏家藏柳如是花鳥著色絹本，其署款爲「如是女史柳是作於絳雲樓」。若河東君適牧齋後，居絳雲樓時，尚自稱「女史」，似有未便，殊爲可疑。此殆第叁章論河東君書法，引翁同龢瓶廬詩稿柒「漫題河東君畫」所謂「題尤不倫」者。假使此畫是贋品，則固不能依據之以討論此問題也。其他可參下文論「纖郎」節。）人多艷之。再十年，余歸三山。（寅恪案，春星堂詩集肆閩游詩紀有：「福州訪林天素，知已移居建寧，賦懷十首。」之題。董其昌容臺集詩集貳「贈林天素」詩云：「鑄得干將劍，遥呈劍客看。」又同集肆「題林天素畫」云：「鑄得干將呈劍客。」皆用晉書叁陸張華傳，延平津合劍之典，當因天素爲福建人之故。但天素移居建寧，或與延平有關，今未能詳知。董集乃清代禁書，世不多見，兹附記於此，以備參證。）然明寄視畫卷，知西泠結伴，有畫中人楊雲友，人多妒之。今復出懷中一瓣香，以柳如是尺牘寄余索叙。琅琅數千言，艷過六朝，情深班蔡，人多奇之。然明神情不倦，處禪室以致散花，行江皋而逢解珮。再十年，繼三詩畫史而出者，又不知爲何人？總添入西湖一段佳話。余且幸附名千載云。

然則然明之刊此尺牘，實在崇禎十四年暮春以前。故先由杭州寄示林天素索叙。其第叁拾通乃河東君於崇禎十三年庚辰在牧齋家時所寄者。（詳見下文。）今第叁壹通云：「應接小言，使之成帙。特有遠投，更須數本。」則是然明於未赴閩前，已將成帙之刻本，寄與河東君。否則河東君不能更向然明索取數本也。由此觀之，然明初刻之尺牘，實止於崇禎十三年末，其數共爲三十通。此第叁壹通，乃河東君於崇禎十四年暮春以後所寄者，汪氏遂取此簡附於前所刻三十通之後。以意揣測，此附刻之時間，當在然明於崇禎十五年壬午夏間，自閩返杭後所爲。其時距河東君與牧齋結褵不久。此簡有「此翁氣誼，誠如來教。重以盛心，引視明愷。顧慚菲薄，何以自竭。惟有什襲斯言，與懷俱永耳。」之語，可知然明原函，必多代牧翁勸説之辭。今好事既成，故取河東君允答之札，附於其後，不僅以之作跋可以結束一段因緣，且用以慶賀己身介紹此段美滿因緣之成功也。然明用意殊深妙矣。

復次，袁思亮君題高野侯藏河東君與汪然明尺牘及湖上草念奴嬌詞後附記云：

柳如是與汪然明尺牘及湖上草各一卷。如是歸錢牧齋後，然明刊之，以數十册寄牧齋，牧齋拉雜摧燒之，并求其板燬焉。

今觀第叁壹通及第叁拾通所云：

弟小草以來，如飄絲霧，黍谷之月，遂躡虞山，南宮主人，倒屣見知，羊公謝傳，觀茲非渺。

皆盛稱牧齋之美，則牧齋不應因妒發怒，作斯焚琴煮鶴之舉。未識袁兄何從得此异說，惜其久歸道山，不能面詢，殊爲憾事也。

綜觀此尺牘全部，不僅辭旨精妙，可供賞玩。其中所言，足以間接證知當日社會情狀者，亦復不少。今不能一一考釋，唯取關於河東君身世飄零之感及歸宿選擇之難者，略詮論之。其他諸端，間亦有所涉及，然非主旨所在也。他日儻有好事者，取其全文，精校而詳釋之，則非獨可以賞奇文，資談助，更或於一代史事之研治，不無稗益歟！

尺牘第壹通云：

湖上直是武陵溪，此直是桂棟葯房矣。非先生用意之深，不止於此。感甚！感甚！寄懷之同，乃夢寐有素耳。古人云：「千里猶比鄰。」殆不虛也。廿八之訂，一如台命。

寅恪案，書中「此直是桂棟葯房」，即指崇禎十二年春間河東君游杭州時，然明所藉居之處。據東山酬和集貳牧翁「橫山汪氏書樓」云：

人言此地是琴臺，小院題詩閟綠苔。妝閣正臨流水曲，鏡奩偏向遠山開。印餘屐齒生芳草，行處香塵度早梅。日暮碧雲殊有意，故應曾伴美人來。

則此書樓必曾爲河東君所借居。當即河東君所謂「桂棟葯房」者也。牧齋此詩後，復有「二月十二春分日横山晚歸作」七律一首。結句云：

最是花朝并春半，與君遥夜共芳辰。

詩後并附河東君和作。此和章初學集不載。或者河東君之作，辭意雖妙，然於花朝適值春分一點，未能切合，稍嫌空泛，故遂删去耶？

「横山」見沈德潛等纂西湖志纂壹叁西溪勝迹門及光緒修杭州府志貳壹山水門（錢塘縣。）至痛史第貳壹種甲申朝事小紀中「柳如是小紀」，附有河東君所賦「横山雜作」一首。此「横山」疑是河東君所居松江横雲山之簡稱，未必即指杭州西溪名勝之「横山」。（可參與汪然明尺牘第貳捌通。）河東君此詩最初出處未詳。繹其語意如「只此時名皆足廢，寧須萬事折腰忙。」等句，頗不合河東君身分，甚爲可疑。且其他諸句，亦多不可解者。此詩是否真爲河東君所作，殊不能决定也。

尺牘第貳通云：

早來佳麗若此，又讀先生大章，覺五夜風雨凄然者，正不關風物也。羈紅恨碧，使人益不勝情耳。少頃，當成詩一首呈教。明日欲借尊舫，一向西泠兩峰。餘俱心感。

寅恪案，河東君此札之主旨乃向然明借舫春游。關於然明西湖游舫一事，實爲當日社會史之重要材料。今汪氏集中詩文具在，不必詳引。僅略述梗概，并附記明末亂後汪氏游舫之情況，聊見時代變遷，且志盛衰興亡之感云爾。

春星堂集壹載汪然明小傳云：

製畫舫於西湖。曰不系園。（寅恪案，春星堂詩集壹「不系園記」略云：「（天啓三年）癸亥夏仲爲雲道人築净室，偶得木蘭一本，斲而爲舟，四越月乃成。計長六丈二尺，廣五之一。陳眉公先生題曰不系園。佳名勝事，傳异日西湖一段佳話。」）曰隨喜庵。（寅恪案，春星堂詩集壹隨喜庵集崇禎元年花朝題詞略云：「余昔構不繫園，有九忌十二宜之約。時騷人韵士，高僧名姝，嘯咏駢集。董玄宰宗伯顔曰隨喜庵。」）其小者，曰團瓢，曰觀葉，曰雨絲風片。

及同書伍遺稿「自嘲并示兒輩」八章之五「畫舫無權逐浪浮」句下自注云：

余家不系園，亂後重新，每爲差役，不能自主。

可知然明之西湖游舫頗多，有大小兩類。河東君所欲借者，當是團瓢觀葉或雨絲風片等之小型游舫也。觀春星堂詩集壹不系園集黄汝亨代然明所作「不系園約款」十二宜中，名流高僧知己美人等四類人品之條，以河東君之資格，其爲「美人」，自不待言。「知己」則河東君與汪然明之情分，即就此尺牘三十一通觀之，已可概見。其第伍通略云：

嵇叔夜有言，人之相知，貴濟其天性。今以觀先生之於弟，得無其信然乎？

及第捌通云：

嗟乎！知己之遇，古人所難。自愧渺末，何以當此？

尤足爲例證。夫「知己」之成立，往往發生於兩方相互之關係。由此言之，然明固是河東君之知己，而謂河東君非然明之知己，亦不可也。「名流」雖指男性之士大夫言，然河東君感慨激昂，無閨房習氣。（見上引宋徵璧「秋塘曲」序。）其與諸名士往來書札，皆自稱弟。（見與汪然明尺牘。）又喜著男子服裝，（見上引顧苓「河東君傳」。）及適牧齋後，如牧齋遺事「國初録用耆舊」條略云：

河東君侍左右，好讀書，以資放誕。客有挾著述，願登龍門者，雜沓而至。錢或倦見客，即出與酬應。客當答拜者，則肩筠輿，代主人過訪於逆旅，竟日盤桓，牧齋殊不芥蒂。嘗曰：此吾高弟，亦良記室也。戲稱爲柳儒士。

然則河東君實可與男性名流同科也。至若「高僧」一目，表面觀之，似與河東君絕無關係，但河東君在未適牧齋之前，即已研治内典。所作詩文，如與汪然明尺牘第貳柒第貳玖兩通及初訪半野堂贈牧翁詩。（見東山酬和集壹。）即是例證。牧齋有美詩云：「閉門如入道，沈醉欲逃禪。」（見東山酬和集壹。）實非虛譽之語。後來因病入道。（見有學集壹叁「病榻消寒雜咏」詩「一翦金刀綉佛前」及「鸚鵡疏窗書語長」爲河東君入道而作二首。至河東君入道問題，俟後論之。兹不涉及。）則別爲一事。可不於此牽混論及。總而言之，河東君固不可謂之爲「高僧」，但就其平日所爲，超世俗，輕生死，兩端論之，亦未嘗不可以天竺維摩詰之月上，震旦龐居士之靈照目之。蓋與「高僧」亦相去無幾矣。故黃貞父約款關於人品之四類，河東君一人之身，實全足以當之而無愧。汪氏平生朋好至衆，恐以一人而全具此四類之資格者，必不多有。當崇禎十二年春間，林天素已返三山，楊雲友亦埋骨西泠，至若織郎即王修微，則又他適。然明諸游舫，若舍河東君而不借，更將誰借耶？

列朝詩集閏肆選王修微關於不系園詩一首（春星堂詩集壹不系園集作「寄題不系園」。）兹附録之，以供談助。

「汪夫人以不系園詩見示，賦此寄之」云：

湖上選名園，何如湖上船。新花摇灼灼，初月戴娟娟。牖啓光能直，簾鈎影乍圓。春隨千嶂曉，夢借一溪烟。虛閣延清入，低欄隱幔連。何時同嘯咏，暫繫净居前。

寅恪案，汪錢兩氏所録，同是一詩，而其題文略异者，蓋經然明删换。牧齋所選之詩，其題當仍因舊文，惟「夫人」二字，其原文疑作「然明」二字耳。此二字之改易，殆由修微適許霞城後，有所不便之故耶？其實汪然明之夫人，雖不如劉伯玉妻段氏之興起風波，危害不系園之津渡。但恐亦不至好事不憚煩，而寄詩與修微也。故作狡獪，欲蓋彌彰，真可笑矣。

復次，丁氏武林掌故叢編本不系園集補遺載蒙叟「寄題」七律二首。今檢有學集叄夏午集「留題湖舫」（自注：「舫名不系園。」）文字悉同。其詩云：

園以舟爲世所稀，舟名不繫了無依。諸天宮殿隨身是，大地烟波瞥眼非。
浄掃波心邀月駕，平鋪水面展雲衣。主人欲悟虚舟理，只在紅妝與翠微。

湖上堤邊艤櫂時，菱花鏡裏去遲遲。分將小艇迎桃葉，遍采新歌譜竹枝。
楊柳風流烟草在，杜鵑春恨夕陽知。憑欄莫漫多回首，水色山光自古悲。

寅恪案，湘刻叢睦汪氏遺書本春星堂詩集壹不繫園集删去「蒙叟」二字。當是然明裔孫篁所爲。至同書伍夢香樓集中牧翁所賦「眉史春睡歌」（寅恪案，此詩有學集未載，但牧齋外集壹有「爲汪然明題沈宛仙女史午睡圖」。作「沈」不作「張」，殊可注意。又詩中亦有數字不同，殆由輾轉傳鈔，致有歧异。又夢香集中女主人張宛仙步然明韵四首之二云：「風韵何如半野堂。」殊可笑。并附記於此。）下題撰人之名爲「虞山」，是否後來改易，今未見他刻，不敢决言。坊間石印狄平子葆賢平等閣藏江左三大家詩畫合璧，内有（康熙二年）癸卯三月十又二日龔芝麓鼎孳所書此題第貳首，但未明著何人所作。兹附論及之，以免他日誤會。牧齋兩詩皆佳，蓋特具興亡之感，非泛泛酬應之作也。第貳首尤妙。「楊柳風流烟草在，杜鵑春恨夕陽知。」一聯，即指河東君而言。下句兼用李義山詩集壹「錦瑟」詩「望帝春心托杜鵑」句及秦少游淮海詞踏莎行「郴州旅舍」詞「杜鵑聲裏斜陽暮」句之兩出處。牧齋此詩固賦於清順治七年庚寅，實涉及河東君明崇禎十一、十二、十三等年間游寓西湖之往事，悲今念昔，情見乎詞，而河東君哀郢沈湘之旨，復楚報韓之心，亦可於此窺見矣。

又周亮工賴古堂尺牘新鈔肆載汪汝謙與周靖公書云：

人多以湖游怯見月，誚虎林人。其實不然。三十年前虎林王謝子弟多好夜游看花，選妓徵歌，集於六橋。一樹桃花一角燈，風來生動，如燭龍欲飛，較秦淮五日燈船，尤爲曠麗。滄桑後，且變爲飲馬之池，晝游者尚多蜎縮，欲不早歸不得矣。

寅恪案，然明此書可與前引其「自嘲」詩「畫舫無權逐浪浮」句下自注相參證。蓋清兵入關，駐防杭州，西湖勝地亦變而爲滿軍戎馬之區，迄今三百年，猶存「旗下」之名。然明身值此際，舉明末啓禎與清初順治兩時代之湖舫嬉游相比論，其盛衰興亡之感，自較他人爲獨深。吁！可哀也已。尺牘第三通云：

泣蕙草之飄零，憐佳人之遲暮，自非綿麗之筆，恐不能與於此。然以雲友之才，先生之俠，使我輩即極無文，亦不可不作。容俟一荒山烟雨之中，直當以痛哭成之耳。

尺牘第陸通云：

弟欲覽草堂詩，乞一簡付。諸女史畫方起，便如彩雲出衣。至雲友一圖，便如濛濛淥水，傷心無際。容假一二日，悉其靈妙，然後奉歸也。

寅恪案，上録河東君兩札，當是然明欲倩河東君爲楊慧林作題跋哀悼一類之文辭，故雲道人畫册，遂在河東君西湖寓所，供其披覽。河東君因更向然明索其前後爲雲友所作諸詩，以爲資料。「草堂詩」者，春星堂詩集之簡稱，即指然明所作詩而言，蓋春星堂之命名，即取杜少陵「春星帶草堂」之句也。（見杜工部集玖「夜宴左氏莊。」）至關於雲友之材料，大都見於春星堂詩集中，而聽雪軒一集，尤專爲雲友而作者。汪氏詩文具在，兹不必煩引，僅節録董香光一人題語於後，亦足見「林下風」之藝事，爲一代畫宗所傾服，至於此極也。

春星堂詩集叁聽雪軒集首載題詞兩條（第壹條可參董玄宰其昌容臺集文集陸「（題）林下風畫」條。）略云：

山居荏苒幾三十年，而閨秀之能爲畫史者，（寅恪案，董集此句作「乃聞閨秀之能畫史者。」）一再出，又皆著於武林之西湖。初爲林天素，繼爲楊雲友。（寅恪案，董集「楊雲友」作「王友雲」。）然天素秀絶，吾見其止；雲友澹宕，特饒骨韵。假令嗣其才力，殆未可量。（崇禎二年）己巳二月望董其昌書。（寅恪案，董集無「己巳」下九字。）

又略云：

今觀此册山水小景，已涉元季名家蹊徑。乃花鳥寫生，復類宋時畫苑能品諸人伎倆。雖管仲姬親事趙文敏，僅工竹石，未必才多乃爾，而生世不諧，弗獲竟其所詣。可憐玉樹，埋此塵土，隨西陵松柏之後，有汪然明者，生死金湯，非關惑溺。珍其遺迹，若解漢皋之珮。傳之同好，共聆湘浦之音。可謂一片有心，九原知己。慎勿以視煮鶴之輩也。

尺牘第肆通云：

接教并諸台貺，始知昨宵春去矣。天涯蕩子關心殊甚。紫燕香泥，落花猶重，未知尚有殷勤啓金屋者否？感甚！感甚！劉晋翁雲宵之誼，使人一往情深，應是江郎所謂神交者耶？某翁願作交甫，正恐弟仍是濯纓人耳。一笑！

寅恪案，此札所言，共有三端。一爲自述身世飄零之感。二爲關於劉晋卿，即劉同升者。三爲拒絶願作鄭交甫之「某翁」。請依次論之。

河東君謂「昨宵春去，關心殊甚。」然「殷勤啓金屋者」，尚未知有無其人。則飄零之感，哀怨之詞，至今讀之，猶足動人。何況當日以黄衫俠客自命之汪然明乎？宜汪氏屢爲河東君介紹「啓金屋者」。雖所介紹之人，往往不得河東君之同意，但天壤間終能得一牧齋，以爲歸宿，是亦可謂克盡其使命，不負河東君之屬望矣。此三十一通尺牘中，關於此點者，亦頗不少。兹依次擇其有趣可考者，略論述之。至於不同意或同意之差别，及其是非，則不置可否。

因與所欲考論之主旨無關也。

據明史貳壹陸劉應秋傳附同升傳略云：

同升字晉卿，〔江西吉水人。〕崇禎十年殿試第一。莊烈帝問年幾何？曰：五十有一。帝曰：若尚如少年，勉之。授翰林修撰。楊嗣昌奪情入閣，何楷林蘭友黃道周言之，俱獲罪。同升抗疏。帝大怒，謫福建按察司知事。移疾歸。

知晉卿在崇禎十二年己卯春間，即河東君作此書時，其年爲五十三。河東君以「翁」稱之者，未必指其年老，不過以「翁」之稱號推尊之耳。蓋晉卿與陳卧子同爲崇禎十年丁丑科進士，同出黄石齋之門，而晉卿爲是科狀頭。晉卿固從卧子及然明處得知河東君。河東君亦以晉卿爲卧子同科之冠首，亟欲一窺知其爲何如人，其才學果能出卧子之上與否也。然明必已深察柳劉兩方之意，樂於爲之介紹。湖上草載有「贈劉晉卿」七律一首，當即作於此時。

尺牘第拾通云：

行省重臣忽枉瓊瑶之答，施之蓬户，亦以云泰。凡斯皆先生齒牙餘論，况郵筒相望，益見遠懷耶？

此札乃河東君離去西湖歸家後，接然明轉寄晉卿酬答前所贈詩，因遂作書以謝然明之厚意也。「行省重臣」自是指晉卿言。但以貶謫如此末秩之人，而稱之爲「行省重臣」，殊爲不倫。然亦不過通常酬應虛譽之語，未可嚴格繩之也。晉卿著有錦鱗集，江西通志壹佰玖藝文略謂此集四卷，一作十八卷。其四卷本或是初作，十八卷本或是續編。明詩綜柒肆及江西詩徵陸叁，雖皆選録晉卿之詩，但均無與柳汪陳諸人往來之作，故河東君與劉晉卿之關係，亦無從詳考。至晉卿此時所在之地當是其福建任所。據春星堂詩集肆閩游詩紀，「崇安青雲橋」七絶題下注云：

橋爲柴連生大令重興，有劉晉卿太史碑記。

是然明於崇禎十四五年間游閩時，同升已移疾歸。否則然明此行所作諸詩，其中必有與劉氏相見酬和之作也。考明實録懷宗崇禎實録壹壹略云：

崇禎十一年秋七月庚戌翰林院修撰劉同升、編修趙士春各疏救黄道周，劾楊嗣昌。尋謫道周江西知事，劉同升福建知事，趙士春簡較。

及黄石齋道周黄漳浦集肆壹五言律「何玄子〔楷〕劉晉卿〔同升〕趙景之〔士春〕同發舟，遲久不至。四章」云：

（詩略。）

同書卷首洪思撰黄子傳（參同書卷首傳譜補遺蔡世遠撰黄道周傳）略云：

〔先生〕以疏論楊嗣昌陳新甲謫官，黜爲江西布政司都事。未任。

又陳忠裕全集玖湘真閣集「送同年趙太史（寅恪案，此詩題下考證謂即趙士春。）謫閩中二首」云：

（詩略。）

然則石齋本人及其詩題中所指貶謫諸人，除何氏未詳外，（參明史貳柒陸何楷傳。）石齋實未到任，而劉趙二氏則皆赴官也。「願作鄭交甫」之某翁，今不易考知其爲何人，恐是謝三賓。河東君謂「正恐弟仍是濯纓人耳。」此「濯纓人」之語，乃借用楚辭「漁父」中，「漁父莞爾而笑，鼓枻而去。歌曰：滄浪之水清兮，可以濯吾纓。」等句之意。蓋謂己身將如漁父「鼓枻而去」，即乘舟離西湖他往也。河東君既自比漁父，是亦以「某翁」比屈原。考謝三賓以監軍登萊之役，乾没多金，甚招物議，幸於崇禎八年丁父憂歸，得免黜謫，遂遨游山水，結廬西湖，放情聲色，聊自韜晦。（詳見下論。）當崇禎十二年己卯春河東君游武林時，象三亦在杭州，故「某翁」之爲謝氏，實有可能。其以靈均比象三，固不切當。但觀下引第貳伍札，以王謝佳兒擬陳卧子，同一例證，不須過泥也。後來河東君於崇禎十三年庚辰冬次韵答牧齋冬日泛舟詩（見東山酬和集壹。）云：「漢珮敢同神女贈。」儻使此「某翁」得見之，其羞怒又當何如？一笑！

抑更有可論者，翁方綱蘇詩補注貳「常潤道中，有懷錢塘，寄述古。」五首之二「去年柳絮飛時節，記得金籠放雪衣。」條（參趙德麟侯鯖録柒「濠守侯德裕侍郎藏東坡一帖」條。并覃溪天際烏雲帖考壹及繆荃孫雲自在堪筆記「覃溪天際烏雲帖收藏世系表」等。）略云：

予得東坡墨迹云，杭州營籍周韶知作詩。〔蘇〕子容過杭，（寅恪案，子容蘇頌字。見翁氏天際烏雲帖考。）述古飲之。韶泣求落籍。子容曰：可作一絶。韶援筆立成，遂落籍。同輩皆有詩送之。龍靚云：「桃花流水本無塵，一落人間幾度春。解佩暫酬交甫意，濯纓還作武陵人。」固知杭人多慧也。

寅恪案，河東君尺牘以「交甫」「濯纓」二事連用，當出於龍靚之詩，用事遣辭，可謂巧妙。至其所以能用此古典以擬今事者，當非直接得見東坡手迹，恐是從此帖摹刻之本，或記載西湖名勝逸事諸書中，間接得知耳。

尺牘第伍通云：

嵇叔夜有言：「人之相知，貴濟其天性。」弟讀此語，未嘗不再三嘆也。今以觀先生之於弟，得無其信然乎？浮談謗之迹，適所以爲累，非以鳴得志也。然所謂飄飄遠游之士，未加六翮，是尤在乎鑒其機要者耳。今弟所汲汲者，亡過於避迹一事。望先生速擇一静地爲進退。最切！最感！餘晤悉。

寅恪案，河東君此札所言擇静地以避迹一事，在其寄寓西湖然明横山别墅以後。（見前論第壹札。）河東君此時聲名廣播，外間聞風而來者，必多爲河東君所不欲覿面之人。縱有願與覿面并相酬酢者，但其人究非理想，而又豪霸癡黠糾纏不止，難於抗拒，如謝象三之例。故更請然明別擇一避迹之静地。此静地必非指汪氏横山别墅。蓋汪氏之家原在杭州缸兒巷。（見春星堂詩集壹然明先生小傳及遺稿後，然明曾孫師韓跋語。）河東君自不便即寓缸兒巷然明之家，與其姬妾家人共處。否則河東君豈不幾與崇禎十三年冬暫居牧齋家之我聞室相類耶？汪氏爲己身避嫌疑及爲河東君作介紹計，處河東君於横山别墅，實最適宜。然既不與汪氏家人共居一處，遂亦難免於如象三輩之來擾。河東君急欲以擇一静地爲决進退，并有遠游離去之意，其故即在於此，而當日之情勢迫切不可少緩者，更可想見矣。

又牧齋有美詩（見東山酬和集壹。）云：「蘇隄渾倒踏，黟水欲平填。」寅恪少日讀此詩，頗不能解。蓋「蘇堤」自指西湖而言，河東君與西湖甚有關係，此上句可通。但下句以「黟水」爲對文，則突兀不倫，未曉其意所至。更檢錢曾初學集詩注，亦未有注釋。懷蓄此疑頗久，苦無從求教於博雅通人。及垂死之年，得讀河東君尺牘，并參以一笑堂集春星堂集等，始恍然大悟：「黟水」即指然明。然明爲新安人，故以「黟水」目之。合此兩句言之，即謂河東君寓杭州汪氏横山别墅時，因然明以求見之人，必甚不少。據此札避迹以求静地之語，可知牧齋之詩，殊爲實録也。觀然明一生所爲，如爲楊雲友作「生死金湯」之類，（見上引汪然明聽雪軒集所載董其昌題詞。）事例不少。今於河東君亦復相同。就其中尤足稱者，莫過於護惜張宛仙一端。兹并附述之，以供考證，且資談助云爾。

春星堂詩集伍夢香樓集汪然明自序略云：

夢香樓集爲眉史宛仙而成也。憶壬辰於鴛水遇之，終宴無一語，然依依不可得而親疏遠近。座客謂西湖漸復舊觀，得伊人點綴，可稱西子。予唯唯。拈四絶以訂之，别後杳然，私謂空賦巫山一夢矣。今夏宛仙有意外之虞，來武林，予爲解之。時尚有側目者，又有私慕者。宛仙匿影不出。予一日拉同人雅集不系園，（寅恪案，前引李笠翁詩集陸「汪然明對翁招飲湖上，座列名士，兼列紅妝。」七律，自注云：「舟名不系園。」殆即此時所作。但李集編列此詩於庚子後，辛丑前，實則此時然明死已久矣。其誤無疑也。）致使聲名益噪，游人多向予問津。不輕引入桃源者，時多戎馬，恐名花爲之摧殘，可惜也。孟冬有文武顯貴臨湖上，聞而慕之。會予蕭齋，有不惜明珠白璧，屬予蹇修者。宛仙笑而謝曰：「公輩真鍾情，如薄命人非宜富貴家，且何忍遽别西湖也。」聞者多病宛仙少周旋。然亦以此益高宛仙矣。乙未花朝松溪道人汪汝謙書於夢香樓。

又同書同集張宛仙和詩序略云：

予昔於鴛水遇然明先生。先生有詩訂游西湖。於兹三年，始得踐約。六月十九過朱蕚堂，琴尊書畫，雅集名流。予時倦暑，先生因設檀床玉枕文席香山，清供具備。有詩紀事，和者盈帙。予因步韻，以志主人情重，亦一時佳話云。雲間張宛。（原注：「宛仙舊字小青。」）

寅恪案，宛仙與然明相遇於嘉興之時間，爲順治九年壬辰。春星堂詩集伍遺稿「壬辰初冬游嘉禾，飢寒之客雲集，遂售田二十一畝，分應之。臘月得次兒（繼昌）信，差足自慰。因述禾中感遇，補詩八章。」其二云：

西湖抛却到鴛湖，笑我來游一事無。泉石幽香偏吐艷，琴書冷韵每操觚。（自注：「時訪香隱校書。」）莫懷羈旅情多感，猶喜同聲興不孤。漫道臨邛應重客，文君有待合當壚。（自注：「香隱隱居，不輕見人。」）

然則然明之識宛仙之時，正值其閉門謝客，不輕見人之際。蓋當日情勢，必有所畏憚，不敢取次酬應者矣。宛仙既不酬應，則生事自有問題。然明所謂「飢寒之客」，即指宛仙及黃皆令等而言。汪氏此八詩之中，關於宛仙者，列第壹。關於皆令者，列第貳。豈亦汪氏當日售田所得金額，分潤多寡之次第耶？

復次，然明豪俠，若其於張宛仙之例，固可稱道。然當建州入關之初，明之士大夫不隨故國舊君同盡，猶能偷活苟存，并得維護才媛名姝之非貌寢如黃皆令者，亦自有其故在。據春星堂詩集壹所載然明次子繼昌小傳略云：

徵五先生諱繼昌，號悔岸，然明先生次子。順治〔五年〕戊子經魁。〔六月〕己丑成進士。歷仕廣西左江道，湖廣江防兵備按察司副使。

又同書伍遺稿載「〔順治十一年〕甲午七月次兒蒙洪〔承疇〕督師調至長沙軍前。」七律八首及「次兒請假歸省，督師贈予風雅典型匾額。感懷述事，復拈八章。」兩題云：

（詩均略。）

觀前引然明於壬辰冬，即作此兩題詩之前二年，至嘉興售田，則其生計艱困可知。幸其次子悔岸追隨當日漢奸渠首，漸至監司，稍稍通顯，然明不獨藉此可以苟全，且得以其餘力維護名姝矣。堂堂督師書贈之匾額，自可高懸於春星堂上，以作擋箭牌。避難投止之張小青，遂得脫免於「文武顯貴」之網羅也。特附記亨九書贈然明匾額一事於此，聊與居今日歷世變之君子，共發一嘆云爾。

尺牘第柒通云：

鵑聲雨夢，遂若與先生爲隔世游矣。至歸途黯瑟，惟有輕浪萍花與斷魂楊柳耳。回想先生種種深情，應如銅臺高揭，漢水西流，豈止桃花千尺也。但離別微茫，非若麻姑方平，則爲劉阮重來耳。秋間之約，尚懷渺渺，所望於先生維持之矣。便羽即當續及。昔人相思字每付之斷鴻聲裏，弟於先生，亦正如是。書次惘然。

其第捌通云：

枯桑海水，羈懷遇之，非先生指以翔步，則漢陽摇落之感，其何以免耶？商山之行，亦視先生爲淹速爾。徒步得無煩屐乎？并聞。

其第壹叁通云：

鱗羽相次，而晤言遥阻，臨風之懷，良不可任。齊雲勝游，兼之逸侣，踦之思，形之有日。奈近羸薪憂，褰涉爲憚。稍自挺動，必不忍蹇偃以自外於霞客也。兹既負雅招，更悼索見。神爽遥馳，臨書惘惘。

其第壹陸通云：

弘覽前兹，立雋代起。若以渺末，則輪翮無當也。先生優之以峻上，期之於綿邈，得無逾質耶？鱗羽相望，足佩殷遠。得片晷商山，復聞揮麈，則羈懷幸甚耳。

寅恪案，此四通皆關於然明約河東君往游商山齊雲者。第捌通商山之約，河東君實已成行。第壹陸通商山之招，以此後書札無痕迹可尋，恐未能赴約。第壹叁通齊雲之游，則未成事實也。初學集壹捌東山詩集壹響雪閣（自注：「新安商山。」）詩云：

綺窗阿閣赤山湄，想像憑闌點筆時。簾捲春波塵寂寂，歌傳石瀨響遲遲。

清齋每憶桃花米，素扇争題楊柳詞。日夕汀洲聊騁望，澧蘭沅沚正相思。

其下即接以「登齊雲巖」四首云：

（詩略。）

以上兩題皆牧齋崇禎十四年辛巳春間游黄山之詩。東山詶和集貳止載「響雪閣」一題，而無「登齊雲巖」四首。蓋「登齊雲巖」與河東君無涉，故不列於東山詶和集。觀「響雪閣」詩有：「想像憑闌點筆時」及「素扇争題楊柳詞」之句，可知河東君實曾游商山，而未嘗登齊雲巖。至「楊柳詞」是否即指河東君金明池「咏寒柳」詞，或泛指河東君其他作品，尚須詳考。或謂「素扇争題楊柳詞」乃兼指緪雲詩扇而言，「楊柳詞」即太平廣記壹玖捌引雲溪友議「唐白居易有妓樊素善歌，小蠻善舞。」一條中之「楊柳詞」。（見後論牧齋崇禎十五年壬午仲春自和合歡詩節。）鄙意此典故之「楊柳詞」，雖與牧齋響雪閣詩字面相同，然旨趣不合，故或説非是。

又東山詶和集壹載偈庵（即程孟陽嘉燧）「次牧翁〔冬日同如是〕泛舟韵」云：

蚤聞南國翠娥愁。（寅恪案，全唐詩第陸函李白貳肆「怨詞」云：美人捲珠簾，深坐顰娥眉。但見泪痕濕，不知心恨誰。河東君夙有「美人」之號，詳見前第貳章。又同書同函李白伍「長相思」第貳首，或作「寄遠」云：「美人在時花滿堂，美人去後空餘床。床中綉被卷不寢，至今三載猶聞香。香亦竟不滅，人亦竟不來。相思黃葉落，白露點青苔。」太白此詩中「美人」餘「香」不滅之語，可與前第叁章所引臥子崇禎十一年戊寅秋作品「長相思」詩中「美人」及「餘香」諸句相參證。然則孟陽用典遣辭，甚爲切當，而「美人心恨誰？」之「誰」，則舍臥子莫屬也。復次，杜工部集玖「陪諸貴公子丈溝攜妓納涼，晚際遇雨」二首之二云「雨來霑席上，風急打船頭。越女紅裙濕，燕姬翠黛愁。纜侵隄柳繫，幔卷浪花浮。歸路翻蕭瑟，陂塘五月秋。」及白氏文集伍「宅西有流水」詩「紅袖斜翻翠黛愁」句等，皆可與孟陽此句參證也。）曾見書飛故國樓。（自注：「如是往游新安，故鄉人傳其詞翰。」寅恪案，孟陽與然明皆屬徽州府籍。但孟陽所稱之「故鄉人」即今俗語所謂「老鄉」者，非僅指然明而言，并目一班之徽州人也。「其詞翰」殆即指河東君之篇什而言。可參第壹章論牧齋永遇樂詞及第貳章論牧齋「觀美人手迹」詩。然則孟陽欲專有河東君，而不介紹於牧齋。牧齋之得見河東君之詞翰，實由於然明。其實河東君屢游西湖，并寄寓然明別墅，自不待同游商山，始傳致其詞翰。孟陽不過欲藉此以解脫其掩蔽河洞君於牧齋之咎責耳。汪程兩人器量廣狹，心智高下，於此可見矣。抑更有可注意者，即河東君與然明崇禎十一年戊寅秋季以後，始有往來。檢耦耕堂存稿及孟陽自序，自十一年秋至十三年冬，并未發現孟陽有返其故鄉新安之痕迹。據此程詩所謂「曾見」者，恐非指己身親見之義，不過謂他人見之，轉告得知之意也。）遠客寒天須秉燭，美人清夜恰同舟。（寅恪案，此句「美人」二字，可與第壹句相印證。）玉臺傳得詩千首，金管吹來坐兩頭。從此烟波好乘興，萬山春雪五湖流。

尤可證河東君曾應然明游商山之約也。尺牘第柒通云：「秋間之約，尚懷渺渺。」第捌通云「商山之行，亦視先生爲淹速爾。徒步得無煩屐乎？」則似此游在崇禎十二年己卯秋間。至第柒通所云：「但離別微茫，非若麻姑方平，則爲劉阮重來耳。」之語，頗不易解。繹其辭意，似謂然明若偕己身同訪商山之友人，如麻姑與王方平同過蔡經家之例，則此約可踐。若然明與其友人同至己身所居之處，必不得相見，如劉晨阮肇重到天臺，而仙女已渺然矣。第拾叁通拒絶然明約游齊雲巖云：「既負雅招，更悼索見。」所謂「雅招」，即指偕游。所謂「索見」，即指來訪，此意可以互證也。所成問題者，則此居商山之友，究爲何人？今殊難考。據春星堂詩集貳綺咏續集有「秋日過商山訪朱子暇（治憪）」，時子暇將歸西湖，」五律一首。則然明秋季訪朱子暇於商山，已有其例。但然明此詩作於崇禎四年辛未以前，時間過早，自與河東君此行無涉。惟子暇於商山有寄居之處，而然明有訪友之舉，既有成例可循。故崇禎十二年己卯秋間，然明與河東君偕游商山，當亦與曩時訪朱氏之游相類。此河東君所以有麻姑王方平同過蔡經家之譬喻耶？

又檢閔麟嗣纂黄山志柒賦詩門，明代最後無名氏所作之前，載有楊宛「咏黄山」七絶一首云：

黄山山上萬峰齊，一片孤雲千樹低。笑殺巫山峰十二，也稱神女楚王遺。

冒辟疆襄影梅庵憶語云：

〔崇禎十三年〕庚辰夏留滯影園，欲過訪姬。（指董小宛。）客從吴門來，知姬去西子湖，兼往游黄山白岳。遂不果行。〔崇禎十四年〕辛巳早春余省覲去衡岳，繇浙路往。過半塘訊姬，則仍滯黄山。

寅恪案，董小宛冒辟疆之因緣，世人習知，無須多論。至此楊宛，即顧云美河東君傳中引牧齋語，所謂：

天下風流佳麗，獨王修微〔微〕、楊宛叔〔宛〕與君（指河東君。）鼎足而三。何可使許霞城〔譽卿〕，茅止生〔元儀〕專國士名姝之目？

一節中之楊宛叔，其有關資料詳見下論田弘遇南海進香節所引。鄙意牧齋編纂列朝詩集所以選録宛叔之詩，并爲小傳，蓋深致悼惜之意也。今據楊宛此詩及影梅庵憶語所言，可以推知當時社會一般風氣，自命名士之流，往往喜摹仿謝安石「每游賞必以妓女從」之故事。（見晋書柒玖謝安傳。）然明之約河東君往游商山齊雲，亦不過遵循此例耳。蓋昔日閨閣名媛之守禮者，常不輕出游，即在清代中葉文學作品，如儒林外史敍述杜少卿夫婦游山，（見儒林外史第叁叁回），所以能自矜，稱爲風流放誕之故也。

復次，第柒通云：「回想先生種種深情，應如銅臺高揭，漢水西流，豈止桃花千尺也。」「銅臺」「漢水」爲不同之兩義，不可連用。故改「漢」爲「漳」，則兩句皆表一義。蓋以魏武之銅爵臺與鄴之漳水爲連類也。鄙意河東君此文乃用太白詩「桃花潭水深千尺，不及汪倫送我情。」之句，以比然明之深情。復用「銅臺」「漢水」之辭，以比然明之高義。銅雀臺固高，可以取譬。認銅臺爲銅雀臺，自是可通。但若又認漢水爲漳水，而與銅臺爲連類，則是河東君直以然明比魏武，而自居於銅雀臺妓。與崇禎十二年汪柳關係之情勢，極不適合。河東君爲避嫌疑計，必不出此。且河東君薰習於幾社名士如卧子李宋之流者甚久，幾社一派詩文宗法漢魏六朝，河東君自當熟精選理，豈有不讀文選貳叁謝玄暉同謝咨議銅雀臺詩，即玉臺新咏肆謝朓銅雀妓及文選陸拾陸士衡吊魏武帝文者乎？

魏文帝所作「燕歌行」云：「星漢西流夜未央。」（見文選貳柒。）及「雜詩」二首之一云「天漢回西流。」（見文選貳玖。）又杜子美「同諸公登慈恩寺塔」五古云：「河漢聲西流。」（見杜工部集壹。）皆詩人形容極高之語。天上之銀漢可言西流，人間之漳水不可言西流。故「漢」字非「漳」字之。細繹河東君文中「銅臺」「漢水」兩句，皆形容極高之辭，即俗所謂「義薄雲天」之義。或者河東君因三輔黄圖謂：「神明臺在建章宮中，祀仙人處。上有銅仙舒掌捧銅，承雲表之露。」（據平津館叢書本。）及杜少陵詩「承露金莖霄漢間」之句，（見杜工部集壹伍「秋興」八首之五。）不覺混以銅臺爲言，并因杜詩「霄漢」之語，復聯想天上之銀漢。故遂分拆杜公詩此一句，構成此文「銅臺」「漢水」之兩句，以形容然明之「雲天高義」耶？

陳其年維崧詞（迦陵詞貳捌賀新涼「春日拂水山莊感舊」。）云：

人説尚書身後好，紅粉夜臺同嫁。省多少望陵閑話。

此詞作於河東君此札後數年十年。河東君久已適牧齋，牧齋既死，又身殉以保全其家。迦陵詞中用「望陵」之語，頗爲適切也。則實用魏武銅爵臺妓故事。

又太平廣記壹玖伍「紅綫」條（原注：「出（袁郊）甘澤謡。」）云：

既出魏城西門，將行二百里，見銅臺高揭，而漳水東注，晨飈動野，斜月在林。憂往喜還，頓忘於行役。感知酬德，聊副於心期。

然則河東君實取袁氏文中「銅臺高揭」四字，而改易「漳水東注」爲「漢水西流」四字。其所以如此改易者，不僅表示高上之義，與銀漢西流相合，且「流」字爲平聲，於聲律更爲協調。吾人觀此，益可證知河東君文思之精妙矣。

復次，有學集貳拾「許〔瑶〕夫人〔吴綃〕嘯雪庵詩序」云：

> 漳水東流，銅臺高揭。洛妃乘霧，美翠袖之英雄；妓女望陵，吊黄鬚於冥莫。

寅恪案，此序用甘澤謡之文，亦改「注」爲「流」，以合聲律，但序之作成，遠在河東君尺牘之後。白香山詩云：「近被老元偷格律。」（見白氏文集壹陸「編集拙詩成一十五卷，因題卷末。」七律。）林天素「柳如是尺牘小引」云：

> 今〔汪然明〕復出懷中一瓣香，以柳如是尺牘寄余索叙，琅琅數千言，艷過六朝，情深班蔡，人多奇之。

然則牧齋殆可謂偷「香」竊「艷」者耶？

又：「黄鬚」事，見三國志壹玖魏志任城威王彰傳。「黄鬚」乃指曹操子曹彰而言。牧齋用典，不應以子爲父，或是「黄須」乃「吊」之主詞，但文意亦未甚妥，恐傳寫有誤，竊疑「鬚」乃「星」或他字之訛。若本作「星」字者，即用魏志壹武帝紀建安五年破袁紹條所云：

> 初桓帝時，有黄星見於楚宋之分，遼東殷馗善天文，言後五十歲，當有真人起於梁沛之間，其鋒不可當。至是凡五十年，而公破紹，天下莫敵矣。

抑或别有出處，敬乞通人賜教。

尺牘第壹柒通云：

流光甚駛，旅况轉凄。恐悠悠此行，終浪游矣。先生相愛，何以命之？一逢歲始，即望清騶。除夕詩當屬和呈覽，餘惟臺炤，不既。

寅恪案，河東君當是於崇禎十二年冬游杭州，寄寓然明之西溪横山書屋，即在此度歲。元旦患病嘔血，稍瘉之後，於崇禎十三年二月離杭州歸嘉興。其間大約有三月之久。第貳貳通云：「雪至雨歸。」謂雪季在杭州，雨季赴嘉興。

尺牘第貳叁通云：

前接教後，日望車塵。知有應酬，良晤中阻。徙倚之思，日切而已。

其第貳肆通云：

雲霄殷誼，褰涉忘勞。居有倒屣，行得順流。安驅而至，坦履而返。萍葉所依，皆在光霽。特山烟江樹，觸望黯銷。把袂之懷，渺焉天末。已審春暮游屐遄還，故山猿鶴，夢寐遲之。如良晤難期，則當一羽修候爾。廿四日出關，倉卒附聞。嗣有縷縷，俟之續布，不既。

故知然明以應酬離杭他往，欲河東君留杭至暮春三月還杭後與之相晤。然河東君赴禾之意甚切，不及待然明之返，遂於崇禎十三年庚辰二月廿四日離杭往嘉興也。第貳肆通所謂「廿四日出關」者及第貳伍通所謂「率爾出關」，即前引春星堂詩集叁「柳如是校書過訪，舟泊關津而返。」詩云：「遽懷南浦出郊關。」皆指由杭州北行所必經之「北關」。（見光緒修杭州府志陸。）故河東君所謂「出關」，亦即離杭北行之意也。

河東君此次游杭，時經三月之久，中間患病頗劇，自有所爲而來，必有所爲而去。第壹柒通云：「流光甚散，旅况转凄。恐悠悠此行，终浪游矣。」其辞旨凄感，发病呕血，亦由於此。蓋當崇禎十二年己卯歲末，河東君年已二十二，美人遲暮，歸宿無所。西湖之游，本爲閲人擇婿。然明深識其意，願作黄衫。第貳伍通所謂「觀濤」，即然明又一次約河東君至杭，爲之介紹佳婿之意。錢塘可觀浙江潮，故以枚乘「七發」觀濤廣陵爲比，藉作隱語也。「浪游」一語，乃不諧之意。然則河東君此行，究與何人有關，而終至其事不諧耶？鄙意此人即鄞縣謝象三三賓是也。鮚埼亭外集貳玖云：

三賓知嘉定時，以贄列錢受之門下，爲之開雕婁唐諸公集。其後與受之争妓柳氏，遂成貿首之仇。南都時，受之復起，且大拜。三賓稱門下如故。其反復如此。

寅恪案，三賓人品卑劣，誠如全氏所論。但謝山之言亦有失實者。考牧齋爲天啓元年浙江鄉試正考官。（詳見前第壹章拙作「題牧齋初學集」詩所論。）象三以是年鄉試中式。（見雍正修寧波府志壹柒選舉上明舉人條及初學集伍叁「封監察御史謝府君墓志銘」中「三賓余門人也。」之語。）故三賓所撰一笑堂集中涉及牧齋，稱之爲座師者，共有「丁亥冬被誣在獄，時錢座師亦自刑部回，以四詩寄示，率爾和之。」「壽錢牧齋座師」「壽座師錢牧齋先生」等三首。（均見一笑堂詩集叁。）象三之詩，其作成年月雖多數不易詳悉考定。然觀象三於丁亥即順治四年，猶稱牧齋爲座師，牧齋且以「次東坡御史臺寄妻詩」寄示謝氏，謝氏復賦詩和之。又「壽錢牧齋座師」一詩中有：

天留碩果自無爲，古殿靈光更有誰。渭水未嘗悲歲晚，商山寧復要人知。

等語，皆足證象三於牧齋晚年，交誼未改也。或疑此兩詩爲弘光南都即位，牧齋復起以後所作，與謝山「三賓稱門下如故」之語，尚不衝突。但檢初學集叁陸有「謝象三五十壽序」一篇，據一笑堂詩集壹「（順治七年）庚寅初度自述」五古中「吾年五十八，六十不多時。」之句，逆推象三年五十時，乃崇禎十五年壬午也。河東君以崇禎十四年辛巳夏歸於牧齋，崇禎十七年甲申夏福王立於南京。然則牧齋於此兩時限之間，猶撰文爲象三壽。故知全氏謂：「與受之争妓柳氏，遂成貿首之仇。」其説殊不可信也。

又檢初學集捌伍「跋前後漢書」（參天祿琳瑯書目宋版史部漢書錢謙益跋，春酒堂文存叁「記宋刻漢書」，陳星崖詩集壹「鷗波道人漢書嘆」并陳星崖銘海補注全祖望句餘土音補注陸此題注）云：

趙文敏家藏前後漢書，爲宋槧本之冠。前有文敏公小像。太倉王司寇得之吳中陸太宰家。余以千金從徽人贖出。藏二十餘年。今年鬻之於四明謝象三。床頭黄金盡，生平第一殺風景事也。此書去我之日，殊難爲懷。李後主去國，聽教坊雜曲，「揮泪對宫娥」一段淒凉景色，約略相似。癸未中秋日書於半野堂。

牧齋尺牘外編「與□□」書所言多同於牧齋之跋，惟涉及李本石之語，則跋文所未載。兹僅節録此段，以供參考。其文云：

京山李維柱字本石，本寧先生之弟也。嘗語予，若得趙文敏家漢書，每日焚香禮拜，死則當以殉葬。

牧齋此次之割愛售書，殆爲應付構造絳雲樓所需經費之用。考初學集貳拾下東山詩集肆更可證牧齋於崇禎十六年癸未中秋猶與象三有往來。

「燈下看内人插瓶花，戲題四絶句。」其一云：「水仙秋菊并幽姿」及「玉人病起薄寒時」。此題後第貳題即爲「絳雲樓上梁，以詩代文。」八首。然則牧齋售書之日，與絳雲樓上梁之時，相距甚近。兩事必有相互關係無疑。象三雖與牧齋争娶河東君失敗，但牧齋爲築金屋以貯阿雲之故，終不得不忍痛割其所愛之珍本，鬻於象三。由是而言，象三亦可藉此聊以快意自解，而天下尤物之不可得兼，於此益信。蒙叟一生學佛，當更有所感悟矣。覩下引牧齋重跋此書之語，亦可證也。一笑！

有學集肆陸「書舊藏宋雕兩漢書後」（參天禄琳瑯書目史部。）云：

趙吴興家藏宋槧兩漢書。王弇州先生鬻一莊得之陸水村太宰家。後歸於新安富人。余以千二百金從黄尚寶購之。崇禎癸未損二百金售諸四明謝氏。庚寅之冬吾家藏書盡爲六丁下取。此書却仍在人間。然其流落不偶，殊可念也。今年游武林，坦公司馬携以見示，咨訪真贋。予從臾勸亟取之。司馬家插架萬籤，居然爲壓庫物矣。嗚呼！甲申之亂，古今書史圖籍一大劫也。庚寅之火，江左書史圖籍一小劫也。今吴中一二藏書家，零星捃拾，不足當吾家一毛片羽。見者誇詡，比於酉陽羽陵。書生餓眼，見錢但不在紙裏中，（天禄琳瑯書目作「但見錢在紙裏中。」）可爲捧腹。司馬得此十箧，乃今時書庫中寶玉大弓，當令吴兒見之，頭目眩暈，舌吐而不能收。不獨此書得其所歸，亦差足爲絳雲老人開顏吐氣也。劫灰之後，歸心空門，爾時重見此書，始知佛言昔年奇物，經歷年歲忽然復睹，記憶宛然，皆是藏識變現，良非虚語，而吕不韋顧以楚弓人得，爲孔老之云，豈爲知道者乎？司馬深知佛理，并以斯言諗之。（天禄琳瑯書目此句下有「歲在戊戌孟夏二十一日重跋於武林之報恩院」十九字。）

寅恪案，蒙叟於崇禎十六年癸未秋割愛賣兩漢書，已甚難堪。象三此時家甚富有，但猶抑損牧齋購入原價二百金。靳此區區之數，不惜招老座師以更難堪之反感。豈因争取「美人」失敗，而又不甘間接代付「阿雲」金屋經費之故，遂出此報復之市儈行爲耶？牧齋云：「不獨此書得其所歸，亦差足爲絳雲老人開顔吐氣也。」蒙叟屬辭不多用「絳雲老人」之稱。今特著「絳雲」二字者，不僅因絳雲樓藏書被焚，深致感念。窺其微意所在，亦暗寓「阿雲金屋」一重公案也。牧齋如盧家之終有莫愁，固可自慰。然亦卒不能收回已亡之楚弓，姑藉佛典阿賴耶識之説，强自解釋，情甚可憐。若象三以「塞翁」爲其别號，則不知其所失者爲書耶？抑或人耶？謝氏二十年之間，書人兩失，較牧齋之得人而失書者，猶爲不逮。此亦其人品卑劣有以致之，殊不足令人惘惜也。

至牧齋所謂「坦公司馬」應即張縉彦。其事迹見清史列傳柒玖貳臣傳本傳及清史稿貳伍壹劉正宗傳附張縉彦傳。清史列傳載其於順治十一年甲午由山東右布政使，遷浙江左補政使。十五年戊戌擢工部右侍郎。與浙江通志壹貳壹職官表壹壹承宣佈政使欄「張縉彦」下注：「字坦公，新鄉人。前辛未進士。順治十一年任。」及「許文秀」下注：「遼東人。順治十五年任。」之記載相合。又明史壹壹貳七卿年表兵部尚書欄載：

「崇禎十六年癸未十月張縉彦任。十七年〔甲申〕三月縉彦降賊」。

及同書叁佰捌馬士英傳云：

張縉彦以本兵首從賊。賊敗，縉彦竄歸河南。自言集義勇收復列城。即授原官，總督河北山西河南軍務，便宜行事。（參計六奇明季北略貳貳張縉彦條。）

等，皆可與清國史館張縉彦傳參證也。

復次，有學集伍絳雲餘燼集下「贈張坦公」二首。其一云：

中書行省古杭都，曾有尚書曳履無。暫藉頗廳居左轄，（牧齋外集壹「頗」作「頭」。是。）且抛手版領西湖。

其二云：

中朝九伐勒殊勳，父老牽車拜使君。藉草定追蘇白咏，澆花應酹岳于墳。
西陵古驛連殘燒，南渡行宮入亂雲。注罷金經卧簾閣，諸天春雨自繽紛。

牧齋外集陸「張坦公集序」略云：

中州張坦公先生射策甲科，起家縣令，受當寧簡任，入直翰苑，洊歷大司馬。當是時，國勢阽危，樞務旁午，天子神聖，非常寄任。朝野屏息跂望，以爲李伯紀〔綱〕，于廷益〔謙〕合爲一人。俄而天地晦冥，國有大故，觸冒萬死，走荆雒諸山中，經營寨柵，收合徒旅，逆闖之號令不行於荆南，公實以隻手遏之。燕雲底定，璽書慰存，乃始卷甲卧鼓，頓首歸命。迴翔朝右，資望深茂。乃由山左擢杭左轄。先後十餘年，閱歷變故，最險最奇。其所爲詩文，亦隨心遞變。世之知坦公者，當以其詩文，而坦公之生平建豎，欲有所寄托，以自見於竹素，舍此集亦何以矣。昔少陵遇天寶之亂，流離巴蜀，有昔游遣懷之作。一則曰：昔者與高李，晚登單父臺。寒蕪際碣石，萬里風雲來。一則曰：昔我游宋中，惟梁孝王都。憶與高李輩，論交入酒壚。蓋自七雄劉項并吞割據之餘，戰伐通塗，英雄陳迹，多在梁宋之間。而況如公者，以含章振生之姿，攬中州河雒之秀，天實命以鼓吹休明，陶鑄風雅。於是乎孟津超乘於前，（寅恪案，「孟津」指王鐸，事迹見清史列傳柒玖貳臣傳本傳等。鐸河南孟津人。又爲大學士，故云。）行屋俠轂於後，（寅恪案，「行屋」指薛所蘊，事迹見清史列傳柒玖貳臣傳本傳。并參牧齋外集伍薛行屋詩序。又桴庵爲河南孟縣人，故稱其「行屋」之號，以免與覺斯相混也。）旗鼓相當，鞭弭競奮，亦天相之也。威弧不弦，帝居左次，橋山之龍胡不逮，崆峒之仙仗杳然。於是乎棄戎旃，理翰墨，舍韎韋，事畢牘，詞壇騷壘，收合餘燼，地負海涵，大放厥詞，而依水園之全集始出。坦公書來曰：公知我者，幸爲我詩序。余雖老廢，歸向空門，不敢謂不知坦公也。孟津已矣，今所爲高李者，有行屋及安丘二公在。（寅恪案，「安丘」指劉正宗，事迹見清史列傳柒玖貳臣傳及清史稿貳伍壹本傳等。正宗爲大學士，故以「安丘」稱之，與稱覺斯爲孟津同例也。）坦公將還朝，共理承明之事，試相與評吾言，以爲何如也。

寅恪案，牧齋贈坦公詩，大約作於順治十一年甲午或十二年乙未，「書舊藏宋雕兩漢書後」一文末署：「歲在戊戌孟夏廿一日，重跋於武林之報恩寺。」即在順治十五年張氏尚在杭任，未奉調入京之時。至「張坦公集序」則作於張氏將離杭赴京之際，更在「書舊藏宋雕兩漢書後」以後矣。

復檢清史列傳柒玖貳臣傳張縉彥傳略云：

> 順治十七年六月左都御史魏裔介劾大學士劉正宗罪惡，言縉彥與爲莫逆友，序其詩，稱以將明之才，詞詭譎，而心叵測。均革職逮訊。御史蕭震疏劾縉彥曰：官浙江時，編刊無聲戲二集，自稱不死英雄。有吊死在朝房，爲隔壁人救活云云。冀以假死，塗飾其獻城之罪。又以不死，神奇其未死之身。臣未聞有身爲大臣，擁戴逆賊，盜竊宗社之英雄。且當日抗賊殉難者有人，闔門俱死者有人，豈以未有隔壁人救活，遜彼英雄？雖病狂喪心，亦不敢出此等語。縉彥乃筆之於書，欲使亂臣賊子相慕效乎？疏并下王大臣察議，以縉彥詭詞惑衆，及質訊時，又巧辨欺飾，擬斬決。上貰縉彥死，褫其職，追奪誥命，籍没家産，流徙寧古塔。尋死。

寅恪案，牧齋爲此僨軍之將，亡國之大夫，而兼「不死之英雄」作序，鋪張敷衍，長至千餘言，其欲得張氏之潤筆厚酬，自不待論。鄙意牧齋當日之奢望，似猶不僅此也。豈竟欲藉此諛辭，感動張氏，取其購得謝三賓之宋槧兩漢書，還諸舊主，庶幾古籍美人可以并貯一處，（此「處」即「絳雲餘燼處」之「處」。若作「樓」，則非絳雲樓，而是後來河東君縊死之榮木樓矣。）與之共命而同盡，更爲絳雲老人開顔吐氣耶？坦公未能如牧齋之願，而此書遂流落他所，輾轉收入清内府。三百年來陵谷屢遷，此曠世奇寶，若存若亡，天壤間恐終不可復睹矣。惜哉！惜哉！

更有一事可與錢謝此重公案相參勘者，黄丕烈士禮居藏書題跋記伍「唐女郎魚玄機詩一卷，宋刻本。」一條云：

朱承爵字子儋。據列朝詩集小傳，知爲江陰人。世傳有以愛妾换宋刻漢書事。其人亦好事之尤者。唐女郎何幸，而爲其所珍重若斯。

寅恪案，列朝詩集丁捌載朱氏「落花」詩二首。其小傳不載以愛妾换宋刻漢書事。蕘翁所言，未知何據？牧齋所撰列朝詩集諸人小傳，多喜記瑣聞逸事之可資談助者，子儋以愛妾换宋刻漢書一事，牧齋當亦有所知聞。然不收入小傳中者，豈其事略同於象三與己身之關係，遂特避嫌，諱而不載耶？若果如是，則其心良苦，其情可笑矣。

復次，牧齋尺牘貳與李孟芳書共十三通。其中三通關涉王弇州家漢書事。

第壹通云：

子晋并乞道謝。漢書且更議之，不能終作篋中物也。歸期想當在春夏之交，把臂亦非遠矣。

第拾通云：

歲事蕭然，欲告糴於子晋。藉兄之寵靈，致此質物。庶幾泛舟之役有以藉手，不致作監河侯也。以百石爲率，順早至爲妙，少緩則不济事矣。

第壹貳通云：

空囊歲莫，百費蝟集。欲將弇州家漢書，絶賣於子晋，以應不時之需。乞兄早爲評斷。此書亦有人欲之，意不欲落他人之手。且在子晋，找足亦易辨事也。幸即留神。

寅恪案，牧齋尺牘之編次頗有舛訛。如卷上致梁鎮臺三通，其第壹通乃致梁維樞者，而誤列於致梁鎮臺，即梁化鳳題下，乃是一例。見第伍章所論。至排列復不盡依時間先後。如第伍通論牧齋垂死時之貧困節引「致盧澹岩」札第肆通應列於第壹通前，即是其例。假定此寄李孟芳諸札之排列先後有誤，則第拾通「泛舟之役」自指與河東君有關之事。如初學集貳拾東山詩集叁河東君和牧齋「中秋日携内出游，次冬日泛舟韵。」二首之二所謂「夫君本自期安槳，賤妾寧辭學泛舟。」之義。假定寄李孟芳札排列先後不誤，則「泛舟之役」別指一事，與河東君無關。兹僅稍詳論後一説，以俟者抉擇，蓋前一説易解，不待贅述也。

就後一説言之，第壹通「歸期在春夏之間」等語，乃崇禎十一年戊寅牧齋被逮在京時所作。若牧齋與孟芳之尺牘皆依時間先後排列，則第拾通疑是崇禎十五年冬間所作，因此通前之第捌通有：

日來婦病未起，老夫亦潦倒倦卧。呻吟之音，如相唱和。

等語，其時河東君正在重病中也。又第拾通云：「庶幾泛舟之役，有以藉手。」所謂「泛舟之役」，不知何指。若謂是崇禎禎十四年辛巳冬十一月與河東君泛舟同游京口，（見初學集貳拾〔辛巳〕小至日京口舟中并河東君和作。及「冬至後京江舟中感懷八首」。）則是年中秋河東君尚未發病。（見初學集貳拾〔辛巳〕中秋日携内出游二首并河東君和作。）大約九十月間即漸有病。故牧齋「小至日京口舟中」詩云：「病色依然鏡裏霜。」河東君和作云：「香奩累月廢丹黄。」據鄭氏近世中西史日表，此年冬至爲十一月十九日，依「累月」之語推之，其起病當在九十月間，然尚能出游并賦詩，諒未甚劇。但在途中病勢增重，祇得暫留蘇州，未能與牧齋同舟歸常熟度歲。觀牧齋「辛巳除夕」詩「悽斷鰥魚渾不寐，夢魂那得到君邊。」之句，知柳錢兩人此際不在一處，而河東君之病甚劇，又可推見也。此點詳見後論，兹不多及。

由是言之，牧齋致李氏尺牘第拾通中「泛舟之役」一語，非指此次京口之游，自不待辨。至崇禎十五年冬，牧齋實有關涉「泛舟」之事，更就明清時人「泛舟之役」一習用之語考之，實有二解：一指漕運。即用左傳僖公十四年所載，其文略云：

冬晋薦饑，使乞糴於秦。〔秦〕輸粟於晋，自雍及絳相繼，命之曰泛舟之役。

如碑傳集壹叁陸田雯撰盧先生世淮傳云：

領泛舟之役，值久旱河竭，盜賊充斥，公疏數十上，犁中漕弊，皆報可。

及道光修濟南府志伍貳盧世淮傳云：

儹漕運，時久旱河竭，盜賊縱横，條議上聞，皆中肯綮。

可以爲證。二指率水師攻戰之意，如晋書壹壹拾載記拾慕容儁載記云：

遣督護徐冏率水軍三千，泛舟上下，爲東西聲勢。

可以爲證。檢牧齋此時并無參漕運之事，則其所謂「泛舟之役」者，乃與水軍之攻戰有關無疑。若此假設不誤，兹略引資料，論之於下。

初學集貳拾「送程九屏領兵入衛二首。時有郎官欲上書請余開府東海，任擣剿之事，故次首及之。」七律二首之二後四句云：

絶轡殘雲驅靺鞨，扶桑曉日侯旌旗。東征倘用樓船策，先於東風酹一卮。

及同書貳拾下「〔癸未〕元日雜題長句」八首之四云：

東略舟師島嶼紆，中朝可許握兵符。樓船擣穴真奇事，擊楫中流亦壯夫。弓渡緑江驅濊貊，鞭投黑水駕天吴。劇憐韋相無才思，省壁愁看崖海圖。（自注：「沈中翰上疏請余開府登萊，以肄水師。疏甫入而奴至，事亦中格。」）

又有學集叁貳「卓去病先生墓志銘」云：

> 崇禎末，中書沈君廷揚以海運超拜，特疏請余開府東海，設重鎮任援剿。去病家居，老且病矣，聞之大喜，畫圖系説，條列用海大計，惟恐余之不得當也。疏入未報，而事已不可爲。

然則「泛舟之役」即「樓船」及「用海」之策，大約牧齋於崇禎十五年壬午歲暮，得知有巡撫登萊，率領舟師東征之議，以爲朝命旦夕可下，必先有所摒擋籌劃，因有告糴於毛氏之舉歟？

又孟芳與子晋關係至密，子晋稱之爲舅氏，見其所著野外詩卷「八月十五夜從東湖歸，獨坐快閣」詩題下自注云：「和孟芳舅氏。」可以爲證。子晋此種「舅氏」之稱謂，蓋與其稱繆仲醇希雍同例，亦見野外詩卷「暮春游興福寺」詩序。初學集陸壹牧齋作子晋父毛清墓志銘云：「君娶戈氏，於仲醇爲彌甥壻。」及同書叁玖「毛母戈孺人六十壽序」云：「毛生子晋之母戈孺人六十矣。」則知子晋之稱孟芳爲「舅氏」不過長親之意耳。讀者幸勿誤會。

毛李兩人情誼既如此親密，故牧齋托孟芳向子晋「告糴」，欲藉其「寵靈」也。此函中「質物」之語，即指質於毛晋家之漢書而言。

第壹貳通疑亦是崇禎十五年歲杪所作。因十六年中秋，此漢書已鬻於謝氏，故知此函所謂「歲莫」，必非十六年歲杪也。「找足」者，欲將前抵押之漢書，「絶賣」與子晋。不知何故，此議未成。後來此書於崇禎十六年秋牧齋賣與謝三賓，當先將謝氏所付書價之一部分，從子晋贖回，然後轉賣耳。「此書亦有人欲之」之「人」，或即是象三，亦未可知。賣此書與謝氏，實非牧齋本意，乃出於萬不得已，所以感恨至於此極也。牧齋此書今天壤間已不可得見，世之談藏書掌故者似未注意此重公案，聊補記於此，以諗好事者。

牧齋平生有二尤物。一爲宋槧兩漢書，一爲河東君。其間互有關聯，已如上述。趙文敏家漢書，雖能經二十年之久「每日焚香禮拜」，然以築阿雲金屋絳雲樓之故，不得不割愛鬻於情敵之謝三賓。未能以之殉葬，自是恨事。至若河東君，則奪之謝三賓之手，「每日焚香禮拜」達二十五年之久。身没之後，終能使之感激殺身相殉。然則李維柱之言，固爲漢書而發，但實亦不异於爲河東君而發者。嗚呼！牧齋於此，可以無遺憾矣。

又謝三賓任太僕少卿，以丁父憂出京後，即買宅西湖，（寅恪案，一笑堂詩集叁「湖莊」二題，「武林舊寓爲武弁入居，殘毁殊甚，庚寅始復，感成七律。」并同書肆「燕子莊」七律「花紅水緑不歸去，辜負西湖燕子莊。」句及「過武林」七律「燕子莊前柳色黄，每乘春水向錢塘。」句等，可證。）放情聲色。（寅恪案，一笑堂詩集叁「無題」七律「却來重入少年場」句，可證。）全謝山謂象三視師登州時，「乾没賊營金數百萬，其富耦國。」（詳見鮚埼亭外集貳玖「題視師紀略」。）其言即使過當，然象三初罷太僕少卿，居杭州時，必非經濟不充裕者，可以斷言。其子于宣字宣子，崇禎九年丙子即已中式鄉試。（見雍正修寧波府志壹柒選舉上明舉人條。）早與然明有往還。（見春星堂詩集貳「余爲修微結廬湖上。冬日于於宣伯仲歸臨，出歌兒佐酒。」）則象三亦必爲然明知交之一，可以推知。但今檢春星堂集及一笑堂詩集，俱未發現兩人往還親密之記載，其故尚待詳考。茲姑設一假定之說。在象三方面，因河東君與之絶交，而然明不能代爲挽回，轉介紹其情人與牧齋。且刻河東君尺牘，不盡删詆笑己身之語，遂致懷恨。在然明方面，因河東君與象三之絶交，實由於柳之個性特强，而謝又拘牽禮俗，不及其師之雅量通懷、忽略小節。象三既不自責，反怨然明之不盡力，未免太不諒其苦衷。職是之故，兩家集中，遂無踪迹可尋耶？當崇禎十一，十二，十三年之際，象三之年爲四十六，四十七，四十八歲，故然明胸中，爲河東君覓婿計，象三之年齡資格家財及藝能（徐沁明畫録伍略云：「謝三賓號塞翁。工山水。每與董玄宰李長蘅程孟陽究論八法，故落筆迥异恒境。」）四者，均合條件。

今檢一笑堂詩集關涉河東君諸題，大抵不出此數年間之作。茲擇録并略論之於下。

一笑堂詩集叁「湖上同胡仲修陸元兆柳女郎小集」云：

載酒春湖春未央，陰晴恰可適炎涼。佳人更帶烟霞色，詞客咸蟠錦綉腸。樂極便能傾一石，令苛非復約三章。不知清角嚴城動，烟月微茫下柳塘。

寅恪案，或謂此題之前第貳拾題爲「與程孟陽曾波臣陸文虎集湖上」七律，其末句云，「岸柳山花又暮春」，豈柳謝之發生關係，由孟陽介紹耶？鄙意不然，因松圓耦耕堂存稿詩下有「久留湖寺」及「湖上五日對雨遣懷」兩題，知孟陽崇禎十一年戊寅春夏之間，雖實在西湖，但十二年及十三年春間，則未發現其曾游杭州之迹象。就松圓不介紹河東君於牧齋之例推之，似未必肯作此割愛之事。且據戊寅草及春星堂詩集，河東君之游西湖，蓋始於崇禎十一年戊寅秋季，在此以前，即十一年春，則無西泠天竺間之踪迹可尋，故三賓「湖上同柳女郎小集」之詩作於十二年乙卯春間之可能性最大也。

同書肆「懷柳姬」云：

烟雨空濛歸路艱，石尤風急阻蕭山。倩將一枕幽香夢，吹落西溪松柏間。（自注：「時柳寓西溪。」）

寅恪案，象三謂河東君時寓西溪。然明横山書屋即在西溪。然則此詩乃作於崇禎十二年或十三年河東君寄寓汪氏西溪别墅時也。上引一笑堂詩集二題，既標出「柳」姓，其爲河東君而作，絶無問題。又檢此集尚有似關涉河東君之詩不少，因其排列不盡依時間先後，故亦未敢確言。姑附録之，并略著鄙見，以俟更考。

一笑堂詩集壹「即事」云：

萬事瓦解不堪言，一場春夢難追覓。無情祇有楊柳枝，日向窗前伴愁絶。

寅恪案，一笑堂集中，其有關涉河東君之嫌疑諸詩，幾全是今體。此首雖是古體，但細繹題目及辭旨，恐仍有爲河東君而作之可能。前兩句用白氏文集壹貳「花非花」詩：「來如春夢不多時，去似朝雲無覓處。」後二句用同書壹陸「別柳枝」詩：「兩枝楊柳小樓中，嫋娜多年伴醉翁。」蓋謂有情之美人「楊柳枝」已去矣，惟有無情之植物「楊柳枝」與塞翁相伴耳。此解釋是否有當，未敢自信，尚希通人垂教。

同書貳「柳」云：

曾賜隋堤姓，猶懷漢苑眠。白門藏宿鳥，玄灞拂離筵。

一曲春湖畔，雙眉曉鏡前。不愁秋色老，所感別經年。

寅恪案，此首疑亦懷河東君之作。至作於何年，則未能確定也。

同書叁「無題」云：

清尊良夜漏初長，人面桃花喜未央。彩鳳已疑歸碧落，行雲依舊傍高唐。

十年長樂披星月，百戰青齊飽雪霜。回首真成彈指事，却來重入少年場。

寅恪案，此詩前四句意謂初疑河東君已適人，今始知仍是待攀折之章臺柳。「人面桃花」

句，固用孟棨本事詩情感類「博陵崔護」條。似象三在賦此詩前，曾一度得見河東君者，但詳考象三自天啓五年任嘉定縣知縣。崇禎元年入京任陝西道御史，後擢太僕寺少卿，八年丁憂歸里，十一年服闋，始可放情聲色。此十餘年間，恐無機會與河東君相值。然則其得知河東君，殆因讀嘉定諸老關於河東君兩次游嚶之作品，未必如崔護曾親見桃花人面也。

又河東君湖上草崇禎十二年己卯春所賦西湖八絶句之一「最是西陵寒食路，桃花得氣美人中」兩句，極爲世人稱賞，傳播一時，或與象三此詩第貳句有關耶？「無題」詩第貳聯謂己身自崇禎元年戊辰任京職至八年乙亥丁憂歸。其在都實未滿十年，乃舉成數而言，不必過泥也。此聯下句指己身崇禎五年壬申監軍登萊之役，象三撰「視師紀略」，以自誇其軍功。今日尚可想見當時綺筵酣醉，談兵説劍，博取美人歡心之情況。吾人平心論事，謝氏視師紀略一書，雖爲全謝山鄙爲不足道，但象三之書，究是實地經驗之言，持與牧齋天啓元年辛酉浙江鄉試程録中之文，止限於紙上談兵者，以相比較，門生作品，猶勝座師一籌。唯美人心目中賞鑒如何，則生於三百年後者，不得而知矣。

同書同卷「雨餘」云：

寒食清明一雨餘，春芳未歇緑陰舒。閑依陸子經烹茗，漫學陶公法種魚。

方竹杖分野老惠，細花箋寄美人書。一年好景清和日，莫放尊前夜月虚。

寅恪案，此題下一題即上引「湖上同胡仲修陸元兆柳女郎小集」七律。兩詩所言景物符合，頗疑此「美人」乃指河東君。蓋象三先以書約河東君宴集湖上也。

同書同卷「春歸」云：

春歸何處最銷魂，飛絮閑庭晝掩門。幽緒祇應歸燕覺，愁懷難共落花論。天涯人遠音書斷，斗室香銷笑語存。無限情懷消折盡，不堪風雨又黄昏。

寅恪案，此題下一題爲「嘉禾道中」，有「三伏生憎客路長」之句。竊疑崇禎十三年庚辰春河東君與謝氏絶交之後，遂因而發病，避往嘉興。象三不勝「天涯人遠音書斷」之「幽緒」「愁懷」，故冒暑追至禾城，思欲挽回僵局。兩題前後銜接，殊非偶然。此點可與下引尺牘第貳伍通相參證。寅恪初讀一笑堂詩集，頗覺柳謝關係之作不多，後取尺牘參較，始知兩書實有互相發明之妙也。復檢一笑堂詩集叁有「庚辰九月再寓嘉禾祥符寺」一題，頗疑象三此行亦與河東君有關。本章下論牧齋於崇禎十三年庚辰十月至嘉興晤惠香，爲河東君訪半野堂之前導。然則謝去錢來，皆是「孩童捉柳花」之戲。（見下引白詩。）前引全謝山「題視師紀略」，謂象三「與受之争妓柳氏，遂成貿首之仇。」「貿首之仇」固不確，「争妓柳氏」則爲實録也。

又第叁章論戊寅草陳卧子序中「柳子」之語，蓋本於白香山「春盡日宴罷感事獨吟」詩「春隨樊子一時歸」句及蘇東坡「朝雲詩引」。象三以「春歸」爲題，亦取意於白蘇。更觀香山此題，尚有「思逐楊花觸處飛」之句，則謝氏冒暑往嘉興，亦是「逐楊花」也。但香山「獨吟」詩後第貳題爲前有别柳枝絶句，夢得繼和云，春盡絮飛留不得，隨風好去落誰家。（寅恪案，夢得此兩句見全唐詩第陸函劉禹錫壹貳「楊柳枝詞」九首之九。）又復戲答云：

柳老春深日又斜，任他飛向别人家。誰能更學孩童戲，尋逐春風捉柳花。

則象三冒暑往禾「尋逐春風捉柳花」之後，河東君落於籛後人之家，而象三惓戀不忘，童心猶在，可哀可笑也已。至象三自號「塞翁」，不知始於何時。若在與河東君絶交之後，則其失馬之意，恐不免仍取義於香山之詩，即白氏文集叁伍「病中詩十五首」之「賣駱馬」及「别柳枝」兩絶句并同書柒壹「不能忘情吟」之序及詩，美人名馬互相關聯之意。然則塞翁所失者非「駱馬」乃「柳枝」也，苟明乎此，乾隆修鄞縣志壹陸謝三賓傳云：「謝三賓字象山。」則知「象山」以象香山自命。一笑堂詩集中諸詩涉及香山柳枝之作者，實皆爲河東君而賦，無足怪也。

同書同卷「無題」云：

咫尺花源未可尋，避人還向水雲深。簫聲已隔烟霄路，珮影空留洛水潯。寂寞文園長被病，衰遲彭澤但行吟。空齋獨坐清如衲，留得枯禪一片心。

寅恪案，此詩疑亦爲河東君而作。其辭旨可與本章前引汪然明「無題」詩，相參證也。

同書同卷「湖莊」云：

數椽新構水邊莊，草舍題名燕子堂。栖處不嫌雲棟小，來時常及柳絲黃。願言江左家風舊，（寅恪案，鮚埼亭集外編陸「明故按察副使監軍贛庵陸公字〔宇燝〕墓碑銘」謂周明貽謝三賓書曰：「昔德祐之季，謝昌元贊趙孟傳誘殺袁進士以賣國，執事之家風也。」取陸書與謝詩中「家風」二字對，不禁令人失笑。）不貯徐州脂粉香。月夕風晨聊一笑，此非吾土寄相羊。

同書同卷「湖莊」云：

湖山晚對更蒼蒼，燕子堂前徑欲荒。寒雁帶雲栖荻渚，虛舟載月倚蓮塘。嚴城街鼓催更早，遠寺僧鐘度水長。獨上段橋天似洗，數星漁火耿鄰莊。

寅恪案，此兩詩皆象三自咏其西湖別墅者，第壹題自是與河東君有關。第貳題當作於崇禎十三年庚辰以後，十七年甲申以前，亦與河東君有關。其作第壹題時，與河東君往還正密。至作第貳題時，則河東君已與之絕交矣。第壹題第貳聯上句用劉夢得「金陵五題」之第貳題「烏衣巷」七絕「舊時王謝堂前燕」之典。（見全唐詩第陸函劉禹錫壹貳。）下句用白香山「燕子樓」三首并序之典。（見白氏文集壹伍。）綜合上下兩句之意，實爲掩飾之辭，非由衷之語也。頗疑「燕子堂」與「一笑堂」或即同一建築物。後來河東君與之絕交，故第貳題云：

「燕子堂前徑欲荒。」謝家堂前之燕，既飛向別人之家，遂取第壹題「月夕風晨聊一笑」句中「一笑」二字，以改易「燕子」二字之舊堂名。又或用全唐詩叁李白叁「白紵詞」中「美人一笑千黃金」之句。「美人」爲河東君之號，此堂之名亦與河東君有關。第貳章已論及之。若果如是，第壹題第柒句可爲後來發一苦笑之預兆也。象三自丁憂後，優游林下，構湖莊，買古籍，所用不貲。其人既非以賣文爲活，則經費何從而來？全謝山謂其登萊之役乾没多金，當可信也。

同書同卷「無題」二首云：

曲徑低枝罥額羅，水亭花榭笑經過。偶尋伴侶穿修竹，愛近幽香坐碧羅。
秋水芙蓉羞媚頰，高堂絲竹避清歌。從來不識人間事，肯使閑愁上翠娥。

春園又憶雨如麻，細語明缸隔絳紗。幾度暗牽游子意，何來遽集野人家。
芙蓉霜落秋湖冷，楊柳烟銷夜月斜。回首故山無限思，一江烟水漲桃花。

同書同卷「坐雨」略云：

秋雨空堂長綠莎，柴關車馬斷經過。

同書同卷「排悶」云：

排悶裁詩代管弦，筆床喚起穎生眠。死灰已棄從相溺，熱竈雖炎定不然。
最喜長康癡黠半，却憐茂世酒螯全。無人縛處求離縛，熟讀南華第一篇。

寅恪案，以上三題五首相連，疑是同時所作。蓋象三因秋雨追憶前次湖上春雨時，與河東君文宴之事，即上引「雨餘」及「湖上同柳女郎小集」兩題所言者。象三自號塞翁，然念念不忘已失之「馬」。其爲人黠固有之，癡亦不免。既被河東君棄絶，更招嘲罵，即「死灰已棄從相溺」。象三雖竭力以圖挽回，終不生效，即「熱竈雖炎定不然」。追思往事，裁詩排悶，即「無人縛處求離縛」。夫三賓害如是之單相思病，真可謂天下之大癡。尤足證第叁章所引牧齋「題張子石湘游篇小引」中「人生斯世，情之一字，熏神染骨，不唯自累，又足以累人乃爾」等語爲不虛。然則河東君之魔力，殊可畏哉！殊可畏哉！

又「排悶」下第肆題爲「閑居」，其結語云：「暫敕病魔爲外護，當關爲謝客侵晨。」此乃反用李義山詩集上「富平少侯」詩：「當關莫報侵晨客，新得佳人字莫愁。」之辭旨，甚爲巧妙。「排悶」下第伍題爲「坐雨」詩，有「信風信雨小樓中，萬軸千籤擁座東。」及「惟餘侍女問難字，無復書郵報遠筒。」等語，可取與初學集貳拾東山詩集「（壬午）獻歲書懷」二首之二「綢户疏窗待汝歸」及「四壁圖書誰料理」等句相印證。蓋河東君之博通群籍，實爲當時諸名士所驚服惓戀者也。

同書同卷「鄰莊美人歌吹」云：

塵心浄盡絮沾沙，永日閑門閉落花。唱曲聲從何處起，倚樓人是阿誰家。

桃花路近迷仙棹，楊柳枝疏隔暮鴉。却怪晚風偏好事，頻吹笑語到窗紗。

寅恪案，此詩結句云：「却怪晚風偏好事，頻吹笑語到窗紗。」自是祇聞歌吹，而未見歌吹者。但象三特用「美人」二字，疑意有所指。豈爲河東君落在錢後人家而作耶？若依此詩排列次序，前一首爲「閑步」，末句云「疏林淡靄近重陽」。後一首爲「病中口占」，首句云，「秋色蕭條冷夕陽」。則前後兩題，皆秋間之作，似與「鄰莊」詩中「絮沾沙」及「閉落花」等語之爲春暮者不合。但細繹「楊柳枝疏隔暮鴉」，則亦是秋季景物。故不必過泥，認其必作於春季也。儻「鄰莊」一詩，果作於秋季者，則第貳聯下句乃用李太白「何許最關情，烏啼白門柳。」之典。（見全唐詩第叁函李白叁「楊叛兒」。）據有學集壹「和東坡西臺詩韵」序，知牧齋以順治四年丁亥四月初被逮至南京下獄，歷四十餘日，出獄之後，值河東君三十生日，遂和東坡西臺詩爲壽，并以傳示友朋求和。今「鄰莊」詩後第叁題爲「丁亥冬被誣在獄，時錢座師亦自刑部回，以四詩寄示，率爾和之四首」。初視之，似象三得牧齋詩在丁亥冬。更思之，謝氏在獄中，似不能接受外來文字，如牧齋此題之涉及當日政治者，然則謝氏得其座師詩時，或在未入獄之前，和詩雖在入獄後所作，而「鄰莊」一題，實在接牧齋慶祝河東君壽辰詩時所賦，因不勝感慨，遂有桃花楊柳一聯，以抒其羨慕妒忌之意歟？俟考。

同書同卷「落花」云：

欲落何煩風雨催，芳魂餘韵在蒼苔。枝空明月成虛照，香盡游蜂定暗猜。有恨似聞傳塞笛，多情偶得傍妝臺。春風自是無情物，冷眼看他去復來。

寅恪案，此詩辭旨多取材於樂府詩集貳肆「梅花落」諸人之作。讀者可取參閱，不須贅引。惟有第伍句固用梅花落曲之典，但恐亦與象三之自號「塞翁」不無關涉也。第柒第捌兩句似謂河東君於鴛湖與牧齋別去後，又復由茸城同舟，來到虞山家中。此「去復來」一段波折，持較河東君於崇禎十三年庚辰春與己身絶交離杭州赴嘉興，遂一去不復來者，以冷眼觀之，殊不勝其感嘆也。

同書肆「美人」云：

香袂風前舉，朱顏花下行。還將團扇掩，一笑自含情。

寅恪案，此「美人」殆非泛指，當專屬之河東君。象三以「一笑」名其集，而集中關涉河東君之詩甚不少，則此詩末句「一笑」二字，大可玩味。又牧齋垂死時賦「追憶庚辰冬半野堂文宴」詩有「買回世上千金笑」之句。夫「乾没多金，富可耦國。」之富裕門生，獨於此點不及其賣文字以資生活，鬻書籍而構金屋之貧窮座師，誠如前論「湖莊」兩題，所謂可發一苦笑者也。一笑！

同書同卷「柳」七絶四首云：

灞橋烟雨一枝新，不效夭桃臉上春。想像風流誰得似，楚王宫裏細腰人。

朝烟暮雨管離情，唱盡隋堤與渭城。惟有五株陶令宅，無人攀折祇啼鶯。

莫遣春寒鎖柳條，風華又是一年遥。即令春半湖塘路，多少游人倚畫橈。

水岸微風百媚生，漢宫猶愧舞腰輕。東山愛爾多才思，更在春深絮滿城。

寅恪案，象三詩集中諸作，排列不依時間先後，前已及之。故此題是否爲河東君而作，殊未敢決言。若果爲河東君而作者，則第肆首末兩句，可爲下引尺牘第貳伍通「某公作用，亦大异賭墅風流。」等語之旁證。又象三賦此首，用謝安及謝道藴之故實，足稱數典不忘祖。但後來牧齋傳刊東山酬和集，想象三讀之，必深恨老座師之於舊門生，不僅攘奪其心愛之美人，并將其先世佳妙典故席捲而去矣。

同書同卷「聽白氏女郎曲」云：

弦子輕彈曲緩謳，白家樊素舊風流。博陵自是傷情調，况出佳人玉指頭。

寅恪案，此題中之「白女郎」，恐非真姓白，實指河東君，其以「白」爲稱者，不過故作狡獪耳。象三既以香山自命，因目河東君爲樊素。第叁句兼用白氏文集陸玖「池上篇」序略

云：

潁川陳孝山與釀法，酒味甚佳。博陵崔晦叔與琴，韻甚清。（參同書柒拾「唐故虢州刺史崔公墓志銘。」）蜀客姜發授秋思，聲甚淡。弘農楊貞一與青石三，方長平滑，可以坐卧，每至池風春，池月秋，水香蓮開之旦，露清鶴唳之夕，拂楊石，舉陳酒，援崔琴，彈姜秋思，頹然自適，不知其他。酒酣琴罷，又命樂童登中島亭，合奏霓裳散序。曲未竟，而樂天陶然已醉，睡於石上矣。

及太平廣記肆捌捌「鶯鶯傳」略云：

崔已陰知將訣矣，恭貌怡聲，徐謂張曰：君常謂我善鼓琴，向時羞顏，所不能及。今且往矣，既君此誠。因命拂琴，鼓霓裳羽衣序，不數聲，哀音怨亂，不復知其是曲也。左右皆欷歔。崔亦遽止之，投琴，泣下流連，趨歸鄭所，遂不復至。

據此，則第叁章引質直談耳，述河東君與宋轅文絕交時，以倭刀斷琴之事，或與象三此詩亦有類似之處。觀象三「懷柳姬」一題，其稱柳如是爲「柳姬」，與陳卧子稱楊影憐爲「楊姬」一者，同是一例。復證以此題「白氏女郎」之語，益知其以河東君爲禁臠矣。由是推論，柳謝恐已先有婚姻成約，柳後復背棄，故謝之怨恨，殊非偶然。又錢柳因緣自鴛湖別後，曾有一段波折，當由嫡庶問題，詳見後論柳錢茸城舟中結褵節。然則謝之失敗，錢之成功，皆決於此點無疑也。

同書同卷「竹枝詞」五首云：

錢塘門外是西湖，湖上風光記得無。儂在畫船牽綉幞，郎乘油壁度平蕪。
初從三竺進香回，逐隊登船歸去來。誰解儂家心裏事，靈籤乞得暗中開。
携手長堤明月中，紅樓多在段橋東。當年歌舞今安在，魂斷西泠一笛風。
細雨微風度柳洲，柳絲裊裊入西樓。春光莫更相撩撥，心在湖中那一舟。
處處開堂佛法新，香雲能洗六根塵。欲携女伴參禪去，生怕山僧偷看人。

寅恪案，此題似屬一般性，但亦可兼括河東君在內。觀前引河東君湖上草「西泠十首」，其第壹首第貳聯云：「金鞭油壁朝來見，玉佩靈衣夜半逢。」乃與謝詩同是一般性者。唯柳詩末二句云：「一樹紅梨更惆悵，分明遮向畫樓中。」則爲高自標置，暗示避居西溪汪氏書樓之意，與謝詩「柳絲裊裊入西樓」之語，區以別矣。

同書同卷「贈人」云：

白壁峨峨蔭座人，高情早已屬秋旻。還驚麗藻波瀾闊，没得句章與緯真。

寅恪案，「句章」爲鄞縣之古稱，「緯真」乃屠隆之字。屠亦鄞縣人，象三以屠長卿自比也。至所贈之人，據「麗藻波瀾闊」之語，恐非河東君莫屬。姑記此疑，以俟更考。

同書同卷「贈別」云：

嚬紅低緑斂雙蛾，腸斷尊前一曲歌。爲問別時多少恨，滿城飛絮一江波。

清歌細舞不勝情，惜別休辭酒再傾。此去銷魂何處劇，夕陽山外短長亭。

春花欲落雨中枝，觸目傷情是別離。罷撫危弦收舞袖，背人小語問歸期。

行雲聚散本無根，紅袖尊前拭泪痕。欲借冰弦傳別恨，斷腸深處不堪論。

寅恪案，細玩四首辭旨，乃女別男者。此女非不能詩，特此男爲之代作，如初學集貳拾牧齋「代惠香別」之例。頗疑此四首乃象三作於「懷柳姬」之前，蓋謝氏由杭州返寧波，別河東君之際所賦。其時間或是崇禎十二年也。

同書同卷「櫻桃」云：

牆角櫻桃一樹花，春風吹綻色如霞。重來但見森森葉，惆悵西風暮雨斜。

寅恪案，此首疑是象三於明南都傾覆以後，至虞山祝賀牧齋生日，因有感於杜牧之「緑葉成陰子滿枝」之語，（見太平廣記貳柒叁「杜牧」條引唐闕史及全唐詩第捌函杜牧捌「悵詩」并序。又可參同書同函杜牧伍「嘆花」。）遂爲河東君及趙管妻而作也。

檢一笑堂詩集叁「海虞」云：

訪舊經過海上城，丹楓紫荻照波明。微雲漏日秋光澹，遠水摇風曉色清。

千里懷人輕命駕，一時興盡欲兼程。山川滿目傷心處，獨卧孤篷聽雁聲。

又「壽錢牧齋座師」（此詩上四句前已引，玆以解釋便利之故，重録之。）云：

天留碩果豈無爲，古殿靈光更有誰。渭水未嘗悲歲晚，商山寧復要人知。
秋風名菊三杯酒，春雨華鐙一局棋。遥向尊前先起壽，敬爲天下祝耆頤。

此兩題連接，當爲同時所作。牧齋生日爲九月二十六日，象三親至常熟，自是爲牧齋祝壽。雖難決定爲何年所作，「海虞」詩有「山川滿目傷心處」之句，「壽牧齋」詩有「渭水」「商山」一聯，則至早亦必在順治七年庚寅以後。復觀「天留碩果豈無爲」之句，則疑是距鄭延平將率師入長江前不甚久之時間。象三或更藉此次祝壽之機緣，以解釋前此購漢書減值之宿憾歟？其以「櫻桃」爲題者，仍是用「櫻桃樊素口，楊柳小蠻腰。」之典。（見太平廣記壹玖捌「白居易」條引雲溪雲議及孟棨本事詩事感類「白尚書姬人樊素善歌，妓人小蠻善舞。」條。）「櫻桃」詩第貳句「春風吹綻色如霞」，可與牧齋答河東君半野堂初贈詩「聞君放誕想流風，臉際眉間訝許同。」之語相證發。第肆句「西風」一辭，不僅與牧齋生日在季秋之今典符會，且與柳氏傳「一葉隨風忽報秋，縱使君來豈堪折。」之語適合。（見太平廣記肆捌伍。）儻讀者取虎邱石上無名氏題詩「最憐攀折章臺柳，憔悴西風問阿儂。」之句相較，尤令人失笑。（詳見第伍章所論。）所可注意者，據「海虞」詩「千里懷人輕命駕，一時興盡欲兼程。」及「壽牧齋」詩「遥向尊前先起壽」等語，是象三本爲祝壽至虞山，又不待牧齋生日復先返棹，其故殊不可解，豈河東君不願此不速之客來預壽筵耶？俟考。

又檢一笑堂詩集叁「壽座師錢牧齋先生」云：

一代龍門日月懸，晏居人望似神仙。道同禹稷殊行止，文與歐蘇作後先。

夜雨溪堂收散帙，秋風山館聽調弦。不知誰爲蒼生計，須與先生惜盛年。

寅恪案，此詩第陸句殆與河東君有關。第柒捌兩句之辭旨，似在崇禎十四年河東君適牧齋以後，十七年明北都未破以前所賦。象三詩集止分體而不依時，故「天留碩果豈無爲」一律，雖排列於此首之前，其實作成時間，乃在此首之後也。

同書同卷「索歌」云：

簾幙春陰晝不開，排愁須仗麴生才。煩君爲撥三弦子，一曲蒲東進一杯。

寅恪案，「蒲東」一辭，疑用元微之鶯鶯傳「蒲之東十餘里，有僧舍曰普救寺，張生寓焉。」之語，與「聽白氏女郎曲」詩「博陵自是傷情調」之「博陵」，同一出處。蓋以河東君比雙文也。又「索歌」之「索」。殆與樂府詩集柒玖丁六娘「十索」四首及無名氏同題二首有關。唯此則男向女索，而所索爲歌耳。由是推之，此女必能歌者。河東君善歌，見第叁章論戊寅草中「西河柳」節，兹不更贅。

同書同卷「白辛夷」（自注「玉蘭。」）云：

玉羽霜翎海鶴來，滿庭璀燦雪争開。瓊花未必能勝此，定有瑶姬下月臺。

寅恪案，此首或有爲河東君而作之可能。玩末句「定有」二字，恐非偶然咏花之詩，實指河東君肌膚潔白而言。見後論牧齋「冬日同如是泛舟有贈」詩及「玉蕊軒記」等。兹暫不詳及。元微之有句云：「尋常百種花齊發，偏摘梨花與白人。」（見才調集伍「離思」六首之六。）象三賦詩，殆有此感耶？至若白樂天長恨歌「梨花一枝春帶雨」句，（見白氏文集壹貳。）雖爲五十年後小臣外吏評泊楊妃之語，自不可與普救唐昌之才子詞人覯仙姿者，同科并論。但玉環源出河中觀王雄之支派，河中爲中亞胡族居留地，（可參拙著元白詩箋證稿第貳章「琵琶引」論琵琶女。第肆章「艷詩及悼亡詩」論鶯鶯。并校記中所補論諸條。）故香山所言，未必全出於想像虚構也。

同書同卷「柳絮」云：

紅袖烏絲事渺茫，小園寥落嘆韶光。無端簾幙風吹絮，又惹閑愁到草堂。

寅恪案，此首疑爲河東君而作。第叁句恐是兼用劉夢得「春盡絮飛留不得，隨風好去落誰家。」之句及世説新語言語類「謝太傅寒雪日内集」條「兄女（道蘊）曰，未若柳絮因風起。」之典。但第壹句有「紅袖烏絲」之語，則綜合第壹第三兩句之意，當是象三見河東君詩詞之類，因而有感。此乃牧齋「戲題美人手迹」之反面作品。蓋謝詩乃杜蘭香已去，而錢詩則蕚緑華將來，故哀樂之情迥异也。

同書同卷「西泠橋」云：

堤花零落舊山青，楚雨巫雲付杳冥。二十年來成一夢，春風吹泪過西泠。

寅恪案，象三此詩雖不能確定爲何年所作，但有「二十年來」之語，則其作成時間必甚晚，可以無疑。至「楚雨巫雲」之典，自指河東君而言，又不待論。由此推之，謝氏遲暮之年，猶不能忘情如此，真可謂至死不悟者矣。若更取塞翁此詩與没口居士「蒲團歷歷前塵事，好夢何曾逐水流。」之句，（見有學集壹叁「病榻消寒雜咏」第叁肆首。）互相印證，則知師弟二人，雖夢之好惡不同，而皆於垂死之年，具有「尋夢」之作，吾人今日讀之，不禁爲之廢書三嘆也。

今據上引一笑堂詩集諸題觀之，有爲河東君而作之嫌疑者，竟若是之多，殊覺可詫。細思之，亦無足异。象三於此，頗與程孟陽相似，殆由惓戀舊情。不忍割棄之故。夫程謝乃害單相思病者，其詩集之保留此類作品，可憐，可恨，可笑，固無待言。至若陳卧子之編刻本身諸集，多存關涉河東君之詩詞，則與朱竹垞不删「風懷詩」之事，皆屬雙相思病之範圍，自不可與程謝同日而語。噫！象三氣量褊狹，手段陰狠，復挾多金，欲娶河東君而不遂其願。儻後來河東君所適之人非牧齋者，則其人當不免爲象三所傷害。由今觀之，柳錢之因緣，其促成之人，在正面爲汪然明，在反面爲謝象三，豈不奇哉？苟明乎此，當日河東君擇婿之艱，處境之苦，更可想見矣。

河東君與汪然明尺牘第貳伍通云：

率爾出關，奄焉逾月。先生以無累之神，應觸熱之客，清淳之語，良非虛飾，而弟影杯彌固，風檄鮮功，乃至服餌清英，泳游宗極，祇溢滯淫靡，間恬過地，（寅恪案，「溢」疑當作「益」。「淫靡」二字連文，當斷句。「間」上疑脱一「雲」字，或「此」字。「雲間」或「此間」，指松江也。另一本「間」作「聞」，恐非。蓋河東君與卧子關係密切，若作「聞」字，則未免疏遠矣。似不如仍作「間」字上有脱文爲較妥。俟考。「恬過地」三字連文，解釋見下。）有觀機曹子，切劘以文。其人鄴下逸才，江左罕儷，兼之叔寶神清之譽，彦輔理遣之談。觀濤之望，斯則一耳。承諭出處，備見剴切，特道廣性峻，所志各偏。久以此事推纖郎，行自愧也。即某與云云，亦弟簡雁門，而右逢掖。諧尚使然，先生何尤之深，言之數歟？至若某口語，斯又鄙流之恒，無足异者。董生何似？居然雙成耶？栖隱之暇，樂聞勝流。顧嵇公嫩甚，無意一識南金。奈何！柴車過禾，旦夕遲之。伏枕荒謬，殊無銓次。

寅恪案，河東君此札爲尺牘三十一通中最可研究，而富有趣味者。惜有訛誤之處，明刻本已然，無可依據校補，兼以用典之故，其辭旨更不易曉。然此通實爲河東君身世之轉捩點，故不可不稍詮釋引申之，藉以説明錢柳因緣殊非偶然，必有導致之條件，爲其先驅也。

此札末云：「柴車過禾，旦夕遲之。伏枕荒謬，殊無銓次。」乃河東君於崇禎十三年庚辰春間以與謝三賓絶交，遂致發病，因離杭州。抵嘉興後，留居養痾。然明得知此情况，欲往慰問勸説，先以書告之。河東君即復此札，以答謝其意，且自述己身微旨所在也。

至河東君此次在禾養痾之處，頗疑即吴來之昌時之勺園。第叁章論河東君戊寅草「初秋」七律八首中第肆第伍兩首及陳卧子平露堂集「初秋」七律八首中第陸首，皆涉及吴來之。蓋河東君至遲已於崇禎八年乙亥秋間在松江陳卧子處得識吴氏。又本章及第伍章有關惠香勺園臨頓里及卞玉京諸條，皆直接或間接可證明河東君此次在嘉興養痾之處，吴氏之勺園，乃最可能之地。讀者若取兩章諸條參互觀之，則知所揣測者，即不中亦不遠也。

此札所用典故之易解者，止舉其出處，不更引原文，以免繁贅。如「影杯彌固」見晋書肆叁樂廣傳。「風檄鮮功」見三國志魏志陸袁紹傳裴注引魏氏春秋，同書貳壹王粲傳附陳琳傳裴注引典略，後漢書列傳陸肆上袁紹傳及文選肆肆陳孔璋「爲袁紹檄豫州」等。「叔寶神清之譽」見晋書叁陸衛玠傳劉惔論玠語。「彦輔理遣之談」亦見同書同傳。但衛玠傳以此屬之叔寶，而非其妻父樂廣也。「觀濤」見文選叁肆枚叔「七發」。「箇雁門而右逢掖」見後漢書列傳叁玖王符傳。「董生何似，居然雙成耶？」見漢武内傳，即所謂「（王母）又命侍女董雙成吹雲和之笙。」者。「嵇公嫩甚」見文選肆叁嵇叔夜「與山巨源絶交書」。「無意一識南金」見晋書陸㧑薛兼傳。

綜合推測，然明原書之内容約有三端，一「某與云云」者之「某」，當即象三，亦即「雁門」。蓋河東君自謂其天性忽略貴勢，而推崇儒素，如皇甫嵩之所爲者，然明不可以此責之也。二「至若某口語」之「某」，當亦指象三。尺牘第貳玖通云：「某公作用，亦大异賭墅風流矣。」之「某公」，乃用晋書柒玖謝安傳，自是指象三。河東君以此駡三賓爲謝氏不肖子孫也。蓋象三因河東君與之絶交，遂大肆誹謗，散播謡言，然明舉以告河東君。「風檄鮮功」之「檄」，即象三之蜚語。尺牘第貳柒通末所云：「餘扼腕之事，病極，不能多述。」所謂「扼腕之事」，或亦與象三有關也。三「董生何似，居然雙成耶？」此乃受人委托之董姓，轉請然明爲之介紹於河東君，但河東君不願與之相見。河東君既不以某公爲然，因亦鄙笑其所遣之董姓，而比之於王母之侍女，爲其主人吹嘘服役也。「觀濤之望，斯則一耳。」之語有兩義。一指癒疾之意。一指至杭州之意。蓋杭州亦觀濤之地也。（可參尺牘第貳肆通所論。）河東君此札下文所言，乃表示不願至杭州與謝象三復交之旨，謂心中之理想，實是陳卧子。此則元微之所謂「曾經滄海難爲水，除却巫山不是雲。」者。因已有「觀機曹子」在，不必更見他人，諒然明亦必解悟其故矣。

兹成爲問題者，即此「觀機曹子」。究誰指乎？繹「恬遏地」一辭，乃王謝地胄之義。王恬謝遏皆是王謝門中之佳子弟，且爲東晋當日之勝流也。（見晋書陸伍王導傳附子恬傳，又世説新語賢媛類「王凝之謝夫人既往王氏」條及劉孝標注。晋書玖陸王凝之妻謝氏傳并世説新語賢媛類「王江州夫人語謝遏」及「謝遏絶重其姊」條等。）「觀機曹子」之「子」，其義當同於世説「王凝之謝夫人既往王氏」條所謂「王郎逸少之子」及晋書王凝之妻謝氏傳所謂「王郎逸少子」之「子」，乃兒子之義。蓋河東君自比於有「林下風」之謝道藴。故取「觀機曹子」之辭以目其意中人。河東君既不論社會階級之高下，而自比於謝道藴，則卧子家世，雖非王謝門第，然猶是科第簪纓之族。「儗人必於其倫」之義，固稍有未合。但爲行文用典之便利，亦可靈活運用，不必過於拘執也。「觀政某曹」乃分部郎官之稱。蓋明之六部，即古之諸曹。當時通目兵部爲樞部，依據此稱，遍檢與河東君最有關系之勝流，若宋轅文李存我并李舒章諸名士之父，皆未嘗任兵部之職，惟陳卧子之父所聞，雖非實任兵部之職，但曾有一度與兵部發生關係。河東君或因此誤記牽混，遂以爲綉林實任兵部主事。故以「觀機曹子」之辭，目卧子也。據陳忠裕全集貳玖「先考綉林府君行述」略云：

是秋（指萬曆四十三年乙卯秋）舉於鄉，主司爲相國高陽孫公。府君在冬官時，於諸曹中清望最高。群情推轂，旦夕當改銓部曹郎，而高陽公又以府君慷慨任事，欲移之樞部。未決，會艱歸，俱不果。

又檢黄石齋道周黄漳浦集貳陸「陳綉林墓志」略云：

乙卯舉於鄉，甚爲高陽公（原注：「洪思曰，孫文介公慎行，高陽人。」寅恪案，洪思事迹可參楊鐘義雪橋詩話餘集壹「龍溪洪阿士名思，黄石齋先生高弟。」條。）所知。其時欲改公銓部。（寅恪案，此時陳所聞官工部屯田司主事。）孫文介（原注：「謂孫尚書慎行也。」）方任嚴疆，欲得公在樞部。事未決，會公丁艱歸。

可知臥子之父綉林，曾一度有爲兵部主事之可能，而未成事實。「樞機」兩字義同，可以通用。故「樞部」即「機部」。

兹有一端，不可不辨者，即石齋以孫承宗之謚爲「文介」，乃下筆時誤記。實則承宗爲高陽人，以兵部尚書兼東閣大學士，預機務，經略薊遼。（見初學集肆柒孫公行狀及明史貳伍拾孫承宗傳。）慎行爲武進人，卒謚文介。始終未嘗官兵部尚書，亦未任宰相。且絶不能以籍武進之人，而任應天主考，考取華亭之陳所聞爲舉人之理。（見明史貳肆叁孫慎行傳。）石齋偶爾筆誤，未足爲异，然洪氏不特不爲改正，又從而證實之，竟以承宗爲慎行，可謂一誤再誤。甚矣！讀書之難也。因恐世人以洪氏與石齋關係密切，注釋石齋之文，必得其實，故爲附辨之如此。

觀河東君此札推重臥子如此，而臥子不能與河東君結合之事勢，已如前論，當亦爲然明所深知。然則臥子既難重合，象三又無足取，此時然明胸中，必將陳謝兩人之優劣同异，互相比較，擇一其他之人，取長略短，衡量斟酌，將此條件適合之候補者，推薦於河東君。苦心若是，今日思之，猶足令人嘆服！

由此言之，牧齋於萬曆三十八年庚戌二十九歲時，與韓敬争狀元失敗，僅得探花，深以爲憾。又於崇禎元年戊辰四十七歲時，與温體仁周延儒争宰相失敗，且因此獲譴，終身憤恨。然於崇禎十三年庚辰五十九歲時，與陳子龍謝三賓争河東君，竟得中選。三十年間之積恨深怒，亦可以暫時泄息矣。牧齋此時之快意，可以想見也。俟後論河東君過訪半野堂時詳論之。

復次，河東君此札中所謂「纖郎」果爲誰耶？前引林天素所作「柳如是尺牘小引」已言其所謂女史纖郎，當即王修微。兹請更詳證之。春星堂詩集伍遺稿「西湖紀游」（寅恪案，據厲鶚湖船稱此文爲「西湖曲自序」）云：

復於西泠緒（？）纖道人净室旁，營生壙。玄宰董宗伯題曰：此未來室也。陳眉公喜而記之。

檢陳繼儒眉公先生晚香堂小品柒「微道人生壙記」略云：

修微姓王，廣陵人。生壙成，眉道人爲之記。

故「纖道人」之爲王修微，絶無疑義。修微名微，復字修微。「纖」「微」二字同義，可以通用。「纖郎」當是修微曾以此爲稱也。（寅恪後見王國維題高野侯藏汪然明刻本柳如是尺牘七絶三首之一云：「纖郎名字吾能意，合是廣陵王草衣。」足徵觀堂先生之卓識也。）兹成爲問題者，河東君此札，林天素小引及然明西湖曲自序，何以皆不稱「修微」爲「微道人」，或「草衣道人」等别號，而稱之爲不經見之「纖郎」耶？牧齋列朝詩集閏肆選修微詩。朱竹垞彝尊明詩綜玖捌妓女類亦選修微詩。朱氏所作修微小傳云：

初歸歸安茅元儀，晚歸華亭許譽卿，皆不終。

竹垞所言，必有依據。但牧齋則諱言其初歸茅止生。又諱言其歸許霞城而不終。初學集壹柒移居詩集載「茅止生挽詩」七絶十首，當作於崇禎十三年庚辰夏間。修微之脱離止生，必更遠在其前也。

西園老人（寅恪案，李延昰字期叔，號辰山。亦號放鷴道者。「西園老人」乃其又一别號也。）南吴舊話録壹捌諧謔類云：

許太僕往虞山候錢牧齋。歸與王修微盛談柳蘼蕪近事。（原注：「蘼蕪故姓楊，字蘼蕪，雲間妓也。能詩。嫁虞山錢牧齋。」)忽拍案曰：楊柳小蠻腰，一旦落沙吒利手中。修微哂之曰：此易解。恐蠻府參軍追及耳。(寅恪案，此條後附嘉定李宜之「哭修微」絶句百首。有句云「有情有韵無蠻福」。其下原注：「修微嘗謂余有一種死情。是日公實訴余，修微嘗呼之爲許蠻，故戲之。」)

寅恪案，修微之歸許霞城，雖不知在何年，然據顧云美河東君傳云：「宗伯大喜，謂天下風流佳麗，獨王修微楊宛叔與君鼎足而三。何可使許霞城茅止生專國士名姝之目。」牧齋作此語，在崇禎十三年冬間，可知此時修微已早離茅元儀，而歸於許譽卿矣。前引南吴舊話録中李宜之「哭修微」絶句百首，其序亦云：

與修微離合因緣，見之古律詞曲，皆有題署。獨七言絶句，多褻猥事，既嫁之後，遂雜入無題。不欲斥言其人，以避嫌也。

可知當時通例，名妹適人之後，詩文中詞旨過涉親昵者，往往加以删改，不欲顯著其名。蓋所以避免嫌疑。前引然明爲河東君而作之「無題」七律一首，即是其證。河東君此札，林天素所作柳如是尺牘小引及汪然明西湖曲自序，皆稱王修微爲不經見之「纖郎」，或「纖道人」，而不顯著其姓氏及字號者，蓋皆在修微適人以後之作，而辭旨所涉，殊有避免嫌疑之必要也。

尺牘第貳陸通至貳玖通皆是河東君崇禎十三年庚辰首夏至孟秋之間所作。河東君於此年春間在杭州與謝象三絶交發病，至嘉興養痾，因住禾城逾月。其後移居吴江盛澤鎮，欲待然明之晤談。當是以其地不便相晤，遂買棹至垂虹亭相候，而然明不果赴約。河東君以盛澤鎮不可久留，急待與然明面談，竟不俟其來訪，而先至杭州。豈知然明此時尚在徽州，於是不得已改往松江，入居横雲山。然其病仍未痊愈。及聞然明已歸杭州，乃函約其到横雲山相晤。河東君於七月得然明復書，謂以家事不能往晤。故約其在秋末會於西湖也。至第叁拾通乃河東君到虞山以後所作。作此函時，已在牧齋家中。河東君之身世，於此始告一結束矣。由此觀之，崇禎十三年首夏至孟秋間所作之尺牘，實爲河東君身世飄零，疾病纏綿，最困苦時間之作品。若能詳悉考證其内容，并分析其與然明之密切關係，則錢柳因緣之得如此成就，殊爲事勢情理之所必致者也。兹擇此四通中有關者，略詮釋之於下。

第貳陸通云：

弟昨冒雨出山，早復冒雨下舟。昔人所謂欲將雙屐，以了殘緣。正弟之喻耳。明早當泊舟一日，俟車騎一過，即迴烟棹矣。望之。

寅恪案，此通中「弟昨冒雨出山」之「山」，與第貳捌通中「弟子歸故山也」之「故山」，實同指一地，即是吴江盛澤鎮。至第貳捌通之「横山幽奇」，「甫入山後」及「山中最爲麗矚」，并第貳玖通之「及歸山閣」之「山」，皆指松江之横雲山。此三通中雖同用「山」

字，實指兩地，不可牽牽混也。

何以知前者之「山」及「故山」乃指盛澤鎮耶？第壹理由，因禾城中無山可言。至城外三十里之胥山，即朱竹垞所謂「嘉禾四望無山，近府治者胥山，一簣而已。」者。（見光緒修嘉興府志壹貳山川壹「胥山」條及朱彝尊曝書亭集陸捌「胥山題壁」。）河東君於第貳玖通中既言「抱疴禾城，已纏月紀。」「禾城」乃嘉興之泛指，未有養疴於胥山之事。故知前者之「山」及「故山」乃「故居」之意。第貳理由，因第貳捌通云：

弟子歸故山也，本謂吹笛露橋，聞簫月榭。乃至錦瑟瑤笙，已作畫簷蛛網。日望淒涼，徒茲綿麗。所以未及遵剡棹，而行踪已在六橋烟水間矣。

此所謂「吹笛露橋，聞簫月榭。」乃用周美成片玉詞上蘭陵王「柳」云：

記月榭攜手，露橋聞笛。沈思前事，似夢裏，泪暗滴。

之語。用咏柳之詞，以指己身，自極切當。但「月榭」「露橋」之「故山」，若謂是指禾城外之胥山，必無「錦瑟瑤笙，已作畫簷蛛網。」之理，故知後者之「山」乃是一昔華麗今荒凉之處所。取以目河東君盛澤鎮之故居，方與所言適合。此河東君所以亟欲與然明面商他徙，不待來訪，而先躬往也。又有可注意者，河東君於宋人咏柳之詞，皆所熟誦，不僅秦少游金明池一闋而已。此殆因其寓姓爲「柳」之故，非獨以其身世與柳有關耶？

復次，河東君約與然明晤談之地，疑是吴江之垂虹亭。觀前第貳章及第叁章引沈虬河東君傳所言，張溥至垂虹亭，易小舟訪徐佛於盛澤鎮，而佛已適人，遂攜河東君至垂虹亭之事推之，則知當時風習，文士名姝往往以垂虹亭爲集會之地。蓋不僅景物足供賞玩，且交通便利，可通大舟。非若往來盛澤鎮，必易小舟也。由此言之，河東君所謂「弟昨冒雨出山，早復冒雨下舟。」一者，乃前一夕由盛澤鎮乘小舟，至垂虹亭。翌晨復易大舟，以待然明來訪。「下舟」者，即下大舟之謂。「明早當泊舟一日，俟車騎一過，即迴烟棹矣」者，乃留在垂虹亭旁大舟中，再待然明一日。若尚不至，則又易小舟返盛澤鎮也。據此札所言，河東君此時迫切不可緩待之情勢，及其焦急之心理，可以想見矣。

尺牘第貳柒通云：

得讀手札，便同阿閦國再見矣。但江令愁賦，與弟感懷之語，大都若天涯芳草，何繇與巴山之雨，一時傾倒也。許長史真誥，亦止在先生數語間耳。望之！餘扼腕之事，病極，不能多述也。

寅恪案，此通關鍵乃「許長史真誥，亦止在先生數語間耳。」一節。陶隱居真誥，爲集合楊義許謐即許長史諸人手迹而成之書。其中多涉及仙女如蕚緑華安妃等，降臨人間之事。河東君此通所指，雖難確定，頗疑與第貳章所引牧齋「戲題美人手迹」七詩有關。牧齋此題作於崇禎十三年庚辰春初，河東君此札作於同年夏間。所隔時日，至少亦有三四月之久。故然明將牧齋此詩傳致於河東君，大有可能。至牧齋所見之河東君手迹，亦是從然明處得來也。考晋書柒玖謝安傳云：

寓會稽，與王羲之及高陽許詢桑門支遁游處。

及同書捌拾王羲之傳略云：

羲之既去官，與東土人士盡山水之游。又與道士許邁共修服食，遍游東中諸部，窮名山，泛滄海。嘆曰，我卒當以樂死。謝安謂羲之曰，中年以來，傷於哀樂，與親友別，輒作數日惡。羲之曰，年在桑榆，自然至此。須正賴絲竹陶寫。恒恐兒輩覺，損其歡樂之趣。

世說新語言語類「劉真長爲丹陽尹」條，劉注引續晋陽秋云：

時劉惔爲丹陽令。（寅恪案，「令」字應依世說新語言語類「劉真長爲丹陽尹」條，改作「尹」字。）許詢嘗就惔宿。床帷新麗，飲食豐甘。詢曰，若此保全，殊勝東山。惔曰，卿若知吉凶由人，吾安得保此。羲之在坐曰，令巢許遇稷契，當無此言。二人并有愧色。

真誥貳拾真冑世譜略云：

許詢字玄度。高陽人。魏中領軍允玄孫。總角秀惠，衆稱神童，而風情簡素。司徒掾辟，不就。早卒。

〔許〕副字仲先。庶生。即長史〔謐〕之父也。與謝奕〔安等〕兄弟周旋。

又略云：

〔許〕邁字叔玄，小名映，改名遠游。與王右軍父子周旋。

然則謝安石王逸少之在東山，其所與交游者，爲許詢許邁，而非許謐即許長史。但長史之父仲先及兄遠游，固嘗與王謝勝流相往來。河東君或於此有所誤記，因而牽混耶？若爲誤記牽混，則東山之謝安石，恐非牧齋莫屬。蓋然明當時所能介紹於河東君之勝流，惟牧齋一人曾於崇禎元年戊辰會推閣臣，列名其中。雖因此革職回籍，然實取得候補宰相之資格。至其餘如謝象三之流，資望甚淺，不足與謝安石相比也。職此之故，第貳章論牧齋「戲題美人手迹」七首，謂其詩乃錢柳因緣重要資料之一，實則亦是錢柳因緣材料之最先見於記載者。河東君此札可取以相證發也。

尺牘第貳捌通云：

（上段前已引。）已至湖湄，知先生尚滯故里。又以横山幽崎，不減赤城，遂懷尚平之意。不意甫入山後，纏綿夙疾，委頓至今。近聞先生已歸，幸即垂視。山中最爲麗矚，除藥鑪禪榻之外，即松風桂渚。若覩良規，便爲情景俱勝。讀孔璋之檄，未可知也。伏枕草草，不悉。

寅恪案，此札「藥鑪」二字，杭州高氏藏本如此，今依以移録。瞿氏鈔本「藥」下缺一字。王胡本補作「鐺」，自是可通，但杜牧之「題禪院」詩云：「今日鬢絲禪榻畔，茶烟輕揚落花風。」（見全唐詩第捌函杜牧叁及孟棨本事詩高逸類。）并東坡集柒「和子由」四首之二「送春」云「鬢絲禪榻雨忘機」，及東坡後集肆「朝雲詩」云「不似楊枝别樂天」，「天女維摩總解禪」，「經卷藥鑪新活計，舞衫歌扇舊因緣。」河東君自與謝象三絶交發病後，意態消沈，借禪悦以遣愁悶，因而多讀佛經。如第貳伍通云：「泳游宗極。」第貳柒通云：「便同阿閦國再見矣。」第貳玖通云：「見遮須之尊，忘波旬之怖。」及「今雖華鬘少除，而尼連未浴。」等，皆用内典之文，可爲例證。至「藥鑪禪榻」之語，固出杜蘇之詩，人所習知，不足爲异。所可論者，河東君以其身世之關係，於「朝雲詩」一類之作品，本甚留意。況曾一度以「楊朝」爲稱，唐叔達爲之賦「七夕行」，程孟陽爲之賦「朝雲詩八首」及「今夕行」。其於東坡是詩，尤所專注，此事理所必然也。（詳見前論「河東君嘉定之游」節。）河東君作此書時，正值其瀏覽佛經及賞玩蘇詩之際。其實東坡此詩之「藥鑪」，本指燒鍊丹汞之「藥鑪」。而非煎煮藥物之「藥鑪」，觀此詩七八兩句「丹成逐我三山去，不作巫陽雲雨仙。」可證。東坡蓋「經卷藥鑪」指佛道之教義，「舞衫歌扇」指姬妾之生活。以今昔情境互异爲對文。東坡此意，河東君未嘗不知，不過借用之，以寫煎藥療病之景況耳。若必謂非作「藥鐺」不可，则恐转涉拘泥矣。职是之故，颇疑此札之「藥爐」即東坡「朝雲诗」之「藥爐」，而非「藥鐺」也。河東君早與幾社名士交游，自然薰染輕鄙宋詩之風習。第叁章論河東君金明池「咏寒柳」詞，實用東坡之詩。今觀此札中「藥鑪禪榻」之語，又得一證。王胡本以「藥鑪」爲「藥鐺」，就文義言，原甚可通。然於河東君學問蜕變之過程，似尚未達一間也。夫河東君之涉獵教乘，本爲遣愁解悶之計，但亦可作賦詩詞取材料之用，故所用佛經典故，自多出於法苑珠林等類書，若「遮須」一詞，乃用晋書壹佰貳劉聰載記，實亦源於佛經，頗稱僻典。然則其記誦之博，實有超出同時諸名姝者。明末幾社勝流之詩文，以所學偏狹之故，其意境及材料殊有限制。河東君自與程孟陽一流人交好以後，其作品遣詞取材之範圍，已漸脱除舊日陳宋諸人之習染，駸駸轉入錢程論學論詩之範圍。蓋幾與當時蕭伯玉士瑋艾千子南英江西諸名士同一派别，而非復雲間舊日之阿蒙矣。

河東君至杭州訪然明不遇，未能與商遷居之地，故遂自行决定，由吴江之盛澤，遷往松江之横雲山。似此不俟然明之回杭，而匆促作此移居之計者，其間必有不能久待之理由。據陳忠裕全集卧子自撰年譜崇禎十三年庚辰條略云：

春納側室薄氏。以三月北發。六月就選人，得紹興司李。七月南還。以八月奉太安人携家渡錢塘。〔抵任所。〕

可知崇禎十三年春，臥子於其繼母唐孺人服闋後，即又納妾薄氏，復北上選官。以常例推計，其得官南還及赴新任，當不過數月間事。河東君自崇禎八年夏間脱離臥子，晚秋離去松江後，至崇禎十三年夏間作此札時，固已歷五歲之久，而兩方實未能忘情。第叁章論臥子「長相思」「上巳行」兩詩，已言及此點。意者。河東君作此書時，或已悉臥子之北行，或竟知臥子之得官南歸，所以亟欲遷居松江，而不待然明之歸者，其意旨儻在是耶？

「横山」即横雲山，嘉慶修松江府志柒山川門云：

在府城西北二十三里，高七十尺，周回五里。本名横山。唐天寶六年易今名。

又河東君戊寅草「（崇禎八年）秋夜雜詩」四首之二「澄崖相近看」句下自注云：

横山在原後。

寅恪案，第叁章引錢肇鰲質直談耳柒「柳如是之軼事」條載河東君舊日居松江之佘山。佘山在松江府城北二十五里，（見嘉慶修松江府志柒山川門。）佘山與横雲山地相鄰接，而横雲山之規模尚狹小於佘山，河東君是否先居佘山，後遷横雲山。抑或前後皆居横雲山，錢氏牽混言之。今不易考知矣。

「赤城」者，文選壹壹孫興公「游天臺山賦」云「赤城霞起而建標」，故以赤城比天臺，其實高下大小，不可同語。若謂河東君於此亦不免文人浮誇之習，則恐所見尚失之膚淺。鄙意河東君之取横雲山以比天臺山者，暗寓「劉阮重來」之意，實希望臥子之來訪也。此通云：「不意甫入山後，纏綿夙疾，委頓至今。」第貳玖通云：「及歸山閣，幾至彌留。」豈居横山以後，臥子又無來訪之事所致耶？更可注意者，東坡詞云：「人間自有赤城居士。」（見東坡詞水龍吟。）河東君殆亦於此時熟玩蘇詞，不僅熟精選理也。

尺牘第貳玖通云：

（上段前已引。）邈邈之懷，未卜清藹。何期明河，又讀鱗問耶？弟即日觀濤廣陵，聆音震澤。先生又以尚禽之事未畢，既不能晤之晚香，或當期之仙舫也。某公作用，亦大异財墅風流矣。將來湖湄鰋魚如絲，林葉正頳。其爲延結，何可言喻。

寅恪案，歐陽永叔居士集壹伍「秋聲賦」云，「明河在天」，「夷則爲七月之律」。今河東君此書云，「何期明河，又讀鱗問耶？」是此書作於崇禎十三年七月間。「觀濤廣陵，聆音震澤。」當是訪覓名流，擇婿人海之意，而非真欲有所游覽也。否則與下文「不能晤之晚香，或當期之仙舫。」之語，意義不貫。「仙舫」謂「不系園」之類，即指杭州，乃然明所居之地。「晚香」謂「佘山」，（陳眉公建晚香堂於東佘山。有晚香堂蘇貼及晚香堂小品等。據陳夢蓮所作其父年譜，眉公卒于崇禎十二年己卯九月二十三日。河東君作此書時，眉公已前卒。故此「晚香」當是泛指佘山，非謂約然明會於眉公處也。）即指松江，乃河東所居地。此之意，謂然明既以家事，不能來松江相訪，則已身將往杭州相會。其時間當在深秋，即魚肉白，林葉紅之候也。

然明書中，必又言及謝三賓對於河東君有何不利之言行。此類言行，今雖難考悉，但據全謝山所述象三「晚年求用於新朝，欲以賄殺六狂生，不克。竟殺五君子以爲進取之路。」等事推之，其人之陰險可知。然則河東君此時既爲象山所恨，處境頗危。若非托身一甚有地位之人，如牧齋者，恐象三尚不肯便爾罷休。觀河東君此札，其急於求得歸宿之所，情見乎辭者，殆亦與此有關歟？「某公作用，亦大异財墅風流矣。」之語，自是用晉書柒玖謝安傳，世人共知，不待徵引。所可笑者，牧齋爲象三父一爵母周氏所作合葬墓志銘有「其先晉太傅」及「謝自太傅，家於東中，」等語。（見初學集伍叁「封監察御史謝府君墓志銘」。）夫吾國舊日妄攀前代名賢，冒認宗祖，矜誇華胄之陋習，如杜少陵「丹青引」中「將軍魏武之子孫」之例者，（見杜工部集伍。）何可勝數，亦無須辨駁。象三於此本不足怪。但其人與河東君雖有特殊關係，幸後來野心終不得逞，否則東山酬和集之編刊，將不屬於牧齋，轉屬於象三，而象三可謂承家法祖之孝子順孫矣。至若河東君罵其「大异賭墅風流」，意謂象三爲安石之不肖裔孫，固甚確切痛快，殊不知儻象三果能效法其遠祖者，恐未必真河東君之所願也。

尺牘第叁拾通云：

嗣音遥阻，頓及蕭晨。時依朔風，禹臺黯結。弟小草以來，如飄絲霧，黍谷之月，遂躡虞山。南宫主人，倒屣見知，羊公謝傳，觀兹非邈。彼聞先生與馮雲將有意北行，相望良久。何謂二仲尚渺洄溯。弟方耽游蠟屐，或至閣梅梁雪，彦會可懷。不爾，則春懷伊邇，薄游在斯。當偕某翁便過〔通〕德，一景道風也。耑此修候，不既。

寅恪案，此書乃崇禎十三年庚辰十二月河東君已移居牧齋我聞室時所作。「時依朔風，禹臺黯結。」一者，文選肆壹李少卿答蘇武書云：「時因北風，復惠德音。」河東君此書亦作於冬季，故有斯語。「禹臺」即「禹王臺」，亦即「梁王吹臺」，其地在開封。（見清嘉慶一統志壹捌柒開封府貳。）此與第叁壹通用「夷門」指然明者相同，前已論及，蓋取此兩詞，以比然明爲魏之信陵君也。「小草以來，如飄絲霧」者，「小草」用世説新語排調類「謝公始有東山之志」條，謂由松江横雲山出游也。「如飄絲霧。」即「薄游」之意，下文亦有「薄游在斯」之語，可以參證。

更有可論者，文選貳陸謝靈運「初去郡一首」云：

畢娶類尚子，薄游似邴生。

李注云：

嵇康高士傳曰：尚長字子平，河内人。隱避不仕，爲子嫁娶畢，勑家事斷之，勿復相關，當如我死矣。嵇康書亦云尚子平。范曄後漢書曰：向長字子平，男娶女嫁既畢，敕斷家事。尚向不同，未詳孰是。班固漢書曰：邴曼容志自脩。爲官不肯過六百石，輒自免去。

寅恪案，「尚」「向」之异，兹可不論。第貳玖通云，「先生又以尚禽之事未畢」。「禽」字應作「長」或「平」，即用康樂詩句及李注。春星堂詩集三游草最後一首「出游兩月，歸途復患危病。釋妄成真，自此彌切。」云，「向平有累應須畢」。然明此詩作於崇禎十一年戊寅季秋。其時尚未畢兒女婚嫁。至河東君作第貳玖通時，已逾兩年，正值然明兒女婚嫁之際也。若第貳拾通「又以横山幽奇，不滅赤城，遂懷尚平之意。」，則用范蔚宗後漢書列傳柒叁逸民傳向長傳中，向子平禽子夏「俱游五岳名山」之典，非謂「男女娶嫁既畢」之義也。但於貳捌通用「尚平之意」，以指己身，而於第貳玖通轉用「尚禽之事」以指然明。指然明爲禽慶與尚平共游五岳名山，自無不可。若指己身爲尚平，則河東君己身婚嫁未能畢，正在苦悶彷徨之際，誤用此典，不覺令人失笑。

「薄游」之義，原爲「游宦」之「游」。故康樂詩用「邴曼容爲官不肯過六百石，輒自免去。」之典。與浪游之意絶無關涉。河東君久誦蕭選，熟記謝詩，遂不覺借用康樂之句，牽連混及，頗不切當。斯亦詞人下筆時所難免者，不必苛責也。

「黍谷之月，遂躡虞山。」者，乃冬至氣節所在之仲冬十一月到常熟之意。（寅恪案，據鄭氏近世中西史日表，崇禎十三年庚辰十一月九日冬至。）文選叁左太冲「魏都賦」云：「且夫寒谷豐黍，吹律暖之也。」李注引劉向别録曰：

鄒衍在燕，有谷地美而寒，不生五穀。鄒子居之，吹律而温至黍生。今名黍谷。

又杜工部集壹陸「小至」詩云：「冬至陽生春又來。」蓋河東君以崇禎十三年庚辰十一月至常熟，仍留舟次。至十二月二日，始遷入牧齋家新建之我聞室。其作此書，據前引耦耕堂存稿文下「題歸舟漫興册」中「庚辰臘月望，海虞半野堂訂游黃山。」之語推之，則當在十三年十二月十五日孟陽離常熟以後，河東君尚居牧齋家中之時也。所以確知如此者，東山酬和集壹第壹首云：

庚辰仲冬訪牧翁於半野堂，奉贈長句。

河東柳是字如是。（原注：「初名隱。」）

（詩見後。）

列朝詩集丁壹叁上松圓詩老程嘉燧詩云：

庚辰十二月二日虞山舟次值河東君，用韵輒贈。

（詩見後。）

及東山酬和集壹牧翁詩云：

寒夕文宴，再疊前韵。是日我聞室落成，延河東君居之。（原注：「涂月二日。」）

（詩見後。）

可知河東君於崇禎十三年庚辰十一月乘舟至虞山，「幅巾弓鞵，著男子服。」訪牧齋於半野堂。其始尚留舟次，故孟陽詩題云：「庚辰十二月二日虞山舟次值河東君。」而牧齋詩題云：「是日（指庚辰十二月二日。）我聞室落成，延河東君居之。」此詩第肆句又云：「緑窗還似木蘭舟。」然則河東君之訪牧齋，其先尚居虞山舟次，後始遷入牧齋家中，首尾經過時日，明白可以考見者若是。後來載記涉及此事，往往失實，兹略徵最初最要之材料如此。其他歧异之説，概不多及，以其辨不勝辨故也。

復次，河東君之訪半野堂，在此之前，實已預有接洽，并非冒昧之舉，俟後詳論。其「幅巾弓鞵，著男子服」者，不僅由於好奇標异，放誕風流之故。蓋亦由當時社會風俗之拘限，若竟以女子之裝束往謁，或爲侯補宰相之當關所拒絶，有以致之也。其所以雖著男子之「幅巾」，而仍露女子之「弓鞵」者，殆因當時風尚，女子以大足爲奇醜。故意表示其非如蒲松齡聊齋志异所謂「蓮船盈尺」之狀耶？

自顧云美作圖徵咏之後，（此圖今藏瀋陽故宫博物館。餘可參范鍇華笑庼雜筆壹「河東君訪半野堂小影圖傳并題詩跋五則。」）繼續摹寫者，頗亦不少。惜寅恪未得全見。惟神州國光社影印余秋室白描柳如是小像最爲世所稱道。蓉裳善畫美人，有「余美人」之目，（見秦祖永續桐陰論畫等。）竟坐是不得爲狀頭。（見蔣寶齡墨林今話柒。）此小像不知是何年所作。以意揣之，當在秋室乾隆丙戌殿試以後。然則「余美人」之未能中狀元，此小像實不任其咎也。又「美人」本爲河東君之號，以「余美人」而畫「楊美人」，可稱雙美矣。因戲題三詩，附載於後，以博好事者一笑。

詩云：

弓鞵逢掖訪江潭，奇服何妨戲作男。咏柳風流人第一，（河東君金明池咏寒柳詞有句云：「念疇昔風流，暗傷如許。」非用謝道蘊咏絮事。）畫眉時候月初三。（河東君於崇禎十三年十二月二日入居牧齋新建之我聞室。李笠翁「意中緣」劇中，黄天監以「畫眉」爲「畫梅」。若從其言，則屬對更工切矣。一笑！）東山小草今休比，南國名花老再探。（牧齋於萬曆三十八年庚戌廷試以第三人及第，時年二十九歲。至崇禎十三年庚辰遇河東君時，年已五十九歲矣。）好影育長終脉脉，（見世説新語紕漏類。）興亡遺恨向誰談。

岱岳鴻毛説死生，當年悲憤未能平。佳人誰惜人難得，故國還憐國早傾。
柳絮有情餘自媚，桃花無氣欲何成。楊妃評泊然脂夜，流恨師涓枕畔聲。
佛土文殊亦化塵，如何猶寫散花身。白楊幾换墳前樹，紅豆長留世上春。

天壤茫茫原負汝，海桑渺渺更愁人。衰殘敢議千秋事，賸咏崔徽畫裏真。

河東君札中「南宮主人」之語，指牧齋言。蓋北宋以來，習稱禮部爲「南宮」。（見王闢之澠水燕談録柒歌咏類「范文正公未免乳，喪其父。」條。）時牧齋以禮部右侍郎革職家居故也。「馮雲將」者，南京國子監祭酒秀水馮夢禎之仲子。夢禎以文章氣節有聲於時。（見初學集伍壹「南京國子監祭酒馮公墓志銘」。列朝詩集丁壹伍「馮祭酒夢禎」條小傳及光緒修嘉興府志伍貳馮夢禎傳。）以娶仁和沈氏之故，遂居杭州。（見光緒修杭州府志壹陸玖馮夢禎傳。）雲將雖爲名父之子，而科試殊不得志，身世頗困頓。與汪然明始終交好。觀牧齋有學集叁貳汪然明墓志銘云：

及乎彌留待盡，神明湛然。要雲將諸人，摩挲名迹，吹簫摘阮，移日視蔭，乃抗手而告別。

可爲例證。今春星堂集中關涉馮雲將者甚多。兹僅擇録夢香樓集所附和詩中雲將四絶句之一於下。其詩辭旨皆不佳，遠不及黄媛介李漁諸人之和作也。馮鵷雛和詩云：

輕綃飄拂紫雲香，玉骨凌風枕簟凉。幽夢迴來情彷佛，不知誰個是檀郎。

牧齋尺牘壹與宋玉叔琬書云：

不肖在杭有五十年老友曰馮鵷雛，字雲將者，故大司成開之先生之仲子也。年八十有七矣。杜門屏居，能讀父書，種蘭洗竹，不愧古之逸民。開之故無遺貲，雲將家益落。

據此雲將暮齒之情況，亦可想見矣。茲所以不避繁贅之嫌，略詳雲將名字及生平者，蓋爲小青故事，後人多所誤會之故。列朝詩集閏肆「女郎羽素蘭」條小傳附論小青事云：

又有所謂小青者，本無其人。邑子譚生造傳及詩，與朋儕爲戲曰：小青者，離「情」字。正書「心」旁似「小」字也。或言姓鍾，合之成「鍾情」字也。其傳及詩俱不佳，流傳日廣，演爲傳奇。（寅恪案，牧齋此條可參陳忠裕全集拾幾社稿「仿佛行」并所附李舒章原作。）至有以「孤山訪小青墓」爲詩題者。俗語不實，流爲丹青，良可爲噴飯也。以事出虞山，故附著於此。

陳文述蘭因集上（參陳文述西泠閨咏玖「梅花嶼馮小青詩序」。）辨正牧齋之說，略云：

或妒婦揚焚圖毀詩之餘烈，百計以滅其迹。馮既舊家，婦應豪族。蒙叟受托，作此不經之語，未可知也。

寅恪案，頤道居士駁牧齋所言之謬，甚確。但以牧齋受馮生嫡室之托，造作不經之語，殊不知牧齋與雲將交誼甚篤，因諱其娶同姓爲妾，與古禮「買妾不知其姓，則卜之。」之教義相違反也。（見小戴記曲禮上。）至雲伯撰西泠閨咏，又以小青之夫爲馮千秋。是誤認馮雲將即馮千秋，則爲失實。據光緒修杭州府志壹肆捌馮延年傳云：

馮延年字千秋。明國子監祭酒秀水夢禎孫。夢禎娶武林沈氏，愛西湖之勝，築快雪堂於湖上。延年因入籍錢塘。中崇禎十二年副貢，入太學。歸隱秋月庵。

然則千秋乃開之之孫。牧齋作開之墓志云：「余與鵷雛好。」是牧齋爲雲將之故，因諱小青之事，較合於情理也。

又河東君湖上草有「過孤山友人快雪堂」七律一首。據列朝詩集丁壹伍馮夢禎小傳云：

築室孤山之麓，家藏快雪時晴帖，名其堂曰快雪。

可知此友人即馮雲將。河東君游西湖時，固嘗與雲將往還也。崇禎十三年冬間河東君居牧齋家，汪馮二人欲同至虞山者，當是勸説河東君不再放棄機會，即適牧齋也。此後然明游閩，牧齋乃托雲將至松江構促河東君。前論尺牘第叁壹通時，已言及之矣。

「閣梅梁雪，彦會可懷。不爾，則春懷伊邇，薄游在斯。當偕某翁便過通德。」者，河東君初遷入我聞室時，當已與牧齋約定於崇禎十三年歲杪，同至杭州。否則，亦擬於崇禎十四年春間偕游西湖，共訪然明。疑此預約皆出自牧齋之意，蓋欲請然明勸説河東君之故。觀前引第叁壹通首節，然明甚誇牧齋氣誼等語，可以推知也。鄙意河東君此書乃是由牧齋所成，必經牧齋過目者。當日牧齋特遣人致函然明，告以河東君之將至杭過訪，并請其代爲勸説。牧齋致然明之書，惜已不可得見，而河東君此書之性質，不過牧齋專函之附片耳。

關於湖上草贈諸文人之詩，雖爲酬應之作，不必多論。然有一特點，即牧齋所稱河東君半野堂初贈詩「語特莊雅」者是也。（見東山酬和集壹第貳詩題。）夫以河東君當日社會之地位，與諸男性文人往來酬贈，若涉猥俗，豈不同於溱洧士女之相謔，而女方實爲主動者乎？（見毛詩鄭風溱洧孔氏正義。）此河東君酬贈諸詩所以「語特莊雅」，自高身份之故。顧云美云「（河東君）游吴越間，格調高絶，詞翰傾一時」，洵非虚譽也。

蘼蕪紀聞上載王士禄宫閨氏籍藝文考略一名然脂集云：

（河東君）所著有戊寅草。鄒斯漪刻其詩於詩媛十名家集中。（寅恪案，佚叢甲集牧齋集外詩附柳如是詩，卷尾載武陵漁人跋云：「蘇息翁新購詩媛八名家，令急爲借讀。内有河東君一□，特爲録出。」與此作「詩媛十名家」者不同。）又汪汝謙刻其尺牘一卷。林雪云：如是尺牘艷過六朝，情深班蔡。神釋堂詩話云：河東詩早歲耽奇，多淪荒雜。戊寅一編，遣韵綴辭，率不可詰。最佳如劍術行懊儂詞諸篇，不經翦截，初不易上口也。然每遇警策，輒有雷電砰燿，刀劍撞擊之勢，亦鬒笄之异致矣。後來多傳近體，七言乃至獨絶。若婉孌魚龍問才艷，深凉烽火字珊瑚，下杜昔爲走馬地，阿童今作鬥雞游，小苑有香皆冉冉，新花無夢不濛濛，月幌歌闌尋麈尾，風床書亂覓搔頭，洗罷新松看沁雪，行殘舊藥寫來禽，此例數聯，惝怳朦朧，附以神麗，魚薛擅能，兹奇未睹。誠如陳思所云，神光離合，乍陰乍陽者也。擬古如臺館易嵯峨，珠玉會蕭瑟，讀之尤令人悲悚。尺牘含咀英華，有六朝江鮑遺風。

又鄒弢三借廬筆（贅）談壹貳「河東君」條略云：

往見書賈持河東君詩稿一册，乃惠山韵香尼手録本。僅記其夜起二句云，初月不明庭户暗，流雲重疊吐殘星，真得初唐神韵者。

寅恪案，神釋堂詩話中所舉七言體數聯，「婉孌」一聯見戊寅草「初夏感懷」四首之二。「下杜」一聯見同書「五日雨中」。「小苑」一聯即下引西泠十首之一第叁第肆兩句，洵佳作也。「月幌」一聯見初學集貳拾東山詩集叁附河東君和牧翁「中秋日携内出游，次冬日泛舟韵」二首之一。「洗罷」一聯見有學集貳秋槐詩支集附河東君和牧翁「人日示内」二首之二。又所舉擬古詩「臺館」兩句，則見戊寅草「擬古詩十九首」中「去者日以疏」一首。至若鄒弢三借廬贅談壹貳所舉「夜起」兩句，（詳見後引。）今尚未能證實，更俟詳考。凡此諸例，雖皆河東君詩句之流播人口者，然其佳作猶不止此數例而已也。湖上草諸詩，除「西湖八絶句」之「桃花得氣美人中」一首於第貳章論牧齋與姚叔祥共論近代詞人戲作七絶及第叁章論卧子崇禎八年春間所作寒食七絶三首時，已兩次全引其文，不須更重録外，兹再擇録最佳及有關考證者共數首，略加校釋於下，聊見全豹之一斑云爾。

「西泠」十首之一云：

西泠月照紫蘭叢，楊柳絲多待好風。小苑有香皆冉冉，新花無夢不濛濛。金吹油壁（壁）朝來見，玉作靈衣夜半逢。一樹紅梨更惆悵，分明遮向畫樓中。

寅恪案，河東君此詩爲咏當時西湖諸名媛而作，并自述其身世之感也。「西泠月照紫蘭叢」者，用李義山詩集中「汴上送李郢之蘇州」詩「蘇小小墳今在否，紫蘭香徑與招魂。」之語，「叢」者，多數之義，指諸名媛言，與下文「一樹」之指己身言者，相對爲文。

「楊柳絲多待好風」乃合李義山集中「無題」二首之一「斑騅只繫垂楊岸，何處西南待好風。」兩句爲一句。（寅恪案，李集諸本「待」字多作「任」。馮浩玉溪生詩箋注肆「待」字下注云：「一作任，誤。」神州國光社影印牧齋手校李集中亦作「待」。）

「金吹」二字，杭州高氏所藏明本亦同，殊不易解。或謂用喬知之「從軍行」一作「秋閨」詩「玉霜凍珠履，金吹薄羅衣。」之語。（見全唐詩第貳函喬知之詩。）蓋河東君以其身世，初亦略同於窈娘，宜於喬補闕之「秋閨」「綠珠篇」等詩，有所感會。戊寅草載其「寒食雨夜十絕句」之五云：「想到窈娘能舞處，紅顔就手更誰知。」陳卧子於崇禎六年清明，即河東君賦「寒食雨夜」詩之次日，亦有「今日傷心何事最，雨中獨上窈娘墳。」之句。（見陳忠裕全集壹玖陳李唱和集「清明」七絶。）故河東君之用「金吹」二字，恐非出於偶然也。鄙意此説未是。第壹理由，喬詩之「金吹」當作「金風」解，「吹」字應讀去聲。但在柳詩則應作平聲始合音調。第貳理由，「金吹」與「油壁」不相關聯，兩詞連用，亦似牽强。職此之故，頗疑「金吹」應作「金鞭」。「鞭」字脱落，因誤成「吹」字耳。蘇小小歌云：「我乘油壁車，郎騎青驄馬。何處結同心，西陵松柏下。」（見郭茂倩樂府詩集捌伍。）故「金鞭」即指「青驄馬」言，與「油壁」一辭相聯貫。且「鞭」字平聲，於音律協調，較作「金吹」者更爲易解矣。「玉作」亦疑爲「玉佩」之訛誤，楚辭九歌大司命云：「靈衣兮被被，玉佩兮陸離。」者是也。「金鞭油壁」與「玉佩靈衣」相對爲文，自極工切。

「紅梨」者，玉溪生詩「崇文館裏丹霜後，無限紅梨憶校書。」（見李義山詩集中「代秘書贈弘文館諸校書。」）本以「紅梨」比事，即取鄭虔柹葉臨書之意，乃指「男校書」之校書郎。後來因薛濤有「女校書」之稱，遂用「紅梨」以目女校書，如徐復祚之「紅梨記」戲劇乃其例也。

河東君自比於「一樹紅梨」「遮向畫樓中」者，即遮隱於畫樓之中，不欲俗人窺見之意。尺牘第伍通云：「弟之所汲汲者，亡過於避迹一事。」河東君此詩自言其所以不同於西湖當時諸名媛者，乃在潛隱一端。其改名爲「隱」，取義實在於是。至所謂「畫樓」，殆指尺牘第壹通所謂「桂楝藥房」之然明横山别墅，即牧齋詩中所謂「汪氏畫樓」者也。

此詩第貳句「楊柳絲多待好風」，中藏河東君之新舊姓氏，第捌句則暗藏「隱」字，即河東君此時之改名。故湖上草之作者，亦題爲「柳隱如是」。當時作詩之風氣，詩中往往暗藏有關人之姓名，第貳章已詳論之矣。又牧齋於崇禎十三年秋間與姚叔祥共論近代詞人詩云：「近日西陵誇柳隱。」可知牧齋作詩時，實已得見然明所刻之湖上草，而「西陵」「柳隱」兩辭并用，殆即指此首而言耶？

「西泠」第拾首云：

荒涼夙昔鶴曾游，松柏吟風在上頭。（原注：「時游孤山。」）吏苑已無句漏鼎，（原注：「稚川爲句漏長。」）烟霞猶少岳衡舟。（原注：「褚元璩隱於錢塘時放舟衡岳。」）遥憐浦口芙蓉樹，仿佛山中孔雀樓。從此邈然冀一遇，遺宫廢井不勝愁。

寅恪案，此首在湖上草諸詩中非佳妙之作，但亦非尋常游覽之作，必有爲而發。惜今不能考實，姑妄推測，約略解釋，殊不敢自信也。

第貳句下自注云：「時游孤山。」故知河東君游孤山，而有所感會。然細繹全首詞旨，除「鶴曾游」外，其他并無與孤山典故有關者。頗疑此詩殆有感於馮小青之事而作。「松柏同心」已成陳迹。馮雲將家已貧落，無復煉金之鼎。往來於富人之門，不能如褚元璩之高逸，舊日小青之居處，猶似己身昔日松江之鴛鴦樓，即南樓，既睹孤山陳迹之荒凉，尚冀他日與卧子重尋舊好也。

褚元璩爲褚伯玉之字，其事迹見南齊書伍肆及南史柒伍本傳。嘉慶一統志貳玖肆紹興府山川門「宛委山」條，引遁甲開山圖云：「禹治水，至會稽，宿衡嶺。」又同書同卷陵墓門云：「齊褚伯玉墓在嵊縣西西白山。」「衡嶺」當即「衡岳」，固是元璩栖隱之地，不過倒「衡岳」爲「岳衡」以協聲調，殊覺牽强耳。

何遜「夜夢故人」詩云：「浦口望斜月，洲外聞長風。」及「相思不中寄，直在寸心中。」（見漢魏六朝百三名家集何記室集。）河東君「浦口」之句，初視之，不過仲言詩意。細繹之，則知實出王子安集貳「采蓮賦」中「浦口窄而萍稠」之語。崇禎八年秋河東君與卧子有采蓮一段佳話，前論卧子采蓮賦中已詳及，兹可不贅。蓋河東君賦此詩之際，遥想八年前之「鴛鴦樓」即「南樓」，此時當亦同一荒凉境界，斯所以因游孤山，憶昔懷人，乃有此作耶？

「孔雀樓」者，疑是用列仙傳上蕭史傳「能致孔雀白鶴於庭。」太平廣記肆捌捌元稹鶯鶯傳載續會真詩云「行雲無處所，蕭史在樓中」。宋某氏侍兒小名録拾遺引帝王世紀云：「秦穆公女名弄玉，善吹簫，作鳳凰音，感鳳凰，從天而降。後升天矣。」及九家集注杜詩壹柒「鄭駙馬宅宴洞中」七言近體「自是秦樓壓鄭谷」句下注「趙云：此言主家本是秦女之樓，而氣象幽邃，壓倒鄭子真之谷口矣。」之典，蓋以己身與臥子同居松江之「鴛鴦樓」即南樓，有似小青與雲將同居之孤山「秦樓」即「孔雀樓」耳。此詩首句「鶴曾游」之「鶴」，亦當是同出此典，不僅用林君復事也。（參嘉慶一統志貳捌肆杭州府貳古迹門及光緒修杭州府志叁拾古迹貳錢塘縣「放鶴亭」條。）河東君自傷其身世與小青相類，深恨馮妻及張孺人之妒悍、雲將及臥子之懦怯，遂感恨而賦此詩歟？湖上草中「過孤山友人快雪堂」七律一首，是否與此首同時所作，雖不能知，然此「友人」當爲馮雲將則無可疑。所以諱言之者，或因有游孤山悼小青之什，故不顯著馮氏之名也。

「清明行」云：

春風曉帳櫻桃起。綉閣花驄綺香旨。（寅恪案，「綺香旨」三字，杭州高氏藏明本作「綺晴旨」，北京鈔本亦同。「晴旨」或是「情旨」之訛誤，但仍涉牽强。瞿氏鈔本作「綺香旨」，復不可通。然瞿本之易「晴」爲「香」，當經過改校而又訛寫者。豈校改者本改「晴」爲「音」，「音」更誤爲「香」耶？假定爲「音旨」，則世説新語賞譽類「太傅東海王鎮許昌」條云：「奉誦遺言，不若親承音旨。」晉書肆玖阮瞻傳亦同。又漢魏六朝百三名家集梁簡文帝集壹「與廣信侯重述内典書」云：「闊絶音旨，每用延結。」故改爲「音旨」，殊有理據。至於「綺字」，則寅恪疑爲「絶」字之形訛。「綉閣花驄絶音旨」或「情旨」者，佳人綉驄中倚花，驄公子之「音旨」或「情旨」斷絶也。若如此校改，辭意雖甚可通，然輾轉揣測，終嫌武斷。姑備一説於此，以俟通人之教正耳。）桃枝柳枝偏照人，碧水延娟玉爲柱。（「柱」瞿本誤作「桂」。）朱蘭入手不禁紅，芳草紛勻自然紫。西泠窈窕雙迴鸞，蕙帶如聞明月氣。可憐玉鬢茱萸心，盈盈豔作芙蓉生。明霞自落鳳巢裏，白蝶初含團扇情。丹珠夜泣柳條曲，夢入鶯閨空漾渌。斯時紅粉飄高枝，豆蔻香深花不續。青樓日暮心茫茫，柔絲折入黄金床。盤螭玉燕無可寄，（寅恪案，此句可參倪璠注庾子山集伍「燕歌行」中「盤龍明鏡寄秦嘉，辟惡生香寄韓壽。」句，及「楊柳歌」中「白玉手版落盤螭」句。）空有鴛鴦棄路旁。

寅恪案，此題雖爲「清明」，然辭旨與清明殊少關涉。反復誦讀，并取陳臥子之詩參證之，始恍然明瞭其間之關係也。臥子詩與河東君此詩之有關者共三首，一爲崇禎八年乙亥春之「櫻桃篇」。二爲崇禎九年丙子春之「寒食行」。三爲崇禎十二年己卯春之「上巳行」。櫻桃篇及寒食行載於平露堂集。宋徵壁序此集云：

陳子成進士歸，讀禮之暇，刻其詩草名白雲者。已又裒乙亥丙子兩年所撰著，爲平露堂集。刻成，命予序之。

然則平露堂集之刻成，至早當在崇禎十年下半年，遲則在崇禎十一年。至湘真閣集之刻成，已在崇禎十四年之後矣。臥子賦「櫻桃篇」時，正值其與河東君同居之際，此篇固爲河東君所親見而深賞者，「寒食行」作成之時，河東君雖已離去臥子，但平露堂集之鐫刻，至遲亦在崇禎十一年。河東君作「清明行」之前，亦必得見臥子之「寒食行」也。職此之故，河東君「清明行」中之辭句，往往與臥子「櫻桃篇」「寒食行」相類似，自非偶然。蓋河東君此時之詩，多取材於臥子之作品，如前所論湖上草中西湖八絶句「桃花得氣美人中」一首，實與臥子崇禎八年春間所作「寒食」七絶有關者，即是其例證。兹録臥子「櫻桃篇」及「寒食行」於下，讀者取與河東君「清明行」并觀，則其間關係自明，不待贅論。至二人作品之所以相似之故，實由兩方情感篤摯，遂亦漸染及於文字使然。未可舉偷江東集之故事相誚，（見舊五代史壹肆羅紹威傳。）而以柳隱偷羅隱爲言也。

陳忠裕全集壹壹平露堂集「櫻桃篇」云：

美人曉帳開紅霞，山樓閣道春風斜。綠水初摇楊柳葉，石屏時拂櫻桃花。
淡灔籠烟寒白日，柔條叢蔓相交加。有時飛入玉窗裏，春夢方長人不起。
芳草閑庭蝶正黄，瓊甃小院蘭猶紫。茫茫珠露剪輕紅，裝成自擲湘文水。
棠梨宫中日暖時，龍旗鳳輦紛流離。低枝隱映入纖手，時親蟬鬢無人知。
赬玉盤承紅靺鞨，翔麟飛鞚行參差。即今寂寞香雲度，墮粉摇英春草路。

麗魄應悲夜雨天，幽人愁倚東風樹。珊瑚磊落幾時多，恐有流鶯含已暮。

同書同卷「寒食行」云：

江城桃李月，春風花亂飛。空濛度寒食，紅翠展芳菲。
郊原漠漠涵平緑，柳雲如夢金塘曲。遠林宿雨厭棠梨，水底明霞浮屬玉。
開簾悄望愁不眠，流鶯已落朱欄前。天際青蔥障白日，迷離偃蹇搖蒼烟。
此時美人橫綉閣，幽怨鳴箏看花藥。碧玉新妝倦復鬆，丹珠小帳香逾薄。
鞦韆弱影鬥垂楊，輕颸飄蕩吹紅裳。牆外紫騮驕不去，回頭拾得金鳳凰。

前於第叁章考河東君金明池詠寒柳詞作成之年月，已言及臥子「上巳行」與河東君此詞有關。茲更論臥子「上巳行」與河東君「清明行」之關係。

蓋「上巳行」中警策之語爲「垂柳無人臨古渡，娟娟獨立寒塘路。」即用玉溪生「柳」詩「清明帶雨臨官道」句，（見李義山詩集下。）實混合清明上巳爲一時間，而柳陳兩人所各賦詠之題，其所指之節候，在當時乃同是一日也。考清明行及上巳行俱作於崇禎十二年。是年三月三日適值清明。（依陳氏二十史朔閏表崇禎十二年三月朔爲陽歷四月三日推算。鄭鶴聲近世中西史日對照表亦同。）史邦卿梅溪詞蝶戀花云：

二月東風吹客袂，蘇小門前，楊柳如腰細。蝴蝶識人游冶地，舊曾來處花開未。幾夜湖山生夢寐。評泊尋芳，只怕春寒裏。今歲清明逢上巳，相思先到濺裙水。

然則河東君卧子之詩，其題同辭同，時日亦同，固不待言。至梅溪詞中之人之地及其旨意，又更相同，尤爲可注意也。

噫！當崇禎之季世，明室困於女真後裔建州之侵逼，岌岌乎不可終日，與天水南渡開禧之時，復何以异？邦卿爲韓侂胄之堂吏，曾隨覘國之使北行，則亦關涉恢復中原之謀劃，（見梅溪詞滿江紅題云：「九月二十一日出京懷古。」及龍吟曲題云：「陪節欲行，留别社友。」）但一角湖山，蘇小門前，猶自尋芳游冶，良可嘆息。或以此嗤鄙梅溪乃一胥吏，非足與言國家之安危者。殊不知卧子爲幾社勝流，於崇禎六年秋間計偕北行，賦詩留别，亦綣綣於河東君。有「美人贈我酒滿觴，欲行不行結中腸。何年解佩酬明珰。」及「河干薄暮吹紅裳，紉以芍藥羞青棠。何爲棄此永不忘。」等句。其後又有「不然奮身擊胡羌，勒功金石何輝光。」之語，是以恢復遼左自任。（可參第叁章論卧子此詩節。）斯固卧子所以抒寫「離情壯懷」，應有之作。實與邦卿龍吟曲所云「歌裏眠香，酒酣喝月，壯懷無撓。楚江南，每爲神州未復，欄干静，慵登眺。」及「同社詩囊，小窗針綫，斷腸秋早。」諸語無异。若一一考其賦詩之時及所言之人，則前後四五百年之間，情事實相符會。豈獨節令之適合而已哉？雖然，兒女情懷與英雄志略，亦未嘗不可相反而相成。故不必拘執此點，以爲邦卿及卧子病也。

河東君「清明行」結語云：「盤螭玉燕無可寄，空有鴛鴦棄路旁。」「盤螭」出陳思王集貳樂府「桂之樹行」中「上有栖鸞，下有盤螭。」句。「玉燕」用別國「洞冥記」貳云：

神女留玉釵以贈〔漢武〕帝，帝以賜趙婕妤。至昭帝元鳳中，宮人猶見此釵。黃誅欲之，明日示之，既發匣，有白燕飛升天。後宮人學作此釵，因名玉燕釵，言吉祥也。

此河東君自言己身雖如神女，然無玉釵之物可以報答臥子。蓋針對臥子寒食行「回頭拾得金鳳凰」之結語。「金鳳凰」謂婦人之釵也。（可參司馬彪續漢書輿服志下「后夫人服」條。又臥子「拾得」二字之出處，或與吳均續齊諧記及韋絢劉賓嘉話録「漢宣帝以皂蓋車一乘賜大將軍霍光」條中，黃君仲北山羅鳥得鳳凰，入手即化成紫金事有關。俟考。）

又檢李太白「代美人愁鏡」詩二首之二（見全唐詩第經叁函李白貳肆）云：

美人贈此盤龍之寶鏡，燭我金縷之羅衣。時將紅袖拂明月，爲惜普照之餘暉。影中金鵲飛不滅，台下青鸞思獨絕。藁砧一別若箭弦。去有日，來無年。狂風吹却妾心断，玉筯并墮菱花前。

寅恪案，「美人」乃河東君之號，「盤龍」即「盤螭」。「藁砧一別若箭弦。去有日，來無年。」，正針對臥子之怨詞也。

更檢全唐詩第叁函李白叁「白頭吟」第貳體云：

錦水東流碧，波蕩雙鴛鴦。雄巢漢宮樹，雌弄秦草芳。相如去蜀謁武帝，赤車駟馬生輝光。一朝再覽大人作，萬乘忽欲凌雲翔。聞道阿嬌失恩寵，千金買賦要君王。相如不憶貧賤日，位高金多聘私室。茂陵姝子皆見求，文君歡愛從此畢。泪如雙泉水，行墮紫羅襟。五更雞三唱，清晨白頭吟。長吁不整緑雲鬢，仰訴青天哀怨深。城崩杞梁妻，誰道土無心。東流不作西歸水，落花辭枝羞故林。頭上玉燕釵，是妾嫁時物。贈君表相思，羅袖幸時拂。莫捲龍鬚席，從他生網絲。且留琥珀枕，還有夢來時。鵁鶄裘在錦屏上，自君一掛無由披。妾有秦樓鏡，照心勝照井。願持照新人，雙對可憐影。覆水却收不滿杯，相如還謝文君迴。古來得意不相負，祇今惟有青陵臺。

河東君賦清明行前二年，即崇禎十年丁丑，卧子已通籍貴顯矣。此際以文君長卿相比，雖不甚切當，然太白「玉燕釵」之句，似可借用。蓋以求「相如還謝文君迴」之實現。「雙對可憐影」暗藏「影憐」之名。此名即陳楊關係最密切時所用者，可因此喚起大樽往日之回憶。「波蕩雙鴛鴦」與「空有鴛鴦棄路旁」相對照，辭旨哀艶，想卧子得讀河東君此詩之時，正如楊景山所謂「風流才子多春思，腸斷蕭娘一紙書」者也。兹以上已行與清明行兩詩，關係錯雜繁複，故不嫌全録太白此首，以資參證。

抑尚有可言者。前論河東君寒柳詞，謂與湯玉茗紫釵記有關，頗疑清明行「玉燕」之句，實亦暗用蔣子徵所作「霍小玉傳」中紫玉釵及玉茗堂紫釵記中紫玉燕釵之故事。河東君淹通文史，兼善度曲，蔣防之傳，湯顯祖之記，當無不讀之理。就本人之身分與臥子之關係，取霍小玉與李益相比，最爲適當。故清明行結語之意，蓋希望臥子不作蔣傳中負心忘舊好之李益，而是湯記中多情不自由之君虞也。或者河東君賦此詩時，憶及崇禎八年首夏與臥子離別之際，臥子和淮海滿庭芳詞「紫燕翻風」之句，遂聯想紫釵記紫玉燕釵之事，而有此結語歟？俟考。

又臥子「上巳行」云：「公子空遺芍藥花，美人自愛櫻桃樹。」「芍藥花」乃臥子自指其懷念河東君諸詩。「櫻桃樹」之「樹」固出於李義山詩集中「深樹見一顆櫻桃尚在」五律及同卷「嘲櫻桃」五絶云：

朱實鳥含盡，青樓人未歸。南園無限樹，獨自葉如幃。

之典，但「櫻桃」二字，實更指崇禎八年乙亥春臥子自作之「櫻桃篇」及河東君崇禎十二年己卯春所作「清明行」，「春風小帳櫻桃起」之句。竊疑臥子上巳行乃獲見河東君清明行後，遂作一詩以酬慰其意者。此年清明適逢上巳，詩題雖爲兩名，詞意實是一事。此臥子故作狡獪，以爲諱飾耳。讀者倘更取第叁章所録臥子此詩詳繹之，當益信鄙説之不誣也。

論釋河東君崇禎十二年己卯之作品「湖上草」及十三年庚辰作品「與汪然明尺牘」既竟，關於錢柳因緣導致之情勢及其必然性，讀者當可明瞭矣。然在崇禎十三年十一月河東君過訪半野堂之前，尚有牧齋於是年十月往游嘉興之一重公案。此公案關涉一稱「惠香」之女性。寅恪於其人之本末，殊有疑滯，未能解釋。姑試作一假設，以待他日之證明也。

初學集壹柒移居詩集「冬日嘉興舟中戲示惠香二首」云：

畫閣蘭橈取次同，蕩舟容與過垂虹。波如人面輕浮碧，日似殘妝旋褪紅。
理曲近憐鶯脰水，弄花遥惜馬塍風。可憐平望亭前鳥，雙宿雙飛每一叢。
依然吴越舊陂塘，粉剩脂殘水尚香。已分西施隨范蠡，拌將蘇小賽真娘。
鉛華散落霑書帙，弦管交加近筆床。昨日虎丘西畔過，女墳湖水似鴛鴦。

同書同卷「宿鴛湖偶題」云：

烟水迢迢與夢長，一般燈火兩般霜。鴛鴦湖上人相并，燕子樓中夜未央。（寅恪案，牧齋此詩結語用關盼盼事，當與東坡詞永遇樂「夜宿燕子樓，夢盼盼」一闋有關。由此推之，則知其所賦「八月十六夜有感」一詞，特取永遇樂調者，必非偶然也。）

寅恪案，「戲示惠香」詩之前第壹題爲「九月望日得石齋館丈午日見懷詩，次韵却寄。」第叁題爲「九日宴集含暉閣醉歌」，第肆題爲永遇樂詞四首，第伍題爲「姚叔祥過明發堂，共論近代詞人。戲作絶句十六首。」又「宿鴛湖偶題」之後，第壹題爲「王店吊李玄白，還泊南湖有感。」（寅恪案，李衷純字玄白，嘉興人。明詩綜陸拾選其詩七首。李氏與牧齋關係密切，見初學集伍肆「大中大夫兩淮都轉運鹽使司運使李君墓志銘」。）第貳題爲「題南湖勺園」，（寅恪案，光緒修嘉興府志壹伍古迹門貳秀水縣「勺園」條云：「一名竹亭。在澁湖濱。吴吏部昌時別業。」牧齋此詩結語云：「樓上何人看烟雨，爲君枝策上溪橋。」當更有所指，不僅謂烟雨樓也。）此卷既竟，下卷爲東山詩集，乃河東君訪半野堂以後之作也。今綜合諸題之排列先後，取時間地域及詩詞中所言之人事，參合推證之，則知崇禎十三年庚辰七月以後至十月，其間爲河東君過訪半野堂預備成熟之時期。明發堂在拂水山莊。此題乃牧齋家居常熟時，姚士粦來訪，與之論詩所作。據永遇樂詞「十七夜」云：「隔船窗，暗笑低顰，一縷歌喉如髮。」及「生公石上，周遭雲樹，遮掩一分殘闕。」則是中秋後二夕，在蘇州舟中所作。「戲贈惠香」及「宿鴛湖偶題」含暉閣在半野堂，乃牧齋於重陽節時，居常熟城內家中所作。「戲贈惠香」及「宿鴛湖偶題」諸詩，均在嘉興所作，自不待言。據光緒修嘉興府志壹貳山川門「鴛鴦湖」條略云：

「以其居於南方，又謂之南湖云。湖在府城南半里許。」

然則初學集壹柒移居詩集最後四題，皆與嘉興有關，乃牧齋於崇禎十三年仲冬河東君訪半野堂不久以前，往游其地所作也。

「戲贈惠香」二律之典故，錢遵王初學集詩注壹柒徵引頗詳，不待贅釋。但繹此題第壹首所言，皆與嘉興鴛鴦湖及近旁吴江之鴛脰湖故實有關，至第貳首則全屬蘇州會城舊典。惠香之與嘉興鴛鴦湖及蘇州會城兩地有關，可以推知。永遇樂詞「十六夜有感」一闋，既是爲河東君而作，（見第壹章所論。）其第肆闋「十七夜」忽有「生公石上」之語，明是在蘇州所作。就蘇嘉兩地域與惠香之關係，更推及惠香與河東君之關係，并繹「宿鴛湖偶題」詩，「燕子樓中夜未央」之句，則其間必有待發之覆，抑可知也。餘詳後論河東君適牧齋後，患病問題節，玆暫不多述。

初學集貳拾東山詩集叁「留惠香」云：

并蔕俱栖宿有期，舞衣歌扇且相隨。君看陌上穠桃李，處處春深伴柳枝。

「代惠香答」云：

皇烏高飛與鳳期，差池一燕敢追隨。桃花自趁東流水，管領春風任柳枝。

「代惠香別」云：

春水桃花没定期，柳腰婀娜鎮相隨。憑將松柏青青意，珍重秋來高柳枝。

「別惠香」云：

花信風來判去期，紅塵紫陌肯相隨。池邊苑外相思處，多種夭桃媵柳枝。

徐乃昌影寫錢塘丁氏善本書室藏元刻陽春白雪附黄丕烈跋（參士禮居藏書題跋記陸）云：

元刻陽春白雪，爲錢唐何夢華〔元錫〕藏書，矜貴之至。因其是惠香閣物也。惠香閣初不知爲誰所居。夢華云，是柳如是之居。玆卷中有「牧翁」印，有「錢受之」印，有「女史」印。其爲柳如是所藏無疑。「惜玉憐香」一印，殆亦東澗所鈐者。卷中又有墨筆校勘，筆勢秀媚，識者指爲柳書。余未敢定也。要之，書經名人所藏，圖章手迹倍覺古香。宜夢華之視爲珍寶矣。先是，曾影鈔一本，與余易書。但重其爲元刻，而其餘爲古書生色者，莫得而知。今展讀一過，實饜我欲。雖多金，又奚惜耶？書僅五十一番，相易之價，亦合五十一番。惜書之癖，毋乃太過。命工重裝，并志緣起。嘉慶十有四年己巳正月二十有八日雨窗識。復翁。

又云：

越歲辛未中春廿有二日，錢唐陳曼生偕其弟雲伯，同過余齋。出此相示。因雲伯去年曾攝常熟邑篆，有修柳如是墓一事，於河東君手迹，亦有見者。玆以校字證之。雲伯以爲然。當不謬也。復翁記。

牧齋跋元鈔本樂府新編陽春白雪（見楊紹和楹書隅録續編肆。）云：

惠香閣藏元人舊鈔本陽春白雪十卷。依元刊本校録一過，分注於下。丙子二月花朝，牧翁。

寅恪案，崇禎十五年春間，牧齋所作詩中有涉及惠香之事，甚可注意。但河東君適牧齋後之患病問題，俟下文詳述，今暫不論。茲所欲言者，即惠香究爲何人及與河東君之關係也。

何黄二氏均以惠香閣爲河東君所居及認惠香與河東君爲一人，殊爲謬妄。觀牧齋自題其所校録陽春白雪之年月，可知至遲在崇禎九年丙子二月花朝日，牧齋已與惠香閣之名發生關係。然則此女性之惠香，其名初見於崇禎十三年庚辰冬間，復見於十五年壬午春季，皆在丙子花朝四年或六年之後。將如何解釋此疑問耶？鄙意一爲先有人之名，後有建築物之名。建築物因人得名，如牧齋以河東君名是字如是，别號我聞居士之故，因名其所居曰我聞室，即是其例。（參前論蔣氏舊藏河東君山水畫册。）一爲先有建築物之名，後有人之名，人因建築物得名。惠香之名，疑是其例。蓋牧齋心中早已懸擬一金屋之名，而此金屋乃留待將來理想之阿嬌居之者。若所推測不誤，則此女性恐是一能歌之人，與陽春白雪有關。故牧齋取惠香之假名以目之。斯固文士故作狡獪之常態，不足异也。

據牧齋所作關於惠香之四絶句桃柳并用，初視之，亦頗平常。檢庾子山詩有「流水桃花色，春洲杜若香。」及「春水望桃花，春洲藉芳杜。」等句，（見倪璠注庾子山集肆「咏畫屏風詩」二十四首之九及同書伍「對酒歌」。）則「桃」字實與惠香之「香」字有關，或者此女性真名中，有一「桃」字。然就今所見之材料，無一能證實此點者，仍俟詳考。

茲可決定者有三事：

一即依牧齋「冬日嘉興舟中戲示惠香」兩律及牧齋陽春白雪跋語，已可知此女性之居處必與嘉興及蘇州有關，并爲能歌之人。兹復檢初學集壹柒移居詩集崇禎十三年庚辰八月十七夜牧齋於蘇州所作永遇樂詞云：

白髮盈頭，清光炤眼，老顛思裂。折簡徵歌，醵錢置酒，漫浪從他説。銀箏畫鼓，翠眉檀板，恰稱合歡佳節。隔船窻，暗笑低顰，一縷歌喉如髮。生公石上，周遭雲樹，遮掩一分殘闕。天上霓裳，人間桂樹，曲調都清切。干戈滿地，烏驚鵲繞，一寸此時心折。憑誰把青天浄洗，長留皓月。

及同書貳拾上東山詩集叁崇禎十五年壬午中秋河東君病中，牧齋所作「效歐陽詹玩月詩」其後段云：

病婦夢回笑空床，笑我白癡中風狂。誰家玩月無歌版，若箇中秋不舉觴。虎山橋浸水精域，生公石砌琉璃場。酒旗正臨天駟動，歌扇恰倚月魄凉。何爲煩憂添哽咽，懵騰嘿齘夜不央。秋髮紛紛伴墜葉，細雨唧唧和啼螿。自從姮娥到月殿，長依金穴飛夜光。但聞高歌咏水鏡，阿誰彈事騰封章。章上倘蒙天一笑，素娥甚汝空奔忙。老夫聽罷心惻惻，低頭自問笑狂易。婦言可云慎勿聽，撐腸拄肚終難釋。天上素娥亦有黨，人間白叟將安適。合眼猶見星煌煌，入夢仍聞笑啞啞。打門未許驚周公，倒枕一任東方白。

更可證此女性在崇禎十五年壬午春間，伴送河東君於病中自蘇州返常熟，故河東君亦於是年中秋病中有「誰家玩月無歌版，若個中秋不舉觴。虎山橋浸水精域，生公石砌琉璃場」等語，婉勸牧齋往聽其清歌，藉以遣此佳節之岑寂。據是推之，則此居住蘇州而擅長歌唱之女性即惠香無疑也。

二即依牧齋所作關於惠香四絶句中皆有「桃」字，則此女性名中當有「桃」字，前已言及。又細繹牧齋四詩中，皆以桃柳并舉，當亦非尋常泛用之辭語。據王讜唐語林陸補遺云：

韓退之有二妾，一曰絳桃，一曰柳枝，皆能歌舞。初使王庭湊，至壽陽驛，絶句云，風光欲動别長安，春半邊城特地寒。不見園花兼巷柳，馬頭惟有月團團。蓋有所屬也。柳枝後逾垣遁去，家人追獲。及鎮州初歸，詩曰：别來楊柳街頭樹，擺弄春風只欲飛。還有小園桃李在，留花不放待郎歸。自是，專寵絳桃矣。

及邵博聞見後録壹柒「韓退之使鎮州」條云：

孫子陽爲予言，近時壽陽驛發地，得二詩石，唐人跋云：退之有倩桃風柳二妓，歸途聞風柳已去，故云。後張籍祭退之詩云：「乃出二侍女，合彈琵琶箏。」者，非此二人耶？

是牧齋暗以韓退之自比，而以河東君比柳枝或風柳，惠香比絳桃或倩桃。然則此惠香之真名中當有「桃」字或「絳」字。「桃」字恐是小名，甚難考出。至「絳」字或與後來所傳河東君妹楊絳子之名有關也。

三即觀留惠香「并蒂俱栖宿有期」，代惠香「皇鳥高飛與鳳期，差池一燕敢追隨。」及別惠香「多種夭桃勝柳枝。」等句，則此女性原是河東君之密友，後來又獨立門户，如河東君與徐雲翾之關係。

由第壹點引申，河東君於崇禎十三年庚辰春離杭州至禾城養痾及牧齋述河東君病中之語，當與惠香之居處有關。由第貳點及第叁點引申，疑後來訛傳河東君妹絳子之軼事，乃好事者就此演變而成。第壹點不待多論。第貳及第三點，則須略徵傳訛之説，辨析真僞，而究其演變僞造之所由焉。

徐乃昌閨秀詞鈔補遺「楊絳子傳」附柴紫芳蘆峰旅記略云：

柳河東君如是歸虞山蒙叟後，其妹楊絳子猶居吴江垂虹亭，鄙姊之行，遂不與人往來。構一小園於亭畔，歸心禪悦。嘗謁靈巖支硎等山，飄遥閑適。視乃姊之迷落於白髮翁者，不啻天上人間。嘉興薛素素女士慕其行，特雇棹擔書訪絳子於吴門。相見傾倒，遂相約不嫁男子。乃同至慧泉，溯大江而上，探匡廬，入峨嵋，題詩銅塔，終隱焉。其後素素背盟，復至檇李，絳子一人居川中，足迹不至城市。河東君數以詩招之，終不應。未幾卒。著有靈鶼閣小集行世。其春柳寄愛姊，調高陽臺一闋，蓋諷之也。

寅恪案，柴氏所記有可信者，亦有不可信者，當分別觀之。「絳子」之「絳」不僅與桃花顔色有關，且可與牧齋詩用韓退之之妾絳桃之名相合。絳子「居吳江垂虹亭」，謁蘇州之「靈巖支硎等山」及薛素素「訪絳子與吳門」等事，又可與牧齋永遇樂詞，舟中贈惠香及玩玩月詩等相印證。然則絳子與河東君之關係，乃勾欄中姊妹行輩之名分，非眞同産。此其可信者也。至絳子與薛素素相約不嫁男子一端，則大謬特謬。請徵舊記，以明其妄。

繆荃孫雲自在堪筆記書畫門「薛素素小影」條載胡孝轅（震亨）讀書日録云：

薛素素南都院妓，姿性澹雅。工書，善畫蘭，時復挾彈走馬，翩翩男兒俊態。後從金壇于褒甫玉嘉有約矣，而未果。吾郡沈虎臣德符竟納爲妾。合歡之夕，郡中沈少司馬純甫，李孝兼伯遠偕諸名士送之。姚叔祥（士粦）有詩云：「管領烟花只此身，尊前驚送得交新。生憎一老少當意，匆謝千金便許人。含泪且成名媛別，離腸不管沈郎嗔。相看自笑同秋葉，妒殺儂家并蔕春。」褒甫恨薛之爽約及沈之攘愛也，寄贈薛三律云：錦水飛來第二身，蕙心更擅藝如神。相憐南國應無輩，不悟東家別有鄰。紈扇寫留騎鳳女，實符賣向馭龍人。碧山烟外含愁思，猶似蛾眉隔座顰。涼壁哀蛬吊蕙帷，計狂祝夢又多違。錦書織恨盈千軸，鈿帶縈愁減一圍。弱水藥來娥月皎，明河槎去客星微。越人不肯歸西子，花泣吳宮掩夕扉。銅標志里候靈芸，中道香車改轍聞。魂逐飛蓬辭夜幕，泪隨落葉點秋裙。尾生作鬼難仇水，巫女爲神易變雲。自古情多歡便少，雙栖何必笑離群。

列朝詩集閏肆「薛素素小傳」略云：

素素少游燕中，爲李征蠻所嬖。其畫像傳入蠻峒，酉陽彭宣慰深慕好之。北里名姬至於傾動蠻夷，古所稀有也。中年長齋禮佛，數嫁皆不終。晚歸吴下富家翁，爲房老以死。

明詩綜玖捌「薛素素小傳」云：

素素小字潤娘，嘉興妓。有异才。數嫁皆不終。有南游草。

又同書同卷〔静志居〕詩話略云：

予見其手寫水墨大士甚工。董尚書未第日，授書禾中，見而愛之，爲作小楷心經，兼題以跋。嘗侍沈孝廉景倩巾櫛。

寅恪案，孝轅所記素素事及姚于詩，皆可供談助，故詳録之。至竹垞所述，大抵本之牧齋。惟言董香光未第日見素素所繪觀音像而愛之，爲寫心經，兼題以跋之事，乃新增材料中最可注意者，既出自竹垞目睹，自是可信。據牧齋所言素素「數嫁皆不終，晚歸吴下富家翁，爲房老以死。」一則柴氏所言「素素背盟」一端，亦頗得實。又酉陽在四川境，則柴氏稱絳子與素素同游川中之説，或由此誤傳，亦有可能。然此諸端，皆不足深論。獨絳子與素素相約不嫁男子一點，則須略考素素絳子兩人之年齡。據嘉慶修松江府志伍肆「董其昌傳」略云：

董其昌字玄宰，華亭人。萬曆十七年進士，選庶吉士。

及同書選舉表云：

明舉人。萬曆十六年戊子科。董其昌，玄宰。

然則玄宰至早在萬曆十六年以前，即其尚未中式鄉試以前，遇見素素於嘉興。此時素素之年齡至少亦不能小於十五歲。從此年下數至崇禎十四年辛巳，即河東君適牧齋之歲，共爲五十三年，則素素年已六十八歲矣。絳子既稱河東君之妹，河東君適牧齋之時，年二十四歲，絳子之年當更較少。世間若有年近古稀之老嫗，轉與二十上下妙齡之少女，共爲盟誓，不嫁男子者，禹域之外，當今之時，何所不有，或亦可能。至於三百年前崇禎之季，自無此奇事，可以決言。故紫芳所述，其謬妄不待辨也。

柴氏所記絳子與素素同約不嫁男子之事，雖是大謬，然其他所言絳子諸端，要不無有相當之真實性。復由此真實性，演變成爲此鄙薄其姊「迷落於白髮翁」之故事，并流傳其高陽臺「寄愛姊」一詞，即徐氏閨秀詞鈔補遺所録者是也。鄙意惠香是否與絳子實爲一人，尚待考實，今難斷定。前論河東君與汪然明尺牘第伍通時，附述張宛仙之事。汪然明於順治九年壬辰，始識宛仙於嘉興，稱其名爲「香隱校書」。又宛仙和然明四絶句之二有句云，「風韵何如半野堂」，則名字地域人事三者之關係，宛仙頗有與惠香實爲一人之嫌疑。假定崇禎十三年庚辰牧齋於嘉興舟中作詩示惠香之時，而惠香年齡爲十五至十八歲者，則順治九年壬辰應爲二十七至三十歲。據此等年歲推論，固可稱爲河東君之妹。又就然明稱其在順治九年至十二年之間，匿影不出，不輕見人，及游人問津，顯貴愛慕，諸端推之，皆與其年齡情事約略適合。然則宛仙豈即惠香歟？是耶？非耶？姑備一説於此，殊未敢自信也。

又據蕘圃之言，牧齋原藏元刻本陽春白雪所鈐印章中，除「惠香閣」一章外，尚有「女史」及「惜玉憐香」兩章之問題。「女史」二字，前於論河東君尺牘時，曾引汪然明所下「閨秀」與「女史」之界説，茲不必再贅。若依汪氏之説，惠香當日至牧齋家時，其身分本是「女史」。故知此「女史」之章，非後之好事者所僞造也。至於「惜玉憐香」一章，則關於黃皆令媛介之問題。前第貳章引吳梅村詩話，鄧孝威天下名家詩觀及王漁洋池北偶談，并第叁章引湯漱玉玉臺畫史諸節中，已略涉及皆令。茲請止就皆令與牧齋及河東君之關係一點，更少詳言之。其他諸端雖饒興趣，然以本文範圍之故，終須有所限制，未可喧賓奪主也。

周勒山銘林下詞選壹壹「黃媛介」條云：

媛介久以詩文擅名。其書畫亦爲世所稱賞。作離隱歌序云：予産自清門，歸於素士。兄姊（原注：「名媛貞。」）雅好文墨，自少慕之。乃自乙酉逢亂被劫，轉徙吴閶，遷遲白下，後入金沙，閉迹牆東。（原注：「琴張居士名園。」）雖衣食取資於翰墨，而聲影未出於衡門。古有朝隱、市隱、漁隱。予殆以離索之懷，成其肥遁之志焉。將還省母，爰作長歌，題曰離隱。歸示家兄，或者無曹妹續史之才，庶幾免蔡琰居身之玷云爾。

寅恪案，媛介之「離隱歌」，今未能得見。即歌序之文，諸書雖有轉載，但多所刪改，蓋涉忌諱使然。就所見諸本，惟周氏之書，似最能存其舊觀，故依録之。序文中「後入金沙，閉迹牆東。」及原注「琴張居士名園」之「琴張居士」爲何人？初未能知。後檢楊鐘羲雪橋詩話續集壹云：

金壇張明弼字公亮，號琴張子，爲顧黄公丈人行。

乾隆修金壇縣志捌人物志文學門張明弼傳略云：

張明弼字公亮。天啓丁卯游北雍。翰林齊心孝館致之。編修黄道周尤心契。崇禎癸酉登賢書。丁丑五十四始成進士，授揭陽知縣。讁浙江按察司照磨。陞臺州推官。逾年陞户部陝西司主事。憤馬士英阮大鋮當國，不赴。年六十九卒。著螢芝集二十卷，兔角詮十卷，蕉書三十乘。

又同書壹貳雜志古迹門云：

牆東園。在縣西十二里方邊村。張明弼别業。

始知「琴張居士」即張明弼，「名園」即牆東園。歌序中最可注意者，爲「乙酉逢亂被劫，轉徙吴閶，遷遲白下，後入金沙，閉迹牆東。」及「將還省母，爰作長歌，題曰離隱。歸示家兄，或者無曹妹續史之才，庶幾免蔡琰居身之玷云爾。」等語。黄皆令於清兵攻取江浙之際，逢亂被劫，後始得脱。有關材料多所諱删，故今不能詳悉其本末。但取當時類似之記載推測之，亦可得其大略。由此引申，更於皆令當日社會身分之問題，可得一較明晰之通解也。此問題請分乙酉逢亂以前及以後兩時期言之。

明詩綜捌陸閨門「黄媛貞小傳」云：

媛貞字皆德，秀水人。先世父貴陽守副室。有卧雲齋詩集。俞右吉云：亡友黄鼎平立二妹，一字皆德，一字皆令，均有才名。皆德爲貴陽朱太守房老，深自韜晦。世徒盛傳皆令之詩畫，然皆令青綾步障，時時載筆朱門，微嫌近風塵之色，不若皆德之冰雪净聰明也。

盛楓撰嘉禾徵獻録伍拾「黄媛貞」條云：

年十五六，同邑貴陽知府朱茂時過其門，聞讀史記。詢之旁人，則貞也。力求媒妁娶爲妾。能詩詞，工書法。凡啓札皆出其手。無子，以老壽終。

同書同卷「黄媛介」條云：

媛介字皆令，亦善詩文，工書法。少許楊氏，楊貧，以鬻畚爲業，父母欲寒盟，介不可，卒歸楊。

寅恪案，嘉興黄氏雖是盛門，然皆令所出之支派，殊爲式微。觀其姊皆德，竟可聘作宰相朱國祚從孫茂時之妾一事，即可證明其家之社會地位甚低。皆令之許聘楊世功時，年齡必甚幼小。世功乃貧至「鬻畚爲業」，則皆令之家，其貧苦當亦相去不遠。故黄鼎一門，在當日宜爲士大夫所輕視。皆令固亦可作妾，與其姊相類。前於第貳章論張溥欲娶皆令事，疑其是娶爲妾，而非爲妻。皆令於離隱歌序開宗明義謂「予産自清門，歸於素士。」蓋所以辨白其社會地位，非泛泛自述之辭也。

乙酉逢亂被刦之事，今殊難詳考。然即據清高宗批歷代通鑒輯覽壹壹柒附明唐王本末，順治二年六月條云：

嘉興已歸附，而士紳屠象美等，復聚衆據城拒守。大兵還攻之，半月而破。

及有學集貳拾「贈黄皆令序」云：

南宗伯署中，閑園數畝，老梅盤拏，柰子花如雪屋。烽烟旁午，訣别倉皇。皆令擬河梁之作，河東抒雲雨之章。（寅恪案，毛詩般其靁傳云，山出雲雨。及箋云，大夫信厚之君子。爲君使，功未成。歸哉歸哉，勸以爲臣之義未得歸也。牧齋蓋用此義，謂皆令可歸家，而己則不能也。）分手前期，蹔游小别。

可知當清兵南來，南京危急時，皆令即從牧齋禮部尚書署中歸返嘉興。其後屠象美等舉兵抗清，及嘉興城爲清兵攻陷，皆令殆於此際爲清兵所劫。被劫經過，今依據過墟志感所述劉寡婦事，可以推知。此書記載雖不盡可信，然當時婦女被劫經過，尚與真相不甚相遠。其書謂劉寡婦初由常熟被劫至松江，復由松江歸旗安置江寧。其兄及婿見有得許親人領回之令條諸端，諒是當日一般情事。（詳見過墟志感下。）皆令之至蘇州，當與劉寡婦之至松江相同。其又至江寧，則亦與劉寡婦不异。若其至金壇，則當是依「許親人領回」之條例也。皆令此次經過，其「離隱歌」中必有叙述，今既不可得見。頃存「丙戌清明」一首，當是被劫之時，或距此時不遠所作。兹録於下：

倚柱空懷漆室憂，人家依舊有紅樓。思將細雨應同發，泪與飛花總不收。折柳已成新伏臘，禁烟原是古春秋。白雲親舍常凝望，一寸心當萬斛愁。（見梁乙真清代婦女文學史第壹章第貳節「秀水黄皆令」條。）

皆令既被劫復得脱，當時必有見疑於人之情事。而其兄尤引以爲耻辱。故「離隱歌序」云「歸示家兄，庶幾免蔡琰居身之玷。」即指此而發也。皆令自經此役，其社會身分頗爲可疑。今録吴梅村王漁洋李武曾商媚生諸人之詩於下，以爲例證。

吴偉業梅村家藏稿陸詩前集陸「題鴛湖閨咏」四首之一云：

石州螺黛點新妝，小拂烏絲字幾行。粉本留香泥蛺蝶，錦囊添綫綉鴛鴦。

秋風搗素描長卷，春日鳴箏製短章。江夏只今標藝苑，無雙才子埽眉娘。

徐釚本事詩拾所録王士禎「觀黄皆令吳巖子卞篆生書扇各題一詩」其黄皆令扇詩云：

歸來堂裏罷愁妝，離隱歌成泪數行。才調衹應同衛鑠，風流底許嫁文鴦。蕭蘭宫掖裁新賦，香茗飄零失舊章。今日貞元摇落客，不將巧語憶秋孃。（參池北偶談壹貳「黄媛介詩」及同書壹捌「婦人畫」等條。）

同詩壹貳所録李武曾良年「黄皆令歸吳，楊世功索詩送行。」二首云：

曾因廡下栖吳市，忽憶藏書過若耶。愁殺鴛鴦湖口月，年年相對是天涯。

盛名多恐負清閑，此去蘭陵好閉關。柳絮滿園香茗圻，侍兒添墨寫青山。

杜氏輯祁忠惠公（彪佳）遺集附商夫人（景蘭）香奩集「贈閨塾師黄媛介」七律（寅恪案，杜氏輯本附載眉生諸女諸子婦等與皆令唱酬詩頗多，兹不備引。鄧漢儀天下名家詩觀初集壹貳所選商祁諸閨秀詩，亦載此七律，自是出自梅市詩鈔。依毛奇齡西河合集陸壹册書後類「梅市唱和詩抄稿書後」，可以推知。又檢鄧氏所選眉生詩有「送别黄皆令」五古一首，今仍存於景蘭集中。但鄧氏選本無贈皆令七律。）云：

門鎖蓬蒿十載居，何期千里購雲裾。才華直接班姬後，風雅平欺左氏餘。

八體臨池争幼婦，千言作賦擬相如。今朝把臂憐同調，始信當年女校書。

寅恪案，梅村「無雙才子埽眉孃」及眉生「始信當年女校書」之句，雖皆用計有功唐詩紀事「薛濤」條所載胡曾詩（參全唐詩第拾函胡曾「贈薛濤」七絶。）云：

萬里橋邊女校書，琵琶花下閉門居。埽眉才子知多少，管領春風總不如。

未免擬人非其倫。然此病亦詞人所常有，可不深論。惟漁洋「今日貞元搖落客，不將巧語憶秋娘。」之語，則用韋縠才調集壹白居易所作「江南喜逢蕭九徹，因話長安舊游，戲贈五十韻。」中，「巧語許秋娘」之句。關於此「秋娘」，寅恪已於拙著元白詩箋證稿「琵琶引」章有所論證，茲不贅言。但「秋娘」爲貞元時長安名妓。漁洋自比香山，而以秋娘比皆令。今日觀之，頗爲可怪。夫漁洋平日作詩，其用事精確固，不及同時之顧亭林。然檢腹趁韵，何乃一至於此耶？故就此推論，則知皆令乙酉逢亂被劫之後，其社會身分必有見疑於人者，離隱歌序中「雖衣食取資於翰墨，而聲影未出於衡門。」之句，及序文末述所以作此歌主旨之「庶幾無蔡琰居身之玷」一語，乃得通解矣。

更由是推之，漁洋詩「風流底許嫁文鴦」句中之「底許」者，「何可」之意。亦當指皆令乙酉逢亂被劫之事而言。三國志魏志貳捌諸葛誕傳附載文欽子鴦事迹略云：

欽子鴦將兵在小城中，聞欽死，勒兵馳之，衆不爲用。鴦單走逾城出，自歸大將軍。

頗疑皆令乙酉逢亂，爲清軍將領所劫，其人原本降將，如李成棟之比者，漁洋因得取譬文鴦。然終難考知也。

有學集貳拾「贈黃皆令序」云：

紅袖告行，紫臺一去，過清風而留題，（寅恪案，厲鶚宋詩紀事捌柒閨媛類載：南宋末臨海王氏爲元兵所劫，過清風嶺題崖石七律一首。本末詳樊榭所引孫道易東園客談。）望江南而祖別。少陵墮曲江之泪，（寅恪案，牧齋此句或暗指皆令被清兵所劫後，轉送至金陵之事，即離隱歌序所謂「遷遲白下」，非泛用少陵「哀江頭」詩之古典也。）遺山續小娘之歌。（寅恪案，詳見元遺山詩集陸樂府「續小娘歌」十首，施國祁箋注。）世非無才女子，珠沉玉碎，踐戎馬而換牛羊，視皆令何如？

亦足反證皆令初爲清軍所劫，而後得脱者。既被劫掠，鄉里當必謡諑紛紜，不便即返，免致家人難堪。此所以離家爲隱遁之故也。

漁洋「蕭蘭宮掖裁新賦，香茗飄零失舊章。」與武曾「此去蘭陵好閉關」及「柳絮滿園香茗坼」之句，俱咏媛介本事，故辭語相同。今以材料缺乏，未能考知。但檢康熙修常州府志貳拾古迹門云：

茶舍在罨畫溪，去湖㳇一里。李栖筠守常州時，有僧獻陽羨佳茗，陸羽以爲芬香冠絕他境，可供尚方。遂置舍。

常州即古蘭陵之地，陸羽又以爲陽羡茶芬香冠絶他境，則王李詩語或與之有關耶？漁洋「蕭蘭宫掖裁新賦」句，「蕭蘭」疑用陸士衡懷土賦「甘堇荼於飴茈，締蕭艾其如蘭」語。（見漢魏百三名家集陸平原集壹。）「懷土賦」與「離隱歌」皆思歸之作，且取以譬黄楊之婚姻也。「宫掖裁新賦」當用晋書叁叁左貴嬪傳「受詔作愁思之文，因爲離思賦。」之典，殆指離隱歌，或皆令他作也。其以此故事相比者，非僅因皆令才華有似左芬，亦以晋書此傳有「姿陋無寵，以才德見禮。」之語。與梅村「鴛湖閨咏」四首之四「才比左芬年更少」句，辭意正同。蓋皆令之不與其他被劫婦女，如劉寡婦及宋蕙湘，廣陵張氏輩同其命運者（見鄧漢儀天下名家詩觀初集壹貳宋蕙湘「題衛源旅舍」七絶四首及廣陵張氏「西溝道中泪筆」七絶五首。）當由貌陋之故，吴王作詩，乃實録而非譏誚。牧齋以皆令不似明妃之「一去紫臺連朔漠」爲皆令幸，誠可信可哀矣。

武曾詩「曾因廡下栖吴市，忽憶藏書過若耶。」下句指皆令於順治十五年自杭州往游紹興，與祁彪佳夫人商景蘭并其諸女及子婦唱和事。（見西河合集陸壹册書後類「梅市倡和詩抄稿書後。」）「若耶」在紹興境，而祁氏淡生堂藏書又著稱於東南者也。上句用後漢書列傳柒叁逸民傳梁鴻傳「遂至吴，依大家臯伯通，居廡下。」之文，固不待言。但此句取譬之臯伯通廡下，乃指牧齋之絳雲樓而言。

皆令之往來虞山，居牧齋家，第貳章論梅村詩話及第叁章論玉臺畫史時已略及之。兹更稍詳述其事於下。

衆香詞樂集族里女宗類選録黄媛介詞眼兒媚「謝別柳河東夫人」云：

黄金不惜爲幽人，種種語殷勤。竹開三徑，圖存四壁，便足千春。匆匆欲去尚因循，幾處暗傷神。曾陪對鏡，也同待月，常伴彈箏。

又前調云：

剪燈絮語夢難成，分手更多情。欄前花瘦，衣中香暖，就裏言深。月兒殘了又重明，後會豈如今。半帆微雨，滿船歸況，萬種離心。

寅恪案，此兩詞皆謝別河東君之作。第壹詞上半闋「黄金不惜爲幽人」句，河東君資助皆令者必不少，此語當是實録。下半闋「曾陪對鏡，也同待月，常伴彈箏。」及第貳詞上半闋「衣中香暖，就裏言深。」諸句，更足證黄柳二人實爲閨中密膩摯友也。「曾陪對鏡」辭語新雋。第叁章謂陳眉公「贈楊姬」五言絶句，疑是爲河東君而作。倘此假設果能成立，則此黄柳同照之鏡，必不致撲碎矣。

更可注意者，爲第貳首下闋「月兒殘了又重明，後會豈如今。」之語。月殘復明，可能是媛介以月缺之時，來訪河東君，月明之後乃始別去。然頗疑皆令此語別有深意。此詞作於何年，今不易考。若作於乙酉以後，則當謂後會之時，明室復興，不似今日作詞之際，朱明之禹貢堯封僅餘海隅邊徼之殘山賸水。前引有學集叁夏五詩集「留題湖舫」第貳首「楊柳風流烟草在，杜鵑春恨夕陽知。」之句，因推論河東君復楚報韓之志。今觀皆令此詞，殆有同心者，此即所謂「就裏言深」者歟？又前引皆令「丙戌清明」詩「倚柱空懷漆室憂，人家依舊有紅樓。」及「折柳已成新伏臘，禁烟原是古春秋。」等句，可與此詞相證發。後之讀皆令詩詞者，當益悲其所抱國家民族之思，不獨個人身世之感矣。

吳詩集覽壹貳上「鴛湖閨咏」四首之三云：

> 絳雲樓閣斂空虛，女伴相依共索居。學士每傳青鳥使，蕭娘同步紫鸞車。新詞折柳還應就，舊事焚魚總不如。記向馬融譚漢史，江南淪落老尚書。

寅恪案，梅村此首乃專言黃與柳錢之關係者。靳氏注中於古典頗備，而今典如言「納柳氏在鴛湖舟中，則皆令與柳舊爲女伴矣。」則甚誤，兹姑不詳辨。惟言「索居上有相依字共字亦奇」，能解梅村微妙之意，殊爲可取。所可笑者，吳詩此首以馬融比牧齋，固與受之平生以國史自任者相合，但取皆令離隱歌序「雖無曹妹續史之材」，實以曹大家自命之意，及河東君訪半野堂初贈牧翁詩之「聲名真似漢扶風」，（見東山酬和集壹河東君詩第壹首。）亦以馬季長比錢氏者相同。綜合觀之，牧齋何幸得此兩曹大家爲女師，「伏於閣下受讀」耶？（見後漢書列傳柒肆列女傳曹世叔妻傳。）

初學集叁叁「女士黄皆令集序」略云：

皆令本儒家女。從其兄象三受書。歸於楊郎世功。歌詩畫扇流傳人間。晨夕稍給，則相與簾閣梯几，拈仄韵，徵僻事，用相娛樂而已。有集若干卷，姚叟叔祥叙而傳之。皆令又屬楊郎過虞山，傳内言，以請序於余。余嘗與河東君評近日閨秀之詩。余曰：「草衣之詩近於俠。」河東君曰：「皆令之詩近於僧」。夫俠與僧，非女子本色也。此兩言者，世所未喻也。皆令之詩曰：「或時賣歌詩，或時賣山水。猶自高其風，如昔鬻草履。」又曰：「燈明惟我影，林寒鳥稀鳴。窗中人息機，風雪初有聲。」再三諷咏，凄然詘然，如霜林之落葉，如午夜之清梵，豈非白蓮南岳之遺響乎？河東君言僧者，信矣。繇是而觀，草衣之詩，可知已矣。叔祥之序蒼稡古今淑媛，以媲皆令，累累數千言。譬之貌美人者，不論其神情風氣，而必曰如王嬙，如西施，如飛燕合德。此以修美人之圖譜，則可矣。欲以傳神寫炤，能無見笑於周昉乎？癸未九月虞山牧齋老人爲其序。

有學集貳拾「贈黄皆令序」略云：

絳雲樓新成，吾家河東邀皆令至止。硯匣筆床，清琴柔翰，挹西山之翠微，坐東山之畫障。丹鉛粉繪，篇什流傳。中吴閨闥，侈爲盛事。今年冬，余游湖上，皆令僑寓秦樓，其窮日甚。湖上之人莫或過而問焉。滄海横流，劫灰蕩埽。絳雲圖書萬軸，一夕煨燼。河東湖上詩「最是西泠寒食路，桃花得氣美人中。」皆令苦相吟賞。今日西湖追憶此語，豈非窮塵往劫。河東患難洗心，懺除月露，香燈禪版，净侶蕭然。皆令盍歸隱乎？當屬賦詩以招之。

寅恪案，皆令與河東君雖皆著籍嘉興，然其相識始於何年，今不易考。觀初學集壹柒移居詩集牧齋與姚叔祥共論近代詞人七絶十六首中，其第壹壹首云：

不服丈夫勝婦人，昭容一語是天真。（原注：「吕和叔上官昭容書樓歌云：自言才藝是天真，不服丈夫勝婦人。」）王微楊宛爲詞客，肯與鐘譚作後塵。

其第壹貳首云：

草衣家住斷橋東（原注：「王微自稱草衣道人。」），好句清如湖上風。近日西陵誇柳隱，桃花得氣美人中。（原注前已引，兹從略。）

則牧齋於崇禎十二年庚辰秋間作十六絶句，止言王楊柳三人而不及媛介。可知牧齋尚未見媛介之詩，亦不識其人。據初學集貳拾下東山詩集「燈下看内人插瓶花，戲題四絶句。」其一云：

水仙秋菊并幽姿，插向磁缾三兩枝。低亞小牕燈影畔，玉人病起薄寒時。

此四絶句後第貳題即「絳雲樓上梁，以詩代文八首。」牧齋「黄皆令集序」作於崇禎十六年癸未九月，正河東君病起之時。其「贈黃皆令序」云：「絳雲樓新成，吾家河東邀皆令至止。」則皆令之游虞山，居絳雲樓，當在崇禎十六年冬或稍後，亦恐是第壹次至牧齋家也。牧齋序皆令集，表面上不以姚士粦之文爲然，實際上暗寓皆令才高貌寢之意。東坡集玖「續麗人行」序云：

李仲謀家有周昉畫背面欠伸内人，極精。戲作此詩。

其詩結語云：

君不見孟光舉案與眉齊，何曾背面傷春啼。

此牧齋所以有「能無見笑於周昉」之語，實寓蒯通説韓信「相君之背」之意也。又牧齋屢游西湖，其贈皆令序中「今年冬，余游湖上」之「今年」，未能確定其爲何年。但必在河東君「贈黃若芷大家」詩前不甚久之時間也。（見第伍章所論。）牧齋既有「當屬（河東君）賦詩招之。」之語，則牧齋贈皆令序時，皆令當已久未至虞山矣。此後皆令又曾否至虞山，亦未能考悉也。牧齋贈序謂皆令「僑寓秦樓」，不知有所實指，抑或用典？若用典者，疑非用列仙傳蕭史弄玉故事，而用古樂府陌上桑「日出東南隅，照我秦氏樓。」即「使君自有婦，羅敷自有夫。」等句之意也。

梅村家藏稿叁壹「黃媛介詩序」略云：

黄媛介者，體自高門，夙親柔翰。逮夫親故凋亡，家門况瘁。感襄城之荀灌，痛越水之曹娥。恨碎首以無從，顧投身其奚益。蔡琰則惟稱亡父，馬倫則自道家君。隕涕何言，傷心而已。惟長楊曾經獻賦，而深柳可以讀書。（原注：「所居深柳讀書堂。」）點硯底之青螺，足添眉黛；記詩中之紅豆，便入吹簫。共傳得婦傾城，翻爲名士；却令家人竊視，笑似諸生。所携唯書卷自隨，相見乃鉛華不御。發其舊篋，爰出新篇。即其春日之詩，别仿元和之體。可爲妙製，允矣姸辭。僕也昔見濟尼，蚤聞謝蘊。今知徐淑得配秦嘉，是用覽彼篇章，加之詮次。庶幾東海重聞桃李之歌，不數西崑止載蘼蕪之賦爾。

寅恪案，梅村此序述皆令本末頗備。惟今日以材料殘缺之故，不易確知。其取譬荀灌曹娥，則疑是乙酉皆令逢亂時事。荀灌見晋書玖陸列女傳荀崧小女灌傳。借用以指皆令於乙酉歲清兵攻圍嘉興時，逢亂被劫事。曹娥見後漢書列傳柒肆列女傳孝女曹娥傳。豈皆令之父於乙酉亂時溺死耶？今難考已。「東海」用鮑明遠及其妹事。鮑氏本東海人。（見宋書伍壹宗室及南史壹叁宋宗室及諸王上，臨川烈武王道規傳附鮑照傳。）「桃李之歌」用李太白「會桃李之芳園，序天倫之樂事。」語。（寅恪案，此依全唐文叁肆玖李白叁之本。此本題爲「春夜宴從弟桃花園序」，而文中作「會桃李之芳園」。今李集諸本或題與文俱作「桃花」，或俱作「桃李」，恐非。蓋「桃花」者，乃園之本名。「桃李」者，乃太白所改字，以免「花」與「芳」

之重複，且聲律更協調耳。）希望皆令與象三兄妹復歸於好。「西崑」借用西崑詩體主要人楊億之姓，以指楊世功。「蘼蕪之賦」則用玉臺新咏壹古詩「上山采蘼蕪」之典，竟指世功爲「故夫」，頗疑黄楊夫婦實有仳離之事。梅村於「鴛湖閨咏」第肆首結語云：「往事只看予薄命，致書知己到長干。」乃用李太白「長干行」二首之一「同居長干里，兩小無嫌猜。」及「早晚下三巴，預將書報家。」之語（見全唐詩第叁函李白叁。）亦希望皆令與世功夫婦復歸於好之意。駿公詩文，辭旨敦厚，可謂善處人骨肉間矣。

綜合惠香及皆令與錢柳之關係觀之，乃知牧齋「惜玉憐香」之章，蓋有所實指，非泛用成語也。「香」乃惠香之名，固不待言。「玉」則離隱歌序中，皆令自言「庶幾無蔡琰居身之玷」。河東君題其畫扇，又稱之爲「無瑕詞史」，皆令自比於無玷之玉，於此可證。故「玉」亦皆令之名也。此「玉」此「香」皆牧齋所欲兼收并蓄，而不致與河東君有尹邢避面之事者。「惠香閣」固爲惠香所居，玉臺畫史言皆令畫扇有「東山閣」題字。然則此「東山閣」亦「惠香閣」之比也。（可參第伍章論絳雲樓上梁詩。）牧齋有志不成，其理由之關於皆令者，乃社會制度問題，不俟贅論。至於惠香，則未知其故，蓋由惠香本末無從詳考所致。第壹章拙詩云：「尚托惠香成狡獪，至今疑滯未能消。」意在於此。當世通人倘能補此遺憾，則幸甚矣。

復次，陳其年婦人集「姑蘇女子圓圓」條下冒褒注云：

吴縣葉襄贈姜垓百韻詩有云：酒壚尋卞賽，花底出陳圓。（寅恪案，葉襄字聖野，長洲人，事迹見同治修蘇州府志捌捌并明詩紀事貳貳葉襄條。聖野與牧齋之關係，可參有學集伍絳雲餘燼詩下「冬夜假我堂文宴」詩「和聖野」七律及同書壹玖「葉聖野詩序」等。又板橋雜記下軼事門「萊陽姜如須游於李十娘家」條，雖所記爲如須游南京時事，與蘇州無涉，但如斯爲人之風流好事，亦藉此可窺見一斑矣。）足見當崇禎季年陳卞俱爲姑蘇負盛名之佳麗，然雲裝不與畹芬同被中貴外戚劫去，亦可謂幸事。至玉京是否避居他地，遂得脱免，則未能知。

又梅村家藏稿叁「圓圓曲」略云：

專徵簫鼓向秦川，金牛道上車千乘。斜谷雲深起畫樓，散關月落開妝鏡。傳來消息滿江鄉，烏桕紅經十度霜。教曲妓師憐尚在，浣紗女伴憶同行。舊巢共是銜泥燕，飛上枝頭變鳳凰。長向尊前悲老大，有人夫婿擅侯王。當時祇受聲名累，貴戚名豪競延致。一斛明珠萬斛愁，關山漂泊腰肢細。錯怨狂風揚落花，無邊春色來天地。换羽移宫萬里愁，珠歌翠舞古梁州。爲君别唱吴宫曲，漢水東南日夜流。

寅恪案，梅村「聽女道士卞玉京彈琴歌」（見梅村家藏稿叁。）中有「歸來女伴洗紅妝。枉將絶技矜平康。如此纔足當侯王。」，可與此曲「浣沙女伴憶同行」及「有人夫婿擅侯王」

等句參證。又梅村「過錦樹林玉京道人墓詩」（見梅村家藏稿拾。）中有「烏桕霜來映夕曛」及「翻笑行人怨落花，從前總被春風誤。」亦可與此曲「烏桕紅經十度霜」及「錯怨狂風揚落花，無邊春色來天地。」等句參證也。童時誦此曲，以爲「浣沙女伴」乃是泛指。由今思之，恐梅村之意，偏重雲裝而言。故「十度霜」之語與「琴河感舊」詩（見梅村家藏稿陸。）及「聽卞玉京彈琴歌」二題，尤有密切關係。所以有此假設者，蓋畹芬於崇禎十五年壬午春間，由吴被劫至燕，（詳見第伍章引影梅庵憶語述辟疆於崇禎十五年壬午仲春聞得其父宗起量移之耗，由毘陵至吴門，則畹芬於十日前已被劫北去事。）歷十年爲順治八年辛卯。此時月所已由錦州移鎮漢中，又奉率師入蜀之旨。（見清史稿肆世祖本紀順治五年四月丁亥吴三桂自錦州移鎮漢中條及同書伍順治八年九月壬午命吴三桂征四川條。并清史列傳捌拾逆臣傳吴三桂傳等。）此曲「專徵簫鼓向秦川，金牛道上車千乘。」謂月所由秦入川之事。梅村得聞月所入蜀新命，約在順治八年初冬，即「傳來消息滿江鄉，烏桕紅經十度霜。」矣。至「斜谷雲深起畫樓，散關月落開妝鏡。」并「珠歌翠舞古梁州」及「漢水東南日夜流」等句，則叙寫漢中地域之辭語也。

抑更有可申論者，三國志蜀志伍諸葛亮傳云：「將軍身率益州之衆，出於秦川。」文選叁拾謝靈運擬魏太子鄴中集詩「王粲」詩序云：「家本秦川貴公子孫。」（寅恪案，仲宣乃山陽高平人太尉王龔之曾孫，司空王暢之孫，世爲豪族，所謂「貴公子孫」也。見後漢書列傳肆陸王龔傳。）武鄉康樂所言之地域範圍，俱不包括四川，此乃漢魏六朝「秦川」二字之界説。梅村借用「秦川」之成語，兼賅陝西四川而言，實非舊日之本義也。

又説郛肆「三夢記」之二（參孟棨本事詩徵异門及唐詩紀事叁柒「元稹」條。）云：

元和四年河南元微之爲監察御史，奉使劍外。去逾旬，予與仲兄樂天隴西李杓直同游曲江，詣慈恩佛舍，徧歷僧院，淹留移時，日已晚，同詣杓直修行里第，命酒對酬甚歡暢。兄停杯久之，曰，微之當達梁矣。（寅恪案，本事詩及唐詩紀事述此事，非知退原文，「梁」作「褒城」或「褒」。檢新唐書肆拾地理志山南西道云：「興元府漢中郡，赤，本梁州漢川郡。開元十三年以梁涼聲近，更名褒州。二十年復曰梁州。天寶元年更郡名。興元元年爲府。」故「梁」「褒」可互稱。微之賦詩在元和四年，遂有「古梁州」之句也。）命題一篇於屋壁。其詞曰：「春來無計破春愁，醉折花枝當酒籌。忽憶故人天際去，計程今日到梁州。」實二十一日也。十許日會梁州使適至，獲微之書一函，後寄紀夢詩一篇，其詞云：「夢君兄弟曲江頭，也入慈恩院裏游。屬吏唤人排馬去，覺來身在古梁州。」（寅恪案，元氏長慶集壹柒「梁州夢」詩「兄弟」作「同繞」，「也入」作「也向」，「院裏」作「院」，「屬吏唤人排馬去」作「亭吏呼人排去馬」，「覺來」作「忽驚」，大抵較佳。蓋微之夢中同游者，尚有李杓直建，非止白氏兄弟。知退此記中有「遍歷僧院」，微之詩題原注有「慈恩諸院」，與「院院」語合。「亭吏」指漢川驛亭之吏而言，若作「屬吏」則太泛。「去馬」謂由漢川驛向次驛馳去之馬。「忽驚」更能寫出夢中驚醒之情況，若作「覺來」殊爲平淡，恐非元才子所宜出也。）日月與游寺題詩日月率同。蓋所謂此有所爲，而彼夢之者矣。

復檢元氏長慶集壹柒「使東川」詩二十二首，其第伍首「梁州夢」（自注：「是夜宿漢川驛，夢與杓直樂天同游曲江，兼入慈恩寺諸院，倏然而寤，而遞乘及階，郵吏已傳呼報曉矣。」）云：

（詩見上引。）

其第拾首「漢江上笛」（自注：「二月十五日夜，於西縣白馬驛南樓聞笛悵然，憶得小年曾與從兄長楚寫漢江聞笛賦，因而有愴耳。」）云：

小年爲寫游梁賦，最說漢江聞笛愁。今夜聽時在何處，月明西縣驛南樓。

據上引白記及元詩，可知樂天詩之「梁州」，微之詩之「古梁州」，皆指明清兩代漢中之地而言，實梅村「圓圓曲」中「珠歌翠舞古梁州」句之出處也。「圓圓曲」世人所習誦，但此詩作成之年月，尚存疑問，而辭句典故，亦間有前賢所未及詳者，故不避瑣贅之譏，特附論之於此。

由是言之，「圓圓曲」之作成，應在順治八年辛卯初冬，即與「聽卞玉京彈琴歌」爲同一年之作品，亦與順治七年庚寅秋間作「琴河感舊」詩之時間，相距不甚遠。至顧師軾梅村先生年譜繫「圓圓曲」於順治元年甲申，恐不過以陳吴二人，其家國興亡，悲歡離合，前後變易之關鍵在順治元年，未必實有梅村作此詩於順治元年之確據。又同書繫「琴河感舊」詩及「聽卞玉京彈琴歌」於順治七年庚寅。「琴河感舊」詩，固作於庚寅，但梅村詩話謂雲裝於順治八年辛卯春過訪，共載横塘。「聽卞玉京彈琴歌」云：「此地由來盛歌舞，子弟三班十番鼓。月明弦索更無聲，山塘寂寞遭兵苦。」實指其事。所謂「此地」即蘇州，可爲此歌作於順治八年辛卯春間之旁證。蓋吴卞兩人舊地重游，不勝今昔之感。回溯十年之前，即崇禎十五年壬午，畹芬正於此時被劫北行。梅村因玉京淪落，念畹芬之遭遇，遂賦詩及之耳。若如是解釋，則「圓圓曲」中「十度霜」及「女伴」等句，皆有著落。然則駿公於一年中甚近之時間，賦此兩詩，以陳卞兩人前後同异情事爲言，而家國身世之悲恨，更深更切。倘讀吴集者，取此兩詩參互并觀，其瞭解當必較一般泛覽，所得尤多。惜知此者鮮矣。

又程穆衡原箋，楊學沆補注吴梅村先生編年詩集，列「圓圓曲」於順治十六年己亥。附按語云：

其時三桂有女嫁王永寧，方居蘇州拙政園。故云别唱吴宫曲也。

鄙意「圓圓曲」若作於順治十六年己亥，則與「傳來消息滿江鄉，烏桕紅經十度霜。」之句時間不合。據清史列傳捌拾逆臣傳吴三桂傳，順治十六年三桂在雲南，與曲中「秦川」「金牛道」「斜谷」「散關」「古梁州」及「漢水」等語指漢中者，地域不合。程楊之言，乃由後世附會禹貢「華陽黑水惟梁州」，漢書地理志「益州郡滇池有黑水祠」（見通典壹柒伍州郡曲伍「古梁州」條。）及雲南爲元代梁王封地，（見明史壹貳肆梁王把匝瓦爾密傳及靳榮藩吴詩集覽壹伍上「滇池鐃吹」四律之解釋。）并誤解駿公圓圓曲辭意所致。寅恪昔年旅居昆明，偶過某戲院，見懸有「珠歌翠舞古梁州」七字横額，亦襲用吴詩之成句，而失其本旨者之一例。可見此類誤解，極爲廣遍，真有糾不勝糾之感矣。

復次，靳介人吴詩集覽肆下釋此歌「十年同伴兩三人，沙董朱顔盡黄土。」一句之「沙」爲沙才，固不誤，但未盡。據板橋雜記中麗品門「沙才」條略云：

沙才美而艷，善吹簫度曲。後携其妹曰嫩者，游吴郡，卜居半塘，一時名噪。才以瘡發，剜其半面。嫩歸吒利，鬱鬱死。

及衆香詞數集花叢「沙宛在」條，選宛在詞江城子「哭姊」一闋，并附録曹溶滿庭芳「高澹游招同人集紀勝堂贈嫩兒」詞，（寅恪案，高澹游名簡，號一雲山人，吴縣人。事迹可參同治修蘇州府志壹佰拾本傳及秦祖永桐陰論畫上「高簡」條。）其下半闋云：

羞隨輕浪滚，蓮花步暖，軟盡無痕。怪當年咤利，假借堪嗔。今日誰能拘管，算恒河，自有仙真。情何限，千堆白雪，占穩鳳樓春。

然則梅村賦詩時，沙才已死，但未詳何時，而嫩兒亦有被刦之。其何時被刦，則未能考知。或謂秋岳詞中「假借」之語，頗堪玩味，豈嫩兒乃後論牧齋「壬午獻歲書懷」二首之二所引冒辟疆影梅庵憶語壹崇禎十四年秋被刦之贋鼎畹芬歟？（寅恪偶檢小説月報第陸卷第壹壹號况周頤「陳圓圓事迹」引劉健「庭聞録」云：「吴妓陳沅顧壽，并名噪一時。田宏遇以重價市壽，而沅名更高，不易得。會其婿以細故得罪，欲求好，無以通媚，百計購沅以獻。宏遇善之如初。」然則辟疆所謂「贋鼎」，或亦有指顧壽之可能耶？俟考。）據秦逸芬「桐陰論畫」所推澹游之生年及清史列傳柒捌貳臣傳曹溶傳論之，則秋岳此詞之作，若在順治三年至十年之間，或説方可成立。又板橋雜記「嫩歸咤利，鬱鬱死。」之語，頗與秋岳詞衝突。鄙意澹心得諸傳聞，似不如秋岳親見之可信也。今姑記於此，俟後更考。

至「沙董」之「董」，靳氏據板橋雜記中麗品門，釋爲董年。寅恪檢余書此條，引張紫淀文峙「悼小宛」五律略云：

美人在南國，余見兩雙成。寂寂皆黄土，香風付管城。

故疑白死時，年已先死，靳説可通。唯冒辟疆聲言小宛死於順治八年辛卯正月二日（見第伍章論牧齋「病榻消寒雜咏」四十六首之三十七「和老杜生長明妃一首」中，「吴殿金釵葬幾迴」一句。）則梅村偕玉京於是年春間游蘇州之際，似已得知小宛被劫稱死之事。小宛姊妹亦曾居吴門，與陳卞二沙爲同時佳麗。吴詩作此聯繫，殊有可能。其所謂「兩三人」者，沙嫩未死，沙才已死。董白死時，董年先死。董白雖稱死，然實未死。陳沅則不著姓字，而意在言外。梅村下筆不苟，於此可見。

今讀此歌，别有一可注意之事，即順治七年末，八年初，清人似有點取强奪秦淮當時及舊日樂籍名姝之舉。此舉或與世祖之喜愛戲劇有關。（可參顧師軾梅村先生年譜順治九年壬辰附徐釚詞苑叢談玖紀事肆「吴祭酒作秣陵春」條及前第叁章論河東君嘉定之游節引嘉定縣志李宜之傳。）樂籍名姝中，其尚未嫁如卞賽及此歌之「碧玉班中怕點留」者。（寅恪案，樂府詩集肆伍李暇「碧玉歌」云：「碧玉上宫妓。」故吴詩此句目未脱秦淮樂籍者。）已適人如董白及此歌所謂「樂營門外盧家泣」者。（寅恪檢玉臺新咏玖「歌詞」二首之二云：「十五嫁爲盧家婦。」故吴氏此句目已脱秦淮樂籍適人者。）前述汪然明於順治九年壬辰始識張宛仙於嘉興，而宛仙已匿影不出，不輕見人。恐亦與玉京入道避禍之事，同一原因。更細繹「聽女道士卞玉京彈琴歌」結語云：

坐客聞言起嘆嗟，江山蕭瑟隱悲笳。莫將蔡女邊頭曲，落盡吴王苑裏花。

則用蔡文姬胡笳十八拍之典，以匈奴比建州。梅村遣辭必非泛指，特拈出此重公案，願與世之讀吴詩者，共參究之也。

或謂惠香有爲卞玉京之可能。檢梅村家藏稿拾「過錦樹林玉京道人墓」詩傳云：

玉京道人莫詳所自出。或曰秦淮人，姓卞氏。知書工小楷，能畫蘭，能琴。年十八，僑虎丘之山塘。所居湘簾棐几，嚴净無纖塵。雙眸泓然，日與佳墨良紙相映徹。見客，初亦不甚酬對。少焉，諧謔間作，一坐傾靡。與之久者，時見有怨恨色。問之，輒亂以它語。其警慧，雖文士莫及也。與鹿樵生一見，遂欲以身許。酒酣，拊几而顧曰：亦有意乎？生固爲若弗解者。長嘆凝睇，後亦竟弗復言。尋遇亂别去，歸秦淮者五六年矣。久之，有聞其復東下者，主於海虞一故人。生偶過焉，尚書某公者，張具請爲生必致之。衆客皆停杯不御。已報曰：至矣。有頃，迴車入内宅，屢呼之，終不肯出。生悒怏自失，殆不能爲情。歸賦四詩以告絶。已而嘆曰：吾自負之，可奈何！逾數月，玉京忽至。有婢曰柔柔者，隨之。嘗著黄衣，作道人裝。呼柔柔取所携琴來，爲生鼓一再行，泫然曰：吾在秦淮，見中山故第，有女絶世，名在南内選擇中。未入宫，而亂作，軍府以一鞭驅之去。吾儕淪落分也，又復誰怨乎？坐客皆爲出涕。柔柔莊且慧。道人畫蘭，好作風枝婀娜，一落筆盡十餘紙。柔柔侍承硯席間，如弟子然，終日未嘗少休。客或導之以言，弗應。與之酒，弗肯飲。逾兩年，渡浙江，歸於東中一諸侯。不得意。進柔柔奉之，乞身下髮，依良醫保御氏於吴中。（參梅村家藏稿伍拾「保御鄭「欽諭」三山墓表」及牧齋外集拾「内殿保御三山鄭君七十壽序」。）保御者，年七十餘，侯之宗人。築别宫，資給之良厚。侯死，柔柔生一子，而嫁。所嫁家遇禍，莫知所終。道人持課誦戒律甚嚴。生於保御中表也，得以方外禮見。道人用三年力，刺舌血爲保御書法華經。既成，自爲文序之。緇素咸捧手赞嘆。凡十餘年，而卒。墓在惠山祇陀庵錦树林之原，後有過者，爲詩吊之。

同書伍捌詩話云：

女道士卞玉京字雲裝，白門人也。善畫蘭，能書，好作小詩，曾題扇送余兄志衍入蜀一絶云：「剪燭巴山别思遥，送君蘭楫渡江皋。願將一幅瀟湘種，寄與春風問薛濤。」後往南中七年，不得消息。忽過尚湖，寓一友家不出。余在牧齋宗伯座，談及故人。牧齋云：力能致之。即呼輿往迎。續報至矣。已而登樓，托以妝點始見。久之，云痁疾驟發，請以异日訪余山莊。余詩云：「緣知薄倖逢應恨，恰便多情唤却羞。」（見梅村家藏稿陸「琴河感舊四首」并序。）此當日情景實語也。又過三月，爲辛卯初春，乃得扁舟見訪，共載横塘，始將前四詩書以贈之，而牧齋讀余詩有感，亦成四律。（見有學集肆絳雲餘燼詩上「讀梅村宫詹艷詩有感書後四首。」）其序曰：「余觀楊孟載論李義山無題詩，以謂音調清婉，雖極其穠麗，皆托於臣不忘君之意，因以深悟風人之指。若韓致光遭唐末造，流離閩越，縱浪香奩。蓋亦起興比物，申寫托寄，非猶夫小夫浪子，沈湎流連之云也。頃讀梅村艷體詩，聲律研秀，風懷惻愴，於歌禾賦麥之時，爲題柳看桃之作。彷徨吟賞，竊有義山致光之遺感焉。雨牕無俚，援筆屬和。秋蛩寒蟬，吟噪啁哳，豈堪與間關上下之音，希風説響乎？河上之歌，聽者將同病相憐，抑或以同床各夢，而輾爾一笑也。」詩絶佳，以其談故朝事，與玉京不甚切，故不録。末簡又云：「小序引楊眉庵論義山臣不忘君語，使騷人詞客見之，不免有兔園學究之誚，然他日黄閣易名，都堂集議，有彈駁文正二字，出余此言爲證明，可以杜後生三尺之喙，亦省得梅老自下注脚。」其言如此。玉京明慧絶倫，書法逼真黄庭，琴亦妙得指法。余有「聽女道士彈琴歌」（見梅村家藏稿三并參曹溶静惕堂詩集肆貳「題女冠卞玉京墓册」題下注云：「卞與婁東學士有舊。」之語。）及西江月醉春風填詞。（見梅村家藏稿貳壹西江月四首之四「春思」及醉春風二首「春思」。）皆爲玉京作，未盡如牧齋所引楊孟載語也。此老殆借余解嘲。

據此，當崇禎之季，雲裝年十八居虎丘時，與惠香往來錢柳間之情事頗合。後梅村於順治七年庚寅秋間，至常熟，牧齋欲負風流教主之職責，爲卞吴兩人重續舊好，如其前此爲董冒盡力者。玉京既至牧齋家，獨先見河東君，而終不與梅村覿面，足見其必入内宅熟商，并取決於河東君，然後出此。即此一端，則卞柳之爲密友，又可推知。其是惠香，更可爲旁證也。寅恪以爲或説似頗有理，但尚少確據，未敢斷定。兹以其有關當日名姝國士情誼之一種公式，并與後論河東君入道事相涉，因附録之，以供參考。

又檢吾炙集「楚江杜紹凱蒼略」條，選些山詩「奉和牧齋先生贈舊校書」二首。今杜濬變雅堂文集附蒼略詩，未載此題，故録之於下。

詩云：

朱樓十里起雙扉，物换星移似鶴歸。怪底新人都婉嫿，老來能著水田衣。

北里閑提舊話長，句闌處處説焚香。於今瓦礫風榛地，祇斷横刀蕩子腸。

蒼略所和者，爲有學集詩注長干塔光集「秦淮水亭逢舊書賦十二首」之第叁第肆兩首。（涵芬樓本題下有「女道士浄華」等字。）兹發現一問題，即此舊校書女道士浄華，果爲何人是也。請全録牧齋原詩，然後略論之。

牧齋詩云：

不裹宫妝不女冠，相逢只作道人看。水亭十月秦淮上，作意西風打面寒。

妝閣書樓失絳雲，香燈綉佛對斜曛。臨風一語憑相寄，紅豆花前每憶君。

旗亭宫柳鎖朱扉，官燭膏殘別我歸。今日逢君重記取，横波光在舊羅衣。目笑參差眉語長，無風蘭澤自然香。分明十四年來夢，是夢如何不斷腸。棋罷歌闌抱影眠，冰床雪被黯相憐。（涵芬樓本「黯相憐」作「舊因緣」。）如今老去翻惆悵，重對殘釭憶昔年。（涵芬樓本「憶昔年」作「説往年」。）瘦沈風狂不奈何，（涵芬樓本「不」作「可」。）情癡只較一身多。荒墳那有相思樹，半死枯松絆女蘿。

鎖褌弓鞋總罷休，燭灰蠶死恨悠悠。思量擁髻悲啼夜，若個情人不轉頭。金字經殘香母微，啄鈴紅嘴語依稀。新裁道服蓮花樣，也似雕籠舊雪衣。貝葉光明佛火青，貫花心口不曾停。儂家生小能持誦，鸚鵡親過般若經。（涵芬樓本「過」作「歌」。）高上青天低下泉，鄰家女伴似秋千。金剛卷半千聲佛，（涵芬樓本「卷半」作「半卷」。）消得西堂一穗烟。

水沈烟寂妙香清，玉骨冰心水觀成。彈指五千經藏轉，青蓮花向舌根生。投老心期結静瓶，自消箋注講金經。諸天圍繞君應看，共向針鋒列座聽。

然則此舊校書女道士净華，殊有爲卞玉京之可能。上引吴梅村「過錦樹林玉京道人墓」

詩傳，若取與牧齋此題相參校，則第貳首言浄華曾至絳雲樓，并與河東君交好，第陸首與梅村所謂「渡浙江歸於東中一諸侯，不得意，進〔其婢〕柔柔奉之，乞身下髮，依良醫〔鄭〕保御氏於吴中。保御者，年七十餘，侯之宗人。築别宫，資給之良厚。侯死，柔柔生一子，而嫁。所嫁家遇禍，莫知所終。」有關。此首前二句謂世人爲浄華風狂，如梅村及己身者甚多。「荒墳」指東中諸侯。「半死枯松」指保御。「女蘿」指浄華也。假定所推測者不誤，則此浄華乃牧齋心中之惠香也。惠香公案殊難參決，今復附記於此，以資談助云爾。

至牧齋借吴詩解嘲，梅村已自言之，讀者亦可從錢吴兩人詩之异同得知，無煩贅論。他若受之論韓致光香奩詩之語，與事實不合，寅恪已於拙著唐代政治史述論稿中篇言及之矣。

又鄒翰飛弢三借廬筆談壹貳「河東君」條（此條前已略引）云：

> 往見書賈持河東君詩稿一册，乃惠山韵香尼手録本。字既秀美，（寅恪案，韵香書畫可參有正書局影印中國名畫第壹伍集名閨寶繪内，徐湘瀕燦畫渡海觀音，韵香所題心經，及同集韵香畫蘭竹石等。）詩亦淡雅。上名士題咏甚多。若〔錢〕竹汀〔大昕、王〕蘭泉〔昶〕、見亭〔麟慶〕等，均爲製句。倉猝中不及購，爲有力者取去。僅記其「夜起」二句云：「初月不明庭户暗，流雲重疊吐殘星。」

見亭麟慶凝香室鴻雪因緣圖記第壹集「午門釋褐」篇略云：

嘉慶己巳，麟慶年十九歲，四月初八日會試揭曉，中式第二十七名貢士。翌辰詣午門謝恩。同榜二百四十一人，惟余最少。越日覆試二等，殿試三甲九十三名，賜同進士出身。五月初八日引見，奉旨以內閣中書用，釋褐登朝，自此始矣。

同集「瓜洲泊月」篇略云：

余受職後，即赴內閣，分典籍廳行走。尋奉嚴慈手諭，已聘定瓜爾佳夫人。時外舅餘甫公（自注：「名慶康。滿洲侍衛，時官游擊，後晉副將。」）宦游寧波，不克送女，命即乞假往娶，當於八月初十日具呈，董蔗林太傅（自注：「諱誥。浙江傳臚，卒謚文恭。」）笑而判以十五。曰：薇垣歸娶，風雅事也，標以佳節，正賀子人月雙圓耳。余揖謝，遂於十六日出都，隨潔士舅氏（寅恪案，「潔士」即惲秉怡。）於九月十一日行次瓜步，渡揚子江，適遇風暴，船顛簸巨浪中，幾覆者屢矣。不得已駛至郭璞墓泊焉。（復）駛至鯰魚套口，日落風定，秋月揚輝，兩岸帆檣，燈火歷歷如繪，而倒影涵虛，重規映朗，恍置身玉壺世界。隨趁月行至常州，送舅氏歸第。小住三日，偕子尚外兄（寅恪案，「子尚」即惲受章。）賞東帆同年（自注：「名湘。武進舉人。」）錢園看菊。登舟後，適遇王竹嶼先生（自注「名鳳生。江蘇諸生，時官通判，後晉鹽運使。」）聯舫南下，艤慧山，招同訪女道士韻香（自注：「姓王，名岳蓮。」）於雙修庵。韻香姿僅中人，而腹有詩書，別具出塵之致，惟名心未退，詢知余十九登進士，意甚欣然。面寫墨蘭以贈，尋留饌。自言近在卞京（自注：「明末女冠。」）墓側種梅百本。涅槃後，將葬其旁。月上回舟，秋氣清澄，雖不如瓜洲之空曠，而月明林下，别饒風趣。

寅恪案，韵香本末亦見周氏書玖「空山聽雨圖」條。此條所言，中有甚大之舛誤，姑不置辨，藉省枝蔓。韵香爲嘉慶時人，距明末清初，時代已遠，但以其與河東君詩句及惠山入道名姝卞玉京即惠香有關，因附録翰飛見亭所記於論述玉京事之後，以供補輯河東君集者之采擇。

第貳期

牧齋未見河東君之前，經過朱子暇汪然明姚叔祥及惠香諸人先後之介紹，機緣成熟，於是崇禎十三年庚辰十有一月，杜蘭香蕚緑華之河東君遂翩然來降於張碩羊權之牧齋家矣。今讀東山酬和集，其驚才絶艷，匪獨前此類似之作品，如干令升曹輔佐陶通明及施肩吾諸人所結集者不能企及，即茫茫禹迹，後有千秋，亦未必能重睹者也。兹取東山酬和集與牧齋初學集及錢尊王此集詩箋注，并列朝詩集所選程孟陽沈景倩詩等參校。以遵王不注河東君之作，故本文主旨在專釋證河東君之詩。至牧齋之作，則非與解釋河東君之作品及其情事有特别關係者，多從删略。其餘牧齋之詩通常典故，以遵王之注徵引頗備，故亦不贅述焉。

東山酬和集首載沈璜序及孫永祚東山酬和賦。沈璜本末見列朝詩集丁壹叁下小傳。同治修蘇州府志捌柒沈璜傳，即取材於列朝詩集，無所增補。孫永祚本末見同治修蘇州府志壹佰及光緒修常昭合志稿叁拾本傳。沈序末題「崇禎十五年二月望日」。孫賦末題「歲在壬午孟陬之月」。似此集諸詩，有刻成於崇禎十五年二月之可能。但檢牧齋初學集貳拾東山詩集叁（原注：「起辛巳六月盡十五年壬午。」）載「仲春十日自和合歡詩四首」。此四首詩東山酬和集并未收入。據沈氏序云：「壬午元夕，通訊虞山，酬和之詩，已成集矣。」可知此集諸詩在崇禎十五年元夕以前，實已編定。牧齋自和之合歡詩，既在崇禎十五年元夕以後，自無從收入此集。孫賦題作壬午孟陬之月，則其作成之時間，當與酬和諸詩編定之月日，相距不甚久。因孫氏爲常熟人，與牧齋同居一地，往來近便故也。

牧齋尺牘貳與孫子長第貳通云：

葺城詩和章盈帙，不必更煩仁兄。求作一小賦，冠於集端。以賦爲序，少變緣情之法，亦詞林一美談也。改詩乞即付下，但略更字面可耳。

寅恪案，牧齋此札不載年月，當是崇禎十五年正月所作。於此可見孫氏作賦時，酬和諸詩皆已編定矣。至「改詩」云云，不知所指之詩是否與酬和詩有關，詞語簡略，未敢斷定也。

又列朝詩集丁壹陸所選沈德符詩中有「錢受之學士新納河東君作志喜詩四律索和本韵」，

即和牧齋合歡詩者，亦未收入。當是沈詩寄與牧齋，時日過晚，已不及收入矣。所可注意者，「催妝詞」及「合歡詩」，不載河東君及程孟陽之和作。此俱不可以時日較晚，居處較遠之故，未能編入爲解説。豈河東君以關涉己身，殊難著筆。既不能與牧齋及諸詞人競勝，遂避而不作耶？若孟陽者，其平生關於牧齋重要之詩，幾無不有和章，獨於此二題闕而不賦，其故當由維生素丙之作用。關於此點，前於論河東君嘉定之游節中已言及之矣。

今觀沈序孫賦，古典今事，參錯并用，頗爲切當。讀者取此集中錢柳諸詩，以證其本事，則知兩文之經牧齋賞定，殊非偶然也。沈孫之文，今雖不暇詳釋。但沈序中「隃麋史筆，長傍娥眉。桴鼓軍容，尚資纖手。」及孫賦中「掌記紓憂於行役，援桴賈壯於從軍。」諸句，則請略言之。「隃麋史筆，長傍娥眉。」可以不論。「掌記紓憂於行役」，則用唐詩紀事伍捌「韋蟾」條，亦可不多述。「桴鼓軍容，尚資纖手」及「援桴賈壯於從軍」，則俱用梁紅玉事。推原沈孫二人所以同此取譬者，蓋兩氏下筆之時，皆在崇禎十五年正月以後，當已見及牧齋崇禎十四年「秋夕燕譽堂話舊事有感」七律，其結句云：「洞房清夜秋燈裏，共簡莊周説劍篇。」及同年十一月牧齋與河東君偕游鎮江，所作之「冬至後，京江舟中感懷。」詩（俱見初學集貳拾東山集。）此題共八首，其第柒首云：

舵樓尊酒指吴關，畫角聲飄江北還。月下旌旗看鐵甕，風前桴鼓憶金山。餘香墮粉英雄氣，剩水殘雲俯仰間。他日靈巖訪碑版，麒麟高冢共躋扳。

寅恪案，宋韓世忠墓在蘇州靈巖山（見錢遵王初學集詩箋注此詩條，同治修蘇州府志肆玖冢墓壹吴縣條及金石萃編壹伍拾韓蘄王碑文并跋語。）詩之結語指此。牧齋既以梁紅玉比河東君，則璧甫子長用通知兵事，親執桴鼓之楊國夫人典故，（見初學集肆肆韓蘄王墓碑記。下文當更詳論。）亦非無所依據也。

沈序孫賦俱是佳文，而孫賦尤妙。寅恪深賞其「芳心自許，密訊方成。猶有留連徙倚，偃蹇猶夷。乍離乍合，若信若疑。」等句，最能得當日河東君之情況。子長殆從洛神賦摹寫美人形態「神光離合，乍陰乍陽。」之語，而改爲摹寫美人心理「乍離乍合，若信若疑。」之辭。白香山「花非花」曲（見白氏文集壹貳。）云：

花非花，霧非霧。夜半來，天明去。來如春夢幾多時，去似朝雲無覓處。

程孟陽賦「朝雲」詩八首，以摹寫河東君，除因當時河東君以「朝」爲名外，實亦取義於香山此詩。非僅用巫山神女及東坡侍妾之名。松圓與河東君甚有關涉，固不待言。雪屋執贄牧齋之門，又家居常熟，自必有所耳聞目見，故能描繪入微，曲盡其妙。真能傳神寫照，不致見笑於周昉，如前引牧齋「黃媛介詩序」中之所言者也。

綜合東山酬和集所收之詩，共計七十七題，九十七首，皆是經牧齋所欣賞而裁定者。牧齋平日最喜評詩論文，列朝詩集及吾炙集即其例證。然此兩集俱選於憂患窮愁之中，非若東山酬和集爲半野翁快心得意之際，所編定者可比。蓋自天啓元年牧齋任浙江主考，衡文取士，鏤刻「浙江鄉試程録」以來，（見初學集玖拾。）逾二十餘年，無此賞心悦目之事久矣。且此集有杜少陵「兩個黄鸝鳴翠柳」之樂，而無錢千秋「一朝平步上青天」之懼，（見閣訟記略。）文采風流，傳播朝野。牧齋於此，豈不足以自豪哉！

茲於箋證東山酬和集中錢柳諸詩及略評其他和作之前，先取世傳河東君詩文有倩人代作之事及黄陶庵不肯和柳錢之詩兩問題，稍論述之於下。

關於第壹事，據王澐輞川詩鈔肆「虞山柳枝詞」第叁首云：

鄂君綉被狎同舟，并蒂芙蓉露未收。莫怪新詩刻燭敏，捉刀人已在床頭。（原注：「吾郡有輕薄子錢岱勳，從姬爲狎客，若僕隸，名之曰偕。姬與客賦詩，思或不繼，輒從舟尾倩作，客不知也。歸虞山後，偕亦從焉。吾友宋轅文有破錢詞。」）

范鍇華笑庼雜筆壹顧苓河東君傳後附古梅華源木乂庵白牛道者題云：

柳氏幼隸樂籍，僑居我郡。與錢生青雨稱狎邪莫逆交。柳故有小才，其詩若書，皆錢所教也。已而歸虞山，錢生爲之介。

寅恪案，王氏所言之錢岱勳，當與白牛道者所言之錢青雨，同是一人。不過勝時稱其名，而道者舉其號耳。宋轅文之破錢詞，今未得見。故此人本末，無從考知。寅恪前論河東君與李存我及陳卧子之交好，已言及河東君之書法詩詞皆受其影響。蓋河東君當日之與諸文士往還，不僅狹暱之私，亦得觀摩之效。杜少陵「戲爲六絶句」之六所謂「轉益多師」者，（見玉勾草堂本杜工部集壹貳。）殆即此義歟？錢氏子或曾爲河東君服役，亦未可知。但竟謂河東君之詩文，乃其所代作，似卧子牧齋亦皆不察其事，則殊不近情理。推求此類誣謗之所由，蓋當日社會，女子才學遠遜男子，忽睹河東君之拔萃出群，遂疑其作品皆倩人代替也。何况河東君又有仇人怨家，如宋王之流，造作蜚語，以隱密難辨之事，爲中傷之計者乎？至若其詞旨之輕薄，伎倆之陰毒，深可鄙惡，更不必多論矣。

關於第貳事，據鈕琇觚賸壹吴觚上「陶庵剛正」條（參牧齋遺事「牧齋欲延師教令嗣孫愛」條及顧純恩寓嘐雜咏詩注。）云：

黄陶庵先生少有盛名，館於同里侯氏，（寅恪案，「侯氏」指峒曾岐曾兄弟。）以道義相切劘。虞山錢宗伯有一子，名孫愛，甫成童。欲延師教之，而難其人。商之程孟陽，孟陽曰：我有故人子，嘉定黄藴生，奇士也。與同里侯氏交三世矣。未可輕致。公雅與侯善，以情告侯，公可得也。宗伯乃具厚幣，遣門下客李生至嘉定延之。李先見侯，道宗伯旨。侯力爲勸駕。黄意不悦，强而後可。遂與李至宗伯家。宗伯待以殊禮。居浹月，孟陽出海棠小箋示黄。黄詢唱者爲誰？孟陽曰：宗伯如君柳夫人作也。子於帖括之暇，試點筆焉。陶庵變色曰：忝居師席，可與小君酬和乎？孟陽曰：此何傷？我亦偕諸君子和之矣。陶庵曰：先生者年碩德，與主人爲老友，固可無嫌。諸君亦非下帷於此者。若淳耀，則斷乎不可。孟陽慚退。先是，曾館某撫軍幕府，（寅恪案，「某撫軍」當指張國維。）有邑令聞先生在署，橐數百金賂先生父，令致書，俾爲之左右。先生復父書曰：父生男之身，尤望生男之心。若行一不義，取一非有，男心先死矣。尚何以養父乎？其自命剛正如此。忠孝大節，豈臨時激於意氣者，所能爲乎？

嚴元照蕙邊雜記云：

黄陶庵先生館於常熟錢氏。主人納柳如是爲嫡妻。時作催妝詩者甚衆，或勸先生作。先生曰：吾不能阻其事，於朋友之義虧矣。尚可從而附和乎？一日程孟陽携柳夫人詩箋乞先生和，先生不可。孟陽强之再三，且曰：老夫已偕諸君和之矣，庸何傷？先生正色曰：先生者年碩德，與主人爲老友，非淳耀之比。若淳耀，則斷斷不可。孟陽慚沮而罷。

朱鶴齡愚庵小集壹肆「題黄陶庵詩卷」云：

陶庵先生行誼節槩，卓絶千秋，四子經義，既爲有明三百年一人，其所作樂府，復旨遠辭高，義精嚮厲，真儒者之詩也。當甲申北變，聞金陵嗣統，謁選者麕集都下，先生獨不往。吾友包子問之，先生曰：某公素善余，今方與當國者比。余入都，必當與往來，往來必爲彼牢籠矣。君子始進必以正，豈可爲區區一官捐名義以殉之耶？卒不往。

光緒修嘉定縣志叁貳軼事門「黄忠節（淳耀）未第時，館常熟錢謙益家。程孟陽出海堂小箋示之。」條云：

「忠節」偶作鄙夫章題文，時推絶唱，謙益獨不懌。及甲申夏，福王立，謙益晋秩尚書，忠節遺以婁堅手書歸去來辭，謙益默然。

寅恪案，陶庵雖館於牧齋家，以所擅長之八股文，課其子孫愛。然福王朝，不往南京與牧齋共馬阮合流，則人品剛正高潔，可以想見。其不阿附孟陽和錢柳詩之舉，乃自然之理，恐亦非牧齋前此所能料及。兹於陶庵不肯和錢柳詩之問題，鈕嚴兩書所述，皆非無因。但俱有訛誤。兹先考陶庵館於錢氏之時間及孟陽於錢柳遇見以後，留居牧齋家之年月。然後玉樵修能二人所言之得失，可以決定也。

今陶庵集附有陳樹悳宋道南所撰陶庵先生年譜，載陶庵自崇禎十二年至十四年館於牧齋家。其所記可信。據陶庵集壹陸「和陶詩」序云：「辛巳杪冬客海虞榮木樓。」及同書貳壹「弘光改元感事書懷寄錢宗伯五十韵」云：

昔歲登龍忝，郎君麗澤專。南垞鐙火屋，北泋宴游船。奉手評豪素，開厨出簡編。文瀾增拂水，詩壘壓松圓。酒發公明氣，談鈎向秀玄。賞音存寂寞，延譽許騰騫。精舍留三載，陰符練幾篇。厭貧將嫁衛，躡蹻遂摩燕。

則自崇禎十四年辛巳杪冬，逆數至十二年己卯歲首，共歷三年，即所謂「精舍留三載」者是也。「南垞鐙火屋」者，陶庵授孫愛書時，居於常熟城内牧齋家之榮木樓，即相傳後來河東君自縊之處。陶庵集貳拾載「夏日錢牧齋先生携同泛舟尚湖」詩。牧齋初學集壹柒移居詩集亦載「〔庚辰〕五月望夜泛西湖，歸山莊作。」詩。不知是否與「北㳇宴游船」之句有關，更俟詳考。「厭貧將嫁衛，躡蹻遂摩燕。」者，陶庵於崇禎十四年辛巳歲杪，辭牧齋家館歸後，遂中十五年壬午應天鄉試，次年癸未即成進士也。初學集叁貳「黄藴生經義序」云：

兒子孫愛自家塾省余山中。奉其文三十篇以請曰，幸一評定之。余曰：吾何以定而師之文乎哉？而師之學韓子之學也。其文韓子之文也。

牧齋作此序文時，居於拂水山莊。「山中」即謂拂水山莊。「文瀾增拂水」之句，殆兼指此序而言。牧齋文中稱譽陶庵，比於退之。故此序辭旨，全取用昌黎文集也。陶庵人品學問，當時推服。牧齋聘之爲其子授書，自是得人。但牧齋友朋門生之中，人材甚盛。其所以特有取於陶庵者，蓋以藴生最善長於八股之文，延爲塾師，使教孫愛，於掇科干禄，自有關係。世人謂八股經義之文實溯源於王介甫，而荆公之文，乃學昌黎者，近代文選學派，鄙斥唐宋八大家及桐城派之古文，譏誚昌黎爲八股之始祖，所言雖過當，亦頗有理。牧齋此序殊有八股氣味，或作序之時，披閱陶庵經義，不覺爲所漸染使然耶？

四庫全書總目壹玖拾「欽定四書文」條略云：

乾隆元年内閣學士方苞奉敕編明文，凡四集，每篇皆抉其精要，評騭於後。卷首恭載諭旨，次爲苞奏摺，又次爲凡例八則，亦苞所述，以發明持擇之旨。蓋經義始於宋，宋文鑑中所載張才叔自靖人自獻於先王一篇，即當時程試之作也。元延祐中兼以經義經疑試士，明洪武初定科舉法，亦兼用經疑，後乃專用經義，其大旨以闡發理道爲宗。厥後其法日密，其體日變，其弊亦遂日生。我國家景運聿新，乃反而歸於正軌。列聖相承，又皆諄諄以士習文風，勤頒誥誡。我皇上復申明清真雅正之訓，是編所録，一一仰禀聖裁，大抵皆詞達理醇，可以傳世行遠。承學之士，於前明諸集，可以考風格之得失。於國朝之文，可以定趨嚮之指歸。聖人之教思無窮，於是乎在，非徒示以弋取科名之具也。故時文選本汗牛充棟，今悉斥不録，惟恭録是編，以爲士林之標准。

欽定四書文卷首載乾隆元年六月十六日諭略云：

有明制義諸體皆備，如王「鏊」唐「順之」歸「有光」胡「友信」金「聲」陳「際泰」章「世純」黄「淳耀」諸大家，卓然可傳。今朕欲裒集有明及本朝諸大家制義，精選數百篇，彙爲一集，頒布天下。學士方苞於四書文義法，夙嘗究心，著司選文之事，務將入選之文，發揮題義清切之處，逐一批抉，俾學者了然心目間，用爲模楷。

同書凡例云：

唐臣韓愈有言，文無難易，惟其是耳。李翺又云，創意造言，各不相師，而其歸則一，即愈所謂是也。文之清真者，惟其理之是而已，即翺所謂造言也。

紅樓夢第捌貳回云：

黛玉微微的一笑，因叫紫鵑：「把我的龍井茶給二爺沏一碗。二爺如今念書了，比不得頭裏。」紫鵑笑着答應，去拿茶葉，叫小丫頭子沏茶。寶玉接着説道：「還提什麼念書？我最厭這些道學話。最可笑的是八股文章。拿他誆功名、混飯吃也罷了，還要説代聖賢立言。好些的，不過拿些經書湊搭湊搭也罷了。更有一種可笑的，肚子裏原没有什麼，東拉西扯，弄的牛鬼蛇神，還自以爲博奥。這哪裏是闡發聖賢的道理。目下老爺口口聲聲叫我學這個，我又不敢違拗，你這會子還提念書呢！」黛玉道：「我們女孩兒家雖然不要這個，但小時跟著你們雨村先生念書，也曾看過。内中也有近情近理的，也有清微淡遠的。那時候雖不大懂，也覺得好，不可一概抹倒。況且你要取功名，這個也清貴些。」寶玉聽到這裏，覺得不甚入耳，因想黛玉從來不是這樣人，怎麼也這樣勢欲熏心起來？又不敢在他跟前駁回，只在鼻子眼裏笑了一聲。

寅恪案，清高宗列陶庵之四書文爲明代八大家之一，望溪又舉退之習之爲言，尤與牧齋之語相符合。今檢方氏所選陶庵之文多至二十篇，足證上引朱長孺「陶庵先生四子經義，爲有明三百年一人。」之語，實非過情之譽。至林黛玉謂「内中也有近情近理的，也有清微淡遠的。」即四庫總目所謂「清真雅正」及「詞達理醇」者，如陶庵等之經義，皆此類也。噫！道學先生竟能得林妹妹爲知己，可視樂善堂主人（清高宗御制樂善堂文集，初刻原有制義一卷，後來定本删去。見四庫全書總目壹柒叁別集類「御制樂善堂定本」條。）及錢朱方三老之推挹爲不足道矣。一笑！

又顧純恩寓噲雜咏「父命千金猶不顧，未須惆悵柳蘼蕪。」詩注所言「〔河東君〕爲落花詩，諸名士悉和。程孟陽諷〔陶庵〕先生爲之。」之事，則今存河東君詩中，固無「落花」詩。初學集耦耕堂存稿詩等，自崇禎十二年春至十四年冬，即陶庵館於牧齋家之時期，其所作諸詩，亦不見類似和落花詩之題目。懷祖之言，未識何據。檢顧云美河東君傳云「宗伯賦前七夕詩，要諸詞人和之。」懷祖所記，或因是致誤。若謂孟陽諷陶庵所和者，即指前七夕詩言，則孟陽己身尚不肯和牧齋此題，豈有轉諷他人和之之理？故修能所記似較近於事實也。

由此言之，鈕嚴兩氏所記，陶庵不肯和詩之事，揆之情理，當必可信。但玉樵謂藴生偕牧齋門下客李生（寅恪案，此「李生」疑是李僧筏杭生或李緇仲宜之兄弟。據有學集貳叁「張子石六十壽序」云：「余取友於嘉定，先後輩流，約略有三。初爲舉子，與徐女廉鄭閒孟掉鞅於詞科，而長蘅同舉鄉榜，鏃礪文行，以古人相期許，此一輩也。因長蘅得交婁丈子柔，唐丈叔達，程兄孟陽，師資學問，儼然典型，而孟陽遂與余耦畊結隱，衰晚因依，此又一輩也。侯氏二瞻，黄子蘊生，張子子石暨長蘅家僧筏緇仲，皆以通家末契，事余於師友之間。」蓋李氏兄弟與侯黄二氏皆嘉定人，又皆通家世好。牧齋使李氏兄弟之一，聘蘊生教其子，極爲可能也。或又謂此「門下客李生」乃毛子晋之舅氏李孟芳。檢初學集壹伍丙舍詩集上載崇禎十二年己卯元旦後立春前所作「次韵答東鄰李孟芳」詩云：「度阡越陌最情親，乞米分甘念我貧。」又牧齋尺牘載與李孟芳書共十三通。可見錢李二人關係之密切。其第壹通即托以料理先塋之事者，則知牧齋固嘗以家事托李也。耦耕堂存稿詩下載「和李孟芳山中話舊」一題，列在「（戊寅）除夕拂水山莊和錢牧齋韵二首」及「（己卯）元旦和牧齋韵」之前。此詩有「十載相憐病與貧」及「殘臘簷梅初放蕚」之句。故據時地及人三者之關係言之，玉樵所謂「李生」，恐舍孟芳莫屬矣。但鄙意後一説較迂遠，仍以從前説爲是。）至錢氏家，居浹月，孟陽出受之如君柳夫人海棠小箋屬陶庵和之，則殊不知陶庵實以崇禎十二年春間至常熟就牧齋家塾之聘，而河東君於崇禎十三年冬始過半野堂。「居浹月」之誤，自不待言。又崇禎十四年六月牧齋與河東君結褵於松江舟中，在此時以前，松圓便以「如君」稱河東君，亦未免過早矣。至於修能所記陶庵不肯和牧齋催妝詩一事，自是實録。蓋牧齋作催妝詩，在崇禎十四年辛巳夏間。此年杪冬陶庵始辭去牧齋家館，儻陶庵肯和催妝詩者，牧齋必收入於東山酬和集中矣。惟嚴氏述藴生不肯和河東君詩事，若在崇禎十三年庚辰冬季松圓在牧齋家之短時間内，則殊可能。不過修能記此事於陶庵不肯和牧齋催妝詩之後，叙述次序，稍涉牽混，未免時限不明耳。至顧懷祖謂孟陽諷陶庵和河東君落花詩一事，則更失實，前已辨之矣。

除東山酬和集中無陶庵和詩，可以證明鈕嚴之説外，兹尚有一强有力之證據，即初學集壹捌東山詩集壹載「冬至日感述示孫愛」五古一首是也。此詩既與河東君無關，自不收入東山酬和集，但一檢其排列次序，則知有待發之覆。牧齋編列其詩什，本依作成時間之先後。此可據集中所載之詩，不分體，而依時之例推知者。今此五古在初學集中列於「寒夕文宴再疊前韵，是日我聞室落成。」七律之後，（寅恪案，東山酬和集此題下多「延河東君居之」并附注「涂月二日」等字。）「迎春日偕河東君泛舟東郊作」七律之前，（寅恪案，鄭氏近世中西史日表崇禎十三年庚辰正月十三日立春，十二月廿四日又立春。十四年辛巳無立春。當日曆官定曆，絶無一年重複兩立春及一年無立春之理。鄭氏此類之誤，可參前論河東君嘉定之游節。牧齋詩中所指之迎春日，乃指崇禎十三年十二月之節氣也。）揆之牧齋編次其詩之慣例，殊爲不合。

蓋冬至爲十一月之節氣，反列於涂月二日之後故也。究其所以致此顛倒失常之由，豈因此五古一首，實非十一月冬至所作，而爲較遲之時間，或在十二月所補成，追加入集，遂未詳察其編列次序先後之不合耶？

此五古中牧齋引述禮經史事，以自解其不親祭祀，而遣孫愛代之之理由。并列舉其平生師友如楊漣孫承宗王洽馮元揚元飈兄弟之流，以忠義孝友功名氣節著稱一時者，勖勉其子，義正辭嚴，即謂之爲錢氏家訓，亦無不可。然若考牧齋崇禎庚辰冬間，河東君來訪半野堂以後之心理情況，則知此五古不過牧齋之烟幕彈，欲藉之使孫愛轉示其塾師，庶幾可稍慰其拒絕松圓之意，并聊用爲自解之工具耳。檢初學集捌壹「書西溪濟舟長老册子」略云：

庚辰之冬，余方咏唐風蟋蟀之章，修文宴之樂。絲肉交奮，履舄錯雜。嘉禾門人以某禪師開堂語録緘寄，且爲乞叙。余不復省視，趣命童子於蠟炬燒却，揚其灰於溷廁，勿令污吾詩酒場也。辛巳仲春聚沙居士書於蔣村之舟次。

及錢曾有學集詩注壹肆東澗集下「病榻消寒雜咏四十六首」中「追憶庚辰冬半野堂文宴舊事」云：

老大聊爲秉燭游，青春渾似在紅樓。買回世上千金笑，送盡生年百歲憂。（寅恪案，涵芬樓本有學集壹叁「生年」作「平生」。所附校勘記亦無校改。余詳遵王注。）留客笙歌圍酒尾，看場神鬼坐人頭。蒲團歷歷前塵事，好夢何曾逐水流。

則知牧齋此時如醉如癡，一至於此，陶庵之不以爲然，自無足怪，而牧齋編入「冬至日感述示孫愛」五古於其詩集，次序失檢，又所必致也。何物不解事之嘉禾迂儒及鈍根禪衲，同作此敗人清興之舉動。其遭燒灰投厠之厄，亦有自取之道矣。

今陶庵集貳貳有「無題」六言絶句六首，辭旨頗不易解，然必與當日陶庵所見之文士名媛有關。疑即爲牧齋河東君松圓及錢岱勳或錢青雨而作，又有謂乃指河東東君嘉定之游者，皆難決定。兹姑附録於下，存此一重可疑公案，以待後來好事者之參究。寅恪未敢效箋玉溪生「無題」詩者之所爲也。

陶庵詩云：

放庭風流卓女，細酸習氣唐寅。人間再見沽酒，市上争傳賣身。
片雲曾迷楚國，一笑又傾吴宫。花底監奴得計，鸞篦畢竟輸儂。
人言北阮放達，客誚東方滑稽。情不情間我輩，笑其笑處天機。
子美詩中伎女，岑參句裏歌兒。彼似青蠅附驥，我如斗酒聽鸝。
千春不易醉飽，百歲貴行胸懷。羡馬爲憐神駿，燒桐亦辨奇材。
鯨鏗已肆篇什，聱咳從教詆訶。百斛舟中穩坐，千尋浪裏無何。

兹依東山酬和集，并參考有關諸本，擇録柳錢及諸人詩於後，略加考釋。多詳於河東君之作，牧齋次之，其他諸人則僅選其少數最有關者，聊備一例，蓋不欲喧賓奪主也。至於牧齋之詩，别有錢曾之箋注在，故今考釋錢詩，亦止就遵王所不及者詳之耳。

東山酬和集壹河東柳是字如是（原注：「初名隱。」）「庚辰仲冬訪牧翁於半野堂，奉贈長句」云：

聲名真似漢扶風，妙理玄規更不同。一室茶香開澹黯，千行墨妙破冥濛。竺西瓶拂因緣在，江左風流物論雄。今日沾沾誠御李，東山蔥嶺莫辭從。（寅恪案，初學集壹捌此句下有注云：「集名東山，取此詩句也。」蓋後來刻初學集時加入者，所以著其名集之旨。初學集原迄於崇禎十六年癸未。但末附「甲申元日」一詩者，因詩中有「衰殘敢負蒼生望，自理東山舊管弦」之句。牧齋用以結束「集名東山」之意，首尾正復相同也。）

牧翁「柳如是過訪山堂，枉詩見贈。語特莊雅，輒次來韵奉答」云：

文君放誕想流風，臉際眉間訝許同。枉自夢刀思燕婉，還將摶土問鴻濛。（自注：「太白樂府詩云：女媧戲黄土，團作下愚人。散作六合間，濛濛若沙塵。」）雲花丈室何曾染，折柳章臺也自雄。但似王昌消息好，履箱擎了便相從。（自注：「河中之水歌云：平頭奴子擎履箱。」）

偈庵程嘉燧「半野堂喜值柳如是，用牧翁韻奉贈。」（寅恪案，耦耕堂存稿詩下此詩題作「十二月二日虞山舟次值河東君，用韻輒贈。」列朝詩集丁壹叁上此題上有「庚辰」二字。）云：

翩然水上見驚鴻（程集「水」作「江」），把燭聽詩訝許同。何意病夫焚筆後，却憐才子掃眉中。菖蒲花髮公卿夢，芍藥春懷士女風。此夕尊前相料理，故應惱徹白頭翁。

偈庵「次牧齋韻再贈」（寅恪案，程集此詩題作「次牧老韻，再贈河東君，用柳原韻。」列朝詩集「次」作「同」。）云：

居然林下有家風，誰謂千金一笑同。杯近仙源花瀲瀲，（自注：「半野堂近桃源澗，故云。」寅恪案，程集及列朝詩集自注皆作「舟泊近桃源嶺，用劉阮事。」）雲來神峽雨濛濛。（寅恪案，程集及列朝詩集「雲來神峽」俱作「神來巫峽」。）彈絲吹竹吟偏好，抉石錐沙畫更雄。（寅恪案，列朝詩集「畫」作「書」。句下有注云：「柳楷法瘦勁。」程集仍作「畫」字，但句下自注與列朝詩集同。）詩酒已無驅使分，熏鑪茗苑得相從。

寅恪案，東山酬和集此四詩之題，與諸本微有不同。蓋由編次有先後及自身所寫，他人所選之故，殊不足異。惟孟陽此次爲河東君而作之第壹詩，即「翩然水上見驚鴻」一首，初學集未載。此題列朝詩集作「庚辰十二月二日虞山舟次值河東君，用韻輒贈。」東山酬和集作

「半野堂喜值柳如是，用牧翁韵奉贈。」又孟陽爲河東君所作之「居然林下有家風」一首，東山酬和集列於「翩然水上見驚鴻」一首之後，而列朝詩集則在「感別半野堂」即「何處朱簾擁莫愁」一首之後。距爲河東君而作之第壹詩「翩然水上見驚鴻」一首，其間尚隔兩題。此首明是松圓後來所補作者。松圓自寫其詩，必依其作成時間之先後。東山酬和集則牧齋以同題同韵之故，改列編次，所以致有歧异也。據此推論，可知河東君於崇禎十三年庚辰十一月，即與汪然明尺牘第叁拾通所謂「黍谷之月」，乘舟至常熟。雖抵虞山後，即往訪半野堂。然仍留居舟次。依前引沈虬「河東君傳」所載，庚辰冬河東君始至虞山，牧齋即築我聞室，十日落成，留之度歲等語，沈氏乃親見河東君之人，其所述亦較確實。故我聞室「十日落成」之語，按諸當時情事，頗爲適合。蓋時日過速，建築恐難完成。時日過遲，牧齋又不能久待也。

復檢孟陽自序其耦耕堂集云：

丁丑受之以誣奏逮繫，予待之湖上。戊寅秋放歸，廬居丙舍，館予於東偏之花信樓，復相從者二年。庚辰春主人移居入城，予將歸新安。仲冬過半野堂，方有文酒之燕，留連惜別，欣慨交集。且約偕游黄山，而予適後期。辛巳春受之過松圓山居，題詩壁上，歸舟相值於桐江，篝燈永夕，泫然而別。

然則松圓崇禎庚辰冬季，循昔年在牧齋家度歲之慣例，至常熟縣城。及晤牧齋，始知河東君已先過訪，并見柳錢初次贈答之詩。當錢程會晤之時，恐即我聞室將告成之際，牧齋强拉松圓於十二月二日同至虞山舟次，往迎河東君遷入新成之金屋。孟陽詩「翩然水上見驚鴻」之句，與程集及列朝詩集題作「虞山舟次值河東君」者適相印合。至若東山酬和集此詩題作「半野堂喜值柳如是」者，乃牧齋所改。半野堂在縣城内陸地上，不可言「水上」或「江上」。復就當日程錢二人之心理推之，則牧齋於「值」字上增一「喜」字。雖在牧齋爲喜，恐在松圓轉爲悲矣。一笑！

關於河東君初訪半野堂之記載，今世間流傳之文籍，多不可信。兹聊録一則，略加辨正，其他則不暇及也。

牧齋遺事（虞陽説苑本）第肆則云：

聞虞山有錢學士謙益者，實爲當今李杜，欲一望見其丰采，乃駕扁舟來虞。爲士人裝，坐肩輿，造錢投謁。易楊以柳，易愛以是。刺入，錢辭以他往，蓋目之爲俗士也。柳於次日作詩遣伻投之，詩内微露色相。牧翁得其詩大驚，詰閽者曰：昨投刺者，士人乎？女人乎？閽者曰：士人也。牧翁逾疑，急登輿訪柳於舟中，則嫣然美姝也。因出其七言近體就正，錢心賞焉。視其書法，得虞褚兩家遺意，又心賞焉。相與絮語者終日。臨别，錢謂柳曰：此後以柳姓是名相往復，吾且字子以如是，爲今日證盟。柳諾。此爲錢柳作合之始。

寅恪案，河東君於未訪半野堂之前已預有所接洽，前文已詳論之，兹不復贅。牧齋於崇禎十三年春間作觀美人手迹詩，又於是年秋間作論近代詞人詩，有「近日千塘誇柳隱」之句，其自注并引河東君湖上草之詩。今見汪然明所刻湖上草，乃河東君崇禎十二年己卯所作之詩，其作者之姓名題爲「柳隱如是」。凡此諸端，皆時間證據明白確實，故牧齋遺事所述改易姓名字型大小等事，其妄謬不待詳辨也。河東君初贈牧齋詩中既有「今日沾沾誠御李」之句，依文義推測，當是河東君持此詩面投牧齋，或覿面後作此詩贈牧齋，實與牧齋遺事所言錢柳兩人初未會見，其後柳以詩遣伻投錢者不合。今世好談錢柳軼聞者往往喜舉牧齋遺事此條或與此條類似之説，資爲談助，儻見拙文，其亦可默爾而息乎？

河東君初次造訪，或納交於名流文士，往往賦詩投贈，如湖上草「贈汪然明」「贈劉晋卿」及「贈陸處士」等詩，皆是例證。若就此三詩言之，雖亦頗工，然遣詞莊雅、用典適切則遠不及半野堂初贈牧齋此詩。且其意境已駸駸進入北宋諸賢之範圍，固非同時復社幾社勝流所能望見，即牧齋松圓與之相角逐，而競短長，似仍有蘇子瞻所謂「汗流籍湜走且僵」之苦。（見東坡後集壹伍「潮州韓文公廟碑」。）何物不知名鄉曲儇子，所謂錢岱勳或錢青雨輩。竟能代作如是之篇什耶？王宋及白牛道者之誣妄，更不待多辨也。至於昔人七律詩中，用字不嫌重複。又河東君此章用韵，乃依明朝官韵洪武正韵者。凡此諸端，皆極淺易，本不須述及。因恐今世之人，或有囿於清代功令，習用平水韵之故，轉執此爲疑者，遂并附論之。似此三家村訓蒙之語言，誠知博雅通人，爲之齒冷。然亦不敢辭也。

河東君詩云「聲名真似漢扶風，妙理玄規更不同。」者，後漢書列傳伍拾上馬融傳云：

融才高博洽，爲世通儒。教養諸生，常有千數。涿郡盧植，北海鄭玄，皆其徒也。善鼓琴，好吹笛。達生任性，不拘儒者之節，居宇器服，多存侈飾，常坐高坐，施絳紗帳，前授生徒，後列女樂。弟子以次相傳，鮮有入其室者。

牧齋平生固與季長約略相似。但有一特异之點，即自矜洞達禪理，博探佛藏，高出時流。雖其晚歲往往以「老皈空門」，藉以掩飾。然明亡以前，已與紫柏憨山諸名僧往還參究。故河東君標舉牧齋特异時流之點，殊暗合其深自誇詡之心理。文選肆壹李少卿答蘇武書云：「人之相知，貴相知心。」及同書肆叁嵇叔夜與山巨源絶交書云：「夫人之相知，貴識其天性，因而濟之。」河東君之於牧齋，誠可謂「相知心」者。又牧齋平日所爲，既似季長之「達生任性」，則河東君之造訪半野堂，亦可謂「識其天性，因而濟之。」者耶？

至若「妙理玄規」之解釋，自是取之老子道德經上第壹章云：「玄之又玄，衆妙之門。」「妙理」則文選貳玖曹顏遠「思友人」詩云：「精義測神奥，清機發妙理。」韓魏百三名家集江醴陵〔淹〕集貳「清思」詩云：「草木還根蒂，精靈歸妙理。」「玄規」者，慧皎高僧傳肆義解門壹晋剡沃洲山支遁傳載遁所著座右銘云：「謹守明禁，雅玩玄規。」「一室茶烟開淡黯，千行墨妙破冥濛」一聯，上句用杜牧「題禪院」詩「今日鬢絲禪榻畔，茶烟輕揚落花風。」（見全唐詩第捌函杜牧叁，并參孟棨本事詩高逸叁「杜〔舍人牧〕登科後」條。）下句用江文通「别賦」：「淵雲之墨妙，嚴樂之筆精。」（見文選壹陸。）至若蘇子瞻詩之所謂「墨妙」，（見東坡集叁「孫莘老求墨妙亭詩」。）非謂文章，乃指書法而言。蓋孫氏「網羅遺逸，得前賦咏數百篇，爲興新集。其刻畫尚存，而僵仆斷缺於荒陂野草之間者，又皆集於此亭。」（見東坡集叁壹「墨妙亭記」。）牧齋以文章，而非以書法著稱。故河東君舉其所擅長者爲説，所以有「千行墨妙」之語。若指書法，則不可言「破冥濛」。世之譽人者，不道其長，轉翹其短，此天下笨伯之所爲，河東君必不如是也。

又初學集壹佰陸至壹佰捌爲「讀杜小箋」，其首有題語略云：

歸田多暇，時誦杜詩以銷永日。間有一得，輒舉示程孟陽。孟陽曰：杜千家注繆僞可恨。子何不是正之，以遺學者？予曰：注詩之難，陸放翁言之詳矣。放翁尚不敢注蘇，予敢注杜哉？相與嘆息而止。今年夏德州盧户部德水刻杜詩胥鈔，屬陳司業無盟寄予，俾爲其叙。予既不敢注杜矣，其又敢叙杜哉？予嘗妄謂：自宋以來，學杜詩者，莫不善於黄魯直；評杜詩者，莫不善於劉辰翁。弘正之學杜者，生吞活剥，以尋撦爲家當，此魯直之隔日謔也。其黠者又反唇於西江矣。近日之評杜者，鈎深抉异，以鬼窟爲活計，此辰翁之牙後慧也。其横者并集矢於杜陵矣。苫次幽憂，寒窗抱影，紬繹腹笥，漫録若干，則題曰讀杜詩寄盧小箋，明其因德水而興起也。曰小箋，不賢者識其小也。寄之以就正於盧，且道所以不敢當序之意。癸酉臘日虞鄉老民錢謙益上。

同書壹佰玖至壹佰拾讀杜二箋，其首有題語云：

讀杜小箋既成，續有所得，取次書之，復得二卷。侯豫瞻自都門歸，携杜詩胥鈔，已成帙矣。（寅恪案，侯忠節全集壹年譜上崇禎七年甲戌條略云：「五月入都門。補南京吏部文選司主事。八月南歸。閏八月至淮上。是年冬十一月之官南中。」可知牧齋得睹盧氏杜詩胥鈔刻本後，即刊其小箋及二箋。迫促如此，其與盧氏論杜旨趣之同异及其争名好勝之心理，亦可想見矣。）無盟過吴門，則曰寄盧小箋尚未付郵筒也。德水於杜别具手眼。余言之戔戔者，未必有當於德水，宜無盟爲我藏拙也。子美和春陵行序曰：簡知我者，不必寄元。余竊取斯義，題之曰二箋，而刻之。甲戌九月謙益記。

寅恪案，牧齋讀杜詩寄盧小箋，成於崇禎六年之末。讀杜二箋則與寄盧小箋同刻於七年甲戌九月。河東君於七年及九年曾兩次游嘉定，與程孟陽李茂初諸名士酬酢往還。談詩之際，在第壹次，孟陽當以牧齋讀杜小箋之末刻抄本相示。在第貳次更宜從孟陽處得見牧齋此箋五卷刻本。即使未見牧齋原書，此箋下卷論「寄韓諫議」詩及「秋興」八首之三等，皆引孟陽之説，程氏必以牧齋用其解杜之語，自鳴得意，故亦應以書中旨趣告之。然則河東君「千行墨妙」之語，即指牧齋此書而言耶？（寅恪偶檢柴蕚梵天廬叢録壹陸「柳如是」二則之二載河東君手抄讀杜小箋事，可供談助，附記於此。）

「竺西瓶拂因緣在，江左風流物論雄。」一聯，上句之意，疑謂牧齋博通内典，具有宿世勝因，已身當如佛教中捧瓶持拂供奉菩薩之侍女也。或謂漢魏百叁名家集梁簡文帝集壹「與廣信侯重述内典書」云：

> 永謝瀉瓶，終慚染氎。是則慈雲既擁，智海亦深。影末波餘，希時灑拂。

乃此句之出處。但斯説頗嫌迂遠，未必有當，姑備一解，更俟詳考。下句則用南齊書貳叁王儉傳（參南史貳貳王曇首傳附儉傳）云：

> 儉常謂人曰：江左風流宰相，唯有謝安。蓋自比也。

「今日沾沾誠御李，東山葱嶺莫辭從。」者，後漢書列傳伍柒黨錮傳李膺傳略云：

> 荀爽嘗就謁膺，因爲其御。既還，喜曰：今日乃得御李君矣。其見慕如此。是時朝廷日亂，綱紀穨阤，膺獨持風裁，以聲名自高。士有被其容接者，名爲登龍門。及陳蕃免太尉，朝野屬意於膺。

「東山」與「江左」相關，「蔥嶺」與「竺西」句相關。文思貫通，比譬適切。最可注意者，即謝安石王仲寶固是風流宰相，李元禮更爲黨錮名士，而兼負宰相之望者。牧齋於天啓四年以魏忠賢黨指爲東林黨魁之故，因而削籍。又於崇禎二年以會推閣臣，獲罪罷歸。故與元禮尤復相類。凡河東君所舉諸賢，皆是牧齋胸中自比之人，眞可謂道出心坎內事者。牧齋安得不爲傾倒，如醉如癡乎？

牧齋所以譽此詩「語特莊雅」之故，不僅由詩語無猥褻之詞，亦因牧齋廷試第三人及第，即世間艷稱之探花郎。若使他人贈詩以譽牧齋，自必關涉此點。河東君此詩絕不道及其事，似毫無所知者，其不墮入流俗窠臼，實可謂「莊」，更可謂「雅」矣。夫河東君此詩既以謝安石比牧齋，復以「彈絲吹竹」（松圓和詩語）之東山妓女自比。（見晉書柒玖謝安傳及同書捌拾王羲之傳。）然則牧齋此時在半野堂編詩，以東山名集。黃皆令後來居絳雲樓畫扇，其題語有「東山閣」之稱。俱實指今事，非虛用古典也。

牧齋次韻答河東君詩，亦極費經營之作，與原贈詩針鋒相對。第壹章已論之矣。至於詩中所用典故，除牧齋所自注外，遵王注本別無解釋。茲僅就其最精切者略言之，其他則不遑及也。

「文君放誕想流風，臉際眉間訝許同。」者，初視之，以爲即出西京雜記貳所云：

文君姣好，眉色如望遠山，臉際常若芙蓉，肌膚柔滑如脂。十七而寡，爲人放誕風流。故悦長卿之才，而越禮焉。

之古典，然范鍇華笑廎雜筆壹顧苓「河東君傳」後附古梅華源木乂庵白牛道者跋云：

吾友減堂爲余言，是身材不逾中人，而色甚艷。冬月御單袷衣，雙頰作朝霞色，即之體温然。疑其善玄素也。虞山之惑溺且畏之，有以哉。

則牧齋此詩首二句，不獨用古，亦更寫今。其用事精切，實不可及。至此點與河東君之疾病有關，俟後論之。

「枉自夢刀思燕婉，還將摶土問鴻濛。」者，上句用范攄雲溪友議下「艷陽詞」條。見下論有美詩「三刀夢寐羶」句，茲不詳釋。牧齋以薛濤比河東君，固甚適切，且范書所引微之寄薛濤詩有「錦江滑膩蛾眉秀，化作文君及薛濤。」之語，尤與首二句相關也。下句自注中所引太白詩，見全唐詩第叁函李白貳「上雲樂」。其所以備列太白詩原文，因與太平御覽柒捌皇王部「女媧氏」條所云：

風俗通曰，俗説天地開闢未有人民，女媧摶黄土作人，劇務力不暇供，乃引繩於泥中，舉以爲人，故富貴者黄土人也，貧賤凡庸者，絙人也。

及楊齊賢蕭士贇分類補注李太白詩等舊解不同之故。否則牧齋不必作此贅語，蓋豈有博雅如河東君者，而不知此句之出處耶？牧齋此聯之意，蓋謂世間欲得河東君者雖衆，無奈皆是下愚之人。如謝三賓，即河東君與汪然明尺牘第肆通中所言「願作交甫」之「某翁」等，皆不能當河東君之意，而暗以上智之人自許，實可中選也。

「霑花丈室何曾染，折柳章臺也自雄。」者，乃指河東君與周文岸陳卧子之關係及在盛澤鎮佘山之生活。所用典故，出維摩詰經及許堯佐「柳氏傳」，皆世人習知者，不煩解釋。

「但似王昌消息好，履箱擎了便相從。」者，乃答河東君贈詩結語之意。第壹章已詳言之，兹不贅論。

但牧齋答詩自注中已引河中之水歌（見玉臺新咏玖「歌詞二首」之二。）其爲「河東君」之號所從出，固不待言。又「河東」爲柳姓郡望，故牧齋作有美詩復就此點排比鋪張，刺刺不休。（見東山酬和集壹「有美詩」，「河東論氏族」及「字脚元和樣」等句。）其實牧齋又暗用東坡「寄吳德仁兼簡陳季常」詩，「忽聞河東獅子吼」之句，（見東坡集壹伍）以爲游戲。至若少陵「可嘆」詩之「河東女兒身姓柳」之句，「抉眼去夫」，情事不倫，則非所用無疑也。（見杜工部集柒。）顧云美河東君傳云：「〔河東君〕頗能制御宗伯，宗伯甚寵憚之。」所言雖是後來之事，然牧齋初見河東君時，當已明瞭其爲人性格。取此別號稱河東君，實不僅以「東家王」并以「龍丘居士」自居。其知人之明，自知之審，亦不可及矣。一笑！

又牧齋不於此詩其他諸句，著明所用西京雜記雲溪友議維摩詰經柳氏傳之典故，轉獨於第肆及第柒捌等句，不憚煩勞，特安蛇足。豈以河東君或松圓未讀李翰林集及玉臺新咏耶？由是言之，牧齋之自注，必有深旨，非淺人粗讀所能盡解也。

孟陽二詩初學集祇録其次韵一首。牧齋所以删去其和韵一首者，當以兩詩意旨本自相同，而所用辭句典故，如和韵詩之「此夕尊前相料理，故應惱徹白頭翁。」之句，與次韵詩「詩酒已無驅使分」之句，俱用杜工部集壹貳「江畔獨步尋花七絶句」第壹首「江上被花惱不徹」及第叁首「詩酒尚堪驅使在，未須料理白頭人。」又更相似也。（可參前論河東君嘉定之游節。）然今日考證河東君訪半野堂之經過，和韵詩殊有價値，因依東山酬和集并録之。

列朝詩集所選孟陽此次韵詩第陸句「抉石錐沙書更雄」，東山酬和集及初學集改「書」字爲「畫」字，并删去注語「柳楷法瘦勁」五字。細繹「抉石錐沙」之語，乃用徐季海王右軍書法之典故，非指繪畫而言。然則孟陽之詩，本作「書」字。牧齋所以改「書」爲「畫」者，不獨因聲調更協，且可增加河東君能畫之一端，與第伍句「彈絲吹竹吟偏好」於通音樂外，復添善吟咏之一事，相對爲文，遂不得不删去注語耳。前論河東君與汪然明尺牘第捌通約游商山事，引孟陽詩「曾見書飛故國樓」之句，可知孟陽早已傾服河東君之書法。至於繪畫一端，則未見孟陽有推挹之語。或者藉改此一字之機緣，以完成松圓善頌善禱之美德歟？至若鈔本耦耕堂存稿詩下，此詩有自注，但「書」字作「畫」字，與注語矛盾，明是抄者筆誤，自不待辨也。又吾人今日所見河東君之作品，或爲當時刻本，或爲傳寫之本，皆多訛舛。其故恐不盡由刻寫者之疏忽，疑亦因河東君作書，喜爲瘦長之體。易滋誤認，如今所見男洛神賦鈔本「水準而高衍」句之「準」即「準」。河東君作書所以如此者，殆由避免字體肥寬所致。程松圓稱河東君書法瘦勁，顧云美稱河東君結束俏利，可謂書如其人矣。

孟陽此次韵詩「杯近仙源花瀲瀲」句下，東山酬和集及初學集自注俱作「半野堂近桃源澗，故云。」程集及列朝詩集均作「舟泊近桃源嶺，用劉阮事。」兩書之注，當爲松圓原文。據此可以考見河東君初到虞山時泊舟之處。牧齋改「桃源嶺」爲「桃源澗」，并刪去「用劉阮事」，以與半野堂相近爲說。

其實光緒修常昭合志貳山形志略云：

虞山居邑境中央。西南即拂水巖，上拂有指水禪院，門外有石橋跨山澗。又前即臨石壁，兩崖中豁，別有長壽橋架其上，從山下遠望，危闌橫卧者是也。每遇雨後，澗水流注橋下，懸爲瀑布，風自南來，則倒捲而上。虞山勝地記略謂如萬斛薏珠，凌風飄灑者，非虛語也。即天已放晴，仍濛濛作細雨，鬱爲奇景，名曰拂水，蓋以此矣。又南抵桃源澗，澗上有桃源洞。澗於北山，夙稱勝地，雨後山泉匯注，飛湍下瀉，響逾琴筑，相傳昔年漫山皆種桃花，流水夾花片而下，尤爲奇觀，故名桃源澗焉。

又劉本沛虞書「桃源澗」條云：

桃源澗在陳莊靖公墓左。（寅恪案，「莊靖」爲陳瓚之謚，事迹見明史貳貳貳本傳等。）

及同書「拂水巖」條云：

拂水巖在虞山南。崖石陡峻，水出其間，下奔如注，遇風拂勒，則水倒飛，噴沫四灑，不敢逼視，無風則懸崖瀑布若長虹然，一山之奇觀也。

然則桃源澗距半野堂亦不甚近。推牧齋所以改易此句者，殆與改易孟陽此詩題同一用意，殊爲可笑。

「雲來神峽雨濛濛」句，疑非松圓原作如此，乃牧齋後來所改。松圓原作應依程集及列朝詩集作「神來巫峽雨濛濛」。夫孟陽此句自是從宋玉高唐賦「旦爲朝雲，暮爲行雨。」之語而來。其「雨濛濛」三字，與拂水巖之「即天已放晴，仍濛濛作細雨。」及「遇風拂勒，則水倒飛，噴沫四灑。」之實况符合，可謂巧妙。但何以舍去宋賦中之「雲」字不用，似非偶然。蓋「雲」字乃河東君之舊名，孟陽在此以前，爲河東君所作諸詩，如朝雲詩緪雲詩及與雲生雲娃有闕等篇皆用「雲」字。此時賦詩則只標「柳如是」之新號，而不敢涉及「雲」字之昔稱。豈欲藉以洗滌舊痕，寬慰老友耶？牧齋改「神」作「雲」，則兼用宋賦之古典及河東君昔稱之今典，實較松圓原著更佳。「巫峽」之改「神峽」，則疑牧齋既以「雲」字易「神」字，遂移改「巫峽」爲「神峽」，與上句「仙源」屬對，亦覺工穩。才思精妙，恐非牧齋不能辦此。「神峽」二字連文，寅恪弇陋，尚未知其出處，俟考。

又觀孟陽此兩詩之結語，頗覺可憐。蓋已明知己身非牧齋之敵手，自甘退讓，情見乎辭，其匆匆歸新安之意旨，當即决定於賦此和韵詩之時。至若孟陽後來所作耦耕堂自序謂「庚辰春主人移居入城，予將歸新安。」則恐是諱改當日情况之虚語，并非實録也。

東山酬和集壹牧翁「冬日同如是泛舟有贈」（寅恪案，鄭鶴聲中西史日表崇禎十三年庚辰十一月九日冬至，廿四日小寒。牧齋詩題所謂冬日，即在是年十一月初九至廿四日之間也。）云：

冰心玉色正含愁，寒日多情照柂樓。萬里何當乘小艇，五湖已許辦扁舟。每臨青鏡憎紅粉，莫爲朱顔嘆白頭。苦愛赤闌橋畔柳，探春仍放舊風流。

牧翁「次日疊前韵再贈」云：

新詩吟罷半凝愁，斜日當風似倚樓。争得三年纔一笑，可憐今日與同舟。輕車漫憶西陵路，斗酒休論溝水頭。還勝客兒乘素舸，迢迢明月咏緣流。

河東君「次韻奉答」云：

誰家樂府唱無愁，望斷浮雲西北樓。漢珮敢同神女贈，越歌聊感鄂君舟。春前柳欲窺青眼，雪裏山應想白頭。莫爲盧家怨銀漢，年年河水向東流。

偈庵「次牧翁泛舟韻」云：

（此詩於前論河東君與汪然明尺牘第捌通節中已引。兹從略。）

寅恪案，松圓次韻詩前已論述。雖有資考證，而辭旨平庸，固遠不及河東君之作，亦難與牧齋詩相比。此老之詩，本遜於牧齋，何況此際情緒甚惡，豈能有佳作耶？

牧齋兩詩，其第壹首最先作。其第貳首乃因河東君次其第壹首詩韻，而後作者。故「新詩吟罷半凝愁」之「新詩」，即指河東君次其第壹首韻之詩而言。

第壹首後四句皆有本事，非止用典。「每臨青鏡憎紅粉」之句，與答河東君初贈詩「臉際眉間訝許同」之句同義，俱指河東君面貌之顔色而言。即前引白牛道者所謂「雙頰作朝霞色」者是也。「臨青鏡」而「憎紅粉」，亦即張承吉詩所謂「却嫌脂粉污顔色」之意。（見全唐詩第捌函張祜貳「集靈臺」二首之二。）牧齋運用古典今事，可稱巧妙適切矣。又河東君戊寅草中載「西河柳花」七律一首。其第肆句云「恁多紅粉不須誇」，此本河東君自比之辭，牧齋或早已得見此詩，遂因有「憎紅粉」之語耶？俟考。第陸句「莫爲朱顔嘆白頭」，乃老翁少婦對比之意。此典後來衍變成爲故事，記載流傳，至今多引之以資談助。兹特爲考其原始語句，亦略見史文蜕嬗之一例。至於牧齋遺事及觚賸等，皆以此故事與河東君詩「春前柳欲窺青眼，雪裏山應想白頭。」之句有關，而不知實直接出於牧齋此句，則由未嘗詳讀柳錢諸詩所致也。

吴中文獻小叢書顧公燮消夏閒記選存「柳如是」條云：

宗伯嘗戲謂柳君曰：我愛你烏個頭髮，白個肉。君曰：我愛你白個頭髮，烏個肉。當時傳以爲笑。

牧齋遺事「當丁亥（丑）之獄」條（寅恪案，「亥」當作「丑」。指崇禎十年牧齋爲張漢儒所訐，被逮至北京下獄事。此條注以爲順治四年丁亥事，則恐是此書作者或抄者之疏誤也。詳見下章論黄毓祺案節。）云：

當丁亥（丑）之獄，牧翁侘傺失志，遂絶意時事。既得章臺，欣然有終老温柔鄉之願。然年已六十矣。黝顏鮐背，髮已皤然。柳則盛鬋堆鴉，凝脂竟體。燕爾之夕，錢戲柳曰：我甚愛卿髮黑而膚白也。柳亦戲錢曰：我甚愛君髮如妾之膚，膚如妾之髮也。因作詩有「春前柳欲窺青眼，雪裏山應想白頭」之句。

鈕琇觚賸叁吴觚下「河東君」條云：

方宗伯初遇柳時，黝顏鮐背，髮已鬖鬖斑白，而柳則盛鬋堆鴉，凝脂竟體。燕婉之宵，錢曰：我甚愛卿如雲之黑，如玉之白也。柳曰：我亦甚愛君髮如妾之膚，膚如妾之髮也。因相與大笑。故當年酬贈，有「春前柳欲窺青眼，雪裏山應想白頭」之句，競傳人口。

王應奎柳南隨筆貳云：

某宗伯既娶柳夫人。一日坐室中，目注如是。如是問曰：公胡我愛？曰：愛汝之黑者髮，而白者面耳。然則汝胡我愛？柳曰：即愛公之白者髮，而黑者面也。侍婢皆爲匿笑。

練真吉日記云：

嘗聞有先朝鉅公惑一姬，致夙望頓減。姬聞之曰：公胡我悅？曰：以其貌如玉，而髮可以鑒也。然則姬亦有所悅乎？曰：有之。即悅公之髮如玉，而貌可以鑒耳。

寅恪案，今世流傳之載記，述此段錢柳戲語者，尚不止牧齋遺事，觚賸，柳南隨筆及練真吉日記諸書，茲不多引。然大抵類似，皆經文人改寫者也。寅恪所見，爲顧公燮書所載，乃保存當日錢柳兩人對話之原辭，極可珍貴。所以知者，因其爲吴語，且較簡單，甚合彼時情景之故。至若練真吉日記，藻飾最多，尤遠於真實矣。此點可取世説新語與晋書對校，其演變之痕迹，明白可尋。斯固治史者所習知，不待贅論。錢柳此趣文，亦其例證歟？

抑更有可論者，江熙掃軌閑談云：

錢牧齋寵姬在柳如是前，有王氏者，桂村人，嬖倖略與柳等。會崇禎初，有旨以禮部左侍郎起用，牧齋殊自喜，因盛服以示王曰：我何似？王睨翁戲曰：似鍾馗耳。蓋以翁黑而髯故也。翁不悦。後適以枚卜罷，遂遣王歸母家，居一樓以終。今其樓尚存。

寅恪案，崇禎元年戊辰牧齋以禮部侍郎起用，時年四十七。江氏謂其膚黑，自必正確。但未言其肥瘦如何。後牧齋於順治十六年己亥年七十八，賦「後秋興」詩，其第肆首「衹應老似張丞相，捫摸殘骸笑瓠肥。」句下自注云：

余身素瘦削，今年腰圍忽肥，客有張丞相之謔。

故知牧齋在七十八歲以前，身素瘦削也。檢史記玖陸張丞相傳（參漢書肆貳張蒼傳）略云：

張丞相蒼者，陽武人也。坐法當斬，解衣伏質，身長大肥白如瓠。時王陵見而怪其美士，乃言沛公，赦勿斬。

然則牧齋晚年腰圍忽肥，即使與西漢張丞相蒼無異，但其面膚之黑，當仍與北宋王丞相安石之「天生黑於予，澡豆其如予何。」無異也。（見沈括夢溪筆談玖人事壹及舊題彭乘撰墨客揮犀拾「王荆公病喘」條，并參魏泰東軒筆録壹貳「呂惠卿嘗語荆公曰：公面有，用園荽洗之當去。」一條。）夫膚黑之介甫，亦能位至丞相。桂村王氏女學不稽古，不知援引舒王故事，以逢迎牧齋之意，可知其人不及河東君遠矣。牧齋前棄王，而後寵柳，豈無故哉？豈無故哉？

又白氏文集叁柒「喜老自嘲」略云：

面黑頭雪白，自嫌還自憐。行開第八秩，可謂盡天年。（自注：「時俗謂七十已上爲開第八秩。」）

考樂天年六十八病風，始放家妓。（見同書叁伍「病中詩十五首序」及其第壹貳首「別柳枝」，并同書柒壹「不能忘情吟」。又可參容齋五筆玖「不能忘情吟」條。）樂天元和十五年年四十九已白髮斕斑，（見白氏文集壹壹「郡中春宴，因贈諸客。」詩，并可參容齋五筆捌「白蘇詩紀年歲」條。）其「面黑頭白」與牧齋崇禎十三年庚辰年五十九，共河東君互作戲謔之語時，形貌已約略類似。但樂天「喜老自嘲」詩，出自「同時六學士，五相一漁翁。」之才子，而非出自「櫻桃樊素口，楊柳小蠻腰」之佳人，則大有差別矣。

牧齋詩結語云「苦愛赤闌橋畔柳，探春仍放舊風流。」之句，固用温飛卿「宜春苑外最長條，閑裊春風伴舞腰。正是玉人腸斷處，一渠春水赤闌橋」詩之典。（見全唐詩第玖函温庭筠玖「楊柳枝」八首之一。）但實亦指河東君金明池「咏寒柳」詞「春日釀成秋日雨，念疇昔風流，暗傷如許。」之語。若無此本事，僅用温詩，則辭意太泛，牧齋作詩，當不如此也。河東君次韵答牧齋詩，其中含有「河東君」三字，第貳章已述及。又此首結語乃針對牧齋答其初贈詩「但似王昌消息好，履箱擎了便相從。」之句。第壹章亦已言之。其實乃表示心許之意。疑牧齋讀之，益有「樂莫樂兮新相知」之感也。

「誰家樂府唱無愁」者，用北史捌齊本紀下幼主紀（參北齊書捌幼主紀。）所云：

〔後主〕益驕縱，盛爲無愁之曲。帝（指後主言。）自彈胡琵琶而唱之。侍和之者以百數。人間謂之無愁天子。

及李義山詩集中「無愁果有愁曲北齊歌」。（參馮浩玉溪生詩詳注壹此題下引隋書樂志。）「望斷浮雲西北樓」者，用文選貳玖古詩十九首「西北有高樓，上與浮雲齊。」句李善注：

此篇明高才之人，仕宦未達，知之者稀也。西北乾位，君之位也。

又六臣注：

翰曰：此詩喻君暗，而賢臣之言不用也。西北乾地，君位也。高樓言居高位也。浮雲齊言高也。

此兩句竟指當時之崇禎皇帝爲亡國之暗主，而牧齋爲高才之賢臣。顧云美謂河東君「饒膽略」，觀此益信。若此詩作於清高宗之世，其罪固不容於死，即在北宋神宗之時，亦難逭貶謫之譴。牧齋見此兩句，自必驚賞，而引爲知己。松圓見之亦應自悔其前此所作「人間歲月私蟠木，天上雷霆宥爨桐。」之句，（見列朝詩集丁壹叁上程嘉燧詩「久留湖上，得牧齋歲暮見懷詩，次韵。」七律。并參前論絙雲詩節。）辭旨過於選耎，殊有愧於河東君之切直也。

「漢珮敢同神女贈，越歌聊感鄂君舟。」者，用韓詩漢廣薛君章注及説苑壹壹善説篇之典。此兩事俱世所習知，但河東君取之聯用，以神女指己身，以鄂君指牧齋，一男一女，意旨通貫。又於水濱泛舟情事尤爲適合，其巧妙誠不可及也。

「春前柳欲窺青眼，雪裏山應想白頭。」者，下句自是用劉夢得「雪裏高山頭白早」之語，（見全唐詩第陸函劉禹錫柒「蘇州白舍人寄新詩，有嘆早白無兒之句，因以贈之。」七律。）固不待贅論。至上句則辭語之有關者雖多，然竊疑乃用史邦卿梅溪詞東風第一枝「咏春雪」詞「青未了，柳回白眼。」之句。因「青」及「柳眼」兩者俱備，又「咏春雪」可與上句之「雪」字通貫。若此條件皆具之出處，除史詞外，尚未發現更妥適之典故。又王沂孫花外集南浦春水「柳外碧連天」詞，有「蛾眉乍窺清鏡」之語，或者河東君因牧齋贈詩「每臨青鏡憎紅粉」之句，遂亦取碧山樂府柳窺青鏡之意，以針對聚沙居士之詩語耶？寅恪嘗論河東君之作品，應推此詩及金明池「咏寒柳」詞爲明末最佳之詩詞，當日勝流均不敢與抗手，何物錢岱勳或錢青雨竟能爲之乎？造此誣謗者，其妄謬可不必辨。然今日尚有疑河東君之詩詞非其本人所作者，淺識陋學，亦可憫矣。

牧齋次日疊前韵再贈河東君之詩，其第壹句「新詩吟罷半凝愁」之「新詩」，即指河東君

「誰家樂府唱無愁」一首而言，前已論之矣。「斜日當風似倚樓」者，「倚樓」之出處，不勝枚舉。依前句「半凝愁」之語推之，恐與王少伯「閨怨」七絶一首有關。（見全唐詩第叁函王昌齡肆。）蓋龍標詩中有「不曾愁」，「凝妝上翠樓」及「楊柳色」等辞故也。但此皆古典，頗疑牧齋尚有今典。第叁章論陳臥子崇禎六年「補成夢中新柳詩」，乃爲河東君而作者。後來河東君之易姓爲「柳」，及所作金明池「咏寒柳」詞「念疇昔風流，暗傷如許。」之語，當亦與臥子此詩有關。臥子詩中「夕陽殘」及「風流人倚欄」之語，正合牧齋詩此句之旨。所謂「半凝愁」者，殆謂是耶？考臥子此詩載入其所作之陳李唱和集。此集夏允彝序云：

癸酉倡和詩者，予同郡人李子陳子之所爲作也。係以年者，重時會也。

自崇禎六年癸酉至崇禎十三年庚辰冬，已歷七八年之久。臥子之詩，刊布流行，牧齋當已見及。或雖見及，而未曾留意。鄙見河東君爲人放誕風流，絶無諱飾。牧齋亦豁達大度，不計較小節。河東君與臥子之關係，必早有所知聞。臥子此詩，即由河東君持示牧齋，亦非不可能者也。

「争得三年纔一笑，可憐今日與同舟。」者，上句用左傳昭公二十八年所云：

昔賈大夫惡，娶妻而美，三年不言不笑。御以如皋，射雉獲之，始笑而言。賈大夫曰：才之不可以已。我不能射，女遂不言不笑夫！

之典。牧齋自比賈大夫之丑惡而有才，以河東君爲貌美，且擬之爲妻。此詩作成，殆與「烏個頭髮，白個肉」及「白個頭髮，烏個肉」之戲言，時間相距甚近。若牧齋遺事及觚賸二書均以屬之燕婉之夕，則恐過後矣。又「如皐」之「皐」，與鄭交甫遇神女於漢皐之「皐」同字也。下句即用說苑善說篇鄂君所聞越人歌「今日何日兮，得與王子同舟。」之典。由是言之，牧齋詩此二句與河東君詩「漢珮敢同神女贈，越歌聊感鄂君舟。」兩句，用典正同。針鋒相對，文情才思，自爲精巧。錢遵王不注一字，固以爲慣用之典，無煩徵引。實不知此等妙處，更須標出，庶幾不負作者之苦心也。

「輕車漫憶西陵路，斗酒休論溝水頭。」者，上句自指河東君在此數年游西湖事，或更指其所作戊寅草湖上草及金明池咏寒柳詞等，亦即後來牧齋於順治七年庚寅所作「留題湖舫」詩「楊柳風流烟草在」者也。（見有學集叁夏五集，并參前論河東君與汪然明尺牘第貳通節。）下句用卓文君白頭吟「今日斗酒會，明旦溝水頭。躞蹀御溝上，溝水東西流。」之典，（見樂府詩集肆壹。）指河東君與陳卧子之關係。牧齋意謂今既與卧子脱離，可不必再提往事也。

「還勝客兒乘素舸，迢迢明月咏緣流。」者，用玉臺新咏拾謝靈運「東陽溪中贈答二首」：「可憐誰家婦，緣流洗素足。明月在雲間，迢迢不可得。」及「可憐誰家郎，緣流乘素舸。但問情若爲，月就雲中墮」之典，與前「可憐今日與同舟」之句相應。蓋謝詩所咏婦在溪邊洗足，郎在溪中乘舟。非如「今日與同舟」者可比。所以較勝於客兒。且康樂之作，本是一贈一答，尤符合錢柳賦詩酬和之情事也。

東山酬和集壹牧翁「寒夕文宴，再疊前韻。是日我聞室落成，延河東君居之。」（自注：「涂月二日。」）寅恪案，初學集此題無「延河東君居之」六字及自注。又據鄭氏近世中西史日表，崇禎十三年庚辰十一月廿四日小寒，十二月九日大寒。故是年十二月二日謂之寒夕也。）云：

清樽細雨不知愁，鶴引遥空鳳下樓。紅燭恍如花月夜，緑窗還似木蘭舟。曲中楊柳齊舒眼，詩裏芙蓉亦并頭。（自注：「河東新賦并頭蓮詩。」）今夕梅魂共誰語，任他疏影蘸寒流。（自注：「河東寒柳詞云：約個梅魂，與伊深憐低語。」）

偈庵「半野堂夜集惜别，仍次前韻。」（寅恪案，列朝詩集此題作「感别半野堂，疊前韻。」）云：

何處珠簾擁莫愁，笛床歌席近書樓。金鑪銀燭平原酒，遠浦寒星剡曲舟。望裏青山仍北郭，行時溝水向東頭。老懷不爲生離苦，雙泪無端只自流。

徐錫胤爾從「半野堂宴集，次牧翁韻，奉贈我聞居士。」云：

舞燕驚鴻見欲愁，書籤筆格晚妝樓。開顔四座迴銀燭，咳吐千鐘倒玉舟。七字詩成才舉手，一聲曲誤又回頭。佳人那得兼才子，藝苑蓬山第一流。

寅恪案，牧齋於康熙二年癸卯歲暮作「病榻消寒雜咏」第叁肆首「追憶庚辰冬半野堂文宴舊事」一詩，即記此夕之事者，前已移録。此崇禎十三年庚辰十二月初二日之夕，半野堂文宴，乃牧齋一生最得意，又最難忘之事。故雖在垂死病榻呻吟之中，猶能記憶，歷歷不爽，可傷也已。此夕之會，頗似戲劇之一幕。其扮演人今日可考知者，一爲河東君，二爲牧齋，三爲松圓，四爲徐爾從，五爲此夕望見坐於後來所建絳雲樓下紅袍烏帽三神之老嫗。（見錢遵王有學集詩注「病榻消寒雜咏」第叁肆首詩注。）此五人之心理，牧齋松圓爾從三人各見於其此夕所賦詩中。河東君此夕是否亦賦詩，今東山酬和集及初學集既未收載，不易考知。其理由或因此夕病酒所致。或別有感觸，與後來不和合歡詩及催妝詞之情事相類似，均俟後論之。此夕之會，雖未見河東君作品，然其心理可於此夕後所賦「春日我聞室作，呈牧翁。」一詩中推得。至於此夕曾見三神之老嫗，其心理當非如第壹章所引華笑廎雜筆中黄梨洲「火神」之解釋，應別有人事之原因也。請依次論之。關於河東君者，當於下録其所賦「春日我聞室作，呈牧翁」一詩中論釋，兹暫不涉及。

牧齋之詩第壹句指此夕文宴時之情景。第貳句用蕭史弄玉事。皆不煩詳論。「紅燭恍如花月夜，緑窗還似木蘭舟。」者，下句言河東君於崇禎十三年十二月二日由舟次遷入我聞室。

以意揣之，我聞室之結構，必不甚寬敞，殆所謂屋小如舟者耶？上句指此夕情事。牧齋雖與韓敬争狀元失敗，不得「金榜第一名」。但此夕實同於「洞房花燭夜」。作此觀念者，非獨牧齋如此，即河東君本身亦莫不然。後來河東君於康熙三年甲辰六月二十八日垂絶時，作遺囑與其女云：「我來汝家二十五年，從不曾受人之氣。」（見河東君殉家難事實柳夫人遺囑。）自康熙叁年逆數至崇禎十三年庚辰，適爲二十五年。若自崇禎十四年辛巳六月七日茸城舟中結褵時起，下數至康熙三年甲辰六月二十八日，則僅二十四年。可知河東君之意，實認此夕爲同牢合巹之期。然則牧齋此句殊有旨矣。

「曲中楊柳齊舒眼，詩裏芙蓉亦并頭。」者，上句自用折楊柳歌曲之典。（見樂府詩集貳貳。）但亦指河東君金明池咏寒柳詞及「春前柳欲窺青眼」之句。意謂此夕可不必如前此之「窺眼」也。下句牧齋自注所指河東君新賦之并頭蓮詩，今未得見。考陳忠裕全集壹玖湘真閣稿「予讀書池上，屢有并蒂芙蓉，戲題一絶。」云：

宛轉橋頭并蒂花，秋波不到莫愁家。浣紗人去紅妝盡，惟有鴛鴦在若耶。

此詩前第貳題爲「寒食雨」，第叁題爲「上元」四首，第肆題爲「歲暮懷舒章」八首，其第捌首卧子自注云「去歲冬盡，予在郯城。」此「去歲冬盡」，乃指崇禎九年北行會試之役。故此題之「歲暮」，即崇禎十年歲暮。由是言之，此戲題并蒂芙蓉一首之作成，實在崇禎十一年初秋，可以推定無疑也。檢臥子自撰年譜上崇禎十一年戊寅條云：「是夏讀書南園。」及李舒章會業序略云：「今春（寅恪案，此指崇禎八年春。）暗公臥子讀書南園。樂其修竹長林，荒池廢榭。」（見陳忠裕全集臥子自撰年譜崇禎八年條附録所引。）

又檢臥子年譜崇禎八年乙亥及九年丙子，俱有「春讀書南園」之記載。皆未明著其離去南園之季節。細繹臥子詩題，其「屢有」之「屢」，自是兼指在崇禎十一年夏秋以前數次而言。第叁章已詳論臥子與河東君於崇禎八年春間，同居徐氏南樓并游宴陸氏南園之事。河東君雖於是年首夏離去南樓南園之際，只可見荷葉，而不能見蓮花。但三年之後，臥子復於南園見此荒池中并蒂蓮，感物懷人，追憶前事，遂有是作，殊不足怪矣。然則河東君所賦并蒂芙蓉詩，當是和臥子之作者。今檢河東君遺存之作品，如戊寅草，其中未見此詩。考此草所載河東君之詩，至崇禎十一年秋間爲止。故疑此詩乃河東君崇禎十一年秋間以後，十三年冬間以前所作。即使此詩作於最早限度之崇禎十一年冬間，牧齋固亦得謂之爲「新」。前第叁章論宋讓木秋塘曲序中「坐有校書，新從故相家，流落人間。」所謂「新」字之界説，讀者可取參閲。蓋當時文人作品，相隔三年之久，本可用「新」字以概括之也。所可笑者，陳楊二人賦詩，各以并頭蓮自比。不意歷時未久，河東君之頭，猶是「烏個頭髮」，而牧齋之頭，則已「雪裏高山」。實與臥子「還家江總」之頭，區以别矣。牧齋頭顱如許，竟爾冒充，亦可憐哉！

「今夕梅魂共誰語，任他疏影蘸寒流。」者，牧齋自注既引河東君金明池咏寒柳詞，是以「梅魂」自任，故疏影亦指己身，辭旨明顯，固不待論。惟「蘸」字之出處頗多，未知牧齋何所抉擇。鄙意恐是暗用西廂記「酬簡」之語。果爾，殊不免近褻。至若「寒流」一辭，「流」乃與「寒柳」題中之「柳」音近而巧合，即此一端，亦可窺見牧齋文心之妙矣。昔張敞云：「閨閣之内，夫婦之私，有過於畫眉者。」（見漢書柒陸張敞傳。）由是言之，自不必拘執迂腐之見，訶詆牧齋。但子高坐此「終不得大位」，（并見漢書張敞傳。）牧齋亦以夙有「浪子燕青」之目，常守閨閣之内，而卒不得一入内閣之中。吾人今日讀明清舊史，不禁爲之失笑也。

錢曾注牧齋有美詩，忽破例引河東君金明池咏寒柳詞，已覺可怪。又載何雲疏影詞一闋，如此枝蔓，更爲可疑。推原其故，遵王所以違反其注詩之通則者，殆皆出於陸敕先之意，遵王不得已而從之，實非其本旨也。兹以士龍之詞與牧齋此詩有關，因附録之，并略考何氏事迹，稍爲論證，以資談助。

錢曾初學集詩注壹捌有美詩「疏影新詞麗」句注云：

陸敕先曰，何士龍有調寄疏影「咏梅。上牧翁。」云：香魂誰比。總有他清澈，没他風味。無限玲瓏，天然葱倩，誰知仍是憔悴。便霜華幾日，連宵雨，又别有一般佳麗。除那人殊妙，將影兒現，把氣兒吹。須憶半溪朧月，漸恨入重簾，香清玉臂。冥濛空翠，如語烟霧裏，更有何人起。惜他止是人無寐。算今夕共誰相對。有調羹，居士風流，道書數卷而已。

此詞實爲河東君而作，詩當指此也。

寅恪案，牧齋賦有美詩引士龍此詞，以贊揚河東君。於此可知錢何兩人關係之密切，并足見牧齋門下士中，士龍與孫子長（孫氏事迹及與牧齋之關係，可參有學集壹玖孫子長詩序，同書貳叁孫子長徵君六十壽序及牧齋尺牘中與孫子長札第貳通并王漁洋思舊集叁「孫永祚」條等。）與顧云美等同屬左袒河東君一派，而與錢遵王輩居於反對地位者也。兹不暇考士龍本末，唯就此點論證之。

牧齋所撰吾炙集「東海何云士龍」條云：

士龍嶺表歸來，相見已隔生矣。婦（寅恪案，此「婦」字指河東君。）見余喜，賀曰：公門下今日纔得此一人。余曰：如得習鑿齒，纔半人耳。婦問何故？余笑曰：彼半人即我身是也。

初學集伍伍何仲容墓志銘略云：

仲容諱德潤，爲常熟甲族。父諱錞。〔仲容〕娶秦氏，生子五人，述禹述稷述契述皋雲。雲吾徒也。

同治修蘇州府志壹佰常熟縣何雲傳略云：

何雲字士龍。祖錞字言山。（寅恪案，光緒修常昭合志稿叁叁何錞傳云：「何錞字子端。」與此异。下文又云：「子雲，字士龍。」略去德潤一代，與牧齋所作何仲容墓志銘不合。殊誤。）雲能古文詞，尤熟唐史。凡唐人詩有關時事者，歷歷指出如目睹。錢謙益延致家塾。崇禎丁丑謙益被訐下獄，雲慷慨誓死，草索相從。後從瞿式耜至閩粵，流離十五年，復歸故園。

初學集壹壹桑林詩集序云：

丁丑春盡赴急徵，稼軒并列刊章。士龍相從草索。渡淮而北，赤地千里。身雖罪人，不忘吁嗟閔雨之思，遂名其詩曰桑林集。

同書同卷「一嘆示士龍」云：

一嘆依然竟隕霜，烏頭馬角事茫茫。及門弟子同關索，薄海僧徒共炷香。百口累人藏複壁，千金爲客掩壺漿。昭陵許哭無多泪，（自注：「唐制有冤者，許哭昭陵。」）要倩馮班慟一場。（自注：「里中小馮生善哭。」寅恪案，小馮生之兄舒，亦與牧齋關係密切。可參虞山妖亂志。觀牧齋此詩，知馮氏兄弟及士龍，皆牧齋患難交也。又可參馮班鈍吟雜録壹

「家戒」上所云「何雲有文，錢牧翁重之。」之語。）

同書壹貳霖雨詩集「送何士龍南歸兼簡廬紫房一百十韵」略云：

伊余退廢士，杜門事耕桑。十年守環堵，一朝瑣鋃鐺。天威赫震電，門户破蒼黄。詔紙疾若飛，官吏仆欲僵。有母殯四載，西風吹畫荒。有兒生九齡，讀書未盈箱。賓客鳥獸散，親族憂以痒。或有彊近者，懼累遺禍殃。目笑復手笑，堅坐看戲場。或有猙獰者，黠鼠而貪狼。毁室謀取子，壞垣𧫴我宲。揶揄反皮面，謡諑騰誹謗。唯有負傭流，弛擔語盡傷。唯有龐眉叟，戟手呼彼蒼。市人爲罷市，僧院各炷香。我心鄙兒女，刺刺問束裝。暮持襆被出，詰朝抵金閶。門生與朋舊，蠭涌來四方。執手語切切，流襟泪浪浪。惜我傔從弱，念我道路長。或云權倖門，刺客如飛蝗。穴頸不見血，探頭入奚囊。或云盤餮内，鴆堇置稻粱。匕箸一不慎，墳裂屠肺腸。誰與警昏夜，誰與衛露霜。誰與扶跛𨃃，誰與分勗勷。何生奮袖起，雲也行所當。闔門置新婦，問寢辭高堂。典衣買書劍，首路何慨慷。何生夜草疏，奮欲排帝閶。黯淡蚊襆紙，傾欹蚓成行。殘燈焰明滅，房心吐寒芒。祖宗牖惚恍，天心鑒明明。眉山摘牙牌，分宜放鈐岡。執彼三屍蟲，打殺銅駝傍。孤臣獲更生，朝市喜相慶。孟冬家書來，念母心不遑。有憂食三嘆，矧乃惰與翔。星言卷衣被，别我歸故鄉。我欲縶子駒，顧視心悵悵。子行急師難，子歸慰母望。丹青或可渝，此義永不爽。

寅恪案，牧齋爲張漢儒所訐，被逮北行，下刑部獄，逾年始得釋歸。其本末備見史乘及他載記，以非本文範圍主旨所在，故不詳述。惟節録牧齋自述之詩，亦足知當日被逮時之情況，并門生故舊關係之一斑也。所最可注意者，不在士龍之維護牧齋，而在河東君之賞譽士龍，吾炙集中錢柳問答之言，即是其證。

晋書捌貳習鑿齒傳（參高僧傳伍釋道安傳。）云：

後以脚疾，遂廢於里巷。及襄陽陷於苻堅，堅素聞其名，與道安俱輿而致焉。既見，與語，大悦之。賜遺甚厚。又以其蹇疾，與諸鎮書：「昔晋氏平吴，利在二陸。今破漢南，獲士裁一人有半耳。」俄以疾歸襄陽。尋而襄鄧反正，朝廷欲徵鑿齒，使典國史。會卒，不果。

然則牧齋之意，謂清兵取江南，己身降附，北遷授職，俄引疾歸籍，稍蒙禮遇。（清史列傳柒玖貳臣傳錢謙益傳云：「〔順治三年〕六月以疾乞假。得旨，馳驛回籍。令巡撫按視其疾痊具奏。」）可比彦威在前秦陷没襄陽後，爲苻堅所輿致。俄以疾返里，尋而襄鄧反正，晋廷欲使之典國史。蓋牧齋猶希望明室復興，己身可長史局也。寓意甚微妙。河東君平日於晋書殊爲精熟，觀其作品，例證頗多。此點牧齋固亦宿知，所以舉習氏爲説者，乃料定河東君必能達其微旨。儻是與常人而作此語，豈非對牛彈琴耶？蕭伯玉士瑋題牧齋初學集，顧云美作河東君傳，俱以李易安趙德甫比錢柳。今讀吾炙集此條所記，益證蕭顧之言非虛譽矣。

蘇州府志何雲傳云：「錢謙益延致家塾。」士龍何時在牧齋家授讀，未能考知。以意揣之，當在黃陶庵之前。牧齋送士龍南歸詩，自述其崇禎十年丁丑春被逮時事云：「有兒生九齡，讀書未盈箱。」蓋孫愛生於崇禎二年己巳九月。（見初學集玖崇禎詩集伍「反東坡洗兒詩己巳九月九日」詩。）至崇禎十年春間，適爲九歲。士龍之在錢氏家塾，或即此時，亦未可知。虞山妖亂志中云：

> 有朱鑣者，老儒也，教授於尚書家塾。

漢儒訐牧齋所言江南六大害中第陸疑「士習之害」，亦載朱鑣之名，與馮舒并列。竊疑朱氏之在牧齋家塾，或更先於士龍。豈孫愛之發蒙師耶？俟考。

又有可注意者，即牧齋門下士中，凡最與瞿稼軒有關者，俱爲同情河東君之人。第叁章論河東君傳作者顧苓本末時，已略述云美與稼軒之關係。今觀士龍之作疏影詞及吾炙集所載河東君之語，皆可證明此點。由此推之，稼軒在牧齋門下，亦與何顧兩氏同屬「柳派」，而與錢遵王之爲「陳派」，即牧齋夫人陳氏之派者，迥不相同也。俟下文論絳雲樓事時再及之，茲不多贅。

松圓詩第叁句用史記柒玖范睢傳。第肆句用晉書捌拾王羲之傳附徽之傳及玖肆戴逵傳并世説新語任誕類「王子猷居山陰」條。第伍句用李太白「送友人」五律。（見全唐詩第叁函李白壹柒。）第陸句用樂府詩集肆壹卓文君白頭吟。皆習見之典，不待詳引。所可注意者，即第柒第捌兩句，「老懷不爲生離苦，雙泪無端只自流。」之語。半野堂此夕之宴，有兩作用。一爲送別將去之孟陽。一爲歡迎新到之河東君。牧齋此時與孟陽之關係，爲「悲莫悲兮生別離」。與河東君之關係，爲「樂莫樂兮新相知」。斯固孟陽所深切體會者，但明言不爲己身生離之苦，則老泪雙流，自必因他人新知之樂所致，可以決定無疑。

又此詩第壹第貳兩句，乃問答之詞。第壹句「珠簾」，用李太白「怨詞」，「美人捲珠簾」之典。（見全唐詩第叁函李白貳肆。）蓋河東君夙有「美人」之稱也。（見第貳章所論。）「莫愁」用玉溪生「馬嵬」二首之二「不及盧家有莫愁」之典。（見李義山詩集上。）河東君與莫愁身分適合，固不待言。此句之意，謂河東君今屬誰家乎？第貳句乃答辭，意謂河東君今在半野堂之我聞室，其地「彈絲吹竹」，接近藏書之樓，即以錢家爲盧家也。牧齋雖藏書甚富，但此時尚未建絳雲樓，故此樓自不能指絳雲樓。依江南氣候潮濕多雨之通例推之，書籍之藏儲，宜在樓閣，頗疑牧齋此時家中之榮木樓，不僅爲陶庵授讀孫愛之處，亦是牧齋藏書之所。若果推測不誤，則崇禎十三年庚辰十二月二日文酒之宴，笙歌笑語，通夕不休。陶庵或因此喧嘩擾其眠睡，心情既煩惱厭惡，復拘守禮法，不便出樓參與盛會。其不願和詩，勢所必然也。苦哉！苦哉！

故綜合第壹第貳兩句之旨意言之，實與第柒第捌兩句相關，蓋義山「不及盧家有莫愁」句，「有」字之義，當作「保有」及「享有」解。今此「莫愁」已是「年年河水向東流」，爲牧齋所有矣，安得不「雙泪無端只自流」乎？

復次，有學集叁夏五集「西湖雜感」二十首之八云：

西泠雲樹六橋東，月姊曾聞下碧空。楊柳長條人綽約，桃花得氣句玲瓏。（自注：「桃花得氣美人中，西泠佳句，爲孟陽所吟賞。」）筆床研匣芳華裏，翠袖香車麗日中。今日一燈方丈室，（寅恪案，「一燈」二字，錢曾注本同。）散花長侍净名翁。

寅恪案，此詩爲牧齋於順治七年庚寅在杭州追憶河東君西湖舊游而作者。末句「一燈」二字，今據牧齋手寫稿本，知原作「一來」。（見有正書局影印江左三大家詩畫合璧。）「一燈」自極可通，改「一來」爲「一燈」，是否出於牧齋本身，抑或後人所爲，俱不得知。但「一來」實用佛典，此詩第柒第捌兩句皆用維摩詰經事。故「一來」二字，殊爲適合。河東君行踪飄忽，往往「一來」即去，而更「不還」。其於臥子孟陽皆莫不然。松圓之作「絙雲」詩，欲其「絙定不行」。牧齋此詩結語頗表得意，或者後來又覺詞過明顯，遂自改易耶？牧齋作此詩時，松圓卒已八年，「散花」之天女依舊「長侍净名」，斯殆亦松圓地下所不及料者歟？

又前論有學集「吴巽之持孟陽畫扇索題」詩節，引耦耕堂存稿文下「題歸舟漫興册」有「庚辰臘月望，海虞半野堂訂游黄山。」之語，可知孟陽至早亦於崇禎十三年十二月十五日始離去牧齋家。夫半野堂送别之宴，在十二月二日，距離孟陽行期，有十餘日之久，時間未免太長。然則此宴明是專爲歡迎河東君入居我聞室而設者，所謂送别孟陽，不過「順水人情」耳。且此夕之宴，實同於合巹花燭之筵席，牧齋蓋藉以暗示孟陽，若謂自此夕以後，河東君專屬我有，松圓詩老亦可以行矣。孟陽自必心知其意，所以有「何處珠簾擁莫愁，笛床歌席近書樓。」及「老懷不爲生離苦，雙泪無端只自流。」等句也。傷哉！

徐爾從爲此夕酒座局外中立之人，其本末未能詳考。兹僅就所見甚少之材料推論之，亦可知徐氏在牧齋門下，究屬何派，即「柳派」。抑或「陳派」也。

初學集伍陸「陜西按察使徐公墓志銘」（參光緒修常昭合志稿貳伍徐待聘傳。）略云：

公諱待聘，廷珍字也。晚年與余游最密。有子四人，錫祚錫胤錫雲錫全。錫祚錫胤皆與余交好。

馮默庵虞山妖亂志中述錢裔肅召歸其祖岱之出妾連璧事，有關涉爾從一節。其文略云：

又有徐錫胤者，素亦客於尚書門。恨錢斗獨擅裔肅，己不得交關。遂出揭攻裔肅。

有學集叁壹「族孫嗣美合葬墓志銘」略云：

嗣美名裔肅。妻蔣氏。子四人，長召次名，次即曾，次魯。

王應奎柳南隨筆貳云：

徐錫允字爾從。廉憲待聘之子。文虹其自號也。家畜優童，親自按樂句指授。演劇之妙，遂冠一邑。詩人程孟陽爲作徐君按曲歌，所謂「九齡十齡解音律，本事家門俱第一。」蓋紀實也。（寅恪案，此兩句見耦耕堂存稿詩中「贈徐君按曲圖歌」，又可參同書上「和牧齋觀劇」四首及同書中「戲和徐爾從遣散歌兒二首同牧齋次韵」并初學集拾崇禎詩集陸「（崇禎五年）仲夏觀劇歎宴浹月，戲題長句，呈同席許宫允諸公。」及同書壹陸丙舍詩集「次韵徐二爾從散遣歌兒之作」二首。）時同邑瞿稼軒先生以給諫家居，爲園於東皋，水石臺榭之勝，亦擅絶一時。邑人有「徐家戲子瞿家園」之語，目爲虞山二絶云。

寅恪案，何士龍有疏影詞，當即後來追和牧齋此夜之詩「今夕梅魂」句之意者。爾從此夕之宴，既身在座中，復次牧翁韵贈河東君，則其立場觀點，與何顧相同，其屬於「柳派」，不待多論。又據默庵之言，知爾從曾揭攻錢裔肅。錢曾爲裔肅之子，則爾從爲嗣美遵王父子之仇人怨家，其與「陳派」之遵王相敵對，乃自然之理也。

夫牧齋朋好甚多，何以此夕與宴作詩，除孟陽外，僅見爾從一人？頗疑當日事出倉促，不易邀集多友。爾從與孟陽交誼甚篤摯，又精通音律，此夕文宴河東君應有彈絲吹竹、度曲按歌之舉。錢程特招之與會，亦情勢所當然也。至黄陶庵此時館於牧齋家，轉不與是夕之宴及不見其有關之詩者，實由陶庵本人對於此事所持之見解所致。蓋崇禎十三年庚辰十二月二日，陶庵正居牧齋常熟城内宅中之榮木樓，授孫愛讀。依昔日家塾慣例，年終固須放館歸家，但多在除夕以前不久之時，始能離館。嘉定常熟道途甚近，陶庵爲人嚴肅，恐不於臘月之初，即已還家度歲。然則陶庵此夕當仍在牧齋家。孟陽既同寓一處，牧齋設宴聲稱爲孟陽餞别，程黄舊交，豈有不被邀請陪座之理。據今日所見資料，似陶庵并未與此離筵者，豈牧齋習知陶庵平日性格迥异於爾從，河東君之放誕風流，此夕之宴，更必有所表見。錢之不邀黄，非僅畏憚其方正，實亦便利主客兩方，不得已之決策。牧齋當日之苦心，亦可窺見矣。

爾從詩第壹句「舞燕驚鴻見欲愁」，謂河東君此夕放誕風流之活潑舉動，殊不逾越當日閨閣常軌者。第肆句「咳吐千鐘倒玉舟」謂河東君於此夕座上之豪飲。故此兩句，極有寫實價值。第柒第捌兩句「佳人那得兼才子，藝苑蓬山第一流。」河東君真足當之無愧，未可目爲尋常酬應諛贊之言。綜觀爾從之作，雖不甚工，然頗切合。牧齋之選録此詩，或職是之故歟？

此夕見神見鬼之老嫗，乃黄陶庵以外，局外而又局外之人。以情理推測，必非奔走執役於此夕之宴會者。其人立於設筵之堂外，遥遥望見主翁賓客之形影，雖未必得聞河東君熏鑪之香氣，然老主人朱門酒肉之臭味，亦可令之作嘔也。據有學集肆陸「題李肇國史補」云：

絳雲一炬之後，老媪於頽垣之中，拾殘書數帖，此本亦其一也。

則此拾得絳雲樓半野堂焚毀後殘書之老媪，疑即與窺探半野堂文宴之老嫗同是一人。蓋此老婦所居之處，當在半野堂絳雲樓之近旁，故可被人利用偵察半野堂之情況。後來堂樓俱毁於火，遂亦時時周行巡視，撥寒灰，尋斷簡於其地歟？至此老嫗之立場觀點，則非可視爲中立者，因此人既號爲老嫗，當是牧齋夫人陳氏，或寵妾王氏之舊人，其在堂外窺看，殆由受命而來偵探，故其所言，必出於當日「陳派」之嗾使。寅恪所以有此推測者，因牧齋遺事趙水部雜志四則之四謂牧齋孫桂哥生之夕，夢見陳夫人所供養之赤脚尼解空至其家。（詳見第伍章所引。）據此可知陳夫人平日與妖尼來往，殊違背其姑顧氏之家教矣。（見初學集柒肆「請誥命事略。」一）然則此嫗所謂紅袍烏帽之三神，殆指錢氏之祖先而言。

初學集柒肆「亡兒壽耇壙志」略云：

其母微也，余妻與王氏更母之。丙寅之三月緹騎四出，警報日數至。家人環守號泣。兒忽告余曰：爹勿恐，爹勿恐。明年即朝皇帝矣。遂爲執笏叩頭呼萬歲狀。又曰：爹所朝非今皇帝，乃新皇帝也。新皇帝好，新皇帝大好。言之再四。余愕問何以知之？兒曰：影堂中諸公公冠服列坐樓下，教我爲爹言如是。僮應索绹坐檻上，我咤起之。詢之僮應，果然。嗚呼，异哉！是年七八月稍解嚴。明年兒死。凡四月，而先帝登遐。新天子神聖，逆閹殛死，慨然下明詔，恤録死廢諸臣。兒之云若執左券，而兒不得見也。嗚呼！兒之言其有神者告之，如古所謂熒惑散爲童謡者耶？其真吾祖吾父憑而儀之，而錫以兆語耶？兒能見亡人，又與聲欬相接，豈其死徵耶？兒死於天啓丁卯五月十六日，其葬也，以新天子改元崇禎之三月清明日，在夏皋祖塋之旁，其父謙益爲書石，而納諸壙。

寅恪案，牧齋作志，本藉小兒妄語，以抒其悲感。文情并茂，自是能手。今詳繹志文，牧齋實不免迷信之誚。此點可參初學集拾崇禎詩集陸「仙壇唱和詩十首」，同書肆叁「泐法師靈异記」一，（寅恪案，此事亦涉及金聖嘆，頗饒興趣。可參王應奎柳南隨筆叁「金人瑞」條。）同書捌陸「石刻楞嚴經緣起」及有學集貳柒「河南府孟津縣關聖帝君廟靈感記」等。關於是時江南士大夫名流迷信之風氣，限於本文範圍，不欲多論。但當日錢氏一家見神見鬼之空氣，亦可推見也。

據明史陸柒輿服志文武官冠服條云：

一品至四品緋袍。

故著紅袍之三神，當指牧齋之曾祖、祖及父。但檢初學集柒肆譜牒壹，牧齋於崇禎元年九月爲祖父順時父世揚請誥命，撰二人事略，而不及其曾祖體仁。蓋是時牧齋任職二品之禮部侍郎，依例止可封贈二代也。（見明史柒貳職官志。）又檢初學集柒伍代其父所作「故叔父山東按察司副使春池府君行狀」（原注：「代先大夫。」）云：

府君之先曰我王父，贈奉政大夫刑部河南清吏司郎中府君諱體仁。

則知牧齋之曾祖體仁止贈五品官，（亦見明史柒貳職官志。）依例著藍袍而非緋袍。（亦見明史陸柒輿服志文武官冠服條。）是三神之中，應爲二紅袍一藍袍。老嫗所言，不合事實，頗有可疑。鄙意舊時出身履歷，例書曾祖、祖及父三代名字資格。今日世俗習慣猶以「祖宗三代」爲言。錢氏家中造謠之老嫗，不同於治史考據之專家，牽混概括，目牧齋三代祖宗皆著紅袍，自是極可能之事。論者不必於此過泥，而以爲與明代之朝章國典不合。由是言之，錢氏祀奉祖宗之建築物内所懸之喜神，（見錢大昕竹汀先生日記鈔壹「讀宋伯仁梅花喜神譜」條及阮元四庫未收書目提要壹「梅花喜神譜」條。）亦俱紅袍烏帽衣冠之狀。此可與壽耇「影堂中諸公公冠服列坐樓下，教我爲爹言如是。」之語，互相印證也。

又劉本沛虞書云：

顧太僕書屋甚華美。内有三層樓一座，是太僕赴粤時所建，未經人住。居民每夜見有五神人，金幞紅袍，巍峨其上。犯者禍立至。丁卯予僦居五年，讀書其上，絶無影響。

寅恪案，劉氏書自識略謂：「弘光乙酉七月十三日清兵南下。茅檐悶坐，無以自遣，偶追聞見，漫筆之書。八月二十四日逋髯劉某識。」可知劉氏僦居顧太僕書屋之丁卯年，乃指天啓七年丁卯而言。下距崇禎十三年庚辰河東君過訪半野堂之歲，僅十三年。時代甚近，顧宅怪異之事復在虞山發生。然則劉氏所記與牧齋家老嫗所言，可謂時同地同。據此更可以推見明末常熟社會迷信狀況之一斑矣。

當時牧齋家中「反柳派」欲利用牧齋前此迷信之心理散播謡言，假托祖宗顯靈，以警戒牧齋不可納此禍水，免致敗家。依情勢言，此主謀者，當即牧齋夫人陳氏及寵妾王氏。此二人之地位，最與河東君不能相容，且又爲撫養壽耉之人，更宜出此詭計。其所以不促使最近於崇禎十三年冬至祭祀祖宗之孫愛作第貳壽耉，以見神見鬼之言，面告牧齋者，其故當因此時孫愛年已十二歲，非如壽耉之幼稚，易於指揮，且其生母朱氏與王氏復有利害之冲突，不立於同一之戰綫也。牧齋前此受壽耉預言之影響，此時又聞老嫗之傳説，雖不加訶責禁止，然亦未能解其所言之用意，因姑妄聽之，存而不究。至其垂死之年，作詩追記半野堂文宴之事，有「看場神鬼坐人頭」之句，藉以詆詈其政敵。「神」指温體仁周延儒等顯要。「鬼」指陳汝謙張漢儒諸浪人。此類神鬼皆常坐於人之頭上者也。假使牧齋心中聯繫老嫗壽耉兩人所言，則必不用此類詞句，否則豈非呵罵自身之祖宗耶？牧齋一生思想靈活，此點爲「陳派」所深知，其促使老嫗傳播妄言，蓋預料牧齋必能追憶壽耉之語，認爲「諸公公」顯靈欲令立即斥去「城南之柳」，

（此借用谷子敬吕洞賓三度城南柳雜劇之名，以劇中柳樹精爲楊氏子，而河東君初訪半野堂時，亦作男子裝故也。）實爲家門之福，但牧齋此時因沈溺於新相知之樂，如醉如癡，遂一反其平日心理常態，竟不能將此兩事，前後聯合爲一觀念，斯爲「陳派」失敗之主因也。黄梨洲乃同情於河東君者，由於未悉此中原委，轉謂是後來焚燒絳雲樓之火神。殊不知火神固可具紅袍烏帽之形狀，但何必現此三位一體之作用耶？錢黄二人通才博學，爲世宗仰，竟皆受紿於妒婦老嫗。迄今思之，甚爲可笑。然則當河東君初訪半野堂之時，牧齋家中黨派競争激烈，鈎心鬥角，無所不用其極。内容實況，今雖不能詳知，即據紅袍烏帽三神之傳説，亦可推見一斑。故不避煩瑣之嫌，特辨述之如此。

東山酬和集壹牧翁「迎春日偕河東君泛舟東郊作」（寅恪案，迎春日之問題可參前論牧齋「冬至日感述示孫愛」詩節。）云：

罨畫山城畫舫開，春人春日探春來。簾前宿暈猶眠柳，鏡裏新妝欲笑梅。花信早隨簪鬢發，歲華徐逐蕩舟回。緑尊紅燭殘年事，傳語東風莫漫催。

河東君「次韵」云：

珠簾從此不須開，又是蘭閨夢景來。畫舫欲移先傍柳，游衫纔拂已驚梅。東郊金彈形相逐，南陌瓊輈度幾回。最是新詩如玉琯，春風舞袖一時催。（寅恪案，此首初學集未載。）

河東君「春日我聞室作，呈牧翁。」（寅恪案，鄭氏近世中西史日表，崇禎十三年庚辰正月十叁日立春，十二月廿四日又立春。河東君詩題之「春日」，乃指自十二月立春至除夕間之節候也。）云：

裁紅暈碧泪漫漫，南國春來正薄寒。此去柳花如夢裏，向來烟月是愁端。畫堂消息何人曉，翠帳容顔獨自看。珍重君家蘭桂室，東風取次一憑闌。

牧翁「河東春日詩有夢裏愁端之句，憐其作憔悴之語，聊廣其意。」云：

芳顔淑景思漫漫，南國何人更倚闌。已借鉛華催曙色，更裁紅碧助春盤。早梅半面留殘臘，新柳全身耐曉寒。從此風光長九十，莫將花月等閑看。

寅恪案，錢柳二人同在一處時，酬和往復，一日之間，一人所作，往往不止一首。如上録四詩，皆屬於迎春日者。但初學集未載河東君次韵牧齋此日同游東郊之作。又東山酬和集壹牧齋「新正日偕河東君過拂水山莊，梅花半開，春條乍放，喜而有作。」後附河東君次韵詩，初學集亦未載。二人不在一處時，詩簡來往，互相酬和，亦有僅載一方之作品者，如東山酬和集貳牧齋「西溪永興寺看緑萼梅有懷」及「二月十二春分日横山晚歸作」，初學集皆未載河東君和作。或疑初學集爲牧齋一人專集，與東山酬和集之爲諸人酬和詩之選集，兩者性質不同，主賓輕重互异，因有著録多少之分别。是説雖亦近理，然鄙意恐不止此。蓋河東君爲人負氣好勝，其與當時名士拈題鬥韻，往往超越諸人之上。杜少陵「語不驚人死不休」，（見杜工部集壹壹「江上值水如海勢，聊短述。」七律。）正同此義。今觀初學集中所存與牧齋唱和之作，頗多別有意境，非復牧齋所能企及。至其未載者，則屬不能與牧齋競勝之作品。由是而言，初學集之未全載河東君諸詩，實出河東君本人有所去取之故。斯固負氣好勝，而又聰明絕世之人，如河東君者，所應有之舉措也。茲因比較東山酬和集與初學集兩本繁簡异同，略附鄙見如此，以俟通人之教正。

牧齋迎春日泛舟一首，既切合景物情事，更才藻艷發，洵爲佳作。河東君和章，雖亦不惡，然較牧翁原作，終有遜色。宜其刪去，不存於初學集，以免相形見絀也。牧齋詩第叁第肆句，實寫河東君前夕豪飲，次晨早妝之態。形容巧妙，如見其人。至若孟陽絙雲詩第肆首，亦描寫河東君早妝之作。雖與牧齋此兩句之意旨相同，但錢詩造語精鍊，非程詩所可及。不過松圓欲遠追周昉，畫出河東君此際情態，則其所畫，或更較牧齋之詩能傳神，亦未可知也。

河東君「春日我聞室作，呈牧翁。」一詩，前於第壹章第叁章及本章已多述及。今更申論之。其關涉古典者，不必徵釋，惟就今典言之。河東君此詩與臥子「夢中新柳」詩，同用一韻，殊非偶然。蓋因當日我聞室之新境，遂憶昔時鴛鴦樓之舊情，感懷身世，所以有「泪漫漫」之語。讀此詩者，能通此旨，則以下諸句皆可迎刃而解矣。「此去柳花如夢裏」指陳臥子滿庭芳詞「無過是，怨花傷柳，一樣怕黄昏。」之語而言，即謂與軼符之關係。「向來烟月是愁端」指宋讓木秋塘曲「十二銀屏坐玉人，常將烟月號平津。」之句而言，即謂與周文岸之關係。「向來」既如是，「此去」從可知。所言之事，所懷之感，乃牧齋所深知者，故云「河東春日詩有夢裏愁端之句，憐其作憔悴之語。」遂不得不和韵賦詩，「聊廣其意」。否則此二句自表面觀之，亦未見其語之甚憔悴而可憐也。「畫堂消息何人曉」，指牧齋初次答其過訪半野堂詩「但似王昌消息好」之句及永遇樂詞「白玉堂前，鴛鴦六六，誰與王昌説。」之語。然其下接以「翠帳容顔獨自看」之句，即借用玉溪生「代〔盧家堂内〕應」詩「誰與王昌報消息，盡知三十六鴛鴦。」之意。據朱鶴齡李義山詩集箋注上引道源注，謂三十六鴛鴦，純舉雌言之。（寅恪案，馮孟亭不以此説爲然。見玉溪生詩詳注叁。）牧齋詩詞之意，亦同此解。河東君當亦不异。然則此一聯，兩句連讀，意謂己身之苦情，牧齋未必能盡悉，而懷疑其是否果爲真知己也。「珍重君家蘭桂室」感牧齋相待之厚意，而抱未必能久居之感，若作如是解，則「君家」二字之用意所在，始有著落。「東風取次一憑闌」，即用卧子夢中所作「大抵風流人倚欄」之句，并念卧子醒後補成「太覺多情身不定」之句，而自傷卧子當時所言，豈竟爲今日身世之預讖耶？夫河東君此詩雖止五十六字，其詞藻之佳，結構之密，讀者所盡見，不待贅論。至情感之豐富，思想之微婉，則不獨爲東山酬和集中之上乘，即明末文士之詩，亦罕有其比。故特標出之，未知當世評泊韵語之耑家，究以鄙説爲何如也。

抑更有可論者，河東君此詩題，既特標「我聞室」三字，殊有深意。夫河東君脱離周文岸家後，至賦此詩之時，流轉吴越，將及十年。其間與諸文士相往還，其寓居之所，今可考知者，在松江，則爲徐武静之生生庵中南樓，或李舒章之横雲山别墅。在嘉定，則爲張魯生之薖園，或李長蘅家之檀園。在杭州，則爲汪然明之横山書屋，或謝象三之燕子莊。在嘉興，則爲吴來之之勺園。在蘇州，或曾與卞玉京同寓臨頓里之拙政園。凡此諸處，皆屬别墅性質。蓋就河東君當時之社會身分及諸名士家庭情况兩方面言之，自應暫寓於别墅，使能避免嫌疑，便利行動。但崇禎庚辰冬日至虞山訪牧齋，不寓拂水山莊，而徑由舟次直遷牧齋城内家中新建之我聞室，一破其前此與諸文士往來之慣例。由是推之，其具有决心歸牧齋無疑。遺囑中「我來汝家二十五年」之語，可以證知。然牧齋家中既有陳夫人及諸妾，又有其他如錢遵王輩，皆爲己身之反對派，倘牧齋意志動摇，則既遷入我聞室，已成騎虎之勢。若終又舍牧齋他去，豈不貽笑諸女伴，而快宋轅文謝象三報復之心理耶？故「珍重君家蘭桂室」之句與「裁紅暈碧泪漫漫」之句互相關涉，誠韓退之所謂「刳肝以爲紙，瀝血以書詞。」者。吾人今日猶不忍卒讀也。牧齋既深知河東君「夢裏」「愁端」兩句所指之事實及心理，因和韵以寬慰之。

牧齋此詩寬慰之詞旨，實在其後四句。「早梅半面留殘臘，新柳全身耐曉寒。」「新柳」

乃指卧子「補成夢中新柳詩」之「新柳」，自不待言。「全身耐曉寒」，必非泛語。第叁章論卧子蝶戀花「春曉」詞「故脱余綿，忍耐寒時節。」句，已略及河東君個人耐寒之特性。顧苓「河東君傳」云，「爲人短小，結束俏利。」白牛道者題此傳云，「冬月御單袷衣，雙頰作朝霞色，即之，體温然。疑其善玄素也。」皆與耐寒之特性有關。蓋河東君爲人短小，若衣著太多，則嫌臃腫，不得成俏利之狀。既衣著單薄，則體熱自易放散，遂使旁人有「即之温然」之異感。此耐寒習慣，亦非堅忍性特强之人不易辦。或者河東君當時已如中國舊日之乞丐，歐洲維也納之婦女，略服砒劑，既可御寒，復可令面頰紅潤。斯乃極謬妄之假説，姑記於此，以俟當世醫藥考古學人之善美容術者教正。

兹有一事可論者，吾國舊時婦女化妝美容之術，似分外用内服兩種。屬於外用者，如脂粉及香熏之類，不必多舉，屬於内服者，如河東君有服砒之可能，及薛寶釵服冷香丸（石頭記第柒及第捌兩回。）即是其例。前引卧子爲河東君而作之「長相思」詩云：「别時餘香在君袖，香若有情尚依舊。但令君心識故人，（寅恪案，此句用後漢書列傳肆肆楊震傳「故人知君，君不知故人。」之語，甚爲巧妙，足見卧子文才之一斑。）綺窗何必長相守。」然則河東君之香乃熱香，薛寶釵之香乃冷香，冷香猶令寶玉移情，熱香更使卧子消魂矣。

又温睿臨南疆逸史下逸士門張白牛傳略云：

張白牛，失其名，字存壬，錢塘諸生。鼎革後，棄諸生服，避居留下，賣卜自給，足迹不入城。破屋二間，敗几缺足，穴壁倚之以讀書。貌蒼古，亂髯，聲如洪鐘。日吟詩，經史之外，釋道三藏皆誦。冬衣一敝苧衫，服砒霜。問之，則聊以御寒。

寅恪案，白牛道者，或即是張白牛，尚俟詳考。但張氏冬日服砒霜以御寒，似可證知明季吴越間頗流行服砒御寒之術。且張氏之號，與題河東君傳之白牛道者，實相符合，甚可注意也。

牧齋「新柳全身耐曉寒」句之意，尚不止摹寫河東君身體耐寒之狀，實亦兼稱譽其遭遇困難，堅忍不撓之精神。蓋具有兩重旨意也。臥子補成夢中新柳詩載於陳李唱和集，爲崇禎六年癸酉早春所作。此詩後一題爲「梅花」七律二首，當亦是爲河東君而作。

又陳忠裕全集壹伍屬玉堂集載臥子於崇禎七年甲戌歲暮所作「早梅」一首云：

垂垂不動早春間，盡日青冥發滿山。昨歲相思題朔漠，（自注：「去年在幽州也。」）此時留恨在江關。干戈繞地多愁眼，草木當風且破顔。念爾淩寒難獨立，莫辭冰雪更追攀。

寅恪案，臥子自注云「去年在幽州也。」蓋臥子崇禎六年癸酉歲暮在北京，候次年會試。此時頗多綺句，皆懷念河東君之作，第叁章已論及之。此詩之前爲「臘日暖甚，過舒章園亭，觀諸艷作，并談游冶。」二首，此詩後爲「乙亥元日」。然則臥子「早梅」一律，當作於崇禎七年十二月立春之後，除夕之前。正與牧齋崇禎十三年庚辰冬作此詩之時節相應合。臥子詩云「念爾凌寒難獨立，莫辭冰雪更追攀。」牧齋早梅之句及耐寒之語，疑俱與之有關。臥子陳李唱和集及屬玉堂集久已刊布，諒牧齋當日必早見及。故用其「新柳」「早梅」兩詩，以爲今典。不僅寫景寫物，亦兼言情言事。此非高才，不能爲之。即有高才，而不知實事者，復不能爲之也。幸得高才知實事而能賦咏之矣，然數百年之後，大九州之間，真能通解其旨意者，更復有幾人哉？更復有幾人哉？

「從此風光長九十，莫將花月等閑看」，謂立春至立夏共九十日，皆爲陽春，不可等閑放過。湯玉茗云：「如花美眷，似水流年。」牧齋於此非獨取以慰人，并用以自警矣。

抑更有可論者，崇禎十三年庚辰之冬，河東君年二十三，牧齋年五十九，臥子年三十三。依當日社會一般觀念，河東君或尚可稱盛年，然已稍有美人遲暮之感。臥子正在壯歲，牧齋則垂垂老矣。庚辰後五年爲順治二年乙酉，明南都傾覆，河東君年二十八，牧齋年六十四，河東君雖願與牧齋同死，而牧齋謝不能。庚辰後六年爲順治三年丙戌，臥子殉國死，年三十九，河東君年二十九。庚辰後八年爲順治五年戊子，牧齋年六十七，河東君年三十一。牧齋以黃毓祺案當死，而河東君救之，使不死。庚辰後二十四年爲康熙三年甲辰，牧齋年八十三，河東君年四十七，兩人先後同死。由是言之，河東君適牧齋，可死於河東君年二十九或三十一之時，然俱未得死，河東君若適卧子，則年二十九歲時，當與卧子俱死，或亦如救牧齋之例，能使卧子不死。但此爲不可知者也。嗚呼！因緣之離合，年命之修短，錯綜變化，匪可前料。屬得屬失，甚不易言。河東君之才學智俠既已卓越於當時，自可流傳於後世，至於修短離合，其得失之間，蓋亦末而無足論矣。因恐世俗斤斤於此，故取三人之關於此點者，綜合排比之，以供參究。寅恪昔撰王觀堂先生挽詩云：「但就賢愚判死生，未應修短論優劣。」意旨可與論河東君事相證發也。

東山酬和集壹牧翁「除夕山莊探梅，口占報河東君」云：

數日西山踏早梅，東風昨夜斬新開。停車未許傾杯酒，走馬先須報鏡臺。冷蕋正宜簾閣笑，繁花還仗剪刀催。衫襠携得寒香在，飄瞥從君嗅一回。

牧翁「庚辰除夜偕河東君守歲我聞室中」云：

除夜無如此夜良，合尊促席餞流光。深深簾幕殘年火，小小房櫳滿院香。雪色霏微侵白髮，燭花依約戀紅妝。知君守歲多佳思，欲進椒花頌幾行。

河東君「除夕次韻」云：

合尊餞歲羡辰良，綺席羅帷罨曙光。小院圍鑪如白晝，兩人隱几自焚香。縈窗急雪催殘漏，照室華燈促艷妝。明日珠簾侵曉卷，鴛鴦羅列已成行。

牧翁「辛巳元日雪後與河東君訂春游之約」（寅恪案，初學集此題止作「辛巳元日」。）云：

新年轉自惜年芳，茗椀薰鑪殢曲房。雪裏白頭看鬢髮，風前翠袖見容光。官梅一樹催人老，宫柳三眠引我狂。西磧藍輿南浦櫂，春來只爲兩人忙。

河東君「元日次韵」云：

蘼蕪新葉報芬芳，彩鳳和鸞戲紫房。已覺綺窗迴淑氣，還憑青鏡綰流光。參差旅鬢從花妒，錯莫春風爲柳狂。料理香車并畫檝，翻鶯度燕信他忙。

牧翁「新正二日偕河東君過拂水山莊，梅花半開，春條乍放，喜而有作」云：

東風吹水碧於苔，柳靨梅魂取次迴。爲有香車今日到，儘教玉笛一時催。萬條緯約和腰瘦，數朵芳華約鬢來。最是春人愛春節，咏花攀樹故徘徊。

河東君「次韵」（寅恪案，初學集未載此首。）云：

山莊水色變輕苔，并騎輕看萬樹迴。容鬢差池梅欲笑，韶光約略柳先催。絲長偏待春風惜，香暗真疑夜月來。又是度江花寂寂，酒旗歌板首頻回。

寅恪案，初學集壹貳「山莊八景詩」八首之七「梅圃溪堂」序云：「秋水閣之後，老梅數十株，古干虬繆，香雪浮動。今築堂以臨之。」又有學集肆柒「書梅花百咏後」云：「墓田丙舍，老梅數十株。」可見拂水山莊梅花之盛。牧齋於崇禎十三年除夕特先往拂水山莊探梅，其實乃爲二日後，即崇禎十四年正月初二日偕河東君同游之准備工作。自是屬於接待新人之範圍，但亦疑有與舊人如寵妾王氏之流有關之陳設等類，不欲使河東君見之「不順眼」，早爲除去。或更有他故，爲河東君所不願者，非預先措置不可。如拂水山莊本爲錢氏丙舍，新正之月，豈有至先塋所在，而不拜謁之理。牧齋之拜謁先塋，若河東君置身其間，頗爲尷尬。不拜則爲失禮，同拜則有已適錢氏之嫌。故牧齋所以先二日獨至拂水之主要目的，必爲己身可先拜墓，則偕河東君再往時，可以不拜，以免其進退維谷之困難。（可參有學集詩注玖紅豆集「（順治十五年戊戌）孟冬十六日偕河東君夫人自芙蓉莊泛舟拂水，瞻拜先塋，將有事修葺，感嘆有贈，效坡公上巳之作，詞無倫次。」七古。）蓋河東君當時與牧齋之關係究將如何，其心中猶豫未決。玩味所賦「春日我聞室作」一詩中，「珍重君家蘭桂室」之句，則此際尚不欲竟作錢家之莫愁，亦可推知，否則區區探知梅花消息，遣一僮應如索綯者，即可勝任，不必躬親察勘也。又牧齋辛巳元日詩題，初學集删去「與河東君訂春游之約」九字，則與「新正二日偕河東君過拂水山莊」，即前一日所「訂春游之約」，失去聯繫。推測牧齋所以删去訂約之語，未必以題語冗長之故，頗疑河東君初不欲往，後經牧齋從臾，勉强成行，若著「春游之約」一語，則過於明顯。似此心理之分析，或不免墜入論詩家野狐禪之譏。推測不當，亦可借此使今之讀詩者，一探曹洞中之理窟，未可謂爲失計也。然昔人詩題之煩簡，殊有用意。縱令牧齋拂水山莊探梅詩「停車未許傾杯酒，走馬先須報鏡臺。」下句自是此行之主旨。上句謂到山莊不敢多留，即歸報訊，所以表示其催勸河東君往游之意，殊可憐，又可笑也。「衫襟攜得寒香在，飄瞥從君嗅一回。」亦寫當時之實况，蓋牧齋此行必摘梅以示河東君，藉是力勸其一往也。此首未載河東君和作，當非原有和章，而後删去者。豈因無酬答之必要，遂置之未和耶？

牧齋「庚辰除夜偕河東君守歲我聞室中」一詩，首句「除夜無如此良夜」，初讀之，似覺不過尋常泛語。詳考之，則知爲實事真情。牧齋與松圓晚年往還尤密，在賦此詩前數年除夕，皆與孟陽守歲唱和，如「己卯除夕偕孟陽守歲」（見初學集壹伍丙舍詩集上。）「戊寅除夕偕孟陽守歲」（見初學集壹肆試拈詩集）等及列朝詩集丁壹叁上所選孟陽詩「己卯除夕和牧齋韵」，「戊寅除夜拂水山莊和牧齋韵二首」等，可爲例證。至丁丑除夕牧齋在北京刑部獄中，其「歲暮懷孟陽」詩之後一題，爲「除夜示楊郎之易」詩，則是遥隔千里，共同守歲之作。列朝詩集所選孟陽詩中，其「昭慶慈受僧舍，得牧齋歲暮見懷詩次韵」一首，雖作成之時日較後，亦是等於與牧齋丁丑除夕唱和也。然則前此數年之除夜，牧齋相與共同守歲者，亦是「白個頭髮，烏個肉。」之老翁。今此除夜，則一變爲與「烏個頭髮，白個肉。」之少婦共同守歲。牧齋取以相比，宜有「除夜無如此夜良」之語矣。

「小小房櫳滿園香」句，可與「寒夕文宴」詩，「緑窗還似木蘭舟」句參較。我聞室非寬敞之建築物，益可證明也。

河東君次韵牧齋庚辰除夜守歲詩，辭旨俱佳。「明日珠簾侵曉卷，鴛鴦羅列已成行。」之句，乃暗指牧齋答河東君半野堂初贈詩「但似王昌消息好，履箱擎了便相從。」之語。其用「已」字，殊非偶然。較之牧齋原詩「知君守歲多佳思，欲進椒花頌幾行。」不過以節物典故，依例頌揚作結者，實有上下床之別。錢柳兩詩并列，牧齋於此應有愧色矣。

牧齋辛巳元日詩第貳句「茗椀薰鑪殢曲房」，乃因孟陽次韵河東君半野堂詩「詩酒已無驅使分，熏鑪茗椀得相從」之語而發。「曲房」指我聞室言。孟陽自謂其於河東君，詩酒固已無分，鑪椀尚可相從。豈意窮冬冒寒別去錢柳，獨歸新安。除夕卧病，相與守歲者，惟一空門之炤師，寒灰暗影，兩禿相對。詩酒鑪椀，俱成落空。真可憐，復可嗤也已。據列朝詩集丁壹叁所選孟陽「題畫雪景，送炤師歸黄山喝石居。」詩，題下自注云：「去年除夕師以余疾出山。兹感舊作歌。」此題前第叁題爲「和牧翁宿方給諫舊館，有懷孟陽。」第肆題爲「辛巳三月廿四日「與老錢」同宿新店，次韵。」俱爲崇禎十四年辛巳作品，自無疑義。若題畫雪景詩及其前第壹第貳兩題，并屬辛巳年之作品，則題雪景詩題下自注中之「去年除夕」，乃指崇禎十三年庚辰除夕，亦可以推定也。噫！當牧齋守歲之際，即松圓卧病之時。我聞室中緑窗紅燭，熏鑪茗椀，賦詩賭酒，可謂極天上人間之樂事。牧齋襲用孟陽「熏鑪茗椀」之語以自鳴得意。不知長翰山中，松圓閣内之老友（初學集壹玖東山詩集貳「訪孟陽長翰山居，題壁代簡。」云：「長翰山中書數卷，松圓閣外樹千章。」）何以堪此耶？其不因病而死，殊爲幸事。牧齋選取孟陽此詩，見其題下自注之語，或亦不能無動於中歟？

河東君元日次韻詩「參差旅鬢從花妒，錯莫春風爲柳狂。」一聯，下句乃答牧齋原作「宫柳三眠引我狂」之語。「春風」乃指牧齋。此時牧齋真爲河東君發狂矣。上句之「旅鬢」乃指己身而言，其用「旅」字，除有古典外，恐尚含來此作客，不久即去之意。「花」指牧齋家中寵妾王氏之流而言。牧齋辛巳元日詩，其題中明言與河東君訂定往游拂水山莊之約，河東君詩「料理香車并畫檝，翻鶯度燕信他忙。」乃爲因錢柳之偕游拂水山莊，舟輿之忙碌預備。錢氏家中議論紛紜也。前謂拂水山莊爲錢氏之丙舍，牧齋與河東君此行殊有婦人廟見之禮，或朱可久詩「洞房昨夜停紅燭，待曉堂前拜舅姑。」（見全唐詩第捌函朱慶餘貳「近試上張籍水部。」）之嫌疑。河東君詩意謂己身此來作客，不久即歸去，雖牧齋之顛狂，王氏之妒嫉，亦任之而已。

牧齋「新正二日偕河東君過拂水山莊」詩結語「最是春人愛春節，咏花攀樹故徘徊。」

乃特爲寫出河東君之作此游，出於自願之意，藉以掩蓋其極力勸促，勉强成行之痕迹也。河東君次韻牧齋偕游拂水山莊詩「又是度江花寂寂，酒旗歌板首頻回。」上句度江寂寂之花，自是指己身而言。以河東君之風流高格調，固足當度江名士之目而無愧也。下句回首酒旗歌板，則微露東坡詩「舞衫歌扇舊因緣」（見東坡後集肆「朝雲詩。」）之意矣，詞旨俱不惡。初學集未載河東君此詩者，當因既題曰次韻，而末句「回」字，與原作之「徊」字不同。祇可謂之和韻，不得題作次韻，豈以名實不符之故，遂删去未載耶？

東山酬和集壹牧齋「上元夜同河東君泊舟虎丘西溪，小飲沈璧甫齋中。」云：

西丘小築省喧闐，微雪疏簾鑪火前。玉女共依方丈室，金床仍見雨花天。寒輕人面如春淺，曲轉簫聲并月圓。明日吴城傳好事，千門誰不避芳妍。

河東君「次韻」云：

弦管聲停笑語闐，清尊促坐小闌前。（寅恪案，初學集「坐」作「席」。）已疑月避張燈夜，更似花輸舞雪天。玉蕊禁春如我瘦，銀缸當夕爲君圓。新詩穠艷催桃李，行雨流風莫妒妍。

牧齋「次韻示河東君」云：

三市從他車馬闐，焚枯笑語紙窗前。晚妝素袖張燈候，薄病輕寒禁酒天。梅蕊放春何處好，燭花如月向人圓。新詩恰似初楊柳，邀勒東風與鬥妍。

沈璜璧甫「辛巳元夕牧翁偕我聞居士載酒攜燈，過我荒齋。牧翁席上詩成，依韵奉和。」（寅恪案，神州國光社影印長洲蔣杲賜書樓所藏柳如是山水册。其末幀題云：「□□詞長先生爲余作西泠采菊長卷。予臨古八幀以報之。我聞居士柳如是。」杲事迹見同治修蘇州府志捌捌。若此册果爲真迹者，疑是河東君於崇禎十一年秋間游西湖時所作。可參前論戊寅草「秋盡晚眺」第壹首「爲有秋容在畫角」句。今所見崇禎十一年陳臥子所刻戊寅草，崇禎十二年汪然明所刻湖上草及十四年所刻尺牘，皆題「柳隱如是」。河東君既以「如是」爲字，自可取佛典「如是我聞」之成語，以「我聞居士」爲別號也。）云：

乍停歌舞息喧闐，移泊橋西蓬户前。弱柳弄風殘雪地，老梅破蕚早春天。酒邊花倚燈爭艶，簾外雲開月正圓。夜半詩成多藻思，幽庭芳草倍鮮妍。

蘇先子後和詩云：

春城簫鼓競闐闐，別樣風光短燭前。殘雪樓臺行樂地，薄寒衣袂放燈天。銀花火樹如人艶，璧月珠星此夜圓。一曲霓裳君莫羨，新詩誰并玉臺妍。

寅恪案，河東君於崇禎十三年十一月乘舟至常熟訪牧齋於半野堂。十二月二日遷入牧齋家中之我聞室，除夕相與守歲。次年正月二日與牧齋同游拂水山莊。元夕偕牧齋乘舟載酒攜燈至蘇州，過沈璧甫齋中宴集賦詩。然則河東君自到常熟至過蘇州，其間大約將及兩月。自崇禎十四年正月二日至上元，其間將及半月。在此將及半月之時間，錢柳兩人俱未見唱和之作，與前一時間，即自初訪半野堂至同游拂水山莊之時間，吟咏往復，載於集中可以考見者，其情況大不相同，是何故耶？河東君清羸多病，前論其與汪然明尺牘，已略及此點。觀尺牘第壹壹，壹叁，壹肆，壹捌，貳伍，貳捌，貳玖等通，皆可爲例證。此七通尺牘之時間，乃自崇禎十二年秋至十三年秋者。其距離十四年元夕，不過數月至一年餘耳。河東君於十三年庚辰仲冬至常熟，其病當或尚未全愈，殆有不得已勉强而爲此行之苦衷。經過月餘之酬應勞瘁，兼以豪飲之故，極有舊病復發之可能。但此猶僅就其身體方面而言，至若其精神方面，更有遲疑不決，思想鬥争之痛苦。前論其不願往拂水山莊春游事，可以窺見。由此言之，東山酬和集及初學集中，崇禎十四年正月二日錢柳偕游拂水後，歷時頗久，直至元夕，始有同過蘇州之詩者，其故當由於河東君自偕游錢氏丙舍所在地之後，感觸甚深，因而發病所致歟？又據牧齋元夕次韵詩「薄病輕寒禁酒天」及有美詩「薄病如中酒」等句推之，則知河東君之離常熟，亦是扶病而行者。今日思之，抑可傷矣。清代曹雪芹糅合王實甫「多愁多病身」及「傾國傾城貌」，形容張崔兩方之辭，成爲一理想中之林黛玉。殊不知雍乾百年之前，吴越一隅之地，實有將此理想而具體化之河東君。真如湯玉茗所寫柳春卿夢中之美人，杜麗娘夢中之書生。後來果成爲南安道院之小姐，廣州學宫之秀才。居然中國老聃所謂「虚者實之」者，可與希臘柏拉圖意識形態之學說，互相證發，豈不异哉！

虎丘沈璧甫齋中賦詩諸人，除錢柳外，沈璜本末前已略述。列朝詩集丁壹叁下沈山人璜小傳略謂其「與王德操林若撫先後稱詩。居虎丘之西。」并載其「移家虎丘」七絶二首，但未選録辛巳元夕次韵牧齋七律，殆以此詩無關沈氏生平出處，故爾未選。其實沈詩「弱柳弄風殘雪地，老梅破蕚早春天。」一聯，上句指河東君，下句指牧齋，景物人事融會兼寫，亦可稱佳妙也。

沈氏齋中賦詩之人，蘇先子後本末未能詳考。據劉本沛虞書云：

蘇先字子後，善畫美人，且善詩。

及郟掄逵虞山畫志貳（參光緒修常昭合志稿貳叁蘇先傳及魚翼海虞畫苑「蘇先」條。）云：

蘇先字子後，號墨莊。少時作新柳詩，錢宗伯愛之。工畫仕女，爲時推重。子後爲程孟陽寫仙游圖，題云：撇開塵俗上青霄，絳績仙人拍手招。踏破洞天三十六，月明鶴背一枝簫。才横氣豪，即詩可見。

寅恪案，墨莊此時何以適在璧甫齋中，未知其故。蘇氏少時，既以「新柳」詩見賞於牧齋，當爲受之鄉里後輩。其所賦新柳詩，今未得見。以情事言，此時河東君亦是「新柳」。子後既工畫仕女，若爲璧甫齋中此夕文宴寫照，則於河東君過訪半野堂圖之外，天壤間别傳一重公案，豈非佳話耶？墨莊此詩「殘雪樓臺行樂地，薄寒衣袂放燈天。」一聯頗可誦。牧齋稱賞其新柳詩，自不偶然也。

又單學傅海虞詩話壹亦載子後本末，并選其詩。兹附録有關拂水山莊梅花詩一首，以供參證。

「庭中手植梅，著花甚繁，作短歌。」云：

去年梅開花尚少，今年花開多益好。花開歲歲春長在，種花之人花下老。君不見拂水山莊三十樹，照野拂衣如白霧。又不見卧雪亭前雪一叢，千花萬朵摇春風。花正開時主人出，地北天南看不及。幽禽空對語關關，夜雨徒沾香裛裛。見花忽憶倚花立，索笑不休相對泣。百歲看花能幾回，人生何苦長汲汲。

牧齋「上元夜飲璧甫齋中」詩，殊不及河東君次韵之作。惟「寒輕人面如春淺，曲轉簫聲并月圓。」一聯頗佳。其次韵示河東君一首，則勝其前作。蓋不甘退避，竭盡平生技倆，與「新柳」一較高下。其結語「新詩恰似初楊柳，邀勒東風與鬥妍。」即是挑戰應戰之意。「晚妝素袖張燈候，薄病輕寒禁酒天。」一聯，寫河東君此夕情態，曲盡其妙。蘇子後雖善丹青，令其此夕作畫，恐亦未必如牧齋詩句之真能傳神如是也。

河東君次韵牧齋詩，全首辭旨皆佳。「玉蕋禁春如我瘦，銀釭當夕爲君圓。」一聯尤妙。河東君此聯下句乃答牧齋「曲轉簫聲并月圓」句，指己身唱曲而言，故應以「爲君圓」之語。牧齋「燭花如月向人圓」之句，又答河東君「爲君圓」之意，乃指兩人而言。鈎心鬥角，各顯所長。但河東君之作，終勝於牧齋。讀者苟取兩人之詩并觀，則知鄙説非重女輕男，阿私所好也。

河東君此聯上句「玉蕋禁春如我瘦」，亦非泛語。初學集肆伍「玉蕋軒記」云：

河東君評花，最愛山礬。以爲梅花苦寒，蘭花傷艷。山礬清而不寒，香而不艷，有淑姬静女之風。臘梅茉莉皆不中作侍婢。予深賞其言。今年得兩株於廢圃老牆之下，剃奧草，除瓦礫，披而出之，皆百歲物也。老干擢挐，樛枝扶疏，如衣從風，如袖拂地，又如梏拳乍脱，相扶而立，相視而笑。君顧而樂之，爲屋三楹，啓北牖以承之，而請名於予。予名之曰玉蕊，而爲記曰：瑒花之更名山礬，始於黄魯直。以瑒花爲唐昌之玉蕊者，段謙叔曾端伯洪景盧也。其辨證而以爲非者，周子充也。夫瑒花之即玉蕊耶？非耶？誠無可援據。以唐人之詩觀之，則劉夢得之雪蕊瓊絲，王仲初之瓏鬆玉刻，非此花誠不足以當之。有其實而欲奪其名乎？物珍於希，忽於近。在江南，則爲山礬，爲米囊，野人牧豎夷爲樵蘇。在長安，則爲玉蕊，神女爲之下九天，停飈輪，攀折而後去，固其所也。以爲玉蕊不生凡地，惟唐昌及集賢翰林有之，則陋。又以爲玉蕊之種，江南惟招隱有之。然則子充非重玉蕊也，重李文饒之玉蕊耳。玉樹青葱，長卿之賦也。瓊樹碧月，江總之辭也。子充又何以云乎？抑將訪其種於宮中，窮其根於天上乎？吾故斷取玉蕊，以榜斯軒。春時花放，攀枝弄雪，游咏其中，當互爲詩以記之。訂山礬之名爲玉蕊，而無復比瑒更礬之譏也，則自予與君始。崇禎十五年十二月二十九日牧翁記。

寅恪案，牧齋此記乃借駁周必大玉蕊辨證，以爲河東君出自寒微之辨護。并以針對當日錢氏家中正統派，即陳夫人錢遵王一派之議論而發者。至於其所言之當否，則今日可不必拘於北歐植物學者之系統範圍，斤斤於名實同异之考辨，轉自爲地下之牧齋所笑也。牧齋作記之時，即崇禎壬午除夕，（是年十二月小盡。）初學集貳拾東山詩集叁「壬午除夕」詩云：「閑房病婦能憂國，却對辛盤嘆羽書。」可知牧齋作記之時，河東君猶在病中，更宜作此等語，藉爲精神上之安慰。此記之作，在河東君賦「辛巳元夕」詩後將及兩年。然其花事之品題，乃關係平生雅好者，當早與牧齋言及之，而牧齋亦能熟記之。故此聯下句之以「玉蕊」自比，實非泛語。憶在光緒時，文道羲廷式丈曾賦浣溪沙詞（見雲起軒詞。）云：「少可英雄偏説劍，自矜顔色故評花。」正可移其語以目三百年前之河東君也。

又馮已蒼舒虞山妖亂志中云：

〔錢牧齋瞿稼軒二公因張漢儒告訐，將被逮北行。〕有素與交者曰馮舒，亦抵郡（指蘇州）送之。因請讀所謂款單者。錢謂曰，吾且與子言兩事。一云，我占翁源德花園一所，價值千金。一云，我受翁源德二千金，翻殺姊案，反坐顧象泰。子以爲如何？蓋所謂花園者，僅錢宅後廢地，廣袤不數丈，久置瓦礫者。當倪元珙翻獄時，錢大不平，既而祁院（指祁彪佳）更坐源德，錢與有力焉。推此二端，餘皆可知也。

談遷棗林雜俎和集叢贅「錢謙益」條云：

「曹化淳」盡發烏程怒牧齋事，而下漢儒履謙并武舉王番立枷死。番屋本陶氏，復歸錢氏，納價又折之，恨極，訴京師。

寅恪案，牧齋玉蕊軒記之廢圃，或即已蒼虞山妖亂志之「花園」。若所揣測者不誤，則玉蕊軒記中「如梏拳乍脱，相扶而立，相視而笑。君顧而樂之。」等語，實暗示得此花之地，曾與張漢儒告訐案有連。牧齋作文善於聯繫，觀此記時地花人四者，互相牽涉，尤可證其才思之精妙。又談孺木所記，亦涉及牧齋兼并豪奪鄰近屋地之事，且在張漢儒告訐案之範圍。但此案發生在河東君過訪半野堂以前，故本文不須多論，惟録馮談兩書所記，而特闡明玉蕊與河東君之關係，藉見李太白所謂「名花傾國兩相歡」之一例云爾。

又初學集肆伍「留仙館記」略云：

得周氏之廢圃於北郭，古木蘘石，鬱蒼薈蔚。其西偏有陋室焉，爲之易腐柱傾，加以塗墍，樹綠沈几，山翠濕牖，烟霞澄鮮，雲物靚深，過者咸嘆賞以爲靈區別館也。樹之眉曰留仙之館。客視而嘆曰，虞山故仙山也。子將隱矣，有意於登真度世，名其館爲留仙，不亦可乎？予曰，不然。予之名館者，慈溪馮氏爾賡號留仙者也。予取友於天下多矣。晚而得留仙崑弟。留仙之於我，古所謂王貢嵇呂，無以尚也。予既老於一丘，而留仙爲天子之勞臣，枝柱於津門渝水之間，遡而思，思而不得見，眉之館焉，所以識也。客曰，是矣，則胡不書其姓，系其官，而以別號名館，使人疑於望仙迎仙之屬歟？予笑曰，子必以洪崖赤松，滄六氣而飲沆瀣者，而後爲仙歟？吾之所謂仙者，有异焉。以真誥考之，忠臣孝子歷數百年猶在金房玉室之間，迄於今不死也。以留仙之館，比於望仙迎仙，何不可哉？客曰，善哉！請書之以爲記，俟其他日功成身退，爲五湖三峰之游宴，坐於斯館，相與縱飲舒嘯，而以斯文示之。崇禎壬午小歲日記。

寅恪案，此記末署「崇禎壬午小歲日」即十二月九日，與玉蕊軒記同爲一月內之作品。玉蕊軒所在，或非翁氏花園，而與留仙館同在周氏廢圃之內。果爾，則兩建築物相距至近。玉蕊之名既因河東君而得，留仙之名亦應由與河東君有關之人而來。今時地兩者，既互有勾牽，轉謂留仙館之得名，緣於遠在津門，手握兵符之馮元揚，甚不近情理。鄙意留仙館之得名，實由與河東君有關之女性。「留仙」之典，本於伶玄趙飛燕外傳。「仙」之定義，乃指妖艷之女性。説詳拙著元白詩箋證稿第肆章所附之讀鶯鶯傳。考崇禎十五年春河東君卧病蘇州，惠香伴送之返常熟牧齋家。牧齋苦留惠香不得。此事見本章前後所論述。據是言之，留仙館之得名，實由惠香，而非爾賡。蓋牧齋平日爲文，於時地人三者之密切聯繫，尤所注意。其托稱指爾賡者，不過未便顯言，故作狡獪耳，然則馮氏竟成李樹代桃僵，豈不冤哉！牧齋當時爲文，必料爾賡不以游戲之舉爲嫌，故敢出此。兩人交誼篤摯，於斯益信。噫！牧齋此年春間賦詩苦留惠香，歲暮又作記命此館名，竟欲以兩金屋分貯兩阿嬌，深情奢望，誠可憐可笑矣。

東山酬和集壹河東君「鴛湖舟中送牧翁之新安」（寅恪案，此首東山酬和集列於有美詩之前。初學集則附於有美詩之後。）云：

夢裏招招畫舫催，鴛湖鴛翼若爲開。此時對月虚琴水，何處看雲過釣臺。惜别已同鶯久駐，銜書應有燕重來。（寅恪案，初學集「書」作「知」，較佳。蓋避免開元天寶遺事下「傳書鷰」條，任宗郭紹蘭之嫌也。）祇憐不得因風去，飄拂征衫比落梅。

寅恪案，袁瑛我聞室賸稿此題「牧翁」作「聚沙老人」，應是河東君此詩最初原題如是，後來牧齋編東山酬和集及初學集時，始改爲「牧翁」。牧齋此别號當起於天啓七年八月倡議醵資續成蕭應宮所建塔之際。初學集捌壹「募建表勝寶恩聚奎寶塔疏」末題「聚沙居士」，蓋取義於法華經「方便品」：「乃至童子戲，聚沙爲佛塔。」之典。又牧齋作此疏時，亦必獺祭及於徐孝穆文集伍「東陽雙林寺傅大士碑」所云：

常以聚沙畫地，皆因圖果。芥子庵羅，無疑褊陋，乃起九層磚墖。

之語。初學集捌壹復載「書西溪濟舟長老册子」一文，末題「辛巳仲春聚沙居士書於蔣村之舟次。」其年月地域與河東君賦此詩之時間空間密相銜接。河東君此詩題所以改「聚沙居士」爲「聚沙老人」者，初視之，不過言牧齋六十之年，正可尊稱爲「老人」。若詳繹之，則知「聚沙」本童子之戲，牧齋當崇禎庚辰辛巳冬春之間，共河東君聚會之時，其顛狂游戲，與兒童幾無少异。殆左氏春秋所謂「猶有童心」者。河東君特取此童老相反之兩義，合爲一辭，可稱雅謔。然則河東君之放誕風流，淹通典籍，於此更得一例證矣。至若牧齋所以倡議續建此塔之意，疏文所言，皆爲表面語。實則心賞翁静和之才藝，而深悲其遭遇，欲藉此爲建一紀念碑耳。關於牧齋與翁孺安事，非此文所能旁及，倡議成塔始末，可參馮舒虞山妖亂志上，兹亦不詳及。

河東君與牧齋同舟過蘇州至嘉興，然後分袂。牧齋往杭州，轉游黄山。河東君則自鴛湖返櫂松江。顧苓河東君傳云：「既度歲，與爲西湖之游。」殊不知錢柳在常熟時，雖曾有偕游西湖之約，觀河東君與汪然明尺牘第叁拾通云：

弟方耽游蠟屐，或至閣梅梁雪，彥會可懷。不爾，則春懷伊邇，薄游在斯，當偕某翁，便過通德，一景道風也。

可以證知。然此同游之約，迄未實踐。云美誤以錢柳二人偕至西湖，其實二人僅同舟至鴛湖，即離去也。牧齋「有美詩」乃河東君別去後，答其送游新安之作。故結語云：「迎汝雙安槳，愁予獨扣舷。從今吴榜夢，昔昔在君邊。」初學集附河東君送行詩，第伍句「惜別已同鶯久駐」，謂自崇禎十三年十一月間初訪半野堂，至十四年正月末別牧齋於鴛湖，已歷三月之時間，不可言非久。第陸句「銜書應有燕重來」，謂感激牧齋之知遇，自當重來相會。綜合此聯，其所以寬慰牧齋之意，可謂周密深摯，善於措辭者矣。第柒第捌兩句云：「衹憐不得因風去，飄拂征衫比落梅。」「飄拂」二字適爲形容己身行踪之妙語。用「落梅」二字，則亦於無意間，不覺流露其身世飄零之感矣。

牧齋「有美詩一百韵」，不獨爲東山酬和集中壓卷之作，即初學有學兩集中，亦罕見此希有之鉅製。可知其爲牧齋平生慘澹經營，稱心快意之作品。後來朱竹垞「風懷詩」固所不逮，求之明代以前此類之詩，論其排比鋪張，波瀾壯闊，而又能體物寫情，曲盡微妙者，恐舍元微之「夢游春」，白樂天「和夢游春」兩詩外，復難得此絕妙好詞也。

此詩取材博奥，非儉腹小生，翻檢類書，尋求故實者，所能盡解，自不待言。所最難通者，即此詩作者本人及爲此詩而作之人，兩方複雜針對之心理，并崇禎十三年仲冬至次年孟春三數月間，兩人行事曲折之經過，推尋冥想於三百年史籍殘毁之後，謂可悉得其真相，不少差誤，則燭武壯不如人，師丹老而健忘，誠哉！僕病未能也。

牧齋不僅賦此詩以贈河東君，當亦爲河東君解釋其詩中微旨所在。河東君自能心賞意會，不忘於懷。觀初學集貳拾「（崇禎十四年辛未）中秋日携内出游，次冬日泛舟韵二首」之後，附河東君依韵和作二首之二「夫君本自期安槳，賤妾寧辭學泛舟。」一聯，其上句自注：「有美詩云，迎汝雙安槳。」即是其例證。

前論錢遵王注牧齋詩，獨於「有美詩」違反其原來之通則，疑其本出於陸敕先之手，故有美詩諸注，乃是陸氏之原本，而遵王或略有增補者。但詳繹此詩全篇之注，至篇末重要之處，反獨較少。豈敕先亦未注完此詩，遵王取以入其書中，遂致一篇之注，前後詳略有异耶？夫牧齋本人之外，最能通此詩之意者，爲河東君。然皆不可向其求解矣。敕先乃同情於河東君者，東山酬和集貳載其和牧齋迎河東君四詩。第叁首一章，可以爲證。其結語云：「桃李從今莫教發，杏媒新有柳如花。」乃用李義山詩集上「柳下暗記」五絶「更將黄映白，擬作杏花媒」句意。語頗新穎，特附録於此。可惜陸氏當崇禎十三四年時，與牧齋關係之親密，似尚不及何士龍。故注釋有美詩，亦未必能盡通其意，周知其事。至若遵王，則本與河東君立於反對之地位者，無論牧齋之用事有所未詳，不能引證，用意則縱有所知，亦以懷有偏見，不肯爲之闡明也。今日釋證有美詩，除遵王舊注已及而不誤者，不復多贅外，其有訛舛，或義有未盡，則就管窺所得，略爲補出。所注意之處，則在錢柳二人當日之行踪所至及用意所在。搜取材料，反復推尋，鈎沈索隱，發見真相。然究竟能否達到釋證此詩目的十分之一二，則殊不敢自信，深願當世博識通人，有以垂教之也。

牧齋以「有美」二字，爲此詩題之意，乃取詩經鄭風「野有蔓草」篇，「有美一人」，「邂逅相遇，適我願兮。」及「與子皆臧」之義，兼暗寓河東君之名字。第貳章已論及之，茲不復贅。稍成問題者，即此詩題有「晦日鴛湖舟中作」之語，蓋錢柳二人於崇禎十四年元夕同舟至蘇州，縱行程難免濡滯，亦不至需半月之時間，始達鴛湖。欲推其所以如此之故，自難得知，然此行牧齋本是取道西湖，往游黄山。河東君則原擬逕返松江佘山故居養痾。兩人自可同過蘇州後，分袂獨往。今不如此，乃過虎丘後，同至鴛湖，始各買棹別行。其眷戀不舍，惜別多情之意，可以推見。於是河東君「送牧翁之新安」詩，「惜別已同鶯久駐」之句，遂更得一旁證新解矣。茲因解釋便利之故，略據此詩辭意，分析段節，依次論之於下。

東山酬和集壹牧翁「有美一百韵，晦日鴛湖舟中作」云：

有美生南國，芳名异代傳。（初學集作「清芬翰墨傳」。）河東論氏族，天上問星躔。漢殿三眠貴，吴宫萬縷連。星榆長歷落，月桂并蹁躚。鬱鬱崑山畔，青青谷水嚶。托根來浄域，移植自芳年。

寅恪案，昔年論元微之與雙文及韋成之婚姻問題，引昌黎集貳肆「監察御史元君妻京兆韋氏夫人墓志銘」云：「詩歌碩人，爰叙宗親。女子之事，有以榮身。」遂推論吾國舊日社會婚姻，與門第之關係。兹不詳及。（見拙著元白詩箋證稿第肆章附「讀鶯鶯傳」。）夫河東君以曠代難逢之奇女子，得適牧齋，受其寵遇，同於嫡配。然卒爲錢氏宗人如遵王之流，逼迫自殺。其主因實由出身寒賤一端，有以致之。今存河東君傳中，其作成時間之較早者有二篇，即沈虬及顧苓兩氏之文。沈傳載河東君本姓楊，爲禾中人。顧傳則僅云：「河東君柳氏也。」并不述其籍貫。蓋云美深會其師之微意，於河東君之真實姓氏及原來籍貫有所隱諱，不欲明白言之也。牧齋此詩故作狡獪，竟認河東君爲真姓柳者，排比鋪張，詳徵柳家故實，乃所謂姑妄言之者。若讀者不姑妄聽之，則真天下之笨伯，必爲牧齋河東君及顧云美等通人所竊笑矣。河東君本嘉興人，牧齋詩中僅舉崑山谷水，屬於松江地域者而言，自是不欲顯著其本來籍貫之義。故云美作傳，解悟此意，亦只從適雲間孝廉爲妾説起，而不述及以前事迹。

今檢汪然明所刻柳如是尺牘，署其作者爲「雲間柳隱如是」。又陳卧子所刻戊寅草，其作者雖署爲「柳隱如是」，而不著其籍貫。但其中「白燕庵作」七律，題下注云：「乃我郡袁海叟之故址。墓在其側。」及「五日雨中」七律「下杜昔爲走馬地，阿童今作鬥雞游。」句下自注云：「時我郡龍舟久不作矣。」并戊寅草陳臥子序云：

迨至我地，人不逾數家，而作者或取要眇。柳子遂一起青瑣之中，不謀而與我輩之詩竟深有合者，是豈非難哉？是豈非難哉？（寅恪案，臥子謂河東君出於青瑣之中。檢世説新語惑溺篇「韓壽美姿容」條：「〔賈〕充母聚會，賈女於青瑣中看見壽，悦之。」晋書肆拾賈充傳附謐傳亦同。臥子殆諱河東君出於青樓，遂取此事，改「樓」爲「瑣」耶？又王狀元集注分類東坡詩肆婦女類「趙成伯家有麗人，僕忝鄉人，不肯開樽，徒吟春雪美句，次韻一笑。」云：「知道文君隔青瑣，梁王賦客肯言才。」臥子平生鄙薄宋詩，未必肯用蘇句，但檢陳忠裕全集壹叁平露堂集「秋居雜詩」十首之七「邀游犬子倦，賓從客兒嬌」句下自注云：「舒章招予游横雲，予病不往。」似以司馬長卿自命，而以卓文君目河東君，則與東坡之詩實相符會。今日讀之，不覺令人失笑也。）

然則河東君本人固自命爲松江人，而臥子亦以松江人目之也。第叁章論河東君與宋轅文之關係時，涉及松江知府方岳貢欲驅逐河東君事。鄙意以爲驅逐流妓出境，乃昔日地方名宦所常行者。豈河東君因臥子之助力，遂得冒托松江籍貫，免被驅逐。自是之後，竟可以松江人自居耶？若果如此，牧齋之詩亦可謂真中有假，假中有真矣。（寅恪昔歲旅居昆明，偶因購得常熟白泖港舊日錢氏山莊之紅豆一粒，遂發願釋證錢柳因緣詩。前於第壹章已述之。所可怪者，購得此豆之同時，有客持其新得湘鄉襲侯曾劼剛紀澤手札一紙相示，其書乃致當日某知縣者。內容略謂，頃有名流數人來言，縣中有驅逐流妓之令，欲托代爲緩頰云云。札尾不署姓名，但鈐有兩章，一爲「曾印紀澤」，一爲「劼剛」。今屬筆至此，忽憶及之，以情事頗相類似，故附記於此，以博讀者一笑。）

「有美生南國」之「南國」，固用文選貳玖曹子建雜詩六首之四「南國有佳人」句。李善注云：「楚辭（橘頌）受命不遷，生南國兮。南國謂江南也。」自與河東君生吴越之地，意義相合。但牧齋恐更有取於才調集叁韋莊「憶昔」詩「南國佳人號莫愁」之句，蓋亦與河東君答牧翁「冬日泛舟」贈詩「莫爲盧家怨銀漢，年年河水向東流。」之語意符會也。至「南國」之語，復與王摩詰「紅豆生南國」詩有關。（見全唐詩第貳函王維肆「紅豆」五絕。）牧齋後來與河東君同居芙蓉莊即碧梧紅豆莊。今賦有美詩以「有美生南國」之語爲篇首起句，竟成他日之預讖矣！

「有美詩」又云：

> 生小爲嬌女，容華及麗娟。詩哦應口答，書讀等身便。緗帙攻文選，綈囊貫史編。摛詞

徽綺合，記事見珠聯。八代觀升降，三唐辨泝沿。盡窺羽陵蠹，旁及諸皋儇。花草矜芟擷，蟲魚喜注箋。部居分甲乙，讎政雜丹鉛。餘曲迴風後，新妝落月前。蘭膏燈燭繼，翠羽筆床懸。博士憒厨簏，兒童愧刻鎸。瑶光朝孕碧，玉氣夜生玄。隴水應連類，唐山可及肩。織縑詩自好，擣素賦尤賢。錦上文回復，盤中字蜿蜒。清文嘗滿篋，（初學集「文」作「詞」。寅恪案，徐孝穆玉臺新咏自序云：「清文滿篋，非惟芍藥之花。新製連篇，寧止蒲萄之樹。」牧齋自用此典。其後來所以改「文」作「詞」者，殆爲避免此聯之前「錦上文回復」句中「文」字重複之故耶？）新製每連篇。芍藥翻風艷，芙蓉出水鮮。頌椒良不忝，咏樹亦何愆。

寅恪案，河東君所以不同於尋常閨閣略通文史者之特點，實在善記憶多誦讀。就吾人今日從其作品中可以斷定者，至少於文選及後漢書晋書等皆頗能運用。故牧齋「緗帙攻文選，綈囊貫史編」一聯，乃實録，非虚諛。至「博士憒厨簏」者，南齊書叁玖陸澄傳（參南史肆捌陸澄傳。）略云：

陸澄字彦淵，吴郡吴人也。起家太學博士。〔建元〕四年復爲秘書監，領國子博士。永明元年轉度支尚書，尋領國子博士。〔王〕儉自以博聞多識，讀書過澄。集學士何憲等盛自商略。澄待儉語畢，然後談所遺漏數百千條，皆儉所未覩，儉乃嘆服。儉在尚書省，出巾箱几案，雜服飾，令學士隸事，事多者與之。人人各得一兩物。澄後來，更出諸人所不知事，復各數條，并奪物將去。當世稱爲碩學。王儉戲之曰，陸公書厨也。

「兒童愧刻鐫」者，楊子法言「吾子篇」云：

或問吾子少而好賦？曰，然。童子雕蟲篆刻。俄而曰，壯夫不爲也。

斯爲遵王注本所未及，故略爲補出之。又「書讀等身便」句，自是用宋史貳陸伍賈黄中傳，不待備録。觀前引錢肇鼇質直談耳所載河東君「年稚明慧，主人常抱置膝上，（寅恪案，「主人」指周道登。）教以文藝。」之語，則知讀書等身之典，尤爲適切，非泛用也。「花草矜芟擷，蟲魚喜注箋」一聯，下句當是取昌黎集陸「讀皇甫湜公安園池詩，書其後。」五古「爾雅注蟲魚」之語，與上句爲對文，未必别有實指。上句「花草」一辭，殆聯綴花間集草堂詩餘兩書之名，以目詩餘，如陳耀文花草粹編之例，謂河東君精於詞曲。「織縑詩自好，擣素賦尤賢」一聯，上句自指玉臺新咏壹古詩八首之一「上山采蘼蕪」篇，不過謂河東君能詩之意，非於「故人」「新人」之義有所軒輊，不可誤會。若下句則指班婕好「擣素賦」。班賦見古文苑叁、藝文類聚捌伍及歷代賦彙玖捌等。綜合兩聯言之，即稱譽河東君擅長於詩賦詞曲也。

抑更有可言者。「容華及麗娟」句，遵王注本已引漢武帝别國洞冥記肆「帝所幸宫人名麗娟」條之古典爲釋，固甚正確。但頗疑牧齋於此句尚有今典。前第貳章推測河東君原來之名或是「雲娟」二字。當日名媛往往喜用「雲」字爲稱。蓋自附於蘇東坡之朝雲。如徐佛稱「雲翾」，楊慧林稱「雲友」，皆其例證。且河東君與徐氏關係尤爲密切，其取「雲」字爲行第之稱，亦於事理適合。況河東君夙有「美人」之稱，則與「麗」字之義，又相符也。然歟？否歟？姑識此疑，以俟更考。或謂「容華及麗娟」之「容華」，亦與「麗娟」同爲專名。唐詩紀事捌「楊氏女」條云：

盈川〔炯〕侄女曰容華，有「新妝」詩。

此詩收入全唐詩第壹壹函，字句間有不同。頗疑此詩「妝似臨池出，人疑向月來。自憐終不見，欲去復裵回。」之語，「向月」即牧齋詩「向月衣方空」句所從出。「新妝詩」作者既是楊姓，「自憐終不見」之「憐」字，又與河東君「影憐」之名，取義於玉溪生詩「碧城」三首之二「對影聞聲已可憐」句者相同，然則牧齋實以「容華及麗娟」之句，暗寓河東君之姓名也。斯說殊巧，未知確否？俟考。

「有美詩」又云：

文賦傳鄉國，詞章述祖先。采蘋新藻麗，種柳舊風烟。字脚元和樣，文心樂曲駢。千番雲母紙，小幅浣花牋。吟咏朱樓遍，封題赤牘遄。

寅恪案，牧齋既故作狡獪，認河東君真爲柳姓，遂列舉柳家故實以誇譽之。「采蘋新藻麗，種柳舊風烟。」一聯，上句用樂府詩集貳陸柳惲「江南曲」云：「汀洲采白蘋，日落江南春。洞庭有歸客，瀟湘逢故人。」及全唐詩第陸函柳宗元叁「酬曹侍御過象縣見寄」詩云：「春風無限瀟湘意，欲采蘋花不自由。」下句用全唐詩第陸函柳宗元叁「種柳戲題」詩云：「柳州柳刺史，種柳柳江邊。談笑爲故事，推移成昔年。」綜合言之，即謂河東君今日之新篇，源出於舊日之家學。讀之令人失笑。文章游戲，固無不可也。「字脚元和樣，文心樂曲駢」一聯，上句用全唐詩第陸函劉禹錫壹貳「酬柳柳州家雞之贈」詩云：「柳家新樣元和脚，且盡薑芽斂手徒。」據前引列朝詩集丁壹叁上程松圓「再贈河東君」詩「抉石錐沙書更雄」之句，原注云：「柳楷法瘦勁。」則牧齋此句亦有今典。下句或是用柳三變詩餘號「樂章集」之意，謂河東君之詞，亦承家學，然此釋未敢自信也。

「吟咏朱樓遍，封題赤牘端。」一聯，上句自是寫實，不待釋證。下句指河東君尺牘言。據前引其致汪然明尺牘第叁壹通云：「應答小言，已分嗤棄，何悟見賞通人，使之成帙。非先生意深，應不及此。特有遠投，更須數本，得飛鵔見貽爲感。」則此句亦紀實也。凡此柳家故實，除「字脚元和樣」一句，遵王注本皆無所徵釋。豈真不知所從出，抑故意不引及耶？

「有美詩」又云：

流風殊放誕，被教异嬋娟。度曲窮分刌，當歌妙折旋。吹簫嬴女得，協律李家專。畫奪丹青妙，琴知斷續弦。纖腰宜蹴鞠，弱骨稱鞦韆。天爲投壺笑，人從争博癲。修眉紆遠翠，薄髩妥鳴蟬。向月衣方空，當風帶旋穿。行塵嘗寂寂，屐齒自姍姍。舞袖嫌纓拂，弓鞋笑足纏。盈盈還妒影，的的會移妍。

寅恪案，「流風殊放誕，被教异嬋娟。」一聯，謂河東君所受之教育及其行動，頗有异於士大夫家閨秀者，故以下諸句列舉其技巧能事也。西京雜記貳略云：「〔卓〕文君眉色如望遠山，爲人放誕風流。」此即「流風殊放誕」及「修眉紆遠翠」等句之出處。亦即牧齋答河東君半野堂初贈詩所謂「文君放誕想流風，臉際眉間訝許同。」者也。

「畫奪丹青妙」句，錢注已徵古典，不待復贅。兹但擇引今典中時代較早及附録河東君題詩者數事，以證明之。

汪砢玉珊瑚網名畫題跋壹捌黄媛介畫跋語（參四庫全書總目提要貳貳子部藝術類貳。）略云：

松陵盛澤有楊影憐，能詩善畫。余見其所作山水竹石，淡墨淋漓，不減元吉子固，書法亦佳。今歸錢牧齋學士矣。癸未夏四月廿五日夗上老鰥識。（寅恪案，湯漱玉德媛輯玉臺畫史肆引此條，改「牧齋」爲「蓉江」，蓋避清代禁忌也。）

湯漱玉德媛輯玉臺畫史肆引此條，後附借閑漫士之言曰：

柳所畫「月堤烟柳」爲紅豆山莊八景之一。舊藏孫古雲均所。郭頻伽麟有詩。

寅恪案，「月堤烟柳」乃拂水山莊八景中第陸景。紅豆山莊即碧梧紅豆莊，亦即芙蓉莊。其地在常熟小東門外三十里之白茆，與拂水山莊絕無關涉，湯書蓋誤。（可參王應奎柳南隨筆伍芙蓉莊條及金鶴冲錢牧齋先生年譜「丙申年移居白茆」條。）今檢初學集壹貳霖雨集中載有山莊八景詩，乃牧齋崇禎十年丁丑被逮在北京時，遥憶故山之作，距河東君之訪半野堂尚早三年。然「月隄烟柳」一題，居然似爲河東君來歸之預兆而賦者，其詩亦風致艷發，豈河東君見而愛之，遂特擇此景作畫耶？茲録此題詩并序於下，以資談助。

「月堤烟柳」序云：

墓之前有隄回抱，折如肉環，彎如弓月。士女絡繹嬉游，如燈枝之走馬。花柳蒙茸蔽虧，如張帷幕。人呼爲小蘇堤。

詩云：

月堤人并大堤游，墜粉飄香不斷頭。最是桃花能爛漫，可憐楊柳正風流。歌鶯隊隊勾何滿，舞燕雙雙趁莫愁。簾閣瑣窗應倦倚，紅闌橋外月如鈎。

寅恪案，此詩「桃花」「楊柳」一聯，河東君之繪出，實同於己身寫照，所謂詩中有畫，而畫中有人矣。

郟掄逵虞山畫志肆「柳隱」條云：

昔游揚州，見白描花草小册，惟梅竹上有題，咏竹云：不肯開花不趁妍，蕭蕭影落硯池邊。一枝片葉休輕看，曾住名山傲七賢。咏梅云：色也淒涼影也孤，墨痕淺暈一枝枯。千秋知己何人在，還賺師雄入夢無。落筆超脱奇警，錢宗伯固應退避。（寅恪案，此兩詩之真僞，尚待考實。）

又「天爲投壺笑」者，舊題東方朔神異經「東荒經」略云：

東荒山有大石室，東王公居焉，恒與一玉女投壺，每投千二百矯。（「矯」一作「梟」。）矯出而脱誤不接者，天爲之笑。

「向月衣方空，當風帶旋穿。」一聯，考上句之出典乃後漢書叁章帝紀建初二年夏四月癸巳「詔齊相省冰紈，方空縠，吹綸絮。」條，章懷注云：

釋名曰：縠紗也。方空者，紗薄如空也。或曰，空，孔也。即今之方目紗也。

據牧齋詩意，當不采或説，以「方空」爲實物，而取「如空」之義，與下句「旋穿」爲對文，皆虛辭也。

「弓鞋笑足纏」句，前已詳論，今不復贅。但牧齋賦詩形容河東君之美，必不可缺少此句，否則將如蒲留仙所謂「蓮船盈尺」，豈不令當日讀者認作大慈大悲救苦救難之觀世音菩薩繪相耶？

「有美詩」又云：

妙麗傾城國，塵埃落市廛。真堪陳甲帳，還儗畫甘泉。楊柳嗟扳折，蘼蕪惜棄捐。西家殊婉約，北里正喧闐。豪貴爭除道，兒童學墜鞭。迎車千錦帳，輸面一金錢。（初學集此句下自注：「勾踐獻西施於吴王夫差，幸之。每入市，人願見者，先輸金錢一文。見孫奭孟子疏。」寅恪案，東山酬和集無牧齋此注。推其所以後來加入之故，當是有人問及此句出處，遂補注之耳。王應奎柳南隨筆伍「顧仲恭大韶深於經學」條云：「吾聞吴祭酒梅村嘗問宗伯曰，有何异書可讀？曰，十三經注疏耳。」可供參證。）百兩門闌咽，三刀夢寐羶。蘇堤渾倒踏，黟水欲平填。皎潔火中玉，芬芳泥裏蓮。閉門如入道，沈醉欲逃禪。未許千金買，何當一笑嫣。釘心從作惡，唾面可除痟。蜂蝶行隨遶，金珠却載還。勒名雕琬琰，换骨飲瑉瑻。枉自求蒲葦，徒勞蔔筳篿。

寅恪案，前論河東君尺牘第伍通，已述及此詩「蘇堤渾倒踏，黟水欲平填。」一聯，茲不更釋。牧齋於此節叙河東君之被離棄及其淪落北里兩端。「蘼蕪惜棄捐」一句，或疑可兼指與周念西及陳臥子兩人之關係而言。鄙意恐不如是，蓋牧齋此詩止從河東君移居松江以後説起，而不追溯其在徐佛及周道登家事。又全節唯用「蘼蕪」一句，將離棄之事，輕輕帶過，不多作語，皆是牧齋故意隱諱之筆也。春秋之義爲尊者諱，爲賢者諱，爲親者諱。河東君之於牧齋，固可謂「親」，亦可謂「賢」，但不可謂「尊」。聚沙老人賦有美詩，或者易「尊」爲「美」歟？「百兩門闌咽，三刀夢寐㝠。」一聯，錢注俱無釋。意者，上句出詩經召南「鵲巢」篇。下句用雲溪友議下「艷陽詞」條及晋書肆貳王濬傳。人所習知，故可從略。但「三刀」一語，近時始得確詁，兹不避繁瑣之譏，移録元詩王傳於下，稍加詮釋，自知必爲通人所笑也。

雲溪友議下「艷陽詞」條略云：

安人元相國「稹」聞西蜀樂籍有薛濤者，能篇咏，饒詞辯。以詩寄曰：錦江滑膩蛾眉秀，化出文君及薛濤。言語巧偷鸚鵡舌，文章分得鳳凰毛。紛紛詞客皆停筆，個個君侯欲夢刀。别後相思隔烟水，菖蒲花發五雲高。

晋書肆貳王濬傳云：

濬夜夢三刀於卧屋樑上，須臾又益一刀。濬驚覺，意甚惡之。主簿李毅再拜賀曰，三刀爲州字。又益一者，明府其臨益州乎？及賊張弘殺益州刺史皇甫晏，果遷濬爲益州刺史。

寅恪案，微之詩「個個君侯欲夢刀」句，其意謂人皆欲至西蜀一見洪度，如王士治之得爲益州刺史，此固易解。遵王之不加注釋，當亦由是。然寅恪少讀晋書，於「三刀」義頗不能通。後見唐人寫本，往往書「州」字作「刕」形，殆由「州」「刀」二字，古代音義俱近之故。（「州」即「島」也。）唐人書「州」作「刕」，必承襲六朝之舊，用此意以釋王濬之夢，李毅之言，少時讀史之疑滯，於是始豁然通解矣。

「未許千金買，何當一笑嫣。」一聯，出鮑明遠「白紵歌」六首之六「千金顧笑買芳年」（見樂府詩集伍伍。）及李太白「白紵辭」三首之二「美人一笑千黃金」等，（見全唐詩第叁函李白叁。）河東君夙有「美人」之號，古典今典，同時并用，殊爲巧切。更可取牧齋作此詩後二十二年，即康熙二年癸卯所賦「追憶庚辰冬半野堂文宴舊事」詩「買回世上千金笑，送盡平生百歲憂。」（見有學集壹叁「病榻消寒雜咏」。錢曾注本「平生」作「生年」。是。）兩句參較，則知此老於垂死之時，猶以能戰勝宋陳李謝諸人，奪得河東君自豪也。

「勒名雕琬琰，換骨飲瑠璃。」一聯，錢遵王注雖引舊籍，然牧翁必尚有所實指。頗疑「勒名雕琬琰」之句，即前第叁章論河東君與李存我之關係節，引王勝時柳枝詞「雙鬟捧出問郎來」之語，與此相涉。蓋存我既以玉篆雕「問郎」贈別河東君，似亦可別鐫「影娘」或「雲娘」之河東君名字自隨，藉作互換信物。若果如是，則與琬琰二名分別雕斲於若華二玉之故典，更爲適切矣。至「換骨飲瑠璃」一句，錢注析「換骨」與「飲瑠璃」爲兩典而合用之，固自可通，但牧齋詩意，當不僅限於古典。河東君雖以善飲著稱，此句疑更有實指。今未能詳知，姑識於此，以俟續考。

「有美詩」又云：

軒車聞至止，雜珮意茫然。錯莫翻如許，追陪果有焉。初疑度河駕，復似泛湖船。榜枻歌心説，中流笑語嬛。江淵風颯沓，雒浦水潺湲。疏影新詞麗，忘憂別館偏。華筵開玳瑁，綺席艷神僊。銀燭光三五，金尊價十千。蠟花催兔育，鼉鼓促烏遷。法曲煩聲奏，哀筝促柱宣。步摇窺宋玉，條脱贈羊權。點筆餘香粉，繙書雜翠鈿。緑窗和月掩，紅燭帶花搴。菡萏歡初合，臯蘇痗已蠲。

寅恪案，此節歷叙河東君初訪半野堂，泛舟湖上，入居我聞室及寒夕文宴等事。「軒車聞至止，雜珮意茫然。」一聯，合用毛詩鄭風「女曰雞鳴」篇「雜佩以贈之」并韓詩周南「漢廣」篇「漢有游女，」薛君章句及列仙傳上江妃二女傳，解佩贈鄭交甫事。謂河東君初贈詩，亦即河東君「次韵牧翁冬日泛舟詩」所謂，「漢珮敢同神女贈」。「意茫然」者，謂受寵若驚，不知所措。此語固是當日實情也。「錯莫翻如許，追陪果有焉。」一聯，恰能寫出河東君初至半野堂時，牧齋喜出望外，忙亂逢迎之景象。至於「追陪」則不僅限「吴郡陸機爲地主」之牧齋，如松圓詩老，亦有「熏鑪茗盌得相從」之語，（見前引偈庵次韵牧翁答河東君初贈詩。）然則河東君翩然至止，驅使此兩老翁追陪奔走，亦太可憐矣。

「初疑度河駕，復似泛湖船。榜枻歌心説，中流笑語婘。江淵風颯沓，雒浦水潺湲。」六句，指東山酬和集壹「冬日同如是泛舟有贈」及「迎春日偕河東君泛舟東郊作」，先後兩次泛舟賦詩之事。前已論釋，兹不多及。

自「疏影新詞麗」至「皋蘇痗已蠲」，共九聯，叙述崇禎十三年十二月二日我聞室落成，迎河東君入居，并是夕爲松圓餞別，即半野堂文宴事。此際乃牧齋平生最快心得意至死不忘之時也。「疏影新詞麗」句，前論牧齋寒夕文宴詩，已詳釋之矣。「忘憂別館偏」，遵王注引西京雜記肆「梁孝王游於忘憂之館，集諸游士，各使爲賦，枚乘爲柳賦。」之典，甚是。牧齋目我聞室爲忘憂館，河東君之寓姓，又與枚乘所賦之柳相同，可謂適切。「緑窗和月掩，紅燭帶花搴。」即前録寒夕文宴詩：「紅燭恍如花月夜，緑窗還似木蘭舟。」一聯之義。皆描寫當時我聞室之情況者。

「華筵開玳瑁，綺席艷神僊。」及「法曲煩聲奏，哀箏促柱宣。」兩聯，實出於杜工部集壹伍「秋日夔府咏懷一百韵」之「哀箏傷老大，華屋艷神仙。南内開元曲，常時弟子傳。法歌聲變轉，滿座涕潺湲。」等句，蓋牧齋平生自許學杜，其作百韵五言排律，必取杜公此詩以爲模楷，且供撏撦之資，何况復同用一韵，同爲百韵耶？黄宗羲南雷文定後集壹「姜山啓彭山詩稿序」（可參同書前集陸「韋庵魯先生墓志銘」論當日古文，亦謂牧齋「所得在排比鋪章，而不能入情。」等語）云：

虞山求少陵於排比之際，皆其形似，可謂之不善學唐者矣。

夫梨洲與牧齋交誼篤摯，固無疑義。唯於錢氏之詩文往往多不滿之語。其持論之是非，及其所以致此之故，兹暫不辨述，俟後言之。但世之學唐詩者，若能熟誦子美并樂天微之之詩，融會諸家，心知其意，則當不蹈襲元遺山論詩之偏見，如太冲之所言者也。

「金尊價十千」句，遵王引史記伍捌梁孝王世家「孝王有罍樽直千金」以釋之，固可通。但鄙意李太白「行路難」三首之一（見全唐詩第叁函李白壹）「金樽清酒斗十千。」乃以「十千」爲酒價，較史記梁孝王世家之以千金爲罍樽價者更爲切合。然則牧齋當用謫仙詩也。

「步摇窺宋玉，條脱贈羊權。」一聯，下句出於真誥，自不待論。上句則文選壹玖宋玉「登徒子好色賦」，雖有「窺臣」之語，然不見「步摇」之辭。豈牧齋取步摇與條脱爲對文耶？又據唐詩紀事伍肆「温庭筠」條（參全唐詩話肆）云：

宣宗嘗賦詩，上句有金步摇，未能對，遣求進士對之。庭筠乃以玉條脱續也。宣宗賞焉。

或者牧齋即取義於此事，用以屬對耶？俟考。「點筆餘香粉，翻書雜翠鈿。」一聯，初視之，皆通常形容之辭，但下句「翻書雜翠鈿」一語，乃河東君平日習慣。觀前引初學集貳拾東山集叁河東君依韵和牧齋「中秋日出游」詩二首之一「風床書亂覓搔頭」句，則知亦是寫實也。「菡萏歡初合，臯蘇痗已蠲。」一聯，上句指前引「寒夕文宴，是日我聞室落成，迎河東君居之。」詩，「詩裏芙蓉亦并頭」句下牧齋自注：「河東君新賦并頭蓮詩。」之本事也。下句「臯蘇痗已蠲」，錢注已引玉臺新咏徐陵自序之文，「庶得代彼臯蘇，微蠲愁疾。」，甚是。不過「愁」字乃平聲，故牧齋易以詩經衛風「伯兮」篇「願言思伯，使我心痗」之「痗」字，以協聲律耳。此點自不待多論。

抑更有可言者，牧齋作有美詩，其取材於徐序者甚多，除去其典故關涉宫闈者之大多數外，（牧齋唯采用漢武帝李夫人等少數故事。又徐序「争博齊姬，心賞窮於六箸。」之語，注家引晋書叁壹胡貴嬪傳爲釋，似確。蓋胡貴嬪雖非齊人，孝穆或借用枚乘七發「齊姬奉後」之「齊姬」以爲泛稱。若果如是，則牧齋亦采此宫闈之典矣。俟考。）其他幾無不采用。兹不須盡數舉出，唯擇録其較可注意之辭句，以爲例證。讀者若對勘錢詩徐序，則自能詳知，而信鄙説之不謬也。如錢之「生小爲嬌女」，即徐之「生小學歌」。錢之「餘曲回風後，新妝落月前。」即徐之「青牛帳裏，餘曲未終。朱鳥窗前，新妝已竟。」錢之「蘭膏燈燭繼，翠羽筆床懸。」即徐之「燃脂暝寫」（寅恪案，此乃牧齋借男作女。）及「翡翠筆床，無時離手。」錢之「清文嘗滿篋，（「文」字後改作「詞」字。）新製每連篇。芍藥翻風艷，芙蓉出水鮮。」

即徐之「清文滿篋，非惟芍藥之花。新製連篇，寧止蒲萄之樹。」錢之「文賦傳鄉國」，即徐之「妙解文章，尤工詩賦。」錢之「千番雲母紙，小幅浣花箋。」即徐之「五色花箋，河北膠東之紙。」（寅恪案，此乃牧齋舉後概前。）錢之「流風殊放誕，被教异嬋娟。度曲窮分刌，當歌妙折旋。吹簫嬴女得，協律李家專。」即徐之「婉約風流，异西施之被教。弟兄協律，生小學歌。」及「得吹簫於秦女」并「奏新聲於度曲」。錢之「天爲投壺笑，人從争博癲。」即徐之「雖復投壺玉女，爲歡盡於百驍。争博齊姬，心賞窮於六箸。」錢之「薄鬋妥鳴蟬」，即徐之「妝鳴蟬之薄鬢。」錢之「妙麗傾城國，塵埃落市廛。真堪陳甲帳，還擬畫甘泉。」即徐之「得横陳於甲帳，」「雖非圖畫，入甘泉而不分。」及「真可謂傾國傾城。」錢之「東家殊婉約」，即徐之「婉約風流」。

據宋釋惠洪冷齋夜話壹云：

山谷云，詩意無窮，而人之才有限。以有限之才，追無窮之意，雖淵明少陵不得工也。然不易其意，而造其語，謂之换骨法。窺入其意，而形容之，謂之奪胎法。

然則牧齋之賦有美詩，實取杜子美之詩爲模楷，用徐孝穆之文供材料。融會貫通，靈活運用，殆兼采涪翁所謂「换骨」「奪胎」兩法者。寅恪昔年箋證白樂天新樂府，詳論「七德舞」篇與貞觀政要之關係。今箋釋牧齋此詩，復舉杜詩徐文爲説，猶同前意。蓋欲通解古人之詩什，而不作模糊影響之辭者，必非如是不可也。

「有美詩」又云：

凝明嗔亦好，溶漾坐堪憐。薄病如中酒，輕寒未折綿。清愁長約略，微笑與遷延。

寅恪案，此六句乃牧齋描寫當年與河東君蜜月同居時之生活。語言妙絕天下，世人深賞之，殊非無故也。（見陳維崧撰冒褒注婦人集「人目河東君風流放誕，是永豐坊底物。」條并參徐釚編本事詩柒「錢謙益」條「茸城詩」題下注。又徐氏附按語云：「河東君名柳是，字如是，又號河東君。松江人。工詩善畫，輕財好俠，有烈丈夫風。」寅恪案，電發此數語殊可爲河東君適當之評價。至目河東君爲松江人，亦是河東君自稱松江籍之一旁證也。）

「凝明嗔亦好，溶漾坐堪憐。」一聯，實與玉臺新咏伍沈約「六憶詩」及戊寅草中河東君擬作之第壹第貳兩組「六憶詩」有關。上句「凝明嗔亦好」，即用休文「憶坐時」詩「嗔時更可憐」之句。下句乃出河東君擬休文作第壹組「六憶詩」中第貳首「憶坐時，溶漾自然生」之句。故此一聯，皆形容坐時之姿態。吾人今日雖亦誦讀玉臺新咏，然儻使不得見河東君戊寅草，則不能盡知牧齋此聯之出處及造語之佳妙矣。

「薄病如中酒，輕寒未折綿。」一聯。上句前於上元夜錢柳二人同過虎丘賦詩節已詳論之。下句亦於第叁章論陳卧子蝶戀花「春曉」詞詳言之，故皆不須復贅。

「清愁長約略，微笑與遷延。」一聯，摹繪河東君多愁少樂之情態，前録河東君「春日我聞室作，呈牧翁。」及牧齋「河東君春日詩有夢裏愁端之句，憐其作憔悴之語，聊廣其意。」兩詩，可以窺見。綜合此四句及「妙麗傾城國」句觀之，則牧齋亦是從王實甫「多愁多病身，傾國傾城貌」之語（見西廂記「鬧齋」雁兒落）奪胎換骨而來者耶？凡此諸句，頗易通解，唯「凝明嗔亦好，溶漾坐堪憐。」一聯，頗費考量，姑以意揣之，殆謂河東君嗔怒時，目睛定注，如雪之凝明。静坐時，眼波動蕩如水之溶漾。實動静咸宜，無不美好之意歟？此解當否，殊不敢自信矣。

「有美詩」又云：

茗火閑房活，鑪香小院全。日高慵未起，月出皎難眠。授色偏含睇，藏鬮互握拳。屏圍燈焰直，坐促笑聲圓。朔氣除簾箔，流光度氍毹。相將行樂地，共趁討春天。

寅恪案，此節牧齋叙其崇禎十三年歲暮至十四年歲初，與河東君在我聞室中，除舊歲，迎新年之一段生活。

「茗火閑房活，鑪香小院全。」一聯，可與前録牧齋「庚辰除夜守歲」詩「深深簾幕殘年火，小小房櫳滿院香。」及河東君「除夕次韵」詩「小院圍鑪如白晝，兩人隱几自焚香。」相參證。上句「茗火閑房活」之「茗火活」乃用東坡後集柒「汲江煎茶」詩「活水還須活火烹」

之句，即出趙璘因話録貳商部「李司徒汧公鎮宣武」條所載李約「茶須緩火炙，活火煎。」之語也。（可參辛文房唐才子傳陸李約傳。）下句「鑪香小院全」即錢柳兩人守歲詩所咏者，可知皆是當時實況也。

「授色偏含睇，藏鬮互握拳。」上句用漢書伍柒上司馬相如傳「上林賦」：「色授魂予」（參文選捌。）下句其最初典故無待詳引，但牧齋實亦兼用李義山詩集下「擬意」詩「漢后共藏鬮」之句。檢國光社影印東澗寫校李商隱詩集下此詩「鬮」字無別作，涵芬樓影印明嘉靖本亦同。朱鶴齡李義山詩集箋注本下，此字作「鬮」，下注：「一作鈎。」全唐詩第捌函李商隱叁與朱本同。馮浩玉溪生詩詳注叁作「鈎」，下注：「一作鬮。」然則牧齋認爲當作「鬮」字，故賦有美詩，亦用「鬮」字也。

「屏圍燈焰直，坐促笑聲圓。朔氣除簾箔，流光度毾㲪。」兩聯，亦皆寫庚辰除夕守歲事。如取前録錢柳二人除夕詩中錢之「合尊促席餞流光」，「深深簾幕殘年火」及柳之「照室華燈促艷妝」，「明日珠簾侵曉卷」等句觀之，即可證也。

「相將行樂地，共趁討春天。」一聯乃指辛巳元日事。觀前録牧齋詩題云：「辛巳元日雪後與河東君訂春游之約」及錢柳兩詩可知也。

「有美詩」又云：

未索梅花笑，徒聞火樹燃。半塘春漠漠，西寺草芊芊。南浦魂何黯，東山約已堅。自應隨李白，敢儗伴伶玄。密意容挑卓，微詞托感甄。楊枝今婉孌，桃葉昔因緣。

寅恪案，此六聯乃叙本欲與河東君同作杭州之游而未實現，遂先過蘇州，同至嘉興，然後河東君别去也。

「未索梅花笑，徒聞火樹燃。」上句即河東君與汪然明尺牘第叁拾通所云「弟方耽游蠟屐，或至閣梅梁雪，彦會可懷。」蓋河東君作此書時，爲崇禎十三年歲杪正在牧齋家中。錢柳二人原有同游西湖觀梅之約也。下句指上元夜與河東君同舟泊虎丘西溪，小飲沈璜齋中事。觀「徒聞」二字，則河東君不踐觀梅西湖之約，僅作虎丘觀燈之游，牧齋惆悵失望之情，溢於言表矣。「火樹」之典，遵王注引西京雜記壹「積草池中有珊瑚樹」條，固是，而尚未盡。必合全唐詩第貳函蘇味道「正月十五夜」詩「火樹銀花合」之句釋之，其意方備。但多數類書如佩文韵府陸陸七遇韵，引此詩，作者爲沈佺期，未知孰是，俟考。

「半塘春漠漠，西寺草芊芊。」一聯，乃叙泊舟虎丘西溪經過停留之地。上句「半塘」可參同治修蘇州府志捌水門「半塘橋」，同書叁伍古迹門「半塘寺」及同書肆貳寺觀門肆「半塘壽聖教寺」等記載。下句「西寺」，據同治修蘇州府志柒山門「虎邱山」條所云：

吴地志：山本晋司徒王珣與弟司空珉之别墅，山下因有短簿祠，捨爲東西二寺，後合爲一佛殿。

可證知也。「南浦魂何黯，東山約已堅。」一聯，謂河東君將離之時，訂後來重會之約也。「自應隨李白，敢擬伴伶玄。」一聯，上句乃牧齋借用太白「贈汪倫」：（見全唐詩第叁函李白壹壹）「李白乘舟將欲行，忽聞岸上踏歌聲。桃花潭水深千尺，不及汪倫送我情」詩，以比河東君送己身往游新安，同舟至嘉興。更惜其未肯竟隨之同行也。下句自用「飛燕外傳」自序，不待徵引。但牧齋實亦兼用東坡後集肆「朝雲詩」：「不似楊枝別樂天，恰如通德伴伶玄。」之語。蓋下文有「楊枝今婉孌」之句，而「伴」字又從蘇詩來也。李璧王荆公詩注貳柒「張侍郎示東府新居詩，因而和酬」二首之一「功謝蕭規慚漢第，恩從隗始詫燕臺。」句，引西清詩話略云：

荆公笑曰：子善問也。韓退之鬥雞聯句「感恩從隗始」。若無據，豈當對「功」字也。

（前第壹章已詳引。）

前釋「火樹」注，以爲遵王注雖引西京雜記，而意義未盡，故必合蘇味道詩以補足之。兹釋「伶玄」句，亦必取東坡詩參證，始能圓滿。何況牧齋詩中「伴」字從東坡朝雲詩來，恰如半山詩中「恩」字從昌黎鬥雞聯句來耶？凡考釋文句，雖須引最初材料，然亦有非取第貳第叁手材料合證不可者。觀此例可知。前第壹章論錢柳詩中相互之關係，已詳言之。讀者可并取參會之也。

抑更有可論者。前言牧齋之賦有美詩，多取材於玉臺新咏。其主因爲孝穆之書，乃關於六朝以前女性文學之要籍，此理甚明，不待多述。又以河東君之社會身份，不得不取與其相類之材料以補足之，斯亦情事所必然者。就此詩使用之故實言之，玉臺新咏之外，出於宋代某氏侍兒小名録補遺者，頗復不少。如「容華及麗娟」，「吹簫嬴女得」，「舞袖嫌纓拂」，「敢儗伴伶玄」等句，皆是其例。至於作者思想詞句之構成，與材料先後次序之關係，可參拙著元白詩箋證稿新樂府章七德舞篇所論，茲不詳及。

「有美詩」又云：

灞岸偏索別，章臺易惹顛。娉婷臨廣陌，婀娜點晴川。眉憮誰堪畫，腰纖孰與擩。藏鴉休庵藹，拂馬莫纏綿。絮怕粘泥重，花憂放雪蔫。芳塵和藥減，春病共愁煎。目逆歸巢燕，心傷叫樹鵑。惜衣鶯睍睆，護粉蝶翩翾。

寅恪案，此八聯乃叙河東君思歸惜別多愁多病之情況。所用辭語典故，大部份皆與柳有關，而尤與李義山咏柳之詩有關也。茲不必逐句分證，唯舉出李詩語句，讀者自能得之，據此可知牧齋賦有美詩，除玉臺新咏，杜工部詩外，玉溪生一集亦爲其取材最重要之來源也。如「灞岸已攀行客手」（李義山詩集下「柳」。）「章臺從掩映」（同集上「贈柳。」）「更作章臺走馬聲」（同集上「柳」。）。「娉婷小苑中，婀娜曲池東。」（同集上「垂柳」）「眉細從他斂，腰輕莫自斜。」（同集上「詠柳。」）「莫損愁眉與細腰。」（同集上「離亭賦得折楊柳」二首之一）「長時須拂馬，密處小藏鴉。」（同集上「詠柳」）「忍放花如雪」（同集上「贈柳」）、「不爲清陰減路塵」（同集中「關門柳」）、「絮飛藏皓蝶，帶弱露黃鸝」（同集上「柳」）凡此諸例，皆足爲證，可不一一標出矣。

又「腰纖孰與擩」之「擩」字，即同於「撋」字。考工記鮑人「進而握之，欲其柔而滑也」注云：「謂親手煩撋之。」毛詩周南「葛覃」篇「薄汙我私」箋云：「煩撋之用功深。」釋文云：「撋，諸詮之音而專反。」阮孝緒字略云：「煩撋猶捼莎也。」董解元西廂記諸宮調中呂調千秋節云：「百般撋就十分閃。」然則牧齋蓋糅合聖文俗曲，而成此語者。黃宗羲思舊録「錢謙益」條（梨洲遺著彙刊本）云：「用六經之語，而不能窮經。」太沖所指摘東澗文章之病，其是非茲姑不論。但有美詩此句，則用詩禮之語，而窮極於西廂，其亦可以杜塞梨洲之口耶？一笑！

「有美詩」又云：

攜手期弦望，沉吟念陌阡。暫游非契闊，小別正流連。即席留詩苦，當杯出涕泫。茸城車轣轆，鴛浦櫂𧄼緣。去水迴香篆，歸帆激矢弦。寄憂分悄悄，贈淚裹漣漣。迎汝雙安槳，愁予獨扣舷。從今吴榜夢，昔昔在君邊。

寅恪案，此節牧齋叙河東君送其至鴛湖，返棹歸松江，臨別時贈詩送游黄山。俟河東君行後，乃賦千言長句，以答河東君之厚意，并致其相思之情感，及重會之希望也。此節典故皆所習見，不待徵釋。唯「吴榜」一辭，自出楚辭九章「涉江」：「齊吴榜以擊汰」之語。但牧齋實亦兼取王逸注「自傷去朝堂之上，而入湖澤之中也。」之意。用此作結，其微旨可以窺見。前引黄梨洲「姜山啓彭山詩稿序」謂「虞山求少陵於排比之際，皆其形似，可謂不善學唐。」（參南雷文案柒「前翰林院庶吉士韋庵魯先生墓志銘」），讀者若觀此綺懷之千言排律，篇終辭意如此，可謂深得浣花律髓者，然則太冲之言，殊非公允之論矣。

牧齋自崇禎十四年正月晦日，即正月廿九日鴛湖舟中賦有美詩後至杭州留滯約二十餘日之久，始往游齊雲山，游程約達一月之時間，最後訪程孟陽於長翰山居不遇，乃取道富春，於三月廿四日過嚴子陵釣臺。直至六月七日，始有「迎河東君於雲間，喜而有述。」之詩。據此牧齋離隔河東君約經四月之久，始復會合也。此前一半之時間牧齋所賦諸詩皆載於初學集及東山酬和集。但此後一半之時間，則所作之詩未見著録。以常理論之，按諸牧齋平日情事，如此寂寂，殊爲不合。就前一期中牧齋所甚有關係之人，及在杭州時之地主汪然明言之，牧齋詩中絶不見汪氏踪迹。考春星堂詩集肆閩游詩紀第壹題爲「暮春辭家閩游，途中寄示兒輩貞士繼昌。」然則然明之離杭赴閩訪林天素，在崇禎十四年三月。此年二三月間，牧齋實在杭州，且寓居汪氏別墅。牧齋此時所作詩中，未見汪氏踪迹者，或因然明此際適不在杭州，或因汪氏雖亦能篇什，但非牧齋唱酬之詩友，汪氏雖在杭州有所賦咏，牧齋亦不采録及之。故此前一時期中無汪氏踪迹，尚可理解。至若後一時期既達兩月之久，而牧齋不著一詩，當必有故，今日未易推知。

檢陳忠裕全集壹肆三子詩稿有「孟夏一日禾城遇錢宗伯，夜談時事。」五言律詩二首。按臥子自撰年譜上崇禎十四年辛巳條云：

是歲浙西大旱，漕事迫。嘉之崇德，湖之德清素頑梗，屬年饑，益不辦。大中丞奉旨譴責。令予專督崇德，而自督德清。予疏劓月余，遂與他邑相後先矣。

然則牧齋於辛巳三月廿四日過釣臺經杭州，於四月朔日即在嘉興遇見臥子。自三月廿四日至四月初一日，其間時日甚短，故知牧齋此次由黄山返家，行色匆匆，與前之往游新安，從容留滯者，絶不相同。蓋牧齋因河東君之不願同游，獨自歸松江，恐有變化，於是籌畫經營不遺余力，終於經兩月之時間，遂大功告成矣。臥子此時不知是否得知河東君過訪半野堂之消息。但牧齋於此際遇見臥子，其心中感想若何，雖未能悉。然錢陳皆一時能詩之人，臥子既有篇什，牧齋不容缺而不報。今初學集中此時之詩，獨不見臥子踪迹者，當是牧齋不欲臥子之名著録於此際，轉致有所不便耶？臥子此題二首之一有句云，「山川留謝傳」，殊不知河東君訪半野堂初贈詩有「東山葱嶺莫辭從」句。陳柳兩詩語意，不謀而合，可笑也。

又檢陳忠裕全集壹捌湘真閣稿「贈錢牧齋少宗伯」五言排律云：

明主終收璧，宵人失要津。南冠縈衮綉，北郭偃松筠。艱險思良佐，孤危得大臣。東山雲壑裏，早晚下蒲輪。

此詩作成之時日未能確定。但既有「南冠」「北郭」一聯，則至早不能在牧齋因張漢儒誣訐被逮至北京入獄經年，得釋歸里以前，即崇禎十一年冬季以前。據臥子自撰年譜上崇禎十二年己卯條云：「季秋禫除。」十三年庚辰條略云：「三月北發。六月就選人，得紹興司李。七月南還。八月奉太安人攜家渡錢塘。」則此詩有作於崇禎十二年，或十三年之可能。更考初學集壹柒移居詩集崇禎十三年庚辰八月所作永遇樂詞「十六夜見月」云：「天公試手，浴堂金殿，瞥見清明時節。」句下自注云：「時中朝新有大奸距脱之信。」據明史壹壹拾宰輔年表崇禎十三年六月薛國觀致仕。國觀乃温體仁黨，夙與東林爲敵，（參明史貳伍叁薛國觀傳并詳牧齋永遇樂詞錢曾注）牧齋所謂大奸，當指韓城而言。臥子詩「宵人失要津」，或即兼指温薛輩。蓋温薛皆去，牧齋可以起用矣。

又牧齋永遇樂詞尚有「十七夜」一首云：「生公石上，周遭雲樹，遮掩一分殘闕。」似牧齋此時亦游寓蘇州。但初學集肆叁保硯齋記略云：

保硯齋者，戈子莊樂奉其先人文甫所藏唐式端硯，以詒其子棠，而以名其齋也。戈子携其子過余山中，熏沐肅拜而請爲之記。崇禎庚辰中秋記。

則崇禎十三年中秋日牧齋猶在常熟。是否十七日即至蘇州，尚難確知。假定其實至蘇州者，卧子贈詩自應同在吴苑矣。更檢杜于皇濬變雅堂詩集壹載「奉贈錢牧齋先生」五古一首，不知何時所作。唯詩中有句云：

何期虎丘月，一沃龍門雨。

此首前一題「半塘」云：

虎丘連半塘，五里共風光。此時素秋節，遠勝三春陽。西風掃不盡，滿路桂花香。

故知茶村於中秋前後在虎丘遇見牧齋，或即是崇禎十三年秋季與卧子賦贈牧齋詩同時同地。蓋杜氏與幾社名士本具氣類之雅（見變雅堂集伍「送朱喬三之任松江序」及杜登春「社事本末」）殊有同時同地賦詩以贈黨社魁首之可能也。俟考。

總而言之，錢陳兩人交誼如此篤摯，當日牧齋應有詩書以答卧子厚意。後來刻初學集删去不録，亦與删去酬答卧子禾城贈詩同一事例，似因避去柳陳關係之嫌所致。此點若非出自牧齋，則必由於瞿稼軒之主張。瞿氏於此未免拘泥春秋「爲尊者諱，爲親者諱」之旨（見春秋公羊傳閔公元年），遂爲師母諱耶？

復檢杜登春社事本末略云：

是時烏程（指温體仁）去位，楊「嗣昌」薛「國觀」相繼秉國鈞。西銘（指張溥）中夜不安，唯恐朝端尚以黨魁目之也。計非起復宜興，（指周延儒）終是孤立之局。乃與錢蒙叟「謙益」項水心「煜」徐勿齋「汧」馬素修「世奇」諸先生謀於虎邱石佛寺。遣干僕王成貽七札入選君吴來之先生昌時邸中。時吴手操朝柄，呼吸通帝座，而輦轂番子密佈，内外綫索難通，王成以七札熟讀，一字一割，雜敗絮中，至吴帳中，爲簑衣裱法，得達群要。此辛巳二月間事。於是宜興以四月起，（寅恪案，明史壹壹拾宰輔年表崇禎十四年辛巳欄載：「延儒二月召，九月入。」同書叁佰捌奸臣傳周延儒傳云：「〔崇禎〕十四年二月詔起延儒。九月至京，復爲首輔。」杜氏「四月」之語，誤。）而西銘即以四月暴病云殂。

寅恪案，牧齋與張項徐馬謀於虎邱石佛寺，杜氏雖未確言何時，以當日情勢推之，或即在崇禎十三年中秋前後，亦即卧子茶村賦詩贈牧齋之時也。俟考。

至於錢陳兩人論詩之宗旨，雖非所欲詳論，然亦可略引牧齋之言，以見一斑。

有學集肆柒「題徐季白卷後」略云：

余之評詩，與當世牴牾者，莫甚於二李及弇州。二李且置勿論，弇州則吾先世之契家也。余髮覆額時，讀前後四部稿皆能成誦，暗記其行墨。今所謂晚年定論者，皆舉揚其集中追悔少作與其欲改正卮言，勿悞後人之語，以戒當世之耳論目食，刻舟膠柱者。初非敢鑿空杜譔，欺誣先哲也。雲間之才子如臥子舒章，余故愛其才情，美其聲律，惟其淵源流别，各有從來，余亦嘗面規之，而二子亦不以爲耳瑱。采詩之役，未及甲申以後，豈有意刊落料揀哉？如雲間之詩，自國初海叟諸公以迄陳李，可謂極盛矣。

據此可知牧齋雖與臥子舒章論詩宗旨不同，然亦能賞其才藻，不甚訶詆。臥子舒章二人亦甚推重牧齋。觀臥子此次在嘉興贈牧齋之詩，及陳忠裕全集壹捌湘真閣集「贈錢牧齋少宗伯」五言排律。又臥子安雅堂稿壹捌壬午冬「上少宗伯牧齋先生書」并臥子自撰年譜上崇禎十年丁丑條述牧齋稼軒由蘇被逮至京事。其略云：

予與錢「謙益」瞿「式耜」素稱知己。錢瞿「被逮」至西郊，朝士未有與通者。予欲往見，僕夫曰，較事者耳目多，請微服往。予曰，親者無失其爲親，無傷也。冠蓋策馬而去，周旋竟日乃還。其後獄益急，予頗爲奔奏，聞於時貴。

等可爲例證。至於舒章，則有一事關涉錢柳，疑問殊多，頗堪玩味。舒章蓼齋集叁伍「與臥子書」第貳通略云：

昔諸葛元遜述陸伯元語，以爲方今人物雕盡，宜相輔車，共爲珍惜。不欲使將進之徒，意不歡笑。弟反復此言，未嘗不嘆其至也。但以邇來君子之失，每不尚同，自托山藪，良非易事。故弟欲少加澄論，使不至於披猖。是以對某某而思公叔之義，見某某而懷仲舉之節。談議之間，微有感慨，非好爲不全之意，見峰岠於同人也。某某才意本是通穎，而嫋情嫫母，遂致紛紛。謗議之來，不在於虞山，而在於武水。弟欲大明其不然，而諸君亦無深求者，更無所用解嘲之語耳。春令之作，始於轅文。此是少年之事，而弟忽與之連類，猶之壯夫作優俳耳。

寅恪案，前第叁章論春令問題中已略引及舒章此書。據臥子年譜推測，舒章作此書時當在崇禎十年臥子將由京南旋之際。書中所謂「虞山」乃指牧齋，自不待言。「武水」疑指海鹽姚叔祥士粦。（可參初學集壹柒移居詩集「姚叔祥過明發堂共論近代詞人，戲作絶句十六首」。）據舒章之語，則對於牧齋殊無惡意，可以推見。所可注意者，舒章所謂「才意通穎」之某某，究屬誰指？其所「嫋情」之「嫫母」又是何人？據李書此節下文即接以春令問題，似此兩事實有關聯，即與河東君有關也。前第叁章引錢肇鰲質直談耳謂河東君「在雲間，則宋轅文李存我陳臥子三先生交最密。」錢氏之語必有根據，但關於李待問一節，材料甚爲缺乏，或者此函中「才意通穎」之「某某」，即指「問郎」而言耶？以舒章作書之年月推之，謂所指乃存我在此時間與河東君之關係，似亦頗有可能。若所推測者不謬，則舒章以「嫫母」目河東君，未免唐突西子，而與牧齋有美詩「輸面一金錢」之句，用西施之典故，以譽河東君之美者，實相違反矣。一笑！

牧齋此次之游西湖及黃山，不獨與河東君本有觀梅湖上之約，疑亦與程松圓有類似預期之事。據前引河東君與汪然明尺牘第叁拾通云：

弟方耽游蠟屐，或至閣梅梁雪，彥會可懷。不爾，則春懷伊邇，薄游在斯，當偕某翁便過通德，一景道風也。

考此札之作，當在崇禎十三年庚辰冬季。此時松圓亦同在牧齋家中。頗疑牧齋因松圓此際正心情痛苦，進退維谷，將離虞山歸新安之時。特作此往游西湖及黃山之預約，以免獨與新相知偕行，而不與耦耕舊侶同游之嫌，所以聊慰平生老友之微意，未必遲至崇禎十四年辛巳春間，始遣人持書遠至新安，作此預約也。但檢初學集肆陸「游黃山記序」略云：

辛巳春余與程孟陽訂黃山之游，約以梅花時，相尋於武林之西溪。逾月而不至。余遂有事於白岳，黃山之興少闌矣。壬午孟陬虞山老民錢謙益序。

及有學集壹捌「耦耕堂詩序」略云：

崇禎癸未十二月吾友孟陽卒於新安之長翰山。又十二年，歲在甲午，余所輯列朝詩集始出。「初」辛巳春，約游黃山，首塗差池，歸舟值孟陽於桐江。篝燈夜談，質明分手，遂泫然爲長別矣。

黃山記作於崇禎十五年正月，耦耕堂序作年雖不詳，亦在孟陽既卒十二年以後，皆牧齋事後追憶之筆。兩序文意，若作預約孟陽於辛巳春爲黃山之游，而非於辛巳春始作此約，則與當日事理相合。然繹兩序文之辭語，似於辛巳春始作此約者，恐是牧齋事後追憶，因致筆誤耳。或者牧齋當崇禎十三四年冬春之間，新知初遇，舊友將離，情感冲突，心理失常之際，作游黃山記時，正值河東君患病甚劇。作耦耕堂詩序時，撫今追昔，不勝感慨。此等時間，精神恍惚，記憶差錯，遂有如是之記載耶？至若游黃山記之一云：「二月初五日發商山，初七日抵湯院。」證以初學集壹玖「東山詩集貳」下注：「起辛巳三月，盡一月。」之語，則此記「二月」之「二」字，乃是「三」字之訛，固不待辨也。

復次，孟陽與牧齋之關係，其詳可於兩人之集中見之，茲不備論。但其同時人如前第叁章引朱鶴齡愚庵小集「與吴梅村書」，載宋轅文深鄙松圓，稱爲牧齋之「書傭」。後來文士如朱竹垞論松圓詩，亦深致不滿。茲略録朱氏之言，以見三百年來評論松圓詩者之一例。

明詩綜陸伍所選程嘉燧詩，附詩話云：

孟陽格調卑卑，才庸氣弱。近體多於古風，七律多於五律。如此伎倆，令三家村夫子誦百翻兔園册，即優爲之，奚必讀書破萬卷乎？牧齋尚書深懲何李王李流派，乃於明三百年中特尊之爲詩老。六朝人語云：「欲持荷作柱，荷弱不勝梁。欲持荷作鏡，荷暗本無光。」得無類是歟？姑就其集中稍成章者，録得八首。

夫松圓之詩固非高品，自不待言。但其別裁明代之僞體，實爲有功。古今文學領域至廣，創作家與批評家各有所長，不必合一。松圓可視爲文學批評家，不必爲文學創作者。竹垞所言，固非平情通識之論也。

松圓與牧齋兩人平生論詩之旨極相契合一點，兹姑不論。唯就崇禎十三四年冬春之間，兩人之交誼言之，則殊覺可笑可憐。松圓本欲徇例往牧齋家度歲，忽遇見河東君亦在虞山，遂狼狽歸里。牧齋又約其於西湖賞梅。松圓因恐河東君亦隨往，故意負約不至杭州，俟牧齋獨游新安，訪孟陽於長翰山居。孟陽又復避去，蓋未知河東君是否同來之故。及牧齋留題於山居別去之後，松圓返家，始悉河東君未隨來游，於是追及牧齋於桐江，留此最後之一別。噫！年逾七十垂死之老翁，跋涉奔馳，藏頭露尾，有如幼稚之兒童爲捉迷藏之戲者，豈不可笑可憐哉？牧齋固深知孟陽之苦趣，於孟陽卒後，其詩文中涉及孟陽者，則往往追惜於桐江之死別，情感溢於言表。由今觀之，牧齋内心之痛苦，抑又可推見矣。

牧齋此次，即崇禎十四年二月之大部分時間，滯留杭州。其踪迹皆於初學集壹捌東山詩集壹，寓杭州諸詩中，推尋得之。檢此集此卷所載諸詩，自「有美詩」後至「餘杭道中望天目山」，祇就牧齋本人所作，而河東君和章不計外，共得九題。取東山酬和集貳所載牧齋之詩參較，則初學集所載多東山酬和集五題。蓋此五題之所咏，皆與河東君無關故也。但此五題雖與河東君無關，然皆牧齋崇禎十四年二月留滯杭州所作。在此時間，牧齋既因河東君之未肯同來，程松圓復不願踐約，失望之餘，無可奈何之際，祇得聊與當時當地諸人，作不甚快心滿意之酬酢。實與此時此地所賦有關河東君諸詩，出於真摯情感者，區以別矣。此類酬應之作，原與本文主旨無涉，自可不論。唯其中亦略有間接關係，故僅就其題中之地或人稍述之，以備讀者作比較推尋之資料云爾。

初學集壹捌東山詩集壹「栖水訪卓去病」云：

（詩略。）

寅恪案，有學集叁貳「卓去病先生墓志銘」略云：

去病姓卓氏，名爾康，杭之塘西里人。

又光緒修唐栖志貳山水門「官塘運河」條云：

下塘在縣之東北，泄上塘之水，受錢湖之流，歷五林唐栖，會於崇德，北達漕河，故曰新開運河。

據此知牧齋於崇禎十四年正月晦日，即廿九日，在鴛湖舟中賦有美詩後，當不易原來與河東君同乘之舟，直達杭州，初次所訪之友人，即「杭之塘西里人」卓去病。後此九年，即順治七年，牧齋訪馬進寶於婺州，途經杭州，東歸常熟，有學集叁庚寅夏五集「西湖雜感」序云：「是月晦日記於塘栖道中。」亦由此水道者。蓋吳越往來所必經也。

「夜集胡休復庶嘗故第」云：

惟餘寡婦持門户，更倩窮交作主賓。

寅恪案，此兩句下，牧齋自注云：「休復無子，去病代爲主人。」又初學集捌壹載「爲卓去病募飯疏」一文，列於「書西溪濟舟長老册子」及「追薦亡友綏安謝耳伯疏」後。故知此三文當爲崇禎十四年二月留滯杭州同時所作也。休復名允嘉，仁和人。事迹見光緒修杭州府志壹肆肆文苑傳壹。

「西溪鄭庵爲濟舟長老題壁」云：

頻炷香燈頻掃地，不拈佛法不談詩。落梅風裏經聲遠，修竹陰中梵響遲。

寅恪案，初學集捌壹「書西溪濟舟長老册子」略云：

獻歲挐舟游武林，泊蔣村，策杖看梅，遍歷西溪法華，憩鄭家庵。濟舟長老具湯餅相勞。觀其舉止樸拙，語言篤摯，宛然雲栖老人家風也。口占一詩贈之，有「頻炷香燈頻掃地，不拈佛法不談詩。」之句，不獨傾倒於師，實爲眼底禪和子痛下一鉗錘耳。師以此地爲雲栖下院，經營數載，未潰於成，乞余一言爲唱導。辛巳仲春聚沙居士書於蔣村之舟次。

光緒修杭州府志叁伍寺觀貳「古法華寺」條云：

在西溪之東，法華山下。明隆萬間，雲栖袾宏以雲間鄭昭服所捨園宅爲常住，址在龍歸徑北，約八畝有奇。初號雲栖別室，俗名鄭庵。崇禎「六年」癸酉秋郡守龐承寵給額稱古法華寺。

此條下附吴應賓（吴氏事迹見明詩綜伍伍及明詩紀事庚壹伍等）「古法華寺記」云：

古杭法華山有雲栖別院者，乃雲間青蓮居士鄭昭服所施建也。居士歸依蓮大師，法名廣瞻，雅發大願，將昔所置樓房宅舍山場園林若干，施與彌天之釋，爲布地之金。大師命僧濟舟等居焉。青蓮棄世，其子文學食貧，而此永爲法華道場。衆請郡守龐公承寵捐金給額，改爲古法華寺，濟舟乞余言以紀其事。

前論牧齋崇禎庚辰冬至日示孫愛詩，已引此「書濟舟册子」之文上一節，痛斥嘉禾門人所寄乞叙之某禪師開堂語録，兹不重録。濟舟雖爲能守「雲栖老人家風」之弟子，且能求當世文人爲之賦詩作記，似亦一風雅道人，但據牧齋此文下一節所描繪，則殊非具有學識，貫通梵典之高僧。今忽爲之賦詩，并作文唱導募化，未免前後自相衝突，遂故爲抑揚之辭，藉資掩飾，用心亦良苦矣。噫！牧齋當此時此地，河東君未同來，程松圓不踐約，孤游無俚，難以消遣之中，不得已而與此老邁專事念佛之僧徒往來酬酢。其羈旅寂寞之情況，今日猶能想見。所咏之詩，亦不過藉以解嘲之語言，其非此卷諸詩中之上品，無足怪也。

「西溪湖水看梅，贈吴仁和。」云：

（詩略。）

知縣云：

寅恪案，吴仁和者，當時仁和縣知縣吴坦公培昌也。光緒修杭州府志壹佰貳職官肆仁和縣

吴培昌，華亭人，進士，「崇禎」十一年任。

胡士瑾，貴池人，進士，「崇禎」十五年任。

又陳忠裕全集壹陸湘真閣集「寄仁和令吴坦公」七律，題下附考證可互參。卧子寄坦公詩，有句云：

常嚴劍佩迎朝貴，更飭厨傳給隱淪。

可謂適切坦公當日忙於送往迎來之情況。若牧齋者，以達官而兼名士，正處於朝貴隱淪之間，宜乎有劍佩之迎，厨傳之給也。

「横山題江道暗蝶庵」云：

疏丘架壑置柴關，冢筆巢書斷往還。盡攬烟巒歸几上，不教雲物到人間。

蕭疏屋宇松頭石，峭蒨風期竹外山。莫殢蝶庵成蝶夢，似君龍卧未應閑。

寅恪案，江道暗本末未詳，俟更考。但檢馬元調横山游記（下引各節可參光緒修杭州府志叁拾古迹貳「横山草堂」條及所附江元祚「横山草堂記」）卷首崇禎十年夏五月自序略云：

武林余所舊游，未聞有横山焉者。今年春偶來湖上，一日夢文陸子歷叙此中讀書談道之士，爲余所未見者六七人。余因請六七人室廬安在？夢文謂諸子近耳，獨江道暗邦玉在黄山深處。然言黄山，不言横山。（寅恪案，江元祚文云：「黄山舊名横山，土音呼横爲黄，遂相傳爲黄山。」等語，可供參證。）

同書「樓西小瀑」條云：

返乎竹浪「居」，而道暗適自城中歸蝶庵。亟來晤。相見恨晚。抗言往昔，談諧間發，極爾清歡，夜分乃歇。

同書「白龍潭」條云：

「四月」廿八日早起即問白龍潭，邦玉謂草深竹密，宜俟露晞。乃先走蝶庵，訪道暗。蝶庵者，道暗藏修精舍，徑在緑香亭外。沿溪得小山口，緑陰沉沉，編荆即是。秀竹千竿，掩映山閣。歷磴連呼，衡門始豁。升堂坐定，寂如夜中，仰看屋梁，大字凡四，「讀書談道」。心胸若披，樂哉斯人，飲水當飽。

同書卷末載崇禎十年丁丑小寒日勾甬萬泰跋略云：

自邦玉氏誅茅結盧，一時名流多樂與之游，而人始知有横山。會同人江子道暗挈妻子讀書其中，因得偕陸子文虎「彪」策杖從之。

可知江道暗爲杭州名士無疑，而馬氏游記關於蝶庵之叙述，尤可與錢詩相印證也。至馬萬二氏所言之邦玉，或即作「横山草堂記」之江元祚。但牧齋此次游横山之詩什，不及邦玉之名與其園林之勝，殊不可解。今亦未悉其本末，并與道暗之關係，當再詳檢。

光緒修杭州府志叁叁名勝門「西溪探梅」條云：

由松木場入古蕩溪，溪流淺狹，不容巨舟。自古蕩而西至於留下，并稱西溪。曲水周環，群山四繞。名園古刹，前後踵接，又多蘆汀沙溆，重重隔斷，略彴通行，有輿馬不能至者。其地宜稻宜蔬宜竹，而獨盛於梅花。蓋居民以爲業，種梅處不事雜植，且勤加修護，本極大而有致。又多臨水，早春時沿溪泛舟而入，彌漫如香雪海。

沈德潛等輯西湖志纂壹叁「西溪勝迹」云：

西溪溪流深曲，受餘杭南湖之浸，横山環之，凡三十六里。

牧齋留滯杭州時間幾達一月之久，其踪迹似未越出西溪横山之區域，號爲賞花，實則懷人。於無可奈何之際，當亦尋訪名勝，愁對隱淪。凡此諸人諸地，并不能驚破其羅浮酣夢也。

錢氏此次之游杭州，共得詩九首。直接及間接有關於梅花者，凡六首。其中二首，一爲當地寺僧，一爲當地官吏而作，可不計外，餘四首實皆爲河東君而賦也。觀梅之舉，本約河東君同行，河東君既不偕游，於是牧齋獨對梅花，遠懷美人，即景生情，故此四首咏梅之作，悉是河東君之寫真矣。

東山酬和集貳牧翁「西溪永興寺看緑蕚梅有懷」（寅恪案，初學集壹捌此題下多「梅二株蟉虬可愛，是馮祭酒手植。」十叁字。）云：

略彴緣溪一逕斜，寒梅偏占老僧家。共憐祭酒風流在，未惜看花道路賒。繞樹繁英團小閣，迴舟玉雪漾晴沙。道人未醒羅浮夢，正憶新妝蕚緑華。

河東「次韵永興看梅見懷之作」云：

鄉愁春思兩欹斜，那得看梅不憶家。折贈可憐疏影好，低迴應惜薄寒賒。穿簾小朵亭亭雪，漾月流光細細沙。欲向此中爲閣道，與君坐卧領芳華。

寅恪案，西湖志纂壹叁西溪勝迹門「永興寺」條引西湖梵隱志（參光緒修杭州府志叁伍寺觀貳「永興寺」條）云：

明萬曆初馮夢楨太史延僧真麟新之。手植緑蕚梅二本，題其堂曰二雪。

然則杭州之梅花，以西溪永興寺馮具區所植之緑蕚梅爲最有名。牧齋此次游杭州看梅，歷時頗久，而多在西溪者，即由於此。何况汪然明别墅亦在此間。賞今日梅花之盛放，憶昔時美人之舊游，對景生情，更足增其詩興也。夫古來賦咏梅花之篇什甚多，其以梅花比美人者，亦復不少。牧齋博學能詩，凡所吟咏，用事皆適切不泛，辭意往往雙關。讀者若不察及此端，則於欣賞其詩幽美之處，尚有所不足也。上録七律所用故實，初視之亦頗平常，不過龍城録趙師雄羅浮夢事并蘇子瞻和楊公濟梅花詩（見東坡集壹捌「次韻楊公濟奉議梅花十首」及「再和楊公濟梅花十絶」）及高季迪「梅花詩」（見高啓青丘集壹伍「梅花」七律九首之一）等出處耳。但細繹之，則龍城録中云：

趙師雄於松林間，見一女人，淡妝素服。（寅恪案，今所見龍城録，諸本皆作「女人」，惟佩文齋增補陰氏韵府群玉拾灰韵，「梅」下引龍城録「女人」作「美人」。疑陰氏所見本作「美人」也。）

及高詩「月明林下美人來」之句，皆以昔時「美人」兩字之古典，確指今日河東君之專名。其精當不移有如此者。

又前論牧齋「冬日同如是泛舟」詩「莫爲朱顏嘆白頭」句，引顧公燮消夏閒記等書，足徵河東君皮膚之白。永興寺馮開之所植之雙梅，乃緑萼梅，故署其堂曰二雪。凡梅之白花者，其萼色緑。范成大范村梅譜「緑萼梅」條（見涵芬樓本説郛柒拾并參博古齋影印百川學海本）

云：

綠萼梅。凡梅花跗蒂皆絳紫色，惟此純綠。枝梗亦青，特爲清高。好事者比之九疑仙人萼綠華。京師艮岳有萼綠華堂，其下專植此本。人間亦不多有，爲時所貴重。

故牧齋取此眼前相對之白梅，以比遠隔他鄉美人之顏色，已甚適切。復借永興寺之綠萼梅，以譬真誥中神女之萼綠華，（見真誥壹運象篇第壹萼綠華詩）即河東君，尤爲詞旨關聯，今古貫通。牧齋此詩「道人未醒羅浮夢，正憶新妝萼綠華。」兩句，可謂佳語妙絕天下矣。

抑更有可論者，「新妝」二字亦有深意，李太白詩（見全唐詩第叁函李白肆「清平調詞」叁首之二）云：

借問漢宮誰得似，可憐飛燕倚新妝。

據顧云美河東君傳云：

「君爲人短小，結束俏麗。」

則河東君可比趙飛燕，而與肥碩之楊玉環迥異。寅恪初讀牧齋此詩，未解「新妝」二字之用意，一夕默誦太白詩，始恍然大悟，故標出之，以告讀者。

河東君和作初學集不載。或是以所作未能競勝牧齋原詩之故。其詩結語云：「欲向此中爲閣道，與君坐卧領芳華。」當出王摩詰詩「閣道迴看上苑花」之句。（見全唐詩第貳函王維肆

「奉和聖製從蓬萊向興慶閣道中留春雨中春望之作應制」七律）蓋牧齋原作與右丞之作同韵，豈河東君因和牧齋之故，憶及王詩，遂有「閣道」之語耶？

東山酬和集貳牧翁「二月九日再過永興看梅，梅花爛發，髣髴有懷。適仲芳以畫册索題，遂作短歌，書於紙尾。」（寅恪案，初學集壹捌東山詩集壹「仲芳」上有「吾家」二字。）云：

西溪梅花千萬樹，低亞凝香塞行路。永興兩樹最綽約，素艷孤榮自相顧。飄黄拂緑傍香樓。春寒日暮含清愁。依然翠袖修林裏，遥憶美人溪水頭。徙倚沈吟正愁絶，見君畫册思飄瞥。開懷落落生雲山，觸眼紛紛綴香雪。羡君畫高神亦閑，趣在蒼茫近遠間。仲圭殘墨潑武水，子久粉本留虞山。我將梅花比君畫，月地雲階吐光怪。乞君揮灑墨汁餘，向我蕭間草堂掛。草堂深柳净無塵，淡墨疏窗會賞真。還將玉雪横斜意，舉似凌風却月人。

寅恪案，仲芳者，錢棻之字。光緒修嘉善縣志貳貳（參光緒修嘉興府志伍伍錢棻傳）略云：

錢棻字仲芳，崇禎十五年經魁。構園曰蕭林，種梅百本。晚歲鍵户謝客，著書大滌山，賦詩作畫。年七十八卒。

牧齋此詩以花比人，辭語精妙，自不待言。而「遥憶美人溪水頭，」乃一篇之主旨也。至其結語云：「乞君揮灑墨汁餘，向我蕭閒草堂掛。草堂深柳浄無塵，淡墨疏窗會賞真。還將玉雪橫斜意，舉似淩風却月人。」其欲貯河東君於金屋之意，情見乎辭矣。牧齋此詩後，未載河東君和章。蓋河東君此時已不作長句古詩。其所以如此之故，今未敢妄測。然必不可以朱竹垞之論程松圓者論河東君，則可斷言也。（見明詩綜陸伍程嘉燧條）

更有可論者，光緒修常昭合志稿肆肆藝文「閨秀遺著」云：

河東君詩文集十二卷。梅花集句叁卷。柳隱，錢受之副室。

河東君文集十二卷未見，不知内容如何。但據從胡文楷君處鈔得之叁卷本梅花集句題云：

我聞室梅花集句。河東柳是如是氏集。

今檢列朝詩集閏伍集句詩類載童琥小傳云：

琥字廷瑞，蘭溪人。有草窗梅花集句叁卷，凡叁百有十首。

牧齋選廷瑞梅花集句詩共六首。取叁卷之鈔本校之，則牧齋所選者，悉在其中，惟有數字不同耳。由此言之，可證所謂河東君集本，實廷瑞所集。至何以誤爲出自河東君，則殊難考知。但檢初學集壹叁試拈詩集有「戲書梅花集句詩」七絶一首。題下自注云：

本朝沈行童琥集，各叁百餘首。

牧齋此詩作於崇禎十一年，可證牧齋在河東君未訪半野堂前，家中早已藏有廷瑞集句。河東君既歸牧齋之後，曾手鈔其本，或題署書名，或加鈐圖記。後人不察，遂誤認爲河東君所集耶？方志紀載錯誤，因恐輾轉傳訛，特附訂正之於此。

東山酬和集貳牧翁「横山汪氏書樓」云：

（詩見前論河東君尺牘第壹通所引。今不重録。）

寅恪案，前論河東君尺牘第壹通，謂河東君於崇禎十二年游杭時，曾借居汪氏別墅，即此詩之「横山汪氏書樓」也。牧齋此次游杭州，本約河東君同行，疑其且欲同寓汪氏別墅。不意河東君未能同游，故牧齋於此深有感觸。其用「琴臺」之典，以司馬相如自比，并以卓文君比河東君，實取杜工部集壹壹「琴臺」五律所云：

茂陵多病後，尚愛卓文君。酒肆人間世，琴臺日暮雲。野花留寶靨，蔓草見羅裙。歸鳳求皇意，寥寥不復聞。

之意。又以「雲」爲河東君之名，并用子美詩「片雲何意傍琴臺」之句。（見杜工部集壹壹「野老」七律）糅合江文通雜體詩「休上人」詩「日暮碧雲合，佳人殊未來。」辭意，（見文選叁壹）構成此詩七八兩句，甚爲精巧。錢遵王止注「碧雲」之出處，殊不賅備。蓋未能瞭解牧齋之思之微妙。牧齋前於崇禎十三年冬答河東君過訪半野堂初贈詩有「文君放誕想流風」之句，亦即賦此詩時之意也。東山酬和集貳牧翁「二月十二春分日横山晚歸作」（寅恪案，鄭氏近世中西史日表，崇禎十四年辛巳二月十日春分，與牧齋詩題不合。）云：

杏園村店酒旗新，度竹穿林踏好春。南浦舟中曾計日，西溪樓下又經旬。殘梅糝雪飄香粉，新柳含風養麴塵。最是花朝并春半，與君遙夜共芳辰。

河東「次韻」云：

年光詩思競鮮新，忽漫韶華逗晚春。止爲花開停十日，已憐腰緩足三旬。枝枝媚柳含香粉，面面夭桃拂軟塵。回首東皇飛轡促，安歌吾欲撰良辰。

寅恪案，此題除前於河東君尺牘第壹通所論者外，尚有可言者，即錢詩「南浦舟中曾記日，西溪樓下又經旬。」與柳詩「止爲花開停十日，已憐腰緩足三旬。」兩聯互相印證是也。牧齋送河東君由虞山返茸城，於崇禎十四年元夕抵虎丘。河東君又送牧齋自蘇州至鴛湖，然後別去，獨返松江。計其由虞山出發之時，至是年花朝，蓋已一月矣。受之此次游杭州，賞梅花，當即寄寓汪然明横山別墅。自抵杭州至賦此詩時，已閱旬日。江文通「別賦」云：「送君南浦，傷如之何！」（見文選壹陸并此句李善注引楚辭九歌「河伯」曰：「子交手兮東行，送美人兮南浦。」寅恪案，王逸楚辭注云：「子謂河伯也。言屈原與河伯別。子宜東行，還於九河之居，我亦欲歸也。」又文選「別賦」五臣注張銑曰：「送君送夫也。南浦，送別之處。」皆可與錢柳詩互證通用。）故錢詩此聯上句，即柳詩此聯下句。又「腰緩」之句，自是出文選貳玖古詩十九首之一「相去日已遠，衣帶日已緩。」（并可參李善注引古樂府歌曰：「離家日趨遠，衣帶日趨緩。」）不過古詩乃女思男之辭，河東君借用其語句，以指牧齋，非古詩作者本旨也。若就宋人詩餘言之，牧齋當如柳耆卿之「衣帶漸寬終不悔。爲伊消得人憔悴。」（見樂章集蝶戀花）而河東君當如史邦卿之「諱道相思，偷理綃裙，自驚腰衩。」（見梅溪詞三姝媚）始爲合理。否則，牧齋豈不成爲單相思？一笑！其後來刻初學集，删去河東君和作，殆由柳詩微有語病之故耶？至柳詩七八兩句，出楚辭九歌東皇太一「吉日兮辰良，穆將愉兮上皇。」及「疏緩節兮安歌。」自是人所習知，不待多論。

又初學集陸「游黃山記」序云：

辛巳春余與孟陽訂黃山之游，約以梅花時，相尋於武林之西溪，逾月不至。余遂有事於白岳，黃山之興少闌矣。徐維翰書來勸駕，讀之兩腋欲舉，遂挾吴去塵以行。吴長孺爲戒車馬，庀糗脯，子含去非群從相向慫慂，而皆不能從也。

寅恪案，牧齋此次本擬偕河東君同行，又期程松圓於杭州，與美人詩老共作湖山之游，洵可稱賞心樂事。豈意河東君中途返回松江，而松圓又遲行後期，於是不得已挾吴去塵爲伴，以游黃山。去塵者，列朝詩集丁壹伍吴布衣拭小傳（參明詩綜柒壹吴拭小傳及光緒修常昭合志稿肆拾游寓吴拭傳。又春星堂集壹不繫園集亦載吴氏詩。）略云：

拭字去塵，居新安之上山。宗族多富人，去塵獨好讀書鼓琴，游名山水。仿易水法製墨，遇通人文士，倒囊相贈，富家翁厚價購之，輒大笑曰，勿以孔方兄辱吾客卿也。（寅恪檢徐康前塵夢影録上「虞山錢牧齋有蒙叟墨」條載牧齋門生歙人吴聞禮聞詩兄弟，爲牧齋製「爲天下式」及「秋水閣」墨事。可供參考。）坐此益大困。耳聾頭眩，爲悍婦所逐，落魄游吴門。遇亂，死虞山舟中。毛子晋爲收葬之。

然則牧齋此行雖無羅浮之新艷，猶有隃糜之古香。陶詩云「慰情聊勝無」，牧齋於此亦可憐矣。

牧齋所選去塵詩，不及竹垞所選者之佳。吴氏既能詩，又生長黄山，此次伴牧齋同游，當有篇什，何以牧齋游黄山諸詩，既不附録吴作，詩題中亦未道及其名字，頗覺可怪。豈此時牧齋心中，專注河東君一人，其餘皆不顧及，亦如其「書西溪濟舟長老册子」所言者耶？（見初學集捌壹）竹垞所選去塵詩中有「無題和斗生」二首，詩頗佳，其中所言，未敢妄測，但兩首起句皆有「雲」字，頗可玩味，特附録之，以俟好事者之參究。詩云：

海外雲生碧浪陰，赬鱗蒼雁總浮沉。寥寥天漢雙星小，寂寂梨花一院深。貞玉有光還易見，明珠無定杳難尋。輕鸞欲綉愁無力，除是靈芸七孔鍼。

巫山遠在暮雲中，愁隔春燈一點紅。莫道金刀難翦水，須知紈扇也驚風。化爲蝴蝶飛才并，除是鴛鴦睡不同。最是游絲無賴甚，又牽春去過牆東。

東山酬和集貳牧翁「陌上花樂府，東坡記吴越王妃事也。臨安道中感而和之。和其詞而反其意，以有寄焉。」云：

陌上花開正掩扉，茸城草緑雉媒肥。狂夫不合堂堂去，小婦翻歌緩緩歸。

陌上花開燕子飛，柳條初撲麴塵衣。請看石鏡明明在，忍撇妝臺緩緩歸。

陌上花開音信稀，暗將紅泪裛春衣。花開容易紛紛落，春暖休教緩緩歸。

河東「奉和陌上花三首」云：

陌上花開照板扉，鴛湖水漲緑波肥。班騅雪後遲遲去，油壁風前緩緩歸。

陌上花開一片飛，還留片片點郎衣。雲山好處亭亭去，風月佳時緩緩歸。

陌上花開花信稀，楝花風暖揚羅衣。殘花和夢垂垂謝，弱柳如人緩緩歸。

寅恪案，前論牧齋所作「吴巽之持孟陽畫扇索題」詩節，曾引耦耕堂存稿文下「題歸舟漫興册」云：

庚辰臘月望，海虞半野堂訂游黄山。正月〔十〕六日牧翁已泊舟半塘矣。又停舟西溪，相遲半月，乃先發。余三月一日始入舟，望日至湖上，將陸行從，而忽傳歸耗，遂溯江逆之，猶冀一遇也。

牧齋之由杭州出發，往游黃山，雖難確定爲何日，但綜合孟陽「又停舟西溪，相遲半即月。」之語及牧齋「二月十二春分日橫山晚歸作」七律後，即接以和東坡「陌上花」之題兩點推之，則知牧齋由杭州啓程，必在二月下半月。其餘杭道中和陌上花詩，亦當在此時所作也。孟陽於崇禎十四年庚辰十二月望日定游黃山之約後，匆匆歸新安。據河東君與汪然明尺牘第叁拾通「閣梅梁雪」之語，知牧齋之游杭州，實欲乘游黃山之便，中途在杭州看梅。此事松圓別虞山時必已早悉，何以遲至三月一日梅花謝後，始入舟往杭。然則松圓遲遲其行，撲空赴約，如捉迷藏，其故意避免與河東君相見，絕無疑義。意者，孟陽於二月半後始探知河東君僅送牧齋至鴛湖，即返松江，遂敢於三月一日入舟至杭州會晤牧齋，其後期之原因，實在於此，殊可笑矣。

又牧齋此詩序中所謂「和其詞而反其意」者，東坡集伍「陌上花三首」序云：

父老云，吴越王妃每歲春必歸臨安。王以書遺妃曰，陌上花開，可緩緩歸矣。

蓋吴越王妃每歲必歸其臨安之家，故王有「陌上花開，可緩緩歸。」之語。今牧齋以守其家法之故，正值花開之時，令河東君歸其茸城之家，然深致悔恨，遂有「狂夫不合堂堂去，小婦翻歌緩緩歸。」，「請看石鏡明明在，忍撇妝臺緩緩歸。」及「花開容易紛紛落，春暖休教緩緩歸。」等句。藉以寄其欲河東君來與同游之思，即所謂「用其詞，而反其意。」者。河東君和詩「陌上花開一片飛，還留片片點郎衣。」即其鴛湖舟中「送牧翁之新安」詩所謂「祇憐不得因風去，飄拂征衫比落梅。」之意也。後來河東君於順治七年庚寅和牧齋「人日示内」詩，（見有學集貳秋槐支集）其第貳首結語云：

香燈綉閣春常好，不唱卿家緩緩吟。

猶涉及牧齋臨安道中此詩。當庚寅人日河東君賦詩之時，牧齋既得免於黃毓祺案之牽累，所生女嬰復在身側，頗有承平家庭樂趣，所以舉出陌上花之典，藉慰牧齋，且用王安豐婦之語，以「卿家」爲言。（見世説新語惑溺類「王安豐婦常卿安豐」條）三百年前閨中戲謔之情況，尚歷歷如覩。牧齋於順治十三年丙申賦「茸城惜別」詩，（見有學集柒高會堂詩集）叙述其與河東君之因緣，其中亦云：

陌上催歸曲，雲間贈婦篇。（寅恪案，「雲間贈婦篇」指文選貳肆陸士衡「爲顧彦先贈婦二首」及貳伍陸士龍「爲顧彦先贈婦二首」并玉臺新咏叁陸機「爲顧彦先贈婦二首」及陸雲「爲顧彦先贈婦往返四首」而言。機雲兄弟皆雲間人，且其詩皆夫婦贈答之作，與東山酬和集之爲錢柳贈答之作者，甚相類似，於此可證牧齋用典之精切也。）

據此可見錢柳二人終始不忘此「陌上花」之曲有若是者也。東山酬和集貳牧翁「響雪閣」詩，前論河東君過訪半野堂時，已引其全文，并詳釋之，今不更詮述。至此詩後未載河東君和作者，恐是河東君本不喜游山，昔年作商山之游，實非得已，故亦不欲於兹有所賦咏也。

東山酬和集貳牧翁「禊後五日浴黄山下湯池，留題四絶句，遥寄河東君。」云：

香溪禊後試温湯，寒食東風谷水陽。却憶春衫新浴後，竊黄淺絳道家裝。

山比驪山湯比香，承恩并浴少鴛鴦。阿瞞果是風流主，妃子應居第一湯。（寅恪案，初學集壹玖東山詩集貳此句下自注云：「南部新書。御湯西北角則妃子湯，餘湯邐迤相屬而下。」）

沐浴頻看稱意身，刈蘭贈藥想芳春。憑將一掬香泉水，噀向茸城洗玉人。（寅恪案，初學集「噀」作「噴」。）

齊心同體正相因，祓濯何曾是兩人。料得盈盈羅襪步，也應抖擻拂香塵。

河東「奉和黄山湯池留題遥寄之作」云：

素女千年供奉湯，拍浮渾似踏春陽。可憐蘭澤都無分，宋玉何繇賦薄裝。

浴罷湯泉粉汗香，還看被底浴鴛鴦。黟山可似驪山好，白玉蓮花解捧湯。

睡眠朦朧試浴身，芳華竟體欲生春。憐君遥噀香溪水，蘭氣梅魂暗着人。

旌心白水是前因，覷浴何曾許别人。煎得蘭湯三百斛，與君携手祓征塵。

寅恪案，牧齋此題及河東君和章，乃關於錢柳因緣之重要作品。蓋河東君不肯與牧齋同游杭州及黄山，獨自徑歸松江。牧齋心中當亦知其猶豫顧慮之情。故鴛湖别後，屢寄詩篇。不僅致己身懷念之思，實兼藉以探河東君之意也。河東君和詩第肆首有「旌心白水是前因，覷浴何曾許别人。」之句，乃對牧齋表示决心之語。想牧齋接誦此詩，必大感動。閲二十年，至順治十六年己亥，牧齋因鄭延平失敗，欲隨之入海，賦詩留别河東君，有「白水旌心視此陂」之句，（見投筆集「後秋興之三」及有學集拾紅豆二集「後秋興八首」）其不忘情於河東君此詩者如此。若僅以用左傳之典，步杜詩之韵目之者，猶未達一間。苟明乎此義，則東山酬和集此題之後，即接以「六月七日迎河東君於雲間」之詩，便不覺其突兀無因矣。

牧齋詩第壹首「却憶春衫新浴後，竊黄淺絳道家裝。」錢遵王注此詩，引薛能「蜀黄葵」詩「記得玉人春病後，道家裝束厭襛時。」（寅恪案，才調集壹「後」作「校」。全唐詩第玖函薛能肆此詩題「蜀黄葵」作「黄蜀葵」。詩中「春」作「初」，「後」作「起」，一作「較」。）雖能知其出處，似尚未發明牧齋文心之妙。蓋河東君肌膚潔白，本合於蜀先主甘後第叁首「嘆向茸城洗玉人」句，亦是實指，并非泛用典故。又河東君於崇禎十四年辛巳春初患「玉人」之條件。前論錢柳「冬日泛舟」詩，引顧公燮消夏閒記等書，已詳言之。即牧齋此題病，牧齋賦此詩，在是年三月初八日。薛詩「春病後」或「春病校」之語，尤爲適切河東君此時情况也。河東君和詩「可憐蘭澤都無分，宋玉何繇賦薄裝。」兩句，自用文選壹玖宋玉「神女賦」中「倪薄裝，沐蘭澤。」之語，實寓詩衛風「伯兮」篇「自伯之東。首如飛蓬。豈無膏沐，誰適爲容。」之意。情思纏綿，想牧齋讀此，必爲之魂銷心醉也。

此題第貳首錢柳二人之作，皆用華清池故事。全唐詩第玖函鄭嵎「津陽門」詩「暖山度臘東風微。宮娃賜浴長湯池。刻成玉蓮噴香液，漱迴烟浪深逶迤。」注云：

宮內除供奉兩湯池，內外更有湯十六所。長湯每賜諸嬪御，其修廣與諸湯不侔。甃以文瑶寶石，中間有玉蓮捧湯泉，噴以成池。

全唐文陸壹貳陳鴻「華清湯池記」云：

玄宗幸華清宮。新廣湯池，制作宏麗。安禄山於范陽以白玉石爲魚龍鳧雁，仍以石梁及石蓮花以獻。雕鐫巧妙，殆非人工。上大悅，命陳於湯中，仍以石梁亘湯上，而蓮花纔出水際。

據此河東君「白玉蓮花解捧湯」之「白玉」，實兼取陳氏記中之語。其所用典故，蓋有軼出牧齋詩句之外者矣。

此題第叁首牧齋詩下半兩句，若依初學集作「噴」，則與鄭嵎詩注相合。雖較「噀」字爲妥，但「噀」字出於葛洪神仙傳伍「欒巴傳」中「賜百官酒，又不飲，而向西南噀之。」及同書玖「成仙公傳」中「先生忽以杯酒向東南噀之。」等，實與「遥」字有關。（檢太平廣記叁拾神仙門叁拾「張果」條云：「果常乘一白驢，日行數萬里。休則重疊之。其厚如紙，置於巾箱中，乘則以水噀之，還成驢矣。」雖非遥噀，然亦屬神仙道術，故附記於此，以供參證。）黄山下之湯池與松江之横雲山離隔甚遠，遥噀香泉，正是神通道術，儻改爲「噴」字，似不甚適切。至河東君詩「憐君遥噀香溪水」，自是兼采神仙傳并劉孝標「送橘啓」（見馮應榴蘇文忠公詩合注貳貳「食甘」詩注所引）而不局於「津陽門」詩注也。

抑更有可論者，東坡集壹叁「食甘」詩「清泉蔌蔌先流齒，香霧霏霏欲噀人。」河東君詩「憐君遥噀香溪水」句，其下即接以「梅魂」之語，當與東坡詩有關。蓋東坡此詩前一題「（元豐）六年正月二十日復出東門，仍用前韵。」其結語云：「長與東風約今日，暗香先返玉梅魂。」前論河東君金明池「咏寒柳」詞及牧齋「我聞室落成」詩，已詳及之，兹不更贅。所可注意者，牧齋以「梅魂」自比，故河東君和牧齋詩，亦以「梅魂」目之，其心許之意，尤爲明顯。又據此可推知河東君當是時必常披覽蘇集，於東坡之詩，有所取材，實已突破何李派之範圍矣。

此題第肆首牧齋詩「羅襪」「香塵」之語，出於曹子建洛神賦「凌波微步，羅襪生塵。」（見文選壹玖）自不待言。所可笑者，前引汪然明「無題」云：「老奴愧我非温嶠，美女疑君是洛神。」汪氏作詩時在崇禎十一年秋，雖與牧齋同以「洛神」目河東君，然不敢自命爲温太真。閱叁年，至崇禎十四年春，牧齋作此詩，亦以洛神目河東君，竟敢以老奴自許，而下其玉鏡臺矣。河東君和詩「與君携手祓征塵」之句，不獨與「祓濯」香湯有關，且「携手」之語正是暗指前引牧齋初學集壹柒永遇樂「十六夜有感，再次前韻。」詞「何日裏，并肩携手，雙雙拜月。」之結語而言。於是錢柳兩人文字相思之公案，得此遂告一結束矣。初學集壹玖東山詩集貳「三月廿四日過釣臺有感」（自注：「是日聞陽羨再召。」）云：

嚴瀨曈曈旭日餘，桐江瀧盡掛帆初。老夫自有漁灣在，不用先生買菜書。

寅恪案，牧齋於崇禎十四年辛巳三月初八日浴湯池，寄詩河東君後，閱三月至六月七日，遂有茸城舟中合歡詩之作。此三月中實爲平生最快心滿意之時。忽聞周玉繩再入相之命，胸中不覺發生一希望與失望交戰之情感。詩題所謂「有感」，殆即此種感觸也。第叁章論楊陳兩人「五日」詩，引及牧齋「病榻消寒雜咏」中關涉周氏之詩，以見其垂死之時，猶追恨不已之事例。斯乃由失望所致，與賦此詩時之情感，尚有所不同。但牧齋此際姑醒黄扉之殘夢，專采紅豆之相思，亦情事所不得不然者矣。此詩末句即用皇甫謐高士傳下嚴光傳下「買菜乎？求益也。」之語，意謂不欲藉周氏之力以求起用。然此不過牧齋欺人之辭耳。詳見後論黄梨洲南雷文定後集貳「顧玉書墓志銘」，兹暫不述。若初學集捌拾有「復陽羨相公書」及「寄長安諸公書」。（此題下自注：「癸未四月。」）其寄長安諸公書中云：「今得管領山林，優游齒髮。」并同書貳拾下東山詩集肆「〔癸未〕元日雜題長句八首」其六云：「廟廊題目片言中，准擬山林著此翁。」句下自注云：「陽羨公語所知曰，虞山正堪領袖山林。」等，僅可視作失望之後，怨懟矯飾之言，不得認爲棄仇復好，甘心恬退之意。至初學集貳拾下東山詩集肆最後一題「甲申元日」詩中「倖子魂銷槃水前」及「衰殘敢負蒼生望，自理東山舊管弦。」等句，則更是快意恩仇之語，「東山管弦」一辭，亦涉及河東君，并以結束「東山」名集之意也。又有學集壹秋槐詩集載「金壇逢水榭故妓，感嘆而作。凡四絶句。」其第叁首云：「身輕渾欲出鵝籠」。此題下即接以「鵝籠曲四首，示水榭舊賓客。」此兩題共八絶句，皆爲詆笑玉繩之作。其時君亡國破，猶不忘區區之舊隙。怨毒之於人，有若是者，誠可畏哉！錢周兩人之是非本末，於此姑不置論，唯略舉牧齋平生胸中恩怨及苦樂，形諸文字，閒接關涉兒女私情者如此，聊見明末士大夫風習之一斑也。

牧齋於崇禎十四年叁月初八日浴黄山下湯池，寄詩河東君，得其心許之和章。但詩簡往返，頗需時日。牧齋是否由黄山還家，中途經過杭州時，得誦河東君所和之詩，以無確證，不必多論。若一檢有美詩如「東山約已堅」之語，則知河東君固與牧齋已有宿約，惟尚未決定何時履行耳。牧齋本欲及早完成此事，過釣臺時，復得玉繩再召入相之訊，更宜如前所言，火急遄返虞山，籌備合巹之大禮矣。據陳氏二十史朔閏表崇禎十四年三月小盡，并三子合稿伍卧子所作「孟夏一日遇錢牧齋宗伯於禾城」五律二首（陳忠裕全集壹肆三子詩稿此詩題多「夜談時事」四字）則知牧齋自釣臺至禾城，至多不過歷時五日，以當時水道交通言之，其歸程之迅速，與平日游賞湖山，隨處停留者，大不相同。牧齋返虞山家中，當在四月上旬。計至六月七日，約爲二月之時間。此二月之時間，當即顧云美河東君傳所云，「宗伯使客構之乃出」者。推測河東君所以顧慮遲疑之故，當爲嫡庶之分。此問題一在社會禮節，若稍通融，可逃糾察。一在國家法律，不容含混，致違制度。其實兩者之間，互有關係。檢明史貳陸伍倪元璐傳云：

〔崇禎〕八年遷國子祭酒。元璐雅負時望，位漸通顯，帝意嚮之，深爲〔温〕體仁所忌。一日帝手書其名下閣，令以履歷進，體仁益恐。會誠意伯劉孔昭謀掌戎政，體仁餌孔昭，使攻元璐，言其妻陳尚存，而妾王冒繼配復封，敗禮亂法。詔下吏部核奏。其同里尚書姜逢元，侍郎王業浩，劉宗周及其從兄御史元珙，咸言陳氏以過被出，繼娶王，非妾。體仁意沮。會部議行撫按勘奏，即擬旨云：「登科録二氏并列，罪迹顯然，何待行勘。」遂落職閒住。（寅恪案，黄宗羲思舊録「倪元璐」條云：「〔先生〕又請毁〔三朝〕要典，以爲魏氏之私書。孫之獬抱要典而哭於朝，不能奪也。未幾而許重熙之五陵注略出，其中有礙於誠意伯劉孔昭之祖父。時先生爲司成，孔昭囑毁其板，先生不聽。孔昭遂以出婦詰先生去位。」可供參考。）

談遷棗林雜俎仁集逸典「阮大鋮」條云：

〔福王朝，大鋮〕日同〔馬〕士英及撫寧侯誠意伯狎飲。後常熟錢侍郎謙益附焉。錢寵姬柳如是，故倡也。大鋮請見，遺玉帶曰：「爲若覓恩封。」（寅恪案，計六奇明季北略貳肆「五朝大事總論」中謂阮贈柳者爲珠冠，而非玉帶。所贈之物雖异，而覓封之旨則同也。詳見第伍章所引。）自是諸公互見其室，恬不爲耻。

同書同集「王氏奪封」條云：

尚書上虞倪元璐玉汝少娶餘姚陳氏，失歡。既登第，嬖妾王氏篡封命。同邑丁庶子進，以故隙嗾誠意伯劉孔昭訐其事，可坐總京營也。倪適除祭酒，奏辨，陳氏失母意，遣歸外氏，命娶王，宜封。而陳所生女字王司馬業浩子貽栻，司馬揭引海瑞前妻許氏潘氏弗封，封繼妻王氏爲例。幸上不問。倪自免歸。陳氏實同母夫人居，非遣歸者。甲申末，陳氏訴於朝。時孔昭在事，奪王氏，改封。白璧微瑕，君子惜之。

倪會鼎撰倪文正公年譜叁「崇禎九年夏四月勳臣劉孔昭疏訐府君，罷歸。」條略云：

烏程衔府君侵議，每思所以中之。顧言路無可喻意。會誠意伯劉孔昭覬戎政，遂以啗之。出袖中彈文，使越職訐奏府君冒封誥。下吏部議覆。於是同里朝士尚書姜公逢元，侍郎王公業浩，劉公宗周等，及從父御史公（指倪元珙）揭辨分合之故。府君亦上章自理。烏程意沮。及吏部覆，行撫按覆奏。烏程慮勘報之得實也，即擬旨，登科録二氏并載，朦溷顯然，何待行勘。於是部議冠帶閒住。烏程票革職。上從部議，而封典如故。（寅恪案，倪會鼎所編其父年譜，辭語含混，自是爲其父諱。若會鼎爲王氏所生，則兼爲其母諱也。年譜中「封典如故」一語，甚可注意。蓋鴻寶雖因此案冠帶閒住，而王氏封典如故，及劉孔昭南都當權時，王氏之封誥始被奪，而改封陳氏。會鼎不著其事，可謂得春秋之旨矣。）

夫玉汝與牧齋俱爲烏程所深惡，幸温氏早死於崇禎十一戊寅，已不及聞知牧齋與河東君結褵之事，否則當嗾使劉孔昭或張漢儒之流，告訐牧齋，科以「敗禮亂法」之罪。且崇禎十四年六月牧齋嫡妻陳夫人尚安居牧齋家中，未嘗被出，（可參葛萬里錢牧齋先生年譜順治十五年戊戌條「夫人陳氏卒」之記載）則與談氏所言玉汝嫡妻陳氏之情事略同，而非如玉汝已身及其鄉里親朋所稱陳王關係之比。儻牧齋果以「敗理亂法」被處分，則其罪應加倪氏一等。錢柳結褵之時，牧齋固以玉汝爲前車之鑒，不敢觸犯國家法制，然亦因其崇禎二年己巳閣訟終結，坐杖論贖，黜職歸里，即嫡妻陳夫人之封誥，當被追奪。（可參初學集伍崇禎詩集壹「喜復官誥，贈内。戲效樂天作。」「聞新命未下，再贈。」兩題及同書柒肆「請誥命事略」妻陳氏條。）本不能效法倪氏，爲河東君請封。唯有在社會禮節方面，鋪張揚厲，聊慰河東君之奢望而已。

（寅恪案，談遷棗林雜俎和集叢贅「都諫娶娼」條云：「雲間許都諫譽卿娶王脩微。常熟錢侍郎謙益娶柳如是。并落藉章臺，禮同正嫡。先進家範，未之或聞。」可供參證。）後來錢柳共赴南京翊戴弘光。雖時移事變，似有爲河東君請封之可能，但是時劉孔昭炙手可熱，竟能推翻倪王之舊案，錢柳自必有所警惕，遂不得不待「還期共覆金山譜，桴鼓親提慰我思。」（見投筆集上「後秋興之三」第肆首）之實現也。又圓海代河東君「覓恩封」之言，若真成事實者，想此小朝廷之大司馬，或以錢謙益妻柳氏能如韓世忠妻梁氏之知兵爲説耶？一笑！復觀投筆集上後秋興之三「八月初十日小舟夜渡，惜别而作。」之五，有「衣朱曳綺留都女，羞殺當年翟茀班。」之句，（寅恪案，一隅草堂鈔本有學集拾「朱」作「珠」，恐非。）則牧齋詩旨，以爲河東君當時雖未受封誥，實遠勝於其他在南都之諸命婦。其所以温慰河東君之微意，抑又可推見矣。

又板橋雜記中麗品門云：

> 龔（芝麓鼎孳）竟以顧（眉生媚）爲亞妻。元配童氏明兩封孺人。龔入仕本朝，歷官大宗伯。童夫人高尚居合肥，不肯隨宦京師。且曰，我經兩受明封，以後本朝恩典，讓顧太太可也。顧遂專寵受封。嗚呼！童夫人賢節過鬚眉男子多矣。

談遷北游録紀聞上「馮銓」條云：

> 癸巳涿州次妾□氏没，銘旌題誥封一品夫人。喪歸，大内遺賻。時元配尚在，豈受封先

朝，竟以次妾膺新典乎？

據此更可證建州入關之初，漢族降臣，自可以妾爲妻，不若其在明代受法律之制裁。但牧齋仕清時，亦未嘗爲河東君請封。此蓋出於河東君之意與龔芝麓夫人童氏同一心理。澹心之書，其範圍限於金陵樂籍，固不能述及河東君。（余氏書附録群芳萎道旁者三則，其中二則，雖俱不屬金陵範圍，但河東君本末，其性質與此迥异。）否則亦應於此點與童夫人并舉，稱揚其賢節也。至馮振鷺人品卑下，尤不及芝麓，其所爲更無論矣。

關於社會禮節問題，兹擇録舊籍記載此事者兩條於下。蘼蕪紀聞上引沈虬「河東君傳」云：

辛巳六月虞山於茸城舟中與如是結褵。學士冠帶皤髪，合巹花燭，儀禮備具。賦催妝詩，前後八首。雲間搢紳譁然攻討，以爲褻朝廷之名器，傷士大夫之體統，幾不免老拳，滿船載瓦礫而歸，虞山怡然自得也。稱爲繼室，號河東君。

虞陽説苑本牧齋遺事云：

辛巳初夏牧齋以柳才色無雙，小星不足以相辱，乃行結褵禮於芙蓉舫中。簫鼓遏雲，蘭麝襲岸。齊牢合巹，九十其儀。於是琴川紳士沸焉騰議，至有輕薄子擲磚彩鷁，投礫香車者。牧翁吮毫濡墨，笑對鏡臺，賦催妝詩自若。稱之曰河東君，家人稱之曰柳夫人。

寅恪案，沈氏乃親見河東君之人，其言「雲間搢紳，譁然攻討。」與牧齋遺事所言「琴川紳士沸焉騰議」者，「雲間」「琴川」地名各异。夫錢柳本在茸城結褵，似以沈氏所言爲合。其實錢柳同舟由松江抵常熟，則牧齋遺事所言，亦自可通。總之，揮拳投礫，或言之過甚。至牧齋以匹嫡之禮待河東君，殊違反當時社會風習，招來多數士大夫之不滿，乃必致之情勢。此點牧齋豈有不知之理，但舍是不能求得河東君之同意。在他人如宋轅文陳卧子輩，早已不敢冒天下之大不韙而爲之，今牧齋則悍然不顧，作此破例之事。蓋其平日之心理及行動，本有异於宋陳之徒。當日閹黨仿水滸所撰之東林點將録指爲「天巧星浪子」者，（參見澄海高氏玉笥山樓藏稿本）固由於此。名流推爲「廣大風流教主」者，亦由於此。故河東君與宋陳之關係，所以大异於其與牧齋之關係，實在嫡庶分别之問題。觀茸城結褵之記載，可以推知矣。

牧齋自述此事之詩，前論宋讓木「秋塘曲」及錢柳「陌上花」詩時，各引其兩句。又論宋轅文上牧齋書時，已考定牧齋在松江所作高會堂諸詩之年月。此詩即高會堂諸詩之一也。此自述詩爲千字五言排律。歷叙家國今昔之變遷，排比鋪張，哀感頑艷，乃牧齋集中佳作之一。其中使用元代故實，以比儗建州。吾人今日觀之，雖不足爲异。但就當時一般文士學問程度言之，則牧齋之淹通博雅，蓋有雲間幾社諸子所不能企及者矣。兹唯録此詩中關於茸城結褵一節，其他部分俟後録而論之。

有學集柒高會堂詩集「茸城惜别，思昔悼今，呈雲間諸游好，兼訂霞老看梅之約。共一千字。」云：

十六年來事，茸城舊話傳。千金徵窈窕，百兩艷神仙。谷水爲珠浦，崐山是玉田。仙桃方照灼，人柳正蹁躚。月姊行媒妁，天孫下聘錢。珠衣身綽約，鈿盒語纏綿。命許迦陵共，星占柳宿專。香分忉利市，花合夜摩天。陌上催歸曲，雲間贈婦篇。銀河青瑣外，朱鳥緑窗前。秀水香車度，横塘錦纜牽。

東山酬和集以訪半野堂初贈詩起，以迎河東君於雲間詩，即「合歡詩」及「催妝詞」止。首尾始終，悲歡離合，悉備於兩卷之中，誠三百年間文字因緣之一奇作。牧齋詩最後兩題關於古典者，遵王之注略具，故不多贅。茲僅就關於今典者，即在此兩題以前，錢柳諸詩辭旨有牽涉者，稍引述之，如第壹章之所論列者也。

東山酬和集貳牧翁「六月七日迎河東君於雲間，喜而有述四首。」（初學集貳拾東山詩集叁此題作「合歡詩四首，六月七日茸城舟中作。」）其一云：

鴛湖畫舸思悠悠，谷水香車浣別愁。舊事碑應銜闕口，新歡鏡欲上刀頭。

此時七夕移弦望，他日雙星笑女牛。榜枻歌闌仍秉燭，始知今夜是同舟。

寅恪案，此詩七八兩句，可與前引牧齋「冬日同如是泛舟有贈」詩「五湖已許辦扁舟」及「次日疊前韵再贈」詩「可憐今日與同舟」等句參證。東坡詩云：「他年欲識吴姬面，秉燭三更對此花。」（見東坡集壹捌「再和楊公濟梅花十絶」）牧齋此夕正是「對花」之時。而「他日雙星笑女牛」，則反用玉溪詩「當時七夕笑牽牛」（見李義山詩集上「馬嵬」二首之一）之指天寶十載七月七日爲過去時間者，以指崇禎十四年七月七日爲未來時間也。

其二云：

五茸媒雉即鴛鴦，樺燭金鑪一水香。自有青天如碧海，更教銀漢作紅牆。

當風弱柳臨妝鏡，罨水新荷照畫堂。從此雙棲惟海燕，再無消息報王昌。

寅恪案，三四兩句遵王已引其古典。至其今典，則第叁句可與牧齋永遇樂「十六夜有感，再次前韵。」詞「嫦娥孤另」，而第肆句可與此詞「銀漢紅牆」及河東君次韵答牧翁冬日泛舟詩「莫爲盧家怨銀漢」等參證。第伍句可與牧齋冬日泛舟詩「每臨青鏡憎紅粉」及河東答詩「春前柳欲窺青眼」等參證。第柒句可與牧齋永遇樂詞「單棲海燕」，而第捌句可與此詞「誰與王昌説」及牧齋答河東君初贈詩「但似王昌消息好」，并河東君春日我聞室作「畫堂消息何人曉」等相參證也。

其三云：

忘憂别館是儂家，烏榜牙檣路不賒。柳色濃於九華殿，鶯聲嬌傍七香車。

朱顔的的明朝日，錦障重重暗晚霞。十丈芙蓉俱并蔕，爲君開作合昏花。

寅恪案，第柒句可與牧齋寒夕文宴詩「詩裏芙蓉亦并頭」及句下自注「河東君新賦并頭蓮詩。」之語參證。前論文宴詩，已詳考之，不必多贅。但有可笑者，韓退之詩「太華山頭玉井蓮，開花十丈藕如船。」（見全唐詩第伍函韓愈叁「古意」）牧齋「十丈」之出處，應與昌黎詩有關。蒲松齡爲清初人，當亦熏習於錢柳時代之風尚。其所作聊齋志异，深鄙婦人之大足，往往用「蓮船盈尺」之辭以形容之。河東君平生最自負其纖足，前已述及。牧齋此句無乃唐突「輸面一金錢」之西施耶？一笑！

其四云：

朱鳥光連河漢深，鵲橋先爲架秋陰。銀缸照壁還雙影，絳蠟交花總一心。

地久天長頻致語，鸞歌鳳舞并知音。人間若問章臺事，鈿合分明抵萬金。

寅恪案，第叁句可與河東君上元夜次韵牧翁詩「銀缸當夕爲君圓」參證。第肆句可與牧齋庚辰除夜守歲詩「燭花依約戀紅妝」及上元夜示河東君詩「燭花如月向人圓」等參證。第陸句可與牧齋寒夕文宴詩「鶴引遥空鳳下樓」參證。又有可注意者，據程偈庵再贈河東君詩「彈絲吹竹吟偏好」及牧齋後來崇禎十五年壬午仲春十日自和合歡詩（見初學集貳拾東山詩集叁）第肆首「流水解翻筵上曲」，「歌罷穿花度好音」，并顧云美河東君傳云：「越舞吴歌，族舉遞奏。香籢玉臺，更迭唱和。」可證河東君能詩詞外，復擅歌舞。故牧齋此茸城合歡詩第肆首第陸句「鸞歌鳳舞并知音」之句，實兼歌舞詩詞兩事言之。合此雙絶，其在當時，應推獨步也。

東山酬和集貳牧翁「催妝詞四首」云：

養鶴坡前烏鵲過，雲間天上不争多。較他織女還僥倖，（初學集貳拾上東山詩集叁「僥」作「傒」）月筴生時早渡河。

鵲駕鸞車報早秋，盈盈一水有誰留。妝成莫待雙蛾畫，新月新眉總似鈎。

鷬火舒光照畫屏，銀河倒轉渡青冥。從今不用看牛女，朱鳥窗前候柳星。

寶架牙籤壓畫輪，筆床硯匣動隨身。玉臺自有催妝句，花燭筵前與細論。

寅恪案，此題第壹首第貳句牧齋易「人間天上」爲「雲間天上」者，以鶴坡在華亭之故，遵王注中已引其出處矣。第肆首第貳句可與牧齋有美詩「翠羽筆床懸」參證。總而言之，「合歡」「催妝」兩題既與前此諸詩有密切關係，則其所用材料，重復因襲，自難避免，故不必更多援引。讀者取錢柳在此時期以前作品參繹之，當於文心辭旨貫通印證之妙，有所悟發也。

顧云美「河東君傳」云：「宗伯賦前七夕詩，屬諸詞人和之。」今所見東山酬和集載録和前七夕詩，即合歡詩者，凡十五人，共詩二十五首。和催妝詞者，凡三人，共詩十首。前論列朝詩集所選沈德符詩中，亦有和合歡詩之什，未附於諸人和詩之内，當是後來補作，未及刊入者。其他十八人之和詩，或尚不止三十五首之數，疑牧齋編刊東山酬和集時，有所評定去取也。兹以原書俱在，不煩詳論。唯擇録和作中詩句之饒有興趣者，略言之。至林雲鳳之詩及其事迹，前已詳及，故不再贅。

和前七夕詩，即合歡詩，第壹首中，徐波詩「早梅時節釀酸愁」之句頗妙。滂喜齋叢書收入徐元嘆先生殘稿一種，未見徐氏和牧齋此題諸詩。不知是否爲葉茗生廷琯所删去，抑或葉氏所見元嘆詩殘稿中本無此題諸詩也。「酸愁」之「酸」字，元嘆之意何指，未敢妄測。若非指錢柳，則在女性方面，當指牧齋嫡妻陳夫人及其他姬侍。在男性方面，則松圓詩老最爲適合，至陳卧子謝象三輩，恐非所指也。

和前七夕詩第貳首中徐波詩云：

雙栖休比畫鴛鴦，真有隨身藻荇香。移植柔條承宴寢，捧持飛絮入宫牆。

抱衾無復輪當夕，舞袖虚教列滿堂。從此凡間歸路杳，行雲不再到金昌。

寅恪案，元嘆此詩并非佳作，但詩所言頗可玩味。第叁章論卧子「吴閶口號」十首時，謂河東君實先居蘇州，後徙松江。今觀徐氏「行雲不再到金昌」句，似可證實此點。蓋元嘆本蘇州人，年輩亦較早。當河東君居蘇州時，徐氏直接見之，或間接聞之，大有可能也。

和前七夕詩第三首中，元嘆詩七八兩句云：「坐擁群真嘗説法，楊枝在手代拈花。」意謂釋迦牟尼雖嘗廣集徒衆，演説妙法，但終拈花微笑，傳心於迦葉一人。此用禪宗典故爲譬喻，以牧齋比能仁，以河東君比飲光，以錢氏諸門人，即「群真」，比佛諸弟子。蓋牧齋當時號召其門生和合歡詩及催妝詞，元嘆因作此語以爲戲耳。陸貽典和詩云：「桃李從今不教發，杏媒新有柳如花。」「杏媒」用玉溪生「柳下暗記」詩語。（見李義山詩集上）其意亦與元嘆同也。馮班詩下半云：「行雲入暮方爲雨，皎日凌晨莫上霞。若把千年當一夜，碧桃明早合開花。」辭旨殊不莊雅，未免唐突師母矣。

和前七夕詩第肆首中，顧凝遠詩云：「一笑故應無處買，等閑評泊説千金。」語意亦頗平常，并非佳作。但取第叁章引質直談耳所記蠢人徐某以三十金求見河東君事，與青霞此詩并觀，殊令人髮笑。何雲詩「結念芙蕖緣并蒂」句，非泛用典故，乃實指河東君所賦并蒂芙蓉詩而言，前已詳論之矣。馮班詩「紅蕖直下方連藕，絳蠟纔燒便見心。」一聯甚工切，其語意雖涉諧謔，但錢柳皆具雅量，讀之亦當不以爲忤也。

和催妝詞諸詩皆不及和前七夕詩諸篇。蓋題目範圍較狹，遣辭用意亦較不易，即牧齋自作此題之詩，亦不及其合歡詩也。兹唯録許經詩「更將補衮彌天綫，問取針神薛夜來。」兩句於此，不僅以其語意與謝安石東山絲竹之典有關，亦因其甚切「閨閣心懸海宇棋」（見投筆集上「後秋興之三」及有學集紅豆詩貳集）之河東君爲人。牧齋之「補衮彌天」向河東君請教，自所當然也。

綜觀和詩諸人，其年輩較長者，在當時大都近於山林隱逸，或名位不甚顯著之流。其他大多數悉是牧齋之門生或晚輩。至若和合歡詩第貳首之陳在兹玉齊，據柳南隨筆壹「陳在之學詩于馮定遠」一條，則其人乃馮班之門人，即牧齋之小門生也。由此言之，牧齋當日以匹嫡之禮與河東君結褵，爲當時搢紳輿論所不容。牧齋門人中最顯著者，莫若瞿稼軒式耜。瞿氏與牧齋爲患難之交，又爲同情河東君之人。今不見其和詩，當由有所避忌之故。但如程松圓，則以嫌疑慚悔，不願和詩，前已詳論，兹不再及。唯有一事最可注意者，即合歡詩及催妝詞兩題，皆無河東君和章是也。此點不獨今日及當時讀東山酬和集者，同懷此疑問，恐在牧齋亦出其意料之外。觀其催妝詞第肆首云：「玉臺自有催妝句，花燭筵前與細論。」可見牧齋亦以爲河東君必有和章也。今河東君竟無一詩相和者，其故究應如何解釋耶？或謂前已言及河東君平生賦詩，持杜工部「語不驚人死不休」之准繩，苟不能競勝於人，則不輕作。觀戊寅草早歲諸詩，多涉生硬晦澀，蓋欲藉此自標新异，而不覺陷入神釋堂詩話所指之疵病也。但崇禎八年秋晚脱離幾社根據地之松江，九年重游非何李派勢力範圍之嘉定，與程孟陽李茂初輩往返更密，或復得見牧齋讀杜詩寄廬小箋及二箋，詩學漸進，始知不能仍挾前此故技，以壓服一般文士。故十二年湖上草以後所賦篇什，作風亦變。何况今所與爲對手之兩題原作者，即「千行墨妙破冥濛」之牧齋乎？其所以不和者，蓋藉以藏拙也。鄙意此説亦有部份理由，然尚未能完全窺見河東君當時之心境。河東君之決定舍去臥子，更與牧齋結褵，其間思想情感痛苦嬗蜕之痕迹，表現於篇什者，前已言之，兹可不論。所可論者，即不和合歡詩催妝詞之問題。蓋若作歡娱之語，則有負於故友。若發悲苦之音，又無禮於新知。以前後一人之身，而和此啼笑兩難之什，吮毫濡墨，實有不知從何説起之感。如僅以不和爲藏拙，則於其用心之苦，處境之艱，似猶有未能盡悉者矣。由此言之，河東君之不和兩題，其故儻在斯歟？儻在斯歟？

第叁期

自崇禎十四年辛巳夏河東君與牧齋結褵於茸城起，至崇禎十六年癸未冬絳雲樓落成時止，將近三年。此期間之歲月，雖不可謂之甚短，但其間僅有兩大事可紀。一爲河東君之患病，一爲絳雲樓之建造。河東君之患病約歷二年，則又佔此期之時間五分之四也。兹請依次言之，并附述錢柳兩人談兵論政之志事。

錢柳結褵後三年間，雖曾一度出游，然爲時不久。其餘皆屬在虞山家居之歲月也。牧齋於有學集柒高會堂詩集「茸城惜别」詩中嘗自述之。前論錢柳結褵事，已引此詩一節，兹更續引其所述關於此三年者於下。其詩云：

畫樓丹嶂埒，書閣絳雲編。小院優曇秘，閒庭玉蕊鮮。新妝花四照，昔夢柳三眠。筝迸茶山屋，魚跳蟹舍椽。餘霞三泖塔，落日九峰烟。

寅恪案，牧齋所述乃總論此三年者。今更就其作品及其他材料中，有關此時期之事迹論述之，略見當時柳錢兩人婚後生活之一斑云爾。

初學集貳拾上東山詩集叁「燕譽堂秋夕」云：

雨過軒窗浴罷時，水天閒話少人知。憑闌密意星娥曉，出幌新妝月姊窺。鬥草空堦蛩自語，采花團扇蝶相隨。夜來一曲君應記，颯颯秋風起桂枝。（自注：「非君起夜來。柳惲詩也。」）

寅恪案，初學集此題之前，催妝詞之後，僅有一詩。其題爲「田國戚奉詔進香岱岳，渡南海謁普陀還朝，索詩爲贈。」世俗相傳觀音誕辰爲六月。田國戚之渡南海謁普陀，當在此際。其還朝向牧齋索詩，亦應在七月。牧齋詩題所謂「秋夕」之「秋」，即指初秋而言。牧齋此詩當與李義山詩集中「楚宮」二首（第壹首爲七絶，第貳首爲七律）有關。（才調集陸選第貳首七律，題作「水天閒話舊事」。）蓋「水天閒話少人知」及「出幌新妝月姊窺」等辭，固出玉溪詩第貳首，而義山第壹首「朝雲暮雨長相接，猶自君王恨見稀。」兩句之意，實爲牧齋詩旨所在。雖賦詩時間距茸城結褵之日，似逾一月。然詩中無牢騷感慨之語，故可視爲蜜月中快心得意之作。至牧齋此詩七八兩句及其自注，則第叁章論河東君夢江南詞第叁首「端有夜來風」

句，已詳言之，自可不贅。但河東君之詞，乃爲卧子而作者，在牧齋方面言之，河東君此時甚不應記及文暢詩也。一笑！

初學集貳拾上東山詩集叁「秋夕燕譽堂話舊事有感」云：

> 東虜游魂叁十年，老夫雙鬢更皤然。追思貰酒論兵日，恰是涼風細雨前。埋沒英雄芳草地，耗磨歲序夕陽天。洞房清夜秋燈裏，共簡莊周説劍篇。

寅恪案，此詩於第壹章拙詩序中，已引其一部分，并略加考證。牧齋此詩首二句「東虜游魂三十年，老夫雙鬢更皤然。」之語，據瞿九思萬曆武功録壹壹「奴兒哈赤列傳」略云：

> 奴兒哈赤故王台部也（參同書同卷王台列傳）後叛走建州，帶甲數千人，雄東邊，遂爲都指揮。始王台時，畏德，不敢與西北諸酋合。久之，卜寨那林起，常窺隙，略我人畜。給諫張希皋上書，以爲奴兒哈赤旁近北虜恍忽大，聲勢相倚，恐卜寨那林孛羅一旦不可知（參同書同卷卜寨那林孛羅列傳）東連西結，悉甲而至邊，何以爲備。是歲萬曆〔十六年〕戊子也。

則自萬曆十六年戊子至天啓元年辛酉，牧齋作浙江鄉試程録中序文及策文第伍問時，爲三十三年，若不如此解釋，則燕譽堂話舊事詩，賦於崇禎十四年辛巳秋，上距萬曆十六年戊子，爲五十三年，與情事不合矣。檢此詩後即爲「中秋日携内出游」之題，故知其作成，約在中元以後，中秋以前，「恰是凉風細雨」時候也。牧齋争宰相不得，獲罪罷歸。其政敵多以天啓元年浙江鄉試之錢千秋關節一案爲藉口。此案非本文範圍，不須考述。但就牧齋詩旨論之，雖以國事爲言，實則詩中所謂「莊周説劍篇」，即指其天啓元年浙江鄉試程録中談兵諸篇。當牧齋天啓元年秋主試浙江，作此談兵諸篇時，其凉風細雨之景物，亦與崇禎十四年秋夕在燕譽堂共河東君話及舊事，并簡舊文時相似也。牧齋於此年三月聞陽羡再召之訊，已知不易再起東山。疇昔之雄心壯志，無復表現之機會，唯有獨對閨閣中之梁紅玉，發抒其感憤之意耳。然則此詩雖以「東虜游魂」爲言，實是悲嘆個人身世之作也。

又有學集肆捌「題費所中山中咏古詩」云：

> 近以學者摛詞掞藻，春華滿眼。所中獨好談握奇八陣兵農有用之學。山中咏古，上下千載得二十四人，可以觀其志矣。余少壯而好論兵，抵掌白山黑水間。老歸空門，都如幻夢。然每笑洪覺範論禪，輒唱言杜牧論兵，如珠走盤。知此老胸中，尚有事在。所中才志鬱盤，方當不介而馳，三周華不注，何怪其言之娓娓也。昔人有言，治世讀中庸，亂世讀陰符。又云，治世讀陰符，亂世讀中庸。此兩言者，東西易向，願所中爲筮而决之。

寅恪案，牧齋此文作於南都傾覆後，仍從事於復楚報韓活動之時。但文中「余少壯而好論兵，抵掌白山黑水間。」之語，則指天啓元年浙江鄉試程録中談兵諸篇而言，故移録於此，以供讀此詩者之參證。

初學集貳拾上東山詩集叄「中秋日携内出游，次冬日泛舟韵二首」云：

绿浪紅闌不殢愁，參差高柳蔽城樓。鶯花無恙三春侶，蝦菜居然萬里舟。炤水蜻蜓依鬌影，窺簾蛺蝶上釵頭。相看可似嫦娥好，白月分明浸碧流。

輕橈蕩漾緩清愁，恰似明妝上翠樓。桂子香飄垂柳岸，芰荷風度采蓮舟。招邀璧月成三影，搧當金尊坐兩頭。便合與君長泛宅，洞房蘭室在中流。

河東君依韵奉和二首云：

秋水春衫儋暮愁，船窗笑語近紅樓。多情落日依蘭櫂，無藉輕雲傍綵舟。月幌歌闌尋麈尾，風床書亂覓搔頭。五湖烟水長如此，願逐鴟夷泛急流。

素瑟清尊逈不愁，柂樓雲物似妝樓。夫君本自期安槳，（自注：「有美詩云，迎汝雙安槳。」）賤妾寧辭學泛舟。燭下烏龍看拂枕，風前鸚鵡唤梳頭。可憐明月將三五，度曲吹簫向碧流。

寅恪案，錢柳唱和所以次此「冬日泛舟」舊韵者，不僅人同地同，而兩方此時心情愉暢，亦與崇禎十三年冬日正復相同也。河東君自茸城與牧齋結褵後，其所賦詩篇，今得見者，以此二律爲首次。如第壹首「月幌歌闌尋麈尾，風床書亂覓搔頭。」及第貳首「燭下烏龍看拂枕，風前鸜鵒喚梳頭。」等，皆其婚後閨中生活之寫實。第壹首一聯神釋堂詩話深賞其佳妙，前已引及。第貳首一聯，則可與才調集伍元稹「夢游春」詩「鸜鵒飢亂鳴，獝狂睡猶怒。」之句相參證。（可參拙著元白詩箋證稿第叁章論此詩條）至第貳首第貳聯及自注，似足表現河東君之雅量，幾與今日王寶釧戲劇大登殿中代戰公主相等，殊有异於其平日所爲，頗覺奇特。或者此不過偶然一時心情愉暢之所致，未必爲陳夫人地，而以桃葉桃根自居也。

又張山來潮所輯虞初新志伍有徐仲光芳「柳夫人小傳」無甚史料價值，但其中述錢柳婚後互相唱和一節，則頗能寫出當時實况，故附録於此。其文云：

柳既歸宗伯，相得歡甚，題花咏柳，殆無虚日。每宗伯句就，遣鬟矜示柳。擊鉢之頃，蠻箋已至，風追電躡，未嘗肯地步讓。或柳句先就，亦走鬟報賜。宗伯畢力盡氣，經營慘淡，思壓其上。比出相視，亦正得匹敵也。宗伯氣骨蒼峻，虬松百尺，柳未能到。柳幽艷秀發，如芙蓉秋水，自然娟媚，宗伯公時亦遜之。於時旗鼓各建，閨閣之間，隱若敵國云。

論牧齋爲漢書事與李孟芳書時，已略及此問題，兹更詳考之於下。河東君自賦中秋日詩後，其事迹在崇禎十四年冬季之可考者，爲偕牧齋出游京口一事。前初學集貳拾上東山詩集叁「小至日京口舟中」云：

病色依然鏡裏霜，眉間旋喜發新黄。偶逢客酒澆長至，且撥寒鑪泥孟光。撫髻一燈還共炤，飛蓬兩鬢爲誰傷。陽春欲復愁將盡，弱綫分明驗短長。

附河東君和詩云：

首比飛蓬鬢有霜，香奩累月廢丹黃。却憐鏡裏叢殘影，還對尊前燈燭光。錯引舊愁停語笑，探支新喜壓悲傷。微生恰似添絲綫，邀勒君恩并許長。

寅恪案，牧齋詩結語云：「陽春欲復愁將盡，弱綫分明驗短長。」蓋所以温慰河東君之愁病，情辭甚真摯。河東君報以「微生恰似添絲綫，邀勒君恩并許長。」之句，并非酬答之例語，而是由衷之實言。

考河東君本是體弱多病之人。檢陳忠裕全集壹伍陳李唱和集載有臥子於崇禎六年癸酉秋季所賦二律。其題序云：

秋夕沈雨，偕燕又讓木集楊姬館中。是夜姬自言愁病殊甚。

及耦耕堂存稿詩中載有孟陽於崇禎九年丙子夏季所賦「六月鴛湖飲朱子暇夜歸，與雲娃惜別。」七律。其第肆第伍二句云：

愁似横波遠不知。病起尚憐妝黛淺。

并觀河東君與汪然明尺牘第壹壹通云：

二扇草上，病中不工，書不述懷，臨風悵結。

第壹叁通云：

齊雲勝游，兼之逸侶，崎嶇之思，形之有日。奈近羸薪憂，褰涉爲憚。

第壹肆通云：

昨以小疢，有虛雅尋。

第壹捌通云：

不意元旦嘔血，遂爾岑岑至今，寒熱日數十次。醫者亦云，較舊沉重。恐瀕死者無幾，只增傷悼耳。

第貳伍通云：

伏枕荒謬，殊無銓次。

第貳柒通云：

餘扼腕之事，病極不能多述也。

第貳捌通云：

不意甫入山後，纏綿夙疾，委頓至今。近聞先生已歸，幸即垂示。山中最爲麗矚，除藥鐺禪榻之外，即松風桂渚。若覩良規，便爲情景俱勝。讀孔璋之檄，未可知也。伏枕草草，不悉。

第貳玖通云：

弟抱痾禾城，已纏月紀。及歸山閣，幾至彌留。

又據前引牧齋次韵崇禎十四年辛巳上元夜小飲沈璧甫齋中示河東君詩云，「薄病輕寒禁酒天」及有美詩云，「薄病如中酒」。可以證知河東君於崇禎六年及九年曾患病，至於十二，十三，十四等年之内，幾無時不病，真可謂合「傾國傾城」與「多愁多病」爲一人。儻非得適牧齋，則終將不救矣。

初學集貳拾上東山詩集叁「冬至後京江舟中感懷八首」其一云：

懵騰心口自相攻，失笑禁啼夢囈中。白首老人徒種菜，紅顔小婦尚飄蓬。床頭歲叙占枯樹，鏡裏天涯問朔風。睡起船窗頻徙倚，强瞪雙眼數來鴻。

寅恪案，此詩第壹聯爲主旨所在，上句用三國志蜀志貳先主傳裴注引胡沖吴歷「吾豈種菜者乎」之語。蓋牧齋此時頗欲安内攘外，以知兵自許。河東君亦同有志於是。然皆無用武之地也。

其二云：

世事那堪祝網羅，流年無復感蹉跎。繙書懶看窮愁志，度曲誰傳暇豫歌。背索偶逢聊復爾，侏儒相笑不争多。晤言好繼東門什，深柳書堂在磵阿。

寅恪案，此詩第柒句出詩陳風「東門之池，可以漚菅，彼美淑姬，可與晤言。」第捌句用劉眘虛「深柳讀書堂」之語。（見全唐詩第肆函劉眘虛「闕題」五律）此兩句皆指河東君而言。「柳」爲河東君之寓姓，頗切。然毛詩「東門之池」小序云：「刺時也。疾其君之淫昏，而思賢女以配君子也。」若以此解，則河東君爲賢女，崇禎帝爲昏。不僅抑揚過甚，且小序所謂「君子」乃目國君。牧齋用典絶不至擬人不於其人。其不取毛序迂遠之説，自無疑義也。

其三云：

燹燹群烏啄野田，遼遼一雁唳江天。風光頗稱將殘歲，身世還如未泊船。懶養丹砂回鬢髮，閒憑青鏡記流年。百金那得封侯藥，悔讀蒙莊説劍篇。

寅恪案，此詩「悔讀蒙莊説劍篇」與前引「燕譽堂秋夕話舊」詩之「共檢莊周説劍篇」有關。前詩自指牧齋「天啓元年浙江鄉試程録」而言。此詩雖非即指此録，但其中有談兵之部分，故可藉爲比擬。頗疑錢柳此次出游京口，實與天啓元年浙江鄉試程録有關也。餘見後論。

其四云：

屈指先朝侍從臣，西清東觀似前身。何當試手三千牘，已作平頭六十人。櫪下可能求駿骨，爨餘誰與惜勞薪。閑披仙籍翻成笑，碧落猶誇侍帝晨。

寅恪案，此詩第柒句之「仙籍」，依通常用典之例及此詩全部辭旨推之，應指登科記或縉紳録類似之書而言。但牧齋在京口舟中恐無因得見此種書録。鄙意錢柳之游京口，其動機實由共檢天啓元年浙江鄉試程録之談兵部分，有所感諱，遂取此録自隨，同就天水南渡韓梁用兵遺迹，與平日所言兵事之文相證發。今觀初學集玖拾所載此録序文，即有牧齋所任翰林院編修之官銜。其全書之首，當更有此類職名。此詩「屈指先朝侍從臣。西清東觀似前身。」兩句之意，當亦指此。初學集首載程松圓序云：「辛酉先生浙闈反命，相會於京師。時方在史局，分撰神廟實録，兼典制誥。」可取與相證也。

其五云：

人情物論總相關。何似西陵松柏間。敢倚前期論白首，斷將末契結朱顔。緣情詞賦推團扇，慢世風懷托遠山。戀别燭花渾未灺，宵來紅泪正斕斑。

寅恪案，此詩專述河東君崇禎十三年庚辰冬過訪牧齋於虞山半野堂，及次年辛巳春别去，獨返雲間，一段因緣。前引牧齋病榻消寒雜咏中「追憶庚辰半野堂文宴舊事」詩，與此詩之旨略同。「慢世風懷托遠山」句，其出處遵王注已言之，即牧齋答河東君初贈詩「文君放誕想流風，臉際眉間訝許同。」之意。至「人情物論總相關，何似西陵松柏間。」句，則指河東君初贈詩，「江左風流物論雄」之語而言。蓋牧齋素以謝安自比，崇禎元年會推閣臣，不僅未能如願，轉因此獲罪罷歸，實爲其平生最大恨事。河東君初贈詩道破此點，焉得不「斷將末契結朱顏」乎？

其六云：

項城師潰哭無衣，聞道松山尚被圍。原野蕭條郵騎少，廟堂鎮静羽書稀。擁兵大將朱提在，免胄文臣白骨歸。却喜京江波浪偃，蒜山北畔看斜暉。

寅恪案，「項城師潰哭無衣」句，第壹章論錢遵王注牧齋詩時，已言及之。據浙江通志壹肆拾選舉志舉人表天啓元年辛酉科所取諸人姓名及初學集貳拾下東山詩集肆「三良詩」，知汪氏爲牧齋門人，故聞其死難，尤悼惜之也。「聞道松山尚被圍」事，則遵王以避清室忌諱之故，未著一字。檢明史貳肆莊烈帝紀略云：「崇禎十四年七月壬寅洪承疇援錦州，駐師松山。十五年二月戊午大清兵克松山。洪承疇降。」牧齋賦此詩在十四年十一月，正是松山被圍時也。

其七云：

柁樓尊酒指吴關。畫角聲飄江北還。月下旌旗看鐵甕，風前桴鼓憶金山。餘香墜粉英雄氣，剩水殘雲俯仰間。（寅恪案，初學集肆肆「韓蘄王墓碑記」引此句，「殘雲」作「殘山」，似較佳。）他日靈岩訪碑版，麒麟高冢共蹟扳。

寅恪案，此詩乃錢柳此次出游京口之主旨。前論第肆首謂兩人既以韓梁自比，欲就南宋古戰場，實地調查，以爲他日時局變化之預備。後此將二十年牧齋賦「後秋興之三」云：「還期共覆金山譜，桴鼓親提慰我思。」（見投筆集上及有學集拾紅豆貳集）猶念念不忘此游也。此詩結語云：「他日靈巖訪碑版，麒麟高冢共躋扳。」意謂當訪吊梁韓之墓。

觀京江感懷詩後第貳題爲「半塘雪中戲成，次東坡韵。」半塘在蘇州，見前論有美詩「半塘春漠漠」一句所述。由鎮江返常熟當經蘇州，韓梁墓在靈巖，錢柳雖過蘇，而未至其地者，必因河東君素憚登陟。前論「與汪然明」尺牘第壹叁通及戊寅草「初秋」八首之三「人似許玄登望怯」一句，已詳言之。河東君平日既是如此，況今在病中耶？至初學集肆肆「韓蘄王墓碑記」云：

辛巳長至日余與河東君泊舟京江，指顧金焦二山，想見兀朮窮蹙打話，蘄王夫人佩金鳳瓶傳酒縱飲，桴鼓之聲，殷殷江流，濆沸中遂賦詩云，餘香墜粉英雄氣，剩水殘山俯仰間。相與感慨嘆息久之。甲申二月觀梅鄧尉，還過靈巖山下，埽積葉，剔蒼蘚，肅拜酹酒而去。因摭采楊國遺事，記其本末如此。

則崇禎十七年甲申二月牧齋實曾游靈巖。不知此次河東君亦與同行否？考是時河東君久病已全愈，躋扳高冢，當不甚困難。錢柳兩人同游，殊可能也。

又上海文物保管委員會藏「顧云美自書詩稿」有「道中寄錢牧齋先生」七律云：

賭棋墅外雲方紫，煨芋鑪邊火正紅。身是長城能障北，時遭飛語久居東。千秋著述歐陽子，一字權衡富鄭公。莫説當年南渡事，夫人親自鼓軍中。

寅恪案，此詩前一題爲「寒食過莒州」，後第壹題爲「聞警南還，沂水道中即事。」第貳題爲「廣陵別萬次謙」，題下自注云：「傳聞翠華將南。」第肆首爲「送幼洪赴召」，（寅恪案，牧齋外集拾「吴君二洪五十序」云：「吴門吴給諫幼洪與其兄二洪奉母家居。」云美爲蘇州府長洲縣人。錢序所稱「吴門吴給諫幼洪」，則是云美同里，故顧詩之幼洪，當即錢序之吴幼洪也。）詩中有「六月驅車指帝京」及「鐘山紫氣尋常事，會有英賢佐聖明。」并自注云：「幼洪師馬素脩先生，死北都之難。」等語。故據詩題排列先後及詩中所言時事推之，知寄牧齋詩爲崇禎十七年甲申春間所作。此詩堆砌宰相之典故，以比擬牧齋，殊覺無謂，但認牧齋可爲宰相一點，則非僅弟子個人之私言，實是社會當時之輿論。觀前引陳卧子「上牧齋先生書」即可證知，無取廣徵也。玆更有應注意者，即此詩結語，亦言及韓梁金山故事。頗疑云美非獨先已得見牧齋「京口舟中感懷」詩，且聞知其師與師母平日慷慨談兵之志略。就詩而言，云美此篇并非佳作，但以旨意論之，則可稱張老之善頌善禱。云美藉此得以彌補東山酬和集未收其和章之缺憾歟？

其八云：

陽氣看從至下迴，錯憂蚊響又成雷。烏鳶攫肉真堪笑，魑魅争光亦可哀。雲物暖應生黍律，風心老不動葭灰。香車玉笛經年約，爲報西山早放梅。

寅恪案，此詩七八兩句云：「香車玉笛經年約，爲報西山早放梅。」牧齋所以作此結語者，因崇禎十四年十一月賦此詩時，河東君正在病中，雖將赴蘇州養痾，自不能往游靈巖，甚願次年春季可乘親自至蘇州迎其返常熟之便，共觀梅鄧尉。「早放」之語，亦寓希望河東君患病早愈之願，與第伍章論高會堂集，約許譽卿彩生至拂水山莊詩中「西山」之意不同。并暗用東坡詩「長與東風約今日，暗香先返玉梅魂。」之典。蘇詩與河東君金明池「咏寒柳」詞有關，牧齋用以牽涉河東君，而自居爲「梅魂」也。詳見論河東君「寒柳」詞及論牧齋我聞室落成詩等節，兹不多及。

又初學集貳拾下東山詩集叁「（崇禎十六年癸未）元日雜題長句」八首之七結語云：「鄧尉梅花侵夜發，香車明日向西山。」是時河東君病漸痊，但尚未全愈，牧齋賦此二句，亦不過聊寄同游之希望，非河東君真能往游也。

抑更有可論者，舊題婁東梅村野史鹿樵紀聞上「馬阮始末」略云：

阮大鋮字圓海，桐城人。（寅恪案，大鋮字集之，圓海乃其號。懷寧人，非桐城籍。）

但小腆紀傳陸貳奸臣傳阮大鋮傳云：「天啓元年擢户科給事中，遷吏科，以憂歸，居桐城。

御史左光斗儻直有聲，大鋮以同里故，倚以自重。」蓋因其居處，認爲著籍桐城也。列朝詩集丁壹叁「阮郘武自華」小傳云：「懷寧人。」附其孫阮尚書大鋮傳云：「字集之。」牧齋與阮氏關係密切，故所記皆正確。假定鹿樵紀聞此節真出梅村之手者，然吴阮關係疏遠，梅村所記，亦不及牧齋之翔實也。）天啓初，由行人擢給事中。尋召爲太常少卿。居數月，復乞歸。崇禎元年起升光禄寺。（魏）大中子學濂上疏稱大鋮實殺其父。始坐陰行贊導，削奪配贖。欽定逆案，列名其中。大鋮聲氣既廣，雖罷廢，門庭勢焰，依然熛灼。久之，流寇偪皖，避居白門。時馬士英亦在白門。大鋮素好延攬，及見四方多事，益談兵招納游俠，冀以邊才起用。

又明史叁佰捌馬士英傳附阮大鋮傳云：

崇禎元年（大鋮）起光禄卿。御史毛羽健劾其黨邪，罷去。明年定逆案，請贖徒爲民，終莊烈帝世，廢斥十七年。鬱鬱不得志。流寇逼皖，大鋮避居南京，頗招納游俠，爲談兵説劍，覬以邊才召。

蓋明之季年内憂外患，岌岌不可終日。當時中朝急求安攘之人才，是以士大夫之獲罪罷廢者，欲乘機起復，往往「招納游俠，談兵説劍。」斯乃事勢所使然，殊不足异。牧齋此際固與圓海爲不同之黨派，但其欲利用機會，以圖進取，則無不同。河東君與牧齋之關係，所以能如此者，不僅由於「彈絲吹竹吟偏好」之故，實因復能「共檢莊周説劍篇」所致。前者當日名媛如徐阿佛王纖郎輩，亦頗擅長。至後者則恐舍河東君外，不易别求他人。然則牧齋心中認其與河東君之因緣，兼有謝太傅東山絲竹及韓蘄王金山桴鼓之兩美者，實非無故也。

兹先略論述牧齋談兵説劍以求進用之心理并舉動。後復就牧齋作品中，關涉河東君雖在病中，猶不忘天下安危之辭句，以證釋之。今日讀者或可藉以窺見錢柳婚後二三年間生活之一方面歟？

陳臥子先生安雅堂稿壹肆「上少宗伯牧齋先生」（原注：「壬午冬。」）略云：

方今泰道始升，見龍貞翰，自當亟資肅乂，寅亮天業。既已東郊反風，岳牧交薦，而上需密雲之畜，下有盤桓之心。使天下傾耳側足以望太平者，目望羊而心朝飢，誰之故也。屬聞□蹦漁陽，爲謀叵測。徵兵海内，驛騷萬里，此志士奮袂戮力共奬之日，而賢士大夫尚從容矩步，心懷好爵。何异鄉飲焚屋之下，争餅摧輪之側？旁人爲之戰栗矣。閣下雄才峻望，薄海具瞻，嘆深微管，舍我其誰？天下通人處子，懷奇抱道之士，下至一才一藝之流，風馳雲會，莫不望閣下之出處，以爲濯鱗振翼。天子一旦命閣下處端揆，秉大政，恐非一手足之烈也。閣下延攬幽遐，秉心無競，求人才於閣下之門，如探玉於山，搜珠於澤，不患其寡也。特難於當時所急耳。當時所急，莫甚於將帥之才。子龍聞君之有相，猶天之有北斗也。

故爲相者，宜有温良藹吉之士以揚治化，又宜有果敢雄武之才，以備不虞。閣下開東閣而待賢人，則子龍雖不肖，或可附於温良藹吉之列，以備九九之數。至於果敢雄武之流，世不可謂無其人，不知閣下之所知者幾輩也？

寅恪案，卧子與牧齋在文場情場，雖皆立於敵對地位，然觀此書，其推重牧齋一至於此，取較宋轅文之貽書辱駡，器局狹隘者，殊有霄壤之別。或可與李問郎之雅量，參預牧齋南都綺席者，約略相似也。（見第叁章引王澐虞山竹枝詞「雙鬟捧出問郎來」句并注）又觀卧子此書，得以推知當日士大夫一般輿論，多期望牧齋之復起任宰相。及爲相後，更有最急之新猷。此點爲當日之公言，而非卧子一人之私議也。書中既作「口躪漁陽，爲謀叵測。」之語，則卧子之意，亦以爲牧齋實有攘外之才，苟具此才，即可起用。此阮圓海所以「覬以邊才召」也。故牧齋崇禎十四年，十五年，十六年諸詩文關涉論邊事及求將帥兩點者，頗爲不少。今特標出之於下，以資參證。

初學集貳拾上東山詩集叁「寄榆林杜韜武總戎」云：

莫厭將壇求解脱，清凉居士即瞿曇。

寅恪案，清凉居士即韓世忠。錢遵王注已引其出處。杜韜武者，杜文焕之字。事迹見明史貳叁玖杜桐傳附文焕傳，并可參有學集壹陸「杜弢武全集序」，同書貳貳「杜大將軍七十壽序」及吳偉業梅村家藏稿叁「送杜公弢武歸浦口」詩等。牧齋此詩列於「小至日京口舟中」及「冬至後京江舟中感懷」兩題之間。此際牧齋與河東君同訪韓梁古戰場，其用「清涼居士」之典，自無足异。所可注意者，牧齋甚思以文字與當時有將帥才及實握兵符者相聯絡。初尚限於武人之能文者，如杜氏，即是一例。後遂推及持有實權之軍人，如鄭芝龍之流，而不問是否能欣賞其詩文矣。

初學集貳拾上東山詩集叁「題將相談兵圖，爲範司馬蔡將軍作。」云：

畫師畫師汝何頗。再兒一人胡不可。猿公石公非所希，天津老人或是我。

寅恪案，範司馬即範景文。明史貳陸伍範景文傳略云：

〔崇禎〕十年冬（寅恪案，坊印本及百衲本「十」均作「七」。王頌蔚明史考證捃摭逸亦未論及。兹據同書貳陸肆呂維祺傳及談遷國榷叁部院表下南京兵部尚書欄「丁丑吳橋範景文」條等改正。）起南京右都御史，未幾就拜兵部尚書，參贊機務。十一年冬京師戒嚴，遣兵入衛。楊嗣昌奪情輔政，廷臣力争，多被降謫。景文倡同列合詞論救。帝不悦。詰首謀，則自引罪。且以象論僉同爲言。帝益怒，削籍爲民。十五年秋用薦召拜刑部尚書。未上，改工部。

牧齋「題將相談兵圖」詩後一題爲「效歐陽詹玩月詩」，首句云，「崇禎壬午八月望」。

可知題將相談兵圖一詩乃夢章罷南京兵部尚書以後，起爲北京刑部尚書，改工部，不久以前所作，故仍稱其爲司馬也。「蔡將軍」牧齋未著其名。檢範文忠公文集伍載「與蔡」一書，亦未著其名。但書中有「今登鎮特藉秉麾，海上共干城矣。」之語，知其人爲登州總兵，豈即此蔡將軍耶？俟考。「天津老人」之出典，錢遵王注已引其出處，牧齋表面上雖故作謙遜之辭，以裴度目範，而以「天津老人」自命，實則暗寓己身能爲晉公。可謂高自標置矣。晉公「中書即事」詩云：「灰心緣忍事，霜鬢爲論兵。」（見唐詩紀事叁叁裴度條及全唐詩第伍函裴度）牧齋此際雖欲建樹平定淮蔡之功業，然有志不成，空興「白首老翁徒種菜」之嘆，頗可憐也。

又錢曾注本有學集捌長干塔光集「鷄人」七律（涵芬樓影印有學集本此詩自注有所删改，故用遵王注本。）云：

鷄人唱曉未曾停，倉卒衣冠散聚螢。執熱漢臣方藉箸，畏炎□騎已揚舲。（自注：「乙酉五月一日召對。講官奏曰，馬畏熱，必不渡江。余面叱之而退。」）刺閨痛惜飛章罷，（自注：「余力請援揚，上深然之。已而抗疏請自出督兵，蒙温旨慰留而罷。」）講殿空煩側坐聽。腸斷覆杯池畔水，年年流恨繞新亭。

寅恪案，牧齋於啓禎之世，以將帥之才自命，當時亦頗以此推之。弘光固是孱主，但其不允牧齋督兵援揚，猶可稱有知人之明。假若果如所請者，則河東君自當作葛嫩，而牧齋未必能爲孫三也。一笑！

至於夢章之以此圖徵題，足知其好談兵，喜標榜。檢吳偉業綏寇紀略伍「黑水擒」條云：

「范」景文下士喜奇計，坐客多譚兵，顧臨事無所用。

亦可窺見明末士大夫一般風氣。阮圓海錢牧齋範夢章三人者，其人品本末雖各異，獨平日喜談兵，而臨事無所用，則同爲一丘之貉耳。

初學集貳拾上東山詩集叁「寄劉大將軍」七律略云：

泰山石礪千行劍，清濟流環萬壘營。篋中亦有陰符在，悔挾陳編作老生。

寅恪案，劉大將軍當爲劉澤清。因明史貳柒叁高杰傳附劉澤清傳略云：

劉澤清曹縣人。崇禎十三年八月降右都督，鎮守山東，防海。澤清以生長山東，久鎮東省非宜，請辭任。澤清頗涉文藝，好吟咏。嘗召客飲酒唱和。

與牧齋詩中「泰山」「清濟」一聯，俱是山東地望者相合。又檢初學集叁壹「劉大將軍詩集序」略云：

曹南劉大將軍喜爲歌詩。幕中之士傳寫其詩，鏤版以行於世，而請余序之。崇禎壬午七月序。

此序所言之籍貫及稱謂皆與詩合。更以明史澤清本傳「澤清頗涉文藝，好吟咏，嘗召客飲酒唱和。」等語證之，則此劉大將軍應是劉澤清無疑。「寄劉大將軍」詩前一題爲「效歐陽詹玩月」詩。觀詩後所附跋語，知爲崇禎十五年壬午八月十五至十七日間之作。後一題爲「駕鵝行」，乃聞此年九月下旬潛山戰勝所賦。故牧齋作劉氏詩序，尚在寄劉氏詩之前。時間距離頗短，頻爲詩文，諛辭虛語，盈箋疊紙，何其不憚煩如此？詩末結語，牧齋欲以知兵起用之旨，溢於言表。其籠絡武人之苦心，尤可窺見矣。

初學集貳拾上東山詩集叁「駕鵝行。聞潛山戰勝而作。」云：

督師堂堂馬伏波。（自注：「督師貴陽馬公。」）花馬劉親斫陣多。（自注：「劉帥廷佐。」）三年笛裏無梅落，萬國霜前有雁過。捷書到門才一瞥，老夫喜失兩足蹩。驚呼病婦笑欲噎，鑪頭松醪酒新蘛。

同書貳拾下東山詩集「中秋日得鳳督馬公書來報剿寇師期，喜而有作。」云：

鷃冠將軍來打門，尺書遠自中都至。書來剋日報師期，正是高秋誓旅時。先驅虎旅清江漢，（自注：「左帥還兵扼九江。」）厚集元戎出壽蘄。（自注：「馬公督花馬諸軍自壽州出蘄黃。」）伏波威靈天所付，花馬軍聲鬼神怖。郢中石馬頻流汗，漢上浮橋敢偷渡。（自注：「獻賊作浮橋渡漢江。闻大兵至，一夜撤去。」）

同書捌拾「答鳳督馬瑶草書」略云：

頃者虎旅先驅，元戎後繼，賊遂撤浮橋，斂餘衆，待王師之至，爲鼠伏兔脱之計，則固已氣盡魄奪矣。吾謂今日之計，當委秦蜀之兵以制闖，使不得南，而我專力於獻。九江之師扼於前，蘄黄之師擣於後。勿急近功，勿貪小勝。蹴之使自救，擾之使自潰。此萬全之策，必勝之道也。腐儒衰晚，不能荷戈執殳，效帳下一卒之用。憂時念亂，輪囷結轖，耿耿然挂一馬瑶草於胸臆中，垂二十年矣。今幸而弋獲之，雖欲不傾倒輸寫，其可得乎？秋風蕭條，行間勞苦，惟爲社稷努力强飯自愛。

寅恪案，上列兩詩一書，其作成時間，大約「駕鵝行」賦於崇禎十五年冬季，因明史貳肆莊烈帝本紀云：

〔崇禎十五年〕九月辛卯鳳陽總兵黄得功劉良佐大敗張獻忠於潛山。

據鄭氏近世中西史日表，「辛卯」爲廿四日。牧齋居家得聞知此事，必在十月後矣。「中秋日得鳳督馬公書」一詩，乃崇禎十六年癸未中秋所作。此據詩題可以決定者。至「答馬瑶草書」雖未著年月，然詳繹書中辭旨，大抵與「中秋日得馬公書」詩，殊相類似。書中復有「傾倒輸寫」之語，所謂「輸寫」，當即指所賦之詩而言。書末「秋風蕭條」一語，亦與詩題之節候相應。今綜合詩及書兩者參互證之，疑是同時所作。蓋詩者專爲「傾倒輸寫」，書則兼爲金正希誤殺黔兵解説，（事見明史壹柒柒金聲傳。黔兵紀律之惡劣可參計六奇明季南略柒「馬士英奔浙」條。）因此等解説之辭，不可雜入詩中也。檢葉廷琯選録徐元嘆先生殘稿所附馬士英序，末署「天啓元年辛酉五月端陽前三日。」據此牧齋即使不在北京，或他處遇見瑶草，至少亦可從素所交好之徐氏作品中，得見馬氏此序。馬文頗佳，牧齋必能欣賞。故書中「掛一馬瑶草於胸臆中，垂二十年矣。」之語，非盡虚諛也。

「駕鵝行」中，「花馬劉親斫陣多」之「花馬劉」，依牧齋自注，乃指劉廷佐言。但計六奇明季南略叁「劉良佐」條略云：

劉良佐字明輔，大同左衛人。崇禎十四年曾破賊袁時中數萬衆，歷官至總戎，素乘花馬，故世號花馬劉云。

是「花馬劉」之爲劉良佐，絶無可疑。牧齋何以稱之爲「劉廷佐」，豈由偶爾筆誤，抑或劉氏之名前後改易，俟考。夫牧齋此時欲以知兵起用，聯絡持有兵權之主帥如馬瑶草者，固不足怪。但其特致殷勤於瑶草部將之劉明輔，則恐别有用心。檢上引計氏書「劉良佐」條後有附注云：

先君子云，昔劉良佐未顯時，居督撫朱大典部下，忽爲所知，加以殊恩。屢以軍功薦拔，遂至總戎，亦一遇也。

是劉良佐與朱大典有關。明史貳柒陸朱大典傳略云：

崇禎五年四月李九成孔有德圍萊州。山東巡撫徐從治中礮死，擢大典右僉都御史代之。詔駐青州，調度兵食。七月登萊巡撫謝璉復陷於賊，總督劉宇烈被逮，乃罷總督及登萊巡撫，不設專任。大典督主客兵數萬及關外勁旅四千八百餘人合勦之，賊大敗，圍始解。賊竄歸登州。〔副將靳〕國臣等築長圍守之，攻圍既久，賊糧絶，恃水城可走，不降。六年二月中旬有德先遁，官軍遂入〔登州〕大城，攻水城未下，游擊劉良佐獻轟城策。城崩，官軍入，賊盡平。八年二月賊陷鳳陽，詔大典總督漕運，兼巡撫廬鳳淮揚四郡，移鎮鳳陽。〔十四年〕六月命大典總督江北及河南湖廣軍務，仍鎮鳳陽，專辦流賊。賊帥袁時中衆數萬，橫潁亳間。大典率總兵劉良佐等擊破之。

南沙三餘氏南明野史上云：

廣昌伯劉良佐字明宇。故東撫朱大典之舊將，後督淮揚，再隸麾下，從護祖陵。御革左眼，再收永城。號花馬劉者也。

據此，劉良佐實爲朱大典在山東平定登萊一役，卓著戰功之驍將。後來大典移駐鳳陽，良佐之兵乃其主力。牧齋歌頌瑶草戰功，專及明輔，事理所當然。鄙意尚有可注意者，即明史朱大典傳中「罷總督及登萊巡撫，不設專任。」一事。蓋此點極與牧齋有關。前引牧齋「送程九屏領兵入衛二首。時有郎官欲上書請余開府東海，任擣勦之事，故次首及之。」一題，及詩中

「東征倘用樓船策」句，及「元日雜題長句」八首之四，詩中自注云：「沈中翰上疏請余開府登萊，以肆水師。」并有學集叁貳「卓去病先生墓志銘」載，崇禎末，中書沈廷揚特疏牧齋開府東海，任援勦事。明史捌陸河渠志海運門及同書貳柒柒沈廷揚傳所載季明本末較詳，而沈氏受命駐登州，領寧遠餉務一點，尤與其請任牧齋爲登萊巡撫事有關。

又鮚埼亭集外編肆「明沈公神道碑銘」述五梅海運之功甚詳，而不及其請任牧齋爲登萊巡撫事。并其上書時任中書之職名亦不書，蓋欲避免沈氏與牧齋之關係。但文中云：

大兵之下松山也，繞出洪承疇軍後，圍之急，十三鎮援兵俱不得前，城中餉絶，道已斷。思陵召公議之，公請行。自天津口出，經山海關左，達鴨緑江，半月抵松山，軍中皆呼萬歲。公還，松山竟以援絶而破。時論以爲初被圍時，若分十三鎮之半，從公循海而東，前後夾援，或有濟，而惜乎莫有見及之者。

據此可見季明海運之策，與請任牧齋巡撫登萊兩事，實有相互關係。謝山雖惡牧齋，欲諱其事，亦有不可得者。（嘉定縣志壹玖文學門沈宏之傳云：「族弟崇明廷揚入中書，建海運策，疏出宏之手。丙戌廷揚死節，宏之殯之虎邱，志而銘之。」可供參考。）初學集貳拾上東山詩集叁（崇禎十四年）冬至後京江舟中感懷八首之六「聞道松山尚被圍」句，可證牧齋賦此詩前後，甚欲一試其平生談兵説劍之抱負，覬覦登萊巡撫之專任。故於登州一役立有戰功之劉良佐，尤所屬望。不知明輔亦如鶴洲之能以武人而能詩，可欣賞此江左才人之篇什，更通解其欲任登萊巡撫之微旨歟？

至「駕鵝行」中「驚呼病婦笑欲噎」之句，牧齋於此忽涉及河東君，亦非無因，殆由瑤草早已得聞錢柳因緣之佳話。東山酬和集刊成於崇禎十五年春間，集中所收諸詞人和章，爲徐元歎詩最多。（并可參初學集叁貳「徐元歎詩序」）以平日徐馬文字關係推之，瑤草當已先得見東山酬和集也。牧齋特作此句，所以表示河東君實非尋常女子，乃一「閨閣心懸海宇棋」之人，可與楊國夫人等視齊觀，并暗寓以韓蘄王自待之意。未識瑤草讀之以爲何如耶？

抑更有可論者，綏寇紀略伍云：

淮撫朱大典以護陵故，多宿兵，亦屢有挫衄。獨其將劉良佐驍果善戰。

可知當日江淮區域鳳陽主帥擁兵最多。其部將如「花馬劉」輩，復以善戰著稱。吳氏之書雖指朱延之而言，但瑤草乃後來繼任朱氏之人。部下驍將，多仍其舊。南明野史所言，即其明證。故牧齋之作，殊非偶然。至北京陷落，弘光南都之局，悉爲馬氏操持，蓋由其掌握兵權所致。牧齋亦終以與馬阮鈎聯，毁其晚節，固非一朝一夕之故，觀此二詩一書，即可證知矣。

初學集貳拾下東山詩集肆「閩人陳遁鴻節過訪。別去二十年矣。」七律略云：

亂後情懷聽夜雨，別來踪迹看殘棋。憑君卷却梁溪集，共對簷花盡一卮。（自注：鴻節以李忠定公梁溪集相贈。）

又「留鴻節」七律略云：

突兀相看執手時。依然舊雨憶前期。客中何物留君住，憑仗江梅玉雪枝。

同書同卷「鄭大將軍生日」七律云：

戟門瑞靄接青冥。海氣營雲擁將星。荷鼓光芒朝北斗，握奇壁壘鎮南溟。扶桑曉日懸弧矢，析木長風送柝鈴。蕩寇滅奴須及早，佇看銅柱勒新銘。

同書叁貳「陳鴻節詩集叙」（寅恪案，同治修福建通志貳壹叁文苑傳有陳遁傳。但其文全采自初學集，別無他材料也。）略云：

陳遁字鴻節，閩之侯官人也。貸富人金爲遠游。抵陪京。過桃葉渡，遇曲中諸姬，揄長袂，說薄裝，酒闌促坐，目眙手握，以爲果娟己也。命酒極宴，流連宿昔，橐中裝盡矣。還寄食於僧院。故人黎博士贈百金，遣游錫山。途中遇何人，夜發篋盜其金亡去，益大困。卧病於江上李生家。亡友何季穆賞其詩，載歸虞山。（寅恪案，「李生」即李奕茂，字爾承。事迹可參初學集叁承。事迹可參牧齋外集貳伍「書李爾承詩後」。何允泓字季穆。常熟人。事迹可參初學集叁歸田詩集上「哭何季穆」詩及同書伍伍「何季穆墓志銘」并吴偉業梅村家藏稿貳柒「何季穆文集序」等。）偕過佘山中，賦詩飲酒相樂也。自後不復相聞，亦未知其存否。今年忽訪余於虎丘，握手道故，喜劇而涕。問其年，長余二歲耳。出其詩，則卷帙日益富。曹能始爲采入十二代詩選中矣。鴻節將行，余爲略次其生平與出游之概，以叙其詩，且以爲別。屬其歸也，以質諸能始。癸未中春十四日叙。

同書捌捌「請調用閩帥議」略云：

爲今之計，拯溺救焚，權宜急切，惟有調用閩帥一著。愚以謂當世諸公，宜亟以江南急危情形，飛章入告，伏乞皇上立敕鄭帥，移鎮東南，專理禦寇事宜。其將領士卒，一應安家衣甲器械船隻行糧月糧，一炤鄭帥弟鴻逵赴登事例。新登撫赴登也，屬鄭帥造船於瓜洲。鄭慨然曰，此王事也，萬里不敢辭，况京江咫尺乎？已而語其弟鴻逵，奴警更急，我當親督師渡江。其慷慨赴義，急病讓（攘）夷如此。東南之要害不止一隅，既奉命移鎮，則東南皆信地也。皖急可借以援皖，鳳急可借以援鳳，淮急可借以援淮。譬之弈棋，下一子於邊角，而全局皆可以炤應，則下子之勝著也。天下事已如奕棋之殘局矣。誠有意收拾，則滿盤全局著子之當下者尚多，而恐當局者措手之未易也。姑先以救急一著言之。衰晚罪廢，不當出位哆口輕談天下事。警急旁午，吴中一日數驚。頃見南省臺傳議曰，上護陵寢，下顧身家。聽斯言也，如囈睡中聞人聒耳大呼，不覺流汗驚寤，推襆被而起，庸敢進一得之愚，以備左右之采擇。癸未三月朔日。

寅恪案，此鄭大將軍即鄭成功之父鄭芝龍。觀議中「鄭帥弟鴻逵」及「語其弟鴻逵」等句，是其確證。牧齋平生酬應之作甚多，未必悉數編入集中。以此等文字多不足道故也。至於壽芝龍一詩，所以特編入集中，疑別有理由，蓋欲藉是表見其知兵謀國之志事耳。「請調用閩帥議」一末署「癸未三月朔日」。「鄭大將軍生日」前一題爲「馮二丈猶龍（寅恪案，馮夢龍字猶龍，蘇州府長洲縣人。）七十壽詩」其結語云：「鶯花春日爲君長。」馮氏壽詩前即有關陳氏二律。其「留鴻節」詩有「江梅玉雪」，表面叙述景物之語，并取牧齋所作陳氏詩集序，末署「癸未中春十四日」一端，綜合推證，可知上列三詩一文，皆崇禎十六年癸未二三月間在蘇州所作。時日銜接，地點相同，互有關系者也。「請調用閩帥議」以弈棋爲譬云：「今天下事已如弈棋之殘局矣。」可與「鴻節過訪」詩「別來踪迹看殘棋」之句互證。陳遁既是閩人，突兀過訪，牧齋爲之賦兩詩并爲之作詩集序，時間復與作壽鄭芝龍詩及請調用閩帥議相接近，當不偶然。牧齋此年仲春忽至虎丘，恐非僅因觀梅之雅興，疑其別有所爲。今以資料缺乏，甚難考知。或者一由於欲藉鴻節爲媒介以籠絡鄭芝龍兄弟。一由於往晤李邦華於廣陵，共謀王室。若此揣測不誤，則牧齋虎丘之游寓，乃其取道蘇州渡江至揚州之中途小住也。第貳事俟後論之，兹暫不多及。

又檢黄漳浦〔道周〕集，其中亦有關涉此時李邦華諸人欲藉鄭芝龍兵力以安内攘外之文字，詳見後引，兹亦暫不論之。

復次，金氏錢牧齋年譜崇禎十一年戊寅條，據日本宮崎來城鄭成功年譜載：「鄭森執贄先生之門，先生字之曰大木。時年十五。」殊爲疏舛。鄙意許浩基鄭延平年譜「崇禎十七年甲申公廿一歲。五月福王立於南京。芝龍遣兵入衛。」條云：

臺灣鄭氏始末：福王立於南京，以明年爲弘光元年。封芝龍南安伯，鎮福建。鴻逵靖虜伯，充總兵官，守鎮江。芝豹彩并充水師副將。芝龍遣兵衛南京。

又「事錢謙益爲師」條云：

東南紀事：福王時入國子監，師禮錢謙益。行朝録：聞錢謙益之名，執贄爲弟子。謙益字之曰大木。（寅恪案，賜姓本末云：「初名森。弘光時入南京太學，聞錢謙益名，執贄爲弟子。謙益字之曰大木。」亦同。）

較合於事實。蓋弘光立於南都，鄭氏遣兵入衛。此時成功執贄於牧齋之門，極爲可能。行朝録爲黄宗羲所著，梨洲與牧齋關係密切，其言自是可信。至成功見牧齋時，年已二十一，尚未有字，殊不近情理。豈成功原有他字，而牧齋别易以「大木」之新字。或「大木」本爲成功之字，傳者誤以爲牧齋所取，如河東君之字「如是」，實在遇見牧齋之前，牧齋遺事亦以「如是」之字，乃牧齋所取者，同一謬誤耶？俟考。總而言之，牧齋在明北都傾覆以前，與芝龍實有聯繫。至於鄭成功，其發生關係，則在南都弘光繼立之後。南都既陷，牧齋與河東君志圖光復，與海外往來之踪迹，頗可推尋，俟第伍章述之，兹不論及。

牧齋於崇禎季年，聯絡當時握有兵權者之事實，略如上述。其急求起用，與知交往還，并恐政敵周延儒妨阻，表面僞作謙遜之辭，以退爲進，迹象之見於詩文者，殊爲不少。但本文專論述錢柳關係，此點非主旨所在，不宜多述。噫！當牧齋世路紛擾經營之日，即河東君病榻呻吟痛苦之時，雖兩人之心境不必盡同，而錦瑟年華，則同一虚度。今日追思，殊令人惋惜。然此三數年間，乃錢柳新婚後生活之一片段，故亦不可不稍涉及之也。

初學集貳拾下東山詩集叄「元日雜題長句八首」其一略云：

北闕千官咸拜手，東除上宰獨揚言。（自注：「上待元輔以師臣之禮。」）朝罷開顔定相賀，年年虜退有殊恩。

寅恪案，牧齋賦長句八首，此首乃開宗明義第壹章，辭旨專詆陽羨。故知此首乃此題八首全部主旨所在也。檢明史叄佰捌奸臣傳周延儒傳云：

帝尊禮延儒特重。嘗於歲首日，東向揖之曰，朕以天下聽先生。因遍及諸閣臣。

可與此詩印證。又檢同書同傳云：

〔崇禎〕十六年四月大清兵略山東，還至近畿。帝憂甚。大學士吴甡方奉命辦流寇。延儒不得已自請視師。帝大喜。降手敕，奬以召虎裴度。賜章服白金交綺上駟。給金帛賞軍。延儒駐通州，不敢戰。惟與幕下客飲酒娛樂，而日騰章奏捷。帝輒賜璽書褒勵。偵大清兵去，乃言敵退，請下兵部議將吏功罪。既歸朝，繳敕諭，帝即令藏貯，以識勳勞。論功加太師，蔭子中書舍人。賜銀幣蟒服。延儒辭太師，許之。

亦可與此詩相印證。但玉繩因清兵之退而特受寵賜，其事實在崇禎十六年四月丁卯，即廿八日，清兵引退之後。（參明史貳肆莊烈帝本紀）牧齋當不能預知。豈牧齋後聞玉繩事敗，補作此首？抑或原有此首，特改用「年年」二字以後概前耶？俟考。

其三略云：

空傳陶侃登壇約，誰奉田疇問道書。（自注：「淮撫史公唱義勤王，馳書相約。」）投筆儒生騰羽檄，（自注：「無錫顧杲秀才傳號忠檄。」）輟耕野老奮耰鋤。

寅恪案，明史貳肆莊烈帝本紀略云：

崇禎十五年十一月壬申（初六日）大清兵分道入塞，京師戒嚴。詔舉堪督師大將者。戊寅（十二日）徵諸鎮入援。十七年二月丁亥（廿八日）詔天下勤王。三月甲午（初六日）徵諸鎮兵入援。乙巳（十七日）賊犯京師，京營兵潰。丙午（十八日）日晡，外城陷。是夕皇后周氏崩。丁未（十九日）昧爽，內城陷，帝崩於萬壽山。

同書貳柒肆史可法傳略云：

〔崇禎〕十二年夏丁外艱去。服闋，起户部右侍郎兼右僉都御史，代朱大典總督漕運，巡撫鳳陽淮安揚州。拜南京兵部尚書，參贊機務。十七年四月朔聞賊犯闕，誓師勤王。渡江抵浦口，聞北都已陷。（寅恪案，小腆紀傳拾史可法傳略云：「[崇禎]十六年乃拜南京兵部尚書，參贊機務。十七年夏四月朔聞賊犯闕，乃與户部尚書高弘圖等誓告天地，馳檄勤王。渡江抵浦口，聞北京已陷。」可并參閱。）

史忠正公〔可法〕集貳「與雲間諸紳書」略云：

天禍家國，逆闖横行。用𠪨聖憂，垂二十載。近者鴟張北向，犯闕無疑。法也聞之，五内震裂。夫西平許國，即懷内刃之思。太真忘軀，遂灑登舟之涕。法雖迂疏淺陋，未敢遠附古人，而國難方殷，何敢或後。頃者誓師秣馬，而坐乏軍需。點金無術，徬徨中夜，泣下沾衣。伏見諸台臺勵捐糜之素志，負報國之孤忠。毁家佐（紓？）難，亦大義所不辭。倘邀慷慨之懷，愛下芻茭之賜，則社稷幸甚！天下幸甚！

侯忠節公〔峒曾〕集捌「與同邑士大夫書」（自注：「崇禎甲申。」）云：

徐大司寇〔石麒〕傳史大司馬〔可法〕公啓，遍達吴郡。郡中及虞山諸老皆傳訖矣。今以屬某，某不敢隱，亦不敢遲。蓋誼同元首，勢迫然眉，當效子文之毁家，寧惟卜式之輸半。某不揣蝨負，敢竭區區。凡我同仇，各隨願力，乞填注樞啓左方，以便報覆。

同書同卷「答史大司馬書」（自注：「崇禎甲申。」）略云：

地坼天崩，骨驚腸裂。端午聞變，慟哭辭家，孤舟半程，四鼓被劫。乃餘生逢難之日，正義檄下頒之辰。伏枕誦之，長號欲絶。一息尚存，矢奉明命，激發義勇，泣勸委輸，共紓率土之恍，以雪斁天之憤。前者從徐大司寇拜明公勤王之書，輒悉索敝賦以行，遂入盗手。然猶將毁家紓難，以爲衆先。（寅恪案，此書可參舊鈔牧齋遺事後所載錢謙益答龔雲起書并龔氏上牧齋原書。）

同書叁侯元瀞撰其父年譜下崇禎十七年甲申條略云：

三月中江南始聞李賊犯闕。未幾，北來消息甚惡。府君終不忍信。至端午日聞變既真，乃始發聲長慟，即夕辭家將赴南都，共圖宗社大計。先是史忠清公（寅恪案，小腆紀傳拾史可法傳云：「隆武時，贈可法太師，謚忠靖。我朝賜專謚曰忠正。」侯譜稱可法謚爲「忠清」，疑是「忠靖」之誤也。）爲南大司馬，草勤王檄，遺尺一於府君，約以助義。府君出其書檄遍告鄉里，且爲約辭，讀者感動。

蓋道鄰在牧齋賦此詩以前，早有勤王之預備及舉動。後因奉旨中道折回。觀史氏遺集中崇禎十二年丁外艱以前，淮撫任内諸家書，可以證知，兹不備引。頗疑崇禎十五年十一月清兵入塞，徵諸鎮入援，道鄰唱義勤王，馳書約南中士大夫，牧齋遂於次年元旦感賦此詩。所以知者，十六年七月道鄰始爲南京兵部尚書，（見國榷卷首之三部院表上南京兵部尚書欄）故牧齋稱之爲淮撫，而不稱之爲大司馬也。至史氏與雲間諸紳書，不知何年所作。或即是侯氏「與同邑士大夫書」所言之「公啓」，亦未可知。總之必作於未確悉北京陷落以前。侯氏與同邑士大夫書，亦當作於未確悉北京陷落之時，答史大司馬書則在確悉北京陷落以後所作耳。此皆詳玩書中辭旨推得之結論。明史史可法本傳所言道鄰之勤王，乃其最後一次，與牧齋此詩無涉。恐讀者淆混，因稍多引資料辨之如此。

又今檢道鄰遺文，不見約牧齋勤王之書，或因傳寫散佚，或因被忌刪去，殊難決言。但寅恪則疑史氏未必有專函約牧齋。牧齋自注中史公之書，恐不過與侯氏書中所言之「公啓」性質相類。此類公啓牧齋當亦分得一紙，遂侈言專爲彼而發，以自高其身價。若所推測不誤，則牧齋此時欲乘機以知兵起用之心事，情見乎詞，亦大可笑矣。

顧杲者，黃梨洲思舊録「顧杲」條云：

顧杲字子方。涇陽先生之孫。南都防亂揭，子方爲首。阮大鋮得志，以徐署丞疏，逮子方及余。時鄒虎臣爲掌院，與子方有姻連，故遲其駕帖。福王出走，遂已。後死難。

查繼佐國壽録貳「諸生顧杲傳」云：

顧杲字子方，南直無錫諸生也。工書法，多爲詩古文，與吴門楊廷樞同社。逆監魏忠賢時，周順昌坐罪見收，杲爲檄攻魏，致激衆，五人死義閶門。崇禎中，又爲號忠揭，指國事逗留。觸時忌不悔。

明詩綜柒陸「顧杲」條，附静志居詩話云：

崇禎戊寅南國諸生百四十人，具防亂公揭，請逐閹黨阮大鋮，子方實居其首。有云：「杲等讀聖人之書，明討賊之義。事出公論，言與憤俱，但知爲國除奸，不惜以身賈禍。」大鋮飲恨刺骨，而東林復社之讎，在必報矣。

寅恪案，子方乃東林黨魁顧憲成之孫，其作攻魏檄，防亂揭及號忠檄等，尤足見其爲人之激烈好名，斯固明季書生本色，不足异也。

又冒襄輯同人集肆載範景文「與冒辟疆書」三通。其第壹通略云：

不佞待罪留都，膺兹重寄，適當南北交訌，殫心竭慮，無能特效一籌，惟是側席求賢，日冀匡時抱略之君子共爲商榷，以濟時艱。昨承枉重（踵？），正爲止生倡義勤王，與漁仲即商遺（遣？）發。明晨報謁，以訂久要，惟門下傾吐抱膝之籌，俾不佞藉力高賢，救兹孔棘，真海内之光也。

寅恪案，質公之書當作於崇禎十年至十一年四月範氏任南京兵部尚書時，（見國榷卷首之三部院表上南京兵部尚書欄）或即辟疆於崇禎十二年初夏至金陵應鄉試之際耶？（見影梅庵憶語「己卯夏，應試白門。」之語。）「漁仲」即劉履丁之字，俟後論之。「止生」即茅元儀之字。初學集壹柒移居詩集「茅止生挽詞」十首之五云：

一番下吏一勤王。抵死終然足不僵。落得奴酋也乾笑，中華有此白癡郎。

質公書中所言，可與牧齋挽茅氏詩相證。此詩作於崇禎十三年庚辰，雖在道鄰馳書約牧齋勤王之前，然亦可知江左南都諸書生名士如茅元儀顧杲輩，皆先後有「勤王」之議也。故特附記於此，以見當時風氣之一斑耳。

其四云：

東略舟師島嶼紆，中朝可許握兵符。樓船搗穴真奇事，擊楫中流亦壯夫。弓渡綠江驅濊貊，鞭投黑水駕天吴。劇憐韋相無才思，省壁愁看崖海圖。（自注：「沈中翰上疏請余開府登萊，以肄水師。疏甫入而奴至，事亦中格。」）

寅恪案，沈廷揚上疏請任牧齋爲登萊巡撫，以水師攻清事，前已詳引，茲不復述。至此詩結語所用韋執誼事，已見錢遵王注中，亦可不贅。但有可笑者，牧齋遺事略云：

乙酉五月之變，柳夫人勸牧翁曰，是宜取義全大節，以副盛名。牧翁有難色。後牧齋偕柳游拂水山莊，見石澗流泉澄潔可愛。牧齋欲濯足其中，而不勝前却。柳笑曰，此溝渠水，豈秦淮河耶？牧翁有恧容。

此條所記明南都傾覆，牧齋不從河東君之勸，以死殉國，俟後詳言之，兹暫不論。惟牧齋怯於濯足拂水流泉，爲河東君所笑一節，若非世人僞造以嘲牧齋者，則錢公與韋相同是一丘之貉，又何必斤斤較量才思之有無哉？夫河東君憚於登山，前已詳述，而牧齋怯於涉水，更復如此，真可謂難夫難婦矣。一笑！

其五略云：

老態當道踞津門。一旅師如萬騎屯。矢貫猰貐成死狗，檻收牛鹿比孤豚。（自注：「吴中流聞大馮君鎮天津，殪酋子，禽一牛鹿。喜而志之。」）

寅恪案，有學集貳捌「明都察院右僉都御史，巡撫天津，慈溪馮公墓志銘。」略云：

公名元揚，字爾賡。以兵部尚書元飈爲其弟。海内稱兩馮君。初涖津門，厲兵振旅，犄角諸鎮，斬馘獻兵過當。上大喜，賜金幣，蔭一子錦衣。

南雷文定前集伍「巡撫天津右僉都御史留仙馮公神道碑銘。」（原注：「甲午。」）略云：

陞天津兵備道，未幾巡撫天津，兼理糧餉，都察院右僉都御史。〔崇禎〕十五年冬大兵復大入。公與諸鎮犄角之。已又合宣大總督孫晉，督師範志元，山東巡撫王永吉之師，從密雲趨牆于嶺，邀其惰歸。論功賜銀幣，廕一子錦衣衛。公諱元揚，字言仲，别號留仙。（可參初學集伍「留仙館記。」）

明史貳伍柒馮元飈傳附元揚傳云：

〔崇禎〕十四年遷天津兵備副使。十月擢右僉都御史，代李繼貞巡撫天津，兼督遼餉。明年叙軍功，廕一子錦衣衛。

寅恪案，牧齋此詩及自注所述崇禎十五年冬爾賡任津撫時，殪禽清酋一事，可與上引材料印證。但錢文「斬馘獻兵過當」之「獻」字，涵芬樓影印有學集所附校勘記未有校改。此時天津并無張獻忠之兵，「獻」字自不可通。疑是牧齋本作「虜兵」，後來避諱，以字形相近，遂改「虜」爲「獻」耳。至黄文之作「論功」及明史之作「叙軍功」，皆含混言之，亦所以避清諱也。

其六略云：

廟廊題目片言中，准擬山林著此翁。（自注：「陽羡公語所知曰，虞山正堪領袖山林耳。」）千樹梅花書萬卷，君看松下有清風。

寅恪案，前論「過吊臺有感」七絶已及此詩。斯蓋牧齋怨懟玉繩之不援引己身入相，遂作此矯飾恬退之語耳。檢牧齋尺牘上「答周彝仲」書（寅恪案，周彝仲事迹未詳。徐暗公釣璜堂集壹貳有「挽周彝仲」七律，其首句云：「昔到苕溪訪翠微。」然則彝仲與湖州有關也。又談孺木遷棗林雜俎和集叢贅「虞山後輩」條云：「常熟楊子常彝初以太倉張采張溥謁錢牧齋，時同社薄其文。已采登第，溥又出宜興周相國，牧齋反因之通相國。」又顧公燮消夏閑記選存「文社之厄」條關於應社節，杜登春社事本末「婁東又有楊[彝]顧[麟士]之學」節，同治修蘇州府志壹佰常熟縣楊彝傳及陳田明詩紀事辛籤貳貳「楊彝」條等，皆可供參考，而顧書尤爲簡要。兹以子常亦是虞山藉以通宜興之人，故附記於此。）云：

兵垣回，得手教，知元老記存之深，知己推挽之切，而聖意堅不可回，至於叁四駁阻。其難其慎，則不肖生平本末與晚節末路，終不可拔拭録用，主上固已知之深，見之確，而持之不遺餘力矣。聖意即天意也，天可違乎？萬一知己不諒天心，朝夕力請之元老，元老過聽，而力請於聖上，以聖上之聰明天縱，始而厭，久而疑，以區區一人之進退，而開明良枘鑿之端，則我之營進者，終成畫餅，而所損於世道者，不可言矣。又或主上虛己之過，强而從元老之言，以衰殘病廢之身，附贅班行，點綴冷局。面目可憎，語言無味。此時引身求去，進不能有補於時艱，退不能自全其晚節。人何以處我，而我何以自處，不當深長計之乎？爲不肖今日之計，斷斷乎當一意求退，不當復爲仕進之局。爲知己之深者，代爲不肖之計，惟有仰體聖心，俯察微尚，從長商榷，俾得優游田里，管領山林，則餘生没齒，受惠無窮矣。

寅恪案，此札可與初學集捌拾崇禎十六年癸未四月「復陽羨相公書」及「寄長安諸公書」參證。此兩書俟後論「謝輦下知己及二三及門」詩時，更述之，兹暫不多引。此札辭旨雖與兩書類似，但是否同一時間所作，尚有問題。「復陽羨相公書」中「恭聞督師北伐，汛掃胡塵。」等語，即指明史貳肆莊烈帝紀「（崇禎十六年）四月丁卯周延儒自請督師，許之。」之事。（寅恪案，「丁卯」即初四日。可參明史三佰捌奸臣傳周延儒傳。）「寄長安諸公書」題下自注「癸未四月」，故此兩書當是牧齋於崇禎十六年四月在揚州會晤李邦華時，交其轉致者。至此札未載年月，不能確定爲何時所作。但據「寄長安諸公書」中「頃者，一二門牆舊士，爲元老之葭莩桃李者，相率貽書，連章累牘，盛道其殷勤推挽，鄭重汲引，而天聽彌高，轉圜有待。」等語，豈即指周彝仲寄牧齋之札而言耶？儻此假設不誤，則此答周彝仲之札，尚在兩書之前所作也。俟考。細繹此札，其最可注意者爲「又或主上虛己之過，强而從元老之言，以衰殘病廢之身，附贅班行，點綴冷局。」等語。蓋牧齋當時甚願玉繩援己入相，而玉繩竟不爲之盡力。繼聞崇禎帝之逾分獎飾，極有入相之可能。今忽得此札，傳玉繩之言，謂雖曾盡心殫力，而思陵之意終不可回。牧齋據此乃知玉繩深忌己身之入相，僅欲處以幫閒冷局，聊藉是勉應君上之旁求，并少順群臣之推薦。遂不覺發怒，與玉繩絶交，而認之爲死敵也。其經過之原委，請略述之。

南雷文定後集貳「顧玉書墓志銘」略云：

乙丑（康熙廿四年）余泛吴舫，遂主周氏。（寅恪案，「周氏」指周順昌子茂蘭。）於其座上見顧宗俊者，爲玉書之子，流落可念，且以其父墓志銘爲請。玉書名麟生，世爲常熟人。父大章陝西副使，謚裕愍。宜興者，裕愍之門人。其再相也，玉章入其幕中。起廢蠲逋清獄薄賦四事，玉書頗與聞之。虞山故與宜興涿鹿善，宜興心欲起涿鹿（指馮銓）而衆論不同，姑徐之以觀其變。虞山遂致書宜興云：閣下含弘光大，致精識微。具司馬公之誠一，寇萊公之剛斷，而濟之以王文正之安和，韓魏公之宏博。目今起廢爲朝政第一。至如涿鹿，餘不具論，當年守涿之功，屹然爲畿内保障。豈可一旦抹摋，尚浮沈啓事乎？往見子丑之際，持局者過於矜愎，流爲攲側，一往不返，激成横流。此正今日之前車也。玉書見而訝其翻逆案也，年少氣盛，不顧利害，以其書泄之於外，舉朝大嘩。虞山聞而恨之，後十年玉書有家難，虞山不能忘情，幾置之死，因徙居吴門。家世膏粱，驟承貧薄，玉書不以芥意。婿赵延史周旦齡〔等〕，皆諸生。旦齡即周忠介公之孫也。

寅恪案，玉書所見牧齋致玉繩書，當是牧齋於崇禎十四年九月玉繩再相至北京以後，及得周彝仲書以前所作。其欲玉繩薦起馮振鷺，乃陰爲己身再起之預備。蓋牧齋與振鷺在當時雖爲對立之黨派，然若思陵能統一并用，則馮氏得起，已身亦可同進矣。兹姑不論其此時之用心如何，但其以易經坤象「含弘光大」之義爲説，實亦牧齋於明末南都時所持之政見也。頗疑朱由崧之「一年天子小朝廷」（見有學集捌長干塔光詩集「一年」七律）其以「弘光」爲年號者，固出於此，而擬此「弘光」之號，即采自牧齋之意。殆欲以含弘光大，統一并用，標榜當時政策之故歟？

關於牧齋致玉繩此書，尚有可注意者二事。一爲牧齋稱譽玉繩，連舉北宋宰相司馬光寇准王旦韓琦四人以相比擬，足見牧齋用典適切，非儉腹者可及。然亦由其熟玩東都事略之故。牧齋於王偁之書，曾有一段因緣，觀初學集捌伍「書東都事略後」及有學集肆陸「跋東都事略」并同書叁壹「族孫嗣美合葬墓志銘」等可知也。二爲前論「有美詩」謂黄梨洲雖與牧齋交誼篤摯，然時有譏刺之語，殊不可解。意者太冲於閹黨有殺父之仇，其見解絶异於牧齋之「含弘光大」。牧齋殁後廿一年，梨洲游蘇州，目睹舊朝黨家之淪落，乃知實由受之追恨玉書泄其密書所致，因遂於疇昔夙好之人，不惜爲不滿之辭耶？

至玉繩之再相，頗由東林推動之故，此事今不能詳述，亦不必詳述。但舊籍中有關於周延儒再相，侯恂與有力焉一節，兹録於下。其正確之性質，尚待考實。唯以其與後論侯恂方域父子及左良玉事牽涉，故并附及之，以備參究。

文秉烈皇小識柒崇禎十年辛巳條云：

召予告大學士周延儒於家。先是閣臣雖内外兼用，鮮有當聖意者。衆推宜興頗有機巧，或能仰副，而聖意亦及之。於是庶吉士張溥，禮部員外郎吴昌時爲之經營，涿州馮銓，河南侯恂，桐城阮大鋮（寅恪案，「桐城」當作「懷寧」。此誤。）等分任一股，每股銀萬金，共費六萬兩，始得再召。

寅恪案，張天如吴來之爲策劃玉繩再相之主要人物，各出一股，不待多論。馮振鷺侯若谷阮集之三人各分任一股，合張吴二股計之，共爲五股。六股之數尚少一股，文氏獨缺分任此股之主名，當有所諱。牧齋於此頗有嫌疑。然今考牧齋此時正爲河東君之事，籌措經營，精疲力竭，若黄扉金屋同時并舉，揆之虞山平日經濟狀況，恐未必有此能力也。俟考。

又梨洲所言顧氏家難事，今難考知。但牧齋尺牘中「與王兆吉」札五首之一，（可參同書同卷「與〔錢〕湘靈」札中「仲恭非死於其弟，乃死於其兄。」等語。）有涉及此事之語，或與太沖所言有關。其文云：

仲恭家事，自分寒灰枯木，不爲此輩所齒録，不敢漫置一喙。年丈偉望碩德，鄉評倚重，忍不出片言，斷其曲直乎？景之丈爲顧氏懿親，得其立議，即玉書亦必信服，他可知也。爲亡友又復嘵舌，當不惜知己一笑耳。

寅恪案，王兆吉者，常熟王嘉定長子夢鼎之字，而夢鼐之兄也。王氏父子兄弟事迹見初學集伍柒「王府君墓志銘」及光緒修常昭合志稿貳伍王夢鼐傳等。景之者，常熟趙士春字。士春爲明末常熟著稱之人，事迹見明史貳貳玖趙用賢傳附士春傳及常昭合志稿貳伍趙士春傳等。仲恭者，常熟顧大韶之字即玉書之叔也。

初學集柒貳「顧仲恭傳」云：

顧大韶字仲恭，常熟人也。父雲程，神廟時爲南京太嘗寺卿。仲恭與其兄大章字伯欽，孿生子也，連袂出游，人不能辨其少長，有張伯皆仲皆之目。伯欽舉進士，奉使休沐，顏面膚腴，衣冠騎從甚都。仲恭老於書生，頭蓬不櫛，衣垢不澣，口不擇言，交不擇人，潦倒折拉，悠悠忽忽，每引鏡自詫曰，顧仲恭乃如許！

頗疑梨洲所云「家難」，即牧齋所謂「家事」。豈大章一房與大韶一房親族競争之事，亦如後來牧齋死後所謂「錢氏家難」者耶？詳繹牧齋札語，其意實袒大韶一房。所云「自分寒灰枯木，不爲此輩所齒録。」可見牧齋憤怒之甚。「此輩」當指與大韶一房爲敵之親支，即玉書一房。「爲亡友又復繞舌」之「亡友」，即指仲恭而言。蓋玉書一房，不聽從牧齋之意，牧齋遂欲藉王趙兩人之力以壓迫之也。牧齋與仲恭交誼本極篤摯，觀其崇禎十七年甲申以前所作之仲恭傳，於伯欽仲恭兄弟之間，似已有所軒輊，玉書之怨牧齋，恐非一朝一夕之故，其由來久矣。又牧齋札中稱景之爲顧氏「懿親」，趙士春與顧麟生兩人親戚之關係，今不易知。梨洲所撰「顧玉書墓志銘」，載其諸婿中有「趙延史」之名。牧齋於崇禎十四年辛巳十二月作景之妻黄氏墓志銘，載黄氏所生二男中有「延先」之名。（見初學集伍玖「翰林院編修趙君室黄孺人墓志銘」）延史延先名不盡同，未必是一人。然俱以「延」字命名，豈兄弟行輩耶？更俟詳考。

玉繩既不能如牧齋之所求，牧齋忽得聞徐石麒傳述思陵獎飾之語，取而與周彝仲書中所言者相參較，亦明瞭陽羨之用心。於是失望怨懟之辭，形諸詩文者，連篇累牘，刺刺不休矣。初學集貳拾下東山詩集肆「嘉禾司寇再承召對，下詢幽仄，恭傳天語，流聞吴中。恭賦今體十四韵，以識榮感。」（寅恪案，「嘉禾司寇」指徐石麒。見明史貳柒伍本傳。傳載石麒字寶摩，嘉興人。光緒修嘉興府志伍「徐石麒傳」同。錢肅潤南忠紀「太宰徐公」條云：「徐石麒號虞求。」明季南略玖「徐石麒主盟」條云：「字寶摩，號虞求，浙江嘉善人。」光緒重刻乾隆修浙江通志壹陸叁「徐石麟傳」云：「號虞求，嘉興人。」又陳忠裕全集貳玖「虞求徐公行狀」云：「公性純孝，以父心虞公不及禄養，因自號虞求，以志永思。」尤可資考證。）云：

夕烽纏斗極，昃食動嚴宸。帝賚旁求急，天章召對勤。睿容紆便殿，清問及遺民。當宁吁嗟數，班行省記真。虛名勞物色，樸學愧天人。（自注：「上曰，錢某博通今古，學冠天人。咨嗟詢問者再。」）四達聰明主，三緘密勿臣。東除宜拱默，北嚮共逡巡。日月誠難蔽，雲雷本自屯。孤生心自幸，幽仄意空頻。漫欲占連茹，何關嘆積薪。丹心懸魏闕，白首謝平津。感遇無終古，酬恩有百身。堯年多甲子，禹甸少風塵。歌罷臨青鏡，蕭然整角巾。

寅恪案，此詩列於「癸未四月吉水公總憲詣闕」詩之後。又據明史壹壹貳七卿年表貳崇禎十六年癸未刑部尚書欄載：「石麒正月削職。」初視之，似牧齋得聞虞求召對之語，在崇禎十六年正月或四月以後。細繹之，此詩「夕烽纏斗極，昃食動嚴宸。帝賚旁求急，天章召對勤。」即指上引明史貳肆莊烈帝本紀崇禎十五年十一月壬申（初六日）清兵分道入塞，京師戒嚴，詔舉堪督師大將之事。此時距十六年癸未元日，幾達兩月之久。想當日徐氏召對之後，即秘密速報牧齋。觀初學集貳拾上東山詩集叁「壬午除夕」七律略云：

蓬華依然又歲除。如聞幽仄問樵漁。耗磨時序心仍在，管領山林計未疏。

可爲牧齋在崇禎十五年歲除之際，已得虞求密報，即玉繩排阻信息之確證。故牧齋得以據之洞燭玉繩之奸詐。由是可以推知其答周彝仲札亦在得聞徐氏密報之後矣。其所以列此詩於十六年四月之後者，恐因不便洩露徐氏早有密報之事。是年四月錢徐兩人或又會於揚州，流傳轉述，事後賦詩，庶可避免嫌疑。且藉以見徐氏所爲，有合於孔光不言温室樹之義歟？

此題後第叁題復爲「輓西蜀尹西有長庚」二首。其第壹首「萬言書上黄扉寢」句下自注云：「西有爲余上書蜀相，不蒙省答。」「蜀相」當指王應熊而言。

明史貳伍叁王應熊傳略云：

王應熊字非熊，巴縣人。〔崇禎〕六年特旨擢禮部尚書兼東閣大學士。八年乞休去。延儒再相，患言者攻己，獨念應熊剛很，可藉以制之，力言於帝。十五年冬遣行人召應熊。明年六月，應熊未至，延儒已罷歸。延儒被逮，不即赴，俟應熊至，始尾之行。一日帝顧中官曰，延儒何久不至？對曰，需王應熊先入耳。帝益疑之。九月應熊至，宿朝房。請入對，不許。請歸田，許之。乃慚沮而返。

寅恪案，非熊本玉繩黨，即使再任，當亦未能起用牧齋。可知牧齋在當時實負宰相之望，爲朝野所推，故延儒尤忌之也。因并附記之，以供參考。

抑更有可論者，初學集柒玖卷末附瞿稼軒跋語云：

先生平生持論，一味主於和平，絶無欹帆側柁之意。特忌者不知，必欲以伐异黨同之見，盡力排擠，使之沈埋挫抑，槁項山林而後快。假使先生得乘時遘會，吐氣伸眉，以虚公坦蕩之懷，履平康正直之道，與天下掃荆棘，而還太和。雍熙之績，豈不立奏。而無如天心未欲治平，人事轉相撓阻。歲月云邁，白首空山，徒令其垂老門生，閉户誦讀，共抱園桃之嘆。此式耜於編纂之餘，而竊不勝世道之感也。因并述之，以綴於後。崇禎癸未八月門人瞿式耜謹跋。

寅恪案，初學集爲稼軒承牧齋之命編纂校刻者。今初學集目録之後，載稼軒後序，末署「崇禎癸未九月朔日。」此外別有跋語，即上所節録者也。此跋語附於柒玖卷之末。下一卷首載「上陽羡相公書」及「寄長安諸公書」。據是可以推知牧齋當時實有意特列兩書於次卷之首，所以見其在崇禎朝出處本末，與陽羡始合終離之關鍵。瞿氏跋語所言，牧齋平生持論「無欹帆側柁之意」，即「含弘光大」之義。忌者必欲使之「槁項山林」，即「領袖山林」之旨。故稼軒之跋，與牧齋之詩，可以互相證發也。此「癸未元日雜題長句」第陸首第柒句「千樹梅花書萬卷」，亦是牧齋自道其當時之實況。賦此詩時，絳雲樓雖未落成，但牧齋之家所藏書籍，早已甚富。茲不須廣引，即取前論東都事略時，言及之「錢嗣美墓志銘」中「余家居訪求遺書，殘編落簡，捐衣食無所恤。」之語，可證知也。至「千樹梅花」乃指拂水山莊之梅而言。前論東山酬和集壹「新正二日偕河東君過拂水山莊，梅花半開，春條乍放，喜而有作。」詩時，已詳言之，茲可不贅。唯牧齋舉此以謝絶玉繩，亦更有其故。初學集壹伍丙舍詩集上「陽羡相公枉駕山居，即事賦呈四首。」其一云：

閣老行春至，山翁上冢回。衮衣争聚看，棋局漫相陪。樂飲傾村釀，和羹折野梅。緣堤桃李樹，一一爲公開。

其二云：

黑頭方壯盛，緣野正優游。月滿孫弘閣，風輕傅説舟。鴟夷看後乘，戎馬問前籌。側席煩明主，東山自可求。

其三云：

堤柳眠風翠，樓花笑日紅。穠華欺冷節，妖艷仗天工。舟楫浮春水，車茵愛晚風。躄時憂國泪，莫灑畫橋東。

其四云：

若問東山事，將無畏簡書。白衣悲命駕，紅袖泣登車。甲第功誰奏，歌鐘賞尚虚。安危有公在，一笑偃蓬廬。

寅恪案，此題前第壹題爲「清明河陽山上冢」，第貳題爲「寒食偕孟陽璧甫山行，飯破山寺。」此題第叁首復有「穠華欺冷節」之句，可知崇禎十二年己卯清明寒食後不久之時，玉繩曾到拂水山莊，訪問牧齋也。玉繩既親見拂水山莊園林之勝境，則其「虞山正堪領袖山林」之語，尤爲適切。才調集伍元微之「劉阮妻」二首之二云：「千樹桃花萬年藥，不知何事憶人間。」然則牧齋此時已擁有蕚緑華之河東君，又何必不忘情於人間買菜求益之書哉！

第陸首「君看松下有清風」句，即王摩詰「酬張少府詩」（見王右丞集柒）云：

晚年惟好静，萬事不關心。自顧無長策，空知反舊林。松風吹解帶，山月照彈琴。君問窮通理，漁歌入浦深。

蓋右丞此詩，正可道出牧齋答復玉繩所欲言也。

其七略云：

潘岳已從槐柳列，石生寧在馬蹄間。鄧尉梅花侵夜發，香車明日向西山。

寅恪案，「潘岳已從槐柳列」句，牧齋實兼采晋書伍伍潘岳傳，安仁諂附賈謐事，與李百藥書貳貳盧文偉傳所載，兩者合用，構成此句。且因「石生寧在馬蹄間」句，同是晋人故實，（除錢遵王注所引者外，并可參世説新語政事類「山公以器重朝望」條，劉注引虞預晋書。）遂聯想及之耳。遵王注引北齊書盧文偉傳云：

盧詢祖好臧否人物。嘗語人曰，我昨東方未明，過和氏門外，已見二陸兩源森然與槐柳齊列。蓋謂彦師仁惠與文宗那延也。

以釋之，自是不誤。惟北齊書本作「兩源」，而此注作「兩潘」，殊爲可笑。恐是由於偶爾筆誤，抑或版本目録專家疏於乙部校讎之學所致耶？俟考。「鄧尉梅花侵夜發，香車明日向西山」一聯，前於論「京口舟中感懷」詩時已及之。鄧尉山在蘇州府治之西南，故稱之爲「西山」。但此不過希望河東君病愈出游之意。其實此時河東君正在病中，非真能往游蘇州也。

又此詩七八兩句之意，實暗用晋書柒玖謝安傳中「安雖放情丘壑，然每游賞，必以妓女從。」及「征西大將軍桓温請爲司馬。將發新亭，朝士咸送。中丞高崧戲之曰，卿屢違朝旨，高卧東山。諸人每相與言，安石不出，將如蒼生何？」等語。牧齋詩之「西山」，即謝安傳之「東山」也。但牧齋賦此詩時，正怨望朝旨之不至，則與謝安石大相違异耳。一笑！

復次，董小宛與冒辟疆之因緣，爲世人所習知樂道者，但與本文無涉，自不應旁及。唯其中有關崇禎十五年冬河東君偕牧齋至蘇州一事，則不可不略辨之。以明瞭河東君當日患病之情狀也。冒襄輯同人集叁載張明弼所撰「冒姬董小宛傳」云：

〔虞山錢牧齋先生〕維時不惟一代龍門，實風流教主也。素期許辟疆甚遠，而又愛姬之俊識。聞之，特至半塘，令柳姬與姬爲伴，親爲規畫，債家意滿。時又有大帥以千金爲姬與辟疆壽，而劉大行復佐之。公三日遂得了一切，集遠近與姬餞别於虎疁。買舟，以手書并盈尺之券，送姬至如皋。又移書與門生張祠部爲之落籍。

冒辟疆影梅庵憶語略云：

亡妾董氏，原名亘，字小宛，復字青蓮。籍秦淮，徙吴門。〔崇禎十五年壬午〕陽月過潤州，時閩中劉大行自都門來，與陳大將軍及同盟劉刺史飲舟中，適奴子自姬處來，云姬歸不脱去時衣，此時尚方空在體，謂余不速往圖之，彼甘凍死。劉大行指余曰，辟疆夙稱風義，固如是負一女子耶？余云，黄衫押衙，非君平仙客所能自爲。刺史舉杯奮袂曰，若以千金恣我出入，即於今日往。陳大將軍立貸數百金，大行以葠數觔助之。（寅恪案，同人集肆所録陳梁則梁與冒辟疆書，其中一札有「纔漁仲來，刻下試精神，作收棄兒文，兼試漁仲之參。」等語，可與此參證。）詎謂刺史至吴門，不善調停，衆譁决裂，逸去吴江。余復還里，不及訊。姬孤身維谷，難以收拾，虞山宗伯聞之，親至半塘，納姬舟中。上至薦紳，下及市井，纖悉大小，叁日爲之區畫立盡，索券盈尺。樓船張宴，與姬餞於虎疁，旋買舟送至吾皋。至月之望，薄暮侍家君飲於拙存堂，忽傳姬抵河干。接宗伯書，娓娓灑灑，始悉其狀。且即馳書貴門生張祠部立爲落籍。吴門後百細瑣，則周儀部終之，（寅恪案，同人集陸影梅庵悼亡題咏周吴昉士章「悼董宛君」七律八首之三末句云：「早知愁思應難掃，悔却當年月下媒。」頗疑周儀部即指此人。俟考。）而南中則李總憲舊爲禮垣者與力焉。越十月，願始畢。然往返葛藤，則萬斛心血所灌注而成也。

周亮工輯尺牘新鈔伍錢謙益「與冒辟疆書」云：

雙成得脱塵網，仍是青鳥窗前物也。漁仲放手作古押衙，僕何敢貪天功。他時湯餅筵前，幸不以生客見拒，何如？嘉貺種種，敢不拜命。花露海錯，錯列優曇閣中。焚香酌酒，亦歲晚一段清福也。

综合上列材料觀之，牧齋實於崇禎十五年冬季往游蘇州。但河東君并未偕往。據前引「壬午除夕」詩，其結語云：「閒房病婦能憂國，却對辛盤嘆羽書。」之語，則是年冬季河東君尚在常熟家居病中，可以推知。且辟疆亦未言河東君偕往，尤足爲牧齋獨至半塘之旁證。亮工殆以河東君與小宛既爲同類，而柳錢并是風流好事之人，遂加以想像，造作兩人同至半塘，以完成董冒因緣之佳話耶？餘詳後論河東君適牧齋後患病條。至牧齋此次之至蘇州，當别有原因，非專爲雙成脱籍事也。前引莊烈帝本紀「〔崇禎十五年十一月〕壬申清兵入塞，京師戒嚴。詔舉堪督師大將者。戊寅徵諸鎮入援。」之事。牧齋此時於諸鎮勤王入衛者，頗致殷勤，如前論其與史道鄰之關係，即是一例。檢初學集「壬午除夕」前一題爲「送程九屏領兵入衛二首。時有郎官欲上書請余開府東海，任擣剿之事，故次首及之。」詩，前已論及。兹更推繹此題二首排列之先後，疑其爲崇禎十五年冬季在蘇州所作。蓋程氏乃響應詔書北上勤王入衛者，牧齋特爲賦詩送行，恐亦欲其爲己身盡力之故。然則牧齋是年冬季之至蘇州，其主旨實在求以知兵起用。奔走經營，乃至如此。「一代龍門，風流教主，」固非虚譽。但若察其内容，轉覺可笑可憐矣。

復次，董冒因緣關涉之人頗多，兹僅就前已述及之劉漁仲言之，其人與黄石齋最爲密切。其事迹兹不必詳述，姑擇録所見有關材料於下。

屈大均皇明四朝成仁録柒嘉興起義諸臣傳劉履丁傳云：

劉履丁字漁仲，漳州人。大學士黄道周高弟。聰明絶人，字畫篆刻皆極其妙。博物好古，詩深□，自成一家。崇禎間以貢爲鬱林州知州。見天下方亂，致書友人曰：「孔賊犯天津，一月而弑兩藩。吾輩不知死所矣。」因研究諸家兵法。至是與徐石麒等起義。敵至，爲餔所刺，并殺其子以降。（寅恪案，談遷棗林雜俎仁集「屠象美」條謂：「閩人劉履丁以善陳洪範，通北兵。懼泄，夜走胥山沈氏墓，追獲之。」與屈氏所言迥异。特記於此，以俟考定。）

初學集伍叁「漳浦劉府君合葬墓志銘」略云：

漳浦劉履丁以諸生應辟召，擢鬱林州知州。將歸葬其父母，而謁銘於舊史氏，曰，履丁之先世，自光固徙莆田。元末有尉漳浦者，而家焉。先母黄氏，其父郡守公，理學鉅儒，與從伯父國徵介徵同鄉舉。丁聞之石齋黄夫子，惟夫子之言，質而不華，可以信於後，顧有述也。余曰，子之夫子吾執友也。古之爲文者，必有所徵。余之知履丁，以其師。知履丁之父母，以其子。可謂有徵矣。

寅恪案，光緒修漳州府志壹捌選舉叁薦辟門云，

劉履丁崇禎十一年辟鬱林知州。

程松圓耦耕堂存稿詩下載「□占送劉漁仲之鬱林任」七絶云：

蒹葭楊柳送雙旌。五嶺宜人獨桂城。今日逢迎滿天地，不須君到自題名。

此詩爲松圓於崇禎十一年在杭州所作，可與上引諸材料互證。餘詳後論黄石齋「興鄭芝龍」第貳書。其他如牧齋石齋著述并冒辟疆同人集所録範質公陳則梁張公亮諸人書札中，皆有關涉劉氏之文字，今不備及。但有一事略可注意者，即漁仲與人參之關係。蓋吾國古代木草中之人參，當爲今之黨參，即前述王介甫不肯服用之紫團參。後起外來之東北參甚爲世所珍重，遂專攘昔時人參之舊稱，而以上黨郡之名屬之土貨。

又談孺木棗林雜俎中榮植類「人參」條（可參阮葵生茶餘客話貳拾「人葠」條并梁章鉅浪迹叢談捌「人參」「高麗參」及「參價」條等。）云：

遼陽東二百餘里，山深林密，不見天日，産人參，采者以夏五月入，裹叁日糧，搜之最難，或徑迷斃人。萬曆中遼東李都督如松嘗饋某侍郎一本，重十六斤，形似小兒。海鹽姚叔祥記。

同書和集叢贅類「薦侑」條云：

崇禎末士大夫苞苴輒千百金，苦於齎重，專用黄金美珠人參异幣，時都門嚴邏，而徑寳愈廣。

劉輿父五石瓠「相公開三市」條云：

董心葵賣金賣珠賣人參於京師，各張一鋪，人人知之。周宜興安得不敗。

同書「人參榼」條云：

周宜興之再出也，從淮舟行，槩不與人宴會，送席者亦却弗受。有一州郡官以人參爲肴，設於小榼，賂左右，俾呈相公一見之，宜興偶收參而麾其榼。於是沿途弁紳，密偵其例，遂有以參二斤爲一器者，自是舟中之參積若山阜矣。

可知人參在明季非僅限於藥物之性質，亦可視爲貨幣之代用品矣。漁仲於明季由北京至南方，挾此後起外來之奇貨以當多金，豈爲行俠救貧耶？抑或求利自濟耶？寅恪非中醫，且無王夫人「賣油的娘子水梳頭」之感嘆，（見紅樓夢第柒柒回）故於人參之功效，不敢妄置一辭。但就此區區藥物，其名實之移轉，價格之升降言，亦可以通知古今世變矣。至若有學集壹叁東澗詩集下「病榻消寒雜詠」四十六首中有「（康熙二年癸卯十一月）小盡日靈嵓長老送參」詩，（寅恪案，「靈嵓長老」指熊開元。見小腆紀年壹貳等。）則遺民逸老眷戀不忘故國故交，同情分衞之舉，與漁仲之好事行俠者，更應區別論之也。

抑更有可附論者，前引同人集肆陳則梁「與冒辟彊書」，其中涉及劉漁仲之人參事，復檢余懷板橋雜記下軼事門云：

歲丙子（崇禎九年）金沙張公亮〔明弼〕，呂霖生〔兆龍〕，鹽官陳則梁〔梁〕，漳浦劉漁仲〔履丁〕，雉皐冒辟疆〔襄〕，盟於眉樓，則梁作盟文甚奇。末云牲盟不如臂盟，臂盟不如心盟。（寅恪案，此條可參同人集伍「五子同盟詩」。）

同書同卷云：

陳則梁人奇，文奇，舉體皆奇。嘗致書眉樓，勸其早脫風塵，速尋道伴，言詞切至。眉樓遂擇主而事。誠以驚弓之鳥，遽爲透網之鱗也。掃眉才子，慧業文人，時節因緣，不得不爲延津之合矣。

寅恪案，冒陳張劉呂諸人爲同盟死友，劉爲冒出賣人參，以成情耦。（可參板橋雜記後跋引吴園次綺「吊董少君詩序」云：「當時才子，競着黄衫。合世清流，爲牽紅綉。」并加解釋云：「時錢虞山作於節度，劉漁仲爲古押衙。」）并分贈陳以尋盟好。然則人參之功用有如是者，亦李時珍所不及知，而王安石真可謂「拗相公」矣。横波接受則梁之忠告，遂嫁芝麓。不但藉此得脱浙江傖父之困辱，（見板橋雜記中「顧媚」條。）又可免陳畹芬卞雲裝等之遭遇。則梁可謂眉樓之俠客，而兼功臣矣。至方望溪所記黄石齋與顧横波之逸事一則（見方望溪先生全集玖「石齋黄公逸事」。）頗疑其或與劉履丁間接有關。未能詳考，姑記於此。

其八云：

春日春人比若耶。偏將春病卸鉛華，綠牕舊譜薑芽字，綺閣新評玉蕊花。（自注：「山礬二株，河東君所扳賞，訂其名爲玉蕊。余爲之記。」）曉鏡十眉傳蜀女，晚簾雙燕入盧家。（寅恪案，此句遵王無注，偶檢全唐詩第肆函劉方平「新春」五律云，「雙燕入盧家」及「更浣越溪紗」。牧齋詩辭旨當出此。）江南尚喜無征艦，院落燒燈聽鼓撾。

寅恪案，此首爲此題最後一首，乃專爲河東君而作者，即白樂天新樂府大序所謂「卒章顯其志」之旨也。故特全録之。首兩句言河東君此時正在病中。三四兩句乃言河東君之藝術賞玩。前論東山酬和集壹河東君次韵牧齋「上元夜小飲沈璧甫齋中」詩「玉蕊禁春如我瘦」句，引牧齋「玉蕊軒記」。此記末署：「崇禎十五年十二月二十九日牧翁記。」是年十二月大盡，則距次年元日賦此詩時，僅隔一日。故知此句乃寫當時實况。不知玉蕊軒有無題額，儻有之，當爲河東君所書。此第叁句所以著「柳家新樣元和脚」之旨也。五六兩句，自是以文君莫愁比河東君，固甚適切。至七八兩句，乃言此時江南尚可苟延旦夕。最能寫出當日士大夫偷安之一般心理。由今思之，甚可慨嘆也。

初學集貳拾下東山詩集肆「癸未四月吉水公總憲詣闕，詒書輦下知己及二三及門，謝絶中朝寢閣啓事，慨然書懷，因成長句四首。」云：

（詩見下。）

寅恪案，兹請先論此詩題，然後分别再論此四律。前於述「〔癸未〕元日雜題長句」八首之六及關於陳鴻節詩，已略言牧齋於崇禎十六年四月至揚州會晤李邦華事。有學集叁肆「明都察院左都御史贈特進光禄大夫柱國太保吏部尚書謚忠文李公神道碑」略云：

吉水李公諱邦華，字孟暗，懋明其别號也。先帝（指思宗）御極，起工部右侍郎，改兵部，協理京營戎政，進本部尚書。在事一年，用中旨罷歸。〔崇禎十二年〕己卯特簡起南京兵部尚書，參贊機務。逾年丁父憂。〔十五年〕壬午服除，起南京都察院右都御史，未幾拜北掌院左都御史。抵湖口，得後命。便宜發餉過寧南侯左良玉潰兵。上聞之，大喜。益專意委信公。〔十七年〕甲申三月十八日賊破外城，移宿吉安館文信公祠下。詰朝内城陷，持束帛繫信公坐楣，投繯而絶。三月十九日辰時也。四月公之喪至自北京。十一月二十四日葬仁壽鄉鼇山釣魚臺之諭塋。公既葬，〔孫〕長世泣而言曰，隧道之碑銘有與吾祖游，而載史筆者誰乎？謀於諸父，渡江來請者至再。〔十六年〕癸未北上，要語廣陵僧舍，艱危執手，潸然流涕。囑曰，左寧南名將也。東南有警，兄當與共事，我有成言於彼矣。篋中出寧南牘授余曰，所以識也。入都，復郵書曰，天下事不可爲矣。東南根本地，兄當努力。寧南必不負我，勿失此人也。偷生假年，移日視息。生我知我，辜負良友，傷心克骨，有餘痛焉。彷徨執筆，老泪漬紙，而不忍終辭者，以爲比及未死，放隻字於青簡，庶可以有辭於枯竹朽骨也。（又檢牧齋尺牘上有「與李懋明」札一通。繹其内容，知爲崇禎十二年四月李邦華起爲南京兵部尚書時所作。附記於此，以供參考。）

牧齋此文作於何年，雖未能確定，但文中有「長世渡江來請」，及「偷生假年，移日視息。」等語，則當是明南都傾覆，牧齋隨例北行，至次歲，即順治三年丙戌秋間南還家居以後所作。其述左良玉與李邦華及己身之關係一節，蓋欲藉是以湔洗其與馬阮交結之事實，并表明其中立不倚之政見耶？牧齋頗認此次與懋明之會晤，爲其一生志業所關。故於垂死之時賦詩，猶憶及此事。有學集壹叁東澗詩集下「病榻消寒雜咏」四十六首之十八云：

忠軀義感國恩賒。板蕩憑將赤手遮。星散諸侯屯渤海，飇迴子弟走長沙。神愁玉璽歸新室，天哭銅人别漢家。（原注：「一云，共和六載仍周室，章武叁年亦漢家。」）遲暮自憐長塌翼，垂楊古道數昏鴉。（自注：「記癸未歲與群公謀王室事。」）

自注云「群公」，則懋明之外，尚有他人。侯忠節公〔峒曾〕年譜崇禎十五年壬午條云：

九月改浙江嘉湖道備兵參政。

十六年癸未條略云：

正月之官嘉興。夏五月吏部上計，舉府君大廉卓。而府君是時亦既病矣。天方太早，府君步而禱焉。未幾瘡痏發於足跗，委頓者兩月余。又一日方視案牘，忽嘔血數十口，累日乃止。投牒請於當事者三，終不許。府君方卧病時，徐太宰〔石麒〕，以司寇事被放歸里，陶陶永夕，差以爲快。九月詔使逮問周宜興〔延儒〕。

寅恪案，虞求雖於崇禎十六年正月削職。其歸至嘉興之月日，今不易考。但據侯譜，知其十六年五月以後，九月以前，必已返家。由是言之，虞求十六年正月削職後，由京南歸，於四月中途過揚州時，與牧齋會晤，頗有可能。若果如是，則虞求亦是與牧齋共謀王室群公中之一人也。

又此事亦間接涉及侯恂方域父子。兹略論之於下。侯方域壯悔堂文集叁「爲司徒公與寧南侯書」（寅恪案，「司徒公」乃朝宗稱其父恂之官號。「寧南侯」則指左良玉而言也。）云：

鄉土喪亂，已無寧宇。闔門百口，將寄白下。喘息未蘇，風鶴頻警。相傳謂將軍駐節江州，且揚帆而前。老夫以爲不然，即陪京卿大夫亦共信之，而無如市井倉皇，訛以滋訛，幾於三人成虎。夫江州三楚要害，麾下汛防之衝也。鄖襄不戒，賊勢鴟張，時有未利，或需左次以驕之。儲威夙飽，殫圖收復，在將軍必有確畫。過此一步，便非分壤。冒嫌涉疑，義何居焉？若云部曲就糧，非出本願，則尤不可。朝廷所以重將軍者，以能節制經緯，危不异於安也。荆土千里，自可具食，豈謂小饑，動至同諸軍士倉皇耶？甚則無識之人，料麾下自率前驅，伴送室帑。匈奴未滅，何以家爲？生平審處，豈後嫖姚？或者以垂白在堂，此自綱紀，奉移內郡。何必雙旌，聿來相宅？況陪京高皇帝弓劍所藏，禁地肅清。將軍疆埸師武，未取進止，詎宜展覲？語云，流言止於智者。若將軍今日之事，其爲流言，又不待智者而決之矣。惟是老夫與將軍義則故人，情實一家。每聞將軍奏凱獻捷，報效朝廷，則喜動顏色，傾耳而聽，引席而前，惟恐其言之盡也。或功高而不見諒，道路之口發爲無稽，則輒掩耳而走，避席而去，蹙乎其不願聞也。頃者浪語最堪駭异，雖知其妄，必以相告。將軍十年建豎，中外倚賴，所當矜重，以副人望。

此書後附楊廷樞跋語云：

癸未侯子居金陵，寧南侯兵抵江州，旦夕且至。熊司馬知其爲司徒公舊部，請侯子往說之。侯子固陳不可，乃即署中爲書以付司馬，馳致之寧南。後一夜侯子晤友人云，議者且唱內應之說。遂以書抵議者而行。侯子禍雖不始此，然自此深矣。寧南旋得書而止。余嘗見其回司徒公稟帖，卑謹一如平時，乃知寧南感恩，原不欲負朝廷者，駕馭失宜，以致不終，深可嘆也。偶過侯子舟中，觀此書，感而識之。乙酉三月楊廷樞記。

同書伍「寧南侯傳」略云：

朝廷以司徒公代丁啓睿督師，良玉大喜。未幾有媒孽之者，司徒公遂得罪，以吕大器代。良玉愠曰，朝廷若早用司徒公，良玉敢不盡死。今又罪司徒公，而以吕公代，是疑我，而欲圖之也。自此意益離。遂往來江楚，爲自竪計。盡取諸鹽船之在江者，而掠其財。賊帥惠登相等皆附之，軍益强。又嘗稱軍饑，欲道南京就食，移兵九江。兵部尚書熊明遇大恐，請於司徒公，以書諭之而止。朝廷不得已，更欲爲調和計，封良玉爲寧南侯，而以子夢庚爲總兵官。良玉卒不爲用。

同書叁「癸未去金陵日與阮光禄書」（寅恪案，「阮光禄」指阮大鋮。）云：

僕竊聞君子處己，不欲自恕，而苛責他人以非其道。今執事之於僕，乃有不然者，願爲執事陳之。執事僕之父行也，神宗之末，與大人同朝，相得甚歡。其後乃有欲終事執事，而不能者。執事當自追憶其故，不必僕言之也。大人削官歸，僕時方少，每侍，未嘗不念執事之才，而嗟惜者彌日。及僕稍長，知讀書，求友金陵。將戒途，而大人送之曰，金陵有御史成公勇者，雖於我爲後進，常心重之。汝至，當以爲師。又有老友方公孔炤，汝當持刺拜於床下。語不及執事。及至金陵，則成公已得罪去，僅見方公，而其子以智者，僕之夙交也，以此晨夕過從。執事與方公同爲父行，理當謁，然而不敢者，執事當自追憶其故，不必僕言之也。今執事乃責僕與方公厚，而與執事薄。噫！亦過矣。忽一日有王將軍過僕甚恭，每一至，必邀僕爲詩歌，既得之。必喜而爲僕貰酒奏伎，招游舫，携山屐，殷殷積旬不倦，僕初不解，既而疑，以問將軍。將軍乃屏人以告僕曰，是皆阮光禄所願納交於君者也。光禄方爲諸君所詬，願更以道之君之友陳君定生吴君次尾，庶稍湔乎？僕斂容謝之曰，光禄身爲貴卿，又不少佳賓客足自娱，安用此二三書生爲哉？僕道之兩君，必重爲兩君所絶。若僕獨私從光禄游，又竊恐無益光禄。辱相款八日，意良厚，然不得不絶矣。凡此皆僕平心稱量，自以爲未甚太過，而執事顧含怒不已，僕誠無所逃罪矣。昨夜方寢，而楊令君文聰叩門過僕曰，左將軍兵且來，都人洶洶。阮光禄揚言於清議堂云，子與有舊，且應之於内。子盍行乎？僕乃知執事不獨見怒，而且恨之，欲置之族滅而後快也。僕與左誠有舊，亦已奉熊尚書之教，馳書止之。其心事尚不可知。若其犯順，則賊也。僕誠應之於内，亦賊也。士君子稍知機義，何至甘心作賊？萬一有焉，此必日暮途窮，倒行而逆施，若昔日幹兒義孫之徒，計無復之，容出於此，而僕豈其人耶？何執事文織之深也！僕今已遭亂無家，扁舟短棹，措此身甚易。獨惜執事忮禮一動，長伏草莽則已，萬一復得志，必至殺盡天下士，以酧其宿所不快，則是使天下士終不復至執事之門，而後世操簡書以議執事者，不能如僕之詞微而義婉也。

同書陸「壯悔堂記」略云：

余向爲堂，讀書其中，名之曰雜庸。或曰，昔司馬相如賣酒成都市，身自滌器，與庸保雜作。子何爲其然？余曰，以余目之所寓，皆庸也。子亦庸也。余不能不舉足出此堂，又不能使此堂卒無如子者，安往而不與庸雜，又豈必酒壚耶？嗚呼！君子之自處也謙，而其接物也恭，所以蓄德也。況余少遭黨禁，又歷戎馬間，而乃傲睨若是。然則坎壈而幾殺其身，夫豈爲不幸哉？忽一日念及，憮然久之，乃知余生平之可悔者多矣，不獨名此堂也。急別構一室居之，名曰壯悔。古者三十爲壯，余是時已三十五矣。

同書首載年譜略云：

崇禎十六年癸未公二十六歲。司徒公解任，避兵揚州。左良玉軍襄陽，以糧盡，移駐九江，欲趨南京。南本兵乞公爲司徒書，馳諭止之。阮大鋮以蜚語中公。公避於宜興。有興光禄書。以不即救汴，逮司徒公繫獄。

順治八年辛卯公三十四歲。奉司徒公居南園。當事欲案治公，以及於司徒公者。有司趨應省試，方解。

順治九年壬辰公三十五歲。司徒公居南園。治壯悔堂，作文記之。訪陳定生於宜興。

國權玖捌略云：

壬午崇禎十五年閏十一月總督保定侯恂免。

同書玖玖略云：

癸未崇禎十六年二月庚辰平賊將軍左良玉避賊東下，沿江縱掠。土寇叛兵俱冒左兵攻剽，南都大震。壬午左良玉泊池州清溪口，副總兵王允成稱以二千人勤王，縱掠青陽南陵繁昌。沿江騷動，薄於蕪湖，競傳其兵叛。南京兵部尚書熊明遇知良玉爲尚書侯恂舊部。恂次子方域適在金陵，代爲尚書書〔致良玉〕。良玉得書，稟答卑謹，一如平昔。七月議處鄭三俊，逮張國維侯恂，以秉樞不職，棄開封不守也。

徐鼒小腆紀傳陸肆逆臣壹左良玉傳略云：

釋侯恂於獄，以兵部侍郎代丁啓睿督師。恂未至軍，而良玉已潰於朱仙鎮矣。開封陷。帝怒，罷恂官，而不能罪良玉也。〔十五年〕十二月二十四日〔良玉〕抵武昌，至正月中啓行，艨艟蔽江而下。當是時，降將叛卒假左軍號，恣剽掠。蘄州守將王允成爲亂首。破建德，掠池陽。去蕪湖四十里，泊舟三山荻港，漕艘鹽舶盡奪以載兵，聲言將寄帑南京。士民一夕數徙，商旅不行。南兵部尚書熊明遇不知所計。適都御史在家被召，道出湖口，聞變，乃倚舟草檄告良玉曰，貴鎮宜即日嚴戢兵丁，疏通江路，捩舵回船，刻期還鎮。缺餉事情，候本部院到皖設法措處。勿過安慶一步，以實流言。良玉得檄心折。邦華飛書告安慶巡撫，發九江庫銀十五萬，補六月糧。軍心大定，南都解嚴。邦華具威儀入其營。良玉紅袜首，韡袴，握刀插矢，俯立船頭。邦華辭。乃用師弟子禮見。臨別，誓以餘生效頂踵。

寅恪案，侯恂與左良玉其關係密切，遠勝於李邦華。當崇禎十六年正月中良玉擁兵東下，南都士大夫皆欲止之。朝宗適在金陵，南京兵部尚書熊明遇使方域爲其父作書與良玉，亦情勢所必致，殊不足异。後來良玉之衆屯駐九江而不至南京者，實懋明籌撥銀十五萬南之力。侯氏之書，豈能一動崑山之心乎？朝宗自言得楊龍友傳述阮集之謂已欲爲左氏内應之語，因促其出走避禍。年譜載崇禎十六年「司徒公解任避兵揚州」及「公訪陳定生於宜興」等語，假定崇禎十六年正月至四月侯恂果已在揚州，則方域何以不至揚州，而至宜興。考明史貳柒叁左良玉傳云：

〔崇禎十五年〕九月開封以河决而亡。帝怒恂，罷其官。

參以朝宗代其父致崑山書所謂「鄉土喪亂，已無寧宇。闔門百口，將寄白下。」及「相傳謂將軍駐節江州，且揚帆而前。」等語，則朝宗作書之時，若谷尚未至南京。但朝宗避禍出走之日，即使若谷未至揚州，何以不留揚州以待其父，而徑至宜興定生家耶？如若谷於崇禎十六年春間及夏初果在揚州，似亦應列入與牧齋共謀王室群公之中。今載籍未詳，不敢决言也。細繹朝宗之文，頗疑非其當日之原稿，致有疏誤。據邵青門述朝宗刻其文集事（見錢儀吉碑傳集壹叁陸邵長蘅撰侯方域傳及清史列傳柒拾文苑傳侯方域傳）云：

末年游吴下，將刻集，集中文未脱稿者，一夕補綴立就，人益奇之。

今觀壯悔堂集載朝宗代其父致崑山書題作「爲司徒公與寧南侯書」。考明實録懷宗實録壹柒云：

崇禎十七年三月癸巳封遼東總兵官左都督吴三桂平西伯，平賊將軍總兵左都督左良玉寧南伯，薊鎮總兵左都督唐通定西伯，鳳廬總兵左都督黄得功靖南伯，各給敕印。

明史貳肆莊烈帝本紀云：

崇禎十七年叁月癸巳封總兵官吴三桂左良玉唐通黄得功俱爲伯。

同書貳三左良玉傳略云：

崇禎十七年正月（寅恪案，「正月」當爲「三月」之誤。王氏明史考證攟逸未之及。）詔封良玉爲寧南伯。福王立，晋良玉爲候。

故朝宗作此書時，良玉尚未封伯更何侯之有？此亦足爲此書乃朝宗後來所補綴之一證，并足徵邵氏之言爲可信也。兹有可附論者二事。一爲朝宗作壯悔堂記時，其年三十五歲，即順治九年壬辰。前一年朝宗欲保全其父，勉應鄉試，僅中副榜，實出於不得已。「壯悔堂」之命名，蓋取義於此。後來竟有人賦「兩朝應舉侯公子，地下何顔見李香。」之句以譏之。殊不知建州入關，未中鄉試，年方少壯之士子，苟不應科舉，又不逃於方外，則爲抗拒新政權之表示，必難免於罪戾也。至「雜庸堂」之命名，朝宗所言亦非其最初真意。殆本以司馬長卿自擬，而以李香君之流比卓文君也。二爲自桃花扇傳奇盛行以來，楊龍友遂爲世人所鄙視。今據朝宗自述之文，則爲阮圓海游説者，乃王將軍。傅阮氏誣構之言，促其出走避禍者，爲楊龍友。戲劇流行，是非顛倒，亟應加以糾正也。寅恪近有聽演桃花扇戲劇七律一首，附録於此。

聽演桂劇改編桃花扇劇中香君沈江而死，與孔氏原本异，亦與京劇改本不同也。

興亡舊事又重陳。北里南朝恨未申。桂苑舊傳天上曲，桃花新寫扇頭春。是非誰定千秋史，哀樂終傷百歲身。鐵鎖長江東注水，年年流泪送香塵。

若黄石齋者，則是時已被赦復官，自京乞假歸里。（見明史貳肆莊烈帝本紀「崇禎十五年八月乙丑釋黄道周於戍所復其官。」條，同書貳伍伍黄道周傳及莊起儔編漳浦黄先生年譜崇禎十五十六年條，并黄漳浦集肆貳「壬午八月荷殳入楚，病臥西林，適逢環命，以清修力學見褒，攬筆潸然，聊悉寤言。」二十有八章及同書肆叁「郡中結夏有作」二章。）亦在遠道預謀之列。又若曾化龍能明遇諸人，當復參預其事。

至曾化龍則初學集壹陸丙舍詩集有「送曾霖寰使君左遷還里」二首，當是崇禎十三年春間霖寰去江南按察使時所作。於此足徵牧齋本與曾氏交好。檢同治重刊乾隆修泉州府志肆肆曾化龍傳略云：

曾化龍字大雲，號霖寰，晋江人。〔官〕江南副使，備兵常鎮。尋擢其省按察使。遷江西。丁外艱歸。

未言其有何左遷之事，與牧齋詩不合。但據談遷國榷玖柒略云：

辛巳崇禎十四年四月乙卯通政司使徐石麒，以前鎮江知府印司奇訐奏推官雷起劍及前巡撫應天張國維，兵道曾化龍事，久不結，命即勘。

可見霖寰實有被訐之案，不知何故久懸未決。虞求與霖寰有氣類之好，故請速勘也。方志所據材料不盡翔實，特標出之如此。餘可參後引泉州府志曾氏傳所論熊明遇與牧齋共謀王室事并詳後論黄石齋與張鯢淵書，兹俱不先及。又劉宗周亦當時清望，與牧齋俱爲温體仁之政敵，是有爲揚州共謀王室群公中一人之可能，但蕺山於崇禎十五年以吏部左侍郎奉詔至北京，是年五月二十日始達揚，（見明史貳貳伍劉宗周傳及姚名達撰劉宗周年譜等）時日過晚，恐不可能。姑附記之，更俟詳考。由是言之，牧齋所謂「群公」，雖難一一考知，然其出語必非虛構，可以無疑也。黄漳浦集壹陸「與鄭將軍書」第壹通云：

方今□（奴？）寇漸合，輦轂洊驚，四方援兵度不能四五萬，皆逡巡西道，思度河北，出紫荊，潛詣都下，無敢泝清德從景滄直上者。朝廷思間道之奇，以霖寰翁節制登萊，與大將軍共濟。呼餘皇，出旅順，擣瀋陽，此搏熊取子之智，用之必效。然懸師萬里，遠襲人國，載馬上車，踔泥出岸，豈得如三國時謀沈沓渚之事乎？以僕料敵，用師不過强萬，四□（奴？）持重，（寅恪案，牧齋投筆上「金陵秋興次草堂韵」八首之五「死虜千秋悔入關」句下自注云：「僞四王子遺言戒勿入關。東人至今傳之。」蓋明人往往以「四王子」稱清太宗皇太極。其實皇太極乃太祖努爾哈齊第八子。見清史稿貳太宗本紀壹。）不敢遠出。其牽制寧遠，守遼瀋者，必不盡撤而西。唯諸台吉跳蕩，及巢孔二三叛將，知我虛實者，相率鼓拊，攘取餌耳。誠得南兵萬餘，與兗濟之師，犄角直出，挫其前鋭，則真保香阿（東隅？）之策也。

其第貳通云：

適劉舍親有南都書至，稱南中之望麾下，猶楚人之望葉公也。黎總戎六月南來，述在鎮情形，已大不測。計天下男子，赤心青膽，一意奉朝廷者，獨麾下耳。而又以盛名厚力，讋服一世，俯視左良玉輩，猶腐鼠枯蟬，直以苕帚泛除之，不煩遺鏃也。李大司馬方今偉人，所號召豪杰立應，擬與南都諸紳，擊牛釃酒，以俟麾下。麾下但呼帳中健兒一二千人，坐鎮京口，遣青雀小艇，飛入馬當，云大將軍督水師朝夕西上，彼輩望風隕角耳。天下事勢，固有力省而功倍者，如樓船出登萊，節長力緩，雖有三千，不當五百之用。今得一千渡彭蠡，可當十萬之師，且令塞上斬□□取通侯，（寅恪案，此句所諱闕之二字，疑是「賊奴」。蓋用世説新語尤悔類「王大將軍起事」條及晉書陸玩周顗傳「今年殺諸賊奴，取金印如斗大。」之語，與下文「取金印如斗」之句相應也。）如登高山，猶煩拾級。若從江中揚航，取左師猶掇之也。且又以是取金印如斗，不煩勞師燕然之外，而使不肖無拉脅折脛之苦，雖削藍爲轝勁弓，改筆鋒爲鋭刔，猶當爲之，況負英杰之名，受朝宁隆眷，爲天下之所利賴者乎？月初聞有三十餘艘弄兵潢池，藉檣櫓之靈，已朝夕潰散。此沙蟲區區，直以麾下諸篙卽制之，不煩神力。至如爲天下救蒼生，護京陵，取叛帥頭作勸杯，非大將軍親行不可。僕亦桑梓也，寧不爲桑梓根本慮？顧神京之患，有急於桑梓者，當舍大圖細，不獨爲副雲雷之望，直取侯封，壓服天下，爲吾鄉盛事而已也。黎總戎以李司馬書必爲麾下面陳情勢，惟麾下悉心圖之，臨楮神注。

同書同卷「與張鯢淵書」略云：

登萊天末，爲鵜爲鸛，水澤所嬉，王正尚未渡江，誠得一疏，留爲江淮陒塞之用，免至紛飛，爲精衛之填木石。曾霖翁心手可資，亦遠鎮登萊，誰當泝長河以開青兖之路者？清源蓄徒藉藉，嘯聚南安不軌。聞已漸入仙游。凡此蛇虺，衹得賢守令銷萌於先，整頓於後，可次第爬梳之耳。頃晤黎總戎延慶者，云出老祖臺門下，持李茂翁書，（寅恪案，「茂翁」卽懋明。）云欲藉祖臺力，勸鄭將軍自疏入援。此不過欲藉高敖曹名字嚇小兒耳。威鱗豈敢離淵，以僕度左師奔敗之餘，爲諸闖所輕，必不能遂取安慶，亦不敢揚帆東下。南都名賢所聚，熊壇老諸公提挈於内，劉良佐諸將匡襄於外，藉漕捐資，尚支歲月，吹篪假嘯，或改鴞音，神烈精靈，鼓吹風鶴，豈可令鼻眼异常，睹京華之動静乎？黎兄欲僕作書，亦已達一函去。去臘有勸自疏入援書，已先茂翁獻其孅拙。今茂翁又云爾，乃知措大不异人意。三吴重地，留都關係甚鉅。茂老未到任，想未知諸賢擘畫。又不知鄭糸岳得尚駐脚不？四海蜩螗，密勿淵深，興言輟餐，唯有隕涕。

綜合上引三書觀之，其稱李邦華爲大司馬，又謂「三吴重地，留都關係甚鉅。茂老未到任，想未知諸賢擘畫。」今檢明史貳陸伍李邦華傳略云：

崇禎元年四月起工部右侍郎總督河道。尋改兵部，協理戎政。十二年四月起南京兵部尚書，以父憂去。十五年冬起故官，掌南京都察院事。俄代劉宗周爲左都御史。都城被兵，即日請督東南援兵入衛，力疾上道。明年三月抵九江，左良玉潰兵數十萬，聲言餉乏，欲寄帑於南京。艨艟蔽江東下。留都士民一夕數徙，文武大吏相顧愕眙。邦華乃停舟草檄告良玉，責以大義。用便宜發九江庫銀十五萬餉之。一軍遂安。

又明史壹壹貳七卿年表貳，左都御史欄：「崇禎十五年壬午劉宗周八月任，十二月削職。李邦華十二月任。」則知石齋作書時尚未知李懋明代劉蕺山任左都御史之職，故仍以南京兵部尚書之故官稱之。否則當如牧齋於崇禎十六年四月賦詩稱懋明爲總憲公也。（詩見後引）石齋與飛黃書第貳通云：「適劉舍親有南都書至。」此劉姓之人，當即前述董冒因緣有關之漳浦劉漁仲履丁也。石齋與漁仲情誼篤摯，今黃漳浦集中詩文涉及漁仲者不少。其爲師弟關係，如前引初學集伍叄「漳浦劉府君合葬墓志銘」及四朝成仁録柒「劉履丁傳」，可以證明。其有親戚關係，則黄漳浦集壹柒「與劉漁公」書云：「抑將姻婭之好，不及友朋。」亦足爲證。但究屬何種親戚關係，殊不易知。據黄漳浦集肆貳「劉漁仲使至携家有寄」十二章。其二云：

不得補官去，爲誰嫁娶來。柴扉賒故里，荔薜費新栽。世道團風葉，鄉心濕雨灰。因無分宅法，空寄隴頭梅。

其十云：

作客耽江表，全身愛首丘。所思非一轍，此道遠難謀。填海疑通路，移山未度舟。秦淮佳麗處，不耐老登樓。

其十二云：

如此將歸好，江干吾有家。一船供寶眷，半榻上烟霞。遣女迎新婦，呼兒接舅爺。山中分鳥掌，白鹿爲推車。

頗疑崇禎十五年冬季漁仲由江南遣使携家至閩，石齋因而寄詩。其致飛黄書所謂「劉舍親有南都書至」者，即指此時此事而言。繹「遣女迎新婦，呼兒接舅爺。」一聯之意，石齋殆謂遣其女迎其嫂，呼其兒接其外舅耶？若果如是，則漁仲之女嫁石齋之子，石齋與漁仲爲兒女親家也。俟考。牧齋「請調用閩帥議」中，頗以福建方面之不同意爲慮，石齋乃閩甲縉紳之魁首，觀其書中以神京大桑梓細爲言，鯢淵又爲當日守土之長吏，石齋致書告以本省苟得賢守令，即可臻治安之效，不必特煩鄭芝龍之兵鎮壓。由是言之，錢李黄諸公實用三方敦促，以期鄭氏出兵保衛南都江左也。兹有可注意者，一爲李邦華與鄭芝龍之關係。邦華於崇禎元年以兵部侍郎協理戎政。計六奇明季北略壹壹「鄭芝龍擊劉香老」條云：

初，芝龍爲海盗。天啓七年犯閩中銅山中左等處。崇禎元年五月招之。九月芝龍降於巡撫熊文燦，授以游擊。

當崇禎元年招降芝龍者，雖爲福建巡撫熊文燦，但邦華爲京師兵部主持人之一，福建地方奏授芝龍以游擊，邦華應亦預聞其事。夫兵部爲統轄全國軍事之機構。此機構之主持人對於全國之武職，實有上官屬吏之關係。故鄭氏乃李氏之舊屬，若李氏撝謙，不以官事行之，則可藉用科舉制度座主門生之禮相對待。前述懋明與崑山「以師弟子禮見」，即是其例。由此言之，懋明遺書飛黄，實非偶然也。或更有其他原因，俟考。一爲牧齋與石齋之關係。錢黄兩人本爲舊好，常通音問，自不待言。檢初學集貳拾上東山詩集叁「駕鵝行」之後，「送程九屏領兵入衛」之前，有「黄長公七十壽歌。石齋詹事之兄。」（寅恪案，石齋長兄名士珍。見黄漳浦集貳伍「贈考青原公墓碑」。）一題，末云：

七十長筵列孫子。弟勸兄酬數千里。共祝皇恩無盡期，漳海西連五溪水。

故疑牧齋此詩爲石齋於崇禎十五年冬復官之後，尚未歸里之時所作。牧齋之賦此詩，或是出於石齋之請，而交劉漁仲轉致者。蓋漁仲是時實在蘇州，與牧齋會晤。前論冒董因緣時，已及之矣。據此可知牧齋此際正與石齋音問密切，當有共謀王室之文字，今未得見，殊可惜也。一爲牧齋與登萊巡撫之關係。牧齋之欲任登府，前已詳論。沈季明雖曾疏請任牧齋以此職，用舟師攻滿洲。但牧齋手無寸鐵，何能辦是。其欲藉助於鄭氏水師之力，事理甚明。石齋與鄭將軍書第壹通云：「朝廷思間道之奇，以霖寰翁節制登萊，與大將軍共濟。呼餘皇，出旅順，搗瀋陽，此搏熊取子之智，用之必效。」又與張鯢淵書云：「曾霖翁心手可資，亦遠鎮登萊，誰當泝長河以開青兗之路者。」此「霖寰翁」及「曾霖翁」即會化龍。檢同治重刊乾隆修泉州府志肆肆略云：

曾化龍字大雲，號霖寰，晋江人。萬曆戊午己未聯捷進士，授臨川知縣。直指謝文錦以治行第一薦。時權璫用事，密囑化龍往謁，即授銓諫。笑置之，外補寧國府同知，遷南户部員外，改兵部。丁内艱，起補北兵部車駕司郎中，督學粤東。竣事，攝海道。平劉香之亂，上功第一。移廣西參議，士民勒石紀績。擢江南副使，備兵常鎮。尋擢其省按察使。有曾鐵面之稱。丁外艱歸，以宿望，即家起僉都御史，巡撫登萊。時地方殘破，奉旨蠲徵三年，而兵頻呼庚癸。化龍練兵措餉，請蠲請恤，疏凡三十二上，備載撫登疏草中。會闖賊變作，膠密土寇蠭起，遂破高密。化龍亟移鎮膠州。膠圍解，而高密城復。以疾歸。抵家，病日劇。庚寅六月朔卒。年六十三。所著有作求堂集。

國榷玖肆略云：

乙亥崇禎八年四月丁亥總督兩廣熊文燦奏福建游擊鄭芝龍合廣兵擊劉香於田尾遠洋。香勢蹙，自焚溺。

明季北略壹壹「鄭芝龍擊劉香老」條略云：

崇禎六年海盜劉香老犯長樂。甲戌四月，又寇海豐。乙亥四月芝龍合粵兵擊劉香老於四尾遠洋。（寅恪案，「四」字疑當依國榷作「田」。俟考。）香勢蹙，自焚溺死。

寅恪案，大雲與芝龍同里，熊文燦督粵，令其攝海道，領粵兵共鄭飛黃之閩兵合擊劉香。平香之役，粵省上狀，霖寰功居第一。後來之巡撫登萊，亦是同其前任之曾櫻俱與鄭氏兄弟關係密切之故，（可參後論牧齋賀孫朝讓得子詩條）當日明廷如此措施，自有理由，而牧齋之不得任登萊巡撫，乃勢所必然者也。

至仲含與鄭氏之關係，可參明史貳柒陸曾櫻傳。其文略云：

曾櫻字仲含，峽江人。崇禎元年以右參政分守漳南。母憂歸。服闋，起故官，分守興泉二郡。進按察使，分巡福寧。先是，紅夷寇興泉，櫻請巡撫鄒維璉用副總兵鄭芝龍爲軍鋒，果奏捷。及劉香寇廣東，總督熊文燦欲得芝龍爲援，維璉等以香與芝龍有舊，疑不遣。櫻以百口保芝龍，遂討滅香。芝龍感櫻甚。十年冬，帝信東廠言，以櫻行賄欲擢官，命械赴京。御史葉初春嘗爲櫻屬吏，知其廉，於他疏微白之。有詔詰問，因具言櫻賢，然不知賄所從至。詔至閩，巡撫沈猶龍，巡按張肯堂閱廠檄有奸人黄四臣名，芝龍前白曰，四臣我所遣。我感櫻恩，恐遷去，令從都下訊之，四臣乃妄言，致有此事。猶龍肯堂以入告，力白櫻冤。芝龍亦具疏請罪。削芝龍都督銜，而令櫻以故官巡視海道。尋以衡永多寇，改櫻湖廣按察使，分守湖南。櫻乃調芝龍剿賊，賊多降，一方遂安。遷山東右布政使，分守東萊。十四年春擢右副都御史，代徐人龍巡撫其地。明年遷南京工部右侍郎，乞假歸。

據此可知仲含霖寰之成事及牧齋之企圖。但鄭氏與二曾真正交誼密切，與牧齋之僅以文字酬應者，大有不同。假使牧齋果得任登萊巡撫，恐亦不得如二曾之能指揮鄭氏之水軍也。一爲南都與全局之關係。蓋當時長江以北受困於李張及建州，已成糜爛之勢。江左士大夫頗欲保全南方，以留都南京爲中心，聚兵力藉圖偏安之局。觀石齋「與鄭將軍書」第貳通云：「李大司馬方今偉人，所號召豪杰立應，擬與南都諸紳擊牛釃酒，以俟麾下。」及「與張鯢淵書」云「南都名賢所聚，熊壇老諸公提挈於内，劉良佐諸將匡襄於外。藉漕捐資，尚支歲月。」等語，是其明證。熊壇老即熊明遇。明史貳伍柒熊明遇傳略云：

熊明遇字良孺，進賢人。崇禎元年起兵部右侍郎。明年進左，遷南京刑部尚書。四年召拜兵部尚書。五年以故官致仕。久之，用薦起南京兵部尚書。

并參以上論侯方域代其父恂作書致左良玉，阻其擁兵至南京事，所引諸史料，足見崇禎十六年春間至初夏，熊氏亦在南京遥爲牧齋共謀王室群公之一人也。一爲關於左良玉之爲人，石齋致鄭飛黄書中所論，與牧齋撰李邦華神道碑中所言，頗不相同。蓋石齋深知良玉之爲人不可信賴，故欲藉鄭氏軍力以防制之也。夫左氏固不可信賴，鄭氏亦略相似。石齋當日或亦有所感覺，但此時所以取鄭而舍左者，其關鍵實在左氏軍糈不能自籌，動以索餉要挾官吏，殘害人民。前述其擁兵東下，欲寄帑南京之事，可爲一例，不必多論。至若鄭氏所統之兵，軍餉既能自給，故紀律亦較嚴肅。此點尤爲當時所罕見，非他軍所可企及也。

明季北略壹壹「鄭芝龍擊劉香老」條略云：

初，芝龍爲海盜。崇禎元年五月招之。九月芝龍降於巡撫熊文燦，授以游擊。十三年八月加芝龍總兵。芝龍既俘劉香，海氛頗息。因以海利交通朝貴，寖以大顯。芝龍幼習海，知海情，凡海盜皆故盟，或出門下。自就撫後，海船不得鄭氏令旗，不能往來。每一船例入三千金。歲入年萬計。芝龍以此富敵國。自築城於安平海梢，直通卧内，可泊船徑達海。其守城兵自給餉，不取於官。旗幟鮮明，戈甲堅利。凡賊遁入海者，檄付芝龍，取之如寄。

同書同卷鄭芝龍小傳略云：

海盜有十寨，寨各有主。飛黃之主有疾，疾且痼，九主爲之宰牲療祭。飛黃乃泣求其主：「明日祭後必會飲，乞衆力爲我放一洋，獲之有無多寡，皆我之命。煩緩頰懇之。」主如其言，衆各欣然。刼四艘，貨物皆自暹邏來者，每艘約二十餘萬。九主重信義，盡畀飛黃。飛黃之富逾十寨矣。海中以富爲尊，其主亦就殂，飛黃遂爲十主中之一。時則通家耗，輦金還家。置蘇杭細軟，兩京大内寶玩，興販琉球朝鮮真臘占城三佛齊等國，兼掠犯東粵潮惠廣肇福游汀閩臺紹等處。此天啓初年事也。劉香既没，餘皆跪拜投降，海上從此太平。往來各國皆飛黃旗號，滄海大洋如内地矣。撫按又爲報功，因陞漳潮兩府副總兵。後至崇禎末年百計營求，欲得福閩全省正總兵，齎銀十萬至京師，大小司馬手長膽怯，不敢也。至十七年叁月，此銀爲流賊所得。

小腆紀年壹叁「順治三年十一月丁巳明鄭芝龍降於我大清。」條略云：

王師進逼安平鎮，芝龍軍容烜赫，炮聲震天地。〔將降於貝勒〕，其子成功諫曰，閩粵之地，不比北方，得任意馳驅。若憑險設伏，收人心以固其本。興販各港，以足其餉。選將練兵，號召不難矣。芝龍拂袖起。成功出告〔其叔〕鴻逵，逵壯之，入語芝龍曰，兄尚帶甲數十萬，舳艫塞海，糧餉充足。輔其君以號召天下，豪杰自當回應，何委身於人？

據上引史料觀之，鄭氏父子之興起，非僅由武力，而經濟方面，即當時中國與外洋通商貿易之關係有以致之。明南都傾覆，延平一系猶能繼續朱氏之殘餘，幾達四十年之久，絕非偶然。自飛黄大木父子之後，閩海東南之地，至今叁百餘年，雖累經人事之遷易，然實以一隅繫全國之輕重。治史之君子，溯源追始，究世變之所由，不可不於此點注意及之也。兹不避枝蔓之嫌，稍詳述之，以俟通人之教正。

至石齋致張鯢淵書所謂黎總戎延慶者，當是芝龍部下之將領。張鯢淵者，當日福建巡撫張肯堂之號見黄宗羲思舊録「張肯堂」條。其事迹詳見明史貳柒陸張肯堂傳。唯明史傳書字不書號。今同治修福建通志壹貳玖張肯堂傳，載其字鯢淵，實則鯢淵乃其號，非其字也。熊明遇明史本傳及明詩綜伍玖熊氏小傳，皆言其字子良。光緒修江西通志壹叁捌及小腆紀傳伍柒遺臣貳熊氏傳，則謂其字良孺，微有不同。但陳忠裕全集壹捌白雲草「贈熊壇石大司馬」五言排律，附考證，引明史熊明遇本傳以實之。又談遷北游録紀聞類上「熊明遇」條云：「進賢故大司馬熊壇石隱山中。」故知石齋所謂「壇老」，即明遇。明史諸傳例僅書字，而不書號，實則名與字尚有相互關係，可以推尋。至於别號，則與其名之關係頗難揣測。如此節中所論黄李張熊諸人，苟僅就明史證之，殊不能得其聯繫。此亦讀史者不可不知也。

牧齋「癸未四月吉水公總憲詣闕」詩題中，所謂「輦下知己」者，當指鄭三俊範景文馮元飈龔鼎孳等而言。此題第肆首自注云：「上命精擇大德，冢宰建德公以衰晚姓名列上。」可以爲證。明史貳伍肆鄭三俊傳云：「鄭三俊字用章，池州建德人。」故稱「建德公」。同書壹壹貳七卿年表吏部尚書欄載，崇禎十五年壬午「鄭三俊八月任。」十六年癸未「三俊五月免。」故云，「冢宰。」範質公與牧齋之關係，見前論「題將相談兵圖，爲範司馬蔡將軍作。」詩。明史壹壹貳七卿年表工部尚書欄載，崇禎十五年壬午「範景文十月任。」十六年癸未景文仍任原職。十七年甲申二月入閣，三月殉難。至牧齋與馮元揚元飈兄弟關係尤密，見前論「〔癸未〕元日雜題長句」八首之五。及有學集貳捌「慈溪馮公墓志銘」所述牧齋因張漢儒告訐被逮北行，時爾賡任蘇松兵備參議，特加營護事。

明史貳伍柒馮元飈傳略云：

〔崇禎〕十五年六月召拜兵部右侍郎，轉左。元飈多智數，尚權譎。與兄元揚并好結納，一時翕然稱二馮。然故與馮銓通普誼，初在言路，詆周延儒。及爲侍郎，延儒方再相，元飈因與善。延儒欲以振饑爲銓功，復其冠帶。憚衆議，元飈令引吴甡入閣助之。既而甡背延儒議。熊開元欲盡發延儒罪，元飈沮止之。開元以是獲重譴。兵部尚書陳新甲棄市，元飈署部事。一日帝召諸大臣游西苑，賜宴明德殿，因論兵事良久。帝曰，大司馬缺久，無逾卿者。元飈以多病辭，乃用張國維。十六年五月國維下獄，遂以元飈爲尚書。至八月，以病劇乞休，帝慰留之。請益堅，乃允其去。將歸，薦李邦華史可法自代。帝不用。用兵科都給事中張縉彦，都城遂不守。

及同書七卿年表兵部尚書欄載：

十六年癸未〔張〕國維五月免。馮元飈五月任，十一月告病。張縉彦十月任。（寅恪案，談遷國榷部院表下兵部尚書欄載「崇禎癸未慈溪馮元飈五月任，十月罷。□□張縉彦十月任。」與明史略異。豈元飈久病，十月尚虚留原闕，縉彦代任職務，至十一月元飈始正式開去原闕，而縉彦遂真除本兵耶？俟考。）

可知牧齋與馮銓周延儒諸人之復雜關係，爾弢實有牽涉。牧齋所指「輦下知己」，爾弢應爲其中一人，自無疑義也。

又龔鼎孳定山堂集載其門人孝感嚴正矩所撰「大宗伯龔端毅公傳」略云：

蒞蘄七載，撫按交章累薦，舉卓异，行取陛見。上注視嘉悦，拜兵科給事中。居兵垣十閱月，知無不言，言無不盡，而於人才士氣，尤爲諄諄致意云。於司寇徐公石麒之去國，特疏請留，極論言官章公正宸惠公世揚，憲臣劉公宗周，金公光宸等皆當賜環。因及錢公謙益，楊公廷麟，忤璫同難之方公震孺，俱不宜終老巖穴。

寅恪案，芝麓時任兵科給事中，請起用自命知兵之牧齋，則不僅能盡本身之職責，亦可稱牧齋知己之一矣。至作芝麓傳之嚴正矩，其人與顧横波三十九歲生日，金陵市隱園中林堂盛會有關。板橋雜記中麗品門「顧媚」條紀其事略云：

歲丁酉（順治十四年）尚書挈〔横波〕夫人重游金陵，寓市隱園中林堂。（寅恪案，園在南京武定橋油坊巷。見嘉慶修江寧府志玖古蹟門，并可參吴應箕留都見聞録上園亭門關於市隱園條。）值夫人生辰，（寅恪案，横波生辰爲十一月三日。此年三十九歲。詳孟森心史叢刊二集「横波夫人考」。）張燈開宴，請召賓客數十百輩，命老梨園郭長春等演劇，酒客丁繼之張燕筑及二王郎（原注：「中翰王式之，水部王桓之。」）串王母瑶池宴。夫人垂珠簾召舊日同居南曲呼姊妹行者與燕。李六（大？）娘十娘王節娘皆在焉。（寅恪案，三人事迹見余書中麗品門及同卷「珠市名妓附見」。并同書下軼事門。）時尚書門人楚嚴某，赴浙監司任，逗遛居樽下，褰簾長跪，捧卮稱賤子上壽，坐者皆離席伏。夫人欣然爲罄三爵，尚書意甚得也。余與吴園次鄧孝威作長歌紀其事。嗣後還京師，以病死。尚書有白門柳傳奇行於世。（可參定山堂詩集附詩餘壹。）

寅恪案，澹心所言芝麓門人赴浙江監司任之「楚嚴某」，今檢嚴氏所作芝麓傳云：

〔崇禎九年〕丙子分校楚闈，總裁爲婁東吴駿公〔偉業〕宋九青〔玫〕，兩先生稱文壇名宿，與公氣誼甚合，藻鑒相同，所拔皆奇俊，得士周壽明等七人，中甲科者五，不肖矩與焉。

及光緒修孝感縣志壹肆嚴正矩傳略云：

嚴正矩字方公，號絜庵。癸未成進士，未仕。國初授嘉禾司理。以賢能陞杭州守，代攝學政。尋簡飭兵備温處。

故澹心所指，即絜庵無疑。兹以余氏所述涉及善持君事，頗饒趣味，因附記於此。

依上引諸資料，最可注意者，牧齋此詩作於崇禎十六年四月，其時正欲以知兵起用，故目當日管領銓曹并此時前後主持戎政之人，皆爲知己，斯又勢所必然。今日思之，甚爲可笑。至牧齋京華舊友，可稱知己者，恐尚不止此數人，仍當詳檢史籍也。詩題中「二叁及門」者當指張國維等。檢商務重印本浙江通志壹肆拾選舉門舉人表載：「天啓元年辛酉科。張國維。東陽人。壬戌會魁。」及明史壹壹貳七卿年表兵部尚書欄載：崇禎十五年壬午「張國維九月任。」十六年癸未「國維五月免。」故牧齋所指「二三及門」，玉笥必是其中最重要之人。若熊汝霖，則浙江通志舉人表載：「天啓元年辛酉科。熊汝霖。餘姚人。辛未進士。」是雨殷之爲牧齋門人，固不待言。明史貳柒陸，浙江通志壹陸叁，乾隆修紹興府志伍陸，光緒修餘姚縣志貳叁、温睿臨南疆繹史貳貳，及小腆紀傳肆拾熊汝霖傳并黄宗羲南雷文定前集玖「移史館熊公雨殷行狀」等，所載雨殷歷官年月，皆頗籠統。惟國榷玖玖崇禎十六年癸未二月壬申（初八日）載：

户科右給事中熊汝霖謫福建按察司照磨。

官職時間最爲明確。牧齋賦詩在是年四月，當已知雨殷謫閩之事，故詩題所指「二三及門」中，熊氏似不能在内。至夏燮明通鑑捌玖崇禎十六年四月辛卯「大清兵北歸」條載：

謫給事中熊汝霖爲福建按察使照磨。

則不過因記述之便利，始終其事言之耳。未必别有依據。蓋熊氏既奉嚴旨謫外，恐不能在都遷延過久也。更檢浙江通志舉人表載：「天啓元年辛酉科。王道焜。杭州人。」明史柒陸朱大典傳附王道焜傳，浙江通志壹陸叁及光緒修杭州府志壹叁拾王道焜傳等所載年月，殊爲含混，惟南疆繹史壹柒王道焜傳（參小腆紀傳肆玖王道焜傳）略云：

王道焜字少平，仁和人。天啓辛酉舉於鄉。莊烈帝破格求材，盡徵天下廉能吏，臨軒親試，不次用。撫按以道焜名上，銓曹謂郡丞例不與選，授兵部職方主事。道焜不平，抗疏言〔之〕。尋得温旨，許候考。會都城陷，微服南歸。

據此則少平似有爲牧齋所謂「二三及門」中一人之可能。然王氏之入京，究在十六年四月以前，或以後，未能考知，故不敢確定也。其餘牧齋浙闈所取之士，此時在北京者，或尚有他人，更俟詳考。

以上論詩題已竟，玆續論此四律於下。其一略云：

青鏡霜毛嘆白紛，東華塵土懶知聞。絶交莫笑嵇康懶，即是先生誓墓文。

寅恪案，此首乃謝絶中朝寢閣啓事之總述。「絶交莫笑嵇康懶，即是先生誓墓文。」乃指初學集捌拾「寄長安諸公書」。此書題下署「癸未四月」。可知牧齋當時手交此書與懋明帶至北京者。揆之牧齋此時熱中之心理，言不由衷，竟至是耶？

其二略云：

三眠柳解支憔悴，九錫花能破寂寥。信是子公多氣力，帝城無夢莫相招。

寅恪案，關於此首所用典故，錢遵王注中已詳者，不須多贅。惟有可注意者，即「三眠柳」「九錫花」兩句，此聯實指河東君而言。遵王雖引陶穀清異録中羅虬九錫文以釋下句，但於上句則不著一語，因「柳」字太明顯，故避去不注耳。第柒第捌兩句，自是用漢書陸陸陳萬年傳附子咸傳中所云：

王音輔政，信用陳湯。咸數賂遺湯，予書曰，即蒙子公力，得入帝城，死不恨。（顏師古注曰，子公湯之字。）

云：

遵王注已言之矣。但牧齋杜工部集箋注壹伍「秋興」八首之四「聞道長安似弈棋」一律箋曰平居有所思，殆欲以滄江遺老，奮袖屈指，覆定百年舉棋之局，非徒悲傷晼晚，如昔人願得入帝城而已。

檢牧翁讀杜寄廬小箋及讀杜二箋，俱無此語。據季振宜「錢蒙叟杜工部集箋注序」云：

一日〔遵王〕指杜詩數帙，泣謂予曰，此我牧翁箋注杜詩也。年四五十，即隨筆記録，極年八十，書始成。

夫牧齋之讀杜詩，年四五十即隨筆記録，則崇禎七年九月以前，讀杜箋中，既未用漢書陳咸之成語。可知季氏所刻蒙叟箋注中所用陳咸之言，乃牧齋於崇禎七年秋後加入者。初學集捌拾「〔崇禎十六年癸未〕復陽羨相公書」云：

兩年頻奉翰教，裁候闕然，屏廢日久。生平耻爲陳子康。願蒙子公力，得入帝城。此閣下之所知也。

據此，豈加入之時，即崇禎十六年癸未作此書及賦「吉水公總憲詣闕」詩之際耶？若此揣測不誤，未免以退爲進。明言不欲「入帝城」，而實甚願「蒙子公力」也。措辭固甚妙，用心則殊可笑矣。

其三略云：

仕路揶揄誠有鬼，相門灑掃豈無人。雲皴北嶺山如黛，月浸西湖水似銀。東閣故人金谷友，肯將心迹信沈淪。

寅恪案，此首之旨與第貳首相同，皆言不欲入帝城之意。所不同之點，前者之辭，以保有「支憔悴」「破寂寥」之河東君爲言，而後者則以管領「北嶺」「西湖」之拂水山莊爲説耳。劉本沛虞書「虞山」條云：「虞山即吴之烏目山也。在縣治西北一里。」及「尚湖」條云：「尚湖即今西湖。在縣治西南四里。」又光緒修常昭合志稿叁水道門「尚湖」條云：

尚湖在常熟縣西南四里，長十五里，廣九里，亦曰西湖。盧鎮琴川志：舊經曰，上湖昔人以虞山横列於北，亦稱照山湖，而相沿多稱尚湖。

牧齋之拂水山莊實據虞山尚湖之勝境。周玉繩亦嘗親至其地。前論「〔癸未〕元日雜題長句」八首之六時，已言及之。此癸未元日詩第陸首第貳句自注云：「陽羨公語所知曰，虞山正堪領袖山林耳。」牧翁於周氏此語，深惡痛恨，至死不忘，屬筆遺辭，多及此意。「東閣故人金谷友」句，實用兩出處，而指一類之人。遵王引西京雜記貳「公孫弘起家徒步，爲丞相。」條以釋「東閣故人」之語，甚是。但於「金谷友」則闕而不注。檢晉書伍伍潘岳傳略云：

岳性輕躁，趨世利，與石崇等諂事賈謐。每候其出，與崇輒望塵而拜。〔孫〕秀誣岳及石崇歐陽建謀奉淮南王允，齊王冏爲亂，誅之。初被收，俱不相知。石崇已送在市，岳後至，崇謂之曰，安仁，卿亦復爾耶？岳曰，可謂白首同所歸。岳金谷詩云，投分寄石友，白首同所歸。乃成其讖。（寅恪案，晉書叁叁石苞傳附子崇傳云：「崇有別館在河陽之金谷。」）

可與前引牧齋癸未元日詩八首之七「潘岳已從槐柳列」及此首「相門灑掃豈無人」句相參證，皆謂周玉繩幕客顧玉書麟生及謀主吳來之昌期輩。關於顧氏洩漏牧齋請玉繩起用馮銓事，前已述及，但玉書非甚有名之文士，至若吳來之，則是當日詞人，其本末頗與安仁類似。牧齋作詩之際，周吳俱尚未敗，乃以「白首同所歸」爲言，可謂預言竟中者矣。

其四云：

虛堂長日對空枰，擇帥流聞及外兵。（自注：上命精擇大帥，冢宰建德公以衰晚姓名列上。）玉帳更番饒節鉞，金甌斷送幾書生。驪山舊匣埋荒草，譙國新書廢短檠。多謝群公慎推舉，莫令人笑李元平。

寅恪案，此首乃牧齋自謂己身知兵，堪任大帥，而崇禎帝棄置不用，轉用周玉繩，所以致其怨望之意。故此首實爲此題之全部主旨也。詩中典故遵王已注釋者，可不復述。兹唯就詩中旨意，略證釋之。

明史貳肆莊烈帝本紀略云：

崇禎十五年十一月壬申大清兵分道入塞，京師戒嚴，命勳臣分守九門。詔舉堪督師大將者。閏〔十一〕月癸卯下詔罪己，求直言。壬寅大清兵南下畿南，郡邑多不守。十二月大清兵趨曹濮，山東州縣相繼下。十六年夏四月丁卯周延儒自請督師，許之。

同書貳柒陸熊汝霖傳云：

〔莊烈帝〕嘗召對。〔汝霖〕言，將不任戰，敵南北往返，謹隨其後，如廝隸之於貴官，負弩前驅，望塵莫及，何名爲將？何名爲督師？帝深然之。已言有司察舉者，不得濫舉邊才。監司察處者，不得遽躐巡撫。庶封疆重任，不爲匪人藉途。

檢夏燮明通鑑捌玖崇禎十六年夏四月辛卯大清兵北歸條，述雨殷召對之語，於周延儒自請督師之後，特加「因言」二字，蓋謂熊氏所稱「何名爲將？何名爲督師？」之語，乃指玉繩而發，頗合當日情勢。然則雨殷所奏，疑即陰爲排周起錢之地。牧齋賦詩之前，或亦遠道與謀，未可知也。又「金甌斷送幾書生」句之「幾書生」，自是指温體仁周延儒言。長卿以翰林起家，玉繩以狀頭出身，俱躋位首輔，其爲「書生」，固不待言。但牧齋詩中之「書生」，實偏重玉繩，蓋用吴均續齊諧記所述陽羨許彦於綏安山行，遇一書生，求寄鵝籠中之事。遵王有學集詩注壹「鵝籠曲」四首之一，已詳引之矣，其餘他詩，如此詩前一題「金陵客座逢水榭故姬感嘆而作」四首，每首皆有「鵝籠」二字。及同書壹叁「病榻消寒雜咏」四十六首之十三自注云：「壬午五日鵝籠公有龍舟御席之寵。」等，亦用此典。推其所以累用此典者，實有原因。蓋牧齋深惡王繩，故於明人所通稱之「陽羨」二字，亦避而不用，特取「鵝籠」二字以目之。怨毒之於人，可畏也已。「驪山」「譙國」一聯之典故，遵王注已解釋，不須重論。牧齋以「知兵」自許，此聯之旨即前論初學集貳拾上東山詩集叁「秋夕燕譽堂話舊事有感」七律，「洞房清夜秋燈裏，共簡莊周説劍篇。」之意也。「多謝群公愼推舉，莫令人笑李元平」二句，表面觀之，雖似自謙之語，實則以李元平指周延儒，讀者幸勿誤解也。

綜合言之，牧齋所謂此次與群公共謀王室之事，乃鈎結在朝在野之徒黨，排周延儒，而自以知兵爲藉口，欲取而代之之陰謀。牧齋應有自知之明，揣其本人，於李元平所差無幾，故欲聯絡當日領兵諸將帥爲之效用，尤注意鄭芝龍之實力。此點雖極可笑，但亦是彼時之情勢所致，讀者不可因輕笑牧齋之故，而忽視此明季史事中重要之關鍵也。前言當「白首老人」世路馳驅之日，正「紅顏小婦」病榻呻吟之時。（初學集貳拾上東山詩集叁「冬至後京江舟中感懷」八首之一云：「白首老人徒種菜，紅顏小婦尚飄蓬。」）河東君適牧齋後，不久即患病。其病始於崇禎十四年辛巳秋冬之際，至十六年癸未秋冬之間方告痊愈，凡越三甲子之時日，經過情事之可考見於牧齋詩文中者，依次移寫，而論釋之於下。但上已引者，僅列題目及有關數語。又上雖未引，因其題目有關，則止録題目。讀者可取原集參之也。

初學集貳拾上東山詩集叁「小至日京口舟中」云：

病色依然鏡裏霜，眉間旋喜發新黄。

河東君和詩云：

首比飛蓬鬌有霜，香奩累月廢丹黄。

寅恪案，「小至」爲冬至前一日，（鄭氏近世中西史日表載，崇禎十四年辛巳十一月十九日冬至。雖未必與當時所用之曆切合，然所差亦不甚大也。）檢初學集貳拾上東山詩集叁有「〔辛巳〕中秋日携内出游，次冬日泛舟韵。」二首，并附河東君和作。兩人詩中未見河東君患病痕迹，則自小至日上溯至中秋日，共越三月，而中秋時，尚未發病，故依河東君「累月」之語推之，知其病開始於九十月間也。牧齋詩「病色依然鏡裏霜」之句，乃面有病容，呈霜白色之意。至河東君「首比飛蓬鬌有霜」句，則早興潘安仁二毛之嘆。但此時其年僅二十四，縱有白髮，當亦甚少，蓋自形其憔悴之態耳。且順治十三年丙申河東君年三十九時，牧齋賦茸城惜别詩，有「徐娘髪未宣」句，（見錢曾有學集詩注柒。餘詳下論。）豈有年四十髪尚未斑白，而年二十四，鬌反有霜乎？此爲詩人誇辭趁韵之言明矣。牧齋「發新黄」之語，用花間集伍張泌浣溪沙詞十首之四「依約殘眉理舊黄」句。故河東君和詩以「廢丹黄」答之。此處「丹黄」二字，乃指婦女裝飾用品，非指文士校點用品。因恐讀者誤會，故并及之。

抑更有可論者，前言牧齋不多作詞，今觀牧齋「髪新黄」之語，既出花間集，有學集叁夏五集「留題湖舫」七律二首之二「杜鵑春恨夕陽知」句亦用秦少游淮海詞踏莎行「郴州旅舍」詞「杜鵑聲裏斜陽暮」之語，（可參上論）則知牧齋於詩餘一道，未嘗不研治，其爲博學通才，益可證明矣。

又靳榮藩吳詩集覽肆上「永和宮」詞「巫陽莫救倉舒恨，金鎖雕殘玉筋紅。」其釋「玉筋」固當，但其解「金鎖雕殘」，則無著落。頗疑梅村「金鎖雕殘」四字，即從張泌「依約殘眉理舊黄」句而來。蓋謂雙眉愁鎖，不加描畫也。梅村易「黄」爲「金」，與「玉」相配，尤爲工切。斯爲一時之臆說，未必能得駿公真意。姑記於此，以俟更考。

兹復有一事附論於此。偶檢近日影印歸莊手寫詩稿辛巳稿中載「感事寄二受翁」二首之二「病聞妙道加餐穩，鄉入温柔娱老宜」句下自注云：

婁東受老方卧病，虞山受老初納河東君。

明史貳捌捌張溥傳略云：

張溥字天如，太倉人。與同里張采共學齊名。號婁東二張。采字受先，知臨川，移疾歸。

故玄恭所謂「二受翁」，一即太倉張受先，一即常熟錢受之也。至恒軒賦此題之時日，亦有可考者，此題前「日食」七古一首，其詩云：

眉端有批語云：

十月朔日晝如晦，青天無雲欲見沬。仰望中天知日食，日食之餘如月朏。

丙子秋七月朔，日食，丁丑正朔食，是年十二月朔又食，并今爲四。（寅恪案，談遷國榷玖伍載，崇禎九年丙子七月癸卯朔，日食。十年丁丑正月辛丑朔，日食。同年十二月乙未朔，日食。十四年辛巳十月癸卯朔，丙午日食。與歸氏批語除十四年十月「癸卯」作「丙午」外，其餘全同。明史貳叁莊烈帝紀崇禎九年秋七月不書日食，十年春正月辛丑朔日有食之，同年十二月不書日食。同書貳肆同紀十四年十月癸卯朔，日有食之。夏燮明通鑑莊烈帝紀所書日食，及陳鶴明紀中其孫克家所補崇禎元年以後之記載，皆與明史同。夫明史莊烈帝紀本多遺漏，其闕書日食，原不足异。夏陳之書，依據明史，亦可不論。所可怪者，孺木與玄恭同爲崇禎時人，獨於崇禎十四年十月癸卯朔之日食，書作「丙午」，竟相差三日之久，殊不合理。故談氏之書，雖稱詳確，然讀者亦不可不慎也。）

玄恭此題後第貳題爲「十月四日復就醫婁東，夜雨宿舟中。」依是推計，可知「寄二受翁」詩乃作於崇禎十四年十月初一日至初四日之間也。今據恒軒作詩時日，附録於此，以備參證。又恒軒手稿此題第壹首眉端有「存前首」三字。第貳首眉端有朱筆「丿」之删去符號。然則恒軒本意不欲存第貳首者，豈以此首涉及河東君之故耶？·復檢恒軒此稿辛巳年所作「虎丘即事」詩「拍肩思斷袖，游目更褰裳。」一聯，旁有朱筆批云：「此等不雅，且不韵。」頗似師長語氣。更取國光社影印東澗手校李商隱詩中牧齋筆迹對勘，頗有類似之處，或疑「寄二受翁」詩第貳首眉端朱筆符號，即出之牧齋之手。夫牧齋保有盧家莫愁，乃黄梨洲所謂「牧老生平極得意事。」（見範鍇華笑廎雜筆壹「黄梨洲批錢詩殘本茸城惜别詩」條。）故此端不僅不應隱諱，且更宜藉他人詩詞作，擴大之宣傳，安有使其門生删去此首之理。據是推論，此删去之符號，果東澗所加者，實因玄恭詩語，亦嫌「不雅不韵」所致，非由涉及河東君也。

初學集貳拾上東山詩集叁「寄榆林杜韜武總戎」云：

（詩略。結語前已論。）

同書同卷「冬至後京江舟中感懷」八首（寅恪案，此題第柒首前已移録。第捌首結語亦徵引論及。兹更録第伍首，與此題後諸詩，迄於崇禎十四年「辛巳除夕」共五題，綜合論之於下。所以如是分并者，蓋欲發河東君適牧齋後，曾一度留蘇養痾未發之覆也。）其五云：

人情物論總相關。何似西陵松柏間。敢倚前期論白首，斷將末契結朱顔。緣情詞賦推團扇，慢世風懷托遠山。戀别燭花渾未灺，宵來紅泪正斕斑。

「賀泉州孫太守得子四絶句」云：

（詩略。）

「半塘雪中戲成，次東坡韻」其一云：

千林晃耀失藏鴉，縈席迴簾擁鈿車。匝地楊枝聯玉樹，漫天柳絮攪琪花。熏鑪昵枕梁王賦，⿱難火燭裁書學士家。却笑詞人多白戰，腰間十韵手頻叉。

其二云：

方壁玄珪密又纖，霜娥月姊鬥清嚴。從教鏡裏看增粉，不分空中擬撒鹽。鋪作瑶臺妝色界，結成玉筋照冰簷。高山歲晚偏頭白，只許青松露一尖。

「次韵戈三莊樂六十自壽詩，兼簡李大孟芳。二君與余皆壬午。」詩云：

（詩略。）

「辛巳除夕」云：

風吹漏滴共蕭然。畫盡寒灰擁被眠。昵枕熏香如昨日，小窗宿火又新年。愁心爆竹難將去，永夕缸花只自圓。凄斷鰥魚渾不寐，夢魂那得到君邊。

寅恪案，前論牧齋「冬日嘉興舟中戲示惠香」詩謂惠香與蘇禾兩地有關。又論河東君與汪然明尺牘第貳伍通時，亦言及河東君曾在嘉興養病事。今細繹錢柳兩人「小至日京口舟中」之詩，牧齋「冬至後京江舟中感懷」詩第伍首及「半塘雪中戲成，次東坡韵。」詩并「次韵戈三莊樂六十自壽」詩及「辛巳除夕」詩等，始恍然知河東君此次患病出游京口，因病轉劇，遂留居蘇州養病，而牧齋獨自歸常熟度歲也。

「京江舟中感懷」第伍首，其爲河東君而作，固不待言。初讀之，見第柒第捌兩句，乃用杜牧之詩「蠟燭有心還惜別，替人垂泪到天明。」（見全唐詩第捌函杜牧肆「贈別」二首之二）及晏叔原詞「紅燭自憐無好計。夜寒空替人垂泪。」（見晏幾道小山詞蝶戀花）之典。後取「夜寒」二字與冬至後氣候切合，深服此老使事之精當，但不解何以此時忽有離別之感。後取證之，方悟牧齋「京江舟中感懷」詩第伍首，實因河東君不隨同歸家度歲，獨留蘇養疴，牧齋遂賦此首惜別也。此首全部皆佳妙，讀者自能得知。茲所欲指出者，即「人情物論總相關，何似西陵松柏間。」兩句。此言當時輿論共推己身應作宰相，如河東君半野堂初贈詩所謂「江左風流物論雄」之。但仍不及西陵松柏下之同心人也。「敢倚前期論白首，斷將末契結朱顏。」一聯，上句用潘安仁金谷詩「投分寄石友，白首同所歸。」之典。（見晉書伍伍潘岳傳）下句用陸士衡嘆逝賦「托末契於後生，余將老而爲客。」之典（見文選壹陸）牧齋之意以爲己身長於河東君三十六歲，自當先死，不敢有「白首同歸」之望，但欲以死後未竟之志業，托之於河東君也。豈料後來牧齋爲黃毓祺之案所牽累，河東君雖欲從死，然竟俱得生，而不能從死。

（見有學集壹秋槐詩集「和東坡西臺詩韵六首」序。）迨牧齋逝後三十四日，河東君卒自殺相殉。（見錢孺貽「河東君殉家難事實」）然則牧齋詩語，亦終成預讖矣。奇哉！悲哉！

「賀泉州孫太守得子」詩在「冬至京江舟中感懷」詩後，「半塘雪中戲成」詩前，依排列次序言，似當作於牧齋此游未歸常熟以前，但「半塘雪詩」乃牧齋極意經營之作，欲與東坡半山競勝者，恐非一時所能完就，更須加以修改。豈此和蘇兩律之寫定，實在歸常熟，得聞孫氏生子以後，遂致如此排列耶？俟考。孫太守即常熟孫林之子朝讓。牧齋與孫氏父子兄弟爲鄉里交好。初學集伍陸「誥封中大夫廣東按察司按察使孫君墓志銘」略云：

孫氏世居中州，勝國時，千一公官平江路録事司主事，遂家常熟。府君諱林，字子喬，與其弟諱森，字子桑，羇貫成童，爽朗玉立。子桑與君之伯子恭甫，相繼舉於鄉。又十年，少子光甫亦舉進士。君既辱與先人游，而余與子桑同舉，交在紀群之間。恭甫既第，光甫始見知於余。君之喪，光甫自泉來奔。君卒於崇禎十年四月，享年七十有四。娶陳氏，贈淑人。子三人，朝肅廣東布政司右布政。朝諧國子生。朝讓福建泉州府知府。今余〔罹？〕告訐之禍，幽於請室，而光甫之乞銘也哀，故不辭而爲之銘。

及光緒修常昭合志稿貳伍孫朝肅傳附弟朝讓傳略云：

朝讓字光甫，一號木芝。登崇禎四年進士，歷官刑部郎，出知泉州府。内艱服闋，再補泉州。陞建南兵巡副使。旋晋按察使，轉江西布政使，不赴。年方逾艾，林居終老。年九十而終。

故知牧齋賦賀孫太守得子詩，乃在光甫再任泉州知府之時。常昭合志稿謂「内艱服闋，再補泉州。」但據初學集孫林墓志銘，子喬卒於崇禎十年四月，光甫請銘在牧齋以張漢儒告訐被逮至北京，即崇禎十年閏四月廿五日入獄，次年五月廿五日出獄之間。（參金鶴冲錢牧齋先生年譜）可證光甫第壹次實因丁父憂解任。常昭合志稿傳文中之「内艱」，恐是「外艱」之誤也。

寅恪初視牧齋此賀得子詩，以爲尋常酬應之作，但揆以牧齋此際公私交迫，忙碌至極之情況，豈肯費如許時間及心思，作此通常酬應之舉。故疑其别有作用。檢有學集伍絳雲餘燼集下，即錢曾注本敬他老人集上。「伏波弄璋歌」六首及牧齋外集壹原删詩「越吟憔悴」中「伏波弄璋歌」二首，（原注：「即敬他老人集中删餘。」）始知牧齋當時甚欲利用馬進寶之兵力，以復明室，故不憚煩爲此諂語。孫氏父子兄弟本是牧齋同里舊交，固與馬氏不同。然中年得子，亦爲常事，何乃遠道寄賀，諛詞累牘，一至如是耶？意者此際牧齋頗思藉資鄭芝龍鴻逵兄弟水軍，以達其樓船征東之策。前論沈廷揚上書請任牧齋爲登萊巡撫事及牧齋「調用閩帥議」時，已言及之。考談孺木國榷玖柒載：「崇禎十四年辛巳二月辛酉曾櫻爲副都御史，巡撫登萊。」同書玖捌載：「崇禎十五年壬午十月丁巳曾櫻爲南京工部右侍郎。」明史貳柒陸曾櫻傳云：「明年（崇禎十五年）遷南京工部右侍郎。」及吴廷燮明督撫年表陸「明季增置巡撫」欄載：

巡撫登萊地方贊理軍務

〔崇禎〕十四年。徐人龍。

曾櫻。明史本傳：「遷山東右布政使，分守登萊。十四年春擢右副都御史，巡撫其地。」山東志：「代徐人龍。」

十五年。曾櫻。萬曆丙辰進士題名：「曾櫻。江西峽江民籍。」

曾化龍。〔彭孫貽〕山中聞見録〔陸〕：「十五年十一月以曾化龍巡撫登萊。」

十六年。曾化龍。山東志：「晋江進士。代曾櫻。」萬曆己未進士題名：「曾化龍。福建晋江軍籍。」

故牧齋於崇禎十四年末賦詩賀孫朝讓得子之時，恐已揣知仲含未必能甚久其位，已身儻能繼任，則鄭氏兄弟之兵力，必須争取。孫氏與鄭氏兄弟之關係如何，今難詳考。但既爲泉州知府，則應有藉以交通之可能。豈知受之所覬覦之官，乃爲與鄭氏兄弟同里之曾霖寰所得。霖寰與鄭氏關係自較牧齋直接。牧齋於此亦可謂不自量者歟？由是言之，牧齋平生賦詩，其中頗多爲己身政治服務之作，讀者不察其隱秘，往往以集中濫雜酬應之作相譏誚，亦未免過於膚淺，轉爲牧齋所笑矣。

關於「半塘雪詩」頗有可論者，檢牧齋外集伍「薛行屋詩序」略云：

介甫謂子瞻雪詩有少陵氣象。形神俱肖少陵復生者，在宋惟子瞻。

牧齋此序本爲敷衍薛所藴而作。酬應之文，殊不足道。但牧齋賦詩，宗尚少陵，於杜詩著有專書。此文引介甫謂子瞻雪詩有少陵氣象之語，可見受之於子瞻雪詩尤所用心。牧齋雪詩之工妙，固不敢謂勝於介甫，然必不遜於子由，可以斷言也。至牧齋詩中諸問題，茲不能詳論，唯有可注意者，即牧齋與河東君出游京口，歸途至蘇州，何以有此戲作雪詩一題？細繹詩後第貳題爲「辛巳除夕」七律，其結語云：「凄斷鰥魚渾不寐，夢魂那得到君邊。」并參以「雪詩」第壹首第貳句「縈席迴簾擁鈿車」及第壹聯「匝地楊枝聯玉樹，漫天柳絮攪琪花。」之指河東君等句。然後豁然通解牧齋半塘雪詩，實與惠香有關。因惠香寓蘇州，（此點可參前引牧齋永遇樂詞「十七夜」：「隔船窗，暗笑低顰，一縷歌喉如髮。」及「生公石上，周遭雲樹，遮掩一分殘闕。」并初學集貳拾上東山詩集叁「效歐陽詹玩月詩」：「誰家玩月無歌版，若個中秋不舉觴。虎山橋浸水精域，生公石上瑠璃場。酒旗正臨天駟動，歌扇恰倚月魄涼。」等句。）河東君或又曾在其嘉興之寓所養痾。此寓所恐即是吴來之昌時鴛湖別業，所謂勺園者。

（見前論牧齋「冬日嘉興舟中戲示惠香」詩）此次京江之游病勢已劇，似可依前例留居惠香蘇寓療疾也。是時惠香究寓蘇州何處，是否在半塘？抑或在他處？今未能確悉。假使牧齋適在半塘途中遇雪，因而乘興賦詩，則殊不成問題。若不然者，則河東君留蘇州養痾之寓所，必與半塘有關。但惠香斯際是否寓半塘，又無以考知。此點尚須詳檢。

茲復有一事可以注意者，即顧公燮消夏閑記選存「拙政園」條（參嘉慶一統志柒捌蘇州府貳津梁門「臨頓橋」條及吳詩集覽柒上「咏拙政園山茶花」并引。又阮葵生茶餘客話捌「拙政園」一條及吳槎客蠶尖陽叢筆壹「徐夫人燦」條，所記頗詳，足資考證。至張霞房紅蘭逸乘「叺述」類「拙政園在齊門內迎春坊」條云：「吳三桂婿王長安別業也。吳敗，爲海鹽陳相國之遴得。」一則所述名園之易主，先後顛倒，殊爲舛誤也。）云：

海寧相陳之遴薦吳梅村祭酒至京，蓋將虛左以待。比至，海寧已敗，盡室遷謫塞外。梅村作拙政園山茶歌，感慨惋惜，蓋有不能明言之隱。拙政園在婁齊二門之間，地名北街。嘉靖中御史王獻臣因大宏寺遺址營別墅，以自托於潘岳拙者之爲政也。文衡山圖記以志其勝。後其子以樗蒲一擲，償里中徐氏。國初海寧得之，復加修葺，烜赫一時。中有寶珠山茶三四株，交枝連理，鉅麗鮮妍。海寧貶謫，而此園籍沒入官。順治末年爲駐防將軍寓居。康熙初又爲吳三桂婿王永寧所有，益復崇高雕鏤，備極華侈。滇黔作逆，永寧懼而先死，其園入官。内有斑竹廳一座，即三桂女起居處也。康熙十七年改爲蘇松道署，道臺祖道立葺而新之，缺裁，散爲民居，有王皋聞顧壁斗兩富室分售焉。其後總戎嚴公偉亦居於此。今屬蔣氏，西首易葉程二氏矣。

及同治修蘇州府志肆陸第宅園林門長洲縣「拙政園」條，「康熙十八年改蘇常新署」句下原注云：

徐乾學記云，始虞山錢宗伯謙益嘗構曲房其中，以娱所嬖河東君，而海寧相公繼之，門施行馬。海寧得禍，入官。（吴槎客騫尖陽叢筆壹「拙政園」條略云：「柳蘼蕪亦嘗寓此，曲房乃其所構。陳其年詩云，堆來馬糞齊妝閣。其荒凉又可想見矣。」可供參證。）

寅恪案，健庵生於崇禎四年，與錢柳爲同時人，所言當非虚構。但牧齋於順治四五兩年，因黄毓祺案，曾居拙政園，見第伍章所論。頗疑原一所言，乃指崇禎時事，與後來黄案無關。若所推測者不誤，即當是指十四年末，十五年初而言。蓋河東君自崇禎十四年六月適牧齋後，迄於明南都傾覆，唯此短時間曾居吴苑養痾也。姑記於此，更俟詳考。或謂十四年末，十五年初，河東君居蘇州養痾之地，乃是張异度世偉之泌園，即舊時陳惟寅之淥水園。蓋异度及其子綏子奕，皆與牧齋交誼甚篤，故河東君可因牧齋之故，暫藉其地養痾。但此説尚未發現證據，姑録之，以俟詳考。（可參初學集伍肆「張异度墓志銘」及有學集伍「假我堂文宴詩」等。）

又梅村家藏稿叁詩前集叁「圓圓曲」云：

家本姑蘇浣花裏，圓圓小字嬌羅綺。夢向夫差苑裏游，宮娥擁入君王起。前身合是采蓮人，門前一片横塘水。

自是以西施比畹芬，與此曲下文：

君不見館娃初起鴛鴦宿，越女如花看不足。香徑塵生鳥自啼，屧廊人去苔空緑。

及「爲君别唱吴宫曲」等語，皆用同一典故。「浣花裏」者，辛文房唐才子傳陸「薛濤傳」云：

濤字洪度，成都樂妓也。性辨惠，調翰墨。居浣花裏，種菖蒲滿門。傍即東北走長安道也。

可知梅村所用乃薛濤故事。靳榮藩吴詩集覽柒上引宋人劉詵「題羅稚川小景」詩：「江村頗類浣花裏」以釋此句。殊不知劉詩此句下接以「人品兼似陶淵明」之語。足徵劉詩之「浣花裏」實指杜少陵，始可與陶淵明并舉。梅村賦詩，豈得取杜陶以比畹芬，致貽儗人不於其倫之譏耶？蓋靳氏漫檢佩文韵府作注，并未深究駿公用意之所在也。至於「横塘」與越來溪有關，而越來溪與越王勾踐及西施間接有關。（見嘉慶一統志柒柒蘇州府壹山川門「横塘」及「越來溪」等條。）故又與「館娃宫」「響屧廊」「吴宫」等語互相聯繫，不待詳論。由是言之，頗疑梅村意中「浣花裏」即指「臨頓里」。葉聖野贈姜如斯詩云：「酒壚尋卞賽，花底出陳圓。」（見下引）或者當崇禎中河東君早與卞雲裝陳畹芬等居於臨頓里，迨崇禎十四年復在∨雲裝處，即拙政園養痾歟？牧齋賦詩往往以河東君比西施。此點恐由河東君早在崇禎十四年以前即與畹芬雲裝同寓臨頓里之故。若所推測不誤，則一代名姝，此短時間內，群集於此里，洵可稱嘉話。惜尚難詳確證明，甚願當世及後來之通人有以賜教。

寅恪追憶舊朝光緒己亥之歲旅居南昌，隨先君夜訪書肆，購得尚存牧齋序文之梅村集。是後遂習誦圓圓曲，已歷六十餘載之久，猶未敢自信能通解其旨趣。可知讀書之難若此。際今以廢疾之頹齡，既如仲公之健忘，而欲效務觀之老學，日暮途遠，將何所成，可傷也已！

又鄙意河東君所以留蘇養痾，不偕牧齋歸家度歲，當更有其他理由。考後漢書列傳捌叁梁鴻傳略云：

梁鴻字伯鸞，扶風平陵人也。疾且困，告主人曰，昔延陵季子葬子於嬴博之間，不歸鄉里。慎勿令我子持喪歸去。及卒，〔高〕伯通等爲求葬地於吴要離冢傍。咸曰，要離烈士，而伯鸞清高，可令相近。

河東君者，以美人而兼烈女，企慕宋代之梁紅玉，觀其扶病出游京口，訪吊安國夫人之古戰場一事，可以證知。韓梁墓在蘇州靈巖山，河東君當時自料其必死，死而葬於蘇州，即陸放翁「死當穿冢伴要離」及「死有要離與卜鄰」之意也。（見劍南詩稿柒「月下醉題」及貳柒「書嘆」。）

復次，白氏長慶集壹貳「真娘墓」（自注：「墓在虎丘寺。」）云：

真娘墓，虎丘道。不識真娘鏡中面，唯見真娘墓頭草。霜摧桃李風折蓮，真娘死時猶少年。脂膚荑手不牢固，世間尤物難留連。難留連，易銷歇。塞北花，江南雪。

吴地記云：

虎丘山有貞娘墓，吴國之佳麗也。行客才子，多題詩墓上。

範鍇華笑廎雜筆本顧云美「河東君傳」末署：

甲辰七月七日書於真娘墓下。

據此，云美之意殆拘執地方名勝古迹，以爲河東君願死葬蘇州之故，僅由於欲與唐之貞娘相比并，則猶未盡窺見河東君平生壯志之所在也。

尤有可注意者，即顧公燮消夏閑記選存「柳如是」條云：

甲辰七月七日東海徐賓爲葬於貞娘墓下。（寅恪案，徐賓事迹見松江府志伍陸徐冕傳附長子賓傳及張應昌國朝詩鐸卷首名氏爵里著作目。）

夫河東君葬於常熟牧齋墓西數十步秋水閣之後（詳見金鶴沖錢牧齋先生年譜康熙三年甲辰

條後附載）至今猶在，不解公燮何以有此語？豈徐賓曾有此議，未成事實，公燮遂誤認爲真事耶？若徐氏果有此議者，則其意亦與云美相似矣。

抑更有可論者，即關於半塘雪詩兩首之内容是也。牧齋爲文賦詩，韓杜之外，兼崇歐蘇。半塘雪詩一題，既是和蘇，自必與東坡詩集有密切關係。牧齋平生雖習讀蘇詩，然拈題詠物，仍當以分類之本爲便。寅恪昔年箋證白香山新樂府，以爲七德舞一篇乃用吴兢貞觀政要爲骨干。其理由已詳證釋之矣。東坡之詩，今古流傳，版本甚多，牧齋富有藏書，所見舊本，自必不少。檢錢遵王述古堂書目貳詩集類載「東坡集王梅溪注二十卷。」（參瞿鳳起君編虞山錢遵王藏書目録彙編柒集部詩集類。）天禄琳瑯書目陸元版集部載：

增刊校正王狀元集注分類東坡先生詩，宋蘇軾著，王十朋集注，劉會孟批點，二十五卷。元柯九思藏本，明項元汴，本朝季振宜俱經收藏。

近年涵芬樓影印之宋務本堂刊本，即同此分類之本。但天禄琳瑯本，既經季滄葦收藏，季氏之書，與遵王牧齋直接間接相涉，則牧齋賦半塘雪詩，曾取用此本，頗有可能。絳雲樓書目中未載此書，牧齋殆以其爲坊賈編撰，殊有脱誤，棄不收録耶？牧齋固是博聞强記之人，但賦半塘雪詩時，究以分類之本較爲省力。吾國類書之多，與此甚有關係。兹以軼出範圍，可置不論。此題兩首，雖同爲詠雪之詩，然細繹之，其主旨所在，實有分別。前首指河東君與己身之關係，後首指周延儒與己身之關係。兹請依次略論之。

「半塘雪詩」前首第貳句「縈席迴簾擁鈿車」出謝惠連「雪賦」，「末縈盈於帷席」。又「縈」字與後引「次韻晏殊壬午元日雪詩」第伍句「試妝破曉縈香粉」之「縈」字有關。「鈿車」又與後引再次晏韻詩第貳句「油壁車應想玉珂」之「油壁車」及後引「獻歲書懷」第壹首第壹句「香車簾閣思葱蘢」之「香車」相涉。第壹聯「匝地楊枝聯玉樹，漫天柳絮攪琪花。」「楊柳」爲河東君之姓，下句可參集注分類東坡先生詩柒「雨雪」類「癸丑春分後雪」詩「却作漫天柳絮飛」及有學集拾紅豆詩貳集「後秋興」八首之二「漫天離恨攪楊花」，其指河東君而言，辭語明顯，實此首之主旨也。

第貳聯「熏鑪昵枕梁王賦，蠟燭裁書學士家。」上句錢遵王注已引文選壹叁謝惠連「雪賦」：「願低帷以昵枕，念解佩而褫紳。」可不贅釋。下句似用宋祁修唐書事。魏泰東軒筆録壹壹云：

嘉祐中禁林諸公，皆入兩府。是時包孝肅公拯爲三司使，宋景公祁守益州。二公風力名次，最著人望，而不見用。京師諺語曰，撥隊爲參政，成群作副樞。虧他包省主，悶殺宋尚書。明年包亦爲樞密副使，而宋以翰林學士承旨召。景文道長安，以詩寄梁丞相，略曰，梁王賦罷相如至，宣室鳌残賈誼歸。蓋謂差除兩府，足方被召也。

同書壹伍云：

宋子京博學能文章，天資蘊藉，好游宴，以矜持自喜。晚年知成都府，帶唐書於本任刊修，每宴罷盥漱畢，開寢門，垂簾，燃二椽燭，媵婢夾侍，和墨伸紙，遠近觀者，皆知尚書修唐書矣。望之如神仙焉。

蓋牧齋平生自負修史之才，又曾分撰神宗實録，并著有太祖實録辨證五卷（詳見初學集首程嘉燧序及同書壹佰至壹佰壹伍「太祖實録辨證」并葛萬里編牧齋先生年譜天啓元年辛酉條。金鶴冲錢牧齋先生年譜天啓元年辛酉條及五年乙丑條等。）其以宋景文修唐書爲比，頗爲適合。

又宋詩「梁王賦罷相如至」亦於牧齋有所啓發。所以有此推測者，一因上句用謝惠連「雪賦」，「低帷昵枕」之典。此賦首有：

歲將暮，時既昏，寒風積，愁雲繁。梁王不悦，游於兔園。乃置旨酒，命賓友，召鄒生，延枚叟，相如末至，居客之右。俄而微霰零，密雪下，王乃歌北風於衛詩，咏南山於周雅，授簡於司馬大夫曰，抽子秘思，騁子妍辭，侔色揣稱，爲寡人賦之。

二因魏氏引景文詩有「梁王賦罷相如至」之句，與雪事間接相關。三因牧齋此首七八兩句用歐陽永叔咏雪故事，而歐宋同是學士，又同爲修唐書之人。（除宋史歐宋兩人本傳外，可參涵芬樓百衲本新唐書壹高祖紀及柒陸后妃傳等所署歐宋官銜。）四因宋子京在當時負宰相之望，而未入兩府，與牧齋身世遭遇相類。五因景文修唐書時垂簾燃燭，媵婢夾侍，河東君亦文亦史，爲共同修書最適當之女學士。初學集卷首載蕭士瑋讀牧翁集七則之五云：

錢牧老語余言，每詩文成，舉以示柳夫人，當得意處，夫人輒凝睇注視，賞咏終日。其於寸心得失之際，銖兩不失毫髮。余嘗以李易安同趙德甫每飯罷，坐歸來堂，烹茶指堆積書史，言某事在某書某卷，第幾頁第幾行，以中否勝負，爲飲茶先後。中則舉桮大笑，或至茶覆懷中，不得飲而起。每思閨閣之内，安得有此快友，而夫人文心慧目，玅有識鑒似此，易安猶當讓出一頭地。惟朝雲謂子瞻一肚皮不合時宜，此語真爲知己。然則公與柳夫人，故當相視而笑也。

可以爲證。虞山受老（此歸恒軒恭上其師之尊號。今從之，蓋所以見即在當日，老而不死之老，已不勝其多矣。）拈筆時據此五因，遂不覺連想揉合構成此聯下句「爇燭裁書學士家」之辭歟？

或謂集注分類東坡先生詩肆婦女類「趙成伯家有麗人，僕忝鄉人，不肯開樽，徒吟春雪美句，次韵一笑。」詩：「試問高吟三十韵，何如低唱兩三杯。」句下自注云：

世言檢死秀才，衣帶上有雪詩三十韵。又云，陶穀學士買得党太尉家妓（寅恪案，党太尉即党進，事迹見宋史貳陸拾本傳。）遇雪，陶取雪水烹團茶，謂妓曰，党家應不識此。妓曰，彼麄人，安有此？但能於紅綃煖帳中，淺斟低唱，吃羊羔兒酒。陶嘿然慚其言。據此，則牧齋所謂學士，指陶穀，或即東坡。但寅恪以陶蘇典故中，俱無「㸌裁書」之事，此說未必有當也。

第柒句「却笑詞人多白戰」出六一居士外集「雪」七古題下自注：

時在潁州作。玉月梨梅練絮白舞鵝鶴銀等字，皆請勿用。

并集注分類東坡先生詩柒雨雪類「聚星堂雪」序云：

元祐六年十一月一日，禱雨張龍公，得小雪，與客會飲聚星堂。忽憶歐陽文忠公作守時，雪中約客賦詩，禁體物語，於艱難中，特出奇麗。爾來四十餘年，莫有繼者。僕以老門生繼公後，雖不足追配先生，而賓客之美，殆不減當時。公之二子，又適在郡，故輒舉前令，各賦一篇。

其詩云：

（上略。）當時號令君聽取，白戰不許持寸鐵。

及同書同卷「江上值雪，效歐陽體限不以鹽玉鶴鷺絮蝶飛舞之類爲比，仍不使皓白潔素等字，次子由韵。」云：

（詩略。）

第捌句「腰間十韵手頻叉」，「十韵」之出處，恐是指六一居士集壹叁「對雪十韵」詩，至「腰間」一語，或即用上引東坡詩「試問高吟三十韵」句自注中「世言檢死秀才，衣帶上有雪詩三十韵。」之典也。俟考。

「半塘雪詩」後首第壹句「方璧玄珪密又纖」當出文選壹叁謝惠連「雪賦」「既因方而爲珪，亦遇圓而成璧。」但牧齋詩語殊難通解。豈由尚書禹貢有「禹錫玄圭，告厥成功。」及此首第柒句「高山歲晚偏頭白」，用劉禹錫詩「雪裏高山頭白早」語，因而牽混，誤「圓」爲「玄」。并仿文選壹陸江文通「别賦」，「心折骨驚」之例，造成此句耶？揆以牧齋平日記憶力之强，似不應健忘如此，頗疑此首第壹聯「從教鏡裏看增粉，不分空中擬撒鹽。」表面用閨閣典故及東坡「癸丑春分後雪」詩「不分東君專節物」句。（見集注分類東坡先生詩柒雨雪類。）實際指己身與周延儒之關係。故下句暗用尚書僞古文「説命」下「若作和羹，爾惟鹽梅。」之語。意謂從教玉繩作相，而己身不分入閣也。當賦詩之時，心情激動，遂致成此難解之句歟？此首第柒句及第捌句「祇許青松露一尖」，用論語子罕篇「歲寒然後知松柏之後雕」語。蓋以己身與陽羨相對照，意旨亦明顯矣。

關於戈莊樂事迹，可參初學集肆叁「保硯齋記」及同書捌貳「莊樂居士命工采畫阿彌陀佛偈」等，并前論牧齋致李孟芳札，欲絶賣漢書與毛子晋事及光緒修常昭合志稿叁貳畫家門云：

戈汕字莊樂。畫法鈎柒細密，雖巨幅長卷，石紋松針，了了可辨。嘗造蝶几，長短方圓，惟意所裁。疊則無多，張則滿室。自二三客至數十，皆可用。亦善吟。

并郟蘭坡掄逵虞山畫志貳云：

戈汕字莊樂，能詩，善篆籀。

等條。總之，戈氏此時當留居常熟，故牧齋賦詩亦在崇禎十四年冬季，出游歸家度歲之時也。又「辛巳除夕」詩，前已據其七八兩句，謂牧齋别河東君於蘇州，獨還家度歲。此詩第壹聯「昵枕熏香如昨夜，小窗宿火又新年。」乃追憶庚辰除夜偕河東君守歲我聞室中之事。上句指「辛巳元日」詩「茗椀熏鑪殢曲房」之句。第貳聯「愁心爆竹難將去，永夕缸花只自圓。」下句指「〔辛巳〕上元夜泊舟虎丘西溪，小飲沈璧甫齋中。」柳詩「銀缸當夕爲君圓」，餞詩「燭花如月向人圓」。至此詩第貳句「畫盡寒灰擁被眠」，亦指辛巳上元夜餞詩「微雪疏簾鑪火前」一句。總而言之，「辛巳除夕」詩爲今昔對比之作。景物不殊，人事頓异，牧齋拈筆時，其離合悲歡之感，可以想見矣。

兹移録初學集貳拾上東山詩集叁崇禎十五年壬午元日至清明牧齋所作詩於下。蓋以釋證牧齋此時期内由常熟至蘇州迎河東君返家，并略述與惠香一段故事也。

「壬午元日雨雪，讀晏元獻公壬午歲元日雪詩，次韻。」云：

九天凍雨合銀河。一夜飛霙照玉珂。揚絮柳催幡勝早，薄花梅入剪刀多。寒威盡掃黃巾壘，殺氣平填黑水波。漫憶屯邊饒鐵甲，西園鐘鼓意如何。

「次前韻」云：

玉塵侵夜斷星河，油壁車塵想玉珂。歷亂梅魂辭樹早，迷離柳眼著花多。試妝破曉縈香粉，恨別先春罥綠波。一曲幽蘭正相儷，熏罏明燭奈君何。

「獻歲書懷」二首。其一云：

香車簾閣思葱蘢，旋喜新年樂事同。蘭葉俏將迴淑氣，柳條剛欲泛春風。對題酒甕拈重碧，囑累花幡護小紅。幾樹官梅禁冷蕊，待君佳句發芳叢。

其二云：

香殘漏永夢依稀。網户疏窗待汝歸。四壁圖書誰料理，滿庭蘭蕙欲芳菲。梅花曲裏催游騎，楊柳風前試夾衣。傳語雕籠好鸚鵡，莫隨啁哳羨群飛。

寅恪案，上列四詩，第壹首指周延儒，其餘叁首則爲河東君而作。牧齋此時憎鶗籠公，而愛河東君。其在明南都未傾覆以前，雖不必以老歸空門爲烟幕彈，然早已博通内典，於釋氏冤親平等之說，必所習聞。寅恪嘗怪玉溪生徘徊牛李兩黨之間，賦咏柳枝燕臺諸句。但檢其集中又有「世界微塵裏，吾甯愛與憎。」之語，（見李義山詩集下「北青蘿」。）可見能知而不能行者，匪獨牧齋一人，此古今所同慨也。

前論牧齋半塘雪詩，前首指河東君與己身之關係，後首指周延儒與己身之關係。次韻晏同叔壬午元日雪詩指鵝籠公，次前韻詩，則爲河東君而作。由是言之，此兩首即補充半塘雪詩之所未備者。壬午元日詩七八兩句「漫憶屯邊饒鐵甲，西園鐘鼓意如何。」錢遵王注已引魏泰東軒筆録以釋之，自可不贅。第貳句「一夜飛霙照玉珂」之「玉珂」，用岑嘉州「和祠部王員外雪後早期即事」詩「色藉玉珂迷曉騎，光添銀燭晃朝衣。」之典。（見全唐詩第叁函岑參肆。）乃指京師百官早朝而言，玉繩時爲首輔，應居班首。與「次前韻」第貳句「油壁車應想玉珂」之「玉珂」，用李娃傳「自平康東門入，將訪友於西南，至鳴珂曲。」之典，乃指如汧國夫人身分之河東君言，且暗以墜鞭之人自許。故「玉珂」二字，雖兩詩同用，然所指之人各殊。牧齋賦詩精切，於此可證。第貳聯上句「黄巾」指李張，下句「黑水」指建州，蓋謂玉繩無安内攘外之才，今居首輔之位，亦即「病榻消寒雜咏」第壹叁首「都將柱地擎天事，付與搔頭拭舌人。」之意也。

關於「次前韻」詩，專爲思念河東君而作，自不待言。故錢遵王注本全無詮解，亦不足怪。兹略釋之。其實皆淺近易知之典，作此蛇足，當不免爲通人所笑也。唯有可注意者，即牧齋雖博涉群籍，而此詩則多取材文選，豈以河東君夙與幾社名流往還，熟精選理，遂不欲示弱耶？

第壹聯上句之「梅魂」，指己身，見前論河東君「寒柳」詞及論牧齋「我聞室落成，迎河東君居之。」詩等節。「辭樹早」即去國早之意。下句「柳眼」指河東君，見前引河東君次韵答牧齋「冬日泛舟」詩。「著花多」即「閱人多」之意。綜合言之，自傷中年罷斥，并傷河東君亦適人稍晚，雖同淪落，幸得遇合，悲喜之懷，可於十四字中窺見矣。

第貳聯「試妝破曉縈香粉，恨別先春罩綠波。」上句用玉溪生「對雪」七律二首之二「忍寒應欲試梅妝」（見李義山詩集上）「忍寒」頗合河東君性格。又義山此首結語云：「關河凍合東西路，腸斷斑騅送陸郎。」尤與錢柳當日情事相合。此聯上句又用秦仲明詩「惹砌任他香粉妒，縈叢自學小梅嬌。」（見全唐詩第拾函秦韜玉「春雪」七律。）「縈」字復出謝氏「雪賦」，且秦氏之題爲「春雪」，亦頗適當。又「香」字或與惠香有關。下句用文選壹陸江文通「別賦」：「春草碧色，春水淥波。送君南浦，傷如之何。」「先春」者，牧齋於崇禎十四年歲暮別河東君於蘇州，而十五年立春又在正月初五日也。（見鄭氏近世中西史日表）第柒第捌兩句「一曲幽蘭正相儷，熏鑪明燭奈君何。」用謝氏「雪賦」，「楚謠以幽蘭儷曲」及「燎薰鑪兮炳明燭」。「奈君何」者，離別相思之意。「君」則「河東君」之「君」，非第二人稱之泛指也。

關於「獻歲書懷」一題，其爲河東君而作，亦不待言。第壹首除第陸句「囑累花幡護小紅」，用杜少陵「秋野」五首之三「稀疏小紅翠，駐屐近微香。」之「香」字，（見杜工部集壹肆。）或指惠香。其餘皆不難解，無煩釋證也。第貳首第叁句「四壁圖書誰料理」，自是非牧齋藏書之富，而河東君又爲能讀其藏書之人，不足以當此語。前引顧云美「河東君傳」略云：

爲築絳雲樓於半野堂之後，房櫳窈窕，綺疏青瑣，旁龕古金石文字，宋刻書數萬卷。君於是乎儉梳靚妝，湘簾棐几，煮沈水，鬥旗槍，寫青山，臨墨妙，考异訂訛，間以調謔，略如李易安在趙德甫家故事。

及蕭伯玉「讀牧翁集」七則之五，可以證知也。第柒捌兩句「傳語雕籠好鸚鵡，莫隨啁哳羨群飛。」則爲紀當日之事實。玆略考論之於下。

冒辟疆影梅庵憶語壹云：

辛巳早春，余省覲去衡岳，由浙路往，過半塘訊姬（寅恪案，「姬」指董小宛。）則仍滯黄山。許忠節公赴粤任，（寅恪案，「許忠節公」指如皋許直字若魯，明南都謚忠節者，事迹見明史貳陸陸及查繼佐國壽録壹本傳并明詩綜柒貳小傳等。「赴粤任」者，蓋指其赴廣東惠來縣知縣任也。）與余聯舟行。偶一日赴飲歸，謂余曰，此中有陳姬某，（寅恪案，「陳姬某」指陳圓圓。）擅梨園之勝，不可不見。余佐忠節治舟，數往返始得之。其人淡而韵，盈盈冉冉，衣椒繭時背，顧湘裙，真如孤鸞之在烟霧。是日燕，弋腔紅梅以燕俗之劇，呀呀啁哳之調，乃出之陳姬身口，如雲出岫，如珠在盤，令人欲仙欲死。漏下四鼓，風雨忽作，必欲駕小舟去。余牽衣訂再晤。答云，光福梅花如冷雲萬頃。子能越旦偕我游否？則有半月淹也。余迫省覲，告以不敢遲留。故復云，南岳歸棹，當遲子於虎疁叢桂間，蓋計其期八月返也。余別去，恰以觀濤日奉母回。至西湖，因家君調已破之襄陽，心緒如焚。便訊陳姬，則已爲竇霍豪家掠去，聞之慘然。及抵閶門，水澀舟膠，去滸關十五里，皆充斥不可行。偶晤一友，語次有佳人難再得之嘆。友云，子誤矣。前以勢劫去者，贋某也。某之匿處，去此甚邇，與子偕往。至果得見，又如芳蘭之在幽閣也。相視而笑曰，子至矣，子非雨夜舟中訂芳約者耶？曩感子殷勤，以凌遽不獲訂再晤。今幾入虎口得脱，重晤子，真天幸也。我居甚僻，復長齋，茗椀鑪香，留子傾倒於明月桂影之下，且有所商。余以老母在舟，緣江楚多梗，率健兒百餘護行，皆住河干，瞿瞿欲返。甫黄昏而炮械震耳，擊炮聲如在余舟旁。亟星馳回，則中貴争持河道，與我兵閂，解之始去。自此余不復登岸。越旦，則姬淡妝至，求謁吾母太恭人。見後，仍堅訂過其家。乃是晚舟仍中梗，乘月一往相見。卒然曰，余此身脱樊籠，欲擇人事之。終身可托者，無出君右。適見太恭人，如覆春雲，如飲甘露，真得所天。子毋辭。余笑曰，天下無此易易事。且嚴親在兵火，我歸，當棄妻子以殉。兩過子，皆路梗中無聊閑步耳。子言突至，余甚訝。即果爾，亦塞耳堅謝，無徒誤子。復宛轉云，君倘不終棄，誓待君堂上畫錦旋。余笑云，若爾，當與子約。驚喜申囑，語絮絮不悉記。即席作八絶句付之。歸歷秋冬，奔馳萬狀。至壬午仲春，都門政府，言路諸公，恤勞人之勞，憐獨子之苦，馳量移之耗，先報。余時正在毘陵，聞音如石去心，因便過吴門慰陳姬。蓋殘冬屢趣余，皆未及答。至則十日前復爲竇霍門下客以勢逼去。先吴門有嫿之者，集千人嘩劫之。勢家復爲大言挾詐，又不惜數千金爲賄。地方恐貽伊戚，劫出復納入。余至，悵惘無極！然以急嚴親患難，負一女子無憾也。

陳維崧婦人集云：

姑蘇女子圓圓（冒褒注：「字畹芬。」）庡家女子也。色藝擅一時。如皋冒先生常言婦人以姿致爲主，色次之。碌碌雙鬟，難其選也。蕙心紈質，澹秀天然，生平所覯，則獨有圓圓耳。崇禎末年戚畹武安侯劫置别室中，侯武人也，圓圓若有不自得者。（寅恪案，「武安侯」指田弘遇。蓋漢武帝舅田蚡封武安侯。見史記壹佰柒，漢書伍貳田蚡傳。此藉用古典也。）

張潮虞初新志壹壹陸次雲「圓圓傳」云：

圓圓陳姓，玉峰歌妓也。聲甲天下之聲，色甲天下之色。崇禎癸未歲，總兵吴三桂慕其名，賫千金往聘之，已先爲田畹所得，時圓圓以不得事吴怏怏也。而吴更甚。田畹者，懷宗妃之父也。年耄矣。圓圓度流水高山之曲以歌，畹每擊節，不知其悼知音之希也。

鈕琇觚賸燕觚「圓圓傳」云：

明崇禎末，流氛日熾，秦豫之間關城失守，燕都震動，而大江以南，阻於天塹，民物晏如，方極聲色之娱，吴門尤甚。有名妓陳圓圓者，容辭閑雅，額秀頤豐，有林下風致。年十八，隸籍梨園。每一登場，花明雪艷，獨出冠時，觀者魂斷。維時田妃擅寵，兩宮不協，烽火羽書，相望於道。宸居爲之憔悴。外戚周嘉定伯〔奎〕以營葬歸蘇，（參明史叁佰周奎傳。）將求色藝兼絶之女，由母后進之，以紓宵旰憂，且分西宮之寵。（寅恪案，「西宮」指田妃。）因出重貲購圓圓，載之以北，納於椒庭。一日侍后側，上見之，問所從來。后對左右供御，鮮同里順意者。兹女吴人，且嫻崑伎，令侍櫛盥耳。上制於田妃，復念國事，不甚顧。遂命遣還。故圓圓仍入周邸。

吴詩集覽柒上「圓圓曲」後附馬孝升之言曰：

嘉定伯已將圓圓進。未及召見，旋因出永巷宫人，貴妃遂竄名籍中，出付妃父田弘遇家，而吴〔三桂〕於田席上見之也。

寅恪案，冒襄於崇禎十五年壬午二月在常州得其父起宗量移之耗，始赴蘇州，慰答陳圓圓。及抵吴門，則圓圓已於十日前爲外戚門下客以勢逼去。又辟疆於前一年，即崇禎十四年辛巳八月十五日在杭州得聞外戚豪家掠去贗鼎之陳圓圓。此兩點甚可注意，蓋取牧齋「獻歲書懷」二首之二，第柒捌兩句「傳語雕籠好鸚鵡，莫隨啁哳羨群飛。」及初學集貳拾上東山詩集叁列於「催妝詞」四首後，「燕譽堂秋夕」七律前之「田國戚奉詔進香岱岳。渡南海，謁普陀。還朝，索詩爲贈。」一首，參合時日地域人事三者考之，始知其間實有未發之覆也。

牧齋贈田弘遇詩云：

戚臣銜命報禖祥。玉節金函出尚方。天子竹宫親望拜，貴妃椒室自焚香。鯨波偃作慈雲色，蝗氣銷爲瑞日光。岱岳山呼那得并，海潮音裏祝吾皇。

國榷玖捌云：

壬午崇禎十五年七月己巳朔癸未皇貴妃田氏薨，輟朝三日。（寅恪案，癸未爲十五日，但王譽昌崇禎宫詞「粉瘦朱愁卧綺櫳」一首吴理注云：「七月十六日妃囑托外家兄弟，而殁。」差誤一日，恐因吴理依據妃薨後，次日發表之文告所致耶？）妃父田弘遇，嘗任千總，妻吴氏，倡也。養妃爲女，能書，最機警。居承乾宫。丁丑旱，上齋宿武英殿半月，俄欲還宮，妃遣人辭曰，政妄誕日，不宜還也。（參崇禎宮詞下「桑林終日望雲霓」一首注。）庚辰辛巳間，太監曹化淳買江南歌姬數人，甚得嬖，累月不見妃。妃疏諫，上曰，數月不見卿，學問大進。歌舞一事，祖宗朝皆有之，非自朕始也。（寅恪案，孺木此節所記，可參影梅庵憶語中所述崇禎十四年中秋在杭州得聞假陳圓圓被劫北行事及觚賸「圓圓傳」載周后對崇禎帝之謂圓圓吴人，且嫻昆伎節。并崇禎宮詞「宵旰殷憂且暫開」一首注等。）及薨，上悼恤有加。

牧齋贈田弘遇詩，乃敷衍酬應之作，在初學集中，實居下品，可不録存。但吾人今日轉藉此詩，得以判決當時一重公案，亦殊不惡。依「禖祥」及「貴妃」之語，知弘遇此行雖稱進香岱岳，然實兼爲其女田貴妃往普陀禮拜觀音，祈求子息繁衍，并禱疾病痊愈。世傳普陀爲觀音居處，由來已久，茲不必深考。檢圖書集成歷象彙編歲功典伍肆夏季部彙考江南志「吴縣」條：「六月十九日爲觀音成道，進香支硎。」故弘遇於崇禎十四年六月十九日進香完畢後，由普陀還京復命。其向牧齋索詩之時，當在七月間，因此詩列於六月七日，即錢柳茸城結縭詩之後，已過七夕不久所賦之「燕譽堂秋夕詩」之前故也。今此可笑可厭之詩，其作成時間，既可約略推定，則發生一疑問，即牧齋是時熱中進取，交結戚畹，似無足怪。但弘遇爲武人，應不解牧齋文章之佳妙，何以忽向之求詩，殆藉此風雅之舉，因便與牧齋有所商詢。

列朝詩集閏肆楊宛小傳云：

楊宛字宛叔，金陵名妓也。能詩有麗句，善草書。歸茗上茅止生。止生重其才，以殊禮遇之。宛多外遇，心叛止生。止生以豪杰自命，知之而弗禁也。（寅恪案，此點與牧齋之待河東君者相同。豈牧齋亦自命爲豪杰耶？一笑！又止生之目宛叔爲「内子」，與牧齋亦相同。見下引朱竹垞所記。）止生歿，國戚田弘遇奉詔進香普陀，還京，道白門，謀取宛而纂其貲。宛欲背茅氏他適，以爲國戚可假道也。盡橐裝奔焉。戚以老婢子畜之，俾教其幼女。戚死，復謀奔劉東平。（寅恪案，「劉東平」指劉澤清。）將行，而城陷。乃爲丐婦裝，間行還金陵，盗殺之於野。宛與草衣道人爲女兄弟，道人屢規切之，宛不能從。道人皎潔如青蓮花，亭亭出塵，而宛叔終墮落淤泥，爲人所姗笑，不亦傷乎？（寅恪案，此條下所選宛叔詩有「即事二首寄修微」一題。同書同卷所選草衣道人王微詩有「近秋懷宛叔」，「冬夜懷宛叔」，「懷宛叔」，「過宛叔夢閣」，「夢宛叔」等題，可證牧齋「宛與道人爲女兄弟，道人屢規切之。」之語爲不虚矣。）

明詩綜玖捌楊宛小傳下附〔静志居〕詩話略云：

〔茅〕止生得宛叔，深賞其詩，序必稱内子。既以譴荷戈，則自詡有詩人以爲戍婦。兼有句云，家傳傲骨爲迂叟，帝賚詞人作細君。可云愛惜之至。其行楷特工，能於瘦硬中逞姿媚，洵逸品也。

列朝詩集閏肆「草衣道人王微」小傳略云：

微字修微，廣陵人。七歲失父，流落北里。長而才情殊衆，扁舟載書往來吴會間。所與游，皆勝流名士。已而忽有警悟，皈心禪悦。布袍竹杖，游歷江楚。歸而造生壙於武林，自號草衣道人，有終焉之志。偶過吴門爲俗子所嬲，乃歸於華亭潁川君。（寅恪案，「潁川君」指許譽卿。）潁川在諫垣，當政亂國危之日，多所建白，抗節罷免，修微有助焉。亂後，相依兵刃間，閒關播遷，誓死相殉。居三載而卒。潁川君哭之慟。君子曰，修微青蓮亭亭，自拔淤泥，崐岡白璧，不罹劫火，斯可謂全歸，幸也。修微樾館詩數卷，自爲叙曰，生非丈夫，不能掃除天下，猶事一室，參誦之餘，一言一咏，或散懷花雨，或箋志山水，喟然而興，寄意而止，妄謂世間春之在草，秋之在葉，點綴生成，無非詩也。詩如是可言乎？不可言乎？

明詩綜玖捌王微小傳云：

微字修微，揚州妓。皈心禪悦，自號草衣道人。初歸歸安茅元儀，晚歸華亭許譽卿，皆不終。

張岱石匱書後集戚畹世家門「田弘遇」條云：

田弘遇廣陵人，毅宗田貴妃兄也。（寅恪案，張氏作「兄」而不作「父」，恐是傳聞之誤。）封都督。妃有寵，弘遇竊弄威權，京城側目。南海進香，携帶千人，東南騷動。聞有殊色，不論娼妓，必百計致之。遣禮下聘，必以蟒玉珠冠，餤以姬侍。入門三四日，即貶入媵婢，鞭笞交下。進香復命，歌兒舞女數百人禮幣方物載滿數百餘艘。路中凡遇貨船客載，鹵掠一空。地方有司不敢詰問。崇禎十五年田妃死，寵遇稍衰。又以弱妹送入宮闈，以備行幸。甲申國變，不知所終。

棗林雜俎和集叢贅「田弘遇」條云：

弘遇挾勢驕橫，朝貴造請，權出嘉定周氏上。辛巳來江南，過金陵，收子女珍异亡算。故太學吴興茅元儀妾楊宛，本吴娼也。善琴書。弘遇至茅氏，求出見，即脅以歸。壬午道臨清，幾陷敵，潛免。八月貴妃薨，稍斂戢。明年奏進其少女，年十四，有殊色。從楊宛學琴，曲不再授。先帝納之，數日不朝。

王士禛池北偶談壹壹「張文峙」條（參金匱山房本有學集叁貳「明士張君文峙墓志銘」。）云：

張可仕字文寺，更字文峙，字紫淀。楚人，家金陵。能詩，與歸安茅元儀善。茅死，有姬楊宛，以才色稱。戚畹田弘遇欲得之，以千金壽文寺，求喻意。文寺絶弗與通。

據此田弘遇實於崇禎十四年辛巳秋間，由普陀進香復命過南京時，取楊宛叔以歸。弘遇之待宛叔，可與張陶庵所記相印證也。揆以錢茅交誼之篤摯，牧齋必不至如酈况之賣交，而爲張紫淀之所不爲者。但受之當時號稱風流教主，尤在與河東君發生關係之後，韵事佳話，流傳遠近，弘遇固非文士，若無專家顧問，則無以品題才藝之名姝。牧齋之被田弘遇訪問，或即在此際。蓋此際宫中周后袁妃皆與田妃競寵。田以解音樂，工書畫，容色之外，加以藝能，非周袁所可及。此點姑不廣引，即觀吴駿公永和宫詞（見梅村家藏稿叁）云：

雅步纖腰初召入。鈿合金釵定情日。豐容盛鬋固無雙，蹴踘彈棋復第一。上林花鳥寫生綃，禁本鍾王點素毫。楊柳風微春試馬，梧桐露冷暮吹簫。

及王譽昌著吴理注崇禎宫詞有關田妃諸條，可以證知。惟是時田妃已久病，其父自應求一色藝兼備之替人，以永久維持其家族之恩寵。弘遇當時或者詢求牧齋以江左名姝中孰爲最合條件者。恐田先舉宛叔詢錢，非由牧齋之推薦也。

又據冒辟疆於崇禎十四年中秋日在杭州得聞假陳圓圓被刦一事言之，則田弘遇此次名爲往南海普陀進香，實則在江南采進佳麗，亦可稱天寶中之花鳥使。更由是推論，田弘遇本人於崇禎十四年自身在江南訪求佳麗外，次年亦可遣其門客代任此事。田弘遇既有此種舉動，周后之父周奎，亦應有類似行爲。鈕玉樵所記謂崇禎十五年春陳畹芬之被刦，出於周奎，與陳其年陸次雲所言田弘遇十五年春使人奪取圓圓北行者，有所不同。馬孝升作調停之説，謂周氏先奪畹芬，後又歸田氏，月所實於田邸遇見畹芬也。（寅恪昔年嘗見三桂叛清時招誘湖南清將手札，署名下鈐一章，其文爲「月所」二字。初視之，頗不能解，後始悟「所」字本義爲「伐木聲」。見説文解字斤部。舊説謂月中斫桂者爲吴剛。見酉陽雜俎天咫類。故三桂之稱「月所」與其姓名相關應。吴氏之以「月所」爲稱，不知始於何時。若早有之，則可謂後來殺明永曆帝即桂王之預兆。若桂王被害以後，更用此章，是以「斫桂」自許，狠毒無耻，莫以復加，當亦洪亨九之所不爲者也。清史稿肆捌拾吴三桂傳云：「字長伯。」「月所」之稱，世所罕知，因附記於此，以供參考。）其説自亦可通。鄙意此重公案，個性之真實，即崇禎十五年春在蘇州劫陳圓圓者，爲周奎抑或田弘遇之門客，雖難考定。然通性之真實，即當日外戚於崇禎十四五年間，俱在江南訪求佳麗，强奪豪取，而吴會之名姝罹此浩劫者，應不止宛叔畹芬一二人而已。然則牧齋「傳語雕籠好鸚鵡，莫隨啁哳羨群飛。」之語，蓋有不勝感幸之意存於其間。今日讀此詩之人，能通解其旨者，恐不多矣。

復檢龔鼎孳定山堂詩集叁「金閶行爲辟疆賦」云：

> 共請故人陳夙昔，十年前作金閶客。朱顔錦瑟正當樓，妙舞清歌恒接席。是時江左猶清平，吴趨美人争知名。珊瑚爲鞭紫騮馬，嫣然一笑逢傾城。虎邱明月鴛鴦槳，經歲烟波獨來

往。茶香深夕玉纖纖，隋珠已入秦簫掌。竇霍驕奢勢絶倫，雕籠翡翠可憐身。至今響屧廊前水，猶怨苧蘿溪上春。

芝麓之詩又有「憶君四十是明朝」句，是此篇乃順治七年庚寅所作。（參影梅庵憶語「客春三月欲長去鹽官」條所述。「客春三月」指順治七年三月也。）上溯十年之前，即崇禎十四年辛巳，正是楊宛叔及假陳畹芬爲外戚豪家刼載北行之歲，次年春真陳沅又被戚畹門客掠奪赴京，故龔芝麓及張陶庵所述崇禎十四五年間外戚侯家在江左訪取佳麗事，可與牧齋「獻歲書懷」詩相證，而龔詩「竇霍驕奢勢絶倫，雕籠翡翠可憐身。」乃錢詩「傳語雕籠好鸚鵡，莫隨啁哳羨群飛。」之注脚也。

寅恪偶發見關於楊宛叔最有趣之資料，即楊龍友文驄洵美堂詩集肆「楊宛叔四十壽」七律一首。兹參合其他材料略論之，以備一重公案。其詩云：

瑶島神仙謫碧空，奇才屈作女英雄。文成五采争媧石，筆擅千秋奪衛風。曾把兵符生敵愾，嘗持桴鼓佐軍戎。蛾眉劍俠非閑氣，閑氣生成付令公。

寅恪案，此詩列於「壽眉公老師八十初度」七律前第肆題。據前引眉公子夢蓮所撰其父年譜，眉公八十爲崇禎十年丁丑。是宛叔在眉公八十生日以前，其年約爲四十。

列朝詩集丁壹叁下「茅待詔元儀」小傳云：

止生好譚兵，通知古今用兵方略及九邊阨塞要害。口陳手畫，歷歷如指掌。東事急，慕古人毀家紓難，慨然欲以有爲。高陽公督師，以書生辟幕僚，與策兵事，皆得要領。嘗出塞相視紅螺山，七日不火食，從者皆無人色，止生自如也。高陽謝事，止生亦罷歸。先帝即位，經進武備志，且上言東西夷情，閩粵疆事及兵食富强大計。先帝命待詔翰林。尋又以人言罷。己巳之役，高陽再出視師，半夜一紙催出東便門，僅隨二十四騎，止生腰刀匹馬以從。四城既復，牒授副總兵，治舟師，略東江。旋以兵嘩下獄，戍漳浦。東事益急，再請募死士勤王，權臣惡之，勒還不許。蚤夜呼憤，縱酒而卒。

夫宛叔之奔田國戚，在崇禎十四年辛巳，據龍友「壽宛叔四十」詩題，可知是時年過四十，宜乎田氏「以老婢子畜之」。孫承宗以大學士資格出鎮山海，經略薊遼，第壹次在天啓二年壬戌至五年乙丑。第貳次在崇禎二年己巳至四年辛未。（見明史貳伍拾孫承宗傳，列朝詩集丁壹壹「少師孫文正公承宗」小傳及初學集肆柒上下兩卷「孫公行狀」。）止生之得罪遣戍漳浦，在孫氏第貳次經略薊遼之後，眉公八十生日之前。斯時間之約略可以推定者。龍友詩末二句，蓋以宛叔比紅拂，李靖比止生。或更疑以孫高陽比楊素，然宛叔非出自孫家，比儗不倫，或說未諦也。（見太平廣記壹玖叁虬髯客傳。又可參新唐書宰相表上貞觀二年戊子欄所載：「庚午刑部尚書李靖檢校中書令。」及同書陸柒李靖傳并隋書壹捌楊素傳。）

又初學集壹柒「茅止生挽詞」七絶十首。其四云：

千貔貅擁一書生。小袖雲藍結隊行。鞍馬少休歌舞歇，西玄青鳥恰相迎。（自注：「君有西玄青鳥記，記其妾陶楚生登真降乩之事。」）

其八云：

明月西園客散時，錢刀意氣總堪悲。白頭寂寞文君在，泪濕芙蓉製誄詞。（自注：「鍾山楊宛叔製石民誄詞，甚工。」）

寅恪案，前一首「雲藍」二字，遵王無釋。檢薩天錫都剌雁門集壹「洞房曲」云：

峭寒暗襲雲藍綺，鮫帳愔愔夜如水。

牧齋殆用此典。「西玄」之本事見遵王注，兹不備引。牧齋此詩可證止生崇禎二年出塞時，宛叔實曾隨從也。後一首第貳句遵王無釋，實出樂府詩集肆壹「白頭吟本辭」：「男兒重意氣，何用錢刀爲。」之語。第叁句據西京雜記叁所云：

「相如將聘茂陵人女爲妾，卓文君作白頭吟以自絶，相如乃止。」

牧齋詩「白頭」二字，自是指「白頭吟」而言。蓋止生卒於崇禎十三年庚辰，宛叔是時雖爲年過四十之半老徐娘，但其髮當尚未蒼白。恐後人誤會牧齋詩旨，故特辨之。又有學集柒高會堂詩集「茸城惜别兼輿霞老訂看梅之約」詩「許掾來何暮，徐孃髪未宣。」一聯，遵王注

云：

陸德明易說卦釋文，寡髪如字，本又作宣，黑白雜爲宣髪。

考此詩作於順治十三年丙申。（見高會堂詩集牧齋自序。）是歲河東君年三十九，與宛叔制石民誄詞時，年歲約略相當，河東君髪既未宣，則宛叔之髪亦應如是，且古今明姝無不善於修飾，即使宣髪，亦可染刷。此乃牧齋挽止生詩「白頭文君」句，實指「白頭吟」言之旁證也。第肆句遵王注雖已引西京雜記，但祇釋「誄詞」，而不及「芙蓉」。檢西京雜記貳，此條復有「〔文君〕臉際常若芙蓉」之語，故牧齋詩「泪濕芙蓉」一辭，巧妙工切，遵王似未能知也。

又顧云美「河東君傳」云：

崇禎庚辰冬扁舟訪宗伯，幅巾弓鞋，著男子服，口便給，神情瀟灑，有林下風。宗伯大喜，謂天下風流佳麗，獨王修微楊宛叔與君鼎足而三，何可使許霞城茅止生專國士名姝之目。

寅恪案，世說新語品藻類云：

諸葛瑾弟亮及從弟誕，并有盛名，各在一國。於時以爲蜀得其龍，吴得其虎，魏得其狗。

然則當明之季年，江左風流佳麗，柳如是王修微楊宛叔三人，錢受之得其龍，許霞城得其虎，茅止生得其狗。王楊終離去許茅，而柳卒隨錢以死。牧齋於此，殊足自豪，亦可使當日及後世爲河東君作傳者，不必如列朝詩集之曲筆爲王楊諱也。

抑更有可附論者，有學集壹叁東澗詩集下「病榻消寒雜咏」四十六首之三十七及三十八云：

夜静鐘殘換夕灰，冬缸秋帳替君哀。漢宮玉釜香猶在，吴殿金釵葬幾迴。舊曲風凄邀笛步，新愁月冷拂雲堆。夢魂約略歸巫峽，不奈琵琶馬上催。（自注：「和老杜生長明妃一首。」）

秦淮池館御溝通，長養妖嬈香界中。十指琴心傳漏月，千行珮響從翔風。柳矜青眼舒隋苑，桃惜紅顔墜漢宫。垂老師師度湘水，縷衣檀板未爲窮。（自注：「和劉平山師師垂老絶句。」）

寅恪案，此兩首列於「追憶庚辰冬半野堂文宴舊事」及「爲河東君入道而作」諸詩後。和杜一首爲董白作，和劉一首爲陳沅作。牧齋所以如此排列者，不獨因小宛畹芬與河東君同爲一時名姝，物以類聚，既賦有關河東君三詩之後，遂聯想并及董陳，亦由己身能如盧家之終始保有莫愁，老病垂死之時，聊藉此自慰，且以河東君得免崐岡劫火爲深幸也。至畹芬本末，梅村之圓圓曲實已詳備。其他吴詩所未言及之事，如小説月報第陸卷第壹壹號况夔笙周頤「陳圓圓事迹」所載等，恐多出世人傅會，不必悉爲實録也。小宛之非董鄂妃，自不待言。（詳見小說月報第陸卷第玖號及第拾號孟心史森「董小宛考」及明元清系通紀清初三大疑案「世祖出家事考實」。）當時所以有此傳説者，恐因「順治十七年八月壬寅（十九日）皇貴妃董鄂氏薨，輟朝五日。甲辰（廿一日）追封董鄂妃爲皇后。」及「是歲停秋讞，從后志也。」等事，（見清史稿伍世祖紀及同書貳拾后妃傳孝獻皇后棟鄂氏傳等。）舉國震驚，遂以訛傳訛所致也。至董鄂妃之問題，亦明末清初遼東漢族滿化史中一重公案，兹限於本文範圍，故不具論。

又梅村家藏稿貳拾詩後集「題冒辟疆名姬董白小像」八首之八云：

江城細雨碧桃村，寒食東風杜宇魂。欲吊薛濤憐夢斷，墓門深更阻侯門。

此絶後半十四字，深可玩味。蓋「侯門」一辭，出雲溪友議上「襄陽杰」條，崔郊詩「侯門一入深如海，從此蕭郎是路人。」然則小宛雖非董鄂妃，但亦是被北兵劫去。冒氏之稱其病死，乃諱飾之言歟？此事數十年來考辨紛紜，於此不必多論，但就影梅庵憶語略云：

〔順治七年〕三月之杪，久客卧雨，懷家正劇，晚霽龔〔孝升〕奉常，〔杜〕于皇，〔吴〕園次過慰，留飲。因限韵各作詩四首，不知何故，詩中咸有商音。三鼓别去，余甫着枕，便夢還家，舉室皆見，獨不見姬。急詢荆人，不答。復遍覓之，但見荆人背余下泪。余夢中大呼曰，豈死耶？一慟而醒。姬每春必抱病，余深疑慮。旋歸，則姬固無恙。因間述此

相告，姬曰，甚异，前於是夜夢數人强余去，匿之幸脱。其人狺狺不休也。詎知夢真而詩籤

咸來相告哉！

可知辟疆亦暗示小宛非真死，實被劫去也。觀牧齋「吳殿金釵葬幾迴」之語，其意亦謂冒氏所記述順治八年正月初二日小宛之死，（見影梅庵憶語及文藝月刊第陸卷第壹期聖旦編董小宛年要録等。）乃其假死。清廷所發表順治十七年八月十九日董鄂妃之死，即小宛之死。故云「葬幾迴」。否則錢詩辭旨不可通矣。

又辟疆影梅庵之名，不識始於何時？其命名之由，亦不易知。（拜鴛樓本影梅庵憶語略云：「余家及園亭，凡有隙地皆植梅。春來蚤夜出入，皆爛漫香雪中。姬於含蕊時，先相枝之横斜，與几上軍持相受。或隔歲便芟剪得宜，至花放，恰采入供。使冷韵幽香恒霏微於曲房斗室。」又云：「姬最愛月，每以身隨升沈爲去住。」同書附録葉南雪衍蘭「董君小傳」云：「性愛梅月，妝閣遍植寒香，月夜憑欄，恒至曉不寐。」等條，可供參考。）惟姜白石疏影詞云：

昭君不慣胡沙遠，但暗憶江南江北。想佩環月下歸來，化作此花幽獨。

適與牧齋「和杜老生長明妃」一首不期冥會，亦奇矣哉！

復次，前第叁章論河東君與宋轅文之關係節，引錢肇鰲質直談耳述河東君爲松江知府所

軀，請轅文商決一事。其文云：

> 案置古琴一張，倭刀一口，問轅文曰，爲今之計，奈何？轅文徐應之曰，姑避其鋒。如是大怒曰，他人爲此言，無足怪。君不應爾。我與君自此絶矣。持刀斫琴，七弦俱斷。轅文駭愕出。

據鈍夫所記及辟疆自述，則畹芬小宛與辟疆之關係，亦同河東君之於轅文。轅文負河東君，辟疆復負陳董。轅文爲人自不足道，辟疆恐亦難逃畏首畏尾之誚。但陳董柳三人皆爲一時名姝，陳董被劫，柳則獨免。人事環境，前後固不相似，而河東君特具剛烈性格，大异當時遭際艱危之諸風塵弱質，如陳董者，實有以致之。吾人今日讀牧齋垂死時所賦關涉柳陳董之詩，并取冒錢宋對待愛情之態度以相比較，則此六人，其高下勇怯，可以瞭然矣。

復次，痛史第貳拾種附録「紀錢牧齋遺事」云：

> 先年郡紳某黄門，嘗納其同年亡友妾。雖本校書，終傷友誼。紳稱清流，竟無議之者，亦士大夫之耻也。

寅恪案，「某黄門」疑指許譽卿。「其同年亡友」疑指申紹芳。

板橋雜記中云：

〔下〕玉京有妹曰敏，頎而白如玉肪，風情綽約，人見之，如立水晶屏也。亦善畫蘭鼓琴，對客爲鼓一再行，即推琴斂手，面發赬。乞畫蘭，亦止寫篠竹枝蘭草二叁朵，不似玉京之縱橫枝葉，淋漓墨瀋也。然一以多見長，一以少爲貴，各極其妙，識者并珍之。携來吴門，一時争艷，户外屨恒滿。乃心厭市囂，歸申進士維久。維久宰相孫，性豪舉，好賓客，詩文名海内，海内賢豪多與之游。得敏，益自喜爲閨中良友。亡何，維久病且殁，家中替。後嫁一貴官潁川氏，三年病死。

檢明史貳壹捌申時行傳末云：

孫紹芳，進士，户部左侍郎。

同書貳伍捌許譽卿傳略云：

許譽卿字公實，華亭人。萬曆四十四年〔丙辰〕進士，授金華推官。天啓三年徵拜吏科給事中。趙南星高攀龍被逐，譽卿偕同列論救，遂鐫秩歸。莊烈帝即位，起兵科給事中。薛國觀訐譽卿及同官沈惟炳東林主盟，結黨亂政，譽卿上疏自白，即日引去。〔崇禎〕七年起故官，曆工科都給事中。譽卿以資深，當擢京卿，〔謝〕陞希〔温〕體仁意，出之南京。先是福建布政使申紹芳，欲得登萊巡撫，譽卿曾言之陞，陞遂疏攻譽卿，謂其營求北缺，不欲南遷，爲把持朝政地，并及囑紹芳事。體仁從中主之，譽卿遂削籍，紹芳逮問，遣戍。

小腆紀傳伍陸申紹芳傳云：

申紹芳字維烈，長洲人。萬曆〔四十四年〕丙辰進士，由應天府教授陞部郎。出爲山東按察副使。累官户部右侍郎。弘光時，起原官。僧大悲之獄，詞連紹芳及錢謙益，二人疏辨，獲免。

然則霞城與維烈同爲萬曆丙辰進士，公實歷任諸科給事中，號爲清流，且與紹芳交好。上引列朝詩集王微小傳中，牧齋目霞城爲「潁川君」，故綜合痛史板橋雜記列朝詩集小腆紀傳推之，痛史所指「某黄門」，殊有爲許譽卿之可能。因鞏世人讀痛史者，以「某黄門」爲陳子龍，故辨之於此，以俟通人之教正。

初學集貳拾上「留惠香」云：

舞衣歌扇且相隨。（餘句見前引。下三首類此。）

「代惠香答」云：

桃花自趁東流水。（寅恪案，倪璠注庾子山集肆「咏畫屏風」二十四首之九「流水桃花色，春洲杜若香。」牧齋句出此。）

「代惠香別」云：

春水桃花没定期。（寅恪案，倪注庾集伍「對酒歌」：「春水望桃花，春洲籍芳杜。」牧齋句出此。）

「別惠香」云：

花信風來判去期。

「仲春十日自和合歡詩四首」其一云：

綠波南浦事悠悠，天上人間盡斷愁。却扇風光生帳底，迴燈花月在床頭。平翻銀海填河漢，別築珠宮館女牛。試與鴟夷相比并，五湖今日是歸舟。

其二云：

綺窗春柳覆鴛鴦，萬綫千絲總一香。應有光芒垂禁苑，定無攀折到垣牆。宮鶯啼處爲金屋，海燕栖來即玉堂。最是風流歌舞地，石城山色接吴昌。

其三云：

數峰江上是郎家，翰苑蓬山路豈賒。立馬何人論共載，驂鸞有女喜同車。飯抄雲母層層雪，筆架珊瑚段段霞。宿世散花天女是，可知天又遣司花。

其四云：

畫屏屈戌綺窗深，蘭氣茶香重幄陰。流水解翻筵上曲，遠山偏識賦家心。詩成刻燭論佳句，歌罷穿花度好音。休擲丹砂成狡獪，春宵容易比黄金。

「春游二首」其一云：

踏青車馬過清明，薄靄新烟逗午晴。日射夭桃含色重，風和弱柳著衣輕。春禽欲傍釵頭語，芳草如當屐齒生。每向東山看障子，不知身在此中行。

其二云：

韶光是處著芳叢，轣轆香車輾鏡中。拂水磵如圍綉帶，石城山作畫屏風。柳因鶯淺低迷綠，花爲春深曆亂紅。壁月半輪無那好，碧桃樹下小房櫳。

寅恪案，以上六題共十首，其作成時間，當不盡依先後排列。鄙意「代惠香別」及「別惠香」兩題，實作於「春游二首」之後，因其與「留惠香」及「代惠香答」兩題，俱爲有關一人之詩，且同用一韵，以便利之故，遂并合四首爲一組耳。所以有此揣測者，據「別惠香」詩之「花信風來判去期」及「春游」二首之一之「踏青車馬過清明」等句，證以程大昌演繁露「花信風」條云：「三月花開時風名花信風。」及鄭氏近世中西史日表崇禎十五年清明爲三月六日。（鄭表或有差誤，但所差亦不過一二日也。）則知惠香之離常熟返蘇州，實在十五年三月初六日以後，而「代惠香別」及「別惠香」兩題，轉列於「仲春十日自和合歡詩」以前，其非盡依作成時間先後排列，可以無疑也。

綜合言之，此六題十首之詩，乃述己身於崇禎十五年初親往蘇州迎接河東君同返常熟。惠香亦伴柳錢至牧齋家，淹留浹月後，始獨歸蘇州之一重公案也。

關於惠香一組諸詩，前已有所論證，兹不須多述。但於此特可注意者，即「舞衣歌扇且相隨」之句，蓋指惠香此次隨伴河東君同來常熟也。

關於「仲春十日自和合歡詩四首」作成之時間及地點，略有可言者，即前二首作於初發蘇州舟中，後二首成於抵常熟家内也。東山酬和集沈璧甫序云「壬午元夕通訊虞山，酬和之詩已成集矣。」末署「崇禎十五年二月望日吴門寓叟沈璜璧甫謹序。」可證崇禎十五年正月十五日以前，牧齋尚在常熟。此年二月十日自和合歡詩第壹首末句有「五湖今日是歸舟」之語，則牧齋發蘇州在二月十日。若其至蘇迎河東君，在正月下半月者，是留滯吴門，未免過久。故假定牧齋往蘇親迎河東君還家，實在二月朔以後，初十日以前，雖不中，亦不遠矣。

第壹首一二兩句「緑波南浦事悠悠，天上人間盡斷愁。」用江文通「别賦」：「春草碧色，春水緑波，送君南浦，傷如之何。」意謂崇禎十四年冬閒别河東君於蘇州，獨自返常熟，今則親至蘇迎之同歸，離而復合，其喜悦之情，可以想見也。第貳聯「平翻銀海填河漢，别築珠宫館女牛。」上句意謂今與河東君同返常熟，如天上阻隔牛女之河漢已填平，無復盈盈脉脉相望相思之苦矣。下句出處見劉本沛虞書所載「石城在縣北五里，闔廬所置美人離宫也。」及「𡍼城在縣北五里，石城東。吴王游樂石城，又建離宫以𡍼蹕，故名。」河東君固是「美人」，我聞室恐不足以當「離宫」，此所以更有絳雲樓之建築耶？

第貳首一二兩句「綺窗春柳覆鴛鴦，萬綫千絲總一香。」不甚易解。檢全唐詩第壹函太宗皇帝「咏桃」詩（原注：「一作董思恭詩。」）云：

禁苑春暉麗，花蹊綺樹妝。綴條深淺色，點露參差光。向日分千笑，迎風共一香。如何仙嶺側，獨秀隱遥芳。

前論惠香名字中，當有一「桃」字，其籍貫恐是嘉興。若此兩點俱不誤，則牧齋此兩句乃兼指惠香而言歟？第貳聯「應有光芒垂禁苑，定無攀折到垣牆。」上句出太平廣記壹玖捌「白居易」條引雲溪友議。（參孟棨本事詩事感類「白尚書姬人樊素善歌，妓人小蠻善舞。」條。）其文云：

唐白居易有妓樊素善歌，小蠻善舞。嘗爲詩曰，櫻桃樊素口，楊柳小蠻腰。年既高邁，而小蠻方豐艷，因爲楊柳詞以托意曰，一樹春風萬萬枝，嫩於金色軟於絲。永豐坊裏東南角，盡日無人屬阿誰。及宣宗朝，國樂唱是詞，上問誰詞？永豐在何處？左右具以對之，遂因東使命取永豐柳兩枝，植於禁中。白感上知其名，且好尚風雅，又爲詩一章。其末句云，定知此後天文裏，柳宿光中添兩星。

前引史料知崇禎十三四五年間，内侍曹化淳，外戚田弘遇周奎等，皆有在江南訪求歌姬名伎之舉，河東君當時之聲譽，亦與陳董不殊。十四年冬至十五年春，養疴蘇州，外人寧有不聞之理？故其情勢，汲汲可危。牧齋「應有」及「禁苑」之辭，非虚言也。至關於範攄以樊素小蠻爲二人，非是。但於此不必考辨。所可笑者，當牧齋賦詩用此典時，其心意中豈以「柳宿光中」之兩星，一爲河東君，一爲惠香耶？下句意謂今已與河東君同返常熟家中，必無畹芬被劫之事。噫！牧齋此次至蘇迎河東君還家，得免於難。斯爲十年前河東君在松江時，所祈求於宋轅文而不可得之事。當崇禎十五年二月十日少伯五湖歸舟之際，河東君心中，宜有不勝其感念者矣。此詩七八兩句「最是風流歌舞地，石城山色接吴昌。」意謂迎河東君由蘇州至常熟也。牧齋用「石城」「吴昌」之典，以西施比河東君，不僅此詩，即如有美詩之「輸面一金錢」，「〔癸未〕元日雜題長句」八首之八「春日春人比若耶」及「禾髯遺餉醉李，戲作二絶句。」之一「語兒亭畔芳菲種，西子曾將療捧心。」等句，皆是例證。當時未髮明攝影術，又無油畫之像，故今日不敢妄有所評泊，鄙意河東君雖有美人之號，其美之程度，恐尚不及顧横波，然在牧齋觀之，殆所謂「情人眼裏出西施」者耶？

第叁首第壹句「數峰江上是郎家」用錢考功「省試湘靈鼓瑟」詩「曲終人不見，江上數峰青」之句（見全唐詩第肆函錢起叁及雲溪友議中「賢君鑒」條。）牧齋喜用錢氏故實，以示數典不忘祖之意。此點河東君似亦習知，觀其依韻和牧齋「〔庚寅〕人日示内」二首之二，結語云：「香燈綉閣春常好，不唱卿家緩緩吟。」可證也。（見有學集貳秋槐詩支集。）第貳句

「翰苑蓬山路豈賒」辭涉誇大，然牧齋實足當之，故亦不必苛責。第柒第捌兩句「宿世散花天女是，可知天又遣司花。」意謂河東君本是「雲花丈室何曾染」之天女，（見前引牧齋答河東君訪半野堂初贈詩。）今則爲「皇鳥高飛與鳳期」，（見上引牧齋「代惠香答」詩。）管領群芳之司花，如李易安在趙德甫家故事。而非後來作「當家老姥」之比。（見牧齋尺牘上「與王貽上」四通之一。）讀者幸勿誤會。由是推論，此詩之作成當在二月十二日，即花朝日，還家時也。

第肆首第壹句「畫屏屈戍綺窗深」用梁簡文帝「織成屏風金屈戍」及玉溪生「鎖香金屈戌」。（見全梁詩壹梁簡文帝壹「烏栖曲」四首之四及李義山詩中「魏侯第東北樓堂郢叔言別，聊用書所見成篇。」）蓋與次句「茶香」之「香」有關，殆兼指惠香而言。第柒第捌兩句「休擲丹砂成狡獪，春宵容易比黃金。」用神仙傳麻姑過蔡經家故事。自是謂惠香，不可移指河東君。麻姑之過蔡經家，乃暫過，且由王方平之邀請。「春宵」「千金」之語，意在惠香。牧齋賦此詩時之心理頗可笑也。

又關於麻姑之物語，亦略有可論者。太平廣記柒神仙柒引葛洪神仙傳王遠傳（參今本神仙傳貳王遠傳。）云：

麻姑欲見蔡經母及婦等，時經弟婦新產數日，姑見知之，曰，噫！且止勿前！即求少許米來。得米，擲之墮地，謂以米祛其穢也。視其米，皆成丹砂。遠笑曰，姑故年少也。吾老矣，不喜復作如此狡獪變化也。

同書陸拾引神仙傳麻姑傳（參今本神仙傳柒麻姑傳。）云：

姑欲見蔡經母及婦侄，時弟婦新産數十日，麻姑望見乃知之。曰，噫！且止勿前。即求少許米，得米便撒之擲地。視其米，皆成真珠矣。方平笑曰，姑故年少，吾老矣，了不喜復作此狡獪變化也。

夫擲米祛穢爲道家禁咒之術，至今猶有之。米墮地變真珠，以真珠形色相似之故。至於變丹砂，則形似而色不似。頗疑王遠傳之作成，實先於麻姑傳，麻姑傳乃後人所修正者。殊不知真珠在道家其作用遠不及丹砂。丹砂可變黄金，於道術之傳播關係甚大也。此點兹不必多論，唯錢詩所以用丹砂而不用真珠者，蓋因丹砂可煉黄金，牧齋當時欲以東坡「春宵一刻值千金」之句，（見東坡續集貳「春夜」七絶。）挑逗惠香，故寧取王遠傳，而不用麻姑傳歟？儻此揣測不誤，則讀受老之詩，而得其真解者，復有幾人哉？

關於「春游二首」之時間地點人事三者，頗有可論者。其時間據第壹首第壹句「踏青車馬過清明」及第貳首第柒句「璧月半輪無那好」之語。（鄭氏近世中西史日表崇禎十五年三月初六日清明。）則知牧齋此次春游當在三月初十日左右也。其地點據第貳首「拂水磵如圍綉帶，石城山作畫屏風。」一聯，則所游之處，必是牧齋之拂水山莊別墅。檢初學集壹貳崇禎十年丁丑在北京獄中所作「新阡八景詩」之「石城開幛」并「山莊八景」中之「春流觀瀑」「月堤烟柳」「酒樓花信」三題，（見初學集壹貳霖雨詩集。）頗可與「春游」二詩相證，故節録於下。

「石城開幛」詩并序云：

沸水巖之西，崖石削成，雉堞樓櫓，形狀備具，所謂石城也。列屏列幛，尊嚴聳起，阡之主山也。故曰石城開嶂。

（詩略。）

「春流觀瀑」詩并序云：

山泉縣流自三畓石下垂，奔注山莊，匯爲巨磵。今旋折爲阡之界水，遇風捍勒，逆激而上，則所謂拂水也。

（詩略。）

「月堤烟柳」詩并序（此題詩并序前於論「有美詩」時已全引。茲以便於證釋，故重録之。）云：

墓之前有堤回抱，折如肉環，彎如弓月。士女絡繹嬉游，如燈枝之走馬。花柳蒙茸蔽虧，如張幃幕，人呼爲小蘇堤。
月堤人并大堤游，墜粉飄香不斷頭。最是桃花能爛熳，可憐楊柳正風流，歌鶯隊隊勾何滿，舞雁雙雙趁莫愁。簾閣瑣窗應倦倚，紅闌橋外月如鈎。
「酒樓花信」詩并序云：
酒樓直山莊之東，平田逶迤，晴湖蕩漾，北牖直拂水巖，寸人豆馬，參錯山椒。紅妝翠袖，移動簾額。月堤酒樓，此吾山莊之勝，與衆共之者也。
花厭（入）高樓酒泛（上）巵，登樓共賦艷陽詩。人閑容易催花信，天上分明掛酒旗。中酒心情寒食候，看花伴侶好春時。穠桃正倚新楊柳，横笛朱欄莫放吹。
「春游」第貳首「拂水硐如圍綉帶，石城山作畫屏風。」乃「石城開幛」及「春寅恪案，流觀瀑」二題之縮寫。亦牧齋自詡其山莊之奇景，傳播於親知者。無怪周玉繩既游覽此勝境，遂有「虞山正堪管領山林耳。」之「題目」。（見初學集貳拾下「元日雜題長句」八首之六，詩及自注），牧齋轉因此怨懟陽羨，可謂狐埋狐搰矣。
「春游」第壹首「日射天桃含色重，風和弱柳著衣輕。」一聯，初視之，亦是春游應有景物之描寫。細思之，「桃」恐是指惠香，「柳」則指河東君。河東君雖在病中，然素有不畏寒之特性，此際清明已過，氣候轉暖，自可衣著輕薄也。前論「有美詩」，「畫奪丹青妙」句，引湯漱玉玉臺畫史，述河東君畫「月堤烟柳」事，謂牧齋此「月堤烟柳」詩「最是桃花能爛熳，可憐楊柳正風流。」乃河東君來歸之預兆，并疑河東君愛此聯，因繪作圖。兹更引申推論之，即桃花楊柳一聯，復是此次惠香伴河東君返常熟并偕牧齋春游之預兆。又「月堤烟柳」詩「紅闌橋外月如鈎」句，與「春游」詩第貳首「璧月半輪無那好」句，亦可互相印證。蓋符合「春游」詩第壹首「踏青車馬過清明」句之所言崇禎十五年三月初六日，即清明後不久，天上月輪形狀也。

「酒樓花信」詩「登樓共賦艷陽詩」句中共賦詩之人自與河東君有關。惠香是否能詩，亦難確言。但今未見河東君詩中有涉及酒樓花信之篇什，尚待詳考。至「中酒心情寒食後，看花伴侶好春時。」一聯，上句與「春游」第壹首「踏青車馬過清明」句所指之時間正合。下句復是同詩「日射夭桃含色重，風和弱柳著衣輕。」一聯之注脚。然則「看花伴侶」「共賦艷陽詩」之人可以推知矣。故「酒樓花信」一首，亦與「月堤烟柳」一首，俱有後來修改之痕迹也。

自崇禎十五年壬午三月惠香離常熟返蘇州後，河東君在牧齋家中，繼續卧病，至十六年癸未暮春始漸次痊復，是年中秋已愈大半，至初冬乃霍然病起矣。兹就牧齋詩中關涉此時期河東君之疾病者，移寫於後，前已述者，則僅著其題目并最有關之詩句。其前所未及之篇什，則全録之，略加證釋，以供論文者之參究。至若詳悉稽考，則寅恪非治帶下醫學史之專家，故不敢多所妄言也。

初學集貳拾上東山詩集叁「效歐陽詹玩月詩」云：

崇禎壬午八月望，我生六十一中秋。（中略。）倦婢鼾睡高，病婦頻呻歇。（中略。）病婦夢回笑空床，笑我白癡中風狂。（下略。）

「駕鵝行。聞潛山戰勝而作。」云：

老夫喜失兩足蹩。驚呼病婦笑欲噎。鑪頭松醪酒新熱。

「〔崇禎十五年〕壬午除夕」云：

閒房病婦能憂國，却對辛盤嘆羽書。

同書貳拾下東山詩集「〔崇禎十六年癸未〕元日雜題長句八首。」其八云：

春日春人比若耶，偏將春病卸鉛華。

「禾髯遺餉醉李，內人開函知爲徐園李也。戲答二絶句。」其一云：

醉李根如仙李深，青房玉葉漫追尋。語兒亭畔芳菲種，西子曾將療捧心。

其二云：

不待傾筐寫盎盆，開籠一顆識徐園。新詩錯比來禽帖，贏得妝臺一笑論。

寅恪案，「禾髯」者，即初學集捌伍「記清明上河圖卷」文中之「嘉禾譚梁生」及此「辭李二絕句」前一題「蟲詩十二章讀嘉禾譚梁生雕蟲賦而作」詩序中「禾髯進士譚埽」。又此「蟲詩」序末署「癸未三月十六日」。牧齋此二絕句後一題爲「癸未四月吉水公總憲詣闕，慨然書懷。」一詩，可知譚梁生以其所著雕蟲賦請教於牧齋，或同時以徐園李相餉也。至關於徐園李事，兹略引載記，考釋之於下。

李日華紫桃軒雜綴叁云：

今李脯佳者推嘉慶，吾郡不聞擅是。豈古昔地氣不同耶？（寅恪案，本草綱目貳玖果部「李」條，引韋述兩京記云：「東都嘉慶坊有美李，人稱爲嘉慶子。久之，稱謂既熟，不復知其所自矣。」可供參考。）余少時得嘗徐園李實，甘脆异常，而核止半菽，無仁。園丁用石壓其根使旁出而分植之。一樹結實止三十餘枚。視之稍不謹，即摇落成空株矣。以故實甚貴，非豪侈而極意於味者，未始得嘗也。

嘉興府志伍古迹門貳「徐長者園」條云：

園在嘉興。長者宋人，學道術，年八十。治圃栽花，老於此。

同書叁叁果類「槜李」條云：

俗名潘園李，大如羌桃。至熟猶青，核最細，味極佳。春秋越敗吴於槜李，在石門桐鄉之間，遺種至今不絕。（烏青文獻。）

曹溶靜惕堂詩集肆叁「檇李」十首。其一云：

净相僧坊起盛名，徐園舊價頓教輕。嘗新一藉潛夫齒，嚼出金鐘玉磬聲。

其三云：

滮水蟠根奕葉長，筳前冰齒得仙漿。上林嘉種休相藉，驗取夷光玉甲香。

其四云：

膚如熟柰能加脆，液較楊梅特去酸。江北江南無別品，傾城傾國藉人看。

其十云：

微物何堪鼎鼐陳，公家宣索萬時新。年來無復街頭賣，愁殺文園病渴人。

朱彝尊曝書亭集玖「鴛鴦湖棹歌一百首」其十八云：

徐園青李核何纖，未比僧廬味更甜。聽説西施曾一掐，至今顆顆爪痕添。（原注：「徐園李核小如豆，絲懸其中，僧廬謂净相寺，産檇李，每顆有西施爪痕。」）

李時珍本草綱目貳玖果部「李」條集解略云：

時珍曰，早則麥李御李，四月熟。遲則晚李，冬季十月十一月熟。又有季春李，冬花春實也。

同書同條「核仁」略云：

令人好顔色。（吴普。）治面鼾黑子。（蘇頌。）

同書同條附方引崔元亮海上方云：

女人面鼾，用李核仁去皮細研，以鷄子白和如稀餳，塗之。至旦，以漿水洗去，後塗胡粉。不過五六日，效。忌見風。

同書同條附録「徐李」云：

別録有名未用。曰，生太山之陰，樹如李而小。其實青色，無核。熟則采食之，輕身益氣延年。時珍曰，此即無核李也。唐崔奉國家有之，乃异種也。謬言龍耳血墮地所生。

吴其濬植物名實圖考叁貳果類「李」條云：

別録下品。種類極多。別録有名未用。有徐李，李時珍以爲即無核李云。

然則譚氏於崇禎十六年癸未所餉牧齋之徐園李，殆是李東璧所言季春熟，或四月熟之品種。牧齋既以西施比河東君。夫西施之病，在心痛，不在面鼾。故吴普蘇頌崔元亮諸家稱列李實核仁之功效，自不必用於烏個頭髮，白個肉。之河東君，轉可移治「白個頭髮，烏個肉。」或與王介甫同病之牧齋。由是言之，河東君應食李肉，牧齋應食李仁。但據舊籍，多誇詡其無仁，豈粱生之厚贈，專爲此際之捧心美人，而没口居士（見金鶴冲錢牧齋先生年譜總述。）却無福消受耶？

初學集捌貳「造大悲觀世音像贊」云：

女弟子河東柳氏，名如是。以多病故，發願舍財造大悲觀世音菩薩一軀，長三尺六寸，崇禎癸未中秋大悲弟子謙益焚香合掌，跪唱贊曰：有善女人，青蓮淤泥，示一切空。疾病蓋纏，非鬼非食，壯而相攻。歸命大士，造大悲像，瞻禮慈容。我觀斯像，黃金塗飾，旃檀斫礱。猶如我身，四大和合，假藉彌縫。云胡大悲，紺目遍炤，地獄天宮。母陁羅臂，屈信爬搔，億劫撈籠。而我一身，兩目兩臂，兀如裸蟲。生老病死，八苦交煎，呼天告窮。以是因緣，發大誓願，悲泪漬胸。因愛生病，因病懺悔，展轉鈎通。是愛是病，是大悲智，顯調伏功。我聞之室，香華布地，寶炬晝紅。樓閣涌現，千手千眼，鑒影重重。疾苦蠲除，是無是有，如楊柳風。稽首說讚，共發誓願，木魚鼓鐘。劫劫生生，親近供養，大慈鏡中。

寅恪案，牧齋此文殊饒風趣，但頗欠嚴肅。足見其平生雖博涉內典，然實與真實信仰無關。初時不過用爲文章之藻飾品，後來則藉作政治活動之烟幕彈耳。文中嵌用河東君姓氏名號，若「楊」，若「柳」，若「愛」，若「影」，若「如」，若「是」等字甚多，亦可謂游戲之作品。今據此文，得知崇禎十六年癸未中秋前後，河東君之病已大半痊愈，故牧齋有此閒情，爲河東君寫此種文字。又可證知河東君自崇禎十四年夏由松江正式來歸錢氏後，至十六年冬絳雲樓未建成前，其所居之處，似不在我聞室。蓋寢息之室，不應用作供奉此長三尺六寸之大士像。否則，乃褻瀆神明之舉，柳錢二人皆不出此也。但是時河東君所居之室，亦必距離供奉之處極近，藉便尚未完全康復之病體，得以朝夕來往禮拜。顧云美稱河東君「爲人短小，結束俏利。」由是推想，當其虔誠祈禱、伏地和南之際，對兹高大莊嚴之像，正可互相反映，而與前此之現天女身，散花於浄名居士之丈室者，其心理，其動作，其對象，大不同矣。

復次，錢曾讀書敏求記叁攝生類（參章鈺補輯本叁之下子攝生。）云：

端必瓦成就同生要一卷，因得羅菩薩提手印道要一卷，大手印無字要一卷。此爲庚申帝演媟兒法。張光弼輦下曲：「守内番僧日念吽。（寅恪案，「吽」當作「吽」，非作「吽」。）蓋藏語音如是，中土傳寫訛誤。昔亦未知，後習藏語，始得此字正確形讀也。）御厨酒肉按時供。組鈴扇鼓諸天樂，知在龍宫第幾重。」描寫掖庭秘戲，與是書所云長緩提稱吽字，以之爲大手印要，殆可互相證明。凡偈頌文句，悉揣摩天竺古先生之話言，閱之不禁失笑來。其紙是搗麻所成，光潤炫目。裝潢乃元朝内府名手匠，今無有能之者，亦一奇物也。（寅恪案，此可參權衡庚申外史「癸巳至正十三年脱脱奏用哈麻爲宣政院使」條。）

寅恪案，遵王所藏此種由天竺房中方術轉譯之書，當是從牧齋處得來。所附注語，應出牧齋之手，遵王未必若是淹博也。牧齋平生佛教著述中，有楞嚴經蒙鈔之鉅製。楞嚴爲密宗經典，其咒心實是真梵文，唯前後諸品皆此土好事者，采摭舊譯，增飾而成。前於論「朝云詩」第肆首「天魔似欲窺禪悦，亂散諸華丈室中。」句時，已言及之。故牧齋雖著此書，原與其密宗之信仰無關。但牧齋好蓄异書，兼通元代故實，既藏有演揲兒法多種，其與河東君作「洞房清夜秋燈裹，共簡莊周説劍篇。」之事，亦非絶不可能。（見第壹章引「秋夕燕譽堂話舊事有感」詩。）果爾，則牧齋「因愛生病」之語，殆有言外之意。此贊爲游戲之文，尤可證明矣。

又受之本身在崇禎十三年冬以前已多内寵，往往爲人詬病，載記流傳，頗復不少，可信與否，殊不必徵引，亦不必考辨。但間有涉及河東君者，亦姑附録一二條，而闕略其過於猥褻之字句，聊備談助云爾。唯此等俱出自仇人怨家，文章愛憎者之口，故不敢認爲真實也。

王澐輞川詩鈔肆「虞山柳枝詞」十四首之十一云：

阿難毁體便龍鍾，大幻婆毗瞥地逢。何事陽秋書法异，覽揆猶自繼神宗。（自注：「錢注楞嚴經，不書當代年號甲子，稱大元曰蒙古，自紀生於神宗顯皇帝某年云。嘗學容成術，自傷其體，遂不能御女。其稱摩登，蓋指姬云。」）

阮葵生茶餘客話（參陳琰藝苑叢話玖「錢求媚藥與柳周旋」條。）云：

聞錢虞山既娶河東君之後，年力已衰。門下士有獻房中術以媚之者，試之有驗。錢驕語河東君曰：少不如人，老當益□。答曰：□□□□，□□□□。聞者嗤之。近李玉洲重華論詩，不喜錢派，有問者，輒曰：□□□□，□□□□。吾即以柳語評其詩可矣。衆皆胡盧失笑。

寅恪案，楞嚴經文筆佳妙，古今詞人皆甚喜之。牧齋爲此經作疏，固不足怪。王氏之説，未免牽强。至若吾山所記，則房幃戲謔之語，惟有天知神知，錢知柳知，（參王先謙後漢書集解列傳肆肆楊震傳。寅恪所以不從袁宏後漢紀作「地知」者，蓋因牧齋「追憶庚辰冬半野堂文宴」詩有「看場神鬼坐人頭」之句，用「神」字更較切合也。至通鑑肆玖漢安帝永初四年紀此事，則雜糅范書袁紀成文。通鑑用袁紀「地」字之故，「天知地知」之語，遂世俗流行矣。）非阮葵生李重華輩所能知也。一笑！

初學集貳拾下東山詩集肆「燈下看内人插瓶花，戲題四絶句。」云：

水仙秋菊并幽姿。插向磁瓶三兩枝。低亞小窗燈影畔，玉人病起薄寒時。
淺淡疏花向背深。插來重折自沈吟。劇憐素手端相處，人與花枝兩不禁。
懶將没骨貌花叢。渲染繇來惜太工。會得遠山濃淡思，數枝落墨膽瓶中。
幾朵寒花意自閑。一枝叢雜已爛斑。憑君欲訪瓶花譜，只在疏燈素壁間。

寅恪案，牧齋四詩雅而切，殆可謂趙德甫爲易安居士寫「簾卷西風，人比黄花瘦。」圖。

此時河東君病起，牧齋心情快適，得以推知矣。考河東君適牧齋後，發病於崇禎十四年初冬，延至十六年初冬，始告痊愈，凡歷三年之歲月。故牧齋「絳雲樓上梁」詩八首之四「三年一笑有前期。病起渾如乍嫁時。」句下自注云：「泛舟詩云，安得三年成一笑。君病起恰三年矣。」及「癸未除夕」詩「三年病起掃愁眉，恰似如皋一笑時。」（兩詩全文俱見下引。）其間輕重轉變之歷程，今日自不能悉知。要而言之，河東君之病有二。一爲心病，一爲身病。其心病則有如往來蔡經家麻姑之惠香療治之矣。其醫診身病如游「貴婦人」之邯鄲扁鵲，果爲誰耶？

檢孫原湘天真閣集貳叁「紅豆莊玉杯歌」并序云：

江静蘿明經（曾祁），予乙卯同年也。自言高祖處士某，工俞柎之術，陳確庵先生集中有傳。處士曾爲河東君療疾，宗伯以玉杯爲贈，上鎸紅豆山莊款識，屬子孫世寶之。後爲佗氏所得。静蘿踪迹贖還。今夏值君六十壽辰，出以觴客，屬余作歌紀之。

芙蓉花裏開瑶席，象鼻筩深遍觴客。客辭酒酣力不勝。别出佳器容三升。捧出當筵光照徹，酒似丹砂杯似雪。滿堂醉眼一時醒。得寶知從我聞室。絳雲天姥卧玉床。神仙肘後懸神方。刀圭妙藥駐年少，尚書捧杯向仙笑。水精不落鴛鴦杯。一錢不值付劫灰。此杯珍重如山壘。仙人玉山爲你頹。何年羽化雲雷渺。楚弓楚得何其巧。千金不易此一壺，祖宗口澤兒孫寶。斟君酒，爲君歌。頌君玉顔常爾酡。安能眼如魚目聽鳴珂。杯中日月長復長。門前紅豆花開香。

及楊鍾羲雪橋詩話餘集壹云：

常熟江湛源精醫術，曾療河東君疾。虞山宗伯以玉杯一爲先生壽。子孫世守之。後失去垂三十年。嘉慶間裔孫曾祁復得之，徵詩紀事。翁文端〔心存〕爲賦紅豆山莊玉杯歌云，鯉魚風起芙蓉裏。欲落不落相思子。碧玉杯調九轉丹，返魂香暈霞文紫。山莊紅豆花開香。尚書風流壽正長。鵂鶹夜䠇瑶姬病，骨出飛龍卧象床。此時儻絶尚書席。异日存孤仗誰力。判將三（？）寶謝神醫，祇爲佳人難再得。仙人鴻術生春風。骨青髓緑顔桃紅。一服刀圭能駐景，秘方鈔得自龍宫。尚書捧杯聽然笑，當筵願比瓊瑶報。洞見胸中癥瘕來，杯唇湛湛蘭英照。絳雲轉瞚劫飛灰。不及玲瓏玉一杯。二百餘年明月影，曾經羽化卸歸來。杯中春色長不老，紅豆山莊滿秋草。

寅恪案，今陳瑚遺文中未見江静蘿所稱其工醫先人之傳。但確庵著述留存頗少，此傳或已散佚矣。翁邃庵詩亦殊不惡，以其與孫子瀟詩爲同咏一物之作品，故并録之。

復檢光緒修常昭合志稿叁貳醫家類江德章傳云：

江德章字湛源。其先自浙來虞，德章善醫，以術行何市。病者或不與值，雖診視數十次無吝色。市多盜，獨相戒勿入江先生宅。文虎其元孫也。

同書叄拾文學類江文虎傳略云：

江文虎字思駿，號頤堂，何市人。父朝，字儕岳，好施與負氣。子曾祁，字静蘿。副貢生，亦工文章。

然則醫治河東君病之人，其一確是江德章。湛源後裔既有「紅豆莊玉杯」爲物證，自可信也。至玉杯之器乃明代士大夫家多有。牧齋家藏玉杯，見於舊籍者亦不少，兹略録之，以供研究當日社會風俗者之參考。

虞陽説苑甲編張漢儒疏稿云：

一惡。錢謙益乘閹黨崔呈秀心愛顧大章家羊脂白玉漢杯，著名一捧雪，價值千金。謙益謀取到手，又造金壺一把一齊饋送，求免追贓提問。通邑誹笑證。

寅恪案，白玉杯自可稱「一捧雪」，如傳奇戲劇中所述者。（參黄文旸曲海總目提要壹玖李元玉撰「一捧雪」條。）漢儒蓋以世俗所艷稱之寶物，聳動權貴，藉誣牧齋，其不可信，固不待論也。

董潮東臯雜鈔叄（參牧齋遺事「順治二年乙酉豫王兵渡江南」條。）略云：

柳南隨筆載〔順治二年〕乙酉五月，豫王兵渡江，大學士王鐸禮部尚書錢謙益等以南京迎降。王引兵入城，諸臣咸致禮幣，有至萬金者，錢獨致禮甚薄，蓋表己之廉潔也。其所具柬，前細書太子太保禮部尚書兼翰林院學士臣錢謙益百叩首謹啓上貢計開，蟠龍玉杯一進。宋製玉杯一進〔等〕。右啓上貢。又署順治二年五月二十六日太子太保禮部尚書兼翰林學士臣錢謙益。郡人張滉與豫王記室諸暨曾王佐善，因得見王鐸以下送禮帖子，而紀之以歸。寅恪案，依上所述，既有人證，自當可信。但謂牧齋藉此薄禮，以表己之廉節，則殊不然。蓋牧齋除精槧書籍外，實無其他珍品，而古籍又非多鐸所能欣賞故也。

復次，前論惠香有爲卞玉京之可能時，曾引吴梅村「過玉京道人墓」詩傳，其中有「過浙江，歸東中一諸侯。不得意。乞身下髮，依良醫保御氏於吴中。保御者，侯之宗人。築別宫，資給之良厚。」等語。良醫保御氏即鄭欽諭。梅村家藏稿伍拾「保御鄭三山墓表」略云：

鄭之先，始於司空公，爲宋天聖間名臣。建炎南渡，武顯大夫有扈蹕功，賜田松陵。子孫習外家李氏帶下醫，遂以術著。君堂構於程朱之學，和緩之技，咸有師承，相傳五百餘載，爲士族，爲名家。君自少攻詩書，鏃言行。其於醫也，發揮精微，行之以誠心惻怛，名乃益起。千里之内，鉅公貴游，輜軿接迹，書幣交錯於庭，君造請問遺無虚日。中厨日具十人之饌，高人勝流，明燈接席，評騭詩文書畫爲笑樂。君諱欽諭，三山其字，晚自號初曉道人。

可知鄭三山以名醫而兼名士，河東君以名姝而兼名士，牧齋則又是當日之鉅公勝流，吴江常熟同隸蘇州府，既在「千里之内」，其間自有往來。檢錢牧齋先生尺牘貳「致瞿稼軒」第玖通云：

劇甚佳，不可不看。三山托相邀甚切，今日亦當一赴，以慰其意也。詩稿附去，即發下爲妙。

及第拾通云：

詢如貴恙已霍然。未及面晤，爲愧。犬子亦向安矣。

據「詩稿附去，即發下爲妙。」之語，知爲崇禎十六年癸未冬稼軒爲牧齋刊印初學集時事。又據「詢知貴恙已霍然」及「犬子亦向安矣」等語，又足證此邀牧齋觀劇之「三山」，即當日良醫吴江鄭欽諭無疑。鄭氏何時來常熟，未能考悉。但崇禎十六年癸未冬間確在常熟。既爲稼軒及孫愛診病，而不言及河東君者，蓋此際河東君病已痊愈，無煩鄭氏診視之故。然則河東君之病，豈是此五百載家傳帶下醫之初曉道人所主治，而受玉杯報酬之江湛源不過爲會診者歟？又玉京道人詩傳謂雲裝依三山於吴中，三山築別館厚資給之。梅村詩話又言順治八年辛卯春玉京訪梅村於婁東，共載横塘。此雖俱是明南都傾覆後之事。但可推知三山家亦在蘇州。河東君於崇禎十四年冬留居蘇州療疾，至十五年春惠香伴送返常熟。此重公案，豈與五百載家傳之帶下醫有關耶？均俟詳考。

兹述河東君自崇禎十四年初冬閲時三年之病已訖，尚有入道一事，可附論於此，以求教當世讀錢詩之君子。

顧云美「河東君傳」略云：

〔康熙二年〕癸卯秋下髮入道。宗伯賦詩云，（詳見下引。）明年五月二十四日，宗伯薨。

寅恪案，云美所記河東君入道在癸卯之秋，殊與牧齋原詩辭旨不合。今移録原詩，略加釋證，非僅正顧氏之誤，并見即與牧齋關係密切及對河東君極表同情之人，如云美者，其所紀述，尚有疏舛，何况他人耶？甚矣哉！考史讀書之難也。

有學第壹肆「病榻消寒雜咏四十六首」有三詩爲河東君而作，即第叁肆首題作「追憶庚辰冬半野堂文宴舊事」，第叁伍及叁陸兩首，題作「一首爲河東君入道而作」。其第叁肆首前已論釋，不須更贅。第叁伍及叁陸兩首，牧齋所以排列於第叁肆首之後者，非僅因此兩首俱屬追述河東君之入道，實在崇禎十三年庚辰冬後一年，即十四年初冬卧病起，至十六年癸未初冬病愈止。凡歷三年之時間故也。詩云：

一剪金刀繡佛前。裹將紅泪灑諸天。三條裁製蓮花服，數畝誅鋤穲稏田。朝日妝鉛眉正嫵，高樓點粉額猶鮮。（顧苓河東君傳引此詩「粉」作「黛」。）横陳嚼蠟君能曉，已過三冬枯木禪。鸜鵒疏窗晝正長。又教雙燕語雕梁。雨交澧浦何曾濕，風認巫山別有香。斫却銀輪蟾寂寞，搗殘玉杵兔凄凉。（寅恪案，此二句錢遵王注本作「初着染衣身體澀，乍抛稠髮頂門凉。」顧云美河東君傳所引亦同。恐是初稿如此。今諸本互异者，豈因語太質直，河東君見之不喜，牧齋遂加以修改耶？）縈烟飛絮三眠柳，揚盡春來未斷腸。（寅恪案，遵王木「斷」字下注「短」字，疑出牧齋之手，如上引出莊八景「酒樓花信」詩之例，非遵王後加也。）

寅恪案，第叁伍首結句「三冬枯木禪」之語，遵王已引「五燈會元」俗漢庵主「枯木倚寒巖，三冬無煖氣。」之言爲釋，甚是。但僅爲古典，尚未盡牧齋詩句之今典。蓋河東君起病於崇禎十四年初冬，至十六年初冬病起，共曆三冬故也。至俗漢庵主「三冬」二字之意，乃通常世俗寒冬之謂。若以漢書列傳叁伍東方朔傳王先謙補注及楊樹達窺管等專家所言衡量之，則大可不必矣。前引河東君和牧齋「小至日京口舟中」詩「首比飛蓬鬢有霜」句，可證河東君卧病之時，牧齋既無元微之「自愛殘妝曉鏡中，環釵慢篸緑絲叢。」及「閑讀道書慵未起，水晶簾下看梳頭。」之樂，（見才調集伍「離思」六首之一及二。）故不如「一剪金刀綉佛前」及「乍抛稠髮頂門凉」，藉口入道較爲得計。卞玉京歸東中一諸侯，不得意，進其婢柔柔奉之，乞身下髪。（見前引梅村家藏稿拾「過錦樹林玉京道人墓」詩傳及梅村詩話「女道士卞玉京」條。）與河東君此時病中之事，頗相類似。至「又教雙燕語雕梁」句及「雨交澧浦何曾濕，風認巫山別有香。」一聯，則「雙燕」句用前釋「癸未元日雜題長句」八首之八「晚簾雙燕入盧家」句，所引劉方平詩「雙燕入盧家」之語。「澧浦」句遵王已引山海經中山經「洞庭之山，帝之二女居之。」爲釋，俱是兩女共嫁一夫之古典。「何曾濕」乃牧齋表明心迹，自謂與惠香實無關係之意。讀之令人失笑。「別有香」句，標出惠香之名字，更與玉京進柔柔之事，尤爲相近。此等舉措，固爲當日名姝應付夫主之一公式也。

關於絳雲樓事，前於第貳章論河東君原名中必有一「雲」字。本章論牧齋賣兩漢書於謝三賓，并論女性之惠香，其名中必有一「桃」字及河東君妹楊絳子事等節，已略言之。此點可參拙著元白詩箋證稿附論乙「白樂天之思想行爲與佛道教關係」一文中謂韓退之有二妾，一曰絳桃，一曰柳枝。然則絳雲樓之命名，不僅專指河東君而言，更兼寓惠香之名。若所揣測不誤，是牧齋野心極大，自比昌黎，欲儲兩阿嬌於一金屋，亦甚可笑矣。牧齋所作絳雲樓詩八首，除自注外，更有遵王注釋。且詩中所用典故，多出陶宏景真誥，讀者苟取隱居之書參證之，自能得其出處。故此等皆不須詳引。茲僅就其特有趣之古典及當日之今典，略爲疏通證明而已，實不須亦不必多論也。

初學集貳拾下東山詩集肆「絳雲樓上梁，以詩代文八首。」其一云：

負戴相將結隱初。高榆深柳愜吾廬。道人舊醒邯鄲夢，居士新營履道居。百尺樓中偕卧起，三重閣上理琴書。與君無復論榮觀，燕處超然意有餘。

寅恪案，此詩第壹聯上句，自是用沈既濟枕中記，（見文苑英華捌叁叁記叁柒寓言，并參太平廣記捌貳引陳翰异聞集「吕翁」條及湯顯祖「邯鄲記」。）人所習知。下句遵王引白樂天池上篇序爲釋，亦無待論。當牧齋賦此詩時，政敵之鵝籠公既死，帝城之陣子公頗多。謀求起用，不遺餘力。盧生枕中之夢方酣，言不由衷，甚爲可笑。但其「永興寺看緑萼梅」詩有「道人未醒羅浮夢，正憶新妝萼緑華。」之語，鄙意儻取「道人未醒羅浮夢」，以易「道人舊醒邯鄲夢」，則更切合當日情事。如此集句，錢柳二人地下有知，應亦欣然贊許歟？

又牧齋平生以宰相自許，崇禎元年閣訟問題，人所習知，可不必論。兹略取其在崇禎以前涉及盧生之夢者數條，以資談助。

牧齋外集貳伍「南北記事題詞」云：

〔萬曆三十八年庚戌〕余初登第，謁見冢宰立山孫公，（寅恪案，「立山孫公」指孫丕揚。但尚未知其有「立山」之稱。檢趙南星味檗齋文集壹壹「明吏部尚書贈太子太保孫清簡公〔鑨〕墓志銘」云：「公字文中，號立峰。」亦曾爲吏部尚書。豈牧齋混淆兩孫之號，而「山」字又爲「峰」字之誤寫耶？俟考。）公謬以余爲可教，執手訓迪，以古名宰相相期許。

列朝詩集丁壹壹「申少師時行」小傳略云：

余爲書生，好談國政。登朝後，以詞林後輩謁少師於里第。少師語次，從容謂曰，閣臣委任重，責望深，每事措手不易。公他日當事，應自知之，方謂老夫之言不謬也。

初學集捌肆「書鄒忠介公賀府君墓碑後」（寅恪案，光緒修丹陽縣志壹玖賀學仁傳云：「賀學仁字知忍。」）略云：

應山楊忠烈（漣）令常熟。官滿，不能賃車馬。公質貸爲治裝。楊公被急徵，語所親曰，江左更安得一賀知忍乎？（天啓元年）辛酉冬，余報命北上，公病亟矣，執手榻前，氣息支綴，諄諄念主幼時危，國論參錯，而以枝柱屬余。

牧齋於萬曆三十八年二十九歲，天啓元年四十歲，崇禎十六年絳雲樓建築時六十二歲。由是言之，「舊醒邯鄲夢」之「舊」字，固甚確切，但「醒」字，則全爲虛語也。

復次，有學集叁壹「何君實（珩枝）墓志銘」略云：

余年二十偕兄（指君實。）讀書破山寺，山門頽敝，護世四王架壞梁木爲坐。余拉兄度磵穿嶺，一日數過其前。兄夢四王語曰，公等幸勿頻出，出則我等促數起立，殊僕僕也。

傭書人郭生婦病，禱城隍神，神憑而語曰，乞錢相公一幅名刺來，我貰汝。郭生叩頭乞哀，余笑而斥之。兄曰，安知不然？代余書名刺，俾焚廟中。婦立起。余枚卜罷居，兄從容爲余道之，且相慰曰，未止此也。嗚呼！兄歿而天崩地坼，兄作夢時垂六十年，而余固已老而憊矣。如兄之所云，豈所謂癡人前説夢耶？喪亂殘生，天眼護佑，創殘痛定，追尋前夢，未嘗不身毛俱豎，申旦屏營，誠不敢忘天神之假靈於兄以牖我也。

有學集秋槐別集「丙申春就醫秦淮，寓丁家水閣浹兩月。臨行作絶句三十首，留別留題，不復論次。」其第拾首云：

夢我迢迢黄閣居。真成鼠穴夢乘車。宵來我夢師中樂，細柳營翻貝葉書。（自注：「茂之書來，元旦夢余登拜。」）

寅恪案，牧齋言何君感夢時己身年二十，距銘墓時垂六十年。由是言之，則牧齋作此文詩，年已七十餘矣。丁家河房絶句作於順治十三年丙申，牧齋年七十五。考順治十六年己亥牧齋年七十八，是歲鄭成功率師入長江。於此前數年間，牧齋頗爲奔走活動，故何君實墓志所述之預兆，雖覺可笑，然亦寓將任明室中興宰輔之意。至記林茂之所夢詩，亦因牧齋屢向那子陳述己身之願望，林氏遂受其暗示，而有此夢。然則此詩此文皆緣牧齋宰輔迷之所致，未可僅以稽神説鬼談夢目之。又此文及詩均作於建築絳雲樓後數十餘年，但邯鄲之夢未醒，羅浮之夢仍酣，亦可見此老功名之念，兒女之情，至死不衰也。

關於絳雲樓建築及焚毁之時日，并其所在之處等問題，玆略考辨於後，以免讀者之誤會。

絳雲樓書目附曹溶題詞云：

虞山宗伯生神廟盛時。早歲科名，交游滿天下。盡得劉子威〔鳳〕，錢功父〔允治〕，楊五川〔儀〕，趙汝師〔用賢〕四家書，更不惜重貲購古本，書賈奔赴捆載無虚日。用是所積充牣，幾埒内府。視葉文莊〔盛〕，吴文定〔寬〕及西亭王孫〔朱謀瑋〕，或過之。中年構拂水山房，鑿壁爲架庋其中。凡四方從游之士，不遠千里，行縢修贄，乞其文刻繫牲之石，爲先世光榮者，絡繹門外。自王弇州〔世貞〕，李大泌〔維楨〕以還，此事殆希見也。宗伯文價既高，多與清流往來，好延引後進，大爲壬人嫉，一躓不復起。晚歲浮沈南國，操委蛇術，容其身。所薦某某，大异平居所持論，物望爲之頓減。入北未久，稱疾告歸。居紅豆山莊，出所藏書，重加繕治，區分類聚，栖絳雲樓上，大櫝七十有三。顧之自喜曰，我晚而貧，書則云富矣。甫十餘日，其幼女中夜與乳媪嬉樓上，剪燭灺落紙堆中。遂燧。宗伯樓下驚起，焰已漲天，不及救，倉皇出走。俄頃樓與書俱盡。倉聞駭甚，特過唁之。謂予曰，古書不存矣。尚有割成明臣志傳數百本，俱厚四寸餘，在樓外。我昔年志在國史，聚此。今已灰冷，子便可取去。予心艷之，長者前未敢議值，則應曰，諾諾。别宗伯，急訪葉聖野，（寅恪案，同治修蘇州府志捌捌葉襄傳云：「葉襄字聖野。」）并可參有學集壹柒「宋玉叔安雅堂集序」及同書壹玖「葉聖野詩序」。）托其轉請。聖野以稍遲，越旬日，已爲松陵潘氏（檉章）購去。嘆息而已。今年從友人得其書目，手鈔一過，見不列明人集，偏於瑣碎雜說，收録無遺。方知云厚四寸者，即割文集爲之，非虚語也。予以後進事宗伯，而宗伯絶款曲。（順治三年）丙戌同居長安，（四年）丁亥，（五年）戊子同僦居吴苑。時時過余，每及一書，能言舊刻若何，新板若何，中間差别幾何。驗之，纖悉不爽。蓋於書無不讀，去他人徒好書，束高閣者，遠甚。然大偏性，未爲愛古人者，有二端。一所收必宋元板，不取近人所刻及抄本。雖蘇子美（舜欽），葉石林（夢得），三沈（遘，遼，括）集等，以非舊刻，不入目録中。一好自矜嗇，傲他氏以所不及。片紙不肯藉出，儘存單行之本，燼後不復見於人間。余深以爲戒。

寅恪案，「絳雲樓上梁」詩後一題爲「癸未除夕」，前隔一題爲「燈下看内人插瓶花」。其第壹首云，「水仙秋菊并幽姿」，則絳雲樓之建造在崇禎十六年冬季，可以無疑。

有學集壹柒「賴古堂文選序」云：

（順治六年）己丑之春，余釋南囚歸里，盡發本朝藏書，裒輯史乘，得數百帙，選次古文得六十餘帙，州次部居，遺蒐闕補，忘食廢寢，窮歲月而告成。（七年）庚寅孟冬，不戒於火，爲新官三日之哭，知天之不假我以斯文也。

鐵琴銅劍樓藏書目録捌史部壹正史類略云：

宋史四百九十六卷。（明刊本。）

是本舊爲邑中錢氏藏書，卷首記云：「歲庚寅四月朔日閲始。」其第一百七十九卷後，記云：「十月初二夜半野堂火，時方雷電交作，大雨傾盆，後〔絳雲〕樓，前〔半野〕堂，片刻煨燼，乃异灾也。」絳雲一炬，藏書無遺，此書方校閲，故幸而獲留也。

又葉昌熾藏書紀事詩肆「錢謙益受之」條云：

〔查慎行〕人海記：「錢蒙叟撰明史二百五十卷，辛卯九月晦甫畢。越後月，絳雲樓火作，見朱人無數，出入烟焰中，隻字不存。」昌熾案，絳雲樓灾，在庚寅。查云辛卯，誤也。

海虞瞿氏所藏宋史，有牧齋題字云：「庚寅十月初二夜，半野堂火，片刻灰燼。」據此，則絳雲樓下，即半野堂所在矣。（寅恪案，半野堂在絳雲樓之前。葉氏之語，頗令人誤會。）

據此，絳雲樓焚毁，在順治七年庚寅十月初二夜，實無疑義。然則倦圃所謂「甫十餘日，遂燬。」乃牧齋自誇其家益貧，而書益富之言後，甫十餘日耳。若不如是解釋，絳雲樓自建成至被災，共曆七載，曹氏豈有不知之理乎？

又黄宗羲思舊録「錢謙益」條云：

余數至常熟。初在拂水山莊，繼在半野堂，絳雲樓下。後公與其子孫貽同居，（寅恪案，牧齋子孫愛，字孺貽。思舊録稱「孫貽」者，共有數處。梨洲殆有所牽混歟？）余即住於其家。拂水時，公言韓歐乃文章之六經也。見其架上八家之文，以作法分類，如直序，如議論，如單序一事，如提綱，而列目亦不過十餘門。絳雲樓藏書，余所欲見者無不有。公約余爲老年讀書伴侶。任我太夫人菽水，無使分心。一夜，余將睡，公提燈至榻前，袖七金贈余曰，此内人（自注：「即柳夫人。」）意也。蓋恐余之不來耳。是年十月絳雲樓毁，是余之無讀書緣也。

可知半野堂及絳雲樓，皆在牧齋常熟城中住宅之内。詳見金鶴沖錢牧齋先生年譜所附絳雲樓圖并説明，無待贅辨。但倦圃題詞於絳雲樓所在之地，頗與拂水山房（莊）及紅豆山莊牽混不明，易致誤會，故讀秋岳之文者，不可不注意也。他如鄭方坤國朝名家詩鈔小傳中「東澗詩鈔」小傳云：

築室拂水之隈，建絳雲樓其上。

所言之誤，自不待言。又若蘼蕪紀聞引俞蛟齊東妄言及何蛟「柳如是傳」，俱混牧齋城内住宅與白泖港紅豆山莊爲一地，雖非指絳雲樓而言，但亦同此誤。其餘後人吊古懷賢之篇什，諸多疏舛，則更無論矣。至絳雲樓建築形式如何，頗不易知。金氏牧齋年譜，雖繪有兩層之絳雲樓圖，然不知何所依據。夫牧齋取真誥絳雲之典以爲樓名，其用梁書伍壹及南史柒陸陶弘景傳所云：

更築叁層樓，弘景處其上，弟子居其中，賓客至其下。

以成「叁重閣上理琴書」之句，自無足异。（遵王注已引南史陶傳之文爲釋。）但此乃古典，未必是今典，故亦難認爲絳雲樓實有三層也。揆以通常建築形式，此樓既兼備藏貯圖書及家庭居住，并接待賓客等用，則絕非狹小之構造，可以推知。

牧齋遺事云：

牧翁於虞山北麓，構樓五楹，匾曰絳雲，取真誥絳雲仙姥下降，仙好樓居，以况柳，以媚柳也。牙籤萬軸，充牣其中。下置綉幃瓊榻，相與日夕晤對。錢集中所云，争先石鼎聯名句，薄暮銀燈算劫棋。（寅恪案，應作「争先石鼎搜聯句，薄怒銀燈算劫棋。」「薄怒」之誤爲「薄暮」，蓋涉「銀燈」而訛也。）蓋紀實也。牧翁披吟之好，晚而益篤。圖史校讎，惟河東君是職，臨文或有探討，柳輒上樓翻閱。雖縹緗盈棟，而某書某卷，隨手抽拈，百不失一。或用事微訛，旋爲辨正。牧翁悦其慧解，益加憐重。

觚賸叁吴觚下「河東君」條云：

柳歸虞山宗伯，自爲絳雲仙姥下降，仙好樓居，乃枕峰依堞於半野堂後，構樓五楹，窮丹碧之麗，扁曰絳雲。大江以南，藏書之家，無富於錢。至是益購善本，加以汲古雕鎸，輿致其上，牙籤寶軸，參差充牣。其下黼幃瓊寢，與柳日夕相對。所云，争先石鼎搜聯句，薄怒銀燈算劫棋。蓋紀實也。宗伯吟披之好，晚齡益篤，圖史較讐，惟柳是問。每於晝眉餘暇，臨文有所討論，柳輒上樓翻閲，雖縹緗浮棟，而某書某卷，拈示尖纖，百不失一。或用事微有舛訛，隨亦辨正。宗伯悦其慧解，益加憐重。

寅恪案，牧齋遺事言「下置繡幃瓊榻，相與日夕晤對。」觚賸言「其下黼幃瓊寢，與柳日夕相對。」則錢柳之住室實在絳雲樓下。可與曹秋岳「宗伯樓下驚起」之語相印證。鄙意書籍之貯藏，在常熟近海潮濕地域，自以樓上爲宜。樓下縱有披閲之本，但大多數當必置於樓上無疑。牧齋「三重閣上理琴書」之句，「三重」之「三」，或不必拘泥，然「閣上」一辭，應可信也。至接待男性賓客之室，必在樓下，而不在「五楹」之内，疑是絳雲樓下之廂房也。觀絳雲樓未焚以前，牧齋作品中如牧齋外集貳伍「跋偈庵詩册」末署：「庚寅正月書於沁雪石下。」及「題爲黄子羽書詩册」末署：「庚寅二月二十五日蒙叟錢謙益書於絳雲樓左廂之沁雪石下。」并黄梨洲思舊録「錢謙益」條（參南雷文案貳「天一閣藏書記」。）所云：「余數至常熟，初在拂水山莊，繼在半野堂，絳雲樓下。後公與其子孫貽（愛）同居，余即住於其家。」則知絳雲樓下，別有廂房，供留宿賓客之用。至沁雪石者，原爲元代趙松雪孟頫舊物。上引有學集貳秋槐詩支集附河東君「洗罷新松看沁雪」句及此詩後，牧齋答陳開仲詩「沁雪摩挲新拜石」句，（可參有學集壹捌「徐存永尺本集序」：「坐絳雲樓下，摩挲沁雪石。」等語。）即與此有關。此石本末見錢曾注牧齋「沁雪」句云：

沈石田圖琴川錢氏沁雪石詩序：吴興趙文敏鷗波亭前有二石。一曰沁雪，一曰垂雲。垂雲流落雲間，已不可考。沁雪在海虞縣治中。錢允言氏購得之。白石翁爲作圖，繫之以詩。石上勒沁雪二字，是松雪翁八分書。

徐復祚花當閣叢談（一作石村老委談。）肆「沁雪石」條（可參虞陽説苑乙編虞山雜記「垂雲沁雪二石」條。）云：

沁雪石原趙松雪家故物也。松雪寶二石，一名垂雲，今在松江某大家。沁雪質純黑，遇雨潤，則白色隱起如雪，故名。不知何時乃入吾常熟縣治後堂。（虞山雜記作「沁雪者，石質黑，而額上一方，雪着即消。今在環秀。」）會縣尹某愛女病，命女巫治之。錢昌時掌邑賦，默囑巫，令稱石爲祟。尹命牽出之，於是爲錢氏物。

又談遷棗林雜俎義集名勝「沁雪石」條云：

趙子昂鷗波亭前有石二，曰沁雪，曰垂雲。垂雲流落雲間，已不可考。沁雪石在常熟縣署中，有鐫字。或云，沁雪子昂妾也。（寅恪案，若果如或說，則牧齋之求得此石，疑與河東君有關也。）錢侍御岱乘邑侯女疾，嗾巫言石爲祟，出之，得歸錢氏，在徐上舍處。

柳南隨筆肆「沁雪石」條云：

沁雪石趙松雪鷗波亭前物也。後入吾邑縣治中，邑人錢昌以計出之。既而歸於錢，置之絳雲樓前。不久樓火，石亦燼。

前引湯漱玉玉臺畫史叄所載黃媛介畫扇署款云：「甲申夏日書於東山閣。」此「東山閣」之名，是否皆令藉以指絳雲樓總體而言，藉免「齊牢攜絳雲」之「齊牢」嫌疑。若作如是解釋，則皆令住室，即是樓下之廂房。抑或「閣」字乃指樓上，蓋皆令實住於樓上，與樓下錢柳之寢室間隔稍遠也。

靳榮藩吴詩集覽壹貳上「題鴛湖閨咏」四首。其二云：

休言金屋貯神仙。獨掩羅裙泪泫然。栗里縱無歸隱計，鹿門猶有賣文錢。女兒浦口堪同住，新婦磯頭擬種田。夫婿長楊須執戟，不知世有杜樊川。

其三云：

絳雲樓閣敞空虛。女伴相依共索居。學士每傳青鳥使，蕭娘同步紫鸞車。新詞折柳還應就，舊事焚魚總不如。記向馬融譚漢史，江南淪落老尚書。

第叁首末附評語云：

離隱之目，本自新様。「栗里縱無歸隱計」，若砭其「隱」字，正是剔清「離」字也。故此首云，「女伴相依共索居」。「索居」上有「相依」字，「共」字，亦奇。（寅恪於前第貳章已引此題第貳首兩句，并靳氏評語。兹爲解釋便利，故重録之。）

寅恪案，前於第貳章論梅村此題第貳首末句「不知世有杜樊川」乃謂錢牧齋，非指張天如。今更合此題第貳第叁兩首并讀之，駿公詩意尤爲明顯。第叁首「女伴相依共索居」句，亦是皆令暫居絳雲樓時之實況，蓋雖與女伴相依，而皆「索居」也。

又有學集貳秋槐詩支集河東君依韵奉和牧齋「人日示内」一首之二，中有「洗罷新松看沁雪」之句，此題之後爲「贈黄若芷大家四絶句」云：

節比青陵孝白華，齊心况復事毗耶。丹鉛點染從游戲，只似諸天偶雨花。

旃檀雲氣涌香臺，蓮漏初殘貝葉開。丈室掃除容寶座，散花天女故應來。

暈碧圖黄謝物華，香燈禪板道人家。中庭只有寒梅樹，邀得仙人萼緑華。

鷗波亭向絳雲開，沁雪虚庭絶點埃。墨竹數枝香一縷，小窗留待仲姬來。（寅恪案，河東君此首之意，自是以管仲姬比媛介。但揆之牧齋所以求得沁雪石置於絳雲樓前者，蓋以己身比松雪，而以河東君比仲姬也。牧齋前此爲築絳雲樓之故，不得已而賣趙松雪舊藏之兩漢書於謝象三，致使其不能享有對美人讀寶書之天福，遂無可奈何對美人玩奇石，聊用彌補舊日之遺憾歟？由是言之，此沁雪石者，在牧齋意中，本與河東君有關。在河東君詩中，則又藉之以指媛介。然則此石亦是與惠香之名相同，可以概括合此條件之女性，不必限於某一人也。）

據錢遵王注本，此題下有一「附」字，與上一題「依韵奉和二首」下有一「附」字者，體例正同，可證此四絶句，亦是河東君作品，非牧齋所賦也。黄若芷者，未審爲何人，但既稱之爲「大家」，則必是女教師，而非尋常婦人可知。第肆首全部皆以趙孟頫夫人管道升爲比，然則合此等條件之河東君女友，恐舍黄媛介外，別無他人。又「若芷」兩字，皆與「香」字有關。前論牧齋於崇禎九年丙子，已有惠香閣之名，惟此金屋，蓋所以留待將來之阿嬌，而此阿嬌不必爲一確定之人，任何女性，苟有當牧齋之意者，即目之爲惠香，亦無不可。若依此解釋，論惠香之名時，曾引庾子山詩「流水桃花色，春洲杜若香。」等句，今觀「若芷」之稱，更與杜牧之「春日言懷，寄虢州李常侍十韵。」詩，「風畦芷若香」句（見全唐詩第捌函杜牧貳。）字字切合。是若芷固一惠香也。或謂贈若芷詩第壹首第壹句「節比青陵」之語，似與媛介身世未合，殊有可疑。但皆令於亂離之中，不被污染，縱遭嫌忌，亦能始終與其夫楊世功相守，當可藉青陵臺相比擬，不必過於拘泥。惟「天女散花」及「萼緑華」之典，稍有語病，與王漁洋以秋娘比黄皆令，正復相似。此皆令之兄所以不喜其妹與河東君往來之故歟？復次，李漁笠翁十種曲中有「憐香伴」一種。曲海總目提要貳壹謂此曲「憑空結撰，無所本。」鄙意十種曲中如「意中緣」之類，即指當時之事。「憐香伴」恐非全無所本。或者「憐」乃楊影憐之「憐」，「香」乃惠香或黄若芷之「香」。「伴」乃「女伴相依共索居」之「伴」。「憐香伴」曲中，崔雲箋之「雲」，與「阿雲」之「雲」有關。崔曹二女立誓并嫁範生，及雲箋托病願退居，讓曹語花爲正室，與惠香在牧齋家中護視河東君之病事及牧齋贈惠香詩「并蒂雙栖宿有期」句，亦頗相類。至雲箋語花賦詩定交，其題爲「美人香」則「美人」本河東君别號，而「香」則是「惠香」之「香」也。由此言之，「憐香伴」與「意中緣」，俱有所本，不過「憐香伴」隱諱特甚，撰曲海提要者，遂不能知其所指之實在人物耳。寅恪讀梅村「題鴛湖閨咏」戲用彩筆體爲賦一律，附録於此，以博通人之一粲。斯固心中尚存黑白之盲瞽應有事也。詩云：

載筆風塵未飽温，何妨招隱入朱門。紅巾翠袖誰揩泪，碧海青天共斷魂。炊劍乾坤珍白璧，擔簦身世怕黄昏。憐香伴侣非耶是，留付他時細討論。

抑更有可論者，有學集貳拾「贈黄皆令序」（此文前已引其一部分，茲爲便利起見，故全録之。）云：

絳雲樓新成，吾家河東邀皆令至止。硯匣筆床，清琴柔翰。挹西山之翠微，坐東山之畫障。丹鉛粉繪，篇什流傳。中吴閨闥，侈爲盛事。南宗伯署中，閑園數畝，老梅盤拏，柰子花如雪屋。烽烟旁午，訣別倉皇。皆令擬河梁之作，河東抒雲雨之章。（寅恪案，梅村家藏稿伍捌梅村詩話「黄媛介」條略云：「媛介後客於牧齋柳夫人絳雲樓中。樓毁於火，牧齋亦牢落，嘗爲媛介詩序，有今昔之感。媛介和余詩（四首之四，末兩句）曰，憶昔金閨曾比調，莫愁城外小江干。」可與牧齋此文參閱也。又「雲雨之章」之「雲」當作「零」。檢文選貳拾孫子荆「徵西官屬送於陟陽候作詩一首」云：「晨風飄歧路，零雨被秋草。」及宋書陸柒謝靈運傳略云：「史臣曰，子荆零雨之章，正長朔風之句。」牧齋之語，蓋出於此。淺人不曉，習聞高唐賦「雲雨」之辭，因而抄寫訛誤，遂致比儗不倫，殊可笑也。）分手前期，蹔游小別，迄今數年矣。今年冬，余游湖上，皆令僑寓秦樓，見其新詩，骨格老蒼，音節頓挫。雲山一角，落筆清遠，皆視昔有加，而其窮亦日甚。湖上之人，有目無睹，蠅鳴之詩，鴉塗之字，互相題拂，於皆令莫或過而問焉。衣帔綻裂，兒女啼號，積雪拒門，炊烟冷突。古人賦士不遇，女亦有焉。吁！其悲矣！滄海横流，劫灰蕩埽，留署古梅老柰，亦猶夫上林之盧橘，寢園之櫻桃，斬刈爲樵薪矣。絳雲圖書萬軸，一夕煨燼，與西清東觀，琅函玉軸俱往矣！紅袖告行，紫臺一去，過清風而留題，望江南而祖別。少陵墮曲江之泪，遺山續小孃之歌，世非無才女子，珠沉玉碎，踐戎馬而换牛羊，視皆令何如？皆令雖窮，清詞麗句，點染殘山剩水間，固未爲不幸也。河東湖上詩：「最是西泠寒食路，桃花得氣美人中。」皆令苦相吟賞。今日西湖，追憶此語，豈非窮塵往劫？河東患難洗心，懺除月露，香燈禪版，净侶蕭然。皆令盍歸隱乎？當屬賦詩招之。

吴應箕留都見聞録上園亭門云：

六部各有園，皆爲之不及百年。禮户二部俱在洪武門之左。禮部有敞亭可憩，户部有高樓可眺。亦引水爲池，恨疏鑿不得法耳。余親見園中竹樹時爲堂官斫取。又衆以傳舍視之，不久廢圮矣。

寅恪案，牧齋此序未能考定何時所作。但河東君贈黄若芷詩，附於「庚寅人日」詩後，庚寅十月二日絳雲樓焚毁，牧齋此文中已言及之。又序中有「香燈禪版」之語，與河東君贈黄若芷詩「香燈禪版道人家」之句，可相印證。然則序中之「今年冬，余游湖上。」乃指順治七年庚寅之冬季歟？若果所揣測者不誤，河東君贈黄若芷詩，亦即序中「當屬〔河東〕賦詩以招之」之詩耶？至牧齋序文之佳妙，讀者自能知之，不待多論也。吴次尾所記南京禮部園一條，與牧齋任職弘光朝之時間相距極近，故附録之，以資參證。兹尚有關涉絳雲樓者數事，附論述之於下。

牧齋尺牘中「致瞿稼軒」十四首。其二云：

癸未詩一卷，乞付文華刻入。文部缺者，即日補上也。墨似未必真，如真則不如新墨多矣。賤内辱太親母寵招，理應趨赴，何敢自外。第恐太費華筵耳。容伸謝不一。

其六云：

小樓卜築，重荷玉趾，但以輶褻爲愧耳。看菊自當如約。

其十一云：

内人性頗沾灑，再叁商榷，以爲必待小樓成後，奉屈太母，然後可以赴召。其意確不可回，似亦一念恪慎，非有他意，只得聽之也。更俟面謝，不盡。

其十二云：

和韻四首，風致婉麗，以巴人之唱，而辱陽春之和，吾滋愧矣。拙集已料理叁卷，乞付文華，即當續補，以湊十卷之數，舊作似難再投也。

其十二略云：

華堂曲宴，大費郇厨，附謝不盡。泉酒領到，謝謝。

寅恪案，上所擇録牧齋尺牘五通，皆爲崇禎十六年癸未冬間建築絳雲樓及刊刻初學集時之作品。「太親母」者，稼軒之夫人，孫愛妻之祖母也。前論顧云美本末時，引牧齋「先太淑人述」，已言及之矣。牧齋書中所言之墨及酒，疑俱稼軒贈與河東君者。蓋牧齋不善書（見牧齋有學集補「題丁菡生藏余尺牘小册。」）而河東君善書。牧齋不善飲，而河東君善飲。（見前論「采花釀酒歌」節。）稼軒之於牧齋，以老門生而兼太親翁之資格，又爲深能欣賞河東君之人，豈有不知「寶劍遺壯士，紅粉贈佳人。」之諺語，轉以寶劍贈非壯士之牧齋耶？據此等瑣事，更可證知稼軒在牧齋家庭中，乃河東君之黨，而非陳夫人之黨矣。至稼軒和韻四首，令檢瞿忠宣公集，未見有適合此時間和牧齋四首之詩者，甚難確指其爲何題。或者即和絳雲樓上梁詩八首中之四首，與毛子晋所和詩，俱是同時之作品也。毛子晋野外詩載「登錢夫子絳雲樓和韻八首」。前第壹題爲「題垂虹橋亭」中有「秋風垂釣圖」。前第貳首爲「仲木來居池上寄之」。中有句云：「記取湖濱乙酉年」。其後第貳題爲「丙戌春分病起」。初據此推計，似子晋和絳雲樓詩作於順治二年乙酉秋季以後，三年丙戌春分以前。此時明南都已傾覆，牧齋隨例北遷，尚未還家。然子晋和絳雲樓詩，不見有國亡家散，人去樓空之感，則此和詩疑是絳雲樓初成時所作，後來因有忌諱，遂加修改，故排列次序亦不依初稿作成之先後耶？俟考。子晋詩不甚佳妙，故不録於此，讀者取毛集參之可也。

又有學集肆肆有「愚樓對」一篇，牧齋藉施氏之愚樓，以誇其絳雲樓，文字詼奇，可稱佳作。兹節録於後，聊備絳雲樓全部公案中之一事云爾。

其文略云：

愚山子治臨江之公廨，撤故亭爲愚樓。山陰徐伯調記其事於石。（寅恪案，「愚山子」即施閏章。事迹見清史稿肆捌玖文苑壹本傳等。徐伯調即徐緘。事迹見浙江通志壹捌拾文苑叁本傳等。）余讀而美其文，傳示坐客。客有啐於旁者曰，子之詧絳雲也，可謂誇矣。鳥目再成，雀離交加。真檐翠微，鬥栾丹霞。叢屋架棟，四部五車。如鳫竊脂，如雀啄花。剖葦負版，殫瘁厥家。祝融作難，焚如突如。綠字焦爛，丹書掀飛。珠塵玉膏，狼藉路衢。主人耄矣，誅茅爐餘。踅鼻枳足，驕虿之廬。過者竊笑，咸欲削絳雲之扁，而謚之以愚。言已假寐囈語，有夫絳衣大冠，執而數之曰，余絳雲之守神也。用誓告汝，昔者金鏡委光，珠囊不收。經典漫漶，俗學嘲啁。主人奮肰，鉤河雒，披墳丘，穿地藏，羅天球，整齊經史，津涉姒周。寶書玉牒，旁摭曲蒐。神工百王，聖德千秋。浴堂沈沈，宣室悠悠。插牙籤其如織，執丹書以告修。枝柱乎星紀之虛，巋然此樓也。雲漢黯霮，墨穴晦冥。有光激射，上直帝廷。上帝曰，咨宿戒六丁，霞車日轂，載而上征。東澗老人與客同夢，蹶然而起。燈明風肅，神告在耳。幸斯文之未喪，知皇覽之不可以忽遺也。命筆書愚樓對，以復於愚山子。

「絳雲樓上梁」詩第貳首云：

麗譙如帶抱簷楹，置嶺標峰畫不成。窣堵波呈雙馬角，招真治近一牛鳴。琴繁山應春弦響，月白香飄夜誦聲。還似玉真清切地，雲窗風户伴君行。

寅恪案，此首寫絳雲樓上所能望見之景物及樓中弦誦之聲也。其他如「招真治」等，已詳遵王注，無取多論。

第叁首云：

曾樓新樹絳雲題，（自注：「紫微夫人詩云，乘飈儔衾寢，齊牢携絳雲。故以絳雲名樓。」）禁扁何殊降紫泥。初日東南長自炤，浮雲西北任相齊。花深綢户流鶯睡，風穩雕梁乳燕栖。一曲洞簫吹引鳳，人間唱斷午時鷄。

第肆首云：

三年一笑有前期，病起渾如乍嫁時。（自注：「泛舟詩云，安得三年成一笑。君病起，恰三年矣。」）風月重窺新柳眼，海山未老舊花枝。争先石鼎搜聯句，薄怒銀燈算劫棋。見説秦樓夫婦好，乘龍騎鳳也參差。

寅恪案，此兩首最佳，而遵王無所解釋，蓋皆是河東君本事，特有意不作一字，殊可恨可笑也。第叁首第壹句標出命名之由，據第貳句之意，書絳雲樓扁之人，疑即是河東君。否則牧齋不致作此諛辭。前引翁瓶廬之言，謂河東君之書奇氣滿紙，想此樓扁亦復如是也。第叁句用陌上桑之典，以河東君比羅敷，亦暗寓「美人」之號。第肆句不僅自發牢騷，且用河東君「望斷浮雲西北樓」句之今典。第柒句不僅用蕭史之古典，亦兼用牧齋「鶴引遥空鳳下樓」句之今典。第肆首第叁句用河東君「春前柳欲窺青眼」句及牧齋「曲中楊柳齊舒眼」句之今典。皆見前論東山酬和集有關諸詩，兹不復贅。

第伍首云：

絳雲樓閣牓齊牢，知有真妃降玉霄。匏爵因緣看墨會，（自注：「紫清真妃示楊君，有匏爵分味，墨會定名之語。」）茗華名字記靈簫。（自注：「真妃名鬱嬪，字靈簫。并見真誥。」）珠林有鳥皆同命，碧樹無花不後凋。携手雙臺攬人世，（自注：「携手雙臺，亦真誥語。」）巫陽雲氣自昏朝。

第陸首云：

燕寢凝香坐翠微，辰樓修曲啓神扉。逍遥我欲爲天老，恬淡君應似月妃。霞熠牙箱雙玉檢，風吹綸絮五銖衣。夕陽樓外歸心處，縣鼓西山觀落暉。（寅恪案，「觀」下牧齋自注一「去」字。蓋内典止觀之義。遵王注引觀經，甚是。）

寅恪案，此兩首多用真誥典故，牧齋自注及遵王注，皆已詳述。惟第伍首第伍句「同命」之語，竟成詩讖，可哀也已。

第柒首云：

寳架牙籤傍綺疏。仙人信是好樓居。風飄花露頻開卷，月熠香嬰對較書。拂紙丹鉛雲母細，篝燈簾幙水精虚。昭容千載書樓在，結綺齊雲總不如。

寅恪案，第肆句乃是寫實，而非泛語也。詳見第伍章論列朝詩集節所引牧齋遺事「柳夫人生一女」條。兹暫不涉及。但今天壤間不知是否實有河東君所校之書籍，尚待訪問。據神州國光社影印東澗寫校李商隱詩集三卷。其中除牧齋外，别有一人校寫之手迹。取國光社影印柳如是山水畫册河東君題字相比較，頗有類似之處。但以無確切不疑之河東君手迹可爲標准，故未敢斷定東澗寫校李集中，别一人之手筆，出於河東君也。第柒句之典見計有功唐詩紀事奎「上官昭容」條（參全唐詩第陸函吕温貳。）其文云：

正（貞）元十四年崔仁亮於東都買得研神記一卷，有昭容列名書縫處。吕温感嘆，因賦上官昭容書樓歌云，漢家婕妤唐昭容。工詩能賦千載同。自言才藝是天真。不服丈夫勝婦人。歌闌舞罷閑無事。縱恣優游弄文字。玉樓寳架中天居。緘奇秘异萬卷餘。水精編帙緑鈿軸，雲母搗紙黄金書。風飄花露清旭時。綺窗高掛紅綃帷。香囊盛烟綉結絡，翠羽拂案青琉璃。吟披嘯卷紛無已，皎皎淵機破研理。詞縈彩翰紫鸞迴，思耿寥天碧雲起。碧雲起，心悠哉。境深轉苦坐自催。金梯珠履聲一斷，瑶階日夜生青苔。青苔秘仙關。曾比群玉山。神仙杳何許，遺逸滿人間。君不見洛陽南市賣書肆。有人買得研神記。紙上香多蠹不成。昭容題處猶分明。令人惆悵難爲情。

牧齋之用此典，蓋有取於和叔「自言才能藝是天真。不服丈夫勝婦人」之語，以其與河東君性格甚爲切合故也。又河東君於崇禎十二三年游杭州時，曾寄寓汪然明横山別墅，（見河東君致汪然明尺牘第壹，第壹捌及第壹玖等通。）後來牧齋於崇禎十四年春游黄山過杭州時，亦寓汪氏横山別墅。今東山酬和集及初學集載有「横山汪氏書樓」七律一首，前已論釋，不須更贅。惟可注意者，即「書樓」一字，恐是牧齋因河東君曾寄寓其處，遂特加此二字，以媲美於上官婉兒，非然明別墅原有書樓之目也。俟考。餘可參第貳章所引牧齋「觀美人手迹，戲題絶句七首」第陸首自注及有學集肆柒「明媛詩緯題詞」等。

第捌首云：

駕月標霞面面新，玉簫吹徹鳳樓春。緑窗雲重浮香母，翠蠟風微守谷神。西第總成過眼夢，東山猶少畫眉人。憑闌共指塵中笑，差跌何當更一塵。

寅恪案，第叁聯上句之「西第」，以梁冀比周延儒。（見後漢書列傳伍拾上馬融傳及同書列傳貳肆梁統傳附梁冀傳。）蓋此時玉繩已死矣。下句之「畫眉人」，乃謂被畫眉之人，以張敞夫人比河東君。牧齋心目中固無陳夫人，豈不知此語未免唐突謝安石之劉夫人耶？

陳寅恪先生文集

柳如是别傳

［上］

陳寅恪 著

中國書店

目次

第一章　緣　起……一
第二章　河東君最初姓氏名字之推測及其附帶問題……一六
第三章　河東君與「吴江故相」及「雲間孝廉」之關係……三九
第四章　河東君過訪半野堂及其前後之關係……三六五
第五章　復明運動（附：錢氏家難）……八八七
附　記……一三一〇

第一章 緣起

詠紅豆 并序

昔歲旅居昆明，偶購得常熟白茆港錢氏故園中紅豆一粒，因有箋釋錢柳因緣詩之意，迄今二十年，始克屬草。適發舊篋，此豆尚存，遂賦一詩詠之，并以略見箋釋之旨趣及所論之範圍云爾。

東山葱嶺意悠悠，誰訪甘陵第一流。送客筵前花中酒，迎春湖上柳同舟。縱回楊愛千金笑，終剩歸莊萬古愁。灰劫昆明紅豆在，相思廿載待今酬。

題牧齋初學集并序

余少時見牧齋初學集，深賞其「埋没英雄芳草地，耗磨歲序夕陽天。洞房清夜秋燈裏，共簡莊周説劍篇」之句，（牧齋初學集叁陸「謝象三五十壽序」云：「君初爲舉子，余在長安，東事方殷，海内士大夫自負才略，好譚兵事者，往往集余邸中，相與清夜置酒，明燈促坐，扼腕奮臂，談犁庭掃穴之舉。」等語，可以參證。同書玖拾天啓元年浙江鄉試程録中序文及策文第伍問，皆論東事及兵法。按之年月節候，又與詩意合。牧齋所謂「莊周説劍篇」者，當是指此録而言也。）今重讀此詩，感賦一律。

早歲偷窺禁錮編，白頭重讀倍凄然。夕陽芳草要離冢，東海南山下潠田。（牧齋有學集壹叁東澗詩集下「病榻消寒雜咏」四十六首之四十四「銀榜南山煩遠祝，長筵朋酒爲君增」句下自注云：「歸玄恭送春聯云，居東海之濱，如南山之壽。」寅恪案，阮吾山葵生茶餘客話壹貳「錢謙益壽聯」條記玆事，謂玄恭此聯「無耻喪心，必蒙叟自爲」，則殊未詳考錢歸之交誼，疑其所不當疑者矣。又鄙意恒軒此聯，固用詩經孟子成語，但實從庾子山哀江南賦「畏南山之雨，忽踐秦庭。讓東海之濱，遂餐周粟。」脱胎而來。其所注意在「秦庭」「周粟」，暗寓惋惜之深旨，與牧齋降清，以著書修史自解之情事最爲切合。吾山拘執孟子詩經之典故，殊不悟其與史記列女傳及哀江南賦有關也。）誰使英雄休入彀，（明南都傾覆，牧齋隨例北遷，河東君獨留金陵。未幾牧齋南歸。然則河東君之志可以推知也。）轉悲遺逸得加年。（牧齋投筆集下後秋興之十二云：「苦恨孤臣一死遲。」）枯蘭衰柳終無負，莫咏柴桑擬古篇。

右録二詩，所以見此書撰著之緣起也。

寅恪少時家居江寧頭條巷。是時海内尚稱乂安，而識者知其將變，寅恪雖年在童幼，然亦有所感觸，因欲縱觀所未見之書，以釋幽憂之思。伯舅山陰俞觚齋先生明震同寓頭條巷，兩家衡宇相望，往來便近。俞先生藏書不富，而頗有精本。如四十年前有正書局石印戚蓼生鈔八十回石頭記，其原本即先生官翰林日，以三十金得之於京師海王村書肆者也。一日寅恪偶在外家檢讀藏書，獲睹錢遵王曾所注牧齋詩集，大好之，遂匆匆讀誦一過，然實未能詳繹也。是後錢氏遺著盡出，雖幾悉讀之，然游學四方，其研治範圍與中國文學無甚關係，故雖曾讀之，亦未深有所賞會也。丁丑歲蘆溝橋變起，隨校南遷昆明，大病幾死。稍愈之後，披覽報紙廣告，見有鬻舊書者。驅車往觀。鬻書主人出所藏書，實皆劣陋之本，無一可購者。當時主人接待殷勤，殊難酬其意，乃詢之曰：此諸書外，尚有他物欲售否？主人躊躇良久，應曰：曩歲旅居常熟白茆港錢氏舊園，拾得園中紅豆樹所結子一粒，常以自隨。今尚在囊中，願以此豆奉贈。寅恪聞之大喜，遂付重值，藉塞其望。自得此豆後，至今歲忽忽二十年，雖藏置篋笥，亦若存若亡，不復省視。然自此遂重讀錢集，不僅藉以温舊夢，寄遐思，亦欲自驗所學之深淺也。蓋牧齋博通文史，旁涉梵夾道藏，寅恪平生才識學問固遠不逮昔賢，而研治領域，則有約略近似之處。豈意匪獨牧翁之高文雅什，多不得其解，即河東君之清詞麗句，亦有瞠目結舌，不知所云者。始知禀魯鈍之資，挾鄙陋之學，而欲尚論女俠名姝文宗國士於三百年之前，（可參雲間杜九高登春尺五樓詩集貳下「武静先生席上贈錢牧齋宗伯」詩云「帳内如花真俠客」及顧云美苓

「河東君傳」云「宗伯大喜，謂天下風流佳麗，獨王修微、楊宛叔與君鼎足而三。何可使許霞城、茅止生專國士名姝之目」。）誠太不自量矣。雖然，披尋錢柳之篇什，於殘闕毀禁之餘，往往窺見其孤懷遺恨，有可以令人感泣不能自已者焉。夫三户亡秦之志，九章哀郢之辭，即發自當日之士大夫，猶應珍惜引申，以表彰我民族獨立之精神，自由之思想。何况出於婉孌倚門之少女，綢繆鼓瑟之小婦，而又爲當時迂腐者所深詆，後世輕薄者所厚誣之人哉！牧齋事迹具載明清兩朝國史及私家著述，固有闕誤，然尚多可考。至於河東君本末，則不僅散在明清間人著述，以列入乾隆朝違礙書目中之故，多已亡佚不可得見，即諸家詩文筆記之有關河東君，而不在禁毁書籍之内者，亦大抵簡略錯誤，勦襲雷同。縱使出於同時作者，亦多有意諱飾詆誣，更加以後代人無知之虚妄揣測。故世所傳河東君之事迹，多非真實，殊有待發之覆。今撰此書，專考證河東君之本末，而取牧齋事迹之有關者附之，以免喧賓奪主之嫌。起自初訪半野堂前之一段因緣，迄於殉家難後之附帶事件。并詳述河東君與陳臥子（子龍）、程孟陽（嘉燧）、謝象三（三賓）、宋轅文（徵輿）、李存我（待問）等之關係。寅恪以衰廢餘年，鈎索沉隱，延歷歲時，久未能就，觀下列諸詩，可以見暮齒著書之難有如此者，斯乃效再生緣之例，非仿花月痕之體也。

乙未陽曆元旦作：

紅碧裝盤歲又新，可憐炊竈盡勞薪。太冲嬌女詩書廢，孺仲賢妻藥裹親。食蛤那知天下事，然脂猶想柳前春。（河東君次牧翁「冬日泛舟」詩云：「春前柳欲窺青眼。」）炎方七見梅花笑，惆悵仙源最後身。

高樓冥想獨徘徊，歌哭無端紙一堆。天壤久銷奇女氣，江關誰省暮年哀。殘編點滴殘山泪，絶命從容絶代才。留得秋潭仙侶曲，（陳卧子集中有秋潭曲，宋讓木集中有秋塘曲。宋詩更是考證河東君前期事迹之重要資料。陳宋兩詩全文見後詳引。）人間遺恨總難裁。

乙未舊曆元旦讀初學集「（崇禎）甲申元日」詩有：「衰殘敢負蒼生望，重理東山舊管弦」之句，戲成一律

絳雲樓上夜吹簫，哀樂東山養望高。黄閣有書空買菜，玄都無地可栽桃。如花眷屬慚雙鬢，似水興亡送六朝。尚托惠香成狡獪，至今疑滯未能消。

箋釋錢柳因緣詩，完稿無期，黄毓祺案復有疑滯，感賦一詩

然脂瞑寫費搜尋，楚些吴歈感恨深。紅豆有情春欲晚，黄扉無命陸終沈。機雲逝後英靈

改，蘭萼來時麗藻存。拈出南冠一公案，可容遲暮細參論。

丙申五月六十七歲生日，曉瑩於市樓置酒，賦此奉謝

紅雲碧海映重樓，初度盲翁六七秋。織素心情還置酒，然脂功狀可封侯。（時方撰錢柳因緣詩釋證）平生所學惟餘骨，晚歲爲詩欠砍頭。幸得梅花同一笑，嶺南已是八年留。

丁酉陽曆七月三日六十八初度，適在病中，時撰錢柳因緣詩釋證尚未成書，更不知何日可以刊布也，感賦一律

生辰病裏轉悠悠，證史箋詩又四秋。老牧淵通難作匹，阿雲格調更無儔。渡江好影花爭艷，填海雄心酒祓愁。珍重承天井中水，人間唯此是安流。

用前題意再賦一首。年來除從事著述外，稍以小説詞曲遣日，故詩語及之

歲月猶餘幾許存，欲將心事寄閑言。推尋衰柳枯蘭意，刻畫殘山剩水痕。故紙金樓銷白日，新鶯玉茗送黄昏。夷門醇酒知難貰，聊把清歌伴濁樽。

十年以來繼續草錢柳因緣詩釋證，至癸卯冬，粗告完畢。偶憶項蓮生〔鴻祚〕云：「不

爲無益之事，何以遣有涯之生。」傷哉此語，實爲寅恪言之也。感賦二律

横海樓船破浪秋，南風一夕抵瓜洲。石城故壘英雄盡，鐵鎖長江日夜流。惜別漁舟迷去住，封侯閨夢負綢繆。八篇和杜哀吟在，此恨綿綿死未休。

世局終銷病榻魂，謻臺文在未須言。高家門館恩誰報，陸氏莊園業不存。遺屬只餘傳慘恨，著書今與洗煩冤。明清痛史新兼舊，好事何人共討論。

此稿既以釋證錢柳因緣之詩爲題目，故略述釋證之範圍及義例。自來詁釋詩章，可別爲二：一爲考證本事，一爲解釋辭句。質言之，前者乃考今典，即當時之事實，後者乃釋古典，即舊籍之出處。牧齋之詩，有錢遵王曾所注初學集有學集。遵王與牧齋關係密切，雖抵觸時禁，宜有所諱。又深惡河東君，自不著其與牧齋有關事迹。然綜觀兩集之注，其有關本事者，亦頗不少。兹略舉其最要者言之，如遵王初學集詩注壹陸丙舍詩集下「雪中楊伯祥館丈廷麟過訪山堂即事贈别」詩，「賈莊」注，詳述崇禎十年十一年於建州講款及盧象升殉難於賈莊之史實。同書壹柒移居詩集「茅止生挽詞十首」，其第貳首「武備新編」，第肆首「西玄」，分别注出止生以談兵游長安，挾武備志進御事及止生妾陶楚生事。（可參列朝詩集丁下「茅待詔元儀」及閏集「陶楚生」兩小傳。）同卷「姚叔祥過明發堂，共論近代詞人，戲作絶句十六首。」其中「高楊」「文沈」「何李」「鐘譚」等人，皆注出其事迹。又「鐘譚」注中云

「〔王〕微〔楊〕宛爲詞客，詎肯與〔鐘譚〕作後塵。公直以巾幗愧竟陵矣。」等語，可見牧齋論詩之旨也。同卷永遇樂詞「十六夜見月」，注中詳引薛國觀事。注末數語，其意或在爲吳昌時解脱。同書貳拾東山詩集叁「鴐鵝行，聞潛山戰勝而作」詩，「潛山戰」注，述崇禎十五年壬午起馬士英爲鳳督，九月己卯（明史貳肆莊烈帝本紀「己卯」作「辛卯」。是。）總兵劉良佐黃得功敗張獻忠將一堵墻於潛山，十月丙午劉良佐再破張獻忠於安慶等事。蓋遵王生當明季，外則建州，内則張李，兩事最所關心。涉及清室者，因有諱忌，不敢多所詮述。至張李本末，則不妨稍詳言之也。又同卷「送涂德公秀才戍辰州，兼簡石齋館丈。」一題，「戍辰州」注，言涂仲吉因論救黃道周，下詔獄，戍辰州事。注末云：「道周辨對，而斥之爲佞口，仲吉上言，而目之爲黨私。稽首王明，嘆息何所道哉？此公之深意，又當遇之于文辭之外者也。」遵王所謂文辭外之深意，自當直接得諸牧齋之口。有學集詩注貳秋槐支集「閩中徐存永陳開仲亂後過訪，各有詩見贈，次韻奉答。」四首之四，「沁雪」注，及「夏日宴新樂小侯」詩題下「新樂」注，遵王皆引本事及時人之文以釋之。同書肆絳雲餘燼集「哭稼軒留守相公詩」，「留守」注，述瞿式耜本末甚詳。同卷「孟陽冢孫念修自松圓過訪，口占送別二首。」第壹首「題詩」注，述牧齋訪松圓故居，題詩屋壁事。第貳首「聞咏」下注云：「山莊舊有聞咏亭，取老杜詩罷聞吳咏之句。」檢有學集壹捌「耦耕堂詩序」云：「天啓初，孟陽歸自澤潞，偕余棲拂水磵，泉活活循屋下，春水怒生，懸流噴激。孟陽樂之，爲亭以踞磵右，顔之曰聞咏。」遵王注可與此序相參證也。同書伍敬他老人集上「簡侯研德兼示記原」詩，附箋語，詳述侯峒曾本末及嘉定屠城事。豈因李成棟後又叛清降明，故不必爲之諱耶？同卷「路易（長？）公安卿置酒包山官舍，即席有作。」二首之一「懷羽翼」注，述路振飛事迹。同書陸秋槐别集「左寧南畫像歌。爲柳敬亭作。」注中載左良玉本末甚詳，并及柳敬亭事。同卷「丙申春就醫秦淮，寓丁家水閣。」三十絶句，其第壹玖首「四乳」注，述倪讓倪岳父子本末。第貳壹首「紫淀」下載張文峙改名事。第貳捌首「史痴」「徐霖」注，言及兩人之逸聞。同卷「讀新修滕王閣詩文集，重題十首。」第柒首「石函」注云：「彭幼朔九日登高，寄懷虞山太史詩，石函君已鐫名久，有約龍沙共放歌。幼朔注曰，近有人發許旌陽石函記。虞山太史官地具載。其當在樵陽八百之列無疑。故落句及之。」檢同書壹壹紅豆二集「遵王賦胎仙閣看紅豆花詩。吟嘆之餘，走筆屬和。」詩後附錢曾原詩，有「八百樵陽有名記」句，當即用此事。同書捌長干塔光集「大觀太清樓二王法帖歌」中，「魯公孝經」注云：「公云，亂後於燕京見魯公所書孝經真迹，字畫儼如麻姑仙壇記。御府之珍，流落人間，可勝惋惜。」或可補絳雲樓題跋之遺。同書壹肆東澗詩集下「病榻消寒雜咏四十六首」其第壹叁首「壬午日鵝籠公有龍舟御席之寵」詩，注云：「鵝籠公謂陽羡也。」其第叁肆首「追憶庚辰冬半野堂文宴舊事」詩，「看場神鬼」注云：「公云，文宴詩，有老媼見紅袍烏帽三神坐絳雲樓下。」（寅恪案，范鍇華笑廎雜筆壹「黄梨洲先生批錢詩殘本」條，載太冲批語云：「愚謂此殆火神邪？」可發一笑！又崇禎十三年庚辰冬，河東君初訪半野堂時，絳雲樓尚未建造。遵王所傳牧齋之語，初視之，疑指後來改建絳雲樓之處而言。細繹之，則知遵王有意或無意牽混牧齋殤子壽耇之言，增入「絳雲」二字，非牧齋原語所應有也。以增入此二字之故，梨洲遂有「火神」之説，可謂一誤再誤矣。詳見第伍章論東山酬和集河東君「春日我聞室作呈牧翁」詩節。）諸如此類，皆是其例。但在全部注本之中，究不以注釋當日本事爲通則也。至遵王初學集詩注壹捌東山詩集壹「有美一百韵，晦日鴛湖舟中作」詩「疏影詞」注，引河東君金明池「咏寒柳」詞及何士龍疏影「咏梅上牧翁」詞，并載陸敕先之語，則疑是陸氏所主張，實非出自遵王本意。其他有關年月地理人物，即使不涉及時禁，或河東君者，仍多不加注釋。質此之故，寅恪釋證錢柳之詩，於時地人三者考之較詳，蓋所以補遵王原注之缺也。但今上距錢柳作詩時已三百年，典籍多已禁毁亡佚，雖欲詳究，恐終多訛脱，若又不及今日爲之，則後來之難，或有更甚於今日者，此寅恪所以明知此類著作之不能完善，而不得不仍勉力爲之也。至於解釋古典故實，自以不能考知辭句之出處爲難，何况其作者又博雅如錢柳者乎？今觀遵王所注兩集，牧齋所用僻奥故實，遵王或未著明，或雖加注釋，復不免舛誤，或不切當。據王應奎海虞詩苑肆所載錢文學曾小傳略云：

曾字遵王，牧翁宗伯之族曾孫也。宗伯器之，授以詩法。君爲宗伯詩注，廋詞隱語悉發其覆，梵書道笈必溯其源，非親炙而得其傳者不能。

及同書伍所載陸文學貽典小傳云：

貽典字敕先，號覿庵。自少篤志墳典，師〔錢〕東澗〔謙益〕，而友〔馮〕鈍吟〔班〕，學問最有原本。錢曾箋注東澗詩，僻事奥句，君搜訪佽助爲多。

夫遵王敕先皆牧齋門人，而注中未能考知牧齋之僻事奥句，即有所解釋，仍不免於錯誤或不切者，殆非「智過其師，乃堪傳授。」之人，此點可姑不论。但兩人與牧齋晚年往來密切，東澗詩中時地人之本事，自應略加注明，而遵王之注多未涉及者，則由於遵王之無識，敕先不任其咎也。又觀有學集叁玖「復遵王書〔論已所作詩〕」云：

居恒妄想，願得一明眼人，爲我代下注脚。發皇心曲，以俟百世。今不意近得之於足下。

然則牧齋所屬望於遵王者甚厚。今觀遵王之注，則殊有負牧齋矣。抑更有可論者，解釋古典故實，自當引用最初出處，然最初出處，實不足以盡之，更須引其他非最初，而有關者，以補足之，始能通解作者遣辭用意之妙。如李壁王荆公詩注貳柒「張侍郎示東府新居詩，因而和酬。」二首之一「功謝蕭曹慚漢第，恩從隗始詫燕臺。」之句下引蔡絛西清詩話（參郭紹虞校輯宋詩話輯佚上。）云：

熙寧初，張掞以二府初成，作詩賀荆公。公和之，以示陸農師（佃）。曰：「蕭規曹隨」，「高帝論功」，皆摭故實，而「請從隗始」，初無「恩」字。荆公笑曰：子善問也。韓退之鬥雞聯句「感恩從隗始」。若無據，豈當對「功」字也。

寅恪案，王介甫此言可以見注釋詩中古典，得其正確出處之難。然史記漢書及昌黎集，皆屬古籍，雖出處有先後，猶不難尋檢得之。若錢柳因緣詩，則不僅有遠近出處之古典故實，更有兩人前後詩章之出處。若不能探河窮源，剥蕉至心，層次不紊，脉絡貫注，則兩人酬和諸作，其辭鋒針對，思旨印證之微妙，絶難通解也。試舉一例以明之，如東山酬和集壹河東君次韵答牧翁冬日泛舟詩中「莫爲盧家怨銀漢，年年河水向東流。」之句，與最初出處之玉臺新咏「歌詞」二首之二「河中之水向東流，洛陽女兒名莫愁」，「盧家蘭室桂爲梁」，「頭上金釵十二行」，「平頭孥子擎履箱」，「恨不嫁與東家王」等句及第貳出處之李義山詩集上「代（盧家堂内）應」云：

本來銀漢是紅墻，隔得盧家白玉堂。誰與王昌報消息，盡知三十六鴛鴦。

有關，固不待言。其實亦與東山酬和集壹牧翁「次韵答柳如是過訪山堂贈詩」：「但似王昌消息好，履箱擎了便相從。」有關，尤更與牧翁未見河東君之前，即初學集壹陸丙舍詩集「（崇禎十三年春間）觀美人手迹，戲題絶句七首。」其三云：

蘭室桂爲梁，蠶書學采桑。幾番雲母紙，都惹鬱金香。（原注云：金壺記「蠶書，秋胡妻玩蠶而作。」河中之水歌「十四采桑南陌頭。」）

及同書壹柒移居詩集永遇樂詞「（崇禎十三年）八月十六夜有感」云：

銀漢紅墻，浮雲隔斷，玉簫吹裂。白玉堂前，鴛鴦六六，誰與王昌説。今宵二八，清輝香霧，還憶破瓜時節。（寅恪案，牧齋「觀美人手迹」七首之五云：「箋紙劈桃花。銀鈎整復斜。却憐波磔好，破體不成瓜。」原注云：「李群玉詩，瓜字初分碧玉年。」）劇堪憐，明鏡青天，獨照長門鬒髮。莫愁未老，嫦娥孤另，相向共嗟圓闕。長嘆憑蘭，低吟擁髻，暗與陰蛩切。單栖海燕，東流河水，十二金釵敲折。何日裹，并肩携手，雙雙拜月。

有密切關係。今之讀者，若不循次披尋，得其脉絡，則錢柳因緣之詩，必不能真盡通解矣。（寅恪檢初學集壹柒移居詩集有「雜憶詩十首次韵」當賦成於崇禎十三年庚辰五月間。不知爲何人而作。豈爲楊宛叔而作耶？抑或與河東君有關耶？姑識此疑，以俟詳考。）職是之由，此書釋證錢柳之詩，止限於詳考本事。至於通常故實，則不加注解，即或遵王之注有所未備，如無大關系，則亦不補充，以免繁贅。但間有爲解説便利之故，不得不於通常出處，稍事徵引，亦必力求簡略。總而言之，詳其所應詳，略其所當略，斯爲寅恪釋證錢柳因緣詩之範圍及義例也。

復次，沈偶僧雄江丹崖尚質編輯之古今詞話，「詞話」類下云：

沈雄曰：花信樓頭風暗吹，紅欄橋外雨如絲。一枝憔悴無人見，肯與人間綰別離。離別經春又隔年，摇青漾碧有誰憐。春來羞共東風語，背却桃花獨自眠。此錢宗伯牧齋竹枝詞也。（寅恪案，此二詩乃初學集壹壹桑林詩集「柳枝十首」之第壹第貳兩首。作「竹枝詞」，誤。牧齋此詩乃崇禎十年丁丑初夏被逮北行途中所作。）宗伯以大手筆，不趨佻儉，（寅恪案，「儉」疑當作「險」。）而饒蘊藉，以崇詩古文之格。其永遇樂三四闋，偶一游戲爲之。

又袁樸村景輅所編松陵詩徵肆沈雄小傳略云：

周勒山云，偶僧覃思著述，所輯詩餘箋體，足爲詞學指南。其自著綺語，亦超邁不群。樸村云，偶僧從虞山錢牧齋游，詩詞俱有宗法。

寅恪案，沈氏爲牧齋弟子，故古今詞話中屢引牧齋之説。袁氏謂偶僧所著詩詞受牧齋影響。詩固牧齋所擅場，詞則非所措意。偶僧於其書中已明言之。（并可參古今詞話「詞品」上「錢謙益曰，張南湖少從王西樓刻意填詞」條。）若如樸村之説，沈氏之詞亦與師門有關，則當非受之師父，而是從師母處傳得衣鉢耳。蓋河東君所作詩餘之傳於今者，明勝於牧齋之永遇樂諸闋，即可爲例證。不僅詩餘，河東君之書法，復非牧齋所能及。儻取錢柳以方趙管，則牧齋殊有愧子昂矣。偶僧詩詞僅見選本，未敢詳論。但觀王蘭泉昶國朝詞綜壹肆所録偶僧詞二首，則周袁二氏之語，頗爲可信。寅恪别有所注意者，即蘭泉所選偶僧詞，浣溪沙「梨花」云：

壓帽花開香雪痕，一林輕素隔重門。拋殘歌舞種愁根。遥夜微茫凝月影，渾身清淺剩梅魂。溶溶院落共黄昏。

又云：

静掩梨花深院門，養成閑恨費重昏。今宵又整昨宵魂。理夢天涯憑角枕，卸頭時候覆深樽。正添香處憶温存。

沈氏之詞有何所指，自不能確言。然細繹語意，殊與河東君身世人品約略符合，令人不能無疑。東山酬和集壹牧翁所作「寒夕文宴，再疊前韻。是日我聞室落成，延河東君居之。」詩（自注：「涂月二日。」）結語云：

今夕梅魂共誰語，任他疏影蘸寒流。（自注：「河東君寒柳詞云，約個梅魂，與伊深憐低語。」）

若取偶僧之詞與牧翁之詩綜合觀之，其間關鎖貫通之處大可玩味，恐非偶然也。至關於河東君詩餘之問題，俟後論之。兹附言及此，不敢辭附會穿鑿之譏者，欲爲錢柳因緣添一公案，兼以博通人之一笑也。

第二章　河東君最初姓氏名字之推測及其附帶問題

大凡爲人作傳記，在中國典籍中，自司馬遷班固以下，皆首述傳主之姓氏名字。若燕北閑人之兒女英雄傳，其書中主人何玉鳳，至第壹玖回「恩怨了了慷慨捐生，變幻重重從容救死」之末，始明白著其姓名。然此爲小説文人故作狡獪之筆，非史家之通則也。由是言之，此章自應先著河東君最初之姓氏及名字。但此問題殊不易解決，故不得不先作一假設，而證明此假設之材料，又大半與其他下列諸章有關，勢難悉數徵引於此章之中。兹爲折衷權宜之計，唯於此章中簡略節取此類材料之最有關字句，至其他部分，將於下列諸章詳録之。讀者倘能取下列諸章所列諸材料，與本章參互觀之，則幸甚矣。

明末人作詩詞，往往喜用本人或對方或有關之他人姓氏，明著或暗藏於字句之中。斯殆當時之風氣如此，後來不甚多見者也。今姑不多所徵引，即就錢柳本人及同時有關諸人詩中，擇取數例，亦足以證明此點。如東山酬和集壹河東君「次韵答牧翁冬日泛舟詩」：「越歌聊感鄂君舟」「春前柳欲窺青眼」「年年河水向東流」等句，分藏「柳河東君」四字，（其實此詩「望斷浮雲西北樓」句中「雲」字即是河東君最初之名。兹暫不先及，詳見後文考證。）及同書同卷「春日我聞室作，呈牧翁。」詩：「此去柳花如夢裏，向來烟月是愁端。畫堂消息何人曉。」（「何」與「河」音同形近。）并「珍重君家蘭桂室，東風取次一憑欄。」等句，分藏「柳如是河東君」六字。又汪然明汝謙者，錢柳因緣之介紹人也。其事迹著作及與錢柳之關係，俟第肆章詳述之，兹暫不涉及。但汪氏所著春星堂集叁游草中「余久出游，柳如是校書過訪，舟泊關津而返，賦此致懷。」七律之後，載「無題」七律一首，當即爲柳而作者。此詩中「美女疑君是洛神」及「幾灣柳色隔香塵」等句，亦分藏「柳是」二字。（河東君又有「美人」之别號，汪氏因「人」字爲平聲，故改作仄聲之「女」字以協詩律。餘詳下論。）至若吴偉業梅村家藏稿伍捌詩話云：

黄媛介字皆令，嘉興人，儒家女也。能詩善畫。其夫楊興公（寅恪案，即世功）聘後貧不能娶，流落吴門。媛介詩名日高，有以千金聘爲名人妾者，其兄堅持不肯。余詩曰，不知世有杜樊川。（寅恪案，家藏稿陸「題鴛湖閨咏」四首之二即此詩。此句上有「夫婿長楊須執戟」之句。）指其事也。媛介後客於牧齋柳夫人絳雲樓中。樓燬於火，牧齋亦牢落。嘗爲媛介詩序，有今昔之感。

則又稍變其例。蓋作者於「夫婿長楊須執戟」之句，雖已明著楊世功之姓，而於「不知世有杜樊川」之句，以有所隱諱之故，不便直標其人之名姓也。考「杜樊川」即「杜牧」，李義山詩集下「贈司勛杜十三員外」云：「杜牧司勛字牧之，清秋一首杜秋詩。前身應是梁江總，名總還曾字總持。」玉溪用樊川姓名及字爲戲，頗覺新穎，是以後人多喜咏之。梅村句中「杜樊川」三字，即暗指「牧」字。與吴氏同時江浙最顯著之名人，其以「牧」稱者，舍錢謙益外，更無他人。

關於黄媛介之事迹及其與錢柳往來詩詞文字，材料頗多，兹不詳述。據鄧漢儀天下名家詩觀初集壹貳「黄媛介」條云：

時時往來虞山，與柳夫人爲文字交，其兄開平不善也。

可以推知孝威言外之意。但世傳媛介與張天如溥一段故事，輾轉勦襲，不一而足。究其原始，當是出於王貽上士禎池北偶談壹貳「黄媛介詩」條。其文云：

少時，太倉張西銘溥聞其名，往求之。皆令時已許字楊氏，久客不歸，父兄屢勸之改字，不可。聞張言，即約某日會某所，設屏障觀之。既罷，語父兄曰，吾以張公名士，欲一見之。今觀其人，有才無命，可惜也。時張方入翰林，有重名。不逾年竟卒。皆令卒歸楊氏。

寅恪案，漁洋之説頗多疏誤，兹不暇辨。但據梅村家藏稿貳肆「清河家法述」云：

婁東庶常張西銘先生既殁之二十載，爲順治紀元之十有七年庚子十二月五日。（寅恪案，西銘卒於明崇禎十四年辛巳五月初八日。）先生夫人王氏命其嗣子永錫式似，婿吴孫祥綿祖，以僕陳三之罪來告。

及有學集捌肆「題張天如立嗣議」云：

天如之母夫人暨其夫人咸以爲允。

則是天如之卒，上距媛介窺見之時，不及一年。若依漁洋之說，黄見張之時，當在崇禎十三年庚辰六月以後。今據吴錢之文，復未發現西銘於此短時間，有喪妻繼娶之事，則西銘嫡配王氏必尚健在。天如之不能聘媛介爲妻，其理由明甚。（餘可參蔣逸雪編張溥年譜崇禎十二年己卯條所考。）漁洋之說殊不可通。或疑天如實欲聘媛介爲妾，則天如之姓名字號又皆與「杜樊川」不相應，且亦與上句明標楊世功之姓者，尤不相稱。駿公作詩，當不如此。觀梅村「題鴛湖閨咏」四首之二「絳雲樓閣敞空虚，女伴相依共索居。」之句，「索居」二字寓意頗深。（靳榮藩吴詩集覽壹貳上此詩後附評語云：「索居上有相依字，共字亦奇。」可見靳氏亦知梅村此句有所寓意也。）更可取鄧孝威「其兄開平不善也。」之語，參互并觀，其間有所不便顯言者，可以想見矣。

吾國人之名與字，其意義多相關聯，（號間亦與名相關，如謙益之號牧齋，即是一例，但此非原則也。）古人固如此，今人亦莫不然。此世所習知，不待例證。今檢關涉河東君之早期材料，往往見有「美人」之語。初頗不注意，以爲不過泛用「美人」二字，以形容河東君，別無其他專特之意義。此爲吾國之文人詞客，自詩經楚辭以降，所常爲者，殊不足异也。繼詳考其語義之有限制性，而不屬泛指之辭者，始恍然知河東君最初之名稱，必與「美人」二字有關，或即用「美人」爲其別號，亦未可知也。今試略舉數例以證明之。兹先舉「美人」二字之確指河東君，而不爲普通之形容語者。然後復取有關河東君之詩詞，詳繹其中所用「美人」二字之特殊性，依吾國名與字或別號意義關聯之例，推比測定河東君最初之名。更就此名所引出之其他問題，加以解釋，或亦足發前此未發之覆耶？

牧齋初學集壹陸丙舍詩集「觀美人手迹，戲題絶句七首」云：

油素朝模帖，丹鉛夜校書。來禽晋内史，盧橘漢相如。

其二云：

花飛朱户綱，燕蹴綺窗塵。挾瑟歌盧女，臨池寫洛神。

其三云：

（詩見前。）

其四云：

芳樹風情在，簪花體格新。可知王逸少，不及衛夫人。

其五云：

（詩見前。）

其六云：

書樓新寶架，經卷舊金箱。定有千年蠹，能分紙上香。（原注「用上官昭容書樓及南唐宮人寫心經事。」）

其七云：

好鳥難同命，芳蓮寡并頭。生憎緑沈管，玉指鎮雙鈎。

寅恪案，此七首詩皆爲五言絶句。初讀之，以爲牧齋不過偶爲此體，未必别有深意。繼思之，始恍然知牧齋之用此體，蓋全效玉溪生「柳枝」五首之作（見李義山詩集下）。所以爲此者，不僅因義山此詩所咏，與河東君之身份適合，且以此時河東君已改易姓氏爲柳也。或者牧齋更於此時已得見所賦金明池「咏寒柳」詞，并有感於此詞中「尚有燕臺佳句」之語，而與義山柳枝詩序中所言者，不無冥會耶？

又今杭州高氏藏明本河東君尺牘，其字體乃世俗所謂宋體字，而湖上草則爲依據手寫原本摹刻者。此草爲崇禎十二年己卯歲之作品。自其卷末逆數第貳題爲「出關外别汪然明」七律，首二句云：「游子天涯感塞鴻，故人相别又江楓。」乃秋季所作，可證此書刻成當在崇禎十二年己卯冬季。牧齋於十三年庚辰春初自得見之。然則牧齋所謂「美人手迹」可能即指湖上草而言也。此七首詩爲錢柳因緣中河東君過訪半野堂前重要材料之一，俟後詳論。今所注意者，即就七詩所咏觀之，可決定此「美人」之界説爲一年少工書，且已脱離其夫之姬妾，必非泛指之形容詞，自不待言。當崇禎十三年春初牧齋作詩時，此「美人」舍河東君外，恐無他人合此條件。更取明確爲河東君而作之詩以證之，尤可決定「美人」二字與河東君最初之名有關。如黄宗羲南雷詩歷貳「八哀」詩之五「錢牧齋宗伯」七律，中有「紅豆俄飄迷月露，美人欲絶指筝弦」之句，自注云：「皆身後事。」（寅恪案，太冲自注所言，可參第伍章「論河東君殉家難」節。）及王昶所輯陳忠裕（子龍）全集拾「秋潭曲」。（原注：「偕〔彭〕燕又〔賓〕，〔宋〕讓木徵〔徵璧〕，楊姬〔影憐〕集西潭舟中作。」）其中有「明雲織夜紅紋多」（「雲」字可注意。）「銀燈照水龍欲愁」（「龍」字可注意。）「美人嬌對參差風，斜抱秋心江影中。」（「美人」及「影」字可注意。）「摘取霞文裁鳳紙，春蠶小字投秋水。」等句。此詩題下并附原案語云：

抱真堂集：宋子與大樽（陳子龍字）泛于秋塘，坐有校書。（寅恪案，此文乃宋徵璧含真堂詩稿伍秋塘曲序文。王蘭泉引作「抱真堂集」，與今所見本不同。）後稱柳夫人，有盛名。

原案語又云：

蕁鄉贅筆：柳如是初名楊影憐，流落北里，姿韻絶人。錢宗伯一見惑之，買爲妾，號曰河東君。（寅恪案，今檢名人筆記匯海中蕁鄉贅筆四卷本，未載此文。但申報館印董含三崗識略十卷本，第陸卷「拂水山莊」條之文，與王蘭泉所引蕁鄉贅筆同。豈王氏所見者，异於名人筆記匯海本耶？）

今觀此明確爲河東君而作之詩，其中既以「美人」指河東君，則「美人」二字當是河東君之字或號，而其初必有一名，與此字或號相關者，此可依名與字或號相關之例推知也。考徐電發釚「本事詩」選録程孟陽嘉燧「緪雲詩」三首，其題下注云：

朱長孺（鶴齡）曰，孟陽此詩爲河東君作。

寅恪案，電發與長孺俱爲吴江人，同里交好，所記必有依據。又考長孺與牧齋關係至密，如牧齋有學集壹伍「吴江朱氏杜詩輯注序」云：

同書壹玖「歸玄恭恒軒集序」云：

吴江朱子長孺館於荒村。

丙申閏五月余與朱子長孺屏居田舍。余繙般若經，長孺箋杜詩。（寅恪案，可參朱鶴齡「李義山詩集箋注自序」云：「申酉之歲予箋杜詩于牧齋先生之紅豆山莊。」）

牧齋尺牘貳與毛子晋書第貳拾通云：

頃在吴門，見朱長孺杜詩箋注，與僕所草大略相似。僕既歸心空門，不復留心此事，而殘稿又復可惜。意欲并付長孺，都爲一書。第其意欲得近地假館，以便商訂。輒爲謀之於左右，似有三便。長孺與足下臭味訢合，長孺得館，足下得朋。一便也。高齋藏書，足供繙閱，主人腹笥，又資讎勘，二便也；長孺師道之端莊，經學之淵博，一時文士罕有其偶。皋比得人，師資相説，三便也。僕生平不輕薦館，此則不惜緩頰，知其不以䙴言相目也。

及牧齋尺牘壹與朱長孺書云：

小婿自錫山入贅，（寅恪案，河東君以其女贅無錫趙玉森之子管爲婿。）授伏生書，欲得魯壁專門大師以爲師匠。恃知己厚愛，敢借重左右，以光函丈。幸慨然許之，即老朽亦可藉手沐浴芳塵也。

及牧齋尺牘壹與朱長孺書云：又如朱鶴齡愚庵小稿肆「聞牧齋先生訃」五律二首，同書伍「牧齋先生過訪」七律一首等及同书拾與吴梅村祭酒書云：

夫虞山公生平梗概，千秋自有定評，愚何敢置喙。若其高才博學，囊括古今，則敻乎卓絶一時矣。

等，即可爲證。又潘檉章松陵文獻所附其弟耒後序云：「朱先生與亡兄交最厚。」及此書陸人物志陸周道登傳末略云：

潘子曰，公於先大父爲外兄弟，故得備聞其遺事。

蓋潘檉章爲周道登之姻戚，復與朱鶴齡交誼最厚。河東君本出自吴江周道登家。（詳見後章。）朱氏殆由潘氏之故，輾轉得知周氏家庭之瑣屑，不僅與周氏同隸吴江，因而從鄉里傳聞，獲悉河東君早年舊事。然則長孺所言程孟陽之緪雲詩乃爲河東君作者，實是可信，而河東君最初之名乃「緪雲」之「雲」字，可以推知矣。

復次，程嘉燧耦耕堂存稿詩中有「朝雲詩」八首。又有「今夕行」，其序略云：

甲戌七月唐四兄爲楊朝賦七夕行。十二夜復過余成老亭。和韵作此。

據此更可證河東君曾一度稱「楊朝」。依上論江總字總持，杜牧字牧之之例，「楊朝」自可字「朝雲」。徐虹亭本事詩陸選程松圓緪雲詩，引朱長孺之言，知其爲河東君而作。但不選朝雲詩及今夕行，殆未知河東君曾一度以「楊朝」爲姓名，以「朝雲」爲字耶？然則河東君之此名此字，知者甚鮮，觀電發之選詩，可以證知也。至耦耕堂存稿詩中諸題如「正月十一十二夜雲生留予家」，「二月上浣同雲娃踏青」及「六月鴛湖與雲娃惜别」等，又皆河東君稱「雲」之例證。兹暫不多述。詳後論崇禎七年甲戌河東君嘉定之游節。河東君最初之名即是「雲」字，其與「美人」二字之關係如何耶？考全唐詩第叁函李白貳「長相思」云：

美人如花隔雲端。（寅恪案，玉臺新咏壹枚乘雜詩九首之六云：「美人在雲端，天路隔無期。」）

此「雲」與「美人」相關之證也。但竊疑河東君最初之名不止一「雲」字，尚有其他一字亦與「美人」有關。如陳忠裕全集壹伍陳李唱和集「秋夕偕燕又讓木集楊姬館中」七律二首，宋徵璧含真堂詩稿伍「秋塘曲」，及耦耕堂存稿詩中「二月上浣同雲娃踏青歸雨達曙用佳字」七律，皆臥子讓木松圓等爲河東君而作之詩，可決定無疑者也。臥子句云：「滿城風雨妒嬋娟。」讓木句云：「較書嬋娟年十六。」松圓句云：「烟花徑裊嬋娟入。」初視之，「嬋娟」二字不過尋常形容之辭耳，未必與河東君最初之名有何關連也。繼而詳繹大樽所作詩詞之與河東君有關者，往往發現「嬋娟」二字，則殊不能不令人疑其與河東君之初名實有關連。茲僅擇詩中有「美人」及「嬋娟」兩辭并載者，以爲例證。陳忠裕全集拾陳李唱和集「仿佛行」：「羅屏美人善惆悵，妙學此曲雙嬋娟。」雖「美人」與「嬋娟」并載，然據此詩後附李雯「仿佛行」并序，知爲吴郡女郎青來而作。青來本末未及詳考，或與舒章仿佛樓詩稿之名有關，故不舉爲例證，姑記所疑於此。）至於其他可能爲河東君而作之詩詞中，雖有「嬋娟」二字，而不與「美人」一辭相連者，暫於此不録，俟後論陳楊關係時再詳焉。如陳忠裕全集叁幾社稿古樂府「長相思」二首之二云：

又聞美人已去青山巔，碧霞素月娛嬋娟。

同書拾屬玉堂集「霜月行」其一云：

我思江南在雲端。（寅恪案，此句即用太白詩「美人如花隔雲端」句。「雲」字可注意。）

其二云：

玉衣不敢當嬋娟。

其三云：

美人贈我雙螭鏡，云是明月留清心。寒光一段去時影，（「影」字可注意。）可憐化作霜華深。（「憐」字可注意。）持鏡索影不可見，（「影」字可注意。）當霜望月多哀音。紅綃滿川龍女寤，買之不惜雙南金。温香沉沉若烟霧，裁霜剪月成寒衾。衾寒猶自可，夢寒情不禁。離鸞別鳳萬餘里，風車雲馬來相尋。（「雲」字可注意。）愁魂荒迷更零亂，使我沉吟常至今。

同書壹壹平露堂集「立秋後一日題采蓮圖」云：

圖中美人劇可憐，年年玉貌蓮花鮮。花殘女伴各散去，有時獨立秋風前。何得鉛粉一朝盡，空光白露寒嬋娟。

同書同卷湘真閣稿「長相思」云：

美人昔在春風前，嬌花欲語含輕烟。歡倚細腰欹綉枕，愁憑素手送哀弦。美人今在秋風裏，碧雲迢迢隔江水。寫盡紅霞不肯傳，紫鱗亦妒嬋娟子。

據此「嬋娟」與「美人」兩詞實有關連，而其關連之出處本於何等古籍乎？考杜工部集伍「寄韓諫議詩」有「美人娟娟隔秋水」之句，此「美人」二字與「娟」字相關之出處。職此之故，寅恪竊疑河東君最初之名實爲「雲娟」二字。此二字乃江浙民間所常用之名，而不能登於大雅之堂者。當時文士乃取李杜詩句與「雲娟」二字相關之「美人」二字以代之，易俗爲雅，於是河東君遂以「美人」著稱，不獨他人以此相呼，即河東君己身亦以此自號也。

以上之假説若果爲真實，則由此引出之問題亦可解決。如東山酬和集壹「有美一百韵」乃牧翁極意經營之作，其以「有美」二字題篇者，初視之，不過用詩經鄭風「野有蔓草」所云：

野有蔓草，零露漙兮。有美一人，清揚婉兮。邂逅相遇，適我願兮。

野有蔓草，零露瀼瀼。有美一人，婉如清揚。邂逅相遇，與子皆臧。

之出處，雖頗覺其妙，然仍嫌稍泛。若如其用「有美」二字以暗寓「美人」即河東君之意，則更覺其適切也。又初學集貳拾下東山詩集「絳雲樓上梁，以詩代文。」八首之三「曾樓新樹絳雲題」句下自注云：

紫微夫人詩云：「乘飆儔衾寢，齊牢携絳雲。」故以絳雲名樓。（寅恪案，此詩見真誥壹運象篇壹。）

又八首之五「匏爵因緣看墨會」句下自注云：

紫清真妃示楊君有「匏爵分味，墨會定名。」之語。（寅恪案，此文出真誥壹運象篇壹。）

及「若華名字記靈簫」句下自注云：

真妃名鬱嬪，字靈簫。并見真誥。（寅恪案，此文見真誥壹運象篇壹。）

初視之，似牧齋已明白告人以此樓所以題名「絳雲」之故，更無其他出處矣。但若知河東君之初名中有一「雲」字，則用「絳雲」之古典，兼指河東君之舊名，用事遣辭殊爲工切允當。如以爲僅用陶隱居之書，則不免爲牧齋所竊笑也。

復次，初學集詩注壹柒移居詩集「姚叔祥過明發堂，共論近代詞人，戲作絶句十六首」（寅恪案，牧齋列朝詩集丁壹陸「姚叟士粦」小傳云：「晚歲數過余，年將九十矣。劇談至分夜不寐。兵興後，窮餓以死。」姚氏卒年雖未詳，然崇禎十三年庚辰秋牧齋作此詩時，叔祥之年當已過八十矣。特附記姚傳之語，以供參證。）第壹貳首「近日西陵誇柳隱，桃花得氣美人中。」句下自注云：

西湖詩云：垂楊小苑綉簾東，鶯閣殘枝蝶趁風。最是西陵寒食路，桃花得氣美人中。

寅恪案，牧齋此詩作於崇禎十三年庚辰秋間河東君尚未過訪半野堂之前，實爲錢柳因緣重要材料之一，俟後詳論之。河東君此詩乃其湖上草中崇禎十二年己卯春「西湖八絶句」之一，當日最爲人所稱道，盛傳於一時者也。詩中「寒食」「桃花」等辭，實暗用孟棨本事詩崔護故事。又其用意遺辭實與陳臥子崇禎八年乙亥所作「寒食」三絶句有關，詳見第三章所論。「美人」乃河東君自比之辭，即以此自居不復謙讓。此詩寓意巧妙，所以特見稱賞於當時之文士，而「美人」之名，更由此廣播遍於吳越間矣。（「甲申朝事小紀」載河東君所作五詩中，有「橫山雜作」七律一首云：「美人遥夜伫何方，應是當年躕蹬鄉。自愛文園能犢鼻，那愁世路有羊腸。徐看雀墜枝先墜，誰惜桃僵李亦僵。只此時名皆足廢，寧須萬事折腰忙。」寅恪尚未檢出此詩所從來，果否真爲柳作，且詩意亦不能盡解，故詩中「美人」二字究何所指，須俟詳考，始可決定也。）

至於河東君之本姓問題，觀陳臥子秋潭曲題下自注中「楊姬」之稱，則「楊」乃河東君本初之姓，是無疑義。據李舒章雯撰蓼齋集貳陸「坐中戲言分贈諸妓」四首之四云：

悉茗丁香各自春，（寅恪案，「悉茗」者，花之名，即「耶悉茗」之略稱。詳見吴其濬植物名實圖考叁拾群芳類「素馨」條。）楊家小女壓芳塵。銀屏疊得霓裳細，金錯能書蠶紙匀。萼落吴江秋佩冷，歡聞鴛水楚憐新。不知條脱今誰贈，萼緑曾爲同姓人。

寅恪案，舒章此詩作於何時，雖未能確定，似在距崇禎六年癸酉秋間或前或後不甚遠之時，即與臥子作「秋潭曲」相去較近之時也。（寅恪考蓼齋集，此詩之前載「初春得臥子書有懷」云「新年遥接會稽書」）舒章此詩雲間三子合稿未録，依「會稽」二字推之，則必作於臥子任紹興推官時。據臥子自撰年譜崇禎十三年庚辰條，臥子以此年秋赴紹興推官任。故舒章此詩之作成，至早亦在崇禎十四年辛巳春間。但此年春間河東君已訪半野堂，復歸松江矣。崇禎十四年河東君年二十四歲，與詩中「楊家小女」之語不合。且其時河東君已改易姓名，又與詩中「楚憐新」句未符。何况此時河東君之身份，亦不應與其他三妓并列耶？寅恪初頗以此爲疑，後更詳繹李集，始恍然知此「分贈諸妓」詩之排列於「初春得臥子書有懷」之後者，實又依其性質，取以爲贈答詩之殿，而非以其時間爲贈答詩之最後也。蓋舒章門人石維昆輯刊蓼齋集，卷首載維昆順治丁酉即十四年序云：「雖在少作，編録不遺。」故所刻舒章著述當頗完備。集中詩分類，亦編年。「分贈諸妓」詩在卷貳陸，其卷題「七言律詩肆。贈答時貳。」檢其内容，又有贈答及哀挽兩種性質。「分贈諸妓」詩之前爲「送友人」，「分贈諸妓」詩之後迄於卷終，共三首，皆是哀挽之作。據此可以推定「分贈諸妓」詩乃以其性質爲贈妓，遂附列於贈答詩之後，非因其作成之時間在最後也。恐讀者於推定舒章作詩年代，有所异議，特爲辨之如此。）四詩分贈四妓。此一首乃當時贈與河東君者。詩中「楊家小女」固是河東君之本姓。「夢落吴江秋佩冷」，乃指河東君與周道登之關係，此點俟後論之。「歡聞問鴛水楚憐新」，謂此時河東君之新名爲「影憐」，「鴛水」者，言河東君本嘉興人。蓋河東君此時自周道登家流落松江，改易「雲娟」之舊名，而爲「影憐」之新名也。「不知條脱今誰贈，蕚緑曾爲同姓人」者，用真誥運象篇第壹，神女蕚緑華贈羊權金玉條脱各一枚事。其文略云：

蕚緑華者，云本姓楊。贈羊〔權〕詩一篇，并致火澣布手巾一枚，金玉條脱各一枚。條脱似指環而大，异常精好。

原注云：

此乃爲楊君所書者。當以其同姓，亦可楊權相問，因答其事，而疏説之耳。

寅恪案，羊氏即羊舌氏，與楊氏本出一源，可視爲同姓。（參《新唐書》柒壹下宰相世系表「楊氏」條，及其他關於姓氏源流諸書。）真誥之意究爲如何，姑置不論。但據舒章此詩之意，已足證明河東君之本姓實爲楊氏。又東山酬和集貳牧翁「西溪永興寺看緑蕚梅有懷」詩，「道人未醒羅浮夢，正憶新妝蕚緑華。」之句，不僅用龍城録趙師雄故事，亦暗指蕚緑華之本姓。然則河東君之姓原爲楊氏，更可無疑，而牧翁作詩，其用事工切，於此亦可見矣。

又牧翁「有美一百韵」，甚誇河東君，廣引柳姓世族故實。讀者似以爲牧翁既稱柳如是爲河東君，因而賦詩，遂博徵柳姓典故，以資藻飾，殊不知牧翁取柳姓郡望，號之爲河東君者，不過由表面言之耳。其實牧翁於此名稱，兼暗寓玉臺新咏「河東之水向東流」一詩之意，此名巧切河東君之身份。文人故作狡獪，其伎倆可喜復可畏也。至河東君之改其本姓爲柳者，世皆知其用唐人許堯佐「柳氏傳」章臺柳故實，（參孟棨本事詩情感類。）蓋「楊」與「柳」相類，在文辭上固可通用也。又檢宋人某氏所著「侍兒小名録拾遺」引「蘇子美愛愛集」述錢塘娼女楊愛愛事。明代人有號「皇都風月主人」者，其所著緑窗新語下亦載「楊愛愛不嫁後夫」條。條末原注云：「蘇子美爲作傳。」（見上海藝文雜記第壹卷第陸期。）所言之楊愛愛亦錢塘娼女。考蘇子美即北宋之蘇舜欽。今檢蘇氏集中，未見此傳，不知是否僞托。但此故事明末必頗流行。河東君之本姓既是楊氏，其後改易「雲娟」之舊名而爲「愛」者，疑與此事有關，蓋欲以符合昔人舊名之故。「楊愛」之名諸書多有記載，但此名最初見於何書，尚難確定。就所知者言之，似以沈虬「河東君傳」爲最早。此傳（據葛昌楣君「蘼蕪紀聞」上所引。）略云：

河東君所從來，余獨悉之。我邑盛澤鎮有名妓徐佛者。（徐佛事迹可參仲廷機輯盛湖志拾列女名妓門。）丙子年間張西銘先生慕其名，至垂虹亭易小舟訪之。而佛已於前一日嫁蘭溪周侍御之弟金甫矣，院中惟留其婢楊愛，因携至垂虹。余于舟中見之，聽其音，禾中人也。

是沈次雲於崇禎九年丙子有親見河東君之事。其所言實在仲沈洙撰，仲周霈補之盛湖志上形勝門盛湖八景之八「凌巷尋芳」錢宛朱詩注及其他材料之前矣。至其又稱「影憐」者，當用李義山詩集上「碧城」三首之二「對影聞聲已可憐」之出處，此句「憐」字之意義，復與「愛」字有關也。（寅恪偶檢鄭澍若「虞初續志」壹貳云：「厲影憐校書得蕭仁叔邗上來書，語多未解。問字於陳敬吾，敬吾即其語意，題後一律。」夫此兩「影憐」之名，雖同取義於玉溪生詩，然其學問之高下懸殊有如是者，則對厲影憐之影，亦未必可憐矣。）

又沈氏所云蘭溪周侍御之弟金甫，當是周燦弟之字。檢乾隆修吴江縣志貳玖略云：

周燦字光甫，用之孫。崇禎元年進士，知宣化會稽二縣。十六年擢浙江道御史，所著有澤畔吟。

沈氏雖不著周金甫之名，但據今所見澤畔吟附録光甫孫師灝所撰後序「向自爛溪（「爛」字沈氏作「蘭」。）析居謝天港。」及「光甫」「金甫」之稱下一字相同等理由推之，可知雲翾所嫁之人即吴江周燦之弟。澤畔吟中諸詩當是明亡以後所作，唯其中「楊花」一題有「年年三月落花天，顧影含顰長自憐。」之語，實與河東君姓名符會，以光甫與盛澤鎮（光甫集中載「盛澤鎮」五律一首。）及雲翾嫁其弟等關係論之，自不能令人無疑。終以作詩時間過晚，不敢决言。姑記於此，以俟更考。

河東君更有一「隱雯」之名，（寅恪案，此名之記載似以見於顧苓「河東君傳」者爲最早。俟考。）此名不甚著稱，而取義亦不易解。寅恪疑是取列女傳貳陶答子妻所謂「南山有玄豹，霧雨七日而不下食者，何也？欲以澤其毛，而成文章也。故藏而遠害。」即文選貳柒謝玄暉「之宣城出新林浦向板橋」詩：「雖無玄豹姿，終隱南山霧。」之義。或者河東君取此二字爲名，乃在受松江郡守驅令出境之威脅時。（見後章。）殆因是事有所感觸，遂自比南山之玄豹，隱於霧雨，澤毛成文，藏而遠害耶？明季不遵常軌，而有文采之女子，往往喜用「隱」字以爲名，如黃媛介之「離隱」，張宛仙之「香隱」，（見後章。）皆是其例。（震澤吳雷發撰「香天談藪」載明崇禎中揚州名妓沈隱，游西湖，卜居樓外樓，嫁新安夏子龍。夏死，隱自縊以殉事。寅恪案，沈之名與河東君同，夏之名與卧子同，沈曾居西湖，復自縊殉夏。本末頗與河東君相似，殊爲巧合。但不知是否實有其人其事？姑附識於此，更俟詳考。）此殆一時之風氣。河東君以「隱雯」爲名，殊不足异。後來河東君又省去「雯」字，止以一「隱」字爲名，而「隱雯」之原名，轉不甚爲人所知矣。

復次牧齋遺事「初吳江盛澤鎮有名妓曰徐佛」條云：

〔楊愛〕聞虞山有錢學士謙益者，實爲當今李杜，欲一望見其丰采，乃駕扁舟來虞。爲士人裝，坐肩輿，造錢投謁。易楊以柳，易愛以是。刺入，钱辭以他往。蓋目之爲俗士也。柳於次日作詩遣伻投之，詩内已微露色相。牧翁得其詩，大驚。語閽者曰：昨投刺者士人乎？女子乎？閽者曰：士人也。牧翁愈疑，急登輿訪柳於舟中，則嫣然一美姝也。因出其七言近體就正，錢心賞焉。視其書法，得虞褚兩家遺意，又心賞焉。相與絮語者終日。臨别，錢語柳曰：此後即以柳姓是名相往復。吾且字子以如是，爲今日證盟。柳諾。此錢柳合作之始也。

寅恪案，此條所紀多乖事實，兹暫不考辨，惟論河東君改易姓字之一事，今所見崇禎十一年戊寅陳卧子所刻之戊寅草，十二年己卯汪然明所刻之湖上草，皆署「柳隱如是」。又汪氏所刻柳如是尺牘一卷，亦署「雲間柳隱如是」。卷中尺牘共計三十一通。其最後一通有「已過夷門」「武夷之游，聞在旦夕。」「應答小言，已分嗤弃，何悟見賞通人，使之成帙。非先生意深，應不及此。特有遠投，更須數本。」等語。據此可知此通乃崇禎十四年辛巳春間所作。蓋汪氏初刻本共只有三十通，刊成後投寄河東。河東君復從之更索數本。然則第叁壹通乃汪氏後來所補刻者，（詳後論證。）今雖難確考汪氏初刻本刊成之時日，以意揣測，當在崇禎十三年庚辰末，最可能在十四年辛巳初。由是言之，河東君何待至崇禎十三年冬季訪半野堂時，始「易楊以柳，易愛以是。」牧齋何待至此時始「字以如是」耶？（今神州國光社影印吴中蔣氏舊藏柳如是山水册八幀，每幀皆鈐「柳隱書畫」之章。其末幀署「我聞居士柳如是」。此畫雖難確定爲何年所作，但必在崇禎十三年冬季訪半野堂以前。所以如此推定者，蓋此後河東君既心許於牧齋，自不應再以隱於章臺柳之「柳隱」爲稱，而鈐此章也。又「我聞居士」之稱，即從佛典「如是我聞」而來。據此亦可證知河東君未遇見牧齋之前，已以「我聞居士」與「柳如是」連稱矣。詳見後論。）且據初學集詩注丙舍詩集下「觀美人手迹」詩，是牧齋於十三年春初，當已見及湖上草（見前所論。），則睹河東君投謁之名刺，亦必無疑訝之理。故遺事所言諸端，不知誰氏子所僞造？無知妄作，固極可笑，而世人又多樂道此物語，尤不可不辨也。

至河東君之名「是」，不知始於何時？頗疑其不以「隱」爲名之後，乃取其字「如是」下一字爲名。若此假定不誤，則其時間至早亦當在崇禎十四年，或在適牧齋以後。蓋河東君既已結褵，自不宜仍以「柳隱」即隱於章臺柳之意爲名也。其餘詳下章所論。

復檢鄧孝威漢儀天下名家詩觀貳集閨秀别卷中云：

柳因一名隱，字蘼蕪，更字如是。生出未詳。虞山錢牧齋宗伯之妾。河東君放誕風流，不可繩以常格。乙酉之變，勸宗伯以死，及奮身自沉池水中，此爲巾幗知大義處。宗伯薨，自經以殉，其結局更善。靈岩抔土，應歲歲以卮酒澆之。

寅恪案，鄧氏此條殆出顧云美「河東君傳」。唯謂河東君名「因」，疑與「隱」字音近之故。至錢士美文選誦芬堂文稿六編「柳夫人事略」，雖亦載河東君名因之事，但其文抄襲前人，往往訛舛，不暇詳辨，姑附記於此。

復次，李舒章雯蓼齋集叁伍「與臥子書」云：

又盛傳我兄意盼阿雲，不根之論，每使人婦家勃溪。兄正是木強人，何意得爾馨穎蕩。乃知才士易爲口實，天下訛言若此，正復不惡。故弟爲兄道之，千里之外與讓木（宋徵璧）燕又（彭賓）一笑。若彝仲，（夏允彝）不可聞此語也。

考舒章此書當爲臥子於崇禎六年癸酉秋冬間赴北京會試，至次年留居京邸時所作。然則河東君於崇禎六年癸酉以前，即以「雲」爲名，可以證明也。其餘亦詳下章所論。

又後來與河東君有關之謝象三三賓，其所著詩集題爲「一笑堂集」，乃用李太白詩「美人一笑千黃金」之典。（見全唐詩第叁函李白叁「白紵辭。」）謝氏此集中多爲河東君而作之篇什，而河東君以「美人」著稱，更可推知矣。

第三章　河東君與「吴江故相」及「雲間孝廉」之關係（附：河東嘉定之游）

三百年來記載河東君事迹者衆，寅恪亦獲讀其大半矣。總括言之，可别爲兩類：第壹類爲於河東君具同情者，如顧云美苓之「河東君傳」等屬之；第貳類爲於河東君懷惡意者，如王勝時澐之「虞山柳枝詞」等屬之。其他輾轉抄襲、訛謬脱漏者，更不足道。然第壹類雖具同情，頗有隱諱。第貳類因懷惡意，遂多誣枉。今欲考河東君平生事迹，其隱諱者表出之，其誣枉者駁正之。不漏不謬，始終完善，則典籍禁毁闕佚之後，精力老病殘廢之餘，勢所不能，此生無望者也。故惟有姑就搜尋所得，而可信可喜者，綜貫解釋，匯合輯録，略具首尾，聊復成文。雖極知無所闡發，等於鈔胥，必見笑於當世及後來之博識通人，亦所不顧及矣。

就所見文籍中記載河東君事迹者言之，要推顧云美所撰河東君傳爲最佳。就其所以能致此者，不獨以其人之能文，實因其人於河東君具有同情心之故。可惜者，顧氏爲牧翁晚年門生，雖及見河東君，而關於河東君早歲事迹，或欲有所諱飾，或以生年較晚，關於河東君早歲身世，其隱秘微妙者，有所未詳也。兹先略述云美之事迹，然後移寫顧氏所撰河東君傳中有關早歲之一節，參以他種史料，解釋論證之。

牧齋外集壹陸「明經顧云美妻陸氏墓志銘」略云：

留守相國瞿稼軒既殉國，其幼子玄鏡奉其骨歸自桂林。甲午正月至常熟，顧苓云美來吊。玄鏡從其兄擁杖出拜。云美問其兄。曰：吾幼弟也。生長西南，今九年矣。云美出謂其表弟嚴武伯曰：子爲我語瞿氏，以我女字玄鏡。瞿氏諾之。云美告余曰：苓以女字留守相公之幼子矣，夫子其謂我何？余曰：有是哉？後六年己亥四月十日，云美之妻陸氏卒。越七日，云美之父處士君卒。云美居喪守禮，不置姬侍，躬保護其女。服除，而玄鏡孤貧無倚。云美收爲贅婿。壬寅吉安施偉長見玄鏡於云美之側，喜而告余。及秋，余過虎邱塔影園，云美出玄鏡拜床下，摳衣奉手，目光射人。歸而詒書云美曰：忠貞之後，僅存一綫。今得端人正士以尊親爲師保，稼軒忠魂亦稍慰於九京矣。

同治修蘇州府志捌捌顧苓傳略云：

顧苓字云美。少篤學，晚居虎丘山塘。蕭然敝廬，中懸思陵御書，時肅衣冠再拜，欷歔太息。女一，妻桂林留守瞿式耜子，易其姓名，俾脱於禍，人尤高之。（寅恪案，初學集柒肆「先太淑人述」云：「孫愛之議婚於瞿給事之女孫也。太淑人實命之，曰：人以汝去官，結昏姻以敦世好，不亦善乎？」然則云美亦與牧齋爲間接之姻戚。但云美以其女妻稼軒之子，時間甚晚，遠在錢瞿兩氏議婚之後矣。）

寅恪案，顧氏爲明末遺老，不忘故國舊君者，其人品高逸，可以想見，不僅以文學藝術見稱也。清代初年東南諸眷戀故國之遺民，亦大有黨派及意見之分別，未可籠統視之。牧齋早爲東林黨魁，晚乃附和馬阮，降順清朝。坐此爲時人、尤爲東南舊朝黨社中人所詬毀。斯問題於此姑置不論。儻取顧氏塔影園集壹東澗遺老傳讀之，則知云美對於牧翁平生前後异趣之見解，與當日吴越勝流之持論，有所不同，而與瞿稼軒所懷者，正復相類也。觀全謝山祖望鲒埼亭外集叁壹「浩氣吟跋」略云：

稼軒先生少年連染於牧齋之習氣。自丙戌以後，牧齋生平掃地矣。而先生浩氣吟中，猶惓惓焉，至形之夢寐。其交情一至此乎？牧齋顔甲千重，猶敢爲浩氣吟作序乎？一笑也。

可知錢瞿二人關係之密切如此。」全氏之論固正，但於河東君陰助牧齋復興明室之活動，似尚有未盡窺見者，關於此點，俟於第伍章論之。所可注意者，即與稼軒特厚之人，不獨寬諒牧齋之晚節，而尤推重河東君。就其所以然之故，當與錢柳同心復明一端有關。如牧齋投筆集上「後秋興之三」第叁首「鬚眉男子皆臣子，秦越何人視瘠肥。」句，自注云：「夷陵文相國來書云云。」考牧齋所謂「夷陵文相國」者，即明史貳柒玖有傳之文安之。其人之爲大學士，由瞿式耜所推薦，可知文瞿兩人交誼實爲密切。云美以女妻稼軒之子，則其於稼軒與文氏有同一之觀感及關係，又可推之。文氏既遺書牧齋，稱道河東君若是，宜乎云美爲河東君作傳，其尊重之意溢於言表也。後來有「超達道人葦江氏」者，題云美此傳後，謂其於河東君「別有知己之感」，「阿私所好」，則殊未明錢瞿之交誼，錢柳之關係，與夫君國興亡，恩紀綢繆，死生不渝之大義，所以藉是發幽光而勵薄俗之微旨。乃肆意妄言，無復忌憚，誠可鄙可惡，更不足置辨矣。

復次，關於思陵御書一事，詳見杜于皇濬變雅堂文集柒「松風寶墨記」，茲不移録。寅恪昔年曾於完白山人後裔家，見崇禎帝所書「松風水月」四字，始知于皇此文中「端勁軒翥」之評，非尋常頌聖例語。鄧氏家之思陵御書，自與云美所藏者不同物，初未解此三百年前國家民族大悲劇之主人翁，何以喜作「松風」二字之故，後檢楊留垞鐘羲雪橋詩話續集壹云：

顧云美廬閶門外，半潭繞屋，引水自隔。莊烈帝御書「松風」二大字，云美得之某司香，遂揭於齋中。顧黄公〔景星〕爲賦詩四首。卒章有云：「奇峰名淑景，御坐正當中。五粒皆銀鬣，雙珠倚玉童。」謂萬歲山淑景峰有石刻御坐，二白松覆焉。

然則世上留傳崇禎帝「松風」手迹不止一本者，殆與景山石刻御坐有關耶？俟考。

顧氏河東君傳，寅恪所得見者，節略之本不計外，共有四本，即羅刖存振玉殷禮在斯堂叢書塔影園集本（第壹卷），范聲山鍇華笑廎雜筆本（第壹卷），繆筱珊荃孫秦淮廣記本（第貳之肆），及葛雍吾昌楣蘼蕪紀聞本（卷上）。四本中以范本爲最善，兹悉依此本移録，其他諸本與范本异者，皆不一一標出也。

復次，羅振玉貞松老人外集叁「顧云美書河東君傳册跋」略云：

> 顧云美撰柳蘼蕪傳并畫象真迹，乙巳冬得之吴中，傳載蘼蕪事實甚詳。吴人某所著野語秘彙，述虞山被逮時，河東君先携重賄入都，賂當道，乃得生還。其權略尤不可及，可謂奇女子矣。傳中記蘼蕪初歸雲間孝廉爲妾，殆先適陳卧子，他記載所未及。其歸虞山在明亡前三年，時年二十四。至癸卯下髮，年四十有六。逾年而值家難。光緒丁未三月將取付影印，以貽海内好事者，俾益永其傳，并綴辭於後。上虞羅振玉刜存父。

寅恪案，刜存先生以「雲間孝廉」爲陳卧子。五十年前能作此語，可謂特識。但其於河東君適牧齋後，尚稱之爲「蘼蕪」，又言其携重賄入都，俾牧齋得脱黄毓祺之案及癸卯歲年四十六下髮等事，皆不免差誤。詳見有關各節所論，兹不辨及。

顧傳云：

> 河東君者，柳氏也。初名隱雯，繼名是，字如是。爲人短小，結束俏利，性機警，饒膽略，適雲間孝廉爲妾。孝廉能文章，工書法，教之作詩寫字，婉媚絶倫。（塔影園集壹河東君傳「婉媚絶倫」作「風氣奕奕」。）顧倜儻好奇，尤放誕。孝廉謝之去。

寅恪案，云美此傳於河東君之本來姓氏籍貫及在「適雲間孝廉爲妾」以前之事迹，不道及一字，當有所隱諱，未必絶不能獲知其一二也。職是之故，不得不取其他史料，以補此間隙。但此段時間，材料極少，又多爲不可信者。故今僅擇其材料直接出於與河東君有關之人者，以之爲主，而參取後來間接傳聞者，以補充之。其間若有誣枉或不可信者，則稍加駁正。固不敢謂盡得其真相，然亦不至甚遠於事實也。

茲引王澐虞山柳枝詞之前，先略述勝時之事迹，蓋王氏乃最反對河東君之人，其所言者，固不可盡信，然誣枉之辭外，亦有一二真實語。實因其人與陳子龍及其家屬關係密切，所知河東君早歲事迹，必較多於顧云美，特恨其具偏隘之見，不欲質直言之耳。

乾隆修婁縣志貳伍王澐傳略云：

王澐字勝時，幼爲陳子龍弟子。處師生患難時，卓然有東漢節義風。以諸生貢入成均，不得志。著有輞川稿。

李叔虎桓耆獻類徵初編肆肆肆顧汝則傳，下附王澐事迹，引章有謨筆記略云：

陳黄門子龍殉難後，夫人張氏與其子婦丁氏居於鄉，兩世守節，貧不能給。王勝時明經澐常周恤之。

及陳忠裕全集年譜下附王澐撰「三世苦節傳」略云：

歲在癸酉〔康熙三十二年〕仲春之吉，孺人命從侄倬來，知予子移有女孫同歲生，請問名。予額手曰，此小子宿心也。敬聞命矣。乃告於先祠，以女孫字世貴焉。（寅恪案，世貴乃陳子龍之曾孫。）

寅恪案，王勝時文章行誼卓然可稱，然其人憎惡河東君，輕薄刻毒醜詆之辭，見諸賦咏者，不一而足，以常情論，似不可解。明季士人門户之見最深，不獨國政爲然，即朋友往來，家庭瑣屑亦莫不劃一鴻溝，互相排擠，若水火之不相容。故今日吾人讀其著述，尤應博考而慎取者也。勝時孫女之字卧子曾孫，結爲姻親，時間固甚晚，然其與陳氏家庭往來，在卧子生存時已然。卧子死後，勝時周恤其家備至，即就卧子夫人張氏欲與勝時之家結爲姻親一事觀之，可以推知矣。

據陳忠裕全集所載陳子龍自撰年譜上崇禎二年己巳條云：

〔祖母高〕太安人以予既婚，遂謝家政。予母唐宜人素善病，好静，不任事，乃以管鑰屬予婦，予始有晨昏之累矣。

及年譜下附王澐撰「三世苦節傳」略云：

〔張〕孺人通詩禮史傳，皆能舉其大義，以及書算女紅之屬，無不精嫻，三黨奉爲女師。有弟五人，莊事女兄如伯兄然。孺人屢舉子女，不育。爲置側室，亦不宜子。孺人心憂之，乃自越遣人至吴，納良家子沈氏以歸。

則知大樽之妻張氏爲一精明强幹，而能治家之人。故入陳氏之門不久，其祖姑高氏即授以家政也。假使王氏稱其能通書史大義之語，非出阿私，然絶不能如河東君才藻博洽，可與卧子相互酬和者，自不待論。儻若張氏轉移其待諸弟之威嚴以臨其夫，則恐卧子閨門之内，亦不得不有所畏憚顧忌也。又觀其爲大樽選納良家女沈氏爲妾一端，知大樽之娶妾，張氏欲操選擇之權，更以良家子爲其意中之對象。如取以與牧齋夫人陳氏相較，則牧齋用匹嫡之禮待河東君，而陳夫人亦無可如何，安之若命者，誠大不侔矣。

復觀牧齋之子孺飴（孫愛）所輯「河東君殉家難事實」中「柳夫人遺囑」云：

我來汝家二十五年，（寅恪案，「汝」字指其女，即趙管妻。）從不曾受人之氣。

嗚呼！假使河東君即僅在陳家二十五月，甚至二十五日，亦不能不受人之氣，尤不能不受張氏之氣，而張氏更不能如牧齋夫人之受河東君之氣，可以斷言無疑也。河東君之與大樽，其關係雖不善終，但兩方之情感則皆未改變，而大樽尤繾綣不忘舊歡，屢屢形之吟咏。然則其割愛忍痛，任河東君之離去，而不能留之者，恐非僅由河東君之個性放誕使然，亦實因大樽妻張氏之不能相容，即不能受河東君之氣，如牧齋夫人者，有以致之也。

河東君所以不能見容於大樽家庭之事實及理由，王勝時必從張氏方面得知其詳。三百年前陳氏家庭夫婦妻妾之間，其恩怨是非固非吾人今日所能確知，既非負古代家屬委員會之責者，自不必於其間爲左右袒，或作和事老。是以此點亦不須詳考。但應注意者，則勝時爲大樽嫡妻張氏之黨。故其所言者，皆張氏一面之辭，王氏既不能不爲其尊者，即大樽諱，又不能不爲其親者，即張氏諱。於是遂隐没其師及張氏與河東君之關係，而轉其筆鋒集矢於河東君矣。苟知此意，則王氏所述河東君之事迹，不可盡信，止能供作參考或談助，而不必悉爲實録，亦甚明也。

王氏之後，復有錢鈍夫肇鰲著「質直談耳」一書，亦述河東君早歲軼事，其言頗有與王氏類似者。然據此書錢大昕序云：

吾弟鈍夫以暇日撰次生平所見聞，可喜可愕，足資懲勸者，彙爲一編，名之曰質直談耳。

又光緒修嘉定縣志貳捌藝文別集門載：

巢雲詩草。錢肇鰲著。

詩規摹盛唐。

則是鈍夫生年甚晚，其書所述河東君事，自得之輾轉間接之傳聞。巢雲詩草不知尚存否？兹取王錢兩氏所言河東君最初軼事，參以陳子龍及宋征璧（即暨與河東君直接有關之人。）所作詩篇，考辨論證之如下。

王澐輞川詩抄肆「虞山柳枝詞」第壹首云：

章臺十五喚卿卿，素影争憐飛絮輕。（「影」及「憐」二字可注意。）白舫青蓮隨意住，淡雲微月最含情。（「雲」字可注意。）

自注云：

姬少爲吴中大家婢，流落北里。楊氏，小字影憐，後自更姓柳，名是。一時有盛名，從吴越間諸名士游。

錢肇鰲質直談耳柒「柳如之軼事」條（寅恪案，原文「之」字乃「是」字之誤，下文同。）參仲虎騰盛湖志補肆雜識門及葛昌楣君蘼蕪紀聞上。）云：

如之幼養於吴江周氏爲寵姬，年最稚，明慧無比。主人常抱置膝上，教以文藝，以是爲群妾忌。獨周母喜其善趨承，愛憐之。然性縱蕩不羈，尋與周僕通，爲群妾所覺，譖於主人，欲殺之。以周母故，得鬻爲倡。其家姓楊，乃以柳爲姓，自呼如之。居常呼鴇母曰鴇，父曰龜。

綜合王錢兩氏所述，河東君最初果爲何家何人之婢或妾，并在何年至此家，出而流落人間耶？兹據與河東君直接有關者之所傳述以考定之。

宋徵璧含真堂詩稿伍秋塘曲并序云：

宋子與大樽泛於秋塘，風雨避易，則子美渼陂之游也。坐有校書，新從吴江故相家流落人間，凡所叙述，感慨激昂絶不類閨房語。且出其所壽陳徵君詩，有「李衛學書稱弟子，東方大隱號先生。」之句焉。（寅恪案，陳眉公岩栖幽事載其所作清平樂下半闋云：「閑來也教兒孫，讀書不爲功名。□□澆花釀酒，世家閉户先生。」可與河東君「大隱號先生」之句相印證。）陳子酒酣，命予於席上走筆作歌。

江皋蕭索起秋風，秋風吹落江楓紅。樓般簫鼓喜互容與，登山涉水秋如許。江東才人恨未消，郁金瑪瑙盛香醪。未將寶劍酬肝膽，爲覓明珠照寂寥。不辭風雨常避易，鯉魚躍浪秋江碧。長鯨洩酒殊未醉，今夕不知爲何夕。校書嬋娟年十六，雨雨風風能痛哭。自然閨閣號錚錚，豈料風塵同琭琭。綉紋學刺兩鴛鴦，吹簫欲招雙鳳凰。可憐家住横塘路，門前大道臨官渡。曲徑低安宛轉橋，飛花暗舞相思樹。初將玉指醉流霞，早信平康是狹邪。青鳥乍傳三島意，紫烟便入五侯家。十二雲屏坐玉人，常將烟月號平津。驊騮詎解將軍意，鸚鵡偏知丞相嗔。湘簾此夕親聞唤，香奩此日重教看。乘槎擬入碧霞宫，因夢向愁紅錦段。陳王宋玉相經過，流商激楚揚清歌。婦人意氣欲何等，與君淪落同江河。我儕聞之感太息，春花秋葉天公力。多卿感嘆當盛年，風雨秋塘浩難極。

寅恪案，讓木此詩乃今日吾人所知河東君早期事迹最重要材料之一。據卧子自撰年譜上崇禎六年癸酉條云：

> 文史之暇，流連聲酒，多與舒章倡和。今陳李唱和集是也。

臥子原作「秋潭曲」載陳李唱和集中，即在崇禎六年秋間所作，第貳章已略引之矣。同爲此游四人之内，河東君不論外，尚有彭燕又賓一人。其人亦當有詩紀此游，惜今未能得見，亦可不論。秋潭或秋塘者，據陳忠裕全集拾「秋潭曲」題下附考證，引松江府志略云：

> 白龍潭在府城谷陽門外。花晨月夕，簫鼓畫船，歲時不絶。（寅恪案，陳忠裕全集爲嘉慶八年所刻，今取嘉慶二十四年修松江府志玖山川志校之，其文悉與此條相同。然則嘉慶二十四年修松江府志當是承用康熙二年所修之府志，而此詩考證乃録自康熙志也。）

故知宋讓木於崇禎六年秋間，在松江府谷陽門外白龍潭舟中，親從河東君得聞其所述自身之事迹，實爲最直接之史料。今依據宋氏之所傳述，取與王錢兩氏所言者參證之，則第壹問題，即「吴江故相」果爲何人乎？依讓木所謂「新從吴江故相家，流落人間」之語，則此「故相」之時間條件爲上距崇禎六年不久之宰輔。其地理條件爲吴江縣籍貫之人。依此兩條件以求之，先檢崇禎朝宰相之籍貫，惟有周道登一人適合也。陳盟崇禎内閣行略周道登傳略云：

> 周道登號念西，吴江人。〔天啓七年〕丁卯十二月金甌之卜，以禮部尚書召入内閣。崇禎〔元年〕戊辰六月加太子太保，晋文淵閣。〔崇禎二年〕己巳正月引疾去。歸而著書自

樂，不問户外。〔崇禎五年〕壬申以疾卒。

及知服齋本曹潔躬溶崇禎五十宰相傳（初稿）周道登傳略云：

周道登字文邦（？），吴江人。〔天啓七年〕丁卯十二月由太子賓客禮部右侍郎升尚書，兼東閣大學士。〔崇禎二年〕己巳正月閑住。癸酉年（崇禎六年）卒。（寅恪案，「癸酉」二字知服齋本如此。與胡氏問影樓本及宣統三年辛亥鉛印本曹書此傳俱作「壬申」即崇禎五年者不同。但知服齋本曹氏此書宰相年表亦列周道登卒於「五年壬申」，豈曹書此傳初稿作「癸酉」，後來乃改爲「壬申」耶？抑或後人據明史稿及明史周道登傳改易耶？俟考。）

又明史稿貳叁伍李標傳附周道登傳略云：

道登者，吴江人。崇禎初與李標等同入閣。御史田時震〔等〕先後交劾之，遂放歸。居五年卒。

明史貳伍壹李標傳附周道登傳略云：

周道登吴江人。崇禎初與李標等同入閣。御史田時震（等）交劾之，乃罷歸。閱五年而卒。

及乾隆修吴江縣志志貳捌人物門周道登傳略云：

周道登字文岸。〔天啓〕七年冬莊烈帝立，首重閣臣之選，上自祝天，取會推諸臣姓名置金瓶中卜之，得錢龍錫等六人，道登與焉。召爲東閣大學士。崇禎二年春御史任贊化等交章論列，上遂勒令致仕。歸就道，復疏言薊門重地，兵額不宜過汰。家居一年卒。值温體仁當國，賜祭葬咸殺禮。

談孺木遷棗林雜俎和集叢贅「周道登」條云：

吴江周相國性木强，不好矜飾。一日侍朝默笑，先帝見之，詰其故。不對，亦不謝。既出，華亭錢相國〔龍錫〕尤之。曰：已笑矣，奈何！上自此寖疏。訃聞，僅祭一壇，予半葬。典禮雖薄，猶同官斡護之。

寅恪案，周道登之卒年雖有問題，然據陳盟曹溶兩書，其卒當在崇禎五年。明史稿「放歸，居五年卒。」之語，其所謂「五年」者，即從崇禎二年己巳正月算起，亦不過謂道登卒於崇禎六年而已。若明史謂「罷歸，閲五年而卒。」則殊有語病矣。至乾隆修吴江縣志言：「上遂勒令致仕。家居一年卒。」之「一」字，疑是誤字也。

考潘力田檉章松陵文獻陸有周道登傳，檉章弟耒作此書後序云：

〔康熙二十四年〕乙丑春，歸自都門，有言新志全用亡兄之書者，索而觀之，信然。

稼堂所謂「新志」，即康熙間葉星期燮所修之吴江志，而乾隆間沈冠雲彤所修之吴江縣志乃承用葉志之舊文。今觀潘氏松陵文獻中周道登傳，不著道登卒年，故康熙志亦缺而不載。乾隆沈志所書道登卒年，殆取他書移補舊志之闕耳。然則潘氏與周氏爲姻戚，（見第貳章所引松陵文獻。）乃缺書道登之卒歲，可知檉章作傳時已不能詳矣。但力田所作道登傳末云：

道登事兄如父。無子，以兄子振孫爲後。

數語，與茲所考證者有關。其他如道登人品學術之記載，於此姑置不論。總而言之，道登之卒，早則在崇禎五年壬申，遲則在崇禎六年癸酉。或者其卒實在五年，而京師邸典之發表乃在六年，致有卒於「癸酉」之記載耶？

寅恪以爲道登之卒，在崇禎五年，或崇禎六年，固未敢確定。但河東君之出自周家，流落人間，則當爲崇禎四年辛未，可於卧子幾社稿中崇禎五年綺懷諸作及「癸酉長安除夕」詩考之。（見下引陳忠裕全集拾屬玉堂集所論。）復參以陳卧子崇禎五年所賦柳枝詞「妖鬟十五倚身輕」（見陳忠裕全集壹玖幾社稿「柳枝詞」四首之四。）及王勝時虞山柳枝詞「章臺十五喚卿卿」詩句，尤足證河東君於崇禎四年辛未十四歲時，出自周家，流落人間。其始遇卧子，實在五年，其年齡正爲十五歲。

或疑讓木秋塘曲序中「坐有校書，新從吴江故相家流落人間。」之「新」字，其界說如何？鄙意欲決定此字意義，不必旁徵，即可於卧子詩中求得例證。如陳忠裕全集陸陳李唱和集

「酬萬年少」五古二首。其一云：

與君〔新〕結交，意氣來相憑。帝京共游戲，江表觀徽繩。

其二云：

秋英粲林麓，揚舲大江湄。

考萬壽祺爲崇禎三年庚午舉人，與臥子爲鄉試同年。臥子之得交年少，應在崇禎三年秋南京鄉試時。榜後，陳萬兩人并與諸名士會飲於秦淮舟中。（見陳忠裕全集年譜上崇禎六年癸酉條附考證，并隰西草堂集附刻李輔中編萬年少先生年譜崇禎三年庚午條。）自陳萬兩人結交之日起，下距臥子崇禎六年秋作此二詩時止，其間已有三年之久。臥子於距離三年之時間，既可云「新」，則讓木於崇禎六年秋作秋塘曲時，上溯至四年，更得謂之「新」。然則陳宋輩之作詩文，其用「新」字之界說，亦不必泥執爲數旬數月之義，固可包括至三年之時日。由此言之，河東君在崇禎四年辛未出自周家，流落人間，讓木仍可謂之「新」也。

又讓木秋塘曲中「平津」「丞相」之辭，自指道登本人而言，其家庭諸男子，如其兄或振孫等，皆不足以當此「平津」「丞相」之名。故河東君其初必爲周道登之妾，可以推知。若王澐虞山柳枝詞謂河東君爲「吴中大家婢」，則婢妾之界綫本難分判，自可不必考辨。然則錢肇鰲質直談耳謂河東君乃「吴中周氏寵姬」，要是可信。至言周氏主人在崇禎四年時尚有母在，固爲可能之事，但無證據，未敢確定。或者此端乃是傳聞之誤，亦未可知也。

讓木詩中所言河東君事迹，辭語不甚明顯，但以其關係重要，未可忽視。故姑就鄙見，推測解釋之於下。

詩云：

較書嬋娟年十六，雨雨風風能痛哭。自然閨閣號錚錚，豈料風塵同碌碌。

寅恪案，「較書嬋娟年十六」句，「嬋娟」不僅爲通常形容女性之美辭，疑亦兼寓河東君原名「雲娟」中之「娟」字。此點已詳第貳章所論，茲不復贅。「年十六」則正是河東君紀年實録。蓋崇禎六年河東君之年歲如此。以若是之妙齡女子，而能造詣超絶，與幾社勝流相比并，固不必同於世俗之女性，往往自隱諱其真實年齡也。「雨雨風風能痛哭」句，初讀之，頗不能解。後得見河東君戊寅草，并取臥子集中有關之篇什參互證之，始恍然知讓木此句實指崇禎六年春季河東君所賦風雨諸篇什而言。

如「游龍潭精舍登樓作，時大風，和韵」云：

琢情青閣影迷空，畫舫珠簾半避風。縹緲香消動錢鑰，玲瓏枝短結甃紅。同時蝶夢銀河裏，并浦鶯湖玉鏡中。歷亂愁思天外去，可憐容易等春蓬。

「傷歌」（寅恪案，樂府詩集陸貳傷歌行古辭云：「春鳥向南飛，翩翩獨翱翔。悲聲命儔匹，哀鳴傷我腸。」河東君蓋自比春鳥，賦此傷春之辭也。）云：

翔禽首飄翳，白雲寄貞私。歲月蕩繁圃，風物遑弃時。攬衣眷高翮，義大難爲持。沙棠亦已實，烏椑亦已侈。淥水在盛霄，碧月回晴思。厲飈忽若截，洞志詎有私。人居天地間，失慮在娥眉。得之詎有幾，木葉還辭枝。誠恐不悟此，一日淪無期。儔匹不可任，良晤常游移。我行非不遠，我念非不宜。憂來或不及，沾裳不能止。春風易成偶，春雨積成絲。誰能見幽隱，之子來何遲。一言達至道，諒爲達士嗤。

又「寒食夜雨十絕句」其五云：

房櫳雲黑暮來遲，小語花香冥冥時。想到窈娘能舞處，紅顏就手更誰知。（寅恪案，全唐詩第貳函喬知之「緑珠篇」有：「此時可喜得人情」，「常將歌舞借人看」及「一旦紅顏爲君盡」等語。河東君詩句，蓋即用喬氏詩語也。）

今取陳忠裕全集所載臥子之詩，其作成時間確知爲崇禎六年癸酉春季者，如「花朝大風」，「寒食雨郊行」七古二首（見陳忠裕全集拾陳李唱和集。）及「清明」四首之三（見陳忠裕全集壹玖陳李唱和集。）云：

梨花冷落野中分，白蝶茫茫剪翠裙。今日傷心何處最，雨中獨上窈娘墳。

河東君之「畫舫珠簾半避風」，「可憐容易等春蓬」，「憂來或不及，沾裳不能止」，

「春風易成偶，春雨積成絲。」即讓木所謂「雨雨風風能痛哭」者，而「想到窈娘能舞處」與臥子「傷心獨上窈娘墳」同用一典，其相互關係，自不待言。又李舒章所謂「春令之作，始於轅文者」，（詳見下論。）當亦指此時而言。蓋崇禎六年春季特多風雨，而轅文與河東君此際關係甚密，宜有春閨風雨之作也。

抑更有可論者。據錢肇鰲質直談耳柒「柳如之軼事」（寅恪案，「之」當作「是」。下同。）條載宋轅文因受責於其母，遂與河東君踪迹稍疏事。（詳見下引。）推計其時間，約略相當於河東君賦「傷歌」之際。此歌云「人居天地間，失慮在娥眉。得之詎有幾，木葉還辭枝。」「儔匹不可任，良晤常游移。」「誰能見幽隱，之子來何遲。」豈河東君以征輿遺迹稍疏，出此怨語耶？後來終與轅文決絕，而轉向臥子，其端倪蓋已微見於此詩矣。

詩云：

繡紋學刺兩鴛鴦，吹簫欲招雙鳳凰。可憐家住橫塘路，門前大道臨官渡。曲徑低安宛轉橋，飛花暗舞相思樹。

似謂河東君最初所居之地也。其地雖難確定，若依前引沈虬河東君傳所云：「聽其音，禾中人也。」之語，應是指河東君原籍之嘉興而言。但鄙意此點不必過泥，頗疑宋詩之「橫塘」，即謂吴江縣盛澤鎮之歸家院。陳臥子爲河東君而作之「上巳行」云：「重柳無人臨古渡，娟娟獨立寒塘路。」（見陳忠裕全集壹壹平露堂集。）陳詩之「古渡」，即宋詩之「官渡」。陳詩之「寒塘路」，即宋詩之「横塘路」。卧子賦此詩時，在崇禎十二年己卯。河東君於崇禎八年乙亥秋深離松江往居盛澤歸家院。雖其間去來吴越「行雲無定所」，（此句見太平廣記肆捌捌鶯鶯傳續會真詩。）然其經常住處，當仍爲歸家院。故可以取歸家院地域形勢以統屬河東君。據此陳宋兩詩可以互相證明也。餘參後論陳卧子「上巳行」節。

更考「横塘」地名之出處，時代較早，且爲詞章家所習用者，恐當推文選伍左太冲「吴都賦」：「横塘查下，邑屋隆夸。長干延屬，飛甍舛互。」其地實在江寧。後來在吴越間以「横塘」爲名者更多，故文人作品中，往往古典今典參合賦咏。即就讓木同時人之詩言之，如吴梅村圓圓曲「前身合是采蓮人，門前一片横塘水。」之「横塘」，依靳介人注，則在蘇州。（見靳榮藩吴詩集覽柒上，并參第伍章論圓圓曲節。）錢牧齋「茸城惜别」詩：「綉水香車度，横塘錦纜牽。」之「横塘」，依錢遵王注，則在嘉興。（見錢曾有學集詩注柒。）此皆其例證。由是言之，讓木詩中之「横塘」，雖與嘉興之環境符合，然吴越水鄉本甚相似，故亦能適合吴江盛澤鎮歸家院之地，不必限於禾中一隅也。

仲廷機盛湖志拾列女名妓門略云：

徐佛原名翾，字雲翾，小字阿佛。嘉興人，隨其母遷居盛澤歸家院。

同書肆街里門略云：

市北自西蕩口北岸至東，以街名者，曰歸家院。東市口曰梭子歸家。百嘉橋之北，曰石敢當。

同書同卷橋梁門「百嘉橋」條下注云：

俗稱柏家，舊名終慕。

同書伍古迹門云：

歸家院在終慕橋北堍，地名十間樓。明才媛柳是故居。

下注引王鯤十間樓詩云：

柳蔭深處十間樓，玉管金樽春復秋。只有可人楊愛愛，（寅恪案，前所論蘇子美「楊愛愛傳」，王氏未必得見，此不過用昔人李師師之例，以「愛愛」爲稱耳。）家家團扇寫風流。

及卷末雜識門云：

十間樓者，柏家橋北一帶是也。即觚剩所云歸家院。

寅恪案，盛湖志所紀徐佛所居之歸家院，亦可與讓木詩語相合。豈河東君最初亦居盛澤歸家院近旁耶？讓木詩「綉紋學刺兩鴛鴦，吹簫欲招雙鳳凰。」者，謂河東君少小待字閨中也。

「横塘」「官渡」「宛轉橋」「相思樹」等四句，乃指禾中盛澤之地。謂河東君即居其處也。

詩云：

初將玉指醉流霞，早信平康是狹邪。青鳥乍傳三島意，紫烟便入五侯家。

似謂河東君初入徐佛家爲婢，後復由徐氏轉入周道登家。河東君與徐佛本同鄉里，雲翾收取爲婢，自極尋常。至周家之收購，則必經一度之訪覓也。後來河東君被逐於周氏，流落人間，輾轉數年，短期與卧子同居，又離去卧子，復返盛澤，居雲翾寓所，與諸女伴如張輕雲宋如姬梁道釗等同在一地耳。（參乾隆刊盛湖志上形勝門仲時鎔凌巷尋芳詩序及仲廷機輯盛湖志拾列女名妓門徐佛傳末所附梁道釗張輕雲宋如姬事迹。又梁道昭事迹詳見鄒樞十美詞紀梁昭條及徐樹丕識小録梁姬傳。）又據第貳章所引沈虬河東君傳所載崇禎九年丙子張溥往盛澤鎮訪徐佛。佛已適人，因得見其婢楊愛事。（參陳琰輯藝苑叢話玖「柳如是曾在蘇屬盛澤鎮徐家作婢」一條。）可知河東君在崇禎九年雲翾未適周金甫以前，尚與之同寓一處。或者徐既適人後，始獨立門户耶？至錢肇鰲云「得鬻爲娼。」其實乃是河東君之再度流落。前引沈虬之文謂河東君爲雲翾之婢，如指未入周家以前，則近事實。若言河東君於崇禎九年丙子尚在徐家爲婢，則時限太晚，殊爲不合也。然據牧齋遺事中「初吴江盛澤鎮有名妓曰徐佛」條記張溥訪徐佛事，作「養女楊愛」。鈕玉樵琇觚賸叁吴觚「河東君」條亦紀此事，作「其弟子曰楊愛」，則頗近事實，惟此等材料之作成，皆在沈氏之後，豈亦知沈氏所言不合情理，遂改易之耶？

寅恪初讀讓木「初將玉指醉流霞，早信平康是狹邪。」之句，以爲「平康」「狹邪」出自唐人李娃傳，非不易解之故實。至「玉指」「流霞」之句，則難通其義。「流霞」之語雖與李義山詩集中「花下醉」七絕。「尋芳不覺醉流霞」句有關。然疑尚不能盡宋氏之旨意，當必更有其他出典。因檢李時珍本草綱目壹柒下草部「鳳仙」條云：

時珍曰，其花頭翅足具備，翹然如鳳狀，故以名之。女人采其花及葉包染指甲。其實狀如小桃，老則迸裂，故有指甲，急性，小桃諸名。宋光宗李后諱鳳，宫中呼爲好女兒花。張宛丘呼爲菊婢。（寅恪案，「菊婢」之名，可參張耒柯山集捌「自淮陰被命守宣城，復過楚。雨中過乎，因同誦楚詞，爲書此以足楚詞。」五言古詩云：「秋庭新過雨，佳菊獨秀先。含芳良未展，風氣已清妍。金鳳汝妾婢，紅紫徒相鮮。」等句。）韋后呼爲羽客。（餘詳趙恕軒學敏鳳仙譜。）

始悟讓木實有取於張文潛目此花爲「菊婢」之意，暗寓河東君初在徐佛家爲婢事。其辭微而顯，婉而成章，可謂深得春秋之旨矣。又河東君性情激烈，以「急性子」方之，亦頗適切。又卧子詞有云：「小桃纖甲印流霞。」（見陳忠裕全集貳拾詩餘天仙子。），可取與讓木此句參證也。

「紫烟便入五侯家」句，合用吳王夫差女小玉，即紫玉，化烟事，并韓君平「寒食」詩，「輕烟散入五侯家」之語，易「輕烟」爲「紫烟」，與「青鳥」爲對文耳。此固易曉，不待多論。至「青鳥乍傳三島意」句，則青鳥爲西王母之使者，亦常用典故，無取贅釋。「青鳥」與「三島」連用，自出李義山詩集上「無題」詩，「蓬山此去無多路，青鳥殷勤爲探看。」之語，又不待言也。所可注意者，據錢氏所述周文岸之母以河東君善於趨承，愛憐之，後又因周母之故，免於被殺，得鬻爲娼。似河東君與周母之間，原有特別關係。或者河東君之入周家，本由周母命人覓購婢女以侍奉己身。故河東君初時實爲周母房中之侍婢。宋氏用青鳥之典，以西王母比周母，即指此而言。文岸之以河東君爲妾，殆從周母處乞得之者。此類事例，乃舊日社會家庭中所恒見。若作如此假設，關於河東君所以因周母而得免於死之故，更可明瞭矣。

詩云：

十二雲屏坐玉人，常將烟月號平津。驊騮詎解將軍意，鸚鵡偏知丞相嗔。

似謂河東君自周家放逐，流落人間之由，即錢肇鰲所云，河東君爲周氏群妾所忌，譖於主人，謂其與僕通，因被放逐之事。據詩意，即河東君所自述，乃周僕不解事，與己身無干也。讓木詩此節第壹第貳兩句，言周文岸素以風流著稱，姬妾甚多也。「十二雲屏坐玉人」者，用楊國忠故事，（見蘇鶚杜陽雜編上「元載末年，造芸輝堂於私第。其屏風本楊國忠之寶也。」

條及太真外傳上「憶有一屏風」節下注文。）與下文「鸚鵡偏知丞相嗔」句之出杜工部集壹「麗人行」詩「慎莫近前丞相嗔」之指楊國忠者，相照應也。「十二」二字出白居易文集伍「酬〔牛〕思黯〔僧孺〕戲贈，同用狂字。」五律前四句「鐘乳三千兩，金釵十二行，妒他心似火，欺我鬢如霜。」自注云：

思黯自誇前後服鐘乳三千兩，甚得力，而歌舞之妓頗多。來詩謔予羸老，故戲答之。

蓋樂天借用玉臺新咏玖「歌詞」二首之二「頭上金釵十二行」之古典，以指牛氏姬妾之衆多，與「歌詞」之原旨并不適合，但其後文人襲用，「十二金釵」遂成習見之俗語矣。（可參全唐詩第柒函白居易叁叁「酬思黯戲贈」并汪西亭立名注白香山詩後集壹伍此題及汪氏案語引朱翌猗覺寮雜記云：「樂天詩，鐘乳三千兩，金釵十二行。以言聲妓之多，蓋用古樂詞云頭上金釵十二行，足下絲履五文章。是一人頭插十二釵耳，非聲妓之多，十二重行也。」）讓木詩「常將烟月號平津」句，「烟月」者，烟花風月之義。（可參陶穀清异録壹人事類「蜂窠巷陌」條。）「平津」者，用公孫弘故事。（見漢書伍捌本傳。）當時黨社中人如讓木輩門户之見頗深，其詆斥周氏如此，固不足异。（可參潘檉章松陵文獻陸周道登傳論，及乾隆修吴江縣志貳捌周道登傳後附朱鶴齡語。并朱氏愚庵小集壹肆「書閣學周公〔文岸道登〕事」云：「李可灼進紅丸，大宗伯孫公〔慎行〕議當加首輔以弑君之誅。公獨不附其説，且曰，果律以春秋之義，某與諸公同在朝，亦當引罪。及居政府，依傍東林者，遂極口排詆，不久去位。然公言實爲平論，後世必有能辨之者。錢虞山有言，近代進藥之獄有二，以唐事斷之可也。援春秋則迂矣。□世宗之升遐也，與唐憲宗相似，柳泌僧大通付京兆府杖决處死，王金等之議辟宜也。李可灼之事，與柳泌少异，以和御藥不如法之例當之可也。當國之臣，則有穆宗貶皇甫鎛之法在，不此之求，而遠求春秋書許止之義，效西漢之斷獄，此不精於經義之過也。吁！虞山公東林黨魁也，而其言若是，然則公之不附孫宗伯，可不謂宰相之識哉？」朱氏之論，頗袒文岸，但李清三垣筆記附識上，述牧齋閣訟始末，即「錢少宗伯謙益聲氣宿望虚譽隆赫」條云：「（温）體仁（周）延儒交遂合，始有召對錢千秋之事。謙益等又欲攻去周輔道登，故道登亦從中主持。」夫牧齋在當時儼然爲東林黨社之宗主，文岸乃與烏程陽羡合流，而爲錢瞿所欲攻去之人。宜乎讓木有此不滿於念西之辭也。長孺之論，豈爲親者諱耶？）是非如何，兹可不論。但可注意者，即讓木賦此詩後七年，即崇禎十三年庚辰，河東君所作「向來烟月是愁端」之語，（見東山酬和集壹「春日我聞室作，呈牧翁。」）與宋詩此句不無關涉也。此點俟後詳論之。

「將軍」一辭，出辛延年「羽林郎詩」，（見玉臺新咏壹。）以馮子都比周僕。「鸜鵒」乃河東君取以自比之辭，即卧子崇禎六年癸酉「秋夕偕燕又讓木集楊姬館中」七律二首之二所謂「已驚妖夢疑鸚鵡」者，（見陳忠裕全集壹伍陳李倡和集。）皆用唐天寶宮中白鸚鵡夢爲鷙鳥所搏，後果斃於鷹之故典。（見楊太真外傳下并事文類聚後集肆拾及六帖玖肆所引明皇雜録。）蓋指在周家爲群妾所譖，幾被殺之事而言，但不免過於刻薄耳。

詩云：

湘簾此夕親聞唤，香奩此夕重教看。乘槎擬入碧霞宮，因夢向愁紅錦段。

讓木此詩序言，河東君在白龍潭舟中，出示壽陳眉公繼儒詩。又臥子秋潭曲中「摘取霞文裁鳳紙，春蠶小字投秋水。」可知河東君此時必將其詩稿出示同舟之陳宋彭諸人。讓木此四句詩似述臥子河東君兩人今夕之因緣也。臥子有先於蘇州與河東君相遇過并在陳眉公處得見河東君之可能，見下文所考，兹暫置不論。「湘簾此夕親聞唤，香奩此夕重教看。」即謂此次集會之事。「乘槎擬入碧霞宮」者，自是指泛舟白龍潭而言，但李義山詩集上「碧城」三首之一，其首句云「碧城十二曲闌干。」注家相傳以爲「碧城」即碧霞之城。（見朱鶴齡注引道源語。）義山此題之二，其首句云：「封影聞聲已可憐」。宋氏用以指河東君當時「影憐」之名。又陳忠裕全集壹伍陳李唱和集「自慨」四首之四，其第叁第肆兩句「難諧紫府仙人夢，近好華陽處士風。」自注云：

予七八歲時，夢天闕榜名，題云：乘槎入北海，紫府録清虚。余近好讀真誥，故有「華陽」之句。

則讓木亦取臥子所夢之意入詩。此夢必爲臥子平日或當日舟中與宋氏并其他友朋談及者。古典今事融會爲一，甚爲精妙。然今日讀此詩，而能通解者，恐不易見也。河東君平生學問受臥子影響頗大，其著述中吾人今日所得見者，亦有明著真誥之名，如與汪然明尺牘第貳柒通云：「許長史真誥亦止在先生數語間耳。」之類，即是例證。臥子作「自慨」詩與作秋潭曲及「秋夕集楊姬館中」詩，皆在崇禎六年癸酉秋季。此時間臥子與河東君情意甚密。又爲臥子好讀真誥之時。故疑河東君之與真誥發生關係，實在此際。蓋河東君於崇禎六年癸酉，年僅十六歲，在此以前未必果能深賞華陽處士之書也。後來牧齋即取真誥之語，以絳雲爲樓名，暗寓河東君之原名，已詳第貳章。然則河東君與陶隱居殊有文字因緣，而陳楊關係未能善終，豈「難諧紫府仙人夢」之句，乃其詩讖歟？「因夢向愁紅錦段」者，用温飛卿詩「欲將紅錦段，因夢寄江淹。」之語。（温庭筠詩集柒「偶題」。）此句言今則兩人同舟共載，不必如向時之賦詩寄懷矣。（可參下論臥子「吴閶口號」第拾首「芝田館裏應惆悵，枉恨明珠入夢遲」等句。）

詩云：

陳王宋玉相經過，流商激楚揚清歌。婦人意氣欲何等，與君淪落同江河。

似即讓木此詩序中所謂「凡所叙述，感慨激昂，絶不類閨房語。」據此可想見河東君當時及平日氣概之一斑矣。

復次，據陳眉公集卷首載其子夢蓮所作年譜，崇禎六年眉公年七十六歲，其生日爲十一月初七日，則宋詩序中所引河東君壽眉公詩，自不能作於崇禎六年。此壽詩之作成，疑在崇禎四年冬或五年冬眉公七十四或七十五歲生日相近之時耶？又河東君「李衛學書稱弟子」之句，李衛者，李矩妻衛鑠之謂，蓋以衛夫人自比。此雖是用舊辭，然其自負不凡，亦可想見矣。更觀此句，似河東君亦嘗如同時名姝王修微輩之「問字」於眉公之門者。（參汪然明汝謙春星堂詩集貳綺咏載陳繼儒序云：「又有二三女校書，如（王）修微（林）天素，才類轉丸，筆能扛鼎，清言無對，詩畫絶倫。」同卷有「山中問眉公先生疾，時修微期同往，不果。」詩，又有「王修微以冬日訊眉公先生詩見寄。有云，何時重問字，相對最高峰。余初冬曾過先生山居，賦此答之。」五律。并趙郡西園老人即李延昰南吴舊話録貳肆閨彦門「王修微」條所記：「王修微將至匡山，問法憨山（德清）師，詣東佘別陳徵君。適有貌者王生在山中，遂寫草衣道人話別圖。」一事。）以常情測之，當不過虚名而已。

今資益館本眉公晚香堂小品伍有「贈楊姬」詩云：

少婦顔如花，妒心無乃競。忽對鏡中人，撲碎妝臺鏡。

暗寓對「影」不自憐，而自妒之意。蓋以河東君之名爲戲也。此詩後接以「登攝山」五絶，（此集分體編輯。故全卷皆是五絶。）攝山在南京近旁，或疑此楊姬亦與南京有關。但檢眉公集十種本中之眉公詩抄陸（此卷亦全是五絶。）有「贈金陵妓」及「馬姬畫蘭」兩首，似亦與南京有關。唯未載「贈楊姬」及「登攝山」兩詩，不解何故。

考陳夢蓮編陳眉公集附夢蓮撰眉公年譜，六十歲以後并不載其往游金陵事。眉公集十種本之眉公詩抄及資益館本晚香堂小品，其詩編纂往往不依年月先後，甚難確定此「贈楊姬」詩之年月，亦不知其與「登攝山」詩究有無地理上之關係也。兹因「贈楊姬」詩，依其内容有「對影自憐」之意，暗藏「影憐」名字。姑假定此乃爲河東君而作者，與「登攝山」詩并無關系也。

至資益館本晚香堂小品肆「端午日白龍潭同楊校書侍兒青綃廿一首」（眉公集十種本中之眉公詩鈔伍亦載此題，但少第壹柒「往往來來客似潮」一首，共止廿首。）其第壹貳首云：「別後雙魚書一紙，秦淮江上正通潮。」及第壹叁首云：「白門紅板漸平潮，儂比垂楊儂更妖。」「醉後思家留不住，倩誰同挽紫羅綃。」則此楊校書及其侍兒青綃居處在金陵，必非河東君可知。眉公集十種本中之眉公詩鈔伍，此廿首之後，即接以「贈妓」一題。（資益館本晚香堂小品中無此詩。）其詩首句云：「翰墨姻緣豈有私，舊知畢竟勝新知。」故知此妓當是青綃之主人楊校書。眉公因過譽其侍兒之故，遂別作一詩稍慰其意耳。此詩又云「團扇揮毫字字奇。」明是一能書之人。考眉公集十種本中之白石樵真稿壹柒載有「題楊媛書」一文，中有「止生復購永興禊帖，歸作道導師。此後散花卷上，不待言矣。」是此「楊媛」即茅元儀妾楊宛。列朝詩集閏肆及明詩綜玖捌楊宛小傳，俱載其爲金陵妓，善草書。然則上引眉公集十種本中之眉公詩鈔伍所謂「楊校書」及「贈妓」之「妓」，乃指楊宛叔而言，與河東君無涉也。

又卧子秋潭曲言及書法一端，則當日河東君在同輩諸名姝中，特以書法著稱。兹暫不廣徵，即據第貳章所引牧齋「觀美人手迹」七詩，已足證知。云美之傳及其他記載，皆稱河東君之能書，自非虛譽。寅恪所見河東君流傳至今之手迹，既甚不多，復不知其真僞，固未敢妄論。然據翁叔平同龢瓶廬詩稿柒「客以河東君畫見示，僞迹也。題尤不倫。戲臨四葉，漫題」云：

> 鐵腕拓銀鈎，曾將妙迹收。（自注：「在京師曾見河東君狂草楹帖，奇氣滿紙。」）可憐花外路，不是絳雲樓。

翁氏乃近世之賞鑒家，尤以能書名，其言如此，則河東君之書爲同時人所心折，要非無因，而「狂草」「奇氣」更足想見其爲人矣。

抑更有可論者，卧子「秋潭曲」及「秋夕集楊姬館中」兩詩，皆明著楊姬之名，其爲河東君而作，自不待言。但有一疑問，尚須略加解釋。即卧子平生狹邪之游，文酒之會，多與李舒章宋轅文相偕，何以崇禎六年癸酉秋季白龍潭舟中及集楊姬館中，與卧子同游會者，僅彭賓宋徵璧二人，而不見李雯宋徵輿之蹤迹耶？考光緒修華亭縣志壹貳選舉上舉人表云：

宋徵璧，天啓七年丁卯科舉人。

宋存楠改名徵璧，見進士。案：宋府志作青浦學。今因進士題名録補。

及嘉慶修松江府志肆伍選舉貳明舉人表云：

彭賓，崇禎三年庚午科舉人。

然則卧子崇禎六年秋季作此兩詩時，與燕又讓木皆是舉人。舒章轅文二人，尚未中式鄉試。崇禎六年秋季適届鄉試之期，舒章之應試，自無問題。又假定轅文雖年十六亦得有應試資格。此兩人諒必離去松江。陳彭宋三人則已是舉人，因留本籍，以待往北京應次年春間之會試耳。此兩次游會所以無李宋二人之參预者，殆職是之故歟？

河東君自爲吴江周氏所放逐，遂流落人間，至松江與雲間勝流往來交好。前引李舒章蓼齋集貳陸「坐中戲言，分贈諸妓」四首之四所謂「夢落吴江秋佩冷，歡聞鴛水楚憐新。」正謂此時河東君出自念西之家，而以楊影憐爲稱也。

又錢肇鰲質直談耳柒「柳如之軼事」云：

扁舟一葉放浪湖山間。與高才名輩相游處。其在雲間，則宋轅文李存我陳卧子三先生交最密。時有徐某者，知如之在佘山，以三十金與鴇母求一見。徐蠢人也，一見即致語云：「久慕芳姿，幸得一見。」如之不覺失笑。又云：「一笑傾城。」如之乃大笑。又云：「再笑傾國。」如之怒而入。呼鴇母，問：「得金多少？乃令此奇俗人見我。」知金已用盡，乃剪發一縷，付之云：「以此償金可也。」又徐三公子爲文貞之後，揮金奉如之，求與往來。如之得金，即以供三君子游賞之費。如是者累月，三君意不安，勸如之稍假顔色，償夙願。如之笑曰：「當自有期耳。」遲之又久，始與約曰：「臘月三十日當來。」及期果至。如之設宴款之，飲盡歡，曰：「吾約君除夕，意謂君不至。君果來，誠有情人也。但節夜人家骨肉相聚，而君反宿娼家，無乃不近情乎？」遽令持燈送公子歸。徐無奈别去。至上元，始定情焉。因勖徐曰：「君不讀書，少文氣。吾與諸名士游，君厠其間，殊不雅。曷不事戎武？」徐領之。閑習弓馬，遂以武弁出身。亂中死於炮。其情痴卒爲如之葬送，亦可憫也。初，轅文之未與柳遇也，如之約泊舟白龍潭相會。轅文早赴約，如之未起，令人傳語：「宋郎且勿登舟，郎果有情者，當躍入水俟之。」宋即赴水。時天寒，如之急令篙師持之，挾入床上，擁懷中煦嫗之。由是情好遂密。轅文惑於如之，爲太夫人所怒，跪而責之。轅文曰：「渠不費兒財。」太夫人曰：「財亦何妨。渠不要汝財，正要汝命耳。」轅文由是稍疏。未幾，爲郡守所驅，如之請轅文商决。案置古琴一張，倭刀一口。問轅文曰：「爲今之計，奈何？」轅文徐應之曰：「姑避其鋒。」如之大怒曰：「他人爲此言，無足怪。君不應爾。我與君自此絶矣。」持刀斫琴，七弦俱斷。轅文駭愕出。

寅恪案，河東君與宋李陳三人之關係，其史料或甚簡略殘闕，或甚隱晦改易，今日皆難考證詳實。姑先論李宋，後及陳氏。至錢氏所言「徐三公子」乃文貞之後。文貞者，明宰相華亭徐階之謚。階事迹見明史貳壹叁本傳，兹不徵引。以時代考之，此徐三公子當是階之曾孫輩，觀幾社勝流鈞璜堂集主徐暗公孚遠，乃階弟陟之曾孫，可以推知也。據嘉慶修松江府志伍肆徐階孫繼溥傳附弟肇美事略云：

肇美字章夫。以錦衣衛武生仕本衛百户。亦以不屑謁崔魏告歸，終身放於詩酒。

然則此徐三公子，或即肇美之子，所以能「閑習弓馬，遂以武弁出身。」蓋由久受家庭武事之熏習所致，後因承襲父蔭，以武弁出身。否則河東君恐無緣以「事戎武，別作一家人物。」勖之也。河東君除夕之約，乃一種愛情考驗。其考驗徐三公子之方法與其考驗宋轅文者，雖各互异，而兩人結果皆能及格，則實相同，可稱河東君門下文武兩狀元矣。河東君所以遣人持燈送徐三公子歸家者，蓋恐其不歸徐宅，别宿他娼所耳。名爲遣人護送，其實乃監督偵察之。於此愈足見河東君用心之周密也。徐三公子固多金，然陳李宋三人何至間接從河東君之手受之，以供游賞？錢氏所言，殆傳聞過甚之辭，未必可盡信也。

若「蠢人」徐某者，其人既蠢，又不載名字，自不易知。此「蠢人」固非徐階徐陟之親支，但松江徐氏支派繁衍，此「蠢人」所居當距佘山不遠，或亦階陟之宗族耶？又據陳忠裕全集壹貳焚餘草「飲徐文在山亭」七古一首，後附案語略云：

徐景曾字文在，華亭人。文貞公階曾孫。居文貞公別業西佘山莊。

則佘山近旁有徐氏產業，可以證知。河東君既居佘山，其與近旁大族往來，自爲當然之事。故此「蠢人」極有爲徐階同族之可能。至徐景曾雖是階之曾孫，但頗能詩，宋轅文曾序其集，則必非錢氏所謂「徐三公子」可知。或者徐三公子乃文在之兄輩歟？更有可笑者，今觀此「蠢人」與河東君之語，乃雜糅李延年「北方有佳人歌」及白居易「長恨歌」二者組織而成者，是一曾間接受班孟堅白樂天之影響。倘生今日，似不得稱爲甚蠢。然因此觸河東君之怒，捐去三十金，換得一縷發，可謂非「一髮千鈞」，乃「一發千金」。但李太白「白紵詞」云：「美人一笑千黃金。」（見全唐詩叁李白叁。）後來謝象三以「一笑堂」名其詩集，錢牧齋垂死時「追憶庚辰冬半野堂文宴」詩，有「買回世上千金笑」之句，（見有學集壹叁東澗詩集下「病榻消寒雜咏」四十六首之三十四。）則此蠢人所費僅三十金，而換得河東君之兩笑，誠可謂「價廉物美」矣。豈得目之爲蠢哉？

茲更有可論者，卧子「癸酉長安除夕」詩云：「去年此夕舊鄉縣，紅妝綺袖燈前見。」（見下引全文及所論。）可知卧子等實於崇禎五年壬申除夕，參預河東君在内之花叢歡宴，（第貳章所引李舒章「分贈諸妓」詩，或即作於是夕，亦未可知。）肇鰲所言徐三公子欲於臘月三十日，即歲除日，宿河東君家，當即指崇禎五年除夕而言。檢近人所推算之明代年曆，崇禎五年六年七年，十二月皆小盡，唯四年八年，十二月大盡。肇鰲是否未曾詳稽當時所用之官曆，遂以五年除夕爲臘月三十日。抑或肇鰲所言無誤，而近人所推算之明曆，不合實際，如第肆章所引牧齋「（崇禎十四年）二月十二日横山晚歸作」詩，「最是花朝并春半」句，可證牧齋當日所依據之官曆，崇禎十四年二月十二日爲春分節。但近人所推算之明代年曆，則崇禎十四年春分節在二月十日，相差兩日。吾人今日因未得見明代官曆，不能決定其是非。故此問題，可置不論。今謂徐三公子欲於除夕宿河東君館中，似應在崇禎五年除夕。蓋四年爲時太早，河東君尚在蘇州，此年除夕未必即移居松江。六年除夕卧子固在北京，而肇鰲謂陳李宋三人勸河東君「稍假顏色」，是徐楊會晤之日卧子等當必與徐三公子同在松江。，故可決定必非六年除夕。且據卧子崇禎六年秋所賦秋塘曲及集楊姬館中詩，知陳楊兩人關係已甚密切，徐三公子自不敢作與河東君共渡除夕之事。七年除夕陳楊兩人將同居於徐武静別墅，徐三公子更無希望同宿之理。至於八年除夕，河東君已離去松江，遷往盛澤鎮，徐楊兩人應無遇見之可能。

然則肇鰲所言之除夕，非五年之除夕不可。既爲五年之除夕，則河東君以道學先生之嚴肅口吻，拒絶徐三公子者，恐由此夕與臥子已有成約在先，遂藉口節日家人應團聚之語，押送徐三公子歸家。斯爲勾欄中人玩弄花招，不令兩情人覿面之伎倆，其情可原，其事常見，殊不足論。所可怪者，此年除夕，臥子普照寺西宅中，尚有祖母高安人，繼母唐孺人，嫡妻張孺人，妾蔡氏及女頎，并適諸氏妹等骨肉在焉（見陳忠裕全集所載臥子自撰年譜及王澐撰「三世苦節傳」一。）竟漠然置之，弗與團聚，豈不内愧徐三公子耶？於此事可見河東君之魔力及臥子之情痴矣。

王勝時虞山柳枝詞第陸首云：

尚書曳履上容臺，燕喜南都綺席開。閃爍珠簾光不定，雙鬟捧出「問郎」來。

自注云：

姬嘗與隴西君有舊約，以「問郎」玉篆贈别。甲申南都，錢爲大宗伯，一日宴客，隴西君在坐，姬遣婢出問起居，以玉篆歸之。

寅恪案，「問郎」者，華亭李存我待問也。勝時諱其名字，僅稱「隴西君」，以其與河東君有舊約爲可耻，遂爲賢者諱耶？殊可笑也。

嘉慶修松江府志伍伍李待問傳略云：

李待問字存我，華亭人。崇禎十六年進士。（寅恪案，據同書四伍選舉表貳，明舉人表，李待問彭賓陳子龍均崇禎三年庚午科舉人。）受中書舍人，工文章，精書法。沈猶龍事起，待問守城東門，城破，引繩自縊，氣未絶，而追者至，遂遇害。

李伊璜繼佐國壽録貳進士李待問傳云：

李待問字存我，江南松江人，工書法，董玄宰嘗泠濫於古帖，然氣骨殊減，自蠅頭及大額而外，便不令人嘉賞。待問傲然爲獨步，與玄宰争雲間，然位不及，交游寡，其爲攻苦不若。要之得意處有過董家者。

徐暗公孚遠釣璜堂存稿壹陸「吾郡周勒卣夏彝仲李存我陳臥子何慤人皆席研友。勒卣獨前没，四子俱蒙難。流落餘生，每念昔者，便同隔世。各作十韻以志不忘。如得歸郡兼示五家子姓。」其第叁首「李存我」云：

李子多高韻，豁然塵世姿。蘭風殊蘊藉，鶴步有威儀。不飲看人醉，能書任我痴。笑談真絶倒，爽氣入心脾。觀國寧嫌早，釋巾稍覺遲。螭頭官暇豫，薇省使逶迤。將母方如意，滔天事豈知。憑城鼓角死，捐脰血毛摧。愧我數年長，依人萬事悲。幾時旋梓里，應得爲刊碑。

王東溆應奎柳南續筆叁「李存我書」條云：

雲間李待問，字存我。工書法，自許出董宗伯〔其昌〕上。凡里中寺院有宗伯題額者，李輒另書，以列其旁，欲以示己之勝董也。宗伯聞而往觀之，曰：「書果佳，但有殺氣，恐不得其死耳。」後李果以起義陣亡，宗伯洵具眼矣。又宗伯以存我之書若留於後世，必致掩己之名。乃陰曾使人以重價收買，得即焚之，故李書至今日殊不多見矣。（寅恪案，董玄宰所題衙宇寺院匾額，亦曾被人焚毀殆盡。見曹千里家駒説夢貳「黑白傳」條。）

又錢礎日肅潤南忠記「中書李公」條云：

李待問號存我，崇禎癸未進士。守城力戰被殺。待問善法書，有石刻九歌，仿佛晉唐人筆意。妾張氏，亦善書。人欲娶之，不從。（可參上海文物保管委員會藏顧云美自書詩稿「李存我中翰示余九歌圖并小楷，余亦以隸書九歌索題。」七律。）

寅恪案，河東君所與往來之名士中，李存我尤以工書著稱，河東君之書法，當受存我之影響無疑。至王東溆所言，董玄宰購焚李書之事，未必可信。據王勝時澐雲間第宅志云：

坦水橋南李中翰待問宅有玉裕堂，董文敏其昌書。

是存我亦請香光題己宅之堂額。其欽服董書，可爲一證。又勝時志中所記如李耆卿之海閭堂，董景傳宅之築野堂，勝時先人宅之與書堂，李延亮宅之栖雲館，宋存標之四志堂等之堂額，及董尊聞宅内張氏之石坊「威豸德麟」四字，皆存我所書。可見李書之存於崇禎末年松江諸家者尚不少，且香光之聲望及藝術遠在存我之上，亦何至氣量褊狹，畏忌鄉里後輩如是耶？東澈欲推崇存我之書法，遂采摭流俗不根之説，重誣兩賢，過矣！但東澈之言，即就流俗之説，亦可推知當日存我書法享有盛名，迥非雲間諸社友所能及也。

寅恪嘗謂河東君及其同時名姝，多善吟咏，工書畫，與吴越黨社勝流交游，以男女之情兼師友之誼，記載流傳，今古樂道。推原其故，雖由於諸人天資明慧，虚心向學所使然。但亦因其非閨房之閉處，無禮法之拘牽，遂得從容與一時名士往來，受其影響，有以致之也。清初淄川蒲留仙松齡聊齋志异所紀諸狐女，大都妍質清言，風流放誕，蓋留仙以齊魯之文，士不滿其社會環境之限制，遂發遐思，聊托靈怪以寫其理想中之女性耳。實則自明季吴越勝流觀之，此輩狐女，乃真實之人，且爲籬壁間物，不待寓意游戲之文，於夢寐中以求之也。若河東君者，工吟善謔，往來飄忽，尤與留仙所述之物語仿佛近似，雖可發笑，然亦足藉此窺見三百年前南北社會風氣歧异之點矣。

河東君與宋轅文之關係，其初情感最爲密好。終乃破裂不可挽回。宋氏懷其悔恨之心，轉而集矢於牧齋。論其致此之由，不過褊狹妒嫉之意耳。其人品度量，殊爲可笑可鄙，較之卧子存我殊不侔矣。兹先節録關於宋氏事迹之材料，略加考釋。後引宋氏詆諆牧齋之文并附朱長孺之駁正宋氏之語，以存公允之論焉。

嘉慶修松江府志伍陸宋徵輿傳略云：

宋徵輿字轅文，華亭人。順治四年進士，〔仕至〕左副都御史。卒年五十。

吴駿公偉業梅村家藏稿肆柒「宋幼清墓志銘」略云：

崇禎十有三年，吾友雲間宋轅生轅文兄弟葬其先君幼清公偕配楊孺人施孺人於黄歇浦之鶴涇。公諱懋澄，字幼清。同年白公正蒙精數學，能前知。嘗爲公言，我兩人將先後亡，不出兩歲，具刻時日。公初娶楊孺人，繼娶施孺人。楊孺人之殁也，公在京師，不及見，爲其留侍張太孺人也。張太孺人殁，公免喪後，復遠游，所至必與施孺人偕。

同書貳玖「宋轅生詩序」云：

吾友宋子轅生，世爲雲間人。膏粱世族，風流籍甚，而能折節讀書。

同書貳捌「宋直方〔徵輿〕林屋詩草序」云：

往余在京師，與陳大樽游，休沐之暇，相與論詩，大樽必取直方爲稱首，且索余言爲之序。當是時大樽已成進士，負盛名，凡海内騷壇主盟，大樽睥睨其間無所讓，而獨推重直方，不惜以身下之。余乃以知直方之才，而大樽友道爲不可及也已。於是言詩者輒首雲間，而直方與大樽舒章齊名，或曰陳李，或曰陳宋，蓋不敢有所軒輊也。

王貽上士禎池北偶談貳貳「宋孝廉數學」條云：

雲間宋孝廉幼清，直方父也。精數學，直方生時，預書一紙，緘付夫人曰：「是子中進士後乃啓視之。」至順治丁亥捷南宮，開前緘，有字云：「此兒三十年後當事新朝，官至三品，壽止五十。」後果於康熙丙午遷副憲，至三品。明年卒官，年正五十也。

寅恪案，梅村集中關於宋氏父子兄弟之材料頗多，今不悉引，即就上所録者觀之，亦可略見宋氏爲當日雲間名門，而轅文之特以年少美材著稱，尤爲同輩所不能企及也。漁洋所記宋懋澄預知其子徵輿之官品及卒年事，甚爲荒誕，自不必辨，當是由梅村幼青墓志中，白正蒙預知幼青卒年一事，輾轉附會成此物語耳。但轅文卒於何年，志乘未載。據此物語乃可補其闕缺遺，亦可謂廢物利用矣。依漁洋所言，轅文卒於康熙六年丁未，年五十歲。然則轅文當崇禎四、五、六、七年之時，其年僅十四、五、六、七歲。實與河東君同庚，而大樽則十年以長，其他當日幾社名士，年歲更較轅文長大。即此一端，可知河東君之於轅文，最所屬意。其初情好或較甚於存我大樽，自非無因也。惟吾人今日廣稽史料，尚未發現直接根據，足以證實錢肇鰲之説。然於間接材料中，得有綫索，可以知轅文在此時期，實有爲河東君而作之文字。此作品今已亡佚，但亦足明錢氏所言之非誣。

據沈雄江尚質編輯古今詞話「詞話類」下云：

黄九烟曰，蘭陵鄒祇謨董以寧輩分賦十六艷等詞，雲間宋徵輿李雯共拈春閨風雨諸什。

遁浦沈雄亦合殳丹生汪枚張赤共仿玉臺雜體。余數往來吳淞，間過之，欲作一法曲弁言而未竟，殊爲欠事。

寅恪案，今檢鄒祇謨麗農詞上小令惜分飛第二體，「本意。庚寅夏作。」十六首，皆爲艷體。（中華書局四部備要孫默編十五家詞麗農詞本，將此詞所附諸家評語及鄒氏原序删去。可參孫默編十五家詞貳柒王士禎衍波詞上惜分飛第二體「程村感事作惜分飛詞五十闋，爲殿一章。」）後附王士禎評語云：

阮亭云：名士悅傾城，由來佳話。才人嫁廝養，自昔同憐。程村惜分飛詞凡四十餘闋，無不纏綿斷絶，動魄驚心，事既必傳，人斯不朽，正使續新咏於玉臺，不必貯阿嬌於金屋也。今録其最合作者十六首如右，俾方來覽觀者，雖復太上忘情，亦未免我見猶憐之嘆爾。

又序略云：

僕本恨人，偶逢嬌女。斯人也，四姓良家，三吳稚質。霍王小女，母號浄持。（阮亭評惜分飛第二首「却怪浄持原老嫗，生得霍王小女。」云：「霍王小女，引喻極切。」）邯鄲才人，終歸廝養。左徒弟子，空賦嬌姿。

同集同卷中調簇水「問侍兒月上花梢幾許」附評語云：

阮亭云：鄒董諸子分賦十六艷諸詞，率皆鏤腸鉥胃之作。花間草堂後，正不可少此一種。

寅恪案，鄒氏序「四姓」「三吴」及「霍王小女」之語，知其情人爲朱姓吴人，殆故明之宗室耶？今無暇詳考。但必與河東君無關，可以決言。又觀孫氏編十五家詞貳玖董以寧蓉渡詞，其中艷體觸目皆是，尚未見有與鄒氏惜分飛十六首相應者。然據阮亭「鄒董諸子分賦十六艷諸詞」之言，則董氏必有十六艷之作無疑也。殳丹生詞，則王昶明詞綜捌所選録者，僅一首，殊難有所論證。沈雄詞兹見於王氏國朝詞綜壹肆者，亦止浣溪沙「梨花」兩首。第壹章末已移録論及之。至汪枚張赤兩人之詞，則以未見，不敢置言。所可注意者，陳忠裕全集詩餘中有關涉春閨題目之詞，雖前後分列，而其數亦不少，不能不疑其即是爲河東君而作之「春令」。斯問題俟後詳論，兹暫不涉及。今所欲論者，即關涉河東君與轅文之公案也。

李雯蓼齋集叁伍與臥子書第貳通略云：

春令之作，始於轅文。此是少年之事，而弟忽與之連類。猶之壯夫作優俳耳。我兄身在雲端，昂首奮臆。太夫人病體殊減，兄之榮旋亦近，計日握手，不煩遠懷。

寅恪案，舒章書云「我兄身在雲端」，又云「太夫人病體殊減，兄之榮旋亦近」。臥子自撰年譜上崇禎十年乙丑條略云：

榜發，予與彝仲俱得雋，而廷對則予與彝仲俱在丙科，當就外吏。予觀政刑部。季夏就選人，得惠州司李。抵瀛州，聞先妣唐宜人之訃。

然則舒章此書作於崇禎十年臥子選得惠州推官之後，唐宜人未卒以前也。舒章所謂「春令」，當即臥子詩餘中有關春閨艷詞。舒章既言「春令之作，始於轅文。此是少年之事，而弟忽與之連類。」則臥子等艷詞，疑是與舒章同和轅文之作。今轅文集不可得見。蓼齋集中又少痕迹可尋，恐經删改。

轅文既爲「春令」之原作者，則此原始之「春令」當作於轅文與河東君情好關係最密之時，即自轅文白龍潭愛情考驗以後，至河東君持刀斫琴以前之時。後來與轅文連類之友人，直接與河東君有關系之臥子及間接與河東君有關之舒章，皆仿轅文原始之作品，繼續賦咏，而轅文亦復相與酬和也。（今檢顧貞觀成德同選今詞初集宋轅文李舒章兩人之詞，取河東君戊寅草及衆香集所載并陳忠裕全集中同調或同題或同意者相參校，則宋李詞中似有爲河東君而作者。但未有明證，不敢確言。姑列舉可注意之詞於下，以俟更考。此等詞如轅文之菩薩蠻，憶秦娥「柳絮」，畫堂春「秋柳」，柳梢青，醉花陰，虞美人，青玉案，千秋歲，陳有。南鄉子，江神子，陳柳俱有。舒章之阮郎歸即醉桃源第壹闋，南歌子即南柯子，虞美人，臨江仙「春潮」，蝶戀花第壹闋「落葉」及第貳闋，蘇幕遮「枕」兩闋，陳有。少年游第壹闋或第貳闋，江神子即江城子，陳柳俱有等，皆是其例。）至黄氏所言鄒董沈殳諸人中，今唯考得董氏生於崇禎二年已巳，卒於康熙八年已酉，年四十一。（見張維驤毗陵名人疑年録壹。）其餘諸人之生年及籍貫，與陳宋李三人，雖皆不遠。（如鄒氏麗農詞上蘇幕遮第貳體「丙戌過南曲作」。「丙戌」即順治三年，可見程村在此年所作已斐然可觀矣。）然年齡資格究有距離，自不能參預卧子舒章轅文等文酒狹邪之游會。况據鄒氏惜分飛詞序，所指之人，明是别一女性，與河東君無關涉耶？故鄒董等所賦艷詞，與陳李宋之「春令」，乃是兩事。黄氏之意，本有分别。讀者不可以其同爲玉臺之體，遂致牽混，目爲一事。因特附辨之於此。

復次，轅文經白龍潭寒水浴之一度愛情考驗以後，本可中選。意當日轅文尚未娶妻，其母施孺人不欲其子與河東君交好，乃事理所必然，而轅文年尚幼少，又未列名鄉貢，在經濟上亦必不能自立門户，故受母責怒，即與河東君稍疏也。

錢肇鰲所言驅逐河東君之郡守，據嘉慶修松江府志叁陸職官表載：

方岳貢，穀城人，進士。崇禎元年至十四年，松江府知府。

同書肆貳方岳貢傳略云：

方岳貢字四長。穀城人。

同治修穀城縣志伍耆舊門方岳貢傳云：

方岳貢字禹修，號四長，穀城人。

又陳忠裕全集卷首自撰年譜崇禎二年己巳條云：

時相國穀城禹修方公守郡，有重名，稱好士。試諸生，拔予爲第一。

考之，知是方岳貢。方氏在崇禎六年七年間，雖已極賞大樽，然未必深知轅文。河東君於此時已才艷噪於郡會，自必頗涉招摇，故禹修欲驅之出境。此驅逐流妓之事，亦爲當日地方名宦所常行者，不足怪也。河東君之請轅文商决，其意當是欲與轅文結婚。若果成事實，則既爲郡邑縉紳家屬，自無被驅出境之理。否則亦欲轅文疏通郡守，爲之緩頰，取消驅逐出境之令。殊不知轅文當時不能違反母意，迎置河東君於家中，又不敢冒昧進言於不甚相知之郡守，於是遂不得不以「姑避其鋒」之空言相搪塞，而第二度愛情之考驗，轅文竟無法通過矣。以河東君之機敏，豈不知轅文此時處境之難？然愛之深者，望之切。望斷而恨生，更鄙轅文之怯懦不肯犧牲，出此激烈决絶之舉，亦事理所必至。轅文當時蓋未能料及，因駭愕不知所措也。

此事之發生，其可能之時間殊難確定。雖至早亦可在崇禎五年壬申，然此年之可能性不多，故可不計。就常情論，疑在崇禎六年癸酉，或七年甲戌。依上文所推測，河東君出自周家，流落松江，至早或在崇禎四年辛未，而最可能則在五年壬申。白龍潭寒水浴之考驗，亦最可能在五年冬季舉行。但轅文因第一次之考驗及格，遂與河東交好。自此時起至其母施孺人怒責，因而稍疏之時止，其間當有將及一年，或一年以上之時日，在此兩時限之間，方四長必尚無驅逐河東君出境之令，故四長出令至早當在崇禎六年之秋，至遲則在崇禎七年也。若在崇禎六年秋間，恐與陳忠裕全集壹伍陳李倡和集中「秋夕沈雨，偕燕又讓木集楊姬館中。是夜姬自言愁病殊甚，而余三人者，皆有微病，不能飲也。」七律二首之二云：「已驚妖夢疑鸚鵡，莫遣離魂近杜鵑。」有關。此兩句詩意蓋謂河東君在周家已如楊玉環之鸚鵡，幾被殺而放逐。今則又不可如杜鵑之啼「不如歸去」，而驅逐出松江之境，歸去原籍吳江盛澤鎮也。若禹修出令在崇禎七年，則或更與大樽集中崇禎八年春間及首夏爲河東所作諸詩詞有關。此端俟下文考河東君與陳氏之關係時再詳論之。

至於方氏此令是否執行，今雖無以確知，然除上引沈虬河東君傳所言，崇禎九年丙子河東君實居吳江盛澤鎮外，其他時間，就所確知者，如崇禎七年甲戌及九年丙子曾游嘉定，十二年己卯春間至十三年庚辰春間，曾在杭州，是年又曾養痾嘉興，復於冬間至十四年辛巳春間居常熟，則俱爲短期旅行或暫時訪問之性質，而河東君於崇禎十四年春間至仲夏六月七日與牧齋結褵以前，固住在松江。其時任松江知府者，仍是方岳貢。職此之故，頗疑驅逐之令未成事實，當由倩人爲之緩頰所致，而其間必有待發之覆，自無疑義也。

轅文自失愛於河東君後，終明之世，未能以科名仕進，致身通顯。明季南都傾覆，即中式鄉會試，改事新朝，頗稱得志，而河東君則已久歸牧翁，東山酬和集之刊布，絳雲樓之風流韵事，更流播區宇，遐邇俱聞矣。時移世改，事變至多，轅文居燕京，位列新朝之卿貳，牧齋隱琴水，乃故國之遺民，志趣殊途，絶無干涉。然轅文不自慚悔其少時失愛於河東君之由，反痛詆牧齋，以泄舊恨，可鄙可笑，無過於此。

茲節録痛史第貳拾種國變難臣鈔紀牧齋遺事附宋徵輿上錢牧齋書略云：

側聞先生泛輕舠，駕華軒，惠然賁於敝邑。惟敝邑之二三子及不佞徵輿在遠聞之，以爲先生有歲時之事，信宿而已。日復一日，驪駒不歌。且聞諸從者曰，雖返，將數至焉。嗚呼！以先生之密邇，曾不聞敝邑之病乎？敝邑狹小，有明之末，困於煩賦，順治二年大兵攻焉，宿而守之。爲之將者，若李若吳，皆叛帥也。其爲郡守者，若張若盧，皆殘吏也。（寅恪案，嘉慶修松江府志叁陸職官表武職載：「李成棟，順治二年，松江提督。吳勝兆，順治三年，松江提督。馬進寶，順治十四年至十五年止，松江提督。」及同書叁柒職官秩載：「張銚，偃師人，舉人，順治二年，松江知府。盧士俊，錦州人，監生，順治五年至六年，知府。李正華，獻縣人，拔貢，有傳，順治十年至十三年，知府。郭起鳳，錦州衛人，拔貢，順治十四年，知府。祖承勛，漢軍正黄旗人，貢生，順治十四年至十六年，知府。」又同書肆叁名宦傳李正華傳略云：「李正華字茂先，獻縣人，精明强幹，奸弊一清。提督馬進寶威悍莫與抗，獨心憚正華。去之日，兒童婦女競以束蔬尺布投其舟幾滿。」）視民如仇，而懾之以軍。十年以來，無歲不災，無家不役。今郭以內，皆列伍也。郭以外，百金之家可籍而計也。江南諸郡，松難深矣。邀天之幸，獲一廉守，鳩我殘黎，而又以法去。（寅恪案，董含蓴鄉贅筆貳略云：「吏茲土者，往往不能廉潔。有李正華者，小有才，矯廉飾詐。下車之日，行李蕭然。及其歸也，方舟不能載。」董氏所言與轅文書及松江府志違异，俟考。）今亦惟是新帥紀律，新守之惠義，若時雨焉。（寅恪案，「新帥」指馬進寶，「新守」指郭起鳳或祖承勛。）小人閔閔皇皇耕其五穀，織其卉麻，以庶幾供旦晚之命，如是而已，而何足以淹從者？且先生少怙雋才，壯而通顯，所事者，萬曆泰昌天啓崇禎及弘光帝，以至今朝廷，歷六君矣。自庚戌通籍，至於丁酉，四十八年矣，所變亦已廣矣，所取亦已侈矣。醜於記而給於辨，游人文吏亦內服矣。宜乎動爲人師，言爲人則，而乃不能割帷薄之愛，負難受之聲，忘其蘧蒢，而仿其謔浪。是以謗言流傳，達於行路，使我三吴之荐薦紳，言及變色無以應四方之長者。先生雖不自愛，其若虞山之水何？嗚呼！鬼神不吊，延先生以年，其將益其疾，而降之大罰耶？抑使先生自播其行，以戒我吴人耶？未可知也。然如先生者，可以歸矣！可以休矣！南使之使，敬佈腹心，惟先生加意焉！

寅恪案，有學集柒高會堂詩集「高會堂酒闌雜咏序」云「不到雲間，十有六載矣。」序末云：「丙申陽月十有一日書收於青浦舟中。」可知牧齋實於順治十三年丙申冬季在松江。轅文作此書在順治十四年丁酉任職北京時，故云：「不佞徵輿，在遠聞之。」「（先生）自庚戌通籍，至於丁酉，四十八年矣。」及「南使之便，敬布腹心。」也。（松江府志載馬進寶順治十四年始任松江提督，有誤。金鶴冲錢牧齋先生年譜據江南通志載馬進寶於順治十三年升蘇松提督，移鎮松江，因定牧齋順治十三年丙申游松江，甚確。）其實牧齋自順治三年丙戌辭官自燕京南歸後，即暗中繼續不斷進行復明之活動。是以頻歲作吴越之游，往往藉游覽湖山，或訪問朋舊爲名，故意流播其賞玩景物，移情聲樂之篇什。蓋所以放布此烟幕彈耳。轅文乃仕新朝，沾沾自喜。其痛詆牧齋，出於私意，與吴越旧时党社胜流之忘故国舊君者，不可同日而語。觀其書中「不能割帷薄之愛」一語，如見其肺肝。噫！自順治十四年丁酉，轅文作此書之時，上溯至崇禎七年壬申，或六年癸酉，轅文與河東君決裂之時，其間已歷二十五六年之久，何尚未忘情耶？夫轅文因己身與河東君之故，痛詆牧齋，固已可鄙，似猶有説，而王勝時以其師與河東君之故，復附和轅文，集矢錢柳，（或疑「紀錢牧齋遺事」爲王澐輩所作。俟考。）則殊可笑，實更無謂也。轅文書中又云：「且聞諸從者曰，雖返，將數至焉。」蓋牧齋之至松江，實陰説提督馬進寶，即轅文書中所謂「新帥」，以響應國姓進攻崇明南都。此爲牧齋復明活動之一端，俟後第伍章詳論之。或謂轅文於此中秘密似有所知，而尚未得確證，故未告諸清廷，捕殺牧齋，以報其私怨也。鄙意此時清廷尚欲利用馬進寶，揆之清初駕馭漢奸之常例，即使輳文言之於清廷，恐清廷不但不接受其告密，轉而因此得罪。斯又怯懦之輳文所以雖知牧齋有所活動，而終不敢爲告密之舉歟？

又蔡練江澄雞窗叢話「古來文人失節修史」條，附録宋輳文雜記云：

婁東王罔伯，弇州長子也。家有一書，編輯先朝名公卿碑志表傳，如焦氏獻征録之類。罔伯殁，牧齋購得之，攘爲己有。乃更益以新碑及聞見所記，附會其中。喜述名賢隱過，每得一事，必爲旁引曲證，如酷吏鍛煉，使成獄而後已。以是捃摭十餘年，漫題卷上曰穢史。書成之夕，其所居絳雲樓災，即編纂之地也。所謂穢史者，遂不可復見。乃取程孟陽所撰列朝詩選，於人名爵里下各立小傳，就其燼餘所有，及其記憶而得，差次成之。小傳中將復及人隱過，或以鬼神事戒之，乃懼不敢。然筆端稍濫，則不能自禁。

吾邑張雪窗云，牧齋詩人小傳，人多稱之，而意見偏謬，則有如輳文所言者。近日顧芝岩序吾邑史氏致身録云，王褚下流，變亂黑白，不能自即於正，每力排正氣，以爲容身之地。嗚呼！其不能逃於公論如此。人品如斯，何怪乎詩學之謬也。

寅恪案，輳文所記甚謬，朱長孺鶴齡嘗辭而辟之矣。兹附録其愚庵小稿拾「與吴梅村祭酒書」於後。至吴氏有無復書，今不可知。以意揣之，駿公與錢宋兩人交情俱極深厚，必難措詞，當是置之不答也。朱書云：

憶先生昔年枉顧荒廬，每談虞山公以著作之盛，推重諈諉，不啻義山之嘆韓碑。乃客有從雲間來者，傳示宋君新刻，於虞山公極口詬詈，且云，其所選明詩，出於書傭程孟陽之手。（寅恪案，燕京重印本朱鶴齡愚庵小集「書」作「筆」。非。）所成穢史，乃掩取太倉王氏之書。愚閱之不覺噴飯。夫虞山公生平梗概，千秋自有定評，愚何敢置喙。若其高才博學，囊括古今，則敻乎卓絶一時矣。身居館職，志在編摹，金匱之藏，名山之業，無不窮搜遐覽。亂後惘默，乃取而部分之，自附唐韋述元危素之義。未及告成，熸於劫火，穢史之名何自而興？夫古之撰文者，自司馬遷班固而下，如新唐書之修，因於劉煦，五代史之修，因於薛居正。凡載筆之家，莫不綴緝舊聞，增華加麗。（燕京本「麗」作「厲」。非。）弇州藏史未定有無，即使果出前賢，采爲藍本，排纘成書，亦復何害？宋君乃用此爲譊譊耶？鵲巢鳩居，厚誣宗匠，不足當識者之一粲。而愚敢斥言之於先生者，以其文援先生爲口實也。先生夙重虞山公文章著作，豈有以郭象莊解，齊丘化書，輕致訾謷者？愚以知先生之必無是言也。先生誠無是言，當出一語自明，以間執讒慝之口。如其默默而已，恐此語熒惑見聞，好事之徒將遂以先生爲口實。

又同書壹叁「書王右丞集後」云：

王右丞爲子美前輩，子美贈王中允詩，何等推重，且深爲湔雪其陷賊之故，而右丞集中從無一詩及之，何也？豈有之而集中偶佚耶？何爲西莊王給事，柴門空閉鎖松筠。說者以王給事即王右丞，未免有不足之意。然此語亦惜之，非譏之也。右丞與鄭虔同污禄山僞命，乃子美詩皆無刺語，可見古人用心忠厚，非獨以全交情也。今人於才名軋己者，必欲發其瘢垢，掊擊不啻讐仇。解之者則曰，文士相傾，自古而然。嗚呼！使誠爲文士也，豈有相傾者耶？

可知朱氏自比少陵，不以王鄭受污禄山僞命，而與之絶交也。

上論述河東君與李存我宋轅文之關係既竟，兹請言河東君與陳大樽之關係。楊陳兩人關係之史料，今日通常流布者，乃違反真相，絶不可信。究其所以致此之故，恐因有人故意撰造虚僞之材料，以乱真實，而卧子又以殉明死節之故，稽考勝國之遺聞，頗爲新朝所忌惡也。今先略引通行以訛傳訛之僞史料，然後詳徵楊陳關係之真史料，以糾正舊日虚僞之傳說，并附論楊陳二人情好始終不渝之事實。但移録原文稍繁，亦有所不得已也。

虞陽說苑本牧齋遺事「柳嘗之松江，以刺投陳卧子」條云：

柳嘗之松江，以刺投陳卧子。陳性嚴厲，且視其名帖，自稱女弟，意滋不悦，竟不之答。柳恚，登門詈陳曰，風塵中不辨物色，何足爲天下名士？

寅恪案，鈕玉樵琇觚賸叁吴觚「河東君」條，當是取材牧齋遺事此條。但删節河東君登卧子門相詈之語，而稍加潤色。玉樵之文較佳，世人喜觀之，故卧子嚴拒河東君之物語，遂流傳於今日，莫有悟其與事實相違反者也。讀者若檢後列卧子所作詩詞，自可知其虚僞。兹暫不辨證。又古學彙刊本牧齋遺事及香艷叢書中絳雲樓雋語（即牧齋遺事一書之改名。）其校者將此條「女弟」二字易作「女弟子」三字，殆由淺人習聞袁枚陳文述廣收女弟子之事，因認陳大樽爲隨園碧城仙館主一流人物。此端頗爲可笑，而又不能不爲之辨明。蓋師弟尊卑殊等，舊日禮教不能有婚姻之關係，是以簡齋雲伯搜羅當日閨閣才媛，列諸門墻，不以爲嫌。觀河東君於崇禎十三年冬自常熟致汪然明書，尚自稱爲「弟」。（柳如是尺牘逆數第貳札。）考其時河東君年二十三，汪然明年六十四，（據有學集叁貳「新安汪然明合葬墓志銘」，然明生於萬曆丁丑即萬曆五年，至崇禎十三年庚辰，其年爲六十四歲。）兩人年齡相差逾四十歲，而河東君乃以兄弟平輩爲稱謂者，以歌筵酒坐，酬酢往還，若尊卑殊等，則於禮數不便，更無論男女情好，或至發生婚姻之關係也。

兹先録卧子集中明顯爲河東君而作之詩，略加釋證。然後再就其他最有可能爲河東君而作之詩詞，擇録少數，稍爲引申。若詩詞中可疑爲河東君作，而不能確定者，則擇其重要者，列具篇目，以供參考，不復詳論焉。

前已引「秋潭曲」及「集楊姬館中」詩句，今再録其全文於下，以其明著河東君之姓，無復致辨之餘地者也。

陳忠裕全集拾陳李倡和集「秋潭曲」（原注：「偕燕又讓木楊姬集西潭舟中作。」）云：

鱗鱗西潭吹素波，明雲織夜紅紋多。涼雨牽絲向空緑，湖光頽澹寒青蛾。瞑香濕度樓船暮，擬入圓蟾泛烟霧。銀燈照水龍欲愁，傾杯不灑人間路。美人嬌對參差風，斜抱秋心江影中。一幅五銖弄平碧，赤鯉撥剌芙蓉東。摘取霞文裁鳳紙，春蠶小字投秋水。瑶瑟湘娥鏡裏聲，同心夜夜巢蓮子。

同書壹伍「秋夕沈雨，偕燕又讓木集楊姬館中。是夜姬自言愁病殊甚，而余三人皆有微病，不能飲也。」七律二首云：

一夜凄風到綺疏，孤燈灩灩帳還虚。冷蛩啼雨停聲後，寒蕊浮香見影初。有藥未能仙弄玉，無情何得病相如。人間愁緒知多少，偏入秋來遣示余。

兩處傷心一種憐，滿城風雨妒嬋娟。已驚妖夢疑鸚鵡，莫遣離魂近杜鵑。琥珀佩寒秋楚楚，芙蓉枕泪玉田田。無愁情盡陳王賦，曾到西陵泣翠鈿。

寅恪案，此兩題皆卧子在崇禎六年秋爲河東君而作者，前已略論之矣。但檢陳忠裕全集壹伍幾社稿，崇禎庚午辛未壬申三年之間所作七律中，有「中秋風雨懷人」一題，其辭旨與「集楊姬館中」一律頗相類似。詩中後復包含「憐」「影」「雲」「嬋娟」等河東君之名字，尤爲可疑。初見此詩後第肆題爲臥子六月一日廿五歲「生日偶成」詩，以爲此中秋乃崇禎四年之中秋，細繹之，此「中秋風雨懷人」詩之前第陸題爲「傷春」，中有「海濱烽迫魯王宫」之句。據所附考證爲「指山東孔有德事。」依明史貳叁莊烈帝本紀所云：「崇禎四年十一月丁卯孔有德率師援遼，次吴橋反。五年春正月辛丑孔有德陷登州。」則傷春一題明是崇禎五年春季之作。故「中秋風雨懷人」一詩，亦不必定爲崇禎五年所賦。蓋諸詩排列先後，未可拘泥也。或者此「中秋」乃五年中秋，甚至六年中秋，殊不可知。臥子全集中尚多類是者，詳後所論。兹姑録此詩於後，以俟更考。

「中秋風雨懷人」七律云：

誰將幽怨度華年，河漢濛濛月可憐。落葉黄飛妖夢後，輕綃紅冷恨情邊。青鸞濕路蕭聲歇，白蝶迷魂帶影妍。惆悵盧家人定後，九秋雲雨泣嬋娟。

復次，據李雯蓼齋集叁伍「與臥子書」云：

孟冬分手，弟羈武林，兄便北上，已作驪歌，無由追送。弟薄歲除始返舍，即詢知老年伯母尊體日佳。開春以來，見子服兄弟，益審動定。我兄可從心場屋，了此區區，以慰弟輩之凉落矣。轅文言，兄出門時，意氣諧暢，頗滑稽爲樂。張三作俠，中間乃大有合離。某某在雲霧之中，悵悵不休。何物籬落間人，乃爾顛倒人意。弟輩正坐無聊，借此一鼓掌耳。今里巷之間，又盛傳我兄意盼阿雲。（寅恪案，李雯蓼齋集貳貳「除夕咏懷兼寄臥子」詩云：「聞君念窈娘。」舒章此詩作於崇禎六年癸酉除夕，正臥子在北京留待會試時。考窈娘事見孟棨本事詩情感類。窈娘爲喬知之家婢，藝色爲當時第壹，固適切河東君身份。又據河東君戊寅草「〔崇禎六年〕寒食雨夜十絶句」其五云「想到窈娘能舞處。」及陳忠裕全集壹玖陳李唱和集「清明」七絶四首之三云「雨中獨上窈娘墳。」等語，故知舒章所言之「窈娘」，即是阿雲無疑矣。）不根之論，每使人婦家勃谿。兄正木强人，何意得爾馨頽蕩。乃知才士易爲口實，天下訛言若此，正復不惡。故弟爲兄道之，千里之外，與讓木燕又一笑。若彝仲，不可聞此語也。

舒章書中所謂「孟冬分手」者，當是崇禎六年孟冬，臥子自撰年譜崇禎六年癸酉條略云：

文史之暇，流連聲酒，多與舒章倡和，今陳李唱和集是也。季秋偕尚木諸子游京師。是歲納妾蔡氏於家。

陳忠裕全集壹伍陳李唱和集「留别舒章并酬見贈之作二首」其第壹首結句云：「秋深碣石有飛鴻。」附録李雯「送臥子計偕北上」詩原作，其第壹首云：「北極雲平秋氣屯。」其第貳首云：「翻然仗劍歷秋城。」等可證臥子此次别舒章爲深秋初冬之時。若臥子崇禎九年由松江赴北京會試，據臥子自撰年譜崇禎九年丙子條略云：

復當計偕，以先妣唐宜人久疾，予意不欲往，先妣以義勉之，冬盡始克行。

則臥子崇禎九年北行在年杪，必非所言之「孟冬」明矣。然則臥子與河東君相遇，豈即在崇禎六年耶？鄙意在此年之前，亦有可能。何以言之？據陳忠裕全集拾屬玉堂集「癸酉長安除夕」詩云：

歲云徂矣心内傷，我將擊鼓君鼓簧。日月不知落何處，令人引領道路長。去年此夕舊鄉縣，紅妝綺袖燈前見。（可參同書壹叁幾社稿「除夕」五律。此「除夕」即崇禎五年壬申除夕也。）梅花徹夜香雲開，柳條欲繫青絲纏。曾隨俠少凤以城阿，半擁寒星蔽春院。今年此夕長安中，拔劍起舞意難雄。漢家宫闕暖如霧，獨有客子知凄風。椒盤獸炭皆异物，夢魂不來萬里空。吾家江東倍惆悵，天下干戈日南向。鶴馭曾無緱嶺游，虎頭不見雲臺上。且酌旨酒銀箏前，汝曹富貴無愚賢。明朝曈曈報日出，我與公等俱壯年。

此詩題即是「癸酉長安除夕」，而詩中又有「去年此夕舊鄉縣」及「今年此夕長安中」等句，則此「紅妝綺袖燈前見」之人，必於崇禎五年壬申除夕與臥子相遇。此人雖未明著其爲誰，但檢臥子集中，與此詩前後時間距離不甚久所作綺懷諸篇觀之，則此人非河東君莫屬。故臥子於崇禎五年壬申冬季即遇見河東君，殊爲可能。

更據陳眉公集首載其子夢蓮所撰年譜天啓七年七十歲條云：

> 是冬，（寅恪案，眉公生辰爲十一月初七日。）遠近介觴者，紈綺映帶，竹肉韵生，此亦鳳皇山未有之事也。

及陳忠裕全集臥子自撰年譜上崇禎四年辛未條略云：

> 試春官罷歸，四月抵里門，即從事古文詞，間以詩酒自娱。是時意氣甚盛，作書數萬言，極論時政，擬上之。陳徵君怪其切直，深以居下之義相戒而止。

於此兩年譜可得兩結論。一爲陳眉公生日之時，祝壽客中亦必不少當日名姝如王修微輩。觀前引宋讓木秋塘曲序所述河東君壽眉公生日詩句，可爲例證也。二爲臥子會試不中式，牢騷憤慨，弃置八股時文，從事古文詞。又作書數萬言，極論時政。但同時復以詩酒自娱。此「詩酒」即放情聲色之義。前代相傳俗語云：「秀才家文章是自己的好，老婆是人家的好。」正臥子此時之謂也。

檢陳忠裕全集壹叁幾社稿即崇禎五年壬申所作五律，其「除夕」詩之前，載「偕萬年少李舒章宿陳眉公先生山房二首」。其第貳首有「冰霜月起時」之句，是臥子於崇禎五年眉公生日相近之時，曾謁眉公并宿於其山房。并同集壹玖幾社稿有「吴閶口號」七絶十首，亦爲崇禎五年冬季所作。依下文寅恪所考證，其中三首乃爲河東君而賦者。由此言之，臥子至遲於崇禎五年眉公生日不久以前，在蘇州已得見河東君。或又返松江追蹤河東君至佘山，於眉公生日時，復相遇於祝壽客之中也。更取幾社稿中其他綺懷諸作，如崇禎五年春季所作「柳枝詞」之類參之，則河東君臥子兩人初次相遇在崇禎五年春季，或竟早在四年冬季，亦未可知也。

至於「曾隨俠少鳳城阿，半擁寒星蔽春院。」之句，「鳳城」依通常解釋，自指京師而言。據臥子自撰年譜崇禎三年庚午條略云：「予幸登賢書。冬月偕計吏如京師。」及崇禎四年辛未條云：「試春官，罷歸。」似亦可指崇禎三年庚午冬臥子第壹次會試在京時事。然依詩中文氣語意，此兩句明是述崇禎五年除夕在松江情況。據嘉慶修松江府志柒山川志有「鳳凰山」。前引陳夢蓮撰其父繼儒年譜，亦有「鳳皇山」之語。似松江府城，亦可稱「鳳城」。若不然者，則臥子乃用典故，如文選貳捌所載陸士衡「長安有狹邪行」之類。（可參陳忠裕全集肆陳李唱和集「長安有狹邪行。」）惟易「長安」爲「鳳城」耳。（可參陳忠裕全集壹叁幾社稿「行樂詞」十首。此詞即崇禎五年所作也。）

舒章書中所言之「子服兄弟」，當即指臥子妻張孺人之五弟中張子服寬及子退密。（參陳忠裕全集王澐續臥子年譜下及後附勝時撰「三世苦節傳」與「越游記」。并同書捌平露堂集「送子服之維陽，兼訊子退，期以八月會淮南。」詩題下案語，又光緒修金山縣志壹玖張履端傳及弟軌端附子寬傳等。）若張孺人之幼弟子函，則在順治四年子龍被逮時，清吏見其年稚，誘以利害，使之盡言子龍親知，遂以此被釋，（見臥子年譜下後王澐附録。）以此點推之，則其在崇禎七年舒章作書時，即使已生，當亦不過數歲。（張孺人之父軌端卒於崇禎十一年戊寅二月。見陳忠裕全集貳玖張邵陽誄。）舒章所指，必非此人無疑。又張孺人別有弟處中，其名爲宫，明代貢生。（可參陳忠裕全集玖焚餘草「同惠郎處中勝時分賦高士傳」詩所附案語并年譜下順治三年丙戌條及松江府志肆陸選舉表。）張氏兄弟既爲子龍至親，故舒章得從其處探悉子龍家中動定。又書中所述宋轅文之言，可與陳忠裕全集拾陳李唱和集「予偕讓木北行矣。離情壯懷，百端雜出，詩以志慨。」詩參證。俟後論之。

至所言「張三作俠」之「張三」，未敢確定其爲何人。然必非張孺人之諸弟張寛張密等。因子服兄弟向畏憚其姊之尊嚴，自不敢參預張門快婿陳孝廉納寵之事也。或疑此「張三」即張昂之，斯説殊有理由。據陳忠裕全集壹伍屬玉堂集「送張泠石太守之任閬中」七律下附案語云：「張昂之號泠石。」又據光緒修金山縣志壹玖張昂之傳略云：

張昂之字匪激，天啓二年進士。令廬陵時，魏璫禁僞學，檄毀天下書院。附閹者欲就建璫祠。昂之力持不可，卒坐奪職。崇禎初，起知保寧府。以功進川東道。尋行歸，寄居郡北之息庵。又嘗築圃佘山，自稱六頭頭陀云。

及王澐續臥子年譜下順治三年丙戌條略云：

是歲所與往來者，故人惟張冷石先生〔等〕而已。

又順治四年丁亥條略云：

五月十六日往載〔先生〕尸。十七日到張冷石先生齋，於其鄰貰得一棺。張冷石先生，則先生之摯友且姻也。

故從社會氣類親友情誼言之，舒章書中作俠之「張三」，已有爲張昂之之可能。又冷石此時，以閑居好事之身，築圃佘山。此山適爲河東君卜居之地。其可能性更復增大也。但昂之是否行三，尚未發現有何證據，姑識所疑於此，以俟詳考。

至河東君所以卜居佘山之故，要與陳眉公繼儒、施子野紹莘諸名士直接或間接不無關係。其直接關係於眉公者，前已論及之矣。至於子野，則亦有間接之關係。兹請略言之。或疑前所引李雯蓼齋集叁伍「與臥子書」中「張三作俠」之張三即施子野。所謂「張三」者，非排行次第之義，而是「張三影」（宋張子野先。）之簡稱，實指施紹莘而言也。檢施紹莘花影集肆樂府南商調二郎神及春雲卷「舟次贈雲兒」。同書同卷樂府小令南商調玉胞（抱）肚「贈楊姬和彦容作二首。」同書伍詩餘菩薩蠻「和彦容留別雲姬」及「代雲答」。然則此「雲兒」「楊姬」「雲姬」豈即河東君耶？又考青浦詩傳壹貳施紹莘小傳略云：

施紹莘字子野，少爲華亭縣學生。負雋才，跌宕不羈。初築丙舍於西佘之北，復構別業於南泖之西，自號峰泖浪仙。好聲伎，與華亭沈友夔龍善，世稱施沈。時陳繼儒居東佘，詩場酒座常與招邀來往。工樂府，著花影集行世。早夭，無子。時共惜之。

及王昶明詞綜伍施紹莘小傳引青浦詩傳略云：

子野作別業於泖上，又營精舍於西佘。時陳眉公居東佘，管弦書畫，兼以名童妙妓，來往嬉游。故自號浪仙。亦慕宋張三影所作樂府，著花影集行世。（可參花影集首顧彥容乃大序云：「冉冉月來雲破，不負張郎中之後身。」及顧石萍胤光序云：「雲破月來之句，不負自許張三影後身。」又同書壹「泖上新居」，後附彥容跋云：「齋曰三影。」同書叁「西佘山居記」云：「有齋兩楹曰三影。予字子野，好爲小詞，故眉公先生以此名之。」）

則以施子野之爲人及其所居之地言之，更似與河東君直接有關系者。但東海黃公所輯瑤臺片玉甲種下載子野「舟次贈雲兒」「決絶詞」「有懷」等套曲。其「決絶詞」自跋云：「庚申月夕秋水庵重題。」「庚申」爲萬曆四十八年。又花影集伍菩薩蠻「代雲答」詞後第伍首同調「雨中憶張沖如」詞，序中有：「天啓改元正月五日得沖如靖州家報，」之語，可知子野詞中之「雲」，時代太早，與河東君居佘山之年月不合，而舒章書中所言崇禎六年癸酉之「張三」其非施子野亦甚明矣。然據陳眉公集所載年譜萬曆三十五年丁未條略云：

府君五十歲。得新壤於東佘。二月開土築壽域，隨告成。四月章工部公覲先生，割童山四畝相贈，遂構高齋，廣植松杉。屋右移古梅百株，皆名種。後若徐若董，園圃相續。向有施公祠，亦一時效靈，而郡邑之禮香祭賽，并士女之游冶者，不之諸峰，而之東佘矣。

并子野花影集壹樂府「山園自述」自跋云：

余別業在西佘之陰，邇來倩女如雲，綉弓窄窄。冶游兒烏帽黄衫，擔花負酒，每至達旦酣歌，并日而醉。

及同書叁「西佘山居記」云：

每值春時，爲名姬閨秀鬥草拾翠之地。

是佘山一隅乃文士名姝游賞之盛地。後來河東君又卜居其處，要非無因也。總之，舒章書中之「張三」，甚難確指爲施子野。但以子野與佘山有關，即間接與河東君卜居其地亦有關，故略論及之。以備一重公案云爾。

又舒章此書所言諸點，今難詳知。然至少與卧子納妾蔡氏一事，必有關系。因卧子於自撰年譜此年言：「文史之暇，流連聲酒。」觀其此年綺懷諸作，可以證其不虛。李舒章蓼齋集貳伍有：「卧子納寵於家，身自北上，復閱女廣陵，而不遇也。寓書於余道其事，因作此嘲之。」七律一首。此詩後又載「懷卧子」詩一首，有句云：「可憐一別青霜後。」則知蔡氏非卧子滿意之人，故「納寵於家，身自北上，復閱女廣陵。」也。卧子既不滿意蔡氏，則納以爲妾，必出其妻張孺人之意。蓋所以欲借此杜絶其夫在外「流連聲酒」之行動。用心雖苦，終不生效，雖甚可笑，亦頗可憐。舒章所謂「使人婦家勃谿。」乃事理所必至，自無足怪。「阿雲」乃指河東君，詳見第貳章所考證。由此言之，凡陳李唱和集之大半及屬玉堂集之一部分，所有綺懷諸詩，皆可認與河東君有關，雖不中，亦不遠也。

秋潭曲結句「同心夜夜巢蓮子」之語，蓋出古今樂録「楊叛兒」第伍首云：

歡欲見蓮時，移湖安屋裏。芙蓉繞床生，眠卧抱蓮子。

卧子取河東君之姓氏與此歌名相結合，蓋「楊叛兒」本亦作「楊伴兒」，歌之詞意亦更相關聯，頗爲適切。「同心」二字尤情見乎辭矣。（參樂府詩集肆玖「楊叛兒」題。）王勝時有「和董含拂水山莊吊河東君二絶句」，（見董含三岡識略陸「拂水山莊」條。）其二云：

河畔青青尚幾枝，迎風弄影碧參差。叛兒一去啼烏散，贏得詩人絶妙辭。

亦用此歌第貳首「暫出白門前，楊柳可藏烏。」之句，而勝時詩意復與此歌第陸首云：

楊叛西隨曲，柳花經東陰。風流隨遠近，飄揚悶儂心。

相關，殊爲輕薄刻毒，大异於其師也。

復次，分類補注李太白詩四樂府楊叛兒云：

君歌楊叛兒，妾勸新豐酒。何許最關人，烏啼白門柳。烏啼隱楊花，君醉留妾家。博山爐中沉香火，雙烟一氣凌紫霞。

寅恪案，河東君後來易「楊」姓爲「柳」，「影憐」名爲「隱」。或即受太白詩之影響耶？據沈虯河東君傳所云：「余於舟中見之。（指楊愛。）聽其音，禾中人也。」然則河東君之鄉音固是「疑」「泥」兩母難辨者。其以音近之故，易「影憐」之「影」爲隱遁者之「隱」，亦無足怪矣。至若隱遁之義，則當日名媛，頗喜取以爲別號。如黃皆令之「離隱」，張宛仙之「香隱」，皆是例證。蓋其時社會風氣所致。故治史者，即於名字別號一端，亦可窺見社會風習與時代地域人事之關係，不可以其瑣屑而忽視之也。

詳繹臥子「集楊姬館中」詩題之意，似陳彭宋三人之集於河東君寓所，本欲置酒痛飲，以遣其愁恨。三人皆以微病不能飲酒，而河東君亦然。據此河東君平日之善飲可以推見也。程嘉燧耦耕堂存稿詩中「朝雲詩」七律八首，此詩亦爲河東君而作者。其第貳首云：

揀得露芽纖手瀹，懸知愛酒不嫌茶。

則河東君之善飲足以爲證。又有學集玖紅豆詩初集「采花釀酒歌示河東君」詩并序略云：

戊戌中秋日天酒告成，戲作采花釀酒歌一首，以詩代譜。其文煩，其辭錯，將以貽世之有仙才，具天福者。非是其人也，則莫與知而好，好而解焉。

長干盛生貽片紙，上請仙客枕膝傳。（遵王注本「請」作「清」。）老夫捧持逾拱璧，快如渴羌得酒泉。歸來夜發枕中秘，山妻按譜重注箋。却從古方出新意，溲和齊量頻節宣。東風泛溢十指下，得其甘露非人間。（「得其甘露」遵王注本作「得甘露滅」。）

有學集捌長干塔光集「金陵雜題絶句二十五首，繼乙未（丙申？）春留題之作。」其第貳十首云：

面似桃花盛茂開，隱囊晝罰日徘徊。郎君會造逡巡酒，數筆雲山酒一杯。（自注云：「盛叟字茂開，子丹亦善畫。常釀百花仙酒以養叟。」）

同書貳拾「小山堂詩引」云：

比游鍾山，遇异人，授百花仙酒方。采百花之精英以釀酒，不用麯糵，自然盎溢。

陳伯雨作霖金陵通傳壹肆盛鸞傳附宗人盛胤昌傳云：

宗人胤昌字茂開，工畫。持身高潔，年幾九十，行步如少壯時。胤昌子丹，字伯含，山水法黄筌，嘗作秋山蕭寺圖，與弟琳空山冒雨圖稱二妙。琳字玉林，每當春日，釀花酒以養親。胤昌顧而樂之。

有學集壹玖「歸玄恭恒軒集序」略云：

丙申閏五月，余與朱子長孺屏居田舍。余繙般若經，長孺箋杜詩，各有能事。歸子玄恭儼然造焉。余好佛，玄恭不好佛。余不好酒，而玄恭好酒。兩人若不相爲謀者。玄恭作普頭陀傳，高自稱許。把其本向長孺曰：杜二衰晚腐儒，流落劍外，每過武侯屋，嘆卧龍無首，用耿鄧自比。歸玄恭身長七尺，面白如月，作普頭陀傳，胸中偪塞未吐一二，遂驚倒世上人耶？（寅恪案，同書伍絳雲餘燼集下冬夜假我堂文宴詩「和歸玄恭」七律一首，後四句云：「何處青蛾俱乞食，幾多紅袖解憐才。後堂絲竹知無分，絳帳還應爲爾開。」附自注云：「是日女郎欲至，戲以玄恭道學辭之。來詩以腐儒自解，故有斯答。」牧齋此詩作於順治十一年甲午陽月二十八日，恒軒集序作於順治十三年丙申閏五月，故序有「杜二腐儒」之語，乃指甲午冬假我堂文宴時事也。）

牧齋外集貳伍「題鄧肯堂勸酒歌」（寅恪案，鄧林梓字肯堂，常熟人。事迹見王應奎柳南隨筆壹及陸有關鄧肯堂等條。）云：

東坡自言飲酒終日，不過五合，而謂天下之好飲，無在予上者。（可參初學集肆田詩集下「謝于潤甫送酒」詩：「我飲不五合，頗知酒中味。」之句。）後人掇拾東坡全集，以王無功醉鄉記羼入其中，豈非以東坡慨慕東皋，庶幾友其爲於千載，其妙於酒德有相似者歟？予酒户略似東坡，頃又以病耳戒酒，讀肯堂詩，浩浩然，落落然，如與劉伶畢卓輩執杯耳，拍浮酒池中也。他時有編余詩者，將此首編入集中，余方醉眼模糊，仰天一笑，安知其非余作也。

牧齋尺牘上「與侯月鷺〔性〕」四通之二（寅恪案，侯性事迹見小腆紀傳叁陸本傳及牧齋尺牘上「與侯月鷺」諸札。）云：

秋間欲得洞庭葡萄釀酒，苦不能得其熟候。彼時得多餉，以酬潤筆。知不厭其貪也。內子辱深念，并此馳謝。

然則河東君不僅善飲，更復善釀。河東君之「有仙才」，自不待言。至於「具天福」，則殊難言。據上引題鄧肯堂勸酒歌，恒軒集序及復侯月鷺札，是牧齋不善飲，而河東君善飲。河東君之「具天福」，或可言具此善飲之「天福」耶？若牧齋者，雖不具此善飲之「天福」，但能與具此善飲之「天福」者，相對終老，殆亦可謂具艷福之人矣。

復次，全謝山祖望結埼亭外集叁叁「錢尚書牧齋手迹跋」略云：

尚書手迹共十幅，在馮研祥家，皆與馮氏群彥往還者。第十幅云：「春宵一刻，先令細君滿引一杯，以助千金之興。」細君指柳氏也。予聞之周鄮山謂牧齋年六十四，（寅恪案，當作「六十」。此誤。）柳氏年二十四歸之。客有訪之者，柳氏出侑酒，依然舊日風流。觀此箋并前索酒札，知柳氏固酒徒。黃忠烈公見諸弟子有與女校書詩者，輒戒之。牧齋跌蕩乃至於此，宜其有「浪子燕青」之誚。

寅恪案，馮研祥者，馮開之夢禎孫文昌之子。馮氏一家與牧齋交誼深厚，研祥又爲牧齋弟子，故其關係尤爲密切。（見初學集伍壹「南京國子監馮公墓志銘」并可參牧齋尺牘壹與馮秋水札云：「西浙俊髦，無如馮（文昌）范（驤）。研祥落落竹箭，文白亭明玕。」又葛萬里牧齋先生年譜順治七年庚寅條云：「同行有馮范研祥。」誤以「馮范」爲一人，殊不知「馮」固爲文昌之姓，「范」則指浙江海寧范驤字文白號默庵之人而言也。文白事迹見光緒修杭州府志壹肆伍范驤傳，杜登春社事本末，吴修昭代名人尺牘小傳柒及震鈞國朝書人輯略壹等。）

有學集肆陸「跋酒經」云：

酒經一册，乃絳雲樓未焚之書。五車四部書爲六丁下取，獨留此經，天殆縱余終老醉鄉，故以此轉受遵王，令勿遠求羅浮鐵橋下耶？余已得修羅采花法，釀仙家燭夜酒，將以法傳之遵王。此經又似餘杭老媪家油囊俗譜矣。

有學集拾紅豆二集「酒逢知己歌贈馮生研祥」云：

老夫老大嗟龍鍾，（遵王注本「大」作「夫」。）緑章促數箋天公。天公憐我扶我老，酒經一弓搜取修羅宫。山妻按譜自溲和，瓶盎泛溢回東風。世人餔糟歠醨百不解，南鄰酒伴誰與同。昔年嘗酒别勁正，南薫獨數松圓翁。（「薫」誤。注本作「董」是。）此翁騎鯨捉月去我久，懵瞢四顧折簡呼小馮。（下略）

此跋作於順治七年庚寅十月初二夜以後，此詩作於順治十六年己亥，可與上引前一年，即順治十五年戊戌所賦之「采花釀酒歌示河東君」詩相參證。據此，頗疑馮研祥家牧齋手迹索酒札即此第拾幅，乃順治十六年己亥所作也。周鄮山即周容，事迹見鮚埼亭外集陸「周徵君墓幢銘」。其人與牧齋往來頗密，可參有學集肆肆「嘆譽贈俞次寅」（寅恪案，牧齋此文作「周茂山」。）及鄮山所著春酒堂詩話關涉牧齋諸條。

夫河東君之善飲，不獨其天性使然，其環境實有以致之。蓋歌筵綺席，酬酢周旋，若不善飲，豈能成歡？此乃事非得已，情尤可傷，而謝山轉執閨門禮法之條，以相繩責，殆未免失之過泥矣。黃忠烈公即黃道周，「忠烈」者，明唐王所予謚也。（見黃漳浦集卷首洪思撰黃子傳及文明夫人行狀。清乾隆四十一年追謚道周爲「忠端」，陳子龍則追謚「忠裕」，皆是專謚。若李待問則謚爲通謚之「忠節」。謝山卒於乾隆二十年，自不及知「忠端」之謚。然揆以明代殉國諸人之心理，豈能甘受清廷之謚號？謝山稱之爲忠烈，甚合漳浦平生志業。至王蘭泉編臥子全集，其取今名者，蓋所以避忌諱，免嫌疑，亦有不得已也。）臥子會試中式，實出石齋之門。（見臥子自撰年譜上崇禎十年丁丑條。）臥子平生之詩爲女校書如河東君而作者，亦甚不少，安能不爲其師所戒乎？由此言之，臥子應與牧齋同科，謝山舉此以譏牧齋，又未免失之過偏矣。

今日吾人幸得窺見河東君戊寅草，因取他種材料參證，遂得約略推定其中篇什作成之年月并相與有關之人。復更取陳忠裕全集中幾社稿陳李唱和集、屬玉堂集、平露堂集、白雲草、湘真閣稿及詩餘等，綜合推計之，則論陳楊兩人之關係，其同在蘇州及松江者，最早约自崇禎五年壬申起，最迟至崇禎八年乙亥秋深止，約可分爲三時期。第壹期自崇禎五年至崇禎七年冬。此期臥子與河東君情感雖甚摯，似尚未達到成熟程度。第貳期爲崇禎八年春季并首夏一部分之時，此期兩人實已同居。第叁期自崇禎八年首夏河東君不與臥子同居後，仍寓松江之時，至是年秋深離去松江，移居盛澤止。蓋陳楊兩人在此時期内，雖不同居，關係依舊密切。凡臥子在崇禎八年首夏後，秋深前，所作諸篇，皆是與河東君同在松江往還酬和之作。若在此年秋深以後所作，可别視爲一時期。雖皆眷戀舊情，絲連藕斷，但今不復計入此三期之内也。兹選録陳楊兩人此三時期中最有關之作品原文，互相證發。其他最有關諸作，則僅録其題，以供參考。至秋潭曲，集楊姬館中二首，霜月行第叁首及癸酉長安除夕等篇，前已載其全文，不復移録焉。

復次，王氏編輯陳忠裕全集凡例第貳則略云：

> 詩文次序先後關乎生平梗概。如采山堂幾社稿之作於庚午辛未壬申，陳李唱和集之作於癸酉甲戌，平露堂集之作於乙亥丙子，白雲草湘真閣稿之作於丑寅卯辰，焚餘草即丙戌遺草之作於乙酉丁亥。按之年譜，瞭若指掌。至各集原本古今體詩，或分或不分。今彙爲全集，

概行分體，而仍標各集之名，以存其舊。雖其中次序，間有淆亂，然亦不甚懸隔也。

及第肆則云：

公詞有湘真閣江蘺檻兩種。國朝王阮亭〔士禎〕鄒程邨〔祇謨〕諸先生極爲推許。又曾選入棣萼香詞幽蘭草四家詞，倶未之見。今録公高弟王勝時澐所輯焚餘草，益以散見別本者數闋，彙成一卷，并略采前人評語附之，俾讀者知公樂府亦爲填詞家正宗，如宋廣平賦梅花，不礙鐵石心腸也。

寅恪案，王氏雖明知「詩文次序先後，關乎平生梗概。」但其「彙爲全集，概行分體。」則不免「其中次序，間有淆亂。」故今據每篇題目及篇中詞旨，以推計時日，則王氏所云某集作於某年者，雖「不甚懸隔」，然今日欲考河東君與大樽之關係，於此區區時日之間隔，實爲重要。兹録下列諸詩，大體固依王氏原編次序。若發現題目或詞旨有未安者，亦以鄙意改定，不盡同於王氏原編次序也。

詳繹王氏所編全集中詩文，其次序先後，實如其所言「不甚懸隔」。獨詩餘一類，則蘭泉因未見原本，僅從王澐所輯焚餘草，略附散見別本之數闋，編成一卷。焚餘草中之詞，雖是乙酉至丁亥（即順治二年乙酉至四年丁亥。）三年中所作，其間當無與河東君有關者。但散見他本之詞，則必應有涉及河東君之作。蓋大樽詩餘，摹擬花間集淮海詞，緣情托意，綺麗纏綿。

觀蘭泉輯本，其中故國故君之思見於語句者不計外，尚有不少艷情綺懷之作。然則此類詩餘似不止蘭泉所言「散見別本者數闋」而已。豈勝時所輯之焚餘草，其中亦羼入其師乙酉以前之舊作，而稍稍竄改，使人不覺其爲河東君而作者耶？今日大樽詞原作本不得窺見。若僅就蘭泉裒集殘餘之本，以考臥子與河東君之關係，實爲不易也。

又繹蘭泉所編臥子詩餘，其先後次序之排列，悉依字數多少而定，與作成時代絶無關系。如二郎神唐多令爲臥子絶筆，（據王澐續臥子年譜順治四年丁亥條云：「三月會葬夏考功，賦詩二章。又作寒食清明二詞，先生絶筆也。」）今王氏輯本二郎神其次序爲倒數第貳首，至唐多令則爲倒數第貳肆首，即是例證。職此之故，兹所選録臥子詩餘，其篇列先後，乃依據河東君戊寅草所載諸篇什作成時間，參以鄙意考定。不若所録臥子之詩，其排列時代之先後，尚是約略依據王氏輯本也。

周銘林下詞選柳隱小傳云：

柳隱字如是。歸虞山錢宗伯牧齋。所著有戊寅草，雲間陳大樽爲之序。

徐樹敏錢岳衆香詞書集雲隊柳是小傳略云：

初爲雲間陳大樽賞識，序其詞問世。虞山（錢牧齋）百計納爲小星，稱河東夫人。遺有我聞堂（室）鴛鴦樓詞。

寅恪案，周氏謂陳大樽爲河東君戊寅草作序。徐錢兩氏謂大樽序河東君詞，當即指鴛鴦樓詞。今日得見河東君戊寅草鈔本，其中有詩詞賦三類，首載陳子龍序。序中所言者爲詩，而不及詞。不知是否別有鴛鴦樓詞刊本，而大樽爲之序，未敢斷定，尚待詳考。然取林下詞選與衆香詞對勘，則徐錢兩氏所選六首，較周選多「垂楊碧」一闋，其排列次序亦有不同，而文字更有差异。今取河東君戊寅草參校，則周選排列次第及文字皆與戊寅草符合，而戊寅草亦無垂陽碧一闋。可證周氏實選自戊寅草。徐錢兩氏之選本不同於戊寅草及周選者，其所依據，或即鴛鴦樓之單刊本耶？至「垂陽碧」一闋，其出處尚待考索，不能確言。其詞云：

空回首，筠管榴用箋依舊。裂却紫簫愁最陡，顛倒鸞釵久。羡殺枝頭豆蔻，悶殺風前楊柳。一夜金溝催葉走，細腰空自守。

今繹其詞意，與金明池「咏寒柳」詞略同，恐是河東君離去臥子以後所賦，似非鴛鴦樓詞中原有之作，殆爲徐錢兩氏從他本補入者。

總而言之，無論鴛鴦樓詞是否別有刊本，茲可推定者，戊寅草中所收之詞，必包括鴛鴦樓詞全部，或絕大部分在内。因戊寅草中諸詞，皆是與臥子關係密切時所作。臥子於崇禎八年所賦諸詩，目爲屬玉堂集，河東君之以鴛鴦樓名其詞，正是兩人此時情景之反映也。

復次，考臥子平生文學，本屬李王一派，故深鄙宋詩。但於詞則宗尚五代北宋。茲不欲辨其是非，僅擇録其有關論詞之文，略見梗概。

陳臥子先生安雅堂稿貳「三子詩餘序」云：

詩餘始於唐宋，而婉暢穠逸，極於北宋。然斯時也，并律詩亦亡。是則詩餘者，非獨莊士之所當疾，抑亦風人之所宜戒也。然亦有不可廢者。夫風騷之旨，皆本言情。言情之作，必托於閨襜之際，代有新聲，而想窮擬議，於是以温厚之篇，含蓄之旨，未足以寫哀而宣志也。思極於追琢，而纖刻之辭來。情深於柔靡，而婉孌之趣合。志溺於燕婧，而妍綺之境出。態趨於蕩逸，而流暢之調生。是以鏤裁至巧，而若出自然。警露已深，而意含未盡。雖曰小道，工之實難。不然，何以世之才人，每濡首而不辭也。

同書同卷「王介人詩餘序」（寅恪案，王翃字介人。見明詩綜貳貳及明詞綜玖小傳。此序可參沈雄江尚質編輯古今詞話詞品上原起門所引陳大樽語。）云：

宋人不知詩，而强作詩，其爲詩也，言理而不言情。故終宋之世無詩焉。然宋人亦不免於有情也，故凡其歡愉愁怨之致，動於中而不能抑者，類發於詩餘。故其所造獨工，非後世可及。蓋以沈至之思，而出之必淺近。使讀之者，聚遇如在耳目之表，久誦而得沈永之趣，則用意難也。以儇利之詞而製之實工煉，使篇無累句，句無累字，圓潤明密，言如貫珠，則鑄調難也。其爲體也纖弱，所謂明珠翠羽，尚嫌其重，何況龍鸞。必有鮮妍之姿，而不藉粉澤，則設色難也。其爲境也婉媚，雖以警露取妍，實貴含蓄，有餘不盡，時在低回唱嘆之際，則命篇難也。惟宋人專力事之，篇什既多，觸景皆會，天機所啓，若出自然。雖高談大雅，而亦覺其不可廢。何則？物有獨至，小道可觀也。

同書叁「幽蘭草詞序」云：

自金陵二主，以至靖康，代有作者。或穠纖婉麗，極哀艷之情。或流暢澹逸，窮盼倩之趣。然皆境繇情生，詞隨意啓。天機偶發，元音自成。繁促之中，尚存高渾，斯爲最盛也。南渡以還，此聲遂渺，寄慨者亢率，而近於傖武。諧俗者鄙淺，而入於優伶。以視周李諸君，即有彼都人士之嘆。元濫填辭，兹無論已。

寅恪案，所可注意者，一爲卧子言「北宋律詩亦亡」及「終宋之世無詩焉」，可見其鄙薄北宋之詩，至於此極。二爲幽蘭草乃集録李舒章宋轅文及卧子三人唱和之詞。頗疑幾社諸名士爲河東君而作之小令，即載是集中，惜今日未得見也。

又今檢陳忠裕全集及陳卧子安雅堂稿，不見有「戊寅草序」或「鴛鴦樓詞序」。此殆爲收輯卧子著作之人，如王澐輩早已删弃不録，遂使此兩書皆未載。若今日吾人不得見戊寅草者，則卧子此序天壤間竟致失傳矣。故全録之。

卧子「戊寅草序」云：

余覽詩上自漢魏，放乎六季，下獵三唐，其間銘烟蘿土之奇，湖雁芙蓉之藻，固已人殊，而其翼虛以造景，緣情以趨質，則未嘗不嘆神明之均也。故讀石城京峴采菱秋散之篇，與寧墅麻源富春之咏，是致莫長於鮑謝矣。觀白馬浮萍瑟調怨歌之作，是情莫深於陳思矣。至巉岩駿發，波動雲委，有君父之思，具黯怨之志，是文莫盛於杜矣。後之作者，或短於言情之綺靡，或淺於咏物之窅昧，惟其惑於形似也。故外易而内傷，惟其務於侈靡也。故貌麗而神竭，此無論唐山班蔡之所不逮，即河朔漢南之才，雕思而多蒙密之失，深謀而益擬議之病，亦罕有兼者焉。故有媛遠之略，而失在於整栗，此其流逸之患矣。有割曳之姿，而失在於壯溟，此其輕脱之患矣。夫言必詭以肆，氣必傲以騁，文必奔騰而涌瀏，義必澄泓而取寂，此皆非其至也。然可語於學士大夫之作，不可論於閨襟之什焉。乃今柳子之詩，（寅恪案，影宋本白氏文集叁伍及全唐詩第柒函白居易叁伍「春盡日宴罷感事獨吟」云：「春隨樊子一時歸。」卧子稱河東君爲「柳子」，蓋本於此。馮應榴蘇文忠公詩合注叁捌「朝雲詩引」亦作「樊子」。其他白集或他書所引，有作「樊素」者，誤也。）抑何其凌清而瞯遠，宏達而微恣歟？夫柳子非有雄妙窅麗之觀，修靈浩蕩之事，可以發其超曠冥搜之好者也。其所見不過草木之華，眺望亦不出百里之内，若魚鳥之冲照，駁霞之明瑟，嚴花肅月之綉染，與夫凌波盤渦，輕嵐晝日，蒹葭菰米，涷浦岩庵烟火之裊裊，此則柳子居山之所得者耳。然余讀其諸詩，遠而惻榮枯之變，悼蕭壯之勢，則有旻（曼）衍瀰減之思，細而飾情於瀦者蛇者，林木之蕪蕩，山雪之脩阻，則有寒澹高涼之趣，大都備沈雄之致，進乎華騁之作者焉。蓋余自髫年，即好作詩，其所見於天下之變亦多矣。要皆屑屑，未必有遠旨也。至若北地創其室，濟南諸君子入其奥，温雅之義盛，而入神之製始作，然未有放情暄妍，即房帷亦能之矣。迨至我地，人不逾數家，而作者或取要眇，柳子遂一起青瑣之中，（寅恪案，世説新語「惑溺」篇，「韓壽美姿容」條云：「賈女於青璅中看見壽。」卧子以「青瑣」代「青樓」，藉以掩飾河東君之社會地位。遣辭巧妙，用心良苦。特標出之，以告讀者。餘詳第肆四章論有美詩節引戊寅草序文中鄙注。）不謀而與我輩之詩，竟深有合者，是豈非難哉？是豈非難哉？因是而欲以水竹之渺濛，庭階之蓊蘙，遂可以伏匿其聲援，而震怵其義氣，此實非矣。庶幾石林淙舍之寂，桂棟藥房之艷，天姥玉女，海上諸神山之侈以巨，使柳子游而不出焉者可也。夫靈驕絶世之人，非有以束之，固不可。苟天下有以束之，亦非處子最高之致也。則意者挾滄溟之奇，而堅孤栖之氣乎？夫道之不兼，斯遇之不兩得者也。故舍飆馳而就淡漠，亦取其善者而已。使繇是焉，寰中之趣，其亦可眇然而不睹也夫。陳子龍題。

寅恪案，卧子推重河東君之詩，舉北地濟南諸家爲説，引之以爲同調。可知河東君之詩，其初本屬明代前後七子之宗派，應亦同於卧子深鄙宋代之詩者。但後來賦「寒柳」詞，實用東坡七律之語，至其與汪然明尺牘，亦引用蘇詩，皆屬北宋詩之範圍，更無論矣。據此推之，足徵河東君雖先深受臥子之影響，後來亦漸能脱離其宗派教條主義也。

第壹期

前録臥子「癸酉長安除夕」詩，依據「去年此夕舊鄉縣，紅妝綺袖燈前見。」等句推論臥子至遲在崇禎五年除夕，已遇見河東君。但在崇禎五年除夕以前，似更有其他詩詞爲河東君而作者，今詳檢陳忠裕全集，頗有可能爲河東君而作之篇什。然終嫌證據未甚充分，不敢確定。玆姑擇其最有關之作，略論之如下。

臥子崇禎五年壬申春間所作如「春晝獨坐感懷」（陳忠裕全集陸幾社稿。）及「柳枝詞」七絶四首。（同書壹玖幾社稿。）夏間所作如「生日偶成」七律二首（同書壹伍幾社稿。）皆有爲河東君而作之可能。「春晝獨坐感懷」詩中「白雲過我居」及「謝客翻倒屣」等句，頗有可疑。「柳枝詞」第貳首「吳閶蕩雨濕三眠」，第叁首「淡引西陵風雨條」，第肆首「妖鬟十五倚身輕」等句，亦與河東君當時情事適合，甚可注意。「生日偶成」二首之二云：「閉門投轄吾家事，與客且醉吳姬樓。」此「吳姬」，豈即指河東君而言耶？但以皆無明顯證據，姑附記題目，及可疑之語句，以待將來之發覆耳。惟崇禎五年冬季臥子所賦「吳閶口號」十首之中，其最後三首，實不能不疑其爲河東君而作。兹擇録六首分別論之。

此十首詩可注意者有兩點。一爲所咏之女性，非止一人。除河東君外，其所咏之人，必與萬壽祺有關。今所見萬年少，皆無此時期之作品，故甚難考定。二爲此十首詩作於崇禎五年冬季，大約是十月間。其時臥子與年少俱在蘇州爲狹邪之游，而臥子意中之人，則不久將離蘇他適也。

其一云：

衰柳寒鴉天四垂，嚴霜纖月滯歸期。已無茂苑千金笑，不許傷春有所思。

其五云：

遠視紅酣瀲灩扶，近看無復掌中娱。楚王宮裏原難入，檢點腰肢必減厨。

其七云：

萬子風流自不群，盧家織錦已紛紜。可憐宋玉方愁絶，徒爲襄王賦楚雲。（原注：「萬子謂年少也。」）

其八云：

何妨放誕太多情，已幸曾無國可傾。却信五湖西子去，春風空滿闔閭城。

其九云：

傳聞夜醮蔡經家，能降乘鸞蕚綠華。莫似紅顏同易散，館娃宮外盡烟霞。

其十云：

各有傷心兩未知，嘗疑玉女不相思。芝田館裏應惆悵，枉恨明珠入夢遲。

寅恪案，第壹首「已無茂苑千金笑，不許傷春有所思。」與第捌首「却信五湖西子去，春風空滿闔閭城。」及第玖首「莫似紅顏同易散，館娃宮外盡烟霞。」等句，實同一意。蓋謂美人將去蘇州，即世説新語政事類「王丞相拜揚州」條，「君出，臨海便無復人。」之旨。此美人必非第伍首所咏楊玉環式之人。此肥女當是年少所眷念者，而與顧云美河東君傳「結束俏利」者，迥异也。第捌玖拾三首皆爲河東君而作。「放誕多情」乃是河東君本色，自不待言。第拾首即最後一首，爲卧子作「吴閶口號」主旨所在。此首第貳句與下兩句，從文選壹伍張平子思玄賦「載太華之玉女兮，召洛浦之宓妃。」之語蟬蜕而來。「玉女」依李善注，即列仙傳下，字玉姜之毛女，與宓妃同指一人。而詩語上下二段，脉絡貫通，不獨足以見卧子之才華，并可推知其於昭明選理固所熟精也。「芝田館裏應惆悵，枉恨明珠入夢遲。」兩句，乃用尤袤本文選壹玖曹子建洛神賦「秣駟乎芝田」「或采明珠」及李善注引記曰：「〔曹〕植還度轘轅，少許時，將息洛水上，〔甄後〕遣人獻珠於王。王答以玉佩。」并同書貳玖張平子四愁詩之三「美人贈我貂襜褕，何以報之明月珠。」之句，（「美人」二字暗指河東君之名。）又參以同書壹玖宋玉神女賦「寐而夢之」「復見所夢」等爲第壹出典。李義山詩集上「可嘆」七律「宓妃愁坐芝田館，用盡陳王八斗才。」等句，爲第貳出典。温庭筠詩集柒「偶題」云：「欲將紅錦段，因夢寄江淹。」等句，爲第三出典。頗疑此時河東君以詩篇投贈臥子，而臥子深賞之也。「入夢」之「明珠」，即「因夢寄江淹」之「紅錦段」也。（可參前論宋徽璧秋塘曲「因夢向愁紅錦段」句。）此「洛神」自是臥子所屬意者，與第伍首所咏難入楚宫之女，非同一人，辭旨甚明。故可依此決定臥子此十首所咏，不止一人也。

又有可注意者，即第玖首中言及此美人所以將離蘇他去之理由。此詩上兩句「傳聞夜醮蔡經家，能降乘鸞蕚緑華事，并文選壹玖宋玉高唐賦「醮諸神」語。本極尋常，似無深意。但下接「莫似紅顔同易散，館娃宫外盡烟霞。」兩句，則是此仙女因往「蔡經」家之故，遂離去蘇州也。據此可見「蔡經」之家，必不在蘇州，而在蘇州之近旁。然則此「蔡經」果爲何人耶？前論宋讓木秋塘曲序中河東君壽陳眉公詩，曾及眉公生日時，祝壽客中，多有當時名姝。又論臥子癸酉長安除夕詩，引陳夢蓮撰其父眉公年譜，謂天啓七年眉公七十生日時「遠近介觴者，紈綺映帶，竹肉韵生。」據此可以推見眉公平時生日祝壽客中之成分。臥子作吴閶口號十首，約在崇禎五年十月，眉公生日在十一月初七日，意者臥子賦詩之時，距眉公生日不遠，河東君將離蘇州，前往松江之佘山，即眉公所居，祝其七十五歲生日。遂卜居佘山，不返蘇州。故臥子有王茂弘「臨海無復人」之感也。

陳忠裕全集貳拾詩餘「乳燕詞」云：

瓊樹紅雲漉，彩虹低護花梢瀉，膩涼香浴。珊枕柔鄉凝豆蔻，款款半推情蹙。更小語不明深曲。解語夜舒蓮是菂，生憎人夢醒皆相屬。鳳蕭歇，停紅玉。

嬌鶯啼破東風獨。移來三起閶門柳，館娃遺緑。栽近妝臺郎記取，年年雙燕來逐。雲鬟沉滑藏雅足。漫折櫻桃背人立，倚肩低問麝衾馥。渾不應，强他續。

則此詞中人乃「移來三起閶門柳，館娃遺緑。」故原是從蘇州遷來松江者。故頗疑河東君崇禎五年冬自蘇州往松江祝陳眉公之壽，因留居其地。前引錢肇鰲之書，謂河東君見逐周氏，鬻於娼家，但未言娼家在何處。今以吴江蘇州地域鄰接，及崇禎四年五年時間連續之關係推之，則河東君被鬻之娼家，恐當在蘇州也。臥子詩餘中又有玉蝴蝶「咏美人」一闋，其中有「纔過十三春淺」之語。疑亦是河東君自蘇遷松不久時所賦，當是崇禎六年春間也。因附録於下：

才過十三春淺，珠簾開也，一段雲輕。愁絶膩香温玉，弱不勝情。緑波瀉，月華清曉，紅露滴，花睡初醒。理銀箏。纖芽半掩，風送流鶯。

娉婷。小屏深處，海棠微雨，楊柳新晴。自笑無端，近來憔悴爲誰生。假嬌憨，戲揉芳草，暗傷感，泪點春冰。且消停。蕭郎歸去，莫怨飄零。

崇禎六年卧子爲河東君所作諸詩，其重要者，如秋潭曲，集楊姬館中及癸酉長安除夕等篇，前已移録全文，并附考證外，兹再録此年所作關係河東君重要之詩數首於下。

陳忠裕全集拾陳李唱和集「予偕讓木北行矣，離情壯懷，百端雜出，詩以志慨」七古云：

高秋九月露爲霜，翻然黄鵠雙翱翔。雲途窈窕星蒼茫，下有江水清淮長。嗟予遠行涉冀方，嵯峨宫闕高神鄉。良朋徘徊望河梁，美人贈我酒滿觴。欲行不行結中腸，何年解佩酬明璫。高文陸離吐鳳凰，江南群秀誰芬芳。河干薄暮吹紅裳，紉以芍藥羞青棠。何爲弃此永不忘，日月逝矣心飛揚。旌旗交横莽大荒，聖人勞勞在未央。欲持中誠依末光，不然奮身擊胡羌，勒功金石何輝光。我其行也無彷徨，感君意氣成文章。

寅恪案，顧氏文房小説本古今注下「問答釋義第八」略云：

牛亨問曰，將離别相贈以芍藥者何？答曰，芍藥一名可離，故將别以贈之。欲蠲人之忿，則贈之青堂。（寅恪案，本草綱目叁伍下木之貳「合歡」條，引古今注作「青裳」，自是誤字。「青堂」亦難通。今佩文韵府作「青棠」，疑是韵府群玉原本如此，「棠」字較合理，卧子遂依之耳。）青堂一名合歡，合歡則忘忿。

又臥子此首七言古詩，可與上引舒章致臥子書參證。詩中之「美人」自是河東君，不待多論。臥子之「離情壯懷，百端雜出。」之離情，即爲河東君而發。「壯懷」則臥子指其胸中經世之志略。此當日東南黨社諸名士所同具之抱負，非獨臥子一人如是也。假使臥子此次北行，往應崇禎七年甲戌之會試而中式者，則後來與河東君之關係，或能善終。因臥子崇禎七年會試失意而歸。雖於次年春間得與河東君短時同居，然卒以家庭複雜及經濟困難之關係，不得不割愛離去。故今日吾人讀此詩，始知相傳世俗小說中，才子佳人狀元宰相之鄙惡結構，固極可厭可笑，但亦頗能反映當日社會之一部分真象也。

又河東君戊寅草「送別」其一云：

念子久無際，兼時離思侵。不自識愁量，何期得澹心。要語臨歧發，行波託體沈。從今互爲意，結想自然深。

其二云：

大道固綿麗，鬱爲共一身。言時宜不盡，別緒豈成真。衆草欣有在，高木何須因。紛紛多遠思，游俠幾時論。

寅恪案，此兩詩依據戊寅草排列先後推計，當是崇禎六年之作。此題又列在「初夏感懷四首」之後，「聽鐘鳴」及「落葉」兩題之前。故疑河東君此「送別」詩乃崇禎六年癸酉秋間送臥子北行會試之作。楊之「要語臨歧發」，即陳之「何年解佩酬明璫」。楊之「游俠幾時論」，即陳之「不然奮身擊胡羌」。其他兩人詩句中辭意互相證發者，不一而足，無待詳舉。然則臥子獲讀送別之作，焉得不「離情壯懷，百端雜出」耶？

抑更有可論者。陳忠裕全集柒屬玉堂集載「録別」五古四首。雖據臥子自撰年譜崇禎八年乙亥條末云：「是歲有屬玉堂集。」但此詩題下自注云：「計偕別友吴中作四首。」其第貳首有「九月霜雁急」之句。又據臥子自撰年譜六年癸酉條云：「季秋偕尚木諸子游京師。」及崇禎九年丙子條略云：「復當計偕。冬盡始克行。」故知此「録別」詩乃是六年，而非九年所作也。

臥子之「録別」詩，殆即答河東君「送別」詩者。茲録其全文如下。讀者詳繹詩中辭旨，益知臥子此次北行，其離情壯懷之所在矣。

其一云：

悠悠江海間，結交在良時。意氣一相假，羽翼無乖離。胡爲有遠別，徘徊臨路歧。庭前連理樹，生平念華滋。一朝去萬里，芬芳終不移。所思日遥遠，形影互相悲。出門皆兄弟，令德還故知。我欲揚清音，世俗當告誰。同心多异路，永爲皓首期。

其二云：

攬袪臨大道，浩浩趨江湖。九月霜雁急，雲物變須臾。非不執君手，情短無歡娛。送我以朔風，中腸日夜孤。萬里一長嘆，流光催賤軀。往路日以積，來者猶未殊。晨風轉秋落，懷哉在根株。猛虎依松柏，錦衾戀名姝。苟執心所尚，在物猶區區。睠焉山川路，巧笑誰能俱。

其三云：

黃鵠怨晨風，吹君天一方。別時僅咫尺，誰知歸路長。行役慘徒御，霜落潭衣裳。迢迢斗與牛，望望成他鄉。錦衾與角枕，不復揚輝光。豈無盛年子，雲路相翱翔。明月知我心，蘭蕙知我芳。難忘心所歡，他物徒悲傷。

其四云：

今日逝將別，慷慨爲一言。豫章生高岡，枝葉相嬋媛。一朝各辭去，雕飾爲君門。良材背空谷，慰彼磐石根。我行一何悲，所務難具論。非慕要路津，亮懷在飛翻。含意苟不渝，萬里無寒溫。勖君長相思，努力愛蘭蓀。常使馨香發，馳光來夢魂。

復次，崇禎六年癸酉春間臥子作品中，頗多有爲河東君而作之痕迹。蓋河東君已於崇禎五年壬申冬，由蘇州遷至松江矣。茲不欲多所移寫，惟録此年春間最有關之兩題，并取其他諸首中語句，略論之如下。

陳忠裕全集壹伍陳李唱和集「補成夢中新柳詩」七律云：

春光一曲夕陽殘，金縷墻東小苑寒。十樣纖眉新鬥恨，三眠軟女正工歡。無端輕薄鶯窺幕，大抵風流人倚欄。（自注：「二語夢作。」）太覺多情身不定，莫將心事贈征鞍。

寅恪案，臥子此詩乃爲河東君而作。自無疑義。今唯喚起讀者注意一事，即後來河東君於崇禎十三年庚辰十二月二十六日迎春日與牧齋泛舟東郊後，所作之「春日我聞室作，呈牧翁。」七律（見東山酬和集壹。）「此去柳花如夢裏」及「東風取次一憑欄」等句，與臥子此詩有關。俟後詳論。臥子此時眷戀河東君如此，豈所謂「求之不得，寤寐思服。」者耶？

陳忠裕全集壹玖屬玉堂集「青樓怨」七絕二首云：

燈下鳴箏簾影斜，酒寒香薄有驚鴉。含情不語春宵事，月露微微尚落花。

紫玉紅綃暖翠帷，夜深猶綰綠雲絲。獨憐唱盡金縷曲，寄與春風總不知。

寅恪案，此題雖列在屬玉堂集中，然其後第柒題爲「渡江」，有「落葉紛紛到玉京」及「北雁背人南去盡」之句，第捌題爲「江都絕句，同讓木賦。」故知「青樓怨」乃在崇禎六年癸酉九月臥子偕宋徵璧赴京會試以前，大約是六年春季所賦。此題二首雖是摹擬王龍標之體，然第壹首有「影」字，第貳首有「憐」字，則其爲河東君而作，可無疑也。陳忠裕全集壹伍陳李唱和集又有「春游」七律八首，其中多有「雲」字，又有「楊」「影」等字，此八首既是綺懷之作品，復載河東君之姓名，則臥子此時之情緒可以想見也。同書壹玖陳李唱和集「清明」七絶四首之三云：「今日傷心何處最，雨中獨上窈娘墳。」可與河東君戊寅草「寒食夜雨」十絶句之五云：「想到窈娘能舞處，紅顔就手更誰知。」互相證發，則其爲河東君而作，抑又可知。前論宋讓木秋塘曲時已及之矣。又陳忠裕全集壹伍屬玉堂集「夢中吹簫」云：「鄂君添得蘭橈恨，近過揚州明月橋」，及「至後」三首之三云：「夢回午夜人如玉，春到江東花滿城。」并同書拾屬玉堂集「寒夜行兼憶舒章」七古云：「頗思歸擁春風眠，十三雁柱秦筝前。」等句，皆臥子崇禎六年往北京會試途中及抵京所作。其在揚州閲女而不當意，（李雯蓼齋集貳伍有「臥子納寵於家，身自北上，復閲女廣陵而不遇也。寓書於予，道其事，因作此嘲之。」七律云：「茂陵不與臨邛并，更語相如莫浪求。」寅恪案，舒章詩用西京雜記叁「〔司馬〕相如將聘茂陵人女爲妾，卓文君作白頭吟以自絶，相如乃止。」之故實，可以參證。此臨邛即卓文君，殆目河東君而言。若指張孺人，則恐過於唐突矣。）故尤眷想河東君不去於懷，即前引舒章詩所謂「知君念窈娘」者也。

復次，六年冬更有可注意之詩一篇，移録於後。

陳忠裕全集柒屬玉堂集「寒日臥邸中，讓木忽緘臘梅花一朵相示。此江南籬落間植耳，都下珍爲异産矣。感而賦之。」五古云：

天寒歲方晏，朔土風無時。有客馳緘素，中更尺一辭。室邇人則遠，何以寄乖離。啓緘燦孤英，炯然見寒姿。問誰植此卉，戚里揚葳蕤。温室張錦幕，玉手云所私。常因清風發，懷佩慰朝飢。紫萼摘玄鬢，金屋分香穠。我家大江南，萬树冰霜枝。緬想山中人，日暮對樊籬。豐容貌邱壑，冉冉羞華滋。一朝媚帝里，婉孌先春期。微物欣所詫，令人長相思。

寅恪案，此篇前一題爲「雜感」。其第貳首有「仲冬日易晦」之句。知此篇乃崇禎六年冬臥子偕宋徵璧旅居京師，待應次年春會試之時所作。篇中所言，大約因宋氏緘示帝里之臘梅，爲玉手所私，金屋所分者，遂憶及江南故鄉，感物懷人，不覺形諸吟咏耳。殊可注意者，此篇之後，即接以「旅病」一題。綜觀臥子集中，凡關涉河東君離情別緒之作，其後往往有愁病之什，俟後論之。兹即此一端而論，亦足見臥子乃「琅邪王伯輿，終當爲情死。」者，（見世説新語任誕類「王長史登茅山。」條。）然陳楊因緣卒不善終，誰實爲之？孰令致之？悲夫！

今檢河東君戊寅草，崇禎六年所作之詩詞頗不少，其與臥子有關者，古詩樂府及詞，則俟後論之，詩則有明顯證據如「寒食雨夜十絶句」與臥子陳李唱和集中「清明四絶句」之關係等，前已論及，兹不復贅。其他諸詩，讀者可取兩人所作，其時間及題目約略相近及類似者，詳繹之，中間相互之影響，亦能窺见也。

崇禎七年甲戌春臥子會試下第歸鄉後，既不得志，自更致力於文字。據臥子自撰年譜上崇禎七年甲戌條云：

春復下第罷歸。予既再不得志於春官，不能無少悒悒。歸則杜門謝客，寡宴飲，專志於學矣。是歲作古詩樂府百餘章。

但檢臥子此年所作其綺懷之篇什，明顯爲河東君而作者頗多。又取河東君戊寅草中古詩樂府與臥子此年所作，其題目相同者，亦復不少。然則臥子之古詩樂府，仍是與河東君有關也。茲略論述之於下。

臥子屬玉堂集「擬古詩十九首」。（陳忠裕全集柒。）河東君戊寅草首載「擬古詩十九首」。今檢戊寅草諸詩排列次序，大抵依作成之時間先後。河東君崇禎六年後所作詩，反列於「擬古詩十九首」之後者，蓋自昔相傳古詩十九首爲枚乘所作，昭明文選亦因襲舊說，列之於李陵之上。其意實推之爲五言之祖。（參文選貳玖古詩十九首李善注。）河東君集首載「擬古詩十九首」者，殆即斯旨，非以作成之時間，在崇禎六年以前。然則陳楊兩人集中，同有此題，明是同時所作，即崇禎七年所作也。此外可決定兩人樂府古詩皆在七年所作者，有「長歌行」「劍術行」。茲擇錄臥子「長歌行」與河東君「劍術行」於後，聊見兩人酬咏相互之關係云爾。

臥子「長歌行」（陳忠裕全集肆屬玉堂集。）云：

綺綺庭中樹，春至發華滋。遲我義和駕，念子好容姿。秋風不能待，仍隨衆草衰。托身時運中，一往各成悲。亮懷千秋志，盛名我所師。

仙人餐沆瀣，肌體何馨香。手持五岳行，下襲素霓裳。携手同一游，塵世三千霜。弱齡好辭翰，宛轉不能忘。時誦寶鴻（鴻寶）書，諧戲群真鄉。忘言達至道，罰我守東廂。

白雲横仲秋，昭昭明月心。清光襲素衣，徘徊露已深。明燈鑒遥夜，宿鳥驚前林。所思日萬里，臨風爲哀吟。河梁一閑之，在遠不能尋。摘我瓊瑶佩，繞以雙南金。常恐馨香歇，無時寄清音。疇昔一長嘆，使我悲至今。

河東君「長歌行」（戊寅草）云：

變瀷谷中翮，霄房有餘依。念子秋岩際，炫炫西山微（薇）。綏鳥悲不迴，毖草狎輕葳。盛時弄芳色，陷勢無音徽。我思抱犢人，翻與幽蟲微。

仙人太皎練，華髻何翩然。混遁東濛文，光策招神淵。登此玄隴朔，讀此秘寶篇。玄臺拔嗜欲，握固丹陵堅。何心乘白麟，吹妙璚鳳烟。靈飛在北燭，八琅彈我前。

夙昔媚華盛，明月琅玕蒼。鱗枝發翠羽，雙鏡芙蓉光。自謂堅綢繆，翔協和如笙簧。至今揚玉質，更逐秋雲长。薿薿雜花鳳，皎皎照綺鶱。朱弦勿復理，林鳥悲金塘。悵矣霜露逼，靈藥無馨香。望望西南星，獨我感樂方。

楊陳兩人崇禎七年所作近體詩之有相互關係者，擇録數題如下。

河東君「五日雨中」（戊寅草）云：

蒼茫倚嘯有危樓，獨我相思樓上頭。下杜昔爲走馬地，阿童今作鬥難游。（自注云：「時我郡龍舟久不作矣。」）蘭皋不夜應猶艷，明月爲丸何所投。家近芙蓉昌歜處，憐予無事不多愁。

臥子「五日」（陳忠裕全集壹伍屬玉堂集）云：

液池漫漫曉風吹，昌歜芙蓉緑滿枝。三殿近臣齊賜扇，六宮侍女盡聯絲。采蟲玉樹黄娥媚，鬥草金鋪紅藥宜。莫憶長安歌舞地，獨携樽酒吊江蘺。

吴天五月水悠悠，極目烟雲静不收。拾翠有人盧女艷，弄潮幾部阿童游。珠簾枕簟芙蓉浦，畫槳琴箏舴艋舟。擬向龍樓窥殿脚，可憐江北海西頭。

臥子平露堂集又有「五日」七律二首（陳忠裕全集壹陸。）云：

繁香雜彩未曾收，五月清暉碧玉樓。麗樹濃蔭宜鬥草，疏簾宿雨戲藏鈎。王孫條達縈金縷，小妾輕羅染石榴。自有新妝添不得，可無雙燕在釵頭。

畫檻芙蓉一夜生，吴城雨過百花明。蘭香珠幌通人遠，麝粉金盤入手成。清暑殿頒紈扇麗，避風臺試絳綃輕。遥傳烟火回中急，更賜靈符號辟兵。

若取河東君之作與臥子屬玉堂集中「五日」第貳首相較，則兩人之詩所用之韵同，所用之辭語如「阿童游」及「芙蓉昌歜」等亦同，似爲兩人同時所作。至臥子平露堂集中「五日」二首，第壹首「疏簾宿雨戲藏鈎」及第貳首「吴城雨過百花明」等句，雖與河東君「五日雨中」之題有所符合，但仍疑是臥子崇禎八年之作品。蓋「五日」天氣往往有雨，或者七年八年五日皆有雨，而七年特甚耳。

牧齋有學集壹叁東澗詩集下「病榻消寒雜咏」四十六首之十三云：

紗縠禪衣召見新，至尊自賀得賢臣。都將柱地擎天事，付與搔頭拭舌人。内苑御舟恩匼匝，上尊法酒賜逡巡。按圖休問盧龍塞，萬里山河博易頻。（自注：「壬午五日鵝籠公有龍舟御席之寵。」）

寅恪案，牧齋卒於康熙三年甲辰五月二十四日。此詩當爲此年五日病中感憶舊事而作，距卒前僅二十日耳。夫牧齋平生最快意之事，莫過於遇河東君。故有「病榻消寒雜咏」四十六首之三十四「追憶庚辰冬半野堂文宴舊事。」之作。其最不快之事，則爲與温周争宰相而不得，故亦有此作。臥子「五日」之詩言及當日京朝之事，牧齋此詩亦復如此，雖所咏有异，時代前後尤不相同。然三百年前士大夫心目中之人事恩仇，國家治亂之觀念，亦可藉以推見一斑矣。因并附録於此。

崇禎七年甲戌陳楊兩人作品之互有關系者，除前所論述諸篇外，臥子此年所賦詩中，其爲河東君而作者，亦頗不少。如陳忠裕全集拾「甲戌除夕」七古略云：「去年猶作長安客，是時頗憶江南春。惟應與客乘輕舟，單衫紅袖春江水。」等，即是其例。兹更録數篇，藉此可見臥子鍾情河東君，一至於此也。

陳忠裕全集壹伍屬玉堂集「水仙花」七律云：

小院微香壓錦茵，數枝獨秀轉傷神。仙家瑶草銀河近，侍女冰綃月殿新。擣玉自侵寒慄栗，弄珠不動水粼粼。虚憐流盼芝田館，莫憶陳王賦裏人。

寅恪案，此首後有「孟冬之晦，憶去年方於張灣從陸入都。」二首。故知此「水仙花」七律乃七年冬所作。末二句可與前引五年冬「吴閶口號」七絶第拾首後二句「芝田館裏應惆悵，枉恨明珠入夢遲」相參證也。

陳忠裕全集壹伍屬玉堂集「臘日暖甚，過舒章園亭，觀諸艷作，并談游冶。」二首云：

清暉脉脉水粼粼，臘日芳園意氣新。豈有冰盤堆絳雪，偏浮玉蕊動香塵。鴛鴦自病溪雲暖，翡翠先巢海樹春。今日剪刀應不冷，吴綾初换畫樓人。

五陵舊侣重傾城，淑景年年倚恨生。紫萼不愁寒月影，紅箋先賦早春行。蒯緱虚擬黄金事，班管俱憐白鳳情。已近艷陽留一曲，東風枝上和流鶯。

寅恪案，此題自是爲河東君作，不待多論。所可注意者，即卧子過舒章横雲山别墅時，疑河東君亦與之偕游，其所觀諸艷作中，河東君之作品當在其内也。

第壹首第柒句用才調集伍元稹「咏手」詩「因把剪刀嫌道冷，泥人呵了弄人髯。」之語。餘可參後論卧子蝶戀花「春曉」詞：「故脱餘綿，忍耐寒時節。」及牧齋「有美詩」，「輕寒未折綿」等句，兹暫不詳論。通常寒冷節候，河東君尚不之畏，何况此年冬暖之時耶？斯乃卧子描寫河東君特性之筆，未可以泛語視之。

第貳首第壹聯上句出杜子美「咏梅」詩「紫蕚扶千蕊」句。（見仇兆鰲杜詩詳注壹壹「花底」及「柳邊」兩詩注。）自與卧子此題後「早梅」一詩有關。下句之「早春行」，當即指卧子「早春行」而言。（見陳忠裕全集捌平露堂集。）第貳聯上句出戰國策肆齊策及史記柒伍孟嘗君傳馮驩事。「黄金事」當謂藏嬌之黄金屋耳。下句「白鳳」用西京雜記貳「司馬相如初與卓文君還成都，居貧愁懣，以所服鷫鸘裘就市人陽昌貰酒，與文君爲歡。」事。前引錢鰲質直談耳柒「柳如之軼事」條，謂河東君在雲間，得徐三公子金錢以供宋轅文李存我陳卧子三人游賞之費。是説雖未必確實，但卧子家貧，而與河東君游冶，當時賦詩，固應有此種感慨。七八兩句則謂與河東君相唱酬事，其和曲，即指所觀諸艷作之類也。

陳忠裕全集壹伍屬玉堂集「早梅」云：

垂垂不動早春間，盡日青冥發滿山。昨歲相思題朔漠，（自注：「去年在幽州也。」）此時留恨在江關。干戈繞地多愁眼，草木當風且破顔。念爾凌寒難獨立，莫辭冰雪更追攀。

寅恪案，卧子此詩之佳，讀者自知。其爲河東君而作，更不待言。第叁句之「昨歲」指崇禎六年冬留北京候會試之時。「相思」之語，亦可與前引「寒日卧邸中，讓木忽緘臘梅一朵相示。」五古「微物欣所托，令人長相思。」之結語相參證也。兹有一事可注意者：鄭鶴聲近世中西史日對照表所載，崇禎六年癸酉無立春。七年甲戌正月六日立春。十二月十七日又立春。鄭表七年正月之立春，應列於六年十二月。其誤不待言。（可參後論河東君嘉定之游節。）陳忠裕全集將卧子此詩編爲屬玉堂集七律最後一題。陳集次卷平露堂集七律第壹題爲「乙亥元日」。由此言之，卧子「早梅」詩當作於崇禎七年甲戌十二月立春相近之時，而在除夕以前。故卧子此詩所謂「早春」之「春」，乃指鄭氏表中此年十二月之立春節候，并非指表中此年正月立春之節候而言，明矣。

陳忠裕全集壹玖屬玉堂集「朝來曲」二首之一云：

曉日垂楊裏，雲鬟鎖絳紗。自憐顔色好，不帶碧桃花。

又「古意」二首其一云：

日暮吹羅衣，玉閨未遑入。非矜體自香，本愛當風立。

其二云：

移蘭玉窗裏，朝暮傍紅裳。同有當春念，開時他自香。

又「長樂少年行」二首之二云：

問妾門前花，殷勤爲郎起。欲攀第幾枝，宛轉春風裏。

又「麗人曲」云：

自覺紅顏异，深閨閉曉春。只愁簾影動，恐有斷腸人。

寅恪案，以上所録絶句五首，雖不能確定爲何年之詩，然仍疑是崇禎七年所作。蓋臥子自撰年譜上崇禎八年乙亥條，雖云，「是歲有屬玉堂集」，若依前論屬玉堂集中「録別」及「青樓怨」實作於崇禎六年，「水仙花」實作於崇禎七年等例觀之，則臥子所謂崇禎八年有屬玉堂集之語，亦不過崇禎八年編定屬玉堂集之意耳。未可拘此以概屬玉堂之時，悉是崇禎八年所作也。兹姑附此絶句五首於七年，俟後詳考。臥子此類玉臺體詩，可與載之競美，洵可謂才子矣。詩中所描寫之女性，其姿態動作如：「自憐顔色好，不帶碧桃花。」「非矜體自香，本愛當風立。」及「殷勤爲郎起，宛轉春風裏。」諸句，皆能爲河東君寫真傳神者也。

陳忠裕全集柒屬玉堂集「秋閨曲」五古三首之三云：

非關秋易恨，惟近月爲家。滅燭凝妝坐，臨風抱影斜。自憐能傾國，常是旁霜華。

寅恪案，此詩前一首爲「七夕」，「七夕」前逆數第叁題爲「録別」。前論「録別」一題，實作於崇禎六年，若依詩題排列之次序而言，似此「秋閨曲」亦作於六年秋者。但「録別」一題，本卧子後來所補録而插入七年所作詩中者，未可泥是遂謂「秋閨曲」亦作於六年也。故今仍認此曲爲七年之作。其詩「臨風抱影斜」及「自憐能傾國」等句中，藏有「影憐」之名，自是爲河東君而作無疑也。

陳忠裕全集壹玖屬玉堂集「何處」七絶云：

何處蕭娘雲錦章，殷勤猶自贈青棠。誰知近日多憔悴，欲傍春風恐斷腸。

寅恪案，此首之前爲「中秋逢閏」二首。此首後二首爲「仲冬之望，泛月西湖，得三絶句。」考崇禎七年閏八月。故知「何處」一首乃七年所作。此可與上引「偕讓木北行志慨」七古參證。當崇禎六年秋卧子由松江北行會試，河東君必有贈行之篇什，疑即是戊寅草中「送別」五律二首。前已論及，茲不復贅。若所推測者不誤，則河東君「送別」之詩，其辭意與世俗小説中佳人送才子赴京求名時之語言，有天淵之別。河東君之深情卓識，迥异流俗，於此可見一斑。由是言之，此才子雖是科不得列於狀頭之選，然亦不至因此而以辜負佳人之期望爲恨也。卧子此詩下二句殆用元微之鶯鶯傳中，楊巨源「崔娘詩」所云：「風流才子多春思，腸斷蕭娘一紙書。」之語，而微易其意，或者卧子此時重睹河東君「送別」之詩，因感去秋之情意，遂賦此篇耶？俟考。

復次，今日綜合河東君作品之遺存者觀之，其中最可注意，而有趣味者，莫如「男洛神賦」一篇。此文雖多傳寫訛誤之處，尚未能一一校正。然以其關係重要，故姑移録之於下，并略加考論，以俟通識君子教訂。

吴縣潘景鄭君藏河東君戊寅草鈔本，載詩八首，「别賦」及「男洛神賦」二篇。其「男洛神賦」之文云：

友人感神滄溟，役思妍麗，稱以辨服群智，約術芳鑒，非止過於所爲，蓋慮求其至者也。偶來寒溆，蒼茫微墮，出水窈然，殆將感其流逸，會其妙散。因思古人徵端於虚無空洞者，未必有若斯之真者也。引屬其事，渝失者或非矣。况重其請，遂爲之賦。

格日景之軼繹，蕩迴風之濴遠。縡潫然而變匿，意紛訛而鱗衡。望娅娟以熠耀，粲黝綺於疏陳。横上下而仄隱，寔澹流之感純。識清顯之所處，俾上客其逶輪。（寅恪案，文選壹貳木玄虚「海賦」云：「於廓靈海，長爲委輪。」疑「逶輪」乃「委輸」之訛寫。）水瀁瀁而高衍，舟冥冥以伏深。雖藻紈之可思，竟隆杰而飛文。騁孝綽之早辯，服陽夏之妍聲。於是徵合神契，曲澤婉引。攬愉樂之韜映，擷凝愪而難捐。四寂寥以不返，惟玄旨之繫搴。聽墜危之落葉，（寅恪案，文選壹陸江文通「恨賦」云：「或有孤臣危涕，孽子墜心。」同書壹柒陸士衡「文賦」云：「悲落葉於勁秋。」）既萍浮而無涯。（寅恪案，「海賦」云：「浮天無岸。」又云：「或乃萍流浮轉。」）臨汜歲之萌滋，多縱瀹於肆掩。況乎浩觴之猗靡，初無傷於吾道。羊吾之吟咏，更奚病其曼連。善謬慄之近心，吹搴帷之過降。乃瞻星漢，溯河梁。雲駁嵺而不斂，波宨雜以并烺。凄思内曠，摵理妙觀。消矆岸於戾疾，承輝娉之微芳。伊蒼傣之莫記，惟雋郎之忽忘。鶩淑美之輕墮，悵肅川之混茫。因四顧之速援，始嫚嫚之近旁。何熿耀之絶殊，更妙鄢之去俗。（寅恪案，「鄢」疑當作「嫣」。）匪褕袘之嬛柔，具靈矯之爛眇。水氣酷而上芳，嚴威沆以窈窕。尚結風之栖冶，刻丹楹之纖笑。縱鴻削而難加，紛琬琰其無睹。鳧雁感而上騰，湔灦迴而爭就。方的礫而齊弛，遽襳暖以私縱。爾乃色愉神授，和體飾芬。啓奮迅之逸姿，信婉嘉之特立。群嫵媚而悉舉，無幽麗而勿臻。憒乎緲兮，斯固不得而夷者也。至於渾攄自然之塗，戀懷俯仰之内，景容與以不息，質奇煥以相依。庶紛鬱之可登，建艷蓊之非易。愧翠羽之炫宣，乏琅玕而迭委。即濯妙之相進，亦速流之詭詞。欲乘時以極泓，聿鼓琴而意垂。播江皋之靈潤，何瑰异之可欺。協玄響於湘娥，匹匏瓜於織女。（寅恪案，文選壹貳郭景純「江賦」云：「乃協靈爽於湘娥。」同書壹玖曹子建「洛神賦」云：「嘆匏瓜之無匹兮，咏牽牛之獨處。」又李善注引阮瑀「止慾賦」云：「傷匏瓜之無偶，悲織女之獨處。」漢魏六朝百三名家集陳思王集壹「九咏」云：「感漢廣兮羡游女，揚激楚兮咏湘娥。臨迴風兮浮漢渚，目牽牛兮眺織女。」）斯盤桓以喪憂，□雕疏而取志。微揚娥之爲愆，案長眉之嫵色。非彷佛者之所盡，豈漠通者之可測。自鮮繚繞之才，足以窮此瀾漾之態矣。

寅恪案，關於此賦有二問題。（一）此賦實爲誰而作？（二）此賦作成在何年？

（一）葛昌楣蘼蕪紀聞上載王士禄宮閨氏籍藝文考略，引神釋堂詩話云：

〔柳〕如是當（嘗）作男洛神賦，不知所指爲誰？其殆自矜八斗，欲作女中陳思耶？文雖總（？）雜，題目頗新，亦足傳諸好事者。

據此可見昔人雖深賞此賦之奇妙，而實不能確定其所指爲何人也。細繹此賦命題所以如此者，當由於與河東君交好之男性名士，先有稱譽河東君爲「洛神」及其他水仙之語言篇什，然後河東君始有戲作此賦以相酬報之可能。（寅恪偶檢石頭記肆叁「不了情暫撮土爲香」回，以水仙庵所供者爲洛神。其叁捌回爲「林瀟湘魁奪菊花詩」。蓋由作者受東坡集壹伍「書林逋詩後」七古「不然配食水仙王，一盞寒泉薦秋菊。」句之影響。至卧子則深鄙蘇詩，所賦「水仙花」詩，與此無涉，固不待辨。但文選壹玖曹子建「洛神賦」題下李善注云：「漢書音義，如淳曰，宓妃，宓羲氏之女，溺洛水爲神。」卧子或有取於此，而以「水仙花」目河東君，亦未可知也。俟考。）考當時文人目河東君爲洛神者多矣，如前引卧子「吴閶口號」十首之十云：

「芝田館裏應惆悵，枉恨明珠入夢遲。」及「水仙花」七律云：「虛憐流盼芝田館，莫憶陳王賦里人。」又汪然明汝謙春星堂詩集叁游草中爲河東君而作之「無題」云：「美女如君是洛神。」等，可爲例證。若河東君戲作此賦，乃是因謦己爲「洛神」之男性名士而發者，則依下所考證，然明賦「無題」詩，在崇禎十一年戊寅。此年然明已六十二歲。暮齒衰顏，必無「神光離合，乍陰乍陽。」之姿態。故其詩亦云：「老奴愧我非温嶠。」殊有自知之明。河東君所指之「男洛神」，其非然明，固不待辨。至臥子賦「吴閶口號」，在崇禎五年壬申，年二十五歲。賦「水仙花」詩，在崇禎七年甲戌，年二十七歲。此數年間，臥子與河東君情好篤摯，來往頻繁。臥子正當少壯之年，才高氣盛，子建賦「神光」之句，自是適當之形容。況復其爲河東君心中最理想之人耶？宜其有「男洛神」之目也。自河東君當日出此戲言之後，歷三百年，迄於今日，戲劇電影中乃有「雪北香南」之「男洛神」，亦可謂預言竟驗者矣。呵呵！

（二）據汪然明「無題」詩「美女如君是洛神」之句，知然明賦詩時，必已先見「男洛神賦」，然後始能作此語。汪詩既作於崇禎十一年秋季，則此賦作成之時間，自當在此以前無疑。此賦序中有「偶來寒溆」之語，則當作於秋冬之時。河東君於崇禎八年春間，與臥子同居。是年首夏離臥子别居。秋深去松江，往盛澤歸家院。故八年秋冬以後數年，河東君之心境皆在憂苦中。其間雖有遇見臥子之機會，當亦無閑情逸致，作此雅謔之文以戲臥子。由此言之，此賦應作於八年以前，即七年秋冬之時也。又賦序有「友人感神滄溟」，賦中有「協玄響於湘娥，匹匏瓜於織女。」等語，頗疑河東君此賦乃酬答臥子「湘娥賦」之作。

檢陳忠裕全集貳「湘娥賦」之前二首爲「爲友人悼亡賦」。其序略云：

同郡宋子建娶婦徐妙，不幸數月忽焉隕謝。宋子悲不自勝，命予爲賦以吊之。

及同書壹捌平露堂集載「送宋子建應試金陵，隨至海州成婚。」五言排律一首。考宋存標此次應試，乃應崇禎九年丙子科江南鄉試。其在海州成婚，疑當在是年秋。其妻徐妙婚後數月即逝，時間至遲亦不以超過十年春間。可知臥子爲子建作賦，當在崇禎十年也。若依此推論，則「湘娥賦」似爲十年以後所作。但「爲友人悼亡賦」之前爲「琴心賦」（同書同卷。）「琴心賦」之前爲「秋興賦」（同書壹。）其序略云：

潘安仁春秋三十有二，作秋興賦。余年與之齊，援筆續賦。

又臥子自撰年譜上崇禎十二年己卯條略云：

是年予春秋三十二矣。感安仁二毛之悲，遂作秋興賦。

則是崇禎十二年之作品，列於崇禎十年作品之前。今陳忠裕全集所載諸賦，其作成之年月實不能依卷册及篇章排列之先後而推定。故「湘娥賦」雖列於「爲友人悼亡賦」之後，亦不可拘此認其爲崇禎十年以後之作品。殊有作於崇禎八年以前即七年秋冬間之可能也。今以此賦作成時間無確定年月可考，姑依河東君與臥子關係之一般情勢推測，附録於崇禎七年甲戌之後，尚待他日詳考，殊未敢自信也。

此賦傳寫既有訛脱，復慚儉腹，無以探作者選學之淵深，除就字句之可疑者及出處之可知者，略著鄙意，附注於原文之下外，兹舉此賦辭語之可注意者，稍述論之於下。

賦云：

騁孝綽之早辯，服陽夏之妍聲。

寅恪案，河東君以「孝綽」及「陽夏」比「感神滄溟」之「友人」。檢梁書叁叁劉孝綽傳（參南史叁玖劉孝綽傳）略云：

孝綽幼聰敏，七歲能屬文。舅齊中書郎王融深賞异之。常與同載適親友，號曰神童。〔父〕繪齊世掌詔誥，孝綽年未志學，繪常使代草之。

宋書陸柒謝靈運傳（參南史壹玖謝靈運傳。）略云：

謝靈運陳郡陽夏人也。幼便穎悟。少好學，博覽群書。文章之美，江左莫逮。

同書伍叁謝方明傳附惠連傳（參南史壹玖謝方明傳附子惠連傳）云：

子惠連，幼而聰敏。年十歲能屬文。

南齊書肆柒謝朓傳（參南史壹玖謝裕傳附朓傳。）云：

謝朓字玄暉，陳郡陽夏人也。少好學，有美名。文章清麗。

然則河東君心目中之劉謝爲何人耶？見臥子自撰年譜上萬曆四十六年戊午（寅恪案，是年臥子年十歲）條云：

先君（寅恪案，臥子父名所聞。）教以春秋三傳莊列管韓戰國短長之書，意氣差廣矣。時予初見舉子業，私撰伯夷叔齊餓於首陽之下及堯以天下與舜二篇。先君甚喜之。

同書天啓元年辛酉條略云：

先君得刑部郎，改工部郎。每有都下信，予輙上所爲文於邸中。先君手爲評駁以歸。擇其善者，以示所親，或同舍郎。是時頗籍籍，以先君爲有子矣。

明史貳柒柒陳子龍傳云：

生有异才。工舉子業，兼治詩賦古文，取法魏晋，駢體尤精。

故河東君取劉謝以方臥子，殊爲適當。後來河東君於崇禎十三年與汪然明書（柳如是尺牘第貳伍通。見下所論。）稱譽臥子云：

□間恬過地，有觀機曹子，切劘以文。其人鄴下逸才，江左罕儷。

又可與此賦所比配者參證也。夫臥子以才子而兼神童。河東君以才女而兼神女。才同神同，其因緣遇合，殊非偶然者矣。論者或疑宋轅文亦雲間世胄，年少美才，與河東君復有一段寒水浴之佳話。此「出水芙蓉」（可參文選壹玖曹子建洛神賦「灼若芙蕖出緑波」句。）足當男洛神之目而無愧。但此賦序云：「友人感神滄溟。」賦中又有「協玄響於湘娥，匹匏瓜於織女。」之語。今臥子集内實有「湘娥賦」一篇，與河東君所言者相符應。而轅文作品中，尚未發現與男洛神賦有關之文。職是之故，仍以男洛神屬之臥子，而不以之目轅文也。噫！臥子抗建州而死節，轅文諛曼殊以榮身。孔子曰：「不有祝鮀之佞，而有宋朝之美，難乎免於今之世矣。」（論語雍也篇。）豈不誠然哉？豈不誠然哉？

又此賦云：

聽墜危之落葉，既萍浮而無涯。

寅恪案，此兩句出處，已於上録此賦原文句下標出，不待更論。蓋河東君取材於江陸賦語，自比於孤臣孽子，萍流浮轉。男洛神一賦，其措辭用典，出諸昭明之書，似此者尚多，不遑詳舉。由此言之，河東君受臥子輩幾社名士選學影響之深，於此亦可窺見一斑矣。

復檢戊寅草中有「聽鐘鳴」及「悲落葉」二詩，繹其排列次序，似爲崇禎六年癸酉所作。若推測不誤，則此賦之語亦與「悲落葉」詩有關，此兩詩實爲河東君自抒其身世之感者。其辭旨尤爲凄惻動人。故移録之於下，當世好事者，可并取參讀之也。

「聽鐘鳴」并序云：

鐘鳴葉落，古人所嘆。余也行危坐戚，恨此形骨久矣。况乎惻惻者難忘，幽幽者易會。因仿世謙之意，爲作二詞焉。

聽鐘鳴，鳴何深，妖欄妍夢輕。不續流蘇翠羽鬱清曲，鳥啼正照青楓根。一楓兩楓啼不足，鵾弦煩激猶未明，凄凄朏朏傷人心。驚妾思，動妾情，妾思縱陳海唱彎弧君不得相思樹下多明星。（寅恪案，「動妾情」下疑有脱誤，未能補正。）用力獨彈楊柳恨，盡情啼破芙蓉行。月已西，星已沉；霜未息，露未傾。妾心知已亂，君思未全生。情有异，愁乃多；昔何密，今何疏。對此徒下泪，聽我鳴鐘歌。

「悲落葉」云：

悲落葉，重疊復相失。相失有時盡，連翩去不息。鞞歌桂樹徒盛時，亂條一去誰能知。誰能知，復誰惜。昔時榮盛凌春風，今日颯黄委秋日。凌春風，委秋日，朝花夕蕊不相識。悲落葉，落葉難飛揚。短枝亦已折，高枝不復將。願得針與絲，一針一絲引意長。針與絲，亦可量。不畏根本謝，所畏秋風寒。秋風催（摧？）人顔，落葉催（摧？）人肝。眷言彼姝子，落葉誠難看。

寅恪案，世謙者，南北朝人蘭陵蕭綜之字，其所作「聽鐘鳴」及「悲落葉」兩詞，見梁書伍伍豫章王綜傳。關於綜之事迹，可參南史伍叁梁武帝諸子傳豫章王綜傳，魏書伍玖蕭寶夤傳附寶夤兄子贊傳，北史貳玖蕭寶夤傳附贊傳及洛陽伽藍記貳城東龍華寺條。至河東君之以世謙自比，是否僅限於身世飄零，羈旅孤危之感，抑或其出生本末更有類似德文者，則未能詳考，亦不敢多所揣測也。

復次，上論河東君之「男洛神賦」爲酬答臥子之「湘娥賦」而作。若此假定不誤，可知男洛神賦中「協玄響於湘娥，匹匏瓜於織女。」之句，乃此賦要旨所在。即陸士衡所謂「立片言而居要，乃一篇之警策。」者也。（見文選壹柒陸士衡文賦。）然則男洛神一賦，實河東君自述其身世歸宿之微意，應視爲誓願之文，傷心之語。當時後世，竟以佻㒓游戲之作品目之，誠膚淺至極矣。特標出之，以告今之讀此賦者。

河東君嘉定之游

此期河東君與臥子之關係，已如上述。玆附論河東君此期嘉定之游。就所見材料言之，河東君嘉定之游，前後共有二次。一爲崇禎七年甲戌暮春至初秋。二爲崇禎九年丙子正月初至二月末。今依次論述之。雖論述之時間，其次序排列先後有所顛倒，然以材料連用之便利，姑作如此結構，亦足見寅恪使事屬文之拙也。

河東君第壹次所以作嘉定之游者，疑與謝三賓所刊之嘉定四君集有關。其中程嘉燧松圓浪淘集首謝三賓序後附記云：

庚午春日莆陽宋穀書於墊巾樓中。

及馬元調爲謝氏重刻容齋隨筆卷首紀事壹略云：

去年春，明府勾章謝公刻子柔先生等集，工匠稿不應手，屢欲散去。元調寔董校勘，始謀翻刻，以寓羈縻。崇禎三年三月朔，嘉定馬元調書於僦居之紙窗竹屋。

據此嘉定四君集刻成在崇禎三年春季，崇禎七年河東君在松江，其所居之地，距嘉定不遠，經過四五年之時日，此集必已流布於幾社諸名士之間，河東君自能見及之。如列朝詩集丁壹叁所選婁貢士堅詩，其中有：「秋日赴友人席，修微有作同賦。」一題，足證嘉定四先生頗喜與當日名姝酬酢往還，河東君得睹此類篇什，必然心動，亦思仿效草衣道人之所爲。揆以河東君平生之性格及當日之情勢，則除其常所往來之幾社少年外，更欲納交於行輩較先之勝流，以爲標榜，增其身價，并可從之傳受文藝。斯復自然之理，無待詳論者也。至若嘉定李宜之與王微之關係，可參趙郡西園老人（寅恪案，此乃上海李延昰之别號。）南吴舊話録貳肆閨彦門王修微條及附注，兹不詳引。又檢有學集貳拾李緇仲詩序所言：「青樓紅粉，未免作有情痴。」及申論伶玄「淫乎色，非慧男子不至。」之説，疑即暗指李王一段因緣。牧齋於王修微本末多所隱飾。如列朝詩集閏肆草衣道人王微小传，不言其曾适茅元仪及後適許譽卿復不終之事實。（見明詩綜玖捌妓女門王微小傳。）蓋爲摯友名姝諱。其作緇仲詩序亦同斯旨也。

河東君第壹次作嘉定之游，雖應有介紹之人，然今既不易考知，亦不必詳究。但其作第貳次之游，則疑與第壹次有別，即除共嘉定耆宿商討文藝之外，更具有「觀濤」之旨趣。（見後論河東君與汪然明尺牘第貳伍通。）故就河東君擇婿程序之地域與年月之關係約略言之，崇禎八年秋晚以前，爲松江時期。八年秋晚以後至九年再游嘉定復返盛澤歸家院爲嘉定盛澤間時期。十一年至十三年十一月，爲杭州嘉興時期。此後則至虞山，訪牧齋於半野堂，遂爲一生之歸宿。風塵憔悴，奔走於吴越之間，幾達十年之久。中間離合悲歡，極人生之痛苦，然終於天壤間得值牧齋，可謂不幸中之幸矣。古人有言：「士爲知己者死，女爲悦己者容。」（見戰國策陸趙策，史記捌陸刺客豫讓傳，《漢書》陸貳司馬遷傳及文選肆壹司馬子長報任少卿書等。）河東君以儒士（見牧齋遺事「國朝録用前期耆舊」條所述牧齋戲稱河東君爲柳儒士事。）而兼俠女，其殺身以殉牧齋，復何足异哉？

河東君首次嘉定之游，今僅從程松圓詩中得知其梗概。唐叔達時升雖亦有關涉此事之詩，但嘉定四君集刻成於崇禎三年春季，故唐氏所賦之詩，未能收入，殊爲可惜。更俟他日詳檢舊籍，儻獲見唐氏諸詩，亦可彌補缺陷也。

上海合衆圖書館藏耦耕堂存稿詩鈔本上中下三卷，其中卷載有朝雲詩八首。（孟陽之婿孫石甫介藏鈔本，題作「艷詩」。刻本鈔補題作「朝雲詩」。此原鈔本，本題「朝雲詩」，旁用朱筆塗改「伎席」二字。孫石甫事迹可參光緒修嘉定縣志壹捌金望傳。及同書壹玖金獻士傳并有學集壹捌耦耕堂集序等。）列朝詩集丁壹叁松圓詩老程嘉燧詩，雖選朝雲詩，但止耦耕堂存稿詩此題之前五首，而無後三首。茲全録耦耕堂存稿詩中此題八首，略就其作成時間及河東君寓居地點，并與河東君共相往來酬和諸人，分別考述於下。

今綜合松圓在崇禎七年甲戌一年内所作諸詩排列次序考之，「朝雲詩」八首，殊有問題。此題之前諸題，自「甲戌元日聞雞警悟」，即朝雲詩前第拾伍題，爲崇禎七年所賦第壹詩，其他諸題如朝雲詩前第拾貳題爲「花朝譚文學載酒看梅，復邀泛舟，夜歸即事。」前第玖題爲「三月晦日過張子石留宿，同茂初兄作。」前第陸題爲「四月二日過魯生家作」。此皆注明月日，與詩題排列次序先後符合，甚爲正確，絶無疑義。但朝雲詩前第貳首「送侯豫章之南吏部」，（寅恪案，「章」應作「瞻」。）據侯忠節公（峒曾）集首附其子所編年譜，崇禎七年甲戌條云：「是冬十一月之官南中。」朝雲詩前第壹題爲「和韵送國棋汪幼清同侯銓曹入京，先柬所知。」中有「歸裝歲暮停」之句。又朝雲詩後第叁題「鄒二水知郡，枉訪有贈。」題下自注云：「南皋公孫，由汝上，流寓京口。」據耦耕堂存稿詩自序云：「甲戌冬，余展閔氏妹墓于京口五州山下。」初視之，似朝雲詩八首乃崇禎七年冬季所作。細繹之，詩中所言景物，不與冬季相合。耦耕堂存稿詩鈔本朝雲詩第柒首上有朱筆眉批云：「八詩自晚春叙及初秋，時序歷歷可想。」此批雖不知出自何人之手，但即就此題第壹首第壹句「買斷鉛紅爲送春」及第柒首第壹句「針樓巧席夜紛紛」之語觀之，可證其言正確，不必詳察其餘詩句也。然則此題諸詩必非一時所賦，乃前後陸續作成者。豈此題諸詩作成之後復加修改，遲至冬季始告完畢，遂編列於崇禎七年冬季耶？

更有可注意者，此題八首詩中，前五首與後三首，雖時節氣候相連續，然此後三首中所述款待河東君之主人，皆在其城内寓所。主人固非一人，但直接及間接與唐叔達有關。頗疑此題前五首爲前一組。此題後三首爲後一組，此後一組與此題八首後一題之「今夕行」復有密切相互之關係。牧齋編選列朝詩集，擇録朝雲詩前五首，而遺去朝雲詩後三首及「今夕行」。何以不爲孟陽諱，轉爲叔達諱，其故今未敢臆測。然「朝雲詩」後三首及「今夕行」，與「朝雲詩」前五首所賦咏者有别，亦可據此以推知矣。

今欲考此次河東君嘉定之游，所居住游宴之地，必先就程孟陽嘉燧，唐叔達時升，張魯生崇儒，張子石鴻磐，李茂初元芳、孫火東元化諸人居宅或别墅所在，約略推定，然後松圓爲河東君此次游練川所作綺懷諸詩，始能通解也。

程松圓嘉燧耦耕堂集自序云：

天啓〔五年〕乙丑五月由新安至嘉定，居香浮閣。宋比玉〔萬曆四十八年〕庚申度歲於此，梅花時所題也。〔崇禎三年〕庚午四月攜琴書至拂水，比玉適偕。錢受之囑宋作八分書耦耕堂，自爲之記。〔崇禎五年〕壬申春，二子移居西城。余偶歸，而唐兄叔達適至，因取杜詩「相逢成二老，來往亦風流」之句，顏西齋曰成老亭。先是〔崇禎四年〕辛未冬妻兄物故，已不及見移居。〔崇禎七年〕甲戌冬，余展閔氏妹墓於京口五州山下，過江還，則已逼除，因感老成之無幾相見，遂留此。日夕與唐兄尋花問柳，東鄰西圃，如是者二年，而唐兄亦仙去。

光緒修嘉定縣志叁拾第宅園亭門云：

墊巾樓。輔文山後，積穀倉前。員外郎汪明際辟，爲程嘉燧宋珏觴咏之所。

同書壹玖汪明際傳略云：

汪明際字無際，一字雪庵。弱冠名籍甚，精易學，工詩畫。萬曆戊午舉於鄉，選壽昌教諭。（寅恪案，乾隆修嚴州府志拾官師表，載明崇禎間壽昌縣教諭，有「汪無際，嘉定人。」）讀書魏萬山房，宣導古學。遷國子學録，歷都察院司務，營繕主事，晋員外郎。督修京倉。以疾告歸。給諫鄒士楷遺書勸駕，擬特疏薦舉，辭。後以同官接管誤工，拜杖死。子彦隨，字子肩。工畫。崇禎〔六年〕癸酉副榜。痛父冤歿，終身廬墓。

徐沁明畫録伍云：

汪明際字無際，餘姚人，占籍華亭。登鄉薦。畫山水，蒼凉歷落，筆致秀逸，以士氣居勝。

寅恪案，孟陽以新安人僑寓嘉定，雖早欲買田宅於練川，而未能成，（見松圓浪淘集總目「蓬户卷四」目下注云：「萬歷〔二十三年〕乙未正月葬畢還吳，同孫三履和至梁宋間。〔二十四年〕丙申，〔二十五年〕丁酉，皆閑居，日從丘〔子成集〕張〔茂仁應武〕二丈，唐〔叔達時升婁〔子柔堅〕二兄晤言，有蓬户詩。買田城南未成。」及「空齋卷五」載：「買田宅未成，戲爲俚體。」一詩，首二句云：「城南水竹稱幽情，幾念還鄉買未成。」）故在崇禎五年春移居西城以前，往往寄居友人別業。其在嘉定寓居之墊巾樓，亦略同於常熟拂水山莊之耦耕堂。耦耕堂之得名，已詳載於初學集肆伍耦耕堂記。墊巾樓之名，亦與此相同，實出孟陽友人所題，而非松圓所自名也。後漢書列傳伍捌黨錮傳郭太傳云：

嘗於陳梁間行，遇雨，巾一角墊。時人乃故折巾一角，以爲林宗巾。其見慕如此。

蓋孟陽以山人處士之身份，故可借林宗之故事以相比。若孟陽本人，似不應以此名自誇。至於汪無際後來由鄉薦，（寅恪案，光緒修嘉定縣志壹肆選舉志科貢門舉人欄，萬曆四十六年戊午載有汪明際之名。）仕至員外郎，其在孟陽僦居之前尚希用世，更不宜即以處士終身之林宗自況，亦甚明矣。然則此樓之名，豈汪氏特爲松圓而命耶？俟考。

復次，取松圓浪淘集總目「春帆卷十三」下注略云：「〔萬曆四十年〕壬子秋僦居城南埶巾樓，與唐子孟先同舍并居。〔四十一年〕癸丑冬宋比玉〔珏〕至。」并春帆集中「移居城南送李緇仲〔宜之〕鄉試，并寄〔龔〕仲和〔方中〕」，「埶巾樓中宋比玉對雪鼓琴」兩題，及「松寥卷十四」，「元日同唐孟先埶巾樓晏坐」。又前引浪淘集首謝三賓序後附「庚午春莆陽宋轂書於埶巾樓中。」及孟陽耦耕堂集自序「〔崇禎五年〕壬申春二子移居西城。」等语，綜合觀之，則知孟陽自萬曆四十年秋，至崇禎五十年春，二十年間，其在嘉定，乃寄居汪無際城南之埶巾樓，而與崇禎五年春間以後所移居之西城寓所，非同一地，自與河東君嘉定之游，不相關涉者也。蓋昔人「城南」一詞，習指城墻以外之南方而言，如辛氏三秦記「城南韋杜，去天尺五。」及孟棨本事詩情感類「博陵崔護」條，「清明日，獨游都城南，得居人莊。」等，可爲例證。孟陽習於舊籍成語，自故用此界説。至其所謂西城，則指城内之西部。由是言之，「城南」與「西城」，其間實有城墻之隔離也。此點似無足關輕重，但以與河東君在嘉定居住游宴之問題有關，且孟陽詩中，屢見埶巾樓之名，易致混淆，遂不避繁瑣，先辨之如此。餘可參下論唐時升園圃條等。

列朝詩集丁壹叁上唐處士時升小傳略云：

時升字叔達，嘉定人。少有异才，未三十，謝去舉子業，讀書汲古，通達世務。居恒笑張空拳、開橫口者如木騮泥龍，不適於用。酒酣耳熱，往往捋鬚大言曰：「當世有用我者，決勝千里之外，吾其爲李文饒乎？」太原公（寅恪案，指王錫爵）執政，叔達偕其子辰玉讀書邸中。（寅恪案，辰玉者，指王錫爵之子衡。見明史貳壹捌王錫爵傳。）天下漸多事，上言利病者紛如。叔達私議某得某失，兵農錢穀，具言其始終沿革，若數一二。東西構兵萬里外，羽書旁午，獨逆斷其情形虚實，將帥成敗，已而果然。先帝即位，余以詹事如召還。叔達爲文贈余，備陳有生以來，所見聞兵革之事，謂今日之聚四方之武勇，轉九州之税斂，與一縣之衆角，已十年而不得其要領。國初所以收群策群力，定亂略，致太平，公之所詳也，其可爲明主盡言乎？或謂廣廈細旃，非論兵之地，則漢之賈誼，唐之李泌陸贄李絳獨何人也哉？余未幾罷廢，不克副其望，而叔達之窮老憂國，爲何如也。家貧好施予，鋤舍後兩畦地，剪韭種菘。晚年時閉門止酒，味莊列之微言，以養生盡年。語及國事，盱衡抵掌，所謂精悍之色，猶著見於眉間也。

黄世祚等修嘉定續志附前志壹玖人物志文學門唐時升傳考證云：

時升工山水。有西隱寺納凉册六幅，隨意揮灑，頗得雲林天趣。自題云：「余不善畫，亦不工書。［萬曆十九年］辛卯長夏，避暑西隱之竺林院。山窗無事，用遣岑寂，非敢與前人計争巧拙也。留與元老禪兄一笑。」程庭鷺施錫衛皆有跋。又宋道南曾見先生畫幅，石摹子久，樹仿雲林，頗神似。

光緒修嘉定縣志叁拾第宅園亭門「處士唐時升宅」條云：「北城。」其後附張鵬翀（寅恪案，鵬翀嘉定人。事迹見嘉定縣志壹陸宦迹門及清史稿伍佰玖藝文傳等。又嘉定縣志貳柒藝文志別集類載：「南華山人詩鈔十六卷，張鵬翀著。」）「過叔達先生故居」云：

吾鄉四先生，程李婁與唐。閱世未百年，遺迹多蒼茫。惟有唐翁居，猶在北郭旁。今朝好風日，鄰曲春酒香。招呼共娱樂，醉步校獵場。（寅恪案，「校獵場」謂演武場也。）回橋俯清溪，新柳三兩行。宛然幽人姿，疏梅出頹墻。叩門伫立久，春風爲低昂。入門撫奇樹，云已百歲强。念此手澤存，剪拜毋敢傷。更有古桂花，四時自芬芳。先生手摩挲，黄雪名其堂。庭之棗纂纂，河之水洋洋。灌園足自給，不藉耕與桑。（下略）

同書同卷「唐氏園」條云：

演武場西。中有梅庵，娱暉亭。有土阜名紫萱岡。架石爲讀書臺，亦名琴臺。唐時升闢。

同書貳官署門「演武場」條云：

舊在西門外，高僧橋西。今在西城七圖。基地三十三畝七分三厘九毫。明正統二年巡撫周忱建廣儲庫，貯官布。嘉慶十五年知縣李資坤改演武場。二十三年知縣張重增築外垣，建講武堂。垣與堂久廢。國朝因之。（寅恪案，嘉定縣志叁拾古迹門「城頭」條附張陳典「尋疁城故址」詩云：「有元於此地，曾設演武場。」可知嘉定縣之演武場，乃元代所建，本在城外。明嘉靖十五年改西城內之廣儲庫爲演武場。故今嘉定縣志卷首縣城圖所繪演武場，即在城內。唐氏園東之演武場，自應在城內。恐讀者誤解，特附識於此。又《嘉定縣志》叁貳軼事門載崇禎中諸生王紱「同朱介繁觀演武場團練」詩，并可參閱，以資談助。）

同書叁壹寺觀門縣城西隱寺條略云：

西城七圖。元泰定元年僧悦可建。明萬曆十八年僧存仁修。徐學謨張其廉增創竺林院藏經閣。

列朝詩集丁壹叁唐處士時升「園中」十首，其二云：

自爲灌園子，職在耒耜間。秋來耕耨罷，獨往仍獨還。河水清且漣，紫蓼被其灣。躊躇落日下，聊用娱心顔。瓠葉黄以萎，其下生茅菅。遂恐穿堤岸，嘉蔬受扳援。丁寧戒童僕，耰鋤當宿閑。宴安不可爲，古稱稼穡艱。

其六云：

昔我游京華，達者日晤言。著書三公第，開宴七貴園。中心既無營，澹若蓬蓽門。歸來治環堵，無計以自温。批葱疏平圃，種薤滿高原。不辭人力盡，所苦筋事繁。雖有方丈食，不如一壺飧。非力不自食，大哉此道尊。

同書同卷「題娛暉亭」四首（嘉定四君集中三易集，此題原爲八首。）云：

負郭家家水竹，殘春處處烟花。開尊欲栖鳥雀，舉網頻得魚鰕。

春霽耰鋤札札，書長棋局登登。行就南鄰酒伴，立談北寺歸僧。（寅恪案，「北寺」當指西隱寺。）

風拗藤絲脱樹，雨餘柳絮爲萍。閑居莫來莫往，小酌半醉半醒。

鵲喜携尊新客，魚迎散食小僮。岡腰暮靄凝碧（寅恪案，此指紫萱岡），水面殘陽漾紅。

耦耕堂存稿詩卷中「贈西鄰唐隱君」詩云：

西家清池貫長薄，中壘岑隅望青郭。仲長豈羡帝王門，樊須自習丘園樂。春前土菘美如玉，雨後露茄甘勝酪。鄰翁拾果换金錢，溪鳥銜魚佐杯勺。君家老兄山澤儒，詩文咳唾成璣珠。長篇短句雜謡咏，名（如？）君樂事世所無。山中舊業今烏有，十年衣食常奔走。歸來雖曰耦耕人，兒女東西不糊口。茅齋稻畦村巷東，花時招我鄰舍翁。今年春秋富佳日，藥蘭芰沼連桂叢。安得逐君種魚翦韭仍披葱，不願吹竽列鼎兼鳴鐘。

寅恪案，牧齋言叔達「鋤舍後兩畦地，剪韭種菘。」可知其園圃，與居舍相連接，實爲一地。其地乃位於嘉定縣城内之西北區。嘉定縣志所載「唐時升宅」條，謂在北城。張抑齋詩謂在「北郭旁」。但同書「演武場」條及「西隱寺」條謂演武場及西隱寺俱在西城。蓋唐氏宅圃之位置，實在城内之西北區，故可言在北城，亦可言在西城也。孟陽崇禎五年春以後移居西城，作叔達兄弟之東鄰。（此據松圓崇禎七年甲戌所賦「贈西鄰唐隱君」詩，假定唐隱君爲叔達之兄弟行，因而推得之結論。如唐隱君非叔達之兄弟行，則須更考也。）又前引孟陽耦耕堂集自序云：「日夕與唐兄尋花問柳，東鄰西圃，如是者二年。」「東鄰」孟陽自指，「西圃」指叔達。斯亦孟陽所居實在叔達園圃東之一旁證也。又孟陽序中所謂「尋花問柳」疑別有含義耶？一笑！）又據孟陽今夕行「南鄰玉盤過（送）八珍」，（見下引此詩全文并附論。）則孟陽所居復在叔達宅圃之北，若詳確言之，則叔達實爲孟陽之西南鄰，不過孟陽省去「西」字耳。昔人賦咏中涉及方位地望者，以文字聲律字句之關係，往往省略一字，如三國志伍肆吴書玖周瑜傳裴注引江表傳述黄蓋詐降曹操事云：「時東南風急。」全唐詩第捌函杜牧肆「赤壁」七絶云：「東風不與周郎便，銅雀春深鎖二喬。」蓋牧之賦七言詩，以字數之限制，不得不省「東南風」爲「東風」。實則當時曹軍在江北，孫軍在江南，「東」字可省，而「南」字不可略。今俚俗「借東風」之語，已成口頭禪，殊不知若止借東風，則何能燒走曹軍。儻更是東北風者，則公瑾公覆轉如東坡念奴嬌「赤壁懷古」詞所謂「灰飛烟滅」，而阿瞞大可鎖閉二喬於銅雀臺矣。一笑！兹因考定孟陽與叔達居宅所在，附辨流俗之誤於此。博識通人或不以枝蔓見譏耶？

光緒修嘉定縣志叁拾第宅園亭門「薖園」條（參張承先南翔鎮志壹壹園亭門薖園條）云：

鶴槎山西。張崇儒闢。爲程嘉燧宋珏輩觴咏之所。亭名招隱，植桂數十株。（南翔鎮志作「老桂四十株」。）寶珠山茶，百餘年物。

程嘉燧詩：「秋月當門秋水深，岸花寂歷野蟲吟。西窗舊事人誰在，溪雨梧風夜罷琴。」（寅恪案，此詩見松圓浪淘集春帆壹叁，題作「八月夜過魯生題扇」。）

張承先南翔鎮志陸文學門張廷棫傳略云：

張廷棫字子薪，兵部郎楙族子。工詩文，與李孝廉流芳、程山人嘉燧爲友。族孫崇儒字魯生，築招隱亭，名流多過從觴咏，風致可想見云。

同書壹壹園亭門「薖園」條附楊世清「薖園耆英會詩序」略云：

溪北三里張氏薖園在焉。中有招隱亭，植杆桂數十本，間以梅杏，環以翠篠，真幽人之居也。昔長琴山人雅與松園（圓）詩老長蘅先生輩善，時時過從，觴咏弗絕。所謂數十株者，固已干霄合抱，偃蹇連蜷。花時一林黄雪，香聞數里。予時一寓目，竊嘆前輩宴游，未覯此盛。予屢欲偕耆年過之，每屆花時，輒以他阻。〔康熙三十年〕已未秋閏乃得邀〔柯〕集庵〔時〕蓱庵諸老，償宿願焉。

光緒修嘉定縣志叁拾第宅園亭門「孫中丞元化宅」條云：

西城拱六圖，天香橋。

孫致彌「友人見訪，不識敝居。」詩：「平橋叢桂近諸天，小巷垂楊記隱仙。雨過清池常貯月，雲深喬木不知年。抱琴人立香花外，洗硯僮歸草色邊。遲爾清尊同嘯咏，莫因興盡又回船。」原注：「橋因藹園叢桂得名，西有法華庵。」據此，則隱仙巷別有藹園，未詳誰築。

同書壹陸宦迹門孫致彌傳略云：

孫致彌初名翺，字愷似，一字松坪。明登萊巡撫元化孫。父和斗，字九野，一字鍾陵。篤於孝友，埋名著述，不與世故。元化舊部曲多貴顯，諷之仕，不應。嘗經理侯峒曾家事，計脫陳子龍遺孤，有古人風。致彌才思藻逸，書法逼似董文敏，詩詞跌宕流逸。總纂佩文韵府，書垂成而卒，年六十八。（寅恪案，佩文韵府首載清聖祖序云：「〔康熙〕五十年十月全書告成。」又孫和斗計脫陳子龍遺孤事，可參楊陸榮編三藩紀事本末肆雜亂門「順治四年丁亥四月松江提督吴兆勝據城以叛」條。其文云：「二十四日大兵至松江，執子龍於廣富林。子龍乘間赴水死。出其屍戮之。子特陳方五歲，亦論殺。」據陳忠裕全集王澐續卧子年譜及澐撰「張孺人三世苦節傳」，卧子之子名嶷，字孝岐，生於崇禎十七年甲申冬。今楊氏書以特陳爲子龍子之名，又謂順治四年其年「方五歲」，皆與王氏所言不同，自是訛誤。三世苦節傳又云：「〔張孺人〕抱孤兒，變姓氏，毀容羸服，遠避山野，如是者累歲，嶷始成立。孺人乃還故鄉。」則疑張孺人實避居嘉定，而九野乃保存陳氏孤兒之人。特勝時作傳時，有所忌諱，不欲顯言之耳。志傳言九野父之舊部曲多貴顯，諷之仕，終不應。蓋火東舊部如孔有德耿仲明等，皆爲遼東人於明末降清者，且初陽官登萊巡撫，以用遼人之故，遂有孔耿之叛，竟坐此弃市。及建州入關，此輩遼人降將在新朝爲顯貴。九野雖不仕清，當亦可間接藉其勢力以庇護陳氏遺孤也。復據清史稿貳肆拾耿仲明傳，仲明以部卒匿逃人，畏罪自經死。然則清初法制嚴酷如此，王氏隱諱保存陳氏遺孤者之姓名，更有不得已之苦衷也。檢初學集伍壹有「都察院右副都御史巡撫山東徐公墓志銘」，其文略云：「公姓徐氏，嘉興海鹽人也。諱從治，字仲華。崇禎四年辛未起山東武德道兵備，及淮，而孔有德叛，攻陷濟南六邑。倍道宵征赴監軍之命於萊。無何拜都察院右副都御史，巡撫山東。二月朔與萊撫謝公璉同日受事，即日賊已抵城下。四月十六日〔賊徒〕架〔孫〕元化所遺西洋大礮，攢擊城西南隅，勢甚厲。公方簡閱丁壯，指麾出戰，礮中顙頷，身僕血胷中。萊撫馳而撫之，絕見。」考牧齋此文，乃據方拱乾所撰仲華行狀而作，與管葛山人，即海鹽彭孫貽之山中聞見録「徐從治傳」，俱出一源，惟駿孫作傳，兼采錢氏之文，故微有不同耳。仲華主劓，初陽主撫，旨趣大异，於此姑不置論。所可注意者，則徐氏之死實因孫氏所遺之大礮所致一事也。又初陽用遼丁三千駐防登州之本末，可參嘉定縣志叁貳軼事門關於孫中丞元化諸條，其中引趙俞之言曰：「火攻之法，用有奇效。我之所長，轉爲厲階。」此數語實爲明清興亡之一大關鍵，以其越出本文範圍，兹不具論。至滿洲語所以稱「漢軍」爲「烏珍超哈」而不稱爲「尼堪超哈」者，推原其故，蓋清初奪取明室守禦遼東邊城之仿製西洋火礮，并用降將管領使用，所以有此名號。此點可參清文獻通考柒柒職官考及壹柒玖兵考、清史列傳肆佟養性傳及柒捌祝世昌傳、清史稿貳叁柒佟養性傳及貳肆伍祝世昌傳。并茶餘客話陸「紅衣炮」條等。儻讀者復取兒女英雄傳第肆拾回中，安老爺以「烏珍」之名命長姐兒之叙述互證之，則更於民族興亡之大事及家庭瑣屑之末節，皆能通解矣。又偶檢梅村家稿稿貳捌「宋直方（徵輿）林屋詩草序」，其中以嵇康比陳卧子，山濤比宋轅文，自比向秀阮籍。據此推知，轅文當有暗中協助卧子遺孤之事，王勝時與轅文關係頗密，宋氏協助之事或由王氏間接爲之耶？）

同書叁壹寺觀門縣城「西隱寺」條云：

西城七圖。

同書貳街巷門「隱仙巷」條云：

西隱寺西南。

同書同卷津梁門「天香橋」條云：

演武場西南。跨清鏡塘。

又「聽鶯橋」條云：

西隱寺前跨東庫涇，名寶蓮。元僧悅可建。明僧秉厚重建。和嘉燧更今名。

同書叁拾古迹門「鶴槎山」條云：

南翔北三里。韓世忠所築烽墩。建炎四年世忠由平江移軍海上縣境中，營勢聯絡，故多遺迹。土人掘地得瓶名韓瓶，云是軍中酒器。黄渡朱家邨旁新河底尤多。

同書同卷同門「城頭」條云：

龔志云，在縣南二十里，周圍二頃。中有殿址，舊傳風雨之夕，嘗聞音樂，或見仙女環走。未詳何人所築。今俗呼城頭。

列朝詩集丁壹叁唐處士時升「田家即事」四首之一云：

江村女兒喜行舟，江上人家吉貝秋。緣岸荻花三四里，石橋南去見城頭。

嘉定縣志壹市鎮門「南境南翔鎮」條略云：

縣治南二十四里。宋元間創。以寺名。東西五里，南北三里。布商輳集，富甲諸鎮。其地有上槎中槎下槎三浦，故又名槎溪。或言張騫乘槎至此，附會之説也。

松圓浪淘集雪江壹伍「八月過藹齋留宿」云：

江淺潮仍漲，城南放舸輕。園林長偃卧，水竹自逢迎。桂滿華輪缺，畦香白露盈。酒闌聞曲後，愁絶獨沾纓。

耦耕堂存稿詩中「（崇禎七年甲戌）四月二日過魯生家作」云：

多年不復到南村，水木依然竹亞門。賸客舊題留幾閣，故人兼味具盤餐。鶯啼喬木知春晚，蜂遶藤花得日喧。同上小航重笑語，前溪纖月正黄昏。

同書下「（崇禎十二年己卯）四月同潘方儒鄭彦逸再過魯生藹齋」（寅恪案，此題前第伍題爲「元旦和牧齋韵」，前第肆題爲「同泰和季公惜别用前韵」，前第貳題爲「瞿稼軒五十」，前第壹題爲「送别蕭伯玉」。檢初學集丙舍詩集上牧齋皆有與孟陽此四題相關之作。故知崇禎十二年己卯春間孟陽亦在常熟，是年首夏，則已返嘉定矣。）云：

經過已是數年餘，又值清和四月初。小艇漁灣渾昔夢，空梁歌館半成墟。孤懷自怯看遺畫，老眼猶堪强細書。他日村酤不須設，秖賞林果摘園蔬。

嘉定縣志叁拾第宅園亭門「嘉隱園」條云：

鶴槎山北。刑部郎張景韶闢。

同書壹陸宦迹門張任傳附景韶傳略云：

景韶字公紹，以蔭授南太僕典簿。〔仕至〕刑部雲南司郎中。崇禎〔六年〕癸酉以公事牽連下獄。久之，放歸。邑漕永折與有力焉。

同書壹玖文學門張凝元傳略云：

張凝元字撫五，一字桐山，居南翔。明刑部郎景韶子。諸生。幼嗜學，爲侯黄兩忠節所器重。覃精古籍，日事校讐。詩出入唐宋，尤神似范陸。癸亥卒，年六十五。

同書叁拾第宅園亭門「張氏園」條云：

南門外西南。太學生張士嶅辟。士嶅字實甫，參政恒子。（寅恪案，恒事迹見嘉定縣志壹陸宦迹門張恒傳。）

耦耕堂存稿詩中「三月晦日過張子石留宿，同茂初兄作。」云：

曉雨看消巷陌塵，茶香次第酒清醇。深房散帙仍留宿，秉燭爲歡又送春。憑仗風流皤腹客，料量詩酒白頭人。明朝更逐東園會，蔬筍盤筵不厭頻。

嘉定縣志叁拾第宅園亭門「杞園」條云：

南翔鎮。諸生張鴻磐闢。中有只鶴亭、芳訊閣。栒杞樹大可數圍，故名。

同書壹玖文學門張鴻磐傳云：

張鴻磐字子石，侍郎任從孫。諸生。書法蒼勁，詩古文詞有鄉先正典型。游浙閩，與范景文黄道周酬唱。道周和詩有「聖朝何日下干旌」句。（寅恪案，依南翔鎮志陸張鴻磐傳所附道周和詩「干旌」當作「旌竿」。蓋鴻磐原詩本是「竿」字韵脚也。）性好義，天啓末，前邑令胡士容以不拜璫祠被逮，擬重辟。鴻磐鳩千金，赴京營救，得免。崇禎末，部議復邑漕。鴻磐與侯汸申荃芳伏闕上書，得永折。刑部尚書徐石麒以人才薦，固辭。乙酉後，冒萬死周旋侯氏家難，尤人所難。康熙間舉鄉飲大賓。戊午卒，年八十六。（南翔鎮志陸文學門張鴻磐傳略云：「康熙間，舉鄉飲大賓。年八十七。」與此微异。又可參松圓浪淘集雪江壹伍「壽張子石母夫人」詩，有學集壹玖「張子石西樓詩序」，同書肆陸「書張子石臨蘭亭卷」，同書貳叁及牧齋外集拾「嘉定張子石六十序」并外集貳伍「題張子石湘游篇小引」等。）

初學集伍叁「嘉定張君墓志銘」略云：

崇禎六年十二月嘉定張鴻磐合葬其父母於南翔龔家浜之新阡，泣而乞銘於余曰：鴻磐之先世自祥符徙松江，國初居南翔。嘉靖中有名任者，起家，官開府，而其從弟以軍功授陘陽驛丞，以卑官自著稱者，吾祖也。

南翔鎮志壹貳軼事門云：

張徵君〔鴻磐〕書法妙天下。在本邑方駕婁〔堅〕李〔流芳〕。真迹流布，人多藏弆。而其精神團結，最爲遒勁者，則雲翔寺楹間兩聯。嘗有客過之，瞻仰良久曰：此顔魯公得意之筆也。翌日又視之，曰：筆力更過魯公矣。摳衣再拜，低徊不能去。此客不知何如人，意必具法眼藏者。

光緒修嘉定縣志叁拾第宅園亭門「張中丞任宅」條云：

一在南翔鎮南街。堂曰承慶，嘉慶，具慶。任曾祖清建。一在城隍祠東，任官知府時築。

同書同卷同門「檀園」條云：

南翔金黄橋南。舉人李流芳闢。有泡庵，蘿龕，劍蜕齋，慎娱室，次醉閣，翏翏亭，春雨廊，山雨樓，寶尊堂，芙蓉汫。

同書同卷同門「猗園」條略云：

南翔鎮。通判閔士籍闢。位置樹石，出朱三松手。後歸李宜之。中有豐樂亭，合祠檀園（李流芳）緇仲（李宜之）子石（張鴻磐）三先生。

同書同卷同門「三老園」條云：

南翔鎮。贈公李文邦闢。以楓柏桂爲三老。曾孫宜之作三園記。三園者，三老園及檀園猗園也。

同書壹玖文學門李流芳傳略云：

李流芳字茂宰，一字長蘅。伯兄元芳字茂初，諸生。工七言長句。卒年七十餘。（并可參列朝詩集丁壹叁李先輩流芳小傳所附元芳事迹）。仲兄名芳字茂材。幼負异材，頃刻千言，宏麗無比。萬曆壬辰進士，改庶吉士，卒年二十九。流芳萬曆丙午舉人。畫得董巨神髓，縱横酣適，自饒真趣。書法奇偉，一掃尋丈，結構自極謹嚴。詩文雍容典雅，至性溢楮墨間。崇禎己巳卒，年五十五。論者謂四先生詩文書畫，照映海内，要皆經明行修，學有根柢，而唐〔時升〕以文掩，婁〔堅〕以書掩，程〔嘉燧〕以詩掩，李〔長蘅〕以畫掩云。

同書同卷同門李宜之傳略云：

李宜之字緇仲。諸生。居南翔。庶常名芳子。三歲孤。長負异才，博綜今古。遭變，家破子殲。（寅恪案，同書叁貳軼事門略云：「甲申六月逆奴變起。南翔李氏罹其禍。」傳文所謂「遭變」即指此。）時宜之客金陵，歸寓侯氏東園。世祖曾於海淀覽其參定秣陵春曲，問寓園主人何姓名。祭酒吴偉業以嘉定生員李宜之對，而宜之已前卒。（寅恪案，今武進董氏所刊梅村家藏稿後附梅村先生樂府三種。其中秣陵春題灌園主人編次，寓園居士參定。）

有學集貳拾「李緇仲詩序」略云：

緇仲故多風人之致。青樓紅粉，未免作有情痴。孟陽每呵余，緇仲以父兄事兄，而兄不以子弟畜緇仲，狭邪冶游，不少沮止。顧洋洋有喜色者，何也？余曰，不然。伶玄不云乎，淫於色，非慧男子不至也。今孟陽仙游十年所，余年逾七十，緇仲亦冉冉老矣，余衰晚病廢，刳心禪誦。見緇仲近刻，爲之戚戚心動，追思與孟陽緒言，因牽連書其後。

嘉定縣志壹捌孝義門李杭之傳略云：

李杭之字僧筏，舉人流芳子。詩文書畫有父風。性放曠，甫强仕即弃諸生，放浪山水間。乙酉死難。

寅恪案，前論「朝雲詩」八首，以詩中女主人寓居處所，先後有所不同，故可分爲兩組。兹請略考第壹組，即前五首，河東君於崇禎七年暮春至初秋寓居嘉定之處所。

依通常慣例言之，以河東君在當日社會之身份，寄居一地，與當地諸名士游宴，自宜暫寓別墅名園，如杭州汪氏之横山別墅，嘉興吴氏之勺園，皆足爲例證。至若崇禎十三年庚辰仲冬至常熟，訪牧齋於半野堂，先留居舟中，而不寓拂水山莊，後徑移入牧齋常熟城中之住宅，與前此不同者，則因此次實爲其最後歸宿之舉動，未可拘平日常例，以相此擬也。由是言之，河東君崇禎七年暮春至初秋之時間，其游嘉定，當寄居某一别墅名園無疑。

據朝雲詩第伍首第壹句云：「城晚舟迴一水香。」及第柒捌兩句云：「誰能載妓隨波去，長醉佳人錦瑟傍。」則河東君當時必寓嘉定城外某别墅名園。又據朝雲詩第貳首前四句云：「城頭片雨浥朝霞，一徑茅堂四面花。十日西園無忌約，千金南曲莫愁家。」則河東君當時所居之别墅名園，與城頭之地極近。今就嘉定縣志所載當日士大夫之别墅名園，其與城頭相近者，僅有張公紹之嘉隱園及張魯生之薖園。若張賓甫之張氏園，雖屢見於松圓浪淘集中，如涉江壹「同張二丈唐兄飲張氏園」及蓬户肆「秋晚同張二丈唐四兄步屧城南張氏園」等，然縣志止言在「南門外西南」，是否距城頭甚近，未敢臆斷，兹姑不論。

若南翔鎮亦多名園别墅，如李長蘅之檀園等，但南翔去城頭三里，似距離稍遠。孟陽賦詩不宜泛指。且此次與河東君游宴酬酢諸名士中，有長蘅之長兄茂初，即元芳。當時檀園李氏少年，如僧筏即杭之，及緇仲即宜之等，俱是風流文彩，好事之徒。然皆茂初之侄，儻河東君此時若寄寓檀園者，恐與白頭之老伯父及唐程諸老世丈，互有所不便，觀牧齋序緇仲詩集引孟陽呵責之語，足證緇仲兄弟必未參預河東君嘉定游宴酬唱之會。至牧齋之不阻止緇仲爲狹邪之游，且洋洋有喜色者，當指緇仲其他與河東君無涉之狹邪游宴，否則牧齋必不致洋洋有喜色，而轉爲鬱鬱有憂色矣。一笑！

由是言之，河東君此次所居當非南翔之檀園，可以推知。其與城頭甚近，即在鶴槎山傍之園亭，僅有張公紹之嘉隱園及張魯生之薖園兩處。嘉隱園何時所闢，嘉定縣志及南翔鎮志未詳載，假定崇禎七年以前公紹已有此園。據嘉定縣志張景韶傳僅載公紹「崇禎〔六年〕癸酉以公事牽連下獄。久之，放還。」未詳言其何時由北京返嘉定。其子撫五固少爲名流所重，考崇禎七年，其諸人中，并無公紹在内，恐其時公紹尚留京未返。檢松圓此時著作與河東君游宴唱酬年僅十六歲，即使未隨父至京，可暫代其父爲園主人，然方值家難，若留當日之名姝於其寓園居住，而非偶一游覽者，則爲事理所不可，輿論所不容也。職是之故，依遮減方法，則舍張魯生之薖園外，别無適合此時河東君寄寓之别墅名園。

據嘉定縣志所載，薖園在鶴槎山西，鶴槎山在南翔北三里，南翔在縣治南二十四里，城頭在縣南二十里。綜合計之，則鶴槎山即在薖園近旁，距縣治南二十一里，城頭距縣南二十里，兩處實相連接。松圓「城頭」之句所指爲薖園，此無可置疑者也。朝雲詩第貳首第壹聯即用才調集叁韋莊「憶昔」詩：「西園公子名無忌，南國佳人號莫愁。」其易「南國」爲「南曲」者，乃參用李娃傳及北里志之文，（見俞正燮癸巳存稿壹肆「李娃傳」條。）蓋河東君此時所居之薖園，位於嘉定之城南故也。

韋端己「西園公子名無忌」之句，本綜合史記柒玖范雎傳及文選貳拾曹子建公宴詩，而以戰國四公子中之信陵君魏無忌，代平原君趙勝與「莫愁」爲對文，詞人用典固可不拘，至松圓詩中之「無忌」，果指何人，雖未能確言，然當是張魯生張子石輩。兩張似不與公子之稱適合，但張公子之稱，自漢書外戚傳趙孝成皇后傳以來，詩人往往用以目張姓。且據松圓過張子石留宿詩以「風流皤腹客」，即以「形模彌勒一布袋」之張耒目子石。（見山谷内集壹肆「病起荆江亭即事」十首之八。任注云：「（張）文潛素肥，晚益甚。傳燈録：明州布袋和尚，形裁腲脮，蹙額皤腹，蓋彌勒化身也。」又莊季裕雞肋編中「昔四明有异僧」條云：「張耒文潛學士，人謂其狀貌與僧相肖。陳無己詩止云，「張侯便便腹如鼓。」至魯直遂云，「形模彌勒一布袋，文字江河萬古流。」可互參。）蓋約松圓「出飲空床動涉旬」之人，（見朝雲詩第壹首第捌句。）即此張姓。然則，魯生子石輩，是否合稱「公子」，又可不必過泥也。

讀者儻取松圓所作崇禎七年首夏過魯生家詩與崇禎十二年四月再過魯生薖園詩相參較，則前詩之「同上小航重笑語」句，與後詩之「小艇漁灣渾昔夢」句有關，自不待言。朝雲詩第肆首第陸句「助情弦管鬥玲瓏」，又可印證後詩之「空梁歌館半成墟」句。朝雲詩第貳首第柒第捌兩句「揀得露芽纖手瀹，懸知愛酒不嫌茶。」及第肆首第伍句「送喜觥船飛鑿落」等語，復與後詩「他日村酤不須設，秖嘗林菓摘園蔬。」兩句互相鈎牽。松園後一詩作於匆匆五年之後，舊侶重來，同一節候，同一園林，而世事頓殊，人去館空，其惆悵之情，溢於詞表，益可據此推知河東君於崇禎七年暮春至首夏，實寄寓張魯生之薖園無疑也。

又薖園即在鶴槎山近旁，此山即韓蘄王所築烽墩遺迹，河東君之游嘉定，寄寓其地，殊不偶然。蓋其平生雅好談兵，以梁紅玉自比，吊古思今，感傷身世，當日之情懷，吾人尤可想像得知也。此次游嘐，所與酬酢之勝流中，似唯有唐叔達一叟，尚可共論兵事。孟陽少年時曾一度學「一人敵」之劍未成，（見列朝詩集丁壹叁松圓詩老程嘉燧小傳。）自不能與精通「萬人敵」之兵法如「真安國夫人」之河東君及「假贊皇太尉」之唐處士相頡頏。至其餘「走覓南鄰愛酒伴，經旬出飲獨空床。」及「詩酒尚堪驅使在，未須料理白頭人。」之諸老，（見杜工部集拾「江畔獨步尋花七絶句」第壹第貳兩首。）雖多精於詩文音樂字畫，但當唐四翁「酒酣耳熱，捋須大言，決勝千里之外。」之時，此輩未必敢置一喙。其能相與上下議論者，亦恐舍河東君外，別無他客矣。後來河東君與牧齋共訪梁韓遺迹事，俟於第肆章詳述之，兹暫不論。

又嘉定縣志編撰者見孫致彌「友人見訪，不識敝居。」詩及其自注，遂懷隱仙巷別有薖園之疑問。寅恪於此點，頗具不同之解釋，請略言之，以求通人之教正。

鄙意西隱寺前之橋，初以「寶蓮」爲名，與佛教有關，本極自然。松圓忽改舊稱，易以「聽鶯」，當別有深意。其命此新名在何時，今雖難考知。似在崇禎十年以後，與天香橋及隱仙巷同爲孟陽於同一時間，或稍先後所命之名，皆所以紀念河東君者也。河東君於崇禎九年十年間，由吴江盛澤鎮來游嘉定，故絙雲詩第貳首有「聽鶯橋下波仍緑」之句，以紀念其所從來之地。（可參下論絙雲詩節。又河東君之以「隱」爲名，至遲在崇禎十一年，詳見第貳章所論。至若「仙」字之義，則寅恪於拙著元白詩箋證稿第肆章所附「讀鶯鶯傳」一文中，已考釋之，讀者可取參閲也。）松坪詩之「平橋」指「天香橋」。「諸天」指「法華庵」。其自注謂「橋因薖園叢桂得名」，此「叢桂」即縣志薖園條及康熙三十年楊世清所作「耆英會詩序」所言「植桂數十株」，并南翔鎮志薖園條所云：「老桂四十株」者。夫孫元化張崇儒爲同時同邑之人，兩氏之園相距又不過二十餘里，縱令同以「薖」爲稱，亦不應同有如許著稱之老桂。況「薖園」之名，實出詩經衛風考槃篇「考槃之阿，碩人之薖，」之典，乃隱處之意。（見孔穎達毛詩正義及朱熹詩經集傳。）孫元化仕至登萊巡撫，豈可取義於考槃之詩以名其園？故松坪詩自注中之「薖園」實指張魯生之薖園，「天香橋」亦因魯生園中之桂而得句，此無可致疑者。「隱仙名」亦可因張氏薖園有招隱亭而得名。但玩味松坪「小巷垂楊記隱仙」之句，則疑「楊」乃河東君之本姓，「隱」亦河東君之改名，「記」則今語所謂「紀念」。蓋如寶蓮橋改爲聽鶯橋之例，皆所以紀念河東君所從來之地。

當崇禎七年暮春至初秋之時間，河東君雖寄寓城外魯生之薖園，但亦應游賞城内之園亭，若孫氏園之類。朝雲詩第伍首「城晚舟迴一水香」之句，可以爲證。由是言之，松圓詩老或其他好事勝流，自河東君離去嘉定後，惓戀不忘，非僅形諸吟咏，更取其寓暡最久園中亭樹之名，以爲其香車經游園巷之稱，殆有似世俗德政碑去思碑之類，亦即詩經召南甘棠篇思人愛樹之别解耶？一笑！松坪生於崇禎之末，鄉里舊聞，耆老軼載，自必諳悉。橋巷命名之由，當心知其意，特不欲顯言之耳。

又佩文韵府貳叁上八庚生韵。增。「萍生」下及同書玖叁下四質茁韵。韵藻增。「雷茁」下，皆引程嘉燧絙雲詩。同書肆下四支韵。增。「畫史痴」下，引程嘉燧「送老生涯畫史痴」句，檢此句在耦耕堂存稿詩中。其題爲「正月同李茂初沈彦深郊游，次茂初韵。」覈其内容，亦是與河東君有關之作。夫松坪爲主纂佩文韵府之人。松圓絙雲詩及郊游詩之增入，尤足證孫氏於河東君之來游嘉定，其珍聞逸事，夙所留意，而隱仙巷之名，實與河東君有關也。嘉定縣志修撰者，竟拘執松坪此詩自注，以爲同時同地有兩薖園，何疏舛至是歟？假定寅恪所揣測者不誤，則河東君嘉定之游，影響之大，復可據此推知矣。

又寅恪昔嘗讀錢肇鰲所著質直談耳一書（參光緒修嘉定縣志貳陸藝文志雜家類。）頗不解鈍夫於河東君游嘉定後百五十年，（錢書載其從兄大昕序。序末題「旃蒙大荒落如月。」即乾隆五十年乙巳二月。）何以尚能傳述其軼事如與徐三公子宋轅文等之關係，猥瑣詳悉，一至若此。迨檢方志，始知巷陌舊名，風流佳話，劫灰之後，猶有未盡磨滅者。故鈍夫以邑子之資格，得托諸夢寐（見竹汀序中所記鈍夫自述之語。）留布天壤間也。

崇禎七年暮春至首夏之時間，河東君游嘉定之地，及往來酬酢之人，既已約略考定，兹再移録朝雲詩前五首全文并分别論證之，蓋此五首所賦咏者，即河東君在此時間之本事也。

程孟陽耦耕堂存稿詩中「朝雲詩」八首。其一云：

買斷鉛紅爲送春，殷勤料理白頭人。薔薇開遍東山下，芍藥携將南浦津。香澤暗霏羅袂解，（列朝詩集「霏」作「菲」。）歌梁聲揭翠眉顰。顛狂真被尋花惱，出飲空床動涉旬。

寅恪案，松圓賦朝雲詩，與杜少陵「江畔獨步尋花七絶句」（見杜工部集壹貳。）關係至爲密切。讀者取杜集參之自見，不須徵引原詩於此也。松圓所用杜句甚多，頗有生吞活剥之嫌，其所最注意之辭語，爲朝雲詩八首之主旨者，即杜詩原題中「尋花」二字。松圓耦耕堂集自序云：

〔崇禎七年〕甲戌冬余展閔氏妹墓於京口五州山下，過江還，則已逼除，因感老成之無幾相見，遂留此。日夕與唐兄尋花問柳，東鄰西圃，如是者二年，而唐兄亦仙去。（前已引，今重録。）

孟陽雖云崇禎七年冬展閔氏妹墓後，感老成之無幾相見，因留居遊嘉定，與叔達諸叟日夕游宴，固有部分理由。竊疑河東君於崇禎七年暮春至初冬之时間来嘉定，程唐諸老顛狂倾倒，一至於此，臨别时，比與河東君預定重游練川之約。後來河東君於崇禎九年丙子正月初，至二月末，再作嘉定之游，即踐其前此之宿諾者也。前論朝雲詩八首，實完成於七年冬間。故松圓此時，懷人感事之愁思，必更加甚，遂决意留瞑，希望得與新相知重相見，豈僅爲老成如叔達輩之無幾相見而已哉？耦耕堂存稿詩中「〔崇禎七年〕四月二日過魯生家作」前一題爲「春暉園燈下看牡丹即事」。檢才調集壹白居易秦中吟「牡丹」一題，白氏文集貳作「買花」，此詩首句「買斷鉛紅」之語，必與春暉堂看牡丹事有思想之聯繫。時既春盡，人間花事已了，而天上仙葩忽來，春光猶在，故言「爲送春」也。少陵「江畔獨步尋花」七絶句之二云「未須料理白頭人」，松圓易「未須」爲「殷勤」，固是反其意，但亦道其實。蓋杜公之尋花，不過偶然漫興，優游閑適，而程唐李諸老，則奔走酬酢，力盡精疲。此輩白頭人之需殷勤料理，自與杜公迥异也。

此詩第壹聯上句，其古典爲李太白「憶東山」二首之一「不向東山久，薔薇幾度花。」（見分類補注李白詩叁叁。）其今典則「薔薇」乃四五月開放之花。（見本草綱目壹捌上草部「營實薔薇」條）。「東山」謂鶴槎山，蓋薖園在鶴槎山西，據薖園之方位言之，此山可稱「東山」。且暗用謝安石東山妓之故事及李翰林詩語。下句之「芍藥」，自用詩經鄭風溱洧篇「贈之以芍藥」之語，「南浦」乃指槎溪，即「上槎中槎下槎三浦」，以其在嘉定城南之故，且兼用王子安滕王閣詩「畫棟朝飛南浦雲」及楚辭九歌河伯「送美人兮南浦」之出典，暗寓「朝雲」及「美人」之辭，以此兩者，皆河東君之字與號也。

第貳聯上句用史記壹貳陸滑稽傳淳于髡傳，其文云：

日暮酒闌，合尊促坐，男女同席。履舄交錯，杯盤狼藉。堂上燭滅，主人留髡而送客。羅襦襟解，微聞薌澤。當此之時，髡心最歡，能飲一石。

松圓易「羅襦襟解，微聞薌澤。」之「襟」爲「袂」。蓋廣韵侵韵「襟」字下云：「袍襦前袂。」「襟」爲平聲，「袂」爲去聲，松圓易平爲去，所以協音調也。又松圓用太史公書此傳之典，其「男女同席，履舄交錯。」等語，固是當時實況之描寫，然「堂上燭滅，主人留髡而送客」。則松圓於此大有野心，獨不畏唐李諸老之見妒耶？夫河東君以妙齡之交際名花，來游嘉定。其特垂青眼於此窮老之山人，必非有所惓戀，自不待言。但使之「顛狂真被尋花惱，出飲空床動涉旬。」者，當亦別有其故。

列朝詩集丁壹叁松圓詩老程嘉燧小傳云：

諳曉音律，分刌合度。老師歌叟，一曲動人，燈殘月落，必傳其點拍而後已。善畫山水，兼工寫生。酒闌歌罷，興酣落筆，尺蹏便面，筆墨飛動。

及嘉定縣志貳拾僑寓門程嘉燧傳略云：

善畫山水，筆墨飛動。書法清勁拔俗，時復散朗生姿。

然則河東君於歌曲點拍，必就孟陽，有所承受。至其書法，顧云美河東君傳雖云爲陳臥子所教。然臥子筆迹，寅恪未見，無從證實。河東君「楷法瘦勁」，（見耦耕堂存稿詩下「次牧老韵，再贈河東君。用柳原韵。」詩，孟陽自注。）是否更受松圓作書「清勁拔俗，時復散朗生姿。」之影響？以無確據，亦未敢臆斷也。

其二云：

城頭片雨浥朝霞，一徑茅堂四面花。十日西園無忌約，千金南曲莫愁家。林藏紅藥香留蝶，門對垂楊暮洗鴉。揀得露芽纖手瀹，懸知愛酒不嫌茶。

寅恪案，此詩前四句，上已論證，兹不復贅。後四句「垂楊」之「楊」及「愛酒」之「愛」，是否暗指河東君姓名而言，姑不必考辨，唯七八兩句則應是當時當地之本事也。本草綱目叄陸「山茶」條云：「〔李〕時珍曰，其葉類茗，又可作飲，故得茶名。」又引格論云：「花有數種，寶珠者，花簇如珠，最勝。」及周憲王救荒本草云：「山茶嫩葉煠熟水淘可食，亦可蒸曬作飲。」可與前引嘉定縣志薖園條云「寶珠山茶，百餘年物。」互相參證。斯足爲河東君此次游嘉定寄寓薖園之確據，并得藉是窺見當日河東君之閑情逸致矣。至河東君愛酒一端，詳見前論臥子集楊姬館中詩，於此可不具論。

其三云：

林風却立小樓邊，紅燭邀迎暮雨前。潦倒玉山人似月，低迷金縷黛如烟。歡心酒面元相合，笑靨歌顰各自憐。數日共尋花底約，曉霞初旭看新蓮。

寅恪案，此首乃述河東君檀園游宴之實况也。「小樓」，當指檀園中之「山雨樓」，此樓之命名，當取義於許用晦「山雨欲來風滿樓」之句。（見才調集柒許渾「咸陽城東樓」七律。）松圓「林風」，「暮雨」等語，足爲旁證。第壹聯上句與第貳聯上句相關，言河東君之醉酒。第壹聯下句與第貳聯下句相關，言河東君之唱曲。且暗以杜秋娘目河東君。蓋「花開堪折直須折，莫待無花空折枝」乃「金縷衣」曲辭中之語，與「低迷」，「黛烟」及「歌顰」諸辭相證發也。七八兩句乃指松圓等早起與河東君共看檀園芙蓉泋中新荷之本事。

南翔鎮志壹壹園亭門檀園條附李元芳「清晨獨過檀園觀荷」七律云：

新荷當晝便含光，要看全開及早凉。帶露愛紅兼愛緑，迎風憐影亦憐香。林深鳥宿聲還寂，水漲魚游隊各忙。

寅恪案，茂初此詩題中之「清晨」并詩中之「新荷」，「迎風」，及「愛紅」，「愛緑」，「憐影」，「憐香」等辭，皆可與松圓詩語及河東君之名相印證。茂初此律似即爲松圓此詩同時之作。但茂初詩題中「獨過」二字，不知是否指諸老及河東君「數日共尋花底約」外之別一次，抑或實與諸老及河東君共同游賞，而於僧筏緇仲諸侄輩有所不便，特標出一「獨」字，以免老伯父風流本事之嫌耶？

觀孟陽此詩所述，乃諸老與河東君在檀園山雨樓中晚宴，酣飲達旦，如史記陸滑稽傳淳于髡傳所謂「長夜之飲」者。次日清晨詩老名姝徹夜不寐，餘興未闌，同賞樓前沜中之新荷，亦極自然之理，不過此爲一次之事。既得新荷宜於侵晨觀賞之經驗，故遂有數日共尋之約歟？夫老人少寐，侵晨即起，乃生理情況所致，本不足異。但妙齡少女如當日年僅十七歲之河東君，轉不似玉溪生所謂「無端嫁得金龜婿，辜負香衾事早朝。」者，（見李義山詩集上「爲有」七絕。）則由其生性若是，非勉强早起，追逐諸老作此游賞也。關於河東君特喜早起一端，可參散見前後論述臥子詩詞中涉及河東君早起諸條，茲不更贅。

其四云：

邀得佳人秉燭同，清冰寒映玉壺空。春心省識千金夜，皓齒看生四座風。送喜觥船飛鑿落，（列朝詩集「鑿」作「錯」。）助情弦管鬭玲瓏（列朝詩集「情」作「清」。）天魔似欲窺禪悅，亂散諸華丈室中。

寅恪案，此首第壹句及柒捌兩句，足以證明是詩乃松圓自述邀約河東君夜飲於其所居之處，極歌唱酣醉之樂也。蓋河東君當日之游嘉定，程唐李輩必輪次遞作主人，以宴此神仙之賓客，斯乃白頭地主認爲吴郡陸機對於錢塘蘇小所應盡之責任，如天經地義之不可逃避者。

考孟陽此時其家實在嘉定西城。昔日慣例，城門夜必扃閉，時間過晚，非有特許，頗難通行。此首既無如第伍首「城晚舟迴一水香」之句，復無第陸首「嚴城銀鑰莫相催」之語，則此次孟陽邀宴河東君夜飲，必不在其城内之寓所，可以推知。若在城外，恐舍張子石之杞園莫屬。亦即孟陽過張子石留宿詩及朝雲詩第壹首「出飲空床動涉旬」句等，所指言之事之地也。然此詩中無顯著之痕迹，姑記所疑，以俟更考。

此首第壹聯上句可參絙雲詩第肆首「方信春宵一刻争」句。其出處皆爲東坡「春宵一刻值千金」之語。（見東坡續集貳「春夜」七絶。）玩味松圓語意，應指河東君而言。但當時珍惜春宵之心者，恐只是孟陽而非河東君。松圓竟作此語，何太不自量耶？下句則頗爲實録，前引宋讓木秋塘曲序云：「坐有校書，新從吴江故相家，流落人間，凡所叙述，感慨激昂，絶不類閨房語。」據此可知河東君往往於歌筵綺席，議論風生，四座驚嘆。故吾人今日猶可想見是夕杞園之宴，程唐李張諸人，對如花之美女，聽説劍之雄詞，心已醉而身欲死矣。

又列朝詩集丁壹叁松園詩老程嘉燧小傳云：

孟陽讀書不務博涉，精研簡練，采掇菁英。晚尤深老莊荀列楞嚴諸書，鈎纂穿穴，以爲能得其用。其詩以唐人爲宗，熟精李杜二家，深悟剽賊比儗之繆，七言今體，約而之隨州，七言古詩，放而之眉山。此其大略也。

寅恪案，牧齋於孟陽推崇太過，招致當時及後世之不滿。兹以不欲廣涉，故不具論。但謂松圓晚年尤深於楞嚴及熟精李杜二家，深悟剽賊比擬之謬，則於此不得不置一言。觀朝雲詩及今夕行，其剽賊比擬杜少陵之「江畔獨步尋花七絶句」及「麗人行」，可謂至矣。牧齋何能逃阿私所好之譏乎？獨此詩第柒捌兩句，乃混合楞嚴及維摩詰兩經之辭義，以楞嚴之「天魔」爲維摩之「天女」，造語構思，殊覺巧切。牧齋謂其晚深楞嚴，鈎纂穿穴，以爲能得其用者，似或可信歟？

全祖望鮚埼亭外集叁叁「錢尚書牧齋手迹跋」云：

第二幅云：「刼灰之後，歸心佛乘，急欲請書本藏經，以供檢閱。聞霍魯齋作守道，（寅恪案，清史列傳柒捌貳臣傳霍達傳略云：「霍達陝西武功人。順治八年授浙江嘉湖道。十年遷太僕寺少卿。」及商務重印李衛嵇曾筠等修浙江通志壹貳壹分巡嘉湖道欄載：「霍達字魯齋，陝西人。順治八年九年任。」故牧齋作此書之時間，得以約略推知。又王昶明詞綜拾録魯齋意難忘「雨夜」詞一首，可供參證。）此好機緣，春夏間欲往訪之。兄過嘉禾，幸爲商地主，不至栖栖旅人也。内典可更爲一蒐訪。」嗚呼！望塵干索，禪力何在？不覺爲之一笑。

寅恪案，牧齋之禪力固不能當河東君之魔力，孟陽之禪力，恐亦較其老友所差無幾。吾人今日讀松圓此詩并謝山此跋，雖所據論者有別，然亦不覺爲之一笑也。

至楞嚴經，寅恪十餘歲時，已讀牧齋所作之蒙鈔，後數年，又於紹氏見一舊本蒙鈔，上鈐牧齋印記，亦莫辨其真僞。近數十年來，中外學人考論此經者多矣。大抵認爲僞作。寅恪曩時與鋼和泰君共取古今中外有關此經之著述及乾隆時滿蒙藏文譯本參校推繹。尤注意其咒文，是否復原後，合於梵文之文法及意義。因此得一結論，即此經梵文音譯之咒心，實非華人所能僞造。然其前後諸品，則此土文士摭取開元以前關於阿難摩鄧枷女故事譯文，融會而成。故咒心前後之文，實爲僞造，非有梵文原本。譬如一名畫手卷，畫雖是真，而前後題跋皆爲僞造。由是言之，謂此經全真者，固非，謂其全僞者，亦未諦也。當寅恪與鋼君共讀此經之時，并偶觀尚小云君演摩登伽女戲劇。今涉筆及此，回思前事，又不覺爲之一嘆也。

復有可注意者，此詩第陸句，若果如列朝詩集作「助清」，則亦可通。才調集叁韋莊「憶昔」詩云：

昔年曾向五陵游，子夜歌清月滿樓。銀燭樹前長似畫，露桃花裏不知秋。西園公子名無忌，南國佳人號莫愁。今日亂離俱是夢，夕陽唯見水東流。

然則端己「子夜歌清月滿樓」句，即孟陽「助清弦管鬥玲瓏」句之出典注脚也。今姑不論松圓之詩本何字，但讀者苟取孟陽并端已所作兩詩連貫誦之，則別有驚心動魄之感焉。蓋河東君此次嘉定之游，在崇禎七年甲戌暮春至初秋之時間，升平歌舞，猶是開元全盛之日，越十年而爲弘光元年乙酉，其所宴游往來之地，酬酢接對之人，多已荒蕪焚毁，亡死流離，往事回思，真如隔世矣。兹不廣徵舊籍，止略引痛史第壹壹種朱九初嘉定縣乙酉紀事之文於下，以見一斑。

朱子素「嘉定縣乙酉紀事」略云：

〔弘光元年乙酉閏六月二十一日〕南翔鎮獲〔須〕明徵妻子，斬割屠裂，一如明徵，而南翔復有李氏之禍。李氏自世廟以來，蟬聯不絶。其裔孫貢士李陟年少有雋才，知名當世。就鎮中糾合義旅，號匡定軍，未就。里兒忌之，聲言李氏潛通清兵，因群擁至門。陟與其族杭之等自恃無他腸，對衆嫚罵自若。市人素畏李氏，恐事定後，陟等必正其罪，佯言搜得奸細。李氏無少長皆殺之，投屍義塚，縱犬食其肉，慘酷備至。

〔七月初四日〕城之初破，〔李〕成棟尚在城外小武當廟中。辰刻乃開門入，下令屠城。，約聞一礮，即封刀。時日晷正長，日入後，始發礮，兵丁遂得肆其殺掠。家至户到，雖小街僻巷，無不窮搜。刀聲砉砉然，達於遠邇。乞命之聲嘈雜如市，所殺不可數計。其懸梁者，投井者，斷肢者，血面者。被斫未死，手足猶動者，狼藉路旁，彌望皆是。投河死者，亦不下數千百人。三日後，自西關至葛隆鎮，浮胔滿河，舟行無下篙處。白膏浮於水面，坌起數分。婦女寢陋者，一見輒殺。大家閨秀及民間婦有美色者，擄入民居，白晝當衆奸淫，恬不知愧。

初六日成棟還兵太倉。嘐俗雅重婦節，其慘死者無數。然亂軍中姓氏不傳矣。

二十七日太倉賊浦嶂以土兵入縣，再屠其城，城内外死者無算。成棟拘集民船，裝載金帛子女及牛馬豕等物三百餘艘而去。嶂日夜與兵丁共分財物，并括取民間美色及机榻屏障等物，滿載歸妻東，於是嘐中貧富悉盡。

是役也，城内外死者約凡二萬餘人。其時孝子慈孫，貞夫烈婦，才子佳人，横罹鋒鏑，尚不可勝紀。謂非設縣以來，絶無僅有之异變哉！

嗚呼！後金入關渡江，其殺戮最慘之地，揚州而外，似應推嘉定。鮑明遠蕪城賦（見文選壹壹。）在文選中，列於游覽一類。河東君之於嘉定，亦可謂之游覽也。其平生與幾社勝流交好，精通選學。弘光乙酉嘉定屠城之役，翠羽明璫與飛絮落花而同盡。河東君起青瑣之中，（見戊寅草所載臥子序。）躋翟茀之列，（見牧齋投筆集上後秋興之三「小舟夜渡惜别而作」第伍首第柒捌兩句。）聞此慘禍，眷念宗邦，俯仰身世，重温參軍之賦，焉得不心折骨驚乎？但或可稍慰者，即當日寓嘐相與游宴之諸老，則唐叔達卒於崇禎九年丙子（見嘉定縣志壹玖文學門唐時升傳。）李茂初卒於崇禎十年丁丑三月（見耦耕堂存稿文上「祭李茂初」文。）程孟陽卒於崇禎十六年癸未十二月（見列朝詩集丁壹叁松圓詩老程嘉燧小傳。）皆已前死。故得免於身受目睹或聞知此東南之大劫。亦可謂不幸中之大幸矣。

其五云：

城晚舟回一水香，被花惱徹只顛狂。蘭膏初上修蛾睩，（列朝詩集「睩」作「緑」），非。）粉汗微消半額黃。主客琅玕情爛漫，神仙冰雪戲迷藏。誰能載妓隨波去，長醉佳人錦瑟傍。

寅恪案，此首當是述諸老邀約河東君游宴嘉定城内之名園，以城門須扃閉於不甚晚之時間，不能盡興作長夜之飲，不得已乘舟共返南門外之寓所，因有柒捌兩句之感嘆也。此次作主人者爲誰，頗難考知，但所游宴城内之名園，疑即前論隱仙巷之孫元化園。關於嘉定無兩邁園一端，已詳考辨，兹不更論。

此詩第叁句「蘭膏初上修蛾睩」者，楚辭招魂「蘭膏明燭，華容備些。」王逸注云：

言日暮游宴，然香蘭之膏，張施明燭，以觀其鐙錠，雕鏤百獸，華奇好備也。

及「蛾眉曼睩，目騰光些。」王逸注云：

言美女之貌，蛾眉玉貌，好目曼澤，時睩睩然視，精光騰馳，惑人心也。

蓋孫氏園在城内，上燈之際，城門不久將閉，故主客不能盡興，廢然而返城外也。松圓用宋玉之辭，王逸之解，甚適切當日之情景。噫！緬想嘉定諸老此時皆已「魂魄放佚，厥命將落。」一惜無弟子爲作「招魂」，「復其精神，延其年壽。」殊可謂天壤間一大恨事矣。

此詩第伍句「主客琅玕情爛熳」之語，乃合用杜工部集玖「與鄠縣源大少府宴渼陂得寒字」詩末二句「主人情爛熳，持答翠琅玕。」而成。或謂孟陽此句用李太白「寄遠」十一首之十一「朝共琅玕之綺食」句，（見全唐詩第叁函李白貳肆。）謂當日主客宴集之盛況也。又或謂孟陽用張衡詩「美人贈我金琅玕，何以報之雙玉盤。」之典（見文選貳玖張平子四愁詩之二。）蓋「美人」爲河東君之號，當時之「今美人」必有酬酢諸老之篇什，而孟陽乃以解珮之意目之，堪稱大膽。平子詩中有「玉盤」之語，松圓或借用以述邀宴之意，亦即其所作今夕行「南隣玉盤過（送）八珍」之「玉盤」。（見下論「今夕行。」）且杜工部集壹貳「嚴公仲夏枉駕草堂兼携酒饌」詩，有「竹裏行厨洗玉盤」之句，尤與此時情事符合也。若此解釋非是者，則或用杜少陵詩「留客夏簟清琅玕」之典。（見杜工部集玖「鄭駙馬宴洞中」詩。）「琅玕」二字，乃指竹簟而言。蓋時當夏季，孫氏園内，樓館之中，當備此物。果爾，則納涼之意，既可與此詩第肆句「粉汗」之辭相關應，而第陸句「神仙冰雪戲迷藏」，亦謂當日河東君於孫氏園竹林中作此游戲也。由是推之，則此詩第貳聯上下兩句，俱指天然之竹及竹之製成品，意義更較通貫。此等解釋雖迂遠，但亦可備參考，故并録之。

至此園主人孫元化，於明清之際，與火器礮彈有關，前引嘉定縣志軼事門趙俞之説，已痛哭言之矣。嘉定以區區海隅下邑，舉兵抗清，卒受屠戮之禍。其攻守兩方之得失，又繫於礮銃彈藥之多寡强弱。然此端豈河東君與諸老當日游宴此園酬酢嬉娛之際，所能夢想預料者耶？兹略引載記之文於下，聊見趙氏所言，易世之後，猶有未竟之餘慟在也。

檢侯峒曾年譜下弘光元年乙酉條略云：

七月一日〔李〕成棟遂弃吴淞，悉衆西向。黎明，鼓噪薄城，以巨砲擊城之東北，聲振樓櫓，城中驚恐。頃之，率步騎度北門之倉橋，將列營，府君已伏大將軍砲於城門下，（寅恪案，此類之礮即清人所謂「紅衣大將軍」者。蓋明末火礮仿自西洋，「紅毛夷」乃當時指西洋之稱。清人諱「夷」爲「衣」，又略去「毛」字，致成「紅衣」之名。可參清朝文獻通考壹玖肆兵考「火器」門。）視其半渡，猝發之，橋崩，步騎墜溺，死者無算。成棟一弟最勇黠，亦殲於其中，遂驚且哭，涉水引遁。頃之，復集城北，將進攻，城上發砲擊之，不得進。初三日平明，成棟遂合太倉之騎，挾火器攻具以至。天方陰雨，悉力進兵，環攻東北，砲數十發，地爲之震。府君督鄉兵，捍禦不少顧，城堞無恙。敵營中火器告竭，乃鼓噪挾雲梯薄城。自三日平明至四日五鼓，晝一晝夜，攻無頃刻之休，〔城遂陷〕。

「嘉定縣乙酉紀事」略云：

〔弘光元年乙酉〕六月廿七日偕〔吴〕志葵來者，爲前都督蔣若來。視庫存銅銃數十，使人舁之行。

閏六月十四日時，我軍與北兵，矢礮相當，互有殺傷。

十八日麇生唐培猶率兵巷戰。李〔成棟〕兵銃箭并發，鄉兵大奔，培被獲。

二十三日鄉兵合圍，殺獲五騎。餘騎將過倉橋，城上急發大礮，連橋擊斷，殺三人一馬。其一黄纛紅繖佩刀，被槍死路傍，蓋成棟弟也。

二十五日〔侯〕峒曾以書幣迎蔡〔喬〕軍。其兵皆瘻弱，惟喬頗勇健，差似可用。其所携火藥糧儲在舟中，求姑置城中，身自率兵於城外。議者皆曰宜許之，彼戰而勝，軍資在城，其心益固。不勝，留以爲質，勢不敢弃我去。當事者猶豫不聽，遣人餽問，令泊舟南關外。

二十六日喬血戰良久，力盡幾陷。頃之，北兵十餘騎薄城，城上連發大炮，傷二人，遂引去。

七月初三日成棟會同太倉兵擁大衆至，盡鋭攻城，礮聲轟轟不絶，守城百姓股慄色變。先是，錢令〔默〕去時，開庫盡給群胥，軍器火藥惟人所取。四門城樓扃鐍甚堅，尚有存者。鄉兵至，乃悉發用。至是徒手應敵而已。嘉定本土城，嘉隆間，倭奴屢攻，不能克。自邑令楊旦築磚城，最稱完固。北兵發大礮衝之，頽落不過數升。然下瞰城下，兵益衆，攻益力，舉礮益繁，終夜震撼，地裂天崩。礮硝鉛屑，落城中屋上，簌簌如雨。

初四日城陷。成棟進兵，屠其城。

上論朝雲詩可分兩組，前五首爲一組，後三首及「今夕行」爲一組。後一組之特點，實爲款待河東君之主人，在其城内寓所，且與唐叔達直接或間接有關。今考釋前一組已竟，請續論後一組於下。

其六云：

青林隱隱數蓮開，風渚翻翻一燕回。選伎欲陪芳宴醉，携錢還過野橋來。花間人迫朝霞見，天際雲行暮雨迴。纖月池凉可憐夜，嚴城銀鑰莫相催。

寅恪案，朝雲詩第壹首第捌句云：「出飲空床動涉旬。」可知孟陽至少一度必在城外友人家寄寓旬日。然當無自暮春至初秋，長期留滯城外，達數月之理。至唐叔達是否亦曾暫寓城外，今難考知。即使一度出居城外，但依此首所述，則固在其城内寓園，想此時程唐二老，俱已端居敝廬，恭候佳客矣。所以知者，此首第陸句「天際雲行暮雨迴」及第捌句「嚴城銀鑰莫相催」，明是河東君寓居城外，在城内游宴，不能停留過晚之證。至其在何人家游宴，則依此首第壹聯上下兩句所言，必非孟陽本人寓所，自不待言。

若非孟陽之家，則舍叔達之寓園莫屬。第壹聯下句固出杜少陵「携錢過野橋」之典，（見杜工部集壹壹「王十五司馬弟出郭相訪兼遺營茅屋貲」。）但由孟陽家至款待河東君之主人所寓之地，必有一橋可過。此首第柒句「纖月池涼可憐夜」，則此主人之寓園，又有納涼之池畔。據孟陽自謂在此數年間與叔達「東鄰西圃，尋花問柳。」之語推之，則此首所述款宴河東君之處，叔達寓園頗合條件。

觀耦耕堂存稿詩中「贈西鄰唐隱君」詩云：「西家清池貫長薄，中壘岑隅望青郭。」及「溪鳥銜魚佐杯勺」，并嘉定縣志叁拾「處士唐時升宅」條，附張鵬翀「過叔達先生故居」詩云：「惟有唐君居，猶在北郭旁。」及「回橋俯清溪」等語，則叔達爲孟陽之「西鄰」，即「西家」。「清池」即「纖月池涼」之「池」。「長薄」即「青林」。「青郭」用李太白「送友人」詩「青山横北郭」句，（見全唐詩第叁函李白壹柒。）亦即張氏詩所謂「北郭」。孟陽以「青」代「北」者，蓋因聲調不協之故。古體詩亦應協聲調，孟陽精於音律，於此可見。「中壘岑隅」當指唐氏園中之紫萱崗而言。程詩既言「溪鳥」，張詩又言「清溪」，有溪必有橋。或謂此橋即孟陽「今夕行」序中「舍南石橋上」之橋，亦有可能。松圓此首「過野橋」之句，用古典兼用今典也。此首第柒句所言，乃七月初間夜景。朝雲詩第柒首乃述七夕宴游事，故疑此首乃述叔達於崇禎七年七月七夕以前，夜宴河東君於其寓園，而孟陽赴約往陪。所以有第叁句「選伎欲陪芳宴醉」之語。果爾，則此首列於第柒首前，自有時間先後之理由在也。

其七云：

針樓巧席夜紛紛，天上人間總不分。絶代傾城難獨立，中年行樂易離群。會逢銀漢雙星度，真見陽臺一段雲。堪是林泉携手妓，莫輕看作醉紅裙。

寅恪案，此首所述者，即今夕行序所謂「甲戌七月唐四兄爲楊朝賦七夕行」之事。蓋是年七夕河東君實在叔達家渡此佳節。此首第貳句「天上人間總不分」，「人間」當指唐氏寓園，唯不知諸老中誰有牛郎之資格。若以年齡論，松圓比唐李爲最少，其所以偏懷野心者，殆由此耶？一笑！餘可參下論「今夕行」節。

第三句出李太白「白紵辭」三首之三「傾城獨立世所稀」。（見全唐詩第叁函李白叁。）此句與陳卧子爲河東君所賦「早梅」詩，「念爾凌寒難獨立，莫辭冰雪更追攀。」之句，辭意相同。孟陽詩作於崇禎七年秋，卧子詩亦作於是年冬。當時河東君年僅十七歲，程陳兩人具此感想，本無足怪。然卧子於崇禎十二年春爲河東君而賦之「上巳行」云：「垂柳無人臨古渡，娟娟獨立寒塘路。」則已改變其五年前之觀念。夫女子之能獨立如河東君，實當日所罕見。卧子與河東君交誼摯篤，而得知此特性，何太晚乎？

此首第肆句「中年行樂易離群」出李太白「憶東山」二首之二「我今携謝妓，長嘯絶人群。」（見全唐詩第叁函李白貳貳。）更用晋書捌拾王羲之傳所云：

謝安嘗謂羲之曰，中年以來，傷於哀樂。與親友别，輒作數日惡。羲之曰，年在桑榆，自然至此。須正賴絲竹陶寫，恒恐兒輩覺，損其歡樂之趣。

及李義山詩集上「杜工部蜀中離席」七律云：

人生何處不離群，世路干戈惜暫分。雪嶺未歸天外使，松州猶駐殿前軍。座中醉客延醒客，江上晴雲雜雨雲。美酒成都堪送老，當壚仍是卓文君。

之出典。松圓句「中年」乃「中年以來」之省略，即王右軍所謂「年在桑榆」之義。否則，唐李程諸老中，是時叔達年八十四，茂初年七十一，孟陽年七十，皆不得以杜少陵「飲中八仙歌」中「宗之瀟灑美少年」相況，明矣。（見杜工部集壹。）儻嚴格解釋安石「傷於哀樂」之語，則「哀樂」二字乃複辭偏用，僅是「哀」之意，非與「樂」爲對文。「傷於哀樂」者，困於哀感之謂，絶不與喜樂之「樂」相關涉也。此複辭偏用之義，松圓同時之通儒顧炎武自能知之，未可以是苛責藝術家之程嘉燧也。

又松圓此詩與玉溪生擬杜七律關係密切，他不必論，即就兩詩同用一韵，可以推知。玉溪生詩題意旨本爲送别，想當日河東君亦擬於七夕不久以後，歸返松江。在此旬日之宴飲，皆可以「離席」目之。由是推論，義山詩中「晴雲」「雨雲」俱藏河東君之名，「卓文君」之放誕風流亦與河東君類似，暗借此詩辭意，以影射河東君，頗爲適合。

至「醉客」則當是練川諸老，而「醒客」恐非河東君莫屬。蓋諸老此夕俱已心醉酒醉，獨河東君一人，則是「神仙賓客」之人間織女，大有三閭大夫「衆人皆醉我獨醒」之感也。

此首第陸句用李太白「寄遠」十一首之十一「美人美人兮，歸去來，莫作朝雲暮雨飛陽臺。」及「出妓金陵子呈盧六」四首之一「何似陽臺雲雨人」句。（俱見全唐詩第叁函李白貳肆。）第柒句復用太白「示金陵子」詩「謝公正要東山妓，携手林泉處處行。」之語。（俱見全唐詩第叁函李白貳肆。并可參上論第肆句所引李太白「憶東山」詩。）孟陽以金陵子比河東君固頗適切。但終不免生吞活剥之誚。至東山之謝安石，孟陽自無此資格。若指周念西，則亦頗適當。在松圓賦此詩之際，原不料及別有一東山謝安石之錢探花與河東君結緣。然則，孟陽此句非河東君前日之舊史，乃後來之預讖耳。一笑！

第捌句則出韓退之「醉贈張秘書」五古（見全唐詩第伍函韓愈貳。）其詩中一節云：

長安衆富兒，盤饌羅羶葷。不解文字飲，惟能醉紅裙。雖得一餉樂，有如聚飛蚊。

夫當日練川諸老之「解文字飲」，吾人自無異議。但唐程乃嘉定貧子，其款待河東君之宴席，當如松圓自述之「蔬筍盤筵」，（見上引「過張子石留宿」詩。）而非長安富兒之「盤饌羶羶葷」。吾人於此亦無異議。雖松圓借取韓句，聊以自慰自豪，然寒酸之氣，流露紙背，用此自卑情緒，賦「伎席」，「艷詩」，今日讀之，不覺失笑也。

其八云：

幾株門柳一蟬吟，款夕幽花趁夕陰。令我齋中山岫響，知卿塵外蕙蘭心。瑶林迴處宜邀月，秋水湛時最賞音。絜榼便追逃暑會，天河拌落醉橫參。

寅恪案，孟陽「今夕行」序云：

甲戌七月唐四兄爲楊朝賦七夕行。十二夜復過余成老亭。酒酣乘月納涼舍南石橋上，絲竹激越，賞心忘疲，因和韵作此。

據此頗疑朝雲詩最後一首，即述崇禎七年七月十二夜河東君如蕚綠華之降羊權家，而降松圓西城寓所之事。此首與「今夕行」雖同述一事，但「今夕行」乃和叔達「七夕行」韵之作，此首則孟陽自誇其稀有之遭遇，特賦七律紀之，并以完成此朝雲一段因緣也。

此首第貳聯上句用傅休奕「又答程曉」詩「洪崖歌山岫」之語。（見漢魏百三名家集傳鶉觚集）。應是河東君當時在成老亭歌唱，故松圓賦此。下句疑借用玉溪生「荆門西下」詩，「蕙蘭蹊徑失佳期」之意，（見李義山詩集上。），但松圓於此，竟用「卿」字。考世説新語惑溺類云：

王安豐婦常卿安豐。安豐曰，婦人卿婿，於禮爲不敬。後勿復爾。婦曰，親卿愛卿，是以卿卿。我不卿卿，誰當卿卿？遂恒聽之。

夫明末清初之時，能「卿」河東君者，周文岸姑置不論。錢受之則自崇禎十四年六月七日以後，始正式取得此資格。觀有學集貳秋槐詩支集附録河東君和牧齋「人日示内」詩二首之二，其末句云：「不唱卿家緩緩吟。」據此可以證知河東君實以安豐縣侯夫人自命。孟陽乃一窮酸之山人，豈有封侯夫婿之骨相耶？至若其他諸人，如宋轅文陳卧子李存我等，雖皆與河東君爲密友，然猶未備此條件。孟陽於此，可謂膽大於姜伯約矣。宜乎牧齋選詩，痛加删削也。

第三聯上句之「瑶林」似謂朝雲詩第陸首「青林隱隱數蓮開」之「青林」。或即指孟陽「贈西鄰唐隱君」詩第壹句「西家清池貫長薄」之「長薄」，亦未可知。下句疑指橋下及船邊照影之秋波也。

此首第柒句之「絜榼」恐與今夕行「南鄰玉盤過〔送〕八珍」句有關。此夕想程唐諸老各自分備殽酒，以宴蕚緑華。至第捌句結語用龍城録趙師雄羅浮夢事。「月落參横」之時，嘉定城門必不能開啓通行。豈河東君在此數夕之間，不居寓城外，而留宿於叔達寓園耶？孟陽今夕行序謂「十二夜復過余成老亭」，恐此夕河東君之過成老亭，未必一人獨來，叔達當亦伴行。若此揣測不謬，則成老亭之命名，本用杜詩「與子成二老，來往亦風流。」之典，（見杜工部集叁「寄贊上人」五古。）程唐「二老」是夕真可謂風流之至，不負此亭之名矣。

論朝雲詩八首既竟，頗覺松圓生吞活剥杜詩原句太多。今寅恪百尺竿頭更進一步，戲集唐人成句爲七絶一首，以博讀者一笑。詩云：

霸才無主始憐君，（温飛卿「過陳琳墓」。寅恪案，「君」指河東君，從顧云美河東君傳之先例也。）世路干戈惜暫分。（李義山「杜工部蜀中離席」。寅恪案，陳卧子於崇禎七年，即程松圓賦朝雲詩之年，其爲河東君作「早梅」詩云：「干戈繞地多愁眼。」）兩目眵昏頭雪白，（韓退之「短燈檠歌」。）枉抛心力畫朝雲。（元微之「白衣裳」二首之二。）

耦耕堂存稿詩「今夕行」并序云：

甲戌七月唐四兄爲楊朝賦七夕行。十二夜復過余成老亭。酒酣，乘月納涼舍南石橋上，絲竹激越，賞心忘疲，因和韵作此。（此序上文已引。兹爲解釋便利，故重移録。）

七夕之夕明河新，飛來烏鵲填河津。今夕何夕織女降，南鄰玉盤過（送）八珍。彩雲翩躚入庭户，明月自與幽人親。李暮賀老并同舍，彈絲吹竹無昏辰（晨）。一聲裂石衆譁寂，四筵不勞録事瞋。白頭當場自理曲，向月吹簫教玉人。玉人羽衣光翯翯，似有霓裳來碧落。香霧寒生半臂綃，暗塵襟解羅襦縛。玉指參差送夜光，雲鬟娿婧聞宵柝。只云三萬六千是（日），莫惜顛狂且行樂。

寅恪案，孟陽此詩與朝雲詩第捌首同述一事，前已論及。此詩乃和叔達七夕行韵之作，不過唐氏所賦爲崇禎七年河東君在其寓園游宴之經過。孟陽此詩，則雖和唐韵，而所言乃七夕後五日即十二日之夜河東君過其家之事。唐程兩詩，雖同體同韵，其内容應有互异之點。今既不見唐氏七夕行，取以相發明，姑止就程氏今夕行略加論釋，自必不能滿意，須更詳考。至叔達七夕行乃用少陵「麗人行」之韵。（見杜工部集壹。）所以如是者，疑别有寓意，因河東君夙稱「美人」。「麗人」即「美人」。子美此詩題所謂「麗人」，指楊氏諸姨而言。「楊」復河東君之姓也。孟陽今夕行之命名，本出少陵原題。其第叁句「今夕何夕」，亦與杜詩第壹句相同。（見杜工部集壹「今夕行」。）但此皆表面之解釋，非真知孟陽用意所在者。頗疑松圓實用詩經唐風綢繆篇：「今夕何夕，見此粲者。」之典。據朱子集傳：「粲，美也。此爲夫語婦之辭也。」若所推測者不誤，則孟陽命題之原意，亦與朝雲詩第捌首第肆句之「卿」河東君者，用心正復相似。

上引牧齋論松圓之詩，以爲「七言古詩，放而之眉山。」（寅恪案，上海前合衆圖書館藏耦耕堂存稿詩中，此詩題下有評語云：「叙題大似東坡，詩亦相近。」并可參證。）今觀松圓今夕行，頗有摹擬東坡松風亭梅花詩之迹象。（見東坡後集肆。）錢氏之言，殊爲可信。蘇詩第壹首「海南仙雲嬌墮砌，月下縞衣來扣門。」之語，亦與崇禎七年七月十二夜孟陽寓所之情景暗合。借「仙雲」之辭，以目河東君，頗爲適切。蓋是夕河東君以蕚緑華及「神仙賓客」之身份，降松圓家，而「雲」復爲河東君之名也。又蘇詩第貳首「耿耿獨與參横昏」之句，復與同述此夕經過之朝雲詩第捌首結句「天河拌落醉横參」句有關。朝雲詩此句，雖出少陵詩「天横醉後參」及「自待白河沉」之典，（見杜工部集壹貳「送嚴侍郎到綿州」。仇兆鰲杜詩詳注壹壹，釋此詩之「白河」爲「天河」，是。寅恪以爲程詩之「落」，即出杜詩之「沉」也。）然松圓遺辭，固出於杜，而用意則實取於蘇也。孟陽此詩「南鄰玉盤過八珍」之「過」，雖可借用杜工部集壹「夏日李公見訪」詩「墻頭過濁醪」之「過」。但仍疑爲「送」字之誤。所以作此推測者，因叔達七夕行本用少陵「麗人行」之韵，今唐氏原詩未見，不知其與麗人行内容關係如何。但麗人行有「御厨絡繹送八珍」之語，松圓改爲此句。其「送」字之意，與朝雲詩第捌首第柒句「挈榼」二字相涉，且「玉盤」之辭，亦出杜工部集壹貳「嚴公仲夏枉駕草堂，兼携酒饌。」詩「竹裹行厨洗玉盤」之典，甚合叔達此夕「挈榼」之事。

然則諸老各具酒饌，湊成夜宴，寒乞情况，可以想見。此夕處士山人之筵席，固遠不如後來富商汪然明，貪宦謝象三之豪侈招待，即候補閣老錢受之之半野堂寒夕文宴，其酒饌之豐盛，亦當超過唐程諸老之逃暑會無疑也。詩中「李暮賀老并同舍，彈絲吹竹無昏晨。」及「白頭當場自理曲，向月吹簫教玉人。」等句，足徵牧齋謂孟陽精於音律，其言實非虚譽，而河東君從之有所承受，抑又可知。顧云美河東君傳云：「定情之夕，在辛巳六月七日。君年二十四矣。宗伯賦前七夕詩，要諸詞人和之。」噫！此爲唐叔達賦七夕行後七年之事也。牧齋當崇禎甲戌之秋，尚未「見此邂逅」（見詩經唐風綢繆篇第貳章并朱注。）然終能急追躍進，先期一月完成心願，誠足誇叔達於地下，傲孟陽於生前矣。

耦耕堂存稿詩中，今夕行之後第叁第肆及第捌第玖第拾共五題，皆與河東君有關。茲分別論述之於下。

「秋雨端居有懷」云：

百日全家藥裏間，不論風雨不開關。籬邊秋水愁中路，郭外春湖夢裏山。時倚花滋起色，漫懸梁月見衰顏。南村剩客如相憶，好就茅齋一宿還。

「病餘戲咏草花」云：

鶯粟雞冠畫不成，神農漢使未知名。千年血漬丹砂在，一寸心灰縞雪生。望裏蜉蝣弦晦數，睡餘蝴蝶夢魂清。天花散處宜蠲疾，不比文園露一莖。

寅恪案，河東君於崇禎七年初秋離嘉定返松江後，練川諸老當有孟子滕文公篇。所謂「孔子三月無君，則皇皇如也。」之情狀。（此「君」借作河東君之「君」。）故孟陽詩中應可發現痕迹。此二題初視之，似無關系。細繹之，實爲懷念河東君之作。前一題言全家秋雨時患病，諒是河魚腹疾之類，姑不置論。獨七八兩句乃追念河東君於七年暮春至初秋間寄寓城南之盛會。「南村剩客」疑指茂初而言，蓋松圓欲茂初至其家，與之商量招約河東君重來嘉定一事。故河東君於崇禎九年乙亥歲暮再游練川。觀孟陽和茂初「停雲」詩「相望經時滯乃翁」之句可證。詩題中之「有懷」乃懷茂初，兼懷河東君也。後一題懷念河東君之意，較前一題更爲明顯。第肆句乃合用李義山詩「一寸相思一寸灰」（見李義山詩集上「無題」四首之二，）及蘇東坡詩「月下縞衣來叩門」（見前引。）之意。七八兩句謂河東君既如天女之來散花於示疾之維摩詰丈室矣。今不應似司馬相如之爲卓文君而病消渴也。

「停雲次茂初韵」云：

> 停雲靄靄雨濛濛，相望經時滯乃翁。莫往豈能忘夙好，聊淹俄復得深衷。不愁急管哀絲迸，且喜殘年皓首同。况值新知多道氣，只言此地古人風。

寅恪案，李茂初原作今未得見，其以「停雲」爲題，固出陶淵明「停雲」詩序「停雲思親友也」之意。但李氏心中「雲」乃「阿雲」之「雲」。「停」則停留之意。夫河東君之於嘉定諸老，只可謂之「友」，而未能爲其「親」。且陶詩義正辭嚴，不宜借作綺懷之題。豈松圓後來亦覺此題未妥，遂以「緪雲」代之，而作七律八首耶？至若有學集玖紅豆初集「戊戌新秋日吴巽之持孟陽畫扇索題，爲賦十絶句。」其第拾首（錢曾王注本爲第貳首。）云：「依約情人懷袖裏，每移秋扇感停雲。」則「停雲」一辭，兼指孟陽及河東君而言，殊與「思親友」之義切合。此亦松圓茂初輩賦「停雲」詩時，所不及料者也。餘詳後論緺雲詩扇條。

李程二老賦停雲詩，疑在崇禎九年初春。蓋此題後一題爲「和爾宗春宴即事」詩。據列朝詩集孟陽詩選本，緺雲詩前，即春宴詩。但題上多「丙子立春」四字。依鄭鶴聲近世中西史日對照表，崇禎九年丙子無立春。但七年甲戌正月六日立春，十二月十七日又立春，八年乙亥十二月廿八日立春。寅恪以爲當日曆官定曆，必無一年之内，缺去或重複立春節氣之理。故知鄭表中七年歲末之立春，應移於八年歲初，而八年歲末之立春，應移於九年歲初。如此移置，方與當時事理及孟陽詩題符合。

又據耦耕堂存稿文中「祭李茂初」文略云：

崇禎歲丁丑春正月李茂初先生寢疾里中，會余留滯郡城。（寅恪案，「郡城」指蘇州言。明代嘉定爲蘇州府屬縣。孟陽此次至蘇州，疑是送牧齋被逮北行。俟考。）二月晦日挐舟候兄於室。先生顧余微笑。明晨復小語而別。又四日爲三月癸卯，先生終於正寢，春秋七十有四。越二七日丁巳表弟程某哭奠於几筵而告之曰：去歲之春，同游湖壖，尋花放狂，把燭迴舩。歡笑累夕，和詩幾篇。

寅恪案，孟陽祭茂初文作於崇禎十年丁丑。文中「去歲之春」指崇禎九年丙子之春。「尋花放狂」之「花」指河東君言，即孟陽「正月同李茂初沈彥深郊游，次茂初韵。」詩中（此題

「正月」二字從孫氏鈔本增補。全詩見下引。）所謂「尋花舍此復何之」之意也。考河東君以崇禎八年秋深別臥子於松江，重返盛澤鎮徐雲翾家。值此惆悵無聊之際，當思再作嘉定之游。何況練川諸老知其已脱幾社名士之羈絆，逸興野心，遂大發動，更復殷勤促其重來，以踐崇禎七年初秋相別時之宿諾耶？孟陽詩中「況值新知多道氣」句之「新知」自指河東君言。「新知」一辭，本出楚辭九歌少司命「樂莫樂兮新相知」之句，然松圓之意，注重在「樂」，而不在「新」。觀其後來所作「六月鴛湖飲朱子暇夜歸，與雲娃惜別」詩「一尊且就新知樂」之語，（全詩見下引。）足證其「新」字之界説。餘可參前論宋尚木秋塘曲序條，兹不復贅。

又杜工部集壹壹「過南鄰朱山人水亭」詩云：「看君多道氣，從此數追隨。」松圓用少陵「多道氣」之語，豈欲「從此數追隨」河東君耶？竊恐阿雲接對唐李程諸老之際，固多道氣，但其周旋宋轅文陳臥子李存我之時，則此「道氣」一變而爲妖氣，松圓於此可謂「枉抛心力」矣。又茂初卒於崇禎十年丁丑三月。其卒前一年，尚與此「多道氣」之「新知」相往來。論語里仁篇「子曰，朝聞道，夕死可矣。」朱注云：「道者，事物當然之理。苟得聞之，則生順死安，無復遺恨矣。」然則，若茂初者，殆可謂生順死安者歟？

「丙子立春和爾宗春宴即事」（「丙子立春」四字據列朝詩集所録增補。）云：

歸舠夜發促春盤，少長肩隨各盡歡。花鳥妝春迎宿雨，天雲釀雪作朝寒。何嫌趨走同兒戲，便許風流比書看。暈碧裁紅古來事，醉痕狼藉任闌干。

寅恪案，爾宗者，金德開之字。事迹見嘉定縣志壹柒忠節門本傳。其父兆登本末見耦耕堂存稿文下「都事金子魚先生行狀」及初學集伍肆「金府君墓志銘」等。又嘉定縣志叁拾第宅園亭門「金氏園」條云：

東清鏡塘北。中有柳雲居，（寅恪案，「柳雲」二字可注意，不知是否與河東君有關。俟考。）止舫，霽霞閣，冬榮館。金兆登闢。別有福持堂，在塔院西。兆登別業。

據此，崇禎九年丙子立春日爾宗之春宴，河東君當亦預坐。此詩第壹句之「歸舠」，乃指河東君此次來嘉定，寓居城外，或即南翔鎮之檀園。爾宗既設春宴於其城內之寓園，則城門夜深必須扃閉，故河東君不能甚晚返其城外居處，所謂「促」者，指時間之迫促。第貳句「少長盡歡」之「少」指爾宗輩，「長」指孟陽輩。第肆句暗藏「朝雲」二字，否則既是夜宴，何必用「朝」字也。

此詩第叁聯之「兒戲」「風流」甚合當時情事。第柒句疑用梁簡文帝「春盤賦」語。（寅恪檢佩文韵府壹一東紅韵下云：「梁簡文帝春盤賦，裁紅暈碧，巧助春情。又裁紅點翠愁人心。」今檢丁福保輯全漢三國晋南北朝詩全梁詩壹簡文帝「東飛伯勞歌」二首之一有「裁紅點翠愁人心」之句。元好問遺山詩集捌「春日」詩：「里社春盤巧欲争，裁紅暈碧助春情。」自注云：「歐陽詹春盤賦，裁紅暈碧，巧助春情，爲韵。」全唐文伍玖伍歐陽詹春盤賦及佩文韵府壹佰上十一陌碧韵下并同。但漢魏百三名家集及嚴可均輯全梁文簡文帝文等，皆無春盤賦。更俟詳考。）又後來河東君於崇禎十三年所賦「春日我聞室作，呈牧翁。」詩「裁紅暈碧泪漫漫」句，亦是追感此類春宴，所以有「泪漫漫」之語耳。「古來事」者，孟陽非僅謂自古相傳有此節物風俗，兼有和李茂初「停雲」詩，「只言此地古人風」之意。頗疑「此地古人風」之語，實出於河東君之口。作此等語，即所謂「道氣」者是也。觀此夕之春宴，河東君來去迫促如此，真玉溪生「重過聖女祠」詩所謂「蕚緑華來無定所，杜蘭香去未移時。」者也。（見李義山詩集上。）

「正月十一十二夜雲生留余家，與客連夕酣歌，醉餘夜深，徘徊寺橋，俯仰昔游，題三絶句。」云：

傷心無奈月明橋，秋水横波凝玉簫。十八回圓天上月，草芳何盡緑迢迢。

經過無處不關情，寺冷臺荒月自明。相見解人腸斷事，夜深閑上石橋行。

美人一去水連村，風月佳時獨掩門。今夕酒闌歌散後，珊珊邀得月中魂。

寅恪案，此題三絶句與緪雲詩八首殊有密切關係。不過孟陽此三絶句，止咏崇禎九年丙子正月十一十二兩夕，河東君留宿其家之奇遇。至緪雲詩八首，則爲總述河東君此次嘉定之重游，包括崇禎九年正月燈節前數日，在其家中小住後，至二月下旬離嘉定返盛澤，并去後不久時，相思甚苦之事實也。蓋蕚緑華之降羊權家，乃曠世難逢之大典，豈可以三絶句短章草率了事？但七律八首，又費經營，絶非一時所能寫就。職此之故，兩題内容固有相同之處，而作成時間，則有先後。頗疑緪雲詩之完成，當在河東君崇禎九年二月末，離去嘉定不久之後，即是年三月暮春也。

此詩題中之「昔游」，指崇禎七年七月十二夜，即今夕行所述之事，「雲生」指河東君，固不待言。考徐釚續本事詩伍袁宏道「傷周生」詩題下注云：

按吴人呼妓爲生。

據此，孟陽自可呼河東君爲「雲生」。又檢王聖塗辟之澠水燕談録拾「談謔」類（可參趙德麟令時侯鯖録捌「錢塘一官妓」條）云：

子瞻通判錢塘，嘗權領州事。新太守將至，營妓陳狀詞以年乞出籍從良。判曰：五日京兆，判狀不難。九尾野狐（寅恪案，趙氏書謂此妓「性善媚惑，人號曰，九尾野狐。」），從良任便。有周生者，色藝爲一州之最，聞之，亦陳狀乞嫁。惜其去，判云：慕周南之化，此意雖可嘉；空冀北之群，所請宜不允。其敏捷善謔如此。

然則呼妓爲「生」，宋人已然。但孟陽所以取男性之稱目之者，疑有其他理由。一方面河東君往往以男性自命，如與汪然明尺牘之稱「弟」及幅巾作男子服訪牧齋於半野堂等，即是其例。别一方面，則河東君相與往還之勝流，亦戲以男性之稱目之。如牧齋稱之爲「柳儒士」之例。（見牧齋遺事「國初録用前朝耆舊」條。）寅恪更疑此詩題中之「雲生」，其初稿當作「雲娃」，蓋用唐汧國夫人稱「李娃」之典（見太平廣記肆捌肆白行簡所撰李娃傳「汧國夫人李娃，長安之倡女也。」等語。）如其「二月上浣同雲娃踏青」及「六月鴛湖與雲娃惜别」等題，同一稱謂。（兩詩俱見下引。）後來發覺以「雲娃」爲稱，而留宿其家，甚涉嫌疑，兩方均感不便，遂改「娃」爲「生」，以圖蒙混歟？又吴梅村「琴河感舊詩」序亦稱卞玉京爲「卞生」。蓋以賦詩之際，雲裝亦將委身於人之故。此點可與孟陽詩題序相參證也。（見梅村家藏稿陸，并後論卞玉京事節。）

總而言之，牧齋於松圓與河東君之關係，雖不甚隱諱，然值此重要關頭，即「雲生留予家」之問題，則風流才子之錢謙益，亦不得不仿效陳腐迂儒之王魯齋柏，撰著「詩疑」，於鄭衛諸篇，大肆删削矣。呵呵！至題中之「寺橋」，第壹首第壹句之「橋」，第貳首第貳句之「寺」及第肆句之「石橋」，俱指西隱寺之橋，亦即孟陽改其名爲「聽鶯橋」者，見前論隱仙巷非别有邁園條及後論緪雲詩第貳首，「聽鶯橋下波仍緑」句，兹不多贅。

第壹首與杜牧之「寄揚州韓綽判官」詩：「青山隱隱水迢迢，秋盡江南草木凋。二十四橋明月夜，玉人何處教吹簫。」及孟浩然「留别王侍御維」詩：「欲尋芳草去，惜與故人違。」有關。（見全唐詩第捌函杜牧肆及同書第叁函孟浩然貳。）否則孟陽賦詩正值嚴寒草枯之際，焉得有第肆句「芳草何處緑迢迢」之語耶？更申言之，孟陽此首之意，大有玉溪生「小姑居處本無郎」（見李義山詩集中「無題」二首之二。）及辛稼軒詞「見説道，天涯芳草無歸路。」（見稼軒詞貳摸魚兒「王正之置酒小山亭賦」。）之微旨也。

第壹句所謂「傷心」者，鄙意河東君之爲人，感慨爽直，談論叙述，不類閨房兒女。觀前引宋尚木秋塘曲，知其當日在白龍潭舟中，對陳宋彭諸人，道其在周文岸家，不容於念西群妾事，絶未隱諱，可爲例證。由是推之，此次重游練川，亦必與孟陽言及其所以離松江遷盛澤之經過，而於其不能爲卧子家庭所容之原委，復當詳盡痛切言之也。「十八回圓天上月」者，蓋河東君於崇禎七年七月七夕後，離去嘉定，復於九年正月元日前重游練川。孟陽若忘却七年閏九月，不計在内，則其間天上明月正合十八回圓之數也。又白氏文集壹捌「三年别」七絶云：

悠悠一别已三年，相望相思明月天。腸斷青天望明月，别來三十六迴圓。

孟陽殆有取於香山此題。因三年别之語，若自河東君於崇禎七年孟秋離去嘉定，至松圓賦「正月十一十二夜」詩時，實際上雖非經過三十六月，但名義上亦可謂已閱三年矣。

第貳首第叁句所謂「腸斷事」者，不知孟陽指何方面而言。但河東君與孟陽兩人，皆有斷腸之事，即卧子送別河東君滿庭芳詞所謂「怨花傷柳，一樣怕黄昏。」者也。（全詞見下引。）

第叁首孟陽述其自崇禎七年秋間，河東君別後相思之苦及此夕即九年正月十一十二夜相見之樂。詩語雖不甚佳，但爲賦此題之本旨。其姍姍來遲，令人期待欲死之意，溢於言表矣。

上海前合衆圖書館藏吴興劉氏舊抄本耦耕堂存稿詩中，「絙雲詩」第捌首末句「風前化作彩雲行」下有朱筆評語云：

「彩雲」首尾呼應，是八首章法。音調凄惋，情致生動，是從長慶得來，與西昆（崑）艷詩有別。

寅恪案，此評語出自何人之手，今難考知。甚疑是孟陽同時之人。即使出自後人手筆，亦必其人生年與孟陽相近，尚能聞知當日故實，如孫松坪之流。否則不得親切若是也。至其言孟陽此詩「是從長慶得來，與西崑艷詩有別。」若就絙雲詩之意境言之，則頗與西崑近，而不似長慶。但就辭語論之，則實與香山之詩有關。檢白氏文集壹貳「簡簡吟」一題結語云：「彩雲易散琉璃脆。」此題後即「花非花」一題，其辭云：

花非花，霧非霧。夜半來，天明去。來如春夢幾多時，去似朝雲無覓處。

由此推之，孟陽賦朝雲詩實從香山「花非花」來。蓋河東君之「來無定所，去未移時。」

甚與樂天所言者符合。孟陽既取「花非花」辭意，以作朝雲詩，則用「簡簡吟」末句「彩雲」之語爲題，更賦彩雲詩八首，本極自然。但簡簡吟後半述蘇家小女之早夭，孟陽後來亦當發現其用此不祥之辭爲題，甚是不妥。因前賦正月十一十二夜三絕句時，撏撦樊川詩集得「孤直緪雲定」之句，（見全唐詩第捌函杜牧貳「贈沈學士張歌人」詩。）遂改「彩雲」爲「緪雲」。且與河東君之擅長歌唱者，頗相適合也。

「緪雲詩」八首，非一時所作。其完成時間，大約在崇禎九年暮春，前已略論及之。此題八首之作，其最前時限當是崇禎九年正月。其最後時限，亦不能越出是年三月也。此題八首既非一時所完成，其内容所述者，亦不止關涉一事。約略言之，可分爲四端。第壹第貳兩首爲言其寫作緪雲詩扇，（此扇有河東君畫像并孟陽自題詩。）第叁第肆兩首爲細寫河東君留宿其家。第伍第陸兩首爲敘述河東君之離去嘉定。第柒第捌兩首爲陳訴己身自河東君別後相思之痛苦。（寅恪案，徐電發續本事詩陸選松圓緪雲詩第壹第叁第柒共三首，亦可謂得其要領矣。）

凡此八首皆步一韵，與前此所賦朝雲詩有別。

耦耕堂存稿詩此題下并第陸第柒兩首上有評語云：

八詩同用一韵，比朝雲詩更工鍊矣。其用韵略無一意同者，而極自然，無斧鑿之迹，故佳。各詩承接俱能打成一片，正在起結處得力耳。不止以對句求工，押字取致而已。押争字各見筆力，尤在與前後一氣貫注，移動不得，乃見作法。

寅恪案，此等評語推崇至極，究屬何人所加，殊爲可疑。其非出自牧齋，固不待言。但當時稱賞松圓之詩，若此之甚者，舍牧齋外，又難覓其他相當之人。然則豈松圓本人所自爲耶？文士故作狡獪，古今多有之，不足异也。鄙意此題八首之用韵，實有問題。頗疑是次韵之作。蓋第伍首云：「艷曲傳來還共和。」據此可知當時松圓必有和河東君之篇什。或者緪雲詩八首，即步河東君原詩之韵者。此數年中所賦之詩，尚未發現有和河東君之作。但今檢耦耕堂集，河東君此原詩，乃孟陽所謂「艷曲」者歟？俟考。

茲依次移録緪雲詩八首，分別論釋之於下。

其一云：

彩雲一散寂無聲，此際何人太瘦生。香縱反魂應斷續，花曾解語欠分明。白團畫識春風在，紅燭歌殘夕泪争。從此朝朝仍暮暮，可能空逐夢中行。

其二云：

抹月塗風畫有聲，等閑人見也愁生。聽鶯橋下波仍緑，走馬臺邊月又明。芳草路多人去遠，梅花春近鳥銜争。殘更無寐難同梦，爲雨爲雲只自行。

寅恪案，有學集玖紅豆初集「戊戌新秋日吴巽之持孟陽畫扇索題，爲賦十絶句」其二（錢曾注本列爲第叁）云：

斷楮殘縑價倍增，人間珍賞若爲憑。松圓遺墨君應記，不是緪雲即送僧。（自注「孟陽別妓有緪雲詩扇。」）

有學集中此十絶句詳見後論。茲可注意者，爲牧齋此首自注「緪雲詩扇」一語。蓋詩扇有孟陽自書其贈妓詩，固不待言。但扇面空間不甚廣闊，緪雲詩八首，若全部盡書，則必是蠅頭小字，方可容納。松圓於崇禎九年已七十二歲，當時雖有眼鏡，松圓未必具此工具。（參初學集玖崇禎詩集伍「眼鏡篇送張七异度北上公車」詩。）故此詩扇之詩，應不能超過兩首。若依此限度，則當是此題之第叁首并第肆首，因此兩首乃述河東君留宿其家之事，且第叁首結語「彩雲緪定不教行」，實緪雲詩全部之核心，決無遺漏之理。又牧齋十絶句乃應吴巽之之請，題松圓畫扇者。據此可知雖稱之爲緪雲詩扇，其上除詩外，當尚有畫在。如松圓浪淘集壹叁春帆「墊巾樓中宋比玉對雪鼓琴，余戲作圖便面漫題。」之例，可以爲證。蓋通常團扇，兩面皆可作畫書字。其一面無縱貫之扇骨者，便於作畫。其別一面之貫有扇骨者，不礙作書。由此推之，牧齋所謂緪雲詩扇，仍爲松圓之畫扇，不過其別一面，則有孟陽自書之緪雲詩耳。緪雲一事乃松圓平生最得意者，故往往作畫題字以示密友。巽之此扇當亦其中之一，未必即是孟陽親贈與河東君者也。

緪雲詩第壹首第壹句「彩雲一散寂無聲」，固出李太白「宮中行樂詞」八首之一「只愁歌舞散，化作彩雲飛」（見全唐詩第叁函李白肆。）但「無聲」二字，松圓之意除指歌聲外，恐兼指扇上之畫言。蓋目畫爲無聲之詩，河東君離去，而畫圖仍在也。

第伍句「白團畫識春風在」，用梁武帝「手中白團扇，净如秋團月。」及簡文帝「白團與秋風，本自不相安。」并杜工部「畫圖省識春風面，環珮空歸月夜魂。」等詩句之典。（見丁福保輯全梁詩壹梁武帝「團扇歌」及簡文帝「怨詩」。并杜工部集壹伍「咏懷古迹」五首之三。）亦足證此句與第壹句皆謂扇上之畫也。

第陸句「紅燭歌殘夕泪爭」，用杜牧之「蠟燭有心還惜别，替人垂泪到天明。」及晏叔原詞「紅燭自憐無好計，夜寒空替人垂泪」之典，（見全唐詩第捌函杜牧伍「贈别」二首之二及晏幾道小山詞蝶戀花詞。）俱爲世人所習知，不過松圓以之作别妓詩，更覺適切也。

第柒第捌兩句自是出於宋玉高唐賦「旦爲朝雲，暮爲行雨。」之語。（見文選壹玖。）河東君此時以「朝」爲名，以「朝雲」爲字，如江總字總持，杜牧字牧之之例。特點出之，亦當日賦詩者之風氣。前第貳章已詳論之。

第貳首第壹句「抹月塗風畫有聲」，指扇上之詩言。蓋目詩爲有聲之畫也。

第叁句「聽鶯橋下波仍緑」，關於聽鶯橋一端，見上論西隱寺前石橋，本名「寶蓮」，松圓改爲「聽鶯」事，茲可不贅。

第肆句「走馬臺邊月又明」，其古典則用漢書柒陸張敞傳「敞無威儀，時罷朝會，過走馬章臺街，使御吏驅，自以便面拊馬。」之語及文選貳柒班婕妤怨歌行「新製齊紈素，皎潔如霜雪。裁爲合歡扇，團團似明月。」之句。（參玉臺新咏壹班婕妤「怨詩」。）蓋「便面」即扇。且「章臺街」一辭，復合於太平廣記肆捌伍許堯佐柳氏傳中「章臺柳」事。「團團似明月」，即「月又明」。并與第壹首第伍句有關。又松圓正月十一十二夜所賦三絕句之第叁首末句「姍姍招得月中魂」，亦與之有干涉也。其今典則借用南翔鎮「走馬塘」之名。（見陳枏校印南翔鎮志壹水道門「走馬塘」條。）而以漢書張敞傳中「過走馬章臺街」之「臺」代「塘」。并取許堯佐柳氏傳中「章臺柳」故事，混合融貫，足見此老之匠心。故此次河東君之游嘉定，寄居之處，與檀園及李茂初有關，亦可藉是推知矣。餘可參前論松圓「秋雨端居有懷」及「停雲次茂初韵」兩詩條。

「芳草路多人去遠，梅花春近鳥銜爭」一聯，上句謂河東君已離嘉定返盛澤，據此可知絙雲詩第壹首第貳首，雖排列最前，但其作成之時間，實在第叁第肆兩首之後矣。下句有「梅花春近」之語。考明末曆官所定節氣，梅花開時，常與春分相近。東山酬和集貳「（崇禎十四年）二月十二日春分日橫山晚歸作」有句云：「殘梅糝雪飄香粉。」依鄭氏近世中西史日表，崇禎十四年春分在二月十日，即陽曆三月廿日。崇禎九年春分在二月十四日，即陽曆三月廿日。鄭氏所推算，雖與當時所用之曆微有差錯，但春分在陰曆二月，則絕無可疑。松圓崇禎九年有「二月上浣同雲娃踏青」詩，（全詩見下引。）可知河東君此次之去嘉定，適在梅花開放，而包含春分節氣之二月。此爲第壹第貳兩首作於第叁三首第肆首以後之又一旁證也。

其三云：

朝簷天外鵲來聲，夜燭花前太喜生。婪尾宴收燈放節，埽眉人到月添明。香塵澒洞歌梅合，釵影差池宿燕争。等待揭天絲管沸，彩雲絙定不教行。

其四云：

梅飄妝粉聽無聲，柳著鵝黄看漸生。雷茁玉尖梳底出，雲堆煤黛畫中明。（列朝詩集「雲」作「雪」。）不嫌昼漏三眠促，方信春宵一刻争。背立東風意無限，（列朝詩集「無」作「何」。）衱腰珠壓麗人行。

寅恪案，此兩首皆與上引「正月十一十二夜雲生留余家」三絕句同咏一事。第叁首「婪尾宴收燈放節，埽眉人到月添明」聯，即三絕句題序中之「正月十一十二夜雲生留余家」也。「香塵澒洞歌梅合，釵影差池宿燕争」聯，即三絕句題序中之「與客連夕酣歌」也。

第叁首第貳句出杜工部集拾「獨酌成詩」所云：

燈花何太喜，酒緑正相親。醉裏從爲客，詩成覺有神。兵戈猶在眼，儒術豈謀身。共被微官縛，低頭愧野人。

又少陵此詩如「醉裏從爲客」及「兵戈猶在眼」諸句，亦甚切合松圓當日情事，惟松圓以「山人」終老，則與杜詩結語不合耳。

第柒第捌兩句，乃合用列子湯問篇秦青「撫節悲歌，聲振林木，響遏行雲」及杜牧之「贈沈學士張歌人」詩「孤直緪雲定」之典，不僅爲全首之警策，亦全部八首主旨之所在也。

夫河東君既於崇禎九年正月十一十二夜留宿松圓之家，松圓自不能不作畫以寫其景，賦詩以言其事。此第肆首即寫景言事之篇什，亦即緪雲詩扇有畫之一面所繪者也。才調集伍元微之「離思」六首之三「閑讀道書慵未起，水晶簾下看梳頭。」孟陽竊取其意以作畫，并采用東坡集玖「續麗人行」之辭旨以賦此首，故緪雲詩扇今雖不存，但觀緪雲詩第肆首亦可想見扇上所繪之大概也。孟陽賦詩以「慵未起」及「看梳頭」爲主旨，則其所畫者，當從美人曉妝之後面描寫，而東坡所賦「續麗人行」題序云「李仲謀家有周昉畫背面欠伸内人，極精，戲作此詩。」等語，正是孟陽心中所欲繪者，故東坡此詩亦可謂孟陽畫圖之藍本矣。兹移録蘇詩於下，讀者可自得之，不必詳論也。蘇詩云：

深宫無人春日長，沈香亭北百花香。美人睡起薄梳洗，燕舞鶯啼空斷腸。畫工欲畫無窮意，背立東風初破睡。若教回首却嫣然，陽城下蔡俱風靡。杜陵饑客眼長寒，蹇驢破帽隨金鞍。隔花臨水時一見，只許腰肢背後看。心醉歸來茅屋底，方信人間有西子。君不見孟光舉案與眉齊，何曾背面傷春啼。

第肆首之辭語，除與蘇詩有關者可以不論外，唯其中「雷茁玉尖梳底出，雲堆煤黛畫中明。」一聯，尚需略加考釋。此聯上句述河東君晨起自梳頭事。「玉尖」疑用韓致堯「咏手」詩「腕白膚紅玉筍芽，調琴抽綫露尖斜。」（見全唐詩第拾函韓偓肆。）至「雷茁」兩字連文，寅恪淺陋，尚未見昔人有此辭語，前引孫松坪主纂之佩文韵府，亦僅著松圓此詩。據是推之，似是孟陽創作。李義山詩集上「柳」詩云：「巴雷隱隱千山外，更作章臺走馬聲。」意者河東君此次之游嘉定，已改易原來姓名之「楊朝」爲「柳隱」。松圓遂聯想張敞走馬章臺街及韓翃章臺柳故事，借用玉溪生詩，創此新辭耶？俟考。下句述河東君自畫其眉事。蓋松圓無張京兆之資格及幸運也。（戊寅草有「爲郎畫眉。代人作。」一詩，列於「朱子莊雨中相過」七古之後，辭意俱不易解。未知與朱氏有無關系，姑附識於此，以供參考。）「雲堆」，若依耦耕堂存稿詩鈔本，則「雲」指髮言，固可通。若依列朝詩集及佩文韵府作「雪堆」，（孫氏所據何本，今不可考。）則「雪」謂手，指肌膚皎若冰雪，畫眉用煤黛，故黑白逾分明也。兩説未知孰是，更俟詳檢。第柒句「背立東風意無限」，列朝詩集「無」作「何」，雖皆可通，但蘇詩爲「畫工欲畫無窮意，背立東風初破睡。」故仍以作「無限意」爲是。「窮」改「限」以協平仄，且「無限」一辭，有李太白清平調第叁首「解释春風無限恨」之成語可依據也。若謂此首第壹句有「無」字，第柒句因改「何」字以避重複，此則拘於清代科舉制度習慣所致，昔人作詩，原不如是，即觀本文所引明末諸人篇什，可以證知，不必廣徵也。

其五云：

十夕閑窗歌笑聲，緑苔行迹見塵生。亂飛花片渾亡賴，（列朝詩集「亡」作「無」。）微露清光猶爲明。艷曲傳來還共和，新圖看去不多争。遥知一水盈盈際，獨怨春風隔送行。

其六云：

昨夜風前柔櫓聲，無情南浦緑波生。飛花自帶歸潮急，落月猶懸宿舸明。（列朝詩集「落」作「殘」。）泖色曉分婁苑盡，人烟暗雜語溪争。春雲倏忽隨春夢，難卜燈花問遠行。

寅恪案，此兩首雖俱述河東君離去嘉定事，但第伍首言河東君以詩留别，不及送行，第陸句則泛論河東君歸程也。前首有「亂飛花片渾亡賴」，後首有「飛花自帶歸潮急」，故知河東君去時必是飛花時侯。韓君平「寒食」詩云：「春城無處不飛花，寒食東風御柳斜。」（見全唐詩第肆函韓翃叁）據鄭氏近世中西史日表，崇禎九年清明爲二月廿九日。然則河東君之去嘉定，乃在是年二月下旬。緪雲詩第柒首「三月天涯芳草歇，一番風信落花争」亦可參證也。

第伍首「十夕閑窗歌笑聲」句非謂河東君連續十夕留宿其家，不過如正月十一十二夜兩夕及二月上浣同雲娃雨宴達曙一夕之例，即緪雲詩第壹首「香縱反魂應斷續」之意也。

第伍句「艶曲傳來還共和」之「艶曲」，疑即是遣人送詩告别之作，而緪雲詩乃次此詩之韵。既有「共和」一語，則嘉定諸老中，除孟陽外，當尚有他人和詩，惜河東君原作及他人和篇皆不可見矣。（寅恪偶檢徐康前塵夢影録下，「先叔父鴻寶至平橋書肆小憩」條云：「書賈出河東君詩四本，卷帙甚薄，丹黄殆遍，系河東君手録底本。中有與松圓老人倡和，及主人紅豆詩甚多。」徐氏所言，或爲河東君選録底本，未必是游嘉定時之作品也。俟考。）

第陸句「新圖看去不多争」之「新圖」，當即孟陽此時新繪緪雲詩扇上河東君之像。「不多争」者，謂相差無幾。今世所傳河東君畫像，自顧云美後，亦頗不少。但皆非如松圓所畫者，對人對景直接摹寫之真能傳神，又不待言也。

第柒第捌兩句依孟陽之意，謂河東君怨其不來送行，竊恐適得其反。蓋河東君獨往獨來，雖其特性，然亦視情誼而有區分。如陳卧子於崇禎八年秋深，由松江送其赴盛澤鎮，至武塘始别去，可以證知。此次之離嘉定，則不欲諸老相送，恐非遵孔子「老者安之」之義。不過畏松圓諸人，臨别之際，依戀不舍，情態難堪。故出此策，以避煩擾耳。龔自珍「袁浦别妓」詩

（見定庵文集補「己亥雜詩」中之「囈詞。」）云：

金鉢花盡月如烟，空損秋閨一夜眠。報道妝成來送我，避卿先上木蘭船。

此爲男避女送行之辭，與柳程此次之事相反，但依第陸首「落月猶懸宿舸明」句，可知河東君亦避孟陽，先上木蘭船也。

第陸首「泖色曉分婁苑盡，人烟暗雜語溪争」一聯之「泖」「婁」及「語溪」，乃指河東君由嘉定返江浙交界之盛澤鎮，舟行所經松江嘉興之地名。（見嘉慶一統志捌貳江蘇松江府壹「泖湖」條及同書貳捌陸浙江嘉興府壹「語兒溪」條并浙江通志壹壹山川門叁「語兒溪」條。）第柒句用范致能詞「燈花結，片時春夢，江南天闊。」之語。（見范成大石湖詞秦樓月詞。）第捌句用郭彦章鈺送遠曲「歸期未定須寄書，誤人莫誤燈花卜。」之句（見顧嗣立元詩選初集辛静思集。）與第叁首「夜燭燈前太喜生」句，一喜其來，一念其去，兩相對映也。

其七云：

夜半空階細雨聲，曉寒池面綠萍生。（佩文韵府引此詩「曉」作「晚」。）悠悠春思長如夢，耿耿閑愁欲到明。三月天涯芳草歇，一番風信落花争。茫茫麥秀西郊道，不見香車陌上行。

其八云：

閑坊歸處有鶯聲，白髮傷春泪暗生。無計和膠粘日駐，枉拌不睡泥天明。千場緑酒雙丸瀉，一朵紅妝百鎰争。（寅恪案，此一聯用全唐詩第叁函李白貳肆「贈段七娘」七絶「千杯緑酒何辭醉，一面紅妝惱殺人。」二句。又上句可參第叁首所引杜工部「獨酌成詩」五律。）不見等閑歌舞散，風前化作彩雲行。

寅恪案，此兩首皆松圓自述河東君於崇禎九年二月末落花時節，離去嘉定後，其單相思之苦痛，并追憶前此河東君留宿其家之事也。

第柒首「夜半空階細雨聲，曉寒池面緑萍生。」禮記陸「月令」云：「仲春之月，萍始生。」孟陽此年有「二月上浣同雲娃踏青歸，雨宴達曙。」詩云：「醉愛雨聲籠笑語，不知何事怨空階。」即指此次郊游踏青，留宿其家之事。同一聽雨，昔樂今愁，所以續以「悠悠春思長如夢，耿耿閑愁欲到明。」一聯也。此次踏青之地，不知在何處，但必在近郊無疑。當時孟陽移居西城，或即第柒句所謂「西郊」者耶？第伍句「三月天涯芳草歇」之「芳草」，或即指踏青詩「天粘碧草度弓鞵」之「碧草」歟？

第捌首「閑坊歸處有鶯聲」，當是追憶崇禎九年正月十一十二夜留宿其家，歡歌醉餘徘徊寺橋之事。（見前。）此寺橋即西隱寺之寶蓮橋，後來孟陽改其名爲聽鶯橋者。此次河東君留宿其家，實爲柳程兩人交誼之頂點。故以此事作絚雲詩之總結。然今日吾人讀至「一朵紅妝百鎰争」之句，不禁爲之傷感，想見其下筆時之痛苦也。平心而論，河東君之爲人，亦不僅具有黄金百鎰者，所能争取。觀謝象三不能如願之事，可以證知。若孟陽心中獨以家無百鎰，不能與人競争爲恨，則未免淺視河東君矣。

松圓完成緪雲詩八首，大約在崇禎九年三月暮春。前已考論。河東君離去嘉定在是年二月末，此次來嘉定除上論諸詩外，孟陽尚有二詩與之有關，兹移録於後。

「〔正月〕同李茂初沈彦深郊游，次茂初韵。」云：

> 貯得瑶華桃李時，尋花舍此欲何之。陶情供具衰年樂，送老生涯畫史痴。地僻扶携窺粉黛，林深枕藉共糟醨。衹傳吹角城頭早，秉燭留歡每恨遲。

「二月上浣同雲娃踏青歸，雨宴達曙。用佳字。」云：

> 客來蘭氣滿幽齋，少住春游興亦佳。霞引秾桃褰步障，天粘碧草度弓鞵。烟花徑裊嬋娟入，山水亭孤竹肉諧。醉愛雨聲籠笑語，不知何事怨空階。

寅恪案，前詩題中之李茂初，上已屢論，今不更贅。惟沈彦深本末尚未述及，兹略考之。嘉定縣志壹捌孝義傳沈宏祖傳（參侯忠節公全集肆「次張西銘翰林韵，賀沈彦深得雄。」二首。）云：

> 沈宏祖字彦深，高才博學。崇禎壬午奉文改兑漕米。申荃芳等赴闕上書，疏出宏祖手。

嘗佐有司賑荒，民得實惠。

孟陽詩「貯得瑶華桃李時，尋花舍此欲何之。」者，意謂此時正貯得艷如桃李，絶代名花之河東君，更何必往他處尋花乎？非謂正月嚴寒之時，桃李花開也。「尋花」一辭，可參上論孟陽祭李茂初文。第肆句「畫史痴」之語，孟陽以能畫而痴絶之顧虎頭自比，固亦確切。但未具顧氏棘針釘鄰女畫像之術，以釘河東君之心，殊爲遺憾也。（見晉書玖貳顧愷之傳。）此詩下半四句謂與李沈諸人擁護河東君傍晚時郊外野餐，深恨城門將閉，不得盡歡。考當時茂初年七十三，孟陽年七十二，彦深此年雖非如李程之老耄，然依張西銘侯廣成作詩賀其得雄言之，當是中年或中年以上。蓋侯忠節公全集肆賀彦深得雄詩之前一題，爲「秦淮五日」，後一題爲「南州送子演婚」。侯氏以崇禎十一年春由南京司勛郎中升江西督學，赴南昌任所。綜合推之，彦深與河東君郊游之時，其年齡亦非甚少可知。河東君崇禎九年丙子，年十九，素不畏冷，（見下論有美詩等。）衝寒郊游至於日暮，本不足异，獨怪李程二老忍寒冒險，不惜殘年，真足令人欽服。更可笑者，河東君夙有「美人」之稱。「美人」與「嬋娟」二字有關，前第貳章已詳論之。松圓此詩中第伍句「烟花徑裊嬋娟入」，實指美人，即河東君，殊非泛語。寅恪忽憶幼時所誦孟東野「偶作」詩（見全唐詩第陸函孟郊貳）云：

利劍不可近，美人不可親。利劍近傷手，美人近傷身。道險不在廣，十步能摧輪。情愛不在多，一夕能傷神。

檢緗雲詩第伍首有句云：「十夕閑窗歌笑聲」，然則松圓詩老獨不慮此「美人」「十夕」之「能傷神」耶？

後詩前已多所論及，茲不復贅。但詩題有「用佳字」之語，當是分韻賦詩。今日河東君原作已不可見，惜哉！此夕在崇禎九年丙子二月上浣，一年以前，正是河東君與卧子同居松江徐氏南樓之際。回憶當時春閨夜雨，睹景懷人，必甚痛苦。其情感絕不同於孟陽此詩結語之歡樂無疑。顧孟陽未必能察其內心耳。觀後來河東君賦金明池咏寒柳詞有「春日釀成秋日雨，念疇昔風流，暗傷如許。」等句（全詞見下引。）則其聽春雨而傷懷抱，非出偶然，亦可證知矣。

茲有一問題，即河東君何時改易姓名爲柳隱？此點俟論卧子所刻戊寅草及其「上巳行」詩時詳之，暫不多贅，但緗雲詩第貳首「走馬臺邊月又明」，第肆首「柳著鵝黄看漸生」及「不嫌畫漏三眠促」等句，似亦暗示河東君此時，即崇禎九年春間，已改易姓名爲「柳隱」矣。夫河東君原姓楊，又有章臺柳之故事，其改楊爲柳，本極自然，不待多論。唯關於「蘼蕪」爲字一點。則不得不略加考辨。（寅恪案，葛昌楣君蘼蕪紀聞上載王士禄宫閨氏籍藝文考略，一名然脂集，引古今談概云：「字蘼蕪。」但今檢文學古籍刊行社重印馮夢龍此書，未見王氏所引之文。鄧漢儀天下名家詩觀貳集附閨秀別卷柳因小傳云：「字蘼蕪。」似爲較早之紀録。）

牧齋遺事（參用虞陽説苑本及古學業刊本。）云：

一門生具腆儀，走幹僕，自遠省奉緘於牧翁。內列古書中僻事數十條，懇師剖晰。牧翁逐條裁答，復出己見，詳加論定。中有惜惜鹽三字，其出處尚待凝思。柳姬如是從旁笑曰：太史公腹中書乃告窘耶？是出古樂府。惜惜鹽乃歌行體之一耳。鹽宜讀行，想俗音沿訛也。牧翁亦笑曰：余老健忘。若子之年，何待起予？

寅恪案，世人多喜傳誦此事，以爲談助，不知河東君之調牧翁，兩人之間皆有隱情，不便明言。後之讀牧齋遺事此條者，未必能通解也。容齋續筆柒「昔昔鹽」條，考辨精詳，牧齋自必約略記憶。河東君亦博涉書史，其能舉此條以對錢氏門生之問，固不足異。夫薛道衡昔昔鹽云：「垂柳覆金堤，蘼蕪葉復齊。」（見漢魏六朝百三名家集薛司隸集樂府。）玉臺新咏壹古詩第壹首云：「上山采蘼蕪，下山逢故夫。」河東君既離去陳臥子，改姓爲柳，其以蘼蕪爲字，本亦順理成章之事。容齋之書考昔昔鹽甚詳，河東君流覽及之，又所當然也。夫牧齋家富藏書，且多善本。其所見之本，必不止崇禎初年謝三賓馬元調所刻者，自不待言。至若河東君則情勢迥異。所見者，必是謝馬之本。其最初或即從幾社名士處。若不然，稍後亦可從嘉定唐叔達程孟陽諸老處，至遲更可從謝象三處得見謝馬所刻容齋此書也。

今檢謝三賓刻容齋隨筆卷首馬元調紀事略云：

間以示玉繩周子，讀之盡卷。惘然曰：「古人學問如是，吾儕窮措大，縱欲留意，顧安所得書？又安得暇日乎？」已而周子入翰林爲修撰，寄語：「子今不患無書可讀矣。」周子謝不敏，報書：「吾則未暇，留以待子。」蓋戲之也。去年春，明府勾章謝公，刻子柔先生等集，工匠稿不應手，屢欲散去。元調實董校勘，始謀翻刻，以寓羈縻。明序遂爲之序。復紀其重刻之故，以告我後人。嗟乎！二十年間，曩時相與讀是書者，遭逢聖明，當古平章軍國之任。元調獨窮老不遇，啜粥飲水，優游江海之濱，聊以整頓舊書爲樂事。曾不得信其舌而奮其筆，何托落之甚也。上有稷卨，下有巢由，道并行而不相悖，均之爲太平之象，亦各言其志也已。崇禎三年三月朔，嘉定馬元調書於僦居之紙窗竹屋。

寅恪案，此刻本當即河東君所見者，其所關涉之二人，一爲謝三賓，乃牧齋之情敵，俟後詳論。一爲周延儒，即馬氏所謂「玉繩周子」，乃牧齋之政敵。周氏事迹及牧齋閣訟始末，詳見史籍，茲不必述。據陳盟崇禎閣臣年表，延儒初次爲相，其時間自崇禎二年十二月至六年六月。則謝馬兩氏校刻馮氏書時，正周氏當國之日。馬氏盛稱周氏之美，當爲牧齋所不喜。牧齋平生豁達大度，似頗有宰相之量。獨於閣訟一事，則憤激不堪，頗异其平日常態。如鄭方坤本朝名家詩鈔小傳上東澗詩鈔小傳云：

其平生所最抱恨者，尤在閣訟一節。每一縱談及之，輒盛氣健涌，語雜沓不可了。

可以爲證。然牧齋之對待政敵，殊有前後之分別。於温體仁始終痛恨，於周延儒，則周氏第壹期爲相，與温氏鉤連，即閣訟有關之時期，遂亦怨之。及周温俱罷相，温又先死，牧齋乃欲利用玉繩，冀其助己，稍變前此態度。後因周氏阻其進用，遂更痛恨。綜觀前後，雖有异同，但錢周兩人終是政敵，而於閣訟一端，尤爲此事之關鍵也。至於男女間之問題，牧齋固不甚注重。然亦非全不介意。觀其曾隱諱河東君與陳臥子程孟陽關係中最親昵之事件，即可推知，故謝柳之問題，應亦有類似之處。此政敵情敵兩點，爲河東君所夙知，故兩人於此微妙之處，皆心知其意。不肯道破。後人因此記載，遂以爲牧齋真如師丹之老而健忘及河東君之博聞强記者，此真黄山谷所謂痴人前不得説夢者也。

又牧齋尺牘貳與毛子晋第壹叁通云：

昔昔鹽記得升庵詩話中有解。老學昏忘，苦不能記。問何士龍（雲）當知之。

或疑牧齋遺事所載一段故事，即由此札衍變而成者，亦殊有可能。今檢升庵合集壹肆肆詩話中，確有此條。可見牧齋之記憶力老而不衰，非師丹之比，於此得一例證。其記憶既如此之强，豈不記有宋代洪邁之容齋隨筆，而僅舉本朝楊慎之升庵詩話。且囑其轉問何云耶？鄙意牧齋深惡周延儒。容齋之書，乃由謝馬二氏希迎玉繩之旨，重刻傳播，盛行一時，此點上已論及。牧齋之故意避而不言洪書，轉作遜詞以謝毛氏者，與前引笑答河東君之語，其用意正復相同也。附識於此，以供參究。

復次，仲虎騰盛湖志補叁「柳如是青田石書鎮」條云：

石長二寸五分，廣二之一，刻山水亭榭。款云：「仿白石翁筆。」小篆頗工致。面鐫：「崇禎辛巳暢月，柳蘼蕪製。」舊藏梅堰王硯農征士之家。

寅恪案，此書鎮後人頗多題咏，如仲氏所引張鑒於源諸家詩，即是其例。但此書鎮鐫有「崇禎辛巳暢月，柳蘼蕪製。」等語，則暢月爲十一月，蓋禮記「月令」略云：「仲冬之月，命之曰暢月。」夫崇禎十四年辛巳六月七日河東君與牧齋結褵於茸城舟中。故此後不能再以蘼蕪爲稱，否則「下山逢故夫」之句，將置牧齋於何地？由是言之，此書鎮乃是贋品。更嚴格言之，則蘼蕪之稱，則止能適用於崇禎八年首夏以後至十四年六月七日以前。今人通以蘼蕪稱河東君，如葛氏蘼蕪紀聞之類，亦微嫌未諦也。或疑河東君之稱，亦自崇禎十三年冬錢柳遇見後始有之。若顧云美河東君傳之題，亦未能概括一生始末。寅恪竊謂不然。夫河東君閲人多矣，如王勝時所謂「蘼蕪山下故人多」者，（見王澐虞山柳枝詞第壹肆首。）斯乃當時社會制度壓迫使然，於此可暫不論。但終能歸死於錢氏，殺身以報牧齋國士之知，故稱河東君，以概括一生始末，所以明其志，悲其遇，非偶然涉筆之便利也。職是之故，寅恪此文亦仿顧氏先例，稱河東君，并略申鄙意，以求通人之教正。

復次，書鎮之爲僞造，既如上述，但徐乃昌小檀欒室閨秀詞鈔載趙儀姞棻濾月軒詩餘（參胡文楷君婦女著作考壹柒清代壹壹「濾月軒集」條。）金明池一闋，乃咏河東君書鎮并次河東君「咏寒柳」詞韵者，以其爲女性所撰，且與河東君最佳之作品有關，故附録之。至書鎮之真僞及蘼蕪稱號之不適切，則置之不論可也。

儀姞金明池并序云：

震澤王研農藏河東君書鎮，青田石，高寸餘，刻山水亭榭。款云：「仿白石筆。」小篆字。面鎸「崇禎辛巳暢月柳蘼蕪製」十字。研農方搜輯河東君詩札爲蘼蕪集，將以付梓。適得此於古董肆，云新出土者。自謂冥冥中所以酬晨抄暝寫之勞也。余見其拓本，因題此闋，即用蘼蕪集中「咏寒柳」韵。

片玉飛來，脂香粉艷，解佩疑臨蘭浦。誰拾得，絳雲殘燼，嘆細帙，早成風絮。賸芳名，巧琢苕華，揮小草州，依約芝田鶴舞。伴十樣濤箋，摩挲纖手，記否我聞聯句。

玉樹南朝霏泪雨。共紅豆春蕤，飄零何許。沾幾縷，緑珠恨血，只畫裏，山川如故。二百年，洗出苔痕，感詞客多情，燃膏辛苦。想蘇小鄉親，三生許認，試聽深篁幽語。（原注：「河東君原楊氏，小字影憐，盛澤人。」）

更有一趣味之事，即牧齋與絙雲詩之關係。請略論之。牧齋於列朝詩集中選録松圓絙雲詩八首全部，不遺一篇，其注意此詩，自不待言。今檢有學集玖「戊戌新秋日吴巽之持孟陽畫扇索題爲賦十絶句（寅恪案，吴巽之名士權。見汪然明春星堂詩集叁西湖韵事「雪後吴巽之集同社邀鄒臣先生探梅聞笛」詩，附吴士權次韵。又閔麟嗣纂黄山志伍藝文門載吴士權「别湯泉小札」云：「今來故鄉。」然則巽之乃徽州人，與程孟陽爲同鄉也。）云：

長日繙經懺昔因，西堂香寂對蕭晨。前塵影事難忘却，只有秋風與故人。

斷楮殘縑價倍增，人間珍賞若爲憑。松圓遺墨君應記，不是絙雲即送僧。（自注：「孟陽別妓有絙雲詩扇。」）

參錯交蘆黯淡燈，扁舟風物似西興。每於水澗雲多處，愛畫袈裟乞食僧。

畫裏僧衣接水文，菰烟蘆雨白紛紛。看他皴染無多子，只帶西灣幾片雲。

細雨西樓墊角巾，鬢絲香篆浄無塵。如今畫裏重看畫，又説陶家畫扇人。

落葉蕭疏破墨新，摩挲手迹話沾巾。廿年夜月秋燈下，無復停歌染翰人。

輕鷗柔櫓幕江烟，櫓背三僧企脚眠。只欠渡頭麾扇叟，岸巾指點泛江船。

春水桐江訣别遲，孤舟摇曳斷前期。可憐船尾支頤者，還似江干招手時。

一握齊紈揚劫灰，封題鄭重莫頻開。祇應把向西臺上，東海秋風哭幾回。（錢曾有學集詩注本「東」作「遼」。）

秋風廿載哭離群，泉路交期一葉分。依約情人懷袖裏，每移秋扇感停雲。（此首錢曾注本爲第貳首。其餘各首排列，依次順推。）

寅恪案，此十絶句甚佳。然欲知詩中所言之事實，則須取牧齋及孟陽兩人其他諸作參之，始能通解。

初學集肆陸「游黄山記」序云：

辛巳春余與程孟陽訂黄山之游。約以梅花時相尋於武林之西溪。逾月而不至。余遂有事於白岳，黄山之興少闌矣。徐維翰書來勸駕，讀之兩腋欲舉，遂挾吴去塵以行。（可參後論東山酬和集有關吴拭條。）

列朝詩集丁壹叁程嘉燧之傳云：

辛巳春孟陽將歸新安。余先游黄山，訪松圓故居，題詩屋壁。歸舟抵桐江，推篷夜語，泫然而别。

耦耕堂存稿詩首載耦耕堂自序云：

庚辰春主人（寅恪案，「主人」指牧齋。）移居入城，余將歸新安。仲冬過半野堂，方有文酒之宴。留連惜别，欣慨交集。且約偕游黄山，而余適後期。辛巳春，受之過松圓山居，題詩壁上。歸舟相值於桐江，篝燈永夕，泫然而别。

同書下「和錢牧齋過長翰山居題壁詩」序云：

辛巳三月廿四日未至桐廬廿里，老錢在官舫，揚帆順流東下。余喚小漁艇絶流從之。同宿新店，示黃山新詩，且聞曾至余家，有題壁詩。次韻一首。

耦耕堂存稿文下「古松煤墨記」略云：

長翰山故多喬木，古宅後巨松千尺。千餘年物也。逾年生意頓盡。余博訪古燒松擣煤之法，得之周藩宗侯。歲辛巳自吴裹糧歸，董治之。墨成，命曰古松煤。是年春海虞錢學士游黃山，過山居看松題詩而去。

同書同卷「題歸舟漫興册」略云：

崇禎辛巳三月歸自湖上，將入舟，則錢老有歸耗矣。（可參後論東山酬和集與此有關諸條。）庚辰臘月望，海虞半野堂訂游黃山。正月〔十〕六日牧翁已泊舟半塘矣。（寅恪案，「六」字上當缺「十」字。茲據東山酬和集壹柳錢沈蘇諸人上元夜詩補「十」字。）又停舟西溪，相遲半月，乃先發。余三月一日始入舟，望日至湖上，將陸行從，而忽傳歸耗，遂溯江逆之，猶冀一遇也。未至桐廬二十里，而官舫挾兩舸揚帆蔽江而下。余駕漁艇，截流溯之，相見一笑。隨出所收汪長馭家王蒙九峰圖及榆村程因可王維江雪卷同觀，并示余黃山紀游諸詩。讀未半，而風雨驟至，敧帆側舵，雲物晦冥，溪山改色。因發錢塘梁娃所貽關中桑落，共斟酌之，（寅恪案，此「梁娃」疑是梁喻微。可參後論林天素柳如是尺牘小引「時唱和有女史纖郎」句下所考。）不覺迫暮。同宿新店下，去富陽不遠矣。知老錢曾獨訪長翰山居，留詩松圓閣壁，看松於舊宅之旁，由南山鴐取徑而去。

綜觀上列錢程諸作，知牧齋詩所言者，爲與孟陽生離死別之情況也。第叁首云「愛畫袈裟乞食僧。」則孟陽畫扇上舟中之人，牧齋皆以僧目之。第柒首云「櫓背三僧企脚眠」（可參康熙乙丑金匱山房本有學集肆陸「題李長蘅畫扇册」第玖則。）第捌首云「可憐船尾支頤者。」皆畫中之僧。「三僧」即牧齋吴去塵及孟陽。第柒首中「渡頭麾扇」，「岸巾指點」及第捌首中「江干招手」之人，即孟陽與牧齋最後訣別時之狀。第貳首中「送僧」之「僧」，乃牧齋自謂之辭。蓋牧齋於明亡以後，即以空門自許。必作如是解，然後知第貳首中（錢遵王注本爲第叁首。）「不是緪雲即送僧」之意，乃謂松圓遺墨之最有價值者，實爲有關河東君及本人之作品。觀第貳首原注，則又知孟陽當日爲河東君畫像并自書緪雲詩於扇上，以贈河東君。河東君尚藏此扇，而牧齋猶見及之也。第伍首云：「細雨西樓墊角巾」者，孟陽流寓嘉定時，居汪無際墊巾樓，前已論及。吴巽之索題之扇，不知何時所畫。至於緪雲詩扇，雖亦非孟陽居此樓時所作，但「西樓」二字，當從晏小山蝶戀花「別恨」詞「醉別西樓醒不記，春夢秋雲，聚散真容易。」而來。晏氏之詞本綺懷之作，亦正與緪雲詩情事相類，可以借用也。第玖首中「東海揚塵」「西臺慟哭」（見謝翺晞髮集拾登西臺慟哭記。）亡國遺民之語，不忍卒讀。子陵釣臺復是當日錢程二人經過之地也。第拾首云：「秋風廿載哭離群」者，錢程二人自崇禎十四年辛巳暮春別後（可參「春水桐江訣別遲」句。）至順治十五年戊戌新秋吴巽之持扇索題時，將近廿年矣。

牧齋此十首詩中，三用「秋風」之語，自與吴巽之索題時之新秋季節及班婕妤「怨歌行」有關（見文選貳柒樂府上及玉臺新咏壹。）不待贅言。但第壹首云：「前塵影事難忘却，只有秋風與故人。」第玖首云：「祇應把向西臺上，東海秋風哭幾回。」則借用世人所習知之張季鷹「因見秋風起，乃思吴中菰菜蓴羹鱸魚膾。」故事，（見晉書玖貳張翰傳。）以故鄉爲故國，抒寫其心中之隱痛耳。

更可注意者，牧齋題此詩之次年，鄭成功即以舟師入長江，攻金陵。題此詩之前年秋冬，牧齋往游南京，逼歲除乃還家。蓋牧齋自弘光後復明之活動，始終不替，魏耕説國姓之策，當亦預聞。詳見第伍章所論。「東海」「秋風」之句，實暗寓臧子源答陳孔璋書中「秋風揚塵，伯奎馬首南向。」之意。（見後漢書捌捌臧洪傳。）牧齋賦詩之時，殊屬望於延平，非僅用神仙傳麻姑之語已也。俟後詳論。

又此首末句「每移秋扇感停雲」，即此全十首之結語。「停雲」固用陶詩舊題，又是松圓爲河東君所賦之詩題（詳見前論耦耕堂存稿詩中「停雲次茂初韵」七律。）今此「雲」則停留於家中，相與偕老而不去矣，辭意雙關，足見牧齋之才思。當崇禎十三年庚辰之冬至十四年辛巳之春，牧齋於松圓，則爲楚辭九歌少司命之「悲莫悲兮生别離」。於河東君，則爲「樂莫樂兮新相知」。此舊新悲樂异同之樞紐，實在「絙雲」一詩。故述牧齋一生生活之轉捩點，不可不注意此詩也。

抑更有可笑可悲者，牧齋外集貳伍「題張子石湘游篇小引」（可參同書拾「嘉定張子石六十壽序」。）云：

孟陽晚年歸心禪説，作絙雲詩數十章，嬋媛不休。至今巡留余藏識中。夢回燈炧，影現心口間。人生斯世，情之一字，熏神染骨，不唯自累，又足以累人乃爾。頃者見子石湘游諸詩，風神氣韵，居然孟陽。却恨孟陽已逝，不獲摇頭附髀，共爲吟賞。予讀此詩，感嘆宿草，不復向明月清風，閑思往事，亦少有助於道心也。嘉平廿日蒙叟錢謙益題。

寅恪案，牧齋此文不知作於何年，然其時孟陽之卒必已久矣。列朝詩集所選孟陽絙雲詩共八首，今牧齋云：「孟陽晚年歸心禪説，作絙雲詩數十章。」豈孟陽所作原有數十章之多，而耦耕堂詩之留存於今日者僅其中之八首耶？抑或牧齋以松圓之詩與河東君有關者，概目爲絙雲詩，如其所編東山酬和集之例耶？俟考。若牧齋之言可信，則「歸心禪説」之老人，窮力盡氣，不憚煩勞，一至於此。河東君可謂具有破禪敗道之魔力者矣。牧齋此文自謂「不復向明月清風，閑思往事，亦少有助於道心。」但其於垂死之時，所作「病榻消寒雜咏」第叁首「追憶庚辰冬半野堂文宴」詩云：「蒲團歷歷前塵事，好夢何曾逐水流。」（見有學集壹叁東澗詩集下。）是猶不能忘情者。言之雖易，行之實難。斯誠所謂「情之一字，熏神染骨。」者歟？至牧齋所以題張子石湘游篇，言及孟陽絚雲詩者，非僅由張氏此篇，其性質與孟陽絚雲詩同類，實亦因子石孟陽當年與河東君有詩酒清游一段因緣也。

崇禎九年丙子孟陽尚有一詩關涉河東君及朱子暇，此點與牧齋間接有關，茲論述之於下。耦耕堂存稿詩中及列朝詩集丁壹叁所選「二月上浣同雲娃踏青」詩後，即接以此詩。「六月鴛湖飲朱子暇，夜歸，與雲娃惜別。」詩云：

尋得伊人在水湄，移舟同載復同移。水隨湖草閑偏亂，愁似橫波遠不知。病起尚憐妝黛淺，情來頗覺笑言遲。一樽且就新知樂，莫道明朝有別離。（寅恪案，楚辭九歌少司命云：「悲莫悲兮生別離，樂莫樂兮新相知。」乃孟陽此兩句所從出，自不待言。至新知一辭及其界說，見前論孟陽停雲詩并宋讓木秋塘曲序等條，茲不復贅。）

寅恪案，朱子暇即朱治憪，其事迹見劫灰録壹永曆帝紀，小腆紀年壹叁，小腆紀傳伍柒，明詩綜陸陸，檇李詩繫壹玖，光緒重修嘉興府志伍壹文苑傳，道光修同治重刊廣東通志貳肆職官表，道光修光緒重刊肇慶府志壹貳職官貳等，茲不詳述。但據廣東通志云：

〔崇禎〕十年　同知　朱治憪　吴大伊。

十一年。

十二年。

十三年　同知　倪文華。

肇慶府志云：

（崇禎）十年　同知　李含璞　朱治憪。

十一年。

十二年　同知　（以後缺。）

可知崇禎十年朱子暇外，任肇慶府同知者尚有其他之人。兩志所列之人名雖不同，然朱氏之到任所，（明詩綜，嘉興府志「同知」皆作「通判」。據小腆紀傳云：「天啓辛酉舉於鄉，選肇慶通判，歷同知。」蓋先選通判，後遷同知也。）必在崇禎十年無疑。故孟陽此詩亦應是九年所作。崇禎十三年肇慶府同知既非朱氏，則朱氏此時或已離任返家。其後來在廣東之活動，當是重返粤省以後所爲也。檢程錢兩家之集，關涉朱氏者，除此詩外，皆爲崇禎三年春夏間事，時間太早，無關考證。（可參耦耕堂存稿詩上「答朱子暇次牧齋韵三首」。列朝詩集丁壹叄上選程孟陽此詩，題作「答朱子暇見訪同牧齋次韵三首」，題下有「庚午春」三字。初學集玖崇禎詩集伍「夏日偕朱子暇憩耦耕堂次子暇訪孟陽韵三首」。）自崇禎九年夏，至十三年冬河東君訪半野堂之前，未發現錢朱兩人有往還蹤迹。牧齋集中涉及河東君之詩，最先爲第貳章所引之「觀美人手迹戲題七絶句」。此詩爲崇禎十三年春間所作。顧云美謂「嘉興朱治憪爲虞山宗伯稱其才，宗伯心艷之，而未見也。」檢商務重印本浙江通志壹肆拾選舉門舉人表載：「天啓元年辛酉科。朱治憪。嘉興人。肇慶同知。」是朱氏乃牧齋主浙江鄉試時所取士也。其以絶代名姝告於老座師，藉報受知之深恩，原無足怪。但此點恐爲朱氏尚未到肇慶同知任所前，或是崇禎十二年末離任所後之事，俱難決言。

所可注意者，孟陽於崇禎十一年及十二年除夕，皆在牧齋家度歲，（參耦耕堂存稿詩下「〔戊寅〕除夕拂水山莊和牧齋韵二首」及「〔己卯〕除夕次牧齋韵」等詩。「戊寅」「己卯」皆據列朝詩集增入。）此時何不以河東君之才貌介紹於牧齋？可知此老心中直以「禁臠」視河東君，不欲他人與之接近，其情誠可鄙可笑矣。松圓於崇禎十三年冬復循例至牧齋家度歲，不意忽遇河東君，遂致狼狽而返。以垂死之年，無端招此煩惱，實亦有自取之道也。

抑更有可論者，上已推定河東君於崇禎九年二月末，離嘉定返盛澤，何以距離僅百日，松圓忽在嘉興與雲娃惜別？若謂由於難堪相思之苦，高年盛暑，往訪河東君，則河東君非輕易接待不速之客者，如後引河東君與汪然明尺牘第壹叁通及第壹肆通之例，可以類推。松圓於此點應有感會，似不作斯冒昧之舉。

檢初學集伍叁「封監察御史謝府君墓志銘」略云：

鄞縣謝府君諱一爵。君以次子太僕寺少卿三賓封陝西道監察御史。以崇禎八年二月廿四日卒，年六十有四。其配孺人周氏，以是年十月廿七日卒，年六十有二。三賓與其兄三階弟三台三卿以崇禎十三年某月甲子，合葬君夫婦於郡西翠山之陽。三賓余門人也，狀君之行來乞銘。

及耦耕堂存稿文上「吊問」略云：

四明謝侯去嘉定之明年，以名御史監軍山東，出奇破賊，有勘定功。朝命擢公太僕寺卿。未幾，以太公封侍御翁憂去，奔喪戒行，而横罹讒口。繼而有母太夫人之喪，前後遠邇之會吊者，彌年未已。丙子夏六月亢旱，驕陽流金鑠石，禾槁川涸，水無行舠。門下布衣新安程某貧老且廢，纍然扶杖擔簦而前。客或有止之者，又有難之者曰：「公有遺愛深德於子，子老而赴吊，宜矣。然古者吊不及哀，謂之非禮。今日月有時，喪制有嘗，怙恃之戚皆已卒哭，子之往，其何説之詞？」不肖對曰：「否否。禮之吊，非獨哀死也。凡列國水旱之不時，年穀之不登者，皆吊。古者三月無君，則吊。侯不幸廉貞而蒙讒毁。聞風慕義，猶將吊屈哀貫，悲歌涕泗於千百世之間，又烏可以尋常久近論哉？」客聞之，斂容拱手退曰：「唯唯。」敬書之，以告於闇人下執事。

寅恪案，孟陽此次之冒暑遠吊謝氏之喪，必多譏笑之者，其作文解嘲，甚至以三賓爲「廉貞」，可鄙可笑。其文引經據典，刺刺不休，兹不備録。究其實情，當爲希求象三之救濟耳。明代山人之品格，如平山冷燕所描寫之宋信，即是一例。松圓平日生活，除得侯廣成錢牧齋等資濟之外，尤受象三之援助，自無可疑。崇禎九年春間，河東君來游嘉定，孟陽竭盡精力財力，相與周旋。「三月無〔河東〕君」之後，困窘至極，故不能不以七十二歲之殘年，觸六月之酷熱，遠赴浙東，以吊過時之喪。舍求貸於富而多金之謝太僕，恐無其他理由。鴛湖乃嘉定鄞縣往還所經之路綫，據「吊問」中「丙子夏六月門下布衣新安程某貧老且廢，纍然扶杖擔簦而前。」等語推之，則松圓「與雲娃惜别」詩，實往吊象三途中所作。又文中二客之語，自是孟陽假設，不必確定爲何人。但此次鴛湖所遇見之河東君及朱子暇，觀其後來所表現，人格俱出孟陽之上。然則此兩人於中途勸阻，亦有可能。不必如文中所述。二客之言乃發於嘉定啓行之時也。寅恪曩誦列朝詩集所選松圓此詩，未達其六月至鴛湖之意，今見「吊問」之文，始豁然通解，益信松圓謀身之拙，（寅恪案，全唐詩第拾函韓偓貳「安貧」七律云：「謀身拙爲安蛇足。」韓程兩人，雖絶不相似，然孟陽於河東君之關係，亦可謂蛇足之拙。故取以相比，讀者幸勿誤會。）河東君害人之深也。

又牧齋所作象山父母合葬墓志銘之時間，止言其葬在「崇禎十三年某月甲子。」而未詳何月。依通常之例，江浙地域以以氣候關係，葬壙往往在冬季。墓志乃埋幽之石，乞人爲文，自在葬壙稍前之時。據鄭氏近世中西史日對照表，崇禎十三年庚辰十月十七日及十二月十八日均爲甲子，若象三葬其父母在十二月甲子者，則或與河東君於此年十一月訪半野堂事有關。蓋牧齋此際文酒酬酢，必需多金，象三錢刀在手，當不甚吝嗇。但象三或未得知河東君此時適在虞山。老座主諛墓之文，實爲建築我聞室金屋之用者。否則象三將如崇禎十六年秋牧齋構絳雲樓以貯阿雲，貸款迫急，不得已出賣其心愛之宋槧漢書，減損原價二百金之例，以逞其雖失美人，而得异書之快意矣。

復次，朱子暇介紹河東君於牧，出自顧云美之口，自應可信。至其在崇禎何年，尚難確定，但牧齋最初得見河東君，實在崇禎十三年庚辰冬間，記載明顯，絶無疑義。豈意竟有怪誕之説，如牧齋遺事中之「柳姬小傳」所言者，今不得不略引其文辨斥之。此傳亦不甚短，故兹先録其上半節於下，其後半節則俟於第伍章論之。

傳文略云：

柳雲䕫也。匪師匪濤，而能擷篇綴句，蠱及虞山鮮民。鮮民者，宗伯勝國，内院新朝者也。鮮民始以文章氣誼，樹幟東林，而仕路牴牾，不無晚節之慨。叩其沈博艷麗，掞藻鈎玄，堪追袞國黄州之步。惟是青娥之癖與年俱深，雖身近楚山，而心懷女校書，商訂風雅，於姬慊焉。適民以被訐事北逮，姬踉蹌歸里，復爲豪者主之，先折之悵，激於言旋。桎梏其人，而姬始出，所要於民者萬端，金屋之貯，予唱汝和，詡司馬之清娱，媲冶成之尚書矣。時而佳辰令節，宗族中表，窮百變，致百物，嘘之春温，拂之霜折，姬若爲夷然也者。

傳末附跋語云：

右柳姬小傳，八十翁於曩時目見其事，而爲之者也。後戊辰秋簡庵聞而録之。

寅恪案，八十翁究爲何人之托名，不易考知，至簡庵則疑是林時對。據鮚埼亭集貳陸「明太常寺卿晋秩右副都御史繭庵林公逸事狀」（參雍正修寧波府志貳捌人物志及小腆紀傳伍柒遺臣二林時對傳等。）略云：

公諱時對，字殿揚。學者稱爲繭庵先生。浙之寧波府鄞縣人。公以崇禎〔十二年〕己卯，〔十三年〕庚辰連薦成進士，時年十八，授行人司行人。常熟□侍郎□□，聞公名，招致之，公不往。公論人物，不少假借。同里錢光繡嘗講學石齋黄公之門。其於翰林張溥，儀部周鑣，皆嘗師之，而學詩於□□。公曰，婁東朝華耳，金沙羊質而虎皮者也，皆不足師。□□晚節如此，又豈可師？子師石齋先生，而更名師乎？光繡謝之。先公嘗曰，吾年十五，隨汝祖往拜公床下，自是嘗摳衣請益。間問漳海黄公遺事。公所舉自東崖所作行狀外，别傳哀誄挽詩祭文及雜録諸遺事，幾百餘家，其餘所聞，最少者亦不下數十家。恨不能强記。自公殁後，所謂藺庵逸史者，闕不完。其詩史共四卷，今歸於予。

殿揚於崇禎十三年庚辰中式會試，其年十八，下數至康熙戊辰應爲六十六歲，似與八十翁之稱不合。然文人故作狡獪，亦常有事，殊不能謂必非殿揚自托筆名也。至若「簡庵」，當是林氏以「藺」與「簡」音近詭稱耳。取林氏所著留補堂文集貳「朋黨大略記」并荷牐叢談「東林依草附木之徒」條及論錢牧齋及黄石齋事等觀之，頗與柳姬小傳類似。然則此傳縱非林氏自撰，亦是林氏所嘉許，以爲作傳者所目見，而實可信者也。

復次，錢柳同時人有松江籍曹千里家駒號藺庵者，著説夢一書，述明末清初松江事。其自序略云：

余行年八十，天假之年，偷生長視，使得縱觀夫升沈榮瘁之變態。若輩之夢境已盡，何不以筆代舌，使後人得寓目焉。余非目睹不敢述，匪曰傳信，或不至夢中説夢云爾。

則「柳姬小傳」跋語中之號「八十翁」者之年及「目見其事」等語與曹氏似有關，亦似無關，未敢决言。又此書中不道及錢柳事。或以牧齋不屬松江之範圍，遂不列於此帙。但有可注意者，此書壹「紀侯懷玉〔承祖〕殉難事」條云：

鼎革之際，惟〔吴〕繩如〔嘉胤，〕〔夏〕瑗公〔允彝〕從容就義，言之齒頰俱香。即卧子一死，直是迫於計窮，未得與吴夏比烈也。

則於卧子尚有微辭，豈由卧子與河東君有關之故歟？姑記於此，以俟更考。

夫牧齋於崇禎九年丙子冬奉逮捕之命，十年丁丑春北行，是年夏，至京下獄。十一年戊寅夏被釋出獄，是年冬抵家。此皆年月先後之確可考者，焉有如柳姬小傳所謂「民以被訐事北逮，姬踉蹌歸里。」等不與年月事實相符之妄言耶？斯本稍知明季史事者所易辨，無取多贅。惟傳云：「佳辰令節，宗族中表，窮百變，致百物，嘘之春温，拂之霜折，姬若爲夷然也者。」則最能得當日河東君適牧齋後與錢氏宗親關係之實况。後來錢曾假其族貴錢朝鼎，迫害河東君以泄夙憤，殊非偶然。由是言之，此傳之記述，亦有可取之點也。

崇禎九年丙子河東君之蹤迹，尚有可以考見者，即第貳章中，節引之沈虬河東君傳，所載張溥往訪徐佛，因得見河東君一事。此傳間有可取之處。寅恪草此文，分段全録顧云美所撰河東君傳。今更全録沈作，以供讀者之互證。但葛昌楣君蘼蕪紀聞上引此傳，共分前後兩段，文義不貫。兹以鄙意取後段之文，依其辭理插入前段中，以便觀覽焉。

沈氏傳云：

河東君柳如是者，吴中名妓也。美丰姿，性狷慧，知書善詩律。分題步韵，頃刻立就。

使事諧對，老宿不如。四方名士，無不接席唱酬。崇禎戊寅間，年二十餘矣，昌言於人曰：吾非才學如錢學士虞山者不嫁。虞山聞之，大喜過望。曰，今天下有憐才如此女子者乎？吾非能詩如柳是者不娶。庚辰冬，如是始過虞山，即築我聞室居之，以迎其意。十日落成，留之度歲。辛巳六月虞山於茸城舟中與如是結縭。學士冠帶皤髮，合巹花燭，儀禮備具。賦催妝詩，前後八首。雲間縉紳，譁然攻討，以爲褻朝廷之名器，傷士大夫之體統。幾不免老拳。滿船載瓦礫而歸，虞山怡然自得也。稱爲繼室，號河東君。建絳雲樓，窮極壯麗，上列圖史，下設幃帳，以絳雲仙姥比之，褻甚矣。不數年，絳雲樓灾，宜也。但河東君所從來，余獨悉之。我邑盛澤鎮有名妓徐佛者，能詩善畫蘭，雖居鄉鎮，而士大夫多有物色之者。丙子年間，婁東張西銘先生慕其名，至垂虹亭，易小舟訪之，而佛已於前一日嫁蘭溪周侍御之弟金甫矣。院中惟留其婢楊愛。楊色美於徐，詩字亦過於徐。因携至垂虹，余於舟中見之，聽其音，禾中人也。及長，豪宕自負，有巾幗鬚眉之論。易姓名爲柳。歸錢之後，稍自斂束，在絳雲樓校讎文史。牧齋臨文，有所檢勘，河東君尋閲，雖牙籤萬軸，而某册某卷，立時翻點，百不失一。所用事或有舛誤，河東君頗爲辨正，故虞山甚重之。常衣儒服，飄巾大袖，間出與四方賓客談論，故虞山又呼爲柳儒士。

寅恪案，八十翁之「柳姬小傳」，乃王子師所謂司馬遷之謗書。其誣妄特甚之處，本文略加駁正，其餘不符事實之小節，亦未遑詳論也。顧云美爲河東君作傳，頗多藻飾之辭，固不足怪。但甚至不言其自徐佛處轉入周念西家，後復流落人間一節，似未免過泥公羊春秋爲尊者諱親者諱賢者諱之旨矣。次雲傳雖遠勝於八十翁，而不及顧云美。然其中實有可取之處，如言河東君「豪宕自負，有巾幗鬚眉之論。」及「歸錢之後，稍自斂束。」等，甚能寫出河東君之爲人，并可分辨其適牧齋前後之稍有不同也。

茲所欲考者，即崇禎九年丙子，河東君與張西銘會見一事。據蔣逸雪編張溥年譜崇禎九年丙子條云：

九月出游蘇錫江陰，十月始歸。

關於曾訪盛澤鎮及游垂虹亭等事，皆無痕迹可尋。但次雲之言，必非虛構。豈天如於此年秋間出游蘇錫，乘便一往盛澤耶？若此推測不誤，則河東君之遇見張天如，乃在是年六月於鴛湖遇見程朱兩人之後矣。更俟詳考。至錢士青文選誦芬堂文稿六編「柳夫人事略」所言天如臥子與牧齋争娶河東君事，殊爲荒謬，不足置辨。

第貳期

此期爲崇禎八年春季并首夏一部分之時間。臥子與河東君在此期間内，其情感密摯，達於極點，當已同居矣。顧云美河東君傳所謂「適雲間孝廉爲妾」者，即指此時期而言。其實河東君於此期内，與卧子之關係，與其謂之爲「妾」，不如目之爲「外婦」，更較得其真相也。

此期陳楊兩人之作品頗多，僅能擇其最要者論述之。至於詩餘一類，則編輯者以詞之調名同异爲次序，非全與時間之先後有關係。故就詩餘以考證年月行事，自極困難。獨不如集中詩文之排列，略有時代早晚之可推尋也。今不得已，唯擇取陳忠裕全集詩餘一類中春閨諸詞及其他有關河東君者，并戊寅草中詩餘之與卧子或春季有關者，綜合論述之，要以關涉春令者爲多。不論是否陳楊兩人前此和轅文之作，并其他不屬於此期所賦者，亦繫於此期。所以如此者，因其大多數皆與春季有關，而此期之時間，大部分又屬於春季之故也。據前論「早梅」詩時，已引鄭氏表載崇禎七年甲戌正月六日立春，十二月十七日又立春，卧子詩「垂垂不動早春間」一句之「春」，乃指崇禎七年十二月十七日立春而言。由此例推計，第貳期内所論述之卧子諸詩，其「春」字之界説，有指崇禎七年十二月十七日立春者，亦有指八年春季者，蓋跨越七年末及八年春季頗長之時間。今陳忠裕全集諸詩乃分體編輯之書，詳確劃分年月，殊爲不易。職是之故，兹論述卧子此期諸詩，未必悉作於崇禎八年，實亦雜有崇禎七年末所賦者，讀者分别觀之，不可拘泥也。

陳忠裕全集捌平露堂集「早春行」五古云：

楊烟未生，寒枝幾回摘。春心閉深院，隨風到南陌。不令晨妝竟，偏采名花擲。香衾捲猶煖，輕衣試還惜。朝朝芳景變，暮暮紅顏易。感此當及時，何復尚相思。韵光去已急，道路日應遲。願爲堦下草，莫負艷陽期。

寅恪案，此題後爲「清明雨中晏坐，憶去歲在河間」一題。初視之，「早春行」似爲崇禎八年春季所作。其實臥子集既爲分體之書，此兩題作成時間，非連續銜接者，未可執此遂謂「早春行」乃崇禎八年春季所作，前論「過舒章園亭」詩已及之。其他類似者，可以此例推之也。「早春行」篇中寫春閨早起之情景，甚妙。觀「感此當及時，何復尚相思」及「願爲堦下草，莫負艷陽期。」等句，則此時臥子與河東君之關係，可以想見矣。

陳忠裕全集壹壹平露堂集有「早春初晴」，「陽春歌」（原注：「和舒章。」），「櫻桃篇」及「春日風雨浹旬」等綺懷之什。除「早春行」疑爲崇禎七年冬季立春之前所作者外，其餘當是崇禎八年春間爲河東君而作者。兹不能悉載，但録「早春初晴」及「春日風雨浹旬」兩題。所以選擇此兩題之故，因「早春初晴」一題，可與前録五古「早春行」比較。「春日風雨浹旬」一題，可與後録臥子所作詩餘中「春閨風雨」諸闋參證也。

「早春初晴」云：

今朝春態劇可憐。輕雲窈窕來風前。綉閣梅花墮緑玉，牙床枕角開紅綿。宿雨猶含蘭葉紫，已多陌上繁華子。可能齊出鳳樓人，同時走馬鶯聲裏。茂陵才人獨焚香，魚箋麗錦成文章。空有蛾眉閉深院，不若盈盈嬌路旁。

「春日風雨浹旬」云：

城南十日雨，堦下生青苔。梅花濕如霧，東風吹不開。落紅滿江曲，蒿藍春水緑。黄鶯醒尚啼，白鷺飛還浴。幽雨沈沈麗景殘。浮雲入坐羅衣寒。翠竹迷離日欲暮，孤亭黯靄憑欄干。芳草風流寒食路。無限青驄楊柳樹。遥望海棠紅滿枝，可憐難向前溪渡。

陳忠裕全集壹肆平露堂集「春日酬舒章言懷之作」五律二首之一云：

積雨迷時令，不知春已深。君懷當綺艷，吾意怯登臨。自短風雲氣，猶憐花草心。何堪看淑景，辛苦獨鳴琴。

同書同卷「今年梅花爲積雨所困。過慤人館中，見其娟然哀麗。戲言欲以石甃其下，如曲水之製，酌其香雨。斯亦事之可懷者，賦此以記之。」五律云：

夜夜思春至，當時已弃捐。無從留艷質，有計酌寒泉。錦石支文砌，温池想翠鈿。華清愁絶地，行雨出神仙。

寅恪案，卧子賦此二題，言外自有人在。其爲河東君而作，固不待言。所可注意者，即崇禎八年春間多雨一事。陳忠裕全集年譜崇禎八年乙亥條附李雯「會業序」略云：「今年春暗公卧子讀書南園。春多霖雨。」又取卧子詩證之，如陳忠裕全集捌平露堂集「清明雨中晏坐」及「上巳城南雨中」五古。同書壹壹平露堂集「春日風雨浹旬」七古。同書壹肆平露堂集除上録兩題外，尚有「南園即事」二首之一云：「葭菼乘新漲」及「花朝溪土（上？）新雨」等五律。同書壹陸平露堂集「乙亥元日」七律云：「密雨千門花影凉。」同書壹玖平露堂集「桐花」七絶云：「輕陰微雨畫簾開。」等，可爲例證。考崇禎八年清明在二月十八日。（此月爲小盡。）清明前後約共一月，其間幾無日不有風雨。卧子與河東君之同居，適值此際，詩云：「風雨如晦，雞鳴不已。」又云：「女曰雞鳴，士曰未旦。」正陳楊二人此時之謂矣。

今檢戊寅草中崇禎八年春季河東君之詩，其與此期節物有關者，移録於下，以見一斑。其實河東君當時此類作品，應不止此少數也。

戊寅草「楊柳」云：

不見長條見短枝，止緣幽恨減芳時。年來幾度絲千尺，引得絲長易別離。

其二云：

玉階鸞鏡總春吹，綉影旎迷香影遲。憶得臨風大垂手，銷魂原是管相思。

「楊花」云：

輕風淡麗綉簾垂，婀娜簾開花亦隨。春草先籠紅芍藥，雕欄多分白棠梨。黄鸝夢化原無曉，杜宇聲消不上枝。楊柳楊花皆可恨，相思無奈雨絲絲。

「西河柳花」云：

艷陽枝下踏珠斜，别按新聲楊柳花。總有明妝誰得伴，憑多紅粉不須誇。江都細雨應難濕，南國香風好是賒。不道相逢有離恨，春光何用向人遮。

「春江花月夜」云：

小研紅箋茜金眉，玉管兔毫團紫血。閣上花神艷連纈，那似壁月句妖絶。結綺雙雙描鳳凰，望仙兩兩畫鴛鴦。無愁天子限長江。花底死活酒底王。胭脂臂捉麗華窘，更衣殿秘絳燈引。龍綃貼肉汗風忍，七華口令着人緊。珧筵頂飛香霧膩，銀燭媚客滅幾次。强飲犀桃江令醉。承恩夜夜臨春睡。麟帶切紅紅欲墮（墜）。鸞釵盤雪尾梢翠，夢中麝白桃花迴。半面天烟乳玉飛，碧心跳脱紅絲匼。驚破金猊香著月。殿頭鹵簿綉發女。籤重慵多吹不起。

寅恪案，上録四題中，三題皆與柳有關。柳固爲詩人春季題咏之物，但亦是河東君自寄其身世之感所在。故後來竟以柳爲寓姓，殊非偶然也。崇禎八年春季多雨，可於「楊花」七律「楊柳楊花皆可恨，相思無奈雨絲絲。」之語見之。九宫大成南北詞宫譜壹南詞仙吕宫引有「西河柳」之調名，并載李伯華開先（林冲）寶劍記（第貳伍出）中此曲。其結語云：「落紅滿地，肯學楊花無定。」河東君賦此詩，殆有感於斯語耶？據東山酬和集壹程偈庵「次牧翁再贈」詩云：「彈絲吹竹吟偏好。」牧齋初學集貳拾東山集肆「仲春十日自和合歡詩」四首之四云：「流水解翻筵上曲」及「歌罷穿花度好音」等句，可知河東君固能彈絲吹竹解曲善歌者，其賦「西河柳花」之詩，亦無足怪矣。今日所見河東君諸詞，除金明池「咏寒柳」數闋外，其他諸詞頗多有似曲者。此點恐與河東君之長於度曲有關。當時松江地域施子野輩以度曲著稱，河東君居此地域，自不免爲其風氣所薰習也。又「春江花月夜」一題，乃效温飛卿之艷體，（參樂府詩集肆柒「春江花月夜」題，所録諸家之作。）而作李長吉之拗詞。其中「無愁天子限長江。花底死活酒底王。」之句，尤新麗可誦也。

又陳忠裕全集壹捌平露堂集「晚春游天平」五言排律云：

自入桃源去，層阿翠不收。珮環空澗響，雲霧曉窗流。紅藥生金屋，青山倚畫樓。鶯啼開玉帳，柳動拂銀鈎。解帶温泉夜，凝妝石鏡秋。碧潭春濯錦，丹榭雨張油。斜月通蕭史，微風醉莫愁。人谿花上度，客似夢中游。歌舞何時歇，山川盡日留。橋猶名宛轉，鄉已失温柔。豈必千年恨，登臨見古邱。

寅恪案，臥子賦此詩之年，雖難確定，似是崇禎九年丙子暮春所作。細玩詩意，疑爲前此曾與河東君共游天平，追念昔游，咏懷古迹，詩特工麗，可稱佳什。故移録之，以備臥子排律之一體焉。

陳忠裕全集壹玖平露堂集「春思」七絶二首云：

深春無人花滿枝。小欄紅藥影離離。（「影」字可注意。）爲憐玉樹風前坐，（「憐」字可注意。）自翦輕羅日暮時。

桃李飛花溪水流。垂簾日日避春愁。不知幽恨因何事，無奈東風滿畫樓。

又「春日早起」七絶二首云：

獨起憑欄對曉風，滿溪春水小橋東。始知昨夜紅樓夢，身在桃花萬樹中。

柳葉初齊暗碧池，櫻桃花落曉風吹。好乘春露迷紅粉，及見嬌鶯未語時。

臥子在崇禎八年春間所賦七絶，頗似才調集中元微之之艷詩。蓋此時環境情思，殊與元才子「夢游春」之遇合相似故也。所可惜者，今日吾人只能窺見此時河東君與臥子酬和詩章之極少數，如上所録戊寅草中諸篇是也。

陳忠裕全集壹玖平露堂集「寒食」七絶三首云：

今年春早試羅衣，二月未盡桃花飛。應有江南寒食路，美人芳草一行歸。

垂楊小院倚花開，鈴閣沈沈人未來。不及城東年少子，春風齊上鬥雞臺。

愁見鴛鴦滿碧池，又將幽恨度芳時。去年楊柳滹沱上，此日東風正別離。（自注：「去年寒食在瀛莫間。」）

寅恪案，前論崇禎六年春卧子所作「夢中補成新柳詩」，與崇禎十三年冬河東君所賦「春日我聞室作呈牧翁」詩有關。又前第貳章引牧齋與姚叔祥過明發堂共論近代詞人戲作詩原注中河東君「西湖」七絶一首（此詩本河東君湖上草己卯春西湖八絶句之第壹首）云：

「垂楊小苑綉簾東，鶯閣殘枝蝶趁風。最是西陵寒食路，桃花得氣美人中」。

可知河東君此詩實由卧子崇禎八年「寒食」絶句轉變而來。河東君之詩作於崇禎十二年春，距卧子作詩時雖已五年，而猶眷念不忘卧子如此，斯甚可玩味者。牧齋深賞河東君此詩，恐當時亦尚未注意卧子之原作。（寅恪案，宋徵璧撰平露堂集序略云：「陳子成進士歸，讀禮之暇，刻其詩草名白雲者。已又裒乙亥丙子兩年所撰著，爲平露堂集。」然則平露堂集之刻，在卧子丁其繼母唐孺人憂時。牧齋與姚士粦論詩，在崇禎十三年秋間。以時間論，牧齋有得見卧子詩之可能，但錢陳兩人詩派不同，牧齋即使得見平露堂集，亦必不甚措意也。）後人復稱道河東君此詩，自更不能知其所從來。故特爲拈出之，視作情史文壇中一重公案可也。

兹綜合寅恪所見陳卧子河東君并宋轅文李舒章諸人之詞相互有關者，略論述之。河東君戊寅草中諸詞及衆香詞書集雲隊中所選河東君詞，其調名題目與陳忠裕全集貳拾詩餘全相符合者，僅有踏莎行「寄書」及浣溪沙「五更」等。兹先移録於下。

陳卧子浣溪沙「五更」云：

半枕輕寒泪暗流，愁時如夢夢時愁。角聲初到小紅樓。風動殘燈摇綉幕，花籠微月淡簾鈎。陡然舊恨上心頭。

河東君浣溪沙「五更」云：

金猊春守簾兒暗，一點舊魂飛不起。（寅恪案，「起」疑是「返」之訛寫。）幾分影夢難飄斷。醒時惱見小紅樓，（寅恪案，「小紅樓」豈指徐氏别墅之南樓耶？）朦朧更怕青青岸。微風漲滿花階院。

陳卧子踏莎行「寄書」云：

無限心苗，鸞箋半截，寫成親襯胸前折。臨行簡點泪痕多，重題小字三聲咽。兩地魂銷，一分難説，也須暗裏思清切。歸來認取斷腸人，開緘應見紅文滅。

河東君踏莎行「寄書」云：

花痕月片，愁頭恨尾，臨書已是無多泪。寫成忽被巧風吹，巧風吹碎人兒意。半簾燈焰，還如夢水，（寅恪案，衆香詞「水」作「裏」，較佳。恐是「裏」字僅余下半，因訛寫成「水」也。）消魂照箇人來矣。開時須索十分思，緣他小夢難尋視。（寅恪案，衆香詞「視」作「你」。疑「視」及「你」俱是「味」字之訛寫。）

寅恪案，上録陳楊兩人之詞，調同題同，詞語復約略相同。其爲同時酬和之作，不待詳論。所可注意者，後來河東君金明池咏寒柳詞「念從前，一點東風，幾隔着重簾，眉兒愁苦。」之語，或與此時兩人所賦浣溪沙「五更」之詞有關，亦未可知也。

卧子别有浣溪沙兩闋，其題目雖與上引陳楊兩詞俱作「五更」者不同，但繹其詞意，當亦與河東君有關，故并移録之，以資旁證。至宋轅文所賦浣溪沙兩詞，其所言節物，雖皆與春雨無涉，然詳玩詞旨，頗疑或與河東君有關。豈是轅文脱離河東君之後，有所感觸，遂托物寄意耶？殊乏確證，未敢多論。唯詞特佳妙，附録於此，以待推究。

陳忠裕全集貳拾詩餘浣溪沙「閨情」云：

龍腦金爐試寶奩，蝦鬚銀蒜掛珠簾。莫將心事上眉尖。　鬥草文無知獨勝，彈棋粉石好重拈。一鈎紅影月纖纖。（自注：「當歸一名文無。」）

前調「楊花」云：

百尺章臺撩亂吹，重重簾幕弄春暉。憐他飄泊奈他飛。　淡日滚殘花影下，軟風吹送玉樓西。天涯心事少人知。

顧貞觀成德仝選今詞初集下宋徵輿浣溪沙云：

徹夜清霜透玉臺，夕香銷盡博山灰。聲聲飛雁五更催。　滿地西風天欲曉，半簾殘月夢初迴。十年消息上心來。

又「雪」云：

半似三春楊柳花，趁風知道落誰家。黃昏點點濕窗紗。何幸鳳鞵親得踏，可憐紅袖故相遮。人間冷處且留他。

陳忠裕全集貳拾詩餘中更別載踏莎行兩闋，一題作「春寒」，一題作「春寒閨恨」。「春寒閨恨」一闋復載於顧貞觀成德仝選今詞初集下及王昶國朝詞綜壹所選宋徵輿詞中，但無「春寒閨恨」之題目。鄙意此詞無論其爲何人所作，玩味詞中意旨，當與河東君有關無疑也。又檢詞綜王氏自序作於嘉慶七年十月。陳忠裕全集凡例後附有莊師洛識語云：

嘉慶〔八年〕癸亥六月上澣編忠裕公集成，遵〔王〕述庵先生〔昶〕命，發凡起例如右。

則是兩書之成，先後相距不及一年，俱出於王氏一人之手，何以有此歧异？頗疑陳集實由莊氏等編輯，王氏未必一一詳檢，不過以年輩資歷，取得編主之名，故致此疏誤也。

此詞兩書不同之字，自以詞綜爲勝。所成問題者，即此「春寒閨恨」一闋，究出誰手？豈此詞本是轅文原作，誤爲卧子之詞，而卧子「春寒」一闋乃宋氏之作，編者不察，遂成斯誤耶？若果揣測不謬，則「春寒閨恨」一題，即前引李雯致卧子書中所謂轅文「春令」之一。至卧子和此「春令」，究在何時，雖不能確知，但不必定在河東君與轅文交好之時，亦可能在崇禎八年春季也。茲録兩詞於下，更俟詳考。

陳忠裕全集貳拾詩餘踏莎行「春寒」云：

墻柳黄深，庭蘭紅吐，東風著意催寒去。迴廊寂寂綉簾垂，殘梅落盡青苔路。　綺閣焚香，閑階微步，羅衣料峭啼鶯暮。幾番冰雪待春來，春來又是愁人處。

今詞初集下宋徵輿踏莎行（陳集題作「春寒閨恨」）云：

錦屋銷香，（寅恪案，「屋」國朝詞綜同。陳集作「幔」。）翠屏生霧，（寅恪案，「霧」國朝詞綜同。陳集作「雨」。）妝成漫倚紗窗住。一雙青雀至空庭，梅花自落無人處。　回首天涯，歸期又誤，羅衣不耐東風舞。垂楊枝上月華生，可憐獨上銀床去。

復次，楊陳宋李詞中有同是「南鄉子」，「江城子」或「江神子」之調名，而詞旨近似，或微异者，疑皆互有關系之作品。茲録其詞，并略論之。

河東君戊寅草南鄉子「落花」云：

拂斷垂垂雨，傷心蕩盡春風語。況是櫻桃薇院也，堪悲。又有個人兒似你。　莫道無歸處，點點香魂清夢裏。做殺多情留不得，飛去。願他少識相思路。

陳忠裕全集貳拾詩餘南鄉子「春閨」云：

羅袂曉寒侵，寂寂飛花雨外深。草色萋迷郎去路，沉沉。一帶浮雲斷碧岑。　無限暗傷心，粉冷香銷憎錦衾。濕透海棠渾欲睡，陰陰。枝上啼紅恐不禁。

前調云：

花發小屏山，凍徹胭脂暮倚欄。添得金爐人意懶，雲鬟。爲整犀梳玉手寒。儘日對紅顔，畫閣深深半掩關。冰雪滿天何去也，眉彎。兩臉春風莫放殘。

前調「春寒」云：

小院雨初殘，一半春風綉幕間。强向玉樓花下走，珊珊。飛雪輕狂點翠鬟。淡月滿闌干，添上羅衣扣幾番。今夜西樓寒欲透，紅顔。黛色平分凍兩山。

寅恪案，楊陳兩人之詞，雖調同題异，當是一時所作。至轅文之南鄉子無題目，詞中有「玉露」，「傷秋」等語。舒章之南鄉子題爲「冬詞」。雖俱是綺懷之體，然皆非春季所作也。故不録宋李兩人原詞，僅附記於此，以備參考。

河東君戊寅草江城子「憶夢」云：

夢中本是傷心路。芙蓉泪，櫻桃語。滿簾花片，都受人心誤。遮莫今宵風雨話，要他來，來得麽。安排無限銷魂事。砑紅箋，青綾被。留他無計，去便隨他去。算來還有許多時，人近也，愁回處。

寅恪案，「憶夢」者，夢醒追憶之義。此詞自可能爲脱離卧子之後所作，但亦可能爲將脱離卧子之時所作。陳楊之因緣乃元微之「夢游春」所謂「一夢何足云」（見才調集伍并參拙著讀鶯鶯傳。）及玉溪生「無題」二首之二「神女生涯原是夢」者。（見李義山詩集中。）詞中「留他無計，去便隨他去。算來還有許多時，人近也，愁回處。」之語，爲一篇之警策。其意謂此夢不久將醒，無可奈何。故疑是將離去卧子之時所作也。

考河東君於崇禎八年春季，雖與卧子同居，然離去卧子之心，亦即萌於此際。蓋既與卧子同居之後，因得盡悉其家庭之複雜及經濟之情勢，必無長此共居之理，遂漸次表示其離去之意。此意決定於是年三月末，實現於是年首夏之初。故此詞即河東君表示其離意之旨。

卧子詩餘中有少年游青玉案兩闋，與河東君此詞相關。青玉案詞尤悽惻動人。宋轅文亦有青玉案一闋，疑是和卧子之作。兹附録陳宋兩人青玉案詞於河東君此詞之後，以供參證。至卧子少年游一闋，則俟後論卧子與河東君李舒章同調之詞時述之，今暫不涉及。

陳忠裕全集貳拾詩餘青玉案云：

青樓惱亂楊花起。能幾日，東風裏。回首三春渾欲悔。落紅如夢，芳郊似海，只有情無底。

華年一擲隨流水。留不住，人千里。此際斷腸誰可比。離筵催散，小窗惜別，泪眼欄干倚。

今詞初集下宋徵輿青玉案云：

金塘雨漲輕烟滑。正柳陌，東風活。閑却吴綾雙綉襪。滿園芳草，一天花蝶，可奈人消渴。

暗彈珠泪蜂黄脱，兩點春山青一抹。好夢偏教鶯語奪。落紅庭院，夜香簾幕，半枕紗窗月。

陳忠裕全集貳拾詩餘江城子「病起春盡」云：

一簾病枕五更鐘。曉雲空，卷殘紅。無情春色，去矣幾時逢。添我千行清泪也，留不住，苦匆匆。

楚宫吴苑草茸茸。戀芳叢，繞游蜂。料得來年相見畫屏中。人自傷心花自笑，憑燕子，罵東風。

寅恪案，在昔竺西净名居士之病，乃爲衆生而病。華亭才子陳子龍之病，則爲河東君而病。卧子此類之病，今能考知者，共有四次。第壹次之病，爲崇禎六年癸酉冬在北京候會試時，因遠憶松江之河東君而病。陳忠裕全集柒屬玉堂集「旅病」五古二首之一云：

朔氣感中理，玄律思春温。安得登高臺，隨風歸故樊。美人步蘭薄，旨酒徒盈樽。

詩中「玄律」指冬季，「故樊」指松江，「美人」指河東君。故知此詩乃卧子癸酉冬季旅京病中，懷松江河東君之作也。前論臥子「寒日臥邸中，讓木忽緘臘梅花一朵相示。」詩，已言及之，可不更詳。

第貳次之病，爲崇禎八年乙亥夏初河東君已離去之時。詞中「曉雲空」之「雲」即指阿雲也。臥子此詞可與其「酬舒章問疾之作」詩及李雯「夏日問陳子疾」詩（見陳忠裕全集捌平露堂集并蓼齋集壹貳舒章原作。）共參之。

臥子詩云：

房闈壓虛寥，愁心愧清曉。黄鳥鳴層陰，朱華長幽沼。錦衾誰能理，撫身一何小。思與帝子期，胡然化人渺。靈藥無消息，端然内煩擾。感君投惠音，款睇日未了。佳人蔭芳樹，憐余羈登眺。會當遣百慮，携手出塵表。

舒章詩云：

孟夏延清和，林光屢昏曉。褰裳獨徘徊，風琴蕩蘿蔦。閑居成滯淫，契闊長枯槁。庭蕪久矣深，黄鳥鳴未了。思君文園卧，數日瑶華少。散髮把素書，支床念青鳥。蹉跎蓄蘭時，果氣歇林表。江上芙蓉新，堂中紫燕小。將無同賞心，南風送懷抱。

第三次之病爲崇禎十一年戊寅七夕，因感牛女故事，爲河東君而病。陳忠裕全集壹肆湘真閣稿「戊寅七夕病中」云：

又向佳期卧，金風動素波。碧雲凝月落，雕鵲犯星過。巧笑明樓迥，幽暉清簟多。不堪同病夜，苦憶共秋河。

寅恪案，此詩第柒句之「同病」，第捌句之「共憶」，其於河東君眷戀之情，溢於言表者若是。斯或與卧子此年冬爲河東君序刊戊寅草一事不無關係也。

抑更有可論者，范鍇華笑廎雜筆壹「黄梨洲先生批錢詩殘本」條云：

余嘗見黄梨洲手批虞山詩殘本曰：牧翁「丙戌七夕有懷」，（此詩見下引金氏錢牧齋年譜中。）意中不過懷柳氏，而首二句寄意深遠。

寅恪案，牧齋於明南都破後，隨例北遷。至順治三年六月雖得允放還原籍，但觀其詩中「銀漏」之語，（見王子安集壹壹乾元殿頌序。）似尚留滯北京。趨朝待漏之時，感今傷昔，遥憶河東君，遂作此七絶。首句用史記天官書，次句用漢書天文志。詳見錢遵王有學集詩注壹所引。茲不復贅。梨洲甚賞首二句寄意深遠，蓋不僅切合清兵入關之事，且「天河」「女牛」皆屬天文星象。咏一類之物，而具兩重之意。黄氏乃博雅之人，通知天文曆算等學，又與錢柳關係密切，故尤能明瞭牧齋詩旨所在也。其言「意中不過懷柳氏」，殊爲允當。至金鶴冲錢牧齋先生年譜丙戌隆武二年條云：

「七夕有懷」云：「閣道墻垣總罷休，天街無路限旄頭。生憎銀漢偏如舊，横放天河隔女牛。」（寅恪案，金氏所引與錢曾有學集注本全同。但涵芬樓影印康熙甲辰本「限旄頭」作「接清秋」。「銀漢」作「銀漏」。金匱山房康熙乙丑本「限旄頭」作「望樓頭」。牧齋詩當原作「限旄頭」，他本不同者，自是後來所被改。至若「銀漏」，牧齋詩本應如此。蓋指清乾清宮銅壺滴漏而言。用典雖切，而淺人不覺，因其爲七夕詩，遂訛作「銀漢」，未必是被改也。）按此詩在隆武帝即位後十日而作，女牛之隔，君臣之异地也。則推論過遠，反失牧齋本意，不如黄氏所言之切合也。噫！當崇禎八年乙亥七夕，臥子之懷念河東君，尚不過世間兒女之情感。曆十二年至順治三年丙戌七夕，牧齋之懷念河東君，則兼具家國興亡之悲恨。同一織女，而牽牛有異，閲時幾何，國事家情，俱不堪回首矣。第肆次之病爲崇禎十四年辛巳秋冬間，因此時得知河東君於是年六月已歸牧齋而病。臥子自撰年譜上崇禎十四年辛巳條云：

秋以積勞致病。初則瘧耳，後日增劇，服參附百餘劑。長至始克櫛沐。是歲納側室沈氏。

又年譜後附王澐「三世苦節傳」云：

陳氏五世一子，旁無期功之屬。〔張〕孺人屢舉子女不育，爲置側室，亦不宜子。孺人心憂之，乃自越遣人至吴，納良家子沈氏以歸。甲申春，崇禎帝召先生入諫垣，携家還里，至冬始舉子。先生時年三十有七，喜而名之曰嶷。

寅恪案，卧子謂其督漕於嘉興之崇德，以積勞至病，是自稱其病乃爲衆生而病。然龔自珍「己亥雜詩」云：「東山妓亦是蒼生。」由此言之，河東君亦是衆生之一，卧子自稱爲衆生而病，亦可兼括爲河東君而病也。更可笑者，王勝時盛誇張孺人自選良家女沈氏爲卧子之妾，因得生子，遂使其夫不致絶後一事。其言外殊有深鄙河東君爲倡家女，不能生子意。豈知沈氏之子嶷，傳至四代，後亦竟絶耶？（見卧子年譜下附莊師洛等案語。）斯亦王氏作傳時所不及料者矣。

今詞初集下宋徵輿江神子云：

珍珠簾透玉梨風。暮烟濃，錦屏空。胭脂萬點，摇漾緑波中。病起看春春已盡，芳草路，碧苔封。　漫尋幽徑到吴宫。樹青葱，石玲瓏。朱顔無數，不與舊時同。料得夜來腸斷也，三尺雨，五更鐘。

寅恪案，轅文詞中「病起看春春已盡」，與卧子詞「病起春盡」之題符合。又轅文詞末句「五更鐘」之語，與卧子詞首句「一簾病枕五更鐘」之語亦相合。然則宋作乃和陳詞明矣。

今詞初集上李雯江城子云：

一篙秋水淡芙蓉。晚來風，玳雲重。檢點幽花，斜綴小窗紅。羅襪生寒香細細，憐素影，近梧桐。棲鴉零亂夕陽中。嘆芳叢，訴鳴蛩。半捲鸞箋心事上眉峰。玉露金波隨意冷，愁滅燭，聽歸鴻。

寅恪案，舒章詞有「秋水」「鳴蛩」「玉露」及「歸鴻」等語，當是秋季所作。舒章別有「題内家楊氏樓」詩，疑亦此時所作。後詳論之。但舒章詞「玳雲重」及「憐素影」中藏河東君之名字，又「嘆芳叢」與臥子原作「戀芳叢」之語相關。故舒章此詞實賦於崇禎八年秋深，即河東君離松江往盛澤鎮之時，雖非臥子「病起春盡」之際，然仍是追和臥子此詞也。

又戊寅草中有訴衷情近「添病」一闋。河東君之病當亦與臥子之病有關，所謂同病相憐者也。故附録於此，以博好事者一笑。

其詞云：

幾番春信，遮得香魂無影。銜來好夢難憑，碎處輕紅成陣。任教日暮還添，相思近了，莫被花吹醒。　雨絲零，又早明簾人静。輕輕分付，多個未曾經。畫樓心。東風去也，無奈受他，一宵恩幸，愁甚病兒真。

戊寅草少年游「重游」云：

絲絲碧樹何曾捲，又是梨花晚。海燕翻翻，那時嬌面，做了斷腸緣。　寄我紅箋人不見，看他羅幕鞦韆。血衣著地，未息飄揚，也似人心軟。

臥子詩餘少年游「春情」云：

滿庭清露浸花明，攜手月中行。玉枕寒深，冰銷香淺，無計與多情。奈他先滴離時淚，禁得夢難成，半晌歡娛，幾分憔悴，重疊到三更。

寅恪案，河東君之詞有「梨花」「海燕」等語，自是春季所賦。與臥子詞「春情」相合。臥子詞後半闋與上引河東君江城子憶夢一詞，語意更爲符應。其題作「春情」，非偶然也。

今詞初集上李雯少年游云：

綠窗烟黛鎖梅梢，落日近橫橋。玉笛纔聞，碧霞初斷，贏得水沉銷。口脂試了櫻桃潤，余暈入鮫綃。七曲屏風，幾重簾幕，人靜畫樓高。

又「代女郎送客」云：

殘霞微抹帶青山，舟過小溪灣。兩岸蘆乾，一天雁小，分手覺新寒。今宵霜月照燈闌，人是暮愁難。半枕行雲，送君歸去，好夢憶江干。

復次，舒章蓼齋集叁壹詩餘載玉樓春題爲「代客答女郎」。其詞云：

角聲初展愁雲暮，亂柳蕭蕭難去住。舴艋舟前流恨波，鴛鴦渚上相思路。生分紅綬無人處，半晌金樽容易度。惜別身隨南浦潮，斷腸人似瀟湘雨。

恐此「客」當是臥子，「女郎」亦爲河東君。蓋與其少年游「代女郎送客」一詞同時所作。臥子河東君皆工於意内言外者，舒章何不憚煩而爲兩人捉刀？文人閑居好事，故作狡獪，殊可笑也。

寅恪案，周美成賦少年游「感舊」詞後，凡詩餘中此調多與李師師有關一類綺懷之作，自無足怪。舒章詞此調前一闋，疑是和臥子之作，即爲河東君而賦者。後一闋題爲「代女郎送客」，詞中有「蘆乾」「雁小」「新寒」「霜月」等句，明是秋深景物。河東君戊寅草載崇禎八年秋離松江赴盛澤鎮詩兩題，第壹題爲「曉發舟至武塘」五律二首。其一「還思論异者」句下自注云：「時別臥子。」其二云：「九秋悲射獵。」第貳題爲「秋深入山」七律一首，「深閑大抵仲弓知」句下自注云：「陳寔字仲弓。時惟臥子知余歸山。」據此可證舒章詞後一闋題中之「女郎」即河東君，「客」即臥子。蓋河東君此行雖有詩送臥子，但未作詞。故舒章戲代爲之耳。所謂「半枕行雲」之「雲」即「阿雲」無疑也。

復次，戊寅草有夢江南「懷人」詞二十闋，臥子詩餘有雙調望江南「感舊」一闋。夢江南即望江南，「懷人」亦與「感舊」同意，兩人所賦之詞互相關涉，自無待論。但別有可注意者，即夢江南及雙調望江南兩詞中之「南」字，實指陳楊二人於崇禎八年春間同居之徐氏南樓及游宴之陸氏南園而言。若如此解釋，則河東君及臥子詞中所「夢」「望」之地，「懷」「感」之人，語語相關，字字有著矣。兹全録兩人之詞於下，讀者可取以互證也。

河東君夢江南「懷人」二十首，其一云：

人去也，人去鳳城西。細雨濕將紅袖意，新蕪深與翠眉低。蝴蝶最迷離。

寅恪案，「鳳城」非僅用典，疑并指松江城而言。詳見前論卧子「癸酉長安除夕」詩「曾隨俠少鳳城阿」之句。「細雨濕將紅袖意」，可與下引卧子滿庭芳「送別」詞「纔提起，泪盈紅袖，未説兩三分。」之語參證也。

其二云：

人去也，人去鷺鶿洲。菡萏結爲翡翠恨，柳絲飛上鈿箏愁。羅幕早驚秋。

寅恪案，「人去鷺鶿洲」之「去」字，周銘林下詞選同。衆香詞作「在」，誤。「菡萏結爲翡翠恨」句，自用花間集補下李中主山花子詞「菡萏香銷翠葉殘，西風愁起緑波間」之語。「鈿箏」二字，林下詞選同。當出晏殊珠玉詞蝶戀花調「楊柳風輕，展盡黄金縷。誰把鈿箏移玉柱」等句。柳詞之「絲」，即晏詞之「縷」。衆香詞作「細箏」亦可通。河東君此詞，蓋糅合李晏兩作之語意而成也。

其三云：

人去也，人去畫樓中。不是尾涎人散漫，何須紅粉玉玲瓏。端有夜來風。

寅恪案，河東君此詞中之「畫樓」，當指其與卧子同居之鴛鴦樓或南樓。「尾涎」用漢書玖柒下外戚傳孝成趙皇后傳童謡「燕燕尾涎涎」之語。「玉玲瓏」疑用蔣防霍小玉傳及湯顯祖紫釵記玉燕釵事。河東君湖上草「清明行」結語云:「盤螭玉燕無可寄,空有鴛鴦弃路旁。」亦同此詞之意。即卧子雙調望江南「憶舊」詞所謂「玉燕風斜雲鬢上」者。「夜來風」或與玉溪生「無題」二首之一「昨夜星辰昨夜風,畫樓西畔桂堂東。」之語有關。(見李義山詩集上。)又玉臺新咏伍柳惲「夜來曲」云:「颯颯秋桂響,悲(一作「非」。)君起夜來。」樂府詩集柒伍亦載惲此曲,并引樂府解題曰:「起夜來其辭意猶念疇昔,思君之來也。」河東君之意,當在於此。至若拾遺記柒所述薛靈芸即夜來事,雖有行者歌曰,「清風細雨雜香來」之語。但與「懷人」之題不合,恐非河東君詞旨所在也。(陳忠裕全集壹玖屬玉堂集「魏宫詞」二首之二有:「細雨香風接夜來」句,即用拾遺記事。)復檢李清照漱玉詞怨王孫「春暮」云:「門外誰掃殘紅,夜來風。」河東君此詞既用漢書孝成趙皇后傳童謡「燕燕尾涎涎」之語,而此童謡中,又有「木門倉琅根。燕飛來,啄皇孫。皇孫死,燕啄矢。」之語,或者河東君因讀易安居士之詞「怨王孫」之「王孫」與漢書外戚傳童謡之「皇孫」同義,遂連類相及,而有「夜來風」之句耶?

其四云:

人去也,人去小池臺。道是情多還不是,若爲恨少却教猜。一望損莓苔。

寅恪案，「一望損莓苔」者，離去南園之意。劉文房「尋南溪常道士隱居」詩「一路經行處，莓苔見履痕。」（見全唐詩第叁函劉長卿貳。）「南溪」即指「南園」也。「道是情多還不是，若爲恨少却教猜。」者，言其離去南園，可謂非多情。但若以爲於卧子有所憎恨，則亦未合。河東君此意即卧子崇禎十一年秋間賦「長相思」七古中所述河東君之語云：「別時餘香在君袖，香若有情尚依舊。但令君心識故人，綺窗何必常相守。」者，是也。（見陳忠裕全集壹壹湘真閣集。）餘詳後論。

其五云：

人去也，人去綠窗紗。贏得病愁輸燕子，禁憐模樣隔天涯。好處暗相遮。

寅恪案，「贏得病愁輸燕子，禁憐模樣隔天涯。」句，則是離去卧子後，燕子重來時所作，恐至早亦在崇禎九年春間矣。又卧子詩餘中有蕎山溪「寒食」一闋，殊有崔護「去年今日」之感，或是崇禎九年春季所賦，姑附錄於此，更俟詳考。詞云：

碧雲芳草，極目平川綉。翡翠點寒塘，雨霏微，淡黃楊柳。玉輪聲斷，羅襪印花陰，桃花透，梨花瘦，遍試纖纖手。去年此日，小苑重回首。暈薄酒闌時，擲春心，暗垂紅袖。韶光一樣，好夢已天涯，斜陽候。黃昏又，人落東風後。

其六云：

人去也，人去玉笙寒。鳳子啄殘紅豆小，雉媒驕擁褻香看，杏子是春衫。

寅恪案，「人去玉笙寒」句，實暗用南唐嗣主李璟攤破浣溪沙（一名山花子。）「小樓吹徹玉笙寒」之語。（見全唐詩第壹貳函。又花間集補下作李後主山花子。）以其中有「小樓」二字，蓋指鴛鴦樓或南樓而言也。「鳳子啄殘紅豆小」句，當是互易少陵秋興八首之八「紅豆啄殘鸚鵡粒，碧梧棲老鳳凰枝。」一聯的「鸚鵡」「鳳凰」兩辭，（見杜工部集壹伍。）所以改「鸚鵡」爲「鳳子」者，不僅故意避去「棲老」之義，亦以古今注伍魚蟲門「蛺蝶」條云：「其大如蝙蝠者，或黑色，或青斑，名爲鳳子。」蓋河東君不欲自比鸚鵡，而願與韓馮夫婦之蛺蝶同科。其賦此調第壹首結句「蝴蝶最迷離」，即是此意。又卧子所賦「初夏絶句」十首之六云：「澹黄鳳子逐花隈。」（見陳忠裕全集壹玖陳李唱和集。）亦可與之此闋相參證也。「雉媒驕擁褻香看」句，用陸魯望「奉和襲美吴中書事，寄漢南裴尚書。」七律「五茸春草雉媒驕」之語（見甫里先生集玖及全唐詩第玖函陸龜蒙玖。）與茸城即松江地域切合。至「褻」疑是「爇」之訛寫。河東君作書固喜爲瘦長之體也。「杏子是春衫」句，蓋出樂府詩集柒貳古辭西洲曲「單衫杏子紅」句。元微之「離思」詩又有「杏子花衫嫩麴塵」之語。（見才調集伍及全唐詩第陸函元稹貳柒。）河東君殆亦兼采其意。但微之此詩「杏子」原有「吉了」及「杏子」兩讀，河東君從「杏子」之讀耳。

其七云：

人去也，人去碧梧陰。未信賺人腸斷曲，却疑誤我字同心。幽怨不須尋。

寅恪案，「人去碧梧陰」之「碧梧」即前引杜工部秋興詩「碧梧棲老鳳凰枝」之「碧梧」。河東君互易杜詩「紅豆」「碧梧」一聯上下兩句，以分配第陸首及此首耳。「却疑誤我字同心」句，或與後論卧子蝶戀花詞「簡點鳳鞋交半折」句所引河東君同心詞有關，亦未可知也。

其八云：

人去也，人去小棠梨。强起落花還瑟瑟，别時紅泪有些些。門外柳相依。

寅恪案，「小棠梨」當用庾蘭成小園賦「有棠梨而無館」句。（見庾子山集壹。）庾賦之「小園」，當指徐氏别墅中之小園。「小棠梨」館或即指楊陳兩人於崇禎八年春間同居之南樓也。「落花瑟瑟」正是春盡病起之時，「紅泪些些」更爲薛夜來「升車就路」之狀矣。（見拾遺記柒「魏文帝所愛美人」條。）

其九云：

人去也，人去夢偏多。憶昔見時多不語，而今偷悔更生疏。夢裏自歡娱。

寅恪案，此首爲二十首中之最佳者，河東君之才華，於此可窺見一斑也。

其十云：

人去也，人去夜偏長。寶帶怎溫青驄意，羅衣輕試玉光涼。薇帳一條香。

寅恪案，自第壹首至此首共十首，皆言「人去」。蓋去與臥子同居之南樓即鴛鴦樓及游宴之南園也。

其十一云：

人何在，人在蓼花汀。鑪鴨自沉香霧暖，春山争遶畫屏深。金雀斂啼痕。

寅恪案，自此首以下共十首，皆言「人在」。其所在之處，雖未能確指，然應是與臥子有關者。故知俱爲崇禎八年春間徐氏別墅中楊陳兩人所同居之南樓及同游之陸氏南園。（詳見下引徐暗公孚遠釣璜堂詩及王勝時澐雲間第宅志。）并同經之事也。此首所言之蓼花汀或即在南園內。「鑪鴨」「畫屏」「金雀」乃藏嬌定情之境况。臥子假南樓爲金屋，則河東君此詞以斂啼痕爲結語，自不嫌突兀矣。

其十二云：

人何在，人在小中亭。想得起來匀面後，知他和笑是無情。遮莫向誰生。

寅恪案，此首可與第玖首「憶昔見時多不語，而今偷悔更生疏。」之語參證。「人在小中亭」之亭，或即臥子所賦「秋暮游城南陸氏園亭」詩，「孤亭喧鳥雀」之「亭」。（見陳忠裕全集柒屬玉堂集。）「知他和笑是無情」句，則出杜牧之詩「多情却似總無情，唯覺尊前笑不成。」（見全唐詩第捌函杜牧肆「贈別」二首之二。）及韓致堯詩「見客入來和笑走，手搓梅子映中門。」（見全唐詩第拾函韓偓肆「偶見」。）張泌江城子第貳闋「好是問他來得麼，和笑道，莫多情。」（見花間集伍。）河東君蓋兼采杜韓兩詩及張詞之辭意，而成此闋也。

其十三云：

人何在，人在月明中。半夜奪他金扼臂，殢人還復看芙蓉。心事好朦朧。

寅恪案，此首當是楊陳兩人同居南樓時之本事。「扼臂」出羅從事「比紅兒詩」一百首之九十四「金粟妝成扼臂環」之語，（見全唐詩第拾函羅虬。）「殢人還復看芙蓉」者，崇禎八年首夏李舒章所賦「夏日問李子疾」詩云：「江上芙蓉新，堂中紫燕小。」（見陳忠裕全集捌平露堂集「酬舒章問疾之作」附録所引）。崇禎八年首夏，河東君離去南樓及南園，將行之時，猶能見及南園廢沼中之芙蓉。（可參下引釣璜堂存稿叁「南園讀書樓」七古，「荷香落衣袂」一句及同書壹玖「坐月懷臥子」五絕，「南園菡萏正紛披」句。）楊詞李詩所謂芙蓉，蓋指出水之新荷，而非盛放之蓮花，如徐暗公詩所言者。文人才女之賦詠，不必如考釋經典，審覈名物之拘泥。又陳忠裕全集壹玖陳李唱和集「初夏絕句」十首之七云：「芙蓉葉放小於錢。」臥子此詩雖未必是崇禎八年所賦，但同是初夏景物之描寫，故亦可取以互證也。

其十四云：

人何在，人在木蘭舟。總見客時常獨語，更無知處在梳頭。碧麗怨風流。

寅恪案，「總見客時常獨語，更無知處在梳頭。」句，殆用張文和「薊北旅思」（一作「送遠人」。）詩，「失意常獨語，多愁祇自知。」之語。（見全唐詩第陸函張籍叁。）文和詩題既一作「送遠人」，則河東君「人在木蘭舟」句，即「送遠人」之意。頗疑平廣記壹玖伍載甘澤謠「紅綫」條中冷朝陽送紅綫詩（參全唐詩第伍函冷朝陽「送紅綫」七絶）云：

采菱歌怨木蘭舟，送別魂銷百尺樓。（全唐詩「別」作「客」。）還似洛妃乘霧去，碧天無際水長流。（全唐詩「長」作「空」。）

殆亦與之有關涉。蓋河東君此詞題爲「懷人」，與張、冷兩詩約略相似，乃其自言失意多愁之情況。又陳忠裕全集壹有「采蓮賦」一篇，同書伍平露堂集有「采蓮童曲」樂府。同書壹壹平露堂集有「立秋後一日題采蓮圖」七古與戊寅草中「采蓮曲」，皆陳楊兩人於崇禎八年所作。冷氏詩云「采蓮歌怨木蘭舟」，故河東君此詞「木蘭舟」之語，疑即指兩人所作之詩賦而言也。至「碧麗怨風流」句，其義不甚解。戊寅草寫本及林下詞選皆同，惟衆香詞作「妖艷更風流」，語較可通。但上文已有「更」字，昔人作詩詞，雖不嫌重複，然細繹詞旨，此處似不宜再用「更」字。且「怨風流」亦較「更風流」爲佳。據是，衆香詞與戊寅草寫本及林下詞選不同之點，恐經後人改易，殊失河東君原作之用心也。

其十五云：

人何在，人在綺筵時。香臂欲擡何處墮，片言吹去若爲思。況是口微脂。

寅恪案，此首乃河東君自述其文酒會時，歌舞之情態。「香臂欲擡何處墮」句，指舞言。「片言吹去若爲思，況是口微脂。」句，指歌言。有學集壹叁東澗詩集下「病榻消寒雜咏」四十六首之三十四「追憶庚辰冬半野堂文宴舊事」詩云：「蒲團歷歷前塵事，好夢何曾逐水流。」此爲牧齋垂死之作，猶不能忘情於崇禎十三年冬河東君初訪半野堂時，餞別程松圓之宴會。據是可以想見河東君每值華筵綺席，必有一番精采之表演，能令坐客目迷心醉。蓋河東君能歌舞，善諧謔，況復豪於飲，酒酣之後，更可增益其風流放誕之致。此詞所述非誇語，乃實録也。

其十六云：

人何在，人在石秋棠。好是捉人狂耍事，幾回貪却不須長。多少又斜陽。

寅恪案，「石秋棠」之義未解。若「棠」字乃「堂」字之訛寫，則「石秋棠」當是南園一建築物之名。此爲妄測，須更詳考。「好是捉人狂耍事，幾回貪却不須長。」句，指捉迷藏之戲，（可參前論程松圓「朝雲詩」第伍首「神仙冰雪戲迷藏」句。）才調集伍元稹「雜憶詩」

五首之三云：「憶得雙文朧月下，小樓前後捉迷藏。」河東君蓋自比於雙文，而令卧子效元才所爲者，雖喜被捉，但不須久尋。蓋作此戲，本資笑樂，不必使捉者過勞。然則其愛惜卧子之意，溢於言表。「多少又斜陽」句，則事過境遷，不覺感慨系之矣。

其十七云：

人何在，人在雨烟湖。篙水月明春膩滑，舵樓風滿睡香多。楊柳落微波。

寅恪案，「雨烟湖」恐是南園中之湖沼，「睡香」即「瑞香」，乃早春季節開放之花。河東君於此際泛舟，風吹此花香氣，固合當時景物也。

其十八云：

人何在，人在玉階行。不是情痴還却住，未曾憐處却却多心。應是怕情深。

寅恪案，此首爲河東君自言其去住兩難之苦况。然終於離去，則其苦更甚，可以推知。「應是怕情深」之「怕」字殊妙。

其十九云：

人何在，人在畫眉簾。鸚鵡夢回青獺尾，篆烟輕壓緑螺尖。紅玉自纖纖。

寅恪案，李舒章會業序云：「獱獺白日捕魚塘中，盱睚而徐行，見人了無怖色。」（見後論卧子桃源憶故人「南樓雨暮」詞，所引舒章此文。）又文選捌楊子雲羽獵賦「蹈獱獺」。

李善注引郭璞三蒼解詁曰：「獱似狐，青色，居水中，食魚。」然則「青獺」之語，乃古典今事合而用之者。「鸚鵡夢」固出明皇雜録「天寶中嶺南獻白鸚鵡」條。（見事文類聚後集肆拾及六帖玖肆所引。并可參楊太真外傳下及何薳春渚紀聞伍「隴州鸚歌」條。）但其所指搏殺「雪衣娘」之鷙鳥，頗難考實。豈河東君之居南樓，所以不能久長者，乃由臥子之妻張孺人號稱奉其祖母高安人繼母唐孺人之命，率領家嬪將至徐氏別墅中之南樓，以驅逐此「内家楊氏」耶？俟考。

其二十云：

人何在，人在枕函邊。只有被頭無限泪，一時偷拭又須牽。好否要他憐。

寅恪案，此首爲二十首最後一首，亦即「人在」十首之末闋。故可視爲夢江南全部詞中「警策」之作。其所在處，乃在枕函咫尺之地，斯爲賦此二十首詞所在地也。「泪痕偷拭」，「好否要憐」，絶世之才，傷心之語，觀臥子雙調望江南「感舊」詞結句云：「無計問東流」，可以推知其得讀河東君此二十首詞後，所感恨者爲何如矣。

臥子雙調望江南感舊云：

思往事，花月正朦朧。玉燕風斜雲鬢上，金猊香燼綉屏中。半醉倚輕紅。何限恨，消息更悠悠。弱柳三眠春夢杳，遠山一角曉眉愁。無計問東流。

寅恪案，臥子此詞有「消息更悠悠」之語，當是在河東君由松江遷往盛澤鎮以後不甚久之時間所作。然則河東君夢江南詞二十闋爲原唱，而臥子雙調望江南乃和作。明乎此，則知河東君詞題爲「懷人」，而臥子詞題作「感舊」，所以不同之故也。

前引黄九烟之語云：「雲間宋徵輿李雯共拈春閨風雨諸什。」并論崇禎八年春間多雨一事。今檢臥子詩餘中，其題爲「春閨風雨」「春雨」者，共有三首。故知此三首當即黄氏所言。疑俱是臥子於崇禎八年春間爲河東君而作者。兹更取河東君戊寅草中更漏子「聽雨」二闋，與臥子詞參證，以其亦爲春雨，當是同時所作也。

臥子醉落魄「春閨風雨」其一云：

春樓綉句，韶光一半無人見。海棠夢斷前春怨。幾處垂楊，不耐東風捲。　飛花狼籍深深院，滿簾寒雨鑪烟篆。黄昏相對殘燈面。聽徹三更，玉枕欹將半。

其二云：

花嬌玉暖，鏡臺曉拂雙蛾展。一天風雨青樓斷。斜倚欄干，簾幕重重掩。　紅酥輕點櫻桃淺，碧紗半掛芙蓉卷。真珠細滴金杯軟。幾曲屏山，鎮日飄香篆。

又菩薩蠻「春雨」云：

廉纖暗鎖金塘曲，聲聲滴碎平蕪緑。無語欲摧紅，斷腸芳草中。　幾分消夢影，數點胭脂冷。何處望春歸，空林鶯暮啼。

河東君更漏子「聽雨」（寅恪案，河東君此調兩闋頗難句逗，姑以意標點之，可不必深究也。）云：

風綉幕，雨簾櫳，好個凄凉時候。被兒裏，夢兒中，一樣濕殘紅。香焰短，黄昏促，催得愁魂千簇。只怕是，那人兒，浸在傷心緑。

其二云：

花夢滑，杏絲飛，又在冷和風處。合歡被，水晶帏，總是相思塊。影落盡，人歸去，簡點昨宵紅泪。都寄與，有些兒，却是今宵雨。

李舒章虞美人「春雨」（見蓼齋集叁壹詩餘。）云：

廉纖斷送荼蘼架，衣潤籠香罷。鷓鴣題（啼）處不開門，生怕落花時候近黄昏。艷陽慣被東風（妬），吹雨無朝暮。絲絲只欲傍妝臺，却作一春紅泪滿金杯。

又吴園次虞美人「春雨次李舒章韵」（見今詞初集下。）云：

紅絨冷落秋千架，人約西陵罷。梨花和泪閉重門，却似玉顔憔悴憶東昏。孟婆苦把東君妬，做作催春暮。愁春人正在朱樓，聽盡絲絲點點倚香篝。

寅恪案，閔爾昌碑傳集補貳守令壹王方岐撰「吴園次後傳」略云：

先生諱綺，字園次，江都人。〔順治十一年〕甲午灤州石學士申視學江南，得先生卷，拔冠多士，以明經薦入都。冢宰胡公兆龍拔置第一，授中書舍人，掌制誥。〔順治十五年〕戊戌遷兵部職方司主事。〔康熙三十三年〕甲戌夏杪，先生年七十有六，微有腹疾，不數日而歸道山矣。

當崇禎八年時，園次年十七歲。其入都則在順治十一年，而李舒章於順治三年丙戌以父喪歸葬，事竣還京即卒。（見陳忠裕全集年譜下順治四年丁亥條考證引松江府志李逢申傳。）故園次此詞作成時間必不甚遲，作詞之地亦應在松江地域，其時間或即在崇禎八年春季，亦未可知。園次年少美才，其和春閨風雨之詞，殊不足异也。

復次，臥子詩餘中關涉春閨或閨閣之題目者頗多，如桃源憶故人「南樓雨暮」及探春令「上元雨」諸闋，皆當屬此類。除「南樓雨暮」一詞，將於論李舒章「題内家楊氏樓」詩時合并論之，其餘今不備録。至於柳梢青「春望」，天仙子「春恨」之類，則名士民族興亡之感，與男女私情絶無關涉。故雖爲春季所作，亦不録之也。

臥子詩餘菩薩蠻「春曉」云：

玉人嫋嫋東風急，半晴半雨胭脂濕。芳草襯淩波，杏花紅粉多。　起來慵獨坐，又擁寒衾臥。金雀帶幽蘭，香雲覆遠山。

又蝶戀花「春曉」云：

纔與五更春夢別。半醒簾櫳，偷照人清切。簡點鳳鞋交半折，泪痕落鏡紅明滅。枝上流鶯啼不絶。故脱餘綿，（寅恪案，「餘綿」謂當日女性卧時所著之綿緊身也。可參紅樓夢壹佰玖回「候芳魂五兒承錯愛」節。）忍耐寒時節。慵把玉釵輕綰結，恁移花影窗前没。

寅恪案，此兩詞皆言春曉。菩薩蠻調可與上引卧子「早春行」五古之「不令晨妝竟，偏采名花擲。香衾捲猶暖，輕衣試還惜。」等句互證。戊寅草中復有兩同心「夜景代人作」一闋。所代之人，疑是卧子，而首句亦與鞋有關，故并附録於此，藉資好事者之談助耳。

河東君河傳「憶舊」云：

花前雨後，暗香小病，真個思清切。夢時節。見他從不輕回，風動也，難尋覓。簡點枕痕剛半折，泪滴紅綿，又早春文滅。手兒臂兒，都是那有情人，故把人心摇拽。

又兩同心「夜景代人作」云：

不脱鞋兒，剛剛扶起。渾笑語。燈兒廝守。心窩内，着實有些些憐愛，緣何昏黑，怕伊瞧地。兩下糊塗情味。今宵醉裏。又填河，風景堪思。況銷魂，一雙飛去。俏人兒，直恁多情，怎生忘你。

復次，卧子蝶戀花詞可與下章牧齋有美詩之「弓鞋笑足纏」及「輕寒未折綿」等句參較。

「簡點鳳鞋交半折」句，似與西廂記「酬簡」元和令「綉鞋剛半折」之語有關。或謂此「鳳鞋」，疑是指舊日纏足女子睡眠時所著之「軟鞋」而言。此種「軟鞋」，蓋以增加美感，兼有防止纖足漲大，并可免纏足帛條散亂之用，其底非木或骨所製者。至若程松圓詩「天粘碧草度弓鞋」之弓鞋（見列朝詩集丁壹叁所選孟陽「二月上浣同雲娃踏青，雨宴達曙，用佳字」七律。詳見前引。）則指河東君所著踏地行走之鞋而言，其底版爲木或骨所製，與臥子蝶戀花「春曉」詞中所咏之軟鞋，區以別矣。

復據劉鑾五石瓠「濮仲謙江千里」條云：

蘇州濮仲謙水磨竹器，如扇骨酒杯筆筒臂擱之類，妙絶一時。亦磨紫檀烏木象牙，然不多。或見其爲柳夫人如是製弓鞋底版二雙。又或見其製牛乳湩酪筒一對，末矣。（可參宋琬安雅堂未刻稿貳「竹罌草堂歌」題下注：「嘐城朱松鄰白門濮仲謙皆以竹器擅名。」詩中述濮仲謙事頗備。）

寅恪案，河東君自矜其足之纖小，至於令當時良工爲之製作弓鞋底版。由今觀之，固覺可笑，但舊日風習，纖足乃美人不可缺少之主要條件，亦不必苛責深怪。河東君初訪半野堂，雖戴幅巾及著男子服，然仍露其纖足者，蓋欲藉是表現此特殊優美之點也。（可參第肆章論河東君初訪半野堂節。）

抑更有可笑者，有學集壹秋槐詩集「贈濮老仲謙」詩云：

滄海茫茫換劫塵，靈光無恙見遺民。少將楮葉供游戲，晚向蓮花結浄因。杖底青山爲老友，窗前翠竹似閑身。堯年甲子欣相并，何處桃源許卜鄰。（自注：「君與余同壬午。」）

寅恪案，牧齋此詩當作於順治五年戊子，蓋牧齋以黄毓祺案，被逮至南京，出獄之後，尚留居金陵也。其時仲謙亦在白下。牧齋此詩以「遺民」稱仲謙，則濮氏亦非如劉鑾所記僅以製造工巧擅長。仲謙既與牧齋同庚，其爲河東君製弓鞋底版，雖不能確定在何年，要亦在河東君適牧齋以後，濮氏之年齡，至少已過六十。以老叟而爲此，可謂難能之事。然則牧齋詩「晚向蓮花結浄因」之句，不但如遵王注本，解作結遠公蓮社之浄因，亦兼可釋爲助美潘妃細步之妙迹矣。呵呵！

又蝶戀花詞「泪痕落盡紅明滅」句，疑用才調集伍元稹「古决絶詞」三首之二「感破鏡之分明，睹泪痕之餘血。」之意。蓋臥子賦此詞時，河東君離去之志已决。可參下引臥子少年游「春情」及青玉案「春暮」兩詞附論。所應注意者，微之此首詩中「矧桃李之當春，競衆人而攀折。」之語。臥子與河東君之關係，雖頗相合，然微之此首詩中「幸他人之既不我先，又安能使他人之終不我奪。」之語，則周文岸宋轅文輩皆已先於臥子而攀折之矣。後來終爲他人，即錢牧齋之所奪，亦是必然之理。吾人今日取微之臥子之詩詞并讀，殊不勝感惜也。「故脱餘綿」之「綿」，疑指舊日女子寒冷季節卧時所著之絲棉短襖而言，即俗所謂「綿緊身」者，前已述及。卧子此兩詞所描寫者，如特喜早起，不畏寒冷等情狀，非一般女子之通性，而是河東君個人之特性。卧子造語能曲盡其妙，即此可見其爲高才，非庸手所及也。

又陳忠裕全集貳拾詩餘虞美人「咏鏡」云：

碧蘭囊錦妝臺曉，冷冷相對早。剪來方尺小清波，容得許多憔悴暗消磨。海棠一夜輕紅倦，何事從教看。數行珠泪倩他流，莫道無情却會替人愁。

寅恪案，卧子此詞後半闋尤妙。此鏡必爲河東君之物無疑，否則卧子詞中語意不如是也。清代文人集中賦咏河東君遺鏡之作品頗多。（見繆荃孫秦淮廣記貳之肆紀麗類及葛昌楣蘼蕪紀聞下所引。）然大抵轉襲舊文，别無新説。既是釀詞，無關考證。且後人所咏之鏡，究難定其真僞，故不備引。今唯擇録錢塘汪菊孫詩一首於下，汪詩固不甚佳，但以菊孫與河東君同屬女性，因附録之，聊資談助云爾。

汪遠孫清尊集壹伍載菊孫「河東君妝鏡詩」并引云：

周南卿明經藏唐鏡一枚，背有銘云：「照日菱花出，臨池滿月生。官看巾帽整，妾映點妝成。」證以初白庵金陵雜咏，知爲河東君物也。今歸又村仲弟，以拓本裝册索題，即次初白韵應之。

紅粉偏能國士知，可憐末路事參差。流傳一片開元月，曾照香奩夜選詩。

復次，戊寅草中聲聲令「咏風箏」一闋，乃河東君自述之作。蓋其性格身世實與風箏相似。故此詞爲美人自己寫真傳神之作，如杜麗娘「自行描畫，留在人間。」者也。（見還魂記「寫真」。）

其詞云：

楊花還夢，春光誰主，晴空覓個顛狂處。尤雲殢雨，有時候，貼天飛，只恐怕，捉他不住。

絲長風細，畫樓前，艷陽裏。天涯亦有影雙雙，總是纏綿，難得去。渾牽繫，時時愁對迷離樹。

檢列朝詩集閏肆楊宛「看美人放紙鳶」七絕五首云：

共看玉腕把輕絲，風力蹉跎莫厭遲。頃刻天涯遥望處，穿雲拂樹是佳期。

愁心欲放放無由，斷却牽絲不斷愁。若使紙鳶愁樣重，也應難上最高頭。

美伊萬里度晴虛，自嘆身輕獨不如。若到天涯逢蕩子，可能爲報數行書。

薄情如紙竹爲心，辜負絲絲用意深。一自飛揚留不住，天涯消息向誰尋。

時來便逐浮雲去，一意飄揚萬種空。自是多情輕薄態，佳人枉自怨東風。

似與河東君此詞有關，姑附記之，以俟更考。

河東君與臥子同居在崇禎八年春季，離去在是年首夏。其時間既可推知矣。其同居之地點，究在何處耶？此問題殊難解决，但可斷言者，必非臥子松江之家（臥子自撰年譜上崇禎九年丙子條附録引華亭縣志云：「平露堂。陳忠裕子龍宅，在普照寺西。」）而別在松江某處。其地今固不易考實，但鄙意似尚可依據臥子自撰年譜及所作之詩詞并徐暗公李舒章之詩文等，推測得之也。兹略陳所見，以求當世通人之教正。

陳忠裕全集貳拾詩餘桃源憶故人「南樓雨暮」云：

小樓極望連平楚，簾捲一帆南浦。試問晚風吹去，狼籍春何處。　相思此路無從數，畢竟天涯幾許。莫聽嬌鶯私語，怨盡梨花雨。

寅恪案，臥子取此「桃源憶故人」調名，以抒念舊之感，自不待言。至其以南樓爲題目，當有深意。考南樓之典，最著者，應推庾元規之南樓。（見世説新語容正類「庾太尉在武昌」條及晋書柒叁庾亮傳。）此固與河東君無涉。或謂才調集伍元稹「所思」二首之一（萬首唐人絶句陸載入劉禹錫詩内，題作「有所嗟」。全唐詩第陸函劉禹錫壹貳及元禛貳柒并載此詩。）云：

庾亮樓中初見時，武昌春柳似腰肢。相逢相失還如夢，爲雨爲雲今不知。

臥子取此詩之庾亮樓即南樓爲題，以指河東君，似無不可。或又謂文選叁拾謝靈運「南樓中望所遲客」詩云：「登樓爲誰思，臨江遲來客。」及「孟夏非長夜，晦月如歲隔。」臥子蓋有取於孟夏之時，南樓之名，望所遲客之旨，而賦是闋。或更謂東坡永遇樂詞「夜宿燕子樓夢盼盼」一闋云「燕子樓空，佳人何在，空鎖樓中燕。」及「异時對南樓夜景，爲余浩嘆。」臥子用「南樓」爲題，實暗寓人去樓空之感。并可與牧齋崇禎十三年「八月十六夜有感」永遇樂一詞相啓發。

以上諸説，雖皆可通，然恐尚有未發之覆。鄙意臥子詞題之「南樓」即徐孚遠弟致遠別墅中之小樓，亦即鴛鴦樓是也。徐暗公釣璜堂存稿叁「南園讀書樓」五古云：

陸氏構此園，冉冉數十歲。背郭面良疇，緩步可休憩。長廊何綿延，復閣亦迢遞。高樓多藏書，歲久樓空閉。丹漆風雨摧，山根長薜荔。我友陳軼符，聲名走四裔。避喧居其中，千旄罕能戾。招余共晨昏，偃蹇搜百藝。徵古大言舒，披圖奇字綴。沿隄秋桂叢，小橋春杏麗。月影浮觴斝，荷香落衣袂。心賞靡不經，周旋淡溶滀。豈意數年來，哲人忽已逝。余復凌滄波，曩懷不可繼。既深蒿里悲，還想華亭唳。他時登此樓，眷言申末契。

同書壹肆「夢與臥子奕」云：

思君頻有夢相隨，此夕從容方賭棋。恰似東山携妓日，兼如淝水破秦時。即今猶憶元龍氣，向後誰傳野鶴姿。驚起寒窗魂已失，蕭蕭零雨漫題詩。

同書同卷「旅邸追懷臥子」云：

風雨淒然發重嗟，昔年聯席愧龍蛇。空悲同綴羽陵簡，不及相期句漏砂。墻内桐孫抽幾許，房中阿鶩屬誰家。蕭條後事無人問，惟有遺阡噪暮鴉。

同書壹捌「憶臥子讀書南園作」云：

與君披卷傲滄洲，背郭亭臺處處幽。昔日藏書今在否，依然花落仲宣樓。

同書壹玖「坐月懷臥子」云：

自從屈子沉湘後，江左風流异昔時。此夕把杯邀皓月，南園菡萏正紛披。

同書貳拾「南園杏」云：

南郭芳菲黄鳥鳴，杏花斜映野橋平。陳君昔日觀書處，無限春風湖海情。

同書同卷「武静弟別墅有樓，臥子名之曰南樓，時游憩焉」云：

郭外南園城内樓，春光欲度好閑游。當年嵇阮林中飲，總作滄浪一段愁。

王勝時澐雲間第宅志略云：

南門内新橋河南〔徐〕陟曾孫文學致遠宅，有師儉堂，申文定時行書。西有生生庵別墅，陟子太守琳放生處。

陳乃乾陳洙撰徐暗公先生年譜略云：

祖琳，字雍卿，號裕湖。以蔭任太常典簿。〔歷官至〕雲南楚雄府知府。晚年皈依蓮池大師，法名廣潙，字警庵，又稱生生道人。

陳忠裕全集自撰年譜八年乙亥條云：

春偕暗公讀書陸氏之南園，創爲時藝，閎肆奇逸，一時靡然向風，間亦有事吟咏。

崇禎九年丙子條云：

春讀書南園，時與宋轅文相倡和。

崇禎十一年戊寅條云：

是夏讀書南園，偕暗公尚木網羅本朝名卿鉅公之文有涉世務國政者爲皇明經世文編。

崇禎十二年己卯條云：

讀書南園，編農政全書。

嘉慶修松江府志柒柒婁縣附記園林門云：

南園在南門外阮家巷。都憲陸樹德世居修竹鄉金沙灘，後葺別業於此，侍郎彥禎繼居之。有梅南草廬讀書樓，濯錦窩諸盛。崇禎間幾社諸子每就此園宴集。

李雯蓼齋集叁肆課業序（參卧子年譜上崇禎八年乙亥條。）略云：

今年春暗公臥子讀書南園。余與勒卣文孫輩或間日一至，或連日羈留。樂其修竹長林，荒池廢榭。登高岡以望平曠，後見城堞，前見丘壟。春風發榮，芳草亂動。雖僻居陋壤，無憑臨吊古之思，而覽草木之變化，感良辰之飆馳，意慨然而不樂矣。兼以春多霖雨，此鄉有惡鳥，雉尾而赤背，聲若甕中出者，繞籬大鳴，鳴又輒雨。臥子思挽弓而射之，竟不可得。又有啄木鳥，巢古藤中，數十爲伍，月出夜飛，肅肅有聲。猿獺白日捕魚塘中，盱睢而徐行，見人了無怖色。文孫曰，即我南園之中，我數人之所習爲制科業者，集而廣之，是亦可以志一時相聚之盛矣。雖然今天下徒以我等爲飲酒賦詩，擴落而無所羈，方與古之放言之士，鄙章句，廢畦町，岸然爲躍冶者，以自异於世，而不知其局促淹困，相守一方，是區區者，蓋亦有所不免也。

寅恪案，綜合上引材料推論，知崇禎八年乙亥春間，臥子實與河東君同居於松江城南門内徐暗公弟武静致遠之生生庵别墅小樓，即臥子所命名之南樓。至南門外之陸氏南園之讀書樓，則爲臥子與幾社諸子，或河東君亦在其内，讀書論文吟咏游宴之處。徐墅陸園兩處相距不遠，往來甚便，臥子之擇此勝地爲著書藏嬌之所，當非無因也。

又徐暗公「旅邸追懷臥子」詩中之「阿鶩」，實用三國志貳玖魏書朱建平傳之典。其文云：

初潁川荀攸鍾繇相與親善。攸先亡，子幼。繇經紀其門户，欲嫁其妾。與人書曰：吾與公達曾共使朱建平相，建平曰，荀君雖少，然當以後事付鍾君。吾時啁之曰，惟當嫁卿阿騖耳。何意此子竟早殞歿，戲言遂驗乎？今欲嫁阿騖，使得善處。追思建平之妙，雖唐舉許負，何以復加也。

據此，「阿騖」非目河東君，乃指臥子其他諸妾而言。蓋河東君已於崇禎十四年辛巳夏歸於牧齋，暗公豈有不知之理。若就陳楊之關係嚴格言之，河東君實是臥子之外婦，而非其姬妾。然顧云美河東君傳既有「適雲間孝廉爲妾」之文，臥子「乙亥除夕」詩亦有「桃根渺渺江波隔」，（見陳忠裕全集壹壹平露堂集。）牧齋「有美詩」復有「迎汝雙槳槳」，（見東山酬和集壹。）河東君和牧齋「中秋日携内出游」詩，更有「夫君本自期安桨，賤妾宁辞学冷舟。」等句，（見初學集貳拾東山詩集叁。）恐讀者仍爲當時習用名詞及河東君詩中謙遜之語所迷惑，别生誤解，遂附辨之於此。所以不憚煩贅者，因河東君自離去周文岸家後，既不甘作人姬妾。職是之由，其擇婿之難，用心之苦，自可想見。但幾歷波折，流轉十年，卒歸於牧齋，殊非偶然。此點爲今日吾人研考河東君之身世者，所應特加注意也。余詳第肆章論崇禎十四年辛巳夏錢柳茸城結縭節。

又全唐詩第捌函杜牧叁「池州李使君殁後十一日，處州新命始到。後見歸妓，感而成詩。」七律第貳聯云：

巨卿哭處雲空斷，阿鶩歸來月正明。

上句之「巨卿」乃范式字。其以死友之資格哭張元伯劭事，詳見後漢書列傳柒壹獨行傳范式傳，人所共知，不須贅引。牧之以元伯目李使君，而自命爲巨卿，固不待言，但「雲空斷」之語，似襲用杜少陵「別房太尉墓」五律，「低空有斷雲」句。（見杜工部集壹叁。）暗公詩之「阿鶩」，除用三國志朱建平傳外，疑更用牧之此聯下句，并暗以牧之此聯上句「雲空斷」三字指阿雲已與臥子斷絕關係也。如此解釋是否能得徐詩真意，尚待詳考。

復次，蓼齋集貳叁「題内家楊氏樓」（寅恪案，「楊」爲河東君之本姓，「内家」之稱，又與河東君身份適合。）云：

微雨微烟咽不流，南窗北窗鎖翠浮。濤聲夜帶魚龍勢，水氣朝昏鴻雁秋。歸浦月明銀海動，捲簾雲去綠帆愁。（寅恪案，「雲」即「阿雲」也。）如今不有吹簫女，猶是蕭郎暮倚樓。

寅恪案，舒章「題内家楊氏樓」詩，雖不能確定何時所作，但詳檢蓼齋集此卷諸詩排列次序，第壹叁首爲「傷春」，第壹肆首爲「觀射」，第壹伍首爲「悲秋」，第壹陸首即此詩。詩中有「鴻雁秋」之語，明是秋深作品，與前引舒章江神子同詞，乃一人同時所賦。更檢陳忠裕全集壹壹平露堂集，卷中諸詩排列次序，第肆首爲「春日風雨浹旬」，第伍首爲「觀楊龍友射歌」，第陸首爲「偉南築居遠郊」，第捌首爲「立秋後一日題采蓮圖」，第壹壹首爲「乙亥除夕」。今綜合李陳二集諸詩排列次序推計之，臥子所作「偉南築居遠郊」詩中有「夏雲縱横白日間」之句，足證舒章「觀射」一詩，蓋與臥子「觀楊龍友射歌」爲同時所作。依春夏秋冬四季先後排列計之，更可證舒章「題内家楊氏樓」詩，乃崇禎八年乙亥秋深所作。

河東君與臥子同居，在崇禎八年春季。離臥子別居在是年首夏。離松江往盛澤鎮歸家院在是年秋深。然則舒章此詩乃河東君離松江後所作也。故知此「内家楊氏樓」，即河東君與臥子同居之處，亦即臥子桃源憶故人詞題「南樓雨暮」之「南樓」。據上引衆香詞，知河東君「遺有我聞堂（室）鴛鴦樓詞。」夫「我聞室」乃牧齋營築之金屋，所以貯阿雲者，河東君取以名其詞集，似有可能。但此點尚未證實，仍俟詳考。至河東君之鴛鴦樓詞，與臥子之屬玉堂集，實互有關系，乃相對爲文者。若更加推測，則臥子之所謂屬玉堂，與鴛鴦樓，即南樓，同屬徐武静別墅中之建築物，又同爲臥子所虛構之名也。

舒章詩中「吹簫」之「〔秦〕女」指河東君，「倚樓」之「蕭郎」，指臥子。人去樓空之感，爲舒章此詩之主旨。若非推定舒章作詩之時間及此樓所在之地點，則舒章詩意不能明矣。復檢陳忠裕全集玖湘真閣集，崇禎十一年仲冬所作「擬古三首，別李氏〔雯〕也。」之後有「蕭史曲」一篇。其意旨殊爲隱晦。但人去樓空之感，則甚明顯。故頗有爲河東君而作之可能。蓋舒章於崇禎八年秋深賦「題内家楊氏樓」一詩之際，在楊已去不久，陳尚往來陸氏南園，徐氏別墅之時。至崇禎十一年，則楊固早已離去南樓，陳雖屢借寓南園，而南樓則久空矣。斯「蕭史曲」所以有「一朝携手去，此地空高臺。」之句耶？又同書壹肆湘真閣集載「戊寅七夕病中」五律一首，亦似爲河東君而作者。今得見戊寅草，首載臥子一序。其中作品止於崇禎十一年秋間。據此可以推知臥子於此時尚眷戀不忘河東君如此。則崇禎十一年爲河東君作「蕭史曲」，涉及此樓，亦不足怪矣。

復次，今檢蓼齋集叁拾有「聞一姬爲友人所苦，作詩解圍。」七絕一首云：

高唐即在楚西偏，（寅恪案，「西偏」之語，可參上引雲間地宅志「西有生生庵別墅」句。）暮暮朝朝亦偶然。但使君王留意住，飛雲更落阿誰邊。

詩中之「飛雲」豈即「阿雲」耶？但此「友人」，不知誰指，頗有爲臥子之可能。姑附記於此，以俟更考。

崇禎八年乙亥春間，陳楊兩人之關係，已如上所考定。茲有一疑問，即顧云美「河東君傳」所謂「適雲間孝廉爲妾」之語。臥子爲崇禎三年庚午舉人，十年丁丑進士。歷官刑部主事，惠州紹興推官，兵科給事中，兵部右侍郎兼翰林學士。何以僅稱之爲「雲間孝廉」，而不以其他官名稱之耶？應之曰：云美之以「孝廉」目臥子者，蓋謂河東君「爲妾」，實即「外婦」之時，臥子之資格身份實爲舉人，而非進士及其他諸職也。此點云美既所以爲河東君及臥子諱，又標明其關係之時代性。斯固爲雲美之史筆，亦足證此關係發生於臥子爲舉人時，即崇禎三年庚午至十年丁丑之時期，此八年之間，唯有崇禎八年乙亥春季最爲適合。故「雲間孝廉」之爲臥子，可以無疑也。

抑更有可論者。觀臥子所自述崇禎八年春讀書南園，雖號稱與徐暗公孚遠李舒章雯周勒卣立勛陸文孫慶曾（寅恪案，陳忠裕全集壹陸平露堂集「送陸文孫省試金陵」詩附考證引復社姓氏録云：「陸慶曾字文孫。」）幾社諸名士共爲制科業，間亦有事吟咏。其實乃如陸氏所言「飲酒賦詩，擴落而無所羈，方與古之放言之士，鄙章句，廢畦町，岸然爲躍冶者，以自异於世」。又婁縣志謂「崇禎間幾社諸子每就是園（寅恪案，指南園）宴集。」由是推之，幾社諸名流之宴集於南園，其所爲所言，關涉制科業者，實居最少部分，其大部分則爲飲酒賦詩，放誕不羈之行動。當時黨社名士頗自比於東漢甘陵南北部諸賢。其所談論研討者，亦不止於紙上之空文，必更涉及當時政治實際之問題，故幾社之組織，自可視爲政治小集團。南園之宴集，復是時事之坐談會也。

河東君之加入此集會，非如儒林外史之魯小姐以酷好八股文之故，與待應鄉會試諸人共習制科之業者。其所參預之課業，當爲飲酒賦詩。其所發表之議論，自是放言無羈。然則河東君此時之同居南樓及同游南園，不僅爲臥子之女膩友，亦應認爲幾社之女社員也。前引宋讓木秋塘曲序云：「坐有校書，新從吴江故相家，流落人間。凡所叙述，感慨激昂，絶不類閨房語。」可知河東君早歲性情言語，即已不同於尋常閨房少女。其所以如是者，殆萌芽於吴江故相之家。蓋河東君夙慧通文，周文岸身旁有關當時政治之聞見，自能窺知涯涘。繼經幾社名士政論之熏習，其平日天下興亡匹「婦」有責之觀念，因成熟於此時也。牧齋初學集貳拾東山詩集叁「〔崇禎〕壬午除夕」詩云：「閑房病婦亦憂國，却對辛盤歎羽書。」有學集拾紅豆貳集「後秋興」八首之四云：「閨閣心縣海宇棋，每於方罫繫歡悲。」牧齋所言，雖是河東君年二十五歲及四十二歲時事。夫河東君以少日出自北里章臺之身，後來轉具沈湘復楚之志。世人甚賞其奇，而不解其故。今考證幾社南園之一段佳話，則知東海麻姑之感，西山精衛之心，匪一朝一夕之故，其來有自矣。

嗚呼！臥子與河東君之關係，其時間，其地點，既如上所考定。明顯確實，無可致疑矣。雖不敢謂有同於漢廷老吏之斷獄，然亦可謂發三百年未發之覆。一旦撥雲霧而見青天，誠一大快事。自牧齋遺事誣造臥子不肯接見河東君及河東君登門詈陳之記載以後，筆記小説抄襲流布，以訛傳訛，一似應聲蟲，至今未已，殊可憐也。讀者若詳審前所論證，則知虚構陳楊事實如王澐輩者，心勞計拙，竟亦何補？真理事實終不能磨滅，豈不幸哉？

崇禎八年首夏，河東君離去與臥子同居之徐氏南樓及同游之陸氏南園，別居松江他地，此地或即横雲山，詳見下論。臥子有詞贈別，詞之佳妙，固不待論，即就陳楊兩人關係言之，此詞亦其轉捩點之重要記録也。兹論述之如下。

湯潄玉玉臺書史三云：

借閑漫士曰：予弟子惠從禾中得〔黄〕皆令金箋扇面，仿雲林樹石，署款「甲申夏日寫於東山閣。皆令。」鈐「閨秀」朱文，「媛介」白文，「皆令」朱文三印章。左方上有詞云：「紫燕翻風，青梅帶雨，（寅恪案，「紫燕」句可與前引李舒章「夏日問陳子疾」詩「堂中紫燕小」句相參證。杜工部集壹捌附録「柳邊」詩，後四句云：「紫燕時翻翼，黄鸝不露身。漢南應老盡，霸上遠愁人。」乃臥子「紫燕」句所出，實寓春老送別之意。「青梅」句出杜工部集玖「梅雨」詩前四句「南京犀浦道，四月熟黄梅。湛湛長江去，冥冥細雨來。」河東君離去南園，當在梅子尚青未黄之時，蓋亦暮春初夏之節候。周處風土記云：「夏至前雨名黄梅雨。」周氏爲江南人，取以證臥子之詞，雖不中亦不遠矣。「帶雨」二字豈復暗用白樂天長恨歌「梨花一枝春帶雨」之意，與下文「泪盈紅袖」之語相比應耶？）共尋芳草啼痕。（寅恪案，全唐詩第叁函孟浩然貳「留別王侍御維」詩云：「欲尋芳草去，惜與故人違。」臥子改「欲尋」爲「共尋」者，蓋臥子雖與河東君短期同居南樓并屢次讀書南園，然不過借其地爲編著之處，故其在南樓及南園，乃暫寓性質，非家居所在。此句意謂其本人不久當離去，歸其城中本宅。河東君亦將離去，移居横雲山，因改「欲尋」爲「共尋」耳。復檢陳忠裕全集壹陸平露堂集崇禎八年詩，有「初秋出城南吊遖機之喪，隨游陸氏園亭。春初予輩讀書處也。感賦二律。」之題，尤足證臥子亦於是年夏間即離去南樓及南園，還居城内本宅也。遖機名靖，崇禎六年癸酉舉人。見嘉慶修松江府志肆伍選舉表。又河東君湖上草「西泠」十首之二云：「青驄點點餘新迹，紅泪年年屬舊人。」痛史第貳壹種甲申朝事小紀柒「柳如是小紀」引此詩，「新迹」作「芳草」。細玩語意，豈亦與臥子此詞有關耶？）明知此會，不得久殷勤。（寅恪案，臥子用「明知」二字者，可見其早已深悉河東君之性情既如此，己身家庭之狀況又若是，則南樓及南園之會合，絶無長久之理。雖已明知之，而復故犯之，致有如是結局。此意與希臘亞力斯多德論悲劇之旨相符。可哀也已！）約略别離時候，緑楊外，多少消魂。重提起，（顧貞觀成德仝選今詞初集上滿庭芳，歷代詩餘陸壹滿庭芳「和少游送别」及陳忠裕全集貳拾詩餘滿庭芳「送别」詞，「重」俱作「纔」，較佳。）泪盈翠袖，（今詞初集，歷代詩餘及陳忠裕全集，「翠」俱作「紅」。是。）未説兩三分。紛紛。（寅恪案，淮海集滿庭芳詞云：「多少蓬萊舊事，空回首，烟靄紛紛。」臥子此詞既是和少游，則「紛紛」二字，本於秦詞，自不待言。但玉臺新咏壹「古詩爲焦仲卿妻作」云：新婦謂府吏，勿復重紛紜。」「紛紛」即「紛紜」。卧子遣去河東君，當不出於「阿母」即唐宜人之意，實由卧子妻張孺人假祖母高太安人之命，執行其事。大樽著此「紛紛」二字，蓋兼具淮海詞及孔雀東南飛詩之兩重出處。其隱痛深矣！）重去後，（今詞初集歷代詩餘及陳忠裕全集「重」俱作「從」。是。）瘦憎玉鏡，寬損罗裙。念飄零何處，烟水相聞。慾夢故人憔悴，依稀隻隔楚山雲。無非是（今詞初集、歷代詩餘及陳忠裕全集「非」俱作「過」。）怨花傷柳，一樣怕黄昏。調奇滿庭芳，留别無瑕詞史。我聞居士。」鈐「如是」朱文小印。

寅恪案，徐乃昌小檀欒室閨秀詞鈔玖及梁乙真清代婦女文學史第叁章第貳節「柳如是」條，并引玉臺畫史，俱認此詞乃河東君所作。不知淮海「山抹微雨」原詞，雖題作「晚景」，明是「别妓」。蓋不僅從語意得知，即秦詞「高城望斷，燈火已黄昏。」之結語，用唐歐陽詹别太原妓申氏姊妹之典，更可爲證也。（見全唐詩第陸函歐陽詹「初發太原途中，寄太原所思。」一詩「高城已不見，况復城中人。」之句，并可參晁無咎補之琴趣外篇肆憶少年「别歷下」詞，「南山尚相送，只高城人隔。」及姜堯章白石詞長亭怨慢「望高城不見，只見亂山無數。」等句。）卧子即和原韵，其爲送别河東君之作，詞旨甚明，無待詳辨矣。今詞初集選於康熙十六丁巳（見此書魯超題詞及毛際可跋語。）歷代詩餘編於康熙四十六年丁亥，兩書時代皆較早。陳忠裕全集出於莊師洛等之手，考證頗精。此三書既皆以此詞爲臥子所作，殊可信也。此詞本爲臥子崇禎八年首夏送別河東君之舊作，而河東君所以復重録之於黃媛介扇面者，殆由畫扇之時令，正與當年臥子送別己身之景物相同，因而棖觸昔情，感念題此歟？

關於以他人之詩詞題扇，因而誤爲題扇人所作，如容齋四筆壹叁「二朱詩詞」條略云：

> 朱載上舒州桐城人。中書舍人新仲翌，其次子也。有家學，十八歲時，戲作小詞，朱希真見而書諸扇，今人遂以爲希真所作。又有折疊扇詞，公親書稿固存，亦因張安國書扇，而載於于湖集中。

與此甚相似，可爲例證。

又詞中「芳草」「故人」之語，出孟襄陽詩，前已言之。但「故人」一語，臥子除用孟詩之成句外，兼襲用古詩「上山采蘼蕪」中「新人工織縑，故人工織素。」之舊辭。（見玉臺新咏壹古詩八首之一。）此點可與河東君湖上草「西泠」七律十首之二，末四句所云：

> 青驄點點餘新迹，紅泪年年屬舊人。芳草還能邀鳳吹，相思何异洛橋津。

等語，互相參較也。「無瑕」者，疑是媛介之别號。「東山閣」即「惠香閣」，當在絳雲樓。（可參第肆章論黃媛介與錢柳關係節及論牧齋絳雲樓節。）此扇爲媛介之畫，既不署受者之款，尤可證此扇乃媛介所自用，而「無瑕詞史」與媛介應是一人也。更有可注意者，即崇禎十三年庚辰冬河東君所賦「春日我聞室作，呈牧翁。」七律，「此去柳花如夢裏」之句，（見東山酬和集壹。）與此詞「怨花傷柳」之語，殊有關係。此點亦俟下章論之。寅恪頗喜讀臥子此詞，又見媛介畫款有「東山閣」之語，遂戲改昔人成句，共賦短詩三章。茲附録於下：

崇禎甲申夏日黄皆令於東山閣畫扇，上有柳如是題陳臥子滿庭芳詞。詞云：「無非是，怨花傷柳，一樣怕黄昏。」因戲改晋時舊語，兼采龔璱人詩句，而易其意旨，共賦三絶。

美人顧影憐憔悴，烈士銷魂感別離。一樣黄昏怨花柳，豈知一樣負當時。

清和景物對茫茫，畫裏江山更可傷。一念十年拋未得，（寅恪考定此詞爲崇禎八年四月大樽送別河東君之作，至崇禎十七年首夏題扇時，已十年矣。是年河東君將偕牧翁自虞山往南都翊戴弘光也。）柳花身世共迴腸。

興亡江左自關情，遠志休慚小草名。我爲謝公轉一語，東山妓即是蒼生。

近日得見重印本皇明經世文編一書，雖不能詳讀，但就其序及凡例并卷首所列鑒定名公姓氏有關諸人中可與臥子自撰年譜崇禎十年丁丑、十一年戊寅及十七年甲申等條互相印證者，約略論述之，至其所言諸人，本文前後已詳言者，或雖未言，而其姓名爲世所習知者，亦不多贅。其他諸人之可考見者，則少加箋釋。明知不能完備，姑附鄙見，以求教於當世深通明季史

「本衙藏板，翻印千里必究。」一事之君子。唯原書卷首有「雲間平露堂梓行」七字及長方印章「本衙藏板，翻印千里必究。」一十字。論者取儒林外史第壹叁、壹肆、壹捌、貳捌等回，以「平露堂」爲書坊之名，以陳臥子等爲書坊聘請選文之人。殊不知平露堂乃臥子宅中之堂名，（詳見下引王澐雲間地宅志。）實非書坊之名。且臥子自撰年譜上崇禎九年丙子條明言「是歲有平露堂集」。（見陳忠裕全集卷首，并可參陳集中之平露堂集及集首之凡例。）故論者以儒林外史相比擬，未諦也。或謂臥子家貧，一人何能鎸此巨册？由書坊出資，請其編選，似亦可能。鄙意臥子之家固貧，此書所列作序及鑒定諸人，疑皆不僅以空文相藻飾，實或多或少曾有金錢之資助，不過當時風氣，不便明言耳。就諸人中之姓名及文字考之，知當日松江知府方岳貢助力最多。此書乃當時江左文社之政見，諸文士一旦得志，則此書不但托之空言，即可付之實施矣。又方氏請其時江南最高長官張國維作序，并列有復社魁首張溥之序，可知當日江南名宦及士紳，亦皆贊同此政見。斯鑒定及作序者之姓名所以繁多若是之故歟？至印章中之「本衙」二字，殆指松江府，或指臥子崇禎十三年庚辰所任紹興司李之衙門，未敢斷定，仍俟詳考。

皇明經世文編卷首載有序九篇，兹擇録最有關者於下。

方岳貢序云：

貢待罪守郡十有一年，政拙心長，勞輕過重，猶幸此鄉多文雅之彦，若徐文學孚遠，陳進士子龍，宋孝廉徵璧，皆負韜世之才，懷救時之術，相與網羅往哲，搜抉巨文，取其關於軍國，濟於時用者，上自洪武，迄於今皇帝改元，輯爲經世一編。文從其人，人從其代，覽其規畫，足以益才智。聽其敷奏，足以壯忠懷。考其始終，足以識時變。非徒侈一代之鴻章，亦將以爲明時之獻納云爾。襄西方岳貢禹修父題。

張國維序略云：

雲間陳卧子仝徐暗公宋尚木所集經世編成，郡守以其書示余。余讀而嘆曰，猗與旨哉！我國家治安三百年，列聖之所疇咨，諸臣之所竭思，大約可見於兹矣。今三君俱以通達淹茂之才，懷濟世安邦之略，采遺文於二百七十年之間，襄盛事於數月之内，而郡守又能於政事之暇，兼統條貫，以揚厲厥事，故功相得而速成。後之君子其欲覽觀於斯者，豈非有不勞之獲哉！余待罪江南，既嘉三君有當世之志，而又多太守能博盡英才之意，以布之天下，而即以卜諸賢异日之所樹也。於是乎言。東陽張國維題。

張溥序略云：

余間語同志，讀書大事，當分經史古今爲四部。讀經者輯儒家，讀史者辨世代，讀古者通典實，讀今者專本朝。就性所近，分部而治，合數人之力治其一部，不出二十年，其學必成。同志聞者，咸是余説，而雲間徐暗公陳卧子宋尚木尤樂爲之。天才英絶，閉關討論，直欲以一人兼四部不難也。客年與余盱衡當代，思就國史，余謂賢者識大，宜先經濟。三君子唯唯，遂大搜群集，采擇典要，名經世文編。卷凡五百。偉哉是書，明興以來未有也。今三子悠游林麓，天假以時，載筆之始，又先以國家爲端，他日繼涑水者，其在雲間乎。社弟張溥題。

許譽卿序云：

予被放以來，杜門寡交，卧子暗公尚木獨時相過從。卧子讀書養氣，其勁骨熱腸，亟當爲世用。尚木與暗公諸子，以曠世才，閉户著述，究心千秋之業。予嘗覽斯編，一代兵農禮樂刑政大端，賅是矣。而於忠佞是非之際，尤凛凛致辨焉。以故言以人傳者，重其人，亟録其文。言不以人廢者，存其文，必斥其人。諸子涇渭在胸，邪正在目，其用意深，而取裁當，故足多也。以予所知，閩中黄石齋先生負重名，頃抗疏歸來，直聲震天下，而不能不心賞斯編，聞已爲之玄晏矣，予更何庸贅一詞？予惟以諸子之志如此，他日出而以天下爲己任，必可以副聖天子求賢圖治之至意，洗士大夫經濟闊疏之舊耻，則斯編固其嚆矢焉爾。同郡許譽卿題於南村草堂之遁閣。

徐孚遠序略云：

余從陳宋二子之後，上承郡大夫先生之旨，收輯明興以來名賢文集與其奏疏，凡數百家，其爲書凡千餘種，取其文之關乎國事者，凡得若干卷。他日有魏弱翁其人者當國，省覽此書，以爲有稗鹽梅之用，庶幾因是推其繇來，以漸窺高皇帝之淵微，或有弘益哉！或有弘益哉！華亭徐孚遠暗公氏題於華隱堂。

陳子龍序云：

古者有記事之史，有記言之史。言之要者，大都見於記事之文矣。導發其端，使知所由。條晰其緒，使知所究，非言莫詳。甚矣，事之有藉於言也。而況宗臣碩彦敷奏之章，論難之語，所謂訏謨遠猷，上以備一代之典則，下以資後學之師法。不爲之裒綴，後之君子，何以考焉。此予與徐子宋子經世編所由輯也。明興二百七十年，海内治平，駕周漂漢，賢才輩生，（陳忠裕全集貳陸經世編序「輩」作「萃」。）勛在竹帛，而遺文緒論，未有統彙，散於江海。蓋有三患焉。一曰朝無良史。二曰國無世家。三曰士無實學。夫金匱之藏，非遠臣所知，然有大纂修，莫不載在方册。永樂中命閣臣（楊）士奇等輯名臣奏議，蓋前代綦備矣。昭代之文，至今闕焉。章奏貯諸省中，以待纂集，幸無蠹敗，率割裂其義不足觀。又古者大臣殁，或求其遺書，副在太史，今無有也。漢之武宣及隋唐之盛，遣使四出，懸金購書，今無有也。雖欲不散軼，安可得哉？故曰朝無良史。六季以前無論矣。唐宋以科舉取士，而世家鼎族相望於朝，家集宗功藏之祖廟。今者貴仕多寒畯，公卿鮮賢胤，（陳集

「胤」作「裔」。）至有給簡册於爨婢，易緗素於市兒者，即欲搜討，文獻微矣。故曰國無世家。俗儒是古而非今，文士擷華而舍實。夫保殘守缺，則訓詁之文充棟不厭，尋聲設色，則雕繪之作永日以思。至於時王所尚，世務所急，是非得失之際，未之用心，苟能訪求其書者蓋寡，宜天下才智日以絀。故曰士無實學。積此三患，故成書也難。夫孔子觀於周，蕭相收於秦，大率皆天下要書，足以資世用者。嘉謨令典，通今者之龜鑒，謀國者之兵衛也。失今不采集，更數十年，亡散益甚，後死者之責，其曷諉焉。予自幼讀書，不好章句，喜論當世之故，時從父老談名公偉人之迹，至於忘寢。及長，而北之燕趙之間，游京師，凡諸司之所掌，輶軒之所及，見其人，未嘗不問。遇其書，未嘗不藏。雖苦蹇陋多遺忘，然布諸載籍者概可見。廬居之暇，因相簡輯。徐子宋子皆海内英俊，予所禀則以幸厥成者也。雖罣漏缺失，不敢當記言之義。使權家尚其謀，儒家守其典，史家廣其事，或有取焉爾。或曰，昔漢東平王求太史公書，而大臣以爲漢興之初，謀臣奇策，地形阸塞在焉，不宜賜諸侯王。今此書多議兵食，論形勢，國之大計，何以示人？予曰，不然。祖宗立國，規模宏遠，先朝大臣學術醇正，非有縱横奇詭之論也。夫王業之深淺，觀於人才之盛衰。我明既代有翊運輔世之臣，而主上旁求俊乂，用人如江湖，則是編也，豈惟益智，其以教忠哉！華亭陳子龍題。

宋徵璧凡例略云：

儒者幼而志學，長而博綜，及致治施政，至或本末眩瞀，措置乖方，此蓋浮文無裨實用，泥古未能通今也。唐宋以來，如通典通考暨奏疏衍義諸書，允爲切要，亦既繁多。乃本朝典故缺焉未陳。其藏之金匱石室者，聞見局促，曾未得睹記。所拜手而獻，抵掌而陳者，若左右史所記，小生宿儒，又病於抄撮，不足揄揚盛美，綱羅前後。此有志之士，所撫膺而嘆也。徐子孚遠，陳子子龍，因與徵壁取國朝名臣文集，擷其精英，勒成一書。如采木於山，探珠於淵，多者多取，少者少取。至本集所不載，而經國所必須者，又爲旁采以助高深。共爲文五百卷有奇，人數稱是。志在徵實，顏曰經世云。

予輩志識固陋，鮮所取衷，幸高賢大良，一時雲會，若李寶翁先生，李載翁先生，王依翁先生，吴雪翁先生，（寅恪案，李寶翁即李瑞和。嘉慶修松江府志肆貳名宦傳叁李瑞和傳略云：「李瑞和字寶弓，漳浦人。崇禎七年進士。授松江推官。在郡七年，徵拜監察御史。」王依翁疑爲王佐聖。松江府志叁陸職官表明教職欄載：「崇禎十年。王佐聖。教諭。長洲人。舉人。」同治修蘇州府志捌柒人物壹肆明長洲縣王佐聖傳略云：「王佐聖字克仲。舉萬曆壬子鄉試。授青浦教諭。崇禎十四年選遵義知縣。」并可參啓禎野乘壹集玖王遵義〔佐聖〕傳。又李寶翁即李寶弓，李載翁即李載陽，王依翁即王依日，吴雪翁即吴雪因。均見原書所列「鑒定名公姓氏」。事迹多未能知，仍俟詳考。）皆具良史之才，宦游吾土，士紳咸奉規范。此編出入共稟鑒裁，遭逢之盛，良爲侈矣。

郡公禹翁方師素抱安濟之略，聿登著作之堂，居恒揚藝論文，窮日不倦。其訓迪士子，專以通達時務爲亟。經世一編，尤所注意，退食之餘，首勤評閱。雖一麾出守，十年不遷，而窮達一致，喜愠不形。亮節貞心，於斯可見。

摯友陳眉公〔繼儒〕先生，栖心隱逸，道風映世，丹砂岣嶁，渺然塵外。其孫希天仙覺，才氣英邁，甫係髫齡，熟於史學。予輩山齋信宿，時承提命，每至夜分。因得稔識前言往行。此編去取，多所商榷。皤皤黃髮，非特後輩典型，允爲熙朝文獻矣。

同郡先輩若徐厚翁先生及唐繕部存少（寅恪案，徐厚翁疑即徐厚源禎稷。事迹見明詩綜伍玖，嘉慶修松江府志伍肆及明詩紀事庚貳拾。唐存少疑即唐昌世。松江府志伍伍古今人傳略云：「唐昌世字興公，華亭人。天啓五年進士，補工部營繕司主事。」尚待詳檢。）聞予輩搜借艱苦，俱發鄴架之藏，悉供傳寫。至許霞翁〔譽卿〕先生移書遠近，廣收博覽，裨益尤多。若徐勿齋〔汧〕，馬素修〔士奇〕，張西銘〔傅〕三先生及張受先〔采〕，黃仲霖〔澍〕，吴志衍〔繼善〕，夏彝仲〔允彝〕，吴坦公〔培昌〕搜軼編於吴越閩浙。張讱叟〔元始〕，吴來之〔昌時〕，朱聞玄〔永祐〕郵遺集於齊魯燕趙。他若宛平金伯玉鉉，王敬哉崇簡，崔道母子忠，王大含谷。桐城方密之以智，孫克咸臨。萊陽宋澄嵐繼澄。侯官陳道掌元綸，陳克理兆相。金沙周介生鐘。丹陽荆實君廷實，檇李錢孚于嘉徵，錢彦林栴，錢雍誦泮，黄復仲子錫，陸芳洲上瀾，朱子莊茂暻。歸安唐子儀起鳳。虎林嚴子岸渡，張幼青埈。茂苑楊維斗廷樞、許孟宏元溥，姚瑞初宗典，姚文初宗昌。玉峰王與游志慶。吴江周安期逢年，吴日生易。畮水侯雍岐曾，傅令融凝之，婁東王子彦瑞國，吴純祜國杰，張無近王治。維揚鄭超宗元勛。海虞顧麟士夢麟，彭城萬年少壽祺，皆系良友素知。瓊瑶之贈，遥睇臨風。二酉之藏，傾箱倒篋矣。四方蘭譜，若楊子常彝。楊龍友文驄，則分教吾土，樂與晨夕。其他諸友，或夙係同好，或本未謀面。但曾任校讎，暨名集惠寄者，俱登姓氏，不没其實。

此集始於戊寅仲春，成於戊寅仲冬，寒暑未周，而披覽億萬，審别精詳，遠近嘆咤，以爲神速。良由徐子陳子博覽多通，縱横文雅，首用五官，都由一目。選輯之功，十居其七。予質鈍才弱，追隨逸步，自嗤蹇拙，以二子右縈左拂，奔命不遑，間有選輯，十居其二。若溯厥始事，則周勒卣立勛、李舒章雯、彭燕又賓、何愨人剛、徐聖期鳳彩、盛鄰汝翼進及家伯氏子建存標、家季轅文徵輿，咸共商酌。適李子久滯京邸，周子壯游梁苑，彭子栖遲邗上，何子寄迹鴛水，徐子盛子則各操月旦，伯氏家季則潛心論述，曾無接談之暇，未假專日之工。若友人吴繩如嘉胤，唐允季允諧，李存我待問，張子美安茂、朱早服積，蔡季直樅，單質生恂，郁子衡汝持，沈臨秋泓，陸子玄慶曾，朱宗遠灝，董士開雲申，郁選士繼垣，張子服寬，張子退密，錢子璧彀，李素心愫，徐惠朗桓鑒，邵霏玉梅芬，徐武静致遠，李原渙是楫，華芳乘玉芳，咸資討論。名臣爵里姓氏，具載獻徵諸書，然多有掛漏，遍搜群籍，頗廢歲時。兹以卷帙浩汗，難於稽考。分條析緒，復於卷首另編總目，使覽者開卷瞭然，特爲詳便。此則友人謝提月廷楨一人所輯。其功不可泯也。

藏書之府，文集最少，多者百種，少者數家。四方良朋，惠而好我，發緘色動。及至開卷，恒苦重複。予等因遣使迭出，往復數四，或求其子姓所藏，或托於官迹所至，搜集千種，繕寫數萬。至條陳冗泛，尺牘寒暄及文移重疊，又悉加剪截，乃成斯集。雖未敢云聖朝之洪謨，亦足當經世之龜鑒矣。

兹編體裁，期於囊括典實，曉暢事情。故閣部居十之五，督撫居十之四，臺諫翰苑諸司居十之一。而鱗次位置，則首先代言，其次奏疏，又其次尺牘，又其次雜文云。華亭宋徵璧漫記。

寅恪案，河東君平生所與直接間接有關諸名士，幾無不列於此書作序鑒定姓氏及凡例中。主編之陳卧子固不待論，即鑒定者如牧齋，則爲河東君下半世之伴侣。若馬瑶草，河東君弘光時亦必親覿其面無疑。至牧齋在南都小朝廷禮部尚書任内，河東君與瑶草相遇時，阮圓海當亦預此盛會，但鐫刊皇明經世文編之際，圓海乃東林黨社之政敵，自不能列於鑒定人，殊可惜可笑也。

第叁期

此期爲自崇禎八年首夏，河東君離去南園及南樓，移居松江之横雲山起，至是年秋深河東君離去松江，遷赴盛澤歸家院止。其間不逾半載，時日雖短，然楊陳兩人仍復往來頻繁，唱和重疊。其交誼之摯篤，實未嘗有所改易，今可於兩人作品中见之。兹不欲多舉例證，唯擇其關係重要者論述之。至於河東君離去南園及南樓，移居横雲山一事，先考證之如下。

今檢陳忠裕全集壹叁平露堂集崇禎八年秋所賦詩「七夕」五律二首後，即接「秋居雜詩」五律十首。河東君戊寅草「秋夜雜詩」五律四首後，亦接「七夕」七律一首。無論兩人詩中辭旨類似者甚多，已可證爲同時唱和之作。即就詩題之排列連接言之，更可決定其互有密切關係也。河東君「秋夜雜詩」中頗有訛字，暫未能詳校，兹姑依鈔本録之。

「秋夜雜詩四首」其一云：

密密水新視，謬謬蟲與恒。星河淡未直，雀鳥氣全矜。雜草形人甚，（自注：「雜草甚麗也。」）稠梧久已乘。猶餘泯漠意，清夕距幽藤。

其二云：

湫壁如人意，澄崖相近看。（自注：「橫山在原後。」）數紋過清瀨，多折造微湍。雲誓鏤深樹，清（青？）霜落夜蘭。此清（情？）更大渺，百藥竟其端。

其三云：

月流西竹澗，惑雜放虛雲。桂影空沉瓦，松姿不虐群。魚飛稻冥冥，鴟去荻紛紛。惟當感時候，相與姿（恣？）靈文。

其四云：

望之規所務，椒樧雜時非。芳衆逾知互，星行多可違。皂雕雖日曼，河駟不無依。（自注：「後即七夕。」）悽懷良自爾，誰不近微幾。

寅恪案，「秋夜雜詩」第貳首「湫壁如人意，澄崖相近看。」句下注云：「橫山在原後。」第叁首云：「桂影空沉瓦，松姿不虐群。」又河東君與汪然明尺牘第貳捌通略云：

橫山幽奇，不減赤城。山中最爲麗矚，除藥鐺禪榻之外，即松風桂渚。若覯良規，便爲情景俱勝。

綜合河東君之詩文考之，則知其在崇禎八年首夏自離去南園及南樓後，即移居橫雲山之麓。是年秋深遷往盛澤歸家院，至崇禎十三年夏季後又遷回松江之橫雲山也。其餘可參後論河東君尺牘節。

此時期內即崇禎八年初秋有采蓮圖一重公案。茲録楊陳兩人之詩賦，略論證之，以供好事者之談助。

戊寅草「采蓮曲」云：

蓮塘格格晴尾緑，香威陰燼龍幡曲。蘭皋欹雀金鱗濃，水底鴛鴦三十六。捉花霧蓋鳳翼牽，蜂鬚懊惱猩唇連。葉多蕊破麝炷消，日光琢刺開青鸞。麒麟腰帶鴨頭絲，銀蟬佶雜蛾衣吹。郎心清澈比江水，丁香澹澹眉間黄。粉痕月避清濛濛，天露寒森迸珠網。藕花欲落絲暗從，錦雞張翅芙蓉同。脉脉紅鉛拗蓮子，鵁波石濺秋羅衣（綺？）。胭脂霏雨儼相加，雲中孁下雙飛雉。

寅恪案，河東君此詩前一題爲「送曹鑒躬奉使之楚籓」七律二首。其第貳首云：「吳川楓動玉蕭森。」此詩之後爲「月夜登樓作」七律一首。其第伍句云：「秋原鶴氣今方縱。」據此可知「采蓮曲」乃秋季即崇禎八年秋季與臥子同時所作。河東君此曲之辭旨與臥子「采蓮童曲」，「立秋後一日題采蓮圖」及「采蓮賦」相類者頗多，蓋因題目相同，又同一時間，同一地域，故兩人作品，其間不致大相違異。茲不煩舉例，讀者可自得之也。

陳忠裕全集伍平露堂集「采蓮童曲」云：

蕩槳歌淥水，紫菱牽玉臂。芙蓉不解羞，那得相回避。

同書壹壹平露堂集「立秋後一日題采蓮圖」云：

淥水芙蓉塘，青絲木蘭楫。誰人解蕩舟，湘妃與江妾。夜來秋氣澄天河，越溪新添三尺波。倒瀉生綃傾不足，碧空宛轉雙青娥。今朝輕風拂未動，昨宵已似聞清歌。雜港繁花日初吐，紅裳濛濛隔霧雨。橈邊屬玉不肯飛，翠翹時落橫塘浦。圖中美人劇可憐，年年玉貌蓮花鮮。花殘女伴各散去，有時獨立秋風前。何得鉛粉一朝盡，空光白露寒嬋娟。我家五湖東百里，紅霞滿江吹不起。素舸雲中月墜時，枉渚香風出蘭芷。借問莫愁能共載，可便移家入畫裏。

寅恪案，唐杜彥之「春宮怨」云：「年年越溪女，相憶采芙蓉。」（見全唐詩第壹貳函補遺杜荀鶴）今臥子詩云：「越溪新添三尺波」，「花殘女伴各散去」及「何得鉛粉一朝盡」等句，與後來牧齋有美詩「輸面一金錢」，（見東山酬和集上。）及「春日春人比若耶，偏將春病卸鉛華。」等句，（見初學集貳拾下東山詩集肆「（癸未）元日雜題長句」八首之八。）皆以河東君比西施，但臥子詩云：「圖中美人劇可憐」及「空光白露寒嬋娟」，則「美人」「嬋娟」俱爲河東君之名字，實將河東君之形貌寫入書圖，而與牧齋止表現於文字者，更爲具體。臥子所題之圖，未知何人所繪，若是河東君自身所作，固可實現湯玉茗還魂記中之理想，若出他人之手，則亦是當時之寫照。其價值遠在後來顧云美余秋室諸人所爲者之上。今日此圖當必久已湮沒，惜哉！惜哉！

卧子詩云：「渌水芙蓉塘，青絲木蘭楫。誰人解蕩舟，湘妃與江妾。」及「橈邊屬玉不肯飛。」「木蘭楫」之語，與河東君夢江南詞第壹肆首「人在木蘭舟」句有關。「湘妃」之語，與卧子「湘娥賦」（見陳忠裕全集貳。）及以「湘真閣」名其作品有關。「屬玉」之語，又與屬玉堂集名符合。此均顯而易見，不待多論也。卧子此詩結語云：「我家五湖東百里，紅霞滿江吹不起。素舸雲中月墜時，枉渚香風出蘭芷。借問莫愁能共載，可便移家入畫裏。」「五湖」句固出樂府詩集伍拾采蓮曲「游戲五湖采蓮歸」之典，亦兼以謝客盧家自比，但其所賦「八月大風雨中游泖壚」七律四首之三云：「悵望五湖通一道，生平少伯最嶙峋。」（見陳忠裕全集壹陸平露堂集。）則明以河東君比西施，而自比於范蠡。豈意有志者，事竟不成耶？後來牧齋「冬日泛舟有贈」詩云：「萬里何當乘小艇，五湖已許辦扁舟。」程松圓次韵云：「從此烟波好乘興，萬山春雪五湖流。」（以上二題俱見東山酬和集上。）則以西施屬河東君，陶朱公屬牧齋。自是二老賦詩時，應有之比擬，殊不足異。至若河東君依韵和牧齋中秋日携内出游，次冬日泛舟韵。二首之一云：「五湖烟水長如此，願逐鴟夷泛急流。」（見初學集東山詩集貳。）則自承於苧蘿村人，而以牧齋方少伯。斯爲卧子題采蓮圖時所不及料矣。

陳忠裕全集壹「采蓮賦」略云：

余植性單幽，懸懷清麗。芳心偶觸，憮然萬端。若夫秣陵曉湖，橫塘夜岸，見清揚之玉舉，受芬烈之風貽。雖渥態閑情，暢歌綽舞，未足方其澹蕩，破此孤貞矣。江蕭短製，本遠風謠。子安放辭，難娛情性。觀其托旨，豈非近累。若云玄艷，我無多焉。遂作賦曰：

夫何朱夏之明廓兮，粉峨雲之黿清。渺迴溪而逸志兮，懷淡風之潔輕。軼娟娟其淺瀨兮，灎游波而赴平。橫江皋之宛延兮，睠披扶之遙英。植水芝於澧浦兮，固貞容而溫理。發渺沔以浮光兮，矯徽文以擅軌。蹇狄芬而越澤兮，杳不知其焉始。其爲狀也，匹溢華若，的皪灎姝。瑩瑩適適，炯炯蘇蘇。麗不蹈淫，傲不絕愉。文章則旅，修姱若殊。時翻飛以暢美兮，疑色授而回避。接芳心於遙夕兮，願綢繆以解佩。惕幽芳之難干兮，懷涓涓而宛在。屬予情之善蠱兮，願弄姿而遠載。於是命靜婉，飾麗娟；理文楫，開畫船。掛綺席，揚清川。衆香繽紛，羅袖紿嬛。蕩舟約約，憑橈仙仙。并進回逐，嫳屑蹁躚。讙魚怒蜂，不可究宣。礙叓絲而膠盭兮，垂皓腕而濡漬。鷟鴦鶩於蘭橈兮，歇屬玉之嬌睡。墮明璫於瀟湘兮，既雜薦之以江蘺。試搴莖以斜眄兮，撫修閑而若私。既攀折之非余情兮，恐遲暮之見遺。彼辛苦之內含兮，閟厥愁而惠中。感連娟之碧心兮，情鬱塞以善通。寄傷心於蓮子兮，從芙蓉之蕩風。驚飛袘之牽刺兮，濕羅衣而脫紅。斷素藕而切雲兮，沈淑質之玲瓏。揚游絲而被遠兮，曾款款於予衷。投䤹醇以覆懷兮，矜盛年以聯綈。剪鮫綃而韞的兮，包相思以淫滯。鼓夕棹於北津兮，隱輕歌而暗逝。顧彼美之倚留兮，極幽歡於静慧。情荒荒而罷采兮，削秋風以長閉。亂曰：横五湖兮，揚滄浪。涉紫波兮，情内傷。副田田兮路阻長，思美人兮不可量。去何采兮低光，歸何唱兮未央。樂何極兮無方，怨何深兮秋霜。

寅恪案，卧子此賦既以蓮比河東君，又更排比鋪張，以摹繪采蓮女，即河東君。亦花亦人，混合爲一。辭旨精妙，讀者自知，可不待論。序中「江蕭短製，本無風謡。子安放辭，難娱情性。」檢王勃采蓮賦序（見王子安集貳。）云：

昔之賦芙蓉者多矣。雖復曹王潘陸之逸曲，孫鮑江蕭之妙韵，莫不權陳麗美，粗舉采掇。豈所謂究厥麗態，窮其風謡哉？頃乘暇景，歷睹衆製，伏玩累日，有不滿焉。

卧子作此賦，蓋本於子安之作，故辭語亦多相似。如「待飲南津，陪歡北渚。」即卧子賦語「鼓夕棹於北津」之所從出。又「結漢女，邀湘娥。北溪蕊尚密，南汀花更多。」亦下引卧子「同讓木泛舟北溪四絶句」詩題之由來。至「見秋潭之四平」，則前引卧子「秋潭曲」所以稱白龍潭爲「秋潭」之理由也。（可并參樂府詩集伍拾。）賦云：「紛峨雲之鼂清」，「軼娟娟其淺瀨兮」，暗藏「雲娟」二字，即河東君原來舊名。此爲采蓮賦中主人之名，所以著列之於篇首也。此賦末段云：「鼓夕棹於北津兮」，此著列采蓮泛舟之地也。

檢陳忠裕全集壹玖陳李唱和集「秋雨同讓木泛舟北溪各賦四絶」云：

爲有新愁漸欲真，强將畫艦泛芳津。豈知風雨渾無賴，自入秋來喜趁人。

浪引平橋銷暮烟，紅亭朱草自何年。秋風一夜殘蓮子，幾度黄昏未忍眠。

迷離窈竹碧霏霏，小艇紅妝冷玉衣。凉風踈雨何處似，黄陵秋夜照湘妃。

明滅秋星起畫圖，微雲暮雨障清矑。何曾自定來朝暮，猶怨君家楚大夫。

寅恪案，第壹首第貳句「强將畫艦泛芳津」，可知「北溪」亦可云「北津」。第貳首第壹句「浪引平橋銷暮烟」，可與賦中「鼓夕棹」之語印證。第貳首第叁句「秋風一夜殘蓮子」及第叁首第貳句「小艇紅妝冷玉衣」，亦與賦中所言之采蓮女相啓發。第肆首第貳句「微雲暮雨障清矑」，中含河東君之名。第叁第肆句云：「何曾自定來朝暮，猶怨君家楚大夫。」則以神女目河東君，宋玉目讓木也。據此頗疑采蓮賦與此四絶句有密切關係。又此四絶句題云：「秋雨同讓木泛舟北溪。」實與「立秋後一日題采蓮圖」詩，「一夜來秋氣澄天河，越溪新添三尺波。」之語冥合。蓋「秋氣」「添波」與「秋雨」相合，「越溪」與「北溪」同物，然則采蓮圖或即摹寫此次北溪之游耶？至賦云：「鷩鴛鴦於蘭橈兮，歇屬玉之嬌睡。」其與河東君鴛鴦樓卧子屬玉堂之名有關，又無俟論矣。「嬌睡」一語，若出元氏長慶集貳肆連昌宫詞「春嬌滿眼睡紅綃」句，則可稱適當。若出傳世本才調集伍元稹夢游春詩「嬌娃睡猶怒」句，則「嬌娃」乃「猗狂」之訛写。（见拙著元白詩箋证稿第肆章。）似微有未妥，但才子詞人之文章，絶不應拘執考據版本家之言以繩之也。

賦中最可注意之句，如「麗不蹈淫，傲不絶愉。文章則旅，修姱若殊。」則可謂善於形容河東君之爲人者。「既攀折之非余情兮，恐遲暮之見遺。彼辛苦之内含兮，閟厥愁而惠中。感連娟之碧心兮，情轡塞以善通。寄傷心於蓮子兮，從芙蓉之蕩風。」則可與才調集伍元微之「古决絶詞」三首之二「矧桃李之當春，竟衆人而攀折。我自顧悠悠而若雲，又安能保君皚皚之如雪。感破鏡之分明，睹泪痕之餘血。幸他人之既不我先，又安能使他人之終不我奪。」參讀。據此可知卧子宅心忠厚，與輕薄之元才子有天淵之别。豈意河東君與卧子之關係，亦與雙文同一不能善終。悲夫！

戊寅草中有「初秋」七律八首，平露堂集中亦有「初秋」七律八首。（見陳忠裕全集壹陸。）題同，體同，又同爲八首。其爲同時所作，互有關係，兹不待論。今戊寅草傳世甚少，故全録之。至卧子詩集，流播頗廣，除第捌首，以與河東君之作最有關涉，特録其全文外，餘則唯擇有關河東君詩之語句，略論之於後。

戊寅草「初秋」八首其一云：

雲聯遠秀正秋明，野落晴暉直視輕。水氣相從烟未集，楓林虚極色難盈。平郊秔稻朝新沐，大澤梟鷖夜自鳴。莫謂茂陵愁足理，龍堂新月滌江城。

寅恪案，此首結語云：「莫謂茂陵愁足理，龍堂新月滌江城。」與臥子第捌首結語云：「茂陵留滯非人意，可著淩雲第幾篇。」互相印證。并可推知臥子實初賦此題，河東君因繼和之。豈所謂「夫唱婦隨」者耶？至「新月」「江城」之語，則指崇禎八年七月初之時候及松江之地域也。

其二云：

銀河泛泛動雲涼，荒荻蒼茫道阻長。已有星芒横上郡，猶無清角儆漁陽。遥分静色愁離制，向晚凋菰氣獨傷。自是清暉堪倚恨，故園鷫鷞舊能妨。

寅恪案，「已有星芒横上郡，猶無清角儆漁陽。」之句，可與臥子詩第伍首「涇原畫角秋風散，上郡〔旄〕頭夜色高。」相印證。（寅恪案，「旄頭」之典可參前論牧齋「丙戌七夕詩」。又河東君湖上草中「岳武穆詞」七律云：「重湖風雨隔髦頭。」「髦頭」即「旄頭」也。）「自是清暉堪倚恨，故園鷫鷞舊能妨。」之句，當出詩經曹風「候人」篇，「維鵜在梁，不濡其翼。彼其之子，不稱其服。維鵜在梁，不濡其味。彼其之子，不遂其媾。」毛詩小序云：「刺近小人也。」河東君此詩結語必有本事，究何所指，殊難確言。檢臥子自撰年譜上崇禎八年乙亥條（并可參所附考證。）略云：

同郡某貴人素嫉予，適有無名子作傳奇以刺之者，疑予與舒章使之，怒益甚。予同門生朱翰林早服與貴人求復故業文園，予立議黜之。恨逾刺骨，遂行金錢唆南臺某上奏。其意專欲黜予與彝仲也。時使者江右王公行部，察予兩人行修飭，舉方正，報聞。某貴人聞之，咄咄嘆失氣也。

或與河東君詩語有關，亦未可知。至前引錢肇鰲質直談耳記松江郡守欲驅逐河東君出境一節，則事在崇禎六年，距賦此詩之時已有二年之久，相隔較遠，似非詩意所在也。俟考。

其三云：

蒼然萬木白蘋烟，搖落魚龍有歲年。人似許玄登望怯，客如平子學愁偏。空懷神女虛無宅，近有秋風縹渺篇。（自注：「時作秋思賦。」）日暮飄零何處所，翩翩燕翅獨超前。

寅恪案，此首爲八首中最重要者，與臥子詩第捌首極有關係。蓋臥子詩第捌首乃主旨所在，河東君亦深知其意，故賦此首，同用一韵，殊非偶然也。兹移録臥子詩全文，以便參互論證。

臥子詩云：

托迹蓬蒿有歲年，平皋小築晚凉天。不逢公瑾能分宅，且學思光漫引船。蓮子微風香月上，葡萄垂露冷秋前。茂陵留滯非人意，可著淩雲第幾篇。

臥子此詩主旨實自傷不能具金屋以貯阿雲。「不逢公瑾能分宅」，用三國志吴志玖周瑜傳「周瑜字公瑾。〔孫〕堅子策，與瑜同年，獨相友善。瑜推道南大宅以舍策。」「且學思光漫引船」者，用南史叁貳張邵傳附融傳（參南齊書肆壹張融傳。）所云：

融字思光。融假東出，〔齊〕武帝問融在何處？答曰，臣陸處無屋，舟居無水。後上問其從兄緒。緒曰，融近東出，未有居止，權牽小船於岸上住。上大笑。

然則臥子所謂「平皋小築晚涼天」之「小築」何所指耶？檢臥子此詩題前第貳題爲「初秋出城南吊邇機之喪，隨游陸氏園亭。春初予輩讀書處也。感賦二律。」此二律中雖未見有留宿之迹象，但據王澐纂雲間第宅記云：

南門外。登山主橋。薛孝廉靖宅。阮家巷陸宗丞樹德梅南草廬。有讀書樓。崇禎間，郡中諸名士嘗觴咏高會其中。人稱曰南園。

故薛氏宅與南園鄰近，臥子因吊邇機之喪，遂留宿徐氏南樓或陸氏南園，極爲可能。今觀臥子「初秋八首」之第壹首云：「池台獨倚北風輕，水國蒼茫浸碧城。菱芡自依秋露冷，梧楸不動夜雲明。」第貳首云：「萬里清光迴不收，層霄極望此登樓。」及第三首云：「曠野楓林消白日，滄江草閣臥黄昏。」與第捌首之「蓮子微風香月上，葡萄垂露冷秋前」等句，其景物氣象，皆似南園，而非臥子松江城内之舊宅。此舊宅即雲間第宅記所云：

治西。普照寺西。陳工部所聞，給諫子龍宅。有平露堂。座師黃詹事道周書。者。然則卧子詩所謂「小築」，豈是徐氏别墅中之小樓。即南樓，抑或陸氏南園建築物中之一小部份耶？至「不逢公瑾能分宅」之語，或是因徐暗公及武静雖肯以其别墅借寓楊陳，陸文孫又肯以南園借卧子諸人讀書著述，不過兩處俱是暫時性質，更不可視爲固定之金屋，久貯阿雲也。河東君能知此意，故有「空懷神女虛無宅」之句，其所感恨者深矣。（寅恪案，杜工部集壹伍「熱」三首之一云：「雲雨竟虛無。」河東君詩語本此。杜詩原爲苦熱之作，下文接以「乞爲寒水玉，願作冷秋菰。何似兒童歲，風凉出舞雩。」等句，即希望秋凉之意。河東君賦此詩在初秋，正氣候炎熱之際。下句「近有秋風縹渺篇」，亦是希望秋凉之意，與少陵之旨符合。故河東君此一聯，雖出舊詩，别具新感，其措辭之精妙，於此可見一斑也。）由此推之，大約卧子松江城内舊宅，本非廣廈，此時既有祖母高氏、繼母唐氏，復有妻張氏，妾蔡氏及女頎等。又據卧子年譜下附王澐撰「三世苦節傳」云：

高安人一女，愛篤之，贅諸氏婿，共宅而居。奉議公（寅恪案，「奉議公」指卧子父所聞）以寡兄弟而勿忍也。先生承先志，始終不替。〔張〕孺人承高安人歡，敬愛有加，撫其子女如同生，冠婚如禮，安人爲之色喜。〔卧子繼母〕唐宜人生四女，次第及笄，孺人爲設巾帨，治奩具而歸之，嫁禮稱盛，宜人忘其疾，諸姑感而涕出，曰，嫂我母也。

然則臥子之家，人多屋狹，張孺人復有支配財務之權，勢必不能更有餘地及餘資以安置志在獨立門户之河東君。楊陳因緣之失敗，當與此點有關。後來崇禎十三年冬河東君訪牧齋於虞山之半野堂。其初則居於舟中，有同於思光引船。繼則牧齋急營我聞室迎之入居，亦是公瑾分宅。此點與錢柳因緣之能完成，殊有莫大關係也。

河東君詩「人似許玄登望怯，客如平子學愁偏。」一聯，下句見文選貳玖張平子四愁詩，人所習知，不待釋證。上句之「許玄」當用晉書捌拾王羲之傳附許邁傳。「蓮字叔玄，後改名玄。」許傳雖有游山登樓之記載，但無怯憚之事。故「怯」字乃河東君自謂之辭。其本性不喜登望，可與河東君與汪然明尺牘第壹叁通所云：

齊雲勝游，兼之逸侶，崎嶇之思，形之有日。奈近羸薪憂，褰涉爲憚

相參證。「褰涉爲憚」即「登望怯」之意。顧云美河東君傳云：「性機警，饒膽略」，應不怯登望。其所以怯憚者，或由體羸足小之故，有所不便耶？

河東君詩「近有秋風縹渺篇」句下自注云：「時作秋思賦。」今戊寅草中有「秋思賦」一篇。據此，可證知其作賦之年月。惜此賦辭語多未解，疑傳寫訛誤所致。以暫無他本可校，姑不録賦文，而附記於此，以俟他日求得善本，再論釋之。所可注意者，臥子作「采蓮賦」實本於王子安。檢王集壹有「春思賦」「七夕賦」在「采蓮賦」之前。或者河東君崇禎八年秋間

流覽子安作品，因采蓮賦而睹春思賦。於王賦序末「幾乎以極春之所至，析心之去就云爾」之語，有所感會，遂作秋思賦歟？

其四云：

輕成游鶴下吟風，夜半青霜拂作容。偃蹇恣爲雲物態，嶙峋先降隱淪叢。五原落日交相掩，三輔新秋度不同。矯首只愁多戰伐，應知浩蕩亦時逢。

寅恪案，此首「五原落日交相掩，三輔新秋度不同。」一聯，上句疑與臥子詩第陸首「欲問故人新奉使，朔雲邊月近如何。」之注「時吳來之使山右初歸。」有關。下句疑與臥子詩第伍首「三秦消息夢魂勞」及「涇原畫角秋風散」之句有關。所可注意者，即「輕成游鶴下吟風」之「鶴」，及「嶙峋先降隱淪叢」之「隱淪叢」究何所指？豈謂吳來之昌時，由山西歸松江後，便先訪問臥子，因至河東君處耶？俟考。

其五云：

朧朧暝色雜平河（湖？），秋物深迷下草鬚。不辨暗雲驅木落，惟看鮫室浴凫孤。南通水府檣烏盛，北照高原樹影枯。同向秋風摇白羽，愁聞戰馬待單于。

寅恪案，「南通水府檣烏盛」可與臥子詩第肆首「楚蜀檣帆向晚行」參讀。至河東君此首「同向秋風摇白羽，愁聞戰馬待單于。」之結語，則疑與臥子詩第陸首「欲問故人新奉使，朔雲邊月近如何。」句下自注有關。蓋指與吴昌時共談當日邊事也。

其六云：

幽漫飛鳥視平原，露過浮沉漠漠屯。此日風烟給泗左，無勞弓矢蕩烏孫。波翻魚雁尋新氣，水冷葡萄似故園。惆悵亂雲還極上，不堪晻曖肆金樽。

寅恪案，此首與臥子詩第伍首同咏鳳陽明祖陵事。（參陳忠裕全集壹陸平露堂集「送徐暗公游南雍」七律所附考證。臥子此詩當賦於崇禎八年夏間暗公離南園赴南京之時。臥子「初秋」詩第捌首所謂「南皮舊侶鸞龍散」，即指此也。）河東君詩「此日風烟給泗左，無勞弓矢蕩烏孫。」一聯，與臥子詩第陸首「當煩大計推安攘」之語有關。至河東君之意，則謂不能安内，何能攘外。其語深中明末朝廷舉措之失矣。「水冷葡萄似故園」又可與臥子詩第捌首「葡萄垂露冷秋前」參證。此「故園」或即指南園。

其七云：

長風疏集未曾韜，矯雉翻然謀上皋。葭菼横秋投廢浦，風烟當夜接虚濤。雲妍翳景縈時急，紅遜煩滋雜與（興？）高。迴首鸞龍今不守，崔巍真欲失戎刀。

寅恪案，「葭菼横秋投廢浦」可與臥子詩第肆首「江湖葭菼當秋盛」之句參證。河東君此詩結語「迴首鸞龍今不守，崔巍真欲失戎刀。」當謂鳳陽失守事。與臥子詩第壹首「南皮舊侶鸞龍散」之句，雖同有「鸞龍」二字，而所指不同。蓋陳詩用「魏文帝與吳質書」語。臥子「初秋」八首前第柒題爲「送周勒卣游南雍」，第陸題爲「送徐暗公游南雍」，崇禎八年春間周徐二人與臥子舒章文孫及河東君等同讀書游宴於南園。至是年夏初河東君離去，臥子嬰疾，其他諸人亦皆星散。「南皮」之「南」，亦兼指南園及南樓而言，與河東君詞之夢江南，臥子詞之雙調望江南，俱有取於「南」字，即南園南樓之意。世人未明此點，讀楊陳作品，不能深達其微旨矣。至河東君詩「紅逖煩滋雜與高」之句，疑有訛誤，俟考。

其八云：

魚波唼唼水新周，高柳風通霧亦勾。曉雨掠成涼鶴去，晚烟樓密荻花收。蒼蒼前箙鷹輕甚，濕濕河房星漸瞯。我道未舒采藥可，清霜飛盡磧天犂。

寅恪案，「濕濕河房星漸瞯」及「清霜飛盡磧天犂」可與臥子詩第陸首「天南迹北共秋河」之句參證。「我道未舒采藥可」之句，檢晉書捌拾王羲之傳附許邁傳云：

初采藥於桐廬道之桓山。餌朮涉三年，時欲斷穀。以此山近人，不得專一，四面藩之。好道之徒欲相見者，登樓與語，以此爲樂。

可知河東君以許玄自比。此點前論第叁首「人似許玄登望怯」句，已言及之。但此首有「采藥」之語，據許傳之文，采藥下即接以登樓見好道之徒一事。然則第叁首「人似許玄登望怯」之意，恐是自謂怯於見客，與許氏同，非關體羸足小。其與汪然明尺牘第伍通云：「弟所汲汲者，止過於避迹一事。」（寅恪案，「止」當作「亡」，與「無」同。）亦是此意，可取互參。復據前引錢肇鰲質直談耳所載河東君居佘山時，蠢人徐某以三十金求見事。佘山鄰接橫雲，錢氏之言，或即與河東君此詩之意有關，亦未可知也。今釋「怯」字之義，與前說有所差异，似今解較勝。兹依鄭箋毛詩，間具別解之例，姑備兩説，以待讀者之抉擇。

抑更有可笑者，河東君於崇禎八年作此詩之際，以許叔玄自比，而以卧子比王逸少。蓋卧子此時雖是雲間勝流，名聞當世。然其地位止一窮孝廉耳。目之爲王右軍，已嫌過分矣。至崇禎十三年冬間河東君訪牧齋於虞山之半野堂，初贈錢詩有「江左風流物論雄」及「東山葱嶺莫辭從」之語，則以牧齋擬謝安石，而自比於東山伎。（詳見第肆章論半野堂初贈詩節。）蓋牧齋此時以枚卜失意家居，正是候補宰相之資格，與謝太傅居東山時之身份切合也。由此言之，河東君不僅能混合古典今事，融洽無間。且擬人必於其倫，胸中忖度，毫釐不爽，上官婉兒玉尺之譽。可以當之無愧。不過許叔玄東山伎之船，亦隨王逸少謝安石之水，高低漲落，前後不同，爲可笑也。

復次，宋徵璧含真堂集柒載有「早秋同大樽舒章賦」七絶二首云：

悵望平田半禾黍，曲蘭幽徑傍城阿。已憑青雀隨風過，更有紅裙細馬馱。

淒清落葉下梧桐，埜水蒼茫睇未窮。日暮但愁風雨後，行人多半早秋中。

寅恪案，宋氏此二絶句何時所作，未能確知。若依此題後一詩「野驛」下注「壬申會課」而言，則似此二絶句乃崇禎五年壬申或以前所作。但宋氏詩集以詩體分類，其排列次序亦難悉據以確定作成時間之先後。或謂王勝時續臥子年譜下順治四年丁亥條附莊師洛等考證引陸時隆「侯文節傳」云：「黄門乃易姓李，改字大樽。」又勝時云：「晚年自號大樽，蓋寓意於莊生五石之瓠也。」陸王兩説雖似微異，但臥子於順治四年五月十三日自沉，年四十歲。依常例推之，必三十以後始可言晚年。讓木此二絶句之題既稱大樽，豈作於崇禎十年丁丑以後耶？鄙意不然，前引含真堂集伍秋塘曲序云：「宋子與大樽泛於秋塘。」此曲乃與臥子秋潭曲同時所作，（見陳忠裕全集拾陳李唱和集。）實在崇禎六年秋間。此年臥子僅二十六歲，斷不可謂之晚年，何以宋氏亦稱之爲大樽？明是後來尚木編集時所追改。蓋臥子以抗清死節，清人著述在乾隆朝尚未表揚臥子以前，自宜有所避忌。往往多以不甚顯著之别號即「大樽」，稱臥子。況宋氏前與臥子關係密切，後乃改仕新朝，更當有所隱諱也。至若蓼齋集中不改臥子之稱者，殆由舒章卒於臥子抗清被害以前，遺集爲石維崐於順治十四年所刻，故仍依舊稱，未遑更易耶？職是之故，宋氏此二絶句亦有作於崇禎八年秋間之可能，疑與臥子及河東君「初秋」詩有關。姑附録於此，以俟詳考。又「城阿」即臥子癸酉長安除夕詩所謂「曾隨俠少鳳城阿」之「城阿」，乃指松江城而言，前已詳論之矣。

河東君在崇禎八年秋深離松江赴盛澤以前，尚有與臥子酬和之作。茲全録楊陳兩人之詩，并擇録臥子此時所賦「秋居雜詩」十首中最關重要者，論之於下。

臥子「七夕」詩（見陳忠裕全集壹叁平露堂集。）云：

夜來涼雨散，秋至緒風多。渺渺雲澄樹，峨峨人近河。金鈿烟外落，玉佩暗中過。聞說天孫巧，虛無奈爾何。

其二云：

清影何時隱，神光迴澹浮。龍鸞虛佇月，烏鵲靜臨秋。風落花間露，星明池上樓。漢宮誰更寵，此夕拜牽牛。

河東君「七夕」詩（見戊寅草）云：

芙蓉清夜涌魚颸，此夕苕篁來夢知。爲有清虛鴛閣晚，無勞幽詭蝶花滋。仙人欲下防深漢，蒼影翩然入賓湄。已是明雯星露會，烏啼燈外見來遲。

臥子「八月十五夜」詩（見陳忠裕全集壹陸平露堂集。）云：

明雯涼動桂悠悠，迢遞星河萬里秋。素魂有人常不見，碧虛無路迴含愁。九天鸞鶴聲何近，五夜樓臺影自浮。猶說紫微宮女事，焚香時待月西流。

其二云：

微風摇曳拂金河，斗迴天高出素娥。萬井鴛鴦秋露冷，三江蚌蛤夜潮多。雲能入夢嬋娟子，月解傷人宛轉歌。應有桓伊吹玉笛，倚欄人静奈愁何。

寅恪案，卧子「八月十五夜」七律第貳首「雲能入夢嬋娟子」句，暗藏河東君之名，第貳章已論及之。蓋中秋佳節卧子必在松江城内舊宅中，與家人團聚。望月有懷横雲山麓之河東君，因賦此二詩。當其構思之際，倘使張孺人及蔡氏在其身側者，亦可爲旁若無人矣。

河東君「八月十五夜」詩（見戊寅草。）云：

滌風初去見迂芳，招有深冥隱桂芒。翠鳥趾離終不發，綺花人向越然凉。蓮魚窈窕浮虚潤，烟柳沉沉拂淡篁。已近清萍動霏漪，秋藤何傲亦能蒼。

寅恪案，河東君此詩之題與卧子詩題同是「八月十五夜」，其爲唱酬之作，自無疑義。但河東君此詩之前第壹題爲「秋深入山」，第貳題爲「月夜舟中聽友人弦索」，第叁題「曉發舟至武塘」，第肆題爲「七夕」，初視之，似是抵盛澤以後追和卧子之作，而非在松江時所賦。細繹之，八月十五夜至秋深，其間最少已逾一月，河東君必早在離松江以前得見卧子此詩。且自「七夕」至「八月十五夜」，其間已賦三題四首，可證其才思并未枯竭，何以更待歷時四五十日之後，始在盛澤鎮追和卧子前什耶？此與其平日寫作敏捷之情况不符。故鄙意仍以河東君「八月十五夜」一首，乃尚未離去松江前所作，當是編寫時排列偶誤所致耳。

臥子「秋居雜詩」十首作成之時間，當在崇禎八年季秋。因第叁首有「況當秋日殘」，「鴻雁影寥廓，梧桐聲勁寒。」及第捌首有「霜寒擊柝清」等句，皆是九月景物也。至第貳首「萬里下城阿」句之「城阿」，指松江城言。前論臥子癸酉長安除夕詩「曾隨俠少鳳城阿」句，已詳及之，可不復贅。此十首詩俱佳，兹唯擇録三首論釋之，其餘不遑悉數移寫也。

第肆首云：

> 愁思隨時積，悲凉秋更深。何當臨玉鏡，無計挽金瓠。（自注：「時予有殤女之戚。」）肅肅飛烏鵲，冥冥啼蟪蛄。不堪兒女氣，引滿莫躊躇。

寅恪案，此首可與下録臥子「乙亥除夕」七古（見陳忠裕全集壹叁平露堂集。）相參證。「何當臨玉鏡」句，用世說新語下假譎類「温公喪婦」條并參徐孝穆編輯玉臺新咏所以命名之故，斯皆世人習知者。至臥子於此句，則指河東君而言也。「無計挽金瓠」句，用漢魏百三名家集陳思王集壹「金瓠哀詞」，臥子取以比其長女頎也。陳臥子先生安雅堂稿壹貳「瘞二女銘」云：

> 陳子長女名頎，生崇禎庚午之二月，殤於乙亥之七月，凡六歲。次女名穎，生辛未之八月，至十月死。二女皆陳子室張出也。

卧子甚珍愛此長女，其著述中涉及女頎者頗多。如卧子自撰年譜上崇禎八年乙亥條云：「秋女頎殤焉。」并陳忠裕全集壹壹平露堂集「乙亥除夕」七古一首。同書壹叁平露堂集「舟行雨中有憶亡女」，「除夕有懷亡女」五律二首及同書壹玖平露堂集「悼女頎詩」七絶七首等，可爲例證。卧子賦詩之際，女頎既逝，無計可以回生，河東君雖已離去，則猶冀其復返。情緒若此，所謂「不堪兒女氣」者也。

第柒首云：

常作雲山夢，離群不可招。遨游犬子倦，賓從客兒嬌。（自注：「舒章招予游橫雲，予病不往。」）楚橘明霜圃，江楓偃畫橋。刺船斜月下，何計慰飄摇。

寅恪案，陳忠裕全集貳玖「橫雲山石壁銘」（可參同集拾屬玉堂集「雨中過李子園亭」七古及所附考證并蓼齋集首石維崐序。）略云：

橫雲山者，松之屏蔽。環壁包池，則李氏之園在焉。既翦叢棘，遂有堂宇。濯窪以俟雨，植楓而綴秋。涉冬之陽，李氏携客信宿。落葉零翠，寒山凍青。風消夕醉，月照宵遨。辨隔浦之歸魚，習空山之嘯鬼。橫覽凄惻，悲凉莫罄。

卧子此文雖不能確定爲何年所作，然可據以推知舒章别墅秋冬之際，景物最佳。斯舒章所以招邀名士名姝於秋日往游之故歟？舒章是舉，殆於謝靈運擬魏太子鄴中集詩序所謂「天下良辰美景賞心樂事四者難并。」之旨，有所體會。（見文選叁拾。）但卧子是時則轉抱林黛玉過梨香院墻下，聽唱牡丹亭「良辰美景奈何天，賞心樂事誰家院。」及「則爲你如花美眷，似水流年。」之感恨矣。（見石頭記第貳叁回。）詩中「遨游犬子倦」句，「犬子」司馬相如小名，卧子以之自比。「賓從客兒嬌」句，「客兒」謝靈運小名，卧子以之比李舒章。此時河東君既寓居横雲山，豈謂河東君乃舒章之嬌艷賓從耶？卧子自注云：「舒章招予游横雲，予病不往。」不知是托病，抑或真病？若托病者，則其故雖不能確知，但必有河東君複雜之關係在内。若真病者，則崇禎八年首夏，卧子因河東君離去南園及南樓而發病，事後雖痊愈，然亦以有所感觸，時復卧疾。如「秋居雜詩」第壹首「藥餌日相謀」者，即是其證。實世所謂「心病」，而非「身病」也。

第玖首云：

明時慚遠志，安穩獨幽居。溟渤當秋壯，星河永夜虚。黄金誤子政，白壁恃相如。奇服吾寧愛，無勞擬上書。

寅恪案，「黄金誤子政，白壁恃相如。」上句用漢書叁陸楚元王傳附劉向傳，向作黄金不成事。下句用史記捌壹廉頗藺相如傳，相如完璧歸趙事。皆世所習知，無待贅釋。所可怪者，卧子舉此兩氏爲言，頗覺不倫，當必有其故。意者卧子自恨如劉更生之不能成黄金，遂難築金屋以貯阿雲。然終望河東君能似藺相如之完璧歸趙。苟明乎此旨，則臥子詩此聯之語，殊不足爲怪矣。「無勞擬上書」句，疑指臥子自撰年譜崇禎四年辛未條所云：

是時意氣甚盛，作書數萬言極論時政，擬上之。陳徵君〔繼儒〕怪其切直，深以居下之義相戒而止。

今所見河東君作品中有賦三篇，其男洛神賦及秋思賦，前已論述。男洛神賦旨趣詼詭，秋思賦文多脱誤，俱不及「別賦」之意深情摯，詞語高雅。取與同時名媛之能賦者，如黃媛介諸作品相參較，亦足見各具勝境，未易軒輊。故全録其文，略考釋之，以待研治明季文學史者之論定。

戊寅草「別賦」云：

草弱朱靡，水夕沉鱗。又碧月兮河梁，秋風兮在林。指金閨於素壁，髮素幔於琴心。重以於此言別，懷愁不禁。雲泫泫兮似浮，泉杳杳而始下。撫襜幄之霏涼，拂銀箏其孰寫。悵青蘭伭〔泫？〕花之早寒，玉臺之絳粉。既解佩而邅延，更留香之氤氳。攬紅蘂之夜明，而晨恨。會當遠去，瞻望孤雲。於是明河欲墜，玉勒半盼。化桃霞兮王孫馬，衝柳雪兮游子衣。離遠皋之木葉，牽晴霧之游絲。度踈林而去我，隔江水之微波。本平夷而起巘，更通達而成河。妍迹已往，遺恩在途。掩雹母而不御，雜水業（？）而常孤。思美人兮江漵，觸鸞髮兮愁余。并瑶瑟之潺湲，共鳳吹而無娱。念衆族之皎皎，獨與予兮紛馳。誰徑逝而不顧，懷縹緲而奚知。誠自悲憂，不可言喻。至若玄圃詞人，洛濱才子。收車輪於博望，蕩雲物於龍池。嘉核甫陳，驪歌遽奏。折銀蕊於隴上，驕簫管於池頭。之官京洛，遷斥羅浮。觀大旗之莫射，登金谷而不游。嘆木瓜之漬粉，聆悽響於清輈。或溯零陵之事，或念南皮之儔。咸辭成而琅琅，視工思而最愁。又若河朔少年，南陽乳虎。感烏馬兮庭階，擊蒼鷹兮殿上。風戔戔兮漸哀，築撼撼而欲變。上客斂魂，白衣數起。左驂殪兮更不還，黄塵合兮心所爲。忽白晝之晻曖，睹寒景之侵衣。愁莫愁兮衆不知，悲何爲兮悲壯士。乃有十年陷敵，一劍懷仇。將置身於廣柳，或髡鉗而伏匿。共衰草兮班荆，咽石瀨兮設食。逝泛濫於重淵，曠雪煜於窟室。酒未及濡，餐未及下。歌河上而沾裳，仰駟沫（？）而太息。若吴門之篪，意本臨歧。大梁之客，魂方逝北。當起舞而徘徊，更痛深其危戚。至若掩紈扇於炎州，却真珠於玉漏。恩甚兮忽絶，守禮兮多尤。觀蒻羽之拂壁，慨龍帷之鬱留。念膠固而獨明，惟銷鑠之莫任。垂楚組而猶倚，緪鳳綬而遺神。盻雉尾於俄頃，迴金螭之别深。日暮廣陵，憑闌水調。似殿臺之清虚，識宜春之朗曼。乃登舟而嗚咽，愁别去其漫漫。又若紅粉羽林，辟邪獨賜。同武帳之新寵，後灞岸之放歸。紫簫兮事遠，金縷兮泪滋。更若長積雪兮閉青塚，嫁絶域兮永烏孫。儼雲蟬於萬里，即烟霓之夕昏。雁山曉分斷遼水，紅蕉澀兮辭嬋媛。至若靈娥九日兮將梳，苕蓉七夕兮微渡。月暎晰（晰？）而創虹縷，露流澌兮開房河。披天衣之宵叙，忽雲旗之帳圖。亦有托纖阿於緇（淄）右，期玉鏡於邯鄲。甫珊瑚之照耀，親犀絡之纏綿。悼亭上之春風，嘆上巳於玉面。本獨孤之意邈，遶竇女之情娟。至有蝦蟆陵下之歌，燕子樓前之雨。白楊蕭蕭兮鶯塚灰，莓苔瑟瑟兮西陵土。愴虬膏之永訣，淡華燭而終古。顧駿驛之莫攀，止玉合之薦處。豈若西園無忌，南國莫愁，始承歡而不替，卒曠然而不違。君歌折柳於鄭風，妾咏蘼蕪於天外。异櫻桃之夜語，非洛水之朝來。自罘罳之雀暗，憐蘭麝之鴨哀。據青皋之如昨，看盤馬之可哀。招摇蹀躞，花落徘徊。結綬兮在平樂，言别兮登高臺。君有旨酒，妾有哀音，爲彈一再，徒傷人心。悲夫同在百年之内，共爲幽怨之人。事有參商，勢有難易。雖知己而必别，縱暫别其必深。冀白首而同歸，願心志之固貞。庶乎延平之劍，有時而合。平原之簪，永永其不失矣。

寅恪案，此賦之作成時間及地域并所别之人三事，兹綜合考證之。若所言不誤，則於賦中之辭義，賦主之文心，更能通解欣賞也。

此賦既以「别」爲題，自是摹擬文選壹伍哀傷類江文通「别賦」之作，無待贅論。昭明太子既列文通此賦於哀傷類中，而江賦開宗明義即云：「黯然銷魂者，唯别而已矣。」河東君以斯旨爲題，則其構思下筆時之情感，三百年後猶可想見也。然則作此賦當爲何時耶？據賦中

「秋風兮在林」，「撫襜幄之霏凉，拂銀箏其孰寫。」（寅恪案，王右丞集壹伍「秋夜曲」二首之二云：「桂魄初生秋露微」及「銀箏夜久殷勤弄。」故賦中「銀箏」之語，亦與秋有關。）「伭花之早寒」，（寅恪案，「伭」疑當作「泫」。文選貳貳謝靈運「從斤竹澗越嶺溪行」詩云：「花上露猶泫。」）「明河欲墜」等語，皆足徵此賦爲秋季所作。至於河東君此賦所別之人爲誰，則觀賦末自「悲夫」至「不失矣」之結語，其人之爲臥子，自不待言。蓋他人必無資格可以當河東君所言「雖知己而必別」之「知己」也。考河東君與臥子離別，雖不止一度，但最重要者實有二次。第壹次在崇禎八年首夏河東君離去南樓。別居横雲之時。前論臥子滿庭芳「送別」詞等，已詳言之。姑不論此次首夏之節物，與賦中秋季所摹寫者不合，且「會當遠去，瞻望孤雲。」之語，與南樓横雲尚同在松江，其距離極近者，地望亦不相符。第貳次在崇禎八年秋季河東君離去松江遷往盛澤歸家院之時，此次乃真爲楊陳二人生離死別最重要之關鍵，而此賦所言景物，皆與秋有關，故知此賦乃崇禎八年秋深河東君離去松江，遷往盛澤鎮，用以酬別臥子，抒寫離懷并訴衷情，希冀重好之文，可以斷定無疑者也。又賦云：「度竦林而去我，隔江水之微波。」更可與臥子此年歲除所賦「桃根渺渺江波隔」之句（見陳忠裕全集壹壹平露堂集「乙亥除夕」七古。）相證發也。

復次，臥子於崇禎十一年秋所賦「長相思」七古（全文及論釋見下引陳忠裕全集壹壹湘真閣集。）略云：

美人今在秋風裏，碧雲迢迢隔江水。別時餘香在君袖，香若有情尚依舊。但令君心識故人，綺窗何必常相守。

疑取賦中辭旨而爲之者。賦之「既解佩所邅延，更留香之氤氳。」即詩之「別時餘香在君袖，香若有情尚依舊。」賦之「雖知已而必別，縱暫別其必深。」即詩中之「但令君心識故人，綺窗何必常相守。」此賦此詩關係密切，讀者取以并讀，自能得其意旨所在也。至龔芝麓鼎孳定山堂壹肆「輓河東君夫人」詩，「朱顏原獨立，白首果同歸。」一聯，（全詩見第伍章所引。）上句疑取臥子「上巳行」詩「垂柳無人臨古渡，娟娟獨立寒塘路，」（全詩及論釋見下引陳忠裕全集壹壹平露堂集。）下句疑取河東君「別賦」中「冀白首而同歸，願心志之固貞。」二句而爲之者，蓋臥子湘真閣集及河東君戊寅草，龔氏當日必曾見及之。斯亦今典古典合用，世之讀定山堂集者，不可不知也。

又陳忠裕全集貳有「擬別賦」一篇，其前爲「擬恨賦」，後爲「和漢武帝傷悼李夫人賦」及「妒婦賦」。此「擬別賦」爲何年所作，今難考知。若作於距崇禎八年秋以前頗久之時間，則河東君必已早見臥子之作，其「別賦」情思辭語之相類似者，乃受臥子作品之影響，自無可疑。若陳楊二人之賦爲同時寫成者，則此兩篇乃唱和酬答之作品。其關涉類似之處頗多，更不足异。兹以陳集流播較廣，僅擇有關語句節録之於下，以見一斑。

卧子賦略云：

漫漫長道，悠悠我心。揚舲極浦，總轡荒林。與子言别，愴然哀吟。仰視浮雲，倏忽難尋。我有旨酒，慷慨酌斟。况秋風兮渡河，又落日兮在野。葉蕭蕭而群飛，泉淙淙而始瀉。指寥廓於翔鴻，愬悲鳴於去馬。睹徒御之紛馳，傾芳樽而不下。含别緒兮孔多，欲陳辭而難寫。於是攬袪徙倚，執手踟躇。會當去我，頃刻相逾。聽車音而絶響，望襜幃而載徂。怳懷人之極目，愧送子之賤軀。掩金鏡而罕御，理瑶琴而常孤。仰明月之迅邁，恨重關之崎嶇。寄錦書於雁外，啼玉筋於烟途。聊側身而四望，豈離魂之盡誣。言念古昔，誰與爲此。至若廬江少婦，文園小姬。恩方膠固，義當乖離。痛寶玦之既賜，出金屋而長辭。豈若上宫麗質，邯鄲名倡。皎皎𢢅牅，盈盈道傍。解雜佩兮贈君子，折芳馨兮心内傷。則有烟林花墮，平皋草長。青驄蹀躞，紅袖彷徨。遠與君别，各天一方。飄摇分袂，杳若參商。嗟夫别何地而不愁，愁何年而能散。陋群游於麛鹿，壯遐征而羽翰。苟兩心之不移，雖萬里而如貫。又何必共衾幬以展歡，當河梁而長嘆哉？

河東君於崇禎八年秋深離松江赴盛澤鎮，此行蹤迹見於戊寅草中者，共有詩三題四首，辭語頗晦澀，非集中佳作。以其爲關涉河東君與卧子之重要資料，故悉數移録，并擇取卧子詩有關河東君此行者，綜合論釋之於後。

「曉發舟至武塘」二首云：

> 木影固從混，水雲脱衆泠。魚波已相截，鳧景信能冥。漢甚風聊出，滋深霧漸形。遠思論异者，（自注：「時别卧子。」）何處有湘靈。
>
> 閑態眷新鮪，靡靡事廢洲。九秋悲射獵，萬里悵離憂。大澤豈終爾，荒交真少謀。愧余徒邁發，丹鳥論翔浮。

寅恪案，光緒修嘉善縣志貳鄉鎮門「魏塘鎮」條略云：

> 明宣德四年巡撫胡概奏分嘉興六鄉置縣於魏塘鎮。魏武帝窺江南，駐蹕。舊有五鳳樓，故一名武塘。

據河東君「還思論异者」句下自注，恐是卧子自松江親送河東君至嘉善，然後别去。假使所推測者不誤，則卧子由松江至嘉善一段水程，實與河東君同舟共載。及距盛澤鎮不遠之嘉善，不得不舍去河東君，一人獨游。經歷蘇州無錫，然後還家也。蓋不僅已身不便與河東君同至盛澤鎮之歸家院，且此次之送别河東君，當向家人詭稱以亡女之故，出游遣悶爲藉口。應與崇禎八年春間之游憩南園南樓，雖暗與河東君同居，其向家人仍以讀書著述爲托辭者，正復相同。若取此次卧子送河東君由松江至嘉善，與後來崇禎十四年春間牧齋送河東君由虞山至鴛湖，兩者相比映，固可窺見當日名媛應付情人之一般伎倆。然楊陳之結局與柳錢迥異，而別賦或擬別賦及戊寅草，遂不能與有美詩及東山酬和集并傳天壤，流播人口矣。

陳忠裕全集壹叁平露堂集「秋居雜詩」十首之後「立春夜」之前共有三題，爲「夜泊滸墅」，「將抵無錫」及「舟行雨中有憶亡女」三首。又同書壹陸平露堂集七律「乙亥九日」「九日泊吴閶」及「薄暮舟發武邱，是日以淮警，中丞發師北行。」三首，疑皆此次卧子送河東君由松江至嘉善，然後還家，舟行所經之題咏。

其「舟行雨中，有憶亡女。」（自注：「家以俗例，是日饗之。」）云：

猶是吴山路，回思便悄然。歸時開玉鎖，誰與索花鈿。録蕙繁霜夜，丹楓夢雨天。未衰憐庾信，哀逝賦空傳。

寅恪案，陳卧子先生安雅堂稿壹貳「瘗二女銘」云：

陳子長女名頎，生崇禎庚午之二月，殤於乙亥之七月，凡六歲。

雖未言頎殤於七月何日，但如前所推測，卧子以秋深送河東君至嘉善，則此詩當作於崇禎八年十月。然則所謂俗例者，或是指逝後百日設祭而言也。

卧子「九日泊吴閶」云：

畫閣長堤暮水平，寒雲初卷闔閭城。楚天秋後花猶潤，吴苑人歸月正明。雁度西樓金管歇，霜飛南國玉衣輕。誰憐孤客多惆悵，耿耿千門永夜情。

又「薄暮舟發武邱，是日以淮警，中丞發師北行。」七律云：

橫塘此路轉孤舟，十里松杉接武邱。愁客捲簾隨暮雨，美人采菊薦寒流。檣帆氣壯關河夜，鼓角聲銜江海秋。聞道元戎初出鎮，可能寄語問神洲。

寅恪案，「薄暮舟發武邱」詩「美人采菊薦寒流」句之「美人」，殆指河東君而言。觀「九日泊吴閶」詩「誰憐孤客多惆悵」及此詩「橫塘此路轉孤舟」等語，則崇禎八年重九卧子獨棹孤舟至蘇州，遥想新别之河東君，殆亦王摩詰「九月九日憶山東兄弟」詩意也。（見王右丞集壹肆。）河東君對諸名士，往往自稱爲弟，前已詳論之，然則卧子以弟目河東君，實非無因矣。一笑。

戊寅草「月夜舟中聽友人弦索」云：

雲塗秋物互飄縈，整月華桐孌欲并。石鏡辯烟悽愈顯，紅隐新怫鬱還成。通人戲羽嫣然落，蝺草澄波相背明。已近鵾弦第三撥，星河多是未崢嶸。（自注：「弦聲甚激。」）

又「秋深入山」云：

將翻蒼鳥迥然離，昃木丹峰見墜遲。清遠欲如光禄隱，深閑大抵仲弓知。（自注：「陳寔字仲弓。時惟卧子知余歸山。」）遥聞潺瀨當虛幌（愰），獨有庭筠翳暮姿。松閣華嵩皆所務，紛紛柯石已前期。

寅恪案，以上二題疑皆河東君別臥子於嘉善後，至盛澤歸家院所作，舟中友人不知何指，恐是歸家院中之女伴來迎河東君者。「入山」之「山」，即指盛澤鎮之歸家院言。詳見後論河東君與汪然明尺牘第貳捌通。河東君此次之離松江横雲山，遷居盛澤歸家院。其故蓋由與臥子之關係，格於形勢，不能完滿成就，松江一地不宜更有留滯。據前引沈虬河東君傳所載丙子年間張溥至盛澤鎮訪徐佛，佛於前一日適人，因而得遇河東君之事。夫丙子年爲崇禎九年，即河東君遷居盛澤之後一歲。時間相距甚近。徐雲翾之適人，當於崇禎八年已預有所決定。河東君本出於雲翾家，後來徙居松江，與幾社名士往還，聲名藉甚。雲翾所以欲迎之至歸家院，不僅可與盛澤諸名媛互相張大其艷幟，且更擬使之代己主持其門户也。觀仲廷機盛湖志拾列女名妓門明徐佛傳略云：

徐佛（原注：「原名翾。」）字雲翾，小字阿佛。嘉興人。性敏慧，能琴工詩善畫蘭。常隨其母遷居盛澤歸家院，遂著聲於時。柳是嘗師之。每同當湖武原諸公游，然心厭穠華，常與一士有所約，不果。後歸貴介周某。周卒，祝髮入空門。其時斜橋之北，舊名北書房，綺疏曲欄，歌姬并集。梁道釗張輕雲宋如姬皆翰墨名世。道釗淹通典籍，墨妙二王。輕雲詩詞筆札，并擅其長。如姬聰慧，姿色冠於一時。每當花晨月夕，諸姬鼓琴吹簫，吟詩作字以爲樂。又皆殉節禦侮，不負所主，奇女子也。

可以推知。然則當明之季年，吴江盛澤區區一隅之地，其聲伎風流之盛，幾可比擬於金陵板橋。夫金陵乃明之陪都，爲南方政治之中心，士大夫所集萃，秦淮曲院諸姬，文采藝術超絶一時，紀載流傳，如余懷板橋雜記之類，即是例證。寅恪昔年嘗論唐代科舉進士詞科與都會聲伎之關係，列舉孫棨北里志及韓偓香奩集序等，以證實之。（見拙著唐代政治史述論稿中篇。）明季黨社諸人中多文學名流。其與當時聲妓之關係，亦有類似於唐代者。金陵固可比於長安，但盛澤何以亦與西京相擬？其故蓋非因政治，而實由經濟之關係有以致之。

盛湖志叁物産門略云：

吴綾見稱往昔，在唐充貢。今郡屬惟吴江有之。邑西南境，多業此。名品不一，往往以其所産地爲稱。其創於後代者，奇巧日增，不可殫紀。凡邑中所産，皆聚於盛澤鎮。天下衣被多賴之。富商大賈輦萬金來買者，摩肩連袂，如一都會焉。

又云：

綢綾羅紗絹不一其名，各有定式，而價之低昂隨之。其餘巾帶手帕，亦皆著名，京省外國，悉來市易。

又云：

畫絹闊而且長，畫家所用。織之者只四五家。

據支仙所述，可知吴江盛澤實爲東南最精絲織品製造市易之所，京省外國商賈往來集會之處，且其地復是明季黨社文人出産地，即江浙兩省交界重要之市鎮。吴江盛澤諸名姬所以可比美於金陵秦淮者，殆由地方絲織品之經濟性，亦更因當日黨社名流之政治性，兩者有以相互助成之歟？

以上論述楊陳兩人同在蘇州及松江地域之關係既竟，兹再續論崇禎八年秋深後兩人關係。此後蓋可視爲别一時期。前於總論陳楊兩人關係可分三期時，已言及之矣。卧子於崇禎八年秋深别河東君後，是年除夕賦詩，離思猶縈懷抱。兹録之於下，以見卧子當時心情之一斑，并了結崇禎八年楊陳二人文字因緣之一段公案也。

陳忠裕全集壹壹平露堂集「乙亥除夕」七古云：

憶昔兒童問除夕，百子屏風坐相索。西鄰羯鼓正參差，小苑梅花强攀摘。華年一去不可留，依舊春風過東陌。每作尋常一布衣，坐看衰亂無長策。今年惆悵倍莫當，俯仰蕭條心内傷。親交賦愴陸内史，知己人無虞仲翔。桃根渺渺江波隔，金瓠茫茫原草長。人生忘情苦不早，羲皇以來迹如掃。惟有旂常照千載，不爾文章亦難老。崢嶸盛年能幾時，努力榮名以爲寶。不見古人吐握忙，今人日月何草草。

寅恪案，此年卧子最不如意之事有二。一爲河東君離去松江至盛澤。一爲長女頎之殤。故除夕賦詩，舉此二事爲言。「桃根」用王子敬妾事。見玉臺新咏拾王獻之「情人桃葉歌」，世所習知。「金瓠」用曹子建女事，見漢魏六朝百三名家集陳思王集壹「金瓠哀詞」，亦非僻典，故不詳引。綜觀卧子之作品，在此别一時期内，即河東君崇禎八年秋深離松江往盛澤後，其爲河東君而作者，尚有甚佳之詩兩篇，且於河東君之作品有甚鉅之影響，故録其全文，詳論述之於下。

陳忠裕全集壹壹湘真閣稿「長相思」七古云：

美人昔在春風前，嬌花欲語含輕烟。歡倚細腰欹綉枕，愁憑素手送哀弦。美人今在秋風裏，碧雲迢迢隔江水。寫盡紅霞不肯傳，紫鱗亦妒嬋娟子。勸君莫向夢中行，海天崎嶇最不平。縱使乘風到玉京，瓊樓群仙口語輕。别時餘香在君袖，香若有情尚依舊。但令君心識故人，綺窗何必長相守。

寅恪案，卧子此篇爲河東君而作，自不待言。其以「長相思」爲題者，蓋取義於李太白「長相思」樂府之名。（見全唐詩第叁函李白貳。）太白此篇有「美人如花隔雲端」之句，内含河東君之名號，（可參第貳章所論。）用意雙關，讀者不可以通常擬古之作目之。兹特爲拈出，使知卧子精思高才殊非當時文士所能企及也。

詩中「美人今在秋風裏」之句，足證其爲秋間所作。又此首後第叁首爲「上巳行」，第肆首爲「悲濟南」。據「悲濟南」詩後附考證云：「崇禎十二年大兵克濟南。」則「上巳行」爲崇禎十二年春間所作，而「長相思」爲十一年秋間所作也。此詩後段自「勸君莫向夢中行」至篇末，皆美人所寫紅霞之文。「紅霞」者，即温飛卿「偶題」詩中「欲將紅錦段，因夢寄江淹。」之「紅錦段」。（可參第叁章論宋徵璧秋塘曲「因夢向愁紅錦段」句及卧子吴閶口號第拾首「枉恨明珠入夢遲」句。）而接受河東君所寄「紅錦段」之「江淹」，非他人，乃卧子也。「紫鱗」者，傳遞此紅霞之人。此人未知何故，不肯作寄書郵。豈有所顧忌，不欲預人家事耶？

卧子「乘風到玉京」及「海天」「瓊樓」之語，實本之東坡水調歌頭「丙辰中秋兼懷子由」詞，「明月幾時有，把酒問青天。」一闋。故卧子詩中「但令」以下之意，即東坡詞中「但願」以下之旨。然則蘇陳詞之構思用語，亦無不相同也。前論幾社名士雖薄宋詩。却喜宋詞，觀卧子此詩全從蘇詞轉出，可爲一證。

細玩「美人」一辭，即指河東君。「勸君」之「君」，即指卧子。書中之意，蓋勸卧子，不必汲汲仕進，假使得臻高位，亦不爲諸權要所容。「海天崎嶇」殊切合崇禎朝宦途險巇之情勢。觀明思宗一朝，宰相得罪者之多可知矣。

最後四句意謂「人之相知，貴相知心。」卧子既是其知己，則自不必相守而不去也。至「故人」一語，實用玉臺新咏壹「上山采蘼蕪」詩中「故人工織素」之界説，乃指女性而言，即河東君書中取以自況者，此可與前引卧子滿庭芳詞「故人」之語相參較也。河東君此書，其用意遣辭甚爲奇妙。若「何必長相守」之旨，則願其離，而不願其合，雖似反乎常情，而深愛至痛，尤有出人意表者。取較崔鶯鶯致張生書，止作「始亂終弃」，兒女恩怨尋常之語者，更進入一新境界。非河東君之書，不能有此奇意。非卧子之詩，不能傳此奇情。由此言之，陳楊之關係，與錢柳之因緣，一離一合，甚不相同。而卧子「長相思」一篇，更有深於牧齋之「有美詩」者矣。今日吾人雖得見卧子此詩，但不得見河東君此書，斯誠天壤間一大憾事。惜哉！惜哉！

更有可論者。卧子「長相思」之詩，乃間接用東坡水調歌頭「丙辰中秋」之詞意。東坡此詞實寄懷其弟子由之作。後來牧齋被逮金陵，「次東坡御史臺寄妻詩」（見有學集壹秋槐詩集「和東坡西臺詩韵」六首序。）則又以河東君爲子由。河東君自稱女弟之問題，上文已詳，兹不復贅，今據陳錢兩詩，可知河東君對諸名士，固以「弟」自居，而諸名士亦視之與弟相同也。河東君之文采自不愧子由，卧子牧齋作詩，以情人或妻與弟牽混，雖文人故作狡獪，其實亦大有理由在也。一笑！

復次，王應奎柳南隨筆壹「論牧翁次東坡御史臺寄妻詩」條（參董潮東臯雜鈔叁。）云：

夫寄弟詩也，而謬曰寄妻。東坡集具在，不可證乎？（寅恪案，此點可參初學集壹叁試拈詩集上「苕上吴子德輿次東坡獄中寄子由韵，感而和之。」七律六首。）是牧齋絶不致誤記。其謬以寄弟詩爲寄妻詩，乃故作狡獪，可爲明證矣。）且伊原配陳夫人此時尚無恙也，而竟以河東君爲妻，「并后匹嫡」，古人所戒，即此一端，其不惜行檢可知矣。

寅恪案，王氏之論固正，然亦過泥。蓋於當日情事猶有未達一間者矣。關於牧齋獄中寄河東君詩其餘之問題，俟後第伍章詳論之，暫不涉及。兹唯舉出此重以妻爲弟之公案，以供參究。庶幾曹洞宗風之詩翁禪伯不致拈放皆成死句也。

陳忠裕全集壹壹「上巳行」七古云：

春堤十里曉雲生，春江一曲暮潮平。紅蘭緑芷遥相對，油壁青驄次第行。洛水橋邊閉春殿，碧山翠靄回芳甸。陌上綺羅人若雲，城隅桃李花如霰。少年躍馬珊瑚鞭，道逢落花驕不前。已教步障圍烟霧，更取東風送管弦。垂柳無人臨古渡，娟娟獨立寒塘路。公子空貽芍藥花，佳人自愛櫻桃樹。又有青樓大道旁，樓中紅粉不成妝。萬里黄龍誰出戍，三年紫燕獨歸梁。晚下珠簾垂玉筯，盡日凝眸芳草處。無限雕鞍逐艶陽，誰識郎從此中去。

寅恪案，「垂柳無人臨古渡，娟娟獨立寒塘路。」即指河東君而言。蓋其最初之名爲雲娟也。（可參第貳章「河東君最初姓氏名字之推測」及本章首論宋讓木秋塘曲節。）頗疑臥子以此詩寄示河東君，其時河東君已改易姓名爲「柳隱」矣。（今所見河東君戊寅草及湖上草皆署「柳隱如是。」戊寅草諸作，迄於崇禎十一年晚秋，湖上草則爲崇禎十二年之作品，更在戊寅草之後。據此可證河東君至遲在崇禎十一年秋間已改易姓名爲柳隱。又汪然明汝謙春星堂集叁游草有「柳如是過訪」七律。依汪氏此草自序，知柳訪汪之時爲崇禎十一年戊寅秋間。亦是此時河東君已改易姓字之一旁證也。）光緒重刊浙江通志叁叁關梁壹「西陵橋」條云：

西湖百咏：「在孤山西，即古之西村喚渡處。」武林舊事：「又名西林，又名西泠，又名西村。

則「古渡」一辭，即指西泠而言。（可參西湖志纂叁孤山勝迹門「西泠橋」條。）又温飛卿「雪夜與友生同宿，曉寄近鄰」五律末二句（見全唐詩第玖函温庭筠捌）云：

寂寞寒塘路，憐君獨阻尋。

臥子「寒塘路」之語本此。（并可參西湖志纂叁孤山勝迹門「白沙堤」條。）「獨阻尋」者，即河東君湖上草「西泠」十首之一「一樹紅梨更惆悵，分明遮向畫樓中。」及同書「西湖」八絕句之五「移得傷心上楊柳，西泠杜宇不曾遮。」等句之意。更證以河東君致汪然明尺牘第肆通「某翁願作交甫，正恐弟仍是濯纓人耳。」及第伍通「今弟所汲汲者，亡過於避迹一事，望先生速擇一静地爲進退，最切，最感！」等語，可見河東君游寓西湖時，急欲逃避謝三賓之訪尋干擾。此種情況，卧子必已知之，故「上巳行」詩「垂柳無人臨古渡，娟娟獨立寒塘路。」兩句，不僅用古典，實有當時之本事。若非詳悉稽求，則河東君與卧子之關係，藕斷絲連之微妙處，不甚明瞭矣。

又河東君金明池「咏寒柳」之詞，即因卧子「上巳行」之語意而作者也。檢今存河東君諸詞之著録先後，不知金明池一闋，最先見於何本？就寅恪得見者言之，以錢曾初學集詩注壹捌「有美」詩「踈影新詞麗」句注，所引河東君原詞爲最早。但嘉慶七年王昶所選國朝詞綜，雖時間較後，而傳播最廣。至王氏之所依據，究爲何本，則未能考知也。前論牧齋我聞室詩「今夕梅魂共誰語」句下原注時，謂此詞必非贋作，其作成之時間，最後限斷在崇禎十三年冬季。最前限斷，未敢决定。若河東君作此詞，果受卧子「上巳行」之影響者，則最前限斷，當在崇禎十二年春季，或秋季矣。綜合今日所見之材料考之，金明池一闋，作成之時期，當在崇禎十二年，或十三年。此假設乃依牧齋「我聞室落成」及卧子「上巳行」兩詩而成立者。然此外尚有二理由。其一理由，就今得見陳卧子所刻之戊寅草及汪然明所刻之湖上草兩種河東君著作推之，湖上草乃崇禎十二年河東君之詩，其賦詩之時日至是年季秋止，未載有詞。戊寅草乃崇禎十一年冬季以前之作品，詩賦而外，共載詞凡十一調三十一闋，并無金明池「咏寒柳」一詞。然則金明池「咏寒柳」之詞，絶不能作於崇禎十一年，而當在十二年或十三年也。其二理由，即就咏寒柳詞中身世遲暮之感，可以推知。蓋當日社會女子婚嫁之期，大約逾二十歲，即謂之晚。顧云美「河東君傳」云：「定情之夕，在辛巳六月七日。君年二十四矣。」是顧氏之意河東君年二十四始歸於牧齋，已嫌過晚。故今日據顧氏之語意，即可證知當時社會一班之觀念也。若寒柳詞作於崇禎十二三年間者，則河東君之年爲二十二三歲。「美人遲暮」之感，正是此時之謂矣，然則河東君寒柳詞作於崇禎十二三年間之説，雖不中亦不遠也。

關於河東君金明池「咏寒柳」詞之原文，今依錢曾初學集「有美詩」注所引，并以王昶國朝詞綜肆柒所選及傳抄本柳如是集相參校，附録於下，以俟治史論文之君子考定焉。

其詞云：

有悵寒潮，（「悵」王本及傳鈔本均作「恨」。是。）無情殘照，正是蕭蕭南浦。更吹起，霜條孤影，（「影」字可注意。）還記得，舊時飛絮。況晚來，烟浪斜陽，（「斜陽」傳鈔本同。非。王本作「迷離」。是。）見行客，特地瘦腰如舞。（「如」字可注意。）總一種凄涼，十分憔悴，尚有燕臺佳句。春日釀成秋日雨。念疇昔風流，暗傷如許。（「如」字可注意。）縱饒有，繞堤畫舸，（「舸」傳鈔本同。王本作「舫」。俱可通。但以作「舸」爲是，説見下。）冷落盡，水雲猶故。（「雲」字可注意。）憶從前，（「憶」傳鈔本同。是。王本作「念」。非。）一點東風，（「東」傳鈔本同。是。王本作「春」。非。）幾隔著重簾，眉兒愁苦。待約個梅魂，黃昏月淡，與伊深憐低語。（「憐」字可注意。）

寅恪案，河東君此詞爲世所傳誦。前於論牧齋永遇樂詞與衆香詞中河東君詞時，已略及之矣。夫牧齋平生不喜作詞，亦不善作詞。然忽於崇禎十三年秋間，連作永遇樂詞四首者，豈當時已見及河東君此詞，遂受其影響，破例爲此，以與之競勝耶？

兹更有欲言者，即此詞爲陳楊關係及錢柳因緣轉捩點，而世之傳誦者，或未措意及之也。寅恪頗疑「寒柳」之題，即受卧子「上巳行」之影響，前已論及。卧子平生作詩，宗法漢魏六朝及唐人，深鄙趙宋作者，河東君尚未完全脱離卧子以前，其作詩當亦屬於幾社一派。然卧子之詞，則摹擬唐五代之外，亦甚喜宋賢。其長調多學淮海。滿庭芳送别詞即和少游，尤可爲例證。河東君作詞，自必深受卧子影響。故金明池一闋，亦是和淮海金明池之作，所以與少游詞同一韵也。（見萬紅友樹詞律貳拾秦觀金明池詞。）寒柳詞之「有恨寒潮，無情殘照，正是蕭蕭南浦」及「縱饒有，繞堤畫舸，」等句，蓋取自湯玉茗紫釵記第貳伍齣「折柳陽關」之「解三酲」中「也不管鴛鴦隔南浦。花枝外影着個娇夫。」，并「落照關西妾有夫。河橋路，見了些無情畫舸，有恨香車。」等句。河東君妙解音律，善歌此曲，遂用兹曲中成語，固無可疑。

更檢紫釵記第捌齣「佳期議允」云：

〔薄幸〕〔旦上〕薄妝凝態。試暖弄寒天色，是誰向殘燈淡月，仔細端詳無奈。憑墜釵飛燕徘徊，恨重簾，礙約何時再。〔浣〕似中酒心情，羞花意緒，誰人會。㩳㩳睡起，兀自梅梢月在。

同書第伍叁齣「節鎮宣恩」云：

〔催拍〕〔生〕是當年天街上元。絳籠紗燈前一面，兩下留連。兩下留連。幸好淡月梅花，拾取釵鈿。將去納采牽紅，成就良緣。〔合〕今日紫誥皇宣。夫和婦永團圓。

寒柳詞之「憶從前，一點東風，幾隔着重簾，眉兒愁苦。待約個梅魂，黄昏月淡，與伊深憐低語。」與玉茗之曲，其詞語有關，尤爲明顯。「還記得，舊時飛絮。」者，用劉夢得「楊柳枝詞」九首之九「春盡絮飛留不得，隨風好去落誰家。」之意，（見全唐詩第陸函劉禹錫壹貳。）暗指崇禎八年首夏之離去臥子，實爲高安人張孺人所遣出。故臥子和少游滿庭芳詞亦云：「念飄零何處，烟水相聞。」也。「尚有燕臺佳句」之語，用李義山詩集下「柳枝五首」并序及「燕臺四首」之古典。

又陸游放翁詞釵頭鳳上半闋云：

紅酥手，黄縢酒。滿城春色宮墻柳。東風惡，歡情薄。一懷愁緒，幾年離索。錯。錯。錯。

或謂寒柳詞當與務觀此詞有關。「宫墻柳」之「柳」，借指己身之姓，亦即「寒柳」之「柳」。「東風惡，歡情薄。」即寒柳詞「一點東風」及「眉兒愁苦」之出處。「東風」借指卧子之姓，「幾隔著重簾」，意謂卧子家庭中高安人以至張孺人之重重壓迫，環境甚惡，致令兩人歡情淡薄，所以「眉兒愁苦」也。「幾年離索」借指崇禎八年己身離去卧子，至十二年賦寒柳詞，已歷數年之時間也。斯説自亦可通，附記於此，以備一解。

「約個梅魂，黄昏月淡」除用湯曲外，原出朱淑真斷腸詞生查子：「月上柳梢頭，人約黄昏後。」之典。（寅恪案，此詞見楊慎詞品貳「朱淑真元夕詞」條。至其作者是否爲幽栖居士，抑或歐陽永叔秦少游之問題，於此姑不置論。然就河東君身份言之，自宜認爲斷腸詞也。）此固易解，不必多論。但别有可注意者，「東風」「梅魂」之語，則從東坡集壹叁「〔元豐〕六年正月二十日復出東門，仍用前韻。」七律。「長與東風約今日，暗香先返玉梅魂。」兩句而來。（寅恪案，東坡此詩用意遣辭，實出韓致光「湖南梅花一冬再發，偶題於花援。」七律。見馮應榴蘇文忠詩合注貳貳引何焯語。河東君詞固與冬郎詩無涉，但義門所論甚精，故附記於此，以供讀蘇詩者之一助。又關於用典之問題，可參第壹章論錢遵王注牧齋詩條。）與卧子平生鄙薄宋詩者，大异其趣矣。意者，河東君自兩游嘉定，與程孟陽唐叔達李茂初輩往來以後，始知詩學别有意境，并間接得見牧齋論詩之文字，遂漸受錢程一派之薰染，而脱去幾社深惡宋詩之成見耶？今就東山酬和集所録河東君詩觀之，實足證明鄙説。由是言之，河東君學問嬗蜕、身世變遷之痕迹，即可於金明池一闋，約略窺見。斯殆爲昔人所未注意及之者，故附論之如此。

至「約個梅魂」之語，「梅魂」雖本出東坡詩，而「約個」之「約」，則兼用世傳朱氏「元夕」詞原語。且元夕觀燈，與紫釵記之玉燕釵有關。可知河東君實以霍小玉自比也。寅恪更疑河東君詞中「約個梅魂」句之微旨，復由堂茗還魂記中「柳夢梅」之名啓悟而來。然則河東君之作品，襲取昔人語句，皆能靈巧運用，絶無生吞活剥之病。其天才超越，學問淵博，於此益足證明矣。今讀寒柳詞者，但謂與玉溪生詩相干涉，而不知與紫釵記關係最密切，特標出之，以告論文治史之君子。

又「梅魂」之語，既出於蘇集「復出東門」詩，東坡此題後第肆題爲「二月三日點燈會客」詩。其結語云：「冷烟濕雪梅花在，留得新春作上元。」或者河東君讀蘇集時，連續披覽，因感紫釵記中上元觀燈，小玉十郎相遇之事，遂糅合蘇詩湯曲，削去「上元」之語，以符寒柳之節候，惟梅花之魂，尚留痕迹耳。昔年箋證香山新樂府，詳言七德舞、二王後，海漫漫，捕蝗諸詩之取材，與貞觀政要中，篇章次第之關係。今論河東君此詞，猶前旨也。

復次，昔時讀河東君此詞下闋「春日釀成秋日雨，念疇昔風流，暗傷如許。」諸句，深賞其語意之新，情感之摯。但尚未能確指其出處所在。近年見黄周星有「雲間送徵輿李雯共拈春閨風雨諸什。」之説，（見前引沈雄江尚質編輯古今詞話「詞話」類下。）及陳忠裕全集貳拾菩薩蠻「春雨」詞。（見前引。）始恍然悟河東君之意，乃謂當昔年與幾社勝流交好之時，陳宋李諸人爲己身所作春閨風雨之艷詞，遂成今日飄零秋柳之預兆。故「暗傷如許」也。必作如是解釋，然後語意方有著落，不致空泛。且「念疇昔風流」，與上闋末句「尚有燕臺佳句」之語，前後思想通貫。「釀成」者，事理所必致之意。實悲劇中主人翁結局之原則。古代希臘亞力斯多德論悲劇，近年海甯王國維論紅樓夢，皆略同此旨。然自河東君本身言之，一爲前不知之古人，一爲後不見之來者，竟相符會，可謂奇矣！至若瀛海之遠，鄉里之近，地域同异，又可不論矣。其餘可參前論宋讓木秋塘曲「雨雨風風能痛哭」句，兹不復贅。

綜合上述與河東君最有關系之周道登李待問宋徵輿及陳子龍四人言之，河東君之入周念西家，尚爲幼小不自由之身，可置不論。李存我則以忠義藝術標名於一代，自是豪杰之士。宋轅文雖後來進仕新朝，人品不足取。然當崇禎中葉，與河東君交好之時，就其年少清才而論，固翩翩濁世之佳公子也。至於陳卧子，則以文雄烈士，結束明季東南吴越黨社之局，尤爲曠世之奇才。後世論者，往往以此推河東君知人擇婿之卓識，而不知實由於河東君之風流文采，乃不世出之奇女子，有以致之也。語云：「物以類聚」，豈不誠然乎哉？

陳寅恪先生文集

寒柳堂集

陳寅恪 著

中國書店

圖書在版編目（CIP）數據

陳寅恪先生文集 / 陳寅恪著. — 北京 : 中國書店,
2023.10

ISBN 978-7-5149-3083-2

Ⅰ. ①陳… Ⅱ. ①陳… Ⅲ. ①陳寅恪（1890–1969）
—文集 Ⅳ. ①C52

中國版本圖書館CIP 數據核字(2022) 第036693 號

陳寅恪先生文集

作　　者：陳寅恪
責任編輯：陳小莉　李宏書　劉深
策　　劃：周曉斌
封面製作：鄧琳娟
出版發行：中國書店
地　　址：北京市西城區琉璃廠東街一一五號
郵　　編：一〇〇〇五〇
印　　刷：天宇萬達印刷有限公司
開　　本：八八〇×一二三〇　三十二開
版　　次：二〇二三年十月第一版
印　　次：二〇二三年十月第一次印刷
印　　張：九十七點二五
字　　數：一九一三千字
書　　號：ISBN978-7-5149-3083-2
定　　價：柒佰玖拾捌元（全八册）

目次

論再生緣……一
論唐高祖稱臣於突厥事……一〇七
韋莊秦婦吟校箋……一二〇
狐臭與胡臭……一五四
徐高阮重刊洛陽伽藍記序……一五八
朱延豐突厥通考序……一五九
俞曲園先生病中囈語跋……一六一
讀吴其昌撰梁啓超傳書後……一六三
蓮花色尼出家因緣跋……一六六
三國志曹冲華佗傳與佛教故事……一七三
贈蔣秉南序……一七九
〔附〕寒柳堂記夢未定稿……一八〇
寒柳堂記夢未定稿（補）……二〇一

論再生緣

寅恪少喜讀小說，雖至鄙陋者亦取寓目。獨彈詞七字唱之體則略知其内容大意後，輒棄去不復觀覽，蓋厭惡其繁複冗長也。及長游學四方，從師受天竺希臘之文，讀其史詩名著，始知所言宗教哲理，固有遠勝吾國彈詞七字唱者，然其搆章遣詞，繁複冗長，實與彈詞七字唱無甚差异，絶不可以桐城古文義法及江西詩派句律繩之者，而少時厭惡此體小說之意，遂漸減損改易矣。又中歲以後，研治元白長慶體詩，窮其流變，廣涉唐五代俗講之文，於彈詞七字唱之體，益復有所心會。衰年病目，廢書不觀，唯聽讀小說消日，偶至再生緣一書，深有感於其作者之身世，遂稍稍考證其本末，草成此文。承平豢養，無所用心，忖文章之得失，興窈窕之哀思，聊作無益之事，以遣有涯之生云爾。

關於再生緣前十七卷作者陳端生之事迹，今所能考知者甚少，兹爲行文便利故，不拘材料時代先後，節録原文，并附以辨釋於後。

再生緣第貳拾卷第捌拾回末，有一節續者述前十七卷作者之事迹，最可注意。兹移寫於下。至有關續者諸問題，今暫置不論，俟後詳述之。其文云：

再生緣。接續前書玉釧緣。業已詞登十七卷，未曾了結這前緣。既讀（「讀」疑當作「續」。）前緣緣未了，空題名目再生緣。可怪某氏賢閨秀，筆下遺留未了緣。後知薄命方成懺，（「懺」疑當作「讖」。）中路分離各一天。天涯歸客期何晚，落葉驚悲再世緣。我亦緣慳甘茹苦，悠悠卅載悟前緣。有子承歡萬事定，（「定」疑當作「足」。）心無罣礙洗塵緣。有感再生緣者作，（「者作」疑當作「作者」。）半途而廢了生前。偶然涉筆閑消遣，巧續人間未了緣。

寅恪案，所謂「再生緣」。接續前書玉釧緣」者，即指玉釧緣第叁壹卷中陳芳素答謝玉輝之言「持齋修個再生緣」及同書同卷末略云：

却說謝玉輝非凡富貴，百年之後，夫妻各還仙位。唯有〔鄭〕如昭情緣未斷，到元朝年間，又臨凡世。更兼芳素癡心，宜主憐彼之苦修，亦斷與駙馬（指謝玉輝）爲妾。謝玉輝在大元年間，又幹一番事業，與如昭芳素做了三十年恩愛夫妻，才歸仙位。陳芳素兩世修真，也列仙班，皆後話不提。

及同書同卷結語所云「今朝玉釧良緣就，因思再做巧姻緣」等而言。故陳端生作再生緣，於其書第壹卷第壹回，開宗明義，闡述此意甚詳，無待贅論。所可注意者，即續者「可怪某氏賢閨秀，筆下遺留未了緣。後知薄命方成讖，中路分離各一天。天涯歸客期何晚，落葉驚悲再世緣」之語，蓋再生緣在當時先有流行最廣之十六卷本，續者必先見之，故有「可怪」之語。其後又得見第壹柒卷或十七卷本，故有「後知」之語，然續者續此書時，距十六卷本成時，約已逾五十年。距第壹柒卷成時，亦已四十餘年。（說詳下。）雖以續者與原作者有同里之親，通家之誼，猶不敢顯言其姓名，僅用「某氏賢閨秀」含混之語目之，其故抑大可深長思也。

陳端生於再生緣第壹柒卷中，述其撰著本末，身世遭際，哀怨纏綿，令人感動，殊足表現女性陰柔之美。其才華焕發，固非「福慧雙修」，（見下引陳文述題陳長生繪聲閣集詩。此四字甚俗，頤道居士固應如是也。一笑。）隨園弟子巡撫夫人之幼妹秋穀所能企及，即博學宏詞文章侍從太僕寺卿之老祖句山，亦當愧謝弗如也。兹特移録其文稍詳，不僅供考證之便利，兼可見其詞語之優美，富於情感，不可與一般彈詞七字唱之書等量齊觀者也。

再生緣第壹柒卷第陸伍回首節（坊間鉛印本删去此節。）云：

搔首呼天欲問天，問天天道可能還。盡嘗世上酸辛味，追憶閨中幼稚年。姊妹聯床聽夜雨，椿萱兮（「兮」疑當作「分」。）韻課詩篇。隔牆紅杏飛晴雪，映榻高槐覆晚烟。年（「年」疑當作「午」。）綉倦來猶整綫，春茶試罷更添泉。地鄰東海潮來近，人在蓬山快欲仙。空中樓閣千層現，島外帆檣數點懸。侍父宦游游且壯，蒙親垂愛愛偏拳。風前柳絮才難及，盤上椒花頌未便。管隙敢窺千古事，毫端戲寫再生緣。也知出岫雲無意，猶像穿窗月可憐。寫幾回，離合悲歡奇際會，寫幾回，忠奸貴賤險波瀾。義夫節婦情何極，自然憔悴堂萱後，（寅恪案，此句疑當删去，而易以「孝子忠臣性自然」一句，蓋作者取玉釧緣卷首詩意，成此一句也。傳鈔者漏寫「孝子忠臣性」五字。又見下文有「自從憔悴堂萱後」七字，遂重複誤寫歟？今見鄭氏鈔本此句作「死别生離志最堅」。可供參考。）慈母解順（「順」疑當作「頤」。）頻指教，癡兒説夢更纏綿。自從憔悴堂萱後，遂使芸緗綵華（「華」疑當作「筆」。）捐。剛是脱靴相驗看，未成射柳美因緣。庚寅失恃新秋月，辛卯疑（「疑」疑當作「旋」。）南首夏天。歸棹夷猶翻斷簡，深閨閒暇待重編。由來蚤覺禪機悟，可奈於歸俗累牽。幸賴翁姑憐弱質，更忻夫婿是儒冠。挑燈半（「半」疑當作「伴」。）讀茶沸（「沸」疑當作「湯」。）廢，鄭氏鈔本作「茶聲沸」更佳。）廢，刻燭催詩笑語聯。錦瑟喜同心好合，明珠蚤向掌中懸。亨衢順境殊樂安，（「樂安」疑當作「安樂」。）利鎖名韁却掛牽。一曲京（「京」疑當作「哀」。鄭氏鈔本作「驚」。亦可通。）弦弦頓絶，半輪破鏡鏡難圓。失群征（寅恪案，「征」字下疑脱四字。如非脱漏，則「征」字必誤也。鄭氏鈔本作「失群征雁斜陽外」。是。）羈旅愁人絶塞邊。從此心傷魂杳渺，年來腸斷意尤煎。未酬夫子情難已，强撫雙兒志自堅。日坐愁城凝血泪，神飛萬里阻風烟。送（「送」疑當作「遂」。）如射柳聯姻後，好事多磨幾許年。豈是蚤爲今日讖，因而題作再生緣。日中鏡影都成驗，（寅恪案，此句疑用開天遺事宋璟事。）曙後星孤信果然。惟是此書知者久，浙江一省徧相傳。髫年戲筆殊堪笑，反勝那，淪落文章不值錢。閨閣知音頻賞玩，庭幃尊長盡開顔。諄諄更囑全終始，必欲使，鳳友鸞交續舊弦。皇甫少華諧伉儷，明堂酈相畢姻緣。爲他既作氤氳使，莫學天公故作難。造物不須相忌我，我正是，斷腸人恨不團圓。重翻舊稿增新稿，再理長篇續短篇。歲次甲辰春二月，芸窗仍寫再生緣。悠悠十二年來事，盡在明堂一醉間。

同書同卷第陸捌回末節（坊間鉛印本删去此節。）云：

八十張完成一卷，慢慢的，冰弦重撥待來春。知音愛我休催促，在下閒時定續成。白芍霏霏將送臘，（鄭氏鈔本「芍」作「雪」。詳見後附校補記。）紅梅灼灼欲迎春。向陽爲趁三年日，（鄭氏鈔本「年」作「竿」自可通。）入夜頻挑一盞燈。僕本愁人愁不已，殊非是，拈毫弄墨舊如心。（「如」疑當作「時」。）其中或有差訛處，就煩那，閱者時加斧削痕。

據作者自言「羈旅愁人絶塞邊」及「日坐愁城凝血泪，神飛萬里阻風烟」，又續者言「後知薄命方成讖，中路分離各一天。天涯歸客期何晚，落葉驚悲再世緣」，是陳端生之夫有謫戍邊塞，及夫得歸，而端生已死之事也。檢乾隆朝史乘及當時人詩文集，雖略有所考見，但仍不能詳知其人其事之本末。今所依據之最重要材料，實僅錢塘陳雲伯文述之著述。文述爲人，專摹擬其鄉先輩袁簡齋，頗喜攀援當時貴勢，終亦未獲致通顯。其最可笑者，莫如招致閨閣名媛，列名於其女弟子籍中，所謂「春風桃李群芳譜」者是也。（見文述撰頤道堂詩選貳貳留别吴門詩及此詩中文述自注。）然文述晚歲，竟以此爲多羅貝勒奕繪側室西林太清春（顧春字子春，號太清，實漢軍旗籍也。）所痛斥，遂成清代文學史中一重可笑之公案。今移録太清所撰天游閣集第肆卷中關涉此事者於後，非僅欲供談助，實以其中涉及續再生緣事，可資參證也。其文如下：

錢塘陳叟字雲伯者，以仙人自居，（寅恪案，雲伯以碧城仙館自號，其爲仙也，固不待論。又其妻龔氏字羽卿，長女字萼仙，次女字茗仙，亦可謂神仙眷屬矣。一笑。）著有碧城仙館詩鈔，中多綺語，更有碧城女弟子十餘人，代爲吹噓。去秋曾托雲林（寅恪案，雲林者，錢塘許宗彦及德清梁德繩之女，適休寧孫承勳，與文述子裴之即芹兒之妻汪端，爲姨表姊妹。可參陳壽祺左海文集拾駕部許君墓志銘及閔爾昌碑傳集補伍玖阮元撰梁恭人傳。但阮元文中「休寧」作「海陽」，蓋用休寧舊名也。又頤道堂詩選拾有〔嘉慶十七年壬申〕二月初五日爲芹兒娶婦及示芹兒并示新婦汪端詩，同書貳叁復有〔道光七年〕丁亥哭裴之詩，西泠閨咏壹伍華藏室咏許因姜雲姜及同書壹陸題子婦汪端自然好學齋詩後兩七律序語等，皆可參證。至於汪端，則其事迹及著述，可考見者頗多，以與本文無關，故不備録。）以蓮花筏（箋？）一卷墨二錠見贈，余因鄙其爲人，避而不受，今見彼寄雲林信中有西林太清題其春明新咏一律，并自和原韻一律。（寅恪案，今所見春明新咏刊本，其中無文述僞作太清題詩及文述和詩，殆後來删去之耶？）此事殊屬荒唐，尤覺可笑。不知彼太清此太清是一是二？遂用其韻，以記其事。

含沙小技太玲瓏，野鶩安知淥雪鴻。綺語永沈黑闇獄，庸夫空望上清宫。碧城行列休添我，人海從來鄙此公。任爾亂言成一笑，浮雲不礙日光紅。

寅恪案，文述所爲，雖荒唐卑鄙，然至今日觀之，亦有微功足録，可贖其罪者，蓋其人爲陳兆崙族孫，又曾獲見端生妹長生。其所著頤道堂集碧城仙館詩鈔及西泠閨咏中俱述及端生事。今移録其文於下：

陳文述頤道堂詩外集陸（國學扶輪社刊碧城仙館詩鈔玖）載：

題從姊秋穀（長生）繪聲閣集七律四首

濃香宫麝寫烏絲，題遍班姬鮑妹詩。一卷珠璣傳伯姊，六朝金粉定吾師。碧城醒我游仙夢，綉偈吟君禮佛詞。記取宣南坊畔宅，春明初拜畫簾遲。

湖山佳麗水雲秋，面面遥山擁畫樓。紗幔傳經慈母訓，璿璣織錦女兄愁。龍沙夢遠迷青海，（自注：長姊端生適范氏，婿以累謫戍。寅恪案，「累」碧城仙館詩鈔作「事」。）鴛牒香銷冷玉鈎。（自注：仲姊慶生早卒。）争似令嫻才更好，金閨福慧竟雙修。

碧浪蘋香一水（「一水」碧城仙館詩鈔作「水一」。）涯，韋郎門第最清華。傳來鸚鵡簾前語，綉出芙蓉鏡裏花。梅笑遺編寒樹雪，蘩香詩境暮天霞。（自注：兩姑皆有詩集。梅笑周太恭人集名，蘩香李太恭人集名。）更聞群從皆閨秀，（自注：娣周星薇，長姑淑君，小姑渚蘋，皆能詩。）咏絮何勞説謝家。

繪水由來説繪聲，玉臺詩格水同清。偶從寒夜燒燈讀，如聽幽泉隔竹鳴。江上微波秋瑟瑟，畫中遠浦月盈盈。仙郎縱有淩雲筆，（「筆」碧城仙館詩鈔作「賦」。）作賦（「作賦」碧城仙館詩鈔作「起草」。）還勞翠管評。

又西泠閨咏壹伍云：

繪影閣咏家□□

□□名□□，句山太僕女孫也。適范氏。婿諸生，以科場事爲人牽累謫戍。因屏謝膏沐，撰再生緣南詞，托名女子酈明堂，男裝應試及第，爲宰相，與夫同朝而不合并，以寄別鳳離鸞之感。曰，婿不歸，此書無完全之日也。婿遇赦歸，未至家，而□□死。許周生梁楚生夫婦爲足成之，稱全璧焉。「南花北夢江西九種」梁溪楊蓉裳農部語也。「南花」謂天雨花，「北夢」謂紅樓夢，謂二書可與蔣青容九種曲并傳。天雨花亦南詞也，相傳亦女子所作，與再生緣并稱，閨閣中咸喜觀之。（寅恪案，蔣瑞藻小説考證續編壹再生緣條引閨媛叢談，其文全出自西泠閨咏。又王韜松隱漫録十七卷附閨媛叢録一卷。寅恪未得見其書，不知是否即蔣氏所引者。并可參考鄧之誠先生骨董瑣記伍南詞再生緣條。）

紅牆一抹水西流，別緒年年悵女牛。金鏡月昏鸞掩夜，玉關天遠雁横秋。苦將夏簟冬釭怨，細寫南花北夢愁。從古才人易淪謫，悔教夫婿覓封侯。

上引陳氏兩書皆關涉端生及其夫范某之主要材料，兩者内容大抵相同，而西泠閨咏較爲詳盡。今考定此等記載寫成年月，并推求其依據之來源，更參以清實録、清會典、清代地方志及王昶春融堂集、戴佩荃蘋南遺草、陸燿切問齋集等，推論端生之死及范某赦歸之年。固知所得結論，未能詳確，然即就此以論再生緣之書，亦可不致漫無根據，武斷妄言也。西泠閨咏壹伍咏端生詩之前，其第六題即爲「繪聲閣咏家秋穀」者，其詩中既有「香車桂嶺青山暮」之句，其序中復載「歸葉琴柯中丞」之語。琴柯者，紹楏之字。（可參湖海詩傳肆拾兩浙輶軒續録壹陸晚晴簃詩匯壹百捌等書葉紹楏小傳。）李桓者獻類徵壹玖陸疆臣類肆捌載紹楏本末頗詳。紹楏於嘉慶二十二年由廣西布政使擢廣西巡撫，二十五年被議降級解職，其次年即道光元年病卒。然則西泠閨咏此節必成於嘉慶二十二年任巡撫以後，始得稱紹楏爲「中丞」，「中丞」者御史中丞之簡稱，清代巡撫兼帶右副都御史之銜名，故習俗以「中丞」稱巡撫。據此，則文述咏陳長生之詩，距其全書完成之時代，不能超過十年之久也。（西泠閨咏作者自序所題年月爲道光丁亥閏五月，即道光七年也。）以通常行文之例言，長生應列於其姊端生之後，今不爾者，殆文述咏長生詩既成後，始牽連咏及端生，遂致列姊於妹後耶？若果如是者，則文述咏端生之詩，其作成之時亦當與道光七年相距甚近也。此點關涉再生緣續者之問題，俟後更詳論之。至其稱楊芳燦爲「楊蓉裳農部」，則芳燦因其仲弟授甘肅布政使，援引道府以上同祖以下兄弟同省迴避之例，（參清會典事例肆柒吏部漢員銓選親族迴避等條。）已由甘肅外職改捐員外郎，在户部廣東司行走。其時至少在嘉慶三年以後。（見碑傳集壹百捌趙懷玉撰楊君芳燦墓志銘。）若更精密言之，則至少在嘉慶六年文述與芳燦在京師相識以後也。（見下引芳燦送雲伯序。）文述咏端生之詩作成時代頗晚，又得一旁證矣。

關於文述題繪聲閣集詩四首，其第二首最關重要，置後辨釋。其餘三首依次論證之。

第一首詩

第一首中最關重要者，在文述初次得見陳長生年月，并文述見長生是否多次等問題。此等問題可取兩事即（一）文述初次隨阮元入京及第二次會試入京之年月，與（二）長生於此兩時間適在北京，有遇見文述之可能，參合推定之於下。

楊芳燦芙蓉山館文鈔貳送陳雲伯之官皖江序略云：

> 嘉慶辛酉（六年）余與雲伯相見於都下。於兹五閱寒暑矣。同人惜别，贈言盈篋。餘與陳編修用光查孝廉揆俱爲序引，時丙寅（嘉慶十一年）新正穀日也。

又頤道堂文鈔壹頤道堂詩自序略云：

嘉慶丙辰（元年）儀徵阮伯元先生視學浙江。越二年戊午（嘉慶三年）從先生入都。明年（嘉慶四年己未）又從至浙。越二年（嘉慶六年辛酉）又以計偕入都，居京師者五年。

又頤道堂詩選壹伍略云：

余自辛酉（嘉慶六年）至乙丑（嘉慶十年）京師舊作多琴河李晨蘭女士加墨。（寅恪案，今所見碧城仙館詩鈔拾卷，後附有李元塏跋，所題年月爲嘉慶［十年］乙丑秋七月。可與上引楊芳燦文參證。）重蒞琴河，女士下世已十五年矣。感賦。

（詩略）

寅恪案，文述第一次至京爲嘉慶三年，出京爲嘉慶四年。第二次至京爲嘉慶六年，出京爲嘉慶十一年正月。第二次即文述所謂「居京師者五年」是也。第一次在京之時間，雖遠不及第二次之長久，然鄙意文述之獲見長生實在第一次。所以如此推論者，文述爲人喜攀援貴勢，尤喜與閨閣名媛往還。長生爲兆崙孫女，本與文述有同族之親，況以袁隨園女弟子之聲名，葉琴柯編修夫人之資格，苟長生此時適在京師，而文述不急往一修拜謁之禮者，則轉於事理爲不合矣。至於長生適在北京與否之問題，可以依據葉紹楏歷官及居京之年月推定之也。

耆獻類徵壹玖陸疆臣類肆捌葉紹楏傳略云：

葉紹楏浙江歸安人。乾隆五十年由舉人於四庫館議叙，授内閣中書。五十三年丁母憂。五十五年服闋，補原官。五十八年進士，改庶吉士。六十年散館授編修。嘉慶三年二月大考二等，五月充日講起居注官。四年二月改河南道監察御史，四月命巡視南城。五年轉掌江西監察御史。六年五月充雲南鄉試正考官，八月命提督雲南學政。九年差竣回京。十年命巡視天津漕務。十一年六月升工科給事中。

寅恪案，葉紹楏與陳長生從何時起同在京師，乃一複雜之問題，詳見下文第二首詩中考辨織素圖繪成之時間一節，今暫不置論。惟可斷言者，嘉慶三年文述初次隨阮元入京時，長生必已在京師，因紹楏已任職翰林院編修，長生自必隨其夫居都城也。文述第一次於嘉慶三年隨阮元入京，四年又隨元出京。文述往謁長生，當即在三年初次入京之時，而賦此四詩當更在謁見之後，謁見與賦詩并非同時。頗疑文述止一度晤見長生，其題繪聲閣集四律，實非以之爲拜謁之贄，不過晤見之後，追寫前事，呈交長生夫婦閲覽者。觀詩中「記取城南坊畔宅，春明初拜畫簾遲」之語，可以推見也。又若文述得見長生不止一次者，則以碧城仙館主人性好招摇標榜之習慣推之，必有更多詩什，賦咏其事，而不僅此四律而已也。或者文述當日所爲，長生夫婦已有所聞知，遂厭惡畏避，不敢多所接待耶？

詩中所謂「碧城醒我游仙夢」者，碧城仙館文述自號也。其詩集即取以爲名。「綉偈吟君禮佛詞」者，長生曾作禮佛詞六首，刊入隨園女弟子詩集（卷肆）中，早已流行，文述蓋見之久矣，决非長生以己所著詩集示之也。

第三首詩

第三首盛誇長生夫家女子能詩者多。文述此所取材，究從葉氏織雲樓詩合刻，抑從袁簡齋隨園詩話補遺叁「吾鄉多閨秀，而莫盛於葉方伯佩蓀家」至「陳夫人之妹淡宜（此語有誤，辨見論第二首詩節。）亦工詩」等六條（隨園詩話補遺所以多謬誤者，蓋由簡齋身殁之後，補遺方始刊行也。簡齋殁於嘉慶二年。參碑傳集壹百玖孫星衍撰袁枚傳。）轉録而來，雖難確定，但今以沈湘佩名媛詩話肆「織雲樓合刻爲歸安葉氏姑婦姊妹之作」條考之，（前南京國學圖書館總目所載，織雲樓詩合刻僅有周映清梅笑集一卷，誤作「笑梅集」，及李含章蘩香詩草一卷，皆云「嘉慶刻」。又孫殿起叢書目録拾遺總目陸有織雲樓詩合刻，其中亦止此兩集。但云「乾隆間刊」。豈此數集合刻先後陸續刊行耶？抑書目記録有誤耶？寅恪未見合刻全書，故不得已而依沈書也。）知葉令昭即蘋渚（文述詩作渚蘋。）所作在附刻中，則可推定文述實已及見織雲樓詩合刻，或更參以隨園詩話補遺，蓋文述此四首詩本爲謁見長生之後追記前事而作，前論第一首詩已及之矣。既是追記之作，則可取關涉長生夫家閨秀之材料，雜糅而成，并非長生以其夫家閨秀之詩集出示文述，此又可斷言者也。至於「碧浪蘋香一水涯。韋郎門第最清華」者，可參戴璐藤陰雜記叁所載湖州碧浪湖建萬魁塔條。此條即涉及葉紹楏。文述於西泠閨咏壹叁湖上咏周暎清李含章葉令儀陳長生周星微詩「碧浪湖波浸晚霞」（文述此詩序中述葉氏織雲樓詩合刻，僅及此五人，而不及令昭。西泠閨咏自序題道光丁亥，即道光七年，時代頗晚。據此可知文述叙葉氏閨秀詩集，去取實不依據一種材料也。）及同書壹伍繪聲閣咏家秋穀詩「畫舫蓮莊碧浪遥」之句亦皆指此而言也。又據光緒重修歸安縣志伍輿地略伍水門碧浪湖條及同書捌輿地略捌古迹門白蘋洲條，則碧浪湖白蘋洲之地爲葉氏家園所在，文述所咏固甚切實，而葉令昭之字蘋渚及戴佩荃之字蘋南，皆與此語有關，非僅用古典矣。

第四首詩

第四首第七句「仙郎縱有淩雲筆」，固通常贊美紹楏之泛語，然據上引耆獻類徵壹玖陸葉紹楏傳，知紹楏以翰林院編修於嘉慶三年二月大考二等，五月充日講起居注官。六年五月充雲南鄉試正考官，八月命提督雲南學政。九年差竣回京。在此時間紹楏實爲文學侍從司文典學之臣，故詩語頗爲允切，可推見此四詩當是嘉慶三年至十年間之作。「江上微波秋瑟瑟」之句，即後來文述於西泠閨咏壹伍繪聲閣咏家秋穀詩所謂「微波吟煞夕陽橋」者也。

總之，此等詩皆足徵文述未嘗與長生有何密切往來，詳悉談話之事，要不過以族弟之資格，一往謁見而已。故文述所記長生姊端生事，當必從他處採訪得知，非出自長生口述，其記端生事及梁德繩續再生緣事，或過於簡略，或有錯誤，實無足异也。

第二首詩

第二首乃四首詩中最有價值，又最難確定者。茲先論其不甚重要及易解釋之句。「紗幔傳經慈母訓」者，據端生長生之祖陳兆崙所著紫竹山房文集壹伍顯妣沈太宜人行述略云：

孫玉敦，聘汪氏，原任刑部河南司郎中雲南大理府知府加二級起巖公女。

又同集附兆崙姪玉繩所編年譜乾隆十五年庚午條下云：

次子之妻兄秀水汪孟鋗弟仲鋗亦中式。

寅恪案，汪起巖不知何名，道光十五年修雲南通志稿壹壹玖秩官志載：

汪上墳，秀水人，貢生，乾隆十年任雲南府知府。

疑是此人。蓋上墳頗有先後任雲南省首府雲南府及大理府知府之可能也。端生長生之文學，與其母有關，自不待論。即再生緣中孟麗君蘇映雪劉燕玉皇甫少華等主要人物，皆曾活動於雲南省之首府，當亦因作者之外祖曾任雲南省首府知府，其母或侍父宦游，得將其地概況告之端生姊妹，否則再生緣中所述他處地理，錯誤甚多，而雲南不爾者，豈復由於「慈母訓」所致耶？

「鴛牒香銷冷玉鈎」句下文述自注云：

仲姊慶生早卒。（前文已引，今重録之，以便省覽。）

寅恪案，紫竹山房文集壹捌先府君〔暨〕先妣沈太夫人合葬墓志略云：

孫玉萬娶吴氏，妾林氏。玉敦娶汪氏，妾施氏。曾孫女三，端，慶，長。

及同書同卷先祖府君〔暨〕祖妣秦太夫人合葬墓志云：

元孫女三，端，慶，長。

然則慶生乃端生之妹，長生之姊，似亦與端生長生同爲玉敦嫡室汪氏所出。慶生早死，他種材料未見此事，唯文述此詩及之，此亦可注意者也。玉敦側室施氏有無子女，尚待詳考。至於杭郡詩輯續集肆叁有陳淡宜都中寄姊七律一首，其小傳云：

淡宜，錢塘人，長生妹。

但其詩全同於葉佩蓀次女令嘉字淡宜答淑君姊之什。（參織雲樓詩合刻及潘衍桐兩浙輶軒續録伍貳閨秀類。）長生爲佩蓀長媳，淡宜爲佩蓀次女，吴振棫見隨園詩話補遺第叁卷有「陳夫人之妹淡宜」一語，因有不確之記載。隨園詩話之誤或由於刊寫不慎，遂致輾轉訛小姑爲小妹，殊可笑也。辨釋第二首詩中易解者已竟，兹請次論其難確定者，即陳端生卒於何年及范某以何年遇赦獲歸。此兩事之時間相距至近，可以取其一事之年月，以推定其他一事之時代也。

此詩中最有價值記載爲述及陳端生婿范某之案。但所述全同於西泠閨咏壹伍繪影閣咏家□□序中所言，而西泠閨咏轉較此爲詳，是西泠閨咏之文亦較此爲有價值也。此兩記載雖不能確定文述何年所寫，鄙意西泠閨咏之記載寫在端生已卒，范某已歸之後，時代較此首詩爲晚，自無問題。至此首詩中文述自注涉及端生范某者，初視之，似在端生未卒之前。細思之，當亦在端生已卒，范某已歸之後。何以言之？范某一案，如下文所引材料，知爲當日最嚴重事件。無論文述作詩不敢言及，即敢言及，亦爲長生所不喜見者，而文述自不便牽涉及之也。（織素圖乃陳長生戴佩荃閨閣摯友間繪畫題咏之事，不可以出示外人者。戴璐吴興詩話不録長生輓佩荃兩詩中涉及織素圖之一首，殆亦由詩語過於明顯故耶？）今此首詩八句中即有兩句涉及端生，可依此推論，作詩之時，端生已死，范某已歸。此案既無問題，詩語涉及，亦無妨礙。此點正與陳桂生請王昶爲其祖詩文集作序之事，同一心理，同一環境。俟於下文詳辨證之也。

陳端生之卒年雖甚難確定，然有一旁證，得知端生至少在乾隆五十四年秋間猶生存無恙，可據下引材料，推測決定也。

戴佩荃織素圖次韻詩云：

貌出青娥迥軼塵，淡妝不逐畫眉新。分明錦字傳蘇蕙，絶勝崔徽傳裏人。

軋軋聲頻倦下機，詎將遠夢到金微。西風聽徹塞砧急，霜葉檐前儘亂飛。

十三學得厭彈箏，頗耐西南漸有聲。女手摻摻勞永夜，七襄取次報章成。

又陳長生挽戴蘋南（佩荃）詩云：

桂花香滿月圓初，驚説乘風返碧虚。料得廣寒清淨地，修文正待女相如。（此首亦見戴璐吴興詩話壹貳，但無第貳首。殆有所隱諱而不録耶？）

尺幅生綃點染新，十行錦字爲傳神。而今留得清吟在，説與圖中織素人。

上引戴佩荃陳長生之詩，當載於蘋南遺草。寅恪未見原書，僅間接從梁乙真清代婦女文學史第貳編第肆章所引得知。

又戴佩荃之父戴璐所著吴興詩話壹貳略云：

文人薄命，才女亦然。余女佩荃字蘋南，幼慧學吟，長工書畫。適趙日照。隨翁鹿泉先生西江使署。忽畫長亭分別，神貌如生，并繫以詩。未幾殁，年僅二十三。余哭以詩，一夕成二十三章。最痛者云：「淒絶霜高夜向闌，無言嗚咽泪珠彈。豈期馬角無生日，望斷廬峰面面巒。」

吴超亭同年輓詩（寅恪案，超亭爲吴興宗之字，此詩亦見阮元兩浙輶軒録肆拾閨秀類，蓋從蘋南遺草録出也。）〔略〕云：「天女香隨花雨散，蘇姬才薄錦紋迴。尊章泣月驚秋到，慈父牽情促夢來。」

內弟冲之（寅恪案，戴璐內室沈芬亦能詩，見吴興詩話壹貳。）句云：「柳絮椒花未足推，愛伊才德一身賅。芳齡正好圖團聚，大藥何期莫挽回。秋月滿輪人遽去，西風捲幕客重來。征衣漸覺驚寒至，刀尺憑誰爲剪裁。」

楊拙園知新題云：「仙游正值月團圞，扶病萱堂泣歲寒。隔歲九泉重見母，魂依却下不愁單。」

清國史列傳貳捌大臣傳次編叁趙佑傳（參光緒修杭州府志壹貳陸人物類名臣肆）略云：

趙佑浙江仁和人。乾隆十五年舉人，十七年成進士，改庶吉士。二十二年散館授編修。五十三年充江西鄉試正考官。五十四年六月充江西鄉試正考官，旋授江西學政。子日熙，正三品廕生，前任江蘇長洲縣知縣。（光緒修杭州府志壹壹叁選舉柒有趙日熙條，但無趙日照之名。又阮元兩浙輶軒録肆拾閨秀類戴佩荃傳亦有「仁和趙日照室」之語，當是採自蘋南遺草。）

李元度先正事略肆貳文苑類竇東皋先生（光鼒）傳附趙鹿泉先生（佑）傳略云：

同時趙鹿泉先生名佑，字啓人，仁和人。後東皋先生（指竇光鼒）十年成進士。同以制舉業名天下。著有清獻堂集。

錢儀吉碑傳集捌伍朱珪撰湖南布政使葉君佩蓀墓志銘略云：

葉佩蓀字丹穎，浙江歸安人。辛卯（乾隆三十六年）〔自河南南陽府知府〕卓异引見，擢河東道。乙未（四十年）戊戌（四十三年）再署按察使。己亥（四十四年）授山東按察使。辛丑（四十六年）授湖南布政使。壬寅（四十七年）護湖南巡撫事。東撫敗，以不先舉發，吏議當革職，奉旨降補知府。（寅恪案，東撫謂山東巡撫國泰也。參清實録高宗實録壹壹伍肆乾隆四十七年四月五月等條。）君入都，請校書萬册自效。癸卯（四十八年）歲除，余自閩還，見君。明年（甲辰四十九年）九月八日卒。子紹楏，乾隆己亥（四十四年）舉人。

寅恪案，參合上引材料，可以解決三問題。（一）戴佩荃逝世之年月。（二）戴佩荃之織素圖次韻詩作成時間。（三）織素圖中之織素人爲何人。請依次論之於下：

（一）戴佩荃之夫趙日照之父趙佑者，當時最有名之八股文專家。佑之爲人，似未必真能知賞善吟咏，工繪畫，從事於八股家所謂雜學之才女。其所著清獻堂集詩中有涉及佩荃及日照者，大抵爲乾隆五十六年五十七年之作，其時蘋南已逝世二三歲矣。兹節録其詩於下：

清獻堂集貳傷介婦戴示日照詩云：

不堪老泪頻傷逝，怪見華年又悼亡。（原注：照先娶於沈，戴繼之，皆知婦道。沈有出不育，戴無出。）弱甚每憐親藥裹，病中還説理詩囊。（原注：婦嘗請於姑，乞爲余鈔詩稿，以其病未許。）聲塵幻忽渾難識，圭璧操持要有常。獨憾添丁消息晚，且看齋奠异時償。

又示九弟俌并熙煦輩詩云：

（詩略）

又舟中還寄示諸弟示煦照詩略云：

煦也逾壯尚初服，照連喪偶行更圖。

寅恪案，趙鹿泉止書佩荃之姓，而不著其名，蓋遵内諱不踰閫之古義，其爲人爲文之拘謹，可以概見，然而才女之名字遂坐是湮没不彰矣。據戴璐哭佩荃詩序，（寅恪未見秋樹山房集，僅從阮元兩浙輶軒録肆拾閨秀類戴佩荃傳所引戴璐哭女詩序及其他間接材料得知。）謂佩荃「書體尚豐碩，似非夭相，而不永其年」。寅恪未得見佩荃之書，不知其體勢如何，然蘋南爲湖州人，其地與顔魯公趙子昂有關涉，又生值乾隆時代，清高宗書法摹擬右軍，而失之肥俗，一變明末清初董字渴筆瘦體之派，上行下效，相習成風，蘋南之書法當受此環境薰習者也。鹿泉殆以蘋南書法與當時翰苑臺閣之體，有所冥會，若出之男子之手，尚可作殿廷考試之白摺小楷，以供射策決科之用，遂亦頗加贊賞歟？否則蘋南必不敢輕率請求抄寫此老學究之家翁所賦試帖體之詩句也。今史乘地志於鹿泉諸子，唯日熙一人略具事迹，而日照之名僅附見於吴興詩話及兩浙輶軒録蘋南小傳中。夫以妻傳，如「駔儈下材」之於易安居士者，可謂幸矣。（寅恪頗信建炎以來繫年要録所載，而以後人翻案之文字爲無歷史常識。乾隆官本樓鑰攻愧集中凡涉及婦人之改嫁者，皆加竄易，爲之隱諱。以此心理推之，則易安居士固可再醮於生前趙宋之日，而不許改嫁於死後金清之時，又何足怪哉。至顧太清之主易安年老無改嫁之事者，則又因奕繪嫡室之子於太清有所非議，固不得不藉此以自表白，而好多事、不識時務之陳文述，反賦詩招摇，宜遭致其痛斥也。）日照元配沈氏，或者蘋南母沈芬之姪女，俟後更考。戴苐堂記録輓其女蘋南之詩頗多，而不及鹿泉之作者，或以未曾得見，遂至漏書，或雖得見，而以親家翁之句爲未工，因不載録於其詩話耶？

據趙佑傳，乾隆五十四年佑以江西鄉試正考官授江西學政。佩荃隨佑赴江西任所，不久逝世。此即吴興詩話壹貳所謂「隨翁鹿泉先生西江使署，未幾殁」者。陳長生輓詩第一首云：「桂花香滿月圓初。驚説乘風返碧虚。」吴超亭輓詩云：「尊章泣月驚秋到。」沈冲之輓詩云：「秋月滿輪人遽去，西風捲幕客重來。」楊拙園輓詩云：「仙游正值月團圞。」是佩荃殁於乾隆五十四年秋季也。

（二）隨園詩話補遺叁略云：

吾鄉多閨秀，而莫盛於葉方伯佩蓀家。其前後兩夫人，兩女公子，一兒婦，皆詩壇飛將也。其長媳長生，吾鄉陳句山先生之女孫也。寄外云：「弱歲成名志已違，看花人又阻春闈。（原注：兩上春官，以迴避不得入試。）縱教裘敝黄金盡，敢道君來不下機。」「頻年心事托冰紈，絮語煩君仔細看。莫道閨中兒女小，燈前也解憶長安。」

寅恪案，陳長生寄外詩爲何時何地所作，此點關涉考定長生與戴佩荃何時同在北京，而戴佩荃能作織素圖次韻詩之問題。據上引葉佩蓀傳，知葉紹楏於乾隆四十四年中式舉人，又據清代史乘，如清實録東華録等書，知自乾隆四十四年即紹楏鄉薦之年，至乾隆五十八年即紹楏成進士之年，其間共有六次會試，此六次會試，凡有舉人之資格者，皆可應試。紹楏之以迴避，兩次不能入闈，究在何年？今依次逆數而考定之。紹楏於五十三年丁母憂，不知其母卒於何月，雖五十四年有閏五月，然以常情推測，恐五十五年春闈，紹楏仍在母憂中，自不能應會試。五十二年會試，紹楏可以應試，蓋雖應試，而不得中式也。據紹楏傳，知紹楏在乾隆五十年由舉人於四庫館議叙，授内閣中書。此時其父佩蓀已前卒，其母尚健在。以常情論，紹楏全家當在京師，而長生此時亦必在京，不必作寄外詩也。（袁隨園編續同人集壹叁閨秀類載，陳長生金陵阻風侍太夫人游隨園作七律一首，此詩必作在乾隆五十三年紹楏母李含章逝世以前。同卷又載寄懷隨園十絶句第一首云：「先生高隱卧烟蘿，三徑盤桓七十過。」據碑傳集壹百柒孫星衍撰袁君枚傳，知簡齋卒於嘉慶二年，年八十二。然則乾隆五十年簡齋年七十歲。長生作寄懷隨園十絶句時，必在乾隆五十年以後。綜合推計之，當是乾隆四十九年九月葉佩蓀卒後，紹楏等扶柩回籍，安葬之後，再返北京，因途中阻風金陵，李陳姑婦二人，因得游隨園賦詩。至於長生作寄懷隨園十絕句時，則疑在其過金陵見簡齋之後，大約爲隨夫葉紹楏供職京師之期間也。然耶？否耶？姑記於此，更俟詳考。）四十九年會試紹楏可以應試，因佩蓀此年春間，亦已在北京請於四庫館校書自效。佩蓀雖卒於四十九年九月，而會試之期在春季，故紹楏可以應試，但已應試而未中式耳。四十五年四十六年兩次會試，紹楏皆可應試，此兩年其父佩蓀適任外官，不在京師。長生當隨侍其翁姑於外省任所。故長生寄外詩中所謂「看花人又阻春闈」，及「莫道閨中兒女小，燈前也解憶長安」等語，即指此兩次，紹楏雖在京，而以迴避不能應試言。自四十七年後，佩蓀紹楏父子已同在京師，長生斷無他往之理。然則織素圖之繪成，必在四十七年以後，至五十四年秋間戴佩荃逝世以前。以佩荃卒年僅二十三歲之一點推測，雖天才如佩荃，恐亦不能作此圖太早，大約此圖繪畫之時間，距佩荃逝世前不甚久，即距乾隆五十四年秋季以前不遠也。長生之父玉敦與戴佩荃之翁佑，同爲杭州人，同舉乾隆十五年庚午鄉試，佑之八股文復爲長生祖句山所稱賞。（見紫竹山房集陳句山先生年譜乾隆十五年庚午條。）佩荃之父璐與長生之夫紹楏又同爲湖州人。當此時兩家在京，往還必頗親密，觀戴璐吳興詩話壹貳述及長生夫婦，可以推見。否則佩荃無由作織素圖次韻詩也。

（三）織素圖者即取孔雀東南飛樂府詩「十三能織素」之句，及晉書玖陸列女傳竇滔妻蘇氏〔蕙〕傳「滔被徙流沙，蘇氏思之，織錦爲迴文旋圖詩」之意，繪畫而成。觀戴佩荃織素圖次韻詩「分明錦字傳蘇蕙」、「詎將遠蘿到金微」、「十三學得厭彈箏」等語，可以爲證。然則此圖中之織素人必爲女性，而其夫又以罪謫邊，自不待言矣。與此圖中女性相關涉，得直指爲即是圖中織素人者，止有三可能之人。第一可能者爲陳長生。然長生之夫爲葉紹楏。紹楏一生事迹，今可考知者，頗爲詳盡。紹楏既無戍邊之事，則長生非圖中之織素人可知。第二可能者，爲戴佩荃。趙佑之子可考見者有日熙日煦日照三人。佩荃之夫日照，其事迹雖不詳，然據上引趙佑清獻堂集貳舟中還寄示諸弟示煦照詩，知乾隆五十八年鹿泉作此詩時，日照并未遠去，則其人實無戍邊之事。吴超亭輓佩荃詩云「蘇姬才薄錦文迴」，及沈冲之輓佩荃詩云「芳齡正好圖團聚」等語，雖似日照亦有陳端生婿范某戍邊之嫌疑者，然沈冲之輓詩又云「西風捲幕客重來」，則日照既能重來，必無遠謫之事，大約佩荃卒時，日照不在側耳。至陳長生輓佩荃詩云：「尺幅生綃點染新，十行錦字爲傳神。而今留得清吟在，説與圖中織素人。」詩中「十行錦字」即錦上之迴文。「清吟」即佩荃織素圖次韻七絕三首。今佩荃雖還歸天上，而「清吟」猶留在「人間」，故長生可説與同在人間之織素人，即告以佩荃逝世之消息。一死一生，取與對比，暗用李義山重過聖女祠詩「上清淪謫得歸遲」之句，寓意尤爲沈痛也。由是言之，織素圖中之織素人，必非戴佩荃，又可知矣。第三可能者，以普通消除遞減之方法推之，則捨陳端生莫屬。若是端生，則佩荃長生諸詩中所用古典皆能適合，自不必贅論，而佩荃「淡妝不逐畫眉新」之句與西泠閨咏壹伍繪影閣咏家□□詩序中「屏謝膏沐」之今典更相符會也。所可注意者，即佩荃詩中「西南漸有聲」之語。依通常解釋，温飛卿池塘七夕詩云：「月出西南露氣秋。」（見才調集貳。）及七夕詩云：「青鎖西南月似鈎。」（見曾益謙顧予咸顧嗣立等温飛卿詩集注肆。）蘋南詩中「西南」二字出處當是從温詩來，與下「永夜」句固相適應，而「七襄」句更暗寓七夕離別之意，（飛卿七夕詩云：「人間離別水東流。」）尤爲巧妙也。然寅恪於此尚不滿足，姑作一大膽而荒謬之假設，讀者姑妄聽之可乎？陳端生於再生緣第壹柒卷首節云：「惟是此書知者久，浙江一省遍相傳。」又云：「歲次甲辰春二月，芸窗仍寫再生緣。」考道光十五年修雲南通志壹貳拾秩官志貳之壹貳官制題名壹貳國朝文職官姓氏叁臨安府同知欄載：

陳至（寅恪案，「至」當爲「玉」之形誤也。）敦。錢塘人。舉人。〔乾隆〕四十九年任。

龔雲鶴。營山人。貢生。〔乾隆〕五十三年任。

則端生之父玉敦，在乾隆四十九年至五十二年四年間，曾任職雲南。隨園詩話補遺叁載陳長生「聞家大人旋里」云：「去郡定多遮道吏，還山已是杖鄉人。」即玉敦解任歸杭州時所作，大約在乾隆五十二三年，長生寓京師時也。頗疑端生亦曾隨父往雲南，佩荃詩所謂「西南漸有聲」者，即指是言，而佩荃題詩之時間，亦當在玉敦任職雲南之時，復可推知矣。然則端生所謂「浙江一省遍相傳」者，意謂十六卷本之再生緣，浙江省已遍傳，而雲南則尚未之知也。寅恪更進一步懷疑佩荃詩所謂「七襄取次報章成」者，即指端生在雲南所續之第壹柒卷再生緣而言。蓋再生緣前十六卷「浙江一省遍相傳」，則佩荃必早已見及。佩荃與長生交親往還，當又在長生處獲見端生續寫第壹柒卷，故詩中遂及之耶？其所謂「女手摻摻勞永夜」者，疑指端生自述其撰前十六卷時，「向陽爲趁三年日，入夜頻挑一盞燈」。（見再生緣第壹柒卷第陸捌回末節。）寫作甚勤，入夜不息。此佩荃讀第壹柒卷末節，已可知之，或又從長生處得悉其姊往日撰著之勤，因并有「勞永夜」之語歟？至於端生續寫再生緣第壹柒卷在甲辰年，即乾隆四十九年。此年端生居浙江抑寓雲南，雖不能確言，鄙意此年端生似已隨父玉敦赴雲南，其所謂「白芍送臘」「紅梅迎春」等句，若「白芍」取譬「白雪」，與「紅梅」爲切當之對句，則亦不過詞人形容節物慣用之語，未必與當地真實氣候相符合。（可參下文論再生緣開始寫作年月節中「歲暮」之語。）但寅恪曾游雲南，見舊曆臘盡春迴之際，百花齊放，頗呈奇觀。或者，端生之語實與雲南之節物相符應，亦未可知也。兹姑著此妄說，更待他日詳考。

假定陳端生於戴佩荃作織素圖次韻詩時尚生存者，則至何年始不在人間耶？此答案可以陳玉敦不肯以其父兆崙之詩文集出示他人之事，及兆崙之孫玉萬之子桂生請序家集於王昶（即玉敦不肯出示之人）之年，兩點推求之，雖不能中，亦不甚相遠也。

王昶春融堂集叁捌有陳句山先生紫竹山房詩文集序一篇，其文雖不著年月，但下有朱吉人春橋草堂詩集序一篇，略云：「余以乾隆庚午（十五年）識君於吴企晋璜川書屋，文酒之會最密。嗚乎！自與吉人定交，迄今四十餘年，同游諸君少長不一，皆莫有在者。」則自乾隆十五年下推四十餘年，當爲乾隆末年，或嘉慶初年，即作春橋草堂詩集序之年。紫竹山房集序排列相連，當是同時或相距至近之時間所作也。今取春融堂集所載紫竹山房集之序文，與陳桂生所刊紫竹山房集首所載蘭泉之序文，互相比較，發現頗有不同及删削之處。兹節録陳氏所刊紫竹山房集首之王序，并附注春融堂本此序之文於下，而略其不關重要者，讀者若察兩本序文之同异，即知其中必有待發之覆也。

紫竹山房詩文集載王昶序略云：

錢塘陳君桂生挾其祖句山先生詩十二卷文二十卷，（春融堂本作「詩四十四卷，文三十二卷。」）踵門而請曰，願有序也。戊寅（乾隆二十三年）始獲識先生於朝，繼以詩文相質，先生謂可與言者，時時引進之，是以辱有牙曠之知。丙申春余歸自蜀中，而先生前七年歿矣。（寅恪案，丙申爲乾隆四十一年，句山歿於乾隆三十六年辛卯正月二十四日，實止六年也。）求其集不可得，爲之悵然。又七年余修西湖志於杭州，竊念先生籍錢塘，西湖事迹載於詩文必富，從其家求之，閟不肯出。（「閟不肯出」春融堂作「卒不可得」）。又王昶湖海詩傳陸陳兆崙詩選附蒲褐山房詩話云：「壬寅修西湖志於杭州，因索先生遺詩，而令子同知玉敦深閟不肯出。及其孫桂生來京師，始以全集見示，并乞序言。」壬寅即乾隆四十七年也。）又三年（寅恪案，王蘭泉以乾隆五十一年授雲南布政使，見下引阮元撰王公昶神道碑。）余以布政使滇，適先生子玉敦爲滇郡佐。叩所藏，則其闕益甚。（春融堂集本删去「又三年」至「其闕益甚」二十七字。）蓋十餘年來殊以爲憾。今陳君述祖德，採遺文，輯而録之，使先生生平撰述粲然備見於世。

寅恪案，湖海詩傳及湖海文傳之編選人王蘭泉，其人爲乾隆朝詞宗，本與陳句山雅故，序中「辱有牙曠之知」一語殆非誇言。蘭泉修西湖志於杭州，玉敦爲其地主。（此韓君平所謂「吴郡陸機爲地主，錢塘蘇小是鄉親」之「地主」也。）及官雲南布政，玉敦又爲其屬吏。蘭泉之索觀句山詩文，自是應有之事。以常情論，玉敦必非於蘭泉個人有所嫌惡，而深閟固拒，一至於是者，其中必具不得已之苦衷及難言之隱。蘭泉當時或不盡能瞭解其故，遂於序中猶言及之，蓋尚未釋然於懷也。玉敦既不肯以其父之詩文示蘭泉，十餘年後，桂生何忽轉以其祖全集請序於蘭泉？此中必有重大變遷。鄙意此十餘年間，句山集中所當避忌隱諱之事，已不復存在，故可刊佈流行。又請序於蘭泉者，即藉以解釋前此玉敦深閟固拒之舊嫌也。陳文述西泠閨咏咏端生詩序中言，「婿遇赦歸，未至家，而□□死」。是端生之卒與范某遇赦之時相距不遠。范某既遇赦，則句山集中詩文僅牽涉端生之名者，自已不甚重要。今觀春融堂集所載紫竹山房序文，知蘭泉當日所見之稿本，其詩文卷數多於刊本，則桂生所删削者，必甚不少。其所删削者，當與端生壻范某之名有關也。范某之案在當時必甚嚴重，以致家屬親友皆隱諱不敢言及，若恐爲所牽累，端生事迹今日不易考知者，其故即由於此也。

陳端生之卒與范某之赦，兩事時間距離甚近，故可依蘭泉作序之年，推測范某遇赦之期，又據范某遇赦之期，更可推測端生逝世之年也。蘭泉紫竹山房集序言「十餘年來殊以爲憾」。蒲褐山房詩話又謂「桂生來京師，始以〔其祖〕全集見示，并乞序言」。則從蘭泉乾隆四十七年壬寅修西湖志於杭州之時算起，歷十餘年，蘭泉與桂生兩人同在京師，即此序作成之時，亦即范某赦免之後，其時上距端生逝世之年，當不甚久，此可依次遞推而得之者也。

王昶春融堂集附嚴榮編述庵先生年譜乾隆五十四年條下略云：

二月二十四日得旨授刑部右侍郎。〔三月〕初五日起程，二十八日抵京。

五十八年條下略云：

四月初一日〔出京回籍修墓。〕十二月初二日〔回京，〕赴宮門，召見，〔乞休，〕上允之，遂以原品休致。

五十九年條下略云：

四月初一日赴通州下船。〔回籍。〕七月二十三日抵家。

六十年條下略云：

十一月十八日〔赴京預千叟宴。〕十二日二十一日抵京。

嘉慶元年條下略云：

三月初一日〔出京。〕三月初五日歸家。

四年條下略云：

正月太上皇帝升遐。入都。二月二十九日至京。四月二十日〔出京。〕七月抵家。

十一年條下略云：

〔先生病逝，〕時〔六月〕初七日丑時也。

碑傳集叁柒阮元撰王公昶神道碑略云：

〔乾隆〕三十六年温公福代阿公〔桂〕，移師四川，辦金川事，奉旨授吏部主事，從温公西路軍進討，温公屬公作檄，斥僧克桑罪，遂克斑爛山，進攻日耳寨。阿公奉詔由北路進兵，兼督南路。公復從阿公軍克小金川。僧克桑遁。澤旺降。進討大金川。三十八年夏温公兵潰木果木，阿公亦退兵至翁古爾壟，冬大兵復進，小金川平。復從討大金川。四十一年三路兵合，索諾木等率衆投罪。於是兩金川地悉平。凱旋之日賜宴紫光閣，陞鴻臚寺卿。四十五年秋丁母憂，服除，補直隸按察使。五十一年授雲南布政使。五十三年調江西布政使。五十四年擢刑部右侍郎。

五十八年乞歸修墓，冬還京，以病乞休。嘉慶元年以授受大典至京，與千叟宴。四年純皇帝升遐，復至京，謁梓宮，夏歸清浦。十一年年八十有三，〔六月〕初七日卒。

耆獻類徵壹玖柒陳桂生傳略云：

陳桂生浙江錢塘人。由優貢生考取教習，期滿引見，以知縣用。嘉慶元年三月揀發湖北。四年題署大冶縣知縣。六年六月實授，九月陞安陸府同知。八年陞安陸府知府，九年丁母憂。十三年五月補荆州知府，十二月陞荆宜施道。

據上所引，自陳玉敦於乾隆五十三年由雲南返杭州後，王蘭泉共有三時期在北京。第一次爲乾隆五十四年至五十九年。（此期間自五十八年四月出京回籍修墓，至十二月回京，此短時期可以不計。）第二次爲嘉慶元年。（蘭泉於乾隆六十年十二月二十一日抵京，距除夕止數日，故此年可不計。）第三次爲嘉慶四年。

第三次桂生正在湖北任職知縣，甚少機會至北京請蘭泉作序也。

第一次若從蘭泉乾隆四十七年在杭州修西湖志算起，至乾隆五十七年或五十八年或五十九年，已十一、十二、十三年。蘭泉序中「十餘年」之語，自是可通。又桂生既「由優貢生考取教習，期滿引見，以知縣用。嘉慶元年三月揀發湖北」。光緒修清會典事例所載乾隆間制定優監事宜，未甚詳備。今取同書中同治間制定優貢事宜，并參以乾隆間制定拔貢事宜及官學規章等，綜合推計，以考定桂生到京之年月。

清會典事例叁捌伍禮部學校優貢優監事宜略云：

〔乾隆〕二十三年議准。嗣後保題之優生到部時，俟有四五名，本部奏請欽派大臣考試，分別等第進呈。其文理明通者，照例劄監肄業。

同治二年覆准。優貢一途，因無録用之條，多未來京報考。嗣後量爲變通，由各該學政覈實選舉，會同督撫保題，赴部驗到，定期奏考。由閱卷大臣酌量多寡，比較録取。其先後名次仍歸并定擬，由禮部帶領引見。考列一二等者，以知縣教職二項録用。

同書叁捌肆禮部學校拔貢事宜乾隆元年條略云：

覆准。各學政選拔貢生，務秉公考覈。考列一等二等者，九卿會同揀選，由部引見，其中果有卓越之才，自仰邀簡用。其三等者，停其簡選，照例劄監肄業。凡宗學義學教習即於此中考取。三年期滿，以知縣銓用。

同書叁玖肆禮部學校八旗官學乾隆八年條略云：

奏准。官學漢教習，每人給印册二本，該教習將三年内所教學生若干名，并學業功課詳細填注。俟期滿時，一册交新教習收存，照例填注。一册送監臣查覈。如實心訓課，著有成效者，列一等。其訓課勤謹，稍獲成功者，列二等。出具考語繕單引見。一等者可否用爲知縣。

二等或用知縣，或用教職。恭候欽定，仍歸原班銓選。

寅恪案，桂生至遲在乾隆五十七年末，必已到北京。自有於五十七年或五十八年或五十九年請蘭泉作序之可能。然桂生此時既未決定往湖北，似不必請蘭泉作序，藉以求其介紹於湖北疆吏如畢沅輩也。

抑更有可論者，吾人今日觀此等禮部規定之具文，苟證以當時八旗官學之實況，即瞭然於官僚政治，凡所粉飾，多設科條，自矜整飭，不過供干禄求榮者之利用耳。良可嘆也。

第二次爲嘉慶元年，此年距乾隆四十七年蘭泉在杭修西湖志時已及十五年，與蘭泉「十餘年」之語符合，固不待言。其最可注意者，即桂生於嘉慶元年三月以知縣揀發湖北一事。通常之例，揀發之省份，雖出自上命，實則亦可由己身志願，預爲選定。故桂生表面上，以嘉慶元年三月揀發湖北。實際上，在此數月以前，早已預爲往湖北之計矣。但桂生以一候補知縣之資格，分發湖北，若無高級長官之知賞，恐將久滯宦途。依昔日社會情形，往往請托當時顯要之與疆吏有舊者，爲之介紹推見，桂生出身不過一優貢生耳。雖出自名家，亦工書法，（光緒間修杭州府志壹貳陸人物名臣肆胡琨撰陳桂生傳云：「學二王書，晚益工，政聲多爲書名所掩云。」）然其時句山逝世既久，其祖平日交誼篤摯者多已零落。就當日湖北一省之長官中，其能與桂生之陞沈榮辱發生關係者，爲湖廣總督及湖北巡撫等人而已。兹檢嘉慶元年前後任湖北巡撫及湖廣總督之汪新畢沅傳碑等，節録之於下：

耆獻類徵初編壹捌肆疆臣類叁陸載清國史館汪新傳略云：

汪新浙江仁和人。乾隆二十二年進士，改翰林院庶吉士。二十五年授編修。三十三年陞禮科給事中。三十四年轉户科掌印給事中。三十五年充江南鄉試副考官。五十六年十一月調湖北布政使。六十年五月擢安徽巡撫，時楚省賊匪滋事，經惠齡以留辦軍需奏請。嘉慶元年六月諭曰，汪新在湖北督理軍需，已爲熟諳，著即調補湖北巡撫。三年四月卒於軍營。

同書同卷張雲璈撰汪公墓志銘云：

公姓汪氏，諱新，字又新，號芍陂。

紫竹山房文集玖女史方芷齋詩集序略云：

老友方君滌齋（寅恪案，滌齋名宜照，錢塘人。）予未弱冠時同研席。有女曰芳佩，字芷齋，好學工詩。滌齋偕嫂夫人率女隨其夫汪編修又新任抵京。芷齋見過，致拜床下。

王昶春融堂集伍貳畢公沅神道碑（參碑傳集柒叁）略云：

公名沅，字纕蘅，一字秋帆。曾祖諱祖泰，由休寧遷太倉，嗣太倉分縣鎮洋，遂爲縣人。乾隆十八年順天鄉試中式。又二年補内閣中書，直軍機處。二十五年成進士，以一甲第一人及第，授翰林院修撰。三十六年奉旨授陝西按察使。三十八年十二月授陝西巡撫。三十九年十二月丁張太夫人憂回籍。明年十月陝西巡撫員缺，奉旨著前往署理。五十年正月進京陛見，調河南巡撫，奉旨授湖廣總督，兼署湖北巡撫。五十九年降補山東巡撫。六十年正月仍授湖廣總督，即赴新任，二月奉旨令駐荆常適中之地。嘉慶元年湖北賊起，詭稱白蓮教，公赴枝江，調兵搜勦。明年公遵旨留駐辰州，七月初三日卒於官舍，年六十有八。夫昶與公鄉試同年，同直軍機處，又爲西安按察使，知公行事爲詳，庸敢掇其關於軍國之大者，勒諸貞石，以示後世。

寅恪案，桂生家本與汪新家交好。其祖兆嵛與新之夫人家交誼尤篤。兆嵛於乾隆三十五年夏秋間嘗借寓汪氏在京住宅，桂生當亦隨其父祖居此。（詳見下文論端生撰再生緣節中。）故桂生宦游湖北，汪新必不至略不照拂。然汪新已於乾隆六十年五月受命巡撫安徽，雖經惠齡奏請留辦軍需，未曾離省，然直至嘉慶元年六月，方始正式改授湖北巡撫。當桂生在乾隆六十年末或嘉慶元年春初，預備以知縣揀發湖北之時，汪新之去留尚不能預料。此事在桂生心中，汪氏雖可依恃，而不甚確定者也。故此時桂生若往湖北，捨巡撫外，則最有關係者，莫過於湖廣總督矣。當日任湖廣總督者爲畢沅。秋帆乃乾隆朝宏奬風流之封疆大吏，亦嘗與陳句山有一日之雅，（見紫竹山房詩集壹貳送畢秋帆殿撰沅赴鞏秦階三路觀察任詩。）然句山與秋帆之關係，遠不及其與芷齋芍陂之密切，而桂生與秋帆又年位懸隔，當無深厚之交誼。職此之故，桂生當日在京求一與秋帆關係密切之人爲之介紹者，實捨蘭泉莫屬。觀蘭泉所撰秋帆碑文中，蘭泉自述其與秋帆之關係，明顯如此。蓋兩人同隸江蘇，同年鄉舉，同任軍機處章京，又同任陝西外職，歷年頗久，平時交好，最爲親密。（文酒之會如湖海詩傳貳貳畢沅詩選載「集聽雨篷小飲」詩，可見一例。）秋帆身後，其子孫以隧道之文屬之蘭泉者，非無因也。由是言之，桂生之請蘭泉序其祖之詩文集，表面視之，雖頗平常。然察其內容，恐不甚簡單。後來汪畢雖逝，而桂生卒由湖北守宰，致位通顯，則此一序甚有關係。通習古今世變之君子，不得不於此深爲嘆息者也。然則蘭泉於嘉慶元年二月即出都，其在京時間雖似短促，此時桂生既定計往湖北，實有請蘭泉作序之必要。故鄙意嘉慶元年爲蘭泉作序最可能之年，而是年之前，端生已卒，范某已歸，從可知矣。

桂生請蘭泉作序之年，當以嘉慶元年爲最可能，已如上所論。但范某赦歸之年，即端生逝世相近之年，則似距嘉慶元年較前，而與乾隆五十五年甚近。何以言之，范某非遇赦不能歸。依下文所引清高宗實録，范某乃以乾隆四十五年順天鄉試科場案獲罪遣戍，自此年以後至嘉慶元年，清室共有高宗八旬萬壽及內禪授受兩大慶典，范某皆可援此等慶典邀赦得歸。據清實録高宗實録壹叁肆陸略云：

> 乾隆五十五年正月壬午朔以八旬萬壽，頒詔天下。詔曰，各省現犯軍流以下人犯，俱著減等發落。其在配軍流人犯，已過十年，安分守法，別無過犯者，著各省督撫，分別咨部查

照向例覈議，奏請省釋。

則范某若以犯罪之年算起，亦可云已過十年。若以到遣所之地算起，則似尚有問題。然依通常之例揣測，當可從寬援引此恩詔赦歸也。但據詔文，仍須咨部覈議及奏請省釋等手續觀之，則范某因公文往復，程途遥遠及經費籌措等問題，其歸家，早則在乾隆五十五年下半年，遲則在五十六年上半年也。據陳文述云：「婿遇赦歸，未至家，而□□死。」儻使范某果援此八旬萬壽慶典赦歸，則端生之死當在乾隆五十五年或五十六年也。

若范某不能援引乾隆五十五年八旬萬壽慶典赦歸，則必可援引嘉慶元年内禪授受慶典赦歸。何以言之？據清實録仁宗實録壹所載嘉慶元年正月戊申朔太上皇傳位慶典恩赦詔書略云：

各省軍流人犯，查明到配三年，實在安静守法，及年逾七十者，釋放回籍。

則此次赦罪之規定，較乾隆五十五年高宗八旬萬壽慶典赦罪之規定，大爲寛簡。范某即使不能於乾隆五十五年下半年或五十六年上半年，援八旬萬壽慶典恩赦獲歸，則必可於嘉慶元年邀授受慶典恩赦獲歸。此所以決定端生之年壽，不能超過嘉慶元年之理由也。據其祖句山紫竹山房文集壹伍冢婦行略略云：

〔乾隆〕庚午（十五年）秋玉萬與次兒玉敦忝與鄉薦。明年（乾隆十六年辛未）正月長孫女端兒生，次子婦出也。

是端生生於乾隆十六年，下推至蘭泉作序第一可能之年，即乾隆五十七、八、九年，則端生之壽不能超過四十四歲。若范某援乾隆五十五年清高宗八旬萬壽慶典赦歸，則端生之壽當爲四十歲或四十一歲。鄙意此期限之可能性最大也。若自乾隆十六年即端生生年下推至蘭泉作序第二可能之年，即嘉慶元年，則端生之壽，不能超過四十六歲。鄙意端生之逝世，似不應遲至此年，而以在此前四五年爲最合事理也。又據上引陳長生輓戴佩荃詩「説與圖中織素人」一句，知乾隆五十四年秋間佩荃逝世時，端生猶在人間，其年爲三十九歲。則端生年壽不能少於四十歲。又如上述，端生之逝世，必在嘉慶元年以前，即四十六歲以前。則端生之年壽，無論如何，至少爲四十歲，至多不能超過四十五歲。總以四十歲或四十一歲爲最可能也。自昔才人多爲短命，端生雖不至上壽，然猶及中年，未可謂甚不幸也。

桂生請蘭泉作其祖詩文集序時，端生已死，范某已歸，自不待論。至玉敦是否健存，今雖不能確知，但據紫竹山房詩文集首所載之顧光撰陳兆崙墓志銘，知乾隆四十六年十一月兆崙葬時，玉萬已卒，玉敦猶存。又據同集首所載之郭麐撰兆崙神道碑文，（此文作成之時距兆崙之葬爲二十三年。）止言兆崙孫春生桂生等，而不及玉敦，則此時玉敦必先卒無疑矣。假使桂生請蘭泉作序時，玉敦尚健在者，范某之案既得解除，玉敦亦不必如前此之不肯以其父之詩文集示人及刊行也。又前已論及桂生當日請蘭泉作其祖集序時，其持示蘭泉之稿本，卷數較刊本爲多。桂生所以删削之故，雖不敢確言，但必因端生婿范某之關係無疑。桂生既大加删削，則此集之刊佈，縱使玉敦尚在，亦可不反對。或者桂生請作序時，玉敦已卒，而桂生更加删削者，豈由長生及其他親友尚有不滿意者在耶？春融堂集本所載序文亦不同於蘭泉當日交付桂生之原稿者，殆以中多語病，致招陳氏親友之非議，遂亦不得不重改定耶？

長生寄外詩云：「縱教裘敝黄金盡，敢道君來不下機。」自命不作蘇秦之婦。觀其於織素圖感傷惓戀，不忘懷端生者如此，可謂非以勢利居心，言行相符者矣。嗚呼！常人在憂患顛沛之中，往往四海無依，六親不認，而繪影閣主人於茫茫天壤間，得此一妹，亦可稍慰歟？

文述於西泠閨咏壹伍繪影閣咏家□□詩序中言端生婿范某乃諸生，以科場事爲人牽累謫戍。又於頤道堂外集陸（碧城仙館詩鈔玖）題繪聲閣集四律第一首詩中文述自注亦言「端生適范氏，婿以累謫戍」。則欲考范某一案，必於乾隆朝鄉試科場案中求之，因范某爲諸生，不能關涉會試也。乾隆紀元凡六十年，舉行鄉試次數頗多，其與此案有關者，必在四十七年以前，三十九年以後，所以决定此後前兩時限者，實有特殊人事之關係。觀乾隆四十七年王昶在杭州修西湖志時，陳玉敦不肯以其父之詩文集示蘭泉，即知范某之案必已發生於此年以前，此後一時限定於乾隆四十七年之理由也。所以知此案必在乾隆三十九年以後者，即因端生於再生緣第壹柒卷首節云「錦瑟喜同新好合，明珠早向掌中懸」及「未酬夫子情難已，强撫雙兒志自堅」。則是端生結婚後一年即産一女，隔數年，又産一兒。其間或雖産兒而不育，要之，必有數年之間隔，否則不得用「早」字也。關於此點又須推測端生適范某之年月。端生於再生緣第壹柒卷中自言「庚寅失恃新秋月」，是其母汪氏卒於乾隆三十五年七月，而其父玉敦正在山東登州府同知任内也。又言「辛丑旋南首夏天」，據紫竹山房詩文集所附年譜，其祖兆崙卒於乾隆三十六年正月二十四日，而其父玉敦丁父憂，解登州府同知之任，其家因此南歸原籍杭州也。端生爲在室未嫁之女，依當時禮律，應服母喪三年，實即二十七個月。故端生於乾隆三十七年十月除母服。又端生應服祖父服朞年，故於乾隆三十七年正月末除祖父服。但其父玉敦之除父喪，以乾隆三十八年有閏三月之故，應在三十八年閏三月末也。依當日社會情況言，錢塘陳氏既爲士大夫禮教之家庭，除其婿范氏一方面有何問題，今難考知，可不計外，則端生結婚之期縱可勉從權變，或得在除其母汪氏服，即乾隆三十七年十月之後，然總以其父玉敦除端生祖兆崙之服，即乾隆三十八年閏三月末之後，方合禮法也。又據紫竹山房文集壹伍冢婦吴氏行略云：

（乾隆）庚午（即乾隆十五年）秋玉萬與次兒玉敦忝與鄉薦。明年（乾隆十六年辛未）正月長孫女端兒生，次子婦出也。

是端生於乾隆三十七年十月除母服時，年已二十二歲，其父玉敦於乾隆三十八年閏三月末，除其父兆崙服時，端生年已二十三歲矣。當時女子通常婚嫁之期，大抵不逾二十歲，端生婚期實已嫌晚，而非更別有不得已之故，不宜再延。故端生適范某之年月，至早在乾隆三十七年冬間，至遲亦不能在乾隆三十八年冬季以後也。若依當日社會風俗推論，要以乾隆三十八年玉敦除其父喪後，端生始適人，於禮法及情勢爲最妥便。職此之故，鄙意假定乾隆三十八年夏季至冬季的時間爲端生適范某之年月，雖不能中亦不遠矣。若端生於乾隆三十八年結婚，三十九年産一女，此後數年間復産一兒，則范某之案不能發生於三十九年以前，此前一時限定於乾隆三十九年之理由也。

今考清代史乘，乾隆三十九年後，四十七年前，共有四十二年丁酉，四十四年己亥，四十五年庚子三次鄉試，而四十五年恩科順天鄉試適發生科場舞弊之案。此案清高宗實録乾隆四十五年八月及九月凡有五次記載，（其第一次可參清會典事例叁肆壹禮部伍貳貢舉整肅場規壹乾隆四十五年諭。）其文頗繁，兹僅節録其最有關者，并附論釋於下。憶二十餘年前整理明清内閣大庫檔案，編輯明清史料，見乾隆朝三法司檔案甚多。當時未能詳檢，不知其中是否有與此案有關之文件。今此項檔案盧溝橋事變後已不在原處，暫不能查閲。又故宫博物院清軍機處奏鈔上諭檔中復有關於此案之文件，據司其事者雲云：「此項材料南運未返。」則其與清高宗實録詳略同异如何，亦無從比較也。

清實録高宗實録壹壹壹叁略云：

〔乾隆四十五年九月〕甲申又諭曰：刑部審訊鄉場傳遞文字之謄録陳七等一案，將陳七擬絞監候，其代倩作弊之恒泰春泰范荄陶雲鶴發往烏魯木齊，不能禁約子弟之勒善陶淑交部嚴加議處等語。此案科場傳遞積弊聞之已久，但總未經發覺，姑未深究。今陳七等既經拏獲，若不力爲整頓，使之懲儆，則舞弊營私，將何底止。此案陳七一犯，包攬得贓，藐法無忌，實爲罪魁，問擬絞候，自屬法無可貸。恒泰春泰著削去旗籍，與范荄陶雲鶴一并發往伊犁，給種地兵丁爲奴。其勒善陶淑均即著革職，以爲科場舞弊玩法者戒。

同書高宗實録壹壹壹肆略云：

〔乾隆四十五年九月〕丁亥諭：鄉試爲掄才大典，欲拔真才，先清弊竇。本年順天鄉試，經搜檢王大臣奏，拏獲懷挾傳遞及頂名代倩，不一而足。各犯已交部從重辦理，用昭炯戒。順天科場，特派王大臣等，於磚門龍門逐次嚴查，尚有此等弊竇。何況外省稽察搜查，斷不能如京師之嚴密。該巡撫等職任監臨，摘弊防奸，是其專責。乃歷年披閲各該撫奏摺，惟今年富綱（寅恪案，清史稿貳佰捌疆臣年表陸各省巡撫表載乾隆四十五年富綱任福建巡撫。）奏稱，先於場前訪查積習，出示禁諭，并增築夾墻，另開更道，於擡運人夫，逐加搜檢，印用號戳，并不假手吏胥等語。辦理較屬認真，此外則均以三場無弊一奏塞責，并未見有查出懷挾傳遞頂冒之事。豈作奸犯科者，惟順天有之，而各省竟俱弊絶風清如此乎？實因各撫臣模稜市譽，不肯認真任怨耳。夫取怨於作奸犯科之人，亦何妨乎？嗣後各省巡撫，凡遇大比之期，必須實力稽察，慎密防閒，如有前項弊端，即當立時查獲，嚴加究治，從重覈辦，務令闈中積弊肅清，士子懷刑自愛，庶足以甄別人材，振興士習。將此通諭知之，并令於每科引此旨覆奏，著爲例。

寅恪案，端生之婿范某是否即范菼，今難確定。然乾隆三十九年以後，四十七年以前，三次鄉試科場中，惟此次發生作弊之案。據高宗諭中「歷年披閱各該撫奏摺」之語，則是至少此年以前數年，未有作弊案發生，更可推知。此案中之范菼乃由陳七口供牽累，既與陳文述所言者相合，又其罪爲發往伊犁，亦與端生婿之事相符。今未發見明確之反證，不得不暫假定范菼即端生之婿范某也。綜觀高宗屢次御旨，知其意在嚴懲窮究，廣肆株連，并通諭全國，凡遇科試之期，負監臨之責者，須引此旨覆奏，永爲定例。則此案性質嚴重，一至於是。當日陳氏親友惴惴畏避，若恐被其牽累，遂不敢略一涉及端生者，非無因也。

復次，清代江浙士人因長洲韓元少掇高科享盛名之故，往往喜用其名，以「菼」爲名。「菼」既是單名，「范」亦非僻姓，則乾隆之時，江浙地域同稱「范菼」者，當不止一人。今翻檢當時史料，發現有一「范菼」者，其人乃陳兆崙交友范璨之子。（見紫竹山房詩集叁書榜自注，同書捌呈范侍郎奠文燦前輩即送歸禾中二首自注及文集捌湖北鄉試録序又陳句山先生年譜乾隆六年辛酉條。寅恪案，范氏之名及字，今所見諸種材料，往往不同。其名當以作「璨」爲是，蓋清高宗實録壹叁貳乾隆五年十二月戊戌條及同書壹捌柒乾隆八年三月庚午條，清史稿拾高宗本紀壹同年月日條，清朝進士題名碑雍正二年甲辰科姚璨條，清國史館范璨傳，陸燿范公神道碑等，皆作「璨」也。惟清史稿貳佰捌疆臣年表作「燦」，與本書高宗紀自相違反，殆吴廷燮撰表時未詳察耳。紫竹山房詩文集及所附年譜引范氏之名共有三處，僅文集捌作「璨」，餘二處均作「燦」。至范氏之字，諸材料均作「電文」，而紫竹山房詩文集及所附年譜則俱作「奠文」，不似誤寫，未知何故，殊可注意。他若諸地方志於范氏之名往往或作「璨」，或作「燦」，以其取材不同所致，可不深論。）然其可能性固大，可疑之點亦多。兹略引史料稍辨釋如下：

貳陸燿撰范公璨神道碑）略云：

陸燿切問齋集拾資政大夫工部侍郎范公神道碑（參王昶湖海文傳伍拾陸燿文選及碑傳集叁

乾隆辛巳之歲，恭逢聖母皇太后七旬萬壽，上命文武廷臣及予告在籍年七十以上者各九人，賜游香山，製九老詩以寵之，時則資政大夫工部侍郎松巖范公與焉。蓋公自丙寅蒙恩致仕，至是以慶典來朝，獲厠耆英之會，朝論榮之。越六年丙戌十二月，有司以公卒聞，諭祭如例。以某年月日葬公於木瀆之阡。公諱璨，字電文，一字約軒，其曰松巖者，以上賜「松巖樂志」額，因以爲號也。系出宋文正公長子監簿公純佑之後，公登康熙癸巳鄉薦，雍正甲辰進士，改庶吉士。〔後〕巡撫湖北安徽。入爲都察院副都御史，工部侍郎。旋以兩親尚在淺土，特疏請，遂得蒙恩卜葬，并許歸田。居平益以盛滿爲戒，潔清之操，晚節彌勵，菜羹蔬食，不异貧寒。公既貴顯，讓宅於從父兄弟，而自卜居於吴興之南潯。其卒之年距生於康熙庚申，享年八十有七。配孫夫人。子二人，儀薰，國子監生，荻，貢生，皆先公卒。孫三人，墀、城、塏，皆國子監生。女二人，孫女二人，皆適士族。曾孫男女十四人。予於公爲鄉後學，墀又姻也。（寅恪案，爾雅釋親云「婿之父爲姻」。然則燿之女適墀之子也。）以公隧道之文來請，因叙其世次歷官行誼，而系以銘。

李桓耆獻類徵初編柒陸卿貳類叁陸載清國史館范璨傳略云：

范璨浙江秀水人。雍正二年進士，改翰林院庶吉士。〔乾隆〕五年遷湖北巡撫。八年三月調安徽巡撫。九年六月召還京，九月授都察院左副都御史。十年五月遷工部左侍郎。十一年請假回籍，尋以年老休致。三十二年卒。（寅恪案，璨實以乾隆三十一年十二月卒。李桓耆獻類徵此卷出自清國史館列傳原本，蓋官書所記，乃從賜祭葬之年耳。）尋賜祭葬。

范來庚南潯鎮志貳建置志居第門載：

九老第。（原注：在東栅大街。范司空璨致仕所居。欽賜「香山九老」，故名。）樂志第。（原注：在東栅皇御河。少司空松巖公子貢生范荻所居。御書「松巖樂志」匾，故名。寅恪案，此語大可注意，似范璨卒後其子菼猶居此第也。可參下文論范菼先其父卒節。）

光緒七年修烏程縣志貳叁寓賢略云：

范璨字電文，號約軒，晚號松巖。榜姓姚。（寅恪案，清朝進士題名碑雍正二年甲辰科載：「二甲三十五名姚璨，浙江秀水縣。」）世家吴江之麻源九曲里。秀水籍。既貴顯，讓宅於從父兄弟，而移家烏程之南潯，其居在東柵大街者，曰九老第，復構樂志堂於皇御河西，恭奉御書「松巖樂志」匾額。三十一年卒，年八十七，賜祭葬。著有樂志堂集、露清篇。（蘇州府志、南潯志、切問齋集范公神道碑。）

寅恪案，陳兆崙與范璨既同朝雅故，復同鄉里，門户匹對。范氏爲秀水人，與端生外祖汪上堉同縣，其家又寓烏程之南潯鎮，與端生妹長生夫家葉氏同居湖洲。據端生再生緣第壹柒卷首節「更忻夫婿是儒冠」之語，復與貢生之資格相符及鄉試科場有關，則范菼即陳端生之夫范某，其可能性甚大。但范璨既卒於乾隆三十一年末，而端生之適人，如上文所推論，當在乾隆三十八年，其時璨子菼已先璨卒，此可疑之點一也。又乾隆四十五年順天鄉試一案，范菼始獲罪遣戍，時間又更在三十一年范璨卒年之後，此可疑之點二也。説者或謂陸燿碑文菼已「先公卒」之語，蓋有所避忌而改易，此固可通，然再生緣第壹柒卷首節端生自言「幸賴翁姑憐弱質」，則端生適范某之初，其翁仍健存，而范璨已卒於乾隆三十一年末，此時端生尚在閨中，斯豈可通耶？若欲勉强認定范璨之子菼即是端生之夫，則必須有兩項假設。（一）陸燿「子二人，儀薰、菼，皆先公卒」之語，乃是諱改。考陸郎夫卒於乾隆五十年六月二十三日。（見碑傳集柒叁馮浩撰陸君墓志銘。）是此碑文作成之年月不能後於此時限。又考郎夫以母陳氏病，於乾隆四十三年十二月乞歸侍疾。四十六年十一月丁母憂。四十七年十二月奉旨往山東辦理運河隄務。（見耆獻類徵壹捌叁清國史館陸燿傳。）揆以通常情事，陸氏撰此碑文當在以母疾乞歸居家時。（陸氏此時實居浙江秀水，而不在江蘇吴江。見馮浩撰陸君墓志銘。又范氏本秀水籍。紫竹山房詩集捌「呈范侍郎奠文燦前輩即送歸禾中」二首。其所謂「禾中」，即指秀水言也。）因范菼之案發生於乾隆四十五年秋季，上距陸氏之丁母憂，其間尚有一年餘之久，可以受范璨孫墀之請，作此碑文。若陸氏自丁母憂至往山東時，雖亦有一年餘之久，但在母喪中，恐不便受范氏之請，撰此碑文。又今陸氏所撰切問齋集，雖不編年月，而此碑文之後即接以「保德州知州錢之青墓碣」。此碣文乃燿任湖南巡撫時所作。（耆獻類徵壹捌叁清國史館陸燿本傳略云：「〔乾隆〕四十九年七月擢湖南巡撫。五十年六月卒。」）以篇章排列次序先後言之，則此碑文作成之時，下距郎夫之卒甚近。其在乾隆四十五年范菼案發生之後，更可推知。然則碑文之諱改，自是可能之事也。又依常例言，神道碑文之作自當在已有墓志銘之後。今檢清代載籍，關於范璨身後之文，唯見陸燿所撰神道碑一篇，而未發見有墓志銘。豈范松巖實曾有墓志銘，乃其太親翁陳句山所撰，後爲陳桂生所删削，遂致不傳耶？姑記此疑，更俟詳考。（二一）范菼既非璨之長子，自有出繼之可能。如陳兆崙以其次子玉敦出繼其弟兆嵋之事，即可爲證。（見紫竹山房文集壹伍仲弟眉山行略。）果爾，則端生書中所謂之「翁」，乃菼出繼之父，亦即璨之弟也。然歟？否歟？非所敢確言也。

至於范璨神道碑文撰者陸燿，其與陳端生父玉敦之關係，亦有可述者。燿與玉敦同於乾隆十九年以舉人考授内閣中書。燿又於「(乾隆)三十五年八月選雲南大理府知府，以親老改補近省，十二月調山東登州府知府。三十六年調濟南府知府」。（見耆獻類徵壹捌叁清國史館陸燿傳及紫竹山房集附載陳句山先生年譜乾隆十九年甲戌條。）則燿亦與玉敦同時同官山東登州。但史文簡略，不知燿是否未到登州，即改調濟南耳。若燿果一莅登州者，則玉敦雖於乾隆三十六年正月丁父憂，然端生實於此年四月始返杭州。（再生緣第壹柒卷第陸伍回首節「辛卯旋南首夏天」。）則燿之家庭如亦同在登州者，或尚可與端生相見。燿本爲吴江人，吴江乃范璨原籍，即上引燿撰碑文中所謂「予於公爲鄉後學」者。燿於范墀爲姻親，雖不知始於何時，但陸范兩家當早有交誼，而燿又與陳氏友好，豈端生與范菼之婚姻，即由陸氏所介紹耶？此乃大膽之妄測，殊不敢自信者也。

抑更可論者，范璨以乾隆三十一年卒，其年八十七。假定其在六七十歲間生子菼，則端生與荻結婚時，荻年當爲三十餘，而端生如上所論，已二十三歲。以當日社會婚嫁年齡常情推之，荻當是繼娶無疑。璨有孫三人，孫女二人，不知其中孰是端生所生者，今亦不可考知矣。總而言之，未見陳范兩氏家譜以前，端生夫婿問題實一懸案，不能滿意解決也。（寅恪初疑陳端生之夫范某爲乾隆時因收藏顧亭林集獲罪，議遣戍，而被赦免之范起鳳。後又疑爲乾隆間才女陳雲貞之夫，以罪遣戍伊犁之范秋塘。搜索研討，終知非是。然以此耗去日力不少，甚可嘆，亦可笑也。）

至於乾隆四十五年順天鄉試科場一案，其中獲罪諸人，除范荻以外，亦略有可論者。此案主犯陳七必有真實之名，當時諭旨及刑部奏疏僅稱「陳七」者，蓋承辦此案之法官不欲多所牽連，故遂隱去其真名，而徑以排行之稱謂著之公牘耳。陳七之名今既無可考，兹可不論。若恒泰春泰二人自是兄弟。高宗諭旨既言「削去旗籍」，又特改部議發往烏魯木齊爲發往伊犁，則此二人當是與烏魯木齊有關之旗人無疑。勒善以不能禁約恒泰春泰二人革職，則其人必是恒泰春泰之家長。據此諸端推論，今於清代史料中，發現一勒福，頗合上列條件。然仍有疑義，尚待詳考。兹姑引史料，略辨釋之於下：

耆獻類徵初篇叁貳貳將帥類陸貳載清國史館勒福傳略云：

勒福初名勒善。哩那氏，蒙古鑲藍旗人，吐魯番駐防。由委前鋒校於乾隆五十八年派赴葉爾羌戍守一次。〔道光〕十五年二次俸滿，經烏魯木齊都統長清保薦，由兵部帶領引見，得旨：

「勒善著更名勒福。」二十年以年力就衰，命原品休致。二十三年卒。子祥泰驍騎校。

寅恪案，勒福本名勒善。清宣宗何以特改其原名，今不能詳知。然其原名必有所避忌，自無可疑。其人既屬吐魯番駐防，又經烏魯木齊都統長清保薦，似恒泰春泰之由發往烏魯木齊改爲發往伊犁者，其理由或即在此。雖然，此勒福是否即乾隆四十五年順天鄉試科場案中之勒善，尚難斷定。因傳言勒福於道光二十年，以年力就衰致仕。則此時其年齡必已老邁，可以決言。若上推至乾隆四十五年，其間距離已有六十年之久，故乾隆四十五年順天鄉試科場案之時，其人之年齡至多亦當爲二十歲上下，其所生之二子，至多亦不過數歲。縱此二子俱爲「小時了了」之神童，然順天鄉試非神童特科，如此幼小年齡絶不能入闈應試。由是言之，恒泰春泰必非勒福之子可知。但此勒福之子，其名爲祥泰。以「泰」字爲名，明是與恒泰春泰爲兄弟排行。否則天下恐無如此巧合之事也。頗疑恒泰春泰乃勒福之姪，而非其子。諭旨中所謂不能「禁約子弟」者，乃泛指家長而言，非謂恒泰春泰即其子或弟也。陶雲鶴今無可考。惟有陶淑者，據清朝進士題名碑，乾隆二十二年丁丑科二甲二十九名爲陶淑。其人乃江西南城縣籍，雖名列等次頗高，然未入翰林館選，（參光緒修江西通志叁貳及叁肆選舉表及光緒補道光修建昌府志柒之肆選舉表，并南城縣志柒之貳。）以州縣外職終老。此陶淑之仕宦年代甚合陶雲鶴父之條件。但今所見史料殊爲簡略，不易決定此陶淑果是乾隆四十五年順天鄉試科場案中有關之人與否也。

詳檢清代史傳，陶姓淑名者，固不止一人。然時代相當，其他條件亦符合而又不爲女性者，實止有江西南城陶淑一人。茲節録地方志之文，略辨釋之於下。

南城縣志捌之貳宦業陶淑傳（光緒補道光修建昌府志捌人物宦業下，又可參織輔通志壹玖貳宦績拾）略云：

陶淑字作人，號秋山，南城人。乾隆癸酉中式北闈鄉試。丁丑成進士。選授盧龍令。遷臨榆。調衡水。陞保安知州。以事詿誤。補棗强令。内艱服闋。補陝西麟游令。前後服官四十餘年。性耽吟咏，公暇與僚屬相倡和，不以宦游偃蹇介意也。著有秋山詩集。（參光緒修江西通志壹壹壹藝文略集部伍别集。又南城縣志玖之陸藝文中載陶淑姑山吟七古一首。）

寅恪案，陶淑傳中言其任保安州知州時「以事詿誤」，而不明言其爲何事。但據乾隆修衡水縣志首載陶淑序（此序所署年時爲乾隆三十二年丁亥季秋）云：

淑既受命衡水之五年，乃克纂輯縣志，勒成一書。

道光修保安州志伍職官表知州載：

陶淑。（字秋山。江西南城。進士。重修州城。乾隆三十九年任。）

范清潨。（監生。署。）

李能聰。（廣東四會縣。貢生。乾隆四十五年任。）

嘉慶修棗强縣志伍職官表知縣乾隆四十九年任者凡四人：

范安仁。（署任。四川成都人。拔貢。）

陶淑。（江西南城人。丁丑進士。）

黄應隆。（署任。湖南寧鄉人。副榜。）

蒯祖炳。（江蘇吴江人。監生。）

可知陶淑任保安州知州「以事詿誤」，當在乾隆四十五年。既在四十五年，則是陶雲鶴之父，又可確定矣。總而言之，此科場案發往伊犁罪犯四人中，恒泰春泰本是駐防烏魯木齊之蒙古族，當不工於代古聖立言之八股文及頌今聖作結之試帖詩。（如戚本石頭記第壹捌回「慶元宵賈元春歸省，助情人林黛玉傳詩」中林黛玉代倩作弊，爲其情人賈寶玉所作「杏簾在望」五律詩，其結語云「盛世無飢餒，何須耕織忙」，及第伍拾回「蘆雪庵争聯即景詩，暖香塢雅製春燈謎」中李紋李綺所聯「即景聯句」五言排律詩，其結語云「欲志今朝樂，憑詩祝舜堯」等即是其例。又悼紅軒主人極力摹寫瀟湘妃子，高逸邁俗，鄙視科舉，而一時失檢，使之賦此腐句，頌聖終篇。若取與燕北閒人兒女英雄傳第叁拾回「開菊宴雙美激新郎，聆蘭言一心攻舊業」中渴慕金花瓊林宴及誥封夫人，而行酒令之十三妹比觀，不禁爲林妹妹放聲一哭也。）陶雲鶴既爲乾隆二十二年丁丑科進士陶淑之子，若范菼之父又爲樂志堂主人，則雲鶴及菼二人俱屬科舉出身之家庭，代倩作弊，頗爲可能。所可注意者，勒善陶淑以恒泰春泰陶雲鶴之故，牽連獲罪，而范菼之父未聞累及，其人必已早死無疑。即使范菼雖已出繼，而此時其繼父當亦亡故。然則范菼爲范璨之子，雖未得確據，但就菼父不被累及一端言之，亦可旁證此案中之范菼，即是烏程縣南潯鎮樂志堂之少主人也。

兹論陳端生生卒年月及其婿范某事迹之可考者已竟，請論端生撰再生緣之年月及地點如下。

再生緣第壹卷第壹回云：

閨幃無事小窗前，秋夜初寒轉未眠。燈影斜遥書案側，雨聲頻滴曲欄邊。閒拈新思難成句，略撿微詞可作篇。今夜安閒權自適，聊將彩筆寫良緣。

寅恪案，以上爲端生自述其初撰再生緣之年月也。然未明言是何年，又止言「秋夜初寒」，亦不注明何月。據此書第玖卷第叁叁回云：

五月之中一卷收，因多他事便遲留。停毫一月工夫廢，又值隨親作遠游。家父近將司馬任，束裝迢遞下登州。

是從端生父玉敦赴山東登州府同知任期，逆數至前一年，即再生緣開始寫作之年也。據端生祖兆崙紫竹山房詩文集附陳玉繩所撰句山先生年譜云：

〔乾隆〕三十四年八月，先生次子玉敦以中書改官山東登州府同知。

然則乾隆三十四年前一年即三十三年，乃再生緣開始寫作之年也。開始寫作之年既定，開始寫作之月爲何月乎？據再生緣第貳卷第伍回首節略云：

仲冬天氣已嚴寒，獵獵西風萬木殘。短晝不堪勤綉作，仍爲相續再生緣。

是第貳卷開始寫於乾隆三十三年仲冬十一月。但第壹卷第肆回末節云：

書中雖是清和月，世上須知歲暮天。臨窗愛趁朝陽暖，握管愁當夜氣寒。

所謂「歲暮」者，實指冬季或即孟冬十月。否則第貳卷明言開始寫作於仲冬十一月，「晝短」即包含冬至之月，其前一卷絕無寫於「歲暮」十二月之理也。故「歲暮」二字，不可拘泥誤會。既是孟冬十月寫成第壹卷，則第壹卷首節所謂「秋夜初寒」者，殆指季秋九月而言。據句山先生年譜乾隆三十三年戊子條下略云：

先生以先世兆域未卜，九月命長子（玉萬）隨侍周夫人率眷屬南還。次子（玉敦）官中書，六年俸滿，奉旨記名外用，留京供職。

可知乾隆三十三年九月間，端生之祖母周氏及伯父或伯父之妾林氏等（玉萬有妾林氏，即安生春生桂生之母。見紫竹山房文集壹伍冢婦吴氏行略及壹捌先府君（暨）先妣沈太夫人合葬墓志。）皆已回杭州。京寓中人少事簡，而端生以長孫女之資格，平日所應擔負之家務亦因之稍減，可以從事著作。其自謂「閨幃無事」乃是實情，故可推定再生緣開始寫作於乾隆三十三年九月也。

開始寫作年月既定，開始寫作地點爲何處乎？復據句山先生年譜乾隆三十四年己丑條下略云：

正月二十二日出京。

又乾隆三十五年庚寅條下略云：

五月假滿赴闕，時長子（玉萬）亦謁選，隨侍入京。是月（八月）長子（玉萬）選授山東濟陽縣知縣。先生初至京，借寓汪芍坡給諫（新）宅。九月杪移歸外廊營舊宅。

可知陳兆崙全家本居北京外廊營舊宅。乾隆三十三年九月，端生伯父隨侍端生祖母率眷屬先回杭州。三十四年正月，端生祖父又返原籍。同年秋間，端生父玉敦一房赴任登州。至三十五年五月兆崙率玉萬等返京之後，不徑回外廊營舊宅，而借寓汪芍坡（新）宅者，當由此時汪氏以户科給事中充江南鄉試副考官，故兆崙等得於是年夏秋時間借寓汪宅。至於陳汪兩家之關係，則汪芍坡與兆崙同是杭州人，其夫人方芷齋（芳佩）之父滁山（宜照）又爲兆崙丱角舊友，觀紫竹山房詩集壹拾方滁山爲婿汪編修（新）迎至邸寓七律，可以推見也。然則兆崙於乾隆三十五年九月遷回外廊營舊宅，其子玉萬玉敦兩房皆已往山東，（寅恪以爲玉萬玉敦本爲同胞兄弟，雖據紫竹山房文集壹伍仲弟眉山行略，玉敦曾出繼其胞叔兆嵋，仍是同祖兄弟。但此次兄弟二人，同官山東，據陳句山先生年譜乾隆三十五年庚寅條，後又同官江南，其所以不迴避同省者，蓋由同知及知縣之官秩皆在道府以下，與前引楊芳燦事例不同也。）不復寓外廊營矣。但外廊營舊宅實是再生緣發祥之所，故爲最有價值之地，蓋端生撰再生緣自第壹卷至第捌卷即自乾隆三十三年九月至三十四年五月皆在北京外廊營舊宅。此宅是否即王蘭泉紫竹山房詩文集序中所指之宅，今雖不能確知，但序文中「入其家，衡門兩版，凝塵滿席」之語，恐能適用於兆崙在京所居之諸宅，（兆崙在京所居之宅今可考知者，尚有粉房琉璃街，賈家衚衕，鐵老鸛廟巷，棉花衚衕，虎坊橋等地。可參光緒修順天府志京師志壹肆坊巷下。）其皆非宏麗，可以推知也。端生於再生緣第壹柒卷第陸伍回首節云「追憶閨中幼稚年」及「隔牆紅杏飛晴雪，映榻高槐覆晚烟」，雖似指登州同知官舍而言，然「紅杏高槐」乃北方所常見，本非限於一地，若視作描繪外廊營舊宅之語，則於久客長安，習知城南坊宅情況之人，更覺端生此言，親切有味，亦不必過泥至認爲止可適用於牟子舊邦（再生緣第壹肆卷第伍陸回末節云：「錦綺裝成牟子國。」）景物之描寫也。再生緣第玖卷至第壹陸卷，爲端生自乾隆三十四年八月中秋起至三十五年三月春暮止，在登州同知官舍內所寫。此八卷約經七月之久寫成，雖端生自云「前幾本，雖然筆墨功夫久，這一番，越發芸緗日月遥」，（見再生緣第壹陸卷第陸肆回末節。）其實依端生撰寫第捌卷以前之平均速度計之，并非遲緩。此不過詞人才女感慨撝謙之語，讀者不宜拘執也。或者端生此時早已見及其母汪氏之病漸已增劇，又已身不久亦將于歸，人事無常，俗累益重，所以日夜寫作，猶恐遲緩，其於再生緣第壹柒卷首節所謂「由來蚤覺禪機悟」者，殆亦暗示此意耶？此一段時期爲端生一生最愉快之歲月。再生緣第壹柒卷首節所言「地鄰東海潮來近，人在蓬山快欲仙」，（「蓬山」蓋兼指登州府蓬萊縣。古典今事合爲一詞，端生才華於此可見一斑也。）即端生於乾隆四十九年甲辰續寫再生緣時，追憶此時期生活之語也。茲不詳述此時期每卷寫作之年月，僅移録其第玖卷開始寫作時及第壹陸卷完成時之記載，略加詮釋於下。

再生緣第玖卷第叄叄回首節略云：

家父近將司馬任，束裝迢遞下登州。行船人雜仍無續，起岸匆匆出德州。陸道艱難身轉乏，官程跋涉筆何搜。連朝耽擱出東省，到任之時已仲秋。今日清閒官舍住，新詞九集再重修。

這正是，光陰如駿馬加鞭，人事似落花流水。

轉眼中秋月已殘，金風争似朔風寒。欲著幽情無著處，從容還續再生緣。

又同書第壹陸卷第陸肆回末節略云：

起頭時，芳草綠生纔雨好，收尾時，杏花紅墜已春消。良可嘆，實堪誇。（寅恪案，「誇」疑當作「謝」。）流水光陰暮復朝。別緒閒情收拾去，我且得，（寅恪案，坊間鉛印本「得」作「待」，似更佳。）詞登十七潤新毫。

寅恪案，端生雖是曹雪芹同時之人，但其在乾隆三十五年春暮寫成再生緣第壹陸卷時，必未得見石頭記，自不待言。所可注意者，即端生杏墜春消，光陰水逝之意固原出於玉茗堂之「如花美眷，似水流年」之句，却適與紅樓夢中林黛玉之感傷不期冥會。（戚本石頭記第貳叁回「西廂記妙詞通戲語，牡丹亭艷曲警芳心」之末節。）不過悼紅僅間接想像之文，而端生則直接親歷之語，斯爲殊异之點，故再生緣傷春之詞尤可玩味也。寅恪近有看花送春之作，亦關涉牡丹紅杏者，故附録於此。詩之詞句重複鈎連，固是摹擬繪影閣體。然意淺語拙，自知必爲才女之鬼所鄙笑也。

甲午嶺南春暮憶燕京崇效寺牡丹及青松紅杏卷子有作：

回首燕都掌故花，花開花落隔天涯。天涯不是無歸意，争奈歸期抵死賒。（改宋人詞語。）紅杏青松畫已陳，興亡遺恨尚如新。山河又送春歸去，腸斷看花舊日人。

復次，端生於乾隆三十四年秋，隨父玉敦由北京赴山東登州同知任所，其初一段行程爲舟行，蓋取道運河也。其自言「行船人雜仍無續」，則於第壹柒卷首節所言「歸棹夷猶翻斷簡」者，情形殆不同矣。端生於乾隆三十六年夏間返杭，自是舟行，大約亦由德州乘船，其登州德州一段路程，仍是乘車陸行，與前此自北京赴登州時，由德州登岸乘車者不异。所謂「陸道艱難身轉乏」者，則昔時深閨弱質，（再生緣第壹柒卷首節有「幸賴翁姑憐弱質」之句。）騾車陸行之苦況，有非今日交通便利之時代所能瞭解者矣。又再生緣第壹柒卷首節云「自從憔悴堂萱後，遂使芸緗綵筆捐」及「庚寅失恃新秋月，辛卯南旋首夏天」，則端生之母汪氏自乾隆三十五年暮春以後即病劇，端生因此不能從事寫作，至是年七月其母汪氏病逝，更不能繼續撰著。直至乾隆四十九年甲辰仲春方始續寫第壹柒卷，此端生所謂「悠悠十二年來事，盡在明堂一醉間」者，即由乾隆三十六年辛卯後一年壬辰算起，至乾隆四十八年，實爲十二年。端生所以從壬辰年算起者，因在辛卯年自登州返杭州途中，於再生緣十六卷稿本，猶略有所修改。再生緣第壹柒卷首節謂「歸棹夷猶翻斷簡，深閨閒暇待重編。由來蚤覺禪機悟，可奈于歸俗累牽」，即指此而言。蓋端生以母病劇輟寫，返杭州途中稍加修改，及到杭州後，即爲俗事牽累擱置此稿，直至經過十二年之久，方始續寫也。嗚呼！端生於乾隆三十五年輟寫再生緣時，年僅二十歲耳。以端生之才思敏捷，當日亦自謂可以完成此書，絶無疑義。豈知竟爲人事俗累所牽，遂不得不中輟。雖後來勉强續成一卷，而卒非全璧，遺憾無窮。至若「禪機蚤悟」，俗累終牽，以致暮齒無成，如寅恪今日者，更何足道哉！更何足道哉！此十二年後所續寫者，即今再生緣第壹柒卷，卷中首節及末節端生自述其撰著年月及續寫經過頗詳，上文已移録之矣。

再生緣第壹柒卷第陸伍回首節云「歲次甲辰春二月，芸窗仍寫再生緣」，及第陸捌回末節云「八十張完成一卷，慢慢的，冰弦重撥待來春」，則端生自乾隆四十九年二月至十二月，將近一年之時間，僅成此一卷，與前此寫作此書之速度大不相侔，斯蓋其心身及環境之變遷所致。否則以端生之才華，絶不至如平山冷燕第陸回中宋山人之被才女冷絳雪笑爲「一枝斑管千觔重，半幅花箋百丈長」者也。再生緣第壹柒卷第陸捌回末節云「向陽爲趁三年日，入夜頻挑一盞燈」者，（此句法與第壹卷第肆回末節之「臨窗愛趁朝陽暖，握管愁當夜氣寒」正同，而意境則大异也。）端生自謂前此寫成十六卷，起於乾隆三十三年秋晚，訖於三十五年春暮，首尾三年，晝夜不輟。今則「殊非是，拈毫弄墨舊時心」，其絧繆恩紀，感傷身世之意溢於言表，此豈今日通常讀再生緣之人所能盡喻者哉？今觀第壹柒卷之文字，其風趣不減於前此之十六卷，而淒涼感慨，反似過之。則非「江淹才盡」，乃是「庾信文章老更成」，抑又可知也。（庾信哀江南賦云：「天道周星，物極不反。」蓋子山謂歲星十二年一周天，人事亦當如之。今既不然，可悲甚矣。端生云：「悠悠十二年來事，盡在明堂一醉間。」又云：「歲次甲辰春二月，芸窗重寫再生緣。」自再生緣十六卷寫完，至第壹柒卷續寫，其間已歷十二年之久，天道如此，人事宜然。此端生之所以於第壹柒卷之首，開宗明義即云：「搔首呼天欲問天，問天天道可能還。」古典今情合爲一語，其才思之超越固不可及，而平日於子山之文，深有解會，即此可見。寅恪讀再生緣，自謂頗能識作者之用心，非泛引杜句，以虛詞贊美也。）至其所以未續完此書者，今日不易確言。據陳文述西泠閨咏壹伍繪影閣咏家□□詩序云：「婿不歸，此書無完全之日也。

壻遇赦歸，未至家，而□□死。」陳氏所言此書之不完成，在端生自身之不願意，其說亦似有理。因端生於第壹柒卷首節述其續寫此書，由於親友之囑勸，必使完成「射柳姻緣」。其結語云：「造物不須相忌我，我正是，斷腸人恨不團圓。」則其悲恨之情可以想見，殆有壻不歸，不忍續，亦不能强續之勢也。若不然者，此書不續成之故，在端生之早死，或未死前久已病困，遂不能寫成，抑或第壹柒卷後，雖有續寫之稿，但已散佚不全，今日皆不能考知。依上文所論，端生之卒年，當在戴佩荃之死，（即在乾隆四十三年秋季。）與陳桂生請王昶作紫竹山房集序，（即在嘉慶元年。）前後兩時限之間。若范某援乾隆五十五年高宗八旬萬壽慶典恩赦獲歸，則端生續完再生緣第壹柒卷時已在乾隆四十九年甲辰冬季，至此慶典時，止有五六年之久，假使端生無續寫第壹捌卷之事，或由於病困，亦未可知。若范某援嘉慶元年内禪授受慶典恩赦獲歸，則自乾隆四十九年至此慶典時，已有十一年之久，時間頗長，更無一卷之再續，當非由於病困，可以推知也。儻使端生實已寫第壹柒卷以下之稿，而後來散佚不傳者，則其散佚當在雲南。（假定上文論端生曾隨父往雲南之說不誤。）但乾隆四十三年端生必已隨父由雲南歸浙江。今知第壹柒卷之稿既能流傳於浙江，第壹柒卷以下諸卷之稿轉又散佚，似亦不近情理。綜合諸點推論，陳文述壻不歸，不願續成之說，似甚有根據，不可因此叟平日好作狡獪，遂謂其說亦出虛構也。

兹論陳端生寫作再生緣之經過既竟，請略論再生緣之思想、結構、文詞三點於下：

（一）思想。今人所以不喜讀此書之原因頗多，其最主要者，則以此書思想陳腐，如女扮男裝、中狀元、作宰相等俗濫可厭之情事。然此類情事之描寫，固爲昔日小説彈詞之通病，其可厭自不待言，寅恪往日所以不喜讀此等書者，亦由此故也。年來讀史，於知人論事之旨稍有所得，遂取再生緣之書，與陳端生個人身世之可考見者相參會，鈎索乾隆朝史事之沈隱，玩味再生緣文詞之優美，然後恍然知再生緣實彈詞體中空前之作，而陳端生亦當日無數女性中思想最超越之人也。夫當日一般人所能取得之政治上最高地位爲宰相，社會上最高地位爲狀元，此兩事通常皆由科舉之途徑得之。而科舉則爲男性所專佔之權利。當日女子無論其才學如何卓越，均無與男性競爭之機會，即應試中第，作官當國之可能。此固爲具有才學之女子心中所最不平者，而在端生個人，尤別有更不平之理由也。當清代乾隆之時，特崇奬文學，以籠絡漢族，粉飾太平，乾隆初年博學鴻詞科之考試，即是一例。（此科之發起雖在雍正時，而高宗即位後，繼續於乾隆元年二月諭，給發先期到京應試者膏火銀兩。又於臨試之期，以天氣漸寒，著在保和殿内考試。此皆足表示特重是科之意，其藉文詞科試，以籠絡漢人之用心，亦可窺見矣。）此科試題較康熙十八年博學鴻詞科特難，其得中式者，不過十五人。當時以文章知名之士，如袁簡齋之流，雖預試，而未獲選，其難可以推見也。端生之祖句山，即由此華選，望重當世。端生在幼年之時，本已敏慧，工於吟咏，自不能不特受家庭社會之薰習及反應。其父玉敦、伯父玉萬輩之才學似非卓越。（寅恪未能多見玉敦作品，自不敢確言。然丁申丁丙杭郡詩輯三輯壹拾載有玉敦輓天都汪復齋先生五古一首。觀其詩，仍是紫竹山房之派，與繪影、繪聲姊妹之作才華綿麗者，固區以別矣。）至於其弟安生、春生、桂生等，當時年尚幼稚，（耆獻類徵壹玖柒疆臣肆玖陳桂生傳止載桂生卒於道光二十年，而不言其壽至何歲。但據紫竹山房文集壹伍冢婦吴氏行略所述，玉萬納妾林氏即桂生母事，推計之，則端生於乾隆三十三年初撰再生緣時，桂生之年齡至多不過十歲上下耳。）亦未有所表見，故當日端生心目中，頗疑彼等之才性不如己身及其妹長生。然則陳氏一門之内，句山以下，女之不劣於男，情事昭然，端生處此兩兩相形之環境中，其不平之感，有非他人所能共喻者。職此之故，端生有意無意之中造成一驕傲自尊之觀念。此觀念爲他人所不能堪，在端生亦未嘗不自覺，然固不屑顧及者也。如再生緣第叁卷第玖回云：

已廢女工徒歲月，因隨母性學癡愚。芸窗紙筆知多貴，秘室詞章得久遺。不願付刊經俗眼，惟憐（寅恪案，坊間鉛印本「憐」作「將」，似更佳。）存稿見閨儀。（此節譚正壁中國女性文學史下册第柒章第肆節已論及。）

可見端生當戲寫再生緣時，他人已有不安女子本分之議論。故端生著此一節，以示其不屑顧及之意。「因隨母性學癡愚」之語，殆亦暗示不滿其母汪氏未能脱除流俗之見也。

再生緣一書之主角爲孟麗君，故孟麗君之性格，即端生平日理想所寄托，遂於不自覺中極力描繪，遂成爲己身之對鏡寫真也。

觀再生緣第拾卷第叁玖回述皇甫少華迎娶劉燕玉一節云：

皇甫家忠孝王的府第造於外廊營內，阮京兆大人的私衙却在爛麵胡同。這邊迎親的花轎轉來，正從米市胡同孟家龍圖相國的衙門前經過。

及同書第壹壹卷第肆壹回中，述劉燕玉至孟麗君之父母孟士元韓氏家，拜認爲孟韓之繼女時，士元送燕玉至廳院前，其言曰：

吼！人夫們，轎子擡穩呵！連日晴明雪水流，泥濘一路是車溝。小心仔細休輕忽，外廊營，進口艱難我却愁。

然則皇甫少華家在外廊營，即是孟麗君終身歸宿之夫家在外廊營。據上引陳句山年譜乾隆三十五年條，知陳兆崙亦寓外廊營。端生乾隆三十三年秋間初寫再生緣時，即在外廊營宅也。端生無意中漏出此點，其以孟麗君自比，更可確定證明矣。至端生所以不將孟麗君之家，而將皇甫少華之家置於外廊營者，非僅表示其終身歸宿之微旨，亦故作狡獪，爲此顛倒陰陽之戲筆耳。又觀第壹柒卷第陸柒回中孟麗君違抗皇帝御旨，不肯代爲脱袍；第壹肆卷第伍肆回中孟麗君在皇帝之前，面斥孟士元及韓氏，以致其父母招受責辱；第壹伍卷第伍柒回中孟麗君夫之父皇甫敬欲在麗君前屈膝請行，又親爲麗君挽轎；第捌卷第叁拾回中皇甫敬撩衣向麗君跪拜；第陸卷第貳貳回、第貳叁回、第貳肆回；及第壹伍卷第伍捌回中皇甫少華（即孟麗君之夫）向麗君跪拜諸例，（寅恪案，端生之祖兆崙於雍正十三年乙卯考取內閣中書一等一名，又於乾隆元年丙辰考取博學鴻詞科。至乾隆十七年壬申，副兵部侍郎觀保典順天武鄉試。此科解元顧麟即於是年中式會元狀元，爲武三元。可參紫竹山房文集捌順天武鄉試録後序、壹玖順天武鄉試策問，及陳句山先生年譜有關諸年等條。再生緣中述孟麗君中文狀元，任兵部尚書，考取皇甫少華爲武狀元。豈端生平日習聞其祖門下武三元之美談，遂不覺取此材料，入所撰書，以相影射歟？）則知端生心中於吾國當日奉爲金科玉律之君父夫三綱，皆欲藉此等描寫以摧破之也。端生此等自由及自尊即獨立之思想，在當日及其後百餘年間，俱足驚世駭俗，自爲一般人所非議。故續再生緣之梁德繩於第貳拾卷第捌拾回中，假皇甫敬之口斥孟麗君，謂其「習成驕傲凌夫子，目無姑舅亂胡行」，作筆生花之邱心如於其書第壹卷第壹回中，論孟麗君之失，謂其「竟將那，劬勞天性一時捐」。閱當金殿辭朝際，辱父欺君太覺偏」，可爲例證也。噫！中國當日智識界之女性，大別之，可分爲三類。第一類爲專議中饋酒食之家主婆。第二類爲忙於往來酬酢之交際花。至於第三類，則爲端生心中之孟麗君，即其本身之寫照，亦即杜少陵所謂「世人皆欲殺」者。前此二類滔滔皆是，而第三類恐止端生一人或極少數人而已。抱如是之理想，生若彼之時代，其遭逢困阨，聲名湮没，又何足异哉！又何足异哉！至於神靈怪誕之説，地理歷史之誤，本爲吾國小説通病，再生緣一書，亦不能免。然自通識者觀之，此等瑕疵，或爲文人狡獪之寓言，固不可泥執；或屬學究考據之專業，更不必以此苛責閨中髫齡戲筆之小女子也。

（二）結構。綜觀吾國之文學作品，一篇之文，一首之詩，其間結構組織，出於名家之手者，則甚精密，且有系統。然若爲集合多篇之文多首之詩而成之巨製，即使出自名家之手，亦不過取多數無系統或各自獨立之單篇詩文，匯爲一書耳。其中固有例外之作，如劉彦和之文心雕龍，其書或受佛教論藏之影響，以軼出本文範圍，故不置論。又如白樂天之新樂府，則拙著元白詩箋證稿新樂府章中言之已詳，亦不贅論。至於吾國小説，則其結構遠不如西洋小説之精密。在歐洲小説未經翻譯爲中文以前，凡吾國著名之小説，如水滸傳、石頭記與儒林外史等書，其結構皆甚可議。寅恪讀此類書甚少，但知有兒女英雄傳一種，殊爲例外。其書乃反紅樓夢之作，世人以其内容不甚豐富，往往輕視之。然其結構精密，頗有系統，轉勝於曹書，在歐西小説未輸入吾國以前，爲罕見之著述也。哈葛德者，其文學地位在英文中，并非高品。所著小説傳入中國後，當時桐城派古文名家林畏廬深賞其文，至比之史遷。能讀英文者，頗怪其擬於不倫。實則琴南深受古文義法之薰習，甚知結構之必要，而吾國長篇小説，則此缺點最爲顯著，歷來文學名家輕視小説，亦由於是。（桐城派名家吴摯甫序嚴譯天演論，謂文有三害，小説乃其一。文選派名家王壬秋鄙韓退之、侯朝宗之文，謂其同於小説。）一旦忽見哈氏小説，結構精密，遂驚嘆不已，不覺以其平日所最崇拜之司馬子長相比也。今觀再生緣爲續玉釧緣之書，而玉釧緣之文冗長支蔓殊無系統結構，與再生緣之結構精密，系統分明者，實有天淵之別。若非端生之天才卓越，何以得至此乎？總之，不支蔓有系統，在吾國作品中，如爲短篇，其作者精力尚能顧及，文字剪裁，亦可整齊。若是長篇巨製，文字逾數十百萬言，如彈詞之體者，求一敘述有重點中心，結構無夾雜駢枝等病之作，以寅恪所知，要以再生緣爲彈詞中第一部書也。端生之書若是，端生之才可知，在吾國文學史中，亦不多見。但世人往往不甚注意，故特標出之如此。韓退之云：「發潛德之幽光。」寅恪之草此文，猶退之之意也。

（三）文詞。紫竹山房文集柒才女説略云：

世之論者每云，女子不可以才名，凡有才名者，往往福薄。余獨謂不然。福本不易得，亦不易全。古來薄福之女，奚啻千萬億，而知名者，代不過數人，則正以其才之不可没故也。又況才福亦常不相妨。嫻文事，而享富貴以没世者，亦復不少，何謂不可以才名也。誠能於婦職餘閒，流覽墳素，諷習篇章，因以多識故典，大啓性靈，則於治家相夫課子，皆非無助。以視邨姑野媪惑溺於盲子彈詞，乞兒説謊，爲之啼笑者，譬如一龍一豬，豈可以同日語哉？又經解云：温柔敦厚，詩教也。由此思之，則女教莫詩爲近，才也而德即寓焉矣。

寅恪案，句山此文殊可注意，吾國昔時社會惑於「女子無才便是德」之謬説，雖士大夫之家，亦不多教女子以文字。今觀端生、長生姊妹，俱以才華文學著聞當世，則句山家教之力也。句山所謂「女子不可以才名，凡有才名者，往往福薄」。悲夫！句山雖主以詩教女子，然深鄙彈詞之體。此老迂腐之見囿於時代，可不深論。所可笑者，端生乘其回杭州之際，暗中偷撰再生緣彈詞。逮句山反京時，端生已挾其稿往登州以去。此老不久病没，遂終身不獲見此奇書矣。即使此老三數年後，猶復健在，孫女輩日侍其側者，而端生亦必不敢使其祖得知其有撰著邨姑野媪所惑溺之彈詞之事也。不意人事終變，「天道能還」，（再生緣第壹柒卷第陸伍回首節云：「問天天道可能還。」）紫竹山房詩文集若存若亡，僅束置圖書館之高閣，博雅之目録學者，或略知其名，而再生緣一書，百餘年來吟誦於閨幃綉闥之間，演唱於書攤舞臺之上。近歲以來雖稍衰歇，不如前此之流行，然若一取較其祖之詩文，顯著隱晦，實有天淵之别，斯豈句山當日作才女説痛斥彈詞之時所能料及者哉！今寅恪殊不自量，奮其譾薄，特草此文，欲使再生緣再生，句山老人泉底有知，以爲然耶？抑不以爲然耶？再生緣之文，質言之，乃一叙事言情七言排律之長篇巨製也。關於天竺希臘及西洋之長篇史詩，與吾國文學比較之問題，以非本文範圍，兹不置論。僅略論吾國詩中之排律，以供讀再生緣者之參考。

元氏長慶集伍陸唐故工部員外郎杜君墓係銘并序略云：

山東人李白亦以奇文取稱，時人謂之李杜。予觀其壯浪縱恣，擺去拘束，模寫物象，及樂府歌詩，誠亦差肩於子美矣。至若鋪陳終始，排比聲韻，大或千言，次猶數百，詞氣豪邁，而風調清深，屬對律切，而脱棄凡近，則李尚不能歷其藩翰，況堂奧乎？

姚鼐今體詩鈔序目略云：

杜公今體四十字中包涵萬象，不可謂少。數十韻百韻中運掉變化如龍蛇，穿貫往復如一綫，不覺其多。讀五言至此，始無餘憾。余往昔見〔錢〕蒙叟箋，於其長律，轉折意緒都不能了，頗多謬説，故詳爲全釋之。

同書五言陸杜子美下注略云：

杜公長律有千門萬户開闔陰陽之意。元微之論李杜優劣，專主此體。見雖少偏，然不爲無識。自來學杜公者，他體猶能近似，長律則愈邈矣。〔元〕遺山〔論詩絶句〕云：「〔排比鋪張特一途，文章如此亦區區。〕少陵自有連城璧，争奈微之識珷玞。」有長律如此，而目爲珷玞，此成何論耶？杜公長律旁見側出，無所不包，而首尾一綫，尋其脉絡，轉得清明。他人指成褊隘，而意緒或反不逮其整晰。

寅恪案，微之惜抱之論精矣，兹不必再加引申，以論杜詩。然觀吾國佛經翻譯，其偈頌在六朝時，大抵用五言之體，唐以後則多改用七言。蓋吾國語言文字逐漸由短簡而趨於長煩，宗教宣傳，自以符合當時情狀爲便，此不待詳論者也。職是之故，白香山於作秦中吟外，更別作新樂府。秦中吟之體乃五言古詩，而新樂府則改用七言，且間以三言，蘄求適應於當時民間歌咏，其用心可以推見也。（可參拙著元白詩箋證稿新樂府章。）彈詞之文體即是七言排律，而間以三言之長篇巨製。故微之惜抱論少陵五言排律者，亦可以取之以論彈詞之文。又白香山之樂府及後來摹擬香山，如吴梅村諸人之七言長篇，亦可適用微之惜抱之説也。彈詞之作品頗多，鄙意再生緣之文最佳，微之所謂「鋪陳終始，排比聲韻」，「屬對律切」，實足當之無愧，而文詞累數十百萬言，則較「大或千言，次猶數百」者，更不可同年而語矣。世人往往震矜於天竺希臘及西洋史詩之名，而不知吾國亦有此體。外國史詩中宗教哲學之思想，其精深博大，雖遠勝於吾國彈詞之所言，然止就文體立論，實未有差异。彈詞之書，其文詞之卑劣者，固不足論。若其佳者，如再生緣之文，則在吾國自是長篇七言排律之佳詩。在外國亦與諸長篇史詩，至少同一文體。寅恪四十年前常讀希臘梵文諸史詩原文，頗怪其文體與彈詞不异。然當時尚不免拘於俗見，復未能取再生緣之書，以供參證，故噤不敢發。荏苒數十年，遲至暮齒，始爲之一吐，亦不顧當世及後來通人之訕笑也。

抑更有可論者，中國之文學與其他世界諸國之文學，不同之處甚多，其最特异之點，則爲駢詞儷語與音韻平仄之配合。就吾國數千年文學史言之，駢儷之文以六朝及趙宋一代爲最佳。

其原因固甚不易推論，然有一點可以確言，即對偶之文，往往隔爲兩截，中間思想脉絡不能貫通。若爲長篇，或非長篇，而一篇之中事理複雜者，其缺點最易顯著，駢文之不及散文，最大原因即在於是。吾國昔日善屬文者，常思用古文之法，作駢儷之文。但此種理想能具體實行者，端繫乎其人之思想靈活，不爲對偶韻律所束縛。六朝及天水一代思想最爲自由，故文章亦臻上乘，其駢儷之文遂亦無敵於數千年之間矣。若就六朝長篇駢儷之文言之，當以庾子山哀江南賦爲第一。若就趙宋四六之文言之，當以汪彥章代皇太后告天下手書（浮溪集壹叁）爲第一。此文篇幅雖不甚長，但内容包涵事理既多，而文氣仍極通貫。又此文之發言者，乃先朝被廢之皇后。以失去政權資格之人，而欲建立繼承大統之君主，本非合法，不易立言。但當日女真入汴，既悉數俘虜趙姓君主後妃宗室北去，捨此僅遺之廢後外，别無他人，可藉以發言，建立繼統之君，維繫人心，抵禦外侮。情事如此，措詞極難，而彥章文中「雖舉族有北轅之釁，而敷天同左袒之心」兩句即足以盡情達旨。至於「漢家之厄十世，宜光武之中興。獻公之子九人，惟重耳之尚在」。古典今事比擬適切，固是佳句。然亦以語意較顯，所以特爲當時及後世所傳誦。職是之故，此文可認爲宋四六體中之冠也。庾汪兩文之詞藻固甚優美，其不可及之處，實在家國興亡哀痛之情感，於一篇之中，能融化貫徹，而其所以能運用此情感，融化貫通無所阻滯者，又繫乎思想之自由靈活。故此等之文，必思想自由靈活之人始得爲之。非通常工於駢四儷六，而思想不離於方罫之間者，便能操筆成篇也。今觀陳端生再生緣第壹柒卷中自序之文，（上文已引。）與再生緣續者梁楚生第貳拾卷中自述之文，兩者之高下優劣立見。其所以至此者，鄙意以爲楚生之記誦廣博，雖或勝於端生，而端生之思想自由，則遠過於楚生。撰述長篇之排律駢體，内容繁複，如彈詞之體者，苟無靈活自由之思想，以運用貫通於其間，則千言萬語，盡成堆砌之死句，即有真實情感，亦墮世俗之見矣。不獨梁氏如是，其他如邱心如輩，亦莫不如是。再生緣一書，在彈詞體中，所以獨勝者，實由於端生之自由活潑思想，能運用其對偶韻律之詞語，有以致之也。故無自由之思想，則無優美之文學，舉此一例，可概其餘。此易見之真理，世人竟不知之，可謂愚不可及矣。

端生再生緣之文如此，則平日之詩文亦非凡俗，可以推見。惜其所著繪影閣集，無一字遺傳。袁簡齋在乾隆時，爲最喜標榜閨閣詩詞之人，而其所編著之隨園詩話、隨園女弟子詩及同人集等書，雖載陳句山、陳長生之詩，而絶不及端生一字，豈出於長生之不願，抑或簡齋之不敢，今不能確言。頗疑再生緣中，其對句之佳者，如第壹柒卷首節中「隔牆紅杏飛晴雪，映榻高槐覆晚烟」，「午綉倦來還整綫，春茶試罷更添泉」之類，即取繪影閣集中早年詩句足成。若此推論不誤，則是繪影閣集尚存一二於天壤間，亦可謂不幸中之幸也。至於繪影閣之取名，自與「繪影繪聲」之成語有關，而長生之集名繪聲閣，即從其姊之集名而來，固不待論。然「繪影」一詞，或與其撰著彈詞小説，描寫人物，「惟妙惟肖」之意有關。又或端生自身亦工繪畫，觀其於再生緣第叁卷第拾回中，描寫孟麗君自畫其像一節，生動詳盡，乃所以反映己身者耶？（可參再生緣第壹陸卷第陸叁回太后命孟麗君畫送子觀音一節。）前引長生寄外詩云「年來心事托冰紈」，又有織素圖及桂馨圖（可參吴昌綬松鄰遺集陸題桂馨圖後及徐世昌晚晴簃詩匯壹捌伍陳長生詩選附詩話。）等之記載流傳，則長生之工畫，由於葉紹楏之漸染，或受其姊之影響，俱不可知，姑記於此，更俟詳考。論陳端生事迹之可考見者及其撰著再生緣本末，并略論其思想結構文詞既竟，兹請論再生緣續撰者梁德繩之事迹及其所撰之續本於下：

梁德繩爲梁詩正之孫女，梁敦書之女，許宗彦之室。其生平事迹詳見阮元所著梁恭人傳。（見古春軒詩鈔首及閔爾昌編碑傳集補伍玖列女壹。）其所著古春軒詩鈔上下兩卷及卷後所附詞亦皆流傳。（參徐乃昌小檀欒室彙刻閨秀詞第壹集第柒種梁德繩古春軒詞，又潘衍桐兩浙輶軒續録伍叁并徐世昌晚晴簃詩匯壹捌陸所選梁德繩詩。）今此文關於德繩之事迹及著述均不多所旁涉，止專論其續撰再生緣一事。但德繩之性格及其家庭環境、夫婦關係等與端生頗异，此文遂亦不得不於此三事略加討論，以其有關再生緣原本及續本之特點故也。

今再生緣共二十卷，其第壹捌卷至第貳拾卷爲續前十七卷之作，此續者於第壹捌卷首即已自言之矣。但續者爲何人及何時所續，則有考論之必要。陳文述西泠閨咏壹伍（前文已引，但因論辨之便利，節録之於此。）略云：

□□撰再生緣南詞，托名女子酈明堂，男裝應試及第，爲宰相，與夫同朝，而不合并，以寄別鳳離鸞之感。曰，婿不歸，此書無完全之日也。婿遇赦歸，未至家，而□□死。許周生、梁楚生夫婦爲足成之，稱完璧焉。

據陳氏所言，再生緣中酈明堂與夫同朝，而不合并，乃端生所以寄其「別鳳離鸞之感」者。殊不知端生撰成再生緣第壹陸卷時，尚未適范氏。今觀此卷所述孟麗君、皇甫少華亦已「同朝而不合并」，則端生必無預知其夫婿有戍邊之事，何從在十年之前即寄其後日「別鳳離鸞之感」耶？此大不可通者也。又據續再生緣者，於第貳拾卷末節（前文已詳引，茲節録之。）略云：

我亦緣慳甘茹苦，悠悠卅載悟前緣。有感再生緣作者，半途而廢了生前。偶然涉筆閒消遣，巧續人間未了緣。

則是續者明言在其夫已死之後，有感於陳端生「別鳳離鸞」之遭遇，而續再生緣也。文述既言續再生緣者，爲許周生與梁楚生夫婦二人，則楚生何得於周生未死之前，預有此感？周生豈亦於其未死之前，早爲其妻作寄感之預備，而相與共續此書耶？此又大不可通者也。然則文述之言全不可信乎？是又不然。蓋文述之言，乃依據其媳汪端傳述而來，端爲楚生姊之女，又少養於楚生家，（古春軒詩鈔上有五古一篇，題爲「小韞甥女于歸吳門」，以其愛詩，爲吟五百八十字送之，即書明湖飲餞圖後」，可以參證。此詩疑是嘉慶十七年楚生寓杭州時所作。）所傳必非虛妄，不過文述自身實未嘗詳察再生緣全書内容，故有上述兩種錯誤，即：（一）誤以爲端生作書之緣起，實由於其婿范某之遣戍。（二）周生、楚生夫婦共續此書。至於此書之原作者爲端生，續之者爲楚生，則殊不誤。不但不誤，吾人今日得知再生緣之原作者及續作者姓名，捨文述一人之著述外，尚未見其他記載一及斯事。觀於此點，文述實有大功，不可湮没者也。

楚生續再生緣之年代，及此書之初刻在何年，兩點頗成問題。兹略論之於下。

今刻本再生緣首載有序文略云：

再生緣傳鈔數十載，尚無鐫本。因惜作者苦思，删繁撮要。

道光元年季秋上浣日書。

香葉閣主人稿。

寅恪案，香葉閣主人乃侯芝之别號，（參譚正璧中國女性文學史第柒章第伍節。）其事迹及著述兹不詳考，惟此序實有兩點可疑。（一）依序所言，則今刻本已經侯芝所删節。但今所見再生緣之刻本，其中脱誤顛倒之處頗多，當是由於抄寫不慎所致。若侯香葉果有删削之事，恐不至前後文句不相連貫一至於此。然則依據今本實不能確證此書曾經删削一過也。（二）此序中所言之再生緣，雖未明言爲十七卷，抑或二十卷，但依其文氣言之，則似爲二十卷本之全書。否則序中必論及此點，斯可以默證推知者。若果爲二十卷本之全書，則序文所署之年月爲不可通。據陳壽祺左海文集壹拾許君（宗彥）墓志銘略云：

〔嘉慶〕二十三年十二月廿二日卒。其生以乾隆三十三年正月初一日子時，春秋五十有一。夫人梁氏，內閣大學士諱詩正謚文莊公孫女、工部侍郎諱敦書女。

梁德繩古春軒詩鈔首載阮元撰梁恭人傳（參閔爾昌碑傳集補伍玖。）略云：

恭人姓梁氏，名德繩，號楚生。兵部車駕司主事德清周生許君宗彥配也。駕部年十九，與予同舉〔乾隆五十一年〕丙午科鄉試。〔嘉慶四年〕己未科會試，駕部甫成進士。既分部視事，甫三月，以親老乞歸，不復仕。家事悉弗問，皆恭人主之。以故駕部益得覃研經史疑義，兼精於天文演算法。杜門却掃，優游林泉者，凡二十載。歲戊寅（嘉慶二十三年）駕部又不祿。〔子〕延穀旋寓書於予，乞爲〔恭人〕傳。恭人生於乾隆辛卯年（三十六年）十月初五日卯時，卒於道光丁未年（二十七年）三月初八日子時，年七十有七。距駕部下世已三十載矣。女三，長殤，次適海陽孫氏，三即余五（寅恪案，許宗彥鑒止水齋集首載阮元撰浙儒許君積卿傳云：「女子子三，延錦適元之子福。」則「五」字疑是「之」字之誤。）子婦。

然則嘉慶二十三年周生死時，其年爲五十一，而此年楚生爲四十八歲也。

據再生緣第貳拾卷第柒柒回首節中，楚生自述其續此書之動機云：

嗟我年近將花甲，二十年來未抱孫。藉此解頤圖吉兆，虛文紙上亦歡欣。

是楚生續此書時，其年將近六十歲，以如是年老婦人望孫之俗見，而續再生緣，宜其所續者，不能比美於端生之原書也。若道光元年香葉閣主人作序時，則楚生僅五十一歲，斷不可言「年近將花甲」。故香葉閣主人序中「道光元年」之「元」字如非「九」字之訛，則必是書賈僞托。今未見再生緣最初最佳之本，不敢確言。陳文述西泠閨咏自序題「道光丁亥」，即道光七年。此年楚生五十七，「年近將花甲」之語似尚可通。至於楚生於再生緣第貳拾卷第捌拾回末節，感傷陳端生之遭遇，因自述其與周生之關係云：

我亦緣慳甘茹苦，悠悠卅載悟前緣。

蓋謂己身與周生有三十年夫婦姻緣之分。據上引玉釧緣第叁壹卷末載「謝玉輝在大元年間，又幹一番事業，與〔鄭〕如昭〔陳〕芳素做了三十年恩愛夫妻，才歸仙位」，楚生殆有感於「三十年」夫妻之語，深惜端生無「三十年」之緣，己身雖有「三十年」之緣，而周生又未能如謝玉輝之「幹了一番事業」，所以表示其感傷之意也。至阮伯元作楚生傳，謂楚生之卒距其夫之卒爲三十年，即寡居三十年之意。與楚生「悠悠卅載悟前緣」之語無涉。否則楚生續再生緣時，其年必已七十餘歲，而文述不得在道光七年，即楚生五十七歲時，預知楚生之續再生緣也。「卅載悟前緣」之語，易滋誤解，因并附辨之如此。

楚生嘗於再生緣第貳拾卷第捌拾回内，借皇甫敬之言斥孟麗君之驕傲，即所以暗示不以陳端生爲然之意，前文已論之矣。今再節録此回中皇甫敬批評蘇映雪及劉燕玉之語，以見楚生之性格及其理想如下。

皇甫敬評蘇映雪云：

太王爺（指皇甫敬），又云梁氏東宫媳，他是天真爛漫人。毫無半點來裝飾，賢良温厚性和平。

此蓋楚生心中以蘇映雪自比，楚生爲人諒亦「賢良温厚性和平」，與端生之性格驕傲激烈者，適成對比也。此點恐非盡由於天生之性質所致，當亦因所處家庭環境不同使然。德清梁氏爲當時浙江最有名之家族。儒林外史所言之婁公子家，或即指梁氏。楚生家及周生家，與端生家，雖皆以文學科第顯著，但梁許兩家經濟狀況，則與陳句山家之清貧者不同。觀王昶春融堂叁捌陳句山先生紫竹山房詩文集序中：

入其家，衡門兩版，凝塵滿席，不知爲列卿之尊，與京兆之雄駿也。

之語，即可推知端生未嫁時家庭之清貧。即適范某之後，假定范某即范璨之子范菼，則據陸燿撰范公璨神道碑云，「潔清之操，晚節彌勵，菜羹蔬食，不異貧寒」，（見上引陸燿切問齋集拾。）似其夫家經濟當亦不寬裕。否則其夫不致以圖利嫌疑之故，坐科場代倩作弊獲罪也。又楚生父之昆弟輩如同書，己身昆弟輩如玉繩，皆以學問藝術知名當世。周生亦年十九已中式鄉試，且爲貴公子，（周生父祖京仕至廣東布政使，見鑒止水齋集首所附蔡之定撰許君周生家傳。）而兼名士。其親家復是清代第一達官而兼名儒之阮芸臺。故端生楚生兩人，雖俱出自浙江名門，又有通家之誼，（可參紫竹山房詩文集首所附陳句山先生年譜乾隆三十五年庚寅下，梁侍講同書來朝慶〔萬壽〕節條及詩集壹貳述夢紀事詩「埋石得周梁，自志求其書」句下自注云，「少司馬周煌，侍講梁同書」，又梁玉繩清白士集貳陸送陳句山太僕還朝及輓陳太僕詩等。）而家庭環境頗不相同。兩人性格之驕激謙和，實受環境影響，無可致疑也。

皇甫敬評劉燕玉云：

回頭連喚西宮媳，莫須憂慮不懷妬。你爲人，玲瓏幸喜多忠厚，略有三分徒（寅恪案，「徒」疑當作「妒」。）忌心。這點小疵磨琢去，何愁日後少收成。

可知楚生心中以爲不妒忌，始能生子，此亦所以自比并兼以屬望於其子婦者也。據陳壽祺左海文集壹拾許君（宗彥）墓志銘略云：

夫人梁氏，生子延敬、延穀。簉吴氏，先卒，生子兆奎、延宷、延澤。陳氏，生子延凱。女三，梁夫人出者二。長適原任監察御史孫球子承勳，次適現任兩廣總督阮元子福。簉崔氏生女一，字現任翰林院侍讀學士胡敬子琮。

是周生至少有三妾，且均生子女。楚生亦生子女數人也。周生之妾既有多人，似足證楚生之不妒。楚生已身又生數子，此事在楚生心中，乃其不妒之善果，遂藉續再生緣之書，以寓其責望子婦之意，并一發其「二十年來未抱孫」之牢騷也。雖然，今觀古春軒詞蒼梧謠序云：

周生意有所惑，作此戲之。

則楚生於此猶未能忘懷。不妒之古訓，固爲習聞詩禮之教如楚生者，深所服膺，平日以此自負，且以教人。但臨事觸發，不覺流露。可見其爲勉强抑制，非出自然，又何必以此責難於劉燕玉比之子婦耶？

夫爲男子者，可畜多妾，而婦人則不應妒忌，此男尊女卑，吾國傳統夫爲妻綱之教條也。楚生乃此教條下之信徒，既行之於身，復出之於口，更筆之於書矣。至若端生，其作再生緣時，雖尚未適人，但關於夫爲妻綱之説，既力加排斥，上文已略論及，兹不復贅。所可笑者，楚生以蘇映雪性情柔順，爲最合理想之婦女。孟麗君適與相反，固所不取。殊不知在端生書中，孟麗君初期本爲蘇映雪即梁素華之夫，蓋取梁鴻、孟光夫婦之姓，反轉互易，而梁素華及皇甫少華兩人名中「素」「少」二字音又相近。此雖爲才女顛倒陰陽之戲筆，然可見其不服膺男尊女卑，夫爲妻綱之古訓，楚生乃嘖嘖稱賞蘇映雪不置，恐端生地下有靈，亦當不覺失笑也。又觀楚生與周生往來酬唱之作，誠可以比美梁孟矣。但一檢周生鑒止水齋集貳所載答内詩，後附楚生寄外詩，楚生之詩，文句煩多，情感深摯，而周生答以寥寥五十四字之短篇云：

遠離且莫悲，遠歸亦勿喜。暫離復見偶然爾。世事紛紛那免此。勸君勿墮迷雲裏。不見天關與織女。隔以銀河一萬八千里。脉脉相看不得語。

又同書同卷所載望夫岡七古結語云：

誰能無事輕離別，倦倚孤篷亦懶看。

則周生與楚生之情感，已可推見。然於服膺男尊女卑，夫爲妻綱之説者，固亦無可如何，而安之若命矣。

至於端生之婿范某，假定即是范璨之子，雖爲貴公子，然家境清寒，亦等於一窮書生，與許周生不同，當無廣畜姬妾之能力，端生一生中諒亦無楚生此種環境及不快之情感。假使范某而爲周生所爲者，則端生亦將表現其本來面目，如孟麗君也。觀再生緣第壹伍卷第伍捌回云：

忠孝王（指皇甫少華）背靠床欄笑幾聲。

咳！果然如此，也是孟府的家風了。

岳母大人手段凶，自然他，所生之女亦相同。麗君若是同其母，少華也，只好低頭效岳翁。

懼内名兒逃不去，能得個，重偕伉儷靠天公。

可爲例證。然則端生之意，不僅欲己身如孟麗君，亦欲其母汪氏如韓氏。竟使陳句山之家風，復如孟府之以懼内著聞。此爲端生大膽之筆，而楚生掩耳所不敢聞者。合兩種性格絶殊之女作家，完成一書，取相比較，既可觀，抑可笑矣。

依據甚不完全之材料，考證陳端生之事迹及著作，并略論梁德繩之有關於再生緣諸點既竟，請述寅恪讀此書之別感如下。

有清一代，乾隆朝最稱承平之世。然陳端生以絶代才華之女子，竟憔悴憂傷而死，身名湮没，百餘年後，其事迹幾不可考見。江都汪中者，有清中葉極負盛名之文士，而又與端生生值同時者也，（汪中生於乾隆九年，卒於乾隆五十九年。）作吊馬守真文，以寓自傷之意，謂「榮期二樂，幸而爲男」（見述學別録）。今觀端生之遭遇，容甫之言其在當日，信有徵矣。然寅恪所感者，則爲端生於再生緣第壹柒卷第陸伍回中，「豈是蚤爲今日讖」一語。二十餘年前，九一八事變起，寅恪時寓燕郊清華園，曾和陶然亭壁間清光緒時女子所題咏丁香花絶句云：

故國遥山入夢青，江關客感到江亭。（沈乙厂先生海日樓集陶然亭詩云：「江亭不關江，偏感江關客。」）不須更寫丁香句，轉怕流鸞隔世聽。

鍾阜徒聞蔣骨青，（蔣子文「骨青」事出干寶搜神記。今通行本干書「青」字多誤寫，不足據也。）也無人對泣新亭。南朝舊史皆平話，説與趙家莊裏聽。

詩成數年後，果有蘆溝橋之變。流轉西南，致喪兩目，此數年間，亦頗作詩，以志一時之感觸。

兹録三首於下：

蒙自南湖作

景物居然似舊京，荷花海子憶昇平。橋頭鬢影還明滅，樓外笙歌雜醉酲。南渡自應思往事，北歸端恐待來生。（寅恪案，十六年前作此詩，句中竟有端生之名，「豈是蚤爲今日讖」耶？噫！）黄河難塞黄金盡，日暮人間幾萬程。

昆明翠湖書所見

照影橋邊駐小車，新妝依約想京華。短圍貂褶稱腰細，密卷螺雲映額斜。赤縣塵昏人换世，翠湖春好燕移家。昆明殘劫灰飛盡，聊與胡僧話落花。

咏成都華西壩

淺草方場廣陌通，小渠高柳思無窮。雷車乍過浮香霧，電笑微聞送遠風。酒醉不妨胡舞亂，花羞翻訝漢妝紅。誰知萬國同歡地，却在山河破碎中。

自是求醫萬里，乞食多門。務觀趙莊之語，竟「蚤爲今日讖」矣。求醫英倫時作二詩，録之於下：

乙酉冬夜卧病英倫醫院，聽人讀熊式一君著英文小説名「天橋」者，中述光緒戊戌李提摩太上書事。憶壬寅春隨先兄師曾等東游日本，遇李教士於上海。教士作華語曰：「君等世家子弟，能東游，甚善。」故詩中及之，非敢以烏衣故事自況也。

沈沈夜漏絶塵譁，聽讀佉盧百感加。故國華胥猶記夢，舊時王謝早無家。文章瀛海娱衰病，消息神州競鼓笳。萬里乾坤迷去住，詞人終古泣天涯。

丙戌春以治目疾無效，將離倫敦返國暫居江寧，感賦。

金粉南朝是舊游，徐妃半面足風流。蒼天已死三千歲，青骨成神二十秋。去國欲枯雙目泪，浮家虛説五湖舟。英倫燈火高樓夜，傷別傷春更白頭。

又所至感者，則衰病流離，撰文授學，身雖同於趙莊負鼓之盲翁，事則等於廣州彈弦之瞽女。榮啓期之樂未解其何樂，汪容甫之幸亦不知其何幸也。偶聽讀再生緣，深感陳端生之身世，因草此文，并賦兩詩，附於篇末，後之覽者儻亦有感於斯歟？

癸巳秋夜，聽讀清乾隆時錢唐才女陳端生所著再生緣第壹柒卷第陸伍回中「惟是此書知者久，浙江一省遍相傳。髫年戲筆殊堪笑，反勝那，淪落文章不值錢」之語，及陳文述西泠閨咏第壹伍卷繪影閣咏家□□詩「從古才人易淪謫，悔教夫婿覓封侯」之句，感賦二律。

地變天荒總未知，獨聽鳳紙寫相思。高樓秋夜燈前泪，异代春閨夢裏詞。絶世才華偏命薄，戍邊離恨更歸遲。文章我自甘淪落，不覓封侯但覓詩。

一卷悲吟墨尚新，當時恩怨久成塵。上清自昔傷淪謫，下里何人喻苦辛。彤管聲名終寂寂，青丘金鼓又振振。（再生緣間叙争戰事。）論詩我亦彈詞體，（寅恪昔年撰王觀堂先生挽詞，述清代光宣以來事，論者比之於七字唱也。）悵望千秋泪濕巾。

論再生緣校補記

寅恪初疑陳雲貞即陳端生，後來知其不然者，雖無積極之確據，但具强有力之反證。因陳文述嘉慶初年在北京題贈陳長生四律，其於端生、慶生、長生姊妹三人之身世遭遇，皆能詳悉言之，真所謂「如數家珍」。至道光時作西泠閨咏咏陳端生詩，雖詩序中謂「婿遇赦歸，未至家，而□□死」，今據長生繪聲閣續稿「哭春田大姊」七律二首之二「可堪寶鏡重圓日，已是瑶釵欲折時」一聯，則雲伯所言，由於傳聞稍誤，自應訂正。但此點所關甚小，不足爲意。唯雲伯止言范菼「以科場事，爲人牽累謫戍」，而絶口不提及雲貞寄外之書及詩以作材料，可知其始終不承認雲貞與端生爲一人也。

夫一百五十餘年前同時同族之人，既堅决不認雲貞、端生爲一人，而今日反欲效方密之之「合二而一」，亦太奇矣！況焦循「雲貞行」謂其夫乃一「郎本武健兒」及「一發斃雙狼」之武人，與端生再生緣中自述其夫之語，如「更欣夫婿是儒冠。挑燈伴讀茶聲沸，刻燭催詩笑語聯」者，全無相似之處。至於里堂之「雲貞行」及雲伯之「雲貞曲」中俱有「郎戍伊犁城，妾住仙游縣」之句，蓋由二人同用一材料，自然符會，不必出於抄襲。兹舉最近之例言之。抗日戰争之際，陳垣先生留居京師，主講輔仁大學。寅恪則旅寄昆明，任教西南聯合大學。各撰論文，考楊妃入道年月。是時烽火連天，互不通問，然其結論則不謀而合，實以同用一材料，應有同一之結論，吾兩人俱無抄襲之嫌疑也。若夫雲貞寄外書及詩，頗與再生緣類似，論者遂取此爲「合二而一」之證。殊不知同一時代之作品，受環境影響，其格調本易相近。且再生緣一書，當日已甚流行，好事之人故作狡獪，僞造新骨董，自極可能。至蓮姐之詩，尤爲僞中之僞。蓋無聊文士，更欲使紅娘、春香、襲人、晴雯之流，變作鄭康成之詩婢，錢受之之柳如是，許公實之王修微，茅止生之楊宛叔，薛文起之香菱，以達其最高享受之理想。此真所謂游戲文章，斷不可視爲史鑒實録也。

又沈敦三垚落帆樓文集玖外集叁簡扎摭存中「與許海樵旦復」三十二通之十三云：

今春將甲午年積負一清，私心竊自喜，以爲今後可歸見江東故人。不意山妻復有納妾之舉，致再積百餘金之債。此事孟浪已極，接信之後，不勝大駭。垚之親戚目不睹史策，不知人情物理，以蕩子不歸擬垚，既視垚太淺，欲以區區村婢縻垚，而不知縻之適所以緩之。

同書卷首附汪剛木曰楨「沈子惇著述總録」略云：

沈垚字敦三，號子惇。浙江湖州府烏程縣人。府學廩生。道光〔十四年〕甲午優貢生。子惇生於嘉慶〔三年〕戊午，卒於道光〔二十年〕庚子。四十三歲。吾人寅恪案，子惇爲嘉道間人。其妻金氏，以夫久不歸家，特買一婢，預作將來之妾侍。吾人今日觀之，雖覺可憐可笑。但就此一端，足見當時浙江不得志文人，家庭風氣之一斑。妝樓摘艷編選者會稽錢三錫，亦是子惇及其妻金氏之同時人。僞作之雲貞寄外書及蓮姐寄外詩，皆受當時此社會階層之習俗影響所致，殊不足怪也。

今檢沈畏齋樹德慈壽堂文鈔伍范太學傳略云：

君姓范氏，諱荄，字惇哉。國學生。秀水少司空仲子也。少穎悟，能屬文，出語杰特。司空公奇愛之。君天性孝友，伯兄〔卒〕，君痛伯無子，以長子嗣之。乾隆〔八年〕癸亥春，公開府河北，招余。余乃得與君交。君於詩文，每刻苦不作猶人語。越來春（指九年甲子。）將赴秋闈，乃偕余治舉子業。秋試，同赴武林。明春（指十年乙丑。）余幸計偕入都，君奉太夫人後至。公入補府憲，仍館余於邸。及君至，而余應桐城相國（張廷玉）招以去。洎公遷工部，余出賀公。是時君方得脾疾。余在〔澄懷〕園得訃，不禁悲哭失聲。君生於康熙辛卯年（五十年）某月日，卒於乾隆乙丑年（十年）五月十五日，存年三十五歲。配趙氏，子男三，培、堦、臺。培嗣伯氏。

光緒修歸安縣志叁貳選舉門貢生欄乾隆六年辛酉條載：

沈樹德。拔貢。字申培。是科副榜。甲子舉人。

寅恪案，取沈氏此傳，與陸燿撰范璨神道碑相比較，令人如墜五里霧中，疑竇百端。茲先舉其可疑之點，後作假定之解釋。陸氏爲范璨之姻親，又爲同里後學。沈氏亦范璨同里，又曾爲其幕客，與荄交好。兩氏之文，何以互异如是？此可疑者一也。陸氏文云：「孫三人，墀、城、塏。墀又姻也。」沈氏文云：「子男三，培、堦、臺。培嗣伯氏。」璨孫三人，雖兩文皆從土旁，但何以盡不相同？其改名之由，究因何故？即令前後有所改易，亦不致三人全改。且「培」與「城」，「堦」與「墀」，「臺」與「塏」，意義近似，實無更改之必要。又陸文「墀」爲長，沈文「培」爲長。嗣伯氏。「墀」與「堦」同義，應作「堦」爲長。夫長子通例不出繼，何以長子出繼儀薰。且墀既爲陸燿之婿，又爲請陸氏作其祖神道碑之人，故陸文所列三人次序，必無差誤。沈文列培爲三人之首，此可疑者二也。陸文云：「子二人，儀薰，國子監生。荄，貢生。」而沈文題作「范太學」。陸文既稱荄爲貢生，則荄死時之資格爲優貢或拔貢無疑。國子監生又無追贈貢生之理。沈氏爲荄作傳，不稱「文學」而稱「太學」。此可疑者三也。茲試作解釋如下：

（一）以通常事理言之，陸、沈兩文作成之先後，雖頗難考知，但欲解脱范璨與科場案之范菼有關，則同一用心。既欲解脱與科場案之關係，止言菼先璨死，尚嫌不足。故必須別有一人爲菼作一詳悉之傳，以證明其非犯罪之范菼。此沈文中菼之生卒年月及享年之數，自不可信。端生適范菼時，年二十三。菼年當已四十餘矣。故寅恪疑端生爲繼室。沈文言「配趙氏」，當爲菼之元配。培、堦當爲趙氏所出。臺即端生子蓉洲歟？再生緣中端生自言「强撫雙兒志自堅」，恐是指趙氏之次子及己身之子言，而趙氏所生，出繼伯氏之子及己身之女不計在内也。至沈文謂菼卒於乾隆十年者，恐因欲洗刷菼曾居樂志堂之痕跡，遂改其卒年爲乾隆十年，即樂志堂尚未建築之時。蓋其後有關樂志堂之記載，如范來庚南潯志樂志堂條及下引董襄於嘉慶七年所作之詩等，可免與惇哉有所關涉也。

（二）菼子三人改名之由，雖不能確言，恐因科舉制度，改名可免發生枝節問題耶？其以長子出繼伯氏，或者亦與科舉有關，并可藉此爲陸燿開脱與菼之關係也。至三人名次之异，當爲沈氏誤記耳。

（三）據乾隆四十五年刑部提本陳七供詞中，菼爲「宛平縣監生」，故沈文據此稱之爲「太學」。頗疑端生之夫范菼，在浙江已取得貢生資格，故陸文稱之爲貢生。但因應順天鄉試，遂入宛平縣籍，納粟爲國子監生。陸、沈二氏撰文互有差异，遂遺此漏隙也。

又沈文盛稱范菼之穎悟，擅長詩文。此與端生述其夫「刻燭催詩笑語聯」之言符合，益可證下論陳七供詞中范菼倩人作詩文之説爲誣枉矣。

復次，周慶雲纂南潯志玖宅第門壹「樂志堂」條，後附董襄「人日集范野苹樂志堂，即席次令兄澹人原韻」（題下自注「壬戌」），其「酒壘分兄弟」句下原注云：

座上惟范氏昆仲及余兄弟三人。

同書貳柒選舉門舉人欄載：

乾隆四十八年癸卯。董一經。字寶傳。號韋莊。一號韋齋。嵊縣訓導。

嘉慶六年辛酉。董應椿。一經子。字冠英。號雲帆。

嘉慶十二年丁卯。董襄。一經子。應椿弟。宛平籍。順天中式。字念喬。號茗庵。

同書貳伍列女門貳「張氏」條云：

舉人董襄妾。道光〔三年〕癸未襄卒。

寅恪案，樂志堂條最可注意者，爲詩題下自注之「壬戌」二字。檢乾隆七年歲次壬戌，嘉慶七年亦歲次壬戌。董詩題下之壬戌，必非乾隆七年，而是嘉慶七年。蓋乾隆七年尚無樂志堂故也。既是嘉慶七年，則此樂志堂主人野苹，果爲何人？但其人既姓范，「野苹」之稱，自是出於詩經小雅鹿鳴篇「食野之苹」句。「野苹」二字，與其人本名之關係，頗難揣測。或是范璨之孫，即陸燿之婿范墀。但墀爲長孫，必無「澹人」之親兄，是亦不可能也。若非墀者，則「城」

「塏」二字，不能與「野苹」相關聯，則其人捨范菼莫屬。嘉慶七年壬戌，菼當尚在人間也。

又據毛詩正義叁之貳碩人篇「葭菼揭揭」句略云：

葭蘆菼薍。釋草文。李巡曰，分別葦類之异名。郭璞曰，蘆，葦也。薍似葦而小。大車傳曰，菼，鵻也。蘆之初生也。則毛意以葭菼爲一草也。陸機（璣）云，薍或謂之荻。至秋堅成，則謂之萑。其初生三月中，其心挺出，其下本大如箸，上鋭而細。揚州人謂之馬尾。以今語驗之，則蘆薍别草也。

同書肆之壹大車篇「毳衣如菼」句云：

郭璞曰，菼草色如鵻，在青白之間。

同書捌之壹七月篇「八月萑葦」句云：

〔萑葦〕二草。初生者爲菼，長大爲薍，成則名爲萑。初生爲葭，長大爲蘆，成則名爲葦。小大之异名，故云，薍爲萑，葭爲葦。此對文耳，散則通矣。

同書玖之貳鹿鳴篇「食野之苹」句云：

箋：苹，藾蕭。正義曰，釋草文。郭璞曰，今藾蒿也。初生亦可食。陸機（璣）疏云，葉青白色，莖似箸而輕脆。始生香，可生食，又可蒸食，是也。易傳者，爾雅云，苹，蓱，其大者爲苹，是水中之草。召南采苹云，於以採苹，南澗之濱者也。非鹿所食，故不從之。（寅恪案，讀者苟取通行本百二十回石頭記第玖回「訓劣子李貴承申飭」所載隨寶玉上學之李貴答賈政云，「哥兒已經念到第三本詩經，什麼攸攸鹿鳴，荷葉浮萍。小的不敢撒謊」之語相參閱，當亦與榮國府清客相公及賈政同爲之噴飯也。）

吳其濬植物名實圖考壹貳隰草類「牛尾蒿」條略曰：

詩經「取蕭祭脂」。陸璣毛詩草木鳥獸蟲魚疏，蕭荻，今人所謂荻蒿者，是也。按爾雅蕭荻，郭注即蒿。李時珍本草綱目以陸疏苹爲牛尾蒿。與今本不同。

同書壹肆同類「蘆」條云：

夢溪筆談以爲蘆葦是一物。藥中宜用蘆，無用荻理。然今江南之荻，通呼爲蘆，俗方殆無別也。

此條下附毛晋詩疏廣要云：

雩婁農曰，强脆而心實者爲荻，柔纖而中虛者爲葦。澤國婦孺，瞭如菽麥。

則范菼所以不用其原來「惇哉」之字，而改稱「野苹」者，蓋以「苹」與「菼」有類似之處，遂取此稱，藉資掩飾歟？但斯乃昔人取義於經典訓詁而改易其稱謂。吾人今日自不必就植物分類之科學以討論此問題也。至董氏所言其兄「澹人」，或是烏程縣志范璨傳所謂「〔璨〕既貴顯，讓宅於從父兄弟」之兄弟所出者。今俱難考知，姑附記於此，以供談助。

今得見嘉慶二十二年丁丑重刊織雲樓合刻中陳長生繪聲閣續集有「喜蓉洲甥至京，有懷亡姊感賦」一題，（此集流傳甚少，陳文述當亦未得見，否則其咏繪影閣詩，自不致有「婿遇赦歸，未至家而□□死」之誤也。）則端生之子字「蓉洲」無疑。據西泠閨咏「繪聲閣咏家秋穀」七律中「香車桂嶺青山暮，畫舫蓮莊碧浪遥」一聯，「桂嶺」自指桂林，「蓮莊」與「畫舫」「碧浪」連文，則是指湖州府歸安縣之蓮花莊。考乾隆修湖州府志捌古迹門歸安縣「蓮花莊」條云：

蓮花莊在府治東南，縣學南。縣志：元趙子昂别業。四面陂水環繞，水中多蓮，絶爲幽勝。

此條下引明釋宗泐詩云：

洲渚緑縈迴，芙蓉面面開。

及朱長春詩云：

城傍秋水古横塘，四面蓮花學士莊。

寅恪案，趙松雪之蓮花莊建築於陂水環繞之地，其地必是高出陂水，即所謂洲渚者。（「蓮花」與「芙蓉」同義。古之所謂芙蓉，即荷花。鄭善果所謂「六郎面似蓮花」與白香山長恨歌「芙蓉如面」等語，皆可爲證，而非石頭記「芙蓉女兒誄」之木芙蓉也。）然則「蓉洲」之稱，殆由於此，所以表示仰慕鄉里先賢之意也。

據上文所論，知塏爲葵之少子。「塏」字之訓，依左傳昭公三年「初，齊景公欲更晏子之宅」條「請更諸爽塏者」句，杜預注云：

爽，明。塏，燥。

孔穎達正義云：

塏，高地，故爲燥。

由是言之，趙松雪之蓮花莊，建築於陂水中高出於陂水之洲渚上。端生之子既字蓉洲，與其名爲塏，實相關聯。若鄙說不誤，益可證科場案中之范菼，即范璨之子也。茲更有可言者，范璨之年齡雖高於陳兆崙，但陳氏稱范氏爲「前輩」，乃就登科先後次第而言，非世俗口語所謂「前輩」「晚輩」之義。若真爲世俗口語之「前輩」，則在近代文言應稱爲「父執行」，或「某丈」。試舉最近人稱謂之一例。如文廷式雲起軒詞中稱李盛鐸爲「前輩」。因李氏爲光緒十五年己丑科第一甲第二名進士，而文氏爲光緒十六年庚寅科第一甲第二名進士。可證「前輩」之稱乃登科次第，非年齡高下也。憶昔清宣統間，王闓運以舉人賜翰林院檢討，同時名醫徐景明博士亦賜牙科進士。湘綺戲作七律解嘲，其一聯云：

已無齒録稱前輩，賴有牙科步後塵。

蓋清室已於光緒季年停止科舉，更無同年録之刊刻，故湘綺有「已無齒録」之言也。

又端生雖屢次由湖州歸寧其父於杭州，但其臨逝之前，得聞范菼將由伊犁赦還，必與其子蓉洲在湖州家中坐待，自不留滯杭州，以俟其夫之至。蓋范荑既有房宅在南潯，歸後當有祭掃父墓之事。且范荑赦回時，玉敦已死，荑絕不先返杭州與端生會見無疑。至於玉敦妾施氏可能成爲繼室一點，則既無文獻可徵，且「扶正」之事，雖偶有之，然以紫竹山房理法謹嚴之家庭，應遵奉齊桓公葵丘之盟「毋以妾爲妻」之條文可知也。（見穀梁傳僖公九年及孟子告子章下。）

繪聲閣續稿「哭春田大姊」二首之一「捧到鄉書意轉驚」句與同書「喜蓉洲甥至京，有懷亡姊感賦」詩「話到鄉關倍黯然」句之「鄉」及「鄉關」，究何確指？今據繪聲閣初稿「寄懷春田家姊」七律云：

白蓮橋畔西風冷，紅蓼灘前夕照多。

慈壽堂文鈔肆「竹墩村記」略云：

去〔湖州〕郡城定勝門三十里弱，有村曰竹墩者，吾沈氏家焉。記水道曰白蓮池。南港東流之所蓄也。記橋曰雙小橋。一在白蓮池西，一在白蓮池東。皆木。

光緒修歸安縣志捌古迹門「紅蓼汀」條引康熙縣志云：

在白蘋洲對岸。宋汪藻有調小重山詞咏紅蓼汀。

等材料，可知端生夫家范氏與長生夫家葉氏，同在湖州。夫浙江一省，同時竟有兩范荑，豈不與舊戲劇中五花洞碧波仙子等，同一神話歟？然則此一奇案，恐包龍圖再生，亦難解決矣。鄙意就吾國昔日士大夫階級之婚姻條件言之，端生與秋塘兩家，既非孔李交游之舊，林薛姑姨之親；又無彩樓抛球之緣，元夕觀燈之遇。今論者竟爲之强牽紅絲，使成嘉耦，以效法喬太守之亂點鴛鴦譜，豈不异哉！豈不异哉！

關於范菼科場獲罪一案，尚有可疑者。觀乾隆四十五年東閣大學士兼刑部事務英廉等所上刑部題本略云：

嗣陳七復見孫三、王五，各給銀七兩五錢，言定在場内傳遞文字。陳七又恐孫三、王五與范菼等素未熟識，恐場中傳遞錯誤，當令范菼等於衣襟上各掛小紅包爲記，令孫三、王五暗中認識，記明伊等所坐號舍，以便傳遞。入場後，華振聲〔等〕所作各卷，係王五潛往接收，轉交孫三懷藏，於〔八月〕初九日夜四更時，正在找尋范菼等號口交遞，當被查獲。查陳七因身充謄録，冀圖重謝，輒包攬多人，雇替作文，轉輾説合，接受過付共銀一百二十餘兩。復敢有心將雇倩在場三人，隱匿不吐，欲令出場逸逃，實屬目無法紀。陳七應情實。

又觀雍正修大清會典柒貳禮部壹陸貢舉壹科舉通例云：

諸士領卷尋號時。有在號外停立者，登時扶送監臨詰問。坐定出題，簾外員役不許私入號房，傳送茶湯。

然則范菼似一不善作四書義及試帖詩之人，與上引陳端生於再生緣中自述其夫之語，殊爲不合。鄙意陳七狡猾多謀，既「敢有心將僱倩在場三人，隱匿不吐，欲令出場逸逃」，或者孫三、王五被查獲時，適在范菼號口，因隨意誣指其「僱替作文」，（寅恪前以爲菼因代人作文得罪。今見陳七口供，自應更正。）藉以搪塞拷問者之刑逼，并爲另一僱替之人開脱。果爾，范菼乃替死鬼，即陳文述所謂「爲人牽累」者歟？

復次，陳七在此案中爲主犯，僅以行第稱，而不直書其名。蓋此人真名若暴露，則與當朝顯要，主事及考官等牽連，故特爲隱諱。（此點可參沈垚落帆樓文集拾簡扎摭存下「與吴半峰汝雯」所云：「北闈中式者，多半是關節。十八名以鈔襲成文被革，其實取中亦是關節。主司本屬房老改，不改，而後被御史糾也。此時風氣，無勢力者，竟可不必應試。本年順天科場之弊，發覺者特百分之一二，且其尤小小者耳。以有宰相子不入場而中式之事，故發覺者概從輕比。蒙蔽二字，至斯爲極，無勢力者，尚求進取耶？」沈氏作此書時，爲道光二十年庚子，距乾隆四十五年科場案，適爲甲子一周。可見順天鄉試積弊并未稍減。及至咸豐八年戊午順天鄉試，嚴懲主事官柏葰等之後，其弊始革矣。）即此一端，亦可以推知此案口供，必非完全真實也。至范菼善作詩，而不善作八股文之説，則殊不然。檢嘉慶修大清會典事例貳伍禮部門乾隆二十二年條云：

本年欽奉諭旨，會試二場表文，改用五言八韻唐律一首。剔釐科場舊習，務收實效。至將來各省士子，甫登賢書，即應會試。中式後，例應朝考。若非預先於鄉試時，一體用詩，垂爲定制，恐諸士子會試中式後，仍未能遽合程式。應自乾隆〔二十四年〕己卯科鄉試爲始，於第二場經文之外，加試五言八韻唐律一首。

同書同卷乾隆四十七年條云：

又議定二場排律一首，移置頭場試藝後。其性理論一道，移置二場經文後。

可知自乾隆二十四年己卯以後，八股文與試帖詩同一重要。故應試之舉子，無不殫竭心力，專攻此二體之詩文。今通行本一百二十回之石頭記，爲乾隆嘉慶間人所糅合而成者。書中試帖體之詩頗多，蓋由於此。總之，即使范菼善於作詩，而不精通舉子業，如沈氏「范太學傳」所言者，亦恐不至於冒大危險，倩人代作也。

茲有可附論者，乾隆四十七年，議定將二場排律詩移置頭場試藝後。故兒女英雄傳作者文康，於第叁伍回「安公子占桂苑先聲」中，述安龍媒以備卷得代，錯用官韻之馬簣山中式第陸名舉人。此事實暗指同治三年甲子順天鄉試，而非雍正年間科場規則也。

復次，今得見繪聲閣初稿「與序堂弟泛舟西湖」，「將歸吴興，呈春田家姊并留贈汪嗣徽夫人」，「寄懷春田家姊」及繪聲閣續稿「哭春田大姊」等題，始知范菼實以嘉慶元年授受大典恩赦獲歸。前所論范菼獲歸之年有二，而以乾隆五十五年獲歸爲較可能。既得此新證，自應更正。

至乾隆四十五年九月二十五日刑部題本所云：

陳七又因曾與鑲黄旗滿洲筆帖式恒泰、春泰弟兄抄寫書籍，彼此熟識。

又略云：

不能禁約子弟之翰林院侍講勒善〔等〕革職。

等語，似此勒善與耆獻類徵初編叁叁貳將帥門所載清國史館本傳初名勒善之勒福，非爲一人。但此傳乾隆五十八年以前之事迹，全不記載。又於道光十五年引見時，更名勒福，并中華書局印清史列傳中，不見勒福傳諸端，恐有所避忌，不能無疑。姑識於此，以待更考。

李桓國朝耆獻類徵初編壹肆貳郎署肆儲大文撰汪森墓志銘附錢載撰汪孟鋗墓志銘略云：

考上堉，歷官大理府知府。妣祝氏。大理四子，君其長也。雍正乙卯爲娶婦。蓋大理惟及爲冢子娶婦，其諸子女皆君於父没後爲弟昏，而嫁其妹者也。乾隆元年丙辰君年十六，侍母從父官盛京，入官京師。〔六年〕辛酉母没，君扶柩攜弟歸里，卜壤葬母於海鹽山茶花漾之原。〔十年〕乙丑大理出守，〔十一年〕丙寅大理卒於官，君奔迎柩歸，合葬於新阡。

寅恪案，汪上堉雖其本缺爲雲南省大理府知府，然亦有調署雲南省首府雲南府之可能。如乾隆三十五年陸燿原任登州府知府，三十六年調山東省首府濟南府知府，即是其例。依此言之，雲南省志職官門雲南府知府欄，列汪上堉之名，并非僞傳，亦未可知也。

又端生之母汪氏，是否嫡出，抑或庶出，未能考知。假使爲庶出，則汪氏有隨其生母侍其父汪上堉往雲南之可能，如兒女英雄傳第貳回「沐皇恩特受河工令」略云：

〔安〕老爺開口先向著太太説道：「太太，如今咱們要作外任了。」又聽老爺往下説道：「我的主意打算暫且不帶家眷。到了明秋，我再打發人來接家眷不遲。第一件心事，明年八月鄉試，玉格務必教他去觀觀場。」太太説：「老爺纔説的一個人兒先去的話，還得商量商量。萬一得了缺，或者署事，有了衙門，老爺難道天天在家不成。別的慢講，這顆印是個要緊的。衙門裏要不分出個内外來，斷乎使不得。」老爺説：「何嘗不是呢？我也不是没想到這裏，但是玉格此番鄉試，是斷不能不留京的。既留下他，不能不留下太太照管他。這是相因而至的事情，可有甚麼法兒呢？」公子便説道：「請父母只管同去，把我留在家裏。」老爺明决料著自己一人前去，有多少不便，便向太太道：「譬如咱們早在外任，如今從外打發他進京鄉試，難道我合太太還能跟著他不成？」太太聽了，便向老爺説道：「老爺主見自然不錯，就這樣定規了罷。」

寅恪案，清國子監題名碑乾隆十三年戊辰科會試，則其前一年，即乾隆十二年丁卯有鄉試。

汪上堉不令其子孟鋗於乾隆十年，隨己身同赴雲南，而遣家歸秀水，蓋欲孟鋗留居故里，預備應乾隆十二年丁卯科浙江鄉試。此點與安老爺不令安公子隨己身赴淮安，而令其留京應順天鄉試者相同。又安老爺此時不過一候補河工令，尚未得實缺，或署事。但安太太必欲分出個内外，以保管官印。據國朝耆獻類徵貳叁貳沈大成代撰汪上堉墓志銘略云：

配祝氏，封宜人，前卒。子孟鋗、仲鈖、季鏗。其篕所生則彝銘也。

紫竹山房文集壹伍「顯考皐亭府君行述」略云：

府君終於乾隆八年三月二十四日寅時。孫六人。長玉萬，聘吴氏，雲州知州，現任大名府同知日省公第五女。次玉敦，聘汪氏，現任刑部河南司郎中起巖公次女。

同書同卷「顯妣沈太宜人行述」略云：

先慈終於乾隆戊辰年（十三年）六月二十四日巳時。孫男六人。玉萬太學生，娶吴氏，原任大名府同知日省公第五女。玉敦錢塘學附生，聘汪氏，原任刑部河南司郎中、雲南大理府知府起巖公女。

同書同卷「冢婦吴氏行略」略云：

〔乾隆十五年〕庚午秋，玉萬暨次兒玉敦，忝與鄉薦。明年正月長孫女端兒生。次子婦出也。

則是端生母汪氏，乃上堉次女。嫡配或篕室所生，固難決定，但例以安老爺以候補河工令之資格往淮安，安太太因安老爺無側室，故須親身隨往，以分内外。何況上埼乃實缺知府，當時由北京赴雲南，較由北京赴淮安，交通更困難。上埼嫡配祝氏，雖已前卒，往大理前，又遣孟銷歸里，似仍須攜帶少數眷屬同行。苟欲攜眷屬同行，則此眷屬必是彝銘之母。端生之母汪氏，既是上埼次女，頗有爲彝銘同母姊之可能。依上引材料綜合推計，端生之母汪氏，果隨父母往雲南，其時年齡當在十歲以上。以十歲以上之女子，自然熟悉滇省之地理風俗狀況，故後來可以轉告再生緣之作者。所可笑者，沈大成代撰之汪上埼墓志銘，絶不提及上埼有二女。若非陳句山尚有男女平等之觀念，其著作關於婦女方面，亦詳載記，否則此一代才女之母，竟成西游記第壹回「靈根育孕源流出」由石卵迸裂而出之孫悟空矣。呵呵！

或有執石頭記述賈政放學差及任江西糧道，王夫人、趙姨娘、周姨娘皆不隨往以相難。鄙意石頭記中，不合事理者頗多，如晴雯所補之孔雀毛裘，乃謂出自俄羅斯國之類。若更證以才女戴蘋南隨其翁趙老學究赴江西學政之任，旋没於任所一事，尤爲實例實據。足見兒女英雄傳所言，非憑虚臆造者也。

戴蘋南「織素圖次韻」三首之一「絶勝崔徽傳裏人」句中之「崔徽」，宋元人詩詞用此典者頗多，兹舉數例於下，以見一斑。

蘇文忠公詩合注壹伍「和趙郎中見戲」二首之一「空唱崔徽上白樓」句下王注云：

〔趙〕堯卿（夔）曰，裴欽中以興元幕使河中，與徽相從者累月，欽中使罷，徽不能從，情懷怨抑。後數月，東川幕白知退（行簡）將自河中歸，徽乃托人寫真，因捧書謂知退曰，爲妾謂裴郎，崔徽一旦不及卷中人，徽且爲郎死矣！明日遂疾，發狂。元稹爲作崔徽歌以叙其事。

又施武子宿注云：

張君房麗情集元微之崔徽傳云，蒲女也。裴敬中使蒲，徽一見動情，不能忍。敬中使回，徽以不能從爲恨，久之成疾，寫真以寄裴。世有伊州曲，蓋採其歌成之也。

同書貳捌「章質夫寄惠崔徽真」題下施注云：

元微之作崔徽歌，世有伊州曲，蓋採其歌成之也。

楊廉夫維楨鐵厓三種之一鐵厓逸編注捌續奩集二十首之七「照畫」云：

畫得崔徽卷裏人，菱花秋水脱真真。只今顔色渾非舊，燒藥熛頭過一春。

史邦卿達祖梅溪詞三姝媚云：

記取崔徽模樣，歸來暗寫。

許彦周顗彦周詩話云：

詩人寫人物，態度至不可移易。元微之李娃行云，髻鬟峨峨高一尺，門前立地看春風。此定爲娼婦。

寅恪案，鐵厓「畫得崔徽卷裏人」句，出自「崔徽一旦不及卷中人」之語。戴蘋南「絶勝崔徽傳裏人」句，亦與鐵厓同用一典。故句中之「傳」字，似當作「卷」，而非用蘇詩施注所引之麗情集「崔徽傳」之「傳」。不過蘋南更承用鐵厓此句耳。蓋蘋南學問實由其父璐處得來。至若其八股名家之阿翁趙佑，必不許子婦閲讀此類雜書也。

又唐人小説例以二人合成之。一人用散文作傳，一人以歌行咏其事。如陳鴻作長恨歌傳，白居易作長恨歌。元稹作鶯鶯傳，李紳作鶯鶯歌。白行簡作李娃傳，元稹作李娃行。白行簡作崔徽傳，元稹作崔徽歌。此唐代小説體例之原則也。（可參拙著元白詩箋證稿第壹章「長恨歌」。）其言元微之作崔徽傳者，當是行文偶誤，不足爲據。至若韓愈作「石鼎聯句」，（見全唐詩第壹壹函聯句肆韓愈。）則以散文與歌詩不能分割，故一人兼爲之。此乃變例，不可執以概全部唐人小説之體裁也。

兹别有可注意者，許彦周謂元微之「髻鬟峨峨高一尺」句，乃寫當時婦女頭髮之形態，可供研究唐代社會史者之參考。然則當日所謂時髦婦女之髮型，有類今日所謂原子爆炸式，或無常式耶？寅恪曾游歷海外東西洋諸國，所見當時所詫爲奇异者，數十年後，亦已認爲通常，不足爲怪矣。斯則關於風氣之轉變，特舉以告讀司馬彪續漢書五行志述「服妖」諸條之君子。

又三益堂再生緣原本刻於道光元年。是「元」字非「九」字之誤，應據以改正。但「花甲」

即六十歲。五十一歲可言「開六秩」，而梁德繩以「近花甲」爲言，未免有語病。若易「嗟我年將近花甲」爲「嗟我今年開六秩」，則更妥適，不至令人疑惑耳。（此點可參白氏文集叁柒「喜老自嘲」詩末二句「行開第八秩，可謂盡天年」原注「時俗謂七十已上爲開第八秩」之語。）

又陳文述西泠閨咏壹伍「繪影閣咏家□□」詩「苦將夏簟冬釭怨」句，乃用文選壹陸江文通「別賦」中「夏簟清兮晝不暮，冬釭凝兮夜何長」之典，與此詩第貳句「別緒年年悵女牛」相應。今刻本「釭」誤作「缸」，不可從。

論再生緣校補記後序

論再生緣一文乃頹齡戲筆，疏誤可笑。然傳播中外，議論紛紜。因而發見新材料，有爲前所未知者，自應補正。兹輯爲一編，附載簡末，亦可別行。至於原文，悉仍其舊，不復改易，蓋以存著作之初旨也。噫！所南心史，固非吴井之藏。孫盛陽秋，同是遼東之本。點佛弟之額粉，久已先乾。裹王娘之脚條，長則更臭。知我罪我，請俟來世。

一九六四年歲次甲辰十一月十八日文盲叟陳寅恪識於廣州金明館

（原載一九七八年七月、十月中華文史論叢第柒、捌輯）

論唐高祖稱臣於突厥事

吾民族武功之盛，莫過於漢唐。然漢高祖困於平城，唐高祖亦嘗稱臣於突厥，漢世非此篇所論，獨唐高祖起兵太原時，實稱臣於突厥，而太宗又爲此事謀主，後來史臣頗諱飾之，以至其事之本末不明顯於後世。夫唐高祖太宗迫於當時情勢不得已而出此，僅逾十二三年，竟滅突厥而臣之，大恥已雪，奇功遂成，又何諱飾之必要乎？兹略取舊記之關於此事者，疏通證明之，考興亡之陳跡，求學術之新知，特爲拈出此一重公案，願與當世好學深思讀史之有心人共參究之也。

舊唐書陸柒李靖傳（參新唐書貳壹伍上突厥傳貞觀政要貳任賢篇大唐新語柒容恕篇）云：

太宗初聞靖破頡利，大悅，謂侍臣曰：朕聞「主憂臣辱，主辱臣死」。往者國家草創，太上皇（高祖）以百姓之故，稱臣於突厥，朕未嘗不痛心疾首，志滅匈奴，坐不安席，食不甘味，今者暫動偏師，無往不捷，單于款塞，恥其雪乎。

寅恪案，太宗所謂國家草創，即指隋末高祖起兵太原之時，當此時，中國與突厥之關係爲何如乎？試觀通典壹玖柒邊防典突厥條上（參新唐書貳壹伍上突厥傳唐會要玖肆北突厥條）云：

及隋末亂離，中國人歸之者甚衆，又更强盛，勢淩中夏，迎蕭皇后，置於定襄，薛舉竇建德王世充劉武周梁師都李軌高開道之徒，雖僭尊號，俱北面稱臣，東自契丹，西盡吐谷渾高昌諸國皆臣之，控弦百萬，戎狄之盛，近代未有也。大唐起義太原，劉文靜聘其國，引以爲援。

則知隋末中國北方群雄幾皆稱臣於突厥，爲其附庸，唐高祖起兵太原，亦爲中國北方群雄之一，豈能於此獨爲例外？故突厥在當時實爲東亞之霸主，史謂「戎狄之盛，近代未有」。誠非虛語，請更引史傳以證釋之。

舊唐書伍伍劉武周傳（參新唐書捌陸劉武周傳）略云：

突厥立武周爲定楊可汗，遺以狼頭纛，因僭稱皇帝，建元爲天興。

資治通鑑壹捌叁隋紀柒略云：

恭帝義寧元年（即煬帝大業十三年），突厥立〔劉〕武周爲定楊可汗，遺以狼頭纛。武周即皇帝位，改元天興。

通鑑考异云：

新舊唐書武周皆無國號，惟創業起居注云，國號定楊。

通鑑此條胡注云：

言將使之定楊州也。

大唐創業起居注上云：

大業十三年三月己丑，馬邑軍人劉武周殺太守王仁恭，據其郡而自稱天子，國號定楊。武周竊知煬帝於樓煩築宮厭當時之意，故稱天子，規而應之。

寅恪案，胡氏釋定楊爲定楊州，楊揚雖古通用，然楊爲隋之國姓，似以定楊隋爲釋較胡説之迂遠爲勝，至創業起居注以「國號定楊」爲言者，蓋突厥錫封劉武周爲定楊可汗，温大雅於此頗有所諱，故以「國號定楊」爲言，司馬君實不解此意，而疑兩唐書與創業起居注异，其實武周之所謂國號即其所受突厥之封號也。

新唐書捌柒梁師都傳（參舊唐書伍陸梁師都傳）略云：

自爲梁國，僭皇帝位，建元永隆，始畢可汗遺以狼頭纛，號大度毗伽可汗解事天子。

寅恪案，突厥語「大度」爲「事」，「毗伽」爲「解」，突厥語大度毗伽可汗即漢語解事天子也。

新唐書玖貳李子和傳云：

北事突厥，納弟爲質，始畢可汗册子和爲平楊天子，不敢當，乃更署爲屋利設。

資治通鑒壹捌叁隋紀柒略云：

恭帝義寧元年三月，始畢以劉武周爲定楊天子，梁師都爲解事天子，子和爲平楊天子，子和固辭不敢當，乃更以爲屋利設。

胡注云：

平楊猶定楊也。

寅恪案，胡氏之意，平楊爲平楊州，似不如以平楊隋爲釋較勝也。

資治通鑒壹捌捌唐紀肆略云：

武德三年七月驃騎大將軍可朱渾定遠告并州總管李仲文與突厥通謀，欲俟洛陽兵交，引胡騎直入長安，甲戌，命皇太子鎮蒲反以備之。四年二月，并州安撫使唐儉密奏真鄉公李仲文與妖僧志覺有謀反語，又娶陶氏之女，以應桃李之謠，諂事可汗，甚得其意，可汗許立爲南面可汗，及在并州，贓賄狼藉。上命裴寂陳叔達蕭瑀雜鞫之。乙巳，仲文伏誅。

寅恪案，綜合前引史料觀之，則受突厥之可汗封號者，亦受其狼頭纛，其有記受突厥封號，而未及狼頭纛者，蓋史臣略而不載耳。故突厥之狼頭纛猶中國之印綬，乃爵位之標幟，受封號者，必亦受此物，所以表示其屬於突厥之系統，服從稱臣之義也。據通典壹玖柒邊防典突厥傳上（參隋書捌肆突厥傳北史玖玖突厥傳等）略云：

旗纛之上，施金狼頭，侍衛之士，謂之附離，夏言亦狼也，蓋本狼生，志不忘舊。

可知狼爲突厥民族之圖騰。隋末北方群雄，既受突厥之狼頭纛，則突厥亦以屬部視之矣，哀哉。

紀載唐高祖太宗起兵太原之事，温大雅大唐創業起居注一書，爲最重要之史料，世所共知。其述當時與突厥之關係，最爲微妙，深堪玩味，如改旗幟一事，辭費文繁，或者以爲史家鋪陳開國祥瑞之慣例，則不達温氏曲爲唐諱之苦心。又稱臣突厥之主謀，實爲太宗，實可據其述興國寺兵脅迫高祖服從突厥一事得以推知。兹不避繁冗之嫌，頗詳録温氏之書與此二事有關者推論之如下：

裴寂等乃因太子秦王等入啓，請依伊尹放太甲、霍光廢昌邑故事，廢皇帝而立代王，興義兵以檄郡縣，改旗幟以示突厥，師出有名，以輯夷夏。於是遣使以衆議馳報突厥，始畢依旨，即遣其柱國康鞘利級失熱寒特勤達官等送馬千匹來太原交市，仍許遣兵送帝往西京，多少惟命。康鞘利將至，軍司以兵起甲子之日，又符讖尚白，請建武王所執白旗以示突厥。帝曰，誅紂之旗牧野臨時所仗，未入西郊，無容預執，宜兼以絳雜半續之。諸軍稍旛皆放此，營壁城壘幡旗四合，赤白相映若花園。開皇初太原童謡云，法律存，道德在，白旗天子出東海。常亦云白衣天子，故隋主恒服白衣，每向江都，擬於東海。又有桃李子歌曰，桃李子，莫浪語，黄鵠繞山飛，宛轉花園裏。案李爲國姓，桃當作陶，若言陶唐也，配李而言，故云桃花園，宛轉屬旌幡。汾晋老幼謳歌在耳，忽睹靈驗，不勝懽躍。

寅恪案，唐高祖之起兵太原，即叛隋自立，别樹一不同之旗幟以表示獨立，其事本不足怪，但太宗等必欲改白旗以示突厥，則殊有可疑。據大唐創業起居注下載裴寂等所奏神人太原慧化尼歌謠詩讖有云：

童子木上懸白旛，胡兵紛紛滿前後。

是胡兵即突厥兵，而其旗幟，爲白色之明證。此歌謠之意，謂李唐樹突厥之白旗，而突厥兵從之，蓋李唐初起兵時之旗爲絳白相雜，不得止言白旛也。所可笑者，開皇初太原童謡本作白衣天子出東海，太宗等乃强改白衣爲白旗，可謂巧於傅會者矣。夫歌謡符讖，自可臨時因事僞造，但不如因襲舊有之作稍事改换，更易取信於人，如後來玄宗時佞臣之改作得寶歌，即是顯著之例（見舊唐書壹佰伍韋堅傳）。豈所謂效法祖宗，師其故智者耶？唐高祖之不肯竟改白旗而用調停之法兼以絳雜半續之者，蓋欲表示一部分之獨立而不純服從突厥之意。據隋書壹高祖紀云：

〔開皇元年〕六月癸未，詔以初受天命，赤雀降祥，五德相生，赤爲火色。其郊及社廟，依服冕之儀，而朝會之服，旗幟犧牲，盡令尚赤。

是隋色爲絳赤，即是當時中夏國旗之色，而資治通鑒壹捌肆隋紀義寧元年六月雜用絳白以示突厥句下胡注云：

隋色尚赤，今用絳而雜之以白，示若不純於隋。

胡氏知隋色尚赤，乃謂「示若不純於隋」，夫唐高祖起兵叛立，其不純於隋自不待言，但其初尚欲擁戴幼主不即革隋命，則旗色純用絳赤本亦不妨，其所以「用絳而雜之以白」者，實表示維持中夏之地位而不純臣服於突厥之意，胡氏之說，可謂適得其反者也。

總之，高祖起兵時，改易旗色，必與臣服於突厥有關。高祖所以遲疑不決，太宗等所以堅執固請，温氏所以詳悉記述歌謡符讖累數百言者，其故正在於此。世之讀史者，不可視爲釀詞而忽略之也。

大唐創業起居注上云：

帝引康鞘利等禮見於晉陽宫東門之側舍，受始畢所送書信，帝僞貌恭，厚加饗賄。鞘利等大悦，退相謂曰，唐公見我蕃人，尚能屈意，見諸華夏，情何可論，敬人者人皆敬愛，天下敬愛，必爲人主，我等見之人，不覺自敬。

寅恪案，此温氏用委婉之筆叙述唐高祖受突厥封號稱臣拜伏之事。「始畢所送書信」，即突厥敕封高祖爲可汗之册書，「帝僞貌恭」，即稱臣拜伏之義。唐高祖此時所受突厥封號究爲何名，史家久已隱諱不傳，但據上引李仲文事觀之，則高祖與仲文俱爲太原主將，突厥又同欲遣兵送之入長安，而仲文所受突厥之封號據稱爲「南面可汗」。由此推之，高祖所受封號亦當相與類似，可無疑也。

總而言之，太宗既明言高祖於太原起兵時曾稱臣於突厥，則與稱臣有關之狼頭纛及可汗封號二事，必當於創業史料中得其經過跡象。惜舊記諱飾太甚，今祇可以當時情勢推論之耳。高祖稱臣於突厥，其事實由太宗主持於內，而劉文靜執行於外，請略引史傳，以證明之。

大唐創業起居注上略云：

　　始畢得書大喜，其部達官等曰，天將以太原與唐公，必當平定天下，不如從之以求寶物，但唐公欲迎隋主，共我和好，此語不好，我不能從。唐公自作天子，我則從行，覓大勳賞，不避時熱，當日即以此意作書報帝。帝開書歎息久之曰，孤爲人臣須盡節，本慮兵行已後，突厥南侵，屈節連和，以安居者，不謂今日所報，更相要逼，乍可絶好蕃夷，無有從其所勸，突厥之報帝書也，謂使人曰，唐公若從我語，即宜急報我，遣大達官往取進止，官僚等以帝辭色懍然，莫敢咨諫。興國寺兵知帝未從突厥所請，往往偶語曰，「公若更不從突厥，我亦不能從公。」裴寂劉文靜等知此議，以狀啓聞。

寅恪案，突厥之欲高祖自爲天子，即欲其受可汗封號，脱離楊隋而附屬突厥之意，其事本不足怪，但興國寺兵，何以亦同突厥，以此要迫，考大唐創業起居注上云：

　　帝遣長孫順德趙文恪等率興國寺所集兵五百人總取秦王部分。

即册府元龜柒帝王部創業門云：

〔唐〕高祖乃命太宗與晉陽令劉文靜及門下客長孫順德劉弘基等各募兵，旬日之間，衆且一萬，文靜頓於興國寺，順德頓於阿育王寺。

夫劉文靜長孫順德（順德爲太宗長孫後之族叔，避遼東之役逃匿於太原，見舊唐書伍捌及新唐書壹佰伍長孫順德傳等。）等皆太宗之黨，其兵又奉高祖之命歸太宗統屬，今居然與突厥通謀，迫脅高祖，叛楊隋而臣突厥，可知太宗實爲當時主謀稱臣於突厥之人，無復疑問也。

太宗爲稱臣於突厥之主謀，執行此計劃之主要人物則是劉文靜，據舊唐書伍柒劉文靜傳略云：

隋末爲晉陽令，煬帝令繫於郡獄，太宗以文靜可與謀議，入禁所視之。高祖開大將軍府，以文靜爲軍司馬，文靜勸改旗幟，以彰義舉，又請連突厥，以益兵威，高祖并從之。因遣文靜使於始畢可汗，始畢曰，唐公起事，今欲何爲？文靜曰，願與可汗兵馬同入京師，人衆土地入唐公，財帛金寶入突厥。始畢大喜，即遣將康鞘利領騎二千隨文靜而至，〔武德二年〕裴寂又言曰，當今天下未定，外有勍敵，今若赦之，必貽後患。高祖竟聽其言，遂殺文靜。

及大唐創業起居注上略云：

乃命司馬劉文靜報使，并取其兵，靜辭，帝私誡之曰，胡兵相送，天所遣來，數百之外，無所用之，所防之者，恐武周引爲邊患，取其聲勢，以懷遠人，公宜體之，不須多也。

則與突厥始畢可汗議訂稱臣之約者，實爲劉文靜，其人與太宗關係密切，觀太宗往視文靜於獄中一事，即可推知，文靜即爲李唐與突厥連繫之人，及高祖入關後漸與突厥疏遠，而文靜乃被殺矣，裴寂謂「當今天下未定，外有勍敵」，「天下未定」指劉武周王世充竇建德等，「外有勍敵」指突厥，而新唐書捌捌劉文靜傳及通鑑壹捌陸唐紀武德二年殺劉文靜條俱省略「外有勍敵」之語，實由未解文靜與突厥之關係所致也。李唐與突厥之連繫人劉文靜雖死，而太宗猶在，觀高祖於遣劉文靜使突厥時，以防劉武周爲言，則唐與突厥關係親密，武周自當受突厥之約束，不敢侵襲太原，若唐與突厥之關係疏遠，則武周必倚突厥之助略取并州。據舊唐書壹玖肆上突厥傳上略云：

> 武德二年始畢授馬邑賊帥劉武周兵五百餘騎，遣入句注，又追兵大集，欲侵太原。是月始畢卒，立其弟俟利弗設，是爲處羅可汗。

可知突厥始畢可汗初與劉文靜定約，立唐高祖爲可汗，約束劉武周，不得侵襲太原。迨唐入關後，漸變前此之恭遜，故始畢又改命武周奪取太原矣。

劉武周既得突厥之助，奪取太原，兵鋒甚盛，將進逼關中，唐室不得不使劉文靜外，其他唯一李唐與突厥之連繫人即太宗出膺抗拒劉武周之命，此不僅以太宗之善於用兵，實亦由其與突厥有特別之關係也。觀舊唐書壹玖肆上突厥傳上云：

太宗在藩，受詔討劉武周，師次太原，處羅遣其弟步利設率二千騎與官軍會。六月處羅至并州，總管李仲文出迎勞之。留三日，城中美婦人多爲所掠。仲文不能制，俄而處羅卒。

則突厥昔之以兵助劉武周者，今反以兵助李世民，前後態度變異至此，其關鍵在太宗與突厥之特別關係，可推知也。

又據舊唐書貳太宗紀上略云：

〔武德〕七年秋，突厥頡利突利二可汗自原州入寇，侵擾關中。有説高祖云，祇爲府藏子女在京師，故突厥來，若燒却長安而不都，則胡寇自止。高祖乃遣中書侍郎宇文士及行山南可居之地，即欲移都。蕭瑀等皆以爲非，然終不敢犯顔正諫。太宗獨曰，幸乞聽臣一申微効，取彼頡利。若一兩年間不繫其頸，徐建遷都之策，臣當不敢復言。高祖怒，仍遣太宗將三十餘騎行剗。還日固奏，必不可移都，高祖遂止。

及新唐書柒玖隱太子傳云：

突厥入寇，帝議遷都，秦王苦諫止。建成見帝曰，秦王欲外禦寇，沮遷都議，以久其兵，而謀篡奪。帝寖不悦。

可見太宗在當時被目爲挾突厥以自重之人，若非起兵太原之初，主謀稱臣於突厥者，何得致此疑忌耶？斯亦太宗爲當時主謀者之一旁證也。

又舊唐書壹玖肆上突厥傳上（參册府元龜玖捌壹外臣部盟誓門）略云：

〔武德〕七年八月，頡利突利二可汗舉國入寇，太宗乃親率百騎馳詣虜陣，告之曰，國家與可汗誓不相負，何爲背約深入吾地？我秦王也，故來一決。可汗若自來，我當與可汗兩人獨戰，若欲兵馬總來，我唯百騎相禦耳。頡利弗之測，笑而不對。太宗又前，令騎告突利曰，爾往與我盟，急難相救，爾今將兵來，何無香火之情也？亦宜早出，一決勝負。突利亦不對。太宗前，將渡溝水，頡利見太宗輕出，又聞香火之言，乃陰猜突利，因遣使曰，王不須渡，我無惡意，更欲共王自斷當耳。於是稍引却，各斂軍而退。太宗因縱反間於突利，突利悅而歸心焉，遂不欲戰。其叔侄内離，頡利欲戰不可，因遣突利及夾畢特勒（勤）阿史那思摩奉見請和，許之。突利因自托於太宗，願結爲兄弟。

寅恪案，太宗在當時不僅李唐一方面目之爲與突厥最有關係之人，即突厥一方面亦認太宗與之有特別關係。然則太宗當日國際地位之重要，亦可想見矣。至太宗與突利結爲兄弟疑尚遠在此時之前，據舊唐書壹玖肆上突厥傳上略云：

〔武德〕九年七月，頡利自率十萬餘騎進寇武功，頡利遣其腹心執失思力入朝爲覘，因張形勢云，二可汗總兵百萬，今已至矣。太宗謂之曰，我與突厥，面自和親，汝則背之，我實無愧。又義軍入京之初，爾父子（指頡利突利言，如昔人稱漢疏廣受父子之例，蓋頡利突利爲叔父及從子也。）并親從我。

然則所謂香火之盟，當即在唐兵入關之時也，通鑒壹玖壹唐紀柒武德柒年胡注釋香火之盟固是，但仍未盡，考教坊記（據說郛本）坊中諸女條云：

坊中諸女以氣類相似，約爲香火兄弟，每多至十四五人，少不下八九輩。有兒郎娉之者，輒被以婦人稱呼，即所娉者兄見呼爲新婦，弟見呼爲嫂也。兒郎有任官僚者，宮參與內人對同日，垂到內門，車馬相逢，或褰車簾呼阿嫂若新婦者，同黨未達，殊爲怪异，問被呼者，笑而不答。兒郎既娉一女，其香火兄弟多相奔，云學突厥法。又云，我兄弟相憐愛，欲得嘗其婦也。主者知亦不妬，他香火即不通。

則太宗與突利結香火之盟，即用此突厥法也。故突厥可視太宗爲其共一部落之人，是太宗雖爲中國人，亦同時爲突厥人矣！其與突厥之關係，密切至此，深可驚訝者也。

舊記中李唐起兵太原時稱臣於突厥一事，可以推見者，略如上述，此事考史者所不得爲之諱，亦自不必爲之諱也。至後來唐室轉弱爲强，建功雪耻之本末，軼出本篇範圍，故不涉及。嗚呼！古今唯一之「天可汗」，豈意其初亦嘗效劉武周輩之所爲耶？初雖效之，終能反之，是固不世出人杰之所爲也。又何足病哉！又何足病哉！

（原載一九五一年六月嶺南學報第拾壹卷第貳期）

韋莊秦婦吟校箋

中和癸卯春三月，洛陽城外花如雪。東西南北路人絶，緑楊悄悄香塵滅。路旁忽見如花人，獨向緑楊陰下歇。鳳側鸞欹鬢脚斜，紅攢黛斂眉心折。借問女郎何處來，含顰欲語聲先咽。回頭斂袂謝行人，喪亂漂淪何堪説。三年陷賊留秦地，依稀記得秦中事。君能爲妾解金鞍，妾亦與君停玉趾。前年庚子臘月五，正閉金籠教鸚鵡。斜開鸞鏡懶梳頭，閒憑雕欄慵不語。忽看門外起紅塵，已見街中擂金鼓。居人走出半倉皇，朝士歸來尚疑誤。是時西面官軍入，擬向潼關爲警急。皆言博野自相持，盡道賊軍來未及。須臾主父乘奔至，下馬入門癡似醉。適逢紫蓋去蒙塵，已見白旗來匝地。扶羸攜幼競相呼，上屋緣牆不知次。南鄰走入北鄰藏，東鄰走向西鄰避。北鄰諸婦咸相湊，户外崩騰如走獸。轟轟崑崑乾坤動，萬馬雷聲從地湧。火迸金星上九天，十二官街烟烘烔。日輪西下寒光白，上帝無言空脉脉。陰雲暈氣若重圍，宦者流星如血色。紫氣潛隨帝座移，妖光暗射臺星坼。家家流血如泉沸，處處冤聲聲動地。舞伎歌姬盡暗捐，嬰兒稚女皆生棄。東鄰有女眉新畫，傾國傾城不知價。長戈擁得上戎車，回首香閨淚盈把。旋抽金綫學縫旗，纔上雕鞍教走馬。有時馬上見良人，不敢迴眸空淚下。西鄰有女真仙子，一寸横波剪秋水。妝成只對鏡中春，年幼不知門外事。一夫跳躍上金階，斜袒半肩欲相耻。牽衣不肯出朱門，紅粉香脂刀下死。南鄰有女不記姓，昨日良媒新納聘。琉璃階上不聞行，翡翠簾間空見影。忽看庭際刀刃鳴，身首支離在俄頃。仰天掩面哭一聲，女弟女兄同入井。北鄰少婦行相促，旋解雲鬟拭眉綠。已聞擊托壞高門，不覺攀緣上重屋。須臾四面火光來，欲下迴梯梯又摧。烟中大叫猶求救，梁上懸屍已作灰。妾身幸得全刀鋸，不敢踟躇久回顧。旋梳蟬鬢逐軍行，强展蛾眉出門去。舊里從兹不得歸，六親自此無尋處。一從陷賊經三載，終日驚憂心膽碎。夜卧千重劍戟圍，朝飡一味人肝膾。鴛幃縱入豈成歡，寶貨雖多非所愛。蓬頭面垢猤眉赤，幾轉横波看不得。衣裳顛倒言語异，面上誇功雕作字。柏臺多士盡狐精，蘭省諸郎皆鼠魅。還將短髮戴華簪，不脱朝衣纏綉被。翻持象笏作三公，倒佩金魚爲兩史。朝聞奏對入朝堂，暮見喧呼來酒市。一朝五鼓人驚起，叫嘯喧争如竊議。夜來探馬入皇城，昨日官軍收赤水。赤水去城一百里，朝若來兮暮應至。凶徒馬上暗吞聲，女伴閨中潛失喜。皆言冤憤此時銷，必謂妖徒今日死。逡巡走馬傳聲急，又道官軍全陣入。大彭小彭相顧憂，二郎四郎抱鞍泣。沉沉數日無消息，必謂軍前已銜璧。簸旗掉劍却來歸，又道官軍悉敗績。四面從兹多厄束，一斗黄金一升粟。尚讓厨中食木皮，黄巢機上刲人肉。東南斷絶無糧道，溝壑漸平人漸少。六軍門外倚僵屍，七架營中填餓殍。長安寂寂今何有，廢市荒街麥苗秀。採樵砍盡杏園花，修寨誅殘御溝柳。華軒綉轂皆銷散，甲第朱門無一半。含元殿上狐兔行，花萼樓前荆棘滿。昔時繁盛皆埋没，舉目淒涼無故物。內庫燒爲錦綉灰，天街踏盡公卿骨。來時曉出城東陌，城外風烟如塞色。路旁時見游奕軍，坡下寂無迎送客。霸陵東望人烟絶，樹鎖驪山金翠滅。大道俱成棘子林，行人夜宿墻匡月。明朝曉至三峰路，百萬人家無一户。破落田園但有蒿，摧殘竹樹皆無主。路旁試問金天神，金天無語愁於人。廟前古柏有殘枿，殿上金鑪生暗塵。一從狂寇陷中國，天地晦冥風雨黑。案前神水呪不成，壁上陰兵驅不得。閒日徒歆奠饗恩，危時不助神通力。我今愧恧拙爲神，且向山中深避匿。寰中簫管不曾聞，筵上犧牲無處覓。旋教魘鬼傍鄉村，誅剥生靈過朝夕。妾聞此語愁更愁，天遣時災非自由。神在山中猶避難，何須責望東諸侯。前年又出楊震關，舉頭雲際見荆山。如從地府到人間，頓覺時清天地閑。陜州主帥忠且貞，不動干戈惟守城。蒲津主帥能戢兵，千里晏然無犬聲。朝攜寶貨無人問，暮插金釵唯獨行。明朝又過新安東，路上乞漿逢一翁。蒼蒼面帶苔蘚色，隱隱身藏蓬荻中。問翁本是何鄉曲，底事寒天霜露宿。老翁暫起欲陳詞，却坐支頤仰天哭。鄉園本貫東畿縣，歲歲耕桑臨近甸。歲種良田二百廛，年輸户税三千萬。小姑慣織褐絁袍，中婦能炊紅黍飯。千間倉兮萬絲箱，黄巢過後猶殘半。自從洛下屯師旅，日夜巡兵入村塢。匣中秋水拔青蛇，旗上高風吹白虎。入門下馬若旋風，罄室傾囊如卷土。家財既盡骨肉離，今日垂年一身苦。一身苦兮何足嗟，山中更有千萬家。朝湌山上尋蓬子，夜宿霜中卧荻花。妾聞此父傷心語，竟日闌干泪如雨。出門惟見亂梟鳴，更欲東奔何處所。仍聞汴路舟車絶，又道彭門自相殺。野色徒銷戰士魂，河津半是冤人血。適聞有客金陵至，見説江南風景异。自從大寇犯中原，戎馬不曾生四鄙。誅鋤竊盜若神功，惠愛生靈如赤子。城壕固護斆金湯，賦税如雲送軍壘。奈何四海盡滔滔，湛然一鏡平如砥。避難徒爲闕下人，懷安却羡江南鬼。願君舉棹東復東，咏此長歌獻相公。

秦婦吟一卷

天復伍年乙丑歲十二月十五日敦煌郡金光明寺學仕張龜寫。

戊辰之春，俞銘衡君爲寅恪寫韋端己秦婦吟卷子，張於屋壁。八年以來，課業餘暇，偶一諷咏，輒若不解，雖於一二字句稍有所校釋，然皆瑣細無關宏旨。獨端己此詩所述從長安至洛陽及從洛陽東奔之路程，本寫當日人民避難之慘狀，而其晚年所以諱言此詩之由，實繫於詩中所述從長安達洛陽一段經過。此點爲近日論此詩者所未詳，遂不自量，欲有所妄説。至詩中字句之甚不可解及時賢之説之殊可疑者，亦略申鄙見，附綴於後。兹請先言從洛陽東奔之路程。此段經過惜未得確知，是以於端己南游事跡不能有所考見。但依地理系統以爲推證，亦有裨於明瞭當日徐淮軍事之情勢及詩中文句之校釋也。

（甲）從洛陽東奔之路程

詩云：

出門惟見亂梟鳴，更欲東奔何處所。仍聞汴路舟車絶，又道彭門自相殺。野色徒銷戰士魂，河津半是冤人血。適聞有客金陵至，見説江南風景异。

王國維氏校本（北京大學國學季刊第壹卷第肆期）云：汴路一作洛下。羅振玉氏校本（敦煌零拾。）汴路作汴洛。周雲青君秦婦吟箋注云：

汴洛謂河南開封至洛陽也。

寅恪案，元和郡縣圖志玖徐州條云：

按自隋氏鑿汴以來，彭城南控埇橋，（在宿縣北二十里，一名符離橋，亦名永濟橋，跨汴水。輿地記：「徐州南控埇橋，以扼汴路，故其鎮尤重。」唐於其地置鹽鐵院。建中二年，淄青帥李正己拒命，屯兵埇橋。元和四年，議者以埇橋當舟車之會，因置宿州以鎮之。）以扼汴路，故其鎮尤重。

同書同卷宿州條略云：

其地南臨汴河有埇橋，爲舳艫之會。

白氏長慶集肆肆杭州刺史謝上表云：

屬汴路未通，取襄漢路赴任。

據此，汴路乃當時習用之名詞，不可改爲汴洛，亦不得釋爲開封至洛陽明矣。

李文公集壹捌來南録云：

元和三年十月翺既受嶺南尚書公之命。四年正月己丑自旌善弟（第）以妻子上船於漕。明日及故洛東，吊孟東野，遂以東野行。〔元和四年正月〕乙未去東都，韓退之石濬川假舟送予。明日及故洛東，吊孟東野，遂以東野行。濬川以妻疾自漕口先歸。黄昏，到景雲山居，詰朝，登上方，南望嵩山，題姓名記别。既食，韓孟别予西歸。戊戌，余病寒，飲葱酒以解表。暮宿於鞏。庚子出洛下河，止汴梁口，遂泛汴流，通河於淮。辛丑及河陰，乙巳次汴州，疾又加，召醫察脉，使人入盧又。二月丁未朔，宿陳留。莊人自盧又來，宿雍丘。〔二月〕乙酉次宋州。疾漸瘳。壬子至永城。甲寅至埇口，丙辰次泗州，見刺史，假舟轉淮上河如揚州。庚申下汴渠入淮，風帆，及盱眙，風逆，天黑色，波水激，順潮入新浦。壬戌至楚州，丁卯至揚州，戊辰上栖靈浮圖。辛未濟大江至潤州。

又同書同卷題桄榔亭云：

翺與監察御史韋君詞皆自東京如嶺南，翺以〔元和四年〕正月十八日上舟於漕以行。韋君期以二月策馬疾驅，追我於汴宋之郊。或不能及，約自宣州會我於常州以偕行。

元和郡縣圖志玖徐州條云：

今爲徐泗節度使理所。

西至東都一千二百二里。

南取埇橋路至宣州五百里。

又同書貳伍潤州條云：

今爲浙西觀察使理所。

西北至東都一千八百一十里。

北渡江至揚州七十里。

正南微西至宣州四百里。

又同書貳捌宣州條云：

今爲宣歙觀察使理所。

西北至東都取和滁路二千一百五十里。

正北微東至潤州四百里。

宣城縣。（郭下。）

當塗縣。

牛渚山，在縣北三十五里，突出江中，謂之牛渚圻，津渡處也。採石戍，在縣西北三十五里，西接烏江，北連建業城，在牛渚山上，與和州横江渡相對。

據此，知李翺南行自身由揚州渡江至潤州，而約韋詞由和州渡江至宣州，蓋二塗皆經埇橋，即李吉甫白居易及秦婦吟所謂汴路，亦即端己吊侯補闕詩句注（浣花集肆）所謂汴宋路也。端己有道當塗縣五律一首（浣花集肆）。夏承燾君韋端己年譜（詞學季刊第壹卷第肆號）列之中和三年南游作中，曲瀅生君韋莊年譜則疑此詩爲光啓二年西游所作。又謂此詩或有爲初次東來時作之可能。然皆未詳言其故。鄙見此詩若果爲端己中和三年春間之作，則是由汴路南行，復取和滁路渡江也。但此詩語意太泛，不易證明。故由何處渡江一點可不必多作揣測之論。至汴路則秦婦吟中雖言其艱阻，而端己之南投周寶，或仍由此路。蓋白樂天長慶二年赴杭州刺史任，所取之襄漢路迂迴太甚。又浣花集中未能確切發見其中和三年春襄漢之行蹤也。姑存此疑，以俟考定。（浣花集叁新正日商南道中作寄李明府一首，夏君韋端己年譜列於中和二年。寅恪案，端己中和二年二月後始離長安，是年新正日何緣在商南道中？疑是中和三年之作。果爾，則端己於中和三年新正日經過商南，豈取襄漢路赴潤州耶？但詩語無明確之表示，故不敢遽斷也。）

汴路之界説既已確定，彭門之地望因之可以推知，而野色之校改亦得佐證矣。翟理斯公子秦婦吟之考證與校釋（原文載通報第貳肆卷第肆第伍合期。兹所據者爲燕京學報第壹卷第壹期張蔭麟君譯本）云：

四川彭縣有彭門山，詩中之彭門不知是指此否？

寅恪案，中和二年冬蜀中阡能之亂蔓延及於雙流新津，（見通鑑貳伍伍中和二年十一月阡能黨愈熾侵淫入蜀州條及崔致遠桂苑筆耕集壹賀處斬草賊阡能表等。）則彭門指彭州導江縣之天彭闕或天彭門，（見元和郡縣圖志叁壹彭州導江縣灌口山西嶺有天彭闕條。）似亦可能，但詩言東奔，而彭州在洛陽之西南，既與地望不合。詩又云：「自相殺。」以官軍平阡能，而謂之「自相殺」，復於措詞爲失體。故知彭門非指天彭門也。

考舊唐書壹捌貳時溥傳云：

時溥彭城人，徐之牙將。黃巢據長安，詔徵天下兵進討。中和二年（寅恪案，二年應作元年，岑氏校勘記失校。）武寧軍節度使支詳遣溥與副將陳璠率師五千赴難。行至河陰，軍亂，剽河陰縣迴。溥招合撫諭，其衆復集。懼罪，屯於境上。詳遣人迎犒，悉恕之。溥乃移軍向徐州。既入，軍人大呼，推溥爲留後，送詳於大彭館。溥大出資裝，遣陳璠援詳歸京。詳宿七里亭，其夜爲璠所殺，舉家屠害。溥以璠爲宿州刺史。竟以違命殺詳，溥誅璠。（參考舊唐書壹玖下僖宗紀廣明元年九月條，新唐書玖僖宗紀，中和元年八月條。壹捌捌時溥傳及通鑑貳伍肆中和元年八月條等。）

崔致遠桂苑筆耕集代高駢所作書牒，關於汴路區域徐州時溥泗州于濤之兵爭及運道阻塞之紀載甚多，俱兩唐書及通鑒等所未詳，實爲最佳史料。茲擇録於下，亦足徵當日徐淮之間軍事交通之情勢也。

桂苑筆耕集捌致泗州于濤常侍別紙略云：

況屬彭門叛亂，仍當汴路艱難，獨守危城，終摧敵壘。

同書玖致泗州于濤尚書別紙略云：

蠢彼徐戎，聚茲餘燼，敢侵貴境，再逞姦謀。

同書壹壹告報諸道徵促綱運書略云：

既裝運舡，將扣飛檝，言遵汴道，徑指圃田，必值徐戎，來侵淮口，扼斷河路，攻圍郡城。時溥罔遵詔旨，尚搆奸謀。去年曾犯淮山，今夏又侵泗水。乃作黄巢外應，久妨諸道進軍。先須剗當道之豺狼，後〔方〕可殄壞堤之螻蟻。冀使隋皇新路，楊柳含春，漢祖舊鄉，荆榛撲地。

同書同卷答徐州時溥書略云：

忽睹來示云：泗州獨阻淮河，自牢城壘，使四方多阻，諸道莫通。其於淮河久阻，道路不通，皆因貴府出兵，不是泗濱爲梗。是非可辨，遠近所聆。去歲夏初，早蒙侵伐，呼蟻軍於漣水，拒虎旅於淮山。

同書同卷答襄陽郄將軍書略云：

中和二年七月四日具銜高某謹復書於將軍閣下：某自去年春知寇侵秦甸，帝幸蜀川，欲會兵於大梁，遂傳檄於外鎮，練成軍伍，選定行期，便被武寧（寅恪案，武寧軍節度使治徐州。）忽興戎役，先侵泗境，後犯淮壖。細察徐州所爲，是作黃巢外應。不然，則何以每見當軍臨發，即將兇黨奔衝，又乃執稱泗濱，阻絕汴路，且臨淮（寅恪案，臨淮郡即泗州。）則城孤氣寡，劣保疲羸。彭門則地險兵强，恐行狂悖。以兹斟酌，可見端倪。況無諸道綱舡曾過泗州本路。今則皆因此寇，却滯諸綱。近則浙東浙西，遠則容府廣府，并未聆饋運，何濟急難。

又吳融唐英歌詩上有七言律詩三首，其題爲：

彭門用兵後經汴路。

又新唐書伍捌藝文志史部雜史類載：

鄭樵彭門紀亂三卷，原注龐勛事。

據此，彭門相殺之語及彭門與汴路之關係，可得其確解矣。

又「野色徒銷戰士魂，河津半是冤人血。」二句造語既不晦澀，用意尤爲深刻，信稱佳構。

據舊唐書壹貳拾郭子儀傳略云：

子儀既謝恩上表，因自陳曰：〔臣〕東西十年，前後百戰。天寒劍折，濺血霑衣。野宿魂驚，飲冰傷骨。

則「野色徒銷戰士魂」句與郭表所云「野宿魂驚」之義相同，似可無須校改。然細繹上下文義，「野色」二字疑是「宿野」二字之訛倒，翟君謂「野色」丙本作「野宿」。據元和郡縣圖志玖河南道伍宿州條略云：

其地南臨汴河，有埇橋爲舳艫之會。（前文已引）

又同書同卷泗州條略云：

秦爲泗水郡地。漢興，改泗水爲沛郡。武帝分置臨淮郡。後漢下邳太守理此。自晋迄後魏并爲宿豫縣。

宿遷縣。

春秋時宋人遷宿之地，晋立宿豫縣。寶應元年以犯代宗廟諱改爲宿遷縣。

新唐書叁捌地理志云：

泗州臨淮郡上，本下邳郡，治宿預。開元二十三年徙治臨淮。

則是「河津」爲汴河之津，「宿野」爲宿州或宿遷即泗州之野。故此二句俱指汴路區域，徐州時溥與泗州于濤之兵爭。此乃依地理系統及歷史事實以爲推證，不得不然之結論。若有以說詩專主考據，以致佳詩盡成死句見責者，所不敢辭罪也。至「冤人」自當作冤死之人解，而周注謂「冤人」爲黃巢同里冤句之人，則似可不必，蓋「冤人」與「戰士」爲對文，冤字非地名也。

金陵，周注引唐書地理志江南道昇州縣本江寧爲釋。其實唐人亦稱節將治所潤州之丹徒爲金陵，詩中之金陵即指潤州之丹徒言。李衛公别集壹鼓吹賦序云：

余往歲剖符金陵。

李德裕曾任浙西觀察使，而潤州之丹徒爲浙西觀察使治所，故云剖符金陵。其餘例證，可參閲杜牧樊川詩集壹杜秋詩序，馮集梧注，及錢大昕廿二史考异壹柒下唐書方鎮表伍貞元三年分浙江東西爲二道條等。兹不備舉。端己中和三年在上元賦詩頗多，（見浣花集肆，及夏承燾君韋端己年譜。）因恐讀者於此句中金陵之語有所誤會，特附辨正於此。

（乙）從長安至洛陽之路程

北夢瑣言陸以歌詞自娱條云：

蜀相韋莊應舉時，遇黄寇犯闕，著秦婦吟一篇。内一聯云「内庫燒爲錦綉灰，天街踏盡公卿骨。」爾後公卿亦多垂訝，莊乃諱之，時人號秦婦吟秀才。他日撰家戒，内不許垂秦婦吟障子，以此止謗，亦無及也。

寅恪案，此事最爲可疑，以今日敦煌寫本之多，（除翟君所舉五本外，王重民君近影得巴黎圖書館伯希和號叁柒捌拾及叁玖伍叁兩本，故寅恪間接直接所得見者，共有七本。德化李氏尚藏一本，已售於日人，未得見，不知與所見之七本异同如何。）當時必已盛傳，足徵葆光子「時人號爲秦婦吟秀才」之言爲不妄。且此詩爲端己平生諸作之冠，而其弟藹所編之浣花集竟不收入，則端己「撰家戒不許垂秦婦吟障子」之説尤屬可信。但端己晚年所以深諱言此詩，要必有故，若如孫氏所指詩中「内庫燒爲錦綉灰，天街踏盡公卿骨」二句爲其主因，則似不然。何以言之？據舊唐書壹捌貳高駢傳載中和二年僖宗責駢之詔，亦引駢表中「園陵開毁，宗廟焚燒」之語。是當時朝廷詔書尚不以此爲諱，更何有於民間樂府所言之錦綉成灰，公卿暴骨乎。即以詩人之篇什論，杜子美諸將之「早時金盌出人間」即高千里之「園陵開毁」、「洛陽宫殿化爲烽」，亦等於「宗廟焚燒」。豈子美可言「園陵開毁，宗廟焚燒」於廣德大曆之時，而端己不得言錦綉成灰，公卿暴骨於廣明中和之世耶？端己生平心儀子美，至以草堂爲居，浣花名集，豈得謂不識此義。即使此二句果有所甚忌諱，則删去之可也。或徑改易之，如唐才子傳作「天街踏盡却重回」即羅氏疑爲端己避謗後所改者，亦無不可也。何至并其全篇而禁絶之。今端己取全篇而悉禁絶之者，可知其忌諱所在，有關全篇主要之結構，既不能删去，復無從改易，實不僅繫於此二句已也。然則其竟以内庫公卿一聯爲説者，乃不能顯言其故，遂作假托之詞耳。以是愈知其所諱之深，而用心之苦矣。

寅恪昔年曾與俞君論此，所疑殊不能釋。近日取兩唐書王重榮及楊復光傳，與秦婦吟所述從長安達洛陽之路程互證，并參以其他史籍，綜合推究，恍然若有所悟，於是假設一說，以求喜讀秦婦吟者之教正。

兹節録有關史籍之文於下：

舊唐書壹玖下僖宗紀云：

〔中和〕二年二月（通鑑繫此事於元年四月，詳見考异。）涇原大將唐弘夫，大敗賊將林言於興平，俘斬萬計。王處存率軍二萬徑入京城，賊僞遁去。京師百姓迎處存，歡呼叫譟。是日軍士無部伍，分佔第宅，俘掠妓妾。賊自灞上分門復入，處存之衆蒼黄潰亂，爲賊所敗。黄巢怒百姓歡迎處存，凡丁壯皆殺之，坊市爲之流血。自是諸軍退舍，賊鋒愈熾。

又同書壹捌貳王重榮傳云：

重榮知〔河中〕留後事，乃斬賊使，求援鄰藩。既而賊將朱温舟師自同州至，黄鄴之兵自華陰至，數萬攻之。重榮戒勵士衆，大敗之，獲其兵仗，軍聲益振。朝廷遂授節鉞，檢校司空。時中和元年夏也。俄而忠武監軍楊復光，率陳蔡之師萬人與重榮合。賊將李祥守華州，重榮合勢攻之，擒祥以徇。俄而朱温以同州降，賊既失同華，狂躁益熾。黄巢自率精兵數萬至梁田坡。時重榮軍華陰南，楊復光在渭北，犄角破賊，出其不意，大敗賊軍。

又同書壹捌肆宦官傳楊復光傳云：

時秦宗權叛〔周〕岌，據蔡州。復光得忠武之師三千入蔡州，説宗權，俾同義舉。宗權遣將王淑率衆萬人，從復光收荆襄。次鄧州，王淑逗留不進，復光斬之，并其軍，分爲八都。鹿晏弘、晋暉、李師泰、王建、韓建等，皆八都之大將也。進攻南陽，賊將朱温、何勤來逆戰，復光敗之，進收鄧州，獻捷行在，中和元年五月也。復光乘勝追賊至藍橋，丁母憂還。尋起復，受詔充天下兵馬都監，押諸軍入定關輔。王重榮爲東面招討使，復光以兵會之。

又同書貳佰下黄巢傳略云：

時京畿百姓皆砦於山谷，累年廢耕耘。賊坐空城，賦輸無入，穀食騰踴，米門三十千。官軍皆執山砦百姓鬻於賊爲食，人獲數十萬。〔中和〕二年王處存合忠武之師，敗賊將尚讓，乘勝入京師，賊遁去。處存不爲備，是夜復爲賊寇襲，官軍不利。賊怒坊市百姓迎王師，乃下令洗城，丈夫丁壯殺戮殆盡，流血成渠。

新唐書壹捌柒王重榮傳云：

即拜檢校工部尚書，爲節度使。會忠武監軍楊復光率陳蔡兵萬人屯武功，重榮與連和擊賊將李祥於華州，執以徇。賊使尚讓來攻，而朱温將勁兵居前，敗重榮兵於西關門，於是出兵夏陽，掠河中漕米數十艘。重榮選兵三萬攻温，温懼，悉鑿舟沉於河，遂舉同州降。復光欲斬之，重榮曰：今招賊，一切釋罪。且温武鋭可用，殺之不祥。表爲同華節度使。有詔即副河中行營招討，賜名全忠。〔黄〕巢喪二州，怒甚，自將精兵數萬壁梁田。重榮軍華陰，復光軍渭北，犄角攻之，賊大敗。

又同書貳佰柒宦者傳上楊復光傳云：

俄起爲天下兵馬都監，總諸軍，與東面招討使王重榮并力定關中。

舊唐書壹玖下僖宗紀云：

中和元年九月，楊復光、王重榮以河西（中？）昭義忠武義成之師屯武功。

通鑒貳伍肆云：

中和元年〔九月〕辛酉，忠武監軍楊復光屯武功。

北夢瑣言玖李氏女條云：

唐廣明中黄巢犯闕，大駕幸蜀，衣冠蕩析，寇盗縱横。有西班李將軍女，奔波隨人，迤邐達興元。骨肉分散，無所依托。適值鳳翔奏將軍董司馬者，乃晦其門閥，以身托之，而性甚明敏，善於承奉，得至於蜀。尋訪親眷，知在行朝，始謂董生曰：喪亂之中，女弱不能自濟，幸蒙提挈，以至於此。失身之事，非不幸也。人各有偶，難爲偕老，請自此辭。董生驚愕，遂下其山矣。識者謂女子之智亦足稱也。見劉山甫閒談。（寅恪案，閩從事劉山甫撰金溪閒談拾貳卷，即見北夢瑣言。）

寅恪案，秦婦吟申述一婦人從長安東奔往洛陽，其行程即端己所親歷也。依秦婦吟所述，此婦之出長安，約在中和二年二月所謂「黃巢洗〔長安〕城」之後。蓋長安經此役後，凡非巢黨，殊難苟存。端己之出長安，亦當在此相距不久之時。但即在此前或此後，大多數之避難者，其從長安東奔之路綫，應亦與詩中所言者不殊。此觀於平時交通之情況，可以推知者也。北夢瑣言李氏女條所紀，亦當日避難婦女普遍遭遇，匪獨限於李氏女一人也。由是言之，秦婦吟之秦婦，無論其是否爲端己本身之假托，抑或實有其人，所經行之路綫，則非有二，金溪閒談之李氏女，即使其非從長安西奔達成都，（若由此路，則唐人謂之南奔也。）而從長安東奔達洛陽，但由此路綫避難之婦女，所遭遇之情勢，亦應有與金溪閒談所述者，略相近似。據舊唐書楊復光傳，王重榮爲東面招討使，復光以兵會之。又據兩唐書王重榮傳，復光與重榮合攻李祥於華州，及重榮軍華陰復光軍渭北，犄角敗賊。是從長安東出奔於洛陽者，如秦婦吟之秦婦，其路綫自須經近楊軍防地。復依舊唐書僖宗紀新唐書王重榮傳及通鑒中和元年〔九月〕之紀事，復光屯軍武功，則從長安西出奔於成都者，如金溪閒談之李氏女，其路綫亦須經近楊軍防地，而楊軍之八都大將之中，前蜀創業垂統之君，端己北面親事之主（王建）即是其一。其餘若晉暉李師泰之徒，皆前日楊軍八都之舊將，後來王蜀開國之元勳也。當時復光屯軍武功，或會兵華渭之日，疑不能不有如秦婦避難之人，及李女委身之事。端己之詩，流行一世，本寫故國亂離之慘狀，適觸新朝宫闈之隱情。所以諱莫如深，志希免禍，以生平之杰構，古今之至文，而竟垂戒子孫，禁其傳佈者，其故儻在斯歟？儻在斯歟？

（丙）詩句校釋

其關於詩中文句之校釋，尚有須略綴數語，申述鄙見者，列舉如下。至其他校釋，已見諸校本而可信從，或無關重要者，皆不贅述。

詩云：

翻持象笏作三公，倒佩金魚爲兩史。

周注云：

兩史爲柏臺（御史大夫）蘭省（御史中丞）也。

寅恪案，通典貳壹職官典叁宰相門中書令條略云：

隋初改中書爲内史，置監令各一人，尋廢監置令二人。大唐武德初爲内史令。三年改爲中書令，亦置二人。龍朔二年改爲右相。

據此，兩史與三公爲對文，自指宰相而言。若御史中丞則官階僅正四品下，職位太卑，非端己詩意也。

詩云：

昨日官軍收赤水，赤水去城一百里。

寅恪案，水經注壹玖渭水篇云：

逕望仙宮東，又北與赤水會。

據此，并參考楊守敬水經注地圖第肆册南伍卷南伍西伍上，准諸地望，此二句與舊唐書僖宗紀所紀：

〔中和〕二年二月，涇原大將唐弘夫大敗賊將林言於興平，俘斬萬計。

之事適合。

詩云：

逡巡走馬傳聲急，又道官軍全陣入。大彭小彭相顧憂，二郎四郎抱鞍泣。

寅恪案，安友盛本作「官軍」，似較他本之作「軍前」者爲佳。下文云「又道官軍悉敗績」可證也。

又王氏校本云：

「彭」倫敦殘本作「臺」，巴黎圖書館伯希和號叁柒捌拾作「大鼓」。

寅恪案，「臺」及「鼓」皆是「彭」之形訛，自不可據以校改。但「大彭小彭」語不易解，周注云：

「大彭小彭」謂黃巢部下之將時溥及秦彦。

蓋據舊唐書時溥秦彦傳，二人皆彭城人也。又云：

「二郎四郎」即謂黃巢及弟揆。

舉兩唐書黃巢傳爲證。

寅恪案，舊唐書壹捌貳時溥傳，前於論從洛陽東奔路程一節中已詳引，兹不復録，僅就秦彦傳取與時溥傳并觀，以見周説之難通。舊唐書壹捌貳高駢傳附秦彦傳略云：

秦彦者，徐州人。聚徒百人，殺下邳令取其資裝入黃巢軍。巢兵敗於淮南，乃與許勍俱降高駢，累奏授和州刺史。中和二年宣歙觀察使竇潏病，彦以兵襲取之，遂代潏爲觀察使，朝廷因而命之。

據此，時溥雖高駢謂其爲黃巢外應，（見前引桂苑筆耕集壹壹，告報諸道徵促綱運書及答襄陽郄將軍書。）是否詆誣之詞，猶待考實。但其始終未作黃巢部下之將，則事跡甚明。秦彦雖一度入黃巢軍，中和二年二月以前，早已降於高駢，奏授和州刺史。故以時地考之，中和二年二月時溥在徐州，秦彦在和州或宣州，（秦彦襲取宣州事，通鑑繫於中和二年之末，蓋難定其日月也。）二人既均不在長安，又俱非黄巢部將，何得在圍城之中，聞官軍將入而相顧以憂乎。故知「大彭小彭」必不謂秦彦時溥。「二郎四郎」疑與「大彭小彭」同是泛稱，非實指黄巢黄揆也。

蘇鶚蘇氏演義上云：

俗呼奴爲邦，今人以奴爲家人也。凡邦家二字多相連而用。時人欲諱家人之名，但呼爲邦而已，蓋取用於下字者也。又云：僕者皆奴僕也，但論語云：邦君樹塞門。樹猶屏也。不言君但言邦，此皆委曲避就之意也。今人奴拜多不全其禮，邦字從半拜，因以此呼之。（此文疑有脱誤，俟求善本校之。）

李匡乂資暇集下奴爲邦條云：

呼奴爲邦者，蓋舊謂僮僕之未冠者曰豎。人不能直言其奴，因號奴爲豎。高歡東魏用事時，相府法曹卒（寅恪案，卒當作辛，見北齊書貳肆北史伍伍杜弼傳。）子炎（？）誤犯歡諱，歡杖之。歡諱樹而威權傾於鄴下，當是郡（群？）寮以豎同音，因目奴爲邦，義取邦君樹塞門，以句内有樹字，假豎爲樹，故歇後爲言，今兼删去君字呼之。一説邦字類拜字，言奴非唯郎主，是賓則拜。（此文疑有脱誤，俟求善本校之。）

寅恪案，蘇氏諱家人爲邦，李氏避高歡父樹生諱之説，雖未必可從，但德祥爲光啓中進士，

（見晁公武郡齋讀書志叁下。）濟翁亦唐末人，與端己所處時代近同，且德祥居武功之杜陽川（亦見晁志），濟翁所述，又顯爲山東之俗，則當時呼奴爲邦，東西皆然。夫俗語之用，原無定字，彭邦二音相近，故書爲邦者，宜亦得書爲彭。是韋詩中之俗語，似可以蘇李書中所記當時之音義釋之，然則「大彭小彭」者，殆與大奴小奴同其義也。

又舊唐書玖陸宋璟傳云：

當時（武則天時）朝列皆以二張内寵不名官，呼易之爲五郎，昌宗爲六郎，天官侍郎鄭善果（據通鑑考异壹壹長安三年九月鄭杲謂宋璟奈何卿五郎條應作鄭杲。）謂璟曰：中丞奈何呼五郎爲卿？璟曰：以官言之，正當爲卿。若以親故，當爲張五。足下非易之家奴，何郎之有？鄭善果一何懦哉？

通鑑貳佰柒唐紀則天后紀長安三年九月鄭杲謂宋璟奈何卿五郎條胡注云：

門生家奴呼其主爲郎，今俗猶謂之郎主。

蓋奴呼主爲郎，主呼奴爲邦，或彭。故端己以此二者對列，極爲工整自然。可知此二句詩意，只謂主人及奴僕，即舉家上下全體憂泣而已，非有所實指也。

詩云：

四面從兹多厄束，一斗黄金一升粟。尚讓厨中食木皮，黄巢機上剉人肉。

升粟，羅氏校本作㪷粟，王氏及翟君校本作升粟。巴黎圖書館伯希和號叁柒捌拾及叁玖伍叁俱作勝粟，周君箋注本從羅校作㪷粟。

寅恪案，作㪷粟雖亦可通，作升粟者疑是端己之原文。考唐人以錢帛估計米粟之價值時，概以㪷言。故㪷粟或㪷米值若干，乃當時習用之成語。玆列舉例證，如舊唐書柒肆馬周傳，唐會要捌叁租稅上皆載貞觀十一年周上疏云：

貞觀之初，率土荒儉，一匹絹纔得一㪷米，而天下帖然。

舊唐書捌玄宗紀上云：

〔開元十三年〕十二月己巳，至東都，時累歲豐稔，東都米㪷十錢，青齊米㪷五錢。

又同書壹壹代宗紀云：

永泰元年三月庚子，夜降霜，木有冰，歲饑，米㪷千錢，諸穀皆貴。秋七月庚子，雨。時久旱，京師米㪷一千四百，他穀食稱是。

又同書壹壹肆魯炅傳云：

〔南陽郡〕城中食盡，煮牛皮筋角而食之，米㪷至四五十千。

又同書壹貳叁劉晏傳云：

時新承兵戈之後，中外艱食，京師米價㪷至一千。

又同書壹捌貳高駢傳云：

既而蔡賊楊行密自壽州率兵三萬乘虛攻〔揚州〕城，城中米㪷五十千。

又同書貳佰上安祿山附慶緒傳云：

〔相州〕城中人相食，米㪷錢七萬餘。

又同書貳佰下黄巢傳（前文已引。又通鑒貳伍肆中和二年條亦略同。）云：

穀食騰踴，米㪷三十千。

新唐書伍壹食貨志略云：

貞觀初，户不及三百萬，絹一匹易米一㪷，至四年米㪷四五錢。及兩京平，又於關輔諸州納錢度道士僧尼萬人，而百姓殘於兵盜，米㪷至錢七千。

又同書伍叁食貨志雲：

貞元初關輔宿兵，米㪷千錢。

又同書玖柒魏徵傳云：

於是帝（太宗）即位四年，歲斷死二十九，幾至刑措，米㪷三錢。

又同書壹肆柒魯炅傳云：

〔南陽郡〕城中食盡，米㪷五十千。

又同書壹肆玖劉晏傳云：

時大兵後，京師米𠁅千錢。

又同書貳貳伍上安禄山傳附慶緒傳云：

決安陽水灌〔相州〕城，城中棧而處，糧盡易口以食，米𠁅錢七萬餘。

陸宣公諫苑集奏議貳，請減京東水運收脚價於緣邊州鎮蓄儲軍糧狀略云：

故承前有用一𠁅錢運一𠁅米之言，至使流俗過言，有用一𠁅錢運一𠁅米之説。

又同集奏議叁，請依京兆所請折納事狀云：

度支續奏，稱據時估豌豆每𠁅七十價已上，大豆每𠁅三十價已下。

王楙野客叢書捌云：

嵇叔夜養生論曰：「夫田種者一畝十斛，謂之良田，此天下之通稱也。」不知區種可百餘斛，安有一畝收百斛之理？前漢書食貨志曰：「治田勤則畝益三升，不勤損亦如之。」一畝而損益三升，又何其寡也。僕嘗以二説而折之理，俱有一字之失。嵇之所謂斛，漢之所謂升，皆𠁅字耳。蓋漢之隸文書𠁅爲斗，字文絶似升字。漢史書𠁅字爲㪷字，字文又近於斛字，恐皆傳寫之誤。

又劉復君敦煌掇瑣中輯陸陸，天寶四載豆盧軍和糴帳所載之𠁅估，除一處外，餘悉誤作升估，以致計算幾全不合。寅恪初頗致疑，以未見原寫本，不敢臆斷。後承賀昌群君告以古人所書㪷升二字，差别至微，故易於誤認，并舉其近日讀漢簡之經驗爲例。寅恪復證以劉書之幸而未誤之一字，即第貳陸壹頁叁行之㪷字，係依原寫之形，尚未改易者，遂豁然通解。然則端己此詩若依羅氏校本作一㪷黄金一㪷粟，猶是唐人常語，不足爲奇。今作一㪷黄金一升粟，則是端己故甚其詞，特意形容之筆，此一字頗關重要，因恐讀者等閒放過，遂詳引史籍以闡明之。又以敦煌寫本之故，聯類牽及校正敦煌掇瑣之誤，附識於此。

復次，唐人寫本之多作㪷勝者，乃因㪷升二字形近易誤之故。今巴黎圖書館伯希和號叁柒捌拾及叁玖伍叁俱作勝粟，尤足證端己詩本作升粟，而非㪷粟也。至其他舊籍中升㪷二字之誤者，尚可多舉例證，以其關係較遠，且前所舉諸例已足證明，故不復詳具焉。

又道藏洞玄部記傳類（第叁貳柒册恭上）杜光庭録异記叁忠（此條承周一良先生舉以見告者。）略云：

僖宗幸蜀，黄巢陷長安，南北臣僚奔問者相繼。無何，執金吾張直方與宰臣劉鄴于悰諸朝士等，潛議奔行朝，爲群盜所覺，誅戮者至多。自是阨束，内外阻絶。京師積糧尚多，巧工劉萬餘〔等〕竊相謂曰：「大寇所向無敵，京師糧貯甚多，雖諸道不賓，外物不入，而支持之力，數年未盡。吾黨受國恩深，志効忠赤，而飛竄無門，皆爲逆黨所使。吾將貢策，請竭其糧。外貨不至，內食既盡，不一二年，可自敗亡矣。」萬餘，黄巢憐其巧性，常侍直左右。因從容言曰：「長安苑囿城隍，不啻百里。若外兵來逼，須有禦備。不爾，固守爲難，請自望仙門以北，周玄武白虎諸門，博築城池，置樓櫓却敵，爲禦捍之備，有持久之安也。」黄巢喜，且賞其忠節。即日使兩街選召丁夫各十萬人築城。人支米二升，錢四十文。日計左右軍支米四千石，錢八千貫。歲餘功不輟，而城未周，以至於出太倉穀以支夫食，然後剥榆皮而充御厨。城竟不就。萬餘懼賊覺其機，出投河陽，經年病卒。

寅恪案，杜記韋詩所言多足參證，而「阨束」及「剥榆皮而充御厨」等語，尤可注意。豈以時地相同，廣成浣花兩作品之間，亦有關係耶？

詩云：

六軍門外倚僵屍，七架營中填餓殍。

翟君云，乙本架作策，其他校本皆作架。巴黎圖書館伯希和號叁柒捌拾作賈，旁注架。

翟君又云：

七架營之地址不可考，惟長安志卷六有七架亭，在禁苑中，去宫城十三里，在長安故城之東，未知即其地否。

寅恪案，穆天子傳壹云：

天子乃樂□賜七萃之士戰。

郭注云：

萃，集也，亦猶傳有輿大夫，皆聚集有智力者，爲王之爪牙也。

故七萃即禁軍之義，唐人文中頗習用之。如白氏長慶集叁陸駙馬都尉鄭何除右衛將軍制云，「周設七萃」，同集叁柒除户部尚書王泌充靈鹽節度使制云，「且司七萃」，李衛公會昌一品集別集陸，扶風馬公（存亮）神道碑銘云，「取材能於七萃」等，皆是其例，不待多舉。然則策字架字俱爲萃字之形誤，而賈字又係架音之訛轉也。蓋六軍門外，七萃營中，皆相對爲文，若作七架營，則不可解矣。

詩云：

路旁試問金天神，金天無語愁於人。

翟君謂丁本金天神下有注云，華嶽三郎。

寅恪案，周注引西嶽華山志，黄仲琴君引逸史金天王葉仙師事（中山大學文史月刊第壹卷第伍期秦婦吟補注），皆是也。但均未徵引最初出典，兹特移録唐大詔令集柒肆典禮類嶽瀆山川門先天二年八月二日封華嶽神爲金天王制，以資參考。制云：

門下惟嶽有五，太華其一。表峻皇居，合靈輿運。朕惟恭膺大寶，肇業神京，至誠所祈，神契潛感。頃者亂常悖道，有甲兵而竊發。仗順誅逆，猶風雨之從助。永言幽贊，寧忘仰止。厥功茂矣，報德斯存。宜封華嶽神爲金天王。仍令龍景觀道士鴻臚卿員外置越國公葉法善，備禮告祭，主者施行。

詩云：

旋教魘鬼傍鄉村，誅剥生靈過朝夕。

寅恪案，安友盛寫本作魘。其有作魔者非是。何以言之，據北夢瑣言壹壹關三郎入關條云：

唐咸通亂離後，坊巷訛言關三郎鬼兵入城，家家恐悚。罹其患者，令人寒熱戰慄，亦無大苦。〔弘〕農楊玭挈家自駱穀路入洋源，行及秦嶺，回望京師，乃曰，此處應免關三郎相隨也。語未終，一時股慄。斯又何哉。夫喪亂之間，陰厲旁作，心既疑矣，邪亦隨之，關妖之說正謂是也。愚幼年曾省故里，傳有一夷，迷（據端已詩「天遺時災非自由」語，「迷」字疑當作「遺」）鬼魘人，閭巷夜聚以避之，凡有窗隙悉皆塗塞。其鬼忽來即撲人驚魘。須臾而止。

則知端己所謂「旋教魘鬼傍鄉村」即瑣言所謂「陰厲旁作」及「傳有一夷，遺鬼魘人」也。又王劉修業夫人秦婦吟校勘續記（學原第壹卷第柒期）謂丁巳兩本「金天神」，下注「華嶽三郎」四字，而端己詩「天（「天」即金天神之「天」）遣時災非自由」及「旋教魘鬼傍鄉村」與瑣言所記者適合，是華嶽三郎與關三郎實非有二，明矣。至華嶽三郎亦可稱關三郎之故，豈亦潼關距華嶽不遠，三郎遂亦得以關爲號耶？俟考。

金天神一節之本旨，在述當時「時災」即時疫流行之事，其責望山東藩鎮之殘民肥己不急國難如高駢者，尚爲附帶之筆。至以此節乃指斥僖宗爲言者，鄙意不然。蓋以避黃巢之士人如端己，獻詩爲質於忠於唐室之大臣如周寶，豈有作斯無君之語，轉自絕其進謁之路者乎？此說甚乖事理，必非端己詩旨，不待詳辨也。

詩云：

前年又出楊震關，舉頭雲際見荆山。如從地府到人間，頓覺時清天地閒。

寅恪案，此言脱出黃巢勢力範圍，轉入别一天地。實爲端己痛定思痛之語，其感慨深矣。端己取道出關，途中望見荆山，遂述及荆山所在地之陜虢主帥能保境安民，此亦聯想措詞之妙也。據漢書陸武帝紀云：

〔元鼎〕三年冬徙函谷關於新安。（應劭曰，時樓船將軍楊僕數有大功，耻爲關外民。上書乞徙東關，以家財給其用度。武帝意亦好廣闊。於是徙關於新安，去弘農三百里。）

又據水經注壹伍洛水篇云：

洛水自枝瀆又東出關，惠水右注之。世謂之八關水。戴延之西征記謂之八關澤，即經所謂散關鄣，自南山橫洛水，北屬於河，皆關塞也，即楊僕家僮所築矣。

及同書壹陸穀水篇云：

穀水又東徑函谷關南，東北流，皁澗水注之。水出新安縣東，南流徑毋丘興墓東，又南徑函谷關西，關高險陿，路出廛郭。漢元鼎三年樓船將軍楊僕數有大功，耻居關外，請以家僮七百人築塞，徙關於新安，即此處也。

又元和郡縣圖志伍河南府新安縣條略云：

本漢舊縣，屬弘農郡。

函谷故關在縣東一里，漢武帝元鼎三年爲楊僕徙關於新安。今縣城之東有南北塞垣，楊僕所築。

及同書陸虢州湖城縣條云：

荆山在縣南，即黄帝鑄鼎之處。

然則楊僕關正在新安之地，與下文「明朝又過新安東」之句行程地望皆相符合。頗疑「楊震關」乃「楊僕關」之訛寫，殆由傳寫者習聞東京之「關西夫子楊伯起」，（見後漢書捌肆楊震傳。）而不知有西京之樓船將軍，遂以致誤耶？

詩云：

明朝又過新安東，路上乞漿逢一翁。

又云：

鄉園本貫東畿縣，歲歲耕桑臨近甸。歲種良田二百廛，年輸户稅三千萬。小姑慣織褐絁袍，中婦能炊紅黍飯。

寅恪案，元和郡縣圖志伍河南道壹河南府條云：

新安縣畿

據此，新安縣爲隸屬東都河南府之畿縣。此老翁既遇於新安以東之路上，自是新安縣或河南府籍，故曰「鄉園本貫東畿縣」也。周注引唐書方鎮表至德元載置東畿觀察使，領懷、鄭、汝、陝四州，未諦。「年輸户稅三千萬」句，翟君謂「羅校易千爲十，似是」。寅恪案，羅氏意三千萬爲數太多，故易以三十萬，不知詩尚有：

明朝曉至三峯路，百萬人家無一户。

之句，其實三峯之下，豈有百萬户乎，詞人之數字，僅代表數量衆多而已，不必過於拘泥也。所可注意者，良田二百廛，及户稅三千萬一聯，正指唐代地户兩稅。據唐會要捌叁租稅上略云：

大曆四年正月十八日敕，天下及王公已下，自今已後，宜准度支長行旨條，每年稅錢上上户四千文，下下户五百文。

則廣明以後，當更有增益，而周注引通典武德元年詔上户丁稅年輸十文之語，謂：

原本作三千萬，數過多，羅校易千爲十，似是。户税三十萬則有三萬户。

據通典陸賦税下大唐條云：

蕃人（册府元龜作蕃胡乃原文未經改易者。）内附者，上户丁税錢十文，次户五文，下户免之。

然則通典此節乃專指蕃胡内附者而言，不可以概括當時一般税率。況廣明以後，一般税率當更較大曆時增多，豈可以武德時内附蕃胡之税率以計算廣明一般平民之户數乎？丁、戊兩本作「褐絶袍」，他本作「褐絶袍」，羅王校本皆易「絶」爲「絁」。

寅恪案，作「絁」是也。據敦煌掇瑣中輯陸陸，載天寶四載和糴准旨支一萬段出武咸（威）郡帳内，有伍佰伍拾匹河南府絁。此翁本貫河南府新安縣，則「絶」之校改作「絁」，信有明徵矣。又近人秦婦吟之解釋，及韋氏年譜之編載，鄙見尚有不敢苟同者。以其無關本篇主旨，故不一一致辨，特拈端己所以諱言秦婦吟之公案，以待治唐五代文學史者之參究。

（陳寅恪先生關於秦婦吟一詩的校箋，先後發表過數次：讀秦婦吟，清華學報第拾壹卷肆期；秦婦吟校箋，一九四〇年昆明刊本，係據前文增訂改名；秦婦吟校箋舊稿補正，一九五〇年嶺南學報拾卷貳期；韋莊秦婦吟校箋，一九八〇年上海古籍版寒柳堂集收録，續有補正。）

狐臭與胡臭

中古華夏民族曾雜有一部分之西胡血統，近世學人考證之者，頗亦翔實矣。寅恪則疑吾國中古醫書中有所謂腋氣之病，即狐臭者，其得名之由，或與此端有關，但平生於生理醫藥之學絕無通解，故不敢妄說，僅就吾國古來腋氣之異稱，及舊籍所載有腋氣之人，其家世種族兩點，略舉事例，聊供談助而已，尚希讀者勿因此誤會以爲有所考定。幸甚幸甚！

隋巢元方諸病源候總論伍捌小兒雜病諸候陸狐臭條云：

人有血氣不和，腋下有如野狐之氣，謂之狐臭，而此氣能染，易著於人。小兒多是乳養之人先有此病，染著小兒。

寅恪案，腋氣今仍稱狐臭，如報紙藥品廣告及世俗語言中猶常見之。其得名之由，依巢氏之言，以爲「有如野狐之氣」，義自可通。但今日國人嘗游歐美者，咸知彼土之人當盛年時，大抵有腋氣，必非血氣不和。其與染著無涉，更不待言也。

唐孫真人思邈千金要方柒肆之玖胡臭漏腋第五論曰：

有天生胡臭者，爲人所染胡臭者。天生臭者難治，爲人所染者易治。

寅恪案，南宋楊士瀛仁齋直指有腋下胡氣之目，李時珍本草綱目壹壹金石類緑礬條附方中亦引之。「胡臭」之「胡」，自是胡人之「胡」，蓋古代「胡」「狐」二字雖可通用，但在千金方仁齋直指本草綱目編著之時，既不可認「胡」爲「狐」之同音假借，而諸書俱作「胡」，不作「狐」，亦不得謂以音近之故，傳寫致訛。然則腋氣實有「狐臭」及「胡臭」不同之二名可知也。惟二名孰較原始與正確，頗不易決。考唐崔令欽教坊記云：

范漢女大娘子亦是竿木家，開元二十一年出内，有姿媚，而微愠羝。

文下原注云：

謂腋氣也。

寅恪案，范漢女大娘子其先代之男女血統，無從得知，但竿木之伎本附屬於唐代立部伎之雜戲及柘枝舞者，而此種伎舞乃中央亞細亞輸入我國藝術之一，其伎舞之人，初本西胡族類，又多世擅其業者也。（詳舊唐書貳玖音樂志貳，史浩鄮峯真隱漫録肆伍柘枝舞大曲附柘枝舞小考等，兹不贅述。）據此，則范漢女大娘子之血統，殊有西胡人種混雜之可能。其「微愠羝」者，或亦先世西胡血統遺傳所致耶？五代何光遠鑒誡録肆斥亂常條云：

賓貢李珣，字德潤，本蜀中土生波斯也。少小苦心，屢稱賓貢。所吟詩句往往動人。尹校書鶚者，錦城烟月之士，與李生長爲善友，遽因戲遇嘲之，李生文章掃地而盡。詩曰：异域從來不亂常，李波斯强學文章。假饒折得東堂桂，胡臭薰來也不香。

北宋黄休復茅亭客話貳李四郎條云：

李四郎名玹，字廷儀。其先波斯國人，隨僖宗入蜀，授率府率。兄珣有詩名，預賓貢焉。玹舉止温雅，頗有節行，以鬻香藥爲業，善弈棋，好攝養，以金丹延駐爲務。暮年以爐鼎之費，家無餘財，唯道書藥囊而已。

寅恪案，何黄兩書皆謂珣出自波斯，且其兄玹又以鬻香藥爲業。故珣爲西胡血統，絶無可疑。至珣本身是否實有腋氣，抑尹鶚僅假「胡臭」之名以爲譏笑，誠難確定。但鑒誡録之作「胡臭」，足與千金方仁齋直指本草綱目等書互相印證，而李珣本人則因此條記載之故，亦發生體有腋氣之嫌疑也。總之，范漢女大娘子雖本身實有腋氣，而其血統則僅能作出於西胡之推測。李珣雖血統確是西胡，而本身則僅有腋氣之嫌疑。證據之不充足如此，而欲依之以求結論，其不可能，自不待言。但我國中古舊籍，明載某人體有腋氣，而其先世男女血統又可考知者，恐不易多得。即以前述之二人而論，則不得謂腋氣與西胡無關。疑此腋氣本由西胡種人得名，迨西胡人種與華夏民族血統混淆既久之後，即在華人之中亦間有此臭者，儻仍以胡爲名，自宜有人疑爲不合。因其復似野狐之氣，遂改「胡」爲「狐」矣。若所推測者不謬，則「胡臭」一名較之「狐臭」，實爲原始，而且正確歟？

又孫思邈生於隋代，與巢元方爲先後同時之人，故不可據巢書作「狐臭」而孫書作「胡臭」，遽謂「狐臭」之稱尚先於「胡臭」也。世之考論我國中古時代西胡人種者，止以高鼻深目多鬚爲特徵，未嘗一及腋氣，故略舉事例，兼述所疑如此。

（原載一九三七年六月清華大學文學會編語言與文學）

徐高阮重刊洛陽伽藍記序

寅恪昔年嘗與徐君高阮論六朝人合本子注之書，因舉洛陽伽藍記爲例證。徐君謂鄙説不謬，遂校定楊記。近得來書云，將刊行之，以質諸世之通識君子，并徵序言。寅恪請更推論，以復徐君，不知徐君於意云何？裴世期受詔采三國异同，以注陳志。其自言著述之旨，以爲注記紛錯，每多舛互。凡承祚所不載，而事宜存録者，則罔不畢取，以補其闕。又同説一事，而辭有乖雜，或出事本异，而疑不能判者，則并皆抄内，以備异聞。據此言之，裴氏三國志注實一廣義之合本子注也。劉孝標世説新語注，經後人删略，非復原本。幸日本猶存殘卷，得藉以窺見劉注之舊，知其書亦廣義之合本子注也。酈善長之注水經，其體制蓋同裴劉，而此書傳世，久無善本。雖清儒校勘至勤，蔚成顯學，惜合本子注之義，迄未能闡發。然則徐君是本之出，不獨能恢復楊記之舊觀，兼可推明古人治學之方法。他日讀裴劉酈三家之書者，寅恪知其必取之以相參證無疑也。

一千九百四十八年歲次戊子三月十五日陳寅恪書於北平清華園

（原載一九四八年中央研究院歷史語言研究所專刊之四十二重刊洛陽伽藍記書首）

朱延豐突厥通考序

朱君延豐前肄業清華大學研究院時，成一論文，題曰突厥通考。寅恪語朱君曰，此文資料疑尚未備，論斷或猶可商，請俟十年增改之後，出以與世相見，則如率精鋭之卒，摧陷敵陣，可無敵於中原矣。蓋當日欲痛矯時俗輕易刊書之弊，雖或過慎，亦有所不顧也。朱君不以鄙見爲不然，遂藏之篋中，隨時修正。迄於今日，忽已十年。值南海戰起，寅恪歸自香港，寄居雁山，朱君從三台東北大學以書來告曰，前所爲突厥通考已詳悉補正，將刊佈於世，願得一言以爲序引。寅恪平生治學，不甘逐隊隨人，而爲牛後。年來自審所知，實限於禹域以内，故僅守老氏損之又損之義，捐棄故技。凡塞表殊族之史事，不復敢上下議論於其間。轉思處身局外，如楚得臣所謂馮軾而觀士戲者。是今日之不欲更置詞於是書之篇首而侈言得失，亦已明矣。雖然，曩以家世因緣，獲聞光緒京朝勝流之緒論。其時學術風氣，治經頗尚公羊春秋，乙部之學，則喜談西北史地。後來今文公羊之學，遞演爲改制疑古，流風所被，與近四十年間變幻之政治，浪漫之文學，殊有連繫。此稍習國聞之士所能知者也。西北史地以較爲樸學之故，似不及今文經學流被之深廣。惟默察當今大勢，吾國將來必循漢唐之軌轍，傾其全力經營西北，則可以無疑。考自古世局之轉移，往往起於前人一時學術趨向之細微。迨至後來，遂若驚雷破柱，怒濤振海之不可禦遏。然則朱君是書乃此日世局潮流中應有之作。從事補正，既歷十年之久，宜其不可更遲刊行，以與世相見，而寅恪今雖如退院老僧，已不躬預擊鼓撞鐘，高唱伽陀之盛集，但以嘗與朱君初治西北民族史之時，一相關涉，終亦不得不勉徇其請，爲置一詞，以述是書遲延刊佈之所由也。龔自珍詩云，但開風氣不爲師。寅恪之於西北史地之學，適同瑶人之所志，因舉其句，爲朱君誦之。兼藉以告并世友朋之欲知近日鄙狀者。

一九四二年歲次壬午十二月三日陳寅恪書於桂林雁山别墅

（原載一九四三年一月讀書通訊第伍捌期）

俞曲園先生病中囈語跋

曲園先生病中囈語不載集中，近頗傳於世。或疑以爲僞，或驚以爲奇。疑以爲僞者固非，驚以爲奇者亦未爲得也。天下之致賾者莫過於人事，疑若不可以前知。然人事有初中後三際（借用摩尼教語），猶物狀有綫面體諸形。其演嬗先後之間，即不爲確定之因果，亦必生相互之關係。故以觀空者而觀時，天下人事之變，遂無一不爲當然而非偶然。既爲當然，則因有可以前知之理也。此詩之作，在舊朝德宗景皇帝庚子辛丑之歲，蓋今日神州之世局，三十年前已成定而不可移易。當時中智之士莫不惴惴然睹大禍之將届，况先生爲一代儒林宗碩，湛思而通識之人，值其氣機觸會，探演微隱以示來者，宜所言多中，復何奇之有焉！

嘗與平伯言：「吾徒今日處身於不夷不惠之間，托命於非驢非馬之國，其所遭遇，在此詩第貳第陸首之間，至第柒首所言，則邈不可期，未能留命以相待，亦姑誦之玩之，譬諸遥望海上神山，雖不可即，但知來日尚有此一境者，未始不可以少紓憂生之念。然而其用心苦矣。」

鍾離意别傳（見後漢書列傳叁壹鍾離意傳章懷注所引）略云：「意爲魯相，〔發〕孔子教授堂下床首所懸甕中素書，文曰，後世修吾書董仲舒。」所言記莂名字，失之太鑿，不必可信。

而此詩末首曰：「略將數語示兒曹。」然則今日平伯之録之詮之者，似亦爲當時所預知。此殆所謂人事之當然而非偶然者歟？戊辰三月義寧陳寅恪敬識。

（原載清華週刊第叁柒卷第貳期五二九號，一九三二年三月五日版）

讀吴其昌撰梁啓超傳書後

任公先生殁將二十年，其弟子吴子馨君其昌，始撰此傳。其書未成，僅至戊戌政變，而子馨嘔血死。傷哉！任公先生高文博學，近世所罕見。然論者每惜其與中國五十年腐惡之政治不能絶緣，以爲先生之不幸。是説也，余竊疑之。嘗讀元明舊史，見劉藏春姚逃虚皆以世外閒身而與人家國事。況先生少爲儒家之學，本董生國身通一之旨，慕伊尹天民先覺之任，其不能與當時腐惡之政治絶緣，勢不得不然。憶洪憲稱帝之日，余適旅居舊都，其時頌美袁氏功德者，極醜怪之奇觀。深感廉耻道盡，至爲痛心。至如國體之爲君主抑或民主，則尚爲其次者。迨先生「异哉所謂國體問題者」一文出，摧陷廓清，如撥雲霧而睹青天。然則先生不能與近世政治絶緣者，實有不獲已之故。此則中國之不幸，非獨先生之不幸也。又何病焉？

子馨此書，叙戊戌政變，多取材於先生自撰之戊戌政變記。此記先生作於情感憤激之時，所言不盡實録。子馨撰此傳時，亦爲一時之情感所動盪。故此傳中關於戊戌政變之記述，猶有待於他日之考訂增改者也。

夫戊戌政變已大書深刻於舊朝晚季之史乘，其一時之成敗是非，天下後世，自有公論，兹不必言。惟先生至長沙主講時務學堂之始末，則關係先世之舊聞，不得不補叙於此，并明當時之言變法者，蓋有不同之二源，未可混一論之也。咸豐之世，先祖亦應進士舉，居京師。親見圓明園干霄之火，痛哭南歸。其後治軍治民，益知中國舊法之不可不變。後交湘陰郭筠仙侍郎嵩燾，極相傾服，許爲孤忠閎識。先君亦從郭公論文論學，而郭公者，亦頌美西法，當時士大夫目爲漢奸國賊，群欲得殺之而甘心者也。至南海康先生治今文公羊之學，附會孔子改制以言變法。其與歷驗世務欲借鏡西國以變神州舊法者，本自不同。故先祖先君見義烏朱鼎甫先生一新「無邪堂答問」駁斥南海公羊春秋之説，深以爲然。據是可知余家之主變法，其思想源流之所在矣。新會先生居長沙時，余隨宦巡署，時方童稚，懵無知識。後游學歸國，而先君晚歲多病，未敢以舊事爲問。丁丑春，余偶游故宫博物院，見清德宗所閱舊書中，有時務學堂章程一册，上有燭燼及油污之跡，蓋崇陵乙夜披覽之餘所遺留者也。歸寓舉以奉告先君，先君因言聘新會至長沙主講時務學堂本末。先是嘉應黄公度丈遵憲，力薦南海先生於先祖，請聘其主講時務學堂。先祖以此詢之先君，先君對以曾見新會之文，其所論説，似勝於其師，不如捨康而聘梁。先祖許之。因聘新會至長沙。新會主講時務學堂不久，多患發熱病，其所評學生文卷，辭意未甚偏激，不過有開議會等説而已。惟隨來助教韓君之評語，頗涉民族革命之意。諸生家屬中有與長沙王益吾祭酒先謙相與往還者。葵園先生見之，因得挾以詆訾新政。韓君因是解職。

未幾新會亦去長沙。此新會主講時務學堂之本末，而其所以至長沙者，實由先君之特薦。其後先君坐「招引奸邪」鐫職，亦有由也。

自戊戌政變後十餘年，而中國始開國會，其紛亂妄謬，爲天下指笑，新會所嘗目睹，亦助當政者發令而解散之矣。自新會殁，又十餘年，中日戰起。九縣三精，飆回霧塞，而所謂民主政治之論，復甚囂塵上。余少喜臨川新法之新，而老同涑水迂叟之迂。蓋驗以人心之厚薄，民生之榮悴，則知五十年來，如車輪之逆轉，似有合於所謂退化論之説者。是以論學論治，迥异時流，而迫於事勢，噤不得發。因讀此傳，略書數語，付稚女美延藏之。美延當知乃翁此時悲往事，思來者，其憂傷苦痛，不僅如陸務觀所云，以元祐黨家話貞元朝士之感已也。乙酉孟夏青園病叟陳寅恪書。

蓮花色尼出家因緣跋

北平圖書館藏敦煌寫本諸經雜緣喻因由記第一篇，其末云「號稱蓮花色尼」。蓋蓮花色尼出家因緣也。佛教故事中關於蓮花色尼者頗多。此寫本所述，即其一種。寅恪初取而讀之，見所謂七種呪誓惡報僅載六種。疑「七」字爲「六」字之訛。或寫本有脱文，遺去一種惡報。及玩首尾文義，乃知其不然。何以見「七」字非「六」字之誤？以此篇有「設盟作七種之誓」及「作如是七種呪誓惡報」二句，其中「七」字先後再見。若言俱「六」字之訛，似不可能。又鳩摩羅什譯衆經撰雜譬喻經卷下第叁柒節，有大婦因妒以針刺殺小婦兒，致受惡報事。與此篇佛答阿難問中所述蓮花色尼前生宿業適相符合。其爲與此篇故事有關，自無疑義。茲節録彼經大意，并其文中涉及「七」字者，以資比較。

昔有一人兩婦。大婦無兒，小婦生一男。大婦心内嫉之，以針刺兒顖上，七日便死。小婦知爲大婦所傷，便欲報讎。問諸比丘，欲求心中所願，當修何功德？諸比丘答言，當受持八關齋。即從比丘受八戒齋，後七日便死，轉身來生大婦爲女。端正，大婦愛之。年一歲死，大婦悲咽摧感，劇於小婦。如是七返，或二年，或三年，或四五年，或六七年。後轉端正，倍勝於前。最後年十四，已許人。垂當出門，即夜便卒死。大婦憂惱不可言，停屍棺中，不肯蓋之。日日看視，死屍光顏益好，勝於生時。有阿羅漢往欲度脱，到其人家，從乞。沙門見婦顔色憔悴，言，何爲乃爾？婦言，前後生七女，詰慧可愛，便亡。此女最大，垂當出門，便復死亡，令我憂愁。沙門言，汝家小婦本坐何等死？小婦兒爲何等死？婦聞此語，默然不答，心中慚愧。沙門言，汝殺人子，令其母憂愁懊惱，故來爲汝作子，前後七返，是汝怨家欲以憂毒殺汝。汝試往視棺中死女，知復好否？婦往視之，便爾壞爛，臭不可近。問何故念之？婦即慚愧，便藏埋之，從沙門求受戒。沙門言，明日來詣寺中。女死，便作毒蛇，知婦當行受戒，於道中待之，欲嚙殺之。婦行，蛇遂遮前，不得前去。沙門知之。沙門謂蛇曰，汝後世世更作他小婦，共相酷毒，不可窮盡。大婦一反殺兒，汝今（令）懊惱已七返，汝前後過惡皆可度。此婦今行受戒，汝斷其道。汝世世當入泥犁中。今現蛇身，何如此婦身？蛇聞沙門語，自知宿命。持頭著地，不喘息。沙門嘅顧言，今汝二人宿命更相懊惱，罪過從此各畢，於是世世莫復惡意相向。二俱懺悔訖，蛇即命終。便生人中，受戒作優婆夷。

據此，七之爲數，乃規定不移之公式。故作呪誓惡報，亦應依比公式作七種。然則此篇之「七」字，非「六」字之誤，益可因此證明。或謂「七」字固非「六」字之誤，但七種惡報，僅載六種，而闕其一種者，安知非傳寫時，無意中所脱漏乎？爲此説者，頗似言之成理。迨詳繹此篇首尾文義，乃知其説亦不可能。蓋此篇蓮花色尼前生所設之（一）夫被蛇嚙殺。（二）生兒被狼噉，及（三）被水溺。（四）自身生理。（五）自食兒肉。（六）父母被火燒。共六種惡報，皆一一應驗。既於篇首起，逐節詳悉叙述，復於篇末佛答阿難問中，重舉各種惡報之名。後者其文甚簡，傳寫時容有無意中脱漏之事。前者則記一惡報，必累百言，或數十言。傳寫時無意中縱有脱漏，何能全部遺去，不載一字。且篇中歷叙各種惡報，至蓮花色尼投佛出家止，皆意義聯貫，次序分明，殊無闕少之痕跡。則此篇七種惡報，只載六種者，其非傳寫時無意中脱漏，又可知矣。

傳寫之訛誤，或無心之脱漏，二種假定俱已不能成立。僅餘一可能之設想，即編集或録寫此諸經雜緣喻因由記者，有所惡忌，故意删削一種惡報。而未及改易文中之「七」字爲「六」字，遂致此篇所舉惡報之數，與所叙惡報之事，不相符合。兹從印度原文資料中，補其所闕之一種惡報，并推測其所以删削之故於下。

檢巴利文涕利伽陀（此名依善見律毘婆沙壹序品之音譯。）第陸肆蓮花色尼篇第貳貳肆及第貳貳伍偈，述母女共嫁一夫，其夫即其所生之子事。又見於涕羅伽陀（此名亦依善見律毘婆沙壹序品之音譯。）第壹貳肆恒河岸比丘篇第壹貳柒及第壹貳捌偈。據法護撰涕利伽陀此篇注解（巴利學會本第壹玖伍至第壹玖柒頁。）所載此尼出家因緣，與敦煌寫本大抵相同，惟其中有一事絶異而爲敦煌寫本所無者，即蓮花色尼屢嫁。而所生之子女皆離夫，不復相識，復與其所生之女共嫁於其所生之子。迨既發覺，乃羞惡而出家焉。

印度佛教經典注解，每喜徵引往昔因緣。若一考其實，則多爲後來所附益，而非原始所應有。但蓮花色尼與其女共嫁其子之事，見於偈頌之本文，決非注解中其他後來傅會之本事可比。且爲全篇最要之一事，即蓮花色尼出家關鍵之所在。凡叙其出家始末者，斷不容略去此節。今敦煌寫本備載蓮花色尼出家因緣中其他各節，大抵與巴利文本相同。獨闕此聚棣之惡報，其爲故意之删削，而非傳寫時無心之脱漏，似不容疑。考佛藏中往往以男女受身之由，推本於原始聚棣之念。用是激發羞惡之心，且可藉之闡明不得不斷欲出家之理。如大寶積經卷五十五佛爲阿難説處胎會壹叁（法護譯胞胎經與此經同，而其文較簡。）云：

如是中陰欲受胎時，先起二種顛倒之心。云何爲二？所謂父母和合之時，若是男者，於母生愛，於父生瞋，父流胤時，謂是己有。若是女者，於父生愛，於母生瞋，母流胤時，謂是己有。若不起此瞋愛心者，則不受胎。

又大寶積經卷伍陸佛説入胎藏會壹肆云：

又彼中有欲入胎時，心即顛倒。若是男者，於母生愛，於父生憎。若是女者，於父生愛，於母生憎，亦復相同。

又瑜伽師地論壹本地分中意地第貳之壹云：

彼於爾時，見其父母共行邪行所出精血，而起顛倒。起顛倒者，謂見父母爲邪行時，不謂父母行此邪行，乃起顛倒覺，見己自行。見己自行，便起貪愛。若當欲爲女，彼即於父，便起會貪。若欲爲男，彼即於母起貪亦爾，乃往逼趣。若女於母，欲其遠去。若男於父，心亦復爾。生此欲已，或唯見男。或唯見女，如如（如是如是？）漸近彼之處所。如是如是，漸漸不見父母餘分，唯見男女根門。即於此處，便被拘礙。死生道理如是應知。

則所言更詳顯矣。此種學說，其是非當否，姑不置論。惟與支那民族傳統之倫理觀念絶不相容，則不待言。佛法之入中國，其教義中實有與此土社會組識及傳統觀念相衝突者。如東晋至初唐二百數十年間，「沙門不應拜俗」及「沙門不敬王者」等説見於彦悰六卷之書者（唐彦悰集沙門不應拜俗議），皆以委婉之詞否認此土君臣父子二倫之議論。然降及後世，國家頒佈之法典，既有僧尼應拜父母之條文。（見薛允升唐明律合編玖及清律例壹柒禮律儀制「僧道拜父母」條。）僧徒改訂之規律，如禪宗重修之百丈清規。其首次二篇，乃頌禱崇奉君主之祝釐章及報恩章，供養佛祖之報恩章轉居在後。（式咸至大清規序云：「始此書之作，或以爲僧受戒首之。或以住持入院首之。壬午，依覺菴先師於承天，朝夕扣問，因得以祝聖如來降誕二儀冠其前。其餘門分類聚，釐爲十卷。」據此，可知百丈原書猶略存昆奈耶本意。自元以後，則全部支那化矣。）夫僧徒戒本本從釋迦部族共和國之法制蜕蟬而來，今竟數典忘祖，輕重倒置，至於斯極。橘遷地而變爲枳，吾民族同化之力可謂大矣。但支那佛教信徒，關於君臣父子之觀念，後雖同化，當其初期，未嘗無高僧大德，不顧一切忌諱，公然出而辯護其教中無父無君之説者。獨至男女性交諸要義，則此土自來佛教著述，大抵噤默不置一語。如小乘部僧尼戒律中，頗有涉及者，因以「在家人勿看」之語標識之。（高僧傳壹康僧會傳云：「〔孫皓〕因求看沙門戒，會以戒文禁秘，不可輕宣。」疑與此同。）蓋佛藏中學説之類是者，縱爲篤信之教徒，以經神州傳統道德所薰習之故，亦復不能奉受。特以其爲聖典之文，不敢昌言詆斥。惟有隱秘閉藏，禁絶其流佈而已。蓮花色尼出家因緣中聚麀惡報不載於敦煌寫本者，即由於此。兹爲補其闕略，并附論所以見删削之故，庶幾可使游於方内之士，得知貝多真實語中固有非常异議、可怪之論在也。

附注

（一）賢愚因緣經叁微妙比丘尼品壹陸所載故事與敦煌本略同，而比丘尼之名與敦煌本异。大方便佛報恩經伍慈品中華色尼自述出家因緣，僅當敦煌本故事之前半，而比丘尼之名則與敦煌本符合。此二經雖皆載有呪誓惡報之事，然均無記其若干種之文。敦煌本所以獨异者，或出於編纂者所臆加，或別有原本可據，今固不能知。但以鳩摩羅什譯衆經撰雜譬喻經所載故事證之，則呪誓惡報七種之語恐非編纂者自增。尤可注意者，即賢愚因緣經本無原本，實爲支那僧徒游學中亞時聽講之筆記撰集而成。（見僧祐出三藏記集玖賢愚經記。）大方便佛報恩經內容既與賢愚因緣經相似，而特重行孝報恩之義。其經序品之後即爲孝養品。又失譯者之名，疑爲同類之作品，俱經支那僧徒之手，有所改易，非復原來之舊。故與巴利文所載之較古而近真者不同，附識於此，或足以見鄙說之不甚謬也。

（二）沙門不拜俗事，可參清寬壽不拜世祖事。見康熙時所修廣濟寺新志中湛祐所作玉光壽律師傳。

（原載一九三二年一月清華學報第柒卷第壹期）

三國志曹冲華佗傳與佛教故事

陳承祚著三國志，下筆謹嚴。裴世期爲之注，頗採小説故事以補之，轉失原書去取之意，後人多議之者。實則三國志本文往往有佛教故事，雜糅附益於其間，特迹象隱晦，不易發覺其爲外國輸入者耳。今略舉數事以證明之，或亦審查古代史料真僞者之一助也。

魏志貳拾鄧哀王冲傳云：

鄧哀王冲字倉舒，少聰察岐嶷，生五六歲，智意所及，有若成人之智。時孫權曾致巨象，太祖欲知其斤重，訪之群下，咸莫能出其理。冲曰，置象大船之上，而刻其水痕所至，稱物以載之，則校可知矣。太祖大悦，即施行焉。

葉水心適習學記言貳柒論此事曰：

倉舒童孺，而有仁人之心，并舟稱象，爲世開智物理，蓋天稟也。

是直信以爲事實。何義門焯以倉舒死於建安十三年前，知其事爲妄飾，而疑置水刻舟，算術中或本有此法。邵二雲晋涵據吴曾能改齋漫録引苻子所載燕昭王命水官浮大豕而量之，謂其事已在前。（見梁章鉅三國志旁證壹肆。）然皆未得其出處也。考北魏吉迦夜共曇曜譯雜寶藏經壹棄老國緣云：

天神又問，此大白象有幾斤？而群臣共議，無能知者。亦募國内，復不能知。大臣問父，父言，置象船上，著大池中，畫水齊船，深淺幾許，即以此船量石著中，水没齊畫，則知斤兩。即以此智以答天神。

寅恪案，雜寶藏經雖爲北魏時所譯，然其書乃雜採諸經而成，故其所載諸國緣，多見於支那先後譯出之佛典中。如卷捌之難陀王與那伽斯那共論緣與那先比丘問經之關係，即其一例。因知卷壹之棄老國緣亦當别有同一内容之經典，譯出在先。或雖經譯出，而書籍亡逸，無可徵考。或雖未譯出，而此故事僅憑口述，亦得輾轉流傳至於中土，遂附會爲倉舒之事，以見其智。但象爲南方之獸，非曹氏境内所能有，不得不取其事與孫權貢獻事混成一談，以文飾之，此比較民俗文學之通例也。

又涵芬樓影印百衲本三國志貳玖魏書貳玖華佗傳（可參後漢書列傳柒貳下華佗傳。）略云：

華佗字元化，一名旉。（裴注：古敷字與專相似，寫書者多不能别。尋佗字元化，其名宜爲旉也。）曉養性之術，時人以爲年且百歲，而貌有壯容。又精方藥，其療疾，合湯不過數種，煮熟便飲，語其節度，捨去輒愈。若病結積在内，針藥所不能及，當須刳割者，便飲其麻沸散，須臾便如醉死無所知，因破取。病若在腸中，便斷腸湔洗，縫腹膏摩，四五日差，不痛，人亦不自寤，一月之間即平復矣。佗行道見一人病咽塞，嗜食而不得下，家人車載欲往就醫。佗聞其呻吟，駐車往視，語之曰：「向來道邊有賣餅家蒜齏大酢，從取三升飲之，病自當去。」即如佗言，立吐蛇一枚，縣車邊，欲造佗。佗尚未還，疾者前入坐，見佗北壁縣此蛇輩約以十數。又有一士大夫不快，佗云：「君病深，當破腹取。然君壽亦不過十年，病不能殺君，忍病十歲，壽俱當盡，不足故自刳裂。」士大夫不耐痛癢，必欲除之。佗遂下手，所患尋差，十年竟死。廣陵太守陳登得病，胸中煩懣，面赤不食。佗脉之曰：「府君胃中有蟲數升，欲成內疽，食腥物所爲也。」即作湯二升，先服一升，斯須盡服之。食頃，吐出三升許蟲，赤頭皆動，半身是生魚膾也。所苦便愈。太祖聞而召佗，佗常在左右。太祖苦頭風，每發，心亂目眩，佗針鬲，隨手而差。後太祖親理，得病篤重，使佗專視。佗曰：「此近難濟，恒事攻治，可延歲月。」佗久遠家思歸，因曰：「當得家書，方欲暫還耳。」到家，辭以妻病，數乞期不反。太祖累書呼，又敕郡縣發遣。佗恃能，厭食事，猶不上道。太祖大怒，使人往檢。若妻信病，賜小豆四十斛，寬假限日。若其虛詐，便收送之。於是傳付許獄，考驗首服。佗死後，太祖頭風未除。太祖曰：「佗能愈此。小人養吾病，欲以自重。然吾不殺此子，亦終當不爲我斷此根原耳。」及後愛子倉舒病困，太祖嘆曰：「吾悔殺華佗，令此兒彊死也。」

杭大宗世駿三國志補注肆引葉夢得玉澗雜書略云：

華佗固神醫也。然范曄陳壽記其治疾，皆言若病結積在內，針藥所不能及者云云，此決無之理。人之所以爲人者以形，而形之所以生者以氣也。佗之藥能使人醉無所覺，可以受其刳割，與能完養，使毀者復合，則吾所不能知。然腹背腸胃既以破裂斷壞，則氣何由含，安有如是而復生者乎？審佗能此，則凡受支解之刑者，皆可使生，王者亦無所復施矣。

是昔人固有疑其事者。夫華佗之爲歷史上真實人物，自不容不信。然斷腸破腹，數日即差，揆以學術進化之史迹，當時恐難臻此。其有神話色彩，似無可疑。檢天竺語「agada」乃藥之義。舊譯爲「阿伽陀」或「阿羯陀」，爲內典中所習見之語。「華」字古音，據瑞典人高本漢字典爲 $r^{w}a$，日本漢音亦讀「華」爲「か」。則「華佗」二字古音與「gada」適相應，其省去「阿」字者，猶「阿羅漢」僅稱「羅漢」之比。蓋元化固華氏子，其本名爲旉而非佗，當時民間比附印度神話故事，因稱爲「華佗」，實以「藥神」目之。此魏志後漢書所記元化之字，所以與其一名之旉相應合之故也。

又考後漢安世高譯㮈女耆域因緣經所載神醫耆域諸奇術，如治拘睒彌長者子病，取利刀破腸，披腸結處。治迦羅越家女病，以金刀披破其頭，悉出諸蟲，封著甕中，以三種神膏塗瘡，七日便愈，乃出蟲示之，女見，大驚怖。及治迦羅越家男兒肝反戾向後病，以金刀破腹，還肝向前，以三種神膏塗之，三日便愈。其斷腸破腹，固與元化事不异，而元化壁縣病者所吐之蛇以十數，及治陳登疾，令吐出赤頭蟲三升許，亦與耆域之治迦羅越家女病事，不無類似之處。（可參裴注引佗別傳中，佗治劉勳女膝瘡事。）至元化爲魏武療疾致死，耆域亦以醫暴君病，幾爲所殺，賴佛成神，僅而得免。則其遭際符合，尤不能令人無因襲之疑。（敦煌本勾道興搜神記載華佗事有：「漢末開腸，洗五藏，劈腦出蟲，乃爲魏武帝所殺」之語，與㮈女耆域因緣經所記尤相似。）然此尚爲外來之神話，附益於本國之史實也。若慧皎高僧傳之耆域，則於晉惠帝之末年，經扶南交廣襄陽至於洛陽，復取道流沙而返天竺（見高僧傳玖）。然據㮈女耆域因緣等佛典，則耆域爲佛同時人，若其來游中土，亦當在春秋之世，而非典午之時，斯蓋直取外國神話之人物，不經比附事實或變易名字之程式，而竟以爲本國歷史之人物，則較華佗傳所記，更有不同矣。

寅恪嘗謂外來之故事名詞，比附於本國人物事實，有似通天老狐，醉則見尾。如袁宏竹林名士傳，戴逵竹林七賢論，孫盛魏氏春秋，臧榮緒晉書及唐修晉書等所載嵇康等七人，固皆支那歷史上之人物也。獨七賢所游之「竹林」，則爲假托佛教名詞，即「Velu」或「Veluvana」之譯語，乃釋迦牟尼説法處，歷代所譯經典皆有記載，而法顯（見佛國記）玄奘（見西域記玖）所親歷之地。此因名詞之沿襲，而推知事實之依托，亦審查史料真僞之一例也。（聞日本學者有論此事之著作，寅恪未見。）總而言之，三國志曹冲華佗二傳，皆有佛教故事，輾轉因襲雜故得糅附會於其間，然巨象非中原當日之獸，華佗爲五天外國之音，其變遷之跡象猶未盡亡，故得賴之以推尋史料之源本。夫三國志之成書，上距佛教入中土之時，猶不甚久，而印度神話傳播已若是之廣，社會所受之影響已若是之深，遂致以承祚之精識，猶不能別擇真僞，而并筆之於書。則又治史者所當注意之事，固不獨與此二傳之考證有關而已也。

（原載一九三〇年六月清華學報第陸卷第壹期）

贈蔣秉南序

清光緒之季年，寅恪家居白下，一日偶檢架上舊書，見有易堂九子集，取而讀之，不甚喜其文，唯深羡其事。以爲魏丘諸子值明清嬗蜕之際，猶能兄弟戚友保聚一地，相與從容講文論學於乾撼坤岌之際，不謂爲天下之至樂大幸，不可也。當讀是集時，朝野尚稱苟安，寅恪獨懷辛有索靖之憂，果未及十稔，神州沸騰，寰宇紛擾。寅恪亦以求學之故，奔走東西洋數萬里，終無所成。凡歷數十年，遭逢世界大戰者二，内戰更不勝計。其後失明臏足，棲身嶺表，已奄奄垂死，將就木矣。默念平生固未嘗侮食自矜，曲學阿世，似可告慰友朋。至若追蹤昔賢，幽居疏屬之南，汾水之曲，守先哲之遺範，托末契於後生者，則有如方丈蓬萊，渺不可即，徒寄之夢寐，存乎遐想而已。嗚呼！此豈寅恪少時所自待及异日他人所望於寅恪者哉？雖然，歐陽永叔少學韓昌黎之文，晚撰五代史記，作義兒馮道諸傳，貶斥勢利，尊崇氣節，遂一匡五代之澆漓，返之淳正。故天水一朝之文化，竟爲我民族遺留之瓌寶。孰謂空文於治道學術無裨益耶？蔣子秉南遠來問疾，聊師古人朋友贈言之意，草此奉貽，庶可共相策勉云爾。甲辰夏五七十五叟陳寅恪書於廣州金明館。

〔附〕寒柳堂記夢未定稿

按：寒柳堂記夢未定稿原共七章，一九六五年夏至一九六六年春間所寫，爲先師最後之作。曾由助教黄萱繕寫謄清稿兩份，大都在混亂中佚失，迄今僅存零星殘稿，計：「弁言」，全。（一）「吾家先世中醫之學」，全。（二）「清季士大夫清流濁流之分野及其興替」，僅存本章之前半部。（六）「戊戌政變與先祖先君之關係」，全；所缺引文亦補齊。晚年心血所寄，僅存殘稿如許，不其痛歟！兹將殘文并全文目録，附印於寒柳堂集之末。又，「吾家先世中醫之學」，及「清季士大夫清流濁流之分野及其興替」「戊戌政變與先祖先君之關係」三部分，所用均係初稿，無可校。將來如能發現全稿，將另印單册附後。

一九七九年十二月及門蔣天樞識

弁言

東坡詩云：「事如春夢了無痕。」但又云：「九重新掃舊巢痕。」夫九重之舊巢亦夢也。舊巢之舊痕既可掃，則寅恪三世及本身舊事之夢痕，豈可不記耶？

昔年康更生先生（有爲）百歲紀念，因感吾家與戊戌政變事，曾爲賦一律云：

此日欣能獻一尊，百年世事不須論。看天北斗驚新象，記夢東京惜舊痕。元祐黨家猶有種，江潭騷客已無魂。玉溪滿貯傷春泪，未肯明流且暗吞。

今歲又賦「題紅梅圖」一律，圖爲寅恪與内子唐篔結褵時曾農髯丈（熙）所繪贈，迄今將四十載矣。其詩云：

鏡臺畫幅至今存，偕老渾忘歲序奔。紅燭高燒光并照，绿雲低覆悄無言。栽花幾换湖山面，度曲能留月夜魂。珍重玳町香茜影，他生同認舊巢痕。

然則夢痕不僅可記，其中復有可惜者存焉。復次，寅恪童時讀庾信哀江南賦序云：

昔桓君山之志事，杜元凱之平生，并有著書，咸能自序。潘岳之文采，始述家風；陸機之辭賦，先陳世德。信年始二毛，即逢喪亂。藐是流離，至於暮齒。

深有感於其言。後稍長偶讀宋賢涑水記聞及老學庵筆記二書，遂欲取爲模楷，從事著述。今既届暮齒，若不於此時成之，則恐無及。因就咸同光宣以來之朝局，與寒家先世直接或間接有關者，證諸史料，參以平生耳目見聞，以闡明之。并附載文藝瑣事，以供談助，庶幾不賢者識小之義。既不誣前人，亦免誤來者。知我罪我，任之而已。

其所以取君實之書，以爲模楷者，蓋四庫全書總目提要壹肆零涑水記聞條略云：

宋司馬光撰。是編雜録宋代舊事，起於太祖，訖於神宗。每條皆注其述説之人，故曰記聞。或如張咏請斬丁謂之類，偶忘名姓者，則注曰，不記所傳。明其他皆有證驗也。

此文所記，皆有證驗，竊比於温公是書也。

其所以取務觀之書，以爲模楷者，蓋陳振孫直齋書録解題壹壹老學庵筆記條云：

陸游務觀撰，生識前輩，年登耄期，所記見聞殊可觀也。

與寅恪之家世及草此文之時日，頗亦相合。故不揣淺陋，藉作模楷也。然復有可論者，據李慈銘桃華聖解盦日記辛集貳云：

放翁此書，在南宋時足與猗覺寮雜記，曲洧舊聞，梁溪漫志，賓退録諸書并稱。其雜述掌故，間考舊文，俱爲謹嚴。所論時事人物，亦多平允。〔四庫〕提要譏其以其祖左丞之故於王氏及字説俱無貶辭，不免曲筆。今考其書，於荆公亦無甚稱述。如云輕沈文通，以爲寡學。誚鄭毅夫不識字。又不樂滕元發，目爲滕屠鄭酤，及裁减宗室恩數諸條，俱不署斷語，而言外似有未滿意。惟一條云，「先左丞言荆公有詩正義一部，朝夕不離手，字大半不可辨。

世謂荆公忽先儒之説，蓋不然也。」則荆公本深於經學，所記自非妄説。其言字説，亦祇一條云，「字説盛行時，有唐博士耜，韓博士兼皆作字説解數十卷。太學諸生作字説音訓十卷。劉全美作字説偏旁釋一卷，字説備檢一卷。又以類相從爲字會二十卷。」以及故相吴元中，門下侍郎薛肇明等詩文之用字説，而未嘗加論斷，至所舉「十目視隱爲直」則本説文義也。其論詩數十條，亦多可觀。劍南於此事本深，尤其談言微中。

由此言之，放翁之祖陸農師（佃），爲王荆公門人，（見宋史叁肆叁陸佃傳。）後又名列元祐黨籍。（見王昶金石萃編壹肆肆元祐姦黨碑。）是放翁之家世，與臨川涑水兩黨俱有關聯。其論兩黨之得失最爲公允。清代季年，士大夫實有清流濁流之分。寅恪本人或以世交之誼，或以姻婭之親，於此清濁兩黨，皆有關聯，故能通知兩黨之情狀并其所以分合錯綜之原委。因草此文，排除恩怨毁譽務求一持平之論斷。他日讀者儻能詳考而審察之，當信鄙言之非謬也。

抑更有可附言者，寅恪幼時讀中庸至「衣錦尚絅，惡其文之著也」一節，即銘刻於胸臆。父執姻親多爲當時勝流，但不敢冒昧謁見。偶以機緣，得接其丰采，聆其言論，默而識之，但終有限度。今日追思，殊可惜矣。至寒家在清季數十年間，與朝野各方多所關涉，亦别有其故。先祖僅中乙科，以家貧養親，不得已而就末職。其仕清朝，不甚通顯，中更挫跌，罷廢八稔。年過六十，始得巡撫湖南小省。在位不逾三載，竟獲嚴譴。先君雖中甲科，不數月即告終養。

戊戌政變，一并革職。後雖復官，迄清之末，未嘗一出。然以吏能廉潔及氣節文章頗負重名於當代。清季各省初設提學使，先君摯友喬茂萱丈樹枏爲學部尚書榮慶所信任，故擬定先君爲湖南提學使。是時熊秉三丈希齡適在京師，聞其事，即告當局謂先君必不受職。遂改授其時湖南學政吳子修丈慶坻。

又清帝遜位後，陳公寶琛任師傅，欲引先君相佐，先君辭以不能操京語。陳公遂改薦朱艾卿丈（益藩）。朱丈亦陳公光緒八年壬午主贛省鄉試所取士，與先君爲齊年生也。

寅恪以家世之故，稍稍得識數十年間興廢盛衰之關鍵。今日述之，可謂家史而兼信史歟？

（一）吾家先世中醫之學

吾家素寒賤，先祖始入邑庠，故寅恪非姚逃虛所謂讀書種子者。先曾祖以醫術知名於鄉村間，先祖先君遂亦通醫學，爲人療病。寅恪少時亦嘗瀏覽吾國醫學古籍，知中醫之理論方藥，頗有由外域傳入者。然不信中醫，以爲中醫有見效之藥，無可通之理。若格於時代及地區，不得已而用之，則可。若矜誇以爲國粹，駕於外國醫學之上，則昧於吾國醫學之歷史，殆可謂數典忘祖歟？曾撰三國志中印度故事，崔浩與寇謙之及元白詩箋證稿第伍章法曲篇等文，略申鄙見，兹不贅論。小戴記曲禮曰：「醫不三世，不服其藥。」先曾祖至先君，實爲三世。然則寅恪不敢以中醫治人病，豈不异哉？孟子曰：「君子之澤，五世而斬。」長女流求，雖業醫，但所學者爲西醫。是孟子之言信矣。郭筠仙嵩燾養知書屋文集貳壹陳府君墓碑銘略云：

陳琢如先生諱偉琳。祖鯤池由閩遷江西之義寧州，再傳而生先生。考克繩，生子四人，先生其季也。先生以太淑人體羸多病，究心醫家言，窮極靈樞素問之精蘊，遂以能醫名。病者踵門求治，望色切脉，施診無倦。配李淑人。子三人，樹年某官，覲瑞殤，寶箴〔咸豐〕辛亥舉。

翁文恭公日記「光緒二十一年乙未正月二十日」條云：

晚訪陳有銘，未見。燈後右銘來辭行，長談。爲余診云，肝旺而虚，命腎皆不足。牛精汁白术皆補脾要藥，可常服。（自注：「脉以表上十五杪得十九至，爲平。余脉十八至，故知是虚。」）

據此，中醫之學乃吾家學，今轉不信之，世所稱不肖之子孫，豈寅恪之謂耶？

寅恪少時多病，大抵服用先祖先君所處方藥。自光緒二十六年庚子移家江寧，始得延西醫治病。自後吾家漸不用中醫。蓋時勢使然也。猶憶光緒二十一年乙未，先祖擢任直隸布政使，先君侍先祖母留寓武昌，（先祖母事迹見馬通伯丈（其昶）所撰「陳母黄夫人墓志銘」。）一日忽見傭工擕魚翅一榼，酒一甕并一紙封，啓先祖母曰，此禮物皆譚撫臺所贈者。紙封内有銀票伍佰兩，請查收。先祖母曰，銀票萬不敢受，魚翅與酒可以敬領也。傭工從命而去。譚撫臺者，譚復生嗣同丈之父繼洵，時任湖北巡撫。曾患疾甚劇，服用先祖所處方藥，病遂痊癒。譚公夙知吾家境不豐，先祖又遠任保定，恐有必需，特饋以重金。寅恪侍先祖母側，時方五六歲，頗訝爲人治病，尚得如此酬報。在童稚心中，固爲前所未知，遂至今不忘也。

又光緒二十五年己亥先祖寓南昌，一日諸孫侍側，閒話舊事，略言昔年自京師返義寧鄉居，先曾祖母告之曰，前患咳嗽，適門外有以人參求售者，購服之即痊。先祖詫曰，吾家素貧，人參價貴，售者肯以賤價出賣，此必非真人參，乃薺苨也。蓋薺苨似人參，而能治咳嗽之病。本草所載甚明。（見本草綱目壹貳「薺苨」條。）特世人未嘗注意及之耳。寅恪自是始知有本草之書，時先母多卧疾，案頭常置本草綱目節本一部，取便翻閲。寅恪即檢薺苨一藥，果與先祖之言符應。是後見有舊刻醫藥諸書，皆略加披閲，但一知半解，不以此等書中所言者爲人處方治病，唯藉作考證古史之資料，如論胡臭與狐臭一文，即是其例也。

（二）清季士大夫清流濁流之分野及其興替

清代同光朝士大夫有清流濁流之分，黄秋岳花隨人聖庵摭憶論之詳矣。黄氏書所論迄於光緒中晚，此後，即光緒之末至清之亡，則未述及。其實光緒之末至清之亡，士大夫仍繼續有清濁之别，請依次論之。秋岳之文本分載於當時南京中央日報，是時寅恪居北平，教授清華大學，故未得見。及蘆溝橋事變，北平淪陷，寅恪隨校南遷長沙昆明，後又以病暫寓香港，講學香港大學。至太平洋戰起，乃由香港至桂林成都。日本投降，復遠游倫敦，取道巴拿馬運河歸國，重返清華園，始得讀秋岳之書，深賞其暘臺山看杏花詩「絶艶似憐前度意，繁枝留待後來人」之句，感賦一律云：

當年聞禍費疑猜，今日開編惜此才。世亂佳人還作賊，劫終殘帙幸餘灰。荒山久絶前游盛，斷句猶牽後死哀。見説暘臺花又發，詩魂應悔不多來。

秋岳坐漢奸罪死，世人皆曰可殺。然今日取其書觀之，則援引廣博，論斷精確，近來談清代掌故諸著作中，實稱上品，未可以人廢言也。

兹先節録黄氏書與此問題有關之數則，然後再續述黄氏所未言及者。至黄氏所論間有舛誤，或有待説明，則亦略補正并解釋之於下。

簡要言之，自同治至光緒末年，京官以恭親王奕訢李鴻藻陳寶琛張佩綸等，外官以沈葆楨張之洞等爲清流。京官以醇親王奕譞孫毓汶等，外官以李鴻章張樹聲等爲濁流。至光緒迄清之亡，京官以瞿鴻禨張之洞等，外官以陶模岑春煊等爲清流。京官以慶親王奕劻袁世凱徐世昌等，外官以周馥楊士驤等爲濁流。但其間關係錯綜複雜先後互易，亦難分劃整齊，此僅言其大概，讀者不必過於拘泥也。黄氏之書（花隨人聖庵摭憶）略云：

淮南彭孫貽客舍偶聞一帙，順德李芍農侍郎（文田）注之。所記康熙初年滿人互相擠軋之狀，歷歷如繪。嘗謂有清一代，開國時滿大臣互相擠軋，而漢大臣新進，兢兢業業，奉公守法，康熙諸主輒利用之以成大業。及晚清同光以來，則漢大臣互相齮齕，而滿大臣驕奢宴樂，騃不知事，宫闈亦相阨，以速其亡。蓋宦途未有不相擠者，特視爲何如人。愚者，譬如擔夫争道，智者則擊轂僨車矣。試以晚清言，曾文正見扼於祁文端，微肅順左右之，幾不能成功，是一例。曾氏兄弟，與左文襄沈文肅交惡，雖無大影響，亦是一例。光緒初葉，帝后兩黨交鬨，而李高陽與翁常熟交惡，其終也，促成中日甲午之戰，所關於國運者甚大。當時高陽常熟陰相阨，而合肥李文忠居外，其時有言文忠有异心者，旨令常熟密查，覆奏，李鴻章心實無他，事見宋芸子詩自注。其後翁力主戰，李欲格之，不能。不可戰而戰，所失倍甚。（頁五十五）

黄書又云：

前所採拔可先生尊人次玉先生在南皮兩江督幕中録藏光緒甲午乙未間中東戰役諸電，册後尚録其時散原老人自武昌致南皮一電，以馬關和約簽定，請籲奏誅合肥以謝天下，此電南皮未作覆。當時士論沸騰，主此説至多，散原老人今年八十三，是時年裁四十一，與丁叔雅（惠康）譚復生（嗣同）吴彦復（保初）號四公子，風采踔發，物望所歸。故其時右銘先生雖開府直隸，而散老忠憤所迫，不遑顧慮，輒敢以危言勸南皮也。予初未諳散老此電命意，近讀散原精舍文存，自爲其尊人右銘先生行狀，有云：「其時李鴻章自日本使還，留天津，群謂且復總督任。府君憤不往見，曰，李公朝抵任，吾夕掛冠去矣。人或爲李公解，府君曰，勛舊大臣如李公，首當其難，極知不堪戰，當投闕瀝血自陳，争以死生去就，如是，十可七八回聖聽，今猥塞責望謗議，舉中國之大，宗社之重，懸孤注，戲付一擲，大臣均休戚，所自處寧有是耶？其世所蔽罪李公，吾蓋未暇爲李公罪矣，卒不往。」得此一段，不啻兼爲散老電下一注解。蓋義寧父子，對合肥之責難，不在於不當和而和，而在於不當戰而戰，以合肥之地位，於國力軍力知之綦審，明燭其不堪一戰，而上迫於毒后之淫威，下劫於書生貪功之高調，忍以國家爲孤注，用塞群昏之口，不能以死生争，義寧之責，雖今起合肥於九京，亦無以自解也。信由斯説，則散原當日之憤激，自在意中，固卓然可存。原電云：「讀銑電愈出愈奇，國無可爲矣，猶欲明公聯合各督撫數人，力請先誅合肥，再圖補救，以伸中國之憤，以盡一日之心，局外哀鳴，伏維賜察。三立。」按散老此電，乙未五月十七日由武昌發，戌刻至江寧者。（頁二一四）

按：此章殘稿，係從另一册初稿殘稿中録出。此章未完，以下缺。樞識。

（六）戊戌政變與先祖先君之關係

碑傳集補壹貳黄尚毅撰楊叔嶠先生事略略云：

〔戊戌六月〕十三日，朝旨以湘撫陳寶箴薦，詔先生預備召見。十四日召對，極言興學練兵爲救亡之策。上感其誠，詔立京師學堂。而川人李徵庸在津辦賑，先生勸捐二萬金立蜀學堂，直省在京立學自蜀始也。先生在軍機章京時，决疑定難，樞垣舊僚皆拱手推服。每一起草，條理精密，往往數百言無一字移易。其學與年俱進如此。三十以前，經史辭章原於家學。〔兄〕聽彝先生著説經堂叢書，倡起蜀學，得先生而益盛，人咸以軾轍許之。先生以隋史簡略，著隋史補遺四十卷，楷録成册，藏於家。詩文約數十篇皆散見無存稿。三十以後，留心掌故之學，感憤時事，不肯托諸空文。而代人作奏議獨多，不備舉，舉其關係天下者。甲午乙未中日戰後，孝欽復幸頤和園，内監寇良才上書諫，被殺。朝士無敢言者。先生乃激勵侍御王鵬運，并代作書上之，語頗切直。戊戌新學之士漸起，言論過激，先生慮朝士水火，非得有學術通知時事大臣，居中啓沃，弗克匡救。當時徐公世昌以翰林佐今大總統袁臬司治兵於小站，亦與先生書云：自中日戰後，合肥坐困，日本伊藤來京師，頗瞰中國無人。此時欲求抵禦之策，非得南皮入政府不可。先生得書，乃與喬樹枏説大學士徐桐，并代作疏薦張。得旨陛見。樞府翁同龢不悦張，會沙市有教案，乃與張蔭桓密謀中阻。張已至上海，奉旨折回。先生匡救之懷乃弗遂矣。先生代人作疏，不肯受名，事後即焚草，其公恕如此。尚毅戊戌留京，住先生寓齋，每侍談燕，故得備聆也。先生既值樞府，德宗召見賜手詔云：「近日朕仰觀聖母意旨，不欲退此老耄昏庸之大臣，而進用英勇通達之人。亦不欲將法盡變。雖朕隨時幾諫，而慈意甚堅。即如七月二十六日之事，聖母已謂太過。朕豈不知中國積弱不振，非退此老耄昏庸之大臣而力行新政不可。然此時不惟朕權力所不能及，若必强以行之，朕位且不能保。爾與劉光第譚嗣同林旭等詳悉籌議，必如何而後能進此英勇通達之人，使新政及時舉行，又不致少拂聖意，即具封奏以聞，候朕審擇施行，不勝焦慮之至。欽此。」七月二十六日因禮部司員王照請代上封事。堂官許應騤懷塔布等阻格不奏。先生歎息曰：皇上始誤聽於志鋭，繼誤聽於李盛鐸，今又誤聽於康有爲，殆哉！覆奏上即召見。於是有旨派康有爲至上海。樞臣皆慶幸，以不召對先生康不得去，禍不得息也。先生既下值，王彦威京卿來函云：與此輩少年共事，有損無益。公他日進退俱難。先生得書，急邀林旭至寓齋，切責之。林默然。初五日訓政詔下，蓋因繆延福等告變，故孝欽突然回宫也。次日，先生云：我等定出軍機。若皇上無事，我即出京，若有不測，决無可去之義。初九日晨起，先生被逮。慶昶及毅亦同被拘。至坊上，先生曰：彼公車也，何故拘之？故毅及慶昶得釋，而下先生刑部獄。同鄉喬樹枏乃電知張文襄請救。刑部以案情重大，請派大臣會審，十二日，直隸總督榮禄入京，召見。是夜文襄電至津，請榮轉奏：願以百口保楊鋭。次日已宣佈行刑而轉電始至，已無及矣。先生與劉光第入獄，殊泰然。至十三日，乃各加以凶服，劉固刑部司官，詫曰：就刑矣！至法庭，不屈。先生呼劉曰：裴村，且聽旨。剛毅宣旨畢，先生曰：願明心跡。剛云：有旨不准説。遂出就刑。先生既致命，尚毅同喬樹枏等棺殮。殯於清字庵。念先生僅一子，若搜得手詔，必不免見焚，异日且無昭雪之據。乃將手詔密縫於尚毅衣領中。至八月二十五日，同慶昶扶柩出京回籍。宣統元年，毅同慶昶繳手詔於都察院，其詞云：竊生故父楊鋭，以内閣候補侍讀於光緒戊戌年七月，仰蒙先皇帝特擢四品卿銜軍機章京上行走，參預新政事宜。并蒙特旨召見，親賜手詔，令詳議覆。生時留侍京寓。故父下直後，一日唤生入室，敬將手詔令生恭藏。云已覆奏。生敬叩：手詔理當恭繳。生故父云，本已面繳，聖恩仍復見賜。生敬叩：覆奏如何？故父云：事關重要，當〔時〕未存稿，略舉大綱三條：一言皇太后親挈天下以授之皇上，應宜遇事將順，行不去處，不宜固執己意。二言變法宜有次第。三言進退大臣，不宜太驟。生當時所聞封奏情實止此。嗣是年八月初九日，生故父與劉光第同時被逮。止謂是非一訊即明，不料邂逅就死。生慘痛昏迷，無術請代。故父門人黄尚毅語生云：故父忠悃，官有封奏，私有家牘，他日尚可呈請別白；惟手詔關係重要，日後應當恭繳。宜謹密藏。即以是月扶柩歸里。道途霖雨積雪，所重者惟先皇帝手詔及故父一棺耳。今十三年矣！慘念生故父生平志行，惟與劉光第相契相規，此外并無茍同之處。且所奉先皇帝手詔尚度藏臣家未繳，無以對先皇帝在天之靈。是以約同故父門人黃尚毅，敬齎手詔來京，籲懇代呈，以光先皇帝聖德。至生父拳拳臣節，所圖仰報先皇帝於萬一者，當時封奏諒已詳明。其生平論學制行，實與劉光第同其本末，今大學士張之洞撫晉督粤督楚時，亦所深見。謹懇奏請昭雪。奏入，留中。次年，又由資政院陳寶琛提議昭雪，通院贊成。奏入，政府卒閣不行，以迄於亡。

散原精舍文集伍巡撫先府君行狀略云：

〔光緒廿一年〕八月，詔授湖南巡撫。府君故官湖南久，習知其利病。而功績聲聞昭赫耳目間，爲士民所信愛。尤與其縉紳先生相慕嚮。平居嘗語人曰：「昔廉頗思用趙人，吾於湘人猶是也。」府君蓋以國勢不振極矣，非掃敝政，興起人材，與天下更始，無以圖存。陰念湖南據天下上游，號天下勝兵處。其士人率果敢負氣可用。又土地奥衍，煤鐵五金之産畢具。營一隅爲天下倡立富强根基，足備非常之變，亦使國家他日有所憑恃。故聞得湖南，獨竊喜自慰；而湖南人聞巡撫得府君，亦皆喜。是時湖南旱饑，赤地且千里，朝廷以爲憂。趣府君赴任，勿入覲。遂取海道入長沙。蓋湖南所被災州縣二十餘，瀏陽、醴陵、衡山最鉅。府君先傳電各行省大吏，乞互助。旬日達復電，有助金五六十萬，府君用是稍得藉手矣。首大振三縣。瀏陽伏匪倚災數倡亂，用縣人歐陽君中鵠領振，得無事。初，府君甫視事，即嚴販米出境令。亡何，米舟逾千艘聚岳州，譁變，且竄出。府君以米禁大係安危，遣某總兵持符亟遮之，誡立誅其首梗令者。由是悉挽而上，人心大定。凡府君所設方計，得次第振活都百數十萬人。當是時，非府君爲巡撫，湖南幾大亂。府君承困敝之後，綱紀放弛，吏益雜進，貪虐竊偷之風相煽，而公私儲藏既耗竭，萬事壞廢待理。府君以爲其要者在董吏治，闢利源；其大者在變士習，開民智，飭軍政，公官權。於是察劾府縣以下昏墨不職二十餘人，而代以幹良者。桃源令貪暴無人理，上其罪至遣戍。群吏懍然，遂改觀。既設礦務局，別其目曰官辦，商辦，官商合辦；又設官錢局，鑄錢局，鑄洋圓局，以朱公昌琳領之。朱公七十餘，負幹略，以義俠聞四方，老謝客，獨爲府君出。又通電竿，接鄂至湘潭，以張君祖同領之。而時務學堂，算學堂，湘報館，南學會，武備學堂，製造公司之屬，以次畢設。又設保衛局，附遷善所，以鹽法道黃君遵憲領之。又屬黃君改設課吏館，草定章程。又選取赴日本學校生五十人，待發。其他蠶桑局，工商局，水利公司，輪舟公司，以及丈勘沅江漲地數十萬畝，皆已萌芽發其端。由是規模粗定。當是時，江君標爲學政，徐君仁鑄繼之，黃君遵憲來任鹽法道，署按察使，皆以變法開新治爲己任。其士紳負才有志意者，復慷慨奮發，迭起相應和，風氣幾大變。湖南之治稱天下，而謠諑首禍亦始此。先是府君既鋭興庶務，競自强，頪爲湘人耳目所未習，不便者遂附會構煽，疑謗漸興。……復以學堂教習與康有爲連，愈益造作蜚語，怪幻不可究詰。徒以上意方嚮用府君，噤不得發。二十四年八月康梁難作，皇太后訓政，彈章遂蠭起。會朝廷所誅四章京而府君所薦楊鋭劉光第在其列，詔坐府君濫保匪人，遂斥廢。既去官，言者中傷周内猶不絶。於是府君所立法，次第寢罷，凡累年所腐心焦思，廢眠忘餐，艱苦曲折經營締造者，蕩然俱盡。獨礦務已取優利，得不廢。……與郭公嵩燾尤契厚，郭公方言洋務負海内重謗，獨府君推爲孤忠閎識，殆無其比。及巡撫湖南，郭公已先卒，遇設施或牴牾，輒自傷曰：郭公在不至是也。其爲治，規模遠大，務程功於切近。視國家之急逾其私。……復密陳籌餉振海軍，聯與國之策。故府君獨知時變所當爲而已，不復較孰爲新舊，尤無所謂新黨舊黨之見。康有爲之初召對也，即疏言其短長所在，推其疵弊。四章京之初直軍機亦然，曾疏言，變法事至重，四章京雖有异才，要資望輕而視事易。……政既變，復電達大學士榮禄，諷其遵主庇民，息黨禍，維元氣。

光緒朝東華録光緒二十四年二月壬戌條略云：

陳寶箴奏：臣於光緒二十二年，准禮部咨山西撫臣胡聘之奏請變通書院章程一摺，承准總理衙門諮議覆刑部左侍郎李端棻奏請推廣學校一摺；本年三月，又承准總理衙門諮議覆安徽巡撫鄧華熙奏，籌議添設學堂，請撥常年經費一摺，均奉旨依議諮飭通行。仰見我皇上獎勵實學，培養人材之至意。欽感莫名。自咸豐以來，削平寇亂，名臣儒將，多出於湘。其民氣之勇，士節之盛，實甲於天下。而恃其忠肝義膽，敵王所愾，不願師他人之長，其義憤激烈之氣，鄙夷不屑之心，亦以湘人爲最。近年聞見漸拓，風氣日開，頗以講求實學爲當務之急。臣自到任，迭與湘省紳士互商提倡振興之法：電信漸次安設，小輪亦已舉行。而紳士中復有聯合公司以機器製造者，士民習見，不以爲非。臣以爲因勢利導，宜及此時因材而造就之。當於本年秋冬之間，與紳士籌商，在省設立時務學堂，講授經史掌故，法律，格致，測算等實學。額設學生一百二十人，分次考選。而延聘學兼中西，品端識卓之舉人梁啓超，候選州判李維格，爲中學西學總教習。另設分教習四人。現已開學數月，一切規模均已粗具。省城舊有求賢書院，現據改爲武備學堂，略倣天津湖北新設規制，以備將才而肄武事。

同書光緒二十四年六月甲辰條（可參清史稿肆柒零楊深秀傳：「湖南陳寶箴圖治甚急，中蜚語。深秀爲剖辨之。上以特旨褒寶箴。寶箴廼得行其志。」等語）略云：

目今時局艱難，欲求自强之策，不得不捨舊圖新。前因中外臣工，半多墨守舊章，曾經剴切曉諭，勖以講求時務，勿蹈宋明積習。諄諄訓誡，不啻三令五申。惟是朝廷用意之所在，大小臣工恐尚未盡深悉。現在應辦一切要務，造端宏大，條目煩多，不得不裒集衆長，折衷一是。遇有交議事件，内外諸臣，務當周諮博訪，詳細討論。毋緣飾經術，附會古義；毋固執成見，隱便身圖。倘或面從心違，希冀敷衍塞責，致令朝廷實事求是之義，慇其本旨，甚非朕所望於諸臣也。總之，中國現在病在痿痺，積弊太深，諸臣所宜力戒。即如陳寶箴，自簡任湖南巡撫以來，鋭意整頓，即不免指摘紛乘。此等悠悠之口，屬在搢紳，仍隨聲附和；則是有意阻撓，不顧大局，必當予以嚴懲，斷難寬貸。當此時事孔棘，毖後懲前，深惟窮變通久之義，創辦一切，實具萬不得已之苦衷，用再明白申諭，爾諸臣其各精白乃心，力除壅蔽，上下以一誠相感，庶國是以定，治理蒸蒸日上，朕實有厚望焉。

同書光緒二十四年七月甲子條略云：

諭：陳寶箴奏：遵保人才，開單呈覽一摺：湖南候補道夏獻銘、試用道黄炳離、降調前内閣學士陳寶琛、内閣候補侍讀楊鋭、禮部候補主事黄英采、刑部候補主事劉光第、廣東候補道楊樞、試用道王秉恩、江蘇試用道歐陽霖、江西試用道惲祖祈、杜俞、湖北候補道徐家幹、江蘇候補道柯逢時、湖北試用道薛華培、候補道左孝同：以上各員，在京者著各該衙門傳知該員，預備召見。其餘均由各該督撫飭知來京，一體預備召見。

同書光緒二十四年七月辛未條云：

諭：内閣候補侍讀楊鋭、刑部候補主事劉光第、内閣候補中書林旭、江蘇候補知府譚嗣同，均著賞加四品卿銜，在軍機章京上行走，參預新政事宜。

同書光緒二十四年八月乙未條略云：

諭：大學士榮禄著管理兵部事務并節制北洋各軍，由禮部頒給關防。

諭：主事康有爲，實爲叛逆之首，現已在逃。舉人梁啓超，與康有爲狼狽爲奸，所著文字，語多狂謬，著一并嚴拿懲辦。康有爲之弟康廣仁，及御史楊深秀、軍機章京譚嗣同、林旭、楊鋭、劉光第等，實係與康有爲結黨，隱圖煽惑。楊鋭等每於召見時，欺蒙狂悖，密保匪人。實屬同惡相濟，罪大惡極。前經將各該犯革職，拿交刑部訊究。旋有人奏：若稽時日，恐有中變。朕熟思審處，該犯等情節較重，難逃法網。倘語多牽涉，恐致株累。是以未俟覆奏，於昨日諭令：將該犯等即行正法。

同書光緒廿四年八月辛丑條略云：

諭：湖南巡撫陳寶箴，以封疆大吏，濫保匪人，實屬有負委任。陳寶箴著即行革職，永不叙用。伊子吏部主事陳三立，招引奸邪，著一并革職。

同書光緒廿四年八月甲辰條云：

諭：陳寶箴昨已革職永不叙用。榮禄曾經保薦，兹據自請處分，……榮禄，著交部議處。

同書光緒廿四年八月丁未條略云：

〔懿旨〕現在時事艱難，以練兵爲第一要務，是以特簡榮禄爲欽差大臣，所有提督宋慶所部毅軍、提督董福祥所部甘軍、提督聶士成所部武毅軍、候補侍郎袁世凱所部新建陸軍，以及北洋各軍，悉歸榮禄節制，以一事權。

同書光緒二十四年九月辛亥條云：

諭：吏部奏遵議處分一摺，大學士榮禄應得降二級調用處分。著加恩改爲降二級留任。

寅恪案，綜合上列資料，先祖關於戊戌政變始末，可以概見矣。蓋先祖以爲中國之大，非一時能悉改變，故欲先以湘省爲全國之模楷，至若全國改革，則必以中央政府爲領導。當時中央政權實屬於那拉后，如那拉后不欲變更舊制，光緒帝既無權力，更激起母子間之衝突，大局遂不可收拾矣。那拉后所信任者爲榮禄，榮禄素重先祖，又聞曾保舉先君。（西人Backhouse所著慈禧外紀言及此事，寅恪昔舉以詢先君，先君答言不知。但其時先君摯友李木齋丈盛鐸在榮禄幕府，慈禧外紀所言，或非無因。又湖南文史館所輯參考資料中皮鹿門丈（錫瑞）日記，謂當時館中學正張公百熙保薦二人，首爲康南海，次即先君。但先君於光緒二十三年丁酉十二月丁先祖母憂，依例丁憂人員不列保薦，故張公薦剡未列先君之名。榮禄之薦先君，不見於公牘，或亦此故歟？先君苟入京者，當與四章京同及於難。可謂不幸中之大幸矣。）先祖之意欲通過榮禄，勸引那拉后亦贊成改革，故推夙行西制而爲那拉后所喜之張南皮入軍機。首薦楊叔嶠〔鋭〕，即爲此計劃之先導也。觀黄尚毅所記，知南皮與榮禄本無交誼，而先祖與榮禄之關係，則不相同也。當政變後，都中盛傳先祖必受發往新疆之嚴譴，如李端棻奏保康有爲及譚嗣同之例（見東華録光緒二十四年八月庚子條）。

然止於革職永不叙用之薄懲，實由榮禄及王元和碰頭乞請所致也。

先祖先君革職，歸寓南昌，不久，先祖逝世，先君移居金陵，以詩歌自遣。光緒二十九年癸卯，以次年爲慈禧七十壽辰，戊戌黨人除康梁外，皆復原官，但先君始終無意仕進，未幾袁世凱入軍機，其意以爲廢光緒之舉既不能成，若慈禧先逝，而光緒尚存者，身將及禍。故一方面贊成君主立憲，欲他日自任内閣首相，而光緒帝僅如英君主之止有空名。一方面欲先修好戊戌黨人之舊怨。職是之故，立憲之説興，當日盛流如張謇鄭孝胥皆贊佐其説，獨先君窺見袁氏之隱，不附和立憲之説。是時江西巡撫吴重憙致電政府，謂素號維新之陳主政，亦以爲立憲可緩辦。又當時資政院初設，先君已被舉爲議員，亦推卸不就也。袁氏知先君摯友署直隸布政使毛實君丈（慶蕃），署保定府知府羅順循丈（正鈞）及吴長慶提督子彦復丈（保初），依項城黨直隸總督楊士驤寓天津，皆令其電邀先君北游。先君復電謂與故舊聚談，固所樂爲，但絶不入帝城。非先得三君誓言，决不啓行。三君遂復電謂止限於舊交之晤談，不涉他事。故先君至保定後，（可參散原精舍詩卷下「（光緒三十二年丙午）四月下旬至保定。越閏月二日實君布政兄宴集蓮花池」及「贈順循」詩。）至天津，歸途復過保定，（可參同書同卷「保定别實君順循，三日至漢口登江舟望月」詩。）遂南還金陵也。

寒柳堂記夢未定稿（補）

謹按：寒柳堂記夢未定稿在蔣天樞教授編定之先師遺著寒柳堂集（陳寅恪文集之一，上海古籍出版社一九八〇年版）附録中已發表一部分，計共四篇（見上海古籍版寒柳堂集一六三至一八二頁，本書一八三至二〇五頁，以下簡稱「蔣本」）。前有蔣先生於一九七九年十二月所寫按語，略云：

寒柳堂記夢未定稿原共七章，一九六五年夏至一九六六年春間所寫，爲先師最後之作。曾由助教黄萱繕寫謄清稿兩份，大都在混亂中佚失，迄今僅存零星殘稿，計：「弁言」，全。（一）「吾家先世中醫之學」，全。（二）「清季士大夫清流濁流之分野及其興替」，僅存本章之前半部。（六）「戊戌政變與先祖先君之關係」，全；所缺引文亦補齊。（中略）茲將殘文并全文目録，附印於寒柳堂集之末。

在按語後之全文目録中，其（三）「孝欽后最惡清流」；（四）「吾家與豐潤之關係」；（五）「自光緒十年三月至二十年十一月間清室中央政治之腐敗」及（七）「關於寅恪之婚姻」四篇，皆注云「佚」。一九八七年，先師哲嗣陳美延師妹從中山大學落實政策辦公室收回在「文革」初期被强索去的寒柳堂記夢未定稿之另一稿本（以下簡稱「新稿本」），其内容較「蔣本」所收之殘稿頗有增益，約達七千餘字；而將「蔣本」中有關黄秋岳花隨人聖庵摭憶之記述全部删去，亦近千字，末署：「一九六六年六月二十三日端午，寅恪書於廣州康樂中山大學東南區一號樓上，時年七十六。」則此「新稿本」之最後修訂以成今日所存之形式，自當在「蔣本」之後。

此兩本之目録及篇章編號，彼此不甚一致。「蔣本」目録中共有八篇，以「弁言」爲篇首，不編號，下分七章，其篇目及編號見本書一八四頁。「新稿本」之目録則共爲七篇，以「弁言」爲第（一）篇；「蔣本」（一）、（二）、（三）章之篇目在「新稿本」中則爲（二）、（三）、（四），而「蔣本」中之（四）「吾家與豐潤之關係」則不見於「新稿本」。於是此以下之（五）、（六）、（七）三章，兩本又全同。據美延師妹不久前（今年八月十日及十九日）來函，及黄萱先生八月十八日函所云，先師此遺稿之定本（當時由黄萱先生用方格稿紙謄清抄正者）目録與「蔣本」同，「新稿本」之目録則爲先師母之手跡，爲後來改定原目後所另寫者，疑此「新稿本」係「文革」初期，於「造反派」限期迫交情况下，曾經先師匆促删節，抽出第（二）章「清季士大夫清流濁流之分野及其興替」中頗大一部分（與黄秋岳所記述史事有關者）删除之；更將第（四）章「吾家與豐潤之關係」及第（五）章「自光緒十年三月至二十年十一月間清室中央政治之腐敗」全部删去，而保留第（五）章之篇名，却將第（四）章之後半劃與第（五）章，以足七章之數，藉以應付「造反派」之檢查，而免生枝節也。或於交出後，復又失去若干内容。蓋此「新稿本」收回時，已被人與其他四篇文章合訂爲一册，而此合訂本中其他各篇均保持查抄時原裝釘，惟獨此「新稿本」則爲拆除原裝釘綫重新組裝者。關於内容，上述黄萱先生函云：

該稿共七章，已完全寫就，并令我謄清一份。其後再經修改或删去，均由師母手筆寫成，我未曾再見過。（中略）現存的稿子，我認爲是初稿，因爲我記得當時陳師的初稿都是用很粗的直行紙録下來的，而謄清稿則用方格的稿紙抄。因删掉第（四）章「吾家與豐潤之關係」一篇及引用黄秋岳書的引文，第（四）章及第（五）章界限好像分不清，與原本不一樣。

據此，并認真對照兩本异同之後，僅依以下原則及方法進行整理：

一、原則：

甲、以「蔣本」爲基礎，「蔣本」原有，而爲「新稿本」所删改者，全依「蔣本」保留之，蓋「新稿本」所删，主要爲引用黄秋岳書中搜集之史料與評述，以及先師對之所作的某些駁議。其全被删去，乃迫於當時之不正常環境，非出先師本意。黄萱先生函中亦云：「陳師對於黄秋岳的摭憶備極贊賞，他説：『秋岳雖坐漢奸罪死，不當以人廢言。』」係屬實情，適憶於一九四七至一九四八年間從先師習作中國近代史方面學位論文時，先師即有此論，并云：「爲弄清史事真相，什麽材料都可用，只看你會不會用。」「假中有真，真中摻假之史料，隨處都有，要在善於鑒别。」

乙、凡兩本同有的内容，不再照録原文，以免與已出版之「蔣本」重複；只以「新稿本」校訂「蔣本」之誤字、漏字，作校勘記。

丙、「新稿本」有而「蔣本」無者，在核實存真，保持先師本意，復原在不正常情況下被迫删改之文字後，全文照録，補入之。

二、各篇章之整理辦法：

甲、目録及各篇章之標號概依「蔣本」，尤其在已確知全文八篇七章皆已完成而又缺佚，「新稿本」在不正常情況下删改篇目以應付困難環境的情况後，更應如此。

乙、「弁言」及（一）「吾家先世中醫之學」二篇，兩本内容一致，不再引録原文，只作校勘記。

丙、（二）「清季士大夫清流濁流之分野及其興替」一章，「蔣本」按語云：「僅存前半部。」而於此篇之末又有按語云：「此章殘稿係從另一册初稿中録出。此章未完，以下缺。」據此可知，「蔣本」所據，實有二源。黄萱先生估計：「（前略）此殘稿有可能是現存稿件（適按：指「新稿本」）中删下來的一部分。」「新稿本」於此章後半部有千餘字的記載爲「蔣本」

所無，而前半部亦較「蔣本」增百餘字。今將引録「蔣本」所無部分，其「蔣本」已有者，不再録原文，只以「新稿本」校訂之，寫出校勘記。

丁、「蔣本」目録之（三）「孝欽后最惡清流」（「新稿本」在「孝欽后」前多「前清」二字）約四千餘字（亦仍有缺佚，考見後文），與（七）「關於寅恪之婚姻」六百餘字皆爲「蔣本」所全缺。今將全文引録以增補之。

戊、「蔣本」目録之（四）「吾家與豐潤之關係」已佚。「新稿本」無此，今仍缺佚。

己、兩本之（五）「自光緒十年三月至二十年十一月間清室中央政治之腐敗」一章，「蔣本」有目無文，注「佚」。「新稿本」則於（四）「前清孝欽后最惡清流」篇中插入此第（五）篇之標題，而又有漏字、倒文，標題位置也不在分段落處，而且是添置於首行之外，標題後之内容又與標題所應包涵之範圍大不相稱；字跡亦异，而且潦草，顯係後加。似是被迫交出前已抽去，而倉促於第（四）章中插入第（五）章之標題，以資彌縫，藉以應付查詢者。故此條標題之插入第（四）章者，應删，而於目録中注明「佚」。

庚、兩本之（六）「戊戌政變與先祖先君之關係」一章，「蔣本」按語云：「全，所缺引文亦補齊。」今對照「新稿本」，又可增七百餘字，主要集中於兩處，現予引録，以補「蔣本」所缺。至引文，先師如稱「略云」，必是節引，且一般不加略號。「蔣本」視爲缺引之文，而予補齊，自亦無妨，今皆保留，不予回删。今以「新稿本」中引文與「蔣本」對校，可知「新稿本」所略而爲「蔣本」所「補齊」之引文，共達一千一百餘字，但「新稿本」有，而爲「蔣本」所缺漏之引文，亦仍有六十餘字，謹皆補入。

總之，據美延師妹見告，此「新稿本」曾於「文革」初期非正常情況下被迫交與「造反派」群衆組織，以後輾轉入於中山大學歷史系，終於在二十年後，始重歸家屬手中。囑爲整理，以待他日問世之機緣，此自受業義所當爲。經仔細對校兩本异同，以及先師當時處境，慎重考慮，力求符合先師本意，於背景已明之後，敬謹擬定整理之原則與辦法如上。凡已見於「蔣本」者，此皆略，其以「新稿本」增補或訂正「蔣本」者，皆照録，并注明在「蔣本」中的前後文銜接字句。

根據上述之認識與想法，謹仍以先師昔日所手定、爲「蔣本」所遵用之寒柳堂記夢未定稿爲標題，而於後加一「（補）」字，以示與「蔣本」之間的連續性。其仍缺佚部分，只得暫置，以俟來日。

一九九〇年八月及門劉適（石泉）謹識

弁言（校勘記）

（原文依「蔣本」，見本書一八五—一八八頁。今不照録，僅據「新稿本」作校勘記如下。頁數、行數皆依「蔣本」。下同，不另作説明。）

第一八五頁，第六行：「内子唐瑩」。「瑩」當作「篔」。

第一八六頁，第四行：「四庫全書總目提要壹肆零……」。「零」當作「拾」。先師引書，列卷數，向用大寫數字，凡今用「〇」或「零」字，例皆用「拾」字。

第一八六頁，倒第一行：「俱不署斷語」。「署」當作「置」。

第一八七頁，第四行：「劉全美作字説偏旁釋一卷」。「釋」前脱「音」字。

第一八七頁，第六行：「尤其談言微中」。「尤」與「其」之間脱「宜」字。

第一八七頁，第十一行：「排除恩怨毁譽務求一持平之論斷」。「譽」字後，脱逗號。

第一八八頁，第二行：「後雖復官」。應爲「後雖復原官」。

第一八八頁，第二行：「然以吏能廉潔及氣節文章頗負重名於當代」。「……氣節文章」後，脱逗號。

（一）吾家先世中醫之學（校勘記）

第一八九頁，第七行：「寶箴〔咸豐〕辛亥舉」。「舉」後脱「人」字。

（二）清季士大夫清流濁流之分野及其興替（補文及校勘記）

「蔣本」之本篇開首二句爲：「清代同光朝士大夫有清流濁流之分，黄秋岳花隨人聖庵摭憶論之詳矣。」（見本書第一九〇頁，倒第二行。）「新稿本」首句同。其下文則增補一段史料，并相應地對第二句稍作調整。其文云：

清代同、光朝士大夫有清流、濁流之分，惲薇生毓鼎崇陵傳信録已略論之。黄秋岳濬花隨人聖盦（適按：同「庵」字）摭憶言之更詳。兹先録薇生之書於下，其文云：

光緒初年，兩宫勵精圖治，彌重視言路。會俄人逾盟，盈廷論和戰。惠陵大禮議起，一時棱棱具風骨者，咸有以自見，吴縣潘祖蔭、宗室寶廷、南皮張之洞、豐潤張佩綸、瑞安黄體芳、閩縣陳寶琛、吴橋劉恩溥、鎮平鄧承修，尤激昂喜言事，號曰清流，而高陽李文正公（鴻藻）當國，實爲之魁。

然後下文（另起段）接「蔣本」所云：「黄氏書所論迄於光緒中晚，……」直至「蔣本」

本篇之末所云：「……按散老此電，乙未五月十七日由武昌發，戌刻至江寧者。（頁二二四）」（見本書第一九三頁倒三行至一九三頁倒二行）。以下即進入後半部，全爲「蔣本」所闕，而在「新稿本」中保存者。文云：

吴漁川（永）庚子西狩叢談肆略云：

公自北洋罷任（寅恪案，「公」指李鴻章），以總理各國事務大臣，久居散地，終歲僦居賢良寺。翁常熟當國，尤百計齮齕之。公益不喜接客，來者十九報謝，因而門户亦甚冷落。公意殆不能無鬱鬱。嘗自謂：予少年科第，壯年戎馬，中年封疆，晚年洋務，一路扶遥，遭遇不爲不幸。自問亦未有何等隕越。乃何端發生中日交涉，至一生事業掃地無餘！如歐陽公所言，半生名節被後生輩描畫都盡。環境所迫，無可如何。又曰：我辦了一輩子的事，練兵也，海軍也，都是紙糊的老虎，何嘗能實在放手辦理？不過勉强塗飾，虚有其表；不揭破，就可敷衍一時。如一間破屋，由裱糊匠東補西貼，居然成一淨室。雖明知爲紙片糊裱，然究竟决不定裏面是何等材料。即有小小風雨，打成幾個窟窿，隨時補葺，亦可支吾對付。乃必欲爽手扯破，又未預備何種修葺材料，何種改造方式，自然真相破露，不可收拾。但裱糊匠又何術行能負其責？

寅恪案，漁川之書可與秋岳之論相印證，但秋岳之論仍有未盡。蓋當馬關和約成後，凡愛國之人，有是非之心者，無不反對，與先君之「風采踔發、物望所歸」無關。況先君摯友、姻親中梁星海丈（鼎芬）則以劾合肥罷職，文芸閣丈（廷式）則在京爲主戰派之重要人物，并是力攻合肥之人。易實甫丈（順鼎）及先舅父俞恪士（明震）則皆在臺灣，助臺獨立者。蓋其時愛國之人認爲政府雖已割臺，而人民猶可不奉旨，如後來庚子歲東南諸督撫不遵朝命殺害外僑之比。復次，先祖撫湘，多用湘人辦湘事。當時，先君友人中有欲側身礦務局，不能如願，遂懷怨望者。光緒二十五年中，先祖、先君罷職後，歸寓南昌磨子巷。忽接一函，收信人爲「前湘撫陳」。寄信人不書姓名，唯作「湘垣緘」。字體工整。啓視之，則爲維新夢章回體小説之題目一紙，別附七絶數首。其中一段後二句云：「翩翩濁世佳公子，不學平原學太原。」乃用史記平原君傳及新舊唐書太宗紀。先母俞麟洲明詩夫人覽之，笑曰：「此二句却佳。」當戊戌時，湘人反對新政者，謡喙百端，謂先祖將起兵，以燒貢院爲號，自稱湘南王。寓南昌時，後有人遺先君以劉伯温燒餅歌鈔本一册，以其中有「中有异人自楚歸」句，及「六一人不識，山水倒相逢」，暗藏「三立」二字語。

綜合此數事，附録於此，以資談助。

散原精舍詩上「得叔澥安慶郵書稱吴摯父京卿歿於桐城里居，次前韻哭之，并寄叔澥」云：

耽吟酬句無朝暮，指點江城角雨雄。那料和鳴一鳥去，直教行哭九夷同。文章後世卿云顯，師友當前孔老通。活國新編猶照眼，瞳曨争睹日生東。

寅恪謹按：江丈瀚字叔瀣，時居安徽縣聶仲芳巡撫（緝槼）幕中，故先得桐城逝世之訊。桐城時受任京師大學堂總教習，尚未赴任也。活國新編者，指桐城東游日本、考察教育後，所撰之東游叢録一書而言。今附録先君此詩，以見吾家與吴桐城固有文章氣類之雅也。

本篇校勘記：

第一九一頁，倒第四行：「自同治至光緒末年，京官以恭親王奕訢李鴻藻陳寶琛……等爲清流」。「……李鴻藻」之後，「陳寶琛……」之前，加「翁同龢」。

第一九一頁，倒第三行：「至光緒迄清之亡」。「光緒」後加「末」字。

第一九二頁，第四行：「康熙諸主……」。應爲「康、乾諸主……」。

（三）孝欽后最惡清流（補文及校勘記）

此篇爲「蔣本」所缺，今據「新稿本」補入。由於本篇中被插入第（五）章之標題，因而涉及是否本篇補文中有一部分或大部分内容應屬於第（五）章，即自「光緒十年三月至二十年十一月間清室中央政治之腐敗」一篇的問題，對此，將於補文後面的校勘記中，作出具體的考釋、鑒定。

照録補文：

清咸豐之季年，太平天國及其同盟軍縱横於江淮區域。英法聯軍攻陷北京，文宗走避熱河，實與元末庚申帝之情事相類。然以國内外錯綜複雜之因素，清室遂得苟延其將斷之國祚者五十年。凡此五十年間政治中心，則在文宗孝欽顯皇后那拉氏一人。（寅恪十餘歲時，曾見日本人所著書，言后小名阿翠。曾樸孽海花亦有是説，但無從證實，姑附記於此。）故述清代同光兩朝及宣統朝之史者，必以那拉后爲主要之題材，自無待論也。綜觀那拉后一生之行事，約有數端：一，爲把持政權，不以侄嗣穆宗，而以弟承大統。后取本身之侄女强配德宗，釀成後來戊戌、庚子之事變。二，爲重用出自湘軍系統之淮軍，以牽制湘軍，遂啓北洋軍閥之一派，塗炭生靈者二十年。三，爲違反祖制，信任閹宦，遂令晚清政治腐敗更甚。四，爲縱情娱樂，修築園囿，移用海軍經費，致有甲午之敗。五，爲分化漢人，復就漢人清、濁兩派中，揚濁抑清，而以滿人榮禄掌握兵權。後來攝政王載灃承其故智，變本加厲，終激起漢人排滿復仇之觀念。陳石遺丈（衍）石遺室詩話柒有一節，頗可與第五點相印證，兹録之於下。其文云：

清末重用滿人，以謀中央集權。舉軍機處、海陸軍、財政、外交諸重任，均以皇宗親貴掌之。時事既日非，言官中若趙啓霖、江春霖、胡思敬、趙熙、陳田數人，皆直言極諫，先後罷斥引退，相繼去。方慶王奕劻將引其黨某爲軍機大臣（寅恪案，「某」指陳筱石丈夔龍），江春霖特疏糾參。疏上，逐回原衙門行走。春霖旋假歸養母。都下賦詩送者甚衆，以陳弢庵七律後二聯用事爲最切，云「書壁會當思魯直，裂麻竟不相延齡。陔餘尚有酬恩地，勤與鄉鄰講孝經」。時以某爲軍機大臣，亦罷論也。張（亨嘉）鐵君云「白日黃鹿車擊軹，東門出祖江御史。纖兒撞壞好家居，誰司言職吾當恥」。余云：「四海爭傳真御史，九重命作老翰林。」蓋未須下斷語也。因憶韡東（寅恪案，「韡東」，順德羅敦㬵之字）有送趙芷孫御史（啓霖）句云：「此後臺中望江、趙（寅恪案，「江」指江杏村春霖。「趙」指趙堯生「熙」），未應料理五湖船。」芷孫去時，潄唐未入臺（寅恪案，「潄唐」，胡思敬之字），尚有江、趙。江去時，〔鄭〕蘇堪（孝胥）句云：「臺中閱道應無恙。」（寅恪案，宋趙抃字閱道，故海藏以之目香宋也。）則僅有趙矣。

寅恪案，同光時代士大夫之清流，大抵爲少年科第，不諳地方實情及國際形勢，務爲高論。由今觀之，其不當不實之處頗多。但其所言，實中孝欽后之所忌。卒黜之殺之而後已。若斯之類，其例頗多，不遑枚舉。兹僅就黃秋岳書所論寶廷、張佩綸二人之始末，而加以補充糾正，亦可見一斑矣。總而言之，清流士大夫，雖較清廉，然殊無才實。濁流之士大夫略具才實，然甚貪污。其中固有例外，但以此原則衡清季數十年人事世變，雖不中亦不遠也。文芸閣丈（廷式）純常子枝語玖云：

以電奏歸總理各國事務衙門代奏，而總署之權過於明之通政使矣。通政使之權止於壓閣一二日，而總署則竟可不奏也。以兵事歸總理衙門電寄，而總署之權過於明之本兵矣。明之本兵，不過制各軍之進退，而總署之權，則兼其炮之放否，船之行否，而亦制之，且能與聞其餉事也。而且總署之用財，非户部所能知（原注：「兼海軍言」）。總署之保案，非吏部所能核。紊職分，而敗國家，究亦未得一真通交涉之才爲可嘆也。（原注：「余甲午有一疏，請明職分，即指總署而言。」）

續碑傳集吴汝綸撰文華殿大學士直隸總督贈太傅一等侯李文忠公墓志銘略云：

〔公〕專力外事，在直隸最久，於外國政、學、制、法、兵備、財用、工商藝業，無一不究討，皆導國使猛進，與歐美强國競盛。以財權不屬，人才不興，卒牽於异議，靳饋餫不予，使不能竟所施爲。而西人顧交口稱頌，謂爲東方俾士馬克。五洲萬國婦孺皆知公姓名，中國因之益重云。公既盡心防禦，顧持重不欲開兵釁。待遇外國客，能時其剛柔張弛，使來説者自失本謀。國家每與外國生隙，公輒用計謀消弭之。甲午日本操兵，師既敗，朝廷命公往日本議和。遇刺不死，卒定和而還。未幾，命公歷聘歐美諸國。諸國人聞公威望久，所至禮遇逾等。公薨以二十七年九月二十七日，壽七十有九。公諱鴻章，字少荃。道光丁未翰林。祖以上皆不仕。父文安，進士，刑部郎中。

總署之權限既如上述，則合肥於光緒十年甲申對內對外之關係，可以下列幾點解釋之。

一，以慈禧之意旨爲決定。（見李文忠公（鴻章）全集朋僚函稿二十，光緒十一年五月初五日復岑彦卿（毓英）宫保云：

「此次議款之速，實因桂滇各軍潰退，越事已無可爲，法提督調集兵船，欲攻奪臺灣鷄籠煤礦，福州船廠，接濟煤械，爲持久索費計。正慮兵連禍結，中旨密令鄙人維持和局，乃敢冒不韙以成議」等語。）

二，要速和。（見同書同卷，光緒十年六月初六日復張樵野（蔭桓）京卿略云：

「法事確定，不意又起波瀾。馬尾船廠危於累卵，幼樵屢電，尚盛稱軍威，亦不自量之甚矣。總之，和局翻一回，更壞一回。求如前約之粗疏，而不可矣。」）

三，縮小戰爭範圍。（見同書同卷，光緒九年十二月十二日復翁叔平（同龢）宫保雲：

「越事之興，尚冀迎刃而解，息事寧人。今則局勢屢更，彼此皆騎虎難下，自不得不堅持以待機會。若僅在越地鏖兵，利鈍無甚關係。波及内地，則有各省强弱不齊，民窮財匱，實大可虞。幼樵英鋭無比。叩以將來結局若何，固亦茫無把握。我公憂國如家，知必長慮却顧也。」）

四，北洋不能派兵援閩。（見同書電稿三，光緒十一年六月初二日巳刻，寄兩廣、閩浙督撫云：

「頃間，接總署來電：初一日奉旨：疊據何璟、張佩綸等電報，法全力注閩，已進八艘，請飭援應牽制等語。孤拔赴閩，有欲據地爲質之説，南北洋覆稱無船可撥。惟閩防緊急，粵、浙相距較近，著彭玉麟、張樹聲、張之洞、倪文蔚、劉秉璋酌撥師船前往，設法援應牽制，欽此。即轉電閩浙粵等因。……」）

及同書同卷，光緒十年六月十六日辰刻寄閩防張（佩綸）會辦云：

「現因旅順西嶺添築土臺，將威、鎮海礮全移置，皆改運船。超〔勇〕、揚〔威〕衝船出入口内外，備與黄金山礮臺夾擊，萬不能撥。非不愛公，非分畛域，諒之。」

五，不可先開礮。（見同書電稿二，光緒十年閏五月二十七日酉刻到寄會辦閩防張（佩綸）學士云：

「二十八，三點鐘限期已滿，法船必大進。領事言：如不肯以船廠作押，我若攔阻，彼必開炮，則決裂。若不阻，彼亦不能先開礮。或尚可講解。望相機辦理，切勿躁急。公屯馬尾，非計。」）

綜合上引材料觀之，合肥自同治元年至光緒二十七年，凡歷四十年，專辦洋務，故外人竟以合肥爲中國之代表，亦自有理由。夫淮軍之興起，本出於那拉后欲藉此以分化牽制湘軍，特加倚重。曾、左之流，雖亦不能不稍稍敷衍，然其親密之程度，則湘軍之元勛，遠不及淮軍之主將。吾人今日平情論之，合肥之於外國情事，固略勝當時科舉出身之清流，但終屬一知半解，往往爲外人所欺紿。即就法越一役言之，合肥若果能深通外情者，則中國應得較勝之結局也。至於合肥對豐潤之關係，既以豐潤爲不知兵，（曾樸孽海花爲合肥女菊偶僞作七律二首，其第貳首第一聯下句「殺敵書生紙上兵」即是此意。趙竺桓炳麟柏岩感舊詩話壹竟認此詩真爲合肥女所作，可笑也。）又不奏請免其守閩之責，唯誡以不先開礮，更不遣北洋軍艦往援。迨馬江戰敗，豐潤因之戍邊。是豐潤無負於合肥，而合肥有負於豐潤，宜乎合肥内心慚疚，而以愛女配之。豈即三國志演義所謂「賠了夫人又折兵」者耶？

光緒朝東華録光緒十年八月辛丑條略云：都察院代遞翰林院編修潘炳年摺稱：（寅恪案，清朝進士題名碑：潘炳年，同治十年辛未科進士、翰林，福建長樂人。）

臣等於馬江敗後，迭接閩信，俱言張佩綸何如璋聞警逃竄。兹恭讀八月初一日諭旨，方審該大臣前後奏報種種虛捏，與臣等所接閩信，判若歧异。張佩綸、何如璋甫聞礮聲，即從船局後山潛逃。是日大雷雨，張佩綸跣而奔，中途有親兵曳之行。抵鼓山麓，鄉人拒不納，匿禪寺下院，距船廠二十餘里。次日抵鼓山之彭田鄉。適有廷寄到。督撫覓張佩綸不得，遣弁四探，報者賞錢一千，遂得之。何如璋奔快安施氏祠，鄉人焚逐之，夤夜投洋行宿。晨入城，棲兩廣會館。市人又逐之。後踉蹌出就張佩綸於彭田鄉。張佩綸恐敵蹤跡及之，紿何如璋出廠，自駐彭田鄉累日。偵知敵出攻長門，將謀竄出，始回。此張佩綸、何如璋狼狽出奔之情形也。兵無主帥，餉無專責，議者固知閩事之必敗也。所恃爲長城而無恐者，以張佩綸平日侈談兵事，際此中外戰局伊始，身膺特簡，臨事必有把握。〔張佩綸〕到閩後，一味驕倨。督撫畏其氣焰，事之維謹，排日上謁，直如衙參，竟未籌及防務。至法船駛入馬尾，倉卒乃以入告。迨各將請戰，又以奉旨禁勿先發爲詞。身爲將帥，足未登於輪船，聚十一艘於馬江，環以自衛。各輪船管駕，疊陳連艦之非，張佩綸斥之。入白開戰之信，張佩綸又斥之。事急而乞緩師於敵，如國體何？開礮而先狂竄，如軍令何？中歧即馬尾，彭田即鼓山後麓。張佩綸自諱其走，欲混爲一，如地勢迥隔何？敵攻馬尾，張佩綸於是日始竄彭田，而冒稱力守船廠，如不能掩人耳目何？且何如璋實匿戰書，張佩綸與之同處，知耶？不知耶？臣等不能爲張佩綸解也。臣聞張佩綸敗匿彭田，以請旨逮問爲詞，實則置身事外，證以外間風聞，張佩綸所恃爲粵援之人，私電函致，有「閩船可燼，閩廠可毁，豐潤學士必不可死」之語。是則張佩綸早存不死之心，無怪乎調度乖謬於先，聞戰脱逃於後，敢肆無忌憚如此也。何如璋實督船政，旦夕謀遁，棄廠擅走，已有罪矣。而謀匿戰書，意尤叵測。後於六月一日將船政局存銀二十六萬，藉名採辦，私行兑粤，不告支應所員紳，而私交旗昌、匯豐各洋行。群議其盜國帑，言非無因。張佩綸素以搏擊爲名，何如璋荒謬至此，事後并無一疏之劾，謂非狼狽相依，朋謀罔上，臣等所不敢信。若不嚴予懲辦，何以謝死事二千餘人？何以儆沿海七省之將帥？何以服唐炯、徐延旭之心？何以塞泰西揶揄之口？臣等既有所聞，理合據實公揭。謹繪圖貼説，黏附呈進軍機處，恭候御覽。

清德宗景皇帝實録壹玖壹，光緒十年甲申八月戊寅條略云：

昨據編修潘炳年等奏：張佩綸等僨事情形，請旨查辦，復諭令左宗棠、楊昌濬秉公查辦。兹又有人奏，馬尾一役，諸臣諱敗捏奏，濫保徇私，請將督撫治罪，并將方勳等保案撤銷；何如璋故匿戰書，私兑該局銀兩回粵；沈保靖、程起鵬朋謀營私，貪劣情形；請飭查參。各摺片，著左宗棠、楊昌濬歸入前次各摺，一并查明具奏。如果似此捏報戰狀，徇私妄爲，亟應嚴行懲儆。左宗棠等務當一秉大公，持平辦理，不得偏徇。

光緒朝東華録光緒十二月戊戌條略云：

諭：前據都察院代遞翰林院編修潘炳年奏，張佩綸等僨事情形，給事中萬培因奏，（寅恪案，清朝進士題名碑：萬培因咸豐九年己未科進士。福建崇安人。）張佩綸等諱敗捏奏，濫保徇私，各一摺。迭諭左宗棠楊昌濬查辦。兹據左宗棠等查明具奏，張佩綸尚無棄師潛逃情事，惟調度乖方，以致師船被毁。且該員於七月初一日接奉電寄諭旨令其備戰，初二日何璟告以所聞，謂明日法人將乘大潮力攻馬尾，該革員并不嚴行戒備。迨初三日敗退，往來彭田馬尾之間，十五日始回船廠。其奏報失事情形摺內，輒謂預飭各船管駕，有初三日法必妄動之語，掩飾取巧，厥咎尤重。張佩綸前因濫保徐延旭等，降旨革職。左宗棠等所擬請交部議處，殊覺事重罰輕，著從重發往軍臺效力贖罪。何如璋被參乘危盜帑，查無其事。惟以押運銀兩爲詞，竟行逃避赴省，所請革職免議之處，不足蔽辜，著從重發往軍臺效力贖罪。左宗棠、楊昌濬於奉旨交查要件，自應切實詳查覆奏。乃所奏各情，語多含糊，於張佩綸等處分意存袒護開脱。軍事是非功罪，關係極重。若失事之員懲辦輕縱，何以慰死事者之心。左宗棠久資倚畀，夙負人望，何以蹈此惡習？著與楊昌濬均傳旨申飭。

清史稿壹肆貳兵志柒海軍條云：

福州船廠，同治五年創於閩浙總督左宗棠、船政大臣沈葆禎。閩縣馬尾江距省會四十里，海口六十里。福州船廠自造各兵艦。始建船廠，聘工師於法，延教員於英。

清史稿肆伍拾張佩綸傳附何如璋傳云：

何如璋，字子峩，籍廣東大埔。同治七年進士，選庶吉士，授編修。以侍讀出使日本，歸授少詹事，出督船政。承〔李〕鴻章旨，狃和議。敵至，猶諭各艦毋妄動。及敗，藉口押銀出奔。所如勿納，不得已，往就佩綸彭田鄉。佩綸慮敵蹤跡及之，紿如璋出。士論謂閩事之壞，佩綸爲罪魁，如璋次之。如璋亦遣戍。後卒於家。

據清廷諭旨，豐潤之得罪譴戍（一）因保薦徐延旭、唐炯。（二）因兵事調度乖方，以致馬江船廠殘毁及駐閩船艦大部沉没。二罪相較，前者輕而後者重。故同保徐唐之滄趣，其罪止於降調，豐潤初亦不過革職。其後豐潤與何如璋同被革戍邊，則濫保匪人之罪輕，僨軍之罪重，彰彰明甚。今觀滄趣所撰簣齋墓志銘（見閔爾昌纂録碑傳集補伍，陳寶琛撰清故通議大夫四五品京堂張君墓志銘）略云：

〔法國海軍提督〕孤拔初謂船廠可唾手得，及見君有備，欲他駛。中旨則飭令勿出閩海，君累乞南北洋援船，弗應。而敵船益至，審衆寡堅脆不敵，請先發，冀一當，弗許。飭君自毁廠，勿畀敵。君執不可。（寅恪案，此事可參李文忠公全集電稿叁光緒十年六月初十日午刻寄譯署電。唯「自毁廠」一語，與合肥原電語意微有不合。）相持逾月，法乘大風潮以雨，猝縱礟薄我水師，九艘潛焉。而我亦壞法三船，孤拔受巨創。法兵登岸輒中伏死。始銜尾毁兩岸礟臺而出。自是不復窺閩，船廠以全，而督臣方以失廠上聞，君報亦踵至。上切責督臣憒憒，既復檄調守廠軍回守省城，君訟言棄門户、守堂奥，非計。督臣被嚴飭，益大慚恚，風閩士劾君擁兵自衛。時君已以水師失利自劾。上壯君守廠，督撫船官均褫職，獨奪君卿銜，下部議。尋命左公宗棠督閩師，君仍會辦，兼署船政大臣。執政齕君未已，則示意閩京僚，取君疏鍛練之，傳以飛語，下左公及新督楊公昌濬會按。左公廉君無過，以實復諸朝。時君已坐薦唐徐奪職，詔責左、楊袒護，謫君戍邊。方事下左公時，執政意君嘗面折左公，必懷宿憾，不爲原洗也。寅恪案，豐潤欲出閩海追逐法艦，此乃合肥謂豐潤不知此知彼，非知兵者，所論甚當。至於左宗棠之袒護豐潤，頗疑當時謝章鋌適在湘陰幕中，滄趣與謝氏累世交誼甚篤，湘陰之爲豐潤解脫，或由滄趣之故。「閩京僚」之界說當包括王仁堪、仁東兄弟在內。澗於集書牘叁致朱子涵内弟云：

> 閩人構陷，明謀秘計，不可端倪。其他均不足怪，惟可莊兄弟絶交下石，有欲殺之而後甘心意，令人不解。

復次，吴漁川永庚子西狩叢談肆，述李合肥之言云：

> 天下事爲之而後難，行之而後知。從前有許多言官，遇事彈糾，放言高論，盛名鼎鼎，後來放了外任，負到實在事責，從前芒角，立時收斂，一言不敢妄發，迨至升任封疆，則痛恨言官，更甚於人。當有極力許我之人，而俯首下心，向我求教者。顧臺院現在，後來者依然踵其故步，蓋非此不足以自見。制度如此，實亦無可如何之事也。

寅恪案，合肥所謂前爲言官，後爲封疆，當極力詐之者，當即指南皮。合肥與漁川談論時，實明言南皮之姓名，漁川曾受南皮知遇，故其書中特爲之諱耳。

本篇校勘記：

一、此篇只見於「新稿本」。「蔣本」無，故無可對校。

二、本篇之中，於文廷式純常子枝語卷玖論總署權大，及續碑傳集載吳汝綸所作李鴻章墓志銘之後，次頁首行之前，插入標題「（五）清光緒十年至二十年十一月間中央政治之腐敗」，一若由此以下之三千餘字乃爲第（五）篇之内容，而前此之千餘字則屬第（四）篇。適謹按：此一標題（五）蓋非先師遺稿中原有，證據如下：（1）此標題之後，原文爲：「總署之權限既如上述，則合肥於光緒十年甲申對内對外之關係，可以下列幾點解釋之：……」以下即列舉李鴻章當時處理中法戰爭之五條方針。凡此皆與標題以前之原文緊密相連。以先師爲文一向結構謹嚴細密，邏輯性極强，夫豈能於此强分篇章？（2）此標題（五）以後之内容，全係與中法戰爭，尤其是與福建馬尾之水戰以及張佩綸之獲罪有關，與第（五）篇標題中反映出之中心内容（中央政治之腐敗）與時限（光緒十年三月〔適按：即恭親王奕訢爲首之全部軍機大臣被撤换之時，此後「清流」即開始失勢〕至二十年十一月〔對日求和定議，帝、后兩黨鬥争表面化之時〕）皆相差甚遠，幾乎全未涉及，基本上仍屬第（四）篇孝欽后最惡清流之範圍。（3）此標題不在原稿紙的行格以内，而是寫在首行之外，絶不似其他諸篇章標題之眉目清楚，字跡亦與正文不一致，且較潦草。此標題（五）之字句亦與目録原文（兩本皆同）有出入：「光緒十年」前多一「清」字，後面則脱「三月」二字；「中央政治之腐敗」前，脱「清室」二字；題目標號之「五」字，被塗抹，改「六」，又塗去，於已被抹去之「五」字上加恢復號「△」。凡此，皆足見此條標題（五）是後來插入的，且頗爲匆促。（4）據上諸證，可推知此篇中之標題（五）蓋非原有。今删去。原目録中之（五）以及「蔣本」中之（四）吾家與豐潤之關係，則仍以「闕佚」論。

三、本篇之内容似仍有闕文，例如：先師於此篇案語中曾提到：「兹先就黄秋岳書所論寶廷、張佩綸二人之始末，而加以補充糾正，亦可見一斑矣」。但此「新稿本」之後文，於寶廷事迹，再未見提及。於張佩綸，亦僅詳記其於中法戰争時，受任會辦福建軍務，於馬尾戰敗後遭受攻訐，終獲革職遣戍之嚴譴等史事，而全未見述及其早歲爲「清流」主將之一，「四諫」之首，既爲北派「清流」領袖李鴻藻之得力親信，又受到李鴻章之器重，在士大夫中名重一時，而又爲權貴所側目之政治地位與作用。而此諸方面，皆適於先師指導下寫作學位論文時所曾面聆教誨者，似不致於此篇中竟無反映。頗疑此篇所存之内容亦不盡全備也。

（六）戊戌政變與先祖先君之關係（補文及校勘記）

「蔣本」按語中嘗云，本篇爲全稿，其中「所缺引文亦補齊」。今以「新稿本」對校，則引文中尚應補入六十餘字。而全篇之後半部中，「新稿本」又增一段先師評述康有爲之案語約二百餘字。篇末另增補兩段文字：其一爲記先師尊人散原先生晚年之幾次移居，及蘆溝橋事變後，憂憤不食，逝世於北平之概況，約百餘字。其又一爲「附言」記散原先生於戊戌政變前不久，救免當時密旨拿問之帝黨骨幹文廷式（時蟄居長沙）去日本事，約三百餘字。通計共增補七百餘字，補文如下：

第一九五頁，第九、十行：「堂官許應騤懷塔布等阻格不奏」句下，應補：「一日六堂革職，大臣頗自危。」

第一九六頁，第五行：「剛〔毅〕雲：有旨不准説！」句下，應補：「先生怒叱曰：爾軍機大臣銜害！」

第一九八頁，第十一行：「朱公七十餘，負幹略」句下，應補：「行賈，致巨富。」

第一九九頁，倒四行：「康有爲之初召對也，即疏言其短長所在，推其疵弊。」句下，應補以下一大段：

請毁其所著曰孔子改制考（寅恪案，范肯堂撰先祖墓志銘，謂先祖喜康有爲之才，而不喜其學也。康南海輓先祖詩云：「公笑吾經學，公羊同賣餅」者，可證也。今日平心論之，井研廖季平、平及南海初期著述尚能正確説明西漢之今文學。但後來廖氏附會周禮占夢之語；南海應用華嚴經中，古代天竺人之宇宙觀，支離怪誕，可謂「神游太虚境」矣。至若張南皮勸學篇痛斥公羊之學爲有取於孔廣森之公羊通義。其實撝約爲姚鼐弟子，轉工駢文，乃其特長。而公羊通義實亦俗書，殊不足道。清代今文公羊學者唯皮錫瑞之著述最善，他家莫及也）。

第一九九頁，倒三行：「四章京雖有异才，要資望輕而視事易。」句下，删去略號，應補：「爲論薦張公之洞總大政，備顧問。」

第二〇二頁，倒五行：「前經將各該犯革職，拿交刑部訊究。」句下，應補：「（寅恪案，可參同月庚寅條。）」

第二〇四頁，第二行：「榮禄之薦先君，不見於公牘，或亦此故歟？」句下，應補：「俟考。噫！」

第二〇五頁，「蔣本」本篇末，「新稿本」增補兩段如下：

癸亥，先母及先長兄衡恪同時病殁於金陵。家人恐先君憂傷過度，遂移家杭州。繼因杭州夏季炎熱，故遷居匡廬。不意其地游客衆多，煩囂殊甚，頗厭苦之。時寅恪任教清華大學，乃迎養至燕。不數歲而有蘆溝橋事變。先君憂憤不食，遂以不起。故未得見抗日勝利，惜哉！痛哉！

復次，兹有可附言者，即先君救免文芸閣丈廷式一事。戊戌政變未發，即先祖、先君尚未革職以前之短時間，軍機處廷寄兩江總督，謂文氏當在上海一帶。又寄江西巡撫，謂文氏或在江西原籍萍鄉，迅速拿解來京。其實文丈既不在上海，又不在江西，而與其夫人同寓長沙。先君既探知密旨，以三百金贈文丈，屬其速赴上海。而先祖發令，命長沙縣緝捕。長沙縣至其家，不見蹤跡。復以爲文丈在妓院宴席，遂圍妓院搜索之，亦不獲。文丈後由滬東游日本，賫同、光朝盛流李文田、沈曾植等所定之蒙古元秘史對音本。日本那珂通世因之撰成吉思汗實録一書，此開日本治蒙古史之先路也。先君所撰文芸閣學士同年輓詞（見散原精舍詩上）六首之四云：

元禮終亡命，邠卿辱大儒。孰傳鐘室語，幾索酒家胡。禍興機先伏，烟濤夢自孤。光茫接三島（自注：「君嘗游日本」），留得口中珠。

其第一聯上句用史記玖貳淮陰侯列傳，下句指長沙縣搜妓院事。末二句指傳播同光盛流之學於東瀛也。

本篇校勘記：

第一九四頁，倒第三行：「非得有學術通知時事大臣，……」「學術」當作「經術」，後加頓號。

第一九五頁，第四行：「先生既值樞府，德宗召見賜手詔云：……」「見」字後加逗號。

第一九五頁，倒第五行：「樞臣皆慶幸」。「樞臣」「新稿本」作「諸臣」。

第一九六頁，第二行：「請派大臣會審」。「審」字後，應爲句號。

第一九七頁，第二行：「宜謹密藏」。「宜謹」當爲「謹宜」。

第一九七頁，第八行：「政府卒閣不行，以迄於亡」。「閣」當爲「擱」。

第一九七頁，第十行：「〔光緒廿一年〕八月」。「光緒廿一年」後，脱「乙未」二字。

第一九七頁，倒第三行：「陰念湖南據天下上游」，「天下」當爲「東南」。

第一九八頁，倒第五行：「獨爲府君出。」「獨」字後，加「勉」字。

第一九九頁，第四行：「復以學堂教習與康有爲連」，「康有爲」前，加「主事」二字。

第二〇〇頁，第九行：「在省設立時務學堂」，「省」字後，加「會」字。

第二〇〇頁，第九、十行：「講授經史掌故，法律，格致，測算等實學。」「法律」前，去逗號加「與」字。

第二〇〇頁，倒第二行：「可參清史稿肆柒零楊深秀傳……」「肆柒零」改爲「肆柒拾」。

第二〇〇頁，倒第二行：「湖南陳寶箴……」「湖南」後，加「巡撫」。

第二〇一頁，第一行：「目今時局艱難」，「目今」前加「諭：」字。

第二〇一頁，第八行：「仍隨聲附和」，「仍」字前，加「倘」字。

第二〇四頁，第三行：「可謂不幸中之大幸矣」。「新稿本」無「大」字。

第二〇四頁，第三行：「先祖之意欲通過榮禄」，「意」字後有逗號。

第二〇四頁，第八行：「實由榮禄及王元和碰頭乞請所致也」。「王元和」爲「王仁和」（即王文韶）之誤。

（七）關於寅恪之婚姻（補文）

寅恪少時，自揣能力薄弱，復體孱多病，深恐累及他人，故游學東西，年至壯歲，尚未婚娶。先君先母雖累加催促，然未敢承命也。後來由德還國，應清華大學之聘。其時先母已逝世。先君厲聲曰：「爾若不娶，吾即代爾聘定。」寅恪乃請稍緩。先君許之。乃至清華，同事中偶語及：見一女教師壁懸一詩幅，末署「南注生」。寅恪驚曰：「此人必灌陽唐公景崧之孫女也。」蓋寅恪曾讀唐公請纓日記。又親友當馬關中日和約割臺灣於日本時，多在臺佐唐公獨立，故其家世，知之尤諗。因冒昧造訪。未幾，遂定偕老之約。兹録唐公原詩，并寅恪和詩於後。唐公詩云：

蒼昊沉沉忽霽顔，春光依舊媚湖山。補天萬手忙如許，蓮蕩樓臺鎮日閒。（寅恪案，唐公歸來後，家居桂林之環湖邊，故云蓮蕩。光緒戊戌春間，全國競言改革，公自傷閒居，無緣補天也。）

盈箱縑素偶然開，任手塗鴉負麝煤。一管書生無用筆，舊曾投去又收回。

爲人作書，口占二絶。冬陰已久，立春忽晴，亦快事也。南注生。

寅恪詩云：

南注公詩幅藏之有年，旅居香港時，適值太平洋之戰，倉促攜以歸國，頗有割損，茲重付裝褫，謹題四絶於後。

橫海雄圖事已空，尚瞻遺墨想英風。古今多少興亡恨，都付扶餘短夢中。

當時詩幅偶然懸，因結同心悟夙緣。果臝一枝無用筆，飽濡鉛泪記桑田。

一卷新裝劫後開，劫痕猶似染臭煤。湖山明媚雖依舊，舊日春光去不回。

頻年家國損朱顔，鏡裏愁心鎖疊山。歷書太行人事路，儻能偕老得餘閒。

一九二八年舊曆七月十七日與唐篔結褵於上海。余堯衢丈（肇康）賀以一聯。其上句云：「天孫七夕展佳期」，即指是而言也。後生三女，長女流求，適錢塘董有淞，生三女：景宜、景同、鶴孫（擬以鶴孫爲寅恪夫婦二人之孫）。次女小彭，適文昌林啓漢，生一子曰暉。三女美延尚未適人。

一九六六年六月二十三日端午，寅恪書於廣州康樂，中山大學東南區一號樓上。時年七十六。

（原載一九九四年紀念陳寅恪先生百年誕辰學術論文集，江西教育出版社）